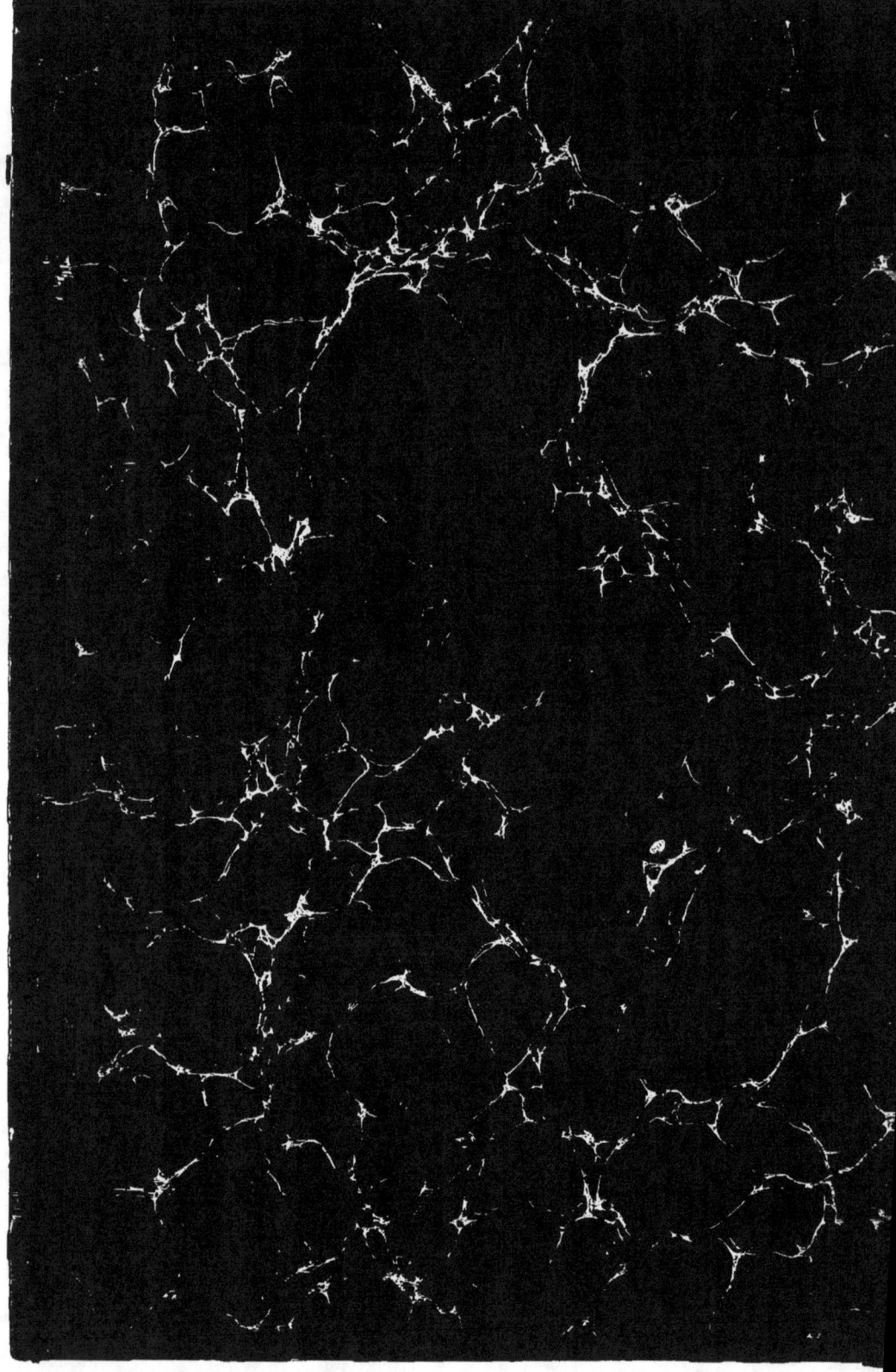

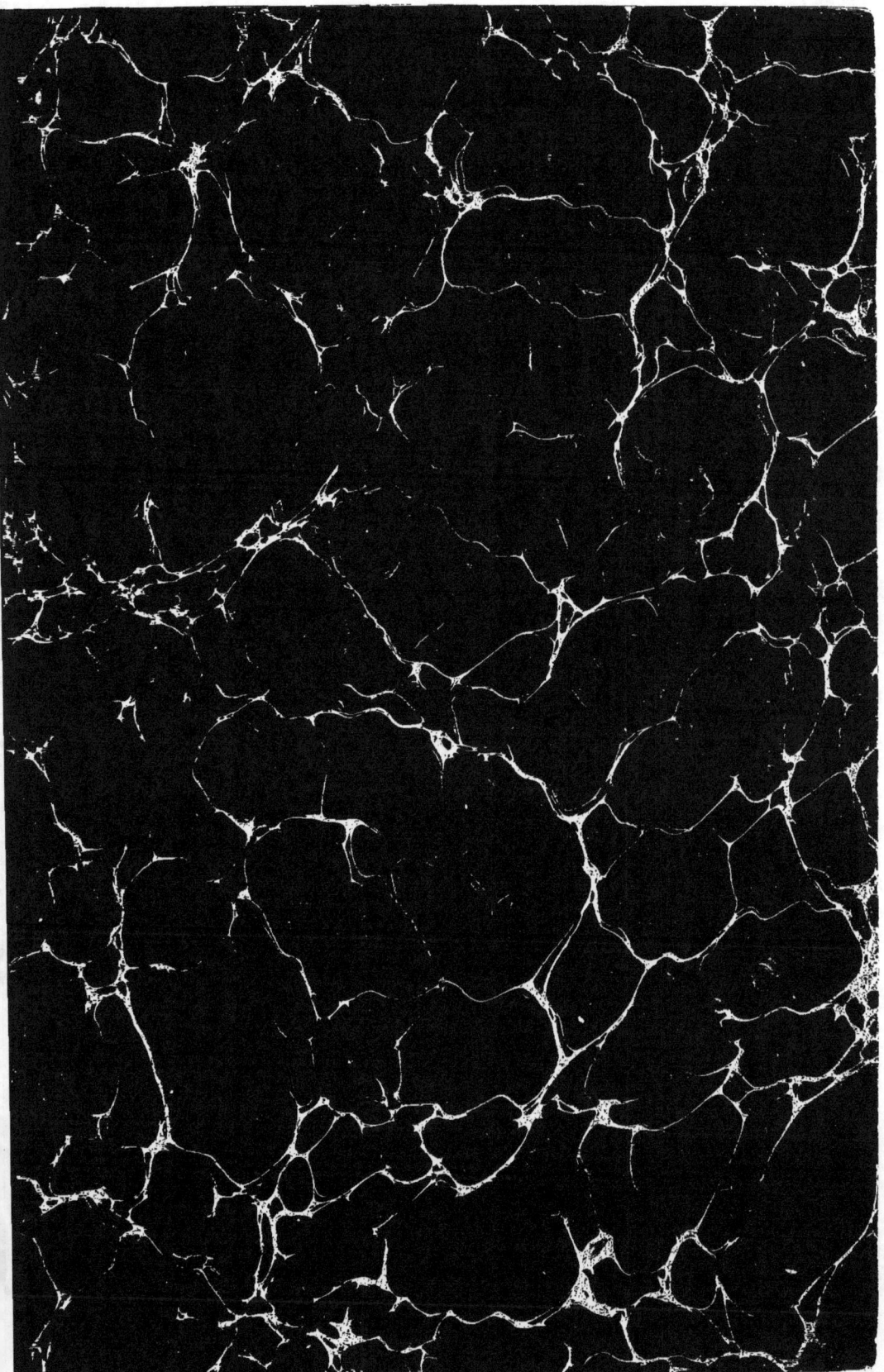

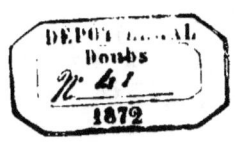

ŒUVRES COMPLÈTES

DE SAINT AUGUSTIN

ÉVÊQUE D'HIPPONE

TABLE DES OUVRAGES COMPRIS DANS LE TOME XVII

Sermons au peuple (1ʳᵉ série, suite, de LXXXVI à CLXXVIII) 1

Traduits par M. PÉRONNE, chanoine titulaire de Soissons.

Besançon. — Imprimerie d'Outhenin-Chalandre fils.

ŒUVRES COMPLÈTES

DE

SAINT AUGUSTIN

ÉVÊQUE D'HIPPONE

TRADUITES EN FRANÇAIS ET ANNOTÉES

PAR MM.

PÉRONNE
Chanoine titulaire de Soissons, ancien professeur d'Écriture sainte et d'éloquence sacrée.

ÉCALLE
Professeur au grand séminaire de Troyes, traducteur de la *Somme contre les Gentils*.

VINCENT
Archiprêtre de Vervins.

CHARPENTIER
Doct. en théol., trad. des *Œuvres de S. Bernard*.

H. BARREAU
Docteur ès-lettres et en philosophie, chevalier de plusieurs ordres.

renfermant

LE TEXTE LATIN ET LES NOTES DE L'ÉDITION DES BÉNÉDICTINS

TOME DIX-SEPTIÈME

SERMONS AU PEUPLE, PREMIÈRE SÉRIE.

PARIS

LIBRAIRIE DE LOUIS VIVÈS, ÉDITEUR

RUE DELAMBRE, 13

1872

SERMONS AU PEUPLE

DIVISÉS EN QUATRE SÉRIES

PREMIÈRE SÉRIE

(SUITE)

SERMON LXXXVI (1).

Sur ces paroles de l'Evangile selon saint Matthieu, chapitre XIX : *Allez, vendez tout ce que vous avez et donnez-en le prix aux pauvres*, etc.

CHAPITRE PREMIER. — *Il faut placer son trésor dans le ciel.* — 1. L'Evangile dont on vient de nous faire lecture, nous invite à parler à votre charité du trésor céleste. Il ne faut pas nous imaginer, à l'exemple des avares privés de la foi, que Dieu exige le sacrifice absolu de ce que nous possédons. Si nous comprenons bien ce précepte, si nous l'entendons d'après les principes de la foi et de la piété chrétienne, nous verrons que Dieu ne nous a pas commandé de perdre nos biens, mais qu'il nous a enseigné où nous devons les placer. Chacun de nous pense nécessairement à son trésor, et marche à la suite de ses richesses par un chemin que tracent les affections du cœur. Si ces richesses sont enfouies dans la terre, le cœur est obligé de descendre pour les suivre; si elles sont en réserve dans le ciel, le cœur s'élève avec elles. Si les chrétiens veulent conformer ici leur conduite à ce qu'ils savent être l'objet de leur foi (car tous ceux qui entendent la parole divine ne la comprennent pas, et plaise à Dieu que pour un certain nombre cette connaissance ne soit pas inutile), si donc un chrétien veut avoir son cœur élevé au ciel, qu'il y place, oui, qu'il y place tout ce qu'il aime; il est par le corps sur la terre, mais qu'il habite avec Jésus-Christ par le cœur; et de même que l'Eglise a été précédée par son chef, que le chrétien soit comme précédé par son cœur. De même que les membres doivent un jour rejoindre Jésus-Christ leur chef dans le lieu où il les a précédés, l'homme après sa résurrection doit aller où son cœur l'a devancé. Sortons donc de cette terre par la partie de nous-mêmes qui nous en donne le moyen, et tout

(1) Dans quelques manuscrits ce sermon a pour titre *De l'avarice et de la luxure*. Dans le manuscrit de la bibliothèque Colbert, il est intitulé : *Du trésor céleste*. Vindingus est d'avis d'après les paroles de saint Augustin n° 17, qu'on doit lui donner pour titre : *De l'obligation de faire l'aumône*.

SERMONES AD POPULUM

CLASSIBUS QUATUOR COMPREHENSI

PRIMA CLASSIS (SEQUITUR)

SERMO LXXXVI (a).

De verbis Evangelii Matth., XIX : *Vade, vende omnia quæ habes, et da pauperibus*, etc.

CAPUT PRIMUM. — *Thesaurus in cœlo reponendus.* — 1. Evangelium nos admonuit lectione præsenti, de thesauro cœlesti loqui Caritati Vestræ. Neque enim, sicut infideles avari putant, Deus noster perdere nos voluit res nostras : si bene intelligatur, et pie credatur, et devote accipiatur quod præceptum est nobis; non nobis præcepit ut perderemus, sed locum ostendit ubi poneremus. Nemo enim potest nisi cogitare de thesauro suo, et quodam cordis itinere divitias suas sequi. Si ergo in terra obruuntur, ima petit cor : si autem in cœlo reservantur, sursum erit cor. Si ergo volunt facere Christiani quod norunt se etiam profiteri : (neque enim hoc omnes qui audiunt noverunt; atque utinam non frustra noverint, qui noverunt :) qui ergo vult cor sursum habere, ibi, ibi ponat quod amat; et in terra positus carne, cum Christo habitet corde : et sicut Ecclesiam præcessit caput ejus, sic Christianum præcedat cor ejus. Quomodo membra itura sunt quo præcessit caput Christus, sic iterum resurgens iturus est quo nunc præ-

(a) Alias de Diversis XLIII.

TOM. XVII.

1

notre être suivra cette partie qui l'a précédé. Notre demeure terrestre doit tomber en ruines, l'habitation que nous avons au ciel est éternelle. Transportons-nous donc d'avance dans le lieu que nous nous proposons d'habiter.

CHAPITRE II. — *Celui qui demande au Sauveur ce qu'il faut faire pour se sauver, n'est pas content de la réponse qui lui est faite.* — 2. Nous avons entendu ce riche demander au bon Maître ce qu'il devait faire pour obtenir la vie éternelle. Ce qu'il aimait était vraiment grand, et ce qu'il refusait de mépriser n'était digne que de mépris. Aussi parce qu'il écoute avec de mauvaises dispositions celui qu'il avait d'abord appelé bon Maître, l'amour des biens vils et méprisables lui fait perdre la possession de la charité. S'il n'avait eu le désir d'obtenir la vie éternelle, il n'eût point demandé ce qu'il fallait faire pour y arriver. Comment donc se fait-il, mes frères, qu'il n'accepte point la réponse de celui qu'il avait appelé bon Maître, et qui était l'expression de la vérité ? Quoi, le Sauveur était un bon Maître avant d'avoir enseigné, et un mauvais Maître après ? C'est avant que Notre-Seigneur lui ait répondu qu'il lui donne le titre de bon Maître. Il n'en a point reçu la réponse qu'il voulait, mais celle qui devait lui être faite, il était venu avec un certain désir, il s'en va tout triste. Qu'aurait-il donc fait si Jésus lui avait dit : Faites le sacrifice de tout ce que vous possédez, puisqu'il s'en va triste et chagrin, parce qu'il lui a dit : Prenez le bon moyen de conserver ce que vous avez ? « Allez, vendez tous vos biens, et donnez-en le prix aux pauvres. » (*Matth.*, XIX, 21.) Vous craignez peut-être de les perdre ? Ecoutez ce qui suit : « Et vous aurez un trésor dans le ciel. » Peut-être auriez-vous confié la garde de vos trésors à l'un de vos serviteurs ; Dieu veut être lui-même le gardien de votre or. Celui qui vous l'a donné sur la terre veut vous le conserver dans le ciel. Ce jeune homme n'eût point hésité peut-être à confier à Jésus-Christ tout ce qu'il possédait et c'est pour cela qu'il s'attriste de ce qu'il lui dit : « Donnez-le aux pauvres. » Il semble faire ce raisonnement dans son cœur : Si vous me disiez : Donnez-moi vos biens, je vous les conserverai dans le ciel, je n'hésiterais pas à les confier à mon Seigneur, à mon bon Maître ; mais vous me dites : « Donnez-les aux pauvres. »

CHAPITRE III. — *C'est Dieu qui reçoit dans la personne du pauvre.* — 3. Que personne ne craigne de donner aux pauvres, que nul ne s'imagine que la main qu'il voit est celle qui reçoit. Celui qui reçoit est celui qui a commandé de donner. Et ce n'est point d'après les inspirations de notre cœur ou les pensées de notre esprit que nous vous parlons de la sorte ; écoutez la déclaration qu'il vous en fait lui-même et l'assurance écrite qu'il vous en donne : « J'ai eu faim, dit-il, et vous m'avez donné à manger. » Et lorsqu'après l'énumération qu'il fait de leurs œuvres de miséricorde, ils lui demandent :

cesserit cor hominis. Eamus ergo hinc, ex qua parte possumus : sequetur totum nostrum quo præcesserit aliquid nostrum. Domus terrena ruinosa est : domus cœlestis æterna est. Quo venire disponimus, ante migremus.

CAPUT II. — *Consilium salutis petens, nec lubenter audiens.* — 2. Audivimus divitem quemdam a bono magistro quærentem consilium adipiscendæ vitæ æternæ. Magnum erat quod amabat, et vile erat quod contemnere nolebat. Itaque perverso corde audiens quem jam dixerat magistrum bonum, majore amore vilitatis, possessionem perdidit caritatis. Nisi vitam æternam consequi vellet, consilium de habenda vita æterna non requireret. Quid ergo est, Fratres, ut verba ejus quem magistrum bonum ipse dixerat, de fideli doctrina sibi deprompta respueret ? Magister ille bonus est ante quam doceat, cum docuerit malus ? Ante quam doceret, dictus est bonus. Non audivit quod voluit, sed audivit quod debuit : desiderans venerat, sed tristis abscessit. Quid si ei diceretur : Perde quod habes ? quando tristis abscessit, quia dictum est : Bene serva quod habes. « Vade, inquit, vende omnia quæ habes, et da pauperibus. » (*Matth.*, XIX, 21.) Forte times ne perdas ? Vide quid sequitur : « Et habebis thesaurum in cœlo. » Custodem tibi thesaurorum tuorum forte servulum aliquem posuisses : custos auri tui erit Deus tuus. Qui dedit in terra, ipse servat in cœlo. Fortassis non dubitasset ille Christo commendare quod habebat, et ideo contristatus est, quia dictum est ei : « Da pauperibus : » tanquam in corde suo dicens : Si diceres : Da mihi, ego tibi in cœlo servabo ; non dubitarem dare Domino meo, magistro bono : nunc autem dixisti : « Da pauperibus. »

CAPUT III. — *Deus in paupere accepit.* — 3. Nemo timeat erogare pauperibus, nemo putet sine accipere cujus manum videt. Ille accipit qui jussit ut dares. Neque hoc ex nostro corde aut humana conjectura dicimus : ipsum audi et te monentem, et tibi securitatem scribentem. « Esurivi, inquit, et

« Quand est-ce que nous vous avons vu ayant faim? » il leur répond : « Chaque fois que vous l'avez fait à l'un de ces plus petits d'entre mes frères, c'est à moi que vous l'avez fait. » (*Matth.*, xxv, 35.) C'est le pauvre qui demande l'aumône, mais c'est le riche qui la reçoit, vous la donnez à celui qui la consomme, elle est reçue par celui qui vous la rendra. Et il ne rendra pas seulement ce qu'il reçoit, il veut que vous lui prêtiez à usure, il promet de vous rendre bien au delà de ce que vous lui donnerez. Ne craignez donc pas de vous montrer avare, regardez-vous comme un usurier. Si vous l'étiez réellement, l'Eglise vous en ferait de vifs reproches, vous seriez condamné par la parole de Dieu, vos frères vous auraient en horreur comme un usurier cruel qui veut s'enrichir des larmes de ses frères. Eh bien, faites l'usure, personne ne vous le défend. Vous voulez donner au pauvre qui se lamentera lorsqu'il faudra rendre ce qu'il reçoit? donnez à celui qui est solvable et qui vous presse de recevoir ce qu'il a promis.

CHAPITRE IV. — *Dieu presse ses créanciers de recevoir ce qu'il veut leur donner.* — 4. Donnez donc à Dieu et assignez Dieu. Ou plutôt donnez à Dieu et il vous assignera pour que vous receviez vous-même. Ici-bas vous cherchiez votre débiteur, et lui cherchait aussi, mais à se dérober à vos regards. Vous aviez été trouver le juge et vous lui aviez dit : Faites assigner mon débiteur. Dès qu'il en est instruit, votre débiteur s'éloigne, il évite même de vous saluer, lui que vous avez peut-être sauvé en lui prêtant dans son indigence. Or, voici quelqu'un à qui vous pouvez prêter en toute sûreté. Donnez à Jésus-Christ, il vous pressera de lui-même de recevoir, tout étonné que vous serez de ce qu'il a reçu quelque chose de vous. En effet, n'est-ce pas lui qui, prenant le premier la parole, dira à ceux qui seront placés à sa droite : « Venez, les bénis de mon Père? » Et où veut-il qu'ils viennent? « Possédez le royaume qui vous a été préparé dès le commencement du monde. » Et pourquoi? « Car j'ai eu faim, et vous m'avez donné à manger; j'ai eu soif et vous m'avez donné à boire; j'étais nu et vous m'avez revêtu; j'étais étranger et vous m'avez recueilli; j'étais malade et vous m'avez visité. Alors les justes lui diront : Quand est-ce que nous vous avons vu? » (*Matth.*, xxv, 34, etc.) Quelle chose étrange! c'est le débiteur qui presse ses créanciers de recevoir et ceux-ci refusent. Ce débiteur fidèle ne veut pas que ses créanciers soient trompés. Vous hésitez à recevoir? Vous m'avez donné et vous l'ignorez? Et il leur expliquera de quelle manière c'est lui-même qui a reçu. « Lorsque vous avez agi ainsi pour l'un des moindres de mes frères, vous l'avez fait pour moi. » Je n'ai point reçu par moi-même, j'ai reçu par les miens. Ce que vous leur avez donné est venu jusqu'à moi.

dedistis mihi manducare. » Et cum enumeratis officiis eorum respondissent. « Quando te vidimus esurientem? Ille respondit : Cum uni ex minimis meis fecistis, mihi fecistis. » (*Matth.*, xxv, 35, etc.) Mendicat pauper, sed accipit dives : das ei qui consumat, accipit ille qui reddat. Neque hoc redditurus quod accipit : fœnerari se voluit, plus promittit quam dederis. Exsere nunc avaritiam tuam, te puta fœneratorem. Certe si esses, objurgareris ab Ecclesia, confutareris verbo Dei, exsecrarentur te omnes fratres tui, tanquam crudelem fœneratorem, de lacrymis alienis acquirere cupientem. Esto fœnerator, nemo te prohibet. Pauperi vis dare, qui quando reddiderit planget : da idoneo, qui etiam hortatur ut recipias quod promittit.

CAPUT IV. — *Deus creditores ipse ut recipiant convenit.* — 4. Da Deo, et conveni Deum. Imo da Deo, et ut recipias (*a*) conveneris. Certe in terra quærebas debitorem tuum : quærebat et ille, sed ubi se absconderet a facie tua. Adieras judicem et dixeras : Jube illum debitorem meum conveniri. Ille audito hoc, discedit, et nec salutare te quærit : cui forte (*b*) egenti salutem commodando præstiteras. Habes ergo cui eroges. Da Christo; ipse te convenit ultro, ut recipias, et mirantem quia aliquid a te accepit. Nam illis ad dexteram positis ultro ipse dicet : « Venite benedicti Patris mei. » Quo : Venite? « Percipite regnum, quod vobis paratum est ab origine mundi. « Pro qua re? » Esurivi, et dedistis mihi manducare : sitivi, et dedistis mihi potum : nudus eram, et vestistis me : hospes, et adduxistis : æger et in carcere, et visitastis. Et illi : Domine, quando te vidimus? » (*Matth.*, xxv, 34, etc.) Quid est hoc? Convenit debitor, et creditores excusant, Non vult eos fidelis debitor falli. Recipere dubitatis? Accepi, et ignoratis? Et respondet quemadmodum accepit : « Cum uni ex minimis meis fecistis, mihi fecistis. » Non accepi per me : accepi per meos. Quod

---

(*a*) Editi, *et ut recipias conveni. Pauloque post, sed ubi se absconderat. Castigantur subsidio Corbeiensis Ms.* — (*b*) Sic Mss. Editi vero *cui forte te quærenti commodando salutem egenti præstiteras.*

Soyez sans crainte, vous n'avez rien perdu. Vous donnez sur la terre à des hommes d'une solvabilité douteuse, vous avez dans le ciel un débiteur solvable. C'est moi-même qui ai reçu, dit-il, et c'est moi qui rendrai.

Ce que Dieu rend pour les biens de la terre. — 5. Et qu'ai-je reçu, et que rendrai-je? « J'ai eu faim, dit-il, et vous m'avez donné à manger, etc. » J'ai reçu la terre, je donnerai le ciel; j'ai reçu les biens du temps, je donnerai les biens de l'éternité; j'ai reçu du pain, je donnerai la vie. Prêtons-lui même ce langage : J'ai reçu du pain, je donnerai du pain; vous m'avez donné à boire, je vous donnerai également à boire; j'ai reçu l'hospitalité, je la donnerai à mon tour; j'ai été visité dans ma maladie, je vous donnerai la santé; vous êtes venu me consoler dans la prison, je vous donnerai la liberté. Le pain que vous avez donné à mes pauvres est consommé, le pain que je vous donnerai vous nourrira sans s'épuiser jamais. Que ce pain nous soit donc donné par le pain qui est descendu du ciel. En donnant ce pain, c'est lui-même qu'il donne.

Chapitre V. — Quelle est votre intention lorsque vous prêtez à usure? C'est de donner de l'argent pour en recevoir, mais d'en donner une petite quantité, pour en recevoir davantage. Pour moi, dit le Seigneur, je vous rendrai heureusement transformé tout ce que vous m'avez donné. Si pour une livre d'argent vous receviez en échange un livre d'or, quelle ne serait pas votre joie? Regardez et interrogez l'avarice : J'ai donné, dit-elle, une livre d'argent, et je reçois une livre d'or. Quelle différence entre l'or et l'argent! A plus forte raison, quelle différence entre le ciel et la terre! Après tout, vous devez laisser ici-bas et cet or et cet argent, et vous-même ne devez pas y rester toujours. Je vous donnerai donc d'autres biens, plus parfaits et en plus grande quantité, et je vous les donnerai pour l'éternité. Réprimons donc notre avarice, mes frères, pour qu'elle cède la place à une autre plus digne et plus sainte. Ne cédez pas au langage pernicieux de celle qui vous défend de bien faire; vous voulez servir une dure maîtresse, parce que vous ne connaissez pas le bon Maître. Quelquefois même deux maîtresses règnent à la fois sur le cœur et déchirent, en sens contraire, le mauvais serviteur, digne de subir cette honteuse tyrannie.

Chapitre VI. — *Ces deux maîtresses dont les ordres sont contraires, sont l'avarice et l'amour du plaisir.* — 6. L'homme se trouve quelquefois dominé par deux maîtresses contraires : l'avarice et l'amour du plaisir. L'avarice lui dit : conserve; l'amour du plaisir : dépense. Sous ces deux maîtresses, dont les ordres sont opposés, dont les exigences sont contraires, que ferez-vous? Elles ont chacune leur langage. Si vous refusez de leur obéir et que vous vouliez faire usage de

---

illis datum est, ad me pervenit : securi estote, non perdidistis. Minus idoneos attendebatis in terra : idoneum habetis in cœlo. Ego, inquit, accepi, ego reddam.

Quid pro terrenis reddat. — 5. Et quid accepi? quid reddo? « Esurivi, inquit, et dedistis mihi manducare, » et cætera. Terram accepi, cœlum dabo : temporalia accepi, æterna restituam : panem accepi, vitam dabo. Imo etiam hoc dicamus : Panem accepi, panem dabo : potum accepi, potum dabo : hospitium accepi, domum dabo : æger visitatus sum, salutem dabo : in carcere visus sum, libertatem dabo. Panis quem dedistis pauperibus meis, consumptus est : panis quem ego dabo, et reficit, et non deficit. Det ergo nobis panem, panis ille qui de cœlo descendit. Cum panem dabit, se ipsum dabit.

Caput V. — Quid enim volebas, quando fœnerabas? Nummos dare, et nummos accipere : sed pauciores dare, plures accipere. Ego tibi, inquit Deus, omnia quæ dedisti, in melius commutabo. Si enim dares libram argenti et reciperes libram auri, quanto caperis gaudio? Inspice, et interroga avaritiam : Libram argenti dedi, libram auri recipio. Quid simile argentum et aurum? Magis ergo, quid simile terra et cœlum? Et aurum et argentum hic eras relicturus : tu autem hic non perpetuo mansurus. Et aliud dabo, et plus dabo, et melius dabo, et æternum dabo. Sic ergo compescatur avaritia nostra, Fratres, ut alia quæ sancta est, inflammetur. Omnino quæ vos prohibet ne bene faciatis, male vos alloquitur : dominæ malæ servire vultis, non agnoscentes Dominum bonum. Et aliquando duæ dominæ occupant cor, et servum malum dignum servire talibus, in diversa discindunt.

Caput VI. — *Dominæ duæ contraria jubentes, avaritia es luxuria.* — 6. Aliquando possident hominem duæ dominæ contrariæ, avaritia et luxuria. Avaritia dicit : Serva : luxuria dicit : Eroga. Sub duabus dominis diversa jubentibus, diversa exigentibus, quid facturus es? Habent allocutiones suas ambæ. Et quando cœperis nolle obtemperare, et in libertatem tuam ire; quia jubere non possunt, blandiuntur. Et

votre liberté, elles ont recours à la flatterie, et leurs caresses sont bien plus dangereuses que leurs ordres. Que vous dit, en effet, l'avarice? Conservez pour vous, conservez pour vos enfants; si vous venez à manquer, personne ne viendra à votre secours. Ne vivez pas au jour le jour, sachez prévoir l'avenir. Et que dit, au contraire, l'amour du plaisir? Jouissez de la vie tandis qu'elle est à vous. Contentez tous les désirs de votre âme. Vous devez mourir. A quel moment? Vous l'ignorez, et vous ne savez si celui à qui vous laisserez vos biens pourra en jouir. Vous vous privez, vous retranchez sur votre nourriture et, après votre mort, peut-être votre héritier ne déposera point de coupe sur votre tombe, ou s'il en dépose, ce sera pour s'enivrer, sans qu'aucune goutte arrive jusqu'à vous. Faites-vous donc du bien, quand vous le pouvez et toutes les fois que vous le pouvez. L'avarice vous tenait donc un langage différent de celui que vous tient l'amour du plaisir. Conservez pour vous, vous disait l'une, pensez à l'avenir; dépensez, dit l'autre, et ne songez qu'à bien vivre.

CHAPITRE VII. — *Jésus-Christ nous délivre de la tyrannie de ces deux maîtresses.* — 7. N'êtes-vous point fatigué, ô homme libre, ô homme appelé à la liberté, n'êtes-vous point fatigué de l'esclavage de ces maîtresses tyranniques? Reconnaissez votre Rédempteur, votre Libérateur. C'est lui qu'il faut servir; ce qu'il vous commande est bien plus facile et ses ordres ne sont point contradictoires. J'irai même plus loin : L'avarice et l'amour du plaisir vous donnaient des conseils opposés qui vous rendaient l'obéissance à toutes deux impossible. L'une disait : Conservez vos biens et pensez à l'avenir. L'autre : Dépensez et ne songez qu'à bien vivre. Votre Seigneur, votre Rédempteur va vous tenir le même langage sans la moindre contradiction. Si vous refusez de l'entendre, sachez qu'il ne veut point, dans sa maison, que vous le serviez à contre-cœur. Considérez donc votre Rédempteur, considérez le prix que vous lui avez coûté. Il est venu pour vous racheter au prix de son sang qu'il a versé. Jugez combien vous lui avez été cher par le prix que vous lui avez coûté. Vous connaissez celui qui vous a racheté, considérez de quelle servitude. Je ne dis rien ici de l'orgueilleuse domination que les autres vices exercent sur vous, car vous gémissez sous le joug honteux d'innombrables tyrans. Je ne parle que de ces deux maîtresses qui vous commandent et vous entraînent en sens contraire, l'avarice et l'amour du plaisir. Arrachez-vous à cet esclavage et venez à votre Dieu. Vous étiez l'esclave de l'iniquité, soyez maintenant l'esclave de la justice. Ces mêmes ordres qui, dans leur bouche, étaient contradictoires, votre Dieu vous les donne sans l'ombre de contradiction. Il ne supprime point leur langage, il se contente de leur ôter leur pouvoir. Que vous conseillait l'avarice? Conservez pour vous, pensez à l'avenir. L'homme seul change, le Verbe, la parole

---

plus sunt cavenda earum blandimenta, quam jussa. Quid dicit avaritia? Serva tibi, serva filiis tuis. Si egebis, nemo tibi dabit. Noli ad tempus vivere : consule tibi in futurum. Contra luxuria : Vive cum vivis, fac bene cum anima tua. Moriturus es, et quando nescis : cui relicturus es, an sit possessurus ignoras. Tu demis et subtrahis gutturi tuo : ille forte cum mortuus fueris, calicem super te non ponet; aut si forte calicem ponet, ipse inebriabitur, ad te nulla stilla descendet. Fac ergo bene cum anima tua, quando potes, cum potes. Aliud jubebat avaritia : Serva tibi, consule tibi in posterum. Aliud luxuria : Eroga, fac cum anima tua bene.

CAPUT VII. — *Ab earum jugo Christus liberat.* — 7. Tædeat te, o liber in libertatem vocate; tædeat te talium dominarum servitus. Agnosce Redemptorem tuum, Manumissorem tuum. Illi servi : faciliora jubet, contraria non jubet. Amplius audeo dicere : Contraria jubebant avaritia et luxuria, ita ut ambabus obtemperare non posses et dicebat una : Serva tibi, et consule in posterum : dicebat alia : Eroga, fac bene cum anima tua. Procedat Dominus tuus eadem dicturus, et contraria ejus non est necessarius qui servit invitus. Attende Redemptorem tuum, attende pretium tuum. Venit ut redimat, sanguinem fudit. Carum te habuit, quem tam caro emerat. Agnoscis qui emerit, attende unde redimat. Taceo de cæteris superbe in te dominantibus vitiis : innumerabilibus enim malis dominis serviebas. Has duas dico jubentes contraria, in diversa rapientes, avaritiam et luxuriam. Eripe te ab his, veni ad Deum tuum. Si servus eras iniquitatis, esto servus justitiæ. Verba quæ tibi dicebant, et contraria jubebant, ipsa audis a Domino tuo, et non contraria jubet. Verba eorum non tollit : sed potestatem tollit. Quid tibi dicebat avaritia? Serva tibi, consule in posterum. Verbum non mutatur, homo mutatur. Jam, si placet,

ne change point. Comparons maintenant, si vous le voulez, ces deux conseillers. L'un est l'avarice, l'autre la justice.

8. Examinez combien leurs conseils sont opposés. Conservez vos biens, dit l'avarice. Supposez que vous vouliez lui obéir, demandez-lui dans quel endroit. Elle vous montrera un lieu solidement construit, une chambre parfaitement murée, un coffre de fer. Défendez cet endroit par tous les moyens possibles ; un voleur se trouvera parmi vos domestiques qui brisera toutes ces défenses et pénétrera dans l'intérieur de votre logis, et, en voulant sauver votre argent, vous tremblerez pour votre vie. Peut-être même le soin extrême avec lequel vous gardez vos richesses inspire à celui qui veut vous les ravir le dessein de vous tuer. Enfin, je suppose que par toutes ces défenses, vous ayez mis votre trésor et vos vêtements à l'abri des voleurs, pouvez-vous les sauver également de la rouille et des vers ? Que ferez-vous ? Il n'y a point au dehors d'ennemi qui vienne vous dépouiller, c'est à l'intérieur qu'est l'ennemi qui dévore et consume.

CHAPITRE VIII. — *Autre conseil insensé que donne l'avarice.* — 9. Donc l'avarice ne vous donne point un bon conseil. Elle vous dit de conserver vos biens, et elle ne peut vous indiquer un lieu où vous puissiez les placer sûrement. Voyons ce qu'elle ajoute : Pensez à l'avenir. Quel est cet avenir ? Un petit nombre de jours incertains. Elle dit : Pensez à l'avenir, à un homme qui peut-être ne vivra point jusqu'à demain. Mais supposons qu'il vive autant que le présume l'avarice, je ne dis pas autant qu'elle peut le démontrer, l'affirmer, en avoir l'assurance, qu'il vive donc autant qu'elle se l'imagine, et qu'il parvienne à la viellesse à la fin de la vie ; je vois ce vieillard courbé, appuyé sur un bâton, chercher encore à s'enrichir et prêtant l'oreille à ce conseil de l'avarice : Pense à l'avenir. Quel est cet avenir ? Il est prêt à rendre l'âme en parlant. C'est pour vos enfants dit-elle. Plût à Dieu que nous ne comptions pas de riches avares parmi ceux qui n'ont pas d'enfants ! Mais à ceux-là mêmes, oui, à ces vieillards sans enfants qui ne peuvent donner l'affection pour excuse à leur iniquité, l'avarice ne cesse de dire : Songez à l'avenir. Peut-être ces réflexions les feront-ils rougir ? Voyons si ceux qui ont des enfants sont assurés que leurs enfants posséderont ce qu'ils veulent leur laisser. Qu'ils considèrent pendant leur vie les enfants des autres, ceux-ci dépouillés par l'injustice de tout ce qu'ils possèdent, ceux-ci consumant tous leurs biens dans une vie de désordres, et les enfants des riches réduits ainsi à une extrême pauvreté. A quoi donc vous sert de naître esclaves de l'avarice ? Mes enfants, dites-vous, posséderont ce que je leur laisserai. Rien n'est plus incertain ; je ne dis pas : rien n'est plus faux, mais : rien n'est plus incertain que ce que vous pensez faire. Supposons à tout prendre, que la chose soit certaine, que voulez-vous leur

---

compara consulentes. Illa avaritia est, ista justitia.

8. Ipsa contraria discute. Serva tibi, inquit avaritia. Pone te velle obtemperare : interroga ubi serves. Illa tibi monstratura est munitum locum, muratum cubiculum, arcam ferream. Omnia muni : forte domesticus fur etiam interiora perrumpet : et cum pecuniæ tuæ consulis, vitæ tuæ timebis. Forte dum multum servas, qui vult eripere, cogitat et occidere. Postremo adversus fures licet quocumque munimine thesaurum tuum et vestem tuam communias ; communi ea adversus rubiginem et tineam. Quid facturus es ? Non est foris hostis auferens, sed est intus absumens.

CAPUT VIII. — *Aliud stolidum consilium.* — 9. Non ergo bonum consilium dedit avaritia. Ecce jusssit ut serves, et non invenit dare locum ubi serves. Dicat etiam consequentia : Consule in posterum. In quantum posterum ? In dies paucos et incertos. Dicit : Consule in posterum, homini fortassis victuro neč in crastinum. Sed ecce vivat quantum putat avaritia, non quantum ostendit, non quantum docet, non quantum fidit ; sed quantum putat vixerit, senuerit, finierit ; adhuc senex incurvus, baculo innixus, lucrum quærit, et audit avaritiam dicentem : Consule in posterum. In quod posterum ? Jam exspirans (*f.* exspiranti) loquitur. Propter filios tuos, inquit. Utinam vel illos senes non avaros haberemus, qui filios non habent. Etiam ipsis, etiam talibus, etiam iniquitatem suam nulla pietatis imagine excusantibus non cessat dicere : Consule in posterum. Sed forte ipsi cito erubescunt : illos videamus qui filios habent, utrum certi sint filios suos possessuros esse quæ reliquerint. Intendant cum vivunt, filios aliorum, alios aliena improbitatibus quod habuerant amittentes, alios propria nequitia quod possederant consumentes : et remanent inopes filii divitum. Parcite nasci servi avaritiæ. Sed possidebunt hoc, inquit, filii mei. Incertum est : non dico : Falsum est : sed (*a*) quod

---

(*a*) Corbeiensis Mss. *sed feceris :* omisso *quod.*

laisser ? Ce que vous avez acquis. Or, ce que vous avez acquis ne vous a pas été laissé par vos parents, et vous ne laissez pas de l'avoir. Si donc vous avez pu gagner ce que vos parents ne vous ont pas laissé, vos enfants pourront également posséder ce que vous ne leur aurez point laissé.

CHAPITRE IX. — *Dieu donne le même conseil que l'avarice.* — 10. Les conseils de l'avarice sont donc réfutés ; écoutons maintenant le Seigneur nous donnant les mêmes conseils ; la justice va se faire entendre, elle nous adressera les mêmes paroles, mais non les mêmes enseignements. Conservez vos biens, dit le Seigneur votre Dieu, songez à l'avenir. Demandez-lui aussi : Et quel endroit choisirai-je pour les conserver ? « Vous aurez un trésor dans le ciel » où le voleur ne peut venir le dérober, ni la rouille le ronger. Et pour quel avenir les conserverez-vous ? « Venez, les bénis de mon Père, possédez le royaume qui vous a été préparé dès l'origine du monde. » (*Matth.*, xxv, 24.) Les dernières paroles de cette sentence nous apprennent quelle est la durée de ses jours. En parlant de ceux qui seront à gauche, il dit : « C'est ainsi qu'ils iront au feu éternel, » et de ceux qui seront à droite : « Et les justes dans la vie éternelle. » Voilà l'avenir auquel il faut songer; l'avenir qui ne sera point suivi d'un autre avenir. Ces jours sans fin ont reçu le nom de jours, et nous sont aussi représentés sous le symbole d'un jour unique. Le Psalmiste dit : « Afin que j'habite dans la maison du Seigneur pendant toute la durée des jours éternels. » (*Ps.* xxii, 6.) Il en parle aussi comme d'un seul jour : « Je vous ai engendré aujourd'hui. » (*Ps.* ii, 7.) Ces jours ne forment plus qu'un seul jour, parce que le temps aura cessé d'exister ; ce jour ne sera ni précédé par le jour d'hier, ni poussé par le lendemain. Songeons donc sérieusement à l'avenir, ces paroles sont les mêmes que vous adressait l'avarice, et elles servent à la détruire.

11. Vous m'objecterez enfin : Et que ferai-je de mes enfants ? Ecoutez le conseil de votre Seigneur. S'il vous disait : Je pense plus utilement à vos enfants, moi qui les ai créés, que vous qui les avez engendrés, vous n'auriez rien à lui répondre (1). Mais en considérant ce riche qui s'en alla tout triste et dont l'Evangile blâme la conduite, vous direz peut-être : Ce riche a mal fait de ne point vendre tous ses biens pour en donner le prix aux pauvres ; mais pour moi, j'ai des enfants, et je sais pour qui je dois conserver mes biens. Le Seigneur va répondre à cette nouvelle faiblesse.

CHAPITRE X. — *Il faut transmettre à l'enfant qui est mort la part qui lui était destinée.* — J'oserai donc dire avec la grâce de Dieu, en m'appuyant non sur mes propres pensées, mais

(1) Voyez ci-dessus, sermon ix, n° 20 et 21.

feceris, incertum est. Postremo, fac certum : quid eis vis relinquere? Quod acquisisti tibi. Certe quod acquisisti relictum non erat, et habes. Si tu habere potuisti quod tibi relictum non est, poterunt ergo habere et illi quod tu non reliqueris.

CAPUT IX. — *Consilium Dei id jubentis quod avaritia.* — 10. Refutata sunt consilia avaritiæ : sed Dominus eadem dicat, justitia jam loquatur : ipsa erunt verba, non ipsa sententia. Serva tibi, ait Dominus tuus, consule in posterum. Et hunc interroga : Ubi servabo? « Habebis thesaurum in cœlo : » ubi fur non accedet, neque tinea corrompat. In quantum posterum servabis ? « Venite benedicti Patris mei, percipite regnum, quod vobis paratum est ab origine mundi. » (*Matth.*, xxv, 24.) Hoc regnum quantorum dierum est, ostendit finis ipse sententiæ. Cum de sinistris diceret : « Sic ibunt illi in ambustionem æternam; ait de dexteris : Justi autem in vitam æternam. » Hoc est consulere in posterum? Posterum, quod posteriora non habeat. Dies illi sine fine, dicti sunt dies, et dictus est dies. Ait enim quidam : Ut habitem in domo Domini in longitudinem dierum (*Psal.* xxii, 6), cum de illis diebus diceret. Et dies dictus est : Ego hodie genui te. (*Psal.* ii, 7.) Et illi dies unus dies : quia jam nec tempus : dies ille nec ab hesterno præceditur, nec crastino excluditur. Ergo in ipsum posterum consulamus : et non diversa sunt verba, quæ tibi dicebat avaritia; et eversa est avaritia.

11. Restat ut dicas : Et quid ago de filiis meis? Audi et inde consilium Domini tui. Si tibi dicat Dominus tuus: Melius ego cogito qui creavi, quam tu qui generasti : forte quod dicas non habebis. Sed divitem illum aspecturus es qui tristis abscessit, et in Evangelio reprehensus est; et dices tibi forte : Ille dives ideo male fecit non vendere omnia, et dare pauperibus, quia filios non habebat : ego autem habeo filios; habeo quibus servem. Et in hac infirmitate consistit tibi Dominus tuus.

CAPUT X. — *Filio mortuo sua pars transmittenda.* — Audeam dicere per ejus misericordiam : audeam dicere aliquid, non de mea præsumptione, sed de

sur sa miséricorde : Gardez vos biens pour vos enfants, mais écoutez-moi. Si par un de ces accidents trop ordinaires, quelqu'un vient à perdre l'un de ses enfants, remarquez, mes frères, que l'avarice n'a plus d'excuse ni dans ce monde ni dans l'autre. Comme je vous l'ai dit, c'est un accident ordinaire à notre humanité, ce n'est pas un vœu que nous formons, mais un fait que nous prenons pour exemple. Un chrétien est mort, vous avez perdu un enfant chrétien ; mais non, vous ne l'avez point perdu, vous l'avez envoyé devant vous. Il n'a pas rompu tout rapport avec vous, il vous a précédé. Interrogez votre foi, elle vous répondra que vous devez aller vous-même là où il est entré le premier. En deux mots, voilà ma pensée, et je ne pense pas que personne puisse la contredire. Votre fils est-il vivant? Interrogez votre foi. Or, s'il est vivant, pourquoi ses frères s'emparent-ils de la part qui lui revenait? Mais, me direz-vous, est-ce qu'il reviendra pour en prendre possession? Envoyez-lui donc son héritage dans le lieu où il vous a précédé; il ne peut venir le chercher, mais cet héritage peut aller le rejoindre. Considérez avec qui il se trouve. Si votre fils faisait partie de la garde du palais, qu'il devînt ami de l'empereur et qu'il vous dît : Vendez la part qui me revient, et envoyez-la moi, quelle objection auriez-vous à lui faire? Or, votre fils est maintenant avec l'Empereur de tous les empereurs, avec le Roi de tous les rois, avec le Seigneur de tous les seigneurs; envoyez-lui donc ce qu'il vous demande. Je ne vous dis point : Il en a besoin, mais son Seigneur, celui auprès de qui il se trouve, en a besoin sur la terre. Il veut recevoir ici-bas ce qu'il donne dans le ciel. Faites comme certains avares, faites passer votre argent, donnez-le à des voyageurs, pour le recevoir un jour dans votre patrie.

Chapitre XI. — *On doit à un enfant après sa mort ce qu'on gardait pour lui s'il eût vécu. On doit donner à Jésus-Christ une part d'enfant dans le partage de son patrimoine.* — 12. Mais je laisse ce qui vous touche pour ne plus parler que de votre fils. Vous hésitez à donner ce qui est à vous, vous hésitez même à rendre le bien d'autrui ; n'est-ce pas une preuve certaine que vous ne gardiez pas ce bien pour vos enfants? Vous ne le donnez pas à vos enfants, puisque vous l'enlevez à vos enfants. Vous en privez certainement celui qui est mort. Pourquoi serait-il indigne de recevoir ? Parce qu'il vit dans la compagnie d'un Père plus excellent? Si celui, dans la société duquel il vit, refusait de recevoir ce bien, vous pourriez justement en enrichir votre maison qui serait vraiment la maison de Dieu. Loin de moi donc de vous dire : Donnez ce que vous avez ; je vous dis simplement : Rendez ce que vous devez. Mais ses frères, dites-vous, auront sa part d'héritage. O doctrine perverse qui apprend aux enfants de souhaiter la mort à leurs frères! Si vos enfants

ipsius miseratione. Serva et filiis tuis : sed audi me. Si, ut sunt humana, de filiis quisque suis aliquem amiserit : intendite Fratres, intendite, qui avaritia excusationem non habet, neque hic, neque in futuro sæculo. Ecce et humana sunt : non enim optamus, sed exempla conspicimus. Amissus est aliquis Christianus, Christianum filium amisisti : non ergo amisisti, sed præmisisti. Neque enim ille decessit, sed præcessit. Interroga fidem tuam : certe et tu illo iturus es, quo ille antecessit. Rem brevem dico, cui puto quod nemo respondeat. Vivit filius tuus? Interroga fidem tuam. Si ergo vivit, quare invaditur pars ejus a fratribus ejus? Sed dices : Numquid rediturus est, et possessurus? Mittatur ergo illi quo præcessit ille : ad rem suam venire non potest, res ejus ad eum ire potest. Vide cum quo sit. Si in palatio militaret filius tuus, et amicus Imperatoris fieret, et diceret tibi : Vende ibi partem meam, et mitte mihi : numquid invenires quid responderes ? Modo cum Imperatore omnium imperatorum, et cum Rege omnium regum, et cum Domino omnium dominorum est filius tuus : mitte illi. Non dico : Necessarium habet ipse : Dominus ipsius, apud quem est filius tuus, eget in terra. Hic vult accipere quod dat in cœlo. Quod facere nonnulli avari solent, fac trajectitium : da in peregrinos, quod recipias in patria tua.

Caput XI. — *Mortuo debetur, quod vivo servabatur. Christus filiis annumerandus in patrimonii divisione.* — 12. Postremo jam de te nihil, de filio tuo loquor. Dubitas dare tuum, dubitas et reddere alienum : certe convinceris, quia non filiis tuis servabas. Ecce non das filiis tuis, quia tolles filiis tuis. Huic certa tolles. Quare indignus est accipere, quia cum digniore vivit? Merito si ille cum quo vivit nollet accipere, jam domui tuæ, sed domui divinæ dives. Absit ergo ut tibi dicam : Da quod habes : sed dico tibi : Redde quod debes. Sed habebunt illud, ais, fratres illius. O mala doctrina, docens filios tuos mortem optare fratribus suis. Si de re fratris sui mortui ditiores erunt,

SERMON LXXXVI.

s'enrichissent de la part laissée par leur frère mort, faites attention aux rapports qu'ils auront entre eux dans votre maison. Que ferez-vous donc? Vous partagez l'héritage et vous enseignez le fratricide.

13. Mais ne parlons point plus longtemps de la mort possible d'un de vos enfants, ce serait comme la menace d'un malheur suspendu sur vos têtes. Faisons entendre un langage plus sympathique et plus agréable. Je ne vous dis pas; vous aurez un enfant de moins, mais; comptez un enfant de plus. Donnez place à Jésus-Christ parmi vos enfants, que votre Seigneur entre dans votre famille, que votre Créateur prenne rang parmi ceux que vous avez engendrés, que votre frère vienne augmenter le nombre de vos enfants. Malgré la distance immense qui nous séparait de lui, il a daigné être notre frère. Il est le Fils unique du Père et il a voulu avoir des cohéritiers. Vous voyez quelle a été sa libéralité, et pourquoi donc cette parcimonie de votre côté? Vous avez deux enfants, comptez-le pour le troisième; vous en avez trois, qu'il devienne le quatrième; vous en avez un cinquième, il sera le sixième; vous en avez dix, qu'il soit le onzième. Je ne veux point m'étendre davantage, gardez à votre Seigneur la place d'un de vos enfants. Ce que vous donnerez à votre Seigneur vous sera profitable ainsi qu'à vos enfants; mais ce que vous gardez malencontreusement à vos enfants, ne pourra que leur nuire ainsi qu'à vous-même. Vous donnerez à Jésus-Christ la part que vous assignez à l'un de vos enfants. Supposez que vous avez un enfant de plus.

CHAPITRE XII. — *L'avarice ne peut apporter aucune excuse.* — 14. Qu'y a-t-il donc ici de si difficile, mes frères? Je vous donne un conseil, je ne vous prends pas à la gorge. Comme l'Apôtre, « je vous dit ceci pour votre avantage, non pour vous tendre un piége. » (I *Cor.*, VII, 35.) Je crois, mes frères, qu'il vous en coûte peu, qu'il vous est facile à vous, qui êtes père, de penser que vous avez un fils de plus, et d'acquérir des domaines que vous pourrez posséder éternellement, vous et vos enfants. L'avarice n'a rien ici à objecter. Vous applaudissez à mes paroles. Vos applaudissements sont une condamnation de l'avarice; ne permettez donc point qu'elle triomphe de vous et qu'elle ait plus de puissance dans vos cœurs que votre Rédempteur. Qu'elle n'ait point plus d'empire dans votre cœur que celui qui vous avertit d'avoir le cœur élevé vers le ciel. En voilà donc assez pour l'avarice.

15. Que dit maintenant l'amour du plaisir? quel est son langage? Faites du bien à votre âme. Mais le Seigneur ne dit pas autre chose : Faites du bien à votre âme. Ainsi la justice vous tient le même langage que l'amour du plaisir. Examinez toutefois dans quel sens la justice vous parle. Si vous voulez faire du bien à votre âme, considérez ce riche qui, sous l'inspiration

---

vide quemadmodum se attendant in domo tua. Quid ergo facies? Patrimonium divinis, et parricidia doces?

13. Sed nolo dicere de uno amisso, ne casus humanos videar minari. Melius quodam modo prosperiusque loquamur. Non dico, unum minus habebis, computa quia unum plus habes. Fac locum Christo cum filiis tuis, accedat familiæ tuæ Dominus tuus, accedat ad prolem Creator tuus, accederet ad numerum filiorum tuorum frater tuus. Cum enim tantum intersit, et frater esse dignatus est. Ecce ille quam largiter patri Unicus, voluit habere cohæredes. Ecce ille quam largiter: tu quare tam steriliter? Duos filios habes, tertium illum computa : tres habes, quartus numeretur: quintum habes, sextus dicatur : decem habes, undecimus sit. Nolo amplius dicere : unius filii tui serva locum Domino tuo. Quod enim dabis Domino tuo, et tibi proderit et filiis tuis : quod autem male servas filiis tuis, et tibi oberit et filiis. Dabis autem portionem unam, quam unius filii deputasti. Deputa te unum amplius genuisse.

CAPUT XII. — *Avaritiæ excusatio sublata.* — 14. Quid magnum, Fratres mei? Consilium do, numquid guttur ligo? Sicut ait Apostolus : Hæc ad utilitatem vestram dico, non ut laqueum vobis injiciam. (I *Cor.*, VII, 35.) Puto, Fratres, quia parva et facilis cogitatio est, putare patrem filiorum habere unum filium amplius, et comparare talia prædia quæ possideas in æternum, et ipse et filii tui. Quid dicat avaritia, non habet. Clamastis ad verba ista. Loquimini contra illam, non vos vincat, non plus valeat in cordibus vestris, quam Redemptor vester. Non plus valeat in corde vestro, quam ille qui monet ut sursum corda habeamus. Jam ergo istam dimittamus.

15. Luxuria quid dicit? Quid? Fac cum anima tua bene. Ecce dicit et Dominus : Fac cum anima tua bene. Quod tibi dicebat luxuria, hoc tibi dicit justitia. Sed vide et hic quomodo dicatur. Si cum anima tua vis facere bene, attende illum divitem, qui ex consilio luxuriæ et avaritiæ volebat cum anima sua bene facere. Successit ei regio, et non habebat ubi

de l'amour du plaisir et de l'avarice, voulait aussi faire du bien à son âme. Ses champs lui rapportèrent une récolte si abondante qu'il ne savait où serrer ses fruits. Et il dit : « Que ferai-je, car je n'ai point où serrer ce que j'ai recueilli ? Voici ce que je ferai : J'abattrai mes anciens greniers et j'en rebâtirai de nouveaux, et je les remplirai, et je dirai à mon âme : « Tu as beaucoup de biens, réjouis-toi. » (*Luc*, XII, 16, etc.) Ecoutez maintenant la condamnation de cet amour des plaisirs : « Insensé, cette nuit même on te redemandera ton âme, et pour qui sera ce que tu as amassé ? » Et où ira cette âme qui te sera enlevée ? Cette nuit même elle te sera redemandée, et elle ne sait où elle ira.

CHAPITRE XIII. — *Autre espèce de riche vivant dans le luxe et la sensualité.* — 16. Voici un autre riche qui vivait dans la mollesse et l'orgueil. Il donnait tous les jours de magnifiques repas, il était vêtu de pourpre et de lin. A sa porte était étendu un pauvre couvert d'ulcères qui souhaitait, mais inutilement, se rassasier des miettes qui tombaient de la table du riche. (*Luc*, XVI, 19.) Il nourrissait les chiens de ses ulcères, et n'était point nourri lui-même par le riche. Or, tous deux moururent ; l'un fut enseveli, et qu'est-il dit de l'autre ? « Il fut porté par les anges dans le sein d'Abraham. » Le riche voit le pauvre, ou plutôt le pauvre voit le riche, et à celui qui désirait les miettes de sa table, il demande de laisser tomber de son doigt une goutte d'eau sur sa langue. Les rôles sont bien changés. Les désirs du riche qui est mort sont superflus, mais que ces enseignements ne soient point perdus pour nous qui vivons encore. Le riche demande de revenir sur la terre sans pouvoir l'obtenir, il voulait qu'on envoyât quelqu'un des morts vers ses frères, et cette grâce ne lui fut pas non plus accordée. Mais que lui fut-il répondu ? « Ils ont Moïse et les prophètes. Non, dit-il, ils n'écouteront que si quelqu'un des morts va vers eux. Abraham lui répondit : S'ils n'écoutent ni Moïse ni les prophètes, ils ne croiront point, quand même quelqu'un des morts ressusciterait. »

CHAPITRE XIV. — *Il faut suivre maintenant le conseil que Dieu nous donne de faire l'aumône.* — 17. Ainsi Moïse et les prophètes, pour nous engager à faire l'aumône, à préparer à notre âme pour l'avenir un repos assuré, nous tiennent le même langage que nous tient l'amour du plaisir, mais dans un sens contraire, et nous conseillent de faire du bien à notre âme. Ecoutons ces enseignements tandis que nous sommes encore en vie. C'est inutilement qu'on désire les entendre plus tard, lorsqu'on a dédaigné de les écouter ici-bas. Attendons-nous que quelqu'un des morts ressuscite et vienne nous engager à faire du bien à notre âme ? C'est déjà un fait accompli, ce n'est pas votre père qui est ressuscité, c'est votre Seigneur. Ecoutez-le, recevez avec docilité ses sages conseils. Ne

---

reconderet fructus suos, et ait : Quid faciam? non habeo quo colligam. Inveni quid faciam : destruam apothecas veteres, et novas ædificabo, et replebo eas, et dicam animæ meæ : Habes multa bona, jucundare. (*Luc.*, XII, 16, etc.) Audi consilium contra luxuriam : Stulte, anima tua hac nocte auferetur abs te : quæ præparasti, cujus erunt? Et quo itura est anima ista, quæ auferetur ab illo? Hac nocte auferetur, et nescit quo itura est.

CAPUT XIII. — *Dives alter luxuriosus.* — 16. Vide alium divitem luxuriosum, superbum. Epulabatur quotidie splendide, et induebatur purpura et bysso : et pauper ulcerosus jacebat ad januam, micas de mensa divitis frustra concupiscebat : canes ulceribus pascebat, et a divite non pascebatur. (*Luc.*, XVI, 19.) Uterque mortuus est : unus eorum sepultus est; de altero quid dictum est? « Ablatus est ab angelis in sinum Abrahæ. » Videt dives pauperem, imo jam pauper divitem : desiderat de digito stillam aquæ in linguam suam, ab illo qui desideravit micam de mensa ejus. Certe vices mutatæ sunt. Frustra hoc dicit dives mortuus : non frustra hoc audiamus qui vivimus. Nam et ille voluit ad superos revocari, et non est permissus : voluit aliquem mortuorum mitti ad fratres suos, nec hoc illi concessum est. Sed quid ei dictum est? Habent ibi Moysen et Prophetas. Et ille : Non audient, nisi aliquis a mortuis ierit. Ait illi Abraham : Si Moysen et Prophetas non audiunt, nec si quis a mortuis ierit, credent.

CAPUT XIV. — *Consilium Dei de faciendis eleemosynis nunc amplectendum* — 17. De faciendis ergo eleemosynis, et comparanda animæ requie in posterum, ut faciamus bene cum anima nostra, quod perverse dixit luxuria, dixit et Moyses, dixerunt et Prophetæ. Audiamus cum vivimus. Quia ibi frustra concupiscit audire, qui contempsit ista cum audiret. Au exspectamus ut aliquis a mortuis resurgat, et dicat nobis, ut faciamus cum anima nostra bene? Jam et hoc factum est : non resurrexit pater tuus, sed resurrexit Dominus tuus. Ipsum audi, accipe

ménagez pas vos trésors, donnez autant que vous pourrez. C'était le conseil que vous donnait l'amour du plaisir, c'est celui que le Seigneur lui-même vous fait entendre. Donnez donc autant que vous pouvez; faites tout le bien possible à votre âme, de peur qu'on ne vous la redemande cette nuit. Le discours que je viens de vous adresser au nom de Jésus-Christ est un sermon sur l'obligation de faire l'aumône. Les applaudissements que vous me donnez seront agréables à Dieu, s'il voit vos œuvres répondre à vos paroles.

SERMON LXXXVII [1].

Prononcé un dimanche, à l'occasion de ces paroles du chapitre xx de l'Evangile selon saint Matthieu : *Le royaume des cieux est semblable à un père de famille qui envoya des ouvriers dans sa vigne.*

CHAPITRE PREMIER. — *Nous cultivons Dieu et Dieu nous cultive.* — 1. La parabole des ouvriers de la vigne que vous venez d'entendre dans la lecture du saint Evangile, a un rapport de convenance avec la saison présente. En effet, c'est le temps de la vendange matérielle. Mais il y a aussi une vendange spirituelle où Dieu se réjouit de recueillir le fruit de sa vigne. Nous cultivons Dieu et Dieu nous cultive. Mais nous ne cultivons pas Dieu pour le rendre meilleur par cette culture. Nous le cultivons par nos adorations et non par le labour; Dieu, au contraire, nous cultive comme un laboureur cultive son champ. Or, en nous cultivant, il nous rend meilleurs, de même que le laboureur améliore son champ par la culture, et il demande que nous produisions du fruit, et ce fruit c'est le culte que nous lui rendons. Cette culture de Dieu est toute au dedans de nous, il ne cesse par sa parole d'arracher les mauvaises semences de notre cœur, d'ouvrir notre âme comme par le soc de la parole, d'y répandre la semence de ses préceptes et d'attendre les fruits de la piété. Lorsque nous nous soumettons à ce travail de culture qu'il veut faire dans notre cœur et que nous lui offrons le culte qui lui est dû, nous ne sommes pas ingrats envers ce divin laboureur et nous rendons les fruits qu'il est heureux de recueillir. Or, ces fruits ne l'enrichissent pas, mais augmentent notre bonheur.

2. Ainsi donc, comme je viens de le dire, Dieu nous cultive. Il n'est point besoin de vous prouver que nous-mêmes nous cultivons Dieu, nous rendons un culte à Dieu; n'est-ce pas un langage universellement reçu, que les hommes rendent un culte à Dieu? Au contraire, on est tout étonné d'entendre dire que Dieu cultive les hommes; car il n'est pas dans l'usage de dire que Dieu

---

[1] C'est le titre que nous lisons en tête de ce sermon, dans les meilleurs manuscrits de la bibliothèque Colbert. Dans d'autres manuscrits, on trouve ce titre beaucoup bien moins choisi : *sur ces paroles de l'Evangile selon saint Jean :* « Je suis la vigne, etc. »

---

bonum consilium. Noli parcere thesauris tuis, eroga quantum potes. Luxuriæ vox erat : Domini vox facta est. Eroga quantum potes, fac bene cum anima tua, ne auferatur hac nocte anima tua. Habetis in nomine Christi, quantum arbitror : Sermonem de faciendis eleemosynis. Vox ista vestra laudantium, tunc accepta est Domino, si videat et manus operantium.

SERMO LXXXVII [a].

Habitus die dominica, ab eo quod scriptum est in Evangelio Matth., xx : *Simile est regnum cœlorum homini patri familias, qui misit operarios in vineam suam.*

CAPUT PRIMUM. — *Colimus nos Deum, et colit nos Deus.* — 1. De sancto Evangelio præsenti tempori consonantem similitudinem audistis de his qui operantur in vinea. Est enim modo tempus vindemiæ corporalis. Est autem et spiritalis vindemia, ubi Deus gaudet ad fructum vineæ suæ. Colimus enim Deum, et colit nos Deus. Sed non sic Deum colimus, ut nos eum meliorem colendo faciamus. Colimus enim eum adorando, non arando. Ille autem colit nos tanquam agricola agrum. Quod ergo nos ille colit, meliores nos reddit; quia et agricola agrum colendo facit meliorem : et ipsum fructum in nobis quærit, ut eum colamus. Cultura ipsius est in nos, quod non cessat verbo suo exstirpare semina mala de cordibus nostris, aperire cor nostrum tanquam aratro sermonis, plantare semina præceptorum, exspectare fructum pietatis. Cum enim istam culturam in cor nostrum sic acceperimus, ut eum bene colamus, non exsistimus ingrati agricolæ nostro, sed fructum reddimus quo gaudeat. Et fructus noster non illum ditiorem facit, sed nos beatiores.

2. Ecce audite, quia sicut dixi, colit nos Deus. Nam quia nos colimus Deum, non opus est ut probetur vobis. Omnis enim homo hoc habet in ore, quia homines colunt Deum. Quia vero Deus colit homines, quasi expavescit auditor quando audit : quia non est in usu hominum ut dicatur, quia Deus colit homines; sed quia Deum colunt homines. Debemus ergo probare vobis, quia et Deus colit homines; ne forte

---

[a] Alias LIX, de verbis Domini.

cultive les hommes, mais que les hommes cultivent Dieu, rendent un culte à Dieu. Nous devons cependant vous prouver que Dieu aussi cultive les hommes; car on pourrait nous accuser d'avoir employé une expression inexacte, s'élever intérieurement contre nous et nous condamner pour ne pas comprendre ce que nous avons dit. Mon dessein est donc de vous démontrer que Dieu nous cultive, mais, ainsi que je l'ai dit, comme on cultive un champ, pour nous rendre meilleurs. Le Seigneur dit dans l'Evangile : « Je suis la vigne, vous êtes les branches, mon Père est le laboureur. » (*Jean*, xv, 5.) Or, que fait le laboureur? C'est à vous que je le demande, à vous qui êtes laboureurs ? Que fait le laboureur? Sans doute, il cultive son champ. Si donc Dieu le Père est laboureur, il a un champ, il cultive son champ et il attend le fruit qu'il doit en recueillir.

Chapitre II. — *Quelle est la vigne que Dieu a plantée.* — 3. Dieu lui-même a planté une vigne, dit Notre-Seigneur Jésus-Christ et il la loua à des vignerons pour en recevoir le fruit en son temps. (*Matth.*, xxi, 33.) Et il envoya ses serviteurs pour leur demander le fruit de la vigne. Mais les vignerons les accablèrent d'outrages, en tuèrent quelques-uns, et refusèrent de rendre les fruits qu'on leur demandait. Il leur envoya d'autres serviteurs qui essuyèrent les mêmes traitements. Alors le père de famille qui cultive lui-même son champ, qui avait planté et loué sa vigne, dit : « Je leur enverrai mon fils, peut-être auront-ils du respect pour lui. Et il leur envoya son fils. Alors les vignerons dirent entre eux : Voici l'héritier, venez, tuons-le, et nous aurons son héritage. Et ils le tuèrent, et le jetèrent hors de la vigne. Lors donc que viendra le maître de la vigne, que fera-t-il à ces vignerons? Ils lui répondirent : Il fera périr misérablement ces méchants, et il louera sa vigne à d'autres vignerons qui lui en rendront le fruit en son temps. » Cette vigne a été plantée lorsque la loi a été gravée dans le cœur des Juifs. Les prophètes ont été envoyés pour en recueillir les fruits, c'est-à-dire les fruits de leurs bonnes œuvres; les prophètes furent accablés d'outrages et mis à mort. Alors fut envoyé le Christ, le Fils unique du Père de famille, et ils mirent à mort l'héritier lui-même, et perdirent ainsi l'héritage. Leur dessein criminel a tourné contre eux. Ils tuèrent l'héritier pour s'emparer de sa succession, et c'est pour l'avoir tué qu'ils ont perdu cet héritage.

Chapitre III. — *Les ouvriers loués pour travailler à la vigne.* — 4. Vous avez entendu encore, il n'y a qu'un instant, cette autre parabole de l'Evangile : « Le royaume des cieux est semblable à un père de famille, qui sortit afin de louer des ouvriers pour sa vigne. » (*Matth.*, xx, 1, etc.) Il sortit de grand matin, loua ceux

---

putemur verbum indisciplinatum dixisse, et aliquis in corde suo disputet contra nos, et nesciens quid dixerimus reprehendat nos. Hoc ergo constitutum est demonstrare vobis, quia et Deus colit nos; sed jam dixi, sicut agrum, ut meliores nos faciat. Dominus dicit in Evangelio : Ego sum vitis, vos estis sarmenta, Pater meus est agricola. (*Joan.*, xv, 5.) Quid facit agricola? Interrogo vos qui agricolæ estis, quid facit agricola? Puto quia agrum colit. Si ergo Pater Deus agricola est, habet agrum, et colit agrum suum, et exspectat inde fructum.

Caput II. — *Vinea a Deo plantata.* — 3. Denique plantavit vineam, sicut dicit ipse Dominus Jesus Christus, et locavit eam agricolis, qui redderent ei fructum temporibus propriis. (*Matth.*, xxi, 33, etc.) Et misit ad eos servos suos, ut peterent mercedem vineæ. Illi autem contumeliis eos affecerunt, aliquos et occiderunt, et fructum reddere contempserunt. Misit alios, talia perpessi sunt. Et dixit ille pater familias, cultor agri sui, et plantator et locator vineæ suæ : Mittam unicum filium meum, forte vel ipsum verebuntur. Et misit, inquit, etiam filium suum. Dixerunt illi apud se ipsos : Hic est hæres, venite occidamus eum, et nostra erit hæreditas. Et occiderunt eum, et projecerunt extra vineam. Cum venerit Dominus vineæ, quid faciet illis malis colonis? Responsum est : Malos male perdet, et vineam suam locabit aliis agricolis, qui reddant ei fructum in tempore suo. Plantata est vinea, lege data in cordibus Judæorum. Missi sunt Prophetæ, quærentes fructum, bonam vitam eorum : Prophetæ ab eis contumeliis affecti, et occisi sunt. Missus est et Christus unicus Filius patris familias; et ipsum occiderunt hæredem, et ideo perdiderunt hæreditatem. In contrarium eis vertit malum consilium. Ut possiderent, occiderunt : et quia occiderunt, perdiderunt.

Caput III. — *Operarii ad vineæ culturam conducti.* — 4. Et modo audistis similitudinem ex Evangelio sancto, quia « simile est regnum cœlorum patrifamilias, qui exiit conducere operarios ad vineam suam. » (*Matth.*, xx, 1, etc.) Exiit mane, et quos invenit conduxit; et placuit cum eis mercedem denarium. Exiit et hora tertia, invenit alios, et adduxit

qu'il trouva et convint avec eux d'un denier pour salaire. Il sortit à la troisième heure, en vit d'autres et les envoya travailler à sa vigne. Il fit la même chose à la sixième et à la neuvième heure. Il sortit enfin à la onzième heure vers la fin du jour, et en trouva d'autres qui se tenaient sur la place sans rien faire, et il leur dit : Pourquoi demeurez-vous ici? Pourquoi ne travaillez-vous pas à ma vigne? Ils lui répondirent : Parce que personne ne nous a loués. Allez, leur dit-il, et je vous donnerai ce qui sera juste. Ils furent satisfaits du denier qui leur fut promis pour salaire. Comment ceux qui ne devaient travailler qu'une heure, auraient-ils pu espérer un denier? Ils s'estimaient heureux cependant de pouvoir recevoir quelque chose, et on les envoya travailler pour une heure. Le soir étant venu, le père de famille commanda de payer à chacun ce qui lui était dû, en commençant par les derniers jusqu'aux premiers. On commença donc par ceux qui étaient venus à la onzième heure, et il leur fit donner à chacun un denier. Ceux qui avaient travaillé depuis la première heure, voyant que les derniers recevaient un denier dont on était convenu avec eux, crurent qu'ils recevraient davantage; mais quand leur tour fut venu, ils reçurent également chacun un denier. Ils murmurèrent donc contre le père de famille en disant : Nous avons supporté le poids du jour et de la chaleur, et vous nous égalez à ceux qui n'ont travaillé qu'une heure dans votre vigne. Le père de famille fit à l'un d'eux cette réponse, on ne peut plus juste : Mon ami, je ne vous fais point d'injustice; c'est-à-dire je ne vous fais point de tort, je vous ai donné ce dont nous sommes convenus, je ne vous ai point trompé, je vous paye le prix stipulé entre nous. Ce n'est pas le paiement d'un salaire, mais une grâce que je veux faire à celui-ci. Ne m'est-il pas permis de faire ce que je veux de mon bien, et votre œil est-il mauvais parce que je suis bon? Si je prenais à quelqu'un ce qui ne m'appartient pas, je serais justement répréhensible comme coupable de fraude et d'injustice; si je ne rendais pas à un autre ce que je lui dois, on m'accuserait, et avec raison, de mauvaise foi et de renier mes dettes; mais dès lors que je paie fidèlement ce que je dois, et que je donne d'ailleurs à qui bon me semble, celui à qui j'ai payé ce que je lui devais ne peut se plaindre de moi, et celui à qui je donne gratuitement doit s'en estimer d'autant plus heureux. Il n'y avait rien à répondre. Tous ont été traités de la même manière, les derniers ont été les premiers et les premiers les derniers, non que l'ordre établi ait été renversé, mais parce que tous ont été traités avec égalité. Que signifient ces paroles : Les derniers ont été les premiers et les premiers les derniers? C'est-à-dire qu'ils ont reçu les uns autant que les autres.

Chapitre IV. — *Que signifie le salaire payé d'abord à ceux qui sont venus les derniers?* —

ad opus vineæ. Et sexta hora hoc fecit, et nona hoc fecit. Exiit etiam et hora undecima prope ad finem diei, invenit quosdam vacuos et stantes; et ait illis : Quid hic statis? Quare non operamini in vinea? Responderunt : Quia nemo nos conduxit. Venite, inquit, et vos, et quod justum fuerit, dabo vobis. Mercedem denarium placuit. Isti qui una hora erant operaturi quando sibi auderent sperare denarium? Sed tamen se aliquid accepturos gratulabantur. Adducti sunt et (a) ipsi ad unam horam. Finito die, jussit omnibus reddi mercedem, a novissimis usque ad primos. Inde cœpit reddere ab eis qui hora undecima venerant, jussit eis dare denarium. Illi qui prima hora venerant, videntes illos accepisse denarium, quem cum ipsis placuerat, speraverunt se plus aliquid accepturos : ventum est ad ipsos, et acceperunt denarium. Murmuraverunt adversus patremfamilias, dicentes : Ecce nos qui sustinuimus ardorem diei et æstum, æquasti et pares fecisti illis qui unam horam operati sunt in vinea. Et ait paterfamilias, justissimum responsum reddens uni eorum : Sodalis, non tibi feci injuriam : hoc est, non te fraudavi, quod placui reddidi tibi. Fraudem tibi non feci, quia quod pactus sum reddidi. Huic non volo reddere, sed donare. Non licet mihi facere quod volo de meo? An oculus tuus nequam est, quia ego bonus sum? Si alicui tollerem alienum, recte reprehenderer, quasi fraudator et injustus : si alicui non redderem debitum, recte reprehenderer, quasi fraudator et negator alieni : cum vero debitum reddo, et cui volo etiam dono, nec cui debebam me potest reprehendere, et cui donavi debet amplius gaudere. Non erat quod responderetur : et æquati sunt omnes, et facti sunt novissimi primi et primi novissimi : æquando, non præposterando. Quid est : Facti sunt novissimi primi et primi novissimi? Quia tantumdem acceperunt et primi et novissimi.

Caput IV. — *Merces novissimis prius reddita, quid*

(a) Colbertinus et Phim Mss. *Adducti sunt ad vineam hora undecima.*

5. Pourquoi donc le père de famille commence-t-il par payer les derniers? Est-ce que tous ne doivent pas recevoir en même temps leur récompense? Nous avons lu dans un autre endroit de l'Evangile que le Sauveur dira à ceux qu'il placera à sa droite : « Venez les bénis de mon Père, possédez le royaume qui vous a été préparé dès le commencement du monde. » (*Matth.*, xxv, 34.) Si donc tous doivent recevoir en même temps leur récompense, comment expliquer que les premiers payés furent les ouvriers de la onzième heure, et les derniers ceux qui travaillaient depuis la première? Si je m'exprime de manière à me faire comprendre, rendez grâces à Dieu. C'est à lui, en effet, que vous devez rendre grâces, car c'est lui qui vous donne l'intelligence par notre ministère; car ce ne sont point nos propres pensées que nous vous exposons. Si vous demandez, par exemple, qui de deux hommes reçoit le premier une grâce, de celui qui la reçoit après une heure d'attente, ou de celui qui ne la reçoit qu'après avoir attendu douze heures; tous répondent que c'est celui qui l'a reçue après une attente d'une heure seulement. Ainsi donc, bien que tous aient reçu en même temps leur salaire, cependant comme les uns l'ont reçu après un travail d'une heure, les autres après avoir travaillé douze heures, on peut dire que ceux qui l'ont reçu après un travail d'un instant ont été récompensés les premiers. Les premiers justes, tels qu'Abel, Noë, appelés comme à la première heure, ne recevront qu'avec nous la glorieuse félicité de la résurrection. Les autres justes qui sont venus après eux, Abraham, Isaac, Jacob, et tous ceux qui vivaient de leur temps, appelés à la troisième heure, n'auront part qu'avec nous au bonheur de la résurrection. Les autres encore, tels que Moïse et Aaron, et tous ceux qui avec eux ont été appelés à la sixième heure, ne ressusciteront également qu'avec nous. Après eux, les saints prophètes appelés à la neuvième heure n'auront aussi part qu'avec nous à ce bonheur. A la fin du monde, tous les chrétiens appelés comme à la onzième heure recevront avec eux la récompense glorieuse de la résurrection. Tous la recevront en même temps; mais voyez combien de temps les premiers ont attendu pour la recevoir. Si donc les premiers appelés doivent attendre longtemps cette récompense, tandis que nous l'attendrons beaucoup moins longtemps, on peut dire que nous la recevrons les premiers tout en la recevant à la même heure, parce que notre récompense ne se fera pas attendre.

6. Nous serons donc tous égaux en recevant cette récompense, les premiers comme les derniers, et les derniers comme les premiers, parce que ce denier c'est la vie éternelle, et que la vie éternelle est égale pour tous. Sans doute, la gloire des élus brillera d'un éclat plus ou moins

---

sit. — 5. Quid est ergo, quod a novissimis cœpit reddere? Nonne omnes, sicut legimus, simul accepturi sunt? Legimus enim in alio loco Evangelii, quia dicturus est eis quos ponet ad dexteram : « Venite benedicti Patris mei, percipite regnum quod vobis paratum est ab initio mundi. » (*Matth.*, xxv, 34.) Si ergo omnes simul accepturi sunt, quomodo hic intelligimus priores accepisse illos qui undecima operati sunt, et posteriores illos qui prima? Si potuero sic dicere, ut perveniat ad intellectum vestrum, Deo gratias. Illi enim debetis gratias agere, qui vobis per nos erogat : non enim de nostro erogamus. Si interroges de duobus, verbi gratia, quis prior acceperit, qui post unam horam accepit, an qui post duodecimam; omnis homo respondet, quia prior accepit, qui post unam horam accepit, quam qui post duodecimam. Sic ergo quamvis una hora acceperint omnes, tamen quia alii acceperunt post unam horam, alii acceperunt post duodecimam horam, illi dicti sunt priores accepisse, qui post modicum temporis acceperunt. Primi justi, sicut Abel, sicut Noe, quasi prima hora vocati, felicitatem resurrectionis nobiscum accepturi sunt. Alii justi post illos, Abraham, Isaac, Jacob, et quicumque erant sæculi ipsorum, quasi tertia hora vocati, felicitatem resurrectionis accepturi sunt nobiscum. Alii justi, Moyses et Aaron, et quicumque cum illis tanquam hora sexta vocati, felicitatem resurrectionis nobiscum accepturi sunt. Post ipsos Prophetæ sancti tanquam nona hora vocati, eamdem felicitatem nobiscum accepturi sunt. In fine sæculi omnes Christiani tanquam undecima hora vocati, felicitatem illius resurrectionis cum illis accepturi sunt. Omnes simul accepturi sunt : sed videte illos primos, post quantum tempus accipiunt. Si ergo illi primi post multum tempus, nos post modicum tempus; quamvis simul accipiamus, priores videmur accepisse, quia merces nostra non tardabit.

6. Erimus ergo in illa mercede omnes æquales, tanquam primi novissimi, et novissimi primi : quia denarius ille vita æterna est, et in vita æterna omnes æquales erunt. Quamvis enim meritorum diversitate

vif, suivant la différence de leurs mérites, mais la vie éternelle considérée en elle-même sera égale pour tous. Ce qui est éternel, ce qui n'aura de fin ni pour vous ni pour moi, ne peut avoir une durée plus longue pour les uns, plus courte pour les autres. La chasteté conjugale brillera d'un éclat différent de celui de la pureté virginale, la récompense des bonnes œuvres ne sera pas semblable à la couronne du martyre. La forme de la récompense sera différente, mais en ce qui concerne la vie éternelle, l'un ne vivra pas plus longtemps que l'autre. Ils vivront tous également d'une vie qui n'aura point de fin, au milieu même de la gloire qui leur est propre, et ce denier c'est la vie éternelle. Que celui donc qui a reçu le denier après une longue attente, ne murmure pas contre celui qui l'a reçu beaucoup plus tôt. On paye à l'un ce qui lui est dû, on fait un don à l'autre, mais tous deux reçoivent la même récompense.

Chapitre V. — *Comment on peut entendre dans un autre sens ceux qui sont appelés à la première, à la troisième heure, etc.* — 7. La vie présente nous offre quelque chose de semblable, et outre l'explication de cette parabole qui nous fait voir les appelés de la première heure dans Abel et les justes de son temps; ceux de la troisième dans Abraham et les justes ses contemporains; ceux de la sixième dans Moïse, Aaron et les justes de cette époque; ceux de la neuvième dans les prophètes et les justes de leur temps; ceux de la onzième, dans tous les chrétiens de la dernière époque du monde; indépendamment, dis-je, de cette interprétation, nous trouvons dans notre vie une application de cette parabole. Ainsi, à la première heure sont appelés ceux qui deviennent chrétiens dès le sein de leur mère; à la troisième, les adolescents; à la sixième, les jeunes gens; à la neuvième, ceux qui approchent de la vieillesse; à la onzième, les vieillards décrépits; tous cependant recevront le même denier de la vie éternelle.

Chapitre VI. — *Contre ceux qui, étant appelés à la première heure, diffèrent de venir.* — 8. Mais veuillez, mes frères, faire attention et bien comprendre cette vérité, que nul ne doit différer de venir travailler à la vigne, parce qu'il est assuré de recevoir ce même denier, à quelqu'heure qu'il y vienne. Il est certain que ce denier lui est promis, mais on lui commande d'aller sans retard travailler à la vigne. Est-ce que les ouvriers qui furent loués pour aller à la vigne, lorsque le père de famille sortit pour arrêter ceux qu'il rencontra à la troisième heure, ce qu'il fit, en effet, lui dirent : Attendez, nous n'irons qu'à la sixième heure ? Ceux qu'il trouva à la sixième heure, lui dirent-ils : Nous n'irons qu'à la neuvième, ou ceux qu'il rencontra à la neuvième : nous n'irons qu'à la onzième? Tous

---

fulgebunt, alius magis, alius minus : quod tamen ad vitam æternam pertinet, æqualis erit omnibus. Non enim alteri erit longius, alteri brevius, quod pariter sempiternum est : quod non habet finem, nec tibi habebit, nec mihi. Alio modo ibi erit castitas conjugalis, alio modo ibi erit integritas virginalis : alio modo ibi erit fructus boni operis, alio modo corona passionis. Illud alio modo, illud alio modo : tamen quantum pertinet ad vivere in æternum, nec ille plus vivet illo, nec ille plus illo. Pariter enim sine fine vivunt, cum in suis quisque claritatibus vivat : et ille denarius vita æterna est. Non murmuret ergo qui post multum tempus accepit, contra eum qui post modicum tempus accepit. Illi redditur, illi donatur; utrisque tamen una res donatur.

Caput V. — *Quomodo aliter intelliguntur vocati prima, tertia, etc.* — 7. Est et in ista vita simile aliquid, et excepta illa solutione similitudinis hujus, qua intelliguntur prima hora vocati Abel et ipsius sæculi justi, tertia Abraham et ipsius sæculi justi, sexta Moyses et Aaron et ipsius sæculi justi, nona Prophetæ et ipsius sæculi justi, undecima tanquam in fine sæculi Christiani omnes ; excepta solutione ista similitudinis hujus, et in ista vita nostra potest adverti hæc similitudo. Tanquam enim prima hora vocantur, qui recentes ab utero matris incipiunt esse Christiani, quasi tertia pueri, quasi sexta juvenes, quasi nona vergentes in senium, quasi undecima omnino decrepiti, unum tamen vitæ æternæ denarium omnes accepturi.

Caput VI. — *In eos qui vocati ad vineam venire differunt.* — 8. Sed attendite et intelligite, Fratres mei, ne ideo quisque differat venire ad vineam, quia securus est, quoniam quandocumque venerit, ipsum denarium accepturus est. Securus est quidem quod ipse denarius illi promittitur ; sed differre non jubetur. Numquid enim et illi qui sunt ad vineam conducti, quando ad illos exibat paterfamilias, ut conduceret quos invenit hora tertia, et conduxit, verbi gratia, dixerunt illi : Exspecta, non illuc imus nisi hora sexta ? aut quos invenit hora

doivent recevoir le même salaire, pourquoi nous imposer un surcroît de fatigue? Laissez à Dieu de régler dans ses conseils ce qu'il doit donner et ce qu'il doit faire; pour vous, venez lorsque vous êtes appelé. On promet à tous une récompense égale, mais le point décisif est l'heure à laquelle il faut se rendre au travail. Supposons, par exemple, que ceux qui sont appelés à la sixième heure, à cet âge où la jeunesse est aussi ardente que la chaleur du jour à la sixième heure, disent à celui qui les appelle : Attendez, l'Evangile nous apprend que nous recevrons tous la même récompense, nous irons à la onzième heure, lorsque nous serons arrivés à la vieillesse, et nous recevrons tout autant, pourquoi nous fatiguer davantage? Ne serait-on pas fondé à leur répondre : Vous refusez de travailler, et vous ne savez pas si votre vie se prolongera jusqu'à la vieillesse? Vous êtes appelés à la sixième heure, venez. Le père de famille vous a promis un denier, alors même que vous ne viendriez qu'à la onzième heure, mais personne ne vous a donné l'assurance de vivre jusqu'à la septième ; je ne dis pas, remarquez-le bien, jusqu'à la onzième, mais jusqu'à la septième. Pourquoi donc différer de répondre à celui qui vous appelle, puisque si vous êtes sûr de la récompense, vous êtes incertain du jour de votre mort? Prenez garde de perdre par vos délais ce qu'il doit vous donner en vertu de sa promesse. S'il est vrai de parler ainsi des enfants qui sont les appelés de la première heure ; si cela est vrai des adolescents qui appartiennent à la troisième heure, et des jeunes gens qui sont dans toute l'ardeur de la sixième heure, avec combien plus de raison peut-on dire à ceux qui sont parvenus à l'extrême vieillesse: Vous voici arrivés à la onzième heure, et vous demeurez-là sans rien faire, et vous tardez à venir travailler?

CHAPITRE VII. — *Dans quel sens le père de famille sort pour appeler les ouvriers à travailler à sa vigne.* — 9. Allégueriez-vous que le père de famille n'est point sorti pour vous appeler? S'il n'est point sorti, pourquoi vous parlons-nous? car nous sommes les serviteurs de sa maison, et nous sommes envoyés afin de louer des ouvriers pour sa vigne. Pourquoi donc rester sur la place? Vous êtes arrivé au terme de vos ans, hâtez-vous de venir recevoir le denier. Sortir pour le père de famille, c'est se faire connaître. Celui qui reste dans l'intérieur, dans un lieu retiré de sa maison, ne peut être vu de ceux qui sont au dehors, mais s'il vient à sortir, ils l'aperçoivent aussitôt. Jésus-Christ reste comme dans une retraite qui le dérobe aux regards, tant qu'il n'est pas connu, tant qu'il n'est pas compris; mais aussitôt qu'il est connu, il sort pour louer ses ouvriers. N'est-il pas sorti d'une retraite profonde pour se faire connaître? Oui, Jésus-Christ est connu, Jésus-Christ est

sexta, dixerunt : Non imus nisi hora nona? aut quos nona invenit, dixerunt : Non imus nisi undecima? Omnibus enim tantumdem daturus est : quare nos amplius fatigamur? Quid ille daturus sit, et quid facturus sit, penes ipsum consilium est : tu quando vocaris, veni. Merces enim cunctis æqualis promittitur : sed de ipsa hora operandi, magna quæstio est. Si enim illi, verbi gratia, qui vocati sunt hora sexta, in hac ætate corporis constituti, ubi juveniles anni fervent, sicut ipsa hora sexta fervet; si dicerent illi juvenes vocati : Exspecta, audivimus enim in Evangelio, quia omnes unam mercedem accepturi sunt; cum senes facti fuerimus hora undecima veniemus, tantumdem accepturi, quare laboraturi? (*f.* amplius laboraturi.) Responderetur eis et diceretur : Laborare non vis, qui utrum vivas usque ad senectam, nescis? Sexta hora vocaris, veni. Paterfamilias tibi quidem etiam undecima venienti denarium promisit : sed utrum vivas usque ad septimam, nemo tibi promisit. Non dico, usque ad undecimam, sed usque ad septimam. Quare ergo differs vocantem te, certus de mercede, incertus de die? Vide ne forte quod tibi ille daturus est promittendo, tu tibi auferas differendo. Si hoc recte dicitur de infantibus, tanquam ad horam primam pertinentibus; si recte dicitur de pueris, tanquam ad horam tertiam pertinentibus; si recte dicitur de juvenibus, tanquam in horæ sextæ flagrantia constitutis ; quanto magis recte de decrepitis dicitur : Ecce jam hora undecima est, et adhuc stas, venire piger es?

CAPUT VII. — *Quomodo paterfamilias exiit vocare ad vineam.* — 9. An forte non exiit ad te vocandum paterfamilias? Si non exiit, quid est quod loquimur? Nempe nos servi de familia ipsius sumus ; conducere operarios missi sumus. Quid ergo stas? Finisti jam annorum numerum, festina ad denarium. Hoc est enim exire patremfamilias, innotescere : quoniam qui in domo est, in abdito est, non videtur ab eis qui foris sunt; cum autem exiit de domo, videtur ab eis qui foris sunt. Christus, quando non intelligitur et non agnoscitur, in secreto est : quando autem agnoscitur, exiit conducere. Ex oc-

prêché partout, tout ce qui est sous le ciel proclame la gloire de Jésus-Christ. Il a été parmi les Juifs l'objet de leurs dérisions et de leurs reproches, son humilité attira sur lui leurs mépris. Il cachait sa majesté et ne laissait paraître que les dehors de la faiblesse humaine. Ils outragèrent donc ce qu'ils voyaient, et ne connurent point ce qui était caché. « Car s'ils l'avaient connu, dit saint Paul, ils n'auraient jamais crucifié le Roi de gloire. » (I *Cor.*, II, 8.) Mais s'ils l'ont couvert de mépris lorsqu'il était attaché à une croix, le mépriseront-ils encore aujourd'hui qu'il est assis dans les cieux? Ses bourreaux branlaient la tête, ils se tenaient devant sa croix comme pour jouir du fruit de leur cruauté, et ils disaient pour l'outrager : « S'il est le Fils de Dieu, qu'il descende de la croix. Il a sauvé les autres, et il ne peut se sauver lui-même? Qu'il descende de la croix, et nous croirons en lui. » (*Matth.*, XXVII, 40.) Jésus-Christ n'en descendait pas, parce qu'il voulait rester caché. Il lui eût été bien plus facile de descendre de la croix, puisqu'il a bien pu sortir vivant du sépulcre. Il voulait nous donner une leçon de patience; il différait d'exercer sa puissance, et il n'était point connu. En effet, il n'était pas encore sorti pour louer des ouvriers, il n'était pas encore sorti, et on ne le connaissait pas. Il ressuscita le troisième jour, il se manifesta à ses disciples, il monta au ciel, et leur envoya l'Esprit saint le cinquantième jour après sa résurrection, dix jours après son ascension. Il leur envoya l'Esprit saint, qui se répandit sur tous ceux qui étaient réunis dans un même cénacle, au nombre de cent-vingt. (*Act.*, I, 15.) Remplis de l'Esprit saint, ils commencèrent à parler les langues de tous les peuples; le père de famille appelait ses ouvriers, il sortait pour les louer. C'est alors, en effet, que tous connurent la puissance de la vérité. Un seul homme, sous l'inspiration de l'Esprit saint qu'il avait reçu, parlait les langues de toutes les nations. Maintenant encore dans l'Eglise, l'unité elle-même, semblable à un seul homme, parle aussi la langue de tous les peuples. A quelle langue la religion chrétienne ne s'est-elle point fait connaître? A quelles extrémités du monde n'est-elle point parvenue? Il n'est plus personne qui puisse se dérober à la chaleur de ses rayons (*Ps.* XVIII, 7); et celui qui est arrivé à la onzième heure, tarde encore à répondre à son appel.

CHAPITRE VIII. — *Le désespoir et une espérance présomptueuse tuent l'âme.* — 10. C'est donc une vérité évidente, incontestable, mes frères, et que vous devez croire fermement et sans aucun doute, que lorsqu'un homme se convertit à la foi chrétienne, en renonçant à une

---

culto enim processit ad notitiam : notus est Christus, ubique prædicatur Christus; gloriam Christi omnia quæcumque sunt sub cœlo clamant. Fuit irrisibilis quodam modo et reprehensibilis inter Judæos, visus est humilis, contemptus est. Occultabat enim majestatem, promptam habebat infirmitatem. Contemptum est in illo quod promptum erat, nec cognitum quod occultum erat. Si enim cognovissent, nunquam Dominum gloriæ crucifixissent. (I *Cor.*, II, 8.) Numquid adhuc contemnendus est sedens in cœlo, si contemptus est cum penderet in ligno? Agitaverunt caput qui eum crucifixerunt, et ante crucem ejus stantes, et tanquam ad fructum suæ sævitiæ pervenientes, (*a*) insultantes dicebant: Si Filius Dei est, descendat de cruce. Alios salvos fecit, se ipsum salvum facere non potest? Descendat de cruce, et credimus in eum. (*Matth.*, XXVII, 40.) Non descendebat, quia latebat. Multo enim facilius poterat de cruce descendere, qui potuit de sepulcro resurgere. Ad nostram informationem demonstrabat patientiam, differebat potentiam, et non est agnitus. Non enim tunc exierat conducere operarios, non exierat, non innotuerat. Tertio die resurrexit, demonstravit se discipulis, ascendit in cœlum, et misit Spiritum sanctum quinquagesimo die post resurrectionem, decimo post ascensionem. Missus Spiritus sanctus implevit omnes qui fuerunt in uno conclavi, centum viginti homines. (*Act.*, I, 15.) Impleti illi Spiritu sancto, cœperunt loqui linguis omnium gentium, expressa est vocatio, exiit ille conducere. Cœpit enim veritatis potentia omnibus innotescere. Nam tunc etiam unus accepto Spiritu sancto, etiam unus loquebatur omnium gentium linguis. Modo autem in Ecclesia ipsa unitas tanquam unus loquitur omnium gentium linguis. Ad quam linguam religio Christiana non pervenit? ad quod fines non pertendit? Jam non est qui se abscondat a calore ejus (*Psal.* XVIII, 7) : et adhuc fit mora ab eo qui stat in undecima.

CAPUT VIII. — *Desperatio et perversa spes occidunt animas.* — 10. Manifestum est ego, Fratres mei, omnino manifestum est, tenete, certi estote, quoniam Deus

---

(*a*) Aliquot Mss. *exsultantes*.

vie inutile ou superflue, Notre-Seigneur Jésus-Christ lui remet tous ses péchés, efface toutes ses dettes, et ouvre avec lui comme un compte nouveau. Tout sans exception lui est pardonné. Que personne n'ait d'inquiétude sur l'universalité de ce pardon, mais que personne aussi ne se laisse aller à une sécurité coupable. Ces deux excès, le désespoir ou une espérance présomptueuse, sont la mort de l'âme. Quelques mots sur ces deux extrêmes, prêtez-moi votre attention. Une espérance bonne et droite est un gage de salut, mais une espérance présomptueuse devient une source d'illusions. Considérez d'abord les funestes effets du désespoir. Il est des hommes qui ne peuvent penser aux crimes qu'ils ont commis, sans désespérer aussitôt du pardon, et qui dans la pensée que ce pardon est impossible, livrent leur âme à la mort, et périssent victimes du désespoir en disant en eux-mêmes : Toute espérance est perdue pour nous, jamais tant et de si grandes fautes ne pourront nous être remises ou pardonnées; pourquoi donc ne pas donner un libre cours à nos passions? Epuisons au moins les plaisirs de cette vie, puisque nous n'avons aucune récompense à attendre dans l'autre. Faisons tout ce qui nous plaît, malgré la défense de la loi, et goûtons au moins les douceurs passagères du temps, puisque nous n'avons aucun droit aux douceurs de l'éternité. Le désespoir qui leur inspire ce langage devient ainsi la cause de leur perte, lorsqu'une vie criminelle les a fait tomber dans quelques fautes ou dans quelques crimes, soit avant qu'ils aient embrassé la foi, soit après qu'ils sont devenus chrétiens. C'est alors que le maître de la vigne se présente à eux, et tandis que le désespoir leur fait tourner le dos à celui qui les appelle, il les presse, et leur crie par le prophète Ezéchiel : « En quelque jour que l'homme renonce à ses voies criminelles, j'oublierai toutes ses iniquités. » (*Ezéch.*, XVIII, 21.) S'ils écoutent cette voix, s'ils l'acceptent avec foi, elle les sauve du désespoir et les arrache à ce sombre gouffre, à ce profond abîme qui les avaient engloutis.

Chapitre IX. — *L'espérance présomptueuse qui fait différer la conversion.* — 11. Mais il est à craindre pour eux maintenant qu'ils ne tombent dans un autre abîme, et qu'ils ne périssent victimes d'une espérance présomptueuse, après avoir triomphé des mortelles atteintes du désespoir. Ils se livrent à des pensées toutes différentes mais non moins funestes, et ils disent dans leurs cœurs : Si, en quelque jour que je renonce à mes voies criminelles, le Dieu de miséricorde oublie toutes mes iniquités, comme il me l'a promis par l'organe infaillible de son prophète, pourquoi me convertir aujourd'hui et ne pas attendre demain? Pourquoi aujourd'hui

---

noster Jesus Christus, quando quisque se converterit ad fidem ipsius, a via sua vel superflua vel nequissima, omnia illi præterita dimittuntur, et omnino, tanquam donatis debitis, fiunt cum illo tabulæ novæ. Prorsus omnia dimittuntur. Nemo sit sollicitus, quod aliquid ei non dimittatur. Sed iterum nemo perverse sit securus. Ista enim duo occidunt animas, aut desperatio, aut perversa spes. De his duobus malis pauca audite. Nam sicut liberat bona spes, et recta spes; ita decipit perversa spes. Prius attendite quemadmodum decipiat desperatio. Sunt homines, qui cum cogitare cœperint mala quæ fecerunt, non sibi putant ignosci posse; et dum non putant posse sibi ignosci, dant (*a*) animam jam perire, desperatione pereunt, dicentes in cogitationibus suis : Jam nulla nobis spes est; neque enim tanta illa quæ commisimus donari nobis aut ignosci possunt : quare ergo non satisfacimus cupiditatibus nostris? Impleamus saltem præsentis temporis voluptatem, quia nullam habemus in futuro mercedem. Faciamus quidquid libet, etsi non licet; ut habeamus suavitatem vel temporalem, quia percipere non meremur æternam. Talia dicentes desperando pereunt, sive ante quam omnino credant, sive jam Christiani et in aliqua peccata et scelera male vivendo prolapsi. Procedit ad eos Dominus vineæ, et tanquam desperantes et (*b*) vocanti tergum dantes, pulsat et clamat per Prophetam Ezechielem : In quacumque die conversus fuerit homo a via sua pessima, omnes iniquitates ejus obliviscar. (*Ezech.*, XVIII, 21.) Hac voce audita et credita, a desperatione recreantur, et ab illa altissima et profunda voragine, qua submersi fuerant, emergunt.

Caput IX. — *Spes perversa qua differtur conversio.* — 11. Sed his timendum est, ne in aliam voraginem incurrant, et perverse sperando moriantur, qui desperando mori non potuerunt. Mutant enim cogitationes longe quidem diversas, sed non minus perniciosas : et rursus incipiunt dicere in cordibus suis : Si quacumque die conversus fuero a via mea pessima : Deus misericors, sicut veraciter per Prophetam promisit, omnes iniquitates meas obliviscitur, quare hodie convertor, et non cras? Quare hodie, et non

(*a*) Mss. *animum.* — (*b*) Sic aliquot Mss. At editi, *et vacantes.*

et non pas demain? Que ce jour s'écoule comme celui d'hier, dans les plus honteuses voluptés, qu'il se plonge dans le gouffre des vices, qu'il se roule dans le bourbier des plaisirs qui donnent la mort, demain je me convertirai, et ce sera la fin. On vous demande : La fin de quoi? La fin de mes iniquités, répondez-vous. Très-bien, félicitez-vous de ce que demain vous mettrez un terme à vos iniquités. Mais si avant le jour de demain votre vie allait finir? Vous avez lieu de vous réjouir du pardon que Dieu vous a promis lorsque vous renoncerez à vos iniquités, j'en conviens, mais personne ne vous a promis ce jour de demain. Et si un astrologue vous a fait cette promesse, un astrologue est loin d'être Dieu. Combien ont été trompés par les astrologues, et n'ont essuyé que des pertes là où ils s'étaient promis les plus grands avantages! Le père de famille se présente aussi devant ces hommes trompés par une espérance présomptueuse. De même qu'en s'adressant à ceux qui avaient péri victimes d'un désespoir funeste, il a réveillé dans leur cœur le sentiment de l'espérance, il s'adresse maintenant à ceux qu'une espérance non moins coupable entraîne à leur perte, et leur dit par l'organe d'un autre livre inspiré : « Ne tardez pas à vous convertir au Seigneur. » (*Eccli.*, v, 8.) Aux premiers il avait dit : « En quelque jour que l'impie renonce à ses voies criminelles, j'oublierai toutes ses iniquités, »

et il les avait ainsi sauvés du désespoir, qui avait donné la mort à leur âme, en leur ôtant toute espérance de pardon. Il s'adresse maintenant à ceux qui vont également à la mort par leur présomption et leurs délais, et leur fait entendre cette sévère leçon : « Ne tardez pas à vous convertir au Seigneur, et ne différez pas de jour en jour. Car sa colère viendra soudain, et au jour de la vengeance il vous perdra. » Ne différez donc point, ne fermez point contre vous la porte qui vous est ouverte. Celui qui vous offre le pardon vous ouvre la porte, pourquoi tardez-vous à entrer? S'il vous ouvrait après que vous auriez frappé, vous devriez être au comble de la joie; il vous ouvre avant même que vous ayez frappé, et vous restez dehors? Ne tardez donc point davantage. En parlant des œuvres de miséricorde, l'Ecriture dit dans un certain endroit : « Ne dites pas : Allez et revenez, demain je vous donnerai, quand vous pouvez donner à l'instant, » (*Prov.*, III, 28) car vous ne savez pas ce qui peut arriver le lendemain. Vous l'avez entendu, Dieu vous commande de ne point différer à exercer la miséricorde envers le prochain, et par ces mêmes délais, vous vous montrez cruel contre vous-même. Vous ne devez point différer à donner du pain à celui qui a faim, et vous différez lorsqu'il s'agit de recevoir votre pardon? Vous ne voudriez point tarder à exercer la miséricorde à l'égard d'autrui. « Ayez donc

---

cras? (*a*) Eat hodiernus dies sicut hesternus, sit in nequissima voluptate, sit in flagitiorum gurgite, volutetur in mortifera delectatione : cras convertar, et finis est. Respondetur tibi : Cujus rei finis? Dicis : Iniquitatum mearum. Bene, (*b*) gaude, quia crastino iniquitatum tuarum erit finis. Quid si ante crastinum tuus erit finis? Ergo bene quidem gaudes, quia propter iniquitates tuas converso tibi indulgentiam Deus promisit : sed crastinum diem tibi nemo promisit. Aut si forte promisit mathematicus, longe aliud est quam (*c*) Deus. Multos mathematici fefellerunt, quia et sibi plerumque lucra promiserunt, et damna invenerunt. Ergo etiam propter istos male sperantes, procedit paterfamilias. Quemadmodum processit ad illos, qui male desperaverant, et perierant desperando, et revocavit eos in spem : sic procedit etiam ad istos, qui male sperando volunt perire : et dicit eis per alium librum : « Ne tardes converti ad Dominum. » (*Eccli.*, v, 8.) Quomodo illis dixerat :

« In quacumque die iniquus conversus fuerit a via sua pessima, omnes iniquitates ejus obliviscar ; » et tulit eis desperationem, qua jam dederant animam suam perditioni, omni modo indulgentiam desperantes : sic procedit etiam ad istos, qui sperando et differendo volunt perire; et loquitur ad eos, et increpat eos : « Ne tardes converti ad Dominum, neque differas de die in diem. Subito enim veniet ira ejus, et in tempore vindictæ disperdet te. Ergo noli differre, noli quod patet contra te claudere. » Ecce indulgentiæ dator aperit tibi ostium : quid moraris ? Gaudere deberes, si aperiret aliquando pulsanti : non pulsasti, et aperit, et foris remanes? Ne ergo differas. De misericordiæ operibus quodam loco Scriptura dicit : « Ne dixeris : Vade et revertere, cras ego dabo; cum possis continuo bene facere (*Prov.*, III, 28) : non enim scis quid contingat sequenti die. » Audisti præceptum non differendi ut in alium sis misericors, et differendo in te es crudelis? Non debes differre

(*a*) Mss. alii : *Et hodiernus*. Alii cum Am. et Er. *Erit hodiernus*. — (*b*) Aliquot Mss. *Bene gaudes*. Et infra : *Ergo quid est? Bene gaudes quia propter*, etc. — (*c*) Sic Mss. At editi, *longe aliud est*. *Quam, o Deus, multi*, etc.

aussi pitié de votre âme en vous rendant agréable à Dieu. » (*Eccli.*, xxx, 24.) Faites aussi l'aumône à votre âme. Je ne vous dis pas de la lui donner vous-même, mais de ne point repousser la main qui vous l'offre.

Chapitre X. — *Jésus-Christ nous fait un devoir de mépriser l'amitié des puissants, lorsqu'elle doit nuire à notre salut.* — 12. Bien des hommes se font un tort considérable par la crainte qu'ils ont de déplaire à leurs semblables. Les bons amis peuvent nous aider beaucoup pour le bien, mais les mauvais amis ont aussi une grande puissance pour le mal. Aussi Notre-Seigneur voulant nous enseigner à mépriser les amitiés des puissants, a choisi tout d'abord non pas des sénateurs, mais des pêcheurs. C'est une grande miséricorde de notre Créateur. Il savait que s'il choisissait un sénateur, le sénateur dirait : C'est de ma dignité qu'on a fait choix. S'il choisissait d'abord des riches, les riches diraient : Nos richesses ont eu la préférence. S'il choisissait un empereur, l'empereur dirait : C'est ma puissance qu'on a voulu choisir. S'il choisissait un orateur, un philosophe, l'orateur, le philosophe dirait : C'est à mon éloquence, c'est à ma sagesse que je dois d'être préféré. Différons donc ces orgueilleux, dit le Sauveur, à cause de leur enflure. Il faut distinguer entre la grandeur et l'enflure ; toutes deux occupent un grand espace, mais elles ne sont pas également saines. Différons donc ces superbes, il faut les guérir en leur donnant plus de consistance. Donnez-moi d'abord ce pêcheur. Venez, vous qui êtes pauvre, suivez-moi ; vous n'avez rien, vous ne connaissez rien, suivez-moi. Pauvre ignorant, suivez-moi. Il n'y a rien en vous qui puisse effrayer, mais il y a une vaste capacité à remplir. Il faut apporter à cette source si abondante un vase bien vide. Le pêcheur a quitté ses filets, le pêcheur a reçu la grâce, et il est devenu un orateur tout divin. Voilà ce qu'a fait le Seigneur dont l'Apôtre a dit : « Dieu a choisi ce qui est faible selon le monde pour confondre ce qui est fort ; il a choisi ce qui est méprisable selon le monde et ce qui n'était rien pour détruire ce qui est. » (I *Cor.*, 1, 27, 28.) On lit maintenant les paroles des pêcheurs, et les orateurs courbent la tête sous le joug. Chassons donc tous ces vents stériles, chassons cette fumée qui s'évanouit à mesure qu'elle monte, méprisons toutes ces vanités pour sauver notre âme.

13. Je fais une supposition : un homme est malade dans une ville. Dans cette ville se trouve un médecin des plus habiles, mais en hostilité ouverte avec des hommes puissants amis de ce malade. La maladie de cet homme est très-dangereuse, et le médecin, je le répète, fort habile ; mais les amis puissants du malade qui ne

---

panem daturus, et differs indulgentiam accepturus ? Si miserando alterum non differs, miserere et animæ tuæ placens Deo. (*Eccli.*, xxx, 24.) Exhibe et animæ tuæ eleemosynam. Non dicimus ut tu ei des, sed ne repellas manum dantis.

Caput X. — *Potentium amicitiam cum saluti obest, contemnendam docet Christus.* — 12. Sed aliquando homines inde sibi plurimum nocent, cum aliis offendere timent. Multum valent et boni amici ad bonum, et mali amici ad malum. Ideo Dominus, ut pro salute nostra potentium amicitias contemnamus, noluit prius eligere senatores, sed piscatores. Magna (*a*) artificis misericordia. Sciebat enim quia si eligeret senatorem, diceret senator : Dignitas mea electa est. Si prius eligeret divitem, diceret dives : Opulentia mea electa est. Si prius eligeret imperatorem, diceret imperator : Potestas mea electa est. Si prius eligeret oratorem, diceret orator : Eloquentia mea electa est. Si eligeret philosophum, diceret philosophus : Sapientia mea electa est. Interim, inquit, differantur superbi isti, multum tument. Distat autem inter magnitudinem et tumorem : utrumque grande est ; sed non utrumque sanum est. Differantur ergo, inquit, isti superbi, aliqua soliditate sanandi sunt. Da mihi, inquit, prius istum piscatorem. Veni tu pauper, sequere me ; nihil habes, nihil nosti, sequere me. Idiota pauper, sequere me. Non est quod in te expavescatur, sed multum est quod in te impleatur. Tam largo fonti vas inane admovendum est. Dimisit retia piscator, accepit gratiam piscator, et factus est divinus orator. Ecce quid fecit Dominus, de quo dicit Apostolus : « Infirma mundi elegit Deus, ut confundat fortia, et ignobilia mundi elegit Deus, et ea quæ non sunt tanquam quæ sint, ut ea quæ sunt evacuentur. » (I *Cor.*, 1, 27 et 28.) Denique leguntur modo verba piscatorum, et colla subduntur oratorum. Tollantur ergo de medio inanes venti ; tollatur de medio fumus, qui crescendo evanescit ; prorsus pro salute ista contemnantur.

13. Si quisquam corpore ægrotaret in civitate et esset ibi aliquis peritissimus medicus amicis ægroti potentibus inimicus : si quisquam ergo in civitate aliquo periculoso morbo corporis ægrotaret, et esset

---

(*a*) Nonnulli Mss. *Magna ars misericordiæ.*

peuvent souffrir ce médecin, disent à leur ami, sous l'inspiration non de la raison, mais de l'envie : Gardez-vous d'appeler ce médecin, il est d'une ignorance profonde ; est-ce que le malade, pour recouvrer la santé, ne dédaignerait pas les accusations mensongères de ses amis puissants, et n'appellerait pas, dût-il les mécontenter, ce médecin dont la réputation lui garantit l'habileté pour le guérir de la maladie dont il est atteint?

CHAPITRE XI. — *Il faut obéir à Jésus-Christ notre médecin sans tenir compte des conseils de ceux qui lui sont opposés.* — Le genre humain est ce malade atteint non dans son corps, mais dans son âme par ses péchés. Nous voyons que ce grand malade est étendu par tout l'univers, de l'Orient à l'Occident. C'est pour le guérir que le tout-puissant médecin est descendu des cieux. Il s'est abaissé jusqu'à notre chair mortelle comme jusqu'au lit du malade. Il donne les prescriptions qui doivent lui rendre la santé ; on les méprise, ceux qui les suivent sont guéris. Ceux qui le méprisent sont ces amis puissants qui disent : Il ne sait rien. S'il ne savait rien, est-ce qu'il remplirait tous les peuples de sa puissance ? S'il ne savait rien, est-ce qu'il existerait avant de s'être manifesté au milieu de nous ? S'il ne savait rien, est-ce qu'il aurait envoyé devant lui les prophètes? Ne voyons-nous pas l'accomplissement de toutes les prédictions faites si longtemps d'avance? En accomplissant ainsi ses promesses, ce médecin ne découvre-t-il pas toute la puissance de son art ? Est-ce que les erreurs les plus pernicieuses ne sont pas extirpées du monde entier ? Est-ce que les calamités dont le monde est accablé ne détruisent pas le règne honteux des passions ? Que personne ne dise : Le monde était autrefois meilleur qu'il n'est aujourd'hui ; depuis que ce médecin a commencé d'exercer son art, nous y voyons une multitude de choses affreuses. N'en soyez pas surpris. Avant que le médecin eût entrepris la guérison d'aucun malade, sa demeure paraissait pure de toute souillure de sang. A cette vue donc, secouez toutes les vaines délices, accourez au médecin, c'est le temps de recouvrer la santé, et non de se livrer aux plaisirs.

14. Suivons donc, mes frères, le traitement qui doit nous guérir. Si nous ne connaissons pas encore le médecin, ne nous emportons point contre lui comme ceux qui sont atteints de frénésie ; ne refusons point de recevoir ses soins comme des léthargiques. Il en est beaucoup qui ont péri victimes de ces emportements ou de ce sommeil léthargique. Les frénétiques sont ceux qui, sans dormir, se livrent à leurs transports insensés ; ces léthargiques, ceux qui sont accablés sous le poids d'un sommeil profond. Or, tel est le spectacle que nous présentent littéralement les hommes. Les uns veulent décharger

in eadem civitate peritissimus medicus amicis, ut dixi, ægrotantis potentibus inimicus, qui dicerent amico suo : Noli cum adhibere, nihil novit : dicerent autem, non judicante animo, sed invidente : nonne ille pro salute sua removeret amicorum potentium fabulas et ut paucis diebus plus viveret, cum illorum qualibet offensione, pellendo sui corporis morbo medicum illum, quem peritissimum fama commendaverat, adhiberet?

CAPUT XI. — *Christo medico obediendum, contemptis potentibus qui ei adversantur.* — Ægrotat humanum genus, non morbis corporis, sed peccatis. Jacet toto orbe terrarum ab Oriente usque in Occidentem grandis ægrotus. Ad sanandum grandem ægrotum descendit omnipotens medicus. Humiliavit se usque ad mortalem carnem, tanquam usque ad lectum ægrotantis. Dat salutis præcepta, contemnitur : qui audiunt, liberantur. Contemnitur, cum dicunt amici potentes : Nihil novit. Si nihil nosset, potentia ejus gentes non impleret. Si nihil (*a*) nosset, non esset ante quam apud nos esset. Si nihil nosset, Prophetas ante se non mitteret. Nonne modo implentur quæ ante prædicta sunt? Nonne probat medicus iste artis suæ potentiam promissa complendo? Nonne per totum mundum perniciosi evertuntur errores, et tritura mundi domantur cupiditates ? Nemo dicat : Antea melior erat mundus quam modo : ex quo cœpit iste medicus artem suam exercere, multa hic videmus horrenda. Noli mirari. Ante quam aliquis curaretur, munda a sanguine statio medici videbatur : imo jam tu hoc videns excute vanas delicias, veni ad medicum, sanitatis tempus est non voluptatis.

14. Curemur ergo, Fratres. Si (*b*) necdum medicum agnoscimus, non in eum tanquam phrenetici sæviamus, non ab eo tanquam lethargici avertamur. Multi enim sæviendo, multi dormiendo perierunt. Phrenetici sunt, qui non dormiendo insaniunt. Lethargici sunt, qui multum dormiendo premuntur.

(*a*) Sic meliores Mss. At editi : *Si nihil esset, non esset ante quam apud nos esset, Prophetas ante se*, etc. — (*b*) Aliquot Mss. *si medicum agnoscimus.*

leur fureur contre ce médecin, et comme il est maintenant au plus haut des cieux, ils persécutent ses membres, c'est-à-dire les fidèles sur la terre. Ce divin médecin ne laisse par de les guérir. Un grand nombre d'entre eux se sont convertis, et d'ennemis qu'ils étaient sont devenus ses amis, de persécuteurs ses prédicateurs. Tels étaient les Juifs eux-mêmes, acharnés contre lui pendant qu'il était au milieu d'eux et qu'il guérit de cette frénésie en priant pour eux sur la croix. « Mon Père, dit-il, pardonnez-leur, car ils ne savent ce qu'ils font. » (*Luc*, XXIII, 34.) Beaucoup d'entre eux, lorsque cette fureur fut apaisée, lorsque cette frénésie fut calmée, connurent Dieu, connurent Jésus-Christ. Lorsqu'après son ascension il leur eut envoyé l'Esprit saint, ils se convertirent à celui qu'ils avaient crucifié, leur foi leur fit boire dans son sacrement le sang qu'ils avaient répandu dans leur fureur.

Chapitre XII. — 15. Nous en avons de nombreux exemples. Saul persécutait les membres de celui qui était déjà assis dans le ciel ; il les persécutait avec acharnement, emporté par une fureur qui, comme une maladie des plus graves, lui ôtait l'usage de la raison. Mais Jésus-Christ, par ces seules paroles qu'il lui adresse du haut du ciel : « Saul, Saul, pourquoi me persécutez-vous ? » (*Act.*, IX, 4) frappe ce frénétique, le relève guéri ; il tue le persécuteur, et donne la vie au prédicateur. Un grand nombre de léthargiques sont également guéris. J'appelle ainsi ceux qui, sans se déclarer contre Jésus-Christ, sans faire aucun mal aux chrétiens, diffèrent leur conversion, plongés qu'ils sont dans une espèce de langueur qui ne leur permet que des paroles d'assoupissement. Ils n'ont pas la force d'ouvrir les yeux à la lumière et regardent comme importuns ceux qui cherchent à les réveiller. Retirez-vous, dit cet homme plongé dans cette léthargie, je vous en prie, retirez-vous. Pourquoi ? Je veux dormir. Mais ce sommeil sera cause de votre mort. L'amour du sommeil l'emporte ; eh bien ! je consens à mourir, vous répond-il. La charité reprend plus haut : Et moi je ne veux pas. Tous les jours nous voyons un fils témoigner ce sentiment d'affection à son vieux père qui touche à la fin de sa vie et doit mourir dans quelques jours. S'il le voit plongé dans un sommeil léthargique, et que le médecin qui lui signale la nature de cette maladie lui dise : Réveillez votre père, ne le laissez pas dormir, si vous voulez prolonger ses jours. Le fils s'approche alors du vieillard, il le secoue, il le tire, il le pique. Son affection le rend importun, il veut retarder la mort de celui que la vieillesse doit lui enlever bientôt, et s'il parvient à prolonger sa vie, il se félicite de vivre encore quelques jours avec celui dont la mort doit lui laisser la succession. Avec quelle charité bien plus grande devons-nous importuner nos amis avec lesquels

---

Prorsus tales sunt homines. Contra istum medicum alii sævire in eum volunt, et quoniam ipse jam in cœlo sedet, membra ejus fideles in terra persequuntur. Curat et tales. Multi ex eis conversi ex inimicis facti sunt amici, ex persecutoribus facti sunt prædicatores. Tales etiam ipsos Judæos, in se ipsum, cum hic esset, sævientes, tanquam phreneticos sanavit, pro quibus in ligno pendens oravit. Dixit enim : Pater, ignosce illis, quia nesciunt quid faciunt. (*Luc.*, XXIII, 34.) Multi tamen eorum, sedato furore, tanquam phrenesi oppressa, cognoverunt Deum, cognoverunt Christum. Post ascensionem misso Spiritu sancto, conversi sunt ad eum quem crucifixerunt, et in sacramento credentes sanguinem ejus biberunt, quem sæviendo fuderunt.

Caput XII. — 15. Habemus exempla. Persequebatur membra ejus jam sedentis in cœlo Saulus : persequebatur graviter in phrenesi, mente perdita, morbo nimio. At ille una voce de cœlo clamans ei : Saule, Saule, quid me persequeris ? (*Act.*, IX, 4) percussit phreneticum, erexit sanum, occidit persecutorem, vivificavit prædicatorem. Etiam lethargici multi sanantur. Ipsis enim similes sunt, qui non sæviunt in Christum, nec malitiosi sunt adversus Christianos, sed tantum differendo languescunt verbis somnolentis, in lucem oculos extendere pigrescunt, et qui eos excitare volunt, molesti sunt. Recede a me, inquit languidus lethargicus, obsecro te, recede a me. Quare ? Dormire volo : Sed morieris inde. Ille amore somni : Mori volo, respondet. Et caritas de super : Nolo. Plerumque istum caritatis affectum exhibet filius etiam patri seni morituro post paucos dies, jam utique ætate finita. Si lethargicum videt, et lethargico morbo premi suum patrem a medico agnoscit, dicente sibi : Excita patrem tuum, noli eum permittere dormire, si vis ut vivat. Adest puer seni, pulsat, vellicat, pungit, pietate molestus est : nec mori cito permittit ipsa senectute (*a*) cito moriturum ;

(*a*) Sic nonnulli codices. Alii vero cum editis, *permittit cito moriturum, et si vixerit* (vel *viderit*) *ut aliquando plures dies vivat, cum decesserit successurus.*

nous devons vivre, non pas seulement quelques jours en ce monde, mais éternellement avec Dieu ? Qu'ils nous aiment donc, qu'ils soient dociles aux conseils que nous leur donnons, et qu'ils cultivent celui que nous cultivons, pour recevoir ce que nous-mêmes nous espérons. Tournons-nous vers le Seigneur, etc.

SERMON LXXXVIII [1].

Sur ces paroles du chapitre xx de l'Evangile selon saint Matthieu, où il est question des deux aveugles assis le long du chemin et criant : *Seigneur, fils de David, ayez pitié de nous.*

CHAPITRE PREMIER. — *Jésus-Christ est notre médecin.* — 1. Votre sainteté sait aussi bien que nous que Notre-Seigneur et Sauveur Jésus-Christ est pour nous le médecin du salut éternel, et qu'il a pris sur lui l'infirmité de notre nature pour que cette infirmité n'eût point une durée éternelle. Il a pris un corps mortel afin de détruire l'empire de la mort. Et bien qu'il ait été crucifié selon la faiblesse de notre chair, dit l'Apôtre, il est néanmoins vivant par la puissance de Dieu. (II *Cor.*, XIII, 4.) Et le même Apôtre dit ailleurs, qu'il ne meurt plus et que la mort n'aura plus désormais d'empire sur lui. (*Rom.*, VI, 9.) Ces vérités sont donc parfaitement connues de votre foi. Nous devons également savoir que tous les miracles que le Sauveur a opérés sur les corps ont pour but de nous apprendre à recevoir de Jésus-Christ ce qui ne doit point passer, ce qui n'aura point de fin. Il a rendu aux aveugles des yeux que la mort devait un jour fermer, il a ressuscité Lazare qui devait de nouveau succomber à la mort. Aucune des grâces qu'il accordait dans l'intérêt des corps n'avait un caractère de durée éternelle, bien qu'à la fin il doive assurer aux corps eux-mêmes une éternelle guérison. Mais comme on ne croyait point ce qu'on ne voyait pas des yeux du corps, ces miracles extérieurs et passagers élevaient insensiblement la foi vers les choses invisibles.

CHAPITRE II. — *La foi de l'Eglise en dehors des miracles a été beaucoup plus admirable.* — 2. Que personne donc, mes frères, ne dise que Notre-Seigneur Jésus-Christ a cessé d'opérer ces miracles, et que pour cette raison les temps passés de l'Eglise sont bien préférables aux temps présents. Notre-Seigneur, dans un certain endroit de l'Evangile, ne met-il pas ceux qui croient sans avoir vu au-dessus de ceux qui croient, parce qu'ils ont vu? (*Jean*, XX, 29.) Jusque-là, la faiblesse des disciples était tel-

---

[1] Ce sermon a pour titre, dans la Table de Possidius, chapitre VIII : *Des deux aveugles.* Florus cite des extraits de ce même sermon dans son Commentaire sur le chapitre VI de la deuxième épître aux Corinthiens, et sur le chapitre V de l'épître aux Ephésiens.

---

et si vixerit, gaudet filius, ut aliquanto plures dies vivat cum decessuro successurus. Quanto majore caritate nos amicis nostris molesti esse debemus, cum quibus non paucos in hoc mundo dies, sed apud Deum in æternum vivamus ? Ament ergo nos, et faciant quod audiunt per nos, et colant quem colimus et nos, ut recipiant quod speramus et nos. Conversi ad Dominum etc.

SERMO LXXXVIII [a].

De verbis Evangelii Matth., xx, ubi de duobus cæcis sedentibus sæcus viam, et clamantibus : *Domine miserere nostri, fili David.*

CAPUT PRIMUM. — *Medicus noster. Christus.* — 1. Bene nobiscum novit Sanctitas Vestra, Dominum nostrum et salvatorem Jesum Christum medicum esse nostræ salutis æternæ; et ad hoc eum suscepisse infirmitatem naturæ nostræ, ne sempiterna esset infirmitas nostra. Assumpsit enim corpus mortale, in quo occideret mortem. Et quamvis crucifixus est ex infirmitate nostra, sicut ait Apostolus; sed vivit ex virtute Dei. (II *Cor.*, XIII, 4.) Ejusdem Apostoli verba sunt : Et quia jam non moritur, et mors ei ultra non dominabitur. (*Rom.*, VI, 9.) Hæc ergo bene nota sunt fidei vestræ. Simul et hoc consequens est, ut noverimus omnia miracula, quæ corporaliter fecit, valere ad admonitionem nostram, ut percipiamus ab eo quod non est transiturum, neque finem habiturum. Oculos reddidit cæcis, quos erat utique mors aliquando clausura : resuscitavit Lazarum, iterum moriturum. Et quæcumque ad salutem corporum fecit, non ad hoc fecit, ut illorum salus æterna essent : cum tamen daturus sit etiam ipsi corpori in fine sempiternam salutem. Sed quia illa quæ non videbantur, non credebantur; per ista temporalia quæ videbantur ædificabat fidem ad illa quæ non videbantur.

CAPUT II. — *Ecclesiæ postea fides sine miraculis laudabilior.* — 2. Nemo itaque, Fratres, dicat, non facere ista modo Dominum nostrum Jesum Christum, et propter hoc præsentibus Ecclesiæ temporibus priora præponere. Quodam quippe loco idem Dominus videntibus, et ideo credentibus, præponit eos qui non vident et credunt. (*Joan.*, XX, 29.) Namque usque eo illo tempore discipulorum ejus nutabat infirmitas,

---

[a] Alias XVIII, de verbis Domini.

lement chancelante, que non contents de le voir ressuscité, ils voulaient encore le toucher de leurs mains pour croire en lui. Il ne leur suffisait point de le voir de leurs yeux, ils voulaient appliquer leurs mains sur ses membres et toucher les cicatrices de ses récentes blessures, et c'est après qu'il a touché et reconnu les cicatrices que le disciple incrédule s'écrie : « Mon Seigneur et mon Dieu. » (*Ibid.*, 28.) Ces cicatrices lui révélaient celui qui avait guéri toutes les blessures des hommes. Est-ce que Notre-Seigneur n'aurait pas pu ressusciter sans les cicatrices de ses blessures ? Mais il voyait dans le cœur de ses disciples des plaies que devaient guérir ces cicatrices qu'il conservait dans son corps. Et que répond le Seigneur à cette confession de son disciple qui s'écrie : « Mon Seigneur et mon Dieu ? » « Vous avez cru, lui dit-il, parce que vous avez vu, heureux ceux qui n'ont point vu et qui ont cru. » De qui veut-il parler, mes frères ? C'est de nous et de ceux qui doivent venir après nous. En effet, peu de temps après, lorsqu'il se fut dérobé aux regards mortels pour affermir la foi dans les cœurs, tous ceux qui ont embrassé la foi ont cru sans avoir vu, et leur foi avait le plus grand mérite, parce qu'afin de l'obtenir, ils ont approché de lui, non pas la main pour le toucher, mais leur cœur pour l'aimer.

CHAPITRE III. — *Jésus-Christ opère maintenant de plus grands miracles.* — 3. Voilà donc ce qu'a fait Notre-Seigneur pour appeler les hommes à la foi. Cette foi brille maintenant de tout son éclat dans l'Eglise répandue par tout l'univers. Et il accomplit maintenant, dans un ordre plus élevé, des guérisons que figuraient les guérisons moins importantes qu'il n'a pas dédaigné d'opérer. Autant l'âme est supérieure au corps, autant la santé de l'âme l'emporte sur la santé du corps. La puissance divine du Seigneur n'ouvre pas maintenant les yeux des aveugles, mais les cœurs non moins aveugles ouvrent les yeux à sa parole. Il ne fait pas sortir les cadavres du tombeau, mais il ressuscite les âmes mortes et ensevelies dans des cadavres vivants. Il n'ouvre pas les oreilles des sourds, mais combien de ceux qui ont les oreilles du cœur fermées les ouvrent sous l'action pénétrante de la parole de Dieu ! Combien chez qui nous voyons succéder la foi à l'incrédulité, une vie sainte à une vie déréglée, l'obéissance à l'indiscipline, et nous disons : un tel a embrassé la foi, et nous sommes dans l'admiration lorsqu'il est du nombre de ceux dont nous connaissions la dureté. Or, pourquoi admirez-vous sa foi, son innocence, sa fidélité ? Parce que celui que vous saviez être aveugle a maintenant les yeux ouverts, parce que vous voyez plein de vie celui

ut quem videbant jam resurrexisse, etiam contrectandum putarent, ut crederent. Non sufficiebat oculis, quod viderent, nisi et manus admoverentur membris, et cicatrices recentium vulnerum tangerentur : ut ille qui dubitabat discipulus, repente tactis et cognitis cicatricibus exclamaret : Dominus meus et Deus meus. (*Ibid.*, 28.) Cicatrices ostendebant eum, qui omnia vulnera in aliis sanaverat. Numquid non poterat Dominus sine cicatricibus resurgere ? Sed in corde discipulorum vulnera noverat, propter quæ sananda cicatrices in corpore suo servaverat. Et quid dicenti Dominus illi jam confitenti ac dicenti : Dominus meus et Deus meus ? « Quia vidisti me, inquit, credidisti : beati qui non vident, et credunt. » Quos dixit, Fratres, nisi nos ? Non quia solos nos, sed et (*a*) post nos. Post parvum enim tempus, postea quam ab oculis mortalibus recessit ut firmaretur fides in cordibus, quicumque crediderunt, non videntes crediderunt, et magnum meritum habuit fides eorum : cui fidei comparandæ, cor tantum admoverunt pium, non et palpantem manum.

CAPUT III. — *Miracula nunc majora Christus operatur.* — 3. Hæc ergo fecit Dominus, ut invitaret ad fidem. Hæc fides nunc fervet in Ecclesia, toto orbe diffusa. Et nunc majores sanitates operatur, propter quas non est dedignatus tunc exhibere illas minores. Sicut enim animus melior est corpore ; sic et melior salus animi, quam salus corporis. Modo caro cæca non aperit oculos miraculo Domini, et cor cæcum aperit oculos sermoni Domini. Modo non resurgit mortale cadaver, resurgit anima, quæ mortua jacebat in vivo cadavere. Modo aures corporis surdæ non aperiuntur ; sed tamen verbo Dei penetrante patescunt, ut credant qui non credebant, et bene vivant qui male vivebant, et obediant qui non obediebant : et dicimus : Ille credidit ; ac miramur, cum audimus de his quos aliquando duros noveramus. Cur ergo nunc miraris credentem, innocentem, Deo servientem ; nisi quia conspicis videntem, quem noveras cæcum ; conspicis viventem, quem noveras mortuum ; conspicis audientem, quem noveras surdum ? Nam videte aliter

(*a*) Hic unus Ms. addit, *qui erunt.* Et proximo post loco abest vox *fides* a Mss.

que vous saviez mort, parce que celui dont vous connaissiez la surdité entend maintenant. Considérez, en effet, ces mots d'un autre genre dont Notre-Seigneur parlait à celui qui différait de le suivre parce qu'il voulait rendre les derniers devoirs à son père : « Laissez les morts ensevelir leurs morts, lui dit-il. » (*Matth.*, VIII, 22.) Assurément ceux qui ensevelissent les morts ne sont pas morts de corps, car autrement ils ne pourraient point ensevelir les cadavres des morts ; Cependant Notre-Seigneur les appelle des morts, comment donc sont-ils morts? dans leur âme. De même qu'on voit souvent étendu mort dans une maison où tout est intact et en bon ordre le maître lui-même ; ainsi il en est beaucoup dont l'âme est morte dans un corps d'ailleurs d'une santé parfaite. Ce sont ces morts que l'Apôtre veut réveiller, lorsqu'il dit : « Levez-vous, vous qui dormez, et sortez d'entre les morts, et Jésus-Christ vous éclairera. » (*Ephés.*, v, 14.) Celui qui ressuscite le mort est le même qui rend la vue à l'aveugle. C'est lui qui, par la bouche de l'Apôtre, fait entendre sa voix au mort : « Vous qui dormez, levez-vous. » Cet aveugle ouvrira les yeux à la lumière lorsqu'il sera ressuscité. Combien de sourds encore Notre-Seigneur avait sous les yeux, lorsqu'il disait : « Que celui qui a des oreilles pour entendre, qu'il entende! » (*Matth.*, XI, 15.) Qui était sans oreilles devant lui ? Quelles oreilles demandait-il donc? Les oreilles de l'homme intérieur.

CHAPITRE IV. — *Il faut purifier par la foi l'œil de l'âme pour qu'il puisse voir Dieu.* — 4. De même encore, quels yeux recherchaient le Sauveur lorsqu'il parlait à des hommes qui voyaient, mais qui voyaient des yeux du corps ? Quand Philippe lui disait : « Seigneur, montrez-nous votre Père et cela nous suffit, » (*Jean*, XIV, 8) il comprenait que la vue du Père pouvait suffire ; mais comment le Père lui aurait-il suffi, puisque celui qui est égal au Père ne lui suffisait pas? Pourquoi ne lui suffisait-il pas ? Parce qu'il ne le voyait point. Et pourquoi ne le voyait-il point ? Parce que l'œil, à l'aide duquel il aurait pu le voir, n'était pas assez net. Ce qui paraissait de l'humanité du Seigneur aux yeux du corps n'était pas seulement vu par les disciples qui l'entouraient de leurs hommages, mais par les Juifs qui le crucifièrent. Jésus voulait qu'on le vît autrement, et il recherchait d'autres yeux. Aussi écoutez ce qu'il répond à Philippe, qui lui disait : « Montrez-nous le Père et cela nous suffit. Il y a tant de temps que je suis avec vous, et vous ne me connaissez pas encore ? Philippe, celui qui me voit, voit aussi mon Père. » Et il lui apprend comment il doit, sous le règne de la foi, purifier les yeux de la foi pour parvenir à la claire vue. Et de peur que Philippe ne crût qu'il devait se représenter Dieu sous la forme qu'il voyait Notre-Seigneur Jésus-Christ des

CAPUT IV. — *Oculus mentis, quo Deus videatur, mundatur per fidem.* — 4. Item quales oculos quærebat, cum loqueretur utique videntibus, sed videntibus per oculos carnis? Nam cum ei diceret Philippus, Domine, ostende nobis Patrem, et sufficit nobis (*Joan.*, XIV, 8) : bene quidem hoc intelligebat, ut demonstratus Pater posset sufficere ; sed cui non sufficiebat æqualis Patri, quomodo sufficeret Pater? Quare autem non sufficiebat ? Quia non videbatur. Quare non videbatur? Quia nondum erat sanus oculus, unde posset videri. Hoc enim quod in carne Domini videbatur his oculis, non soli discipuli viderunt qui honoraverunt, sed et Judæi qui crucifixerunt. Qui ergo aliter se videri volebat, alios oculos requirebat. Et ideo sic respondit dicenti : « Ostende nobis Patrem, et sufficit nobis : Tanto tempore vobiscum sum, et non me cognovistis? Philippe, qui me vidit, vidit et Patrem. » Et ut interim fidei oculos sanaret, prius admonetur secundum fidem, ut possit ad speciem pervenire. Et ne sic putaret Philippus cogitandum Deum, quomodo videbat in corpore Dominum Jesum

mortuos, de quibus mortuis dicebat Dominus cuidam ideo tardanti, ne Dominum sequeretur, quia sepelire patrem volebat : Sine, inquit, mortuos sepelire mortuos suos. (*Matth.*, VIII, 22.) Certe mortui sepultores non sunt corpore mortui : quia si hoc essent, mortua corpora sepelire non possent. Tamen mortuos eos vocat : ubi, nisi intus in anima? Sicut enim etiam visibiliter plerumque in domo integra et salva dominus ejusdem domus mortuus jacet ; sic in corpore integro multi habent intus animam mortuam : et hos sic excitat Apostolus : Surge qui dormis, et exsurge a mortuis, et illuminabit te Christus. (*Ephes.*, v, 14.) Ipse illuminat excæcatum, qui excitat mortuum. Ejus enim voce per Apostolum clamatur ad mortuum : Surge qui dormis. Cæcus luce illuminabitur, cum surrexerit. Surdos autem quam multos ante oculos suos Dominus intuebatur, cum diceret : Qui habet aures audiendi, audiat. (*Matth.*, XI, 15.) Quis enim ante illum sine corporis auribus stabat ? Quas ergo alias aures nisi interioris hominis requirebat?

yeux du corps, il ajouta aussitôt : « Ne croyez-vous point que je suis dans mon Père et que mon Père est en moi? Il lui avait déjà dit : « Celui qui me voit, voit aussi mon Père. » Mais Philippe n'avait pas encore l'œil assez net pour voir le Père, ni par conséquent le Fils qui est égal au Père. Aussi Notre-Seigneur entreprend de guérir et de fortifier par les remèdes et les collyres de la foi l'œil de son âme qui est encore malade et incapable de fixer une si grande lumière. « Ne croyez-vous point, lui dit-il, que je suis dans mon Père et que mon Père est en moi? » Que celui donc qui ne peut encore voir ce que le Seigneur doit lui révéler, ne cherche pas à voir ce qu'il faut croire, mais qu'il commence par croire pour guérir l'œil qui lui permettra de voir. La forme seule de l'esclave apparaissait aux yeux des esclaves, car si celui qui n'a pas cru que ce fût une usurpation de se faire égal à Dieu (*Philip.*, II, 6) avait pu être vu dans cette égalité avec Dieu par ceux qu'il voulait guérir, il n'aurait pas eu besoin de s'anéantir et de prendre la forme d'esclave. Mais comme nous ne pouvions voir Dieu, tandis que nous pouvions voir l'homme, celui qui était Dieu s'est fait homme, afin que ce qu'on voyait en lui pût guérir l'œil qui était incapable de le voir. Il dit lui-même dans un autre endroit : « Heureux ceux qui ont le cœur pur, parce qu'ils verront Dieu. » (*Matth.*, v, 8.) Philippe aurait pu lui répondre : Seigneur, voici que je vous vois, votre Père est-il tel que ce que je vois, puisque vous m'assurez que qui vous voit, voit votre Père? Or, avant que Philippe fît ou qu'il songeât à faire cette réponse, Notre-Seigneur, après avoir dit : « Celui qui me voit, voit aussi mon Père, » ajoute aussitôt : « Ne croyez-vous pas que je suis en mon Père, et mon Père en moi? » Il ne pouvait encore voir de cet œil ni le Père, ni le Fils égal au Père, mais il fallait appliquer sur cet œil le collyre de la foi pour le guérir et le rendre capable de voir. Ainsi donc, avant de voir ce qui maintenant est inaccessible à votre vue, croyez ce que vous ne pouvez voir. Marchez par la foi pour parvenir à la claire vue. La claire vue ne comblera de joie dans la patrie que celui que la foi a consolé pendant la route. C'est ce que nous enseigne l'Apôtre : « Tant que nous sommes dans ce corps, nous dit-il, nous voyageons loin du Seigneur. » (II *Cor.*, v, 6.) Et il nous donne aussitôt la raison pour laquelle nous voyageons loin du Seigneur, bien que nous obéissions à la foi : « Car c'est par la foi que nous marchons, et non par une claire vue. »

Chapitre V. — *Tout notre soin dans cette vie doit être de guérir l'œil de notre cœur.* — 5. Toute notre occupation durant cette vie, mes frères, doit donc être de guérir l'œil de notre

---

Christum, statim subjecit : « Non credis, quia ego in Patre, et Pater in me est? » Jam dudum dixerat : « Qui me vidit, vidit et Patrem. » Sed nondum habebat Philippus sanum oculum, unde videret Patrem : atque ideo nec unde videret ipsum Filium Patri coæqualem. Itaque aciem mentis adhuc sauciam, et tantam lucem aspicere non valentem, sanandam atque firmandam fidei medicamentis fomentisque suscepit, et ait : « Non credis, quia ego in Patre, et Pater in me est? » Qui ergo nondum potest videre quod demonstraturus est Dominus, non quærat prius videre quod credat : sed prius credat, ut possit oculos sanari quo videat. Sola enim forma servi exhibebatur servilibus oculis : quia ille qui non rapinam arbitratus est esse æqualis Deo (*Philipp.*, II, 6), si ab eis quos sanari voluit jam videri posset æqualis Deo, non opus haberet semetipsum exinanire, et formam servi accipere. Sed quia non erat unde videretur Deus, et erat unde videretur homo ; qui Deus erat, factus est homo, ut id quod videbatur, sanaret illud unde non videbatur. Ipse enim alio loco ait : Beati mundo corde, quoniam ipsi Deum videbunt. (*Matth.*, v, 8.) Poterat utique Philippus respondere, et dicere:

Domine, ecce te video : talisne est Pater, quale est hoc quod video? quoniam dixisti : « Qui me vidit vidit et Patrem. » Ante quam hoc responderet Philippus, vel fortasse ante quam cogitaret, cum dixisset Dominus : « Qui me vidit, vidit et Patrem; » continuo subjunxit : « Non credis, quia ego in Patre, et Pater in me est? » Illo enim oculo nondum videre poterat, nec Patrem, nec æqualem Patri Filium : sed ut sanaretur oculus ad videndum, inungendus erat ad credendum. Ideo ante quam videas quod videre non potes, crede quod nondum vides. Ambula per fidem, ut pervenias ad speciem. Species non lætificabit in patria, quem fides non consolatur in via. Sic enim dicit Apostolus : Quamdiu sumus in corpore, peregrinamur a Domino. Statimque subnectit quare adhuc peregrinamur, quamvis jam crediderimus : Per fidem, inquit, ambulamus, non per speciem. (II *Cor.*, v, 6.)

Caput V. — *Opera nostra nunc tota est sanare oculum cordis.* — 5. Tota igitur opera nostra, Fratres, in hac vita est, sanare oculum cordis, unde videatur Deus. Ad hoc sacrosancta mysteria celebrantur; ad hoc sermo Dei prædicatur; ad hoc exhortationes

cœur pour le rendre capable de voir Dieu. C'est dans ce but que nous célébrons les saints mystères, que nous annonçons la parole de Dieu, que nous vous adressons des exhortations morales qui ont pour objet la réforme des mœurs, la répression des convoitises charnelles, et le renoncement au monde non de bouche seulement, mais de cœur, par un vrai changement de vie. C'est aussi tout le dessein que poursuivent constamment les divines et saintes Ecritures, purifier l'œil intérieur de tout ce qui peut l'empêcher de voir Dieu. L'œil du corps a été créé pour voir cette lumière du temps qui, bien que céleste, est cependant corporelle et visible non-seulement pour les hommes, mais pour les plus vils des animaux (c'est dans ce dessein, je le répète, qu'il a été créé). Cependant si l'on vient à jeter dans cet œil, ou s'il y tombe simplement quelque chose qui le trouble, il se ferme à la lumière, et bien qu'elle l'enveloppe et l'inonde de ses rayons, il s'en détourne, il devient comme absent pour la lumière. Non-seulement il devient alors comme étranger, comme absent pour la lumière qui est présente, mais la lumière que Dieu l'a destiné à voir en le créant, lui devient un supplice. C'est ainsi que l'œil du cœur, une fois obscurci et blessé, se détourne de la lumière de la justice, et qu'il n'ose ni ne peut la contempler.

Chapitre VI. — *Soin que nous devons prendre pour purifier l'œil du cœur.* — 6. Or, qu'est-ce qui trouble l'œil du cœur? La cupidité, l'avarice, l'iniquité, la concupiscence du monde, voilà ce qui trouble, ce qui ferme, ce qui aveugle l'œil du cœur. Cependant voyez avec quel empressement on cherche le médecin lorsque l'œil du corps vient à se troubler; diffère-t-on un seul instant de le faire ouvrir, nettoyer, guérir pour qu'il puisse contempler cette lumière? Qu'une simple paille tombe dans l'œil, on court, nul repos, nul retard. Ce soleil que nous voulons voir lorsque nos yeux sont sains, c'est Dieu qui l'a fait. Mais le créateur de cet astre est bien plus brillant que lui et sa lumière, que l'œil de l'âme est destiné à voir, et d'une nature toute différente. Cette lumière, c'est l'éternelle sagesse. Dieu, ô homme, vous a fait à son image. Croyez-vous qu'il vous aurait donné des yeux pour voir ce soleil qu'il a créé, et qu'il vous aurait refusé les yeux pour voir et contempler celui qui vous a créé, alors qu'il vous a fait à son image? Mais, tandis que vous aimez, que vous choyez ces yeux du corps, vous négligez l'œil intérieur; il est affaibli, il est blessé, et vous n'y faites aucune attention. C'est pour vous un supplice que votre Créateur veuille se découvrir à vous, c'est un supplice pour votre œil avant qu'il soit pansé et guéri. A peine Adam eut-il péché dans le paradis terrestre qu'il se cacha de la face de Dieu. Lorsque son cœur était innocent et sa conscience pure, il était heureux de la présence de Dieu; mais, dès que le

---

Ecclesiæ morales, id est, pertinentes ad corrigendos mores, ad emendandas carnales concupiscentias, ad renuntiandum non voce tantum, sed mutata vita huic sæculo; ad hoc agunt quidquid agunt divinæ sanctæque litteræ, ut purgetur illud interius ab ea re quæ nos impedit ab aspectu Dei. Sicut enim oculus factus ad hanc lucem temporalem videndam, et quamvis cœlestem, tamen corpoream atque conspicuam, non solum hominibus, sed etiam vilissimis animantibus, (ad hoc enim factus est, ut hanc lucem videat); tamen si aliquid injectum fuerit, vel irruerit, unde turbetur, secluditur ab hac luce; et quamvis cum sua præsentia circumfundat, ille tamen se avertit, atque absens est: non solum autem absens fit perturbatione sua a luce præsenti; sed etiam pœnalis illi est lux, ad quam videndam factus est. Sic et oculus cordis perturbatus atque sauciatus avertit se a luce justitiæ, nec audet eam contemplari, nec valet.

Caput VI. — *Studium de mundando cordis oculo.* — 6. Quid turbat oculum cordis? Cupiditas, avaritia, iniquitas, concupiscentia sæcularis, turbat, claudit, excæcat oculum cordis. Et tamen quomodo quæritur medicus, cum oculus carnis turbatus est, quomodo non differtur ut aperiatur atque purgetur, ut sanetur unde lux ista videatur? Curritur, nemo requiescit, nemo differt, si vel stipula in oculum cadat. Solem certe, quem sanis oculis videre volumus, Deus fecit. Multo est utique lucidior ille qui fecit: nec hujus generis lux est, quæ pertineat ad oculum mentis. Lux illa est æterna sapientia. Fecit autem te Deus, o homo, ad imaginem suam. Daretne tibi unde videres solem quem fecit, et non tibi daret unde videres eum qui te fecit, cum te ad imaginem suam fecerit? Dedit et hoc: utrumque dedit tibi. Sed multum hos oculos exteriores diligis, multum illum interiorem negligis: detritum portas atque sauciatum. Pœna tibi est, si se voluerit ostendere fabricator tuus: pœna est oculo tuo, ante quam curetur atque sanetur. Nam et in paradiso peccavit Adam, et abscondit se a facie Dei. Cum haberet ergo cor sanum puræ conscientiæ, gau-

péché eut blessé cet œil intérieur, il eut peur de contempler la lumière divine, il s'enfonça dans les ténèbres et dans l'épaisseur des bois, il s'éloigna de la vérité et rechercha les ombres de l'erreur.

Chapitre VII et VIII. — *Jésus-Christ, par son exemple, nous invite, malades que nous sommes, à prendre la potion qu'il nous présente.* — 7. Donc, mes frères, puisque c'est de lui que nous descendons et que, suivant l'enseignement de l'Apôtre, « tous meurent en Adam, » (1 *Cor.* xv, 22), car tous nous étions renfermé dans nos deux premiers parents. Si nous avons refusé de suivre les ordonnances du médecin qui devaient nous préserver de la maladie, obéissons-lui du moins pour en être délivrés. Ce divin médecin, lorsque nous étions en santé, nous a donné des conseils, des prescriptions pour que nous n'ayons pas besoin de recourir au médecin. « Ce ne sont point ceux qui se portent bien, dit-il, qui ont besoin du médecin, mais ceux qui sont malades. »(*Matth.*, ix, 12.) Fiers de notre santé, nous avons méprisé ses préceptes, et nous avons appris par notre expérience combien ce mépris nous était funeste. Nous sommes devenus malades, nous souffrons, nous sommes sur un lit de douleur, cependant ne désespérons point. Nous ne pouvons aller trouver le médecin, il a daigné venir nous visiter. Il ne nous a point rendu, dans notre maladie, le mépris que nous lui avons témoigné avant d'être malades. Il a bien voulu faire de nouvelles prescriptions à ce malade qui n'avait point voulu suivre les premières destinées à le préserver de la maladie, et il semble lui dire : Vous comprenez maintenant par votre expérience, combien j'étais dans le vrai en vous disant : Ne touchez pas à cela. Faites donc enfin ce qu'il faut pour guérir et revenir à la vie. Je me charge de vos infirmités, buvez du moins cette coupe amère. C'est vous qui avez changé en amertume la douceur de ces préceptes que je vous avais donnés lorsque vous aviez la santé. Le mépris que vous en avez fait a été suivi de près par la souffrance, vous ne pouvez en être guéri qu'en buvant ce calice amer, ce calice des tentations dont cette vie est pleine, le calice des tribulations, des angoisses, des souffrances. Buvez-le, nous dit-il, buvez-le, si vous voulez vivre. Et comme le malade aurait pu lui dire : Je ne puis, cela m'est impossible, je ne le boirai point, le médecin qui n'en avait pas besoin l'a bu le premier, pour que le malade n'hésitât point à le boire après lui. Y a-t-il, en effet, dans cette coupe une amertume qu'il n'ait point épuisée? Sont-ce les outrages? Il a entendu le premier, lorsqu'il chassait les démons, cette infâme calomnie qu'il était possédé du démon et que c'était par Béelzébub qu'il chassait les démons. (*Luc*, vii, 33.) Aussi disait-il à ses malades pour les consoler : « S'ils ont appelé Béelzébub le père de famille, combien plus ses serviteurs? » (*Matth.*, x, 25.) Sont-ce

debat ad præsentiam Dei : postquam peccato oculus ille sauciatus est, cœpit lucem formidare divinam, refugit in tenebras atque in densa lignorum, veritatem fugiens, umbras appetens.

Caput VII et VIII. — *Ægroti ad poculum sumendum exemplo Christi invitamur.* — 7. Ergo, Fratres mei, quoniam et nos inde nati sumus, et sicut dicit Apostolus : In Adam omnes moriuntur (1 *Cor.*, xv, 22) : omnes enim nos duo homines aliquando fuimus : si noluimus obtemperare medico, ut non ægrotaremus; obtemperemus, ut ab ægritudine liberemur. Dedit nobis præcepta medicus, sanis : dedit præcepta medicus, ne medico indigeremus. Non opus est, inquit, sanis medicus, sed ægrotantibus. (*Matth.*, ix, 12.) Sani præcepta contempsimus, et experimento sensimus in quantam perniciem nostram (f. præcepta illius) præceptum illud contempserimus. Ægrotare jam cœpimus, laboramus, in lecto infirmitatis sumus : sed non desperemus. Quia enim ad medicum venire non poteramus, ipse ad nos venire dignatus est. Non contempsit saucium contemptus a sano. Non destitit dare alia præcepta languenti, qui prima custodire noluit, ne langueret : tanquam diceret : Certe experimento sensisti verum me dixisse, quando dixi : Noli tangere hoc. Sanare ergo tandem, et revivisce. Ecce porto infirmitatem tuam; bibe amarum calicem. Tu enim tibi fecisti præcepta illa mea, quæ sano data sunt tam dulcia, tam laboriosa. Contempta sunt, cœpisti laborare : sanari non potes, nisi amarum calicem biberis, calicem tentationum, quibus abundat hæc vita, calicem tribulationum, angustiarum, passionum. Bibe, inquit, bibe, ut vivas. Et ne responderet ei languidus : Non possum, non fero, non bibo : prior bibit medicus sanus, ut bibere non dubitaret ægrotus. Quid enim amarum est in tali poculo, quod ille non biberit : Si contumelia : prior audivit cum dæmones expelleret : Dæmonium habet, et quod in Beelzebub ejicit dæmonia. (*Luc.*, vii, 33.) Unde ut ipse consolaretur ægros, ait : Si patrem familias Beelzebub

les douleurs qui sont amères ? Il a été chargé de chaînes, flagellé, crucifié. Est-ce la mort qui vous paraît amère? Il a goûté cette amertume de la mort. Est-ce le genre de mort qui épouvante votre faiblesse? Rien alors n'était plus ignominieux que la mort de la croix ; et ce n'est pas sans raison que l'Apôtre, pour relever son obéissance, dit : « Il s'est fait obéissant jusqu'à la mort, et jusqu'à la mort de la croix. » (Philip., II, 8.)

CHAPITRE IX. — *Pourquoi Jésus-Christ a voulu honorer sa croix sur la terre.* —8. Comme le Sauveur devait glorifier ses fidèles à la fin des siècles, il voulut d'abord environner sa croix d'honneur en ce monde. Ainsi les princes de la terre qui croient en lui ont défendu de condamner aucun coupable au supplice de la croix, et cette croix sur laquelle les Juifs, ses bourreaux, l'ont attaché au milieu des plus grands outrages, ses serviteurs et les rois eux-mêmes la portent avec une noble assurance sur leurs fronts. Aussi on ne voit plus d'une manière aussi frappante quelle mort Notre-Seigneur a daigné endurer pour nous et dont l'Apôtre dit qu'il s'y est fait pour nous malédiction. (Gal., III, 13.) Lorsque les Juifs aveuglés le poursuivaient de leurs insultes jusque sur la croix, il aurait pu descendre de la croix puisqu'il n'y était que parce qu'il le voulait ; mais sortir vivant du tombeau était un plus grand acte de puissance que de descendre de la croix. Notre-Seigneur donc, par ses œuvres divines qu'il opère et par les souffrances humaines qu'il endure, par ces miracles sensibles et par cette patience dans les douleurs du corps, nous enseigne la foi qui doit nous guérir et nous rendre capables de contempler ces choses invisibles que l'œil de la chair ne connaît pas. C'est dans ce dessein qu'il guérit ces deux aveugles dont l'Evangile vient de nous faire connaître l'histoire. Or, voyez l'avertissement qu'il donne par cette guérison au malade intérieur.

CHAPITRE X. — *Que signifie la guérison de ces deux aveugles?* — 9. Considérez quel fut le résultat de ce fait miraculeux et la suite des circonstances qui l'accompagnent. Ces deux aveugles, assis le long du chemin, apprenant que le Seigneur passait, lui crièrent d'avoir pitié d'eux. La foule, qui était avec le Seigneur, les menaçait pour les faire taire, circonstance qui n'est pas sans mystère. Mais ils triomphèrent de la multitude qui voulait leur imposer silence, en continuant à crier avec plus de force pour que leurs cris pussent parvenir jusqu'aux oreilles du Seigneur, comme s'il n'avait pas déjà prévenu leurs désirs. Les deux aveugles crièrent donc pour se faire entendre du Seigneur et les efforts de la foule pour les faire taire furent inutiles. Le Seigneur passait et ils criaient. Jésus

---

vocaverunt, quanto magis domesticos ejus. (*Matth.*, x, 25.) Si dolores amari sunt : ligatus et flagellatus et crucifixus est. Si mors amara est : etiam mortuus est. Si genus mortis exhorrescit infirmitas : nihil illo tempore fuit ignominiosius quam mors crucis. Non enim frustra commendans ejus obedientiam Apostolus addidit, dicens : Factus obediens usque ad mortem, mortem autem crucis. (*Phil.*, II, 8.)

CAPUT IX. — *Crucem suam cur hic honoravit Christus.* — 8. Sed quia ipse honoraturus erat fideles suos in fine hujus sæculi, prius honoravit crucem in hoc sæculo ; ut terrarum principes credentes in eum prohiberent aliquem nocentium crucifigi : et quod cum magna insultatione persecutores Judæi Domino procurarunt, magna fiducia servi ejus, etiam reges in fronte nunc portant. Non tantum apparet modo qualem mortem pro nobis Dominus subire dignatus est : sicut ait Apostolus : Factus pro nobis maledictum. (*Gal.*, III, 13.) Et cum ei pendenti Judæorum cæcitas insultaret, posset utique descendere de cruce, qui si nollet, non esset in cruce : sed amplius erat de sepulcro resurgere, quam de cruce descendere. Hæc ergo Dominus faciens divina, patiens humana, admonet nos corporalibus miraculis et patientia corporali, ut credamus, et sanemur ad conspicienda illa invisibilia quæ carnis oculus nescit. Hoc ergo agens curavit cæcos istos, de quibus nunc Evangelium recitatum est. Et in curando videte quid admonuerit ægrotum interiorem.

CAPUT X. — *Duorum cæcorum curatio quid significat.* — 9. Attendite ipsius facti exitum et ordinem rerum. Sedentes illi in via duo cæci, transeunte Domino exclamabant, ut eorum misereretur. A turba vero, quæ cum Domino erat, compescebantur ne clamarent. Neque hoc sine mysterio derelictum putetis. Illi autem compescentem se turbam perseverantissimo clamore vincebant, ut perveniret vox eorum ad aures Domini : quasi non jam ille cogitata (a) prævenerit. Clamaverunt ergo duo cæci, ut audirentur a Domino, et a turbis comprimi nequiverunt. Transibat Dominus, et illi clamabant. Stetit Dominus, et sanati sunt. Nam « stetit » Dominus « Jesus, et

---

(a) Sic Mss. Editi vero, *cogitata cognosceret.*

s'arrêta et ils furent guéris. « Et Jésus s'arrêta, dit l'Evangéliste, il les appela et leur dit : Que voulez-vous que je vous fasse? Ils lui dirent : Seigneur, que nos yeux s'ouvrent. » (*Matth.*, xx, 32, 33). Le Seigneur se rendit aux instances de leur foi et leur ouvrit les yeux. Si nous avons déjà bien compris ce que c'est qu'un malade intérieur, un sourd spirituel, un mort spirituel, examinons ici ce qu'est un aveugle spirituel. Les yeux du cœur sont fermés, Jésus passe pour nous donner lieu de crier. Qu'est-ce à dire : Jésus passe? Il accomplit les œuvres du temps. Qu'est-ce à dire qu'il passe? Il fait des actions passagères. Considérez combien d'actions, faites par lui, sont d'une nature transitoire. Jésus est né de la Vierge Marie; est-ce que cette naissance est continuelle? Il a été allaité dans son enfance, l'est-il toujours? Il est arrivé successivement d'année en année, jusqu'à la jeunesse, est-il encore soumis à ces développements extérieurs? La seconde enfance a succédé à la première, l'adolescence à l'enfance, la jeunesse à l'adolescence qui passait et lui cédait la place. Les miracles eux-mêmes qu'il a opérés ont passé, nous les lisons et nous les croyons. Comme l'Ecriture devait en conserver le souvenir, ils passaient lorsqu'ils s'accomplissaient. Enfin pour ne point prolonger cette énumération, il a été crucifié, est-ce qu'il est toujours attaché à la croix? Il a été enseveli, il est ressuscité, il est monté aux cieux ; il ne meurt plus, la mort n'aura plus d'empire sur lui, sa divinité demeure éternellement, et l'immortalité de son corps ne souffrira jamais la moindre altération. Cependant toutes les choses qu'il a faites dans le temps ont passé, elles ont été écrites pour être lues et on les prêche pour qu'elles deviennent l'objet de la foi. Jésus a donc passé dans toutes ces choses.

Chapitre XI. — *Les deux aveugles sont les deux peuples.* — 10. Que représentent les deux aveugles assis le long du chemin? Les deux peuples que Jésus est venu guérir. Montrons ces deux peuples dans les saintes Ecritures. Il est écrit dans l'Evangile : « J'ai d'autres brebis qui ne sont point de ce troupeau ; il faut que je les amène, afin qu'il n'y ait qu'un seul troupeau et un seul pasteur. » (*Jean*, x, 16.) Quels sont donc ces deux peuples? L'un est le peuple des Juifs, l'autre le peuple des Gentils. « Je ne suis envoyé, dit Jésus-Christ, qu'aux brebis qui ont péri de la maison d'Israël. » (*Matth.*, xv, 24.) A qui faisait-il cette déclaration? A ses disciples, lorsque la Chananéenne le suppliait à grands cris, en reconnaissant qu'elle n'était qu'une chienne pour obtenir les miettes tombées de la table de ses maîtres. Elle mérita de les obtenir, et on vit alors d'une manière claire les deux peuples que Jésus était venu sauver ; le peuple juif dont il dit : « Je ne suis envoyé qu'aux

---

vocavit eos, et ait : Quid vultis vobis faciam? At illi dixerunt : Ut aperiantur oculi nostri. » (*Matth.*, xx, 32, 33.) Pro fide ipsorum fecit Dominus, instauravit oculos eorum. Si intelleximus jam interiorem ægrotum, interiorem surdum, interiorem mortuum; ibi quæramus et interiorem cæcum. Clausi sunt oculi cordis : transit Jesus, ut clamemus. Quid est, transit Jesus? Agit temporalia Jesus. Quid est, transit Jesus? Agit transitoria Jesus. Attendite et videte quanta ejus gesta transierint. Natus est de virgine Maria : numquid semper nascitur? Infans lactatus est : numquid semper sugit? Per ætates cucurrit usque ad juventutem : numquid semper corporaliter crescit? Infantiæ pueritia, pueritiæ adolescentia, adolescentiæ juventus transeunti (*a*) cedentique successit. Ipsa etiam quæ fecit miracula, transierunt : leguntur et creduntur. Quia enim talia scripta sunt ut legi possint, transibant cum fierent. Postremo ne in multis moremur, crucifixus est : numquid semper pendet in cruce? Sepultus est, resurrexit, ascendit in cœlum : jam non moritur, et mors illi ultra non dominabitur : et divinitas ejus semper manet, et immortalitas jam corporis ejus numquam deficiet. Sed tamen illa omnia quæ temporaliter ab eo gesta sunt, transierunt, et legenda scripta sunt, et credenda prædicantur. In illis ergo omnibus transiit Jesus.

Caput XI. — *Cæci duo, duo populi.* — 10. Quid duo cæci juxta viam sunt, nisi duo populi, ad quos sanandos venit Jesus? Ostendamus hos duos populos in Scripturis sanctis. Est in Evangelio scriptum : Habeo alias oves, quæ non sunt de hoc ovili ; et illas oportet me adducere, ut sit unus grex et unus pastor. (*Joan.*, x, 16.) Qui sunt ergo duo populi? Unus Judæorum, et alius Gentium. Non sum missus, ait, nisi ad oves, quæ perierunt domus Israel. (*Matth.*, xv, 24.) Quibus hoc dixit? Discipulis : quando illa Chananæa clamabat, quæ se esse canem confessa est, ut micas de mensa dominorum mereretur. Et quia meruit, jam duo demonstrati sunt ad quos venerat : Judaicus scilicet populus, de quo ait : « Non

(*a*) Editi, *credentique successit.* Castigantur hic ex Mss.

brebis qui ont péri de la maison d'Israël, » et le peuple des Gentils dont cette femme était la figure. Jésus l'avait d'abord repoussée, en lui disant : « Il n'est pas bon de prendre le pain des enfants et de le jeter aux chiens; » mais cette femme lui ayant répondu: « Il est vrai, Seigneur, mais les petits chiens mangent les miettes qui tombent de la table de leurs maîtres, » Jésus lui dit : « O femme votre foi est grande ; qu'il vous soit fait comme vous voulez. » (*Ibid.*, 26, etc.) De ce peuple était aussi le centurion, à qui le Seigneur rend ce témoignage : « Je vous le dis en vérité, je n'ai pas trouvé une si grande foi dans Israël, » (*Matth.*, VIII, 10, etc.) parce que cet homme lui avait dit : « Je ne suis pas digne que vous entriez sous mon toit, mais dites seulement une parole, et mon serviteur sera guéri. » Ainsi donc Notre-Seigneur, avant sa passion et sa glorification, nous faisait connaître ces deux peuples, l'un vers lequel il était venu pour accomplir les promesses faites aux patriarches, l'autre que sa miséricorde ne lui permettait pas de repousser, accomplissant ainsi la promesse faite à Abraham : « Toutes les nations seront bénies dans celui qui naîtra de vous. » (*Gen.*, XXII, 18.) Voilà pourquoi l'Apôtre, après la résurrection et l'ascension du Seigneur, se voyant méprisé par les Juifs, se tourna vers les Gentils. Il ne laissa pas toutefois d'enseigner les Eglises formées des Juifs qui avait embrassé la foi. « Les Eglises de Judée qui croyaient en Jésus-Christ, dit-il, ne nous connaissaient point de visage. Elles avaient seulement ouï dire : Celui qui autrefois nous persécutait, annonce maintenant la foi qu'il s'efforçait alors de détruire. Et ils glorifiaient Dieu à cause de moi. » (*Gal.*, I, 22, etc.) C'est pour cette même raison que Jésus-Christ est appelé la pierre de l'angle qui des deux peuples n'en a fait qu'un seul. (*Ephés.*, II, 20.) En effet, la pierre angulaire réunit deux murs qui viennent de deux côtés opposés. Quoi de plus contraire que la circoncision et la gentilité? L'une qui est le mur venant de la Judée, l'autre celui qui vient des nations. Mais ils se trouvent réunis tous deux par la pierre angulaire. « Cette pierre que les architectes ont rejetée est devenue la pierre de l'angle. » (*Ps.* CXVII, 22.) Il n'y a d'angle dans un édifice que lorsque deux murs venant en sens contraire, se rejoignent et se réunissent pour ne plus en faire qu'un seul. Or, ces deux murs étaient figurés par les deux aveugles qui criaient vers le Seigneur.

CHAPITRE XII. — *Jésus est appelé pendant qu'il passe et il guérit.*--11. Renouvelez maintenant votre attention, mes bien-aimés. Le Seigneur passait, les aveugles criaient. Qu'est-ce à dire qu'il passait? Il faisait des œuvres passagères, comme nous l'avons déjà dit. Ce sont ces

---

sum missus nisi ad oves, quæ perierunt domus Israel : » Et Gentium populus, cujus typum prætendebat hæc mulier, quam primo respuerat dicens: Non est bonum, panem filiorum mittere canibus : et cui dicenti : « Ita Domine, nam et canes edunt de micis quæ cadunt de mensa dominorum suorum; » responderat : « O mulier, magna est fides tua, fiat tibi sicut vis. » (*Ibid.*, 26, etc.) Inde enim erat et ille Centurio, de quo dicit idem Dominus : « Amen dico vobis, non inveni tantam fidem in Israel. » (*Matth.*, VIII, 10, etc.) Quia ille dixerat : « Non sum dignus ut intres sub tectum meum, sed tantum dic verbo, et sanabitur puer meus. » Ita ergo Dominus ante passionem et clarificationem suam duos jam populos designabat ; unum, ad quem venerat propter promissa Patrum ; et alterum, quem propter misericordiam non repellebat : ut impleretur quod promissum erat Abrahæ : In semine tuo benedicentur omnes gentes. (*Gen.*, XXII, 18.) Propterea et Apostolus jam post resurrectionem Domini et ascensionem, ubi contemptus est a Judæis, perrexit ad Gentes. Nec tamen Ecclesiis quæ de Judæis crediderant, tacuit : « Eram, inquit, ignotus facie Ecclesiis Judææ, quæ sunt in Christo. Tantum autem audiebant, quia qui aliquando nos persequebatur, nunc evangelizat fidem, quam aliquando vastabat : et in me, inquit, magnificabant Deum. » (*Gal.*, I, 22, etc.) Sic et angularis lapis dicitur Christus, qui fecit utraque unum. (*Ephes.*, II, 20.) Angulus enim duos parietes copulat de diverso venientes. Quid tam diversum, quam circumcisio et præputium, habens unum parietem de Judæa, alterum parietem de Gentibus? Sed angulari lapide copulantur. Lapidem enim quem reprobaverunt ædificantes, hic factus est in caput anguli. (*Psal.* CXVII, 22.) Angulus in ædificio non est, nisi cum duo parietes ex diverso venientes in (*a*) unum conveniunt, et quadam unitate junguntur. Isti ergo duo parietes secundum typum, duo cæci erant clamantes ad Dominum.

CAPUT XII. — *Transiens Jesus interpellatur et sanat.* — 11. Attendite nunc : Dilectissimi. Dominus transibat, cæci clamabant. Quid est, transibat? Transitoria

(*a*) Mss. *in illum conveniunt.*

œuvres transitoires qui servaient à élever l'édifice de notre foi. En effet, nous croyons au Fils de Dieu, non-seulement en tant qu'il est le Verbe de Dieu, par qui toutes choses ont été faites; car s'il était toujours resté dans sa nature divine selon laquelle il est égal à Dieu, il ne se serait pas anéanti en prenant la forme d'esclave, et les aveugles ne sentant point sa présence, n'auraient pas crié vers lui. Mais dans le temps qu'il opérait ces œuvres qui passaient, c'est-à-dire dans le temps qu'il s'humiliait, en se rendant obéissant jusqu'à la mort et jusqu'à la mort de la croix, ces deux aveugles crièrent : « Ayez pitié de nous, Fils de David. » En effet, que le Seigneur et le Créateur de David ait voulu en même temps être son fils, c'est une œuvre du temps, une œuvre qu'il fit en passant.

CHAPITRE XIII. — *Qu'est-ce que crier vers Jésus-Christ.* — 12. Or, qu'est-ce que crier vers Jésus-Christ, mes frères ? C'est répondre par les bonnes œuvres à la grâce de Jésus-Christ. Je vous donne cette explication, mes frères, pour que nous évitions le bruit des paroles avec le mutisme des actions. Quel est donc celui qui crie vers Jésus-Christ pour être guéri de l'aveuglement de son âme par Jésus-Christ qui passe, c'est-à-dire qui nous dispense les sacrements du temps pour nous élever jusqu'aux choses de l'éternité ? Quel est celui qui crie vers Jésus-Christ ? Celui qui méprise le monde, celui qui méprise les plaisirs du siècle; voilà celui qui crie vers Jésus-Christ. Dire non de bouche, mais par sa vie : « Le monde est crucifié pour moi, et je suis crucifié pour le monde, » (*Gal.*, VI, 14) c'est crier vers Jésus-Christ. Celui qui répand ses biens sur le pauvre, et dont la justice subsiste dans les siècles des siècles (*Ps.* CXI, 9), crie vers Jésus-Christ. Celui qui prêtant une oreille attentive et docile à ces paroles : « Vendez vos biens et donnez-en le prix aux pauvres : Faites-vous des bourses qui ne s'usent pas, un trésor dans le ciel qui ne s'épuise jamais, » (*Luc.*, XII, 33) entend comme le bruit que le Christ fait en passant, doit alors crier vers lui à l'exemple de cet aveugle, c'est-à-dire suivre ce conseil. Sa voix doit être dans ses œuvres. Qu'il commence donc à mépriser le monde, à distribuer ses biens aux indigents, à regarder comme rien tout ce qu'aiment les hommes, à mépriser les injures; qu'il ne cherche pas à se venger, qu'il présente la joue à celui qui le frappe, qu'il prie pour ses ennemis, qu'il n'exige pas qu'on lui rende ce qu'on lui a pris, et si lui-même a fait quelque tort, qu'il rende quatre fois autant.

CHAPITRE XIV. — *Qu'est-ce que la foule qui défend de crier.* — 13. Mais aussitôt qu'il commence à vivre de la sorte, tous ses parents, ses alliés, ses amis se récrient. Ceux qui aiment le monde deviennent autant de contradicteurs. Quelle extravagance ! s'écrient-ils, vous

---

opera faciebat, sicut jam diximus. Secundum hæc transitoria opera fides nostra ædificatur. Credimus enim in Filium Dei, non tantum quia Verbum Dei est, per quem facta sunt omnia : si enim semper in forma Dei manens æqualis Deo, non semetipsum exinaniret formam servi accipiens; nec sentirent cæci, ut possent clamare. Sed cum operaretur transitoria, id est, humiliaret se, factus obediens usque ad mortem, mortem autem crucis, clamaverunt duo cæci : « Miserere nostri, fili David. » Quia et hoc ipsum quod Dominus et creator David, etiam filius David esse voluit, in tempore hoc egit, transiens hoc fecit.

CAPUT XIII. — *Clamare ad Christum, quid.* — 12. Quid est autem, clamare ad Christum : Fratres, nisi gratiæ Christi congruere bonis operibus? Hoc dico : Fratres, ne forte simus strepentes vocibus, et muti moribus. Quis est qui clamat ad Christum ut pellatur interior cæcitas transeunte Christo, id est, dispensante nobis temporalia sacramenta, quibus admoneamur ad æterna capienda ? Quis est qui clamat ad Christum ? Qui contemnit mundum, clamat ad Christum. Qui spernit sæculi voluptates, clamat ad Christum. Qui dicit non lingua, sed vita : Mihi mundus crucifixus est, et ego mundo (*Gal.*, VI, 14) : clamat ad Christum. Qui dispergit, et dat pauperibus, ut justitia ejus maneat in sæculum sæculi (*Psal.* CXI, 9) : clamat ad Christum. Qui enim audit, et non surdus audit : Res vestras vendite, et date pauperibus : Facite vobis sacculos non veterascentes, thesaurum non deficientem in cœlo (*Luc.*, XII, 33) : tanquam vestigiorum sonitum Christi transeuntis audiens clamet ad hæc cæcus, id est, faciat ista. Vox ejus in factis sit. Incipiat mundum contemnere, inopi sua distribuere, pro nihilo habere quæ homines amant, contemnat injurias, non appetat vindicari, paret maxillam percutienti, oret pro inimicis, si quis ei abstulerit sua, non repetat; si quid alicui abstulerit, reddat quadruplum.

CAPUT XIV. — *Turba prohibens clamare.* — 13. Cum ista facere cœperit, omnes sui cognati, affines, amici commoventur. Qui diligunt sæculum, contradicunt.

SERMON LXXXVIII.

en faites trop. Les autres ne sont-ils pas chrétiens? C'est de la folie, c'est de la démence, et mille autres propos semblables que tient la foule pour empêcher les aveugles de crier. La foule voulait les faire taire, mais elle ne pouvait étouffer leurs cris. Que ceux qui veulent être guéris comprennent ici ce qu'ils doivent faire. Voici que Jésus passe, que ceux qui sont le long du chemin crient vers lui. D'un côté sont ceux qui honorent Dieu des lèvres, tandis que leur cœur est loin de lui. (*Isaïe*, XXIX, 13; *Matth.*, XV, 8.) De l'autre côté du chemin sont les cœurs brisés à qui le Seigneur donne ses préceptes. Toutes les fois que nous entendons le récit des œuvres temporelles que Notre-Seigneur a faites, on nous représente Jésus passant devant nous. Jusqu'à la fin du monde, il y aura des aveugles assis le long du chemin. C'est un devoir pour eux de crier. La foule qui accompagnait le Seigneur voulait réprimer les cris de ces aveugles qui demandaient leur guérison. Mes frères, comprenez-vous ma pensée? Je ne sais comment m'exprimer, et je sais moins encore comment je pourrais garder le silence. Voici donc ce que je pense, et je le dis ouvertement. Je crains Jésus, soit qu'il passe, soit qu'il demeure, et voilà pourquoi je ne puis me taire. Les bons chrétiens, les chrétiens vraiment zélés qui veulent accomplir les divins préceptes contenus dans l'Evangile, trouvent un obstacle dans les chrétiens mauvais et tièdes. La foule qui accompagne le Seigneur leur défend de crier, c'est-à-dire leur défend de faire le bien et d'obtenir leur guérison par leur persévérance dans les bonnes œuvres. Mais qu'ils ne se lassent point de crier, qu'ils ne se laissent point conduire par l'autorité de la foule, et qu'ils n'imitent point ces mauvais chrétiens qui les précèdent et dont leurs bonnes œuvres excitent la jalousie. Qu'ils ne disent point : Vivons comme vit le plus grand nombre. Et pourquoi ne pas vivre plutôt selon les prescriptions de l'Evangile? Pourquoi vouloir suivre dans votre vie les reproches de cette foule qui vous impose sa volonté, plutôt que de marcher sur les traces du Seigneur qui passe? Ils vous insulteront, ils vous blâmeront, ils vous feront revenir sur vos pas; mais pour vous, ne cessez de crier jusqu'à ce que vous parveniez aux oreilles de Jésus. Ceux qui auront persévéré dans la fidélité aux préceptes de Jésus-Christ, sans faire attention aux défenses bruyantes de la multitude, sans se laisser arrêter par cette circonstance, qu'elle semble suivre le Christ et qu'elle est composée de ceux qu'on appelle chrétiens, ceux qui auront plus aimé la lumière que le Christ doit faire briller à leurs yeux que redouté les reproches bruyants du monde, ne pourront être séparés de Jésus-Christ; il s'arrêtera et les guérira.

CHAPITRE XV. — *Comment nos yeux sont*

Quid insanis? Nimius es : numquid alii non sunt Christiani? Ista stultitia est, ista dementia est. Et cætera talia turba clamat, ne cæci clament. Turba clamantes corripiebat : sed eorum clamores non vincebat. Intelligant quid faciant, qui volunt sanari, Et nunc Jesus transit : qui juxta viam sunt, clament. Hi sunt enim qui labiis honorant, cor autem eorum longe est a Deo. (*Isai.*, XXIX, 13; *Matth.*, XV, 8.) Ipsi sunt juxta viam, quibus præcipit Dominus obtritis corde. Nam cum recitantur ea quæ fecit Dominus transeuntia, semper nobis exhibetur transiens Jesus. Quia usque in finem sæculi non desunt cæci sedentes ad viam. Opus ergo est, ut clament illi juxta viam sedentes. Turba quæ cum Domino erat, compescebat clamorem quærentium sanitatem. Fratres, videtis quid dicam? Nescio enim quomodo dicam : sed plus nescio quomodo taceam. Hoc dico, et aperte dico. Timeo enim Jesum transeuntem et manentem : et ideo tacere non possum. Bonos Christianos, vere studiosos, volentes facere præcepta Dei, quæ in Evangelio scripta sunt : Christiani mali et tepidi prohibent. Turba ipsa quæ cum Domino est, prohibet clamantes, id est, prohibet bene operantes, ne perseverando sanentur. Clament illi, non deficiant, neque ducantur quasi auctoritate turbarum ; nec eos qui priores Christiani facti sunt, male viventes, et bonis operibus invidentes imitentur. Non dicant : Quomodo isti vivunt tam multi, sic vivamus. Quare non potius quomodo dicit Evangelium? Quare vis vivere secundum increpationem turbæ prohibentis, et non secundum vestigia Domini transeuntis? Insultabunt, vituperabunt, revocabunt : tu clama quo usque pervenias ad aures Jesu. Nam qui perseveraverint in faciendo talia qualia præcepit Christus, et non attenderint turbas prohibentes, neque magnipenderint quod Christum videntur sequi, id est, quod Christiani appellantur; sed plus amaverint lucem quam Christus redditurus, quam timuerint strepitum prohibentium; nullo modo separabuntur, et stabit Jesus, et sanabit eos.

CAPUT XV. — *Quomodo oculi sanantur.* — 14. Quomodo enim sanantur oculi nostri? Quomodo per fi-

guéris. — 14. Or, comment nos yeux sont-ils guéris? De même que la foi nous fait sentir le Christ qui passe par la dispensation temporelle de ses grâces, elle nous montre aussi le Christ s'arrêtant par son immuable éternité. L'œil intérieur est guéri, dès que l'on connaît la divinité de Jésus-Christ. Que votre charité comprenne bien cette vérité, donnez toute votre attention au grand mystère que je vais vous exposer. Toutes les actions que Notre-Seigneur Jésus-Christ a faites dans le temps, ont pour objet d'établir en nous la foi. Nous croyons au Fils de Dieu, non-seulement au Verbe par qui toutes choses ont été faites; mais nous croyons au Verbe fait chair pour habiter parmi nous, et né d'une Vierge, et à tous les autres mystères que nous enseigne la foi. Ces actions mystérieuses nous montrent Jésus-Christ passant, afin que les aveugles entendant le bruit de ses pas, crient par leurs œuvres, et reproduisent dans leur vie leur profession de foi. Or, pour guérir ceux qui crient vers lui, Jésus-Christ s'arrête. Et quel est celui qui voit Jésus-Christ lorsqu'il s'arrête? Celui qui peut dire : « Si nous avons connu Jésus-Christ selon la chair, nous ne le connaissons plus maintenant. » (II *Cor.*, v, 16.) Il voyait la divinité du Christ, autant qu'on peut la voir dans cette vie. En Jésus-Christ, en effet, il y a la divinité, il y a l'humanité. La divinité s'arrête, l'humanité passe. Qu'est-ce à dire que la divinité s'arrête? Elle ne peut ni changer, ni être ébranlée, ni se retirer. En venant vers nous, elle ne s'est point séparée du Père, et en remontant dans les cieux, elle n'a point changé de lieu. Le Christ, dans la chair qu'il a prise, a changé de lieu, mais en se revêtant de cette chair, Dieu n'a point changé de lieu, parce qu'il n'est pas dans un lieu. Que le Christ s'arrête donc pour nous toucher et guérir nos yeux. Mais quels sont les yeux qu'il guérit? Les yeux de ceux qui crient lorsqu'il passe, les yeux de ceux qui font le bien à l'aide de cette foi que Dieu donne dans le temps pour l'instruction des petits.

15. Nos yeux une fois guéris, mes frères, quel plus riche trésor pouvons-nous espérer? Les hommes s'estiment heureux de voir cette lumière créée qui brille du haut des cieux ou que répandent les flambeaux sur la terre. Et comme ils plaignent le sort de ceux qui ne peuvent voir cette lumière! Mais pour moi, pourquoi vous parler ainsi, pourquoi vous faire ces réflexions? C'est pour vous exhorter à crier lorsque Jésus passe. Je voudrais inspirer à votre sainteté l'amour d'une lumière que vous ne voyez peut-être pas. Croyez, sans la voir encore, et criez pour obtenir de la voir. On ne peut assez déplorer le malheur de ceux qui ne peuvent voir cette lumière sensible. Si un homme vient à perdre la vue, on dit aussitôt : Dieu est irrité

---

dem sentimus Christum transeuntem temporali dispensatione, sic intelligamus Christum stantem incommutabili æternitate. Ibi enim sanatur oculus, quando intelligitur Christi divinitas. Percipiat hoc Caritas Vestra : attendite quod dicam grande sacramentum. Omnia temporaliter gesta a Domino nostro Jesu Christo, fidem nobis inseruerunt. Credimus in Filium Dei, non solum in Verbum per quod facta sunt omnia ; sed in ipsum Verbum factum carnem, ut habitaret in nobis, natum de virgine Maria, et cætera quæ fides habet, quæ nobis exhibita sunt, ut Christus transiret, et ut cæci vestigia transeuntis audientes, clamarent operibus, vita professionem fidei commemorantes. Jam ut clamantes sanentur, stat Jesus. Etenim jam stantem videt Jesum, qui dicit : Et si noveramus Christum secundum carnem, sed jam nunc non novimus. (II *Cor.*, v, 16.) Christi enim divinitatem videbat, quantum in hac vita potest. Est divinitas Christi, est humanitas Christi. Divinitas stat, humanitas transit. Quid est, Divinitas stat : Non mutatur, non convellitur, non recedit. Non enim sic ad nos venit, ut a Patre discederet : nec ita ascendit, ut loco moveretur. Assumpta (*a*) carne, locum mutavit : Deus autem assumens carnem, quia in loco non est, nec mutat locum. Tangamur stante Christo, sanentur oculi nostri. Sed quorum oculi? Clamantium scilicet, cum transit : id est, bene operantium per eam fidem, quæ dispensata est temporaliter ad erudiendos nos parvulos.

15. Sanatis autem oculis, quid pretiosius habere poterimus, Fratres? Lumen hoc qui vident quod factum est, quod fulget de cœlo, vel quod exhibetur de lucerna, gaudent. Et quomodo miseri videntur, qui hoc videre non possunt? Ego autem quare loquor, quare ista dico, nisi ut horter omnes vos ad clamandum, cum transit Jesus ? Lucem commendo Sanctitati Vestræ amandam, quam forte non videtis. Credite, dum nondum videtis ; et clamate, ut videatis. Quanta putatur infelicitas hominum, qui lucem istam corporalem non vident? Excæcatus est aliquis :

(*a*) Pauciores Mss. *Assumpta caro.*

SERMON LXXXVIII.

contre lui, il a commis quelque mauvaise action. C'est le langage que l'épouse de Tobie tenait à son mari. Tobie criait pour un chevreau, craignant qu'il n'eût été dérobé (*Tob.*, II, 21, etc.); il ne pouvait souffrir dans sa maison le cri d'un animal qui eût été le produit du vol. Sa femme, en voulant défendre ce qu'elle avait fait, outrageait son mari. Et tandis qu'il lui disait : Rendez-le, s'il a été dérobé, elle lui répondait par cette insulte : Où sont vos justices? Quel aveuglement dans cette femme qui voulait défendre son larcin, et quelle lumière dans celui qui lui commandait de rendre ce qui avait été volé ! Elle jouissait de la lumière extérieure du soleil, mais Tobie était intérieurement éclairé de la lumière de la justice. Laquelle de ces deux lumières était préférable?

CHAPITRE XVI. — *Il ne faut pas cesser de crier, malgré l'opposition de la foule.* — 16. Aimez donc, je vous prie, mes frères, aimez cette lumière; faites entendre le cri de vos œuvres, lorsque le Seigneur passe, faites entendre la voix de la foi, afin que Jésus s'arrêtant, c'est-à-dire afin que la sagesse de Dieu, qui demeure immuable, et la majesté du Verbe de Dieu ouvrent vos yeux à la lumière. Ce même Tobie, dans les avis qu'il donnait à son fils, l'engageait à crier, c'est-à-dire à faire de bonnes œuvres; il lui recommandait de donner aux pauvres, de faire l'aumône aux indigents, et il ajoutait :

« Mon fils, l'aumône ne laisse point aller l'âme dans les ténèbres. » (*Tob.*, IV, 11.) Tout aveugle qu'il était, il lui indiquait le moyen d'obtenir et de voir la lumière. « L'aumône, lui disait-il, ne laisse point l'âme aller dans les ténèbres. » Si son fils étonné lui eût répondu : Eh quoi, mon père, n'avez-vous donc point fait d'aumônes, vous qui êtes aveugle tout en me parlant de la sorte? N'êtes-vous pas maintenant dans les ténèbres, vous qui me dites : « L'aumône ne laisse point aller dans les ténèbres? » Tobie savait de quelle lumière il parlait à son fils; il connaissait la lumière qu'il voyait au fond de son âme. Le fils donnait la main à son père pour diriger ses pas sur la terre, et le père la donnait au fils pour le conduire jusqu'au ciel.

17. Concluons en quelques mots ce discours, mes frères, par une réflexion qui nous impressionne vivement et qui fait notre tourment. Considérez cette foule qui veut imposer silence aux aveugles. Vous tous qui, dans cette foule, désirez sincèrement votre guérison, ne vous laissez pas intimider; il en est beaucoup qui ne sont chrétiens que de nom, et dont les œuvres accusent l'impiété. Qu'ils ne vous détournent point de la pratique du bien. Continuez à crier au milieu de cette foule qui veut vous faire taire, qui vous ramène en arrière, qui vous insulte et dont la vie est si déréglée. En effet, ce n'est point seulement par leurs discours que les mauvais chré-

---

continuo dicitur : Iratum Deum habuit, aliquid mali commisit. Hoc uxor Tobiæ dicebat viro. Clamabat ille propter hædum, ne de furto esset (*Tob.*, II, 21, etc.); nolebat sonum furti audire in domo sua : illa defendens factum suum, opprobrio percutiebat maritum : et cum ille diceret : Reddite, si de furto est; illa respondebat insultans : Ubi sunt justitiæ tuæ? Quam cæca erat, quæ furtum defendebat : et quam lucem videbat, qui furtum reddi imperabat. Illa erat foris in luce solis : ille erat intus in luce justitiæ. Quis eorum erat in luce meliore?

CAPUT XVI. — *Clamandum inter turbas clamare prohibentes.* — 16. Ad hanc lucem, Fratres, amandam hortamur Dilectionem Vestram : ut clametis operibus, cum Dominus transit ; sonet vox fidei; ut stans Jesus, id est, incommutabilis manens Dei Sapientia, et majestas Verbi Dei, per quod facta sunt omnia, aperiat oculos vestros. Idem Tobias monens filium suum; ad hoc monebat ut clamaret : id est, ad bona opera monebat. Dicebat illi ut daret pauperibus, præcipiebat ut eleemosynas faceret indigentibus, et docebat dicens : Fili, eleemosynæ non sinunt ire in tenebras. (*Tob.*, IV, 11.) Consilium percipiendæ atque obtinendæ lucis cæcus dabat. Eleemosynæ, inquit, non sinunt ire in tenebras. Si ei filius responderet miratus : Quid ergo, pater, tu eleemosynas non fecisti, ut modo cæcus loquaris : tu nunc nonne in tenebris es, qui mihi dicis : Eleemosynæ non sinunt ire in tenebras? Noverat ille de qua luce doceret filium, noverat in interiore homine quod videbat. Filius patri porrigebat manum, ut ambularet per terram; et pater filio, ut habitaret in cœlo.

17. Breviter, ut concludam, Fratres : Sermonem istum, ex eo quod nos plurimum tangit atque angit, videte esse turbas quæ corripiant cæcos clamantes. Omnes qui in hac turba sanari vultis, non vos deterreant : quia multi sunt nomine Christiani, et operibus impii; non vos deterreant a bonis operibus. Clamate inter turbas compescentes, revocantes, insultantes, male viventes. Non enim solis vocibus comprimunt bonos Christianos mali, sed et malis operibus. Non vult bonus Christianus ire spectare.

tiens persécutent les bons, mais par leurs œuvres. Un bon chrétien refuse d'aller au théâtre. Ce frein qu'il met à ses désirs pour ne point aller au théâtre, c'est un cri vers Jésus-Christ, c'est un cri par lequel il demande sa guérison. Les autres y courent en foule, mais ce sont peut-être des païens ou des Juifs? Le dirai-je, si les chrétiens n'allaient pas au théâtre, il serait si peu fréquenté que la honte même en ferait sortir les autres. Ce sont donc les chrétiens qui s'empressent de s'y rendre et qui y portent pour leur châtiment le nom sacré qui leur a été donné. Criez donc, en refusant d'y aller, en étouffant dans votre cœur la passion d'un plaisir si passager; persévérez à crier fortement aux oreilles du Sauveur, afin que Jésus s'arrête et vous guérisse. Criez du milieu même de la foule, et ne désespérez point d'être entendu du Seigneur. Les aveugles n'ont pas crié du côté où n'était pas la foule, pour être plus facilement entendu là où il n'y avait point d'obstacle. C'est du milieu même de la foule qu'ils ont crié, et cependant ils ont été entendus du Seigneur. Vous donc aussi criez du milieu des pécheurs et des voluptueux, du milieu des amateurs passionnés des vanités du siècle, criez pour obtenir votre guérison du Seigneur. Ne criez point d'un autre côté, n'allez point vous mêler aux hérétiques pour crier de là vers le Seigneur.

CHAPITRE XVII. — *La persévérance triomphe des contradicteurs.* — 18. Considérez, mes frères, que les aveugles ont été guéris au milieu même de la foule qui voulait leur imposer silence, et que votre sainteté remarque en même temps ce que c'est de persévérer à crier. Je dirai ici ce qu'un grand nombre ont éprouvé comme moi au nom de Jésus-Christ, car l'Eglise ne cesse d'engendrer de tels enfants. Lorsqu'un chrétien commence à mener une vie régulière, à être plein de ferveur pour les bonnes œuvres et de mépris pour le monde, la nouveauté même de sa conduite lui suscite, dans les chrétiens qui sont froids, des critiques et des contradicteurs. Qu'il persévère cependant, qu'il triomphe de leur opposition par sa constance, qu'il ne se lasse point dans la pratique des bonnes œuvres, il trouvera des approbateurs dans ceux qui cherchaient à le détourner du bien. Ils le blâmeront, l'inquiéteront et lui feront de l'opposition tant qu'ils espéreront avoir le dessus. Mais, du moment qu'ils sont vaincus par la persévérance des bons chrétiens, ils changent de conduite et de langage et s'écrient : C'est un grand homme, c'est un saint homme, c'est un homme heureux que Dieu comble de ses grâces. Ils l'honorent, ils le félicitent, ils le bénissent, ils le louent comme cette foule qui accompagnait le Sauveur. Elle voulait imposer silence aux aveugles, mais ceux-ci, ayant continué à crier et mérité d'être exaucés et d'obtenir miséricorde du Seigneur, la même

Hoc ipsum quod frenat concupiscentiam suam, ne pergat ad theatrum, clamat post Christum, clamat ut sanetur. Alii concurrunt, sed forte Pagani, forte Judæi. Imo vero tam pauci essent in theatris, ut erubescendo discederent, si Christiani ad theatra non accederent. Currunt ergo et illi, portantes sanctum nomen ad pœnam suam. Clama ergo non eundo, premens in corde tuo temporalem concupiscentiam; et tene te in clamore forti et perseveranti ad aures Salvatoris, ut stet Jesus, et curet te. Inter ipsas turbas clama, ne desperes de auribus Domini. Non enim et illi cæci ex illa parte clamaverunt, ubi turba non erat, ut ex ea parte audirentur, ubi non esset impedimentum prohibentium. Inter ipsas turbas clamaverunt : et tamen Dominus audivit. Sic et vos etiam inter peccatores et luxuriantes, inter amatores sæcularium vanitatum, ibi clamate, ut sanet vos Dominus. Nolite per aliam partem clamare ad Dominum, nolite ad hæreticos ire, et ibi clamare ad Dominum.

CAPUT XVII. — *Perseverantia contradictores vincuntur.* — Attendite, Fratres, quia in illa turba quæ clamare prohibebat, ibi sanati sunt qui clamabant. Nam et hoc attendat Sanctitas Vestra, quid sit perseverare in clamando. Dicam quod multi mecum experti sunt in nomine Christi : non enim cessat Ecclesia tales parere. Cum quisque Christianus cœperit bene vivere, fervere bonis operibus, mundumque contemnere; in ipsa novitate operum suorum patitur reprehensores et contradictores frigidos Christianos. Si autem perseveraverit, et eos superaverit perdurando, et non defecerit a bonis operibus : iidem ipsi jam obsequentur, qui ante prohibebant. Tamdiu enim corripiunt et perturbant et vetant, quamdiu sibi cedi posse præsumunt. Si autem victi fuerint perseverantia proficientium, convertunt se, et dicere incipiunt : Magnus homo, sanctus homo, felix cui Deus concessit. Honorant, gratulantur, benedicunt, laudant : quomodo illa turba quæ cum Domino erat. Ipsa prohibebat ne cæci clamarent : sed post quam illi ita clamaverunt, ut mererentur audiri et impetrare misericordiam Domini, ipsa turba

foule leur dit alors : « Jésus vous appelle. » La voici qui excite ceux qu'elle voulait forcer, il n'y a qu'un instant, de se taire. Celui-là seul n'est point appelé par le Seigneur qui ne souffre point dans ce monde. Mais qui ne souffre dans cette vie de ses péchés et de ses iniquités? Or, si personne n'est exempt de souffrance, c'est à tous aussi qu'est fait cet appel : « Venez à moi vous tous qui êtes fatigués. » (*Matth.*, XI, 28.) Si donc cet appel s'adresse à tous, pourquoi rejeter la faute sur celui qui vous invite? Venez, ne craignez point que sa demeure soit trop étroite pour vous, le royaume de Dieu est possédé tout entier par tous et par chacun. Le nombre de ceux qui le possèdent n'en diminue point la jouissance, parce qu'il ne souffre aucun partage. Chacun le possède dans son entier, parce que tous en jouissent dans la plus parfaite harmonie.

CHAPITRE XVIII. — *Mélange des bons et des mauvais dans l'Eglise.* — 19. Le sens mystérieux de cette lecture, mes frères, nous fait connaître une vérité que nous trouvons révélée de la manière la plus claire dans d'autres endroits des Livres saints : c'est que l'Eglise renferme dans son sein des bons et des mauvais que nous désignons souvent sous le nom du froment et de la paille. Que personne ne quitte l'aire avant le temps; qu'il supporte d'être mêlé à la paille pendant que se fait la séparation; qu'il supporte ce mélange dans l'aire, car dans le grenier il n'aura plus à en souffrir. Le vanneur viendra pour séparer les méchants des bons. Il y aura même alors une séparation des corps que précède ici-bas la séparation des esprits. (XXIII, q. 4, cap. *A malis.*) Soyez toujours séparés des mauvais par les sentiments du cœur, mais ayez avec eux pour un temps l'union extérieure que conseille la prudence. Cependant ne négligez pas de reprendre ceux qui dépendent de vous, qui sont confiés, à quelque titre que ce soit, à votre sollicitude, par vos avertissements, vos enseignements, vos exhortations, vos menaces. Agissez sur eux par tous les moyens qui sont en votre pouvoir. Ne négligez pas de reprendre les méchants sous ce prétexte que vous trouvez dans les Ecritures et dans les exemples des saints qui ont vécu avant ou après la venue du Sauveur, que les bons ne sont point souillés par leur union avec les méchants. Vous pouvez éviter de deux manières d'être souillé par les méchants, soit en leur refusant votre consentement, soit en les reprenant; et j'appelle ne pas consentir, ne point prendre part à leurs œuvres. Or, vous y prenez part en vous y associant par la volonté ou par l'approbation que vous donnez à leurs œuvres. Aussi l'Apôtre nous donne-t-il cet avertissement : « Ne prenez point de part aux œuvres stériles des ténèbres. » (*Ephés.*, V, 11.) Et comme ce serait peu de n'y point donner son consente-

---

rursum dicit : « Vocat vos Jesus. » Jam et hortatores fiunt, qui paulo ante corripiebant ut tacerent. Solus autem ille non vocatur a Domino, qui non laborat in hoc sæculo. Sed quis in hac vita non laborat in peccatis et in iniquitatibus suis? Si autem omnes laborant, omnibus dictum est : Venite ad me omnes qui laboratis. (*Matth.*, XI, 28.) Si autem omnibus dictum est, quare culpam tuam tribuis (*a*) invitatori tuo? Veni? Non tibi fit angusta domus ejus : pariter ab omnibus, totum a singulis possidetur regnum Dei : crescente possessorum numero non minuitur, quia non dividitur. Unicuique integrum est, quod concorditer habetur a multis.

CAPUT XVIII. — *Boni et mali in Ecclesia permixti.* — 19. Hoc tamen in mysterio lectionis hujus cognovimus, Fratres, quod aliis librorum sanctorum locis apertissime sonat, esse intus in Ecclesia et bonos et malos, quod sæpe dicimus frumentum et paleam. Nemo ante tempus deserat aream, toleret paleam in tritura, toleret in area. Quod enim toleret, in horreo non habebit. Veniet ventilator, qui dividet malos a bonis. Erit etiam corporalis separatio, quam modo spiritalis præcedit. (XXIII, q. 4, cap. *A malis.*) A malis corde semper disjungimini, ad tempus caute corpore copulamini. Nec tamen negligentes sitis in corrigendis vestris, ad curam scilicet vestram quoquo modo pertinentibus, monendo, docendo, hortando, terrendo. Quibuscumque modis potestis, agite. Nec cum invenitis in Scripturis et in exemplis sanctorum, sive qui ante, sive qui post Domini adventum in hac vita fuerunt, quod mali bonos in unitate non maculant, efficiamini pigri ad corrigendos malos. Duobus modis non te maculat malus : si non consentias, et si redarguas : hoc est, non communicare, non consentire. Communicatur, quippe, quando facto ejus consortio voluntatis vel approbationis adjungitur. Hoc ergo nos admonens Apostolus ait : Nolite communicare operibus infructuosis tenebrarum. (*Ephes.*, V, 11.) Et quia parum erat, non consentire, si sequeretur negligentia disciplinæ :

(*a*) Colbertinus Ms. *imitatori tuo.*

ment, si l'on négligeait le devoir de la correction, il ajoute : « Mais plutôt condamnez-les. » Vous voyez comme il réunit ici ces deux obligations : « Ne prenez point de part à ces œuvres, mais plutôt condamnez-les. » Qu'est-ce à dire : « Ne prenez point de part à ces œuvres? » ne leur donnez ni votre consentement, ni vos éloges, ni votre approbation? Et que signifient ces paroles : « Condamnez-les plutôt? » Usez à leur égard de la réprimande, de la correction et, s'il le faut, de la répression.

20. Mais en accomplissant ce devoir de la correction ou de la répression des fautes d'autrui, il faut éviter de s'enorgueillir, et penser à cette sentence de l'Apôtre : « Que celui qui croit être ferme prenne garde de tomber. » (I *Cor.*, x, 12.) Que la réprimande ait au dehors des accents sévères et terribles, mais que l'âme conserve toute la douceur de la charité. « Si quelqu'un est tombé par surprise en quelque faute, dit le même Apôtre, vous autres qui êtes spirituels, ayez soin de l'instruire dans un esprit de douceur, chacun de vous réfléchissant sur soi-même et craignant d'être tenté comme lui. Portez les fardeaux les uns des autres et vous accomplirez ainsi la loi de Jésus-Christ. » (*Gal.*, vi, 1, 2.) Et dans un autre endroit : « Il ne faut pas qu'un serviteur du Seigneur dispute, mais il doit être modéré envers tout le monde, capable d'instruire, patient, reprenant avec douceur ceux qui résistent à la vérité, dans l'espérance que Dieu, pour la leur faire connaître, leur donnera un jour l'esprit de pénitence, et qu'ainsi ils sortiront des lacets du démon qui les tient captifs sous sa volonté. » (II *Tim.*, ii, 24.) Evitez donc également de consentir au mal en l'approuvant, de négliger le devoir de la correction ou de le remplir avec orgueil et arrogance.

21. Or, celui qui abandonne l'unité viole la loi de la charité, et de quelques dons qu'il soit orné, s'il viole la charité, il n'est rien. (I *Cor.*, xiii, 1.) Il a beau parler les langues des hommes et des anges, connaître tous les mystères, avoir toute la foi possible, jusqu'à transporter les montagnes, distribuer toutes ses richesses aux pauvres, livrer son corps pour être brûlé, il n'est rien, et tout cela ne lui sert de rien. Tous les dons qu'il possède lui sont inutiles, parce qu'il n'a point la seule chose qui lui donne d'en faire un usage utile.

Chapitre XIX. — *Le schisme des donatistes condamné par la parabole de l'ivraie.* — Attachons-nous donc à la charité, en nous appliquant à conserver l'unité de l'esprit dans le lien de la paix. Ne nous laissons point séduire par ces hommes charnels qui en viennent à la séparation extérieure, et par un sacrilège spirituel se séparent ainsi du pur froment de l'Église ré-

---

Magis autem, inquit, et redarguite. Videte quemadmodum utrumque complexus est : Nolite communicare : magis autem et redarguite. Quid est : Nolite communicare? Nolite consentire, nolite laudare, nolite approbare. Quid est : Magis autem et redarguite? Reprehendite, corripite, coercete.

20. Deinde in ipsa correctione vel coercitione alienorum peccatorum cavendum est, ne se extollat qui alterum corripit; et Apostolica illa cogitanda sententia est : Quapropter qui se putat stare, videat ne cadat. (I *Cor.*, x, 12.) Foris terribiliter personet increpatio, intus lenitatis teneatur dilectio. « Si præoccupatus fuerit homo in aliquo delicto, sicut dicit idem Apostolus, vos qui spiritales estis, hujusmodi instruite in spiritu mansuetudinis, » intendens te ipsum, ne et tu tenteris. « Alter alterius onera portate, et sic adimplebitis legem Christi. » (*Gal.*, vi, 1 et 2.) Item alio loco : « Servum, inquit, Domini non oportet litigare, sed mitem esse ad omnes, docibilem, patientem, in modestia corripientem diversa sentientes : ne forte det illis Deus pœnitentiam ad cognoscendam veritatem, et resipiscant a diaboli laqueis, a quo (a) capti tenentur ad ipsius voluntatem. » (II *Tim.*, ii, 24, etc.) Neque ergo consentientes sitis malis, ut approbetis ; neque negligentes, ut non arguatis; neque superbientes, ut insultanter arguatis.

21. Qui autem deseruerit unitatem, violat caritatem : et quisquis violat caritatem, quodlibet magnum habeat, ipse nihil est. Si linguis hominum loquatur et Angelorum, si sciat omnia sacramenta, si habeat omnem fidem, ut montes transferat, si distribuat omnia sua pauperibus, si corpus suum tradat, ut ardeat, caritatem autem non habeat; nihil est, nihil ei prodest. (I *Cor.*, xiii, 1.) Universa inutiliter habet, qui unum illud quo universis utatur non habet.

Caput XIX. — *Donatistarum separatio improbatur ex parabola zizaniorum.* — Amplectamur itaque caritatem, studentes servare unitatem spiritus in vinculo pacis. Non nos seducant qui carnaliter intelligunt et corporalem separationem facientes, ab Eccle-

(a) Nonnulli Mss. *captivi tenentur.*

pandu par tout l'univers. La bonne semence a été semée par toute la terre. Le divin semeur, le Fils de l'homme, a répandu cette bonne semence non-seulement dans l'Afrique seule, mais dans tout l'univers. Cependant que dit le père de famille ? « Laissez l'un et l'autre croître jusqu'à la moisson. » (*Matth.*, XIII, 30.) Où faut-il les laisser croître ? Sans doute dans le champ. Quel est ce champ ? Est-ce l'Afrique ? Non. Quel est-il donc ? Ne disons rien de nous-mêmes, que le Seigneur nous explique sa pensée et ne permettons à personne aucune interprétation arbitraire. « Les disciples, s'étant approchés de leur Maître lui dirent : Expliquez-nous la parabole de l'ivraie. » Et il leur répondit : La bonne semence, ce sont les enfants du royaume, et l'ivraie, ce sont les enfants d'iniquité. Qui l'a semée ? L'ennemi qui l'a semée, c'est le démon. Quel est le champ ? Le champ, c'est le monde. Qu'est-ce que la moisson ? La moisson, dit le Sauveur, c'est la fin du monde. Quels sont les moissonneurs ? Les moissonneurs sont les anges. Est-ce que l'Afrique est le monde ? Est-ce que le temps présent est le temps de la moisson ? Est-ce que Donat est le moissonneur ? C'est par tout l'univers qu'il faut attendre la moisson ; c'est par tout l'univers qu'il faut laisser croître et mûrir le blé et l'ivraie ; c'est par tout l'univers qu'il faut supporter l'ivraie jusqu'à la moisson. Ne vous laissez pas séduire par des esprits pervers, pailles légères qui s'envolent de l'aire avant l'arrivée du vanneur, ne vous laissez pas séduire par eux. Arrêtez-les avec cette seule parabole de l'ivraie, et ne leur permettez pas de dire davantage : Celui-ci a livré les Ecritures. Non, c'est un autre qui les a livrées. N'importe qui les a livrées, est-ce que l'infidélité des traditeurs anéantira la fidélité de Dieu ? Quelle est cette fidélité de Dieu ? Celle qui fait l'objet de cette promesse à Abraham : « Toutes les nations seront bénies dans celui qui naîtra de vous. » (*Gen.*, XXVI, 4.) Quelle est encore cette fidélité de Dieu ? Laissez croître l'un et l'autre jusqu'à la moisson. Où faut-il les laisser croître ? Dans le champ. Que doit-on entendre par ce champ ? Le monde.

22. Les donatistes nous font ici cette objection. Il est vrai, le bon grain et l'ivraie ont commencé à croître par toute la terre, mais le bon grain a sensiblement diminué de quantité, et il est réduit à notre contrée et au petit nombre de ce que nous sommes. Le Seigneur ne vous permet point cette interprétation. Celui qui nous a donné l'explication de cette parabole vous ferme la bouche, cette bouche sacrilége, cette bouche impie, cette bouche profane, cette bouche qui se contredit et qui contredit en même temps le divin testateur qui vous appelle à la possession de son héritage ? Comment vous ferme-t-il la bouche ? « Laissez, dit-il, l'un et l'autre croître

---

siæ frumentis toto orbe diffusis spiritali sacrilegio separantur. Per totum enim mundum seminatum est bonum semen. (*Matth.*, XIII, 24, etc.) Bonus ille seminator Filius hominis, non in Africa sola, sed ubique sparsit semen bonum. Inimicus autem superseminavit zizania. Sed tamen quid ait paterfamilias ? « Sinite utraque crescere usque ad messem. » Per quid crescere ? Utique per agrum. Quis est ager ? numquidnam Africa ? Non. Quis est ergo ? Non interpretemur nos, Dominus dicat : neminem sinamus aliquid pro arbitrio suspicari. Dixerunt enim Magistro discipuli : Enarra nobis parabolam zizaniorum. Et enarravit Dominus : Semen bonum, dixit, filii sunt regni ; zizania vero, filii mali. Quis ea seminavit ? Inimicus autem, inquit, qui ea seminavit, diabolus est. Quis est ager ? Ager est, inquit, hic mundus. Quæ est messis ? Messis est, ait, finis sæculi. Qui sunt messores ? Messores, inquit, Angeli sunt. Numquid Africa est mundus ? Numquid messis hoc tempus ? Numquid messor Donatus ? Per totum orbem terrarum exspectate messem, per totum orbem terrarum crescite in messem, per totum orbem terrarum zizania tolerate usque ad messem. Non vos seducant perversi, paleæ nimis leves, quæ evolant ante adventum ventilatoris ex area : non vos seducant. Tenete eos ad istam vel solam similitudinem zizaniorum, neque illos sinatis loqui amplius. Ille codices tradidit. Non : sed ille codices tradidit. Quilibet tradiderit, numquid infidelitas traditorum fidem Dei evacuavit ? Quæ est fides Dei ? Quam promisit Abrahæ, dicens : In semine tuo benedicentur omnes gentes. (*Gen.*, XXVI, 4.) Quæ est fides Dei ? « Sinite utraque crescere usque ad messem. » Per quid crescere ? Per agrum. Quid est : Per agrum ? Per mundum.

22. Hic illi dicunt : Creverat quidem utrumque per mundum, sed jam frumenta diminuta sunt et in istam nostram regionem paucitatemque revocata. Non te permittit Dominus interpretari quod vis. Ipse qui exponit hanc parabolam, claudit os tuum, os sacrilegum, os impium, os profanum, os tibi contrarium, qui contradicis testatori, etiam te ad hæreditatem vocanti ? Quomodo claudit os tuum ? Dicendo :

jusqu'à la moisson. » (*Matth.*, XIII, 30.) Si le temps de la moisson est passé, nous pourrons admettre qu'il y a peu de froment. Et encore alors même la quantité de froment ne sera pas diminuée, mais elle sera serrée dans le grenier. « Arrachez d'abord l'ivraie, dit-il aux moissonneurs, et liez-la en gerbes pour la brûler, mais amassez le froment dans mon grenier. » (*Ibid.*) Si donc on laisse croître le blé jusqu'à la moisson, si après la moisson on le serre dans le grenier, dites-moi, esprit pervers et impie, quand le verra-t-on diminuer? J'admets qu'en comparaison de l'ivraie et de la paille, le blé sera en petite quantité, cependant l'un et l'autre croissent jusqu'à la moisson. Lorsque l'iniquité abonde, la charité de plusieurs se refroidit. (*Matth.*, XXIV, 12.) L'ivraie croît en abondance ainsi que la paille. Mais comme il est impossible que dans toute l'étendue de ce champ il n'y ait point de blé qui devra sa conservation à sa persévérance jusqu'à la fin, l'un et l'autre croissent jusqu'à la moisson. La multiplication des méchants a fait dire au Sauveur : « Pensez-vous que quand le Fils de l'homme viendra, il trouvera de la foi sur la terre? » (*Luc*, XVIII, 8) et il faut entendre ici tous ceux qui, par leurs transgressions de la loi, se rendent les imitateurs de celui à qui il a été dit : « Vous êtes terre, et vous retournerez en terre. » (*Gen.*, III, 19.) Cependant, en considération du grand nombre des bons, et de celui à qui Dieu a fait cette promesse : « Votre postérité sera comme les étoiles du ciel et comme les sables de la mer, » (*Gen.*, XV, 5) le Sauveur a pu dire : « Plusieurs viendront d'Orient et d'Occident et prendront place avec Abraham et Isaac dans le royaume de Dieu. » (*Matth.*, VIII, 11.)

CHAPITRE XX. — L'ivraie et le bon grain croissent donc jusqu'à la moisson, les saintes Ecritures formulent distinctement ce qui est particulier à l'ivraie, à la paille ou au bon grain. Ceux qui ne le comprennent pas, confondent tout et méritent eux-mêmes d'être confondus, et ils font tant de bruit dans leur aveugle passion que l'éclat même de la vérité n'est point capable de leur imposer silence.

23. Voici, nous disent-ils, la recommandation que nous fait le prophète : « Retirez-vous, sortez d'ici et ne touchez rien d'impur. » (*Isaïe*, LII, 11.) Comment donc tolérer les méchants pour conserver la paix, puisqu'on nous ordonne de nous en éloigner, de nous en séparer pour ne toucher rien d'impur? Nous entendons cette séparation dans un sens spirituel, et ils l'entendent dans un sens matériel. Et moi aussi, je crie avec le prophète, et qui que nous soyons, que Dieu emploie comme des instruments pour l'économie de votre salut, nous vous crions, nous vous disons : Retirez-vous, sortez d'ici et ne touchez rien d'impur par contact du cœur et

---

Sinite utraque crescere usque ad messem. (*Matth.*, XIII, 30.) Si jam fuit messis, credamus esse frumenta diminuta. Quanquam ne tunc quidem minuentur, sed in horreum recondentur. Sic enim ait : « Colligite primum zizania, et alligate fasciculos, ad comburendum ea; frumentum autem recondite in horreum meum. » (*Ibid.*) Si ergo usque ad messem crescunt, post messem reconduntur; improbe, impie, quando minuuntur? Concedo in comparatione zizaniorum simul atque palearum frumenta esse pauciora; tamen utraque crescunt usque ad messem. Cum enim abundat iniquitas, refrigescit caritas multorum (*Matth.*, XXIV, 12) : crescunt zizania, crescit palea. Sed quia toto agro deesse non potest frumentum, quod perseverando ad finem salvum fiat, crescunt utraque usque ad messem. Et si propter abundantiam malorum dictum est : Putas veniens Filius hominis inveniet fidem in terra? (*Luc.*, XVIII, 8) hocque nomine significantur quicumque legis prævaricatione imitantur eum, cui dictum est : Terra es, et in terram ibis (*Gen.*, III, 19) : tamen et propter abundantiam bonorum, et propter eum cui dictum est : Sic erit semen tuum sicut stellæ cœli, et sicut arena maris (*Gen.*, XV, 5), etiam illud non tacitum est : « Quia multi ab Oriente et Occidente venient, et recumbent cum Abraham et Isaac in regno Dei. » (*Matth.*, VIII, 11.)

CAPUT XX. — Utraque ergo crescunt usque ad messem, et suas sententias in Scripturis habent zizania vel paleæ, suas autem frumenta. Quas qui non intelligunt, confundunt, et confunduntur; atque ita perstrepunt cæca cupiditate, ut nolint obmutescere vel patefacta veritate.

23. Ecce, inquiunt, dicit Propheta : Recedite, exite inde, et immundum ne tetigeritis (*Isai.*, LII, 11) : quomodo ergo malos pro pace tolerabimus, a quibus exire et recedere jubemur, ne tangamus immundum? Nos istam recessionem spiritaliter intelligimus, illi corporaliter. Nam et ego clamo cum propheta, et qualiacumque simus vasa, utitur nobis Deus in dispensationem vestram : clamamus et nos, et dicimus vobis : « Recedite, exite inde, et immundum ne te-

non par celui du corps. Qu'est-ce que toucher ce qui est impur? c'est donner son contentement aux péchés d'autrui? Qu'est-ce qu'en sortir? c'est faire tout ce qu'exige la correction des méchants, autant que le permettent la condition et le rang de chacun, et sans jamais altérer la paix. Vous êtes mécontent d'un péché qui vient d'être commis, vous n'avez point touché ce qui est impur. Mais vous reprenez le pécheur, vous lui adressez des reproches, des avertissements, vous allez même, s'il en est besoin, jusqu'à lui infliger un châtiment proportionné qui ne rompt point l'unité, vous êtes sorti de ce qui est impur. Considérez la conduite des saints, et vous y verrez que ce n'est point là notre interprétation personnelle. Nous devons entendre ces paroles comme les saints les ont entendues : « Sortez de là, » dit le prophète. J'explique d'abord cette vérité d'après le sens qu'on donne ordinairement à ces paroles, puis je montrerai que ce n'est point là mon sentiment personnel. Souvent des hommes sont accusés, et lorsqu'ils sont accusés, ils se défendent; et lorsque la défense de celui qui est accusé est juste et raisonnable, ceux qui l'ont entendue, disent : Il en est sorti. Comment en est-il sorti? Il n'a point changé de place et il en est sorti. Comment en est-il sorti? En appuyant sa défense sur la raison et sur la justice. C'est ce que faisaient les saints lorsqu'ils secouaient la poussière de leurs pieds contre ceux qui ne recevaient pas la paix qu'ils venaient leur annoncer. (*Luc*, x, 11.) C'est ainsi qu'était sorti le prophète à qui Dieu dit : « Je t'ai établi comme une sentinelle sur la maison d'Israël. » (*Ezéch.*, III, 17.) Et il ajoute : « Si vous parlez à l'impie et qu'il ne se convertisse pas de son impiété et de sa voie criminelle, il mourra dans son iniquité, mais pour vous, vous avez délivré votre âme. (*Ibid.*, 19.) En agissant ainsi, il se sépare de ce qui est impur, non par une séparation extérieure, mais en faisant voir la justice de sa conduite. Il a fait ce qu'il devait faire, bien que l'impie n'ait pas obéi comme il aurait dû obéir. Voilà ce que signifient ces paroles : « Sortez de là. »

Chapitre XXI. — *Les prophètes reprenaient les vices du peuple sans se séparer de lui.* — 24. Voilà ce que criait Moïse, ce que criait Isaïe, ce que criait Jérémie, ce que criait Ezéchiel. Voyons s'ils ont accompli littéralement ce précepte, en abandonnant le peuple de Dieu et en allant habiter au milieu des autres nations. Combien de fois et avec quelle véhémence Jérémie reprend les crimes et les impiétés de son peuple! Et cependant il était au milieu des Juifs prévaricateurs, il entrait avec eux dans le temple, il offrait les mêmes sacrifices, il vivait dans la société de ces hommes impies, mais il sortait du milieu d'eux en criant contre leurs désordres. Ainsi donc sortir de là, ne pas tou-

---

tigeritis » : sed contactu cordis, non corporis. Quid est enim tangere immundum, nisi consentire peccatis? Quid est autem exire inde, nisi facere quod pertinet ad corruptionem malorum, quantum pro uniuscujusque gradu atque persona salva pace fieri potest? Displicuit tibi quod quisque peccavit, non tetigisti immundum. Redarguisti, corripuisti, monuisti, adhibuisti etiam, si res exigit, congruam, et quæ unitatem non violet, disciplinam, existi inde. Attendite in facta sanctorum, ne forte nostra videatur interpretatio. Quomodo hæc verba intellexerunt sancti, sic utique intelligenda sunt. « Exite inde, inquit Propheta. Prius usitata ipsius verbi consuetudine assero istam sententiam, et postea ostendo non meam. » Plerumque accusantur homines; et cum accusati fuerint, defendunt se : cum autem se ille qui accusatur homo, rationabiliter justeque defenderit, qui audiunt, dicunt : Exiit inde. Quo inde exiit? Manens loco, exiit inde. Quomodo inde exiit? Ratione reddita, et defensione justissima. Hoc est quod faciebant sancti, quando excutiebant pulverem de pedibus suis adversus eos, qui sibi pacem nuntiatam non accipiebant. (*Luc.*, x, 11.) Exiit inde ille speculator, cui dictum est : Speculatorem posui te domui Israel. (*Ezech.*, III, 17.) Illi enim dicitur : Si dixeris iniquo, et non se averterit ab iniquitate et a via sua; iniquus ille in sua iniquitate morietur, et tu animam tuam liberabis. (*Ibid.*, 19.) Hoc si facit, exit inde, non separatione corporis, sed defensione operis sui. Fecit enim iste quod faciendum fuit : etiamsi ille non obtemperavit, cui obtemperandum fuit. Hoc est : Exite inde.

Caput XXI. — *Prophetæ populi vitia reprehendebant, nec ab illo recedebant.* — 24. Clamavit ista Moyses, clamavit Isaias, clamavit Jeremias, clamavit Ezechiel. Videamus si hoc ipsi fecerunt, si dimiserunt populum Dei, et se ad gentes alias transtulerunt. Quam multa et quam vehementer Jeremias increpavit in peccatores et sceleratos populi sui. Inter eos tamen erat, unum cum illis templum intrabat, eadem sacramenta celebrabat : in ea hominum sceleratorum congregatione vivebat, sed clamando exibat inde. Hoc est exire

cher ce qui est impur, c'est ne pas consentir au mal et ne pas lui épargner les reproches sévères. Que dirai-je de Jérémie, d'Isaïe, de Daniel, d'Ézéchiel et des autres prophètes qui ne se sont point séparés de ce peuple vendu au mal, pour ne point abandonner les bons qui s'y trouvaient mélangés, et dont eux-mêmes étaient parvenus à faire partie. Moïse lui-même, mes frères, recevait la loi sur la montagne, lorsque le peuple resté au pied de la montagne se fit une idole. Ce peuple de Dieu, ce peuple que Moïse avait conduit à travers les flots dociles et obéissants de la mer Rouge où les ennemis qui le poursuivaient avaient été engloutis; après tant de miracles et de si grands prodiges qui avaient été pour les Egyptiens autant de châtiments mortels, et pour les Hébreux autant de gages puissants de la protection divine, ce peuple demande une idole, il obtient par violence cette idole, il la fabrique, l'adore et lui offre des sacrifices. Dieu fait connaître à son serviteur le crime commis par le peuple, et lui annonce qu'il va exterminer les coupables de devant sa face. Moïse intercède pour son peuple avant de retourner vers lui; il avait une occasion favorable de s'éloigner d'eux et d'en sortir dans le sens des donatistes pour ne point toucher ce qui était impur et ne point vivre avec les prévaricateurs, cependant il n'en fit rien. Et afin qu'on ne pût croire que Moïse cédait ici à la nécessité plutôt qu'à la charité, Dieu qui voulait anéantir cette race coupable lui offre de lui donner un autre peuple : « Je te rendrai le chef d'un grand peuple. » (*Exod.*, XXXII, 10.) Moïse n'accepte point cette offre, il reste uni aux pécheurs, il demande la grâce des pécheurs. Et en quels termes la demande-t-il? Voilà, mes frères, un témoignage admirable de charité. Comment la demande-t-il? Reconnaissez ici cette charité vraiment maternelle dont nous vous avons souvent parlé. Moïse entend le châtiment dont Dieu menace ce peuple sacrilége, son cœur tendre s'émeut, il se dévoue pour eux à la colère divine. Seigneur, dit-il à Dieu, si vous voulez leur pardonner cette faute, pardonnez-leur, sinon effacez-moi maintenant de votre livre que vous avez écrit. (*Ibid.*, 32.) Avec quelles entrailles de père et de mère tout à la fois, avec quelle assurance Moïse parle ici à Dieu les yeux fixés sur sa justice et sa miséricorde, sur sa justice qui lui défendait de perdre le juste, sur sa miséricorde qui le sollicitait à pardonner aux pécheurs !

CHAPITRE XXII. — *Nous devons nous séparer des méchants de cœur et non de corps.* — 25. Votre prudence doit maintenant voir avec évidence dans quel sens il faut prendre tous ces témoignages de l'Ecriture. Ainsi quand l'Ecriture nous recommande de nous séparer des méchants, nous devons l'entendre d'une séparation intérieure, car nous commettrions un plus grand mal en nous séparant extérieurement des bons,

---

inde, hoc est immundum non tangere, et voluntate non consentire, et ore non parcere. Quid dicam de Jeremia, de Isaia, de Daniel, de Ezechiel, de cæteris Prophetis, qui non recesserunt a populo malo, ne desererent bonos illi populo commixtos, ubi et ipsi tales esse potuerunt? Moyses ipse, Fratres, cum acciperet legem in monte, populus deorsum idolum fecit. Populus Dei, populus ductus cedentibus fluctibus rubri maris, qui sequentes inimicos obruerant, post tanta signa et miracula in Ægyptiorum plagis ad mortem, et in sua protectione ad salutem, tamen idolum poposcit, idolum extorsit, idolum fecit, idolum adoravit, idolo sacrificavit. Indicat Deus famulo suo populi factum, et dicit eos se perditurum a facie sua. Intercedit Moyses ad ipsum populum rediturus : et habuit occasionem recedenti et exeundi ab eis, sicut isti intelligunt, ne immundum tangeret, ne cum talibus viveret; non fecit tamen. Et ne forte hoc necessitate potius quam caritate fecisse videretur, obtulit illi Deus alium populum : Faciam te, inquit, in gentem magnam (*Exod.*,XXXII, 10) : ut illos deleret. At ille non accepit, cohæret peccatoribus, petit pro peccatoribus. Et quomodo petit? Magna probatio dilectionis, Fratres. Quomodo petit? Videte illam, de qua sæpe locuti sumus, maternam quodam modo caritatem. Cum Deus minaretur sacrilego populo, pia Moysi viscera tremuerunt, opposuit se pro illis iracundiæ Dei. Domine, inquit, si dimittis eis peccatum, dimitte : sin autem, dele me de libro tuo quem scripsisti. (*Ibid.*, 32.) Quam paternis maternisque visceribus, quam securus hoc dixerit, attendens justitiam et misericordiam Dei : ut quia justus est, non perderet justum, quia misericors est, ignosceret peccatoribus.

CAPUT XXII. — *Corde recedendum a malis, non corpore.* — 25. Certe jam manifestum est prudentiæ vestræ, quomodo accipienda sint omnia talia testimonia Scripturarum : ut quando Scriptura sonat, recedere nos debere a malis, non aliud intelligere jubeamur, nisi ut corde recedamus; ne majus malum in sepa-

comme ont fait les donatistes, que celui que nous éviterions en restant au milieu des méchants. S'ils étaient vraiment bons et si à ce titre ils reprenaient les méchants, au lieu de chercher à diffamer méchamment les bons, ils supporteraient sans distinction pour le bien de la paix tous ceux qui leur sont à charge, eux qui ont reçu comme innocents de toute faute les maximianistes qu'ils avaient auparavant condamnés comme voués par leurs crimes à une perte certaine. Le prophète dit, il est vrai, en termes clairs : « Retirez-vous, sortez de là et ne touchez rien d'impur. » Pour bien comprendre ce qu'il a dit, j'examine ce qu'il a fait. Sa conduite m'explique le sens de ses paroles. Il nous dit : « Retirez-vous. » A qui s'adressent ces paroles? Aux justes. De qui doivent-ils se retirer? Des pécheurs et des impies. Je cherche donc si le prophète a rompu tout commerce avec eux, et je trouve qu'il ne s'en est point séparé. Il a donc entendu ces paroles dans un autre sens; car il a dû faire le premier ce qu'il recommande aux autres. Il s'est donc séparé de cœur des pécheurs, et leur a fait de sévères reproches. En ne consentant point au mal, il n'a point touché ce qui est impur, et en reprenant sévèrement le mal, il est sorti libre de toute responsabilité aux yeux de Dieu qui ne pouvait dès lors lui imputer ni de péchés personnels, puisqu'il n'en avait point commis, ni les péchés d'autrui, puisqu'il ne les avait point approuvés; ni sa négligence à les reprendre, puisqu'il n'avait point gardé le silence; ni son orgueil, puisqu'il était demeuré dans l'unité. Ainsi donc, mes frères, tous ceux que vous connaissez au milieu de vous qui sont encore appesantis par l'amour du siècle, les avares, les parjures, les adultères, les amateurs de spectacles frivoles, ceux qui consultent les astrologues, les fanatiques, les augures, les auspices, les ivrognes, les voluptueux, tous ceux en un mot que vous savez être livrés au mal, condamnez-les hautement et de toutes vos forces, en vous séparant d'eux intérieurement; reprenez-les afin de sortir de ce milieu d'iniquités, et gardez-vous de consentir au mal pour ne point toucher ce qui est impur.

SERMON LXXXIX [1].

Sur les paroles du chapitre XXI de l'Evangile de saint Matthieu, où nous voyons Jésus dessécher un figuier, et sur ces autres du chapitre XXIV de l'Evangile de saint Luc, où il paraît vouloir aller plus loin.

Ce que nous enseigne cette malédiction du figuier. — 1. La lecture du saint Evangile qu'on vient de nous faire en dernier lieu, nous enseigne en même temps qu'elle nous effraie, à ne point porter de feuilles sans produire de fruits. Ce fait nous est raconté en peu de mots, car les paroles ne doivent point prendre la place

(1) Possidius fait mention de ce sermon dans le chapitre IX de sa Table.

ratione bonorum committamus, quam in malorum conjunctione fugiamus, sicut ipsi Donatistæ fecerunt. Qui si vere boni malos arguerent, ac non potius ipsi mali bonos infamarent, qualeslibet pro pace tolerarent, qui Maximianistas receperunt tanquam integros, quos tanquam perditos antea damnaverunt. Certe manifeste dixit Propheta : Recedite et exite inde, et immundum ne tetigeritis. Ego ut intelligam quod dixit, attendo quod fecit. Facto suo mihi exponit dictum suum. Dixit : Recedite. Quibus dixit? Utique justis. A quibus ut recederent, dixit? Utique a peccatoribus et iniquis. Quæro, a talibus utrum ipse recesserit? Invenio quod non recesserit. Ergo aliter intellexit. Nam utique prior faceret quod præcepit. Recessit corde, objurgavit atque arguit. Continendo se a consensu non tetigit immundum : objurgando autem exiit liber in conspectu Dei; cui neque sua Deus peccata imputat, quia non fecit; neque aliena, quia non approbavit; neque negligentiam, quia non tacuit; neque superbiam, quia in unitate permansit. Sic ergo, Fratres mei, quotquot habetis inter vos, qui adhuc amore sæculi prægravantur, avaros, perjuros, adulteros, spectatores nugarum, consultores mathematicorum, phanaticorum, augurum, (a) auspicum, ebriosos, luxuriosos, quidquid inter vos malorum esse nostis; quantum potestis, improbate, ut corde recedatis; et redarguite, ut exeatis inde; et nolite consentire, ut immundum non tangatis.

SERMO LXXXIX [b].

De verbis Evangelii Matth., XXI, ubi Jesus arborem arefecit, et de illis Lucæ XXIV, ubi finxit se longius ire.

Maledictio fici quid nos admoneat. — 1. Lectio recentissima sancti Evangelii admonuit, terruit nos, ne folia habeamus et fructum non habeamus. Hoc autem breviter exponitur : ne verba adsint, et facta de-

(a) Quidam Mss. cum Floro, *haruspicum*. — (b) Alias IX, inter editos ex Mss. Carthusiis majoris.

qui appartient aux actions. Quel juste sujet de terreur ! Qui ne craindrait, en considérant des yeux du cœur dans ce récit cet arbre desséché jusque dans ses racines et à qui le Seigneur dit : « Que jamais aucun fruit ne naisse de toi ? » (*Matth.*, xxi, 19.) Que cette frayeur nous corrige et qu'en nous corrigeant elle nous fasse produire des fruits. Sans aucun doute, Notre-Seigneur Jésus-Christ avait présent à l'esprit une certaine espèce d'arbre qui méritait d'être desséchée, parce qu'il ne portait que des feuilles sans avoir de fruits. Cet arbre, c'est la synagogue, non celle qui a été appelée, mais la synagogue réprouvée. Car c'est du sein de la synagogue qu'a été appelé le peuple de Dieu, qui attendait en toute vérité et en toute sincérité le salut de Dieu, Jésus-Christ, prédit par les prophètes. Et comme il l'attendait avec foi, il mérita de jouir de sa présence. C'est de là que venaient les apôtres et toute cette multitude qui précédait la monture du Seigneur et s'écriait : « Hosanna au Fils de David, béni soit celui qui vient au nom du Seigneur. » (*Ibid.*, 9.) En effet, il y avait un grand nombre de Juifs fidèles qui croyaient en Jésus-Christ avant même qu'il eût versé son sang pour eux. Ce n'était pas inutilement que Notre-Seigneur, comme il le déclare, n'était venu que pour les brebis qui avaient péri de la maison d'Israël. (*Matth.*, xv, 24.) Dans les autres, ce n'est qu'après avoir été crucifié, après être monté au ciel, qu'il trouva les fruits de la pénitence; aussi, loin de les dessécher, il les cultiva soigneusement dans son champ et les arrosa de sa divine parole. De ce nombre furent les quatre mille Juifs qui ont cru en lui après que les disciples et ceux qui étaient avec eux furent remplis du Saint-Esprit et commencèrent à parler les langues de tous les peuples (*Act.*, ii, 4), miracle qui annonçait, par cette multiplicité de langues différentes, que l'Eglise se répandrait dans toutes les nations. Ils crurent donc alors en Jésus-Christ, ils étaient eux-mêmes de ces brebis qui avaient péri de la maison d'Israël, et qui furent retrouvées par le Fils de l'homme qui était venu chercher et sauver ce qui était perdu. (*Luc*, xix, 10.) Mais je ne sais dans quels buissons les loups ravisseurs avaient entraîné ces brebis ; et comme elles étaient cachées dans ces buissons, il ne parvint jusqu'à elles qu'après avoir été déchiré par les épines de sa passion ; il finit cependant par les découvrir, par les trouver et les racheter. Ces infortunés avaient donné la mort au Sauveur, ou plutôt ils se l'étaient donnée autant qu'à lui. Ils furent sauvés par celui qui avait souffert la mort pour eux. A la prédication des apôtres, ils furent pénétrés intérieurement par l'aiguillon du repentir, eux qui avaient percé d'une lance le côté du Sauveur. Sous l'impression de ce repentir, ils demandèrent ce qu'ils devaient faire, ils suivirent le conseil qui leur fut donné, firent pénitence, reçurent la grâce et burent avec foi le sang qu'ils avaient versé dans

sint. Magnus terror ! Quis non timeat, cum in ipsa lectione oculis cordis aridam arborem videt, et sic ut ei dicatur : « Nunquam ex te fructus nascatur in æternum. » (*Matth.*, xxi, 19.) Terror corrigat, correctio fructus proferat. Sine dubio enim Dominus Christus prævidebat arborem quamdam merito aridam fieri, quod haberet folia, et fructus non haberet. Ea est Synagoga, non vocata, sed reprobata. Nam et inde vocatus populus Dei, qui veraciter et sinceriter in Prophetis exspectabat salutare Dei Jesum Christum. Et quoniam fideliter exspectabat, meruit cognoscere præsentem. Inde enim Apostoli, inde tota turba præcedentium jumentum Domini et dicentium : « Hosanna filio David, benedictus qui venit in nomine Domini. » (*Ibid.*, 9.) Turba erat magna fidelium Judæorum, ante fusum pro se sanguinem in Christo credentium magna turba erat. Non enim frustra Dominus ipse non venerat, nisi ad oves, quæ perierant domus Israel. (*Matth.*, xv, 24.) In aliis autem crucifixus, jam in cœlo exaltatus, invenit pœnitentiæ fructum : nec aridos fecit, sed in agro excoluit, et verbo irrigavit. inde erant illa quatuor millia Judæorum, qui crediderunt, postea quam sancto Spiritu impleti discipuli, et qui cum eis erant, linguis omnium gentium loquebantur, et per omnes gentes futuram Ecclesiam illa linguarum diversitate quodam modo prænuntiabant. (*Act.*, ii, 4.) Crediderunt tunc, et ipsæ oves erant, quæ perierant domus Israel : sed quia venerat Filius hominis quærere et salvare quod perierat (*Luc.*, xix, 10), etiam ipsos invenit. Sed nescio ubi tanquam a lupis deprædati latebant in vepribus ; et quia latebant in vepribus, ideo ad eos inveniendos non pervenit, nisi spinis passionis dilaceratus : tamen pervenit, invenit, redemit. Illi occiderant ; non magis ipsum, quam se. Salvi facti sunt per occisum pro se. Loquentibus enim Apostolis compuncti sunt qui pupugerant lancea, compuncti sunt conscientia (*Act.*, ii, 37) : compuncti autem consilium quæsierunt, datum receperunt, pœnitentiam egerunt, gratiam invenerunt, et credentes sanguinem biberunt quem

leur fureur. Ceux qui sont restés de cette race maudite et stérile jusqu'à ce jour et qui le sera jusqu'à la fin des siècles, sont figurés par cet arbre. Vous approchez d'eux et vous trouvez dans leurs mains les oracles des prophètes. Mais ce ne sont que des feuilles. Jésus-Christ a faim, Jésus-Christ cherche du fruit, mais il ne trouve point de fruit parmi eux, parce qu'il ne s'y trouve pas lui-même. Celui qui n'est point uni à Jésus-Christ, ne peut porter de fruit. Or, on n'est point uni à Jésus-Christ, quand on ne tient pas à l'unité, quand on n'a pas la charité. Ecoutez l'Apôtre : « Le fruit de l'Esprit, dit-il, c'est la charité. » Il nous le représente comme une grappe de raisin, comme un beau fruit. « Le fruit de l'Esprit, c'est la charité, la joie, la paix, la patience. » (*Gal.*, v, 22.) Après avoir vu la charité qui commence, ne soyez pas étonnés de ce qui suit.

Qu'est-ce que la montagne jetée dans la mer par les apôtres ? — 2. Ses disciples étant surpris de voir ce figuier desséché, le Sauveur prend occasion de là pour leur recommander la foi. « Si vous avez la foi, leur dit-il, et que vous n'hésitiez point, » c'est-à-dire : si votre foi en Dieu s'étend à tout et que vous ne disiez point : Dieu peut faire ceci, mais il ne peut faire cela ; si votre confiance en la puissance de Dieu est absolue, non-seulement vous ferez ce qui vient d'être fait, mais si vous dites même à cette montagne : « Lève-toi et jette-toi dans la mer,

elle le fera. Et tout ce que vous demanderez dans la prière avec foi, vous le recevrez. » (*Matth.*, XXI, 21.) Nous lisons que les disciples ont fait des miracles, ou plutôt que le Seigneur les a opérés par le moyen des disciples. « Sans moi, leur disait-il, vous ne pouvez rien faire. » (*Jean*, XV, 5.) Notre-Seigneur a pu faire beaucoup de choses sans ses disciples, mais sans lui, ses disciples n'ont pu rien faire. Celui qui a pu faire les disciples eux-mêmes, n'a pas eu besoin d'eux pour les former. Nous lisons dans l'histoire des miracles opérés par les apôtres, mais nous ne voyons nulle part qu'ils aient desséché un arbre, ni qu'ils aient transporté une montagne dans la mer. Cherchons donc de quelle manière cette promesse s'est accomplie, car les paroles du Sauveur n'ont pu rester sans effet. Or, à ne considérer que les arbres que nous connaissons, et ces montagnes que nous avons sous les yeux, ce miracle n'a pas eu lieu. Mais si vous considérez l'arbre dont le Sauveur a parlé et cette montagne du Seigneur dont le Prophète a dit : « Voilà que dans les derniers jours la montagne du Seigneur sera pleinement à découvert ; » (*Isaïe*, II, 2) si vous examinez attentivement et que vous compreniez cette signification mystérieuse, ce miracle s'est accompli, et il s'est accompli par les apôtres. Cet arbre, c'est le peuple juif ; mais je le répète, la partie de ce peuple qui a été réprouvée, non celle qui a été appelée. Cet arbre est donc le peuple juif,

---

sævientes fuderunt. Qui autem remanserunt mala et sterili progenie usque in hodiernum et usque in finem, in illa arbore figurati sunt. Modo venis ad eos, et invenis apud eos omnia eloquia Prophetarum. Sed ista folia sunt : Christus esurit, fructum quærit ; sed ideo in eis fructum non invenit, quia se in eis non invenit. Non enim habet fructum, qui non habet Christum. Non autem habet Christum, qui Christi non tenet unitatem, qui non habet caritatem. Ergo per hanc connexionem non habet fructum qui non habet caritatem. Audi Apostolum : « Fructus autem spiritus caritas : » commendaturus quasi botrum, hoc est, fructum. « Fructus autem, inquit, spiritus, caritas, gaudium, pax, longanimitas. » (*Gal.*, v, 22.) Noli mirari sequentia, ubi cœpit caritas.

Mons in mare missus ab Apostolis. — 2. Ideo discipulis mirantibus arboris ariditatem, commendavit fidem, et ait illis : « Si habueritis fidem, et nihil discriminaveritis, » id est in omnibus Deo credideritis : non dixeritis : Hoc potest Deus, hoc non potest ; sed de omnipotentis omnipotentia præsumpseritis : « non solum hoc facietis, sed et monti huic si dixeritis : Tollere et mittere in mare, fiet. Et quæcumque oraveritis credentes, accipietis. » (*Matth.*, XXI, 21.) Legimus miracula facta a discipulis, imo facta a Domino per discipulos : Quia sine me, inquit, nihil potestis facere. (*Joan.*, XV, 5.) Potuit Dominus multa sine discipulis, nihil discipuli sine Domino. Qui potuit facere et ipsos discipulos, non utique eis adjutus ab ipsis ut faceret ipsos. Legimus Apostolorum miracula, nusquam autem legimus arborem ab his arefectam, aut montem in mare translatum. Quæramus ergo ubi factum sit. Non enim verba Domini vacare potuerunt. Si attendas istas usitatas et notas arbores et istos montes, non est factum. Si attendas arborem de qua dixit, et montem ipsum Domini de quo Propheta dixit : Erit in novissimis diebus manifestus mons Domini (*Isai.*, II, 2) : si hæc attendas, si hæc intelligas ; et factum est, et per ipsos factum est. Arbor gens Judæa, sed iterum dico, reprobata, non vocata : arbor illa, quam

et la montagne, d'après le témoignage du Prophète, c'est le Seigneur lui-même. L'arbre desséché, c'est la nation juive, dépouillée de la gloire qu'elle devait au Christ; la mer, c'est le monde composé de toutes les nations de la terre. Ecoutez maintenant les apôtres s'adressant à cet arbre qui va être desséché, et transportant cette montagne dans la mer. Ils parlent comme nous le voyons dans le livre des Actes aux Juifs contradicteurs et qui résistent à la parole de la vérité, c'est-à-dire à cet arbre qui avait des feuilles et ne portait point de fruit, et ils leur disent : « C'était à vous qu'il fallait annoncer premièrement la parole de Dieu, mais puisque vous la rejetez, » puisque, tout en ayant sur les lèvres les paroles des prophètes, vous refusez de reconnaître celui qu'ont annoncé les prophètes, c'est-à-dire puisque vous n'avez que des feuilles, « voilà que nous allons vers les Gentils. » (*Act.*, XIII, 46, etc.) C'est ce que le prophète lui-même avait prédit : « Je t'ai préparé comme la lumière des nations et le salut des extrémités de la terre. (*Isaïe*, XLIX, 6.) Voici donc que l'arbre est desséché, et que Jésus-Christ est annoncé aux Gentils, c'est-à-dire que la montagne est transportée dans la mer. Et comment cet arbre ne se dessécherait-il pas, planté qu'il est dans une vigne dont Dieu a dit : « J'ordonnerai aux nuées de ne plus répandre leur rosée sur elle? » (*Isaïe*, V, 6.)

La malédiction qui tombe sur cet arbre est la *figure d'un événement futur*. — 3. Que Notre-Seigneur ait voulu nous montrer qu'il faisait ici une action prophétique et qu'il choisissait cet arbre non-seulement pour opérer un miracle, mais un miracle figuratif d'un événement futur, c'est ce qu'une multitude de circonstances nous prouvent jusqu'à l'évidence et nous forcent, comme malgré nous, d'admettre. Et d'abord en quoi cet arbre était-il coupable de n'avoir point de fruits ? Quand même il n'en eût point porté dans la saison même des fruits, ce n'eût point été la faute de cet arbre, puisque la culpabilité ne peut atteindre un arbre privé de sentiment. Ajoutez, comme nous le lisons, dans le récit d'un autre Evangéliste, que ce n'était point alors le temps des figues. (*Marc*, XI, 13.) On était alors dans la saison où le figuier produit ces premières feuilles qui, comme nous le savons, précèdent les fruits. Ce qui le prouve, c'est que la passion du Sauveur était proche et que nous savons en quel temps de l'année elle eut lieu. En laissant même de côté cette preuve, nous devrions encore ajouter foi à l'Evangéliste qui nous dit : « Ce n'était point alors le temps des figues. » Si donc le Sauveur n'avait voulu ici que frapper nos yeux par l'opération d'un miracle, s'il n'avait pas eu dessein de nous donner un symbole prophétique, il eût été beaucoup plus digne de sa clémence et de sa miséricorde, de couvrir de feuilles un arbre desséché, comme nous le voyons

commemoravimus, gens Judæa. Mons sicut docuit propheticum testimonium, ipse Dominus. Arida arbor, gens Judæa sine honore Christi : mare, sæculum hoc omnibus Gentibus. Vide jam Apostolos loquentes ad arborem arefaciendam, et mittentes montem in mare. Loquuntur in Actibus Apostolorum ad Judæos contradicentes et verbo veritatis resistentes, hoc est, folia habentes, et fructum non habentes, et dicunt illis : « Vobis primum oportebat annuntiare verbum Dei, sed quoniam repulistis illud : » (*Act.*, XIII, 46, etc.) Prophetarum verba loquimini, et non agnoscitis quem præuntiarunt Prophetæ, hoc est, folia habentes : « ecce convertimus nos ad Gentes. » Hoc enim etiam per Prophetam prædicatum est : Ecce posui te in lucem Gentium, ut sis salus usque in fines terræ. (*Isai.*, XLIX, 6.) Ecce aruit arbor; et Christus ad Gentes, mons translatus in mare. Quomodo enim arbor non aresceret posita in vinea, de qua dictum erat : Mandabo nubibus meis ne pluant super eam imbrem? (*Isai.*, V, 6.)

Maledictionem arboris futurum aliquid præfigurasse.

— 3. Hoc ut Dominus commendaret prophetice se fecisse, de hac scilicet arbore non solum voluisse exhibere miraculum, sed futurum aliquid miraculo commendasse, multa sunt quæ nos admonent nobisque persuadeant, imo ab invitis extorqueant. Primo quid arbor peccaverat, quoniam fructus non habebat, quem si suo tempore, hoc est, illorum pomorum, fructus non haberet, nulla esset utique ligni culpa ; quia lignum sine sensu non habebat culpam. Huc accedit, quia sicut in alio Evangelista hoc ipsum narrante legitur : Tempus pomorum illorum non erat. (*Marc.*, XI, 13.) Id enim tempus erat, quo ficus folia profert tenera, quæ novimus nasci ante fructus : hoc ideo probamus, quia passionis Domini dies propinquabat, et scimus quo tempore passus sit; et si hoc non attenderemus, Evangelistæ utique dicenti : « Non erat tempus ficorum », credere deberemus. » Ergo si miraculum fuerat tantum modo commendandum, et non aliquid prophetice figurandum, multo clementius Dominus, et sua misericordia dignius, si quam arborem aridam invenerit, viridem redderet ;

pendant sa vie guérir les malades, purifier les lépreux, ressusciter les morts. Mais il suit ici, au contraire, une conduite toute opposé aux règles de sa clémence. Il trouve un arbre couvert de feuilles qui n'avait point de fruit, parce que le temps n'en était pas encore venu, et qui, par conséquent, ne refusait pas de donner des fruits à celui qui le cultivait, et il le dessèche. Il semble donc dire à l'homme : Je n'ai pris aucun plaisir à dessécher cet arbre, mais j'ai voulu vous apprendre que ce n'était point sans raison que j'avais agi de la sorte, et attirer toute votre attention sur la vérité figurée par cette action. Ce n'est point cet arbre que j'ai maudit, ce n'est point à cet arbre privé de sentiment que j'ai infligé ce châtiment, mais j'ai voulu vous pénétrer d'une crainte salutaire, et vous apprendre, si vous êtes attentif, à ne point repousser Jésus-Christ lorsqu'il a faim, et à préférer porter des fruits plutôt que d'être couvert d'un épais feuillage.

Règle que l'on doit suivre dans l'interprétation des Ecritures. — 4. Voilà donc une première circonstance qui nous indique que Notre-Seigneur avait dans l'esprit une signification mystérieuse. En est-il encore une autre? Il a faim, il s'approche de l'arbre et y cherche des fruits. Ne savait-il donc pas que ce n'était point la saison des fuits? Quoi, le Créateur de cet arbre aurait ignoré ce que savait celui qui le cultivait? Il cherche donc sur cet arbre des fruits qu'il n'avait pas encore. Il cherche, ou plutôt ne feint-il pas de chercher? S'il a cherché réellement, il s'est trompé. Loin de nous cette pensée! Il a donc fait semblant de chercher. Vous craignez de l'avouer, et vous reconnaissez qu'il s'est trompé. Mais non, vous ne pouvez admettre l'erreur, et vous retombez dans la feinte. Nous nous fatiguons, nous nous desséchons entre ces deux alternatives. Or, dans cette fièvre du doute qui nous agite, désirons la pluie qui nous fera reverdir et nous empêchera d'être entièrement desséchés, en attribuant au Seigneur des actes indignes de lui. « Il s'approcha de ce figuier, dit l'Evangéliste, et n'y trouva point de fruit. » (*Matth.*, XXI, 19.) Or, on ne peut dire qu'il ne trouva point de fruits que de celui qui avait cherché réellement, ou qui avait fait semblant de chercher des fruits qu'il savait bien ne pas devoir trouver. Donc point de doute pour nous, nous ne pouvons dire en aucune façon que Jésus-Christ se soit trompé. Dirons-nous donc qu'il a fait semblant de chercher? Comment sortir de cette difficulté? Disons d'après un évangéliste qui s'exprime ainsi dans un autre endroit, ce que nous n'oserions avancer de nous-mêmes. Disons donc ce qu'a dit cet évangéliste, et tâchons ensuite de le comprendre. Mais si nous voulons le comprendre, commençons par le croire. Si vous ne croyez point, dit le Prophète, vous ne pourrez arriver à comprendre. (*Isaïe*, VII, 9.) Après sa résurrection, Notre-Seigneur Jésus-Christ faisait route avec deux de ses disciples, qui ne le reconnaissaient pas encore et auxquels il s'adjoignit comme troisième com-

---

sicut languentes sanavit, sicut leprosos mundavit, sicut mortuos suscitavit. Tunc vero a contrario, quasi adversus regulam clementiæ suæ, invenit arborem virentem, præter tempus nondum fructum habentem, non tamen fructum agricolæ suo negantem, et aridam fecit : tanquam diceret homini : Non me ariditas hujus arboris delectavit, sed tibi volui insinuare non sine causa hoc me facere voluisse, nisi quia tibi quod plus attenderes volui commendare. Non istam arborem maledixi, non arbori non sentienti pœnam inflixi ; sed te terrui, si quis advertis, ut esurientem Christum non contemneres, ut fructu potius opimari quam foliis obumbrari diligeres?

Regula ad Scripturas interpretandas. — 4. Hoc unum est quod Dominus commendat se aliquid significare voluisse. Quid aliud ? Esuriens accedit ad arborem, et quærit poma. Nesciebat tempus nondum esse? Quod cultor arboris sciebat, Creator arboris nesciebat? Quærit ergo fructum in arbore, quem nondum habebat. Quærit, an potius quærere se fingit? Nam si vere quæsivit, erravit. Sed absit ut erraret. Ergo finxit. Timens ne fingat, confiteris errasse. Aversaris errorem, incurris in fictionem. Æstuamus in medio. Si æstuamus, optemus pluviam, ut virescamus, ne aliquid indignum dicentes de Domino, potius arescamus. Evangelista quidem : « Venit, inquit, ad arborem, et fructum in ea non invenit. » (*Matth.*, XXI, 19.) Utique « non invenit, » non diceretur de illo, nisi qui vel (*l.* vere) videre quæsiverat, vel quærere se finxerat, quem ibi non esse noverat. Unde non dubitamus, errantem Christum nullo modo dicamus. Quid, finxisse dicimus? Anne hoc dicimus? Quomodo hinc exibimus? Dicamus, ne quid Evangelista dixerit de Domino alio loco, non auderemus dicere non ex nobis ipsis. Quod Evangelista scripsit, dicamus, et cum dixerimus, intelligamus. Sed ut intelligamus, prius credamus. Nisi enim credideritis, non intelligetis, ait Propheta (*Isai.*, VII, 9.) Post re-

pagnon de voyage. On arriva à l'endroit où allaient les deux disciples, et l'Evangéliste fait cette remarque : « Pour lui, il feignit de vouloir aller plus loin. » (*Luc*, xxiv, 28.) Mais les disciples le retenaient par un sentiment de politesse, en lui remontrant que le soir avançait et en le priant de rester avec eux. Il accepta leur hospitalité, rompit le pain, et ils le reconnurent à la bénédiction et à la fraction du pain. Ne craignons donc plus de dire qu'il a fait semblant de chercher des fruits, s'il a feint d'aller plus loin. Mais voici une autre question. Nous avons longtemps insisté hier sur la véracité des apôtres (1). Comment admettre aujourd'hui quelque feinte dans le Seigneur ? C'est donc ici le lieu, mes frères, de vous exposer et de vous enseigner, dans la faible mesure des forces que Dieu nous donne dans votre intérêt, un principe que vous devrez adopter comme règle générale dans l'interprétation des Ecritures. Toute parole ou toute action doit être entendue dans le sens qui lui est propre, ou dans le sens figuré, ou dans ces deux sens à la fois. Voilà donc trois hypothèses ; appuyons-les sur des exemples, et sur des exemples tirés des Ecritures. Ainsi nous devons entendre dans le sens propre et littéral, que Notre-Seigneur a souffert, qu'il est ressuscité, qu'il est monté aux cieux, que nous devons ressusciter, nous-mêmes à la fin du monde et régner éternellement avec lui, si nous ne le méprisons pas sur la terre. Toutes ces expressions doivent être prises dans le sens littéral ; n'y cherchez point de figures, les choses sont ici telles qu'elles sont exprimées. Il en est de même de certaines actions. L'Apôtre est venu à Jérusalem pour voir Pierre, il y est venu en réalité, c'est une action qu'il faut entendre dans le sens propre. Lui-même vous raconte ce fait qui s'est accompli réellement et littéralement. Au contraire, c'est dans le sens figuré qu'il a été dit : « La pierre qu'ont rejetée ceux qui bâtissaient est devenue la pierre de l'angle. » (*Matth.*, xxi, 42 ; *Ps.* cxvii, 22.) Si nous entendons cette pierre dans le sens littéral, quelle est la pierre qui a été rejetée par ceux qui bâtissaient et qui est devenue la tête de l'angle ? Si nous entendons encore à la lettre le terme d'angle, de quel angle cette pierre est-elle devenue la tête ? Si au contraire nous admettons que Notre-Seigneur parle ici d'une manière figurée, et que vous preniez ces paroles dans le sens figuré, la pierre angulaire c'est le Christ, la tête de l'angle c'est la tête de l'Eglise. Pourquoi l'angle est-il la figure de l'Eglise ? Parce qu'elle a appelé les Juifs d'un côté et les Gentils de l'autre, et qu'elle a réuni par la grâce de la paix ces deux peuples comme deux murailles qui viennent en sens contraire et se rejoignent en elle. « Car c'est lui qui est notre paix, et qui des deux

---

(1) Peut-être dans le sermon qui se trouve indiqué avant celui-ci, dans le chapitre ix de la Table de Possidius, dans l'explication du passage de l'épître aux Galates, où Pierre est réprimandé par Paul.

---

surrectionem Dominus Christus ambulabat in via cum duobus discipulis suis, a quibus nondum agnoscebatur, quibus velut viator tertius comitabatur. Ventum est ad locum, quo illi tendebant, et ait Evangelista : Ipse autem finxit se longius ire. (*Luc.*, xxiv, 28.) Illi autem tenebant eum more humanitatis dicentes quod jam vesperasceret, rogantes ut cum eis ibi maneret : susceptus hospitio, frangit panem, benedicto et fracto pane cognoscitur. Non ergo jam timeamus dicere, finxit quærere, si finxit se longius ire. Sed alia quæstio oboritur. Hesterna die diu commendavimus in Apostolis veritatem, quomodo invenimus in ipso Domino fictionem ? Dicendum ergo, Fratres, et insinuandum vobis pro mediocribus viribus nostris, quas Dominus pro vobis donat nobis, et commendandum est vobis quod in omnibus Scripturis regulariter teneatis. Omne quod dicitur sive fit, aut per suam proprietatem cognoscitur, aut significat aliquid figurate ; aut certe habet utrumque, et propriam cognitionem, et figuratam significationem. Tria proposui, exempla danda sunt, et unde nisi de sanctis Scripturis ? Dictum quod proprie accipiamus, quia passus est Dominus, quia resurrexit, et ascendit in cœlum quia resurrecturi sumus in fine sæculi, quia cum illo in æternum, si eum non contemnimus, regnaturi. Hoc dictum proprie accipe, noli figuras inquirere : sicut est dictum, ita et est. Sic etiam facta. Ascendit Apostolus Jerosolymam videre Petrum, fecit hoc Apostolus, factum est, ipsius proprium est. Narrat tibi rem gestam : gestum ipsum secundum proprietatem. Per figuram dictum : « Lapidem quem reprobaverunt ædificantes, hic factus est in caput anguli. » (*Matth.*, xxi, 42 ; *Psal.* cxvii, 22.) Si lapidem proprie intelligamus, quem lapidem reprobaverunt ædificantes, et factus est in caput anguli ? Si angulum proprie accipiamus, in cujus anguli capite factus est lapis iste ? Si figurate dictum admittamus, et capias figurate ; Lapis angularis Christus ; caput anguli, caput Ecclesiæ. Quare Angulus Ecclesia ? Quia hinc Judæos, hinc Gentes vocavit, et quasi duo parietes de diverso venientes et in se convenientes suæ pacis gratia colligavit. Ipse est enim

SERMON LXXXIX.

peuples n'en a fait qu'un. » (*Ephés.*, II, 14.)

Exemple d'une action prise dans un sens figuré. — 5. Vous savez maintenant ce que c'est qu'une locution ou une action prise dans le sens propre, et une locution qu'il faut entendre dans un sens figuré, et vous attendez un exemple d'un fait figuratif ou symbolique. Je pourrais en citer beaucoup, mais je choisis un trait que nous rappelle naturellement ce que nous venons de dire de la pierre angulaire. C'est ce trait de Jacob répandant de l'huile sur la pierre qu'il avait mise sous sa tête pendant ce sommeil où, dans un songe mystérieux, il vit des échelles qui s'élevaient de la terre au ciel et des hommes qui montaient et descendaient, tandis que le Seigneur s'appuyait sur le haut de l'échelle. (*Gen.*, XXVIII, 11, etc.) Il comprit ce que devait signifier cette pierre, et pour nous montrer qu'il n'était pas étranger à la signification mystérieuse de cette vision et de cette révélation divines, il répandit de l'huile sur cette pierre qu'il regardait comme la figure du Christ. Ne soyez point surpris de cette onction, car le nom de Christ vient du mot grec qui signifie onction. Ce même Jacob est appelé dans l'Ecriture un homme sans artifice, et, comme vous le savez, il reçut aussi le nom d'Israël. Voilà pourquoi nous lisons dans l'Evangile que, lorsque Notre-Seigneur aperçut Nathanaël, il s'écria : « Voilà un vrai Israélite en qui il n'y a point de déguisement. » Cet Israélite qui ne savait pas encore quel était celui qui lui adressait la parole, lui dit : « D'où me connaissez-vous? Jésus lui répondit : Quand vous étiez sous le figuier, je vous ai vu, » (*Jean*, I, 47, etc.) comme s'il lui disait : Je vous ai prédestiné lorsque vous étiez encore à l'ombre du péché. Nathanaël, qui se rappelait avoir été sous un figuier où le Seigneur ne se trouvait point présent, reconnut qu'il était Dieu et lui répondit : « Vous êtes le Fils de Dieu, vous êtes le roi d'Israël. » Sous ce figuier il ne devint point un figuier aride et desséché, il reconnut Jésus-Christ. Jésus lui dit alors : « Parce que je vous ai dit que je vous voyais sous le figuier, vous croyez; vous verrez de plus grandes choses. » Quelles sont ces plus grandes choses ? Comme il est question ici d'un Israélite sans déguisement, rappelez-vous Jacob qui était lui-même sans artifice, considérez à quel trait le Sauveur fait allusion, la pierre sous la tête de Jacob, la vision qu'il eut en songe, l'échelle qui allait de la terre au ciel, les hommes qui montaient et descendaient, et voyez la réponse qu'il fait à cet Israélite sans artifice. « En vérité, en vérité, je vous le dis, vous verrez le ciel ouvert. » Vous, Nathanaël, qui êtes sans déguisement, écoutez ce qu'a vu Jacob, également sans artifice, vous verrez le ciel ouvert, et les anges de Dieu montant et descendant (sur qui?) sur le Fils de homme, parce que l'homme est le chef de la femme, et que Jésus-Christ est le chef de l'homme. (I *Cor.*, XI, 3.) Remarquez

---

pax nostra, qui fecit utraque unum. (*Ephes.*, II, 14.)

Factum figuratum. — 5. Audistis dictum proprium, factum proprium, dictum figuratum; exspectatis factum figuratum. Multa sunt, sed interim, quod occurrit ex admonitione lapidis angularis, quando unxit lapidem Jacob, quem ad caput posuerat cum dormiret, in quo somno magnum somnium viderat, scalas a terra in cœlum surgentes et homines (*f.* Angelos) ascendentes et descendentes, incumbente super scalas Domino (*Gen.*, XXVIII, 11, etc.) : intellexit quid debuerit figurare, unde nobis probaret ab illius visionis et revelationis intellectu se alienum non fuisse, lapidem pro Christo figuravit. Noli ergo mirari quod unxit, quia Christus ab unctione nomen accepit. Dictus autem erat Jacob iste in Scriptura homo sine dolo. Ipse Jacob, nostis, appellatus est Israel. Ideo Dominus in Evangelio quando vidit Nathanael : Ecce, inquit, vere Israelita, in quo dolus non est. (*Joan.*, I, 47, etc.) Et ille Israelita nesciens adhuc qui cum illo loqueretur, respondit : « Unde me nosti? Et Dominus ad eum : Cum esses sub arbore fici, vidi te : » tanquam diceret : Cum esses in umbra peccati, prædestinavi te. Et ille, quia meminerat se fuisse sub arbore fici, ubi Dominus non erat, agnovit in illo divinitatem, et respondit : « Tu es Filius Dei, tu es rex Israel. » Ille sub arbore fici non factus est arida ficus : agnovit Christum. Et Dominus ad illum : « Quia dixi : Cum esses sub arbore fici, vidi te, ideo credis, majora horum videbis. » Quæ sunt ista majora? « Amen dico vobis. » (Quia Israelita ille, in quo dolus non est; respice ad Jacob in quo dolus non est; et recole, unde loquitur, lapidem ad caput, visionem in somno scalas a terra in cœlum, descendentes et ascendentes; et vide quid Dominus dicat Israelitæ sine dolo;) « videbitis cœlum apertum : » (Audi Nathanael sine dolo, quod vidit Jacob sine dolo;) videbitis cœlum apertum, et Angelos ascendentes et descendentes : (ad quem?) « ad Filium hominis. » Ergo ille unctus erat ad caput Filius hominis : quia caput mulieris vir, caput viri

qu'il ne dit pas : vous les verrez montant du Fils de l'homme et descendant vers le Fils de l'homme, comme s'il était seulement au ciel, mais : Vous les verrez montant et descendant vers le Fils de l'homme. Ecoutez le Fils de l'homme criant du haut du ciel : Saul, Saul! Entendez le Fils de l'homme sur la terre, disant : « Pourquoi me persécutez-vous ? » (*Act.*, IX, 4.)

Exemple d'une action véritable et néanmoins figurative. — 6. Je vous ai donné successivement des exemples de paroles qui doivent être prises dans le sens propre, telles que celles qui ont trait à notre résurrection ; d'actions à prendre également à la lettre, comme lorsqu'il est dit : « Paul vint à Jérusalem pour voir Pierre ; » (*Gal.*, I, 18) de locutions figurées : « La pierre qu'ont rejetée ceux qui bâtissaient, » d'actions figuratives et symboliques : la pierre qui était sous la tête de Jacob et sur laquelle il répandit de l'huile. Pour répondre à votre attente, je dois vous donner un exemple d'un fait réellement accompli, et ayant toutefois une signification symbolique. Nous savons qu'Abraham eut deux fils, l'un de l'esclave, et l'autre de la femme libre. Non-seulement le fait, mais le récit doit être entendu ici dans le sens propre et littéral. Quelle en est donc, me demanderez-vous, la signification symbolique? C'est la figure des deux Testaments. Ce qui est dit en termes figurés est donc une espèce de fiction. Mais comme cette signification figurée doit avoir son accomplissement réel et qu'elle est fondée sur la vérité, on ne peut l'accuser de mensonge. Celui qui sème sort pour semer, et pendant qu'il semait, une partie du grain tomba le long du chemin, une autre partie tomba sur le roc, une autre partie sur les épines, une autre enfin dans la bonne terre. (*Matth.*, XIII, 3.) Quel est celui qui est sorti pour semer, ou quand est-il sorti? Sur quelles épines, sur quelles pierres, dans quel chemin, dans quel champ est tombée sa semence ? Si vous voyez ici une fiction, vous lui donnez au moins une signification mystérieuse. Oui, c'est une fiction. Car s'il s'agissait d'un semeur véritable qui répand sa semence dans ces différents endroits dont parle l'Evangile, ce ne serait ni une fiction, ni un mensonge. Il y a ici fiction, mais il n'y a pas de mensonge. Pourquoi ? Parce que cette fiction a une signification véritable et qu'elle ne vous trompe point. Elle demande à être comprise, elle n'induit pas en erreur. C'est la vérité qu'a voulu nous enseigner Jésus-Christ lorsqu'il a cherché des fruits sur le figuier. C'est une fiction symbolique, mais qui n'a rien du mensonge ; par conséquent, c'est une fiction autorisée et qui n'est nullement répréhensible, une fiction qui ne vous jette point dans l'erreur, si vous l'examinez, mais dont vous découvrez la vérité si vous en approfondissez le sens.

7. Je vois ce que vous allez me demander :

Christus. (I *Cor.*, XI, 3.) Nec tamen dixit ascendentes a Filio hominis et descendentes ad Filium hominis, quasi tantummodo sursum esset : sed ascendentes et descendentes ad Filium hominis. Audi sursum clamantem Filium hominis : Saule, Saule. Audi deorsum Filium hominis : Quid me persequeris ? (*Act.*, IX, 4.)

Factum vere gestum et nihilo minus figuratum. — 6. Audisti dictum proprium, quia resurrecturi sumus : factum proprium, quia sicut dictum est : Ascendit Paulus Jerosolymam videre Petrum. (*Gal.*, I, 18.) Dictum est figuratum : « Lapidem quem reprobaverunt ædificantes : » factum figuratum, unctus lapis, qui fuit ad caput Jacob. Debetur expectationi vestræ quod ex utroque sit, et proprie gestum est et significat figuratum. Novimus Abraham duos filios habuisse, unum ex ancilla, alium ex libera (*Gal.*, IV, 22) ; proprie gestum, non solum narratum, sed et factum : figuratum ibi exspectas? Hæc sunt duo Testamenta. Quod ergo figurate dicitur, quodam modo fingitur. Sed quoniam debet (*f.* habet) exitum significationis, et ipsa significatio (*f.* tenet) teneret fidem veritatis, vitat crimen falsatis. Ecce exiit seminans seminare, et seminando cecidit in via, cecidit super petrosa loca, cecidit inter spinas, cecidit in terram bonam. (*Matth.*, XIII, 3.) Quis exiit seminare, aut quando exiit, aut in quas spinas, aut in quos lapides, aut in quam viam, aut in quem agrum ? Si audis fictum, intelligis significative : fictum est. Si enim vere homo seminator exiret, et semina, sicut audivimus, per hæc diversa jactaret, non erat fictum, sed nec mendacium. Nondum autem fictum, sed non mendacium. Quare ? Quia significat aliquid, quod fictum est, non te decipit. Quærit intelligentem, non facit errantem. Hoc volens commendare Christus, poma quæsivit, figuratam ibi, non fallacem commendabat fictionem ; ac per hoc laudabilem, non criminosam fictionem ; non qua discussa (*f.* eas in falsitatem, sed ut perscrutata ipsa invenias, etc.) ea in facultatem sed perscrutata si invenias veritatem.

7. Video quod dicturus sit : Expone mihi hoc quod significabat, quod finxit se longius ire. Si enim (*f.* non significabat) significabat, fallacia est, mendacium est.

Expliquez-moi ce que voulait nous faire entendre le Sauveur, lorsqu'il feignit d'aller plus loin. Car s'il n'y a ici aucune signification mystérieuse, il y a tromperie, il y a mensonge. A l'aide des principes et des règles si sages que nous suivons dans l'interprétation de l'Ecriture, nous allons vous dire ce que signifiait cette conduite du Sauveur, qui feint d'aller plus loin. Il fait donc semblant de continuer son voyage, et les deux disciples le retiennent. Quant à sa présence corporelle, Notre-Seigneur Jésus-Christ était considéré comme absent, et cette absence est figurée par la conduite du Sauveur qui fait semblant d'aller plus loin. Retenez-le fidèlement, retenez-le au moment de la fraction du pain. Que dirai-je encore? L'avez-vous reconnu? Si vous l'avez reconnu, vous avez trouvé Jésus-Christ. Mais je ne veux point en dire davantage de l'auguste Sacrement. Jésus-Christ est bien éloigné de ceux qui diffèrent de s'instruire de ce Sacrement. Qu'ils s'y attachent, qu'ils se gardent de l'abandonner, qu'ils offrent l'hospitalité à Jésus qui les invitera à entrer dans le ciel.

SERMON XC [1].

Sur le chapitre XXII de l'Evangile selon saint Matthieu, où sont racontées les noces du fils du roi. Sur la charité, contre les donatistes.

Prononcé à Carthage, dans la basilique Restitute.

Deux festins du Seigneur : l'un sur la terre, pour les fidèles, l'autre dans le ciel pour les bienheureux. — 1. Tous les fidèles connaissent les noces et le festin du Fils du Roi, et cette table du Seigneur est préparée pour tous ceux qui veulent s'y asseoir. Mais il importe de savoir avec quelles dispositions il faut s'en approcher lorsque rien ne nous le défend. Les saintes Ecritures nous enseignent que le Seigneur a deux banquets : l'un où viennent s'asseoir les bons et les méchants, l'autre où les bons seuls sont admis. Voilà pourquoi ce festin, dont l'Evangile vient de nous parler, compte parmi les convives des bons et des méchants. Tous ceux qui se sont excusés de venir à ce festin sont méchants, mais tous ceux qui sont entrés dans la salle ne sont pas bons. C'est donc à vous que je m'adresse, vous qui êtes bons et qui vous asseyez à ce banquet, vous qui méditez attentivement ces paroles : « Celui qui mange et boit indignement, boit et mange sa condamnation. » (I *Cor.*, XI, 29.) Oui, c'est à vous tous qui êtes bons que je m'adresse pour vous engager à ne point chercher les bons au dehors et à souffrir au dedans les méchants.

Tous les justes dans cette vie sont et bons et mauvais. — 2. Votre charité désire savoir sans doute quels sont ceux à qui je me suis adressé et à qui j'ai donné le conseil de ne point chercher les bons au dehors, mais de supporter au dedans les méchants. Si tous au dedans sont méchants,

---

[1] C'est le titre que porte ce sermon dans l'un des manuscrits de l'abbaye de Corbie. Il a déjà été parlé de la basilique Restitute dans le Sermon XIX.

Expositionibus nostris et discretissimis regulis debemus hoc dicere quid significabat adfictio quædam longius eundi : finxit se longius ire, et tenetur, ne longius eat. Quantum igitur ad præsentiam corporalem absens putabatur Dominus Christus, absens putabatur, velut longius ibit. Tene fideliter, tene illum ad fractionem panis. Quid dicam? Agnovistis? Si agnovistis, ibi Christum invenistis. Diutius de sacramento loquendum non est. Qui hoc sacramentum nosse differunt, longius ab eis Christus. Id teneant, non dimittant, invitent ad hospitium, et invitantur ad cœlum.

SERMO XC [a].

De verbis Evangelii Matth., XXII, ubi de nuptiis filii regis. Contra donatistas, de caritate.

Convivium Dominicum duplex, aliud hic, fidelium; aliud in cœlis, beatorum. — 1. Nuptias filii regis ejusque convivium norunt omnes fideles, et apparatus mensæ Dominicæ omnium est voluntati propositus. Interest autem quomodo quis accedat, cum accedere non vetatur. Scripturæ quippe sanctæ docent nos Dominica duo esse convivia ; unum quo veniunt boni et mali, alterum quo non accedunt mali. Ergo convivium Domini, unde modo cum Evangelium legeretur audivimus, habet utique bonos et malos. Omnes qui ab hoc convivio excusaverunt, mali sunt : sed non omnes qui intraverunt, boni sunt. Alloquor ergo vos, qui in hoc convivio boni discumbitis, quicumque attenditis quod dictum est. Qui manducat et bibit indigne, judicium sibi manducat et bibit. (I *Cor.*, XI, 29.) Omnes qui tales estis, alloquor vos, ut foris non quæratis bonos, intus toleretis malos.

Justi omnes hac in vita et mali sunt et boni. — 2. Non dubito audire velle Caritatem Vestram, quinam isti sunt, de quibus alloquens disputavi, ut foris non

---

[a] Alias XIV, ex editis a Sirmondo.

à qui me suis-je adressé ? Et si tous sont bons, à qui ai-je conseillé de tolérer les méchants ? Commençons tout d'abord par résoudre cette question avec l'aide du Seigneur. Si vous prenez la bonté absolument et dans toute sa perfection, il n'y a que Dieu qui soit bon. Le témoignage du Seigneur est ici formel : « Pourquoi m'appelez-vous bon? Dieu seul est bon. » (*Matth.*, XIX, 17.) Comment voyons-nous à ce festin des noces des bons et des méchants, si Dieu seul est bon ? Il faut que vous sachiez, premièrement, que sous un rapport, nous sommes tous mauvais. Oui, sous un rapport nous sommes tous mauvais, et sous un autre rapport, nous ne sommes pas tous bons. Pouvons-nous nous comparer aux apôtres? Non, sans doute, et cependant c'est à eux que le Seigneur disait : « Si vous, qui êtes mauvais, vous savez donner ce qui est bon à vos enfants. » (*Matth.*, VII, 11.) En examinant les Ecritures, nous trouvons que, parmi les douze apôtres, il y en avait un mauvais, à qui le Seigneur fait allusion lorsqu'il dit : « Vous êtes purs, mais non pas tous. » (*Jean*, XIII, 10.) Cependant c'est à tous qu'il s'adresse, lorsqu'il dit : « Si vous, qui êtes mauvais. » Ces paroles furent entendues de Pierre, de Jean, d'André et des onze autres apôtres. Et que leur dit le Sauveur ? « Si, tout mauvais que vous êtes, vous savez donner ce qui est bon à vos enfants, combien plus votre Père, qui est dans les cieux, donnera-t-il ce qui est bon à ceux qui le lui demandent ? » Ces paroles du Sauveur : « Vous qui êtes mauvais » avaient pu faire entrer le découragement dans leur cœur, mais en apprenant de lui qu'ils avaient Dieu pour père dans les cieux, ils reprirent confiance. « Si vous, qui êtes mauvais. » Que peuvent attendre ceux qui sont mauvais, que des châtiments? « Combien plus, leur dit-il, votre Père qui est dans les cieux, vous donnera ce qui est bon ? » Que doivent espérer les enfants? Des récompenses. Le nom de mauvais inspire la crainte des châtiments, le nom d'enfants réveille l'espérance de l'héritage.

Quels sont les méchants qui sont exclus du festin. — 3. Ainsi donc les apôtres étaient mauvais sous un rapport et bons sous un autre. En effet, après leur avoir dit : « Si vous qui êtes mauvais, savez donner ce qui est bon à vos enfants, » le Sauveur ajoute : « Combien plus votre Père qui est dans les cieux ? » Il est donc le Père de ceux qui sont mauvais, mais qu'il ne veut pas abandonner, parce qu'il est aussi le médecin qui doit les guérir. Ils étaient donc mauvais sous un rapport. Cependant je pense que ces convives admis par le père de famille aux noces du roi, son fils, n'étaient pas du nombre de ceux dont il est dit : « On invita les bons et les mauvais, » (*Matth.*, XXII, 10) et qu'ils

quærant bonos, intus tolerent malos. Si omnes mali sunt intus, quos sum allocutus ? Si autem omnes boni sunt intus, quos monui ut tolerent malos? Prius ergo adjuvante Domino, de hac quæstione ut possumus, exeamus. Bonum si perfecte liquidoque perpendas, nemo bonus nisi unus Deus. Habes apertissime Dominum dicentem : Quid me interrogas de bono? Nemo bonus nisi unus Deus. (*Matth.*, XIX, 17.) Quomodo ergo nuptiæ illæ habent bonos et malos, si nemo bonus nisi unus Deus? Primo scire debetis, secundum quemdam modum omnes nos esse malos. Prorsus secundum quemdam modum omnes mali sumus : secundum autem quemdam modum, non omnes boni sumus. Possumus enim nos Apostolis comparare? Quibus ipse Dominus ait : Si ergo vos, cum sitis mali, nostis bona data dare filiis vestris. (*Matth.*, VII, 11.) Si consideremus Scripturas, unus ibi erat malus inter duodecim Apostolos, propter quem Dominus ait quodam loco : Et vos mundi estis, sed non omnes. (*Joan.*, XIII, 10.) Allocutus tamen in commune omnes ait : Si vos cum sitis mali. Audivit hoc Petrus : audivit Joannes : audivit Andræas, audierunt cæteri omnes undecim Apostoli. Quid audierunt ? « Vos cum sitis mali, nostis bona data dare filiis vestris : quanto magis Pater vester, qui in cœlis est, dabit bona petentibus se ? » Audito quod mali essent, desperaverunt : audito quod Deus in cœlis esset pater ipsorum, respiraverunt. Cum sitis, inquit, mali : quid ergo debetur malis, nisi supplicium ? « Quanto magis, inquit, Pater vester, qui in cœlis est ? quid debetur filiis nisi præmium ? » In nomine malorum, metus pœnarum : in nomine filiorum, spes hæredum.

Mali a convivio exclusi, quinam intelligendi. — 3. Secundum quid ergo mali erant iidem ipsi, qui secundum aliquid boni erant. Quibus enim dictum est : « Cum sitis mali, nostis bona data dare filiis vestris : » continuo subjectum : « Quanto magis Pater vester qui in cœlis est? » Pater ergo malorum, sed non relinquendorum ; quia medicus sanandorum. Secundum ergo quemdam modum mali erant. Et tamen illi convivæ patrisfamilias in regis nuptiis, puto quia non erant de illo numero, de quibus dictum est : « Invitaverunt bonos et malos : » (*Matth.*, XXII, 10) ut in numero malorum deputentur, quos audivimus exclusos in illo, qui inventus est non habere

ne doivent pas être rangés parmi ces méchants que nous voyons exclus dans la personne de celui qui n'avait point la robe nuptiale. Ceux donc qui étaient bons, je le répète, étaient mauvais sous un rapport, et ceux qui étaient mauvais étaient bons sous un autre rapport. Apprenez de saint Jean en quoi ils étaient mauvais : « Si nous disons que nous sommes sans péché, nous nous séduisons nous-mêmes, et la vérité n'est point en nous. » (I *Jean*, I, 8.) Voilà donc ce qui les rendait mauvais, ils étaient coupables de péché. Sous quel rapport étaient-ils bons ? « Mais si nous confessons nos péchés, poursuit le même apôtre, il est fidèle et juste pour nous les remettre et pour nous purifier de toute iniquité. » (*Ibid.*, 9.) Or, après avoir établi selon ces principes d'interprétation que j'ai tirés, vous le voyez, des saintes Ecritures, que les mêmes hommes sont bons sous un rapport et mauvais sous un autre, pouvons-nous entendre dans le même sens ces paroles de l'Evangile : « Ils invitèrent les bons et les mauvais, » c'est-à-dire ceux qui étaient à la fois bons et mauvais ? Non, cette interprétation n'est pas admissible à cause de celui qui n'avait point la robe nuptiale et qui ne fut point seulement exclu de la salle du festin et du banquet des noces, mais condamné dans les ténèbres à un supplice éternel.

Le seul convive qui est exclu est la figure d'un grand nombre. — 4. Mais, me dira-t-on, il ne s'agit que d'un seul homme, qu'y a-t-il donc d'étonnant, est-ce une si grande affaire, si les serviteurs du père de famille ont laissé s'introduire sans être aperçu un homme qui n'avait point la robe nuptiale ? Sa présence motive-t-elle suffisamment ces paroles : « Ils invitèrent les bons et les mauvais ? » Prêtez-moi donc votre attention, mes frères, et comprenez cette explication (1). Ce seul homme représentait toute une classe d'hommes, car il y en avait beaucoup comme lui. Un auditeur attentif me dira : Je ne veux pas ici de vos conjectures, prouvez-moi que ce seul homme était la figure d'un grand nombre. Oui, je vais vous le prouver avec la grâce du Seigneur et je ne chercherai pas bien loin mes preuves. Dieu m'aidera lui-même à vous expliquer le sens de ses paroles, et vous fera connaître par moi la vérité dans toute sa clarté : « Le père de famille entra pour voir ceux qui étaient à table. » (*Ibid.*, 11.) Veuillez remarquer, mes frères, que les serviteurs n'ont eu d'autre fonction que d'inviter et d'amener les bons et les mauvais, et qu'il n'est pas dit : Les serviteurs examinèrent ceux qui étaient à table, ils découvrirent un homme qui n'avait pas la robe nuptiale et en avertirent le père de famille. Non, cela n'est pas écrit. C'est le père de famille qui vient examiner les convives, c'est le

(1) Voyez plus bas, sermon xcv.

---

vestem nuptialem. Secundum quid, inquam, mali erant qui boni erant : secundum quid boni erant qui mali erant. Audi Joannem secundum quid mali erant : « Si dixerimus, quia non habemus peccatum ; nos ipsos seducimus, et veritas in nobis non est. » Ecce secundum quid mali erant: quia habebant peccatum. (I *Joan.*, I, 8.) Secundum quid boni erant ? « Si confessi fuerimus peccata nostra, fidelis est et justus, qui dimittat nobis peccata, et mundet nos ab omni iniquitate. » (*Ibid.*, 9.) Si ergo dixerimus, secundum hanc expositionem, quam audistis me de Sanctis Scripturis, ut arbitror, protulisse, eosdem homines et bonos esse secundum quemdam modum, et malos secundum quemdam modum ; si secundum hunc sensum voluerimus accipere quod dictum est : « Invitaverunt bonos et malos, » id est eosdem ipsos et bonos et malos ; si hoc voluerimus accipere, non permittimur, propter illum qui inventus est non habens vestem nuptialem, et non utcumque projectus, ut tantum illo convivio privaretur, sed ut æterno in tenebrarum supplicio damnaretur.

Uno excluso multos exclusos significari. — 4. Sed dicit aliquis : Quid de uno homine ? quid mirum ? quid magnum : si servis patrisfamilias subrepsit unus in turba non habens vestem nuptialem ? Numquid propter illum poterat dici : « Invitaverunt bonos et malos ? » Intendite ergo, et intelligite, Fratres mei. Unus ille unum genus erat ; nam multi erant. Respondeat hic mihi diligens auditor, et dicat : Nolo mihi narres suspiciones tuas : probari mihi volo, quia unus ille multi erant. Aderit Dominus, probabo plane, nec longius requiram ut possim probare. In ipsis suis verbis Deus adjuvabit me, et quod vobis apertum sit ministrabit per me. Ecce « ingressus paterfamilias, ut inspiceret discumbentes. » (*Ibid.*, 11.) Videte, Fratres mei, quia non pertinuit ad servos, nisi invitare et adducere bonos et malos: videte quia non dictum est : Consideraverunt servi discumbentes, et ibi invenerunt hominem non habentem vestem nuptialem, et dixerunt ei. Non hoc scriptum est. Paterfamilias inspexit, paterfamilias invenit, paterfamilias distinxit, paterfamilias separavit. Hoc quidem

père de famille qui découvre cet homme, c'est le père de famille qui le fait remarquer, c'est le père de famille qui le chasse de la salle. Voilà ce qu'il est important de remarquer. Mais j'ai entrepris de vous démontrer une autre vérité, c'est que ce seul homme en représentait plusieurs. « Le père de famille entra donc pour voir ceux qui étaient à table, et il vit un homme qui n'était point revêtu de la robe nuptiale. Et il lui dit : Mon ami, comment êtes-vous entré ici sans avoir la robe nuptiale? Et cet homme se tut. » (*Ibid.*, 12.) En effet, il ne pouvait rien dissimuler à celui qui l'interrogeait. C'est dans le cœur et non sur le corps qu'il devait porter cette robe; s'il avait été question d'un vêtement extérieur, les serviteurs l'auraient nécessairement aperçu. Apprenez, en effet, où doit se revêtir cette robe nuptiale, de celui qui a dit : « Que vos prêtres se revêtent de la justice. » (*Ps.* cxxxi, 9.) C'est de ce vêtement que parle l'Apôtre, lorsqu'il dit : « Si toutefois nous sommes trouvés vêtus et non pas nus.» (II *Cor.*, v, 3.) C'est donc le Seigneur qui découvre ce que les serviteurs ne pouvaient apercevoir. Il ne peut répondre à la question qui lui est faite, on le lie, on le jette dehors, et un seul est ainsi condamné par tous les autres. Mais j'ai dit, Seigneur, que vous nous faites un devoir d'avertir tous les hommes. Rappelez-vous avec moi les paroles que vous venez d'entendre, et vous reconnaîtrez bientôt que cet homme en représentait un grand nombre. Le Seigneur, il est vrai, n'en avait interrogé qu'un, et c'est à un seul qu'il avait dit : « Mon ami, comment êtes-vous entré ici? » Lui seul aussi garde le silence, et c'est de lui seul qu'il est dit : « Liez-lui les pieds et les mains, et jetez-le dans les ténèbres extérieures, c'est là qu'il y aura des pleurs et des grincements de dents. » (*Ibid.*, 13.) Pourquoi? « Car beaucoup sont appelés, mais peu sont élus. » (*Ibid.*, 14.) Que peut-on opposer à cette éclatante manifestation de la vérité? « Jetez-le, dit le père de famille, dans les ténèbres extérieures. » De qui est-il question? De ce seul homme dont il vient de dire : « Beaucoup sont appelés, mais peu sont élus. » C'est donc le petit nombre qui n'est pas exclu de la salle du festin. « Jetez-le, » Pourquoi est-il jeté? « Car beaucoup sont appelés, mais peu sont élus. » Laissez ici le petit nombre et jetez dehors la multitude. Absolument parlant, cet homme était seul, mais non-seulement il représentait un grand nombre, mais un grand nombre qui l'emportait sur le nombre des bons. Les bons sont nombreux aussi, mais en comparaison des méchants leur nombre est peu considérable. Il y a une grande quantité de bons grains, mais c'est peu de chose en comparaison de la paille. Comment prouvons-nous qu'ils sont nombreux, considérés en eux-mêmes? « Plusieurs viendront de l'Orient et de l'Occident. » (*Matth.*, viii, 11.) Où viendront-ils? A ce festin où nous

---

prætereundum non fuit. Aliud autem probare suscepimus, quomodo multi essent ille unus. « Intravit ergo paterfamilias inspicere discumbentes, et invenit hominem non habentem vestem nuptialem : et ait illi : Amice, quomodo huc venisti non habens vestem nuptialem? At ille obmutuit. » (*Ibid.*, 12.) Talis enim interrogabat, cui ille fingere nihil poterat. Vestis quippe illa in corde, non in carne inspiciebatur : quæ si de super fuisset induta, etiam servis non fuisset occultata. Ubi sit induenda vestis nuptialis, accipite, ubi loquitur : Sacerdotes tui induantur justitiam. (*Psal.* cxxxi, 9.) De ea veste dicit Apostolus : Si tamen induti, et non nudi inveniamur. (II *Cor.*, v, 3.) Ergo inventus est a Domino qui servos latebat. Interrogatus obmutescit : ligatur, projicitur, damnatur unus a multis. Domine, dixeram, quia tu admones omnes admonere. Recolite mecum verba quæ audistis, et multos fuisse unum illum modo invenietis, modo judicabitis. Unum certe interrogaverat Dominus, uni dixerat : « Amice, quomodo huc intrasti ? » Unus obmutuerat, et de ipso uno dictum fuerat : « Ligate illi manus et pedes, et mittite illum in tenebras exteriores : ibi erit fletus et stridor dentium.» (*Ibid.*, 13.) Quare hoc? « Multi enim sunt vocati, pauci vero electi. » (*Ibid.*, 14.) Quid huic manifestationi veritatis quispiam contradicat? « Mittite, inquit, illum in tenebras exteriores. » Illum certe unum, de quo dicit Dominus : « Multi enim sunt vocati, pauci vero electi. » Ergo pauci non mittuntur foras. Certe unus erat ille, qui non habebat vestem nuptialem. « Projicite eum. » Quare projicitur ? « Multi enim sunt vocati, pauci vero electi. » Dimittite paucos, projicite multos. Certe unus erat. Unus omnino iste, non solum multi erant, sed multitudine bonorum numerum superabant. Multi enim et boni : sed in comparatione malorum pauci sunt boni. Multa frumenta nata sunt : compara paleis, et pauca grana sunt. Iidem ipsi in se ipsis multi, in comparatione malorum pauci. Quomodo probamus quia in se ipsis multi? Multi ab Oriente et ab Occidente venient. (*Matth.*, viii,

voyons entrer les bons et les mauvais. Il ajoute ensuite en parlant d'un autre banquet. « Et ils prendront place avec Abraham, Isaac et Jacob dans le royaume des cieux. » (*Ibid.*) Voilà ce festin auquel les méchants ne seront pas admis. Or, il faut participer dignement au festin actuel pour parvenir au banquet de l'éternité. Les mêmes élus sont donc tout à la fois en grand nombre et en petit nombre, en grand nombre considérés en eux-mêmes, en petit nombre, si on les compare aux méchants. Que dit donc le Seigneur? Il en découvre un seul et il dit : Qu'on jette dehors la multitude et que le petit nombre demeure. En effet, dire : « Beaucoup sont appelés, mais peu sont élus, » c'est faire connaître clairement quels sont ceux qui seront jugés dignes de s'asseoir à ce banquet d'où les méchants seront rigoureusement exclus.

Quel est le vêtement nuptial? — 5. Que faut-il donc faire? Vous tous qui approchez de la table du Seigneur dressée dans cette enceinte, je ne veux pas que vous soyez avec la multitude qui doit être jetée dehors, mais avec le petit nombre qui doit être conservé. Comment y parvenir? En portant la robe nuptiale. Expliquez-nous, direz-vous, quelle est cette robe nuptiale. Sans aucun doute, cette robe est le vêtement que portent exclusivement les bons qui doivent s'asseoir au banquet, et qui, par la grâce de Dieu, seront un jour admis à ce festin, d'où seront exclus tous les méchants. Telle est la robe nuptiale. Cherchons donc, mes frères, parmi les fidèles, quels sont ceux qui ont une prérogative que n'ont pas les méchants, et ce sera la robe nuptiale. Dirons-nous que ce sont les sacrements? Vous voyez qu'ils sont communs aux bons et aux méchants. Est-ce le baptême? Personne, sans le baptême, ne peut arriver jusqu'à Dieu, mais tous ceux qui reçoivent le baptême ne parviennent point à cet heureux terme. Je ne puis donc admettre que le sacrement de baptême soit cette robe nuptiale, puisque je la vois également portée par les bons et par les méchants. Est-ce l'autel, ou ce que nous recevons à l'autel? Nous voyons un grand nombre de ceux qui participent à l'autel, y boire et manger leur condamnation. Qu'est-ce donc? Le jeûne? mais les méchants jeûnent également. La fréquentation de l'église? Elle est fréquentée par les méchants comme par les bons. Serait-ce enfin le don des miracles? non-seulement il est commun aux bons et aux méchants, mais souvent les bons ne l'ont point. Ainsi voyez dans l'ancien peuple, les mages de Pharaon opéraient des prodiges, tandis que les Israélites n'en faisaient point (*Exod.*, VII); parmi les Israélites, Moïse et Aaron avaient seuls ce pouvoir, et le reste du peuple, à qui il était refusé, voyait ces prodiges qui étaient l'objet de sa foi et lui inspiraient une crainte salutaire. Dira-t-on que les

---

11.) Quo venient? Ad illud convivium, in quod boni et mali intrant. De alio convivio locutus adjunxit : Et recumbent cum Abraham, Isaac, et Jacob, in regno cœlorum. (*Ibid.*) Illud est convivium, quo non accessuri sunt mali. Hoc quod modo est digne accipiatur, ut ad illud perveniatur. Iidem ergo multi, qui pauci : multi in te ipsis, pauci in malorum comparatione. Ergo quid ait Dominus? Invenit unum, et ait : Projiciantur multi, remaneant pauci. Dicere enim : « Multi vocati, pauci vero electi, » nihil est aliud, quam aperte ostendere, qui in isto convivio tales habeantur, ut ad aliud convivium perducantur, quo nullus accedet malorum.

Quænam sit vestis nuptialis. — 5. Quid ergo est? Omnes qui acceditis ad mensam Dominicam quæ hic est, nolo esse cum multis separandis, sed cum paucis conservandis. Unde hoc poteritis? Accipite vestem nuptialem. Expone, inquies, nobis vestem nuptialem. Procul dubio illa vestis est, quam non habent nisi boni, in convivio relinquendi, servandi ad convivium quo nullus malus accedit, per Domini gratiam perducendi : ipsi habent vestem nuptialem. Quæramus ergo, Fratres mei, inter fideles qui sunt qui habent aliquid, quod mali non habent, et ipsa erit vestis nuptialis. Si sacramenta dixerimus, videtis quemadmodum sint malis bonisque communia. Baptismus est? Sine baptismo quidem nemo ad Deum pervenit : sed non omnis qui habet baptismum ad Deum pervenit. Non ergo possum intelligere baptismum esse vestem nuptialem, id est ipsum sacramentum; quam vestem video in bonis, video in malis. Forte altare est, vel quod accipitur de altari. Videmus quia multi manducant, et judicium sibi manducant et bibunt. Quid ergo est? Jejunatur? Jejunant et mali. Ad Ecclesiam concurritur? Concurrunt et mali. Postremo miracula fiunt? non solum boni faciunt et mali, sed aliquando non faciunt boni. Ecce in vetere populo magi Pharaonis miracula faciebant: Israelitæ non faciebant (*Exod.*, VII) : in Israelitis solus Moyses et Aaron faciebant, cæteri non faciebant, sed videbant, timebant, credebant. Numquid meliores magi Pharaonis miracula facientes, quam po-

mages de Pharaon qui opéraient ces prodiges valaient mieux que le peuple d'Israël qui n'en faisait point et ne laissait pas d'être le peuple de Dieu? Au sein de l'Eglise même, écoutez ce que dit l'Apôtre : « Tous sont-ils prophètes, tous ont-ils le don de guérir les maladies? tous parlent-ils diverses langues? » (I *Cor.*, XII, 29, etc.)

Le vêtement nuptial c'est la charité. — 6. Quelle est donc le vêtement nuptial? Le voici : « La fin des commandements, dit l'Apôtre, c'est la charité d'un cœur pur, d'une bonne conscience et d'une foi sincère. » (1 *Tim.*, I, 5.) Voilà la robe nuptiale. Mais ce n'est point une charité telle quelle, car nous voyons souvent des hommes dont la conscience est en mauvais état et qui paraissent cependant s'aimer. Ceux qui se livrent ensemble aux brigandages, aux maléfices, ceux qui ont la passion commune des histrions, qui applaudissent de concert aux cochers et aux gladiateurs, paraissent s'affectionner mutuellement, mais ils n'ont pas la charité qui vient d'un cœur pur, d'une bonne conscience et d'une foi sincère, et cette charité est la robe nuptiale. « Quand je parlerais les langues des hommes et des anges, dit l'Apôtre, si je n'ai point la charité, je suis comme un airain sonnant et une cymbale retentissante. » (I *Cor.*, XIII, 1.) Ceux qui n'ont que le don des langues se présentent et on leur dit : « Pourquoi êtes-vous entré ici sans avoir la robe nuptiale? » « Quand j'aurais le don de prophétie, que je pénétrerais tous les mystères et toutes les sciences, et quand j'aurais toute la foi possible jusqu'à transporter les montagnes, si je n'ai point la charité, tout cela ne me sert de rien. » (*Ibid.*, 2.) Voilà les miracles qu'opèrent souvent des hommes qui n'ont pas la robe nuptiale. Quand j'aurais tous ces dons, dit l'Apôtre, si je n'ai point Jésus-Christ, je ne suis rien. Qu'est-ce à dire, je ne suis rien? Quoi, le don de prophétie n'est rien, la science des mystères n'est rien? Je ne dis pas qu'ils ne sont rien, mais je dis que si je les ai sans avoir la charité, je ne suis rien. Que de biens deviennent inutiles, si on les sépare de ce seul bien! Si je n'ai pas la charité, j'ai beau distribuer mes biens aux pauvres, confesser le nom de Jésus-Christ jusqu'au sang, jusqu'au supplice du feu, tout cela peut être fait par un motif de vaine gloire et ne sert de rien. Et comme l'amour d'une vaine gloire peut frapper de stérilité ces œuvres que la charité et la piété auraient rendu si fécondes, l'Apôtre les exprime en termes formels et dit : « Et quand je distribuerais toutes mes richesses pour nourrir les pauvres, et que je livrerais mon corps pour être brûlé, si je n'ai point la charité, tout cela ne me sert de rien. » (*Ibid.*, 3.) Voilà donc la robe nuptiale. Demandez-vous maintenant si vous avez cette robe nuptiale et approchez avec confiance du banquet

---

pulus Israel, qui miracula facere non valebat, et ad Deum tamen populus pertinebat? In ipsa Ecclesia, Apostolum audi : « Numquid omnes Prophetæ? numquid omnes dona habent curationum? numquid omnes linguis loquuntur? (I *Cor.*, XII, 29, etc.)

Vestis nuptialis caritas. — 6. Quæ est ergo vestis illa nuptialis? Hæc est vestis nuptialis : Finis autem præcepti est : Apostolus dicit, caritas de corde puro, et conscientia bona, et fide non ficta. (1 *Tim.*, I, 5.) Hæc est vestis nuptialis. Non quæcumque caritas : Nam plerumque videntur se diligere etiam homines participes malæ conscientiæ. Qui simul latrocinia faciunt, qui simul maleficia, qui simul histriones amant, qui simul aurigis et venatoribus clamant, plerumque diligunt se : sed non est in eis caritas de corde puro, et conscientia bona, et fide non ficta. (I *Cor.*, XIII, 1.) Talis caritas vestis est nuptialis. « Si linguis hominum loquar et Angelorum, caritatem autem non habeam, factus sum, inquit, ut æramentum sonans, aut cybalum tinniens. » Advenerunt linguæ solæ, et dicitur eis : « Quid huc intrastis non habentes vestem nuptialem? Si habuero, inquit, prophetiam, et sciero omnia sacramenta, et omnem scientiam, et habuero fidem, ita ut montes transferam, caritatem autem non habeam, nihil sum. » (*Ibid.*, 2.) Ecce sunt illa miracula hominum plerumque non habentium vestem nuptialem. Si hæc, inquit, habeam omnia, et Christum non habeam, nihil sum. Nihil, inquit, sum. Ergo prophetia nihil est? ergo scientia sacramentorum nihil est? Non illa nihil sunt : sed ego, si illa habeam, et caritatem non habeam, nihil sum. Quanta bona nihil prosunt sine uno bono? Si non habeam caritatem, si eleemosynas largior in pauperes, si ad confessionem nominis Christi usque ad sanguinem, usque ad ignes accedo, possunt ista fieri et amore gloriæ, inania sunt. Quia ergo possunt fieri etiam amore gloriæ inania, non caritate pinguissima pietatis, etiam ipsa commemorat, et ipsa audi : « Si distribuero omnia mea in usum pauperum, et si tradidero corpus meum ut ardeam, caritatem non habeam, nihil mihi prodest. » (*Ibid.*, 3.) Hæc est vestis nuptialis. Interrogate

du Seigneur. Il y a deux choses dans l'homme, la charité et la cupidité. Que la charité naisse en vous, si elle n'y est pas encore, et si elle a pris naissance dans votre cœur, il faut l'alimenter, la nourrir et la développer. Quant à la cupidité, nous ne pouvons sans doute l'éteindre entièrement en cette vie; car si nous disons que nous sommes sans péché, nous nous séduisons et la vérité n'est pas en nous, et c'est parce que nous ne pouvons être sans péché que nous ne pouvons être sans cupidité. Faisons donc croître la charité sur les ruines de la cupidité, que la charité arrive ainsi à la perfection, et que la cupidité finisse par être entièrement détruite. Revêtez-vous donc de la robe nuptiale, vous qui ne l'avez pas encore. Vous êtes déjà entré dans la salle du festin, vous allez approcher de la table sainte et vous n'avez point encore la robe que vous devez porter en l'honneur de l'époux; vous cherchez encore vos intérêts et non ceux de Jésus-Christ. En effet, le vêtement nuptial se porte pour honorer l'union conjugale, c'est-à-dire l'époux et l'épouse. Vous connaissez l'époux, c'est Jésus-Christ; vous connaissez l'épouse, c'est l'Eglise. Rendez honneur à celle qui est épousée comme à celui qui l'épouse, et vous serez par là leurs enfants. Avancez donc de plus en plus dans cette voie. Aimez le Seigneur et apprenez ainsi à vous aimer vous-mêmes, et quand l'amour de Dieu vous aura enseigné comment vous devez vous aimer, vous pourrez sans crainte de vous tromper aimer votre prochain comme vous-mêmes. Si je rencontre un homme qui ne s'aime point lui-même, comment puis-je lui permettre d'aimer le prochain comme lui-même? Et quel est, me direz-vous, celui qui ne s'aime point lui-même? Le voici : « Celui qui aime l'iniquité, hait son âme. » (*Ps.* x, 6.) Peut-on dire qu'on s'aime soi-même lorsqu'on a de l'amour pour sa chair et de la haine pour son âme, amour funeste à la fois à la chair et à l'âme? Quel est donc celui qui aime son âme? Celui qui aime Dieu de tout son cœur et de toute son âme. A celui-là je puis permettre d'aimer le prochain et dire : aimez votre prochain comme vous-même.

L'homme, quel qu'il soit, est notre prochain. — 7. Et quel est mon prochain, me demanderez-vous? Tout homme est votre prochain. Est-ce que tous nous n'avons pas eu deux premiers parents? Parmi les animaux nous voyons ceux qui sont de la même espèce se rapprocher les uns des autres, la colombe de la colombe, le léopard du léopard, l'aspic de l'aspic, la brebis de la brebis, et l'homme ne serait pas le prochain de l'homme? Rappelez-vous la création du monde. Dieu a dit, et les eaux ont produit simultanément tous les animaux qui nagent, les grands cétacés, les poissons, les oiseaux et tous les autres animaux semblables. Est-ce que tous les oiseaux sont sortis d'un seul oiseau, tous les

vos, si habetis illam, securi estis in convivio Dominico. Duæ sunt in homine uno, caritas et cupiditas. Caritas nascatur in te, si nondum nata est; et si nata est, alatur, nutriatur, crescat. « Illa vero cupiditas, et si in hac vita exstingui penitus non potest; quia si dixerimus quod peccatum non habemus, nos ipsos seducimus, et veritas in nobis non est : » in quantum autem est in nobis cupiditas, in tantum sine peccato non sumus : caritas crescat, cupiditas decrescat : ut aliquando illa perficiatur, hoc est caritas, cupiditas consumatur. Induite vos vestem nuptialem : vos alloquor, qui necdum habetis. Jam intus estis, jam ad convivium acceditis, et vestem in honorem sponsi nondum habetis : vestra adhuc quæritis, non quæ Jesu Christi. Vestis enim nuptialis in honore accipitur conjugationis, id est sponsi et sponsæ. Nostis sponsum : Christus est. Nostis sponsam : Ecclesia est. Deferte nubenti, deferte ducenti. Si istis bene detuleritis qui nubent, vos filii eritis. Ergo in hoc proficite. Diligite Dominum, et ibi discite diligere vos : ut cum diligendo Dominum dilexeritis vos, securi diligatis proximos sicut vos. Quando enim non invenio se ipsum diligentem, quomodo ei permitto proximum, quem diligat sicut se ipsum? Et quis est, inquit, qui non diligat se ipsum? Ecce quis est : Qui diligit iniquitatem, odit animam suam. (*Psal.* x, 6.) Numquid diligit se, qui amat carnem suam, et odit animam suam, malo suo, malo animæ suæ et carnis suæ? Quis autem diligit animam suam? Qui diligit Deum ex toto corde suo, et ex tota mente sua. Jam tali (*a*) committo proximum. Diligite proximos, tanquam ipsos.

Proximus omnis homo. — 7. Quis est, inquit mihi proximus? Omnis homo proximus tuus est. Nonne duos parentes habuimus omnes? Proxima sunt sibi cujusque generis animalia, columbus columbo, pardus pardo, aspis aspidi, pecus pecori, et non est proximus homo homini? Recolite institutionem creaturæ. Dixit Deus, protulerunt aquæ, natantia, cetos magnos, pisces, alites, similiaque protulerunt. Num-

(*a*) Sic Corbeiensis Ms. antiqua manu emendatus : nam habuit primum sicuti Sirmondus ex eo edidit, *committo proximo*.

vautours d'un seul vautour, toutes les colombes d'une seule colombe, tous les serpents d'un seul serpent, toutes les dorades d'une seule dorade, toutes les brebis d'une seule brebis? C'est la terre qui a produit toutes ces différentes espèces d'animaux. Mais lorsqu'il s'est agi de créer l'homme, ce n'est point la terre qui l'a produit. Nous avons eu un seul père, non pas, remarquez-le bien un père et une mère; nous avons primitivement eu un seul père et non un père et une mère, c'est de ce seul père qu'est sortie notre unique mère. L'homme a été tiré du néant et c'est Dieu qui l'a créé, et il a formé de l'homme la première femme. Considérez, en effet, la grande famille humaine; nous sommes tous sortis de cette source unique, et parce que cette source unique s'est changée en amertume, d'oliviers francs nous sommes devenus des oliviers sauvages. La grâce est venue ensuite. Notre premier père nous a engendrés pour le péché et pour la mort; mais nous formons cependant une seule race, nous sommes les proches les uns des autres, non-seulement par la ressemblance, mais par les liens de la parenté. Un autre homme est venu détruire l'œuvre du premier; à celui qui avait dispersé a succédé celui, au contraire, qui réunit; à celui qui donne la mort, celui qui donne la vie. « Car, comme tous meurent par Adam, tous revivront aussi par Jésus-Christ. » (I *Cor.*, xv, 22.) Quiconque naît d'Adam est condamné à la mort, mais quiconque croit en Jésus-Christ est rendu à la vie, à la condition toutefois d'avoir la robe nuptiale, et d'être invité au festin, pour y être admis et non pour en être chassé.

Toute espèce de foi n'est pas également louable. — 8. Ayez donc la charité, mes frères. Je viens de vous exposer en quoi consiste la robe nuptiale, je vous ai expliqué ce qu'était cette robe. On loue la foi, c'est vrai, on loue la foi. Mais quelle est cette foi? C'est ce que l'Apôtre distingue avec soin. Quelques-uns se glorifiaient de leur foi tout en menant une vie coupable; l'apôtre saint Jacques les reprend en ces termes : « Vous croyez qu'il n'y a qu'un seul Dieu, vous faites bien; les démons croient aussi et tremblent. » (*Jacq.*, II, 19.) Rappelez-vous avec moi pourquoi Pierre mérita d'être loué, d'être appelé bienheureux par le Sauveur. C'est parce qu'il avait dit : « Vous êtes le Christ, le Fils de Dieu vivant. » (*Matth.*, VI, 17.) Ce ne sont point les paroles elles-mêmes, mais le sentiment qui les inspira qui valut à Pierre d'être proclamé bienheureux. Voulez-vous une preuve que ce n'est point à ces paroles qu'il est redevable de son bonheur? C'est que les démons eux-mêmes les ont prononcées : « Nous savons qui vous êtes, le Fils de Dieu. » (*Matth.*, VIII, 29; *Marc*, I, 24.) Pierre a donc confessé le Fils de Dieu, et les démons l'ont confessé également. Seigneur, faites un juste discernement de ces deux confessions. Je les distingue parfaite-

---

quid de una ave omnes aves? Numquid de uno vulture omnes vultures? Numquid de uno columbo omnes columbi? Numquid de uno colubro omnes colubri? Numquid de una aurata omnes auratæ? Numquid de una ove omnes oves? Utique simul terra genera protulit omnia. Ventum est ad hominem, et non protulit terra hominem. Factus est nobis unus pater : nec saltem duo, pater et mater : factus est inquam nobis unus pater, nec saltem duo, pater et mater : sed de uno patre una mater; unus de nullo, sed a Deo factus est, et una de illo. Attendite genus nostrum : de uno fonte manavimus : et quia ille unus in amaritudinem versus est, omnes ex oliva oleaster facti sumus. Venit et gratia. Generavit unus ad peccatum et ad mortem, tamen unum genus, tamen proximos sibi omnes; tamen non solum similes, sed etiam cognatos. Venit unus contra unum : contra unum qui sparsit, unus qui colligit. Sic contra unum qui occidit, unus qui vivificat. Sicut enim in Adam omnes moriuntur, sic in Christo omnes vivificabuntur (I *Cor.*, xv, 22.) Sed quomodo de illo omnis qui nascitur, moritur : sic in Christo omnis qui credit, vivificatur. Sed si habeat vestem nuptialem, si invitetur servandus, non separandus.

Fides non quælibet laudatur. — 8. Habete itaque caritatem, Fratres mei. Exposui vobis vestem nuptialem, exposui vobis vestem. Laudatur fides, constat, laudatur : sed quæ fides, distinguit Apostolus. Nam quosdam gloriantes de fide, et non habentes bonos mores, objurgat apostolus Jacobus, et dicit : « Tu credis quoniam unus est Deus, et bene facis. Et dæmones credunt, et contremiscunt. » (*Jacob.*, II, 19.) Unde laudatus est Petrus, unde dictus est beatus, recolite mecum. Quia dixit : Tu es Christus Filius Dei vivi? (*Matth.*, VI, 17.) Ille non sonum verborum, sed affectum cordis intendit, qui beatum pronuntiavit. Nam vultis nosse beatitudinem Petri non in illis verbis fuisse? Hæc dixerunt et dæmones. Scimus qui sis : Tu es Filius Dei (*Matth.*, VIII, 29; *Marc.*, I, 24.) Filium Dei confessus est Petrus : Filium Dei

ment. Pierre a parlé sous l'inspiration de l'amour, les démons sous l'inspiration de la crainte. D'ailleurs, Pierre lui dit : « Je suis prêt d'aller à la mort avec vous. » Entendez, au contraire, les démons lui dire : « Qu'y a-t-il de commun entre vous et nous? » (*Matth.*, xxvi, 35.) Vous donc qui vous présentez au festin, ne vous glorifiez pas de la foi seule. Sachez faire un juste discernement de la foi et vous serez digne alors de porter la robe nuptiale. Que l'Apôtre lui-même nous apprenne à faire cette distinction : « En Jésus-Christ, ni la circoncision ni l'incirconcision ne servent à rien, mais la foi. » (*Gal.*, v, 6.) Dites-nous quelle foi. N'est-il pas vrai que les démons eux-mêmes croient et tremblent? Je vais vous le dire, écoutez, voici la distinction que je fais : « Mais la foi qui opère par la charité. » Quelle est donc cette foi? quel est son caractère? Qui opère par la charité? « Quand j'aurais, dit-il, toute la science et toute la foi possible, jusqu'à transporter les montagnes, si je n'ai point la charité, je ne suis rien. » Ayez donc la foi avec la charité, car sans la foi vous ne pouvez avoir la charité. Voilà l'objet de mes exhortations, de mes avertissements; voilà ce que j'enseigne à votre charité au nom de Notre-Seigneur; ayez la foi avec la charité, car il pourrait se faire que vous ayez la foi sans avoir la charité. Je ne vous exhorte pas à avoir la foi, mais la charité. En effet, vous ne pouvez avoir la charité sans la foi; je dis la charité de Dieu et du prochain; comment concevoir cette charité sans la foi? Comment peut aimer Dieu celui qui ne croit pas en Dieu? Comment peut aimer Dieu l'insensé qui dit dans son cœur : Il n'y a point de Dieu? Il peut arriver que vous croyiez que Jésus-Christ est venu, sans aimer Jésus-Christ, mais vous ne pouvez aimer Jésus-Christ et contester son avénement.

La charité doit s'étendre aux ennemis. — 9. Ayez donc la foi avec la charité. La charité est la robe nuptiale. Aimez-vous les uns les autres, vous qui aimez Jésus-Christ, aimez vos amis, aimez vos ennemis. Que cette obligation ne vous paraisse pas trop dure. Que pouvez-vous perdre là où vous acquérez beaucoup? Pourquoi demandez-vous à Dieu comme une grâce importante la mort de votre ennemi? Ce n'est point là porter la robe nuptiale. Considérez l'époux lui-même, attaché pour vous à la croix et priant son Père pour ses ennemis : « Mon Père, dit-il, pardonnez-leur, car ils ne savent ce qu'ils font. » (*Luc*, xxiii, 34.) Vous avez entendu l'époux, entendez maintenant l'ami de l'époux, un convive invité et revêtu de la robe nuptiale. Considérez le béni serviteur de Dieu, Etienne, comme il reproche aux Juifs leurs crimes avec l'accent, dirait-on, de la dureté, de la colère : « O hommes à la tête dure, leur dit-il, incirconcis de cœur et d'oreilles, vous résistez

---

confessi sunt dæmones. Distingue Domine, distingue. Distinguo plane. Petrus dixit in amore, dæmones a timore. l'enique ille dicit : Tecum sum usque ad mortem. (*Matth.*, xxvi, 35.) Illi dicunt : Quid nobis et tibi ? Ergo qui venisti ad convivium, noli de sola fide gloriari. Distinguo et ipsam fidem, et tunc in te agnoscitur vestis nuptialis. Distinguat Apostolus, doceat nos : « Neque circumcisio, inquit, aliquid valet, neque præputium, sed fides. » (*Gal.*, v, 6.) Dic quæ : numquid non et dæmones credunt et contremiscunt ? Dico, inquit, audi, distinguo, modo distinguo : « Sed fides, quæ per dilectionem operatur. » Quæ ergo fides? qualis fides? Quæ per dilectionem operatur. « Omnem, inquit, scientiam si habeam, et omnem fidem, ita ut montes transferam, caritatem autem non habeam, nihil sum. » Habete fidem cum dilectione : nam dilectionem non potestis habere sine fide. Hoc moneo, hoc exhortor, hoc in nomine Domini doceo Caritatem Vestram, ut habeatis fidem cum dilectione : quia potestis habere fidem sine dilectione. Nam non vos exhortor ut habeatis fidem, sed caritatem. Non potestis enim habere caritatem sine fide : caritatem enim dico Dei et proximi : unde potest ista esse sine fide? Quomodo amat Deum, qui non credit in Deum? Quomodo amat Deus stultus, qui dicit in corde suo : Non est Deus? Potest fieri ut credas venisse Christum, et non diligas Christum. Non potest autem fieri ut diligas Christum, et non dicas venisse Christum.

Caritas ad inimicos extendi debet.— 9. Ergo habete fidem cum dilectione. Ista est vestis nuptialis. Amate invicem, qui Christum diligitis : amate amicos, amate inimicos. Non sit vobis durum. Quid ergo perditis, ubi multum acquiritis? Quid pro magno rogas Deum, ut moriatur inimicus tuus? Non est vestis ista nuptialis. Attende ipsum sponsum in cruce pro te pendentem, et pro suis inimicis Patrem rogantem : Pater, inquit, ignosce illis, quia nesciunt quid faciunt. (*Luc.*, xxiii, 34.) Vidisti sponsum ista dicentem, vide et amicum sponsi cum veste nuptiali invitatum. Benedictum Stephanum attendite, quomodo incre-

toujours au Saint-Esprit. Lequel des prophètes vos pères n'ont-ils point persécuté ? » (*Act.*, VII, 51, 52.) Vous avez entendu ce langage sévère, et vous êtes encore disposé à tenir ce langage contre le premier venu ? Et plût à Dieu que ce fût pour venger l'outrage fait à Dieu plutôt que vos offenses personnelles ! On outrage Dieu et vous ne dites rien, on vous offense et vous jetez les hauts cris; où est donc la robe nuptiale ? Vous avez entendu les reproches sévères d'Etienne, écoutez maintenant la tendresse de sa charité. Blessés de ses justes reproches, les Juifs le lapident. Or, pendant qu'il est accablé, broyé par cette grêle de pierres que les mains de ces furieux font pleuvoir sur lui, on l'entend d'abord s'écrier : « Seigneur Jésus, recevez mon esprit. » (*Ibid.*, 58, etc.) Puis après cette prière qu'il a faite pour lui, étant debout, il se met à genoux et prie en ces termes pour ceux qui le lapidaient : « Seigneur, ne leur imputez point ce péché, » j'accepte la mort du corps, mais épargnez-leur la mort de l'âme; « et ayant ainsi parlé, il s'endormit dans le Seigneur. » Il n'ajoute rien à ces paroles; il les prononce et il meurt. Sa dernière prière est pour ses ennemis. Apprenez de lui à porter la robe nuptiale. Comme lui, fléchissez les genoux, frappez votre front contre la terre et, au moment d'approcher de la table du Seigneur, du banquet des saintes Ecritures, gardez-vous de dire : Si mon ennemi pouvait mourir ! Seigneur, si j'ai mérité de vous quelque faveur, accordez-moi la mort de mon ennemi. Mais en tenant ce langage, ne craignez-vous pas que Dieu ne vous réponde : Si je consentais à mettre à mort votre ennemi, ne devrais-je pas commencer par vous ? Vous glorifiez-vous d'être venu ici sur l'invitation qui vous a été faite ? Mais pensez donc à ce que vous étiez il y a quelques instants seulement. N'avez-vous point blasphémé mon nom, ne m'avez-vous pas tourné en dérision, n'avez-vous point cherché à effacer mon nom de dessus la terre ? Vous vous applaudissez d'être venu ici sur mon invitation. Si je vous avais mis à mort lorsque vous étiez mon ennemi, comment aurais-je pu faire de vous mon ami ? Pourquoi donc me dicter, par votre prière coupable, une conduite que je n'ai point tenue à votre égard ? C'est bien plutôt à moi, dit le Seigneur, à vous enseigner comment vous devez m'imiter. Voici la prière que j'ai faite étant sur la croix : « Pardonnez-leur, parce qu'ils ne savent ce qu'ils font. » (*Luc*, XXIII, 34.) Voilà ce que j'enseigne à celui qui combat sous mon étendard. Apprenez donc de moi à lutter contre le démon. Vous ne serez invincible dans cette lutte qu'en priant pour vos ennemis. Demandez toutefois, oui, demandez qu'il vous soit permis de poursuivre votre ennemi, mais demandez-le en connaissance de cause, et en faisant un juste discernement. Voici qu'un homme est votre ennemi ; dites-moi comment est-il votre ennemi ? Est-ce parce qu'il est homme ? Non.

---

pat Judæos, tanquam sævus, tanquam iratus : Dura cervice, et non circumcisi corde et auribus, vos restitistis Spiritui sancto. « Quem Prophetarum non occiderunt patres vestri ? » (*Act.*, VII, 51, 52.) Audisti quomodo lingua sæviat. Adhuc tu paratus es dicere in quemlibet, atque utinam in eum dicas, qui Deum offenderit, non qui te. Offendit Deum et non increpas : offendit te, clamas : ubi est vestis illa nuptialis ? Audisti ergo quomodo sævierit Stephanus : audite quomodo dilexerit. Offendit eos quos increpabat, lapidatus est ab eis. Et cum undique furentium manibus, et lapidum ictibus premeretur et tunderetur, prius ait : Domine Jesu Christe, accipe spiritum meum. (*Ibid.*, 58, etc.) Deinde postea quam pro se stans oravit, pro illis qui lapidabant eum, genu fixit, et dixit : Domine ne statuas eis hoc delictum : ego moriar in carne, non illi in corde. Et hoc dicto obdormivit. Post hæc verba nihil addidit : dixit, et abiit : novissima ejus oratio pro inimicis fuit. Discite habere vestem nuptialem. Ita et tu fige genua, et collide frontem in terra, et accessurus ad mensam Domini, ad convivium sanctarum Scripturarum, noli dicere : Si moriatur inimicus : Domine, si quid a te merui, occide inimicum meum. Quod si forte dicis, non times ne tibi respondeat : Si occidere vellem inimicum tuum, te prius occiderem ? An gloriaris, quia modo invitatus venisti ? Cogita, paululum ante quid fuisti. Nonne me blasphemasti ? nonne me irrisisti ? nonne nomen meum de terra delere voluisti ? Sed plaudis tibi, quia invitatus venisti. Si te occidissem inimicum, quem facerem amicum ? Quid male orando doces me, quod non feci in te ? Imo ego, dicit tibi Deus, doceam te, ut imiteris me. In cruce pendens dixi : Ignosce illis, quia nesciunt quid faciunt. (*Luc*, XXIII, 34.) Docui hoc militem meum. Esto tyro meus contra diabolum. Aliter invicte nullo modo pugnabis, nisi pro tuis inimicis oraveris. Dic plane, dic etiam hoc, dic ut inimicum tuum persequaris : sed scienter dic; distingue quod dicis. Ecce homo est inimicus tuus : responde mihi, quid in illo

Pourquoi donc? Parce qu'il est mauvais. Comme homme, comme créature que j'ai formée, il n'est point votre ennemi. Je n'ai point fait l'homme mauvais, il l'est devenu par sa désobéissance, il a mieux aimé obéir au diable qu'à Dieu. C'est ce qu'il a fait qui le rend votre ennemi, c'est le mal qui est en lui, et non sa nature d'homme. Dans cet homme je vois l'homme et le méchant; c'est à la nature qu'il doit d'être homme, c'est par sa propre faute qu'il est devenu mauvais. Je guéris la faute et je conserve la nature. Voici ce que vous dit votre Dieu : Je me charge de vous venger, je mets à mort votre ennemi, je détruis en lui la faute, je conserve la nature d'homme. Or, si je parviens à rendre cet homme bon, n'ai-je pas mis à mort votre ennemi, et n'en ai-je pas fait pour vous un ami? Telle doit être votre prière; demandez non que l'homme périsse, mais que les inimitiés soient détruites. Si vous demandez la mort de l'homme, c'est la prière du méchant contre le méchant, et lorsque vous dites à Dieu : Mettez à mort le méchant, il peut vous répondre : Lequel de vous deux ?

La charité doit s'étendre à tous pour les entraîner tous vers Dieu. — 10. Donnez donc de l'extension à votre charité, qu'elle ne s'arrête point à vos épouses et à vos enfants. Cette affection se rencontre dans les animaux des champs et dans les passereaux. Vous savez comment s'aiment les couples de passereaux et d'hirondelles, comment ils couvent ensemble leurs œufs et nourrissent leurs petits par un sentiment admirable de bonté naturelle et sans aucune idée de récompense. En effet, le passereau ne dit point : Je vais nourrir mes petits, afin qu'ils me nourrissent moi-même dans ma vieillesse. Il ne pense à rien de semblable, son amour est gratuit, et les soins qu'il prodigue désintéressés ; il témoigne à ses petits une tendresse toute paternelle, sans demander aucune récompense. Tel est aussi, je le sais, l'amour que vous avez pour vos enfants. Aussi bien n'est-ce point aux enfants à amasser du bien pour leurs pères, mais aux pères à amasser pour leurs enfants. (II *Cor.*, XI, 14.) C'est même cette pensée qui dans plusieurs d'entre vous devient un motif d'avarice, parce que vous vous dites que vous amassez pour vos enfants et que vous leur conservez vos richesses. Donnez donc de l'extension, de l'accroissement à votre amour, car l'amour des enfants et l'affection conjugale ne sont pas la robe nuptiale (1). Ayez la foi en Dieu. Commencez par aimer Dieu. Elevez-vous jusqu'à Dieu, et entraînez vers lui tous ceux que vous pourrez. C'est un ennemi, entraînez-le jusqu'à Dieu. C'est un fils, une épouse, un serviteur, élevez-les jusqu'à Dieu. C'est un étranger, entraînez-le également. Entraînez surtout votre ennemi, oui, entraînez-le

(1) Voyez plus haut, sermon LXXVI, n° 11.

---

inimicetur tibi : numquid hoc quod homo est, inimicatur tibi? Non. Sed quid? Quod malus est. Quod homo est, quod ego feci, non tibi inimicatur. Dicit tibi : Ego hominem feci non malum : factus est malus per inobedientiam, qui potius Zabulo obedivit, quam Deo. Quod ipse fecit, hoc tibi inimicatur : unde malus, tibi inimicus est ; non unde homo est. Audio enim hominem, et malum : unum nomen est naturæ, alterum culpæ : sano culpam, et servo naturam. Hoc tibi dicit Deus tuus : Et ecce vindico te, occido inimicum tuum : de illo tollo quod malus est, servo quod homo est : numquid si fecero illum hominem bonum, non occidi inimicum tuum, et feci amicum tuum? Sic roga quod rogas, ut non homines pereant, sed ipsæ inimicitiæ pereant. Si autem hoc oras, ut homo moriatur; malus oras contra malum : et cum dicis : Occide malum ; respondet tibi : Quem (a) vestrum?

Extendenda dilectio, ut omnes rapiat ad Deum. — 10. Extendite ergo dilectionem, non usque ad conjuges et filios vestros. Ista dilectio etiam in pecoribus et passeribus invenitur. Scitis istos passeres et hirundines quemadmodum diligant conjuges, simul ova foveant, simul pullos nutriant, grata quadam et naturali bonitate, nulla cogitata mercede. Non enim dicit passer : Nutriam filios meos, ut cum senuero, pascant me. Nihil horum cogitat : gratis amat, gratis pascit : affectum parentis exhibet, retributionem non requirit. Et vos, novi, scio, sic amatis filios vestros. Non enim debent filii parentibus thesaurizare, sed parentes filiis. (II *Cor.*, XII, 14.) Hinc etiam multi excitatis (*f* excusatis) avaritiam vestram, quia filiis vestris acquiritis, eisque servatis. Sed extendite dilectionem, crescat ista dilectio : amare autem filios et conjuges, nondum vestis illa nuptialis est. Habete fidem ad Deum. Prius diligite. Extendite ad Deum ; et quos poteritis, rapite ad Deum. Inimicus est : rapiatur ad Deum. Filius est, uxor est, servus est :

(a) Ita Corbeiensis Ms. tametsi qui eo utebatur Sirmondus descripserit : *Quem malum?* Versus etiam aliquot ex eodem codice cum supra, tum infra post verba : *Habete fidem ad Deum*, restituimus omissos a Sirmondo.

fortement, et si vous parvenez à l'entraîner, il ne sera plus votre ennemi. C'est ainsi que nous devons développer, nourrir et perfectionner en nous la charité; c'est ainsi que nous devons nous revêtir de la robe nuptiale ; c'est ainsi que nous devons renouveler et reproduire en nous l'image de Dieu imprimée dans notre âme lors de la création. Le péché avait souillé, effacé cette image. Comment s'est-elle ternie, comment s'est-elle effacée ? En se traînant contre la terre. Qu'est-ce à dire en se traînant contre la terre ? En se laissant fouler et broyer par les convoitises de la terre. Car bien que l'homme passe comme une image, cependant il s'agite et se trouble en vain. (*Ps.* XXXVIII, 7.) Ce qu'on cherche dans l'image de Dieu, c'est la vérité, ce n'est point la vanité. C'est en aimant la vérité que cette image, que Dieu a imprimée dans notre âme en nous créant, est renouvelée, et que nous rendons à notre César la pièce de monnaie qui lui appartient. C'est ce que vous avez entendu Notre-Seigneur répondre aux Juifs qui le tentaient : « Hypocrites, pourquoi me tentez-vous? Montrez-moi la pièce d'argent du tribut, » (*Matth.*, XXII, 18, 19) c'est-à-dire l'image et l'inscription qui y sont gravées. Montrez-moi ce que vous devez payer, la pièce de monnaie que vous mettez en réserve et qu'on exige de vous pour le tribut. Ils lui présentèrent un denier, et il leur demanda de qui était l'image et l'inscription qu'il portait : « Ils lui répondirent : De César. » César réclame donc son image. César ne veut point perdre ce qu'il a ordonné de frapper, et Dieu ne veut pas laisser périr ce qu'il a créé. Ce n'est pas César, mes frères, qui a fait la pièce de monnaie, ce sont les monnayeurs, les ouvriers chargés de ce travail, les serviteurs à qui César donne ses ordres. Ils gravent sur la pièce de monnaie une image, ils gravent l'image de César. Et cependant César réclame ce que d'autres ont fait, il met cette pièce dans son trésor, il ne veut point qu'on lui refuse ce tribut. L'homme est aussi la pièce de monnaie du Christ. J'y vois l'image du Christ, le nom du Christ, les dons du Christ, et les devoirs qui en résultent.

SERMON XCI [1].

Sur ces paroles du chapitre XXII de l'Evangile selon saint Matthieu, où Notre-Seigneur demande aux Juifs de qui Jésus-Christ était fils.

CHAPITRE PREMIER. — *Saint Augustin prouve contre les Juifs que le Christ est le Messie.* — 1. Notre-Seigneur ayant demandé aux Juifs, ainsi que nous venons de l'entendre à la lecture du saint Evangile, comment le Christ était fils

[1] Ce sermon se trouve indiqué dans le chapitre VIII de la Table de Possidius.

rapiatur ad Deum. Peregrinus est, rapiatur ad Deum. Inimicus est, rapiatur ad Deum. Rape, rape inimicum : rapiendo non erit inimicus. Sic (*a*) proficiatur, sic caritas nutriatur, ut nutrita perficiatur : sic vestis nuptialis induatur : sic imago Dei, ad quam creati sumus, proficiendo resculpatur. Peccando enim obsolefacta erat, attrita erat. Unde attrita? Unde obsolefacta ? Cum fricatur ad terram. Quid est, ad terram fricatur? Terrenis cupiditatibus teritur. Quanquam enim in imagine ambulet homo, tamen vane conturbatur. (*Psal.* XXXVIII, 7.) Veritas quæritur in Dei imagine, non vanitas. Amando enim veritatem imago illa, ad quam creati sumus, resculpatur, et proprius nummus Cæsari nostro reddatur. Sic enim ex responsione Domini audistis, tentantibus Judæis dicentem Dominum : « Quid me tentatis hypocritæ? Ostendite mihi numisma census, » (*Matth.*, XXII, 18 et 19) id est expressionem imaginis et superscriptionem. Ostendite mihi quid solvitis, quid paratis, quid a vobis exigitur, ostendite mihi. Ostenderunt illi denarium : et quæsivit cujus haberet imaginem et superscriptionem. Responderunt : « Cæsaris. » Cæsar iste et imaginem suam quærit. Cæsar non vult sibi perire quod jussit, et Deus non vult perire quod fecit. Cæsar, Fratres mei, non fecit nummum : monetarii faciunt; artificibus jubetur, suis ministris imperavit. Imago exprimebatur in nummo : in nummo est imago Cæsaris. Et tamen quod alii impresserunt quæritur : ille thesaurizat; ille non vult sibi negari. Moneta Christi homo est. Ibi imago Christi, (*b*) ibi nomen Christi, munus Christi, et officia Christi.

SERMO XCI [c].

De verbis Evangelii Matth., XXII, ubi Dominus interrogavit Judæos, cum filium dicerent esse Christum.

CAPUT PRIMUM. — *Christum esse messiam probatur contra Judæos.* — 1. Interrogati Judæi, sicut nunc ex Evangelio, cum recitaretur, audivimus, quomodo esset Dominus noster Jesus Christus filius David, quem Dominum suum dixerit ipse David, respondere non

(*a*) Sic exemplar Ms. At Sirmondus *perficiatur.* — (*b*) Apud Sirmondum deest, *ibi nomen Christi* : Habetur in exemplari Ms. moxque in eodem codice pro *manus Christi*, legitur *nummus Christi.* — (*c*) Alias de Tempore 234.

de David, puisque David l'appelle son Seigneur, ils ne purent rien lui répondre. C'est qu'en effet ils ne connaissaient dans le Seigneur que ce qu'ils voyaient. Ce qui paraissait à leurs yeux, c'était le fils de l'homme, mais le Fils de Dieu restait caché pour eux. Voilà ce qui leur fit croire qu'ils triompheraient de lui, voilà pourquoi ils l'insultèrent sur la croix en disant : « S'il est le Fils de Dieu, qu'il descende de la croix, et nous croirons en lui. » (*Matth.*, XXVII, 40.) Ils voyaient la nature qui frappait leurs regards, et ne connaissaient point l'autre ; car s'ils l'avaient connue, ils n'auraient jamais crucifié le Seigneur de la gloire. Ils savaient toutefois que le Christ est le fils de David ; et aujourd'hui encore ils espèrent et attendent son avénement. Ils ignorent qu'il est venu, mais ils l'ignorent volontairement. Car s'ils ont pu le méconnaître au milieu des ignominies de la croix, peuvent-ils ne pas le reconnaître dans l'éclat de sa royauté ? En effet, au nom de qui toutes les nations sont-elles appelées et bénies ? N'est-ce pas au nom de celui qu'ils ne reconnaissent pas pour le Christ ? Car c'est lui qui est le Fils de David, né de David selon la chair, et fils d'Abraham. Or, puisqu'il a été dit à Abraham : « Toutes les nations seront bénies dans celui qui sortira de vous, » (*Gen.*, XXII, 17) et qu'ils voient que toutes les nations sont réellement bénies dans Notre-Seigneur Jésus-Christ, pourquoi attendre plus longtemps le premier avénement qui s'est accompli et ne pas craindre celui qui doit avoir lieu à la fin des siècles ? Notre-Seigneur Jésus-Christ a déclaré qu'il était la pierre prédite par le prophète dont il s'applique le témoignage. (*Luc*, XX, 17, 18.) Quiconque heurtera cette pierre, s'y brisera, et elle écrasera celui sur lequel elle tombera. Quand on vient heurter contre cette pierre, elle est humblement étendue à terre ; dans cet état d'humiliation, elle brise celui qui vient heurter contre ; mais lorsqu'elle viendra du haut des cieux, elle écrasera les orgueilleux. Les Juifs se sont déjà brisés en heurtant contre cette pierre, mais tout n'est pas fini pour eux ; ils seront écrasés par son glorieux avénement, à moins que pour échapper à une mort certaine, ils ne reconnaissent le Christ pendant leur vie. Car Dieu est patient, et tous les jours il les appelle à la foi.

CHAPITRE II. — *Continuation du même sujet.* — 2. Les Juifs n'ayant pu résoudre la question que leur avait faite le Seigneur en leur demandant de qui le Christ était fils et lui ayant simplement répondu qu'il était fils de David, il continua de les interroger en ces termes : « Comment donc David, qui était inspiré, l'appelle-t-il le Seigneur, disant : Le Seigneur a dit à mon Seigneur : Assieds-toi à ma droite jusqu'à ce que j'aie fait de tes ennemis l'escabeau de tes pieds ? Si donc, poursuit le Sauveur, David étant

---

potuerunt. Hoc enim in Domino noverant, quod videbant. Apparebat enim eis filius hominis : occultus autem erat Filius Dei. Hinc est, quod eum et superari posse crediderunt, et ligno suspensum irriserunt, dicentes : Si Filius Dei est, descendat de cruce, et credimus in eum. (*Matth.*, XXVII, 40.) Aliud videbant, aliud non cognoscebant. Si enim cognovissent, nunquam Dominum gloriæ crucifixissent. Sciebant tamen Christum filium David. Nam etiam nunc ipsum sperant esse venturum. Latet eos quod venerit, sed volentes latet. Neque enim si pendentem non agnoverunt, et regnantem agnoscere non debuerunt. In cujus enim nomine vocantur et benedicuntur omnes gentes, nisi in ejus quem putant Christum non fuisse? Ipse enim filius David, utique ex semine David secundum carnem, filius est Abraham. Si autem dictum est ad Abraham : In semine tuo benedicentur omnes gentes (*Gen.*, XXII, 17), et vident jam in Christo nostro benedici omnes gentes, quid exspectant quod jam (a) venit, et non timent quod venturum est? Lapidem enim se dixit ipse Dominus noster Jesus Christus, prophetico ad se asserendum utens testimonio. (*Luc.*, XX, 17 et 18.) Lapidem autem talem, ut si quis in eum offenderit, conquassetur; super quem autem lapis ille venerit, conterat eum. Quando enim in eum offenditur, humilis jacet: jacendo humilis quassat offendentem, veniendo excelsus conterit superbientem. Jam ergo Judæi illa offensione quassati sunt : restat ut ejus præclaro adventu etiam conterantur, nisi forte cum vivunt, agnoverint, ne moriantur. Patiens enim est Deus, et illos quotidie invitat ad fidem.

CAPUT II. — *Idem tractatus argumentum.* — 2. Sed cum Judæi respondere non possent Domino proponenti quæstionem et dicenti, cujus filium dicerent Christum : atque illi respondèrent, filium David : addendo et proponendo : « Quomodo ergo David in spiritu vocat eum Dominum dicens : Dixit Dominus Domino meo : Sede ad dexteram meam, donec ponam inimicos tuos sub pedibus tuis ? Si ergo David,

(a) Editi, *quod jam non venit.* Abest particula *non* a Mss.

inspiré, l'appelle son Seigneur, comment est-il son fils? » (*Matth.*, XXII, 42-45.) Il ne dit point : il n'est pas son fils; mais comment est-il son fils? Cette expression : « Comment » n'est pas une négation, mais une interrogation, et l'on peut rendre ainsi les paroles du Seigneur : Vous avez raison de dire que le Christ est le Fils de David, mais David lui-même l'appelle son Seigneur, comment donc est-il le fils de celui qui le nomme son Seigneur? Si les Juifs étaient instruits de la foi chrétienne que nous professons, s'ils ne fermaient pas leurs cœurs à l'Evangile, s'ils consentaient à avoir en eux la vie spirituelle, ils répondraient à cette question ce que la foi de l'Eglise leur dicterait : « C'est qu'au commencement était le Verbe et le Verbe était en Dieu, et le Verbe était Dieu. » (*Jean*, I, 1, etc.) Mais le Verbe s'est fait chair et il a habité parmi nous, voilà comment il est fils de David. Ils se turent donc dans leur ignorance; non contents d'avoir la bouche fermée, ils refusèrent d'ouvrir leurs oreilles pour apprendre comment ils devaient répondre à la question qu'ils n'avaient pu résoudre.

CHAPITRE III. — *Le mystère de l'Incarnation du Verbe est révélé aux âmes vraiment pieuses.* — 3. Mais Dieu nous fait une grâce toute particulière lorsqu'il nous donne de pénétrer ce mystère, de comprendre comment il est à la fois le Seigneur et le fils de David, comment l'homme et Dieu ne font en lui qu'une seule personne; comment dans sa nature humaine il est inférieur à son Père, comment il lui est égal dans sa nature divine; comment il peut dire tout à la fois : « Mon Père est plus grand que moi, » (*Jean*, XIV, 28) et « mon Père et moi sommes un, » (*Jean*, X, 30) il s'agit ici d'un grand mystère et pour le comprendre il faut régler ses mœurs. Car il reste fermé pour les indignes et n'est ouvert qu'à ceux qui méritent de le connaître. Ce n'est ni avec des pierres ni avec des leviers, ni avec le poing ou le pied que nous frappons à la porte du Seigneur. C'est notre vie qui frappe, c'est à notre vie qu'il ouvre. C'est le cœur qui demande, le cœur qui cherche, le cœur qui frappe, c'est au cœur qu'on ouvre. Or, pour bien demander, pour chercher et frapper convenablement, le cœur doit être animé par la piété. D'abord l'amour pour Dieu doit être désintéressé, c'est là le caractère de la vraie piété, il ne faut chercher ni attendre hors de lui aucune récompense, car rien ne peut lui être préféré. Quel bien si précieux pouvez-vous demander à Dieu, si Dieu lui-même est sans valeur pour vous? Il vous donne la terre et vous êtes dans la joie, parce que vous aimez la terre et que vous êtes devenu terre. Or, puisque vous êtes si heureux lorsqu'il vous donne la terre, quel ne doit pas être votre bonheur lorsque celui qui a fait le ciel et la terre se donne lui-

inquit, in Spiritu dicit eum Dominum, quomodo est filius ejus? » (*Matth.*, XXII, 42-43.) Non dixit : non est filius ejus : sed : « Quomodo est filius ejus? » « Quomodo » cum dicit, verbum quærentis est, non negantis : tanquam si hoc eis diceret : Bene quidem dicitis Christum filium David, sed ipse David Dominum eum dicit; quem dicit ille Dominum, quomodo est filius? Dicerent Judæi, si instructi essent fide Christiana, quam nos tenemus; si contra Evangelium corda non clauderent, si vitam spiritalem in se habere voluissent, responderent instructi Ecclesiastica fide huic quæstioni, et dicerent : Quoniam in principio erat Verbum, et Verbum erat apud Deum, et Deus erat Verbum (*Joan.*, I, 1, etc.) : ecce quomodo est Dominus David. Sed quia Verbum caro factum est, et habitavit in nobis : ecce quomodo est filius David. Sed nescientes obmutuerunt, nec ore saltem clauso aures aperuerunt, ut quod responderent non potuerunt interrogati, nossent edocti.

CAPUT III. — *Incarnati Verbi mysterium piis aperi-* tur. — 3. Sed quia magnum est nosse mysterium, quomodo sit Dominus David et filius David : quomodo sit una persona homo et Deus : quomodo sit in forma hominis minor Patre, in forma Dei æqualis Patri : quomodo (*a*) iterum dicit, et : Pater major me est (*Joan.*, XIV, 28), et : Ego et Pater unum sumus (*Joan.*, X, 30) : quia magnum est sacramentum, ut capi possit, mores informandi sunt. Indignis enim clausum est, promerentibus aperitur. Nec lapides, nec vectes, nec pugni, nec calces sunt quibus pulsamus ad Dominum. Vita pulsat, vitæ aperitur. Corde petitur, corde quæritur, corde pulsatur, cordi aperitur. Cor autem autem hoc quod recte petit, recte pulsat et quærit, pium esse debet. Primo amare Deum gratis; hæc est enim pietas : nec sibi extra illum ponere mercedem, quam exspectet ex illo. Illo enim melius est nihil. Et quid carum petit a Deo, cui Deus ipse vilis est? Terram dat, et gaudes, amator terræ, et factus terra. Si gaudes, quando dat terram : quanto amplius gaudere debes, cum se ip-

(*a*) Cisterciensis liber, *quomodo verum dicit.* Sic etiam unus ex Colbertinis Mss. paulo que post idem codex, *mores reformandi sunt.*

même à vous. Il faut donc aimer Dieu d'un amour désintéressé ; car voilà justement la grave accusation que le démon porta contre Job, parce qu'il ignorait ce qui se passait dans son âme : « Est-ce donc gratuitement que Job sert Dieu ? » (*Job*, I, 9.)

CHAPITRE IV. — *Le démon est un ennemi calomniateur.* — 4. Or, nous devons craindre que le démon ne renouvelle contre nous cette accusation. Car nous avons affaire à un insigne calomniateur, s'il ne craint pas de supposer ce qui est faux, combien moins craindra-t-il de nous reprocher ce qui n'est que trop vrai ? Réjouissons-nous cependant d'avoir un juge qui ne peut être trompé par un tel accusateur. Si nous avions un homme pour juge, notre ennemi pourrait nous accuser devant lui de tous les crimes qu'il lui plairait d'inventer. Personne n'est plus rusé que lui dans cet art. Maintenant encore nous le voyons inventer contre les saints toutes les accusations les plus fausses. Il sait que ces accusations n'ont aucune valeur aux yeux de Dieu, il les répand parmi les hommes. Mais quel fruit lui en revient-il devant cette déclaration de l'Apôtre : « Ce qui fait notre gloire, c'est le témoignage de notre conscience ? » (II *Cor.*, I, 12.) Croyez-vous cependant que ces accusations mensongères ne lui sont pas inspirées par une profonde malice ? Il sait le mal qu'elles produisent lorsqu'une foi vigilante n'oppose point de résistance. Il sème contre les bons des bruits infamants dans le dessein de persuader aux faibles qu'il n'y a point d'homme de bien, et qu'ils n'ont qu'à se laisser entraîner par leurs passions au risque d'y trouver la mort et à dire : Qui observe les commandements de Dieu ? Qui garde la continence ? Et en croyant qu'il n'y a personne, ils vont grossir le nombre des prévaricateurs. Voilà ce que veut le démon. Mais la vertu de Job était si parfaite qu'il ne pouvait rien inventer contre lui, sa vie était connue et jetait un trop vif éclat. Mais comme il possédait de grandes richesses, le démon lui reproche une faute qui, si elle était vraie, ne pouvait exister que dans son cœur, et ne paraissait nullement dans sa conduite. Job servait Dieu fidèlement et faisait des aumônes. Par quel motif, nul ne le savait, pas même le démon, Dieu seul pouvait le connaître. Or, Dieu rend témoignage à son serviteur; le démon cherche à le calomnier. Dieu permet qu'il soit tenté, cette tentation éprouve Job en même temps qu'elle confond le démon. Il est obligé de reconnaître que Job sert et aime Dieu par un motif pur et désintéressé, non pour les biens que Dieu lui a donnés, mais parce qu'il ne l'a point privé de lui-même. Que dit-il, en effet ? « Le Seigneur m'avait tout donné, le Seigneur m'a tout ôté, il n'est arrivé que ce qu'il lui a plu, que le nom du Seigneur soit béni. » (*Job*, I, 21.) Le feu de la tentation s'est

sum tibi dat, qui fecit cœlum et terram? Gratis ergo amandus est Deus. Nam diabolus hoc sancto Job nesciens quid in illo intus ageretur, magnum crimen objecit, dicens : Numquid gratis colit Job Deum ? (*Job*, I, 9.)

CAPUT IV. — *Diabolus calumniosus adversarius.* — 4. Ergo si adversarius hoc objiciat, timere debemus ne hoc nobis objiciatur. Cum magno enim calumnioso habemus negotium. Si quærit fingere quod non est, quanto magis objicere quod est? (*a*) Gaudeamus tamen, quia talis est judex, qui falli ab accusatore nostro non potest. Nam si hominem haberemus judicem, huic quidquid vellet fingeret inimicus. Nemo est diabolo astutior ad fingendum. Nam et nunc omnia falsa crimina de sanctis ipse confingit. Scit suas criminationes valere non posse apud Deum, inter homines illas spargit. Et hoc ei quid prodest, cum dicat Apostolus : Gloria nostra hæc est, testimonium conscientiæ nostræ? (II *Cor.*, I, 12.) Putatis tamen quia ille falsa crimina nulla astutia confingit? Novit quid inde mali agat, nisi ei resistat vigilantia fidei. Ideo enim et de bonis mala spargit, ut infirmi non putent aliquos esse bonos, et tradant se rapiendos libidinibus et dissipandos, dicentes apud se ipsos: Quis est enim qui servat mandatum Dei, aut quis est qui servat castitatem? Dum putat quia nemo, ipse fit nemo. Hoc ergo agit diabolus. Sed talis erat vir Job, de quo nihil posset confingere : nota enim erat et nimis clara vita ejus. Sed quia multas habebat divitias, hoc objecit, quod et si esset, in corde esse posset, in moribus apparere non posset. Colebat Deum, faciebat eleemosynas; et quo corde faciebat, nemo sciebat, nec ipse diabolus : sed Deus noverat. Perhibet Deus testimonium servo suo : diabolus calumniatur servo Dei. Permittitur ille (*b*) tentari, probatur Job, confunditur diabolus. Invenitur Job gratis colere Deum, gratis diligere : non quia aliquid dedit, sed quia se ipsum non abstulit. Ait enim: « Dominus dedit, Dominus abstulit; sicut Domino placuit, ita factum est : sit nomen Domini bene-

---

(*a*) Aliquot Mss. *Evadimus tamen.* Quidam autem. *Et evasimus quia*, etc. — (*b*) Mss. *damnari*.

TOM. XVII. 5

allumé, mais il a trouvé de l'or au lieu de la paille, il l'a purifié de son alliage sans le réduire en cendres.

Chapitre V. — *Pourquoi à cette question sur le Christ succède une question morale.* — 5. Ainsi donc pour comprendre ce divin mystère, comment Jésus-Christ est Dieu et homme tout à la fois, nous devons purifier notre cœur, et nous le purifions par l'intégrité de nos mœurs et de notre vie, par la chasteté, par la sainteté, par l'amour, par la foi qui opère par la charité. (*Gal.*, v, 6.) Toutes ces vertus dont je vous parle forment comme un arbre dont la racine est dans le cœur; car les actes ne sortent que de la racine du cœur; si vous y plantez la cupidité, elle ne produit que des épines; si vous y plantez la charité, vous recueillez des fruits abondants. Aussi Notre-Seigneur après avoir proposé aux Juifs cette question à laquelle ils ne purent répondre, traite immédiatement de leur conduite et de leurs œuvres pour leur montrer ce qui les rendait indignes de comprendre la question qu'il leur avait adressée. En effet, ces misérables orgueilleux, dans l'impuissance où ils étaient de répondre, auraient dû faire cet aveu : Seigneur, nous ne savons pas, daignez vous-même nous instruire. Mais leur bouche muette pour répondre à cette question, l'est également pour en demander la solution. Notre-Seigneur attaque donc aussitôt leur orgueil : « Gardez-vous, leur dit-il, des scribes qui aiment les premiers siéges dans les synagogues et les premières places dans les repas. » (*Matth.*, xxiii, 6; *Marc*, xii, 38.) Ils sont coupables non pas d'accepter les premières places, mais de les aimer. Il accuse ici leurs dispositions intérieures. Or, pour les accuser, il fallait qu'il pénétrât le fond des cœurs. Le serviteur de Dieu revêtu d'une dignité, doit nécessairement occuper la première place; si elle ne lui est pas donnée, c'est une faute pour celui qui la lui refuse, ce n'est pas un grand avantage pour celui à qui elle est offerte. Il faut donc que dans l'assemblée des chrétiens, ceux qui sont à la tête du peuple occupent un siége plus élevé, afin que ce siége soit lui-même un signe de distinction et fasse suffisamment connaître leurs fonctions, ce siége plus éminent ne doit point les enfler d'orgueil, mais leur rappeler la charge dont ils auront un jour à rendre compte. Or, qui peut savoir si leur cœur est attaché ou non à ces distinctions? C'est une affaire tout intérieure qui ne peut avoir que Dieu pour juge. Notre-Seigneur recommandait à ses disciples de ne point se laisser corrompre par ce levain, comme il le fait encore dans un autre endroit : « Gardez-vous, leur dit-il, du levain des pharisiens et des saducéens. » (*Matth.*, xvi, 6.) Et comme les disciples croyaient qu'il leur tenait

---

dictum. » (*Job*, i, 21.) Ignis tentationis accessit; sed aurum, non stipulam invenit : abstulit sordes, non convertit in cinerem.

Caput V. — *Post quæstionem de Christo, cur de moribus agitur.* — 5. Quia ergo ad sacramentum Dei intelligendum, quomodo Christus et homo et Deus sit, cor mundandum est; mundatur autem moribus, vita, castitate, sanctitate, dilectione, et fide quæ per dilectionem operatur (*Gal.*, v, 6) : (hoc autem quod loquor, totum tanquam arbor est, quæ radicem habet in corde : neque enim facta procedunt nisi de cordis radice; ubi si plantavereris cupiditatem, spinæ procedunt; *(a)* si plantaveris caritatem, fructus procedunt :) statim Dominus post istam quæstionem propositam Judæis, illis respondere non valentibus, subjecit de moribus loqui, ut ostenderet quare illi indigni fuerint intelligere quod interrogavit. Miseri enim superbi cum respondere non possent, utique debuerunt dicere : Nescimus nos, Magister dic nobis. Obmutuerunt in propositione, nec os aperuerunt ad inquisitionem. Et statim Dominus de superbia illorum : Cavete, inquit, ab Scribis, qui amant præsidere in synagogis, et diligunt primum locum in conviviis. (*Matth.*, xxiii, 6; *Marc.*, xii, 38.) Non quia accipiunt, sed quia diligunt. Hic enim cor eorum accusavit. Accusator autem cordis esse non posset, nisi cordis inspector. Oportet enim ut servo Dei habenti aliquem honorem in Ecclesia deferatur primus locus : quia si non deferatur, malum est illi qui non defert : non tamen bonum est illi cui defertur. Oportet itaque ut in congregatione Christianorum Præpositi plebis eminentius sedeant, ut ipsa sede distinguantur, et eorum officium satis appareat : non tamen ut inflentur de sede; sed ut cogitent sarcinam, unde sunt redditurti rationem. Quis autem novit, utrum hoc ament, aut non ament? Res ista cordis est, judicem habere non potest nisi Deum. Ipse autem Dominus admonebat suos, ne inciderent in tale fermentum : quod alio loco dicit : Cavete a fermento Pharisæorum et Sadducæorum. (*Matth.*, xvi, 6.) Et cum putarent illi propterea hoc cum dicere, quia panes non intulerant : respondit eis,

---

(a) Hoc loco, *si plantaveris caritatem*, etc. itemque infra, n. 6, istud, *palma de cœlo pendebat*, etc. in prius excusis prætermissum, restituitur ex Mss.

ce langage, parce qu'ils n'avaient pas pris de pain, il leur dit : « Ne vous souvient-il point des milliers d'hommes qui ont été rassasiés avec cinq pains ? » (*Ibid.*, 9.) Alors, remarque l'Evangéliste, ils comprirent que dans la pensée du Sauveur le levain des pharisiens c'était leur doctrine. En effet, ils aimaient les biens temporels, mais ils ne craignaient pas les maux et n'aimaient pas les biens de l'éternité. Leur cœur était fermé, et ils étaient incapables de comprendre la question que le Seigneur leur adressait.

Chapitre VI. — *Comment l'esprit peut arriver à une intelligence plus parfaite des mystères.* — 6. Or, que doit faire l'Eglise pour arriver à l'intelligence de ce qu'elle a mérité la première de croire ? Elle doit rendre l'esprit capable de recevoir ce qui lui sera donné. C'est pour arriver à ce résultat et donner à notre âme cette capacité que le Seigneur notre Dieu a suspendu l'accomplissement de ses promesses, mais sans les anéantir. Il en a différé l'exécution pour nous donner lieu de nous étendre, de nous agrandir, de nous accroître et de parvenir ainsi au terme. Voyez les efforts que fait l'apôtre saint Paul pour atteindre ce terme. « Mes frères, dit-il, aux Philippiens, je ne crois pas avoir atteint déjà jusque-là ; mais tout ce que je sais, c'est qu'oubliant ce qui est derrière moi, et m'avançant vers ce qui est devant moi, je m'efforce d'atteindre le but pour remporter le prix auquel Dieu m'a appelé d'en haut par Jésus-Christ. » (*Philipp.*, III, 12, etc.) Il courait sur la terre, mais la palme était suspendue du haut du ciel. Il courait sur la terre, mais il montait jusque dans les cieux par l'esprit. Voyez comme il s'étend, voyez comme il s'attache à la récompense suspendue sous ses yeux ? » Je m'avance, dit-il, pour remporter le prix auquel Dieu m'a appelé d'en haut par Jésus-Christ.

7. Il vous faut donc marcher, et il n'est besoin pour cela ni de s'enduire les pieds, ni de chercher de monture, ni d'équiper de navire. Courez par l'affection, marchez par l'amour, montez par la charité. Pourquoi chercher la voie que vous devez suivre ? Attachez-vous à Jésus-Christ qui, en descendant des cieux et en y remontant, s'est fait pour nous la voie. Voulez-vous monter ? attachez-vous à lui quand il monte ; car de vous-même vous êtes incapable de vous élever. « Personne, dit le Sauveur, n'est monté au ciel que celui qui est descendu du ciel, le Fils de l'homme qui est au ciel. » (*Jean*, III, 13.) Or, si personne n'est monté au ciel que celui qui est descendu du ciel, c'est-à-dire le Fils de l'homme Notre-Seigneur Jésus-Christ, que devez-vous faire si vous voulez y monter vous-même ? Devenez le membre de celui qui seul est monté au ciel ; car il est la tête et il ne forme qu'un seul homme avec les autres membres. Et comme personne ne peut monter au ciel qu'après être devenu membre de son corps, ainsi se trouve

« Excidit vobis, quot millia saturati sunt ex quinque panibus? (*Ibid.*, 9.) Tunc intellexerunt, inquit, quia fermentum doctrinam eorum dicebat. » Amabant enim illi ista temporalia : æterna vero nec timebant mala, nec diligebant bona. Clauso corde intelligere non poterant quod Dominus interrogavit.

Caput VI. — *Unde fit animus capax ad intelligenda mysteria.* — 6. Quid autem faciat Ecclesia Dei, ut possit intelligere quod prima meruit credere? Faciat capacem animum ad recipiendum quod dabitur. Quod ut fieret, id est, ut capax animus esset, Dominus Deus noster suspendit promissa, non abstulit, Ideo suspendit, ut nos extendamus : ideo nos extendimus, ut crescamus : ideo crescimus, ut attingamus. Vide apostolum Paulum in suspensa extensum. Non quia jam acceperim, aut jam perfectus sim : « Fratres, ego me non arbitror apprehendisse : unum autem, quæ retro oblitus, in ea quæ ante sunt extentus, secundum intentionem sequor ad palmam supernæ vocationis Dei in Christo Jesu. » (*Philip.*, III, 12, etc.) Ille in terra currebat : palma de cœlo pendebat. In terra ergo currebat : sed in spiritu ascendebat. Vide ergo extentum, vide ad suspensa pendentem. « Sequor, inquit, ad palmam supernæ vocationis Dei in Christo Jesu. »

7. Ambulandum ergo est, nec pedes unguendi, nec jumenta quærenda, nec navis providenda. Affectu curre, amore ambula, caritate ascende. Quid quæris viam? Inhære Christo, qui descendendo et ascendendo se ipsum fecit viam. Vis et tu ascendere ? Ascendentem tene. Etenim per te ipsum levari non potes. « Quia nemo ascendit in cœlum, nisi qui de cœlo descendit, Filius hominis, qui est in cœlo. » (*Joan.*, III, 13.) Si nemo ascendit, nisi qui descendit, ipse autem est Filius hominis Dominus noster Jesus; vis et tu ascendere? Membrum ipsius esto, qui solus ascendit. Etenim ille caput cum cæteris membris unus homo est. Et cum ascendere nemo potest, nisi qui in ejus corpore membrum ipsius factus fuerit; impletur : « Quia nemo ascendit, nisi qui descendit. »

accomplie cette parole : « Personne n'est monté au ciel que celui qui est descendu du ciel. » Vous ne pouvez donc dire, pourquoi Pierre y est-il monté ? pourquoi Paul, pourquoi les autres apôtres y sont-ils montés eux-mêmes, si personne n'est monté que celui qui est descendu ? car voici la réponse qui vous est faite : Quel enseignement Pierre, Paul et les autres apôtres reçoivent ici de l'Apôtre ? « Vous êtes le corps de Jésus-Christ et les membres les uns des autres. » (I *Cor.*, XII, 27.) Si donc le corps de Jésus-Christ et les membres ne font qu'un, gardez-vous de les diviser. » Il a laissé son père et sa mère, et il s'est attaché à son épouse pour ne faire tous deux qu'une seule chair. » (*Ephés.*, V, 31.) Il a laissé son Père, parce qu'il ne s'est point manifesté sur la terre comme étant son égal, mais il s'est anéanti lui-même en prenant la forme d'esclave. (*Philipp.*, II, 7.) Il a laissé aussi sa mère, la synagogue dont il est né selon la chair; et il s'est attaché à son épouse, c'est-à-dire à l'Eglise. C'est en rappelant lui-même ce témoignage de la Genèse qu'il a prouvé que cette union ne peut être dissoute. « N'avez-vous point lu, dit-il, que celui qui a fait l'homme dès le commencement l'a fait mâle et femelle, et ils seront deux dans une seule chair ? Que l'homme ne sépare donc pas ce que Dieu a joint. » (*Matth.*, XIX, 4, etc.) Qu'est-ce à dire : Ils seront deux dans une seule chair ? Il l'explique dans les paroles suivantes : « Ainsi ils ne sont plus deux, mais une seule chair. » (*Ibid.*) Il est donc vrai que personne ne monte au ciel que celui qui en est descendu. (*Jean*, III, 13.)

CHAPITRE VII. — *Jésus-Christ et l'Eglise font un seul homme.* 8. Voulez-vous une preuve que l'époux et l'épouse font un seul homme selon la nature humaine du Christ, non pas selon la nature divine ? En effet, si nous le considérons dans sa nature divine, nous ne pouvons être ce qu'il est; il est le Créateur, nous sommes la créature; il est l'artisan, nous sommes l'œuvre de ses mains; il est la cause de notre être, nous ne sommes que l'effet. Mais afin que nous ne fussions qu'un avec lui et en lui, il a voulu devenir notre chef en prenant notre chair dans laquelle il est mort pour nous. Voulez-vous donc une preuve que le Christ est à la fois l'époux et l'épouse ? écoutez ce qu'il dit par la bouche d'Isaïe : « Il m'a paré comme un époux qui a la couronne sur la tête, et comme une épouse parée de tous ses ornements. » (*Isaïe*, LXI, 10.) Il est donc à la fois l'époux et l'épouse, l'époux comme chef, l'épouse comme unie intimement au corps. « Ils seront deux, dit-il, dans une seule chair, » ils ne font donc pas deux chairs, mais une seule.

9. Puisque donc nous avons l'honneur d'être ses membres, mes frères, si nous voulons pénétrer ce mystère, soyons pieux, aimons Dieu d'un amour désintéressé. Celui qui se montre à nous

---

Non enim potes dicere : Ecce quare ascendit, verbi gratia, Petrus, quare ascendit Paulus, quare ascenderunt Apostoli, si nemo ascendit, nisi qui descendit? Respondetur tibi, Petrus, Paulus et cæteri Apostoli, et omnes fideles, quid audiunt ab Apostolo? Vos autem estis corpus Christi, et membra (*a*) ex parte. (I *Cor.*, XII, 27.) Si ergo corpus Christi et membra (*b*) unius sunt, noli facere duos. Reliquit enim ille patrem et matrem, et adhæsit uxori suæ, ut essent duo in carne una. (*Ephes.*, V, 31.) Reliquit patrem, quia non hic se ostendit æqualem Patri : sed semetipsum exinanivit, formam servi accipiens. (*Philip.*, II, 7.) Reliquit et matrem Synagogam, de qua carnaliter natus est. Adhæsit uxori suæ, id est, Ecclesiæ suæ. Quod testimonium et ipse cum commemoraret, quod separari non liceret conjugium demonstravit : Non legistis, inquit, quia Deus qui fecit ab initio masculum et feminam fecit eos? Erunt duo, inquit, in carne una. Quod ergo Deus conjunxit, homo non separet. (*Matth.*, XIX, 4, etc.) Et quid est : Duo in carne una? Sequitur, et dicit : Igitur jam non duo, sed una caro. (*Joan.*, III, 13.) Nemo ascendit, nisi qui descendit.

CAPUT VII. — *Christus et Ecclesia unus homo.* — 8. Nam ut noveritis, quia unus homo est sponsus et sponsa, secundum carnem Christi, non secundum divinitatem : nam secundum divinitatem quod est ille, nos esse non possumus; quia ille creator, nos creatura; ille effector, nos facti; ille conditor, nos conditi : sed ut essemus cum illo unum in illo, caput nostrum esse voluit, accipiendo carnem ex nobis, in qua moreretur pro nobis : ut noveritis ergo quia hoc totum unus est Christus, per Isaiam dixit : « Sicut sponso alligavit mihi mitram, et sicut sponsam induit me ornamento. » (*Isai.*, LXI, 10.) Ipse sponsus, ipse sponsa. Ipse plane sponsus in capite, sponsa in corpore. Erunt enim, inquit, duo in carne una : et non jam duo, sed una caro est.

9. Itaque ad membra ipsius pertinentes, ut hoc sacramentum intelligamus, ut dixi : Fratres, pie

---

(*a*) Græc. ἐκ μέρους. — (*b*) Am. Er. et Colbertinus alter codex omittunt *unius*. Alter autem Ms. ejus loco habe *unum*.

pendant le voyage sous la forme de serviteur, se réserve de nous manifester sa nature divine lorsque nous serons arrivés au terme. La nature de serviteur est le chemin qu'il trace devant nous, la nature divine est la patrie où il nous attend après l'exil de cette vie. Il est difficile pour nous de comprendre ce mystère, mais il nous est facile de le croire, car si nous ne croyons, dit Isaïe, nous ne pouvons arriver à comprendre (*Isaïe*, VII, 9), marchons par la foi tant que nous voyageons loin du Seigneur, jusqu'à ce que nous parvenions à la claire vue où nous verrons Dieu face à face. (II *Cor.*, V, 6, 7.) Or, en marchant par la foi, faisons le bien. Ayons pour Dieu, dans nos bonnes œuvres, un amour désintéressé et pour le prochain une charité généreuse. Nous n'avons rien à offrir à Dieu, mais nous pouvons donner au prochain, et en l'assistant dans sa pauvreté, obliger celui qui est dans l'abondance. Que chacun donc donne de ce qu'il possède, qu'il distribue à l'indigent ce qu'il a de superflu. L'un a une grande fortune, qu'il nourrisse le pauvre, qu'il donne des vêtements à celui qui est nu, qu'il bâtisse une église, qu'il fasse avec son argent tout le bien qu'il peut faire. Un autre a de la prudence, qu'il la fasse servir à diriger le prochain, et à dissiper les ténèbres du doute par la lumière de la piété. Un autre enfin a de la science, qu'il puise dans les trésors du Seigneur pour nourrir ses compagnons, qu'il fortifie les fidèles, ramène ceux qui s'égarent, cherche ceux qui sont perdus, et qu'il fasse également tout le bien possible. Les pauvres eux-mêmes peuvent exercer cette générosité les uns à l'égard des autres. Celui-ci peut prêter ses pieds au boiteux ; celui-là donner ses yeux à l'aveugle pour le conduire, un autre visiter les malades, un autre enfin ensevelir les morts. Tous peuvent rendre ces services, et il est difficile de trouver quelqu'un qui ne puisse rien donner à un autre. D'ailleurs tous peuvent pratiquer ce grand commandement que nous rappelle l'Apôtre : « Portez les fardeaux les uns des autres, et c'est ainsi que vous accomplirez la loi de Jésus-Christ. » (*Gal.*, VI, 2.)

SERMON XCII.

Sur ces mêmes paroles du chapitre XXII de l'Evangile selon saint Matthieu.

CHAPITRE PREMIER. — *Question adressée aux Juifs sur le Christ.* — 1. Les chrétiens doivent résoudre la question que le Sauveur fait ici aux Juifs. En effet, Notre-Seigneur Jésus-Christ qui a proposé cette question aux Juifs, ne leur en a point donné la solution, il l'a réservée pour nous. Je vais rappeler ces paroles à votre charité, et vous reconnaîtrez qu'il a résolu cette

vivamus, Deum gratis diligamus. Ipse autem qui ostendit peregrinantibus formam servi, servat pervenientibus formam Dei. De forma servi stravit viam, de forma Dei condidit patriam. Quia ergo multum est ad nos capere hoc, sed non est multum credere hoc : Nisi enim credideritis, ait Isaias, non intelligetis (*Isai.*, VII, 9) ; ambulemus per fidem quamdiu peregrinamur a Domino, donec perveniamus ad speciem, ubi videbimus facie ad faciem. (II *Cor.*, V, 6 et 7.) Ambulantes per fidem, bene operemur. In bonis operibus gratuita sit dilectio Dei, benefica sit dilectio proximi. Deo enim quod præstemus non habemus : sed quia proximo habemus quod præstemus, præstando indigenti promerebimur abundantem. Inde unusquisque quod habet, præstet alteri : quidquid plus habet largiatur inopi. Alius habet pecuniam : pascat pauperem, vestiat nudum, ædificet ecclesiam, operetur de pecunia quidquid boni potest. Alius habet consilium : regat proximum, pellat tenebras dubitationis luce (*a*) pietatis. Alius habet doctrinam : eroget de cellario Domini, ministret conservis cibaria, confortet fideles, revocet errantes, quærat perditos, quantum potest faciat. Est quod sibi erogent etiam pauperes : alius claudo pedes accommodet, alius cæco suos oculos duces præbeat; alius visitet infirmum ; alius sepeliat mortuum. Sunt ista in omnibus, ut prorsus difficile inveniatur aliquis qui non habeat unde aliquid alteri præstet. Et illud extremum et magnum quod ait Apostolus : « Invicem onera vestra portate, et sic adimplebitis legem Christi. » (*Gal.*, VI, 2.)

SERMO XCII (*b*).

De eisdem verbis Evangelii Matth., XXII.

CAPUT PRIMUM. — *Quæstio Judæis facta de Christo.* — 1. Quæstionem propositam Judæis, debent solvere Christiani. Dominus enim Jesus Christus, qui eam Judæis proposuit, ipse non solvit, sed Judæis, nobis autem solvit. Et commemorabo Caritatem Vestram, et invenietis quia solvit. Primo nodum videte quæstionis. Quæsivit a Judæis quid eis videretur de

---

(*a*) Sic alter e Colbertinis Mss. Editi vero, *luce pectoris*. — (*b*) Alias de Tempore CCXXXV.

question. Considérez d'abord quel en était le nœud. Il demande aux Juifs ce qu'il leur semblait du Christ, de qui il était fils, car ils espéraient eux-mêmes dans le Christ. Ils ont lu les oracles prophétiques qui l'annonçaient, ils ont attendu son avénement et ils l'ont mis à mort lorsqu'il était au milieu d'eux; les mêmes prophéties où ils lisaient l'avénement futur du Christ leur annonçaient en même temps qu'ils mettraient à mort le Christ. Mais ils espéraient son avénement prédit par les prophètes, et n'y voyaient pas le forfait dont ils devaient un jour se rendre coupables. Cette question sur le Christ n'est donc point pour eux un sujet inconnu comme s'ils n'en avaient jamais entendu le nom ou qu'ils n'eussent point espéré son avénement; car ils l'espèrent encore aujourd'hui, et c'est ce qui fait leur erreur. Nous espérons aussi qu'il viendra un jour, mais pour juger, et non plus pour être jugé. Or, les prophètes ont prédit ce double avénement, le premier où il est venu pour être injustement condamné, le second où il doit juger lui-même en toute justice. « Que vous semble du Christ, leur dit-il, de qui est-il fils? Ils répondirent : De David, » c'est ce que confirment pleinement les Écritures. Le Sauveur continue : « Comment donc David qui était inspiré l'appelle-t-il son Seigneur en disant : Le Seigneur a dit à mon Seigneur : Assieds-toi à ma droite, jusqu'à ce que j'aie fait de tes ennemis l'escabeau de tes pieds. Si donc David l'appelle son Seigneur, comment est-il son fils? » (*Matth.*, XXVIII, 42, 43.)

CHAPITRE II. — *Jésus-Christ ne nie point qu'il soit fils de David.* — 2. Gardons-nous ici de penser que le Christ ait nié qu'il fût fils de David. Il ne nie point qu'il soit le fils de David, mais il demande comment il peut l'être. Vous m'avez répondu, semble-t-il dire aux pharisiens, qu'il était le fils de David, je ne le conteste pas, mais David l'appelle son Seigneur; dites-moi comment il peut être à la fois son fils et son Seigneur, voilà ce que je vous demande. Ils ne purent lui répondre et gardèrent le silence. Or, donnons cette réponse en suivant l'explication de Jésus-Christ lui-même. Où se trouve-t-elle? Dans les paroles de son Apôtre. Etablissons d'abord que Jésus-Christ a donné cette explication. Voici ce que dit l'Apôtre : « Est-ce que vous voulez éprouver la puissance de Jésus-Christ qui parle par ma bouche? » (II *Cor.*, XIII, 3.) Il a donc daigné nous donner par son Apôtre la solution de cette question. Qu'enseigne-t-il d'abord par le ministère de l'Apôtre à son disciple Timothée? « Souvenez-vous que Notre-Seigneur Jésus-Christ qui est de la race de David, est ressuscité selon l'Evangile que je prêche. » (II *Tim.*, II, 8.) Voilà bien le Christ fils de David. Comment est-il en même temps le Seigneur de David? Dites-nous-le, grand Apôtre : « Lui qui avait la nature de Dieu, n'a point cru que ce fût pour lui une usurpation de s'égaler à Dieu. »

Christo, cujus esset filius : quia et ipsi sperant Christum. In Prophetis legerunt, venturum exspectaverunt, præsentem occiderunt : quia ubi legebant venturum Christum, ibi legebant quia occisuri erant Christum. Sed illius futurum adventum sperabant in Prophetis : nam futurum suum facinus non videbant. Sic ergo eos interrogavit de Christo, non quasi de incognito, aut cujus nomen nunquam audissent, aut cujus adventum nunquam sperassent. Nam quoniam adhuc eum sperant, ideo errant. Equidem et nos speramus eum ; sed venturum judicem, non venturum judicandum. Prophetæ autem sancti utrumque prophetaverunt, venturum eum injuste prius judicandum, venturum postea juste judicaturum. « Quid ergo, inquit, vobis videtur de Christo, cujus filius est? Responderunt illi : David. » Prorsus de Scripturis. At ille : « Quomodo David in spiritu vocat eum Dominum, dicens : Dixit Dominus Domino meo : Sede a dextris meis, donec ponam inimicos tuos scabellum pedum tuorum? Si ergo David in spiritu vocat eum Dominum, quomodo filius ejus est? » (*Matth.*, XXVIII, 42-43).

CAPUT II. — *Christus se filium David non negat.* — 2. Hic cavendum est, ne putetur Christus se negasse filium esse David. Non se filium esse David negavit, sed modum quæsivit. Dixistis filium esse David, non nego : sed ille eum Dominum vocat; dicite mihi quomodo sit filius, qui est et Dominus : dicite quomodo. Illi non dixerunt, sed tacuerunt. Dicamus nos, exponente ipso Christo. Ubi? Per Apostolum suum. Prius unde probamus, quia ipse Christus exposuit? Apostolus dicit : An vultis experimentum accipere ejus qui in me loquitur Christus? (II *Cor.*, XIII, 3.) Ergo in Apostolo istam dignatus est solvere quæstionem. Primum per Apostolum loquens Christus, quid dixit ad Timotheum? « Memor esto Christum Jesum resurrexisse a mortuis ex semine David, secundum Evangelium meum. » (II *Tim.*, II, 8.) Ecce Christus filius est David. Quomodo est et Dominus David? Dic Apostole : « Qui cum in forma

(*Philipp.*, II, 6, etc.) Reconnaissez ici le Seigneur de David. Or, si vous reconnaissez qu'il est le Seigneur de David, notre Seigneur, le Seigneur du ciel et de la terre, le Seigneur des anges, si vous êtes forcé de reconnaître qu'il est égal à Dieu dans sa nature divine, comment peut-il être le fils de David? Ecoutez la suite. L'Apôtre vient de vous montrer qu'il était le Seigneur de David en vous disant : « Lui qui avait la nature de Dieu, n'a point cru que ce fût pour lui une usurpation de s'égaler à Dieu. » Comment donc est-il le fils de David ? « Il s'est anéanti lui-même, en prenant la forme d'esclave, en se rendant semblable aux hommes et reconnu pour homme par tout ce qui a paru de lui. C'est pourquoi Dieu l'a élevé. C'est-à-dire que le Christ de la race de David, fils de David, est ressuscité, parce qu'il s'est anéanti. Comment s'est-il anéanti? En prenant ce qu'il n'était pas, non pas en perdant ce qu'il était. Il s'est anéanti, il s'est humilié. Il était Dieu, il a voulu paraître homme. Il n'a recueilli que des mépris dans son passage sur la terre, lui qui était le Créateur du ciel. Il a été méprisé comme s'il n'était qu'un homme, sans aucune puissance. Non-seulement il a été méprisé, il a été de plus mis à mort.

CHAPITRE III. — *Jésus-Christ est à la fois Dieu et homme.* — Il était la pierre étendue à terre, les Juifs sont venus heurter contre elle et se sont brisés. N'a-t-il pas dit lui-même : « Celui qui tombera sur cette pierre s'y brisera, et elle écrasera celui sur qui elle tombera? » (*Matth.*, XXI, 44.) Elle a d'abord été étendue à terre et ils se sont heurtés contre elle ; elle tombera plus tard du haut des cieux et elle écrasera ceux qu'elle avait broyés.

3. Vous comprenez maintenant comment le Christ est à la fois le fils de David et le Seigneur de David, fils de David de toute éternité, fils de David dans le temps; Seigneur de David, comme étant né de la substance du Père, fils de David en tant qu'il est né de la vierge Marie et qu'il a été conçu du Saint-Esprit. Attachons-nous à cette double nature. L'une sera notre éternel séjour, l'autre notre délivrance du pèlerinage de cette vie. En effet, si Notre-Seigneur Jésus-Christ n'avait pas daigné se faire homme, l'homme était perdu sans retour. Il est donc devenu ce qu'il avait fait pour ne point laisser périr son œuvre. Il est à la fois vrai homme et vrai Dieu, la personne de Jésus-Christ se compose dans son entier de Dieu et de l'homme. Voilà ce qu'enseigne la foi catholique. Celui qui nie la divinité du Christ est un photinien; celui qui refuse de croire son humanité est un manichéen. Celui, au contraire, qui confesse que Jésus-Christ est égal à son Père et en même temps homme véritable, qu'il a souffert, et ré-

---

Dei esset, non rapinam arbitratus est esse æqualis Deo. » (*Philip.*, II, 6, etc.) Agnosce Dominum David. Si agnoscis Dominum David, Dominum nostrum, Dominum cœli et terræ, Dominum Angelorum, æqualem Deo in forma Dei si agnoscis : unde filius David? Attende quod sequatur. Apostolus Dominum David tibi ostendit dicendo : « Qui cum in forma Dei esset, non rapinam arbitratus est esse æqualis Deo. » Filius David unde? « Sed semetipsum exinanivit formam servi accipiens, in similitudinem hominum factus, et habitu inventus ut homo : humiliavit semetipsum factus obediens usque ad mortem, mortem autem crucis. » Propter quod et Deus illum exaltavit. Resurrexit Christus ex semine David, filius David, quia exinanivit se. Quomodo exinanivit? Sumendo quod non erat, non perdendo quod erat. Exinanivit se, humiliavit se. Cum esset Deus, homo apparuit. Contemptus est in terra ambulans, qui cœlum fecit. Contemptus est quasi homo, quasi nullius virtutis. Non solum contemptus, sed insuper et occisus.

CAPUT III. — Lapis erat jacens, offenderunt in eum Judæi, et quassati sunt. Quid autem ait ipse? Qui offenderit in lapidem istum, conquassabitur : super quem venerit autem lapis iste, conteret eum. (*Matth.*, XXI, 44.) Prius jacuit, et offenderunt : veniet de super, et conteret quassatos.

3. Accepistis et filium David, et Dominum David : Dominum David semper, filium David ex tempore : Dominum David natum de substantia Patris, filium David natum (a) ex Maria virgine, conceptum de Spiritu sancto. Utrumque teneamus. Unum horum nobis erit æterna habitatio, alterum horum nobis est a peregrinatione liberatio. Dominus enim noster Jesus Christus nisi dignatus esset fieri homo, perisset homo. Factus est quem fecit, ne periret quem fecit. Homo verus, Deus verus : Deus et homo totus Christus. Hæc est Catholica fides. Qui negat Deum Christum, Photinianus est : qui negat hominem Christum, Manichæus est. Qui confitetur Deum æqualem Patri Christum et hominem verum, passum vere, sanguinem fudisse verum : non enim

---

(a) Mss. *natum de Spiritu sancto et virgine Maria.*

pandu réellement son sang (car la vérité n'aurait pu nous racheter, en payant pour nous une fausse rançon;) celui, dis-je, qui confesse ces deux vérités est un vrai catholique. Il connaît tout à la fois la patrie et la voie qui y conduit. Il connaît la patrie : « Au commencement était le Verbe; » (*Jean*, I, 1) et encore : « Lui qui avait la nature de Dieu, n'a point cru que ce fût une usurpation de s'égaler à Dieu. » (*Philipp.*, II, 6.) Il connaît la voie : « Le Verbe s'est fait chair; » il connaît la voie : « Il s'est anéanti lui-même en prenant la forme d'esclave. » Il est tout à la fois la patrie vers laquelle nous marchons et la voie que nous suivons pour y arriver. Allons donc à lui par lui-même et nous ne craindrons point de nous égarer.

SERMON XCIII.

Sur ces paroles du chap. xxv de saint Matthieu : *Le royaume des cieux est semblable à dix vierges*, etc.

CHAPITRE PREMIER. — *Que faut-il entendre par les dix vierges dans la parabole de l'Evangile.* — 1. Vous qui étiez hier présents dans cette enceinte, vous vous rappelez que nous vous avons fait une promesse qu'avec la grâce de Dieu nous allons accomplir, non-seulement dans votre intérêt, mais dans celui de la multitude qui est ici réunie. Quelles sont ces dix vierges dont cinq étaient sages et cinq folles ? C'est une question qu'il n'est pas facile de résoudre. (*Matth.*, XXV, 1, 2.) Cependant en examinant les circonstances du texte que j'ai voulu faire lire encore aujourd'hui à votre charité, il ne me semble pas, autant que Dieu m'en donne l'intelligence, que cette parabole, que cette similitude ait pour objet exclusif celles à qui une sainteté spéciale et plus éminente fait donner dans l'Eglise le nom de vierges, et que plus ordinairement nous appelons les religieuses consacrées à Dieu. Mais, si je ne me trompe, cette parabole regarde l'Eglise tout entière. Et quand même nous ne l'entendrions que des religieuses consacrées à Dieu, peut-on dire qu'elles ne sont que dix? Loin de nous cette pensée que cette immense multitude de vierges soit réduite à un si petit nombre. Mais, me dira-t-on peut-être, le nom peut être commun à une grande multitude, tandis qu'en réalité elles sont si peu nombreuses qu'on pourrait à peine en trouver dix. Non, il n'en est pas ainsi; car, si par ces dix le Sauveur voulait nous faire entendre celles qui sont bonnes, il n'en présenterait pas cinq d'entre elles comme dénuées de sagesse. Et s'il en est dans le monde un si grand nombre à qui l'on donne ce nom de vierges, pourquoi les portes de la grande maison ne sont-elles fermées que pour cinq ?

CHAPITRE II. — *Les dix vierges figurent toutes*

---

veritas nos liberaret, si falsum pretium pro nobis daret : utrumque qui confitetur, Catholicus est. Habet patriam, habet viam. Habet patriam : In principio erat Verbum (*Joan.*, I, 1) : habet patriam : Cum in forma Dei esset, non rapinam arbitratus est; esse æqualis Deo. (*Philip.*, II, 6.) Habet viam, Verbum caro factum est : habet viam : Semetipsum exinanivit, formam servi accipiens. Ipse est patria quo imus, ipse via qua imus. Per ipsum ad ipsum eamus, et non errabimus.

SERMO XCIII (a).

De verbis Evangelii Matth., xxv : *Simile erit regnum cœlorum decem virginibus*, etc.

CAPUT PRIMUM. — *Decem virgines quænam intelligendæ in parabola Evangelii.*—1. Hesterno die qui adfuistis, promissionem nostram tenetis : quæ hodie non solis vobis, sed pluribus etiam qui convenerunt, Domino adjuvante, reddenda est. Quæ sint decem virgines, quarum sint quinque prudentes et quinque stultæ, non facile indagari potest. (*Matth.*, xxv, 1 et 2.) Verumtamen secundum ea quæ continet ipsa lectio, quam Caritati Vestræ etiam hodie volui recitari, quantum mihi Dominus intellectum donare dignatur, non mihi videtur ista parabola vel similitudo ad eas solas pertinere, quæ propria et excellentiori sanctitate virgines in Ecclesia nominantur, quas etiam usitatiore vocabulo Sanctimoniales (b) appellare consuevimus : sed, nisi fallor, hæc similitudo ad universam Ecclesiam pertinet. Quamvis et si illas solas intelligeremus, quæ Sanctimoniales vocantur, numquid decem sunt? Absit, ut tanta virginum multitudo ad tam exiguum numerum revocetur. Forte autem dicat aliquis : Quid si multæ sunt nomine, et tam paucæ sunt in veritate, ut vix decem inveniantur? Non ita est. Nam si solas decem intelligi vellet bonas, non ibi ostenderet quinque fatuas. Si enim multæ sunt virgines quæ vocantur, quare contra quinque ostia domus magnæ clauduntur?

CAPUT II. — *Virgines decem, animæ quælibet de Ecclesia Dei.* — 2. Intelligamus ergo, Carissimi, ad

---

(a) Alias XXIII, de verbis Domini. — (b) In Psal. LXXV, n. 16, vocabulo utitur *Castimonialis*.

les âmes dont se compose l'Eglise de Dieu. — 2. Comprenons donc, mes très-chers frères, que cette parabole s'applique à nous tous, c'est-à-dire à toute l'Eglise, sans distinction, non pas seulement aux pasteurs dont nous avons parlé hier, ni aux seuls fidèles, mais à tous absolument. Pourquoi donc nous représente-t-on cinq vierges d'un côté et cinq vierges de l'autre? Ces cinq vierges de part et d'autre figurent toutes les âmes des chrétiens sans distinction. Toutefois pour vous faire part d'un sentiment que Dieu nous inspire, ce ne sont point des âmes quelconques, mais les âmes qui professent la foi catholique et qui paraissent se distinguer dans l'Eglise par la pratique des bonnes œuvres, et cependant, parmi elles, cinq sont sages et les cinq autres sont insensées. Or, considérons d'abord la raison de ce nombre cinq, et pourquoi ces âmes sont appelées vierges, nous examinerons ensuite les autres circonstances. Toute âme unie au corps est figurée par le nombre cinq, parce qu'elle a cinq sens à son service. En effet, toutes les sensations qui viennent du corps nous arrivent par l'une de ces cinq portes, la vue, l'ouïe, l'odorat, le goût, le toucher. Celui donc qui s'abstient de ce qu'il lui est défendu de voir, défendu d'entendre, défendu de sentir, de goûter ou de toucher, par là même qu'il se maintient pur de toute souillure, mérite le nom de vierge.

3. Mais si c'est un bien de s'abstenir de toute sensation déréglée, et si toute âme chrétienne qui s'impose cette privation mérite le nom de vierge, pourquoi cinq d'entre elles sont-elles admises, et les cinq autres exclues? Elles sont vierges et la porte leur est fermée. C'est peu qu'elles soient vierges, elles ont même des lampes. Elles sont vierges, parce qu'elles s'interdisent toute sensation coupable; elles ont des lampes, parce qu'elles se livrent à la pratique des bonnes œuvres. C'est de ces œuvres que Notre-Seigneur parle en ces termes : « Que vos œuvres luisent devant les hommes, afin qu'en voyant vos bonnes œuvres, les hommes glorifient votre Père qui est dans les cieux. » (*Matth.*, v, 16.) Et ailleurs il dit encore à ses disciples : « Que vos reins soient entourés d'une ceinture et que vos lampes brûlent en vos mains. » (*Luc*, XII, 35.) La ceinture qui entoure les reins, c'est la virginité; les lampes qui brûlent, ce sont les bonnes œuvres.

CHAPITRE III. — *Toute âme chrétienne est vierge.* — 4. On n'emploie pas ordinairement le nom de virginité en parlant des personnes mariées, cependant on trouve parmi elles la virginité de la foi, qui produit la chasteté conjugale. Votre sainteté veut-elle une preuve que c'est avec raison qu'on donne le nom de vierge à chaque chrétien ou à chaque âme considérée au point de vue spirituel et dans cette foi entière

---

omnes nos, id est universam omnino Ecclesiam pertinere istam parabolam, non ad solos præpositos, de quibus hesterno die locuti sumus; nec ad solas plebes; sed prorsus ad omnes. Quare ergo quinque et quinque virgines? Istæ quinque et quinque virgines, omnes omnino sunt animæ Christianorum. Sed ut dicamus vobis, quod Deo inspirante sentimus, non qualescumque animæ sed tales animæ, quæ habent Catholicam fidem, et habere videntur bona opera in Ecclesia Dei : et tamen ex ipsis quinque sunt prudentes, et quinque fatuæ. Quare ergo appellatæ sunt quinque, et quare virgines, prius videamus; et deinde cætera consideremus. Omnis anima in corpore ideo quinario numero censetur, quia quinque sensibus utitur. Nihil est enim quod sentimus ex corpore, nisi janua quinquepartita, aut videndo, aut audiendo, aut odorando, aut gustando, aut tangendo. Qui ergo se abstinet ab illicito visu, ab illicito auditu, ab illicito odoratu, ab illicito gustatu, ab illicito tactu, propter ipsam integritatem, virginis nomen accepit.

3. Sed si bonum est, abstinere ab illicitis sentiendi motibus, et ideo unaquæque anima Christiana virginis nomen accepit; quare quinque admittuntur, et quinque repelluntur? Et virgines sunt, et repelluntur. Parum est, quia virgines sunt : et lampades habent. Virgines, propter abstinentiam ab illicitis sensibus, lampades habent, propter opera bona. De quibus operibus Dominus dicit : Luceant opera vestra coram hominibus, ut videant bona facta vestra, et glorificent Patrem vestrum, qui in cœlis est. (*Matth.*, v, 16.) Item discipulis dicit : Sint lumbi vestri accincti, et lucernæ ardentes. (*Luc.*, XII, 35.) In lumbis accincti, virginitas : in lucernis ardentibus, opera bona.

CAPUT III. — *Virgo anima quælibet Christiana.* — 4. Non solet dici virginitas utique in conjugatis : tamen etiam ibi est fidei virginitas, quæ exhibet pudicitiam conjugalem. Nam ut noverit Sanctitas Vestra, non importune secundum animam et secundum integritatem fidei, qua etiam fide ab illicitis abstinetur, et bona opera fiunt, unumquemque

et parfaite qui lui fait éviter le mal et pratiquer le bien? rappelez-vous que toute l'Eglise, composée de vierges, d'enfants, d'hommes et de femmes engagées dans les liens du mariage, nous est cependant représentée sous le seul nom de vierge. Comment le prouvons-nous? Ecoutez l'Apôtre, s'adressant non pas aux seules personnes consacrées à Dieu, mais à l'Eglise tout entière : « Je vous ai fiancés, dit-il, à un époux unique, Jésus-Christ, pour vous présenter à lui comme une vierge pure. » (II *Cor.*, xi, 2.) Et comme nous devons nous mettre en garde contre le corrupteur de cette virginité, c'est-à-dire contre le démon, l'Apôtre, après avoir dit : « Je vous ai fiancés à un époux unique, Jésus-Christ, pour vous présenter à lui comme une vierge pure, » ajoute aussitôt : « Mais je crains que comme Eve fut séduite par les artifices du serpent, vos esprits de même ne se corrompent et ne dégénèrent de la chasteté qui est selon Jésus-Christ. » (*Ibid.*, 3.) Il en est peu qui conservent la virginité du corps, mais tous doivent avoir la virginité de l'âme. Si donc il est bon de s'abstenir des plaisirs coupables, et que cette continence ait donné à la virginité son nom, si d'ailleurs les bonnes œuvres figurées par les lampes sont évidemment dignes d'éloges, pourquoi cinq vierges seulement sont-elles admises, tandis que les cinq autres sont exclues? Si cette âme qui, toute vierge qu'elle est et portant sa lampe dans sa main, n'est point admise dans la salle du festin,

que peut espérer celle qui n'a point préservé sa virginité des atteintes du mal et qui marche dans les ténèbres pour avoir négligé la pratique des bonnes œuvres?

CHAPITRE IV. — *Outre la continence et les bonnes œuvres, la charité est nécessaire.* — 5. Attachons-nous de préférence, mes frères, à l'examen de cette question. Celui qui ne veut ni voir ni entendre ce qui est mal, qui se détourne pour ne point sentir les odeurs criminelles et ne point goûter aux viandes sacrilèges des sacrifices païens, celui qui évite les embrassements de la femme étrangère, qui partage son pain avec celui qui a faim, reçoit sous son toit ceux qui n'ont pas d'asile, donne des vêtements à celui qui est nu, apaise les querelles, visite les malades, ensevelit les morts, celui-là est véritablement vierge et porte sa lampe à la main. Que voulons-nous davantage? Il me faut quelque chose de plus. Que désirez-vous donc encore? me dit-on. Je le répète, il me faut quelque chose de plus, le saint Evangile a excité toute mon attention. Ce sont ces vierges elles-mêmes qui portent des lampes qu'il divise en vierges sages et en vierges folles. Mais comment faire ce discernement, comment motiver cette distinction? Par l'huile. L'huile est ici la figure de quelque chose de grand et de très-important. Ne serait-ce point la charité, je vous le demande? Car, c'est plutôt une question que je vous fais, qu'une affirmation précipitée. Je vais vous dire pourquoi je

---

vel unamquamque animam virginem dici; tota Ecclesia quæ constat ex virginibus et pueris, et maritatis feminis et uxoratis viris, uno nomine virgo est appellatur. Unde hoc probamus? Apostolum audi dicentem, non solis Sanctimonialibus, sed universæ prorsus Ecclesiæ : Desponsavi vos uni viro virginem castam exhibere Christo. (II *Cor.*, xi, 2.) Et quia hujus virginitatis corruptor, diabolus cavendus est, continuo ipse Apostolus cum dixisset : Desponsavi vos uni viro virginem castam exhibere Christo : adjunxit et ait : « Timeo autem, ne sicut serpens Evam seduxit in versutia sua, sic et vestri sensus corrumpantur a castitate quæ est in Christo. » (*Ibid.*, 3.) In corpore virginitatem paucæ habent : in corde omnes habere debent. Si ergo ab illicitis abstinentia bona est, unde virginitas nomen accepit, et opera bona laudabilia sunt, quæ significantur lampadibus; quare quinque admittuntur, et quinque repelluntur? Si et virgo est, et lampades fert, et tamen non admittitur; ubi se videt qui nec virginitatem ab illi-

citis servat, nec opera bona volens habere in tenebris ambulat?

CAPUT IV. — *Præter continentiam et opera bona, requiritur caritas.* — 5. De istis ergo, Fratres mei, de istis potius disputemus. Qui non vult videre quod malum est, qui non vult audire quod malum est, qui ab illicitis sacrificiorum nidoribus avertit odoratum, ab illicitis sacrificiorum cibis avertit gustatum, fugit complexum alienæ, frangit panem esurienti, hospitem inducit in domum, vestit nudum, concordat litigiosum, visitat ægrotum, sepelit mortuum : ecce virgo, ecce habet lampades. Quid quærimus amplius? Adhuc quæro. Quid adhuc quæris, inquit? Adhuc quæro : intentum me fecit Evangelium sanctum. Etiam ipsas virgines et ferentes lampades, alias dixit prudentes, alias stultas. Unde intuemur? unde discernimus? De oleo. Aliquid magnum significat oleum, valde magnum. Putas non caritas est? Quærendo dicimus, non sententiam præcipitamus. Unde mihi videatur oleo caritas significari, dicam vobis.

vois dans l'huile le symbole de la charité. L'Apôtre dit : « Je vous montrerai encore une voie beaucoup plus excellente. » (I *Cor.*, XII, 31.) « Quand je parlerais le langage des hommes et des anges, si je n'ai point la charité, je suis comme un airain sonnant et une cymbale retentissante. » (I *Cor.*, XIII, 1.) Voilà donc cette voie plus élevée, c'est-à-dire la charité, dont l'huile est une figure on ne peut plus juste. En effet, l'huile surnage au-dessus de tous les liquides. Mettez de l'eau dans un vase, versez de l'huile par-dessus, l'huile surnage. Commencez par mettre de l'huile et versez de l'eau par-dessus, c'est encore l'huile qui surnage. Si vous suivez l'ordre naturel, elle prend le dessus ; si vous le changez, elle le prend encore. « La charité ne succombe jamais. » (*Ibid.*, 8.)

CHAPITRE V. — *Que signifie l'action des vierges allant au-devant de l'époux ?* — 6. Quoi donc, mes frères ? Parlons maintenant des cinq vierges sages et des cinq vierges folles. Elles ont voulu aller au-devant de l'époux. Or, que signifie aller au devant de l'époux ? C'est y aller par le cœur, c'est vivre dans l'attente de son arrivée. Mais il tardait de venir, et tandis qu'il tardait, « toutes s'endormirent. » Qu'est-ce à dire toutes ? Et les folles et les sages, toutes sommeillèrent et s'endormirent. Devons-nous penser que ce sommeil soit une bonne chose ? Qu'est-ce que ce sommeil ? Faut-il l'entendre dans ce sens que, l'époux tardant à venir, l'iniquité se multiplie et que la charité d'un grand nombre se refroidit ? Est-ce ainsi qu'il faut l'entendre ? Cette interprétation ne me plaît point, et la raison, c'est qu'il est ici question des vierges sages et que Notre-Seigneur, après avoir dit : « Comme l'iniquité abondera, la charité de plusieurs se refroidira, » ajoute : « Mais celui qui persévérera jusqu'à la fin, celui-là sera sauvé. » (*Matth.*, XXIV, 12, 13.) Où voulez-vous donc placer les vierges sages ? N'est-ce point parmi ceux qui persévèrent jusqu'à la fin ? Veuillez y réfléchir, mes frères, il n'y a point d'autre raison pour elles d'être admises dans la salle du festin que leur persévérance finale. Ainsi donc, leur charité ne s'est point laissé gagner par les froides atteintes de l'iniquité, elle ne s'est point refroidie ; elle a gardé son ardeur jusqu'à la fin. Or, c'est parce qu'elle a conservé jusqu'à la fin cette ardeur, que l'époux lui ouvre ses portes et qu'il est dit aux vierges sages comme au bon serviteur : « Entrez dans la joie de votre Seigneur. » (*Matth.*, XXV, 5.) Que signifient donc ces paroles : « Elles sommeillèrent toutes ? » Il y a un autre sommeil auquel personne ne peut échapper. Ne vous souvenez-vous point de ces paroles de l'Apôtre : « Nous ne voulons pas, mes frères, que vous ignoriez ce qui regarde ceux qui dorment, » (I *Thess.*, IV, 12) c'est-à-dire ceux qui sont morts. Pourquoi l'Apôtre les appelle-t-il

---

Apostolus dicit : Adhuc supereminentiorem vobis viam demonstro. (I *Cor.*, XII, 31.) Supereminentiorem viam quam demonstrat? « Si linguis hominum loquar et Angelorum, caritatem autem non habeam, factus sum æramentum sonans, aut cymbalum tinniens. » (I *Cor.*, XIII, 1.) Ipsa est supereminens via, id est, caritas, quæ merito oleo significatur. Omnibus enim humoribus oleum supereminet. Mitte aquam, et superinfunde oleum, oleum supereminet. Mitte oleum, superinfunde aquam, oleum supereminet. Si ordinem servaveris, vincit : si ordinem mutaveris, vincit. Caritas nunquam cadit. (*Ibid.*, 8.)

CAPUT V. — *Ire obviam sponso quid.* — 6. Quid ergo, Fratres ? Jam disceptemus de quinque virginibus prudentibus et quinque fatuis. Voluerunt ire obviam sponso. Quid est, ire obviam sponso ? Corde ire, exspectare ejus adventum. Sed ille tardabat. Dum tardat ille, « dormierunt omnes. » Quid est « omnes ? » Et fatuæ et sapientes, « obdormiaverunt omnes, et dormierunt. » Putamus, bonus est somnus iste ? Quid est somnus iste ? Ne forte tardante sponso quoniam abundat iniquitas refrigescit caritas multorum. Siccine intellecturi sumus istum somnum ? Non mihi placet : dico quare. Quia sunt ibi prudentes : et utique quando dixit Dominus : Quoniam abundavit iniquitas, refrigescit caritas multorum ; subjecit et ait : Qui autem perseveraverit usque in finem, hic salvus erit. (*Matth.*, XXIV, 12, 13.) Ubi vultis esse istas prudentes ? Nonne in his qui perseveraverunt usque in finem ? Non ob aliud, Fratres, non ob aliud prorsus admitterentur intro, nisi quia perseveraverunt usque in finem. Non ergo eis obrepsit frigus caritatis, non in eis refriguit caritas ; sed fervet usque in finem. Quia fervet usque in finem, ideo sponsi januæ patuerunt : ideo eis dictum est ut intrarent, sicut illi optimo servo : Intra in gaudium Domini tui. (*Matth.*, XXV, 5.) Quid est ergo : « Dormitaverunt omnes ? » Est alius somnus, quem nemo evadit. Non recordamini Apostolum dicentem : De dormientibus autem nolo vos ignorare, fratres, id est, de his qui mortui sunt ? (I *Thess.*, IV, 12.) Quare enim

ceux qui dorment? Parce qu'ils doivent ressusciter au jour marqué. « Toutes se sont donc endormies. » Croyez-vous que la vierge prudente puisse échapper à la mort? Non, qu'elle soit prudente ou folle, toutes doivent passer par le sommeil de la mort.

CHAPITRE VI. — *Le cri au milieu de la nuit.* — 7. Les hommes se disent quelquefois : Le jour du jugement est proche, il se commet tant de mal, les calamités sont si multipliées que toutes les prédictions des prophètes sont sur le point d'être accomplies, et que nous touchons au jour du jugement. Ceux qui tiennent ce langage, et qui le tiennent avec foi, vont par ces pensées au-devant de l'époux. Mais voici que les guerres succèdent aux guerres, les tribulations aux tribulations, les tremblements de terre aux tremblements de terre, la famine à la famine, les peuples se soulèvent contre les peuples, et l'époux n'est point encore venu. C'est donc dans l'attente de son arrivée que s'endorment tous ceux qui disent : Il va venir, le jour du jugement nous trouvera encore sur la terre. Et, en parlant ainsi, ils s'endorment. Que chacun soit donc plein de vigilance jusqu'au moment de son sommeil, qu'il persévère jusque-là dans la charité, et que le sommeil le trouve dans l'attente de l'époux. Supposez qu'il est endormi. Est-ce que celui qui dort ne se réveillera point? Toutes s'endormirent donc et les vierges prudentes et les vierges folles.

8. « Et voici qu'au milieu de la nuit un cri se fit entendre. » Qu'est-ce à dire au milieu de la nuit? C'est-à-dire au moment où personne n'y compte, où personne ne s'y attend. La nuit est ici prise pour l'ignorance. Voici le calcul que font quelques-uns : Tant d'années se sont écoulées depuis Adam, voici que nous comptons six mille ans révolus; or, d'après les supputations de certains interprètes, le jour du jugement doit venir aussitôt. Mais tous ces calculs passent à leur tour, l'époux tarde encore à venir et le sommeil gagne les vierges qui étaient allées au-devant de lui.

CHAPITRE VII. — *Le milieu de la nuit c'est la résurrection des morts.* — Et voici qu'au moment où l'on n'y compte plus, alors qu'on dit : Les six mille ans que nous attendions sont écoulés, comment savoir maintenant quand il viendra? il viendra tout à coup au milieu de la nuit. Qu'est-ce à dire au milieu de la nuit? Il viendra au moment que vous y penserez le moins. Pourquoi viendra-t-il de la sorte? « Parce que ce n'est point à vous de connaitre les temps ou les moments que le Père a réservés en sa puissance. » (*Act.*, I, 7.) « Le jour du Seigneur, dit l'Apôtre, viendra comme un voleur. » (I *Thess.*, v, 2.) Veillez donc pendant la nuit pour ne pas être surpris par le voleur. Car que vous le vouliez ou non, le sommeil de la mort viendra nécessairement.

---

dormientes vocantur, nisi quia suo die resuscitantur? Ergo « dormierunt omnes. » Putas, quia prudens est, ideo non habet mori? Fatua sit virgo, prudens sit virgo, somnum mortis omnes patiuntur.

CAPUT VI. — *Clamor media nocte.* — 7. Aliquando autem dicunt sibi homines : Ecce jam dies judicii venit, tanta mala fiunt, tantæ tribulationes crebrescunt; ecce omnia quæ Prophetæ dixerunt, pene completa sunt; jam dies judicii instat. Qui hoc dicunt, et fideliter dicunt, tanquam obviam eunt sponso cogitationibus talibus. Sed ecce bellum super bellum, tribulatio super tribulationem, terræmotus super terræmotum, fames super famem, gens super gentem, et nondum venit sponsus. Cum ergo exspectatur, ut veniat, dormiunt omnes illi qui dicunt : Ecce venit, et dies judicii hic nos inveniet. Cum dicit, dormit. Ergo observet ad somnum suum, et perseveret in caritate usque ad somnum suum: exspectantem illum inveniat somnus. Puta enim quia dormivit. Numquid qui dormit, non adjiciet ut resurgat? « Dormierunt ergo omnes : » (*Psal.* XL, 9) et de illis prudentibus, et de illis fatuis omnes dormierunt.

8. Ecce « media nocte clamor factus est. » Quid est, « media nocte? » Quando non speratur, quando omnino non creditur. Noctem posuit pro ignorantia. Aliquis quasi computat sibi : Ecce ab Adam tot anni transierunt, et ecce complentur sex millia annorum, et continuo, quomodo quidam tractatores computaverunt, continuo veniet dies judicii : et veniunt, et transeunt computationes, et adhuc remoratur sponsi adventus, et dormiunt virgines quæ obviam ierant.

CAPUT VII. — *Media nox, resurrectio mortuorum.* — Et ecce dum non speratur, dum dicitur : Sex millia annorum exspectabantur, et ecce transierunt, unde scimus jam quando veniet? Media nocte veniet. Quid est : Media nocte veniet? Dum nescis, veniet. Quare dum nescis, veniet? Ipsum Dominum audi : Non est vestrum scire tempora, quæ Pater posuit in sua potestate. (*Act.*, I, 7.) Dies Domini, ait Apostolus, tanquam fur in nocte, ita veniet. (I *Thess.*, v, 2.) Ergo vigila nocte, ne patiaris. Nam somnus mortis, velis, nolis, veniet.

9. Ce ne sera toutefois que lorsqu'un cri se sera fait entendre au milieu de la nuit. Quel est ce cri, sinon celui dont l'Apôtre a dit : « En un moment, en un clin-d'œil, au son de la dernière trompette? Car la trompette sonnera, et les morts ressusciteront incorruptibles, et nous serons changés. » (I *Cor.*, xv, 52.) Enfin, après ce cri qui retentira au milieu de la nuit : « Voilà que l'époux vient, » qu'arrivera-t-il? « Toutes se levèrent. » Qu'est-ce à dire « toutes se levèrent? » Viendra l'heure, dit le Seigneur lui-même, où tous ceux qui sont dans les sépulcres entendront la voix du Fils de Dieu et en sortiront. (*Jean*, v, 28.) Toutes se levèrent donc au son de la dernière trompette. « Mais les sages avaient pris de l'huile dans leurs vases avec leurs lampes, tandis que les cinq vierges folles n'emportèrent pas d'huile. » Que veulent dire ces paroles : « Elles ne prirent point d'huile avec elles dans leurs vases? » Dans leurs vases, c'est-à-dire dans leurs cœurs, ce qui fait dire à l'Apôtre : « Ce qui fait notre gloire, c'est le témoignage de notre conscience. » (II *Cor.*, I, 12.) Là se trouve l'huile et une huile abondante qui vient de la libéralité divine. Les hommes, en effet, peuvent verser de l'huile dans un vase, mais ils ne peuvent créer l'olivier. J'ai de l'huile, me dites-vous, est-ce vous qui l'avez créée? Elle est due tout entière à la bonté de Dieu. Vous avez de l'huile, portez-la constamment avec vous. Qu'est-à-dire? Gardez-la fidèlement dans votre intérieur et cherchez à y plaire à Dieu.

CHAPITRE VIII. — *Comment porter l'huile avec soi*. — 10. Les vierges folles qui n'ont point emporté d'huile avec elles, ont cherché à plaire aux hommes par cette abstinence qui leur a fait donner le nom de vierges, et par leurs bonnes œuvres que figurent les lampes qu'elles avaient dans leurs mains. Or, si elles veulent plaire aux hommes, et que tel soit le motif de leurs bonnes œuvres, elles ne portent point d'huile avec elles. Pour vous, portez cette huile avec vous, portez-la dans votre intérieur où pénètre le regard de Dieu ; portez là le témoignage d'une bonne conscience. Celui qui se propose comme mobile de ses actions le témoignage d'autrui, ne porte pas d'huile avec lui. Si vous évitez le mal et si vous faites le bien pour recueillir les louanges des hommes, vous n'avez pas d'huile dans l'intérieur de votre âme, et vos lampes s'éteindront lorsque les hommes cesseront de vous louer. Que votre charité considère bien cette circonstance. Avant que ces vierges se soient endormies, il n'est pas dit que leurs lampes se fussent éteintes. Les lampes des vierges sages brillaient d'un vif éclat, alimentées par l'huile intérieure, par la paix de la conscience, par la gloire secrète de l'âme, par la charité

---

9. Sed cum factus fuerit clamor media nocte. Quis iste clamor, nisi de quo Apostolus dicit : « In ictu oculi, in novissima tuba? Canet enim tuba, et mortui resurgent incorrupti, et nos immutabimur. » (1 Cor., xv, 52.) Denique clamore facto media nocte, quo clamabitur : « Ecce sponsus venit, » quid sequitur? « Surrexerunt omnes. » Quid est : « Surrexerunt omnes? » Veniet hora, dixit ipse Dominus, quando omnes qui sunt in monumentis, audient vocem ejus, et procedent. (Joan., v, 28.) Ergo ad novissimam tubam surrexerunt omnes. « Prudentes » autem illæ « tulerunt oleum secum in vasis suis : stultæ vero » illæ « non tulerunt oleum secum. » Quid est, « non tulerunt oleum secum in vasis suis? » Quid est, « in vasis suis? » In cordibus suis. Unde dicit Apostolus : Gloria nostra hæc est, testimonium conscientiæ nostræ. (II Cor., I, 12.) Ibi oleum, magnum oleum : de dono Dei est hoc oleum. Denique homines oleum mittere intro possunt, olivam creare non possunt. Ecce habeo oleum : numquid tu creasti oleum? De Dei dono est. Habes oleum, porta tecum. Quid est porta tecum. Intus habe, ibi place Deo.

CAPUT VIII. — *Oleum portare secum*. — 10. Etenim ecce istæ virgines stultæ, quæ non portaverunt oleum secum, abstinentia sua qua virgines appellantur, (a) et bonis operibus suis, quando lampades ferre videntur, hominibus volunt placere, et si hominibus volunt placere, et ideo omnia ista laudabilia faciunt, oleum secum non portant. Tu ergo tecum porta, intus porta, ubi videt Deus : ibi porta testimonium conscientiæ tuæ. Qui autem ambulat ad testimonium alienum, oleum non portat secum. Si ideo abstines ab illicitis, et facis bona opera, ut ab hominibus lauderis; non est intus oleum. Denique cum cœperint homines non laudare, deficiunt lampades. Intendat itaque Caritas Vestra : Ante quam dormierint illæ virgines, non est dictum; quia exstinguebantur lampades illarum. Sapientium lampades ardebant de oleo (b) interno, de conscientiæ (c) securitate, de interiore gloria, de intima caritate. Ardebant tamen et illarum fatuarum. Quare tunc

(a) Verba isthæc, *et bonis operibus suis, quando lampades ferre videntur*, absunt a Mss. — (b) Editi, *de oleo æterno*. Melius Victorinus codex, *interno*. — (c) Plerique Mss. *de conscientiæ suæ veritate*. Colbertinus *de conscientiæ claritate*.

qui l'embrase. Les lampes des vierges folles brillaient également, et pourquoi brillaient-elles ? Parce que leur lumière était entretenue par les louanges des hommes. Mais, lorsqu'elles se furent levées, c'est-à-dire à la résurrection des morts, elles commencèrent à disposer leurs lampes, c'est-à-dire à préparer le compte qu'elles devaient rendre à Dieu de leurs œuvres. Mais alors il n'y a plus personne pour les louer, chacun est occupé de ce qui le concerne, chacun concentre ses pensées sur soi-même, elles ne trouvent personne pour leur vendre de l'huile, leurs lampes s'éteignent, et les vierges folles font cette demande aux cinq vierges sages : « Donnez-nous de votre huile, car nos lampes s'éteignent. » Elles cherchent, comme elles l'ont toujours fait, à briller avec l'huile d'autrui, à vivre des louanges des hommes : « Donnez-nous de votre huile, car nos lampes s'éteignent. »

11. Mais les sages leur répondirent : « De peur que nous n'en ayons pas assez pour nous et pour vous, allez plutôt à ceux qui en vendent, et achetez-en pour vous. » Ce n'est pas un conseil, c'est une raillerie. Et pourquoi cette dérision ? Parce qu'elles étaient sages, parce que la sagesse était en elles. Elles n'étaient point sages de leur propre fond, mais elles avaient en elles cette sagesse dont parle un de nos livres inspirés et qui dit à ses contempteurs écrasés sous les châtiments dont elle les a menacés : « Moi aussi je rirai à mon tour de votre ruine. » (*Prov.*, I, 26.) Quoi donc d'étonnant que les vierges sages se moquent des vierges folles ? Que signifie donc cette dérision ?

Chapitre IX. — *Quels sont ceux qui achètent et vendent de l'huile.* — 12. « Allez à ceux qui en vendent et achetez-en pour vous, » car vous n'avez jamais fait le bien que parce que les hommes vous louaient, parce qu'ils vous vendaient de l'huile, c'est-à-dire parce qu'ils vous vendaient leurs louanges. Quels sont ceux qui vendent les louanges ? ce sont les flatteurs. Qu'il eût été bien préférable de ne pas vous complaire dans les louanges des flatteurs, de porter l'huile en vous-même, et de ne faire toutes vos bonnes œuvres que pour obtenir le témoignage d'une bonne conscience. Vous pourriez dire alors : « Le juste me reprendra et me corrigera dans sa miséricorde, mais l'huile du pécheur ne coulera point sur ma tête. » (*Ps.* CXL, 5.) Il vaut mieux, dit le Roi-Prophète, que le juste me reprenne, que le juste m'accuse, que le juste me châtie, que le juste me corrige plutôt que l'huile du pécheur vienne à couler sur ma tête. Qu'est-ce que l'huile du pécheur, sinon les caresses du flatteur ?

13. « Allez donc à ceux qui en vendent, » c'est ce que vous n'avez cessé de faire. Quant à nous, nous ne pouvons vous en donner. Pourquoi ? « De peur que nous n'en n'ayons pas assez pour

---

ardebant? Quia non deerant laudes hominum. Postea vero quam surrexerunt, id est, in resurrectione a mortuis, cœperunt aptare lampades suas, id est, præparare Deo operum suorum reddere rationem. Et quia tunc nemo est qui laudet, omnis homo causæ suæ vacat, nemo est tunc qui non de se cogitet : non ergo erant qui oleum venderent; cœperunt deficere lampades, et converterunt se fatuæ ad quinque prudentes : « Date nobis de oleo vestro, quia lampades nostræ exstinguuntur. » Hoc quærebant quod consueverant, id est, alieno oleo lucere, ad alienas laudes ambulare. « Date nobis de oleo vestro, quia lampades nostræ exstinguuntur. »

11. At illæ : « Ne forte, inquiunt, non sufficiat nobis et vobis, ite potius ad vendentes, et emite vobis. » Non consulentium, sed irridentium est ista responsio. Quare irridentium ? Quia sapientes erant, quia sapientia erat in illis. Non enim sapientes de suo erant : sed illa in illis erat sapientia, de qua scriptum est in quodam libro, quæ dicit contemptoribus suis, cum venerint ad mala, quæ illis minata est : Et ego vestræ perditioni superridebo. (*Prov.*, I, 26.) Quid mirum est, quia sapientes irrident fatuas ? Quid est irridere ?

Caput IX. — *Oleum ementes et vendentes.*— 12. « Ite ad vendentes, et emite vobis : » quæ non solebatis bene vivere, nisi quia vos homines laudabant, qui vobis oleum vendebant. Quid est, oleum vendebant ? Laudes vendebant. Qui vendunt laudes, nisi adulatores ? Quanto magis non acquiesceretis adulatoribus, et intus oleum portaretis, et propter bonam conscientiam omnia bona opera faceretis : tunc diceretis : « Emendabit me justus in misericordia, et arguet me ; oleum autem peccatoris non impinguabit caput meum. » (*Psal.* CXL, 5.) Melius, inquit, emendet me justus, arguat me justus, colaphizet me justus, corrigat me justus, quam impinguet caput meum oleum peccatoris. Quid est oleum peccatoris, nisi blandimenta adulatoris ?

13. « Ite ergo ad vendentes, » hoc (a) facere consue-

(a) In Colbertino libro, *hoc est, facere consuestis.*

nous et pour vous. » Que signifient ces paroles « De peur que nous n'en n'ayons pas assez ? » Ce n'est point le défaut d'espérance qui les fait ainsi parler, mais une sage et pieuse humilité. L'homme de bien a une bonne conscience, il est vrai, mais qui peut lui faire savoir comment il est jugé par celui que personne ne peut tromper ? Il a une bonne conscience, il n'est point tourmenté par le souvenir des crimes dont son cœur aurait conçu le dessein ; mais, malgré le témoignage d'une bonne conscience, les fautes de fragilité qui lui échappent chaque jour pendant cette vie, lui font dire à Dieu : « Remettez-nous nos dettes, » parce qu'il a commencé par faire ce qui suit : « Comme nous les remettons à ceux qui nous doivent. » (*Matth.*, vi, 12.) Il a de bon cœur partagé son pain avec celui qui a faim, donné des vêtements à celui qui était nu ; c'est avec l'huile intérieure qu'il a fait des bonnes œuvres, et cependant sa conscience ne peut s'empêcher de trembler à l'approche de ce jugement.

14. Voyez maintenant ce que signifient ces paroles des vierges folles : « Donnez-nous de votre huile. » On leur répond : « Allez plutôt à ceux qui en vendent. » Comme les louanges des hommes ont été le mobile ordinaire de vos actions, vous n'avez point d'huile avec vous ; quant à nous, nous ne vous en donnerons point, « de peur que nous n'en ayons pas assez pour nous et pour vous. » A peine, en effet, osons-nous porter un jugement sur nous-mêmes, combien moins pouvons-nous vous juger ce que vous êtes ? Qu'est-ce à dire que nous pouvons à peine porter un jugement sur nous-mêmes ? « C'est que quand le Roi de justice sera assis sur son trône, qui osera se glorifier d'avoir le cœur pur ? » (*Prov.*, xx, 8, 9.) Peut-être ne trouvez-vous aucune faute dans votre conscience, mais celui dont la vue est plus parfaite, celui dont les yeux perçants pénètrent ce qu'il y a de plus profond, y découvre peut-être des taches que vous n'apercevez pas. Qu'il vaut donc bien mieux lui dire : « N'entrez pas en jugement avec votre serviteur ? » (*Ps.* cxlii, 2.) Qu'il vaut mieux encore lui dire : « Remettez-nous nos dettes ? » C'est parce que les vierges sages ont en leurs mains ces flambeaux, ces lampes allumées que le Sauveur leur dit : « J'ai eu faim, et vous m'avez donné à manger. » Quoi donc, est-ce que les vierges folles n'ont point fait ces mêmes œuvres de charité ? Elles ne les ont point faites sous les yeux de Dieu. Comment donc les ont-elles faites ? De la manière que le Seigneur le défend, lorsqu'il dit : « Prenez garde de faire vos bonnes œuvres devant les hommes, afin qu'ils vous voient, autrement vous n'aurez point de récompense de votre Père qui est dans les cieux. Et lorsque vous priez, ne soyez point semblable aux hypocrites, qui aiment à se tenir

---

stis. Nos autem non vobis damus. Quare ? « Ne forte non sufficiat nobis et vobis. » Quid est, « non sufficiat ? » Non desperatione dictum est, sed sobria et pia humilitate. Quamvis enim bonus habeat bonam conscientiam ; unde scit, quemadmodum judicet ille qui (*a*) a nemine fallitur ? Habet bonam conscientiam, non illum titillant crimina in corde concepta, sed propter quotidiana quædam vitæ humanæ peccata, licet bona conscientia sit, tamen dicit Deo : Dimitte nobis debita nostra : quia fecit quod sequitur : « Sicut et nos dimittimus debitoribus nostris. » (*Matth.*, vi, 12.) Fregit panem esurienti ex corde, vestivit nudum ex corde : de oleo interiore fecit opera bona, et tamen in illo judicio trepidat ipsa bona conscientia.

14. Vide quid est : « Date nobis oleum. » Audierunt : « Ite potius ad vendentes. » Quia laudibus humanis bene vivere consuestis, vobiscum oleum non portatis : non autem nos damus : « Ne forte non sufficiat nobis et vobis. » Vix enim de nobis judicamus, quanto minus possumus judicare de vobis ? Quid est : « Vix de nobis judicamus ? Quia cum rex jussus sederit in throno, quis gloriabitur castum se habere cor ? » (*Prov.*, xx, 8 et 9.) Forte tu non invenis aliquid in conscientia tua ; et invenit ille qui melius videt, cujus acies divina penetrat altiora : videt forte aliquid, invenit forte aliquid. Quanto melius illi dicis : « Ne intres in judicium cum servo tuo ? » (*Psal.* cxlii, 2.) Etiam quanto melius dicis : « Dimitte nobis debita nostra ? » Quia et dicitur tibi propter illas (*b*) faces, propter illas lampades : Esurivi, et dedisti mihi manducare. Quid ergo ? et illæ non illud fecerunt ? Non fecerunt ante illum. Sed quomodo fecerunt ? Quomodo prohibet Dominus, qui dixit : « Cavete facere justitiam vestram coram hominibus, ut videamini ab eis : alioquin non habebitis mercedem apud Patrem vestrum, qui in cœlis est. Et nolite similes esse hypocritis, quando oratis. Amant enim stare in plateis, et orare, ut videantur ab hominibus. Amen dico vobis, perceperunt mercedem

---

(*a*) Mss. *qui neminem fallit? Habet conscientiam*, etc. omisso *bonam*.— (*b*) Plerique Mss. *propter illas fatuas.*

et à prier dans les places publiques pour être vus des hommes. En vérité, je vous le dis, ils ont reçu leur récompense. » (*Matth.*, VI, 1, etc.) Ils ont acheté de l'huile, ils en ont donné le prix; ils l'ont achetée, les hommes ne leur ont point refusé les louanges, ils les ont recherchées, ils les ont obtenues. Mais ces louanges humaines ne leur seront d'aucun secours au jour du jugement. Quelle a été, au contraire, la conduite des vierges sages? « Que vos œuvres luisent devant les hommes, afin qu'ils voient vos bonnes œuvres et glorifient votre Père qui est dans les cieux. » (*Matth.*, V, 16.) Il ne dit pas : Afin qu'ils vous glorifient, car l'huile que vous avez ne vient pas de vous. Vantez-vous tant que vous voudrez et dites : J'ai de l'huile, oui, mais elle vient de Dieu.» Qu'avez-vous, en effet, que vous n'ayez reçu? » (I *Cor.*, IV, 7.) Telle est la conduite si différente des vierges sages et des vierges folles.

15. Or, il n'est pas étonnant que pendant qu'elles vont pour acheter de l'huile, pendant qu'elles cherchent, mais sans pouvoir en trouver, des louanges et des consolations que la porte s'ouvre, que l'époux et l'épouse paraissent, et que l'Eglise soit glorifiée avec Jésus-Christ, afin que tous les membres se réunissent pour ne plus faire qu'un seul corps. « Et elles entrèrent avec l'époux dans la salle des noces, et la porte fut fermée. » Les vierges folles vinrent ensuite, mais avaient-elles acheté de l'huile, avaient-elles même trouvé à qui en acheter? Aussi trouvèrent-elles les portes fermées; elles commencèrent à frapper, mais c'était trop tard.

CHAPITRE X. — *Pourquoi la porte ne s'ouvre point à ceux qui frappent.* — 16. Il est dit, et rien n'est plus vrai, et ce n'est point une promesse mensongère : « Frappez et l'on vous ouvrira ; » (*Matth.*, VII, 7) mais c'est dans le temps présent qui est le temps de la miséricorde, et non dans le temps du jugement. On ne peut confondre ces deux temps, puisque l'Eglise chante devant Dieu la miséricorde et le jugement. (*Ps.* C, 1.) C'est maintenant le temps de la miséricorde, faites pénitence. Attendez-vous pour la faire le temps du jugement? Alors vous serez du nombre de ces vierges à qui la porte est fermée. « Seigneur, Seigneur, disent-elles, ouvrez-nous. » Est-ce qu'elles ne se repentent point de n'avoir pas emporté d'huile avec elles? Mais à quoi leur sert ce repentir tardif, alors que la Sagesse véritable les couvre de ses dérisions? La porte leur est donc fermée. Et que leur dit le Seigneur? « Je ne vous connais point. » Quoi, elles ne sont point connues de celui qui connaît tout? Que signifient donc ces paroles : « Je ne vous connais point? » Je vous condamne, je vous réprouve. Je ne vous reconnais aucune conformité avec ma doctrine ; car cette doctrine ne connaît point les vices, et, chose étonnante, bien qu'elle ne connaisse point les vices elle ne laisse point que de les juger. Elle les

---

suam. » (*Matth.*, VI, 1, etc.) Emerunt oleum, pretium dederunt : emerunt, non sunt fraudati laudibus humanis : quæsierunt laudes humanas, habuerunt. Istæ laudes humanæ in die judicii non eos adjuvant. Illæ autem quomodo fecerunt? « Luceant opera vestra coram hominibus, ut videant bona facta vestra, et glorificent Patrem vestrum, qui in cœlis est. » (*Matth.*, V, 16.) Non ait : Vos. Non enim de tuo habes oleum. Jacta te, et dic, habeo : sed ab eo. Quid enim habe, quod non accepisti? (I *Cor.*, IV, 7.) Ergo illæ sic fecerunt, illæ sic.

15. Non autem mirandum, « cum eunt emere, » cum quærunt a quibus laudentur, et non inveniunt; cum quærunt a quibus consolentur, et non inveniunt; aperta est janua, « venit sponsus, » et sponsa, tunc glorificata cum Christo Ecclesia, ut singula membra ad totum se colligant. « Et intraverunt cum eo ad nuptias, et clausum est ostium. » Et illæ fatuæ postea venerunt : sed numquid oleum emerunt, aut a quibus emerent invenerunt? Ideo januas clausas invenerunt : pulsare cœperunt, sed sero.

CAPUT X. — *Pulsantibus ostium cur non aperitur.* — 16. Dictum est, verum est, non fallaciter dictum est : Pulsate, et aperietur vobis (*Matth.*, VII, 7) : sed modo quando tempus est misericordiæ, non quando tempus est judicii. Non enim possunt confundi ista tempora, cum misericordiam et judicium Domino suo cantet Ecclesia. Tempus est misericordiæ; age pœnitentiam. (*Psal.* C, 1.) Tempore judicii illam habes agere? Eris in virginibus illis, contra quas clausum est ostium. « Domine, Domine, aperi nobis. » Numquid non pœnitentiam egerunt, quia secum oleum non portaverunt? Et quid illis profuit sera pœnitentia, quando eas irridebat vera sapientia? « Clausum est ergo ostium. » Et quid illis dictum est? « Non novi vos. » Non illas novit, qui omnia novit? Quid ergo est : « Non novi vos? » Improbo vos, reprobo vos. In arte mea non vos agnosco, ars mea nescit vitia : hoc est autem ma-

ignore, parce qu'elle s'en abstient, elle les juge en les condamnant. Ainsi donc je ne vous connais point.

17. Les cinq vierges sages vinrent donc et entrèrent dans la salle des noces. Il en est beaucoup parmi vous, mes frères, qui portent le nom du Christ, mais qu'il serait à désirer qu'on vît parmi vous ces cinq vierges sages; toutefois n'allez pas restreindre ce nombre à cinq personnes seulement. Qu'on voie parmi vous ces cinq vierges sages, qui ont la prudence figurée par le nombre cinq. Cette heure viendra, et elle viendra nous ne savons quand. Elle viendra au milieu de la nuit, soyez donc vigilants. Le Sauveur termine cette parabole de l'Evangile par cette recommandation : « Veillez, parce que vous ne savez ni le jour ni l'heure. » Mais, si nous devons nécessairement nous endormir, comment pourrons-nous veiller? Ayez la vigilance du cœur, la vigilance de l'espérance, la vigilance de la charité, la vigilance des œuvres, et au sommeil du corps succèdera pour vous le moment du réveil. Or, lorsque vous sortirez de votre sommeil, préparez vos lampes. Alors, ne les laissez point s'éteindre, entretenez-les avec l'huile intérieure de la conscience; jouissez alors des embrassements spirituels de l'époux, et qu'il vous introduise dans cette maison d'où le sommeil est banni, et où votre lampe ne s'éteindra jamais. Maintenant, c'est le temps du travail et de la fatigue, nos lampes sont agitées par les vents et les tentations de ce monde, mais que notre flamme brûle dans toute sa force, afin que le vent des tentations l'active plutôt que de l'éteindre.

SERMON XCIV.

Sur les paroles du chapitre xxv de saint Matthieu, où le serviteur paresseux, qui n'avait point voulu tirer parti du talent qu'il avait reçu, est puni.

Mes seigneurs, mes frères et mes collègues dans l'épiscopat ont daigné nous visiter et nous combler de joie par leur présence; mais je ne sais pourquoi ils refusent de m'aider dans mes fatigues. Je le dis tout haut devant eux, à votre charité, afin que votre attention intercède pour moi auprès d'eux, et qu'ils cèdent à la prière que je leur fais, de vous adresser la parole. Qu'ils consentent à donner ce qu'ils ont reçu, qu'ils daignent travailler plutôt que de s'excuser. Pour moi, je suis accablé de fatigue, et je puis à peine parler, écoutez donc volontiers le peu de mots que je vous adresserai. Nous avons d'ailleurs un mémorial des grâces que Dieu a faites par l'intercession du saint martyr (1), vous en écouterez le récit avec plus de bonheur encore. Que vous dirai-je donc? Vous avez appris par la lecture de l'Evangile la récompense des bons serviteurs

---

(1) Voyez ci-dessus le sermon LXXIX et plus bas les sermons sur saint Etienne.

---

gnum, et nescit vitia, et (a) judicat vitia. Nescit faciendo, judicat arguendo. Sic ergo « non novi vos. »

17. Ierunt, intraverunt quinque prudentes. Quam multi estis, Fratres mei, in nomine Christi : sint in vobis quinque prudentes, sed nolite quinque homines. Sint in vobis quinque prudentes, ad istam prudentiam quinarii numeri pertinentes. Veniet enim hora, et quando nescimus, veniet. Media nocte veniet, vigilate. Sic clausit Evangelium : « Vigilate, quia nescitis diem neque horam. » Si ergo dormituri sumus, quomodo vigilamus? Corde vigila, fide vigila, spe vigila, caritate vigila, operibus vigila : et quando corpore dormiveris, veniet tempus ut surgas. Cum autem surrexeris, præpara lampades. Tunc non exstinguantur, tunc interiore conscientiæ oleo vegetentur : tunc sponsus ille incorporeis nexibus amplectatur, tunc te introducat in domum, ubi nunquam dormias, ubi nunquam tua lampas possit exstingui. Hodie vero laboramus, et lampades nostræ inter ventos sæculi hujus tentationesque fluctuant : sed ardeat (b) in robore flamma nostra, ut ventus tentationis augeat ignem potius, quam exstinguat.

SERMO XCIV (c).

De verbis Evangelii Matth., xxv, ubi servus piger qui talentum acceptum noluit erogare damnatur.

Domini fratres et coepiscopi mei præsentia quidem sua nos visitare et exhilarare dignati sunt: sed nescio quare nolunt me fessum adjuvare. Hoc ideo Caritati Vestræ dixi ipsis audientibus, ut quodam modo audientia vestra intercedat pro me apud illos, ut quando eos rogo faciant et ipsi sermonem. Erogent quod acceperunt, operari magis quam excusare dignentur. A me autem fatigato et vix loquente, pauca libenter accipite. Habemus enim et libellum de beneficiis Dei per sanctum Martyrem datis, pariter li-

---

(a) Unus e Colbertinis Mss. *et indicat vitia* : sed mox idem codex habet *judicat arguendo*. — (b) Editi, *in rubore*. Verius Mss. *in robore*. — (c) Alias LI, de Sanctis.

et le châtiment des mauvais. Or, tout le crime de ce serviteur réprouvé et si sévèrement condamné fut de n'avoir pas voulu donner. (*Matth.*, xxv.) Il a conservé intégralement ce qu'il avait reçu, mais le Seigneur voulait que le talent qu'il lui avait donné ne restât point infructueux. Dieu est avare quand il s'agit de notre salut ; s'il condamne ainsi celui qui a refusé de donner, que doivent attendre ceux qui perdent ce qu'ils ont reçu ? Nous sommes les dispensateurs, nous donnons, et vous recevez. Nous cherchons le profit de ce que nous vous donnons, que votre vie soit irrépréhensible, c'est le profit que nous cherchons en donnant. Ne croyez pas toutefois que vous soyez vous-mêmes dispensés de donner. Vous ne pouvez donner du haut de cette chaire, mais vous le pouvez partout où vous êtes. Si Jésus-Christ est outragé, défendez-le, répondez aux murmurateurs, reprenez sévèrement les blasphémateurs, éloignez-vous de leur compagnie. Voilà comme vous donnez, en gagnant quelques-uns d'entre eux à Jésus-Christ. Soyez nos remplaçants dans vos maisons. Le nom d'évêque signifie celui qui surveille de haut, et dont la surveillance est pleine de sollicitude. Chacun de vous, dans sa maison, s'il en est le chef, doit se regarder comme revêtu des fonctions de l'évêque, voir quelle est la foi de ceux qui lui sont soumis, afin qu'aucun d'eux ne tombe dans l'hérésie, ni son épouse, ni son fils, ni sa fille, ni son serviteur, parce qu'ils ont été rachetés à un bien grand prix. La doctrine de l'Apôtre met le maître au-dessus du serviteur, et subordonne le serviteur au maître (*Ephés.*, vi, 5 ; *Tit.*, ii, 9) ; cependant Jésus-Christ a payé pour tous les deux le même prix. Ne méprisez donc point les plus petits d'entre vous, et appliquez toute votre vigilance à procurer le salut des membres de votre famille. En agissant de la sorte, vous donnez dans un sens véritable ; vous ne serez point des serviteurs paresseux, et vous n'aurez point à craindre la terrible condamnation qui les attend.

SERMON XCV [1].

Sur les paroles du chapitre viii *de saint Marc, où se trouve rapporté le miracle des sept pains.*

Le festin spirituel dans les saintes Ecritures. — 1. Lorsque nous vous expliquons les saintes Ecritures, nous vous distribuons en quelque sorte le pain. Recevez-le avec une sainte avidité, que la louange sorte en abondance de votre cœur, et après vous être assis à une table aussi opulente, gardez-vous d'être stériles en bonnes œuvres et en vertus. Ce que je vous donne ne vient pas de moi. Je me nourris moi-même de ce qui fait votre nourriture, je vis de ce qui vous fait vivre. Nous avons dans le ciel un trésor com-

(1) Nous publions pour la première fois ce sermon d'après un vieux manuscrit de la bibliothèque Colbert, où il est inscrit sous le n° 824, avec ce titre : *Traité de saint Augustin sur le miracle des sept pains, d'après saint Marc.* Florus a donné un fragment considérable de ce sermon dans son commentaire sur la Ire épître aux Corinthiens.

bentius audiamus. Quid ergo est ? quid dicam vobis ? Audistis in Evangelico et bonorum servorum meritum, et pœnam malorum. Et malitia tota servi illius reprobati graviterque damnati ista fuit, quia noluit erogare. (*Matth.*, xxv.) Servavit integrum quod accepit : sed Dominus ejus lucra quærebat. Avarus est Deus ad salutem nostram. Si sic damnatur qui non erogavit, quid debent exspectare qui perdunt ? Nos ergo dispensatores sumus, nos erogamus, vos accipitis. Lucra quærimus : bene vivite. Lucra enim erogationis nostræ sunt. Sed etiam ad vos nolite existimare non pertinere erogationem. Non potestis erogare de isto loco superiore, sed potestis ubicumque estis. Ubi reprehenditur Christus, defendite : murmuratoribus respondete, blasphematores corripite, ab eorum vos societate alienate. Sic erogatis, si aliquos lucramini. Agite vicem nostram in domibus vestris. Episcopus inde appellatus est, quia superintendit, quia intendendo curat. Unusquisque ergo in domo sua, si caput est domui suæ, debet ad eum pertinere episcopatus officium, quomodo sui credant, ne aliqui ipsorum in hæresim incurrant, ne uxor, ne filius, ne filia, ne ipse servus, quia tanti est emptus. Disciplina Apostolica præposuit dominum servo, et servum subdidit domino (*Ephes.*, vi, 5 ; *Tit.*, ii, 9) : Christus tamen pro ambobus unum pretium dedit. Minimos vestros nolite contemnere, domesticorum vestrorum salutem omni vigilantia procurate. Hæc si facitis, erogatis : pigri servi non eritis, damnationem tam detestandam non timebitis.

SERMO XCV.

De verbis Evangelii Marci, viii, *ubi miraculum septem panum refertur.*

Epulæ in Scripturis sanctis. — 1. Scripturas sanctas exponentes vobis, quasi panes frangimus vobis. Vos esurientes accipite, et saginam laudis corde eructuate : et qui estis divites in epulis, nolite macri esse in operibus et factis bonis. Quod ego erogo vobis,

mun, car c'est de là que descend la parole de Dieu.

Signification allégorique du miracle des sept pains. — 2. Les sept pains signifient les sept opérations différentes de l'Esprit saint; les quatre mille hommes, l'Eglise placée sous l'autorité des quatre Evangiles, les sept corbeilles pleines de morceaux, la perfection de cette même Eglise. (*Marc*, VIII, 6.) Le nombre sept est pris très-souvent, en effet, comme le symbole de la perfection. Pourquoi lisons-nous par exemple dans les Psaumes : « Je vous louerai sept fois dans le jour? » (*Ps.* CXVIII, 164.) Est-ce que l'homme ferait une faute en ne louant pas sept fois le Seigneur? Que signifie donc : Je vous louerai sept fois? Je ne cesserai de vous louer. Le nombre sept, en effet, exprime ici l'universalité du temps dont le cours s'accomplit par une révolution constante de sept jours. Ces paroles : « Je vous louerai sept fois le jour, » expriment donc la même pensée que ces paroles d'un autre psaume : « Sa louange sera toujours dans ma bouche. » (*Ps.* XXXIII, 2.) C'est encore pour figurer la perfection, que saint Jean écrit aux sept Eglises. (*Apoc.*, I, 4.) Car l'Apocalypse est l'ouvrage de saint Jean l'évangéliste, et il l'adresse aux sept Eglises. Soyez donc sincèrement amis de la vérité, et reconnaissez le sens mystérieux de ces corbeilles. Les morceaux dont elles étaient pleines n'ont pas été perdus, et puisque vous faites partie de l'Eglise, ils n'ont pas été pour vous sans utilité. En vous exposant ces vérités, c'est Jésus-Christ que je sers, et en m'écoutant avec attention, vous êtes comme assis à un festin. Quant à moi, mon corps est assis, il est vrai, mais mon cœur est debout, et toute ma crainte en vous servant est, non pas que la nourriture, mais que le vase dans lequel je vous l'offre, en éloigne quelques-uns. Vous connaissez du reste ce banquet divin, souvent on vous en a parlé, ce n'est point les corps, mais les cœurs, qu'il demande pour convives.

Mystère que figurent ceux qui ont été rassasiés avec sept pains. — 3. Quatre mille hommes furent donc rassasiés avec sept pains, quoi de plus merveilleux? Et cependant c'était peu, il fallait encore remplir sept corbeilles des morceaux qui restaient. Profonds mystères! C'étaient des œuvres merveilleuses, mais des œuvres parlantes. Si vous comprenez bien ces actions, vous y découvrirez autant d'enseignements. Vous-mêmes, vous faites partie de ces quatre mille, parce que vous vivez sous l'autorité des quatre Evangiles. Dans ce nombre ne furent compris ni les enfants ni les femmes. Voici ce que dit l'Evangéliste : « Or, ceux qui mangèrent étaient au nombre de quatre mille, outre les petits enfants et les femmes. » (*Matth.*, XV, 38.) Comme si l'on ne pouvait compter les insensés et les efféminés. Cependant, qu'ils ne laissent pas

---

non est meum. Quod manducatis, manduco : unde vivitis, vivo. Commune habemus in cœlo cellarium : inde enim venit verbum Dei.

Miraculum septem panum allegorice. — 2. Septem panes significant septiformem operationem Spiritus sancti : quatuor millia hominum, Ecclesiam sub quatuor Evangeliis constitutam : septem sportæ fragmentorum, perfectionem Ecclesiæ. (*Marc.*, VIII, 6.) Hoc enim numero sæpissime perfectio figuratur. Unde est enim quod dictum est : Septies in die laudabo te? (*Psal.* CXVIII, 164.) Numquid errat homo, qui totiens laudaverit (*f.* non laudaverit) Dominum. Quid est ergo : Septies laudabo, nisi nunquam a laude cessabo? Totum enim tempus significat qui dicit, septies. Unde septem dierum volumina sæculo provolvuntur. Quid est ergo : Septies in die laudabo te, nisi quod alio loco dicitur : Semper laus ejus in ore meo? (*Psal.* XXXIII, 2.) Propter ipsam perfectionem ad septem Ecclesias scribit Joannes. (*Apoc.*, I, 4.) Apocalypsis liber est sancti Joannis Evangelistæ : scribit ad septem Ecclesias. (*a*) Veraces estote, sportas agnoscite. Non enim fragmenta illa perierunt : sed quia et vos ad Ecclesiam pertinetis, vobis utique profecerunt. Quod vobis ista expono, Christo ministro : vos cum tranquille auditis, discumbitis. Ego corpore sedeo, corde consisto, et sollicitus ministro vobis; ne forte aliquem vestrum offendat vasculum, non cibus. Epulas Dei nostis, sæpe audistis, mentes quærunt, non ventres.

Mysteria in iis qui saturati sunt de septem panibus. — 3. Certe saginata sunt quatuor millia hominum de septem panibus : quid mirabilius? Et tamen parum erat, nisi etiam sportæ septem de fragmentis residuis implerentur. O magna mysteria! operabantur, et opera loquebantur. Facta illa si intelligas, verba sunt. Et vos ad quatuor millia pertinetis, quia sub Evangelio quaternario vivitis. Ad numerum non pertinuerunt pueri et mulieres. Sic enim dictum est : « Erant autem qui manducaverunt quatuor millia hominum, exceptis pueris et mulieribus. » (*Matth.*, XV,

---

(*a*) Ita Colbertinum exemplar, sed a secunda manu : nam antea ferebat : *Voraces estote.* Locus profecto haud integer et illibatus.

de manger, peut-être les enfants grandiront et cesseront d'être enfants; peut-être les efféminés se corrigeront et deviendront chastes. Qu'ils mangent, c'est nous qui sommes chargés de leur donner, de leur distribuer la nourriture. Mais Dieu examine ceux qui sont assis à sa table, et s'ils refusent de se corriger, celui qui a su les inviter saura bien aussi les séparer.

Quel est celui qui invite au festin. — 4. Je ne dis rien que vous ne sachiez, mes bien-aimés, rappelez-vous la parabole de l'Evangile, où nous voyons le Seigneur entrer dans la salle du festin pour examiner ceux qui étaient assis à sa table. Le père de famille qui avait invité tous les convives, au témoignage de l'Evangile, vit là un homme qui n'était point vêtu de l'habit nuptial. (*Matth.*, XXII, 11.) L'époux qui avait invité à ses noces, surpassait en beauté tous les enfants des hommes. Mais il s'est pour ainsi dire défiguré, rendu difforme, à cause de son épouse qu'il a voulu rendre belle, de difforme qu'elle était. Comment a-t-il changé sa beauté en laideur? Si je ne prouve cette assertion, c'est un blasphème. Un prophète vient de m'attester sa beauté. « Il surpasse en beauté tous les enfants des hommes. » (*Ps.* XLIV, 2.) Un autre prophète m'atteste également combien il s'est rendu difforme : « Nous l'avons vu, dit-il, il n'avait ni grâce ni beauté, son visage était obscurci par les opprobres, et son attitude était difforme. » (*Isa.*, LIII, 2.) O prophète qui avez dit : Il surpasse en beauté tous les enfants des hommes, voici un contradicteur ; voici un autre prophète qui s'avance contre vous et vous dit : Vous mentez, car nous l'avons vu. Pourquoi dire qu'il surpasse en beauté tous les enfants des hommes? Nous l'avons vu, et il n'avait ni grâce, ni beauté. Ces deux prophètes se trouvent donc en désaccord sur celui qui est la pierre de l'angle et de l'union. Tous deux parlent de Jésus-Christ, tous deux parlent de la pierre angulaire. La pierre angulaire est le point de jonction de deux murs. Si la jonction n'a pas lieu, ce n'est plus un édifice qu'on élève, c'est une ruine. Mais, l'union la plus parfaite règne entre les prophètes, il ne faut donc pas laisser subsister entre eux l'ombre de désaccord. Nous devons au contraire bien constater cet accord qui existe entre eux, et leur éloignement pour toute division. Vous donc, prophète, qui avez dit : « Il surpasse en beauté tous les enfants des hommes, où l'avez-vous vu? Répondez, répondez, où l'avez-vous vu? « Lorsque ayant la nature de Dieu, il n'a point cru que ce fût pour lui une usurpation de s'égaler à Dieu. » (*Philip.*, II, 6.) C'est là que je l'ai vu. Or, pouvez-vous douter que celui qui est égal à Dieu soit le plus beau des enfants des hommes? J'admets votre réponse, comment répondrez-vous maintenant, vous qui avez dit : « Nous l'avons vu, et il n'avait ni grâce ni beauté? » Voilà votre témoignage, mais dites-

---

38.) Quasi sine numero essent insensati et effeminati. Tamen manducent et ipsi. Manducent : forte pueri crescunt, et non erunt pueri : forte effeminati corriguntur, et castificantur. Manducent : erogamus, impendimus. Qui sint autem isti, Deus inspicit convivium suum, et si se non correxerint, qui novit invitare, novit et separare.

Qualis qui ad convivium invitavit. — 4. Nostis, Carissimi : recolite Evangelicam parabolam ; quia intravit Dominus inspicere recumbentes in quodam convivio suo. Paterfamilias qui invitaverat, sicut scriptum est, invenit ibi hominem non vestitum vestem nuptialem. (*Matth.*, XXII, 11.) Ad nuptias enim invitaverat sponsus ille speciosus forma præ filiis hominum. Sponsus ille fœdus factus propter sponsam fœdam, ut eam faceret pulchram. Unde fœdus factus est pulcher? Si non probo, blasphemo. Dat mihi pulchritudinis ejus testimonium Propheta dicens: Speciosus forma præ filiis hominum. (*Psal.* XLIV, 3.) Dat mihi deformitatis ejus testimonium alius Propheta dicens : Vidimus eum, et non habebat speciem neque decorem; sed vultus ejus abjectus, deformis positio ejus. (*Isai.*, LIII, 2.) O Propheta, qui dixisti : Speciosus forma præ filiis hominum, contradicitur tibi : alius Propheta procedit contra te, et dicit : Mentiris : Vidimus eum. Quid est quod dicis: Speciosus forma præ filiis hominum? Vidimus eum non habentem speciem, neque decorem. Ergo isti Prophetæ duo in angulo pacis discordant? De Christo ambo dixerunt, de lapide angulari ambo dixerunt. In angulo concordant parietes. Si non concordaverunt, non est ædificium, sed ruina. Concordant Prophetæ, non eos dimittamus in rixa. Imo nos eorum pacem cognoscamus : nam illi litigare non norunt. O Propheta, qui dixisti : Speciosus forma præ filiis hominum, ubi vidisti. Responde, responde, ubi vidisti ? « Cum in forma Dei esset non rapinam arbitratus est esse æqualis Deo. » (*Philipp.*, II, 6.) Ibi vidi. An tu dubitas eum qui æqualis est Deo, speciosum esse præ filiis hominum? Respondisti : respondeat ille qui dixit : Vidimus eum, et non habebat speciem, neque decorem. Dixisti : dic ubi vidisti. A verbis

nous où vous l'avez vu? C'est dans la réponse du premier qu'il prend comme l'exorde de la sienne, il commence là où l'autre a fini. Où le premier s'est-il arrêté? « Lui qui avait la nature de Dieu, n'a point cru que ce fût pour lui une usurpation de s'égaler à Dieu. » C'est là qu'il a vu celui qui surpassait en beauté tous les enfants des hommes; dites-nous donc où vous avez vu qu'il n'avait ni grâce ni beauté. « Il s'est anéanti lui-même en prenant la forme d'esclave, en se rendant semblable aux hommes, et étant reconnu pour homme partout ce qui a paru de lui. » Il précise encore plus sa difformité, en ajoutant : « Il s'est humilié lui-même en se rendant obéissant jusqu'à la mort, et jusqu'à la mort de la croix. » Voilà où je l'ai vu. L'accord le plus parfait règne donc entre les deux prophètes, et ils n'offrent pas l'ombre même de division. En effet, quoi de plus beau que Dieu? Quoi de plus hideux qu'un crucifié?

Celui qui s'est assis à la table du festin sans l'habit nuptial est réprouvé. — 5. Or, cet époux qui surpasse en beauté tous les enfants des hommes, et qui s'est rendu difforme pour rendre belle son épouse, cette épouse à laquelle il s'adresse en ces termes : « O la plus belle d'entre les femmes! » (*Cant.*, I, 7) et dont il est dit : « Quelle est celle-ci qui s'élève éclatante de beauté et de lumière sans aucun mélange de fausses couleurs? » (*Cant.*, III, 6) cet époux qui a invité les convives aux noces, découvre parmi eux un homme qui n'avait point la robe nuptiale, et il lui dit : « Mon ami, comment êtes-vous entré ici sans avoir la robe nuptiale? et cet homme se tut. » (*Matth.*, XXII, 12, etc.) En effet, il n'avait rien à répondre. Alors le père de famille qui venait d'entrer, dit à ses serviteurs : « Liez-lui les mains et les pieds et jetez-le dans les ténèbres extérieures; là seront les pleurs et les grincements de dents. » Quoi, pour une faute si légère, un si grand châtiment? Vous appelez faute légère n'avoir point la robe nuptiale; elle n'est légère que pour ceux qui n'en comprennent point la gravité. Pourquoi cette colère dans le père de famille, pourquoi ce jugement sévère qui lui fait condamner cet homme, parce qu'il n'avait point la robe nuptiale, à être rejeté pieds et mains liés dans les ténèbres extérieures, là où sont les pleurs et les grincements de dents, si ce n'était une faute des plus graves de n'avoir point cette robe nuptiale? Je m'adresse à vous, mes frères, parce que c'est par notre ministère que Dieu vous a invités. Vous êtes tous invités à ce festin ; ayez donc la robe nuptiale. Je vais vous expliquer ce qu'est cette robe, afin que tous vous en soyez revêtus; et si parmi ceux qui m'écoutent, il en est un seul qui ne l'ait pas encore, qu'il hâte de revenir à des sentiments meilleurs, avant que le Père de famille vienne pour examiner les convives, qu'il se revête de cette robe nuptiale, et qu'il s'asseoie alors en toute sécurité.

ipsius sumit exordium : ubi ille finivit, ibi iste incipit. Ubi ille finivit. « Qui cum in forma Dei esset, non rapinam arbitratus est esse æqualis Deo. » Ecce ubi vidit speciosum forma præ filiis hominum : dic tu, ubi vidisti quia non habebat speciem neque decorem. « Sed semetipsum exinanivit formam servi accipiens, in similitudinem hominum factus et habitu inventus ut homo. » De deformitate ipsius adhuc dicit : « Humiliavit se ipsum, factus obediens usque ad mortem, mortem autem crucis. » Ecce ubi vidi. Concordant ergo ambo pacifici, et pacati sunt ambo. Quid est speciosius Deo? Quid deformius Crucifixo?

Discumbens sine veste nuptiali reprobatus. — 5. Iste ergo sponsus speciosus forma præ filiis hominum, deformis factus ut pulchram faceret sponsam, cui dicitur : O decora inter mulieres! (*Cant.*, I, 7) de qua dicitur : Quæ est ista quæ ascendit dealbata, illuminata (*Cant.*, III, 6), non colore mendacii fuscata : invenit ergo iste qui vocavit ad nuptias, hominem non habentem vestem nuptialem, et ait illi : « Amice, quid huc intrasti non habens vestem nuptialem. At ille obmutuit. » (*Matth.*, XXII, 12, etc.) Non enim invenit quod responderet. Et ait paterfamilias qui intraverat : « Ligate illi manus et pedes, et projicite illum in tenebras exteriores : ibi erit fletus et stridor dentium. » De tam parva culpa tam magna pœna? Magna enim. Parva dicitur culpa non habere vestem nuptialem : parva, sed non intelligentibus. Quando ille sic succenseret, quando ille sic judicaret, ut propter vestem nuptialem quam non habebat, mitteret eum ligatis manibus et pedibus in tenebras exteriores, ubi esset fletus et stridor dentium, nisi culpa esset valde gravis vestem non habere nuptialem? Dico : quia per me invitati estis, et vos illi invitavit, per nos invitavit. In convivio estis omnes, habetote vestem nuptialem. Expono quæ est, ut omnes habeatis, et si aliquis me (*f.* nunc) non audit qui non habet, ante quam veniat paterfamilias et convivas suos inspiciat, mutetur in melius, accipiat vestem nuptialem, securus discumbat.

Ce seul homme qui est exclu en représente un grand nombre. — 6. Ne croyez pas, mes bien aimés, que celui qui fut exclu du festin ne représente en réalité qu'un seul homme, non, ne le croyez pas, il est la figure d'un grand nombre. Le Seigneur lui-même qui nous a proposé cette parabole, l'époux qui invite à ce festin et donne la vie à ses convives, nous a expliqué ici même dans cette parabole que cet homme n'est point la figure d'un seul, mais d'un grand nombre (1). Je ne vais pas bien loin, c'est ici même que je trouve la preuve de cette vérité, c'est ici que je romps le pain et que je vous le présente à manger. En effet, après avoir exclu de la salle et fait jeter dans les ténèbres extérieures celui qui n'avait point la robe nuptiale, le père de famille ajoute immédiatement : « Car beaucoup sont appelés, mais peu sont élus. » (*Ibid.*, 14.) Quoi, vous n'avez rejeté qu'un seul et vous dites : Beaucoup sont appelés, mais peu sont élus? Les élus, sans doute, n'ont pas été rejetés, ils formaient ce petit nombre qui étaient restés à la table du festin, et ce seul homme exclu pour n'avoir point la robe nuptiale, représentait le grand nombre, et il était seul parce que les méchants réunis ne forment qu'un seul corps.

Le vêtement nuptial, c'est la charité.—7. Or, qu'est-ce que la robe nuptiale? Demandons-le aux saintes lettres. Qu'est-ce que la robe nuptiale? Ce doit être évidemment un bien qui ne soit point commun aux bons et aux méchants. Tâchons de découvrir ce bien, et nous aurons trouvé la robe nuptiale (2). Quel est, parmi les dons de Dieu, celui qui n'est pas commun aux bons et aux méchants? Nous devons à la bonté de Dieu d'être des hommes et non pas de simples animaux, mais ce don est commun aux méchants comme aux bons. Tous les jours la lumière nous vient du ciel, les pluies descendent des nuées, les fontaines coulent, les champs se couvrent de fruits, ce sont encore des dons, mais que Dieu distribue aux bons et aux méchants. Entrons dans la salle des noces, laissons dehors ceux qui ont refusé de répondre à l'invitation qui leur était faite. Considérons exclusivement les convives, c'est-à-dire les chrétiens. Le baptême est un don de Dieu, il est administré aux bons et aux méchants. Ils reçoivent également le sacrement de l'autel. Saül, dominé par l'injustice et rempli de haine contre un homme aussi saint que juste, ne laisse pas de prophétiser. Dira-t-on que le don de la foi est exclusivement propre aux bons? Mais les démons eux-mêmes croient et tremblent. (*Jacq.*, II, 19.) Que fais-je ? J'ai parcouru tous les dons et je ne suis pas encore arrivé à la robe nuptiale, j'ai déployé devant vous tout ce que je tenais enve-

(1) Voyez plus haut, sermon XC, n° 4. — (2) Voyez plus haut, sermon XC, n° 5 et suivants.

Unus projectus multos figurat. — 6. Non enim vere, Carissimi, ille qui inde projectus est unum hominem significat : absit. Multi sunt. Et ipse Dominus qui hanc parabolam proposuit : Sponsus ipse convivii convocator et convivarum vivificator, ipse nobis exposuit, quia homo ille non unum hominem significat, sed multos, ibi, in ipso loco, in eadem parabola. Non eo longe, ibi expono, ibi frango et manducandum appono. Ait enim, cum inde missus esset ille non habens vestem nuptialem in tenebras exteriores : ait ergo, et secutus adjunxit : « Multi enim sunt vocati, pauci vero electi. » (*Ibid.*, 14.) Unum hinc projecisti, et dicis. « Multi enim sunt vocati, pauci electi. » Sine dubio electi non sunt projecti : et ipsi erant pauci qui discumbentes remanserant ; et multi erant in illo uno, quia ille unus unum corpus malorum est, qui non habet vestem nuptialem.

Vestis nuptialis, caritas. — 7. Quid est vestis nuptialis? Quæramus illam in (a) litteris sanctis. Quid est vestis nuptialis? Sine dubio aliquid est quod mali et boni commune non habent : hoc inveniamus, et invenimus vestem nuptialem. In donis Dei quid est, quod commune non habent boni et mali? Quod homines sumus et pecora non sumus, Dei donum est : sed commune hoc cum bonis et malis. Quod nobis lux de cœlo oritur, de nube pluviæ descendunt fontes manant, agri fructificant, dona sunt, sed bonis malisque communia. Intremus ad nuptias, foris alios relinquamus, qui non venerunt vocati. Ipsos convivas, id est Christianos consideremus. Baptismus donum Dei est, habent illum boni et mali. Altaris sacramenta simul accipiunt boni et mali. Prophetavit Saül iniquus, et viro sancto atque justissimo infestus, dum eum persequeretur prophetavit. Numquid dicuntur credere soli boni? Et dæmones credunt, et contremiscunt. (*Jacob.*, II, 19.) Quid facio ? excussi omnia, et ad vestem illam nondum perveni. Involucrum meum explicavi, omnia vel pene omnia consideravi, ad vestem illam nondum perveni. Quodam loco Paulus apostolus attulit mihi magnum involucrum

(a) Sic in Flori collectione. At in Colbertino codice, *in vestibus sanctis*.

loppé, j'ai considéré tout ou presque tout, et je ne suis pas encore parvenu à cette robe nuptiale. L'apôtre saint Paul, dans un certain endroit de ses épîtres, m'a indiqué un trésor plein de choses précieuses, et je lui ai dit : Apprenez-moi si vous n'auriez pas découvert dans ce trésor la robe nuptiale. L'Apôtre commence à parcourir toutes ces choses l'une après l'autre, et me dit : « Quand je parlerais les langues des hommes et des anges, quand j'aurais toute la science, le don de prophétie et toute la foi possible, jusqu'à transporter les montagnes ; et quand je distribuerais toutes mes richesses aux pauvres, et que je livrerais mon corps pour être brûlé. » (I *Cor.*, XIII, 1, etc.) Voilà de riches vêtements, mais ce n'est point encore la robe nuptiale. Montrez-nous donc cette robe, pourquoi nous tenir en suspens, grand apôtre ? Le don de prophétie est une faveur divine que les méchants peut-être ne partagent pas avec les bons. « Si je n'ai point la charité, ajoute-t-il, je ne suis rien, tout cela ne me sert de rien. » Voilà la robe nuptiale, revêtez-vous de cette robe, ô convives, pour vous asseoir en toute assurance au festin des noces. Ne dites point : Nous sommes trop pauvres pour nous procurer cette robe. Donnez aux autres des vêtements, et vous serez revêtus de cette robe. Nous sommes en hiver, donnez des vêtements à ceux qui sont nus, Jésus-Christ est du nombre, et à son tour il donnera la robe nuptiale à ceux qui ne l'ont point. Accourez à lui, et adressez-lui vos supplications ; il sait comment il doit sanctifier ses fidèles et vêtir ses pauvres. Si vous voulez que cette robe nuptiale vous préserve d'être jetés pieds et mains liés dans les ténèbres extérieures, appliquez-vous constamment à la pratique des bonnes œuvres. Si elles viennent à faire défaut, que ferez-vous lorsque vos mains seront liées, où fuirez-vous avec vos pieds chargés de chaînes ? Gardez donc soigneusement cette robe nuptiale, revêtez-vous-en et soyez sans crainte à la table du festin lorsque le père de famille viendra examiner les convives. Le jour du jugement viendra, le Seigneur nous laisse maintenant une grande latitude, profitons-en pour donner des vêtements à celui qui n'en a point.

SERMON XCVI.

Sur ces paroles du chapitre VIII de l'Evangile selon saint Marc : *Si quelqu'un veut me suivre, qu'il se renonce lui-même*, etc.; et sur ces autres du chapitre II de la Ire Epître de saint Jean : *Celui qui aime le monde, la charité du Père n'est pas en lui.*

CHAPITRE PREMIER. — *La charité rend légers les préceptes les plus difficiles.* — 1. Le commandement que nous fait le Seigneur de nous renoncer nous-mêmes si nous voulons le suivre, paraît dur et pénible. (*Marc*, VIII, 34.) Mais toute cette difficulté disparaît dès que Dieu nous donne la force d'accomplir ce qu'il nous commande. Rien de plus vrai que ce que le Psal-

---

magnarum rerum, exposuit ante me, et dixi ei : Ostende mihi si forte hic illam vestem nuptialem reperisti. Cœpit excutere singula et dicere : « Si linguis hominum loquar et Angelorum, si habeam omnem scientiam, et prophetiam, et omnem fidem, ita ut montes transferam ; si distribuero omnia mea pauperibus, et tradam corpus meum ut ardeam. » (I *Cor.*, XIII, 1, etc.) Magnæ vestes : nondum tamen est illa nuptialis. Jam profer nobis nuptialem vestem. Quid nos, Apostole, suspendis ? Prophetia forte Dei donum est, quod non habent boni et mali. « Si caritatem, inquit, non habeam nihil sum, nihil mihi prodest. » Ecce vestis nuptialis : induite vos, o Convivæ, ut securi discumbatis. Nolite dicere : Ad istam vestem habendam pauperes sumus. Vestite, et vestimini. Hyems est : vestite nudos : nudus est Christus ; et quicumque non habetis vestem nuptialem, dabit illam. Ad illum currite, ipsum rogate : novit sanctificare fideles suos, novit vestire nudos suos. Ut possitis vestem habentes nuptialem non timere tenebras exteriores, vincula membrorum et manuum et pedum ; non deficiant opera. Si deficiunt, ligatis manibus quid facturus est ? ligatis pedibus quo fugiturus est ? Illam teneatis vestem nuptialem, induimini ipsam, et securi discumbite, quando venit inspicere. Dies judicii aderit : magnum spatium modo largitur, qui nudus erat aliquando vestiatur.

SERMO XCVI [a].

De verbis Evangelii Marci, VIII : *Si quis vult me sequi, abneget semetipsum*, etc.; deque verbis I Joan., II : *Qui diligit mundum, non est dilectio Patris in eo.*

CAPUT PRIMUM. — *Caritate fiunt præcepta levia.* — 1. Durum videtur et grave quod Dominus imperavit, ut si quis eum vult sequi, abneget se ipsum. (*Marc.*, VIII, 34.) Sed non est durum nec grave quod ille imperat, qui adjuvat ut fiat quod imperat. Nam et

[a] Alias de Diversis XLVII.

miste dit à Dieu : « Pour obéir aux paroles de votre bouche, j'ai suivi des sentiers difficiles. » (*Ps.* XVI, 4.) Mais rien de plus vrai aussi que ces paroles du Sauveur : « Mon joug est doux et mon fardeau léger. » (*Matth.*, XI, 30.) En effet, la charité adoucit tout ce que les préceptes peuvent avoir de dur. Nous savons les prodiges dont l'amour est capable. Que de fatigues, que d'indignités, que de traitements insupportables n'endurent pas les hommes pour parvenir à la possession de l'objet qu'ils aiment? Que ne fait pas supporter à l'avare l'amour des richesses, à l'ambitieux, l'amour des honneurs, au voluptueux, l'amour de la beauté corporelle? Et qui pourrait énumérer toutes les diverses espèces d'amours? Considérez cependant que quelles que soient les fatigues et les peines auxquelles l'amour se dévoue, il ne les ressent point et sa plus grande peine serait de ne pouvoir rien souffrir. Or, comme les hommes ressemblent généralement à l'objet de leur amour, et que la grande affaire de la vie doit être de bien choisir ce qu'on doit aimer, est-il surprenant que celui qui aime Jésus-Christ et qui veut suivre Jésus-Christ se renonce lui-même pour l'aimer? En effet, si l'homme se perd en s'aimant lui-même, il se retrouve certainement en se renonçant.

CHAPITRE II. — *L'amour de soi a été la première cause de la perte de l'homme.* — 2. La première cause du malheur de l'homme a été l'amour de soi; s'il ne s'était pas aimé lui-même, s'il avait toujours donné à Dieu la préférence sur lui-même, il lui serait toujours resté soumis et il ne se serait pas égaré jusqu'à sacrifier la volonté de Dieu à la sienne propre; car l'amour de soi consiste à vouloir faire sa volonté. Préférez la volonté de Dieu à la vôtre, et apprenez à vous aimer véritablement en cessant de vous aimer. L'Apôtre vous apprend, en effet, que c'est un crime de s'aimer soi-même. « Il y aura, dit-il, des hommes amateurs d'eux-mêmes. » (II *Tim.*, III, 2.) Or, en s'aimant lui-même, l'homme reste-t-il en lui-même? L'âme qui se sépare de Dieu commence par s'aimer, mais elle est bientôt poussée loin d'elle-même dans l'amour des choses extérieures. Aussi l'Apôtre après avoir dit : « Il y aura des hommes amateurs d'eux-mêmes, » ajoute aussitôt : « Qui aimeront l'argent. » Vous le voyez, vous êtes en dehors de vous-même. Vous avez commencé par vous aimer, restez en vous-même si vous le pouvez. Pourquoi vous répandre en dehors? Cet argent que vous aimez vous a-t-il vraiment enrichi? Vous avez voulu aimer ce qui était en dehors de vous et vous y avez trouvé votre perte. Lorsque l'amour de l'homme sort de lui-même pour se répandre sur les choses extérieures, il dissipe au milieu de toutes ces vanités et con-

---

illud verum est quod ei dicitur in Psalmo : Propter verba labiorum tuorum ego custodivi vias duras. (*Psal.* XVI, 4.) Et illud verum est quod ipse dixit : Jugum meum lene est, et onus meum leve est. (*Matth.*, XI, 30.) Quidquid enim durum est in præceptis, ut sit lene, caritas facit. Novimus quanta ipse amor faciat. Plerumque etiam ipse amor reprobus atque lascivus est : quanta homines dura perpessi sunt, quanta indigna et intolerabilia pertulerunt, ut pervenirent ad id quod amaverunt? sive sit amator pecuniæ, qui vocatur avarus; sive sit honoris amator, qui vocatur ambitiosus; sive sit corporum pulchrorum amator, qui vocatur lascivus. Et quis posset enumerare omnes amores? Considerate tamen, quantum laborent omnes amatores, nec sentiunt quod laborant : et tunc ab eis plus laboratur, quando a labore quisque prohibetur. Cum ergo tales sint homines plures, quales sunt amores, nihilque aliud curæ esse debeat quomodo vivatur, nisi ut quod amandum est eligatur : quid miraris, sit ille qui diligit Christum, et qui vult sequi Christum, amando negat se ipsum? Si enim perit homo amando se, profecto invenitur negando se.

CAPUT II. — *Amor sui, prima hominis perditio.* — 2. Prima hominis perditio, fuit amor sui. Si enim se non amaret, et Deum sibi præponeret, Deo esse semper subditus vellet : non autem converteretur ad negligendam voluntatem illius, et faciendam voluntatem suam. Hoc est enim amare se, velle facere voluntatem suam. Præpone his voluntatem Dei : disce amare te, non amando te. Nam ut sciatis vitium esse se amare, sic Apostolus dicit : Erunt enim homines se ipsos amantes. (II *Tim.*, III, 2.) Et numquid qui amat se, (*a*) fidit in se? Incipit enim deserto Deo amare se, et ad ea diligenda quæ sunt extra se, pellitur a se : usque adeo ut cum dixisset idem Apostolus : Erunt homines se ipsos amantes, continuo subjiceret, amatores pecuniæ. Jam vides quia foris es. Amare te cœpisti : sta in te, si potes. Quid is foras? Numquid pecunia dives factus es amator pecuniæ? Cœpisti diligere quod est extra te, perdidisti te. Cum ergo pergit amor

(*a*) Germanensis vetus codex, *fiditat* : forte pro *figitur*.

sume ses forces avec une prodigalité insensée. Il s'épuise, il se répand, il est réduit à l'indigence, il se voit forcé de paître les pourceaux et au milieu des fatigues de ce travail ignoble, il se rappelle le passé et s'écrie : « Combien de mercenaires dans la maison de mon père qui ont du pain en abondance, et moi je meurs ici de faim? » (*Luc*, xv, 17.) Mais après ces paroles, qu'est-ce que le Sauveur nous dit de cet enfant qui avait dissipé tout son bien avec des femmes de mauvaise vie, qui a voulu avoir la possession et la libre jouissance des biens que son père lui conservait bien plus utilement pour lui, et qui après avoir tout dissipé, fut réduit à une extrême misère, que dit-il de lui? « Etant rentré en lui-même. » S'il rentre en lui-même, c'est donc qu'il en était sorti. Oui, il était tombé de lui-même, sorti de lui-même, il retourne donc d'abord en lui-même pour revenir à Dieu d'où il est tombé sur lui-même. En tombant de lui-même, il y était resté, mais en rentrant en lui-même, il ne doit point y rester pour n'en point sortir de nouveau. Or, que dit-il lorsqu'il fut rentré en lui-même pour n'y point demeurer ? « Je me lèverai et j'irai vers mon père. » (*Ibid.*, 18.) Voila les hauteurs d'où il est tombé, il s'est détaché de son père, il s'est détaché de lui-même, il est sorti de lui-même pour se répandre sur les choses extérieures et sensibles. Il rentre donc en lui-même, et il va vers son père où il trouvera l'asile le plus assuré. Si donc il est sorti de lui-même en sortant de Dieu, il doit se renoncer lui-même en rentrant en lui-même pour retourner à son père. Qu'est-ce à dire qu'il se renonce? Qu'il fuie la présomption, qu'il reconnaisse qu'il est homme et se rappelle cette parole du prophète : « Maudit celui qui place son espérance dans l'homme. » (*Jérém.*, xvii, 5.) Qu'il se détache de lui-même, mais non point pour tomber au-dessous. Qu'il se détache de lui-même pour s'attacher à Dieu. Qu'il renvoie à son Créateur tout le bien qui est en lui, et reconnaisse que tout le mal vient de lui-même. Ce n'est point Dieu qui est l'auteur du mal qu'il voit en lui, qu'il détruise donc son propre ouvrage, puisqu'il a été la cause de son malheur. « Qu'il se renonce lui-même, dit le Sauveur, qu'il porte sa croix et me suive. »

Chapitre III. — *Comment suivre Jésus-Christ, et par quelle voie?* — 3. Et où devons-nous suivre le Seigneur? Nous savons où il est allé; nous avons célébré, il y a quelques jours seulement, la solennité qui nous le rappelle. Il est ressuscité et il est monté aux cieux, c'est là que nous devons le suivre. Ne désespérons point d'y parvenir en nous appuyant, non sur nos propres forces, mais sur sa promesse. Le ciel était bien loin de nous avant que notre chef y fût entré. Mais pourquoi désespérer maintenant, puisque nous sommes ses membres? C'est donc là qu'il

---

hominis etiam a se ipso ad ea quæ foris sunt, incipit cum vanis evanescere, et vires suas quodam modo prodigus erogare. Exinanitur, effunditur, inops redditur, porcos pascit : et laborans in pastione porcorum, aliquando recordatur et dicit : Quanti mercenarii patris mei panem manducant, et ego fame hic pereo ? (*Luc.*, xv, 17.) Sed hoc quando dicit, quid narratum de ipso filio, qui omnia effudit in meretricibus, qui est habere voluit in potestate quæ bene illi apud patrem servabantur; habere illa voluit in arbitrio suo, effudit ea, factus est inops : quid de illo dicitur? Et reversus ad semetipsum. Si reversus est ad se, exierat a se. Quia ceciderat a se, et exierat a se, redit prius ad se, ut redeat in illo unde ceciderat a se. Sicut enim cadendo a se, remansit in se : sic redeundo ad se, non debet remanere in se, ne iterum exeat a se. Reversus ad semetipsum, ut non remaneret in semetipso, quid dixit? Surgam, et ibo ad patrem meum. (*Ibid.*, 18.) Ecce unde ceciderat a se, ceciderat a patre suo : ceciderat a se, ad ea quæ foris sunt exiit a se. Redit ad se, et pergit ad patrem, ubi tutissime servet se. Si ergo exierat a se, et a quo exierat, redeundo ad se, ut eat ad patrem, neget se. Quid est, neget se? Non præsumat de se, sentiat se hominem, et respiciat dictum propheticum : Maledictus omnis qui spem suam ponit in homine. (*Jerem.*, xvii, 5.) Subducat se sibi, sed non deorsum versus. Subducat se sibi, ut hæreat Deo. Quidquid boni habet, illi tribuat a quo factus est : quidquid mali habet, ipse sibi fecit. Deus quod in illo malum est, non fecit : perdat quod fecit, qui inde defecit. « Abneget, inquit, se, et tollat crucem suam, et sequatur me. »

Caput III. — *Quo sequendus Christus et qua via.* — 3. Quo sequendus est Dominus? Quo iit, novimus : eamdem solemnitatem ante dies paucissimos celebravimus. Resurrexit enim, et ascendit in cœlum : illo sequendus est. Plane desperandum non est, quia ipse promisit, non quia homo aliquid potest. Longe a nobis erat cœlum ante quam caput nostrum iisset in cœlum. Jam quare desperemus, si membra illius capitis sumus? Illo ergo sequendus est. Et quis nolit eum sequi ad talem sedem? Maxime quia multum

faut le suivre. Et qui refuserait de le suivre dans un tel séjour, surtout en présence des craintes et des douleurs innombrables qui nous travaillent ici-bas? Qui ne voudrait suivre Jésus-Christ dans ce séjour de la souveraine félicité de la paix suprême et de l'éternelle tranquillité? Ah oui, il nous est bon de l'y suivre, mais par quel chemin? Lorsque Notre-Seigneur Jésus-Christ prononçait ces paroles, il n'était pas encore ressuscité des morts, il n'avait pas encore enduré les tourments de sa passion. Il devait souffrir les ignominies, les outrages, les coups, les épines, les blessures, les insultes, l'opprobre et la mort. La voie vous semble inégale et rude, elle vous effraie, vous hésitez à suivre le Sauveur, suivez-le hardiment. Ces aspérités de la voie sont l'œuvre de l'homme, mais Jésus-Christ les a foulées et aplanies en retournant au ciel. Qui refuserait de marcher à la gloire? Tous aiment la gloire, mais l'humilité est le degré pour y monter. Pourquoi élever le pied au-dessus de vous-même? C'est vouloir tomber et non pas monter. Commencez par ce degré et vous parviendrez. C'est par ce degré d'humilité que refusaient de passer les deux disciples qui disaient à Jésus : « Seigneur, accordez-nous que, dans votre gloire, nous soyons assis l'un à votre droite, l'autre à votre gauche. » (*Marc*, x, 37.) Ils désiraient l'élévation, mais ils ne voyaient point le degré qui devait les y conduire. Notre-Seigneur le leur place sous les yeux. « Pouvez-vous boire le calice que je boirai? » Vous qui aspirez au faîte de la grandeur, pouvez-vous boire le calice de l'humilité? Aussi ne se contente-t-il point de dire en général : « Qu'il se renonce lui-même et qu'il me suive, » mais il ajoute : « Qu'il prenne sa croix et qu'il me suive. »

CHAPITRE IV. — *Il faut porter sa croix et mépriser le monde.* — 4. Que signifient ces paroles : « Qu'il porte sa croix? » Qu'il supporte tout ce qu'il y a de pénible, et qu'ainsi il me suive. En effet, lorsqu'il aura commencé de me suivre en imitant ma vie et en obéissant à mes préceptes, il rencontrera de nombreux contradicteurs, bien des gens chercheront à le détourner, à le dissuader, même parmi les compagnons du Christ. Ceux qui défendaient aux aveugles de crier, accompagnaient Jésus-Christ. Qu'on vous fasse des menaces, qu'on vous prodigue les caresses, qu'on multiplie les défenses, si vous voulez suivre Jésus-Christ, regardez tout cela comme une croix, acceptez-la, portez-la et ne succombez point sous le poids. Ce sont ces paroles du Sauveur qui encourageaient les martyrs. Si la persécution se déclare contre vous, ne devez-vous point la mépriser pour Jésus-Christ? Vous aimez le monde, mais vous devez lui préférer celui par qui le monde a été fait. Le monde est grand, mais l'auteur du monde est plus grand encore. Le monde est beau, mais celui qui a fait le monde n'est-il pas encore

---

timoribus et doloribus laboratur in terra. Quis nolit illo sequi Christum, ubi summa est felicitas, summa pax, perpetua securitas? Bonum est illo cum sequi : sed videndum est qua. Etenim verba ista Dominus Jesus non tunc dicebat, quando a mortuis jam resurrexerat. Nondum erat passus, venturus erat ad crucem, venturus ad exhonorationem, ad contumelias, ad flagella, ad spinas, ad vulnera, ad insultationes, opprobria, mortem. Quasi exasperata est via : pigrum te facit : non vis sequi. Sequere. Asperatum est quod sibi homo fecit, sed contritum est quod Christus redeundo calcavit. Nam quis non velit ire ad exaltationem? Omnes delectat celsitudo : sed humilitas gradus est. Quid tendis pedem ultra te? Cadere vis, non ascendere. A gradu incipe, et ascendisti. Istum gradum humilitatis nolebant attendere duo illi discipuli, qui dicebant : Domine, jube ut unus nostrum in regno tuo sedeat ad dexteram tuam, et alius ad sinistram tuam. (*Marc.*, x, 37.) Sublimitatem quaerebant, gradum non videbant. Dominus autem ostendit gradum. Quid enim respondit? « Potestis bibere calicem quem ego bibiturus sum? » Qui quaeritis apicem sublimitatis, potestis bibere calicem humilitatis? Ideo non utcumque ait : « Abneget seipsum, et sequatur me : » sed addidit : « Tollat crucem suam, et sequatur me. »

CAPUT IV. — *Ferenda crux et contemnendus mundus.* — 4. Quid est : « Tollat crucem suam? » Ferat quidquid molestum est : sic me sequatur. Cum mihi coeperit moribus et praeceptis meis sequi, multos habebit contradictores, multos habebit prohibitores, multos habebit dissuasores, et hoc de ipsis quasi comitibus Christi. Cum Christo ambulabant, qui caecos clamare prohibebant. Sive ergo minas, sive blandimenta, sive quaslibet prohibitiones, si sequi vis, in crucem verte; tolera, porta, noli succumbere. Videntur his verbis Domini exhortata martyria. Si persecutio est, nonne pro Christo debent cuncta contemni? Amatur mundus : sed praeponatur a quo factus est mundus. Magnus est mundus : sed major est a quo factus est mundus. Pulcher est mundus :

plus beau? Le monde a des charmes, mais que sont-ils auprès des attraits de celui qui l'a créé? Le monde est mauvais, et celui qui a fait le monde est la bonté même. Comment pourrai-je expliquer et vous faire comprendre la proposition que je viens d'avancer? Que Dieu me vienne en aide. Qu'ai-je dit? Qu'avez-vous applaudi? J'ai énoncé une simple question, et vous l'avez couverte de vos applaudissements. Comment le monde est-il mauvais, si celui qui l'a fait est bon? Est-ce que Dieu n'a pas créé toutes choses et constaté qu'elles étaient très-bonnes? Est-ce qu'à chaque période de la création l'Ecriture sainte n'atteste point que Dieu n'a créé que de bonnes choses, en disant : « Et Dieu vit que cela était bon? » (*Gen.*, I.) Et lorsqu'elle résume à la fin tout ce que Dieu a créé, elle remarque que tout était très-bon.

Chapitre V. — *Comment le monde est mauvais, bien que créé par un Dieu bon.* — 5. Comment donc le monde peut-il être mauvais, alors que celui qui l'a créé est la bonté même? Comment cela peut-il se faire? Parce que le monde a été fait par lui et que le monde ne l'a point connu. (*Jean*, I, 10.) Le monde a été fait par lui, le ciel, la terre et tout ce qu'ils renferment, mais le monde ne l'a point connu, c'est-à-dire les amateurs du monde, ceux qui aiment le monde et n'ont pour Dieu que du mépris; ce monde n'a point connu Dieu. Le monde est donc mauvais dans ce sens que ceux qui préfèrent le monde à Dieu sont mauvais, tandis que celui qui a fait le monde, le ciel, la terre et la mer, et ceux-là mêmes qui aiment le monde, ne peut être que bon. La seule chose qui ne soit point en eux son ouvrage, c'est l'amour du monde et le mépris de Dieu. Il a fait en eux ce qui a rapport à la nature, il n'a point fait ce qui est vicieux et coupable. Voilà ce que je disais, il n'y a qu'un instant : Que l'homme détruise ce qui est son ouvrage, et il sera agréable à son Créateur.

6. Il y a même parmi les hommes un monde qui est bon, mais ce monde est sorti du mauvais. En effet, si par le monde vous entendez les hommes, et non point le ciel et la terre et tout ce qu'ils renferment, le monde tout entier a été rendu mauvais par la faute de notre premier père ; la masse tout entière a été viciée dans sa racine.

Chapitre VI. — *Le monde qui est bon est sorti du mauvais.* — Dieu a créé l'homme bon. « Dieu, dit l'Ecriture, a fait l'homme droit, et les hommes se sont embarrassés dans des questions infinies. » (*Eccle.*, VII, 30.) Quittez cette multiplicité pour accourir à l'unité, ramenez à l'unité toutes ces pensées disséminées, faites rentrer ces eaux dans leur lit, fortifiez-vous, demeurez dans l'unité sans vous répandre au dehors, voilà le vrai bonheur. Mais nous nous

---

sed pulchrior est a quo factus est mundus. Blandus est mundus : sed suavior est a quo factus est mundus. Malus est mundus : sed bonus est a quo factus est mundus. Quomodo potero absolvere et explicare quod dixi? Adjuvet Deus. Quid enim dixi? quid laudastis ? Ecce quæstio est, et tamen jam laudastis. Quomodo malus est mundus, si bonus est a quo factus est mundus? Nonne Deus fecit omnia, et ecce bona valde? Nonne per singula testatur Scriptura, quod bona fecerit Deus, dicendo : Et vidit Deus quia bonum est? (*Gen.*, I.) Et universa in fine ita conclusit quemadmodum fecit Deus omnia, et ecce bona valde.

Caput V. — *Mundus quomodo malus, et a Deo bono factus.* — 5. Quomodo ergo malus est mundus, et bonus est a quo factus est mundus? quomodo? Quoniam mundus per eum factus est, et mundus eum non cognovit. (*Joan.*, I, 10.) Mundus per eum factus est, cœlum et terra, et omnia quæ in eis sunt : mundus eum non cognovit, amatores mundi : amatores mundi, et contemptores Dei : iste mundus eum non cognovit. Sic ergo malus est mundus, quia mali sunt qui Deo præferunt mundum. Et bonus est qui fecit mundum, cœlum et terram et mare, et ipsos qui amant mundum. Solum enim quod amant mundum et non amant Deum, in illis non ipse fecit. Ipsos autem, quod ad naturam pertinet, ipse fecit : quod ad culpam pertinet, non ipse fecit. Hoc est quod paulo ante dixi : Deleat homo quod fecit, et placebit ei qui eum fecit.

6. Nam est et mundus bonus in ipsis hominibus ; sed ex malo factus. Totum enim mundum, si homines ponas mundum, excepto quod dicimus mundum cœlum et terram, et omnia quæ in eis sunt ; si homines dicas mundum, totum mundum malum fecit, qui primo peccavit. Omnis massa in radice vitiata est.

Caput VI. — *Mundus bonus ex malo factus.* — Bonum hominem fecit Deus : Sic habet Scriptura : Fecit Deus hominem rectum, et ipsi homines adinvenerunt cogitationes multas. (*Eccl.*, VII, 30.) A multis curre ad unum, dispersa collige in unum : conflue, munitus esto, mane apud unum : noli ire in multa.

sommes écartés de la voie, nous avons marché dans le chemin de la perdition, nous avons ajouté nos fautes personnelles au vice de notre origine, et le monde tout entier est devenu mauvais. Mais Jésus-Christ est venu, il a choisi dans ce monde non pas ce qu'il y a trouvé, mais ce qu'il a fait, car il a trouvé tous les hommes mauvais et il les a rendus bons par sa grâce. C'est ainsi qu'un nouveau monde a été créé et que le monde est persécuté par le monde.

7. Or, quel est le monde persécuteur? Celui dont l'Esprit saint nous dit : « N'aimez point le monde, ni ce qui est dans le monde. Si quelqu'un aime le monde, l'amour du Père n'est point en lui; car tout ce qui est dans le monde est ou convoitise de la chair, ou concupiscence des yeux, ou orgueil de la vie, et tout cela ne vient pas du Père, mais du monde. Or, le monde passe et sa concupiscence, mais celui qui fait la volonté de Dieu demeure éternellement. » (I *Jean*, II, 15, etc.) Voilà les deux mondes dont j'ai parlé, le monde qui persécute et le monde qui est persécuté. Quel est le monde qui persécute? « Tout ce qui est dans le monde est ou convoitise de la chair, ou concupiscence des yeux, ou orgueil de la vie, toutes choses qui ne viennent pas du Père, mais de Dieu. Or, le monde passe. » Voilà le monde persécuteur. Et quel est le monde persécuté? « Celui qui fait la volonté de Dieu demeure éternellement, comme Dieu lui-même demeure éternellement. »

CHAPITRE VII. — *Les saintes Ecritures nous parlent de deux mondes, l'un qui est racheté, l'autre qui est réprouvé.* — 8. Le nom de monde est donc donné aux persécuteurs; prouvons que l'Ecriture le donne également à ceux qui sont persécutés. Fermeriez-vous l'oreille à cette parole du Christ, ou plutôt à ce témoignage de l'Ecriture qui atteste que Dieu était dans le Christ, pour se réconcilier le monde? (II *Cor.*, v, 19.) « Si le monde nous hait, sachez qu'il m'a haï avant vous. » (*Jean*, xv, 19.) Voici donc le monde qui hait. Quel est l'objet de sa haine? Le monde. Et quel monde? « Dieu était en Jésus-Christ pour se réconcilier le monde. » Le persécuteur, c'est le monde réprouvé; celui qui est persécuté, c'est le monde réconcilié. Le monde réprouvé, c'est tout ce qui est en dehors de l'Eglise; le monde réconcilié, c'est l'Eglise elle-même. « Car le Fils de l'homme, nous dit le Sauveur, n'est pas venu pour juger le monde, mais afin que le monde soit sauvé par lui. » (*Jean*, III, 17.)

9. Mais dans ce monde saint, bon, réconcilié, sauvé, ou du moins appelé à être sauvé, car il ne l'est maintenant que par l'espérance (*Rom.*, VIII, 24), dans ce monde, c'est-à-dire dans l'Eglise qui marche tout entière à la suite du Sauveur,

---

Ibi est beatitudo. Sed defluximus, in perditionem perreximus : omnes cum peccato nati sumus, et ad id quod nati sumus, male vivendo et nos addidimus, et totus mundus factus est malus. Christus autem venit, et elegit quod fecit, non quod invenit : nam omnes malos invenit, et gratia sua bonos fecit. Et factus est alter mundus : et mundum persequitur mundus.

7. Quis est mundus qui persequitur? De quo nobis dicitur : Nolite diligere mundum, et ea quæ in mundo sunt. « Quisquis dilexerit mundum, non est caritas Patris in illo. Quia omnia quæ in mundo sunt, concupiscentia carnis est, et concupiscentia oculorum, et ambitio sæculi, quæ non est a Patre, sed ex mundo est. Et mundus transit, et concupiscentia ejus. Qui autem perficit voluntatem Dei, manet in æternum, sicut et Deus manet in æternum. » (I *Joan.*, II, 15, etc.) Ecce ambos mundos dixi, et persequentem, et quem persequitur. Quis est mundus persequens? « Omnia quæ in mundo sunt, concupiscentia carnis, et concupiscentia oculorum, et ambitio sæculi, quæ non est a Patre, sed ex mundo est : » et mundus transit. Ecce iste est mundus persequens. Quis est mundus quem persequitur? « Quisquis fecerit voluntatem Dei, manet in æternum, sicut et Deus manet in æternum. »

CAPUT VII. — *Mundus in Scripturis duplex, redemptus et damnatus.* — 8. Sed ecce, ille qui persequitur, mundus vocatur : probemus, si et ille qui persecutionem patitur, mundus vocatur. Au vero surdus es adversus vocem Christi dicentis, vel potius Scripturæ sanctæ attestantis : Deus erat in Christo mundum reconcilians sibi? (II *Cor.*, v, 19.) Si odit vos mundus, ait, scitote quia me prius odio habuit. (*Joan.*, xv, 18.) Ecce odit mundus. Quem, nisi mundum? Quem mundum? « Deus erat in Christo mundum reconcilians sibi. » Persequitur mundus damnatus : persecutionem patitur mundus reconciliatus. Mundus damnatus, quidquid præter Ecclesiam : mundus reconciliatus, Ecclesia. « Non enim venit Filius hominis, ait, ut judicet mundum, sed ut salvetur mundus per ipsum. » (*Joan.*, III, 17.)

9. Sed in hoc mundo sancto, bono, reconciliato, salvato; imo salvando, nunc autem spe salvato : Spe enim salvi facti sumus (*Rom.*, VIII, 24) : in hoc ergo mundo, hoc est Ecclesia, quæ tota sequitur

c'est à tous, sans distinction, que le Sauveur dit : « Que celui qui veut me suivre se renonce lui-même. » Il n'impose pas cette obligation aux vierges ; ni aux veuves, à l'exception des personnes mariées ; ni aux moines, à l'exception de ceux qui sont dans les liens du mariage ; ni aux clercs, à l'exception des laïques, mais c'est l'Eglise tout entière, c'est le corps entier, ce sont tous les membres, chacun dans les fonctions propres qui leur sont assignées, qui sont appelés à suivre Jésus-Christ. Il doit être suivi par son unique, par la colombe, par l'épouse rachetée et dotée du sang même de son époux. La virginité trouve ici sa place aussi bien que la continence des veuves, que la chasteté conjugale, mais l'adultère en est exclu aussi bien que la volupté que Dieu défend et condamne. Or, ces membres qui ont ici leur place, suivant leur nature, le lieu qu'ils occupent dans le corps, les fonctions qu'ils remplissent, doivent suivre Jésus-Christ, se renoncer eux-mêmes, c'est-à-dire ne point présumer d'eux-mêmes, et porter leur croix, c'est-à-dire supporter dans le monde pour Jésus-Christ tout ce que le monde leur fera souffrir. Qu'ils aiment celui-là seul qui ne trompe point, celui-là seul qui ne peut être trompé, celui-là seul qui ne peut nous induire en erreur, parce que ses promesses sont fondées sur la vérité. Mais parce qu'il en diffère l'exécution, la foi chancelle. Patientez, persévérez, supportez, souffrez ce retard, et vous avez porté votre croix.

Chapitre VIII. — *Divers degrés parmi ceux qui suivent Jésus-Christ. Quels sont ceux qui regardent en arrière.* — 10. Que la vierge ne dise pas : Je serai seule pour répondre à cette invitation, car Marie n'est pas seule appelée, mais Anne, la veuve, avec elle. Que la femme mariée ne dise pas : La veuve sera admise, mais : Je n'aurai point ce bonheur. Non, Anne ne sera point admise à l'exclusion de Suzanne. Voici donc comment doivent s'éprouver ceux qui veulent répondre à l'appel du Sauveur. Ceux qui sont dans un degré inférieur, loin d'envier, doivent aimer dans les autres le degré supérieur où ils sont élevés. Ainsi, par exemple, mes frères, soyez attentifs à cette observation. Quelqu'un d'entre vous a embrassé l'état du mariage, un autre a fait choix du célibat ; si celui qui a embrassé l'état du mariage désire commettre l'adultère, il regarde en arrière, il désire ce qui est un crime. Celui, au contraire, qui veut quitter le célibat pour embrasser l'état du mariage, regarde aussi en arrière, mais il choisit un état légitime et permis, bien qu'il jette un regard en arrière. Est-ce à dire que l'état du mariage est condamnable ? Non, sans doute, il ne doit pas être condamné ; mais voyez jusqu'où s'était élevé celui qui l'embrasse. Il s'était avancé bien au delà. Lorsque, dans son adolescence, il vivait au gré de ses passions, le mariage était

---

Christum, universaliter dixit : « Qui vult me sequi, abneget semetipsum. » Non enim hoc virgines debent audire, et maritatæ non debent ; aut viduæ debent, et nuptæ non debent : aut monachi debent, et conjugati non debent ; aut clerici debent, et laici non debent : sed universa Ecclesia, universum corpus, cuncta membra per officia propria distincta et distributa, sequantur Christum. Tota sequatur ipsa unica, sequatur columba, sequatur sponsa, sequatur redempta et dotata sanguine sponsi. Habet ibi locum suum integritas virginalis ; habet ibi locum suum continentia vidualis ; habet ibi locum suum pudicitia conjugalis : non ibi habet locum suum adulterium ; non ibi habet locum suum illicita et punienda lascivia. Ista autem membra quæ habent ibi locum suum in genere suo, in loco suo, et in suo modo, sequantur Christum ; abnegent se, id est non præsumant de se ; tollant crucem suam, id est, tolerent in mundo pro Christo quidquid intulerit mundus. Ament eum, qui solus non decipit, qui solus non fallitur, solus non fallit : ament eum, quia verum est quod promittit. Sed quia non modo dat, titubat fides. Dura, persevera, tolera, porta dilationem, et tulisti crucem.

Caput VIII. — *Varii gradus sequentium Christum, quidve in illis sit retro respicere.* — 10. Non dicat virgo : Sola ibi ero. Non enim sola ibi erit Maria, sed erit ibi et Anna vidua. Non dicat nupta : Vidua ibi erit, non ego. Non enim erit ibi Anna, et non ibi erit Susanna. Sed plane inde se probent qui ubi futuri sunt, ut qui habent hic inferiorem locum, non invideant, sed diligant in aliis meliorem locum. Etenim, verbi gratia, Fratres mei, ut advertatis : conjugalem vitam quisque elegit, continentem vitam quisque elegit ; si illa qui elegit vitam conjugalem, concupiverit adulteria, retro respexit ; illud concupivit, quod illicitum est. Qui vero a continentia ad nuptias postea redire voluerit, retro respexit : licitum elegit, et retro respexit. Ergo damnandæ sunt nuptiæ ? Non. Non sunt damnandæ nuptiæ : sed ille qui eas elegit, quo accesserat vide. Jam ante ierat. Quando vivebat lascive adolescens, nuptiæ ante illum erant ; ad

devant lui et il y tendait; mais après avoir choisi le célibat, l'état du mariage est derrière lui. « Souvenez-vous, dit le Seigneur, de la femme de Loth. » (*Luc*, XVII, 32.) Pour avoir regardé en arrière, la femme de Loth est restée en chemin. Tout chrétien donc, qui est parvenu à un certain degré de perfection, doit craindre de regarder en arrière; il doit continuer sa voie et marcher à la suite de Jésus-Christ, oublier ce qui est derrière lui et s'avancer vers ce qui est devant lui, avec l'intention ferme de remporter le prix auquel Dieu l'a appelé d'en haut par Jésus-Christ. (*Philip.*, III, 13.) Que les époux mettent au-dessus d'eux dans leur estime ceux qui vivent dans la continence, qu'ils reconnaissent que cet état est plus parfait; qu'ils aiment dans ces personnes ce qu'ils n'ont pas eux-mêmes, et surtout qu'ils aiment en elles Jésus-Christ.

SERMON XCVII [1].

Sur ces paroles du chapitre XIII de saint Marc : *Or, ce jour et cette heure, nul ne les sait, non pas même les anges des cieux, ni le Fils, mais seulement le Père.*

CHAPITRE PREMIER. — *Préparation au dernier jour.* — 1. Mes frères, après avoir entendu l'avertissement de l'Ecriture qui nous rcommande la vigilance dans l'attente du dernier jour, chacun de vous doit penser sérieusement au dernier jour de sa vie, de peur qu'en regardant le dernier jour du monde comme éloigné, vous ne vous endormiez sur la proximité de votre dernier jour. Vous venez d'entendre ce que le Sauveur a dit de ce dernier jour du monde : « Nul ne le sait, non pas même les anges des cieux, ni le Fils, mais seulement le Père. » (*Marc*, XIII, 3.) Ces paroles donnent lieu à une grave question; une interprétation toute charnelle voudrait que le Père sût quelque chose qu'ignore le Fils. Mais lorsque Notre-Seigneur dit que le Père connaît ce jour, il veut nous faire entendre que le Fils le connaît dans le Père. Qu'y a-t-il, en effet, dans ce jour qui n'ait pour auteur le Verbe par lequel le jour a été fait ? Que personne donc ne cherche à savoir quand viendra le dernier jour ; mais plutôt veillons tous par une vie sainte, de peur que notre dernier jour ne nous surprenne sans que nous soyons préparés, et que nous paraissions au dernier jour du monde tels que nous étions au dernier jour de notre vie. Vous n'avez rien à espérer de ce que vous n'aurez point fait ici-bas. Vos œuvres seules seront alors pour vous ou un appui, ou un poids accablant.

CHAPITRE II. — *La mortalité de l'homme doit être pour lui un motif d'humilité.* — 2. Com-

---

(1) Possidius, dans le chapitre VIII de sa Table, donne pour titre à ce sermon : *Du dernier jour.*

---

eas se tendebat : cum vero elegit continentiam, nuptiæ post illum sunt. Memores estote, ait Dominus, uxoris Lot. (*Luc.*, XVII, 32.) Uxor Lot retro respiciendo remansit. Quisque ergo quo potuit pervenire, inde timeat retro respicere : et ambulet in via, sequatur Christum : quæ retro oblitus, in ea quæ ante sunt extentus, secundum intentionem intus sequatur ad palmam vocationis Dei in Christo Jesu. (*Philip.*, III, 13.) Conjugati præponant sibi innuptos ; fateantur eos esse meliores : in eis diligant quod ipsi non habent, et in illis Christum ament.

SERMO XCVII (a).

De verbis Evangelii Marci, XIII : *De die autem illo vel hora nemo scit, neque angeli in cœlo, neque Filius, nisi Pater.*

CAPUT PRIMUM. — *Præparatio ad novissimum diem.* — 1. Fratres, quod audistis modo monentem Scripturam atque dicentem, ut propter diem novissimum vigilemus, unusquisque de novissimo suo die cogi-

(a) Alias XXI, de verbis Domini.

tet : ne forte cum senseritis vel putaveritis longe esse novissimum sæculi diem, dormitetis ad novissimum vestrum diem. De die novissimo sæculi hujus audistis quid dixerit : « Quia nesciunt eum, neque Angeli cœlorum, neque Filius, nisi Pater. » (*Marc.*, XIII, 2.) Ubi quidem magna quæstio est, ne carnaliter sapientes putemus aliquid Patrem scire, quod nesciat Filius. Nam utique cum dixit : « Pater scit : » ideo hoc dixit, quia in Patre et Filius scit. Quid enim est in die, quod non in Verbo factum est, per quem factus est dies? Nemo ergo quærat novissimum diem, quando futurus sit : sed vigilemus omnes bene vivendo, ne novissima dies cujuscumque nostrum nos inveniat imparatos, et qualis quisque hinc exierit suo novissimo die, talis inveniatur in novissimo sæculi die. Nihil te adjuvabit quod hic non feceris. Unumquemque opera sua juvabunt, aut opera sua pressura sunt.

CAPUT II. — *Homini mortalitas ad humilitatem prodesse debet.*— 2. Et quomodo in Psalmo cantavimus Domino : Miserere mei Domine, quoniam conculca-

ment donc avons-nous pu chanter au Seigneur avec le Psalmiste : « Ayez pitié de moi, Seigneur, parce que l'homme m'a foulé aux pieds ? » (*Ps.* LV, 2.) L'homme ici est celui qui vit d'une manière tout humaine ; car à ceux qui vivent selon Dieu, il est dit : « Vous êtes des dieux, vous êtes tous les fils du Très-Haut ; » tandis qu'aux réprouvés, à ceux qui ont été appelés à devenir enfants de Dieu et qui ont mieux aimé rester des hommes, le même auteur inspiré dit : « Vous mourrez comme des hommes, et vous tomberez comme un des rois de la terre. » (*Ps.* LXXXI, 6, 7.) En effet, si l'homme est mortel, c'est une raison pour lui de soumettre sa vie à la règle, plutôt qu'un motif de s'enorgueilir. Comment un ver de terre qui doit mourir demain peut-il concevoir de l'orgueil ? Je le dis à votre charité, mes frères, le démon doit être un sujet de honte pour les mortels orgueilleux. Le démon est orgueilleux, il est vrai, mais il est immortel ; il est plein de malice, mais c'est un pur esprit. Dieu lui réserve donc pour l'éternité le supplice du dernier jour, mais cependant il ne souffre point la mort à laquelle nous sommes condamnés. L'homme a entendu cette sentence : « Tu mourras de mort. » (*Gen.*, II, 17.) Qu'il fasse bon usage du châtiment qui lui est imposé. Et comment en fera-il bon usage ? Qu'il se garde bien de s'enorgueillir de ce qui lui a mérité ce châtiment, qu'il vienne briser son orgueil contre l'aveu sincère de sa mortalité. Qu'il médite ces pa-

roles que lui adresse l'Esprit saint : « De quoi la terre et la cendre peuvent-elles s'enorgueillir ? » (*Eccli.*, X, 9.) Le démon a de l'orgueil, il est vrai, mais il n'est pas terre et cendre. Voilà pourquoi il est dit à l'homme : « Vous mourrez comme des hommes, et vous tomberez comme un des princes de la terre. » (*Ps.* LXXXI, 7.) Vous oubliez que vous êtes mortels, et vous avez tout l'orgueil du démon. Que l'homme fasse donc un bon usage de son châtiment, mes frères, et qu'il fasse tourner à son bien le mal auquel il a été condamné. Qui ne comprend que c'est un châtiment que la nécessité de mourir, et surtout de mourir sans savoir à quel moment. La mort est certaine, l'heure en est incertaine, et au milieu de l'incertitude des événements de la vie, ce châtiment est la seule chose dont nous soyons assurés.

CHAPITRE III. — *La mort seule est certaine ici-bas.* — 3. Tous les événements de notre vie, heureux et malheureux, sont incertains ; la mort seule est certaine. Quelle est ici ma pensée ? Un enfant est conçu, il est possible qu'il naisse, peut-être aussi ne sera-t-il qu'un avorton. Cette incertitude s'étend à toutes les circonstances de sa vie : Peut-être grandira-t-il, peut-être ne grandira-t-il pas ; peut-être parviendra-t-il à la vieillesse, peut-être n'y parviendra-t-il pas. Sera-t-il dans les honneurs ou dans l'humiliation, aura-t-il des enfants ou n'en aura-t-il pas ; prendra-t-il une épouse ou n'en prendra-t-il pas,

---

vit me homo? Homo dicitur, qui secundum hominem vivit. (*Psal.* LV, 2.) Denique illis qui secundum Deum vivunt, dicitur : Dii estis, et filii Excelsi omnes. Reprobis autem, qui vocati sunt ut essent filii Dei, et esse potius homines voluerunt, id est, secundum hominem vivere : « Vos autem, inquit, sicut homines moriemini, et sicut unus ex principibus cadetis. » (*Psal.* LXXXI, 6, 7.) Etenim quod mortalis est homo, ad disciplinam illi debet valere, non ad jactantiam. Unde se jactat vermis crastino moriturus ? Dico Caritati Vestræ, Fratres : de diabolo debent erubescere mortales superbi. Ille enim etsi superbus, tamen immortalis (*a*) est : spiritus est, etsi malignus. Illi dies novissimus pœnalis servatur in finem : tamen mortem quam nos patimur, ille non patitur. Audivit autem homo : Morte morieris. (*Gen.*, II, 17.) Utatur bene pœna sua. Quid est quod dixi : Utatur bene pœna sua. Non inde eat ad superbiam, unde accepit pœnam ; agnoscat se mortalem,

et frangat elationem. Audiat sibi dici : Quid superbit terra et cinis ? (*Eccl.*, X, 9.) Etiamsi superbit diabolus, non est terra et cinis. Ideo dictum est : Vos autem sicut homines moriemini, et sicut unus de principibus cadetis. (*Psal.* LXXXI, 7.) Non attenditis, quia mortales estis, et sicut diabolus superbi estis. Utatur ergo homo pœna sua, Fratres : bene utatur malo suo, ut proficiat bono suo. Quis nescit : quia pœna est, necesse esse ut moriamur ; et quod est gravius, quando nescimus : Pœna certa est, hora incerta : et de ista pœna sola certi sumus in rebus humanis.

CAPUT III. — *Sola mors hic certa.* — 3. Cætera nostra et bona et mala incerta sunt : sola mors certa est. Quid est quod dico? Conceptus est puer, forte nascitur, forte aborsum facit. Ita incertum est : Forte crescit, forte non crescit : forte senescit, forte non senescit : forte dives erit, forte pauper : forte honoratus, forte humiliatus : forte habebit filios,

---

(*a*) Mss. *tamen immortalis spiritus est, etsi malignus : illi dies,* etc.

c'est ce qui est incertain, et il en est de même de tous les biens que vous pouvez énumérer. Considérez maintenant les événements malheureux : Peut-être sera-t-il malade, peut-être ne le sera-t-il pas, peut-être sera-t-il piqué par un serpent ou dévoré par une bête féroce, peut-être aussi échappera-t-il à leurs atteintes. Parcourez tous les accidents qui peuvent le frapper, et toujours vous pourrez dire : Peut-être en sera-t-il victime, peut-être il y échappera. Mais pourrez-vous dire également : Peut-être mourra-t-il, peut-être ne mourra-t-il pas ? Lorsque les médecins visitent un malade, et qu'ils reconnaissent que la maladie est mortelle, ils disent en sortant : Il en mourra, il ne peut en échapper. Ainsi, dès qu'un homme est né, il faut dire : Il ne peut y échapper. Sa maladie commence avec sa naissance. Quand il meurt, sa maladie se termine avec la vie, mais il ne sait s'il ne va point tomber dans une maladie bien plus grave. Le riche de l'Evangile venait de terminer une maladie où il avait trouvé ses délices, mais pour tomber dans une maladie bien plus douloureuse. (*Luc*, XVI, 22.) Le pauvre, au contraire, vit la santé succéder à la maladie. Mais il avait choisi dès cette vie ce qu'il devait posséder dans l'autre, il avait semé ici-bas ce qu'il devait un jour moissonner. Soyons donc vigilants pendant cette vie, et choisissons ce que nous pourrons posséder éternellement.

CHAPITRE V. — *C'est pour nous que Jésus-Christ a triomphé du monde.* — 4. N'aimons pas le monde. Il opprime ceux qui l'aiment, loin de les rendre heureux. Que tous nos efforts tendent à éviter ses pièges, plutôt qu'à craindre sa chute. Le monde vient à tomber, le chrétien n'en reste pas moins debout, parce que Jésus-Christ ne peut tomber. Pourquoi Notre-Seigneur nous dit-il : « Réjouissez-vous, car j'ai vaincu le monde ? » (*Jean*, XVI, 33.) Ne pourrions-nous pas lui répondre : C'est à vous seul de vous réjouir ; si vous êtes victorieux, réjouissez-vous. Mais pourquoi partagerions-nous votre joie ? Pourquoi, en effet, nous invite-t-il à nous réjouir ? C'est parce que c'est pour nous qu'il a vaincu, pour nous qu'il a combattu. Et quand a-t-il combattu ? Lorsqu'il s'est fait homme. Supprimez sa naissance d'une vierge, supposez qu'il ne s'est point anéanti en prenant la forme d'esclave, en se rendant semblable aux hommes, et en étant reconnu pour homme par tout ce qui a paru de lui (*Philipp.*, II, 7), où serait la lutte ? où serait le combat ? où serait la tentation ? où serait la victoire, que le combat n'aurait point précédée ? « Au commencement était le Verbe, et le Verbe était en Dieu, et le Verbe était Dieu. Il était au commencement en Dieu. Toutes choses ont été faites par lui, et rien n'a été fait sans lui. » (*Jean*, I, 1, etc.) Est-ce que les Juifs auraient crucifié le Verbe ? Est-ce qu'ils

forte non habebit : forte ducet uxorem, forte non ducet : et quidquid aliud nominaveris in bonis. Respice et ad mala : Forte ægrotat, forte non ægrotat : forte a serpente percutitur, forte non percutitur : forte a bestia devoratur, forte non devoratur. Et respice omnia mala : ubique est : Forte erit, forte non erit. Numquid potes dicere : Forte moritur, forte non moritur ? Quomodo medici quando inspexerint valetudinem, et mortiferam esse cognoverint, hoc pronuntiant : Moritur, inde non evadit. Ex quo nascitur homo, dicendum est : Non evadit. Quando natus est, ægrotare cœpit. Quando mortuus fuerit, finit quidem ægritudinem : sed nescit utrum pergat in pejorem. Finierat dives ille ægritudinem deliciosam, venit ad (*a*) tortuosam. (*Luc.*, XVI, 22.) Pauper vero ille finiit ægritudinem, et pervenit ad sanitatem. Sed quod postea haberet hic elegit ; et quod ibi messuit, hic seminavit. Ideo cum vivimus, vigilare debemus, et eligere debemus quod in futuro teneamus.

CAPUT IV. — *Mundus per Christum nobis victus.* — 4. Mundum non amemus. Premit amatores suos, non eos ad bonum adducit. Laborandum est in eo potius ne capiat, quam timendum ne cadat. Ecce cadit mundus : stat Christianus ; quia non cadit Christus. Nam quare dicit Dominus : Gaudete, quia ego vici mundum (*Joan.*, XVI, 33.) Respondeamus ei, si placet : Gaude, sed tu. Si tu vicisti, tu gaude. Quare nos ? Quare nobis dicit : Gaudete : nisi quia nobis vicit, nobis pugnavit ? Ubi enim pugnavit ? Quia hominem suscepit. Tolle quod de virgine natus, tolle quod semetipsum exinanivit, formam servi accipiens, in similitudinem hominum factus, et habitu inventus ut homo (*Philip.*, II, 7) : tolle hoc, ubi luctamen ? ubi certamen ? ubi tentatio ? ubi victoria, quam non præcessit pugna ? « In principio erat Verbum, et Verbum erat apud Deum, et Deus erat Verbum. Hoc erat in principio apud Deum. Omnia per ipsum facta sunt, et sine ipse factum est nihil. » (*Joan.*, I, 1.) Numquid hoc Verbum Judæus crucifi-

(*a*) Colbertinus Ms. *ad n.ortuosam*. Forte leg. *ad tormentuosam*.

auraient insulté le Verbe? Est-ce qu'ils auraient osé souffleter le Verbe, le couronner d'épines? Or, c'est afin de pouvoir souffrir toutes ces indignités que le Verbe s'est fait chair, et qu'après les avoir souffertes, il a remporté la victoire par sa résurrection. C'est donc pour nous qu'il a vaincu, pour nous à qui il donne ainsi un gage assuré de la résurrection. Dites donc à Dieu : « Ayez pitié de moi, Seigneur, parce que l'homme m'a foulé aux pieds. » (*Ps.* LV, 2.) Ne vous foulez pas aux pieds vous-même, et vous ne serez point vaincu par l'homme. Un homme puissant cherche à vous effrayer. Par quels moyens? Je vous dépouillerai, je vous condamnerai, je vous tourmenterai, je vous mettrai à mort. Et vous criez : « Ayez pitié de moi, Seigneur, parce que l'homme m'a foulé aux pieds. » Si vous dites la vérité, c'est vous-même que vous avez en vue. C'est parce que vous craignez les menaces de l'homme, que ce mort vous foule aux pieds, et comme vous ne les craindriez pas, si vous n'étiez pas homme, il est vrai de dire dans ce sens, que l'homme vous foule aux pieds. Quel sera donc le remède? O homme, attachez-vous étroitement au Dieu qui a fait l'homme, mettez en lui toute votre confiance, invoquez-le, qu'il soit lui-même votre force. Dites-lui : C'est en vous, Seigneur, qu'est toute ma force. Vous chanterez alors, malgré les menaces des hommes, et le Seigneur lui-même vous suggère la matière de vos chants : « J'espérerai en Dieu, je ne craindrai pas ce que l'homme peut contre moi. » (*Ibid.*, 11.)

SERMON XCVIII [1].

Sur le chapitre VII de saint Luc et les trois morts que Notre-Seigneur a ressuscités.

CHAPITRE PREMIER. — *Les miracles de Notre-Seigneur sur les corps et sur les âmes.* — 1. Les miracles de Notre-Seigneur et Sauveur Jésus-Christ font impression sur ceux qui en entendent le récit avec foi, mais cette impression n'est point la même pour tous. Quelques-uns s'étonnent à la vue des miracles extérieurs et sensibles, mais ne savent point s'élever plus haut. D'autres voient avec une admiration bien plus grande se renouveler maintenant, pour les esprits, les miracles que Notre-Seigneur opérait sur les corps. Lui-même nous dit : « Comme le Père ressuscite les morts et les vivifie, ainsi le Fils vivifie ceux qu'il veut. » (*Jean*, v, 21.) Le Fils n'en ressuscite pas d'autres que le Père, ce sont les mêmes qui sont ressuscités par le Père et par le Fils, parce que le Père fait tout par le Fils. Que personne donc, s'il est chrétien, n'hésite à croire, qu'aujourd'hui encore, les morts ressuscitent. Mais tout homme a des yeux pour voir les morts ressusciter, comme le fils de cette

[1] Possidius fait mention de ce sermon dans le chapitre IX de sa Table, et Florus le cite dans son commentaire sur le chapitre V de l'épître aux Éphésiens.

geret? Numquid huic Verbo impius insultaret? Numquid hoc Verbum colaphis cæderetur? Numquid hoc Verbum spinis coronaretur? Ut autem ista pateretur : Verbum caro factum est : et ista passus resurgendo vicit. Ergo nobis vicit, quibus securitatem resurrectionis ostendit. Dicis ergo Deo : Miserere mei Domine, quoniam conculcavit me homo. (*Psal.* LV, 2.) Tu te noli conculcare, et non te vincit homo. Ecce enim homo potens terret te. Unde te terret? Spolio, damno, torqueo, occido. Et clamas tu : « Miserere mei Domine, quoniam conculcavit me homo. » Si verum dicis, te ipsum attendis : quia times minas hominis, mortuus te conculcat : et quia non timeres, nisi esses homo, conculcat te homo. Quod est ergo remedium? O homo, hære Deo a quo factus es homo : illi adhære, in ipso præsume, ipsum invoca, virtus tua ipse sit. Dic illi : In te, Domine, virtus mea. Et a comminationibus hominum cantabis; et quod postea cantes, ipse Dominus dicit : In Deo sperabo, non timebo quid faciat mihi homo. (*Ibid.*, 11.)

SERMO XCVIII [a].

De verbis Evangelii Lucæ, VII, et de tribus mortuis, quos Dominus suscitavit.

CAPUT PRIMUM. — *Miracula Domini in corporibus et in animis.* — 1. Miracula Domini nostri et Salvatoris Christi Jesu, omnes quidem audientes et credentes movent : sed alios atque alios aliter et aliter. Quidam enim corporalia ejus miracula stupentes, majora intueri non norunt : quidam vero ea quæ gesta audiunt in corporibus, nunc amplius in animis admirantur. Dicit ipse Dominus : « Sicut enim Pater suscitat mortuos, et vivificat, sic et Filius quos vult, vivificat. » (*Joan.*, v, 21.) Non utique alios Filius, alios Pater; sed eosdem Pater et Filius : quia omnia Pater per Filium. Nemo ergo dubitet qui Christianus

[a] Alias XLIV, de verbis Domini.

veuve dont il est question dans l'Evangile dont on vient de vous faire lecture. (*Luc*, VII, 12.) Mais, tous ne peuvent voir ressusciter ceux qui sont morts spirituellement, il faut pour cela être soi-même ressuscité intérieurement. C'est un plus grand miracle de ressusciter un mort pour une vie qui ne doit point finir, que de le ressusciter pour mourir de nouveau.

CHAPITRE II. — *Deux sortes de morts.* — 2. La mère de ce jeune homme, qui était veuve, fut transportée de joie de voir son fils ressuscité; notre mère, la sainte Eglise, se réjouit aussi en voyant tous les jours la résurrection spirituelle de ses enfants. Le fils de la veuve était mort de la mort du corps, ceux-là sont morts de la mort de l'âme. On répandait des larmes sur la mort visible du premier, mais on ne s'occupait, on ne s'apercevait même pas de la mort invisible des derniers. Le seul qui n'y resta pas indifférent, c'est celui qui connaissait ces morts, et celui-là seul les connaissait, qui pouvait leur rendre la vie. En effet, si Notre-Seigneur n'était pas venu pour ressusciter ces morts, l'Apôtre ne dirait pas : « Levez-vous, vous qui dormez, et sortez d'entre les morts, et Jésus-Christ vous éclairera. » (*Ephés.*, V, 14.) A ces paroles : « Levez-vous, vous qui dormez, » vous ne vous représentez qu'un homme endormi, mais celles qui suivent : « Et sortez d'entre les morts, » doivent vous faire comprendre qu'il est véritablement mort. L'Ecri-

ture dit souvent de ceux qui sont morts de la mort du corps, qu'ils sont endormis. Et en effet, pour celui qui peut leur rendre la vie, ils ne sont réellement qu'endormis. Un mort est mort pour vous dans un sens véritable, car vous avez beau le frapper, le secouer, le déchirer même, vous ne pouvez le réveiller. Pour Jésus-Christ, au contraire, ce jeune homme, que cette simple parole : « Levez-vous » (*Luc*, VII, 14) fait lever plein de vie, n'était qu'endormi. Personne n'éveille aussi facilement un homme dans son lit, que Jésus ne fait sortir un mort du tombeau.

CHAPITRE III. — *Les trois morts ressuscités par Notre-Seigneur.* — 3. Nous trouvons dans l'Evangile trois morts ressuscités visiblement par Notre-Seigneur, mais il a ressuscité par milliers des morts invisibles. Qui peut savoir combien de morts visibles il a rendus à la vie? car tout ce qu'il a fait n'est pas écrit. « Il y a encore beaucoup d'autres choses que fit Jésus, dit l'évangéliste saint Jean, et si elles étaient rapportées en détail, je ne crois pas que le monde pût contenir les livres où elles seraient écrites. » (*Jean*, XXI, 25.) Beaucoup d'autres ont donc été sans aucun doute ressuscités, mais ce n'est pas sans raison qu'il n'est fait mention que de trois. Notre-Seigneur Jésus-Christ voulait qu'on entendît dans un sens spirituel, les miracles qu'il opérait sur les corps. Il ne faisait pas des miracles pour les miracles seulement, mais

---

est, etiam nunc mortuos suscitari. Sed omnis homo habet oculos, quibus videre potest mortuos resurgere ita, ut resurrexit filius hujus viduæ, qui modo ex Evangelio recitatus est (*Luc.*, VII, 12) : unde autem videant homines resurgere mortuos in corde, non omnes habent, nisi qui jam resurrexerunt in corde. Amplius est resuscitare semper victurum, quam suscitare iterum moriturum.

CAPUT II. — *Mortuorum duo genera.* — 2. De juvene illo resuscitato gavisa est mater vidua : de hominibus in spiritu quotidie suscitatis gaudet mater Ecclesia. Ille quidem mortuus erat corpore, illi autem mente. Illius mors visibilis visibiliter plangebatur : illorum mors invisibilis (a) nec quærebatur, nec videbatur. Quæsivit ille qui noverat mortuos : ille solus noverat mortuos, qui poterat facere vivos. Nisi enim ad mortuos suscitandos Dominus venisset, non Apostolus diceret : « Surge qui dormis, et exsurge a mortuis, et illuminabit te Christus. » (*Ephes.*, V, 14.) Dormientem audis, cum dicit : Surge qui dormis : sed

mortuum intellige, cum audis : Et exsurge a mortuis. Dicti sunt sæpe dormientes et mortui visibiliter. Et plane omnes, ei qui potest excitare, dormiunt. Mortuus enim tibi mortuus est, qui quantumlibet pulses, quantumlibet vellices, quantumlibet lanies, non expergiscitur. Christo autem ille dormiebat, cui dictum est : « Surge : » (*Luc.*, VII, 14) et continuo surrexit. Nemo tam facile excitat in lecto, quam facile Christus in sepulcro.

CAPUT III. — *Tres mortui a Domino suscitati.* — 3. Tres autem mortuos invenimus a Domino resuscitatos visibiliter, millia invisibiliter. Quot autem mortuos visibiliter suscitaverit, quis novit? Non enim omnia quæ fecit scripta sunt : Joannes hoc dicit : Multa alia fecit Jesus quæ si scripta essent, arbitror totum mundum non posse libros capere. (*Joan.*, XXI, 25.) Multi ergo sunt alii sine dubio suscitati : sed non frustra tres commemorati. Dominus enim noster Jesus Christus ea quæ faciebat corporaliter, etiam spiritaliter volebat intelligi. Neque enim tan-

---

(a) Omnes Mss. *illorum mors invisibilis alibi nec quærebatur.*

il voulait qu'en excitant l'admiration de ceux qui les voyaient, ils fussent encore pleins de vérité pour ceux qui en comprenaient le sens. Celui qui voit des caractères dans un livre parfaitement écrit, et qui ne sait point lire, loue il est vrai l'habileté du copiste, en admirant la beauté des caractères, mais il ne sait ni ce qu'ils veulent dire, ni ce qu'ils signifient; il loue ce qui frappe ses yeux, mais rien ne parle à son esprit. Un autre, au contraire, non content de louer l'adresse de l'écrivain, comprend le sens des caractères, c'est-à-dire celui qui non-seulement voit ce que tous peuvent voir, mais qui sait lire ces caractères, ce que ne peut faire le premier, qui n'a point appris à lire. Ainsi, ceux qui ont été les témoins oculaires des miracles de Jésus-Christ, et qui n'ont point compris le sens et la signification mystérieuse qu'ils révélaient, ont admiré le fait matériel du miracle; d'autres, non contents d'admirer les faits extérieurs, ont compris ce qu'ils signifiaient. Voilà ce que nous devons être dans l'école de Jésus-Christ. Celui qui prétend que Jésus-Christ a fait des miracles uniquement pour faire des miracles, peut également dire que le Sauveur ignorait ce que fût la saison des fruits, lorsqu'il cherche des figues sur le figuier. Car ce n'était point la saison des figues, comme l'Evangile le remarque, et cependant ayant faim, il chercha des figues sur cet arbre. (*Marc*, XI, 13.) Quoi! Jésus-Christ ignorait ce que savait le jardinier? Celui qui cultivait cet arbre savait ce qu'ignorait le créateur même de l'arbre? Lors donc qu'il cherche des fruits sur cet arbre pour apaiser sa faim, il veut nous apprendre qu'il cherchait autre chose que ce qui devait apaiser sa faim. Il trouve cet arbre couvert de feuilles, mais sans aucun fruit, il le maudit, et il se dessèche aussitôt. Qu'avait fait cet arbre en ne portant pas de fruit? Quel crime pouvait être la stérilité de cet arbre? Mais il en est dont la volonté ne peut produire de fruit. Leur stérilité est donc coupable, parce que leur fécondité dépend de leur volonté. Tels étaient les Juifs qui avaient les paroles de la loi sans en avoir les œuvres, arbres couverts de feuilles, mais qui ne portaient point de fruits. Ce que je viens de dire a pour but de vous convaincre que Notre-Seigneur Jésus-Christ a voulu que ses miracles fussent pour nous autant d'enseignements, et qu'indépendamment du caractère merveilleux de grandeur et de divinité dont ils sont empreints, nous puissions y trouver d'utiles leçons.

CHAPITRE IV. — *Résurrection des trois morts.* — 4. Voyons donc ce qu'il a voulu nous apprendre par les trois morts qu'il a ressuscités. Il a ressuscité la fille du prince de la synagogue, qui l'avait prié de venir la visiter pour la délivrer de sa maladie. Tandis qu'il y allait, on lui annonce qu'elle est morte, et comme pour faire

tum miracula propter miracula faciebat : sed ut illa quæ faciebat, mira essent videntibus, vera essent intelligentibus. Quemadmodum qui videt litteras in codice optime scripto, et non novit legere, laudat quidem antiquarii manum, admirans apicum pulchritudinem ; sed quid sibi velint, quid indicent illi apices nescit ; et est oculis laudator, mente non cognitor : alius autem et laudat artificium, et capit intellectum; ille utique qui non solum videre quod commune est omnibus potest, sed etiam legere; quod qui non didicit, non potest. Ita qui viderunt Christi miracula, et non intellexerunt quid sibi vellent, et quid intelligentibus quodam modo innuerent, mirati sunt tantum quia facta sunt : alii vero et facta mirati, et intellecta assecuti. Tales nos in schola Christi esse debemus. Qui enim dicit Christum propterea tantum fecisse miracula, ut non essent nisi miracula, potest illum dicere etiam nescire quod non esset tempus pomorum, quando ficus quæsivit in arbore. Non enim erat illius pomi tempus, sicut Evangelista testatur : et tamen esuriens poma quæsivit in arbore. (*Marc.*, XI, 13.) Christus nesciebat, quod rusticus sciebat? Quod noverat arboris cultor, non noverat arboris creator? Cum ergo esuriens poma quæsivit in arbore, significavit se aliquid esurire, et aliquid aliud quærere : et arborem illam sine fructu foliis plenam reperit, et maledixit : et aruit. Quid arbor fecerat fructum non afferendo? Quæ culpa arboris infecunditas? Sed sunt qui fructum voluntate dare non possunt. Illorum est culpa sterilitas, quorum fecunditas est voluntas. Erant ergo Judæi habentes verba Legis et facta non habentes, pleni foliis et fructus non ferentes. Hoc dixi, ut persuaderem Dominum nostrum Jesum Christum ideo miracula fecisse, ut aliquid illis miraculis significaret, ut excepto eo quod mira et magna et divina erant, aliquid inde etiam disceremus.

CAPUT IV. — *Trium mortuorum suscitatio.* — 4. Videamus ergo quid nos discere voluit in tribus mortuis, quos suscitavit. Resuscitavit filiam mortuam Archisynagogi, ad quam ægrotantem petebatur, ut eam de ægritudine liberaret. Et cum pergit, mortua

cesser des instances désormais inutiles, on dit au père : « Votre fille est morte, pourquoi fatiguer davantage le Maître? » (*Marc*, v, 35.) Le Sauveur poursuit sa route et dit au père de la jeune fille : « Ne craignez point, croyez seulement. » Il arrive à la maison, il trouve tout préparé pour les devoirs des funérailles, et il dit : « Ne pleurez point, la jeune fille n'est pas morte, mais elle dort. » Il disait vrai, elle dormait, mais pour celui qui avait le pouvoir de la réveiller. Il la ressuscita et la rendit pleine de vie à ses parents. Il a encore ressuscité le jeune homme fils d'une veuve, qui a été pour nous l'occasion d'adresser à votre charité ces réflexions, qu'il daigne nous inspirer lui-même. (*Luc*, vii, 12.) Vous venez d'entendre comment il fut ressuscité. Comme le Seigneur approchait de la ville, voilà qu'on emportait ce mort hors des portes de la ville. Le Seigneur, touché de compassion à la vue des larmes de cette mère veuve privée de son fils unique, fit ce que vous avez entendu, il lui dit : « Jeune homme, je vous l'ordonne, levez-vous. » (*Ibid.*, 14.) Et celui qui était mort se leva et commença à parler, et Jésus le rendit à sa mère. Le Sauveur ressuscita enfin Lazare en le faisant sortir du tombeau. Comme ses disciples avec lesquels il s'entretenait, savaient que Lazare, que Jésus aimait, était malade, il leur dit : « Lazare, notre ami, dort. » Les disciples, persuadés que ce sommeil serait salutaire au malade, lui dirent : « Seigneur, s'il dort, il sera guéri. » Alors, Jésus parlant plus clairement, leur dit : « Lazare, notre ami, est mort. » (*Jean*, xi, 11, etc.) Ces deux manières de parler étaient également vraies : Pour vous, il est mort, pour moi il n'est qu'endormi.

CHAPITRE V. — *Trois classes de pécheurs figurés par ces trois espèces de morts*. — Ces trois espèces de morts sont la figure des trois classes de pécheurs que Jésus-Christ ressuscite encore aujourd'hui. La fille du chef de la synagogue était encore dans la maison de son père, on ne l'avait pas encore enlevée de l'intérieur des appartements pour la transporter en public. C'est dans l'intérieur même de la demeure qu'elle fut ressuscitée, et rendue pleine de vie à ses parents. Quant au fils de la veuve de Naïm, il n'était plus dans la maison de sa mère, mais il n'était pas encore dans le tombeau; il était sorti de sa demeure, mais il n'était pas encore enseveli. Celui qui avait ressuscité la jeune fille avant qu'elle fût transportée au dehors, ressuscita ce jeune homme enlevé de sa demeure, mais qui n'était pas encore inhumé. Il restait à sauver, à ressusciter, en troisième lieu, un mort dans le tombeau, c'est ce qu'il fit dans la personne de Lazare. Il en est donc qui ont conçu le péché dans le cœur, mais qui ne l'ont point traduit dans leurs œuvres. Voici un homme qui se trouve agité par une passion quel-

nuntiatur; et quasi jam frustra fatigaretur, renuntiatum est patri ejus : Puella mortua est, quid adhuc fatigas magistrum? (*Marc.*, v, 35.) Ille autem perrexit, et ait patri puellæ : Noli timere, tantummodo crede. Venit ad domum, et invenit jam obsequia funeri debita præparata, et dicit illis : Nolite flere : non enim est mortua puella, sed dormit. Verum dixit dormiebat, sed illi a quo poterat excitari. Hanc excitans, reddidit vivam parentibus. Excitavit et hunc juvenem viduæ filium, de quo nunc admoniti sumus, ut hinc ista quæ ipse largiri dignatur, cum Vestra Caritate loqueremur. (*Luc.*, vii, 12.) Modo audistis quomodo excitatus est. Appropinquabat Dominus civitati : et ecce efferebatur mortuus jam extra portam. Misericordia commotus, quod flebat mater vidua et destituta unico filio, fecit quod audistis, dicens : « Adolescens tibi dico, surge. » (*Ibid.*, 14.) Surrexit ille mortuus, cœpit loqui : et reddidit illum matri suæ. Excitavit et Lazarum de sepulcro. Et ibi cum ægrotantem scirent discipuli cum quibus loquebatur, (diligebat autem illum,) Lazarus, inquit, amicus noster dormit. Illi putantes ægri somnum salubrem : « Si dormit, inquiunt, Domine, salvus est. » Et ille : Dico vobis, apertius jam loquens » : Lazarus amicus noster mortuus est. » (*Joan.*, xi, 11, etc.) Utrumque verum dicens : Mortuus est vobis, dormit mihi.

CAPUT V. — *Tria peccatorum genera, tribus illis mortuis figurata*. — 5. Ista tria genera mortuorum, sunt tria genera peccatorum, quos hodieque suscitat Christus. Illa enim mortua filia Archisynagogi intus erat in domo, nondum erat de secretis parietibus elata in publicum. Ibi intus suscitata est, viva parentibus reddita. Iste autem jam quidem non in domo, sed tamen nondum in sepulcro, parietibus elatus erat, terræ mandatus non erat. Qui suscitavit mortuam nondum elatam, suscitavit mortuum jam elatum, nondum sepultum. Tertium restabat, ut et sepultum suscitaret : et hoc fecit in Lazaro. Sunt ergo qui peccatum intus in corde habent, in facto nondum habent. Nescio quis commotus est aliqua concupiscentia. Dicit enim ipse Dominus : Qui

conque. Vous savez que Notre-Seigneur a dit : « Celui qui aura regardé une femme pour la convoiter, a déjà commis l'adultère dans son cœur. » (*Matth.*, v, 28.) Il ne s'en est point approché extérieurement, mais son cœur a consenti au crime, il est mort dans l'intérieur de son âme, mais ce mort n'est point encore transporté au dehors. Or, il arrive souvent, nous le savons et les hommes en font tous les jours l'expérience en eux-mêmes, qu'après avoir entendu la parole de Dieu, le Seigneur semble leur dire en personne : Levez-vous, et ils condamnent le consentement qu'ils ont donné à l'iniquité, et ils revivent au salut et à la justice. Le mort ressuscite dans sa demeure, le cœur reprend une nouvelle vie dans le secret de la conscience. Cette résurrection s'est opérée dans les retraites mystérieuses de la conscience, comme dans l'intérieur de la maison. D'autres, après le consentement, vont jusqu'à l'acte; ils transportent le mort qui était caché dans le secret de la demeure et le produisent en public. Or, faut-il pour cela désespérer d'eux? Le Sauveur n'a-t-il pas dit à ce jeune homme : « Je vous l'ordonne, levez-vous? » Ne l'a-t-il pas rendu à sa mère? Ainsi celui qui a commis le crime, s'il est attentif aux avertissements de la parole de vérité, si son âme en est touchée et ressuscite à la voix de Jésus-Christ, il est rendu à la vie. Il a pu faire un pas de plus dans la voie du crime, mais il n'a pu être victime d'une mort éternelle. Quant à ceux qui en commettant le mal s'enchaînent eux-mêmes dans des habitudes criminelles, qui leur ôtent même la vue du mal qu'ils commettent, ils entreprennent de défendre la malice de leurs actes, ils s'irritent quand on les en reprend, semblables aux habitants de Sodome, et, répondent comme eux à l'homme juste qui leur reproche leurs intentions perverses : Vous êtes venu habiter parmi nous et non pour nous donner des lois. (*Gen.*, xix, 9.) L'habitude de leurs infâmes voluptés était si grande, que la débauche passait à leurs yeux pour vertu, et que l'on condamnait celui qui s'y opposait bien plutôt que celui qui s'y abandonnait. Ceux qui sont ainsi écrasés sous le poids de la coutume, sont comme ensevelis dans le tombeau. J'irai plus loin, mes frères, et je dirai d'eux qu'ils sont tellement ensevelis, qu'on peut dire comme de Lazare : « Il sent déjà mauvais. » Cette pierre placée sur le sépulcre, c'est la force tyrannique de l'habitude qui accable l'âme et ne lui permet ni de se lever ni de respirer.

CHAPITRE VI. — *Quatre degrés successifs dans les voies du péché.* — 6. Il est dit de Lazare : « Il est mort depuis quatre jours. » En effet, l'âme est conduite à cette habitude dont je viens de parler comme par quatre degrés différents. Le premier est l'attrait sensible du plaisir dans le cœur, le second est le consentement, le troi-

---

viderit mulierem ad concupiscendum eam, jam mœchatus est eam in corde suo. (*Matth.*, v, 28.) Nondum accessit corpore, consensit in corde : mortuum intus habet, nondum extulit. Et ut fit, ut novimus, ut quotidie homines in se experiuntur, aliquando audito verbo Dei, tanquam Domino dicente : Surge : condemnatur consensus ad iniquitatem, respiratur in salutem atque justitiam. Surgit mortuus in domo, reviviscit cor in cogitationis secreto. Facta est ista resurrectio animæ mortuæ intus intra latebras conscientiæ, tanquam intra domesticos parietes. Alii post consensum eunt in factum, tanquam efferentes mortuum, ut quod latebat in secreto, appareat in publico. Numquid jam isti, qui in factum processerunt, desperati sunt? Nonne et illi juveni dictum est : « Tibi dico, surge? » Nonne et ille redditus est matri suæ? Sic ergo et qui jam fecerit, si forte commonitus et commotus verbo veritatis ad Christi vocem resurgit, vivus redditur. Potuit (*a*) progredi, in æternum perire non potuit. Qui autem faciendo quod malum est, etiam mala consuetudine se implicant, ut ipsa consuetudo mali non eos sinat videre quia malum est, fiunt defensores malorum factorum suorum : irascuntur cum reprehenduntur; in tantum ut Sodomitæ quondam dicerent viro justo reprehendenti nequissimam voluntatem : Habitare venisti, non leges dare. (*Gen.*, xix, 9.) Tanta ibi nefandæ turpitudinis consuetudo erat, ut jam nequitia esset justitia, et prohibitor potius reprehenderetur quam factor. Tales consuetudine maligna pressi, tanquam sepulti sunt. Sed quid dicam, Fratres? Ita sepulti, ut de Lazaro dictum est : Jam putet. Moles illa imposita sepulcro, ipsa est vis (*b*) dura consuetudinis, qua premitur anima, nec surgere, nec respirare permittitur.

CAPUT VI. — *Quatuor in peccatis progressus.* — 6. Dictum est autem : Quatriduanus est. Re vera ad istam consuetudinem, de qua loquor, quarto quodam

---

(*a*) Lov. *ad tempus progredi*. At cæteri editi et Mss. non habent *ad tempus* : cujus loco subintelligendum est *in factum*. — (*b*) Sic Er. et Mss. Al. Lov. *vis diræ consuetudinis*.

sième, l'acte, le quatrième, l'habitude. Il en est qui repoussent absolument les pensées criminelles qui se présentent à leur esprit qui n'y prennent aucun plaisir. D'autres y prennent plaisir, mais sans donner leur consentement; la mort n'est pas encore consommée, mais elle est commencée. Au plaisir vient se joindre le consentement qui fait encourir la damnation. Le consentement conduit à l'acte, l'acte se tourne en habitude et amène le désespoir qui fait dire : Il est mort depuis quatre jours, il sent déjà mauvais. Alors vient le Seigneur à qui toutes choses étaient faciles, et qui veut nous apprendre que la résurrection offre une certaine difficulté. Il frémit en son esprit, et, par le cri qu'il jette, nous montre combien il faut de reproches pour triompher de l'endurcissement produit par une habitude criminelle. Et cependant à la voix du Seigneur, les chaînes de cette habitude tyrannique se brisent. Les puissances de l'enfer tremblent, Lazare est rendu à la vie. Le Seigneur arrache aux habitudes criminelles les morts même de quatre jours; car pour Jésus-Christ qui voulait le ressusciter, ce mort de quatre jours n'était vraiment qu'endormi. Mais que dit-il? Considérez le caractère de cette résurrection. Lazare sortit vivant de son tombeau, mais il ne pouvait marcher. Le Seigneur dit donc à ses disciples : « Déliez-le et laissez-le aller. » (*Jean*, XI, 44.) Le Sauveur ressuscita Lazare qui était mort, mais ce sont les disciples qui brisèrent ses liens. La majesté du Dieu qui ressuscite se révèle dans cette circonstance. La parole de vérité adresse de sévères reproches à un homme plongé dans une habitude criminelle. Combien en est-il qui ne les entendent pas? Qui donc agit intérieurement dans ceux qui leur prêtent une oreille attentive? Qui inspire la vie à ces âmes qui l'ont perdue? Qui les délivre de cette mort secrète pour leur rendre une vie non moins mystérieuse? N'est-il pas vrai qu'après ces reproches, ces accusations, les pécheurs sont livrés à leurs pensées? Ils commencent à réfléchir sérieusement sur la malice de leur vie, sur les habitudes criminelles dont ils sont dominés. Ils conçoivent une honte salutaire d'eux-mêmes et se proposent de changer de vie. Ils sont dès lors ressuscités, ils sont rendus à la vie, puisqu'ils condamnent leur conduite passée, mais tout vivants qu'ils sont, ils ne peuvent marcher. Ils sont encore enchaînés dans les liens de leurs crimes. Il faut donc que celui qui est rendu à la vie, soit délié et qu'on le laisse aller. C'est le ministère que le Seigneur confie à ses disciples en lui disant : « Ce que vous aurez délié sur la terre, sera délié dans le ciel. » (*Matth.*, XVIII, 18.)

CHAPITRE VII. — *Il faut ressusciter prompte-*

---

progressu pervenit anima. Prima est enim quasi titillatio delectationis in corde, secunda consensio, tertium factum, quarta consuetudo. Sunt enim qui res illicitas obvias cogitationibus suis prorsus ita abjiciunt, ut nec delectentur. Sunt qui delectantur, et non consentiunt : nondum perfecta mors est, sed quodam modo inchoata. Delectationi accedit consensio : jam est illa damnatio. Post consensionem in factum proceditur : factum in consuetudinem vertitur : et fit quædam desperatio, ut dicatur : Quatriduanus est, jam putet. Venit ergo Dominus, cui utique facilia erant omnia; et difficultatem quamdam ostendit ibi. Infremuit spiritu, ostendit multo clamore objurgationis opus esse ad eos qui consuetudine duruerunt. Tamen ad vocem clamantis Domini, rupta sunt vincula necessitatis. Tremuit inferni dominatio, redditus est Lazarus vivus. Liberat enim et de mala consuetudine Dominus quatriduanos mortuos : nam et ipse quatriduanus Christo volenti resuscitare dormiebat. Sed quid ait? Videte genus resuscitationis. Processit de monumento vivus, et ambulare non poterat. Et Dominus ad discipulos : Solvite eum, et sinite abire. (*Joan.*, XI, 44.) Ille suscitavit mortuum, illi solverunt ligatum. (a) Aliquid pertinere videte ad propriam majestatem Dei suscitantis. Increpatur aliquis in mala consuetudine positus, verbo veritatis. Quam multi increpantur et non audiunt! Quis ergo agit intus cum illo qui audit? Quis vitam inspirat intrinsecus? Quis est qui secretam pellit mortem, secretam dat vitam? Nonne post objurgationes, post increpationes dimittuntur homines cogitationibus suis, et incipiunt secum volvere quam malam vitam gerant, quam pessima consuetudine premantur? Deinde displicentes sibi, mutare vitam instituunt. Resurrexerunt isti : revixerunt quibus displicet quod fuerunt : sed reviviscentes ambulare non possunt. Hæc sunt ut vincula ipsius reatus. Opus est ergo ut qui revixit, solvatur, et ire permittatur. Hoc officium discipulis dedit, quibus ait : Quæ solveritis in terra, soluta sunt et in cœlo. (*Matth.*, XVIII, 18.)

CAPUT VII. — *Resurgendum celeriter a peccato.* —

(a) Lov. *Ad quid pertineat videte, ad proprium majestatis*, etc. At Am. et Er. *Aliquid pertinere videte*. Et mox Mss. *ad propriam majestatem*, etc.

ment *de la mort du péché*. — 7. Ecoutons donc ces vérités, mes très-chers frères, et que le fruit soit pour ceux qui vivent d'entretenir soigneusement en eux cette vie, et pour ceux qui sont morts de la recouvrer au plus tôt. Le péché n'a été que conçu dans le cœur, il n'a pas été jusqu'à l'acte ; repentez-vous, réprimez cette pensée, que le mort ressuscite dans l'intérieur de sa conscience. Le pécheur a-t-il mis à exécution son mauvais dessein, qu'il ne désespère point pour cela. Le mort n'est pas ressuscité dans l'intérieur de sa demeure, qu'il ressuscite au dehors. Qu'il ait regret de ce qu'il a fait, qu'il se hâte de revenir à la vie, qu'il ne descende point dans les profondeurs du tombeau, qu'il ne se laisse pas recouvrir par la lourde pierre de l'habitude. Mais peut-être ai-je sous les yeux un pécheur accablé sous cette pierre si dure, écrasé sous le poids de ses habitudes criminelles, un pécheur qui, mort depuis quatre jours, exhale une odeur infecte. Qu'il ne perde point non plus l'espérance. Il est descendu bien avant dans le tombeau, mais Jésus-Christ est souverainement élevé. Il sait de sa voix puissante briser la pierre du sépulcre, et rendre par lui-même la vie à l'âme, en laissant à ses disciples le soin de la délier. Que ces morts fassent donc pénitence. Lazare ressuscité après une mort de quatre jours n'avait rien conservé de l'infection du tombeau. Que ceux qui vivent, conservent donc précieusement cette vie, et que ceux qui sont morts, quelle que soit parmi ces trois morts la classe à laquelle ils appartiennent, se hâtent de ressusciter au plutôt.

SERMON XCIX.

Sur ces paroles du chapitre VIII de l'Evangile selon saint Luc : *Et voilà qu'une femme pécheresse de la ville*, etc. De la rémission des péchés, contre les donatistes.

CHAPITRE PREMIER. — *La femme pécheresse aux pieds de Notre-Seigneur assis à table.* — 1. Les divins oracles que la lecture des saintes Ecritures vient de nous faire entendre, nous persuadent que nous obéissons à la volonté de Dieu en les prenant pour sujet de notre discours et en parlant aujourd'hui à votre charité avec sa grâce de la rémission des péchés. Vous avez écouté avec une profonde attention la lecture de l'Evangile et le fait historique qui vous était raconté semblait se passer sous les yeux de votre cœur. Vous avez vu, en effet, des yeux, non du corps, mais de l'âme, Notre-Seigneur Jésus-Christ assis à table dans la maison du pharisien dont il n'avait point dédaigné l'invitation. (*Luc*, IX, 36.) Vous avez vu cette femme d'une réputation tristement célèbre, qui était pécheresse, entrer précipitamment sans être invitée dans la salle du festin où son médecin était assis et chercher sa guérison avec une pieuse impudence. Sa présence est importune dans un festin, mais

---

7. Hæc ergo, Carissimi, sic audiamus, ut qui vivunt, vivant; qui mortui sunt, reviviscant. Sive adhuc peccatum in corde conceptum est, et non processit in factum : pœniteat, corrigatur cogitatio, surgat mortuus intra domum conscientiæ. Sive jam quod cogitavit admisit; nec sic desperetur. Non surrexit mortuus intus, surgat elatus. Pœniteat facti, de proximo reviviscat : non eat in profundum sepulturæ, non accipiat desuper consuetudinis molem. Sed forte jam illi loquor, qui jam duro sui moris lapide premitur, qui jam urgetur consuetudinis pondere, qui jam quatriduanus putet. Nec ipse desperet : profundus mortuus est, sed altus est Christus. Novit clamando terrena onera rumpere, novit intrinsecus per se ipsum vivificare, solvendum discipulis tradere. Agant etiam tales pœnitentiam. Neque enim Lazaro resuscitato post quatriduum ullus putor in vivente remanserat. Ergo qui vivunt, vivant : quicumque autem mortui sunt, in quacumque harum trium morte se invenerint, agant ut celeriter jam resurgant.

SERMO XCIX (*a*).

De verbis Evangelii Lucæ, VII : *Et ecce mulier quæ erat in civitate peccatrix*, etc. De remissione peccatorum, contra donatistas.

CAPUT PRIMUM. — *Mulier peccatrix ad pedes Domini recumbentis.* — 1. Quod admonemur Domini eloquiis de divinis lectionibus, hinc credentes Deum velle nos loqui, proferimus Caritati Vestræ, illo adjuvante : Sermonem de remissione peccatorum. Evangelium enim cum legeretur, attentissime audistis, et res gesta narata atque versata est ante oculos cordis vestri. Vidistis enim, non carne, sed mente, Dominum Jesum Christum in domo Pharisæi recumbentem, et ab illo invitatum non fastidientem. (*Luc.*, IX, 36.) Vidistis etiam mulierem in civitate famosam, mala utique fama, quæ erat peccatrix, non invitatam

(*a*) Alias XXIII, ex homiliis L.

très-opportune pour le bienfait qu'elle attend; car elle connaissait l'étendue de sa maladie, et savait que celui qu'elle venait trouver était capable de la guérir. Elle s'approche donc, non de la tête, mais des pieds du Seigneur, et pour expier les démarches criminelles de sa vie, elle cherche à suivre les traces de vertu imprimées par les pieds sacrés du Sauveur. Elle commence par répandre des larmes qui sont comme le sang du cœur et elle arrose les pieds du Seigneur de l'humble aveu de ses péchés. Elle les essuie de ses cheveux, les baise et les inonde de parfums. Dans son silence même elle parle, et sans prononcer aucun discours, elle fait éclater toute la grandeur de sa piété.

CHAPITRE II. — *Pensée superbe du pharisien.* — 2. En voyant cette femme s'approcher ainsi du Sauveur, arroser ses pieds de ses larmes, les essuyer, les couvrir de parfums, le pharisien qui avait invité Notre-Seigneur Jésus-Christ, et qui était de ces hommes superbes dont le prophète reproduit le langage : « Retirez-vous de moi, disent-ils, ne me touchez point, parce que je suis pur, » (*Isaïe*, LXII, 5) s'imagina que Jésus ne connaissait pas cette femme. Il pensait et disait en lui-même : « Si cet homme était prophète, certes il saurait quelle est cette femme qui le touche. » Pourquoi se figura-t-il que le Sauveur ne connaissait point cette femme ? Parce qu'il ne l'a point repoussée, parce qu'il ne lui a point défendu de s'approcher de lui, parce qu'il s'est laissé toucher par une femme pécheresse ? Car quelle autre preuve pour lui que Jésus ne connût point cette femme ? Mais que diriez-vous s'il la connaissait, ô pharisien, qui avez invité le Seigneur et qui blâmez sa conduite ? Vous donnez à manger à votre Seigneur, et vous ne reconnaissez point celui qui doit vous nourrir. Comment savez-vous que le Seigneur ignorait quelle était cette femme ? Parce qu'il la laisse approcher de lui, parce qu'il souffre qu'elle embrasse ses pieds, qu'elle les essuie, qu'elle les couvre de parfums ? Direz-vous qu'une femme aussi impure ne devait point toucher ces pieds sacrés ? Si donc cette femme pécheresse s'était approchée des pieds du pharisien, il lui aurait dit avec cet homme dont parle Isaïe : « Retirez-vous de moi, ne me touchez point, parce que je suis pure. » Mais elle s'approche du Seigneur, tout impure qu'elle est, pour revenir purifiée de ses souillures; elle s'en approche comme une pauvre malade pour en obtenir sa guérison; elle s'en approche en faisant l'aveu de ses crimes pour revenir en faisant sa profession de foi.

CHAPITRE III. — *Le Seigneur réprend les pensées du pharisien.* — 3. Notre-Seigneur entendit la pensée du pharisien. Osera-t-il dire encore qu'il ne peut connaître une pécheresse publique, puisqu'il a pu entendre jusqu'aux pen-

---

irruisse convivio, ubi suus medicus recumbebat, et quæsisse pia impudentia sanitatem. Irruens quasi importuna convivio, opportuna beneficio : (noverat enim quanto morbo laboraret, et illi sanando idoneum esse ad quem venerat, sciebat :) accessit ergo, non ad caput Domini, sed ad pedes : et quæ diu male ambulaverat, vestigia recta quærebat. Prius fudit lacrymas, sanguinem cordis; et lavit Domini pedes obsequio confessionis. Capillis suis tersit, osculata est, unxit : tacita loquebatur; non sermonem promebat, sed devotionem ostendebat.

CAPUT II. — *Pharisæi superbi cogitatio.* — 2. Quia ergo tetigit Dominum, rigando, osculando, tergendo, unguendo pedes ejus : Pharisæus qui invitaverat Dominum Jesum Christum, quia ex illo genere erat hominum superborum, de quibus Isaias propheta dicit : Qui dicunt : Longe recede a me, noli me tangere, quoniam mundus sum (*Isai.*, LXV, 5) : putavit Dominum nescisse mulierem. Hoc apud se cogitabat, et dicebat in corde suo : « Hic si esset propheta, sciret quæ mulier illi accessit ad pedes. » Ideo eum nescire credidit, quia illam non repulit, quia accedentem non prohibuit, quia tangi se a peccatrice permisit. Nam illum nescisse, unde sciebat ? Quid enim si sciebat, o Pharisæe invitator et irrisor Domini ? Dominum pascis, et a quo pascendus sis, non intelligis. Unde scis, nescisse Dominum quæ fuerat illa mulier, nisi quia permisit est accedere, nisi quia illo patiente osculata est pedes ejus, nisi quia tersit, nisi quia unxit ? Hæc enim non debuit permitti facere in pedibus mundis mulier immunda ? Ad illius ergo Pharisæi pedes si talis mulier accessisset, dicturus erat quod Isaias de talibus dicit : « Recede a me, noli me tangere, quoniam mundus sum. » Accessit autem ad Dominum immunda, ut rediret munda : accessit ægra, ut rediret sana : accessit confessa, ut rediret professa.

CAPUT III. — *Dominus Pharisæi cogitationem castigat.* — 3. Audivit enim Dominus Pharisæum cogitantem. Jam hinc intelligat Pharisæus, si non poterat videre peccantem, qui potuit audire cogitantem. Proposuit ergo homini similitudinem de duobus, qui

sées du cœur? Il lui propose donc la comparaison de deux hommes qui étaient les débiteurs d'un même créancier. Jésus désire guérir ce pharisien, il ne veut pas manger gratuitement le pain qu'il lui donne, il avait faim de celui qui lui donnait à manger, il veut le rendre meilleur, l'immoler, le manger, se l'incorporer; il avait faim de lui, dans le sens qu'il disait à la Samaritaine : « J'ai soif. » (*Jean*, IV, 7.) Qu'est-ce à dire : j'ai soif? je désire ardemment votre foi. Les paroles du Seigneur sont donc reproduites dans cette comparaison, et elles ont un double but, guérir le pharisien qui l'avait invité, et avec lui les convives qui voyaient également, mais sans le connaître davantage, Notre-Seigneur Jésus-Christ, et inspirer à cette femme la confiance que devait faire naître en elle son aveu en la délivrant des remords déchirants de sa conscience : « L'un, dit-il, devait à son débiteur cinq cents deniers, et l'autre cinquante. Il fit grâce à tous les deux ; lequel des deux l'aime le plus? « (*Luc*, VII, 41, etc.) Le pharisien à qui s'adressait cette parabole, fit la réponse que la raison lui dictait nécessairement : « Je crois que c'est celui à qui il a plus remis. » Et Jésus se tournant vers cette femme, il dit à Simon : « Voyez-vous cette femme? Je suis entré en votre maison, et vous ne m'avez point donné d'eau pour laver mes pieds ; celle-ci a arrosé mes pieds de ses larmes et les a essuyés avec ses cheveux. Vous ne m'avez point donné de baiser ; mais elle, depuis qu'elle est entrée, n'a cessé de baiser mes pieds. Vous n'avez point versé de parfum sur ma tête, mais elle, elle a répandu des parfums sur mes pieds. C'est pourquoi je vous dis : beaucoup de péchés lui sont remis, parce qu'elle a beaucoup aimé, mais celui à qui on remet moins, aime moins. »

CHAPITRE IV. — *Question difficile que font naître les paroles du Seigneur.* — 4. Ces paroles donnent lieu à une question que nous devons résoudre et qui exige toute l'attention de votre charité, car le peu de temps qui nous est laissé nous fait craindre de ne pouvoir dissiper l'obscurité dont elle est environnée et la mettre dans tout son jour. Le corps d'ailleurs est épuisé par les chaleurs, il désire le repos, réclame ce qui lui est dû, et entrave ainsi la sainte avidité de l'âme, vérifiant ainsi ces paroles du Sauveur : « L'esprit est prompt, mais la chair est faible. » (*Matth.*, XXVI, 41.) Il est donc à craindre, et souverainement à craindre que faute de bien comprendre ces paroles du Seigneur, ceux qui flattent les concupiscences de leur chair, et n'ont pas le courage de s'en affranchir, laissent entrer dans leur esprit cette maxime qu'affichaient certains esprits mauvais en entendant la prédication des apôtres, et qui faisait dire à l'apôtre saint Paul : « Et pourquoi ne ferons-nous pas le

debebant uni fœneratori. Etiam ipsum enim sanare cupiebat, ne gratis apud eum panem comederet : ipsum pascentem esuriebat, ipsum emendare, ipsum mactare, ipsum manducare, ipsum in suum corpus trajicere volebat : sicut et illi mulieri Samaritanæ dixit : Sitio. (*Joan.*, IV, 7.) Quid est : Sitio? Desidero fidem tuam. Dicuntur ergo verba Domini in hac similitudine; et agitur utrumque, ut et invitator ille sanetur cum suis condiscumbentibus, Dominum Jesum Christum pariter videntibus, pariter ignorantibus, et ut illa mulier habeat fiduciam confessionis suæ, nec pungatur ulterius aculeis conscientiæ suæ. « Debebat unus, inquit, quinquaginta denarios, alius quingentos; donavit ambobus : quis eum plus dilexit? » (*Luc.*, VII, 41, etc.) Respondit cui similitudo proposita erat, quod respondere utique ratio compellebat. « Credo, » Domine, « cui plus donavit. » Et attendens ad mulierem, dixit ad Simonem : « Vides hanc mulierem? Intravi in domum tuam, aquam pedibus meis non dedisti : hæc lacrymis suis lavit mihi pedes, et capillis suis tersit. Osculum mihi non dedisti : illa ex quo ingressa est, non cessavit pedes meos osculari. Oleo caput meum non unxisti : illa autem pedes meos unxit unguento. Ideo dico : Dimittuntur ei peccata multa, quoniam dilexit multum. Cui autem modicum dimittitur modicum diligit. »

CAPUT IV. — *Ardua quæstio ex Domini verbis nata.* — 4. Oritur quæstio profecto solvenda, quæ attentionem Vestræ Caritatis desiderat, ne forte sufficere non possimus verbis ad totam ejus obscuritatem removendam et diluscidandam pro angustia temporis ; maxime cum caro ista æstibus fatigata, jam recreari desideret, et debitum suum poscens, animæ aviditatem impediens ostendat quod dictum est : Spiritus quidem promptus est, caro autem infirma. (*Matth.*, XXVI, 41.) Metuendum est, et valde metuendum ne in his verbis Domini non bene intelligentibus his qui concupiscentiis suis carnalibus favent, et ab eis in libertatem educi pigrescunt, subrepat illa sententia, quæ prædicantibus etiam Apostolis nata est in linguis maledicorum, unde dicit

mal, afin qu'il en arrive du bien (comme quelques-uns nous le font dire en nous calomniant)? » (*Rom.*, III, 8.) Quel langage tient-on en effet? Si celui à qui il est moins pardonné aime moins, et que celui à qui on pardonne plus aime davantage, et que d'ailleurs il soit plus avantageux d'aimer beaucoup que d'aimer moins, il nous faut multiplier nos péchés et nos dettes, et le désir qu'on nous les pardonne nous fera aimer davantage celui de qui nous attendons la remise de ces dettes énormes. Ainsi, cette femme pécheresse aimait d'une affection d'autant plus vive le créancier qui devait lui remettre ses dettes, que ses dettes étaient plus grandes, comme le déclare le Seigneur lui-même : « Beaucoup de péchés lui sont remis, parce qu'elle a beaucoup aimé. » Or, pourquoi a-t-elle aimé beaucoup? parce qu'elle devait beaucoup. Et le Sauveur ajoute : « Celui à qui il est moins pardonné, aime moins. » N'est-ce donc pas mon avantage, me dit-on, qu'on me pardonne beaucoup, plutôt que moins, afin que j'aime mon Seigneur d'un amour plus ardent? Vous voyez, j'en suis sur toute l'étendue de cette question; oui, vous la voyez. Mais vous voyez aussi et vous sentez comme nous sommes resserrés par le temps.

Chapitre V. — *Cette difficulté est éclaircie par des exemples.* — 5. Écoutez donc les courtes explications que je vais vous donner. Si elles ne répondent point à l'importance de la question, retenez-les cependant et regardez-moi comme votre débiteur pour l'avenir. Pour vous faire saisir plus clairement ma pensée par des exemples, supposez deux hommes, l'un chargé de crimes dont la vie a été un long tissu d'iniquités, l'autre beaucoup moins coupable. Tous deux se présentent pour recevoir la grâce, tous deux sont baptisés, ils entrent comme débiteurs, ils sortent complétement libérés, mais il a été remis à l'un plus qu'à l'autre. Je demande quel est le degré d'amour de chacun. Si je trouve que cet amour est plus grand dans celui à qui on a pardonné un plus grand nombre de péchés, il a donc été utile de multiplier ses péchés, puisque les iniquités plus nombreuses ont augmenté l'ardeur de sa charité. J'examine ensuite quel est l'amour de l'autre, et je trouve qu'il est moins grand, car si je le trouvais égal à l'amour de celui qui a reçu un pardon plus abondant, comment répondrai-je aux paroles du Seigneur? Comment sera vraie cette sentence de la vérité même : « Celui à qui il est moins pardonné, aime moins? » Mais voici que j'entends dire : Il m'a été peu pardonné, mes péchés ne sont point nombreux, et j'aime autant que celui à qui on a pardonné beaucoup. Est-ce vous qui dites vrai, ou Jésus-Christ? Vous a-t-il pardonné vos mensonges, pour que vous l'accusiez lui-même de mensonge? Si on vous a moins

---

apostolus Paulus : « Et sicut quidam dicunt nos dicere : Faciamus mala, ut veniant bona. » (*Rom.*, III, 8.) Dicit enim aliquis : Si cui modicum dimittitur, modicum diligit; cui autem plus dimittitur, plus diligit : expedit plus diligere, quam minus diligere : oportet ut multum peccemus, et multum debeamus, quod nobis dimitti cupiamus, ut dimissorem magnorum debitorum amplius diligamus. Peccatrix enim illa mulier quanto plus debebat, tanto dimissorem debitorum suorum amplius diligebat : Domino ipso dicente : « Dimittuntur ei peccata multa, quoniam dilexit multum. » Quare autem dilexit multum, nisi quia debebat multum? Denique addidit et adjunxit : « Cui autem modicum dimittitur, modicum diligit. » Nonne expedit, inquit, ut multum mihi dimittatur, quam minus, unde amplius diligam Dominum meum? Videtis certe profunditatem quæstionis : scio, videtis. Videtis angustias temporis, et hoc videtis et sentitis.

Caput V. — *Exemplis res declaratur.* — 5. Accipite ergo pauca. Si magnitudini quæstionis satis non fecero, interim præsentem recondite sermonem, in futuro tenete debitorem. Da nunc duos homines, ut sub exemplis evidentioribus quod proposui cogitetis. Unus eorum peccatis plenus est, diu pessime vixit; alter eorum pauca peccavit : accedunt ambo ad gratiam, baptizantur ambo; intrant debitores, exeunt liberi : plus donatum est uni, minus alteri. Interrogo quantum quisque diligat. Si invenero plus diligere eum, cui plura peccata dimissa sunt : utilis multa peccavit, utilior erat multa iniquitas, ne esset tepida caritas. Interrogo alium quantum diligat, invenio minus : nam si invenio tantum et illum diligere, quantum et ille diligit cui multa donata sunt, quomodo respondebo verbis Domini, quomodo verum erit quod veritas dixit : « Cui modicum dimittitur, modicum diligit ? » Ecce, ait aliquis, mihi modicum dimissum est, non multa peccavi; et tantum diligo, quantum iste, cui multa dimissa sunt. Tu verum dicis, an Christus? Ad hoc tibi dimissum est mendacium tuum, ut mendacii dimissori crimen imponas? Si modicum tibi

pardonné, vous aimez moins. Si vous aimez beaucoup, bien qu'on vous ait peu pardonné, vous êtes en contradiction avec celui qui a dit : « Celui à qui il est moins pardonné, aime moins. » Je dois donc croire davantage à celui qui vous connaît plus à fond. Vous vous figurez qu'on vous a peu pardonné, et par là même votre amour est moins grand. Qu'aurai-je dû donc faire, me dites-vous? Multiplier le nombre de mes iniquités pour augmenter mes dettes, et trouver dans leur nombre même un motif d'aimer davantage? Ces difficultés nous pressent vivement; demandons au Seigneur qui nous a enseigné ces vérités, de nous en délivrer.

CHAPITRE VI. — *Solution de la question.* — 6. Le Sauveur, en prononçant ces paroles, avait en vue ce pharisien, qui s'imaginait n'avoir que peu ou point de péché. Et, en effet, il n'eût point invité le Seigneur, s'il ne l'avait aimé tant soit peu. Mais que cet amour était faible! Il n'offrit point le baiser au Seigneur, au défaut de ses larmes, il ne répand pas d'eau sur ses pieds, il ne lui rend aucun de ces devoirs qu'inspire à cette femme la connaissance de sa maladie et du médecin qui pouvait la guérir. O pharisien, vous aimez peu, parce que vous pensez qu'on vous a remis peu. Mais ce n'est point la réalité, c'est votre pensée personnelle. Quoi donc, me dira-t-il? je n'ai pas commis d'homicide, et je suis traité comme homicide? je ne suis point coupable d'adultère, et je porterais le châtiment des adultères? Ai-je besoin qu'on me pardonne des péchés que je n'ai point commis? Supposons encore que nous avons affaire à deux hommes, et adressons-leur la parole. L'un vient comme un pécheur suppliant, couvert d'épines comme un hérisson, et timide comme un lièvre. Mais les rochers servent de refuge aux lièvres comme aux hérissons. (*Ps.* CIII, 18.) L'autre est beaucoup moins coupable, que ferons-nous pour lui inspirer un grand amour? Quels moyens de persuasion emploierons-nous? Irons-nous à l'encontre des paroles du Seigneur : « Celui à qui il est moins pardonné, aime moins? » Oui, sans doute, celui à qui on pardonne moins. Mais vous qui prétendez n'être point grandement coupable, à qui le devez-vous? Sous quelle direction avez-vous évité le mal? Grâces à Dieu, vos gestes et vos applaudissements témoignent que vous avez compris. La question, ce me semble, est donc résolue. Voici un homme qui a commis un grand nombre de fautes, il a contracté des dettes énormes; celui-ci, au contraire, sous la conduite de Dieu, n'est que légèrement coupable. Tous deux attribuent à Dieu, l'un d'avoir obtenu son pardon, l'autre d'avoir évité le mal. Vous n'avez point commis d'adultère dans votre vie passée pleine d'ignorance et de ténèbres,

---

dimissum est, modicum diligis. Si enim modicum est tibi dimissum, et plurimum diligis, contradicis ei qui dixit : « Cui modicum dimittitur, modicum diligit. » Illi ergo plus credo, qui te plus novit. Parum tibi dimissum putas, prorsus parum diligis. Quid ergo, inquit, facere debui? Multa mala committere, ut multa essent, quæ posset ille mihi dimittere, ut amplius possem diligere? Angustat nos, sed Dominus qui hæc vera proposuit, ab angustiis liberet me.

CAPUT VI. — *Quæstio solvitur.* — 6. Dictum est hoc propter Pharisæum illum, qui vel nulla vel pauca se putabat habere peccata. Non enim Dominum invitaret, nisi aliquantum diligeret. Sed quam parum erat? Non osculum dedit, non saltem aquam ad pedes, et si non lacrymas : non illo obsequio prosecutus est, quo illa mulier quæ noverat quid sanaretur, et a quo sanaretur. O Pharisæe, ideo parum diligis, quia parum tibi dimitti suspicaris : non quia parum dimittitur, sed quia parum putas esse quod dimittitur. Quid ergo, inquit ille? Ego qui homicidium non feci, homicida deputandus sum? Qui adulterium non admisi, pro adulterio puniendus sum? Aut ista mihi dimittenda sunt, quæ non commisi? Ecce iterum constitue duos, et loquamur ad eos. Venit unus supplex peccator, coopertus spinis tanquam hericius, et nimis timidus tanquam lepus. (*Psal.* CIII, 18.) Sed petra est refugium hericiis et leporibus. Venit ergo ad petram, invenit refugium, accipit auxilium. Alius non multa commisit : quid ei faciemus, ut multum diligat? quid persuadebimus? Contra Domini verba veniemus : « Cui modicum dimittitur, modicum diligit? » Ita plane, cui modicum dimittitur. Sed o tu qui dicis, te non multa commisisse : quare? quo regente? Deo gratias, quod (*a*) motu et voce vestra intellexisse vos significastis. Jam, ut video, soluta quæstio est. Hic multa commisit, et multorum debitor factus est : ille gubernante Deo pauca commisit. Cui deputat ille quod dimisit, huic et iste deputat quod non commisit. Adulter non fuisti in illa tua vita præterita plena ignorantia, nondum illuminatus, nondum bonum malumque discernens,

(*a*) Mss. *quod metu et voce vestra.*

alors que vous ne pouviez distinguer le bien du mal, et que vous n'aviez pas encore la foi en Celui qui vous conduisait à votre insu. Voici ce que vous dit votre Dieu. Vous n'avez point commis d'adultère, faute de conseiller, mais c'est à moi que vous devez que personne ne vous l'ait conseillé. Le temps et le lieu vous ont manqué, c'est moi qui l'ai voulu. On vous a conseillé, le lieu et le temps vous ont été favorables, c'est moi qui, par des terreurs secrètes, vous ai empêché de consentir. Reconnaissez donc la grâce de Celui à qui vous devez même de n'avoir point commis le mal. Celui-ci m'est redevable de ce que je lui ai pardonné, vous l'avez vu le mal qu'il a fait, vous m'êtes redevable de ce que vous ne l'avez pas fait. Car il n'est aucun péché commis par un homme que ne puisse commettre un autre homme, s'il cesse d'être dirigé par celui qui a fait l'homme.

Chapitre VII. — *De la rémission des péchés qui ne peut avoir l'homme pour auteur*. — 7. Nous avons résolu autant que nous le pouvions dans un si court espace de temps cette question difficile ; si la solution n'est pas complète, regardez-nous, je l'ai dit, comme vos débiteurs, et traitons immédiatement et en peu de mots de la rémission des péchés. Jésus-Christ était regardé comme un homme et par celui qui l'avait invité, et par ceux qui étaient à table avec lui. Je ne sais ce que la pécheresse voyait de plus dans le Seigneur. Car quel est le motif de toutes ses actions ? c'est d'obtenir le pardon de ses péchés. Elle était persuadée que Jésus pouvait les lui pardonner ; ceux-ci savaient que ce pardon dépassait le pouvoir de l'homme. Il faut même admettre que tous, c'est-à-dire les convives, et cette femme qui se jette aux pieds du Seigneur, étaient tous convaincus qu'un homme ne pouvait remettre les péchés. Or, cette vérité étant admise de tous, celle qui crut que Jésus pouvait remettre les péchés, comprit qu'il était plus qu'un homme. Aussi, lorsque le Sauveur eut dit à cette femme : « Vos péchés vous sont remis, » les pharisiens se dirent aussitôt entre eux : « Quel est celui-ci qui remet même les péchés ? » Quel est celui-ci que connaît déjà cette femme pécheresse ? Vous êtes assis à table comme un un homme dont la santé ne laisse rien à désirer, et vous méconnaissez le médecin, parce que l'excès de la fièvre vous a fait perdre l'esprit. Est-ce qu'un frénétique riant aux éclats, n'excite point les larmes de ceux qui le voient ? Et cependant vous avez raison de penser d'être persuadé qu'un homme ne peut remettre les péchés. Cette femme donc, qui crut que Jésus-Christ pouvait les lui remettre, vit en lui non-seulement un homme, mais un Dieu. « Quel est celui-ci, disent-ils, qui remet même les péchés ? » Et à cette question : « Quel est celui-ci ? » le Seigneur ne répond pas : C'est le Fils de Dieu, c'est

---

nondum credens in illum, qui te nescientem regebat. Hoc tibi dicit Deus tuus : Regebam te mihi, servabam te mihi. Ut adulterium non committeres, suasor defuit, ut suasor deesset, ego feci. Locus et tempus defuit ; et ut hæc deessent, ego feci. Adfuit suasor, non defuit locus, non defuit tempus : ut non consentires, ego terrui. Agnosce ergo gratiam ejus, cui debes et quod non admisisti. Mihi debet iste quod factum est, et dimissum vidisti : mihi debes et tu quod non fecisti. Nullum est enim peccatum quod facit homo, quod non possit facere et alter homo, si desit rector a quo factus est homo.

Caput VII. — *Deinceps de remissione peccatorum quod ab homine dimitti non possint*. — 7. Jam nunc quia ut potuimus, quæstionem profundum in tantilla temporis brevitate solvimus ; aut si nondum solvimus, debitores, ut dixi, teneamur : illud potius breviter videamus de remissione peccatorum. Homo putabatur Christus et ab illo qui invitavit, et ab eis qui pariter discumbebant. Nescio quid illa peccatrix plus in Domino viderat. Nam quare fecit illa omnia, nisi ut sibi dimitterentur peccata ? Noverat ergo illum posse peccata dimittere : illi autem noverant hominem non posse dimittere. Et credendum est quod omnes, id est, et illi discumbentes, et illa mulier accedens ad pedes Domini, omnes hi noverant hominem non posse dimittere. Cum ergo omnes hoc nossent : illa quæ credidit eum dimittere posse peccata, plus quam hominem esse intellexit. Denique cum dixisset mulieri : « Dimittuntur tibi peccata tua : » continuo illi : « Quis est iste qui et peccata dimittit ? » Quis est iste, quem jam mulier peccatrix cognovit ? Tu recumbens quasi sanus, medicum ignoras : quia majore forsitan febre mentem etiam perdidisti. Nam et phreneticus ridens ploratur a sanis. Tamen illud bene nostis, bene tenetis : tenete, quia homo non potest peccata dimittere. Illa quæ sibi a Christo dimitti credidit, Christum non hominem tantum, sed et Deum credidit. « Quis est iste, inquiunt, qui et peccata dimittit ? » Et Dominus : « Quis est iste, » dicentibus, non dixit, Filius Dei, Verbum Dei : non hoc dixit, sed in eo quod

le Verbe de Dieu; il les laisse quelque temps persévérer dans leurs pensées, et résout ainsi la difficulté qui les troublait. Car s'il les voyait assis à table, il entendait leurs pensées. Il se tourne donc vers cette femme, et lui dit : « Votre foi vous a sauvée. » Que ceux qui disent : « Quel est celui-ci qui remet même les péchés ? » que ceux qui me regardent comme un homme, continuent à ne voir en moi qu'un homme; pour vous, « votre foi vous a sauvée. »

Chapitre VIII. — *Erreur et arrogance des donatistes.* — 8. Médecin plein de bonté, le Sauveur ne guérissait pas seulement les malades qui lui étaient présentés, mais il voyait par avance ceux qui devaient venir dans la suite. En effet, il devait se rencontrer des hommes qui oseraient dire : C'est moi qui remets les péchés, c'est moi qui justifie, c'est moi qui sanctifie, c'est moi qui guéris tous ceux que je baptise. De ce nombre sont ceux qui disent : Gardez-vous de me toucher. (*Isaïe*, LXV, 5.) Ils sont si évidemment de ce nombre que tout récemment, pendant notre conférence, vous pouvez le lire dans les Actes eux-mêmes (1), le commissaire leur ayant offert un siége au milieu de nous, ils crurent devoir répondre que l'Ecriture leur défendait de s'asseoir avec des hommes tels que nous, de peur que le contact des mêmes siéges ne leur communiquât la contagion dont nos âmes sont atteintes à leurs yeux. N'est-ce pas dire clairement : « Gardez-vous de me toucher ? parce que je suis pur ? » Un autre jour, où les circonstances étaient plus favorables, nous leur avons rappelé combien leur vanité était misérable, en leur parlant de l'Eglise où le contact des mauvais ne souille point les bons. Comme ils justifiaient leur refus de s'asseoir avec nous sur cet avertissement prétendu des divines Ecritures : « Je ne me suis point assis dans les assemblées de vanité, » (*Ps.* XXV, 4), nous leur avons répondu : Si vous refusez de vous asseoir avec nous, parce qu'il est écrit : « Je ne me suis point assis dans les assemblées de vanité, » pourquoi êtes-vous entrés avec nous, puisque le Psalmiste ajoute aussitôt : « Et je n'entrerai point dans le conseil où siégent les méchants ? » Ainsi donc, quand ils nous disent : « Gardez-vous de me toucher, » ils sont semblables à ce pharisien qui avait invité le Seigneur et qui s'imaginait qu'il ne connaissait point cette femme, parce qu'il ne lui avait point défendu de toucher ses pieds. Cependant le pharisien était meilleur qu'eux sur un point : c'est que ne voyant en Jésus-Christ qu'un homme, il ne croyait pas qu'un homme pût remettre les péchés. Ainsi les Juifs ont eu plus d'intelligence que les hérétiques. Que dirent, en effet, les Juifs ? « Quel est celui-ci qui remet même les péchés ? » Quoi ! un homme ose s'at-

(1) Voyez le livre *aux Donatistes, après la Conférence*, chap. v.

putabant aliquantum eos manere permittens, solvit quæstionem (*a*) motus illorum. Qui enim videbat discumbentes, audiebat cogitantes; conversus ad mulierem : « Fides tua, inquit, te salvam fecit. » Isti qui dicunt : « Quis est iste qui et peccata dimittit ? » qui me putant hominem, hominem putent. « Fides tua te salvam fecit. »

Caput VIII. — *Donatistarum error et arrogantia.* — 8. Medicus bonus ægros non solum præsentes sanabat, sed et futuros etiam prævidebat. Futuri erant homines qui dicerent : Ego peccata dimitto, ego justifico, ego sanctifico, ego sano quemcumque baptizo. Ex ipso numero et isti sunt, qui dicunt : Noli me tangere. (*Isai.*, LXV, 5.) Usque adeo ex ipso numero sunt, ut nuper in collatione nostra, quod etiam in Gestis ipsis (*b*) legere potestis, cum eis a Cognitore esset consessus oblatus, ut sederent nobiscum, respondendum putarent : Scriptura est nobis, cum talibus non sedere, scilicet ne per contactum subselliorum ad eos velut nostra contagio perveniret. Vide si non est : « Noli me tangere, quia mundus sum. » Alio autem die, ubi opportunius erat, commemoravimus eos hujus miserrimæ vanitatis, cum ageretur de Ecclesia, quia mali in ea non contaminant bonos : respondimus eis, quia ideo nobiscum sedere noluerunt, et dixerunt, se Scriptura Dei fuisse commonitos, quia videlicet scriptum est : Non sedi in concilio vanitatis (*Psal.* XXV, 4) : diximus : Si ideo nobiscum sedere noluistis, quia scriptum est : Non sedi in concilio vanitatis; quare nobiscum ingressi estis, cum consequenter scriptum sit : « Et cum iniqua gerentibus non introibo ? » Ergo in hoc quod dicunt : Noli me tangere, quia mundus sum, similes sunt illi Pharisæo, qui Dominum invitaverat, et propterea putabat eum nescisse mulierem, quia non eam prohibuerit a contactu pedum suorum. Sed in alio melior Pharisæus, quia cum putaret hominem Christum, non credebat ab homine posse dimitti peccata. Melior ego Judæis quam hæreticis apparuit intellectus. Judæi qui dixerunt : Quis est hic, qui et peccata di-

(*a*) Editi, *et motus illorum*. Particula *et* abest a Mss. — (*b*) Sic potiores Mss. At editi *loqui poterimus*.

tribuer un tel pouvoir? Que dit, au contraire, l'hérétique? C'est moi qui remets les péchés, c'est moi qui purifie, c'est moi qui sanctifie. Qu'il écoute non point ma réponse, mais celle du Christ. O homme, lui dit-il, lorsque les Juifs ne voyaient en moi qu'un homme, c'est à la foi et non pas à moi que j'ai attribué la rémission des péchés. Pour vous, ô hérétique, qui n'êtes qu'un homme, vous dites : Femme, venez, c'est moi qui vous sauverai. Et moi, qu'on prenait pour un homme, j'ai dit : « Femme, allez en paix, votre foi vous a sauvée. »

CHAPITRE IX. — *Raisonnement des donatistes. L'Esprit saint remet les péchés par l'Eglise.* — 9. Voici la réponse qu'ils font sans savoir, dit l'Apôtre, ni ce qu'ils disent, ni ce qu'ils affirment. Si les hommes ne remettent point les péchés, le Christ a donc avancé une chose fausse lorsqu'il a dit : « Ce que vous délierez sur la terre sera délié dans le ciel. » (*Matth.*, XVIII, 18.) Vous ne savez ni pour quel motif, ni dans quel sens ces paroles ont été dites. Le Seigneur devait donner aux hommes l'Esprit saint, et il voulait que l'on comprît bien que c'était à l'Esprit saint et non aux mérites des hommes qu'il fallait attribuer la rémission des péchés. Qu'est-ce, en effet, qu'un homme? Un malade qui a besoin de guérison. Vous voulez être mon médecin? cherchez avec moi le médecin. C'est pour démontrer plus clairement cette vérité, que c'est par l'Esprit saint qu'il donnait aux fidèles, et non par les mérites des hommes que les péchés seraient remis, qu'il dit dans une certaine circonstance, après sa résurrection : « Recevez l'Esprit saint, » et, après avoir dit : « Recevez l'Esprit saint, » il ajoute aussitôt : « Celui à qui vous remettrez les péchés, ils lui seront remis, » (*Jean*, XX, 22) c'est-à-dire ils lui seront remis non par vous, mais par l'Esprit saint. Or, l'Esprit saint est Dieu. C'est donc Dieu qui remet les péchés, ce n'est pas vous. Qu'êtes-vous donc par rapport à l'Esprit saint? « Ne savez-vous pas que vous êtes le temple de Dieu et l'Esprit saint habite en vous? » (I *Cor.*, III, 16.) Et dans un autre endroit : « Ne savez-vous pas que vos corps sont en vous le temple de l'Esprit saint que vous avez reçu de Dieu? » (I *Cor.*, VI, 19.) Dieu habite donc dans son temple, c'est-à-dire dans ses fidèles, dans ses saints, dans son Eglise, et c'est par eux qu'il remet les péchés, parce qu'ils sont ses temples vivants.

CHAPITRE X. — *Dieu remet les péchés avec ou sans le concours de l'homme.* — 10. Or, celui qui remet les péchés par le ministère de l'homme, peut également les remettre sans le concours de l'homme. Parce qu'il peut les remettre par un autre, il n'a point perdu le pouvoir de les re-

---

mittit. » Audet sibi homo hoc usurpare? Quid contra hæreticus? Ego dimitto, ego mundo, ego sanctifico. Respondeat illi, non ego, sed Christus : O homo, quando ego a Judæis putatus sum homo, dimissionem peccatorum fidei (*a*) dedi. Non ego, respondet tibi Christus. O hæretice, tu cum sis homo, dicis : Veni mulier, ego te salvam facio! Ego cum putarer homo, dixi : « Vade mulier, fides tua salvam te fecit. »

CAPUT IX. — *Argumentum Donatistarum. Peccata per Ecclesiam Spiritus sanctus dimittit.* — 9. Respondent, nescientes, sicut ait Apostolus, neque quæ loquuntur, neque de quibus affirmant : respondent et dicunt : Si non dimittunt homines peccata, falsum est ergo quod ait Christus : Quæ solveritis in terra, soluta erunt et in cœlo. (*Matth.*, XVIII, 18.) Nescis quare hoc dictum sit, quomodo dictum sit. Daturus erat Dominus hominibus Spiritum sanctum (*b*), et ab ipso Spiritu sancto fidelibus suis dimitti peccata, non meritis hominum volebat intelligi dimitti peccata. Nam quid es homo, nisi æger sanandus? Vis mihi esse medicus? Mecum quære medicum. Nam hoc ut evidentius ostenderet Dominus, a Spiritu sancto quem donavit fidelibus suis, dimitti peccata, non meritis hominum, quodam loco sic ait resurgens a mortuis : « Accipite Spiritum sanctum : » et cum dixisset : « Accipite Spiritum sanctum, » continuo subjecit : « Si cui dimiseritis peccata, dimittuntur ei : » (*Joan.*, XX, 22) hoc est Spiritus dimittit, non vos. Spiritus autem Deus est. Deus ergo dimittit, non vos. Sed ad Spiritum quid estis vos? « Nescitis, quia templum Dei estis, et Spiritus Dei habitat in vobis. » (I *Cor.*, III, 16.) Et iterum : « Nescitis, quia corpora vestra templum in vobis est Spiritus sancti, quem habetis a Deo? » (I *Cor.*, VI, 19.) Deus ergo habitat in templo sancto suo, hoc est, in sanctis suis fidelibus, in Ecclesia sua : per eos dimittit peccata, qui viva templa sunt.

CAPUT X. — *Peccata a Deo dimittuntur et per hominem, et præter hominem.* — 10. Sed qui dimittit per hominem, potest dimittere et præter hominem. Neque enim minus idoneus est per se dare, qui potest

---

(*a*) Colbertinus vetus codex, *non mihi. Respondet tibi ergo Christus.*— (*b*) In Colbertino Ms. *per ipsum Spiritum sanctum et ab ipso Spiritu sancto volebat intelligi dimitti peccata. Nam quid,* etc.

mettre par lui-même. Il s'est servi de Jean pour donner ce pouvoir à quelques-uns, mais par qui l'a-t-il donné à Jean lui-même ? C'est une vérité que Dieu a voulu établir et appuyer sur des témoignages incontestables. Quelques habitants de Samarie furent évangélisés et reçurent le baptême des mains de l'évangéliste Philippe, l'un des sept premiers diacres choisis parmi les fidèles; mais avec le baptême, ils ne reçurent point l'Esprit saint. On vint en informer les apôtres qui étaient à Jérusalem, et ils se rendirent à Samarie, afin de donner par l'imposition des mains l'Esprit saint à ceux qui avaient reçu le baptême. C'est ce qui eut lieu, en effet, ils vinrent et imposèrent les mains, et les fidèles reçurent l'Esprit saint; car l'Esprit saint, lorsqu'il était donné, manifestait alors sa présence par des signes sensibles. Ceux qui le recevaient, parlaient les langues de toutes les nations, comme symbole que l'Eglise devait se faire entendre dans les langues de tous les peuples. Ils reçurent donc l'Esprit saint, et sa présence se révéla par des témoignages évidents. Simon, témoin de ce prodige, crut que c'était l'effet d'une puissance tout humaine et voulut qu'elle lui fût donnée. Il voulut acheter aux hommes ce qu'il croyait leur appartenir. « Combien, dit-il aux apôtres, voulez-vous d'argent pour que je puisse donner aussi l'Esprit saint par l'imposition des mains ? Mais Pierre, le repoussant avec horreur, lui dit : « Tu n'as point de part à cette grâce, ni rien à prétendre à ce ministère. Tu as cru que le don de Dieu peut s'acquérir à prix d'argent. Que ton argent périsse avec toi ! » Suivent les autres reproches justement mérités que l'Apôtre lui adresse au même endroit.(*Act.*, VIII, 19, etc.)

Chapitre XI. — *L'Esprit saint est donné sans le ministère des hommes.* — 11. Mais pourquoi ai-je cru devoir vous rappeler ces faits ? Je prie votre charité de vouloir bien y réfléchir. Il fallait que Dieu démontrât d'abord qu'il opérait par le ministère des hommes, et ensuite qu'il agissait par lui-même sans aucun intermédiaire pour ôter aux hommes cette pensée de Simon, que ce pouvoir venait non de Dieu, mais des hommes. C'est ce que les disciples savaient déjà, car ils étaient réunis au nombre de cent-vingt, lorsque le saint Esprit descendit sur eux, sans que personne leur imposât les mains. (*Act.*, I, 15; II, 2.) En effet, qui alors leur avait imposé les mains ? Et cependant l'Esprit saint descendit sur eux et les remplit les premiers de sa présence. Mais après le scandale donné par Simon, que fit Dieu ? Voyez comme il nous enseigne, non par des discours, mais par des faits. Ce même Philippe qui avait baptisé des hommes, mais sans leur donner l'Esprit saint, qu'ils n'auraient pas reçu si les

per alium dare. Per Joannem quibusdam dedit, ipsi Joanni quis dedit? Merito volens Deus hoc ostendere, et huic veritati attestari, cum quidam in Samaria evangelizati essent, et baptizati essent, et baptizati a Philippo Evangelista, uno de septem diaconibus primitus electis, non acceperunt Spiritum sanctum, et baptizati erant. Nuntiatum est discipulis, qui erant Jerosolymis, et venerunt ad Samariam, ut illi qui baptizati erant, per impositionem manus eorum acciperent Spiritum sanctum. Et ita factum est : venerunt et imposuerunt eis manus, et acceperunt Spiritum sanctum. Quia tunc sic dabatur Spiritus sanctus, ut etiam appareret datus. Qui enim eum accipiebant, linguis omnium gentium loquebantur : ut significarent Ecclesiam in gentibus linguis omnium locuturam. Acceperunt ergo Spiritum sanctum, et in eis evidenter apparuit. Quod cum vidisset Simon, putans hoc esse hominum, voluit esse et suum. Quod hominum putavit, ab hominibus emere voluit. « Quantam, inquit, vultis a me pecuniam sumere, ut per impositionem manuum mearum detur Spiritus sanctus? Tunc eum detestatus Petrus ait : Non est tibi pars neque sors in hac fide. Donum enim Dei putasti pecunia comparandum ? Pecunia tua tecum sit in perditionem : » et cætera quæ ibi congruenter locutus est. (*Act.*, VIII, 19, etc.)

Caput XI. — *Spiritus datus absque hominum ministerio.* — 11. Quare autem hoc ego commemorare volui, intendat Caritas Vestra. Oportebat ut Deus prius ostenderet, se per homines operari : sed per se deinde, ne putarent homines, quod putavit Simon, hominum illud esse, non Dei. Quanquam et ipsi discipuli jam hoc noverant. Nam centum viginti homines collecti erant, quando in eos per nullius manus impositionem venit Spiritus sanctus. (*Act.*, I, 15; II, 2.) Quis enim tunc eis manus imposuerat? Et tamen venit, et (*a*) primos implevit. Post illud scandalum Simonis, quid egit Deus ? Videte doctorem, non sermonibus, sed rebus. Idem ipse Philippus, qui baptizaverat homines, et non in eos venerat Spiritus sanctus, nisi convenissent Apostoli, et eis manus imposuissent, baptizavit eunuchum, id est, spado-

---

(*a*) Sic aliquot Mss. Alii, *et primus*. At editi *et prius*.

apôtres n'étaient venus pour leur imposer les mains, baptisa l'eunuque de la reine Candace qui était venu adorer Dieu à Jérusalem et qui s'en retournait assis sur son char et lisant le prophète Isaïe, mais sans le comprendre. Philippe, averti par l'Esprit saint, s'approcha du char, lui expliqua le passage du Prophète, l'instruisit des mystères de la foi et lui annonça le Christ. L'eunuque crut en Jésus-Christ et, étant venu dans un lieu où il y avait de l'eau, il dit : « Voilà de l'eau, qui empêche que je sois baptisé? Philippe lui dit : Cela se peut si vous croyez en Jésus-Christ. Et il répondit : Je crois que Jésus-Christ est le Fils de Dieu. Et tous deux descendirent aussitôt dans l'eau. » (*Act.*, viii, 36.) Après les cérémonies du sacrement de baptême, pour ne point laisser croire que le don du saint Esprit venait des hommes, ce divin Esprit n'attendit point comme précédemment l'arrivée des apôtres, mais il descendit aussitôt en lui. Ainsi se trouva condamnée la pensée sacrilége de Simon, pour qu'il n'eût point à l'avenir d'imitateurs.

Chapitre XII. — *Autre exemple tiré du centurion Corneille.* — 12. Voici un autre exemple plus admirable encore. Pierre entre chez le centurion Corneille, chez un incirconcis, chez un Gentil, et il lui annonce Jésus-Christ non-seulement à lui, mais à ceux qui étaient avec lui. Comme il parlait encore, je ne dis pas avant qu'il leur eût imposé les mains, mais avant qu'il les eût baptisés, et alors que ceux qui étaient avec Pierre doutaient encore si l'on devait donner le baptême à des incirconcis (en effet, il s'était élevé entre les Juifs qui avaient embrassé la foi et ceux des Gentils qui étaient devenus chrétiens et avaient reçu le baptême bien qu'incirconcis, une question qui était une occasion de scandale), l'Esprit saint, pour résoudre cette question, descendit sur eux et remplit Corneille et tous ceux qui étaient avec lui. (*Act.*, x, 25.) Et ce prodige merveilleux fut comme une voix puissante qui disait à Pierre : Pourquoi hésitez-vous à le plonger dans l'eau? Ne suis-je pas ici?

Chapitre XIII. — *La purification de l'âme dans le baptême ne vient pas des mérites des ministres, mais de la grâce de Dieu.* — 13. Que toute âme donc qui espère être délivrée par la grâce de Dieu de ses nombreuses iniquités et purifiée dans l'Eglise de ses impuretés et de ses souillures, approche avec foi des pieds du Seigneur, qu'elle cherche la trace de ces pieds sacrés, qu'elle les arrose de ses larmes en confessant ses péchés, et qu'elle les essuie de ses cheveux. Les pieds du Seigneur ce sont les prédicateurs de l'Evangile. Les cheveux de cette femme sont les biens superflus de la terre. Qu'elle essuie les pieds du Sauveur de ses cheveux, qu'elle les essuie eu-

nem quemdam Candacis reginæ, quæ adoraverat in Jerusalem, et rediens inde legebat in curru suo Isaiam prophetam, et non intelligebat. Admonitus Philippus accessit ad currum, exposuit lectionem, instruxit (a) fidem, evangelizavit Christum. Credidit eunuchus in Christum, et ait cum venissent ad quamdam aquam : Ecce aqua, quis prohibet me baptizari? Ait illi Philippus : Si credis in Jesum Christum : Respondit ille : Credo Filium Dei esse Jesum Christum? Continuo descendit cum illo in aquam. (*Act.*, viii, 36, etc.) Impleto baptismatis mysterio et sacramento, ne hominum putaretur donum Spiritus sancti, non exspectatum est, sicut tunc, ut venirent Apostoli, sed continuo venit Spiritus sanctus. Soluta est Simonis cogitatio, ne in tali cogitatione haberet imitatores.

Caput XII. — *Aliud exemplum in Cornelio centurione.* — 12. Deinde aliud mirabilius exemplum. Petrus venit ad centurionem Cornelium, ad hominem incircumcisum gentilem : cœpit prædicare Christum Jesum, et illi, et eis qui cum illo erant. Adhuc loquente Petro, non dico, nondum imponente manum, sed nondum etiam baptizante, et cum dubitarent qui erant cum Petro, utrum incircumcisi baptizandi essent; (natum quippe erat inter Judæos qui crediderant, et eos qui fideles ex Gentibus facti erant, scandalum, id est, Judæos et Christianos, qui baptizabantur incircumcisi :) ut hanc Deus tolleret quæstionem, cum loquitur Petrus venit Spiritus sanctus, implevit Cornelium, implevit eos qui cum illo erant. (*Act.*, x, 25.) Et ipsa attestatione rei magnæ, quasi clamatum est ad Petrum : Quid de aqua dubitas? jam ego hic sum.

Caput XIII. — *Mundatio in baptismo non ex ministrorum meritis, sed ex Dei gratia.* — 13. Secura ergo quælibet anima a multa nequitia per Dominicam gratiam liberanda, tanquam immunda prostitutione mundanda in Ecclesia, credat, accedat ad pedes Domini, quærat vestigia Domini, confiteatur lacrymas fundens, tergat capillis suis. Pedes Domini, prædicatores Evangelii. Capilli mulieris, superfluæ possessiones. Tergat capillis, tergat prorsus, opere-

---

(a) Colbertinus Ms. *inseruit fidem.*

tièrement, qu'elle fasse des œuvres de miséricorde, et après les avoir essuyés, qu'elle les baise et qu'elle reçoive la paix pour avoir la charité. S'est-elle adressée, pour recevoir le baptême, à un ministre tel qu'était l'apôtre saint Paul? qu'elle écoute cet avertissement qu'il lui donne : « Soyez mes imitateurs, comme je le suis de Jésus-Christ. » (1 *Cor*., IV, 16.) A-t-elle été baptisée par un homme qui cherche ses intérêts plutôt que ceux de Jésus-Christ? (*Philip*., II, 21) qu'elle soit attentive à ces paroles du Seigneur : « Faites ce qu'ils vous disent, ne faites pas ce qu'ils font. » (*Matth*., XXIII, 3.) Qu'elle soit donc pleine de confiance en Jésus-Christ, soit qu'elle ait reçu le baptême d'un digne ministre, soit qu'elle ait été baptisée par un homme qui ne fait pas ce qu'il dit; car le Seigneur la rassure pleinement en lui disant : « Femme, allez en paix, votre foi vous a sauvée. »

SERMON C [1].

Sur le chapitre IX de l'Evangile selon saint Luc, où il est question de trois hommes, dont l'un dit à Jésus : *Seigneur, je vous suivrai partout où vous irez*, et le Sauveur le refuse; l'autre n'ose demander à le suivre, et Notre-Seigneur l'appelle; le troisième diffère, et Jésus lui en fait un reproche.

CHAPITRE PREMIER. — *Pourquoi Jésus-Christ refuse d'admettre celui qui s'engage hautement à le suivre*. — 1. Ecoutez ce que le Seigneur m'a inspiré de vous dire sur ce chapitre de l'Evangile. Vous venez de voir dans cette lecture la conduite toute différente de Notre-Seigneur Jésus-Christ à l'égard de ces trois hommes. L'un s'offre à le suivre, et il le repousse, l'autre n'ose se présenter, et Notre-Seigneur l'appelle à marcher à sa suite; un troisième veut différer, et le Sauveur lui en fait un reproche. Le premier lui dit : « Seigneur, je vous suivrai partout où vous irez. » (*Luc*, IX, 57.) Peut-on rien de plus résolu, de plus généreux, de mieux disposé, de plus digne d'un si grand bien, que d'être prêt à suivre le Seigneur partout où il ira? Vous êtes surpris de cette conduite, et vous dites : Comment se fait-il que Notre-Seigneur Jésus-Christ, un si bon maître, qui invite ses disciples à marcher à sa suite pour leur donner le royaume des cieux, rejette un homme aussi bien préparé? C'est, mes frères, que ce divin maître avait la science de l'avenir, et qu'il y voyait que cet homme, en marchant à sa suite, chercherait bien plutôt ses intérêts que ceux de Jésus-Christ. Ne nous a-t-il pas dit, en effet : « Tous ceux qui me disent : Seigneur, Seigneur! n'entreront point dans le royaume des cieux? » (*Matth*., VII, 21.) Tel était cet homme, et il ne se con-

---

(1) Ce sermon, dans la collection de Florus, chapitre XI de l'épître aux Romains, a pour titre : *Sermon X sur les paroles du Seigneur*; et c'est d'après cet ordre qu'il est placé dans le manuscrit de la bibliothèque Colbert.

---

tur misericordiam : et cum terserit, osculetur; accipiat pacem, ut habeat caritatem. Accessit ad talem, baptizata est a tali, qualis erat Apostolus Paulus : audiat ab illo : Imitatores mei estote, sicut et ego Christi. (I *Cor*., IV, 16.) Baptizata est autem ab alio aliquo sua quærente (*Philip*., II, 21), non quæ Jesu Christi : audiat a Domino : Quæ dicunt, facite ; quæ autem faciunt, facere nolite. (*Matth*., XXIII, 3.) Secura sit et in illo, sive in bonum Evangelistam incurrat, sive in eum qui quod dicit non facit. A Domino enim secura audit : « Vade mulier, fides tua te salvam fecit.

SERMO C (*a*).

De verbis Evangelii Lucæ, IX, ubi agitur de tribus, quorum unus dixit : *Domine sequar te quocumque ieris*, et reprobatus est; alius non audebat, et excitatus est; tertius differebat, et culpatus est.

CAPUT PRIMUM. — *Cur reprobatur qui profitetur se secuturum Christum*. — 1. De Capitulo Evangelii quod Do-
minus donavit, audite. Lectum est enim : Dominum Jesum differenter egisse, cum obtulit se unus, ut eum sequeretur, et reprobatus est ; alius non audebat, et (*b*) excitatus est; tertius differebat, et culpatus est. Quod enim dixit : « Domine, sequar te quocumque ieris, » (*Luc*., IX, 57) quid tam promptum, quid tam impigrum, quid tam paratum, et quid ad tantum bonum aptissimum, sequi Dominum quocumque ierit? Miraris (*c*) hoc, dicens : Quid est hoc, quod magistro bono Domino Jesu Christo invitanti discipulos, quibus daret regnum cœlorum, displicuit tam paratus? Sed quia talis magister erat, qui futura prævideret, intelligimus, Fratres, istum hominem si sequeretur Christum, sua quæsiturum fuisse, non quæ Jesu Christi. Ipse enim dixit : Non omnis qui dicit mihi, Domine, Domine, intrabit in regnum cœlorum. (*Matth*., VII, 21.) Et iste de ipsis fuit, nec sic se ipse noverat, quomodo medicus inspiciebat. Nam si jam se fictum esse (*d*) spectabat, si jam dolosum et insidiosum se noverat, cui loquere-

---

(*a*) Alias VII, de verbis Domini. — (*b*) Aliquot Mss. hic et in Sermonis titulo, *citatus est*. Quidam, *suscitatus est*. — (*c*) Plerique Mss. *Miraris hodie : Quid est hoc*, etc. — (*d*) Mss. *sperabat*.

naissait point comme le médecin qui lisait au fond de son âme. En supposant même que cet homme reconnût qu'il n'avait ni sincérité ni droiture, il ne savait pas à qui il parlait. C'est de lui dont l'Évangéliste a dit : « Il n'avait pas besoin que personne lui rendît témoignage, car il savait ce qui était dans l'homme. » (*Jean*, II, 25.) Que lui répond-il donc ? « Les renards ont des tanières, et les oiseaux du ciel des nids ; mais le Fils de l'homme n'a point où reposer la tête. » (*Luc*, IX, 58.) Et où n'a-t-il point où reposer la tête ? Dans votre foi. Les renards ont des tanières dans votre cœur, vous êtes un fourbe ; les oiseaux du ciel ont des nids dans votre âme, vous êtes un orgueilleux. Or, la fourberie et l'orgueil vous empêchent de me suivre. Comment la duplicité pourrait-elle suivre la simplicité ?

2. Au second qui gardait le silence, ne disait rien, ne promettait rien, Jésus dit : « Suivez-moi. » (*Ibid.*, 59.) Les dispositions de cet homme lui paraissent aussi bonnes que celles du premier étaient mauvaises. « Suivez-moi, » dit-il à cet homme qui ne songe pas à le suivre. Quoi, Seigneur, voici devant vous un homme tout prêt à marcher à votre suite : « Je vous suivrai partout où vous irez, » et vous dites à cet autre, qui ne manifeste aucun désir : « Suivez-moi ? » Oui, répond le Sauveur, je repousse le premier, parce que je vois dans son cœur des nids, des tanières. Mais pourquoi importuner celui-ci, qui s'excuse lorsque vous l'appelez ? Vous le pressez et il ne vient point, vous l'exhortez et il ne vous suit pas. Que vous répond-il ? « Permettez-moi d'aller d'abord ensevelir mon père. » La foi de son cœur se révélait au Seigneur, mais la piété filiale différait de répondre à son appel. Or, lorsque Notre-Seigneur appelle les hommes à prêcher l'Évangile, il n'admet aucune excuse des affections de la chair et du temps. La loi de Dieu en fait une obligation, il est vrai, et Notre-Seigneur lui-même reproche aux Juifs d'annuler ce commandement divin. L'apôtre saint Paul dit aussi dans une de ses épîtres : « C'est le premier des commandements auquel Dieu ait attaché une promesse. » (*Ephés.*, VI, 2.) Quel est ce commandement ? « Honorez votre père et votre mère. » C'est Dieu, en effet, qui nous a fait ce commandement. Ce jeune homme voulait donc à la fois obéir à Dieu et ensevelir son père ; mais il faut distinguer les lieux, les temps, les obligations, qui sont subordonnés à d'autres obligations, à d'autres temps, à d'autres lieux. Il faut honorer son père, mais il faut obéir à Dieu. Il faut aimer l'auteur de nos jours, mais il faut lui préférer le Créateur. C'est moi, nous dit-il, qui vous appelle à prêcher l'Évangile, j'ai besoin de vous pour une autre œuvre beaucoup plus importante que celle que vous voulez faire. « Laissez les morts ensevelir leurs morts. » (*Ibid.*, 60.) Votre père est mort, il y a d'autres morts pour ensevelir les morts. Quels sont ces morts qui ensevelissent les morts ? Est-ce qu'un mort peut être enseveli par

tur non noverat. Ipse est enim de quo ait Evangelista : Non opus habebat, ut quisquam ei testimonium perhiberet de homine : ipse enim sciebat quid esset in homine. (*Joan.*, II, 25.) Quid ergo respondit : « Vulpes foveas habent, et volatilia cœli nidos : Filius autem hominis non habet ubi caput suum reclinet. » (*Luc.*, IX, 58.) Sed ubi non habet ? In fide tua. Vulpes enim habent foveas in corde tuo, dolosus es : volatilia cœli habent nidos in corde tuo, elatus es. Dolosus et elatus, non me sequeris. Quomodo sequitur dolosus simplicitatem ?

2. Et ad alterum continuo tacentem, et nihil dicentem, nihil promittentem dicit : « Sequere me. » (*Ibid.*, 59.) Quantum mali in illo, tantum boni videbat in isto. « Sequere me, » dicis nolenti. Ecce habes hominem paratum : « Sequor te quocumque ieris : » et tu dicis nolenti : « Sequere me ? » Istum, inquit, declino, quia video ibi foveas, video nidos. Quid ergo molestus es huic, quem provocas, et excusat ? Ecce etiam compellis, et non venit ; hortaris, et non sequitur. Quid enim dicit ? « Ibo prius sepelire patrem meum. » Fides cordis ejus Domino se ostendebat : sed pietas differebat. Dominus autem Christus quando parat homines Evangelio, nullam excusationem vult interponi carnalis hujus temporalisque pietatis. Hæc quidem et lex Dei habet, et ipse Dominus arguit Judæos, quia destruebant ipsum mandatum Dei. Et Paulus apostolus in epistola sua posuit, et dixit : Hoc est mandatum primum in repromissione. Quod ? «Honora patrem tuum, et matrem tuam.» (*Ephes.*, VI, 2.) Deus utique dixit. Volebat ergo iste juvenis obtemperare Deo, et sepelire patrem suum : sed est locus, et est tempus, et est res, quæ huic rei, huic tempori, huic loco serviat. Honorandus est pater, sed obediendum est Deo. Amandus est generator, sed præponendus est Creator. Ego, inquit, ad Evangelium te voco, ad aliud opus mihi necessarius es : majus est hoc, quam quod vis facere. « Sine mortuos sepelire mortuos suos. » (*Ibid.*, 60.) Pater tuus mortuus est : sunt alii mortui qui sepeliant

des morts? Comment pourront-ils les envelopper, s'ils sont morts? Comment, s'ils sont morts, les porteront-ils? Comment, s'ils sont morts, pourront-ils les pleurer? Et cependant ils les enveloppent, ils les portent, ils les pleurent, et ils sont morts, parce que ce sont des infidèles.

CHAPITRE II. — *Ordre que doit suivre la charité.* — Le Sauveur nous enseigne ici ce qui est écrit dans le Cantique des cantiques, où l'Eglise parlant par la bouche de l'épouse, dit : « Réglez en moi la charité.» (*Cant.*, II, 4.) Que signifient ces paroles : « Réglez en moi la charité? » Etablissez des degrés, et rendez à chacun ce qui lui est dû. Ne subordonnez point les choses d'un ordre supérieur à celles qui ne viennent qu'après. Aimez vos parents, mais préférez Dieu à vos parents. Rappelez-vous la mère des Machabées. « Mes enfants, leur disait-elle, je ne sais comment vous avez paru dans mon sein. » (II *Mach.*, VII, 22.) J'ai pu vous concevoir, j'ai pu vous enfanter, je n'ai pu vous former, écoutez-le donc, n'hésitez pas à le mettre au-dessus de moi; ne craignez pas de me laisser seule ici-bas. Ils suivirent fidèlement ces recommandations. Or, ce que cette mère enseignait à ses enfants, Notre-Seigneur Jésus-Christ l'enseignait à cet homme, en lui disant : « Suivez-moi. »

3. Un autre disciple vient se présenter, sans que personne lui ait adressé la parole : « Seigneur, dit-il, je vous suivrai, mais permettez-moi d'aller l'annoncer à ceux qui sont dans ma maison. » (*Ibid.*, 61.) C'est, en effet, je crois, le sens de ces paroles : Laissez-moi leur porter cette nouvelle, afin qu'ils ne me cherchent point, comme cela se fait en pareil cas. Et le Seigneur lui répond : « Celui qui met la main à la charrue et regarde en arrière, n'est pas propre au royaume de Dieu. » (*Ibid.*, 62.) L'Orient vous appelle, et vous, vous regardez à l'Occident. Ce passage nous apprend que le Seigneur choisit ses disciples comme il le veut. Or, il les a choisis, dit l'Apôtre, en considérant tout à la fois sa grâce et leur justice. Voici, en effet, les paroles de l'Apôtre : « Ecoutez ce que dit Elie : Seigneur, ils ont tué vos prophètes, ils ont démoli vos autels, et je suis demeuré seul, et ils me cherchent pour m'ôter la vie. Mais, qu'est-ce que Dieu lui répond? Je me suis réservé sept mille hommes qui n'ont pas fléchi le genou devant Baal. » (*Rom.*, XI, 3, etc.) Vous croyez être le seul serviteur qui remplisse bien ses devoirs, il en est d'autres, et en grand nombre, qui me craignent, puisque j'en ai compté jusqu'à sept mille. Et saint Paul ajoute : « De même en ce temps-ci. » En effet, quelques Juifs embrassèrent la foi, mais le plus grand nombre a été réprouvé, comme cet homme qui avait dans son âme des tanières de renards. « De même donc, en ce temps-ci, quelques-uns que Dieu s'est réservés par l'élection de sa grâce, ont été sauvés; » c'est-à-dire

---

mortuos. Mortui sepelientes mortuos qui sunt? Potestne mortuus a mortuis sepeliri? Quomodo involvunt, si mortui sunt? Quomodo portant, si mortui sunt? Quomodo plangunt, si mortui sunt? Et involvunt, et portant, et plangunt, et mortui sunt : quia infideles sunt.

CAPUT II. — *Ordinare caritatem.* — Docuit nos quod scriptum est in Cantico canticorum, dicente Ecclesia : Ordinate in me caritatem. (*Cant.*, II, 4.) Quid est : Ordinate in me caritatem? Facite gradus, et cuique quod debetur, restituite. Nolite anteriora posterioribus subdere. Amate parentes, sed præponite Deum parentibus. Attendite matrem Machabæorum : Filii, inquit, nescio quomodo apparuistis in ventre. (II *Mach.*, VI, 22.) Concipere vos potui, parere vos potui; formare non potui : illum ergo audite, illum mihi præponite : nolite attendere, ne sine vobis remaneam. Præcepit, et secuti sunt. Quod docuit mater filios, hoc docebat Dominus Jesus Christus istum cui dicebat : « Sequere me. »

3. Quia nunc alius discipulus misit se in medio, cui nemo aliquid dixit : « Prosequar te, Domine, ait, sed vado primum renuntiare his qui in domo sunt. » (*Ibid.*, 61.) Credo hic sensus est : Nuntiem meis, ne forte quomodo fieri solet, quærant me. Et Dominus : « Nemo ponens manum super aratrum, et respiciens retro, aptus est regno cœlorum. » (*Ibid.*, 62.) Vocat te Oriens, et tu attendis Occidentem. In hoc capitulo hoc dicimus, quoniam quos voluit Dominus, hos elegit. Elegit autem, sicut dicit Apostolus, et secundum suam gratiam, et secundum illorum justitiam. Talia enim sunt verba Apostoli : « Attendite, inquit, quid dicit Elias : Domine, prophetas tuos occiderunt, altaria tua everterunt, et ego relictus sum solus, et quærunt animam meam. Sed quid illi dicit responsum divinum? Reliqui mihi septem millia virorum, qui non curvaverunt genua ante Baal. (*Rom.*, XI, 3, etc.) Solum te putas esse, servum bene laborantem : sunt et alii me timentes, et non pauci. Nam septem millia ibi habeo. Et adjunxit : « Sic ergo et in hoc tempore. » Crediderunt enim aliqui Judæi, et multi fuerunt reprobati : «Sicut et ille qui vulpium

nous avons le même Christ, qui disait alors à Elie : « Je me suis réservé. » Qu'est-ce à dire, « je me suis réservé ? » Je les ai choisis, parce que j'ai vu que leurs cœurs mettaient leur confiance en moi, et non en eux-mêmes et dans Baal. Ils ne sont point changés, ils sont tels que je les ai faits. Et vous-même qui vous plaignez, où seriez-vous, si vous ne mettiez en moi votre confiance ? Si ma grâce ne remplissait votre âme, n'auriez-vous pas fléchi vous-même le genou devant Baal ? Or, si vous êtes rempli de ma grâce, c'est parce que vous avez reconnu que vous ne pouviez rien absolument sans elle. Ne vous glorifiez donc point comme si je n'avais d'autres serviteurs que vous. Il en est d'autres que j'ai choisis comme vous, parce qu'ils mettent aussi toute leur espérance en moi, et c'est d'eux dont l'Apôtre a dit : « De même donc en ce temps-ci, quelques-uns que Dieu s'est réservés par l'élection de sa grâce, ont été sauvés. »

CHAPITRE III. — *Les élus doivent tout à la grâce de Dieu.* — 4. Evitez donc, ô chrétien, évitez surtout l'orgueil. Fussiez-vous un fidèle imitateur des saints, attribuez à sa grâce tout ce que vous avez de bon, car c'est à elle seule, et non à vos mérites, que vous devez le peu de bien qui est en vous. C'est de ces restes que le prophète Isaïe voulait parler, lorsqu'il disait : « Si le Seigneur n'avait réservé quelques-uns de notre race, nous serions devenus semblables à Sodome et à Gomorrhe. » (*Isa.*, I, 9.) « De même donc en ce temps-ci, quelques-uns que Dieu s'est réservés par l'élection de sa grâce, ont été sauvés. Or, si c'est par grâce, ce n'est donc point en vue des œuvres, autrement la grâce ne serait plus grâce. » (*Rom.*, I, 5, etc.) Si vous attribuez tout à vos œuvres, c'est un salaire qu'on vous paye, ce n'est point une grâce qu'on vous donne. Si, au contraire, c'est une grâce, elle est nécessairement gratuite. Je vous interroge, maintenant, ô pécheur. Croyez-vous à Jésus-Christ ? Vous répondez : J'y crois. Que croyez-vous ? Qu'il peut vous remettre gratuitement tous vos péchés ? Vous êtes en possession de ce que vous croyez. O grâce vraiment gratuite ? Pourquoi, vous qui êtes juste, croyez-vous que vous ne pouvez, sans Dieu, observer la justice ? Rendez donc grâce à sa bonté, de toute la justice qui est en vous, et n'attribuez vos péchés qu'à votre malice. Accusez-vous, et il vous pardonnera. Car toute faute, tout crime, tout péché viennent de notre négligence, comme toute vertu, toute sainteté viennent de la bonté divine. Tournons-nous vers le Seigneur, etc.

foveas gestabat in animo. Sic ergo, inquit, et in hoc tempore, reliquiæ per electionem gratiæ salvæ factæ sunt : » id est, idem Christus est qui tunc, et modo, qui et illi tunc Eliæ dixit : Reliqui mihi. Quid est : Reliqui mihi? Ego illos elegi, quia vidi mentes illorum de me præsumentes, non de se, nec de Baal. Non sunt mutati, sic sunt ut a me facti sunt. Et tu qui loqueris, nisi de me præsumeres, ubi esses? Nisi gratia mea plenus esses, nonne ante Baal etiam ipse genu flecteres? Gratia autem mea plenus es; quia nihil de tua virtute, sed totum de mea gratia præsumpsisti. Noli ergo in hoc gloriari, ut putes te in servitio tuo non habere conservos : sunt quos elegi, sicut et te, de me scilicet præsumentes : sicut ait Apostolus : Et nunc reliquiæ per electionem gratiæ salvæ factæ sunt.

CAPUT III. — *Gratiæ Dei totum debent electi.* — 4. Cave, o Christiane, cave superbiam. Licet enim imitator sanctorum sis, totum semper gratiæ reputa : quia ut esset aliquid reliquum, gratia in te Dei, non tuum meritum fecit. De ipsis denique reliquiis dixerat propheta Isaias commemorans : « Nisi Dominus Sabaoth reliquisset nobis semen, sicut Sodoma facti essemus, et sicut Gomorrha similes fuissemus. » (*Isai.*, I, 9.) « Sic ergo, inquit, et in hoc tempore reliquiæ per electionem gratiæ salvæ factæ sunt. » « Si autem gratia, inquit, jam non ex operibus, » id est, jam non de tuo merito extollaris : « alioquin gratia jam non est gratia. » (*Rom.*, XI, 5, etc.) Si enim (*a*) de tuo opere præsumis; ergo merces tibi redditur, non gratia condonatur. Si autem gratia est, gratis datur. Interrogo nunc : Credis, o peccator, Christo : Dicis : Credo. Quid credis? Gratis universa peccata per ipsum tibi posse remitti? Habes quod credidisti. O gratia gratis data! Quid tu juste, credis te sine Deo non posse servare justitiam? Ipsius ergo totum reputa, quod justus es, pietati : quod autem peccator es, tuæ iniquitati ascribe. Esto accusator tuus, et ille erit indultor tuus. Omne enim crimen, facinus, vel peccatum, nostræ est negligentiæ : et omnis virtus et sanctitas, Dei est indulgentiæ. Conversi ad Dominum (*b*).

(*a*) Florus et plerique Mss. *in tua opera præsumis.* — (*b*) Fossatensis vetus codex: *Conversi ad Dominum, ipsum deprecemur pro nobis, et pro omni plebe sua adstante nobiscum in atriis domus suæ, quam custodire protegereque dignetur per Jesum Christum Filium ejus unicum Dominum nostrum, qui cum eo vivit et regnat in sæcula sæculorum. Amen.* Eamdem conclusionem habet Colbertinus Ms. CCCXLIII, sed recentiore calamo adjectam.

SERMON CI.

Sur ces paroles du chap. x de l'Evangile selon saint Luc : *La moisson est grande*, etc.

CHAPITRE PREMIER. — *La moisson a pour objet les Juifs, la semence les Gentils.* — 1. La lecture de l'Evangile que vous venez d'entendre nous fait un devoir de chercher quelle est cette moisson, dont le Seigneur a dit : « La moisson est grande, mais il y a peu d'ouvriers; priez donc le maître de la moisson qu'il envoie des ouvriers dans sa moisson. » (*Luc*, x, 2.) Ce fut alors qu'il adjoignit aux douze disciples, auxquels il donna le nom d'apôtres, soixante-douze autres, et qu'il les envoya tous, comme l'indiquent ces paroles, à cette moisson, qui était toute prête. Quelle était donc cette moisson ? Ce n'était point la moisson des Gentils, où rien n'avait été semé. Il ne nous reste donc qu'à l'entendre du peuple juif. C'est pour cette moisson qu'est venu le maître de la moisson, c'est vers cette moisson qu'il envoie les moissonneurs; aux Gentils, au contraire, il envoie non pas des moissonneurs, mais des semeurs. Comprenons donc que la moisson faite parmi les Juifs devait servir de semence pour les Gentils. C'est dans cette moisson que les apôtres furent choisis, et cette moisson était déjà mûre dans ces contrées, lorsqu'elle fut recueillie, parce que les prophètes y avaient répandu leur semence. Nous aimons à contempler le champ que Dieu cultive, et nous mettons notre joie à contempler ses dons et les ouvriers qui travaillent dans son champ. C'est dans ce champ que s'exerçait celui qui disait : « J'ai travaillé plus qu'eux tous. » (I *Cor.*, xv, 10.) Mais les forces pour travailler lui étaient données par le maître de la moisson; aussi ajoutait-il : « Ce n'est point moi, mais la grâce de Dieu avec moi. » (*Ibid.*) Il nous montre suffisamment combien il est occupé dans la culture de ce champ, lorsqu'il dit : « J'ai planté, Apollo a arrosé. » (I *Cor.*, III, 6.) Cet apôtre, qui de Saul est devenu Paul, c'est-à-dire qui d'orgueilleux qu'il était est devenu humble et petit (car Saul vient de Saül, et Paul de *paulum*, qui signifie petit, et il nous donne lui-même l'interprétation de son nom, lorsqu'il nous dit : « Je suis le moindre des apôtres; ») ce Paul, ce petit, ce moindre, qui fut envoyé vers les Gentils, nous déclare qu'ils étaient l'objet principal de sa mission. Il l'a écrit, nous le lisons, nous le croyons, nous le prêchons. Il dit, en effet, dans son épitre aux Galates, qu'après avoir été appelé par le Seigneur Jésus, il vint à Jérusalem, il exposa aux apôtres l'Evangile qu'il prêchait, et qu'ils se

(1) A ce sermon se rapporte évidemment ce titre que nous lisons dans la Table de Possidius, chapitre IX : *Sur ces paroles de l'Evangile : La moisson est grande*, jusqu'à ces autres : *Votre paix retournera sur vous.*

SERMO CI [a].

De verbis Evangelii Lucæ, x : *Messis quidem multa*, etc.

CAPUT PRIMUM. — *Messis in Judæis, sementis in Gentibus.* — 1. In lectione Evangelii, quæ modo recitata est, admonemur quærere quæ sit messis de qua Dominus ait : « Messis quidem multa, operarii autem pauci. Rogate Dominum messis, ut mittat operarios in messem suam. » (*Luc.*, x, 2.) Tunc adjecit duodecim discipulis suis, quos et Apostolos nominavit, alios septuaginta duos, et misit illos omnes, sicut ex verbis ejus apparet, ad paratam messem. Quæ ergo erat illa messis? Non enim illa messis in his Gentibus erat, ubi nihil fuerat seminatum. Restat ergo, ut intelligamus istam messem fuisse in populo Judæorum. Ad illam messem venit Dominus messis, ad illam messem misit messores : ad Gentes autem non messores, sed seminatores. Intelligamus ergo messem factam in populo Judæorum, sementem in populis Gentium. Ex illa enim messe Apostoli electi sunt, ubi jam cum meteretur, maturum erat; quia ibi Prophetæ seminaverunt. Delectat inspicere agriculturam Dei, et oblectari donis ejus, et operariis in agro ejus. In hac enim agricultura operabatur qui dicebat : Plus omnibus illis laboravi. (I *Cor.*, xv, 10.) Sed vires ei dabantur ad operandum a Domino messis : ideo subjecit : Non ego sum, sed gratia Dei mecum. (*Ibid.*) Nam se in agricultura versari satis ostendit, ubi ait : Ego plantavi, Apollo rigavit. (I *Cor.*, III, 6.) Hic autem Apostolus de Saulo Paulus, hoc est de superbo minimus : (Saulus enim a Saule denominatur : *paulum* autem modicum est : unde nomen suum quodam modo interpretatus, ait : Ego sum minimus Apostolorum :) ipse ergo Paulus, id est, modicus et minimus missus ad Gentes, præcipue ad Gentes se missum dicit. Ipse scribit, nos legimus, credimus, prædicamus. Ipse ergo dicit in epistola sua quæ est ad Galatas, vocatum se jam a Domino Jesu venisse Jerosolymam, et Evangelium cum Apostolis contulisse, dexteras sibi datas fuisse, et signum concordiæ, signum consonantiæ, quod ab

[a] Alias CCCCXXVI, de Sanctis.

donnèrent la main en signe de communion et de bon accord; car ce qu'ils avaient appris de lui ne différait en rien de ce qu'ils enseignaient eux-mêmes. Il ajoute qu'ils convinrent entre eux que lui, Paul, irait vers les Gentils, et eux vers les circoncis (*Gal.*, II, 1, etc); lui pour semer, eux pour moissonner. Aussi les Athéniens lui donnèrent-ils, à leur insu, son véritable nom, lorsqu'après l'avoir entendu, ils dirent : « Quel est ce semeur de paroles ? » (*Act.*, XVII, 18.)

Chapitre II. — *Deux moissons, celle des Juifs et celle des Gentils.* — 2. Soyez donc attentifs, et aimez à contempler avec moi ce champ de Dieu et les deux moissons qu'on y recueille : l'une qui est déjà faite, l'autre qui est encore à venir; la première parmi les Juifs, la seconde parmi les Gentils. Prouvons cette vérité, et où en chercherons-nous les preuves que dans les divines Ecritures du Maître de la moisson ? Il est dit dans le chapitre qu'on vient de lire : « La moisson est grande, mais les ouvriers sont peu nombreux. Priez donc le Maître de la moisson, qu'il envoie des ouvriers dans sa moisson. » (*Luc*, X, 2.) Mais comme dans cette moisson, ses apôtres devaient rencontrer des Juifs qui les contrediraient et les persécuteraient, il leur dit : « Voici que je vous envoie comme des agneaux au milieu des loups. » (*Ibid.*, 3.) Nous trouvons des preuves plus claires encore de cette moisson dans l'Evangile selon saint Jean; près du puits où s'assit le Seigneur fatigué du chemin, de grands mystères se sont passés, mais le temps nous manque pour en faire un examen approfondi. Choisissons seulement ce qui a rapport à la question présente. Nous nous sommes proposé de montrer que cette moisson comprend les peuples parmi lesquels les prophètes ont annoncé la parole de Dieu, ils ont semé pour que les apôtres pussent moissonner. Cette femme samaritaine s'entretient avec le Seigneur Jésus, et le Sauveur lui ayant enseigné entre autres choses comment Dieu doit être adoré, elle lui dit : « Nous savons que le Messie qu'on appelle Christ doit venir, quand donc il sera venu, il nous enseignera toutes choses. Et Jésus lui dit : Moi qui vous parle, je suis le Christ. » (*Jean*, IV, 25.) Croyez ce que vous entendez, pourquoi chercher ce qui est sous vos yeux ? Moi qui vous parle, je suis le Christ. Or, lorsque cette femme disait : Nous savons que le Messie doit venir, celui qu'ont prédit Moïse et les prophètes et qu'on nomme le Christ, la moisson était en épis. Elle avait dû pour germer être semée par les prophètes; parvenue à sa maturité, elle attendait les apôtres pour la recueillir. Aussi dès qu'elle eut entendu cette déclaration du Sauveur, la Samaritaine crut, laissa là sa cruche et courut en toute hâte annoncer elle-même le Seigneur. Ses disciples étaient allés à la ville pour acheter des pains; à leur retour, ils trou-

---

se ipsi didicerant, eis in nihilo discrepabat. Deinde placuisse dicit inter se et ipsos, ut ipse ad Gentes, illi autem in circumcisionem irent (*Gal.*, II, 1, etc.); ille seminator, illi messores. Merito etiam Athenienses, quamvis nescientes, nomen suum ei dixerunt. Audientes enim ab eo verbum : Quis est, inquiunt, hic seminator verborum ? (*Act.*, XVII, 18.)

Caput II. — *Messes duæ, Judæorum et Gentium.* — 2. Attendite ergo, et delectet vos mecum inspicere agriculturam Dei et in ea messes duas, unam transactam, aliam futuram : transactam in populo Judæorum, futuram in populis Gentium. Probemus hoc : et unde nisi de Scriptura Dei Domini messis ? Ecce habemus ibi præsenti capitulo dictum esse : « Messis multa, operarii autem pauci. Rogate Dominum messis, ut mittat operarios in messem suam. » (*Luc*, X, 2.) Sed quia in illa messe futuri erant contradictores et persecutores Judæi : « Ecce, inquit, mitto vos sicut agnos in medio luporum. » (*Ibid.*, 3.) Evidentius de hac messe aliquid ostendamus in Evangelio secundum Joannem, ad puteum ubi fatigatus Dominus sedit, magna quidem acta sunt sacramenta, sed angustum tempus est, ut omnia pertractentur. Quod autem ad præsentem rem pertinet, audite. Suscepimus enim messem ostendere in populis, in quibus Prophetæ prædicaverunt : ideo enim illi seminatores, ut Apostoli possent esse messores. Samaritana mulier loquitur cum Domino Jesu, et inter cætera cum dixisset ei Dominus, quomodo debeat adorari Deus : ait illa : Scimus quia venit Messias, qui dicitur Christus, et omnia nos docebit. Et Dominus ad illam : Ego sum qui loquor tecum. (*Joan.*, IV, 25.) Crede quod audis : quid quæris quod vides ? Ego sum qui loquor tecum. Quod autem illa dixerat : « Scimus quia Messias veniet, quem annuntiaverunt Moyses et Prophetæ, qui dicitur Christus. » Jam enim spica messis erat. Gignenda acceperat Prophetas seminatores, Apostolos exspectabat matura messores. Mox ut hoc audivit credidit, et hydriam dimisit, et festinanter cucurrit, annuntiare Dominum cœpit. Discipuli tunc ierant ad emendos panes : qui redeuntes invenerunt Dominum loquentem cum

vèrent le Sauveur s'entretenant avec cette femme, et en furent étonnés. Ils n'osèrent cependant lui dire : Que lui dites-vous ; ou pourquoi lui parlez-vous? Ils gardèrent en eux-mêmes leur étonnement, et réprimèrent le désir qu'ils avaient de l'interroger. Le nom du Christ n'était donc point nouveau pour cette samaritaine, elle attendait son avénement, elle croyait depuis longtemps qu'il allait bientôt paraître. Or, d'où venait cette foi, si Moïse ne l'avait semée? En voici une preuve plus expresse. Le Seigneur dit alors à ses disciples : « Vous dites que la moisson est encore éloignée, levez les yeux et regardez les campagnes, comme déjà elles blanchissent pour la moisson. » (*Jean*, IV, 35.) Et il ajoute : « D'autres ont travaillé, et vous êtes entrés dans leurs travaux. » Abraham a travaillé, Isaac, Jacob, Moïse, les prophètes ont travaillé pour répandre la semence, et la moisson s'est trouvée mûre à l'avénement du Sauveur. Les moissonneurs ont été envoyés avec la faux de l'Evangile, ils ont rapporté les gerbes sur l'aire du Seigneur où devait être foulé le saint martyr Etienne.

CHAPITRE III. — *La semence de l'Evangile a été portée chez les Gentils.* — 3. C'est ici que nous voyons paraître Paul qui est envoyé aux Gentils. Et il ne laisse pas ignorer ce caractère spécial de sa mission lorsqu'il parle de la grâce particulière qu'il a reçue. Il nous apprend dans ses Epîtres, qu'il a été envoyé pour prêcher l'Evangile dans les contrées où le nom du Christ n'était pas connu. Mais comme cette moisson est terminée et que tous les Juifs qui restent ne forment point cette moisson, considérons la moisson dont nous faisons nous-mêmes partie. La semence a été répandue par les apôtres et par les prophètes, et c'est le Seigneur lui-même qui l'a semée, de même qu'il était dans les apôtres et qu'il a recueilli avec eux la moisson. En effet, ils ne pouvaient rien sans lui, tandis qu'il n'avait aucun besoin de leur concours. Il leur a dit : « Sans moi vous ne pouvez rien faire. » (*Jean*, XV, 5.) Mais que dit le Christ lorsqu'il répand sa semence parmi les Gentils? « Le semeur sortit pour semer son grain. » (*Luc*, VIII, 5.) D'un côté les moissonneurs sont envoyés pour recueillir la moisson, de l'autre, le semeur sort pour répandre sa semence sans hésiter. Pourquoi aurait-il craint en voyant une partie de sa semence tomber dans le chemin, une autre partie dans des endroits pierreux, une autre partie au milieu des épines? S'il avait craint de la laisser tomber sur ces terrains ingrats, il n'aurait pas ensemencé la bonne terre. Qu'avons-nous encore besoin de nous occuper des Juifs et de parler ici de la paille? Ce qui nous importe, c'est de n'être ni le chemin ni le terrain pierreux, ni les épines, mais d'être la bonne terre. Notre cœur est préparé, il peut produire trente, soixante, mille, cent pour un ; l'un rapporte plus, l'autre moins, mais c'est

muliere, et mirati sunt. Non sunt tamen ausi dicere ei : Quid vel quare cum illa loqueris? Admirationem apud se habuerunt, audaciam corde presserunt. Huic ergo Samaritanæ non erat novum nomen Christi, jam exspectabat venientem, jam crediderat esse venturum. Unde crediderat, si non Moyses seminaverat? Sed hoc expressius audite. Dominus tunc ad discipulos suos ait : « Dicitis quia adhuc longe est æstas, levate oculos vestros, et videte albas regiones ad messem. » (*Joan.*, IV, 35.) Et adjungit : « Alii laboraverunt, et vos in labores eorum intrastis. » Laboravit Abraham, Isaac, Jacob, Moyses, Prophetæ, laboraverunt seminando; in adventu Domini matura messis inventa est. Missi messores cum falce Evangelii, portaverunt manipulos ad aream Dominicam, ubi Stephanus trituraretur.

CAPUT III. — *Semen Evangelii Gentibus transmissum.* — 3. Hic autem accedit Paulus ille, et ad Gentes mittitur. Et non tacet hoc in commendando gratiam, quam præcipue proprieque suscepit. Ait enim in Scripturis suis, missum se esse prædicare Evangelium, ubi Christus non erat nominatus. Sed jam quia facta est illa messis, et omnes Judæi qui remanserunt (*f. addendum*, messis non sunt), messem attendamus quod nos sumus. Seminatum est enim ab Apostolis et Prophetis. Ipse Dominus seminavit. Ipse enim in Apostolis fuit, quia et ipse messuit Christus. Non enim illi aliquid sine illo : ille perfectus est sine illis. Ipse enim illis ait : Quia sine me nihil potestis facere. (*Joan.*, XV, 5.) Seminans ergo Christus jam in Gentibus quid dicit? Exiit seminans seminare. (*Luc.*, VIII, 5.) Ibi mittuntur messores metere, hic exiit seminans seminare impiger. Quid enim pertimuit, quod aliud cecidit in viam, aliud in petrosa loca, aliud inter spinas? Si istas difficiles terras timeret, ad terram bonam non perveniret. Quid ad nos, quid nobis est jam de Judæis disputare, et loqui de palea : hoc solum ad nos, ne via simus, ne saxum, ne spinæ, sed terra bona. Paratum cor nostrum, unde tricenum, unde sexa-

toujours du froment. Ne soyons pas comme le chemin, de peur que la semence foulée aux pieds des passants ne soit enlevée par notre ennemi dont les oiseaux sont la figure. Ne soyons pas ce terrain pierreux dont la légère couche de terre fait aussitôt germer le grain, mais qui ne peut supporter les ardeurs du soleil. Ne soyons point enfin une terre couverte d'épines, c'est-à-dire des convoitises du siècle et des sollicitudes d'une vie coupable. Quoi de plus triste que ces sollicitudes de la vie qui ne permettent point de parvenir à la véritable vie? Quoi de plus misérable que de perdre la vie par un trop grand soin de la conserver? Quoi de plus malheureux que de tomber dans la mort par une crainte excessive de la mort? Arrachons donc ces épines, préparons la terre, recevons la semence, qu'elle arrive à la maturité au temps de la moisson; désirons d'être amassés dans les greniers comme le bon grain et ne craignons pas d'être jetés au feu.

Chapitre IV. — *Pourquoi est-il utile d'expliquer au peuple les obligations des pasteurs.* — 4. C'est donc un devoir pour nous, ouvriers tels quels à qui le Seigneur a confié la culture de son champ, de vous rappeler ces vérités, de semer, de planter, d'arroser, de creuser même autour de certains arbres et d'y mettre une corbeille de fumier. C'est à nous de remplir fidèlement cet office, à vous de recevoir fidèlement ce que nous vous donnons. C'est au Seigneur de nous aider, nous à remplir notre ministère, vous à croire, tous à travailler et à triompher du monde par sa grâce. Je vous ai donc rappelé vos obligations, je veux maintenant vous parler des nôtres. Peut-être quelqu'un d'entre vous trouvera-t-il que j'entreprends là une tâche fort inutile et dira-t-il en lui-même : Ah! s'il nous laissait libres de sortir ! Il nous rappelle nos devoirs, qu'avons-nous besoin de connaître les siens? Je crois que la charité mutuelle qui doit régner entre nous vous recommande comme chose plus parfaite de vous intéresser à ce qui nous concerne. Vous faites partie d'une seule et même famille, nous qui sommes les dispensateurs de Dieu, nous lui appartenons également et nous sommes tous les serviteurs du même Maître. Ce que je vous donne, ne vient pas de moi, mais de celui qui me donne tout ce que j'ai moi-même. Si je vous donne de mon propre fonds, je ne vous donnerai que le mensonge. « Car celui qui profère le mensonge, parle de son propre fond. » (*Jean*, VIII, 44.) Vous devez donc écouter les obligations des dispensateurs, pour féliciter parmi vous ceux que vous en jugerez dignes ou tout simplement pour votre propre instruction. Combien qui parmi vous seront un jour les dispensateurs de Dieu! Nous avons été où vous êtes vous-mêmes, et maintenant si du haut de cette chaire élevée, nous distribuons le pain céleste aux serviteurs de notre commun maître, il y a quelques années seu-

genum, unde millenum et centenum : illud minus est, et illud plus est; sed totum triticum est. Via non sit, ubi conculcatum semen a transeuntibus velut avis auferat inimicus. Saxum non sit, ubi modica terra statim facit germinare, quod non possit solem portare. Spinæ non sint, cupiditates sæculi, sollicitudines vitæ vitiosæ. Quid enim pejus sollicitudine vitæ, quæ pervenire non permittit ad vitam? Quid miserius, quam curando vitam, amittere vitam? Quid infelicius, quam timendo mortem, cadere in mortem? Extirpentur spinæ, paretur ager, suscipiantur semina, perveniatur ad messem, horrenda desideretur, non ignis timeatur.

Caput IV. — *Pastoris partes populo explicare quid prosit.* — 4. Ad nos itaque pertinet, quos qualescumque Dominus in agro suo constituit operarios, dicere ista vobis, seminare, plantare, rigare, aliquibus etiam arboribus circumfodere, et cophinum stercoris adhibere; pertinet ad nos hæc fideliter agere : ad vos, fideliter capere : ad Dominum, nos adjuvare operantes, vos credentes, omnes laborantes, sed mundum in illo vincentes. Quid ergo ad vos pertinet, dixi : quid ad nos pertineat, volo dicere. Sed forte alicui ex vobis videtur, quia dixi superfluum aliquid me velle dicere, et apud se ipsum loquens in cogitatione dicit : O si jam dimittat nos ! Jam dixit quid pertineat ad nos, quod ad ipsum pertinet ad nos? Puto melius esse in alterna et mutua caritate pertineamus ad vos. De una modo quidem vos familia estis, nos ex eadem quidem familia dispensatores sumus omnes, ad unum Dominum pertinemus omnes. Nec quod do, de meo do; sed de illius a quo accipio et ego. Nam si de meo dedero, mendacium dabo. Qui enim loquitur mendacium, de suo loquitur. (*Joan.*, VIII, 44.) Debetis ergo audire quid pertineat ad dispensatorem, sive ut in vobis ipsis, si tales inveneritis, congratulemini, sive etiam in hoc ipso instruamini. Quam multi enim in hoc populo futuri sunt dispensatores. Et nos ibi fuimus ubi estis : et nos qui videmur modo de superiore loco conservis

lement nous recevions avec eux, dans une place inférieure, cette nourriture spirituelle. Evêque, je parle à des laïques, mais je sais à combien de futurs évêques je parle.

Chapitre V. — *Il ne faut pas entendre dans un sens charnel les préceptes qui sont donnés aux prédicateurs.* — 5. Voyons donc comment nous devons entendre les préceptes donnés par le Seigneur à ceux qu'il envoyait prêcher l'Evangile, et considérons comment cette moisson spirituelle était toute prête. «Ne portez, dit le Sauveur à ses disciples, ni sac, ni bourse, ni chaussure, et ne saluez personne dans le chemin. Et en quelque maison que vous entriez, dites premièrement : Paix à cette maison. Et si quelque enfant de paix est là, votre paix reposera sur lui, sinon elle retournera sur vous. » (*Luc*, x, 4-6.) Si elle repose sur quelqu'un, sera-t-elle perdue pour vous? Loin des âmes saintes une telle pensée! Il ne faut donc point entendre ces paroles dans un sens littéral, et par conséquent ni le sac, ni la bourse, ni les chaussures, ni surtout cette défense de saluer personne en chemin, défense qui, prise au pied de la lettre et sans explication, semble nous commander un acte d'orgueil.

6. Considérons Notre-Seigneur qui est à la fois notre vrai modèle et notre secours. Prouvons qu'il est notre secours : « Sans moi vous ne pouvez rien faire; » (*Jean*, xv, 5) et qu'il est en même temps notre modèle : « Jésus-Christ a souffert pour nous, dit l'apôtre saint Pierre, nous laissant un grand exemple afin que nous marchions sur ses traces. » (I *Pier.*, ii, 21.) Or, Notre-Seigneur lui-même eut une bourse lorsqu'il était en voyage, et il en avait confié le soin à Judas. Il souffrait un voleur dans sa compagnie, mais je désire recevoir de mon Seigneur lui-même la réponse à cette question : Seigneur, vous souffriez près de vous un voleur, mais pourquoi aviez-vous ce qui pouvait exciter sa convoitise ? Vous m'avez défendu à moi, homme faible et misérable, de porter un sac, et vous portiez vous-même une bourse qui vous exposait à être volé. Si vous n'aviez pas eu de bourse, cet infidèle disciple n'eût pu vous enlever l'argent qu'elle contenait. La seule réponse que peut me faire ici le Sauveur est celle-ci : « Comprenez bien le sens de ces paroles : « Ne portez point de sac. »

Chapitre VI. — *Comment il faut entendre la défense de porter un sac et des chaussures.* — Qu'est-ce qu'un sac, c'est de l'argent renfermé, c'est-à-dire la sagesse qui demeure cachée. Que signifie donc cette défense : « Ne portez point de sac? » Ne soyez point sages pour vous-mêmes. Recevez le Saint-Esprit. Il doit être en vous comme une source, et non comme un sac, comme une source qui répand ses eaux et non comme un sac qui tient renfermé ce qu'il contient. La besace est la même chose que le sac.

---

metiri cibaria, ante paucos annos in inferiore loco cum conservis accipiebamus cibaria. Episcopus laicis loquor : sed inde scio quam multis futuris episcopis loquor.

Caput V. — *Præcepta prædicatoribus constituta non carnaliter accipienda.* — 5. Ergo videamus quomodo nos intelligamus, quod præcepit Dominus eis quos mittebat Evangelium prædicare, et meute paratam messem videamus : « Nolite inquit, ferre sacculum aut peram, aut calceamenta; et neminem per viam salutaveritis. Et in quamcumque domum intraveritis, dicite : Pax huic domui. Si est illic filius pacis; requiscet super illum pax vestra : si quo minus, ad vos revertetur. » (*Luc.*, x, 4-6.) Si requievit, perdidit? Absit a mente sanctorum. Ergo nec illud accipiendum est carnaliter : ac per hoc forte nec saccus, nec calceamenta, nec pera; maximeque illud ubi nobis, si simpliciter sine discussione accipiamus, superbia videtur imposita, ne quemquam in via salutemus.

6. Attendamus Dominum nostrum exemplum verum et adjutorium. Probemus quia adjutorium : Sine me nihil potestis facere. (*Joan.*, xv, 5.) Probemus quia exemplum : Christus pro nobis passus est, (Petrus dicit,) nobis relinquens exemplum, ut sequamur vestigia ejus. (I *Petr.*, ii, 21.) Ipse Dominus noster loculos habuit in via, et ipsos loculos Judæ commendaverat. Patiebatur quidem furem : sed ego a Domino meo discere cupiens dico : Domine patiebaris furem, unde habebas unde tolleret? Me hominem miserum et infirmum monuisti nec sacculum portare : tu portasti loculos, et erat ubi furem patereris. Si non portares, nec ille inveniret quod auferret. Quid restat, nisi quod hic dicat mihi : Intellige quod audis : « Nolite portare sacculum. »

Caput VI. — *Præceptum de calceamentis non induendis.* — Quid est sacculus? Pecunia clausa, id est, occulta sapientia. Quid est : « Nolite portare sacculum? » Nolite fieri sapientes penes vosmetipos. Accipite Spiritum sanctum. Fons in te debet esse, non sacculus; unde erogatur, non ubi includatur. Hoc est pera, quod est sacculus.

7. Mais que signifient les chaussures? Les chaussures qui sont à notre propre usage sont des cuirs d'animaux morts, et servent à garantir nos pieds. La défense de porter des chaussures est donc le précepte de renoncer aux œuvres mortes. C'est ce précepte que Dieu donnait en figure à Moïse, lorsqu'il lui disait : « Ote ta chaussure, car la terre sur laquelle tu marches est une terre sainte. » (*Exod.*, III, 5.) Y a-t-il une terre aussi sainte que l'Eglise de Dieu? Tenons-nous donc debout sur cette terre, ôtons nos chaussures, c'est-à-dire renonçons aux œuvres mortes. Quant à ces chaussures qui préservent nos pieds dans la marche, Notre-Seigneur lui-même me rassure. S'il n'avait pas porté de chaussures, Jean-Baptiste n'aurait pas dit de lui : « Je ne suis pas digne de délier les cordons de sa chaussure. » (*Luc*, III, 16.) Obéissons donc aux ordres de Dieu, mais ne laissons pas entrer dans notre cœur une orgueilleuse dureté. Vous me dites : J'accomplis l'Evangile, parce que je marche pieds nus. Je vous réponds : Vous le pouvez, pour moi cela m'est impossible. Mais gardons fidèlement l'obligation qui nous est commune. Comment? Ayons une ardente charité, aimons-nous les uns les autres. C'est ainsi qu'il nous sera possible, à moi d'aimer votre force, à vous de supporter ma faiblesse.

8. Mais quel est ici votre avis, vous qui ne voulez point comprendre le véritable sens de ces paroles, et qui vous voyez forcé de diriger contre le Seigneur une accusation aussi injuste que coupable à l'occasion de la bourse et des chaussures, que pensez-vous de ce qui suit? Lorsque nous rencontrons en voyage des personnes qui nous sont chères, devons-nous à votre avis ne point donner le salut à ceux qui nous sont supérieurs, et ne point le rendre à nos inférieurs? Seriez-vous observateur fidèle de l'Evangile, parce que vous ne répondez pas au salut que vous recevez? Alors vous ressemblez plutôt à la borne qui indique le chemin qu'au voyageur qui suit ce chemin. Gardons-nous de toute interprétation insensée, comprenons dans leur vrai sens les paroles du Seigneur et ne saluons personne sur notre route. Cette défense a sa raison d'être, et l'intention du Sauveur n'est pas que nous désobéissions à ses ordres.

CHAPITRE VII. — *Première explication qui se présente.* — Comment donc faut-il entendre ces paroles : « Ne saluez personne dans le chemin? » On peut d'abord les entendre simplement comme un ordre d'exécuter promptement ce qui nous est commandé; ainsi ces paroles : « Ne saluez personne en chemin » reviendraient à celles-ci : Laissez tout pour accomplir ce qui vous est ordonné ; c'est une locution reçue dans le langage ordinaire sous le nom d'amplification. N'allons pas plus loin ; Notre-Seigneur, dans le même discours, un peu après dit : « Et toi, Capharnaüm, qui as été élevée jusqu'au ciel, tu

---

7. Calceamenta quid sunt? Calceamenta quibus utimur, coria mortuorum sunt, nobis tegmina pedum. Per hoc ergo jubemur renuntiare mortuis operibus. Hoc in figura Moyses admonebatur, quando Dominus loquens ait : Solve calceamenta de pedibus tuis : locus enim in quo stas terra sancta est. (*Exod.*, III, 5.) Quid tam terra sancta, quam Dei Ecclesia? In illa ergo stemus, calceamenta solvamus, id est, mortuis operibus renuntiemus. Nam de his calceamentis, quibus calceati ambulamus, consolatur me idem ipse Dominus meus. Si enim ipse calceatus non esset, non de illo Joannes diceret : « Non sum dignus solvere corrigiam calceamentorum ejus. » (*Luc.*, III, 16.) Sit ergo obedientia, non subrepat superba duritia. Ego, inquit, Evangelium impleo, quia nudo pede ambulo. Tu potes, ego non possum. Quod simul accipimus, custodiamus. Quomodo? Caritate flagremus, invicem diligamus : ac sic fit ut ego amem fortitudinem tuam, et tu portes infirmitatem meam.

8. Quid autem tibi videtur, qui non vis intelligere quemadmodum ista dicta sint, et cogeris praviter ipsi Domino calumniari de loculis et calceamentis; quid tibi videtur? Itane placet ut iter agentes occurramus caris nostris, et eos non salutemus majores, non resalutemus minores? Jamne Evangelium imples, quia salutaris et taces? Sic vero non viatori iter agenti, sed milliario similis eris iter ostendenti. Ergo stoliditatem deponamus, et verba Domini intelligamus, et in via neminem salutemus. Non enim sine causa hoc jubemur, aut nollet nos facere quod juberet.

CAPUT VII. — *Expositio primo obvia.* — Quid ergo est : « Neminem salutaveritis in via? » Potest quidem et simpliciter sic accipi, quia jussit nos festinanter agere injuncta : et hoc ita dixerit : « Neminem per viam salutaveritis, » tanquam diceret : Omnia prætermittatis, dum quod injunctum est peragatis : ea locutione qua solent dicta exaggerari consuetudine sermocinandi. Nec longe pergamus : in eodem sermone paulo post dicit : « Et tu Capharnaum, quæ

seras abaissée jusqu'aux enfers. » (*Ibid.*, 15.) Que signifient ces paroles : « Qui as été élevée jusqu'au ciel ? » Est-ce que les murs de cette ville ont touché les nues ou sont parvenues jusqu'aux astres ? Comment donc faut-il entendre ces paroles : « Qui as été élevée jusqu'au ciel ? » C'est-à-dire, tu te figures être parvenue au comble de la félicité, au comble de la puissance, disons mieux, tu es parvenue au comble de l'orgueil. De même donc qu'il dit à cette ville, en employant une expression exagérée, qu'elle s'est élevée jusqu'au ciel, bien qu'en réalité elle ne fût point montée jusque-là, ainsi pour exprimer la promptitude avec laquelle on devait accomplir ses ordres, il dit : « Hâtez-vous, exécutez promptement ce que je vous ai commandé, ne vous laissez retarder par aucun de ceux que vous rencontrez ; méprisez toutes choses, pour arriver au but que vous vous proposez. »

9. Mais ces paroles renferment un autre sens qui plus caché ne s'éloigne pas absolument du premier et que je préfère vous exposer, parce qu'il convient mieux soit à moi-même et à tous les dispensateurs de sa parole sainte, soit à vous-mêmes qui l'écoutez. Celui qui salue donne le salut. C'est ainsi que les anciens mettaient en tête de leurs lettres : Un tel à un tel, salut. Saluer vient du mot salut. Quel sens faut-il donc donner à ces paroles : « Ne saluez personne dans le chemin ? » Ceux qui saluent dans le chemin, saluent par occasion. Je vois que vous avez bien vite compris, et cependant je ne dois pas terminer ici cette explication ; car tous vous n'avez pas eu l'intelligence aussi prompte. Vos acclamations me font voir que vous avez compris aussitôt, mais le silence d'un grand nombre m'interroge. Or, puisque nous parlons de chemin, imitons ceux qui parcourent ensemble la même route ; que ceux qui vont plus vite attendent ceux qui sont plus lents, pour marcher tous ensemble. Qu'ai-je voulu dire que celui qui salue en chemin, salue par occasion ? Il n'allait point vers celui qu'il salue. Il avait en vue une autre chose, celle-ci se rencontre sans qu'il la cherche ; il tendait vers un autre but, et chemin faisant, cette action se présente à faire. Qu'est-ce donc que saluer accidentellement ? C'est annoncer le salut par occasion. Et annoncer le salut, n'est-ce pas prêcher l'Evangile ? Or, si vous prêchez l'Evangile, prêchez-le par un motif de charité, et non par occasion. Il est donc des hommes qui, en cherchant leurs intérêts, ne prêchent point un autre Evangile, et dont l'Apôtre disait en gémissant : « Tous cherchent leurs intérêts, et non ceux de Jésus-Christ. » (*Philip.*, II, 21.) Ils saluaient cependant, c'est-à-dire qu'ils annonçaient le salut ; ils prêchaient l'Evangile, mais ils se proposaient une autre fin, ils saluaient donc par occasion. Et que conclure de là ? Si vous êtes de ce nombre, qui que vous soyez, vous agissez de la sorte, ou plutôt, sans

---

usque ad cœlum exaltata es, usque in infernum deprimeris. » (*Ibid.*, 15.) Quid est, « usque ad cœlum exaltata es. » « Numquid civitatis illius mœnia nubes tetigerunt, aut ad sidera pervenerunt ? » Sed quid est, « in cœlum exaltata es ? » Nimium tibi felix videris, nimium potens, nimium superba es. Sicut ergo hoc exaggerandi gratia dictum est : « in cœlum exaltaris, » ei civitati, quæ non usque in cœlum exaltabatur, aut ascendebat : sic pro festinatione exaggerationis dictum est : Ita currite, sic agite quod injunxi, ut ne minimum quidem vos retardent agentes (*f.* iter agentes) sed omnia contemnentes, ad finem propositum festinate.

9. Sed est aliud quod hic magis (*f.* reconditum non difficile est intelligere) recogitem non dissimile intelligere, quod plus pertinet ad me ad omnes dispensatores, sed et ad vos auditores. Qui salutat, salutem dicit. Nam et antiqui in epistolis suis sic scribebant : Ille illi salutem. Salutatio a salute nomen accepit. Quid ergo est : « Neminem in via salutaveritis ? » Qui salutant in via, per occasionem salutant. Video vos cito intellexisse, nec tamen debeo jam finire. Non enim omnes cito intellexistis. Vidi in voce intelligentes, plures video silentio requirentes. Sed quia de via loquimur, tanquam in via ambulemus : veloces tardos exspectate, et pariter ambulate. Quid ergo dixi : Qui in via salutat, per occasionem salutat ? Non ad eum ibat quem salutat. Aliud agebat, aliud occurrit : aliud petebat, aliud de transverso quod ageret invenit. Quid est ergo per occasionem salutare ? Per occasionem salutem annuntiare. Quid est autem aliud, salutem annuntiare, quam Evangelium prædicare ? Si ergo prædicas, hoc age per dilectionem, non per occasionem. Sunt ergo homines qui sua quærentes, non aliud prædicant Evangelium : de quibus Apostolus gemens dicit : Omnes enim sua quærunt, non quæ Jesu Christi. (*Philipp.*, II, 21.) Et hi salutabant, hoc est, salutem annuntiabant : Evangelium prædicabant : sed aliud quærebant ; et ideo per occasionem salutabant. Et

généraliser, vous êtes un de ceux qui vous conduisez de la sorte. Or, si vous vous reconnaissez à ces traits, ce n'est pas vous qui agissez, mais vous servez d'instrument pour l'action qui est faite par un autre.

CHAPITRE VIII. — *Comment il faut écouter les prédicateurs qui recherchent leurs intérêts.* — 10. L'Apôtre admit avec lui de semblables prédicateurs, mais ce n'est pas lui qui leur avait inspiré ces sentiments. Ils agissent, ils travaillent, et l'action se fait par leur moyen, ils se proposent une autre fin, mais ils annoncent la parole de Dieu. Ne vous mettez donc point en peine de l'intention du prédicateur, proposez-vous simplement d'être fidèle à ses enseignements, vous n'avez pas à vous préoccuper de ses intentions. Recueillez de sa bouche la parole du salut et observez-la fidèlement. Ne vous établissez point juge de son cœur. Vous le voyez se proposer une autre fin, que vous importe? Recevez le salut qu'il vous annonce. « Faites ce qu'ils vous disent. » (*Matth.*, XXIII, 3.) Le Sauveur vous tranquillise par ces paroles : « Faites ce qu'ils vous disent. » Mais leurs actions sont mauvaises. « Ne faites point ce qu'ils font. » Ils font le bien, ils ne saluent point en chemin, ils ne prêchent point l'Evangile par occasion ; soyez leurs imitateurs, comme ils le sont de Jésus-Christ. (I *Cor.*, IV, 16.) Celui qui vous prêche l'Evangile est un homme de bien ; cueillez le raisin sur la vigne. Est-ce un homme vicieux ? cueillez le raisin suspendu au buisson. La grappe de raisin avec la branche qui la porte, s'est enlacée dans les épines, elle s'y est développée, mais elle n'est pas le produit des épines. Lorsque vous voyez cette grappe de raisin et que la faim se fait sentir, cueillez-la avec précaution, de peur qu'en étendant la main pour prendre le raisin, vous ne soyez déchiré par les épines. Voici ce que je veux dire : Ecoutez la saine doctrine sans imiter les mauvaises mœurs. Que le prédicateur annonce l'Evangile par occasion, qu'il salue en chemin, il sera puni pour n'avoir point suivi ce précepte de Jésus-Christ : « Ne saluez personne dans le chemin. » Pour vous, vous ne courez aucun danger, que le salut vous soit annoncé en passant, ou par un prédicateur qui vient dans cette intention, vous en êtes toujours en possession. Ecoutez l'Apôtre qui, comme je vous l'ai dit, confirme cette doctrine : « Mais qu'importe? Pourvu que Jésus-Christ soit annoncé, de quelle manière que ce puisse être, soit par occasion, soit par un vrai zèle, je m'en réjouis et je m'en réjouirai, car je sais que ceci tournera à mon salut par vos prières et le secours de l'Esprit de Jésus-Christ. » (*Philip.*, I, 18, 19.)

CHAPITRE IX. — *Dieu commande aux prédicateurs d'apporter la paix.* — 11. Que ces apôtres de Jésus-Christ, que ces prédicateurs de l'Evangile qui ne saluent point dans le chemin, c'est-à-dire qui n'ont d'autre intention et d'autre

---

quid est hoc? Si talis fueris, quisquis es facis : imo non talis quisquis facis, sed forte aliquis talis qui facis. Si talis fueris, non facis, sed fit de te.

CAPUT VIII. — *Prædicatores sua quærentes quomodo audiendi.* — 10. Nam et tales admisit Apostolus : non tamen ut tales essent, præcepit. Et ipsi agunt aliquid, et perficitur ex ipsis : aliud quærunt, et verbum annuntiant. Quid quærat annuntiator, ne cures : quod annuntiat, tenere velis ; quod vero attendit, non ad te pertineat. Salutem audi ab ore ipsius, salutem tene ab ore ipsius. Noli judex esse cordis ipsius. Si vides eum alia requirentem, quid ad te? Audi salutem : Quæ dicunt facite. Securum te fecit, qui dixit : Quæ dicunt facite. (*Matth.*, XXIII, 3.) Mala faciunt : Quæ faciunt facere nolite. Bona faciunt, non in via salutant, non per occasionem Evangelium annuntiant : imitatores eorum estote, sicut et ipsi Christi. (I *Cor.*, IV, 16.) Bonus tibi prædicat : carpe uvam de vite. Malus tibi prædicat, carpe uvam pendentem in sepe. Botrus implicite in palmite inter spinas crevit, et de spinis non germinavit. Plane quando tale aliquid vides et esuris, sollicite carpe, ne cum ad uvam manum mittis, lacereris a spinis. Hoc est quod dico : Sic audi quod bonum est, ne malos mores imiteris. Prædicet ex occasione, salutet in via : illi nocebit quod non audivit præceptum Christi : « Neminem in via salutaveritis : » tibi non nocebit, qui sive a transcunte, sive a veniente salutem audis, salutem tenes. Apostolum audi, sicut præmiseram, admonentem ista. Quid enim? « Dum omni modo, sive occasione, sive veritate Christus annuntietur, et in hoc gaudeo, sed et gaudebo. Scio enim ipsum mihi proficere in salutem per, vestram obsecrationem. » (*Philipp.*, I, 18, 19.)

CAPUT IX. — *Prædicatores pacem ferre jussi.* — 11. Tales igitur Apostoli Christi prædicatores Evangelii, non salutantes in via, hoc est, non aliud quærentes vel agentes, sed germana caritate Evangelium annuntiantes, veniant ad domum et dicant : « Pax

occupation que d'annoncer l'Evangile avec une charité sincère, entrent dans la maison en disant : « Paix à cette maison. » Ils ne la souhaitent pas seulement de bouche, ils répandent ce dont ils sont pleins, ils annoncent la paix, et ils ont la paix. Ils ne sont pas de ceux dont parle le Prophète : « Ils disaient : La paix, la paix, et il n'y avait point de paix. » (*Jérém.*, VIII, 11.) Qu'est-ce à dire : « La paix, la paix et il n'y avait point de paix? » Ils l'annoncent, mais sans l'avoir; ils en font l'éloge, sans l'aimer; ils ont à la bouche des paroles de paix, mais leur conduite est toute contraire. Pour vous cependant, que Jésus-Christ vous soit annoncé par occasion ou par un vrai zèle, ne laissez pas de recevoir la paix. Lors donc que celui qui est rempli de la paix adresse ce salut : « Paix à cette maison, » si quelqu'enfant de paix est là, votre paix reposera sur lui, sinon s'il n'y a pas dans cette maison un enfant de la paix, celui qui la donne n'a rien perdu, « elle retournera sur vous. » Elle retournera sur vous, sans qu'elle vous ait jamais quittée. Voici le sens des paroles du Sauveur : Vous serez récompensé d'avoir annoncé la paix. Celui à qui vous l'avez annoncée n'en a point profité, ce n'est pas une raison pour que vous perdiez votre récompense. Dieu saura reconnaître votre bonne volonté, la charité dont vous avez fait preuve; vous serez récompensé par celui qui vous en a donné l'assurance par la voix des anges.

« Paix sur la terre aux hommes de bonne volonté. » (*Luc*, II, 14.)

SERMON CII.

Sur ces paroles du chapitre x de l'Evangile selon saint Luc : *Celui qui vous méprise me méprise.*

Chapitre premier. — *Respect dû aux pasteurs.* — 1. Les enseignements que Notre-Seigneur adressait à ses disciples, étaient alors consignés par écrit, et tenus en réserve pour notre instruction. Ce sont donc les paroles que nous venons d'entendre. Que nous servirait-il, en effet, de le voir sans l'entendre, tandis que nous ne perdons rien aujourd'hui à ne point le voir, parce que nous l'entendons? Le Sauveur nous dit donc : « Celui qui vous méprise, me méprise. » (*Luc*, x, 16.) Si c'est aux apôtres seuls qu'il a dit : « Celui qui vous méprise, me méprise, » vous pouvez nous mépriser. Mais si ces paroles s'étendent jusqu'à nous, s'il nous a appelés pour nous mettre à la place des apôtres, gardez-vous de nous mépriser, si vous ne voulez que l'outrage qui nous est fait ne remonte jusqu'à lui. Si vous ne nous craignez point, craignez celui qui a dit : « Qui vous méprise, me méprise. » Mais dans quel dessein vous parlons-nous, puisque nous ne voulons point que notre parole soit l'objet de vos mépris? c'est afin de nous réjouir de vos progrès dans le bien. Que vos bonnes œuvres soient notre consolation dans nos dan-

---

huic domui. » Non ore solum dicunt : quo pleni sunt, fundunt : prædicant pacem, et habent pacem. Non sunt tales de quibus dictum est : Pax, pax, et non est pax. (*Jerem.*, VIII, 11.) Quid est : Pax, pax, et non est pax? Prædicantes, non habent; laudant, et non amant; dicunt, et non faciunt. Sed tamen tu accipe pacem, sive occasione, sive veritate Christus annuntietur. Qui ergo plenus est pace, et salutat : « Pax huic domui, si est illic filius pacis, requiescet super eum pax » illius; « si quo minus, » forte enim non est illic filius pacis, nihil perdidit qui salutavit, « ad vos, inquit, revertetur. » Revertetur ad te, quæ non discessit a te. Hoc enim dicere voluit : Tibi prodest quod annuntiasti, nihil ei profuit qui non suscepit; non quia ille inanis remansit, ideo tu perdidisti mercedem; redditur tibi pro voluntate tua, redditur tibi pro caritate quam impendisti, reddet tibi qui te securum fecit voce Angelica : Pax, in terra hominibus bonæ voluntatis. (*Luc.*, II, 14.)

SERMO CII (*a*).
De verbis Evangelii Lucæ, x : *Qui vos spernit, me spernit.*

Caput primum. — *Pastoribus debita reverentia.* — 1. Dominus noster Jesus Christus quod discipulis suis loquebatur illo tempore scribebatur, et nobis ad audiendum parabatur. Audivimus ergo verba ejus. Quid enim nobis prodesset, si videretur, et non audiretur? Nec modo aliquid obest, quia non videtur, et tamen auditur. Dicit ergo : « Qui vos spernit, me spernit. » (*Luc.*, x, 16.) Si solis Apostolis dixit : « Qui vos spernit, me spernit : » spernite nos. Si autem sermo ejus pervenit ad nos, et vocavit nos, et in (*b*) eorum loco constituit nos : videte ne spernatis nos, ne ad illum perveniat injuria quam nobis feceritis. Si enim nos non timetis; illum timete qui dixit : « Qui vos spernit, me spernit. » Quid autem nos loquimur vobis, qui sperni nolumus a vobis, nisi ut de vestris

---

(*a*) Alias XXIV, de verbis Domin. — (*b*) Aliquot Mss. *et in eo loco nos constituit.*

gers. Que votre vie soit bonne pour que votre mort ne soit point mauvaise.

2. Or, en entendant ces paroles : « Que votre vie soit bonne pour que votre mort ne soit point mauvaise, » n'allez point vous figurer des hommes qui ont mal vécu, et qui cependant sont morts tranquillement dans leurs lits. Leurs funérailles ont été pompeuses, on a déposé leurs corps dans de riches sarcophages, dans des tombeaux dont la richesse égalait le travail et la beauté. Et parce que chacun de vous dit peut-être en lui-même : Je voudrais bien mourir de la sorte, vous pensez que c'est bien inutilement que je vous ai dit : Que votre vie soit bonne, afin que notre mort ne soit point mauvaise.

CHAPITRE II. — *Quelle est la mort vraiment bonne, quelle est la mort vraiment mauvaise.* — En voici, au contraire, un autre qui a bien vécu et qui dans l'opinion des hommes a fait une mauvaise mort. Il est mort d'une chute, il a péri dans un naufrage, il est devenu la proie des bêtes, et tout homme qui juge selon la chair, dit dans son cœur : Que sert-il de bien vivre ? Voici qu'un tel a bien vécu, et il est mort de la sorte. Rentrez donc dans votre cœur, et si vous êtes fidèles, vous y trouverez Jésus-Christ qui vous parlera lui-même. J'élève ici la voix, mais dans son silence il vous instruira bien davantage. Je ne puis me faire entendre qu'à l'aide du son produit par mes paroles, mais pour lui, il vous parle au dedans de vous-même par la crainte qu'il imprime à vos pensées. Qu'il grave donc aussi dans votre cœur ces paroles que j'ai pris la confiance de vous adresser. Que votre vie soit bonne, afin que votre mort ne soit pas mauvaise. Puisque la foi est dans vos cœurs, Jésus-Christ y est aussi, et c'est à lui de vous enseigner ce que je désire vous faire entendre.

3. Rappelez-vous ce riche et ce pauvre de l'Evangile ; ce riche vêtu de pourpre et de lin, qui faisait tous les jours de splendides festins, et ce pauvre étendu devant la porte du riche, souffrant de la faim, demandant les miettes qui tombaient de la table, couvert d'ulcères que les chiens venaient lécher. Rappelez-vous ce trait de l'Evangile, et comment vous le rappeler, sinon parce que le Christ est dans vos cœurs ? Dites-moi ce que vous lui avez demandé et la réponse qu'il vous a faite. Voici ce qu'il vous dit : « Or, il arriva que ce pauvre mourut et qu'il fut porté par les anges dans le sein d'Abraham. Et le riche mourut aussi, et il fut enseveli dans l'enfer. Or, levant les yeux lorsqu'il était dans les supplices, il vit de loin Abraham et Lazare dans le sein d'Abraham. Et s'écriant, il dit : Abraham, mon père, ayez pitié de moi et envoyez Lazare, afin qu'il trempe l'extrémité de son doigt dans l'eau et qu'il rafraîchisse ma langue, parce que je suis tourmenté dans ces flammes. »

---

bonis moribus gaudeamus? Periculorum nostrorum sint solatia, vestra bona opera. Vivite bene, ne moriamini male.

2. Nec in his verbis quæ dixi : Vivite bene, ne moriamini male, attendatis eos qui forte male vixerunt, et in lectulis suis mortui sunt ; et acta est pompa funeris eorum, et positi sunt in pretiosis sarcophagis, in sepulcris pulcherrime et operosissime fabricatis : et quia forte dicit sibi unusquisque vestrum : Vellem sic mori, putetis me rem vanam dicere voluisse ; quoniam dixi velle me ut bene vivatis, ne male moriamini.

CAPUT II. — *Mors quænam vere bona vel mala sit.* — Contra forte occurrit aliquis, qui et bene vixit, et secundum opinionem hominum male est mortuus : forte a ruina est mortuus, a naufragio mortuus est, a bestiis mortuus est : et dicit unusquisque carnalis in corde suo : Quid est bene vivere ? Ecce ille sic vixit, et sic est mortuus. Redite ergo ad cor : et si fideles estis, invenietis ibi Christum : ipse vobis loquitur ibi. Ego enim clamo : ille vero in silentio plus docet. Ego loquor per sonum sermonis : ille intus loquitur per timorem cogitationis. Ergo ipse inserat in corde vestro verbum meum . quoniam dicere ausus sum : Bene vivite, ne male moriamini. Ecce quoniam fides est in cordibus vestris, et ibi est Christus, et ipse habet docere quod ego cupio personare.

3. Recordamini in Evangelio divitem illum, et pauperem illum : divitem indutum purpura et bysso, et quotidianis epulis saginatum ; pauperem vero illum jacentem ante januam divitis, esurientem, et de mensa ejus micas requirentem, ulceribus plenum, a canibus linctum. (*Luc.*, XVI, 19, etc.) Recordamini ergo : unde recordamini, nisi quia ibi est Christus in cordibus vestris ? Dicite mihi quid ipsum intus interrogaveritis, et responderit vobis. Sequitur enim, et dicit : « Contigit mori inopem illum, et auferri ab Angelis in sinum Abrahæ. Mortuus est autem et dives, et sepultus est in infernum. Cum autem in tormentis esset, levavit oculos suos, et vidit Lazarum requiescentem in sinu Abrahæ. Tunc clamavit, dicens : Pater Abraham, miserere mei, et mitte Laza-

(*Luc*, XVI, 19, etc.) Cet homme si superbe pendant sa vie n'est plus qu'un mendiant dans l'enfer. Ce pauvre parvenait encore à recueillir quelques miettes de pain, le riche ne pouvait obtenir une goutte d'eau. De ces deux hommes, dites-moi donc quel est celui dont la mort a été bonne, quel est celui dont la mort a été mauvaise? N'interrogez point ce qui frappe les yeux, rentrez dans votre cœur. Si vous consultez vos yeux, leur réponse vous jettera dans l'erreur. En effet, que de magnificences, que d'honneurs exagérés le monde a peut-être prodigués à ce riche après sa mort! Quel nombreux cortége de serviteurs et de servantes s'abandonnant aux pleurs! Quelle armée de clients! Quelles brillantes funérailles, quel riche tombeau! On l'aura, je suppose, enseveli sous une masse de parfums. Que conclurons-nous, mes frères? Dirons-nous que cet homme a fait une bonne ou une mauvaise mort? Si vous interrogez vos yeux, on ne peut faire une plus belle mort; si vous consultez votre maître intérieur, cette mort est des plus affreuses.

CHAPITRE III. — *Ce qui fait la mauvaise mort.* — 4. Or, si c'est ainsi que meurent ces hommes superbes qui gardent soigneusement leurs biens sans en rien donner aux pauvres, quelle sera la mort de ceux qui ravissent le bien d'autrui? J'ai donc eu raison de vous dire :

Ayez une bonne vie, si vous ne voulez faire une mauvaise mort, comme celle de ce mauvais riche. La mauvaise mort ne se reconnaît qu'à ses suites. Considérez, au contraire, ce pauvre, considérez-le non pas des yeux du corps qui vous induiraient en erreur, mais des yeux de la foi, des yeux du cœur. Représentez-vous ce pauvre étendu à terre, couvert d'ulcères et dont les chiens venaient lécher les plaies. Mais ce spectacle vous soulève le cœur, vous détournez les yeux, vous bouchez vos narines. Ouvrez donc ici les yeux du cœur. Ce pauvre mourut et fut porté par les anges dans le sein d'Abraham. On avait vu la famille du riche pleurer sa mort, on ne voyait pas la joie des anges à la mort de Lazare. Que répondit Abraham au mauvais riche? « Souvenez-vous, mon fils, que vous avez reçu les biens dans votre vie. » (*Luc*, XVI, 25.) Les seuls biens pour vous ont été ceux que vous possédiez sur la terre. Vous les avez reçus, ces jours sont passés, vous avez tout perdu et il ne vous reste plus que les tourments de l'enfer.

CHAPITRE IV. — *Exhortation aux bonnes œuvres.* — 5. Il était de votre intérêt, mes frères, de vous rappeler ces vérités. Considérez les pauvres, ceux qui sont étendus sur un lit de douleur, comme ceux qui marchent, considérez-les, et exercez la miséricorde à leur égard. Si

---

rum, ut intinguat digitum suum in aquam, et stillet in linguam meam, quia crucior in hac flamma. » Superbus temporis, mendicus inferni. Pauper enim ille (*a*) perveniebat ad micam : ille vero non perveniebat ad guttam. De duobus ergo istis dicite mihi, quis est bene mortuus, et quis est male mortuus? Nolite oculos interrogare, ad cor redite. Si enim oculos interrogaveritis, falsa vobis respondent. Multum enim splendida sunt, et sæculariter fucata, quæ illi diviti morienti exhiberi potuerunt. Quæ potuerunt agmina plangentium esse servorum et ancillarum? quæ pompa clientium? qui splendor funeris? quod pretium sepulturæ? Credo cum aromatibus obrutum. Quid ergo dicturi sumus, Fratres, bene istum mortuum, an male mortuum? Si oculos interrogatis, optime mortuus est : si magistrum vestrum interiorem requiritis, pessime mortuus est.

CAPUT III. — *Mors unde mala censeri debet.* — 4. Si ergo sic moriuntur superbi rerum suarum conservatores, et nihil inde pauperibus largientes, quomodo moriuntur qui rapiunt res alienas? Verum ergo

dixi : Vivite bene, ne male moriamini, ne quomodo dives ille moriamini. Non probat malam mortem, nisi tempus post mortem. E contra attendite illum pauperem : nolite oculis, nam errabitis : fides attendat, cor videat. Constituite illum ante oculos vestros jacentem in terra ulcerosum, venientes canes linguentes ulcera ejus. Sed cum talem illum revocatis ante oculos vestros, continuo exspuitis, faciem avertitis, nares obturatis : cordis oculis videte. Mortuus est, et ablatus est ab Angelis in sinum Abrahæ. Familia divitis videbatur plangens : Angeli non videbantur gaudentes. Quid ergo respondit diviti Abraham. (*Luc.*, XVI, 25.) Memento fili, quia percepisti bona in vita tua. Nihil bonum putasti, nisi quod in ista vita habuisti. Accepisti : sed transierunt dies; et totum perdidisti; et torquendus in inferis remansisti.

CAPUT IV. — *Hortatur ad bona opera.* — 5. Opportunum ergo est, Fratres, ut hæc vobis dicantur. Attendite pauperes, sive jacentes, sive ambulantes : attendite pauperes, facite opera bona. Qui soletis,

---

(*a*) Lov. *non perveniebat ad micam* : repugnantibus editis aliis et Mss.

vous en avez l'habitude, continuez, si vous ne l'avez pas, commencez. Que le nombre de ceux qui font le bien, s'accroisse à mesure que s'accroît le nombre des fidèles. Vous ne voyez pas encore toute l'étendue du bien que vous faites. L'homme des champs quand il sème, ne voit pas non plus la moisson qu'il doit recueillir, mais il a confiance dans la terre. Pourquoi n'auriez-vous pas confiance en Dieu ? Notre moisson viendra, n'en doutons point. C'est maintenant pour nous le temps du travail, le temps de la peine et de la fatigue ; mais viendra pour nous la récompense comme il est écrit : « Ils allaient et pleuraient en répandant leurs semences ; ils reviendront avec joie, portant leur gerbes dans leurs mains. » (*Ps.* cxxv, 6.)

SERMON CIII [1].

Sur ces paroles du chapitre x de l'Evangile selon saint Matthieu : *Et une femme nommée Marthe le reçut dans sa maison.*

CHAPITRE PREMIER. — *Comment l'unité nous est recommandée. Jésus-Christ daigne se laisser nourrir par ses créatures.* — 1. Les paroles de Notre-Seigneur Jésus-Christ, que la lecture de l'Evangile vient de nous faire entendre, nous enseignent que nous devons tendre vers un but unique au milieu des soins et des travaux multipliés de ce siècle. Or, nous tendons vers ce but comme des voyageurs qui marchent encore sans pouvoir s'arrêter, nous sommes dans la voie, mais pas encore dans la patrie, c'est le temps des désirs, ce n'est pas encore celui de la jouissance. Cependant dirigeons vers ce but nos généreux et constants efforts, si nous voulons un jour y parvenir.

2. Marthe et Marie étaient deux sœurs unies, non-seulement par le sang, mais par la religion ; toutes deux s'étaient attachées au Sauveur et dévouées d'un commun accord à le servir pendant les jours de sa vie mortelle. Marthe le reçut comme on reçoit un hôte, toutefois c'était la servante qui recevait son Seigneur, un malade qui recevait son Sauveur, la créature qui recevait son Créateur. Elle reçut Celui à qui elle devait donner la nourriture du corps et qui devait lui-même la nourrir spirituellement. Le Seigneur voulut prendre la forme d'esclave, et dans cette forme d'esclave, recevoir la nourriture de ses serviteurs, par un effet de sa condescendance plutôt que par une nécessité de sa nature. C'est par un acte de bonté qu'il consentit à être nourri par les hommes. Il avait sans doute une chair soumise à la faim et à la soif, mais ne savez-vous pas que lorsqu'il eut faim dans le désert, les anges vinrent pour le servir ? (*Matth.*, iv, 11.) S'il consent à être

---

[1] On trouve ce sermon parmi ceux que contient le chapitre ix de la Table de Possidius, sous ce titre : *Sur ce passage de l'Evangile où Marthe servit Notre-Seigneur.*

---

facite : et qui non soletis, facite. Crescat numerus bene operantium : quoniam crescit et fidelium numerus. Quod facitis, quantum bonum sit nondum videtis : quia et rusticanus quando seminat, segetem non videt, sed terræ credit. Tu Deo quare non credis ? Veniet messis nostra. Puta quia modo laborantes agimus, laborantes operamur recepturi, sicut scriptum est : « Euntes, ibant et flebant jactantes semina sua ; venientes autem venient cum exsultatione portantes manipulos suos. » (*Psal.* cxxv, 6.)

SERMO CIII [a].

De verbis Evangelii Lucæ, x : *Et mulier quædam Martha nomine excepit illum in domum suam*, etc.

CAPUT PRIMUM. — *Unitas commendatur. Christus pascendum se præbere dignatur.* — 1. Verba Domini nostri Jesu Christi, quæ modo ex Evangelio recitata sunt, admonent nos, esse unum aliquid quo tendamus, quando in hujus sæculi multitudine laboramus. Tendimus autem adhuc peregrinantes, nondum manentes ; adhuc in via, nondum in patria ; adhuc desiderando, nondum fruendo. Tamen tendamus, et sine pigritia et sine intermissione tendamus, ut aliquando pervenire valeamus.

2. Martha et Maria duæ sorores erant, ambæ non solum carne, sed etiam religione germanæ ; ambæ Domino cohæserunt, ambæ Domino in carne præsenti concorditer servierunt. Suscepit eum Martha, sicut solent suscipi peregrini. Sed tamen suscepit famula Dominum, ægra Salvatorem, creatura Creatorem. Suscepit autem spiritu pascenda, in carne pascendum. Voluit enim Dominus formam servi accipere, et accepta forma servi in illa pasci a servis, dignatione, non conditione. Nam et ista dignatio fuit, se præbere pascendum. Habebat carnem, in qua esuriret quidem, et sitiret : sed nescitis quia in eremo esurienti Angeli ministrabant ? (*Matth.*, iv, 11.)

---

[a] Alias xxvi, de verbis Domini.

nourri, c'est donc une grâce qu'il fait à celui qui subvient à sa nourriture. Est-il surprenant qu'il ait accordé comme une faveur à la veuve de Sarepta, de nourrir le saint prophète Elie qu'il nourrissait auparavant par le moyen d'un corbeau? (III *Rois*, XIX, 6.) Etait-il donc dans l'impuissance de le nourrir, lorsqu'il l'adressait à cette veuve? Non, sans doute, ce n'était point par impossibilité de le nourrir autrement, mais il préparait ainsi cette pieuse veuve à recevoir ses bénédictions, en récompense du service qu'elle rendait à son serviteur. Notre-Seigneur a donc été reçu comme un hôte qui vient dans ce qui est à lui et qui n'a pas été reçu par les siens; mais tous ceux qui l'ont reçu, il leur a donné le pouvoir de devenir enfants de Dieu (*Jean*, I, 11), en adoptant ses serviteurs pour les rendre ses frères, en rachetant les captifs pour en faire ses cohéritiers. Et que personne de vous ne dise : Heureux ceux qui ont reçu Jésus-Christ dans leur maison. Non, ne vous plaignez point, ne murmurez point de ce que vous êtes né dans des temps où vous ne pouvez voir le Seigneur dans sa chair mortelle, car vous n'êtes point privé de cette faveur : « Toutes les fois, dit-il, que vous l'avez fait à l'égard d'un de ces petits qui sont à moi, c'est à moi que vous l'avez fait. » (*Matth.*, XXV, 40.)

CHAPITRE II. — *L'office de Marthe et celui de Marie sont également bons.* — 3. Voilà les quelques mots que nous avions à vous dire, et le temps n'en permet pas davantage, sur la nourriture du corps que reçoit le Seigneur, et sur la nourriture spirituelle qu'il donne en échange. Venons-en à la question de l'unité que je vous ai annoncée. Marthe, en préparant le repas du Seigneur, était tout entière aux soins multipliés du repas ; Marie, sa sœur, préfère d'être nourrie par le Seigneur lui-même. Elle laisse donc sa sœur aux occupations nombreuses du service, elle s'asseoit aux pieds du Seigneur, et elle écoute sa parole en silence. Cette âme fidèle avait entendu ces paroles : « Soyez dans le repos, et considérez que c'est moi seul qui suis Dieu. » (*Ps.* XLV, 11.) Marthe s'agitait, Marie se rassasiait ; l'une s'occupait de beaucoup de choses, l'autre n'en considérait qu'une seule. Ces deux offices étaient bons, mais est-il besoin de dire quel était le meilleur? Nous avons ici un maître à interroger, écoutons-le avec docilité. La lecture que nous avons entendue nous a déjà fait connaître quel est le plus parfait de ces deux offices, je vais vous le redire pour que vous l'entendiez de nouveau. Marie interpelle son hôte, elle dépose aux pieds de son juge sa pieuse requête, et se plaint à lui que sa sœur la laisse seule et refuse de l'aider dans les soins du service. Or, sans que Marie réponde, mais en sa présence, le Seigneur prononce entre les deux sœurs. Marie aime mieux, pour conserver sa

---

Ergo quod pasci voluit, pascenti præstitit. Quid autem mirum, si et de sancto Elia præstitit viduæ, quem prius corvo ministrante pascebat? (III *Reg.*, XIX, 6.) Numquid pascendo defecerat, quando ad viduam mittebat? (*a*) [Nequaquam. Non pascendo defecerat, quando ad viduam mittebat:] sed religiosam viduam, per obsequium exhibitum servo suo, benedicere disponebat. Sic ergo susceptus est Dominus, tanquam hospes, qui in sua propria venit, et sui eum non receperunt : sed quotquot receperunt eum, dedit eis potestatem filios Dei fieri (*Joan.*, I, 11); adoptans servos, et fratres faciens ; redimens captivos, et faciens cohæredes. Ne quis tamen vestrum forsitan dicat : O beati qui Christum susceperunt in domum propriam meruerunt ! Noli dolere, noli murmurare, quia temporibus natus es, quando jam Dominum non vides in carne : non tibi abstulit istam dignationem. Cum uni, inquit, ex minimis meis fecistis, mihi fecistis. (*Matth.*, XXV, 40.)

CAPUT II. — *Marthæ et Mariæ officium utrumque bonum.* — 3. Hæc de Domino pascendo in carne, sed pascente in spiritu, pauca pro tempore dixerimus : veniamus ad causam, quam de unitate proposui. Martha Dominum pascere disponens et præparans, circa multum ministerium occupabatur : Maria soror ejus pasci a Domino magis elegit. Deseruit quodam modo sororem suam circa multum ministerium laborantem, et sedit ipsa ad pedes Domini, et vacans audiebat verbum ejus. Auris fidelissima audierat: Vacate, et videte, quoniam ego sum Dominus (*Psal.* XLV, 11). Illa turbabatur, ista epulabatur : illa multa disponebat, ista unama spiciebat. Utrumque officium bonum : sed tamen quod sit melius, quid nos dicamus? Habemus quem interrogemus, (*f* pariter) patienter audiamus. Quid sit melius, jam cum legeretur audivimus, et me commemorante iterum audiamus. Interpellat Martha hospitem, ad judicem deponit postulationem piarum querelarum, quod eam soror deseruerit, et sic laborantem in ministerio adjuvare neglexerit. Non respondente illa, sed

(*a*) Istud : *Nequaquam non pascendo defecerat*, etc., abest a sinceroribus Mss.

tranquillité, remettre à son juge le soin de sa cause, sans se donner la peine de répondre. En préparant sa réponse, elle se fût relâchée de son application à écouter le Sauveur. Elle laissa donc répondre le Seigneur, pour qui ce n'était point une fatigue, parce qu'il était le Verbe éternel. Or, que lui dit-il? « Marthe, Marthe. » (*Luc*, x, 41.) Cette répétition est une marque de son affection ou un moyen d'exciter son attention, il l'appelle par deux fois afin qu'elle l'écoutât plus attentivement : « Marthe, Marthe, » écoutez, « vous êtes occupée de beaucoup de choses, mais il n'est besoin que d'une seule chose, » (*Ibid.*, 42) c'est-à-dire, il n'y a qu'une chose de nécessaire. Il ne veut pas dire qu'il ne faille qu'une seule action, mais il n'y a qu'une chose utile, avantageuse, nécessaire, c'est cette chose unique qu'a choisie Marie.

Chapitre III. — *La seule chose nécessaire.* — 4. Arrêtez donc votre pensée, mes très-chers frères, sur cette chose unique, et voyez si dans la multiplicité des objets, il en est qui vous plaisent en dehors de cette unité. Par la grâce de Dieu, vous êtes ici en bien grand nombre, mais qui pourrait vous supporter si vous n'étiez unis par les mêmes sentiments? D'où vient ce calme dans une si grande multitude? Admettez l'unité, supprimez-la, ce n'est plus qu'une tourbe (*turba*). Qu'est-ce, en effet, qu'une tourbe, sinon une multitude troublée (*multitudo turbata*)?

Mais écoutez l'Apôtre : « Je vous conjure, mes frères. » Il parlait à la multitude, mais il voulait la ramener tout entière à l'unité. « Je vous conjure, mes frères, d'avoir tous un même langage, et de ne point souffrir de divisions parmi vous, mais d'être unis tous ensemble dans un même esprit et dans les mêmes sentiments. » (1 *Cor.*, I, 10.) Et dans un autre endroit : « N'ayez tous qu'un même esprit et les mêmes sentiments; ne faites rien par un esprit de contention ni de vaine gloire. » (*Philip.*, II, 2 et 3.) Et que dit Notre-Seigneur en parlant des siens? « Qu'ils soient un, comme nous sommes un. » (*Jean*, XVII, 22.) Nous lisons aussi dans les Actes des Apôtres : « Or, la multitude de ceux qui croyaient n'avaient qu'un cœur et qu'une âme. » (*Act.*, IV, 32.) « Célébrez donc le Seigneur avec moi, et glorifions son nom dans l'unité. » (*Ps.* XXXIII, 3.) Car il n'y a qu'une seule chose de nécessaire, cette unité céleste qui unit si intimement le Père, le Fils, le Saint-Esprit. Voyez comme l'unité nous est recommandée. Sans aucun doute, nous avons pour Dieu la Trinité. Le Père n'est pas le Fils, le Fils n'est pas le Père, l'Esprit saint n'est ni le Père ni le Fils, mais il est l'Esprit du Père et du Fils, et cependant ces trois personnes ne sont point trois Dieux, trois tout-puissants, mais un seul Dieu tout-puissant, et la Trinité elle-même ne forme qu'un seul Dieu, car une seule chose

tamen præsente, judicat Dominus. Maria causam suam tanquam otiosa judici maluit committere, nec in respondendo voluit laborare. Si enim pararet respondendi sermonem, remitteret audiendi intentionem. Respondit ergo Dominus, qui in verbo non laborabat, quia Verbum erat. Quid ergo dixit? « Martha, » Martha. (*Luc.*, x, 41.) Repetitio nominis indicium est dilectionis, aut forte movendæ intentionis : ut audiret attentius, bis vocata est : « Martha, Martha, » audi : « Tu circa multa es occupata; unum autem opus est : » (*Ibid.*, 42) id est, unum necessarium est. Non unum opus quasi singulare opus : sed opus est, expedit, necessarium est, quod unum hoc elegerat Maria.

Caput III. — *Unum necessarium.* — 4. Unum cogitate, Fratres mei, et videte in ipsa multitudine si delectat, nisi unum. Ecce Deo propitio quam multi estis : quis vos ferret, nisi unum saperetis? Unde in multis quies ista? Da unum et populus est : tolle unum, et turba est. Quid est enim turba, nisi multitudo turbata? Sed audite Apostolum : Obsecro autem vos, fratres. Multitudini dicebat : sed omnes unum facere volebat. « Obsecro autem vos fratres, ut idipsum dicatis omnes, et non sint in vobis schismata; sitis autem perfecti in eodem sensu, et in eadem scientia. » (1 *Cor.*, I, 10.) Et alio loco : Unanimes, unum sentientes, nihil per contentionem, neque per inanem gloriam. (*Philip.*, II, 2 et 3.) Et Dominus ad Patrem de suis : Ut sint unum, sicut et nos unum sumus. (*Joan.*, XVII, 22.) Et in Actibus Apostolorum : Multitudinis autem credentium erat una anima et cor unum. (*Act.*, IV, 32.) Ergo magnificate Dominum mecum, et exaltemus nomen ejus in unum. (*Psal.* XXXIII, 3.) Quia unum est necessarium, unum illud supernum, unum ubi Pater et Filius et Spiritus sanctus sunt unum. Videte nobis commendari unitatem. Certe Trinitas est Deus noster. Pater non est Filius, Filius non est Pater, Spiritus sanctus nec Pater est, nec Filius, sed amborum Spiritus : et tamen ista tria non tres dii, non tres omnipotentes, sed unus Deus omnipotens, ipsa Trinitas unus Deus : quia unum necessarium est. Ad

est nécessaire; mais pour arriver à cette unité, il faut que nous n'ayons tous qu'un cœur et qu'une âme.

CHAPITRE IV. — *L'office de Marthe est bon, celui de Marie est meilleur.* — 5. Les services que nous rendons aux pauvres, et surtout les offices de charité, les actes de religion que nous accomplissons à l'égard de ceux qui sont consacrés à Dieu sont bons et louables. Nous les rendons, en effet, plutôt que nous ne les donnons, au témoignage de l'Apôtre : « Si nous avons semé parmi vous des biens spirituels, est-ce une grande chose que nous recueillions un peu de vos biens temporels ? » (I *Cor.*, IX, 11.) Oui, ce sont là de bonnes œuvres, nous vous exhortons, nous vous engageons à les faire au nom même de la parole de Dieu, ne négligez pas de donner l'hospitalité aux saints. Car en remplissant ce ce devoir, quelques-uns ont reçu pour hôtes des anges sans les connaître. (*Hébr.*, XIII, 2.) Ces œuvres sont donc bonnes, mieux vaut cependant l'office qu'a choisi Marie. Ces œuvres de charité entraînent à des occupations nécessaires. La conduite de Marie ne produit que les douceurs de la charité. Dans les services qu'il rend au prochain, l'homme voudrait suffire à tout, et quelquefois il ne le peut, il cherche ce qui lui manque, il prépare ce qu'il a, l'esprit est partagé. Si Marthe suffisait à tout, elle n'aurait point demandé que sa sœur vînt l'aider. Ces soins sont multipliés, ils sont variés, parce qu'ils ont pour objet le corps et les besoins du temps, ils sont bons, mais essentiellement passagers. Or, que dit le Seigneur à Marthe ? « Marie a choisi la meilleure part. » (*Luc*, X, 41.) Il ne dit pas : Celle que vous avez choisie est mauvaise, mais : Elle a choisi la meilleure. Pourquoi est-elle la meilleure ? « Parce qu'elle ne lui sera point ôtée. » Vous serez un jour déchargé du fardeau de la nécessité, les douceurs de la vérité sont éternelles. La part qu'elle a choisie ne lui sera point ôtée. Elle ne lui sera point ôtée, mais elle sera cependant augmentée. Elle s'augmente dans cette vie, elle recevra sa perfection dans l'autre vie, mais elle ne lui sera jamais ôtée.

CHAPITRE V. — *L'office extérieur de Marthe tend au repos de Marie.* — 6. Permettez-moi cependant de vous le dire, Marthe, vous à qui vos bons offices donnent droit aux bénédictions du ciel. Ce que vous désirez pour récompense de votre travail, c'est le repos. Vous êtes partagée aujourd'hui entre mille soins, pour nourrir des corps mortels, bien qu'ils soient les corps des saints. Mais lorsque vous serez parvenue à la céleste patrie, y trouverez-vous encore des étrangers à qui vous puissiez donner l'hospitalité, des pauvres dont vous puissiez soulager la faim ou la soif, des malades à visiter, des différends à pacifier, des morts à ensevelir ? Aucune de ces nécessités n'existera dans le ciel, et qu'y trouverons-nous donc ? Ce que Marie a choisi ; là, au

---

hoc unum non nos perducit, nisi multi habeamus cor unum.

CAPUT IV. — *Bonum Marthæ ministerium. Melior pars Mariæ.* — 5. Bona sunt ministeria circa pauperes, et maxime circa sanctos Dei servitia debita, obsequia religiosa. Redduntur enim, non dantur, dicente Apostolo : Si nos vobis spiritalia seminavimus magnum est, si carnalia vestra metamus ? (I *Cor.*, IX, 11.) Bona sunt, exhortamur ad hæc, et in verbo Domini ædificamus vos, nolite pigri esse ad suscipiendos sanctos. Aliquando nescientes, suscipiendo quos nesciebant, Angelos susceperunt. (*Hebr.*, XIII, 2.) Bona sunt hæc : melius est tamen quod elegit Maria. Illud enim habet ex necessitate occupationem : istud autem ex caritate suavitatem. Vult homo occurrere quando ministrat ; et aliquando non potest : quæritur quod deest, paratur quod adest ; distenditur animus. Nam si Martha ad illa sufficeret, adjutorium sororis non posceret. Multa sunt, diversa sunt, quia carnalia sunt, quia temporalia sunt : etsi bona sunt, transitoria sunt. Marthæ autem quid ait Dominus ? « Maria meliorem partem elegit. » (*Luc.*, X, 41.) Non tu malam, sed illa meliorem. Audi unde meliorem : « Quæ non auferetur ab ea. » A te auferetur aliquando onus necessitatis : æterna est dulcedo veritatis. Non auferetur ab ea quod elegit. Non auferetur, sed tamen augetur. In hac autem vita augetur, in alia vita perficietur, nunquam auferetur.

CAPUT V. — *Marthæ ministerium ad Mariæ quietem tendit.* — 6. Cæterum tu Martha, pace tua dixerim, in bono ministerio benedicta, pro isto labore tuo mercedem quæris, quietem. Modo occupata es circa multum ministerium, pascere vis mortalia corpora, licet sanctorum : numquid cum veneris ad illam patriam invenies peregrinum, quem suscipias hospitio? invenies esurientem, cui panem frangas; sitientem, cui potum porrigas? ægrum, quem visites? litigantem, quem concordes? mortuum, quem sepelias? Omnia ista ibi non erunt : sed quid ibi erit? Quod Maria elegit : ibi **pascemur, non pascemus.** Ideo

lieu de donner la nourriture, nous la recevrons. Cette part que Marie a choisie sur la terre recevra dans le ciel toute sa plénitude, toute sa perfection. Ici-bas elle recueillait les miettes d'une table opulente, les miettes de la parole de Dieu. Mais voulez-vous savoir ce qui nous attend au ciel? Ecoutez ce que dit le Seigneur en parlant de ses serviteurs : « Je vous le dis, en vérité, il les fera mettre à table, il passera et il les servira. » (*Luc*, XII, 37.) Or, être assis à sa table, n'est-ce pas être libre de tout travail? N'est-ce pas être en repos? Que signifient ces paroles : « Il passera et les servira? » Il passera d'abord avant de les servir. Mais où les servira-t-il? A ce banquet céleste dont il dit : « Or, je vous déclare que plusieurs viendront d'Orient et d'Occident, et prendront place avec Abraham, Isaac et Jacob, dans le royaume des cieux. » (*Matth.*, VIII, 11.) C'est là que le Sauveur sert et nourrit ses serviteurs, mais après qu'il a passé de la terre au ciel ; car, vous le savez, le mot *Pâque* signifie *passage*. Le Seigneur est venu sur la terre, il y a fait les œuvres d'un Dieu, et enduré les souffrances de l'homme. Lui crache-t-on encore au visage? Lui donne-t-on encore des soufflets? Est-il encore couronné d'épines, flagellé, attaché à une croix, percé d'une lance? Non, il a passé. C'est dans ces termes que s'exprime l'Evangile, lorsque Jésus fit la Pâque avec ses disciples. Que dit-il? « L'heure étant venue où Jésus devait passer de ce monde à son Père. » (*Jean*, XIII, 1.) Il est donc passé de la terre au ciel pour nous nourrir; suivons-le, pour avoir part à son divin banquet.

SERMON CIV.

Sur ce même passage du chapitre x de l'Evangile selon saint Luc, où il est question de Marthe et de Marie.

CHAPITRE PREMIER.— *Comparaison de l'office de Marthe avec celui de Marie.* — 1. La lecture du saint Evangile que nous venons d'entendre, nous montre une pieuse femme appelée Marthe, qui reçoit le Seigneur dans sa maison. Et tandis qu'elle était occupée des soins du service, Marie, sa sœur, était assise aux pieds du Sauveur et écoutait sa parole. L'une était en mouvement, l'autre dans le repos, l'une donnait, l'autre recevait avec abondance. Or, Marthe, qui était tout entière aux apprêts du festin et aux soins du service, interpelle le Seigneur et se plaint à lui que sa sœur ne l'aidait point dans son travail. Le Seigneur répond à Marthe, en prenant la défense de Marie, il devient son avocat, lui que Marthe a prié d'être son juge : « Marthe, lui dit-il, vous vous inquiétez de beaucoup de choses, alors qu'une seule est nécessaire. Marie

---

hoc ibi erit plenum atque perfectum, quod hic elegit Maria : de illa mensa opulenta, de verbo Domini micas colligebat. Nam vultis nosse quid ibi erit? Dominus ipse dicit de servis suis : Amen dico vobis, quia faciet eos recumbere, et transibit, et ministrabit illis. (*Luc.*, XII, 37.) Recumbere quid est, nisi vacare? Recumbere quid est, nisi requiescere ? Quid est : Transibit et ministrabit illis? Prius transit, et sic ministrat. Sed ubi ? In illo convivio superno, de quo dicit : « Amen dico vobis multi ab Oriente et Occidente venient, et recumbent cum Abraham, et Isaac, et Jacob in regno cœlorum. » (*Matth.*, VIII, 11.) Ibi Dominus pascit, sed prius hinc transit. Nam ut noveritis, Pascha transitus interpretatur. Venit Dominus, fecit divina, passus est humana. Numquid adhuc conspuitur ? Numquid adhuc expalmatur ? Numquid adhuc spinis coronatur ? Numquid adhuc flagellatur? Numquid adhuc crucifigitur? Numquid adhuc lancea vulneratur ? Transivit. Denique et Evangelium sic loquitur, quando Pascha facit cum discipulis suis. Quid dicit Evangelium ? Cum autem venisset hora, ut Jesus transiret de hoc mundo ad Patrem. (*Joan.*, XIII, 1.) Ergo ille transivit, ut pascat : nos sequamur, ut pascamur.

SERMO CIV [a].

Rursus in illud Evangelii Lucæ, x, ubi de Martha et Maria.

CAPUT PRIMUM.— *Marthæ et Mariæ officia comparantur.* — 1. Sanctum Evangelium cum legeretur, audivimus a femina religiosa susceptum esse Dominum hospitio, eaque Martha vocabatur. Et cum esset ipsa occupata in cura ministrandi, soror ejus Maria sedebat ad pedes Domini, et audiebat verbum ejus. Laborabat illa, vacabat ista : illa erogabat, hæc implebatur. Verumtamen Martha laborans multum in illa occupatione et negotio ministrandi, interpellavit Dominum, et de sorore sua conquesta est, quod eam laborantem non adjuvaret. Dominus autem pro Maria respondit Marthæ; et ipse ejus factus est advocatus, qui judex fuerat interpellatus. « Martha, in-

(a) Alias XXVII, de verbis Domini.

a choisi la meilleure part qui ne lui sera point ôtée. » (*Luc*, XI, 41-43.) Nous avons entendu la requête de la plaignante et la sentence du juge. Cette sentence est à la fois la réponse à la plainte de Marthe et la défense de Marie. En effet, Marie s'appliquait tout entière à la douceur de la parole divine ; Marthe était préoccupée de la manière dont elle nourrirait le Sauveur ; Marie n'avait d'autre pensée que d'être nourrie par lui. Marthe préparait un festin au Seigneur, alors que Marie goûtait déjà les délices du banquet divin. Or, pendant qu'elle écoutait avec tant de suavité cette parole si pleine de douceur, et que son cœur s'en nourrissait avec avidité, quelle ne dût pas être sa crainte, lorsqu'elle entendit sa sœur se plaindre au Seigneur ? Ne dût-elle pas appréhender qu'il ne lui dît : « Levez-vous, et aidez votre sœur. » Car elle était retenue par d'ineffables délices, délices de l'âme, bien supérieures aux plaisirs des sens. Le Sauveur excuse sa conduite, et accroît ainsi la paix de son âme. Or, comment l'excuse-t-il ? Considérons, examinons, approfondissons ses paroles, autant que nous le pouvons, pour y trouver nous-mêmes notre nourriture.

2. Quoi donc ? pouvons-nous croire que le Sauveur ait blâmé le ministère de Marthe, occupée des soins de l'hospitalité qu'elle offrait au Seigneur lui-même ? Mais, où serait la justice de ces reproches, alors qu'elle était dans la joie de recevoir un hôte aussi auguste ? Si ce blâme était fondé, que les hommes renoncent au service des pauvres, qu'ils choisissent la meilleure part, qui ne leur sera point ôtée, qu'ils s'appliquent à la méditation de la parole sainte, qu'ils ouvrent leur âme à la douceur de la doctrine, qu'ils fassent leur unique occupation de la science du salut, qu'ils ne s'inquiètent point s'il y a dans le pays qu'ils habitent des étrangers à recueillir, des pauvres qui aient besoin de pain ou de vêtement, des malades à visiter, des captifs à racheter, des morts à ensevelir, qu'ils laissent de côté les œuvres de la miséricorde, pour s'appliquer exclusivement à la science des choses divines. Si telle est la meilleure part, pourquoi tous ne la choisiraient-ils point, puisque nous pouvons ici nous appuyer sur l'autorité du Seigneur lui-même ? Nous ne craignons point, en prenant ce parti, de blesser sa justice, alors que sa sentence nous est favorable.

Chapitre II. — *La part de Marie est meilleure.* — 3. Et cependant il n'en est pas ainsi, mais la vérité est dans les paroles du Sauveur, non pas telles que vous les entendez, mais telles que vous devez les comprendre. Veuillez les méditer attentivement : « Vous êtes occupée de beaucoup de choses, quand il n'y en a qu'une seule de nécessaire. » La part que vous avez choisie n'est pas mauvaise, mais celle de Marie est meilleure. Et pourquoi est-elle meilleure ?

---

quit, circa multa es occupata, quando unum est necessarium. Maria meliorem partem elegit, quæ non auferetur ab ea. (*Luc.*, x, 41-43.) Audivimus enim et interpellationem interpellantis, et sententiam judicis. Quæ sententia interpellanti respondit, susceptam defendit. Erat enim Maria intenta dulcedini verbi Domini. Intenta erat Martha quomodo pasceret Dominum : intenta Maria quomodo pasceretur a Domino. A Martha convivium Domino parabatur, in cujus convivio Maria jam jucundabatur. Cum ergo Maria suaviter audiret verbum dulcissimum, et corde intentissimo pasceretur, interpellato Domino a sorore sua, quomodo putamus eam timuisse, ne diceret ei Dominus : Surge, et adjuva sororem tuam ? Mira enim suavitate tenebatur : quæ profecto major est mentis quam ventris. Excusata est, sedit securior. Quomodo autem excusata ? Attendamus, inspiciamus, perscrutemur quod possumus : ut pascamur et nos.

2. Quid enim ? putamus reprehensum esse ministerium Marthæ, quam cura hospitalitatis occupaverat, quæ ipsum Dominum hospitio receperat ? Quomodo recte reprehendebatur, quæ tanto hospite lætabatur ? Hoc si verum est, dimittant homines quod ministrant egentibus ; eligant sibi partem meliorem, quæ non auferetur ab eis ; vacent verbo, inhient doctrinæ dulcedini ; occupentur circa scientiam salutarem ; nihil eis curæ sit, quis peregrinus in vico sit, quis egeat pane, quis indumento, quis visitandus, quis redimendus, quis sepeliendus : vacent opera misericordiæ, uni instetur scientiæ. Si melior pars est, cur non omnes hoc faciunt, quando ipsum Dominum in hac causa, patronum habemus ? Non enim timemus in hac re, ne offendamus ejus justitiam, cum patronam teneamus ejus sententiam.

Caput II. — *Melior pars Mariæ.* — 3. Et tamen ita non est : sed sicut dixit Dominus, ita est. Quomodo intelligis, non est : est autem quomodo intelligere debes. Ecce adverte : « Circa multa es occupata, quando unum est necessarium. Maria meliorem partem elegit. » Non tu malam : sed illa meliorem. Sed unde meliorem ? Quia tu circa multa, illa circa

Parce que vous êtes occupée de beaucoup de choses, tandis qu'elle ne s'applique qu'à une seule. C'est l'unité qui est préférée à la multiplicité. L'unité ne vient point de la multiplicité, mais la multiplicité est le produit de l'unité. Que de nombreuses créatures ont été faites, or, c'est un seul qui les a faites. Quelle multitude innombrable dans le ciel, la terre, la mer, et dans tout ce qu'ils contiennent! Qui peut les énumérer? Qui peut embrasser leur multitude par la pensée? Or, qui les a toutes faites? Dieu seul. Elles sont très-bonnes (*Gen.*, I, 31), oui, elles sont toutes très-bonnes, mais, que celui qui les a faites l'emporte de beaucoup sur elles! Considérons donc les occupations que nécessitent cette multiplicité d'objets créés. Il est nécessaire de pourvoir à la nourriture du corps. Pourquoi? parce qu'il est sujet à la faim, à la soif. Il faut pratiquer la miséricorde à l'égard des malheureux. Vous donnez du pain à celui qui a faim, parce que vous le rencontrez souffrant de la faim. Faites disparaître la faim, avec qui partagerez-vous votre pain? Qu'il n'y ait plus d'étrangers, à qui offrirez-vous l'hospitalité? Qu'il n'y ait plus de pauvres sans vêtements, pour qui en préparerez-vous? Qu'il n'y ait plus de malades, qui visiterez-vous? Qu'il n'y ait plus de captifs, qui pourrez-vous racheter? Qu'il n'y ait plus de querelles, quels différends pacifier? Qu'il n'y ait plus de morts, qui ensevelir? Aucun de ces maux n'existera dans le siècle futur, et par conséquent aucun de ces ministères. Marthe avait donc raison de pourvoir aux besoins corporels du Sauveur, besoins qui avaient pour principe sa volonté, plutôt que la nécessité, et de le servir dans sa chair mortelle. Or, qui était dans cette chair mortelle? « Au commencement était le Verbe, et le Verbe était en Dieu, et le Verbe était Dieu. » (*Jean*, I, 1.) Voilà celui que Marie écoutait. « Le Verbe s'est fait chair, et il a habité parmi nous. » (*Ibid.*, 14.) Voilà celui que Marthe servait. Donc, Marie a choisi la meilleure part, qui ne lui sera point ôtée; car elle a choisi ce qui demeure éternellement, et ce qui ne lui sera point ôté. Elle n'a voulu s'occuper que d'une seule chose. Elle pouvait déjà dire : « Il est bon pour moi de m'attacher au Seigneur. » (*Ps.* LXXII, 28.) Elle était assise aux pieds de Celui qui est notre chef. Plus elle s'humiliait, plus elle recevait abondamment ses grâces. L'eau se rend de préférence dans le fond des vallées, et découle des hauteurs des collines. Le Seigneur ne blâme donc point la conduite de Marthe, mais il distingue entre ces deux occupations. « Vous êtes occupée de beaucoup de choses, or, une seule est nécessaire. » Marie a déjà choisi cette part. Le travail nécessité par la multiplicité est passager, la charité de l'unité demeure. Donc, ce qu'elle a choisi ne lui sera point ôté; tandis que la part que vous avez choisie (car c'est la conséquence qui est ici sous-entendue) vous sera ôtée. Mais elle ne vous sera ôtée que dans votre

unum. Præponitur unum multis. Non enim a multis unum, sed multa ab uno. Multa sunt quæ facta sunt, unus est qui fecit. Cœlum, terra, mare, et omnia quæ in eis sunt, quam multa sunt! Quis ista enumeret? quis horum multitudinem cogitet? Quis hæc fecit? Deus omnia. Ecce bona valde. (*Gen.*, I, 31.) Bona valde quæ fecit : quanto melior ille qui fecit? Attendamus igitur occupationes nostras circa multa. Necessarium est ministerium corpora refecturis. Quare hoc? Quia esuritur, quia sititur. Misericordia miseris necessaria est. Frangis panem esurienti; quia invenisti esurientem : tolle famem; cui frangis panem? Tolle peregrinationem; cui exhibes hospitalitatem? Tolle nuditatem; cui præparas vestem? Non sit ægritudo; quem visitas? Non sit captivitas; quem redimis? Non sit rixa; quem concordas? Non sit mors; quem sepelis? In illo sæculo futuro non erunt ista mala : ergo nec ista ministeria. Bene ergo Martha circa corporalem Domini, quid dicam, necessitatem an voluntatem? ministrabat carni mortali. Sed quis erat in carne mortali? « In principio erat Verbum, et Verbum erat apud Deum, et Deus erat Verbum : » (*Joan.*, I, 1) Ecce quod Maria audiebat. Verbum caro factum est, et habitavit in nobis (*Ibid.*, 14) : Ecce Martha cui ministrabat. Ergo : « Maria meliorem partem elegit, quæ non auferetur ab ea. » Hoc enim elegit, quod semper manebit : « non auferetur ab ea. » Circa unum se voluit occupari. Jam tenebat : Mihi autem adhærere Deo, bonum est. (*Psal.* LXXII, 28.) Sedebat ad pedes capitis nostri. Quanto humilius sedebat, tanto amplius capiebat. Confluit enim aqua ad humilitatem convallis, denatat de tumoribus collis. Non ergo Dominus opus reprehendit, sed munus distinxit. « Circa multa es occupata : porro unum est necessarium. » Jam hoc sibi Maria elegit. Transit labor multitudinis, et remanet caritas unitatis. Ergo quod elegit, « non auferetur ab ea. » A te autem quod elegisti, (utique hoc sequitur, utique hoc subintelligitur,) a te quod elegisti auferetur. Sed bono tuo auferetur, ut quod

intérêt, pour faire place à un bien supérieur. Dieu vous ôtera le travail pour vous donner le repos. Vous naviguez encore, tandis que Marie est déjà arrivée au port.

CHAPITRE III. — *Marthe et Marie sont la figure de deux vies différentes.* — 4. Vous le voyez donc, mes très-chers frères, et vous le comprenez, je l'espère, il y a dans ces deux femmes, toutes deux agréables et chères au Seigneur, toutes deux ses fidèles disciples, une grande vérité que quelques-uns d'entre vous saisissent, mais que je dois expliquer et faire connaître à ceux qui ne la comprennent pas encore. Ces deux femmes sont la figure de deux vies différentes, la vie présente et la vie future, la vie du travail et la vie du repos, la vie de la souffrance et la vie du bonheur, la vie du temps et la vie de l'éternité. Ce sont deux vies distinctes, qu'elles soient l'objet de vos sérieuses réflexions. Considérez autant que vous le pouvez les caractères de cette vie, je ne dis pas mau- mauvaise, injuste, criminelle, voluptueuse et impie; mais de cette vie de travaux et de peines, de cette vie pleine de chagrins, agitée par la crainte, assaillie par les tentations; mais de cette vie telle qu'il convient de la supposer dans Marthe, et approfondissez-la beaucoup plus que je ne puis le faire dans ce discours. La vie coupable était bannie de cette maison, elle n'était ni celle de Marthe, ni celle de Marie, et si elle habita jamais sous leur toit, elle s'enfuit à l'approche du Seigneur. Dans cette demeure, donc, qui reçut le Seigneur, il n'y avait que deux vies, figurées par ces deux femmes, deux vies innocentes, toutes deux agréables à Dieu, l'une de travail, l'autre de repos, mais toutes deux exemptes de crime et d'oisiveté. Ces deux vies, je le répète, étaient innocentes et pures, mais l'une était une vie de travail, l'autre une vie de repos; cependant toutes deux exemptes du déréglement que doit éviter l'activité, toutes deux exemptes de l'oisiveté, que doit fuir la vie de repos ; cette maison abritait donc ces deux vies, et avec elles la source de la vie. Marthe était la figure de la vie présente, Marie, le symbole de la vie future. L'activité de Marthe représentait ce que nous sommes, le repos de Marie ce que nous espérons. Sanctifions la vie active de l'une, pour posséder pleinement la vie de repos de l'autre. En effet, que pouvons-nous avoir ici-bas de cette vie de repos, et dans quelle mesure nous est-elle donnée, tant que nous sommes sur la terre? Nous en goûtons quelque chose, lorsque éloignés des affaires, et faisant trêve aux soucis domestiques, vous vous réunissez ici pour écouter attentivement la parole de Dieu. En cela vous êtes semblables à Marie. Il vous est même plus facile qu'à moi d'imiter Marie, puisque je vous distribue cette parole. Toutefois elle vient de Jésus-Christ, et c'est parce qu'elle vient de Jésus-

---

melius est detur. Auferetur enim a te labor, ut requies detur. Tu navigas, illa jam in portu est.

CAPUT III. — *Duæ vitæ in Martha et Maria figuratæ.* — 4. Videtis ergo, Carissimi, et quantum arbitror, jam intelligitis, in his duabus mulieribus, quæ ambæ fuerant Domino gratæ, ambæ amabiles, ambæ discipulæ : videtis ergo, et magnum aliquid intelligitis, quicumque intelligitis, quod audire et scire debetis, etiam qui non intelligitis ; in his duabus mulieribus, duas vitas esse figuratas, præsentem et futuram, laboriosam et quietam, ærumnosam et beatam, temporalem et æternam. Duæ sunt vitæ : de illis vos cupiosius cogitate. Quid habeat hæc vita, non dico mala, non iniqua, non nefaria, non luxuriosa, non impia; sed laboriosa et ærumnis plena, timoribus castigata, tentationibus sollicita : hanc ipsam innocentem vitam dico, qualem decebat habere Martham : hanc ergo, quantum potestis, inspicite; et de hac, ut dixi, copiosius quam loquimur cogitate. Vita vero iniqua aberat ab illa domo, nec cum Martha erat, nec cum Maria : et si aliquando fuit, Domino intrante fugit. Remanserunt ergo in illa domo, quæ susceperat Dominum, in duabus feminis duæ vitæ, ambæ innocentes, ambæ laudabiles : una laboriosa, altera otiosa; nulla facinorosa, nulla desidiosa. Ambæ innocentes, ambæ, inquam, laudabiles : sed una laboriosa, altera otiosa : nulla facinorosa, quam cavere debet laboriosa ; nulla desidiosa, quam cavere debet otiosa. Erant ergo in illa domo istæ duæ vitæ, et ipse fons vitæ. In Martha erat imago præsentium, in Maria futurorum. Quod agebat Martha, ibi sumus : quod agebat Maria, hoc speramus. Hoc agamus bene, ut illud habeamus plene. Nam quid inde habemus ? Inquantum habemus ? Quamdiu hic sumus, quantum es quod inde habemus? Nam et modo inde aliquid agimus, remoti a negotiis, sepositis familiaribus curis, convenistis, statis, auditis. Inquantum hoc agitis, Mariæ similes estis. Et facilius vos (a) quod agit Maria, quam ego qui prærogo. Si quid tamen dico,

---

(a) Hic editi addunt *intenditis :* quod a Mss. abest.

Christ qu'elle nourrit votre âme. C'est le pain commun où vous et moi nous puisons la vie. « Nous vivons maintenant, mes frères, si vous demeurez fermes dans le Seigneur, » (I *Thes.*, III, 8) en vous appuyant non pas sur nous, mais sur le Seigneur. « Car celui qui plante n'est rien, non plus que celui qui arrose, mais c'est Dieu qui donne l'accroissement. » (I *Cor.*, III, 7.)

SERMON CV.

Sur ces paroles du chapitre XI de l'Evangile de saint Luc : *Si l'un d'entre vous ayant un ami allait le trouver au milieu de la nuit*, etc.

CHAPITRE PREMIER. — *Jésus-Christ nous exhorte par des paraboles à prier Dieu.* — 1. Nous avons entendu l'exhortation de Notre-Seigneur, de notre céleste docteur, de notre conseiller fidèle, c'est lui-même qui nous presse de demander, c'est lui-même qui nous donne ce que nous demandons. Nous l'avons entendu dans l'Evangile nous exciter à le prier avec instances et à frapper jusqu'à paraître importuns. Voici, en effet, l'exemple qu'il nous propose : Supposez que l'un d'entre vous, ayant un ami, vient pendant la nuit lui demander trois pains, parce qu'un de ses amis vient d'arriver chez lui de voyage et qu'il n'a rien à lui donner. Celui qui est dans la maison répond qu'il repose lui et ses serviteurs, et qu'il faut cesser de troubler son repos par ses prières. Mais le premier insiste et persévère à frapper ; loin d'être intimidé par la honte et de se retirer, la nécessité qui le presse lui fait faire de nouvelles instances ; l'autre alors se lèvera, non parce qu'il est son ami, mais pour échapper à ses importunités, et il lui donnera autant de pains qu'il voudra. Mais combien lui en demande-t-on ? Trois seulement. A cette parabole, Notre-Seigneur joint une exhortation, et nous presse on ne peut plus vivement de demander, de chercher, de frapper jusqu'à ce que nous ayons reçu ce que nous voulons, ce que nous cherchons, ce que nous demandons en frappant, et il se sert pour cela d'un exemple tiré des contraires. C'est un juge qui ne craignait point Dieu et ne s'inquiétait pas des hommes ; cependant fatigué des instances qu'une veuve lui faisait chaque jour, il lui accorda malgré lui ce qu'il n'avait point voulu lui accorder de bonne grâce. (*Luc*, XVIII, 2.) Mais Notre-Seigneur Jésus-Christ qui prie avec nous et nous donne avec son Père l'objet de nos prières ne nous presserait pas aussi fortement de demander s'il n'avait l'intention de nous accorder ce que nous demandons. Que les hommes rougissent donc de leur négligence. Le Sauveur veut plus ardemment nous donner que nous ne voulons recevoir, il désire beaucoup plus nous faire miséricorde que nous

---

Christi est : Ideo vos pascit, qua Christi (*a*). Quia panis communis est, unde et ego vobiscum vivo. Nunc autem vivimus, si vos Fratres statis in Domino. (I *Thes.*, III, 8.) Nolo in nobis, sed in Domino. « Quia neque qui plantat est aliquid, neque qui rigat : sed qui incrementum dat Deus. » (I *Cor.*, III, 7.)

SERMO CV (*b*).

De verbis Evangelii Lucæ, XI : *Quis vestrum habebit amicum, et ibit ad illum media nocte*, etc.

CAPUT PRIMUM. — *Ad petendum a Deo similitudinibus Christus hortatur.* — 1. Audivimus nos exhortantem Dominum nostrum cœlestem magistrum, et fidelissimum consiliarium, eumdem hortatorem, ut petamus, et datorem cum petimus. Audivimus eum in Evangelio hortantem nos cum petere instanter, et pulsare usque ad similitudinem improbitatis. Proposuit enim nobis, exempli gratia : Si quis vestrum haberet amicum, a quo nocte peteret tres panes, cum illi amicus de via venisset, et quod ei apponeret non haberet : si autem ille respondeat jam se requiescere, et servos suos secum, nec debere illius precibus inquietari, ille autem pulsando instet et perseveret, nec pudore territus abscedat, sed necessitate coactus immineat (*Luc.*, XI, 5) : surrecturum illum, etsi non propter amicitiam, certe propter illius improbitatem, et daturum ei quantos voluerit. Quantos autem voluit ? Nihil plus ille voluit quam tres. In hac ergo similitudine adjunxit hortationem Dominus, et omnino stimulavit nos petere, quærere, pulsare, donec accipiamus quod petimus, quod quærimus, quod pulsamus, usus exemplo a contrario : sicut de illo judice qui nec Deum timebat, nec homines reverebatur, et tamen cum eum quædam vidua interpellaret quotidie, tædio victus dedit quod beneficio non potuit invitus. (*Luc.*, XVIII, 2.) Dominus autem noster Jesus Christus inter nos petitor, cum Patre dator, non utique nos tantum hortaretur ut peteremus, nisi dare vellet. Erubescat humana pigritia : plus vult ille dare, quam nos accipere : plus vult ille misereri, quam nos a miseria liberari : et utique si non libe-

(*a*) Lov. *ideo vos pascit Christus* : refragantibus editis aliis et Mss. — (*b*) Alias XXIX, de verbis Domini.

ne désirons nous-mêmes être délivrés de notre misère ; et cependant nous resterons plongés dans cette misère s'il ne nous en délivre, car les exhortations qu'il nous adresse sont uniquement dans notre intérêt.

CHAPITRE II. — *Il faut réparer les forces de l'ami qui vient de voyage.* — 2. Eveillons-nous donc, ayons confiance dans celui qui nous exhorte, croyons à ses promesses, et réjouissons-nous de ses dons. Peut-être nous aussi nous avons reçu la visite d'un de nos amis en voyage, sans avoir de quoi lui donner, nous avons été dans le besoin, et nous avons été obligés de recevoir pour nous et pour lui. Il est impossible, en effet, que quelqu'un d'entre nous ne se soit vu adresser par un ami des questions auxquelles il n'a pu répondre et qu'il n'ait été dans l'impuissance de donner lorsqu'il y avait pour lui obligation de le faire. Un ami vous arrive de voyage, c'est-à-dire de la vie de ce monde, que tous les hommes traversent comme des voyageurs, sans que personne puisse s'y arrêter comme propriétaire, et où une voix dit à chacun : Vous vous êtes nourris, sortez d'ici, continuez votre chemin, faites place à un autre. (*Ecclés.*, XXIX, 33.) Ou bien encore c'est un ami, je ne sais qui, fatigué d'une mauvaise route, c'est-à-dire d'une vie coupable, il n'a point trouvé la vérité dont l'intelligence eût fait son bonheur. Il a épuisé ses forces au milieu de toutes les convoitises et de toutes les misères de ce siècle ; il vient à vous comme à un chrétien, et il vous dit : Rendez-moi raison de la foi, faites de moi un chrétien. Il vous demande peut-être ce que vous ignoriez dans la simplicité de votre foi, vous n'avez point de quoi apaiser sa faim, et la question qu'il vous adresse vous fait découvrir votre indigence ; c'est lorsque vous voulez enseigner que vous êtes forcé d'apprendre, et la honte que vous éprouvez de ne pouvoir par vous-même répondre aux questions qui vous sont faites, vous force de chercher au dehors pour mériter de trouver la réponse que vous devez faire.

3. Et où la chercherez-vous ? Où, si ce n'est dans les saints livres ? Peut-être, en effet, la solution qu'on vous demande s'y trouve, mais enveloppée d'obscurité. Peut-être l'Apôtre l'a-t-il donnée dans une de ses épîtres, mais sous une forme qui vous permet de la lire sans pouvoir la comprendre. Cependant celui qui vous interroge, vous presse et vous ne laisse point le temps d'interroger vous-même, ou Paul, ou Pierre, ou quelqu'un des prophètes. Toute cette famille repose avec son maître, l'ignorance de ce monde, figurée par le milieu de la nuit, est profonde et vous êtes pressé par votre ami qui souffre de la faim. La simplicité de la foi qui vous suffisait est insuffisante pour lui. Faut-il l'abandonner ? Faut-il le repousser de votre maison ?

CHAPITRE III. — *Que figurent les trois pains ?* — Adressez-vous donc au Seigneur lui-même

---

rati fuerimus, nos miseri remanebimus. Nam ille quod nos hortatur, propter nos hortatur.

CAPUT II. — *Amicus de via veniens reficiendus.* — 2. Evigilemus, et hortanti credamus, promittenti obsequamur, et ad dantem gaudeamus. Fortassis enim et nobis aliquando venit amicus de via, et non invenimus quod ei apponeremus, et necessitatem passi sumus, et accepimus et nobis et illi. Fieri enim non potest, nisi ut aliquis passus fuerit amicum aliquid interrogantem, quod respondere non possit : et tunc se invenit non habere, quando coactus est dare. Venit tibi amicus de via, id est, de vita hujus sæculi, in qua omnes velut peregrini transeunt, nec ullus quasi possessor manet ; sed omni homini dicitur : Refectus es, transi ; age iter, da venturo locum. (*Eccl.*, XXIX, 33.) Aut forte de via mala, hoc est, de vita mala, fatigatus nescio quis amicus tuus, non inveniens veritatem, qua audita et percepta beatus fiat, sed lassatus in omni cupiditate et egestate sæculi, venit ad te, tanquam ad Christianum, et dicit : Redde mihi rationem, fac me Christianum. Et interrogat quod forte tu per simplicitatem fidei nesciebas : et non est unde reficias esurientem, et te admonitus invenis indigentem ; et cum vis docere, cogeris discere : et dum erubescis cum qui interrogavit, quod quærebat non in te invenieris, compelleris quærere, ut mercaris invenire.

3. Et ubi quæras ? Ubi, nisi in Dominicis libris ? Fortassis quod ille interrogavit, in libro positum est, sed obscurum est. Forte dixit hoc Apostolus in epistola sua. Si dixit : ut legere possis, intelligere non possis : transire non permitteris. Urget enim interrogator ; ipsum Paulum, aut Petrum, aut aliquem Prophetam interrogare non sineris. Jam enim requiescit familia ista cum Domino suo, et sæculi hujus ignorantia valida est, hoc est, nox media, et urget amicus esuriens. Tibi forte sufficiebat simplex fides, illi non sufficit. Numquid deserendus est ? numquid de domo projiciendus est ?

CAPUT III. — *Tres panes dati.* — Ergo ad ipsum

avec lequel repose toute cette famille, frappez à la porte, demandez avez instance. Il ne fera point comme cet ami de la parabole, qui ne donne qu'en cédant à l'importunité. Il veut sincèrement vous donner ; vous avez frappé et vous n'avez pas encore reçu, frappez encore ; car il est tout disposé à vous donner, et s'il diffère quelque temps, c'est pour augmenter la vivacité de vos désirs, et afin qu'une grâce trop vite obtenue ne perde de son prix à vos yeux

4. Or, quand vous aurez obtenu ces trois pains, c'est-à-dire cet aliment divin qui n'est autre que la connaissance de la Trinité, vous aurez trouvé de quoi nourrir votre propre vie et la vie des autres. Ne craignez pas alors l'arrivée de votre ami qui vient de voyage, recevez-le comme un membre de la famille, sans craindre que vos provisions s'épuisent. Ce pain ne finira jamais, mais il mettra un terme à votre indigence ; Dieu le Père, Dieu le Fils, Dieu le Saint-Esprit, voilà autant de pains. Le Père est éternel, le Fils est éternel, et le Saint-Esprit est coéternel au Père et au Fils. Le Père est immuable, le Fils est immuable, et le Saint-Esprit est immuable comme le Père et le Fils. Le Créateur est à la fois le Père, le Fils et le Saint-Esprit. Le Pasteur et l'auteur de la vie est aussi le Père, le Fils et le Saint-Esprit, et le Père, le Fils, le Saint-Esprit sont également l'aliment et le pain de l'éternité. Voilà ce qu'il vous faut apprendre et enseigner, c'est là que vous devez puiser la vie

pour vous et pour les autres, Dieu qui est votre bienfaiteur ne peut rien vous donner de meilleur que lui. Avare que vous êtes, que cherchiez-vous autre chose ? Ou si vous demandez autre chose, qu'est-ce qui pourra combler vos désirs, si un Dieu ne peut les satisfaire ?

Chapitre IV. — *La foi, l'espérance, la charité sont des dons de Dieu. Trois autres choses dont la signification est mystérieuse. Le pain figure la charité, le poisson, la foi.* — 5. Mais il faut que vous ayez la charité, la foi, l'espérance, si vous voulez goûter la douceur du don qui vous est fait. Ce sont là aussi trois choses, la foi, l'espérance, la charité, et ces trois vertus sont des dons de Dieu. C'est de lui, en effet, que nous avons reçu la foi. « Chacun, dit l'Apôtre, selon la mesure de la foi que Dieu lui a départie. » (*Rom.*, XII, 3.) C'est de lui encore que vient l'espérance et nous lui disons : Par votre parole vous m'avez donné l'espérance. (*Ps.* CXVIII, 49.) C'est de lui encore que nous avons reçu la charité, au témoignage de l'Apôtre : « La charité de Dieu a été répandue dans nos cœurs par l'Esprit saint qui nous a été donné. » (*Rom.*, v, 5.) Il y a sans doute quelque différence entre ces trois vertus, mais elles sont toutes trois les dons de Dieu. En effet, la foi, l'espérance et la charité demeurent maintenant, « mais la plus grande des trois est la charité. » (1 *Cor.*, XIII, 13.) Dans ces trois pains, au contraire, nous ne voyons point qu'il y en ait un plus grand que les autres, il est dit simplement

---

Dominum, ad ipsum cum quo familia requiescit, pulsa orando, pete, insta. Non quomodo amicus ille in similitudine positus, tædio victus surget et dabit. Dare vult : tu pulsans nondum accepisti ; pulsa, dare vult. Et quod dare vult, differt, ut amplius desideres dilatum, ne vilescat cito datum.

4. Cum autem perveneris ad tres panes, hoc est, ad cibum et intelligentiam Trinitatis, habes et unde vivas, et unde pascas. Nec peregrinum venientem de via reformides, sed excipiendo civem domesticum facias : nec timeas ne finias. Non panis ille finietur, sed indigentiam tuam finiet. Panis est, et panis est : et panis est : Deus Pater, Deus Filius, Deus Spiritus sanctus. Æternus Pater, coæternus Filius, coæternus Spiritus sanctus. Incommutabilis Pater, incommutabilis Filius, incommutabilis Spiritus sanctus. Creator et Pater, et Filius, et Spiritus sanctus. Pastor et vitæ dator, et Pater, et Filius, et Spiritus sanctus. Cibus et panis æternus, et Pater, et Filius, et Spi-

ritus sanctus. Disce, et doce, vive et pasce. Deus qui tibi dat, nihil melius quam se tibi dat. Avare, quid aliud quærebas ? Aut si aliud petas, quid tibi sufficit, cui Deus non sufficit ?

Caput IV. — *Fides, spes, caritas, Dei dona. Tria eadem rursus significata. Panis caritas. Piscis fides.* — 5. Sed opus est ut habeas caritatem, habeas fidem, habeas spem : ut possit tibi dulce esse quod datur. Et hæc ipsa tria sunt, fides, spes, caritas. Et hæc ipsa Dei sunt. Nam fidem ab ipso accepimus : Sicut, Deus, inquit, unicuique partitus est mensuram fidei. (*Rom.*, XII, 3.) Et spem ab ipso accepimus, cui dicitur : In quo spem dedisti mihi. (*Psal.* CXVIII, 49.) Et caritatem ab ipso accepimus, de quo dicitur : Caritas Dei diffusa est in cordibus nostris per Spiritum sanctum, qui datus est nobis. (*Rom.*, v, 5.) Sed hæc itidem tria aliquantulum sunt diversa ; sed omnia Dei dona. Manent enim tria hæc, spes, fides, caritas : major autem horum caritas. (1 *Cor.*, XIII, 13.) In il-

qu'on a demandé trois pains et qu'ils ont été donnés.

6. Voici trois autres choses distinctes : « Si quelqu'un d'entre vous demande du pain à son père, lui donnera-t-il une pierre? ou s'il lui demande un poisson, lui donnera-t-il un serpent? Ou s'il lui demande un œuf, lui donnera-t-il un scorpion? Si donc, tout méchants que vous êtes, vous savez donner de bonnes choses à vos enfants, combien à plus forte raison votre Père céleste donnera-t-il de bonnes choses à ceux qui les lui demandent? » (*Luc*, XI, 11-13.) Considérons encore ces trois choses, peut-être y découvrirons-nous le symbole de ces trois vertus; la foi, l'espérance et la charité qui l'emporte sur les deux premières. Comparez ces trois choses, un pain, un poisson, un œuf; le pain vaut mieux que les deux autres. Aussi le pain est-il pour nous dans ces trois choses le symbole de la charité. Voilà pourquoi Notre-Seigneur lui oppose la pierre, parce que la dureté est opposée à la charité. Dans le poisson, nous voyons la foi. Un saint a dit, et nous aimons à répéter ses paroles : « Le bon poisson est la foi jointe à la piété. » Le poisson vit au milieu des flots, sans que les flots l'écrasent ou le déchirent. La foi pieuse vit au milieu des tentations et des tempêtes de ce siècle, le monde se déchaîne contre elle avec fureur, elle demeure intacte. Remarquez seulement ici que le serpent est l'ennemi de la foi. En effet, c'est par la foi qu'a été fiancée celle à laquelle il est dit dans le Cantique des cantiques : « Viens du Liban, ô mon épouse! » (*Cant.*, IV, 8) viens et pars de la foi pour venir jusqu'ici. Elle est fiancée, parce que c'est la foi qui commence les fiançailles. L'époux fait une promesse, et il est lié par la foi qu'il a jurée. Or, le Seigneur établit une opposition entre le serpent et le poisson, entre le démon et la foi. Voilà ce qui explique le langage de l'Apôtre à l'épouse spirituelle de Jésus-Christ : « Je vous ai fiancé à cet unique époux, Jésus-Christ, pour vous présenter à lui comme une vierge pure. Mais je crains que comme Eve fut séduite par les artifices du serpent, vos esprits de même ne se corrompent et ne dégénèrent de la chasteté qui est en Jésus-Christ, » (II *Cor.*, XI, 2) c'est-à-dire de la foi qui est en Jésus-Christ. Car je demande à Dieu que Jésus-Christ habite par la foi dans vos cœurs. (*Ephés.*, III, 17.) Que le démon ne vienne point à corrompre cette foi, qu'il ne dévore point le poisson.

CHAPITRE V. — *L'œuf est la figure de l'espérance.* — 7. Reste l'espérance, qui, ce me semble, peut être comparée à l'œuf. L'espérance n'est point encore parvenue à la réalité; or, l'œuf, tout en étant quelque chose, n'est point encore le poulet qui doit en sortir. Les quadrupèdes enfantent leurs petits eux-mêmes, les oiseaux ne produisent que l'espérance de ces pe-

tits. L'espérance nous invite donc à mépriser les choses présentes, à attendre les biens futurs, et en oubliant ce qui est derrière nous à tendre vers ce qui est devant. « Tout ce que je sais, dit-il, c'est qu'oubliant ce qui est derrière moi, et en avançant vers ce qui est devant moi, je m'efforce d'atteindre le but pour remporter le prix auquel Dieu m'a appelé d'en haut par Jésus-Christ. » (*Philip.*, III, 13.) Rien n'est donc aussi opposé à l'espérance que le regard jeté en arrière, c'est-à-dire, que de placer son espérance dans des choses fragiles et passagères, au lieu de la mettre dans les biens dont nous ne sommes point encore en possession, mais qui nous seront un jour donnés sans qu'ils passent jamais. Or, quand les tentations et les épreuves abondent dans le monde, comme la pluie de soufre qui tomba sur Sodome, c'est alors qu'il faut craindre d'imiter la femme de Loth. Elle regarda en arrière, et elle fut frappée d'immobilité à l'endroit où elle se retourna. Elle fut changée en statue de sel (*Gen.*, XIX, 26), pour assaisonner les prudents par son exemple. Voici en quels termes l'apôtre saint Paul parle de cette espérance : « Nous ne sommes encore sauvés qu'en espérance. Or, l'espérance qui verrait ne serait plus de l'espérance, car comment espérer ce qu'on voit déjà ? Mais si nous espérons ce que nous ne voyons pas encore, nous l'attendons par la patience ; car comment espérer ce qu'on voit ? » (*Rom*,. VIII, 24, 25.) C'est bien l'œuf ; on voit un œuf, mais le poulet n'existe pas encore. Il c[st] couvert par la coque de l'œuf, on ne le v[oit] point, parce qu'il est encore enveloppé, on l's[at-] tend patiemment, on l'échauffe pour lui do[n-] ner la vie. Elevez-vous donc, portez-vo[s yeux] vers ce qui est devant en oubliant tout ce q[ui] est derrière vous, car ce qui se voit est passa[-] ger. « Ne considérons point les choses visible[s,] dit l'Apôtre, mais les invisibles ; car les chose[s] visibles sont passagères, mais les invisibles so[nt] éternelles. » (II *Cor.*, IV, 18.) Portez donc vot[re] espérance jusqu'aux choses invisibles, attende[z,] prenez patience. Ne regardez point en arrièr[e.] Craignez le scorpion pour votre œuf, c'est de l[a] queue, vous le savez, c'est en arrière qu'[il] frappe. Que le scorpion ne brise donc poi[nt] votre œuf, que le monde ne détruise point v[os] espérances par ce poison funeste qu'il lanc[e] comme par derrière. Que ne vous dit-il pas, e[n] effet, quel bruit ne fait-il pas derrière vou[s] pour attirer vos regards, pour vous faire place[r] votre espérance dans les choses présentes, [si] peut-on dire qu'elles soient présentes, puis[que] qu'elles ne restent jamais dans le même état[.] Que ne fait-il pas pour détourner votre esp[érance] des promesses de Jésus-Christ, promesses q[ui] ne sont pas encore accomplies, mais qui le se[-] ront certainement, parce qu'il est fidèle, et pou[r] vous inspirer le désir de vous reposer dans c[e] monde périssable ?

Chapitre VI. — *Comment les malheurs e[t...*

---

retro sunt obliviscentes, cum Apostolo in anteriora extendamur. Sic enim dicit : « Unum autem, quæ retro oblitus, in ea quæ ante sunt extentus, secundum intentionem sequor ad palmam supernæ vocationis Dei in Christo Jesu. » (*Philip.*, III, 13.) Nihil ergo tam inimicum est spei, quam retro respicere, id est, in eis rebus, quæ præterlabuntur et transeunt, spem ponere : sed in his quæ nondum datæ sunt, sed dandæ quandoque nunquam transibunt. Quando autem scatet tentationibus mundus, velut pluvia Sodomæ sulfurea, metuendum est exemplum uxoris Lot. Retro enim respexit ; et ubi respexit, ibi remansit. In salem conversa est, ut prudentes condiret exemplo. (*Gen.*, XIX, 26.) Apostolus Paulus de hac spe ita loquitur : « Spe enim salvi facti sumus : spes autem quæ videtur, non est spes : quod enim videt quis, quid sperat ? Si autem quod non videmus speramus, per patientiam exspectamus. Quod enim videt quis, quid sperat ? » (*Rom.*, VIII, 24, 25.) Ovum est. Est ovum, et pullus nondum est. Et testudine tectum est : non videtur, quia operitur : cum patienti[a] exspectetur ; fervescat, ut viviscat. Intende, exten[-] dere in anteriora, obliviscere præterita. Quæ enim videntur, temporalia sunt. « Non respicientes, in[-] quit, quæ videntur, sed quæ non videntur. Qua[e] enim videntur, temporalia sunt : quæ autem non vi[-] dentur, æterna. » (II *Cor.*, IV, 18.) In illa ergo qua[e] non videntur, extende spem : exspecta, sustine[.] Noli retro respicere. Ovo tuo scorpium time. Vid[e] quia de cauda percutit, quam retro habet. Non erg[o] scorpius perimat ovum tuum, mundus iste spem tuam, ut ita dicam, veneno eo contrario, quo retra[-] rio. Quanta tibi loquitur mundus, quanta post dor[-] sum strepit, ut retro respicias ? id est, ut in rebu[s] præsentibus (nec præsentibus, nec enim dicenda[e] sunt præsentia nunquam stantia), spem tuam ponas[,] et ab eo quod promisit Christus et nondum dedit[,] sed quia fidelis est dabit, avertas animum tuum, e[t] velis requiescere in mundo pereunte.

Caput VI. — *Clades et vastationes quomodo Chri[sto...*

(*Georg.*, I.) Remarquez que j'ai dit son règne périssable, j'ai dit sans réticence aucune, que son règne passerait. C'est la vérité qui lui faisait prédire la chute de cet empire, c'est pour flatter les Romains qu'il leur promettait un règne éternel.

CHAPITRE VIII. — *Il faut supporter l'adversité avec patience* — 11. Ne nous laissons donc point abattre, mes frères, les royaumes de la terre auront tous une fin. Cette fin est-elle arrivée ? Dieu le sait. Peut-être n'y sommes-nous pas encore, et la faiblesse, un sentiment de compassion, ou la misère humaine nous font désirer qu'elle soit encore éloignée ; mais s'ensuit-il qu'elle n'arrivera point ? Placez donc toute votre espérance en Dieu, désirez les biens éternels, qu'ils soient l'unique objet de votre attente. Vous êtes chrétiens, mes frères, nous le sommes aussi. Ce n'est point pour vivre dans les délices que le Christ est descendu jusqu'à notre chair mortelle ; supportons les choses présentes plutôt que d'y attacher notre cœur. C'est au grand jour que l'adversité nous porte ses coups, la séduction de la prospérité est pleine de perfidie. Craignez la mer lors même qu'elle est calme. Que ce ne soit point inutilement qu'on nous dise : Elevez votre cœur. Pourquoi laisser ce cœur s'attacher à la terre, alors que la terre n'offre à nos regards que des ruines ? Nous ne pouvons que vous exhorter à préparer ce que vous devez dire et répondre pour défendre votre espérance contre ces insulteurs, contre ces blasphémateurs du nom chrétien. Qu'aucun murmure ne soit capable de vous détourner de l'attente des biens futurs. Tous ceux qui veulent justifier leurs blasphèmes contre notre Christ par le spectacle des calamités actuelles, sont la queue du scorpion. Mettons notre œuf à l'abri sous les ailes de cette poule de l'Evangile qui crie à la fausse Jérusalem, celle dont la perte est certaine : « Jérusalem, Jérusalem, combien de fois ai-je voulu rassembler tes enfants, comme la poule rassemble ses petits, et tu ne l'as pas voulu ! » (*Matth.*, XXIII, 37.) Qu'on ne nous dise point : Combien de fois ai-je voulu, et tu n'as pas voulu ? Cette poule, c'est la divine Sagesse ; mais elle s'est incarnée pour s'abaisser jusqu'à ses petits. Voyez cette poule aux plumes hérissées, aux ailes traînantes, à la voix brisée, affaiblie, fatiguée et languissante pour se mettre à la portée de ses petits. Déposons donc notre œuf, c'est-à-dire notre espérance, sous les ailes de cette poule.

CHAPITRE IX. — *La ruine de Rome a été attribuée faussement à la religion chrétienne, ou à la destruction de l'idolâtrie.* — 12. Vous avez peut-être remarqué comment la poule tue le scorpion. Plaise à Dieu que cette poule sacrée tue aussi ces blasphémateurs, ces vils reptiles qui sortent des cavernes, qu'elle les dévore, qu'elle se les incorpore et les transforme eux-mêmes en œuf.

---

quando non Jovem lapidem induxi loquentem, sed ex persona mea locutus sum, dixi : Non res Romanæ peritura que regna. (*Georg.*, I.) Videte quia dixi periturae regna : Dixi peritura regna, non tacui. Peritura veritate non tacui : semper mansura adulatione promisit.

CAPUT VIII. — *Constantia in ferendis adversis.* — 11. Non ergo deficiamus, Fratres : finis erit terrenis omnibus regnis. Nunc si finis est, Deus videt. Forte enim nondum est, et infirmitate quadam, vel misericordia, vel miseria hoc optamus, ut nondum sit : numquid tamen ideo non erit? Figite spem in Deum, æterna concupiscite, æterna exspectate. Christiani estis, Fratres, Christiani sumus. Non ad delicias Christus in carnem descendit : toleremus potius præsentia quam diligamus : adversorum est manifesta pernicies, prosperorum falsa blandities. Time mare et quando (*a*) malacia est. Omnino non frustra audiamus : Sursum cor. Quid ponimus cor in terra, cum videamus quia evertitur terra? Nos non possumus nisi exhortari vos, ut habeatis quod dicatis, et quod pro spe vestra respondeatis insultatoribus et blasphematoribus nominis Christiani. Nemo vos murmurando avertat ab exspectatione futurorum. Omnes qui propter istas adversitates blasphemant Christum nostrum, cauda scorpionis sunt. Nos ovum nostrum sub aliis illius gallinæ ponamus Evangelicæ, quæ clamat : Jerusalem, Jerusalem, illi falsæ et perditæ, quotiens volui colligere filios tuos, tanquam gallina pullos suos, et noluisti? (*Matth.*, XXIII, 37.) Non nobis dicatur : Quotiens volui et noluisti? illa enim gallina divina Sapientia est : sed assumpsit carnem, ut pullis congrueret. Videte gallinam hispidam plumis, dimissis alis, voce fracta, et quassa, et lassa, et languida congruere parvulis suis. Ovum ergo nostrum, id est, spem nostram sub alis illius gallinæ ponamus.

CAPUT IX. — *Romæ vastatio religioni Christianæ sive idololatriæ exstinctionis falso tributa.* — 12. Animadvertistis forte, quomodo gallina concidat scorpionem. Utinam ergo et istos blasphemantes, in terra reptantes, ne cavernis prodeuntes, et male pungentes,

---

(*a*) Lov. *et quando tranquillum est.* Am. et Er. *et quando mollities est.* At Mss. *malitia,* seu verius, *malacia est.*

Qu'ils ne s'irritent pas, nous paraissons émus, mais nous ne rendons pas le mal pour le mal. On nous maudit, et nous bénissons, aux blasphèmes nous répondons par la prière. (I *Cor.*, IV, 12.) Mais j'entends dire de moi : Si seulement il ne parlait pas de Rome, s'il n'en faisait pas l'objet de ses discours ! Mais est-ce que je l'insulte ? Est-ce que plutôt je ne prie pas le Seigneur pour elle, en vous exhortant comme je le puis à faire de même ? Loin de moi donc que je l'insulte. Que Dieu éloigne cette pensée de mon cœur et de ma conscience attristée. N'y comptions-nous point, n'y avons-nous pas encore un grand nombre de frères, n'y voyons-nous pas une grande partie de la Jérusalem qui est encore voyageuse sur la terre ? N'y a-t-elle pas souffert les calamités de cette vie, mais sans perdre les biens éternels ? Qu'ai-je donc fait en parlant de Rome, que de montrer la fausseté et l'injustice des reproches qu'ils font à notre Christ d'être la cause de la ruine de Rome, que protégeaient autrefois ses dieux de pierre et de bois ? Ajoutez même ce qui est plus précieux, des dieux d'airain, et ce qui a plus de prix encore, des dieux d'argent et d'or. « Les idoles des nations sont de l'argent et de l'or. » (*Ps.* CXIII, 4.) Le Psalmiste ne dit point : Ces dieux sont de pierre ; il ne dit point : Ils sont de bois ou d'argile ; il prend ce qu'ils estiment davantage, l'or et l'argent. Et cependant tout en étant de l'or et de l'argent, ils ont des yeux et ne voient point. Les dieux d'or diffèrent pour le prix des dieux de bois, mais ils sont égaux en ce que les uns comme les autres ont des yeux et ne voient point. C'est à de tels gardiens que des hommes instruits ont confié le salut de la ville de Rome, à des gardiens qui ont des yeux et ne voient point. Ou bien s'ils ont eu assez de puissance pour sauver Rome, pourquoi ont-ils péri eux-mêmes avant elle ? C'est alors, disent-ils, que Rome a succombé. Mais ils n'en ont pas moins été détruits eux-mêmes. Non, répondent-ils, ce n'est pas eux, mais seulement leurs statues. Or, comment, dites-moi, auraient-ils pu garder vos demeures, eux qui n'ont pu défendre leurs idoles ? Alexandrie a vu autrefois périr ces espèces de dieux. Constantinople, depuis qu'elle est devenue une grande ville, grâce à la magnificence d'un empereur chrétien, a vu aussi la ruine de ses faux dieux, et cependant elle n'a pas laissé de s'accroître, nous la voyons encore debout dans toute sa prospérité, et elle subsistera autant que Dieu le voudra. En parlant de la sorte, nous ne promettons pas l'éternité à cette ville. Carthage reste debout au nom de Jésus-Christ, et on a vu autrefois tomber cette divinité qu'on appelait Céleste, parce qu'elle ne venait point du ciel, mais de la terre (1).

(1) Cette déesse était honorée des païens d'Afrique. Saint Augustin en parle dans le livre II *de la cité de Dieu*, chapitre IX ; dans l'*Explication des psaumes* LXII, n° 7, et XCVIII n° 14. Saint Prosper, dans son livre III *des Prédictions*, chapitre XXXVIII, parle aussi d'un temple

illa gallina concidat et devoret, in corpus suum trajiciat, et in ovum vertat. Non irascantur : commoti videmur; sed maledicta maledictis non reddimus. Maledicimur et benedicimus, blasphemati deprecamur. (I *Cor.*, IV, 12.) Sed non dicat de Roma, dictum est de me : (*a*) O si taceat de Roma : quasi ego insultator sim, et non potius Domini deprecator, et vester qualiscumque exhortator. Absit a me, ut insultem. Avertat Deus a corde meo, et a dolore conscientiæ meæ. Ibi multos fratres non habuimus ? non adhuc habemus ? Portio peregrinantis Jerusalem civitatis non ibi magna degit ? non ibi (*b*) temporalia pertulit ? sed æterna non perdidit. Quid ergo dico, cum de illa non taceo, nisi quia falsum est, quod dicunt de Christo nostro, quod ipse Romam perdiderit, quod dii lapidei Romam tuebantur et lignei ? Adde pretium, ærei. Adde plus, argentei et aurei : Idola gentium argentum et aurum. (*Psal.* CXIII, 4.) Non dixit, lapis; non dixit, lignum; non dixit, testa : sed quod pro magno habent, argentum et aurum. Tamen ipsum argentum et aurum oculos habent, et non vident. Dii aurei et dii lignei ad pretium dispares sunt : ad habere oculos et non videre, pares sunt. Ecce qualibus Romam docti homines custodibus commiserunt, habentibus oculos, et non videntibus. Aut si Romam servare potuerunt, quare ipsi ante perierunt ? Inquiunt : Tunc periit Roma. Tamen perierunt. Non, inquiunt, ipsi perierunt, sed simulacra eorum. Quomodo ergo custodirent tecta vestra, qui non potuerunt custodire simulacra sua ? Alexandria olim tales deos perdidit. Constantinopolis ex quo condita est in magnam civitatem, quoniam a Christiano imperatore condita est, olim deos ipsos falsos perdidit : et tamen et crevit, et crescit, et manet. Quamdiu vult Deus manet. Non enim et illi civitati, quia hoc dicimus, æternitatem promittimus. Carthago in nomine Christi manet, et olim eversa est (*c*) Cœlestis ; quia non fuit cœlestis, sed terrestris.

(*a*) Editi, *dictum est de meo. Sed taceat de Roma*. — (*b*) Aliquot Mss. *tempora pertulit*. Quidam, *temporalia protulit*. — (*c*) Editi, *eversa est a scelestis*. Castigamus ad Mss. *eversa est Cœlestis*.

qu'on a demandé trois pains et qu'ils ont été donnés.

6. Voici trois autres choses distinctes : « Si quelqu'un d'entre vous demande du pain à son père, lui donnera-t-il une pierre ? ou s'il lui demande un poisson, lui donnera-t-il un serpent ? Ou s'il lui demande un œuf, lui donnera-t-il un scorpion ? Si donc, tout méchants que vous êtes, vous savez donner de bonnes choses à vos enfants, combien à plus forte raison votre Père céleste donnera-t-il de bonnes choses à ceux qui les lui demandent ? » (*Luc*, XI, 11-13.) Considérons encore ces trois choses, peut-être y découvrirons-nous le symbole de ces trois vertus ; la foi, l'espérance et la charité qui l'emporte sur les deux premières. Comparez ces trois choses, un pain, un poisson, un œuf ; le pain vaut mieux que les deux autres. Aussi le pain est-il pour nous dans ces trois choses le symbole de la charité. Voilà pourquoi Notre-Seigneur lui oppose la pierre, parce que la dureté est opposée à la charité. Dans le poisson, nous voyons la foi. Un saint a dit, et nous aimons à répéter ses paroles : « Le bon poisson est la foi jointe à la piété. » Le poisson vit au milieu des flots, sans que les flots l'écrasent ou le déchirent. La foi pieuse vit au milieu des tentations et des tempêtes de ce siècle, le monde se déchaîne contre elle avec fureur, elle demeure intacte. Remarquez seulement ici que le serpent est l'ennemi de la foi. En effet, c'est par la foi qu'a été fiancée celle à laquelle il est dit dans le Cantique des cantiques : « Viens du Liban, ô mon épouse ! » (*Cant.*, IV, 8) viens et pars de la foi pour venir jusqu'ici. Elle est fiancée, parce que c'est la foi qui commence les fiançailles. L'époux fait une promesse, et il est lié par la foi qu'il a jurée. Or, le Seigneur établit une opposition entre le serpent et le poisson, entre le démon et la foi. Voilà ce qui explique le langage de l'Apôtre à l'épouse spirituelle de Jésus-Christ : « Je vous ai fiancé à cet unique époux, Jésus-Christ, pour vous présenter à lui comme une vierge pure. Mais je crains que comme Eve fut séduite par les artifices du serpent, vos esprits de même ne se corrompent et ne dégénèrent de la chasteté qui est en Jésus-Christ, » (II *Cor.*, XI, 2) c'est-à-dire de la foi qui est en Jésus-Christ. Car je demande à Dieu que Jésus-Christ habite par la foi dans vos cœurs. (*Ephés.*, III, 17.) Que le démon ne vienne point à corrompre cette foi, qu'il ne dévore point le poisson.

CHAPITRE V. — *L'œuf est la figure de l'espérance.* — 7. Reste l'espérance, qui, ce me semble, peut être comparée à l'œuf. L'espérance n'est point encore parvenue à la réalité ; or, l'œuf, tout en étant quelque chose, n'est point encore le poulet qui doit en sortir. Les quadrupèdes enfantent leurs petits eux-mêmes, les oiseaux ne produisent que l'espérance de ces pe-

lis panibus non est dictus aliquis panis major aliis : sed simpliciter petiti, et dati tres panes.

6. Ecce alia tria : « Quis est vestrum, a quo petit filius suus panem, numquid lapidem porriget ei ? Aut quis est vestrum, a quo petit piscem, numquid serpentem porriget ei? Aut a quo petit ovum, numquid porriget ei scorpionem ? Si ergo vos, cum sitis mali, nostis bona data dare filiis vestris ; quanto magis Pater vester qui in cœlis est dabit bona petentibus se. » (*Luc.*, XI, 11-13.) Tria ergo rursus ista consideremus, ne forte ibi sint illa tria, fides, spes, caritas : major autem horum caritas. Pone ergo tria, panem, piscem, ovum : major horum panis. Ideo bene panem intelligimus in his tribus caritatem. Propterea pani lapidem opposuit : quia duritia contraria est caritati. Piscem fidem intelligimus. Dixit quidam sanctus, et nos dicere delectat : Piscis bonus, pia est fides. Vivit inter fluctus, nec frangitur aut solvitur fluctibus. Vivit inter tentationes tempestatesque hujus sæculi, pia fides : sævit mundus, et integra est. Tantum contrarium fidei serpentem illum observa. In fide enim desponsata est illa, cui dicitur in Canticis canticorum : Veni de Libano sponsa mea (*Cant.*, IV, 8), veniens et pertransiens ab initio fidei. Ideo et desponsata, quia desponsationis initium fides est. Promittitur enim ab sponso aliquid, et promissa fide detinetur. Opposuit autem Dominus serpentem pisci, diabolum fidei. Propterea desponsatæ huic dicit Apostolus : « Desponsavi vos uni viro, virginem castam exhibere Christo. » Et : « Timeo ne sicut serpens Evam seduxit astutia sua, sic et vestri sensus corrumpantur a castitate quæ est in Christo : » (II *Cor.*, XI, 2, 3) id est, quæ est in fide Christi. Habitare enim, inquit, Christum per fidem in cordibus vestris. (*Ephes.*, III, 17.) Diabolus ergo non corrumpat fidem, non devoret piscem.

CAPUT V. — *Ovum spes.* — 7. Restat spes, quæ, quantum mihi videtur, ovo comparatur. Spes enim nondum pervenit ad rem : et ovum est aliquid, sed nondum est pullus. Quadrupedes ergo filios pariunt, aves autem spem filiorum. Spes ergo ad hoc nos hortatur, ut præsentia contemnamus, futura exspectemus ; ea quæ

tits. L'espérance nous invite donc à mépriser les choses présentes, à attendre les biens futurs, et en oubliant ce qui est derrière nous à tendre vers ce qui est devant. « Tout ce que je sais, dit-il, c'est qu'oubliant ce qui est derrière moi, et en avançant vers ce qui est devant moi, je m'efforce d'atteindre le but pour remporter le prix auquel Dieu m'a appelé d'en haut par Jésus-Christ. » (*Philip.*, III, 13.) Rien n'est donc aussi opposé à l'espérance que le regard jeté en arrière, c'est-à-dire, que de placer son espérance dans des choses fragiles et passagères, au lieu de la mettre dans les biens dont nous ne sommes point encore en possession, mais qui nous seront un jour donnés sans qu'ils passent jamais. Or, quand les tentations et les épreuves abondent dans le monde, comme la pluie de soufre qui tomba sur Sodome, c'est alors qu'il faut craindre d'imiter la femme de Loth. Elle regarda en arrière, et elle fut frappée d'immobilité à l'endroit où elle se retourna. Elle fut changée en statue de sel (*Gen.*, XIX, 26), pour assaisonner les prudents par son exemple. Voici en quels termes l'apôtre saint Paul parle de cette espérance : « Nous ne sommes encore sauvés qu'en espérance. Or, l'espérance qui verrait ne serait plus de l'espérance, car comment espérer ce qu'on voit déjà ? Mais si nous espérons ce que nous ne voyons pas encore, nous l'attendons par la patience ; car comment espérer ce qu'on voit ? » (*Rom.*, VIII, 24, 25.) C'est bien l'œuf ; on voit un œuf, mais le poulet n'existe pas encore. Il est couvert par la coque de l'œuf, on ne le voit point, parce qu'il est encore enveloppé, on l'attend patiemment, on l'échauffe pour lui donner la vie. Elevez-vous donc, portez-vous vers ce qui est devant en oubliant tout ce qui est derrière vous, car ce qui se voit est passager. « Ne considérons point les choses visibles, dit l'Apôtre, mais les invisibles ; car les choses visibles sont passagères, mais les invisibles sont éternelles. » (II *Cor.*, IV, 18.) Portez donc votre espérance jusqu'aux choses invisibles, attendez, prenez patience. Ne regardez point en arrière. Craignez le scorpion pour votre œuf, c'est de la queue, vous le savez, c'est en arrière qu'il frappe. Que le scorpion ne brise donc point votre œuf, que le monde ne détruise point vos espérances par ce poison funeste qu'il lance comme par derrière. Que ne vous dit-il pas, en effet, quel bruit ne fait-il pas derrière vous pour attirer vos regards, pour vous faire placer votre espérance dans les choses présentes, et peut-on dire qu'elles soient présentes, puisqu'elles ne restent jamais dans le même état ? Que ne fait-il pas pour détourner votre esprit des promesses de Jésus-Christ, promesses qui ne sont pas encore accomplies, mais qui le seront certainement, parce qu'il est fidèle, et pour vous inspirer le désir de vous reposer dans ce monde périssable ?

Chapitre VI. — *Comment les malheurs et*

retro sunt obliviscentes, cum Apostolo in anteriora extendamur. Sic enim dicit : « Unum autem, quæ retro oblitus, in ea quæ ante sunt extentus, secundum intentionem sequor ad palmam supernæ vocationis Dei in Christo Jesu. » (*Philip.*, III, 13.) Nihil ergo tam inimicum est spei, quam retro respicere, id est, in eis rebus, quæ præterlabuntur et transeunt, spem ponere : sed in his quæ nondum datæ sunt, sed dandæ quandoque nunquam transibunt. Quando autem scatet tentationibus mundus, velut pluvia Sodomæ sulfurea, metuendum est exemplum uxoris Lot. Retro enim respexit ; et ubi respexit, ibi remansit. In salem conversa est, ut prudentes condiret exemplo. (*Gen.*, XIX, 26.) Apostolus Paulus de hac spe ita loquitur : « Spe enim salvi facti sumus : spes autem quæ videtur, non est spes : quod enim videt quis, quid sperat ? Si autem quod non videmus speramus, per patientiam exspectamus. Quod enim videt quis, quid sperat ? » (*Rom.*, VIII, 24, 25.) Ovum est. Est ovum, et pullus nondum est. Et testudine tectum est : non videtur, quia operitur : cum patientia exspectetur ; fervescat, ut vivicat. Intende, extendere in anteriora, obliviscere præterita. Quæ enim videntur, temporalia sunt. « Non respicientes, inquit, quæ videntur, sed quæ non videntur. Quæ enim videntur, temporalia sunt : quæ autem non videntur, æterna. » (II *Cor.*, IV, 18.) In illa ergo quæ non videntur, extende spem : exspecta, sustine. Noli retro respicere. Ovo tuo scorpium time. Vide quia de cauda percutit, quam retro habet. Non ergo scorpius perimat ovum tuum, mundus iste spem tuam, ut ita dicam, veneno eo contrario, quo retrario. Quanta tibi loquitur mundus, quanta post dorsum strepit, ut retro respicias ? id est, ut in rebus præsentibus (nec præsentibus, non enim dicenda sunt præsentia nunquam stantia), spem tuam ponas ; et ab eo quod promisit Christus et nondum dedit, sed quia fidelis est dabit, avertas animum tuum, et velis requiescere in mundo pereunte.

Caput VI. — *Clades et vastationes quomodo Chri-*

les calamités publiques peuvent être utiles aux chrétiens. — 8. Le dessein de Dieu, en mêlant des amertumes aux prospérités de la terre, est de nous faire chercher une autre félicité, dont la douceur ne soit point trompeuse; et le monde se sert de ces amertumes elles-mêmes pour détourner vos yeux de ce qui est devant vous et vous faire regarder en arrière. Ce sont ces amertumes, ces calamités qui excitent vos murmures, et vous inspirent ce langage. Depuis l'avénement du christianisme, tout périt sous nos yeux. Pourquoi tout ce bruit, ô monde? Dieu ne m'a point promis que toutes ces choses ne périraient point; Jésus-Christ non plus ne me l'a promis. L'Eternel a promis ce qui est éternel, si j'ajoute foi à ses promesses, de mortel que je suis, je deviens moi-même éternel. Pourquoi donc tant de bruit, ô monde immonde? Pourquoi ces murmures et ces plaintes? Pourquoi vous efforcer de me détourner de Dieu? Vous voulez me retenir tout périssable que vous êtes; que feriez-vous donc si vous étiez immuable? Qui seront à l'abri des séductions de votre douceur, puisque tout amer que vous êtes vous nous présentez une nourriture mensongère? Pour moi, si j'ai l'espérance, si je la conserve fidèlement, mon œuf n'a point été brisé par le scorpion. « Je bénirai en tout temps le Seigneur, sa louange sera toujours dans ma bouche. » (*Ps.* XXIII, 2.) Que le monde soit prospère ou qu'il tombe en ruines, je bénirai le Seigneur, créateur du monde; oui, je le bénirai. Que je sois extérieurement heureux ou malheureux, « je bénirai le Seigneur en tout temps, sa louange sera toujours dans ma bouche. » Si je le bénis au milieu de la prospérité, et que je le blasphème au temps de l'affliction, j'ai été blessé par l'aiguillon du serpent, et j'ai regardé en arrière. Dieu nous préserve de ce malheur. « Le Seigneur a donné, le Seigneur a ôté, comme il a plu au Seigneur, ainsi il a été fait, que le nom du Seigneur soit béni. » (*Job,* I, 21.)

CHAPITRE VII. — *Une cité, un royaume éternel attend les fidèles dans les cieux.* — 9. La cité qui nous a donné le jour est encore debout, que Dieu en soit loué. Plut à Dieu qu'elle-même pût naître à la vie spirituelle et passer avec nous à l'éternité! Si la ville qui nous a vu naître à la vie du temps vient à périr, celle qui nous a engendré à la vie spirituelle demeure éternellement. « C'est le Seigneur qui a bâti Jérusalem. » (*Ps.* CXXVI, 2.) Or, a-t-il laissé détruire son édifice pendant son sommeil, ou devenir la proie de l'ennemi par défaut de vigilance? « Si le Seigneur ne protége lui-même la cité, dit le Roi-Prophète, c'est en vain que les hommes veillent à sa garde. » (*Ps.* CXXVI, 1.) Et quelle est cette cité? « Celui qui garde Israël ne dort ni ne sommeille. » (*Ps.* CXX, 4.) Or, qu'est-ce qu'Israël? N'est-ce point la postérité d'Abraham? Et

---

stianis utiles. — 8. Ideo enim Deus felicitatibus terrenis amaritudines miscet, ut alia quæratur felicitas, cujus dulcedo non est fallax : et de ipsis amaritudinibus conatur mundus avertere ab eo quod intendis in anteriora, et retro convertere. De ipsis amaritudinibus, de ipsis tribulationibus murmuras, et dicis : Ecce pereunt omnia Christianis temporibus. Quid strepis? Non hoc promisit mihi Deus, quod ista non peribunt : non hoc mihi promisit Christus. Æternus promisit æternus : si credidero, ex mortali fiam æternus. Quid strepis o munde immunde? quid strepis? Quid avertere conaris? Tenere vis periens: quid faceres, si maneres? Quem non deciperes dulcis, si amarus alimenta (*a*) mentiris? Ego si habeo spem, si teneo spem, ovum meum non est ab scorpione percussum. Benedicam Dominum in omni tempore, semper laus ejus in ore meo. (*Psal.* XXXIII, 2.) Felix sit mundus, evertatur mundus : Benedicam Dominum, qui fecit mundum. Benedicam prorsus. Secundum carnem bene sit, secundum carnem male sit : « Benedicam Dominum in omni tempore, semper laus ejus in ore meo. » Nam si benedico quando bene est, et blasphemo quando male est; suscepi scorpionis aculeum, compunctus retro respexi; quod absit a nobis Dominus dedit, Dominus abstulit; sicut Domino placuit, ita factum sit, sit nomen Domini benedictum. » (*Job,* I, 21.)

CAPUT VII. — *Civitas et regnum in cœlis æternum eos manent.* — 9. Manet civitas quæ nos carnaliter genuit. Deo gratias. Utinam et spiritaliter generetur, et nobiscum transeat ad æternitatem. Si non manet civitas quæ nos carnaliter genuit, manet quæ nos spiritaliter genuit. Ædificans Jerusalem Dominus. (*Psal.* CXLVI, 2.) Numquid dormitando ædificium suum perdidit, aut non custodiendo hostes admisit? Nisi Dominus custodierit civitatem, in vanum vigilat qui custodit eam. (*Psal.* CXXVI, 1.) Et quam civitatem? Non dormit, neque dormitabit, qui custodit Israel. (*Psal.* CXX, 4.) Quid est Israel, nisi semen Abrahæ? Quid est semen Abrahæ, nisi Christus. « Et semini

(*a*) In Fossatensi codice additur *dulcia*.

la postérité d'Abraham? n'est-ce point le Christ? Mais nous, que sommes-nous? Vous appartenez à Jésus-Christ, dit l'Apôtre, donc vous êtes la postérité d'Abraham et les héritiers en vertu de la promesse. « Toutes les nations, dit Dieu à Abraham, seront bénies dans celui qui naîtra de vous. » (*Galat.*, III, 16, 17.) La cité sainte, la cité fidèle, la cité qui est étrangère sur la terre, a ses fondements dans le ciel. O chrétien fidèle, ne laissez point corrompre votre espérance, ne perdez point la charité, ceignez vos reins, allumez, portez à la main vos lampes, et attendez ainsi que votre Seigneur revienne des noces. (*Luc*, XII, 35.) Pourquoi vous effrayer en voyant crouler les royaumes de la terre? Dieu vous a promis un royaume dans le ciel, pour vous sauver des ruines de la terre. Est-ce que la destruction de ces royaumes n'a pas été prédite en termes formels? Nous ne pouvons nier que cette prédiction ait été faite? Votre Seigneur que vous attendez n'a-t-il pas dit : « Les nations se lèveront contre les nations, et les royaumes contre les royaumes. » (*Marc.*, XIII, 8.) Les royaumes de la terre ont leurs révolutions et leurs changements, mais nous attendons la venue de celui dont il est écrit : « Son royaume n'a point de fin. » (*Luc.*, I, 33.)

10. Ceux qui ont promis aux royaumes de la terre une éternelle durée, n'ont pas été conduits par la vérité, c'est la flatterie qui leur a inspiré ce mensonge. Un de leurs poètes prête à Jupiter ce langage en parlant des Romains : « Je ne leur assigne ni limites, ni durée, je leur donne un empire sans fin. » (VIRGILE, *Enéide*, liv. VI, vers 282 et 283.) La vérité tient un langage tout différent. O vous qui, tout en donnant ne donnez rien, ce royaume à qui vous promettez une éternelle durée, est-il sur la terre ou dans le ciel? Il est sur la terre, dites-vous. Mais fût-il dans le ciel, « le ciel et la terre passeront. » (*Luc.*, XXI, 33.) Or, si les œuvres de Dieu elles-mêmes doivent passer, l'œuvre de Romulus passera bien plus vite. Peut-être même si nous voulions attaquer Virgile, et lui reprocher d'avoir ainsi parlé, nous prendrait-il à part pour nous dire : Je le sais aussi bien que vous, mais que pouvais-je faire, moi qui vendais mes vers aux Romains, que de les flatter par ces promesses mensongères? Et cependant voyez quelles précautions j'ai prises lorsque j'ai dit : « Je vous ai donné un empire éternel, » j'ai fait paraître Jupiter pour lui prêter ce langage : Ce n'est pas en mon nom que j'ai fait cette fausse prédiction, c'est à Jupiter que j'ai imposé ce rôle de trompeur. Il était de la sorte aussi faux prophète qu'il était faux dieu. Dans un autre endroit où je n'ai pas introduit sur la scène Jupiter, c'est-à-dire donné la parole à une pierre, j'ai dit en parlant en mon propre nom : « Ce ne sont ni les institutions de Rome, ni son règne périssable. »

---

tuo, inquit, quod est Christus. Et nobis quid? Vos autem Christi, ergo semen Abrahæ estis, secundum promissionem hæredes. » (*Gal.*, III, 16.) In semine tuo, inquit, benedicentur omnes gentes. Civitas sancta, civitas fidelis, civitas in terra peregrina, in cœlo fundata est. O fidelis, noli corrumpere spem, noli amittere caritatem, accinge lumbos tuos, accende, prætende lucernas tuas, exspecta Dominum, quando veniat a (*a*) nuptiis. (*Luc.*, XII, 35.) Quid expavescis, quia pereunt regna terrena? Ideo tibi cœleste promissum est, ne cum terrenis perires. Nam ista peritura prædicta sunt, prædicta omnino. Non enim negare possumus, quod prædictum est. Dominus tuus quem exspectas, dixit tibi : Exsurget gens super gentem, et regnum super regnum. (*Marc.*, XIII, 8.) Habent mutationes terrena regna : Veniet ille de quo dictum est : Et regni ejus non erit finis. (*Luc.*, I, 33.)

10. Qui hoc terrenis regnis promiserunt, non veritate ducti sunt, sed adulatione mentiti sunt. Poeta illorum quidam induxit Jovem loquentem, et ait de Romanis :

His ego nec metas rerum, nec tempora pono :
Imperium sine fine dedi.
(VIRG., lib. VI, *Æneid.*)

Non plane ita respondet veritas. Regnum hoc, quod sine fine dedisti, o qui nihil dedisti, in terra est, an in cœlo? Utique in terra. Et si esset in cœlo : Cœlum et terra transient. (*Luc.*, XXI, 33.) Transient quæ fecit ipse Deus : quanto citius quod condidit Romulus? Forte si vellemus hinc exagitare Virgilium, et insultare, quare hoc dixerit : in parte tolleret nos, et diceret nobis : Et ego scio, sed quid facerem qui Romanis verba vendebam, nisi hac adulatione aliquid promitterem quod falsum erat? Et tamen et in hoc cautus fui, quando dixi : Imperium sine fine dedi : Jovem ipsorum induxi, qui hoc diceret. Non ex persona mea dixi rem falsam, sed Jovi imposui falsitatis personam : sicut Deus falsus erat, ita mendax vates erat. Nam vultis nosse quia ista noveram? Alio loco,

---

(*a*) Omnes Mss. *ad nuptias.*

Chapitre X. — *La défaite de Rome n'eut pas lieu après la destruction des idoles.* — 13. C'est à tort aussi qu'ils disent que c'est aussitôt après la destruction de leurs dieux que Rome a été prise et dévastée. Non, cela n'est pas vrai, les idoles étaient déjà renversées lorsque les Goths ont été vaincus avec Rhadagaise, leur roi. Rappelez ici vos souvenirs, mes frères, il n'y a pas encore bien longtemps, peu d'années nous séparent de ce fait historique (1). Toutes les idoles étaient renversées dans la ville de Rome, lorsque Rhadagaise roi des Goths vint avec une armée bien plus considérable que celle d'Alaric. Ce Rhadagaise était idolâtre, il sacrifiait tous les jours à Jupiter. On publiait partout que Rhadagaise ne cessait d'offrir des sacrifices. Tous les païens de Rome disaient alors : Nous ne sacrifions point, tandis qu'il offre des sacrifices ; nous serons donc vaincus par celui qui sacrifie, nous à qui on défend de sacrifier. Or, Dieu, pour montrer que ce n'est point de ces sacrifices que dépend le salut temporel ni l'existence des royaumes de la terre, fit remporter sur Rhadagaise une victoire qui tenait du miracle. Vinrent ensuite les Goths qui ne sacrifiaient point aux idoles ; ils avaient la foi chrétienne sans être catholiques, mais ils abhorraient les idoles, et ces ennemis des idoles s'emparèrent de Rome, ils triomphèrent de ceux qui mettaient leur confiance dans les idoles, qui cherchaient encore ces idoles détruites, et regrettaient de ne pouvoir offrir de sacrifice à ces dieux renversés. Nos frères étaient là aussi et ont eu leur part dans ces calamités, mais ils savaient dire : « Je bénirai le Seigneur en tous temps. » Ils ont été éprouvés comme sujets d'un royaume de la terre, mais ils n'ont point perdu pour cela le royaume des cieux. Loin de là, les tribulations les ont rendus meilleurs et plus dignes d'obtenir ce royaume. Au milieu des tribulations, ils n'ont point ouvert leurs lèvres au blasphème, ils sont sortis comme des vases intacts de la fournaise et ont été comblés des bénédictions divines. Lorsque les blasphémateurs, au contraire, qui poursuivent avidement les biens de la terre, qui en font l'objet unique de leurs désirs et de leurs espérances, les verront bon gré, malgré s'échapper de leurs mains, que leur restera-t-il, et où fixeront-ils leur demeure ? Rien au dehors, rien au dedans, leurs coffres vides, et leur conscience plus vide encore. Où sera leur repos ? où sera leur salut ? où sera leur espérance ? Qu'ils viennent donc, qu'ils cessent leurs blasphèmes, qu'ils apprennent tous à adorer Dieu, que ces scorpions dont l'aiguillon est si perçant soient dévorés par la poule, qu'ils se transforment en sa substance, qu'ils soient exercés sur la terre, pour être un jour couronnés dans le ciel.

célèbre élevé en l'honneur de cette déesse dans la ville de Carthage, et qui fut consacré au culte des chrétiens, l'an 399, sous l'épiscopat d'Aurélius.

(1) La défaite des Goths et de leur roi Rhadagaise eut lieu l'an 406. La ruine de la ville par les mêmes Goths, commandés par Alaric, arriva l'an 410.

Caput X. — *Eversis idolis non exinde Romanam cladem accidisse.* — 13. Et illud quod dicunt non est verum, quia continuo diis perditis Roma capta est, afflicta est. Prorsus non est verum : ante simulacra ipsa eversa sunt ; et sic victi sunt Gotthi cum Rhadagayso. Mementote Fratres, mementote : non est longum, pauci anni sunt, recordamini. Eversis in urbe Roma omnibus simulacris, Rhadagaysus rex Gotthorum cum ingenti exercitu, multo numerosiore quam Alarici fuit, venit. Paganus homo erat Rhadagaysus : Jovi sacrificabat quotidie. Nuntiabatur ubique, quod a sacrificiis non desisteret Rhadagaysus. Tunc omnes isti : Ecce nos non sacrificamus, ille sacrificat, vinci habemus a sacrificante, quibus non licet sacrificare. Deus ostendens quia non in istis sacrificiis est ipsa temporalis salus, ipsa regna terrena, victus est Rhadagaysus, adjuvante Domino, miro modo. Postea venerunt Gotthi non sacrificantes, etsi fide Christiana non Catholici, tamen idolis inimici, venerunt idolis adversantes, et ipsi ceperunt : viceruntque de idolis præsumentes, et perdita idola adhuc quærentes, et perditis adhuc sacrificare cupientes. Sed ibi erant et nostri, et afflicti sunt : sed noverant dicere : Benedicam Dominum in omni tempore. (*Psal.* xxxiii, 2.) Afflicti sunt in regno terreno : sed regnum cœlorum non perdiderunt : imo ad illud capessendum exercitatione tribulationum meliores effecti sunt. Et si in tribulationibus non blasphemaverunt, tanquam integra vasa de fornace exierunt, et Dominica benedictione repleti sunt. Isti autem blasphematores, terrena sectantes, terrena desiderantes, in terrenis spem ponentes, cum ista velint nolint perdiderint, quid tenebunt ? ubi remanebunt ? Foris nihil, intus nihil : inanis arca, inanior conscientia. Ubi requies ? ubi salus ? ubi spes ? Veniant ergo, desinant blasphemare, discant adorare : scorpii pungentes a gallina comedantur, in corpus trajicientis convertantur ; in terra exerceantur, in cœlo coronentur.

SERMON CVI.

Sur ces paroles du chapitre xi de l'Evangile selon saint Luc : *Vous autres pharisiens, vous nettoyez avec soin le dehors de la coupe*, etc.

CHAPITRE PREMIER. — *Les pharisiens n'avaient qu'une pureté extérieure et légale.* — 1. Vous avez compris par la lecture du saint Evangile comment les reproches de Notre-Seigneur Jésus-Christ aux pharisiens enseignaient en même temps à ses disciples à ne point faire consister la justice dans la purification du corps. Tous les jours, en effet, les pharisiens se lavaient avant de prendre leur repas, comme si ces ablutions journalières pouvaient purifier leur cœur. Notre-Seigneur met pleinement à découvert ce qu'étaient ces pharisiens. Il parlait en parfaite connaissance de cause, car il voyait non-seulement leur extérieur, mais le fond même de leur âme. Vous en avez une preuve dans ce fait même de l'Evangile ; ce pharisien à qui Jésus-Christ répondit, n'avait point exprimé extérieurement la pensée qu'il avait au fond du cœur, et cependant le Seigneur l'entendit. En effet, il avait blâmé en lui-même Notre-Seigneur Jésus-Christ de s'être mis à table sans s'être lavé. Ce blâme était tout intérieur, mais Notre-Seigneur l'entendait et voilà pourquoi il y répondit. Et que répondit-il ? « Vous autres, pharisiens, vous nettoyez avec soin le dehors de la coupe et du plat, mais l'intérieur de vos âmes est plein de rapine et d'iniquité. » (*Luc*, XI, 39.) Quoi ! Notre-Seigneur vient s'asseoir à la table du pharisien et il n'épargne point celui qui l'a invité ? Il l'épargne bien plus réellement en lui adressant ces reproches, puisqu'il lui donne ainsi le moyen de se corriger et d'éviter les sévérités du jugement. Que nous enseigne encore le Sauveur ? C'est que le baptême qu'on ne reçoit qu'une fois purifie l'âme par la foi. Or, la foi est un acte intérieur et ne paraît point au dehors. Voilà pourquoi nous lisons dans les Actes des Apôtres : « Purifiant leurs cœurs par la foi ; » (*Act.*, XV, 9.) et ce qui fait dire à l'Apôtre saint Pierre : Il vous a donné, dit-il, un symbole dans l'arche de Noé où huit personnes furent sauvées des eaux. Et il ajoute : « C'était une figure à laquelle répond maintenant le baptême qui vous sauve, non en ôtant les souillures de la chair, mais en donnant la pureté d'une conscience éprouvée. » (I *Pier.*, III, 21.) Les pharisiens méprisaient cette pureté de la conscience, ils se contentaient de laver le dehors, tandis que leur âme restait plongée dans d'horribles souillures.

CHAPITRE II. — *L'aumône peut-elle sans la foi purifier le cœur.* — 2. Et que leur dit ensuite Notre-Seigneur ? « Néanmoins donnez l'aumône de ce que vous avez, et tout sera pur pour vous. » (*Ibid.*, 41.) C'est un magnifique éloge de l'aumône, faites-la et éprouvez sa puissance.

SERMO CVI (a).

De verbis Evangelii Lucæ, XI : *Nunc vos pharisæi quod foris est paropsidis lavatis*, etc.

CAPUT PRIMUM. — *Pharisæorum exterior mundities.* — 1. Audistis sanctum Evangelium, quomodo Dominus Jesus, in eo quod Pharisæis dicebat, suos utique discipulos commonebat, ne in corporis mundatione putarent esse justitiam. Omni enim die Pharisæi, ante quam pranderent, abluebant se aqua : quasi quotidiana lavatio possit cordis esse mundatio. Denique quales essent, ostendit. Ille dicebat qui videbat : non enim tantum facies eorum, sed etiam interiora cernebat. Denique ut hoc sciatis, ille Pharisæus, cui respondit Christus, apud se ipsum cogitavit, voce non sonuit, et ille tamen audivit. Apud se enim reprehendit Dominum Christum, quia sic venit ad convivium ejus non lotus. Ille cogitabat, hic audiebat, ideo respondebat. Quid ergo respondit ? « Nunc vos Pharisæi quod foris est paropsidis lavatis : intus autem pleni estis dolo et rapina. » (*Luc.*, XI, 39.) O venire ad prandium ! quomodo (b) non pepercit homini a quo fuerat invitatus ? Magis objurgando pepercit, ut correcto in judicio parceret. Deinde quid ostendit nobis ? Quia et baptismum, quod semel adhibetur, per fidem mundat. Fides autem intus est, non foris. Unde dicitur et legitur in Actibus Apostolorum : Fide mundans corda eorum. (*Act.*, XV, 9.) Et apostolus Petrus in epistola sua ita loquitur : « Sic, inquit, et vobis dedit similitudinem de arca Noe, quomodo octo animæ salvæ factæ sunt per aquam. » Et adjunxit : « Sic et vos simili forma baptisma salvos faciet, non carnis depositio sordium, sed conscientiæ bonæ interrogatio. » (I *Pet.*, III, 21.) Hanc conscientiæ bonæ interrogationem Pharisæi contemnebant, et quod erat foris lavabant : intus inquinatissimi permanebant.

CAPUT II. — *Eleemosyna an sine fide mundare possit.* — 2. Et quid eis ait postea ? « Verumtamen date eleemosynam, et ecce omnia munda sunt vobis. »

(a) Alias XXX, de verbis Domini. — (b) Am. Er. et Mss. *quo modo pepercit :* absque negante particula.

C'est à des pharisiens qu'il parlait, ces pharisiens étaient des Juifs et comme les premiers de leur nation. C'étaient les plus distingués et les plus instruits qu'on appelait alors pharisiens. Ils n'avaient pas encore été purifiés par le baptême de Jésus-Christ, ils ne croyaient pas encore au Christ Fils unique de Dieu qui était au milieu d'eux, mais sans en être reconnu. Pourquoi donc leur dit-il : « Faites l'aumône, et tout sera pur pour vous ? » Si les pharisiens dociles à sa parole faisaient l'aumône et que, selon la promesse du Sauveur, tout fût pur pour eux, qu'était-il besoin de croire en lui ? Si, au contraire, ils ne pouvaient être purifiés qu'en croyant en celui qui purifie le cœur par la foi, pourquoi leur dire : « Faites l'aumône, et tout sera pur pour vous ? » Examinons ces paroles, peut-être nous en donnera-t-il lui-même l'explication.

3. Après qu'il eut parlé de la sorte, les pharisiens s'imaginèrent sans doute qu'ils accomplissaient ce précepte de l'aumône. Ils donnaient la dîme de tous leurs biens et la dixième partie de tous les fruits de leurs terres. On trouverait peu de chrétiens pour en faire autant. Voilà, en effet, ce que faisaient les Juifs, ils donnaient la dîme non-seulement du blé, mais du vin, de l'huile, ils allaient même pour obéir au précepte divin jusqu'à donner la dîme exacte des plus petites choses, du cumin, de la rue, de la menthe, de l'anet, c'est-à-dire qu'ils en mettaient en réserve la dixième partie et la donnaient en aumônes. Je crois qu'ils se rappelèrent ce qu'ils faisaient et qu'ils s'imaginèrent que Notre-Seigneur Jésus-Christ leur parlait à tort comme à des hommes qui négligeaient le devoir de l'aumône, tandis qu'ils étaient certains de ce qu'ils faisaient, c'est-à-dire qu'ils prenaient la dîme des plus petits et des plus vils de leurs fruits pour en faire l'aumône. Ils le tournaient donc en dérision, parce que son langage laissait supposer qu'ils n'accomplissaient point ce précepte de l'aumône.

CHAPITRE III. — *Quelle est l'aumône véritable qui nous est ici recommandée.* — Notre-Seigneur qui n'ignorait point ce qu'ils faisaient ajoute aussitôt : « Mais malheur à vous, scribes et pharisiens, qui payez la dîme de la menthe, du cumin et de la rue, et de toutes les plantes de votre jardin. » (*Luc*, XI, 42.) Sachez donc que je connais vos aumônes. Oui, ce sont là vos aumônes, vous donnez la dîme de tous vos biens, vous la donnez même de ce qu'il y a de moindre et de plus vil dans vos fruits : « Et vous laissez ce qu'il y a de plus important dans la loi, la justice et la charité. » Faites-y donc attention, vous laissez de côté la justice et la charité, et vous donnez la dîme de vos légumes ; ce n'est pas là faire l'aumône : « Il fallait observer ces choses d'abord, et ne point négliger les autres. » Quelles

---

(*Ibid.*, 41.) Laudata est eleemosyna, facite et probate. Sed paulisper attendite : Pharisæis dictum est. Pharisæi isti Judæi erant, quasi egregii Judæorum. Nobiliores enim atque doctiores tunc Pharisæi vocabantur. Baptismo Christi abluti non erant : in Christum Filium Dei unigenitum, qui inter illos ambulabat, et ab eis non agnoscebatur, nondum crediderant. Quomodo ergo eis dicit : « Date eleemosynam, et ecce omnia munda sunt vobis ? » Si audirent illum Pharisæi, et darent eleemosynas, jam secundum verbum ejus munda illis essent omnia ; quid opus erat ut crederent in eum. Si autem mundari non possent, nisi credentes in eum qui fide mundat cor ; quid est : « Date eleemosynam, et ecce omnia munda sunt vobis ? » Attendamus, et forte ipse exponit.

3. Cum hæc dixisset, sine dubio cogitaverunt illi quia dabant eleemosynas. Et quomodo dabant ? Omnia sua decimabant, de omnibus suis fructibus decimam partem detrahebant, et ipsam dabant. Non facile hoc aliquis facit Christianus. Ecce quod faciebant Judæi. Non triticum solum, sed et vinum et oleum ; neque hoc solum, sed etiam et res contemptibiles propter præceptum Dei, cyminum, rutam, mentam, et anethum totum decimabant : id est, decimam partem detrahebant, et eleemosynas dabant. (*Matth.*, XXIII, 23.) Credo ergo, quia revocaverunt ad se, et putaverunt Dominum Christum inaniter loqui, quasi eis qui non facerent eleemosynas : cum ipsi scirent opera sua, quod et minutissima et contemptibilia fructuum suorum decimabant, et eleemosynas dabant. Irriserunt illum apud se talia dicentem, quasi hominibus qui eleemosynas non facerent.

CAPUT III. — *Vera eleemosyna quæ fieri jubetur.* — Hoc Dominus sciens, continuo subjunxit : « Verumtamen væ vobis, Scribæ et Pharisæi, qui decimatis mentam, cyminum et rutam, et omne olus. » (*Ibid.*, 42.) Ut sciatis, novi eleemosynas vestras. Certe istæ sunt eleemosynæ vestræ, istæ sunt decimæ : etiam minuta quæque et contemptibilia fructuum vestrorum decimatis : « Et relinquitis graviora Legis, judicium et caritatem. » Attendite. Reliquistis judicium et

choses fallait-il observer? « La justice et la charité, la justice et la miséricorde, et ne point négliger les autres. » Faites celles-ci, mais préférez celles-là.

4. S'il en est ainsi, pourquoi Notre-Seigneur leur dit-il : « Faites l'aumône et tout sera pur pour vous? » Que signifient ces paroles : « Faites l'aumône? » Faites miséricorde. Et comment faire miséricorde? Si vous le comprenez bien, en commençant par vous-même. Car comment seriez-vous miséricordieux pour les autres, si vous êtes cruel pour vous-même ? « Faites l'aumône et tout sera pur pour vous. »

CHAPITRE IV. — Faites donc la véritable aumône. Qu'est-ce que l'aumône ? C'est un acte de miséricorde. Ecoutez l'Ecriture : « Ayez pitié de votre âme en vous rendant agréable à Dieu. » (*Eccli.*, XXX, 24.) Faites l'aumône, ayez pitié de votre âme en devenant agréable à Dieu. Votre âme se présente à vous comme une mendiante, rentrez dans votre conscience. Oui, qui que vous soyez, qui vivez dans le crime et l'infidélité, rentrez dans votre conscience, et vous y trouverez votre âme réduite à la mendicité, à l'indigence, à la misère, à toutes les douleurs ; ou peut-être vous n'entendrez point le cri de sa misère, parce que l'excès de son indigence la condamne au silence. Si elle a la force de mendier, c'est qu'elle a faim de la justice. Or, lorsque vous aurez trouvé votre âme dans cet état, car c'est l'intérieur de votre cœur qui offre ce spectacle à vos yeux, hâtez-vous de lui faire l'aumône, de lui donner du pain. Quel pain? Si le pharisien interrogeait le Sauveur, il lui répondrait : Faites l'aumône à votre âme. C'est ce qu'il a voulu lui faire entendre, mais le pharisien ne l'a point compris lorsque Notre-Seigneur énumère les aumônes qu'ils faisaient et qu'ils croyaient être ignorées du Christ. Je sais, leur dit-il, que vous faites des aumônes, que vous donnez la dîme de la menthe, du cumin, de l'anet et de la rue, mais je veux parler d'autres aumônes ; vous méprisez la justice et la charité. Faites donc l'aumône à votre âme dans la justice et la charité. Qu'est-ce à dire dans la justice? Regardez attentivement et vous le trouverez; soyez mécontent de vous-même, prononcez contre vous. Et comment la faire dans la charité ? « Aimez le Seigneur votre Dieu de tout votre cœur, de toute votre âme, de tout votre esprit, et votre prochain comme vous-même, » (*Matth.*, XXII, 37) et vous avez commencé à faire miséricorde à votre âme dans votre conscience. Mais si vous omettez de faire cette aumône, donnez autant que vous voulez, retirez de vos fruits, non pas la dîme, mais la moitié, donnez-en neuf parties et ne vous en réserverez qu'une seule ; vous ne faites rien, tant que vous ne faites rien pour vous, et vous restez pauvre en vous-même. Nourrissez votre âme, si vous ne voulez qu'elle meure de

caritatem, et decimatis olera. Non est hoc facere eleemosynam. « Et hæc, inquit, oportet facere, et illa non omittere. » Quæ facere? « Judicium et caritatem, justitiam et misericordiam ; et illa non omittere : » Facite illa : sed ista præponite.

4. Si hæc ita sunt, quid illis dixit : « Facite eleemosynam et ecce omnia munda sunt vobis ? » Quid est : «Facite eleemosynam?» «Facite misericordiam.» Quid est : «Facite misericordiam?» Si intelligis, a te incipe. Quomodo enim es misericors alteri, si crudelis sis tibi? « Date eleemosynam, et omnia munda sunt vobis. »

CAPUT IV. — Facite veram eleemosynam. Quid est eleemosyna? Misericordia. Audi Scripturam : Miserere animæ tuæ placens Deo. (*Eccl.*, XXX, 24.) Fac eleemosynam, miserere animæ tuæ placens Deo. Mendicat ante te anima tua, redi ad conscientiam tuam. Quicumque male vivis, quicumque infideliter vivis, redi ad conscientiam tuam : et ibi invenis mendicantem animam tuam, invenis egentem, invenis pauperem, invenis ærumnosam, invenis forte nec egentem, sed egestate obmutescentem. Nam si mendicat, esurit justitiam. Quando inveneris talem animam tuam (intus in corde tuo sunt illa), fac pinus eleemosynam, da illi panem. Quem panem? Si Pharisæus interrogaret, diceret illi Dominus : Fac eleemosynam cum anima tua. Hoc enim illi dixit : sed ille non intellexit, quando enarravit illis eleemosynas quas faciebant, et putabant latere Christum, et ait illis : Novi quia facitis ; decimatis mentam et anethum, cyminum et rutam : sed ego alias eleemosynas loquor : contemnitis judicium et caritatem. In judicio et caritate fac eleemosynam cum anima tua. Quid est in judicio? Respice, et inveni ; displice tibi, pronuntia in te. Et quid est caritas? Dilige Dominum Deum in toto corde tuo, et tota anima tua, et tota mente tua ; dilige proximum tuum tanquam te ipsum (*Matth.*, XXII, 37, etc.) ; et fecisti misericordiam prius cum anima tua, in conscientia tua. Hanc autem eleemosynam si prætermittis, da quod vis, dona quantum vis, retrahe de fructibus tuis, non decimas, sed dimidias, novem partes da, et unam tibi dimitte : nihil facis, quando

faim. Donnez-lui du pain. Quel pain? me demande-t-il. Celui-même qui vous parle. Si vous consentiez à l'écouter, à le comprendre, à croire au Seigneur, il vous dirait lui-même : « Je suis le pain vivant qui suis descendu du ciel. » (*Jean*, VI, 41.) Ne commenceriez-vous point par donner ce pain à votre âme et par lui faire l'aumône? Si donc vous avez la foi, vous devez tout d'abord nourrir votre âme. Croyez en Jésus-Christ, et tout sera pur en vous, l'intérieur comme l'extérieur. «Tournons-nous vers le Seigneur, » etc. (1).

SERMON CVII.

Sur ces paroles de l'Evangile selon saint Luc, chapitre XII : *Je vous le dis, gardez-vous de toute avarice.*

CHAPITRE PREMIER. — *Commandement qui nous est fait de nous garder de toute avarice.* — 1. Vous qui craignez Dieu, je ne doute point que vous n'écoutiez sa parole avec crainte, et que vous ne l'accomplissiez avec joie, afin d'espérer ici-bas et d'obtenir ensuite ce qu'il vous a promis. Nous avons entendu le commandement que nous fait Notre-Seigneur Jésus-Christ, le Fils de Dieu. C'est la vérité elle-même qui nous donne ce commandement, la vérité qui ne peut ni tromper ni être trompée, écoutons-la donc avec crainte, et mettons-nous en garde. Quel est donc ce commandement? « Je vous le dis, gardez-vous de toute avarice. » (*Luc*, XII, 15.) Pourquoi « de toute avarice ? » Pourquoi le Sauveur a-t-il ajouté : « de toute? » Il pouvait simplement dire : Gardez-vous de l'avarice, mais il a voulu ajouter « de toute » et dire : « Gardez-vous de toute avarice. »

2. Le saint Evangile nous explique le motif de cette addition, en nous faisant connaître la circonstance qui a donné lieu à cette recommandation. Un homme de la foule en avait appelé à lui contre son frère, qui s'était emparé de tout l'héritage, et ne voulait point le partager avec son frère. Considérez combien juste était la cause de cet homme qui en appelait à Notre-Seigneur. Il ne cherchait point à s'emparer du bien d'autrui, mais à entrer en possession des biens que ses parents lui avaient laissés, et il en appelait à la sentence du Sauveur pour les obtenir. Il avait un frère injuste, mais il avait trouvé contre l'injustice de ce frère un juge on ne peut plus juste. Devait-il perdre l'occasion de faire triompher une cause aussi bonne que la sienne? Qui pourrait dire à son frère : Rendez à votre frère la part qui lui est due, si le Christ lui-même refusait de prononcer en sa faveur? Pouvait-il espérer une sen-

---

(1) Cette prière par laquelle le saint docteur termine ordinairement ses sermons, se trouve reproduite ici entièrement dans les éditions précédentes et dans les manuscrits, mais dans les mêmes termes que dans le sermon LXVII, si ce n'est que dans beaucoup d'exemplaires, on lit ici : « Par Jésus-Christ, son Fils, qui vit et règne avec lui, dans les siècles des siècles. Ainsi soit-il. »

---

tecum non facis, et tecum pauper es. Anima tua vescatur, ne fame pereat. Da illi panem. Quem panem, inquit? Ipse tecum loquitur. Tu si audires, et intelligeres, et crederes (*a*) Domino, ipse tibi diceret : Ego sum panis vivus, qui descendi de cœlo. (*Joan.*, VI, 41.) Nonne istum panem primum dares animæ tuæ; et faceres cum illa eleemosynam? Si ergo credis, debes facere, ut prius pascas animam tuam. Crede in Christum, et mundabuntur quæ intus sunt : et quæ foris sunt munda erunt. Conversi ad Dominum, etc.

SERMO CVII (*b*).

De verbis Evangelii Lucæ, XII : *Dico vobis, abstinete ab omni avaritia.*

CAPUT PRIMUM. — *Præceptum de cavenda omni avaritia.*—1. Qui Deum timetis, non dubito quin verbum ejus cum timore audiatis, et cum hilaritate faciatis; ut quod promisit, modo speretis, post accipiatis. Dominum modo audivimus præcipientem nobis, Christum Jesum filium Dei. Præcepit nobis Veritas, quæ nec fallit, nec fallitur: audiamus, timeamus, caveamus. Quid ergo præcepit? « Dico, inquit, vobis, abstinete ab omni avaritia. (*Luc.*, XII, 15.) Quid est, « ab omni avaritia? » Quid est, « ab omni? » Quare addidit, « ab omni? » Posset enim sic dicere: Cavete ab avaritia. Pertinuit ad eum, ut adderet, « ab omni: » et diceret : « Cavete ab omni avaritia. »

2. Quare hoc dixerit, velut occasio ipsa unde natus est sermo, apparet nobis in sancto Evangelio. Interpellavit enim eum quidam contra fratrem suum, qui totum patrimonium abstulerat, et fratri suo partem suam non reddebat. Quam bonam ergo causam habuerit iste appellator, advertitis. Non enim rapere quærebat aliena, sed sua a parentibus sibi relicta quærebat : ipsa Domino interpellato et judicante poscebat. Habebat iniquum fratrem : sed justum judicem invenerat contra iniquum fratrem. Deberet ergo perdere in tam bona causa istam occasionem? Aut quis diceret fratri ejus : Redde partem suam

---

(*a*) Am. Er. et Mss. *et crederes Dominum.* — (*b*) Alias *de Tempore* CXCVI, et *de Diversis* XXVIII.

tence favorable d'un autre juge que son frère, enrichi par ses injustices, aurait corrompu par ses présents? Cet homme pauvre et dépouillé de l'héritage paternel, heureux de trouver un juge aussi élevé et aussi équitable, s'adresse à lui et le supplie de lui rendre justice, et lui expose en très-peu de mots son affaire. Qu'était-il besoin de longs discours, puisqu'il parlait à celui qui pouvait pénétrer le fond des cœurs? « Seigneur, lui dit-il, commandez à mon frère de partager avec moi notre héritage. » (*Ibid.*, 13.) Le Seigneur ne lui dit point : Faites venir votre frère. Il ne l'envoie point chercher et ne dit point en l'appelant en présence de son frère : Prouvez ce que vous avancez. Cet homme demandait la moitié de l'héritage, il demandait la moitié de l'héritage de la terre, le Seigneur lui offre un héritage entier dans le ciel. Il lui donnait donc beaucoup plus qu'il ne demandait.

CHAPITRE II. — *Ce que nous enseigne le Sauveur en refusant de partager cet héritage.* — 3. « Dites à mon frère qu'il partage avec moi notre héritage. » La demande est juste, et il l'expose en peu de mots. Mais écoutons la sentence du juge et la leçon du maître : « Homme, lui dit-il, homme, » car êtes-vous autre chose qu'un homme, vous qui faites un si grand cas de cet héritage? Notre-Seigneur voulait faire de lui plus qu'un homme; à quelle hauteur voulait-il donc l'élever en ôtant de son cœur tout sentiment d'avarice? Que voulait-il en faire de plus? « Je vous le déclare, vous êtes des dieux, vous êtes tous les fils du Très-Haut. » (*Ps.* XLI, 6.) Voilà ce qu'il voulait en faire, le placer au nombre des dieux inaccessibles à tout sentiment d'avarice. « Homme, qui m'a établi pour diviser votre héritage? » (*Ibid.*, 14.) Et l'apôtre saint Paul, son serviteur, ne voulait pas non plus diviser, lorsqu'il disait aux Corinthiens : « Je vous conjure, mes frères, d'avoir tous un même langage, et de ne point souffrir de division entre vous. » (I *Cor.*, I, 10.) Et quelle leçon donne-t-il à ceux qui s'autorisaient de son nom pour diviser Jésus-Christ? « Chacun de vous dit : Moi je suis à Paul, et moi à Apollon, et moi à Céphas, et moi à Jésus-Christ. Jésus-Christ est-il donc divisé? Est-ce que Paul a été crucifié pour vous? ou avez-vous été baptisés au nom de Paul? » (*Ibid.*, 12, etc.) Voyez l'étendue de la perversité des hommes qui veulent diviser celui qui n'a pas voulu diviser. « Qui m'a établi pour diviser votre héritage? »

CHAPITRE III. — *On est coupable d'avarice en conservant même ses biens avec passion.* — 4. Vous avez demandé une grâce, écoutez le conseil qu'on vous donne : « Je vous le dis, gardez-vous de toute avarice. » Peut-être, semble-t-il leur dire, vous l'accuseriez d'avarice et de

---

fratri tuo : si Christus non diceret? Ille judex hoc dicturus erat, quem forte frater ditior et raptor præmio corrumpebat? Miser ergo et paternis opibus destitutus tali ac tanto judice invento accedit, interpellat, rogat, causam suam brevissime exponit. Ut quid enim opus erat causam perorare, quando ei loquebatur, qui cor poterat et videre? « Domine, inquit, dic fratri meo, ut dividat mecum hæreditatem. » (*Ibid.*, 13.) Non ei dixit Dominus : Veniat frater tuus. Sed nec misit, ut adesset, aut cum adfuisset, interpellatori dixit : Proba quod dicebas. Petebat dimidiam hæreditatem, petebat in terra dimidiam : in cœlo Dominus offerebat totam. Plus Dominus dabat, quam ille postulabat.

CAPUT II. — *Divisor hæreditatis Christus esse nolens quid doceat.* — 3. « Dic fratri meo, ut dividat mecum hæreditatem. » Causa justa, causa brevis. Sed audiamus et judicantem et docentem : « Homo, » ait. « Homo: » qui enim pro magno habes istam hæreditatem, qui es nisi homo? Volebat illum facere aliquid plus quam est homo. Quid plus illum volebat facere, cui volebat avaritiam tollere? Quid eum plus volebat facere, inter deos numerare qui avaritia non (*a*) habet. « Homo quis me constituit divisorem inter vos? » (*Ibid.*, 14.) Et Paulus apostolus servus ipsius, quando dicebat : « Obsecro vos, fratres, ut idipsum dicatis omnes, et non sint in vobis schismata, » nolebat esse divisor. (I *Cor.*, I, 10.) Denique monuit eos qui ad ipsius nomen currebant, et Christum dividebant : Unusquisque vestrum dicit : « Ego sum Pauli, ego Apollo, ego Cephæ, ego Christi. Divisus est Christus? numquid Paulus pro vobis crucifixus est? aut in nomine Pauli baptizati estis? » (*Ibid.*, 12, etc.) Videte ergo, quam mali sint homines, qui volunt esse divisum, qui noluit esse divisor. « Quis me, inquit, constituit divisorem inter vos? »

CAPUT III. — *Avaritiæ damnatur qui vel sua cupide servat.* — 4. Petisti beneficium : audi consilium. « Ego dico vobis, cavete ab omni cupiditate. » Forte, inquit, tu avarum et cupidum diceres, si quæreret aliena :

(*a*) Am. et Er. *non habent.*

cupidité, s'il s'emparait du bien d'autrui; mais moi je vous recommande de ne pas rechercher avec avarice et cupidité même ce qui vous appartient. Voilà ce que signifie cette expression: « de toute. » « Gardez-vous, dit-il, de toute avarice. » C'est une lourde obligation; si elle est imposée à des hommes trop faibles pour en supporter le poids, qu'ils prient celui qui leur impose ce fardeau de leur donner les forces nécessaires. Car ne regardons point comme une recommandation légère ces paroles de Notre-Seigneur, de notre Rédempteur, de notre Sauveur, qui est mort pour nous, qui a donné son sang pour nous racheter, ces paroles de notre avocat et de notre juge : « Prenez garde. » Il connaît toute la grandeur du mal, nous ne la connaissons pas, rapportons-nous-en à lui. « Gardez-vous, » dit-il. Et de quoi? « De toute avarice. » Mais je me borne à conserver mon bien, je ne prends point le bien d'autrui. « Gardez-vous de toute avarice. » On n'est pas avare seulement en prenant le bien d'autrui, mais encore en conservant son propre bien avec trop de cupidité. Or, si l'on est ainsi coupable en tenant avec passion à son propre bien, quelle condamnation est réservée à celui qui ravit le bien d'autrui? « Gardez-vous, dit-il, de toute avarice, car la vie d'un homme n'est point dans l'abondance des choses qu'il possède. » Cet homme a amassé de grandes richesses, combien peut-il en prendre pour vivre? Lorsqu'il a choisi et séparé en quelque sorte par la pensée ce qui lui suffit pour vivre, qu'il réfléchisse sérieusement pour qui sera le reste. Car en conservant ce qui est nécessaire à votre vie, vous pouvez fort bien amasser ce qui sera la cause de votre mort. Voilà Jésus-Christ, voilà la vérité, voilà la sévérité. « Gardez-vous, » dit la vérité. « Gardez-vous, » dit la sévérité. Si vous n'aimez point la vérité, craignez la sévérité. « La vie d'un homme n'est point dans l'abondance des choses qu'il possède. » Croyez à celui qui vous parle, il ne peut vous tromper. Mais vous osez dire au contraire : La vie d'un homme dépend de l'abondance des choses qu'il possède. Jésus-Christ ne vous trompe point; c'est vous-même qui vous induisez en erreur.

Chapitre IV. — *Folie du riche, qui se propose de conserver l'excédant de ses biens au lieu de les donner.* — 5. C'est donc à l'occasion de la demande adressée au Sauveur par cet homme qui ne réclamait que sa part, sans désirer s'emparer de celle d'autrui, que Notre-Seigneur prononce cette sentence et ne se contente pas de dire : Gardez-vous de l'avarice, mais qu'il ajoute : « De toute avarice. » Il va plus loin et il apporte un autre exemple, celui d'un riche, dont les domaines avaient prospéré. « Il était un homme riche, dit-il, dont les champs avaient prospéré. » (*Ibid.*, 16.) Qu'est-ce à dire, qu'ils avaient prospéré? Les champs qu'il possédait lui avaient produit une abondante récolte. Quelle abon-

---

ego autem dico, cupide et avare non appetas nec tua. Hoc est, « ab omni. » « Cavete, inquit, ab omni avaritia. » Magnum pondus. Si forte hoc pondus infirmis imponitur; rogetur ut qui imponit vires dare dignetur. Non enim leviter habendum est, Fratres mei, quando Dominus noster, Redemptor noster, Salvator noster, qui mortuus est pro nobis, qui sanguinem suum pretium dedit, ut redimeret nos, advocatus est judex noster; non est leve, quando dicit: « Cavete. » Novit ille quantum mali sit : nos non novimus, illi credamus. « Cavete, » inquit. Quid unde ? « Ab omni avaritia. » « Meum servo, non alienum tollo. « Cavete ab omni avaritia. » Non solum avarus est, qui rapit aliena : sed et ille avarus est, qui cupide servat sua. Sed si sic culpatur, qui cupide servat sua; quomodo damnatur qui rapit aliena? « Cavete, inquit, ab omni cupiditate, quia non in abundantia hominis est vita ejus ex his quæ ibi habet. » Multa qui recondit, quantum inde tollit ut vivat? Cum tulerit inde, et quodam modo cogitatione separaverit quod sufficiat unde vivat, videat cætera cui remaneant : ne forte cum servas unde vivas, colligas unde moriaris. Ecce Christus, ecce veritas, ecce severitas. « Cavete, » dicit veritas; « Cavete, » dicit severitas. Si non amas veritatem, time severitatem. « Non in abundantia hominis est vita ejus ex his quæ habet. » Crede illi, non te fallit. Contra tu dicis : « Imo in abundantia hominis est vita ejus ex his quæ habet. » Ille te non fallit : tu te fallis.

Caput IV. — *Dives imprudens qui reservare proponit, non erogare.* — 5. Ex hac ergo occasione, quia interpellator ille partem suam quærebat, non alienam invadere cupiebat, nata est ista sententia Domini, ut non diceret : « Cavete ab avaritia, » sed adderet, « ab omni avaritia. » Parum fuit ; dat alterum exemplum de quodam divite, cui successerat regio. « Erat, inquit, homo dives, cui successerat regio. » Quid est, « successerat? » (*Ibid.*, 16.) Magnos fructus attulerat regio quam possidebat. Quam magnos fructus? Ut

dance, en effet ! Il ne savait où resserrer ses fruits, et ce vieil avare se trouva tout à coup dans la gêne par le fait même de son abondance. Bien des années s'étaient écoulées, et ses greniers n'avaient jamais été trop étroits. Mais la récolte de cette année était si abondante, que ce qui avait suffi jusque-là devint insuffisant. Et ce malheureux cherche des expédients, non pour donner l'excédant de sa récolte, mais pour la conserver, et voici le moyen qu'il trouve. Il s'imagine être bien habile pour avoir découvert ce moyen, c'est une pensée prudente, c'est un trait de sagesse. Et qu'a-t-il donc découvert dans sa sagesse ? « J'abattrai mes anciens greniers, et j'en rebâtirai de plus grands, et j'y rassemblerai mes fruits et mes biens, et je dirai à mon âme. » Que direz-vous à votre âme ? « Mon âme, tu as beaucoup de biens rassemblés pour beaucoup d'années ; repose-toi, mange, bois, fais bonne chère. » (*Ibid.*, 18, 19.) Voilà le conseil que donne à son âme cet homme si habile et si sage.

CHAPITRE V. — *Il faut s'appliquer, non pas à procurer à son âme les biens de la terre, mais à la rendre bonne elle-même.* — 6. « Mais Dieu lui dit ; » (*Ibid.*, 20) Dieu qui ne dédaigne point d'adresser la parole aux insensés. Vous me direz peut-être : Comment Dieu s'est-il entretenu avec cet insensé ? Ah ! mes frères, à combien d'insensés ne parle-t-il point, lorsqu'on lit ici l'Evangile ? Ceux qui entendent cette lecture sans la mettre en pratique, ne sont-ils point des insensés ? Que leur dit donc le Seigneur ? Comme cet homme s'imaginait avoir fait preuve de haute sagesse en trouvant ce moyen, Dieu lui dit : « Insensé. » Oui, « insensé, » vous qui croyez être bien sage ; « insensé, » qui avez dit à votre âme : « Mon âme, tu as beaucoup de biens rassemblés pour beaucoup d'années ; aujourd'hui même on te redemandera ton âme. » Cette âme à laquelle tu as dit : « Tu as beaucoup de biens rassemblés, » te sera redemandée aujourd'hui, et elle n'a aucun bien qui la suive. Qu'elle méprise donc ces biens pour devenir bonne elle-même, afin qu'elle sorte du corps en toute assurance, lorsqu'elle te sera redemandée. Car qu'y a-t-il de plus inique qu'un homme qui veut que tous les biens qu'il possède soient bons, et qui ne veut pas être bon lui-même ? Vous êtes indigne d'avoir ce que vous désirez, vous qui ne voulez pas être ce que vous voulez posséder. Voudriez-vous avoir une mauvaise terre ? Non, vous la voulez bonne ? Une mauvaise épouse ? Non, vous la voulez bonne. Voudriez-vous d'une mauvaise habitation, d'une mauvaise chaussure ? Non encore. Pourquoi donc vouloir que votre âme seule soit mauvaise ? Or, il ne dit point à cet insensé qui se nourrit de ces vaines pensées, qui veut bâtir de nouveaux greniers, sans considérer les nécessités pressantes des pauvres, il ne dit pas : Aujourd'hui votre âme sera entraînée dans les enfers, non, il ne lui parle pas de la sorte, mais :

---

non inveniret ubi poneret : factus est subito per abundantiam angustus, avarus antiquus. Quot enim anni jam transierant, et tamen horrea illa suffecerant ? Tantum ergo natum est, ut loca non sufficerent quæ solebant. Et quærebat consilium miser, non quomodo erogaret, quod plus natum erat, sed quomodo reservaret : et cogitando invenit consilium. Quasi sapiens sibi visus est, inveniendo consilium. Prudenter cogitavit, sapienter vidit. Quid vidit sapienter ? « Destruam, inquit, horrea vetera, et faciam nova ampliora, et implebo ea : et dico animæ meæ. » Quid dicis animæ tuæ ? « Anima, habes multa bona in annos plurimos reposita, requiesce, manduca, bibe, epulare. » (*Ibid.*, 18, 19.) Hoc dixit sapiens inventor consilii animæ suæ.

CAPUT V. — *Animæ consulendum non ut habeat bona, sed ut ipsa sit bona.* — 6. « Et Deus ad illum : » (*Ibid.*, 20.) qui nec cum stultis loqui dedignatur. Aliquis vestrum forte dicat : Et quomodo Deus cum stulto locutus est ? O Fratres mei, cum quantis stultis hic loquitur, quando Evangelium recitatur ? Quando lectum est, qui audiunt et non faciunt, stulti non sunt ? Quid ergo ait Dominus ? Quia ille sibi iterum in inveniendo consilio sapiens videbatur. « Stulte, inquit : « Stulte, » qui tibi sapiens videris : « Stulte, » qui dixisti animæ tuæ : « Habes multa bona reposita in annos plurimos : hodie repetitur a te anima tua. » Cui dixisti : « Habes multa bona : » hodie repetitur, et nullum habet bonum. Contemnat hæc bona, et sit ipsa bona ; ut, quando repetitur, exeat secura. Quid enim est iniquius homine, qui multa bona habere vult, et bonus ipse esse non vult ? Indignus es qui habeas, qui non vis esse quod vis habere. Numquid enim vis habere villam malam ? Non utique, sed bonam. Numquid uxorem malam ? Non, sed bonam. Numquid denique casulam malam ? Numquid vel caligam malam ? Quare animam solam malam ? Non hic dixit stulto huic vana cogitanti, horrea ædificanti, et ventres pauperum non videnti : non illi ait : Hodie anima tua rapietur ad gehennam : nihil

« Aujourd'hui on vous redemandera votre âme. » Je ne vous dis point où votre âme doit aller, mais que vous le vouliez, que vous ne le vouliez pas, elle sera forcée de quitter cette terre où vous tenez pour elle tant de biens en réserve. Insensé, qui n'avez songé qu'à bâtir de nouveaux et plus vastes greniers, comme si vous ne saviez faire un autre usage de votre abondance.

CHAPITRE VI. — *Ceux qui portent le signe de la croix sur leur front, sont en assurance au milieu des méchants.* — 7. Mais peut-être cet avare n'était pas encore chrétien. Méditons donc ces paroles, mes frères, nous qui croyons à l'Evangile qui nous est lu, nous qui adorons l'auteur de ces divines paroles, et qui portons sur nos fronts et dans nos cœurs le signe du Christ. Il est souverainement important de savoir si le chrétien porte le signe du Christ sur son front seulement, ou bien s'il est gravé à la fois sur son front et dans son cœur. Vous avez entendu ce que nous lisions aujourd'hui dans le saint prophète Ezéchiel. Avant que Dieu envoyât l'ange qui devait exterminer son peuple coupable, il envoya un autre ange pour en marquer un certain nombre, et il lui dit : « Va et marque un signe sur le front de ceux qui pleurent et qui gémissent sur toutes les abominations qui se font au milieu de mon peuple. » (*Ezéch.*, IX, 4.) Il ne dit point, qui se commettent en dehors, mais qui se commettent au milieu d'eux (1). Ils en gémissent toutefois, ils s'en affligent, et c'est pour cela qu'ils portent une marque sur le front, non pas sur le front extérieur, mais sur le front de de l'homme intérieur. En effet, il y a le front du visage et le front de la conscience. Lorsque ce front intérieur est ému, cette émotion se reproduit sur le front extérieur, il rougit ou pâlit sous l'impression de la honte ou de la crainte. Il y a donc une espèce de front pour l'homme intérieur. C'est là que les bons ont été marqués pour échapper à la mort, car bien qu'ils ne pussent empêcher les crimes qui se commettaient au milieu d'eux, cependant ils s'en affligeaient, et cette douleur qu'ils en ressentaient les en séparait aux yeux de Dieu ; car aux yeux des hommes ils étaient confondus avec les coupables. Ils sont marqués invisiblement pour échapper à un châtiment extérieur et visible. Dieu envoie ensuite l'ange exterminateur, et lui dit : « Va et frappe, n'épargne ni les petits, ni les grands, ni les hommes, ni les femmes, mais n'approche point de ceux qui portent le signe sur le front. » (*Ibid.*, 6.) Quelle assurance vous est donnée, mes frères, vous qui gémissez au milieu de ce peuple, et qui vous affligez sans y prendre part des iniquités qui se commettent au milieu de vous ?

CHAPITRE VII. — *Il faut retrancher de notre cœur toute avarice, pour éviter le péché.* —

---

(1) Saint Augustin fait ici allusion aux donatistes qui croyaient devoir se séparer des pécheurs.

---

horum dixit : sed, « repetitur a te. » Non tibi dico anima tua quo sit itura : hinc tamen ubi illi tanta servas, velis, nolis, est migratura. Ecce stulte cogitasti implere horrea nova majora, quasi non sit quid inde fiat.

CAPUT VI. — *Signum Christi in fronte intus portantes securi sunt inter malos.* — 7. Sed fortasse ille nondum fuit Christianus. Nos audiamus, Fratres, quibus credentibus Evangelium recitatur, a quibus qui illa dixit adoratur, cujus signum a nobis in fronte portatur, et in corde habetur. Interest plurimum ubi habeat homo signum Christi, utrum in fronte, an et in fronte et in corde. Audistis (*a*) quid hodie Ezechiel sanctus propheta loquebatur, quemadmodum ante quam mitteret Deus exterminatorem populi iniqui, misit primitus signatorem, et ait illi : « Vade, et da signum in frontibus eorum qui gemunt et mœrent de peccatis populi mei, quæ fiunt in medio eorum. » (*Ezech.*, IX, 4.) Non dixit, quæ fiunt extra ipsos ; sed, in medio eorum. Gemunt tamen et mœrent : et ideo signati sunt in fronte ; in fronte interioris hominis, non exterioris. Est enim frons in facie, est frons in conscientia. Denique aliquando quando interior frons pulsatur, exterior obrubescit : aut pudore obrubescit, aut timore pallescit. Est ergo frons hominis interioris. Ibi signati sunt illi, ne vastarentur : quia etsi peccata quæ fiebant in medio eorum, non corrigebant ; tamen dolebant, et ipso se dolore separabant ; et separati Deo, oculis hominum mixti erant. Signantur occulte, non læduntur aperte. Mittitur postea vastator, et dicitur ei : « Vade, vasta, non parcas minoribus, majoribus, masculis, feminis ; sed ad eos qui habent in fronte signum, non appropinques. » (*Ibid.*, 6.) Quanta securitas vobis data est, Fratres mei, qui estis in hoc populo gementes, et mœrentes iniquitates quæ fiunt in medio vestrum, et non facientes ?

CAPUT VII. — *Omnis avaritia, ne peccetur, præcidenda.*

(*a*) Mss. *Audistis quando Ezechiel.*

8. Or, pour éviter ces iniquités, gardez-vous de toute avarice. Je vais vous dire, dans un sens plus étendu, comment on doit se garder de toute avarice. Le voluptueux est avare lorsque sa femme ne lui suffit pas. L'idolâtre elle-même est une espèce d'avarice, car l'idolâtrie est avare à l'égard de la divinité, puisqu'il ne se contente point du Dieu unique et véritable. Est-ce que l'âme dominée par l'avarice ne se fait pas plusieurs dieux? Mais n'est-ce pas aussi cette âme avare qui se fait de faux martyrs (1)? « Gardez-vous de toute avarice. » Vous aimez passionnément ce que vous possédez, et vous êtes fier, parce que vous ne cherchez pas à prendre le bien d'autrui; considérez combien vous êtes coupable en n'écoutant point le Christ, qui vous dit : « Gardez-vous de toute avarice. » Vous aimez ce qui est à vous, et vous ne prenez point le bien d'autrui, c'est à votre travail, ce n'est point à l'injustice, que vous devez ce que vous possédez, c'est un héritage que vous avez recueilli, une donation qui vous est faite à titre de récompense. Vous avez traversé les mers, affronté mille dangers, vous n'avez commis aucune fraude, fait aucun parjure, vous n'avez acquis que ce que Dieu a voulu, et parce que vos biens ne sont point le fruit de l'injustice, et que vous ne cherchez pas à vous emparer du bien d'autrui, vous croyez pouvoir conserver ces biens avec passion, sans blesser votre conscience. Si vous refusez d'écouter celui qui a dit : « Gardez-vous de toute avarice, » apprenez du moins de quels crimes énormes vos richesses peuvent être la cause. Vous avez obtenu, je suppose, une place de juge. Vous êtes à l'abri de la corruption, parce que vous ne désirez point le bien d'autrui, et que personne ne vous fait de présent, en vous disant : Prononcez contre mon adversaire. Et comment pourrait-il vous persuader cette injustice, à vous, qui ne désirez nullement ce qui ne vous appartient pas? Mais voyez quel mal vous allez commettre par l'attachement que vous avez pour vos propres biens. Cet homme qui veut obtenir de vous un jugement inique et une sentence injuste contre son adversaire, est peut-être puissant, et il peut, par d'injustes accusations, vous faire perdre votre fortune. Vous considérez sa puissance, vos pensées se portent tour à tour sur cette puissance et sur les biens que vous conservez avec passion, sur ces biens que vous ne possédez point, mais pour lesquels vous avez un attachement coupable. Vous considérez cette glu qui vous retient, et qui ne vous permet point de faire un libre usage des ailes de la vertu, et vous dites en vous-même : Je vais offenser cet homme, il est maintenant tout-puissant, il répandra contre moi des imputations calomnieuses, je serai proscrit et je perdrai tout ce que j'ai. Et ainsi vous prononcerez un jugement injuste, non pas pour vous attribuer le bien d'autrui, mais pour conserver ce qui vous appartient.

CHAPITRE VIII. — *Du danger que court en-*

(1) Saint Augustin veut parler ici des martyrs des donatistes.

— 8. Ut autem iniquitates non faciatis : « Cavete ab omni avaritia. » Dico vobis latius, quid est « ab omni avaritia. » In libidine avarus est, cui uxor non sufficit sua. Et ipsa idololatria dicta est avaritia : quia et in ipsa divinitate avarus est, cui non sufficit Deus unus et verus. Quæ sibi facit multos deos, nisi avara anima? Quæ sibi facit martyres falsos, nisi avara anima? « Cavete ab omni avaritia. » Ecce amas tua, et jactas te, quia non quæris aliena : vide quid mali facias non audiendo Christum dicentem : « Cavete ab omni avaritia. » Ecce amas tua, non tollis aliena : de labore habes, de justitia habes : hæres relictus es, donavit tibi quem promeruisti : navigasti, periclitatus es, fraudem non fecisti, mendacium non jurasti, quod Deus voluit acquisisti : et servas cupide tanquam in bona conscientia, quia non habes de malo, et non quæris aliena. Si non audieris illum qui dixit : « Cavete ab omni avaritia, » audi quanta mala facturus es propter tua. Ecce contigit, verbi gratia, ut fieres judex. Non corrumperis, quia non quæris aliena : nemo tibi dat præmium, et dicit : Judica contra adversarium meum. Absit , homo qui non quæris aliena, quando tibi hoc persuaderi potest? Vide quid mali facturus sis propter tua. Ille qui vult ut male judices, et pro ipso feras sententiam contra adversarium ipsius, forte potens homo est, et potest tibi calumniam facere, ut perdas tua. Attendis potentiam ipsius, cogitas illam, cogitas tua quæ servas, quæ amas : non quæ possedisti, sed quibus male inhæsisti. Attendis viscum tuum, propter quod liberas virtutis non habes pennas : et dicis apud te ipsum : Offendo hominem istum, multum potest ad tempus : suggeret de me mala, et proscribor, et perdo quod habeo. Judicaturus es male, non cum quæris aliena, sed cum servas tua.

CAPUT VIII. — *Rursus de periculo avari vel sua cupide servantis.* — 9. Da mihi hominem qui audivit Christum, da mihi hominem qui cum timore audi-

core l'avare qui conserve son propre bien avec passion. — 9. Supposons un homme qui a entendu Notre-Seigneur Jésus-Christ, et qui a écouté avec crainte ces paroles : « Gardez-vous de toute avarice. » Que cet homme ne me dise point : Je suis pauvre, je suis un homme du peuple, de condition obscure, confondu avec la foule, quand puis-je espérer de devenir juge ? Je n'ai point à craindre cette tentation dont vous avez exposé les dangers sous mes yeux. Je vais donc dire au pauvre lui-même ce qu'il a ici à redouter. Un homme riche et puissant vous invite à faire pour lui un faux témoignage. Qu'allez-vous faire, dites-moi? Vous avez fait de bonnes économies ; elles sont le fruit de votre travail, et vous avez pu les conserver. Or, cet homme vous presse et vous dit : Faites pour moi ce faux témoignage, et je vous donnerai tant, et plus encore. Vous, qui ne désirez point vous approprier le bien d'autrui, vous répondez : A Dieu ne plaise, je ne veux ni rechercher, ni recevoir ce que Dieu n'a point voulu me donner, retirez-vous. Vous ne voulez point accepter ce que je vous offre, reprend-il, eh bien je vais vous dépouiller de ce que vous possédez. Soumettez-vous à cette épreuve, interrogez-vous maintenant vous-même. Pourquoi fixer vos regards sur moi ? fixez-les sur vous-même, considérez, examinez l'intérieur de votre âme. Asseyez-vous en face de vous-même ; placez-vous en face de vous-même, étendez-vous sur le chevalet du précepte divin, appliquez-vous la torture de la crainte, ne vous flattez poiüt, répondez-vous à vous-même. Je suppose qu'on vous menace de la sorte, que feriez-vous ? Je vous dépouille de ce que vous avez acquis au prix de si grands travaux, si vous ne consentez à faire un faux témoignage en ma faveur. Ecoutez celui qui vous dit : « Gardez-vous de toute avarice. » O mon serviteur, vous dira-t-il, vous que j'ai racheté et mis en liberté, vous que j'ai adopté pour frère, d'esclave que vous étiez, vous, dont j'ai fait le membre de mon corps, écoutez-moi. Que cet homme vous dépouille de ce que vous avez acquis, il ne pourra vous dépouiller de moi. Vous conservez votre bien pour ne point périr. Ne vous ai-je pas dit : « Gardez-vous de toute avarice ? »

Chapitre IX. — *Il faut même se garder de l'avarice de la vie.* —10. Voilà que vous êtes en proie au trouble, à l'agitation, votre cœur est comme un vaisseau battu par la tempête. Jésus-Christ est endormi, réveillez-le de son sommeil, et vous n'aurez point à souffrir des fureurs de l'orage. Réveillez Celui qui n'a rien voulu posséder ici-bas, et vous posséderez tout entier Celui qui s'est humilié pour vous jusqu'à la croix, dont les os ont pu être comptés par les Juifs qui l'insultaient, lorsque son corps nu était attaché à la croix. « Gardez-vous donc de toute avarice. » C'est peu de fuir l'avarice de l'argent, gardez-vous aussi de l'avarice de la vie. C'est

vit : « Cavete ab omni cupiditate : » et non mihi dicat : Ego homo pauper sum, plebeius, mediocris, gregalis, quando spero me judicem futurum? Non timeo istam tentationem, cujus periculum ante oculos posuisti. Ecce dico et pauperi quid timere debeat. Vocat te dives et potens, ut pro illo dicas falsum testimonium. Quid facturus es modo? Dic mihi. Habes bonum peculium : laborasti, acquisisti, servasti. Exigit ille : Dic pro me falsum testimonium, et tantum et tantum dono tibi. Tu qui non quæris aliena : Absit a me, inquis : non quæro quod mihi noluit Deus dare, non accipio : recede a me. Non vis accipere quod do? quod habes tollo. Ecce modo te proba, modo te interroga. Quid me attendis? Intus te attende, intus te vide, intus te examina : sede ad te, et constitue te ante te, et in eculeum præcepti Dei extende te, et timore torque te, et noli te palpare : responde tibi. Ecce si hoc quisquam minetur, quid facies? (a) Tollo tibi quod cum tanto labore acquisisti, nisi pro me falsum testimonium dixeris. Da illum : « Cavete ab omni avaritia. » O serve meus, dicet tibi, quem redemi et liberum feci, quem de servo fratrem adoptavi, quem in corpore meo membrum posui, audi me : Tollat quod acquisisti, me tibi non tollet. Ne pereas, servas tua? Nonne tibi dixi : « Cavete ab omni cupiditate ? »

Caput IX. — *Avaritia vitæ etiam ipsa cavenda.* — 10. Ecce turbaris, ecce fluctuas : cor tuum quasi navis tempestatibus quatitur. Dormit Christus : excita dormientem, et non patieris tempestatem sævientem. Ipsum excita, qui nihil hic habere voluit, et totum habes, qui usque ad crucem pro te pervenit, cujus nudi atque pendentis ossa ab insultantibus numerata sunt : et cave ab omni avaritia. Parum est avaritia pecuniæ : cave avaritiam vitæ. Horrenda avaritia, metuenda avaritia. Aliquando

(a) Editi : *Credo tibi, quia quod cum tanto labore acquisisti, minime perdere vis. Minatur tibi : Nisi pro me falsum testimonium dixeris, tollo illud : sed si pro me falsum testimonium dixeris, do illud. Cavete*, etc. Brevius et nitidius nos ex Mss.

une avarice détestable, une avarice qu'il faut craindre par-dessus tout. On trouve quelquefois des hommes disposés à sacrifier ce qu'ils possèdent, et à dire : Je ne ferai point de faux témoignage, non, je n'en ferai point. Vous me dites : Je vous dépouillerai de ce que vous avez. Prenez tout ce que j'ai, vous ne pourrez me dépouiller de ce que je possède intérieurement. Direz-vous qu'il était réduit à la pauvreté, celui qui disait : « Le Seigneur a donné, le Seigneur a retiré, comme il a plu au Seigneur, ainsi il a été fait, que le nom du Seigneur soit béni. Je suis sorti nu du sein de ma mère, et je retournerai nu dans le sein de la terre? » (*Job*, I, 21.) Il était nu au dehors, mais il était revêtu intérieurement. Il était dépouillé au dehors de ces misérables vêtements qui s'en vont en lambeaux, mais il était revêtu intérieurement de riches vêtements. Quels étaient ces vêtements? « Que vos prêtres se revêtent de la justice. » (*Ps.* CXXXI, 9.) Mais si cet homme vient à vous dire, en vous voyant mépriser ce que vous possédez ; s'il vient à vous dire : Je vous mettrai à mort, répondez-lui, si vous avez entendu Jésus-Christ, vous me mettrez à mort? Il vaut mieux que vous donniez la mort à mon corps, plutôt que je donne moi-même la mort à mon âme, par ce faux témoignage. Que pourrez-vous donc contre moi? Vous donnerez la mort à mon corps, mais mon âme en sortira libre de vos coups, et avec l'espérance de recouvrer ce même corps à la fin des siècles.

Que pouvez-vous donc contre moi? Mais si je consens à faire un faux témoignage pour vous, je me donne la mort avec ma langue, et non pas à mon corps, car la bouche qui ment tue l'âme. » Peut-être n'est-ce point là votre langage. Pourquoi? Vous voulez vivre, vous voulez prolonger votre vie au delà du terme que Dieu lui a marqué. Pouvez-vous dire que vous vous gardez de toute avarice? La volonté de Dieu était que vous viviez jusqu'au moment où cet homme est venu vous trouver. Peut-être pourra-t-il vous mettre à mort, et faire de vous un martyr. N'ayez pas un amour déréglé pour la vie, et vous n'aurez point à craindre la mort éternelle. Vous voyez que cette avarice est pour nous une cause de péché, partout où nos désirs se portent au delà du nécessaire. Gardons-nous donc de toute avarice, si nous voulons jouir de l'éternelle sagesse.

SERMON CVIII.

Sur ces paroles du chapitre XII de l'Evangile selon saint Luc : *Que vos reins soient entourés d'une ceinture, que vos lampes brûlent en vos mains, et soyez semblables à des serviteurs*, etc.; et sur ces paroles du Psaume XXXIII : *Quel est l'homme qui veut la vie*, etc.

Chapitre premier. — *Qu'il faut attendre l'avènement du Seigneur.* — 1. Notre-Seigneur Jésus-Christ est venu parmi les hommes, il les a quittés, et il doit un jour revenir au milieu d'eux. Toutefois il était déjà avec eux sur la

---

homo contemnit quod habet, et dicit : Non dico falsum testimonium : non dico. Dicis mihi : Tollo quod habes. Tolle quod habeo : non tollis quod intus habeo. Non enim pauper remanserat qui dicebat : « Dominus dedit, Dominus abstulit; sicut Domino placuit, ita factum est : ergo sit nomen Domini benedictum. Nudus exii de utero matris meæ, nudus revertar in terram. » (*Job.*, I, 21.) Nudus foris, intus vestitus. Nudus foris a pannis, et putribilibus pannis, intus vestitus. Unde? Sacerdotes tui induantur justitia. (*Psal.* CXXXI, 9.) Sed quid si dicat, cum contempseris ea quæ possides, quid si dicat : Occido te? Responde illi, si Christum audisti : Occides me? Melius tu (a) occides carnem meam, quam ego per linguam falsam animam meam. Quid facturus es mihi? Occisurus es carnem : exit anima libera, in fine sæculi et ipsam quam contempsit carnem receptura. Quid ergo mihi facturus es? Si autem falsum testimonium dixero pro te, de lingua mea

occido me; et non in carne occido me : Os enim quod mentitur, occidit animam. Forte hoc non dicis. Unde non dicis? Vivere vis : plus vis vivere, quam Deus constituit? Certe caves ab omni avaritia? Huc usque Deus voluit ut vivas, quo usque iste ad te accessit. Forte te occisurus est, ut martyrem faciat. Noli habere cupiditatem vivendi : et non habes (b) æternitatem moriendi. Videtis quia ubique avaritia illa, cum plus volumus quam opus est, facit nos peccare? Caveamus ab omni avaritia, si volumus frui æterna sapientia.

SERMO CVII (c).

De verbis Evangelii Lucæ, XII : *Sint lumbi vestri accincti, et lucernæ ardentes, et vos similes*, etc.; deque verbis Psalmi XXXIII : *Quis est homo qui vult vitam*, etc.

Caput primum. — *De exspectando adventu Domini.* — 1. Dominus noster Jesus Christus et venit ad homines, et abscessit ab hominibus, et venturus est ad

---

(a) Verbum *occides* abest a Mss. — (b) In Colbertino Ms. *hæreditatem moriendi.* — (c) Alias XXXIX, de verbis Domini.

terre lorsqu'il y est venu, il ne s'en est pas séparé lorsqu'il les a quittés, et il doit revenir vers ceux à qui il a dit : « Je suis avec vous jusqu'à la consommation des siècles. » (*Matth.*, XXVIII, 20.) C'est dans la nature de serviteur qu'il a daigné prendre pour nous, qu'il est né pour nous dans le temps, qu'il a été mis à mort, qu'il est ressuscité, qu'il ne meurt plus, et que la mort n'aura plus sur lui d'empire. (*Rom.*, VI, 9.) Mais, comme Dieu, comme étant égal à son Père, « il était dans ce monde, le monde a été fait par lui, et le monde ne l'a point connu. » (*Jean*, I, 10.) Vous venez d'entendre ce que l'Evangile nous dit de ce second avénement, en nous recommandant d'être sur nos gardes, et de nous tenir prêts et disposés dans l'attente de ce dernier moment, afin qu'aux alarmes de cette dernière heure si redoutable pour ce monde, succède pour nous un repos éternel. Heureux ceux qui entreront en participation de ce repos. Le calme et la tranquillité seront la récompense de ceux qui vivent ici dans la crainte, tandis que ceux qui sont sans crainte ici-bas seront alors saisis d'épouvante. C'est en vue de cette attente et de cette espérance, que nous sommes devenus chrétiens. N'est-il pas vrai que notre espérance n'a point ce monde pour objet ? N'aimons donc point ce monde. Dieu nous appelle à détacher de ce siècle notre espérance et notre amour, pour les transporter à un autre monde. Ici-bas nous devons nous abstenir de tout désir criminel, c'est-à-dire avoir les reins ceints, briller par l'éclat et l'ardeur de nos bonnes œuvres, c'est-à-dire tenir nos lampes allumées. En effet, Notre-Seigneur lui-même a dit dans un autre endroit de son Evangile : « On n'allume pas une lampe pour être placée sous le boisseau, mais sur un chandelier, afin qu'elle éclaire tous ceux qui sont dans la maison. » (*Matth.*, V, 15.) Et pour faire comprendre ce qu'il voulait dire, il ajoute : « Ainsi, que votre lumière luise devant les hommes, afin qu'ils voient vos bonnes œuvres, et qu'ils glorifient votre Père qui est dans les cieux. » (*Ibid.*, 16.)

CHAPITRE II. — *Trois choses nous sont recommandées dans l'Evangile.* — 2. Voilà pourquoi il a voulu que nos reins fussent entourés d'une ceinture, et que nos lampes brûlent dans nos mains. Qu'est-ce qu'avoir les reins entourés d'une ceinture ? « Evitez le mal. » (*Luc*, XII, 35.) Qu'est-ce que répandre la lumière, tenir ses lampes allumées ? « Et faites le bien. » (*Ps.* XXXIII, 5.) Que signifient ces paroles que Notre-Seigneur ajoute : « Soyez comme des serviteurs qui attendent que leur maître revienne des noces ? » (*Ibid.*, 36.) La même chose que celles qui suivent dans ce psaume : « Cherchez la paix et poursuivez-la sans relâche. » (*Ps.* XXXIII, 15.) Ces trois choses :

---

homines. Et tamen hic erat quando venit, nec recessit quando abscessit, et ad eos venturus est quibus dixit : Ecce ego vobiscum sum usque ad consummationem sæculi. (*Matth.*, XXVIII, 20.) Secundum formam ergo servi, quam suscepit pro nobis, quodam tempore natus est, et occisus est, et resurrexit, et non jam moritur, nec mors ei ultra dominabitur (*Rom.*, VI, 9) : « secundum divinitatem autem, qua æqualis est Patri, in hoc mundo erat, et mundus per ipsum factus est, et mundus cum non cognovit. » (*Joan.*, I, 10.) De hoc audistis modo Evangelium, quid monuerit nos, (*a*) cautos nos faciens, et volens esse expeditos et paratos ad exspectanda novissima : ut post novissima, quæ sunt in hoc sæculo metuenda, succedat requies, quæ non habet finem. Beati qui participes facti fuerint. Erunt autem tunc securi, qui modo non sunt securi : et iterum tunc timebunt, qui modo timere nolunt. Ad hanc exspectationem et propter hanc spem Christiani facti sumus. Nonne spes nostra non est de hoc sæculo? Non amemus sæculum. Ab amore sæculi hujus vocati sumus, ut aliud sæculum speremus et diligamus. In hoc abstinere nos debemus ab omnibus illicitis concupiscentiis, hoc est, lumbos accinctos habere debemus : et fervere et lucere in operibus bonis, hoc est, lucernas ardentes habere. Dixit enim ipse Dominus discipulis suis alio loco Evangelii : « Nemo accendit lucernam, et ponit eam sub modio, sed super candelabrum, ut luceat omnibus qui in domo sunt. » (*Matth.*, V, 15.) Et ut ostenderet unde dicebat, subjecit et ait : « Sic luceat lumen vestrum coram hominibus, ut videant bona facta vestra, et glorificent Patrem vestrum, qui in cœlis est. » (*Ibid.*, 16.)

CAPUT II. — *Tria in Evangelio commendata.* — 2. Ideo lumbos nostros accinctos esse voluit, et lucernas ardentes. Quid est, lumbos accinctos ? « Declina a malo. » (*Luc.*, XII, 35.) Quid est lucere? quid est lucernas ardentes habere? Hoc est : « Et fac bonum. » (*Psal.* XXXIII, 15.) Quid est quod adjunxit et ait : « Et vos similes estote hominibus exspectantibus dominum suum quando veniat a nuptiis : » (*Luc.*, XII, 36) nisi quod in illo Psalmo sequitur : « Inquire

(*a*) In Mss. additur, *vel admonuerit*.

la fuite du mal, la pratique du bien et l'espérance des récompenses éternelles nous sont rappelées dans les Actes des Apôtres où il est écrit que saint Paul leur parlait de la continence, de la justice et de l'espérance de la vie éternelle. (*Act.*, IV, 25.) A la continence se rapportent ces paroles : « Que vos reins soient entourés d'une ceinture, » à la justice celles qui suivent : « Et que vos lampes brûlent en vos mains, » et l'attente du Seigneur n'est autre que l'espérance de la vie éternelle. Ainsi donc « fuyez le mal » et vous pratiquez la continence, vous avez les reins entourés d'une ceinture; « faites le bien, » c'est la justice, ce sont les lampes allumées; « cherchez la paix et poursuivez-la sans relâche, » c'est l'attente du siècle futur, et vous êtes semblables à des hommes qui attendent leur maître quand il revient des noces.

CHAPITRE III. — *C'est inutilement qu'on cherche ici-bas des jours véritablement heureux.* — 3. Or, après avoir reçu ces préceptes et ces promesses, pourquoi cherchons-nous encore des jours heureux sur la terre où nous ne pouvons les trouver? Car je le sais, vous cherchez ces jours lorsque vous êtes éprouvés par les maladies ou par les tribulations qui sont si nombreuses dans ce monde. En effet, lorsque l'âge est sur son déclin, le vieillard voit les douleurs se multiplier sans aucune compensation de joie. Or, au milieu de toutes ces afflictions qui accablent le genre humain, les hommes ne cherchent et ne demandent que des jours heureux et une longue vie, qu'ils ne peuvent avoir ici-bas. Et qu'est-ce que la vie la plus longue comparée à la durée des siècles? Une goutte d'eau dans la mer. Qu'est-ce donc que la vie de l'homme aussi longue qu'on la suppose? Les hommes appellent longue une vie qui est toujours bien courte en comparaison de la durée des siècles, et comme je l'ai dit, leurs gémissements se multiplient jusqu'à l'extrême vieillesse. L'étendue de cette vie, prise même dans sa totalité, n'est rien; et cependant avec quelle ardeur les hommes la désirent, quels soins, quels travaux, quelles sollicitudes, quelles fatigues pour prolonger cette vie jusque dans la vieillesse! Mais vivre longtemps, qu'est-ce au fond que courir vers la fin? Le jour d'hier vous a été donné, vous voulez encore avoir celui de demain. Mais, lorsque ce jour de demain sera passé, vous aurez un jour de moins. Ainsi vous désirez voir se lever pour vous ce jour, qui vous approche du terme ou vous ne voulez pas arriver. Vous donnez une grande fête à vos amis, vous entendez les souhaits de bonheur qu'ils vous expriment : Puissiez-vous vivre de longues

---

pacem, et sequere eam? » (*Psal.* XXXIII, 15.) Hæc tria, hoc est, abstinentia a malo, et operatio boni, et spes præmii æterni commemorata sunt in Actibus Apostolorum, ubi scriptum est : Quia docebat eos Paulus de continentia, de justitia, et spe vitæ æternæ. (*Act.*, XXIV, 25.) Ad continentiam pertinet : « Sint lumbi vestri accincti. » Ad justitiam pertinet : « Et lucernæ ardentes (*a*). » Ad exspectationem Domini pertinet, quæ est spes vitæ æternæ. Ergo : « Declina a malo, » hæc est continentia, hi sunt lumbi accincti : « Et fac bonum, » hæc est justitia, hæ sunt lucernæ ardentes : « Quære pacem et sequere eam, » hæc est exspectatio futuri sæculi ; ergo : « Similes estote hominibus exspectantibus dominum suum quando veniat a nuptiis. »

CAPUT III. — *Dies boni frustra hic quæruntur.* — 3. Habentes autem ista præcepta et promissa, quid quærimus in terra dies bonos, ubi eos invenire non possumus? Scio enim quia eos quæritis, quando aut ægrotatis, aut in tribulationibus estis, quæ abundant in isto sæculo. Quoniam quando ætas vergit ad finem, et senex plenus est querelis, et nullis gaudiis. Inter omnes tribulationes, quibus conteritur genus humanum, non quærunt homines nisi dies bonos, et vitam volunt longam, quam hic habere non possunt. Quia et longa hominis vita tanta brevitate constringitur ad universi sæculi illius latitudinem, quasi si una gutta ad universum mare. Quid ergo est vita hominis, etiam illa quæ longa dicitur? Longam vitam dicunt, quæ in sæculo isto brevis est : et, sicut dixi, abundant gemitus usque ad decrepitam senectutem. Hoc totum modicum et breve est : et tamen quomodo quæritur ab hominibus, quanta diligentia, quanto labore, quanta cura, quanta vigilantia, quanto opere quærunt homines, ut diu hic vivant et senescant? Ipsum autem diu vivere quid est, nisi ad finem currere? Habuisti hesternum diem, habere vis et crastinum diem. Sed cum iste transierit et crastinus, minus illum habes. Ideo optas ut lucescat dies, ut propinquet tibi quo tu non vis pervenire. Exhibes aliquam solemnitatem amicis tuis, audis ibi a bene optantibus dici tibi : Multos annos vivas : vis

---

(*a*) Non addit, *in manibus vestris*. Quæ verba in excusis quidem Bibliis Vulgatæ nunc insunt Versioni, sed ab ipsa olim aberant in Mss. Bibliis Germaneusibus nostris et Corbeiensibus, sicuti absunt a textu Græco. Eumdem locum absque istis verbis refert Augustinus supra in Serm. XCIII, n. 3 ; in Serm. de Continentia, cap. VII ; in quæst. Evangel., lib. II, cap. XXV, etc.

années ! et vous désirez vous-même l'accomplissement de leurs vœux, c'est-à-dire que les années succèdent aux années, et vous ne voulez point voir arriver la fin de ces années? Vous nourrissez donc des désirs contraires, vous voulez marcher mais sans vouloir arriver.

Chapitre IV. — *Où il faut chercher la vie et les jours de bonheur.* — 4. Cependant, comme je l'ai dit, si les hommes prennent tant de soins, se dévouent, s'ils ne reculent point devant des travaux de tous les jours, devant des fatigues immenses et sans fin pour mourir un peu plus tard, quelle ne devrait pas être leur sollicitude pour ne mourir jamais? C'est à quoi personne ne veut arrêter ses pensées. Tous les jours les hommes cherchent les jours heureux dans ce monde où ils ne peuvent les trouver, et personne ne veut vivre de manière à parvenir au lieu où on est sûr de les trouver. Voilà pourquoi l'Ecriture, par la bouche du même Psalmiste, fait cette question : « Quel est l'homme qui désire la vie, et qui aime à voir des jours heureux? » (*Ps.* XXXIII, 13.) En posant cette question, l'Ecriture savait la réponse qui lui serait faite, elle sait que tous les hommes désirent la vie et des jours heureux. Elle est donc entrée par cette question dans leurs désirs, et elle sait que tous lui répondront unanimement : Je le veux. Et c'est pour cela qu'elle leur demande : « Quel est l'homme qui désire la vie, et qui aime à voir des jours heureux ? » Et vous-même, en ce moment où je vous parle, à cette question : « Quel est l'homme qui désire la vie et qui aime à voir des jours heureux? » vous avez tous répondu dans votre cœur : C'est moi. Et moi-même qui vous parle, je désire aussi la vie et des jours heureux, et ce que vous cherchez, je le cherche comme vous.

5. Je suppose que nous ayons tous besoin d'or, je veux en trouver de concert avec vous. Il y en a dans l'une de vos terres, dans un champ dont vous êtes le maître, je vois que vous y cherchez cet or, et je vous demande : Que cherchez-vous? Vous me répondriez : Nous cherchons de l'or. Et je vous dirais : Vous cherchez de l'or, j'en cherche également, mais vous ne le cherchez pas là où nous pouvons espérer de le trouver.

Chapitre V. — *Que faut-il faire pour obtenir des jours heureux?* — Ecoutez-moi donc, je vous apprendrai où nous pouvons le trouver. Je ne veux point vous en dépouiller, je veux simplement vous indiquer l'endroit, ou plutôt vous inviter à suivre tous celui qui sait parfaitement où se trouve ce que nous cherchons. Ainsi je vous vois aujourd'hui désirer la vie et des jours heureux; je ne puis vous dire : Cessez de désirer la vie et d'aspirer après des jours heureux, mais je vous dis : Ne cherchez pas la vie et les jours heureux dans ce monde où ces jours de bonheur ne peuvent exister. Est-ce que la vie

---

ut veniat quod illi dixerunt. Quid? Ut veniant anni et anni, et non vis veniat finis annorum? Studia tua contraria sunt : ambulare vis, et pervenire non vis.

Caput IV. — *Vita et dies boni ubi quærendi.* — 4. Verumtamen, ut dixi, si tanta cura inest hominibus, ut quotidianis, magnis perpetuisque laboribus cupiant, ut tardius moriantur : quanta cura agendum est, ut nunquam moriantur? Inde nemo vult cogitare. Quotidie quæruntur in isto sæculo dies boni, ubi non inveniuntur : et nemo vult sic vivere, ut illuc perveniat ubi inveniuntur. Ideo admonet eadem Scriptura, et dicit : « Quis est homo qui vult vitam, et diligit videre dies bonos? » (*Psal.* XXXIII, 13.) Sic interrogavit Scriptura, ut sciret quid illi responderetur : sciens quod omnes homines vitam quærerent, et dies bonos. Pro desiderio ipsorum interrogavit, tanquam sibi de omnium corde responderetur : Ego volo; sic dixit : « Quis est homo qui vult vitam, et diligit videre dies bonos ? » Quemadmodum etiam ista hora, qua vobis loquor, cum audistis me dixisse : « Quis est homo qui vult vitam, et diligit videre dies bonos? » omnes respondistis in corde vestro : Ego. Nam et ego qui vobiscum loquor, vitam volo et dies bonos : quod quæritis vos, hoc quæro et ego.

5. Quomodo si aurum nobis omnibus esset necessarium, et ego ad aurum una vobiscum pervenire volens, et esset alicubi in agro vestro, in loco vestræ potestati subdito, et viderem vos quærentes aurum, et dicerem vobis : Quid quæritis? responderetis mihi : Aurum. Et ego vobis dicerem : Aurum quæritis, et ego aurum quæro : quod quæritis, et ego quæro : sed non ibi quæritis ubi possimus invenire.

Caput V. — *Quid agendum ut obtineantur dies boni.* — Ergo audite me, ubi possimus invenire : vobis non tollo, locum vobis ostendo : imo sequamur omnes eum, qui novit ubi sit quod quærimus. Sic et nunc, quia desideratis vitam et dies bonos, non possumus vobis dicere : Nolite desiderare vitam et dies bonos, sed illud dicimus : Nolite hic quærere in hoc sæculo vitam et dies bonos, ubi boni esse non possunt. Nonne vita ipsa morti similis est? Dies

elle-même n'est pas une véritable mort? Les jours eux-mêmes s'écoulent avec rapidité, aujourd'hui fait disparaître hier et le jour de demain ne naîtra que pour chasser celui d'aujourd'hui. Ces jours ne s'arrêtent point, pourquoi, entraîné par eux, voulez-vous vous arrêter? Non-seulement donc je ne veux point réprimer en vous ce désir de la vie et des jours heureux, mais je voudrais l'enflammer encore davantage. Cherchez donc la vie, cherchez les jours heureux, mais cherchez-les là où on peut les trouver.

6. Voulez-vous écouter avec moi le conseil de celui qui sait où est la vie, où sont ces jours heureux? Apprenez-le, non point de moi, mais avec moi. J'entends un homme inspiré nous dire : « Venez, mes enfants. » Accourons, empressons-nous autour de lui, ouvrons les oreilles et comprenons au fond du cœur le langage du Père qui nous dit : « Venez, mes enfants, écoutez-moi, je vous enseignerai la crainte du Seigneur. » (*Ps.* XXXIII, 12.) Que veut-il donc nous apprendre, et à quoi sert la crainte du Seigneur? Il nous l'explique dans les paroles qui suivent.

CHAPITRE VI. — *Qu'est-ce que la vie et les jours heureux?* — « Quel est l'homme qui veut la vie et qui aime à voir des jours heureux? » Nous répondons tous : Nous le voulons. Ecoutons donc ce qui suit : « Gardez votre langue du mal, et que vos lèvres ne profèrent aucune parole de tromperie. » (*Ibid.*, 13.) Dites encore maintenant : Je le veux. Lorsque je vous demandais, il n'y a qu'un instant : « Quel est l'homme qui désire la vie, et qui aime à voir des jours heureux, » nous répondions tous : C'est moi. Qu'ici donc on me réponde aussi : C'est moi. Donc « gardez votre langue du mal, et que vos lèvres ne profèrent aucune parole de tromperie. » Dites maintenant encore : Je le veux. Quoi, vous voulez la vie, vous désirez des jours heureux, et vous ne voulez point garder votre langue du mal et vos lèvres de toute parole de tromperie! Prompt pour la récompense, vous êtes si lent pour le travail. Et à qui donne-t-on une récompense sans qu'il l'ait méritée par le travail? Plût à Dieu que, dans votre maison, le travail fût toujours récompensé! Je sais du moins que vous ne donnez rien à celui qui n'a point travaillé. Pourquoi? Parce que vous ne devez rien à celui qui n'a rien fait. Or, Dieu nous a proposé une récompense. Quelle est cette récompense? « La vie et des jours heureux » que nous désirons et que tous nous nous efforçons d'obtenir. Dieu nous donnera certainement la récompense qu'il a promise. Quelle récompense? « La vie et des jours heureux. » Et quels seront ces jours heureux? Une vie sans fin, un repos sans fatigue.

7. La récompense qui nous est proposée est grande; voyons ce qu'il nous commande de faire pour l'obtenir. Enflammés par ces magnifiques

---

autem ipsi properantes transeunt; quia hodiernus dies hesternum exclusit : crastinus ideo nascitur, ut excludat hodiernum. Ipsi dies non stant : tu quare cum illis vis stare? Desiderium ergo vestrum, quo vultis vitam et dies bonos, non solum non reprimo, sed etiam vehementius accendo. Prorsus quærite vitam, quærite dies bonos : sed ubi possunt inveniri, ibi quærantur.

6. Vultis enim audire mecum consilium ejus, qui novit ubi sint dies boni, et ubi sit vita? Audite non a me, sed mecum simul. Ait enim nobis quidam : « Venite filii, audite me. » Et concurramus, et stemus, et aures arrigamus, et corde intelligamus Patrem qui dixit : « Venite filii, audite me, timorem, inquit, Domini docebo vos. » (*Psal.* XXXIII, 12.) Et quam rem vult docere, et cui rei utilis est timor Domini, sequitur.

CAPUT VI. — *Vita et dies boni.* — « Quis est homo qui vult vitam, et diligit videre dies bonos? » (*Ibid.*, 13.) Respondemus omnes : Nos volumus. Quod sequitur audiamus. « Cohibe linguam tuam a malo, et labia tua ne loquantur dolum. » (*Ibid.*, 14.) Modo dic : Ego. Jam dudum quando dicebam : « Quis est homo qui vult vitam, et diligit videre dies bonos? » omnes respondebamus : Ego. Eia respondeat mihi aliquis : Ego. Ergo, « Cohibe linguam tuam a malo, et labia tua ne loquantur dolum. » Dic modo : Ego. Ergo dies bonos et vitam vis, cohibere linguam tuam a malo non vis, et labia tua ne loquantur dolum? Ad mercedem alacer, ad opus piger. Et cui non operanti redditur merces? Utinam in domo tua vel operanti mercedem reddas. Nam scio quia non operanti non reddis. Quare? Quia nihil operanti nihil debes. Et Deus proposuit mercedem. Quam mercedem? « Vitam et dies bonos, » quam omnes desideramus, et ad quos dies omnes venire conamur. Promissam mercedem daturus est. Quam mercedem? « Vitam et dies bonos. » Et qui sunt dies boni? Vita sine fine, requies sine labore.

7. Magnam mercedem proposuit : in tanta proposita mercede, videamus quid jussit. Jam enim mercede tantæ pollicitationis et amore mercedis accensi,

promesses et par l'amour d'une aussi belle récompense, nous préparons, pour lui obéir, nos forces, nos mains et nos bras. Il va peut-être nous commander de porter de lourds fardeaux, de creuser la terre, de dresser quelque machine.

Chapitre VII. — *Il faut réprimer sa langue.* — Dieu ne vous impose point une tâche bien difficile, il vous commande seulement de dompter celui de tous vos membres que vous mettez le plus vite en mouvement : « Gardez votre langue du mal. » Quoi ! il ne vous en coûte point de bâtir une maison et il vous en coûterait de réprimer votre langue ? « Gardez votre langue du mal. » Ne lui permettez ni mensonges, ni accusations, ni calomnies, ni faux témoignages, ni blasphèmes. « Gardez votre langue du mal. » Voyez comme une parole dite contre vous vous met en colère ! Vous vous irritez contre celui qui a parlé mal de vous ; irritez-vous contre vous-mêmes, lorsque vous parlez mal des autres. « Que vos lèvres ne profèrent aucune parole de tromperie. » Qu'il y ait toujours harmonie entre ce que vous dites et ce que vous pensez. Que votre cœur ne recouvre point des sentiments contraires à ceux que votre langue exprime. « Fuyez le mal et faites le bien. » Comment pourrais-je vous dire : Donnez des vêtements à ce pauvre qui en manque, si vous cherchez à les enlever à celui qui en a ? Celui qui opprime un concitoyen consentira-t-il à recevoir chez lui un étranger ? Allez donc par ordre ; évitez d'abord le mal, et vous ferez ensuite le bien ; ceignez premièrement vos reins, et puis vous allumerez vos lampes. Vous pourrez alors attendre avec confiance la vie et les jours heureux. « Cherchez la paix et poursuivez-la, » et vous pourrez alors dire hardiment au Seigneur : J'ai fait ce que vous avez ordonné ; donnez-moi ce que vous avez promis.

SERMON CIX [1].

Sur ces paroles du chapitre XII de saint Luc : *Vous savez juger d'après l'apparence du ciel et de la terre*, etc.; et sur ces autres : *Quand vous allez devant le magistrat avec votre adversaire, efforcez-vous en chemin de vous délivrer de lui*, etc.

Chapitre premier. — *Il faut profiter du temps de la miséricorde pour faire pénitence.* — 1. Nous avons entendu dans la lecture de l'Évangile les reproches que Notre-Seigneur fait à ceux qui savaient juger d'après l'apparence du ciel et qui ne savaient reconnaître que le temps de la foi et du royaume des cieux approchait. C'est aux Juifs qu'il adressait ces reproches, mais ils s'appliquent aussi à nous. Voici comment ce divin Sauveur ouvre la

---

(1) Possidius, dans le chapitre VIII de sa Table, indique probablement ce sermon sous ce titre. *Sur ce passage de l'Évangile* : « Accordez-vous avec votre ennemi, pendant que vous êtes avec lui dans le chemin. »

---

paremus jussionis ejus vires nostras, latera, lacertos. Quasi jussurus est onera grandia nos portare, forte aliquid fodere, forte aliquam machinam erigere.

Caput VII. — *Lingua cohibenda.* — Non tibi jussit rem laboriosam, sed membrum quod inter omnia membra cito movet, ipsum tibi præcepit cohibere. « Cohibe linguam tuam a malo. » Non est labor erigere fabricam, et labor est tenere linguam ? « Cohibe linguam tuam a malo. » Noli loqui mendacium, noli loqui criminationes, noli loqui calumnias, noli loqui falsa testimonia, noli loqui blasphemias. « Cohibe linguam tuam a malo. » Vide quomodo irasceris, si quis de te male loquitur. Quomodo irasceris alteri, quando de te male loquatur : sic irascere tibi, quando de altero male loqueris. « Labia tua ne loquantur dolum. » Quod est intus in corde tuo, hoc dicatur foris. Non aliud pectus tegat, et aliud lingua proferat. « Declina a malo, et fac bonum. » Nam quomodo dicturus sum ei : Vesti nudum, qui adhuc vult spoliare vestitum ? Nam qui premit civem suum, quomodo habet suscipere peregrinum ? Ergo per ordinem, prius « declina a malo, et fac bonum : » prius accinge lumbos tuos, et tunc accende lucernam. Et cum hoc feceris, securus exspecta « vitam et dies bonos. Quære pacem, et sequere eam : » et tunc bona fronte dices Domino : Feci quod jussisti, redde quod promisisti.

SERMO CIX (a).

De verbis Evangelii Lucæ XII : *Faciem cœli et terræ nostis probare*, etc.; deque istis : *Si vadis cum adversario tuo ad principem, da operam in via liberari ab illo,* etc.

Caput primum. — *Tempore misericordiæ utendum ad pœnitentiam.* — 1. Evangelium audivimus, et in eo Dominum eos arguentem, qui faciem cœli norunt probare, et tempus fidei regni cœlorum appropinquantis nesciunt invenire. Judæis autem hoc dicebat : sed etiam ad nos sermo pervenit. Dominus autem ipse Jesus Christus Evangelii sui prædicationem ita cœpit : Agite pœnitentiam, appropinquavit enim re-

---

(a) Alias I, de verbis Domini.

prédication de son Évangile : « Faites pénitence, car le royaume des cieux approche. » (*Matth.*, IV, 17.) Jean-Baptiste, son précurseur, commence dans les mêmes termes : « Faites pénitence, car le royaume des cieux approche. » (*Matth.*, III, 2.) Dans la lecture que vous venez d'entendre, le Seigneur reprend ceux qui ne veulent point faire pénitence, alors que le royaume des cieux approche. Ce royaume des cieux, comme il le dit ailleurs, ne viendra point de manière à frapper les regards. (*Luc*, XVII, 20.) Et encore : « Le royaume des cieux est au dedans de vous. » (*Ibid.*, 21.) Recevez donc chacun, comme la prudence vous en fait un devoir, les avertissements du divin Maître, pour ne point perdre le temps où le Sauveur fait miséricorde et où il épargne le genre humain. Pourquoi, en effet, n'use-t-il point de sévérité à l'égard de l'homme? c'est afin qu'il se convertisse et qu'il évite ainsi d'être condamné. Laissons à Dieu la connaissance du jour où le monde doit finir, mais le temps actuel est pour nous le temps de la foi. La fin du monde trouvera-t-elle quelqu'un de nous sur la terre? Je l'ignore, et il est probable que non. Mais pour chacun de nous, la fin de notre vie est proche, parce que nous sommes mortels. Nous marchons au milieu des dangers. Ils seraient moins à craindre pour nous, si nous étions de verre. Quoi de plus fragile cependant que le verre? Et cependant on le conserve pendant des siècles. On craint sans doute pour lui des accidents, mais on ne redoute ni la vieillesse ni la fièvre. Nous sommes beaucoup plus fragiles et plus faibles, et cette fragilité nous fait craindre les accidents nombreux et continuels dont la vie est pleine. Mais au défaut de ces accidents, le temps marche sans s'arrêter; l'homme évite un coup qui le menace, peut-il éviter la mort? Il échappe aux accidents extérieurs, peut-il se soustraire aux dangers qui naissent au dedans? Tantôt des vers s'engendrent à l'intérieur, tantôt une maladie subite se déclare, et, l'homme fût-il épargné toute sa vie, lorsqu'enfin la vieillesse arrive, il n'y a point de délai possible.

Chapitre II. — *Quel est cet adversaire avec lequel il nous est commandé de nous accorder*. — 2. Ainsi donc, écoutons le Seigneur, et accomplissons en nous-mêmes ce qu'il nous recommande. Voyons quel est cet adversaire dont il nous menace lorsqu'il dit : « Quand vous allez devant le magistrat avec votre adversaire, efforcez-vous en chemin de vous délivrer de lui, de peur qu'il ne vous entraîne devant le juge, que le juge ne vous livre à l'exécuteur de la justice, et que celui-ci ne vous envoie en prison. Je vous dis que vous ne sortirez pas de là que vous n'ayez payé jusqu'à la dernière obole. » (*Luc*, XII, 58, 59.) Quel est cet adversaire? Si c'est le démon, nous en sommes délivrés. Quel prix a été payé

---

gnum cœlorum. (*Matth.*, IV, 17.) Similiter et Joannes Baptista et præcursor ipsius ita cœpit : Agite pœnitentiam, appropinquavit enim regnum cœlorum. (*Matth.*, III, 2.) Et modo corripit eos Dominus, qui nolunt agere pœnitentiam, appropinquante regno cœlorum. Regnum cœlorum, sicut ipse ait, non veniet cum observatione. (*Luc.*, XVII, 20.) Et iterum ipse ait : Regnum cœlorum intra vos est. (*Ibid.*, 21). Prudenter ergo accipiat unusquisque monita præceptoris, ut non perdat tempus misericordiæ Salvatoris, quæ modo impenditur, quamdiu generi humano parcitur. Ad hoc enim parcitur homini, ut convertatur, et non sit qui damnetur. Viderit Deus quando veniat finis sæculi : est tamen modo tempus fidei. Finis sæculi utrum hic aliquem nostrum inveniat, nescio : et fortasse non inveniet. Tempus cuique nostrum proximum est, quia mortales sumus. Inter casus ambulamus. Si vitrei essemus, minus casus timeremus. Quid fragilius vase vitreo? Et tamen servatur, et durat per sæcula. Etsi enim casus vitreo vasi timentur, senectus ei et febris non timetur. Nos ergo fragiliores et infirmiores sumus : quia et casus omnes qui non cessant in rebus humanis, fragilitate utique nostra quotidie formidamus; et si ipsi casus non accedant, tempus ambulat : vitæ homo ictum, numquid vitat exitum? vitat quæ extrinsecus eveniunt, numquid quod intus nascitur pellitur? Denique nunc lumbricos gignunt interiora, nunc morbus quilibet subito occupat : postremo quantumvis homini parcatur, novissime senectus cum venerit, non est (*a*) qua differatur.

Caput II. — *Quis sit adversarius ille cui consentire jubemur*. — 2. Proinde audiamus Dominum, in nobis ipsis agamus quod præcepit. Videamus quis sit ille adversarius, de quo nos terruit, dicens : « Si vadis cum adversario tuo ad principem, da operam in via liberari ab illo; ne forte tradat te principi, et princeps ministro, et mittaris in carcerem, unde non exies, donec solvas novissimum quadrantem. (*Luc.*, XII, 58.) Quis est iste adversarius? Si diabolus : jam libe-

---

(*a*) Mss. *quod differatur*.

pour nous affranchir de sa tyrannie? C'est de cette rançon que l'Apôtre dit, en parlant de notre rédemption : « Il nous a arrachés de la puissance des ténèbres, et nous a transférés dans le royaume de son Fils bien-aimé. » (*Col.*, I, 13.) Nous avons été rachetés, nous avons renoncé au démon; que ferons-nous maintenant pour nous en délivrer entièrement, et ne plus retomber par le péché sous le joug d'une aussi dure captivité? Mais ce n'est point l'adversaire dont le Sauveur a voulu nous parler ici. En effet, un autre Evangéliste rapporte dans un autre endroit cette même pensée du Sauveur et, si nous rapprochons, si nous comparons entre eux les termes dont se servent les deux Evangélistes, nous arriverons aussitôt à comprendre quel est cet adversaire. Comment s'exprime ici saint Luc? « Quand vous allez devant le magistrat avec votre adversaire, efforcez-vous en chemin de vous délivrer de lui. » (*Luc*, XII, 58.) L'autre Evangéliste rend ici la même pensée : « Accordez-vous au plus tôt avec votre adversaire pendant que vous êtes en chemin avec lui. » (*Matth.*, V, 25.) Le reste du texte est semblable dans les deux Evangélistes et ils ont employé les mêmes termes : « De peur que votre adversaire ne vous entraîne devant le juge, que le juge ne vous livre à l'exécuteur de la justice, et que celui-ci ne vous retienne en prison. » L'un dit : « Efforcez-vous en chemin de vous délivrer de lui; » l'autre : « Accordez-vous avec lui; » car vous ne pourrez vous en délivrer qu'en vous mettant d'accord avec lui. Voulez-vous donc vous tirer de ses mains? « Mettez-vous d'accord avec lui. » Or, est-ce avec le démon qu'un chrétien doit se mettre d'accord?

CHAPITRE III. — *Notre adversaire, c'est la parole de Dieu.* — 3. Cherchons donc quel peut être cet adversaire avec lequel nous devons nous accorder, afin qu'il ne nous entraîne point devant le juge, et que le juge ne nous livre point à l'exécuteur de la justice; cherchons quel est cet adversaire et entendons-nous avec lui. Si vous péchez, la parole de Dieu devient votre adversaire. Ainsi, par exemple, vous prenez plaisir à vous enivrer, la parole de Dieu vous le défend. Vous aimez les spectacles et les frivolités, la parole de Dieu vous les interdit. L'adultère a pour vous des charmes, la parole de Dieu vous dit : Abstenez-vous-en. Quels que soient les péchés où vous voulez donner satisfaction à vos désirs, la parole de Dieu ne cesse de vous dire : Gardez-vous-en bien. Elle est l'adversaire de votre volonté, jusqu'à ce qu'elle devienne le principe de votre salut. Oh! qu'il est bon, qu'il est utile, cet adversaire ! Il ne cherche pas à satisfaire notre volonté, il ne cherche que notre intérêt. Il est notre ennemi tant que nous sommes ennemis de nous-mêmes. Tant que vous êtes votre ennemi, vous avez pour ennemi la parole de Dieu;

---

rati sumus ab illo. Quale pretium pro nobis datum est, ut ab illo redimeremur? De quo dicit Apostolus, loquens de ipsa redemptione nostra : « Qui eruit nos de potestate tenebrarum, et transtulit in regnum Filii caritatis suæ. » (*Col.*, I, 13.) Redempti sumus, diabolo renuntiavimus : quomodo dabimus operam liberari ab illo, ne nos iterum captivos faciat peccatores? Sed non est ipse adversarius, de quo nos Dominus commonet. Alio enim loco alius Evangelista sic illud posuit, ut si utraque verba jungamus, et utraque verba sibi Evangeliorum duorum comparemus, adversarium istum cito intelligamus. Ecce enim hic quid dixit? « Cum vadis ad principem cum adversario tuo, da operam in via liberari ab eo. » (*Luc.*, XII, 58.) Alius autem Evangelista hoc ipsum sic posuit : « Esto consentiens adversario tuo cito cum es cum illo in via. » (*Matth.*, V, 25.) Cætera similia sunt : « ne forte adversarius tradat te judici, judex ministro, minister in carcerem. » Ambo Evangelistæ similiter hoc explicaverunt. Unus dixit : « Da operam in via liberari ab illo : » alter dixit : « Consenti illi. » Non enim poteris liberari ab illo, nisi ei consenseris. Vis liberari ab illo? « Consenti illi. » Numquid diabolus est, cui debeat consentire Christianus ?

CAPUT III. — *Adversarius noster sermo Dei.*—3. Quæramus ergo istum adversarium, cui debemus consentire, ne tradat nos judici, et judex ministro : quæramus illum, et consentiamus illi. Si peccas, adversarius tuus sermo Dei est. Verbi causa : Forsitan delectat te inebriari : dicit tibi : Noli. Delectat te spectare et nugari : ille dicit tibi : Noli. Delectat te adulterari : dicit tibi sermo Dei : Noli. In quibuscumque peccatis volueris facere voluntatem tuam, dicit tibi : Noli. Adversarius est voluntatis tuæ (*a*) donec fiat auctor salutis tuæ. O quam bonus adversarius, quam utilis adversarius ! Non quærit nostram voluntatem, sed utilitatem. Adversarius est nobis, quamdiu sumus, et ipsi nobis. Quamdiu tu tibi inimicus es, inimicum habes sermonem Dei : esto tibi amicus, et concordas cum ipso. Non homici-

(*a*) Isthæc verba, *donec fiat auctor salutis tuæ*, absunt a Mss. et ab editis Am. et Er.

devenez ami de vous-même et vous êtes aussitôt d'accord avec elle. Vous ne commettrez point d'homicide (*Exod.*, xx, 13, etc.) écoutez ce précepte et vous êtes en paix avec la parole de Dieu. Vous ne déroberez point, soyez encore docile et l'accord règne entre vous deux. Vous ne serez point adultère, vous obéissez et la paix est faite. Vous ne ferez point de faux témoignage ; vous ne convoiterez point l'épouse de votre prochain, observez ces préceptes et vous êtes d'accord avec elle. Sur tous ces points vous vous êtes mis d'accord avec votre adversaire, et qu'avez-vous perdu pour vous ? Non-seulement vous n'avez rien perdu, mais vous vous êtes trouvé vous-même après vous être perdu. Le chemin n'est autre que cette vie; si nous nous entendons, si nous nous mettons d'accord avec cet adversaire, lorsque nous serons arrivés au terme du voyage, nous n'aurons à craindre ni le juge, ni l'exécuteur, ni la prison.

Chapitre IV. — *Les années de la vie humaine décroissent au lieu de s'accroître.* — 4. Quand parvient-on au terme de cette route ? Tous n'y arrivent point à la même heure. Chacun a une heure particulière où il voit finir son chemin. Ce chemin, je l'ai dit, c'est cette vie ; le terme de votre vie est pour vous le terme du chemin. Nous marchons, et vivre, c'est avancer, à moins que vous ne pensiez que nous pouvons nous arrêter, tandis que le temps marche. Non, cela ne se peut. De même que le temps avance, nous avançons nous-mêmes, et les années décroissent pour nous au lieu de s'accroître. C'est une grande erreur de la part des hommes de dire : Cet enfant n'a pas encore toute la sagesse voulue, les années lui viendront et avec elle la sagesse. Pesez bien ce que vous dites. Les années viennent, avez-vous dit, je vais vous prouver qu'elles s'en vont au lieu de venir comme vous le dites. Et remarquez combien il m'est facile de prouver cette assertion. Supposons que nous connaissons combien d'années doivent s'écouler depuis sa naissance, admettons en sa faveur qu'il doit vivre quatre-vingts ans, et parvenir à la vieillesse. Ecrivez donc quatre-vingts ans. Cet enfant a vécu un an ; quel est le total des années de sa vie, combien avez-vous supposé qu'il dût vivre ? Quatre-vingts ans. Otez-en une. Il a vécu dix ans, il lui en reste soixante-dix. Il a vécu vingt ans, il lui en reste soixante. Cependant les années semblaient venir. Comment expliquer cette contradiction ? Nos années ne viennent que pour s'éloigner, elles viennent, dis-je, pour s'en aller. Elles ne viennent point pour s'arrêter avec nous ; mais lorsqu'elles passent comme au travers de notre vie, c'est pour nous briser et affaiblir de plus en plus nos forces. Telle est la voie dans laquelle nous marchons. Comment donc agirons-nous avec cet adversaire, c'est-à-dire avec la parole de Dieu ? Mettez-vous d'accord avec elle. Vous ignorez le terme de la route. Lorsque vous y serez arrivé

---

dium feceris (*Exod.*, xx, 13, etc.) : audi et concordasti. Non furtum facias : audi, et concordasti. Non mœchaberis : audi, et concordasti. Non falsum testimonium dicas : audi, et concordasti. Non concupiscas uxorem proximi tui : audi, et concordasti. Non concupiscas rem proximi tui : audi, et concordasti. In his omnibus cum tuo isto adversario concordasti : et tibi quid perdidisti ? Non solum nihil perdidisti : sed et te ipsum, qui perieras, invenisti. Via vita ista est : si concordaverimus cum illo, si consenserimus illi, finita (*a*) via, non timebimus judicem, ministrum, carcerem.

Caput IV. — *Anni homini magis decedunt quam accedunt.* — 4. Quando finitur via ? Non omnibus una hora finitur. Unusquisque habet horam, quando finiat viam. Via vita ista dicta est : finisti istam vitam, finisti viam. Ambulamus, et ipsum vivere, accedere est. Nisi forte putatis, quia tempus accedit, et nos stamus ? Non potest fieri. Quomodo accedit tempus, accedimus et nos : et non anni nobis accedunt, sed magis decedunt. Valde errant homines, quando dicunt : Puer iste adhuc minus sapit, accedunt illi anni, et prudens erit. Attende quid dicas. Accedunt, dixisti : ego ostendo quia decedunt, cum tu dicis : Accedunt. Et audi quam facile id probo. Putemus nos scisse annos ipsius ex quo natus est : verbi gratia, ut bene ille optemus, octoginta annos victurus est, perventurus est ad senectutem. Scribe octoginta annos. Vixit unum annum : quot habes in summa ? quot tenebas ? Octoginta. Deduc unum. Vixit decem : septuaginta restiterunt. Vixit viginti : sexaginta restiterunt. Certe accedebant : quid est hoc ? Veniunt, ut abeant, anni nostri : veniunt, inquam, ut eant. Non enim veniunt, ut stent nobiscum : sed cum transeunt per nos, terunt nos, et minus minusque valere nos faciunt. Talis est via, in qua venimus. Quid facturi sumus cum adversario illo, id est, cum sermone Dei ? Concorda cum illo.

(*a*) Aliquot Mss. *finita vita*.

vous serez en présence du juge, de l'exécuteur, de la justice et de la prison. Mais si vous avez établi une parfaite harmonie entre votre volonté et celle de votre adversaire, au lieu d'un juge vous trouverez un père ; au lieu d'un exécuteur cruel, un ange qui vous portera dans le sein d'Abraham ; au lieu de la prison, le paradis. Quel prompt et merveilleux changement vous avez accompli dans le chemin, en vous mettant d'accord avec votre adversaire !

SERMON CX [1].

Sur le passage du chapitre XIII de l'Evangile selon saint Luc, où il est parlé du figuier qui ne rapportait point de fruit depuis trois ans, de la femme qui était malade depuis dix-huit ans, et aussi sur ces paroles du Psaume IX : *Levez-vous, Seigneur, ne laissez pas triompher l'homme; que les nations soient jugées devant vous.*

CHAPITRE PREMIER. — *Que signifie le figuier stérile pendant trois ans.* — 1. Que représentent ce figuier qui était planté depuis trois ans et ne produisait point de fruit, et cette femme qui était malade depuis dix-huit ans ? Voici ce que le Seigneur m'inspire de vous dire à ce sujet. Le figuier, c'est le genre humain. Les trois ans sont les trois grandes époques de l'humanité, l'une, qui a précédé la loi, l'autre, qui est le temps de la loi, la troisième, le règne de la grâce. Nous ne devons point trouver extraordinaire que le figuier soit la figure du genre humain ; car le premier homme, après son péché, couvrit de feuilles de figuier les parties naturelles de son corps et les membres de la génération. En effet, ces membres, qui étaient honorables avant son péché, devinrent sa honte dès qu'il l'eut commis. Ils étaient nus avant le péché et n'en rougissaient point. Pourquoi en auraient-ils rougi, puisqu'ils étaient sans péché ? Pourquoi auraient-ils rougi de l'ouvrage du Créateur, puisqu'ils n'en avaient encore dégradé l'excellence par aucune œuvre coupable ? Ils n'avaient pas encore mangé du fruit de l'arbre de la science du bien et du mal dont Dieu leur avait défendu de manger. C'est après qu'ils eurent péché en mangeant de ce fruit qu'ils donnèrent naissance au genre humain, c'est-à-dire que l'homme donna le jour à l'homme, le débiteur à un être chargé de la même dette, le mortel à un mortel, le pécheur à un pécheur. Le Sauveur personnifie donc dans cet arbre ceux qui, pendant toute leur vie, ont refusé de produire des fruits, et c'est pour cela qu'il menace d'appliquer la hache à la racine de cet arbre stérile. Le jardinier intercède ; le châtiment est différé pour lui laisser le temps d'appliquer à cet arbre un remède éner-

---

Nescis enim quando via finiatur. Cum via finita fuerit, judex restat, et minister, et carcer. At si servaveris adversario tuo bonam voluntatem, et cum ei consenseris, pro judice invenies patrem; pro ministro sævo, Angelum tollentem in sinum Abrahæ; pro carcere, paradisum. Quam cito in via cuncta mutasti, quia tuo adversario consensisti.

SERMO CX [a].

De verbis Evangelii Lucæ XIII, ubi dicitur de arbore ficulnea, per triennium fructum non ferente; ac de muliere habente decem et octo annos in infirmitate : necnon de verbis Psalmi IX : *Exsurge Domine, non prævaleat homo; judicentur gentes in conspectu tuo.*

CAPUT PRIMUM. — *Ficus sterilis per triennium quid significet.* — 1. De arbore ficulnea, quæ triennium habebat et fructum non afferebat, et de muliere quæ decem et octo annos habebat in infirmitate, quod Dominus donaverit audite. Arbor ficulnea, genus humanum est. Triennium autem, tria sunt tempora : unum ante Legem, alterum sub Lege, tertium sub gratia. Non est autem importunum, ut arbor ficulnea intelligatur genus humanum. Primus enim homo quando peccavit, foliis ficulneis pudenda velavit : hæc velavit, unde nati sumus, membra. (*Gen.*, III, 7.) Quæ enim ante peccatum fuerant glorianda, post peccatum pudenda sunt facta. Denique antea nudi erant, et non confundebantur. Non enim erat unde erubescerent, quando peccatum non præcesserat : nec poterant de sui Creatoris operibus erubescere, quia operibus Creatoris sui bonis nullum adhuc malum opus suum miscuerant. Nondum enim manducaverant de ligno scientiæ boni et mali, unde manducare prohibiti erant. Postea ergo quam manducaverunt et peccaverunt, natum est de illis genus humanum : id est, homo de homine, obnoxius de debitore, mortalis de mortali, peccator de peccatore. Hos ergo appellat in hac arbore, qui per omne tempus fructum dare noluerunt : et propter hoc imminebat securis radicibus arboris infructuosæ. Intercedit colonus, differtur supplicium, ut adhibeatur auxi-

(a) Alias ex XXXI, de verbis Domini.

gique. Or, ce jardinier qui intercède, c'est toute âme sainte qui, dans le sein de l'Eglise, prie pour ceux qui sont en dehors de l'Eglise. Et quel est l'objet de sa prière? « Maître, laissez-le encore cette année, » (*Ibid.*, 8) c'est-à-dire sous le règne de la grâce, épargnez les pécheurs, épargnez les infidèles, épargnez les âmes stériles et infructueuses. « Je vais creuser tout autour et y mettre de l'engrais; s'il produit du fruit, ce sera bien, sinon, vous viendrez et vous le couperez. » (*Ibid.*, 9.) Vous viendrez, quand? Au jour du jugement, lorsque vous viendrez juger les vivants et les morts. En attendant, cet arbre est épargné. Or, que signifie cette fosse creusée autour de l'arbre? L'exhortation à l'humilité et à la pénitence. En effet, une fosse est une terre qui s'abaisse. Il faut entendre dans un bon sens cette corbeille de fumier. Ce sont des ordures, mais elles font produire du fruit. Le fumier du jardinier, c'est la douleur du pécheur. Ceux qui font pénitence, je veux parler de ceux qui la font avec intelligence et sincérité, se condamnent à vivre dans l'abjection. C'est donc à cet arbre qu'il est dit : « Faites pénitence, le royaume des cieux approche. » (*Matth.*, III, 2.)

CHAPITRE II. — *La femme malade depuis dix-huit ans. L'homme est bon, non de son propre fonds, mais par la grâce de Dieu.* — 2. Que représente cette femme malade depuis dix-huit ans? Dieu accomplit toutes ses œuvres en six jours. Or, trois fois six font dix-huit, et les dix-huit années de cette femme ont la même signification que les trois années de l'arbre. Elle était courbée et ne pouvait regarder en haut (*Luc*, XIII, 11), et c'est inutilement qu'on lui disait : Elevez votre cœur. Mais le Seigneur la redressa. L'espérance est donc laissée aux enfants jusqu'au jour du jugement. L'homme se glorifie beaucoup trop. Qu'est-ce que l'homme? Certainement l'homme juste est quelque chose de grand, mais cependant cet homme juste ne l'est que par la grâce de Dieu. Car qu'est-ce que l'homme pour que vous daigniez vous souvenir de lui? (*Ps.* VIII, 5.) Voulez-vous savoir ce que c'est que l'homme? « Tout homme est menteur. » (*Ps.* CXV, 11.) Nous avons chanté : « Levez-vous, Seigneur, que l'homme ne triomphe pas. » (*Ps.* IX, 20.) Qu'est-ce à dire que l'homme ne triomphe pas? Est-ce que les Apôtres n'étaient pas des hommes? Est-ce que les martyrs n'étaient pas des hommes? Notre-Seigneur Jésus-Christ lui-même, sans cesser d'être Dieu, a daigné se faire homme. Que signifient donc ces paroles : « Que l'homme ne triomphe pas? » Si tout homme est menteur, levez-vous, ô vérité, et ne laissez point triompher le mensonge. Si donc l'homme veut être quelque chose de bon, qu'il ne cherche pas cette bonté dans son

---

lium. Qui autem intercedit colonus est omnis sanctus, qui intra Ecclesiam orat pro eis qui sunt extra Ecclesiam. Et quid orat? « Domine, dimitte (*a*) illam et hoc anno : » (*Ibid.*, 8) id est, tempore isto sub gratia, parce peccatoribus, parce infidelibus, parce sterilibus, parce infructuosis. « Circumfodio ei, et adhibeo cophinum stercoris : si fecerit fructum, bene ; sin autem minus, venies et amputabis eam. » (*Ibid.*, 9.) « Venies : » quando? In judicio venies, quando venturus es judicare vivos et mortuos. Interim modo parcitur. Quid est autem fossa? quid est circumfodere, nisi humilitatem et pœnitentiam docere? Fossa enim humilis terra est. Cophinum stercoris in bono intellige. Sordes sunt, sed fructum dant. Sordes cultoris, dolores sunt peccatoris. Qui agunt pœnitentiam, in sordibus agunt : si tamen intelligant, et veraciter agant. Huic ergo arbori dicitur : Agite pœnitentiam, appropinquavit enim regnum cœlorum. (*Matth.*, III, 2.)

CAPUT II. — *Mulier decem et octo annis in infirmitate. Homo non de suo, sed de gratia Dei bonus.* — 2. Quid illa mulier decem et octo annos habens in infirmitate? Sex diebus Deus perfecit opera sua. Ter seni decem et octo faciunt. Quod ergo significavit triennium in arbore, hoc decem et octo anni in illa muliere. Curva erat, sursum aspicere non poterat : (*Luc.*, XIII, 11) quia sursum cor, sine causa audiebat. Sed erexit eam Dominus. Est ergo spes, sed filiis, quo usque veniat dies judicii. Multum sibi dat homo. Et quid est homo? Justus homo magnum aliquid est homo. Sed tamen justus homo, gratia Dei est justus homo. Nam : Quid est homo, nisi quod memor es ejus? (*Psal.* VIII, 5.) Vis videre quid est homo? Omnis homo mendax. (*Psal.* CXV, 11.) Cantavimus : « Exsurge Domine, non prævaleat homo. » (*Psal.* IX, 20.) Quid est? « non prævaleat homo? » Nonne Apostoli homines erant? Nonne Martyres homines erant? Ipse Dominus Jesus, Deus esse non desistens, homo esse dignatus est. Quid est ergo : « Exsurge Domine, non prævaleat homo? » Si omnis homo mendax : Exsurge veritas, non prævaleat falsitas. Homo ergo, si vult esse aliquid boni, non sit de suo proprio. Si enim de

---

(*a*) Mss *dimitte illi*. Et sic alibi veteres libri, quoties hunc locum refert Augustinus.

propre fonds; car s'il veut être bon par lui-même, il sera un menteur. S'il veut avoir la vérité en partage, ce n'est pas à lui, c'est à Dieu qu'il doit la demander.

3. « Levez-vous donc, Seigneur; ne laissez point triompher l'homme. » Le mensonge avait tellement étendu son empire avant le déluge, que huit personnes seulement survécurent à cette catastrophe. C'est par eux que la terre fut repeuplée, mais encore de menteurs, parmi lesquels Dieu choisit son peuple. Des miracles nombreux furent opérés au milieu de ce peuple sur lequel Dieu se plut à répandre ses bienfaits. Il le conduisit jusque dans la terre promise, après l'avoir délivré de la servitude des Egyptiens. Il lui suscita des prophètes inspirés, lui donna un temple, des prêtres, des rois et la loi. Mais il n'en dit pas moins plus tard, en parlant d'eux : « Ces enfants rebelles m'ont menti. » (*Ps.* xvii, 46.)

Chapitre III. — Il leur envoya en dernier lieu celui qu'avaient promis les prophètes. Mais que l'homme ne triomphe pas, non pas même de ce que Dieu s'est fait homme. Cependant ce Dieu incarné, malgré ses œuvres toutes divines, n'a recueilli que des mépris, et, pour fruit de ses nombreux bienfaits, on s'est emparé de lui, il a été flagellé et attaché à une croix. L'homme l'a emporté ici jusqu'à se saisir du Fils de Dieu, jusqu'à flageller le Fils de Dieu, jusqu'à couronner d'épines le Fils de Dieu, jusqu'à suspendre à un bois infame le Fils de Dieu. Oui, l'homme a porté jusque là sa puissance; mais jusqu'où s'est-elle exercée? Jusqu'au moment où il fut déposé de la croix et mis dans le tombeau. S'il y était resté, l'homme l'aurait vraiment emporté sur lui. Mais le Roi-Prophète, dans ce verset du psaume, s'adresse en ces termes à Notre-Seigneur Jésus-Christ lui-même : « Levez-vous, Seigneur; ne permettez point que l'homme triomphe. » Vous avez daigné, Seigneur, vous incarner dans notre nature, Verbe fait chair, vous êtes, comme Verbe, au-dessus de nous, comme homme, semblable à nous, comme Verbe incarné, vous êtes médiateur entre Dieu et l'homme. Vous avez choisi une Vierge pour naître d'elle selon la chair, vous l'avez trouvée vierge avant votre conception, et vous l'avez laissée vierge après votre naissance. Mais alors vous n'étiez pas reconnu; vous paraissiez au milieu des hommes et vous étiez caché à leurs yeux. Ils voyaient en vous la faiblesse, ils ne voyaient point la puissance. Or, tout cela s'est fait, afin que vous puissiez verser votre sang pour la rançon de nos âmes. Vous avez fait tant et de si grands miracles, guéri tant de malades, comblé les hommes de tant de bienfaits, et ils vous ont rendu le mal pour le bien. Ils vous ont insulté, attaché à la croix ; les impies ont secoué la tête devant vous en disant : « Si vous êtes le Fils de Dieu, descendez de la croix. » (*Matth.*, xxvii, 40.) Aviez-vous donc perdu votre puissance, ou

---

suo esse voluerit, mendax erit. Si verax esse voluerit de Dei, non de suo erit.

3. Ergo: «Exsurge Domine, non prævaleat homo.» Tantum valuit mendacium ante diluvium, ut post diluvium octo homines remansissent. Per ipsos terra rursus impleta est hominibus mendacibus, et electus est populus Dei. Facta sunt miracula multa, prærogata divina beneficia. Ad terram promissionis perductus est, ab Ægyptiorum servitute liberatus : Prophetæ in illo excitati sunt, templum accepit, sacerdotium accepit, unctionem accepit, legem accepit. sed de ipso postea dictum est : Filii alieni mentiti sunt mihi. (*Psal.* xvii, 46.)

Caput III. — Ad extremum missus est ille per Prophetas ante promissus. « Non prævaluit homo, » vel quia Deus factus est homo. Sed etiam ipse faciens divina contemptus est, præstans tam multa beneficia prehensus est, flagellatus est, suspensus est. Huc usque prævaluit homo, Dei Filium prehendere, Dei Filium flagellare, Dei Filium spinis coronare, Dei Filium ligno suspendere. Tantum prævaluit homo : sed quo usque, nisi quo usque depositus de ligno, positus est in sepulcro? Si ibi remansisset, vere homo prævaluisset. Sed prophetia ista etiam ipsum Dominum Jesum alloquitur, dicens : « Exsurge Domine, non prævaleat homo. » Domine, in carne venire dignatus es, Verbum caro factus, Verbum super nos, caro inter nos, Verbum caro inter Deum et hominem : virginem unde nascereris secundum carnem elegisti, virginem concipiendus invenisti, natus virginem reliquisti. Sed non agnoscebaris : apparebas, et latebas. Apparebat infirmitas, latebat potestas. Hoc totum factum est, ut sanguinem funderes, quod est pretium nostrum. Fecisti tanta miracula, valetudinibus ægrotorum sanitatem tribuisti, beneficia multa præstitisti, et recepisti mala pro nobis. Insalutatum est tibi, in ligno pependisti : agitatum est ante te caput ab impiis, et dictum est : Si Filius Dei es, descende de cruce. (*Matth.*, xxvii, 40.) Itane tu perdideras potentiam, an potius de-

plutôt ne vouliez-vous point donner un exemple de votre patience? Et cependant ils ne cessèrent point de vous outrager, de vous couvrir d'opprobres, et, après vous avoir mis à mort, ils se retirèrent comme s'ils étaient vainqueurs. Vous êtes étendu dans le tombeau : « Levez-vous, Seigneur; ne permettez pas que l'homme triomphe. » Ne laissez pas triompher l'impie qui vous hait, ne laissez pas triompher les Juifs aveugles. Lorsqu'ils vous eurent crucifié, ils s'imaginèrent qu'ils étaient vainqueurs. « Levez-vous, Seigneur; ne permettez pas que l'homme triomphe. » C'est ce qui s'est fait et cette prophétie s'est entièrement accomplie. Que reste-t-il encore maintenant? « Que les peuples soient jugés en votre présence. » En effet, il est ressuscité, comme vous le savez; il est monté aux cieux, et c'est de là qu'il doit venir juger les vivants et les morts.

CHAPITRE IV. — *L'accomplissement de tant de prophéties nous garantit la certitude du jugement à venir.* — 4. O arbre stérile, gardez-vous donc de vous moquer, parce qu'on vous épargne maintenant; le coup de hache est différé, n'ayez pas tant d'assurance; le Christ viendra et vous serez abattu. Croyez fermement qu'il viendra. Tout ce que vous voyez, n'existait pas. Il fut un temps où le peuple chrétien n'était pas répandu par toute la terre. Les prophéties annonçaient cet événement, mais il n'était pas encore accompli sur la terre; maintenant nous lisons ces mêmes prophéties et nous sommes témoins de leur accomplissement. Voici comme l'Eglise s'est formée. On ne lui a pas dit : Voyez, ma fille, et écoutez, mais : « Ecoutez et voyez. » (*Ps.* XLIV, 11.) Ecoutez les prédictions et voyez leur accomplissement. Ainsi, mes très-chers frères, le Christ n'était pas encore né d'une Vierge ; les prophéties annonçaient sa naissance et elle s'est accomplie ; il n'avait point encore fait de miracles, ils étaient prédits et ils ont eu lieu; il n'avait pas encore souffert, il n'était pas encore ressuscité, mais sa passion, sa résurrection étaient annoncées et elles ont reçu leur accomplissement; son nom n'était pas encore répandu par toute la terre, mais la prophétie existait et elle s'est également accomplie; les idoles n'étaient encore ni renversées ni brisées, mais leur destruction était prédite et nous en avons été témoins ; il n'y avait point encore d'hérétiques pour attaquer l'Eglise, mais ils avaient été prédits et nous les voyons de nos yeux. Il en sera de même pour le jour du jugement; il n'est pas encore arrivé, mais il est prédit et cette prédiction s'accomplira. Serait-il possible que celui qui a fait éclater sa vérité dans de si grandes choses pût nous tromper sur le jour du jugement? Il s'est engagé par écrit à exécuter ses promesses; Dieu ne nous doit rien; sa promesse seule le constitue notre débiteur, sans qu'il ait rien reçu de nous. Ainsi nous ne pouvons lui dire : Rendez ce que vous avez reçu. « Car qui lui a donné le premier pour en attendre la récompense? » (*Rom.*, XI, 35.) Nous ne pouvons donc lui dire :

---

monstrabas patientiam? Et tamen illi insultaverunt, et tamen illi irriserunt, tamen illi te occiso quasi victores discesserunt. Ecce in sepulcro jaces : « Exsurge Domine, non prævaleat homo. »Non prævaleat impius inimicus, non prævaleat cæcus Judæus. Cum enim crucifigereris, prævaluisse sibi visus est Judæus cæcus. « Exsurge Domine, non prævaleat homo. » Factum est, omnino factum est. Et quid restat, nisi ut « judicentur gentes in conspectu tuo? » Resurrexit enim, sicut nostis; ascendit in cœlum : inde venturus est judicare vivos et mortuos.

CAPUT IV. — *Judicii venturi certitudo impletis tot aliis prædictionibus.* — 4. Eia arbor infructuosa, non derideas, quia parcitur tibi : dilata est securis, noli esse secura : veniet, et amputaberis. Crede quia venturus est. Ista omnia, quæ vides, non erant. Christianus populus toto orbe terrarum aliquando non erat. In prophetia legebatur, in terra non videbatur : modo autem et legitur, et videtur. Ipsa Ecclesia sic est completa. Non ei dictum est : Vide, filia, et audi : sed : Audi, et vide. (*Psal.* XLIV, 11.) Audi prædicta, vide completa. Quomodo ergo, Fratres carissimi, non erat natus Christus de virgine, promissus est, et natus est : non fecerat mirabilia, promissa sunt, et fecit : nondum erat passus, promissum est, et factum est : non resurrexerat, prædictum est, et impletum est : nomen ejus per totum mundum non erat, prædictum est, et impletum est : idola deleta et fracta non erant, prædictum est, et impletum est : hæretici impugnantes Ecclesiam non erant, prædictum est, et impletum est. Sic et dies judicii nondum est; sed, quia prædictus est, implebitur. An fieri potest, ut qui in tantis verax apparuit de die judicii mendax sit? Promissorum suorum nobis chirographum fecit. Non debendo enim, sed promittendo debitorem se Deus fecit : id est, non mutuo accipiendo. Non possumus ergo ei dicere : Redde quod accepisti. Quoniam quis prior dedit illi, et retribuetur ei? Non

Rendez ce que vous avez reçu, mais nous avons le droit de lui dire : Rendez ce que vous avez promis.

Chapitre V. — *Le royaume de Dieu nous a été promis.* — Voilà ce qui nous donne la confiance de lui dire chaque jour : « Que votre règne arrive, » (*Matth.*, VI, 10) afin que, son règne s'accomplissant, nous puissions régner avec lui. C'est ce qu'il nous a promis par ces paroles : « Alors je leur dirai : Venez, les bénis de mon Père ; possédez le royaume qui vous a été préparé dès le commencement du monde. » (*Matth.*, XXV, 34.) Mais c'est à la condition, toutefois, que nous aurons accompli ce qui suit : « J'ai eu faim et vous m'avez donné à manger, etc. » Il a fait cette promesse à nos pères, mais il l'a consignée par écrit, pour que nous puissions en prendre connaissance. Si, après nous avoir donné cet écrit, il daignait entrer en compte avec nous et nous dire : Prenez connaissance de mes dettes, c'est-à-dire de celles que j'ai contractées par mes promesses, et comptez à la fois ce que je vous ai payé et ce que je vous redois encore. Voyez combien j'ai déjà payé, et le peu que je vous redois. Or, croyez-vous que pour ce peu qui reste, je serai infidèle à ma parole ? Qu'opposerons-nous à ses assurances aussi claires et aussi certaines ? Que celui donc qui est resté jusqu'à présent stérile se repente, et qu'il fasse de dignes fruits de pénitence. Que celui qui marche courbé vers la terre, qui ne voit que la terre, qui met sa joie dans la félicité de ce monde, qui pense que cette vie est la seule qui puisse lui donner le vrai bonheur, et qui refuse de croire à une autre vie, que cet homme si courbé se redresse, et s'il ne le peut par lui-même, qu'il invoque le secours de Dieu. Est-ce que cette femme s'est redressée d'elle-même ? Malheur à elle, si le Sauveur ne lui avait pas tendu la main.

SERMON CXI.

Sur ces paroles du chapitre XIII *de l'Evangile selon saint Luc. où le royaume de Dieu est comparé au levain qu'une femme prend et qu'elle cache dans trois mesures de farine, et de la question qui est faite au Sauveur :* N'y en aura-t-il que peu qui soient sauvés ?

Chapitre premier. — *Les trois mesures de farine. Le petit nombre des élus.* — 1. Les trois mesures de farine dont parle ici le Sauveur, représentent le genre humain. (*Luc*, XIII, 21.) Rappelez-vous le déluge ; trois hommes seulement furent épargnés pour repeupler la terre. Noé avait trois fils, qui reformèrent le genre humain. Cette sainte femme qui cache son levain est la sagesse. Voilà le cri que fait entendre dans l'Eglise de Dieu l'univers entier : « J'ai

---

possumus dicere ei : Redde quod accepisti : sed plane dicimus : Redde quod promisisti. (*Rom.*, XI, 35.)

Caput V. — *Regnum Dei promissum.* — 5. Inde namque est, quod audemus quotidie dicere : Adveniat regnum tuum (*Matth.*, VI, 10) : ut adveniente regno ejus, et nos cum illo regnemus. Quod nobis his verbis promissum est : Tunc dicam illis : Venite, benedicti Patris mei, percipite regnum, quod vobis paratum est ab origine mundi. Sed plane si fecerimus quod ibi sequitur : « Esurivi enim, et dedistis mihi manducare, » etc. (*Matth.*, XXV, 34.) Promisit patribus nostris ; sed cautionem fecit, quam legeremus et nos. Si faciat nobiscum rationem, qui dignatus est facere cautionem, et dicat : Legite debita mea, hoc est, debita promissionum mearum, et computate quæ reddidi, computate etiam quæ debeo : ecce quam multa reddi ; modicum est quod debeo : pro modico quod restat, infidelem me promissorem esse putabitis ? Quid respondebimus contra manifestissimam veritatem ? Ergo qui sterilis est, agat pœnitentiam, et faciat fructum dignum pœnitentiæ. Qui curvus est, terram intuetur, terrena felicitate lætatur, istam solam putat esse vitam beatam, ubi beatus esse possit, aliam non credit : quicumque tam curvus est, erigatur : si per se ipsum non potest, invocet Deum. Numquid enim et mulier illa per se ipsam erecta est ? Væ illi esset, si manum ille non porrexisset.

SERMO CXI. (a)

De verbis Evangelii Lucæ, XIII, *ubi regnum Dei dicitur* simile fermento, quod acceptum mulier abscondit in farinæ sata tria. *Deque eo quod ibi scriptum est :* Domine, si pauci sunt qui salvantur ?

Caput primum. — *Tria sata farinæ. Pauci salvantur.* — 1. Tria sata farinæ, de quibus Dominus loquebatur, genus humanum est. (*Luc.*, XIII, 21.) Recolite diluvium : unde cæteri repararentur, tres remanserunt. Tres filios habebat Noe, de ipsis reparatum est genus humanum. Mulier illa sancta quæ abscondit fermentum, sapientia est. Ecce clamat orbis totus in Ecclesia Dei : Ego cognovi, quia magnus est Dominus.

(a) Alias XXXII, de verbis Domini.

connu que le Seigneur est grand. » (*Ps.* cxxxiv, 5.) Il est certain qu'il y en a peu qui soient sauvés. Rappelez-vous cette question qui vient de nous être proposée dans l'Evangile. « Seigneur, demande-t-on au Sauveur, n'y en aura-t-il que peu de sauvés? » (*Luc*, xiii, 23.) Que répond le Sauveur? Il ne dit pas : Ce n'est pas le petit nombre, mais le grand nombre qui est sauvé. Non, il ne s'exprime point de la sorte. Que répond-il donc à cette question : « N'y en aura-t-il que peu qui soient sauvés; efforcez-vous d'entrer par la porte étroite. » (*Ibid.*, 24.) Le Seigneur vous confirme donc dans cette pensée qui vient d'être émise : C'est le petit nombre qui sera sauvé. Il en est peu, en effet, qui entrent par la porte étroite. Notre-Seigneur dit encore dans un autre endroit : « Qu'elle est étroite et resserrée, la voie qui conduit à la vie, et qu'il en est peu qui la prennent; mais qu'elle est large et spacieuse, la voie qui conduit à la perdition, et qu'il en est beaucoup qui la suivent! (*Matth.*, vii, 13, 14.) Pourquoi nous applaudir de nous voir entourés par des multitudes? Ecoutez-moi, vous qui êtes en petit nombre. Je sais qu'il en est beaucoup qui entendent, mais peu qui écoutent avec docilité. Je vois bien l'aire, mais j'y cherche le grain. Le grain paraît à peine lorsqu'il est encore sous l'action du fléau; mais viendra le temps où il sera vanné. Il y en aura donc peu qui soient sauvés en comparaison du grand nombre qui doit se perdre, car, considéré en lui-même, ce petit nombre ne laissera pas de faire une quantité considérable. « Lorsque le vanneur viendra, tenant son van à la main, il nettoiera son aire, il amassera le blé en son grenier, mais il brûlera la paille dans un feu qui ne s'éteint point. » (*Luc*, iii, 17.) Que la paille n'insulte donc pas au bon grain, c'est la vérité même qui parle, et qui ne trompe personne. Soyez donc nombreux au milieu de la multitude, mais en petit nombre, si l'on vous compare à certaines multitudes plus nombreuses. Il sortira de cette aire une si grande quantité de grains, qu'elle remplira le grenier du ciel. En effet, on ne peut supposer de contradiction entre ce que dit ici Notre-Seigneur Jésus-Christ : « Il en est peu qui entrent par la porte étroite, il en est beaucoup qui vont à leur perte en suivant la voie large, » et ce qu'il dit ailleurs : « Beaucoup viendront de l'Orient et de l'Occident. » (*Matth.*, viii, 11.) Le grand nombre est donc composé de peu de personnes, et le petit nombre embrasse une multitude considérable. Le petit nombre est-il donc différent du grand nombre? Non, ce sont les mêmes qui sont à la fois peu nombreux et en grand nombre; peu nombreux en comparaison des réprouvés, en grand nombre dans la société des anges. Ecoutez, mes très-chers frères; voici ce que nous lisons dans l'Apocalypse : « Après cela je vis une grande multitude que personne ne pouvait compter, de toute nation, de toute tribu; ils

---

(*Psal.*, cxxxiv, 5.) Certe pauci sunt qui salvantur. Recolitis quæstionem ex Evangelio nobis modo propositam : « Domine, » dictum est, « si pauci sunt qui salvantur? » (*Luc.*, xiii, 23.) Dominus ad hoc quid? Non ait : Non pauci, sed multi sunt qui salvantur. Non hoc dixit. Sed quid dixit, cum audisset : « Si pauci sunt qui salvantur? Contendite intrare per angustam portam. » (*Ibid.*, 24.) Quando audis ergo : « Pauci sunt qui salvantur, » confirmavit Dominus quod audivit. Per angustam portam pauci intrant. Alio loco ipse ait : « Arta via est et angusta, quæ ducit ad vitam; et pauci sunt qui ingrediuntur per illam : lata autem et spatiosa est via, quæ ducit ad interitum; et multi sunt qui ambulant per illam. » (*Matth.*, vii, 13 et 14.) Quid gaudemus ad multitudines? Audite me pauci. Scio quia multi auditis, et pauci obauditis. Aream video, grana quæro. Et vix videntur grana, quando area trituratur : sed futurum est, ut ventiletur. Pauci ergo qui salvantur in comparatione multorum periturorum. Nam ipsi pauci magnam massam facturi sunt. Cum venerit ventilator ferens ventilabrum in manu sua, mundabit aream suam, frumenta recondet in horreum : paleas autem comburet igni inexstinguibili. (*Luc.*, iii, 17.) Non subsannet palea granum : hoc verum loquitur, neminem fallit. Estote ergo inter multos multi, sed in comparatione quorumdam multitudinum pauci. Tanta massa processura est de hac area, ut impleat horreum cœli. Non enim contrarius sibi esset Dominus Christus, qui dixit : Pauci sunt qui intrant per angustam portam, multi per latam viam pereunt : contrarius sibi esset, qui alio loco dixit : Multi ab Oriente et Occidente venient. (*Matth.*, viii, 11.) Multi certe pauci : et pauci, (*a*) et multi. Alii ergo pauci, alii multi? Non. Sed ipsi pauci qui multi : pauci in comparatione perditorum, multi in societate Angelorum. Audite, Carissimi. Apocalypsis hoc habet scriptum : « Post hæc vidi ex omni lingua et gente et tribu

---

(*a*) Quidam Mss. *et pauci multi* : omisso *et*.

étaient revêtus de robes blanches, avec des palmes dans leurs mains. » (*Apoc.*, VII, 9.) Voilà la multitude innombrable des saints. Lors donc que l'aire sera nettoyée, purifiée de la foule des impies et des mauvais chrétiens ; lorsque ceux qui pressent le Christ sans le toucher seront envoyés au feu éternel (car, tandis que la femme touchait la frange du vêtement du Christ, la foule ne faisait que le presser), lorsque la séparation des réprouvés sera consommée, avec quel éclat, avec quelle confiance la masse purifiée des élus qui se tiendra à la droite, sans crainte ni d'être confondue avec les méchants ni de perdre aucun des biens qu'elle possède, s'écriera-t-elle au moment de régner avec Jésus-Christ : « J'ai connu que le Seigneur est grand.»(*Ps.* CXXXIV, 5.)

CHAPITRE II. — *Reproche et exhortation à faire l'aumône.* — 2. Si donc, mes frères, je parle aux bons grains, si ceux qui m'écoutent comprennent ce que je dis, parce qu'ils sont prédestinés à la vie éternelle, qu'ils me répondent par leurs œuvres, plutôt que par leurs paroles. Nous sommes forcé de vous rappeler ce que nous n'aurions pas dû vous dire. Nous ne devions trouver en vous que des actions dignes de louanges, et non pas chercher des sujets de reproches. Voici en peu de mots, sans tarder, ce que j'ai à vous dire. Reconnaissez l'efficacité de l'hospitalité, car c'est par elle que plusieurs sont arrivés jusqu'à Dieu. Vous recevez un hôte, c'est pour vous un compagnon de route, car nous sommes tous voyageurs ici-bas. Le vrai chrétien est celui qui, jusque dans sa maison, jusque dans sa patrie, reconnaît qu'il est voyageur. Notre patrie est le ciel ; là nous ne serons plus comme des étrangers. Ici-bas, chacun de nous est voyageur jusque dans sa maison. S'il n'est pas voyageur, il ne doit jamais en sortir. S'il doit un jour la quitter, il n'est qu'un voyageur. Qu'il ne se fasse point d'illusion ; qu'il le veuille, qu'il ne le veuille pas, il est étranger ici-bas. Il laisse sa maison à ses enfants, c'est un voyageur qui la laisse à d'autres voyageurs. Pourquoi ? Si vous étiez dans un hôtellerie, n'en sortiriez-vous pas pour laisser la place à d'autres ? C'est ce que vous faites dans votre maison. Votre père vous a cédé la place, vous la céderez vous-même à vos enfants. Vous ne pouvez demeurer sur la terre, et ceux qui vous succéderont n'y demeureront pas plus que vous. Si donc nous passons tous, faisons des œuvres qui ne passent pas, afin que nous trouvions ces bonnes œuvres lorsque nous serons arrivés dans ce séjour heureux que nous ne devons plus quitter. Jésus-Christ lui-même sera le gardien de nos œuvres ; pourquoi craindre de perdre ce que vous donnez ? Tournons-nous vers le Seigneur, etc.

Et après le discours :

Permettez-moi de vous rappeler ce que votre

venientes cum stolis albis et palmis multitudinem quam nemo dinumerare potest. » (*Apoc.*, VII, 9.) Hæc est massa sanctorum. Quanto clariore voce dicturæ est area ventilata, a turba impiorum et malorum falsorumque Christianorum segregata, ad ignes æternos separatis his qui premunt, non tangunt : (mulier enim quædam fimbriam tangebat, turba Christum premebat :) (*Luc.*, VIII, 44) segregatis ergo omnibus damnandis, massa purgata stans ad dexteram, nullum sibi timens misceri malorum, nullum timens perdere bonorum, regnatura cum Christo, quanta fiducia dictura est : Ego cognovi, quia magnus est Dominus. (*Psal.* CXXXIV, 5.)

CAPUT II. — *Objurgatio et ad eleemosynam exhortatio.* — 2. Si ergo, Fratres mei, granis loquor, si agnoscunt quod dico prædestinati in vitam æternam, operibus loquantur, non vocibus. Cogimur loqui vobis quod non debuimus. Invenire enim in vobis debuimus quod laudaremus, non quærere quod admoneremus. Ecce tamen breviter dico, non immoror. Agnoscite hospitalitatem, per hanc perventum est ad Deum. Suscipis hospitem, cujus et tu es comes in via : quia omnes peregrini sumus. Ipse est Christianus, qui et in domo sua et in patria sua peregrinum se esse cognoscit. Patria enim nostra sursum est, ibi hospites non erimus. Nam unusquisque hic, et in domo sua, hospes est. Si non est hospes, non inde transeat. Si transiturus est, hospes est. Non se fallat, hospes est : velit nolit, hospes est. Sed dimittit illam domum filiis suis, hospes hospitibus. Quare ? Et in stabulo si esses, non alio veniente discederes ? Hoc facis et in domo tua. Cessit tibi locum pater tuus, cessurus es locum filiis tuis. Nec mansurus manes, nec mansuris relinques. Si omnes transimus, aliquid quod transire non potest operemur : ut cum transierimus, et illo venerimus unde non transeamus, opera nostra bona ibi inveniamus. Custos est Christus ; quid times ne perdas quod erogas ? Conversi ad Dominum, etc.

Et post sermonem :

Quod novit Caritas Vestra, suggerimus. Dies anni-

charité sait déjà. C'est demain l'anniversaire de la consécration épiscopale de notre vénérable seigneur Aurèle ; il vous prie et vous demande, par moi, son humble ministre, de vous réunir, avec toute la piété possible, dans la basilique de Fauste.

SERMON CXII.

Sur ces paroles du chap. xiv de l'Evangile selon saint Luc : *Un homme fit un grand festin*, etc.

Ce sermon a été prononcé dans la basilique Restitute (1).

CHAPITRE PREMIER. — *Les Juifs ont été invités au festin ; nous avons été conduits et comme forcés d'entrer au festin.* — 1. On vient de nous lire les saintes Ecritures, pour que nous les écoutions avec respect, et que nous puissions y trouver, avec le secours de Dieu, un sujet d'entretien. L'Apôtre, dans son épître, rend grâces à Dieu de la foi des Gentils, et avec justice, car il en est l'auteur. Nous lui avons dit avec le Psalmiste : « Dieu des vertus, revenez à nous, montrez votre visage, et nous serons sauvés. » (*Ps.* LXXXIX, 8.) Dans l'Evangile, nous avons vu que nous sommes appelés au festin, ou plutôt d'autres ont été invités ; pour nous, sans avoir été invités, nous y avons été conduits ; on nous a même forcés d'entrer. « Un homme, dit le texte sacré, fit un grand festin. » (*Luc*, XIV, 16.) Quel est cet homme, sinon le médiateur de Dieu et des hommes, Jésus-Christ homme? (I *Tim.*, II, 5.) Il envoya dire aux invités de venir, parce qu'il était l'heure du festin. Quels sont ces invités? Ceux qui ont été appelés par les prophètes que Dieu a envoyés. Quand furent-ils invités? Dès que les prophètes furent envoyés, ils n'ont cessé d'inviter les hommes au festin du Christ. C'est au peuple d'Israël que Dieu les a envoyés à plusieurs reprises, et ils n'ont cessé de presser ce peuple de venir au festin à l'heure marquée. Les Juifs reçurent les prophètes qui les invitaient, mais refusèrent de se rendre au festin. Comment, ils reçurent ceux qui les invitaient, et refusèrent de se rendre au festin ! Oui, ils lurent attentivement les prophètes, et ne laissèrent pas de mettre le Christ à mort. Or, en le mettant à mort, ils nous ont préparé à nous-mêmes un festin à leur insu. Lorsque ce festin fut préparé, quand le Christ fut immolé, quand, après la résurrection du Christ, on enseigna aux fidèles ce banquet mystérieux qu'ils connaissent, que Notre-Seigneur a consacré de ses mains et par ses paroles, les apôtres ont été envoyés vers ceux à qui Dieu avait d'abord envoyé les prophètes, pour leur dire : Venez au festin.

CHAPITRE II. — *Trois excuses de ceux qui refusent de venir.* — 2. Ceux qui refusèrent de venir s'excusèrent. Et quelles furent leurs ex-

(1) Cette indication se trouve dans un ancien manuscrit des Cisterciens de Sainte-Croix-en-Jérusalem, à Rome.

versarius ordinationis (*a*) domni senis Aurelii crastinus illucescit, rogat et admonet per humilitatem meam Caritatem Vestram, ut ad basilicam Fausti devotissime convenire dignemini. Deo gratias.

SERMO CXII (*b*).

De verbis Evangelii Lucæ, XIV : *Homo quidam fecit cœnam magnam*, etc.

CAPUT PRIMUM. — *Judæi ad cœnam invitati ; nos ducti et coacti.* — 1. Lectiones sanctæ propositæ sunt, et quas audiamus, et de quibus aliquid sermonis, adjuvante Domino, proferamus. In lectione Apostolica gratiæ aguntur Domino de fide Gentium, utique ideo, quia ipse fecit. In Psalmo diximus ; « Deus virtutum, converte nos, et osténde faciem tuam, et salvi erimus. » (*Psal.* LXXXIX, 8.) In Evangelio, ad cœnam vocati sumus : imo alii vocati, nos non vocati, sed ducti : non solum ducti, sed etiam coacti. Sic enim audivimus, quia : « Homo quidam fecit cœnam magnam. » (*Luc.*, XIV, 16.) Quis est iste homo, nisi mediator Dei et hominum, homo Christus Jesus? (I *Tim.*, II, 5.) Misit ut venirent invitati, quia hora jam venerat ut venirent. Qui sunt invitati, nisi per præmissos vocati Prophetas? Quando? Olim ex quo mittuntur Prophetæ, invitant ad cœnam Christi. Mittuntur ergo ad populum Israel. Sæpe missi sunt, sæpe vocaverunt, ut ad horam cœnæ venirent. Illi autem invitantes acceperunt, cœnam repudiaverunt. Quid est : Invitantes acceperunt, cœnam repudiaverunt? Prophetas legerunt, et Christum occiderunt. Sed quando occiderunt, tunc nobis cœnam nescientes præparaverunt. Parata jam cœna, immolato Christo, post resurrectionem Christi commendata quam sciunt fideles, cœna Domini, ejusque manibus et ore firmata, missi sunt Apostoli, ad quos missi fuerant ante Prophetæ. Venite ad cœnam.

CAPUT II. — *Tres excusationes venire nolentium.* — 2. Excusaverunt qui venire noluerunt. Et excusaverunt, quomodo? Tres fuerunt excusationes : « Unus

(*a*) Ita in Mss. At apud Lov. *domini*. — (*b*) Alias XXXIII, de verbis Domini.

cuses? Ils en donnèrent trois. « Le premier dit : J'ai acheté une maison de campagne, et il est nécessaire que j'aille la voir; je vous prie de m'excuser. Le second dit : J'ai acheté cinq attelages de bœufs, et je vais les éprouver; je vous prie de m'excuser. Un autre dit : J'ai épousé une femme, c'est pourquoi je ne puis y aller. » (*Luc*, XIV, 18-20.) Croyons-nous que ce ne sont pas les mêmes excuses qui retiennent tous les hommes qui refusent de venir à ce festin? Appliquons-nous à chercher, à discuter, à comprendre ces excuses, mais afin de les éviter. Cette maison de campagne qui vient d'être achetée est un symbole de l'esprit de domination; c'est donc l'orgueil qui est ici condamné. Les hommes aiment à acquérir, à posséder, à conserver des domaines, à y avoir des serviteurs sur lesquels ils se plaisent à exercer une espèce de domination. C'est le vice le plus funeste, le vice d'origine. Le premier homme voulut dominer du jour où il refusa d'avoir un maître. Qu'est-ce que dominer? N'est-ce point mettre sa joie dans sa propre puissance? Mais nous avons au-dessus de nous une puissance plus grande; nous devons lui être soumis, si nous voulons être en sûreté. « J'ai acheté une maison de campagne, excusez-moi. » L'orgueil l'empêche de se rendre au festin.

CHAPITRE III. — *Les cinq paires de bœufs représentent la curiosité des cinq sens.* — 3. « Un autre dit : J'ai acheté cinq paires de bœufs. » N'aurait-il pas suffi de dire : J'ai acheté des bœufs? Il y a certainement ici quelque mystère qui, par son obscurité même, nous excite à l'étudier et à le comprendre, une porte fermée qui nous engage à frapper pour qu'elle nous soit ouverte. Les cinq paires de bœufs, ce sont les cinq sens du corps. On compte, en effet, cinq sens dans le corps de l'homme, c'est un fait connu de tous et qu'il suffit de rappeler à ceux qui ne le remarquaient point, pour qu'ils le reconnaissent aussitôt. Les sens de notre corps sont donc au nombre de cinq. Les yeux sont l'organe de la vue; les oreilles, de l'ouïe; les narines, de l'odorat; la bouche, du goût; le toucher est répandu par tous les membres. C'est par la vue que nous distinguons les objets blancs, noirs ou d'une couleur quelconque. L'ouïe nous fait saisir les sons rauques et harmonieux; l'odorat, ce qui exhale une bonne ou une mauvaise odeur; le goût, ce qui est doux et ce qui est amer. Le toucher enfin nous fait reconnaître ce qui est dur ou tendre, poli ou raboteux, froid ou chaud, pesant ou léger. Il y a donc cinq sens, et chaque sens forme une paire. C'est ce qui paraît plus sensiblement dans les trois premiers sens; nous avons deux yeux, deux oreilles, deux narines, voilà trois paires. On trouve aussi dans la bouche, c'est-à-dire dans le sens du goût, comme un double sens, parce que la sensation du goût résulte de l'action réunie de la langue et du palais. Il est plus difficile de voir comment le

dixit : Villam emi, eo videre illam : habe me excusatum. Alius dixit : Juga boum emi quinque, et eo probare illa : rogo te, habe me excusatum. Tertius dixit : Uxorem duxi, habe me excusatum : venire non possum. » (*Luc.*, XIV, 18, 20.) Putamus non istæ sunt excusationes, quæ impediunt omnes homines, qui ad istam cœnam venire detrectant? Quæramus eas, discutiamus, inveniamus : sed ut caveamus. In villa empta, dominatio notatur : ergo superbia castigatur. Habere enim villam, tenere, possidere, homines sibi in illa subdere, dominari delectat. Vitium malum, vitium primum. Primus enim homo dominari voluit, qui dominum habere noluit. Quid est dominari, nisi propria potestate gaudere? Est major potestas, illi subdamur, ut tuti esse valeamus. « Villam emi, habe me excusatum. » Inventa superbia, venire noluit.

CAPUT III. — *Quinque juga boum, curiositas quinque sensuum.* — 3. « Alius dixit : Quinque juga boum emi. » Nonne sufficeret : Boves emi? Aliquid procul dubio est, quod nos ad quærendum et intelligendum obscuritate sui provocat : et quia clausum est, ut pulsemus, hortatur. Quinque juga boum, sensus carnis hujus. Quinque numerantur sensus carnis hujus, quod omnibus notum est; et qui forte non advertunt, commoniti sine dubio recognoscunt. Sensus ergo carnis hujus quinque inveniuntur. In oculis visus est, auditus in auribus, odoratus in naribus, gustatus in faucibus, tactus in omnibus membris. Alba et nigra et quoquo modo colorata, lucida et obscura videndo sentimus. Rauca et canora, audiendo sentimus. Suave olentia et grave olentia, odorando sentimus. Dulcia et amara, gustando sentimus. Dura et mollia, lenia et aspera, calida et frigida, gravia et levia, tangendo sentimus. Quinque sunt, et juga sunt. Sed quia juga sunt, in tribus prioribus sensibus facilius apparet. Duo sunt oculi, duæ aures, geminæ nares : ecce tria juga. In faucibus, id est, sensu gustandi, geminatio quædam invenitur, quia nihil gustando sapit, nisi lingua et palato tangatur.

plaisir sensible de la chair que produit le toucher a un double organe. Cependant il est extérieur et intérieur, il est donc double. Pourquoi est-il question ici de cinq paires de bœufs? Parce que c'est par les sens de la chair que les hommes cherchent les jouissances de la terre, semblables aux bœufs qui retournent la terre. Il y a, en effet, des hommes, éloignés de le foi, appliqués tout entiers aux choses de la terre, plongés dans les jouissances de la chair; ils ne veulent croire que ce qu'ils peuvent découvrir à l'aide de leurs sens, et n'admettent que ces mêmes sens pour règles de leur volonté. Je ne crois, vous diront-ils, que ce que je vois. Voilà ce que je connais, voilà ce que je sais. Ceci est blanc, cela est noir; cet autre objet est rond, il est carré, il a telle ou telle couleur; je le sais, je le sens, j'en suis sûr; la nature elle-même me l'apprend. Je ne suis pas forcé de croire ce que vous ne pouvez me démontrer. Une voix parle; je l'entends, parce que c'est une voix; elle chante bien, elle chante mal, elle est harmonieuse, elle est rude; je le reconnais, je le sais, elle a frappé mon oreille. Un objet sent bon ou mauvais; je le sais, parce que je le sens. Ceci est doux, cela est amer; cet aliment est salé, cet autre est fade; je ne sais pas ce que vous pourriez me dire de plus. Je reconnais au toucher qu'un objet est dur ou qu'il est tendre, poli ou rude, chaud ou froid. Quelle démonstration plus claire pourriez-vous me donner?

Chapitre IV. — *Quel est l'obstacle à la foi?*
— 4. Voilà les liens qui enchaînaient notre apôtre saint Thomas qui ne voulut point croire à Notre-Seigneur Jésus-Christ, c'est-à-dire à la résurrection du Sauveur, même sur le témoignage de ses yeux. « Si je ne mets, dit-il, mon doigt dans la plaie des clous, et ma main dans son côté, je ne croirai point. » (*Jean*, xx, 25.) Notre-Seigneur, qui aurait pu ressusciter sans aucune trace de ses blessures, voulut en garder les cicatrices pour qu'elles pûssent être touchées par cet apôtre incrédule, et guérir ainsi les blessures de son cœur. Et cependant ce même Sauveur qui devait inviter les hommes à son festin réfute dès lors l'excuse tirée des cinq paires de bœufs. « Heureux, dit-il, ceux qui n'ont point vu et qui ont cru! » (*Ibid.*, 29.) Pour nous, mes frères, qui sommes invités à ce festin, nous ne sommes point empêchés par cet obstacle. Nous n'avons point désiré voir ici-bas le Seigneur dans sa chair, ni désiré entendre de nos oreilles les paroles qui sortaient de sa bouche, ni sentir l'odeur suave que son corps exhalait. Une femme répandit sur lui un parfum d'un grand prix, dont l'odeur remplit toute la maison. (*Jean*, xii, 3.) Nous n'étions point là, nous n'avons pas senti ce parfum, et cependant nous croyons. Il a distribué à ses disciples les aliments de cette cène mystérieuse qu'il a con-

---

Voluptas carnis quæ ad tactum pertinet, occultius geminatur. Est enim et forinsecus et intrinsecus. Ergo et ipsa gemina est. Quare boum dicuntur juga? Quia per sensus istos carnis terrena requiruntur. Boves enim terram versant. Sunt autem homines remoti a fide, terrenis dediti, carnalibus occupati: nolunt credere aliquid, nisi ad quod sui corporis sensu quinquepartito perveniunt. In eis quinque sensibus totius voluntatis sibi regulas ponunt. Non, inquit, credo ego, nisi quod video. Ecce quod novi, ecce quod scio. Album est, nigrum est, rotundum est, quadratum est, sic vel sic coloratum est: novi, sentio, teneo: natura ipsa me docet. Non cogor credere, quod mihi non potes ostendere. Vox est: sentio, quia vox est; bene cantat, male cantat, suavis est, rauca est: novi, scio, pervenit ad me. Bene olet, male olet: scio, sentio. Hoc dulce est, hoc amarum; hoc salsum, hoc fatuum. Quid mihi plus dicas nescio. Tangendo novi quid durum est, quid molle sit; quid lene sit, quid asperum sit; quid caleat, quid frigeat. Quid mihi plus demonstraturus es?

Caput IV. — *Impedimentum fidei.* — 4. Tali impedimento tenebatur apostolus noster Thomas, qui de Domino Christo, id est, de Christi resurrectione nec solis oculis credere voluit. Nisi misero, inquit, digitos meos in clavorum et vulnerum loca, et nisi manum meam in latus ejus misero, non credam. (*Joan.*, xx, 25.) Et Dominus qui posset sine ullo vestigio vulneris resurgere, servavit cicatrices, quæ a dubitante tangerentur, et cordis vulnera sanarentur. Et tamen vocaturus ad cœnam contra excusationem quinque jugorum boum: Beati, inquit, qui non vident, et credunt. (*Ibid.*, 29.) Nos, Fratres mei, ad cœnam vocati, ab istis quinque jugis non sumus impediti. Non enim faciem carnis Domini videre in hoc tempore concupivimus, aut vocem ex ore carnis illius procedentem auribus admittere desideravimus: nullum in illo temporalem odorem quæsivimus. Perfudit eum quædam mulier pretiosissimo unguento, domus illa odore impleta est (*Joan*, xii, 3): sed nos ibi non fuimus; ecce non olfecimus, et credimus. Cœnam manibus suis consecratam dis-

sacrés de ses mains ; nous n'étions pas assis à cette table, et cependant tous les jours nous participons par la foi à ce banquet sacré. Ne regardez pas comme une grande faveur d'avoir été assis, sans avoir la foi, à cette table servie de ses mains. La foi qui vint dans la suite est mille fois préférable à la perfidie qui était présente. Paul, qui crut plus tard, n'y était pas, et le traître Judas était au nombre des convives. Et, maintenant encore, combien qui n'ont point vu de leurs yeux ni la table de cette cène mystérieuse, ni le pain que le Seigneur tenait alors dans ses mains, et qui cependant, dans cette même cène qui leur est offerte, mangent et boivent leur jugement! (I *Cor.*, II, 29.)

CHAPITRE V. — *La curiosité des sens est inutile pour le salut.* — 5. Or, à quelle occasion Notre-Seigneur fut-il amené à parler de cette cène? Dans un festin où le Sauveur avait été invité un de ceux qui étaient à table avec lui s'était écrié : « Bienheureux ceux qui mangeront du pain dans le royaume de Dieu. » (*Luc*, XIII, 15.) Il semblait soupirer après une chose éloignée, et il avait devant lui, à la même table, le véritable pain. Quel est le pain du royaume de Dieu? N'est-ce pas celui qui dit : « Je suis le pain vivant qui suis descendu du ciel? » (*Jean*, VI, 42.) N'ouvrez pas ici votre bouche, mais votre cœur. C'est en cela que consiste l'excellence de ce festin. Nous croyons en Jésus-Christ et nous le recevons avec foi. Nous savons, en le recevant, quelles doivent être nos pensées. Nous recevons peu en apparence, et notre cœur y puise une nourriture abondante. Ce n'est pas ce que nous voyons, mais ce que nous croyons qui le nourrit. Nous ne cherchons pas même le témoignage des sens extérieurs, et nous ne disons pas : Laissons croire ceux qui ont vu de leurs yeux, qui ont touché de leurs mains le Seigneur ressuscité, si toutefois ce que l'on raconte est vrai; nous qui ne le touchons point, pourquoi croirions-nous? Si telles étaient nos pensées, les cinq paires de bœufs nous éloigneraient de ce festin. Or, une preuve, mes frères, que ce que Notre-Seigneur a voulu représenter ici par les cinq sens, ce n'est point la délectation qui produit le plaisir sensuel et voluptueux, mais une certaine curiosité dont ils sont les organes, c'est que cet homme ne dit pas : J'ai acheté cinq paires de bœufs, je vais les mener paître, mais : « Je vais les éprouver. » Celui qui désire éprouver, veut chasser le doute par le moyen de ces cinq paires de bœufs, de même que saint Thomas voulut sortir de doute par le témoignage des sens que figurent les cinq paires de bœufs. Je veux voir, dit-il, je veux toucher, je veux porter les doigts. Eh bien, lui dit le Sauveur, « mettez les doigts dans mon côté, et cessez

cipulis dedit : sed nos in illo convivio non discubuimus; et tamen ipsam cœnam fide quotidie manducamus. Nec magnum putetis in illa cœna, quam suis manibus dedit, sine fide interfuisse : melior exstitit fides postea, quam tunc perfidia. Non ibi fuit Paulus qui credidit : ibi fuit Judas qui tradidit. Quam multi et modo in ipsa cœna, quamvis illam tunc mensam non viderint, nec panem quem Dominus gestavit in manibus, oculis suis aspexerint, vel faucibus gustaverint, tamen quia ipsa est quæ nunc præparatur, quam multi etiam nunc in ipsa cœna judicium sibi manducant et bibunt? (I *Cor.*, XI, 29.)

CAPUT V. — *Curiositate sensuum nihil opus est ad salutem.* — 5. Unde autem tanquam occasio nata est Domino, ut de ista cœna loqueretur? Dixerat unus de discumbentibus : (in convivio enim erat, quo fuerat invitatus :) « Beati qui manducant panem in regno Dei. » (*Luc.*, XIV, 15.) Quasi in longinqua iste suspirabat, et ipse panis ante illum discumbebat. Quis est panis de regno Dei, nisi qui dicit : Ego sum panis vivus, qui de cœlo descendi? (*Joan.*, VI, 41.) Noli parare fauces, sed cor. Inde commendata est ista cœna : Ecce credimus in Christum, (a) cum fide accipimus. In accipiendo novimus quid cogitemus. Modicum accipimus, et in corde saginamur. Non ergo quod videtur, sed quod creditur, pascit. Non ergo etiam sensum illum externum quæsivimus; nec diximus : Crediderint qui Dominum ipsum resurgentem, si verum est quod dicitur, viderunt oculis, manibus palpaverunt : nos non tangimus, quare credimus? Si talia cogitaremus, quinque illis jugis boum a cœna impediremur. Ut noveritis, Fratres, istorum quinque sensuum, non delectationem, quæ permulcet et ingerit voluptatem, sed curiositatem quamdam notatam fuisse, non ait : « Quinque juga boum emi, » eo pascere illa : sed, « eo probare illa. » Qui vult probare, per juga boum non vult dubitare, quomodo sanctus Thomas per juga noluit dubitare. Videam, tangam, digitos mittam. « Ecce, inquit, digitos tuos mitte per latus meum, et noli esse incredulus. » Occisus sum

(a) Sic Am. Er. et omnes Mss. At Lov. *quem fide accipimus.* Et infra : *Modicum quid accipimus.*

d'être incrédule. C'est pour vous que j'ai été mis à mort, c'est par cette ouverture, que vous voulez toucher, que j'ai versé mon sang pour vous racheter, et vous doutez encore de moi, si vous ne me touchez! Eh bien, je vous l'accorde, je vous présente ces plaies; touchez-les et croyez; sondez mes plaies et guérissez celles que le doute a faites à votre âme. »

CHAPITRE VI. — *L'épouse est ici le symbole de la volupté de la chair.* — 6. « Un troisième dit : J'ai épousé une femme. » Ce sont les plaisirs de la chair qui en détournent un grand nombre. Plût à Dieu que ce fût seulement en dehors de nous, et non pas au sein même de l'Eglise! Il est des hommes qui disent : L'homme n'est heureux qu'à la condition des plaisirs de la chair. Ce sont ceux dont l'Apôtre nous a rapporté le langage : « Mangeons et buvons, nous, nous mourrons demain. » (I *Cor.*, XV, 32.) Qui est ressuscité d'entre les morts ? Qui est venu nous dire ce qui se passe dans l'autre monde ? La seule chose que nous emportons avec nous, ce sont les jouissances que nous goûtons ici-bas. Celui qui tient ce langage a épousé une femme; il s'unit étroitement à la chair, il met tout son bonheur dans les plaisirs de la chair et s'excuse de ne pas venir au festin. Mais qu'il prenne garde de mourir de la faim intérieure. Ecoutez saint Jean, apôtre et évangéliste : « N'aimez pas le monde, vous dit-il, ni ce qui est dans le monde. » (I *Jean*, II, 15.) O vous, qui vous rendez au festin du Seigneur, n'aimez ni le monde, ni les choses qui sont dans le monde. Il n'a pas dit : N'ayez point, mais : N'aimez point. Vous avez commencé par avoir, vous avez possédé, vous avez aimé. L'amour des biens de la terre est une espèce de glu pour les ailes de l'âme. Le désir seul que vous en avez vous y attache. « Qui vous donnera les ailes de la colombe ? » (*Ps.* LIV, 7.) Quand prendrez-vous votre essor vers le séjour du véritable repos, vous qui avez cherché un repos coupable dans ce lieu d'attaches criminelles? « N'aimez pas le monde,» vous dit la trompette divine. Le son de cette trompette fait retentir par toute la terre et aux oreilles du monde entier ces paroles : « N'aimez point le monde, ni ce qui est dans le monde. Si quelqu'un aime le monde, l'amour du Père n'est pas en lui. Car tout ce qui est dans le monde est, ou convoitise de la chair, ou concupiscence des yeux, ou orgueil du siècle. » Saint Jean commence par où finit la parabole de l'Evangile; le premier obstacle qu'il signale est le dernier dans cette parabole. La concupiscence de la chair est figurée dans ces paroles : « J'ai épousé une femme ; » la concupiscence des yeux dans cette autre excuse : « J'ai acheté cinq paires de bœufs ; » l'orgueil du siècle dans cette troisième : « J'ai acheté une maison de campagne. »

7. Or, saint Jean, prenant la partie pour le

---

propter te : per locum, quem vis tangere, sanguinem fudi, ut redimerem te, et adhuc dubitas de me, nisi tetigeris me? Ecce et hoc præsto, ecce et hoc exhibeo : tange, et crede; inveni locum vulneris, sana vulnus dubitationis.

CAPUT VI. — *Uxor, voluptas carnis.* — 6. « Tertius dixit : Uxorem duxi. » Ista voluptas est carnis, quæ multos impedit : utinam foris, et non intus. Sunt homines qui dicunt : Non est homini bene, nisi cui adsunt carnis deliciæ. Ipsi sunt quos notat Apostolus, dicentes : Manducemus et bibamus, cras enim moriemur. (I *Cor.*, XV, 32.) Quis huc inde surrexit ? Quis nobis, quod ibi agitur, dixit ? Hoc nobiscum tollimus, quod in hoc tempore bene est nobis. Qui hoc dicit, uxorem duxit, carnem amplexatur, carnis voluptatibus jucundatur, a cœna excusatur : observet ne fame interiore moriatur. Attendite Joannem, sanctum apostolum et evangelistam : Nolite diligere mundum, nec ea quæ in mundo sunt. (I *Joan.*, II, 15.) O qui ad cœnam Domini venitis, nolite diligere mundum, nec ea quæ in mundo sunt. Non dixit : Nolite habere ; sed : Nolite diligere. Habuisti, possedisti, dilexisti. Amor rerum terrenarum viscum est spiritalium pennarum. Ecce concupisti, hæsisti. Quis dabit tibi pennas sicut columbæ ? (*Psal.* LIV, 7.) Quando volabis, ubi vere requiescas ? quando hic, ubi male hæsisti, perverse requiescere voluisti. Nolite diligere mundum, tuba divina est. Continuo hujus tubæ (a) verbis orbi terrarum et universo dicitur mundo : « Nolite diligere mundum, nec ea quæ in mundo sunt. Quisquis dilexerit mundum, non est caritas Patris in illo. Quoniam omnia quæ in mundo sunt, concupiscentia carnis sunt, et concupiscentia oculorum, et ambitio sæculi. » Ab imo cœpit, ubi Evangelium terminavit. Inde ille cœpit, ubi Evangelium terminum posuit. Concupiscentia carnis : « Uxorem duxi. » Concupiscentia oculorum : « Quinque juga boum emi. » Ambitio sæculi : « Villam emi. »

7. Ideo autem a parte totum per solos oculos commemorati sunt isti sensus, quia oculorum est in

---

(a) Mss. omittunt *verbis*. Quidam ejus loco habent, *sono*. At Fossatensis Ms. Cantu continuo hujus tuba.

tout, comprend sous les yeux seuls tous les autres sens, parce que les yeux tiennent le premier rang parmi les sens. Ainsi, c'est à nos yeux qu'appartient proprement la faculté de voir, et cependant nous appliquons à tous les autres sens cette même expression de voir. Comment cela? Ainsi d'abord, en parlant des yeux, vous dites : Voyez comme cet objet est blanc, regardez et voyez quelle blancheur, c'est la fonction propre des yeux. Vous dites encore : Ecoutez et voyez que cette musique est harmonieuse. Mais pouvez-vous dire réciproquement : Ecoutez et voyez quelle blancheur? Cette locution : voyez, peut s'appliquer à tous les sens, ce qu'on ne peut faire de la propriété particulière à chacun des autres sens. Regardez et voyez quelle harmonie; sentez et voyez quelle odeur suave; goûtez et voyez quelle saveur agréable; touchez et voyez comme cet objet est doux à la main. Comme il s'agit ici de l'action des sens, il semble que nous devrions plutôt dire : Ecoutez et sentez quelle musique harmonieuse; flairez et sentez quelle odeur suave; goûtez et sentez que cette chose est agréable; touchez et sentez que cet objet est chaud; palpez et sentez comme il est doux et agréable au toucher. On n'emploie aucune de ces locutions. Notre-Seigneur lui-même, lorsqu'il apparut après sa résurrection à ses disciples, qu'il voyait encore chancelants dans la foi, et qui s'imaginaient voir un fantôme, leur dit : « Pourquoi doutez-vous, et pourquoi ces pensées s'élèvent-elles dans votre cœur? Voyez mes mains et mes pieds; c'est peu, touchez, leur dit-il; palpez et voyez. » (*Luc*, XXIV, 38, 39.) Regardez et voyez, palpez et voyez; voyez par les yeux seuls, voyez par tous les sens. Comme il exigeait le sens intérieur de la foi, il se présentait aux sens extérieurs du corps. Pour nous, nous n'avons rien découvert dans le Seigneur à l'aide des sens du corps; notre oreille a simplement entendu, et notre cœur a cru, et encore nous n'avons pas entendu la divine parole de sa bouche, mais de la bouche de ses prédicateurs, de la bouche de ceux qui avaient déjà pris part au festin et qui nous y invitaient en nous en apprenant les douceurs.

CHAPITRE VII. — *Que personne ne tarde de se rendre au festin.* — 8. Renonçons donc à toutes ces excuses vaines et coupables, et rendons-nous à ce festin où notre âme doit trouver une nourriture si abondante. Ne nous laissons point ni arrêter par les fiertés arrogantes de l'orgueil, ni enfler ou effrayer par une curiosité coupable qui nous éloignerait de Dieu : ne nous laissons point détourner des délices spirituelles par la volupté de la chair. Venons et nourrissons-nous abondamment. Quels furent ceux qui se rendirent à ce festin? Des mendiants, des in-

---

quinque sensibus principatus. Proptera cum proprie ad oculos pertineat visus, ipsum videre per omnes quinque sensus solemus appellare. Quomodo? Primo quod ad ipsos oculos pertinet, dicis : Vide quam candidum est, intende et vide quam (*a*) candidum est : hoc ad oculos pertinet. Audi et vide quam canorum est. Numquid conversim potes dicere : Audi et vide quam candidum est? Hoc quod dicitur : Vide, per omnes sensus currit : cæterorum autem sensuum proprietas non per se recurrit. Intende et vide quam canorum est : odora et vide quam suave est : gusta et vide quam dulce est : tange et vide quam molle est. Utique quoniam sensus sunt, sic potius diceremus : Audi et senti quam canorum est : odora et senti quam suave est : gusta et senti quam dulce est : tange et senti quam calidum est : palpa et senti quam lene est : palpa et senti quam molle est. Nihil horum. Nam et ipse Dominus, post resurrectionem, cum apparuit discipulis suis, cumque cernentes adhuc titubarent in fide, putantes se spiritum videre, « Quid, inquit, dubitatis, et quare cogitationes ascendunt in cor vestrum? Videte manus meas et pedes meos. » Et parum est : Videte? « Tangite, inquit, et palpate, et videte. » (*Luc.*, XXIV, 38 et 39.) Intendite et videte, palpate et videte : in solis oculis videte, in omnibus sensibus videte. Quia interiorem fidei sensum quærebat, exterioribus corporis sensibus adjacebat. Nos nihil ab istis exterioribus sensibus in Domino carpsimus, auditu audivimus, corde credidimus : et ipsum auditum non ab illius ore, sed ab ore prædicatorum ejus, ab ore illorum qui jam cœnabant, et nos ructuando invitabant.

CAPUT VII. — *Ad cœnam venire nemo cunctetur.* — 8. Tollamus ergo de medio excusationes vanas et malas, et veniamus ad cœnam,, qua intrinsecus saginemur. Non nos impediat extollentia superbiæ, non nos extollat, vel non nos terreat curiositas illicita, et avertat a Deo : non nos impediat voluptas carnis a voluptate cordis. Veniamus, et saginemur. Et qui venerunt, nisi mendici, debiles, claudi, cæci? Illic autem non venerunt divites sani, quasi bene ambu-

---

(*a*) Lov. *quam calidum est :* dissentientibus cæteris libris.

firmes, des boiteux, des aveugles. On n'y vit point venir les riches bien portants, dont la marche était assurée et la vue perçante, ces hommes présomptueux, d'autant plus désespérés qu'ils étaient plus superbes. Venez donc, pauvres et mendiants; vous êtes invités par celui qui s'est fait pauvre pour nous, lorsqu'il était riche, pour enrichir les pauvres de son indigence. (II *Cor.*, VIII, 9.) Venez, infirmes, car ce ne sont point ceux qui se portent bien, mais ceux qui sont malades, qui ont besoin de médecin. (*Matth.*, IX, 12.) Venez, boiteux, pour lui adresser cette prière : « Affermissez mes pas dans vos sentiers. » (*Ps.* XVI, 5.) Venez aussi, aveugles, pour lui dire : « Illuminez mes yeux, de peur que je ne m'endorme dans la mort. » (*Ps.* XII, 4.) Tels furent ceux qui se rendirent à l'heure marquée, après que les premiers invités eurent été exclus par leurs vaines excuses. A l'heure dite, ils vinrent des places et des carrefours de la ville, et entrèrent dans la salle du festin. « Et le serviteur qui avait été envoyé dit : Maître, il a été fait comme vous l'avez commandé, et il y a encore de la place. Le maître lui dit : Allez dans les chemins et le long des haies, et contraignez d'entrer ceux que vous trouverez ; » n'attendez pas qu'ils se décident à entrer, forcez-les d'entrer. J'ai préparé un grand festin, une salle immense, je ne puis souffrir qu'il y ait de place vide. Les Gentils sont venus des places et des carrefours ; que les hérétiques viennent du milieu des haies, ils trouveront ici la paix, car on n'élève des haies que pour diviser les héritages. Tirez-les donc du milieu des haies, arrachez-les du milieu des épines. Ils y sont attachés étroitement, ils ne veulent pas qu'on les contraigne. Nous n'entrerons, dit-il, que de notre propre volonté (1). Tel n'est point l'ordre du Seigneur : « Contraignez-les d'entrer, nous dit-il ; cette contrainte extérieure fera naître en eux la volonté. »

SERMON CXIII.

Sur ces paroles du chapitre XVI de l'Evangile selon saint Luc : *Faites-vous des amis avec les richesses d'iniquité*, etc.

Chapitre premier. — *Quels sont les amis qui doivent recevoir leurs bienfaiteurs dans les cieux.* — 1. Nous devons vous transmettre les avertissements qui nous sont donnés à nous-mêmes. Dans la lecture de l'Evangile qui vient de vous être faite, Notre-Seigneur nous recommande d'employer les richesses d'iniquité à nous faire des amis qui nous recevront un jour dans les tabernacles éternels. Quels sont ceux qui habiteront les tabernacles éternels ? ne sont-ce pas les saints de Dieu ? Et quels sont ceux qu'ils

---

(1) Voyez le *Livre de la correction des Donatistes*, ou la lettre 185 n° 24.

---

lantes, et acute cernentes; multum de se præsumentes, et ideo desperatiores, quanto superbiores. Veniant mendici, quia ille invitat qui propter nos pauper factus est, cum dives esset, ut illius paupertate mendici ditaremur. (II *Cor.*, VIII, 9.) Veniant debiles : quia non est opus sanis medicus, sed male habentibus. (*Matth.*, IX, 12.) Veniant claudi qui ei dicant : Compone gressus meos in semitis tuis. (*Psal.* XVI, 5.) Veniant cæci qui dicant : Illumina oculos meos, ne unquam obdormiam in morte. (*Psal.* XII, 4.) Tales venerunt ad horam ; illis prius (*a*) invitatis, sua excusatione reprobatis : venerunt ad horam, intraverunt de plateis et vicis civitatis. « Et respondit servus, » qui missus erat : « Domine, factum est ut jussisti, et adhuc locus est. Exi, inquit, in vias et sepes, et quos inveneris coge intrare. » (*Luc.*, XIV, 22, 23.) Quos inveneris, ut dignentur, noli exspectare ; coge intrare. Magnam cœnam, magnam domum paravi, non ibi patior locum vacare. Venerunt de plateis et vicis Gentes : veniant de sepibus hæretici, hic inveniunt pacem. Nam qui construunt sepes, divisiones quærunt. Trahantur a sepibus, evellantur a spinis. In sepibus hæserunt, cogi nolunt. Voluntate, inquiunt, nostra intremus. Non hoc Dominus imperavit : Coge, inquit, intrare. Foris inveniatur necessitas, nascitur intus voluntas.

SERMO CXIII. (*b*)

De verbis Evangelii Lucæ, XVI : *Facite vobis amicos de mammona iniquitatis*, etc.

Caput primum. — *Amici beneficos suos recepturi in cœlum quinam sint.* — 1. Quod admonemur, admonere debemus. Recens Evangelica lectio admonuit facere amicos de mammona iniquitatis, ut eos qui faciunt, recipiant et ipsi (*c*) in tabernacula æterna. Qui sunt qui habebunt tabernacula æterna, nisi sancti Dei ? Et qui sunt qui ab ipsis accipiendi sunt in taber-

---

(*a*) Aliquot Mss. *illis prius in vanitatis suæ excusatione reprobati.* — (*b*) Alias XXXV, de verbis Domini. — (*c*) Plures Mss. *et ipsi sint in tabernaculis æternis. Et mox nonnulli : Qui sunt qui habent*, etc.

doivent recevoir dans les tabernacles éternels? Ceux qui assistent leur indigence et leur donnent avec joie ce qui leur est nécessaire. Rappelons-nous donc qu'au dernier jour Notre-Seigneur dira à ceux qui se tiendront à sa droite : « J'ai eu faim, et vous m'avez donné à manger, » et le reste que vous savez. (*Matth.*, xxv, 35, etc.) Et comme ils lui demanderont quand donc ils lui ont rendu ces services, il leur répondra : « Autant de fois que vous avez agi ainsi pour l'un des plus petits de mes frères, vous l'avez fait pour moi. » Les plus petits sont ceux qui les recevront dans les tabernacles éternels. Voilà ce qu'il dit à ceux qui sont à sa droite, parce qu'ils ont pratiqué ces œuvres de charité. Voilà ce qu'il dit à ceux qui sont à sa gauche, et qui ont refusé de les accomplir. Mais qu'ont reçu, ou plutôt que recevront ceux qui sont à droite et qui ont accompli fidèlement ces devoirs? « Venez, les bénis de mon Père ; possédez le royaume qui vous a été préparé dès le commencement du monde. Car j'ai eu faim, et vous m'avez donné à manger. Toutes les fois que vous avez agi ainsi pour l'un des plus petits de mes frères, vous l'avez fait pour moi. » Or, quels sont ces plus petits des frères de Jésus-Christ? Ce sont ceux qui ont tout abandonné pour le suivre, et qui ont distribué aux pauvres tout ce qu'ils possédaient, afin de servir Dieu, déchargés de tous les fardeaux du monde, libres de tous les liens du siècle, et de prendre leur essor comme s'ils avaient des ailes. Voilà ceux qui sont les plus petits de ceux qui appartiennent à Jésus-Christ. Pourquoi? Parce qu'ils sont humbles, parce qu'ils fuient toute hauteur, tout orgueil. Pesez ces petits, et vous verrez quel est le poids de leurs vertus.

CHAPITRE II. — *Les richesses d'iniquité.* — 2. Mais que veut dire le Sauveur, en nous recommandant de nous en faire des amis, avec le Mammon d'iniquité? Que signifient ces richesses d'iniquité, que Notre-Seigneur appelle le Mammon d'iniquité? *Mammona* est un mot qui n'est pas latin, mais hébreu, et qui a quelque rapport avec la langue punique, car ces deux langues ont entre elles une certaine analogie. Le mot punique Mammon se traduit par gain dans la langue latine, et ce que les hébreux appellent *Mammon* signifie, en latin, richesses. Ainsi donc, pour exprimer en latin cette proposition tout entière, voici ce que dit Notre-Seigneur Jésus-Christ : « Faites-vous des amis avec les richesses d'iniquité. » Il en est qui, par une fausse interprétation de ces paroles, s'emparent du bien d'autrui, en donnent une partie aux pauvres, et s'imaginent ainsi accomplir ce précepte. Voici comme ils raisonnent : Prendre le bien d'autrui, c'est avoir des richesses d'iniquité ; en donner une partie surtout aux saints qui sont dans l'indigence, c'est se faire des amis avec les ri-

---

nacula æterna, nisi qui eorum indigentiæ serviunt, et quod eis opus est, hilariter subministrant? Recordemur ergo in novissimo judicio Dominum esse dicturum eis qui stabunt ad dexteram ejus : Esurivi, et dedistis mihi manducare : et cætera quæ nostis. (*Matth.*, xv, 35, etc.) Et cum illi quæererent quando ei obsequia ista præbuissent, respondit : « Quando uni ex minimis meis fecistis, mihi fecistis. » Isti minimi sunt qui recipiunt in tabernacula æterna. Hoc dixit dextris, quia fecerunt : hoc (*a*) dixit sinistris, quia facere noluerunt. Sed dextri qui fecerunt, quid acceperunt, vel potius quid accepturi sunt? « Venite, inquit, benedicti Patris mei, possidete paratum vobis regnum a constitutione mundi. Esurivi enim, et dedistis mihi manducare. Quando uni ex minimis meis fecistis, mihi fecistis. » Minimi ergo qui sunt Christi? Illi sunt, qui omnia sua dimiserunt, et secuti sunt eum, et quidquid habuerunt pauperibus distribuerunt; ut Deo sine sæculari compede expediti servirent, et ab oneribus mundi liberatos, velut pennatos sursum humeros tollerent. Hi sunt minimi. Quare minimi? Quia humiles, quia non elati, non superbi. Appende minimos istos, et grave pondus invenies.

CAPUT II. — *Mammona iniquitatis.* — 2. Sed quid est, quod ait eos esse amicos de mammona iniquitatis? Quid est mammona iniquitatis? Primum quid est mammona? Verbum est enim quod Latinum non est. Hebræum verbum est, cognatum linguæ Punicæ. Istæ enim linguæ sibi significationis quadam vicinitate sociantur. Quod Punici dicunt mammon, Latine lucrum vocatur. Quod Hebræi dicunt mammona Latine divitiæ vocantur. Ut ergo Latine totum dicamus, hoc ait Dominus noster Jesus Christus : Facite vobis amicos de divitiis iniquitatis. Hoc quidam male intelligendo rapiunt res alienas, et aliquid inde pauperibus largiuntur, et putant se facere quod præceptum est. Dicunt enim : Rapere res alienas,

(*a*) Fossatensis vetus codex, *hoc non dixit sinistris.* Paulo post melioris notæ Mss, *Sed dextris qui fecerunt, qui acceperunt, vel potius qui accepturi sunt.* Hos nimirum dextros a minimis distinctos ostendit Augustinus.

chesses d'iniquité. C'est une interprétation qu'il faut redresser, ou plutôt qu'il faut effacer complétement de votre cœur. Je ne veux pas que vous l'entendiez de la sorte. Faites l'aumône du juste fruit de vos travaux, donnez aux pauvres de ce que vous possédez légitimement. Pensez-vous pouvoir corrompre Jésus-Christ, votre juge, et éviter de comparaître devant lui avec les pauvres que vous dépouillez? Je suppose que, par un abus de votre force et de votre puissance, vous avez dépouillé un homme faible; il vous cite à comparaître avec lui devant un juge de la terre, devant un homme qui est revêtu de l'autorité judiciaire, et veut défendre sa cause contre vous. Or si, pour obtenir une sentence favorable, vous donniez à ce juge une partie des dépouilles que vous avez enlevées à ce pauvre, et qu'il l'acceptât, estimeriez-vous ce juge? Il a prononcé en votre faveur, et cependant telle est la force de la justice que vous ne pouvez lui accorder votre estime. Mais n'allez pas vous imaginer que Dieu ressemble à ce juge; gardez-vous de placer une telle idole dans le temple de votre cœur. Non, Dieu n'est pas ce qu'il ne veut pas que vous soyez vous-même. Vous ne voudriez point juger de la sorte, vous voudriez juger en toute justice. Or, soyez convaincu que, sous ce rapport même, Dieu est meilleur que vous; il est plus juste que vous; il est la source même de la justice. Tout ce que vous avez fait de bien, c'est à lui que vous le devez; tout le bien que vous avez répandu, vous l'avez puisé à cette source. Vous estimez le vase, parce qu'il contient une partie de cette liqueur, et vous méprisez la source d'où elle découle? Cessez donc de vouloir faire l'aumône du fruit de vos rapines et de vos usures. Je m'adresse aux fidèles, à ceux à qui nous distribuons le corps de Jésus-Christ. Corrigez-vous sous l'impression de la crainte, et ne me forcez pas à vous dire bientôt: C'est vous, oui, c'est vous qui venez de commettre cette action coupable. Et si je suis obligé d'agir de la sorte, ce n'est pas contre moi, sans doute, que vous devez vous irriter, mais contre vous, pour réformer votre conduite. C'est ici que nous pouvons appliquer ces paroles du psaume: « Mettez-vous en colère et ne péchez point. » (*Ps.* IV, 51.) Je consens que vous vous mettiez en colère, mais pour ne point pécher. Or, pour éviter le péché, contre qui devez-vous entrer en colère, si ce n'est contre vous? Qu'est-ce, en effet, qu'un vrai pénitent; n'est-ce pas un homme qui s'irrite contre lui-même? Pour obtenir son pardon, il se châtie lui-même, et il dit à Dieu avec raison: « Détournez vos yeux de mes iniquités, parce que je connais mon péché. » (*Ps.* L, 11.) Si vous le connaissez, Dieu vous le pardonnera. Vous donc qui agissez de la sorte, arrêtez; Dieu vous le défend.

CHAPITRE III. — *Il faut imiter la conduite de Zachée.* — 3. Mais déjà l'iniquité est commise; vous avez de ces richesses, vous en avez rempli

---

mammona est iniquitatis; erogare inde aliquid, maxime egentibus sanctis, hoc est facere amicos de mammona iniquitatis. Intellectus iste corrigendus est, imo de tabulis cordis vestri omnino delendus est. Nolo sic intelligatis. De justis laboribus facite eleemosynas: ex eo quod recte habetis date. Non enim corrupturi estis judicem Christum, ut non vos audiat cum pauperibus, quibus tollitis. Si enim depraedareris aliquem invalidum, tu validior et potentior, et veniret tecum ad judicem hominem quemlibet in hac terra, habentem judicandi aliquam potestatem, velletque tecum causam dicere, si tu de praeda et spoliatione illa inopis dares aliquid judici, ut pro te judicaret, judex ille vel tibi placeret? Nempe pro te judicavit, et tamen tanta vis est justitiae, ut et tibi displiceat. Noli tibi talem pingere Deum, noli collocare in templo cordis tui tale idolum. Non est talis Deus tuus, qualis non debes esse nec tu. Si tu non sic judices, sed juste judices; etiam sic melior est te Deus tuus: non est inferior: justior est, fons justitiae est. Quidquid boni fecisti, inde sumpsisti; et quidquid boni eructuasti, inde bibisti. Laudas vas, quia habet inde aliquid, et vituperas fontem? Nolite velle eleemosynas facere de fœnore et usuris. Fidelibus dico, eis quibus Christi Corpus erogamus dico: Timete, corrigite vos; ne dicam postea: Tu facis et tu facis. Et puto, quia si fecero, non mihi debetis irasci, sed vobis, ut corrigamini. Ad hoc enim valet quod dictum est in Psalmo: Irascimini, et nolite peccare. (*Psal.* IV, 5.) Volo vos irasci, sed ut non peccetis. Ut autem non peccetis, quibus habetis irasci, nisi vobis? Quid est enim homo pœnitens, nisi homo irascens sibi? Ut accipiat veniam, de se ipso exigit pœnam; et recte dicit Deo: Averte oculos tuos a peccatis meis, quoniam peccatum meum ego agnosco. (*Psal.* L, 11.) Si tu agnoscis, et ille ignoscit. Qui faciebatis, nolite facere: non licet.

CAPUT III. — *Zacchæus imitandus.* — 3. Sed jam si fecisti, et pecunias tales habetis, et inde saccellos im-

vos coffres, vous en avez amassé des trésors; n'ajoutez pas à vos injustices, et faites-vous des amis avec les richesses d'iniquité. Est-ce que la fortune de Zachée était légitime? Lisez et voyez. C'était un chef de publicains, c'est-à-dire un homme chez qui les impôts publics étaient centralisés; c'est de là que venaient ses richesses. (*Luc*, XIX, 2.) Il avait opprimé, dépouillé bien des malheureux et amassé des richesses immenses. Jésus-Christ entra dans sa maison et y fit entrer avec lui le salut, comme le déclare le Sauveur lui-même : « Cette maison a reçu aujourd'hui le salut. » Mais voyez en quoi consiste le salut qu'il reçoit. Il désirait vivement d'abord voir Jésus-Christ; comme il était petit de taille et que la foule lui faisait obstacle, il monta sur un sycomore et de là vit Jésus qui passait. Or, Jésus l'ayant aperçu, lui dit : « Zachée, descendez; il faut que je m'arrête aujourd'hui dans votre demeure. » Vous êtes comme suspendu à cet arbre, mais je ne veux pas vous tenir en suspens; je ne veux pas vous différer. Vous vouliez me voir passer, aujourd'hui même je veux habiter votre maison. Le Seigneur entra donc chez lui, et Zachée rempli de joie lui dit : « Je vais donner la moitié de mes biens aux pauvres. » Voilà l'empressement d'un homme qui se hâte de se faire des amis avec les richesses d'iniquité. Et, dans la crainte où il est de s'être rendu coupable sur d'autres chefs, il ajoute : « Et si j'ai fait tort à quelqu'un en quoi que ce soit, je lui rendrai quatre fois autant. » Il se condamne lui-même pour ne pas encourir de condamnation. Vous donc qui avez des richesses mal acquises, faites-en de bonnes œuvres, et si vous n'en avez pas, ne cherchez pas à en acquérir. Soyez bon, vous qui faites le bien avec ce qui est mal acquis, et puisque vous avez commencé à faire le bien avec le mal, ne restez pas seul mauvais. Vos pièces de monnaie se changent en bonnes œuvres et vous demeurez dans le mal?

CHAPITRE IV. — 4. On peut encore admettre une autre interprétation, que je ne veux point vous laisser ignorer. Les richesses d'iniquité sont les richesses de ce monde, de quelque part qu'elles viennent. Quelle que soit en effet leur origine, elles sont un *mammon*, c'est-à-dire des richesses d'iniquité. Qu'est-ce à dire, des richesses d'iniquité? C'est de l'argent que l'iniquité décore du nom de richesses. Si vous cherchez les véritables richesses, elles sont ailleurs. Ce sont ces richesses que Job possédait en abondance, lorsque, dépouillé de tout, son cœur était plein de Dieu, et, qu'après avoir tout perdu, il offrait à Dieu, comme autant de perles d'un grand prix, le tribut de ses louanges. (*Job*, I, 21. De quel trésor les tirait-il, s'il n'avait eu rien? Ce sont là les vraies richesses. Quant aux

plestis, inde (*a*) thesaurizabatis : de malo est quod habetis, jam nolite malum (*b*) addere, et facite vobis amicos de mammona iniquitatis. Numquid Zacchæus de bono habebat? Legite et videte. Major erat publicanorum, id est, cui vectigalia publica conferebantur: inde habebat divitias. (*Luc.*, XIX, 2.) Multos presserat, multis abstulerat, multa congesserat. Intravit domum ejus Christus, et venit salus super domum ejus : sic enim ait ipse Dominus : « Hodie salus domui huic facta est. » Sed ipsam salutem videte. Primo desiderabat Dominum videre, quia statura parvus erat: sed turba impediente, ascendit in arborem sycomori, et vidit transeuntem. Ille autem aspexit eum, et ait : « Zacchæe, descende, apud te oportet me manere. » Tu pendes, sed non te suspendo, hoc est, non te differo. Volebas videre transeuntem, hodie me apud te invenies habitantem. Ingressus est ad eum Dominus : repletus ille gaudio ait : Dimidium rerum mearum do pauperibus. Ecce quomodo currit, qui currit facere amicos de mammona iniquitatis. Et ne reus aliunde teneretur : Si cui aliquid tuli, ait, quadruplum reddam. Inflixit sibi condemnationem, ne incurreret damnationem. Ergo qui habetis de malo, facite inde bonum. Qui non habetis de malo, nolite acquirere de malo. Esto bonus tu qui (*c*) bonum facis de malo : et cum cœperis aliquid boni facere de malo, noli remanere tu malus? Nummi tui convertuntur in bonum, et tu remanes malus?

CAPUT IV. — *Mammona iniquitatis cur dictæ divitiæ*. — 4. Est quidem et alius intellectus; nec ipsum tacebo. Mammona iniquitatis divitiæ sunt sæculi omnes, undecumque sint. Undecumque enim congregentur, mammona iniquitatis est, id est, divitiæ sunt iniquitatis? Quid est, divitiæ sunt iniquitatis? Pecunia est quam nomine divitiarum appellat iniquitas. Si enim veras divitias quæris, aliæ sunt. Talibus Job nudus abundabat, quando in Deum cor plenum habebat, et laudes Deo perditis omnibus rebus tanquam gemmas pretiosissimas proferebat. (*Job*, I, 21.) De quo thesauro, si nihil habebat? Ipsæ sunt veræ divitiæ. Istæ autem ab iniquitate appellantur divitiæ. Habes illas, non reprehendo : hære-

(*a*) Sic aliquot Mss. Alii vero, *thesaurizastis*. At editi, *thesaurizabitis*. — (*b*) Am. Er. et Mss. *malum facere*. — (*c*) Mss. *qui facis de malo* et omittunt *bonum*.

autres, c'est l'iniquité qui leur donne ce nom. Vous les possédez, je ne vous en fais pas un crime ; c'est un héritage qui vous est échu ; votre père était riche et vous a laissé de grands biens. Ou bien vous les avez acquis légitimement; votre maison est pleine des justes fruits de vos travaux ; encore un coup, je ne vous en blâme point. Cependant gardez-vous de donner à ces biens le nom de richesses. Car, si vous leur donnez ce nom, vous les aimerez, et si vous y attachez votre cœur, vous périrez avec elles. Perdez-les donc pour ne point vous perdre avec elles; donnez pour acquérir, semez pour moissonner. N'appelez point ces biens des richesses, parce que ce ne sont point de véritables richesses. Elles sont pleines de pauvreté et sujettes à mille accidents. Quelles richesses, en effet, que celles qui vous font craindre sans cesse que le voleur ou votre serviteur ne vous les enlève après vous avoir mis à mort ? Si c'étaient de véritables richesses, elles vous donneraient toute sécurité.

CHAPITRE V. — *Quelles sont les vraies et les fausses richesses.* — 5. Donc, les richesses véritables sont celles dont nous ne pouvons être dépouillés une fois que nous les possédons. Et ne craignez pas que les voleurs ne vous les enlèvent ; elles seront déposées dans un lieu inaccessible aux voleurs. Ecoutez ce que vous dit le Seigneur : « Amassez-vous des trésors dans le ciel, où les voleurs ne peuvent approcher. » (*Matth.*, vi, 20.) Ce seront pour vous de vraies richesses, lorsque vous les aurez transportées ailleurs. Tant qu'elles restent sur la terre, ce ne sont point des richesses ; c'est le monde, c'est l'iniquité qui leur donnent ce nom ; et c'est parce que l'iniquité leur donne le nom de richesses, que Dieu les appelle des richesses d'iniquité. Ecoutez ce que dit le Psalmiste : « Seigneur, délivrez-moi de la main des fils de l'étranger, dont la bouche profère le mensonge, et dont la droite est un instrument d'iniquité. Leurs fils sont comme de jeunes plantes dans toute la vigueur de leur jeunesse. Leurs filles sont parées et ornées comme des temples. Leurs celliers sont pleins et regorgent de provisions. Leurs bœufs sont gras, leurs brebis sont fécondes, et leur multitude se fait remarquer quand elles sortent. Il n'y a ni brèche, ni ouverture dans leurs murailles ; nul cri plaintif ne retentit dans leurs places publiques. » (*Ps.* CXLIII, 11, etc.) Vous avez entendu la description que fait le Psalmiste de cette félicité ; mais apprenez quelle est cette félicité, et quels sont les enfants d'iniquité dont il est ici question : « Leur bouche a proféré des paroles de vanité, et leur droite est une droite pleine d'iniquité. » Voilà ceux dont il veut parler, et leur félicité qu'il décrit est une félicité toute terrestre. Et qu'ajoute-t-il ? « Heureux, disent-ils, le peuple qui jouit de ces biens. » Quels sont ceux qui tiennent ce langage ? Les fils de l'étranger, des étrangers eux-

---

ditas venit, pater tuus dives fuit, et dimisit tibi. Honeste acquisisti : de justis laboribus plenam domum habes, non reprehendo. Tamen etiam sic noli illas dicere divitias. Nam si dicis illas divitias, amabis illas : et si amaveris illas, peribis cum illis. Perde, ne (*a*) pereas ; dona, ut acquiras ; semina, ut metas. Has divitias noli appellare, quia veræ non sunt. Paupertate plenæ sunt, et semper obnoxiæ casibus. Quales divitiæ sunt, propter quas latronem times, propter quas times servum tuum, ne te occiso auferat, et fugiat? Si veræ divitiæ essent, securitatem tibi darent.

CAPUT V. — *Divitiæ quæ veræ, et quæ falsæ.* — 5. Ergo illæ sunt veræ divitiæ, quas cum habuerimus, perdere non possumus. Et ne forte propter illas furem timeas, ibi erunt ubi nullus auferat. Audi Dominum tuum. Thesaurizate vobis thesauros in cœlo, quo fur non accedat. (*Matth.*, vi, 20.) Tunc erunt divitiæ, quando eas migraveris. Quamdiu in terra sunt, divitiæ non sunt. Sed divitias vocat illas mundus, (*b*) iniquitas vocat. Deus ideo mammona iniquitatis, quia divitias illas vocat iniquitas. Audi Psalmum : « Domine, libera me de manu filiorum alienorum, quorum os locutum est vanitatem ; et dextera eorum dextera iniquitatis. Quorum filii sicut novellæ constabilitæ a juventute sua. Filiæ eorum compositæ, circumornatæ sicut similitudo templi. Cellaria eorum plena, eructantia ex hoc in illud. Boves eorum crassi, oves eorum fecundæ, multiplicatæ in itineribus suis. Non est ruina maceriæ, neque transitus, neque clamor in plateis eorum. » (*Psal.* CXLIII, 11, etc.) Vidisti (*c*) Psalmum, qualem felicitatem descripsit : sed audi quid sit, quos proposuit filios iniquitatis. « Quorum os locutum est vanitatem, et dextera eorum dextera iniquitatis. » Ipsos proposuit, et dixit felicitatem eorum tantum super terram. Et quid adjunxit ? « Beatum dixerunt populum cui hæc sunt. » Sed qui dixerunt ? Filii alieni, alienigenæ, et non

---

(*a*) Nonnulli codices, *perde, ne perdas.* — (*b*) Sic Am. Er. et aliquot Mss. At Lov. *iniquitatis vocat Deus. Ideo*, etc. Quidam ex veteribus libris, *iniquitates vocat Deus.* — (*c*) Mss. *Vidisti Deus qualem*, etc.

mêmes qui n'appartiennent point à la race d'Abraham; voilà ceux qui proclament heureux le peuple qui possède ces biens. Quels sont-ils? Ceux dont la bouche a proféré des paroles de vanité. C'est donc une vanité que de proclamer heureux ceux qui jouissent de ces biens. Et cependant c'est ce que disent ceux dont la bouche s'est ouverte à la vanité; et ce sont eux qui donnent le nom de richesses à ce que Notre-Seigneur appelle des richesses d'iniquité.

6. Mais, pour vous, quel est votre langage? Ce sont, dites-vous, les fils de l'étranger, ceux dont la bouche s'est ouverte aux paroles de vanité, qui ont proclamé heureux le peuple qui possède ces biens; mais vous, qu'en dites-vous? Ces richesses sont fausses, faites-moi connaître les véritables. Vous condamnez ces richesses, montrez-moi celles qui sont dignes de vos louanges. Vous voulez que je méprise ces richesses, apprenez-moi celles que je dois estimer. Ce psaume va vous l'apprendre lui-même. Il vient de nous rapporter le langage de ceux qui proclament heureux le peuple qui jouit de ces biens; il semble maintenant répondre à la question qu'il suppose que nous lui avons faite: Vous nous enlevez ces richesses, et vous ne nous avez donné rien en échange. Voici que sur votre parole nous les méprisons; mais de quoi vivrons-nous, et comment arriverons-nous au bonheur? Ceux qui tiennent ce langage trouvent en eux-mêmes le bonheur qu'ils célèbrent; car ils proclament heureux les hommes qui possèdent de grandes richesses: Vous, donc, que dites-vous?

CHAPITRE VI. — *Quelles sont les vraies richesses.* — Voici la réponse que fait le Psalmiste à cette question supposée: Ils proclament heureux les riches, mais moi je dis: « Heureux le peuple dont le Seigneur est le Dieu. » Vous connaissez maintenant quelles sont les vraies richesses; faites-vous des amis avec ces richesses d'iniquité, et vous serez ce peuple heureux dont le Seigneur est le Dieu. Il nous arrive quelquefois de voir en nous promenant des domaines dont la fertilité égale la magnificence, et nous demandons: A qui appartient cette terre? A un tel, nous répond-on, et nous disons aussitôt: Quel homme heureux! paroles vaines s'il en fut jamais. Heureux, disons-nous encore, celui à qui est cette maison, cette propriété, ce troupeau, ce serviteur, cette famille! Renoncez à la vanité, si vous voulez trouver la vérité: « Heureux celui dont le Seigneur est le Dieu. » Non, ce n'est point le maître de ce domaine qui est heureux, mais celui dont le Seigneur est le Dieu. Mais, pour montrer le plus clairement possible que le bonheur consiste dans les biens de la terre, vous dites que cette propriété vous a rendu heureux. Pourquoi? Parce qu'elle vous fait vivre. En effet, lorsque vous vantez la valeur et le prix de ce domaine, vous dites: C'est lui qui me nourrit, qui me fait vivre. Considérez le principe véritable de votre vie. Celui qui vous fait

---

pertinentes ad semen Abrahæ: ipsi dixerunt populum beatum, cui hæc sunt. Qui dixerunt? Quorum os locutum est vanitatem. Ergo vanum est, dicere beatos esse eos quibus hæc sunt. Et tamen dicitur ab eis, quorum os locutum est vanitatem. Ab ipsis dicuntur istæ divitiæ, quæ vocantur mammona iniquitatis.

6. Tu autem quid dicis? Quia illi filii alieni, quia illi, quorum os locutum est vanitatem, dixerunt beatum esse populum cui hæc sunt: tu quid dicis? Falsæ sunt istæ divitiæ, da mihi veras. Reprehendis ista, ostende quod laudas. Vis ut contemnam hoc, ostende quod præferam. Dicat ipse Psalmus. » Qui enim dixit: Beatum dixerunt populum, cui hæc sunt; » tale nobis dat responsum, quasi dicerentur illi, id est, ipsi Psalmo: Ecce hoc nobis tulisti, et nihil nobis dedisti: ecce ista, ecce ista contemnimus, unde vivimus? unde beati erimus? Quia qui locuti sunt, ipsi de se ipsis recipient. Homines enim divitias habentes beatos esse dixerunt. Tu quid dicis?

CAPUT VI. — *Veræ divitiæ.* — Respondet quasi sic interrogatus, et dicit: Illi dicunt divites beatos: ego dico: Beatus populus cujus est Dominus Deus ipsius. Audisti veras divitias, fac amicos de mammona iniquitatis, et eris beatus populus, cujus est Dominus Deus ipsius. Aliquando transimus viam, et videmus amœnissimos et uberes fundos, et dicimus: Cujus est ille fundus? Asseritur illius: et nos dicimus: « Beatus homo: » vanitatem loquimur. Beatus cujus est illa domus, beatus cujus est ille fundus, beatus cujus est illud pecus, beatus cujus est ille servus, beatus cujus est illa familia. Tolle vanitatem, si vis audire veritatem. Beatus est, cujus est Dominus Deus ipsius. Non enim cujus est fundus iste, beatus est: sed cujus est ille Deus. Sed ut apertissime beatitudinem rerum annunties, dicis quod beatum te fecit fundus tuus. Quare? Quia inde vivis. Nam quando laudas pro magno fundum tuum, hoc dicis: Ipse me pascit, inde vivo. Attende unde vivas. Ille est unde vivis, cui dicis: Apud te est fons vitæ. (*Psal.* xxxv, 10.)

vivre est Celui à qui vous dites : « En vous est la source de la vie. » (*Ps.* xxxv, 10.) « Heureux donc le peuple dont le Seigneur est le Dieu. » O Seigneur, mon Dieu, Seigneur notre Dieu, pour nous attirer à vous, faites que nous trouvions notre bonheur en vous. Nous ne voulons le chercher ni dans l'or, ni dans l'argent, ni dans les riches domaines; nous ne voulons point de ces biens de la terre, des biens si vains et si passagers de cette vie fragile. Que notre bouche ne s'ouvre point aux paroles de la vanité. Faites que nous mettions en vous notre bonheur, car nous ne pouvons point vous perdre. Une fois que nous vous possédons, nous ne pouvons ni vous perdre, ni nous perdre nous-mêmes. Oui, faites-nous trouver en vous notre bonheur, car, « heureux le peuple dont le Seigneur est le Dieu. » Que dis-je? Dieu consent même à ce que nous l'appelions notre domaine. Ne lisons-nous point dans un psaume : « Le Seigneur est la part de mon héritage? » (*Ps.* xv, 5.) Chose merveilleuse, mes frères; nous sommes l'héritage de Dieu, et il est notre héritage, parce que nous le cultivons, et lui-même nous cultive. Et il n'y a pour lui aucun déshonneur à nous cultiver. Nous le cultivons comme notre Dieu, il nous cultive comme son champ. En voulez-vous une preuve? Ecoutez Celui qu'il nous a envoyé. « Je suis, dit-il, la vigne; vous êtes les branches, et mon Père est le vigneron. » (*Jean*, xv, 1.) Il nous cultive donc, et si nous produisons des fruits, il prépare son grenier pour les recevoir. Mais si nous restons stériles sous la main de ce divin laboureur, et, qu'au lieu de produire de bon grain, nous ne lui donnions que des épines, je ne veux point dire ce qui nous attend; finissons par une pensée plus consolante. Tournons-nous vers le Seigneur, etc.

SERMON CXIV [1].

Sur ces paroles du chapitre xviii de l'Evangile selon saint Luc : *Si votre frère vous a offensé, reprenez-le*, etc. De la rémission des péchés.

Combien de fois nous devons pardonner à notre frère, lorsqu'il nous a offensé. — 1. Le saint Evangile dont nous venons d'entendre la lecture, nous a parlé de la rémission des péchés, et c'est ce même sujet que nous allons traiter dans ce discours. En effet, nous sommes les ministres, non de notre parole, mais de la parole de Dieu et de Notre-Seigneur, qu'on ne peut servir sans se couvrir de gloire, qu'on ne peut mépriser sans s'exposer au châtiment. Ainsi donc, c'est le Seigneur notre Dieu qui nous a créés, lorsqu'il demeurait dans le sein de son

[1] Ce sermon a été prononcé sur le tombeau de saint Cyprien, en présence du comte Boniface. Nous publions pour la première fois ce sermon d'après deux manuscrits, l'un de la bibliothèque des Cisterciens de Sainte-Croix en Jérusalem, de Rome, sous le n° 69; l'autre de la bibliothèque Colbert de Paris, sous le n° 821. Nous avons déjà parlé de ce manuscrit, qui reproduit en tête du sermon cette note : *Prononcé sur le tombeau*, etc.

Beatus populus, cujus est Dominus Deus ipsius. O Domine Deus meus, o Domine Deus noster, ut veniamus ad te, fac nos beatos de te. Nolumus de auro, neque de argento, nec de fundis : nolumus de terrenis istis, et vanissimis, et caducæ vitæ transitoriis. Non loquatur os nostrum vanitatem. Fac nos beatos de te, quia non perdemus te. Cum tenuerimus te, nec te perdemus, nec nos peribimus. Fac nos beatos de te, quia Beatus populus, cujus est Dominus Deus ipsius. Nec irascitur si dixerimus de Deo, fundus noster. Legimus enim, quoniam Dominus pars hæreditatis meæ. (*Psal.* xv, 5.) Magna res, Fratres; et hæreditas ipsius sumus, et hæreditas nostra est : quia et colimus eum, et colit nos. Nulla est injuria illi quia colit nos. Quia si nos colimus illum ut Deum nostrum, ille colit nos ut agrum suum. Et ut sciatis quia colit nos, audite eum quem misit nobis : Ego sum, inquit, vitis, vos estis palmites, Pater meus agricola. (*Joan.*, xv, 1.) Ergo colit nos.

(*a*) Am. Er. et omnes Mss. *stirpes esse voluerimus*.

Sed si fructum reddamus, parat horreum. Si autem sub tanto cultore (*a*) steriles esse voluerimus, et pro frumento spinas protulerimus : nolo dicere quod sequitur, ad gaudium finiamus. Conversi ad Dominum, etc.

SERMO CXIV.

De verbis Evangelii Lucæ, xvii : *Si peccaverit in te frater tuus, corripe illum*, etc. De remissione peccatorum.

Fratri quoties in nos peccaverit et pœnituerit, ignoscendum. — 1. Sanctum Evangelium, quod modo cum recitaretur audivimus, de remissione nos admonuit peccatorum. Hinc admonendi estis ex sermone nostro. Ministri enim sumus verbi non nostri, sed utique Dei et Domini nostri, cui nemo sine gloria servit, quem nemo sine pœna contemnit. Ipse ergo Dominus Deus noster, qui manens apud Patrem fecit nos, et factus pro nobis refecit nos; ipse Dominus Deus

Père, et qui s'est fait homme pour nous régénérer; c'est le Seigneur notre Dieu, Jésus-Christ, qui nous dit lui-même ce que nous venons d'entendre dans l'Evangile : « Si votre frère vous a offensé, reprenez-le, et s'il se repent, pardonnez-lui ; et s'il pèche contre vous sept fois le jour, et qu'il vienne vous trouver en disant : Je me repens, pardonnez-lui. » (*Luc*, XVII, 3, 4.) Le nombre sept, dans la pensée du Sauveur, veut dire autant de fois; autrement, s'il péchait contre vous huit fois, vous pourriez lui refuser le pardon. Que signifie donc l'expression, sept fois? Toujours, autant de fois qu'il pèchera et qu'il se repentira. Ainsi, ces paroles du Psalmiste : « Je vous louerai sept fois dans le jour, » (*Ps.* CXVIII, 164) doivent être prises dans le même sens que les suivantes d'un autre psaume : « Sa louange sera toujours dans ma bouche. » (*Ps.* XXXIII, 2.) Or, pourquoi le nombre sept est-il mis pour toujours? Par cette raison des plus évidentes que le temps accomplit sa révolution dans une succession non interrompue de sept jours.

Nous devons pardonner à notre frère, si nous voulons que Dieu nous pardonne. — 2. Vous donc, qui que vous soyez, qui avez Jésus-Christ dans le cœur, et qui désirez recevoir l'effet de ses promesses, n'apportez point de négligence dans l'observation de ses préceptes. Que vous a-t-il promis? La vie éternelle. Que vous a-t-il commandé? De pardonner à votre frère, comme s'il vous disait : Vous, qui n'êtes qu'un homme, pardonnez à un homme, afin que moi, qui suis Dieu, je puisse me donner à vous. Mais, je ne veux point parler, ou plutôt je veux cesser de traiter pour le moment de ces sublimes et divines promesses, en vertu desquelles notre Créateur doit nous rendre égaux à ses saints anges, afin que nous vivions éternellement avec lui, en lui, et de lui; je cesse donc pour le moment d'en parler, et je vous demande : Est-ce que vous ne voulez point recevoir de votre Dieu ce qu'il vous ordonne de donner vous-même à votre frère? Dites-moi si vous n'y consentez pas, et alors ne donnez point ce que vous ne voulez point recevoir. De quoi s'agit-il? D'accorder le pardon à votre frère qui le sollicite, si vous désirez qu'il vous soit pardonné. Si vous n'avez rien en vous qui ait besoin de pardon, j'ose vous le dire : Ne pardonnez pas. Mais non, je ne dois point vous tenir ce langage. Quand même vous n'auriez pas besoin de pardon, vous ne devez pas laisser de pardonner.

Nous devons pardonner à l'exemple de Dieu. — 3. Vous me direz peut-être : Je ne suis pas Dieu, je ne suis qu'un homme pécheur. Grâce à Dieu, vous faites l'aveu de vos péchés; pardonnez donc pour qu'il vous soit pardonné. D'ailleurs, le Seigneur notre Dieu nous excite à l'imiter. Et d'abord, Jésus-Christ notre Dieu, dont l'apôtre saint Pierre a dit : « Jésus-Christ a souffert pour nous, vous laissant un grand

noster Jesus Christus ait nobis quod modo audivimus in Evangelio : « Si peccaverit in te, inquit, frater tuus, corripe illum ; et si pœnitentiam egerit, dimitte illi : et si septies in die peccaverit in te, et veniens dixerit : pœnitet me, dimitte illi. » (*Luc.*, XVII, 3, 4.) « Septies in die, » noluit intelligi, nisi quotiescumque ; ne forte peccet octies, et nolis ignoscere. Quid est ergo « septies? » Semper quotiescumque peccaverit eumque pœnituerit. Hoc enim est : Septies in die laudabo te (*Psalm.* CXVIII, 164.): quod est in alio Psalmo : Semper laus ejus in ore meo. (*Psal.* XXXIII, 1.) Et quare septies pro eo quod est semper ponatur, certissima ratio est, septem quippe diebus venientibus et redeuntibus totum volvitur tempus.

Venia fratri danda, ut a Deo accipiatur. — 2. Quisquis ergo Christum cogitas, et cupis accipere quod promisit, noli esse piger facere quod præcepit. Quid enim promisit? Vitam æternam. Et quid præcepit? Dari fratri tuo veniam. Tanquam diceret tibi : Tu, homo, da homini veniam, ut ego, Deus, ad te veniam. Sed ut omittam, vel potius intermittam altiora illa divina promissa, in quibus nos Creator noster facturus est æquales Angelis suis, ut cum illo et in illo et de illo sine fine vivamus : ut hoc interim non dicam, hoc ipsum quod juberis fratri tuo dare, a Deo tuo non vis accipere? Hoc ipsum, inquam, quod juberis fratri tuo dare, a Domino tuo non vis accipere? Dic mihi si non vis, et noli dare. Quid est hoc , nisi ut poscenti ignoscas, si tibi poscis ignosci? Aut si non habes quod tibi ignoscatur, audeo dicere, noli ignoscere. Quanquam nec hoc dicere debui. Etsi non habes quod tibi ignoscatur, ignosce.

Dei exemplo donanda debita. — 3. Dicturus est mihi modo : Sed ego non sum Deus, homo sum peccator. Deo gratias, quod confiteris esse peccata tua. Ergo ignosce, ut dimittantur tibi. Hortatur nos tamen ipse Dominus Deus noster ut imitemur eum. Primo ipse Deus Christus, de quo Apostolus Petrus dixit : « Christus pro nobis passus est, relinquens vobis exemplum, ut sequamini vestigia ejus ; qui pec-

exemple afin que vous suiviez ses traces, lui qui n'a commis aucun péché, et dans la bouche de qui le mensonge ne s'est pas trouvé. » (I *Pierre*, II, 21, 22.) Il n'était coupable d'aucun péché et il est mort pour nos péchés, et il a répandu son sang pour la rémission de nos péchés. Il a pris sur lui ce qu'il ne devait pas, pour nous délivrer de nos dettes. La mort n'avait aucun droit sur lui, de même que nous n'avions aucun droit à la vie. Pourquoi? Parce que nous étions pécheurs. La mort, je le répète, n'avait aucun droit sur lui, et nous n'avions aucun droit à la vie; il a donc pris ce qui ne lui était pas dû, et il nous a donné ce que nous ne méritions pas de recevoir. Mais, puisqu'il s'agit de la rémission des péchés, je ne veux pas que vous regardiez comme au-dessus de vous d'imiter Jésus-Christ. Ecoutez donc l'Apôtre qui vous dit : « Pardonnez-vous les uns aux autres, comme Dieu vous a pardonné en Jésus-Christ. » (*Coloss.*, III, 13.) « Soyez donc les imitateurs de Dieu. » (*Ephés.*, v, 1.) C'est l'Apôtre qui parle, ce n'est pas moi. « Soyez donc les imitateurs de Dieu. » N'est-ce pas un orgueil insupportable que de vouloir imiter Dieu? Ecoutez l'Apôtre : « Soyez les imitateurs de Dieu comme des enfants bien-aimés. » Vous portez le nom d'enfant de Dieu; si vous refusez de l'imiter, pourquoi désirez-vous son héritage?

Que le pécheur pardonne au pécheur. —

4. Je vous tiendrais ce langage alors même que vous ne seriez coupable d'aucun péché qui vous fit désirer le pardon. Mais enfin qui que vous soyez, vous êtes homme ; je veux que vous soyez juste, vous êtes homme ; vous êtes laïque, vous êtes homme ; moine, vous êtes homme ; clerc, vous êtes homme ; évêque, apôtre même, vous ne laissez pas d'être homme. Or, écoutez la voix de l'Apôtre : « Si nous disons que nous sommes sans péché, nous nous séduisons nous-mêmes. » (I *Jean* I, 8.) C'est cet apôtre, cet évangéliste, saint Jean, ce disciple que le Seigneur Jésus-Christ aimait plus que les autres et qui reposa sur sa poitrine, c'est lui qui nous fait entendre cette vérité : « Si nous disons, » il ne s'exprime pas de la sorte : Si vous dites que vous êtes sans péché, mais : « Si nous disons que nous sommes sans péché, nous nous séduisons nous-mêmes, et la vérité n'est point en nous. » Il se joint aux pécheurs pour obtenir avec eux le pardon. « Si nous disons, » considérez bien quel est celui qui parle : « Si nous disons que nous sommes sans péché, nous nous séduisons nous-mêmes, et la vérité n'est point en nous. » Mais, si nous confessons nos péchés, il est fidèle et juste pour nous les remettre et pour nous purifier de toute iniquité. Or, comment nous en purifie-t-il? En nous les pardonnant. Ce n'est pas qu'il ne trouve en nous rien à punir, mais il trouve aussi à pardonner. Donc, mes frères, si nous sommes cou-

catum non fecit, nec inventus est dolus in ore ejus. » (I *Pet.*, II, 21, 22.) Et utique ipse non habebat peccatum, et mortuus est pro peccatis nostris, et sanguinem suum fudit in remissionem peccatorum. Suscepit pro nobis quod non debebat, ut nos a debito liberaret. Non debebat mori, nec nos vivere : quare ? Quia peccatores eramus. Nec mors debebatur illi, nec vita nobis : quod ei non debebatur accepit, quod nobis non debebatur dedit. Sed quoniam de remissione agitur peccatorum (*a*) ne multum ad vos putetis imitari Christum, Apostolum audite dicentem : Donantes vobismetipsis, sicut et Deus in Christo donavit vobis. (*Col.*, III, 13.) Estote ergo imitatores Dei. (*Ephes.*, V, 1.) Apostoli verba sunt, non mea : Estote ergo imitatores Dei. Certe superbum est imitari Deum? Audi Apostolum : Estote imitatores Dei, sicut filii carissimi. Filius diceris ; si respuis imitationem, quare quæris hæreditatem?

Peccator peccanti ignoscat. — 4. Hoc dicerem si nihil peccati haberes, quod tibi relaxari desiderares.

Modo autem quisquis es, homo es : justus sis licet, homo es; laicus sis, homo es; monachus sis, homo es; clericus sis, homo es; episcopus sis, homo es; apostolus sis, homo es. Vocem apostoli audi : « Si dixerimus quia peccatum non habemus, nos ipsos (*b*) seducimus. » (I *Joan.*, 1, 8.) Ille, ille, ille Joannes et Evangelista, quem Dominus Christus præ cæteris diligebat, qui supra pectus ejus discumbebat, ipse ait : Si dixerimus : non dixit : « Si dixeritis quia peccatum non habetis : » sed : « Si dixerimus quia peccatum non habemus, nos ipsos seducimus », et veritas in nobis non est. » Junxit se in culpa, ut jungeretur et in venia. « Si dixerimus : » videte quis dicat : « Si dixerimus quia peccatum non habemus, nos ipsos seducimus, et veritas in nobis non est. Si autem confessi fuerimus peccata nostra, fidelis est et justus, qui dimittat nobis peccata et mundet nos ab omni iniquitate. » Quomodo mundat? Ignoscendo, non quasi (*f. non quasi non inveniens*) inveniens quod puniat, sed inveniens quod dimittat. Ergo si habe-

(*a*) Hic Romanus codex addit, *inde loquamur*. — (*b*) In Romano Ms. *decipimus*.

pables de péchés, accordons le pardon à ceux qui nous le demandent. Ne gardons pas dans notre cœur des sentiments d'inimitié les uns contre les autres. Rien ne blesse plus profondément notre cœur que ces inimitiés invétérées.

Nous demandons à Dieu, dans la prière, le pardon de nos fautes, à la condition de l'accorder nous-mêmes aux autres. — 5. Je veux donc que vous pardonniez, parce que je vous surprends demandant votre pardon. On vous prie de pardonner, pardonnez. Vous êtes prié, et vous priez à votre tour; on vous le demande, pardonnez et vous pourrez alors demander vous-même votre pardon. Viendra bientôt le temps de la prière, et les paroles que vous prononcerez alors sont pour moi une chaîne qui vous tient. « Notre Père, qui êtes dans les cieux, » (*Matth.*, VI, 9, etc.) direz-vous, car vous ne seriez pas du nombre des enfants si vous ne disiez : « Notre Père. » Vous direz donc : « Notre Père, qui êtes dans les cieux. » Poursuivez : « Que votre nom soit sanctifié. » Dites encore : « Que votre règne arrive. » Continuez : « Que votre volonté soit faite dans la terre comme au ciel. » Considérez ce que vous ajoutez ensuite : « Donnez-nous aujourd'hui notre pain de chaque jour. » Où sont vos richesses? Vous en êtes réduit à mendier. Cependant, pour arriver à ce qui fait l'objet de cette question, continuez : « Donnez-nous aujourd'hui notre pain de chaque jour. » Dites encore ce qui suit : « Pardonnez-nous nos offenses. » Vous en êtes arrivé aux paroles que je voulais : « Pardonnez-nous nos offenses, » dites-vous. Mais sur quel droit fondez-vous cette demande, sur quel contrat, sur quelle convention, sur quel écrit? « Comme nous les pardonnons à ceux qui nous ont offensés. » C'est peu pour vous de ne point pardonner, vous osez encore mentir à Dieu. C'est vous-même qui avez posé la condition, établi la loi : « Pardonnez comme je pardonne. » Dieu donc ne vous pardonne qu'à la condition que vous pardonnerez. « Pardonnez comme je pardonne. » Vous voulez qu'on vous accorde le pardon que vous demandez, accordez-le vous-même à celui qui vous le demande. Le céleste jurisconsulte a dicté lui-même cette prière, il ne peut vous tromper; priez selon la teneur de cette céleste requête; dites : Pardonnez-nous comme nous pardonnons, et faites ce que vous dites. Celui qui ment en priant n'obtient point la grâce qu'il sollicite; celui qui ment en priant perd sa cause et ne recueille que le châtiment. L'homme qui ose mentir à l'empereur se voit convaincu lorsqu'il paraît en présence de l'empereur; mais, si vous osez mentir en priant, la prière seule vous accuse de mensonge. Dieu n'a pas besoin de chercher des témoins pour vous convaincre. Celui qui vous a dicté cette prière est votre avocat; si vous mentez, il devient votre témoin; si vous ne vous corrigez pas,

---

mus peccata, Fratres, ignoscamus (*a*) petentibus. Non inimicitias in corde nostro contra alterum retineamus. Plus enim inimicitiæ retentæ vitiant ipsum cor nostrum.

Venia a Deo in oratione petitur cum pacto dandæ aliis veniæ. — 5. Volo ergo te ignoscentem, quia teneo veniam postulantem. Rogaris, ignosce : rogaris, et rogabis; rogaris, ignosce ; tu rogabis ut ignoscatur tibi. Ecce (*b*) veniet tempus orandi : in verbis quæ dicturus es, teneo te. Dicturus es : Pater noster qui es in cœlis. (*Matth.*, VI, 9, etc.) Non enim eris in numero filiorum, si non dicturus es : Pater noster. Ergo dicturus es : « Pater noster qui es in cœlis. » Sequere: « Sanctificetur nomen tuum. » Dic adhuc : « Adveniat regnum tuum. » Adhuc sequere : « Fiat voluntas tua, sicut in cœlo, et in terra. » Vide quid adjungas: « Panem nostrum quotidianum da nobis hodie. » Ubi sunt divitiæ tuæ? Ecce mendicas. Interim tamen unde agitur, dic adhuc post : Panem nostrum quotidianum da nobis hodie. Dic adhuc quod sequitur: Dimitte nobis debita nostra. Venisti ad verba mea : Dimitte, inquit, nobis debita nostra. Quo jure? quo pacto? quo placito? quo chirographo recitato? Sicut et nos dimittimus debitoribus nostris. Parum est quod non dimittis : adhuc et Deo mentiris. Conditio posita est, fixa est lex : Dimitte, sicut dimitto. Ergo non dimittit, nisi dimittas. Dimitte, sicut dimitto. Petenti vis ut dimittatur tibi, petenti dimitte. Preces istas Juris peritus cœli dictavit : non te fallit, secundum cœlestem ejus vocem posce : dic : Dimitte nobis, sicut et nos dimittimus : et fac quod dicis. Qui mentitur in Precibus, beneficio caret : qui mentitur in Precibus, et perdit causam et invenit pœnam. Et si aliquis mentitur imperatori, cum venerit, convincitur quia mentitur : quando autem tu orando mentiris in ipsa oratione convinceris. Non enim Deus ut te convincat testes ad te quærit. Qui tibi dictavit Preces, advocatus est tuus : si mentiris, testis est : si non te

---

(*a*) Romanus Ms. *pœnitentibus*. Et sic infra loco *Petenti*, habet *Pœnitenti vis ut dimittatur tibi, pœnitenti dimitte*. — (*b*) Rom. codex, *venit*. Et infra, *tenebo te*.

il sera votre juge. Récitez-la donc et conformez vos actes à votre langage. Si vous refusez d'user de cette requête, vous priez contre le droit et vous n'obtiendrez rien ; si vous en adoptez les termes sans y conformer votre conduite, vous devenez coupable de mensonge. Vous ne pouvez passer sur ce verset sans en accomplir les prescriptions. Pouvons-nous effacer ce verset de notre prière ? Voulez-vous n'en conserver que la première partie : « Pardonnez-nous nos offenses, » et en effacer la seconde : « Comme nous les pardonnons à ceux qui nous ont offensés ? » Non, vous ne pouvez effacer ce verset, sans être effacé vous-même tout le premier. Dans cette prière, vous dites donc ces deux mots : Donnez, et aussi : Pardonnez, pour recevoir ce qui vous manque, et obtenir le pardon des fautes que vous avez commises. Si donc vous voulez recevoir tout d'abord, si vous voulez qu'on vous pardonne, pardonnez vous-même le premier. Voilà le résumé de tout ce raisonnement. Ecoutez Jésus-Christ qui vous dit dans un autre endroit : « Pardonnez, et il vous sera pardonné. » (*Luc*, vi, 37, 38.) Que pardonnerez-vous ? Les offenses commises contre vous. Que vous pardonnera-t-on ? Vos propres péchés. Pardonnez donc, donnez et on vous donnera ce que vous désirez, la vie éternelle. Soutenez la vie temporelle du pauvre, subvenez aux besoins de la vie présente, et, comme produit de cette légère et faible semence, vous recevrez pour moisson la vie éternelle. Ainsi soit-il.

SERMON CXV.

Sur ces paroles du chapitre xv de l'Evangile selon saint Luc : *Il faut toujours prier et ne jamais cesser*, etc. Des deux hommes qui montèrent au temple pour prier, et des petits enfants qui furent présentés à Jésus-Christ.

Chapitre premier. — *La foi est le principe et la source de la prière.* — 1. La lecture du saint Evangile nous enseigne tout à la fois l'obligation de la prière et de la foi, et nous engage à ne point présumer de nous-mêmes, mais à mettre toute notre confiance en Dieu. Quelle exhortation plus puissante à la prière que cette parabole du juge inique que le Sauveur nous propose à l'appui ? Ce juge d'iniquité, qui ne craignait point Dieu et ne s'inquiétait point des hommes, finit cependant par écouter cette veuve qui en appelait à son tribunal, cédant en cela à l'ennui plutôt qu'à la commisération. Si donc il rendit justice à cette femme, bien qu'irrité de ses instances, comment ne serions-nous pas exaucés par celui qui nous fait un devoir de le prier ? Or, après que Notre-Seigneur nous a excités, par cette comparaison tirée des contraires, à la prière : « Il faut toujours prier et ne se lasser jamais de prier ; » (*Luc*, xviii, 1) il ajoute un peu plus loin : « Mais quand le Fils de l'homme viendra,

---

corrigis, judex erit tuus. Ergo et dic, et fac. Quia si non dicis, contra jus petendo non impetras: si autem dicis et non facis, etiam mendacii reus eris. Non est qua versus iste transeatur, nisi quod dicimus impleatur. Numquid delere istum versum poterimus de oratione nostra? An vultis ut illud ibi sit : Dimitte nobis debita nostra : et deleamus quod sequitur, sicut et nos dimittimus debitoribus nostris? Non delebis, ne ante deleraris. In oratione ergo dicis: Da; dicis : Dimitte : ut accipias quod non habes, et relaxetur tibi quod deliquisti. Ergo vis accipere, da : vis ut dimittatur tibi, dimitte. Brevis complexio est. Ipsum Christum audi alio loco : Dimittite, et dimittetur vobis ; date, et dabitur vobis. Dimittite, et dimittetur vobis. (*Luc.*, vi, 37, 38.) Quid dimittetis? Quod in vobis alii peccaverunt. Quid est vobis dimittetur? Quod peccastis. Dimittite. Date, et dabitur vobis quod desideratis, vitam æternam. Fulcite pauperis vitam temporalem, sustentate pauperis vitam (*a*) præsentalem, et pro isto tam parvo terrenoque semine accipietis messem vitam æternam. Amen.

SERMO CXV (*b*).

De verbis Evangelii Lucæ, xviii : *Oportet semper orare, et non deficere*, etc. Deque duobus qui in templum ascenderunt ut orarent : ac de parvulis Christo oblatis.

Caput primum. — *Fides fons est orationis.* — 1. Lectio sancti Evangelii ædificat nos ad orandum et credendum, et non de nobis, sed de Domino præsumendum. Quæ ad orandum major hortatio, quam ut nobis de judice iniquo proponeretur similitudo ? Judex enim iniquus, nec Deum timens, nec hominem reverens, audivit tamen viduam interpellantem se, victus tædio, non pietate inclinatus. Si ergo exaudivit qui oderat quod rogabatur, quomodo (*c*) exaudit qui ut rogemus hortatur ? Cum ergo nobis ista e contrario comparatione Dominus suaderet : « Quia

---

(*a*) Romanus codex caret his verbis, *sustentate pauperis vitam præsentalem*. Et Sermonem ita concludit, *accipietis messem vitæ æternæ per Jesum Christum.* — (*b*) Alias xxxvi, de verbis Domini. — (*c*) Editi, *quomodo non exaudit*. Abest *non* a Mss.

pensez-vous qu'il trouve de la foi sur la terre? » (*Ibid.*, 8.) Si la foi fait défaut, la prière n'a plus de raison d'être. Comment, en effet, demander dans la prière ce qu'on ne croit point? Aussi, lorsque le bienheureux Apôtre exhorte les fidèles à la prière, il leur dit : « Tous ceux qui invoqueront le nom du Seigneur seront sauvés. » (*Rom.*, x, 13.) Et pour montrer que la foi est la source de la prière et que le ruisseau ne peut couler si la source d'où il découle est desséchée, il ajoute : « Mais comment l'invoqueront-ils, s'ils ne croient point en lui? » (*Ibid.*, 14.) Ainsi donc pour prier il nous faut croire et prier pour que la foi, qui est en nous le principe de la prière, ne vienne pas à défaillir. C'est la foi qui répand la prière, et la prière, en se répandant, obtient l'affermissement de la foi. Oui, je le répète, c'est la foi qui répand la prière, et la prière qui obtient à son tour l'affermissement de la foi. C'est, en effet, pour que notre foi ne vînt pas à s'affaiblir au milieu des tentations, que Notre-Seigneur a dit : « Veillez et priez pour ne point entrer en tentation. » (*Luc*, xii, 46.) « Veillez, dit-il, et priez, pour ne point entrer en tentation. » Qu'est-ce qu'entrer en tentation? C'est sortir de la foi. La tentation devient d'autant plus forte, que la foi s'affaiblit, et la tentation diminue toujours en raison directe de l'accroissement de la foi. Pour prouver plus clairement à votre charité que c'est pour prévenir cet affaiblissement, cette perte de la foi, que Notre-Seigneur a fait cette recommandation : « Veillez et priez pour ne point entrer en tentation, » il dit dans ce même endroit de l'Evangile : « Satan a demandé cette nuit de vous passer au crible comme on passe le froment. Et moi, j'ai prié pour toi, Pierre, afin que ta foi ne défaille pas. » (*Ibid.*, 31, 32.) Quoi, celui qui protége, prie, et celui qui est en danger ne prierait pas? Or, lorsque le Sauveur dit : « Quand le Fils de l'homme viendra, pensez-vous qu'il trouvera de la foi sur la terre? » il veut parler de la foi qui est parfaite. A peine, en effet, peut-on la trouver sur la terre. Voyez, l'Eglise de Dieu est pleine; qui pourrait y entrer s'il n'avait aucune foi? Mais qui ne transporterait les montagnes, si cette foi était dans toute sa plénitude? Considérez les apôtres eux-mêmes; ils n'auraient pas quitté et foulé aux pieds les espérances du siècle pour suivre le Seigneur, si leur foi n'avait été grande; et cependant si elle avait été parfaite, ils n'auraient pas dit au Seigneur : « Augmentez en nous la foi. » (*Luc*, xvii, 5.) Voyez dans l'Evangile cet homme qui fait ce double aveu : qu'il a la foi, mais qu'elle n'est point parfaite. Il avait amené à Notre-Seigneur son fils, possédé par un mauvais esprit, pour qu'il le guérît. Jésus lui ayant demandé s'il croyait, il répondit : « Je crois, Seigneur; aidez mon incrédulité. » (*Marc*, ix, 23.) « Je crois, dit-il, je crois, Seigneur; »

---

oportet semper orare, et non deficere ; » adjecit et ait (*Luc.*, xviii, 1): « Verumtamen cum venerit Filius hominis, putas inveniet fidem in terra ? » (*Ibid.*, 8.) Si fides deficit, oratio perit. Quis enim orat quod non credit? Unde et Apostolus beatus, cum ad orandum exhortaretur, ait : Omnis quicumque invocaverit nomen Domini, salvus erit. (*Rom.*, x, 13.) Et ut ostenderet fidem fontem esse orationis, nec posse ire rivum, ubi caput aquæ siccatur, adjunxit atque ait : Quomodo autem invocabunt in quem non crediderunt? (*Ibid.*, 14.) Ergo ut oremus, credamus; et ut ipsa non deficiat fides, qua oramus, oremus. Fides fundit orationem, fusa oratio fidei impetrat firmitatem. Fides, inquam, fundit orationem, fusa oratio etiam ipsi fidei impetrat firmitatem. Etenim ne in tentationibus deficeret fides, propterea Dominus ait: Vigilate et orate, ne intretis in tentationem. (*Luc.*, xxii, 46.) Vigilate, inquit, et orate, ne intretis in tentationem. Quid est, in tentationem intrare, nisi a fide exire? Intantum enim tentatio proficit, inquantum fides deficit; et intantum tentatio deficit, inquantum fides proficit. Nam ut apertius noverit Caritas Vestra, de fide ne deficeret et periret, dixisse Dominum : « Vigilate et orate, ne intretis in tentationem : » eo loco Evangelii ait : « Hac nocte postulavit satanas vexare vos sicut triticum; et ego rogavi pro te! Petre, ne deficiat fides tua. » (*Ibid.*, 31, 32.) Rogat qui tuetur, et non rogat qui periclitatur? Quod autem ait Dominus : « Cum venerit Filius hominis, putas inveniet fidem in terra ? » de fide dixit, quæ perfecta est. Ipsa enim vix invenitur in terra. Ecce plena est Dei Ecclesia : quis huc accederet, si nulla esset fides? Quis non montes transferret, si plena esset fides? Attendite ipsos Apostolos : dimissis omnibus suis, calcata spe sæculi, Dominum non sequerentur, nisi magnam haberent fidem, et tamen si plenam haberent fidem non dicerent Domino : Auge nobis fidem. (*Luc.*, xvii, 5.) Vide etiam illum utrumque de se confitentem (vide fidem, et non plenam fidem), qui cum obtulisset Domino filium suum a malo dæmonio sanandum, et esset interrogatus utrum crederet, respondit et ait: Credo, Domine,

il a donc la foi ; « mais aidez mon incrédulité ; » sa foi n'est donc point parfaite.

CHAPITRE II. — *La foi est le partage, non point des superbes, mais des humbles.* — 2. Or, afin de bien établir que la foi n'est point donnée aux orgueilleux, mais aux humbles, Notre-Seigneur dit cette parabole pour quelques-uns qui se confiaient en eux-mêmes et en leur justice, et qui méprisaient les autres : « Deux hommes montèrent au temple pour prier ; l'un était pharisien et l'autre publicain. Le pharisien, étant debout, priait ainsi en lui-même : Mon Dieu, je vous rends grâces de ce que je ne suis point comme le reste des hommes. » (*Luc*, XVIII, 9-11.) Il aurait dû se contenter de dire : comme beaucoup d'hommes. Que signifie « comme le reste des hommes ? » Comme tous les autres hommes, excepté lui. Moi seul suis juste, dit-il ; tous les autres sont pécheurs. « Je ne suis pas comme le reste des hommes, qui sont injustes, voleurs, adultères. » Voici près de toi un publicain qui te donne occasion de t'enorgueillir davantage. « Ni même, dit-il, comme ce publicain. » Je suis seul de mon côté ; il est du nombre des autres. Je ne suis point semblable à lui, parce que je fais des œuvres de justice qui me séparent des hommes d'iniquité. « Je jeûne deux fois la semaine, je donne la dîme de tout ce que je possède. » (*Ibid.*, 12) Cherchez dans ses paroles quelle prière il adresse à Dieu, vous n'en trouverez point la plus légère trace. Il vient au temple pour prier et, au lieu de prier Dieu, il ne fait que se louer. Ce n'est pas assez de ne point prier Dieu et de faire son éloge ; il insulte celui qui prie. « Le publicain, au contraire, se tenait au loin ; » (*Ibid.*, 13.) et cependant il s'approchait de Dieu. La conscience de ses crimes l'en éloignait, la piété l'en rapprochait. « Le publicain, au contraire, se tenait au loin, » mais le Seigneur le considérait de près, « car le Seigneur est élevé et il abaisse ses regards sur les humbles, » tandis qu'il ne voit que de loin les orgueilleux, tel qu'était ce pharisien. Mais, écoutez encore l'humble prière du publicain. C'est peu pour lui de se tenir au loin, « il n'osait pas lever les yeux au ciel. » Pour attirer les regards de Dieu, il n'osait lever les regards vers lui. Il n'osait lever les yeux au ciel ; sa conscience l'accablait, mais l'espérance le soulevait. Ecoutez encore : « Il frappait sa poitrine. » Il se châtiait lui-même et Dieu, touché de l'aveu de ses fautes, lui pardonnait. « Il frappait sa poitrine en disant : Seigneur, ayez pitié de moi qui suis un pécheur. » Voilà un homme qui prie. Pourquoi vous étonner que Dieu oublie ses fautes, lorsque lui-même les reconnaît ? Vous avez entendu la plaidoirie du pharisien et du publicain, écoutez maintenant la sentence ; vous avez entendu l'orgueilleux accusateur, vous avez entendu la défense de l'humble coupable, écoutez maintenant

---

adjuva incredulitatem meam. Credo, inquit, credo Domine (*Marc.*, IX, 23) : ergo est fides. Sed adjuva incredulitatem meam : ergo non plena est fides.

CAPUT II. — *Fides non est superborum, sed humilium.* — 2. Sed quia fides non est superborum, sed humilium : « Dixit ad quosdam qui sibi justi videbantur, et spernebant cæteros, similitudinem hanc : Duo homines ascenderunt in templum orare, unus Pharisæus, et alter publicanus. Pharisæus dicebat : Gratias tibi, Deus, quia non sum sicut cæteri homines. » (*Luc.*, XVIII, 9, 11.) Diceret saltem, sicut multi homines. Quid est, « sicut cæteri homines, » nisi omnes præter ipsum ? Ego, inquit, justus sum, cæteri peccatores. « Non sum sicut cæteri homines, injusti, raptores, adulteri. » Et ecce tibi ex vicino publicano majoris tumoris occasio. « Sicut, inquit, publicanus iste. » Ego, inquit, solus sum, iste de cæteris est. Non sum, inquit, talis qualis iste, per justitias meas, quibus iniquus non sum. « Jejuno bis in sabbato, decimas do omnium quæcumque possideo. » (*Ibid.*, 12.) Quid rogaverit Deum, quære in verbis ejus, nihil invenies. Ascendit orare : noluit Deum rogare, sed se laudare. Parum est, non Deum rogare, sed se laudare ; insuper et roganti insultare. « Publicanus autem de longinquo stabat » (*Ibid.*, 13) : et Deo tamen ipse propinquabat. Cordis conscientia removebat, pietas applicabat. « Publicanus autem de longinquo stabat : » sed Dominus eum de propinquo attendebat. Excelsus enim Dominus, et humilia respicit. (*Psalm.* CXXXVII, 6.) Excelsos autem, qualis erat ille Pharisæus, a longe cognoscit. Excelsa quidem Deus a longe cognoscit, sed non ignoscit. Adhuc audi humilitatem publicani. Parum est, quia de longinquo stabat : « nec oculos suos ad cœlum levabat ? » Ut aspiceretur, non aspiciebat. Respicere sursum non audebat : premebat conscientia, spes sublevabat. Adhuc audi : « Percutiebat pectus suum. » Pœnas de se ipso exigebat : propterea Dominus confitenti parcebat. « Percutiebat pectus suum, dicens : Domine, propitius esto mihi peccatori. » Ecce qui rogat. Quid miraris, si Deus ignoscit, quando ipse se agnoscit ? De Pharisæo et publicano accepisti

le juge. « En vérité, je vous le dis, » c'est la vérité qui parle, c'est Dieu qui se fait entendre, c'est le juge qui prononce : « En vérité, je vous le dis, ce publicain revint en sa maison, justifié, et non pas le pharisien. » (*Ibid.*, 14) Seigneur, dites-nous-en la raison. Je vois le publicain descendre du temple justifié plutôt que le pharisien. J'en demande la raison. La voici : « Car quiconque s'élève sera abaissé, et quiconque s'abaisse sera élevé. » Vous avez entendu la sentence, gardez-vous donc de toute mauvaise affaire ; en d'autres termes : vous avez entendu la sentence, évitez l'orgueil.

CHAPITRE III. — *Contre les pélagiens.* — 3. Qu'ils ouvrent les yeux maintenant, qu'ils prêtent l'oreille, ces murmurateurs impies, qui présument de leurs propres forces ; qu'ils soient attentifs, ceux qui disent : Dieu m'a fait homme, mais moi-même je me suis fait juste. Vous êtes pire et plus détestable que le pharisien. Ce pharisien se vantait orgueilleusement d'être juste, mais cependait il rendait grâces à Dieu de sa justice. Il se proclamait juste, mais il en renvoyait la gloire à Dieu. « Je vous rends grâces, mon Dieu, de ce que je ne suis pas comme le reste des hommes ; je vous rends grâces, mon Dieu ; » il rend donc grâces à Dieu de ce qu'il n'est pas comme le reste des hommes, et cependant il est condamné comme rempli d'orgueil et d'arrogance, non point parce qu'il rendait grâces à Dieu, mais parce qu'il ne désirait rien recevoir davantage. « Je vous rends grâces de ce que je ne suis point comme le reste des hommes, injustes. » Ainsi vous êtes donc juste ; vous ne demandez plus rien, vous êtes parfait ; la vie humaine n'est plus pour vous une tentation sur la terre (*Job*, VII, 1) ; vous êtes riche, vous êtes dans l'abondance, vous n'avez plus besoin de dire : « Pardonnez-nous nos offenses. » Que dirons-nous donc de celui qui pousse l'impiété jusqu'à attaquer la grâce, si celui qui rend grâces avec orgueil est condamné ?

CHAPITRE IV. — *Le baptême de Jésus-Christ est nécessaire aux petits enfants.* — 4. Après ce débat et la sentence qui le termine, des petits enfants se présentent, viennent trouver Notre-Seigneur, ou plutôt, on les lui présente pour qu'il daigne les toucher. A qui les présente-t-on ? au médecin. Ils n'avaient sans doute aucun mal ; qui cependant prie-t-on de les toucher ? Le Sauveur. Si c'est au Sauveur qu'on les présente, il doit donc les sauver. N'est-ce pas lui qui est venu chercher et sauver ce qui était perdu ? Comment ces enfants s'étaient-ils perdus ? Si je les considère personnellement, je ne vois que des innocents ; je cherche la faute dont ils seraient coupables, j'écoute la voix de l'Apôtre : « Le péché est entré dans le monde par

controversiam ; audi sententiam : audisti superbum accusatorem, audisti reum humilem ; audi nunc judicem. « Amen dico vobis. » Veritas dicit, Deus dicit, judex dicit : « Amen dico vobis, descendit justificatus de templo publicanus ille, magis quam ille Pharisæus. (*Ibid.*, 14.) Dic, Domine, causam. Ecce video publicanum justificatum magis de templo descendere quam Pharisæum. Quæro quare. Quæris quare ? Audi quare. « Quia omnis qui se exaltat, humiliabitur ; et qui se humiliat, exaltabitur. » Audistis sententiam, cave causam malam : aliud dico Audisti sententiam, cave superbiam.

CAPUT III. — *Contra Pelagianos.* — 3. Videant nunc, audiant ista nescio qui impie garrientes, et de suis (*a*) viribus præsumentes : audiant qui dicunt : Deus me hominem fecit, justum ipse me facio. O pejor et detestabilior Pharisæo ! Pharisæus ille superbe quidem justum se dicebat, sed tamen inde ille Deo gratias agebat. Justum se dicebat, sed tamen Deo gratias agebat. « Gratias tibi, Deus, quia non sum sicut cæteri homines. » « Gratias tibi, Deus : » gratias Deo agit, quia non est sicut cæteri homines : et tamen tanquam superbus et inflatus reprehenditur ; non quia Deo gratias agebat, sed quia velut nihil sibi addi cupiebat. « Gratias tibi, quia non sum sicut cæteri homines, injusti. » Ergo tu justus ; ergo nihil rogas ; ergo jam plenus es ; ergo non est tentatio vita humana super terram (*Job*, VII, 1) ; ergo jam plenus es ; ergo jam abundas ; ergo jam non est quare dicas : Dimitte nobis debita nostra ? Quid est ergo qui impie oppugnat gratiam, si reprehenditur qui superbe agit gratias ?

CAPUT IV. — *Parvulis baptismus Christi necessarius.* — 4. Et ecce post dictam controversiam prolatamque sententiam procedunt et parvuli, imo apportantur et offeruntur tangendi. Cui tangendi, nisi medico ? Certe (*b*) sani : cui offeruntur infantes tangendi ? Cui ? Salvatori. Si Salvatori, utique salvandi. Cui, nisi illi qui venit quærere, et salvare quod perierat ? Ubi isti perierant ? Quantum ad ipsos proprie attinet, innocentes video, reatum quæro. Unde, Apostolum audio : Per unum hominem intravit peccatum

(*a*) Am. Er. et Mss. *et de suis virtutibus.* — (*b*) Sic Mss. Editi vero : *Certe insani.*

un seul homme, et la mort par le péché, et ainsi la mort a passé à tous les hommes par ce seul homme, en qui tous ont péché. » (*Rom.*, v, 12.) Que les petits enfants s'empressent donc de venir ; écoutez ces paroles du Sauveur : « Laissez les petits enfants venir à moi. » (*Luc*, xviii, 16.) Venez, petits enfants; vous êtes malades, venez au médecin ; vous êtes perdus, venez au Rédempteur ; venez, que personne ne vous en empêche. Ces enfants n'ont encore produit aucun fruit de mort comme branches, mais ils sont morts dans la racine. Que le Seigneur bénisse les petits et les grands. (*Ps.* cxiii, 13.) Que le médecin touche les petits et les grands. Nous recommandons la cause des petits à leurs aînés. Parlez pour ceux qui se taisent, priez pour ceux qui ne peuvent donner que des larmes. Si vous êtes vraiment leurs aînés, soyez leurs tuteurs, prenez en main leurs intérêts, puisqu'ils ne peuvent encore défendre leur cause. Ils se sont perdus avec nous, retrouvons-nous avec eux ; nous avons péri tous ensemble, retrouvons-nous tous en Jésus-Christ. Les mérites sont inégaux, mais la grâce nous est commune. Leur seule faute est celle qu'ils ont puisée à la source même de leur vie ; leur seul crime est le péché d'origine. Qu'ils ne soient point éloignés du salut par ceux qui ont ajouté tant d'autres fautes à ce péché d'origine. Celui qui est leur aîné par l'âge l'est aussi par ses iniquités. Mais la grâce de Dieu efface et le péché que vous avez contracté en naissant, et ceux que vous avez ajoutés volontairement ; car où le péché avait abondé, la grâce a surabondé. » (*Rom.*, v, 20.)

SERMON CXVI.

Sur ces paroles du chapitre xxiv de saint Luc : *Jésus parut au milieu d'eux et leur dit : La paix soit avec vous.*

CHAPITRE PREMIER. — *Hérésie des manichéens.* — 1. Notre-Seigneur, après sa résurrection, apparut à ses disciples, comme vous venez de l'entendre, et il les salua en leur disant : La paix soit avec vous. » (*Luc*, xxiv.) C'est la paix véritable et la salutation du salut, car le mot salutation vient de salut. Mais que peut-on désirer de meilleur que l'auteur du salut venant saluer l'homme ? C'est Jésus-Christ qui est notre salut. Oui, il est notre salut, lui qui a été pour nous couvert de blessures, percé de clous sur le bois, déposé de la croix et mis dans un tombeau. Or, c'est de ce tombeau qu'il est sorti plein de vie, portant sur son corps ressuscité les cicatrices des plaies qui étaient guéries. Il jugea qu'il serait utile à ses disciples de conserver dans son corps les cicatrices de ses blessures, pour guérir les blessures de leur

---

in orbem terrarum. « Per unum, inquit, hominem peccatum intravit in mundum, et per peccatum mors, et ita in omnes homines pertransivit, in quo omnes peccaverunt. » (*Rom.*, v, 12.) Veniant ergo parvuli, veniant : audiatur Dominus : « Sinite parvulos venire ad me. « (*Luc.*, xviii, 16.) Veniant parvuli, languidi ad medicum, veniant perditi ad redemptorem : veniant, nemo prohibeat. In ramo adhuc nihil commiserunt : sed in radice perierunt. Benedicat Dominus pusillos cum magnis (*Psal.* cxiii, 13) : Tangat medicus et pusillos et magnos. Causam parvulorum commendamus majoribus. Loquimini pro tacentibus, orate pro flentibus. Si non frustra estis majores, estote tutores : tuemini eos qui adhuc causam suam agere non possunt. Communis fuit perditio, sit communis inventio : simul perieramus, simul inveniamur in Christo. Dispar est meritum, sed communis est gratia. Nihil habent mali, nisi quod de fonte traxerunt : nihil mali habent, nisi quod ab origine traxerunt. Non eos impediant a salute, qui ad id quod traxerunt multa addiderunt. Qui major est ætate, major est et iniquitate. Sed gratia Dei delet quod traxisti, delet et quod addidisti. Ubi enim abundavit peccatum, superabundavit gratia. (*Rom.*, v, 20.)

SERMO CXVI. [a]

De verbis Evangelii Lucæ, xxiv : *Stetit Jesus in medio eorum, et dixit eis : Pax vobis*, etc.

CAPUT PRIMUM. — *Manichæorum hæresis.* — 1. Apparuit Dominus post resurrectionem discipulis suis, sicut audistis, et salutavit eos, dicens : « Pax vobis. » (*Luc.*, xxiv.) Hæc est pax, et salutatio salutis : nam et ipsa salutatio a salute nomen accepit. Sed quid melius, quam ut ipsa salutet hominem ? Salus enim nostra Christus est. Ipse est enim salus nostra, qui vulneratus est pro nobis, et confixus est clavis in ligno ; et depositus de ligno, positus in sepulcro. De sepulcro autem surrexit, sanatis vulneribus, servatis cicatricibus. Hoc enim discipulis suis expedire judicavit, ut cicatrices ejus servarentur, unde cordis

---

(a) Alias iv, ex additis a Parisiensibus.

cœur. Quelles blessures ? Celles que l'incrédulité leur avaient faites. En effet, il apparut à leurs yeux avec une chair véritable, et ils s'imaginèrent voir un esprit. Voilà la profonde blessure de leur cœur, et ceux qui conservèrent cette blessure devinrent les auteurs d'une hérésie des plus funestes. Refuserions-nous de croire que les disciples aient été blessés, parce qu'ils ont été aussitôt guéris? Que votre charité veuille bien y réfléchir; si leur cœur blessé avait continué de croire que le corps de Jésus-Christ n'était pas ressuscité du tombeau, mais qu'un esprit s'était servi du fantôme d'un corps humain pour tromper leurs regards, s'ils avaient persévéré dans cette croyance, ou plutôt, dans cette incrédulité, ce ne sont pas leurs blessures, mais leur mort qu'il faudrait déplorer.

CHAPITRE II. — *Doute des disciples.* — 2. Mais que leur dit le Seigneur Jésus? « Pourquoi êtes-vous troublés, et pourquoi ces pensées s'élèvent-elles dans votre cœur? (*Luc*, XXIV, 38.) Si ces pensées s'élèvent dans votre cœur, elles viennent de la terre. Ce qui est avantageux pour l'homme, ce n'est point que les pensées s'élèvent dans son cœur, mais que son cœur lui-même s'élève en haut, là où l'Apôtre voulait faire monter les cœurs des fidèles, à qui il disait : « Si vous êtes ressuscités avec Jésus-Christ, recherchez les choses du ciel, où Jésus-Christ est assis à la droite de Dieu ; ayez du goût pour les choses d'en haut et non pour les choses de la terre, car vous êtes morts, et votre vie est cachée en Dieu avec Jésus-Christ. Lorsque Jésus-Christ, qui est votre vie, apparaîtra, vous apparaîtrez aussi avec lui dans la gloire. » (*Coloss.*, III, 1, etc.) Dans quelle gloire? La gloire de la résurrection. Dans quelle gloire? Ecoutez ce que dit l'Apôtre en parlant de notre corps : « Il est semé dans l'ignominie, il ressuscitera dans la gloire. » (I *Cor.*, XV, 43.) C'est cette gloire que les apôtres refusaient de reconnaître dans leur divin Maître, Jésus-Christ, dans leur Seigneur Dieu; ils ne voulaient pas croire qu'il eût pu ressusciter son corps du tombeau ; ils le prenaient pour un esprit, tout en voyant son corps, et ils n'ajoutaient point foi au témoignage de leurs yeux. Pour nous, au contraire, nous croyons à leur parole sans qu'ils nous aient montré le corps ressuscité du Sauveur. Ils refusaient donc de croire à Jésus-Christ lui-même, qui se manifestait à leurs regards. La blessure est profonde, c'est aux cicatrices du corps de Jésus de les guérir. « Pourquoi êtes-vous troublés, et ces pensées s'élèvent-elles dans votre cœur? Voyez mes mains et mes pieds, » qui ont été percés de clous. « Touchez et voyez. » Mais vous voyez sans voir. « Touchez et voyez. » Quoi? « Qu'un esprit n'a ni chair ni os, comme vous voyez que j'en ai. Après avoir dit cela (comme on vient de le lire),

---

vulnera sanarentur. Quæ vulnera? Vulnera infidelitatis. Apparuit enim oculis eorum veram exhibens carnem : et putaverunt se spiritum videre. Non leve vulnus hoc cordis est. Denique hæresim malignam fecerunt, qui in isto vulnere remanserunt. Sed non putamus vulneratos fuisse discipulos quia cito sanati sunt? Cogitet Caritas Vestra; si in isto vulnere remansissent, ut putarent corpus sepultum non resurrexisse, sed spiritum imagine corporis humanos oculos illusisse, si in ista fide, imo in ista perfidia remansissent, non eorum vulnera, sed mors plangi deberet.

CAPUT II. — *Dubitatio discipulorum.* — 2. Sed quid ait Dominus Jesus? « Quid turbati estis, et cogitationes ascendunt in cor vestrum? » (*Ibid.*, 38.) Si ascendunt in cor vestrum cogitationes, de terra veniunt cogitationes. Bonum est homini, non ut cogitatio ascendat in cor ejus, sed ut sursum ascendat ipsum cor ejus : ubi volebat Apostolus ponere corda credentium, quibus dicebat : « Si consurrexistis cum Christo, quæ sursum sunt sapite, ubi Christus est ad dexteram Dei sedens; quæ sursum sunt quærite, non quæ super terram. » Mortui enim estis, et vita vestra abscondita est cum Christo in Deo : « cum Christus apparuerit vita vestra, tunc et vos cum illo apparebitis in gloria. (*Coloss.*, III, 1, etc.) In qua gloria? Resurrectionis. In qua gloria? Audi Apostolum dicentem de hoc corpore : Seminatur in ignominia, resurget in gloria. (I *Cor.*, XV, 43.) Istam gloriam Apostoli Magistro suo, Christo suo, Domino suo dare nolebant : resuscitare eum potuisse corpus suum de sepulcro non credebant : spiritum eum putabant, et carnem videbant, nec ipsis oculis suis fidem habebant. Et credimus eis nos annuntiantibus et non ostendentibus. Ecce ipsi Christo se ipsum ostendenti non credebant. Malum vulnus : prodeant medicamenta cicatricum. « Quid turbati estis, et cogitationes ascendunt in cor vestrum? Videte manus meas et pedes meos, » ubi clavis confixus fui. « Palpate et videte. » Sed videtis, et non videtis. « Palpate et videte. » Quid? « Quia spiritus ossa et carnem non habet, sicut me videtis habere. Hæc dicens, (sic recitatum

il leur montra ses mains et ses pieds. » (*Ibid.*, 38-40.)

CHAPITRE III. — *Comment s'établissait la foi à la résurrection de Jésus-Christ.* — 3. « Mais comme ils étaient encore tremblants, transportés d'admiration et de joie. » (*Ibid.*, 41.) Leur cœur était ouvert à la joie, mais il était encore sous l'impression de la crainte. Une chose incroyable avait eu lieu, bien qu'elle se fût réellement accomplie. Est-ce maintenant un fait incroyable que le corps du Sauveur soit sorti plein de vie du tombeau? Le monde tout entier l'a cru, et celui qui a refusé de le croire est resté immonde (1). Mais alors ce fait était incroyable, et le Sauveur l'établissait, non-seulement par le témoignage des yeux, mais par celui des mains, afin de faire descendre la foi dans les cœurs par le moyen des sens, et que cette foi ainsi affermie dans le cœur pût être prêchée par tout l'univers à des hommes qui, sans voir et sans toucher, croiraient fermement à la résurrection de Jésus-Christ. « Avez-vous là quelque chose à manger? leur dit-il. » Que de soins multipliés prend cet habile architecte pour consolider l'édifice de la foi! Il n'avait pas faim, et il demandait à manger. Il mangea donc, non par nécessité, mais par un acte de sa puissance. Que ses disciples n'hésitent donc point à reconnaître la réalité du corps du Sauveur, que le monde tout entier a reconnu sur le témoignage de leur prédication.

CHAPITRE IV. — 4. S'il est des hérétiques qui sont encore dans cette erreur, que Jésus-Christ s'est manifesté aux regards de ses disciples sans avoir un corps véritable, qu'ils déposent cette erreur, et se laissent persuader par l'Evangile. Nous leur reprochons d'être dans cette erreur, mais Jésus-Christ les condamnera s'ils y persévèrent. Qui êtes-vous pour refuser de croire qu'il ait pu ressusciter son corps qui avait été mis dans le tombeau? Si vous êtes manichéen, et que vous refusiez de croire à sa mort sur la croix, parce que vous ne croyez point à sa naissance, alors vous accusez toute sa vie mortelle d'être un tissu de mensonges. Il ne nous a montré que de fausses apparences, c'est vous qui êtes dans le vrai. Votre langage est conforme à la vérité, et le corps du Sauveur n'aurait été qu'une apparence mensongère. Vous êtes persuadé qu'il a fait paraître aux regards de ses disciples ce qu'il n'était pas, et qu'il n'était qu'un esprit sans corps. Ecoutez-le lui-même, il vous aime assez pour ne pas vous condamner. Ecoutez ce qu'il vous dit : c'est à vous qu'il s'adresse, malheureux, c'est à vous qu'il parle. Pourquoi êtes-vous troublé, et des pensées s'élèvent-elles dans votre cœur? « Voyez mes mains et mes pieds. Touchez et voyez, car un esprit n'a ni chair ni os, comme vous voyez que j'en ai. » Voilà ce que disait la vérité, et elle nous aurait trompés? C'était un vrai corps, une chair

---

(1) Nous conservons l'antithèse que saint Augustin établit entre *mundus* et *immundus*.

est), ostendit eis manus et pedes. » (*Ibid.*, 38, 40.)

CAPUT III. — *Resurrectionis Christi fides quomodo persuadebatur.* — 3. « Et adhuc trepidantibus et mirantibus præ gaudio. » (*Ibid.*, 41.) Jam gaudium erat, et adhuc trepidatio permanebat. Res enim incredibilis erat facta, sed tamen facta. Numquid nunc incredibile est, quia resurrexit caro Domini de sepulcro? Totus hoc credidit mundus : qui non credidit, remansit immundus. Tunc tamen incredibile erat : et persuadebatur non solum oculis, sed et manibus, ut per sensum corporis fides in cor descenderet, et in cor fides descendens posset prædicari per mundum, non videntibus aut tangentibus, et tamen sine dubitatione credentibus. « Habetis hic, inquit, aliquid quod manducetur? » Quanta addit ad ædificium fidei (*a*) structor bonus? Non esuriebat, et manducare quærebat. Et manducavit potestate, non necessitate. Agnoscant ergo discipuli verum corpus, quod agnovit ipsis prædicantibus mundus.

CAPUT IV. — 4. Si forte aliqui hæretici sunt, qui adhuc habent in corde, quod exhibuerit se oculis Christus, et vera caro non erat Christi ; jam ponant illud, persuadeat illis Evangelium. Nos eos reprehendimus, quia hoc sapiunt : damnabit ille, si hoc sapere perseverant. Tu quis es, qui non credis corpus in sepulcro positum resurgere potuisse? Si Manichæus es, qui nec crucifixum credis, quia nec natum credis; omnia eum falsa ostendisse prædicas. Ille falsa ostendit, et tu verum dicis? Tu non mentiris ore; sed ille mentitus est corpore? Ecce arbitraris apparuisse oculis quod non erat : spiritum fuisse, non carnem. Audi illum : amat te, ne damnet te. Audi illum dicentem : ecce tibi dicit, infelix; tibi loquitur : Quid turbatus es, et cogitationes ascendunt in cor tuum? « Videte, inquit, manus meas et pedes meos. Palpate et videte, quia spiritus ossa et carnem non habet, sicut me videtis habere. » Hæc dicebat veritas, et fallebat? Corpus erat, caro erat; quod sepultum

---

(*a*) Mss. *fidei instructor*.

véritable, c'est ce qui avait été dans le tombeau qui paraissait aux yeux. Que le doute disparaisse donc pour faire place à de dignes louanges.

5. Le Seigneur se manifesta donc à ses disciples. Qu'est-ce à dire, qu'il se manifesta? Lui, le chef de son Eglise; il prévoyait que son Eglise se répandrait par tout l'univers, ce que ses disciples ne voyaient pas encore. Il leur montrait le chef et leur promettait que le corps suivrait. Qu'ajouta-t-il, en effet? « Voilà ce que je vous disais, lorsque j'étais encore avec vous. » (*Ibid.*, 44.) Que signifient ces paroles : « Lorsque j'étais encore avec vous? » Est-ce qu'il n'était pas avec eux au moment où il leur parlait? Que signifie donc : « Lorsque j'étais avec vous ? » Lorsque j'étais avec vous, mortel, ce que je ne suis plus maintenant; j'étais avec vous lorsque j'étais sujet à la mort. Qu'est-ce à dire « avec vous? » Mortel, j'étais avec des mortels. Maintenant je ne suis plus avec vous, parce que je suis au milieu de mortels sans être désormais soumis à la mort. Voilà donc ce que je vous disais.

CHAPITRE V. — *Notre-Seigneur promet que l'Eglise se répandra par toutes les nations.* — Que leur disait-il? « Qu'il fallait que tout ce qui a été écrit de moi dans la loi de Moïse, dans les prophètes et dans les psaumes, fût accompli. » (*Ibid.*, 44.) Je vous ai dit qu'il fallait que tout fût accompli. « Il leur ouvrit alors l'intelligence. » (*Ibid.*, 45.) Venez donc, Seigneur, faites des clefs et ouvrez-nous l'esprit pour que nous ayons l'intelligence. Vous faites connaître toutes choses et on ne vous croit pas. On vous prend pour un esprit, on vous touche, on vous presse, et ceux qui vous touchent hésitent encore. Vous citez les Ecritures, elles ne sont pas comprises. Les cœurs sont fermés, ouvrez-les et entrez. C'est ce qu'il a fait. « Alors il leur ouvrit l'intelligence. » Ouvrez, Seigneur, ouvrez ce cœur qui doute encore du Christ. Ouvrez l'intelligence de celui qui vous prend pour un fantôme. « Il leur ouvrit alors l'intelligence, afin qu'ils entendissent les Ecritures. »

6. « Et il leur dit : » Que leur dit-il? « Il fallait, selon ce qui est écrit, » et que fallait-il? « Que le Christ souffrît et qu'il ressuscitât des morts le troisième jour. » Voilà ce que les apôtres ont vu; ils ont vu le Christ souffrant, ils l'ont vu attaché à la croix, ils l'ont vu après sa résurrection, vivant et présent au milieu d'eux. Qu'est-ce donc qu'ils ne voyaient point? Son corps, c'est-à-dire l'Eglise. Ils le voyaient, mais sans voir l'Eglise. Ils voyaient l'Epoux, l'Epouse leur était encore cachée. Qu'il leur promette donc la venue de l'Epouse. « Il fallait, selon ce qui est écrit, que le Christ souffrît et qu'il ressuscitât des morts le troisième jour. » Voilà ce qui est particulier à l'Epoux.

CHAPITRE VI. — *Les apôtres ont vu Jésus-*

---

fuerat, apparebat. Pereat dubitatio, sequatur digna laudatio.

5. Ostendit ergo discipulis se. Quid est se? Caput Ecclesiæ suæ. Ecclesia futura per mundum ab ipso prævidebatur, a discipulis nondum videbatur. Caput ostendebat, corpus promittebat. Quid enim secutus adjunxit? « Hæc sunt verba quæ locutus sum ad vos, dum adhuc essem vobiscum. » (*Ibid.*, 44.) Quid est hoc, « dum adhuc essem vobiscum? » Numquid non tunc cum illis erat, cum illis loquebatur? Quid est, « cum adhuc essem vobiscum? » Vobiscum mortalis, quod jam non sum. Vobiscum eram, quando moriturus eram. Quid est, « vobiscum? » Cum moriturus moriturus. Modo jam non vobiscum : quia cum morituris nunquam ulterius moriturus. Hoc ergo dicebam vobis.

CAPUT V. — *Ecclesia per omnes gentes futura promittitur.* — Quid? « Quia oportebat impleri omnia, quæ scripta sunt in Lege et Prophetis et Psalmis de me. » (*Ibid.*, 44.) Dixi vobis, quia oportebat omnia impleri. « Tunc aperuit illis sensum. » (*Ibid.*, 45.) Veni ergo, Domine, fac claves, aperi, ut intelligamus. Ecce omnia dicis, et non crederis. Putaris spiritus, tangeris, pulsaris, et adhuc trepidant qui te tangunt. De Scripturis admones, et adhuc non intelligunt. Clausa sunt corda, aperi, et intra. Fecit : « Tunc aperuit illis sensum. Aperi, Domine, et dubitanti de Christo aperi cor. » Aperi ei sensum, qui phantasma fuisse credit Christum. « Tunc aperuit illis sensum, ut intelligerent Scripturas. »

6. « Et dixit eis. » Quid? « Quoniam sic oportebat. Quoniam sic scriptum est, et sic oportebat. » (*Ibid.*, 46.) Quid? « Christum pati, et resurgere a mortuis tertio die. » Viderunt hoc, viderunt patientem, viderunt pendentem, videbant post resurrectionem præsentem viventem. Quid ergo non videbant? Corpus, id est, Ecclesiam. Illum videbant, illam non videbant. Sponsum videbant, sponsa adhuc latebat. Promittat et ipsam. « Sic scriptum est, et sic oportebat Christum pati, et resurgere a mortuis tertio die. » Hoc sponsus est :

CAPUT VI. — *Ab Apostolis Christus, Ecclesia a nobis*

Christ, nous voyons l'Eglise. — Que dit-il de l'Epouse? « Et qu'on prêchât en son nom la pénitence et la rémission des péchés à toutes les nations, en commençant par Jérusalem. » (*Ibid.*, 47.) Voilà ce que les disciples ne voyaient pas encore : l'Eglise répandue chez toutes les nations, en commençant par Jérusalem. Ils voyaient le chef, et, sur la parole du chef, ils croyaient à l'existence du corps. Ce qu'ils voyaient les aidait à croire ce qu'ils ne voyaient pas. C'est un point où nous leur sommes semblables; nous voyons une chose qu'ils ne voyaient pas, et nous n'en voyons pas une autre qu'ils voyaient. Que voyons-nous qu'ils ne voyaient pas? Jésus-Christ vivant dans sa chair. De même donc qu'ils le voyaient et qu'ils croyaient sur le témoignage de son corps qu'ils voyaient, ainsi nous croyons ce qui nous est dit du chef sur le témoignage du corps que nous voyons. Appuyons-nous sur ce que nous voyons réciproquement. Ils se sont appuyés sur Jésus-Christ qu'ils voyaient pour croire à la diffusion future de l'Eglise, et cette Eglise que nous voyons nous aide à croire à la résurrection du Christ. Leur foi a reçu son accomplissement, la nôtre le reçoit également ; ce qu'ils croyaient du chef de l'Eglise s'est accompli, ce que nous croyons du corps s'est accompli de la même manière. Ils ont eu comme nous la connaissance pleine et entière de Jésus-Christ, mais ni eux, ni nous, n'avons vu le Christ tout entier. Ils ont vu le chef et ont cru à l'existence du corps ; nous avons vu le corps et cru à l'existence du chef. Cependant Jésus-Christ ne fait défaut à personne, il est tout entier de part et d'autre, bien qu'il lui reste une partie de son corps à recueillir. Les disciples ont cru, un grand nombre des habitants de Jérusalem ont cru sur leur témoignage, la Judée a embrassé la foi ainsi que la Samarie. Que les membres qui restent viennent donc se joindre au corps, que l'édifice s'élève sur le fondement. Car personne, dit l'Apôtre, ne peut poser d'autre fondement que celui qui a été posé, et ce fondement c'est Jésus-Christ. (I *Cor.*, III, 11.) Que les Juifs entrent en fureur, que la jalousie les excite, qu'Etienne soit lapidé, que Saul garde les vêtements de ceux qui le lapident (*Act.*, VII, 87), Saul deviendra un jour l'apôtre Paul. Qu'Etienne soit mis à mort, que l'Eglise de Jérusalem soit jetée dans le trouble, que des tisons enflammés partent de son sein pour aller enflammer et embraser le monde entier. Les fidèles de l'Eglise de Jérusalem n'étaient-ils pas en effet comme autant de bois embrasés par le feu de l'Esprit saint, quand ils n'avaient tous en Dieu qu'un cœur et qu'une âme? (*Act.*, IV, 32.) Lorsqu'Etienne fut lapidé, ce brasier enflammé fut bouleversé, les tisons enflammés se dispersèrent et allèrent embraser le monde entier.

CHAPITRE VII. — *Saul changé en prédicateur*

---

cernitur. — Quid de sponsa? « Et prædicari in nomine ejus pœnitentiam et remissionem peccatorum per omnes gentes, incipientibus ab Jerusalem. » (*Ibid.*, 47.) Hoc nondum videbant discipuli : Ecclesiam per omnes gentes, incipientibus ab Jerusalem, nondum videbant. Caput videbant; et de corpore capiti credebant. Per hoc quod videbant, quod non videbant credebant. Similes illis sumus et nos : videmus aliquid, quod ipsi non videbant; et non videmus aliquid, quod ipsi videbant. Quid nos videmus, quod ipsi non videbant? Ecclesiam per omnes gentes. Quid non videmus, quod ipsi videbant? Christum in carne constitutum. Quomodo illi illum videbant, et de corpore credebant : sic nos corpus videmus, de capite credamus. Invicem nos adjuvent visa Christus, ut futuram Ecclesiam crederent : adjuvat nos visa Ecclesia, ut Christum resurrexisse credamus. Impleta est fides illorum, impletur et nostra : impleta est illorum de capite, impletur nostra de corpore. Totus Christus et illis innotuit, et nobis innotuit : sed totus ab eis non est visus, nec a nobis totus est visus. Ab eis caput est visum, corpus creditum : a nobis corpus visum, caput creditum. Nulli tamen deest Christus : in omnibus plenus est, et adhuc ei restat corpus. Crediderunt ipsi, crediderunt per illos Jerosolymitani multi; credidit Judæa, credidit Samaria. Accedant membra, accedat ædificium fundamento. « Fundamentum enim nemo potest ponere, ait Apostolus, nisi quod est positum, quod est Christus Jesu. » (I *Cor.*, III, 11.) Insaniant Judæi, impleantur zelo : lapidetur Stephanus, servet lapidantium vestimenta Saulus (*Act.*, VII, 57), Saulus futurus Paulus apostolus. Occidatur Stephanus, perturbetur Ecclesia Jerosolymitana : discedant inde ligna ardentia, accedant et incendant. Ligna enim quodam modo in Ecclesia Jerosolymitana ardebant Spiritu sancto, quando erat illis in Deum anima una, et cor unum. (*Act.*, IV, 32.) Lapidato Stephano passa est illa congeries persecutionem : sparsa sunt ligna, et accensus est mundus.

CAPUT VII. — *Saulus mutatus in prædicatorem Evangelii.* — 7. Denique hæc secutus furens Saulus

de l'Evangile. — 7. Ce fut alors que Saul, suivant les inspirations de sa fureur, reçut des lettres des princes des prêtres, et s'en alla respirant le meurtre et le carnage, altéré de sang pour charger de chaînes tous ceux qu'il pourrait trouver, les entraîner au supplice et se rassasier du sang qu'il répandait. Mais où était Dieu? où était Jésus-Christ? où était celui qui avait couronné Étienne? où était-il, si ce n'est dans le ciel? Qu'il abaisse donc ses regards sur Saul, qu'il se joue de sa fureur, qu'il lui crie du haut des cieux : Saul, Saul, pourquoi me persécutez-vous? Je suis dans le ciel et vous sur la terre, et cependant vous me persécutez. Vous ne pouvez atteindre le chef, mais vous foulez aux pieds mes membres. Mais que faites-vous, que gagnez-vous? Il vous est dur de regimber contre l'aiguillon. Quelques efforts que vous fassiez pour regimber, c'est vous-même que vous blessez. Déposez donc cette fureur, et recevez la santé qui vous est offerte. Renoncez à ces desseins coupables et recevez le secours salutaire de la grâce. Cette voix le renverse à terre, et quel est celui qu'elle terrasse? Un persécuteur. Une seule parole a suffi pour le vaincre. Où alliez-vous? Pourquoi cette fureur. Vous suivez maintenant ceux que vous cherchiez, vous souffrez maintenant persécution pour ceux que vous persécutiez. Celui qui avait été terrassé comme persécuteur, se relève comme apôtre. Il a entendu la voix du Seigneur, il a perdu la vue, mais la vue du corps, pour recevoir la lumière de l'âme. On le conduisit à Ananias qui l'instruit de toutes les vérités de la foi; il est baptisé et sort des eaux du baptême comme un apôtre. Allez, prêchez l'Evangile, annoncez Jésus-Christ, semez la parole sainte, ô bélier généreux qui étiez tout à l'heure un loup ravissant. Voyez, écoutez cet homme qui persécutait les chrétiens avec tant de fureur : « Pour moi, à Dieu ne plaise que je me glorifie en autre chose qu'en la croix de Notre-Seigneur Jésus-Christ par qui le monde est crucifié pour moi, et par qui je suis crucifié pour le monde. » (*Gal.*, VI, 14.) Répandez l'Evangile, semez par la prédication ce que vous avez conçu dans votre cœur. Que les peuples entendent votre voix, que les peuples embrassent la foi, qu'ils entrent en foule dans l'Eglise, et que du sang des martyrs naisse l'Epouse du Sauveur tout empourprée de sang. Et quels nombreux enfants a-t-elle donnés à Jésus-Christ, combien de membres sont venus s'unir à leur chef et lui demeurent encore unis par la foi? Ils ont reçu le baptême, d'autres le recevront et d'autres encore viendront après nous. Et alors, c'est-à-dire à la fin des siècles, les pierres se réuniront au fondement, ces pierres vivantes, ces pierres saintes, afin que l'édifice tout entier soit conduit à sa perfection par cette Eglise primitive, ou plutôt par cette même Eglise qui chante maintenant le cantique nouveau pendant que la maison s'élève. Tel est, en

---

...ille, accepit epistolas a principibus sacerdotum, et cœpit ire sæviens, anhelans cædem, sitiens sanguinem, undecumque posset, quos posset vinctos trahere, ad supplicium rapere, se effuso sanguine satiare. Sed ubi Deus, ubi Christus, ubi Stephani coronator? ubi nisi in cœlo? Videat et Saulum, irrideat sævientem, clamet de cœlo : Saule, Saule, quid me persequeris? Ego in cœlo sum, tu in terra; et tamen persequeris me. Caput non tangis, sed membra mea calcas. Sed quid facis? quid proficis? Durum tibi est contra stimulum calcitrare. Quantumcumque calces mittas, te vexas. Pone ergo furorem, cape sanitatem. Pone malum consilium, appete bonum auxilium. Voce illa prostratus est. Quis est prostratus? Persecutor. Ecce victus est una voce. Quid ibas? quid sæviebas? Quos quærebas, modo sequeris : quos persequebaris, modo pro illis persecutionem pateris. Surgit prædicator, qui prostratus est persecutor. Audivit Domini vocem. Excæcatus est, sed in corpore, ut illuminaretur in corde. Perductus ad Ananiam, de pluribus catechizatus, baptizatus, processit Apostolus. Dic, prædica : prædica Christum, dissemina, o bone aries, jamdudum lupus. Vide illum, attende illum, qui sæviebat. « Mihi autem absit gloriari, nisi in cruce Domini nostri Jesu Christi, per quem mihi mundus crucifixus est, et ego mundo. » (*Gal.*, VI, 14.) Funde Evangelium : quod corde concepisti, ore dissemina. Audiant gentes, credant gentes : pullulent gentes, nascatur de sanguine Martyrum sponsa Domino purpurata. Et ex illa quam multi accesserunt, quam multa membra capiti cohæserunt, et cohærent nunc, et credunt? Et baptizati sunt isti, et baptizabuntur alii, et post nos venient alteri. Tunc, inquam, in fine sæculi accedent lapides fundamento, lapides vivi, lapides sancti, ut in fine ædificetur totum ædificium ab illa Ecclesia ; imo ab ista Ecclesia, quæ modo cantat canticum novum, dum domus ædificatur. Sic enim habet ipse Psalmus : « Quando domus ædificabatur post captivitatem. » (*Psal.* XCV, 1,) Et quid? « Can-

effet, le titre d'un psaume : « Lorsqu'on bâtissait la maison après la captivité. » (*Ps.* xc, 1.) Et après : « Chantez au Seigneur un cantique nouveau ; que toute la terre entonne des hymnes au Seigneur. » Que cette maison est vaste ! Mais quand chante-t-elle un cantique nouveau ? Lorsqu'on la construit. Et quand se fera la dédicace ? A la fin des siècles. Le fondement de cette maison a déjà été consacré, parce qu'il est monté au ciel et qu'il ne meurt plus. Lorsque nous ressusciterons pour ne plus mourir, nous serons consacrés à notre tour.

SERMON CXVII [1].

Sur ces paroles du chapitre I de l'Evangile selon saint Jean : *Au commencement était le Verbe, et le Verbe était en Dieu, et le Verbe était Dieu*, etc. Contre les ariens.

CHAPITRE PREMIER. — *A quel prix il faut acquérir l'intelligence du Verbe de Dieu.* — 1. Le chapitre de l'Evangile qu'on vient de vous lire, mes frères bien-aimés, demande une grande pureté dans l'œil du cœur. En effet, l'Evangéliste saint Jean nous y représente Notre-Seigneur Jésus-Christ dans sa divinité comme le Créateur de tout ce qui existe, et dans son humanité comme le réparateur de la nature déchue. L'Evangile nous fait connaître en même temps le mérite et la grandeur de Jean, afin que la dignité du héraut nous fasse comprendre l'excellence du Verbe dont il a décrit les magnificences, ou plutôt l'inappréciable grandeur de celui qui est au-dessus de toutes choses. En effet, ce qu'on achète est égal au prix qu'on en donne, ou lui est inférieur, ou le dépasse de valeur. Quand nous achetons une chose ce qu'elle vaut, le prix est égal à sa valeur ; si nous l'achetons moins cher, elle est au-dessus du prix que nous en donnons ; elle est au-dessous si le prix est plus élevé. Or, rien ne peut égaler le Verbe de Dieu, ni être au-dessus comme valeur, ni ne peut être mis au-dessous comme échange. Toutes choses, sans doute, peuvent être mises au-dessous du Verbe de Dieu, parce que « tout a été fait par lui. » (*Jean*, I, 3.) Cependant elles ne sont pas au-dessous comme étant le prix même inégal du Verbe, comme si l'on donnait une chose pour en recevoir une autre. Cependant si l'on peut parler de la sorte, si une raison quelconque ou le langage ordinaire autorisent l'emploi de cette expression, le prix à donner pour acquérir le

---

[1] Possidius paraît avoir indiqué ce sermon dans le chapitre v, de sa Table, où il place parmi les opuscules de saint Augustin un traité sur ces paroles : « Au commencement était le Verbe. » Florus en fait aussi mention dans son commentaire sur le chapitre I de l'Epître aux Hébreux. Dans l'édition de Louvain, ce sermon se trouve sous le nom de saint Augustin, à qui les éditeurs n'ont attribué que les sermons qui étaient hors de doute ; et ils ont ajouté cette note : Plusieurs pensent que ce sermon ne vient pas tout entier de saint Augustin, et que c'est un composé de morceaux réunis ensemble. Cependant nous n'avons pas cru qu'il nous fût permis de le rejeter dans la catégorie des sermons douteux, car toutes les parties en sont parfaitement enchaînées, et on y retrouve la doctrine de saint Augustin, son genre d'argumentation et les expressions qui lui sont familières. Nous n'avons pas dû être arrêtés par le style qui est tant soit peu diffus et inégal, comme il est généralement dans les sermons improvisés. Ce sermon est probablement des premières années de saint Augustin.

---

tate Domino canticum novum, cantate Domino, omnis terra. » Quam magna domus ! Sed quando cantat canticum novum ? Cum ædificatur. Quando dedicatur ? In fine sæculi. Fundamentum ipsius jam dedicatum est : quia ascendit in cœlum, et non moritur. Quando et nos surrexerimus, ut nunquam moriatur, tunc dedicabimur.

SERMO CXVII [a].

De verbis Evangelii Joan., I : *In principio erat Verbum, et Verbum erat apud Deum, et Deus erat Verbum*, etc. Contra Arianos.

CAPUT PRIMUM. — *Verbum Dei ut intelligatur, quo pretio comparandum.* — 1. Capitulum Evangelii quod lectum est, Fratres dilectissimi, purum oculum cordis inquirit. Dominum enim nostrum Jesum Christum accepimus secundum divinitatem ad condendam universam creaturam, secundum humanitatem ad reparandam lapsam creaturam, evangelizante Joanne. In ipso autem Evangelio qualis et quantus vir Joannes fuerit, invenimus, ut ex dignitate dispensatoris intelligatur quanti pretii sit Verbum, quod per talem dici potuit : imo quam nullius pretii sit quod superat omnia. Pretio enim aut comparatur res venalis, aut subjicitur, aut excedit eam. Quando tanto quisque comparat quanto valet, æquatur pretium rei quæ comparatur : quando vilius, subjicitur ei : quando carius, superat eam. Verbo autem Dei nec æquari aliquid potest, nec ad mutationem subjici, nec superponi aliquid. Subjici enim omnia possunt Verbo Dei, quia « omnia per ipsum facta sunt : » (*Joan.*, I, 3) : non tamen subjiciuntur, quasi pretium sint Verbi, ut quisque det aliquid, ut illud accipiat. Tamen si dici potest, et admittit nomen hoc ratio aliqua vel loquendi consuetudo, pretium comparandi Verbi ipse comparator est, qui se ipsum pro se ipso dederit huic Verbo. Itaque quando aliquid emimus, quærimus aliquid quod demus, ut habeamus rem

---

[a] Alias XXXVIII, de verbis Domini.

Verbe est l'acheteur lui-même qui se donne tout entier au Verbe pour l'obtenir. Lorsque nous voulons acheter quelque chose, nous cherchons ce que nous donnerons en échange pour acquérir moyennant cet échange l'objet que nous désirons. Le prix que nous donnons est hors de nous, et s'il est en notre possession, nous y renonçons pour obtenir ce que nous voulons acheter. Quel que soit le prix auquel on veut acheter un objet, c'est une condition essentielle de la vente de donner ce qu'on a pour recevoir ce qu'on n'a pas; toutefois, l'acheteur ne se donne pas, et il acquiert l'objet dont il a payé le prix. Mais pour celui qui veut acquérir, posséder le Verbe, il n'a pas besoin de chercher en dehors de lui-même ce qu'il doit donner en échange; il faut qu'il se donne lui-même; et en se donnant ainsi, il ne se perd point comme il perd le prix de l'objet qu'on achète.

Chapitre II. — *Le prix du Verbe est l'homme lui-même.* — 2. Le Verbe de Dieu est donc offert à tous; que ceux qui le peuvent l'achètent, et ici il suffit d'une volonté pieuse. C'est en ce Verbe, en effet, que réside la paix, et la paix sur la terre est le partage des hommes de bonne volonté. (*Luc*, II, 14.) Que celui donc qui veut acquérir le Verbe, se donne lui-même. Voilà le prix véritable du Verbe, si l'on peut parler de la sorte; celui qui se donne ne se perd pas, il obtient le Verbe pour lequel il se donne et il s'acquiert lui-même dans le Verbe auquel il se donne. Et que donne-t-il au Verbe? Il ne donne pas quelque chose qui soit étranger à celui pour lequel il se donne, mais il rend au Verbe, pour qu'il le répare, ce qui a été fait par lui. « Toutes choses ont été faites par lui. » Si toutes choses ont été faites par lui, l'homme n'est point excepté. Si le ciel, la terre, la mer, si tout ce qu'ils renferment, en un mot, si toutes les créatures ont été faites par le Verbe, n'est-il pas plus évident que l'homme créé à l'image de Dieu a été fait par lui?

3. Nous n'examinons pas en ce moment, mes frères, comment on peut arriver à l'intelligence de ces paroles : « Au commencement était le Verbe, et le Verbe était en Dieu, et le Verbe était Dieu. » (*Jean*, I, 1.) On peut les entendre sans recourir à la parole, mais le langage humain est impuissant pour en donner l'intelligence. Nous parlons du Verbe de Dieu, et nous disons pourquoi il ne peut être compris. Nous ne cherchons pas à en donner l'intelligence, mais nous signalons ce qui empêche de le comprendre. En effet, ce Verbe est une forme, mais une forme incréée, une forme qui a formé tout ce qui existe, une forme immuable, inaccessible à tout changement, à toute décroissance, en dehors des lois du temps et de l'espace, dominant toutes choses, qui est tout à la fois le fondement sur lequel elles reposent, et le faîte qui les cou-

---

dato pretio quam volumus emere. Et extra nos est quod damus; et si apud nos erat, fit extra nos illud quod damus, ut sit apud nos illud quod comparamus. Quidquid pretii invenerit qui emit aliquid, necesse est ut tale inveniat, ut det quod habet, et accipiat quod non habet; maneat tamen ille a quo abscedit pretium, et accedat illud pro quo dat pretium. Qui autem vult comparare Verbum hoc, qui vult habere, non quærat extra se ipsum quod det, se ipsum det. Quod cum fecerit, non se amittit, sicut amittit pretium, quando aliquid emit.

Caput II. — *Pretium Verbi ipse homo.* — 2. Verbum ergo Dei propositum est omnibus : comparent qui possunt; possunt autem qui pie voluerint. In illo enim Verbo pax : et pax in terra hominibus bonæ voluntatis. (*Luc.*, II, 14.) Ergo qui vult comparare, det se ipsum. Quasi pretium est hoc Verbi, si dici aliquo modo potest, quando nec se perdit qui dat, et acquirit Verbum pro quo se dat, et se ipsum in Verbo acquirit cui se dat. Et quid dat Verbo? Non aliquid ab ipso alienum, pro quo se dat; sed quod per ipsum Verbum factum est, hoc ei redditur ut reficiatur. « Omnia per ipsum facta sunt. » Si omnia, utique et homo. Si cœlum, si terra, si mare, si omnia quæ in ipsis sunt, si universa creatura; utique ille manifestius, qui ad imaginem Dei factus per Verbum factus est homo.

3. (*a*) Non modo, Fratres, tractamus, quomodo possit intelligi quod dictum est : « In principio erat Verbum, et Verbum erat apud Deum, et Deus erat Verbum. » (*Joan.*, I, 1.) Ineffabiliter potest intelligi : non verbis hominis fit, ut intelligatur. Verbum Dei tractamus, et dicimus quare non intelligatur. Non nunc dicimus ut intelligatur, sed dicimus quid impediat ne intelligatur. Est enim forma quædam, forma non formata, sed forma omnium formatorum : forma incommutabilis, sine lapsu, sine defectu, sine tempore, sine loco, superans omnia, (*b*) existens omnibus et fundamentum quoddam in quo sint, et fastigium sub quo sint. Si dicis quia omnia in illo

---

(*a*) Lov. *Nam modo* : refragantibus cæteris libris. — (*b*) Lov. et aliquot Mss. *eminens.* Alii libri, *exsistens.*

ronne. Si vous dites que toutes choses sont en lui, vous dites vrai. Car le Verbe est appelé dans les Ecritures la Sagesse de Dieu, et il est écrit : « Vous avez fait toutes choses dans votre Sagesse. » (*Ps.* CIII, 24.) Ainsi, tout est en lui, et cependant, parce qu'il est Dieu, tout est au-dessous de lui. Nous disons que ce qui vient d'être lu est incompréhensible, cependant on vous en a fait lecture non pour vous en donner l'intelligence, mais pour vous inspirer le regret de ne pas le comprendre, vous faire reconnaître et éloigner les obstacles qui s'opposent à l'intelligence de ce mystère, et, par une transformation merveilleuse de tout votre être, vous faire soupirer après la connaissance du Verbe immuable. La connaissance que nous pouvons en avoir n'est pour le Verbe la cause d'aucun progrès, d'aucun accroissement; vous demeurez en lui, il est tout entier; vous vous éloignez, il reste le même; vous revenez, vous le trouvez toujours le même, toujours entier, immuable en lui-même, et renouvelant toutes choses. Il est donc la forme de tout ce qui existe, la forme increée, indépendante, comme nous l'avons dit, des lois du temps et de l'espace. Car, tout ce qui est contenu dans un lieu déterminé, se trouve nécessairement circonscrit. Une forme a des limites qui la circonscrivent, des mesures qui la prennent à un point et la conduisent jusqu'à un autre. D'ailleurs, ce qui est contenu dans un lieu, et qui présente un volume, une étendue quelconque, est moins grand dans l'une de ses parties que dans son tout. Que Dieu vous donne de me comprendre.

CHAPITRE III. — *Dans les choses divines, une vieuse ignorance vaut mieux qu'une science présomptueuse. Dieu est incompréhensible, même pour l'œil du cœur.* — 4. Tous les jours, d'après les corps qui sont sous nos yeux, que nous voyons, que nous touchons, parmi lesquels nous vivons, nous pouvons juger que tout corps qui est dans un lieu a une forme déterminée. Or, tout ce qui occupe un espace quelconque est moindre dans sa partie que dans son tout. Ainsi, par exemple, le bras est une partie du corps humain; or, le bras est moindre que tout le corps, et par là même qu'il est moindre, il occupe un espace moins étendu. Il en est de même de la tête, qui est aussi une partie du corps; elle occupe un espace moindre, parce qu'elle est inférieure, comme volume, au corps dont elle est la tête. Il en est ainsi de tous les objets contenus dans un lieu, ils sont tous moindres dans leurs parties que dans leur tout. Mais, à l'égard du Verbe, gardons-nous de toute pensée de ce genre. Ne nous représentons point les choses spirituelles d'après les inspirations de la chair. Non, ce Verbe, ce Dieu, n'est pas moindre dans l'une de ses parties que dans son tout.

---

sunt, non mentiris. (*a*) Dictum est enim ipsum Verbum Sapientia Dei : habemus autem scriptum : Omnia in Sapientia fecisti. (*Psal.* CIII, 24.) Ergo in illo sunt omnia : et tamen quia Deus est, sub illo sunt omnia. Dicimus quam incomprehensibile sit quod lectum est : tamen lectum est, non ut comprehenderetur ab homine, sed ut doleret homo quia non comprehendit, et inveniret unde impeditur a comprehensione, et removeret ea, et inhiaret perceptioni incommutabilis Verbi, ipse ex deteriore in melius commutatus. Non enim Verbum proficit aut crescit accedente cognitore : sed integrum, (*b*) si permanseris; integrum, si recesseris; integrum, cum redieris; manens in se, et innovans omnia. Ergo est forma omnium rerum, forma infabricata, sine tempore, ut diximus, et sine spatiis locorum. Quidquid enim loco capitur, (*c*) circumscribitur. Forma circumscribitur finibus, habet metas unde et quo usque sit. Deinde quod loco capitur et mole quadam et spatio distenditur, minus est in parte, quam in toto. Faciat Deus ut intelligatis.

CAPUT III. — *In rebus divinis pia ignorantia melior quam præsumpta scientia. Oculo cordis Deus incomprehensibilis.* — 4. Quotidie autem de corporibus, quæ ante oculos nostros sunt, quæ videmus, quæ tangimus, inter quæ sumus, possumus judicare corpus quodlibet in loco habere formam. Omne autem quod spatium loci occupat, minus est in parte quam in toto. Pars corporis humani, verbi gratia, brachium : utique minus est brachium quam totum corpus. Et si minus est (*d*) brachium, breviorem locum occupat. Item caput, quia pars est corporis, in minore loco est, et minus est quam totum corpus, cui caput est. Sic omnia quæ sunt in loco minora sunt in parte quam in toto. Nihil tale de illo Verbo sentiamus, nihil tale cogitemus. Non de suggestione carnis spiritalia imaginemur. Non est ille Sermo, non est ille Deus minor in parte quam in toto.

(*a*) Plerique Mss. *et dictum est. Ipsum est enim Verbum*, etc.— (*b*) Hic apud Lov. additur *manet :* quod a cæteris libris abest.— (*c*) In quibusdam libris sic verba interpunguntur : *circumscribitur forma, circumscribitur finibus.* — (*d*) Mss. *Et si minus est, id est brevius, breviorem*, etc.

5. Mais vos pensées ne peuvent s'élever jusque-là. Cette pieuse ignorance vaut mieux qu'une science présomptueuse. Nous parlons de Dieu. Il est écrit : « Et le Verbe était Dieu. » Nous parlons de Dieu, est-il étonnant que vous ne compreniez point? Si vous compreniez, ce ne serait point Dieu. Avouez donc pieusement votre ignorance, plutôt que de faire profession d'une science téméraire. C'est un grand bonheur que de pouvoir tant soit peu atteindre Dieu, mais il est tout à fait impossible de le comprendre. Dieu est pour l'esprit ce que le corps est pour les yeux ; c'est à l'esprit de le connaître, comme aux yeux de voir le corps. Mais, croyez-vous que votre œil puisse pénétrer à fond le corps qu'il voit? Non, vous ne le pouvez pas. Quel que soit l'objet que vous regardez, vous ne le voyez jamais tout entier. Vous voyez un homme en face, vous ne le voyez pas en même temps par derrière, et si vous le voyez par derrière, vous ne le voyez pas en même temps de face? La vue donc d'un objet ne vous en donne pas la connaissance parfaite; quand vous considérez une partie que vous n'aviez pas encore vue, si votre mémoire ne vous rappelle le souvenir de l'objet qui a disparu de vos regards, vous ne pourrez jamais dire que vous en avez une connaissance même superficielle. Vous touchez ce que vous voyez, vous le retournez en tous sens, ou vous en faites le tour pour le voir dans sa totalité. Vous ne pouvez l'embrasser tout entier d'un regard. Quand vous le retournez pour le voir à fond, vous ne voyez que ses parties, et c'est en réunissant par le souvenir ces différentes parties que vous avez vues, que vous croyez avoir vu cet objet dans son entier. La part la plus active revient ici, non pas à l'œil, mais à la vivacité de la mémoire. Que dirons-nous donc, mes frères, de ce Verbe divin? Nous avons reconnu que nous ne pouvons embrasser, par la vue, les corps qui sont l'objet de nos regards ; quel est donc l'œil du cœur qui pourra comprendre Dieu? Il lui suffit de l'atteindre, s'il est véritablement pur. Et s'il parvient à l'atteindre, c'est par une action incorporelle et toute spirituelle, mais sans pouvoir comprendre ; et encore doit-il être d'une pureté sans tache. Or, l'homme devient heureux en atteignant seulement par le cœur l'être qui est éternellement heureux, celui qui est l'éternelle félicité, la vie immortelle, la source pour l'homme de la sagesse parfaite, le foyer de la lumière indéfectible. Remarquez encore qu'en atteignant cet objet, vous devenez ce que vous n'étiez pas, mais ce que vous touchez ne cesse pas d'être ce qu'il était. En d'autres termes, Dieu ne gagne rien à être connu, mais la connaissance de Dieu profite à celui qui l'obtient.

Chapitre IV. — *Dieu ne gagne rien à être*

5. Sed non potes tale aliquid cogitare. Magis pia est talis ignorantia, quam præsumpta scientia. Loquimur enim de Deo. Dictum est : « Et Deus erat Verbum. » De Deo loquimur, quid mirum, si non comprehendis? Si enim comprehendis, non est Deus. Sit pia confessio ignorantiæ magis, quam temeraria professio scientiæ. Attingere aliquantum mente Deum magna beatitudo est : comprehendere autem, omnino impossibile. Ad mentem Deus pertinet, intelligendus est : (*a*) ad oculos corpus, videndum est. Sed corpus oculo comprehendere te putas? Omnino non potes. Quidquid enim aspicis, non totum aspicis. Cujus hominis faciem vides, dorsum non vides eo tempore quo faciem vides : et quando dorsum vides, eo tempore faciem non vides. Non sic ergo vides, ut comprehendas : sed quando aspicis aliam partem, quam non videras, nisi memoria tecum faciat ut memineris te vidisse unde recedis, nunquam te dixeris aliquid vel in superficie comprehendisse. Tractas quod vides, versas huc atque illuc, vel ipse circuis ut totum videas. Uno ergo aspectu totum videre non potes. Et quamdiu versas ut videas, partes vides : et contexendo quia vidisti alias partes, videris totum inspicere. Non autem hic oculorum visus, sed memoriæ vivacitas intelligitur. Quid ergo de illo Verbo, Fratres, dici potest? Ecce de corporibus dicimus subjacentibus oculis nostris, non illa possunt comprehendere aspectu : quis ergo oculus cordis comprehendit Deum? Sufficit ut attingat, si purus est oculus. Si autem attingit, tactu quodam attingit incorporeo et spiritali, non tamen comprehendit ; et hoc, si purus est. Et homo fit beatus contingendo corde illud quod semper beatum manet : et est illud ipsa beatitudo perpetua, et unde fit homo vivus, vita perpetua ; unde fit homo sapiens, sapientia perfecta; unde homo fit illuminatus, lumen sempiternum est. Et vide quemadmodum tu contingendo efficeris quod non eras, non illud quod contingis facis esse quod non erat. Hoc dico, Deus non crescit ex cognitore, sed cognitor ex cognitione Dei.

Caput IV. — *Deus ex nostra cognitione non crescit.*

(*a*) Nonnulli Mss. *ab oculis cordis videndus est.*

connu. *Le Verbe coéternel au Père, contre l'erreur des ariens.* — Ne nous figurons pas, mes très-chers frères, que nous rendions service à Dieu, parce que, comme je l'ai dit, nous lui payons en quelque sorte le prix de ce qu'il nous donne. Nous ne lui donnons rien qui puisse ajouter à ce qu'il est; vos chutes comme votre retour le laissent toujours le même, toujours prêt à faire le bonheur des cœurs repentants qui le contemplent, et à punir par l'aveuglement ceux qui se détournent de lui. La première vengeance, le premier châtiment qu'il tire de l'âme qui se détourne de lui, c'est de la livrer à l'aveuglement. En effet, celui qui détourne les yeux de la lumière véritable, c'est-à-dire de Dieu, tombe aussitôt dans l'aveuglement. Il ne sent pas encore le châtiment, mais il en est déjà victime.

6. Ainsi donc, mes très-chers frères, comprenons bien que le Verbe de Dieu est sorti de Dieu, en dehors de toute naissance temporelle, par une naissance incorporelle sans aucune altération, sans cesser d'être immuable. Espérons-nous pouvoir persuader à certains incrédules qu'il n'y a rien de contraire à la vérité dans l'enseignement de la foi catholique opposée à l'erreur des ariens, qui ont si souvent attaqué l'Eglise de Dieu, alors surtout que les hommes charnels croient bien plus facilement ce qu'ils ont coutume de voir? Voici ce qu'ils ont osé dire : Le Père est plus grand que le Fils et plus ancien que lui, c'est-à-dire le Père est supérieur au Fils, et le Fils est inférieur au Père, et moins ancien que lui. Or, voici leur raisonnement : S'il est né, le Père existait nécessairement avant la naissance de son Fils. Donnez-moi toute votre attention, mes frères; que vos prières nous obtiennent le secours du Verbe lui-même, et à vous, le désir de recevoir dans de saintes dispositions ce qu'il daignera nous inspirer, nous suggérer; qu'il nous vienne en aide, afin que nous puissions vous faire comprendre ce que nous avons entrepris de vous exposer. Cependant, mes frères, je vous le dis par avance, si je ne parviens pas à vous l'expliquer, ne l'attribuez pas au sujet, mais à la faiblesse de l'homme. Priez donc, je vous le demande, je vous en conjure, priez la miséricorde de Dieu de nous inspirer à nous des paroles, et à vous une attention dignes d'un si grand sujet. Voici donc ce qu'ils disent : Si le Christ est le Fils de Dieu, il doit être né. Nous l'accordons; il ne serait pas le Fils de Dieu, s'il n'était pas né. Rien de plus évident, la foi l'admet, l'Eglise catholique l'approuve, c'est une vérité incontestable. Ils ajoutent ensuite : Si un Fils est né au Père, le Père existait avant la naissance du Fils. Voilà ce que la foi rejette, ce que repoussent les oreilles catholiques; anathème à celui qui est dans cette erreur, il se met en dehors de la communion de l'Eglise et

---

Verbum coæternum Patri asseritur contra Arianos. — Ne putemus, Fratres carissimi, quia beneficium præstamus Deo, quia diximus pretium nos dare quodam modo. Non enim unde augeatur, illi damus, qui et te lapso integer est, et te redeunte integer manet, paratus videri ut beatificet conversos, et aversos puniat cæcitate. Vindicat enim primo in anima aversa a se, (a) exordio pœnarum, ipsa cæcitate. Qui enim se avertit a lumine vero, id est, a Deo, jam cæcus efficitur. Nondum sentit pœnam, sed jam habet.

6. Itaque Verbum Dei, Fratres carissimi, incorporaliter, inviolabiliter, incommutabiliter, sine temporali nativitate, natum tamen intelligamus a Deo. Putamusne possumus aliquo modo persuadere quibusdam infidelibus non abhorrere a vero, quod dicitur a nobis fide catholica, quæ contraria est Arianis, a quibus Ecclesia Dei sæpe tentata est, cum carnales homines id facilius accipiunt quod videre consueverunt? Ausi sunt enim quidam dicere : Major est Pater Filio, et præcedit eum tempore : id est, major est Filio Pater, et minor est Patre Filius, et a Patre in tempore præceditur. Et sic disputant : Si natus est, utique erat Pater ante quam Filius illi esset natus. Attendite : adsit ipse nobis, adjuvantibus orationibus vestris, et pia intentione excipere cupientibus quod ipse donaverit, quod ipse suggesserit : adsit nobis, ut possimus quoquo modo explicare quod cœpimus. Tamen, Fratres, ante dico, si non potuero ego explicare, non rationem putetis, sed hominem defecisse. Itaque vos hortor et deprecor ut oretis : adsit misericordia Dei, et ita rem a nobis dici faciat, ut vos audire oportet, et nos dicere. Hoc ergo illi dicunt : Si Filius Dei est, natus est. Hoc fatemur. Non enim esset Filius, si natus non esset. Manifestum est, admittit fides, approbat Ecclesia catholica, verum est. Adjungunt deinde : Si natus est Patri Filius, erat Pater ante quam ei Filius nascertur. Hoc respuit fides, respuunt aures catho-

(a) Ita duo Mss. Alii cum Lov. *exordium pœnarum.* Editiones autem Am. et Er. sententiam hanc totam prætereunt : *Vindicat enim primo in anima,* etc.

de la société des saints. Expliquez-moi donc, me disent-ils, comment le Fils a pu naître du Père, et être aussi ancien que le Père dont il est né.

Chapitre V. — *Il est difficile de faire entendre les choses spirituelles aux hommes charnels.* — 7. Que faisons-nous, mes frères, en voulant expliquer des choses toutes spirituelles à des hommes charnels? Ne sommes-nous pas charnels nous-mêmes, lorsque nous voulons parler un langage spirituel à des hommes qui n'ont sous les yeux que des naissances charnelles, qui, d'après l'ordre de la création, voient les enfants succéder à leurs parents qui meurent, et une différence constante d'âge entre ceux qui engendrent et ceux qui sont engendrés? En effet, le fils ne naît qu'après son père, pour lui succéder après qu'il sera mort. Voilà ce que nous voyons dans les hommes, comme dans tous les autres êtres animés : les pères existent avant leurs enfants. Ce spectacle qu'ils ont continuellement sous les yeux leur fait transporter à l'ordre spirituel ces lois des naissances temporelles, et leur application constante aux choses de la chair les rend plus faciles à séduire. Car ce n'est pas la raison qui adopte ces doctrines erronées, mais l'habitude qui les a inspirées à ceux qui s'en rendent les prédicateurs. Que ferons-nous donc? Garder le silence? Plût à Dieu qu'il nous fût permis de nous taire! peut-être trouverions-nous dans une méditation silencieuse des pensées dignes d'un mystère aussi ineffable. En effet, ce qui peut s'exprimer n'est point ineffable de sa nature. Or, Dieu est ineffable. L'apôtre saint Paul nous dit qu'il a été ravi jusqu'au troisième ciel, et qu'il y entendit des paroles ineffables qu'il n'est pas permis à un homme de rapporter. (II *Cor.*, xii, 4.) Combien plus est ineffable Celui qui lui a révélé ces vérités mystérieuses, que l'Apôtre ne peut exprimer après les avoir entendues? Le mieux serait donc, mes frères, de pouvoir nous taire et de vous dire : Voilà ce qu'enseigne la foi, voilà ce que nous croyons. Vous ne pouvez encore comprendre, vous êtes encore petit enfant ; attendez patiemment que vous ayez des ailes ; car si vous voulez prendre votre essor avant qu'elles soient développées, au lieu de voler librement dans les airs, vous tomberez victime de votre témérité. Mais que répliquerait-il? S'il pouvait répondre, il ne manquerait pas de le faire. Cette excuse est un aveu de son impuissance. Il ne veut point répondre, parce qu'il est vaincu par la vérité. Si celui à qui on tient ce langage ne répond pas, bien qu'il n'ait point personnellement le dessous, il le donne à ceux de ses frères dont la foi est encore chancelante. Ces fidèles encore faibles entendent l'objection et croient qu'en effet il n'y a rien à répondre. Peut-être sont-ils dans le vrai en pensant qu'on ne peut rien répondre, mais non pas en s'imaginant qu'on ne peut avoir sur cette matière

---

licæ, anathematizatur, extra est qui hoc sapit, non pertinet ad participationem societatemque sanctorum. Ergo ait : Rationem mihi redde, quomodo et Filius potuit nasci Patri, et coævus esse ei a quo natus est?

Caput V. — *Divina carnalibus insinuare difficile.* — 7. Et quid facimus, Fratres, quando carnalibus spiritalia insinuamus : si tamen et nos ipsi non carnales sumus, quando carnalibus ista spiritalia intimamus, homini assuefacto nativitate terrena, et videnti istius creaturæ ordinem, ubi successus et decessus, gignentes et genitos ætate distinguit? Post patrem enim nascitur filius, patri utique morituro successurus. Hoc in hominibus, hoc in aliis animantium invenimus, parentes priores tempore, filios tempore posteriores. (*a*) Hac consuetudine videndi, carnalia transferre illi ad spiritalia cupiunt, et intentione carnalium facilius seducuntur. Non enim ratio audientium sequitur talia prædicantes, sed consuetudo, quæ etiam ipsos involvit, ut talia prædicarent. Et quid facimus nos? Silebimus? Utinam liceret. Forsitan enim silendo aliquid dignum de re ineffabili cogitaretur. Nam quidquid potest fari, non est ineffabile. Ineffabilis est autem Deus. Si enim raptum se dicit usque in tertium cœlum apostolus Paulus, et dicit se audisse ineffabilia verba (II *Cor.*, xii, 4); quanto magis ipse ineffabilis, qui talia demonstravit, quæ fari non possit cui demonstrata sunt? Itaque, Fratres, melius erat si possemus tacere, et dicere : Hoc habet fides, sic credimus : Non potes capere, parvulus es : patienter (*b*) tolerandum, donec pennas nutrias; ne cum volare implumis volueris, non sit illa aura libertatis, sed casus temeritatis. Quid illi contra? O si haberet quod diceret, diceret mihi! Deficienti ista excusatio est. Victus est (*c*) veris, qui responderе non vult. Ille cui hoc dicitur, si non respondeat, etsi in se ipso victus non est, vincitur tamen in titubantibus fratribus. Audiunt enim fratres infirmi, et putant re vera non esse quod dicatur :

(*a*) Aliquot Mss. *Hanc consuetudinem videndi carnalia.* — (*b*) Lov. *tolerandus.* Cæteri fere libri editi et Mss. *tolerandum.* — (*c*) Sic omnes Mss. Editi autem : *Victus est, nescit, qui respondere non vult.*

aucune idée. L'homme ne peut rien exprimer sans avoir eu une idée préalable ; mais il peut avoir cette idée sans pouvoir l'exprimer.

8. Si cependant, tout en respectant ce que cette divine majesté a d'ineffable, nous employons des comparaisons contre ces hérétiques, que personne ne s'imagine que ces comparaisons nous conduisent à ce que les faibles ne peuvent ni exprimer, ni concevoir. Car si des esprits plus exercés peuvent y atteindre, ce n'est qu'en partie comme on voit dans un miroir et sous des images obscures et non pas face à face. Nous faisons donc usage de ces comparaisons pour réfuter ces hérétiques, plutôt que pour faire comprendre cette vérité. En effet, lorsque nous disons qu'il peut très-bien se faire et qu'on peut comprendre que celui qui est né soit coéternel à celui qui lui a donné naissance, ils produisent des comparaisons pour nous réfuter et démontrer la fausseté de cette assertion. Et d'où sont tirées ces comparaisons? de la créature. Un homme, nous disent-ils, existe avant d'avoir un fils, il est plus ancien que son fils ; il en est de même d'un cheval, d'un mouton, des autres animaux. Ils empruntent donc leurs comparaisons aux créatures.

Chapitre VI. — *Notre foi au Verbe n'est pas fondée sur des comparaisons.* — 9. Mais quoi, faudra-t-il donc nous fatiguer pour trouver des comparaisons qui servent d'appui aux vérités que nous voulons établir? Quoi, si je ne pouvais en trouver, il ne me serait pas permis de dire : La naissance du Créateur n'a point son semblable dans la créature ? Autant par sa nature divine il est au-dessus de tout ce qui existe ici-bas, autant par sa naissance il est au-dessus de toutes les naissances de la terre. Toutes choses existent par un effet de la puissance de Dieu, et cependant que peut-on comparer à Dieu ? Ainsi tout ce qui naît ici-bas doit sa naissance à un acte de la puissance divine. Il est peut être donc aussi impossible de trouver une image de sa naissance, que de trouver une image de sa substance, de son immutabilité, de sa divinité, de sa majesté. Que peut-on trouver ici-bas de semblable à ces attributs ? Si donc je ne puis trouver une juste image de sa naissance, ai-je donc le dessous parce que je n'ai point trouvé dans les créatures, comme je le désirais, une image fidèle du Créateur de toutes choses.

10. Et en effet, mes frères, je ne puis espérer trouver dans le temps aucune image que je puisse mettre en regard de l'éternité. Et quelles sont celles que vous avez découvertes ? Qu'avez-vous trouvé ? Un père, dites-vous, est plus ancien que son fils ; donc le Fils de Dieu est moins ancien que son Père qui est éternel, parce que sur la terre, un fils est moins ancien que celui qui

---

et forsitan verum putant, non esse quod dicatur, non tamen non esse quod sentiatur. Homo enim nihil potest dicere, quod non etiam sentire possit : potest etiam aliquid sentire, quod dicere non possit.

8. Tamen servata illius majestatis ineffabilitate, ne cum aliquas similitudines contra illos dederimus, putet nos aliquis per istas similitudines jam pervenisse ad id quod nec dici nec cogitari a parvulis potest; (certe et si potest ab aliquibus majoribus, potest ex parte, potest in ænigmate, potest per speculum ; nondum autem facie ad faciem :) demus et nos aliquas similitudines adversus illos, unde illi refellantur, non unde illud capiatur. Etenim cum dicimus valde posse fieri, posse intelligi, ut et natus sit et coæternus sit ei a quo natus est, ut hoc refellant, et quasi falsum esse demonstrent, similitudines nobis dant. Unde? De creatura : et dicunt nobis : Homo utique erat ante quam generaret filium, major est filio suo : et equus erat ante quam generaret filium, et ovis, et cætera animalia. Similitudines adhibent de creaturis.

Caput VI. — *Similitudinibus tamen non nititur nostra fides de Verbo.* — 9. Quid, nobis laborandum est, ut et nos inveniamus similitudines earum rerum quas astruimus? Quid, si non invenirem, non recte possem dicere, Nativitas Creatoris fortasse similitudinem in creatura non habet? Quanto enim superat ea quæ hic sunt in eo quod ibi est, tanto superat ea quæ hic nascuntur in eo quod ibi natus est. Omnia per Deum hic sunt : et quid tamen est comparandum Deo? Sic omnia quæ hic nascuntur illo efficiente nascuntur. Et sic forsitan non invenitur aliqua similitudo nativitatis ejus, quomodo non invenitur et substantiæ ejus, et immutabilitatis, divinitatis, majestatis ejus. Quid enim simile hic inveniri potest? Si ergo forsitan nec nativitatis similitudo inveniatur, numquid inde oppressus sum, quia non inveni similitudines Creatori omnium, in creatura cupiens invenire quod esset simile Creatori?

10. Et re vera, Fratres, non sum inventurus temporales similitudines, quas æternitati possim comparare. Sed et tu quas invenisti, quid sunt? Quid enim invenisti? Quia pater major est tempore quam filius : et ideo vis ut Filius Dei tempore minor sit quam Pater æternus, quia invenisti minorem filium patre temporali. Da mihi æternum patrem hic, et

lui a donné la vie du temps. Trouvez-moi ici-bas un père qui soit éternel, et la comparaison sera juste. Vous trouvez que dans la vie du temps, le fils est moins ancien que son père, que le fils soumis aux lois du temps est moins ancien que son père soumis comme lui aux lois du temps. Mais pouvez-vous me trouver un fils né dans le temps, et moins ancien que son père qui soit éternel?

Chapitre VII. — *Ce qui est du même âge et ce qui est éternel.* — L'éternité a pour caractère la stabilité; le temps la mutabilité. Dans l'éternité toutes choses sont immuables, dans le temps elles se succèdent sans interruption. Dans cette mutabilité continuelle du temps, vous pouvez trouver un fils moins ancien qui succède à son père, parce que ce père, né dans le temps, a succédé lui-même à son père qui n'était pas éternel. Comment donc, mes frères, pourrions-nous trouver dans la créature quelque chose de coéternel, puisque nous n'y découvrons rien d'éternel? Si je puis trouver parmi les créatures un père qui soit éternel, j'y trouverai également un fils éternel. Mais si vous ne trouvez rien d'éternel, et que les pères soient toujours supérieurs en âge à leurs enfants, il suffit, pour établir une comparaison, de trouver quelque chose qui soit du même âge. Il y a une différence entre ce qui est coéternel et ce qui est du même âge. Nous appelons tous les jours contemporains ou du même âge ceux dont la vie est d'égale durée; l'un n'a point existé avant l'autre, tous deux cependant ont eu un commencement. Or, si nous pouvons trouver un être qui soit du même âge que celui qui lui donne naissance; si nous pouvons trouver deux êtres du même âge, l'un qui engendre, l'autre qui est engendré, ces deux êtres de même âge pourront nous donner une idée de deux êtres coéternels. Si donc je découvre ici-bas un être qui ait commencé d'exister en même temps que celui qui l'a engendré, je pourrai concevoir que le Fils de Dieu n'a pas eu de commencement, non plus que son Père qui l'a engendré. Or, je crois avoir trouvé parmi les objets créés une chose produite par une autre, et qui a existé en même temps que celle qui l'a produite. D'un côté, les deux êtres ont commencé à exister simultanément; de l'autre, ils n'ont eu tous deux aucun commencement. Il y a donc, d'un côté, existence simultanée, de l'autre, coéternité.

Chapitre VIII. — *Nous trouvons dans l'existence simultanée de certains êtres une image du Verbe coéternel à Dieu.* — 11. Votre sainteté, je l'espère, comprend maintenant ma pensée. On ne peut comparer les choses du temps à celles de l'éternité, mais on peut trouver une légère et faible analogie entre ce qui est du même âge et ce qui est coéternel. Cherchons donc nos comparaisons dans des êtres dont l'existence est simultanée et prenons-les de préférence dans les saintes Ecritures. Or, elles

---

invenisti similitudinem. Filium minorem invenis patre in tempore, filium temporalem minorem patre temporali. Numquid invenisti mihi filium temporalem minorem æterno patre?

Caput VII. — *Cœvum et cœternum.* — Quia ergo in æternitate stabilitas est, in tempore autem varietas; in æternitate omnia stant, in tempore alia accedunt, alia succedunt: potes invenire minorem filium in varietate temporis succedentem patri, quia etiam patri suo ipse successit non æterno patri temporalis. Quid ergo possumus, Fratres mei, in creatura invenire cœternum, quando in creatura nihil invenimus æternum? Inveni æternum patrem in creatura, et invenio cœternum filium. Si autem non invenis æternum, et vincunt se in tempore; sufficit ut ad similitudinem inveniamus cœvum. Aliud est enim cœternum, aliud cœvum. Cœvos quotidie dicimus eos, qui eamdem habent mensuram temporum: non alter ab altero præceditur tempore, ambos tamen esse cœpisse, quos dicimus cœvos. Si potuerimus invenire cœvum quod nascitur ei a quo nascitur; si possunt inveniri cœva duo, generans et generatus: hic invenimus cœva, ibi intelligamus cœterna. Si hic invenero genitum ex eo esse cœpisse ex quo cœpit generator, intelligimus certe Filium Dei ex eo esse non cœpisse, ex quo non cœpit generator. Ecce fortasse, Fratres, invenimus aliquid in creatura, quod de alia re nascatur, et tamen ex eo tempore esse incipiat, ex quo cœpit illud unde nascitur. Hoc ex eo ex quo illud cœpit, illud ex eo ex quo illud non cœpit. Hoc ergo cœvum, illud cœternum.

Caput VIII. — *In cœvis similitudo quædam Verbi cœterni Deo.* — 11. Arbitror Sanctitatem Vestram jam intellexisse quod dico, non posse comparari temporalia æternis; sed posse ex aliqua tenui et parva similitudine cœva cœternis. Inveniamus itaque cœva, et de Scripturis admoneamur ad has similitudines. Legimus in Scripturis de ipsa Sapientia: Candor est enim lucis æternæ. Item legimus: Spe-

nous disent, en parlant de la Sagesse : « Elle est l'éclat de la lumière éternelle, » et encore : « Le miroir sans tache de la majesté divine. » (*Sag.*, VII, 26.) La sagesse est appelée l'éclat de la lumière éternelle, elle est appelée l'image du Père ; cherchons donc ici une comparaison de deux êtres existant simultanément, nous aidant à concevoir deux êtres coéternels. O arien, si je vous montre une cause productrice qui n'est point antérieure à l'effet qu'elle produit, un être engendré qui n'est pas moins ancien que celui qui l'a engendré, il est juste que vous m'accordiez la coéternité de deux êtres dans le Créateur, puisque nous trouvons dans les créatures deux êtres dont l'existence est simultanée. Plusieurs d'entre vous, mes frères, ont déjà, je le pense, saisi ma pensée et m'ont prévenu depuis que j'ai cité ces paroles : « Elle est l'éclat de la lumière éternelle. » En effet, le feu répand la lumière, la lumière jaillit du feu. En examinant ici la cause productrice et l'effet produit, le flambeau que nous allumons tous les jours nous donne l'idée d'un mystère invisible et ineffable et, au milieu des ténèbres de ce siècle, allume le flambeau de notre intelligence. Considérez l'homme qui allume un flambeau. Avant qu'il l'ait allumé, on ne voit ni le feu ni l'éclat qui jaillit du feu. Or, dites-moi, je vous le demande, la lumière est-elle produite par le feu, ou le feu par la lumière ? Tout esprit raisonnable me répondra (car Dieu a voulu semer dans toutes les âmes les germes de l'intelligence et le commencement de la sagesse), toute âme raisonnable me répondra donc, et sans le moindre doute, que la lumière est produite par le feu et non le feu par la lumière. Supposons donc que le feu est comme le père de la lumière, car nous vous l'avons dit, nous cherchons des êtres contemporains et non pas coéternels. Je veux allumer une lampe ; il n'y a encore ni feu ni lumière, mais aussitôt qu'elle est allumée, la lumière paraît en même temps que le feu. Montrez-moi ici-bas du feu sans lumière, et je croirai qu'au ciel le Père n'a point de Fils.

CHAPITRE IX. — *Autre exemple de choses qui existent simultanément, l'image et l'objet qu'elle reproduit.* — 12. Prêtez-moi toute votre attention ; nous vous avons exposé ce grand mystère comme nous avons pu, et, avec le secours du Seigneur qui a secondé la ferveur de votre prière et la préparation de votre cœur, vous m'avez compris dans la mesure de votre intelligence. Cependant ces vérités sont ineffables. Aussi ne croyez pas que nous puissions en parler dignement, car nous comparons ce qui est contemporain à ce qui est coéternel, le temps à ce qui demeure toujours, les choses périssables aux choses immortelles. Mais puisque nous avons dit que le Fils est l'image du Père, tirons de là encore une nouvelle comparaison, mais dans un

---

culum sine macula Dei majestatis. (*Sap.*, VII, 26.) Ipsa Sapientia dicta est candor lucis æternæ, dicta est imago Patris ; hinc capiamus similitudinem, ut inveniamus coæva, ex quibus intelligamus coæterna. O Ariane, si invenero genitorem non præcedere tempore illud quod genuit, si genitum non esse minorem tempore illo a quo generatus est, justum est ut concedas mihi posse ista coæterna inveniri in Creatore, quando coæva in creatura inveniri potuerunt. Jam quidem aliquibus fratribus hoc occurrere puto. Nam prævenerunt aliqui ex quo dixi : Candor est enim lucis æternæ. Ignis enim lucem fundit, lux ab igne funditur. Quid a quo exsistat, si quæramus, quotidie cum lucernam accendimus admonemur rei cujusdam invisibilis et inenarrabilis, ut lucerna aliqua intelligentiæ nostræ in ista nocte sæculi possit accendi. Attende eum qui lucernam accendit. Non accensa lucerna, nondum est ignis, nondum est et fulgor qui ab igne exit. Interrogo autem ego, et dico : Fulgor ab igne exsistit, an ignis a fulgore ? Omnis anima mihi respondet (voluit enim Deus inseminare omni animæ initia intellectus, initia sapientiæ) : omnis mihi anima respondet, et nemo dubitat, quod splendor ille de igne exsistit, non ignis de splendore. Ponamus ergo ignem patrem illius splendoris : quia jam prælocuti sumus coæva nos quærere, non coæterna. Si lucernam accendere cupio, nondum est ibi ignis, nondum et ille splendor : mox autem ut accendero, simul cum igne et splendor exsistit. Da mihi hic ignem sine splendore, et (*a*) credo tibi Patrem fuisse sine Filio.

CAPUT IX. — *Alia coæva, imago et res unde nascitur.* — 12. Attendite : dicta est ut potuit a nobis tanta res dici, Domino adjuvante intentionem orationis vestræ et præparationem cordis vestri, excepistis quantum capere potuistis. Illa tamen ineffabilia sunt. Nihil dignum putetis dictum, vel eo ipso quo coæva coæternis comparantur, temporalia semper manentibus, exstinguibilia immortalibus. Sed quia dictus est Filius et imago Patris, accipiamus et hinc aliquam si-

---

(*a*) Unus e Colbertinis Mss, *cedo*.

ordre de choses tout à fait différent, comme nous l'avons dit. L'image est produite dans un miroir par le corps d'un homme qui regarde ce miroir. Cette comparaison ne peut nous aider à mettre dans tout son jour la vérité que nous cherchons à expliquer. Voici, en effet, ce qu'on m'objecte : Celui qui regarde un miroir existait déjà, il était déjà né. L'image n'existe qu'au moment où il se met en face du miroir; mais il existait avant de s'approcher du miroir. Comment donc trouver là une comparaison semblable à celle que nous avons tirée du feu et de la lumière ? Cherchons-la dans un ordre tout à fait inférieur. Vous avez pu remarquer comment l'eau reproduit souvent les images des corps. Ainsi lorsqu'un homme passe ou se tient au-dessus de l'eau, il y voit aussitôt son image. Supposons un arbuste ou une plante qui naissent au-dessus de l'eau; ne naîtraient-ils pas en même temps que leur image ? A peine ont-ils commencé d'exister, leur image se montre aussitôt sans qu'ils lui soient antérieurs d'un seul instant. Vous ne pouvez donc me montrer une plante née au-dessus des eaux et dont l'image n'ait paru qu'après cette plante qui aurait d'abord existé sans son image. Cette plante naît avec son image, et cependant l'image est produite par la plante, et non la plante par l'image. Cette plante naît donc avec son image et leur existence est simultanée. N'êtes-vous pas forcé d'avouer que l'image est produite par la plante et non la plante par l'image ? Oui, vous le reconnaissez, l'image vient de la plante. Ainsi donc ce qui engendre et ce qui est engendré ont commencé d'être en même temps, et ils sont du même âge. Si la plante avait toujours existé, l'image produite par la plante aurait elle-même toujours existé. Or, on peut dire d'une cause productrice qu'elle donne naissance à l'effet qu'elle produit. Ce qui engendre peut donc exister toujours, et aussi ce qui est engendré. Or, voilà justement ce qui tourmentait, ce qui fatiguait notre esprit, c'était d'arriver à concevoir une naissance éternelle. Le Verbe est donc appelé le Fils de Dieu, parce qu'il a un Père qui est le principe de son existence, et non dans ce sens que le Père serait antérieur au Fils. Le Père est éternel, et le Fils sort éternellement du Père. Et comme on peut dire que ce qui sort d'une cause naît de cette cause, le Fils naît éternellement du Père. Le Père existe toujours, et toujours avec lui l'image qu'il produit. C'est ainsi que l'image de la plante est née de la plante, et si cette plante existait toujours, l'image qu'elle a produite aurait une existence égale. Vous n'avez pu trouver ici-bas des êtres coéternels engendrés de pères qui seraient éternels, mais vous avez trouvé des êtres du même âge ceux qui les ont engen-

---

militudinem in rebus longe differentibus, ut præloculi sumus. Imago exsistit de speculo hominis intuentis speculum. Non nobis potest suffragari ad evidentiam rei hujus, quam explicare utcumque conamur. Etenim dicitur mihi : Ille qui attendit speculum, jam utique erat, et jam natus erat. Exsistit imago mox ut aspector exstiterit. Nam ille qui inspicit, erat et ante quam accederet ad speculum. Quid ergo inveniemus, unde possimus eruere talem similitudinem, sicut eruimus de igne et splendore? Faciamus (a) a minimo. Facile nostis quemadmodum aqua corporum sæpe reddat imagines. Hoc, dicimus, quando quisque vel transit super aquam vel stat, videt ibi imaginem suam. Ponamus ergo aliquid natum super aquam, velut virgultum aut herbam, nonne cum imagine sua nascitur? Mox ut incipit exsistere, incipit cum illo exsistere imago ejus, non præcedit nascendo imaginem suam : non mihi ostenditur natum esse aliquid super aquam, et postea apparuisse imaginem ejus, cum illud sine imagine prius appareret; sed nascitur cum imagine sua : et tamen imago ab illo, non illud ab imagine. Nascitur ergo cum imagine sua, et simul esse incipiunt virgultum et imago ejus. Numquid non fateris imaginem esse de illo virgulto, non virgultum de imagine genitum? Ergo de illo virgulto confiteris imaginem. Itaque et generans, et quod genitum est, simul esse cœperunt. Ergo cœva sunt. Si semper virgultum, semper et imago de virgulto. Quod autem de alio est, utique natum est. Potest ergo semper esse generans, et semper cum illo quod de illo natum est. Ibi enim æstuabamus, ibi laborabamus, quomodo intelligeretur sempiterna nativitas. Ergo Filius Dei secundum hoc dicitur, quod et Pater est, quod habet de quo sit : non secundum hoc, quod prior esset Pater, et postea Filius. Semper Pater, semper Filius de Patre. Et quia quidquid de aliquo est, natum est; semper igitur Filius natus. Semper Pater, semper de illo imago; quomodo imago illa virgulti de virgulto nata est, et si semper virgultum, semper nata esset et imago de virgulto. Non potuisti invenire coæterna genita æternis genitoribus, et invenisti cœva nata temporalibus gi-

(a) Am. Er. et Mss. *Faciamus hoc animo.*

drés dans le temps. Je conçois donc que le Fils qui est né du Père soit coéternel à celui qui l'a engendré de toute éternité. Car ce que sont les êtres contemporains à l'égard de ce qui est du temps, les êtres coéternels le sont à l'égard de ce qui est éternel.

CHAPITRE X. — *Il y a point égalité parfaite dans les comparaisons qui précèdent.* — 13. J'ai à vous faire ici, mes frères, une courte observation pour éviter les blasphèmes. On ne cesse de me dire : Voilà des comparaisons, il est vrai ; mais la lumière qui jaillit du feu est moins éclatante que le feu lui-même ; l'image de l'arbuste n'a pas les mêmes propriétés que l'arbuste dont elle est l'image. En effet, il y a ici ressemblance, mais non pas égalité parfaite ; aussi ne trouve-t-on pas entre les deux objets identité de nature. Que répondrons-nous donc, si l'on vient à nous dire : Le Fils est au Père ce qu'est au feu l'éclat de la lumière, ce que l'image est à l'arbrisseau. Oui, je conçois que le Père est éternel et que le Fils est coéternel au Père, mais est-ce comme une lumière qui est moins brillante que le feu d'où elle jaillit, comme l'image qui est moins parfaite que l'arbuste qui l'a produite ? Non, l'égalité est ici parfaite. Je ne puis le croire, dites-vous, parce que vous n'avez rien trouvé d'analogue dans les créatures. Croyez-en du moins l'Apôtre, qui a vu de ses yeux ce qu'il affirme. « Il n'a pas cru, dit-il, que ce fût pour lui une usurpation de s'égaler à Dieu. » (*Philip.*, II, 6.) Il y a donc ici égalité parfaite et absolue. Comment s'exprime l'Apôtre ? « Il n'a pas cru que ce fût une usurpation. » Pourquoi ? Parce qu'usurper c'est prendre ce qui n'appartient pas.

14. Cependant en rapprochant ces deux espèces différentes de comparaisons, nous découvrirons peut-être dans les êtres créés une similitude qui nous fera concevoir que le Fils est coéternel au Père sans lui être inférieur. Mais nous ne pouvons trouver cette analogie dans une seule espèce de comparaisons, il nous faut donc réunir deux comparaisons de genre différent. Quels seront ces deux genres ? L'un, d'où les hérétiques tirent leurs exemples, l'autre, où nous puisons les nôtres. Ils nous ont donné des comparaisons empruntées aux choses qui naissent dans le temps et sont moins anciennes que les êtres qui leur donnent naissance : ainsi l'homme qui naît de l'homme. Evidemment celui qui est né le premier est plus ancien, mais le fils comme le père sont hommes tous deux, c'est-à-dire de même nature. Un homme engendre un homme, un cheval produit un cheval, un animal quelconque produit son semblable. Ces êtres engendrent des êtres de même nature, mais non dans le même temps qu'ils sont engendrés eux-mêmes. Leur âge est différent, mais leur nature est la même. Que remarquons-

---

gnentibus. Intelligo coæternum Filium natum æterno gignenti. Quod enim est temporali coævum, hoc est æterno coæternum.

CAPUT X. — *In similitudinibus allatis est inæqualitas.* — 13. Hic (*a*) jam modicum est quod advertatis, Fratres, propter blasphemias. Semper enim dicitur : Ecce dedisti similitudines : sed splendor qui funditur de igne, minus lucet quam ipse ignis, et imago virgulti minus utique habet proprietatem, quam illud virgultum unde imago est. Habent ista similitudinem, sed non habent omnimodam æqualitatem : quare non videntur esse ejusdem substantiæ. Quid ergo dicemus, si dicat aliquis : Talis est ergo Filius ad Patrem, qualis ad ignem splendor, et imago ad virgultum ? Ecce intellexi æternum Patrem, intellexi coæternum Filium : tamen sicut effusum splendorem minus igne lucentem, aut sicut effusam imaginem minus quam virgultum exsistentem dicimus ? Non : sed æqualitas omnimoda est. Non credo, ait, quia non invenisti similitudinem. Sed crede Apostolo, quia potuit videre quod (*b*) dixi. Ait enim : Non rapinam arbitratus est esse æqualis Deo. (*Philip.*, II, 6.) Æqualitas omni modo conjungitur. Et quid dixit ? non rapinam. Quare ? Quia illud est rapina, quod alienum est.

14. Tamen ex duabus istis collationibus et generibus duobus, similitudinem fortassis invenimus in creatura, quomodo intelligamus Filium et coæternum Patri et nequaquam minorem. Sed non illud possumus invenire in uno genere similitudinum : jungamus ambo genera. Quomodo ambo genera ? Unum unde ipsi dant similitudines, et alterum unde nos dedimus. Dederunt enim illi similitudines ex his quæ nascuntur in tempore, et præceduntur tempore ab eis a quibus nascuntur, sicut homo de homine. Major ille tempore prior natus : sed tamen homo et homo, id est ejusdem substantiæ. Homo enim hominem generat, et equus equum, et pecus pecudem. Ad eamdem substantiam generant ista ; sed non ad idem tempus. Diversa sunt tempore ; sed non sunt diversa natura. Quid ergo hic laudamus in ista nati-

---

(*a*) Am. et Er. *Hinc etiam est modicum.* — (*b*) Aliquot Mss. *quod dixit.*

nous donc dans cette naissance? L'égalité de nature. Quelle est la chose qui fait défaut? L'égalité d'âge. Retenons donc ce fait que nous avons constaté, c'est-à-dire, l'égalité de nature. Dans l'autre espèce de comparaisons que nous avons tirées de la lumière qui jaillit du feu et de l'image produite par l'arbuste, vous trouvez non point l'égalité de nature, mais l'égalité d'âge. Qu'y découvrons-nous? L'égalité d'âge. Quelle est la propriété dont nous constatons l'absence? L'égalité de nature. Réunissez donc ces deux caractères. Si les créatures n'ont point les qualités que vous cherchez, le Créateur ne laisse ici rien à désirer, car ce que vous découvrez dans les créatures vient de leur Créateur. Que remarquez-vous dans les êtres qui sont contemporains? Ne devez-vous point donner à Dieu les qualités que vous découvrez? Quant à ce qui fait défaut dans les créatures, gardez-vous de l'attribuer à la majesté divine où ne se trouve aucune imperfection. Je vous présente des êtres qui sont de même âge que ceux qui les ont engendrés ; vous y remarquez l'égalité d'âge, mais vous regrettez d'y trouver l'inégalité de nature. N'attribuez pas à Dieu ce qui vous paraît défectueux, mais seulement ce que vous trouvez digne d'éloges; et, en vous fondant sur ce premier genre de comparaison, reconnaissez en lui au lieu de la coexistence, la coéternité du Fils avec le Père dont il est né. Quant à l'autre genre de comparaison, également emprunté aux créatures et qui doit tourner à la louange du Créateur, qu'y remarquez-vous? L'égalité de nature. Ainsi, grâce à la première comparaison, vous avez admis la coéternité; cette seconde doit vous déterminer à reconnaître l'égalité de nature et une naissance parfaite dans une même nature. Quoi de plus insensé, en effet, mes frères, que de relever dans la créature une perfection qui ne serait point dans le Créateur? Je loue dans l'homme l'égalité de nature et je refuserais de l'admettre dans celui qui a fait l'homme ! Ce qui est né de l'homme est homme, et ce qui est né de Dieu ne serait pas de même nature que le principe qui lui donne naissance ! Je ne m'arrête point aux œuvres dont Dieu n'est point l'auteur; mais je veux que tous les ouvrages du Seigneur louent leur Créateur. Je trouve dans la première comparaison la coexistence, dans Dieu je reconnais la coéternité. Je trouve dans la seconde l'égalité de nature, et dans Dieu l'égalité de substance. Je trouve donc réuni en Dieu ce qui ici-bas se trouve partiellement dans chaque créature, mais avec le caractère de perfection qui convient au Créateur, et d'une manière d'autant plus éminente que d'un côté ces perfections sont visibles, et de l'autre invisibles; qu'ici-bas c'est le temps, dans le ciel l'éternité; sur la terre la mutabilité, la corruption, en Dieu l'immutabilité et l'incorruptibilité. Enfin, pour nous borner à l'homme, nous trouvons dans le père et le fils deux hommes,

---

vitate? Certe æqualitatem naturæ. Quid autem deest? Æqualitas temporis. Teneamus hic unum quod laudatur, id est, æqualitatem naturæ. In illo autem genere similitudinum, quod nos dedimus de splendore ignis et de imagine virgulti, æqualitatem naturæ non invenis, invenis coævitatem. Quid hic laudamus? Coævitatem. Quid deest? Æqualitas naturæ. Conjunge quæ laudas. In creaturis enim deest aliquid quod laudas, in Creatore deesse nihil potest : quia quod invenis in creatura, a Creatore artifice processit. Quid ergo in coævis? nonne hoc Deo dandum quod ibi laudas? Quod autem deest non tribuendum majestati, in qua nullus defectus est. Ecce offero tibi genitis coæva gignentia : laudas tibi coævitatem, sed disparitatem reprehendis. Quod reprehendis, noli tribuere Deo : quod laudas, tribue : et tribuis illi ex isto genere similitudinum pro coævitate coæternitatem, ut coæternus sit natus cum eo a quo natus sit. De alio autem similitudinum genere, quæ et ipsa creatura Dei est, et debet laudare Creatorem, quid ibi laudas? Æqualitatem naturæ. Jam propter illam distinctionem dederas coæternitatem; da propter istam, æqualitatem, et perfecta est nativitas ejusdem substantiæ. Quid enim dementius, Fratres mei, quam ut in aliquo laudem creaturam, quod non sit in Creatore? Laudo in homine æqualitatem naturæ, et non credo in eo qui fecit hominem? Quod de homine natum est, homo est; et quod de Deo natum est, non id erit quod ille de quo natum est? Non versor in operibus quæ Deus non fecit. Laudent ergo Creatorem omnia opera sua. Invenio hic coævum, cognosco ibi coæternum. Hic æqualitatem invenio naturæ, ibi intelligo æqualitatem substantiæ. Totum ergo ibi quod hic ex partibus singulis et rebus singulis invenitur. Totum ergo ibi simul, et non hoc solum quod in creaturis : totum invenio ibi, sed tanquam in Creatore, tanto amplius, quod hæc visibilia, illa invisibilia; hæc temporalia, illa æterna; hæc commutabilia, illa incommutabilia; hæc corruptibilia, illa incorruptibilia. Postremo in ipso ho-

tandis qu'en Dieu le Père et le Fils font un seul Dieu.

Il faut purifier l'œil du cœur pour voir Dieu. — 15. Rendons au Seigneur notre Dieu d'ineffables actions de grâces de ce que par vos prières il a fait sortir notre faiblesse de cette question semée de tant de difficultés et d'écueils. Mais, avant tout, retenez bien que tout ce que nous avons pu recueillir des créatures, soit par les sens, soit par la pensée, est infiniment au-dessous du Créateur. Or, voulez-vous parvenir intérieurement jusqu'à lui? purifiez votre âme, ayez un cœur pur. Purifiez cet œil intérieur qui pourra contempler tout ce qu'il est. Purifiez l'œil de votre cœur, car : « Bienheureux ceux qui ont le cœur pur, parce qu'ils verront Dieu. » (*Matth.*, v, 8.) Mais, puisque le cœur des hommes n'était point pur, Dieu pouvait-il nous témoigner une plus grande miséricorde, nous faire une grâce plus précieuse que d'envoyer ce Verbe dont nous avons dit tant de choses sublimes et relevées, sans pouvoir en parler dignement; que d'envoyer, dis-je, ce Verbe par lequel tout a été fait pour devenir ce que nous sommes, afin que nous puissions nous élever à ce que nous ne sommes pas? Car nous ne sommes pas Dieu, mais, à l'aide de l'œil intérieur de l'âme ou du cœur, nous pouvons voir Dieu. Ces yeux intérieurs, affaiblis, débilités, émoussés par nos péchés, désirent toutefois dans leur faiblesse voir Dieu ; mais nous sommes dans le temps de l'espérance, ce n'est pas encore celui de la jouissance. Nous sommes les enfants de Dieu, c'est ce que nous enseigne l'évangéliste saint Jean qui a dit : « Au commencement était le Verbe, et le Verbe était en Dieu, et le Verbe était Dieu. » (*Jean*, I, 1.) Ce disciple bien-aimé qui a reposé sur la poitrine du Seigneur pour y puiser dans son cœur les secrets mêmes de la divinité s'exprime ainsi : « Mes bien-aimés, nous sommes maintenant les enfants de Dieu, mais ce que nous serons un jour ne paraît pas encore. Nous savons que, quand il viendra dans sa gloire, nous serons semblables à lui, parce que nous le verrons tel qu'il est. » (I *Jean*, III, 2.) Voilà les promesses qui nous sont faites.

Le Verbe dans l'incarnation est devenu comme un lait destiné à nourrir notre enfance. — 16. Mais pour parvenir à cette hauteur, puisque nous ne pouvons encore voir le Verbe-Dieu, écoutons le Verbe fait chair ; oui, écoutons-le, puisque nous-mêmes nous sommes devenus charnels. Car il est venu sur la terre, il s'est revêtu de notre faible nature, afin que vous puissiez entendre la forte parole de Dieu couvert de votre infirmité. Il est devenu comme du lait dans un sens véritable. Il donne ce lait aux petits, pour leur donner, quand ils seront plus grands, la nourriture de la sagesse. Souffrez qu'il vous allaite, si vous voulez vous nourrir

mine ea quæ invenimus homo et homo, duo homines sunt : ibi Pater et Filius unus Deus.

Cordis oculus mundandus ut videatur Deus. — 15. Domino Deo nostro gratias ago inenarrabiles, quod ex hoc loco scrupulosissimo et laboriosissimo infirmitatem meam liberare dignatus est, petentibus vobis. Ante omnia tamen servate hoc, quidquid de creatura potuimus colligere, aut sensu corporis, aut cogitatione animi, inenarrabiliter transcendere Creatorem. Sed vis illum mente contingere? Purga mentem, purga cor tuum. Mundum fac oculum, unde illud quidquid est, possit attingi. Mundum fac oculum cordis : Beati enim mundo corde, quoniam ipsi Deum videbunt. (*Matth.*, v, 8.) Non autem mundato corde, quid potuit misericordius procurari aut donari ab eo, nisi ut illud Verbum, de quo tanta et tam multa diximus, et nihil dignum diximus ; nisi ut illud Verbum, per quod facta sunt omnia, fieret quod nos sumus, ut attingere possimus illud quod non sumus? Non enim Deus sumus : sed possumus mente vel cordis acie interiore videre Deum. Peccatis acies nostræ obtritæ, obtusæ, infirmitate dejectæ cupiunt videre : sed in spe sumus, in re nondum sumus. Filii Dei sumus. Hoc ait Joannes, qui ait : « In principio erat Verbum, et Verbum erat apud Deum, et Deus erat Verbum : » (*Joan.*, I, 1) qui supra pectus Domini discumbebat, qui secreta ista de sinu illius cordis hauriebat : ipse ait : « Dilectissimi, filii Dei sumus ; et nondum apparuit quid erimus : scimus quia cum apparuerit, similes ei erimus ; quoniam videbimus eum sicuti est. » (I *Joan.*, III, 2.) Hoc nobis promittitur.

Verbum incarnatione quasi lac factum, ut a nobis caperetur. — 16. Sed ut perveniamus, si nondum possumus videre Verbum Deum, audiamus Verbum carnem : quia carnales facti sumus, audiamus Verbum carnem factum. Ideo enim venit, ideo suscepit infirmitatem nostram, ut possis firmam locutionem capere Dei portantis infirmitatem tuam. Et vere dictum est lac. Lac enim dat parvulis, ut cibum sapientiæ det majoribus. Lactare patienter, ut avide pascaris. Quomodo enim fit etiam lac, quo lactantur

un jour avec avidité. Comment se forme le lait qu'on donne aux enfants ? N'était-ce pas sur la table un aliment ordinaire ? Mais l'enfant est trop faible pour manger cette nourriture qu'on sert sur la table. Que fait donc sa mère ? Elle s'incorpore cette nourriture et la transforme en lait pour que nous puissions nous en nourrir. Ainsi le Verbe s'est fait chair, pour nourrir de lait notre enfance incapable de prendre une nourriture solide. Il y a toutefois cette différence que, lorsque la mère transforme en lait la nourriture qu'elle s'incorpore, cette nourriture se change en lait, tandis que le Verbe est resté ce qu'il était en se revêtant de notre chair qu'il s'est étroitement unie. Il n'a ni altéré ni changé sa nature divine, pour vous parler par votre propre nature, mais sans que la sienne ait subi la moindre transformation. Incapable de changement, immuable, inaccessible à toute altération, il est devenu ce que vous êtes vous-même sans cesser d'être semblable à son Père.

Il nous faut apprendre l'humilité du Verbe incarné. — 17. Que dit-il, en effet, à ceux qui sont encore faibles, pour les rendre capables, après avoir recouvré la vue, d'atteindre tant soit peu jusqu'au Verbe, par lequel toutes choses ont été faites ? « Venez à moi, vous tous qui prenez de la peine et qui êtes chargés, et je vous soulagerai. Prenez mon joug sur vous, et apprenez de moi que je suis doux et humble de cœur. » (*Matth.*, XI, 28, 29.) Quelle leçon nous donne ici le Fils de Dieu, notre Maître, la Sagesse de Dieu par laquelle toutes choses ont été faites ? Il convoque tout le genre humain, et lui dit : « Venez à moi, vous tous qui prenez de la peine, et apprenez de moi. » Vous pensiez, peut-être, que la Sagesse de Dieu allait vous dire : Apprenez de moi comment j'ai fait les cieux et les astres ; tout était réglé et compté dans mon intelligence avant d'être créé, ainsi que le nombre même de vos cheveux était arrêté dans la vertu souveraine des idées immuables. Vous pensiez donc qu'elle allait vous tenir ce langage. Non, elle commence par vous dire : « Apprenez que je suis doux et humble de cœur. » Considérez ce que vous devez apprendre tout d'abord ; assurément c'est peu de chose. Nous tendons vers un but sublime ; attachons-nous à ce qui est petit, et nous parviendrons à la véritable grandeur. Voulez-vous atteindre la grandeur de Dieu : appliquez-vous d'abord à comprendre son humilité ; consentez à devenir humble dans votre intérêt, puisque Dieu n'a pas dédaigné de se faire humble, non point pour lui, mais pour vous. Faites l'aveu de votre infirmité, restez étendu patiemment aux pieds de votre médecin. Lorsque vous serez devenu humble comme lui, vous vous relèverez avec lui ; non pas qu'il se relève en tant qu'il est le Verbe de Dieu, c'est vous qu'il relève, pour que

---

infantes ? Nonne esca erat in mensa ? Sed invalidus est infans ad comedendam escam, quæ in mensa est : quid facit mater ? Incarnat escam, et conficit lac de ipsa. Conficit nobis quod capere possimus. Sic Verbum caro factum est, ut lacte parvuli nutriremur, qui ad cibum quidem eramus infantes. Verum hoc interest, quia, quando cibum mater incarnatum lac facit, cibus in lac convertitur : incommutabiliter autem manens Verbum carnem assumpsit, ut esset quodam modo contextum. Quod est, non corrupit, non commutavit, ut per habitum tuum tibi loqueretur, non in hominem transmutatus atque conversus. Inconvertibilis enim et incommutabilis, et omnino inviolabilis manens, factus est quod tu ad te, quod ipse ad Patrem.

Humilitas a verbo incarnato discenda. — 17. Ipse enim infirmis quid dicit, ut possint recuperato illo visu Verbum ex aliqua parte attingere, per quod facta sunt omnia ? « Venite ad me omnes qui laboratis et onerati estis, et ego reficiam vos. Tollite jugum meum super vos, et discite a me quia mitis sum et humilis corde. » (*Matth.*, XI, 28 et 29.) Quid magister Filius Dei, Sapientia Dei, per quem facta sunt omnia, concionatur ? Vocat humanum genus, et dicit : « Venite ad me omnes qui laboratis, et discite a me. » Putabas forte dicturam Sapientiam Dei : Discite quomodo cœlos feci et astra : omnia etiam in me, ante quam fierent, numerata erant ; quomodo in virtute rationum incommutabilium etiam capilli vestri numerati sunt. Hæc putabas et talia esse dicturam ? Non. Sed prius illud. « Quoniam mitis sum et humilis corde. » Ecce quod capiatis, videte, Fratres, certe parvum est. Ad magna nos tendimus, parva capiamus, et magni erimus. Vis capere celsitudinem Dei ? Cape prius humilitatem Dei. Dignare esse humilis propter te, quia Deus dignatus est humilis esse propter eumdem te : non enim propter se. Cape ergo humilitatem Christi, disce humilis esse, noli superbire. Confitere infirmitatem tuam, jace patienter ante medicum : Cum ceperis humilitatem ejus, surgis cum illo : non quasi et ipse surgat secundum quod Verbum est ; sed tu potius, ut magis magisque a te

vous puissiez le comprendre de plus en plus. Votre intelligence chancelait, hésitait d'abord, vos conceptions deviendront ensuite plus certaines et plus claires. Ce n'est pas lui qui grandit, c'est vous qui avancez, bien qu'il paraisse s'élever en même temps que vous. Il en est ainsi, mes frères; croyez aux commandements de Dieu, et mettez-les en pratique, et Dieu vous donnera la force de l'intelligence. Fuyez la présomption, ne mettez pas la science au-dessus des préceptes divins; car, au lieu de vous élever et de vous affermir, vous resteriez toujours en dessous. Considérez un arbre, il commence par descendre pour monter ensuite, il enfonce ses racines en bas, pour élever sa tête jusqu'au ciel; ne s'appuie-t-il pas sur l'abaissement de ses racines? Et vous voulez sans charité comprendre les plus sublimes mystères, vous élever dans les airs sans avoir poussé de racines? C'est là une ruine, ce n'est pas un accroissement. Que Jésus-Christ habite donc dans vos cœurs par la foi, et qu'enracinés et fondés dans la charité, vous soyez remplis selon toute la plénitude de Dieu. (*Ephés.*, III, 17-19.)

SERMON CXVIII.

Sur ces mêmes paroles du chap. I de l'Evangile selon saint Jean : *Au commencement était le Verbe*, etc.

Le Verbe éternel de Dieu n'a pas été fait, mais engendré. — 1. Vous tous qui ne vous lassez point d'entendre les paroles multipliées de l'homme, écoutez le Verbe unique de Dieu : « Au commencement était le Verbe. » (*Jean*, I, 1.) « Au commencement Dieu a créé le ciel et la terre. » (*Gen.*, I, 1.) Mais le Verbe était lorsque nous avons entendu ces paroles : Au commencement Dieu a fait. Nous reconnaissons en lui le Créateur; car c'est le Créateur qui a fait, et la créature est ce qu'il a fait. Cette créature, qui a été faite, n'existait pas alors, comme a toujours existé le Verbe divin, par lequel elle a été faite. Or, lorsque l'homme a entendu ces paroles : « Le Verbe était, » où était le Verbe? nous reconnaissons qu'il était dans le Père, qui n'a point fait, qui n'a point créé le Verbe, mais qui l'a engendré. « Au commencement Dieu a créé le ciel et la terre. » Par qui les a-t-il créés? « Le Verbe était, et le Verbe était en Dieu. » Quel était ce Verbe? Etait-ce une parole qui retentit et qui passe, une parole que l'on médite et qui fait place à une autre? Non. Une parole qui revient en mémoire et qu'on exprime? Non encore. Quel était donc ce Verbe? Pourquoi toutes ces questions? « Le Verbe était Dieu. » Lorsque nous entendons ces paroles : « Le Verbe était Dieu, » nous ne disons pas qu'il y a deux Dieux, mais nous comprenons que Dieu a un Fils, car le Verbe de Dieu, c'est son Fils. Or, le Fils de Dieu est nécessairement Dieu, car le Verbe était

capiatur. Intelligebas primo titubanter atque hæsitanter; intelligis postea certius et clarius : Non ille crescit; sed tu proficis, et quasi tecum videtur surgere. Sic est, Fratres. Credite præceptis Dei, et facite illa, et donabit vobis robur intelligentiæ. Non præsumatis, et quasi anteponatis scientiam præcepto Dei; ne inferiores, non solidiores remancatis. Arborem attendite : ima petit prius, ut sursum excrescat : figit radicem in humili, ut verticem tendat ad cœlum. Numquid nititur nisi ab humilitate? Tu autem sine caritate vis excelsa comprehendere; sine radice auras petis? Ruina est ista, non incrementum. Habitante Christo per fidem in cordibus vestris, in caritate radicamini atque fundamini, ut impleamini in omnem plenitudinem Dei.

SERMO XCVIII [a].

De eisdem verbis Evangelii Joan., I : *In principio erat Verbum*, etc.

Verbum Dei æternum, genitum, non factum. — 1. Omnes qui multa verba quæritis hominis, intelligite unum Verbum Dei : « In principio erat Verbum. » (*Joan.*, I, 1.) In principio autem fecit Deus cœlum et terram. (*Gen.*, I, 1.) Sed erat Verbum, quando audivimus : In principio fecit Deus. Agnoscamus Creatorem : Creator est enim qui fecit; creatura autem quod fecit. Non erat enim creatura quæ facta est, sicut semper erat Verbum Deus, per quem facta est. Quando autem audivimus : « Erat Verbum, » apud quem erat? Intelligimus Patrem, qui non fecit nec creavit idem Verbum, sed genuit. In principio enim fecit Deus cœlum et terram. Per quid fecit? « Erat Verbum, et Verbum erat apud Deum : » sed quale Verbum? Sonabat et transibat? Non. Recordabatur et volvebatur? Non. Recordabatur, et proferebatur? Non. Ergo quale Verbum? Quid a me quæris multa? « Deus erat Verbum. » Quando audimus : « Deus erat Verbum, » non duplicamus Deum; sed intelligimus Filium. Verbum enim Dei Filius est. Ecce Filius, et quid nisi Deus? Nam « Deus erat Verbum. »

[a] Alias XIII, ex Sirmondianis.

Dieu. » Et le Père, qu'est-il? Il est également Dieu. Si le Père est Dieu, si le Fils est Dieu, n'y a-t-il pas deux Dieux? Loin de nous cette pensée. Le Père est Dieu, le Fils est Dieu, mais le Père et le Fils font un seul Dieu. En effet, le Fils unique de Dieu n'a pas été fait, il est né. Au commencement, Dieu a créé le ciel et la terre, mais alors le Verbe était né de son Père. Le Verbe a donc été fait par le Père? Non, « toutes choses ont été faites par lui. » (*Ibid.*, 3.) Or, si toutes choses ont été faites par lui, est-ce qu'il s'est fait aussi lui-même? Puisqu'on vous dit que toutes choses ont été faites par lui, gardez-vous de le confondre avec toutes les autres créatures; car s'il a été fait comme elles, toutes choses n'ont pas été faites par lui, mais il est, comme les créatures, l'ouvrage d'un être supérieur. Vous dites : Il a été fait; est-ce par lui-même? Qui peut se faire soi-même? Si donc il a été fait, comment toutes choses ont-elles été faites par lui? Supposons cependant qu'il a été fait, comme vous le prétendez, car, pour moi, je ne nie point qu'il ait été engendré. Or, s'il a été fait, comme vous le dites, je vous demanderai par quel moyen, par qui l'a-t-il été. Est-ce par lui-même? Il était donc avant d'être fait, autrement il n'aurait pu se faire lui-même. Mais non, puisque toutes choses ont été faites par lui, vous devez en conclure qu'il n'a pas été fait lui-même. Si vous ne pouvez le comprendre, croyez, vous le comprendrez; la foi précède l'intelligence, comme le déclare le prophète : « Si vous ne croyez pas, vous ne comprendrez pas. » (*Isaïe*, VII, 9.) « Le Verbe était. » Ne cherchez pas dans quel temps, lorsqu'il est question de celui qui a fait tous les temps. « Le Verbe était. » Mais non, me dites-vous, il a été un temps où le Verbe n'existait point. C'est un mensonge auquel vous ne pouvez trouver nul fondement dans les Ecritures, tandis que j'y lis ces paroles : « Au commencement était le Verbe. » Que cherchez-vous avant le commencement? Si vous pouvez trouver quelque chose avant le commencement, ce serait le commencement que vous cherchez. C'est une folie que de chercher l'existence d'un être quelconque avant le commencement. Qu'est-ce donc au témoignage de l'Evangéliste qui a pu exister avant le commencement? « Au commencement était le Verbe. »

Comparaison qui nous aide à comprendre que le Fils est coéternel à Dieu le Père. — 1. Vous me direz encore : Le Père existait aussi, donc il était avant le Verbe. Que cherchez-vous à savoir? « Au commencement était le Verbe. » Comprenez ce que vous parvenez à découvrir, mais ne cherchez point ce qu'il vous est impossible de trouver. Rien n'était avant le commencement. « Au commencement était le Verbe. » Le Fils est la splendeur du Père; car il est dit de la Sagesse du Père, c'est-à-dire du Fils : « Elle est la splendeur de la lumière éternelle. » (*Sag.*, VII, 26.) Vous cherchez un Fils sans Père? Montrez-moi une lumière sans éclat. S'il a été un temps où le Fils n'était point, le Père était donc

---

Quid Pater? Utique Deus. Si Pater Deus, et Filius Deus, duplicamus Deum? Absit. Pater Deus, Filius Deus : sed Pater et Filius unus Deus. Non est enim unicus Filius factus, sed natus. In principio fecit Deus cœlum et terram : sed erat Verbum a Patre. Ergo factum est Verbum a Patre? Non. « Omnia per ipsum facta sunt. » (*Ibid.*, 3.) Si per ipsum omnia facta sunt, numquid et ipse per se ipsum factus est? Per quem audis facta esse omnia, noli putare factum esse inter omnia. Nam si et ipse factus est, non per illum facta sunt omnia, sed inter cætera factus est ipse. Dicis, factus est : numquid per se? Quis est qui faciat se? Si ergo factus est, quomodo per ipsum facta sunt omnia? Ecce et ipse factus est, sicut tu dicis, non ego, quia genitum non nego. Si ergo dicis factum esse, quæro per quid, quæro per quem. Per se ipsum? Ergo erat, ante quam fieret, ut faceret se ipsum. Si autem omnia per ipsum facta sunt, intellige quia non est factus ipse. Si non potes intelligere, crede ut intelligas. Præcedit fides, sequitur intellectus : quoniam Propheta dicit : Nisi credideritis, non intelligetis. (*Isai.*, VII, 9.) « Erat Verbum. » Noli ergo quærere tempus ei, per quem facta sunt tempora. « Erat Verbum. » Sed tu dicis : Aliquando non erat Verbum. Mentiris, nusquam legis. Ego autem lego tibi : « In principio erat Verbum. » Quid quæris ante principium? Si autem aliquid invenire potueris ante principium, ipsum erit principium. Insanit qui aliquid quærit ante principium. Quid ergo dicit quia fuit ante principium? « In principio erat Verbum. »

Similitudine ostenditur coæternum esse Deo Patri Filium. — 2. Sed dicis : Et erat Pater, et ante Verbum? Quid quæris? « In principio erat Verbum. » Quod invenis intellige : noli quærere quod non potes invenire. Nihil est ante principium. « In principio erat Verbum. » Splendor Patris Filius est. De sapientia Patris, quod est Filius, dictum est : Candor est enim lucis æternæ. (*Sap.*, VII, 26.) Quæris Filium sine Pa-

alors une lumière sans éclat. Comment n'eût-il pas été une lumière obscure, si cette lumière n'avait point d'éclat? Le Père a donc toujours existé, et le Fils toujours également; l'existence éternelle du Père a pour conséquence l'existence éternelle du Fils. Vous me demandez si le Fils est né? Je réponds : oui, il est né, car il ne serait pas le Fils s'il n'était né. Et lorsque je dis qu'il a toujours été le Fils, j'affirme par là même que sa naissance est éternelle. Et qui pourra comprendre cette naissance éternelle? Montrez-moi un feu qui soit éternel, et je vous montrerai aussi une éternelle splendeur. Nous bénissons Dieu de nous avoir donné les saintes Écritures. Ne restez pas aveugles au milieu des splendeurs de la lumière. La splendeur naît de la lumière, et cependant elle est coéternelle à la lumière qui la produit. La lumière est éternelle, la splendeur qu'elle répand l'est également. Elle a engendré sa splendeur, mais a-t-elle été un instant sans elle? Qu'il soit donc permis à Dieu d'engendrer éternellement. Je vous en supplie, rappelez-vous quel est celui dont nous parlons ; écoutez attentivement, considérez, et arrivez à l'intelligence par la foi. Nous parlons de Dieu. Nous confessons et nous croyons que le Fils est coéternel au Père. Mais, me dites-vous, lorsque l'homme engendre un fils, le père qui engendre est plus ancien et plus grand que le fils qui est engendré. Oui, il est vrai de dire que parmi les hommes, le père qui engendre l'emporte sur le fils qui est engendré, et ce dernier ne parvient que par degrés à la force de son père. Mais pourquoi? Parce que l'un grandit et se développe, tandis que l'autre vieillit. Que le père demeure stationnaire, et le fils en grandissant l'atteindra bientôt et deviendra son égal. Je vous offre donc le moyen de comprendre. Le feu engendre un éclat qui existe aussitôt que lui. Vous ne trouvez parmi les hommes que des pères plus âgés que des fils qui le sont moins, vous n'en trouvez point qui soient du même âge, mais je vous montre, comme je vous l'ai dit, un éclat qui est de même âge que le feu qui le produit. C'est le feu qui engendre cet éclat, mais il n'est jamais sans l'éclat qu'il produit. Or, puisque vous voyez la splendeur du feu aussi ancienne que le feu lui-même, accordez à Dieu d'engendrer un Fils qui lui soit coéternel. Que celui qui a l'intelligence de ce mystère se réjouisse. Que celui qui ne comprend pas ait recours à la foi, car on ne peut détruire la vérité de ces paroles du prophète : « Si vous ne croyez, vous ne comprendrez point. » (*Isaïe*, VII, 9.)

tre? Da mihi lucem sine candore. Si aliquando non erat Filius, Pater lux obscura erat. Quomodo enim non obscura lux erat, si candorem non habebat? Ergo semper Pater, semper Filius. Si semper Pater, semper Filius. Quæris a me utrum natus sit Filius? Respondeo, natus. Non enim esset Filius, si non natus. Sed cum dico : Semper filius; hoc dico : Semper est natus. Et quis intelligit : Semper est natus? Da mihi sempiternum ignem, et do tibi sempiternum splendorem. Benedicimus Deum, qui dedit nobis sacras Scripturas. In splendore lucis nolite esse cæci. Candor de luce gignitur, et tamen gignenti coæternus est candor. Semper lux, semper candor ejus. Genuit candorem suum : sed numquid fuit sine candore suo? Generare sempiternum liceat Deo. Rogo audite de quo loquimur : audite, advertite, credite, intelligite. De Deo loquimur. Filium Patri coæternum fatemur et credimus. Sed homo, inquit, quando generat filium, major est qui generat, et minor qui generatur. Ecce verum est : in hominibus major est qui generat, et minor qui generatur, et pervenit ad robur patris sui. Sed quare, nisi quia cum ille crescit, ille senescit? Stet pater in tempore, et crescendo eum sequitur filius, et videbis æqualem. Sed ecce do tibi unde intelligas. Ignis generat splendorem coævum. Non invenis in hominibus nisi minores filios, majores patres; non invenis coævos : sed do tibi, sicut dixi, splendorem coævum igni patri suo. Generat enim ignis splendorem, sed nunquam sine splendore. Cum ergo videas splendorem igni esse coævum, permitte Deum generare coæternum. Qui intelligit, gaudeat : qui autem non intelligit, credat. Quoniam verbum Prophetæ evacuari non potest : Nisi credideritis, non intelligetis. (*Isai.*, VII, 9.)

SERMON CXIX [1].

Sur ces mêmes paroles de l'Evangile selon saint Jean : *Au commencement était le Verbe*, etc.

CHAPITRE PREMIER. — *Le Verbe éternel en Dieu.* — 1. Nous n'avons jamais cessé de vous enseigner dans nos prédications et votre foi a toujours professé que Notre-Seigneur Jésus-Christ s'était fait homme pour sauver l'homme qui s'était perdu; que ce même Seigneur, qui s'est fait homme pour nous, a toujours été Dieu dans le sein de son Père, qu'il le sera ou plutôt qu'il l'est toujours; car, en dehors de la marche continuelle du temps, il n'y a ni passé, ni futur. En effet, quand on dit d'une chose qu'elle a été, elle n'est plus; quand on dit qu'elle sera, elle n'est point encore; tandis que le Fils de Dieu est toujours, parce qu'il existe véritablement et qu'il est immuable. Le chapitre de l'Evangile qu'on vient de lire nous enseigne un grand et divin mystère. Saint Jean a laissé couler de sa bouche ce magnifique exorde de son Evangile qu'il avait puisé dans le cœur de son divin Maître. Vous vous rappelez, en effet, et on vous a lu tout récemment, que l'Evangéliste saint Jean s'était reposé sur le sein du Seigneur. (*Jean*, XIII, 23.) Lui-même nous explique clairement ces paroles : Sur le sein du Seigneur, signifie sur sa poitrine. (*Ibid.*, 25.) Que devait puiser, dites-moi, ce disciple bien-aimé dans le cœur du Seigneur sur lequel il reposait? Ne cherchons pas à le savoir, mais puisons nous-mêmes à cette source qui vient de nous être ouverte par la lecture que nous avons entendue.

CHAPITRE II. — *Le Verbe de Dieu n'a pas été fait.* — 2. « Au commencement était le Verbe, et le Verbe était en Dieu, et le Verbe était Dieu. » (*Jean*, I, 1.) Quelle prédication! quels flots abondants découlent de la poitrine du Seigneur! « Au commencement était le Verbe. » Pourquoi chercher ce qui existait auparavant? « Au commencement était le Verbe. » Si le Verbe avait été fait, (ce qu'on ne peut dire de celui par qui tout a été fait), si le Verbe avait été fait, la sainte Ecriture dirait : Au commencement Dieu a fait le Verbe; de même qu'elle nous dit dans le livre de la Genèse : « Au commencement, Dieu a créé le ciel et la terre. » (*Gen.*, I, 1.) Dieu n'a donc point fait le Verbe au commencement, parce qu'au commencement le Verbe était. Mais où était le Verbe qui était au commencement? Poursuivez : « Et le Verbe était en Dieu. » Mais peut-être que

---

[1] Les trois sermons qui suivent, sur l'exorde de l'Evangile selon saint Jean, sont inscrits sous ce titre dans les anciens manuscrits : *Pour le jour de Pâques.* Ils sont sans doute du nombre de ceux que Possidius désigne, dans le chapitre x de sa Table sous ce titre : *Vingt-trois traités pour la vigile de Pâques*. En effet, on expliquait alors, comme un sujet des plus convenables et parfaitement en rapport avec les circonstances, le chapitre I de l'Evangile selon saint Jean, qui enseignait aux nouveaux baptisés qu'ils étaient les enfants de Dieu, grâce précieuse que saint Augustin développe d'une manière particulière dans les chapitres IV et V de ce sermon.

SERMO CXIX [a].

De eisdem verbis Joan., I : *In principio erat Verbum*, etc.

CAPUT PRIMUM. — *Verbum æternum apud Deum.* — 1. Dominum nostrum Jesum Christum factum esse hominem quærendo perditum hominem, neque unquam tacuit prædicatio nostra, et semper habuit fides vestra : hunc autem Dominum nostrum, qui homo factus est propter nos, Deum semper fuisse apud Patrem, et semper futurum esse, imo semper esse; quia ubi tempus non præterit, non est ibi fuit et erit. Quod enim dicitur fuit, jam non est; quod dicitur erit, nondum est : sed semper est, quia vere est, hoc est, incommutabilis est. Modo nos admonuit Evangelicum capitulum, magnum divinumque secretum. Hoc enim principium Evangelii sanctus Joannes ructuavit, quia de pectore Domini bibit. Recordamini enim, et lectum est vobis nuperrime, quomodo ipse sanctus Joannes evangelista in sinu Domini discumbebat. (*Joan.*, XIII, 23.) Quod aperte exponere volens, ait : Super pectus (*Ibid.*, 25) Domini : ut intelligeremus quid dixerit, in sinu Domini. Ille enim qui super pectus Domini discumbebat, putamus quid bibebat? Non putemus, sed potemus : modo enim et nos audivimus quod bibamus.

CAPUT II. — *Verbum Dei non est factum.* — 2. « In principio erat Verbum, et Verbum erat apud Deum, et Deus erat Verbum. » (*Joan.*, I, 1.) O prædicare! o saginam Dominici pectoris eructuare! « In principio erat Verbum. » Quid quæris quid ante erat? « In principio erat Verbum. » Si factum esset Verbum, (non est enim factum per quod facta sunt omnia :) si factum esset Verbum, Scriptura diceret : In principio fecit Deus Verbum : quomodo dixit in Genesi : In principio fecit Deus cœlum et terram. Non ergo in principio fecit Deus Verbum : quia : « In principio erat Verbum. » (*Gen.*, I, 1.) Hoc Verbum quod in principio erat, ubi erat? Sequere : « Et Verbum erat apud Deum. » Sed solemus, audiendo quotidie hu-

---

[a] Alias de diversis XXIV.

l'habitude d'entendre tous les jours le Verbe de l'homme nous fait attacher peu d'importance à ce nom de Verbe? Gardez-vous cependant de mépriser ce nom. « Et le Verbe était Dieu ; ce Verbe était au commencement avec Dieu. Toutes choses ont été faites par lui, et rien n'a été fait sans lui. »

Chapitre III. — *Le Verbe de Dieu est incompréhensible.* — 3. Elargissez vos cœurs, venez en aide à la faiblesse de ma parole. Ecoutez attentivement ce que je pourrai vous dire; j'abandonne à vos réflexions ce qu'il me sera impossible d'exprimer. Qui peut comprendre le Verbe qui demeure? Toutes nos paroles retentissent et passent. Qui pourra comprendre une parole, un Verbe qui demeure toujours? Voulez-vous comprendre ce Verbe toujours subsistant? Ne suivez pas le courant des eaux de la chair. Cette chair est comme un fleuve qui ne cesse de s'écouler. Les hommes prennent naissance dans les sources secrètes de la nature ; ils vivent, ils meurent, sans que nous sachions ni d'où ils viennent, ni où ils vont. L'eau demeure cachée jusqu'à ce qu'elle sorte de la source et qu'elle apparaisse dans le lit du fleuve, mais elle va de nouveau se confondre et se perdre dans la mer. Méprisons ce fleuve, que nous voyons sortir de la source, s'écouler rapidement et disparaître. « Toute chair n'est que de l'herbe, et toute sa gloire est comme la fleur des champs. L'herbe s'est desséchée et la fleur est tombée. » (*Isaïe*, XL, 6, etc.) Voulez-vous ne pas tomber avec elle? « Mais le Verbe de Dieu demeure éternellement. »

Chapitre IV. — *Le Verbe s'est fait chair.* — 4. Or, ce Verbe est venu à notre secours. « Et le Verbe s'est fait chair, et il a habité parmi nous. » Qu'est-ce à dire que « le Verbe s'est fait chair? » L'or s'est fait herbe, il s'est fait herbe pour être consumé par le feu ; l'herbe a brûlé, mais l'or est demeuré, et, loin d'être consumé avec l'herbe, il l'a transformée? Comment a-t-il opéré cette transformation? Il l'a ressuscitée, il lui a rendu la vie, il l'a placée à la droite de son Père. Mais arrêtons-nous quelques instants à ce qui précède ces paroles : « Et le Verbe s'est fait chair et il a habité parmi nous. Il est venu chez lui et les siens ne l'ont point reçu. Mais il a donné le pouvoir d'être faits enfants de Dieu à tous ceux qui l'ont reçu. Il leur a donné d'être faits enfants de Dieu, parce qu'ils ne l'étaient pas ; mais pour lui, il était dès le commencement. Il a donc donné le pouvoir d'être faits enfants de Dieu à ceux qui croient en son nom, qui ne sont point nés du sang ni de la volonté de la chair, ni de la volonté de l'homme, mais qui sont nés de Dieu. » (*Jean*, I, 11-13.) Voilà ce qu'ils sont ; quel que soit leur âge, vous voyez en eux des

---

mana verba, vile habere nomen hoc Verbi. Hic noli habere vile nomen Verbi : « Deus erat Verbum. Hoc, » id est Verbum, « erat in principio apud Deum. Omnia per ipsum facta sunt : et sine ipso factum est nihil. »

Caput III. — *Verbum Dei incomprehensibile.* — 3. Extendite corda vestra, adjuvate paupertatem sermonis nostri. Quod dicere potuero, audite : quod non potuero, cogitate. Quis comprehendat Verbum manens? Omnia verba nostra sonant et transeunt. Quis comprehendat Verbum manens, nisi qui in ipso manet? Vis comprehendere Verbum manens? Noli sequi flumen carnis. Caro quippe ista fluvius est : non enim manet. Tanquam de fonte quodam secreto naturæ nascuntur homines, vivunt homines, moriuntur homines : nec unde veniant novimus, nec quo eant novimus. Latet aqua, donec progrediatur ex fonte : currit, et apparet in flumine : sed rursus latet in mari. Contemnamus fluvium istum manantem, currentem, desinentem, contemnamus. « Omnis caro fœnum, et omnis honor carnis sicut flos fœni. Fœnum aruit, flos decidit. » (*Isai*, XL, 6, etc.) Vis manere? « Verbum autem Domini manet in æternum. »

Caput IV. — *Verbum caro factum.* — 4. Sed ut subveniret nobis : « Verbum caro factum est, et habitavit in nobis. » Quid est : « Verbum caro factum est? » Aurum fœnum factum est. Fœnum factum est ad succendendum : succensum est fœnum, sed mansit aurum : et in fœno non periit, et fœnum mutavit. Quomodo mutavit? Resuscitavit, vivificavit, in cœlum levavit, ad Patris dexteram collocavit. At autem diceretur : « Et Verbum caro factum est, et habitavit in nobis, » quid præcessit recolamus paululum. « In sua propria venit, et sui eum non receperunt. Quotquot autem receperunt cum, dedit eis potestatem filios Dei fieri. » «Fieri, » quia non erant : ipse autem in principio erat. « Dedit ergo eis potestatem filios Dei fieri, credentibus in nomine ejus : qui non ex sanguinibus, neque ex voluntate carnis, neque ex voluntate viri, sed ex Deo nati sunt. » Ecce sunt, in quacumque sint ætate carnis : videtis (a) in-

---

(a) Regius et Victorinus Mss. *Videtis infantes, videtis et gaudetis. Ecce sunt. Namquid non filii Dei sunt : non ex sanguinibus, neque ex voluntate carnis, neque ex voluntate viri, sed ex Deo nati sunt. Vulva matris,* etc.

enfants. Réjouissez-vous de voir ces enfants, mais des enfants qui sont nés de Dieu. Pour eux, le sein de leur mère, c'est l'eau du baptême.

Chapitre V. — *Comment l'Evangéliste arrive au mystère de l'incarnation.* — 5. Ne vous laissez point aller aux sentiments si pauvres de votre cœur, ni entraîner à ces misérables pensées : Comment? le Verbe était au commencement? le Verbe était en Dieu? le Verbe était Dieu? toutes choses ont été faites par lui? et voilà que ce même Verbe s'est fait chair et il a habité parmi nous? Ecoutez la raison de ce mystère. Il a donné, rien n'est plus vrai, à ceux qui croient en son nom le pouvoir de devenir enfants de Dieu. Que ceux mêmes qui ont reçu ce pouvoir de devenir enfants de Dieu ne s'imaginent pas que cette filiation divine soit impossible. « Le Verbe s'est fait chair et il a habité parmi nous. » Cessez de regarder comme impossible que vous deveniez enfants de Dieu, car le Fils de Dieu a daigné se faire lui-même pour vous le Fils de l'homme. Si, en se faisant le Fils de l'homme, il s'est abaissé au-dessous de ce qu'il était, ne peut-il pas nous élever au-dessus de ce que nous sommes? Il est descendu jusqu'à nous, et nous ne monterions pas jusqu'à lui? Pour nous, il a consenti à mourir de notre mort, et il ne pourrait nous donner sa vie? C'est pour nous qu'il a souffert les maux de notre nature, et il ne pourrait vous faire part des biens qui lui sont propres?

Chapitre VI. — *L'incarnation est l'œuvre du Verbe tout-puissant.* — 6. Mais comment, me demanderez-vous, le Verbe de Dieu, qui gouverne le monde, et par lequel toutes choses ont été et sont encore créées, a-t-il pu se resserrer dans le corps d'une Vierge, quitter le monde, abandonner les anges pour se renfermer dans le sein d'une femme? Vos pensées ne sont pas à la hauteur des choses de Dieu. Le Verbe de Dieu, car je vous parle, ô homme, de la toute-puissance de ce Verbe divin, le Verbe de Dieu a pu opérer ce prodige, parce qu'il est le Verbe tout-puissant de Dieu; il a pu descendre jusqu'à nous, tout en restant dans le sein de son Père, se rendre visible en s'incarnant dans un corps semblable au nôtre et demeurer invisible dans sa nature divine. Car il n'aurait pas laissé d'être, lors même qu'il ne serait pas né d'une créature mortelle. Il était avant de s'incarner, c'est lui qui a créé sa mère. Il a choisi le sein où il devait être conçu, il a créé celle qui devait lui donner l'existence. Pourquoi vous étonner? C'est de Dieu que je vous parle. « Le Verbe était Dieu. »

Chapitre VII. — *L'incarnation du Verbe expliquée par une comparaison.* — 7. J'essaie de parler du Verbe; le verbe, la parole de l'homme pourrait peut-être nous offrir quelque chose de semblable. Cependant quelle distance,

---

fantes : videte et gaudete. Ecce sunt : sed ex Deo nati sunt. Vulva matris, aqua baptismatis.

Caput V. — *Incarnationis mysterium suadetur.* — 5. Nemo pauperculo animo sentiat, et volvat apud se ipsum (*a*) mendicissimas cogitationes, et dicat sibi : Quomodo « in principio erat Verbum et Verbum erat apud Deum, et Deus erat Verbum; omnia per ipsum facta sunt : » et ecce « Verbum caro factum est, et habitavit in nobis? » Audite unde factum est. Certe credentibus in nomine ejus dedit potestatem filios Dei fieri. Nec ipsi quibus dedit potestatem filios Dei fieri, putent impossibile esse filios Dei fieri. « Verbum caro factum est, et habitavit in nobis. » Nolite putare multum esse ad vos, fieri filii Dei : propter vos filius hominis factus est, qui erat Filius Dei. Si factus est ipse, ut minus esset qui plus erat; non potest facere ex eo quod minus eramus, ut aliquid plus esse possimus? Descendit ad nos, et non ad illum ascendemus? Accepit pro nobis mortem nostram, et non nobis daturus est vitam suam? Passus est propter te mala tua, et non tibi daturus est bona sua?

Caput VI. — *Incarnatio opus omnipotentis Verbi.* — 6. Sed quomodo, inquit, fieri potuit, ut Verbum Dei, quo gubernatur mundus, per quod et creata sunt et creantur universa, coactaret se in virginis carnem; dimitteret mundum, et desereret Angelos, in utero unius feminæ includeretur? Nec nosti divina cogitare. Verbum Dei (tibi loquor, o homo, de omnipotentia Dei Verbi tibi loquor), prorsus totum potuit, quia et Verbum Dei omnipotens est, et manere apud Patrem, et venire ad nos; et in carne procedere ad nos, et apud ipsum latere. Neque enim, si natus ex carne non esset, non esset. Erat ante carnem suam : ipse creavit matrem suam. Elegit in qua conciperetur, creavit de qua crearetur. Quid miraris? Deum tibi loquor : « Deus erat Verbum. »

Caput VII. — *Similitudine explicatur incarnatio Verbi.* — 7. De Verbo aliquid ago, et verbum humanum forte aliquid simile potest; quamvis longe impar, longe discretum, ex nulla particula comparan-

---

(*a*) Editi, *mendacissimas.* At optimæ notæ Germanensis Mss. *mendicissimas.* Refer ad superiora verba, *pauperculo animo.*

quelle disproportion ! On ne peut établir aucun rapport, et toutefois une comparaison peut nous en donner une idée quelconque. Voici la parole que je vous adresse, je l'ai eue d'abord dans mon cœur ; elle est parvenue jusqu'à vous, mais elle ne m'a point quitté ; ce qui n'était pas en vous a commencé d'y être; cette parole s'est dirigée vers vous, mais elle est restée au dedans de moi. De même donc que ma parole est venu frapper vos sens sans quitter mon cœur, ainsi le Verbe s'est manifesté à nous sans quitter le sein de son Père. Ma parole était en moi, elle en est sortie pour devenir voix; le Verbe de Dieu était dans le sein du Père, il en est sorti pour se faire chair. Mais puis-je faire de ma voix ce qu'il a pu faire de sa chair ? Je ne puis retenir ma voix qui s'envole ; pour lui, non-seulement il a retenu, conservé sa chair dans sa naissance, dans sa vie, dans toutes ses actions, mais il l'a ressuscitée après sa mort, et il a fait monter jusqu'au Père ce char sur lequel il était venu jusqu'à nous. Appelez la chair de Jésus-Christ un vêtement ; appelez-la un char ; appelez-la même une bête de somme, comme il n'a pas dédaigné de l'indiquer lui-même dans la parabole du Samaritain qui place sur son cheval celui qui avait été blessé par les voleurs (*Luc*, x, 34); appelez-la enfin un temple, comme il l'a déclaré lui-même en termes plus exprès. (*Jean*, II, 19.) Ce temple a été détruit, mais il est maintenant à la droite du Père ; et c'est dans ce temple qu'il doit venir juger les vivants et les morts. Il a voulu confirmer par son exemple l'autorité de ses préceptes. Vous devez espérer pour votre propre chair ce qu'il a voulu accomplir dans la sienne. C'est en cela que consiste la foi : croire fermement ce que vous ne voyez pas encore. Il faut que vous persévériez dans cette foi à ce que vous ne voyez point, pour n'avoir pas à rougir lorsque la vérité se dévoilera tout entière à vos regards.

SERMON CXX.

Sur ces mêmes paroles du chap. I de l'Évangile selon saint Jean : *Au commencement était le Verbe*, etc.

Le Verbe incompréhensible de Dieu nous est révélé dans l'Evangile. — 1. « Au commencement était le Verbe. » Tel est l'exorde de l'Evangile de saint Jean. C'est ainsi qu'il débute ; voilà ce qu'il a vu. Il s'élève au-dessus de toutes les créatures, au-dessus des montagnes, au-dessus des airs, des cieux, des astres, des Trônes, des Dominations, des Principautés, des Puissances, de tous les Anges, de tous les Archanges ; il s'élève au-dessus de tout pour contempler le Verbe qui est dès le commencement, et s'abreuver à cette source divine. Il a vu le Verbe au-dessus

dum, tamen vobis aliqua similitudine insinuandum. Ecce ego verbum quod vobis loquor, in corde meo prius habui ; processit ad te, nec recessit a me : cœpit esse in te, quod non erat in te ; mansit apud me, cum exiret ad te. Sicut ergo verbum meum prolatum est sensui tuo, nec recessit a corde meo : sic illud Verbum prolatum est sensui nostro, nec recessit a Patre suo. Verbum meum erat apud me, et processit in vocem : Verbum Dei erat apud Patrem, et processit in carnem. Sed numquid ego possum id facere de voce mea, quod potuit ille de carne sua? Ego enim volantem vocem meam tenere non possum : ille carnem suam non solum tenuit, ut nasceretur, viveret, ageret ; sed etiam mortuam suscitavit, et vehiculum quoddam in quo processit ad nos, ad Patrem levavit. Vestem dicas carnem Christi, vehiculum dicas, et quomodo forte ipse significare dignatus est (*Luc.*, x, 34), jumentum ipsius dicas ; quia in ipso jumento levavit eum qui fuerat a latronibus sauciatus : postremo, quod ipse apertius dixit ; templum dicas (*Joan.*, II, 19) : hoc templum jam novit mortem, ad dexteram Patris sedet : in ipso templo venturus est judicare vivos et mortuos. Quod nos monuit præcepto, demonstravit exemplo. Quod ostendit in carne sua, hoc sperare debes in carne tua. Hæc est fides, tene quod nondum vides. Opus est ut in eo, quod non vides, credendo permaneas ; ne cum videris, erubescas.

SERMO CXX [a].

De eisdem verbis Joan., I : *In principio erat Verbum*, etc.

Verbum Dei incomprehensibile in Evangelio revelatum. — 1. Evangelii Joannis principium : « In principio erat Verbum. »(*Joan.*, I, 1.) Sic cœpit, hoc vidit, et transcendens universam creaturam, montes, aera, cœlos, sidera, Sedes, Dominationes, Principatus, Potestates ; omnes Angelos, omnes Archangelos, transcendens omnia. in principio Verbum vidit, et bibit. Super omnem creaturam vidit, de pectore Domini bibit. Ipse est enim Joannes Evangelista

---

[a] Alias de Diversis LXXXIV.

de toute créature, il a puisé la connaissance de ce mystère dans le cœur même du Seigneur. En effet, c'est Jean, ce saint évangéliste, ce disciple bien-aimé de Jésus qui reposa sur sa poitrine. C'est là qu'étaient renfermés ces secrets qu'il devait puiser pour les répandre dans son Evangile. Heureux ceux qui entendent et qui comprennent! Heureux, après ces premiers, ceux qui, au défaut de l'intelligence, ont la foi! Quelle parole humaine pourra jamais expliquer l'immensité du bonheur de celui qui voit le Verbe de Dieu?

Le Verbe de Dieu est tout entier partout. — 2. Elevez vos cœurs, mes frères, élevez-les aussi haut que vous le pouvez, et rejetez toutes les images corporelles qui se présentent à vous. Lorsque vous pensez au Verbe de Dieu, ne vous le figurez pas semblable à la lumière du soleil qui nous éclaire; étendez, répandez cette lumière aussi loin que vous le pouvez; n'assignez dans votre esprit aucune limite à sa diffusion; en comparaison du Verbe de Dieu elle n'est rien. Tout ce que se représente votre âme, en pensant à ces objets corporels, est moindre dans ses parties que dans son tout. Le Verbe de Dieu, au contraire, est tout entier partout. Comprenez ce que je dis. Je me resserre, je me réduis autant que je le puis à cause de vous; comprenez-moi donc. Considérez cette lumière qui descend du ciel et qui porte le nom de soleil; lorsqu'elle paraît, elle éclaire la terre, donne naissance au jour, aux corps leur forme et leur beauté, et nous en fait distinguer les couleurs. C'est un don précieux, un présent inestimable que Dieu fait aux hommes; que ses œuvres le louent et le bénissent! Or, si le soleil est si beau, quoi de plus beau que le créateur du soleil? Et cependant remarquez, mes frères; le soleil répand ses rayons par toute la terre, il pénètre dans tous les lieux ouverts, mais s'arrête devant ceux qui sont fermés. Sa lumière traverse les fenêtres, traverse-t-elle aussi les murailles? Pour le Verbe de Dieu, au contraire, tout est à découvert, rien n'est caché pour lui. Voyez encore une autre différence qui fait ressortir la distance qui sépare le Créateur de la créature, et surtout de la créature corporelle. Lorsque le soleil brille à l'Orient, il n'est pas à l'Occident. Sans doute la lumière de ce globe immense s'étend jusque dans l'Occident, mais lui-même n'y est pas; il n'y sera qu'à l'heure de son coucher. C'est de ces deux termes que viennent les dénominations d'Orient et d'Occident. Le soleil est dans l'Orient quand il se lève, de là le nom d'Orient; il est en Occident quand il se couche, de là le nom d'Occident. La nuit, on ne le voit nulle part. En est-il ainsi du Verbe de Dieu? Lorsqu'il est en Orient, n'est-il point en Occident? ou quand il est en Occident, cesse-t-il d'être en Orient? Quitte-t-il la terre, pour aller, ou sous la terre, ou bien, loin de

---

sanctus, quem præcipue diligebat Jesus, ita ut super pectus ejus recumberet. Ibi erat hoc secretum, ut inde biberetur, quod in Evangelio ructuaretur. Felices qui audiunt et intelligunt. Sequentis felicitatis sunt, qui et si non intelligunt, credunt. Quantum est enim hoc videre Dei Verbum, quis humanis explicet verbis?

Verbum Dei ubique totum. — 2. Erigite corda vestra, Fratres mei, quantum potestis erigite: quidquid vobis per imaginationem cujuslibet corporis occurrerit, respuite. Si occurrerit tibi Verbum Dei, quomodo cogitas lucem solis hujus, quantumlibet pandas, quantumlibet extendas, nullos ejus lucis fines in cogitatione constituas; ad Verbum Dei nihil est. Quidquid tale cogitat anima, minus est in parte, quam in toto. Cogita Verbum ubique totum. Intelligite quod dico : quantum possum, coarto me per angustias meas propter vos. Intelligite quod dico. Ecce lux ista de cœlo, quæ solis nomine appellatur, cum processerit, illustrat terras, explicat diem, facit formas, coloresque discernit. Magnum bonum, magnum omnibus mortalibus Dei donum : magnificent cum opera sua. Si tam pulcher est sol : solis factore quid pulchrius? Et tamen videte, Fratres : ecce diffundit radios suos per universam terram, patentia penetrat, clausa resistunt : lucem suam mittit per fenestras, numquid et per parietem? Verbo Dei totum patet, Verbum Dei nihil latet. Videte aliam differentiam, quam longe sit a Creatore creatura, maxime corporalis. Quando in Oriente est sol, in Occidente non est. Lux quidem ejus de illo grandi corpore effusa, pertendit usque in Occidentem ; sed ipse ibi non est. Quando occidere cœperit, tunc ibi erit. Quando oritur, in Oriente est : quando occidit, in Occidente est. Per ista duo opera sua, nomina locis dedit. Quia in Oriente est quando oritur ad Orientem, fecit Orientem vocari: quia in Occidente est quando occidit ad Occidentem, fecit Occidentem vocari. Nocte nusquam apparet. Numquid Verbum Dei sic est? Numquid quando est in Oriente, non est in Occidente ; aut quando est in Occidente, non est in Oriente? aut aliquando deserit terras, et it sub

la terre? Non, il est tout entier partout. Comment expliquer ce mystère? Qui peut le voir? Quelles preuves vous donner à l'appui de cette vérité? Moi qui vous parle, je suis un homme, et je parle à des hommes; je suis faible, et je m'adresse à de plus faibles que moi. Cependant, mes frères, j'ose vous le dire, je vois, comme dans un miroir, comme en énigme, je comprends tant soit peu la vérité que je vous expose, et j'ai dans mon cœur une parole pour l'exprimer. Mais elle cherche à sortir pour aller jusqu'à vous, et elle ne trouve pas de char convenable. Le char de la parole, c'est le son de la voix. Je cherche à vous exprimer ce que je me dis intérieurement, et les paroles font défaut; c'est qu'en effet, je veux vous parler du Verbe de Dieu. Quel est ce Verbe? quelle grandeur, quelle sublimité! « Toutes choses ont été faites par lui. » (*Jean*, 3.) Que le spectacle des œuvres vous inspire une crainte salutaire pour leur divin auteur. « Toutes choses ont été faites par lui. »

Le verbe, la parole de l'homme nous aide à comprendre l'excellence du Verbe divin. — 3. Revenez donc avec moi, revenez, ô infirmité humaine. Comprenons, si nous le pouvons, ce qui se passe dans l'homme. Nous qui vous parlons, nous sommes des hommes, et nous parlons à des hommes, et nous émettons un son de voix. Nous portons le son de notre voix jusqu'à l'oreille des hommes, et par ce moyen nous faisons descendre, autant qu'il est possible, l'intelligence dans leur esprit. Exposons donc, dans la mesure de nos forces, ce que nous pouvons saisir de ce phénomène, et tâchons de le comprendre. Mais si nous sommes incapables de le comprendre, que dirons-nous du Verbe de Dieu? Vous m'écoutez en ce moment, et je vous adresse la parole. Si quelqu'un sort d'ici, et qu'on lui demande au dehors ce qu'on fait dans cette enceinte, il répondra : l'évêque parle. Oui, je parle du Verbe. Mais quel est mon verbe, quelle est ma parole, et quel est le Verbe dont je parle? une parole mortelle qui parle d'un Verbe immortel; d'un côté une parole changeante et variable, de l'autre une parole immuable; ici une parole qui passe, là une parole éternelle. Cependant ne laissez pas de considérer ma parole. Je vous ai dit que le Verbe de Dieu est tout entier partout. Je vous adresse en ce moment la parole, et cette parole est arrivée à tous. Or, pour qu'elle pût ainsi se communiquer à tous, l'avez-vous partagée entre vous? Si je voulais vous nourrir et rassasier non vos âmes, mais vos corps; si, pour apaiser votre faim, je plaçais des pains devant vous, ne les partageriez-vous pas entre vous? Est-ce que ces pains pourraient appartenir à chacun de vous dans leur totalité? S'ils étaient remis entre les mains d'un seul, les autres n'auraient rien. Voici que je vous adresse la parole, et tous vous la recevez.

terras, aut post terras? Ubique totum est. Quis hoc explicet verbis? Quis hoc videt? Quo documento vobis probabo quod dico? Homo loquor, hominibus loquor : infirmus loquor, infirmioribus loquor. Et tamen, Fratres mei, audeo dicere, quod vobis dico, vel per speculum, vel in ænigmate, utcumque video, utcumque intelligo et in corde meo de hac re verbum. Sed quærit exire ad vos, et dignum non invenit vehiculum. Vehiculum verbi sonus est vocis. Quod dico apud me, quæro vobis dicere, et verba deficiunt. Volo enim dicere de Dei Verbo. Quanto Verbo, quali Verbo? « Omnia per ipsum facta sunt. » (*Joan*, 3.) Opera videte, et Operatorem expavescite. « Omnia per ipsum facta sunt. »

Verbi divini excellentia intelligenda ex humani verbi proprietate. — 3. Redi mecum humana infirmitas, redi ergo. Humana ipsa comprehendamus, si possumus. Homines sumus et nos qui loquimur, et hominibus loquimur, et sonum vocis edimus. Ad aures hominum sonum vocis nostræ perducimus, et per nostræ vocis sonum et intellectum quomodocumque per aurem in corde ponimus. Hinc ergo quod possumus, ut possumus, eloquamur, hoc comprehendamus. Si autem neque hoc comprehendere valuerimus, ad illud quid sumus? Ecce auditis me : verbum facio. Si quis hinc exeat et interrogetur foris quid hic agitur, respondet : Verbum Episcopus facit. Verbum facio de Verbo. Sed quale verbum, de quali Verbo? Mortale verbum, de immortali Verbo; mutabile verbum, de immutabili Verbo; transitorium verbum, de æterno Verbo. Tamen attendite verbum meum. Dixeram enim vobis, Verbum Dei ubique totum est. Ecce facio vobis verbum : ad omnes pervenit quod dico. Ut ad omnes perveniret quod dico, numquid divisistis quod dico? Si pascerem vos, ut non mentem vestram, sed ventrem implere vellem, et ponerem vobis panes quibus saturaremini; nonne panes meos divideretis inter vos? Numquid possent panes mei ad unumquemque vestrum pervenire? Si ad unum pervenirent, cæteri nihil haberent. Ecce loquor, et omnes habetis. Parum est quia omnes habetis : et omnes totum habetis. Pervenit ad omnes

Elle se communique à tous en général, comme à chacun en particulier dans sa totalité. O prodige de la parole humaine! Que sera donc le Verbe de Dieu? Ecoutez, voici une autre merveille. Je vous ai parlé; ma parole est arrivée jusqu'à vous sans s'éloigner de moi. Elle est parvenue jusqu'à vous, mais sans se séparer de moi. Avant de vous parler, ma parole était en moi, vous ne l'aviez pas encore; je vous ai parlé, vous l'avez maintenant, et je ne l'ai point perdue. O prodige de ma parole! Que sera donc le Verbe de Dieu? Que les petites choses vous aident à comprendre les grandes. Considérez les merveilles de la terre, et louez les merveilles du ciel. Je suis comme vous, et vous êtes, comme moi, une créature, et ma parole accomplit de si grands prodiges dans mon cœur, sur mes lèvres, dans ma voix, dans vos oreilles, dans vos cœurs. Qu'est donc le Créateur? O Seigneur, écoutez-nous. C'est vous qui nous avez faits, c'est à vous de nous réparer. Rendez-nous bons, puisque c'est vous qui avez répandu la lumière dans nos cœurs. Ces fidèles, revêtus de blanc, éclairés de votre lumière, entendent votre parole par ma bouche. Ils sont là devant vous, inondés des rayons de votre grâce. C'est aujourd'hui le jour que le Seigneur a fait. Mais que tous leurs efforts, que leurs prières tendent à ne pas retomber dans les ténèbres, lorsque ces jours de fête seront passés, eux, en qui nous voyons briller aujourd'hui la lumière des prodiges et des bienfaits de Dieu.

SERMON CXXI [1].

Sur ces paroles du chapitre I de l'Evangile selon saint Jean : *Le monde a été fait par lui*, etc.

Il faut entendre le monde de deux manières. — 1. « Le monde a été fait par le Seigneur, et le monde ne l'a point connu. » (*Jean*, I, 10.) Quel est le monde qui a été fait par lui, quel est le monde qui ne l'a point connu? Ce n'est pas le monde qui a été fait par lui qui ne l'a point connu. Quel est le monde qui a été fait par lui? Le ciel et la terre. Or, le ciel ne l'a-t-il pas connu lorsque le soleil s'est obscurci pendant sa passion? La terre ne l'a-t-elle point connu, lorsqu'elle a tremblé tandis qu'il était attaché à la croix? Quel est donc le monde qui ne l'a point connu? Le monde qui a pour prince celui dont il est dit : « Le prince du monde vient, et il n'a aucun droit sur moi. » (*Jean*, XIV, 30.) On donne le nom de monde aux méchants, on le donne aux infidèles. Ils ont reçu leur nom de l'objet qu'ils aiment. L'amour de Dieu fait de nous des dieux; l'amour du monde nous mérite de porter le nom de monde. « Mais Dieu était dans le Christ pour se réconcilier le monde. » (II *Cor.*, v, 19.)

---

(1) L'édition de Louvain reproduit ce même sermon dans deux endroits différents; elle l'a retiré de la série des Sermons du Temps où il se trouvait, pour le rejeter dans l'Appendice comme non authentique; et en même temps elle l'a laissé dans la série des Sermons sur divers sujets, comme étant vraiment de saint Augustin.

---

totum, ad singulos totum. O mirabilia verbi mei. Quid est ergo Verbum Dei? Aliud audite. Dixi : quod dixi, processit ad vos, et non recessit a me. Pervenit ad vos, nec separatum est a me. Ante quam dicerem, ego habebam, et vos non habebatis : dixi, et vos habere cœpistis, et ego nihil perdidi. O miraculum verbi mei! Quid est ergo Verbum Dei? De parvis magna conjicite. Considerate terrena, laudate cœlestia. Creatura sum, creatura estis : et tanta miracula fiunt de verbo meo in corde meo, in ore meo, in voce mea, in auribus vestris, in cordibus vostris. Quid est Creator? O Domine audi nos. Fac nos, quia fecisti nos. Fac nos bonos, quia fecisti nos homines illuminatos. Isti albati, illuminati, audiunt per me verbum tuum. Illuminati enim gratia tua assistunt tibi. Hic est dies quem fecit Dominus. Sed hoc laborent, hoc orent, ut cum (*a*) isti dies transierint, non fiant tenebræ, qui facti sunt lux miraculorum Dei et beneficiorum.

SERMO CXXI [b].

De verbis Evangelii Joan., I : *Mundus per ipsum factus est*, etc.

Mundus duplex. — 1. « Mundus per Dominum factus est, et mundus eum non cognovit. » (*Joan.*, I, 10.) Qui mundus per eum factus est, qui mundus eum non cognovit ? Non enim mundus qui per eum factus est, ipse eum non cognovit. Quis est mundus qui per eum factus est? Cœlum et terra. Quomodo eum non cognovit cœlum, quando in ejus passione sol obscuratus est? Quomodo eum terra non cognovit, quando illo in cruce pendente contremuit? Sed « mundus eum non cognovit, » cujus princeps est ille, de quo dictum est : Ecce venit princeps mundi hujus, et in me nihil invenit. (*Joan.*, XIV, 30.) Homines mali mundus vocantur, homines infideles mundus vocantur. Inde acceperunt nomen, ex eo quod amant. Amando Deum, efficimur dii : ergo amando mundum, dicimur mun-

---

(*a*) Mss. *ut cum festi dies transierint.* — (*b*) Alias de Diversis LXXXV, et de Tempore XXVIII, aut in Appendice XXVII.

« Le monde ne l'a donc point connu ; » faut-il entendre par là tous ceux qui sont dans le monde ?

2. « Il est venu chez lui, et les siens ne l'ont point reçu. » (*Ibid.*, 11.) Tout lui appartient, mais par cette expression : « chez lui, » il faut entendre plus particulièrement le peuple d'où était sortie sa mère, et où il s'était lui-même incarné ; ce peuple à qui il avait envoyé, bien longtemps auparavant, des hérauts pour annoncer sa venue, à qui il avait donné sa loi, qu'il avait délivré de la servitude d'Egypte, et dont le père selon la chair, Abraham, avait été choisi par lui. En effet, c'est en toute vérité qu'il a pu dire : Je suis avant Abraham. (*Jean*, VIII, 58.) Il n'a point dit : Avant qu'Abraham fût, ou avant qu'Abraham fût fait, j'ai été fait moi-même. Car, « le Verbe était au commencement, » et il n'a pas été fait. « Il est donc venu chez lui, » c'est-à-dire chez les Juifs, « et les siens ne l'ont pas reçu. »

3. « Mais tous ceux qui l'ont reçu. » (*Ibid.*, 12.) De ce nombre sont et les apôtres qui l'ont reçu, et ceux qui portaient des rameaux devant son humble monture. Les uns le précédaient, les autres le suivaient ; ils étendaient leurs vêtements le long du chemin, et ils criaient à haute voix : « Hosanna au Fils de David ! béni soit celui qui qui vient au nom du Seigneur. » (*Matth.*, XXI,

9.) Alors les pharisiens lui dirent : Faites taire ces enfants ; qu'ils cessent de chanter ces hymnes en votre honneur. Jésus leur répondit : « Je vous le déclare, si ceux-ci se taisent, les pierres mêmes crieront. » (*Luc*, XIX, 39, 40.) Le Sauveur nous avait en vue, lorsqu'il parlait de la sorte : « Si ceux-ci se taisent, les pierres mêmes crieront. » Quelles sont ces pierres ? ne sont-ce pas ceux qui adorent les pierres ? Si les enfants des Juifs se taisent, les grands comme les petits parmi les Gentils élèveront la voix. Quelles sont ces pierres, sinon ceux dont parle cet autre Jean qui est venu pour rendre témoignage à la lumière ? (*Jean*, I, 8.) En effet, le saint précurseur voyant les Juifs s'enorgueillir d'être de la race d'Abraham, les appelle race de vipères. Ils se vantaient d'être les enfants d'Abraham, et il leur dit : Race de vipères. (*Matth.*, III, 7.) Faisait-il en cela injure à Abraham ? Non, sans doute. Il leur donnait le nom que méritaient leurs mœurs. Car s'ils étaient vraiment enfants d'Abraham, ils auraient dû imiter Abraham, comme Jésus le rappelle à ceux qui venaient lui dire : « Nous sommes libres, et nous n'avons jamais été les esclaves de personne. Et Jésus leur répondit : « Si vous étiez les enfants d'Abraham, vous feriez les œuvres d'Abraham. Vous cherchez maintenant à me faire mourir, parce que je vous ai dit la vérité ; Abraham n'a

---

dus. Sed Deus erat in Christo mundum reconcilians sibi. (II *Cor.*, V, 19.) « Mundus ergo eum non cognovit, » numquid omnes ?

2. « In sua propria venit, et sui eum non receperunt. » (*Ibid.*, 11.) Omnia sunt ipsius, sed propria ipsius dicuntur, unde mater ejus erat, unde carnem acceperat, ad quos adventus sui præcones ante præmiserat, quibus legem dederat, quos de Ægyptia servitute liberaverat, quorum patrem carnalem elegit Abraham. Quid verum dixit : Ante Abraham ego sum. (*Joan.*, VIII, 58.) Nec sic dixit : Ante quam Abraham esset, aut ante quam Abraham fieret ego (*a*) factus sum. « In principio » enim « Verbum erat, » non factum erat. Ergo : « In propria venit, » ad Judæos venit. « Et sui eum non receperunt. »

3. « Quotquot autem receperunt eum. » (*Ibid.*, 12.) Utique enim ibi Apostoli, qui illum receperunt. Ibi illi, qui ante jumentum ejus ramos ferebant. Præcedebant et sequebantur, et vestimenta sua sternebant ; et magna voce clamabant : Hosanna filio David, benedictus qui venit in nomine Domini.

(*Matth.*, XXI, 9.) Tunc Pharisæi dixerunt ei : Compesce pueros, non tibi ista clament. Et ille : Si isti tacebunt, lapides clamabunt. (*Luc.*, XIX, 39, 40.) Nos videbimus, quando ista dicebat : Si isti tacebunt, lapides clamabunt. Qui lapides, nisi qui colunt lapides ? Si parvuli Judæi tacebunt, majores et minores Gentes clamabunt. Qui lapides, nisi de quibus dicit ipse Joannes iste, qui venit ut testimonium perhiberet de lumine ? (*Joan.*, I, 8.) Cum enim videret ipsos Judæos superbire de genere Abrahæ, ait illis : Generatio viperarum. Illi se dicebant filios Abrahæ : et iste illis dicebat : Generatio viperarum. (*Matth.*, III, 7.) Abrahæ faciebat injuriam ? Absit. Ex moribus dabat eis nomen. Quia si essent filii Abrahæ, imitarentur Abraham : sicut eis et ipse ait, qui dicunt ei : Nos liberi sumus, et nemini servivimus unquam ; nos patrem habemus Abraham. Et ille : « Si filii Abrahæ essetis, facta Abrahæ faceretis. Vos vultis me occidere, quia veritatem vobis dico, hoc Abraham non fecit. » (*Joan.*, VIII, 33, 39.) Inde generati estis, sed degenerastis. Ergo quid Joannes ? « Generatio vipe-

---

(*a*) Editi, *ego sum* : omisso, *factus*. Emendantur ad Floriacensem librum. Certe Lovanienses hunc alioqui locum Augustino in Joan., tract. XLIII, disserenti contrarium judicantes rejecerunt Sermonem in Appendicem.

point fait cela. » (*Jean*, VIII, 33-39.) Oui, vous descendez d'Abraham, mais vous êtes des enfants dégénérés. Que leur dit donc Jean-Baptiste? « Race de vipères, qui vous a montré à fuir la colère qui s'approche? » Car les Juifs venaient afin de recevoir le baptême de Jean pour faire pénitence. « Qui vous a montré à fuir la colère qui s'approche? Faites donc de dignes fruits de pénitence, et gardez-vous de dire en vous-mêmes : Nous avons Abraham pour père; car je vous dis que Dieu peut susciter de ces pierres mêmes des enfants d'Abraham. » (*Matth.*, III, 7-9.) Oui, Dieu peut susciter des enfants d'Abraham de ces pierres qu'il voyait en esprit. Il parlait aux Juifs, et c'est nous qu'il avait en vue. « Dieu peut susciter de ces pierres mêmes des enfants d'Abraham. » De quelles pierres? de celles dont il disait : « Si ceux-ci se taisent, les pierres mêmes crieront. » Vous avez entendu ces paroles et vous les avez acclamées. Ainsi se trouve accomplie cette prédiction : « Les pierres mêmes crieront. » En effet, nous sommes issus des Gentils, nous avons adoré des idoles de pierre dans la personne de nos parents. Voilà pourquoi on nous a donné le nom de chiens (1). Rappelez ce qui fut dit à cette femme qui criait en suivant le Seigneur, parce qu'elle était chananéenne, qu'elle adorait les idoles et qu'elle était asservie aux démons. Que lui dit Jésus? « Il n'est pas bon de prendre le pain des enfants et de le donner aux chiens. » (*Matth.*, XV, 26.) N'avez-vous jamais remarqué comment les chiens lèchent les pierres enduites de graisse? Ainsi font tous les adorateurs d'idoles. « Mais la grâce de Dieu est venue vous trouver. Il a donné à tous ceux qui l'ont reçue le pouvoir de devenir enfants de Dieu. » Vous avez devant vous des enfants nouvellement nés; il leur a donné le pouvoir de devenir enfants de Dieu. A qui a-t-il donné ce pouvoir? « A ceux qui croient en son nom. »

Double naissance de l'homme. — 4. Et comment deviennent-ils enfants de Dieu? « Qui ne sont point nés du sang ni de la volonté de l'homme, ni de la volonté de la chair, mais de Dieu. » (*Ibid.*, 13.) Après avoir reçu le pouvoir de devenir enfants de Dieu, ils sont nés de Dieu. Donnez ici toute votre attention. Ils sont nés de Dieu et non du sang, comme dans leur première naissance, naissance misérable comme le principe d'où elle sort. Mais ceux qui sont nés de de Dieu, qu'étaient-ils, d'où étaient-ils nés d'abord? Du sang, du mélange du sang du père et de la mère, du commerce charnel de l'homme et de la femme. Et maintenant? Ils sont nés de Dieu. Ils doivent leur première naissance à un homme et à une femme, ils doivent la seconde à Dieu et à l'Eglise.

5. Ils sont donc nés de Dieu. Mais comment cette naissance divine a-t-elle succédé à une

(1) Voyez le sermon LXXVII, n. 10.

---

rarum, quis vobis ostendit fugere a ventura ira? Quia veniebant baptizari baptismo Joannis in pœnitentiam. Quis vobis ostendit fugere ab ira ventura? Facite ergo fructum dignum pœnitentiæ. Et nolite dicere in cordibus vestris: Patrem habemus Abraham. Potens est enim Deus de lapidibus istis suscitare filios Abrahæ. » Potens est enim Deus de lapidibus istis, quos (*a*) videbat in Spiritu; illis dicebat, et nos prævidebat: Potens est enim Deus de lapidibus istis suscitare filios Abrahæ. De quibus lapidibus? Si isti tacebunt, lapides clamabunt. Modo audistis, et clamastis. Impletum est : Lapides clamabunt. De Gentibus enim venimus, in parentibus nostris lapides adoravimus. Ideo et canes dicti sumus. Recordamini quid audierit mulier illa, quæ clamabat post Dominum, quia erat Chananæa, idolorum cultrix, ancilla dæmoniorum. Quid dixit ei Jesus? Non est bonum tollere panem filiorum, et mittere canibus. (*Matth.*, XV, 26.) Nunquam advertistis, quemadmodum canes lapides unctos lingunt? Sic sunt omnes simulacrorum cultores. Sed venit vobis gratia. « Quotquot autem receperunt eum, dedit eis potestatem filios Dei fieri. » Ecce habetis modo natos : « dedit eis potestatem filios Dei fieri. » Quibus dedit? « His qui credunt in nomine ejus. »

Nativitas duplex. — 4. Et quomodo filii Dei fiunt? « Qui non ex sanguinibus, neque ex voluntate viri, nec ex voluntate carnis : sed ex Deo nati sunt. » (*Ibid.*, 13.) Accepta potestate ut filii Dei fierent, ex Deo nati sunt. Intendite ergo : Isti ex Deo nati sunt : « non ex sanguinibus, » qualis est prima nativitas, qualis est nativitas misera, veniens de miseriis. Sed qui ex Deo nati sunt, quid erant? unde primo nati erant? Ex sanguinibus : mixtis sanguinibus masculi et feminæ, commixtione carnis masculi et feminæ, inde nati erant. Modo unde? Ex Deo nati sunt. Prima nativitas ex masculo et femina : secunda nativitas ex Deo et Ecclesia.

5. Ecce ex Deo nati sunt : unde factum est ut ex

(*a*) Apud Am. Er. et in Appendice Lov. *Quos prævidebat in spiritu, de illis dicebat : nos siquidem prævidebat.*

naissance tout humaine? Comment cela s'est-il fait? Le voici : « Et le Verbe s'est fait chair, et il a habité parmi nous. » (*Ibid.*, 14.) Quelle admirable transformation! le Verbe s'est fait chair, les hommes sont devenus des esprits. Quel est ce mystère? Quelle condescendance, mes très-chers frères! Elevez vos esprits vers des espérances plus grandes, vers des grâces plus signalées encore. Ne vous laissez pas entraîner par les convoitises du siècle. Vous avez été achetés d'un grand prix; c'est pour vous que le Verbe s'est fait chair, c'est pour vous que le Fils de Dieu s'est fait fils de l'homme, afin que vous, enfants des hommes, vous pussiez devenir enfants de Dieu. Qu'était-il et qu'est-il devenu? Qu'étiez-vous et qu'êtes-vous devenus vous-mêmes? Il était Fils de Dieu, qu'est-il devenu? le fils de l'homme. Vous étiez les fils des hommes, qu'êtes-vous devenus? les fils de Dieu. Il a voulu partager nos maux, afin de nous faire entrer en participation de ses biens. Cependant, même comme fils de l'homme, il est bien au-dessus de nous. Nous sommes devenus les fils des hommes par la concupiscence de la chair ; il est devenu fils de l'homme par la foi d'une vierge. Tout homme naît de l'union d'un homme et d'une femme; il doit la vie tout à la fois et à son père et à sa mère; Jésus-Christ est né de l'Esprit saint et de la Vierge Marie. Il s'est approché de nous, mais il ne s'est pas éloigné beaucoup de lui-même, ou plutôt il ne s'est pas éloigné de lui-même en tant que Dieu, il a simplement ajouté sa nature à la nôtre. Il s'est uni à ce qu'il n'était pas, sans perdre ce qu'il était. Il est devenu le fils de l'homme, sans cesser d'être le Fils de Dieu. C'est ainsi qu'il est devenu Médiateur, tenant le milieu. Qu'est-ce à dire, tenant le milieu? c'est-à-dire, n'étant ni trop élevé, ni trop abaissé. Comment cela? ni trop élevé, parce qu'il s'est fait chair ; ni trop abaissé, parce qu'il n'est point assujetti au péché. Toutefois, en tant que Dieu, il est toujours élevé au-dessus de nous; car, en venant parmi nous, il n'a point quitté son Père. Il est ensuite remonté dans le ciel sans se séparer de nous ; il reviendra vers nous sans se séparer de son Père.

SERMON CXXII [1].

Sur ces paroles du chapitre i de l'Evangile selon saint Jean : *Lorsque vous étiez sous le figuier, je vous voyais*, etc.

CHAPITRE PREMIER. — *Nathanaël sous le figuier est la figure du genre humain sous le péché.* — 1. Si nous comprenons bien les paroles que Notre-Seigneur adresse à Nathanaël, dans ce qui vient de nous être lu, elles ne sont pas exclusivement pour lui. Notre-Seigneur a vu

---

(1) Saint Augustin fait mention de ce sermon dans le suivant, n. 3.

Deo nascerentur, qui primo ex hominibus nati sunt? Unde factum est, unde? « Et Verbum caro factum est, ut habitaret in nobis. » (*Ibid.*, 14.) Magna mutatio : ille factus caro, isti spiritus. Quid est hoc? Qualis dignatio, Fratres mei. Erigite animum ad speranda et capienda potiora. Nolite vos (*a*) addicere cupiditatibus saecularibus. Pretio empti estis : propter vos Verbum caro factum est : propter vos qui erat Filius Dei, factus est filius hominis; ut qui eratis filii hominum, efficeremini filii Dei. Quid erat ille, quid factus est? Quid eratis vos, quid facti estis? Erat ille Filius Dei. Quid factus est? Filius hominis. Eratis vos filii hominum. Quid estis facti? Filii Dei. Communicavit nobiscum mala nostra, nobis daturus bona sua. Sed ille ipso quo factus est filius hominis, distat a nobis. Nos filii hominum per concupiscentiam carnis : ille filius hominis per fidem virginis. Mater cujuslibet hominis concubuit et concepit : unusquisque autem natus est de homine patre suo, et de homine matre sua. Christus autem natus est de Spiritu sancto et Maria virgine. Accessit ad nos, sed a se non multum recessit; imo a se quod Deus est nunquam recessit : sed addidit quod erat naturæ nostræ. Accessit enim ad id quod non erat, non amisit quod erat. Factus est filius hominis : sed non cessavit esse Filius Dei. Per hoc Mediator in medio. Quid est, in medio? Nec sursum, nec deorsum. Quomodo nec sursum, nec deorsum? Nec sursum, quia caro : nec deorsum, quia non peccator. Sed tamen in quantum Deus, semper sursum. Nec enim sic venit ad nos, ut dimitteret Patrem. A nobis ivit, et non nos dimisit : ad nos veniet, et illum non dimittet.

SERMO CXXII [b].

De verbis Evangelii Joan., I : *Cum esses sub ficu, vidi te*, etc.

CAPUT PRIMUM. — *Nathanael sub ficu, genus humanum sub peccato.* — 1. Quod dictum audivimus a Domino Jesu Christo Nathanaeli, si bene intelligamus,

---

(*a*) Am. Er. et Appendix Lov. *nolite adjicere cupiditatibus saecularibus*. Supple *animum*. — (*b*) Alias XL, de verbis Domini.

sous ce figuier tout le genre humain. En effet, le figuier, dans cet endroit, est le symbole du péché. Il n'a point partout cette signification; mais ce qui nous autorise à la lui donner ici, c'est que le premier homme, après son péché, se couvrit, comme vous le savez, de feuilles de figuier. Adam et Eve couvrirent de ces feuilles les parties naturelles du corps, lorsqu'ils vinrent à rougir de leur péché, et ils se firent un objet de honte des membres que Dieu leur avait donnés. On ne doit point rougir de l'œuvre de Dieu, mais la honte a toujours pour cause le péché, et sans le péché, ils n'auraient point rougi de leur nudité. Ils étaient nus auparavant et n'en rougissaient pas, car ils n'avaient rien fait qui pût les couvrir de honte. Pourquoi ces réflexions? Pour vous faire comprendre que le figuier est ici la figure du péché. Que signifient donc ces paroles : « Lorsque vous étiez sous le figuier, je vous voyais? » (*Jean*, I, 48.) Je vous voyais lorsque vous étiez assujetti au péché. Nathanaël, repassant dans son esprit ce qu'il avait fait, se rappela qu'il avait été effectivement sous un figuier où Jésus n'était pas. Il n'y était pas de corps, il est vrai, mais où n'est-il point présent par l'étendue de sa science? Or, Nathanaël, sachant bien qu'il avait été seul sous le figuier où Notre-Seigneur Jésus-Christ n'était pas, n'eut pas plutôt entendu ces paroles : « Lorsque vous étiez sous le figuier, je vous ai vu, » qu'il reconnut sa divinité et s'écria : « Vous êtes le roi d'Israël. » (*Ibid.*, 49.)

Chapitre II. — *Le songe de Jacob a été figuratif.* — 2. Le Seigneur lui répondit : « Parce que je t'ai dit que je te voyais sous le figuier, tu crois, tu verras de plus grandes choses. » (*Ibid.*, 50.) Quelles sont ces plus grandes choses? Le Sauveur ajoute : « Vous verrez le ciel ouvert, et les anges de Dieu monter et descendre sur le Fils de l'homme. » (*Ibid.*, 51.) Rappelons-nous cette ancienne histoire consignée dans un de nos livres saints, c'est-à-dire dans la Genèse. (*Gen.*, XXVIII, 11, etc.) Jacob arriva dans un lieu où il voulait se reposer, prit une pierre et la mit sous sa tête, et il vit en songe une échelle posée à terre et qui montait jusqu'au ciel; le Seigneur était appuyé au-dessus, et les anges montaient et descendaient les degrés de cette échelle. Voilà ce que vit Jacob. Or, le songe d'un homme n'aurait pas été consigné par écrit dans l'Ecriture, s'il ne figurait quelque grand mystère, et si cette vision ne contenait pas quelque prophétie importante. Aussi Jacob comprit ce que signifiait cette vision; il prit la pierre qu'il avait mise sous sa tête et y répandit de l'huile. Vous connaissez la nature de l'onction, reconnaissez aussi le Christ. Il est la pierre qu'ont rejetée les architectes, et qui est devenue la pierre de l'angle.

---

non ad ipsum pertinet solum. Ipse quippe Dominus Jesus sub ficu vidit omne genus humanum. Isto enim loco intelligitur per arborem fici significasse peccatum. Non ubique hoc significat, sed hoc loco, ut dixi, ea scilicet significandi congruentia, qua nostis primum hominem, quando peccavit, foliis ficulneis fuisse subtectum. (*Gen.*, III, 7.) His foliis enim pudenda texerunt, quando de peccato suo erubuerunt : et quæ Deus illis membra, ipsi sibi pudenda fecerunt. Non enim erubescendum est de opere Dei : sed confusionem præcessit causa peccati. Si non præcessisset iniquitas, nunquam erubesceret nuditas. Nudi enim erant, et non confundebantur. Non enim commiserant unde confunderentur. Hoc autem dixi, quare? Ut per ficum intelligamus significatum esse peccatum. Quid est ergo : « Cum esses sub ficu, vidi te? » (*Joan.*, I, 48.) Cum esses sub peccato, vidi te. Et ad rem gestam quidem respiciens, recordatus est Nathanael se fuisse sub ficu, ubi non erat Christus. Non ibi autem erat præsentia corporali : scientia vero spirituali ubi non est? Et quoniam sciebat se solum fuisse sub ficu, ubi Dominus Christus non erat : quando dixit ei : « Cum esses sub arbore ficu, vidi te; » et

agnovit in illo divinitatem, et exclamavit : « Tu es rex Israel. » (*Ibid.*, 49.)

Caput II. — *Somnium Jacob figura fuit.* — 2. Dominus ait : « Quia dixi tibi : Vidi te cum esses sub arbore ficu, inde miraris; majora horum videbis. » (*Ibid.*, 50.) Quæ sunt ista majora? Et dixit : « Videbitis cœlum apertum, et Angelos Dei ascendentes et descendentes super Filium hominis. » (*Ibid.*, 51.) Recolamus veterem historiam conscriptam in libro sancto, id est, in Genesi. (*Gen.*, XXVIII, 11, etc.) Quando Jacob in loco obdormivit, lapidem ad caput posuit; et in somnis vidit scalam a terra pertingentem usque ad cœlum : et Dominus incumbebat super eam : Angeli autem ascendebant et descendebant per eam. Hoc vidit Jacob. Somnium hominis non scriberetur, nisi magnum in illo aliquod figuraretur mysterium, et magnum aliquid prophetatum in illa visione intelligeretur. Denique ipse Jacob quia intellexit quid viderit, posuit ibi lapidem, et perfudit oleo. Nam agnoscitis chrisma : agnoscite et Christum. Ipse est enim lapis, quem reprobaverunt ædificantes; ipse factus est in caput anguli. (*Psal.* CXVII, 22.) Ipse est lapis, de quo ipse dixit : « Quicumque

(*Ps.* cxvii, 22.) C'est de cette pierre que Jésus-Christ a dit : « Celui qui tombera sur cette pierre s'y brisera, et elle écrasera celui sur qui elle tombera. » (*Matth.*, xxi, 44.) Il vient se heurter contre cette pierre lorsqu'elle est à terre, mais elle tombera sur lui lorsqu'elle viendra du ciel juger les vivants et les morts. Malheur aux Juifs qui se sont heurtés contre le Christ dans son état d'humiliation et d'abaissement! Cet homme, ont-ils dit, n'est point de Dieu, parce qu'il ne garde pas le sabbat. (*Jean*, ix, 16.) « S'il est le Fils de Dieu, qu'il descende de la croix. » (*Matth.*, xxvii, 40.) Insensé, vous riez, parce que cette pierre est à terre. Mais ce rire prouve que vous êtes aveugle, et parce que vous êtes aveugle vous venez vous heurter contre cette pierre qui vous brise, et après que vous vous serez brisé contre cette pierre qui est à terre, elle tombera sur vous et vous écrasera. Jacob consacra donc cette pierre par l'onction. Voulait-il en faire une idole? Non, c'est un signe figuratif qu'il élevait; ce n'est point une idole qu'il voulait adorer. Ecoutez-moi donc maintenant, et considérez ce Nathanaël à l'occasion duquel Notre-Seigneur Jésus-Christ voulut exposer la vision de Jacob.

CHAPITRE III. — *Du double nom et de la lutte de Jacob.* — 3. Vous tous qui avez été instruits dans l'école de Jésus-Christ, vous savez que Jacob est le même qu'Israël. Ce sont deux noms différents portés par un seul homme. Il reçut d'abord en naissant le nom de Jacob, c'est-à-dire *qui supplante*. Lorsque naquirent ces deux jumeaux, le premier qui sortit du sein de sa mère fut Esaü, et on trouva que la main droite de son frère lui tenait le pied. (*Gen.*, xxv, 25.) Il tenait le pied de son frère qui sortait du sein maternel le premier, et après lequel il devait sortir lui-même. Et c'est parce qu'il tenait ainsi la plante du pied de son frère, qu'il fut appelé Jacob, c'est-à-dire *qui supplante*. Plus tard, lorsqu'il revenait de la Mésopotamie, il eut à lutter avec un ange dans le chemin. (*Gen.*, xxxiii, 4, etc.) Quelle comparaison possible entre la puissance d'un ange et celle d'un homme? Il y a donc ici un mystère, une vérité cachée, une prophétie, une figure qu'il nous faut comprendre. Considérez aussi le caractère et le résultat de la lutte. Dans cette lutte, Jacob l'emporta sur l'ange, ce qui renferme une signification profonde. Or, après que l'homme l'eut ainsi emporté sur l'ange, il le retint; l'homme retint celui qu'il avait vaincu, et il lui dit : « Je ne vous laisserai point aller que vous ne m'ayez béni. » (*Gen.*, xxxii, 26.) Ce vaincu qui bénit son vainqueur est la figure de Jésus-Christ. Cet ange donc, dans lequel nous devons voir le Seigneur Jésus, dit à Jacob : « On ne t'appellera plus Jacob, mais ton nom sera Israël, c'est-à-dire, *qui voit Dieu*. (*Gen.*, xxxv, 10.) Puis il toucha le nerf de sa cuisse dans toute l'étendue de la cuisse, et il se

---

offenderit in lapidem illum, conquassabitur : super quem vero venerit lapis ille, conteret eum. » (*Matth.*, xxi, 44.) Offenditur in jacentem : veniet autem super eum, cum venerit de alto judicare vivos et mortuos. Væ Judæis, quia cum jaceret humiliter Christus, offenderunt in eum. Non est, dicunt, homo iste a Deo, qui solvit sabbatum. (*Joan.*, ix, 16.) Si Filius Dei est, descendat de cruce. (*Matth.*, xxvii, 40.) Insane, jacet lapis, et ideo rides. Sed cum rides, cæcus es : cum cæcus es, offendis : cum offendis, conquassaris : cum quassatus fueris illo modo jacente, postea veniente de super contereris. Ergo unxit lapidem Jacob. Numquid idolum fecit? Significavit, non adoravit. Modo ergo audite, Nathaelem istum attendite, per cujus occasionem Dominus Jesus exponere nobis voluit visionem Jacob.

CAPUT III. — *De duplici nomine et de lucta Jacob.* — 3. Nostis qui in schola Christi eruditi estis, Jacob ipsum esse et Israel. Duo sunt nomina : nam homo unus fuit. Primum nomen Jacob, quando natus est, accepit, quod interpretatur Supplantator. Quando autem illi gemini nati sunt, prior natus est frater Esau, et inventa est manus illius minoris in pede majoris. (*Gen.*, xxv, 25.) Tenebat pedem fratri suo præcedenti nascendo, postea et ipse secutus est. Et propter hoc factum, quia plantam tenuit fratri suo, appellatus est Jacob, id est : Supplantator. Postea vero cum rediret de Mesopotamia, luctatus est cum eo Angelus in via. (*Gen.*, xxxii, 24, etc.) Quæ virtus comparari potest Angeli et hominis? Ergo mysterium est, ergo sacramentum est, ergo prophetia est, ergo figura est, ergo intelligamus. Videte enim etiam luctaminis modum. Dum luctatur, prævaluit Angelo Jacob. Magna significatio. Et cum prævaluisset Angelo homo, tenuit illum; tamen ipse homo eum, quem vicerat, tenuit. Et ait illi : Non te dimitto, nisi benedixeris mihi. (*Gen.*, xxxii, 26.) Quando victor a victo benedicebatur, Christus figurabatur. Angelus ergo ille, qui intelligitur Dominus Jesus, ait ad Jacob : Jam non vocaberis Jacob, sed erit nomen tuum Israel : quod interpretatur : Videns Deum. (*Gen.*, xxxv, 10.) Deinde tetigit nervum femoris ejus, id est

sécha aussitôt, et Jacob devint boiteux. Voilà ce que fit le vaincu. Il eut assez de puissance, même après sa défaite, pour toucher la cuisse de son vainqueur, et le rendre boiteux. C'est donc parce qu'il l'a voulu qu'il a été vaincu. N'a-t-il pas eu le pouvoir de déposer sa force comme il a eu le pouvoir de la reprendre? (*Jean*, x, 18.) Il ne s'irrite pas de sa défaite, parce qu'il ne s'irrite point non plus d'être crucifié. En effet, il bénit Jacob et lui dit : On ne t'appellera plus Jacob, mais Israël. C'est alors que le supplantateur devint celui qui voit Dieu. Puis il toucha, comme je l'ai déjà dit, le nerf de sa cuisse, et le rendit boiteux. Il faut voir dans Jacob le peuple des Juifs, ces milliers d'hommes qui précédaient et suivaient l'humble monture du Seigneur, et qui se joignaient aux apôtres pour l'adorer et s'écrier : « Hosanna au fils de David; béni soit celui qui vient au nom du Seigneur. » (*Matth.*, xxi, 9.) Voilà donc Jacob béni. Il est demeuré boiteux dans ceux qui sont restés dans le judaïsme. En effet, l'étendue de la cuisse signifie l'immense multitude du peuple juif. Le Psalmiste a parlé de ces Juifs opiniâtres, lorsqu'il a prophétisé que les Gentils embrasseraient la foi : « Un peuple que je ne connaissais pas, dit-il, m'a servi, il a prêté une oreille attentive à ma voix. » (*Ps.* xvii, 45.) Je n'étais pas avec ce peuple, et il m'a écouté; j'étais avec l'autre, et il m'a mis à mort. « Un peuple que je ne connaissais pas m'a servi, il a prêté une oreille attentive à ma voix. La foi vient donc de ce qu'on a entendu, et l'on entend parce qu'on a prêché la parole du Christ. » (*Rom.*, x, 17.) Le Psalmiste ajoute : « Des enfants rebelles ont menti contre moi, des enfants étrangers ont perdu leurs forces et se sont éloignés de leurs voies. » (*Ps.* xvii, 46.) Je vous ai fait connaître Jacob, Jacob béni et Jacob restant boiteux.

Chapitre IV. — *Pourquoi Abraham ne retient pas son premier nom avec celui qui lui est donné, tandis que Jacob les conserve tous deux.* — 4. Je ne veux pas oublier de vous parler ici, à cette occasion, d'une circonstance qui a pu d'elle-même préoccuper quelques-uns d'entre vous. Pourquoi, lorsque le nom d'Abraham, aïeul de Jacob, fut changé, ne fut-il plus dès lors appelé Abram? (*Gen.*, xvii, 5.) (En effet, il s'appelait d'abord Abram, et Dieu changea son nom et lui dit : Ton nom ne sera plus désormais Abram, mais Abraham.) Examinez les Ecritures, et vous y verrez qu'avant de recevoir un autre nom, il ne s'appelait qu'Abram, et qu'après l'avoir reçu, il porta le seul nom d'Abraham. Lorsque Jacob reçut un autre nom, l'ange lui dit aussi : « Tu ne t'appelleras plus Jacob, mais ton nom sera Israël. (*Gen.*, xxxii, 28; xxxv, 10.) Feuilletez les Ecri-

---

latitudinem femoris, et aruit ei : et factus est claudus Jacob. Ipse est ille victus. Tantum potuit ille victus, ut et femur tangeret, et claudum faceret. Ergo (*a*) volens victus est. Potestatem enim habuit ponendi virtutem suam, et potestatem habuit assumendi eam? (*Joan.*, x, 18.) Non irascitur victus, quia non irascitur crucifixus. Nam et benedixit eum, dicens : Non vocaberis Jacob, sed Israel. Tunc supplantator factus est videns Deum. Et tetigit, sicut dixi, femur ejus, et fecit eum claudicare. Attende in Jacob populum Judæorum, illa millia sequentium et præcedentium jumentum Domini, qui juncti Apostolis adorabant Dominum, et clamabant : Hosanna filio David, benedictus qui venit in nomine Domini. (*Matth.*, xxi, 9.) Ecce Jacob benedictus. Jam claudus remansit in eis, qui modo Judæi sunt. Latitudo enim femoris significat multitudinem generis. De quibus Psalmus, cum Gentes crediturus prophetasset, dicens : « Populus quem non cognovi servivit mihi, in auditu auris obedivit mihi. » (*Psal.* xvii, 45.) Non ibi fui, et auditus sum : hic fui, et occisus sum. « Populus quem non cognovi servivit mihi, » (*Rom.*, x, 17) in auditu auris obedivit mihi. Igitur fides ex auditu, auditus autem per verbum Christi. Et sequitur : Filii alieni mentiti sunt mihi : de Judæis. « Filii alieni mentiti sunt mihi, filii alieni inveteraverunt, et claudicaverunt a semitis suis. » (*Psal.* xvii, 46.) Assignavi vobis Jacob, et benedictum et claudum.

Caput IV. — *Abraham cur primum nomen suum cum posteriore non retinet, Jacob vero e contra.* — 4. Verum ex hac occasione non est prætereundum, quod potest fortasse sua sponte vestrum aliquem commovere : quid sibi vult, quod cum mutatum esset nomen Abrahæ avi hujus Jacob, (nam et ipse prius Abram vocabatur, et Deus mutavit illi nomen, et dixit : Non vocaberis Abram, sed Abraham ;) ex illo non est vocatus Abram. (*Gen.*, xvii, 5.) Quærite in Scripturis, et videbitis superius ante quam acciperet aliud nomen, non est vocatus nisi Abram : postea quam accepit, non est vocatus nisi Abraham. Iste autem Jacob, quando accepit aliud nomen, eadem verba audivit : Non vocaberis Jacob, sed vocaberis

---

(*a*) Sic aliquot Mss. Alii vero cum editis : *Ergo si volens victus est.*

tures, et vous y verrez qu'il a toujours été appelé des deux noms de Jacob et d'Israël. Abram, après avoir reçu un autre nom, n'est plus appelé qu'Abraham, et Jacob, après avoir reçu un nouveau nom, est appelé en même temps Jacob et Israël. C'est que le nom d'Abraham devait voir sa signification accomplie en ce monde, car il est devenu le père d'un grand nombre de nations, et c'est la cause de son nouveau nom. Le nom d'Israël, au contraire, a pour objet le monde à venir, où nous verrons Dieu. Le peuple de Dieu, le peuple chrétien est donc tout à la fois dans cette vie et Jacob et Israël, Jacob en réalité, Israël en espérance. En effet, le plus jeune peuple a supplanté son frère aîné. Est-ce que nous avons supplanté les Juifs? Oui, on peut dire que nous les avons supplantés, parce que c'est à cause de nous qu'ils l'ont été. S'ils n'avaient pas été aveugles, ils n'auraient pas crucifié Jésus-Christ; si Jésus-Christ n'avait pas été crucifié, son sang précieux n'aurait pas été répandu, et, sans l'effusion de ce sang divin, le monde n'était pas racheté. C'est donc parce que leur aveuglement nous a été profitable, que le plus jeune frère a supplanté son aîné, et qu'il a reçu le nom de *supplantateur*. Mais combien de temps le sera-t-il?

Chapitre V. — *La vision de Dieu est promise à Israël, qui doit embrasser la foi à la fin du monde.* — 5. Viendra le temps, viendra la fin du siècle, et tout Israël embrassera la foi, non pas les Israélites qui sont aujourd'hui, mais ceux de leurs enfants qui existeront alors. En effet, en poursuivant comme ils le font aujourd'hui leurs voies criminelles, ils arriveront au séjour qui leur est réservé, à la damnation éternelle. Or, c'est quand tout ce peuple sera entré dans l'unité, que s'accomplira ce que nous chantons : « Je serai rassasié lorsque m'apparaîtra votre gloire, » (*Ps.* xvi, 35) lorsque s'accomplira la promesse qui nous est faite de vous voir face à face. Nous ne voyons Dieu maintenant qu'imparfaitement, comme dans un miroir, et sous des images obscures; mais, lorsque les deux peuples seront purifiés, ressuscités, couronnés, devenus, par une transformation toute divine, immortels, incorruptibles pour l'éternité, ils verront Dieu face à face, et alors il n'y aura plus de Jacob, mais seulement Israël; alors le Seigneur abaissera les yeux sur eux, comme sur le juste Nathanaël, et dira : « Voilà un vrai Israélite, dans lequel il n'y a point de déguisement. » (*Jean*, i, 47.) Lorsque vous entendez ces paroles, rappelez-vous Israël, et que ce souvenir vous remette aussi en mémoire le songe où il vit une échelle qui montait de la terre au ciel, le Seigneur appuyé sur le haut de cette échelle, et les anges de Dieu qui en montaient et en descen-

---

Israel. (*Gen.*, xxxii, 28, et xxxv, 10.) Quærite Scripturas, et videte quia utrumque semper vocatus est, et Jacob et Israel. Accepto alio nomine, Abram non aliud est vocatus nisi Abraham : accepto alio nomine, Jacob, et Jacob vocatus est, et Israel. Nomen Abrahæ in hoc sæculo explicandum fuit : hic est enim factus pater multarum gentium, unde nomen accepit. Nomen autem Israel ad alterum sæculum pertinet, ubi videbimus Deum. Populus ergo Dei, populus Christianus, in hoc tempore et Jacob est et Israel, Jacob in re, Israel in spe. Supplantator enim fratris dicitur populus minor populi majoris. Numquid nos supplantavimus Judæos? Sed supplantatores dicimur illorum, quia nostri causa sunt supplantati. Nisi excæcati essent, Christus non crucifigeretur : si Christus non crucifigeretur, sanguis ille pretiosus non funderetur : si sanguis ille non funderetur, orbis terrarum non redimeretur. Quia ergo nobis profuit cæcitas illorum, ideo a minore fratre major supplantatus est, et appellatus est minor Supplantator. Sed quamdiu hoc?

Caput V. — *Israeli in fine credenti visio Dei promissa.* — 5. Veniet tempus, veniet finis sæculi, et credet totus Israel : non illi qui modo sunt, sed filii ipsorum qui tunc erunt. Nam modo isti per vias suas ambulantes ibunt ad loca sua, transibunt ad damnationem perpetuam. Quando autem factus fuerit unus totus populus, fiet illud quod canimus : Satiabor, dum manifestabitur gloria tua. (*Psal.* xvi, 35.) Dum venerit promissio, quæ nobis promittitur, ut videamus facie ad faciem. Modo videmus per speculum in ænigmate et ex parte : quando autem uterque populus jam purgatus, jam resuscitatus, jam coronatus, jam in immortalem formam et in incorruptionem perpetuam commutatus, videbit Deum facie ad faciem, et jam non erit Jacob, sed solus erit Israel; tunc cum in persona hujus sancti Nathanael videbit Dominus, et dicet : « Ecce vere Israelita, in quo dolus non est. » (*Joan.*, i, 47.) Quando audis : « Ecce vere Israelita; » veniat tibi in mentem Israel : cum venerit tibi in mentem Israel; veniat tibi in mentem somnium illius, in quo somnio scalam vidit a terra usque ad cœlum, Dominum superincumbentem, Angelos Dei ascendentes et descendentes. Hoc somnium Jacob vidit. Post hoc autem appellatus est Israel : id est, post paululum veniens de Meso-

daient les degrés. Tel fut le songe de Jacob, après lequel il reçut le nom d'Israël, peu de temps après son retour de la Mésopotamie et pendant son voyage. Si donc Jacob, qui a été appelé Israël, a vu cette échelle mystérieuse; si, d'un autre côté, Nathanaël est ce vrai Israélite dans lequel il n'y a point de déguisement, vous devez comprendre pourquoi Nathanaël s'étonnant que le Seigneur lui eût dit : « Je vous ai vu sous le figuier, » (*Ibid.*, 48) Jésus lui répond : « Vous verrez de plus grandes choses, » (*Ibid.*, 50) et pourquoi il lui rappelle le songe de Jacob. Et à qui le Sauveur rappelle-t-il ce songe ? A celui qu'il appelle un vrai Israélite, dans lequel il n'y a point de déguisement. Il semble lui dire : Vous verrez s'accomplir en vous le songe de celui dont je vous ai donné le nom; suspendez votre admiration, vous verrez de plus grandes choses : « Vous verrez le ciel ouvert, et les anges de Dieu montant et descendant sur le Fils de l'homme. » (*Ibid.*, 51.) Voilà ce qu'a vu Jacob, voilà pourquoi il répandit de l'huile sur la pierre, voilà pourquoi il a été, comme prophète, le symbole et la figure du Christ, car ce fait était une véritable prophétie.

CHAPITRE VI. — *Jésus-Christ est tout à la fois sur la terre et dans le ciel.* — 6. Je sais ce que vous attendez maintenant, je comprends ce que vous désirez savoir de moi. Je vous expliquerai en peu de mots, comme Dieu m'en fera la grâce, ces paroles : « Vous verrez les anges montant et descendant sur le Fils de l'homme. » S'ils descendent et s'ils montent vers lui, est-il donc à la fois sur la terre et dans le ciel ? Oui, par là même qu'ils montent et descendent vers lui, il est à la fois dans le ciel et sur la terre. Il est absolument impossible qu'ils montent vers lui et qu'ils descendent sur lui, s'il n'est tout ensemble là où ils montent et là où ils descendent. Comment prouver sa présence simultanée dans le ciel et sur la terre ? C'est à Paul, qui portait d'abord le nom de Saul, de nous répondre. Il connut lui-même cette vérité par expérience, lorsque de persécuteur qu'il était, il devint prédicateur; lorsque de Jacob il devint Israël, lui qui était de la race d'Israël et de la tribu de Benjamin. (*Philip.*, III, 5.) C'est à lui de nous faire voir que Jésus-Christ est en même temps dans le ciel et sur la terre. Et d'abord la voix du Seigneur qui descend du ciel prouve cette vérité : « Saul, Saul, pourquoi me persécutez-vous ? » (*Act.*, IX, 4.) Est-ce que Paul était monté dans les cieux ? Avait-il du moins lancé une pierre contre le ciel ? Non, il persécutait les chrétiens, il les chargeait de chaînes, il les traînait à la mort, il les cherchait partout où ils se cachaient, et ne les épargnait en aucune manière lorsqu'il les avait trouvés. C'est alors que le Seigneur lui crie : « Saul, Saul. » D'où lui fait-il entendre ce cri ? Du haut du ciel. Il est

---

potamia et agens iter. Si ergo Jacob vidit scalam, qui est et Israel appellatus; est autem et Nathanael iste vere Israelita, in quo dolus non est : ideo cum miratus esset quia dixit ei Dominus : « Sub arbore fici vidi te; » (*Ibid.*, 48) dixit ei : « Majus his videbis. » (*Ibid.*, 50.) Et item dixit ei somnium Jacob. Cui dixit ? Ei quem appellavit Israelitam, in quo dolus non esset. Quasi qui diceret : Cujus nomine te appellavi, ipsius somnium in te apparebit : noli festinare mirari, majora horum videbis. « Videbitis cœlum apertum, et Angelos Dei ascendentes et descendentes ad Filium hominis. » (*Ibid.*, 51.) Ecce quod vidit Jacob : ecce quare perfudit oleo Jacob : ecce quare Christum (a) propheta significavit et figuravit Jacob. Illud enim factum prophetia erat.

CAPUT VI. — *Christus et hic et sursum est.* — 6. Nunc quid exspectetis, novi : quid a me velitis audire, intelligo. Dicam et hoc breviter, ut Dominus donat : « ascendentes et descendentes Angelos ad Filium hominis. » Quomodo si descendunt ad illum, hic est; si ascendunt ad illum, sursum est ? Si autem ad illum ascendunt, ad illum descendunt, et sursum est, et hic est. Nullo pacto fieri potest, ut ad illum ascendant, et ad illum descendant, nisi et ibi sit quo ascendant, et hic sit quo descendant. Quomodo probamus et illic eum esse, et hic eum esse ? Respondeat nobis Paulus, qui primo Saulus. Expertus est illud ipse, quando prius erat persecutor, et postea factus est prædicator : prius Jacob, postea Israel : qui erat et ipse de genere Israel, de tribu Benjamin erat. (*Philip.*, III, 5.) In illo videamus Christum sursum, Christum deorsum. Primo ipsa Domini vox de cœlo hoc ostendit : Saule, Saule, quid me persequeris ? (*Act.*, IX, 4.) Numquid Paulus in cœlum ascenderat ? Numquid Paulus saltem lapidem in cœlum miserat ? Christianos persequebatur, ipsos ligabat, ipsos occidendos trahebat, ipsos ubique latentes quærebat, ipsis inventis nulla ratione parcebat. Qui ait Dominus Christus : Saule, Saule. Unde clamat ? De cœlo. Ergo sursum est. Quid me perse-

(a) Editi, *prophetam*. At plerique Mss. *propheta* : forte pro, *in prophetia*.

donc dans le ciel. « Pourquoi me persécutez-vous? » Il est donc en même temps sur la terre. J'ai tout expliqué, quoique en peu de mots et comme je l'ai pu, à votre charité. J'ai accompli mon devoir en vous donnant, accomplissez le vôtre en pensant aux pauvres. Tournons-nous vers le Seigneur, etc.

SERMON CXXIII.

Sur ces paroles du chapitre II de l'Evangile selon saint Jean : *Jésus fut aussi invité aux noces avec ses disciples*, etc.

CHAPITRE PREMIER. — *L'humilité de Jésus-Christ est le remède de notre orgueil.* — 1. Vous le savez, mes frères, car vous l'avez appris lorsque vous avez commencé à croire en Jésus-Christ, et notre ministère nous fait un devoir de vous le rappeler constamment, le remède à l'orgueil de l'homme, c'est l'humilité de Jésus-Christ. En effet, l'homme n'eût point péri s'il ne s'était laissé enfler par l'orgueil. « Le commencement de tout péché, dit la sainte Ecriture, c'est l'orgueil. » (*Ecclés.*, x, 5.) A ce commencement de tout péché il a fallu opposer le commencement de toute justice. Or, si l'orgueil est le commement de tout péché, comment aurait-on pu guérir cette enflure de l'orgueil, si Dieu n'avait daigné se faire humble ? Que l'homme superbe rougisse donc en présence de l'humilité d'un Dieu. Lorsqu'on dit à l'homme qu'il doit s'humilier, il dédaigne cette recommandation, et il cède à l'orgueil qui l'excite à se venger des injures qui lui sont faites. Il refuse de s'humilier, et il veut se venger, comme si la peine d'autrui était un gain pour lui. Lui a-t-on causé quelque tort, fait quelque injustice, il cherche aussitôt à se venger, il cherche un remède dans le châtiment d'autrui, et n'y trouve qu'un cruel tourment. Voilà pourquoi Notre-Seigneur a voulu s'humilier dans toutes les circonstances de sa vie; c'est ainsi qu'il nous trace la voie que nous devons suivre, si toutefois nous ne refusons pas d'y marcher.

CHAPITRE II. — *Pourquoi, lorsque Jésus-Christ eut faim, il ne changea point les pierres en pain, comme il a changé aux noces de Cana l'eau en vin.* — 2. Choisissons une de ces circonstances. Le Fils de la Vierge assiste à une noce (*Jean*, II), lui qui, dans le sein de son Père, a institué les noces. La première femme, qui a été la cause du péché, a été tirée de l'homme sans que la femme ait concouru à sa naissance ; ainsi l'homme qui efface le péché est né de la femme, sans le concours de l'homme. L'un est l'auteur de notre ruine, l'autre de notre résurrection. Or qu'a-t-il fait dans cette noce ? Il a changé l'eau en vin. Quelle plus grande preuve de sa puissance ? Et cependant celui qui pouvait opérer de tels prodiges a daigné se réduire à

queris? Ergo deorsum est. Omnia, etsi breviter, ut potui, exposui Caritati Vestræ. Erogavi quod ad me pertinet : quod autem ad vos pertinet, pauperes cogitate. Conversi ad Dominum, etc.

SERMO CXXIII (a).

De verbis Evangelii Joan., II : *Vocatus est autem et Jesus et discipuli ejus ad nuptias*, etc.

CAPUT PRIMUM. — *Humilitas Christi medicina superbiæ nostræ.* — 1. Scitis Fratres, in Christum enim credentes didicistis, et assidue etiam nos ministerio nostro commendamus vobis, quod medicina tumoris hominis humilitas est Christi. Non enim perisset homo, nisi (b) superbia tumuisset. Initium enim, sicut Scriptura dicit, omnis peccati superbia. (*Eccl.*, x, 15.) Contra initium peccati, initium justitiæ necessarium fuit. Si ergo initium omnis peccati superbia ; unde sanaretur tumor superbiæ, nisi Deus dignatus esset humilis fieri ? Erubescat homo esse superbus ; quoniam factus est humilis Deus. Nam quando dicitur homini ut humiliet se, dedignatur : et ut velint homines vindicari quando læduntur, superbia facit. (c) Cum humiliari dedignantur, vincari volunt : quasi pœna cuique prodesse possit aliena. Læsus et injuriam passus, vindicari vult : de aliena pœna sibi quærit medicamentum, et acquirit grande tormentum. Ideo in omnibus Dominus Christus humiliari dignatus est, præbens nobis viam : si tamen dignemur ambulare per eam.

CAPUT II. — *Cur Christus esuriens non fecit panem de lapide, sicut in nuptiis vinum de aqua.* — 2. Ecce inter cætera Filius virginis venit ad nuptias (*Joan.*, II) : qui, cum apud Patrem esset, instituit nuptias. Quomodo facta est prima mulier, per quam venit peccatum, de viro sine femina : sic vir, per quem deletum est peccatum, de femina sine viro. Per illum ruimus, per hunc surgimus. Et quid in ipsis nuptiis

---

(a) Alias XLI, de verbis Domini. — (b) Am. Er. et plerique Mss. *nisi superbiam suscepisset.* Quidam, *nisi superbia suscepisset.* — (c) Mss. *superbia facit, quia humiliari dedignantur.* Et nonnulli, *dedignantur.*

l'indigence. Celui qui a changé l'eau en vin aurait pu aussi changer les pierres en pain. C'était un acte de la même puissance ; mais Jésus-Christ ne voulut point le faire pour ne point céder à la tentation du démon. Vous savez, en effet, que le démon suggéra cette pensée à Notre-Seigneur Jésus-Christ, lorsqu'il vint pour le tenter. Il a souffert de la faim, parce qu'il s'y est soumis volontairement, et que c'était un acte d'humilité. Le pain de vie a eu faim, comme la voie a été fatiguée, comme la santé a été blessée, comme la vie a souffert la mort. Le tentateur donc, voyant qu'il avait faim, lui dit : « Si vous êtes le Fils de Dieu, dites que ces pierres se changent en pain. » (*Matth.*, IV, 3.) La réponse qu'il fit au tentateur vous enseigne comment vous devez lui répondre vous-même. Le général combat pour apprendre à ses soldats comment ils doivent eux-mêmes combattre. Que lui répondit-il? « L'homme ne vit pas seulement de pain, mais de toute parole de Dieu. » (*Ibid.*, 4.) Il ne voulut donc point changer ces pierres en pain, ce qu'il aurait pu faire aussi facilement que de changer l'eau en vin. Il n'avait besoin que de la même puissance pour changer une pierre en pain ; mais il ne l'a point fait pour montrer au tentateur qu'il méprisait ses conseils. Cet ennemi ne peut être vaincu que par le mépris. Or, après qu'il eut ainsi remporté la victoire sur le démon, les anges s'approchèrent de Jésus et le servirent. Mais, pourquoi celui qui avait une si grande puissance fait-il l'un de ces miracles de préférence à l'autre qu'il refuse de faire ? Lisez, ou plutôt, rappelez-vous ce que vous venez d'entendre. Qu'arriva-t-il, lorsque Jésus changea l'eau en vin ? Qu'ajoute l'Evangéliste ? « Et ses disciples crurent en lui. » (*Jean*, II, 11.) Or, le démon aurait-il aussi cru en lui ?

CHAPITRE III. — *L'humilité de Jésus-Christ est pour nous le chemin vers la patrie.* — 3. Celui donc qui a pu opérer de si grands prodiges s'est assujetti à la faim, à la soif, à la fatigue, au sommeil; il a consenti à être garrotté, frappé de verges, crucifié, mis à mort. Il nous trace ainsi le chemin; marchez par le chemin de l'humilité, si vous voulez parvenir à l'éternité. Jésus-Christ Dieu est la patrie vers laquelle nous tendons; Jésus-Christ homme est la voie par laquelle nous marchons. C'est vers lui que nous allons. C'est vers lui que nous marchons; pourquoi craindre de nous égarer ? Il est venu parmi nous sans quitter son Père. Il était allaité par sa mère, et il soutenait le monde. Il était couché dans une crèche, et il était en même temps la nourriture des anges. Dieu et homme tout à la fois ; en lui celui qui est Dieu est homme, celui qui est homme est Dieu; son humanité, toutefois, n'a point le même principe que sa divinité. Il est Dieu, parce qu'il est le Verbe ; il est homme, parce que le Verbe s'est fait chair, en restant Dieu et en prenant la chair de l'homme; il est devenu ce qu'il n'était pas, sans perdre ce

---

fecit? De aqua vinum. Quid potentius ? Qui poterat talia facere, dignatus est indigere. Qui fecit de aqua vinum, potuit facere et de lapidibus panem. Eadem potentia erat : sed tunc diabolus tentavit, ideo Christus non fecit. Scitis enim quando tentatus est Dominus Christus, hoc ei suggessit diabolus. Esurivit enim, quia et hoc dignatus est, quia et hoc ad humilitatem pertinuit. Esurivit panis, sicut defecit via, sicut vulnerata est sanitas, sicut mortua est vita. Cum ergo esuriret, ut nostis, ait illi tentator : Si Filius Dei es, dic lapidibus istis, ut panes fiant. (*Matth.*, IV, 3.) Et respondit tentatori, docens te respondere tentatori. Ad hoc enim pugnat imperator, ut milites discant. Quid respondit? Non in solo pane vivit homo, sed in omni verbo Dei. (*Ibid.*, 4.) Et non fecit de lapidibus panes, qui utique sic potuit facere, sicut de aqua vinum. Ejusdem enim potentiæ est facere de lapide panem : sed non fecit, ut voluntatem contemneret tentatoris. Aliter enim tentator non vincitur, nisi contemnatur. Et cum vicisset diabolum tentatorem, venerunt Angeli, et ministrabant ei. Qui ergo tantum poterat, quare illud non fecit, et hoc fecit ? Lege, imo, recole, quod modo audisti, quando fecit hoc, id est, de aqua vinum : quid addidit Evangelista ? « Et crediderunt in eum discipuli ejus. » (*Joan.*, II, 11.) Numquid tunc diabolus fuerat crediturus ?

CAPUT III. — *Via ad patriam Christus humilis.* — 3. Qui ergo tanta potuit, esurivit, sitivit, fatigatus est, dormivit, comprehensus est, cæsus est, crucifixus est, occisus est. Ista est via : ambula per humilitatem, ut venias ad æternitatem. Deus Christus patria est quo imus : homo Christus via est qua imus. Ad illum imus, per illum imus : quid timemus ne erremus? Non recessit a Patre, et venit ad nos. Ubera sugebat, et mundum continebat. In præsepi jacebat, et Angelos pascebat. Deus et homo, idem Deus qui homo, idem homo qui Deus. Sed non unde homo, inde Deus. Deus quia Verbum : homo, quia Verbum caro factum est, et Deus manendo, et ho-

qu'il était. Ainsi donc, après que son humilité l'a porté à souffrir, à mourir, à être enseveli, il est ressuscité, il est monté dans les cieux, il est assis à la droite du Père, tandis que, sur la terre, il est pauvre dans la personne de ses pauvres. Déjà hier (1), j'ai exposé cette vérité à votre charité, à l'occasion des paroles de Jésus à Nathanaël : « Vous verrez de plus grandes choses ; en vérité, je vous le dis : vous verrez le ciel ouvert, et les anges de Dieu montant et descendant sur le Fils de l'homme. » (*Jean*, I, 50, 51.) Nous avons cherché ce que signifiaient ces paroles, et nous en avons parlé longuement ; est-il nécessaire de revenir aujourd'hui sur le même sujet ? Ceux qui étaient présents n'ont qu'à rappeler leurs souvenirs ; cependant je vais en dire quelques mots.

CHAPITRE IV. *Jésus-Christ est tout à la fois en haut et en bas, au ciel et sur la terre.* — 4. Notre-Seigneur ne dirait pas des anges, qu'ils montent sur le Fils de l'homme, s'il n'était en haut, ni qu'ils descendent sur le Fils de l'homme, s'il n'était en bas. Il est donc tout à la fois en haut et en bas ; en haut, dans sa personne divine, en bas dans la personne des siens ; en haut, dans le sein du Père, en bas, parmi nous. D'où partait cette voix qui se fit entendre à Saul : « Saul, Saul, pourquoi me persécutez-vous ? » (*Act.*, IX, 4.) Il ne dirait pas : « Saul, Saul, » s'il n'était en haut. Ce n'est pas dans le ciel que Saul le persécutait. Celui qui est dans le ciel ne dirait pas : Pourquoi me persécutez-vous, s'il n'était en même temps sur la terre. Craignez donc le Christ dans le ciel, et sachez reconnaître le Christ sur la terre. Au ciel, Jésus-Christ est pour vous un bienfaiteur libéral ; sur la terre, il est réduit à l'indigence. Ici bas il est pauvre, au ciel il est riche. Jésus-Christ est pauvre sur la terre, et il se charge de le prouver à notre place : « J'ai eu faim, j'ai eu soif, j'étais nu, j'étais étranger, j'étais en prison. » (*Matth.*, XXV, 35.) « Et vous m'avez assisté, dira-t-il aux uns ; et vous ne m'avez pas assisté, dira-t-il aux autres. » Jésus-Christ est pauvre, je vous l'ai suffisamment prouvé. Qui ne connaît la richesse de Jésus-Christ ? N'en donne-t-il pas une preuve en changeant l'eau en vin ? Si l'on est riche pour avoir du vin, combien plus riche est celui qui crée le vin ! Jésus-Christ est donc à la fois riche et pauvre ; il est riche comme Dieu, il est pauvre en tant qu'homme. Maintenant il est riche aussi en tant qu'homme, parce qu'il est monté au ciel et qu'il est assis à la droite du Père ; cependant il est encore pauvre sur la terre, où il souffre de la faim, de la soif, de la nudité.

CHAPITRE V. — *Tout homme est pauvre et le mendiant de Dieu.* — 5. Et vous, qu'êtes-vous ? Etes-vous riche ou pauvre ? Beaucoup d'entre vous me répondent : Je suis pauvre, et ils disent

(1) Dans le sermon précédent.

---

minis carnem assumendo ; addendo quod non erat, non perdendo quod erat. Ergo et modo jam passus per ipsam humilitatem, jam mortuus, jam sepultus, jam resurrexit, jam ascendit in cœlum, ibi est et sedet ad dexteram Patris : et hic est egens in pauperibus suis. Etiam hesterno die hoc commendavi Caritati vestræ, propter illud quod dixit Nathanaeli : « Majus his videbis. Dico enim vobis, videbitis cœlum apertum, et Angelos Dei ascendentes et descendentes ad Filium hominis. » (*Joan.*, I, 50, 51.) Quæsivimus quid esset, et diu locuti sumus : numquid et hodie eadem replicare debemus ? Qui adfuerunt recordentur : breviter tamen commemoro.

CAPUT IV. — *Christus et sursum et deorsum.* — 4. Non diceret : « ascendentes ad filium hominis, » nisi sursum esset : non diceret : « descendentes ad Filium hominis, » nisi et deorsum esset. Ipse sursum, ipse deorsum : sursum in se, deorsum in suis : sursum apud Patrem, deorsum in nobis. Unde et vox illa ad Saulum : Saule, Saule, quid me persequeris ? (*Act.*, IX, 4.) Non diceret, Saule, Saule, nisi quia sursum erat. Sursum eum Saulus non persequebatur : non diceret : Quid me persequeris, qui sursum erat, nisi esset et deorsum. Timete Christum sursum, agnoscite deorsum. Habe Christum sursum largientem, hic agnosce indigentem. Hic pauper est, ibi dives est. Quod hic pauper est Christus, pro nobis ipse loquitur : Esurivi, sitivi, nudus fui, hospes fui, in carcere fui. (*Matth.*, XXV, 35.) Et quibusdam dixit : Ministrastis mihi : quibusdam dixit : Non mihi ministrastis. Ecce probavimus Christum pauperem : Christum divitem quis nescit ? Et hic ad ipsas divitias pertinebat, ut aquam in vinum verteret. Si dives est qui habet vinum, qualis dives est qui facit vinum ! Ergo dives et pauper Christus : tanquam Deus dives, tanquam homo pauper. Jam et ipse homo dives ascendit in cœlum, sedet ad dextram Patris : adhuc tamen hic pauper esurit, sitit, nudus est.

CAPUT V. — *Omnis homo pauper et mendicus Dei.* — 5. Tu quid es ? Dives, an pauper ? Multi mihi dicunt : Pauper sum : et verum dicunt. Agnosco pauperem aliquid habentem, agnosco et indigentem. Sed habet

vrai. Je vois des pauvres qui ont quelque chose, j'en vois qui sont dans l'indigence. Mais en voici un chez qui abondent l'or et l'argent; oh! s'il connaissait sa pauvreté! Or, il la reconnaîtra, s'il considère le pauvre qui est près de lui; car enfin, quelle que soit d'ailleurs votre opulence, vous qui êtes riche, vous êtes le mendiant de Dieu. Voici l'heure de la prière, et c'est là que je vous en donne la preuve. Vous demandez; or, la demande n'est-elle pas un aveu de votre pauvreté? Je vais plus loin; vous demandez du pain. N'allez-vous pas dire : « Donnez-nous aujourd'hui notre pain de chaque jour. » (*Matth.*, VI, 11.) Vous donc qui demandez chaque jour votre pain, êtes-vous riche au pauvre? Et cependant Jésus-Christ vous dit : Donnez-moi ce que je vous ai donné moi-même. Qu'avez-vous apporté en venant au monde? Vous avez trouvé à votre naissance toutes les choses que j'ai créées, vous n'avez rien apporté ici-bas, et vous n'en emporterez rien. Pourquoi donc ne pas me donner de ce qui m'appartient, puisque vous regorgez de bien, tandis que le pauvre est dans un entier dénûment. Remontez au commencement de votre existence; vous êtes nés tous deux dans une complète nudité, vous, aussi bien que le pauvre. Vous avez trouvé ici-bas les biens en abondance, mais avez-vous apporté quelque chose avec vous? Je demande ce qui vient de moi; donnez, et je vous le rendrai; j'ai été votre bienfaiteur, faites de moi votre débi-

teur. Ce n'est pas assez de vous dire : Je suis votre bienfaiteur, rendez-moi votre débiteur; prêtez-moi à usure. Vous me donnez peu, je vous rendrai beaucoup plus. Vous me donnez les biens de la terre, je vous rendrai les biens du ciel. Vous me donnez les biens du temps, je vous rendrai les biens de l'éternité. Je vous rendrai vous-même à vous-même, lorsque j'aurai pris de nouveau possession de vous-même.

SERMON CXXIV.

Sur ces paroles du chapitre v de l'Evangile selon saint Jean : *Il y a dans Jérusalem la piscine des brebis*, etc.

CHAPITRE PREMIER. — *La guérison du malade qui descendait dans la piscine était un fait symbolique et figuratif.* — 1. La dernière lecture que vous venez d'entendre est celle du saint Evangile; elle nous a rendus attentifs et excité en nous le désir d'en connaître la signification mystérieuse. C'est, je pense, ce que vous attendez de moi; c'est ce que je me propose de vous exposer, dans la mesure de mes forces, avec la grâce de Dieu. Ces miracles, nous ne pouvons en douter, ne s'opéraient point sans raison, et ils figuraient les différentes circonstances de notre salut éternel. En effet, combien durait la santé du corps qui était rendue à cet homme? « Qu'est-ce que notre vie, dit la sainte Ecriture? Une vapeur qui paraît pour un peu de temps

---

quidam multum auri et argenti. O si agnoscat se pauperem! Agnoscit se pauperem, si agnoscit juxta se pauperem. Quid enim? Quantumvis habeas quicumque dives es, Dei mendicus es. Venitur ad horam orationis, et ibi te probo. Petis. Quomodo non pauper es, qui petis? Plus addo : Panem petis. An non es dicturus : Panem nostrum quotidianum da nobis? (*Matth.*, VI, 11.) Qui panem quotidianum petis, pauper es, an dives? Et tamen Christus dicit tibi : Da mihi ex eo quod dedi tibi. Quid enim attulisti, quando huc venisti? Omnia quæ creavi, creatus hic invenisti : nihil attulisti, nihil hinc tolles. De meo mihi quare non donas. Quia tu plenus es, et pauper inanis est. Primordia vestra attendite : ambo nudi nati estis. Et tu ergo nudus natus es. Multa hic invenisti : numquid tecum aliquid attulisti? De meo quæro : da, et reddo. Habuisti me largitorem, fac cito debitorem. Parum est quod dixi : Habuisti me largitorem, fac me debitorem : habeam te fœneratorem. Pauca mihi

das, plura reddam. Terrena mihi das, cœlestia reddam. Temporalia mihi das, æterna restituam. Te ipsum tibi reddam, quando te mihi reddidero.

SERMO CXXIV (a).

De verbis Evangelii Joan., v : *Est autem Jerosolymis probatica piscina*, etc.

CAPUT PRIMUM. — *Ægroti ad piscinam sanatio fuit figurativa.* — 1. Recentissima in auribus nostris sonuit Evangelica lectio, et ad cognoscendum quid sibi vellent quæ lecta sunt, fecit attentos. Hoc de me exspectari arbitror, hoc me pro viribus expositurum, Domino adjuvante, polliceor. Procul dubio enim non frustra fiebant illa miracula, et aliquid nobis pro æterna salute figurabant. Nam salus corporis quæ reddita est homini, quanti temporis fuit? Quæ est enim vita vestra, dicit sancta Scriptura? « Vapor est, inquit, ad modicum apparens, deinceps exterminabitur. » (*Jacob.*, IV, 15.)

(a) Alias XLII, de verbis Domini. — (b) Omnes Mss. *Reverentissima*.

et qui ensuite est dissipée. » (*Jacq.*, iv, 15.) La santé, que recouvrait pour un temps cet homme, n'était donc qu'un léger prolongement de la durée de cette vapeur. Il ne faut donc point y attacher un grand prix : « Le salut de l'homme est trompeur, » dit le Psalmiste. (*Ps.* lix, 13.) Rappelez-vous aussi, mes frères, le témoignage que les prophètes et l'Evangile rendent à cette vérité. Ne lisons-nous pas dans l'Evangile : « Toute chair n'est que de l'herbe, et toute sa gloire ressemble à la fleur des champs; l'herbe a séché, la fleur a tombé, mais le Verbe du Seigneur demeure éternellement. » (*Isaïe*, xl, 6; *Jacq.*, i, 10; I *Pierre*, i, 4.) Le Verbe du Seigneur entoure cette herbe même de gloire, et d'une gloire qui ne passe point, car il communique à la chair l'immortalité.

Chapitre II. — *Toute cette vie n'est que tribulation; les deux bourreaux de l'âme sont la crainte et la douleur.* — 2. Mais il faut auparavant laisser passer les tribulations de cette vie au milieu desquelles nous sommes secourus par celui à qui nous disons : « Secourez-nous, Seigneur, dans la détresse. » (*Ps.*, lix, 13.) Notre âme a ici-bas deux bourreaux qui la torturent non pas ensemble, mais successivement. Ces deux bourreaux sont la crainte et la douleur. Etes-vous dans la prospérité, vous craignez; êtes-vous dans l'infortune, vous souffrez. Quel est l'homme dans ce monde qui ne cède point à la séduction de la prospérité, ou qui ne se laisse point abattre à l'adversité? Il faut donc, dans cette condition si fragile et dans ces jours, dont la durée est comme celle de l'herbe, prendre la voie la plus sûre, le Verbe de Dieu. En effet, après avoir dit : « Toute chair est comme de l'herbe, et sa gloire est comme la fleur des champs; l'herbe a séché et la fleur est tombée, » le Prophète, comme s'il répondait à cette question : Quelle espérance a donc cette herbe, quelle durée stable peut avoir la fleur de l'herbe? ajoute : « Mais le Verbe du Seigneur demeure éternellement. » Et comment le Verbe de Dieu s'est-il rapproché de moi? « Le Verbe s'est fait chair, et il a habité parmi nous. » (*Jean*, i, 14.) Voici donc ce que vous dit le Verbe du Seigneur : Ne dédaignez point mes promesses, puisque je n'ai point dédaigné votre nature fragile comme l'herbe des champs. Or, cette grâce que nous a communiquée le Verbe du Seigneur, de nous tenir attachés à lui pour ne point passer comme la fleur des champs, ce don précieux qu'il nous a fait lorsque le Verbe lui-même s'est fait chair en prenant notre chair, sans transformer sa nature, en demeurant ce qu'il était, et en prenant ce qu'il n'était pas, cette grâce, ce don précieux sont figurés par cette piscine. (*Jean* v.)

Chapitre III. — *Que figurait cette piscine?* — 3. Je l'expliquerai en peu de mots : Cette eau, c'est le peuple juif; les cinq portiques,

---

Quod ego illius hominis corpori ad tempus reddita est sanitas, reddita est nonnulla vapori diuturnitas. Non itaque pro magno illud habendum est : Vana salus hominis. (*Psal.* lix, 13.) Et illud recolite, Fratres, illud Propheticum et Evangelicum, quia in Evangelio legitur hoc testimonium : Omnis caro fœnum, et omnis honor carnis ut flos fœni; fœnum aruit, flos decidit, Verbum Domini manet in æternum. (*Isai.*, xl, 6; *Jacob.*, i, 10; I *Petr.*, i, 24.) Verbum Domini etiam fœno dat honorem, et honorem non transitorium : dat enim et carni immortalitatem.

Caput II. — *Tota hæc vita tribulatio est. Tortores animæ, timor et dolor.* — 2. Sed prius transit tribulatio vitæ hujus, de qua nobis præstat auxilium, cui diximus : Da nobis auxilium de tribulatione. Tota quippe ista vita intelligentibus tribulatio est. (*Psal.* lix, 13.) Sunt enim duo tortores animæ, non simul torquentes, sed cruciatum alternantes. Horum duorum tortorum nomina sunt : Timor et dolor. Quando tibi bene est, times : quando male est, doles. Sæculi hujus quem non decipit prosperitas, non frangit adversitas? Tenenda est in hoc fœno et in diebus fœni via tutior, Verbum Dei. Cum enim dictum esset : « Omnis caro fœnum, et omnis honor carnis ut flos fœni; fœnum aruit, flos decidit : » quasi nos quæramus : Quæ fœno spes? quæ flori fœni stabilitas? « Sed Verbum, inquit, Domini manet in æternum : » Et unde, inquis, ad me Verbum Domini? Verbum caro factum est, et habitavit in nobis. (*Joan.*, i, 14.) Verbum enim Domini tibi dicit : Noli respuere promissum meum, quia non respui fœnum tuum. Hoc ergo quod nobis præstitit Verbum Domini, ut ad ipsum nos teneremus, ne cum flore fœni transiremus : hoc ergo quod nobis præstitit, ut Verbum caro fieret, suscipiens carnem, non mutatum in carnem; manens et assumens, manens quod erat, assumens quod non erat : hoc ergo quod nobis præstitit, etiam piscina illa significat. (*Joan.*, v.)

Caput III. — *Piscinæ probaticæ significatio.* — 3. Breviter dico : Aqua illa, Judaicus populus erat : quinque porticus, Lex. Quinque enim libros scripsit

c'est la loi écrite par Moïse en cinq livres. Cette eau était donc entourée par cinq portiques, comme le peuple par la loi qui le contenait. L'eau qui s'agitait et se troublait, c'est la passion du Sauveur au milieu de ce peuple. Celui qui descendait dans cette eau était guéri, mais un seul, pour figurer l'unité. Ceux qui ne peuvent souffrir qu'on leur parle de la passion du Christ sont des orgueilleux; ils ne veulent point descendre et ne sont point guéris. Quoi, dit cet homme superbe, je croirais qu'un Dieu s'est incarné, qu'un Dieu est né d'une femme, qu'un Dieu a été crucifié, flagellé, qu'il a été couvert de plaies, qu'il est mort et a été enseveli? Non, jamais je ne croirais à ces humiliations d'un Dieu, elles sont indignes de lui. Laissez parler ici votre cœur plutôt que votre tête. Les humiliations d'un Dieu paraissent indignes aux superbes, aussi sont-ils bien éloignés de la guérison. Gardez-vous donc de cet orgueil; si vous désirez votre guérison, consentez à descendre. Votre religion aurait lieu de s'alarmer, si on vous disait que le Christ a subi quelque changement en s'incarnant. Mais non; la vérité vous enseigne que le Christ est immuable, considéré comme Verbe. « Au commencement était le Verbe, et le Verbe était en Dieu, non pas un Verbe qui retentit et passe, car le Verbe était Dieu. » (*Jean*, I, 1.) Votre Dieu a donc en partage l'immutabilité. O piété véritable, votre Dieu reste ce qu'il était; n'ayez aucune crainte, il ne périt point et il vous empêche vous-même de périr. Oui, il demeure ce qu'il est; il naît d'une femme, mais c'est selon la chair. Comme Verbe, il a créé sa propre mère. Celui qui était avant de se faire homme a créé celle dans le sein de laquelle il devait se faire homme. Il a été enfant, mais selon la chair; il a été allaité, il a grandi, il a pris des aliments, il a parcouru les âges de la vie jusqu'à la jeunesse de l'homme fait, mais toujours selon la chair. C'est aussi comme homme qu'il a dormi pour se reposer de ses fatigues; c'est comme homme qu'il a souffert la faim et la soif; c'est comme homme qu'il a été saisi, garrotté, flagellé, couvert d'outrages, enfin crucifié et mis à mort. Pourquoi vous effrayer? Le Verbe du Seigneur demeure éternellement. Celui qui repousse ces humiliations d'un Dieu ne veut pas être guéri de l'enflure mortelle de son orgueil.

CHAPITRE IV. — *Jésus-Christ a pris notre mortalité, pour nous donner son immortalité.* — 4. Notre-Seigneur Jésus-Christ, par son incarnation, a donc rendu l'espérance à notre chair. Il a pris les fruits trop connus et si communs de cette terre, la naissance et la mort. La naissance et la mort, voilà, en effet, les biens que la terre possédait en abondance; mais on n'y trouvait ni la résurrection, ni la vie éternelle. Il a trouvé ici les fruits malheureux de cette

---

Moises : Ergo aqua quinque porticibus cingebatur, sicut ille populus Lege coercebatur. Aquæ perturbatio, in illo populo est Domini passio. Qui descendebat sanabatur, nonnisi unus: quia (*a*) ipsa est unitas. Quibuscumque ista displicet Christi passio, superbi sunt : nolunt descendere, non sanantur. Et ego, inquit, crediturus sum Deum in carne, Deum natum ex femina, Deum crucifixum, flagellatum, mortuum, vulneratum, sepultum? Absit ut hoc credam de Deo, indignum est. Cor loquatur, non cervix. Superbo videtur indigna Domini humilitas, ideo a talibus longe fit sanitas. Noli te extollere : si vis sanari, descende. Expavescere pietas debuit, si Christus in carne mutabilis diceretur. Nunc autem commendat tibi veritas immutabilem Christum, quantum attinet ad Verbum. « In principio enim erat Verbum, et Verbum erat apud Deum : » non quod sonaret, et transiret; quia Deus erat Verbum. (*Joan.*, I, 1.) Manet ergo Deus tuus immutabilis. O verax pietas : manet Deus tuus : noli timere, non perit; et per ipsum nec tu peris. Manet, nascitur ex femina, sed in carne. Verbum autem et matrem fecit. Qui erat ante quam fieret, fecit sibi in qua fieret. Infans fuit, sed in carne. Suxit, crevit, alimenta sumpsit, per ætates cucurrit, ad juventam pervenit, sed in carne. Fatigatus dormivit, sed in carne. Esuriem sitimque passus est, sed in carne. Comprehensus, ligatus, flagellatus, contumeliis affectus, postremo crucifixus, occisus, sed in carne. Quid expavescis? Verbum Domini manet in æternum. Qui respuit istam Dei humilitatem, non vult sibi a mortifero tumore superbiæ sanitatem.

CAPUT IV. —*Christus mortalitatem suscepit, ut daret immortalitatem.* — 4. Præstitit ergo Dominus Jesus Christus per carnem suam carni nostræ spem. Suscepit enim quod noveramus in hac terra, quod hic abundabat, nasci et mori. Nasci et mori, hic abundabat : resurgere et in æternum vivere, non hic erat. Invenit hic viles mercedes terrestres, attulit peregrinas cœlestes. Si expavescis mortem, ama resurrectionem.

(*a*) Mss. *ipse est unitas* : id est, significative.

terre ingrate, et il nous a donné en échange les biens de son royaume céleste. Si la mort vous effraie, aimez la résurrection. Il vous a secouru au milieu de la tribulation, car vous espériez en vain d'ailleurs votre salut. Reconnaissons donc, mes frères, que le monde ne peut nous donner ce salut qui est éternel; attachons-y notre cœur et vivons dans ce monde comme des étrangers. Rappelons-nous que nous ne faisons que passer et nous pécherons beaucoup moins. Rendons grâces à Dieu de ce qu'il a voulu que le dernier jour de notre vie fût à la fois si rapproché et si incertain. Quel court espace, en effet, sépare la première enfance de l'extrême vieillesse? Que servirait à Adam d'avoir vécu si longtemps jusqu'ici, s'il devait mourir aujourd'hui? Peut-on appeler long ce qui doit un jour finir? Personne ne peut rappeler le jour d'hier, et le jour actuel est poussé par celui de demain, qui doit prendre sa place. Appliquons-nous donc à bien vivre dans ce court espace de temps, afin de parvenir dans ce lieu où nous ne passerons plus. En ce moment, où je vous parle, nous ne cessons de nous écouler. Les paroles se précipitent et les heures volent; il en est ainsi de toute notre vie, de nos actions, de nos dignités, de nos misères comme de toute notre félicité d'ici-bas. Tout passe; mais soyons sans crainte, la parole de Dieu demeure éternellement. Tournons-nous vers le Seigneur, etc.

(1) Possidius fait mention de ce sermon au chapitre VIII de sa Table.

Dedit tibi auxilium de tribulatione sua : nam vana remanserat salus tua. Salutem itaque in hoc mundo peregrinam, hoc est, sempiternam, Fratres, agnoscamus et diligamus, et in hoc mundo tanquam peregrini vivamus. Transire nos cogitemus, et minus peccabimus. Agamus potius Domino Deo nostro gratias, quia hujus vitæ ultimum diem et brevem esse voluit et incertum. A prima infantia usque ad decrepitam senectutem, breve spatium est. Quod tam diu vixerat, quid ei profuisset, si Adam hodie mortuus esset? Quid diu est, ubi finis est? Hesternum diem nemo revocat : hodiernus crastino urgetur, ut transeat. Ipso parvo spatio bene vivamus, ut illo eamus unde non transeamus. Et modo cum loquimur, utique transimus. Verba currunt, et horæ volant : sic ætas nostra, sic actus nostri, sic honores nostri, sic miseria nostra, sic ista felicitas nostra. Totum transit : sed non expavescamus : Verbum Domini manet in æternum. Conversi ad Dominum, etc.

(a) Alias XV, ex Sirmondianis.

SERMON CXXV [1].

Sur ce même chapitre V de l'Evangile selon saint Jean. Des cinq portiques où gisait une multitude de malades, et de la piscine de Siloë.

Celui qui explique les saintes Ecritures ne doit pas regarder comme inutile de revenir sur les mêmes choses. — 1. Ce ne sont pas des choses nouvelles que nous avons à rappeler à vos oreilles et à vos cœurs; cependant elles raniment nos sentiments et leur souvenir semble renouveler notre âme; aussi n'éprouvons-nous aucune peine à entendre ce que nous connaissons déjà, parce que tout ce qui vient du Seigneur est pour nous plein de douceur. Il en est de l'exposition des divines Ecritures, comme des Ecritures elles-mêmes; bien qu'elles nous soient connues, nous les lisons pour nous les rappeler. Nous devons donc de même revenir souvent sur leur interprétation pour en rappeler le souvenir à ceux qui l'ont oubliée, l'enseigner à ceux qui l'ignorent, et la graver si profondément dans l'esprit de ceux dont la mémoire est fidèle, qu'il leur soit impossible de l'oublier. Il nous souvient d'avoir déjà parlé à votre charité de ce chapitre de l'Evangile. Cependant, il ne nous en coûte pas plus de revenir sur l'explication que nous en avons donnée, qu'il ne nous en a coûté de vous le relire. L'apôtre saint Paul dit dans

SERMON CXV [a].

Rursum in Joan., V. De quinque porticibus, ubi multitudo languentium jacebat, et de piscina Siloë.

Eadem a tractatore Scripturarum non frustra repetuntur. — 1. Nec auribus, nec cordibus vestris rudia repetuntur : reparant tamen audientis affectum, et quodam modo commemorata innovant nos : nec piget ea quæ nota sunt audire, quia semper dulcia sunt, quæ Domini sunt. Sic est expositio divinarum Scripturarum, sicut sunt ipsæ divinæ Scripturæ : etsi notæ sunt, leguntur tamen ad commemorationem. Sic et expositio earum, etsi nota est, repetenda est tamen, ut qui obliti sunt commemorentur, vel qui forte non audierunt, audiant; et qui tenent quod audire consueverunt, repetendo fiat ut oblivisci non possint. Meminimus enim de hoc capitulo Evangelii jam nos locutos Caritati Vestræ. Nec piget tamen eadem vobis commemorare, sicut non piguit eamdem

une de ses Epîtres : « Il ne m'est pas pénible, et il vous est avantageux que je vous écrive les mêmes choses.» (*Philip.*, III, 1.) De même il ne nous en coûte pas de vous redire les mêmes choses, et c'est pour vous le parti le plus sûr.

Les cinq portiques étaient la figure de la loi de Moïse. — 2. Les cinq portiques où gisaient les malades figurent la loi qui fut primitivement donnée aux Juifs et au peuple d'Israël par Moïse, le serviteur de Dieu. En effet, Moïse, dont Dieu se servit pour donner la loi, l'écrivit en cinq livres, qui ont été figurés par les cinq portiques de la piscine. Or, la loi qui a été donnée n'avait pas la vertu de guérir les malades, elle les découvrait seulement et les faisait connaître. Si nous avions reçu, dit l'Apôtre, une loi qui pût donner la vie, il serait vrai de dire que la justice viendrait de la loi. Mais l'Ecriture a tout renfermé sous le péché, afin que ce que Dieu avait promis fût donné par la foi en Jésus-Christ à ceux qui croiraient. » (*Gal.*, III, 21, 22.) Voilà pourquoi les malades étendus sous ces portiques n'étaient point guéris. Que dit, en effet, l'Apôtre? « Si nous avions reçu une loi qui pût nous donner la vie. » Ainsi donc, ces portiques, qui étaient la figure de la loi, ne pouvaient guérir les malades. Mais alors, me dira-t-on, pourquoi la loi a-t-elle été donnée ? L'apôtre saint Paul nous l'explique lui-même : « L'Ecriture a tout renfermé sous le péché, afin que ce que Dieu avait promis fût donné par la foi en Jésus-Christ à ceux qui croiraient. » Ceux qui étaient malades se croyaient bien portants. Ils ont reçu la loi dont ils ne pouvaient accomplir les préceptes, ils ont appris par là toute l'étendue de leur maladie, et ont imploré le secours du médecin. Ils ont demandé leur guérison, parce qu'ils avaient reconnu les difficultés qui les accablaient, ce qu'ils n'auraient point connu s'ils n'avaient été incapables d'accomplir la loi qui leur avait été donnée. L'homme se croyait innocent, et l'orgueil, que lui inspirait cette fausse innocence, ajoutait à sa folie. C'est donc pour dompter cet orgueil, pour le mettre dans tout son jour, que la loi a été donnée. Ce n'est point pour guérir les malades, mais pour convaincre les superbes. Que votre charité veuille ici faire attention ; la loi a été donnée pour faire connaître les maladies et non pour les guérir. Voilà pourquoi ces malades, dont les infirmités seraient restées secrètes dans l'intérieur de leurs demeures si ces cinq portiques n'avaient existé, étaient exposés à tous les regards sous ces portiques, mais sans y trouver la guérison. La loi était donc utile en ce sens qu'elle faisait connaître les péchés, parce que l'homme, devenu plus coupable par la transgression de la loi, voyait son orgueil abattu et sentait le besoin d'implorer le secours de la miséricorde divine. Ecoutez ce que dit l'Apôtre : « La loi est sur-

---

vobis lectionem repetere. Apostolus Paulus dicit quadam in epistola : « Eadem scribere vobis, mihi quidem non pigrum, vobis autem necessarium. » (*Philipp.*, III, 1.) Ita et nos eadem dicere vobis, nobis non pigrum, vobis autem tutum.

Quinque porticus Legem Moisi figurabant. — 2. Quinque porticus, in quibus jacebant infirmi, Legem significant, quæ primo data est Judæis et populo Israel per famulum Dei Moisen. Etenim Moises ipse, minister Legis, quinque libros fecit. Propter numerum ergo librorum, quos ille scripsit, quinque porticus Legem figurabant. Quia vero Lex non data est quæ sanaret infirmos, sed quæ proderet et ostenderet : sic enim dicit Apostolus : « Si enim data esset Lex, quæ posset vivificare, omnino ex Lege esset justitia ; sed conclusit Scriptura omnia sub peccato, ut promissio ex fide Jesu Christi daretur credentibus : » (*Gal.*, III, 21 et 22) propterea in illis porticibus jacebant ægroti, non sanabantur. Quid enim ait? Si data esset Lex, quæ posset vivificare. Non ergo illæ porticus, quæ figurabant Legem, sanare poterant ægrotos. Dicit mihi aliquis : Quare ergo data est ? Ipse exposuit apostolus Paulus : « Conclusit, inquit, Scriptura omnia sub peccato, ut promissio ex fide Jesu Christi daretur credentibus. » Qui enim ægrotabant, sanos se esse putabant. Acceperunt Legem, quam implere non poterant ; didicerunt in quo morbo essent, et imploraverunt manus medici : voluerunt sanari, quia cognoverunt se laborare : quod non cognoscerent, nisi datam Legem implere non possent. Innocens enim homo sibi videbatur, et ex ipsa superbia innocentiæ falsæ insanior fiebat. Ad domandam ergo superbiam, et ad denudandam, data est Lex ; non ad liberandos ægrotos, sed ad convincendos superbos. Ergo attendat Caritas Vestra : ad hoc data est Lex, quæ proderet morbos, non quæ tolleret. Ideo ergo ægroti illi, qui in domibus suis secretius ægrotare possent, si illæ quinque porticus non essent, prodebantur oculis omnium in illis porticibus, sed a porticibus non sanabantur. Utilis ergo erat Lex ad prodenda peccata, quia reus homo abundantius factus ex prævaricatione Legis, posset edo-

venue, en sorte que le péché a abondé. Mais où le péché avait abondé, la grâce a surabondé: » (*Rom.*, v, 20.) Il exprime la même vérité dans un autre endroit : « Là, où il n'y a point de loi, il n'y a point de prévarication. » (*Rom.*, iv, 15.) Avant la loi, on peut bien appeler l'homme pécheur; on ne peut dire qu'il est prévaricateur. Mais lorsqu'il a reçu la loi, il est tout à la fois pécheur et prévaricateur. C'est donc la prévarication, ajoutée au péché, qui fait dire à l'Apôtre que le péché abonde. Or, à la vue du péché qui surabonde, l'orgueil humain comprend la nécessité de se soumettre, de faire à Dieu l'aveu de sa misère, de lui dire : « Je suis infirme, » de lui faire, avec le Psalmiste, cette prière qui ne convient qu'à une âme humiliée : « J'ai dit : Seigneur, ayez pitié de moi! guérissez mon âme, parce que j'ai péché contre vous. » (*Ps.* xl, 5.) Voilà ce que doit dire toute âme malade, convaincue de sa faiblesse par ses transgressions, et dont la loi a dévoilé, mais non guéri, l'infirmité. Ecoutez encore l'apôtre saint Paul vous démontrant que la loi est bonne, et que cependant la grâce seule de Jésus-Christ nous délivre du péché. La loi peut bien défendre et commander, mais elle ne peut donner le remède pour guérir cette faiblesse qui ne permet point à l'homme d'accomplir la loi; la grâce seule à cette puissance. « Je trouve du plaisir dans la loi de Dieu, selon l'homme intérieur, dit l'Apôtre » (*Rom.*, vii, 22), c'est-à-dire, je vois que ce que la loi condamne est mal, et que ce qu'elle ordonne est bien. « Mais je sens dans mes membres une autre loi qui combat contre la loi de mon esprit, et qui me tient captif sous la loi du péché qui est dans mes membres. » Cette lutte intérieure est le châtiment du péché; c'est l'héritage de mort qui nous a été communiqué par la condamnation d'Adam, loi qui combat contre la loi de l'esprit, et qui nous tient captifs sous la loi du péché qui est dans nos membres. L'Apôtre est donc bien convaincu, c'est à la loi qu'il doit cette conviction; voyez quel en est pour lui le fruit : « Malheureux homme que je suis ! qui me délivrera de ce corps de mort? La grâce de Dieu, par Jésus-Christ Notre-Seigneur. » (*Rom.*, vii, 24.)

Que signifie ce malade unique qui était guéri lorsque l'eau était agitée. — 3. Prêtez-moi donc toute votre attention. Ces portiques figuraient la loi; ils portaient les malades, mais ne les guérissaient pas; ils faisaient connaître la maladie, mais ne rendaient pas la santé. Qui donc guérissait ces malades? Celui qui descendait dans la piscine. Et quand le malade descendait-il dans la piscine? Lorsque l'ange en donnait le

---

mata superbia implorare auxilium miserantis. Attendite Apostolum : Lex subintravit, ut abundaret delictum; ubi autem abundavit delictum, superabundavit et gratia. (*Rom.*, v, 20.) Quid est : Lex subintravit, ut abundaret delictum? Sicut alio loco dicit : Ubi enim non est lex, nec prævaricatio. (*Rom.*, iv, 15.) Peccator homo potest dici ante legem, prævaricator non potest. Cum autem accepta lege peccaverit, non solum peccator, sed etiam prævaricator invenitur. Cum ergo prævaricatio adjuncta sit peccato, ideo abundavit delictum. Abundante autem delicto, discit humana superbia tandem subjici, et confiteri Deo, et dicere : Infirmus sum. Dicere etiam verba illa Psalmi, quæ non dicit nisi anima humiliata : « Ego dixi : Domine, miserere mei, sana animam meam, quoniam peccavi tibi. » (*Psal.* xl, 5.) Dicat ergo hoc anima infirma, saltem convicta per prævaricationem; et non sanata, sed demonstrata per Legem. (*a*) Audi et ipsum Paulum ostendentem tibi, quia et Lex bona est, et tamen nisi gratia Christi non liberat a peccato. Lex enim prohibere potest, et jubere : afferre medicinam, ut sanetur illud quod non permittit hominem implere Legem, non potest, sed gratia illud facit. Ait enim Apostolus : Condelector enim Legi Dei secundum interiorem hominem. (*Rom.*, vii, 22.) Id est, jam video quia quod reprehendit Lex, malum est; et quod jubet Lex, bonum est. « Condelector enim Legi Dei secundum interiorem hominem. Video aliam legem in membris meis repugnantem legi mentis meæ, et captivantem me sub lege peccati. » Hoc ex pœna peccati, ex traduce mortis, ex damnatione Adam, repugnat legi mentis, et captivat legi peccati, quæ est in membris. Convictus est iste; accipit legem ut convinceretur; vide quid ei profuit quod convictus est. Audi verba sequentia : « Miser ego homo, quis me liberabit de corpore mortis hujus? Gratia Dei per Jesum Christum Dominum nostrum. » (*Rom.*, vii, 24.)

Ægrotus unus aqua mota curatus quid significat. — 3. Intendite ergo. Erant illæ porticus Legem significantes, portantes ægrotos, non sanantes; prodentes, non curantes. Sed quis curabat ægrotos? Qui descendebat in piscinam. Quando autem descendebat æger in piscinam? Cum Angelus signum dabat de aquæ motu. Sic enim erat sanctificata illa piscina, ut Angelus veniret, et moveret aquam. Homines

---

(*a*) Carcassonensis Mss. *Audiat ipsum Paulum ostendentem sibi.*

signal en agitant l'eau. En effet, cette piscine avait un tel caractère de sainteté, qu'un ange y venait à temps marqué pour agiter l'eau. Les hommes voyaient l'eau, et l'agitation de cette eau les avertissait de la présence de l'ange. Celui qui y descendait alors était guéri. Pourquoi donc ce paralytique ne pouvait-il être guéri ? Ecoutons la réponse qu'il fait au Sauveur : « Je n'ai personne qui me descende dans la piscine quand l'eau s'agite; car, pendant que j'y vais, un autre y descend avant moi. » (*Jean*, v, 7.) Ne pouvez-vous donc y descendre après celui qui est descendu avant vous ? Nous voyons ici qu'un seul malade pouvait être guéri, lorsque l'eau était agitée; celui qui serait ensuite descendu dans cette piscine n'y aurait point trouvé la guérison, il lui fallait attendre que l'eau fût de nouveau agitée par l'ange. Que signifie ce mystère ? Il y a ici quelque raison profonde. Que votre charité renouvelle son attention. Les eaux dont il est parlé dans l'Apocalypse figurent les peuples. En effet, saint Jean, ayant vu de grandes eaux, demanda ce qu'elles signifiaient et il lui fut répondu que ces eaux étaient les peuples. (*Apoc.*, xvii, 15.) L'eau de la piscine représentait donc le peuple juif. De même que ce peuple était contenu par les cinq livres de Moïse dont se composait la loi, ainsi cette eau se trouvait entourée par ces cinq portiques. Quand cette eau fut-elle troublée ? Lorsque le trouble s'empara du peuple juif. A quel moment ? A l'avénement de Notre-Seigneur Jésus-Christ. La passion du Seigneur, c'est l'eau qui est troublée. En effet, quel ne fut pas le trouble des Juifs lors de la passion du Sauveur ? Ce qu'on vient de lire se rapporte à ce trouble. Les Juifs voulaient mettre Jésus à mort, non-seulement parce qu'il faisait ces miracles le jour du sabbat, mais parce qu'il se disait le Fils de Dieu et se donnait pour l'égal de Dieu. (*Jean*, v, 18.) En effet, Notre-Seigneur Jésus-Christ se disait le Fils de Dieu dans un sens différent de celui où il est dit aux hommes : J'ai dit : Vous êtes des dieux, vous êtes tous les fils du Très-Haut. (*Ps.* lxxxi, 6.) S'il ne se disait le Fils de Dieu que de la manière dont ce nom peut être donné aux hommes, c'est-à-dire par la grâce de Dieu, les Juifs ne se seraient pas indignés contre lui. Mais ils comprenaient qu'il se déclarait le Fils de Dieu d'une toute autre manière, et dans le sens de ces paroles : « Au commencement était le Verbe et le Verbe était en Dieu, et le Verbe était Dieu. » (*Jean*, i, 1) et de ces autres : « Lui qui avait la nature de Dieu n'a pas craint que ce fût pour lui une usurpation de s'égaler à Dieu. » (*Philip.*, ii, 6.) Ils ne voyaient en lui qu'un homme, et ils s'indignaient qu'il se fît l'égal de Dieu. Mais Jésus savait qu'il était vraiment l'égal de Dieu, sous un rapport qui échappait aux regards des Juifs. Ils voulaient crucifier ce qu'ils voyaient,

---

aquam videbant : sed ex motu aquæ turbatæ intelligebant præsentiam Angeli. Si quis tunc descendisset, curabatur. Quare ergo ille ægrotus non curabatur ? Consideremus verba ipsius : « Hominem, inquit, non habeo, ut cum mota fuerit aqua, deponat me in piscinam : cum enim venio descendit alius. (*Joan.*, v, 7.) Ergo tu non potes postea descendere, si alter ante te descendat ? Significatum est hic, quia non curabatur nisi unus ad motum aquæ. Quisquis prior descendisset, ipse solus curabatur : quicumque autem postea descendisset, ad illum motum aquæ non sanabatur ; sed exspectabat donec iterum moveretur. Quid sibi vult ergo hoc sacramentum ? Non enim sine causa est. Intendat Caritas Vestra. Aquæ positæ sunt in Apocalypsi in figura populorum. Nam cum multas aquas vidisset, quæsivit Joannes in Apocalypsi quid esset, et dictum est ei populos esse. (*Apoc.*, xvii, 15.) Aqua ergo illa populum significabat Judæorum. Sicut enim populus ille tenebatur quinque libris Moisi in Lege, sic et aqua illa quinque porticibus cingebatur. Quando turbata est aqua ? Quando turbatus est populus Judæorum. Et quando turbatus est populus Judæorum, nisi quando venit Dominus Jesus Christus ? Passio Domini, aquæ turbatio. Turbati sunt enim Judæi, quando passus est Dominus. Ecce ad ipsam perturbationem pertinet quod modo legebatur. Volebant illum Judæi occidere, non solum quia ista faciebat sabbatis, sed quia Filium Dei se dicebat, æqualem se faciens Deo. (*Joan.*, v, 18.) Aliter enim se dicebat Filium Dei Christus, aliter dictum est hominibus : Ego dixi : Dii estis, et filii Altissimi omnes. (*Psal.* lxxxi, 6.) Nam si sic se faceret filium Dei, quomodo quicumque homo potest dici filius Dei ; (per gratiam enim Dei dicuntur homines filii Dei;) non irascerentur Judæi. Sed quia alio modo illum intelligebant dicere Filium Dei se esse, secundum quod est : In principio erat Verbum, et Verbum erat apud Deum, et Deus erat Verbum (*Joan.*, i, 1) : et secundum id quod dicit Apostolus : « Qui cum in forma Dei esset, non rapinam arbitratus est esse se æqualem Deo : » (*Philipp.*, ii, 6) videbant hominem, et irascebantur, quia æqualem se Deo faciebat. Ille

mais ils étaient jugés par ce qui ne tombait point sous leurs regards. Que voyaient les Juifs? Ce que voyaient les apôtres, lorsque Philippe dit au Sauveur : « Montrez-nous le Père, et cela nous suffit. » (*Jean*, xiv, 8.) Qu'est-ce qu'ils ne voyaient point? Ce qui échappait aux regards des apôtres eux-mêmes lorsque Jésus leur répondit : « Il y a si longtemps que je suis avec vous, et vous ne me connaissez pas encore? Celui qui me voit voit aussi mon Père. » (*Ibid.*, 9.) Or, comme les Juifs ne pouvaient voir dans le Sauveur ce caractère d'égalité avec son Père, ils le regardaient comme un homme orgueilleux et impie, qui osait s'égaler à Dieu. Ils étaient donc dans le trouble, l'eau était agitée, l'ange était présent. En effet, le Seigneur est appelé l'ange du grand conseil, parce qu'il est le messager de la volonté de son Père ; car le mot *angelus*, qui vient du grec, signifie en latin *messager* ou *qui annonce*. Notre-Seigneur nous déclare lui-même qu'il est venu nous annoncer le royaume des cieux. Cet ange du grand conseil, ou plutôt, le Seigneur de tous les anges était donc venu. On lui donne le nom d'ange, parce qu'il s'est incarné ; mais il est le Seigneur des anges, parce que toutes choses ont été faites par lui, et que rien n'a été fait sans lui. (*Jean*, 1, 3.) Si toutes choses ont été faites par lui, il faut y comprendre les anges. Mais, pour lui, il n'a point été fait, parce que toutes choses ont été faites par lui. Or, rien de ce qui a été fait n'a été fait sans l'action du Verbe. La chair qui est devenue la mère du Christ n'a pu naître qu'à la condition d'être créée par le Verbe qui devait un jour naître d'elle.

Le repos de Dieu le septième jour. — 4. Les Juifs étaient donc dans le trouble. Que signifie cette conduite, disaient-ils? Pourquoi opère-t-il ces miracles le jour du sabbat? Mais, ce qui les troublaient par-dessus tout, c'étaient ces paroles du Seigneur : « Mon Père agit toujours et moi aussi. » (*Jean*, v, 17.) Ce qui les troublait dans ces paroles, c'est qu'ils entendaient dans un sens charnel que Dieu s'était reposé le septième jour, après avoir créé toutes ses œuvres. (*Gen.*, ii, 2.) C'est ce qui est écrit dans la Genèse en termes aussi justes qu'ils sont fondés en raison. Mais les Juifs s'imaginaient que Dieu s'était reposé le septième jour, comme fatigué du travail de la création, et que c'est pour cela qu'il avait béni ce jour. Insensés, qui ne comprenaient pas que Celui qui a tout fait d'une seule parole ne pouvait être fatigué. Qu'ils lisent le récit de la création, et qu'ils me disent quelle fatigue c'était pour Dieu de dire : « Qu'il soit fait, et il a été fait. » Quel homme éprouverait la moindre fatigue, s'il agissait dans son travail, comme Dieu dans la création? « Il a dit : Que la lumière soit, et la lumière fut ; que le firmament soit, et il fut ainsi. » (*Gen.*, i, 3.) Dira-t-on qu'il s'est fatigué,

---

autem noverat se æqualem, sed ubi illi non videbant. Quod enim illi videbant, crucifigere volebant : quod non videbant, ab eo judicabantur. Quid videbant Judæi? Quod videbant et Apostoli, quando dixit Philippus : Ostende nobis Patrem, et sufficit nobis. (*Joan.*, xiv, 8.) Quid autem non videbant Judæi? Quod nec ipsi Apostoli, quando respondit Dominus : « Tanto tempore vobiscum sum, et non cognovistis me? Qui me videt, videt et Patrem. » (*Ibid.*, 9.) Hoc ergo in illo Judæi quia videre non poterant, tanquam hominem superbum et impium habebant, æqualem se facientem Deo. Turbatio erat, turbabatur aqua, Angelus venerat. Dictus est enim et Dominus magni consilii Angelus, quia nuntius voluntatis Patris. (*Isai.*, ix, 6, sec. lxx.) Angelus enim Græce, Latine nuntius est. Et habes Dominum dicentem annuntiare se nobis regnum cœlorum. Venerat ergo ille magni consilii Angelus, sed Dominus omnium Angelorum. Et propter hoc Angelus, quia carnem suscepit : Dominus autem Angelorum, ex eo quod omnia per ipsum facta sunt, et sine ipso factum est nihil. (*Joan.*, 1, 3.) Si enim omnia, et Angeli. Et ideo ipse factus non est, quia per ipsum facta sunt omnia. Quod autem factum est sine Verbo operante factum non est. Caro autem, quæ facta est mater Christi, nasci non potuit, nisi per Verbum, quod de illa postea natum est, crearetur.

Requies Dei septimo die. — 4. Turbabantur ergo Judæi. Quid est hoc? Ut quid ista facit sabbatis? Et maxime ad ipsa verba Domini : « Pater meus usque nunc operatur, et ego operor. » (*Joan.*, v, 17.) Turbavit illos quod carnaliter intelligebant, quia septimo die requievit Deus ab omnibus operibus suis. (*Gen.*, ii, 2.) Scriptum est enim in Genesi, et optime scriptum est, et rationabile quare scriptum est. Illi autem putantes quasi Deum fatigatum post omnia requievisse septimo die, et ideo benedixisse eum, quia in eo a lassitudine refectus est, non intelligebant stulti, quia qui verbo fecit omnia, fatigari non potuit. Legant, et dicant mihi, quomodo posset fatigari Deus dicens : Fiat, et factum est. Hodie si sic faciat homo, quomodo fecit Deus, quis fatigatur? Dixit

parce qu'il n'a point été fait comme il a commandé? Mais le Psalmiste résume en ces termes l'œuvre de la création : « Il a dit, et tout a été fait ; il a commandé, et tout fut créé. » (*Ps.* XXXII, 9.) Quelle fatigue est possible à celui qui agit de la sorte? Pourquoi donc se repose-t-il, s'il n'est point fatigué? C'est que ce repos, que l'Ecriture prête à Dieu, après qu'il eut achevé toutes ses œuvres, est la figure du repos qui nous attend dans le repos de Dieu, car le siècle présent aura son jour de sabbat, lorsque les six âges du monde se seront écoulés. En effet, ils passent maintenant comme six jours. Le premier jour s'est écoulé d'Adam jusqu'à Noé; le second, du déluge jusqu'à Abraham ; le troisième, d'Abraham jusqu'à David; le quatrième, depuis David jusqu'à la transmigration de Babylone; le cinquième, depuis la transmigration de Babylone jusqu'à l'avénement de Notre-Seigneur Jésus-Christ ; nous sommes maintenant au sixième jour, c'est-à-dire au sixième âge du monde. Efforçons-nous donc de rétablir en nous l'image de Dieu, puisque c'est en ce jour que nous avons été faits à son image et à sa ressemblance. (*Gen.*, I, 27.) Reformons en nous ce que Dieu a formé, qu'une seconde création rétablisse ce qu'a fait la première. Après ce jour où nous sommes, après ce dernier âge du monde viendra le repos qui est promis aux saints, et dont les jours de la création étaient la figure. Ainsi Dieu, après avoir achevé l'œuvre de la création, n'a plus rien créé de nouveau dans le monde. Les êtres créés ne font que changer et se transformer, et Dieu, depuis la création, n'a créé aucune espèce nouvelle. Cependant il est nécessaire que Dieu agisse et conduise ce qu'il a fait, car, si le monde n'était gouverné par celui qui l'a créé, il retomberait aussitôt dans le néant. Comme il n'a rien ajouté à la création, l'Ecriture dit qu'il s'est reposé de toutes ses œuvres ; mais comme il ne cesse de gouverner ce qu'il a créé, Notre-Seigneur a pu dire dans un sens véritable : « Mon Père agit toujours. » Que votre charité soit ici attentive. Dieu ayant accompli l'œuvre de la création, l'Ecriture dit qu'il s'est reposé, car toutes ses œuvres étaient achevées, et il n'y a rien ajouté. Mais il gouverne le monde qu'il a créé, donc il ne cesse point d'agir, et il le gouverne avec autant de facilité qu'il l'a créé. N'allez pas croire en effet, mes frères, que Dieu ayant créé le monde sans travail, il se fatigue à le gouverner, comme nous voyons se fatiguer ceux qui construisent ou dirigent un navire, car, ce ne sont que des hommes. Dieu a dit, et tout a été fait ; il ne lui en coûte point davantage pour gouverner toutes choses par la puissance de son Verbe.

Providence de Dieu dans la place qu'elle assigne aux méchants. — 5. Si le désordre et la

Fiat lux, et facta est lux. Item : Fiat firmamentum, et factum est (*Gen.*, I, 3, etc.) : aut si dixit, et factum non est, fatigatus est. Alio loco breviter : Ipse dixit, et facta sunt; ipse mandavit, et creata sunt. (*Psal.* XXXII, 9.) Qui ergo sic facit, quomodo laborat? Si autem non laborat, quomodo requiescit? Sed in illo sabbato, ubi requiescere dictum est Deum ab omnibus operibus suis, in requie Dei requies nostra significata est : quia erit sabbatum hujus sæculi, cum transierint sex ætates. Quasi sex dies sæculi transeunt. Unus dies ab Adam usque ad Noe transiit; alius a diluvio usque ad Abraham transiit; tertius ab Abraham usque ad David transiit; quartus a David usque ad transmigrationem Babylonis transiit; quintus a transmigratione Babylonis usque ad adventum Domini nostri Jesu Christi. Modo sextus dies agitur. In sexta ætate, in sexto die sumus. Ergo reformemur ad imaginem Dei, quia sexto die factus est homo ad imaginem Dei. (*Gen.*, I, 27.) Quod ibi fecit formatio, hoc in nobis reformatio : et quod ibi fecit creatio, hoc in nobis recreatio. Post istum diem in quo modo sumus, post istam ætatem, ventura est requies quæ promittitur sanctis, quæ præfigurabatur in illis diebus. Quia et revera post omnia quæ fecit in mundo, nihil fecit postea novum in creatura. Ipsæ creaturæ convertentur et commutabuntur. Nam ex quo institutæ sunt creaturæ, nihil amplius additum est. Sed tamen, nisi ille qui fecit mundum regeret, caderet quod factum est; non potest nisi administrare illud quod fecit. Quia ergo nihil additum est creaturæ, requievisse dictus est ab omnibus operibus suis : quia vero quod fecit gubernare non cessat, recte dixit Dominus : « Pater meus usque nunc operatur. » Intendat Caritas Vestra. Perfecit, requievisse dictus est : perfecit enim opera, et nihil addidit. Gubernat quod fecit : ergo non cessat. Sed quanta facilitate fecit, tanta facilitate gubernat. Nolite enim putare, Fratres, quia non laborabat cum conderet, et laborat quia regit; quomodo in navi laborant qui fabricant navem, laborant qui gubernant; homines enim sunt. Ille enim quanta facilitate dixit, et facta sunt, tanta facilitate et judicio per Verbum gubernat omnia.

Dei providentia in ordinatione malorum — 5. Non quia videntur perversæ res humanæ, videatur nobis non esse gubernationem rerum humanarum. Omnes

confusion paraissent régner dans les choses humaines, n'allons pas en conclure qu'elles ne sont point soumises à une direction infaillible. Tous les hommes sont à la place qu'ils doivent occuper; mais chacun s'imagine qu'il n'a point celle que l'ordre devrait lui assigner. Considérez seulement ce que vous voulez être, l'artisan suprême saura vous placer alors à l'endroit qui vous convient. Voyez ce peintre; on place sous ses yeux des couleurs variées, et il sait quelle partie de son tableau chacune de ces couleurs doit occuper. Le pécheur a choisi d'être la couleur noire; en conclurez-vous que le divin ouvrier ne pourra lui trouver sa place dans l'ordre établi? Que de choses ne fait-on pas avec la couleur noire? A combien d'ornements le peintre la fait servir? Il s'en sert pour les cheveux, pour la barbe, pour les sourcils; mais, pour le front, il n'emploie que la couleur blanche. Voyez donc sérieusement ce que vous voulez être, sans vous préoccuper de la place que vous assignera Celui qui ne peut se tromper, et qui sait où il doit vous placer. Et n'est-ce pas ce que nous voyons se faire tous les jours dans le monde par la simple autorité des lois humaines? Un homme a voulu se rendre voleur avec effraction : le juge sait qu'il a violé la loi; il sait où il doit l'envoyer, et il lui assigne la place que mérite justement son crime. Cet homme a mal agi, mais la loi n'agit point mal en lui assignant cette place. Il a voulu être voleur avec effraction, il sera condamné aux mines (1). Or, combien d'œuvres magnifiques seront dues à son travail? Son châtiment servira ainsi à l'ornementation de la cité. Dieu sait donc également où vous placer. Ne croyez point que vous dérangiez les desseins de Dieu, en choisissant d'être mauvais. Celui qui a su vous créer serait-il embarrassé pour vous placer? Ce que vous avez de mieux à faire, c'est de vous efforcer d'obtenir une place parmi les bons. Que nous dit l'Apôtre du traître Judas? « Il s'en alla en son lieu. » (*Act.*, I, 25.) Il y alla par une disposition de la divine providence; mais c'est par sa volonté criminelle qu'il a choisi d'être mauvais; ce n'est pas l'ordre établi de Dieu qui l'a rendu mauvais. Il a voulu librement être mauvais, être pécheur; il a fait ce qu'il a voulu, mais il a souffert ce qu'il ne voulait pas. Son crime est d'avoir fait ce qu'il a voulu, la gloire de l'ordre établi de Dieu est qu'il ait souffert ce qu'il ne voulait pas.

Double cause du trouble des Juifs.— 6. Pourquoi ces considérations, mes frères? Pour vous faire comprendre que Notre-Seigneur avait parfaitement raison de dire : « Mon Père agit toujours, » parce qu'il n'abandonne jamais la créature, qui est l'ouvrage de ses mains. Il ajoute : « Et moi aussi, j'agis comme lui. » Il se déclare donc égal à Dieu. « Mon Père, dit-il, agit toujours, et moi aussi, j'agis comme lui. » La si-

---

(1) C'est-à-dire il subira la peine de ceux qui sont condamnés aux mines; il sciera des marbres ou sera appliqué à d'autres travaux semblables, comme le fait observer Sirmond. En effet, les voleurs avec effraction, après avoir été frappés de verges, étaient ordinairement condamnés aux mines, au témoignage d'Ulpien, livre II : *De ceux qui volent avec effraction.*

---

enim homines in locis suis ordinantur : sed unicuique videtur quia ordinem non habent. Tu tantum vide quid velis esse : nam quomodo volueris esse, novit artifex ubi te ponat. Pictorem attende. Ponuntur ante illum varii colores, et novit ubi ponat quemque colorem. Certe peccator niger color esse voluit : ideo nescit ordo artificis ubi eum ponat? Quanta ordinat de nigro colore? quanta ornamenta facit pictor? Facit inde capillos, facit barbam, facit supercilia : non facit frontem, nisi de albo. Tu vide quid velis esse : non cures ubi te ordinet qui non novit errare, scit ubi te ponat. Sic enim per leges istas mundi videmus hoc fieri. Effractor esse voluit nescio quis : novit lex judicis, quia contra legem fecit; novit lex judicis ubi illum ponat : ordinat illum optime. Ille quidem male vixit : sed non male ordinavit lex. Ex effractore erit metallicus : de opere metallici quanta opera construuntur? Illius pœna damnati ornamenta sunt civitatis. Sic ergo Deus novit ubi te ponat. Noli putare quia turbas consilium Dei, si perversus esse volueris. Qui creare te noverat, ordinare te non novit? Bonum est tibi, ut illud coneris, ut bono loco ponaris. Quid dictum est de Juda ab Apostolo? Abiit in locum suum. Operante utique divina providentia (*Act.*, I, 25), quia per malam voluntatem malus esse voluit, non autem Deus malum ordinando fecit. Sed quia ipse malus peccator esse voluit, fecit quod voluit, sed passus est quod noluit. In eo quod fecit quod voluit, peccatum ejus deprehenditur : in eo quod passus est quod noluit, ordo Dei laudatur.

Judæorum turbatio ex duplici capite.— 6. Hoc quare dixi? Ut intelligatis, Fratres, quod optime dictum sit a Domino Jesu Christo : « Pater meus usque modo operatur. » Quia non deserit creaturam, quam fecit. Et dixit : « Quomodo operatur, et ego operor. » Jam ibi se significavit æqualem Deo. « Pater meus, ait,

gnification matérielle que les Juifs attachaient au sabbat les jeta dans le trouble. Ils s'imaginaient que la fatigue avait comme obligé le Seigneur à se reposer, pour ne plus rien faire. Ils lui entendent dire : « Mon Père agit toujours, » (*Jean*, v, 17) et le trouble s'empare de leurs esprits. « Et moi aussi, j'agis toujours; » Notre-Seigneur se déclare égal à Dieu, et leur trouble augmente. Mais ne vous effrayez pas; c'est l'eau qui se trouble, la guérison du malade se prépare. Quel est ce mystère? Le trouble des Juifs devient la cause de la passion du Seigneur, et, par la vertu de ses souffrances et du sang précieux qu'il répand, le pécheur est racheté, la grâce est donnée au pécheur et à celui qui s'écrie : « Malheureux homme que je suis! qui me délivrera de ce corps de mort? La grâce de Dieu, par Notre-Seigneur Jésus-Christ. » (*Rom.*, vii, 24.) Mais à quelle condition est-il guéri? S'il consent à descendre; en effet, pour entrer dans cette piscine, il fallait descendre et non monter. Elle eût pu être construite de manière qu'on ne pût y parvenir qu'en montant. Pourquoi donc sa construction exigeait-elle qu'on descendît? Parce que la passion du Sauveur exige l'humilité. Que celui qui veut y descendre soit donc humble, et qu'il évite l'orgueil, s'il désire être guéri. Mais pourquoi un seul malade pouvait-il être guéri? Parce que l'Eglise est une par toute la terre; c'est l'unité qui est sauvée. C'est ce mystère de l'unité que figure la guérison d'un seul malade. Reconnaissez donc ici l'unité, et ne vous éloignez point de l'unité, si vous voulez avoir part à la guérison.

Le paralytique de trente ans. — 7. Pourquoi, maintenant, ce malade était-il âgé de trente-huit ans? Déjà, je le sais, mes frères, je vous en ai expliqué la raison; mais si ceux qui lisent le texte sacré sont sujets à oublier, combien plus ceux qui l'entendent rarement? Que votre charité me prête donc un peu d'attention. Le nombre quarante figure la perfection de la justice. Je dis la perfection de la justice, parce que nous vivons ici-bas dans les travaux, dans les souffrances, dans la continence, dans les jeûnes, dans les veilles, dans les tribulations. C'est là l'exercice de la justice, de supporter les épreuves de la vie présente, de nous imposer le jeûne à l'égard du siècle, en nous abstenant non pas des aliments corporels, ce que nous ne faisons que rarement, mais de l'amour du siècle, ce que nous devons faire constamment. Celui donc qui renonce au siècle, accomplit la loi. En effet, il ne peut aimer ce qui est éternel, s'il ne commence par détacher son cœur de tous les biens temporels. Considérez l'amour dans l'homme; n'est-il pas comme la main de l'âme? Si cette main tient une chose, elle ne peut en tenir une autre. Or, si elle veut tenir ce qui lui est offert, qu'elle laisse aller ce qu'elle tient. Je vous le déclare, mes frères, et

---

usque modo operatur, et ego operor. » Illis carnalis sensus de sabbato turbatus est. Putabant enim fatigatum Dominum requievisse, ut nihil operaretur. Audiunt : « Pater meus usque modo operatur : » turbantur. « Et ego operor : » (*Joan.*, v, 17) fecit se æqualem Deo, turbantur. Sed nolite jam expavescere. Turbatur aqua, sanari habet ægrotus. Quid est hoc? Ideo turbantur illi, ut patiatur Dominus. Patitur Dominus, funditur pretiosus sanguis, redimitur peccator, donatur gratia peccanti, et dicenti : « Miser ego homo, quis me liberabit de corpore mortis hujus? Gratia Dei per Dominum nostrum Jesum Christum. » (*Rom.*, vii, 24.) Sed quomodo curatur? Si descendat. Sic enim erat illa piscina, quo descenderetur, non quo ascenderetur. Possent enim esse et tales piscinæ, sic instructæ, ut ascenderetur ad illas. Quare autem illa talis facta est, quo descenderetur? Quia passio Domini humilem quærit. Descendat humilis, non sit superbus, si vult sanari. Quare autem unus? Quia unica est Ecclesia per totum orbem terrarum, unitas salvatur. Ubi ergo salvatur unus, unitas significatur. Per unum unitatem intellige. Ab unitate ergo noli recedere, si non vis immunis esse ab ista salute.

Infirmitas triginta annorum. — 7. Quid sibi ergo vult quod triginta et octo annos infirmus erat? Scio, Fratres, me ista jam dixisse : sed et qui legunt obliviscuntur, quanto magis qui raro audiunt! Intendat ergo paululum Caritas Vestra. In quadragenario numero completio justitiæ figuratur. Completio justitiæ, quia hic vivimus in labore, in ærumnis, in continentia, in jejuniis, in vigiliis, in tribulationibus; ipsa est exercitatio justitiæ, ferre tempus hoc, et ab hoc sæculo quodam modo jejunare; non a cibo carnis, quod raro facimus; sed ab amore sæculi, quod semper facere debemus. Ille ergo implet legem, qui se abstinet ab isto sæculo. Non enim potest amare quod æternum est, nisi destiterit amare quod temporale est. Intendite amorem hominis; sic putate quasi manum animæ. Si aliquid tenet, tenere aliud non potest. Ut autem possit tenere quod datur, dimittat quot tenet. Hoc dico, videte quia aperte dico : Qui amat sæculum, amare Deum non potest,

vous le dis en termes clairs : Celui qui aime le siècle ne peut aimer Dieu, sa main est pleine. Dieu lui dit : Tenez ce que je vous donne. Il ne veut pas abandonner ce qu'il tenait, il ne pourra recevoir ce qui lui est offert. Ai-je dit à tous sans distinction : Renoncez à toute possession ? Si quelqu'un le peut, si la perfection l'exige de lui, qu'il renonce à tout. Mais s'il n'en est point capable, si quelque nécessité s'y oppose, qu'il possède les biens de la terre, mais sans en être possédé ; qu'il les retienne sans en être retenu, qu'il soit le maître et non l'esclave de ses biens, suivant cet avertissement de l'Apôtre : « Voici, mes frères, ce que j'ai à vous dire. Le temps est court ; ainsi, il faut que ceux mêmes qui ont des femmes soient comme s'ils n'en avaient pas ; ceux qui achètent, comme s'ils ne possédaient point ; ceux qui pleurent, comme s'ils ne pleuraient point ; ceux qui usent des choses de ce monde, comme s'ils n'en usaient pas ; car la figure du monde se passe. Or, je désire que vous soyez sans inquiétude. » (I *Cor.*, VII, 29, etc.) Quel est le sens de ces paroles : N'aimez pas ce que vous possédez dans ce monde ? N'y laissez pas retenir la main qui vous a été donnée pour vous attacher à Dieu. Ne laissez point captiver votre amour qui doit vous conduire à Dieu, et vous unir étroitement à celui qui vous a créé.

Comment peut-on reconnaître qu'on peut posséder sans crime les biens temporels. — 8. Vous me répondez : Dieu sait que je suis irréprochable en possédant ces biens. C'est à la tentation de le prouver. On veut vous prendre ce que vous possédez et vous blasphémez. Voilà ce que nous avons eu à souffrir il y a peu de temps encore. On veut donc élever des doutes sur la légitimité de vos biens et je vous trouve tout autre que vous n'étiez, et votre langage d'aujourd'hui est tout différent de celui que vous teniez hier. Plût à Dieu encore que vous vous borniez à défendre même avec de grands cris ce qui est à vous et que vous ne cherchiez pas à vous emparer audacieusement du bien d'autrui, et, ce qui est pis encore, à prétendre, pour échapper au blâme, que vous en êtes le légitime propriétaire. Mais qu'est-il besoin d'en dire davantage? Je vous donne cet avertissement et je vous le donne comme un frère ; c'est Dieu qui me le commande, et je vous transmets cet avertissement parce qu'il m'a été donné comme à vous. Mon âme est remplie d'effroi, parce que Dieu ne me permet point de garder le silence. Il réclame de moi ce qu'il m'a donné. Il me l'a donné pour vous le communiquer et non pour le garder en moi-même. Si je le conserve, si je le tiens en réserve, le Seigneur me dit : « Serviteur mauvais et paresseux, pourquoi donc n'as-tu pas donné mon argent à la banque, afin qu'en revenant je puisse le retirer avec les intérêts ? » (*Luc.*, XIX, 23.) Que me servira-t-il alors de n'avoir rien perdu de ce qui m'a été confié ? Ce n'est pas assez pour mon Maître ; il est avare, mais son avarice est notre salut. Oui, il est avare, il recherche ses deniers, il rassemble toutes les

---

occupatam habet manum. Dicit illi Deus : Tene quod do. Non vult dimittere quod tenebat : non potest accipere quod offertur. Numquid dixi : Non possideat nescio quis? Si potest, si hoc de illo exigit perfectio, non possideat. Si non potest, aliqua necessitate impeditus, possideat, non possideatur ; teneat, non teneatur : Dominus sit rei suæ, non servus : sicut dicit Apostolus : « De cætero, fratres, tempus breve est, superest ut et qui habent uxores, tanquam non habentes sint ; et qui emunt, tanquam non possidentes ; et qui gaudent, tanquam non gaudentes, et qui flent tanquam non flentes, et qui utuntur hoc sæculo, tanquam non utantur : præterit enim figura hujus mundi. Volo vos sine sollicitudine esse. » (I *Cor.*, VII, 29, etc.) Quid est : Noli amare quod possides in hoc sæculo? Non teneat manum tuam, unde tenendus est Deus. Non occupetur amor tuus, quo potes ad Deum tendere, et inhærere ei qui te creavit.

Possessio rerum temporalium unde innocens agnoscitur. — 8. Dicis, et respondes mihi : Et Deus scit quia innocenter possideo. Tentatio probat. Turbatur tibi quod possides, et blasphemas. Modo talia patiebamur. Turbatur quod possides, et non inveniris qui eras, et ostendis aliud esse in voce tua nunc, et aliud pridie in voce tua. Atque utinam tuum vel cum clamore defendas, et non alienum cum audacia usurpare coneris : et quod pejus est, ne reprehendaris, quod alienum est tuum esse dicis. Sed quid opus est? Illud moneo, illud dico, Fratres, et ego fraterne moneo? Deus jubet, et ego commoneo, quia commoneor. Ille terret me, qui tacere non sinit. De me exigit quod dedit. Dedit enim erogandum, non servandum. Si autem servavero, et abscondero, dicit mihi : Serve nequam et piger, quare non dedisti pecuniam nummulariis, et ego veniens cum usuris eam exigerem? (*Luc.*, XIX, 23.) Et mihi quid proderit, quia nihil perdidi ex eo quod accepi? Parum est Domino meo, avarus est : sed avaritia Dei salus nostra est. Avarus est :

les pièces qui portent son image. « Vous auriez dû, dit-il, donner mon argent aux banquiers, afin qu'en revenant je pusse le retirer avec les intérêts. » Et quand même j'oublierais de vous donner ces avertissements, les épreuves, les afflictions, qui pèsent sur nous, devraient suffire pour vous avertir. Vous avez entendu la parole de Dieu. Que le Seigneur en soit béni, lui et sa gloire. Vous êtes tous ici réunis et suspendus aux lèvres du dispensateur de la parole de Dieu. Ne faites pas attention à l'organe matériel qui vous l'annonce; ceux qui ont faim ne considèrent point la pauvreté du vase, mais l'excellence de la nourriture qu'il contient. Dieu vous éprouve. Vous êtes réunis dans cette enceinte, et vous applaudissez la parole de Dieu; mais la tentation seule fera voir dans quelles dispositions vous l'écoutez; vous vous trouverez dans des circonstances où il faudra montrer ce que vous êtes. Celui qui se livre aujourd'hui à des clameurs injurieuses écoutait hier avec plaisir la parole de Dieu. Voilà donc pourquoi je vous parle; je vous avertis par avance, et je me garde bien de vous taire que le jour de l'interrogatoire viendra pour vous. « Car le Seigneur interroge le juste et l'impie. » Voilà ce que vous venez de chanter et ce que nous avons chanté tous ensemble : « Le Seigneur interroge le juste et l'impie; » Et qu'ajoute le Psalmiste : « Celui qui aime l'iniquité hait son âme. » (*Ps.* x, 6.) Il est dit dans un autre endroit : « L'impie sera interrogé sur ses pensées. » (*Sag.*, 1, 9.) Dieu ne vous interrogera point comme je vous interroge. J'interroge votre langue, Dieu interrogera vos pensées. Dieu, qui m'ordonne de vous annoncer sa parole, sait dans quelles dispositions vous l'écoutez, et le compte qu'il doit en exiger. Il veut que je vous la distribue; il s'est réservé de vous en demander compte. Notre devoir, c'est de vous avertir, de vous enseigner, de vous reprendre, mais non de vous sauver, de vous couronner ou de vous condamner et de vous envoyer dans l'enfer. C'est le juge qui livrera le coupable à l'exécuteur, et l'exécuteur qui vous jettera en prison. « En vérité, je vous le dis, vous ne sortirez pas de là que vous n'ayez payé jusqu'à la dernière obole. » (*Matth.*, v, 25, 26.)

Le nombre quarante consacré par le jeûne de Moïse, d'Elie et de Jésus-Christ. — 9. Revenons donc à notre sujet. La perfection de la justice est figurée par le nombre quarante. Or, qu'est-ce qu'accomplir le nombre quarante? C'est s'abstenir de l'amour de ce monde. Renoncer aux jouissances du temps pour ne point les aimer d'un amour dangereux, c'est une espèce de jeûne à l'égard du monde. Aussi Notre-Seigneur a-t-il jeûné quarante jours, et avant lui Moïse et Elie. Est-ce que celui qui a donné à ses serviteurs de pouvoir jeûner quarante jours n'aurait pas pu prolonger son jeûne jusqu'à quatre-vingt et même cent jours? Pour-

---

nummos suos quærit, imaginem suam colligit. « Dares, inquit, pecuniam nummulariis, et ego veniens cum usuris exigerem. » Et si forte oblivio faceret, ut non vos commonerem; vel tentationes et tribulationes quas patimur, admonerent vos. Certe audisti verbum Dei. Benedictus Dominus et gloria ipsius. Congregati enim estis, et suspendimini in verbo dispensatoris Dei. Non ad carnem nostram attendatis, per quam vobis exhibetur : quia esurientes non attendunt ad vilitatem vasculi, sed ad caritatem cibi. Probat vos Deus. Congregati estis, laudatis verbum Dei; tentatio probabit quomodo audiatis : habebitis negotia, in quibus ostendatur quales estis. Nam et qui hodie conviciose clamat, heri libenter audiebat. Ideo præmoneo, ideo dico, ideo non taceo, Fratres mei, quia veniet interrogandi tempus. Dominus enim interrogat justum et impium. Certe hoc cantastis, certe simul cantavimus : Dominus interrogat justum et impium. Et quid sequitur? « Qui autem diligit iniquitatem, odit animam suam. » (*Psal.* x, 6.) Et alio loco : In cogitationibus impii interrogatio erit. (*Sap.*, 1, 9.) Non ubi ego te interrogo, ibi interrogat Deus. Ego interrogo linguam tuam, Deus interrogat cogitationem tuam. Novit autem quomodo audias, et novit quomodo exigat, qui jubet ut dem. Erogarem me esse voluit, exactionem sibi servavit. Monere, docere, corripere nostrum est : salvare vero et coronare, aut damnare et in gehennas mittere, non est nostrum. Judex autem tradet ministro, minister in carcerem. Amen dico tibi, non exies inde, donec solvas novissimum quadrantem. (*Matth.*, v, 25, 26.)

Quadragenarius numerus in Jejunio Moisi, Eliæ et Christi. — 9. Redeamus ergo ad rem. Perfectio justitiæ quadragenario numero demonstratur. Quid est quadragenarium numerum implere? Continere se ab amore hujus sæculi. Continentia a rebus temporalibus, ne perniciose amentur, quasi jejunare est ab isto sæculo. Ideo Dominus quadraginta diebus jejunavit, et Moises, et Elias. Qui ergo dedit servis jejunare posse quadraginta diebus, non potuit octoginta

quoi donc n'a-t-il pas voulu jeûner plus longtemps qu'il ne l'avait accordé à ses serviteurs? C'est parce que la signification mystérieuse de ce jeûne de quarante jours est que nous devons renoncer à ce monde? Or, en quoi consiste ce renoncement? L'Apôtre nous l'apprend : « Le monde est crucifié pour moi, et je suis crucifié pour le monde. » (*Gal.*, VI, 14.) Il accomplit donc parfaitement le nombre quarante. Mais qu'a voulu nous apprendre le Seigneur? Moïse, Elie ont jeûné le même temps que le Christ; et la loi, les prophètes enseignent la même chose que l'Evangile, et nous défendent de voir dans l'Evangile un enseignement différent de celui de la loi et des prophètes. Toutes les Ecritures vous enseignent d'un commun accord de vous abstenir de l'amour du siècle, pour que votre amour se dirige plus facilement vers Dieu. Pour figurer que tel est l'enseignement de la loi, Moïse a jeûné quarante jours. Pour figurer que tel est aussi l'enseignement des prophètes, Elie a jeûné également quarante jours. Pour figurer que l'enseignement de l'Evangile n'est point différent, Notre-Seigneur a voulu jeûner aussi le même nombre de jours. Voilà pourquoi ils apparaissent tous trois sur la montagne, le Seigneur dans le milieu, Moïse et Elie à ses côtés. Pour quelle raison? Parce que la loi et les prophètes rendent témoignage à l'Evangile. (*Rom.*, III, 21.) Mais pourquoi le nombre quarante figure-t-il la perfection de la justice? Il est dit dans un psaume : « O Dieu, je chanterai pour vous un cantique nouveau; je célébrerai votre gloire sur l'instrument à dix cordes. » (*Ps.* CXLIII, 9.) Cet instrument à dix cordes représente les dix préceptes de la loi que Notre-Seigneur est venu non pas détruire, mais accomplir. Or, cette loi répandue par tout l'univers a comme quatre côtés différents, l'Orient, l'Occident, le Midi et l'Aquilon, comme parle l'Ecriture. Voilà pourquoi la nappe mystérieuse remplie des animaux symboliques qui furent montrés à Pierre lorsqu'une voix lui dit : « Tue et mange; »(*Act.*, X, 13), pour lui apprendre que les Gentils croiraient en Jésus-Christ et entreraient dans le corps de l'Eglise, de même que ce que nous mangeons entre dans notre corps, voilà pourquoi, dis-je, cette nappe qui descendait du ciel jusqu'à terre, suspendue par les quatre coins (figure des quatre parties du monde), annonçait que l'univers tout entier embrasserait la foi. Le nombre quarante figure donc le renoncement au siècle. C'est la plénitude de la loi; et la plénitude de la loi, c'est la charité. Voilà pourquoi nous jeûnons quarante jours avant la fête de Pâques. C'est une figure de cette vie pénible où, pour nous préparer à la Pâque, nous devons accomplir la loi dans les travaux, dans les souffrances et les privations. Après la Pâque, nous célébrons les jours de la résurrec-

---

vel centum jejunare? Quare noluit amplius quam dederat servis, nisi quia in ipso quadragenario numero est mysterium jejunii, continere ab isto sæculo? Quid est hoc dicere? Quod ait Apostolus : Mundus mihi crucifixus est, et ego mundo. (*Gal.*, VI, 14.) Ipse ergo implet numerum quadragenarium. Et quid ostendit Dominus? Quia hoc Moises fecit, hoc Elias, hoc Christus, hoc et Lex, hoc et Prophetæ, hoc et Evangelium docet : ne aliud putes esse in Lege, aliud in Prophetis, aliud in Evangelio. Omnes Scripturæ nihil te aliud docent, nisi continentiam ab amore sæculi, ut amor tuus currat in Deum. Figuratur quia hoc docet Lex, quadraginta diebus jejunavit Moises. Figuratur quia hoc docent Prophetæ, quadraginta diebus jejunavit Elias. Figuratur quia hoc docet Evangelium, quadraginta diebus jejunavit Dominus. Ideo et in monte ipsi tres apparuerunt, Dominus in medio, Moises et Elias a lateribus. Quare? Quia ipsum Evangelium testimonium habet a Lege et Prophetis. (*Rom.*, III, 21.) Quare autem in quadragenario numero est perfectio justitiæ? In Psalterio dictum est : « Deus, canticum novum cantabo tibi, in psalterio decem chordarum psallam tibi. » (*Psal.* CXLIII, 9.) Quod significat decem præcepta Legis, quam Dominus non venit solvere, sed adimplere. Ipsa autem Lex per orbem terrarum, quatuor angulos habere constat, Orientem, Occidentem, Meridianum, et Aquilonem, sicut dicit Scriptura. Unde et vas, quod portabat figurata omnia animalia, quod demonstratum est Petro, quando dictum est : Macta, et manduca (*Act.*, X, 13), ut ostenderentur Gentes crediturae et intraturae in corpus Ecclesiæ, sicut quod manducamus in corpus nostrum intrat, quatuor lineis dimissum est de cœlo (ipsæ sunt quatuor partes orbis terrarum), totum orbem crediturum ostendit. Ergo in quadragenario numero continentia a sæculo est. Hæc est Legis plenitudo : Legis autem plenitudo caritas. Ideo ante Pascha quadraginta diebus jejunamus. Signum enim est ante Pascha vitæ hujus nostræ laboriosæ, ubi in laboribus et ærumnis et continentia implemus Legem. Post Pascha autem, id est, resurrectionis Domini dies celebramus, significantes

tion du Seigneur, (figure de notre propre résurrection.) Ces jours sont au nombre de cinquante, parce que le denier (dix as) est ajouté comme récompense au nombre quarante, et forme ainsi le nombre cinquante. Comment ce denier est-il donné pour récompense? N'avez-vous pas lu que les ouvriers loués pour aller travailler à la vigne, ceux qui sont venus soit à la première heure, soit à la sixième, soit à la dernière heure, ont tous reçu indistinctement un denier? (*Matth.*, xx, 2.) Lors donc que notre justice aura reçu sa récompense, nous serons dans le nombre cinquante. Notre unique travail alors sera de louer Dieu. Voilà pourquoi nous chantons ici-bas l'*Alleluia* pendant ces cinquante jours, car *alleluia* veut dire : *Louange à Dieu*. Mais tant que dure cette vie fragile et mortelle, durant cette quarantaine qui précède la résurrection, mêlons nos gémissements à nos prières, afin que nous puissions chanter un jour les louanges de Dieu. C'est maintenant le temps des aspirations et des désirs, alors ce sera le temps des embrassements et des jouissances. Ne perdons point courage pendant cette quarantaine, afin de goûter la joie qui nous attend dans la cinquantaine.

La loi ne peut être accomplie sans la charité. — 10. Or, qui peut accomplir la loi, si ce n'est celui qui a la charité? Interrogez l'Apôtre : « La charité, dit-il, est la plénitude de la loi; » (*Rom.*, xiii, 10) car toute la loi est renfermée dans ce seul précepte : « Vous aimerez votre prochain comme vous-même. » (*Gal.*, v, 14.) Mais le précepte de la charité est double : « Vous aimerez le Seigneur votre Dieu de tout votre cœur, de toute votre âme et de tout votre esprit. C'est là le plus grand et le premier commandement. Et voici le second, semblable à celui-là : Vous aimerez le prochain comme vous-même. » Ce sont les propres paroles du Seigneur dans son Evangile. « Ces deux commandements, ajoute-t-il, renferment toute la loi et les prophètes. » (*Matth.*, xxii, 37, etc.) Sans cette double charité l'accomplissement de la loi est impossible; et tant que la loi n'est pas accomplie, c'est un signe que la maladie persévère. C'est la raison pour laquelle il manquait deux ans à cet homme qui était malade depuis trente-huit ans. Que signifient ces deux ans qui lui manquaient? Les deux préceptes qu'il n'accomplissait pas. Et que sert d'être fidèle aux autres si l'on n'observe point ces deux commandements? Vous en accomplissez trente-huit; si vous n'observez ces deux préceptes, votre fidélité aux autres ne vous sert de rien. Ces deux préceptes peuvent vous conduire au salut, mais, sans eux, les autres n'ont aucune valeur, aucun mérite. « Quand je parlerais les langues des hommes et des anges, si je n'ai point la charité, je suis comme un airain sonnant et une cymbale retentissante. Quand je pénétrerais tous les mystères et toutes les sciences, et quand j'au-

---

resurrectionem nostram. Ideo quinquaginta dies celebrantur : quia denarii merces additur quadragenario, et fit quinquagenarius. Quomodo est merces denarius? Non legistis, quia qui ad vineam conducti sunt, sive illi qui prima, sive qui sexta, sive qui novissima hora, non potuerunt accipere nisi denarium? (*Matth.*, xx, 2.) Justitiæ nostræ cum addita fuerit merces ejus, in quinquagenario erimus. Jam tunc non nobis vacabit nisi laudare Deum. Ideo per illos dies Hallelluia dicimus. Hallelluia enim laus Dei est. In ista fragilitate mortalitatis, in isto quadragenario hic, velut ante resurrectionem, gemamus in orationibus, ut tunc (*a*) laudemus, Modo tempus est desiderandi, tunc tempus erit amplectendi et fruendi. Non deficiamus in tempore quadragenario, ut gaudeamus in tempore quinquagenario.

Lex non impletur sine caritate. — 10. Quis est autem qui implet Legem, nisi qui habuerit caritatem? Interroga Apostolum : Plenitudo Legis caritas. (*Rom.*, xiii, 10.) Omnis enim Lex in uno sermone impleta est : in eo quod scriptum est : Diliges proximum tuum tanquam te ipsum. (*Gal.*, v, 14.) Sed præceptum caritatis geminum est : « Diliges Dominum Deum tuum ex toto corde tuo, et ex tota anima tua, et ex tota mente tua. Hoc præceptum magnum est. Alterum huic simile : Diliges proximum tuum tanquam te ipsum. Domini verba sunt in Evangelio : In his duobus præceptis tota Lex pendet et Prophetæ. » (*Matth.*, xxii, 37, etc.) Sine dilectione gemina Lex impleri non potest. Quamdiu non impletur Lex, infirmitas est. Ideo duo minus habebat, qui triginta-octo annos infirmus erat. Quid est, duo minus habebat? Duo præcepta illa non implebat. Quid prodest quia cætera implentur, si illa non implentur? Triginta-octo habes? si illa duo non habueris, cætera nihil tibi proderunt. Minus habes duo, sine quibus nihil valeant cætera, si non habueris duo præcepta, quæ perducunt ad salutem. « Si linguis hominum loquar et Angelorum, caritatem autem non habeam, factus sum æramentum sonans, aut cymbalum tinniens. Et

---

(*a*) Carcassonensis Ms. *ut tunc laudemus, cum viderimus.*

rais toute la foi possible, jusqu'à transporter les montagnes, si je n'ai point la charité, je ne suis rien. Et quand je distribuerais toutes mes richesses pour nourrir les pauvres, et que je livrerais mon corps pour être brûlé, si je n'ai point la charité, tout cela ne me sert de rien. » (I Cor., XIII, 1, etc.) Ce sont les paroles de l'Apôtre. Tous ces dons qu'il vient d'énumérer sont comme les trente-huit ans de cet homme; mais parce que la charité faisait défaut, la maladie persévérait. Qui donc nous guérira de cette infirmité, sinon celui qui est venu nous donner la charité? « Je vous donne un commandement nouveau, c'est de vous aimer les uns les autres. » (Jean, XIII, 34.) Or, c'est parce qu'il est venu établir le règne de la charité, et que la charité seule accomplit la loi, que Notre-Seigneur a pu dire avec raison : « Je ne suis pas venu détruire la loi, mais l'accomplir. » (Matth., V, 17.) Il guérit ce malade et lui commanda d'emporter son grabat et de retourner dans sa maison. (Marc, II, 9.) Il en dit autant au paralytique à qui il vient de rendre la santé. (Jean, V, 9.) Qu'est-ce donc qu'emporter son grabat? C'est rejeter les plaisirs de la chair qui sont le lit où nous sommes étendus comme de pauvres malades. Mais ceux qui sont guéris répriment et maîtrisent leur chair au lieu d'en être dominés. Maîtrisez donc la fragilité de votre chair, vous qui avez recouvré la santé; observez le jeûne mystérieux de quarante jours en renonçant à tous les plaisirs du siècle, pour accomplir ainsi la quarantaine à l'exemple de ce malade guéri par celui qui n'est pas venu détruire, mais accomplir la loi.

Il faut renoncer intérieurement à toutes les choses de la terre. — 11. Après avoir entendu ces paroles, élevez vos cœurs vers Dieu. Ne vous faites pas illusion. Demandez-vous, lorsque vous êtes heureux en ce monde, demandez-vous alors si vous aimez ce monde, ou si vous ne l'aimez pas; apprenez à le quitter avant que vous soyez obligé de le quitter. Que faut-il faire pour le quitter? Ne point l'aimer intérieurement. Pendant que vous possédez encore ce que vous perdrez nécessairement un jour, ou pendant votre vie ou à votre mort, car vous ne pouvez le garder toujours, faites-en le sacrifice; pendant que vous en êtes encore le maître, détachez-en votre cœur; soyez prêt à faire ce que demandera la volonté divine, à vous tenir comme suspendu à Dieu. Attachez-vous étroitement à celui qu'on ne peut vous enlever malgré vous; et s'il arrive que vous perdiez vos biens temporels, dites alors : Le Seigneur me les a donnés, le Seigneur me les a ôtés, il a été fait comme il a plu au Seigneur; que son saint nom soit béni. (Job, I, 21.) Si, au contraire, la volonté de Dieu est que vous conserviez ces biens jusqu'à la fin de votre vie, lorsque vous serez sorti de ce monde, vous recevrez le denier qui vous fera atteindre la cinquantaine, et vous parviendrez au comble de la félicité

---

si sciero omnia sacramenta et omnem scientiam, et si habuero omnem fidem, ita ut montes transferam; caritatem autem non habeam, nihil sum. Et si distribuero omnem substantiam meam, et si tradidero corpus meum ut ardeam; caritatem autem non habeam, nihil mihi prodest. » (I Cor., XIII, 1, etc.) Apostoli verba sunt. Illa ergo omnia quæ dixit, quasi triginta-octo anni sunt: sed quia caritas ibi non erat, infirmitas erat. Quis ergo ab ista infirmitate sanabit, nisi qui venit dare caritatem? Mandatum novum do vobis, ut vos invicem diligatis. (Joan., XIII, 34.) Et quia venit dare caritatem, et caritas perficit Legem; merito dixit : Non veni Legem solvere, sed implere. (Matth., V, 17,) Sanavit ægrotum, et dixit illi ut ferret grabatum suum, et iret in domum suam. (Marc., II, 9.) Hoc et paralytico, quem sanavit, dixit. (Joan., V, 9.) Quid est ferre grabatum nostrum? Voluptatem carnis nostræ. Ubi infirmi jacemus, quasi lectus noster est. Sed qui sanati fuerint, continent et ferunt eam, non ab ipsa carne continentur. Ergo sanus contine fragilitatem carnis tuæ, ut signo quadragenarii jejunii ab isto sæculo, impleas quadragenarium numerum (/. quia) qui sanavit illum ægrotum, qui non venit Legem solvere, sed implere.

Temporalia animo dimittenda. — 11. Hoc audito, dirigite cor vestrum in Deum. Nolite vos fallere. Tunc vos interrogate, quando bene est in sæculo; tunc vos interrogate, si amatis hunc mundum, aut si non amatis; discite dimittere, ante quam dimittimini. Quid est dimittere? Animo non amare. Cum adhuc tecum est quod amissurus es, aut vivus, aut moriens illud dimittis, non potest tecum esse semper : cum ergo adhuc tecum est, solve amorem : paratus esto in voluntate Dei, suspendere in Deum. Tene te ad illum, quem non amittis invitus : ut si contigerit ut amittas ista temporalia dicas : « Dominus dedit, Dominus abstulit; sicut Domino placuit, ita factum est : sit nomen Domini benedictum. » (Job, I, 21.) Si autem contigerit, et hoc vult Deus, ut illa quæ habes tecum sint usque in finem; solu-

en chantant l'*Alleluia*. Que le souvenir des vérités que je viens de vous rappeler vous donne la force de renoncer à l'amour du monde. Son amitié est mauvaise, elle est trompeuse, elle nous attire l'inimitié de Dieu. Il suffit à l'homme d'une seule tentation pour offenser Dieu et devenir son ennemi; ou, pour parler plus juste, il ne devient pas alors son ennemi, mais on découvre qu'il l'était auparavant, car il était son ennemi quand il paraissait l'aimer et le louer; mais il l'ignorait aussi bien que les autres. La tentation est survenue, vous touchez le pouls et la fièvre se manifeste. Ainsi donc, mes frères, l'amour du monde et l'amitié du monde nous rendent ennemis de Dieu. Et remarquez que le monde ne donne jamais ce qu'il a promis; c'est un menteur qui ne peut que nous tromper. Aussi les hommes ne mettent jamais dans ce monde un terme à leurs espérances; et qui parvient jamais à tout ce qu'il espérait ? Mais quoi ! à peine est-il parvenu à ce qu'il désire, qu'il n'a plus que du mépris pour ce qu'il a obtenu. D'autres désirs succèdent aux premiers; on attend son bonheur d'autres objets, et dès qu'on les possède, on les méprise comme les autres. Attachez-vous donc à Dieu, jamais il ne perdra rien de son prix, parce que sa beauté est sans égale. Ce qui ôte tout leur prix aux choses de la terre, c'est qu'elles n'ont rien de stable, parce qu'elles ne sont pas Dieu. Il n'y a que celui qui vous a créée, ô âme de l'homme, qui puisse vous suffire. Tout ce que vous recherchez en dehors de lui n'est que misère; car vos désirs ne peuvent être comblés que par celui qui vous a fait à sa ressemblance. C'est cette vérité qu'exprimait l'Apôtre qui disait à Jésus : « Seigneur, montrez-nous votre Père, et cela nous suffit. » (*Jean*, XIV, 8.) Là seulement se trouve la sécurité, et avec elle un rassasiement insatiable. En effet, vous serez rassasié, mais sans jamais dire : c'est assez, et aussi sans que rien vous manque et que vous ressentiez aucun besoin.

SERMON CXXVI [1].

Sur ces paroles du chapitre v de l'Evangile selon saint Jean : *Le Fils ne peut rien faire de lui-même; il ne fait rien qu'il ne le voie faire au Père.*

CHAPITRE PREMIER. — *La foi doit précéder l'intelligence.* — 1. Les mystères et les secrets du royaume de Dieu demandent qu'on les croie avant qu'ils se manifestent à l'intelligence. La foi est le degré qui nous élève jusqu'à l'intelligence, et c'est la foi qui nous mérite l'intelligence. C'est ce qu'enseigne clairement le Prophète à tous ceux qui veulent comprendre avec une précipitation déréglée, sans s'occuper de la

---

(1) Possidius, dans le chapitre v de sa Table, classe ce sermon parmi les Traités contre les Ariens.

---

tus ab hac vita, accipis denarium (a) quinquagenarium, et fit in te perfectio beatitudinis, cum cantas Halleluia. Hæc habentes in memoria quæ commemoravi, valeant ut non diligatis sæculum. Mala est amicitia ipsius, fallax est, inimicum facit (f. Deo) Deum. Cito in una tentatione offendit Deo homo, et fit inimicus. Imo non tunc fit inimicus; sed tunc proditur inimicus fuisse. Nam quando diligebat et laudabat, inimicus erat, sed nec ipse sciebat, nec alii. Accedit tentatio, tangitur vena, et proditur febris. Itaque, Fratres, dilectio mundi, et amicitia mundi inimicos Deo facit. Et ipse non exhibet quod promisit, mendax est, et fallit. Ideo homines non cessant sperare in isto sæculo, et quis pervenit ad omnia quæ sperat ? Sed ad quæcumque pervenerit, continuo hoc vilescit ei quo pervenit. Incipiunt alia desiderari, alia cara sperantur: quæ dum venerint, quidquid tibi venit, vilescit. Tene ergo Deum, quia nunquam vilescit, quia pulchrius nihil est. Propterea enim vilescunt ista, quia non possunt stare, quia non sunt quod ipse. Tibi enim, o anima, non sufficit, nisi qui te creavit. Quidquid aliud apprehendis, miserum est : quia tibi solus ille potest sufficere qui ad similitudinem suam te fecit. Ex ipsa voce dictum est; Domine, ostende nobis Patrem, et sufficit nobis. (*Joan.*, XIV, 8.) Ibi tantum potest esse securitas : et ubi potest esse securitas, quodam modo ibi erit satietas insatiabilis. Nam neque satiaberis, ut velis discedere, neque aliud deerit, ut quasi inopiam patiaris.

SERMON CXXVI [b].

De verbis Evangelii Joan., v : *Non potest Filius a se facere quidquam, nisi quod viderit Patrem facientem.*

CAPUT PRIMUM. — *Fides intellectum præcedere debet.* — 1. Arcana et secreta regni Dei prius quærunt credentes, quo faciant intelligentes. Fides enim gradus est intelligendi : intellectus autem meritum fidei. Aperte hoc Propheta dicit omnibus præpropere et præpostere intelligentiam requirentibus, et fidem negligentibus. Ait enim : Nisi credide-

---

(a) Sirmondus, *quadragenarium*. Corrigitur ex Carcass. Ms. et ex dictis, n. 9. — (b) Alias XXXII, ex homiliis L.

foi. « Si vous ne croyez pas, leur dit-il, vous ne comprendrez pas. » (*Isaï.*, VII, 9.) La foi trouve donc aussi sa lumière dans les Ecritures, dans les prophètes, dans l'Evangile, dans les écrits des apôtres. Tous ces extraits qu'on nous lit pour le moment sont autant de flambeaux qui brillent dans l'obscurité, pour nous préparer au grand jour. C'est ce que nous enseigne l'apôtre saint Pierre : « Nous avons les oracles plus affermis des prophètes, sur lesquels vous faites bien d'arrêter les yeux comme sur un flambeau qui luit dans le lieu obscur, jusqu'à ce que le jour commence à paraître et que l'étoile du matin se lève dans vos cœurs. » (II *Pier.*, I, 19.)

2. Vous voyez donc, mes frères, quel est le désordre et la perversité de ces hommes qui, comme des fruits prématurés, veulent naître forcément avant le terme, et qui nous disent : Pourquoi me commandez-vous de croire ce que je ne vois point? Que je voie quelque chose, et je croirai. Vous m'ordonnez de croire sans que je voie; pour moi, je veux voir et arriver à la foi par la vue et non par l'ouïe. Ecoutez ce que dit le Prophète : « Si vous ne croyez pas, vous ne comprendrez pas. » Vous voulez monter sans passer par les degrés. C'est un désordre. O homme! si je pouvais vous découvrir ce que vous désirez voir, je ne vous exhorterais point à croire.

CHAPITRE II. — *Les créatures que nous voyons nous aident à nous élever jusqu'au Créateur, qu'on ne voit point.* — 3. La foi, comme l'Apôtre la définit ailleurs, est donc la substance des choses qu'on doit espérer, et la démonstration de celles qu'on ne voit point. (*Hébr.*, XI, 1.) Si on ne les voit point, comment peut-on démontrer qu'elles existent? D'où viennent les choses que vous voyez? N'est-ce pas de ce que vous ne voyez point? Vous voyez une chose qui vous détermine à en croire une autre, et c'est ce que vous voyez qui vous fait croire ce que vous ne voyez point. Ne soyez pas ingrat envers celui qui vous a donné la vue, afin que vous puissiez croire ce que vous ne pouvez encore voir. Dieu a donné des yeux à votre corps et la raison à votre âme; excitez cette raison de votre âme, réveillez celui qui habite secrètement les yeux intérieurs de l'âme; qu'il ouvre les fenêtres et qu'il considère les créatures de Dieu. En effet, nous avons au dedans de nous un être intérieur qui voit par les yeux. Si vous êtes absorbé devant moi dans vos pensées, votre esprit distrait ne voit pas les objets qui sont devant vos yeux; c'est en vain que les fenêtres sont ouvertes, en l'absence de celui qui regarde par leur ouverture. Ce ne sont donc point les yeux qui voient, mais un être intérieur qui voit par les yeux; c'est lui qu'il faut éveiller, qu'il faut exciter. Dieu ne vous a rien refusé; il a fait de vous un animal raisonnable; il vous a donné

---

ritis, non intelligetis. (*Isai.*, VII, 9.) Habet ergo et fides ipsa quoddam lumen suum in Scripturis, in Prophetia, in Evangelio, in Apostolicis lectionibus. Omnia enim ista quæ nobis ad tempus recitantur, lucernæ sunt in obscuro loco, ut nutriamur ad diem. Dicit Apostolus Petrus : « Habemus certiorem propheticum sermonem, cui benefacitis intendentes tanquam lucernæ in obscuro loco, donec dies lucescat, et lucifer oriatur in cordibus vestris. » (II *Petr.*, I, 19.)

2. Videtis ergo, Fratres, quantum sint perversi et properando vitiosi, qui tanquam immaturi conceptus ante ortum quærunt abortum; qui nobis dicunt : Quid me jubes credere quod non video? Videam aliquid, ut credam. « Jubes credere, dum non videam : ego videre volo, et videndo credere, non audiendo. » Dicat Propheta : Nisi credideritis, non intelligetis. Ascendere vis, et gradus oblivisceris. Utique perverse. O homo, si jam tibi possem ostendere quod videres, non hortarer ut crederes.

CAPUT II. — *Ex creaturis quæ videntur, assurgendum ad Creatorem, qui non videtur.* — 3. Ergo fides est, sicut alibi definitum est, sperantium substantia, convictio rerum, quæ non videntur. (*Hebr.*, XI, 1.) Si non videntur, quomodo convincuntur quia sunt? Unde enim sunt ista quæ vides, nisi ex illo quod non vides? Utique vides aliquid, ut credas aliquid, et ex eo quod vides, credas quod non vides. Ne sis ingratus ei qui te fecit videre, unde possis credere quod nondum potes videre. Dedit tibi Deus oculos in corpore, rationem in corde; excita rationem cordis, erige interiorem habitatorem interiorum oculorum tuorum, assumat fenestras suas, inspiciat creaturam Dei. Nam quando (*f.* aliunde cogitas, *vel* in te, *pro* in me) aliquando in me cogitas averso interius habitatore, quæ sunt ante oculos tuos non vides. Fenestræ enim frustra patent, quando qui per eas attendit absens est. Non ergo oculi vident, sed quidam per oculos videt : erige illum, excita illum. Non enim denegatum est tibi : rationale animal te Deus fecit, præposuit te pecoribus, ad imaginem suam te formavit.

l'empire sur les animaux; il vous a fait à son image. Ne devez-vous donc vous servir de vos yeux que comme les animaux pour voir la nourriture à donner à votre corps, plutôt que celle que demande votre âme? Ouvrez donc ces yeux de la raison, servez-vous de vos yeux en homme raisonnable; considérez le ciel et la terre, les riches ornements du ciel, la fécondité de la terre, les oiseaux qui volent dans l'air, les poissons qui nagent dans les eaux, la force vitale des semences, la succession des saisons; considérez toutes ces œuvres et cherchez-en l'auteur, contemplez ce que vous voyez et cherchez celui que vous ne voyez pas. Que le spectacle des choses visibles vous fasse croire à celui qui est invisible. Et ce n'est pas moi, pensez-le bien, qui vous donne ce conseil, mais l'Apôtre qui vous dit : « Les perfections invisibles de Dieu sont devenues visibles, depuis la création du monde, par tout ce qui a été fait. » (*Rom.*, I, 20.)

4. Le spectacle de ces œuvres était pour vous sans intérêt, vous les regardiez non en homme, mais comme un animal sans raison. Le Prophète vous criait, mais il criait inutilement : « Ne devenez pas semblables au cheval et au mulet, animaux sans intelligence. » (*Ps.* XXXI, 9.) Ces œuvres étaient donc sous vos yeux sans attirer votre attention. Les miracles que Dieu opère chaque jour avaient perdu pour vous tout leur prix, non par la facilité avec laquelle il les produit, mais par l'habitude que vous avez de les voir.

CHAPITRE III. — *Jésus-Christ a fait des miracles extraordinaires pour nous faire reconnaître le Créateur jusque dans les miracles plus communs qu'il opère tous les jours.* — Quoi de plus difficile à comprendre que la naissance et la mort de l'homme qui, tour à tour, font apparaître au grand jour ce qui n'était pas, et disparaître dans les profondeurs de la nature ce qui était? Quoi de plus étonnant, quoi de plus difficile à expliquer? Or, pour Dieu, rien n'a été plus facile à faire. Admirez donc ces merveilles, sortez de votre sommeil. Vous réservez votre admiration pour les prodiges extraordinaires; sont-ils donc plus grands que ceux qui se produisent tous les jours sous vos yeux? Les hommes s'étonnent que Notre-Seigneur Jésus-Christ ait rassasié avec cinq pains plusieurs milliers de personnes (*Matth.*, XIV, 21), et ils ne s'étonnent point que quelques grains suffisent pour couvrir la terre d'abondantes moissons. Ils sont saisis d'admiration en voyant le Sauveur changer l'eau en vin. (*Jean*, II, 9.) N'est-ce pas ce même prodige qu'opère tous les jours la pluie en passant par les racines de la vigne? L'auteur de ces prodiges est le même; il opère les uns pour subvenir à vos besoins, il fait les autres pour exciter votre admiration. Cependant les uns et les autres sont admirables, parce qu'ils sont également les œuvres de Dieu. La vue de ces prodiges inaccoutumés remplit l'homme d'admiration; mais d'où vient cet homme lui-même qui s'étonne? Où était-il? d'où est-il sorti? d'où vient la forme de son corps, la distinction

---

Siccine uti illis debes, ut pecus; tantum ut videas quid addas ventri, non menti? Erige ergo rationalem aspectum, utere oculis ut homo, intende coelum et terram, ornamenta coeli, fecunditatem terrae, volatus avium, natatus piscium, vim seminum, ordinem temporum : intende facta, et quaere factorem : aspice quae vides, et quaere quem non vides. Crede in eum quem non vides, propter ista quae vides. Et ne sermone meo te exhortatum putes, Apostolum audi dicentem : « Invisibilia enim Dei a creatura mundi per ea quae facta sunt, conspiciuntur. » (*Rom.*, I, 20.)

4. Postponebas ista, nec attendebas ut homo, sed ut animal irrationale. Clamavit ad te Propheta, et frustra clamavit. : Nolite esse sicut equus et mulus, quibus non est intellectus. (*Psal.*, XXXI, 9.) Videbas ergo ista, et postponebas. Quotidiana miracula Dei non facilitate, sed assiduitate viluerant.

CAPUT III. — *Miracula insolita fecit Christus, ut et in quotidianis quae viluerant agnosceretur factor.* — Quid enim difficilius cognitione, quam ut nascatur homo, moriendo discedat in secreta qui erat, nascendo procedat in publica qui non erat? Quid tam mirabile, quid tam difficile cognitu? Deo autem facile factu. Mirare ista, expergiscere : insolita nosti mirari, majora sunt quam quae videre consuevisti? Mirati sunt homines Dominum Deum nostrum Jesum Christum de quinque panibus saginasse tot millia; et non mirantur per pauca grana impleri segetibus terras. (*Matth.*, XIV, 21.) Quae aqua erat vinum factum, viderunt homines, et obstupuerunt (*Joan.*, II, 9) : quid aliud fit de pluvia per radicem vitis? Ipse illa fecit, ipse ista : illa ut pascaris, ista ut mireris. Sed utraque miranda sunt, quia opera Dei sunt. Videt homo insolita et miratur : unde est ipse homo qui miratur? ubi erat? unde processit? unde forma corporis? unde membrorum distinctio? unde habitus iste speciosus? de quibus primordiis? de quam con-

de ses membres, la grâce de son maintien? Quels ont été ses commencements? Quels éléments méprisables ont concouru à sa formation? L'homme admire ces prodiges, et il est lui-même un des plus grands sujets d'admiration. Quel est donc l'auteur de toutes ces merveilles que vous voyez? N'est-ce pas celui que vous ne voyez pas? Mais, je l'ai déjà dit, comme ces prodiges ne faisaient plus d'impression sur vous, il est venu lui-même pour en opérer d'extraordinaires et vous faire ainsi reconnaître votre Créateur dans ceux dont vous êtes tous les jours témoins. C'est à lui qu'il est dit : « Renouvelez les prodiges; » (*Ecclés.*, XXXVI, 6) et encore : « Signalez vos miséricordes. » (*Ps.* XVI, 7.) Il répandait ses miséricordes avec profusion, il les prodiguait, et personne n'en était touché. Il s'est donc fait petit pour venir vers les petits, il est venu comme un médecin vers ses malades, avec la puissance de venir lorsqu'il le voulait, de s'en aller quand il le voudrait, d'agir et de juger en tout comme il le voudrait; car ce qu'il veut est la justice même, et sa volonté n'est point différente de sa justice. Il ne peut y avoir d'injustice dans ce qu'il veut, et sa volonté est nécessairement juste. Il est venu ressusciter les morts, rendre, au grand étonnement de ceux qui en furent témoins, la vue à des hommes qui vivaient au milieu de la lumière, alors que tous les jours il produit à la lumière ceux qui n'existaient point.

CHAPITRE IV. — *Jésus-Christ est né miraculeusement d'une Vierge.* — 5. Voilà les prodiges qu'il a opérés, et cependant un grand nombre l'ont méprisé. Moins frappés de la grandeur de ses œuvres que de l'humble apparence de sa personne, ils se disent en eux-mêmes : Ces œuvres sont divines, il est vrai, mais il n'est qu'un homme. Vous voyez donc deux choses: des œuvres divines et un homme. Si ces œuvres divines ne peuvent avoir qu'un Dieu pour auteur, n'est-ce point qu'un Dieu serait caché dans l'homme? Considérez bien, vous dirai-je, ce que vous voyez, et croyez ce que vous ne voyez pas. Celui qui vous appelle à la foi ne vous a pas laissés sans appui; il vous ordonne de croire ce que vous ne pouvez voir, mais il vous permet de voir suffisamment pour vous aider à croire ce que vous ne voyez pas. Les créatures sont-elles donc de faibles signes, de faibles indices de la présence du Créateur? Il a fait plus, il est venu sur la terre et a opéré de nouveaux miracles. Vous ne pouvez voir Dieu, mais vous pouvez voir l'homme; Dieu s'est fait homme pour réunir dans sa personne ce qu'il vous est permis de voir et ce que vous devez croire. « Au commencement était le Verbe, et le Verbe était en Dieu, et le Verbe était Dieu. » (*Jean*, I, 1.) Vous entendez mais vous ne voyez pas encore. Il vient donc sur la terre, il prend naissance et sort du sein d'une femme, lui qui a créé l'homme et la femme. Celui qui a créé l'homme et la femme n'a point voulu naître de l'union des deux sexes. Sa naissance aurait peut-être excité

temptibilibus? Et miratur alia, cum sit ipse mirator magnum miraculum. Unde ergo ista quæ vides, nisi ex illo quem non vides? Sed, ut dicere cœperam, quia tibi ista viluerant, venit ipse ad facienda insolita, ut et in ipsis solitis agnosceres artificem tuum. Venit ille cui dictum est: Innova signa. (*Eccl.*, XXXVI, 6.) Cui dictum est : Mirifica misericordias tuas. (*Psal.*, XVI, 7.) Largiebatur enim eas; largiebatur, et nemo mirabatur. Venit ergo parvus ad parvos, venit medicus ad ægrotos, qui poterat venire cum vellet, redire cum vellet, facere quidquid vellet, judicare ut vellet. Et hoc quod vellet, ipsa justitia est, et quod ille vult, inquam, ipsa justitia est. Non enim iniquum est quod ille vult, aut æquum potest esse quod non vult. Venit suscitare mortuum, mirantibus reddere luci hominem, qui erat in luce, qui quotidie qui non erant, producit ad lucem.

CAPUT IV. — *Miraculum nativitatis ex virgine in Christo exhibitum.* — 5. Fecit ista, et contemptus est a multis, plus attendentibus non quam magna faceret, sed quam parvus: tanquam dicentibus apud se : Ista divina sunt, sed iste homo est. Duo ergo vides, divina et hominem. Si divina non possunt fieri, nisi a Deo, vide ne in homine lateat Deus. Attende, inquam, quæ vides, crede quæ non vides. Non te deseruit, qui vocavit ut credas: quamvis juberet te illud credere, quod non potes videre; non tamen te dimisit nihil videntem, unde possis credere quod non vides. Parvane signa, parvane indicia sunt Creatoris ipsa creatura? Venit etiam, fecit miracula. Non poteras videre Deum, poteras hominem : Deus factus est homo, ut in uno tibi esset et quod videres, et quod crederes. « In principio erat Verbum, et Verbum erat apud Deum, et Deus erat Verbum. » (*Joan.*, I, 1.) Audis, et nondum vides. Ecce venit, ecce nascitur, ecce de femina procedit, qui fecit masculum et feminam. Qui fecit masculum et feminam, non factus est per masculum et feminam. Contempturus enim

votre mépris, mais vous ne pouvez mépriser la manière dont il naît, parce qu'avant de naître, il existait éternellement. Il a donc pris un corps, il s'est revêtu de chair, il est sorti du sein d'une femme. Le voyez-vous maintenant? Oui, vous voyez ce qui est chair. Je vous fais cette question, mais je vous montre un corps de chair. Vous voyez en lui une chose, mais il en est une autre que vous ne voyez pas. Oui, dans sa naissance même, il y a deux choses distinctes, l'une que vous pouvez voir, l'autre qui échappe à votre vue, mais ce que vous voyez doit vous porter à croire ce que vous ne voyez pas. Le spectacle de sa naissance vous inspirait peut-être du mépris; croyez ce que vous ne voyez pas, il est né d'une vierge. Quelle petitesse, dites-vous, dans cet enfant qui vient de naître! Mais quelle grandeur dans celui qui est né d'une vierge! En effet, en naissant d'une vierge, il vous fait voir dans le temps un prodige frappant : il n'a point de père, je veux dire qu'il n'a point d'homme pour père, et cependant il est né de la chair. Toutefois, ne regardez pas comme impossible qu'il soit né d'une mère seule, puisque c'est lui qui a créé l'homme avant que l'homme n'eût ni père ni mère.

CHAPITRE V. — *Le miracle de la naissance de Jésus-Christ est pour nous un motif de croire au Verbe qui est Dieu.* — 6. Il a donc fait pour vous ce miracle dans le temps, afin de vous exciter à le chercher et à l'admirer dans son éternité. Celui qui est sorti comme un époux de sa couche nuptiale (*Ps.* XVI, 6), c'est-à-dire, du sein d'une vierge, où le Verbe et la chair ont célébré des noces toutes divines, a fait, je le répète, un miracle dans le temps, mais il est de toute éternité; il est coéternel au Père, il est le Verbe qui était au commencement, le Verbe qui était en Dieu, le Verbe qui était Dieu. (*Jean*, I, 1.) Il a préparé un remède pour vous guérir et vous permettre de voir ce que vous ne voyez pas. Ce qui vous paraît humble et méprisable dans le Christ n'est pas encore ce que contemplera l'œil quand il sera guéri, c'est le remède de l'œil malade. Ne désirez pas voir trop tôt le spectacle qui est réservé aux yeux parfaitement guéris. Les anges le voient, et cette vue les comble de joie; il est la nourriture et la vie des anges, nourriture inépuisable, aliment indéfectible. Sur leurs trônes élevés au plus haut des cieux, et dans les régions au-dessus des cieux, les anges contemplent le Verbe avec ravissement; ils s'en nourrissent et il demeure toujours le même. Mais pour que l'homme pût manger le pain des anges, le Seigneur des anges s'est fait homme. C'est ainsi qu'il est notre salut, le remède des malades et la nourriture de ceux qui se portent bien.

7. Il enseignait donc les hommes et leur adressait ces paroles que vous avez entendues :

---

eras forte qui nasceretur, non contemnis quomodo nasceretur : quia semper erat ante quam nasceretur. Ecce, inquam, assumpsit corpus ; indutus est carne, processit ex utero. Jamne vides? jam, inquam, vides carnem (*a*) : interrogo, sed carnem ostendo : vides aliquid, et non vides aliquid. Ecce in ipso partu, ecce jam duo sunt, et quod videas, et quod non videas ; sed ut per ipsum quod vides, credas quod non vides. Contemnere cœperas, quia vides qui natus est : crede quod non vides, quia de virgine natus. Quantulus est, inquit, qui natus est? Sed quantus est, qui de virgine natus est? Et ille qui de virgine natus est, miraculum temporale tibi attulit : non est natus de patre, scilicet de patre homine, et natus est de carne. Sed non tibi videatur impossibile, quia natus est per solam matrem, qui fecit hominem ante patrem et matrem.

CAPUT V. — *Miraculo nativitatis Christi movemur ad credendum Deum Verbum.* — 6. Attulit ergo tibi temporale miraculum, ut tu eum quæras et mireris æternum. Etenim ipse qui tanquam sponsus processit de thalamo suo (*Psal.*, XVI, 6), de utero scilicet virginali, ubi sanctæ nuptiæ factæ sunt : Verbum et caro ; attulit, inquam, miraculum temporale (*Psal.* XVI, 6) : sed ipse est æternus, ipse est Patri coæternus, ipse est qui in principio erat Verbum, et Verbum erat apud Deum, et Deus erat Verbum. (*Joan.*, I, 1.) Fecit tibi unde sanareris, ut videre posses quod non videbas. Quod contemnis in Christo, nondum est contemplatio sanati, sed medicamentum ægroti. Noli festinare ad visionem sanorum. Angeli vident, Angeli gaudent, Angeli pascuntur et vivunt : nec deficit unde pascuntur, nec minuitur esca ipsorum. In sublimibus thronis, in partibus cœlorum, in his quæ supra cœlos sunt, videtur Verbum ab Angelis, et gaudetur : et manducatur, et permanet. Sed ut panem Angelorum manducaret homo, Dominus Angelorum factus est homo. Hæc est salus nostra, medicina infirmorum, cibus sanorum.

7. Et loquebatur hominibus, et dicebat quod au-

(*a*) Locus mendosus.

« Le Fils ne peut rien faire de lui-même, il ne fait rien qu'il ne le voie faire au Père. » (*Jean*, v, 19.) Pensez-vous qu'il y ait ici quelqu'un pour comprendre ces paroles? Pensez-vous qu'il y ait un homme à qui le collyre de la chair du Sauveur ait assez ouvert les yeux pour contempler tant soit peu la splendeur de sa divinité? Il a daigné nous parler, parlons donc aussi; lui, parce qu'il est le Verbe, nous, parce que nous parlons du Verbe. Mais pourquoi donc osons-nous parler tant bien que mal du Verbe? Parce que le Verbe nous a faits à sa ressemblance. Essayons donc, nous aussi, dans la limite de notre faiblesse, et autant qu'il nous est permis d'atteindre ce mystère ineffable, essayons de parler du Verbe, sans que nul nous contredise; car notre foi nous a précédés, et nous pouvons dire : « J'ai cru, c'est pourquoi j'ai parlé. » (*Ps.* cxv, 10.) Je vous en dis donc ce que je crois; m'est-il aussi donné de le voir tant soit peu? le Verbe le sait beaucoup mieux que vous, qui ne pouvez vous en assurer. Mais une fois que je vous parle, que m'importe que celui qui voit ce que je vais dire croie ou non; que je voie moi-même ce que j'enseigne. Qu'il voie sincèrement et de bonne foi, et qu'il pense de moi ce qu'il voudra.

CHAPITRE VI. — *Erreur des ariens dans l'interprétation des paroles du Seigneur.* — 8. « Le Fils ne peut rien faire de lui-même, il ne fait rien qu'il ne le voie faire au Père. » C'est ici que s'élève l'erreur des ariens, mais elle s'élève pour tomber; car ils n'ont pas l'humilité, qui seule, pourrait les relever. Qu'est-ce donc qui vous embarrasse? Prétendez-vous que le Fils est moindre que le Père? Vous l'entendez dire : « Le Fils ne peut rien faire de lui-même, il ne fait rien qu'il ne le voie faire au Père. » Vous voulez en conclure que le Fils est inférieur au Père; je le sais; oui, je le sais; voilà pour vous la difficulté. Croyez qu'il ne peut être inférieur au Père; vous ne pouvez encore le voir. Croyez-le, en attendant, comme je vous le disais, il n'y a qu'en instant. Mais comment, direz-vous, puis-je croire une chose en contradiction avec ses paroles? N'a-t-il pas dit lui-même : « Le Fils ne peut rien faire de lui-même, il ne fait rien qu'il ne le voie faire au Père ? » Oui ; mais écoutez ce qui suit : « Car quelque chose que le Père fasse, le Fils aussi le fait comme lui ; » il ne dit pas : Il fait des choses semblables. Veuillez, mes chers frères, me donner un peu d'attention et ne point vous étourdir vous-mêmes. Il faut ici un cœur tranquille, une foi pieuse et soumise, une application religieuse. Ne considérez pas en moi la pauvreté du vase, mais celui qui se sert de ce vase pour vous distribuer le pain de vie. Les vérités que nous vous avons exposées précédemment pour vous exhorter à la foi, afin que votre esprit soit tout pénétré de cette foi qui le rend capable de comprendre, ces vérités, vous les avez entendues avec allégresse, avec bonheur; elles vous ont paru faciles, elles ont ré-

---

distis : « Non potest Filius a se facere quidquam, nisi quod viderit Patrem facientem. » (*Joan.*, v, 19.) Jamne, putamus, est aliquis qui intelligat? Jamne, putamus, est aliquis in quo proficit collyrium carnis ad intuendum utcumque splendorem divinitatis? Locutus est, loquamur et nos : ille quia Verbum ; nos, quia de Verbo. Quare autem nos utcumque de Verbo? Quia ad similitudinem Verbi per Verbum. Quantum ergo capimus, quantum illius ineffabilitatis participes esse possumus, loquamur et nos, nec contradicatur nobis. Præcessit enim fides nostra, ut dicamus : Credidi propter quod locutus sum. (*Psal.* cxv, 10.) Loquor ergo quod credo : utrum etiam utcumque video, ille magis videt ; hoc videre vos non potestis. Sed cum dixero, qui videt quod dico, sive credat et me videre quod dixi, sive non credat, quid ad me illud? Sinceriter videat, et de me quod vult credat.

CAPUT VI. — *Arianorum error in verbis Dominicis.* — 8. « Non potest Filius a se facere quidquam, nisi quod viderit Patrem facientem. » Hic Arianorum error exsurgit : sed exsurgit, ut cadat; quia non humiliatur, ut surgat. Quid est quod te movit? Filium minorem vis dicere. Audisti enim : « Non potest Filius a se facere quidquam, nisi quod viderit Patrem facientem. » Minorem vis ex hoc Filium dici : novi hoc, novi, hoc te movit : crede minorem non esse, videre nondum potes, crede, hoc ante paulo ante dicebam. Sed quomodo, inquies, contra verba ipsius crediturus sum? Ipse dicit : « Non potest Filius a se facere quidquam, nisi quod viderit Patrem facientem. » Attende et quod sequitur : « Quæcumque enim facit Pater, eadem et Filius facit. » non dixit talia. Paululum attendat Caritas Vestra, ne vobismetipsis strepitum faciatis. Tranquillo corde opus est, pia et devota fide, intentione religiosa : non in me vasculum, sed in illum attendite qui panem ponit in vasculo. Attendite ergo paululum. In his enim quæ supra diximus hortantes ad fidem, ut animus imbutus fide sit intellectus capax, ea quæ dicta sunt, festiva, læta, facilia, sonuerunt, exhilaraverunt

pandu la joie dans vos âmes, vous m'avez suivi, vous avez compris ce que j'ai dit. J'espère que quelques-uns comprendront ce qui me reste à vous dire, mais je crains que vous ne me comprennent pas. Dieu lui-même nous a comme indiqué par la lecture de l'Evangile le sujet que nous devons traiter; nous ne pouvons décliner ici la volonté du Maître; mais je ne laisse pas de craindre que ceux qui, en grand nombre, peut-être, ne pourront me comprendre, ne m'accusent d'avoir parlé inutilement. Ma parole, toutefois, ne sera pas inutile pour ceux qui pourront la comprendre. Que celui qui comprend s'en réjouisse; que celui à qui l'intelligence est refusée prenne patience; qu'il supporte ce qu'il ne comprend pas, et qu'il attende le moment où il lui sera donné de comprendre.

9. Remarquez donc que Notre-Seigneur ne dit pas : Toutes les œuvres que fait le Père, le Fils en fait de semblables; comme si le Fils faisait des œuvres différentes de celles du Père. C'est ce qu'il semblait avoir voulu insinuer par ces paroles : « Le Fils ne peut rien faire de lui-même, si ce n'est ce qu'il voit faire au Père. » Veuillez encore remarquer qu'il ne dit pas : Si ce n'est ce que son Père lui ordonne de faire, mais: « Si ce n'est ce qu'il voit faire au Père. » Si donc nous consultons l'interprétation charnelle, ou plutôt les sens, ils nous représenteront ici, comme deux artisans, le Père et le Fils : le Père qui agit sans prendre modèle sur personne, et le Fils qui agit après avoir regardé ce que fait son Père. C'est là encore un regard charnel. Cependant, pour arriver à l'intelligence des vérités plus élevées, admettons pour un instant ces hypothèses humbles et grossières.

Chapitre VII. — *Ce que fait le Père, il ne le fait que par le Fils.* — Supposons donc que nous avons devant nous deux artisans, le père et le fils. Le père a fait un coffre que le fils ne pouvait faire qu'en le voyant faire au père. Il considère donc le coffre qu'a fait son père, et il en fait un semblable. Mais ce n'est pas le même qu'a fait son père. J'arriverai dans un instant aux paroles qui suivent; je veux interroger un arien. L'entendez-vous comme je viens de l'exposer? Le père a fait une chose, le fils l'a vu faire, et il en a fait lui-même une semblable? Car voilà le sens que paraissent présenter les paroles qui vous ont embarrassé. Notre-Seigneur, en effet, ne dit pas : Le Fils ne peut rien faire de lui-même, il ne fait que ce que son Père lui commande de faire. Mais il dit : « Le Fils ne peut rien faire de lui-même, il ne fait rien qu'il ne le voie faire au Père. Si vous les entendez de la sorte, le Père fait une chose, le Fils le considère pour apprendre ce qu'il doit faire lui-même, c'est-à-dire, une œuvre autre que celle du Père, mais qui lui soit

---

mentes vestras, secuti estis, intellexistis quæ dixi. Quæ vero dicturus sum, spero aliquos intellecturos: vereor tamen non omnes intellecturos. Et quia Deus nobis proposuit per lectionem Evangelii unde dicamus, nec vitare possumus quod proposuit magister; forte vereor ne qui non intellexerint, ut fortassis plures erunt, putent me frustra sibi locutum : sed tamen propter eos qui intellexerint non frustra loquor. Lætetur qui intelligit, patienter ferat qui non intelligit : quod non intelligit ferat, et ut intelligat (a) differat.

9. Non ergo ait : Quæcumque Pater facit, talia Filius facit : tanquam alia faciat Pater, et alia Filius. Videbatur enim tanquam hoc dixisse, cum superius diceret : « Non facit a se Filius quidquam, nisi quod viderit Patrem facientem. » Intende : neque ibi ait : Nisi quod audierit Patrem jubentem; sed : « Viderit, inquit, Patrem facientem. » Si ergo carnalem intellectum, vel potius sensum interrogemus, quasi duos sibi proposuit artifices, Patrem et Filium ; Patrem facientem nullo viso, Filium facientem a Patre viso. Carnalis adhuc adspectus est. Verumtamen ut ea quæ superiora sunt intelligamus, ista humiliora et abjecta non declinemus.

Caput VII. — *Quæ fecit Pater nonnisi per Filium fecit.* — Primo sic nobis ante oculos constituamus aliquid, putemus esse duos fabros, patrem et filium. Fecit pater arcam, quam filius facere non poterat, nisi patrem videret facientem : attendit arcam quam fecit pater, et fecit arcam aliam talem, non eamdem. Differo paululum verba quæ sequuntur, et jam interrogo Arianum : Siccine intelligis, quomodo proposui? Fecit Pater aliquid, quod cum videret Filius Patrem facientem, fecit et ipse tale aliquid? Hoc enim videntur sonare verba, quibus permotus es? Neque enim ait : Non potest a se facere Filius quidquam, nisi quod audierit Patrem jubentem. Sed ait; « Non potest a se facere Filius quidquam, nisi quod viderit Patrem facientem. » Ecce si sic intelligis, fecit Pater, et attendit Filius, ut videret et ipse quod faceret; faceret autem aliud aliquod tale, quale fecerat Pater. Hoc quod fecit Pater, per quem fecit? Si

---

(a) Editi, *disserat* ; mendose pro *differat* : quomodo habetur in Tractatu xviii, super Joan., n. 1.

toutefois semblable. Mais, dites-moi ce qu'a fait le Père, par qui l'a-t-il fait? Si ce n'est point par le Fils, si ce n'est point par son Verbe, vous vous rendez coupables de blasphème contre l'Évangile, car toutes choses ont été faites par lui. (*Jean*, I, 3.) Donc les œuvres que le Père avait déjà faites, il les avait faites par le Verbe; s'il les avait faites par le Verbe, il les avait faites par son Fils. Quel est donc cet autre Fils qui regarde son Père pour faire une œuvre différente de celle qu'il lui voit faire? Vous n'avez pas coutume de dire que le Père ait deux Fils; il n'y a qu'un seul et unique Fils engendré par le Père. Il est le seul qui participe à sa divinité; mais par un effet de sa miséricorde, il n'est pas le seul qui ait part à son héritage. Le Père nous a faits les cohéritiers de son Fils; il ne nous a pas engendrés comme lui de sa substance, mais il nous a par lui adoptés au nombre de ses enfants; car, au témoignage de la sainte Écriture, nous avons été prédestinés à l'adoption des enfants. (*Éphés.*, I, 5.)

CHAPITRE VIII. — *Le Père et le Fils ne font pas des œuvres différentes, mais la Trinité tout entière opère les mêmes œuvres.* — 10. Qu'avez-vous donc à dire? C'est le Fils unique lui-même qui parle; c'est le Fils unique qui s'explique dans l'Évangile; c'est le Verbe lui-même qui nous enseigne et nous dit : « Le Fils ne peut rien faire de lui-même, il ne fait rien qu'il ne le voie faire au Père. » Ainsi le Père a fait une œuvre que le Fils a vue pour la faire lui-même, et cependant le Père ne fait rien que par le Fils. Ces paroles vous troublent, ô hérétique ; oui, vous ne pouvez le dissimuler, elles vous jettent dans le trouble, mais c'est un trouble salutaire, comme celui que produit l'hellébore et qui est suivi de la guérison. Vous ne vous retrouvez plus vous-même ; vous condamnez, j'en suis persuadé, votre opinion et votre manière de voir toutes charnelles. Laissez les yeux du corps, ouvrez et levez les yeux de l'âme, contemplez les choses de Dieu. Vous êtes homme, et vous entendez le langage humain qui vous est adressé par un homme, par l'Évangéliste ; mais c'est du Verbe qu'il vous parle, et ce langage humain doit vous élever à la connaissance des choses divines. C'est le Maître lui-même qui vous embarrasse pour vous instruire ; il a fait naître cette difficulté pour exciter votre attention. « Le Fils ne peut rien faire de lui-même, il ne fait rien qu'il ne le voie faire au Père. » Il devait ajouter comme conséquence, ce semble : car quelles que soient les œuvres que fait le Père, le Fils en fait de semblables. Mais non, il ne s'exprime pas de la sorte, « car tout ce que fait le Père, dit-il, le Fils aussi le fait comme lui. » Ainsi les œuvres du Père ne sont pas différentes de celles du Fils, parce que tout ce que le Père fait, il le fait par le Fils. Le Fils a ressuscité Lazare, est-ce que le Père ne l'a pas ressuscité avec lui ? (*Jean*, XI.) Le Fils a ouvert les yeux de l'aveugle,

non per Filium, si non per Verbum; incurristi in blasphemiam Evangelii. Omnia enim per ipsum facta sunt. (*Joan.*, I, 3.) Ergo jam quod fecerat Pater, per Verbum fecerat : si per Verbum fecerat, per Filium fecerat. Quis est alius qui attendit, ut faciat aliud aliquid quod viderit Patrem facientem? Non soletis dicere duos Filios habere Patrem : unus est Unicus de illo genitus. Per misericordiam vero suam, solus ad divinitatem, et non solus ad hæreditatem. Cohæredes Unico suo fecit Pater : non quos de sua substantia sicut ipsum genuit, sed quos de familia sua per ipsum adoptavit. In adoptionem quippe filiorum vocati sumus, sicut sancta Scriptura testatur. (*Ephes.*, I, 5.)

CAPUT VIII. — *Non alia Pater, alia Filius, sed eadem opera Trinitas facit.* — 10. Quid ergo dicis? Ipse Unicus loquitur : ipse Filius unigenitus in Evangelio loquitur : ipsum Verbum nobis verba fecit, ipsum audivimus dicentem : « Non potest Filius a se facere quidquam, nisi quod viderit Patrem facientem. » Jam fecit Pater ut videat quod faciat Filius : et tamen nihil facit Pater nisi per Filium. Certe turbaris, hæretice, certe turbaris : sed tanquam hellebore accepto turbaris, ut saneris. Jam te non invenis, sententiam tuam et carnalem intuitum tuum, quantum arbitror, etiam ipse condemnas. Repone oculos carnis post te, erige si aliquid habes in corde, divina intuere. Audis quidem humana verba per hominem, per Evangelistam, per Evangelium audis humana verba, sicut homo : sed de Verbo Dei audis, ut humana audias, divina cognoscas. Exagitavit magister, ut erudiret; semivavit quæstionem, ut moveret intentionem. « Non potest Filius a se facere quidquam, nisi quod viderit Patrem facientem. » Consequens erat quod diceret : Quæcumque enim Pater facit, talia facit Filius. Non hoc ait : sed : « Quæcumque Pater facit, hæc eadem et Filius facit. » Non alia Pater facit, alia Filius facit : quia omnia quæ Pater facit, per Filium facit. Suscitavit Lazarum Filius, numquid Pater eum non suscitavit? (*Joan.*, XI.) Illu-

n'est-ce pas encore une action commune au Père et au Fils? Le Père agit par le Fils dans le Saint-Esprit. C'est la Trinité tout entière, mais c'est la même opération, la même majesté, la même éternité, la même coéternité; ce sont les mêmes œuvres. Le Père ne crée pas des hommes différents de ceux que créent le Fils et le Saint-Esprit; c'est un seul et même homme que créent le Père, le Fils et le Saint-Esprit; et le Père, le Fils et le Saint-Esprit sont un seul Dieu créateur.

CHAPITRE IX. — *La trinité des personnes et l'unité de la divinité.* — 11. Vous voyez ici la pluralité des personnes, mais reconnaissez qu'il y a unité dans la divinité. C'est pour marquer cette pluralité des personnes, que Dieu dit : « Faisons l'homme à notre image et à notre ressemblance. » (*Gen.*, 1, 26.) Il ne dit pas : Je vais faire l'homme, regardez donc comme je fais, afin que vous puissiez vous-même en faire un autre. « Faisons l'homme, » dit-il, voilà la pluralité ; « à notre image ; » c'est encore la pluralité. Où donc verrai-je l'unité de la divinité? Lisez ce qui suit: « Et Dieu fit l'homme. » (*Ibid.*, 27.) Dieu dit : « Faisons l'homme, » et l'auteur sacré ne dit point : Et les dieux firent l'homme. L'unité de Dieu ressort donc de ces paroles : Dieu fit l'homme.

12. Où est donc maintenant votre interprétation charnelle? Qu'elle soit couverte de honte, qu'elle se cache, qu'elle soit anéantie, que le Verbe de Dieu nous parle seul. Notre âme, ouverte déjà à la piété et à la foi, doit à cette foi qui la pénètre quelque degré d'intelligence. Adressons-nous donc au Verbe, à la source de toute lumière, et disons-lui tous ensemble : Seigneur, le Père fait les mêmes œuvres que vous, parce tout ce que fait le Père, il le fait par vous. On nous a enseigné que dès le commencement vous étiez son Verbe; nous ne l'avons pas vu, mais nous l'avons cru, et c'est à la suite que nous avons appris que toutes choses ont été faites par vous. (*Jean*, 1, 3.) Tout ce que fait le Père, il le fait donc par vous. Vous faites donc les mêmes œuvres que le Père. Pourquoi donc avez-vous dit : « Le Fils ne peut rien faire de lui-même ? » Je vois bien en vous une certaine égalité avec le Père, lorsque vous ajoutez : « Car tout ce que fait le Père, le Fils le fait comme lui. » Oui, je reconnais là, je comprends que vous êtes l'égal du Père, je saisis autant que je le puis le sens de ces paroles : « Mon Père et moi nous sommes un. » (*Jean*, x, 30.) Comment donc se fait-il que vous ne pouvez rien faire que ce que vous voyez faire au Père? Quel est ce mystère?

13. Voici, ce me semble, ce qu'il me répond, ou plutôt ce qu'il répond à tous : J'ai dit, il est vrai : « Le Fils ne peut rien faire que ce qu'il voit faire au Père. » Mais dans quel sens enten-

---

minavit Filius cæcum, numquid Pater non illuminavit? (*Joan.*, IX.) Pater per Filium in Spiritu sancto Trinitas est : sed una operatio, una majestas, una æternitas, una coæternitas, et opera eadem Trinitatis. Non alios homines creat Pater, alios Filius, alios Spiritus sanctus : unum eumdemque hominem et Pater et Filius et Spiritus sanctus creat; et Pater et Filius et Spiritus sanctus unus Deus creat.

CAPUT IX. — *Trinitas personarum et unitas Divinitatis.* — 11. Attendis pluralitatem personarum, sed unitatem Divinitatis agnosce. Propter pluralitatem enim personarum dictum est : Faciamus hominem ad imaginem et similitudinem nostram. (*Gen.*, 1, 26.) Non ait : Faciam hominem, et attende cum facio, ut possis et tu alterum facere. Faciamus, inquit ; pluralitatem audio : ad imaginem nostram; item pluralitatem audio. Ubi ergo singularitas Divinitatis? Lege sequentia : Et fecit Deus hominem. (*Ibid.*, 27.) Dicitur : Faciamus hominem : et non dicitur : Fecerunt dii hominem. Intelligitur unitas in eo quod dictum est : Fecit Deus hominem.

12. Ubi est ergo intentio illa carnalis? Confundatur, abscondatur, perimatur : loquatur nobis Verbum Dei. Jam pii, jam credentes, jam imbuti fide et comparato aliquo merito intelligentiæ, convertamus nos ad ipsum Verbum, ad fontem luminis, et dicamus simul : Domine, eadem fecit Pater quæ tu; quia quidquid facit Pater, per te facit. Te Verbum audivimus in principio : non vidimus, sed credimus. Ibi consequenter audivimus, quia omnia per te facta sunt. (*Joan.*, 1, 3.) Omnia ergo quæ facit Pater, per te facit. Eadem ergo facis quæ Pater. Quid est quare dicere voluisti : « Non potest Filius a se facere quidquam? » Video enim æqualitatem quamdam tibi cum Patre, in eo quod audio : « Quæcumque Pater facit, hæc eadem Filius facit : » agnosco æqualitatem, hic intelligo, hic capio ut possum : Ego et Pater unum sumus. (*Joan.*, x, 30.) Quid est, quod non potest facere quidquam, nisi quod videris Patrem facientem? Quid est hoc?

13. Forte dicat mihi, imo dicat nobis omnibus : Hoc enim quod dixi : « Non potest Filius facere

dez-vous ce mot : voir? Qu'est-ce que voir pour moi? Oubliez un instant la nature de serviteur qu'il a prise pour vous. Si vous le considérez dans cette nature, il avait comme nous des yeux et des oreilles, la même nature humaine que la nôtre, le même corps, les mêmes membres. Cette chair venait d'Adam, mais le Seigneur n'était pas comme Adam. Qu'il marchât sur la terre ou sur la mer, selon sa volonté et son bon plaisir, car sa puissance était égale à sa volonté, il a regardé ce qu'il a voulu, il jetait les yeux et voyait, il les détournait et cessait de voir ; derrière lui marchait celui qui le suivait, et par devant celui que ses yeux pouvaient apercevoir, car ils ne voyaient que ce qui était devant eux.

CHAPITRE X. — *La difficulté de comprendre ces paroles vient de ce que nous ne comprenons point ce que c'est que voir pour le Verbe.* — Mais rien n'était caché pour la divinité. Faites donc abstraction pour un instant de la nature de serviteur, ne voyez que la nature divine, cette nature dans laquelle il était avant la création du monde, et qui le rendait égal à son Père, comme vous le dit et vous le fait entendre l'Apôtre dans ces paroles : « Lui qui, ayant la nature de Dieu, n'a point cru que ce fût pour lui une usurpation de s'égaler à Dieu. » (*Philip.*, II, 6.) Elevez-vous jusque-là, si vous le pouvez, pour voir le regard du Verbe. « Au commencement était le Verbe. »

Comment voit le Verbe? A-t-il des yeux? A-t-il des yeux comme les nôtres? non pas les yeux de notre corps, mais les yeux des âmes pieuses; car il est écrit : « Heureux ceux qui ont le cœur pur, parce qu'ils verront Dieu. » (*Matth.*, III, 8.)

14. Vous voyez Jésus-Christ tout à la fois Dieu et homme. Il vous découvre son humanité, il vous réserve pour plus tard la vue de sa divinité. Voulez-vous la preuve, qu'en vous découvrant son humanité, il vous réserve la vue de sa divinité? « Celui qui m'aime, dit-il, gardera mes commandements; or, celui qui m'aime sera aimé de mon Père, et je l'aimerai aussi. » Et, répondant par avance à cette question qu'on pouvait lui faire : Quelle récompense donnerez-vous à celui que vous aimez? il ajoute : « Et je me manifesterai à lui. » (*Jean*, XIV, 21.) Que signifient ces paroles, mes frères? C'est à ceux qui le voyaient déjà, qu'il promet de se manifester. A qui fait-il cette promesse? A ceux qui le voyaient ou à ceux qui ne le voyaient pas? Voici ce qu'il répond un jour à un de ses apôtres, qui lui demandait de lui montrer le Père, pour être au comble de ses désirs : « Montrez-nous votre Père, et cela nous suffit. » (*Ibid.*, 8, etc.) Or, Notre-Seigneur, qui était sous les yeux de son serviteur, dans sa nature de serviteur, et qui réservait pour les yeux de ce serviteur divinisé la vue de sa nature divine, lui répond : « Il y a si long-

---

quidquam, nisi quod viderit Patrem facientem : videre meum quomodo intelligis? videre meum quid est? Sequestra paululum formam servi, quam propter te suscepit. Etenim in illa forma servi Dominus noster oculos et aures habebat in carne, et illa forma humana qualem et nos portamus, eadem figura corporis erat, eadem lineamenta membrorum. Caro illa venerat ex Adam : sed non erat ille Adam. Ergo Dominus ambulans sive in terra, sive in mari, sicut ei placuit, sicut voluit, quia quidquid voluit, potuit; inspexit quod voluit : jecit oculos, vidit; avertit oculos, et non vidit; a tergo erat qui sequebatur, ante erat qui videretur; oculis corporis quod ante erat, videbat.

CAPUT X. — *Difficultas intelligendi isthæc verba ex eo quod non intelligatur videre ipsius Verbi.* — Divinitatem vero nihil latebat. Sepone, sepone, inquam, paululum formam servi : formam Dei vide, in qua erat ante quam mundus fieret; in qua erat æqualis Patri : per eum hoc accipe et intellige quid tibi ait : « Qui cum in forma Dei esset, non rapinam arbitratus est esse æqualis Deo. » (*Philip.*, II, 6.) Ibi eum vide, si potes; ut possis videre quid sit videre ipsius. In principio erat Verbum. Quomodo videt Verbum? Habet ne oculos Verbum, an in illo se invenient oculi nostri, et oculi non carnales, sed oculi piorum cordium? Beati enim mundo corde, quoniam ipsi Deum videbunt. (*Matth.*, III, 8.)

14. Aspicis Christum hominem et Deum : ostendit tibi hominem, servat tibi Deum. Et vide quia Deum tibi servat, qui se tibi hominem ostendit. « Qui diligit me, inquit, mandata mea custodit : qui diligit me, diligetur a Patre meo, et ego diligam cum. » Et tanquam diceretur : Quid ei dabis, quem diligis? « Et ostendam, inquit, me ipsum illi. » (*Joan.*, XIV, 21.) Quid est hoc, Fratres? Quem jam videbant, ipse se illis demonstraturum promittebat. Quibus? A quibus videbatur, an a quibus et non videbatur? Sic loquens Apostolo cuidam ait, quærenti videre Patrem, ut sufficeret ei, et dicenti : « Ostende nobis Patrem, et sufficit nobis. » Et ille stans ante oculos servi, in forma servi, servans oculis

temps que je suis avec vous, et vous ne me connaissez pas? Celui qui me voit voit aussi mon Père. » Vous cherchez à voir le Père, regardez-moi; vous me voyez et vous ne me voyez pas. Vous voyez la nature que j'ai prise pour vous, mais vous ne voyez pas celle que je vous réserve dans les cieux. Observez mes commandements, purifiez vos yeux. « Celui qui m'aime garde mes commandements, et je l'aimerai aussi. » Et comme récompense de l'observation de mes commandements, lorsqu'il sera guéri par cette fidélité à les observer, je me découvrirai moi-même à lui.

CHAPITRE XI. — *Etre et voir sont une même chose pour le Verbe.* — 15. Si donc, mes frères, nous ne pouvons comprendre ce qu'est le regard du Verbe, où allons-nous? Le désir que nous avons de voir n'est-il pas trop prématuré? Pourquoi voulons-nous qu'on nous montre ce que nous sommes incapables de voir? Aussi, lorsqu'on nous parle de ces vérités, c'est comme de l'objet de nos désirs, et non comme des choses que nous pouvons comprendre. Si vous parveniez à comprendre ce que c'est que le regard du Verbe, vous verriez dans ce regard du Verbe le Verbe lui-même. En effet, le Verbe n'est pas autre que son regard, et il n'y a ici ni composé, ni assemblage, ni mélange de deux choses différentes, mais une substance simple d'une ineffable simplicité. Il n'en est pas ainsi dans l'homme; être homme et voir sont chez lui deux choses distinctes. Quelquefois, en effet, le regard s'éteint sans que l'homme meure. Voilà ce dont je vous disais en commençant, que tous ne pourraient me comprendre; fasse le Seigneur que du moins quelques-uns m'aient compris. Que demande-t-il de nous, mes frères? C'est que nous reconnaissions que ce regard du Verbe surpasse les forces de notre esprit, parce qu'il est faible; cherchons donc à le nourrir, à le perfectionner. Comment? Par l'observation des commandements. Et quels sont ces commandements? « Celui qui m'aime garde mes commandements. » (*Jean*, XIV, 21.) Quels sont ces commandements? Car nous voulons croître, nous voulons développer nos forces et arriver à la perfection, pour voir le regard du Verbe. Dites-nous donc, Seigneur, quels commandements. « Je vous donne un commandement nouveau, c'est de vous aimer les uns les autres. » (*Jean*, XIII, 34.) Puisons donc, mes frères, la charité à la source inépuisable d'où elle jaillit; qu'elle pénètre notre âme tout entière, et qu'elle soit notre plus douce nourriture. Remplissez-vous de ce qui augmente la capacité de votre âme. Que la charité vous engendre, que la charité vous nourrisse, que la charité vous donne la force, la perfection nécessaire pour voir que le regard du Verbe n'est pas différent du Verbe lui-même, mais qu'être Verbe et voir sont pour lui une seule et même chose. Vous comprendrez facilement alors que ces paroles : « Le Fils ne

---

deificati formam Dei, ait illi : « Tanto tempore vobiscum sum, et non cognovistis me? Qui me videt, videt et Patrem. » (*Ibid.*, 8, etc.) Patrem quæris videre, me vide : vides me, et non vides me. Vides quod pro te assumpsi, non vides quod pro te servavi. Audi mandata, purga oculos. Quia qui diligit me, mandata mea custodit, et ego diligam cum. Tanquam custodienti mandata mea, et tanquam sanato per mandata mea, ostendam me ipsum illi.

CAPUT XI. — *Videre Verbi non aliud a verbo.* — 15. Si ergo, Fratres, videre non possumus quid sit videre Verbi, quo imus? quam visionem forte præpropere exigimus? quid nobis ostendi volumus quod videre non possumus? Ideo ista dicta sunt quæ desideramus videre, non quod jam possimus capere. Videre enim Verbi si videas, forte in eo quod vides videre Verbi, ipsum Verbum videbis; ne aliud sit Verbum, aliud videre Verbi, ne ibi sit aliquid (*f.* coagmentatum) coaugmentatum et copulatum et duplex et compaginatum. Simplex enim aliquid est ineffabili simplicitate. Non quemadmodum homo, aliud est homo, aliud videre hominis. Nam aliquando extinguitur quod est videre hominis, et manet homo. Hoc est quod dicebam dicturum me aliquid, quod non possent omnes intelligere : etiam Dominus faciat, ut aliqui intellexerint. Fratres mei, ad hoc exhortatur, ut videamus, videre Verbi ultra vires nostras esse; quia parvæ sunt, nutriantur, perficiantur. Unde? Mandatis. Quibus mandatis? Qui diligit me, mandata mea custodit. (*Joan.*, XIV, 21.) Quæ mandata? Jam enim crescere volumus, jam roborari, jam perfici, ut videamus videre Verbi. Dic jam, Domine, quæ mandata? Mandatum novum do vobi, ut vos invicem diligatis. (*Joan.*, XIII, 34.) Hanc ergo, Fratres, caritatem de ubertate fontis hauriamus, istam capiamus, in ea nutriamur. Cape per quod sis capax. Caritas te gignat, caritas nutriat, caritas perficiat, caritas roboret; ut videas videre Verbi, non aliud esse Verbum, et aliud videre ipsius; sed ipsum quod est videre Verbi, hoc esse Verbum : et cito

peut rien faire de lui-même, il ne fait que ce qu'il voit faire au Père, » sont équivalentes à celles-ci : « Le Fils n'existerait pas, s'il ne naissait du Père. » J'en ai dit assez, mes frères ; car souvent, pour plusieurs, la multiplicité des paroles obscurcit ce que la méditation leur fait comprendre (1).

SERMON CXXVII [2].

Sur ces paroles du chapitre v de l'Evangile selon saint Jean : *En vérité, en vérité, je vous le dis, que l'heure vient, et elle est déjà venue, où les morts entendront la voix du Fils de Dieu, et ceux qui l'auront ouïe vivront*, etc.; et aussi, sur ces paroles de l'Apôtre, dans sa Ire épître aux Corintiens, chapitre II : *Ce que l'œil n'a point vu*, etc.

CHAPITRE PREMIER. — *L'espérance des chrétiens a pour objet les choses qu'on ne voit point.* — 1. Notre espérance, mes frères, ne doit recevoir son accomplissement ni dans ce temps, ni dans ce monde, ni de cette félicité trompeuse qui aveugle les hommes plongés dans l'oubli de Dieu. Il nous faut donc tout d'abord être persuadés et croire, d'un cœur sincèrement chrétien, que ce n'est point pour jouir des biens de la vie présente que nous avons été appelés à la grâce du christianisme ; c'est pour une félicité bien supérieure, que Dieu nous promet dès maintenant, mais que l'homme ne peut encore comprendre. Car c'est de cette félicité qu'il est dit : « L'œil n'a point vu, l'oreille n'a point entendu, et le cœur de l'homme n'a jamais compris ce que Dieu a préparé à ceux qui l'aiment. » (I *Cor.*, II, 9.) Or, parce que l'homme ne peut comprendre ce bien, d'une grandeur et d'une magnificence ineffables, Dieu a voulu s'en rendre le garant par sa promesse. En effet, l'homme aveugle dans son cœur ne peut comprendre l'étendue du bonheur qui lui est promis, et on ne peut lui découvrir dans la vie présente ce qu'il sera un jour en vertu de cette promesse. Supposons un enfant qui vient de naître, qui puisse comprendre les paroles qu'on lui adresse, sans pouvoir lui-même ni parler, ni marcher, ni agir. Il est, comme nous voyons les enfants, faible, incapable de se tenir debout, ayant besoin d'un secours étranger ; il peut seulement comprendre celui qui lui parle et lui tient ce langage : Vous me voyez marcher, agir, parler ; dans peu d'années vous serez comme je suis. Cet enfant jette les yeux sur celui qui lui parle, et sur lui-même, et, en considérant sa faiblesse, ne peut croire à ce qu'on lui dit, bien qu'il ait sous les yeux un exemple de ce qui lui est promis. Nous

---

(1) Comparez avec les Traités XVIII et XX sur saint Jean.
(2) Possidius fait mention de ce sermon au chapitre IX de sa Table, sous ce titre, sur ces paroles : « L'œil n'a point vu, » etc. Florus le cite aussi dans son Commentaire sur le chapitre II de la Ire Epître aux Corinthiens.

---

forte intelligas, quia illud quod dictum est : « Non potest Filius a se facere quidquam, nisi quod viderit Patrem facientem, » tale est, ac si diceret : Non esset Filius, nisi de Patre nasceretur. Sufficiat, Fratres, novi id me dixisse, quod cogitatum forte aperiatur multis, sæpe verbis dictum forte obscuretur.

SERMO CXXVII [a].

De verbis Evangelii Joan., v : *Amen, amen dico vobis, quia veniet hora, et nunc est, quando mortui audient vocem Filii Dei, et qui audierint, vivent*, etc.; necnon de verbis Apostoli, I *Cor.*, II : *Quod oculus non vidit*, etc.

CAPUT PRIMUM. — *Spes Christianorum de iis est quæ non videntur.* — 1. Spes nostra, Fratres, non de isto tempore, neque de hoc mundo est, neque in ea felicitate qua excæcantur homines qui obliviscuntur Deum. Hoc nosse primitus et Christiano corde tenere debemus, non ad præsentis temporis bona nos factos esse Christianos, sed ad nescio quid aliud, quod Deus jam promittit, et homo nondum capit. De hoc enim bono dictum est : « Quod oculus non vidit, nec auris audivit, nec in cor hominis ascendit, quæ præparavit Deus diligentibus se. » (I *Cor.*, II, 9.) Ergo quia hoc bonum tam magnum, tam præclarum, tam ineffabile, non invenit hominem perceptorem, tenuit Deum promissorem. Nunc enim quod ei promissum est, homo [b] cæcus corde non percipit : nec ei potest ostendi in præsenti, quid ipse cui promittitur sit futurus. Quia et infans natus si posset verba loquentis intelligere, cum ipse loqui non posset, nec ambulare, nec aliquid agere, sed sicut eum videmus infirmum, jacentem, indigum opis alienæ, tantummodo intelligere posset eum qui sibi loqueretur, et diceret ei : Ecce sicut vides me ambulantem, operantem, loquentem, post paucos annos talis eris : attendens se et illum, quamvis quod promitteretur, videret ; tamen suam considerans infirmitatem, non crederet, et [c] videret tamen quod

---

(a) Alias LXIV, de verbis Domini. — (b) Phimarcovensis Ms. *homo angusto corde*. — (c) Lov. *et si videret.* Abest *si* ab Am. Er. et multis Mss.

sommes nous-mêmes comme des enfants au milieu des infirmités de cette chair; on nous promet de grandes choses, mais nous ne pouvons les voir, et on excite notre foi pour nous faire croire ce que nous ne voyons pas et mériter ainsi de voir ce que nous croyons. Quiconque se moque de cette foi, et s'imagine qu'il n'a nul besoin de croire parce qu'il ne voit point, sera couvert de confusion, lorsque viendra l'accomplissement de ce qu'il n'a point voulu croire, mais d'une confusion qui le séparera des élus et sera pour lui un titre de condamnation. Celui, au contraire, qui aura cru sera placé à droite et se tiendra plein de confiance et de joie parmi ceux à qui le Sauveur dira : « Venez, les bénis de mon Père, recevez le royaume qui vous a été préparé dès le commencement du monde. » (*Matth.*, xxv, 34.) Et Notre-Seigneur, après cette sentence, conclut en ces termes : « Ceux-ci iront au feu éternel, et les justes à la vie éternelle. » (*Ibid.*, 46.) C'est cette vie éternelle qui nous est promise.

2. Les hommes aiment à vivre sur cette terre, Dieu leur a donc promis la vie; ils craignent par-dessus tout de mourir, il leur a promis la vie éternelle. Qu'aimez-vous? La vie. Vous l'aurez. Que craignez-vous? La mort. Vous ne mourrez point. Il semble que la faiblesse humaine doit se contenter de cette promesse : Vous aurez la vie éternelle. L'esprit de l'homme peut tant soit peu comprendre, par sa conduite à l'égard de la vie présente, ce qui lui est réservé dans la vie future. Cependant, quelle intelligence peut-il en avoir, d'après le peu qu'il fait? Parce qu'il vit et qu'il a horreur de la mort, il aime la vie éternelle, il veut toujours vivre et ne jamais mourir. Mais ceux qui seront tourmentés dans les supplices éternels désirent mourir et ne le peuvent. L'important n'est donc pas de vivre longtemps ou de vivre toujours, mais de vivre heureux.

Chapitre II. — *Qu'est-ce que la vie éternelle, et à quel prix nous devons l'acheter.* — Aimons donc la vie éternelle, et apprenons au prix de quels travaux nous devons l'acheter, en voyant les hommes passionnés pour la vie présente ne négliger rien, faire tout ce qu'ils peuvent lorsqu'ils craignent de mourir, non point pour éloigner à jamais, mais pour retarder simplement le moment de leur mort. Que ne fait pas l'homme, lorsqu'il voit approcher la mort? Il fuit, il se cache, il sacrifie tout, il cherche à racheter sa vie; rien ne lui coûte, ni travaux, ni peines, ni souffrances; il a recours aux médecins et à tous les moyens possibles pour sauver sa vie. Et voyez ce qu'il peut obtenir au prix de tant de travaux et de dépenses : quelques jours de vie, mais non pas de vivre toujours. Si donc

---

promittebatur. Nobis autem tanquam infantibus in hac carne atque infirmitate jacentibus, et magnum est quod promittitur, et non videtur : et erigitur fides qua credimus quod non videmus, ut mereamur videre quod credimus. Quicumque (*a*) irridet hanc fidem, ut ideo putet non sibi esse credendum, quia non videt; quando venerit quod non credebat, erubescit; confusus separatur, separatus damnatur. Qui autem crediderit, segregatur ad dexteram, et stabit cum magna fiducia et lætitia inter illos quibus dicetur : « Venite, benedicti Patris mei, percipite regnum quod vobis paratum est ab origine mundi. » (*Matth.*, xxv, 34.) Conclusit autem Dominus, cum hæc verba diceret, sic : Ibunt isti in ambustionem æternam, justi autem in vitam æternam. (*Ibid.*, 46.) Hæc est vita æterna, quæ nobis promittitur.

2. Quia amant homines vivere in hac terra, promissa est illis vita; et quia multum timent mori, promissa est illis æterna. Quid amas? Vivere. Hoc habebis. Quid times? Mori. Non patieris. Hoc sufficere visum est humanæ infirmitati, ut diceretur : Habebis vitam æternam. Capit hoc mens humana, utcumque ex hoc quod agit, quod futurum est capit. Sed quantum capit ex hoc parvo quod agit? Quia vivit, et mori non vult; amat vitam æternam, vult semper vivere, nunquam mori. Sed et illi qui (*b*) torquebuntur in pœnis, velle habent mori, et non possunt. Non ergo magnum est diu vivere, aut semper vivere : sed magnum est beate vivere.

Caput II. — *Quid sit æterna vita, et quanti emenda.* — Amemus vitam æternam, et ex eo noverimus quantum pro vita æterna laborare debemus, cum videmus homines amatores præsentis vitæ temporalis atque finiendæ, sic pro illa laborare, ut quando venerit metus mortis, quidquid possunt faciant, non ut auferant, sed ut differant mortem. Quantum homo laborat, quando mors imminet, fugiendo, latendo, quidquid habet dando, et se redimendo, laborando, cruciatus molestiasque sustinendo, medicos adhibendo, et quidquid aliud homo potest? Videte quia consumptis laboribus et facultatibus suis, ut aliquantum vivat, potest facere : ut semper vivat, non po-

---

(*a*) Phimarcon. codex : *Quicumque infirmus est in hac fide.* — (*b*) Plures Mss. *torquentur.*

il se condamne à de si grands travaux, à de si grands efforts, à tant de dépenses, de soins, de vigilance, de sollicitude, pour prolonger tant soit peu sa vie, que ne doit-il pas faire pour qu'elle soit éternelle? Et si nous appelons prudents ceux qui prennent tous les moyens de retarder leur mort, de vivre, de ne pas perdre quelques jours de plus, combien sont insensés ceux qui vivent en s'exposant à perdre l'éternité?

3. La seule chose donc qu'on puisse nous demander et nous promettre, c'est que les bienfaits de la vie présente nous aident à goûter, autant qu'il est possible, la douceur du don de Dieu; car, c'est à sa bonté que nous devons et la vie et la santé. Lors donc qu'on nous promet la vie éternelle, représentons-nous une vie affranchie de toutes les peines de la vie présente. Car il nous sera plus facile de comprendre ce que n'est pas la vie éternelle, que ce qu'elle est. Nous vivons ici-bas, là nous vivrons également. Nous jouissons de la santé lorsque nous sommes sans maladie, sans douleur corporelle; nous en jouirons également dans l'autre vie. Le bonheur pour nous, dans cette vie, c'est de n'éprouver aucune peine; nous en serons également affranchis. Supposez donc un homme qui a la vie, la santé, exempt de toute peine, et qu'on lui donne de rester toujours dans le même état, et de ne voir aucun terme à son bonheur; quelle satisfaction, quels transports! Pourrait-il contenir sa joie en se voyant affranchi de toute peine, de toute souffrance, et de la crainte de la mort? Si Dieu nous avait seulement promis cette félicité telle quelle que je viens de vous exposer et de vous décrire comme je l'ai pu, à quel prix ne devrait-on pas l'acheter si elle était à vendre? Que ne devrait-on pas donner pour l'acquérir?

CHAPITRE III. — *Quel est le prix de la vie éternelle.* — Serait-ce assez de donner tout ce que vous avez, quand même vous posséderiez le monde tout entier? Et cependant ce bonheur est à vendre, vous pouvez l'acheter si vous le voulez. Ne vous inquiétez pas autrement de trouver un objet précieux qui réponde à la grandeur du prix. Ce bonheur vaut ce que vous avez. Si vous aviez l'intention d'acheter un grand et riche domaine, vous chercheriez à vous procurer de l'or, de l'argent, des sommes considérables, ou vous donneriez les fruits de vos troupeaux ou de vos champs, pour acheter ce vaste et riche domaine, qui vous rendrait heureux sur cette terre. Achetez donc, si vous le voulez, le bonheur dont je vous parle. Ne cherchez pas ce que vous avez pour le payer, mais ce que vous êtes. Ce bonheur est de même prix, il vaut autant que vous. Donnez-vous vous-même, et vous le recevrez en échange. Pourquoi vous troubler, vous inquiéter? Est-il besoin de vous chercher

---

test. Si ergo labore tanto, tanto conatu, tantis impendiis, tanta instantia, tanta vigilantia, tanta cura agitur, ut aliquantum plus vivatur: quomodo agendum est, ut semper vivatur? Et si prudentes dicuntur, qui omnibus modis agunt, ut differant mortem, et vivant paucos dies, ne perdant paucos dies: quam stulti sunt, qui sic vivunt, ut perdant æternum diem?

3. Hoc solum ergo nobis promitti potest, ut dulcescat nobis utcumque munus Dei, ex hoc quod habemus modo : quia de munere ipsius habemus ut vivamus, ut salvi simus. Ponamus ergo nobis ante oculos talem vitam, cum promittitur æterna, et removeamus ab illa quidquid hic molestum patimur. Facilius enim invenimus quid ibi non sit, quam quid ibi sit. Ecce hic vivimus, vivemus et ibi. Salvi sumus quando hic non ægrotamus, neque aliquid dolet in corpore : salvi erimus et ibi. Et quando nobis bene est in hac vita, nullas pœnas patimur : nullas patiemur et ibi. Pone ergo hic hominem viventem, salvum, nullas pœnas patientem : si ei donaret quisquam ut semper sic esset, et hoc bonum non (a) desineret, quantum gauderet? quantum extolleretur? quomodo se non caperet lætitia sine pœna, sine cruciatu, sine fine vitæ? Si hoc solum nobis promitteret Deus, quod dixi, quod modo, quibus potui, verbis descripsi et commendavi; quanti erat emendum, si venale esset, quantum dandum erat, ut emeretur?

CAPUT III. — *Pretium vitæ æternæ.* — Sufficeret quidquid haberes, etiam si totum mundum possideres. Et tamen venale est : eme si vis. Nec multum exæstues de re magna propter pretii magnitudinem. Tantum valet, quantum habes. Ad aliquid ergo magnum et pretiosum comparandum parares aurum, vel argentum, vel pecuniam, vel fructus aliquos pecorum aut frugum, qui in tua possessione nascerentur, ut emeres nescio quid hoc magnum et præclarum, quo viveres in hac terra felix. Et hoc eme, si vis. Noli quærere quid habeas, sed qualis sis. Res ista te valet. Tantum valet, quantum es tu. Te da, et habebis illam. Quid turbaris? quid exæstuas? Numquid

(a) Omnes Mss. *finiret.*

bien loin, ou de vous acheter vous-même? Je vous prends tel que vous êtes; donnez-vous tout entier à ce bonheur, et vous le recevrez. Mais je suis mauvais, dites-vous, et peut-être ne serai-je pas accepté? Donnez-vous à cette félicité, et vous deviendrez bon. La bonté consiste à s'abandonner tout entier à cette foi et à cette promesse. Lors donc que vous serez devenu bon, vous serez le juste prix de ce bonheur, et non-seulement vous aurez ce que je vous ai promis : une santé à toute épreuve, la vie, et une vie sans fin; mais vous serez délivré de mille autres peines. Vous ne connaîtrez ni la fatigue, ni le sommeil, ni la faim, ni la soif, ni la croissance, ni la vieillesse, parce qu'il n'y aura plus de naissance, là où le nombre des élus sera complet. Ce nombre reste toujours le même, il n'a point besoin d'être augmenté, parce qu'il ne peut jamais diminuer. Que de peines éloignées! et je n'ai pas encore dit tout ce que sera ce bonheur. Nous y aurons la vie, une santé parfaite, l'affranchissement de toute douleur, plus de faim, plus de soif, plus de défaillance, aucune épreuve; et cependant je n'ai pas encore dit « ce que l'œil n'a point vu, ce que l'oreille n'a point entendu, ce que le cœur de l'homme n'a point compris. » Si je l'avais exprimé, il serait faux de dire « que l'œil ne l'a point vu, que l'oreille ne l'a point entendu, que le cœur de l'homme ne l'a point compris. » Comment mon cœur aurait-il eu l'intelligence nécessaire pour vous exposer ce que le cœur de l'homme n'a point compris? On croit ce bonheur sans le voir; non-seulement on ne le voit point, mais on ne peut l'exprimer. Comment donc le croire, si l'on ne peut en parler? Qui peut croire ce dont il n'entend point parler? Mais s'il en entend parler pour y croire, on peut donc en parler; si l'on peut en parler, on peut également y penser, et si ce bonheur peut être l'objet de la parole et de la pensée, le cœur de l'homme peut donc en avoir l'intelligence. Cette question, sur une matière aussi importante, jette le trouble dans notre esprit, et nous pouvons à peine trouver des paroles pour exposer cette question. Mais comment définir ce bonheur lui-même?

Chapitre IV. — *Le Fils est toujours engendré par le Père.* — 4. Ecoutons donc attentivement l'Evangile, où Notre-Seigneur nous parlait lui-même, il n'y a qu'un instant, et pratiquons ce qu'il nous commande. « Celui qui croit en moi, dit-il, a passé de la mort à la vie, et il ne sera pas jugé. En vérité, en vérité, je vous le dis, que l'heure vient, et elle est déjà venue, où les morts entendront la voix du Fils de Dieu, et ceux qui l'auront ouïe vivront. Car, comme le Père a la vie en soi, ainsi a-t-il donné au Fils d'avoir la vie en soi. » (*Jean*, v, 24-26.) C'est en l'engendrant, c'est parce qu'il l'a engendré, qu'il lui a donné d'avoir la vie en soi. Le Fils, en effet, vient du Père; le Père ne vient pas du Fils, mais le Père est le Père du Fils, et le Fils est le Fils du Père. Ajoutons que le Fils est en-

---

quæsiturus es te, aut empturus es te? Ecce tu qui es, qualis es, da te illi rei, et habebis illam. Sed malus sum, inquies, et forte me non accipit. Dando te illi, bonus eris. Ut huic fidei promissionique te des, hoc est bonum esse. Cum autem bonus fueris, pretium ipsius rei eris : et habebis, non quod dixi solum, salutem, incolumitatem, vitam, et sine fine vitam, non hoc solum habebis, adhuc alia tollo. Non ibi erit lassari et dormire : non ibi erit esurire et sitire : non ibi erit crescere et senescere ; quia nec nasci erit, ubi integri numeri manent. Numerus qui est, ipse est; nec opus est ut augeatur, quia non ibi fit ut minuatur. Ecce quanta tuli, et nondum dixi quid ibi erit. Ecce jam vita est, jam incolumitas est, jam nulla pœna, nulla fames, nulla sitis, nullus defectus, nihil horum; et tamen nondum dixi, « quod oculus non vidit, nec auris audivit, nec in cor hominis ascendit. » Si enim dixi, falsum est quod scriptum est : « Quod oculus non vidit, nec auris audivit, nec in cor hominis ascendit. » Unde enim ascenderet in cor meum, ut dicerem « quod in cor hominis non ascendit? » Creditur, et non videtur : non solum non videtur, sed nec dicitur. Quomodo ergo creditur, si non dicitur? Quis credit quod non audit? Si autem audit ut credat, dicitur ; si dicitur, cogitatur ; si cogitatur et dicitur, et in auribus hominum intrat. Et quia non diceretur nisi cogitaretur, et in cor hominis ascendit. Jam ecce ista quæstio tantæ rei conturbat nos, ut non possimus verbis explicare quæstionem. Quis explicat rem?

Caput IV. — *Filius semper genitus a Patre.* — 4. Attendamus itaque Evangelium, modo Dominus loquebatur, et faciamus quod ipse dixit : « Qui credit in me, inquit, transitum facit a morte in vitam, et in judicium non venit. Amen dico vobis, quia veniet hora, et nunc est, quando mortui audient vocem Filii Dei, et qui audierint, vivent. Sicut enim Pater habet vitam in semetipso, sic dedit Filio habere vitam in semetipso. » (*Joan.*, v, 24-26.) Generando dedit : quia genuit, dedit. Filius enim de Patre est, Pater non est de Fi-

gendré du Père, et non le Père du Fils, qu'il est toujours le Fils, et par conséquent toujours engendré. Qui pourra comprendre ce Fils, qui est éternellement engendré? Tout homme, qui entend parler d'un fils engendré, se dit naturellement : Il fut donc un temps où ce fils engendré n'existait pas. Que répondrons-nous? Non, il n'en est pas de la sorte; aucun temps n'a précédé le Fils, parce que toutes choses ont été faites par lui. (*Jean*, I, 3.) Si tout a été fait par lui, il a donc fait aussi les temps; comment alors supposer l'existence du temps avant le Fils, par qui les temps ont été faits? Ecartez donc toute idée de temps, le Fils est toujours avec le Père. Si le Fils est toujours avec le Père, et qu'il soit cependant le Fils, il est donc toujours engendré, et, s'il est toujours engendré il a toujours existé avec celui qui l'a engendré.

5. Je n'ai jamais vu rien de semblable, me direz-vous : celui qui est engendré existant de toute éternité avec celui qui l'a engendré; celui qui engendre est toujours plus ancien que celui qui est engendré. Vous avez raison de dire : Je n'ai jamais rien vu de semblable, car c'est de cette génération qu'il est dit que : « l'œil ne l'a point vue. » Vous me demandez comment on peut l'exprimer; elle est ineffable, parce que l'oreille n'en a jamais entendu parler, et le cœur de l'homme ne l'a jamais comprise. Tout ce que nous pouvons faire, c'est de la croire et de l'adorer. La croire, c'est l'adorer; on ne peut l'adorer sans faire des progrès dans la perfection, et ces progrès nous en donnent l'intelligence. Tant que nous sommes dans cette chair, tant que nous voyageons éloignés du Seigneur, nous sommes, à l'égard des saints anges qui contemplent ces merveilles, comme des enfants que la foi allaite ici-bas, et que la claire vue doit nourrir dans le ciel. C'est ce que nous enseigne l'Apôtre : « Pendant que nous habitons dans ce corps, nous voyageons loin du Seigneur; car nous marchons dans la foi, et non dans la claire vue. » (II *Cor.*, V, 6, 7.) Nous arriverons un jour à cette claire vue, que l'apôtre saint Jean nous promet en ces termes dans son Epître : « Mes bien-aimés, nous sommes maintenant les enfants de Dieu; mais ce que nous serons un jour ne paraît pas encore. » (I *Jean*, III, 2.) Nous sommes les enfants de Dieu par la grâce, par la foi, par les sacrements, par le sang de Jésus-Christ, par la rédemption du Sauveur. « Nous sommes les enfants de Dieu, mais ce que nous serons un jour ne paraît pas encore. Nous savons que, quand il viendra dans sa gloire, nous serons semblables à lui, parce que nous le verrons tel qu'il est. »

CHAPITRE V. — *Dieu est la nourriture des bienheureux. La résurrection de l'âme par la foi.* — 6. C'est pour nous rendre capables de recevoir, de prendre, de nous incorporer cette

---

lio : sed Pater Filii Pater est, et Filius Patris est Fi-Filius. Verumtamen Filius de Patre genitus, non Pater de Filio : et semper Filius ; semper ergo genitus. Quis hoc capiat semper genitum? Omnis enim homo, cum audit genitum, occurrit illi : Ergo erat tempus, quando non erat iste qui genitus est. Quid ergo dicimus? Non sic : non erat tempus ante Filium, quia omnia per ipsum facta sunt. (*Joan.*, I, 3.) Si omnia per ipsum facta sunt, et tempora per ipsum facta sunt, quomodo possent esse tempora ante Filium, per quem facta sunt tempora? Tolle ergo omnia tempora, semper cum Patre Filius. Si semper cum Patre Filius, et tamen Filius, semper genitus : si semper genitus, semper cum genitore erat qui genitus est.

5. Nunquam hoc vidi, inquies tu, aliquem generantem, et semper cum illo quem generavit : sed praecessit ille qui generavit, et secutus est tempore ille qui generatus est. Bene dicis : Nunquam hoc vidi : quia hoc ad illud pertinet, « quod oculus non vidit. » Quaeris quomodo dicatur? Non potest dici : quia « nec auris audivit, nec in cor hominis ascendit. » Credatur et colatur. Cum creditur, colitur; cum colitur, (*a*) crescitur ; cum crescitur, capitur. Adhuc enim in ista carne, quamdiu peregrinamur a Domino, ad Angelos sanctos, qui haec vident, infantes sumus, lactandi fide, pascendi specie. Sic enim dicit Apostolus : « Quamdiu sumus in corpore, peregrinamur a Domino : (II *Cor.*, V, 6, 7.) Per fidem enim ambulamus, non per speciem. » Venturi sumus ad speciem, quae nobis sic promittitur per Joannem in epistola ejus : « Dilectissimi, filii Dei sumus, et nondum apparuit quid erimus. » (I *Joan.*, III, 2.) Filii Dei sumus jam per gratiam, per fidem, per sacramentum, per sanguinem Christi, per redemptionem Salvatoris : « Filii Dei sumus, et nondum apparuit quid erimus. Scimus quia cum apparuerit, ei similes erimus; quoniam videbimus eum sicuti est. »

CAPUT V. — *Deus cibus mentis beatae. Resurrectio animae per fidem.* — 6. Ecce ad quid nutrimur ca-

---

(*a*) In editis hoc et proximo loco, *creditur*, pro *crescitur*, quod verbum in melioris notae Mss. reperimus; in aliis vero, *crescit*.

nourriture divine, que nous sommes allaités ici-bas, nourriture qui fortifie celui qui la prend, sans qu'elle souffre aucune diminution. Ici-bas, les aliments que nous prenons fortifient notre corps, mais ils diminuent à mesure qu'on les mange. Mais lorsque nous aurons commencé à nous nourrir de la justice, de la sagesse, à vivre de cette nourriture immortelle, elle nous soutiendra sans diminuer elle-même. Notre œil ici-bas se nourrit de lumière, sans cependant diminuer la lumière; la lumière n'en est pas moins abondante parce qu'elle est vue par un grand nombre; elle éclaire des multitudes, et elle reste ce qu'elle était. Or, si Dieu a donné cette faculté à la lumière qu'il a créée pour les yeux du corps, que ne doit pas être la lumière qui doit éclairer les yeux du cœur? Si l'on vantait devant vous un mets exquis, qui dût vous être servi, sans doute vous disposeriez votre estomac à s'en nourrir; on fait devant vous l'éloge de votre Dieu, préparez donc votre âme.

7. Voici ce que vous dit le Seigneur votre Dieu : « L'heure vient, et elle est déjà venue, dit-il. » « L'heure vient, et elle déjà venue, où, » que va-t-il dire? « où les morts entendront la voix du Fils de Dieu, et ceux qui l'auront ouïe vivront. » Ceux donc qui ne l'auront point ouïe n'auront pas la vie. Qu'est-ce à dire : « Ceux qui entendront ? » Ceux qui obéiront à cette voix; oui, ceux qui auront cru à cette voix, et mis en pratique ses enseignements, vivront. Avant donc de croire et d'obéir à cette voix, ils étaient morts; ils marchaient, il est vrai, mais ils ne laissaient pas d'être morts. Que servait à ces morts de marcher? Si quelqu'un de ces morts venait à mourir de la mort du corps, les autres s'empresseraient, ils prépareraient un cercueil, envelopperaient le cadavre, l'emporteraient, et ces morts enseveliraient leur mort, selon ces paroles du Sauveur : « Laissez les morts ensevelir leurs morts. » (*Matth.*, VIII, 22.) Ce sont ces morts que la parole de Dieu ressuscite pour les faire vivre de la vie de la foi. Ceux qui étaient morts dans leur incrédulité sont ressuscités par la parole. Et Notre-Seigneur dit de cette heure : « L'heure vient, et elle est venue. » En effet, c'est par la vertu de sa parole qu'il ressuscitait les morts infidèles dont l'Apôtre dit : « Levez-vous, vous qui dormez, et sortez d'entre les morts, et Jésus-Christ vous éclairera. » (*Ephés.*, V, 14.) Voilà la résurrection des esprits, la résurrection de l'homme intérieur, la résurrection de l'âme.

CHAPITRE VI.— *La résurrection des corps sera pour le bonheur des uns, pour le malheur des autres.* — 8. Mais cette résurrection n'est pas la seule, il y a la résurrection du corps. Celui qui est ressuscité dans son âme ressuscite aussi pour

---

piendum, ecce ad quid nutrimur percipiendum, comedendum : ut tamen quod comeditur non minuatur, et qui comedit vegetetur. Nam modo cibus vegetat comedendo ; sed minuitur cibus qui comeditur : quando autem cœperimus comedere justitiam, comedere sapientiam, comedere illum immortalem cibum, et nos vegetamur, et cibus ille non minuitur. Si enim novit oculus pasci luce, nec tamen minuit lucem ; non enim minor erit lux, quia videtur a pluribus ; plurium oculos pascit, et tamen tanta est quanta erat; et illi pascuntur, et illa non minuitur : Si Deus dedit hoc luci, quam fecit ad oculos carnis, quid est (*a*) ipse lux ad oculos cordis? Si ergo laudaretur tibi aliquid cibus magnus, quem pransurus esses, parares ventrem : laudatur tibi Deus, para mentem.

7. Ecce quid tibi dicit Dominus tuus : « Veniet hora, inquit, et nunc est. » « Veniet hora, et ipsa hora nunc est, quando : » quid? « quando mortui audient vocem Filii Dei; et qui audierint, vivent. » Qui ergo non audierint, non vivent. Quid est, « qui audierint? » Qui obedierint. Quid est, « qui audierint? » Qui crediderint et obtemperaverint, ipsi vivent. Ergo ante quam crederent et obedirent, mortui jacebant : et ambulabant, et mortui erant. Quid valebant, quia ambulabant mortui? Et tamen si quis inter illos moreretur corpore, currerent, sepulcrum pararent, involverent, portarent, sepelirent mortui mortuum : de quibus dictum est : Sine mortuos sepeliant mortuos suos. (*Matth.*, VIII, 22.) Tales mortui sic suscitantur verbo Dei, ut vivant in fide. Qui mortui erant in infidelitate, verbo excitantur. De ipsa hora dixit Dominus : « Veniet hora, et nunc est. » Verbo enim suo suscitabat mortuos infideles : de quibus dicit Apostolus : « Surge qui dormis, et exurge a mortuis, et illuminabit te Christus. » (*Ephes.*, V, 14.) Hæc resurrectio mentium est, hæc resurrectio interioris hominis est, hæc resurrectio animæ est.

CAPUT VI. — *Resurrectio corporis aliis in bonum, aliis in malum.*— 8. Sed non ista sola est, restat et corporis. Qui resurgit in anima bono suo resurgit in corpore. Non

(*a*) Plerique Mss. *ipsa lux.*

son bonheur dans son âme. Toutes les âmes ne ressuscitent pas, tandis que tous les corps ressusciteront. Tous, je le répète, ne ressuscitent pas spirituellement, mais seulement ceux qui croient et qui obéissent; car ceux qui auront ouï avec docilité la voix du Fils de Dieu vivront. Or, comme le dit l'Apôtre, tous n'ont pas la foi. (II *Thess.*, III, 2.) Si donc, tous n'ont pas la foi, toutes les âmes ne peuvent ressusciter. Lorsque l'heure de la résurrection des corps sera venue, tous ressusciteront; bons ou mauvais, tous auront part à cette résurrection. Mais celui qui est déjà ressuscité dans son âme ressuscitera pour son bonheur dans son corps; celui, au contraire, qui n'aura pas ressuscité spirituellement, ressuscitera dans son corps pour son malheur. Celui dont l'âme est ressuscitée verra son corps ressusciter pour la vie; celui qui n'a point ressuscité spirituellement ne ressuscitera dans son corps que pour son supplice. Le Seigneur nous ayant enseigné cette résurrection des âmes qui doit être l'objet de nos désirs les plus empressés, de nos efforts les plus constants, et dans laquelle nous devons vivre et persévérer jusqu'à la fin, il lui restait de nous instruire aussi de la résurrection des corps, qui doit avoir lieu à la fin du monde. Or, écoutez en quels termes il nous en parle.

9. Notre-Seigneur commence par dire : « En vérité, je vous le dis, l'heure vient, et elle est venue, où les morts, » c'est-à-dire les infidèles, « entendront la voix du Fils de Dieu, » c'est-à-dire l'Evangile; « et ceux qui l'auront ouïe » ceux qui la suivront avec obéissance, « vivront; » ils seront justifiés et cesseront de vivre dans l'infidélité. Puis, après ces paroles, il voit qu'il doit nous instruire aussi de la résurrection de la chair, et ne pas nous laisser dans l'ignorance à ce sujet; il continue donc et dit : « De même que le Père a la vie en soi, ainsi il a donné au Fils d'avoir la vie en soi. » Voilà pour la résurrection, pour la justification des âmes. Il ajoute ensuite: « Et il lui a donné la puissance de rendre les jugements, parce qu'il est le Fils de l'homme. » Ce Fils de Dieu est donc en même temps le Fils de l'homme. S'il était resté Fils de Dieu sans devenir le Fils de l'homme, il n'aurait point été le libérateur des enfants des hommes. Celui qui avait créé l'homme a voulu devenir ce qu'il avait créé, pour ne point laisser périr son œuvre; mais, en se faisant homme, il est resté Fils de Dieu. Il s'est fait homme en prenant ce qu'il n'était pas, sans perdre ce qu'il était; il s'est fait homme en restant Dieu. Il s'est fait ce que vous êtes, mais sans transformer sa nature dans la vôtre. C'est ainsi qu'il est venu parmi nous Fils de Dieu et Fils de l'homme, comme celui qui forme et qui est formé, créateur et créé, créateur de sa mère et créé du sang de sa mère; c'est ainsi qu'il a paru parmi nous. Or,

enim omnes resurgunt in anima : omnes resurrecturi sunt in corpore. In anima, inquam, non omnes resurgunt : sed qui credunt et obediunt : quia « qui audierint, vivent. » Sicut autem ait Apostolus : Non omnium est fides. (II *Thess.*, III, 2.) Si ergo non omnium est fides, non omnes resurgunt in anima. Cum venerit hora resurrectionis corporis, omnes resurgent : boni sint, mali sint, omnes resurgent. Sed qui prius resurgit in anima, bono suo resurgit in corpore : qui non prius resurgit in anima, malo suo resurgit in corpore ad vitam : qui non resurgit in anima, resurgit in corpore. Qui resurgit in anima, resurgit in corpore ad pœnam. Quia ergo Dominus commendavit nobis resurrectionem istam animarum, ad quam omnes debemus festinare, in qua laborare ut vivamus, et vivendo usque in finem perseveremus; restabat ut commendaret nobis etiam resurrectionem corporum, quæ futura est in fine sæculi. Sed audite quomodo et ipsam commendavit.

9. Cum dixisset : « Amen dico vobis, quia veniet hora, et nunc est, quando mortui, » id est, infideles, « audient vocem Filii Dei, » id est, Evangelium ; « et qui audierint, » id est, qui obedierint, « vivent, » id est, justificabuntur, et infideles jam non erunt : cum ergo hoc dixisset, quoniam vidit docendos nos esse et de resurrectione carnis, non sic relinquendos, secutus est, et ait : « Sicut enim habet Pater vitam in semetipso, sic dedit Filio habere vitam in semetipso. » Hoc ad suscitandas mentes, hoc ad vivificandas mentes. Deinde adjecit : « Et potestatem dedit ei et judicium facere, quoniam Filius hominis est. » Iste Filius Dei, Filius hominis est. Etenim si Filius Dei, Filius Dei maneret, et Filius hominis non fieret, filios hominum non liberaret. Ipse qui fecerat hominem, factus est quod fecit, ne periret quod fecit. Sic autem factus est homo, ut maneret Filius Dei. Factus est enim homo suscipiendo quod non erat, non perdendo quod erat, manens Deus, factus est homo. Accepit te, non consumptus est in te. Talis ergo ad nos venit, Filius Dei, Filius hominis, faciens et factus, creator et creatus; creator matris, creatus ex matre : talis ad nos venit. Secundum id quod Filius

c'est comme Fils de Dieu qu'il dit : « L'heure vient, et elle est venue, où les morts entendront la voix du Fils de Dieu. » Il ne dit pas du Fils de l'homme, car il enseignait alors une vérité, où il est égal à son Père. « Et ceux qui l'auront ouïe vivront. Car, comme le Père a la vie en soi, ainsi a-t-il donné au Fils d'avoir la vie en soi ; » non par participation, mais en soi. Pour nous, ce n'est pas en nous que nous avons la vie, mais dans notre Dieu ; tandis que le Père a la vie en soi, et il a engendré un Fils qui a aussi la vie en soi. Il ne l'a point par communication, il est lui-même la vie dont il nous rend participants ; ainsi il a la vie en soi, et il est lui-même la vie. C'est de nous, au contraire, qu'il a reçu d'être le Fils de l'homme. Il est Fils de Dieu en lui-même, et il a pris de nous la nature qui l'a rendu Fils de l'homme. C'est de lui-même qu'il est Fils de Dieu, c'est par nous qu'il est Fils de l'homme. Il a pris de nous ce qu'il y a de moindre en lui, et il nous a communiqué ce qu'il y a de plus grand. Il est mort en tant que Fils de l'homme, et non comme Fils de Dieu. Cependant il est vrai de dire que le Fils de Dieu est mort ; mais il est mort selon la chair, et non en tant qu'il est le Verbe qui s'est fait chair, et qui a habité parmi nous. (*Jean*, I, 14.) Si donc il est mort, c'est dans ce qu'il tenait de nous, et si nous vivons, c'est par ce que nous recevons de lui. Il ne pouvait mourir dans sa nature propre, de même que nous ne pouvions vivre réduits à ce que nous avons de nous-mêmes. C'est donc comme Dieu, comme Fils unique, comme égal à celui qui l'a engendré, que Notre-Seigneur Jésus-Christ nous a promis la vie, si nous sommes dociles à sa parole.

CHAPITRE VII. — *Jésus-Christ comme juge dans la nature de serviteur.* — 10. « Et il lui a donné la puissance de rendre les jugements, parce qu'il est le Fils de l'homme. » (*Ibid.*, 27.) C'est donc avec la nature de serviteur qu'il viendra pour juger. Il siégera comme juge avec cette nature ; c'est pour cela qu'il dit : « Il lui a donné le pouvoir de rendre les jugements, parce qu'il est le Fils de l'homme. » Le juge sera donc le Fils de l'homme, la nature qui a été jugée prononcera les jugements. Ecoutez et comprenez ; le prophète avait dit bien longtemps auparavant : « Ils verront celui qu'ils ont transpercé. » (*Zach.*, XII, 10.) Ils verront cette nature qu'ils ont percée d'une lance. (*Jean*, XIX, 37.) Ils verront siéger comme juge Celui qu'ils ont vu debout devant un juge. Celui qui a été injustement condamné condamnera lui-même les vrais coupables. C'est ce que vous apprend l'Evangile, alors que Notre-Seigneur montait au ciel en présence de ses disciples ; ils restaient là, les yeux fixés sur lui, et la voix d'un ange vint leur dire : « Hommes de Galilée, pourquoi demeurez-vous là, etc. » « Ce Jésus qui, du milieu de vous s'est

---

Dei est, ait : « Veniet hora, et nunc est, quando mortui audient vocem Filii Dei. » Non dixit : Filii hominis : veritatem enim commendabat, in qua æqualis est Patri. « Et qui audierint, vivent. Sicut enim Pater habet vitam in semetipso, sic dedit Filio vitam habere in semetipso : » non participando, sed « in semetipso. » Nos enim non habemus vitam in nobis ipsis, sed in Deo nostro. Ille autem Pater vitam in semetipso habet : et talem genuit Filium, qui haberet vitam in semetipso, ut fieret vitæ particeps, sed ipse vita esset, cujus nos vitæ participes essemus : plane ut haberet vitam in semetipso, et esset ipse vita. Ut autem fieret Filius hominis, a nobis accepit. Filius Dei in semetipso ; Filius hominis ex illo quod Filius hominis est, non secundum illud quod Filius Dei. Mortuus est tamen Filius Dei : sed secundum carnem mortuus, non secundum Verbum quod caro factum est, et habitavit in nobis. (*Joan.*, I, 14.) Ergo quod est mortuus, de nostro mortuus est : quod vivimus, de ipsius vivimus. Nec ille potuit mori de suo, nec nos vivere de nostro. Hoc ergo tanquam Deus, tanquam unigenitus, tanquam generanti æqualis, commendavit nobis Dominus Jesus, quod si audierimus vivemus.

CAPUT VII. — *Christus judex in forma servi.* — 10. Sed « et potestatem, inquit, dedit ei et judicium facere, quoniam Filius hominis est. (*Ibid.*, 27.) Ergo ad judicium illa forma ventura est. Forma hominis ventura est ad judicium : ideo ait : « Potestatem dedit ei et judicium facere, quoniam Filius hominis est. » Judex hic erit Filius hominis ; forma illa hic judicabit quæ judicata est. Audite, et intelligite : jam hoc Propheta dixerat : Videbunt in quem pupugerunt. (*Zach.*, XII, 10.) Ipsam formam videbunt, quam lancea percusserunt. (*Joan.*, XIX, 37.) Sedebit judex, qui stetit sub judice. Damnabit veros reos, qui factus est falsus reus. Ipse veniet, forma illa veniet. Hoc et in Evangelio habes : cum ante oculos discipulorum suorum iret in cœlum, stabant

élevé, vers le ciel, viendra de la même manière que vous l'y avez vu monter. » (*Act.*, i, 11.) Qu'est-ce à dire qu'il viendra de la même manière? Il viendra revêtu de la même nature. « Car le Père lui a donné le pouvoir de rendre les jugements, parce qu'il est le Fils de l'homme. » Or, voyez comme il était raisonnable et juste que ceux qui devaient être jugés pussent voir leur juge. Les bons et les méchants devaient être soumis à ce jugement. Mais il est écrit : « Heureux ceux qui ont le cœur pur, parce qu'ils verront Dieu. » (*Matth.*, v, 8.) Il fallait donc que, pour ce jugement, la nature de serviteur apparût aux yeux des bons et des méchants, et que la vue de la nature divine fût réservée exclusivement aux bons.

11. Que recevront, en effet, les bons? Je vais vous dire ce que je n'ai pas dit encore, et ce que je ne puis vous exprimer, tout en vous en parlant. Je vous ai dit que nous serions alors sauvés, au sein de la vie et de la sécurité, affranchis de toute souffrance, de la faim, de la soif, de toute défaillance et de la crainte de perdre la vue. Voilà tout ce que j'ai dit, et je ne vous ai pas fait connaître ce que nous aurons en plus.

CHAPITRE VIII. — *La vue de Dieu est le souverain bonheur.* — Nous verrons Dieu. Or, cette vue de Dieu sera un bonheur si grand, si parfait, que tout le reste n'est rien en comparaison. Je vous ai dit que nous jouirions de la vie, de la santé, que nous serions exempts de la faim, de la soif, que nous ne serions plus ni abattus par la fatigue, ni accablés par le sommeil. Mais qu'est-ce que tout cela, comparé au bonheur de voir Dieu? Ainsi donc, Dieu ne peut maintenant nous être manifesté tel qu'il est; cependant, nous sommes appelés à le voir. Ce sera donc « ce que l'œil n'a point vu, ce que l'oreille n'a point entendu, » (I *Cor.*, ii, 9) que verront les bons. Oui, voilà ce que contempleront les âmes pieuses, les âmes miséricordieuses, les vrais fidèles, ceux enfin qui auront eu part pour leur bonheur à la résurrection des corps, parce qu'ils ont fait preuve d'une obéissance parfaite, dans la résurrection des âmes.

12. Est-ce donc que le méchant verra Dieu, lui, dont Isaïe a dit : « Faites disparaître l'impie, et qu'il ne voie point la gloire de Dieu? » (*Isaïe*, xxvi, 10, *selon les Sept.*) Les bons et les méchants verront cette nature de serviteur; mais, après cette sentence : « Que l'impie disparaisse, et qu'il ne voie point la gloire de Dieu, » il n'y a plus qu'une hypothèse possible : c'est que le Seigneur accomplira, à l'égard des bons et des méchants, ce qu'il a promis pendant sa vie mortelle, alors qu'il était vu non-seulement par les bons, mais encore par les méchants. Il parlait au milieu des uns et des autres; tous le voyaient, mais sa divinité leur était cachée, son humanité

---

illi et attendebant, et sonuit vox Angelica : « Viri Galilæi quid statis ? etc. » « Hic Jesus sic veniet, quomodo cum videtis euntem in cœlum. » (*Act.*, i, 11.) Quid est, sic veniet? In ipsa forma veniet. « Potestatem enim dedit ei judicium facere, quoniam Filius hominis est. » Videte autem qua ratione hoc oportebat, et hoc rectum erat, ut judicandi viderent judicem. Judicandi enim erant et boni et mali. Beati autem mundo corde, quoniam ipsi Deum videbunt. (*Matth.*, v, 8.) Restabat ut in judicio forma servi et bonis et malis ostenderetur, forma Dei solis bonis servaretur.

11. Quid enim accepturi sunt boni? Ecce jam dico, quod paulo ante non dixi; et tamen dicendo non dico. Dixi enim quia erimus illic salvi, erimus incolumes, erimus viventes, erimus sine pœnis, erimus sine fame et siti, erimus sine defectu, erimus sine orbitate oculorum nostrorum. Totum hoc dixi : et quid habebimus plus, non dixi.

CAPUT VIII. — *Deum videre, summa felicitas.* — Videbimus Deum. Hoc autem tantum erit, et tanta res erit, ut in ejus comparatione nihil sit totum. Dixi quod viventes erimus, quod salvi et incolumes, quod famem sitimque non patiemur, quod in lassitudinem non cademus, quod somnus non nos premet. Totum hoc quid est ad illam felicitatem, qua Deum videbimus? Quia ergo Deus ipse ut est, modo ostendi non potest, quam tamen videbimus ; ideo « quod oculus non vidit, nec auris audivit, » (I *Cor.*, ii, 9) hoc videbunt boni, hoc videbunt pii, hoc videbunt misericordes, hoc videbunt fideles, hoc videbunt qui habebunt bonam sortem in resurrectione corporis, quia habuerunt bonam obedientiam in resurrectione cordis.

12. Ergo et malus Deum visurus est? de quo dicit Isaias : Tollatur impius, ne videat claritatem Dei. (*Isai*, xxvi, 10, *sec.* lxx.) Ergo et impii et pii videbunt formam illam : et cum fuerit dicta sententia : Tollatur impius, ne videat claritatem Dei ; restat ut circa pios et bonos impleatur quod Dominus ipse promisit, cum hic in carne esset, et videretur non solum a bonis, sed etiam a malis. Loquebatur inter

seule frappait leurs regards; comme Dieu, il dirigeait les hommes; comme homme, il était visible au milieu des hommes; il leur parlait et leur disait : « Celui qui m'aime garde mes commandements, et celui qui m'aime sera aimé de mon Père, et je l'aimerai aussi. » (*Jean*, XIV, 21.) Et comme si on lui demandait : Quelle récompense lui donnerez-vous? il ajoute : « Et je me manifesterai à lui. » Quand a-t-il prononcé ces paroles? Lorsque les hommes le voyaient. Quand leur a-t-il fait cette promesse? Lorsqu'il était vu par ceux-là mêmes qui ne l'aimaient pas. Comment donc devait-il se manifester à ceux qui l'aiment? Evidemment, sous une forme qu'il ne leur découvrait pas ici-bas. La vue de la nature divine était donc réservée, la nature humaine seule était visible; c'est dans cette nature humaine qu'il s'entretenait avec les hommes, qu'il se manifestait aux regards des hommes, qu'il se rendait visible aux bons et aux mauvais, et qu'il réservait à ses amis la vue de sa divinité.

CHAPITRE IX. — *Après la résurrection, la vie éternelle sera de voir Dieu.* — 13. Or, quand se manifestera-t-il à ceux qui l'aiment? Après la résurrection des corps, lorsque l'impie disparaîtra pour ne pas voir la gloire de Dieu. Alors, quand il viendra dans sa gloire, nous serons semblables à lui, parce que nous le verrons tel qu'il est (I *Jean*, III, 2); car il est la vie éternelle.

Tout ce que je vous ai dit n'est rien, en comparaison de cette vie. Nous vivons; qu'est-ce que la vie? Qu'est-ce que la santé que nous avons? Nous verrons Dieu, voilà ce qui est véritablement grand. Il est la vie éternelle, c'est lui-même qui le déclare : « La vie éternelle est de vous connaître, vous, le seul Dieu véritable, et Jésus-Christ que vous avez envoyé. » (*Jean*, XVII, 3.) Oui, la vie éternelle est de connaître, de voir, de comprendre, de saisir ce qu'on a cru, de pénétrer ce qu'on était jusqu'alors incapable de comprendre. Notre âme pourra contempler alors ce que l'œil de l'homme n'avait point vu, ce que son oreille n'avait point entendu, ce que son cœur n'avait point compris; et le Sauveur adressera ces paroles à ses élus : « Venez, les bénis de mon Père, recevez le royaume qui vous a été préparé dès le commencement du monde. » (*Matth.*, XXV, 34.) Les méchants iront donc au feu éternel; mais les justes, où iront-ils? A la vie éternelle. Qu'est-ce que la vie éternelle? « La vie éternelle est de vous connaître, vous, le seul Dieu véritable, et celui que vous avez envoyé, Notre-Seigneur Jésus-Christ. »

CHAPITRE X. — *La résurrection future de la chair.* — 14. C'est donc de la résurrection future des corps que le Sauveur, ne voulant point nous laisser dans l'ignorance, dit : « Il lui a donné le pouvoir de rendre les jugements, parce qu'il est le Fils de l'homme. Ne vous en étonnez pas;

---

bonos et malos, et conspicuus omnibus, Deus occultus, homo manifestus; Deus regens homines, homo apparens inter homines : loquebatur ergo inter illos, et dicebat : « Qui diligit me, mandata mea custodit ; et qui diligit me, diligetur à Patre meo, et ego diligam eum. Et quasi diceretur illi. » Et quid ei dabis ? « Et ostendam, inquit, me ipsum illi. » Quando hoc dixit ? Quando ab hominibus videbatur. Quando hoc dixit ? Quando et ab eis videbatur, a quibus non diligebatur. Quomodo ergo se ostensurus erat dilectoribus suis, nisi quia talem qualem non videbant dilectores sui? Ergo quia forma Dei servabatur, forma hominis ostendebatur : per formam hominis hominibus loquens, conspicuus et visibilis, et bonis et malis omnibus ostendebat se, dilectoribus suis servabat se.

CAPUT IX. — *Post resurrectionem vita æterna in visione Dei.* — 12. Quando se demonstraturus est dilectoribus suis? Post resurrectionem corporis, quando tolletur impius, ne videat claritatem Dei. Tunc enim, cum apparuerit, similes ei erimus; quoniam videbimus eum sicuti est. (I *Joan.*, III, 2.) Ipsa est vita æterna. Nam totum quidquid dicebamus, nihil est ad illam vitam. Quia vivimus, quid est ? Quia salvi sumus, quid est? Quia videbimus Deum : magnum. Ipsa est vita æterna : ipse hoc dixit : Hæc est autem vita æterna, ut cognoscant te unum verum Deum, et quem misisti Jesum Christum. (*Joan.*, XVII, 3.) Hæc est vita æterna, ut cognoscant, videant, capiant, norint quod crediderant, percipiant quod nondum capere poterant. Jam videat mens, quod oculus non viderat, nec auris audierat, nec in cor hominis ascenderat : hoc illis dicetur in fine : « Venite, benedicti Patris mei, percipite regnum, quod vobis paratum est ab initio mundi. Ibunt ergo illi mali in ambustionem æternam. » Justi autem quo? In vitam æternam. Quid est vita æterna ? « Hæc est vita æterna, ut cognoscant te solum verum Deum , et quem misisti Jesum Christum. » (*Matth.*, XXV, 34.)

CAPUT X. — *Resurrectio carnis futura.* — 14. Loquens ergo de futura resurrectione corporis, et non nos dimittens, ait : « Potestatem dedit ei et judicium

l'heure vient. » Il n'ajoute pas ici : « Et elle est venue, » parce que cette heure ne doit venir que dans la suite, à la fin du monde, parce que cette heure sera la dernière, celle où le son de la dernière trompette se fera entendre. Ne vous étonnez pas de ce que je vous ai dit : « Il lui a donné le pouvoir de juger, parce qu'il est le Fils de l'homme. Ne vous en étonnez point. » Je vous ai parlé de la sorte, parce qu'il faut que l'homme soit jugé par l'homme. Quels sont les hommes qui seront alors jugés? Ceux qui seront trouvés en vie. Mais ce ne seront pas les seuls. Quoi donc? « L'heure vient, où tous ceux qui sont dans les sépulcres. » Voyez comme il désigne expressément ceux qui ont perdu la vie du corps; « ceux qui sont dans les sépulcres, » ceux dont les cadavres sont ensevelis dans les tombeaux, ceux dont les cendres sont recouvertes, dont les ossements sont dispersés, dont la chair n'existe plus, bien qu'elle soit tout entière aux yeux de Dieu. « L'heure vient, où tous ceux qui sont dans les sépulcres entendront sa voix, et en sortiront. » Bons et méchants, tous entendront sa voix, et sortiront. Tous les liens de la mort et du tombeau seront brisés, tout ce qui avait péri, ou plutôt tout ce qu'on croyait avoir péri, sera rendu à son premier état. En effet, si Dieu a bien pu faire l'homme qui n'existait pas, lui sera-t-il difficile de rétablir ce qui existe déjà?

CHAPITRE XI. — *La résurrection des morts, qui sera l'œuvre de Dieu, n'est pas moins croyable que la création.* — 15. Lorsque nous disons que Dieu doit ressusciter les morts, nous n'avançons pas une chose incroyable; car c'est de Dieu, et non de l'homme que nous parlons. L'œuvre est grande, il est vrai; elle peut paraître incroyable; mais elle cessera de l'être pour vous, si vous en considérez l'auteur. Celui qui doit vous ressusciter est celui-là même qui vous a créé. Vous n'étiez pas, et vous existez; et une fois créé, vous n'existeriez plus? Loin de vous cette pensée! Dieu a fait une œuvre bien plus admirable, lorsqu'il a tiré du néant ce qui n'existait pas; et, après qu'il a fait ce qui n'était pas, ceux-là mêmes, qu'il a appelés du néant à l'être, refuseraient de croire qu'il peut rétablir ce qui existait déjà? Voilà donc la reconnaissance que nous témoignons à Dieu qui nous a créés lorsque nous étions dans le néant? Voilà ce que nous lui donnons en retour; nous refusons de croire qu'il puisse ressusciter ce qu'il a créé! Telle est la récompense qu'il reçoit de sa créature! Ainsi, ô homme, vous dit Dieu, je vous ai donc appelé du néant à l'être, pour ne pas croire que vous redeviendriez ce que vous étiez, après que je vous ai fait ce que vous n'étiez pas? Mais, me dites-vous, je ne vois dans le tombeau que de la cendre, que de la poussière, que des ossements; et ce sont ces tristes restes qui reprendraient la

facere, quoniam Filius hominis est. Nolite mirari hoc, quia veniet hora. » Ibi non addidit, « et nunc est : » quia ista hora postea erit, quia ista hora in fine sæculi erit, quia ista hora novissima erit, in novissima tuba erit. « Nolite mirari, » quia hoc dixi : « Dedit ei potestatem et judicium facere, quoniam Filius hominis est. Nolite mirari. » Ideo dixi, quia hominem ab hominibus oportet judicari. Quibus hominibus judicandis? Quos invenit vivos? Non solum. Sed quid? « Veniet hora, quando hi qui sunt in monumentis. » Quomodo expressit carne mortuos? « qui sunt in monumentis, » quorum jacent sepulta cadavera, quorum favillæ tectæ sunt, quorum ossa dispersa sunt, quorum caro jam non est, et tamen Deo integra est. « Veniet hora, quando omnes qui sunt in monumentis audient vocem ejus, et prodient omnes. » Boni sint, mali sint, audient vocem, et exient. Rumpentur omnia vincula inferorum : omne quod periit, imo periisse putatur restituetur. Si enim Deus fecit hominem qui non erat, non potest reparare quod erat?

CAPUT XI. — *Mortuorum suscitatio a Deo non minus credibilis quam creatio.* — 15. Puto quia cum dicitur : Deus mortuos suscitaturus est, non res incredibilis dicitur : quia de Deo, non de homine dicitur. Magna res est quæ fiet, et incredibilis res est quæ fiet. Sed non sit incredibilis, quia vide qui facit. Ille dicitur quod suscitabit te, qui creavit te. Non eras, et es; et factus, non eris? Absit, ne credas. Mirabilius aliquid fecit Deus, quando fecit quod non erat : et tamen fecit quod non erat; et non creditur reparaturus quod erat, ab eis ipsis quos fecit quod non erant? Hoc est quod rependimus Deo, qui non eramus, et facti sumus? Hoc illi rependimus, ut eum resuscitare quod fecit non posse credamus? Hæc est merces, quam illi reddit creatura sua? Ideo te feci, dicit tibi Deus, o homo, ante quam esses, ut non mihi credas futurum te esse quod eras, qui potuisti esse quod non eras? Sed ecce, inquit, in sepulcro quod video, favilla est, cinis est, ossa sunt : et hoc item accipiet vitam, cutem, pulpas, carnem, et resurget? quid, favilla ista, ossa ista, quæ video in sepulcro? Vel in sepulcro

vie, qui se recouvriraient de peau, de tissus et de chair? quoi! cette cendre, ces ossements ressusciteraient? Eh bien, oui, vous voyez dans le tombeau de la cendre, vous voyez des ossements; mais dans le sein de votre mère, il n'y avait rien. Ce que vous voyez, c'est au moins de la cendre, ce sont des ossements; mais, avant d'être appelé à la vie, vous n'étiez ni ossements, ni cendre; et cependant, vous, qui n'étiez pas, vous avez été créé. Et vous ne voudriez pas croire que ces ossements qui, quels qu'ils soient, et dans quelque état qu'ils soient, sont cependant quelque chose, reprendront la première forme qu'ils avaient, puisque vous avez bien reçu celle que vous n'aviez pas? Croyez donc à la résurrection des corps, et cette foi sera pour votre âme un principe de résurrection. Et si votre âme ressuscite maintenant, dont il est dit : « L'heure vient, et elle est venue, » alors votre corps ressuscitera pour son bonheur, lorsque sera venue cette heure, où tous ceux qui sont dans les sépulcres entendront la voix du Fils de Dieu, et en sortiront. Car il ne suffit pas, pour vous livrer à la joie, d'entendre sa voix et de sortir du tombeau; écoutez ce qui suit : « Et ceux qui auront bien fait en sortiront pour la résurrection à la vie; mais ceux qui auront mal fait, pour la résurrection du jugement. » Tournons-nous vers le Seigneur, etc.

SERMON CXXVIII [1].

Sur ces paroles du chapitre v de l'Evangile selon saint Jean : *Si je rends témoignage de moi-même,* etc.; et sur ces paroles de l'Apôtre : *Conduisez-vous selon l'esprit et n'accomplissez point les désirs de la chair. Car la chair a des désirs contraires à ceux de l'esprit,* etc.

CHAPITRE PREMIER. — *Lors même que le Christ se rend témoignage, son témoignage est vrai.* — 1. Nous avons entendu les paroles du saint Evangile, et on a pu être surpris de ce que dit Notre-Seigneur Jésus-Christ : « Si je rends témoignage de moi-même, mon témoignage n'est point véritable. » (*Jean*, v, 31.) Comment le témoignage de la vérité peut-il ne pas être véritable? N'est-ce pas lui qui a dit : « Je suis la voie, la vérité et la vie? » (*Jean*, XIV, 6.) A qui donc faudra-t-il ajouter foi, si nous ne pouvons croire à la vérité même? Il est certain que refuser de croire à la vérité, c'est vouloir n'ajouter foi qu'au mensonge. Notre-Seigneur, en parlant de la sorte, se conforme donc à la pensée des Juifs, et voici le sens qu'il faut donner à ses paroles : « Si je me rends témoignage à moi-même, mon témoignage n'est point véritable, » d'après ce que vous pensez. Il savait bien que le témoignage qu'il rendait de sa personne était véritable; mais, par condescendance pour les infirmes, pour les incrédules, pour les ignorants, le soleil

(1) Florus, dans son Commentaire sur le chapitre v de l'Epître aux Romains, cite ce sermon comme le XLIVe sur les paroles de l'Evangile, et, dans son Commentaire du chapitre v de l'Epître aux Galates, il le cite sous le titre de Sermon sur les paroles de l'Apôtre.

vides favillam, vides ossa : in utero matris tuæ nihil erat. Hoc vides, vel favilla sunt, vel ossa sunt : tu ante quam esses, nec favilla erat, nec ossa erant : et tamen factus es, cum omnino non esses : et non credis, quia ossa ista (quoquo modo sunt, qualiacumque sunt, sunt tamen), recipient formam quam habebant, cum tu acceperis quod non habebas? Crede : quia si credideris hoc, tunc suscitabitur anima tua. Et si suscitabitur anima tua (*a*) nunc : « Veniet hora, et nunc est : » tunc bono tuo resurget caro tua, quando veniet hora, ut omnes qui sunt in monumentis, audiant vocem ejus, et prodeant. Non enim quia audis et prodis, jam gaudere debes : audi quod sequitur : « Qui bona egerunt, in resurrectionem vitæ : qui autem mala egerunt, in resurrectionem judicii. » (*Ibid.*, XXIX.) Conversi ad Dominum, etc.

SERMO CXXVIII [b].

De verbis Evangelii Joan., v : *Si ego testimonium perhibeo de me,* etc.; deque verbis Apostoli, Gal., v : *Spiritu ambulate, et concupiscentias carnis ne perfeceritis. Caro enim concupiscit,* etc.

CAPUT PRIMUM. — *Testimonium Christi etiam de se ipso quam verum sit.* — 1. Audivimus verba sancti Evangelii ; et hoc potest aliquem permovere, quod ait Dominus Jesus : « Si ego testimonium perhibeo de me, testimonium meum non est verum. » (*Joan.*, v, 31.) Quomodo ergo non est verum testimonium veritatis? Nonne ipse est qui dixit : Ego sum via, et veritas, et vita? (*Joan.*, XIV, 6.) Cui ergo credendum est, si veritati non est credendum? Profecto enim non vult credere nisi falsitati, qui non eligit credere veritati. Dictum est ergo hoc secundum ipsos, ut sic intelligas, et ex his verbis hunc sensum concipias :

(*a*) Sic plures Mss. Editi autem, *anima tua :* tunc veniet (aut *venit*) *hora.* — (*b*) Alias XLIII, de verbis Domini.

cherchait un flambeau, car leurs yeux malades ne pouvaient supporter l'éclat du soleil.

2. Il eut donc recours à Jean, pour qu'il rendît témoignage à la vérité, et vous avez entendu ce qu'il en dit : « Vous avez envoyé vers Jean; il était une lampe ardente et brillante, et pour un peu de temps, vous avez voulu vous réjouir à sa lumière. » (*Jean*, v, 33, 35.) Ce flambeau a été préparé pour leur confusion, et c'est de lui que le Psalmiste disait si longtemps auparavant : « J'ai préparé un flambeau à mon Christ. » (*Ps.* cxxxi, 17.) Qu'a besoin le soleil d'un flambeau? « Je couvrirai ses ennemis de confusion, mais sur lui éclatera la gloire de ma sainteté. » Or, les Juifs furent, en effet, couverts de confusion par Jean-Baptiste lui-même, dans une circonstance où ils firent cette question à Notre-Seigneur : « Dites-nous par quelle autorité vous faites ces choses. Jésus leur répondit : Je vous interrogerai moi-même sur une seule chose; répondez-moi : Le baptême de Jean était-il du ciel ou des hommes? Les Juifs ne répondirent rien à cette question; car ils se dirent aussitôt en eux-mêmes: Si nous répondons: des hommes, tout le peuple nous lapidera; car ils sont persuadés que Jean était un prophète. Mais si nous répondons : du ciel, il nous dira : « Pourquoi donc n'y avez-vous pas cru? » (*Luc*, xx, 4, etc.) En effet, Jean avait rendu témoignage au Christ. Ils se trouvèrent ainsi pressés dans leurs cœurs par leurs questions et pris dans leurs propres filets; et ils répondirent : « Nous ne savons pas. » Les ténèbres pouvaient-ils répondre autrement? Que l'homme dise : Je ne sais pas, quand réellement il ne sait pas, rien de plus juste. Mais dire : Je ne sais pas, quand on sait fort bien, c'est déposer contre soi-même. Les Juifs connaissaient parfaitement l'excellence de Jean, et savaient que son baptême était du ciel, mais ils ne voulaient pas croire à Celui à qui Jean avait rendu témoignage. Aussi, dès qu'ils eurent fait cette réponse : « Nous ne savons pas, » Jésus leur dit : « Et moi, je ne vous dirai pas non plus par quelle autorité je fais ces choses. » Ils furent donc confondus, et ainsi s'accomplit cette prédiction : « J'ai préparé un flambeau à mon Christ; je couvrirai ses ennemis de confusion. »

Chapitre II. — *Jésus-Christ se rend témoignage à lui-même dans la personne des martyrs.* — 3. Est-ce que les martyrs ne sont pas eux-mêmes les témoins du Christ? Est-ce qu'ils ne rendent pas témoignage à la vérité? Si nous voulons y réfléchir sérieusement, nous verrons que, lorsque les martyrs rendent témoignage au Christ, c'est lui-même qui se rend témoignage; car il habite dans les martyrs pour leur faire rendre témoignage à la vérité. Ecoutez un des martyrs, écoutez l'apôtre saint Paul : « Est-ce

---

« Si ego testimonium perhibeo de me, testimonium meum non est verum, » id est, sicut putatis. Ille enim noverat verum esse de se testimonium suum : sed propter infirmos, propter incredulos, propter non intelligentes, sol lucernam quærebat. Fulgorem quippe solis lippitudo eorum ferre non poterat.

2. Ideo quæsitus est Joannes, qui testimonium perhiberet veritati : et audistis quid ait : « Vos venistis ad Joannem. Ille erat lucerna ardens et lucens, et vos voluistis exultare ad horam in lumine ejus. » (*Joan.*, 33, 35.) Lucerna ista ad illorum confusionem parata est, quia de hoc dictum est ante tantum tempus in Psalmis: « Paravi lucernam Christo meo. » (*Psal.* cxxxi, 17.) Ut quid lucernam soli? « Inimicos ejus induam confusione : super ipsum autem florebit sanctificatio mea. » Denique hinc sunt confusi quodam loco per ipsum Joannem, quando dixerunt Domino Judæi : In qua potestate ista facis? Dic nobis. Quibus respondit : « Dicite mihi et vos, Baptismum Joannis de cœlo est, an ex hominibus? » Audierunt, et tacuerunt. « Cogitaverunt enim apud se cito : Si dixerimus : ab hominibus, lapidabit nos populus, quia prophetam habent Joannem. Si dixerimus : de cœlo ; dicturus est nobis : Quare ergo non credidistis ei? » (*Luc.*, xx, 4, etc.) Quia Joannes perhibuit Christo testimonium. Angustati in cordibus suis quæstionibus suis, et illaqueati laqueis suis, responderunt : Nescimus. Quæ potuit alia vox esse tenebrarum? Rectum est quidem homini, ut quando nescit, dicat: Nescio. Quando autem scit, et dicit: Nescio, testis est contra se. Utique noverant excellentiam Joannis, et quia de cœlo erat baptismum ejus : sed nolebant acquiescere cui testimonium perhibuit Joannes. At ubi dixerunt : Nescimus : respondit eis Jesus : « Nec ego dicam vobis in qua potestate ista facio? » Et confusi sunt, et impletum est : « Paravi lucernam Christo meo, inimicos ejus induam confusione. »

Caput II. — *In Martyribus Christus sibi ipse perhibet testimonium.* — 3. Martyres nonne testes sunt Christi, et testimonium perhibent veritati? Sed si diligentius cogitemus, quando illi Martyres perhibent testimonium, ipse sibi perhibet testimonium. Ipse enim habitat in Martyribus, ut perhibeant testimonium veritati. Audi unum ex Martyribus, ipsum apostolum Paulum : Numquid experimentum vultis accipere ejus, qui in me loquitur Christus? (II *Cor.*,

que vous voulez, dit-il, éprouver la puissance de Jésus-Christ qui parle par ma bouche? » (II *Cor.*, XIII, 3.) Ainsi donc, dans le témoignage de Jean, Jésus-Christ lui-même, qui habite en lui, se rend témoignage. Que ce témoignage vienne de Pierre, qu'il vienne de Paul, qu'il vienne des autres apôtres, qu'il vienne d'Etienne, c'est toujours le Christ qui se rend témoignage, parce qu'il habite en eux tous. Il est Dieu sans avoir besoin d'eux ; mais sans lui que sont-ils ?

4. Il est écrit de lui : « Il est monté au plus haut des cieux, traînant après lui la captivité captive ; il a comblé les hommes de ses dons. » (*Ps.* LXVII, 19; *Ephés.*, IV, 8.) Qu'est-ce à dire qu'il a rendu la captivité captive ? Il a triomphé de la mort. Le démon avait été l'auteur de sa mort, et la mort de Jésus-Christ a réduit le démon en captivité. Il est monté sur les hauteurs. Connaissons-nous rien de plus élevé que le ciel? Or, c'est en présence de ses disciples qu'il est monté au ciel. (*Act.*, I, 9.) Nous le savons, nous le croyons, nous le confessons. « Il a comblé les hommes de ses dons. » Quels sont ces dons? L'Esprit saint. Celui qui fait aux hommes un si magnifique présent, que n'est-il pas lui-même? Que la miséricorde de Dieu est grande ! le don qu'il nous fait est égal à lui-même, parce que ce don c'est l'Esprit saint, et que le Père, le Fils, le Saint-Esprit, c'est-à-dire la Trinité, ne sont qu'un seul Dieu. Or, quelle grâce nous a donnée l'Esprit saint à son tour? Ecoutez l'Apôtre : « La charité de Dieu, dit-il, a été répandue dans nos cœurs. » (*Rom.*, V, 5.) Et comment, ô pauvre mendiant, la charité a-t-elle été répandue dans votre cœur? Comment, ou par qui a-t-elle pu se répandre dans le cœur de l'homme? Nous portons ce trésor, dit l'Apôtre, dans des vases de terre. » (II *Cor.*, IV, 7.) Pourquoi dans des vases de terre? Afin que ce qu'il a de sublime soit de la vertu de Dieu. Aussi après avoir dit : La charité de Dieu est répandue dans nos cœurs, il ne veut pas laisser croire que c'est à ses propres efforts que chacun doit d'aimer Dieu, et il ajoute aussitôt : « Par l'Esprit saint qui nous a été donné. »

CHAPITRE III. — *La lutte de l'esprit et de la chair.* — Si donc vous voulez aimer Dieu, il faut que Dieu habite en vous, et qu'il s'aime par vous, c'est-à-dire qu'il vous suggère de l'aimer, qu'il vous enflamme, qu'il vous éclaire, qu'il vous excite.

5. En effet, nous avons à soutenir une lutte jusque dans notre corps; tant que nous vivons, il nous faut combattre, et tant que dure ce combat, nous sommes en danger; mais parmi tous ces maux, nous triomphons par celui qui nous a aimés. (*Rom.*, VIII, 37.) Vous avez entendu l'Apôtre vous décrire, il n'y a qu'un instant, ce combat. « Toute la loi, nous dit-il, est renfermée dans ce seul précepte : Vous aimerez votre pro-

---

XIII, 3.) Dum perhibet ergo testimonium Joannes, Christus sibi perhibet testimonium, qui habitat in Joanne. Perhibeat testimonium Petrus, perhibeat Paulus, perhibeant cæteri Apostoli, perhibeat Stephanus, ipse sibi perhibet testimonium, qui habitat in omnibus. Ipse enim sine illis Deus est; illi sine illo quid sunt?

4. De ipso dictum est : Ascendit in altum, captivavit captivitatem, dedit dona hominibus. (*Psal.* LXVII, 19; *Ephes.*, IV, 8.) Quid est, captivavit captivitatem? Vicit mortem. Quid est, captivavit captivitatem ? Mortem procuravit diabolus, et ipse diabolus de morte Christi est captivatus. Ascendit in altum. Quid altius cœlo novimus ? Evidenter et ante oculos discipulorum suorum ascendit in cœlum. (*Act.*, I, 9.) Hoc scimus, hoc credimus, hoc fatemur. Dedit dona hominibus. Quæ dona ? Spiritum sanctum. Qui tale dat donum, qualis ipse est ? Maria est enim misericordia Dei : donum dat æquale sibi ; quia donum ejus Spiritus sanctus est, et unus Deus tota Trinitas, Pater, et Filius, et Spiritus sanctus. Quid nobis præstitit Spiritus sanctus? Apostolum audi : Caritas Dei, inquit, diffusa est in cordibus nostris. (*Rom.*, V, 5.) Unde tibi, o mendice, caritas Dei diffusa est in corde tuo ? Quid, aut in quo caritas Dei diffusa est in corde humano ? Habemus, inquit, thesaurum istum in vasis fictilibus. (II *Cor.*, IV, 7.) Quare in vasis fictilibus ? Ut eminentia virtutis sit Dei. Denique cum dixisset : Caritas Dei diffusa est in cordibus nostris, ne putaret quisque a se sibi esse quod diligit Deum, continuo addidit : per Spiritum sanctum, qui datus est nobis.

CAPUT III. *Lucta animæ et carnis.* — Ut ergo ames Deum, habitet in te Deus, et amet se de te, id est, ad amorem suum moveat te, accendat te, illuminet te, excitet te.

5. Lucta est enim in isto corpore : quamdiu vivimus, pugnamus ; quamdiu pugnamus, periclitamur ; sed in his omnibus superamus, per eum qui dilexit nos. (*Rom.*, VIII, 37.) Pugnam nostram, modo cum Apostolus legeretur, audistis. « Omnis, inquit, Lex in uno sermone impletur, in eo quod est : Diliges proximum tuum sicut te ipsum. » *Gal.*, V, 14.) Ista dilectio de

chain comme vous-même. » (*Gal.*, v, 14.) Cette charité a pour principe l'Esprit saint. « Vous aimerez votre prochain comme vous-même. » Examinez donc tout d'abord si vous savez vous aimer vous-même; et je vous dirai ensuite : Voici votre prochain, que vous devez aimer comme vous-même. Mais si vous ne savez pas encore vous aimer, je crains beaucoup que vous ne trompiez votre prochain, comme vous vous trompez vous-même. En effet, si vous aimez l'iniquité, vous ne vous aimez pas vous-même, au témoignage du Roi-Prophète : « Celui qui aime l'iniquité hait son âme. » (*Ps.* x, 6.) Or, si vous haïssez votre âme, que vous sert-il d'aimer votre corps? Votre corps ressuscitera, mais pour le supplice de votre âme. Il faut donc tout d'abord aimer votre âme pour la soumettre à Dieu, afin que l'ordre soit maintenu par cette subordination de l'âme à Dieu, et du corps à l'âme. Voulez-vous que votre corps soit soumis à votre âme? Commencez par soumettre votre âme à Dieu. Il faut que vous soyez gouverné, afin de pouvoir gouverner vous-même; car cette lutte est pleine de dangers, et, si votre guide vous abandonne, votre perte est assurée.

CHAPITRE IV. — *Comment l'Apôtre décrit ce combat de la chair et de l'esprit.* — 6. En quoi donc consiste cette lutte? « Si vous vous déchirez et vous dévorez les uns les autres, prenez garde que vous ne vous détruisiez les uns les autres. Or, je vous dis : Conduisez-vous selon l'Esprit. » Je vous cite les paroles de l'Apôtre qu'on vient de vous lire dans son épître : « Or, je vous dis : Conduisez-vous selon l'Esprit, et n'accomplissez point les désirs de la chair. » (*Gal.*, v, 15, 16.) Je vous dis : « Conduisez-vous selon l'Esprit, et n'accomplissez point les désirs de la chair. » Il ne dit pas : N'ayez point, ni même : Ne faites pas, mais : « N'accomplissez pas les désirs de la chair. » Comment cela peut-il se faire? je vais vous le dire, avec le secours du Seigneur; donnez-moi votre attention, pour que vous puissiez comprendre si vous êtes vraiment conduits par l'Esprit. Continuons; peut-être ce qu'il y a ici d'obscur pourra s'éclaircir à l'aide des paroles qui suivent. Je vous ai fait observer que ce n'est pas sans raison que l'Apôtre n'a pas voulu dire : N'ayez point, ou du moins : Ne ressentez point les concupiscences de la chair; mais : « N'accomplissez point les concupiscences de la chair. » Telle est la guerre à laquelle il nous appelle; voilà le combat qu'il nous faut livrer, si nous sommes enrôlés au service de Dieu. Quelles sont donc ces paroles qui suivent : « Car la chair a des désirs contraires à ceux de l'esprit, et l'esprit en a de contraires à ceux de la chair, et ils sont opposés l'un à l'autre, de sorte que vous ne faites pas les choses que vous voudriez ? » (*Ibid.*, 17.)

Spiritu sancto est. « Diliges proximum tuum sicut te ipsum. » Prius vide si jam nosti diligere te ipsum : et committo tibi proximum, quem diligas sicut te ipsum. Si autem nondum nosti diligere te, timeo ne decipias proximum tuum sicut te. Si enim amas iniquitatem, non diligis te. Psalmus testis est : Qui autem diligit iniquitatem, odit animam suam. (*Psal.* x, 6.) Si autem odisti animam tuam, quid tibi prodest quia diligis carnem tuam? Si odisti animam tuam, et diligis carnem tuam, resurget caro tua, sed ut torqueatur (*a*) anima tua. Ergo prius anima diligenda est, quæ Deo subdenda est, ut ordinem suum servitus ista custodiat, anima Deo, animæ caro. Vis serviat caro tua animæ tuæ? Deo serviat anima tua. Debes regi, ut possis regere. Nam lucta ista tam periculosa est, ut si dimiserit rector, ruina sequatur.

CAPUT IV. — *Apostolus de pugna carnis et Spiritus.* 6. Quæ lucta? « Si autem mordetis et comeditis invicem, videte ne ab invicem consumamini. Dico autem : Spiritu ambulate. » Apostoli verba dico, quæ modo recitata sunt de epistola ipsius : « Dico autem : Spiritu ambulate, et concupiscentias carnis neperfeceritis. (*Gal.*, v, 15, 16.) Dico autem : Spiritu ambulate, et concupiscentias carnis ; » non dixit : ne habueritis ; neque hoc dixit : ne feceritis ; sed, « ne perfeceritis. » Quid sit autem hoc, adjuvante Domino, dicam ut potero : adéstote, ut intelligatis, si spiritu ambulatis. « Dico autem : Spiritu ambulate, et concupiscentias carnis ne perfeceritis. » Sequatur : ne forte aliquid, ut hoc quod hic obscurum est, in ejus sequentibus verbis facilius possit intelligi. Dixi enim, non frustra Apostolum voluisse dicere : Concupiscentias carnis ne habueritis : neque hoc saltem voluisse dicere : Concupiscentias carnis ne feceritis : sed dixisse : « Concupiscentias carnis ne perfeceritis. » Ipsam nobis luctam proposuit. In hoc prælio versamur, si Deo militamus. Quid ergo sequitur? « Caro enim concupiscit adversus spiritum, spiritus autem adversus carnem. Hæc enim invicem adversantur, ut non ea quæ vultis, faciatis. (*Ibid.*, 17.) Hoc si non intelligatur, periculosissime auditur. Ideo sollicitus ne

(*a*) Fossatensis vetus codex, *cum anima tua.*

Or, il est très-dangereux d'entendre ces paroles, si on ne les comprend pas. Aussi, dans la crainte qu'une fausse interprétation ne soit cause de votre perte, j'ai entrepris, avec le secours du Seigneur, d'expliquer à votre sainteté ces paroles de l'Apôtre. Nous avons le temps, nous avons commencé ce matin, l'heure du repas ne nous presse pas, et c'est dans ce jour, c'est-à-dire le samedi, que nous voyons ici en plus grand nombre les chrétiens affamés de la parole de Dieu. Ecoutez donc avec attention, je vais vous donner cette explication avec tout le soin possible.

CHAPITRE V. — *L'Apôtre mal compris. Le devoir du pasteur est d'expliquer les endroits difficiles de l'Ecriture. Dans le combat intérieur que nous avons à soutenir, l'esprit ne doit point être vaincu par la chair.* — 7. Quelle est donc ma pensée lorsque je vous ai dit : Il est dangereux d'entendre ces paroles, si on ne les comprend pas? Combien en est-il qui, vaincus par les damnables convoitises de la chair, se livrent à tous les vices, à tous les crimes, et se roulent dans le bourbier des plus infâmes passions, que la pudeur défend même de nommer, et qui s'appuient sur ces paroles de l'Apôtre? Voyez, disent-ils, comment s'exprime l'Apôtre : « De sorte que vous ne fassiez pas les choses que vous voudriez. » Je ne veux pas faire le mal, j'y suis forcé, j'y suis contraint, je suis vaincu, je fais ce que je ne voudrais pas faire, comme le dit ailleurs l'Apôtre. (*Rom.*, VII, 19.) « La chair a des désirs contraires à ceux de l'esprit, et l'esprit en a de contraires à ceux de la chair, de sorte que vous ne fassiez pas les choses que vous voudriez. » Vous voyez les dangers d'une fausse interprétation. Vous voyez que le devoir du pasteur est d'ouvrir ces fontaines cachées, et de donner à ses brebis une eau pure et limpide pour les désaltérer.

8. Ne vous laissez donc point vaincre dans le combat. Considérez la nature de la guerre, du combat, de la lutte qu'il vous appelle à soutenir : c'est à l'intérieur, au dedans de vous-même. « La chair a des désirs contraires à ceux de l'esprit. » Si l'esprit ne convoite pas à son tour contre la chair, livrez-vous à l'adultère. Mais si l'esprit a des désirs contraires à ceux de la chair, je vois la lutte, je ne vois pas que vous soyez nécessairement vaincu, je ne vois qu'un combat. La chair convoite contre l'esprit, l'adultère a pour lui l'attrait du plaisir, je l'avoue ; mais l'esprit convoite contre la chair, et la chasteté a aussi des charmes. Il faut donc que l'esprit triomphe de la chair, ou du moins qu'il ne se laisse pas vaincre par la chair. L'adultère cherche les ténèbres, la chasteté se plaît au grand jour. Vivez comme vous voulez être connu ; ne faites en dehors des regards des hommes que ce que vous voudriez qu'ils connaissent ; car celui qui vous a créé vous voit jusque dans les ténèbres. Pourquoi ces louanges publiques et unanimes données à la chasteté ? Pourquoi les

male homines intelligendo pereant, suscepi hæc verba Apostoli, adjuvante Domino, exponere Vestræ Caritati. Vacat nobis, matutina cœpimus, ora prandii non urget : ad istum diem, id est sabbatum, maxime hi assolent convenire, qui esuriunt verbum Dei. Audite, et attendite; dicam quantum potero diligenter.

CAPUT V. — *Apostolus male intellectus. Officium Pastoris, explanare difficiles locos Scripturæ. Pugna interior sic gerenda, ut spiritus non vincatur a carne.* — 7. Quid est hoc ergo quod dixi : Periculose auditur, si non intelligitur? Multi concupiscentiis carnalibus et damnabilibus victi committunt quæque facinora atque flagitia, et immunditiis tam pessimis volutantur, quæ turpe est etiam dicere, et dicunt sibi ista verba Apostoli. Vide quid dixit Apostolus : « Ut non ea quæ vultis, illa faciatis. » *(Rom.*, VII, 19.) Nolo facere, cogor, compellor, vincor, facio quæ nolo, sicut ait Apostolus. « Quia caro concupiscit adversus spiritum, spiritus autem adversus carnem, ut non ea quæ vultis, illa faciatis. » Videtis quam periculose auditur, si non intelligitur. Videtis quemadmodum pertineat ad officium pastoris, opertos fontes aperire, et aquam puram, innoxiam, sitientibus ovibus ministrare.

8. Noli ergo vinci, quando pugnas. Videte quale bellum proposuit, qualem pugnam, qualem rixam, intus, intra te ipsum. « Caro concupiscit adversus spiritum. » Si non concupiscit et spiritus adversus carnem, fac adulterium. Si autem spiritus concupiscit adversus carnem, luctam video, victum non video, pugna est. « Concupiscit caro adversus spiritum ; » delectat adulterium. Fateor quia delectat. Sed « spiritus concupiscit adversus carnem » : delectat et castitas. Ergo vincat spiritus carnem : aut certe non vincatur a carne. Adulterium tenebras quærit, castitas lucem desiderat. Quomodo vis innotescere, sic vive : quomodo vis hominibus innotescere, etiam præter oculos hominum sic vive ; quoniam qui fecit te, et in tenebris videt te. Quare laudatur castitas publice ab

adultères eux-mêmes n'osent-ils faire l'éloge de l'adultère? « Celui donc qui accomplit la vérité vient à la lumière. » (*Jean*, III, 21.)

Chapitre VI. — Mais le plaisir de l'adultère nous entraîne; résistez à ce plaisir, combattez, luttez contre cet attrait. Vous ne pouvez pas dire que ce combat vous soit impossible. Votre Dieu est au dedans de vous, l'Esprit qui est le principe de tout bien vous a été donné. Et cependant, la chair a le pouvoir de convoiter contre l'esprit par des suggestions coupables et des plaisirs trop naturels. Faites ce que dit l'Apôtre : « Que le péché ne règne pas dans votre corps mortel. » (*Rom.*, VI, 12.) Il ne dit point : Que le péché ne soit point dans votre corps; il n'y est que trop. Il donne à la concupiscence le nom de péché, parce qu'elle est une suite du péché. Dans le paradis, la chair ne convoitait point contre l'esprit, ce combat n'existait pas dans ce séjour où la paix régnait sans trouble. Mais après le péché, lorsque l'homme eut refusé d'obéir à Dieu, il fut livré à lui-même, sans toutefois que la triste puissance qui lui était laissée pût le rendre maître de lui-même; il devint l'esclave de celui qui l'avait séduit, et la chair commença à convoiter contre l'esprit. Or, c'est dans les bons qu'elle combat contre l'esprit; car dans les méchants, ce combat n'a pas de raison d'être. La chair convoite contre l'esprit, là où se trouve l'Esprit.

C'est à l'Esprit saint qui est en nous de combattre contre les convoitises de la chair. — 9. Lorsque vous entendez dire à l'Apôtre : « La chair convoite contre l'esprit, et l'esprit contre la chair, » ne croyez pas qu'il veuille seulement parler de l'esprit de l'homme. C'est l'Esprit de Dieu qui combat en vous contre vous, ou plutôt contre ce qui est en vous contre vous. Vous n'avez pas voulu rester debout avec le Seigneur, vous êtes tombé et vous vous êtes brisé, comme un vase qui s'échappe de la main et qui se brise en tombant à terre. Or, c'est parce que vous vous êtes ainsi brisé, que vous êtes ennemi de vous-même, opposé à vous-même. N'ayez en vous aucun principe d'opposition, et vous n'aurez plus rien à craindre.

Chapitre VII. — Voulez-vous une preuve que tel est l'office de l'Esprit saint? écoutez ce que dit l'Apôtre dans un autre endroit : « Si vous vivez selon la chair, vous mourrez; mais si vous faites mourir par l'esprit les actes de la chair, vous vivrez. » (*Rom.*, VIII, 13.) A ces mots, l'orgueil de l'homme se relève, il croit pouvoir mortifier, par les seules forces de son esprit, les actes de la chair. « Si vous vivez selon la chair, vous mourrez; mais si vous faites mourir par l'esprit les actes de la chair, vous vivrez. » Expliquez-nous, grand Apôtre, quel est cet esprit. En effet, l'homme a un esprit qui lui est propre, en tant qu'il est homme; car l'homme est composé d'un

---

omnibus? Quare non laudant adulterium nec adulteri? Qui ergo quærit veritatem, venit ad lucem. (*Joan.*, III, 21.)

Caput VI. — Sed delectat adulterium. Contradicatur, resistatur, repugnetur. Non enim non habes unde pugnes. Deus tuus est in te, Spiritus bonus datus est tibi. Et tamen permittitur ipsa caro concupiscere adversus spiritum, suggestionibus pravis et delectationibus genuinis. Fiat quod ait Apostolus : Non regnet peccatum in vestro mortali corpore. (*Rom.*, VI, 12.) Non dixit : Non sit. Jam est ibi. Quod ideo peccatum vocatur, quia merito peccati contigit. Non enim in paradiso caro concupiscebat adversus spiritum, aut erat ibi ista pugna, ubi pax erat sola : sed facta transgressione, postea quam homo noluit servire Deo, et donatus est sibi; nec sic donatus sibi, ut possit saltem possidere se; sed ab eo possessus, a quo deceptus, cœpit caro concupiscere adversus spiritum. Et hoc in bonis concupiscit adversus spiritum, nam in malis non habet contra quem concupiscere. Ibi enim concupiscit adversus spiritum, ubi est Spiritus.

Pugnare contra carnis concupiscentias munus est Spiritus sancti in nobis. — 9. Quod enim ait : « Caro concupiscit adversus spiritum, et spiritus adversus carnem, » noli putare spiritui hominis tantum datum. Spiritus Dei est qui pugnat in te adversus te, adversus illud quod est in te contra te. Noluisti enim stare ad Dominum; cecidisti, fractus es; quomodo vas quando de manu hominis cadit in terram, fractus es. Et quia fractus es, ideo adversus es tibi, ideo es contra te. Nihil sit in te contra te, et integer stabis.

Caput VII. — Nam ut noveris ad Spiritum sanctum hoc officium pertinere, alio loco dicit Apostolus : « Si enim secundum carnem vixeritis, moriemini ; si autem spiritu facta carnis mortificaveritis, vivetis. » (*Rom.*, VIII, 13.) In his verbis jam extollebat se homo, quasi spiritu suo facta carnis possit mortificare. « Si secundum carnem vixeritis, moriemini ; si autem spiritu facta carnis mortificaveritis, vivetis. » Expone nobis, Apostole, quo spiritu. Habet enim et homo spiritum ad naturam propriam pertinentem,

corps et d'un esprit. C'est de cet esprit de l'homme qu'il est dit : « Qui connaît ce qui est dans l'homme, sinon l'esprit de l'homme qui est en lui ? » (I *Cor.*, II, 11.) Je vois donc l'homme avec un esprit propre à sa nature, et d'autre part, je vous entends dire : Si vous mortifiez par l'esprit les œuvres de la chair, vous vivrez. Quel est cet esprit, je vous le demande ? Est-ce mon esprit, ou l'Esprit de Dieu ? J'entends vos paroles, et je ne sais que penser. En effet, le mot esprit s'emploie non-seulement pour les hommes, mais pour les animaux, comme dans le livre de la Genèse, où nous lisons que le déluge fit mourir toute chair qui avait en elle l'esprit de vie. (*Gen.*, VI, 17; VII, 22.) Ainsi donc, le mot esprit est appliqué non-seulement à l'homme, mais aux animaux. Quelquefois même, on donne le nom d'esprit au vent, comme dans ce psaume : « Le feu, la grêle, la neige, la glace, l'esprit de tempête. » (*Ps.* CXLVIII, 8.) Or, parmi ces acceptions différentes du mot esprit, quel est, grand Apôtre, cet esprit par lequel nous devons mortifier les actes de la chair ? Est-ce par mon esprit, ou par celui de Dieu ? Ecoutez ce qui suit et vous le comprendrez ; les paroles qui suivent tranchent la question. Après avoir dit : « Mais si vous mortifiez par l'esprit les œuvres de la chair, vous vivrez, » il ajoute aussitôt : « Car tous ceux qui sont dirigés par l'Esprit de Dieu sont enfants de Dieu. » (*Rom.*, VIII, 13, 14.) Vous agissez nécessairement, si vous êtes dirigé, et vous vous portez vers le bien, si vous êtes dirigés par un bon principe. Si donc, en entendant l'Apôtre dire : « Mais si vous mortifiez par l'esprit les actes de la chair, vous vivrez, » vous ne savez de quel esprit il est question, reconnaissez, dans les paroles qui suivent, votre Maître ; reconnaissez votre Rédempteur, car c'est ce Rédempteur qui vous a donné son Esprit, pour que vous mortifiez par lui les œuvres de la chair (1); car tous ceux qui sont mus par l'Esprit de Dieu sont les enfants de Dieu. Ils ne peuvent être les enfants de Dieu qu'à la condition d'être animés de son Esprit. Or, s'ils sont mus par son Esprit, ils peuvent combattre en toute assurance, ils ont un puissant auxiliaire. Dieu ne nous regarde point, au milieu de ce combat, comme le peuple regarde les gladiateurs. Le peuple peut bien faire des vœux pour un gladiateur, mais s'il est en danger, il ne peut venir à son secours.

CHAPITRE VIII. — *Comment les saints ici-bas ne font pas ce qu'ils veulent.* — 10. C'est dans le même sens qu'il faut entendre ces paroles : « La chair a des désirs contraires à ceux de l'esprit, et l'esprit en a de contraires à ceux de la chair. » Et que signifient celles qui suivent : « De sorte que vous ne faites pas les choses que vous voudriez ? » C'est ici qu'une mauvaise interpré-

(1) Ici commençait, dans le tome IX, le *Traité du combat intérieur.*

---

quo homo est. Homo enim constat ex corpore et spiritu. Et de ipso spiritu hominis dictum est : Nemo scit quæ sunt hominis, nisi spiritus hominis qui in ipso est. (I *Cor.*, II, 11.) Video ergo et ipsum hominem habere spiritum suum pertinentem ad naturam uam, et audio te dicentem : Si autem spiritu facta carnis mortificaveritis, vivetis. Quæro quo spiritu meo, an Dei ? Audio enim verba tua, et adhuc ambiguitate promoveor. Spiritus enim cum dicitur, et hominis est aliquando, et pecoris spiritus dicitur sicut scriptum est, per diluvium mortuam esse omnem carnem, quæ habebat in se spiritum vitæ. (*Gen.*, VI, 7 ; VII, 22.) Ac per hoc et pecoris spiritus dicitur, et hominis spiritus dicitur. Aliquando et ventus spiritus dicitur, sicut habetur in Psalmo : Ignis, grando, nix, glacies, spiritus tempestatis. (*Psal.* CXLVIII, 8.) Cum ergo multis modis dicatur spiritus quo spiritu dixisti, o Apostole, facta carnis mortificanda : meo, an Dei ? Audi quod sequitur, et intellige. Sublata est quæstio sequentibus verbis. Cum enim dixisset : Si autem Spiritu facta carnis mortificaveritis, vivetis ; continuo addidit : Quotquot enim spiritu Dei aguntur, hi filii sunt Dei. (*Rom.*, VIII, 13, 14.) Agis, si agaris ; et bene agis, si a bono agaris. Ergo quod dixit tibi : Si spiritu facta carnis mortificaveritis, vivetis ; et ambiguum tibi erat de quo spiritu dixerat, in sequentibus verbis intellige præceptorem, agnosce Redemptorem. Etenim ille Redemptor tibi Spiritum dedit, quo mortifices facta carnis : Quotquot enim Spiritu Dei aguntur, hi filii sunt Dei. Non sunt filii Dei, si non aguntur Spiritu Dei. Si autem Spiritu Dei aguntur (*a*), pugnant : quia magnum habent adjutorem. Non enim Deus sic nos spectat pugnantes, quomodo spectat populus Venatores. Populi Venatori favere potest, periclitantem adjuvare non potest.

CAPUT VIII. — *Sancti hic non faciunt quæ volunt, quomodo.* — 10. Sic ergo et hic : « Caro concupiscit adversus spiritum, et spiritus adversus carnem. » Et quid est : « Ut non ea quæ vultis faciatis. » Hic enim periculum est mali intellectoris. Sit nunc officium

(*a*) Aliquot Mss. *pugnent.*

tation est dangereuse, et qu'un maître, quel qu'il soit, doit faire connaître le véritable sens de ces paroles : « De sorte que vous ne faites pas les choses que vous voulez. » Ecoutez, saints combattants; je m'adresse à ceux qui sont aux prises avec l'ennemi. Ceux qui soutiennent ce combat me comprendront, mais je ne serai pas compris de ceux qui ne le connaissent point. Celui qui combat, non-seulement me comprend, mais me prévient. Quel est le désir d'un homme chaste? C'est qu'il ne s'élève dans ses membres aucun mouvement contraire à la chasteté. Il voudrait la paix, mais il ne l'a pas encore. Lorsque nous serons arrivés à cet heureux séjour où nous ne ressentirons plus aucun mouvement, aucun désir mauvais, nous n'aurons plus d'ennemi à combattre ni de victoire à attendre, parce que nous aurons triomphé d'un ennemi déjà vaincu. Ecoutez comment l'Apôtre célèbre cette victoire : « Il faut que ce corps corruptible revête l'incorruptibilité, et que ce corps mortel revête l'immortalité. Et après que ce corps mortel aura revêtu l'immortalité, cette parole de l'Ecriture sera accomplie : La mort a été ensevelie dans la victoire. » (I *Cor.*, xv, 53, etc.) Ecoutez les chants des triomphateurs : « O mort, où est ta victoire? ô mort, où est ton aiguillon? » Tu m'as frappé, tu m'as blessé, tu m'as renversé, mais celui qui m'a créé a voulu être blessé pour moi. O mort! ô mort, oui, mon Créateur lui-même s'est soumis à tes blessures, et tu as été vaincu par sa mort. Et alors les triomphateurs répèteront : « O mort, où sont tes efforts? ô mort, où est ton aiguillon? »

Chapitre IX. — *L'homme voudrait ne plus ressentir les atteintes de la concupiscence, et il ne fait pas ce qu'il veut.* — 11. Mais pendant cette vie, où la chair convoite contre l'esprit et l'esprit contre la chair, c'est la lutte de la mort, et nous ne faisons pas ce que nous voulons. Pourquoi? Parce que nous voudrions ne ressentir en nous aucun mouvement de concupiscence, mais cela n'est pas possible. Que nous le voulions, que nous ne le voulions pas, elles sont en nous; elles nous charment, nous flattent, nous excitent, nous tourmentent et veulent dominer en nous. Nous les comprimons, mais nous ne pouvons les éteindre, tant que la chair aura des désirs contraires à ceux de l'esprit, et l'esprit des désirs contraires à ceux de la chair. Les ressentirons-nous encore après la mort? Non, sans doute. Dépouillé que vous serez de la chair, comment pourriez-vous en emporter avec vous les convoitises? Mais si vous avez bien combattu, vous entrerez dans le repos, repos qui sera pour vous un titre de récompense, et non de condamnation, et qui de là vous conduira au royaume éternel. Telle est donc notre condition pendant cette vie, mes frères. Nous-mêmes, qui avons vieilli dans ces combats, nous avons à lutter

---

qualiscumque expositoris. « Ut non ea quæ vultis, faciatis. » Attendite, sancti quicumque pugnatis. Præliantibus loquor. Intelligunt qui pugnant : non me intelligit qui non pugnat. Nam qui pugnat, non dico, intelligit me, sed prævenit me. Quid vult homo castus ? Ut nulla omnino surgat in membris ejus concupiscentia adversaria castitati. Pacem vult, sed nondum habet. Quando enim ad illud ventum fuerit, ubi nulla omnino exurgat concupiscentia adversanda, nullus erit hostis cum quo luctemur, nec exspectatur ibi victoria, quia de hoste jam victo triumphatur. Audi ipsam victoriam, ipso Apostolo dicente : « Oportet corruptibile hoc induere incorruptionem, et mortale hoc induere immortalitatem. Cum autem corruptibile hoc induerit incorruptionem, et mortale hoc induerit immortalitatem, tunc fiet sermo qui scriptus est : Absorpta est mors in victoriam. » Audi voces triumphantium : « Ubi est, mors, contentio tua? Ubi est, mors, aculeus tuus? » (I *Cor.*, xv, 53, etc.) Percussisti, vulnerasti, dejecisti : sed vulneratus est pro me, qui fecit me. O mors, o mors, vulneratus est pro me, qui fecit me, et de morte sua vicit te. Et tunc triumphantes dicturi sunt : « Ubi est, mors, contentio tua? Ubi est, mors, aculeus tuus? »

Caput IX. — *Vult homo non esse concupiscentias, nec facit quod vult* — 11. Modo autem, quando caro concupiscit adversus spiritum, et spiritus adversus carnem, contentio mortis est : non quod volumus facimus ; Quare ? Quia volumus ut nullæ sint concupiscentiæ, sed non possumus. Velimus, nolimus, habemus illas : velimus, nolimus, titillant, blandiuntur, stimulant, infestant, surgere volunt. Premunt, nondum exstinguuntur. Quamdiu caro concupiscit adversus spiritum, et spiritus adversus carnem. Numquid hoc etiam cum mortuus fuerit homo ? Absit. Deponis carnem, quomodo tecum trahis concupiscentias carnis ? Sed si bene pugnasti, reciperis ad quietem. De qua quiete coronandus es, non damnandus: ut postea perducaris ad regnum. Ergo quamdiu hic vivitur, Fratres, sic est, sic et nos qui senuimus in ista militia, minores quidem hostes habemus : sed

contre des ennemis moins puissants, mais il nous faut lutter encore. Nos ennemis sont comme fatigués eux-mêmes par l'âge, mais tout fatigués qu'ils sont, ils ne cessent de troubler, par tous les moyens possibles, le repos de notre vieillesse. Les jeunes gens ont à soutenir un combat plus vif; nous le connaissons, nous en avons soutenu le choc. « La chair convoite donc contre l'esprit, et l'esprit contre la chair, de sorte que vous ne faites pas les choses que vous voulez. » Que voulez-vous, en effet, ô saints, ô généreux combattants, courageux soldats du Christ? Que voulez-vous? Ne plus ressentir les atteintes des convoitises déréglées? C'est impossible. Faites donc la guerre et espérez la victoire; c'est ici le temps du combat. « La chair a des désirs contraires à ceux de l'esprit, et l'esprit en a de contraires à ceux de la chair, de sorte que vous ne faites pas les choses que vous voulez; » c'est-à-dire, qu'il n'y ait plus en vous aucune convoitise de la chair.

CHAPITRE X. — *Il faut combattre pour que le péché ne règne point en nous. Quelles sont nos armes.* — 12. Faites au moins ce que vous pouvez, et soyez fidèles à la recommandation que l'Apôtre vous fait dans un autre endroit, et que je vous ai déjà rappelée. « Que le péché ne règne point dans votre corps mortel, en sorte que vous obéissiez à ses convoitises. » (*Rom.*, VI, 12.) Voilà ce que je ne veux pas; de coupables désirs s'élèvent en vous, gardez-vous de leur obéir. Revêtez-vous de vos armes, prenez tout ce qui est nécessaire pour livrer combat. Les commandements de Dieu, voilà vos armes. Si vous prêtez une oreille docile à mes paroles, elles seront pour vous des armes. « Que le péché, dit l'Apôtre, ne règne pas dans votre corps mortel. » Tant que vous portez avec vous ce corps, le péché combat contre vous, mais du moins qu'il ne règne pas en vous. Qu'est-ce à dire qu'il ne règne pas en vous? Qu'il ne vous force pas d'obéir à ses désirs coupables. Et comment leur obéissez-vous? En abandonnant vos membres au péché, comme des instruments d'iniquité. Quoi de plus clair que les enseignements de ce docteur? Quelle explication voulez-vous que j'y ajoute? Faites ce que vous avez entendu. N'abandonnez point vos membres au péché comme des instruments d'iniquité. Dieu vous a donné par son Esprit le pouvoir de contenir vos membres sous sa loi. Une passion criminelle s'élève dans votre âme, retenez vos sens; que pourra faire cette passion? Contenez vos membres, ne les abandonnez point au péché comme des instruments d'iniquité; ne donnez point à votre adversaire des armes contre vous. Retenez vos pieds, pour qu'ils n'aillent pas dans les voies du crime. La convoitise se fait sentir, contenez vos membres, gardez vos mains de toute action mauvaise; vos yeux, pour les préserver de tout regard criminel; vos oreilles, pour qu'elles ne s'ouvrent point volontiers à des discours licencieux; gardez votre corps tout entier, gardez-en toutes les parties les plus nobles,

---

tamen etiam fatigati non cessant qualibuscumque motibus infestare senectutis quietem. Acrior pugna juvenum est : novimus eam, transivimus per eam. « Caro ergo concupiscit adversus spiritum, et spiritus adversus carnem ; ut non ea quæ vultis, faciatis. » Quid enim vultis, o sancti, o boni prœliatores, o fortes milites Christi ? quid vultis ? Ut non sint omnino concupiscentiæ malæ. Sed non potestis. Exercete bellum, sperate triumphum. Modo enim interim pugnatur. « Caro concupiscit adversus spiritum, et spiritus adversus carnem ; ut non ea quæ vultis, faciatis ; » id est, ut omnino nullæ sint concupiscentiæ carnis.

CAPUT X. — *Pugnandum ne regnet peccatum. Arma nostra.* — 12. Sed facite quod potestis ; quod ait ipse Apostolus alio loco, quod commemorare jam cœperam : Non regnet peccatum in vestro mortali corpore, ad obediendum desideriis ejus. (*Rom.*, VI, 12.) Ecce quod nolo ; mala desideria surgunt : sed noli obedire. Arma te, sume instrumenta bellorum. Præcepta Dei arma tua sunt. Si bene me audis, et ex eo quod loquor, armaris. Non, inquit, regnet peccatum in vestro mortali corpore. Quamdiu enim portatis mortale corpus, pugnat contra vos peccatum : sed non regnet. Quid est, non regnet? Id est, ad obediendum desideriis ejus. Si cœperitis obedire, regnat. Et quid est obedire, nisi ut exhibeatis membra vestra arma iniquitatis peccato? Nihil hoc doctore præclarius. Quid vis jam ut exponam tibi ? Fac quod audisti. Non exhibeas membra tua arma iniquitatis peccato. Dedit tibi Deus potestatem per Spiritum suum, ut membra tua teneas. Surgit libido, tene tu membra : quid factura est quæ surrexit : Tu tene membra : noli exhibere membra tua arma iniquitatis peccato : noli armare adversarium tuum contra te. Tene pedes, ne eant ad illicita. Libido surrexit, tene tu membra : tene tu manus ab omni scelere : tene tu oculos, ne male attendant : tene aures, ne

comme celles qui le sont moins. Que peut faire la passion? Elle peut bien vous faire sentir ses atteintes, mais elle ne peut pas vous vaincre, et à force de se soulever contre vous sans résultat, elle apprend à rester en repos.

Chapitre XI. — *Comment accomplit-on ce qu'exige la concupiscence.* — 13. Revenons donc aux paroles de l'Apôtre que je vous avais proposées comme renfermant quelque obscurité, et nous pourrons voir maintenant combien elles sont claires. Je vous avais fait observer que l'Apôtre n'a point dit : Conduisez-vous selon l'esprit, et n'ayez pas de convoitises charnelles; car il est nécessaire que nous les ressentions. Pourquoi donc n'a-t-il pas dit : Ne ressentez pas les convoitises de la chair? Parce que nous les ressentons trop réellement, puisqu'elles s'élèvent en nous. Convoiter c'est ressentir les atteintes de la convoitise. Mais l'Apôtre dit : « Ce n'est plus moi qui fais cela, c'est le péché qui habite en moi. » (*Rom.*, VII, 17.) Que devez-vous donc éviter? Sans aucun doute, c'est d'accomplir les désirs de la chair. Une passion criminelle s'est élevée dans votre âme, elle se fait sentir, elle vous parle; ne l'écoutez point. Elle s'enflamme au lieu de s'éteindre, et vous voudriez réprimer son ardeur. Oubliez-vous ces paroles : « En sorte que vous ne faites pas ce que vous voulez? » Ne lui abandonnez point vos membres. Qu'elle brûle sans aliments, elle finira par se consumer. C'est donc en vous que se font sentir les convoitises, il faut le reconnaître; c'est en vous qu'elles se produisent. Voilà pourquoi l'Apôtre dit : « Ne les accomplissez point. » Ne les accomplissez donc pas. Dès que vous avez résolu de les mettre à exécution, vous les accomplissez. Ainsi, vous formez le dessein de commettre un adultère, et si vous ne le commettez point, parce que le lieu ou l'occasion vous ont manqué, parce que la personne que vous avez convoitée a voulu rester chaste, votre désir n'en est pas moins accompli. Cette femme est restée chaste, et vous êtes un adultère. Pourquoi? Parce que vous avez accompli vos désirs criminels. Comment les avez-vous accomplis? Vous avez résolu dans votre cœur de commettre l'adultère. Si maintenant, ce qu'à Dieu ne plaise, vous le consommez par un acte extérieur, vous roulez dans les abîmes de la mort.

Chapitre XII. — *Les trois morts ressuscités par Jésus-Christ représentent trois degrés de pécheurs.* — 14. Notre-Seigneur Jésus-Christ a ressuscité dans la maison même la fille du chef de la Synagogue. Elle était encore dans l'intérieur de la maison, elle n'était point encore transportée dehors. (*Marc*, v.) C'est la figure de l'homme qui a conçu dans son cœur un dessein criminel; il est mort, mais il est encore dans l'intérieur. Mais s'il va jusqu'à faire servir ses membres à commettre ce crime, il est emporté dehors. Or, le Seigneur a ressuscité également le fils d'une veuve, au moment où on emportait

---

verba libidinis libenter audiant : tene totum corpus, tene latera, tene summa, tene ima. Quid facit libido? Surgere novit, vincere non novit. Surgendo assidue sine causa, discit et non surgere.

Caput XI. — *Concupiscentias perficere quid sit.* — 13. Redeamus ergo ad verba, quæ obscura de Apostolo proposueram, et plana jam esse videbimus. Hoc enim proposueram, quod non dixit Apostolus : Spiritu ambulate et concupiscentias carnis ne habueritis; quia necesse est ut habeamus illas. Quare ergo non dixit : Concupiscentias carnis ne feceritis? Quia facimus eas; concupiscimus enim. Ipsum concupiscere, facere est. Sed ait Apostolus. « Jam non ego operor illud, sed quod habitat in me peccatum. » (*Rom.*, VII, 17.) Ergo quid tibi cavendum est? Hoc sine dubio, ne perficias. Surrexit libido damnabilis, surrexit, suggessit : non audiatur. Ardet, non se compescit, et velles ut non arderet. Et ubi est : « Ut non ea quæ vultis, faciatis? » Noli dare membra. Ardeat sine causa, et consumit se. In te ergo fiunt ipsæ concupiscentiæ. Fatendum est, fiunt. Ideo dixit : « Ne perfeceritis. » Sed non perficiantur. Decrevisti facere, perfecisti. Perfecisti etenim, si decernas faciendum esse adulterium, et ideo non facias, quia locus non est inventus, quia opportunitas non datur, quia forte illa casta est, de qua videris esse commotus : ecce jam illa casta est, et tu adulter es. Quare? Quia perfecisti concupiscentiq. Quid est, perfecisti? In animo tuo faciendum esse adulterium decrevisti. Jam, quod absit, si et membra fuerint operata, in mortem devolutus es.

Caput XII. — *In tribus mortuis a Christo suscitatis tres peccatorum gradus.* — 14. Suscitavit Christus mortuam in domo filiam Archisynagogi. In domo erat, elata nondum erat. (*Marc.*, v.) Sic est homo qui flagitium decrevit in corde : mortuus est, sed intus jacet. Si autem usque ad membrorum perpetrationem pervenerit, elatus est foras. Sed et juvenem filium viduæ suscitavit Dominus, quando extra portam civitatis mortuus efferebatur. (*Luc.*, VII.) Sic ergo

son cadavre en dehors des portes de la ville. (*Luc*, VII.) J'ose donc le dire : Si, après avoir conçu dans votre cœur un mauvais désir, le repentir vous empêche d'aller jusqu'à l'acte du crime, vous serez guéri avant de l'avoir commis. Oui; si vous vous repentez intérieurement d'avoir consenti à un dessein mauvais, criminel, honteux et inexcusable, vous vous ressuscitez intérieurement sur le lieu même de votre chute et de votre mort. Mais si vous accomplissez ce mauvais dessein, vous êtes ce cadavre qu'on emporte dehors. Et toutefois écoutez cette voie qui vous dit : Jeune homme, c'est moi qui vous l'ordonne, levez-vous. Lors même donc que le crime est commis, repentez-vous, hâtez-vous de revenir, et ne descendez point dans le tombeau. Je vois enfin un troisième mort qui était enseveli dans le tombeau. C'est le pécheur sur qui pèse le poids de l'habitude, et qui est comme accablé sous un monceau de terre. Il s'est laissé longtemps entraîner à ses inclinations criminelles, et une trop longue habitude devient pour lui comme un poids qui l'écrase. Cependant Jésus lui crie : « Lazare, sortez dehors; » (*Jean*, XI) car ce pécheur, corrompu par ses mauvaises habitudes, exhale déjà une odeur infecte. C'est donc avec raison que non-seulement le Sauveur crie, mais qu'il crie d'une voix forte. Ce cri ressuscite à la vie même ces pécheurs qui, déjà morts et ensevelis, exhalent la corruption du tombeau. Il ne faut désespérer d'aucun mort avec une telle puissance de résurrection. Tournons-nous vers le Seigneur, etc.

SERMON CXXIX [1].

Sur ces paroles du chapitre V de saint Jean : *Scrutez les Ecritures, puisque vous croyez avoir en elles la vie éternelle*, etc. Contre les donatistes.

CHAPITRE PREMIER. — *Explication de la lecture de l'Evangile.* — 1. Que votre charité veuille bien réfléchir sur la lecture de l'Evangile qui vient de retentir à vos oreilles, pendant que je vous donnerai les courtes explications que le Seigneur m'inspire. Notre-Seigneur parlait aux Juifs et il leur disait : « Scrutez les Ecritures, puisque vous croyez avoir en elles la vie éternelle; ce sont elles qui rendent témoignage de moi. » (*Jean*, V, 39.) Et un peu plus loin : « Je suis venu, leur dit-il, au nom de mon Père, et vous ne me recevez point; si un autre vient en son propre nom, vous le recevrez. » (*Ibid.*, 43.) Et il continue : « Comment pouvez-vous croire, vous qui aimez à recevoir la gloire les uns des autres, et ne cherchez point la gloire qui vient de Dieu seul ? » (*Ibid.*, 44.) Il termine en leur

---

(1) Florus cite ce sermon dans son Commentaire sur l'Epître aux Romains, chap. X.

---

audeo quid dicere : Decrevisti in corde tuo, si te revocaveris ab actu tuo, sanatus eris ante quam perpetres. Si enim egeris in corde tuo pœnitentiam, quia rem malam, et scelestam, et flagitiosam damnabilemque decreveras; ibi ubi mortuus jacebas intus, sic intus surrexisti. Si autem perfeceris, jam foras elatus es ; sed habes qui tibi dicat : Juvenis, tibi dico, surge. Etiamsi perpetrasti, pœniteat te, de proximo redi : noli in sepulcrum venire. Sed et hic mihi tertius mortuus est, qui etiam perductus est ad sepulcrum. Jam supra se habet consuetudinis pondus, moles eum terrena multum premit. Multum enim exercitatus est in flagitiis, consuetudine sua nimia prægravatur. Clamat et Christus : Lazare, prodi foras. (*Joan.*, XI.) Homo enim pessimæ consuetudinis jam putet. Merito ibi Christus clamavit, nec solum clamavit, sed magna voce clamavit. Ad Christi enim clamorem etiam tales, licet mortui, licet sepulti, licet putentes, resurgent tamen et ipsi, resurgent. De nullo enim jacente desperandum est sub tali suscitatore. Conversi ad Dominum, etc.

(a) Alias XLV, de verbis Domini.

SERMO CXXIX [a].

De verbis Evangelii Joan., V : *Scrutamini Scripturas, in quibus putatis vos vitam æternam habere*, etc. Contra Donatistas.

CAPUT PRIMUM. — *Evangelicæ lectionis expositio.* — 1. Ad Evangelicam lectionem, quæ recens sonuit in auribus nostris, advertat Caritas Vestra, dum pauca loquimur quæ Dominus donat. Ad Judæos Dominus loquebatur Jesus, et dicebat eis : « Scrutamini Scripturas, in quibus putatis vos vitam æternam habere, ipsæ testimonium perhibent de me. » (*Joan.*, V, 39.) Deinde post paululum : « Ego, inquit, veni in nomine Patris mei, et non accepistis me : si alius venerit in nomine suo, illum accipietis. » (*Ibid.*, 43.) Deinde post paululum : « Quomodo potestis mihi credere, gloriam ab invicem exspectantes, et gloriam quæ a Deo solo est non quærentes ? » (*Ibid.*, 44.) Ad extremum ait : « Non ego vos accuso apud Patrem : est qui vos accusat Moises, in quem vos speratis. Si enim crederetis Moisi, crederetis forsitan et mihi :

disant : « Ne pensez point que ce soit moi qui vous accuserai devant le Père; Moïse, en qui vous espérez, est celui qui vous accuse. Si vous croyiez à Moïse, vous croiriez aussi à moi; car c'est de moi qu'il a écrit. Mais si vous ne croyez point à ses paroles, comment croirez-vous ce que je vous dis ? » (*Ibid.*, 45-47.) Voilà les enseignements que Dieu nous propose par la bouche du lecteur; mais, par le ministère du Sauveur, écoutez les quelques explications que je vais vous en donner; pesez-les, ne les comptez pas.

CHAPITRE II. — *Les paroles que Jésus-Christ adressait à ses disciples, il nous les adresse également.* — 2. Il est facile sans doute d'appliquer toutes ces paroles aux Juifs. Mais il faut prendre garde qu'en ne voulant y voir que les Juifs, nous ne détournions les yeux de nous-mêmes. Notre-Seigneur parlait ici à ses disciples, et ce qu'il leur disait, il le disait pour nous-mêmes qui leur avons succédé. En effet, ce n'est pas pour eux seuls qu'il a fait cette promesse : « Voici que je suis avec vous jusqu'à la consommation des siècles; » (*Matth.*, XXVIII, 20) mais pour tous les chrétiens qui devaient se succéder dans la suite des âges, et jusqu'à la fin du monde. Dans une autre circonstance, il leur dit : « Gardez-vous soigneusement du levain des Pharisiens. » (*Matth.*, XVI, 6.) Et ils pensèrent que le Seigneur leur avait fait cette recommandation parce qu'ils n'avaient pas pris de pains.

Ils ne comprirent point que ces paroles : « Gardez-vous du levain des pharisiens, » signifiaient : Gardez-vous de la doctrine des pharisiens. Or, quelle était la doctrine des pharisiens? Celle que Notre-Seigneur leur reprochait dans ce qui précède : « Vous aimez à recevoir la gloire les uns des autres, et vous ne cherchez point la gloire qui vient de Dieu seul. » C'est de ces hommes que l'apôtre saint Paul dit : « Je leur rends ce témoignage, qu'ils ont du zèle pour Dieu, mais leur zèle n'est point selon la science. » (*Rom.*, X, 2.) Oui, ils ont du zèle pour Dieu, je le reconnais, je le sais, j'ai vécu parmi eux, j'ai été ce qu'ils sont. « Ils ont du zèle pour Dieu, mais leur zèle n'est point selon la science. » Que voulez-vous dire, grand Apôtre : qu'il n'est point selon la science? Expliquez-nous quelle est cette science que vous regrettez de ne pas trouver en eux, et que vous voudriez voir en nous? L'explication se trouve dans les paroles suivantes, et saint Paul y exprime clairement ce que cette proposition pouvait avoir d'obscur. Que veut donc dire : « Ils ont du zèle pour Dieu, mais ce zèle n'est point selon la science ? » Le voici : « Parce que, ne connaissant pas la justice de Dieu, et s'efforçant d'établir leur propre justice, ils ne se sont point soumis à la justice de Dieu. » (*Ibid.*, 3.) Ainsi donc, ignorer la justice de Dieu, et vouloir établir la sienne, c'est aimer à recevoir la gloire les uns des autres, et ne point rechercher la gloire qui vient de Dieu seul; or

---

de me enim ille scripsit. Cum autem verbis illius non creditis, quomodo potestis mihi credere? » (*Ibid.*, 45-47.) Ad hæc proposita nobis divinitus, ex ore lectoris, sed ministerio Salvatoris audite pauca non numeranda, sed appendenda.
CAPUT II. — *Christi verba ad discipulos, ad nos pariter spectant.* — 2. Nam ista omnia facile est intelligere de Judæis. Sed cavendum est, ne cum illos nimis attendimus, a nobis oculos auferamus. Discipulis enim suis Dominus loquebatur, et utique quod illis loquebatur, et nobis posteris loquebatur. Neque enim ad illos (*a*) solos pertinet quod ait : Ecce ego vobiscum sum usque ad consummationem sæculi (*Matth.*, XXVIII, 20), sed ad omnes etiam postea futuros Christianos, et usque in finem sæculi proventuros. Loquens ergo illis ait : Cavete a fermento Pharisæorum. (*Matth.*, XVI, 6.) Tunc putaverunt ideo Dominum dixisse hoc, quia panes non tulerant ; non intellexerunt, quia : Cavete a fermento Pharisæum, hoc dictum est : Cavete a doctrina Pharisæorum. Quæ fuit doctrina Pharisæorum, nisi quam modo audistis? « Gloriam ab invicem quærentes, gloriam ab invicem exspectantes, et gloriam quæ a solo Deo est non quærentes. » De his apostolus Paulus ita dicit : Testimonium eis perhibeo, quia zelum Dei habent, sed non secundum scientiam. (*Rom.*, X, 2). Zelum, inquit, Dei habent : novi, scio, apud illos fui, talis fui. Zelum Dei habent, sed non secundum scientiam ? Quid est hoc, Apostole, non secundum scientiam ? Expone nobis quam commendes scientiam, quam doleas in illis non esse, et in nobis velis esse. Secutus adjunxit, et quod clausum posuerat aperuit. Quid est : Zelum Dei habent, sed non secundum scientiam ? « Ignorantes enim Dei justitiam, et suam volentes constituere, justitiæ Dei non sunt subjecti ? » (*Ibid.*, 3.) Ignorare ergo Dei justitiam et suam velle constituere, hoc est, gloriam ab invicem exspectare et gloriam quæ a solo Deo est non requirere, hoc est fermen-

(*a*) Abest *solos*, ab Am. Er. et plerisque Mss.

c'est là le levain des pharisiens que le Sauveur nous ordonne d'éviter. Si c'est le Seigneur lui-même qui fait cette recommandation à ses serviteurs, gardons-nous donc soigneusement de ce levain, pour ne pas nous exposer à ce reproche : « Pourquoi me dites vous : Seigneur, Seigneur, et ne faites-vous pas ce que je dis ? » (*Matth.*, VII, 21.)

CHAPITRE III. — *Infidélité des Juifs.* — 3. Laissons donc pour le moment les Juifs, à qui le Seigneur s'adressait alors. Ils ne sont pas ici, ils refusent de nous entendre. Ils n'ont que de la haine pour l'Evangile, ils ont amassé de faux témoignages contre le Seigneur pour obtenir sa condamnation lorsqu'il était en vie, et ils en ont acheté d'autres contre lui après sa mort. Lorsque nous leur disons : Croyez en Jésus-Christ, ils nous répondent : Nous, croire en un homme qui est mort ! Et si nous ajoutons : Mais il est ressuscité. Non, disent-ils, il n'est pas ressuscité, ses disciples ont enlevé son corps du tombeau. Ainsi, les Juifs s'attachent à ce mensonge acheté à prix d'argent, et ils méprisent la vérité du Seigneur qui nous a rachetés. Ce mensonge que tu avances, ô Juif, tes ancêtres l'ont acheté à prix d'argent, et tu as conservé le fruit de ce honteux trafic. Considère donc celui qui t'a racheté, bien plutôt que celui qui t'a légué ce mensonge vénal.

4. Mais laissons les Juifs, je le répète, pour ne nous occuper que de nos frères, avec lesquels nous avons à traiter cette question : Jésus-Christ est à la fois le chef et le corps. Le chef est dans le ciel, le corps est sur la terre ; le chef, c'est le Seigneur ; le corps, c'est son Eglise. Mais vous vous rappelez qui a été dit : « Ils seront deux dans une seule chair. Ce sacrement est grand, dit l'Apôtre, en Jésus-Christ et en l'Eglise. » (*Ephés.*, V, 31, 32.) Si donc ils ne font tous deux qu'une seule chair, ils ne font aussi tous deux qu'une seule voix. Lorsque notre chef, Notre-Seigneur Jésus-Christ, s'adressait aux Juifs, dans les paroles que vous a rappelées la lecture de l'Evangile, c'était le chef qui parlait à ses ennemis ; il faut donc aussi que son corps, c'est-à-dire l'Eglise, parle également à ses ennemis. Vous connaissez ceux à qui elle s'adresse. Et qu'a-t-elle à leur dire ? Je ne parle pas de moi-même ; car il ne faut ici qu'une seule voix comme il n'y a qu'une seule chair. Voici donc le langage que je leur tiens au nom de l'Eglise : O mes frères, enfants dispersés, brebis errantes, rameaux retranchés, pourquoi me calomnier ? pourquoi refusez-vous de me connaître ? « Scrutez les Ecritures, puisque vous croyez avoir en elles la vie éternelle ; ce sont elles qui rendent témoignage de moi. » Ce que notre chef disait aux Juifs, son corps vous le répète : « Vous me chercherez et vous ne me trouverez point. » (*Jean*, VII, 36.) Pourquoi ? « Parce que vous ne

---

tum Pharisæorum. Ab hoc cavere Dominus jubet. Si servis jubet, et Dominus jubet, caveamus ; ne audiamus : Ut quid mihi dicitis : Domine, Domine, et non facitis quæ dico ? (*Matth.*, VII, 21.)

CAPUT III. — *Judæorum infidelitas.* — 3. Relinquamus ergo paululum Judæos, quibus Dominus tunc loquebatur. Foris sunt, audire nos nolunt. Ipsum Evangelium oderunt, falsa testimonia in Dominum procuraverunt, ut damnarent vivum : alia testimonia emerunt pecunia contra mortuum. Quando eis dicimus : Credite in Jesum ; respondent nobis : In hominem mortuum credituri sumus? Cum autem addimus : Sed resurrexit ; respondent : Absit ; discipuli ejus furati sunt eum de sepulcro. Amant falsitatem Judæi (*a*) emptores, et contemnunt veritatem Domini Redemptoris. Quod loqueris, Judæe, parentes tui pecunia emerunt ; et hoc in te remansit, quod emerunt. Attende potius eum qui emit te, non qui mendacium emit tibi.

4. Sed istos, ut diximus, relinquamus : istos attendamus fratres nostros, cum quibus agimus. Nam Christus caput est et corpus. Caput in cœlo est, corpus in terra est : caput Dominus est, corpus Ecclesia ejus. Sed meministis dictum : Erunt duo in carne una. Sacramentum hoc magnum est, ait Apostolus, ego autem dico in Christo et in Ecclesia. (*Ephes.*, V, 31, 32.) Si ergo duo sunt in carne una, duo sunt in voce una. Caput nostrum, Dominus Christus, locutus est ad Judæos ea quæ audivimus, cum Evangelium legeretur, caput ad inimicos suos : loquatur et corpus, id est, Ecclesia, ad inimicos suos. Nostis ad quos loquatur. (*b*) Quid habet loqui ? Non dixi de me, ut vox una sit : quia caro una, vox una. Hoc ergo illis dicamus : voce Ecclesiæ loquor. O fratres, filii dispersi, oves errantes, rami præcisi, quid mihi calumniamini ? Quid me non agnoscitis ? « Scrutamini Scripturas, in quibus putatis vos vitam æternam habere ; ipsæ testimonium perhibent de me. » Judæis dicit caput nostrum, quod vobis corpus dicit : Quæretis me, et non invenietis. (*Joan.*, VII, 36.) Quare ?

(*a*) Sic Am. Er. et Mss. At Lov. *emptoris.* — (*b*) Sic Mss. At editi : *Qui habet.*

scrutez pas les Ecritures qui rendent témoignage de moi. »

CHAPITRE IV. — *Témoignages que l'Ancien Testament rend à Jésus-Christ et à son Eglise.* — 5. Voici d'abord un témoignage rendu au chef : « Les promesses de Dieu ont été faites à Abraham et à celui qui devait naître de lui. L'Ecriture ne dit pas : Et à ceux qui naîtront, comme si elle eût voulu marquer plusieurs; mais elle dit, comme parlant d'un seul : Et à Celui qui naîtra de vous, qui est Jésus-Christ. » (*Gal.*, III, 16.) Et voici le témoignage qui regarde le corps, il est également donné à Abraham et rappelé par l'Apôtre : « Je suis vivant, dit le Seigneur, et j'ai juré par moi-même, parce que tu as écouté ma voix, et que tu n'as pas épargné ton fils bien-aimé à cause de moi; je te bénirai, et je multiplierai ta postérité comme les étoiles du ciel et comme le sable de la mer, et toutes les nations de la terre seront bénies en celui qui sortira de toi. » (*Gen.*, XXII, 16, etc.) Vous avez donc ici un témoignage pour le chef et un pour le corps. En voulez-vous un autre plus court, qui renferme dans une seule proposition ce qui a rapport au chef et au corps? Le Roi-Prophète dit dans un psaume, en parlant de la résurrection de Jésus-Christ : « Elevez-vous, Seigneur, au-dessus des cieux; » et il ajoute aussitôt ce qui concerne le corps : « Et que votre gloire éclate sur toute la terre. » (*Ps.* LVI, 12.) Ecoutez encore cet autre témoignage rendu au chef : « Ils ont percé mes mains et mes pieds, ils ont compté tous mes os ; ils m'ont regardé, ils m'ont considéré attentivement; ils se sont partagé mes vêtements, ils ont tiré ma robe au sort ; » (*Ps.* XXI, 17, etc.) et presque aussitôt, quelques paroles plus loin, le témoignage rendu au corps : « Les peuples les plus éloignés se souviendront du Seigneur et se tourneront vers lui; toutes les nations se prosterneront devant lui; car à lui appartient l'empire, et il régnera sur tous les peuples. » (*Ibid.*, 28.) Le même Psalmiste dit ailleurs, en parlant du chef : « Il est comme un époux qui sort de son lit nuptial; » (*Ps.* XVIII, 6) et, dans le même psaume, il rend au corps ce témoignage : « Leur éclat s'est répandu par tout l'univers, et leurs paroles ont retenti jusqu'aux extrémités de la terre. » (*Ibid.*, 5.)

CHAPITRE V. — *Témoignages du Nouveau Testament en faveur de Jésus-Christ et de son Eglise.* — 6. Ces témoignages sont pour les Juifs et pour nos frères. Pourquoi? Parce que les uns et les autres admettent les Ecritures de l'Ancien Testament. Mais voyons si nos frères reçoivent le Christ, que les Juifs n'ont pas voulu recevoir. Qu'il prenne lui-même la parole, qu'il parle pour lui, qui est le chef, et pour son corps, qui est l'Eglise, puisqu'en nous-mêmes la tête parle au nom du corps. Ecoutez donc ce qu'il dit pour le chef. Il était ressuscité des morts; il trouva

---

Quia non scrutamini Scripturas, quæ testimonium perhibent de me.

CAPUT IV. — *Testimonia Veteris Testamenti de Christo et Ecclesia.* — 5. Testimonium pro capite : Abrahæ dictæ sunt promissiones et semini ejus. Non dicit : Et seminibus, tanquam in multis; sed tanquam in uno : Et semini tuo, quod est Christus. (*Gal.*, III, 16.) Testimonium pro corpore ad Abraham, quod commemoravit Apostolus. Abrahæ dictæ sunt promissiones. « Vivo ego, dicit Dominus, per memetipsum juro, quia obaudisti vocem meam, et non pepercisti dilecto filio tuo propter me, nisi benedicens benedicam te, et implendo implebo semen tuum sicut stellas cœli, et sicut arenam maris, et benedicentur in semine tuo omnes gentes terræ. » (*Gen.*, XXII, 16, etc.) Habes testimonium pro capite, habes pro corpore. Audi aliud breve, et prope una sententia complexum pro capite et pro corpore. De resurrectione Christi Psalmus loquebatur : Exaltare super cœlos Deus. Continuo pro corpore : Et super omnem terram gloria tua. (*Psal.* LVI, 12.) Audi testimonium pro capite : « Foderunt manus meas et pedes meos, dinumeraverunt omnia ossa mea : ipsi vero consideraverunt et conspexerunt me, diviserunt sibi vestimenta mea, et super vestem meam miserunt sortem. » (*Psal.* XXI, 17, etc.) Audi continuo pro corpore, post pauca verba : « Commemorabuntur, et convertentur ad Dominum universi fines terræ ; et adorabunt in conspectu ejus universæ patriæ gentium ; quoniam Domini est regnum, et ipse dominabitur gentium. » *Ibid.*, 28.) Audi pro capite : Et ipse tanquam sponsus procedens de thalamo suo. (*Psal.* XVIII, 6.) Et in ipso Psalmo audi pro corpore : In omnem terram exivit sonus eorum, et in fines orbis terræ verba eorum. (*Ibid.*, 5.)

CAPUT V. — *Novi Testamenti testimonium pro Christo et Ecclesia.* — 6. Hæc Judæis, et istis nostris. Quare ? Quia istas Scripturas Veteris Testamenti et Judæi accipiunt, et nostri accipiunt. Sed ipsum Christum, quem illi non accipiunt, videamus si isti accipiunt. Dicat et ipse, dicat et pro se qui caput est, et pro corpore suo quod est Ecclesia, quia et in nobis caput

ses disciples dans l'hésitation et le doute, et ne pouvant croire encore, tout hors d'eux-mêmes d'étonnement et de joie ; il leur ouvrit l'intelligence, afin qu'ils entendissent les Ecritures, et leur dit : « Il fallait, selon ce qui est écrit, que le Christ souffrît, et qu'il ressuscitât d'entre les morts le troisième jour. » (*Luc*, XXIV, 45, etc.) Voilà pour le chef, écoutez maintenant ce qu'il dit pour le corps : « Et qu'on prêchât en son nom la pénitence et la rémission des péchés à toutes les nations, en commençant par Jérusalem. » Que l'Eglise elle-même parle à ses ennemis, qu'elle leur parle ouvertement. C'est ce qu'elle fait ; elle ne garde point le silence, c'est à eux de l'écouter. Mes frères, leur dit-elle, vous avez entendu les témoignages qui me sont rendus ; reconnaissez-moi donc à ces traits. « Scrutez les Ecritures, puisque vous croyez avoir en elles la vie éternelle ; car elles rendent témoignage de moi. » Ce que je vous ai dit ne vient pas de moi, mais de mon Seigneur ; et cependant vous persévérez dans votre éloignement, vous cherchez mille détours. « Comment pouvez-vous croire, vous qui aimez à recevoir la gloire les uns des autres, et ne cherchez point la gloire qui vient de Dieu seul ? » C'est parce que, ne connaissant point la justice de Dieu, vous avez du zèle pour Dieu, mais ce zèle n'est pas selon la science. Car, par là même que vous ignorez la justice de Dieu, et que vous cherchez à établir votre propre justice, vous ne vous êtes point soumis à la justice de Dieu. (*Rom.*, X, 2.) Qu'est-ce, en effet, que ne pas connaître la justice de Dieu, et s'efforcer d'établir sa propre justice, sinon dire : C'est moi qui sanctifie, c'est moi qui justifie, tout ce que je donne est saint ? Laissez à Dieu ce qui est à Dieu, et ne vous attribuez, ô homme, que ce qui vous appartient. Vous ignorez la justice de Dieu, et vous cherchez à établir la vôtre ! Vous voulez me justifier, qu'il vous suffise d'être justifié avec moi.

CHAPITRE VI. — *Les donatistes imitent le crime de l'Antechrist.* — 7. Il est dit de l'Antechrist, et tous comprennent dans ce sens ces paroles de Notre-Seigneur : « Je suis venu au nom de mon Père, et vous ne me recevez pas ; si un autre vient en son propre nom, vous le recevrez. » (*Jean*, V, 43.) Mais écoutons ce que dit aussi l'évangéliste saint Jean : Vous avez ouï dire que l'Antechrist doit venir ; il y a dès maintenant plusieurs antechrists. (I *Jean*, II, 18.) Or, qu'est-ce qui nous fait horreur dans l'Antechrist ? C'est la gloire dont il doit entourer son nom, et le mépris qu'il affectera pour le nom de Dieu. Et que fait autre chose celui qui dit : C'est moi qui justifie ? Je lui réponds : Je suis venu trouver le Christ, non par le mouvement du

---

loquitur pro corpore. Audi pro capite : Resurrexit a mortuis, invenit discipulos hæsitantes, dubitantes, præ gaudio non credentes ; aperuit illis sensum, ut intelligerent Scripturas, et dixit eis : « Quia sic scriptum est, et sic oportebat Christum pati, et resurgere a mortuis tertio die. » (*Luc.*, XXIV, 45, etc.) Habes pro capite, dicat et pro corpore : « Et prædicari in nomine ejus pœnitentiam et remissionem peccatorum per omnes gentes, incipientibus ab Jerusalem. » Dicat ergo Ecclesia inimicis suis, dicat. Dicit plane, non tacet : sed illi audiant. Fratres, audistis testimonia, jam noscite me. « Scrutamini Scripturas, in quibus vos speratis vitam æternam habere, ipsæ testimonium perhibent de me. » Quæ dixi, non sunt de meo, sed de Domini mei : et tamen adhuc (*a*) aversamini, adhuc tergiversamini. « Quomodo potestis mihi credere, gloriam ab invicem exspectantes, et gloriam quæ a solo Deo est non quærentes ? » Quia ignorantes Dei justitiam, zelum Dei habetis, sed non secundum scientiam. (*Rom.*, X, 2.) Ignorantes enim Dei justitiam, et vestram volentes constituere, justitiæ Dei non estis subjecti. Quid est aliud, ignorare Dei justitiam, et velle constituere, nisi dicere : Ego sanctifico, ego justifico, quod ego dedero, hoc sanctum est ? Dimitte Deo quod Dei est : agnosce, homo, quod hominis est. Ignoras Dei justitiam, et tuam vis constituere. Justificare (*b*) me vis : sufficit tibi ut mecum justificeris.

CAPUT VI. — *Antichristi scelus imitantur Donatistæ.* — 7. De antichristo dictum est, et omnes sic intelligunt quod ait Dominus : « Ego veni in nomine Patris mei, et non suscepistis me : si alius venerit in nomine suo, hunc suscipietis. » (*Joan.*, V, 43.) Sed audiamus et Joannem : Audistis quia venit antichristus, et nunc antichristi multi facti sunt. (I *Joan.*, II, 18.) Quid autem expavescimus in antichristo, nisi quia nomen suum honoraturus est, et nomen (*c*) Domini contempturus ? Quid aliud facit qui dicit : Ego justifico ? Respondetur ei : Ego ad Christum veni, non pedibus, sed corde veni : ubi Evangelium audivi, ibi credidi, ibi baptizatus sum : quia in Chris-

---

(*a*) Aliquot Mss. *adversamini.* — (*b*) Lov. *Justificare te vis :* dissentientibus aliis libris editis et Mss. — (*c*) Plures Mss. *Dei.*

corps, mais par les sentiments du cœur; j'ai embrassé la foi, j'ai reçu le baptême là où j'ai appris l'Evangile; c'est là que j'ai cru en Jésus-Christ, que j'ai cru en Dieu. Vous n'en êtes pas plus pur, me réplique-t-il. Pourquoi? parce que je n'y étais pas. Expliquez-moi donc pourquoi je ne suis point purifié, moi qui ai reçu le baptême à Jérusalem ou à Ephèse, à qui l'Apôtre a écrit une lettre que vous lisez, tout en refusant d'être en communion avec cette Eglise. Oui, saint Paul a écrit aux Ephésiens, il a fondé cette Eglise qui subsiste encore aujourd'hui, et que nous voyons plus féconde et plus nombreuse; elle reste fidèlement attachée à cette doctrine qu'elle a reçue de l'Apôtre : « Si quelqu'un vous annonce un évangile différent de celui que vous avez reçu, qu'il soit anathème. » (*Gal.*, I, 9.) Et vous, au contraire, que me dites-vous? Vous n'êtes pas purifié? Quoi, c'est là que j'ai reçu le baptême, et je n'en suis pas plus pur? Non, vous ne l'êtes pas. Pourquoi? Parce que je n'étais point là. Mais celui qui remplit tout de sa présence y était. Celui qui est partout était présent, et c'est en son nom que j'ai cru. Et vous, qui venez je ne sais d'où, ou plutôt qui ne venez de nulle part, mais qui voulez que je vienne à vous, vous osez me dire : Votre baptême ne vaut rien, parce que je n'y étais pas? Considérez au moins Celui qui était présent à ce baptême. Que fut-il dit à Jean? « Celui sur qui tu verras l'Esprit descendre et se reposer sous la forme d'une colombe, c'est lui qui baptise. » (*Jean*, I, 33.) Voilà celui qui vous cherche; mais vous l'avez perdu, parce que vous m'enviez le baptême que j'ai reçu de lui.

Chapitre VII. — *Quelle est la doctrine des catholiques et celle des donatistes.* — 8. Faites donc, mes frères, un juste discernement de leur langage et du nôtre, et voyez le choix que vous devez faire. Voici ce que nous vous disons : Sommes-nous saints? Dieu le sait. Sommes-nous pécheurs, il le sait encore plus, s'il est possible; mais quels que nous soyons, ne placez point votre espérance en nous. Si nous sommes bons, mettez en pratique ce qui est écrit : « Soyez mes imitateurs comme je le suis de Jésus-Christ. » (I *Cor.*, IV, 16.) Si nous sommes mauvais, Dieu même alors ne vous abandonne point, et ne vous laisse pas sans conseil; écoutez celui qu'il vous donne : « Faites ce qu'ils vous disent, et ne faites pas ce qu'ils font. » (*Matth.*, XXIII, 3.) Pour eux, au contraire, ils vous disent : Si nous ne sommes pas justes, vous êtes perdus. Voilà cet autre dont parle Jésus-Christ, et qui vient en son nom. Ainsi ma vie dépendrait de vous, et mon salut serait attaché à votre personne? Aurai-je oublié à ce point sur quel fondement je suis appuyé? Est-ce que Jésus-Christ n'était point la pierre? (I *Cor.*, x, 4.) N'est-il pas dit de celui qui bâtit sur la pierre, qu'il n'est renversé ni par le vent, ni par la pluie, ni par les torrents ? (*Matth.*, VII, 25.) Venez donc avec moi, si vous voulez

---

tum credidi, in Deum credidi. Et ille : Non est mundus. Quare? Quia non ibi fui. Dic quare non sum mundatus, homo qui baptizatus sum in Jerusalem, homo qui baptizatus sum, verbi gratia, apud Ephesios, ad quos datam epistolam legis, et quorum pacem spernis? Ecce ad Ephesios scripsit Apostolus : fundata est Ecclesia, manet usque nunc; et uberius manet, multiplicius manet, tenet quod accepit ab Apostolo : Si quis annuntiaverit vobis præter quam quod accepistis, anathema sit. (*Gal.*, I, 9.) Quid ergo? quid mihi dicis? Mundus non sum? Ibi baptizatus, mundus non sum? Etiam non es. Quare? Quia ego ibi non fui. Sed qui ubique est, ibi fuit. Qui ubique est, ibi fuit, in cujus nomen credidi. Tu, nescio unde veniens, imo non veniens, sed volens ut ego ad te veniam, hic positus dicis mihi : Non es recte baptizatus quia ego ibi non fui. Vide quis ibi fuit. Quid dictum est Joanni? « Super quem videris Spiritum descendentem quasi columbam, hic est qui baptizat. »

(*a*) Quidam Mss. *Ipsum habens quærerem te?*

(*Joan.*, I, 33.) Ipsum (*a*) habes quærentem te : imo quia mihi ab ipso baptizato invidisti, ipsum perdidisti.

Caput VII. — *Quæ sit Catholicorum, quæ Donatistarum doctrina.* — 8. Intelligite ergo, Fratres mei, vocem nostram et illorum, et videte quid eligatis. Nos hoc dicimus : Simus sancti, Deus scit; simus iniqui, et hoc magis ipse scit : vos in nobis spem non ponatis, qualescumque simus. Si boni sumus, facite quod scriptum est : Imitatores mei estote, sicut et ego Christi. (I *Cor.*, IV, 16.) Si autem mali sumus, nec sic deserti estis, nec sic sine consilio remansitis : audite dicentem : Quæ dicunt, facite; quæ autem faciunt, facere nolite. (*Matth.*, XXIII, 3.) Illi autem contra : Nisi boni fuerimus, peristis. Ecce est alius qui veniet in nomine suo. Ergo vita mea ex te pendebit, et salus mea ex te religabitur? Ita ne oblitus sum fundamentum meum? Nonne petra erat Christus? (I *Cor.*, x, 4.) Nonne qui ædificat super petram, ipsum

vous appuyer sur la pierre, et cessez de vouloir être pour moi cette pierre.

9. L'Eglise peut donc encore leur adresser ces dernières paroles : « Si vous croyiez à Moïse, vous croiriez aussi à moi; car c'est de moi qu'il a écrit, » puisque je suis le corps de celui dont il a écrit. Moïse lui-même a rendu témoignage à l'Eglise. Je vous ai rappelé ces paroles de Moïse : « Toutes les nations seront bénies dans celui qui sortira de vous. » Elles sont tirées du premier livre que Moïse a écrit. « Si donc vous croyiez à Moïse, vous croiriez aussi au Christ. » Mais comme vous méprisez les paroles de Moïse, par une conséquence nécessaire vous n'avez que du mépris pour les paroles de Jésus-Christ. « Ils ont, disait Abraham au mauvais riche, ils ont Moïse et les prophètes; qu'ils les écoutent. Non, mon père Abraham, ils ne les écouteront pas; mais si quelqu'un des morts va vers eux, ils feront pénitence. Et Abraham lui répondit : S'ils n'écoutent ni Moïse, ni les prophètes, ils ne croiront pas, quand même quelqu'un des morts ressusciterait. » (*Luc*, XVI, 29-31.) Voilà ce qu'Abraham disait des Juifs, et ne peut-on pas l'appliquer aux hérétiques?

CHAPITRE VIII. — *Les donatistes outragent le Christ*. — C'est après qu'il fut ressuscité d'entre les morts, que le Sauveur disait à ses disciples : « Il fallait que le Christ souffrît, et qu'il ressuscitât d'entre les morts le troisième jour. Je le crois. Je le crois aussi, me dit l'hérétique. Pourquoi donc ne croyez-vous point ce qui suit ?

Vous croyez « qu'il fallait que le Christ souffrît, et qu'il ressuscitât d'entre les morts le troisième jour, » selon la prédiction qui regarde le chef; croyez donc aussi à celle qui a l'Eglise pour objet. « Et qu'on prêchât en son nom la pénitence et la rémission des péchés à toutes les nations. » Pourquoi croyez-vous ce qui s'applique au chef, et refusez-vous de croire ce qui a rapport au corps? Que vous a fait l'Eglise, pour vouloir en quelque sorte la décapiter? Vous voulez lui enlever son chef, et croire à ce chef, en laissant son corps comme un cadavre inanimé. C'est bien en vain que vous prodiguez vos hommages au chef comme un serviteur dévoué; celui qui cherche à décapiter l'Eglise s'efforce de mettre à mort et le chef et le corps. Ils rougissent de renier Jésus-Christ, et ils ne rougissent pas de s'inscrire en faux contre les paroles de Jésus-Christ. Pas plus que vous, nous n'avons vu Jésus-Christ des yeux du corps. Les Juifs l'ont vu et l'ont mis à mort. Pour nous, sans le voir, nous avons cru en lui, et nous gardons fidèlement ses paroles. Comparez votre conduite avec celle des Juifs : ils ont méprisé celui qui était attaché à la croix, et vous le méprisez maintenant qu'il est assis dans les cieux. Malgré leurs instances, l'inscription de la croix du Christ fut maintenue, et tous vos efforts tendent à détruire le baptême du Christ. Que nous reste-t-il donc à faire, mes frères, sinon de prier pour ces superbes, pour ces orgueilleux qui s'élèvent si haut?

---

non dejicit ventus, pluvia, flumina? (*Matth.*, VII, 25.) Veni ergo mecum, si vis, super petram, et noli mihi esse velle pro petra.

9. Dicat ergo et novissimum illud Ecclesia : « Si crederetis Moisi, crederetis et mihi; de me enim ille scripsit; » (*Joan.*, V, 46) quia corpus sum ejus, de quo scripsit. Et de Ecclesia Moises scripsit. Nam Moisi verba dixi : « In semine tuo benedicentur omnes gentes. » Moises hoc in primo libro scripsit : Si crederetis Moisi, crederetis et Christo. (*Gen.*, XXII, 18.) Quia Moisi contemnitis, necesse est ut Christi verba contemnatis. « Habent ibi, inquit, Moisen et Prophetas, audiant illos. Non, pater Abraham, sed si quis a mortuis venerit, ipsum audient. » Et ille : « Si Moisen et Prophetas non audiunt, nec si quis a mortuis resurrexerit, credent. » (*Luc.*, XVI, 29-31.) Hoc de Judæis dictum est : ergo non dictum de hæreticis?

CAPUT VIII. — *Donatistæ in Christum injurii.* — A mortuis resurrexerat qui dicebat : « Oportebat Christum pati, et resurgere a mortuis tertio die. » (*Luc.*, XXIV, 46). Hoc credo. Credo, inquit. Credis? Quare non credis quod sequitur. Quia credis : « Oportebat Christum pati, et resurgere a mortuis tertio die; » hoc dictum est de capite; crede, et quod sequitur de Ecclesia : « Prædicari in nomine ejus pœnitentiam, et remissionem peccatorum per omnes gentes. » Quare credis de capite, et non credis de corpore? Quid tibi fecit Ecclesia, ut eam velis quodam modo decollare? Tollere vis Ecclesiæ caput, et capiti credere, corpus relinquere, quasi exanime corpus. Sine causa capiti, quasi famulus devotus, blandiris. Qui decollare vult, et caput et corpus conatur occidere. Erubescunt negare Christum, et non erubescunt negare verba Christi. Christum nec nos vidimus oculis, nec vos. Judæi viderunt, et occiderunt. Nos non vidimus, et credimus : verba ipsius nobiscum sunt. Comparate vos Judæis : illi contempserunt pendentem in ligno, vos contemnitis sedentem in cœlo : illis suggerentibus stetit titulus Christi, vobis stantibus deletur baptismus Christi. Sed quid

Adressons à Dieu pour eux cette prière : « Qu'ils connaissent que le Seigneur est le nom qui vous est propre, et que vous seul, et non les hommes, êtes le Très-Haut sur toute la terre. » (*Ps.* LXXXII, 19.) Tournons-nous vers le Seigneur, etc.

SERMON CXXX [1].

Sur cet endroit du chapitre VI de l'Evangile selon saint Jean, où se trouve raconté le miracle des cinq pains et des deux poissons.

Signification mystérieuse de ce miracle. — 1. Voici un grand miracle, mes bien-aimés : cinq pains et deux poissons suffisent pour rassasier cinq mille hommes, et on remplit douze corbeilles des morceaux qui restent. (*Jean*, VI.) Oui, c'est un grand miracle, et cependant nous n'en serons pas autrement surpris, si nous en considérons l'auteur. Celui qui a multiplié les cinq pains, dans les mains de ceux qui les distribuaient au peuple, est le même qui multiplie les semences que la terre féconde, et qui fait produire à un petit nombre de grains d'abondantes moissons. Mais comme ce miracle se renouvelle tous les ans, personne n'en est surpris, ne l'admire ; il cesse d'être admirable, non par son peu d'importance, mais parce qu'il se reproduit fréquemment. Or, lorsque Notre-Seigneur opérait ses miracles, pour qui le comprenait, non-seulement ses paroles, mais ses miracles eux-mêmes étaient un enseignement. Les cinq pains figuraient les cinq livres de la loi de Moïse. La loi ancienne est comme de l'orge en comparaison du froment de l'Evangile. Ces livres contiennent sur le Christ de grands mystères. Voilà pourquoi Notre-Seigneur disait aux Juifs : « Si vous croyiez à Moïse, vous croiriez aussi à moi ; car c'est de moi qu'il a écrit. » (*Jean*, V, 46.) Mais, de même que dans l'orge la moelle du grain est cachée sous la paille, ainsi le Christ est caché sous les voiles mystérieux de la loi. En expliquant les mystères du pain figuratif de la loi, on les multipliait pour ainsi dire, de même que les cinq pains se multipliaient dans les mains de ceux qui les distribuaient. L'explication que je vous donne en ce moment, c'est le pain que je vous distribue. Les cinq mille hommes représentaient le peuple soumis aux cinq livres de la loi. Les douze corbeilles sont les douze apôtres qui ont été remplis des restes de cette loi. Les deux poissons figurent, ou les deux préceptes de l'amour de Dieu et du prochain, ou les deux peuples, les Juifs et les Gentils, ou les deux attributs augustes de la royauté et du sacerdoce. Lorsqu'on expose ces mystères, on rompt les pains, et on s'en nourrit lorsqu'on les comprend.

[1] Ce sermon, inédit jusqu'à présent, et que nous publions pour la première fois, est tiré d'un vieux manuscrit de la bibliothèque Colbert, sous le n° 821. Il est cité par Bède ou par Florus, dans leurs Commentaires sur le chapitre III de l'Epître aux Galates, et sur le chapitre II de l'Epître aux Hébreux.

restat, Fratres, nisi oremus et pro superbis, oremus et pro elatis, qui se sic extollunt? Dicamus pro illis Deo : Cognoscant quia tibi nomen Dominus, (*Psal.* LXXXII, 19) : et non homines, sed tu solus altissimus super omnem terram. Conversi ad Dominum, etc.

SERMO CXXX.
De verbis Evangelii Joan., VI, ubi narratur miraculum de quinque panibus et duobus piscibus.

Miraculi significatio. — 1. Miraculum grande factum est, Dilectissimi, ut de quinque panibus et duobus piscibus saturarentur quinque hominum millia, et residua fragmentorum implerent duodecim cophinos. (*Joan*, VI.) Grande miraculum : sed non multum mirabimur factum, si attendamus facientem. Ille multiplicavit in manibus frangentium quinque panes, qui in terra germinantia multiplicat semina, ut grana pauca mittantur et horrea repleantur. Sed quia illud omni anno facit, nemo miratur. Admirationem tollit, non facti vilitas, sed assiduitas. Dominus autem quando ista faciebat, non solum per verba, sed etiam per ipsa miracula intelligentibus loquebatur. Quinque panes significabant quinque libros Legis Moisi. Lex vetus hordeum est ad Evangelicum triticum. Magna in illis libris de Christo mysteria continentur. Unde ait ipse : « Si crederetis Moisi, crederetis et mihi : de me enim ille scripsit. » (*Joan.*, V, 46.) Sed quomodo in hordeo medulla sub palea latet, sic in velamento mysteriorum Legis latet Christus. Ut (*f.* Legis) panis mysteria illa exponuntur, et dilatantur ; sic et panes illi crescebant, quando frangebantur. Et hoc quod vobis exposui, panem vobis fregi. Quinque millia hominum significant plebem sub quinque libris Legis constitutam. Duodecim cophini sunt duodecim Apostoli, qui et ipsi de fragmentis Legis impleti sunt. Duo pisces sunt, aut duo præcepta dilectionis Dei et proximi, aut duo populi ex circumcisione et præputio, aut duæ illæ sacræ personæ regis et sacerdotis. Hæc cum exponuntur, franguntur ; cum intelliguntur, manducantur.

SERMON CXXX.

Jésus-Christ, par son incarnation, est devenu pour nous un pain véritable. — 2. Considérons maintenant l'auteur de ces prodiges. Il est lui-même le pain qui est descendu du ciel, mais le pain qui nourrit sans s'épuiser, le pain que l'on mange sans pouvoir le consumer. Ce pain était aussi figuré par la manne. (*Jean*, VI, 41.) De là ces paroles du Psalmiste : « Il leur a donné le pain du ciel; l'homme a mangé le pain des anges. » (*Ps.* LXXVII, 24, 25.) Quel est le pain du ciel? N'est-ce pas le Christ? Mais, pour que l'homme pût manger le pain des anges, le Seigneur des anges s'est fait homme. S'il n'avait point daigné se faire homme, nous n'aurions pas sa chair, et si nous n'avions pas sa chair, nous ne pourrions pas manger le pain de l'autel. Hâtons-nous donc vers l'héritage qui nous est destiné et dont l'autel nous donne un gage si précieux. Mes frères, désirons vivre avec Jésus-Christ, puisque nous avons pour gage la mort de Jésus-Christ. Comment pourrait-il nous refuser les biens qui sont à lui, après qu'il a consenti à souffrir les maux qui nous sont propres? Quels sont les fruits qui abondent sur cette terre et dans ce siècle de perversité? Naître, souffrir et mourir. Examinez sérieusement la vie des hommes sur la terre, et reprenez-moi si je ne dis pas la vérité. Sont-ils venus en ce monde pour autre chose que pour naître, souffrir et mourir? Voilà les produits de notre pays, on les y trouve en abondance. C'est pour acheter ces produits que ce divin Négociant est descendu sur la terre. Or, tout négociant donne et reçoit; il donne ce qu'il a, il reçoit ce qu'il n'a pas; quand il achète un objet, il donne de l'argent et reçoit en échange l'objet qu'il achète; Jésus-Christ a voulu faire de même, et dans cet admirable trafic il a donné et reçu. Qu'a-t-il reçu de nous? Les fruits si abondants de cette terre ingrate : naître, souffrir et mourir. Que nous a-t-il donné en échange? De renaître, de ressusciter et de régner éternellement. O bon et généreux commerçant, achetez-nous. Mais que dis-je, achetez-nous? Ne dois-je pas plutôt vous rendre grâces de nous avoir achetés? Vous nous donnez le prix que nous vous avons coûté; oui, vous nous donnez ce prix lorsque nous buvons votre sang. L'Evangile que nous lisons est l'acte même de cette acquisition. Nous sommes vos serviteurs, nous sommes vos créatures, vous nous avez créés, vous nous avez rachetés. Chacun de nous peut acheter son esclave, mais il ne peut le créer; Notre-Seigneur est à la fois le Créateur et le Rédempteur de ses serviteurs; il les a créés pour leur donner l'être, il les a rachetés pour les arracher à une éternelle captivité. Nous étions tombés sous la tyrannie du prince de ce siècle qui avait séduit Adam et l'avait réduit en esclavage et avec lui toute sa postérité. Mais le Rédempteur est venu et a triomphé de ce misé-

---

Christus panis factus incarnatione. — 2. Convertamur ad eum qui ista fecit. Ipse est panis, qui de cœlo descendit : sed panis qui reficit, et non deficit : Panis qui sumi potest, consumi non potest. Ipsum panem etiam manna significabat. (*Joan.*, VI, 41.) Unde dictum est : Panem cœli dedit illis, panem Angelorum manducavit homo. (*Psal.* LXXVII, 24, 25.) Quis est panis cœli, nisi Christus? Sed ut panem Angelorum manducaret homo, Dominus Angelorum factus est homo. Si enim hoc non factus esset, carnem ipsius non haberemus : si carnem ipsius non haberemus, panem altaris non manducaremus. Festinemus ad hæreditatem, quia magnum inde pignus accepimus. Fratres mei, desideremus vitam Christi, quia tenemus pignus mortem Christi. Quomodo nobis non dabit bona sua, qui passus est mala nostra? In terris istis, in isto sæculo maligno quid abundat, nisi nasci, laborare et mori? Discutite res humanas, convincite me, si mentior : attendite omnes homines, utrum ad aliud sint in hoc sæculo, quam nasci, laborare et mori. Hæc sunt mercimonia regionis nostræ, ista hic abundant. Ad tales merces Mercator ille descendit. Et quoniam omnis mercator dat et accipit; dat quod habet, et accipit quod non habet; quando aliquid comparat, dat pecuniam, et accipit quod emit; etiam Christus in ista mercatura dedit et accepit. Sed quid accepit? Quod hic abundat, nasci, laborare et mori. Et quid dedit? Renasci, resurgere et in æternum regnare. O bone Mercator, eme nos. Quid dicam, eme nos, cum gratias agere debeamus, quia emisti nos? Pretium nostrum erogas nobis, sanguinem tuum bibimus, erogas ergo nobis pretium nostrum. Et Evangelium legimus, instrumentum nostrum. Servi tui sumus, creatura tua sumus : fecisti nos, redemisti nos. Emere potest quisque servum suum, creare non potest : Dominus autem servos suos et creavit et redemit : creavit, ut essent ; redemit, ne semper captivi essent. Incidimus enim in principem hujus sæculi, qui seduxit Adam et servum fecit, et cœpit nos tanquam vernaculos possidere. Sed venit Redemptor, et victus est deceptor. Et quid fecit Redemptor noster captivatori nostro? Ad pretium nostrum

rable séducteur. Et qu'a fait le Rédempteur pour vaincre notre tyran? Pour payer le prix de notre rançon, il a fait de sa croix un piége, et il a versé son sang pour être comme un appât. Mais le démon, qui a bien pu répandre ce sang, n'a point mérité de le boire; et, pour avoir répandu le sang de celui qui ne lui devait rien, il a été forcé de rendre ses débiteurs; il a versé le sang de l'innocent, et a perdu ainsi tous ses droits sur les coupables. Pourquoi, en effet, a-t-il versé son sang? Pour effacer nos péchés. Le sang du Rédempteur a donc effacé le titre de notre esclavage. Comment le démon nous tenait-il asservis sous son empire? Par les liens de nos péchés; voilà les chaînes qui nous retenaient captifs. Le Sauveur est venu, il a enchaîné à son tour par sa passion le fort armé, il est entré dans sa demeure, c'est-à-dire dans les cœurs qu'il habitait, et lui a enlevé tous les vases qui lui appartenaient. (*Matth.*, XII, 29.) C'est nous-mêmes qui sommes ces vases; le démon les avait remplis de son amertume. Il a voulu faire goûter cette amertume à notre Rédempteur, dans le fiel qu'il lui a présenté sur la croix. Il nous avait donc remplis comme les vases qui étaient à lui, mais Notre-Seigneur s'est emparé de ces vases, les a rendus siens, et a répandu l'amertume qu'ils contenaient, pour les remplir de sa douceur.

Il faut aimer Jésus-Christ. — 3. Aimons-le donc puisqu'il est si doux. « Goûtez et voyez, dit le Roi-Prophète, combien le Seigneur est doux! » (*Ps.* XXXIII, 9.) Nous devons le craindre, mais nous devons bien plus l'aimer. Il est homme et Dieu; l'homme et le Dieu font un seul Christ; de même que le corps et l'âme font un seul homme, l'humanité et la divinité ne font pas deux personnes dans le Christ. Il y a en lui deux natures, la nature divine et la nature humaine, mais une seule personne, sans que l'Incarnation ajoute à la Trinité une quatrième personne (1). Serait-il donc possible que Dieu n'eût point pitié de nous, alors que c'est pour nous qu'il s'est fait homme? Que n'a-t-il pas fait pour nous? Ce qu'il a déjà fait est bien plus admirable que ce qu'il a promis, et ce qui est accompli doit être pour nous un gage certain que ses promesses s'accompliront. A peine pourrions-nous croire ce qu'il a fait, si nous-mêmes n'en avions été les témoins? Et où ces prodiges se sont-ils accomplis? Parmi les peuples qui ont embrassé la foi, dans la multitude des nations qui se sont rangées sous ses lois. Ainsi nous voyons l'accomplissement de la promesse faite à Abraham, et ce que nous voyons est pour nous un motif de croire ce que nous ne voyons pas. C'est à un seul homme, Abraham, qu'il a été dit : « Toutes les nations seront bénies dans celui qui naîtra de toi. » (*Gen.*, XII, 3.) S'il n'avait considéré que lui, comment aurait-il pu croire? Un homme seul, qui déjà avait atteint la vieillesse; une épouse stérile et si avancée en âge, qu'elle n'aurait pu

---

(1) Voyez : Lettre CLXXIX, n° 8.

---

tetendit muscipulam crucem suam : posuit ibi quasi escam sanguinem suum. Ille autem potuit sanguinem istum fundere, non meruit bibere. Et in eo quod fudit sanguinem non debitoris, jussus est reddere debitores; fudit sanguinem innocentis, jussus est recedere a nocentibus. Ille quippe sanguinem suum ad hoc fudit, ut peccata nostra deleret. Unde ergo ille nos tenebat, deletum est sanguine Redemptoris. Non enim tenebat nos nisi vinculis peccatorum nostrorum. Istæ erant catenæ captivorum. Venit ille, alligavit fortem vinculis passionis suæ : intravit in domum ejus, id est, in corda eorum ubi ipse habitabat, et vasa ejus arripuit. (*Matth.*, XII, 29.) Nos sumus vasa. Ista impleverat ille amaritudine sua. Hanc amaritudinem etiam nostro Redemptori in felle propinavit. Impleverat ergo nos ille tanquam vasa sua: Dominus autem noster arripiens vasa ejus, et sua faciens, fudit amaritudinem, implevit dulcedine.

Amandus Christus. — 3. Amemus ergo eum, quia dulcis est. Gustate, et videte quia suavis est Dominus. (*Psal.* XXXIII, 9.) Timendus est, sed plus amandus est. Homo et Deus est : unus Christus homo et Deus est; quomodo unus homo, anima et corpus : non autem Deus et homo duæ personæ. In Christo duæ sunt quidem substantiæ, Deus et homo : sed una persona, ut Trinitas maneat, non accedente homine quaternitas fiat. Quomodo ergo fieri potest, ut nostri non misereatur Deus, propter quos homo factus est Deus? Multum est quod fecit : mirabilius est quod fecit, quam quod promisit; et ex eo quod fecit, debemus credere quod promisit. Hoc enim quod fecit vix crederemus, nisi et videremus. Ubi videmus? In populis credentibus, in multitudine ad eum adducta. Quia impletum est, quod promissum est Abrahæ : et ex his quæ videmus, credimus quæ non videmus. Unus homo fuit Abraham, et dictum est illi : In semine tuo benedicentur omnes gentes. (*Gen.*, XII, 3.) Si ad se attenderet, quando crederet? Unus homo erat, et

devenir mère, quand même elle n'aurait pas été stérile. Il n'y avait donc pour lui aucun motif d'espérance. Mais il considérait l'auteur de la promesse, et il croyait fermement ce qu'il ne voyait pas. Or, ce qu'il a cru, nous le voyons de nos yeux. Donc ce que nous voyons doit être aussi pour nous un gage de ce que nous ne voyons pas. Abraham est devenu père d'Isaac, nous ne l'avons pas vu; Isaac, à son tour, a engendré Jacob, nous ne l'avons pas vu davantage; Jacob a engendré douze fils que nous n'avons pas vus; ces douze fils sont devenus les pères du peuple d'Israël, et nous voyons aujourd'hui ce grand peuple. J'ai déjà commencé à vous parler de ce que nous voyons. C'est du peuple d'Israël qu'est née la Vierge Marie, mère du Christ, et c'est en Jésus-Christ que toutes les nations sont bénies. Quoi de plus vrai, quoi de plus certain, quoi de plus manifeste? Désirez avec moi le siècle futur, vous tous qui êtes sortis de la Gentilité pour être réunis à l'Eglise. C'est dans cette vie que Dieu a voulu accomplir la promesse faite à Abraham sur sa race bénie. Comment donc pourrait-il ne pas accomplir les promesses qui ont pour objet l'éternité, pour nous, qui sommes par sa grâce la race d'Abraham, comme l'atteste l'Apôtre : « Si vous êtes à Jésus-Christ (ce sont ses propres paroles), vous êtes donc la race d'Abraham? (*Gal.*, III, 29.)

Ce que Jésus-Christ a déjà fait est plus étonnant que ce qu'il promet. — 4. Nous avons commencé à devenir quelque chose de grand; que personne donc ne se méprise; nous n'étions rien, et nous sommes maintenant quelque chose. Nous avons dit au Seigneur : « Souvenez-vous que nous ne sommes que poussière; » (*Ps.* CII, 14) mais de cette poussière Dieu a fait un homme, il a donné la vie à cette poussière, et, dans la personne de Jésus-Christ Notre-Seigneur, il a conduit cette poussière jusqu'au royaume des cieux. C'est ici qu'il a pris une chair; c'est ici qu'il s'est uni à la terre, et il a élevé cette terre jusqu'au ciel, lui, le créateur du ciel et de la terre. Si donc on nous proposait aujourd'hui pour la première fois ces deux choses, et qu'on nous demandât : Qu'y a-t-il de plus étonnant, ou qu'un Dieu se fasse homme, ou que l'homme soit divinisé? Lequel de ces deux miracles est plus étonnant, plus difficile? Que nous a promis Jésus-Christ? Ce que nous ne voyons pas encore, c'est de lui appartenir, de régner avec lui et d'éviter à jamais la mort. Ce qui paraît difficile à croire, c'est que l'homme même, une fois né, parvienne à cette vie où il n'a plus à craindre la mort. Voilà cependant ce que nous croyons, après avoir secoué de nos cœurs la poussière du monde, qui pourrait nous fermer les yeux de la foi. Voilà ce qu'on nous commande de croire : c'est qu'après notre mort, après même la dissolution de nos corps, nous

---

jam senex erat, et uxorem sterilem habebat, et ætate jam ita progressam, ut concipere non posset, etiamsi sterilis non fuisset. Non erat prorsus unde aliquid speraretur. Sed promittentem attendebat, et credebat quod non videbat. Ecce ille quod credidit, nos videmus. Ergo ex his quæ videmus, debemus credere quæ non videmus. Genuit Isaac, non vidimus; et Isaac genuit Jacob, et hoc non vidimus; et Jacob genuit duodecim filios, et ipsos non vidimus; et duodecim filii ejus genuerunt populum Israel; magnum populum videmus. Jam cœpi ea dicere, quæ videmus. De populo Israel nata est virgo Maria, et peperit Christum; et ecce in Christo benedicuntur omnes gentes. Quid verius? quid certius? quid apertius? Desiderate mecum futurum sæculum, qui congregati estis ex Gentibus. In hoc sæculo implevit Deus promissum suum de semine Abrahæ. Quomodo ergo non dabit nobis æterna promissa sua, quos fecit esse semen Abrahæ? Hoc enim dicit Apostolus : Si autem vos Christi (Apostoli verba sunt), ergo Abrahæ semen estis. (*Gal.*, III, 29.)

Quod præstitit Christus mirabilius est quam quod promittit. — 4. Magnum aliquid cœpimus esse; nemo se contemnat : nihil fuimus; sed aliquid sumus. Diximus Domino : Memento quia pulvis sumus (*Psal.* CII, 14); sed ille de pulvere hominem fecit, et pulveri vitam dedit, et in Christo Domino nostro jam ipsum pulverem ad cœli regna perduxit. Quia hinc accepit carnem, hinc accepit terram, et terram levavit in cœlum, qui fecit terram et cœlum. Si ergo duæ res novæ adhuc non factæ proponerentur nobis, et quæreretur a nobis : Quid est mirabilius, ut qui Deus est fiat homo, aut qui homo est fiat homo Dei? quid est mirabilius, quid est difficilius? Quid nobis promisit Christus? Quod nondum videmus : hoc est, ut simus homines ipsius, et regnemus cum illo, et non moriamur in æternum. Quasi hoc difficile creditur, ut homo natus perveniat ad eam vitam, ubi nunquam moriatur. Hoc est quod excusso corde credimus, excusso dico a mundi pulvere, ne ipse pulvis claudat nobis oculos fidei. Hoc est quod jubemur credere, quia cum mortui fuerimus, etiam cum corporibus

jouirons d'une vie éternellement à l'abri des coups de la mort. Quoi de plus admirable? Mais ce que Jésus-Christ a fait est bien plus admirable encore; car, qui vous paraît plus incroyable, ou que l'homme vive éternellement, ou qu'un Dieu ait pu mourir? Il est bien plus facile à croire que les hommes ont reçu la vie de Dieu, que de croire qu'un Dieu ait pu mourir. Or, ce dernier prodige s'est accompli; croyons donc que l'autre s'accomplira également. Si Dieu a fait ce qu'il y a de plus incroyable, pourquoi nous refuserait-il ce qui l'est moins? Dieu peut faire des anges de nous qui sommes des hommes, lui qui a fait des hommes d'une matière terrestre et abjecte. Que serons-nous un jour? Des anges. Qu'avons-nous été? J'ai honte d'évoquer ce souvenir; je suis forcé de me le rappeler, et je rougis de le dire. Qu'avons-nous été? De quelle matière Dieu a-t-il fait les hommes? Qu'avons-nous été avant d'être appelés à l'existence? Nous n'étions rien. Qu'étions-nous dans le sein de nos mères? Il suffit que vous vous le rappeliez. Détournez votre pensée de ce qui a servi à vous créer, et considérez ce que vous êtes. Vous vivez, mais cette vie vous est commune avec les plantes et les arbres. Vous sentez, les animaux sentent également. Vous êtes hommes, vous êtes au-dessus des animaux, vous avez sur eux la supériorité, parce que vous comprenez la grandeur des dons que Dieu vous a faits. Vous avez la vie, le sentiment, l'intelligence; vous êtes hommes. Mais que peut-on comparer à cette dernière faveur? Vous êtes chrétiens. Sans cette grâce, que nous servirait-il d'être hommes? Nous sommes donc chrétiens, nous appartenons au Christ. Que le monde se déchaîne contre nous, il ne peut nous abattre, parce que nous sommes à Jésus-Christ. Qu'aux menaces le monde fasse succéder la flatterie, il ne peut nous séduire, nous appartenons à Jésus-Christ.

Sécurité des chrétiens sous la protection de Jésus-Christ. — 5. Nous avons trouvé, mes frères, un puissant protecteur; vous savez combien les hommes sont fiers de leurs protecteurs. On menace le client d'un homme puissant, il répond : Tant que mon Seigneur est en vie, vous ne pourrez rien contre moi. Avec quelle force, avec quelle assurance bien plus grande nous disons : Tant que notre chef est vivant, tous vos efforts contre nous sont impuissants. En effet, notre protecteur c'est notre chef. Tous ceux qui se vantent d'avoir un homme pour protecteur sont ses clients; pour nous, nous sommes les membres de celui qui nous protège. Qu'il nous accorde de lui être toujours unis, nulle force ne pourra nous en arracher. Qu'importent les épreuves que nous aurons à souffrir en ce monde, tout ce qui passe n'est rien. Viendront un jour des biens qui ne passeront pas, et c'est par les souffrances que nous y arriverons. Or, une fois que nous en serons en possession, personne ne pourra nous en séparer. Les portes de la céleste Jérusalem

---

mortuis in vita erimus, ubi nunquam moriamur. Mirabile hoc est, sed mirabilius est quod fecit Christus. Quid est enim incredibilius, ut vivat semper homo, aut ut aliquando moriatur Deus? Accipere homines vitam a Deo credibilius est : accipere Deum mortem ab hominibus, puto quia incredibilius est. Et jam factum est : credamus et quod futurum est. Si factum est quod est incredibilius, non nobis dabit quod est credibilius? Potens est enim Deus Angelos homines facere, qui semina terrena et horribilia homines fecit. Quid erimus? Angeli. Quid fuimus? Pudet recordari : cogor considerare, et erubesco dicere. Quid fuimus? Unde Deus homines fecit? Quid fuimus ante quam omnino essemus? Nihil eramus. Quando in ventribus matrum eramus, quid eramus? Sufficit quod recolitis. Tollite animos ab eo unde facti estis, et cogitate quod estis. Vivitis : sed vivunt et herbæ et arbores. Sentitis : sentiunt et pecora. Homines estis : pecora transistis, superiores pecoribus estis; quia intelligitis quanta præstitit nobis. Vivitis, sentitis, intelligitis, homines estis. Isto autem beneficio quid comparari potest? Christiani estis. Hoc enim si non acceperimus, quid nobis prodesset quia homines essemus? Christiani ergo sumus, ad Christum pertinemus. Sæviat mundus, non nos frangit, quia ad Christum pertinemus. Blandiatur mundus, non nos seducit, ad Christum pertinemus.

Christianorum sub patrono Christo securitas. — 5. Magnum patronum invenimus, Fratres. Nostis quia tendunt se homines de patronis suis. Minanti alicui respondet cliens majoris : Salvo capite Domini mei illius nihil mihi facis. Quanto fortius et certius nos dicimus : Salvo capite nostro, nihil nobis facis. Quoniam patronus noster caput est nostrum. Cumcumque se tendunt de aliquo homine patrono, clientes sunt ejus: nos patroni nostri membra sumus. (*f*. Portet nos) Præstet nobis in se, et nemo nos evellat ab eo. Quoniam quocumque in hoc mundo labores perpessi fuerimus, totum quod transit nihil est. Venient bona, quæ non transibunt : per labores ad ea venitur. Sed

seront fermées, les verroux seront mis, et l'on pourra dire à cette cité : Jérusalem, loue le Seigneur; Sion, chante ton Dieu; il fortifie les barrières de tes portes, il bénit les enfants nés en ton sein, il fait régner la paix sur tes frontières. (*Ps.* CXLVII, 12, etc.) Quand les portes sont fermées et que les verroux sont mis, il ne sort aucun ami, il n'entre aucun ennemi. Nous jouirons alors d'une sécurité véritable et assurée, si nous demeurons ici-bas fidèles à la vérité.

SERMON CXXXI [1].

Sur ces paroles du chapitre VI de l'Evangile selon saint Jean : *Si vous ne mangez la chair*, etc., ainsi que sur les paroles tirées de l'Apôtre et des Psaumes, contre les pélagiens.

Ce sermon a été prononcé un dimanche au tombeau du saint martyr Cyprien, le 9 des calendes d'octobre [2].

CHAPITRE PREMIER. — *Le sacrement du corps et du sang de Jésus-Christ.* — 1. Nous avons entendu le Maître de toute vérité, le Dieu-Homme Rédempteur et Sauveur, rappelant à notre amour le sang qu'il a versé pour nous racheter. En nous parlant de son corps et de son sang, il appelle son corps une nourriture et son sang un breuvage. Les fidèles reconnaissent ici le sacrement des fidèles. Mais, pour les catéchumènes, qu'y voient-ils que ce qu'ils entendent? Lors donc que Notre-Seigneur nous recommandait de manger cette nourriture, de boire ce breuvage, il dit : « Si vous ne mangez la chair du Fils de l'homme, et si vous ne buvez son sang, vous n'aurez point la vie en vous. » (*Jean*, IX, 54.) Or, qui pouvait ainsi parler de la vie, si ce n'est la vie elle-même? Mais pour l'homme, qui oserait accuser la vie de mensonge; elle deviendrait un principe non de vie, mais de mort. En entendant ces paroles, ses disciples, non pas tous, mais plusieurs, se scandalisèrent, et se dirent en eux-mêmes : « Ce langage est dur, et qui peut l'écouter? » (*Ibid.*, 61.) Notre-Seigneur, qui connaissait leurs dispositions et qui entendait leurs secrets murmures, répondit à leurs pensées avant même qu'ils les eussent exprimées, pour leur faire voir qu'il avait entendu ces murmures intérieurs, et les engager à y mettre un terme. Que leur répondit-il donc? « Cela vous scandalise? Et si vous voyiez le Fils de l'homme montant où il était auparavant? » (*Ibid.*, 62, 63.) Que signifient ces paroles : « Cela vous scandalise? » Vous pensez

---

(1) Florus cite ce sermon en deux endroits différents. Dans son Commentaire sur le chapitre X de la Ire Epître aux Corinthiens, il l'intitule : « Du corps et du sang du Seigneur; » comme Algerus contre Bérenger. Mais dans son Commentaire sur le chapitre II de l'Epître aux Philippiens, il lui donne ce titre : « Sur les paroles de l'Apôtre. » Dans la collection véritable des œuvres manuscrites de Bède, il est intitulé : Sermon sur ces paroles : *Si vous ne mangez*, etc.

(2) Nous avons trouvé le lieu et le jour où ce sermon a été prononcé dans un vieux manuscrit de la bibliothèque des PP. Cisterciens de Sainte-Croix en Jérusalem, à Rome; or, le dimanche coïncidait avec le 9 des calendes d'octobre, l'an 417, et, en effet, c'est à cette année que se rapportent les rescrits du siège apostolique dont il est question à la fin du sermon.

---

cum perventum fuerit, nemo inde nos avellit. Claudentur portæ Jerusalem, accipiunt etiam vectes, ut dicatur illi civitati : « Lauda Jerusalem Dominum, lauda Deum tuum Sion. Quoniam confortavit vectes portarum tuarum, benedixit filios tuos in te. Qui posuit fines tuos pacem. » (*Psal.* CXLVII, 12, etc.) Portis clausis, vectibus missis, nullus exit amicus, nullus intrat inimicus. Ibi veram et certam habemus securitatem, si hic non dimiserimus veritatem.

SERMON CXXXI [a].

De verbis Evangelii Joan., VI : *Nisi manducaveritis carnem*, etc., deque verbis Apostoli et Psalmorum, contra Pelagianos.

CAPUT PRIMUM. — *Corporis et sanguinis Christi sacramentum.*— 1. Audivimus veracem Magistrum, divinum Redemptorem, humanum Salvatorem, commendantem nobis pretium nostrum, sanguinem suum. Locutus est enim nobis de corpore et sanguine suo : (*b*) corpus dixit escam, sanguinem potum. Sacramentum fidelium agnoscunt fideles. Audientes autem quid aliud quam audiunt? Cum ergo commendans talem escam et talem potum diceret : « Nisi manducaveritis carnem meam, et biberitis sanguinem meum, non habebitis vitam in vobis;» (*Joan.*, IX, 54) (et hoc diceret de vita, quis alius quam ipsa vita? Erit autem illi homini mors, non vita, qui mendacem putaverit vitam), scandalizati sunt discipuli ejus, non quidem omnes, sed plurimi, dicentes apud se ipsos: « Durus est hic sermo, quis eum potest audire? » (*Ibid.*, 61.) Cum autem hoc Dominus apud semetipsum cognovisset, et (*c*) murmura cogitationis audisset, cogitantibus, nec voce sonantibus respondit, ut se auditos esse cognoscerent, et talia cogitare desinerint. Quid ergo respondit? « Hoc vos scandalizat? Si ergo videritis Filium hominis ascendentem, ubi erat prius? » (*Ibid.*, 62, 63.) Quid sibi vult : « Hoc vos

---

(*a*) Alias II, de verbis Apostoli. — (*b*) Am. et Er. *quod corpus.* Mss. vero, *quorum corpus.* — (*c*) Sic Mss. At editi, *murmur ac cogitationes.*

que je vais faire plusieurs parties de ce corps que vous voyez, et couper mes membres en morceaux pour vous les donner? Que serait-ce, si vous voyiez le Fils de l'homme montant où il était auparavant? Il est manifeste que celui qui est monté tout entier dans le ciel n'a pu être consumé sur la terre. Il a donc voulu nous faire de son corps et de son sang un aliment salutaire, et résoudre en peu de mots cette grande question de l'intégrité inaltérable de son corps. Que ceux qui s'en nourrissent le mangent véritablement; que ceux qui le boivent le boivent en réalité; qu'ils aient faim et soif; qu'ils mangent et boivent la vie. Manger ce corps, c'est se nourrir, mais se nourrir sans altérer, sans épuiser cette divine nourriture. Boire ce sang, qu'est-ce autre chose que boire la vie? Mangez donc la vie, buvez la vie, et vous aurez la vie, et cette vie qui vous est communiquée restera tout entière. Or, ce prodige s'accomplira, c'està-dire le corps et le sang de Jésus-Christ vous donneront la vie, mais à la condition que ce que vous recevez visiblement dans le sacrement, vous le mangiez et vous le buviez spirituellement dans la vérité. En effet, Notre-Seigneur ajoute : « C'est l'esprit qui vivifie, la chair ne sert de rien; les paroles que je vous ai dites sont esprit et vie. Mais il y en a quelques-uns parmi vous, dit-il, qui ne croient point; » (*Ibid.*, 64, 65) ce sont ceux qui disaient : « Ce langage est dur, et qui peut l'écouter? » Il est dur, mais pour les cœurs durs, c'est-à-dire il est incroyable, mais pour les incrédules.

Chapitre II. — *La foi est un don de Dieu. La violence de la grâce est douce.* — 2. Mais il veut nous enseigner de plus que la foi est un don gratuit que l'homme ne peut mériter. « C'est pourquoi je vous ai dit, ajoute-t-il, que nul ne peut venir à moi, s'il ne lui a été donné par mon Père. » (*Ibid.*, 66.) Où le Seigneur a-t-il exprimé cette vérité? Si nous nous rappelons ce qui précède dans ce chapitre de l'Evangile de saint Jean, nous l'entendons dire aux Juifs : « Nul ne peut venir à moi, si mon Père qui m'a envoyé ne l'attire. » (*Ibid.*, 44.) Il ne dit point : ne le conduit, mais : « ne l'attire. » C'est le cœur, et non le corps, qui est l'objet de cette impulsion. Pourquoi donc vous étonner? Croyez et vous venez, aimez et vous êtes attiré. Gardez-vous de penser que cette contrainte soit dure et importune; rien n'est plus doux, rien n'est plus suave, c'est la douceur elle-même qui vous attire. La brebis qui a faim n'est-elle pas attirée par l'herbe qu'on lui montre? Et cependant ce n'est pas une contrainte extérieure qui lui est imposée, on se contente d'exciter ses désirs. Venez donc de la même manière à Jésus-Christ; ne songez pas à faire un long trajet; dès lors que vous croyez, vous venez. Pour arriver à celui qui remplit tout de sa présence, l'amour suffit, il n'est pas besoin de vaisseaux. Avouons-le toutefois; dans cette route on ne rencontre que trop

---

scandalizat?» Putatis quia de hoc corpore meo quod videtis partes facturus sum, et membra mea concisurus, et vobis daturus? Quid « si ergo videritis Filium hominis ascendentem, ubi erat prius? » Certe qui integer ascendere potuit, consumi non potuit. Ergo et de corpore ac sanguine suo dedit nobis salubrem refectionem, et tam magnam breviter solvit de sua integritate quæstionem. Manducent ergo qui manducant, et bibant qui bibunt; esuriant et sitiant: vitam manducent, vitam bibant. Illud manducare, refici est: sed sic reficeris, ut non deficiat unde reficeris Illud bibere quid est, nisi vivere? Manduca vitam, bibe vitam : habebis vitam, et integra est vita. Tunc autem hoc erit, id est, vita unicuique erit corpus et sanguis Christi; si quod in sacramento visibiliter sumitur, in ipsa veritate spiritaliter manducetur, spiritaliter bibatur. Audivimus enim ipsum Dominum dicentem : « Spiritus est qui vivificat, caro autem non prodest quidquam. Verba quæ locutus sum vobis, spiritus et vita sunt. Sed sunt, inquit, quidam qui non credunt. » (*Ibid.*, 64, 65.) Ipsi dicebant : « Durus est hic sermo, quis eum potest audire? » Durus est, sed duris : hoc est incredibilis, sed incredulis.

Caput II. — *Fides donum Dei. Gratiæ violentia suavis.* — 2. Sed ut doceret nos etiam ipsum credere doni esse, non meriti : « Sicut, inquit, dixi vobis, nemo venit ad me, nisi cui datum fuerit a Patre meo. » (*Ibid.*, 66.) Ubi autem hoc Dominus dixerit, si superiora Evangelii recolamus, inveniemus eum dixisse: « Nemo venit ad me, nisi Pater qui misit me, traxerit eum. » (*Ibid.*, 44.) Non dixit, duxerit; sed, « traxerit. » Ista violentia cordi fit, non carni. Quid ergo miraris? Crede, et venis; ama et traheris. Ne arbitreris istam asperam molestamque violentiam: dulcis est, suavis est : ipsa suavitas te trahit. Nonne ovis trahitur, cum esurienti herba monstratur? Et puto quia non corpore impellitur, sed desiderio colligatur. Sic et tu veni ad Christum : noli longa itinera meditari; ubi credis, ibi venis. Ad illum enim qui ubique est amando venitur, non navigando. Sed

souvent les flots et les tempêtes des diverses tentations; croyez donc au crucifié, afin que votre foi puisse s'appuyer sur le bois de la croix. Vous n'aurez pas à craindre d'être englouti, dès lors que vous serez porté par la croix. C'est ainsi que naviguait sur les flots de ce siècle celui qui disait : « A Dieu ne plaise que je me glorifie en autre chose qu'en la croix de Notre-Seigneur Jésus-Christ. » (*Gal.*, VI, 14.)

3. Chose étonnante! de deux hommes qui entendent prêcher Jésus-Christ crucifié, l'un le méprise, l'autre s'élève jusqu'à lui. Celui qui le méprise ne doit en accuser que lui-même; celui qui s'attache à lui ne doit point s'en attribuer le mérite. Il a entendu ce que dit le Maître de toute vérité : « Nul ne vient à moi, s'il ne lui a été donné par mon Père. » Qu'il se réjouisse d'avoir reçu cette faveur, qu'il en rende grâces avec un cœur humble et sans prétention à Celui qui la lui a faite, de peur de perdre par orgueil ce que l'humilité lui a fait obtenir.

CHAPITRE III. — *Nous ne devons attribuer à nos propres forces, ni la foi, ni la sainteté de la vie.* — Ceux mêmes qui marchent déjà dans la voie droite, s'ils l'attribuent à eux-mêmes et à leurs propres forces, s'en écartent bientôt. Aussi la sainte Ecriture, voulant nous enseigner l'humilité, nous dit par l'Apôtre : « Travaillez à votre salut avec crainte et avec tremblement. » (*Philip.*, II, 12.) Et, de peur que cette expression : « Travaillez » ne leur fît s'attribuer une partie de ce travail, il ajoute aussitôt : « Car c'est Dieu qui, par sa volonté, opère en vous le vouloir et le faire. » (*Ibid.*, 13.) C'est Dieu qui opère en vous; travaillez donc avec crainte et avec tremblement; creusez une vallée dans votre cœur pour recevoir la pluie. Les terres basses sont arrosées par la pluie, les hauteurs restent dans la sécheresse; or, cette pluie, c'est la grâce. Pourquoi donc vous étonner que Dieu résiste aux superbes et qu'il donne sa grâce aux humbles? (*Jacq.*, IV, 6.) « Travaillez donc à votre salut avec crainte et avec tremblement, » c'est-à-dire avec humilité. Gardez-vous de vous élever, mais craignez. (*Rom.*, XII, 20.) Craignez, pour mériter d'être rempli; évitez tout sentiment d'orgueil, pour ne point rester dans la sécheresse.

CHAPITRE IV. — *La grâce est nécessaire à l'homme justifié par la grâce, pour qu'il puisse marcher dans la voie droite.* — 4. Mais, me dites-vous, je marche depuis longtemps dans cette voie; j'avais besoin d'être instruit, j'avais besoin que les enseignements de la loi m'apprissent ce que je devais faire; j'ai le libre usage de ma volonté; qui me fera sortir de cette voie? Si vous lisez attentivement l'Ecriture, vous y trouverez un homme qui commençait à s'enorgueillir de son abondance, bien qu'elle vint de Dieu. Le Seigneur, dans sa miséricorde, le dépouilla de ce qu'il avait, pour lui enseigner

---

quoniam etiam in tali itinere abundant fluctus et tempestates diversarum tentationum : in crucifixum crede, ut fides tua lignum possit ascendere. Non mergeris, sed ligno portaberis. Sic, sic in hujus sæculi fluctibus navigabat ille, qui dicebat : Mihi autem absit gloriari, nisi in cruce Domini nostri Jesu Christi. (*Gal.*, VI, 14.)

3. Mirum est autem, quod prædicato Christo crucifixo, audiunt duo, unus contemnit, alter ascendit. Qui contemnit, imputet sibi : qui ascendit, non arroget sibi. Audivit enim a veraci Magistro : « Nemo venit ad me, nisi datum fuerit ei a Patre meo. » Gaudeat, quia datum est : gratias agat danti corde humili, non arroganti, ne quod humilis meruit, superbus amittat.

CAPUT III. — *Nec fides, nec bona vita propriis viribus arroganda.* — Nam etiam qui jam in ipsa via justa ambulabant, si sibi eam tribuerint et viribus suis, pereunt de illa. Ideo humilitatem nos docens sancta Scriptura per Apostolum dicit : « Cum timore et tremore vestram ipsorum salutem operamini. (*Philip.*, II, 12.) Et ne sibi aliquid inde darent, quia dixit : « operamini, » continuo subjunxit : « Deus enim est qui operatur in vobis et velle, et operari, pro bona voluntate. Deus est qui operatur in vobis : » (*Ibid.*, 13) ideo : « cum timore et tremore » vallem facite, imbrem suscipite. Depressa implentur, alta siccantur. Gratia pluvia est. Quid ergo miraris, si Deus superbis resistit, humilibus autem dat gratiam. (*Jacob.*, IV, 6.) Ideo, « cum timore et tremore » id est, cum humilitate. Noli altum sapere, sed time. Time, ut implearis : noli altum sapere, ne sicceris. (*Rom.*, XI, 20.)

CAPUT IV. — *Gratia justificato, ut in via justa ambulet, necessaria.* — 4. Sed jam, inquis, ambulo viam (a) istam : opus erat ut dicerem, opus erat ut per doctrinam Legis scirem quid agerem; habeo liberum voluntatis arbitrium; quis me ab ista via separabit? Si legas diligenter, invenies quemdam de sua quadam abundantia, quam tamen acceperat, extollere

(a) Aliquot Mss. *viam justam.*

l'humilité; il tomba donc tout à coup dans l'indigence, et le souvenir du passé lui fit confesser en ces termes l'action de la miséricorde divine : « J'ai dit dans mon abondance : je ne serai jamais ébranlé. » (*Ps.* xxix, 7.) « J'ai dit dans mon abondance; » c'est moi qui l'ai dit, moi qui ne suis qu'un homme; or, tout homme est menteur. (*Ps.* cxv, 11.) J'ai dit, j'ai donc dit dans mon abondance; elle était si grande que j'ai osé dire : « Je ne serai jamais ébranlé. » Et quelle est la suite? « Dans votre bonne volonté, Seigneur, vous ajoutez pour moi la force à la beauté ; mais vous avez détourné votre face, et je suis tombé dans le trouble. » (*Ps.* xxix, 8.) Vous m'avez montré, dit-il, que vous étiez l'auteur de cette abondance. Vous m'avez fait connaître à qui je devais demander, à qui je devais attribuer le succès de ma prière, à qui je devais en rendre grâces, à qui je devais courir pour étancher ma soif, remplir mon âme, et par qui je devais conserver le précieux trésor qui remplissait mon âme. En effet, c'est près de vous, Seigneur, que je conserverai ma force; c'est votre libéralité qui me remplit de vos grâces, c'est votre protection qui me les conserve. « C'est près de vous que je conserverai ma force. » (*Ps.* lviii, 10.) Pour me convaincre de cette vérité, « vous avez détourné votre face de moi, et je suis tombé dans le trouble. » Dans le trouble, parce que mon âme était desséchée, sécheresse qui avait pour cause son orgueil. Terre sèche et aride, dites donc à Dieu, pour qu'il vous remplisse de nouveau : « Mon âme est devant vous comme une terre sans eau. » (*Ps.* cxlii, 6.) Oui, dites : « Mon âme est devant vous comme une terre sans eau. » C'est vous qui aviez dit, et non pas le Seigneur : « Je ne serai jamais ébranlé. » C'est la présomption qui vous inspirait ce langage; ce bonheur ne venait pas de vous, et vous le regardiez comme votre œuvre personnelle.

Chapitre V. — *Si celui qui marche dans la voie droite s'en attribue le mérite, il est jeté par là même en dehors de cette voie.* — 5. Que nous enseigne ici le Seigneur? « Servez Dieu dans la crainte, et tressaillez devant lui avec tremblement. » (*Ps.* ii, 11.) C'est la même recommandation que nous fait l'Apôtre : « Travaillez à votre salut avec crainte et avec tremblement, car c'est Dieu qui opère en vous. » Réjouissez-vous donc devant lui avec tremblement, de peur que le Seigneur ne s'irrite. Je le vois, vous m'avez prévenu par vos cris; vous savez ce que je vais vous dire, et vos applaudissements devancent mon explication. Et à qui devez-vous cette intelligence? N'est-ce pas à l'enseignement de Celui dont vous vous êtes approchés par la foi? Voici donc ce qu'il vous dit : écoutez ce que vous savez; pour moi je ne vous apprends rien, je ne fais

---

se cœpisse; Dominum autem misericordem, ut doceret humilitatem, quod dederat abstulisse ; illum vero subito inopem remansisse, et misericordiam Dei recordatione confessum dixisse : « Ego dixi in abundantia mea : Non movebor in æternum. » « Ego dixi in abundantia mea. » (*Psal.* xxix, 7.) Sed « ego dixi, » homo dixi : Omnis homo mendax. (*Psal.* cxv, 11.) « Ego dixi. » Ergo « Ego dixi in abundantia mea : » tanta erat abundantia, ut hoc dicere auderem : « Non movebor in æternum. » Quid deinde ? « Domine in voluntate tua præstitisti decori meo virtutem. Avertisti autem faciem tuam a me, et factus sum conturbatus. » (*Psal.* xxix, 8.) Ostendisti, inquit, mihi, quia illud quo abundabam de tuo erat. Ostendisti mihi unde peterem, cui (*a*) tribuerem quod acceperam, cui gratias agere deberem , ad quem currerem sitiens, unde implerer, et quo impletus essem ad quem custodirem. « Fortitudinem enim meam ad te custodiam; » (*Psal.* lviii, 10) quo te largitore (*b*) implear, te servatore non perdam. « Fortitudinem meam ad te custodiam. » Hoc ut ostenderes mihi, « avertisti faciem tuam a me, et factus sum conturbatus. » « Conturbatus, » quia siccatus ; siccatus, quia exaltatus. Dic ergo siccus et aridus, ut rursus implearis : « Anima mea velut terra sine aqua tibi. » Dic : « Anima mea velut terra sine aqua tibi. » (*Psal.* cxlii, 6.) Tu enim dixeras, non Dominus dixerat : « Non movebor in æternum. » Tu dixeras præsumens de te ; sed non de tuo, et quasi putabas de tuo.

Caput V. — *Ambulans in via justa, si id sibi tribuat, perit de via justa.* — 5. Quid ergo Dominus dicit ? « Servite Domino in timore, et exsultate ei cum tremore. » Sic et Apostolus : « Cum timore et tremore vestram ipsorum salutem operamini. Deus est enim qui operatur in vobis. » (*Psal.* ii, 11.) Ergo exsultate cum tremore. « Ne quando irascatur Dominus. » Video quia clamando prævenitis. Quid enim dicturus sum scitis, clamando prævenitis. Et hoc unde habetis, nisi quia docuit ad quem credendo venistis? Hoc ergo dicit : audite quod nostis; non doceo, sed commemoro prædicando : imo nec doceo, quia nostis, nec commemoro, quia meministis ; sed simul

---

(*a*) Er. et Lov. *cui retribuerem.* Castigantur ex Am. et ex Mss. — (*b*) Sic Mss. At Lov. *quo te largitorem impleam.* Am. et Er. *quod te largiente impleam.*

que vous rappeler une vérité que vous connaissez déjà; ou plutôt, mon intention n'est ni de vous apprendre ce que vous savez, ni de vous rappeler ce que vous n'avez pas oublié, mais de redire avec vous des vérités dont la connaissance nous est commune. Le Seigneur nous dit : Soumettez-vous à la discipline et réjouissez-vous, mais d'une joie mêlée de crainte, afin que vous puissiez toujours conserver dans l'humilité ce que vous avez reçu, « de peur que le Seigneur ne s'irrite, » c'est-à-dire contre les superbes qui s'attribuent le mérite du bien qui est en eux, et ne rendent point grâces à l'auteur de tout don parfait. « De peur que le Seigneur ne s'irrite et que vous ne soyez jetés en dehors de la voie droite. » A-t-il dit : De peur que le Seigneur ne s'irrite, et que vous ne puissiez entrer dans la voie droite? A-t-il dit : De peur que le Seigneur ne s'irrite, et qu'il ne vous conduise point, ou ne veuille point vous admettre dans la droite voie? Non, vous y marchez déjà; évitez l'orgueil qui vous jetterait en dehors de cette voie. « De peur que vous ne soyez jetés en dehors de la voie droite, lorsque bientôt sa colère éclatera sur vous. » Elle n'est pas éloignée. Dès que l'orgueil s'empare de vous, vous perdez ce que vous aviez reçu.

CHAPITRE VI. — *Contre les pélagiens. La rémission des péchés dans le baptême. Faiblesse qui reste après le baptême.* — L'homme effrayé de ces menaces s'écrie : Que ferai-je donc? Le Roi-Prophète ajoute : « Heureux ceux qui se confient en lui; » non pas en eux, mais en lui. « C'est par la grâce que nous avons été sauvés ; elle ne vient pas de nous, » mais elle est un don de Dieu. (*Ephés.*, II, 8.)

6. Vous direz peut-être : Pourquoi donc revient-il si souvent sur le même sujet? C'est la seconde, la troisième fois, et il n'ouvre presque jamais la bouche que pour répéter cette vérité. Plût à Dieu que ce fût sans motif! Il est, en effet, des hommes qui, pleins d'ingratitude pour la grâce, accordent beaucoup trop à la nature faible et épuisée par ses blessures. Il est vrai, le libre arbitre de l'homme était doué d'une grande force au moment de sa création, mais il perdit cette force par son péché. L'homme a été blessé à mort, réduit à une extrême faiblesse, laissé par les voleurs à demi-mort dans le chemin. Il fallut que le Samaritain qui passait, et dont le nom signifie *gardien*, le mît sur son cheval et le conduisît dans l'hôtellerie. (*Luc,* x, 30.) De quoi donc peut-il s'enorgueillir? Il est encore soumis au traitement du médecin. Il me suffit, dit-il, d'avoir reçu dans le baptême la rémission de tous mes péchés. Mais de ce que les iniquités ont été effacées, s'ensuit-il que toute faiblesse ait disparu? J'ai reçu, dit-il, la rémission de tous mes péchés. Rien n'est plus vrai. Tous les péchés ont été effacés dans le sacrement de baptême, tous sans exception ; paroles, actions, pensées, tout a été pardonné. Mais c'est là le vin et l'huile qui ont été appliqués dans le chemin sur vos blessures. Vous

---

dicamus quod nobiscum tenetis. Hoc Dominus dicit: «Apprehendite disciplinam, et exsultate,» sed «cum tremore,» ut semper humiles teneatis quod accepistis. « Ne quando irascatur Dominus » utique superbis, sibi quod habent tribuentibus, non illi a quo habent gratias agentibus. « Ne quando irascatur Dominus, et pereatis de via justa. » Numquid dixit : Ne quando irascatur Dominus, et non veniatis ad viam justam? Numquid : Ne quando irascatur Dominus, et non vos perducat ad viam justam, aut non vos admittat ad viam justam? Jam in illa ambulatis, nolite superbire, ne etiam de illa pereatis. « Et pereatis, inquit, de via justa. Cum exarserit in brevi ira ejus » super vos. Non in longum. Ubi superbis, ibi quod acceperas perdis.

CAPUT VI. — *In Pelagianos. Remissio peccatorum in baptismo. Languor post baptismum.* — His territus homo quasi diceret : Quid ergo faciam ? Sequitur: « Beati omnes qui confidunt in eo : » non in se, sed « in eo. » Gratia salvi facti sumus, non ex nobis, sed Dei donum est. (*Ephes.*, II, 8.)

6. Forte dicatis : Quid sibi vult, quod hoc saepe dicit? Iterum hoc, et tertium hoc : et prope nunquam loquitur, nisi quando hoc dicit. Utinam non sine causa dicam. Sunt enim homines ingrati gratiae, multum tribuentes inopi sauciaeque naturae. Verum est, magnas arbitrii liberi vires homo, cum conderetur, accepit; sed peccando amisit. In mortem lapsus est, infirmus factus est, a latronibus semivivus in via relictus est : in jumentum suum levavit eum transiens Samaritanus, quod interpretatur custos; ad stabulum adhuc perducitur. (*Luc.*, x, 30.) Quid extollitur? Adhuc curatur. Sed sufficit, inquit, mihi quod in baptismo accepi remissionem omnium peccatorum. Numquid quia deleta est iniquitas, finita est infirmitas? Accepi, inquit, remissionem omnium peccatorum. Prorsus verum est. Deleta sunt cuncta peccata in sacramento baptismatis, cuncta prorsus,

n'avez pas besoin que je vous rappelle, mes très-chers frères, comment ce voyageur, blessé par les voleurs et laissé à demi-mort sur la route, fut soulagé par l'huile et le vin que le Samaritain appliqua sur ses blessures. Il a reçu le pardon de ses erreurs, et cependant il faut qu'il achève de guérir sa faiblesse dans l'hôtellerie. Cette hôtellerie, si vous le comprenez bien, c'est l'Eglise. Elle est maintenant pour nous une hôtellerie, parce que nous ne faisons qu'y passer dans cette vie; elle deviendra plus tard une demeure dont nous ne sortirons plus, lorsque, après notre guérison parfaite, nous serons parvenus au royaume des cieux. En attendant, soumettons-nous volontiers au traitement qui nous est imposé; ne soyons pas comme des malades qui se glorifient de leur santé, car cet orgueil n'aboutirait qu'à rendre notre guérison impossible.

CHAPITRE VII. — *Quatre bienfaits de la grâce: La rémission des péchés, la guérison de nos langueurs, la délivrance de la corruption et de la concupiscence.* — 7. « Mon âme, bénis le Seigneur. » (*Ps.* CII, 1.) Dites à votre âme, dites-lui : tu portes encore une chair fragile. Ce corps soumis à la corruption appesantit l'âme (*Sag.*, IX, 15); après la rémission entière de tes péchés, on t'a encore imposé le remède de la prière, et tu dois dire jusqu'à l'entière guérison de tes infirmités : « Pardonnez-nous nos offenses. » (*Matth.*, VI, 12.) Dites donc à votre âme, comme une humble vallée, et non comme une colline altière : « Mon âme, bénis le Seigneur, et n'oublie jamais tous ses bienfaits. » Quels sont ces bienfaits? Expose-les, fais-en l'énumération, et rends à Dieu d'immortelles actions de grâces. Quels sont ces bienfaits? « Il t'a pardonné toutes tes iniquités. » Voilà ce qu'il a fait dans le baptême. Et que fait-il maintenant? Il guérit toutes tes langueurs. Oui, voilà ce qu'il fait maintenant, je le reconnais. Mais tant que je suis dans cette vie, ce corps soumis à la corruption appesantit l'âme. Ajoutez donc ce qui suit : « Il rachète ma vie de la corruption. » Qu'avons-nous encore à recevoir après cet affranchissement de la corruption? Lorsque ce corps corruptible aura revêtu l'incorruptibilité, et que ce corps mortel aura revêtu l'immortalité, cette parole de l'Ecriture sera accomplie : « La mort a été absorbée dans sa victoire. O mort, où est ta victoire? ô mort, où est ton aiguillon? » (I *Cor.*, XV, 54, etc.) C'est avec raison que vous direz alors : O mort, où est ton aiguillon? Vous chercherez où il était et vous ne le trouverez point. Qu'est-ce que l'aiguillon de la mort? Que signifient ces paroles : « O mort, où est ton aiguillon? » Où est le péché? Vous le chercherez et vous ne le trouverez plus. Le péché, voilà, en effet, l'aiguillon de la mort; ce sont les paroles de l'Apôtre, et non les miennes. Vous direz donc alors : O mort, où est ton aiguillon? Il n'y aura plus de péché ni

---

dicta, facta, cogitata, cuncta deleta sunt. Sed hoc est, quod infusum est in via, oleum et vinum. Retinetis, Carissimi, semivivus ille in via a latronibus sauciatus, quomodo sit consolatus, accipiens oleum et vinum vulneribus suis. Jam utique errori ejus indultum fuit, et tamen sanatur languor in stabulo. Stabulum si agnoscitis, Ecclesia est. Stabulum modo, quia vivendo transimus : domus erit, unde nunquam migrabimus, cum ad regnum cœlorum sani pervenerimus. Interim in stabulo libenter curemur, non adhuc languidi de sanitate gloriemur; ne nihil aliud superbiendo faciamus, nisi ut nunquam curando sanemur.

CAPUT VII. — *Gratiæ beneficia quatuor. Remissio peccatorum. Curatio languoris. Redemptio ab omni corruptione et concupiscentia.* — 7. « Benedic anima mea Dominum. » (*Psal.* CII, 1.) Dic animæ tuæ, dic : Adhuc in hac vita es, adhuc carnem fragilem portas, adhuc corpus quod corrumpitur, aggravat animam (*Sap.*, IX, 15); adhuc post integritatem remissionis accepisti remedium orationis; adhuc utique dicis, donec sanentur languores tui : Dimitte nobis debita nostra. (*Matth.*, VI, 12.) Dic ergo animæ tuæ, humilis vallis, non erectus collis; dic animæ tuæ : « Benedic anima mea Dominum, et noli oblivisci omnes retributiones ejus. » Quas retributiones? Dic, enumera, gratias age. Quas retributiones? « Qui propitius fit omnibus iniquitatibus tuis. » Hoc factum est in baptismo. Quid fit modo? « Qui sanat omnes languores tuos. » Hoc fit modo : agnosco. Sed quamdiu hic sum, corpus quod corrumpitur, aggravat animam. Dic ergo et quod sequitur : « Qui redimit de corruptione vitam tuam. » Post redemptionem de corruptione quid restat? Quando corruptibile hoc induerit incorruptionem, et mortale hoc induerit immortalitatem, tunc fiet sermo qui scriptus est : Absorpta est mors in victoriam. Ubi est mors contentio tua? (I *Cor.*, XV, 54, etc.) Ibi recte : Ubi est mors aculeus tuus? Quæris locum ejus, et non invenis. Quid est aculeus mortis? Quid est : Ubi est mors aculeus tuus? Ubi est peccatum? Quæris, et nusquam est. Aculeus enim mortis est peccatum. Apostoli, non mea verba sunt. Tunc dicetur : Ubi est mors aculeus

pour vous captiver, ni pour vous attaquer, ni pour séduire votre conscience. Vous ne direz plus alors : « Pardonnez-nous nos offenses. » Que direz-vous donc? Seigneur, notre Dieu, donnez-nous la paix, car nos épreuves sont votre ouvrage. (*Isaïe*, XXVI, 12.)

CHAPITRE VIII. — *Le dernier bienfait de la grâce est la couronne de la justice.* — 8. Enfin, après que nous sommes délivrés de toute corruption, que nous reste-t-il à recevoir, si ce n'est la couronne de justice? Oui, voilà ce qui nous reste à recevoir; mais dans l'attente de cette couronne, alors même qu'elle est suspendue sur notre tête, éloignons d'elle toute enflure, si nous voulons qu'elle puisse recevoir cette couronne. Ecoutez et considérez, dans ce même psaume, que cette couronne n'est point faite pour les têtes où règne l'enflure. Après avoir dit : « Qui rachète ton âme de la corruption, » le Psalmiste ajoute : « Qui te couronne. » Vous alliez peut-être dire : « Il te couronne, » mes mérites sont reconnus, c'est ma vertu qui m'a rendu digne de cette couronne; c'est une dette qu'on me paye, ce n'est pas un don gratuit qui m'est fait. Prêtez plutôt l'oreille aux paroles du psaume. Vous l'avouez vous-même; « tout homme est menteur. » (*Ps.* CXV, 11.) Ecoutez donc ce que dit Dieu : « Qui te couronne dans sa miséricorde et dans son amour. » C'est sa miséricorde, c'est son amour qui vous couronnent. Vous n'aviez aucun titre à être appelé, ni à être justifié après votre vocation, ni à être glorifié après la justification. « Quelques-uns seulement, dit l'Apôtre, que Dieu s'est réservés par l'élection de la grâce, ont été sauvés. Or, si c'est par grâce, ce n'est donc point en vue des œuvres. » (*Rom.*, XI, 5.) « Car la récompense qu'on donne à quelqu'un pour ses œuvres ne lui est pas imputée comme une grâce, mais comme une dette. » (*Rom.*, IV, 4.) C'est l'Apôtre lui-même qui parle : « Ce n'est point comme une grâce, mais comme une dette. » Dieu vous couronne donc dans sa miséricorde et dans son amour; et si vous croyez que vous en êtes redevable à vos mérites précédents, Dieu vous dit : Examinez bien vos mérites, et vous verrez que ces mérites ne sont autre chose que mes dons.

9. Voici donc quelle est la justice de Dieu. De même que nous appelons le salut du Seigneur (*Ps.* III, 9) non pas celui dont il est l'objet, mais le salut dont il est l'auteur; ainsi la grâce de Dieu qui nous est donnée par Notre-Seigneur Jésus-Christ est appelée la justice de Dieu, non point la justice par laquelle il est juste, mais celle par laquelle il justifie les hommes, qu'il rend justes, d'impies qu'ils étaient.

CHAPITRE IX. — *La grâce qui était cachée dans l'ancien Testament, nous est révélée dans le nouveau.* — Or, il est aujourd'hui des hommes qui, semblables aux Juifs d'autrefois,

---

tuus? Nusquam erit peccatum, nec quod te capiat, nec quod te impugnet, nec quod conscientiam titillet. Tunc non dicetur : Debita nostra dimitte nobis. Sed quid dicetur? Domine Deus noster pacem da nobis : omnia enim reddidisti nobis. (*Isai.*, XXVI, 12.)

CAPUT VIII. — *Gratiæ postremum beneficium corona justitiæ.* — 8. Denique post redemptionem ab omni corruptione, quid restat nisi corona justitiæ? Ipsa certe restat, sed etiam in ipsa vel sub ipsa non sit caput turgidum, ut recipiat coronam. Audi, attende Psalmum, quam nolit corona illa turgidum caput. Cum dixisset : « Qui redimit de corruptione vitam tuam : Qui coronat te, inquit. » Jam hic dicturus eras : « Coronat te, » merita mea fatentur, virtus mea fecit hoc : debitum redditur, non donatur. Audi potius Psalmum. Nam et hoc tu dicis : Omnis homo mendax. (*Psal.* CXV, 11.) Audi, Deus quid dicat : « Qui coronat te in miseratione et misericordia. » De misericordia te coronat, de miseratione te coronat. Non enim dignus fuisti quem vocaret, et vocatum justificaret, justificatum glorificaret. Reliquiæ per electionem gratiæ salvæ factæ sunt. « Si autem gratia, jam non ex operibus : alioquin gratia jam non est gratia. » (*Rom.*, XI, 5.) « Nam ei qui operatur, merces non imputabitur secundum gratiam, sed secundum debitum. » (*Rom.*, IV, 4.) Apostolus loquitur : « Non secundum gratiam, sed secundum debitum. » Te autem coronat in miseratione et misericordia, et si tua merita præcesserunt, dicit tibi Deus : Discute (*a*) bene merita tua, et videbis quia dona sunt mea.

9. Hæc est ergo justitia Dei. Quomodo dicitur, Domini salus (*Psal.* III, 9), non qua salvus est Dominus, sed qua dat eis quos salvos facit : sic et Dei gratia per Jesum Christum Dominum nostrum justitia Dei dicitur, non qua justus est Dominus, sed qua justificat eos quos ex impiis justos facit.

CAPUT IX. — *Gratia in Veteri Testamento occulta, in Novo revelata.* — Quidam vero, quomodo aliquando Judæi, et Christianos se dici volunt, et adhuc igno-

---

(*a*) Sic Mss. Editi vero, *bona merita tua.*

revendiquent le nom de chrétiens, et qui, dans l'ignorance où ils sont de la justice de Dieu, cherchent à établir leur propre justice, aujourd'hui même où la grâce se montre à découvert, dans ces temps où la grâce qui était voilée se révèle pleinement à nos yeux, dans ces temps où la grâce est rendue visible et manifeste sur l'aire, après avoir été cachée dans la toison. Il en est peu, je le vois, qui me comprennent; le plus grand nombre ne m'a pas compris, et je ne veux pas que mon silence leur soit préjudiciable. Un des anciens justes demanda un jour au Seigneur un miracle, et lui dit : Seigneur, faites que cette toison que je place sur l'aire soit pénétrée de rosée, et que l'aire demeure sèche. (*Jug.*, VI, 37, etc.) Il fut fait ainsi ; la toison fut couverte de rosée, et toute la terre demeura dans la sécheresse. Le matin il pressa la toison, et remplit un bassin de la rosée qui en sortit. Cette toison, qu'il pressa au-dessus d'un bassin, est la figure de la grâce qui est donnée aux humbles. Vous savez ce que Notre-Seigneur fit à ses disciples avec un bassin à la main. Gédéon demanda un second miracle. « Je vous prie, Seigneur, dit-il à Dieu, que toute la terre soit trempée de rosée, et que la toison seule demeure sèche. Et le Seigneur fit ce que Gédéon avait demandé. » Rappelez-vous les temps de l'ancien Testament ; la grâce était cachée dans la nuée, comme la pluie dans la toison. Jetez maintenant les yeux sur les temps du nouveau Testament ; considérez la nation des Juifs, elle vous paraîtra comme la toison desséchée, tandis que l'univers tout entier est comme l'aire de Gédéon, rempli d'une grâce qui n'est plus cachée, mais se manifeste avec éclat. Et voilà ce qui nous force de verser d'abondantes larmes sur nos frères qui luttent contre la grâce, alors que tous les voiles qui la couvraient sont levés, et qu'elle se révèle au grand jour. On pardonne encore aux Juifs ; mais des chrétiens ! Pourquoi vous déclarez-vous contre la grâce de Jésus-Christ ? pourquoi cette présomption ? pourquoi cette ingratitude ? Pourquoi Jésus-Christ est-il venu sur la terre ? N'avions-nous pas la nature ? Quoi ! cette nature à laquelle vous prodiguez des éloges si trompeurs ? N'aviez-vous pas aussi la loi ? Mais que dit l'Apôtre ? « Si la justice vient de la loi, c'est donc en vain que Jésus-Christ est mort. » (*Gal.*, II, 21.) Or, ce que l'Apôtre dit de la loi, nous le disons de la nature : Si la justice vient de la nature, c'est en vain que Jésus-Christ est mort.

CHAPITRE X. — *Conciles contre les pélagiens.* — 10. Nous voyons donc s'accomplir en eux tout ce qui a été dit des Juifs. « Ils ont du zèle pour Dieu. » Oui, « je leur rends ce témoignage, ils ont du zèle pour Dieu, mais leur zèle n'est point selon la science. » (*Rom.*, X, 2.) Qu'est-ce à dire qu'il n'est point selon la science ? « Parce que, ne connaissant point la justice de Dieu, et s'efforçant d'établir leur propre justice, ils ne se sont point soumis à la justice de Dieu. » Mes frères, par-

rantes Dei justitiam, suam volunt constituere, etiam temporibus nostris, temporibus apertæ gratiæ, temporibus nunc revelatæ prius occultæ gratiæ, temporibus nunc in area manifestæ gratiæ, quæ aliquando latebat in vellere. Paucos intellexisse video, plures non intellexisse, quos ego nequaquam tacendo fraudabo. Quidam de antiquis justis Gedeon petivit a Domino signum, et dixit : Peto Domine, ut vellus hoc quod in area pono, compluatur, et area sicca sit. (*Judic.*, VI, 37.) Factum est : complutum est vellus, area tota sicca erat. Expressit mane vellus in pelve ; quoniam humilibus datur gratia : et in pelve nostis quid fecerit Dominus discipulis suis. Item petivit alterum signum : Volo, inquit, Domine, ut vellus siccum sit, area completa. Et hoc factum est. Repete tempus Veteris Testamenti, gratia occulta est in nube, tanquam imber in vellere. Attende modo tempus Novi Testamenti, discute gentem Judæorum, quasi vellus siccum invenies : orbis vero totus tanquam illa area plenus est gratia non occulta, sed manifesta. Unde multum plangere cogimur fratres nostros, quia non contra occultam, sed contra apertam gratiam manifestamque contendunt. Ignoscitur Judæis. Quid Christiani ? Quare inimici gratiæ Christi ? Quare de vobis præsumentes ? Quare ingrati ? Quare enim Christus venit ? Numquid natura hic non erat ? Natura non erat, quam multum laudando (*a*) decipitis ? Numquid Lex hic non erat ? Sed ait Apostolus : « Si per Legem justitia, ergo Christus gratis mortuus est. » *Gal.*, II, 21.) Quod ait Apostolus de Lege, hoc nos istis dicimus de natura : Si per naturam justitia, ergo Christus gratis mortuus est.

CAPUT X. — *Concilia contra Pelagianos.* — 10. Quod ergo dictum est de Judæis, hoc omnino in istis videmus. Zelum Dei habent, testimonium illis perhibeo, quia zelum Dei habent, sed non secundum scientiam. (*Rom.*, X, 2.) Quid est, non secundum scientiam ? « Ignorantes enim Dei justitiam, et suam volentes

(*a*) Nonnulli codices, *desipitis*.

tagez la compassion que j'ai pour eux. Si vous en découvrez quelques-uns, ne les cachez pas ; gardez-vous d'avoir pour eux une bonté funeste ; dès que vous en découvrez quelques-uns, faites-les connaître. Réfutez leurs contradictions, et amenez-nous-les quand ils résistent. On a déjà envoyé au Siége apostolique les actes de deux conciles tenus à cette occasion (1), et nous avons reçu les rescrits. La cause est jugée, elle est finie; plaise à Dieu que l'erreur soit à sa fin! Aussi nous les engageons à réfléchir sur eux-mêmes, nous les enseignons pour leur faire connaître la vérité, et prions Dieu pour obtenir leur changement. Tournons-nous vers le Seigneur, etc.

SERMON CXXXII [2].

Sur ces paroles du chapitre VI de l'Evangile selon saint Jean : *Ma chair est vraiment une nourriture, et mon sang est vraiment un breuvage. Celui qui mange ma chair*, etc.

CHAPITRE PREMIER. — *Invitation aux catéchumènes de recevoir la grâce de la régénération.* — 1. Nous venons de l'entendre dans la lecture du saint Evangile, Notre-Seigneur Jésus-Christ nous exhorte à manger sa chair et à boire son sang, en nous promettant la vie éternelle. Vous avez tous entendu ses paroles, mais vous ne les avez pas tous comprises. Vous qui avez reçu le baptême, et qui êtes de vrais fidèles, vous comprenez le sens des paroles du Sauveur. Mais ceux qui, parmi vous, ne sont encore que catéchumènes ou écoutants ont bien pu entendre ces paroles; en ont-ils aussi compris la signification? C'est donc aux uns et aux autres que nous adressons ce discours. Que ceux qui mangent déjà la chair du Seigneur et qui boivent son sang considèrent attentivement la nature de cette nourriture et de ce breuvage, pour ne point s'exposer, comme dit l'Apôtre, à manger et à boire leur condamnation. (1 *Cor.*, XI, 29.) Quant à ceux qui ne sont pas encore admis à manger cette chair, à boire ce sang, qu'ils se hâtent de répondre à l'invitation qui leur est faite, de s'asseoir à ce banquet divin. Pendant ces jours, les maîtres de maison donnent des repas ; Jésus-Christ en donne tous les jours, sa table est toujours dressée au milieu de cette enceinte. Pourquoi donc, ô écoutants, vous contentez-vous de voir la table dressée, sans venir prendre part au festin ? Peut-être, pendant la lecture de l'Evangile, avez-vous dit en vous-mêmes : Quel est le sens de ces paroles : « Ma chair est vraiment nourriture, et mon sang est vraiment breuvage? » (*Jean*, VI, 56.) Comment peut-on manger la chair

---

(1) Ce sont les conciles de Carthage et de Milet, dont les actes se trouvent dans les lettres CLXXV et CLXXVI de saint Augustin. Les rescrits que le pape Innocent envoya à cette occasion, au commencement de l'année 417, sont reproduits dans les lettres CLXXX et CLXXXII.
(2) Florus cite ce sermon dans son Commentaire sur le chapitre XV de la Ire Epître aux Corinthiens.

---

constituere, justitiæ Dei non sunt subjecti. » Fratres mei, compatimini mecum. Ubi tales inveneritis, occultare nolite, non sit in vobis perversa misericordia ; prorsus ubi tales inveneritis, occultare nolite. Redarguite contradicentes, et resistentes ad nos perducite. Jam enim de hac causa duo concilia missa sunt ad sedem Apostolicam : inde etiam rescripta venerunt. Causa finita est : utinam aliquando finiatur error. Ergo ut advertant monemus, ut instruantur docemus, ut mutentur oremus. Conversi ad Dominum, etc.

SERMO CXXXII (a).

De verbis Evangelii Joan., VI : *Caro mea vere esca est, et sanguis meus vere potus est. Qui manducat meam carnem*, etc.

CAPUT PRIMUM. — *Ad regenerationis gratiam invitantur Catechumeni.* — 1. Sicut audivimus, cum sanctum Evangelium legeretur, Dominus Jesus Christus exhortatus est promissione vitæ æternæ ad manducandam carnem suam et bibendum sanguinem suum. Qui audistis hæc, (b) nondum omnes intellexistis. Qui enim baptizati et fideles estis, quid dixerit, nostis. Qui autem inter vos adhuc Catechumini vel Audientes vocantur, potuerunt esse cum legeretur audientes, numquid et intelligentes ? Ergo sermo noster ad utrosque dirigitur. Qui jam manducant carnem Domini, et bibunt sanguinem ejus, cogitent quid manducent, et quid bibant : ne, sicut dicit Apostolus, judicium sibi manducent et bibant. (I *Cor.*, XI, 29.) Qui autem nondum manducant, et nondum bibunt, ad tales epulas invitati festinent. Per istos dies (c) magistri pascunt, Christus quotidie pascit, mensa ipsius est illa in medio constituta. Quid causæ est, o audientes, ut mensam videatis, et ad epulas non accedatis? Et forte modo cum Evangelium legeretur, dixistis in cordibus vestris : Putamus quid est quod

---

(a) Alias XLVI, de verbis Domini — (b) Omnes Mss. *Qui audistis hæc, aliqui jam hoc facitis, aliqui nondum. Qui enim baptizati*, etc., nisi quod nonnulli habent, *jam hæc facitis.* — (c) Apud Lov. *magistri*. At in cæteris libris editis et Mss. *magistratio*.

du Seigneur et boire son sang? Pouvons-nous comprendre ce qu'il veut dire? Qui donc a fermé votre esprit à l'intelligence de ce mystère? Il est couvert d'un voile, mais, si vous voulez, ce voile sera levé. Venez faire votre profession de foi, et la question sera résolue; car les fidèles savent très-bien ce que le Seigneur Jésus a voulu dire. Vous, au contraire, qui portez le nom de catéchumène, d'écoutant, vous restez sourd à ces paroles. Les oreilles de votre corps sont ouvertes, puisque vous entendez les paroles qu'on vient de vous lire, mais les oreilles de votre cœur restent fermées, parce que vous ne comprenez pas le sens de ces paroles. Je me contente d'exposer, je ne discute pas. Voici la fête de Pâques qui approche, donnez votre nom pour le baptême. Si cette grande solennité n'est pas suffisante pour vous déterminer, laissez-vous conduire par une pieuse curiosité, pour comprendre le sens de ces paroles : « Celui qui mange ma chair et boit mon sang demeure en moi et moi en lui. » (*Ibid.*, 57.) Voulez-vous savoir avec moi ce qu'elles signifient? Frappez et l'on vous ouvrira; et ce conseil que je vous donne, je le suis moi-même; je frappe, ouvrez-moi; ma parole retentit à vos oreilles, je frappe à la porte de votre cœur.

Chapitre II. — *Les chrétiens mariés, qui se nourrissent du corps de Jésus-Christ, doivent pratiquer les règles de la chasteté conjugale.* — 2. Mais si nous devons, mes frères, exhorter les catéchumènes à recevoir, sans tarder, la grâce précieuse de la régénération, avec quel soin devons-nous instruire les fidèles, pour qu'ils s'approchent avec fruit de cette table sainte, et qu'ils ne mangent et ne boivent point pour leur jugement cette divine nourriture. Or, s'ils veulent éviter de la manger pour leur condamnation, que leur vie soit sainte. Que vos mœurs, sinon vos discours, soient une véritable exhortation, afin que ceux qui ne sont point encore baptisés, en s'empressant de suivre vos exemples, ne trouvent point leur mort dans cette imitation. Vous qui êtes mariés, gardez à vos épouses la foi conjugale; rendez-leur ce que vous exigez d'elles. Vous exigez de votre épouse la chasteté, donnez-lui l'exemple, et ne vous bornez point aux paroles. Vous êtes chef, veillez sur vos démarches. Vous devez toujours prendre une voie où il n'y ait aucun danger pour elle de vous suivre, et marcher le premier là où vous voulez qu'elle marche après vous. Vous exigez la force du sexe le plus faible; vous êtes tous deux soumis à la concupiscence de la chair; que celui qui est le plus fort en triomphe le premier. Et cependant, chose déplorable, un grand nombre d'hommes sont ici vaincus par leurs épouses. Les femmes restent fidèles à la chasteté que les hommes ne veulent pas garder, et ils se font, comme hommes, un honneur de cette infidélité; comme si la force avait été donnée à l'homme

---

dicit : « Caro mea vere esca est, et sanguis meus vere potus est? » (*Joan.*, VI, 56.) Quomodo manducatur caro Domini, et bibitur sanguis Domini? Putamus quid dicit? Quis contra te clausit, ut hoc nescias? Velatum est: sed si volueris, erit revelatum. Accede ad professionem, et solvisti quæstionem. Quod enim dixit Dominus Jesus, jam fideles noverunt. Tu autem Catechumenus diceris, diceris Audiens, et surdus es. Aures enim corporis patentes habes, quia verba quæ dicta sunt audis; sed aures cordis adhuc clausas habes, quia quod dictum est non intelligis. Disputo, non dissero. Ecce Pascha est, da nomen ad baptismum. Si non te excitat festivitas, ducat ipsa curiositas : ut scias quid dictum sit: « Qui manducat carnem meam, et bibit sanguinem meum, in me manet, et ego in illo. » (*Ibid.*, 57.) Ut scias mecum quid dictum sit, pulsa, et aperietur tibi : Et ut tibi dico : Pulsa, et aperietur tibi : ita et ego pulso, aperi mihi. Auribus personans, ad pectus pulso.

Caput II. — *Conjugati fideles, jam corpus Christi manducantes, de castitate servanda admonentur.* — 2. Sed si Catechumeni exhortandi sunt, Fratres mei, ut ad tantam gratiam regenerationis accedere non morentur : quanta nobis cura esse debet in ædificandis fidelibus, ut prosit eis quod accedunt, non sibi tales epulas sint : sed si volueris, ut in judicium manducent et bibant? Ut autem non in judicium manducent et bibant, bene vivant. Estote exhortatores non sermonibus, sed moribus vestris, ut illi, qui non sunt baptizati, sic festinent sequi vos, ut non pereant imitando vos. Qui conjugati estis, fidem thori servate uxoribus vestris. Reddite quod exigitis. Vir a femina exigis castitatem, præbe illi exemplum, non verbum. Tu es caput, qua is vide. Hac enim debes ire, qua illi non sit periculosum sequi : imo tu ipse qua vis eam sequi, illuc debes ambulare. Ab imbecilliore sexu exigis fortitudinem : carnis concupiscentiam ambo habetis; qui fortior est, prior vincat. Et tamen quod dolendum est, multi viri a feminis vincuntur. Servant feminæ castitatem, quam viri servare nolunt : et in eo quod non servant, se viros videri volunt; quasi propterea sit fortior sexu, ut eum facilius subjuget inimicus.

pour se laisser plus facilement dompter par son ennemi. Il faut lutter, il faut combattre, il faut résister, c'est un devoir. L'homme est plus fort que la femme, il est le chef de la femme. (*Ephés.*, v, 23.) La femme combat et remporte la victoire, et vous succombez! Le corps reste debout, et la tête tombe! Quant à vous qui n'êtes pas encore mariés, et qui cependant vous approchez de la table du Seigneur, mangez sa chair et buvez son sang; si vous devez un jour prendre des épouses, conservez-vous pour elles. Elles doivent vous trouver tels que vous voulez les trouver vous-mêmes. Quel est le jeune homme qui ne veuille une épouse chaste? Et s'il épouse une vierge, n'exige-t-il pas qu'elle soit irréprochable? Vous exigez d'elle une chasteté, une pureté inviolables; qu'elle trouve en vous cette chasteté, cette pureté. Est-ce que cette chasteté qu'elle observe vous est impossible? Si elle vous était impossible, elle le serait aussi pour elle. Mais ce qu'elle fait vous apprend que vous pouvez le faire vous-même. Et qui lui donne cette puissance? C'est Dieu qui la dirige. Pour vous, vous aurez beaucoup plus de gloire, si vous l'imitez. Pourquoi plus de gloire? En effet, elle est contenue par la vigilance de ses parents, arrêtée par la pudeur naturelle à son sexe; enfin, elle craint les lois que vous n'avez pas à craindre. Voilà donc ce qui vous donnera plus de gloire, c'est que vous serez chaste uniquement parce que vous craignez Dieu. En de-

hors de la crainte de Dieu, elle a mille autres motifs de crainte; pour vous, c'est Dieu seul que vous craignez. Mais Celui que vous craignez est supérieur à tous les autres.

CHAPITRE III. — Il faut le craindre en secret comme en public. Vous sortez de votre maison, il vous voit; vous entrez, il vous voit également; votre lampe est allumée, il vous voit; vous l'éteignez, il vous voit encore; vous entrez dans votre chambre, vous êtes sous ses yeux; vous réfléchissez en vous-même, son œil pénètre jusque dans votre cœur. Craignez donc Celui dont l'œil est toujours ouvert sur vous, et que cette crainte au moins vous rende chaste. Ou bien, si vous êtes résolu à pécher, cherchez un lieu où l'œil de Dieu ne pénètre point, et faites ce que vous voulez.

Que doivent faire ceux qui ont fait vœu de chasteté. — 3. Pour vous qui avez déjà fait le vœu de chasteté, châtiez plus sévèrement votre corps, et ne lâchez pas le frein à la concupiscence, même pour les choses permises. Ce n'est pas assez de vous abstenir de tout commerce criminel, il faut vous interdire même un regard innocent. Quel que soit votre sexe, hommes ou femmes, souvenez-vous que votre vie sur la terre est celle des anges. Les anges ne prennent ni d'épouses ni de maris. (*Matth.*, XXII, 30.) Il en sera ainsi de nous après la résurrection. Mais que votre perfection est bien plus grande, vous qui commencez d'être avant la mort ce que les

---

Lucta est, prœlium est, pugna est. Vir fortior est femina, vir caput est feminæ. (*Ephes.*, v, 23.) Femina pugnat, et vincit : tu hosti succumbis? Stat corpus, et jacet caput? Qui autem uxores nondum habetis, et tamen ad mensam Dominicam jam acceditis, et carnem Christi manducatis, et sanguinem bibitis, si ducturi estis uxores, servate vos uxoribus vestris. Quales eas vultis ad vos venire, tales vos debent et ipsæ invenire. Quis juvenis est, qui non castam velit ducere uxorem? Et si acceptaret est virginem, quis non intactam desideret? Intactam quæris, intactam esto. Puram quæris, noli esse impurus. Non enim illa posset, et tu non potes. Si fieri non posset, nec illa potest. Quia vero illa potest, doceat te quia fieri potest. Et illam, ut possit, Deus regit. Sed tu gloriosior eris, si feceris. Quare gloriosior? Illam premit parentum custodia, refrenat infirmioris sexus ipsa verecundia : postremo leges timet, quas tu non times. Ideo ergo gloriosior eris, si feceris : quia tu si feceris, Deum times. Habet illa multa quæ timeat præter

Deum : tu solum Deum times. Sed tu quem times, major est omnibus.

CAPUT III. — Ipse timendus est in publico, ipse in secreto. Procedis, videris; intras, videris : lucerna ardet, videt te; lucerna exstincta est, videt te : in cubiculum intras, videt te; in corde versaris, videt te. Ipsum time, illum cui cura est ut videat te; et vel timendo castus esto. Aut si peccare vis, quære ubi te non videat, et fac quod vis.

Continentiæ voto obstricti. — 3. Qui vero jam vovistis, corpus arctius castigate, et concupiscentiæ frenos nec ad ipsa quæ permissa sunt, patiamini relaxare; ut non solum a concubitu illicito divertatis, sed etiam licitum contemnatis aspectum. Mementote in quocumque sexu sitis, sive mares, sive feminæ, Angelorum vitam ducere vos in terra. Angeli enim non nubunt, neque uxores ducunt. (*Matth.*, XXII, 30.) Hoc erimus, cum resurrexerimus. Quanto vos meliores, qui quod erunt homines post resurrectionem, hoc vos incipitis esse ante mortem? Servate gradus vestros :

autres hommes ne seront qu'après la résurrection! Restez fidèlement dans les divers degrés où Dieu vous a placés, il vous tient en réserve la récompense et la gloire qui vous sont dues. La résurrection des morts est comparée aux étoiles du firmament. « Entre les étoiles, comme le remarque l'Apôtre, l'une est plus brillante que l'autre; il en est de même de la résurrection des morts. » (I *Cor.*, XV, 41.) Ainsi la virginité brillera d'un éclat autre que celui de la chasteté conjugale, et de la sainte viduité. La gloire sera différente, mais tous y auront part; la splendeur ne sera pas la même, mais le ciel sera leur commun séjour.

CHAPITRE IV. — *Chacun doit rester dans sa condition.* — 4. Méditez donc sérieusement sur votre condition, soyez fidèles aux devoirs de votre état, et approchez alors avec confiance de la chair et du sang du Seigneur. Mais s'il en est autrement, n'approchez pas; que mes paroles portent le repentir dans votre cœur. Ceux qui savent garder à leurs épouses la fidélité qu'ils en exigent, ou qui observent une chasteté entière et parfaite, parce qu'ils en ont fait le vœu, m'écoutent avec joie. D'autres, au contraire, s'attristent en m'entendant leur dire : Si vous n'avez point gardé la chasteté, n'approchez point de ce pain. Je voudrais n'avoir point à vous tenir ce langage; mais que ferai-je? La crainte de l'homme me fera-t-elle taire et sacrifier la vérité? Ainsi, parce que ces serviteurs infidèles ne craignent pas le Seigneur, je ne le craindrai pas moi-même, comme si je ne connaissais pas ce qu'il dit dans l'Évangile : « Serviteur méchant et paresseux, vous deviez confier mon argent aux changeurs, et j'aurais retiré ce qui est à moi avec usure. » (*Matth.*, XXV, 26.) Je l'ai confié, Seigneur mon Dieu, c'est en votre présence, en présence de vos saints anges, en présence de votre peuple, que j'ai distribué votre argent, car je redoute vos jugements. Je l'ai confié, c'est à vous de le retirer. C'est ce que vous ferez, sans que j'aie besoin de vous le rappeler. Je vous dirai donc bien plutôt : J'ai distribué vos richesses, convertissez les cœurs, épargnez les pécheurs. Rendez chastes ceux qui vivaient dans l'impureté, afin que tous nous puissions nous réjouir en votre présence, au jour du jugement, et celui qui a donné, et celui qui a reçu. Le voulez-vous, mes frères? Oui, que telle soit votre volonté. Qui que vous soyez, qui vous êtes livrés à l'impureté, corrigez-vous pendant que vous êtes encore en vie. Car, je puis bien vous annoncer la parole de Dieu, mais je ne puis délivrer du jugement et de la condamnation les impudiques qui auront persévéré dans leurs désordres.

---

servat enim vobis Deus honores vestros. Comparata est resurrectio mortuorum stellis in cœlo constitutis. Stella enim ab stella differt in gloria, ut Apostolus dicit : sic et resurrectio mortuorum. Aliter enim ibi lucebit virginitas, aliter ibi lucebit castitas conjugalis, aliter ibi lucebit sancta viduitas. Diverse lucebunt : sed omnes ibi erunt. Splendor dispar, cœlum commune.

CAPUT IV. — *Gradus cuique suus servandus.* — 4. Cogitantes ergo gradus vestros, servantes et professiones vestras, accedite ad carnem Domini, accedite ad sanguinem Domini. Qui se scit aliter esse, non accedat. Compungimini magis sermone meo. Congratulantur enim qui sciunt servare conjugibus, quod a conjugibus exigunt, qui sciunt servare omni modo continentiam, si hanc Deo voverunt : qui vero audiunt me dicentem : Quicumque non servatis castitatem, nolite accedere ad illum panem, contristantur. Et ego nollem hoc dicere : sed quid facio? Timebo hominem, ut taceam veritatem? Ergo si illi servi non timent Dominum, etiam ego non timeam? quasi non sciam dictum esse : Serve nequam et piger, tu dares, et ego exigerem. (*Matth.*, XXV, 26.) Ecce dedi, Domine Deus meus; ecce in conspectu tuo et Angelorum tuorum et in conspectu ipsius plebis tuæ erogavi pecuniam tuam : timeo enim judicium tuum. Ego dedi, tu exige. Etsi non dicam, facturus es. Ergo hoc potius dico : Ego dedi, tu converte, tu parce. Fac pudicos qui fuerunt impudici, ut simul in tuo conspectu, cum judicium venerit, gaudeamus, et qui erogavit, et cui erogatum est. Placet hoc? Placeat. Quicumque impudici estis, corrigite vos, dum vivitis. Ego enim verbum Dei loqui possum; impudicos autem in nequitia perseverantes, de judicio et damnatione Dei liberare non possum.

SERMON CXXXIII [1].

Sur ces paroles du chapitre VII de l'Evangile selon saint Jean, où Jésus, après avoir déclaré qu'il n'irait pas à la fête, s'y rend cependant en secret.

1. Nous avons à discuter, avec le secours du Seigneur, le chapitre de l'Evangile qu'on vient de lire en dernier lieu. Il renferme une question très-importante, où il faut prendre garde de mettre en danger la vérité, en glorifiant le mensonge. Mais non, ni la vérité ne peut périr, ni le mensonge triompher. Quelle est donc cette question? je vous le dirai en peu de mots, et, après que ce court exposé aura éveillé votre attention, demandez à Dieu que nous puissions vous en donner une explication suffisante. La fête des tabernacles, fête solennelle chez les Juifs, était donc proche. C'est cette même fête qu'ils célèbrent encore aujourd'hui, quand ils dressent des tentes. En effet, cette fête est pour eux la fête de la construction des tentes, car le mot σκηνή signifiant tente, scénopégie signifie construction des tentes. (*Jean*, VII, 2.) Les Juifs célébraient donc ces jours de fête, et si l'on n'en parlait que comme d'une seule fête, ce n'est pas qu'elle ne durât qu'un jour; car elle se continuait plusieurs jours de suite, comme la fête de Pâques, comme la fête des azymes qui, comme on le sait, durait aussi quelques jours. Cette fête se célébrait donc dans la Judée, tandis que Notre-Seigneur se trouvait dans la Galilée, où il avait été élevé, et où il avait des parents et des proches, que l'Ecriture appelle ses frères. C'est alors que ses frères lui dirent, comme vous l'avez entendu : « Partez d'ici et allez en Judée, afin que vos disciples aussi voient les œuvres que vous faites. Car personne n'agit en secret, lorsqu'il cherche à se faire connaître. Si vous faites ces choses, montrez-vous au monde. » (*Jean*, VII, 3, 4.) Et l'Evangéliste ajoute aussitôt : « Car ses frères non plus ne croyaient point en lui. » (*Ibid.*, 5.) Si donc ils ne croyaient pas en lui, ce sont des paroles outrageantes qu'ils lui adressaient. « Mais Jésus leur dit : Mon temps n'est point encore venu, pour vous votre temps est toujours venu. » Le monde ne peut vous avoir en haine, mais pour moi il me hait, parce que je rends de lui ce témoignage, que ses œuvres sont perverses. Allez, vous, à cette fête; pour moi, je n'y vais point, parce que mon temps n'est pas encore accompli. « Et leur ayant ainsi parlé, ajoute l'Evangéliste, il demeura en Galilée. Et quand ses frères furent partis, il alla lui-même à la fête, non pas publiquement, mais comme en secret. » (*Ibid.*, 6-10.) Voilà toute la difficulté, le reste est clair.

[1] Possidius fait mention de ce sermon dans le chapitre IX de sa Table.

SERMO CXXXIII [a].

De verbis Evangelii Joan., VII, ubi Jesus non se ascensurum ad diem festum dixerat, et tamen ascendit.

1. Propositum est nobis, in adjutorio Domini, de hoc recentissimo Evangelii capitulo disputare, nec est parva quæstio, ne periclitetur veritas, et falsitas glorietur. Sed neque veritas perire potest, neque falsitas superare. Quid autem quæstionis habeat ista lectio, parumper accipite; et facti intenti per propositam quæstionem, orate ut sufficiamus ad solutionem. Dies festus erat Judæorum scenopegia (*Joan.*, VII, 2): hi dies sunt, quantum videtur, quos hodieque observant, quando casas vocant. Est enim illis ista solemnitas de fabricatione tabernaculorum; quoniam tabernaculum σκηνή dicitur, scenopegia est tabernaculi fabricatio (*f.* fabricant). Hi dies festi apud Judæos agebantur : et appellabatur unus dies festus, non quia uno die fiebat, sed quia continuata festivitate peragebatur; sicut dies festus Paschæ, sicut dies festus azymorum, et tamen, sicut manifestum est, ille festus dies agitur per aliquot dies. Erat ergo in Judæa ista solemnitas, Dominus Jesus in Galilæa erat, ubi et nutritus est, ubi et consanguineos atque cognatos habuit, quos Scriptura fratres appellat. « Dixerunt ergo ei, » sicut lectum audivimus, « fratres ejus : Transi hinc, et vade in Judæam, ut et discipuli tui videant opera tua quæ facis. Nemo enim in occulto quid facit, et quærit ipse in palam esse. Si hæc facis, manifesta te mundo. » (*Joan.*, VII, 3, 4.) Deinde subjungit Evangelista : « Neque enim fratres ejus credebant in cum. » (*Ibid.*, 5.) Si ergo non in eum credebant, invidiosa verba subjiciebant. « Respondit eis Jesus : Tempus meum nondum advenit : tempus autem vestrum semper est paratum. Non potest mundus odisse vos : me autem odit, quia ego testimonium perhibeo de illo, quia opera ejus mala sunt. Vos ascendite in diem festum hunc. Ego [b] non ascendo ad diem festum istum, quia tempus meum nondum impletum est. » Deinde sequitur Evangelista : « Hæc cum dixisset, ipse mansit in Galilæam ut autem ascenderunt fratres ejus, tunc et ipse ascendit ad diem festum, non manifeste, sed quasi occulte. (*Ibid.*, 6-10.) Huc usque extenditur quæstio, cætera aperta sunt.

[a] Alias VIII, inter editos ex Mss. Carthusiæ majoris. — [b] In Græco est οὔπω, *nondum*: et sic in aliquot Latinis Bibliis.

Jésus-Christ n'a point fait ici de mensonge.
— 2. Quelle est donc ici la question? où est la difficulté? où est le danger? C'est que le Seigneur, ou, pour parler plus clairement, la Vérité même ne soit accusée de mensonge. En effet, si nous admettons qu'il ait menti, les faibles s'autoriseront de son exemple pour mentir eux-mêmes. Or, nous avons entendu formuler contre lui, en ces termes, cette accusation de mensonge : Après avoir déclaré qu'il n'irait pas à cette fête, il s'y rend. Examinons d'abord, autant que nous le permet le peu de temps dont nous pouvons disposer, s'il y a toujours mensonge à ne point faire ce qu'on a promis. Je dis, par exemple, à un ami : J'irai vous voir demain ; mais un devoir plus important me retient, je n'ai point pour cela fait un mensonge. Lorsque j'ai promis, j'avais l'intention de faire ce que je promettais. Mais une obligation plus grave et plus pressante m'ayant empêché de tenir ce que j'avais promis, je n'ai point voulu mentir, mais je n'ai pu accomplir ma promesse. Vous le voyez, je n'ai pas eu besoin de grands efforts pour vous persuader de cette vérité ; il m'a suffi de rappeler à votre sagesse qu'il n'y a point mensonge à ne point accomplir ce qu'on a promis s'il survient un obstacle qui empêche l'exécution de cette promesse, sans qu'on puisse en conclure qu'on a eu l'intention de mentir.

L'erreur est préférable au mensonge. —
3. Mais, me dira-t-on, pouvez-vous avancer, en parlant de Jésus-Christ, ou qu'il n'a pu mettre à exécution ce qu'il voulait, ou qu'il ignorait l'avenir? Vous avez raison, votre idée est bonne, votre observation est juste, mais veuillez partager ici mon embarras. Nous n'oserions accuser Jésus-Christ d'impuissance, oserions-nous l'accuser de mensonge? Pour moi, autant que ma faiblesse me permet ici de juger et de me prononcer, j'aime mieux qu'un homme se trompe, que de le voir mentir ; car l'erreur est le résultat de la faiblesse, le mensonge a toujours un caractère d'iniquité. « Seigneur, dit le Psalmiste, vous haïssez tous ceux qui opèrent l'iniquité ; » (*Ps.* v, 7) et il ajoute aussitôt : « Vous perdrez ceux qui profèrent le mensonge. » Il faut donc assimiler ici le mensonge à l'iniquité, ou dire que perdre a une signification plus forte que haïr. En effet, la haine n'entraîne pas immédiatement le dernier supplice. Réservons cette question : s'il est quelquefois nécessaire de mentir, je ne la discute pas pour le moment ; elle est obscure, elle a mille difficultés cachées, je n'ai pas le temps de les trancher toutes, pour arriver au vif de la question. J'en remets donc l'examen à un autre temps ; peut-être le secours divin, sans qu'il soit besoin de mes paroles, vous en donnera-t-il la solution. Faites-vous donc une idée juste et précise de ce que je diffère, et de ce que je veux traiter aujourd'hui. Peut-on quel-

---

Christum in eo loco non esse mentitum. — 2. Quid ergo quæritur? quid movet? quid in periculo est? Ne Dominus, imo ut apertius dicamus, ne ipsa Veritas credatur esse mentita. Si enim volumus mentitum putari, mentiendi auctoritatem infirmus accipiet. Audivimus dicere mentitum esse. Qui enim putant esse mentitum, hoc dicunt : Dixit se non ascensurum ad diem festum et ascendit. Primo ergo, quantum in angusto tempore possumus, videamus utrum mentiatur, qui dicit aliquid, et non facit. Verbi enim causa, dixi amico : Cras te videbo ; occurrit major necessitas, quæ retineret ; non ideo falsum dixi. Quando enim promisi, hoc sentiebam quod dicebam. Quando autem aliud majus occurrit, quod impedivit fidem promissionis meæ, non mentiri volui, sed promissum implere non potui. Ecce, quantum arbitror, non laboravi, ut persuaderem, sed tantummodo admonui prudentiam vestram, non mentiri eum, qui promittit aliquid, et non facit, si ut non faciat, aliud occurrerit, quod ejus impediat promissionem, non quod convincat falsitatem.

Mentiri pejus est quam falli. — 3. Sed ait qui me audit : Numquid hoc potes de Christo dicere, quia vel non potuit implere quæ volebat, vel futura nesciebat? Bene agis, bene suggeris, recte commones : sed o homo partire mecum sollicitudinem. Quem non audemus dicere minus valentem, audemus dicere mentientem? Ego quidem, quantum existimo, quantum pro mea infirmitate judicare possum, eligo ut homo, in aliquo fallatur, quam ut in aliquo mentiatur. Falli enim pertinet ad infirmitatem, mentiri ad iniquitatem. « Odisti, inquit, Domine, omnes qui operantur iniquitatem. » Et continuo : « Perdes omnes qui loquuntur mendacium. » (*Psal.* v, 7.) Aut tantumdem valet iniquitas et mendacium ; aut plus est Perdes, quam Odisti. Neque enim qui odio habetur, continuo perditione punitur. Verum sit illa quæstio, utrum aliquando mentiri necesse sit : non enim modo discutio : latebrosa est, multos sinus habet ; non vacat omnes secare, et ad vivum pervenire. Ergo ejus curatio in tempus aliud differatur ; fortassis enim sine sermone nostro divina opitulatione

quefois mentir? question difficile, obscure; j'en ajourne la discussion. Notre-Seigneur Jésus-Christ a-t-il menti? La Vérité a-t-elle annoncé une chose fausse? C'est ce que la lecture de l'Evangile nous fait un devoir d'examiner aujourd'hui.

Différence entre l'erreur et le mensonge. — 4. Je vous dirai en peu de mots quelle différence il y a entre se tromper et mentir. Se tromper, c'est croire qu'on dit vrai, et on ne le dit que parce qu'on croit dire la vérité. Si ce que dit celui qui se trompe était vrai, il ne se tromperait pas; si non-seulement ce qu'il dit était vrai, mais qu'il sût la vérité de ce qu'il dit, il ne mentirait point. L'erreur, pour lui, consiste donc à regarder comme vrai ce qui est faux, et il ne le dit que parce qu'il le croit vrai. L'erreur est une suite de la faiblesse humaine, et ne blesse en rien la conscience. Mais affirmer comme vrai ce que l'on sait être contraire à la vérité, c'est un mensonge. Veuillez bien, mes frères, faire et retenir cette distinction, vous qui avez été nourris dans l'Eglise, instruits des divines Ecritures, vous qui, en cela, différents du peuple, avez l'esprit cultivé et un certain fonds de science. Il y a parmi vous des hommes doctes, savants, versés dans toutes les lettres; et pour vous, mes frères, qui n'avez point appris les arts libéraux, vous avez eu l'avantage bien plus précieux d'être nourris de la parole de Dieu. Si j'ai quelque peine à vous expliquer ma pensée, aidez-moi par votre attention soutenue et par la sagesse de vos réflexions. Mais vous ne pouvez m'aider qu'autant que vous serez aidés vous-mêmes. Prions donc les uns pour les autres, et attendons ensemble notre commun secours. Se tromper donc, c'est regarder comme vraie une chose que l'on dit, bien qu'elle soit fausse; mentir, c'est croire qu'une chose est fausse et la donner pour vraie, qu'elle soit d'ailleurs vraie ou fausse. Veuillez bien peser ce que j'ajoute : qu'elle soit d'ailleurs vraie ou fausse; car celui qui la donne pour vraie, bien qu'il la croie fausse, fait un mensonge, il a l'intention de tromper. Que lui sert-il, en effet, qu'elle soit vraie? Il la croit fausse et il la donne pour vraie. Ce qu'il avance est vrai en soi, mais, dans son esprit, c'est une fausseté; sa conscience n'est point d'accord avec ses paroles; il croit en lui-même qu'une chose est vraie, et ses lèvres en donnent une autre pour la vérité. Son cœur est double au lieu d'être simple, son langage n'est pas en harmonie avec ses sentiments. Or, il y a longtemps que l'Ecriture a frappé de réprobation les cœurs doubles. « Leurs lèvres trompeuses ont dit le mal dans un cœur et dans un cœur. » (*Ps.* XI, 3.) Ne suffirait-il pas de dire, en parlant de ceux qui ont des lèvres trompeuses, qu'ils ont dit le mal dans leur cœur? Qu'est-ce que tromper? C'est faire paraître autre chose que ce que

---

sanabitur. Sed quid distuli, quid volo hodie tractare, intendite et distinguite. An aliquando mentiendum sit, hanc dixi difficilem et latebrosissimam quæstionem, hanc differo. Utrum autem Christus mentitus sit, utrum Veritas aliquid falsum dixerit, hoc hodie suscepimus admoniti ex Evangelica lectione.

Falli et mentiri quomodo differant. — 4. Quid autem intersit inter falli et mentiri, breviter dico. Fallitur qui putat verum esse quod dicit, et quia verum putat, ideo dicit. Hoc autem dicit qui fallitur, si verum esset, non falleretur : si non solum verum esset, sed etiam verum esse sciret, non mentiretur. Fallitur ergo, quia falsum est, et verum putat ; dicit autem nonnisi quia verum putat. Error est in humana infirmitate, sed non est in conscientiæ sanitate. Quisquis autem falsum putat esse et pro vero asserit, ipse mentitur. Videte, Fratres mei, distinguite nutriti in Ecclesia, eruditi in Scripturis Dominicis, non rudes, non rustici, non idiotæ. Sunt enim inter vos docti et eruditi viri et quibuscumque litteris non mediocriter instructi : et qui illas litteras quæ liberales vocantur, non didicistis, plus est quod in sermone Dei nutriti estis. Si laboro in explicando quod sentio, adjuvate me et attentione audiendi et prudentia cogitandi. Nec adjuvabitis, nisi adjuvemini. Unde invicem pro nobis oremus, et commune adjutorium pariter exspectemus. Fallitur, qui cum sit falsum, verum putat esse quod dicit; mentitur autem, qui falsum esse aliquid putat, et pro vero dicit, sive illud verum sit, sive falsum. Intuemini quid addiderim, sive illud verum sit, sive falsum, tamen qui falsum putat et verum asserit, mentitur : fallere affectat. Quid enim ei prodest, quia verum est? Interim ipse hoc falsum putat, et dicit tanquam verum sit. Verum est in se illud quod dicit, in se verum est; apud illum falsum est, non hoc habet conscientia ejus quod loquitur; aliud in se cogitat verum esse, aliud foras profert pro veritate. Duplex cor est, non simplex : non quod ibi habet hoc profert. Duplex cor olim reprobatum. Labia dolosa in corde et corde locuti sunt mala. (*Psal.* XI, 3.) Sufficeret ut diceret, in corde locuti sunt mala, ubi est labia dolosa?

l'on fait réellement. Ceux dont les lèvres sont trompeuses n'ont pas un cœur simple, et, comme leur cœur n'est pas simple, ils parlent dans un cœur et dans un cœur, et le mot cœur est répété deux fois, parce qu'ils ont un cœur double.

Jésus-Christ ne peut ni être trompé, ni mentir. — 5. Admettrons-nous donc que Notre-Seigneur Jésus-Christ ait pu mentir? S'il y a moins de mal à être trompé qu'à mentir, oserons-nous accuser de mensonge celui que nous n'oserions accuser d'erreur? Mais il est inaccessible aussi bien à l'erreur qu'au mensonge, car c'est de lui qu'il est écrit et que doivent s'entendre ces paroles : On ne dit rien de faux devant le roi, et aucun mensonge ne sortira de sa bouche. Si par ce roi l'Ecriture veut désigner un homme, nous devons préférer à cet homme-roi Jésus-Christ le roi véritable. Si, au contraire, il est plus vrai de l'entendre de Jésus-Christ, (car on ne peut dire rien de faux devant lui, et aucun mensonge ne sort de sa bouche, parce qu'il est inaccessible à l'erreur comme au mensonge,) examinons dans quel sens il faut entendre ce passage de l'Evangile, et n'allons pas invoquer une autorité céleste pour creuser l'abîme du mensonge. Quoi de plus absurde, en effet, que de chercher à établir la vérité pour préparer les voies au mensonge? Que voulez-vous m'apprendre, je vous le demande, vous qui voulez m'expliquer ce texte de l'Evangile? que voulez-vous m'enseigner? Vous n'oseriez dire, je pense : le mensonge; car, si vous osiez me faire cette réponse, je détournerais les oreilles, je les fermerais avec des épines, et, si vous vouliez me faire violence, j'aimerais mieux m'enfuir blessé, sans attendre l'explication de l'Evangile. Dites-moi donc ce que vous voulez m'enseigner, et la question sera résolue. Dites-le-moi, je vous en prie; me voici, mes oreilles sont ouvertes, mon cœur est préparé, instruisez-moi. Mais qu'allez-vous m'apprendre? Je ne prends point de détours; qu'allez-vous m'enseigner? Quel que soit le point de doctrine que vous allez traiter, quelque serrée que soit votre argumentation, répondez à cette seule question : Est-ce la vérité ou le mensonge que vous allez m'enseigner? Que répondra-t-il pour m'empêcher de m'éloigner et de me retirer, dans la crainte que son hésitation et les efforts qu'il fait pour s'exprimer ne me forcent de le laisser au plus tôt? Que promettra-t-il de me dire, si ce n'est la vérité? J'écoute donc, je me tiens immobile, j'attends, je prête l'attention la plus grande. Mais quoi! Cet homme, qui promettait de m'enseigner la vérité, vient me persuader que le Christ a fait un mensonge? Comment peut-il m'enseigner la vérité, en accusant Jésus-Christ d'être un menteur. Si Jésus-Christ a menti, puis-je espérer que vous me direz la vérité?

L'Evangile seul suffit pour justifier ici le

Quid est dolus? Cum aliud agitur, aliud obtenditur. Labia dolosa non simplex cor; et quia non simplex cor, ideo in corde et corde; ideo bis corde, quia duplex cor.

Nec falli potest Christus, nec mentiri. — 5. Dominum ergo Jesum Christum quid existimamus, quia mentitus est? Si minus est falli, quam mentiri, quem dicere non audemus falli, dicere audemus mentiri? Ille vero nec fallitur, nec mentitur : sed omnino sicut scriptum est (de illo quippe intelligitur, de illo debet intelligi) : Nihil falsum dicitur regi, et nihil falsum exiet de ore ejus. Si regem quemlibet hominem dixit, regem Christum regi homini præponamus. Si autem, quod verius intelligitur, Christus est de quo dixit (ei quippe falsum nihil dicitur, quia non fallitur; ex ejus ore nihil falsi procedit, quia non mentitur): quæramus quomodo capitulum Evangelicum intelligamus, et non voraginem mendacii quasi cœlesti auctoritate construamus. Est autem absurdius quærere exponere veritatem et locum præparare mendacio. Quid me doces, rogo te, qui capitulum hoc exponis mihi, quid me vis docere? Nescio utrum audeas dicere : Falsitatem. Nam si ausus fueris hoc dicere, averto aures, et obturo spinis, ut si coartare tentaveris, etiam punctus abscedam absque exposito Evangelio. Dic mihi quid me velis docere, et solvisti quæstionem. Dic, oro te : Ecce adsum; aures patent, cor paratum est, doce. Sed quæro quid? Non eo per multa. Quid docturus es? Quamcumque doctrinam in medio versaturus, quidquid nervorum in disputatione adhibiturus, hoc solum dic, unum de duobus interrogo : Veritatem me docturus es, an falsitatem? Quid putamus eum responsurum, ne abscedat; ne hiantem et verba exprimere conantem continuo deseram : quid promissurus est, nisi veritatem? Audio, sto, expecto, intentissime expecto. Ecce ille, qui promittebat se docturum me veritatem, de Christo insinuat falsitatem. Quomodo igitur veritatem docturus, Christum mendacem dicturus? Si Christus mentitur, sperandum est mihi quod tu mihi verum dicturus es?

Ex ipsa Evangelii veritate Christus a mendacio

Christ de tout mensonge. — 6. Passons à un autre point. Que me dit-on ? Jésus-Christ a fait un mensonge. Dans quelle circonstance, je vous prie ? Lorsqu'il a dit : « Je ne vais point à cette fête, » et que cependant il s'y rendit. Je désire approfondir ce passage, pour y trouver la preuve que Jésus-Christ n'a point menti. Ou plutôt, comme je ne puis en douter, j'examinerai cette difficulté pour arriver à la comprendre, ou, si je ne la comprends pas, j'en ajournerai la solution. Je me garderai bien, toutefois, de dire que le Christ a fait un mensonge. Supposez que je ne puisse comprendre, je me retirerai avec mon ignorance. L'ignorance jointe à la piété vaut mieux qu'une science infatuée d'elle-même. Essayons cependant de discuter ces paroles ; peut-être, avec le secours de Celui qui est la vérité même, nous serons assez heureux pour découvrir quelque chose qui ne sera pas un mensonge. Si mes recherches n'aboutissent qu'à découvrir un mensonge, je n'ai rien découvert, je n'ai rien trouvé. Examinons donc cet endroit où vous prétendez que Jésus-Christ a fait un mensonge. C'est celui où il dit : « Je ne vais point à cette fête. » Comment savez-vous qu'il a dit ces paroles ? Et si je vous disais, ou, plutôt, si un autre vous disait, (car à Dieu ne plaise que je vous tienne ce langage) : Jésus-Christ ne s'est point exprimé de la sorte ; comment pourriez-vous lui prouver, lui démontrer le contraire ? Vous ouvririez le livre sacré, vous chercheriez ce passage, vous le présenteriez à cet homme, ou, plutôt, malgré ses résistances, vous lui jetteriez avec assurance le saint Evangile sous les yeux, en lui disant : Prenez, regardez, lisez, voici l'Evangile. Pourquoi, je vous en prie, pourquoi jeter dans le trouble une âme faible ? Ne me pressez pas autant, parlez avec plus de modération et de tranquillité. J'ai l'Evangile entre les mains ; mais que voulez-vous en faire ? L'Evangile, me répond-il, affirme que Jésus-Christ a dit ce que vous niez. Et vous croyez que Jésus-Christ a parlé de la sorte sur le témoignage de l'Evangile ? Oui, et sans aucun doute. Je ne puis trop m'étonner, je l'avoue, que vous accusiez Jésus-Christ de mensonge, en défendant la vérité de l'Evangile. Mais je ne veux point, quand je parle de l'Evangile, que vous ne considériez que ce livre, le parchemin et l'encre qui ont servi à le composer. Considérez la signification du mot grec ; Evangile veut dire *bon messager, bonne nouvelle.* Quoi, le messager ne mentirait point, et celui qui l'envoie serait coupable de mensonge ? Ce messager, c'est-à-dire l'Evangéliste, et pour l'appeler par son nom, saint Jean, qui a écrit cet évangile, a-t-il dit ou non la vérité, en parlant du Christ ? Choisissez l'alternative qu'il vous plaira, je suis prêt à entendre la réponse que vous voudrez me faire. S'il a menti, il vous est impossible de prouver que Jésus-Christ ait prononcé ces paroles. A-t-il dit la vérité ? on ne peut admettre que la vérité découle

---

vindicatus. — 6. Vide aliud. Quid dicit? Mentitus est Christus? Ubi, rogo te? Ubi dixit : « Non ascendo ad diem festum, » et ascendit. Ego quidem perscrutari velim istum locum, ne forte non sit Christus mentitus. Imo quia non dubito Christum non esse mentitum, locum istum aut perscrutabor et intelligam, aut non intelligens differam. Christum tamen mentitum esse non dicam. Fac me non intellexisse : discedam nesciens. Melius est enim cum pictate nescire, quam cum insania judicare. Tamen tentamus discutere, ne forte illo adjuvante, qui Veritas est, aliquid inveniamus, aliquid et inveniamur, et ipsum aliquid non erit in veritate mendacium. Nam si quærendo, mendacium invenio ; non aliquid, sed nihil invenio. Ergo quæramus ubi dicis Christum esse mentitum. Quia dixit, inquit : « Non ascendo ad diem festum, » et ascendit. Unde scis eum dixisse ? Quid si ego dicam, imo non ego, sed aliquis, absit enim ut hoc ego dicam : quid si dicat alius : Hoc Christus non dixit ; unde convincis, unde probaturus es ? Codicem aperturus, lectionem inventurus, homini demonstraturus, imo cum magna fiducia pectoris resistenti codicem impacturus : Tene, attende, lege, Evangelium portas. Quid ergo, rogo te, quid conturbas (*f.* parvulum) paululum ? Noli urgere, dic planius, tranquillius. Ecce Evangelium porto, et quid hinc ; Ille, Evangelium loquitur Christum dixisse quod negas. Et ideo credes hoc dixisse Christum, quia loquitur Evangelium ? Ideo plane, inquit. Ego multum miror, quomodo dicas mentiri Christum et non mentiri Evangelium. Sed ne forte, cum dico Evangelium, codicem attendas, membranam et atramentum cogites Evangelium, quid dicat vide Græcum nomen : Evangelium est bonus nuntius, vel bona annuntiatio. Nuntius ergo non mentitur, et qui eum misit, mentitur ? Iste nuntius, Evangelista scilicet, ut nomen etiam dicamus, iste Joannes qui hoc scripsit, de Christo mentitus est, an verum dixit ? Elige quod vis, ego ad utrumque te audire paratus sum. Si mentitus est, non est unde

de la source du mensonge. Quelle est la source? C'est Jésus-Christ; saint Jean n'est que le ruisseau. Le ruisseau se présente à moi et me dit : Buvez en toute assurance. Quoi, vous me rendez la source suspecte, vous prétendez qu'elle renferme le mensonge, et vous me dites : Buvez en toute confiance? Qu'y boirai-je? Que dit Jean? Que le Christ a fait un mensonge? Et qui a envoyé Jean? Le Christ. Ainsi, celui qui est envoyé me dirait la vérité, et Celui qui l'envoie serait un menteur? J'ai lu en termes exprès, dans l'Evangile, que Jean reposait sur la poitrine du Seigneur, (*Jean*, XIII, 23) et il buvait sans doute la vérité à sa source. Qu'y a-t-il puisé que ce qu'il a ensuite versé? « Au commencement était le Verbe, et le Verbe était en Dieu, et le Verbe était Dieu. Il était au commencement en Dieu. Toutes choses ont été faites par lui, et rien n'a été fait sans lui. Ce qui a été fait était vie en lui, et la vie était la lumière des hommes, et la lumière luit dans les ténèbres, et les ténèbres ne l'ont point comprise. » (*Jean*, I, 1, etc.) Elle luit cependant, et, si je suis environné d'une obscurité qui m'empêche de la saisir parfaitement, elle ne laisse pas de briller de tout son éclat. « Et un homme fut envoyé de Dieu, et son nom était Jean. Il vint en témoignage pour rendre témoignage à la lumière, afin que tous crussent par lui. Il n'était pas la lumière. » Qui? Jean. Lequel? Jean-Baptiste. Quoi! l'évangéliste saint Jean dit de lui qu'il n'était pas la lumière, et le Seigneur déclare, au contraire, qu'il était une lampe ardente et luisante. (*Jean*, V, 35.) Mais une lampe peut s'allumer et s'éteindre. Sur quoi fondez-vous cette distinction ? Quelle est ici la difficulté que vous examinez? Celui à qui la lampe rendait témoignage était la lumière véritable. Et vous soupçonneriez le mensonge dans Celui que Jean appelle la lumière véritable? (*Jean*, I, 9.) Ecoutez encore l'évangéliste saint Jean, répandant avec abondance ce qu'il avait puisé à cette source divine. « Et nous avons vu, dit-il, sa gloire. » (*Ibid.*, 14.) Qu'a-t-il vu? Quelle gloire a-t-il contemplée ? « La gloire que reçoit de son Père le Fils unique, plein de grâce et de vérité. » (*Ibid.*, 14.) Voyez maintenant, et dites si ce n'est pas un devoir pour nous de mettre un terme à ces discussions misérables et téméraires; de ne soupçonner aucun mensonge dans la Vérité, de rendre au Seigneur ce qui lui est dû, et laisser toute la gloire à la source, pour que nous y puisions la vérité en toute confiance. « Dieu est vrai, mais tout homme est menteur. » (*Rom.*, III, 4.) Qu'est-ce à dire? Dieu est plein, et tout homme est vide; si l'homme veut combler ce vide, qu'il s'approche de cette plénitude. « Approchez-vous de lui, et vous serez éclairé. »

---

probes Christum illa dixisse. Si verum dixit, de fonte falsitatis veritas non fluit. Quis est fons ? Christus : rivulus sit Joannes. Venit ad me rivulus, et dicis mihi : Bibe securus : et cum de ipso fonte me terreas, cum in fonte esse falsitatem dicas, dicis mihi : Bibe securus. Quid bibo ? Quid dixit Joannes, Christum esse mentitum ? Unde venit Joannes ? A Christo. Vera mihi dicturus est, qui ab illo venit, cum mentiebatur ille, a quo venit? Legi plane in Evangelio : Joannes super pectus Domini discumbebat ; sed puto quia veritatem bibebat. (*Joan.*, XIII, 23.) Quid vidit super pectus Domini discumbens ? Quid bibit ? quid, nisi quod ructuavit ? « In principio erat Verbum, et Verbum erat apud Deum, et Deus erat Verbum : hoc erat in principio apud Deum. Omnia per ipsum facta sunt, et sine ipso factum est nihil, quod factum est. In eo vita est, et vita erat lux hominum, et lux in tenebris lucet, et tenebræ eam non comprehenderunt; » (*Joan.*, I, 1, etc.) tamen lucet, et si ego forte obscuritatis aliquid habeo, nec comprehendere ad perfectum valeam, illa lucet. « Fuit homo missus a Deo, cui nomen erat Joannes : hic venit ut testimonium perhiberet de lumine, ut omnes crederent per ipsum. » Non erat ille lumen : quis ? Joannes: quis? Joannes Baptista. De ipso enim dicit Joannes Evangelista : Non erat ille lumen : de quo dicit Dominus : Erat lucerna ardens et lucens. (*Joan.*, V, 35.) Sed lucerna et accendi et exstingui potest. Quid ergo ? (*a*) unde distinguis? De quo loco quæris? Cui lucerna testimonium perhibebat, erat lumen verum. Ubi addidit Joannes verum, ibi tu quæris mendacium. (*Joan.*, I, 9.) Adhuc audi ipsum Joannem Evangelistam ructuantem quod biberat : « Et vidimus, inquit, gloriam ejus. » Quid vidit? quam gloriam vidit? « Gloriam tanquam Unigeniti a Patre, plenum gratia et veritate. » (*Ibid.*, 14.) Vide igitur, vide ne forte debeamus disputationes infirmas vel temerarias cohibere, et de veritate nihil falsi præsumere, dare Domino quod debetur : fonti gloriam demus, ut securi impleamur. Deus autem verax, omnis autem homo mendax. (*Rom.*, III, 4.) Quid est hoc? Deus plenus est : omnis homo inanis est; si vult impleri,

---

(*a*) Locus mendosus.

(*Ps.* XXXIII, 6.) Or, si l'homme est vide parce qu'il est menteur, il cherche à combler ce vide qui est en lui, en courant avec empressement, avec avidité, vers cette source où il puise la vérité qui doit remplir son âme. Et vous, au contraire, vous lui dites : Gardez-vous de puiser à cette source, elle ne contient que le mensonge. N'est-ce pas dire : Fuyez-la, elle est empoisonnée ?

Solution de la question. — 7. Vous avez tout épuisé, me dit mon adversaire ; vous m'avez repris sévèrement, je suis réduit au silence. Montrez-moi seulement que Jésus n'a point menti en disant : Je ne vais point à cette fête, et en ne laissant pas d'y aller. Je vous le dirai si je le puis ; retenez toutefois que, si je ne vous ai pas encore établi dans la vérité, c'est un grand point de vous avoir préservé de la témérité. Je vais donc vous donner cette explication, que vous devez déjà comprendre, si vous vous rappelez les paroles que je vous ai citées, car elles renferment la solution même de cette question. Cette fête durait plusieurs jours. Or, Jésus n'y alla pas ce jour-là même, où ses parents espéraient qu'il s'y rendrait, mais le jour où il avait résolu d'y aller. Considérez, en effet, ce qui suit : « Après leur avoir ainsi parlé, il demeura en Galilée. » Il ne se rendit donc point à cette fête. Ses frères voulaient qu'il y allât le premier, et c'est pour cela qu'ils lui disaient :

« Partez d'ici et allez en Judée. » Ils ne lui dirent point : Allons en Judée, comme s'ils devaient l'accompagner, ou : suivez-nous en Judée, comme s'ils devaient y aller les premiers ; non, ils veulent que Jésus les précède. Le Sauveur, au contraire, voulut qu'ils s'y rendissent les premiers ; il ne cède point à leurs instances, il ne fait paraître que la faiblesse de l'humanité en cachant sa divinité, et il agit ici comme dans la fuite en Egypte. (*Matth.*, II, 14.) Ce n'était pas impuissance de sa part, c'était une règle et un exemple que nous donnait la Vérité même, de nous soustraire au danger ; il ne voulait pas que ses serviteurs pussent dire : Je ne fuis point, ce serait une honte, alors cependant que la fuite serait utile. Il devait dire à ses disciples : « Lorsqu'on vous poursuivra dans une ville, fuyez dans une autre ; » (*Matth.*, X, 23) et lui-même leur en donne l'exemple. Ses ennemis se saisirent de lui lorsqu'il le voulut, de même qu'il naquit quand il voulut. Or, c'est afin d'empêcher ses frères de le prévenir, d'annoncer son arrivée, et de permettre à ses ennemis de lui tendre des pièges, qu'il dit : « Je ne vais point à ce jour de fête. » (*Jean*, VII, 8.) Il dit : « Je ne vais point, » parce qu'il veut demeurer caché, et il ajoute : « à ce jour de fête, » pour ne point mentir. Il exprime une chose, il en supprime une autre, il en diffère une troisième, mais il ne dit rien de faux, aucun mensonge ne sort de sa bouche.

---

accedat ad plenum. Accedite ad eum, et illuminamini. (*Psal.* XXXIII, 6.) Porro si homo inanis est, quia mendax est, et quærit impleri, et cum festinatione atque aviditate currit ad fontem, impleri vult, inanis est. Sed tu dicis : Cave fontem, est ibi mendacium. Quid aliud dicis quam : Est ibi venenum ?

Solutio quæstionis. — 7. Jam, inquit, omnia dixisti, jam me cohibuisti, jam castigasti. Dic mihi quomodo non sit mentitus, qui dixit : « Non ascendo, » et ascendit? Dicam, si potero : parum tibi non sit, quia etsi non te constitui in veritate, prohibui tamen a temeritate. Dicam tamen, quod et tu jam, si meministi verba quæ commendavi, puto quia cognoscis. Ipsa verba solvunt quæstionem. Multis diebus agebatur ille dies festus. Ad istum, utique hodiernum diem inquit, festum, istum utique hodiernum quando illi sperabant, non ascendit ; sed quando ipse disponebat. Denique attende quod sequitur. « Hæc cum dixisset, mansit ipse in Galilæa. » Ergo non ascendit ad istum diem festum. Volebant enim fratres ejus, ut ipse prior iret ; ideo illi dixerant : « Transi hinc in Judæam. » Non dixerant : Transeamus, quasi comites ejus futuri ; aut : Sequere nos in Judæam, tanquam priores ituri ; sed tanquam præmissuri. Hoc ille voluit, ut illi præcederent : hoc vitavit, commendans hominis infirmitatem, occultans divinitatem ; hoc vitavit, sicut cum in Ægyptum fugit. (*Matth.*, II, 14.) Non enim erat impotentiæ : sed et hoc veritatis, ut daret exemplum cavendi : ne quisquam servus ejus diceret : « Non fugio, quia turpe est ; cum forte expediret ut fugeret. Dicturus suis : Cum vos persecuti fuerint in hac civitate, fugite in aliam (*Matth.*, X, 23) ; hoc ipse exemplum præbuit. Nam quando voluit, prehensus est ; quando voluit, natus est. Hoc ergo, ne illi prævenirent, et eum venturum esse nuntiarent, et præpararentur insidiæ : « Non ascendo, inquit, ad diem festum. » (*Joan.*, VII, 8.) Dixit : « Non ascendo, » ut occultaretur : addidit « istum, » ne mentiretur. Aliquid intulit, aliquid abstulit, aliquid distulit : nihil tamen falsi dixit, quia nihil falsi de ejus ore procedit. Denique postea quam hæc dixit : « Ubi autem ascenderunt fratres ejus. (*Ibid.*, 10.) Evange-

Après qu'il eut parlé ainsi, et « quand ses frères furent partis, » (*Ibid.*, 10) c'est l'Évangile même qui parle; écoutez, lisez ce passage que vous m'objectiez; voyez si le texte même ne résout pas la question, et si j'ai été chercher ailleurs ce que je viens de vous dire. Notre-Seigneur attendait donc que ses frères partissent les premiers, afin qu'ils ne pussent annoncer son arrivée. « Mais quand ils furent partis, il alla lui-même à la fête, non pas publiquement, mais comme en secret. » Que signifient ces paroles : « Comme en secret? » Il agit ici comme secrètement. Pourquoi « comme secrètement? » Parce que ce n'était pas réellement en secret. Pourquoi, en effet, aurait-il cherché à se cacher, puisqu'on ne pouvait se saisir de lui que lorsqu'il le voudrait? Mais, en agissant de la sorte, comme je l'ai dit, il donnait à ses disciples encore faibles l'exemple de se soustraire aux embûches de leurs ennemis, puisqu'il n'était pas en leur pouvoir de n'être pris que quand ils le voudraient. Aussi il se rendit lui-même ensuite publiquement à cette fête; il enseignait dans le temple, et quelques-uns disaient : «Il est ici, voilà qu'il enseigne. Nos chefs avaient exprimé hautement l'intention de s'emparer de lui, voilà qu'il parle ouvertement, et personne ne met la main sur lui. » (*Ibid.*, 25, 26.)

Autre solution de cette question. — 8. Ramenons maintenant nos regards sur nous-mêmes ; rappelons-nous que nous sommes le corps du Sauveur, et que nous sommes personnifiés en lui. S'il n'en était pas de la sorte, aurait-il pu dire : « Autant de fois que vous avez agi ainsi pour l'un des moindres de mes frères, vous l'avez fait pour moi? » (*Matth.*, xxv, 40.) Si nous n'étions pas personnifiés en lui, aurait-il pu dire : « Saul, Saul, pourquoi me persécutez-vous ? » (*Act.*, ix, 4.) Il est donc ce que nous sommes, parce que nous sommes ses membres, parce que nous sommes son corps, parce qu'il est notre chef, parce que le Christ entier comprend la tête et le corps. (*Éphés.*, i, 22.) Peut-être donc nous avait-il en vue, nous qui ne devions point célébrer les fêtes des Juifs, lorsqu'il dit : « Je ne vais point à ce jour de fête. » Ainsi, ni Jésus-Christ, ni l'Évangéliste n'ont fait de mensonge, et s'il fallait ici nécessairement donner tort à l'un des deux, l'Évangéliste me pardonnerait de ne point préférer celui qui n'est que vrai à la Vérité même, celui qui est envoyé à Celui qui l'envoie. Mais, grâce à Dieu, nous avons, ce semble, rendu clair ce qui était obscur. Votre piété nous aidera auprès de Dieu. J'ai résolu comme j'ai pu cette question, en tant qu'elle touchait à Jésus-Christ et à l'Évangéliste. Attachez-vous pacifiquement avec moi à la vérité, et embrassez sans contestation la charité.

lium loquitur; attende, lege quod mihi offerebas ; vide si non ipsa lectio solvit quæstionem, vide si aliunde sumpsi quod dicerem. Hoc ergo Dominus exspectabat, ut priores illi ascenderent, ne venturum prænuntiarent : «Postea quam ascenderunt fratres ejus, ascendit etiam ipse tunc ad diem festum, non evidenter, sed quasi occulte. » Quid « quasi occulte ? » Ibi facit quasi occulte. Quid « quasi occulte ? » Quia nec hoc erat occulte. Non enim vere latere conabatur, qui in potestate habebat quando teneretur. Sed in illa, ut dixi, occultatione exemplum præbebat cavendi insidias inimicorum infirmus discipulis, qui potentiam non habebant, quando nollent ne prehenderentur. Nam ille etiam palam ascendit postea, et docebat eos in templo, et dicebant nonnulli : « Ecce hic est, ecce docet. Certe dicebant nostri principes, quia apprehendere eum volebant : ecce palam loquitur, et nemo in eum manum mittit. » (*Ibid.*, 25, 26.)

Altera solutio. — 8. Jam vero si nos ipsos attendamus, si corpus ejus cogitemus, quia et nos ipse est. Nam et si nos ipse non essemus, non esset verum : Cum uni ex minimis meis fecistis, mihi fecistis. (*Matth.*, xxv, 40.) Si nos ipse non essemus, non esset verum : Saule, Saule, quid me persequeris ? (*Act.*, ix, 4.) Ergo et nos ipse, quia nos membra ejus, quia nos corpus ejus, quia ipse caput nostrum, quia totus Christus caput et corpus. (*Ephes*, i, 22.) Forte ergo nos prævidebat, quia dies festos Judæorum non eramus acturi, et hoc est: « Ego non ascendo ad diem festum istum. » Ecce nec Christus, nec Evangelista mentitus est; quorum si alterum necesse est eligere, daret mihi veniam Evangelista, nullo modo veracem ipsi veritati præponerem : missum ei a quo missus est, non præferrem. Sed Deo gratias, quantum arbitror, renudatum est quod obscurum erat. Adjuvabit ad Deum pietas vestra. Ecce, sicut potui, solvi quæstionem, et in Christo et in Evangelista. Tene mecum amice veritatem, amplectere sine contentione caritatem.

SERMON CXXXIV [1].

Sur ces paroles du chapitre VIII de l'Evangile selon saint Jean : *Si vous demeurez dans ma parole, vous serez vraiment mes disciples*, etc.

CHAPITRE PREMIER. — *Nous avons tous pour maître Jésus-Christ.* — 1. Votre charité sait que nous avons tous un seul maître, et que tous nous sommes disciples à son école. De ce que nous vous parlons d'un lieu élevé, il ne s'ensuit pas que nous soyons vos maîtres; notre maître à tous est celui qui habite au milieu de nous. C'est lui qui nous parlait à tous, il n'y a qu'un instant, dans l'Evangile, et qui nous adressait les paroles que je vous répète en ce moment. Or, que nous dit-il, en nous adressant à vous comme à nous ses divins enseignements? « Si vous demeurez dans ma parole, » (*Jean*, VIII, 31) non pas dans ma parole, à moi qui vous parle en ce moment, mais dans la parole de Celui qui vient de vous faire entendre sa voix dans l'Evangile. « Si vous demeurez dans ma parole, dit-il, vous serez vraiment mes disciples. » Ce n'est pas assez pour le disciple de s'approcher du maître, il faut qu'il reste fidèle à ses leçons. Aussi Notre-Seigneur ne dit pas : Si vous écoutez ma parole, si vous venez entendre ma parole, si vous applaudissez ma parole; non, considérez ce qu'il dit : « Si vous demeurez dans ma parole, vous serez vraiment mes disciples, et vous connaîtrez la vérité, et la vérité vous délivrera. » (*Ibid.*, 32.) Que dirons-nous ici, mes frères? est-il pénible ou non de demeurer dans la parole de Dieu? Si c'est un travail pénible, considérez quelle en sera la récompense; si vous pouvez y demeurer sans peine, la récompense vous sera donnée gratuitement. Demeurons donc dans celui qui demeure en nous. Si nous ne demeurons pas en lui, notre chute est certaine; mais pour lui, quand il ne demeurerait pas en nous, il ne reste point pour cela sans demeure. Il demeure toujours en lui-même, parce qu'il n'en sort jamais. L'homme, au contraire, doit bien se garder de demeurer en lui-même, parce qu'il s'est perdu. C'est donc la nécessité qui nous force de demeurer en lui, tandis que c'est par miséricorde qu'il demeure en nous.

CHAPITRE II. — *Récompense de celui qui demeure dans la parole de Jésus-Christ.* — 2. Nous savons maintenant ce que nous devons faire; voyons quelle sera notre récompense. Car, si Notre-Seigneur nous fait un commandement, il nous promet aussi la récompense. Quel est ce commandement? « Si vous demeurez dans ma parole. » Cette œuvre est peu de chose, ce semble; elle est peu de chose dans l'expression, mais elle est grande en réalité. « Si vous demeurez. » Qu'est-ce à dire : « Si vous demeurez? » Si vous bâtissez sur la pierre. Oh! qu'il est important,

---

[1] Saint Augustin cite plus bas ce sermon, dans un sermon qui avait ailleurs pour titre : Sur les paroles de l'Apôtre, chapitre VIII.

SERMO CXXXIV [a].

De verbis Evangelii JOAN., VIII : *Si manseritis in verbo meo, vere discipuli mei estis*, etc.

CAPUT PRIMUM. — *Magister omnium Christus.* — 1. Novit Caritas Vestra, omnes nos unum magistrum habere, et sub illo condiscipulos esse. Nec ideo magistri vestri sumus, quia de loco superiore loquimur vobis : sed magister est omnium qui habitat in omnibus nobis. Ipse modo in Evangelio nobis omnibus loquebatur, et dicebat nobis, quod etiam ego dico vobis : dicit autem ille in Evangelio, et nobis et vobis : « Si manseritis in verbo meo, » (*Joan.*, VIII, 31) non utique in meo, qui modo loquor ; sed in ejus, qui modo ex Evangelio loquebatur. « Si manseritis in verbo meo, inquit, vere discipuli mei estis. » Ad discipulum parum est accedere, sed manere. Non ergo ait : Si audieritis verbum meum; aut : Si accesseritis ad verbum meum; aut : Si laudaveritis verbum meum; sed videte quid dixerit : « Si manseritis in verbo meo, vere discipuli mei estis, et cognoscetis veritatem, et veritas liberabit vos. » (*Ibid.*, 32.) Quid dicimus, Fratres? manere in verbo Dei, labor est, an non est? Si labor est, attende magnum præmium : si labor non est, gratis accipis præmium. Maneamus ergo in eo, qui manet in nobis. Nos, si in illo non manserimus, cadimus : ille autem, si in nobis non manserit, non ideo domum perdidit. Novit enim ille manere in se, qui nunquam deserit se. Absit autem ab homine, ut maneat in se, qui perdidit se. Ergo nos in illo manemus indigentia : ipse in nobis manet misericordia.

CAPUT II. — *Præmium manentis in verbo Christi.* — 2. Jam ergo si propositum est quid facere debeamus, quid accepturi sumus videamus. Indixit enim opus, et promisit mercedem. Quod est opus? « Si manseritis in verbo meo. » Breve opus : verbo breve, magnum opere : « Si manseritis. » Quid est : « Si man-

---

(a) Alias XLVII, de verbis Domini.

mes frères, qu'il est important de bâtir sur la pierre! « Les fleuves sont venus, les vents ont soufflé, la pluie est descendue, et se sont précipités sur cette maison, et elle n'est point tombée, parce qu'elle était fondée sur la pierre. » (*Matth.*, VII, 24.) Demeurer dans la parole de Dieu, qu'est-ce donc autre chose que de n'être vaincu par aucune tentation? Or, quelle en sera la récompense? « Vous connaîtrez la vérité, et la vérité vous délivrera. » Vous me plaignez, parce que vous apercevez combien ma voix est brisée; que votre silence vienne à mon aide. Oh! quelle magnifique récompense! « Vous connaîtrez la vérité. » Quelqu'un pourrait me dire : Et que me servira-t-il de connaître la vérité? « Et la vérité vous délivrera. » Si vous êtes insensible aux charmes de la vérité, aimez au moins la liberté. Le mot « être délivré » a deux significations dans la langue latine, et nous lui donnons ordinairement le sens d'échapper au danger, d'être affranchi de toute peine. Mais dans le sens propre, ce mot signifie être libre; de même qu'être sauvé signifie avoir la santé, être délivré signifie avoir la liberté. Cette signification ressort bien plus clairement dans le grec, et on ne peut l'entendre autrement. Et si vous en voulez une preuve, écoutez la réponse que les Juifs firent à Notre-Seigneur : « Jamais nous n'avons été les esclaves de personne, comment dites-vous : Vous serez libres? » (*Ibid.*, 33.) En d'autres termes : Comment pouvez-vous nous promettre que la Vérité nous délivrera, nous qui n'avons jamais subi aucun esclavage? Vous le voyez, aucune servitude ne pèse sur nous; pourquoi donc nous promettre la liberté?

3. Ils entendirent ce qu'ils devaient entendre, mais ils ne firent pas ce qu'ils devaient faire. Dans quel sens comprirent-ils ces paroles? Je vous dis : « La Vérité vous délivrera, » et considérant qu'aucun homme ne vous a réduits en servitude, vous dites : « Nous n'avons jamais été les esclaves de personne. »

CHAPITRE III. — *La servitude du péché.* — « Tout homme, » Juif et Grec, riche et pauvre, homme public ou privé, empereur ou mendiant, « tout homme qui commet le péché est esclave du péché. » Tout homme, remarquez bien, « qui commet le péché, est esclave du péché. » (*Ibid.*, 34.) Si les hommes comprennent la nature de leur esclavage, ils verront d'où doit venir leur délivrance. Un homme libre est fait prisonnier par les barbares; de libre qu'il était il devient esclave; un riche compatissant l'apprend, il voit qu'il a de l'argent, il devient son libérateur, va trouver les barbares, leur compte la rançon et rachète cet homme. Mais pour donner la liberté pleine et entière, il faut délivrer de l'iniquité. Celui qui était l'esclave des barbares a été racheté par

---

seritis? » Si in petra ædificaveritis. O quam magnum est hoc, Fratres, super petram ædificare, quam magnum est : « Venerunt flumina, flaverunt venti, descendit pluvia, et impegerunt in domum illam, et non cecidit : fundata enim erat supra petram. » (*Matth.*, VII, 24.) Quid est ergo in verbo Dei manere, nisi nullis tentationibus cedere? Præmium quod est? « Cognoscetis veritatem, et veritas liberabit vos. » Compatimini nobis, quia vocem meam sentitis obtusam : adjuvate me tranquillitate. O præmium : « Cognoscetis veritatem. » Forte aliquis diceret : Et quid mihi prodest, cognoscere veritatem? « Et veritas liberabit vos. » Si non delectat veritas, delectet libertas. In consuetudine Latinæ linguæ liberari duobus modis dicitur : et maxime in eo consuevimus audire hoc verbum, ut quicumque liberatur, intelligatur periculum evadere, molestiis carere. Liberari autem proprie dicitur liberum fieri : quomodo salvari, salvum fieri; sanari, sanum fieri; sic liberari, liberum fieri. Ideo dixi : Si non delectat veritas, delectat libertas. Hoc in Græca lingua evidentius sonat, nec potest aliter intelligi. Et ut noveritis quia aliter intelligi non potest; loquente Domino, responderunt Judæi : « Nos nemini servivimus unquam, quomodo tu dicis : Veritas liberabit vos? » (*Ibid.*, 33.) Id est : Veritas liberos vos faciet, quomodo dicis nobis, qui nemini unquam servivimus? Quos vides, inquiunt, non habere servitutis necessitatem, quomodo polliceris eis libertatem?

3. Audierunt quod debuerunt : sed non fecerunt quod debuerunt. Quid audierunt? Quia dixi : « Veritas liberabit vos; » attendistis vos quia non servitis homini, et dixistis : «Nemini servivimus unquam.

CAPUT III. — *Servitus peccati.* — « Omnis, » Judæus et Græcus, dives et pauper, honoratus et privatus, imperator et mendicus : « Omnis qui facit peccatum, servus est peccati. Omnis, inquit, qui facit peccatum, servus est peccati. » (*Ibid.*, 34.) Si agnoscant homines servitutem, videbunt unde accipiant libertatem. Ingenuus est aliquis captivatus a barbaris, ex ingenuo factus est servus : audit homo miserator, considerat se habere pecuniam, fit redemptor, pergit ad barbaros, dat pecuniam, redimit hominem. Plane reddidit libertatem, si abstulit iniquitatem. Sed quis abstulit iniquitatem, homo homini. Ille qui serviebat apud

son libérateur, et il y a une grande différence entre celui qui rachète et celui qui est racheté; cependant tous deux, peut-être, sont esclaves d'un commun tyran, l'iniquité. Je demande à celui qui a été racheté : Etes-vous coupable de quelque péché? Oui, me répond-il. Je fais la même question à son libérateur, qui me fait la même réponse. Ne vous vantez donc ni l'un ni l'autre, vous d'avoir été racheté, vous d'avoir racheté, mais courez tous deux au libérateur véritable. C'est peu de dire de ceux qui sont sous la tyrannie du péché, qu'ils sont esclaves; ils sont morts dans un sens véritable. Le mal qu'ils redoutent de la servitude, l'iniquité le leur a fait souffrir. Quoi donc! parce qu'ils ont l'apparence de la vie, accuserons-nous de mensonge Celui qui a dit : « Laissez les morts ensevelir leurs morts? » (*Matth.*, VIII, 22.) Donc, tous ceux qui sont atteints de la mort du péché sont des esclaves morts: morts, parce qu'ils sont esclaves; esclaves, parce qu'ils sont morts.

4. Qui donc nous délivre de la mort et de la servitude? Celui qui est resté libre au milieu des morts. Quel est celui qui est resté libre parmi les morts? Celui qui a été sans péché parmi les pécheurs. « Voici que le prince de ce monde vient, dit notre Rédempteur, et il ne trouvera rien en moi. » (*Jean*, XIV, 3.) Il tient sous sa domination ceux qu'il a trompés, ceux qu'il a séduits, ceux qu'il a entraînés dans les voies du péché et de la mort, mais il ne trouvera rien en moi. Venez, Seigneur, venez, notre Rédempteur, venez; que le captif vous reconnaisse, que son tyran prenne la fuite; soyez mon libérateur. J'ai été trouvé, lorsque j'étais perdu, par Celui en qui le démon n'a trouvé aucune des œuvres de la chair. Le prince de ce siècle a trouvé en lui la chair, il est vrai, mais quelle chair? Une chair mortelle qu'il pouvait saisir, qu'il pouvait crucifier, qu'il pouvait mettre à mort. Séducteur, tu te trompes; le Rédempteur est inaccessible à l'erreur; oui, tu te trompes. Tu vois dans le Seigneur une chair mortelle; ce n'est point la chair du péché, c'est la ressemblance de la chair du péché; car Dieu a envoyé son Fils en la ressemblance de la chair du péché. C'était une chair véritable, une chair mortelle, mais ce n'était pas la chair du péché. « Car Dieu a envoyé son Fils en la ressemblance de la chair du péché, pour convaincre et condamner le péché dans la chair. » (*Rom.*, VIII, 3.) « Il a envoyé son Fils en la ressemblance de la chair du péché. » Dans la chair, non pas cependant dans la chair du péché, mais dans la ressemblance de la chair du péché. Dans quel dessein? « Pour convaincre de péché dans la chair le péché » qui n'existait pas en lui; « afin que la justice de la loi fût accomplie en nous, qui ne marchons pas selon la chair, mais selon l'esprit. » (*Ibid.*, 4.)

---

barbaros, a redemptore suo redemptus est : et multum interest inter redemptorem et redemptum; tamen sub domina iniquitate forte conservi sunt. Interrogo redemptum : Habes peccatum? Habeo, inquit. Interrogo redemptorem : Habes peccatum? Habeo, inquit. Ergo nec tu te jactes redemptum, nec tu te extollas redemptorem : sed fugite ambo ad verum liberatorem. Parum est, quia qui sub peccato sunt, servi dicti sunt; et mortui dicuntur. Quod timet homo ne faciat illi captivitas, jam illi fecit iniquitas. Quid enim, quia videntur vivere, numquid ideo erravit ille qui dixit : Dimitte mortuos sepelire mortuos suos? Ergo mortui omnes sub peccato, servi mortui, serviendo mortui, moriendo servi. (*Matth.*, VIII, 22.)

4. Quis ergo liberat a morte et a servitute, nisi in mortuis liber? Quis est in mortuis liber, nisi inter peccatores sine peccato? Ecce venit princeps mundi, ipse dicit Redemptor noster : Liberator noster : Ecce venit princeps mundi, et in me nihil inveniet. (*Joan.*, XIV, 3.) Tenet quos decepit, quos seduxit, quibus peccatum mortemque persuasit; in me nihil inveniet. Veni Domine, veni Redemptor, veni : agnoscat te captivus, fugiat te captivator; tu esto mihi liberator. Ille me perditum invenit, in quo diabolus nihil quod caro agit invenit. Invenit in illo carnem princeps hujus sæculi, invenit : et qualem carnem? Mortalem, quam possit tenere, quam possit crucifigere, quam possit occidere. Erras deceptor, non fallitur Redemptor : erras. Vides in Domino carnem mortalem, non est caro peccati : similitudo est carnis peccati. Misit enim Deus Filium suum in similitudinem carnis peccati. Vera caro, mortalis caro : sed non peccati caro. « Misit enim Deus Filium suum in similitudinem carnis peccati, ut de peccato damnaret peccatum in carne. » (*Rom.*, VIII, 3.) Misit enim Deus Filium suum in similitudinem carnis peccati : in carnem, non tamen in carnem peccati, sed in similitudinem carnis peccati. Propter quid? « Ut de peccato, quod certe nullum in se erat, damnaret peccatum in carne : ut justitia Legis impleretur in nobis, qui non secundum carnem ambulamus, sed secundum spiritum. »

CHAPITRE IV. — *Difficulté résolue.* — 5. Mais s'il n'avait que la ressemblance de la chair du péché, et non la chair du péché, comment a-t-il pu condamner de péché le péché dans la chair? On donne ordinairement à la ressemblance d'une chose le nom de la chose qu'elle représente. Ainsi on donne le nom d'homme à un homme véritable; mais si, montrant une peinture sur la muraille, vous demandez ce que c'est, on vous répondra également : c'est un homme. L'Apôtre appelle donc péché la chair qui a la ressemblance de la chair du péché, afin de devenir la victime pour le péché. Le même Apôtre dit dans un autre endroit : « Il a rendu péché pour nous celui qui ne connaissait pas le péché. » (II *Cor.*, v, 21.) « Celui qui ne connaissait pas le péché. » Quel est celui qui ne connaissait pas le péché, si ce n'est celui qui a dit : « Voici que vient le prince de ce monde, et il ne trouvera rien en moi? » (*Jean*, XIV, 30.) Il a rendu péché pour nous celui qui ne connaissait pas le péché. Dieu a rendu péché pour nous Jésus-Christ, qui ne connaissait pas le péché. Qu'est-ce que cela veut dire, mes frères. Si l'Apôtre avait dit : Il a commis le péché contre lui, ou : Il l'a fait tomber dans le péché, nous ne pourrions le souffrir ; comment donc supporter ce qu'il dit ici : il l'a rendu péché, dans ce sens que Jésus-Christ lui-même serait péché? Ceux qui connaissent les Ecritures de l'Ancien Testament comprennent cette manière de parler. Ce n'est pas une seule fois, mais très-fréquemment, qu'elles appellent péchés les sacrifices qui sont offerts pour les péchés. Ainsi on offrait, par exemple, pour l'expiation du péché, un bouc, un bélier, ou tout autre animal; la victime offerte pour le péché était elle-même appelée péché (1). On donnait donc le nom de péché au sacrifice offert pour le péché, et la loi commande aux prêtres, dans un endroit, d'étendre leurs mains sur le péché. (*Lév.* IV, 29, *selon les Sept.*) « Dieu a donc rendu péché celui qui n'avait point connu le péché; » c'est-à-dire qu'il l'a rendu victime pour nos péchés. Le péché a été sacrifié, et le péché a été effacé. Le sang du Rédempteur a coulé, et l'obligation du débiteur a été annulée. C'est ce sang qui a été répandu pour la rémission des péchés d'un grand nombre.

CHAPITRE V. — 6. Pourquoi donc, ô mon tyran, ce triomphe insensé, en voyant mon libérateur revêtu d'une chair mortelle? Vois s'il est coupable de péché, et retiens-le sous ta puissance, si tu trouves en lui quelque chose qui t'appartienne. « Le Verbe s'est fait chair. » (*Jean*, I, 14.) Le Verbe, c'est le Créateur; la chair, c'est sa créature. Qu'y a-t-il là qui soit à toi, cruel ennemi? Le Verbe est Dieu; l'âme de l'homme est la créature de Dieu, aussi bien que la chair de

---

(1) Voyez Sermon sur les paroles de l'Apôtre, chapitre VIII.

CAPUT IV. — *Solutio quæstionis.* — 5. Si ergo similitudo erat carnis peccati, non caro peccati, quomodo. Ut de peccato damnaret peccatum in carne? Solet et similitudo capere nomen ejus rei, cujus est similitudo. Homo dicitur verus : sed etiam si pictum in pariete ostendas, et quæras quid sit, respondetur : Homo. Peccatum ergo appellata est caro habens similitudinem carnis peccati, ut esset sacrificium pro peccato. Dicit idem Apostolus alio loco : Eum qui non noverat peccatum, pro nobis peccatum fecit. Eum qui non noverat peccatum (II *Cor.*, v, 21) ; quem qui non noverat peccatum, nisi eum, qui dixit : « Ecce venit princeps mundi, et in me nihil inveniet? » *Joan.*, XIV, 30.) Eum qui non noverat peccatum, peccatum pro nobis fecit: eum ipsum Christum nescientem peccatum, fecit pro nobis Deus peccatum. Quid est hoc, Fratres? Si diceretur : Fecit in illum peccatum, aut : Fecit illum habere peccatum ; intolerabile videretur : quomodo toleramus quod dictum est : Fecit eum peccatum, ut ipse Christus sit peccatum? Qui noverunt Scripturas Veteris Testamenti, recognoscunt quod dico. Non enim semel dictum est, sed aliquotiens, creberrime, peccata dicta sunt sacrificia pro peccatis. Offerebatur, verbi gratia, pro peccato hircus, aries, quodlibet : ipsa victima quæ offerebatur pro peccato, peccatum nominabatur. Peccatum ergo dicebatur sacrificium pro peccato : ita ut alicubi dicat Lex, sacerdotes ponere debere manus suas super peccatum. Ergo : Eum qui non noverat peccatum, pro nobis peccatum : id est, sacrificium pro peccato (*a*) factus est. Peccatum oblatum est, et deletum est peccatum. Fusus est sanguis Redemptoris, et deleta est cautio debitoris. Ipse est sanguis qui pro multis effusus est in remissionem peccatorum.

CAPUT V. — 6. Quid est ergo quod insipienter exsultasti, meus captivator, quia carnem mortalem habuit meus liberator? Si habuit peccatum, vide : si aliquid tuum in eo invenisti, tene. Verbum caro factum est. (*Joan.*, I, 14.) Verbum creator est, caro creatura est. Quid ibi tuum, inimice? Et Verbum Deus est, et

---

(*a*) In Mss. *factus est peccatum, oblatus est*, etc.

l'homme et la chair mortelle d'un Dieu. Cherche dans tout cela le péché. Mais pourquoi chercher? La Vérité même a parlé. « Voici que vient le prince de ce monde, et il ne trouvera rien en moi. » (*Jean*, XIV, 30.) Ce qu'il ne trouve point, ce n'est pas la chair, c'est ce qui est à lui, c'est le péché. Tu as séduit les innocents, tu en a fait des coupables. Tu as mis à mort l'innocent, tu lui as ôté la vie sans en avoir le droit, rends donc ce que tu retenais sous ta puissance. Pourquoi donc ce triomphe d'un instant, parce que tu avais trouvé une chair mortelle en Jésus-Christ? C'était un piége, et tu as été pris par cela même qui faisait ta joie. Là même où tu t'applaudissais d'avoir trouvé quelque chose qui t'appartînt, tu gémis d'avoir perdu ce que tu possédais. Nous donc, mes frères, qui croyons en Jésus-Christ, demeurons dans sa parole. Si nous sommes fidèles à y demeurer, nous serons vraiment ses disciples. Car ce privilége n'est pas seulement pour les douze qu'il avait choisis; nous tous qui demeurons dans sa parole, nous sommes ses disciples dans un sens véritable. Et nous connaîtrons la vérité, et la vérité nous délivrera; c'est-à-dire le Christ, le Fils de Dieu, qui a dit : Je suis la vérité, nous rendra libres, et nous délivrera, non des barbares, mais du démon, non pas de la captivité du corps, mais des iniquités qui réduisent l'âme en servitude. Il est le seul qui puisse nous donner cette liberté. Que personne ne se flatte d'être libre, s'il ne veut rester esclave. Mais notre âme ne restera point dans la servitude, parce que tous les jours nos péchés nous sont remis.

SERMON CXXXV.

Sur ces paroles du chapitre IX de l'Evangile selon saint Jean : *Je suis venu pour faire les œuvres de Celui qui m'a envoyé*. Contre les ariens. Et sur ce que dit l'aveugle-né, lorsque Notre-Seigneur lui eut ouvert les yeux : *Nous savons que Dieu n'exauce point les pécheurs*.

CHAPITRE PREMIER. — *Aveuglement de tous les hommes depuis leur naissance*. — Notre-Seigneur, comme nous venons de l'entendre dans la lecture du saint Evangile, a ouvert les yeux d'un homme qui était aveugle de naissance. Mes frères, rappelons-nous notre châtiment héréditaire, et nous verrons que le genre humain tout entier est cet aveugle. Jésus-Christ est venu lui rendre la vue, parce que le démon l'avait aveuglé. C'est celui qui a séduit le premier homme qui nous fait naître tous aveugles. Courons donc à celui qui nous rendra la vue, hâtons-nous, croyons, et recevons sur nos yeux la boue qu'il fait avec sa salive. La salive représente le Verbe, et la terre est comme sa chair. Lavons notre visage dans la piscine de Siloë.

---

anima hominis creatura est, et caro hominis creatura est, et caro mortalis Dei creatura est. Peccatum quære. Sed quid quæras? Veritas loquitur : Veniet princeps mundi hujus, et in me nihil inveniet. (*Joan.*, XIV, 30.) Non ergo non invenit carnem, sed nihil suum; id est, nullum peccatum. Decepisti nocentes, fecisti nocentes. Occidisti innocentem; peremisti quem non debebas, redde quod tenebas. Quid ergo ad horam exsultasti, quia invenisti in Christo carnem mortalem? Muscipula tua erat : unde lætatus es, inde captus es. Ubi te exsultasti aliquid invenisse, inde nunc doles quod possederas perdidisse. Ergo, Fratres, qui credimus in Christum, maneamus in verbo ejus. Si enim manserimus in verbo ejus, vere discipuli ejus sumus. Non enim soli illi duodecim, sed omnes qui manemus in verbo ejus, vere dispuli ejus sumus. Et cognoscemus veritatem, et veritas liberabit nos : id est, Christus Filius Dei, qui dixit : Ego sum veritas, liberos nos faciet, hoc est, liberabit nos, non a barbaris, sed a diabolo; non a corporis captivitate, sed ab animæ iniquitate. (*Joan.*, XIV, 6.)

(a) Alias XLII ex homiliis L.

Solus est qui sic liberat. Nemo se liberum dicat, ne servus remaneat. Non remanebit in servitute anima nostra, quia quotidie dimittuntur debita nostra.

SERMON CXXXV (a).

De verbis Evangelii Joan., IX : *Ego veni, ut faciam opera ejus, qui misit me*. Contra Arianos. Et de eo quod ait illuminatus ille qui erat cæcus natus : *Scimus quia peccatores Deus non exaudit*.

CAPUT PRIMUM. — *Cæcitas omnium hominum a nativitate*. — 1. Dominus Jesus, sicut audivimus cum sanctum Evangelium legeretur, aperuit oculos homini, qui cæcus erat natus. Fratres, si attendamus hæreditariam pœnam nostram, totus mundus cæcus est. Ideo venit Christus illuminator, quia diabolus fuerat excæcator. Omnes cæcos nasci fecit, qui primum hominem decepit. Currant ad illuminatorem, currant, credant, accipiant lutum de saliva factum. Saliva quasi Verbum est, terra caro est. Lavent faciem in piscina Siloæ. Pertinuit autem ad Evange-

L'Évangéliste a cru devoir nous expliquer ce que signifie Siloë, c'est-à-dire *envoyé*. (*Jean*, IX, 7.) Quel est cet envoyé? N'est-ce pas Celui qui, dans cette même lecture, dit : « Je suis venu pour faire les œuvres de Celui qui m'a envoyé? » (*Ibid.*, 4.) Voilà la vraie piscine de Siloë; lavez votre visage, recevez le baptême pour être éclairés, et recouvrez la vue dont vous étiez privés.

2. Ouvrez d'abord les yeux à ces paroles du Sauveur : « Je suis venu pour faire les œuvres de Celui qui m'a envoyé. » Mais voici qu'un arien vient me dire : Vous le voyez, Jésus-Christ n'a pas fait les œuvres qui lui étaient propres, mais les œuvres de Celui qui l'a envoyé. Cet arien ne parlerait pas de la sorte, s'il avait recouvré la vue, c'est-à-dire s'il s'était lavé les yeux dans celui qui a été envoyé, comme dans la piscine de Siloë. Que prétendez-vous donc? Ce que lui-même affirme. Et qu'affirme-t-il? « Je suis venu pour faire les œuvres de Celui qui m'a envoyé. » Ce ne sont donc pas les siennes? Non, me répond-il. Et que dit le véritable Siloë, Celui qui a été envoyé, le Fils unique, que vous regrettez de voir inférieur à son Père? Que dit-il? « Tout ce qu'a mon Père est à moi. » (*Jean*, XVI, 15.) Vous dites : Il faisait des œuvres qui n'étaient pas les siennes, parce que lui-même dit : « Pour faire les œuvres de Celui qui m'a envoyé. » Mais ne puis-je pas dire, en me conformant à votre sentiment, que le Père avait ce qui ne lui appartenait pas? Comment pourriez-vous me prouver, qu'en disant : « Je suis venu pour faire les œuvres de Celui qui m'a envoyé, » il veut nous enseigner que ce ne sont pas ses œuvres, mais exclusivement les œuvres de Celui qui l'a envoyé?

CHAPITRE II. — *Les œuvres du Père sont les mêmes que celles du Fils.* — 3. Je vous en prie, Seigneur Jésus, tranchez vous-même la question, et mettez fin à cette dispute. « Tout ce qui est à mon Père, dites-vous, est à moi. » S'ensuit-il que, si c'est à vous, ce n'est pas à votre Père? Non, car il ne dit pas : « Tout ce qu'a mon Père il me l'a donné, » bien qu'en parlant de la sorte il eût encore prouvé son égalité avec le Père. Mais il vous est désagréable de l'entendre dire : « Tout ce qu'a mon Père est à moi. » Si vous entendez ces paroles dans ce sens, que tout ce qu'a le Père est au Fils, tout ce qu'a le Fils est également au Père. Ecoutez comme il s'exprime dans un autre endroit : « Tout ce qui est à moi est à vous, et tout ce qui est à vous est à moi. » (*Jean*, XVII, 10.) Il n'y a plus de difficulté sur ce qui est au Père et au Fils; ils possèdent en commun ce qui leur appartient; cessez donc toute dispute. Les œuvres du Père sont les œuvres du Fils, en vertu de ces paroles : « Tout ce qui est à vous est à moi, parce que ce sont les œuvres du Père à qui

---

listam exponere nobis quid significet Siloa, et ait : « quod interpretatur missus. » (*Joan.*, IX, 7.) Quis est ipse missus, nisi qui dixit in ipsa lectione : « Ego, inquit, veni, ut faciam opera ejus qui me misit? » (*Ibid.*, 4.) Ecce Siloa, lavate faciem, baptizamini, ut illuminemini, et videatis (*a*) qui ante non videbatis.

2. Ecce primum ad hoc quod dictum est, oculos aperite : « Ego, inquit, veni ut faciam opera ejus qui me misit. » Jam hic exsistit Arianus, et dicit : Ecce videtis quia Christus non fecit opera sua, sed Patris qui eum misit. Nunquam hoc diceret, si videret, hoc est, si in ipso qui missus est, tanquam in Siloa, faciem lavaret. Quid ergo dicis? Ecce, inquit, ipse dixit. Quid dixit? « Veni, ut faciam opera ejus qui me misit? » Non ergo sua? Non. Et quid est quod ait ipse Siloa, ipse missus, ipse Filius, ipse Unicus quem tu (*b*) quæreris esse degenerem? Quid est quod ait : Omnia quæ habet Pater, mea sunt? (*Joan.*, XVI, 15.) Tu dicis, quia opera aliena faciebat, quia dixit : « Faciam opera ejus qui me misit. » Ego dico, quia Pater res alienas habebat : secundum cor tuum loquor. Unde mihi vis præscribere quia dixit Christus : « Veni, ut faciam opera ejus, » quasi non mea, sed « ejus qui misit me? »

CAPUT II. — *Opera Patris et filii eadem.* — 3. Interrogo te, Domine Christe, solve quæstionem, (*c*) fini contentionem. « Omnia, inquit, quæ habet Pater, mea sunt. » Ergo Patris non sunt, si tua sunt? Non enim ait : Omnia quæ habet Pater, dedit mihi : quamvis si et hoc dixisset, æqualitatem ostendisset. Sed molestum est quod dixit : Omnia quæ habet Pater, mea sunt. Si intelligas : Omnia quæ habet Pater, Filii sunt; omnia quæ habet Filius, Patris sunt. Audi illum alio loco : Omnia mea tua sunt, et tua mea sunt. (*Joan.*, XVII, 10.) Finita est quæstio, de his quæ habet Pater et Filius : (*d*) concordes habent, tu noli litigare. Opera Patris quæ dicit opera sua; (*e*) quia

(*a*) Sic Mss. Editi vero, *quod*. — (*b*) Am. Er. et Mss. *quæris*. — (*c*) Sic aliquot Mss. Alii cum editis, *sine contentione*. — (*d*) Editi : *Concordiam habent*. At Mss. *concordes*. — (*e*) Mss. non habent, *quia et tua mea sunt*. Forte legendum : *Opera Patris quæ dicit, opera sua sunt*.

il dit : « Tout ce qui est à moi est à vous, et tout ce qui est à vous est à moi. » Donc, mes œuvres sont les vôtres, et vos œuvres sont les miennes. « Car, quelque chose que fasse le Père, écoutez, c'est lui-même, c'est le Seigneur, c'est le Fils, et le Fils unique, c'est la Vérité qui parle. » Et que dit-il? « Quelque chose que fasse le Père, le Fils le fait aussi comme lui. » (*Jean*, v, 19.) Peut-on désirer une expression plus claire, une vérité plus éclatante, une égalité plus parfaite? Ne suffirait-il pas de dire : « Tout ce que fait le Père, le Fils le fait aussi? » Non, cela ne suffit pas ; j'ajoute : « Comme lui. » Pourquoi donc ajouter : « Comme lui? » Parce que certains esprits peu intelligents, et qui marchent les yeux encore fermés, ont coutume de nous dire : Le Père agit en commandant, et le Fils en obéissant; leur action est donc différente. S'ils agissent de la même manière, l'un doit agir comme l'autre, et tous deux doivent faire les mêmes actions.

Chapitre III. — *Le Fils de Dieu est consubstantiel et coéternel au Père.* — 4. Mais, me dites-vous, le Père commande au Fils d'agir. Vous avez des idées charnelles, mais sans préjudice pour la vérité, je vous l'accorde donc. Ainsi, le Père commande, le Fils obéit; mais, s'ensuit-il que le Fils soit d'une nature différente, parce que l'un commande et que l'autre obéit? Supposons deux hommes, le père et le fils; ce sont bien deux hommes; celui qui commande est un homme, celui qui obéit est un homme; celui qui commande et celui qui obéit ont une seule et même nature. Est-ce que celui qui commande n'a pas communiqué sa nature à son Fils en l'engendrant? Est-ce que celui qui obéit a perdu sa nature en obéissant? Raisonnez donc pour un instant comme vous raisonnez pour deux hommes; le Père commande, le Fils obéit, mais cependant l'un et l'autre sont Dieu. Il y a toutefois cette différence, que, d'un côté, ce sont deux hommes, tandis que, de l'autre, le Père et le Fils, par un prodige tout divin, ne font qu'un seul Dieu. Si donc vous voulez que je reconnaisse avec vous l'obéissance, reconnaissez avec moi l'identité de nature. Le Père a engendré ce qu'il est lui-même. Si le Père avait engendré un être différent de lui-même, ce ne serait point un Fils véritable. Le Père dit au Fils : « Je vous ai engendré de mon sein avant l'aurore. » (*Ps.* cix, 3.) Qu'est-ce à dire : « avant l'aurore? » L'aurore est ici la figure des temps. Il l'a donc engendré avant les temps, avant tous les êtres qui ont précédé les autres, avant tout ce qui n'est pas encore, ou avant tout ce qui existe déjà. En effet, l'Evangile ne dit point : Au commencement Dieu a fait le Verbe; comme l'auteur de la Génèse dit : « Au commencement Dieu a fait le ciel et la terre; » (*Gen.*, i, 1) ou

---

et tua mea sunt : quia illius Patris dicit opera, cui dixit : Omnia mea tua sunt, et tua mea sunt. Ergo opera mea tua sunt, et opera tua mea sunt. Quæcumque enim Pater facit : ipse dixit : Dominus dixit, Unigenitus dixit, Filius dixit , Veritas dixit. Quid dixit ? Quæcumque Pater facit, hæc et Filius facit similiter. (*Joan.*, v, 19.) Magna expressio, magna veritas, magna æqualitas. Omnia quæ Pater facit, hæc facit et Filius. Sufficeret : Omnia quæ Pater facit, hæc facit et Filius. Non sufficit ; addo, similiter. Quare addo, similiter? Quia solent dicere non intelligentes, et nondum apertis oculis ambulantes, solent dicere : Pater fecit jubendo, Filius obsequendo, ergo (*a*) dissimiliter. Si autem similiter, quomodo ille, sic ille : sic quæ ille, hæc iste.

Caput III. — *Filius Dei consubstantialis et coæternus Patri.* — 4. Sed jubet Pater, inquit, ut faciat Filius. Carnaliter quidem sapis, sed sine præjudicio veritatis, cedo tibi. Ecce Pater jubet, Filius obsequitur : numquid ideo non est ejus naturæ Filius, quia ille jubet, ille obsequitur? Da mihi duos homines, patrem et filium : homines sunt duo ; qui jubet, homo est ; qui obsequitur, homo est : qui jubet et qui obsequitur, unam habent eamdemque naturam. Numquid ille qui jubet, non de natura sua genuit filium? Numquid ille qui obsequitur, obsequendo naturam perdidit? Accipe ergo interim, quomodo accipis duos homines : Patrem jubentem, Filium obsequentem, tamen Deum et Deum. Sed simul isti duo sunt homines, simul ille unus Deus : hoc est divinum miraculum. Interim si vis ut tecum agnoscam obsequium, prius mecum agnosce naturam. Hoc genuit Pater, quod ipse est. Si aliud genuit Pater, quam quod est ipse, non verum genuit Filium. Pater dicit ad Filium : Ex utero ante luciferum genui te. (*Psal.* cix, 3.) Quid est : Ante luciferum? Per luciferum significantur tempora. Ergo ante tempora, ante omne quod ante dicitur ; ante omne quod non est, vel ante omne quod est. Non enim ait Evangelium : In principio fecit Deus Verbum ; quomodo dixit : In principio fecit Deus cœlum et terram ; (*Gen.*, i, 1) aut : In principio natum est Verbum ; aut : In principio Deus

(*a*) Mss. *ergo dic similiter.*

bien : Au commencement est né le Verbe ; ou : Au commencement Dieu a engendré le Verbe. Mais comment s'exprime l'Evangéliste : « Il était, il était, il était. Vous entendez : Il était, croyez-le. Au commencement était le Verbe, et le Verbe était en Dieu, et le Verbe était Dieu. » (*Jean*, I, 1.) Autant de fois donc que vous entendez : « Il était, » éloignez toute idée de temps, car il a toujours existé. Celui donc qui existait de toute éternité, et qui existait simultanément avec son Fils, parce que Dieu a la puissance d'engendrer en dehors du temps, a dit à son Fils : « Je vous ai engendré de mon sein avant l'aurore. » Que signifient ces paroles : « De mon sein ? » Est-ce que Dieu a un sein ? Irons-nous supposer en Dieu des membres semblables à ceux de notre corps ? Loin de nous cette pensée. Pourquoi donc dit-il : « De mon sein ? » C'est pour vous faire comprendre qu'il l'a engendré de sa propre substance. De ce sein est donc sorti un autre lui-même ; car, si Celui qui engendre était tout différent de Celui qui est sorti de son sein, ce ne serait plus un fils, mais un être monstrueux.

Chapitre IV. — *De même que le Fils fait les œuvres du Père, le Père fait les œuvres du Fils.* — 5. Il faut donc admettre que le Fils fait les œuvres de Celui qui l'a envoyé, et que le Père fait les œuvres du Fils. Au Père, il est vrai, la volonté ; au Fils, l'action. Mais je puis vous montrer aussi la volonté dans le Fils, et l'action dans le Père. Comment le prouverez-vous ? Le voici : « Mon Père, je veux. » (*Jean*, XVII, 24.) Si je voulais récriminer à mon tour, ne pourrais-je pas dire que le Fils commande et que le Père exécute ? Que voulez-vous, Seigneur ? Que là où je suis, ils soient avec moi. (*Jean*, XVII, 24.) Nous avons échappé au danger, nous serons là où il est ; oui, nous y serons, nous sommes en sûreté. Qui peut annuler le vouloir du Tout-Puissant ? Vous avez entendu la volonté de sa puissance ; écoutez maintenant la puissance de sa volonté. « Comme le Père ressuscite les morts et les vivifie, ainsi le Père vivifie ceux qu'il veut. » (*Jean*, V, 21.) Remarquez : ceux qu'il veut. Ne dites pas : Le Fils donne la vie à ceux que le Père lui commande de vivifier. Il vivifie ceux qu'il veut. Ainsi donc, il rend la vie à ceux que le Père veut, et à ceux qu'il veut lui-même, parce qu'il n'y a qu'une seule volonté, là où il n'y a qu'une seule puissance. Croyons donc, dans un cœur qui ne soit pas aveugle, à une seule et même nature du Père et du Fils, parce que le Père est véritablement Père, et le Fils véritablement Fils. Il a engendré un autre lui-même, parce que Celui qu'il a engendré n'a pas dégénéré.

Chapitre V. — *Les prières même des pécheurs sont exaucées.* — 6. Je ne sais ce qui, dans les paroles de l'aveugle, peut embarrasser et même en désespérer un grand nombre, qui n'en comprennent point le véritable sens. Après que le Sauveur lui a rendu la vue, il dit donc entre

---

genuit Verbum. Sed quid ait? Erat, erat, erat. Audis : Erat, crede. « In principio erat Verbum, et Verbum erat apud Deum, et Deus erat Verbum. » (*Joan.*, I, 1.) Totiens audis : Erat : noli quærere tempus, quia semper erat. Ille ergo qui semper erat, et cum Filio semper erat, quia potens est Deus sine tempore generare ; ille dixit ad Filium : Ex utero ante luciferum genui te. Quid est : Ex utero ? Deus habuit uterum ? Putabimus Deum per membra corporalia essse dispositum ? Absit. Et quare dixit : Ex utero, nisi ut intelligeretur de sua substantia genuisse. Ergo ex utero hoc processit, quod erat ipse qui genuit. Nam si aliud erat qui genuit, aliud autem ex utero processit ; monstrum est, non Filius.

Caput IV. — *Ut Filius opera Patris, sic Pater opera Filii facit.* — 5. Ergo faciat Filius opera ejus qui misit eum, faciat et Pater opera Filii. Certe voluit Pater, efficit Filius. Ecce ostendo, quia vult Filius, et facit Pater. Ubi ostendis, inquis ? Modo ostendo. Pater volo. Jam ego si calumniari vellem, ecce Filius jubet, et Pater facit. Quid vis ? Ut ubi ego sum, et illi sint mecum. (*Joan.*, XVII, 24.) Evasimus, illic erimus ubi est ille : illic erimus, evasimus. Quis (*a*) delet Omnipotentis Volo. Audis voluntatem potestatis, audi et potestatem voluntatis. « Sicut Pater, inquit, suscitat mortuos, et vivificat ; sic et Filius quos vult, vivificat. » *Joan.*, V, 21.) Quos vult. Ne dicas. Illos vivificat Filius, quos jubet Pater ut vivificet. Quos vult vivificat. Ergo quos vult Pater, et quos vult ipse ; quia ubi est una potestas, una voluntas est. Habeamus ergo in corde non cæco, Patris et Filii unam eamdemque naturam : quia verus est Pater, verus est Filius. Quod est, hoc genuit ; quia genitus non degeneravit.

Caput V. — *Peccatorum etiam orationes exaudiri.* — 6. Nescio quid potest movere in verbis illius qui cæcus erat, et forte multos non bene intelligentes facit desperare. Ait enim inter cætera sua verba, idem

(*a*) Am. et Er. *Quis dedit? Omnipotens volo.* Lov. *Quis dicit? Omnipotens. Volo.* Restituitur locus ex Mss.

autres choses : « Nous savons que Dieu n'exauce point les pécheurs. » (*Jean*, IX, 31.) Que ferons-nous donc, si Dieu n'exauce point les pécheurs ? Oserons-nous encore prier Dieu, s'il n'exauce point les prières des pécheurs ? Montrez-moi quelqu'un qui prie, et je vous montrerai Celui qui l'exauce. Montrez-moi un homme qui le prie ; examinez le genre humain en remontant des imparfaits aux parfaits. Remontez du printemps à l'été, car nous venons de chanter : « Vous avez formé le printemps et l'été ; » (*Ps.* LXXIII, 17) c'est-à-dire, vous avez formé les hommes spirituels et ceux qui sont encore charnels, comme le dit le Fils lui-même : « Vos yeux ont vu ce qu'il y a en moi d'imparfait. » (*Ps.* CXXXVIII, 16.) Vos yeux ont vu ce qu'il y a d'imparfait dans mon corps. Et que s'ensuit-il ? L'espérance est-elle donnée à ceux qui sont imparfaits ? Oui, sans aucun doute. Ecoutez la suite : « Et tous seront inscrits dans votre livre. » Mais, peut-être, mes frères, n'y a-t-il que les prières des hommes spirituels qui soient exaucées, parce qu'ils ne sont pas du nombre des pécheurs ? Que deviendront donc les hommes charnels ? Que deviendront-ils ? Seront-ils condamnés à périr ? Devront-ils cesser de prier Dieu ? Qu'ils s'en gardent bien. Rappelez-vous l'exemple du publicain. Venez, publicain, paraissez au milieu de nous, montrez-nous votre espérance, pour que les faibles ne perdent point tout espoir. Le publicain vient donc dans le temple avec le pharisien, pour prier ; ses yeux sont humblement baissés vers la terre, il se tient au loin, et frappe sa poitrine en disant : Seigneur, ayez pitié de moi, qui suis un pécheur. (*Luc*, XVIII, 13.) Et il revint en sa maison justifié, plutôt que le pharisien. Or, en disant : « Ayez pitié de moi, qui ne suis qu'un pécheur, » disait-il vrai ou faux ? S'il disait la vérité, il était pécheur, et il n'a pas laissé d'être exaucé, d'être justifié. Pourquoi donc vous, à qui le Sauveur a ouvert les yeux, venez-vous dire : « Nous savons que Dieu n'exauce point les pécheurs ? » Nous voyons ici qu'il les exauce. Lavez donc le visage de votre âme ; faites pour votre cœur ce que Jésus a fait pour les yeux de votre corps, et vous verrez que Dieu exauce les pécheurs. Vous êtes dupe des pensées de votre cœur, vous avez encore besoin du médecin. Cet homme fut chassé de la synagogue ; Jésus l'apprit, le rencontra et lui dit : Croyez-vous au Fils de Dieu ? Et il répondit : Qui est-il, Seigneur, afin que je croie en lui ? (*Jean*, IX, 35, 36.) Il voyait donc et il ne voyait pas ; il voyait des yeux du corps, il ne voyait pas des yeux du cœur. Le Seigneur lui dit : « Tu le vois, » c'est-à-dire : il est sous tes yeux, « et c'est celui qui te parle. » Alors il se prosterna et l'adora. (*Ibid.*, 37, 38.) C'est alors qu'il lava les yeux de son cœur.

CHAPITRE VI. — *Nul homme n'est ici-bas sans*

péché. — 7. Appliquez-vous donc fortement à la prière, pécheurs ; confessez vos péchés, priez Dieu qu'il les efface, priez-le qu'il en diminue le nombre, priez-le de les supprimer à mesure que vous avancez dans le bien ; cependant, gardez-vous de désespérer, et priez, tout pécheurs que vous êtes. Quel est, en effet, l'homme qui est sans péché ? Commencez par les prêtres. Voici l'ordre qu'il donne aux prêtres : « Offrez d'abord des sacrifices pour vos péchés, et ensuite pour les péchés du peuple. » (*Lévit.*, xvi, 6 ; *Hébr.*, vii, 27.) Ces sacrifices seuls suffisaient pour convaincre les prêtres, et si l'un d'eux avait eu la prétention de se dire juste et exempt de tout péché, on aurait pu lui répondre : Je ne m'arrête point à vos paroles, je considère la victime que vous offrez ; cette victime est un témoignage contre vous. Pourquoi offrez-vous des sacrifices pour vos péchés, si vous êtes sans péché ? Mentiriez-vous à Dieu en offrant ces sacrifices ? Mais, peut-être, les prêtres seuls de l'Ancien Testament étaient pécheurs, tandis que les prêtres du Nouveau Testament ne le sont point. Je l'avoue hautement, mes frères, par la volonté de Dieu je suis son prêtre, je suis pécheur, je frappe avec vous ma poitrine, avec vous j'implore mon pardon, avec vous j'espère en la miséricorde de Dieu. Mais les saints apôtres du moins, les premiers, les plus éminents béliers du troupeau, étaient sans doute exempts de péché ? Non, ils étaient eux-mêmes pécheurs ; ils étaient pécheurs, et, loin d'être fâchés de ce que nous disons, ils l'avouent eux-mêmes. Je n'oserais prendre sur moi de le dire. Ecoutez donc d'abord Notre-Seigneur, faisant cette recommandation aux apôtres : « C'est ainsi que vous prierez. » De même que ces prêtres étaient convaincus de péché par les sacrifices, les apôtres le sont par la prière. « C'est ainsi que vous prierez. » Et, entre autres demandes que devra contenir leur prière, il place celle-ci : « Remettez-nous nos péchés, comme nous les remettons à ceux qui nous ont offensés. » (*Matth.*, vi, 12.) Que disent ici les apôtres ? Ils demandent tous les jours que leurs péchés leur soient remis. Ils entrent comme débiteurs, ils sortent libres de toute dette, et ils reviennent prier de nouveau comme débiteurs. Cette vie ne peut être sans péché puisque, toutes les fois que nous prions, nous demandons que nos péchés nous soient remis.

Chapitre VII. — *Les apôtres, même après la résurrection de Jésus-Christ, ont été sujets au péché.* — 8. Que dirons-nous encore ? Que les apôtres étaient encore faibles, lorsque le Sauveur leur enseigna comment ils devaient prier ? Oui, voilà peut-être l'objection qu'on me fera : Lorsque Notre-Seigneur leur enseigna l'Oraison dominicale, ils étaient encore petits, faibles et charnels ; ils n'étaient pas encore de ces hommes spirituels qui sont sans péché. Quoi donc, mes frères ? Ils ont cessé de prier lorsqu'ils sont devenus spirituels ? Alors, Jésus-Christ aurait dû

vestra, orate ut (*a*) deleantur, orate ut minuantur, orate ut vobis proficientibus ipsa deficiant : tamen nolite desperare, et peccatores orate. Quis enim non peccavit ? A sacerdotibus incipe. Sacerdotibus dixit : Prius offerte sacrificia pro peccatis vestris, et sic pro populo. (*Levit.*, xvi, 6 ; *Hebr.*, vii, 27.) Sacrificia convincebant sacerdotes : ut si quis se justum et sine peccato diceret, responderetur ei : Non attendo quod loqueris, sed quid offeras : victima tua convincit te. Quare offers pro peccatis tuis, si nulla habes peccata ? An in sacrificio mentiris Deo ? Sed forte sacerdotes veteris populi peccatores erant, novi populi non sunt peccatores. Certe, Fratres, quia Deus voluit, sacerdos ipsius sum, peccator sum, vobiscum pectus tundo, vobiscum veniam rogo, vobiscum Deum propitium spero. Sed forte Apostoli sancti, primi, summi arietes gregis, pastoris membra pastores, forte ipsi non habebant peccatum. Vere habebant et ipsi, habebant : non irascuntur, quia confitentur. Ego non auderem. Primum ipsum Dominum audi dicentem Apostolis : Sic orate. Quomodo illi sacerdotes sacrificiis convincebantur, sic isti oratione. Sic orate. Et inter cætera quæ jussit orare, et hoc posuit : « Dimitte nobis debita nostra, sicut et nos dimittimus debitoribus nostris. » (*Matth.*, vi, 12.) Quid dicunt Apostoli ? Quotidie sibi debita petunt dimitti. Debitores intrant, absoluti exeunt, et ad orationem debitores redeunt. Ista vita non est sine peccato, ut quotiens oratur, totiens peccata dimittantur.

Caput VII. — *Apostoli etiam post Christi resurrectionem peccato obnoxii.* — 8. Sed quid dicam ? illi forte quando didicerunt orationem, adhuc infirmi erant. Forte dicet hoc aliquis : Quando illos docuit orationem Dominus Jesus, adhuc parvuli erant, infirmi erant, carnales erant : nondum erant spiritales, qui non habent peccatum. Quid ergo, Fratres ? Facti spiritales orare cessarunt ? Debuit ergo Christus dicere : Modo talia orate, et dare spiritalibus alteram

(*a*) Sic Mss. At editi, *depellantur*.

SERMON CXXXV.

leur dire : Voici comme vous prierez maintenant, et leur donner une autre prière, pour le temps où ils seraient des hommes spirituels. Mais non, il n'y en a qu'une seule, la même pour tous, et c'est Jésus-Christ qui nous l'a donnée; adressons-la donc à Dieu dans l'Eglise. Faisons toutefois disparaître tout sujet de contradiction; vous dites que les saints apôtres étaient des hommes spirituels, au moins serez-vous forcé d'avouer que, jusqu'à la passion du Sauveur, ils étaient charnels. Enfin, pour dire la vérité, ils furent saisis de crainte lorsqu'il fut attaché à la croix, et les apôtres perdirent l'espérance, au moment où le larron crut en Jésus-Christ. Pierre, il est vrai, osa suivre le Seigneur, lorsqu'on le conduisait au supplice; il osa le suivre jusque dans la maison du grand-prêtre; il entra fatigué dans la cour, et se tint près du feu, où son zèle se refroidit. (*Matth.*, XXVI, 69.) Il était près du feu, et il était glacé par la crainte. Une servante le questionne, il renie Jésus-Christ une première fois; on l'interroge une seconde fois, il le renie encore; à une troisième question il répond par un troisième reniement. Remercions Dieu qu'on ait cessé de l'interroger; si l'on avait continué de le questionner, il n'aurait point cessé de nier. Lors donc que le Sauveur fut ressuscité, il confirma ses apôtres dans la foi, et ils devinrent des hommes spirituels. Etaient-ils donc alors sans péché? Les apôtres, devenus des hommes spirituels, écrivaient, et adressaient aux Eglises des épîtres toutes spirituelles; ils étaient sans péché, dites-vous. Permettez-moi de ne pas vous croire, et de les interroger eux-mêmes. Dites-moi, saints apôtres, après que le Seigneur fut ressuscité, et qu'il vous eut affermis dans la foi par l'Esprit saint qu'il vous envoya du ciel, avez-vous cessé d'être pécheurs; dites-le-nous, je vous en supplie? Ecoutons leur réponse, elle préviendra le désespoir des pécheurs, et ils ne cesseront point de prier Dieu, parce qu'ils ne sont point sans péché. Parlez donc. Voici ce que dit l'un d'entre eux. Et quel est-il? Celui que le Seigneur aimait plus que les autres, qui reposa sur sa poitrine (*Jean*, XIII, 23), et y puisa les secrets du royaume des cieux, qu'il répandit ensuite parmi les hommes. C'est lui que j'interroge. Etes-vous ou non sans péché? Saint Jean me répond : « Si nous disons que nous sommes sans péché, nous nous trompons nous-mêmes, et la vérité n'est point en nous. » (I *Jean*, I, 8.) Or, saint Jean est celui qui a dit : « Au commencement était le Verbe, et le Verbe était en Dieu, et le Verbe était Dieu. » Voyez quels espaces il avait franchis pour arriver jusqu'au Verbe. Or, ce grand apôtre, qui prit son vol comme l'aigle, au-dessus des nuées, qui contemplait d'un esprit serein le Verbe, qui était au commencement, est le même qui nous dit : « Si nous prétendons que nous sommes sans péché, nous nous séduisons nous-mêmes, et la vérité n'est point en nous. Mais, si nous confessons nos péchés, il est fidèle et

---

orationem. Una est, ipsa est, ipse est qui dedit : ipsam ergo orate in Ecclesia. Sed tollamus controversiam, quando dicis spirituales esse sanctos Apostolos, quo usque pateretur Dominus, carnales erant, hoc es dicturus. Denique quod verum est, illo pendente trepidaverunt, et tunc desperaverunt Apostoli, quando credidit latro. Petrus ausus est sequi, quando Dominus ad passionem ductus est, ausus est sequi, qui ad domum pervenit, et in atrio fatigatus est, ad ignem stabat, et friguit : ad ignem stetit, timore frigido congelavit. (*Matth.*, XXVI, 69.) Interrogatus ab ancilla, negavit Christum semel : interrogatus iterum, negavit : interrogatus tertio, negavit. Deo gratias, quia cessavit interrogatio : si non cessaret interrogatio, diu repeteretur negatio. Ergo postea quam surrexit, tunc eos confirmavit, tunc facti sunt spiritales. Jam ergo non habebant peccatum? Spiritales Apostoli scribebant spiritales epistolas, Ecclesiis mittebant : non habebant peccatum, hoc dicis. Non tibi credo, ipsos interrogo. Dicite sancti Apostoli, postea quam surrexit Dominus, et confirmavit vos Spiritu sancto misso de cœlo, cessastis habere peccatum? Dicite nobis, obsecro. Audiamus, ne desperent peccatores, ne desinant rogare Deum, quia non sunt sine peccato. Dicite nobis. Ait unus ipsorum. Et quis? Quem Dominus amplius diligebat, et qui super pectus Domini discumbebat (*Joan.*, XIII, 23), et regni cœlorum quod ructuaret secretum bibebat. Ipse eum interrogo : Habetis peccatum, an non? Respondet, et dicit : « Si dixerimus quia peccatum non habemus, nos ipsos decipimus, et veritas in nobis non est. » (I *Joan.*, I, 8.) Joannes autem ille est, qui dixit : « In principio erat Verbum, et Verbum erat apud Deum, et Deus erat Verbum. » (*Joan.*, I, 1.) Videte quanta transcenderat, ut perveniret ad Verbum. Talis ac tantus, qui volavit sicut aquila super nubes, qui mentis serenitate cernebat : « In principio erat Verbum ; » ipse dixit : « Si dixerimus quia peccatum non habemus, nos ipsos decipimus, et veritas in nobis non est. Si autem confessi fuerimus peccata nostra, fidelis et

juste pour nous les remettre, et pour nous purifier de toute iniquité. » Soyez donc fidèles à prier.

SERMON CXXXVI [1].

Sur ce même chapitre de l'Evangile selon saint Jean : de l'aveugle-né qui recouvra la vue.

Jésus ouvre les yeux de l'aveugle-né. — 1. Nous avons entendu, comme de coutume, la lecture du saint Evangile, mais il est bon de nous la rappeler, il est bon d'en préserver le souvenir de l'assoupissement de l'oubli. D'ailleurs, cette lecture, très-ancienne pour nous, nous a fait autant de plaisir que si elle était nouvelle. Notre-Seigneur ouvre les yeux d'un aveugle de naissance, pourquoi vous étonner? Jésus-Christ est notre Sauveur, il donne à cet homme, par un bienfait, ce qu'il lui avait refusé dans le sein de sa mère. Or, quand il le privait de l'usage des yeux, il ne se méprenait pas, mais il remettait à un autre temps de le lui donner par un miracle. Vous me direz peut-être : Comment le savez-vous? C'est de lui-même que je l'ai appris, il vient de nous le dire, nous l'avons tous entendu. Lorsque ses disciples lui firent cette question : « Maître, qui a péché, son père ou sa mère, pour qu'il soit né aveugle? » Vous avez entendu comme moi ce qu'il leur répond : « Ni celui-ci, ni son père, ni sa mère, n'ont péché ; mais c'est afin que les œuvres de Dieu soient manifestées en lui. » (*Jean*, XII, 2, 3.) Voilà pour quelle raison il avait différé de lui accorder l'usage des yeux. Il n'a point fait alors ce qu'il devait faire, et ce qu'il savait devoir faire plus tard, lorsque le moment serait venu. N'allez pas croire, cependant, mes frères, que ses parents ne fussent coupables d'aucun péché, ou que cet homme lui-même n'eût pas contracté en naissant, le péché originel, dont les enfants ne peuvent obtenir la rémission que par le baptême. Mais cette cécité n'était la suite ni des péchés de ses parents, ni de ses propres péchés ; c'était afin que les œuvres de Dieu fussent manifestées en lui. Tous, en effet, nous avons contracté en naissant la tache originelle, et cependant nous ne sommes pas nés aveugles. Et toutefois, si vous examinez de plus près, vous verrez que nous sommes aveugles de naissance. Qui de nous n'est point aveugle dès sa naissance, je dis aveugle spirituellement. Or, Notre-Seigneur Jésus-Christ, qui a créé l'âme et le corps, a aussi guéri l'une et l'autre.

Erreur où était l'aveugle que Dieu n'exauçait point les pécheurs. — 2. Vous avez vu cet homme aveugle des yeux de la foi, puis recevant l'usage de la vue ; vous avez aussi entendu son erreur. En quoi consistait cette erreur? Le voici : premièrement, à ne considérer Jésus-Christ que

---

[1] Ce sermon, qui est publié pour la première fois, est tiré d'un vieux manuscrit de la bibliothèque Colbert, sous le n° 821. On retrouve deux fragments du même sermon dans les Commentaires de Bède ou de Florus.

---

justus est, ut dimittat nobis peccata nostra, et mundet nos ab omni iniquitate. » Ergo orate.

SERMO CXXXVI.

In eamdem lectionem Evangelii Joan., IX : de illuminatione cæci nati.

Cæci nati illuminatio. — 1. Audivimus lectionem sancti Evangelii, quam solemus : sed bonum est commoneri ; bonum est ab oblivionis veterno memoriam renovare. Denique vetustissima lectio, quasi nova, nos delectavit. Cæcum a nativitate illuminavit Christus : quid miramini? Salvator est Christus : hoc reddidit beneficio, quod minus fecerat in utero. Quando autem ei oculos minus faciebat, non utique errabat; sed ad miraculum differebat. Dicitis forte : Unde scis ? Ab ipso audivi : modo illud dixit : simul audivimus. Quando enim interrogaverunt eum discipuli ejus et dixerunt : « Domine, quis peccavit, iste aut parentes ejus, quoniam cæcus natus est? » (*Joan.*, IX, 2.) Quid respondit, mecum audistis : « Neque hic peccavit, neque parentes ejus : sed ut ostendantur opera Dei in ipso. » (*Ibid.*, 3.) Ecce quare differebat, quando minus oculos faciebat. Non fecit, quod faceret ; non fecit, quod facturum se esse sciebat, quando oportebat. Nec arbitremini, Fratres, parentes ejus nullum habuisse peccatum, aut ipsum non, quando natus est, contraxisse originale peccatum, propter quod peccatum remittendum parvuli baptizantur in remissionem peccatorum. Sed cæcitas illa non fuit propter peccatum parentum, non fuit propter peccatum ipsius ; « sed ut manifestarentur opera Dei in ipso. » Omnes enim, quando nati sumus, peccatum originale traximus; et tamen non cæci nati sumus. Interroga diligenter : Et cæci nati sumus. Quis enim non cæcus natus est? sed in corde. Dominus autem Jesus, quia utrumque creaverat, utrumque curavit.

Cæci error putantis peccatores non exaudiri. — 2. Vidistis cæcum istum oculis fidei, vidistis etiam ex cæco videntem, sed audistis errantem. In quo errabat cæcus iste, dico : primum quia Christum prophetam

comme un prophète, sans connaître qu'il était le Fils de Dieu. Il émet ensuite une proposition tout à fait fausse, lorsqu'il dit : « Nous savons que Dieu n'exauce point les pécheurs. » (*Jean*, IX, 31.) Si Dieu n'exauce point les pécheurs, quelle est notre espérance? Si Dieu n'exauce point les pécheurs, pourquoi prions-nous, pourquoi faisons-nous l'aveu de nos péchés en frappant notre poitrine? Que dirons-nous de ce publicain qui vint au temple avec un pharisien, et qui, tandis que le pharisien vantait, énumérait avec satisfaction ses mérites, se tenait, lui, au loin, et, les yeux baissés vers la terre, confessait ses péchés en frappant sa poitrine? Or, après avoir ainsi fait l'aveu de ses fautes, il retourna en sa maison justifié, plutôt que le pharisien. (*Luc*, XVIII, 10.) Il est donc certain que Dieu exauce les pécheurs. Mais celui qui avançait cette erreur n'avait point encore lavé les yeux de l'âme dans la piscine de Siloë. Le Sauveur lui avait déjà ouvert figurativement les yeux du corps, mais le bienfait de la grâce ne s'était pas encore étendu jusqu'aux yeux de l'âme. Quand donc cet aveugle lava-t-il les yeux de son cœur? Lorsque le Seigneur, le voyant chassé par les Juifs, l'appela près de lui. Il le rencontra et lui dit, comme nous l'avons entendu : « Croyez-vous au Fils de Dieu? » Et il répondit : « Qui est-il, Seigneur, afin que je croie en lui? » (*Jean*, IX, 35, 36.) Il voyait certainement Jésus des yeux du corps, mais le voyait-il des yeux de l'âme? Non, pas encore. Attendez un instant, il le verra bientôt. « Jésus lui dit : Tu l'as vu, c'est lui qui te parle. » (*Ibid.*, 37.) A-t-il tant soit peu douté? Non, il lave aussitôt les yeux de son âme. Il s'entretenait, en effet, avec le véritable Siloë, qui veut dire l'*envoyé*. (*Ibid.*, 7.) Quel est celui qui est envoyé? N'est-ce pas Jésus-Christ? Ne l'a-t-il pas déclaré dans plusieurs circonstances : « Je fais la volonté de mon Père qui m'a envoyé? » (*Jean*, IV, 34; V, 30; VI, 38.) Il était donc la vraie piscine de Siloë. Cet homme était aveugle de cœur en s'approchant de Jésus, il l'entendit, le crut et l'adora; il lava les yeux de son âme et recouvra la vue.

Aveuglement des Juifs qui accusaient Jésus-Christ de violer le sabbat. — 3. Or, les Juifs, qui avaient chassé cet homme de la synagogue, demeurèrent dans leur aveuglement, parce qu'ils accusaient calomnieusement le Seigneur d'avoir violé le sabbat, en faisant de la boue avec sa salive, et en la mettant sur les yeux de l'aveugle. Lorsque Notre-Seigneur guérissait par une seule parole, la calomnie était manifeste. Quelle œuvre faisait-il le jour du sabbat, lorsqu'il n'avait qu'à dire un mot pour guérir un malade? Oui, la calomnie était manifeste; ils s'en prenaient à un simple commandement, à une simple parole, comme si eux-mêmes s'abstenaient de parler le jour du sabbat. Je pourrais dire, il est vrai, qu'ils n'ouvrent la bouche ni le jour du sabbat, ni dans aucun autre jour, puisqu'ils ont

---

putabat : Dei Filium nesciebat. Deinde audivimus unam responsionem ipsius prorsus falsam : ait enim : « Scimus quia peccatores Deus non exaudit. » (*Joan.*, IX, 31.) Si peccatores Deus non exaudit, quam spem habemus? Si peccatores Deus non exaudit, ut quid oramus, et testimonium peccati nostri tunsione pectoris dicimus? Ubi est certe ille Publicanus, qui cum Pharisæo ascendit in templum, et illo Pharisæo jactante, ventilante merita sua, ille stans longe, et oculis fixis in terra, et tundens pectus suum, confitebatur peccata sua. Et descendit iste, qui confitebatur peccata sua, justificatus de templo, magis quam ille Pharisæus. (*Luc.*, XVIII, 10.) Certe peccatores Deus exaudit. Sed ille qui ista dixit, nondum laverat faciem cordis de Siloa. In oculis ejus præcesserat sacramentum : sed in corde nondum erat effectum gratiæ beneficium. Quando lavit faciem cordis sui cæcus iste? Quando eum Dominus foras missum a Judæis, intromisit ad se. Invenit enim eum, et dixit ei, sicut audivimus : « Tu credis in Filium Dei? » Et ille : « Quis est, Domine, ut credam in eum? » (*Ibid.*, 35, 36.) Certe jam videbat oculis : jam corde? Nondum. Exspectate : modo videbit. Respondit ei Jesus : « Ego sum, qui loquor tecum. » (*Ibid.*, 37.) Numquid dubitavit? Continuo faciem lavit. Loquebatur enim cum illo Siloa, « quod interpretatur missus. » (*Ibid.*, 7.) Quis est missus, nisi Christus? Qui sæpe testatus est dicens : Voluntatem facio Patris mei, qui me misit. (*Joan.*, IV, 34 ; V, 30 ; VI, 38.) Ergo ipse erat Siloa. Accessit corde cæcus, audivit, credidit, adoravit ; faciem lavit, vidit.

Judæorum cæcitas, calumniantium solvi sabbatum a Christo. — 3. Illi autem qui eum foras miserunt, cæci remanserunt, quando quidem Domino calumniabantur, quia sabbatum erat, quando lutum fecit de sputo, et inunxit oculos cæci. Quando enim Dominus verbo curabat, aperte calumniabantur Judæi. Non enim sabbato operabatur aliquid, quando dicebat, et fiebat. Aperta calumnia erat : jubenti calumniabantur : loquenti calumniabantur : quasi ipsi per sabbatum non loquerentur. Possum dicere quia non solum per sabba-

cessé de louer le vrai Dieu. Cependant, je le répète, la calomnie était évidente. Notre-Seigneur disait à un homme : « Etendez votre main, » et il était guéri (*Matth.*, XII, 13); et ils l'accusaient de guérir le jour du sabbat. Qu'a-t-il fait cependant? à quel travail s'est-il livré? quel fardeau a-t-il porté? Mais ici, il crache à terre, il fait de la boue avec sa salive, et frotte de cette boue les yeux de l'aveugle; il y a ici une œuvre véritable, personne ne peut le contester. Le Seigneur abolissait le sabbat, mais il n'était point pour cela coupable. Quelle est ma pensée en disant qu'il abolissait le sabbat? La lumière véritable venait de dissiper les ombres. L'observation du sabbat était un commandement imposé par le Seigneur Dieu, par Jésus-Christ lui-même, qui était avec son Père lorsque la loi fut donnée; mais ce commandement était un symbole figuratif de l'avenir. « Que personne donc, dit l'apôtre saint Paul, ne vous condamne pour le manger ou pour le boire, ou à cause des jours de fête, des nouvelles lunes et des jours du sabbat, puisque toutes ces choses n'ont été que l'ombre de celles qui devaient arriver. » (*Coloss.*, II, 16, 17.) Celui que ces choses annonçaient était arrivé. Pourquoi trouver encore du charme dans les ombres? Ouvrez les yeux, ô Juifs, le soleil brille de tout son éclat. « Nous savons. » Et que savez-vous, cœurs aveugles, que savez-vous? « Que cet homme ne vient point de Dieu, parce qu'il ne garde point le sabbat. » (*Ibid.*, 16.)

Mais ce sabbat, malheureux, ce sabbat, Jésus-Christ, que vous prétendez ne point venir de Dieu, l'a hautement enseigné. Vous observez ce sabbat dans un sens charnel, vous n'avez point la salive de Jésus-Christ. Considérez la salive du Christ, même sur la terre du sabbat, et vous comprendrez que le sabbat est une prophétie de Jésus-Christ. Mais comme vous n'avez pas sur les yeux la boue faite avec la salive du Christ, vous n'êtes point venus vous laver dans la piscine de Siloë, et vous êtes restés dans votre aveuglement, malgré la guérison de cet aveugle, qui avait recouvré la vue du corps et de l'âme. Il reçut la boue faite avec la salive de Jésus, qui en frotta ses yeux; il se rendit à la piscine de Siloë, il s'y lava, crut en Jésus-Christ, recouvra la vue, et ne resta point sous le coup de cette terrible sentence : « Je suis venu en ce monde pour le jugement, afin que ceux qui ne voient point voient, et que ceux qui voient deviennent aveugles. » (*Ibid.*, 39.)

Comment l'aveuglement des Juifs s'est accru par l'avénement de Jésus-Christ. — 4. Quel grand sujet de terreur! « Afin que ceux qui ne voient point voient. » Rien de mieux. C'est le devoir du Sauveur, c'est l'office du médecin de rendre la vue à ceux qui en sont privés; mais pourquoi donc, Seigneur, avez-vous ajouté : « Afin que ceux qui voient deviennent aveugles? » Si nous comprenons bien ces paroles, elles sont on ne peut plus vraies, on ne

---

tum, sed nullo die loquuntur, quoniam a veri Dei laudibus recesserunt. Tamen ut dixi, Fratres, aperta calumnia erat. Dicebat Dominus homini : Extende manum tuam (*Matth.*, XII, 13) : fiebat sanus, et calumniabantur quia per sabbatum curabat. Quid fecit? quid operatus est? quod onus tulit? Sed modo spuere in terram, lutum facere, et homini oculos inungere, operari est. Nemo dubitet, operari erat. Dominus sabbatum solvebat : sed non ideo reus. Quid est quod dixi : Sabbatum solvebat? Lux ipse venerat, umbras removebat. Sabbatum enim a Domino Deo præceptum est, ab ipso Christo præceptum, qui cum Patre erat, quando Lex illa dabatur : ab ipso præceptum est, sed in umbra futuri. « Nemo ergo vos judicet in cibo, aut potu, aut in parte diei festi, aut neomeniæ, aut sabbatorum, quod est umbra futurorum. » (*Coloss.*, II, 16, 17.) Venerat quem venturum ista nuntiabant. Quid delectant umbræ? Judæi, aperite oculos : sol præsens est. « Nos scimus. » Quid scitis, o corde cæci? quid scitis? « Quia non est iste homo a Deo, qui sic solvit sabbatum. » (*Ibid.*, 16.) Sabbatum miseri, Sabbatum ipsum Christus prædicavit, quem dicitis non esse a Deo. Sabbatum carnaliter observatis, salivam Christi non habetis. Attendite in terra sabbati etiam salivam Christi, et intelligetis per sabbatum prophetatum Christum. Sed vos quia salivam Christi in terra super oculos vestros non habetis, ideo ad Siloam non venistis, et faciem non lavistis, et cæci remansistis, bono cæci ejus, imo jam non cæci nec carne, nec corde. Accepit in sputo lutum, inuncti sunt ejus oculi, accessit ad Siloam, lavit faciem, in Christum credidit, vidit, non remansit in illo judicio valde terribili : « Ego in judicium veni in hunc mundum, ut qui non vident videant, et qui vident cæci fiant. » (*Ibid.*, 39.)

Cæcitas Judæorum quomodo Christi adventu aucta est. — 4. Magnus terror! « Ut qui non vident videant : » bene. Salvatoris officium est, professio medicinæ est : « Ut qui non vident videant. » Quid est, Domine, quod addidisti : « Ut qui vident cæci

SERMON CXXXVI.

peut plus justes. Quels sont cependant « ceux qui voient? » Ce sont les Juifs. Ils voient donc? Si on les en croit, ils voient; mais en réalité ils ne voient point. Pourquoi donc dire qu'ils voient? Ils s'imaginent, ils croient voir. Ainsi croyaient-ils voir, lorsqu'ils défendaient la loi contre Jésus-Christ. « Nous savons, » ils voient donc. Que signifie : « Nous savons? » c'est-à-dire, nous voyons. Et que veulent-ils dire en ajoutant, « que cet homme ne vient pas de Dieu, parce qu'il n'observe point le sabbat? » Il semble qu'ils voient ; ils lisaient ce qui était écrit dans la loi. Car la loi commandait de lapider celui qui transgressait le sabbat. (*Nomb.*, xv, 36.) Voilà pourquoi ils disaient que Jésus-Christ n'était point de Dieu, mais tout en prétendant voir, ils étaient aveugles, parce que le juge futur des vivants et des morts était venu dans le monde pour juger. Pourquoi est-il venu? « Afin que ceux qui ne voient point voient; » afin que ceux qui reconnaissent qu'ils sont aveugles recouvrent la vue. « Et que ceux qui voient deviennent aveugles; » c'est-à-dire afin que ceux qui ne veulent point convenir de leur aveuglement tombent dans un plus profond endurcissement. Nous voyons maintenant l'accomplissement de cette sentence : « Afin que ceux qui voient deviennent aveugles. » Les défenseurs de la loi, les commentateurs de la loi, les docteurs de la loi, les maîtres versés dans la science de la loi, ont crucifié l'auteur même de la loi.

O aveuglement dans lequel est tombé une partie d'Israël! Elle est tombée dans cet aveuglement, afin que le Christ fût crucifié, et jusqu'à ce que la plénitude des nations soit entrée. (*Rom.*, xi, 25.) Quel est le sens de ces paroles : « Afin que ceux qui ne voyaient point voient? » c'est-à-dire qu'une partie d'Israël est tombée dans l'aveuglement, jusqu'à ce que la plénitude des nations soit entrée. Le monde tout entier était plongé dans l'aveuglement, mais le Sauveur est venu, afin que ceux qui ne voyaient point voient, et que ceux qui voient deviennent aveugles. Il a été méconnu des Juifs, crucifié par les Juifs, et de son sang il a fait un collyre pour les aveugles. Leur endurcissement et leur aveuglement n'ont fait que s'accroître, et ceux qui se vantaient de voir la lumière ont crucifié la lumière elle-même. Se peut-il un plus grand aveuglement? Ils ont éteint la lumière, mais la lumière qu'ils avaient crucifiée a répandu sur les aveugles ses divines clartés.

Témoignage de l'apôtre saint Paul sur l'impuissance de la loi et sur l'aveuglement des Juifs. — 5. Écoutez le témoignage d'un homme qui était aveugle et qui a recouvré la vue. Considérez quel malheur pour eux d'être venus se heurter contre la croix, parce qu'ils n'ont pas voulu avouer au médecin qu'ils étaient aveugles. La loi, il est vrai, leur était restée; mais que peut faire la loi sans la grâce? Infortunés, dites-moi qu'a fait la loi séparée de la grâce? que fait

---

fiant? » Si intelligamus, verissimum et rectissimum est. Quid est tamen, « qui vident? » Judæi sunt. Ergo vident? Secundum verba sua vident : secundum veritatem non vident. Quid est ergo, « vident? » Videre se putant, videre se credunt. Videre enim se credebant, quando contra Christum Legem defendebant. « Nos scimus, » ergo vident. Quid est : « Nos scimus, » nisi nos videmus? Quid est : « quia homo iste non est a Deo, quia sic solvit sabbatum? » Videntes sunt: quod Lex dicebat, legebant. Præceptum est enim, ut lapidaretur qui solveret sabbatum. (*Num.*, xv, 36.) Ideo istum dicebant non esse a Deo, sed videntes cæci erant quia in judicium venit in mundum ille judex futurus vivorum et mortuorum : Quare venit? « Ut qui non vident videant : » qui se non videre confitentur, illuminentur. « Et qui vident cæci fiant ; » id est, qui cæcitatem suam non confitentur, gravius obdurentur. Denique impletum est: « Qui vident cæci fiant : » Legis defensores, Legis tractatores, Legis doctores, Legis intellectores auctorem Legis crucifixerunt. O cæcitas! ipsa est quæ ex parte Israel facta est. Ut crucifigeretur Christus, et plenitudo gentium intraret, cæcitas ex parte Israel facta est. (*Rom.*, xi, 25.) Quid est : « Ut qui non vident videant? » Ut plenitudo gentium intraret, cæcitas ex parte Israel facta est. Totus orbis cæcus jacebat: sed venit ille, « ut qui non vident videant, et qui vident cæci fiant. » Ignoratus est a Judæis, crucifixus est a Judæis : de sanguine suo collyrium fecit cæcis. Duriores facti, (a) cæci facti qui se jactabant videre lucem, crucifixerunt lucem. Quanta cæcitas! Lucem occiderunt : sed crucifixa lux cæcos illuminavit.

Pauli de Legis impotentia et de Judæorum cæcitate testimonium. — 5. Audi videntem, qui cæcus erat. Ecce in quam crucem male offenderunt, qui cæcitatem suam medico confiteri noluerunt. Remanserat illis Lex. Quid facit Lex sine gratia? O miseri, quid fecit Lex sine gratia. Quid facit terra sine Christi

---

(a) Florus, *cæciores facti : quia se jactabant*, etc.

la terre sans la salive du Christ? que peut faire la loi sans la grâce? Elle ne peut que rendre plus coupable. Pourquoi? Parce que ceux qui écoutent la loi sans l'accomplir deviennent, par le fait de cette omission, pécheurs et prévaricateurs. L'enfant de celle qui avait donné l'hospitalité à l'homme de Dieu vint à mourir; il envoya son bâton par son serviteur, qui le mit sur le visage de l'enfant, sans qu'il revînt à la vie. (IV *Rois*, IV, 29.) Que fait la loi sans la grâce? Que nous dit l'Apôtre qui, d'aveugle qu'il était, est maintenant éclairé des plus vives lumières? « Si nous avions reçu une loi qui pût donner la vie, il serait vrai de dire que la justice viendrait de la loi. «(*Gal.*, III, 21.) Soyez attentifs, répétons les paroles de l'Apôtre : « Si nous avions reçu une loi qui pût donner la vie, il serait vrai de dire que la justice viendrait de la loi. » Mais si elle ne pouvait communiquer la vie, pourquoi a-t-elle été donnée? L'Apôtre poursuit et ajoute : « Mais l'Ecriture a tout renfermé sous le péché, afin que ce que Dieu avait promis fût donné par la foi en Jésus-Christ, à ceux qui croiraient. » (*Ibid.*, 22.) C'est afin que les promesses, qui assuraient aux hommes la lumière et l'amour qui viennent de la foi en Jésus-Christ, pussent s'accomplir à l'égard de ceux qui croyaient que cette Ecriture, c'est-à-dire la loi, a tout renfermé sous le péché. Qu'est-ce à dire qu'elle a tout renfermé sous le péché? Je n'aurais point connu la convoitise, si la loi n'avait dit : « Vous ne convoiterez point. » (*Rom.*, VII, 7.) Que veut dire encore : « L'Ecriture a tout renfermé sous le péché? » Elle a rendu le pécheur prévaricateur, car elle n'a pu guérir le pécheur. Elle a tout renfermé sous le péché, mais dans quelle espérance? Dans l'espérance de la grâce, dans l'espérance de la miséricorde. Vous avez reçu la loi, vous avez voulu l'accomplir, mais vous ne l'avez pu ; votre orgueil a été la cause de votre chute, vous avez fait une triste expérience de votre faiblesse. Accourez au médecin, croyez en Jésus-Christ; l'esprit viendra se joindre à la lettre, et vous serez sauvé. Si vous séparez l'esprit de la lettre, la lettre tue, et alors quelle espérance vous reste? Au contraire, l'esprit vivifie. (II *Cor.*, III, 6.)

Que figurait Elisée envoyant d'abord son bâton et venant ensuite lui-même pour ressusciter l'enfant qui était mort. — 6. Que Giézi, serviteur d'Elisée, prenne donc le bâton de son maître, comme Moïse, serviteur de Dieu, a reçu la loi. Qu'il prenne ce bâton, qu'il le porte, qu'il coure, qu'il précède son maître, qu'il mette ce bâton sur la figure de l'enfant qui est mort. C'est ce qu'il fit ; il prit ce bâton, et alla en toute hâte pour le mettre sur le visage de l'enfant. Mais, dans quel dessein, et à quoi bon ce bâton? Si la loi qui a été donnée pouvait

---

saliva? Quid facit Lex sine gratia, nisi magis reos? Quare? Quia Legis auditores et non factores, ac per hoc peccatores, prævaricatores. Mortuus est puer hospitæ hominis Dei, et missus est baculus per servum, et positus est super faciem ipsius, et non revixit. (IV *Reg.*, IV, 29.) Quid facit Lex sine gratia? Apostolus jam videns, jam ex cæco illuminatus, quid dicit? « Si enim data esset Lex quæ posset vivificare, omnino ex Lege esset justitia. » (*Gal.*, III, 21.) Intendite : respondeamus, et dicamus : quid est quod dixit? « Si data esset Lex quæ posset vivificare, omnino ex Lege esset justitia. » Si non poterat vivificare, ut quid data est? Secutus adjuuxit : Sed conclusit Scriptura omnia sub peccato, « ut promissio ex fide Jesu Christi daretur credentibus. » (*Ibid.*, 22.) Promissio illuminationis, promissio dilectionis ex fide Jesu Christi, ut daretur credentibus, scriptura illa, id est : « Lex conclusit omnia sub peccato. » Quid est, conclusit omnia sub peccato? Concupiscentiam nesciebam, nisi Lex dixeret : « Non concupisces. »

Quid est, « conclusit Scriptura omnia sub peccato? » (*Rom.*, VII, 7.) Fecit delictorem etiam prævaricatorem. Nam sanare non potuit peccatorem. « Conclusit omnia sub peccato : » sed qua spe? Spe gratiæ, spe misericordiæ. Accepisti Legem ; (*a*) facere voluisti, non potuisti ; a superbia cecidisti, languorem tuum vidisti. Curre ad medicum, lava faciem. Opta Christum, confitere Christum, crede in Christum : accedit spiritus litteræ, et eris salvus. Nam si Spiritum litteræ detrahas, littera occidit : si occidit, ubi spes? Spiritus autem vivificat. (II *Cor.*, III, 6.)

Elisæus baculum præmittens, tum ipse veniens ad suscitandum mortuum, quid adumbret. — 6. Accipiat ergo Giezi servus Elisæi baculum, tanquam Legem acceperit servus Dei Moises. Accipiat baculum, accipiat, currat, præcedat, præveniat, baculum super faciem pueri mortui ponat. Et factum est : accepit, cucurrit, baculum super faciem pueri mortui posuit. Sed ut quid? cui baculum? « Si data esset Lex quæ posset vivificare, puer resuscita-

---

(*a*) Florus, *stare voluisti.*

donner la vie, le bâton aurait rendu la vie à l'enfant; mais parce que l'Ecriture a tout renfermé sous le péché, l'enfant reste assujetti à la mort. Or, pourquoi l'Ecriture a-t-elle tout renfermé sous le péché? Afin que ce que Dieu avait promis fut donné par la foi en Jésus-Christ à ceux qui croiraient. Il faut donc qu'Elisée vienne lui-même, après avoir envoyé son bâton par son serviteur, pour bien constater la mort de l'enfant. Qu'il vienne donc en personne, qu'il entre dans la demeure de cette femme, qu'il monte sur le lit où est l'enfant, qu'il constate bien qu'il est mort, qu'il applique sur les membres de cet enfant mort les membres de son corps plein de vie. C'est ce qu'il fit; il mit sa bouche sur sa bouche, ses yeux sur ses yeux, ses mains sur ses mains, ses pieds sur ses pieds, il se rétrécit, se rappetissa, et se fit petit de grand qu'il était. Oui, il s'est rapetissé, il s'est, pour ainsi dire, amoindri. En effet, lorsqu'il avait la nature de Dieu, il s'est anéanti en prenant la forme d'esclave. (*Phil.*, II, 6, 7.) Dans quel sens faut-il entendre que son corps vivant a pris la forme du corps de cet enfant mort? Vous voulez le savoir? Ecoutez l'Apôtre : « Dieu a envoyé son Fils. » (*Rom.*, VIII, 3.) Comment a-t-il pris la forme de l'enfant mort? L'Apôtre nous l'explique lui-même dans les paroles qui suivent : « Dans la ressemblance de la chair du péché. » Voilà comme, tout vivant qu'il était, il a pris la forme de celui qui était mort ; il est venu jusqu'à nous, non pas dans la chair du péché, mais dans la ressemblance de la chair du péché. L'homme était mort dans la chair du péché, il en a pris la forme par la ressemblance de la chair du péché. Il est mort sans qu'il eût en lui-même aucun principe de mort. Il est mort en demeurant seul libre au milieu des morts, parce que la chair de tous les hommes était une chair de péché. Comment l'homme aurait-il pu être rendu à la vie, si Celui qui était sans péché n'avait pris la forme de celui qui était mort en venant sur la terre, avec la ressemblance de la chair du péché? O Seigneur Jésus, qui avez souffert pour nous et non pour vous, vous qui n'avez commis aucune faute, et qui en subissez le châtiment, pour nous délivrer de tout péché et de toute peine !

SERMON CXXXVII [1].

Sur le chapitre x *de l'Evangile selon saint Jean :*
sur le pasteur, le mercenaire et le voleur.

CHAPITRE PREMIER. — *La santé des membres du corps de l'Eglise résulte de l'unité et de la charité qui existent entre eux.* — 1. Votre foi ne vous laisse pas ignorer, mes très-chers frères, et c'est, nous le savons, l'enseignement que

---

(1) Possidius fait mention de ce sermon dans le chapitre VIII de sa Table, et Florus le cite dans son Commentaire sur le chapitre IV de la Ire Epître aux Corinthiens, et sur le chapitre I de l'Epître aux Philippiens.

---

tus esset baculo : » sed quia conclusit Scriptura omnia sub peccato, adhuc jacet mortuus. Sed quare conclusit omnia sub peccato? Ut promissio ex fide Jesu Christi daretur credentibus. Veniat ergo Eliseus, qui misit baculum per servum ad convincendum mortuum : veniat ipse, ipse veniat, ipse hospitium mulieris introeat, ascendat ad puerum, inveniat mortuum, conformet se membris mortui, non mortuus, sed vivus. Hoc enim fecit : faciem super faciem, oculos super oculos, manus super manus, vestigia super pedes posuit, coartavit se, contraxit se, cum magnus esset parvum se fecit. Contraxit se, ut ita dicam, minoravit se. Quia cum in forma Dei esset, exinanivit se, formam servi accipiens. (*Philip.*, II, 6, 7.) Quid est, conformavit se vivus mortuo? Quid sit, quæritis? Apostolum audite : Misit Deus Filium suum. (*Rom.*, VIII, 3.) Quid est, conformavit se mortuo? Hoc dicat, sequatur, et ipse dicat : In similitudinem carnis peccati. Hoc est conformare se mortuo vivum : venire ad nos in similitudinem carnis peccati, non in carne peccati. Mortuus jacebat in carne peccati, conformavit se illi similitudo carnis peccati. Mortuus est enim qui quare moreretur non habebat. Mortuus est in mortuis solus liber ; quoniam universa caro hominum erat utique caro peccati. Quomodo revivisceret, nisi ille qui non habebat peccatum conformans se mortuo, veniret in similitudinem carnis peccati? O Domine Jesu, passe pro nobis, non pro te, non habens culpam, et sustinens pœnam, (*a*) ut et culpam solvas et pœnam.

SERMO CXXXVII [b].

In Evangelii Joan., caput x : de pastore, et mercenario, et fure.

CAPUT PRIMUM. — *Sanitas membrorum in unitate et caritate.* — 1. Non ignorat fides vestra, Carissimi, et ita vos didicisse novimus, docente Magistro de cœlo,

---

(*a*) Hic in Ms. repetitur, *non habens culpam, et pœnam sustinens*. — (*b*) Alias XLIX, *de verbis Domini*.

vous avez reçu à l'école du Maître céleste, dans lequel vous avez placé votre espérance, que Notre-Seigneur Jésus-Christ, qui a souffert pour nous, et qui est ressuscité, est le chef de l'Eglise, qui est son corps, et que la santé de ce corps consiste dans l'union des membres, dans les liens d'une même charité. Si la charité vient à se refroidir, on devient un membre malade du corps de Jésus-Christ. Cependant Celui qui a déjà glorifié notre chef est assez puissant pour guérir ces membres infirmes, mais à la condition qu'ils ne seront point retranchés du corps par un excès d'impiété, et qu'ils resteront attachés au corps jusqu'à leur entière guérison. En effet, tant qu'un membre reste uni au corps, il ne faut point désespérer de sa santé; mais s'il vient à en être retranché, il n'y a plus ni remède ni guérison possibles. Or, comme le Christ est le chef de l'Eglise, et l'Eglise son corps, le Christ tout entier comprend à la fois le chef et le corps. Jésus-Christ est ressuscité; nous avons donc notre chef dans le ciel, où il intercède pour nous; notre chef, exempt de tout péché et affranchi des liens de la mort, se rend propitiation pour nos péchés auprès de Dieu, afin que, ressuscitant nous-mêmes à la fin des siècles, nous soyons transformés par la gloire des cieux, et que nous puissions suivre notre chef. En effet, là où est le chef, là aussi doivent être les autres membres. Or, tant que nous sommes ici-bas, nous sommes ses membres; ne désespérons donc point, car nous suivrons un jour notre chef.

CHAPITRE II. — *Union de Jésus-Christ et de ses membres.* — 2. Considérez, mes frères, l'amour de notre chef pour ses membres. Il est maintenant dans le ciel, et cependant il est ici-bas dans le travail et la peine, tant que son Eglise s'y trouve elle-même. Oui, Jésus-Christ souffre encore sur la terre de la faim, de la soif, de la nudité; il est encore étranger, il est malade, il est dans les prisons. Car tout ce que souffre ici-bas son corps, il affirme qu'il le souffre lui-même; et lorsqu'à la fin du monde il séparera son corps pour le mettre à sa droite, et qu'il fera passer à sa gauche ceux qui le foulent maintenant aux pieds, il dira à ceux qui sont à sa droite : « Venez, les bénis de mon Père, recevez le royaume qui vous a été préparé dès le commencement du monde. » (*Matth.*, xxv, 34, etc.) Comment l'ont-ils mérité? « Car j'ai eu faim et vous m'avez donné à manger; » et il énumère les autres œuvres de miséricorde, comme si lui-même en avait été l'objet, à ce point que les élus, ne le comprenant point, lui demanderont : « Quand est-ce que nous vous avons vu avoir faim, sans asile et en prison? Et il leur dira : Autant de fois que vous avez agi ainsi pour l'un de mes moindres frères, vous l'avez fait pour moi. » Nous voyons la même

in quo spem vestram posuistis, quia Dominus noster Jesus Christus, qui jam pro nobis passus est et resurrexit, caput est Ecclesiæ, et est corpus ejus Ecclesia, et in ejus corpore unitas membrorum et compago caritatis, tanquam (*a*) sanitas exsistit. Quicumque autem in caritate friguerit, infirmatur in corpore Christi. Sed potens est ille, qui jam exaltavit caput nostrum, etiam infirma membra sanare : dum tamen non nimia impietate præcidantur, sed hæreant corpori donec sanentur. Quidquid enim adhuc hæret corpori, non desperatæ sanitatis est; quod autem præcisum fuerit, nec curari, nec sanari potest. Cum ergo sit ille caput Ecclesiæ, et sit corpus ejus Ecclesia, totus Christus et caput et corpus est. Resurrexit jam ille. Caput ergo habemus in cœlo. Caput nostrum interpellat pro nobis. Caput nostrum sine peccato et sine morte, jam propitiat Deum pro peccatis nostris : ut et nos in fine resurgentes, et immutati in gloriam cœlestem, sequamur caput nostrum. Quo enim caput, et cætera membra. Sed dum hic sumus, membra sumus; ne desperemus, quia secuturi sumus caput nostrum.

CAPUT II. — *Unitas Christi et membrorum.* — 2. Videte enim, Fratres, dilectionem ipsius capitis nostri. Jam in cœlo est, et hic laborat, quamdiu hic laborat Ecclesia. Hic Christus esurit, hic sitit, nudus est, hospes est, infirmatur, in carcere est. Quidquid enim hic patitur corpus ejus, se dixit pati : et in fine segregans ipsum corpus suum ad dexteram, et reliquos a quibus modo conculcatur segregans ad sinistram, dicturus est his qui sunt ad dexteram : Venite benedicti Patris mei, percipite regnum quod vobis paratum est ab origine mundi. (*Matth.*, xxv, 34, etc.) Quibus meritis : « Esurivi enim, et dedisti mihi manducare; » et cætera sic exsequitur, tanquam ipse accepisset : usque adeo ut illi non intelligentes respondeant et dicant : « Domine, quando te vidimus esurientem, hospitem, et in carcere ? » Et dicit eis : « Cum uni ex minimis meis fecisti, mihi fecisti. » Sic etiam in nostro corpore caput sursum

(*a*) Lov. *tanquam sanitatis :* dissidentibus ceteris libris.

chose se passer pour notre corps. La tête est en haut, et les pieds touchent la terre; cependant, si, dans la foule qui vous serre et vous presse, quelqu'un vous marche sur le pied, la tête ne dit-elle pas : Vous marchez sur moi? Cependant, personne n'a marché ni sur votre tête ni sur votre langue; l'une et l'autre sont en haut et parfaitement en sûreté; elles n'ont rien souffert, mais comme le lien de la charité unit tous les membres de la tête aux pieds, la langue ne s'en sépare point, et elle dit : Vous marchez sur moi, sans que personne l'ait même touchée. De même donc que la langue, sans que personne la touche, peut dire : Vous marchez sur moi, ainsi Jésus-Christ, notre chef, qu'aucun coup ne peut atteindre, peut dire : « J'ai eu faim, et vous m'avez donné à manger; » et à ceux qui n'ont point accompli cette œuvre de miséricorde : « J'ai eu faim, et vous ne m'avez pas donné à manger. Et comment conclut-il : « Ceux-ci iront au feu éternel, et les justes à la vie éternelle. »

Chapitre III. — *Jésus-Christ est la porte.* — 3. Dans les paroles de Notre-Seigneur qu'on vient de vous lire, il déclare qu'il est à la fois le pasteur et la porte. Vous avez ici ce double titre : « Je suis la porte, » et « je suis le pasteur. » (*Jean*, x, 7, 11.) Comme chef, il est la porte, et il est pasteur dans le corps dont il est le chef. Voici, en effet, ce qu'il dit à Pierre, lorsqu'il établit sur lui seul son Eglise : « Pierre, m'aimez-vous? Pierre lui répond : Oui, Seigneur, je vous aime. Paissez mes brebis, lui dit Jésus. » Il lui demande une troisième fois : « M'aimez-vous? » Pierre fut contristé qu'il lui fît cette demande pour la troisième fois, comme si Jésus, qui avait vu dans son âme qu'il devait le renier, ne pouvait voir la sincérité de son amour. Mais non, le Sauveur n'avait cessé de connaître Pierre; il le connaissait alors même que Pierre ne se connaissait pas. Se connaissait-il, en effet, lorsqu'il disait à Jésus : « Je vous suivrai jusqu'à la mort? » (*Luc*, xxii, 33.) Savait-il combien grande était sa faiblesse? C'est ce que nous voyons souvent arriver aux malades; il ne connaissent point le mal dont ils sont atteints, tandis que le médecin le connaît parfaitement, et cependant ils souffrent de ce mal, et le médecin n'en souffre point. Le médecin vous apprendra ce qui se passe dans un autre, bien plus que le malade ne pourra dire ce qui se passe en lui-même. Or, Pierre était alors le malade, et le Seigneur le médecin. Pierre affirmait avoir des forces qu'il n'avait pas en effet, tandis que Jésus, qui touchait les pulsations de son cœur, déclarait qu'il le renierait trois fois. Or, l'événement donna raison à la prédiction du médecin, plutôt qu'à la présomption du malade. Si donc Notre-Seigneur l'interroge après sa résurrection, ce n'est pas qu'il ignorât la sincérité de l'amour dont il faisait profession, mais parce qu'il vou-

---

est, pedes in terra sunt : tamen in aliqua constipatione et coarctatione hominum, quando tibi aliquis pedem calcat, nonne dicit caput : Calcas me? Nec caput tuum, nec linguam tuam quisquam calcavit : sursum est, in tuto est, nihil ei mali contigit; et tamen quia per connexionem caritatis unitas est a capite usque ad pedes, non se inde lingua separavit, sed dixit : Calcas me, cum eam nemo contigerit. Quomodo ergo lingua, quam nemo contigit, dicit : Calcas me ; sic Christus caput, quod nemo calcat, dixit : « Esurivi, et dedistis mihi manducare. Et illis qui hoc non fecerunt, dixit : Esurivi, et non dedistis mihi manducare. Et quomodo concluait? Sic : Ibunt illi in ambustionem æternam, justi autem in vitam æternam. »

Caput III. — *Janua Christus.* — 3. Cum ergo Dominus nunc loqueretur, dixit se esse pastorem, dixit se esse et januam. Utrumque ibi habes, et : « Ego sum janua, » et : «Ego sum pastor.» (*Joan.*, x, 7, 11.) Janua est in capite, pastor in corpore. Dicit enim Petro, in quo uno format Ecclesiam : Petre, amas me? Respondit : Domine, amo. Pasce oves meas. Et tertio : Petre, amas me? (*Joan.*, xxi, 15.) Contristatus est Petrus, quod eum tertio interrogavit, quasi ille qui vidit conscientiam negatoris, non videret fidem confitentis. Noverat illum semper, noverat illum et quando se Petrus ipse non noverat. Tunc enim se non noverat, quando dixit : Tecum ero usque ad mortem (*Luc.*, xxii, 33); et quam esset infirmus, nesciebat. Quomodo plerumque revera et infirmis contingit, ut ægrotus nesciat quid in illo agatur, medicus autem sciat : cum ille ægritudinem ipsam patiatur, medicus non patiatur. Magis dicit medicus quid agatur in altero, quam ille qui ægrotat quid agatur in seipso. Petrus ergo tunc infirmus. Dominus autem medicus. Iste dicebat se habere vires, qui non habebat : ille autem tangens venam cordis ejus, dicebat quod ter eum esset negaturus. Et ita factum est quomodo prædixit medicus, non quomodo præsumpsit ægrotus. Ergo post resurrectionem suam Dominus interrogavit eum, non nesciens quo ille animo confiteretur amorem Christi, sed ut trina

lait qu'en affirmant trois fois son amour il effaçât le triple reniement que lui avait arraché la crainte.

Chapitre IV. — *Ce que Jésus exige de Pierre.* — 4. Voyons donc ce que Notre-Seigneur exige de Pierre. « Pierre m'aimez-vous? » Que me donnerez-vous, semble-t-il lui dire, que me présenterez-vous comme preuve de votre amour? Que pouvait donner Pierre au Seigneur ressuscité, qui allait monter au ciel et s'asseoir à la droite de son Père? Voilà ce que vous me donnerez, lui dit-il, voilà ce que je vous demande : si vous m'aimez véritablement, c'est de paître mes brebis, c'est d'entrer par la porte, et non par ailleurs. Vous avez entendu ce qu'il dit dans l'Evangile dont on vous a fait lecture : « Celui qui entre par la porte est le pasteur des brebis, mais celui qui monte par ailleurs est un voleur et un larron, et il ne vient que pour dérober, tuer et détruire. » (*Jean*, x, 1, etc.) Or, quel est celui qui entre par la porte? Celui qui entre par Jésus-Christ. Et comment entre-t-on par Jésus-Christ? En imitant les souffrances de Jésus-Christ, en faisant profession de connaître l'humilité de Jésus-Christ; car Dieu s'étant fait homme pour nous, l'homme doit reconnaître qu'il n'est pas Dieu, mais qu'il est homme. Celui qui veut paraître Dieu, quand il n'est qu'un homme, est loin d'imiter Celui qui s'est fait homme, lorsqu'il était Dieu. Or, on ne vous dit point : Descendez au-dessous de ce que vous êtes, on vous dit simplement : Connaissez ce que vous êtes. Reconnaissez que vous êtes faible, reconnaissez que vous êtes pécheur, reconnaissez que Jésus seul peut vous justifier, et que, pour vous, vous êtes couvert de souillures. Dévoilez dans votre confession les taches de votre cœur, et vous ferez partie du troupeau de Jésus-Christ. L'aveu de vos fautes invitera le médecin à vous guérir, tandis que le malade qui dit : Je suis en bonne santé, ne songe pas à demander le médecin. Le pharisien et le publicain n'étaient-ils pas venus tous deux en même temps dans le temple? (*Luc*, xviii, 10.) L'un se vantait de sa bonne santé, l'autre dévoilait ses plaies au médecin. Seigneur, disait le pharisien, je vous rends grâces de ce que je ne suis point comme ce publicain. Il se glorifiait donc d'être bien au-dessus de lui. Si le publicain avait été en bonne santé, le pharisien lui aurait porté envie dans l'impuissance de s'élever au-dessus de lui. Dans quelles dispositions était donc venu celui que travaillaient ces sentiments d'envie? Il était loin d'avoir la santé, et tout en prétendant qu'il était bien portant, il revint chez lui sans être guéri. Le publicain, au contraire, tenait les yeux baissés vers la terre, et frappait sa poitrine, en disant : « Seigneur, ayez pitié de moi, qui suis un pécheur. » Et comment conclut le Sauveur? « Je vous le dis en vérité : Celui-ci re-

---

confessione amoris, deleret trinam negationem timoris.

Caput IV. — *Quid a Petro exigitur.* — 4. Ergo hoc Dominus exigit a Petro : Petre, amas me? Quasi : Quid mihi dabis, quid mihi præstabis, quia amas me? Quid erat præstaturus Petrus resurgenti Domino, et eunti in cœlum, atque sedenti ad dexteram Patris? Quasi diceret : Hoc mihi dabis, hoc mihi præstabis, si amas me, ut pascas oves meas : per januam intres, non per aliam partem ascendas. Audistis, cum Evangelium legeretur : « Qui intrat per januam, pastor est : qui autem ex alia parte ascendit, fur est et latro ; et dissipare quærit, et spargere, et tollere. » (*Joan.*, x, 1, etc.) Quis est qui intrat per januam? Qui intrat per Christum. Quis est iste? Qui imitatur passionem Christi, qui cognoscit humilitatem Christi : ut cum Deus factus sit homo pro nobis, cognoscat se homo non esse Deum, sed hominem. Qui enim vult Deus videri, cum sit homo, non imitatur illum, qui cum Deus esset, homo factus est. Tibi autem non dicitur : Esto aliquid minus quam es ; sed : Cognosce quod es. Cognosce te infirmum, cognosce te hominem, cognosce te peccatorem; cognosce quia ille justificat, cognosce quia maculosus es. Appareat in confessione tua macula cordis tui, et pertinebis ad gregem Christi. Quia confessio peccatorum invitat medicum sanaturum : quomodo in ægritudine qui dicit : Sanus sum, non quærit medicum. Numquid non ad templum ascenderat Pharisæus ille et publinus? (*Luc.*, xviii, 10.) Ille de sua sanitate gloriabatur, iste vulnera sua medico ostendebat. Dicebat enim ille : Deus, gratias tibi ago, quia non sum sicut publicanus iste. Gloriabatur super alterum. Ergo si publicanus ille sanus esset, invideret illi Pharisæus ; quia non haberet super quem extolleretur. Quomodo ergo venerat, qui sic invidebat? Non erat utique sanus : et cum se sanum diceret, non descendit curatus. Ille autem ad terram oculos dejiciens, et non audens in cœlum tollere, percutiebat pectus suum, dicens, Deus propitius esto mihi peccatori. Et quid dicit Dominus? « Amen dico vobis, quia descendit justificatus de templo publicanus, magis quam Pharisæus.

vint en sa maison justifié, et non pas l'autre, car quiconque s'élève sera abaissé, et quiconque s'abaisse sera élevé. » (*Ibid.*, 14.) Ceux donc qui veulent s'élever cherchent à monter dans le bercail par un autre endroit que par la porte, tandis que ceux qui s'humilient entrent dans le bercail par la porte. Voilà pourquoi Notre-Seigneur dit de l'un, qu'il entre, et de l'autre, qu'il monte. Celui qui monte, vous le voyez, il recherche les hauteurs ; il n'entre pas, il tombe. Celui, au contraire, qui s'abaisse pour entrer par la porte ne tombe point, c'est le pasteur des brebis.

CHAPITRE V. — *Sur les trois personnes venant à la bergerie : le pasteur, le voleur, le mercenaire.* — 5. Notre-Seigneur désigne ici trois personnes dont nous devons étudier le caractère dans l'Evangile : le pasteur, le mercenaire et le voleur. Vous avez sans doute remarqué, dans la lecture de l'Evangile, les traits sous lesquels il dépeint le pasteur, le mercenaire et le voleur. Le pasteur, dit-il, donne sa vie pour ses brebis, et entre par la porte. Le voleur et le larron montent par ailleurs. Quant au mercenaire, dès qu'il voit le loup ou le voleur, il s'enfuit, parce qu'il n'a aucun souci des brebis ; car il est mercenaire, il n'est point pasteur. L'un entre par la porte, parce qu'il est pasteur ; l'autre monte par ailleurs, parce qu'il est voleur ; le troisième tremble et s'enfuit, à la vue de ceux qui viennent pour s'emparer des brebis, parce qu'il est mercenaire, et qu'à ce titre il n'a aucun soin des brebis. Si nous saisissons bien le caractère de ces trois personnes, votre sainteté connaîtra ceux que vous devez aimer, ceux que vous devez supporter, ceux dont vous devez vous garder. Vous devez aimer le pasteur, supporter le mercenaire, vous garder du voleur. Il est, dans l'Eglise, des hommes qui, suivant ce que dit l'Apôtre, annoncent l'Evangile par occasion, et recherchent les avantages que les hommes peuvent leur donner, l'argent, les honneurs, ou la gloire humaine. Ce qu'ils veulent à tout prix en prêchant l'Evangile, c'est de recevoir des présents, et ils cherchent beaucoup moins le salut de ceux qu'ils évangélisent, que leurs propres intérêts. Or, si le fidèle qui reçoit la doctrine du salut d'un prédicateur qui n'y a aucune part, croit à Celui qui lui est annoncé, sans mettre son espérance dans celui qui le lui annonce, ce prédicateur perdra le mérite de sa prédication, tandis que le fidèle en recueillera les fruits.

CHAPITRE VI. — *Ce que Notre-Seigneur Jésus-Christ dit des pharisiens s'applique aux mauvais pasteurs de l'Eglise.* — 6. Le Sauveur, vous le savez, dit des pharisiens : « Ils sont assis sur la chaire de Moïse. » Or, il n'avait pas seulement en vue les pharisiens, et son dessein n'était pas d'envoyer ceux qui croyaient en Jésus-Christ à l'école des Juifs, pour y ap-

---

Quia omnis qui se exaltat, humiliabitur ; et qui se humiliat, exaltabitur.» (*Ibid.*, 14.) Qui ergo se exaltant, per alteram partem volunt ascendere ad ovile : qui autem se humiliant, per januam intrant ad ovile. Ideo de illo dixit, « intrat : » de illo, « ascendit. » Qui ascendit, videtis, qui alta petit, non intrat, sed cadit. Ille autem qui se submittit, ut per januam intret, non cadit, sed pastor est.

CAPUT V. — *Tres personæ ad ovile venientes. Pastor. Fur. Mercenarius.* — 5. Sed tres personas dixit Dominus, et debemus illas investigare in Evangelio, pastoris, mercenarii et furis. Cum legeretur, puto quod animadvertistis, designavit pastorem, designavit mercenarium, designavit furem. Pastorem dixit animam suam ponere pro ovibus et intrare per januam. Furem dixit et latronem ascendere per aliam partem. Mercenarium dixit, lupum vel etiam furem, si videat, fugere ; quia non est illi cura de ovibus : mercenarius est enim, non pastor. Ille intrat per januam, quia pastor est ; ille ascendit per aliam partem, quia fur est ; ille videns eos qui volunt tollere oves, timet et fugit, quia mercenarius est, quia non est illi cura de ovibus : mercenarius est enim. Si invenerimus tres istas personas, invenit Sanctitas Vestra et quos diligatis, et quos toleretis, et quos caveatis. Diligendus est pastor, tolerandus est mercenarius, cavendus est latro. Sunt homines in Ecclesia, de quibus dicit Apostolus, qui ex occasione evangelizant, quærentes ab hominibus commoda sua, sive pecuniaria, sive honorum vel laudis humanæ. Quomodolibet volentes accipere munera evangelizant, et non tam salutem ejus quærunt cui annuntiant, quam commodum suum. Ille autem qui audit salutem ab eo qui non habet salutem, si ei crediderit quem ille annuntiat, neque in illo spem posuerit, per quem illi annuntiatur salus : qui annuntiat, habebit detrimentum ; cui annuntiatur, habebit lucrum.

CAPUT VI. — *Dictum Christi in Pharisæos, spectare et ad malos de Ecclesia pastores.* — 6. Habes Dominum dicentem de Pharisæis : Cathedram Moisi sedent. (*Matth.*, XXIII, 2.) Non eos solos significabat Dominus ; quasi vero eos qui crederent in Christum, ad Judæo-

prendre le chemin qui conduit au royaume des cieux. Pourquoi Notre-Seigneur est-il venu sur la terre? N'est-ce point pour établir son Eglise, séparer, comme on sépare le bon grain de la paille, les Juifs qui auraient une foi sincère, une espérance ferme, une charité véritable; faire du peuple de la circoncision un seul mur, auquel viendrait se joindre un autre mur formé des Gentils, et devenir lui-même la pierre angulaire de ces deux murs, qui viennent de deux directions contraires? N'est-ce pas de ces peuples réunis en un seul, que le même Sauveur a dit : « J'ai d'autres brebis qui ne sont point de ce bercail? » C'est aux Juifs qu'il parlait alors : « Il faut, leur disait-il, que je les amène, et il n'y aura qu'une bergerie et un pasteur. » (*Jean*, x, 16.) Voilà pourquoi nous voyons deux barques lorsqu'il appelle ses disciples à le suivre. Ces deux barques figuraient les deux peuples, lorsque les apôtres, ayant jeté leurs filets, prirent une si grande quantité, un si grand nombre de poissons, que les filets étaient près de se rompre; « et ils en remplirent deux barques, dit l'Evangéliste. » (*Luc*, v, 2.) Ces deux barques représentaient l'Eglise qui est une, formée de deux peuples, et unie en Jésus-Christ, quoique composée de deux éléments différents. C'est ce que figuraient encore Lia et Rachel, épouses d'un seul mari, Jacob (*Gen.*, XXXIX), et aussi les deux aveugles qui étaient assis le long du chemin, et à qui le Seigneur rendit la vue. (*Matth.*, XX, 30.) Si vous étudiez attentivement les Ecritures, vous découvrirez, dans un grand nombre d'endroits, les symboles figuratifs de ces deux Eglises, qui n'en forment plus maintenant qu'une seule; parce que la pierre angulaire de deux murailles n'en a fait qu'une seule, parce que le pasteur a réuni les deux troupeaux en un seul. Pouvons-nous supposer que Notre-Seigneur, qui devait enseigner son Eglise et établir son école en dehors des Juifs, comme nous le voyons maintenant, enverrait aux Juifs ceux qui croyaient en lui, pour apprendre d'eux la doctrine du salut? Sous le nom de scribes et de pharisiens, il voulait donc désigner certains docteurs, qui devaient un jour, dans son Eglise, se contenter d'enseigner sans pratiquer, comme il se désigne lui-même dans la personne de Moïse. En effet, Moïse était la figure de Jésus-Christ, et il se couvrait le visage d'un voile, quand il parlait au peuple, pour signifier que, tant que ce peuple serait livré aux joies et aux plaisirs de la chair, il aurait un voile sur le cœur, et ne découvrirait point Jésus-Christ dans les Ecritures. Lorsque ce voile fut levé, après la passion du Seigneur, on vit les secrets du sanctuaire. C'est pour cela que le voile du temple fut déchiré en deux du haut en bas, lorsque Jésus fut crucifié (*Matth.*,

---

rum scholam mitteret, ut ibi discerent quemadmodum iter sit ad regnum cœlorum. Nonne ideo Dominus venit, ut institueret Ecclesiam, ipsosque Judæos bene credentes et bene sperantes et bene diligentes segregaret tanquam frumenta a paleis, et faceret unum parietem circumcisionis, cui conjungeretur alius paries ex præputio Gentium, quibus duobus parietibus de diverso venientibus esset ipse lapis angularis? Nonne ergo idem Dominus de duabus istis plebibus in uno futuris dixit : « Habeo et alias oves, quæ non sunt ex hoc ovili? » (*Joan.*, x, 16.) Loquebatur autem Judæis : « Oportet me, inquit, et eas adducere, ut sit unus grex, et unus pastor. » (*Luc.*, v, 2.) Ideo duæ naves erant, unde vocaverat discipulos. Duas (*a*) ipsas plebes significabant, quando miserunt retia, et levaverunt tantam vim et tantum numerum piscium, ita ut pene retia rumperentur : Et oneraverunt, inquit, duas naves. Duæ naves significabant unam Ecclesiam, sed de duabus plebibus factam, conjunctam in Christo, quamvis de diverso venientem. Hoc significant etiam duæ uxores, habentes unum virum Jacob, Lia et Rachel. (*Gen.*, XXXIX.) Has duas significant etiam duo cæci, qui sedebant juxta viam, quos Dominus illuminavit. (*Matth.*, XX, 30.) Et si advertatis Scripturas, in multis locis invenietis significari duas Ecclesias, quæ non sunt duæ, sed una. Ad hoc enim valet lapis angularis, ut ex duabus faciat unam. Ad hoc valet ille pastor, ut de duobus gregibus faciat unum. Ergo Dominus docturus Ecclesiam, et habiturus scholam suam præter Judæos, sicut modo videmus, numquid credentes in se, ad Judæos missurus erat, ut discerent? Sed nomine Pharisæorum et Scribarum significavit quosdam in Ecclesia sua futuros, qui dicerent, et non facerent: se autem figuraverat in persona Moisi. Etenim personam ejus gerebat Moises, et velum ante se ideo ponebat, quando loquebatur populo; quia quamdiu illi in Lege carnalibus gaudiis et voluptatibus dediti erant, et regnum terrenum quærebant, velamen positum erat contra faciem eorum, ne viderent Christum in Scripturis. Ablato enim velamine, postea quam passus est Dominus, visa sunt secreta templi. Ideo

(*a*) Sic Mss. Editi autem : *Duas personas plebis*.

xxvii, 51); et l'Apôtre dit en termes exprès : « Quand ce peuple sera converti au Seigneur, le voile sera levé. » (II *Cor.*, iii, 16.) Mais pour celui qui ne se convertit point à Jésus-Christ, il a beau lire Moïse, il a un voile sur le cœur, comme le dit le même Apôtre. Notre-Seigneur, voulant donc annoncer à ses disciples qu'un jour son Eglise verrait de tels docteurs, leur dit : Les scribes et les pharisiens sont assis sur la chaire de Moïse; faites ce qu'ils vous disent, mais ne faites pas ce qu'ils font. (*Matth.*, xxiii, 2, 3.)

Chapitre VII. — *Les mauvais clercs s'efforcent de dénaturer l'Evangile, en entraînant les fidèles au mal par leur exemple.* — 7. Lorsque les mauvais clercs entendent ces paroles qui les condamnent, ils cherchent à en fausser le sens, et, de fait, j'en ai entendu quelques-uns qui s'efforçaient d'en corrompre la signification. Mais s'ils le pouvaient, n'effaceraient-ils pas cette sentence de l'Evangile? Ils ne peuvent l'effacer, ils cherchent à la corrompre. Mais la grâce et la miséricorde de Dieu ne leur permettent pas d'accomplir leur dessein. Il a comme entouré ses paroles du rempart de sa vérité, et il les a tellement disposées que, si l'on vient à en retrancher une partie, ou à en tirer de fausses inductions par une lecture vicieuse ou une mauvaise interprétation, un homme intelligent rapprocherait facilement de l'Ecriture le passage qu'on veut en détacher, par une lecture attentive de ce qui précède ou de ce qui suit, et découvrirait ainsi le sens qu'on cherchait à altérer. Quelle est donc, à votre avis, l'interprétation que donnent de ces paroles ceux dont le Sauveur a dit : « Faites ce qu'ils disent? » C'est qu'elles s'adressent aux laïques. En effet, que se dit le laïque qui veut mener une vie vertueuse, et qui a sous les yeux les exemples d'un clerc vicieux? Il se rappelle ces paroles du Sauveur : « Faites ce qu'ils disent, ne faites pas ce qu'ils font. » Je marcherai dans la voie du Seigneur, et je me garderai bien d'imiter un tel dans sa conduite. En l'entendant, j'écouterai non sa parole, mais la parole de Dieu. Je suivrai Dieu et je lui laisserai suivre ses passions. Si, au contraire, j'invoquais devant Dieu ce moyen de défense, et que je lui dise : Seigneur, j'ai vu cet homme, qui est votre clerc, se conduire mal, et j'ai imité sa conduite; est-ce que le Seigneur ne serait pas fondé à me dire : Mauvais serviteur, ne m'aviez-vous pas entendu dire : « Faites ce qu'ils disent, mais ne faites pas ce qu'ils font? » Mais supposons un laïque vicieux, infidèle, qui ne fait partie ni du troupeau de Jésus-Christ, ni du bon grain de Jésus-Christ, et qu'on supporte comme la paille dans l'aire; que se dit-il, quand il s'entend condamner par

---

cum in cruce penderet, scissum est velum templi a summo usque deorsum (*Matth.*, xxvii, 51) ; et aperte dicit apostolus Paulus : Cum autem transieris ad Christum, auferetur velamen. (Ii *Cor.*, iii, 16.) Qui autem non transierit ad Christum, quamvis legat Moisen, velamen positum est super cor ejus, sicut dicit Apostolus. Cum ergo præfiguraret quosdam tales futuros Dominus in Ecclesia sua, quid ait? Scribæ et Pharisæi cathedram Moisi sedent ; quæ dicunt, facite ; sed quæ faciunt, facere nolite. (*Matth.*, xxiii, 2, 3.)

Caput VII. — *Clerici mali pervertere nitentes Evangelium, dum exemplo suo laicos ad peccatum trahunt.* — 7. Quando illud audiunt clerici mali quod in ipsos dicitur, volunt pervertere. Nam audivi quosdam pervertere velle istam sententiam. Numquid non, si illis liceret, delerent illam de Evangelio? Quia vero delere illam non possunt, pervertere illam quærunt. Sed adest Domini gratia et misericordia, nec sinit eos facere ; quia circumsepsit veritate sua omnes sententias suas, et libravit ; ut quisquis inde aliquid præcidere voluerit, aut inducere male legendo vel interpretando, ille qui cor habet, quod præcisum est de Scriptura jungat Scripturæ, et legat superiora vel inferiora, et inveniet sensum quem volebat ille male interpretari. Quid ergo putatis dicere istos de quibus dicitur : Quæ dicunt, facite? Quia revera (*a*) laicis dicitur. Laicus enim qui vult bene vivere, cum attenderit clericum malum, quid sibi dicit? Dominus dixit : Quæ dicunt, facite ; quæ faciunt, facere nolite. Ambulem viam Domini, non sequar istius mores. Audiam ab illo, non verba ipsius, sed Dei. Sequar Deum, sequatur ille cupiditatem suam. Quia si voluero apud Deum sic me defendere, ut dicam : Domine, vidi male viventem illum clericum tuum, et ideo male vixi; nonne mihi dicturus est : Serve nequam, non a me audieras : Quæ dicunt, facite ; quæ autem faciunt, facere nolite? Malus autem laicus, infidelis, non pertinens ad gregem Christi, non pertinens ad frumentum Christi, qui tanquam palea in area toleratur, quid sibi dicit, quando cœperit illum arguere verbum Dei?

(*a*) Ita Colbertinus codex. Alii quidam Mss. *re vera a fidelibus laicis dicitur.* Editi vero, *a sanis laicis dicitur.*

la parole de Dieu? Laissez-moi, pourquoi me tenir ce langage? Quoi! les évêques, les clercs ne font pas ce que vous me commandez, et vous voudriez me forcer de le faire? Il cherche non pas un avocat pour défendre une mauvaise cause, mais un compagnon de son châtiment. Car, jamais on ne sera défendu au jour du jugement par un homme vicieux, qu'on a voulu imiter. De même, en effet, que le démon ne séduit pas les hommes pour les associer à son royaume, mais pour être les compagnons de son supplice, ainsi tous ceux qui imitent les méchants cherchent des compagnons qui seront punis avec eux dans l'enfer, et non des protecteurs pour le royaume des cieux.

Fausse interprétation de l'Evangile.—8. Comment donc ces hommes, qui se conduisent mal, altèrent-ils, lorsqu'on la leur rappelle, cette maxime si juste de l'Evangile : « Faites ce qu'ils vous disent, ne faites pas ce qu'ils font? » Rien de plus raisonnable, répondent-ils. On vous recommande de faire ce que nous disons, mais de ne pas faire ce que nous faisons. Ainsi, nous offrons des sacrifices, il ne vous est pas permis d'en offrir.

CHAPITRE VIII. — Voyez quelles ruses de la part de ces hommes, le dirai-je? de ces mercenaires. Car s'ils étaient des pasteurs véritables, tel ne serait point leur langage. Aussi, Notre-Seigneur, pour leur fermer la bouche, s'exprime en ces termes : « Ils sont assis sur la chaire de Moïse; faites ce qu'ils disent, mais ne faites point ce qu'ils font, car ils disent et ne font pas. » (*Matth.*, XXIII, 2, 3.) Quoi donc, mes frères, pensez-vous que, si Notre-Seigneur avait voulu parler des sacrifices à offrir, il se serait exprimé de la sorte : « Ils disent et ne font point? » Non, car ils sont fidèles à offrir des sacrifices à Dieu. Quel est donc le commandement qu'ils imposent sans l'accomplir eux-mêmes? Ecoutez la suite : « Ils lient des fardeaux pesants et qu'on ne peut porter, et les placent sur les épaules des hommes, mais ils ne veulent pas les remuer du bout du doigt. » (*Ibid.*, 4.) Ces reproches sont clairs, et l'application en est évidente. Lors donc qu'ils veulent dénaturer le sens de ces paroles, ils montrent qu'ils ne cherchent autre chose dans l'Eglise que leurs intérêts, et qu'ils n'ont pas lu l'Evangile; car, s'ils connaissaient cette page, et s'ils l'avaient lue seulement tout entière, jamais ils n'auraient osé avancer une semblable interprétation.

Les mauvais pasteurs, dans l'Eglise, ressemblent aux pharisiens. — 9. Voulez-vous une preuve encore plus évidente de l'existence de semblables docteurs dans l'Eglise, car il ne faut pas qu'on vienne nous dire : c'est des pharisiens, c'est des scribes, c'est des Juifs, que le Sauveur a voulu parler, et nous ne trouvons personne dans l'Eglise qui leur ressemble. Quels sont

---

Exi : quid mihi loqueris? Ipsi episcopi, ipsi clerici non illud faciunt, et me cogis ut faciam. Quærit sibi non patronum ad causam malam, sed comitem ad pœnam. Nam nunquam eum ille defensurus est in die judicii, quemcumque malum voluerit imitari. Quomodo enim diabolus omnes quos seducit, non seducit cum quibus regnet, sed cum quibus damnetur : sic omnes qui sequuntur malos, comites sibi ad gehennam quærunt, non patrocinia ad regnum cœlorum.

Perversa interpretatio Evangelii. — 8. Quomodo ergo pervertunt isti hanc sententiam, quando illis dicitur male viventibus : Merito dictum est a Domino : Quæ dicunt, facite; quæ faciunt, facere nolite? Recte dictum est, inquiunt. Dictum est enim vobis, ut quæ dicimus, faciatis; quæ autem nos facimus, vos non faciatis. Nos enim offerimus sacrificium, vobis non licet.

CAPUT VIII. — Videte versutias hominum : quid dicam? mercenariorum. Nam si pastores essent, ista non dicerent. Ideo Dominus ut os illis clauderet, secutus est, et dixit : Cathedram Moisi sedent : quæ dicunt, facite; quæ autem faciunt, facere nolite : dicunt enim, et non faciunt. (*Matth.*, XXIII, 2, 3.) Quid est ergo, Fratres? Si diceret de sacrificio offerendo : diceret : Dicunt enim, et non faciunt? Faciunt enim sacrificium, Deo offerunt : Quid est quod dicunt, et non faciunt? Audi quid sequatur : « Alligant enim onera gravia et importabilia, et imponunt ea super cervices hominum, quæ ipsi uno digito nolunt tangere. » *Ibid.*, 4.) Aperte exprobravit, descripsit et ostendit. Sed illi quando sic volunt pervertere sententiam, ostendunt quia nihil quærunt in Ecclesia, nisi commoda sua; nec Evangelium legerunt; si enim nossent ipsam paginam, et totum legissent, nunquam hoc dicere auderent.

Malos pastores esse in Ecclesia similes Pharisæorum. — 9. Sed apertius attendite, quia habet tales Ecclesia. Ne quis dicat nobis : Prorsus de Pharisæis dixit, de Scribis dixit, de Judæis dixit : nam tales non habet Ecclesia. Qui sunt ergo illi, de quibus Dominus dicit : Non omnis qui mihi dicit : Domine, Domine,

donc ceux dont Notre-Seigneur a dit : « Tous ceux qui me disent : Seigneur, Seigneur, n'entreront point dans le royaume des cieux? » (*Matth.*, VII, 21.) Et il ajoute : « Plusieurs me diront en ce jour-là : Seigneur, Seigneur, n'avons-nous pas prophétisé en votre nom, fait beaucoup de prodiges en votre nom, mangé et bu en votre nom? » (*Ibid.*, 22.) Or, est-ce au nom du Christ que les Juifs faisaient toutes ces choses? Il est donc évident que le Sauveur veut parler de ceux qui portent le nom du Christ. Mais que leur dit-il ensuite? « Je ne vous connais point; retirez-vous de moi, vous qui opérez l'iniquité. » (*Ibid.*, 23.) Ecoutez encore les gémissements de l'Apôtre sur ces docteurs d'iniquité. Les uns, dit-il, prêchent Jésus-Christ par amour, les autres par occasion; et c'est d'eux qu'il ajoute : Ils ne le prêchent pas avec des vues droites et pures. L'Evangile qu'ils annoncent est pur est droit, mais ceux qui l'annoncent ne sont pas droits. Pourquoi? Parce qu'ils cherchent dans l'Eglise autre chose que Dieu. S'ils cherchaient Dieu, leur intention serait chaste et pure, parce que Dieu est l'époux légitime de l'âme. Quiconque demande à Dieu autre chose que Dieu, ne le cherche point avec une intention chaste. En voulez-vous une preuve, mes frères? Voici une épouse qui aime son mari parce qu'il est riche; son amour n'est point chaste, car ce n'est point son mari qu'elle aime, c'est l'or qu'il possède. Mais si son mari est l'unique objet de son amour, elle l'aime, fût-il dans l'indigence et dans la pauvreté. Supposons, au contraire, qu'elle l'aime à cause de ses richesses; que fera-t-elle si, par suite de ces revers si fréquents, il vient à être proscrit et tombe tout à coup dans l'indigence? Elle l'abandonnera peut-être, parce que ce qu'elle aimait, ce n'était point son mari, mais ses richesses. Mais si elle aime véritablement son mari, son indigence même rend plus vif l'amour qu'elle a pour lui, parce que la compassion vient se joindre à son amour.

CHAPITRE IX. — *Dieu veut être cherché dans des intentions pures.* — 10. Et cependant, mes frères, notre Dieu ne peut jamais tomber dans l'indigence. Il est riche; c'est lui qui a fait le ciel, la terre, la mer et les anges. Il a fait dans le ciel toutes les choses visibles et invisibles. Toutefois, ce ne sont pas ces richesses que nous devons aimer, mais Celui qui en est l'auteur. En effet, il ne vous a point promis autre chose que lui-même. Trouvez un objet d'un plus grand prix, et il vous le donnera. La terre, le ciel et les anges sont resplendissants de beauté, il est vrai, mais la beauté de leur Créateur est bien plus grande encore. Ceux donc qui annoncent Dieu par amour pour Dieu, ceux qui annoncent Dieu pour Dieu même sont les vrais pasteurs des brebis, et ne sont point des mercenaires. Notre-Seigneur Jésus-Christ exigeait cette pureté d'intention, lorsqu'il disait à Pierre : « Pierre,

---

intrabit in regnum cœlorum? (*Matth.*, VII, 21.) Et addidit : « Multi dicent mihi in illa die : Domine, Domine, nonne in tuo nomine prophetavimus, et in nomine tuo virtutes multas fecimus, et in nomine tuo manducavimus et bibimus? » (*Ibid.*, 22.) Numquid in nomine Christi, Judæi faciunt ista? Certe manifestum est, quia de his dicit qui nomen Christi habent. Sed quid sequitur? Tunc dicam illis : « Numquam vos cognovi. Recedite a me omnes qui operamini iniquitatem. » (*Ibid.*, 23.) Audi Apostolum gementem de talibus. Dicit alios annuntiare Evangelium per caritatem, alios per occasionem ; de quibus dicit : Annuntiant Evangelium non recte. Rem rectam, sed ipsi non recti. Quod annuntiant, rectum est; sed qui annuntiant, non sunt recti. Quare non est rectus? Quia aliud quærit in Ecclesia, non Deum quærit. Si Deum quæreret, castus esset; quia legitimum maritum anima Deum habet. Quisquis a Deo præter Deum aliquid quærit, non caste Deum quærit. Videte, Fratres : si uxor amet maritum quia dives est, non est casta. Non enim maritum amat, sed aurum mariti. Si autem maritum amat, et nudum amat, et pauperem amat. Si enim propterea amat, quia dives est; quid si (quomodo sunt casus humani), proscribatur, et subito egens remaneat? Renuntiat illi forte : quia quod amabat, non maritus erat, sed res ejus. Si autem vere maritum amat, etiam pauperem plus amat : quia cum misericordia amat.

CAPUT IX. — *Deus caste quærendus.* — 10. Et tamen, Fratres, Deus noster nunquam pauper esse potest. Dives est, ipse fecit omnia, cœlum et terram, mare et Angelos. Quidquid videmus, quidquid non videmus in cœlo, ipse fecit. Sed tamen non divitias amare debemus, sed eum qui fecit illas. Non enim tibi promisit nisi se. Inveni aliquid pretiosius, et hoc tibi dabit. Pulchra est terra, cœlum et Angeli : sed pulchrior est qui fecit hæc. Qui ergo annuntiant Deum, amantes Deum; qui annuntiant Deum, propter Deum, pascunt oves, et non sunt mercenarii. Ipsam castitatem exigebat ab anima Dominus noster Jesus

m'aimez-vous ? » (*Jean*, XXI, 15.) Qu'est-ce à dire : « M'aimez-vous ? » Votre intention est-elle pure ? Votre cœur n'est-il pas adultère ? Ne sont-ce pas vos intérêts que vous cherchez et non les miens ? Si vous êtes tel que vous dites, si vous m'aimez véritablement, « paissez mes brebis. » Alors vous ne serez pas un mercenaire, mais un vrai pasteur.

Comment les mercenaires peuvent être utiles. — 11. Quant à ceux qui sont cause des gémissements de l'Apôtre, ils n'annonçaient pas l'Evangile avec des intentions pures. Cependant, que dit saint Paul ? « Mais qu'importe ? Pourvu que Jésus-Christ soit annoncé, de quelque manière que ce puisse être, soit par occasion, soit par un vrai zèle. » (*Philip*., I, 18.) Il a donc permis qu'il y eût des mercenaires. Le pasteur annonce Jésus-Christ avec un vrai zèle, le mercenaire l'annonce par occasion, et se propose d'autres vues. L'un et l'autre néanmoins annoncent Jésus-Christ. Ecoutez la voix d'un vrai pasteur, la voix de Paul : « Qu'importe que Jésus-Christ soit annoncé par occasion ou par un vrai zèle. » Tout bon pasteur qu'il était, il a voulu qu'il y eût des mercenaires. En effet, ils font le bien où ils peuvent, et sont utiles autant qu'il leur est possible de l'être. Mais quand l'Apôtre se proposait un autre but, et cherchait des hommes dont les faibles pussent imiter les exemples, il disait : « Je vous ai envoyé Timothée, qui vous fera connaître ma manière d'agir. » (I *Cor.*, IV, 17.) Qu'est-ce à dire : Je vous ai envoyé un pasteur qui vous fît connaître mes voies, c'est-à-dire qui suit les sentiers par lesquels je marche ? Et que dit-il encore en leur envoyant ce vrai pasteur ? « Car je n'ai personne en si parfaite unité avec moi, ni qui se montre plus sincèrement occupé de vous par une affection sincère. » (*Philip*., II, 20, etc.) Est-ce que saint Paul n'était pas entouré d'un grand nombre d'autres disciples ? Oui, mais qu'ajoute-t-il ? « Car tous cherchent leurs propres intérêts, et non ceux de Jésus-Christ ; » c'est-à-dire : J'ai voulu vous envoyer un véritable pasteur, car il y a beaucoup de mercenaires, et ce n'est pas un mercenaire qu'il fallait vous envoyer. Dans d'autres circonstances, et pour d'autres desseins, on peut envoyer un mercenaire ; mais pour le but que se proposait l'Apôtre, un pasteur était nécessaire. Or, c'est à peine s'il peut trouver un seul pasteur parmi tant de mercenaires, parce qu'il y a peu de vrais pasteurs, et que les mercenaires sont en grand nombre. Mais qu'est-il dit des mercenaires ? « Je vous le dis en vérité, ils ont reçu leur récompense. » (*Matth.*, VI, 2.) Que dit, au contraire, l'Apôtre, en parlant du vrai pasteur ? « Celui donc qui se conservera pur de ces choses sera un vase d'honneur, sanctifié et propre au service du Seigneur, et préparé pour toutes les bonnes œuvres. » (II *Tim.*, II, 21.) Il ne sera pas propre seulement à certains offices, et impropre pour d'autres ; il sera pré-

Christus, quando dicebat Petro : Petre amas me ? Quid est : Amas me ? Castus es ? Non est cor tuum adulterum ? Non tua quæris in Ecclesia, sed mea ? Si ergo talis es, et amas me, pasce oves meas. Non enim eris mercenarius, sed eris pastor. (*Joan.*, XXI, 15.)

Mercenarii quomodo utiles. — 11. Illi autem non caste annuntiabant, de quibus gemit Apostolus. Sed quid dicit ? Quid enim ? dum omni modo, sive occasione, sive veritate Christus annuntietur. (*Philip.*, I, 18.) Permisit ergo esse mercenarios. Pastor veritate Christum annuntiat, mercenarius occasione Christum annuntiat, aliud quærens. Tamen et ille Christum annuntiat, et ille Christum. Audi vocem pastoris Pauli : Sive occasione, sive veritate Christus annuntietur. Ipse pastor voluit habere mercenarium. Faciunt enim ubi possunt, utiles sunt quantum possunt. Quando autem ad alios usus quærebat Apostolus, cujus vias imitarentur infirmi : Misi vobis, inquit, Timotheum, qui vos commonefaciat vias meas. (I *Cor.*, IV, 17.) Et quid ait ? Misi pastorem qui vos commoneret vias meas : id est, qui quomodo ego ambulo, et ipse ambulat. Et mittens pastorem, quid ait ? « Neminem enim habeo tam unanimem, qui sincera affectione pro vobis sollicitus sit. » (*Philip.*, II, 20, etc.) Nonne cum illo erant multi ? sed quid sequitur ? « Omnes enim sua quærunt, non quæ sunt Jesu Christi, » id est : Ego vobis pastorem mittere volui ; nam multi mercenarii sunt ; sed non oportuerat ut mercenarius mitteretur. Ad alias res et negotia peragenda mittitur mercenarius : ad illas autem quas tunc volebat Paulus, pastor erat necessarius. Et vix invenit unum pastorem inter multos mercenarios ; quia pauci pastores, multi mercenarii. Sed quid dicitur de mercenariis ? Amen dico vobis, perceperunt mercedem suam. (*Matth.*, VI, 2.) De pastore autem quid ait Apostolus ? Quisquis autem mundaverit se ab hujusmodi, erit vas in honorem sanctificatum, et utile Domino, ad omne opus bonum paratum semper. (II *Tim.*, II, 21.) Non ad quasdam res paratum, et ad

paré pour toutes sortes de bonnes œuvres. Voilà ce que j'avais à dire des pasteurs.

CHAPITRE X. — *Le mercenaire s'enfuit. Les donatistes sont des loups et des voleurs.* — 12. Parlons maintenant des mercenaires. « Le mercenaire, lorsqu'il voit le loup tourner autour des brebis, s'enfuit. » C'est sous ces traits que le Seigneur le dépeint. Pourquoi prend-il la fuite? « Parce qu'il n'a aucun souci des brebis. » (*Jean*, x, 12, 13.) Le mercenaire est utile, tant qu'il ne voit point le loup, tant qu'il ne voit point le voleur et le larron; mais dès qu'il les aperçoit, il s'enfuit. Et quel est le mercenaire qui ne s'enfuit pas loin de l'Eglise, lorsqu'il voit le voleur et le larron? Les loups comme les voleurs sont en grand nombre; ce sont ceux qui montent par un autre côté. Quels sont ceux qui veulent ainsi monter? Ceux qui appartiennent au parti de Donat et cherchent à piller le troupeau de Jésus-Christ, voilà ceux qui veulent monter par un autre côté. Ils n'entrent point par Jésus-Christ, parce qu'ils ne sont point humbles. Ils montent parce qu'ils sont orgueilleux. Qu'est-ce à dire qu'ils montent? Ils s'élèvent. Et d'où s'élèvent-ils? En cherchant à monter par un autre côté (*per aliam partem*), et c'est pour cela qu'ils veulent porter le nom d'un parti. Ceux qui ne sont point dans l'unité sont d'un parti, et ils montent par ce côté, c'est-à-dire ils s'élèvent et veulent enlever les brebis. Voyez de quelle manière ils montent. C'est nous qui sanctifions, c'est nous qui justifions, c'est nous qui rendons juste. Voilà jusqu'où ils s'élèvent. « Mais celui qui s'élève sera humilié. » (*Luc*, XIV, 11.) Or, le Seigneur notre Dieu est assez puissant pour les humilier. Le loup est ici la figure du démon. Le démon et ceux qui le suivent tendent des pièges pour tromper les hommes; et c'est d'eux que le Sauveur a dit qu'ils sont revêtus de peaux de brebis, mais qu'au dedans ce sont des loups ravissants. (*Matth.*, VII, 15.) Voici, par exemple, qu'un mercenaire entend un chrétien tenir de mauvais discours; il le voit nourrir des sentiments funestes et mortels pour son âme, se livrer à des actes criminels et infâmes; mais ce chrétien a une certaine importance dans l'Eglise; si donc il en espère quelque avantage, c'est un mercenaire. Il voit cet homme périr victime de son péché, il le voit suivre le loup, il le voit saisi à la gorge et entraîné à la mort, et il ne lui dit point : Vous faites mal; il ne lui adresse aucun reproche, pour ne point nuire à ses intérêts. C'est bien là le mercenaire qui s'enfuit quand il voit le loup; il ne lui dit pas : Votre conduite est criminelle. Ce n'est pas son corps, c'est son âme qui prend la fuite. Son corps reste près de vous, mais son âme prend la fuite, lorsqu'il voit un pécheur et qu'il ne lui dit

---

quasdam non paratum; sed ad omne bonum opus paratum. Hæc de pastoribus dixi.

CAPUT X. — *Mercenarius fugiens. Donatistæ lupi et latrones.* — 12. De mercenariis autem jam dicemus. « Mercenarius quando videt lupum insidiantem ovibus, fugit. » Hoc Dominus dixit. Quare? « Quia non est ei cura de ovibus? » (*Joan.*, x, 12, 13.) Tamdiu ergo est utilis mercenarius, quamdiu non videt lupum, quamdiu non videt furem et latronem : cum autem viderit, fugit. Et quis est de mercenariis, qui (*a*) non fugit de Ecclesia, quando videt lupum et latronem? Abundant lupi, abundant latrones. Ipsi sunt qui ascendunt per alteram partem. Qui sunt isti qui ascendunt? Qui de parte Donati volunt deprædari oves Christi, ipsi per alteram partem ascendunt. Non per Christum intrant : quia non sunt humiles. Quia superbi sunt, ascendunt. Quid est, ascendunt? Extolluntur. Unde ascendunt? Per alteram partem : unde de parte dici volunt. Qui in unitate non sunt, de altera parte sunt, et de ipsa parte ascendunt, id est, extolluntur, et volunt tollere oves. Quomodo ascendunt, videte. Nos, inquiunt, sanctificamus, nos justificamus, nos facimus justos. Ecce (*b*) quo ascenderunt. Sed qui se exaltat, humiliabitur. (*Luc.*, XIV, 11.) Potens est Dominus Deus noster humiliare eos. Lupus autem diabolus est; insidiatur ut decipiat, et qui illum sequuntur; nam dictum est, quod indui quidem pellibus ovium, intus autem sunt lupi rapaces. (*Matth.*, VII, 15.) Si viderit mercenarius aliquem (*c*) loqui prava, aut sentire secundum perniciem animæ suæ, aut aliquid facere sceleratum et obscœnum, et tamen quia videtur habere alicujus momenti personam in Ecclesia, unde si sperat commoda, mercenarius est : et cum videt hominem perire in peccato, videt illum sequi lupum, videt illius guttur morsu trahi ad supplicium; non illi dicit : Peccas; non illum objurgat, ne perdat commoda sua. Hoc est ergo : « Cum viderit lupum, fugit; » non illi dicit : Scelerate facis. Non corporis, sed animæ hæc fuga est. Quem vides corpore stare, fugit animo, cum

---

(*a*) Am. Er. et omnes Mss. *qui fugit*, absque negante particula. — (*b*) Nonnulli Mss. *Ecce quomodo ascendunt.* — (*c*) Sic unus e Colbertinis codicibus. Cæteri Mss. *aliquem loqui peccata.* Editi vero, *aliquem peccare.*

pas : Vous faites mal, et qu'il va même jusqu'à s'entendre avec lui.

CHAPITRE XI. — *Comment on peut cueillir des raisins sur les épines.* — 13. Mes frères, ne voyez-vous pas quelquefois monter ici des prêtres, des évêques; et que vous disent-ils autre chose du haut de cette chaire, sinon que vous devez vous abstenir de prendre le bien d'autrui, de tromper votre prochain, de commettre des crimes? Ils sont assis sur la chaire de Moïse et ne peuvent vous tenir un autre langage, et c'est elle, plutôt qu'eux-mêmes, qui vous enseigne par leur bouche. Quel est donc le sens de ces paroles : Cueille-t-on des raisins sur des épines, ou des figues sur des ronces? (*Matth.*, XXIII, 2), et de ces autres : « Tout arbre se reconnaît à ses fruits? » (*Matth.*, VII, 16.) Un pharisien peut-il parler le langage de la vertu? Le pharisien est l'épine; or, comment pourrai-je cueillir des raisins sur des épines? En observant, Seigneur, cette recommandation : « Faites ce qu'ils disent, et ne faites pas ce qu'ils font. » (*Matth.*, XXIII, 3.) Me commandez-vous de cueillir des raisins sur des épines, après que vous avez dit : « Cueille-t-on des raisins sur des épines? » Voici ce que vous répond le Seigneur : Je ne vous ai point commandé de cueillir des raisins sur des épines; mais considérez, examinez attentivement s'il n'arrive pas souvent à la vigne qui traîne sur la terre d'être entrelacée dans les épines. Nous trouvons quelquefois, en effet, mes frères, la vigne appuyée sur un arbuste sauvage, qui forme un buisson d'épines; elle y étend ses branches et les entrelace dans ce buisson, et l'on voit ainsi le raisin pendre au milieu des épines. Celui qui aperçoit cette grappe la cueille, non pas sur les épines, mais sur la vigne qui est enroulée autour des épines. Ces docteurs sont aussi comme des buissons épineux; mais dès qu'ils sont assis sur la chaire de Moïse, la vigne s'enroule autour d'eux, et ils tiennent ainsi suspendues des grappes de raisin, c'est-à-dire de bonnes paroles, de salutaires préceptes. Cueillez le raisin, les épines ne vous blesseront point, si vous méditez bien ces paroles : « Faites ce qu'ils vous disent, ne faites pas ce qu'ils font. » Si, au contraire, vous imitez leur conduite, vous serez déchiré par les épines. Si donc vous voulez cueillir le raisin sans être atteint par les épines, « faites ce qu'ils vous disent, mais ne faites pas ce qu'ils font. » Leurs actions sont les épines, leurs paroles sont le raisin, mais le raisin produit par la vigne, c'est-à-dire par la chaire de Moïse.

Les mercenaires qui prennent la fuite par les encouragements qu'ils donnent au vice. — 14. Voilà donc ceux qui s'enfuient dès qu'ils voient le loup, dès qu'ils aperçoivent le voleur. Comme j'avais commencé à vous le dire, du haut de cette chaire, ils ne peuvent vous enseigner qu'à faire le bien, à ne commettre ni parjure, ni fraude, ni calomnie, pour tromper le

---

videt peccatorem, et non illi dicit : Peccas ; cum etiam consilium cum illo habet.

CAPUT XI. — *Uva de spinis quomodo legatur.* — 13. Fratres mei, numquid non ascendit aliquando aut presbyter aut episcopus, et non dicit aliud de superiore loco, nisi ne rapiantur res alienæ, ne fraudes fiant, ne scelera admittantur? Non possunt dicere aliud, qui cathedram Moisi sedent, et ipsa de illis loquitur, non ipsi. Quid est ergo : Numquid colligunt de spinis uvas, aut de tribulis ficus (*Matth.*, XXIII, 2); Et : Omnis arbor ex fructu cognoscitur ? (*Matth.*, VII, 16.) Pharisæus potest bona loqui? Pharisæus spina est : quomodo de spina lego uvam ? Quia tu Domine dixisti : Quæ dicunt, facite; quæ autem faciunt, facere nolite. (*Matth.*, XXIII, 3.) De spinis me jubes uvam decerpere, cum dixeris : Numquid colligunt de spinis uvam? Respondet tibi Dominus : Non jussi te de spinis uvam legere : sed vide, attende bene, ne forte, ut fieri solet, vitis cum circum errat per terram, involuta sit in spinis. Nam aliquando invenimus illud, Fratres mei, vitem positam super caricem, quia ibi habet sepem spinosam, extendit palmites suos, et inserit in sepem spinosam, et pendet inter spinas botrus; et qui videt botrum carpit, non tamen de spinis, sed de vite, quæ circumplexa est spinis. Sic ergo illi spinosi sunt : sed sedendo in cathedra Moisi, involvit eos vitis, et pendent ad eos botri, id est, verba bona, præcepta bona. Tu lege uvam, non te pungit spina, quando legis : Quæ dicunt, facite; sed quæ faciunt, facere nolite. Pungit autem te spina, si quod faciunt facis. Ut ergo legas uvam, et non inhæreas spinis : Quæ dicunt, facite ; sed quæ faciunt, facere nolite. Facta ipsorum spinæ sunt, verba ipsorum uva est, sed de vite, id est, de cathedra Moisi.

Mercenarii fugientes, dum iniquis favent. — 14. Fugiunt ergo isti, quando vident lupum, quando vident latronem. Hoc autem dicere cœperam, quia de loco superiore non possunt dicere isti, nisi : Bene facite, nolite perjurare, nolite fraudare, nolite aliquem cir-

prochain. Cependant, il est des hommes qui poussent l'aveuglement jusqu'à venir consulter l'évêque sur les moyens de s'emparer du domaine d'autrui, et de lui demander un conseil de cette nature. Nous ne disons ici que ce qui nous est arrivé; nous n'aurions pu le croire autrement. Oui, il en est beaucoup qui voudraient que nous leur donnions de mauvais conseils, que nous les autorisions à mentir, à tromper, à circonvenir leurs frères, et ils s'imaginent qu'en cela ils nous font plaisir. Mais, au nom de Jésus-Christ, si le Seigneur a pour agréable cet aveu, nous pouvons dire qu'aucun de ceux qui ont essayé de nous tenter n'a pu obtenir de nous ce qu'il désirait. Car, par la grâce de Celui qui nous a appelés, nous sommes pasteurs, et non mercenaires. Mais que dit l'Apôtre? « Pour moi, je me mets fort peu en peine d'être jugé par vous, ou devant le tribunal de l'homme; je ne me juge même pas moi-même; car, bien que ma conscience ne me reproche rien, je ne suis pas justifié pour cela; mais c'est le Seigneur qui est mon juge. » (1 *Cor.*, IV, 3, 4.) Ainsi, la pureté de ma conscience ne vient point des éloges que vous lui donnez. Car, comment pouvez-vous louer ce que vous ne voyez pas? C'est à celui qui la voit de la louer comme elle le mérite; c'est à lui de la redresser, s'il y aperçoit quelque chose qui offense ses yeux. Et nous-mêmes, nous n'osons nous flatter que notre âme soit parfaitement guérie, et nous disons à Dieu : Ayez pitié de moi, et préservez-moi du péché. Cependant, je crois pouvoir vous dire, car je parle en sa présence, et je cherche uniquement votre salut : nous gémissons bien souvent sur les péchés de nos frères, nous souffrons une véritable violence, notre âme est tourmentée, et nous sommes quelquefois forcé de les reprendre, ou plutôt nous ne cessons de les reprendre. J'en prends à témoin ceux qui ont conservé le souvenir de nos paroles, toutes les fois que nous avons repris, et repris avec force, ceux de nos frères qui étaient tombés dans le péché.

Chapitre XII. — *Compte que le pasteur devra rendre des brebis.* — 15. Je vais maintenant faire connaître à votre sainteté quelle est notre pensée. Par la grâce de Jésus-Christ, vous êtes le peuple de Dieu, vous êtes le peuple catholique, vous êtes les membres de Jésus-Christ, vous n'êtes point séparés de l'unité. Vous êtes en communion avec les membres des apôtres, avec ceux qui honorent les tombeaux des saints martyrs répandus par toute la terre, et vous êtes confiés à notre sollicitude, et nous devons rendre un jour un bon compte à Dieu de vos âmes. Or, vous savez quel doit être ce compte; vous ne l'ignorez pas, Seigneur; j'ai parlé, je n'ai pas gardé le silence; vous savez dans quelle intention j'ai annoncé votre parole, et combien j'ai pleuré devant vous, lorsque je parlais sans être

---

cumvenire. Aliquando autem sic vivunt, ut de tollenda aliena villa, cum episcopo consilium habeatur, et petatur ab ipso tale consilium. Aliquando nobis contigit, experti dicimus : nam non crederemus. Multi a nobis consilia mala petunt, consilia mentiendi, circumveniendi; putantes quia placent nobis. Sed in nomine Christi, si Domino placet quod dicimus, nullus (*a*) talis nos tentavit, et invenit quod volebat in nobis. Quia si vult ipse qui nos vocavit, pastores sumus, non mercenarii. Sed quod ait Apostolus : « Mihi minimum est, ut a vobis judicer, aut ab humano die : sed neque ego, meipsum judico. Nihil enim mihi conscius sum; sed non in hoc justificatus sum. Qui autem judicat me, Dominus est. » Non ideo bona est conscientia mea, quia vos illam laudatis. Quid enim laudatis, quod non videtis? Ille laudet, qui videt : ille etiam corrigat, si quid ibi videt quod ejus oculos offendit. Quia et nos non dicimus perfecte nos sanos; sed tundimus pectus nostrum, et dicimus Deo: Propitius esto, ne peccem. Tamen puto, coram illo enim loquor, nihil aliud a vobis quærens nisi salutem vestram ; et gemimus plerumque in peccatis fratrum nostrorum, et (*b*) vim patimur, et torquemur animo, et aliquando corripimus illos : imo nunquam non corripimus. Testes sunt omnes, qui recordantur quod dico, quotiens sunt a nobis correpti fratres peccantes, et vehementer correpti.

Caput XII. — *De ovibus quæ ratio reddenda a pastore.* — 15. Modo consilium nostrum tracto cum Sanctitate Vestra. In nomine Christi plebs Dei estis, plebs catholica estis, membra Christi estis : Non estis divisi ab unitate. Communicatis membris Apostolorum, communicatis memoriis sanctorum Martyrum, diffusorum per orbem terrarum, et pertinetis ad curam nostram, ut rationem de vobis bonam reddamus. Tota autem ratio nostra quæ est, scitis. Domine scis quia dixi, scis quia non tacui, scis quo animo dixi, scis quia flevi tibi, cum dicerem, et non audirer. Ipsa

---

(*a*) Mss. *nullus illud tentavit, et invenit in nobis.* Sic etiam Am. et Er. *nisi quod pro illud*, habent *illum.* — (*b*) Colbertinus Ms. *et compatimur.*

écouté. N'est-ce pas là, en effet, tout le compte que je dois vous rendre un jour? Or, ce qui nous rassure ici, c'est ce que l'Esprit saint nous dit par le prophète Ezéchiel. Vous connaissez ce chapitre où il est parlé de la sentinelle : « Fils de l'homme, je t'ai établi sentinelle pour la maison d'Israël. Si, lorsque je dirai à l'impie : Impie, tu mourras de mort, tu ne parles pas à l'impie, car je ne te révèle mes desseins que pour que tu les lui transmettes, si donc tu ne parles pas à l'impie, et qu'il tombe sous les coups du glaive, comme j'en ai menacé le pécheur, cet impie mourra dans son impiété, mais je te redemanderai compte de son sang. » Pourquoi? Parce qu'il a gardé le silence. Mais si la sentinelle voit venir le glaive, et qu'elle sonne de la trompette, pour que l'impie prenne la fuite, et qu'il ne se mette pas sur ses gardes, c'est-à-dire qu'il ne redresse pas ses voies, pour échapper au supplice dont Dieu le menace, « cet impie mourra dans son iniquité ; mais pour vous, vous avez délivré votre âme. » (*Ezéch.*, XXXIII, 3, etc.) Et dans l'Evangile, que répond autre chose le Seigneur au méchant serviteur, lorsque celui-ci lui dit : « Seigneur, je savais que vous étiez un homme sévère, qui moissonnez ce que vous n'avez pas semé, qui voulez recueillir là où vous n'avez rien mis; j'ai donc craint, et j'ai été cacher votre talent dans la terre ; voici ce qui vous appartient. » Et que lui répondra le Seigneur ? « Serviteur méchant et paresseux, c'est justement parce que tu savais que j'étais un homme dur et sévère, qui veut moissonner ce qu'il n'a point semé, et recueillir là où il n'a rien mis, que mon avarice a dû t'apprendre que je voulais tirer profit de mon argent. Il fallait donc donner mon argent à la banque, afin que, revenant, je pusse le retirer avec les intérêts. Le Seigneur dit-il : C'est toi qui devais le donner et le reprendre? C'est donc nous, mes frères, qui le donnons, et c'est lui qui viendra le retirer. Priez pour qu'il nous trouve bien préparés.

SERMON CXXXVIII [1].

Sur ces paroles du chapitre x de l'Evangile selon saint Jean : *Je suis le bon pasteur*, etc. Contre les donatistes.

CHAPITRE PREMIER. — *Pourquoi Notre-Seigneur nous fait l'éloge du pasteur en particulier.* — 1. Nous venons d'entendre Notre-Seigneur nous exposer les devoirs du bon pasteur, et par cette exposition il nous apprend, si nous le comprenons bien, qu'il y a de bons pasteurs. Et cependant, pour prévenir toute interprétation fausse sur le grand nombre des pasteurs, il

(1) Ce sermon est cité par Florus, dans son Commentaire sur le chapitre XIII de la 1re Epître aux Corinthiens. Il a été prononcé à Carthage après la conférence avec les donatistes, comme nous le donnent à entendre ces mots du n° 1 : « Cyprien lui-même, » et ceux-ci du n° 3 : « Celui, en effet, qui tout convaincu qu'il est, » etc.

puto quod integra ratio nostra est. Securos enim nos fecit Spiritus sanctus per Ezechielem prophetam. Nostis ipsam lectionem de speculatore : « Fili, ait, hominis, speculatorem posui te domui Israel ; si me dicente ad impium : Impie morte morieris, non dixeris : » hoc est, « ego enim tibi dico, ut dicas; si non annuntiaveris, veneritque gladius, et tulerit eum, id est, quod minatus sum peccatori ; ille quidem impius in impietate sua morietur, sanguinem autem ejus de manu speculatoris requiram. » Quare ? Quia non dixit. « Si autem speculator viderit gladium venientem, et cecinerit tuba, ut fugiat ; et non se observaverit, » id est, non se correxerit, ut non eum inveniat in supplicio, quod minatur Deus ; « veneritque gladius, et tulerit aliquem ; ille quidem impius in iniquitate sua mortuus est; tu autem, inquit, animam tuam liberasti. » (*Ezech.*, XXXIII, 3, etc.) Et in illo loco Evangelii quid aliud dicit servo ? cum diceret : « Domine sciebam te molestum sive durum hominem, quia metis ubi non seminasti, et colligis ubi non sparsisti ; et timens abii, et abscondi talentum tuum in terra, ecce habes quod tuum est. Et ille : Serve, inquit, nequam et piger, magis quia me sciebas molestum et durum esse, metere ubi non seminavi, et colligere ubi non sparsi ; » (*Luc.*, XIX, 20, etc.) ipsa avaritia mea debuit te docere, quia lucrum quæro de pecunia mea. « Oportuit te ergo ut dares pecuniam meam nummulariis, et ego veniens cum usuris exegissem quod meum est. » Numquid dixit : Dares et exigeres ? Nos ergo, Fratres, damus ; veniet ille qui exigat. Orate, ut paratos nos inveniat.

SERMO CXXXVIII [a].

De verbis Evangelii Joan., x : *Ego sum pastor bonus*, etc. Contra Donatistas.

CAPUT PRIMUM. — *Bonus pastor cur commendatus in singulari.* — 1. Audivimus Dominum Jesum commendantem nobis boni pastoris officium. In qua commendatione admonuit nos utique, ut intelligi

(a) Alias L, de verbis Domini.

dit : « Je suis le bon pasteur. » Comment est-il le bon pasteur? il l'explique dans ce qui suit : « Le bon pasteur donne sa vie pour ses brebis. Mais le mercenaire, celui qui n'est point pasteur, voit venir le loup et s'enfuit, parce qu'il est mercenaire et qu'il n'a aucun souci des brebis. » (*Jean*, x, 11-13.) Jésus-Christ est donc le bon pasteur. Et Pierre? N'était-il pas aussi un bon pasteur? N'a-t-il pas aussi donné sa vie pour ses brebis? Et Paul? Et les autres apôtres? Et les saints évêques martyrs qui leur ont succédé? Et ce bienheureux Cyprien lui-même? Ils étaient tous sans doute de bons pasteurs, et non de ces mercenaires dont il est écrit : « Je vous le dis en vérité, ils ont reçu leur récompense. » (*Matth.*, vi, 2.) Ils sont donc sans exception de bons pasteurs, non-seulement parce qu'ils ont versé leur sang, mais parce qu'ils l'ont versé pour leurs brebis. Car ils l'ont versé, non par orgueil, mais par charité.

CHAPITRE II. — *Le martyre sans la charité ne sert de rien.* — 2. Nous voyons, il est vrai, des hérétiques qui ont eu à souffrir à cause de leurs crimes et de leurs erreurs, et qui se parent fièrement du nom de martyrs, afin de pouvoir piller plus facilement sous ce manteau qui les blanchit, car ils ne sont au fond que des loups. Or, voulez-vous savoir parmi lesquels nous devons les ranger? Ecoutez un bon pasteur, l'apôtre saint Paul, et vous comprendrez que tous ceux qui ont souffert, jusqu'à livrer même leurs corps aux flammes, ne doivent pas être regardés comme ayant versé leur sang pour leurs brebis, mais bien plutôt contre elles. « Quand je parlerais, dit-il, les langues des anges et des hommes, si je n'ai point la charité, je suis comme un airain sonnant et une cymbale retentissante. Quand je pénétrerais tous les mystères, quand j'aurais le don de prophétie et toute la foi possible, jusqu'à transporter les montagnes, si je n'ai point la charité, je ne suis rien. » (l *Cor.*, xiii, 1, 2.) Quel acte de puissance dans la foi qui transporte les montagnes! Oui, ces dons sont admirables, mais si je les ai sans la charité, ils ne laissent pas d'être ce qu'ils sont; et pour moi, je ne suis rien. Cependant, l'Apôtre n'a point encore parlé de ceux qui, dans leurs souffrances, se vantent faussement d'être martyrs. Voyez comme il les atteint, ou plutôt comme il les perce d'outre en outre. « Et quand je distribuerais toutes mes richesses, continue-t-il, pour nourrir les pauvres, et que je livrerais mon corps pour être brûlé. » Voilà bien ce qu'ils souffrent. Mais écoutez la suite : « Si je n'ai point la charité, tout cela ne me sert de rien. » (*Ibid.*, 3.) Ainsi, ils vont jusqu'à être tourmentés, jusqu'à répandre leur sang, jusqu'à livrer leur corps aux flammes, et cependant tout cela ne leur sert de

---

datur, bonos esse pastores. Et tamen ne intelligeretur perverso modo multitudo pastorum : « Ego sum, inquit, pastor bonus. » (*Joan.*, x, 11.) Et unde sit pastor bonus, consequenter ostendit : « Pastor, inquit, bonus animam suam ponit pro ovibus. Mercenarius autem, et qui non est pastor, videt lupum venientem, et fugit : quoniam non est ei cura de ovibus ; mercenarius est enim. » (*Ibid.*, 12, 13.) Pastor ergo bonus Christus. Quid Petrus? nonne bonus pastor; nonne et ipse animam pro ovibus posuit? Quid Paulus? Quid cæteri Apostoli? Quid eorum tempora consequentes beati episcopi martyres? Quid etiam sanctus iste Cyprianus? Nonne omnes pastores boni; non mercenarii, de quibus dicitur : Amen dico vobis, perceperunt mercedem suam? (*Matth.*, vi, 2.) Omnes ergo isti pastores boni, non solum quia sanguinem fuderunt, sed quia pro ovibus fuderunt. Non enim fuderunt elatione, sed caritate.

CAPUT II. — *Martyrium sine caritate nihil prodest.* — 2. Nam et apud hæreticos, qui propter iniquitates et errores suos aliquid molestiarum perpessi fuerint, nomine martyrii se jactans, ut hoc pallio dealbati facilius furentur, quia lupi sunt. Si autem scire vultis in quo numero habendi sunt, pastorem bonum Paulum apostolum audite : quoniam non omnes qui corpora sua in passione etiam ignibus tradunt, æstimandi sunt sanguinem fudisse pro ovibus, sed potius contra oves. « Si linguis, inquit, hominum loquar et Angelorum, caritatem autem non habeam, factus sum velut æramentum sonans, aut cymbalum tinniens. Si sciero omnia sacramenta, et habuero omnem prophetiam, et omnem fidem, ita ut montes transferam, caritatem autem non habeam, nihil sum. » (l *Cor.*, xiii, 1, etc.) Magna ergo res est postremo fides montes transferens. Illa quidem magna sunt : sed si ego hæc sine caritate habeam, inquit, non illa, sed ego nihil sum. Sed adhuc istos non tetigit, qui falso martyrii nomine in passionibus gloriantur. Audite ut cos tangat, imo potius ut transfodiat. « Si distribuero, inquit, omnia mea pauperibus, et tradidero corpus meum ut ardeam. » (*a*) Jam ipsi sunt. Sed vide quid sequitur : « Caritatem autem non habeam,

---

(*a*) Colbertinus codex 821, et Florus, *numquid jam nihil sum?*

rien, si la charité leur fait défaut. Ajoutez la charité, tous ces dons leur profitent; ôtez la charité, tout leur devient inutile.

CHAPITRE III. — *Quel grand bien c'est que la charité*. — 3. Que cette charité est un grand bien, mes frères! Quoi de plus précieux? quoi de plus éclatant? quoi de plus ferme? quoi de plus utile? quoi de plus assuré? Beaucoup d'autres dons divins sont communs aux méchants, et ils diront eux-mêmes un jour : « Seigneur, nous avons prophétisé en votre nom, chassé les démons en votre nom, et fait beaucoup de prodiges en votre nom. » (*Matth.*, VII, 22, 23.) Et il ne leur répondra point : Non, vous n'avez pas fait ces œuvres. Car, en présence d'un si auguste Juge, ils n'oseront mentir, ni se vanter d'œuvres qu'ils n'auraient pas faites. Mais comme ils n'ont pas eu la charité, il leur répondra à tous sans exception : « Je ne vous connais pas. » Or, quelle charité, si faible qu'elle soit, peut-on supposer dans celui qui, tout convaincu qu'il est, n'aime point l'unité? C'est cette unité que Notre-Seigneur veut recommander aux bons pasteurs, lorsqu'il a évité de parler de plusieurs pasteurs. Ce n'est pas, sans doute, comme je l'ai déjà dit, que Pierre, Paul, les autres apôtres, les saints évêques qui leur ont succédé, et le bienheureux Cyprien ne fussent de bons pasteurs. Oui, tous étaient de bons pasteurs; et cependant il ne recommande pas aux bons pasteurs l'exemple des bons pasteurs, mais celui du bon pasteur. « Je suis, dit-il, le bon pasteur. »

CHAPITRE IV. — *Pierre et un grand nombre d'autres étaient de bons pasteurs*. — 4. Interrogeons le Seigneur de la manière que nous pourrons, et discutons avec ce divin père de famille, dans les sentiments de la plus profonde humilité. Que dites-vous donc, ô Seigneur, ô bon pasteur? Car vous êtes à la fois le bon agneau et le bon pasteur, le pasteur et le pâturage, l'agneau et le lion. Que dites-vous? Prêtons une oreille attentive, et demandons-lui de nous aider à comprendre. « Je suis, dit-il, le bon pasteur. » Et Pierre? Est-ce qu'il n'était point pasteur, ou n'était-il pas bon pasteur?. Voyons d'abord s'il n'était point pasteur. « M'aimez-vous? » C'est la question que vous lui adressez, Seigneur; « m'aimez-vous? » Et Pierre répond : « Je vous aime. » Et vous lui dites : « Paissez mes brebis. » (*Jean*, XXI, 15.) C'est vous, Seigneur, oui, c'est vous qui, par votre question, par le puissant soutien de votre parole, avez établi pasteur celui qui avait pour vous un amour si sincère. Il est donc établi pasteur, puisque vous lui confiez le soin de paître vos brebis. Vous-même l'avez déclaré, il est pasteur. Voyons maintenant s'il est bon pasteur. C'est ce que nous apprendront, et la question qui lui est adressée, et la réponse qu'il y fait. Vous lui avez

---

nihil mihi prodest. » Ecce venitur ad passionem, ecce venitur et ad sanguinis fusionem, venitur et ad corporis incensionem : et tamen nihil prodest, quia caritas deest. Adde caritatem, prosunt omnia : detrahe caritatem, nihil prosunt cætera.

CAPUT III. — *Caritas quantum bonum*. — 3. Quale bonum est caritas ista, Fratres? Quid pretiosius? quid luminosius? quid firmius? quid utilius? quid securius? Multa sunt Dei dona, quæ tamen habent et mali, qui dicturi sunt : « Domine, in nomine tuo prophetavimus, in nomine tuo dæmonia ejecimus, in nomine tuo virtutes multas fecimus. » (*Matth.*, VII, 22.) Nec respondebit ille : Non fecistis. Non enim in conspectu tanti judicis mentiri audebunt, aut jactare quæ non fecerunt. Sed quia caritatem non habuerunt, respondet omnibus illis : Non novi vos. Quomodo autem habet vel exiguam caritatem, qui etiam convictus non amat unitatem? Hanc Dominus unitatem commendans pastoribus bonis, (*a*) noluit multos appellare pastores. Neque enim, ut dixi jam, non erat pastor bonus Petrus, Paulus, Apostoli cæteri, et posteriores sancti episcopi, beatusque Cyprianus. Omnes hi pastores boni : et tamen ille pastoribus bonis non commendavit pastores bonos, sed pastorem bonum. « Ego sum, inquit, pastor bonus. »

CAPUT IV. — *Petrum aliosque exsistere pastores bonos*. — 4. Interrogemus Dominum qualicumque sensu, et humillima disceptatione cum tanto patrefamilias colloquamur. Quid dicis, Domine, bone pastor? Tu enim bonus pastor, qui bonus agnus; idem pastor et pascua, idem agnus et leo. Quid dicis? Audiamus; et adjuva, ut intelligamus. « Ego sum, inquit, pastor bonus. » Quid Petrus? aut non pastor, aut malus? Videamus, si non pastor. Amas me ? Tu ei dixisti, Domine : Amas me? et respondit : Amo. Et tu ei : Pasce oves meas. (*Joan.*, XXI, 15.) Tu, tu Domine, interrogatione tua, firmamento oris tui, amatorem fecisti pastorem. Pastor est ergo, cui pascendas oves credidisti. Ipse commendasti, pastor est. Videamus jam utrum non bonus. Ipsa id interrogatione et respon-

---

(*a*) Am. et Er. addunt hic, *non commendans pastores bonos*. Lov. Autem absque negatione, *commendans pastores bonos* : quod abest a Mss.

demandé, Seigneur, s'il vous aimait. Il vous a répondu : « Je vous aime. » Vous avez vu dans son cœur qu'il disait la vérité. Or, celui qui aime un si grand bien pourrait-il n'être pas bon lui-même? D'où vient cette réponse, qui sort du plus intime de son cœur? Comment Pierre, dont le cœur était tout entier à découvert sous vos yeux, contristé de ce que vous l'aviez interrogé, non pas une, mais deux et trois fois, afin qu'il effaçât le péché de son triple renoncement, en confessant trois fois son amour, comment Pierre, attristé, dis-je, d'être interrogé à plusieurs reprises par Celui qui savait ce qu'il lui demandait, et lui inspirait même la réponse qui lui était faite, se serait-il écrié : « Seigneur, vous savez tout, vous savez que je vous aime? » Peut-on supposer qu'il ait menti en faisant cette confession, ou plutôt cette profession d'amour? C'est donc en toute vérité qu'il vous a répondu : « Je vous aime, » et c'est du fond de son cœur que s'est échappé ce cri d'amour. Vous avez dit vous-même que l'homme bon tire de bonnes choses d'un bon trésor. (*Matth.*, XII, 35.) Il est donc pasteur et un bon pasteur. Il n'est rien, sans doute, comparé à la puissance et à la bonté du bon pasteur; mais cependant il est pasteur et bon pasteur, et les autres qui lui ressemblent sont également de bons pasteurs.

CHAPITRE V. — *Jésus-Christ est cependant le seul bon pasteur.* — 5. Pourquoi donc, Seigneur, ne recommandez-vous aux bons pasteurs que l'exemple d'un seul pasteur, sinon parce que, dans ce seul pasteur, vous voulez nous enseigner l'unité? C'est ce que le Seigneur exprime plus clairement encore par notre ministère, lorsque, dans ce même Évangile, il s'adresse en ces termes à votre charité : Rappelez-vous ce que je vous ai dit : « Je suis le bon pasteur, » c'est-à-dire que tous les autres, tous les bons pasteurs sont mes membres. Il n'y a qu'un seul chef, un seul corps, un seul Christ. Il est donc le pasteur des pasteurs, tous les pasteurs dépendent de ce seul pasteur; et les brebis avec les pasteurs sont sous l'autorité de ce pasteur unique. Quelle est cette doctrine? N'est-ce pas celle qu'enseigne l'Apôtre : « Comme notre corps, qui est un, est composé de plusieurs membres, et que tous ces membres du corps, bien que nombreux, ne sont tous néanmoins qu'un seul corps, il en est de même de Jésus-Christ? » (I *Cor.*, XII, 12.) Or, s'il en est de même de Jésus-Christ, c'est à juste titre que Jésus-Christ, comprenant en lui seul tous les bons pasteurs, n'en propose cependant qu'un seul, en disant : « Je suis le bon pasteur. » C'est moi qui le suis, je suis seul pour l'être; tous les autres, en vertu de l'unité, ne font qu'un avec moi. Celui qui cherche à paître les brebis en dehors de moi se déclare contre moi. Celui qui ne

CAPUT V. — *Unus tamen bonus pastor Christus.* — 5. Quid est ergo, quod pastoribus bonis commendas unum pastorem, nisi quia in uno pastore doces unitatem? Et exponit apertius ipse Dominus per ministerium nostrum, ex ipso Evangelio commemorans Caritatem Vestram, et dicens : Audite quid commendavi : « Ego sum pastor bonus, » dixi, quia omnes cæteri, omnes pastores boni membra mea sunt. Unum caput, unum corpus, unus Christus. Ergo et pastor (a) pastorum, et pastores pastoris, et oves cum pastoribus sub pastore. Quid sunt hæc, nisi quod dicit Apostolus? « Sicut enim corpus unum est, et membra habet multa; omnia autem membra corporis cum sint multa, unum est corpus; sic et Christus. » (I *Cor.*, XII, 12.) Ergo si sic et Christus, merito Christus in se habens omnes pastores bonos, unum commendat dicens: « Ego sum pastor bonus. » Ego sum, unus sum, mecum omnes in unitate unum sunt. Qui extra me pascit, contra me pascit. Qui mecum non colligit, spargit. (*Matth.*, XII, 30.) Ergo audite ipsam

---

(a) Sic Mss. At Lov. *Ergo et pastor ipse est pastorum, et pastores multi sunt unius pastoris, et oves cum pastoribus sunt sub pastore.*

recueille point avec moi ne fait que dissiper. (*Matth.*, XII, 30.) Ecoutez donc comme il nous recommande plus fortement cette unité. « J'ai, dit-il, d'autres brebis qui ne sont pas de ce bercail. » (*Jean*, X, 16.) Il s'adressait alors aux brebis du premier bercail, au peuple d'Israël. Mais il y en avait d'autres qui devaient partager la foi du peuple d'Israël; ils étaient encore dehors, parmi les Gentils ; ils étaient prédestinés, ils n'étaient pas encore réunis au bercail. Ils étaient connus de Celui qui les avait prédestinés, ils étaient connus de Celui qui était venu les racheter par l'effusion de son sang. Il les voyait sans en être vu, il les connaissait avant même qu'ils crussent en lui. « J'ai, dit-il, d'autres brebis qui ne sont point de ce bercail, parce qu'elles ne sont point de la race d'Israël. Cependant, elles ne resteront point en dehors de ce bercail, car il faut que je les amène, afin qu'il n'y ait plus qu'un seul troupeau et un seul pasteur. »

CHAPITRE VI. — *Amour de l'épouse pour Jésus-Christ.* — 6. C'est donc avec raison que l'amante, l'épouse de ce pasteur des pasteurs, resplendissante d'une beauté dont il est l'auteur, et que sa grâce, sa miséricorde ont fait succéder à la laideur du péché, s'adresse à lui dans l'ardeur de son amour, et lui dit : « Faites-moi connaître où vous conduisez vos brebis. » (*Cant.*, I, 6.) Et voyez de quelle manière, avec quelle vivacité s'enflamme cet amour spirituel. Quel attrait, quel charme trouvent dans cet amour ceux qui en ont tant soit peu goûté les douceurs ! Je suis sûr d'être compris par ceux qui aiment Jésus-Christ. Car c'est dans leur personne et pour eux que parle l'Eglise dans le Cantique des cantiques. Le Christ qu'ils aiment est comme défiguré, mais il n'est pas moins la beauté unique et incomparable. « Nous l'avons vu, dit le prophète; il n'avait ni éclat ni beauté. » (*Isa.*, LIII, 6.) C'est dans cet état qu'il apparut sur la croix, qu'il se montra lorsqu'il fut couronné d'épines, défiguré, sans beauté, sans puissance, et n'ayant plus rien, ce semble, du Fils de Dieu. C'est sous ces traits que le virent les aveugles. Car c'est au nom des Juifs que le prophète Isaïe dit : « Nous l'avons vu, et il était sans éclat, sans beauté. » C'est alors que les Juifs disaient : « S'il est le Fils de Dieu, qu'il descende de la croix. Il a sauvé les autres, et il ne peut se sauver lui-même. » (*Marc*, XV, 31.) Et ils lui frappaient la tête avec un roseau en lui disant : « Christ, prophétise-nous qui t'a frappé. » (*Matth.*, XXVI, 68.) Pourquoi ces indignes traitements? Parce qu'il était sans éclat et sans beauté. C'est dans cet état, ô Juifs, que vous l'avez vu. « Car une partie des Juifs est tombée dans l'aveuglement, jusqu'à ce que la plénitude des nations fût entrée ; » (*Rom.*, XI, 25) jusqu'à ce que les autres brebis fussent réunies au ber-

---

unitatem vehementius commendatam : « Habeo, inquit, alias oves, quæ non sunt de hoc ovili. » (*Joan.*, X, 16.) Loquebatur enim primo ovili de genere carnis Israel. Erant autem alii de genere fidei ipsius Israel, et extra erant adhuc, in Gentibus erant, prædestinati, nondum congregati. Hos noverat qui prædestinaverat : noverat qui redimere sanguine suo fuso venerat. Videbat eos, nondum videntes eum : noverat eos, nondum credentes in eum. « Habeo, inquit, alias oves, quæ non sunt de hoc ovili, » quia non sunt de genere carnis Israel. Sed tamen non erunt extra hoc ovile, quia « oportet me eas adducere, ut sit unus grex et unus pastor. »

CAPUT VI. — *Sponsæ ad Christum affectus.* — 6. Merito huic pastori pastorum, amata ejus, sponsa ejus, pulchra ejus, sed ab ipso pulchra facta, prius peccatis fœda, post indulgentia et gratia formosa, loquitur amans et ardens in eum, et dicit ei : « Ubi pascis ? » (*Cant.*, I, 6.) Et videte quemadmodum, quo affectu hic erigatur amor spiritalis. Melius multo isto affectu delectantur, qui aliquid ex hujus amoris dulcedine gustaverunt. Illi hoc bene audiunt, qui amant Christum. In ipsis enim hoc, et de ipsis cantat Ecclesia in Canticis canticorum : qui amant Christum, quasi fœdum, et solum formosum. « Vidimus enim eum, inquit, et non habebat speciem neque decorem. » (*Isai.*, LIII, 6.) Talis in cruce apparuit, talem se spinis coronatus exhibuit, fœdum et sine decore, quasi amissa potentia, quasi non Filium Dei. Talis visus est cæcis. Ex persona quippe Judæorum hoc dixit Isaias : Vidimus eum, et non habebat speciem neque decorem. Quando dicebatur: Si Filius Dei est, descendat de cruce. Alios salvos fecit, se ipsum non potest. (*Marc.*, XV, 31.) Et percutientes de calamo in caput : Prophetiza nobis, Christe, quis te percussit. (*Matth.*, XXVI, 68.) Quia non habebat speciem neque decorem. Talem Judæi videbatis. Quia cæcitas ex parte Israel facta est, donec plenitudo Gentium intraret (*Rom.*, XI, 25), donec aliæ oves venirent. Quia ergo cæcitas facta est, ideo decorum sine decore vidistis. Si enim cognovissetis, nunquam Dominum gloriæ crucifixissetis. (I *Cor.*, II, 8.) Fecistis autem,

cail. Si vous l'aviez connu, vous n'auriez jamais crucifié le Roi de gloire. (I *Cor.*, II, 8.) Vous l'avez donc traité de la sorte, parce que vous ne le connaissiez pas. Et cependant, s'il était comme défiguré lorsqu'il supportait vos crimes, il était beau, lorsqu'il faisait pour vous à Dieu cette prière : « Mon Père, pardonnez-leur, car ils ne savent ce qu'ils font. » (*Luc*, XXIII, 34.) En effet, s'il était sans beauté, d'où vient cet amour de l'épouse, qui lui dit : « Apprenez-moi, ô le bien-aimé de mon âme? » (*Cant.*, I, 6.) D'où vient cet amour? Pourquoi cette ardeur? Pourquoi cette crainte de s'éloigner de lui? Pourquoi trouve-t-elle tant de charmes dans sa compagnie, que son unique peine est d'en être séparée? Comment expliquer son amour, s'il n'était éclatant de beauté? Mais comment pourrait-elle l'aimer, s'il se montrait à elle, comme aux aveugles qui le persécutaient sans savoir ce qu'ils faisaient? Quel était donc Celui qu'elle aimait? Le plus beau des enfants des hommes. Oui, « vous surpassez en beauté les enfants des hommes, la grâce est répandue sur vos lèvres. » (*Ps.* XLIV, 3.) Apprenez-moi donc de ces lèvres bénies, ô le bien-aimé de mon âme, apprenez-moi, dit-elle, vous le bien-aimé, non pas de mon corps, mais de mon âme, « apprenez-moi où vous menez paître votre troupeau, où vous le faites reposer au milieu du jour, de peur que je ne sois comme une inconnue au milieu des troupeaux de vos compagnons. »

CHAPITRE VII. — *Dans quel sens il faut entendre ces paroles de l'épouse.* — 7. Ces paroles paraissent obscures, et elles le sont en effet, parce que c'est le chant mystérieux et sacré du lit nuptial. C'est l'épouse elle-même qui nous dit : « Le roi m'a introduit dans sa demeure la plus secrète. » C'est le secret de cette demeure dont il est ici question. Vous donc, qui n'êtes point éloignés comme des profanes de cette demeure secrète, écoutez ce que vous êtes, et dites avec l'épouse si vous aimez avec elle; or, vous aimez avec elle, si vous lui demeurez unis. Dites tous, ou plutôt qu'elle seule prenne ici la parole, car c'est l'unité qui dit : « Apprenez-moi, ô vous le bien-aimé de mon âme. » En effet, les premiers fidèles n'avaient pour Dieu qu'un cœur et qu'une âme. (*Act.*, IV, 32.) « Apprenez-moi donc où vous conduisez votre troupeau, où vous reposez à midi. » Que signifie ici le midi? Une grande chaleur et un brillant éclat. Faites-moi donc connaître quels sont vos sages, quels sont ces hommes qui joignent la ferveur de l'amour à l'éclat de la doctrine. « Montrez-nous la puissance de votre droite, et ceux qui sont instruits par la sagesse dans le cœur. » (*Ps.* LXXXIX, 12.) Je veux leur être étroitement uni dans votre corps, vivre dans leur société, et jouir de vous avec eux. Dites-moi donc, « apprenez-moi où vous conduisez votre troupeau, où vous reposez à midi; » afin que je ne tombe pas au milieu de ceux qui parlent de vous autrement qu'ils ne

---

quia non cognovistis. Et tamen ille qui vos quasi fœdus toleravit, pro vobis formosus oravit : Pater, inquit, ignosce illis, quia nesciunt quid faciunt. (*Luc.*, XXIII, 34.) Si enim sine decore, quid est quod amat ista, quæ dicit : « Annuntia mihi, quem dilexit anima mea? » (*Cant.*, I, 6.) Quid est quod amat? quid est quod ardet? quid est quod tantum ne ab illo aberret, timet? Quid est quod tantum delectatur in ipso, cui sola pœna est, esse sine ipso? Quid esset unde amaretur nisi formosus esset? Verum quomodo illa sic amaret, si ille illi sic appareret, quomodo cæcis persequentibus, et quid faciant nescientibus? Qualem ergo illa amavit? Speciosum forma præ filiis hominum. Speciosus forma præ filiis hominum, diffusa est gratia in labiis tuis. (*Psal.* XLIV, 3.) Ergo de ipsis labiis tuis «annuntia mihi, quem dilexit anima mea.» «Annuntia, inquit, mihi, o quem dilexit, » non caro mea, sed « anima mea. » « Annuntia mihi ubi pascis, ubi cubas in meridie : ne forte fiam sicut operta super greges sodalium tuorum. »

CAPUT VII. — *Sponsæ verba ut intelligenda.* — 7. Obscurum videtur, obscurum est : quia thalami sacri mysterium est. Ipsa enim dicit : « Introduxit me rex in cubiculum suum. » (*Cant.*, I, 3.) Talis cubiculi hoc secretum est. Sed vos qui ab isto cubiculo profani non estis, audite quod estis, et dicite cum illa, si amatis cum illa : amatis autem cum illa, si estis in illa. Dicite omnes, et tamen una dicat, quia unitas dicit : « Annuntia mihi, quem dilexit anima mea. » Erat enim illis in Deum una anima et cor unum. (*Act.*, IV, 32.) « Annuntia mihi, ubi pascis, ubi cubas in meridie. » Quid significat meridies? Magnum fervorem magnumque splendorem. Ergo notum fac mihi qui sint sapientes tui, spiritu ferventes, et doctrina fulgentes. « Dexteram tuam notam fac mihi, et eruditos corde in sapientia. » (*Psal.* LXXXIX, 12.) Ipsis inhæream in corpore tuo, ipsis socier, cum ipsis te fruar. Dic mihi ergo, « annuntia mihi ubi pascis, ubi cubas in meridie; » ne incurram in eos qui alia de te dicunt, alia de te sentiunt, alia de te

pensent, qui prêchent autrement qu'ils ne croient. Ils ont leurs troupeaux particuliers, et cependant ils sont vos compagnons, vos commensaux, parce qu'ils vivent de votre table et qu'ils célèbrent les sacrements qu'on y reçoit. On leur donne le nom de commensaux, en latin *sodales*, parce qu'ils mangent à une table commune (*quasi simul edales*). C'est à eux que le Psalmiste adresse ce reproche : « Si celui qui est mon ennemi m'avait outragé, peut-être me serais-je dérobé à ses poursuites; et si celui qui me haïssait avait parlé de moi avec mépris, je me serais gardé de lui. Mais c'est vous qui viviez dans un même esprit avec moi, qui étiez le chef de mon conseil et mon confident, vous qui trouviez tant de douceur à vous nourrir des mêmes aliments que moi, vous avec qui je marchais avec tant d'union dans la maison du Seigneur. » (*Ps.* LIV, 13, etc.) Pourquoi soulèvent-ils maintenant des divisions contre la maison de Dieu ? Parce qu'ils sont sortis de nous, car ils n'étaient pas de nous. (I *Jean*, I, 19.) Vous donc, « ô le bien-aimé de mon âme, » faites que je ne tombe point au milieu d'eux; ils sont vos compagnons, mais comme l'étaient les compagnons de Samson, qui, loin d'être fidèles à leur ami, cherchaient à corrompre son épouse. (*Jug.*, XIV.) Oui, faites que je ne tombe point parmi eux, de peur que je ne paraisse au milieu d'eux comme une inconnue, c'est-à-dire comme une femme couverte et voilée, et non comme assise sur la montagne. « Apprenez-moi donc, ô vous le bien-aimé de mon âme, où vous conduisez votre troupeau, où vous reposez à midi. » Faites-moi connaître les hommes sages et fidèles en qui vous aimez à reposer, de peur que je ne tombe comme une inconnue au milieu de troupeaux, qui ne sont pas les vôtres, mais ceux de vos compagnons; car vous n'avez pas dit à Pierre : Paissez vos brebis, mais : « Paissez mes brebis. » (*Jean*, XXI, 15.)

Chapitre VIII. — *Réponse de l'époux.* — 8. C'est au bon pasteur, à celui qui surpasse en beauté tous les enfants des hommes, de répondre maintenant à cette épouse bien-aimée, qu'il a choisie pour la rendre belle aussi entre tous les enfants des hommes. Ecoutez donc sa réponse, comprenez-la, craignez le châtiment dont il vous menace, aimez les avertissements qu'il vous donne. Que lui répond-il donc ? Voyez comme il se garde de la flatter, mais comme il tempère par des paroles tendres les avis sévères qu'il lui donne. Il la reprend pour la contenir, pour la préserver. « Si vous ne vous connaissez pas, ô vous qui êtes la plus belle d'entre les femmes. » (*Cant.*, I, 7.) Quelque belles que paraissent les autres, grâce aux dons de votre époux, elles n'en sont pas moins des hérésies; elles doivent leur beauté à leur parure, non à leurs dispositions intérieures; elles sont belles au dehors, elles brillent d'un éclat tout extérieur; elles se parent du nom de la justice, tandis que toute la

---

credunt, alia de te prædicant : et greges suos habent, et sodales tui sunt; quia de mensa tua vivunt, et mensæ tuæ sacramenta pertractant. Sodales enim dicti sunt, quod simul edant, quasi simul edales. Tales exprobrantur in Psalmo : « Si enim inimicus meus super me magna locutus fuisset, abscondissem me utique ab eo : et si is qui oderat me, super me magna locutus fuisset, absconderem me utique ab eo : tu vero unanimis meus, dux meus, et notus meus, qui simul mecum dulces capiebas cibos, in domo Dei ambulavimus cum consensu. » (*Psal.* LIV, 13, etc.) Quare contra domum Domini modo cum dissensu, nisi quia ex nobis exierunt, sed non erant ex nobis ? (I *Joan.*, II, 19.) Ideo, o tu, « quem dilexit anima mea, » ne in tales incidam, sodales tuos, sed quales fuerunt sodales Samson, non servantes amico fidem, sed volentes ejus corrumpere uxorem. (*Judic.*, XIV.) Ergo ne in tales incurram, « ne fiam super eos, » id est, incidam in eos, « velut operta, » velut latens et obscura, non velut in monte constituta. « Annuntia ergo mihi, o quem dilexit anima mea, ubi pascis, ubi cubas in meridie; » qui sunt sapientes et fideles, in quibus maxime requiescis : ne forte sicut latens incurram in greges, non tuos, sed sodalium tuorum. Nam tu Petro non dixisti : Pasce oves tuas, sed : « Pasce oves meas. » (*Joan.*, XXI, 15.)

Caput VIII. — *Sponsi responsum.* — 8. Respondeat ergo amatæ huic pastor bonus, et speciosus forma præ filiis hominum : respondeat ei quam formosam fecit ex filiis hominum. Audite quid respondeat, intelligite, cavete quod terret, amate quod monet. Quid ergo respondet ? Quam non blande, sed blanditiis severitatem reddit ! Corripit, ut constringat, ut servet. « Nisi cognoveris temetipsam, inquit, o pulchra inter mulieres; » (*Cant.*, I, 7) quantumlibet enim sint aliæ pulchræ donis viri tui, hæreses sunt, ornatu, non visceribus, pulchræ sunt; foris, et extrinsecus nitent, nomine justitiæ se dealbant : Omnis autem pulchritudo filiæ regis intrasecus. « Nisi ergo cognoveris temetipsam. » (*Psal.* XLIV, 14) quia

SERMON CXXXVIII.

beauté de la fille du Roi lui vient du dedans. (*Ps.* XLIV, 14.) « Si donc vous ne vous connaissez pas; » si vous ne savez pas que vous êtes une, que vous êtes répandue par toutes les nations, que vous êtes chaste, et que vous ne devez point vous laisser corrompre par les discours pervers de ces indignes compagnons. « Si vous ne vous connaissez vous même, » si vous ignorez que vous avez été légitimement fiancée à Jésus-Christ, comme une vierge pure, dans la crainte que, comme Eve fut séduite par les artifices du serpent, vos sentiments ne se corrompent et ne dégénèrent, sous l'influence des mauvaises doctrines, de la chasteté que vous m'avez promise. Si donc vous ne reconnaissez en vous ces magnifiques prérogatives, « sortez; » oui, « sortez. » Aux autres je dois dire : « Entrez dans la joie de votre Maître; » (*Matth.*, XXV, 21) à vous je ne dirai point : Entrez; mais : « Sortez. » Si donc vous ne vous connaissez pas vous-même, sortez. Mais si vous vous connaissez, entrez. « Si vous ne vous connaissez pas, sortez, et suivez les traces des troupeaux, et menez paître vos chevreaux près des tentes des pasteurs. » (*Cant.*, I, 7.) « Suivez les traces, » non du troupeau, mais « des troupeaux, et menez paître » non, comme Pierre, mes brebis, mais « vos chevreaux près des tentes » non du pasteur, mais « des pasteurs, » non de l'unité, mais de la division, bien loin de ce lieu où il n'y a qu'un seul troupeau et un seul pasteur. C'est ainsi qu'il affermit, qu'il édifie, qu'il rend plus forte cette épouse bien-aimée, et qu'elle est prête ou à mourir pour son époux, ou à vivre pour lui.

CHAPITRE IX. — *Les donatistes s'attribuent injustement les paroles de l'épouse.* — 9. Ces paroles que nous venons de vous rappeler sont tirées du saint Cantique des cantiques, qui est comme l'épithalame de l'époux et de l'épouse. En effet, il y a ici des noces toutes spirituelles, qui exigent de nous une grande pureté de vie; car Jésus-Christ a donné à l'Eglise la prérogative d'être spirituellement ce que sa mère a été dans son corps, c'est-à-dire d'être à la fois mère et vierge. Or, les donatistes donnent à ces paroles une signification tout autre et des plus fausses, dans l'intérêt de leur doctrine. Je crois devoir vous la faire connaître, et vous exposer aussi, en peu de mots, avec le secours de Dieu, la réponse que vous pourrez leur faire. Lorsque nous pressons les donatistes, en leur montrant cette lumière éclatante qui est répandue par toute la terre, et que nous leur demandons de nous citer quelque témoignage de l'Ecriture où Dieu ait prédit l'établissement de l'Eglise dans l'Afrique, tandis que les autres nations seraient comme perdues pour elle, voici celui qu'ils ont constamment à la bouche : L'Afrique, disent-ils, est au midi. Lors donc que l'Eglise demande au Seigneur où il conduit ses brebis, où il se repose,

---

una est, quia per omnes gentes es, quia casta es, quia colloquio perverso malorum sodalium corrumpi non debes. « Nisi cognoveris temetipsam, » (II *Cor.*, XI, 2) quia recte te mihi desponsavit ille virginem castam exhibere Christo; recteque mihi te ipsam exhibeas, ne malis colloquiis, sicut serpens Evam seduxit astutia sua, sic et tui sensus corrumpantur a castitate mea. « Nisi ergo talem cognoveris temetipsam, exi tu : exi. » Aliis enim dicturus sum : « Intra in gaudium Domini tui. » (*Matth.*, XXV, 21.) Tibi non dicam : Intra, sed : « Exi, » ut sis inter eos qui ex nobis exierunt. « Exi tu. » Sed « nisi cognoveris temetipsam, » tunc « exi. » Si autem cognoveris temetipsam, intra. « Si autem non cognoveris, exi tu in vestigiis gregum, et pasce hædos tuos in tabernaculis pastorum. Exi in vestigiis, non gregis, sed « gregum, et pasce, » non sicut Petrus oves meas, sed « hædos tuos : in tabernaculis, » non pastoris, sed « pastorum; » non unitatis, sed dissensionis; non ibi posita, ubi est unus grex et unus pastor. Confir-mata est, ædificata est, amata fortior facta est, parata mori pro viro, et vivere cum viro.

CAPUT IX. — *Sponsæ verba prave usurpata a Donatistis.* — 9. Hæc verba quæ commemoravimus de sanctis Canticis canticorum, de sponsi et sponsæ epithalamio quodam : spiritales enim nuptiæ sunt, in quibus nobis magna castitate vivendum est; quia Ecclesiæ concessit Christus in spiritu, quod mater ejus (*a*) habuit in corpore, ut et mater et virgo sit : hæc ergo verba Donatistæ accipiunt ad sensum suum perversum multo aliter. Et quemadmodum non tacebo, et quid eis respondeatis, adjuvante Domino, quantum potero, breviter admonebo. Cum eos urgere cœperimus luce unitatis Ecclesiæ diffusæ toto orbe terrarum, et poposcerimus ut ostendant ipsi de Scripturis aliquod testimonium, ubi Deus prædixit in Africa futuram Ecclesiam, quasi perditis cæteris gentibus; hoc solent testimonium in ore habere, et dicere : Africa in meridie est; interrogans ergo, inquiunt, Ecclesia Dominum ubi pascat, ubi cubet;

(*a*) Lov. *habet*, dissentientibus editis aliis et Mss^e.

il lui répond : « Au midi. » Ainsi la question serait : « Apprenez-moi, ô vous, le bien-aimé de mon âme, où vous conduisez votre troupeau, où vous vous reposez, » et la réponse que l'époux ferait à cette question : « Au midi, » c'est-à-dire dans l'Afrique. Si donc c'est l'Eglise qui interroge, et que le Seigneur réponde où il conduit son troupeau, c'est-à-dire dans l'Afrique, parce que, en effet, l'Eglise est en Afrique, celle qui interroge n'était donc pas dans l'Afrique. « Apprenez-moi, dit-elle, ô vous, le bien-aimé de mon âme, où vous conduisez votre troupeau, où vous vous reposez; » et le Seigneur répond à cette Eglise, qui n'est pas en Afrique : « Au midi; » c'est dans l'Afrique que je me repose, c'est dans l'Afrique que je conduis mes brebis, ce qui semblerait dire : ce n'est pas en toi. Mais s'il faut admettre que c'est l'Eglise qui adresse cette question, et personne n'en doute, les donatistes eux-mêmes en conviennent, bien qu'ils entendent ici je ne sais quoi de l'Afrique, l'Eglise qui interroge n'est donc pas en Afrique, et puisqu'elle est une Eglise véritable, l'Eglise existe donc en dehors de l'Afrique.

Chapitre X. — *Réfutation des donatistes.* — 10. J'admets pour un instant que l'Afrique soit au midi, bien que l'Egypte soit bien plus que l'Afrique au midi, et sous le soleil au milieu du jour. Or, ceux qui l'ont appris savent, et ceux qui l'ignorent peuvent s'informer comment l'époux exerce dans l'Egypte son office de pasteur, quel nombreux troupeau il y réunit, quelle immense multitude de saints et de saintes, qui font profession d'un renoncement entier au monde. Ce troupeau s'est tellement accru, qu'il a banni de l'Egypte toutes les superstitions. Je n'explique point par quels moyens ce troupeau, en se multipliant, a pu détruire et chasser de l'Egypte le culte des idoles qui s'y trouvait si fortement enraciné; j'admets ce que vous dites, compagnons perfides, oui, j'admets absolument, et je vous accorde que l'Afrique est au midi, et que c'est l'Afrique qui est désignée dans ces paroles : « Où conduisez-vous votre troupeau, où reposez-vous au midi ? » Mais il est juste que, de votre côté, vous reconnaissiez que c'est l'épouse qui parle ici, et non pas encore l'époux. C'est l'épouse qui lui dit : « Apprenez-moi, ô le bien-aimé de mon âme, où vous conduisez votre troupeau, où vous reposez au midi, afin que je ne sois pas comme une inconnue. » Sourd et aveugle, si, par ce midi, vous entendez l'Afrique, comment ne comprenez-vous pas que ces autres paroles, « comme une inconnue, » désignent clairement une femme ? « Apprenez-moi, dit-elle, ô vous, le bien-aimé de mon âme. » Il est évident qu'elle s'adresse à un homme, lorsqu'elle dit : « O vous, le bien-aimé de mon âme. » Si nous lisions : O vous, la bien-aimée de mon âme, nous comprendrions que c'est l'époux qui parle à l'épouse.

---

respondet ille : « In meridie ; » ut quasi vox interrogantis sit : « Annuntia mihi, quem dilexit anima mea, ubi pascas, ubi cubes ; » et vox quasi respondentis : « In meridie, » hoc est, in Africa. Si ergo quæ interrogat, Ecclesia est, et Dominus ubi pascit respondet, in Africa, quia in Africa erat Ecclesia : quæ interrogat, non erat in Africa. « Annuntia, inquit, » mihi quem dilexit anima mea, ubi pascas, ubi cubes; et respondet ille cuidam Ecclesiæ præter Africam : « In meridie, » in Africa cubo, in Africa pasco, quasi (a) in te non pasco. Porro si quæ interrogat, Ecclesia est, quod nullus ambigit, quod nec ipsi contradicunt; et audiunt nescio quid de Africa : hæc ergo quæ interrogat præter Africam est ; et quia Ecclesia est, est præter Africam Ecclesia.

Caput X. — *Refelluntur Donatistæ.* — 10. Ecce accipio in meridie esse Africam : quanquam magis in meridie sub sole medii diei Ægyptus quam Africa. Illic autem in Ægypto, quomodo pastor est iste, qui norunt agnoscunt : qui non norunt, requirant quam magnum illic gregem colligat, quantam numerositatem sanctorum atque sanctarum habeat contemnentium penitus mundum. Grex ille tantum crevit, ut etiam inde superstitiones expulerit. Ut ergo omittam, quomodo inde omnem idolorum superstitionem, quæ illic valida fuerat, (b) crescendo fugaverit : accipio quod dicitis, o sodales mali ; accipio prorsus, assentio Africam in meridie esse, et Africam significatam in eo quod dictum est : « Ubi pascis, ubi cubas in meridie ? » Sed et vos (c) æque attendite adhuc ista verba sponsæ esse, nondum sponsi. Adhuc sponsa dicit : « Annuntia mihi, quem dilexit anima mea, ubi pascis, ubi cubas in meridie, ne forte fiam sicut operta. » Surde, cæce, si in meridie vides Africam, quare in operta non intelligis feminam ? « Annuntia mihi, » dicit, « quem dilexit anima mea. » Utique virum alloquitur, cum dicit, « quem dilexit. » Quomodo si diceret : Annuntia mihi, quam dilexit anima mea ;

(a) Editi, *quasi te non pasco*, omissa particula *in*, quam habent plerique Mss. — (b) Sic Mss. At editi, *credendo*. — (c) Sic Fossalensis codex. Alii vero Mss. cum editis, *æquita'em*.

Donc, puisque vous lisez : « Apprenez-moi, vous, le bien-aimé de mon âme, où vous conduisez votre troupeau, où vous reposez; » c'est l'épouse qui s'adresse à l'époux, et c'est elle aussi qui ajoute : « Au midi. » Je demande « où vous reposez au midi, afin que je ne sois pas comme une inconnue au milieu des troupeaux de vos compagnons. » J'admets donc entièrement, et je vous accorde, comme vous le voulez, que c'est l'Afrique qui est ici désignée par le midi. Mais ne faut-il pas admettre aussi que l'Eglise du Christ, comme vous l'entendez, qui habite au delà des mers, s'adresse ici à son époux, dans la crainte de tomber dans l'erreur répandue dans l'Afrique. « O vous, le bien-aimé de mon âme, apprenez-moi, » enseignez-moi. J'entends dire que, dans le midi, c'est-à-dire dans l'Afrique, il y a deux partis et de nombreuses divisions. « Apprenez-moi donc où vous conduisez votre troupeau; » quelles sont les brebis qui sont à vous, quel est le bercail que vous me commandez d'aimer, et auquel je dois me rattacher. « De peur que je ne devienne comme une femme voilée. » En effet, ils me tournent en dérision parce que je suis cachée, ils m'insultent comme une femme perdue, qui n'a d'existence nulle part. Je crains donc d'être « comme voilée, » comme inconnue au milieu des troupeaux, c'est-à-dire dans ces assemblées d'hérétiques, vos compagnons perfides, de donatistes, de maximianistes, de rogatistes, et de ces autres sectes de pestilence qui se réunissent en dehors de vous, et qui par là ne font que dissiper. Je vous en supplie donc, enseignez-moi, afin qu'en cherchant parmi eux mon pasteur dans ces contrées, je ne vienne pas à tomber dans l'abîme des rebaptisants. Je vous exhorte donc, et je vous conjure, par la sainteté de ces noces divines, aimez cette Eglise, demeurez dans cette Eglise, soyez vous-mêmes cette Eglise; aimez le bon pasteur, cet époux resplendissant de beauté, qui ne trompe personne, et qui veut sincèrement que personne ne périsse. Priez aussi pour les brebis dispersées; qu'elles reviennent aussi au bercail, qu'elles reconnaissent, qu'elles aiment le vrai pasteur, afin qu'il n'y ait plus qu'un seul troupeau et un seul pasteur. Adressons-nous au Seigneur, etc.

SERMON CXXXIX.

Sur ces paroles du chap. x de l'Evangile selon saint Jean : *Mon Père et moi nous sommes un*, etc.

CHAPITRE PREMIER. — *Comment Jésus-Christ est le Fils unique du Père.* — 1. Notre-Seigneur Dieu, Jésus-Christ, le Fils unique de Dieu, qui est né de Dieu le Père, sans le concours d'aucune mère, qui est né d'une vierge-mère sans le concours d'un père mortel, a dit ces paroles que vous venez d'entendre : « Mon Père et moi nous

---

intelligeremus sponsum hæc loqui ad sponsam : sic cum audis : « Annuntia mihi, quem dilexit anima mea, ubi pascis, ubi cubas; » illuc adde, ad hujus verba pertinent et quæ sequuntur, « in meridie. » Quæro « ubi pascas in meridie, ne forte fiam sicut operta super greges sodalium tuorum. » Audio prorsus, accipio de Africa quod intelligis; « in meridie, » ipsa significata est. Sed Ecclesia Christi, sicut intelligis, transmarina alloquitur sponsum suum, timens errorem incidere Africanum. O « quem dilexit anima mea, annuntia mihi, » doce me. Audio enim in meridie, id est, in Africa, duas esse partes, imo multas concisiones. « Annuntia ergo mihi ubi pascis, » quæ oves ad te pertinent, quod ovile illic me jubes amare, cui me debeo sociare. « Ne forte fiam velut operta. » Illudunt enim quasi latenti, insultant quasi perditæ, quasi nusquam alibi existenti. « Ne ergo quasi operta, » quasi latens fiam, « super greges, » id est, super congregationes hæreticorum, « sodalium tuorum, » Donatistarum, Maximianistarum, Rogatistarum, cæterarumque (a) pestium, extra colligentium; et ideo spargentium, rogo te, annuntia mihi, ut illic pastorem meum requiram, ut non in gurgitem rebaptizationis incurram. Hortor vos, obsecro vos per sanctitatem talium nuptiarum, amate hanc Ecclesiam, estote in tali Ecclesia, estote talis Ecclesia : amate pastorem bonum, virum tam pulchrum, neminem fallentem, neminem perire cupientem. Orate et pro dispersis ovibus : veniant et ipsi, agnoscant et ipsi, ament et ipsi : ut sit unus grex et unus pastor. Conversi ad Dominum, etc.

SERMO CXXXIX (b).

De verbis Evangelii Joan., x : *Ego et Pater unum sumus.*

CAPUT PRIMUM. — *Christus quomodo Dei Patris unicus.* — 1. Dominus Deus, Jesus Christus, Filius Dei, unicus, natus de Deo Patre sine aliqua matre, et natus de virgine matre sine homine patre, audistis

---

(a) Plerique Mss. *bestiarum*. Forte legendum est, *partium*. — (b) Alias de verbis Domini.

sommes un. » (*Jean*, x, 30.) Recevez cette déclaration et croyez-la, pour mériter de la comprendre; car la foi doit précéder l'intelligence, pour que l'intelligence soit la récompense de la foi. C'est ce que le prophète nous enseigne en termes on ne peut plus clairs : « Si vous ne croyez pas, vous ne pourrez comprendre. » (*Isa.*, VII, 9.) Ainsi donc la prédication simple doit être l'objet de la foi, tandis que la discussion plus approfondie a pour but d'éclairer l'intelligence. C'est donc pour pénétrer tout d'abord vos âmes par la foi que nous vous prêchons Jésus-Christ, le Fils unique de Dieu (1). Pourquoi ajouter le mot unique? Parce que le Père de ce Fils unique a beaucoup d'autres enfants par sa grâce. Tous les autres saints sont donc les fils de Dieu par grâce, le Fils unique seul l'est par nature. Ceux qui sont fils par grâce ne sont pas ce qu'est le Père. Est-il un saint qui ait osé dire, en effet, ce que dit ici le Fils unique : « Mon Père et moi nous sommes un? » Cependant le Père n'est-il pas aussi notre Père? S'il n'est pas notre Père, pourquoi lui disons-nous dans notre prière : « Notre Père qui êtes dans les cieux? » (*Matth.*, VI, 9.) Nous sommes donc ses fils, mais des fils qu'il a rendus tels par sa volonté, et qu'il n'a pas engendrés de sa nature. Il nous a bien aussi engendrés, mais en nous adoptant par le bienfait de l'adoption, et non en nous communiquant sa nature. Nous portons donc le nom d'enfants de Dieu, parce que Dieu nous a appelés à être ses enfants adoptifs (*Ephés.*, I, 5); nous sommes des hommes adoptés par Dieu. Jésus-Christ est appelé le Fils unique de Dieu, parce que lui seul est ce qu'est le Père; nous, au contraire, nous ne sommes que des hommes, tandis que notre Père est Dieu. Or, c'est parce qu'il est ce qu'est le Père, qu'il a pu dire en toute vérité : « Mon Père et moi nous sommes un. » Qu'est-ce à dire : « Nous sommes un? » Nous avons une seule et même nature. Que signifie encore : « Nous sommes un? » Nous avons une seule et même substance.

CHAPITRE II. — *Le Fils de Dieu et son Père ont une même substance.* — 2. Vous comprenez peut-être moins ce que signifie une seule et même substance. Efforçons-nous de le comprendre; que Dieu nous aide de sa grâce, moi qui vous parle, vous qui m'écoutez; moi, pour que je vous dise la vérité, en vous la rendant saisissable; vous, afin que premièrement et avant tout, vous commenciez par croire, et que vous arriviez ensuite à comprendre dans la mesure de vos forces. Que signifie donc une seule et même substance? Je vais vous apporter des comparaisons, pour éclaircir par des exemples ce qui est plus difficile à comprendre. Supposez pour un instant que Dieu soit de l'or, son Fils est également de l'or. S'il nous est défendu de recourir à des comparaisons terrestres pour

(1) Saint Augustin paraît s'adresser ici aux catéchumènes.

quid dixerit : « Ego et Pater unum sumus. » (*Joan.*, x, 30.) Sic accipite hoc, sic credite, ut mereamini intelligere. Fides enim debet præcedere intellectum, ut sit intellectus fidei præmium. Propheta enim apertissime dixit : Nisi credideritis, non intelligetis. (*Isai.*, VII, 9.) Quod ergo simpliciter prædicatur, credendum est : quod subtiliter disputatur, intelligendum est. Primitus ergo ad imbuendas vestras mentes per fidem prædicamus vobis Christum Dei Patris Unicum. Quare additur, Unicum? Quia cujus est Unicus multos filios habet gratia. Cæteri ergo omnes sancti filii Dei sunt gratia, solus ille natura. Qui gratia filii sunt, non sunt quod Pater. Denique nullus sanctorum ausus est dicere, quod ille Unicus ait : « Ego et Pater unum sumus. » Numquid non Pater est et noster? Si non est Pater noster, quomodo dicimus orantes : Pater noster qui es in cœlis? (*Matth.*, VI, 9.) Sed nos filii sumus, quos voluntate sua filios fecit, non ex natura sua filios genuit. Genuit quidem et nos, sed quomodo dicitur, adoptatos, adoptantis generatos beneficio, non natura. Denique et hoc dicti sumus, quia vocavit nos Deus in adoptionem filiorum : homines adoptati sumus. (*Ephes.*, I, 5.) Ille dicitur Unicus, Unigenitus; quia hoc est Pater : nos autem homines sumus, Deus est Pater. Quia ergo ille hoc est quod Pater; dixit, et verum dixit : « Ego et Pater unum sumus. » Quid est, « unum sumus? » Unius naturæ sumus. Quid est : « unum sumus? » Unius substantiæ sumus.

CAPUT II. — *Filius Dei et Pater sunt unius substantiæ.* — 2. Forte minus intelligitis quid est unius substantiæ. Laboremus, ut intelligatis; adjuvet Deus et me loquentem, et vos audientes : me, ut ea dicam quæ vera sunt et apta sunt vobis; vos autem, ante omnia et præcipue ut credatis; deinde ut quomodo potestis intelligatis. Quid est ergo, unius substantiæ? Similitudines vobis adhibeam, ut quod minus intelligitur, exemplo clarescat. Ut puta, aurum est Deus, aurum est et Filius ejus. De terrenis si ad cœlestia non sunt dandæ similitudines, quomodo scriptum

nous élever aux choses du ciel, pourquoi est-il écrit : « La pierre était le Christ ? » (I *Cor.*, x, 4.) Ainsi donc, tout ce qu'est le Père, le Fils l'est également, de même que, dans l'exemple précité, j'ai dit : Supposons que le Père soit de l'or, le Fils est aussi de l'or. Celui qui prétend, au contraire, que le Fils n'est pas d'une seule et même substance que le Père, que dit-il autre chose, sinon : le Père est de l'or, le Fils est de l'argent ? Mais si le Père est de l'or et le Fils de l'argent, le Fils unique a donc dégénéré du Père ? Un homme engendre un autre homme, le fils qui est engendré a la même substance que le père qui l'engendre. Qu'est-ce à dire : la même substance ? L'un est homme, l'autre l'est aussi ; le père a une âme, le fils en a une également ; l'un a un corps, l'autre a un corps ; en un mot, l'un est absolument ce qu'est l'autre.

Objection des ariens. — 3. Mais voici l'objection que me fait l'hérésie arienne. Quelle est-elle ? Rappelez-vous ce que vous venez de dire ? Qu'ai-je dit ? Qu'on peut établir une comparaison entre le Fils de l'homme et le Fils de Dieu. Oui, sans doute, on peut établir entre eux une comparaison, mais une comparaison d'analogie, et non, comme vous le pensez, une comparaison qui suppose l'égalité de nature. Or, dites-nous vous-mêmes, que voulez-vous conclure de là ? Ne voyez-vous pas, reprend l'hérésie arienne, que le Père qui engendre est plus grand que le Fils qui est engendré ? Comment donc pouvez-vous soutenir, dites-le moi, comment pouvez-vous soutenir l'égalité du Père et du Fils, de Dieu et du Christ, quand vous voyez que, lorsque l'homme engendre un fils, ce fils est toujours inférieur au père ? O homme sage, vous cherchez les temps dans l'éternité, vous cherchez la différence d'âge là où il n'y a point de succession de temps. Parmi nous le père est plus grand que le fils, mais tous deux sont nés dans le temps ; l'un grandit par là même que l'autre vieillit. Car ce n'est point ici par la nature, comme je l'ai dit, que l'homme qui devient père engendre un fils qui lui est inférieur, mais par la différence d'âge. Voulez-vous vous convaincre qu'au point de vue de la nature il n'a point engendré un fils qui lui soit inférieur ? Attendez qu'il ait grandi, et il sera semblable à son père. Cet enfant, tout petit qu'il était, en grandissant est parvenu à la taille de son père. Mais vous, en prétendant que le Fils de Dieu est né inférieur à son Père, vous ne voulez même pas qu'il grandisse, et qu'en grandissant il atteigne la grandeur de son Père. Ainsi le fils de l'homme, qui est né de l'homme, serait, en naissant, dans une condition meilleure que le Fils de Dieu. Pourquoi ? Parce qu'il grandit et qu'il parvient ainsi à la taille de son père. Le Christ, au contraire, c'est vous qui le dites, est né dans un état d'infériorité, où il reste néces-

---

est : Petra autem erat Christus? (1 *Cor.*, x, 4.) Ergo quidquid est Pater, hoc est Filius : sicut dixi, verbi gratia : Aurum est Pater, aurum est Filius. Nam qui dicit : Non est ipsius substantiæ Filius cujus est Pater, quid aliud dicit nisi : Aurum est Pater, argentum est Filius ? Si aurum est Pater, argentum est Filius ; degeneravit a Patre unicus Filius. Homo hominem generat : cujus substantiæ est pater qui generat, ipsius substantiæ est filius qui generatur. Quid est, ipsius substantiæ ? Homo est ille, homo et ille : animam habet ille, animam et ille : carnem habet ille, carnem et ille : quod est ille, hoc et ille.

Arianorum objectio. — 3. Sed respondet mihi et dicit hæresis Ariana. Quid mihi dicit? Attende quod dixisti. Quid dixi ? Quia Filius hominis comparandus est Filio Dei. Plane comparandus : sed non, ut putas, ad proprietatem ; sed ad similitudinem. Tu autem quidvis hinc facere, dic. Non vides, dicit, quia major est Pater qui genuit, et minor est Filius qui generatus est? Quomodo ergo vos dicitis? dicite mihi, quomodo ergo vos dicitis, quia æquales sunt Pater et Filius, Deus et Christus ; cum videatis, quia homo quando generat filium, minor est filius, et major est pater? Homo sapiens in æternitate tempora inquiris ; ubi non sunt tempora, quæris ætates. Quando major est pater, minor est filius, ambo temporales sunt : ille crescit, quia ille senescit. Nam per naturam homo pater, per naturam, ut dixi, non genuit minorem, sed per ætatem. Vis nosse, quia per naturam non genuit minorem? Exspecta, crescat, et patri erit æqualis. Puer enim parvulus ad crescendo pervenit ad magnitudinem patris sui. Tu autem sic dicis minorem Dei Filium natum, ut nunquam crescat et ad sui Patris magnitudinem vel crescendo perveniat. Jam ergo filius hominis natus ex homine, meliore conditione natus est quam Filius Dei. Quomodo? Quia ipse crescit, et pervenit ad magnitudinem patris sui. Christus autem, sicut dicitis, ideo (a) minor natus est, ut remaneat minor, et non sit exspectandus saltem ætatis

---

(a) Sic optimæ notæ Colbertinus Ms. At editi, *minoratus est.*

sairement, sans qu'on puisse espérer le progrès, le développement que l'âge amène avec lui. Vous prétendez donc qu'il y a entre le Père et le Fils diversité de nature. Mais pourquoi cette assertion? Parce que vous ne voulez pas croire que le Fils est de même substance que le Père. Avouez d'abord qu'il est de même substance, et dites alors, si vous le voulez, qu'il est inférieur au Père. Considérez les hommes ; voici un homme, quelle est sa substance? La substance d'un homme. Et le fils qu'il engendre, qu'est-il? Il lui est inférieur, mais il est aussi un homme. L'âge est différent, la nature est la même. Dites donc aussi : Ce qu'est le Père, le Fils l'est également, mais le Fils est inférieur. Faites cet aveu, avancez d'un pas, dites qu'il a une même substance avec le Père, mais qu'il lui est cependant inférieur ; vous parviendrez bientôt à reconnaître son égalité. En effet, vous faites un grand pas, vous vous rapprochez considérablement de la vérité, qui vous fera reconnaître l'égalité du Fils, si vous confessez que, tout inférieur qu'il est au Père, il est de même substance. Mais non, dites-vous, il n'est point de même substance. C'est comme si vous disiez que l'un est de l'or et l'autre de l'argent, ou qu'un homme a engendré un cheval. Car la nature de l'homme est toute différente de celle du cheval. Si donc le Fils est d'une autre substance que le Père, le Père a engendré un monstre. Ainsi, quand la créature, quand une femme enfante autre chose qu'un homme, on dit qu'elle a enfanté un monstre. Or, pour éviter ce phénomène monstrueux, il faut que ce qui naît soit de même nature que ce qui lui donne le jour, que l'homme engendre un homme, le cheval un cheval, la colombe une colombe, le passereau un passereau.

Chapitre III. — *Quel blasphème c'est de dire que le Fils est d'une autre substance que le Père.* — 4. Dieu a donné à ses créatures d'engendrer des êtres de même nature qu'elles; Dieu a donné à ses créatures, à des créatures mortelles, terrestres, de communiquer par la génération leur propre nature; et vous croiriez que Celui qui est avant tous les siècles n'a pu se réserver ce privilége? Celui pour qui le temps n'a point commencé engendrerait un Fils qui ne serait pas ce qu'il est, un fils dégénéré? Comprenez quel blasphème c'est d'oser dire que le Fils de Dieu est d'une autre substance que son Père. S'il en est ainsi, il est nécessairement un fils dégénéré. Or, si vous disiez au fils d'un homme quelconque : Vous êtes un fils dégénéré, quel outrage! Et pour quelle raison accuse-t-on un fils d'avoir dégénéré? Si, par exemple, son père est courageux, et que lui-même soit timide et sans énergie, tous ceux qui le voient et veulent l'humilier lui disent, en considérant le courage de son père : Arrière, fils dégénéré! Que signifie ce reproche? Votre père était un homme plein de courage et d'énergie, et vous êtes un lâche que la crainte fait trembler. Or, celui à qui on

---

accessus. Sic ergo dicis, quia est in natura diversitas. Sed quare hoc dicis, nisi quia non vis ejusdem substantiæ credere Filium, cujus substantiæ est Pater? Postremo prius confitere ipsius esse substantiæ, et dic minorem. Attende hominem, homo est. Quæ est substantia ejus? Homo est. Quid ille quem generat? Minor est ; sed homo est. Ætas dispar est, æqualis natura est. Dic et tu : Quod est Pater, hoc est Filius, sed minor est Filius. Dic, fac gradum, dic ejusdem substantiæ, sed minorem, et pervenis ad æqualem. Non enim parum accedis, non parum propinquas veritati, qua confitearis æqualem, si ejusdem substantiæ confessus fueris et minorem. Sed non est ejusdem substantiæ, hoc dicis. Ergo quia hoc dicis : Aurum est et argentum : tale est quod dicis, quale si homo generaret equum. Alterius enim substantiæ est homo, alterius equus. Si ergo Filius alterius substantiæ est quam Pater, monstrum generavit Pater. Quando enim creatura, id est, mulier parit quod non est homo, monstrum dicitur. Ut autem non sit monstrum, hoc est qui natus est, quod est ille qui genuit, id est, homo et homo, equus et equus, columba et columba, passer et passer.

Caput III. — *Quanta blasphemia dicere Filium Dei alterius substantiæ.* — 4. Creaturis suis dedit, ut quod sunt, hoc generent. Creaturis suis dedit Deus, creaturis mortalibus, terrenis dedit, donavit, ut hoc quod sunt generent; et putas quia hoc sibi non potuit ipse servare, qui est ante sæcula? Qui non habet initium temporis, generaret filium non hoc quod ipse est, generaret degenerem? Audite quanta blasphemia sit dicere, unicum Dei Filium alterius esse substantiæ. Prorsus si ita est, degener est. Si dicas alicui filio hominis : Degener es, quanta injuria est? Et quomodo dicitur filius hominis degener? Ut puta, pater ipsius fortis est, ille timidus et ignavus. Quicumque illum viderit, et vult corripere, attendens patrem ipsius virum fortem, quid ei dicit? Porro vade degener. Quid est, degener? Fortis vir fuit pater tuus, et tu timore contremiscis. Ille cui hoc dicitur, vitio de-

fait ce reproche dégénère de son père par sa faute, car par sa nature il est son égal. Qu'est-ce à dire qu'il est son égal par sa nature? Il est homme, il est ce qu'est son père. Mais l'un est courageux, l'autre est sans cœur; l'un est intrépide, l'autre plein de timidité; cependant tous deux sont des hommes. C'est donc par sa faute, et non par sa nature, que le fils dégénère du père. Or, lorsque vous dites que le Fils unique du Père est un Fils dégénéré, vous lui reprochez de n'être pas ce qu'est le Père; et ce n'est point après qu'il est né, c'est dans sa naissance même que vous l'accusez d'avoir dégénéré. Qui peut supporter un pareil blasphème? Ah! s'ils pouvaient en voir, de quelque manière que ce soit, l'énormité, ils se hâteraient de sortir de leurs erreurs et de se faire catholiques.

CHAPITRE IV. — *Les ariens, en outrageant le Fils, honorent faussement le Père.* — 5. Que dire cependant, mes frères? Ne nous laissons point aller contre eux à la colère, mais prions Dieu qu'il leur donne l'intelligence; car peut-être ont-ils eu le malheur d'être nés dans cette erreur. Qu'est-ce à dire? Ils ont reçu de leurs parents cette erreur à laquelle ils demeurent attachés. Ils préfèrent leur famille à la vérité. Qu'ils deviennent donc ce qu'ils ne sont pas, afin de pouvoir conserver ce qu'ils sont : c'est-à-dire qu'ils deviennent catholiques, afin de pouvoir rester hommes; s'ils veulent conserver ce que Dieu a créé en eux, qu'ils ouvrent leurs cœurs à la grâce divine. Ils s'imaginent honorer le Père en outrageant le Fils. Lorsque vous dites à l'un d'eux : Vous blasphémez, il vous répond : En quoi ai-je blasphémé? Parce que vous dites que le Fils n'est pas ce qu'est le Père. Mais c'est bien plutôt vous qui blasphémez, me répliquet-il. Pourquoi? Parce que vous prétendez égaler le Fils au Père. Oui, je veux égaler le Fils au Père; mais le Fils est-il donc étranger au Père? Le Père me voit avec joie soutenir que son Fils est son égal; il en est heureux, loin d'en recevoir de l'envie. Et c'est parce que Dieu ne porte pas envie à son Fils unique, qu'il l'a engendré de même nature que lui. Vous, au contraire, vous faites outrage au Fils et au Père lui-même, en l'honneur duquel vous voulez déshonorer le Fils. Pourquoi, en effet, prétendez-vous que le Fils n'est point de même substance que le Père? C'est dans la crainte de faire outrage au Père. Or, je vais sans tarder vous prouver que vous les outragez tous les deux. Comment cela, me dites-vous? Si je viens dire au fils d'un homme quelconque : Vous êtes un enfant dégénéré, vous ne ressemblez pas à votre père; vous avez dégénéré, vous n'avez rien de votre père; le fils, à ces mots, me dit avec indignation : Est-ce donc en naissant que j'ai dégénéré? Le père, qui m'entend, s'irrite plus vivement encore, et me dit dans sa colère : Ai-je donc engendré un fils dégénéré? Or si j'ai engendré un être différent de ce que je suis, j'ai donc donné le jour à un monstre? Que prétendez-vous donc faire? Vous voulez honorer l'un en outrageant l'autre, et

---

gener est, natura par est. Quid est, natura par est? Homo est, quod est et Pater ipsius. Sed ille fortis, ille ignavus; ille audax, ille timidus : tamen homo et homo. Vitio ergo degener est, non natura. Tu quando dicis Unicum Filium, Unum Patris Filium degenerem esse, non aliud dicis, nisi quia non hoc est quod Pater : et non jam natus, degener factus est dicis; sed generatus est. Istam blasphemiam quis ferat? Qualibuscumque oculis si istam blasphemiam videre possent, fugerent eam, et catholici fierent.

CAPUT IV. — *Ariani per Filii injuriam Patrem falso honorant.* — 5. Sed quid dicam, Fratres? Non eis irascamur : sed pro eis oremus ut det eis Dominus intellectum, quia forte hoc nati sunt. Quid est, hoc nati sunt? Hoc acceperunt a parentibus suis, quod tenent. Præponunt genus veritati. Fiant quod non sunt, ut possint servare quod sunt : hoc est, fiant catholici, ut possint servare quod homines sunt : ut non in illis pereat Dei creatura, accedat Dei gratia. Putant enim quia Patrem honorent per contumeliam Filii. Quando illi dixeris : Blasphemas, respondet : Quare blasphemo? Quia dicis Filium non hoc esse, quod Pater est. Et ille mihi : Imo tu blasphemas. Quare? Quia æquare vis Patri Filium. Æquare volo Patri Filium, numquid extraneum? Gaudet Pater, quando illi æquo Filium Unicum : gaudet, quia non invidet. Et Deus quia Filio Unico non invidet, ideo hoc quod ipse est generavit. Tu et Filio facis injuriam, et ipsi Patri, in cujus honorem vis contumeliam facere Filio. Certe enim ideo dicis non esse ejusdem substantiæ Filium, ne injuriam facias Patri ipsius. Ego tibi cito ostendo, quia injuriam facis ambobus. Quomodo, inquit? Si dicam filio alicujus : Degener, non es similis patri tuo : degener, gaudet, quia non hoc es quod pater. Audit illud filius, et irascitur, et dicit : Ergo degener natus sum? Audit illud pater, et plus irascitur. Iratus autem quid dicit? Ergo ego filium degenerem generavi? Ergo si aliud sum, aliud generavi,

vous leur faites outrage à tous deux. Vous offensez le Fils, mais le Père ne vous en sera point plus favorable. En voulant honorer le Père par le déshonneur du Fils, vous offensez le Père et le Fils. Quel est celui des deux que vous sacrifierez pour recourir à l'autre? Chercherez-vous auprès du Fils un abri contre la colère du Père? Mais l'entendez-vous vous dire : Quoi! vous recourez à un Fils que vous accusez d'avoir dégénéré? Chercherez-vous un refuge auprès du Père, après avoir outragé le Fils? Mais il vous dit à son tour : Vous avez recours à moi, que vous accusez d'avoir engendré un Fils dégénéré? J'en ai dit assez, mes frères ; retenez ces vérités, gravez-les dans votre mémoire, inscrivez-les dans le symbole de votre foi. Et, si vous voulez en avoir l'intelligence, adressez vos prières à Dieu le Père et à Dieu le Fils, car ils ne sont qu'un.

SERMON CXL [1].

Sur ces paroles du chapitre XII de l'Evangile selon saint Jean : *Celui qui croit en moi ne croit point en moi, mais en celui qui m'a envoyé.* Contre l'erreur d'un certain Maximin, évêque arien, qui répandait ses blasphèmes sous la protection du comte Ségisvult [2].

La foi en Jésus-Christ. — 1. Que signifient, mes frères, ces paroles du Seigneur que nous venons d'entendre : « Celui qui croit en moi ne croit pas en moi, mais en celui qui m'a envoyé? » (*Jean*, XII, 44.) C'est un bien pour nous de croire en Jésus-Christ, surtout après la déclaration expresse que vous venez d'entendre de sa bouche, qu'il est venu pour être la lumière du monde, et que celui qui croit en lui ne marche pas dans les ténèbres, mais qu'il aura la lumière de vie. (*Ibid.*, XII, 46; et VIII, 12.) Il nous est donc avantageux de croire en Jésus-Christ. Oui, c'est un grand bien pour nous de croire en Jésus-Christ, et un grand malheur de ne pas croire en lui. Mais comme Jésus-Christ, Fils de Dieu, tient du Père tout ce qu'il est, que le Père ne vient pas du Fils, mais le Fils du Père, en nous recommandant la foi en lui, il en rapporte toute la gloire à son Père.

Les deux naissances de Jésus-Christ. — 2. Vous devez croire d'une foi ferme et inébranlable, si vous voulez demeurer catholiques, que Dieu le Père a engendré son Fils avant tous les temps, et qu'il l'a fait naître d'une Vierge dans le temps. La première naissance devance tous les temps, la seconde répand la lumière sur les temps. Ces deux naissances sont admirables ; l'une n'a point de mère, l'autre n'a point de

---

[1] Ce sermon est intitulé dans Sirmond : « Pour le jour de la nativité du Seigneur. » Dans les anciens manuscrits que nous avons eus sous les yeux, il se trouve aussi parmi les sermons sur la Nativité du Sauveur, avec un titre à peu près semblable. Or, nous croyons que ce titre indique, non pas le jour où saint Augustin l'a prononcé, mais celui où on devait le lire dans l'Eglise.
[2] Prosper, dans ses Chroniques, rapporte que le comte Ségisvult fut envoyé en Afrique, sous le consulat de Hiérius et d'Ardaburus, c'est-à-dire l'an de Jésus-Christ 427. L'évêque Maximin nous apprend qu'il était alors en Afrique avec le comte Ségisvult, au commencement de

---

monstrum generavi. Quid est, quia cum vis uni deferre per alterius injuriam, ambobus facis injuriam? Filium offendis, sed Patrem non propitiabis. Cum de Filii contumelia honoras Patrem, et Filium offendis et Patrem. A quo fugis? ad quem fugis? Numquid irascente tibi Patre, fugis ad Filium? Quid tibi dicit? Ad quem fugis, quem degenerem fecisti? Numquid offenso Filio curris ad Patrem? Dicit et ipse tibi : Ad quem fugis, quem degenerem genuisse dixisti? Sufficiat vobis, hoc tenete, hoc memoriæ commendate, hoc in vestra fide conscribite. Hoc autem ut intelligatis, ad Deum Patrem et Filium, qui unum sunt, preces fundite.

SERMO CXL [a].

De verbis Evangelii Joan., XII : *Qui credit in me, non credit in me, sed in eum qui me misit.* Contra quoddam dictum Maximini Arianorum episcopi, qui cum Segisvulto Comite constitutus in Africa blasphemabat.

Fides in Christum. — 1. Quid est quod audivimus, Fratres, dicentem Dominum : « Qui credit in me, non credit in me, sed in eum qui me misit? » (*Joan.*, XII, 44.) Bonum est nobis credere in Christum ; maxime quia ipse aperte etiam dixit istud quod audistis, hoc est, quoniam ipse lux venerat in mundum, et qui credit in eum, non ambulabit in tenebris, sed habebit lumen vitæ. (*Ibid.*, XII, 46; VIII, 12.) Bonum est ergo credere in Christum. Magnum bonum est credere in Christum : et magnum malum est non credere in Christum. Sed quia Christus Filius de Patre est quidquid est, Pater autem non est de Filio, sed Pater est Filii ; commendat quidem in se fidem, sed honorem revocat ad auctorem.

Nativitates Christi duæ. — 2. Hoc enim firmum et fixum tenete, si vultis perseverare Catholici, quia Deus Pater Deum Filium genuit sine tempore, et fecit ex virgine in tempore. Nativitas illa excedit tempora : nativitas ista illuminat tempora. Ambæ tamen nativitates mirabiles : illa sine matre, ista sine patre. Quando genuit Deus Filium, de se genuit, non de

---

[a] Alias ex Sirmondianis XVI.

père. Lorsque Dieu a engendré son Fils, il l'a engendré de lui-même, et non du sein d'une mère; lorsque sa mère l'a enfanté, elle l'a enfanté en restant vierge et sans le concours d'aucun homme. Il est né du Père sans avoir de commencement, et, en naissant aujourd'hui (1) du sein d'une mère mortelle, il a un commencement déterminé. Fils né du Père, il est notre créateur; fils né d'une mère, il est notre réparateur. Il est né du Père, pour nous donner l'être; il est né d'une mère, pour nous sauver de la mort. Le Père l'a engendré son égal, et tout ce qu'est le Fils, il le tient du Père, tandis que Dieu le Père ne doit pas à son Fils ce qu'il est. Aussi nous professons que Dieu le Père ne vient d'aucun autre principe, et que Dieu le Fils vient du Père. Voilà pourquoi tous les prodiges qu'opère le Fils, toutes les vérités qu'il enseigne, il les attribue à son Père, et il ne peut différer dans son être de Celui qui en est l'auteur. Adam, que Dieu a fait homme, a pu devenir autre chose que ce qu'il était par sa création. Il avait été créé dans la justice, et il a pu devenir injuste et pécheur. Le Fils unique de Dieu, au contraire, ne peut être sujet, dans son être, à aucun changement, à aucune transformation, à aucun amoindrissement; il lui est impossible de ne pas être ce qu'il était, c'est-à-dire de ne pas être l'égal de son Père. Il faut admettre aussi que le Père, qui a donné toutes choses au Fils, en vertu de sa naissance, ne les lui a pas données parce qu'il en avait besoin. Le Père, sans aucun doute, a donné à son Fils une parfaite égalité avec lui. Comment la lui a-t-il donnée? L'a-t-il d'abord engendré inférieur à lui-même, pour ajouter ensuite à sa nature et le rendre son égal? S'il avait suivi cette marche, il aurait donné à son Fils ce que le Fils n'avait pas. Or, je vous l'ai déjà dit, et vous devez le croire très-fermement, le Père a donné au Fils tout ce qu'il est, en vertu de sa naissance, et non pour subvenir à un besoin. Si donc il lui a donné toutes choses en vertu de sa naissance, et non pour un autre motif, il lui a certainement donné l'égalité avec lui-même, et il la lui a donnée en l'engendrant son égal. Et bien que le Père, comme personne, soit autre que le Fils, il n'est pas autre chose que le Fils; ce qu'est l'un, l'autre l'est également. L'un n'est pas l'autre, mais l'un est la même chose que l'autre.

Pourquoi le nom de Christ a été donné au vrai Fils de Dieu. — 3. Vous avez entendu ce que dit Jésus-Christ : « Celui qui m'a envoyé m'a prescrit lui-même ce que je dois dire et comment je dois parler, et je sais que son commandement est la vie éternelle. » (*Jean*, XII, 49, 50.) C'est le texte même de l'évangile de saint Jean; retenez-le. « Celui qui m'a envoyé m'a prescrit lui-même ce que je dois dire et comment je dois parler, et je sais que son com-

---

la conférence qu'il eut à Hippone avec saint Augustin. « Je suis venu dans cette ville, dit-il, envoyé par le comte Ségisvult, dans un dessein tout pacifique. » Ce sermon doit donc se rapporter à l'année 428.

(1) Nous soupçonnons que le mot *hodie*, aujourd'hui, a été ajouté ici et à la fin de ce sermon par ceux qui avaient réglé qu'il serait lu le jour de la Nativité du Christ.

---

matre : quando genuit mater Filium, virgo genuit, non de viro. De Patre natus est sine initio : de matre natus est hodie certo initio. De Patre natus fecit nos : de matre natus refecit nos. De Patre natus est, ut essemus : de matre natus est, ne periremus. Genuit autem Pater æqualem sibi, et totum quidquid est Filius, habet de Patre. Quod autem Deus Pater est, non habet de Filio. Itaque dicimus Patrem Deum de nullo, Filium Deum de Deo. Propterea omne quod Filius facit mirabiliter, omne quod dicit veraciter, ei tribuit de quo est; nec esse potest aliud, quam ille de quo est. Adam factus est homo : potuit esse aliud, quam est factus. Factus est enim justus, et potuit esse injustus. Unigenitus autem Dei Filius, quod est, hoc mutari non potest : in aliud converti non potest, minui non potest, quod erat non esse non potest, non esse Patri æqualis non potest. Sed plane ille, qui omnia Filio dedit nascenti, dedit non indigenti; sine dubio et ipsam æqualitatem cum Patre Pater dedit Filio. Quomodo Pater dedit? numquid minorem genuit, et addidit illi ad formam, ut faceret æqualem? Si hoc fecisset, indigenti dedisset. Jam vero dixi vobis, quod firmissime tenere debetis, id est, totum quod est Filius Pater dedit, sed nascenti, non indigenti. Si nascenti dedit, non indigenti, et æqualitatem sine dubio dedit, et æqualitatem dando æqualem genuit. Et licet alius sit ille, alius iste ; non tamen aliud est ille, aliud iste ; sed quod ille, hoc et iste. Non qui ille, hic et iste : sed quod ille, hoc et iste.

Verus Filius Dei cur dictus Christus.—3. « Qui me misit, » inquit, audistis, « qui me misit, inquit, ipse mihi mandatum dedit quid dicam, et quid loquar : et scio quia mandatum ejus vita æterna est. » (*Joan.*, XII, 49, 50.) Joannis Evangelium est, tenete. « Qui me misit, ipse mihi mandatum dedit quid dicam, et quid loquar : et scio quia mandatum ejus

mandement est la vie éternelle. » Ah! si Dieu m'accordait d'exprimer ce que je veux dire! L'obstacle vient ici, pour moi, et de ma pauvreté et de sa richesse. « Il m'a prescrit lui-même, dit Jésus-Christ, ce que je dois dire et comment je dois parler, et je sais que son commandement est la vie éternelle. » Cherchez, dans l'épître de ce même évangéliste saint Jean, ce qu'il a dit du Christ. «Croyons, dit-il, en son vrai Fils, Jésus-Christ; c'est lui qui est le vrai Dieu et la vie éternelle. » (I *Jean*, v, 20.) Pourquoi dit-il : en son vrai Fils? Parce que Dieu a beaucoup d'autres fils ; il fallait donc donner pour celui-ci un signe distinctif, en ajoutant qu'il était son vrai Fils. Il ne suffisait pas de dire qu'il est son Fils, mais il fallait ajouter, comme je l'ai dit, qu'il est son vrai Fils, pour le distinguer de tous les autres enfants que Dieu a en si grand nombre. Nous sommes les enfants de Dieu par grâce, il l'est par nature. C'est par lui que le Père nous a créés; mais, pour lui, il est ce qu'est le Père; pouvons-nous dire que nous sommes ce qu'est Dieu?

Nul, à l'exception de Jésus-Christ, ne peut dire qu'il est un avec le Père. — 4. Mais voici qu'un arien (1) se jette à la traverse, et, sans savoir ce qu'il dit, nous fait cette objection : Le Sauveur a dit : « Mon Père et moi nous sommes un, » (*Jean*, x, 30) parce qu'ils ont une même volonté, mais non parce que la nature du Fils est la même que la nature du Père. C'est ainsi que les apôtres (ce n'est pas moi qui le dis, c'est l'arien qui continue) sont un avec le Père et le Fils; horrible blasphème! Oui, affirme-t-il, les apôtres sont un avec le Père et le Fils, parce qu'ils obéissent à la volonté du Père et du Fils. Comment a-t-il osé avancer une telle énormité? Alors que Paul dise aussi : Dieu et moi nous sommes un. Pierre, et tout prophète quel qu'il soit, peut dire : Dieu et moi nous sommes un. Mais non, tel n'est point leur langage, à Dieu ne plaise ! Ils savent que leur nature est tout autre, une nature qui a besoin d'être sauvée; ils savent que cette nature est toute différente, qu'elle a besoin d'être éclairée. Nul ne peut dire : Dieu et moi nous sommes un. Quelques progrès qu'un homme ait pu faire, quelle que soit l'éminence de sa sainteté, fût-il élevé au faîte même de la vertu, il ne pourra jamais dire : Dieu et moi nous sommes un; car s'il a vraiment de la vertu, cette prétention seule suffit pour lui faire perdre tout son mérite.

Egalité du Père avec le Fils. — 5. Croyez donc que le Fils est égal au Père, mais croyez en même temps que le Fils vient du Père et non le Père du Fils. Dans le Père est le principe, dans le Fils l'égalité. S'il n'était pas égal à son Père, il ne serait pas son vrai Fils. Quel est ici

---

(1) Maximin dans la conférence qu'il eut avec saint Augustin. Voir aussi livre II contre le même Maximin, chapitre XXII.

---

vita æterna est » O si donet, ut dicam quod volo! Facit enim mihi angustias inopia mea et copia illius. «Ipse, inquit, mandatum mihi dedit quid dicam, et quid loquar : et scio quia mandatum ejus vita æterna est. » Quare in Epistola Joannis hujus Evangelistæ quid de Christo dixit : « Credamus, inquit, in verum Filium ejus Jesum Christum. Ipse est verus Deus, et vita æterna. » (I *Joan.*, v, 20.) Quid est : Verus Deus, et vita æterna ? Verus Filius Dei, verus Deus est, et vita æterna. Quare dixit : in verum Filium ejus ? Quia multos filios habet Deus, propterea discernendus erat, addendo quod verus esset Filius. Non tantum dicendo quod est Filius ; sed addendo, ut dixi, quod est verus Filius : ideo discernendus erat, propter multos filios, quos habet Deus. Nos enim filii sumus gratia, ille natura. Nos facti a Patre per ipsum : ille quod Pater, hoc et ipse est : numquid quod Deus est, sumus et nos?

Unum se esse cum Patre nemo præter Christum dicere ausit. — 4. Sed quidam de transverso, nesciens quid loquatur ait : Propterea, dictum est : Ego et Pater unum sumus, quia habent inter se concordem voluntatem, non quia ipsa est natura Filii, quæ est natura Patris. (*Joan.*, x, 30.) Nam et Apostoli (et hoc ille dixit, non ego), nam et Apostoli unum sunt cum Patre et Filio. Horrenda blasphemia! Et Apostoli, inquit, unum sunt cum Patre et Filio, quia obediunt voluntati Patris et Filii. Hoccine ausus est dicere! Dicat ergo Paulus : Ego et Deus unum sumus. Dicat Petrus, dicat quilibet Propheta : Ego et Deus unum sumus. Non dicit : absit ut dicat. Novit se aliam esse naturam, salvandam naturam : novit se aliam esse naturam, illuminandam naturam. Nemo dicit : Ego et Deus unum sumus. Quantumcumque proficiat, quantumcumque sanctitate præpolleat, quantolibet culmine virtutis excellat, nunquam dicit : Ego et Deus unum sumus : quia si habet virtutem, et ideo hoc dicit; hoc dicendo, quod habebat, amisit.

Æqualitas Filii cum Patre. — 5. Æqualem ergo Patri credite Filium, sed tamen de Patre Filium, Patrem vero non de Filio. Origo apud illum, æqualitas apud istum. Nam si æqualis non est, verus filius

notre raisonnement, mes frères? S'il n'est pas l'égal du Père, il lui est inférieur; s'il lui est inférieur, je demande à cette nature qui a besoin d'être guérie, et dont la foi est pervertie, comment il a pu naître inférieur à son Père. Répondez-moi ; ce Fils, qui est inférieur à son Père, prend-il ou non de l'accroissement? S'il croît et grandit, le Père alors vieillit. Mais s'il doit rester ce qu'il était à sa naissance, dès lors qu'il est né inférieur à son Père, il restera son inférieur. Ainsi sa perfection sera pour lui un préjudice véritable, puisqu'étant né parfait sans avoir la nature du Père, il ne parviendra jamais à égaler la nature du Père. Est-ce donc ainsi, ô impies, que vous outragez le Fils? Est-ce ainsi, ô hérétiques, que vous l'accablez de vos blasphèmes? Qu'est-ce que la foi catholique enseigne? Dieu le Fils vient de Dieu le Père, mais Dieu le Père ne vient pas de Dieu le Fils; Dieu le Fils est toutefois égal au Père; il est né son égal, et non son inférieur; il n'a pas été fait son égal, il possède cette égalité en vertu de sa naissance. Ce qu'est le Père, le Fils qui est né de lui l'est également. Le Père a-t-il été un seul instant sans le Fils? Non, sans doute, et il faut supprimer toute locution de temps, là où il n'y a point de temps. Le Père a toujours existé, le Fils a toujours existé. Le Père n'a pas eu de commencement, le Fils est aussi sans commencement; jamais le Père n'a été avant le Fils, jamais le Père n'a été sans le Fils. Cependant, comme Dieu le Fils vient de Dieu le Père, et non pas Dieu le Père de Dieu le Fils, ayons pour agréable d'honorer le Fils dans le Père, car l'honneur du Fils tourne à la gloire du Père, mais sans amoindrir la divinité du Fils.

Le Verbe de Dieu est le commandement du Père. — 6. Je vous ai cité ces paroles en commençant : « Et je sais que son commandement est la vie éternelle. » (*Jean*, XII, 50.) Veuillez, mes frères, méditer ces paroles : « Je sais que son commandement est la vie éternelle. » Et saint Jean lui-même, en parlant du Christ, dit : « Il est le vrai Dieu et la vie éternelle. » (I *Jean*, v, 20.) Si le commandement du Père est la vie éternelle, et que Jésus-Christ son Fils soit la vie éternelle, le Fils est donc lui-même le commandement du Père. Comment ne serait-il pas le commandement du Père, puisqu'il est son Verbe? Mais si vous voulez entendre d'une manière charnelle le commandement que le Père donne au Fils, comme s'il lui disait : Voilà ce que je vous commande, voilà ce que je veux que vous fassiez; de quelles paroles s'est-il servi pour se faire entendre de son Verbe unique? Avait-il besoin de chercher des paroles pour intimer son commandement à son Verbe éternel? Donc, puisque le commandement du Père est la vie éternelle, et que le Fils est lui-même la vie éternelle, croyez et admettez cette vérité; croyez-la et vous la comprendrez, selon la promesse du prophète : « Si vous ne croyez point, vous ne

---

non est. Quid enim dicimus, Fratres? Si æqualis non est, minor est : si minor est, interrogo salvandam naturam male credentem, quomodo minor natus est. Responde : Minor crescit, an non? Si crescit, ergo et Pater senescit. Si autem quod natus est, hoc erit; si minor natus est, et minor erit : cum detrimento suo perfectus erit, cum detrimento formæ Patris perfectus natus, nunquam perventurus est ad formam Patris. Sic impii addicitis Filium : sic hæretici blasphematis Filium. Quid ergo Catholica fides dicit? Filius Deus de Patre Deo : Pater Deus non de Filio Deus. Sed Filius Deus æqualis Patri, æqualis natus, non minor natus; non æqualis factus, sed æqualis natus. Quod est ille, hoc et iste qui natus est. Aliquando fuit Pater sine Filio? Absit. Tolle aliquando, ubi tempus non est. Semper Pater, semper Filius. Sine initio temporis Pater, sine initio temporis Filius : nunquam Pater ante Filium, nunquam Pater sine Filio. Sed tamen quia Filius Deus de Deo Patre, Pater autem Deus, sed non de Deo Filio; non nobis displiceat honorificentia Filii in Patre. Honorificentia enim Filii Patri tribuit honorem, non suam minuit divinitatem.

Verbum Dei mandatum Patris. — 6. Quia ergo dicebam, quod proposueram : « Et scio, ait, quia mandatum ejus vita æterna est. » Intendite, Fratres, quod dico : « Scio quia mandatum ejus vita æterna est. » (*Joan.*, XII, 50.) Et legimus apud ipsum Joannem de Christo : Ipse est verus Deus, et vita æterna. (I *Joan.*, v, 20.) Si mandatum Patris vita æterna est, et Christus Filius ipse est vita æterna; mandatum Patris ipse Filius est. Quomodo enim non est mandatum Patris, quod est Verbum Patris? Aut si mandatum a Patre Filio datum carnaliter accipitis, tanquam dixerit Pater Filio : Hoc mando tibi, hoc illud volo facias : quibus verbis locutus est unico Verbo? Numquid quando mandatum dabat ad Verbum, verba quærebat? Quia ergo vita æterna est Patris mandatum, et ipse Filius est vita æterna, credite et accipite, credite et intelligite, quia Propheta dicit : Nisi credideritis,

pourrez comprendre. » (*Isaïe*, VII, 9.) Vous ne comprenez point, dilatez vos esprits et vos cœurs. Ecoutez le conseil de l'Apôtre : « Dilatez-vous, et ne traînez point le même joug que les infidèles. » (II *Cor.*, VI, 14.) Ceux qui refusent de croire cette vérité deviennent infidèles avant de la comprendre ; et, parce qu'ils ont voulu rester infidèles, ils demeureront dans l'ignorance. Qu'ils croient donc, s'ils veulent comprendre. Le commandement du Père est, sans aucun doute, la vie éternelle. Le commandement du Père est donc le Fils lui-même, dont nous célébrons aujourd'hui la naissance, le commandement qui n'a point été donné dans le temps, mais un commandement éternel comme sa naissance. L'évangile de saint Jean exerce nos esprits, il les purifie, il les dépouille de toute pensée charnelle, afin que nous n'ayons de Dieu que des idées toutes spirituelles. Nous vous en avons dit assez, mes frères ; une discussion prolongée pourrait produire le sommeil de l'oubli.

SERMON CXLI [1].

Sur ces paroles du chapitre XV de l'Evangile selon saint Jean : *Je suis la voie, la vérité et la vie.*

CHAPITRE PREMIER. — *Les philosophes de ce monde ont trouvé la vérité, sans trouver la voie qui y conduit.* — 1. Entre autres vérités, vous avez entendu, dans la lecture du saint Evangile, ces paroles du Seigneur Jésus : « Je suis la voie, la vérité et la vie. » (*Jean*, XIV, 6.) Tout homme désire la vérité et la vie, mais tout homme ne trouve point la voie qui peut y conduire. Que Dieu soit une vie éternelle et immuable, intelligible et intelligente, sage et source de toute sagesse, quelques philosophes de ce monde ont été jusqu'à le reconnaître. Ils ont vu cette vérité certaine, constante, invariable, qui renferme toutes les raisons des choses créées ; ils l'ont aperçue, mais de loin et du milieu des erreurs qui les environnent ; voilà pourquoi ils n'ont pu trouver la voie qui conduit à la possession de ce grand, de cet ineffable, de ce bienheureux héritage. En effet, qu'ils aient vu, autant qu'il est donné à l'homme de le voir, le Créateur par le moyen de la créature, l'ouvrier à travers son ouvrage, le grand architecte du monde à travers le monde même, c'est ce que nous atteste l'apôtre saint Paul, à la parole duquel doivent croire tous les chrétiens. Or, voilà ce qu'il dit en parlant de ces philosophes : « Là nous est révélée la colère de Dieu, qui éclatera du ciel contre toute l'impiété ; » vous reconnaissez le langage de l'Apôtre : « Là nous est révélée la colère de Dieu, qui éclatera du ciel

[1] Possidius a fait mention de ce sermon, ce nous semble, dans le chapitre VIII de sa Table, sous ce titre : « Sermon sur ces paroles de l'Evangile : Je suis la voie, la vérité et la vie, prononcé lorsque les païens entraient dans l'Eglise. » Florus l'a transcrit presque tout entier, dans son commentaire sur le chapitre I de l'épître aux Romains.

non intelligetis. (*Isai.*, VII, 9.) Non capitis? dilatamini. Apostolum audite : Dilatamini, ne sitis jugum ducentes cum infidelibus. (II *Cor.*, VI, 14.) Qui hoc nolunt credere, antequam capiant, infideles sunt. Quia vero infideles esse voluerunt, imperiti remanebunt. Credant ergo, ut intelligant. Prorsus mandatum Patris vita æterna est. Ergo mandatum Patris ipse Filius est, qui hodie natus est : mandatum non a tempore datum, sed mandatum natum. Exercet mentes Evangelium Joannis, limat et excarnat, ut de Deo non carnaliter, sed spiritaliter sapiamus. Sufficiant ergo ista, Fratres, vobis : ne in longitudine disputationis subrepat somnus oblivionis.

SERMO CXLI (a).

De verbis Evangelii Joan., XIV : *Ego sum via, et veritas, et vita.*

CAPUT PRIMUM. — *Veritas a Philosophis hujus sæculi inventa, non via.* — 1. Inter cætera, cum sanctum Evangelium legeretur, audistis quod ait Dominus Jesus. « Ego sum via, et veritas, et vita. » (*Joan.*, XIV, 6.) Veritatem et vitam omnis homo cupit : sed viam non omnis homo invenit. Deum esse quamdam vitam æternam, immutabilem, intelligibilem, intelligentem, sapientem, sapientes facientem, nonnulli etiam hujus sæculi philosophi viderunt. Veritatem fixam, stabilem, indeclinabilem, ubi sunt omnes rationes rerum omnium creatarum, viderunt quidem, sed de longinquo, viderunt, sed in errore positi : et idcirco ad eam tam magnam et ineffabilem et beatificam possessionem, qua via perveniretur, non invenerunt. Nam quia viderunt etiam ipsi (quantum videri ab homine potest), creatorem per creaturam, factorem per facturam, fabricatorem mundi per mundum, Paulus apostolus testis est, cui utique debent credere Christiani. Ait enim, cum de talibus loqueretur : « Revelatur ira Dei de cœlo super omnem impietatem. » Ista, sicut recognoscitis, Pauli apostoli verba sunt. « Revelatur ira Dei de cœlo super omnem im-

(a) Alias LV, de verbis Domini.

sur toute l'impiété, et l'injustice de ces hommes qui retiennent la vérité de Dieu dans l'iniquité. » (*Rom.*, i, 18, etc.) Dit-il que ces hommes ne possèdent point la vérité? Non, mais ils la retiennent dans l'iniquité; ce qu'ils possèdent est bon, mais le mal est de le garder de la sorte; ils retiennent la vérité de Dieu dans l'iniquité.

Comment ces philosophes ont pu trouver la vérité. — 2. Une question se présentait naturellement; Comment, pouvait-on demander à saint Paul : Les impies sont-ils en possession de la vérité? Dieu a-t-il adressé la parole à quelqu'un d'entre eux? Ont-ils reçu la loi comme le peuple d'Israël l'a reçue par le ministère de Moïse? Comment donc retiennent-ils la vérité, fût-ce même dans l'injustice?

CHAPITRE II. — Ecoutez ce qui suit; l'Apôtre va vous l'apprendre. « Ce que l'on peut connaître de Dieu, dit-il, Dieu même le leur a manifesté. » Il l'a manifesté à ceux à qui il n'a point donné la loi, et voici comment. « Les perfections invisibles de Dieu sont devenues visibles par tout ce qui a été fait. » Interrogez le monde, la magnifique parure du ciel, l'éclat et la marche régulière des astres, le soleil dont la lumière forme le jour, la lune qui nous console de son absence pendant la nuit; interrogez la terre, qui produit en abondance les plantes et les arbres, qui est couverte d'animaux, dont l'homme fait le plus bel ornement; interrogez la mer, pleine d'une multitude de poissons d'une grandeur considérable; interrogez les airs, qu'animent tant et de si grands oiseaux; interrogez toutes les créatures, et voyez si toutes ne répondent pas à leur manière : C'est Dieu qui nous a faits. De doctes philosophes ont ainsi interrogé l'univers, et l'œuvre leur a fait connaître l'artisan. Mais alors, comment la colère de Dieu se révèle-t-elle contre leur impiété? Parce qu'ils retiennent la vérité de Dieu dans l'injustice. Venez, grand Apôtre, et expliquez-nous ce mystère d'iniquité. Il nous a déjà dit comment ils sont en possession de la vérité. « Les perfections invisibles de Dieu sont devenues visibles par tout ce qui a été fait, aussi bien que son éternelle puissance et sa divinité, en sorte qu'ils sont inexcusables; parce qu'ayant connu Dieu, ils ne l'ont point glorifié comme Dieu, et ne lui ont point rendu grâces, mais ils se sont évanouis dans leurs pensées, et leur cœur insensé a été obscurci. » Ce sont les paroles de l'Apôtre et non les miennes. « Et leur cœur insensé a été obscurci; car ces hommes qui se disaient sages sont devenus fous. » Leur orgueil leur a fait perdre ce que leur curiosité avait trouvé. Ces hommes qui se disaient sages, c'est-à-dire qui s'attribuaient à eux-mêmes les dons de Dieu, sont devenus fous. Ce sont, je le ré-

---

pietatem et injustitiam hominum, qui veritatem in iniquitate detinent. » (*Rom.*, i, 18, etc.) Numquid dixit eos non detinere veritatem? Sed veritatem in iniquitate detinent. Bonum est quod tenent : sed malum est ubi tenent. Veritatem in iniquitate detinent.

Unde ab illis inventa veritas. — 2. Occurrebat autem, ut diceretur ei : Unde illi impii veritatem detinent? Numquid Deus ad quemquam eorum locutus est? Numquid legem acceperunt, sicut Israelitarum populus per Moisen? Unde ergo detinent veritatem, vel in ipsa iniquitate?

CAPUT II. — Audite quod sequitur, et ostendit. « Quia quod notum est Dei, inquit, manifestum est in illis : Deus enim illis manifestavit. » Manifestavit illis quibus legem non dedit? Audi quomodo manifestavit. Invisibilia enim ejus per ea quæ facta sunt intellecta conspiciuntur; sempiterna quoque ejus virtus et divinitas; ut sint inexcusabiles. Quia cum cognovissent Deum, non sicut Deum honorificaverunt, aut gratias egerunt, sed evanuerunt in cogitationibus suis, et obscuratum est insipiens cor eorum. Apostoli verba sunt, non mea : Et obscuratum est insipiens cor eorum; dicentes enim se esse sapientes, stulti facti sunt. » Quod curiositate invenerunt, superbia perdiderunt. Dicentes se esse sapientes, id est, donum Dei sibi tribuentes, stulti facti sunt. Verba, inquam, Apostoli

---

(a) Plerique Mss. *in omnibus exornatam.*

pète, les paroles de l'Apôtre : « Ces hommes qui se disaient sages sont devenus fous.

Chapitre III. — *Folie de ceux qui adorent les idoles.* — 3. Expliquez-nous, prouvez-nous leur folie, grand Apôtre; et ,de même que vous nous avez appris comment ils ont pu parvenir à la connaissance de Dieu, parce que les perfections invisibles de Dieu sont devenues visibles par tout ce qui a été fait, montrez-nous maintenant comment ces hommes, qui se disaient sages, sont devenus fous. Prêtez l'oreille à ce qui suit : « Ils ont changé, dit-il, la gloire du Dieu incorruptible en l'image de l'homme corruptible, en l'image d'oiseaux, de quadrupèdes et de serpents. » Des figures de ces animaux, les païens se sont fait des dieux. Quoi! vous avez trouvé Dieu, et vous adorez les idoles? Vous avez trouvé la vérité, et vous la retenez dans l'injustice? Ce que les œuvres de Dieu vous ont fait connaître, l'œuvre de l'homme vous le fait perdre? Vous avez considéré tout cet univers, vous avez découvert l'ordre admirable du ciel, de la terre, de la mer, et de tous les éléments, et vous ne voulez pas remarquer que le monde est l'œuvre de Dieu, et l'idole l'ouvrage d'un artisan? Si l'artisan pouvait donner à l'idole le sentiment, comme il lui donne la figure, l'idole se prosternerait à ses pieds pour l'adorer. De même, en effet, ô homme, que Dieu est l'ouvrier qui vous a fait, l'homme est l'artisan qui a fait l'idole. Quel est votre Dieu? Celui qui vous a fait. Quel est le Dieu de l'artisan? Celui qui lui a donné l'être. Quel est le dieu de l'idole? Celui qui l'a fabriquée. Si donc l'idole avait l'intelligence et le sentiment, n'est-il pas vrai qu'elle adorerait l'ouvrier qui l'a faite? Voilà donc comme ces philosophes ont retenu la vérité dans l'injustice, et n'ont point trouvé la voie qui conduit à la possession de cette vérité qu'ils avaient découverte.

Chapitre IV. — *Jésus-Christ est devenu la voie.* — 4. Or, Jésus-Christ est, dans le sein du Père, la vérité et la vie, le Verbe de Dieu dont il est dit : « La vie était la lumière des hommes. » (*Jean*, I, 4.) Mais c'est dans le sein du Père qu'il est la vérité et la vie, et, comme nous n'avons aucun moyen de parvenir à la vérité, le Fils de Dieu, qui est éternellement, dans le Père, la vérité et la vie, s'est fait homme pour devenir notre voie. Suivez la voie que nous ouvre son humanité, et vous parviendrez jusqu'à Dieu. C'est par lui que vous allez, c'est vers lui que vous vous dirigez. Ne cherchez point d'autre chemin que lui-même pour arriver jusqu'à lui. Je ne vous dis point : Cherchez la voie ; la voie elle-même est venue jusqu'à vous; levez-vous et marchez. Marchez par la pureté des mœurs, non par le mouvement des pieds. Il en est dont les pieds marchent très-bien, mais dont les mœurs vont mal. Quelquefois aussi ils marchent

---

sunt : Dicentes se esse sapientes, stulti facti sunt.
Caput III. — *Stultitia colentium idola.* — 3. Ostende, proba stultitiam ipsorum. Ostende, Apostole, et sicut ostendisti nobis unde potuerunt pervenire ad cognitionem Dei, quoniam invisibilia ejus per ea quæ facta sunt intellecta conspiciuntur : ita nunc ostende quomodo dicentes se esse sapientes, stulti facti sunt. Audi : Quia immutaverunt, ait, gloriam incorruptibilis Dei in similitudinem imaginis corruptibilis hominis, et volucrum, et quadrupedum, et serpentium. (*a*) Figuras enim istorum animalium, sibi deos Pagani fecerunt. Invenisti Deum, et colis idolum. Invenisti veritatem, et ipsam veritatem in injustitia detines. Et quod per Dei opera cognovisti, per opera hominis perdis. Totum considerasti, cœli, terræ, maris, elementorumque omnium ordinem collegisti: istud non vis attendere, quod mundus opus est Dei, idolum opus est fabri. Si faber idolo, sicut dedit figuram, daret et cor, ab ipso idolo faber adoraretur. Quomodo enim, o homo, faber tuus Deus est, sic homo idoli faber est. Quis est Deus tuus? Qui te fecit. Quis est Deus fabri? Qui illum fecit. Quis est Deus idoli ? Qui fecit illud. Ergo si idolum cor haberet, nonne fabrum adoraret qui illud fecit? Ecce in qua iniquitate veritatem tenuerunt, et ad possessionem illam quam viderunt, viam perducentem non invenerunt.

Caput IV. — *Christus factus via.* — 4. Christus autem, quia ipse est apud Patrem veritas et vita, Verbum Dei, de quo dictum est: Vita erat lux hominum : (*Joan.*, I, 4) quia ergo ipse est apud Patrem veritas et vita, et non habebamus qua iremus ad veritatem, Filius Dei qui semper in Patre veritas et vita est, assumendo hominem factus est via. Ambula per hominem, et pervenis ad Deum. Per ipsum vadis, ad ipsum vadis. Noli quærere qua ad illum venias, præter ipsum. Si enim via esse ipse noluisset, semper erraremus. Factus ergo est via qua venias. Non tibi dico : quære viam. Ipsa via ad te venit : surge et ambula. Ambula moribus, non pedibus. Multi enim bene ambulant

(*a*) Am. et aliquot Mss. *Figura*.

bien, mais ils courent en dehors de la voie. Vous trouverez, en effet, des hommes dont la vie semble ne laisser rien à désirer, et qui ne sont pas chrétiens. Ils courent bien, mais ils courent en dehors de la voie. Plus ils courent, plus ils s'égarent, parce qu'ils s'éloignent de la voie. Mais si ces mêmes hommes entraient une bonne fois dans la voie, s'ils y demeuraient, quelle sécurité pour eux, puisqu'en marchant dans la voie du bien ils ne craindraient plus de s'égarer! Si, au contraire, ils ne suivent point cette voie, qu'ils sont à plaindre de faire tant d'efforts en dehors de la voie! Car il vaut mieux marcher en boitant dans la voie, que de marcher d'un pas ferme en dehors de la voie. Nous en avons dit assez pour votre charité. Tournons-nous vers le Seigneur, etc.

SERMON CXLII [1].

Sur ces mêmes paroles du chapitre xiv *de l'Evangile selon saint Jean* : Je suis la voie, *etc.*

CHAPITRE PREMIER. — *Jésus-Christ est la voie que nous pouvons suivre en toute sûreté.* — 1. Les divines Ecritures relèvent notre courage contre le désespoir qui nous brise, et, en même temps, elles nous effrayent pour garantir notre âme du souffle empoisonné de l'orgueil. Mais il nous serait fort difficile de tenir le juste milieu, la voie véritable, la voie directe, entre le désespoir à gauche et la présomption à droite, si Jésus-Christ ne nous avait dit : « Je suis la voie, la vérité et la vie, » (*Jean*, xiv, 6) comme s'il disait : Par où voulez-vous aller? « Je suis la voie; » Où voulez-vous aller? « Je suis la vérité; » Où voulez-vous demeurer? « Je suis la vie. » Marchons donc dans la voie en toute sécurité, mais craignons les piéges qui sont tendus le long de la voie. L'ennemi n'ose pas nous dresser des embûches dans la voie même, parce que Jésus-Christ est cette voie; mais il ne cesse de nous tendre des piéges le long de la voie. C'est ce qui fait dire au Psalmiste : « Ils ont dressé près du chemin des piéges pour me faire tomber. » (*Ps.* cxxxix, 6.) Et nous lisons dans un autre livre de l'Ecriture : « Souvenez-vous que vous vous avancez au milieu des piéges. » (*Eccli.*, ix, 20.) Ces piéges, parmi lesquels nous marchons, ne sont pas dans la voie, mais près de la voie. Que redoutez-vous, que craignez-vous, si vous marchez dans la voie? Vous n'avez à craindre que si vous sortez de la voie. Et si Dieu permet à l'ennemi de tendre ses piéges le long du chemin, c'est afin que la sécurité qu'inspire la joie ne vous fasse point abandonner la voie et tomber dans ces piéges.

---

(1) Ce traité se trouve dans des manuscrits de deux sortes, et c'est ce qui explique, comment dans les anciennes éditions, il se trouve publié deux fois, premièrement en abrégé parmi les sermons sur les paroles du Seigneur; secondement d'une manière plus développée, et tel qu'il est ici, parmi les cinquante homélies.

---

pedibus, et male ambulant moribus. Aliquando enim ipsi bene ambulantes, præter viam (a) currunt. Invenies quippe homines bene viventes, et non Christianos. Bene currunt : sed in via non currunt. Quanto plus currunt, plus errant; quia a via recedunt. Si autem tales homines pervenient ad viam, et teneant viam, o quanta securitas est, quia et bene ambulant, et non errant. Si autem non tenent viam, quantumvis bene ambulent, heu quam dolendum est. Melius est enim in via claudicare, quam præter viam fortiter ambulare. Hæc satis sint Caritati Vestræ. Conversi ad Dominum, (b) etc.

SERMO CXLII (c).

De iisdem verbis Evangelii Joan., xiv : *Ego sum via, etc.*

CAPUT PRIMUM. — *Via tuta Christus.* — 1. Erigunt nos divinæ lectiones, ne desperatione frangamur : et rursus terrent, ne superbia ventilemur. Tenere autem viam mediam, (d) veram, rectam, tanquam inter sinistram desperationis et dexteram præsumptionis, difficillimum esset nobis, nisi Christus diceret : « Ego sum, inquit, via, et veritas, et vita. » (*Joan.*, xiv, 6.) Tanquam diceret : Qua vis ire? « Ego sum via. » Quo vis ire? Ego sum « veritas. » Ubi vis permanere? Ego sum « vita. » Securi ergo ambulemus in via : sed insidias timeamus juxta viam. Inimicus insidiari non audet in via; quia Christus est via : sed juxta viam plane non desinit. Unde et in Psalmo dicitur : Juxta semitas scandala posuerunt mihi. (*Psal.* cxxxix, 6.) Dicit et alia Scriptura : Memento quia in medio laqueorum ingrederis. (*Eccl.*, ix, 20.) Isti laquei inter quos ingredimur, non sunt in via : sed tamen sunt juxta viam. Quid formidas, quid metuis, si in via ambulas? Tunc time, si deseris viam. Nam ideo etiam permittitur inimicus ponere juxta viam laqueos, ne securitate exsultationis via deseratur, et in insidias incidatur.

(a) Plures Mss. *corruunt.* — (b) In plerisque Mss. clausula Sermonis hæc est : *Conversi ad Dominum, gratias agamus ei qui vivit et regnat in sæcula sæculorum.* — (c) Alias LIV, de verbis Domini, et XXXIV, ex hom. L. — (d) Colbertinus codex, *viam rectam.*

Jésus-Christ humble est notre voie. — 2. Cette voie, c'est Jésus-Christ dans son humilité. Jésus-Christ la vérité et la vie, c'est Jésus-Christ dans sa grandeur, dans sa divinité. Si vous marchez dans l'humilité, vous parviendrez à la grandeur. Si votre faiblesse ne dédaigne pas ses humiliations, vous demeurerez dans sa grandeur lorsque vous aurez recouvré la force.

Chapitre II. — *Comment l'âme se prostitue loin du Seigneur.* — Quelle est la cause des humiliations de Jésus-Christ? c'est votre faiblesse. Vous étiez en proie à une maladie incurable, et c'est pour vous guérir qu'un si grand médecin est descendu du ciel sur la terre. Si votre maladie vous avait permis du moins d'aller trouver votre médecin, votre mal eût paru tolérable. Mais vous étiez incapable d'aller jusqu'à lui; il est donc venu jusqu'à vous. Il est venu pour vous enseigner l'humilité qui nous ouvre la voie du retour, car l'orgueil ne nous permettait pas de revenir à la vie qu'il nous avait fait perdre. Le cœur humain s'était élevé contre Dieu; fier de la santé dont il jouissait, il a refusé d'observer les préceptes salutaires qui lui étaient donnés, et c'est ainsi que son âme est devenue malade. Qu'elle apprenne donc à écouter dans sa maladie Celui qu'elle a dédaigné d'écouter dans sa vigueur. Qu'elle l'écoute pour se relever, puisque son mépris a été la cause de sa chute. Que son expérience lui apprenne ce que la voix des préceptes n'a pu lui enseigner. Sa misère, en effet, ne lui apprend que trop quel malheur c'est pour elle de s'être prostituée loin de Dieu. Car, n'est-ce pas une véritable prostitution, que de se séparer du bien suprême et unique, pour se plonger dans la multitude des joies sensuelles, dans l'amour du siècle et dans la corruption des choses de la terre? Aussi, lorsque Dieu rappelle à lui cette âme corrompue, il la traite comme une prostituée, et c'est le nom qu'il lui donne dans les reproches qu'il lui adresse par son prophète. Il ne la regarde point cependant comme désespérée, parce que Celui qui lui reproche ses désordres a la puissance de l'en purifier.

Chapitre III. — *Reproches faits au pécheur pour le couvrir de confusion.* — 3. En effet, la fin qu'il se propose, en la reprenant de ses crimes, n'est point de l'insulter, mais de la couvrir d'une confusion salutaire qui amène sa guérison. Il n'épargne point, dans l'Ecriture, les reproches violents, et il ne flatte point les coupables, parce qu'il veut leur rendre et la santé et la force. « Ames adultères, leur dit-il, ne savez-vous pas que l'amour de ce monde est l'ennemi de Dieu? » (*Jacq.*, iv, 4.) L'amour du monde rend l'âme adultère, l'amour du Créateur du monde la rend

---

Via Christus humilis. — 2. Via Christus humilis : Christus veritas et vita, Christus excelsus et Deus. Si ambules in humili, pervenies ad excelsum. Si infirmus humilem non aspernaris, in excelso fortissimus permanebis.

Caput II. — *Fornicari a Domino.* — Quæ enim causa humilitatis Christi, nisi infirmitas tua? Valde enim et irremediabiliter te obsidebat infirmitas tua et hæc res fecit ut veniret ad te tantus medicus. Si enim vel sic ægrotares, ut tu posses ire ad medicum, poterat tolerabilis videri ipsa infirmitas. Sed quia tu ire non potuisti ad eum, ille venit ad te. Venit docens humilitatem, qua redeamus : quia superbia nos redire non sinebat (*a*) ad vitam ; et ipsa fecerat nos a vita recedere. Exaltatum enim humanum cor adversus Deum, et negligens in ipsa sanitate præcepta salutaria, decidit anima in infirmitatem : discat audire infirma (*b*) quem contempsit fortis. Audiat ut surgat, quem sprevit ut caderet. Audiat tandem experimento edocta, quod præcepto noluit obtinere. Docuit enim eam miseria sua, quid mali sit a Domino fornicari. Recedere enim ab illo simplici et singulari bono, in istam multitudinem voluptatum, in amorem sæculi corruptionemque terrenam, fornicari est a Domino. Et quodam modo fornicantem allocutus est, ut rediret : sæpissime per Prophetas increpat tanquam fornicariam, non tamen desperatam ; quia in manu habet etiam mundationem fornicariæ, qui increpat fornicariam.

Caput III. — *Objurgatio peccatoris, ut salubriter confundatur.* — 3. Non enim sic increpat, ut insultet : sed ad (*c*) confusionem vult perducere, ut sanet. Exclamavit Scriptura vehemente, nec palpavit adulando, quos voluit reparare sanando. Adulteri, nescitis, quia amicus hujus mundi inimicus Deo constitui-

---

(*a*) Sic editi et Mss. in classe Sermonum de verbis Domini. At in classe homiliarum L, editi Am. Er. et Mss. habent hoc modo, *nos redire non sinebat : quia et superbia fecerat recedere exaltatum humanum cor adversus Deum.* — (*b*) Am. Er. et Mss. in classe Serm. *de verbis Dom.* « illum quem contempsit incolumis. » Paulo que post iidem libri, « quod præcepto docta noluit obtinere. Docuit enim eam miseria sua, quam fecit negligentem felicitas, heu quid mali sit a Domino fornicari, de se præsumendo ; o quam bonum sit adhærere Domino, semper humile sentiendo. Recedere enim ab illo simplici et singulari bono, in istas multitudinem voluptates, et in amorem sæculi corruptionesque terrenas accedere, hoc est fornicari a Domino. Huic clamatur (*Jerem.*, iii, 3) : Facies fornicariæ facta est tibi, et impudenter facta es tota. Videmus nunc objurgationis consilium. Non enim sic increpat, ut insultet : sed ad confusionem vult perducere præsumptionem, ut sanet. Exclamavit Scriptura, » etc. — (*c*) Germanensis et Remigiensis Mss. *ad confessionem.* Sed minus bene.

chaste; mais si elle ne commence par rougir de sa corruption, elle ne peut même désirer revenir à ces chastes embrassements. La confusion doit être le principe de son retour, parce que son orgueil a été la cause de ses égarements. C'est donc l'orgueil qui la détournait de revenir à Dieu. Or, celui qui la reprend de ses crimes, loin d'en être coupable, lui en montre toute l'énormité. Il lui met sous les yeux ce que cette âme ne voulait pas voir, et il place devant elle ce qu'elle voulait rejeter derrière le dos. Ramenez vos regards sur vous-mêmes. « Pourquoi voyez-vous une paille dans l'œil de votre frère, et ne voyez-vous pas une poutre dans votre œil ? » (*Matth.*, VII, 3.) C'est ainsi que Dieu rappelle en elle-même cette âme qui en était sortie, et qui était aussi loin de son Dieu qu'elle l'était d'elle-même. Cette âme, en effet, s'étant regardée, s'était complu en elle-même, et s'était éprise de sa puissance. Elle s'éloigne de Dieu, mais sans rester en elle-même; elle est rejetée, repoussée hors d'elle-même, et tombe ainsi sur les objets extérieurs. Elle aime le monde, elle aime les biens du temps et les choses de la terre, elle, à qui il suffirait déjà de s'aimer elle-même, au mépris de son Créateur, pour s'amoindrir et se ravaler en aimant un bien d'un ordre si inférieur. En effet, elle est bien loin d'être ce qu'est

Dieu, et loin de toute la distance qui sépare la créature du Créateur. Il s'agissait donc pour elle d'aimer Dieu, et de l'aimer, s'il est possible, en s'oubliant elle-même. Comment peut s'opérer ce changement? L'âme s'est oubliée elle-même en aimant le monde; il faut qu'elle s'oublie encore, mais pour aimer le Créateur du monde. Une fois sortie d'elle-même, elle s'est perdue; elle a cessé de voir et de connaître ses actions; elle a justifié ses crimes, elle s'est laissée aller à tous ces excès de l'orgueil qu'inspirent la volupté effrénée, les honneurs, les dignités, les richesses, la vanité du pouvoir. Mais, dès qu'on lui adresse de sévères reproches et qu'on lui fait voir ce qu'elle est, elle se déplaît à elle-même, elle confesse sa laideur, désire recouvrer son ancienne beauté; et la confusion ramène ainsi à Dieu celle que la dissipation en avait éloignée.

CHAPITRE IV. — *Comment la haine du pécheur se réconcilie en Dieu avec l'amour qu'il a pour lui.* — 4. Or, est-ce contre cette âme ou en sa faveur qu'est faite cette prière : « Couvrez leurs visages de confusion ? » (*Ps.* LXXXII, 17.) On croirait voir ici un adversaire, un ennemi. Ecoutez la suite, et voyez si cette prière n'est pas celle d'un ami. « Couvrez, dit-il, leurs visages de confusion, et ils chercheront votre nom, Seigneur. » Il les haïssait, puisqu'il dé-

tur? (*Jacob.*, IV, 4.) Amor mundi adulterat animam, amor fabricatoris mundi castificat animam : sed nisi de corruptione erubuerit, ad amplexus illos castos redire non concupiscit. Confundatur ut redeat, quæ se jactabat ne rediret. Superbia ergo impediebat animæ reditum. Qui autem increpat, non facit peccatum, sed ostendit peccatum. Quod nolebat anima videre, ponitur ei ante oculos; et quod post deorsum habere cupiebat, ad faciem illi admovetur. Vide te, in te : « Quid vides stipulam in oculo fratris tui, trabem autem in oculo tuo non vides? » (*Matth.*, VII, 3.) Revocatur ad se anima, quæ ibat a se. Sicut a se ierat, sic a Domino suo ibat. Se enim respexerat, sibique placuerat, suæque potestatis amatrix facta fuerat. Recessit ab illo, et (*a*) non remansit in se : et a se repellitur, et a se excluditur, et in exteriora prolabitur. Amat mundum, amat temporalia, amat terrena : quæ si se ipsam amaret, neglecto a quo facta est, jam minus esset, jam deficeret amando quod minus est. Minus est enim ipsa quam Deus; et longe minus, tantoque minus, quanto minus est res facta quam factor. Ergo amandus (*b*) erat Deus; et amandus est Deus ita, ut si fieri potest, nos ipsos obliviscamur. Quis ergo est iste transitus? Oblita est anima se ipsam, sed amando mundum : (*c*) obliviscatur se, amando artificem mundi. Pulsa ergo et a se, quodam modo perdidit se, nec facta sua novit videre, justificat iniquitates suas : effertur et superbit in petulantia, in luxuria, in honoribus, in potestatibus, in divitiis, in potentia vanitatis. Arguitur, corripitur, ostenditur sibi, displicet sibi, confitetur fœditatem, desiderat pulchritudinem, et quæ ibat effusa, redit confusa.

CAPUT IV. — *Odium peccatoris cum ejus amore.* — 4. Contra illam videtur orare, an pro illa, qui dicit : Imple facies eorum ignominia? (*Psal.* LXXXII, 7.) Adversarius apparet, inimicus apparet. Audi quod sequitur, et vide utrum orare possit amicus. Imple, inquit, facies eorum ignominia, et quærent nomen tuum, Domine. Oderat eos, quorum facies ignominia

(*a*) In Mss. homilia um L, *et remansit in se.* Mox in aliis Mss. Sermonum *de verbis Dom.* Ideo *et a se pellitur :* quo modo etiam apud Am. et Er. ibidem. — (*b*) Am. Er. et Mss. in classe Serm. *de verb. Dom.* habent sic : *Ergo amandus est Deus pro amore ejus, ita ut,* etc., excepto Fossatensi libro in quo legitur : *Ergo amandus est Deus, ita ut si fieri potest, pro amore ejus,* etc. — (*c*) Sic omnes prope Mss. At editi in classe homil. L, *sed amando mundum oblita est se. Sed non amando artificem mundi pulsa est et a se. Pulsa ergo,* etc. Mss. Sermonum *de verbis Dom. Pulsa est ergo a se, quod amando perdidit se : et quia nec facta sua,* etc. Sic fere Am. et Er. ibidem.

sirait que leurs visages fussent couverts de confusion; mais voyez comme il les aime, puisqu'il veut qu'ils cherchent le nom du Seigneur. N'a-t-il pour eux que de l'amour ou que de la haine? ou bien l'amour se trouve-t-il joint à la haine? Oui, il y a tout à la fois chez lui de l'amour et de la haine; de la haine pour ce qui vient de vous, de l'amour pour vous. Qu'est-ce à dire, de la haine pour ce qui vient de vous? Dieu hait les œuvres que vous avez faites, mais il aime ce qu'il a fait lui-même. Quelles sont, en effet, vos œuvres? Ne sont-ce point vos péchés? Et qu'êtes-vous, sinon l'œuvre de Dieu qu'il a faite à son image et à sa ressemblance? Vous négligez en vous ce que Dieu y a fait, et vous aimez ce que vous avez fait vous-même. Vous aimez hors de vous vos propres œuvres, et vous dédaignez en vous l'œuvre de Dieu. Vous méritez donc de vous égarer, de tomber dans des précipices, de vous perdre loin de vous-même et de vous entendre appliquer ces paroles: « Vous êtes un esprit qui s'en va et ne revient plus. » (*Ps.* LXXVII, 39.) Ecoutez plutôt Celui qui vous appelle et vous dit: « Retournez à moi et je retournerai à vous. » (*Zach.*, I, 3.) En réalité, Dieu ne se détourne ni ne se retourne; il reste immuable lorsqu'il reprend et qu'il corrige. Il s'est détourné de vous, parce que vous vous êtes détourné de lui. Vous êtes tombé des hauteurs où vous étiez avec lui,

(1) Voyez le traité II sur l'Evangile de saint Jean, n° 8.

il ne s'est point lui-même séparé de vous (1). Ecoutez donc l'invitation qu'il vous adresse: « Retournez à moi et je retournerai à vous, » c'est-à-dire je me tourne vers vous, parce que vous vous tournez vers moi. Il poursuit de près les fuyards, et il éclaire le visage de ceux qui reviennent à lui. Où pouvez-vous fuir, en effet, en fuyant loin de Dieu? Où pouvez-vous fuir, en fuyant loin de Celui qui ne peut être limité par aucun lieu, et qui est présent partout? Il donne la liberté à celui qui revient à lui, et châtie celui qui s'en détourne. Si vous le fuyez, il est votre juge; il est votre père, si vous revenez à lui.

CHAPITRE V. — *Il faut guérir l'enflure de l'orgueil par le remède de l'humilité.* — 5. Le cœur de l'homme était gonflé d'orgueil, et cette enflure ne lui permettait pas d'entrer par la porte étroite. Or, Celui qui est devenu notre voie nous crie: « Entrez par la porte étroite. » (*Matth.*, VII, 13.) L'homme s'efforce d'entrer, l'enflure l'en empêche, et ses efforts sont d'autant plus dangereux, que l'enflure s'y oppose davantage. L'enflure, en effet, se trouve comprimée par ce passage étroit; plus elle est comprimée, plus son volume augmente, et alors quand pourra-t-elle entrer? Il faut donc que le pécheur travaille à diminuer cette enflure. Comment? En recevant le remède de l'humilité, en buvant la potion amère, mais salutaire de l'hu-

---

impleri cupiebat? Vide quemadmodum amat eos, quos vult quærere nomen Domini. Amat tantum, an odit tantum? an et odit et amat? Imo et odit et amat. Odit tua, amat te. Quid est: Odit tua, amat te? Odit quid fecisti, amat quod fecit Deus. Quæ sunt enim tua nisi peccata? Et quid es tu, nisi quod fecit Deus (*a*) hominem ad imaginem et similitudinem suam? Negligis quod factus es, diligis quod fecisti. Amas extra te opera tua, negligis in te opus Dei. Merito is, merito laberis, merito et a te ipso pergis: merito audis, Spiritus ambulans, et non revertens. (*Psal.* LXXVII, 39.) Audi potius vocantem, et dicentem: Convertimini ad me, et convertar ad vos. (*Zach.*, I, 3.) Non enim Deus avertitur, et convertitur: manens corripit, incommutabilis corripit. Aversus est, quia tu te avertisti. Tu ab illo fecisti casum, non ipse a te fecit occasum. Ergo audi dicentem tibi: Convertimini ad me, et convertar ad vos. Hoc est enim: convertor ad vos, quia convertimini ad me. Fugientis dorsa persequitur, faciem redeuntis illuminat. Quo enim fugies a Deo fugiens? Quo fugies fugiens ab illo qui nullo loco continetur, et nusquam absens est? Qui conversum liberat, punit aversum. Habes judicem fugiens, patrem habeto rediens.

CAPUT V. — *Tumor humilitatis medicamento sanandus.* — 5. Tumuerat autem superbia, et ipso tumore per angustam redire non poterat. Clamat ille qui factus est via: Intrate per angustam portam. (*Matth.*, VII, 13.) Conatur ingredi, impedit tumor: et tanto magis perniciose conatur, quanto magis impedit tumor. Tumidum enim (*b*) vexat angustia; vexatum autem amplius tumebit; amplius tumens quando intrabit? Ergo detumescat. (*c*) Unde detumescit? Accipiat humilitatis medicamentum: bibat contra tumorem poculum amarum, sed salubre; bibat poculum

(*a*) In Mss. Sermonum de verbis Domini: *deest, hominem ad imaginem et similitudinem suam.* — (*b*) Mss. homiliarum L. *Tumidum enim vexatum amplius tumebit; amplius tumens*, etc. — (*c*) Mss. Sermonum de verb. Dom. editique Am. et Er. iidem: *Ergo detumescat, si cupit ingredi. Unde autem detumescat?*

milité. Pourquoi se resserre-t-il, se met-il à la gène? Ce qui l'empêche d'entrer, c'est l'enflure, par son volume plutôt que par sa grandeur. La grandeur a toujours pour elle la solidité, l'enflure n'a que du gonflement. Que l'homme enflé d'orgueil cesse donc de se croire grand; qu'il perde cette enflure pour arriver à la vraie et solide grandeur. Qu'il ne désire point les biens de la terre, qu'il ne mette pas sa gloire dans l'ostentation des choses passagères et corruptibles, qu'il prête l'oreille à Celui qui lui dit : « Entrez par la porte étroite; » et encore : « Je suis la voie. » (*Jean*, XIV, 6.) Notre-Seigneur semble ici répondre à cette question de l'homme enflé d'orgueil : Par où entrerai-je ? « Je suis la voie, lui dit-il, entrez par moi; et vous ne pouvez marcher que par moi, si vous voulez entrer par la porte. » Le même, en effet, qui a dit : « Je suis la voie, » a dit aussi : « Je suis la porte. » (*Jean*, X, 7.) Pourquoi chercher par où passer, où revenir, par quelle porte entrer. Pour vous préserver de tout égarement, il s'est fait lui-même tout pour vous. Il vous dit en deux mots : Soyez humble, soyez doux. Ecoutez ces paroles d'une si grande clarté, et voyez où est la voie, quelle est cette voie, et où elle conduit. Où voulez-vous parvenir ? L'avarice vous inspire peut-être le désir de tout posséder : « Toutes choses, dit le Sauveur, m'ont été données par mon Père. » (*Matth.*, XI, 27.) Vous me direz peut-être : C'est à Jésus-Christ qu'elles ont été données, ce n'est pas à moi. Ecoutez la réponse de l'Apôtre, écoutez-la, comme je vous l'ai déjà dit, pour ne point vous laisser briser par le désespoir; écoutez comme Dieu vous a aimé, lorsque vous méritiez si peu de l'être; écoutez comme vous avez été aimé, lorsque vous étiez dans la laideur et l'ignominie du péché, avant qu'il découvrît en vous rien qui fût digne de son amour. Il vous a aimé le premier, pour que vous fussiez digne d'être aimé. En effet, « Jésus-Christ, dit l'Apôtre, est mort pour les impies. » (*Rom.*, V, 6.) Or, est-ce que l'impie méritait d'être aimé? Que méritait l'impie, je vous le demande? Il méritait d'être condamné, répondez-vous. Cependant Jésus-Christ est mort pour les impies. Voilà ce qu'il a fait pour les impies; que réservera-t-il pour les âmes pieuses? Jésus-Christ est mort pour les impies. Vous désiriez tout posséder; ne demandez point à l'avarice l'accomplissement de ce désir, demandez-le à la piété, demandez-le à l'humilité. En suivant cette voie, vous arriverez à tout posséder, car vous posséderez Celui par qui toutes choses ont été faites, et, avec lui, vous posséderez toutes choses.

CHAPITRE VI. — *Jésus-Christ, notre médecin, a bu la potion amère avant le malade.* — 6. Or, ce n'est point sur nos propres raisonnements que

---

militatis. Quid se arctat? Non sinit moles, non magna, sed tumida. Magnitudo enim soliditatem habet, tumor inflationem. Non sibi magnus tumidus videatur : detumescat, ut magnus sit, ut certus, ut solidus. Non ista desideret, non de ista pompa rerum labentium corruptibiliumque glorietur : audiat cum ipsum qui dixit : Intrate per angustam portam, dicentem : « Ego sum via. » (*Joan.*, XIV, 6.) Quasi enim quæreret tumidus : Qua intrabo ? « Ego sum via, » inquit, per me intra : non nisi per me ambulas, ut intres (*a*) per januam. Nam sicut dixit : « Ego sum via : » ita etiam : Ego sum janua. (*Joan.*, X, 7.) Quid quæris qua redeas, quo redeas, qua intres ? Ne alicubi erres, ipse tibi omnia factus est. Breviter ergo dicit : Humilis esto, mitis esto. Audiamus hoc apertissime dicentem, ut (*b*) videas qua sit via, quæ sit via, quo sit via. Quo vis venire? Certe forte avaritia omnia vis possidere. Omnia mihi tradita sunt a Patre meo, inquit. (*Matth.*, XI, 27.) Fortasse dicturus es : Christo sunt tradita, numquid mihi? Audi Apostolum dicentem : audi, ut dixi jamdudum, ne desperatione frangaris ; audi quomodo amatus es non amandus, audi quomodo amatus es turpis, fœdus, antequam esset in te quod amari dignum esset. Amatus es prius, ut dignus fieres qui amareris. « Etenim Christus, sicut ait Apostolus, pro impiis mortuus est. » (*Rom.*, V, 6.) An forte impius amari merebatur ? Quæro quid merebatur impius ? Damnari, respondes. Christus tamen pro impiis mortuus est. Ecce quid tibi præstitum est impio, jam pio quid servatur? Quid præstitum est impio ? « Christus pro impiis mortuus est. » Desiderabas autem omnia possidere : noli per avaritiam, per pietatem hoc quære, per humilitatem hoc quære. Si enim ita quæsieris, possidebis. Tenebis enim eum per quem facta sunt omnia, et cum ipso omnia possidebis. (*c*)

CAPUT VI. — *Christus medicus poculum prior ægroto bibit.* — 6. Non hæc nos quasi ratiocinando dicimus. Ipsum audi Apostolum dicentem : « Qui Filio proprio non pepercit, sed pro nobis omnibus tradidit illum :

(*a*) Mss. homiliarum L, *ut intres, parum est : 'Ego sum via. Intratur per januam : dixit etiam : Ego sum janva. Quid quæris*, etc. —
(*b*) Mss. Sermonum de verbis Dom. *videamus.* — (*c*) Hic Sermo desinit in Mss. Sermonum *de verbis Domini :* nec reliquum habetur nisi in codicibus homiliarum L.

nous appuyons cette doctrine. Ecoutez l'Apôtre qui vous dit : « Il n'a pas épargné son propre Fils, mais il l'a livré à la mort pour nous tous ; comment se pourrait-il qu'en nous le donnant il ne nous ait pas aussi donné toutes choses ? » (*Rom.*, VIII, 32.) Vous le voyez, ô avare, vous possédez toutes choses. Méprisez tout ce que vous aimez, afin d'être libre de vous attacher à Jésus-Christ, et possédez Celui qui vous assure la possession de tous les biens. Ce divin médecin, sans avoir nul besoin de remède, l'a pris cependant pour encourager le malade ; il a triomphé de ses résistances, et vaincu ses frayeurs, en buvant le premier cette potion amère. « Je dois boire ce calice, vous dit-il (*Matth.*, XX, 22), moi qui n'ai aucune maladie qu'il puisse guérir, afin que vous ne refusiez point de le boire, vous qui en avez tant besoin. » Voyez maintenant, mes frères, si le genre humain peut encore être malade, après avoir reçu un si puissant remède. Quoi ! un Dieu est humble, et l'homme est encore orgueilleux ? Qu'il écoute, qu'il apprenne enfin la doctrine du salut : « Toutes choses, dit le Sauveur, m'ont été données par mon Père. » (*Matth.*, XX, 27.) Désirez-vous posséder toutes choses ? vous les posséderez avec moi. Désirez-vous posséder le Père ? vous le posséderez en moi et par moi. « Nul ne connaît le Père, si ce n'est le Fils. » (*Ibid.*) Ne désespérez point, venez au Fils, car écoutez ce qu'il ajoute : « Et celui à qui le Fils aura voulu le révéler. » Vous disiez : Je ne puis. Vous m'appelez à marcher par un chemin trop resserré. Je ne puis entrer par cette ouverture étroite. « Venez à moi, vous dit-il, vous tous qui prenez de la peine et qui êtes chargés. » L'enflure de votre orgueil est pour vous un lourd fardeau. « Venez à moi, vous tous qui prenez de la peine et qui êtes chargés, et je vous soulagerai. Prenez mon joug sur vous, et apprenez de moi. » (*Ibid.*, 28.)

CHAPITRE VII. — *Jésus-Christ veut que nous apprenions de lui, non pas à opérer des merveilles, mais à devenir humbles.* — 7. Voilà ce que nous crie le Maître des anges, le Verbe de Dieu, dont se nourrissent, sans l'épuiser, toutes les intelligences raisonnables, aliment réparateur qui demeure toujours dans son entier. « Apprenez de moi, nous dit-il. » Que le peuple prête l'oreille au Maître, qui lui dit : « Apprenez de moi, » et qu'il lui réponde : Seigneur, que devons-nous apprendre de vous ? Le divin Maître veut nous enseigner, en effet, quelque grande leçon, en commençant par nous dire : « Apprenez de moi. » Quel est celui qui nous dit : « Apprenez de moi ? » Celui qui a formé la terre, qui a séparé l'aride de la mer, qui a créé les oiseaux, les animaux terrestres, ceux qui nagent dans les eaux ; celui qui a placé les astres dans le ciel, qui a établi la distinction du jour et de la nuit, qui a étendu et affermi le firma-

quomodo non et cum illo omnia nobis donavit ? » (*Rom.*, VIII, 32.) Avare, ecce habes omnia. Omnia quæ amas ut (*a*) non impediaris a Christo, contemne, et ipsum tene in quo possis omnia possidere. Ipse ergo medicus nihil tali indigens medicamento, tamen ut exhortaretur ægrotum, bibit quod opus ei non erat : tanquam recusantem alloquens, et trepidum erigens bibit prior. « Calicem, inquit, quem ego bibiturus sum : qui in me non habeo quod ab illo calice sanetur, bibiturus sum tamen, ne tu dedigneris bibere, cui opus est ut bibas. » (*Matth.*, XX, 22.) Jam videte, Fratres, si amplius ægrotare debet genus humanum accepta tanta medicina. Jam humilis Deus, et adhuc superbus homo ? Audiat, discat. Omnia mihi, inquit, tradita sunt a Patre meo. (*Matth.*, XI, 27.) Si desideras omnia, mecum habebis : si desideras Patrem, per me habebis, et in me habebis. Nemo cognoscit Patrem, nisi Filius. (*Ibid.*) Noli desperare : veni ad Filium. Audi quod sequitur : Et cui voluerit Filius revelare. Dicebas : Non possum. Per (*b*) angustum me vocas : non possum intrare per angustum. Venite, inquit, ad me omnes qui laboratis et onerati estis. Sarcina vobis tumor vester est. « Venite ad me omnes qui laboratis et onerati estis, et ego vos reficiam. Tollite jugum meum super vos, et discite a me. » (*Ibid.*, 28.)

CAPUT VII. — *Christus a se vult, non mirabilia facere, sed humiles esse discamus.* — 7. Clamat magister Angelorum, clamat Verbum Dei, quo rationales omnes mentes sine defectu pascuntur, cibus reficiens et integer permanens, clamat, et dicit : Discite a me. Exaudiat populus dicentem : Discite a me. Respondeat : Quid discimus a te ? A magno enim artifice nescio quid audituri sumus, cum dicit : Discite a me. Quis est qui dicit : Discite a me ? Qui formavit terram, qui divisit mare et aridam, qui creavit volatilia, qui creavit animalia terrena, qui creavit omnia natantia, qui posuit in cœlo sidera, qui distinxit diem et noctem, qui firmavit ipsum firmamentum, qui lucem a tenebris separavit, ipse dicit : Discite a me. Numquid forte hoc nobis dicturus est, ut ista cum illo

(*a*) Hic Germanensis et Remigiensis Mss. carent particula negativa. — (*b*) Mss. hoc et proximo loco, *per angustam*.

ment, et qui a séparé la lumière des ténèbres. Voilà celui qui nous dit : « Apprenez de moi. » Veut-il nous inviter par là à opérer avec lui ces mêmes merveilles? Qui de nous le pourrait? Dieu seul a cette puissance. Non, soyez sans crainte, nous dit-il, je ne veux point vous imposer un lourd fardeau. Apprenez de moi ce que je me suis fait pour vous. Apprenez de moi, nous dit-il, non pas à former les créatures auxquelles j'ai donné l'être, ni même ce que j'ai accordé, non pas à tous, mais à quelques-uns, à ressusciter les morts, à rendre la vue aux aveugles, l'ouïe aux sourds; ce n'est point là l'importante leçon que vous devez apprendre de moi. Les disciples revinrent un jour transportés de joie, et dirent au Sauveur : « Seigneur, les démons mêmes nous sont soumis en votre nom. » Et il leur répondit : « Ne vous réjouissez point de ce que les esprits vous sont soumis, mais réjouissez-vous plutôt de ce que vos noms sont écrits dans les cieux. » (*Luc*, x, 17.) Dieu a donc donné à qui il a voulu le pouvoir de chasser les démons, le pouvoir de ressusciter les morts. Ces miracles ont été opérés avant même l'incarnation du Seigneur; on a vu des morts ressuscités, des lépreux guéris; l'histoire nous l'atteste. (IV *Rois*, iv, 5.) Or, quel autre était alors l'auteur de ces prodiges? N'est-ce pas le Christ, qui s'est fait homme après David, mais qui était le Christ-Dieu avant Abraham? C'est lui qui était le dispensateur de ce pouvoir, c'est lui qui opérait ces merveilles par le moyen des hommes, mais il n'accordait point ce pouvoir à tous les hommes indistinctement. Or, ceux qui ne l'ont point reçu doivent-ils, pour cela, perdre toute espérance et dire qu'ils n'appartiennent pas à Jésus-Christ, parce qu'ils n'ont point mérité de recevoir de lui cette faveur? Le corps est composé de plusieurs membres, chacun de ces membres a une opération distincte. Dieu, en assemblant ces divers membres pour en faire un seul corps, n'a donné ni à l'oreille de voir, ni à l'œil d'entendre, ni au front de sentir, ni à la main de goûter; non, mais il a donné à tous les membres la santé, l'harmonie, l'union; il les a tous animés et unis de son souffle. Ainsi donc, parmi les hommes, il n'a point donné à ceux-ci le pouvoir de ressusciter les morts, à ceux-là le don d'enseigner; mais qu'a-t-il cependant donné à tous? « Apprenez de moi que je suis doux et humble de cœur. » Quel fruit reviendrait-il à l'homme de faire des miracles, s'il était orgueilleux, s'il n'avait ni l'humilité, ni la douceur du cœur? Ne devrait-on pas le mettre au nombre de ceux qui viendront dire au Sauveur, à la fin du monde : « N'avons-nous pas prophétisé en votre nom, et fait beaucoup de prodiges en votre nom? » Mais que leur répondra-t-il? « Je ne vous ai jamais connus; retirez-vous de moi, vous qui opérez l'iniquité. » (*Matth.*, vii, 22, 23.)

faciamus? Quis hoc potest? Solus Deus facit. Noli, inquit, timere, non te onero. Hoc a me disce, quod propter te factus sum. Discite a me, inquit, non formare creaturam, quæ per me facta est. Nec illa quidem dico discatis, quæ quibusdam donavi quibus volui, non omnibus, suscitare mortuos, illuminare cæcos, aperire aures surdorum : nec ista pro magno velitis discere a me. Gavisi discipuli et exsultantes redierunt, dicentes : « Ecce in nomine tuo et dæmonia nobis subjecta sunt. » Ait illis Dominus : «Nolite in hoc gaudere, quia dæmonia vobis subjecta sunt : gaudete potius, quia nomina vestra scripta sunt in cœlo. » (*Luc*, x, 17.) Quibus voluit donavit expellere dæmonia, donavit quibus voluit mortuos suscitare. Facta sunt hæc miracula et ante incarnationem Domini : suscitati sunt mortui, mundati sunt leprosi; legimus hæc. (IV *Reg.*, iv, 5.) Et quis fecit tunc, nisi ille qui postea homo Christus post David, sed Deus Christus ante Abraham? Ipse donavit hæc omnia, ipse per homines fecit : nec omnibus tamen hæc dedit. Numquid quibus non dedit desperare debent, et dicere se ad eum non pertinere, quia hæc dona accipere non meruerunt? In corpore membra sunt : aliud potest illud membrum, aliud illud. Compegit corpus Deus, non tribuit auri ut videat, nec oculo ut audiat, nec fronti ut olfaciat, nec manui ut gustet; non dedit hæc : sed omnibus membris sanitatem dedit, compagem dedit, unitatem dedit, spiritu omnia pariter vivificavit et univit. Sic ergo non dedit quibusdam mortuos suscitare, aliis non dedit disputare : omnibus tamen quid dedit? « Discite a me, quoniam mitis sum et humilis corde. » Quoniam audivimus dicentem : « Mitis sum et humilis corde; » Fratres mei, tota medicina nostra ista est : « Discite a me, quoniam mitis sum et humilis corde. » Quid prodest, si miracula faciat, et sit superbus, non sit mitis et humilis corde? Nonne in illo numero deputabitur eorum, qui venturi sunt in fine et dicturi: Nonne in nomine tuo prophetavimus, et in nomine tuo virtutes multas fecimus? Sed quid audient? «Non novi vos. Recedite a me omnes qui operamini iniquitatem.» (*Matth.*, vii, 22.)

CHAPITRE VIII. — *La charité sans enflure.* — 8. Qu'est-il donc utile pour nous d'apprendre? « Apprenez, dit-il, que je suis doux et humble de cœur. » Il veut faire entrer dans notre âme la charité la plus vraie, sans mélange, sans enflure, sans hauteur, sans artifice; voilà ce que veut nous inspirer Celui qui nous dit : « Apprenez de moi que je suis doux et humble de cœur. » Comment un homme superbe et enflé d'orgueil pourrait-il avoir cette charité si pure? Il est nécessairement dominé par l'envie. Or, dira-t-on que l'envieux aime véritablement, et sommes-nous dans l'erreur en soutenant le contraire? Non, à Dieu ne plaise que quelqu'un se trompe à ce point, de prétendre que l'envieux peut avoir la charité. Quelle est donc ici la doctrine de l'Apôtre? « La charité, dit-il, n'est point envieuse. (I *Cor.*, XIII, 4.) Pourquoi n'est-elle pas envieuse? « Elle ne s'enfle pas. » Il indique aussitôt la raison pour laquelle la charité n'est pas envieuse : c'est parce qu'elle ne s'enfle pas d'orgueil, qu'elle n'est pas envieuse. Il a commencé par dire : « La charité n'est pas envieuse, » et, comme si vous lui demandiez : Pourquoi n'est-elle pas envieuse? il ajoute aussitôt : « Elle ne s'enfle pas. » Si donc l'envie est la suite de l'enflure du cœur, faites disparaître cette enflure, l'envie disparaît également. Si la charité n'est point envieuse, par là même qu'elle ne s'enfle point d'orgueil, Notre-Seigneur nous enseigne évidemment la charité, en nous disant : « Apprenez de moi que je suis doux et humble de cœur. » (*Matth.*, XI, 29.)

Sans la charité, les autres dons de Dieu ne servent de rien. — 9. Que chacun maintenant possède tout ce qu'il veut, qu'il se vante comme il lui plaît de tous les avantages qu'il croit avoir : « Quand même, dit l'Apôtre, je parlerais les langues des anges et des hommes, si je n'ai point la charité, je suis comme un airain sonnant et une cymbale retentissante. » (I *Cor.*, XIII, 1, etc.) Quel don plus sublime que celui de parler diverses langues? Sans la charité, c'est un airain sonnant, une cymbale retentissante. Poursuivez les autres dons : « Quand je pénétrerais tous les mystères. » Quoi de plus élevé, quoi de plus magnifique? Continuez encore : « Quand j'aurais le don de prophétie et toute la foi possible jusqu'à transporter les montagnes, si je n'ai point la charité, je ne suis rien. » Il arrive enfin à quelque chose de plus grand encore, mes frères. Qu'est-ce donc? « Quand je distribuerais tous mes biens aux pauvres. » Que peut-on imaginer de plus parfait? En effet, n'est-ce pas le conseil de perfection que Notre-Seigneur donne à ce riche, lorsqu'il lui dit : « Si vous voulez être parfait, allez, vendez tout ce que vous avez, et donnez-le aux pauvres. » (*Matth.*, XIX, 22.) On est donc parfait dès qu'on a vendu tous ses biens, et qu'on en a distribué le prix aux

---

CAPUT VIII — *Caritas sine inflatione.* — 8. Quid ergo prodest ut discamus? « Quoniam mitis sum, inquit, et humilis corde. » Caritatem inserit, et germanissimam caritatem, sine confusione, sine inflatione, sine elatione, sine fallacia : hoc inserit qui dicit : « Discite a me, quoniam mitis sum et humilis corde. » Quando potest habere sincerissimam caritatem superbus et inflatus? Necesse est ut invideat. An forte qui invidet, amat, et nos erramus? Absit, ut quisquam sic erret, ut invidum dicat habere caritatem. Ergo quid dicit Apostolus? Caritas non æmulatur; (I *Cor.*, XIII, 4.) Quare non æmulatur? Non inflatur; causam statim subjecit, unde abstulerit æmulationem caritati. Quia non inflatur, non æmulatur. Primo quidem illud dixit : Caritas non æmulatur; sed quasi tu quæreres : Quare non æmulatur? addidit : Non inflatur. Si ergo ideo æmulatur, quia inflatur : si non inflatur, non æmulatur. Si caritas non inflatur, et ideo non æmulatur; caritatem inserit qui ait : Discite a me, quoniam mitis sum et humilis corde. (*Matth.*, XI, 29.)

Sine caritate non prosunt alia Dei munera. — 9. Jam quilibet habeat quod vult, jactet se unde vult. Si linguis hominum loquar et Angelorum, caritatem autem non habeam, factus sum ut æramentum sonans aut cymbalum tinniens. (I *Cor.*, XIII, 1.) Quid sublimius munere linguarum diversarum? Æramentum est, cymbalum tinniens est, si auferas caritatem. Audi alia munera : Si sciam omnia sacramenta. Quid excellentius? quid magnificentius? Audi adhuc aliud : Si habeam omnem prophetiam et omnem fidem, ita ut montes transferam, caritatem autem non habeam, nihil sum. Accessit ad ampliora, Fratres. Quid aliud dixit? Si distribuam omnia mea pauperibus. Quid potest fieri perfectius? Quando quidem diviti propter perfectionem hoc Dominus imperavit, dicens : Si vis esse perfectus, vade, vende omnia quæ habes, et da pauperibus. (*Matth.*, XIX, 21.) Jam ergo perfectus est, quia vendidit omnia sua, et dedit pauperibus? (a) Non : ideo addidit : Et veni, sequere

(a) Sic Mss. Editi vero : *Nam ideo addidit.*

pauvres? Non; aussi Notre-Seigneur ajoute : « Puis venez, et suivez-moi. » Vendez tout ce que vous avez, dit-il, donnez-le aux pauvres, puis venez et suivez-moi. » Pourquoi faut-il que je vous suive, Seigneur? Ne me suffit-il point, pour être parfait, d'avoir vendu tous mes biens et d'en avoir distribué le prix aux pauvres? Qu'est-il encore besoin que je vous suive ? Suivez-moi, pour apprendre de moi que je suis doux et humble de cœur. On peut vendre tous ses biens, et en distribuer le prix aux pauvres, sans être pour cela doux et humble de cœur. Oui, cela peut très-bien arriver. « Si cependant j'ai distribué tous mes biens aux pauvres? » Ecoutez encore. Quelques disciples avaient quitté tout ce qu'ils avaient, et s'étaient mis à la suite du Seigneur, mais sans le suivre dans la perfection ; car le suivre parfaitement, c'est l'imiter, et ils ne furent point capables de supporter l'épreuve de sa passion. Pierre, mes frères, était du nombre de ceux qui avaient tout abandonné pour suivre le Seigneur. En effet, lorsque ce riche s'éloigna tout triste, et que les apôtres demandèrent, dans leur trouble, au Seigneur, qui les consola, quel est celui qui pourrait devenir parfait, ils lui dirent : « Voilà que nous avons tout quitté et que nous vous avons suivi, que sera-t-il donc de nous ? » (*Ibid.*, 27.) Et le Seigneur leur fit connaître ce qu'il leur réservait dans l'autre vie. Pierre était donc du nombre de ceux qui avaient fait ces sacrifices. Mais cependant lorsque le temps de la passion fut venu, Pierre, à la voix d'une simple servante, renia Celui avec lequel il avait promis de mourir.

CHAPITRE IX. — *C'est par l'imitation de Jésus-Christ que l'on parvient à la perfection et à la charité.* — 10. Que votre charité soit donc ici attentive à ces paroles : « Allez, dit le Sauveur, vendez tout ce que vous avez, donnez-en le prix aux pauvres, et vous aurez un trésor dans le ciel ; puis venez et suivez-moi. » Pierre est parfait, maintenant que le Seigneur est assis dans le ciel à la droite du Père, sa perfection est arrivée à sa maturité. Lors donc qu'il suivait le Seigneur dans sa passion, il n'était pas encore parfait ; mais dès que celui qu'il suivait ne fut plus sur la terre, il devint parfait. Que dis-je? Vous avez toujours devant vous un modèle à suivre. Le Seigneur vous a laissé un modèle sur la terre en vous laissant l'Evangile, dans lequel il est avec vous. Aussi ne nous a-t-il point trompés, lorsqu'il a dit : « Voici que je suis avec vous jusqu'à la consommation des siècles. » (*Matth.*, XXVIII, 20.) Suivez donc le Seigneur. Et comment suivrez-vous le Seigneur ? En l'imitant. En quoi consiste cette imitation? « Apprenez de moi que je suis doux et humble de cœur. » Car, quand même je distribuerais tous

---

me. Vende omnia, inquit, da pauperibus, et veni, sequere me. Quare te sequor? Jam venditis omnibus, distributis pauperibus, nonne perfectus sum? quid opus est ut te sequar? Sequere me, ut discas, quoniam mitis sum et humilis corde. Potest enim quisquam vendere omnia sua, et dare pauperibus, nondum mitis, nondum humilis corde? Certe potest. Si enim omnia mea distribuero pauperibus. Et adhuc audi. Nam quidam relictis omnibus quæ haberent, jam secuti Dominum, sed nondum ad perfectum secuti (ad perfectum enim sequi, est imitari), non potuerunt ferre tentationem passionis. Jam Petrus, Fratres, ex his erat qui dimiserant omnia, et secuti erant Dominum. Nam divite illo cum tristitia recedente, ubi conturbati discipuli interrogaverunt quo quis tandem posset esse perfectus, et eos consolatus est Dominus, dixerant Domino : « Ecce nos dimisimus omnia, et secuti sumus te, quid ergo nobis erit? » (*Ibid.*, 27.) Et dixit Dominus, quid eis hic daret, quid in futurum reservaret. Tamen iste jam ex eorum numero erat, qui hæc fecerant. At ubi ventum est ad articulum passionis, ad vocem unius ancillæ ter negavit eum, cum quo se moriturum esse promiserat.

CAPUT IX. — *Ad perfectionem et ad caritatem imitatione Christi pervenitur.* — 10. Intendat ergo Caritas Vestra : Vade, inquit, omnia tua vende, da pauperibus, et habebis thesaurum in cœlo, sequere me. Perfectus est Petrus, jam Domino in cœlo sedente ad dexteram Patris, tunc perfectus est et maturus factus. Ad passionem ergo cum sequeretur Dominum, non erat perfectus : at ubi cœpit non esse in terra quem potuerunt, tunc perfectus est. Imo vero semper ante te habes quem sequaris : Dominus exemplum in terra posuit, (a) cum Evangelium tibi reliquit, in Evangelio tecum est. Non enim mentitus est, dicens : Ecce ego vobiscum sum omnibus diebus, usque ad consummationem sæculi. (*Matth.*, XXVIII, 20.) Ergo sequere Dominum. Quid est : Sequere Dominum? Imitare Dominum. Quid est : Imitare Dominum? « Discite a me, quoniam mitis sum et humilis corde. » Quia si distribuero omnia mea pauperibus, et tradi-

(a) Mss. *Evangelium ubi reliquit.*

mes biens aux pauvres, et que je livrerais mon corps pour être brûlé, si je n'ai point la charité, cela ne me sert de rien. » C'est donc à la charité que j'exhorte votre charité, et je ne le ferais pas, si vous n'aviez déjà quelque charité. Achevez donc, je vous y engage, ce que vous avez entrepris, et conduisez à la perfection, je vous en prie, ce que vous avez commencé. Priez aussi pour moi, je vous en conjure, afin que je pratique moi-même dans la perfection ce que je vous enseigne. Car tous ici nous sommes bien imparfaits, et nous ne serons parfaits que dans le séjour même de la perfection. « Mes frères, dit l'Apôtre aux Philippiens, je ne pense point être encore arrivé au but. » (*Philipp.*, III, 13.) Et il en donne plus haut la raison : « Non que j'aie déjà atteint jusque-là ou que je sois parfait. » (*Ibid.*, 12.) Et un homme, quel qu'il fût, oserait se vanter d'être parfait? Confessons bien plutôt que nous sommes imparfaits, pour mériter de parvenir à la perfection.

SERMON CXLIII.

Sur ces paroles du chapitre XVI de l'Evangile selon saint Jean : *Je vous dis la vérité, il vous est bon que je m'en aille*, etc.

CHAPITRE PREMIER. — *La foi en Jésus-Christ est nécessaire pour la justification.* — 1. Le remède à toutes les blessures de l'âme et l'unique propitiation pour les péchés des hommes est la foi en Jésus-Christ. Nul, quel qu'il soit, ne peut être purifié soit de la faute originelle, qu'il a contractée en Adam, dans la personne duquel tous ont péché et sont devenus, par nature, des enfants de colère ; soit des péchés qu'ils ont ajoutés en ne résistant point à la concupiscence de la chair, en cédant à ses suggestions, en subissant l'esclavage de tous les crimes et de toutes les infamies qu'elle inspire, s'ils ne sont unis étroitement, par la foi, au corps de Celui qui a été conçu sans aucun attrait de la chair, sans aucune délectation coupable, que sa mère a nourri sans péché dans son sein (*Ps.* L, 7), qui n'a commis lui-même aucun péché, et dans la bouche duquel le mensonge ne s'est pas trouvé. (I *Pierre*, II, 22.) En effet, ceux qui croient en lui deviennent enfants de Dieu, parce qu'ils puisent en Dieu une nouvelle naissance, par la grâce de l'adoption que leur donne la foi en Notre-Seigneur Jésus-Christ. Aussi, mes très-chers frères, Notre-Seigneur et Sauveur ne parle ici que d'un seul péché, dont l'Esprit saint convaincra le monde : celui de ne pas croire en lui. « Je vous déclare la vérité, dit-il à ses disciples ; il vous est bon que je m'en aille, car si je ne m'en vais point, le Consolateur ne viendra point à vous ; mais si je m'en vais, je vous l'en-

dero corpus meum ut ardeam, caritatem autem non habeam, nihil mihi prodest. Exhortor ergo Caritatem Vestram ad ipsam caritatem : non autem exhortarer ad caritatem, nisi aliqua caritate. Quod ergo inchoatum est, exhortor ut impleatur ; et quod cœptum est, rogo ut perficiatur. Et pro me a vobis rogari quæso, ut et in me perficiatur quod vos moneo. Omnes enim imperfecti sumus, et ibi perficiemur ubi perfecta sunt omnia. Paulus apostolus dicit : Fratres, ego me non arbitror apprehendisse. (*Philip.*, III, 13.) Ipse dicit : Non quia jam acceperim, aut jam perfectus sim. (*Ibid.*, 12.) Et quisquam hominum se audet de perfectione jactare? Imo confiteamur imperfectionem, ut mereamur perfectionem.

SERMO CXLIII [a].

De verbis Evangelii Joan., XVI : *Ego veritatem dico vobis, expedit vobis ut ego vadam*, etc.

CAPUT PRIMUM. — *Fides in Christum ad justificationem necessaria.* — 1. Medicina omnium animæ vulnerum, et una propitiatio pro delictis hominum est, credere in Christum : nec omnino quisquam mundari potest, sive ab originali peccato, quod ex Adam traxit, in quo omnes peccaverunt, et filii iræ naturaliter facti sunt ; sive a peccatis quæ ipsi non resistendo carnali concupiscentiæ, sed eam sequendo, eique serviendo in flagitiis et facinoribus, addiderunt, nisi per fidem coadunentur et compaginentur corpori ejus, qui sine ulla illecebra carnali et mortifera delectatione conceptus est, nec eum in delictis mater in utero aluit (*Psal.* L, 7), et peccatum non fecit, nec inventus est dolus in ore ejus. (I *Petr.*, II, 22.) In eum quippe credentes, filii Dei fiunt ; quia ex Deo nascuntur per adoptionis gratiam, quæ est in fide Jesu Christi Domini nostri. Quapropter, Carissimi, merito idem Dominus et Salvator noster hoc unum peccatum dicit, de quo arguit mundum Spiritus sanctus, quia non credit in eum. « Ego, inquit, veritatem dico vobis, expedit vobis ut ego vadam. Si enim ego non abiero, Paraclitus non veniet ad vos : si autem abiero, mittam eum ad vos. Et cum venerit

(a) Alias LX, de verbis Domini.

verrai. Et lorsqu'il sera venu, il convaincra le monde en ce qui touche le péché, et la justice et le jugement : le péché, parce qu'ils n'ont pas cru en moi ; la justice, parce que je vais à mon Père, et vous ne me verrez plus ; et le jugement, parce que le prince de ce monde est déjà jugé. » (*Jean*, XVI, 7-11.)

CHAPITRE II. — *Pourquoi le monde n'est-il convaincu que du seul péché de ne pas croire en Jésus-Christ.* — 2. Le seul péché dont il a voulu que le monde fût convaincu est donc celui de ne pas croire en lui. Puisque la foi en lui efface tous les péchés, il était juste qu'il n'imputât d'autre péché que celui qui s'oppose à la rémission de tous les autres. Ajoutons que c'est par la foi qu'ils ont en lui que les hommes naissent de Dieu, et deviennent enfants de Dieu. « Il a donné, dit saint Jean, le pouvoir de devenir enfants de Dieu à ceux qui croient en lui. » (*Jean*, I, 12.) Celui donc qui croit au Fils de Dieu ne pèche plus en tant qu'il s'attache à lui, et qu'il devient, par l'adoption, le fils et l'héritier de Dieu, et le cohéritier de Jésus-Christ. C'est ce qui fait dire à saint Jean : « Celui qui est né de Dieu ne pèche point. » (I *Jean*, III, 9.) Et c'est aussi pour cette raison que le seul péché dont le monde est convaincu, c'est de ne point croire en lui. C'est de ce même péché dont il a dit ailleurs : « Si je n'étais pas venu, et que je ne leur eusse point parlé, ils n'auraient point de péché. » (*Jean*, XV, 22.) N'étaient-ils donc pas coupables d'une multitude d'autres péchés? Oui mais à l'avènement du Sauveur, ceux qui ne crurent pas en lui ajoutèrent à leurs autres péchés ce péché d'incrédulité, qui fut un obstacle à la rémission de tous les autres, tandis que ce même péché ne s'étant point trouvé dans ceux qui crurent en lui, tous les autres leur furent pardonnés. Et c'est la seule raison qui explique ces paroles de saint Paul : « Tous ont péché et ont besoin de la gloire de Dieu ; » (*Rom.*, III, 23) « tous ceux qui croiront en lui ne seront point confondus, » (*Rom.*, IX, 33) selon cette promesse du Psalmiste : « Approchez-vous de lui et vous serez éclairés, et la confusion ne couvrira point votre visage. » (*Ps.* XXXIII, 6.) Celui donc qui se glorifie en lui-même sera confondu, car il ne sera point trouvé sans péché. Celui-là seul évitera la confusion, qui mettra sa gloire dans le Seigneur. Car tous ont péché et ont besoin de la gloire de Dieu. Aussi, lorsque le même Apôtre parle de l'incrédulité des Juifs, il ne dit pas : Si quelques-uns d'entre eux ont péché, est-ce que leur péché anéantira la fidélité de Dieu ? Comment aurait-il pu s'exprimer de la sorte : Si quelques-uns ont péché, après avoir dit : « Tous ont péché ? » Il dit donc : « Si quelques-uns d'entre eux n'ont pas cru, leur infidélité anéantira-t-elle la fidélité de Dieu ? » (*Rom.*, III, 3.) On ne peut parler, d'une manière plus expresse, de ce seul péché qui ferme la porte de

---

ille, arguet mundum de peccato, et de justitia, et de judicio. De peccato quidem, quia non crediderunt in me : de justitia vero, quia ad Patrem vado, et jam non videbitis me : de judicio autem, quia princeps hujus mundi judicatus est. » (*Joan.*, XVI, 7-11.)

CAPUT II. — *Peccatum infidelitatis in Christum cur solum arguitur.* — 2. De hoc ergo uno peccato voluit mundum argui, quod non credunt in eum : videlicet quia in eum credendo cuncta peccata solvuntur, hoc unum imputari voluit, quo cætera colligantur. Et quia credendo nascuntur ex Deo, et filii Dei fiunt : « Dedit enim, inquit, illis potestatem filios Dei fieri, credentibus in eum. » (*Joan.*, I, 12.) Qui ergo credit in Filium Dei, inquantum adhæret illi, et fit etiam ipse per adoptionem filius et hæres Dei, cohæres autem Christi, intantum non peccat. Unde dicit Joannes : Qui natus est ex Deo, non peccat. (I *Joan.*, III, 9.) Et ideo peccatum unde mundus arguitur hoc est, quod non credunt in eum. Hoc est peccatum de quo itidem dicit : Si non venissem, peccatum non haberent. (*Joan.*, XV, 22.) Numquid enim alia innumerabilia peccata non habebant ? Sed adventu ejus hoc unum peccatum accessit non credentibus, quo cætera tenerentur. In credentibus autem quia hoc unum defuit, factum est ut cuncta dimitterentur credentibus. Nec ob aliud apostolus Paulus : Omnes, inquit, peccaverunt, et egent gloria Dei (*Rom.*, III, 23) ; ut qui crediderit in eum, non confundatur (*Rom.*, IX, 33) : sicut et Psalmus dicit : « Accedite ad eum, et illuminamini, et vultus vestri non confundentur. » (*Psal.* XXXIII, 6.) Qui ergo in se gloriatur, confundetur : non enim sine peccatis invenietur. Ille itaque tantummodo non confundetur, qui in Domino gloriatur. « Omnes enim peccaverunt, et egent gloria Dei. » Itaque cum de Judæorum infidelitate loqueretur, non ait : Etenim si quidam illorum peccaverunt, numquid peccatum eorum fidem Dei evacuabit ? Quomodo enim diceret : Si quidam illorum peccaverunt ; cum ipse dixerit : Omnes enim peccaverunt ? Sed ait : « Si quidam illorum non crediderunt, numquid incredulitas eorum fidem Dei evacuabit ? » (*Rom.*, III, 3.) Ut hoc peccatum expressius demonstraret, quo uno claudi-

la rémission pour tous les autres, et empêche la grâce de Dieu de nous les pardonner.

Chapitre III. — *L'Esprit saint est le grand don que Dieu a fait aux hommes après l'ascension de Jésus-Christ.* — 3. C'est donc de ce seul péché que le monde est convaincu par l'avénement de l'Esprit saint, c'est-à-dire par le don de la grâce de Dieu qui est communiqué aux fidèles, et c'est le sens de ces paroles du Sauveur : « En ce qui touche le péché, parce qu'ils n'ont pas cru en moi. » Or, le mérite et le bonheur de ceux qui ont cru n'auraient pas été bien grands, si Notre-Seigneur avait toujours apparu aux regards de l'homme dans son corps ressuscité. C'est donc par un effet de cette grâce précieuse, que l'Esprit saint a répandue dans l'âme des fidèles, que Celui qu'ils ne pouvaient voir des yeux du corps est devenu l'objet des soupirs de leur âme, libre des convoitises de la chair et enivrée de désirs tout spirituels. Aussi, lorsque ce disciple, qui avait déclaré qu'il ne croirait point à moins qu'il n'eût touché de sa main les cicatrices des plaies du Sauveur, eut touché son corps et se fut écrié, comme sortant d'un profond sommeil : « Mon Seigneur et mon Dieu, » le Seigneur lui dit : « Vous avez cru parce que vous avez vu ; heureux ceux qui n'ont point vu et qui ont cru ! » (*Jean*, xx, 29.) L'Esprit saint, l'Esprit consolateur nous a donc procuré ce bonheur, qu'en dérobant aux yeux du corps la forme de serviteur que le Fils de Dieu avait prise dans le sein d'une vierge, il permit au regard purifié de notre âme de s'élever jusqu'à la nature de Dieu, dans laquelle il est resté égal à Dieu son Père, alors même qu'il a daigné se manifester à nous dans une chair mortelle. Aussi, sous l'inspiration de cet Esprit dont son âme est remplie, l'Apôtre dit : « Si nous avons connu Jésus-Christ selon la chair, nous ne le connaissons plus maintenant. » (II *Cor.*, v, 16.) On ne connaît plus alors la chair de Jésus-Christ selon la chair, mais selon l'Esprit, lorsqu'on reconnaît la puissance de sa résurrection, non point par suite d'une curiosité qui veut des preuves matérielles, mais par l'effet d'une foi ferme et certaine. On ne dit plus alors dans son cœur : « Qui pourra monter au ciel ? c'est-à-dire pour en faire descendre le Christ ; ou : Qui descendra dans l'abîme de la terre ? c'est-à-dire pour rappeler le Christ d'entre les morts. » Mais on dit avec l'Ecriture : « La parole est près de vous, elle est dans votre bouche, c'est que Jésus est le Seigneur ; et, si vous croyez en votre cœur que Dieu l'a ressuscité d'entre les morts, vous serez sauvé ; car il faut croire de cœur pour obtenir la justice, et confesser de bouche pour obtenir le salut. » (*Rom.*, x, 6, etc.) Ce sont, mes frères, les paroles de l'Apôtre, versant sur nous les flots de la sainte ivresse de l'Esprit saint.

Chapitre IV. — *La justice de la foi nous est donnée par l'Esprit saint après l'ascension de*

---

tur adversus cætera, nec per Dei gratiam relaxentur.

Caput III. — *Spiritus sancti magnum munus post Christi ascensionem.* — 3. De quo uno peccato per adventum Spiritus sancti, hoc est, per donum ipsius gratiæ quod fidelibus datur, mundus arguitur, dicente Domino : « De peccato quidem, quia non crediderunt in me. Non autem esset meritum grande credentium et beatitudo gloriosa, si semper Dominus in resuscitato corpore humanis oculis appareret. Spiritus ergo sanctus hoc magnum munus attulit credituris, ut cum quem carnalibus oculis non viderent, a carnalibus cupiditatibus mente sobria et spiritalibus desideriis ebria suspirarent. Unde et ille discipulus, qui ne quod ei dixerat non crediturum, nisi cicatrices ejus manu tetigisset, cum contrectato corpore Domini quasi evigilans exclamasset : Dominus meus et Deus meus ; ait illi Dominus : Quia vidisti me, credidisti ; beati qui non viderunt et crediderunt. (*Joan.*, xx, 29.) Hanc beatitudinem Spiritus sanctus paraclitus attulit, ut ab oculis carnis servi forma remota, quam de virginis utero accepit, in ipsam Dei formam, in qua Patri æqualis etiam cum in carne apparere dignatus est permansit, purgata mentis acies tenderetur : ut eodem Spiritu repletus Apostolus diceret : Etsi noveramus Christum secundum carnem, sed nunc jam non novimus. (II *Cor.*, v, 16.) Quia et carnem Christi non secundum carnem, sed secundum spiritum novit, qui virtutem resurrectionis ejus, non palpando curiosus, sed credendo certus agnoscit : non dicens in corde suo : « Quis ascendit in cœlum ? » hoc est Christum deducere ; aut : « Quis descendit in abyssum ? » hoc est Christum a mortuis reducere. « Sed prope est, inquit, verbum in ore tuo, quia Dominus est Jesus : et si credideris in corde tuo, quia Deus illum suscitavit a mortuis, salvus eris. Corde enim creditur ad justitiam, ore autem confessio fit ad salutem. » (*Rom.*, x, 6, etc.) Hæc, Fratres, Apostoli verba sunt, ipsius sancti Spiritus sancta ebrietate ructuantis.

Caput IV. — *Justitia fidei a Spiritu sancto post re-*

Notre-Seigneur. — 4. Donc, puisque ce bonheur qui nous fait croire sans avoir vu ne peut nous être donné que par l'Esprit saint, Notre-Seigneur a eu raison de dire : « Il vous est bon que je m'en aille ; car si je ne m'en vais point, le Consolateur ne viendra point à vous ; mais si je m'en vais, je vous l'enverrai. » Il est toujours avec nous par sa divinité ; mais s'il n'éloignait de nos yeux sa présence corporelle, nous verrions toujours son corps d'une manière sensible, et nous ne croirions jamais en lui spirituellement, de cette foi qui nous justifie, qui nous rend heureux, et qui nous mérite de contempler d'un cœur pur le Verbe de Dieu dans le sein de Dieu, le Verbe par qui toutes choses ont été faites, et qui s'est fait chair pour habiter parmi nous. Si donc ce n'est point en touchant de la main, mais en croyant de cœur qu'on est justifié, c'est avec raison que le monde est convaincu par notre justice, puisqu'il ne veut croire que ce qu'il voit. Or, c'est pour nous communiquer cette justice de la foi, qui deviendrait la condamnation du monde incrédule, que Notre-Seigneur dit : « Il convaincra le monde en ce qui touche la justice, parce que je vais à mon Père, et que vous ne me verrez plus. » C'est comme s'il disait : Votre justice sera de croire en moi, votre Médiateur, en moi que vous saurez, à n'en pouvoir douter, être remonté vers mon Père après ma résurrection, bien que vous ne me voyiez pas des yeux du corps ; et, ainsi réconciliés par moi, vous pourrez contempler Dieu des yeux de l'esprit. Aussi, lorsque cette femme, qui était la figure de l'Eglise, se jette à ses pieds pour les embrasser après sa résurrection, il lui dit : « Ne me touchez point, car je ne suis pas encore monté vers mon Père ; » *(Jean,* xx, 17) paroles mystérieuses dont voici le sens : Ne croyez pas en moi d'une foi toute charnelle, qui repose sur le témoignage des sens ; mais vous croirez en moi spirituellement, c'est-à-dire d'une foi toute spirituelle, lorsque je serai remonté vers mon Père ; heureux, en effet, ceux qui croient sans avoir vu !

Chapitre V. — *L'incrédulité du monde est inexcusable.* — Telle est la justice de la foi que le monde n'a point, et dont il est convaincu par nous qui l'avons, parce que le juste vit de la foi. *(Habac.,* ii, 4.) C'est donc parce qu'étant ressuscités en Jésus-Christ, et montant avec lui jusqu'à son Père, nous recevons la perfection invisible de la justice ; ou bien, parce qu'en croyant en lui sans avoir vu, nous vivons de la foi, qui est la vie du juste, que le Sauveur a dit : « Il convaincra le monde en ce qui touche la justice, parce que je m'en vais à mon Père, et que vous ne me verrez plus. »

5. Et que le monde ne donne point ici pour

---

cessum Christi. — 4. Cum ergo hanc beatitudinem, qua non videmus et credimus, nullo modo haberemus, nisi eam a Spiritu sancto acciperimus, merito dictum est : « Expedit vos, ut ego vadam. Si enim non abiero, Paraclitus non veniet ad vos : si autem abiero, mittam illum ad vos. » Semper quidem divinitate nobiscum est : sed nisi corporaliter abiret a nobis, semper ejus corpus carnaliter videremus, et nunquam spiritualiter crederemus ; qua fide justificati et beatificati, idipsum Verbum Deum apud Deum, per quod facta sunt omnia, et quod caro factum est, ut habitaret in nobis, corde mundato contemplari mereremur. Et (*a*) si non manu tangendo, sed corde creditur ad justitiam ; recte de justitia nostra mundus arguitur, qui non vult credere nisi quod videt. Ut autem nos haberemus justitiam fidei, de qua mundus argueretur incredulus, propterea Dominus ait : « De justitia, quia ad Patrem vado, et jam non videbitis me. » Tanquam diceret : Hæc erit justitia vestra, ut credatis in me mediatorem, quem resuscitatum ad Patrem isse (*b*) certissime habebitis, quamvis eum carnaliter non videatis ; ut per ipsum reconciliati, Deum spiritualiter videre possitis. Unde figuram Ecclesiæ gestanti mulieri, cum ei post resurrectionem ad pedes caderet : Noli me tangere, inquit : nondum enim ascendi ad Patrem. *(Joan.,* xx, 17.) Quod mystice dictum intelligitur. Noli me per corporeum contactum carnaliter credere : spiritualiter autem credes, id est, fide spiritali me tanges, cum ascendero ad Patrem. Quia beati qui non vident, et credunt.

Caput V. — *Inexcusabilis infidelitas mundi.* — Et hæc est justitia fidei, qua mundus caret, de nobis qui ea non caremus, arguitur : quia justus ex fide vivit. *(Habac.,* ii, 4.) Sive ergo quia in illo resurgentes, et in illo ad Patrem venientes invisibiliter et in justificatione perficimur ; sive quia non videntes et credentes ex fide vivimus, quoniam justus ex fide vivit *(Rom.,* i, 17) : propterea dixit : « De justitia, quia ad Patrem vado, et jam non videbitis me. »

5. Nec inde se mundus excuset, quod a diabolo impeditur, ne credat in Christum. Credentibus enim

(*a*) Ita Mss. Editi vero : *Et sic.* — (*b*) Mss. *certissimum habebitis.*

excuse que c'est le démon qui l'empêche de croire en Jésus-Christ; car, pour ceux qui croient, le prince de ce monde a été jeté dehors (*Jean*, XII, 31), et il a perdu sur les cœurs des hommes, dont Jésus-Christ s'est rendu maître par la foi, le pouvoir d'action qu'il exerce encore sur les enfants de rebellion, qu'il excite trop souvent à tenter et à persécuter les justes. Depuis qu'il a été chassé dehors, à la tyrannie qu'il exerçait au dedans il a fait succéder la lutte extérieure. Ainsi donc, bien que le Seigneur fasse servir ses persécutions à diriger dans la justice ceux qui sont humbles (*Ps.* XXIV, 9), cependant, par cela seul qu'il a été chassé dehors, il est déjà jugé. Or, c'est ce jugement qui sert encore à convaincre le monde. Quel droit, en effet, le monde, qui ne veut point croire en Jésus-Christ, a-t-il de se plaindre du démon, puisque depuis qu'il est jugé, c'est-à-dire chassé dehors, et ne pouvant nous livrer, pour nous exercer utilement, que des attaques extérieures, nous voyons non-seulement des hommes, mais des femmes, mais des enfants et des jeunes filles, remporter sur lui, par le martyre, une éclatante victoire? Or, qui les a rendus vainqueurs? N'est-ce pas Celui en qui ils ont cru, qu'ils ont aimé sans le voir, et dont le légitime empire a banni de leurs cœurs la plus affreuse tyrannie? Et tout cela s'est fait par la grâce, c'est-à-dire par le don de l'Esprit saint. C'est donc avec raison que ce même Esprit accuse, convainc le monde, « et de péché, » parce qu'il ne croit point en Jésus-Christ; « et en ce qui touche la justice; » car tous ceux qui l'ont voulu ont cru, sans voir celui en qui ils croyaient, et ils ont espéré que sa résurrection leur donnerait une nouvelle perfection dans leur propre résurrection; « et en ce qui touche le jugement, » car s'ils avaient voulu croire eux-mêmes, personne ne les en aurait empêchés, « parce que le prince de ce monde est déjà jugé. »

SERMON CXLIV [1].

Sur ces mêmes paroles du chapitre XVI de l'Evangile selon saint Jean : *Il convaincra le monde en ce qui touche le péché, la justice et le jugement.*

CHAPITRE PREMIER. — *Pourquoi le péché d'incrédulité est-il le seul qui soit ici condamné.* — 1. Parmi les enseignements multipliés que Notre-Seigneur et Sauveur Jésus-Christ adresse à ses disciples, sur la venue de l'Esprit saint, qu'il promettait de leur envoyer et qu'il leur envoya en effet, il dit entre autres choses : « Il convaincra le monde en ce qui touche le péché, la justice et le jugement. » (*Jean*, XVI, 8.) Et, après ce simple exposé, il ne passe pas aussitôt à un autre sujet, mais il daigne expliquer un

---

(1) Dans le chapitre VIII de la Table de Possidius, on trouve ce titre : Sur ces paroles : *Il convaincra le monde*, etc, titre qui convient parfaitement à ce sermon qui est cité aussi par Florus dans son commentaire sur le chapitre III de l'épître aux Galates.

---

princeps mundi mittitur foras, ut jam non operetur in cordibus hominum, quos Christus per fidem cœperit possidere (*Joan.*, XII, 31); sicut operatur in filiis diffidentiæ, quos ad tentandos et tribulandos justos plerumque concitat. (*Ephes.*, II, 2.) Quia enim missus est foras, qui intrinsecus dominabatur, extrinsecus præliatur. Etsi ergo per ejus persecutiones Dominus dirigit mites in judicio; tamen jam ipse hoc ipso quo foras missus est, judicatus est. Et de hoc judicio mundus arguitur: quia frustra de diabolo queritur, qui non vult credere in Christum, quem judicatum, id est, foras missum, et propter nostram exercitationem forinsecus oppugnare permissum, non solum viri, sed etiam mulieres, et pueri, et puellæ martyres vicerunt. Sed in quo vicerunt, nisi in illo in quem crediderunt, et quem non videntes dilexerunt, et quo dominante in cordibus suis pessimo dominatore caruerunt? Et hoc totum per gratiam, hoc est, per donum Spiritus sancti. Recte itaque idem Spiritus arguit mundum, et « de peccato, » quia non credit in Christum : « et de justitia, » quia qui voluerunt crediderunt, quamvis in quem crediderunt non viderunt; et per ejus resurrectionem se quoque in resurrectione perfici speraverunt : « et de judicio, » quia ipsi si vellent credere, a nullo impedirentur, « quoniam princeps hujus mundi jam judicatus est. »

SERMO CXLIV [a].

De verbis eisdem Evangelii Joan., XVI : *Ipse arguet mundum de peccato, de justitia, et de judicio.*

CAPUT PRIMUM. — *Peccatum incredulitatis cur solum arguitur.* — 1. Cum Dominus et Salvator noster Jesus Christus de adventu Spiritus sancti, quem se missurum esse promisit et misit, multa diceret; ait inter cætera : « Ipse arguet mundum de peccato, et de justitia, et de judicio. » (*Joan.*, XVI, 8.) Neque hoc cum dixisset, sermonem trajecit in aliud : sed ipsa

---

(a) Alias LXI, de verbis Domini.

peu plus clairement sa pensée : « Le péché, parce qu'il n'ont pas cru en moi; la justice, parce que je m'en vais à mon Père; le jugement, parce que le prince de ce monde est déjà jugé. » (*Ibid.*, 9-11.) Ces paroles font naître en nous le désir de savoir pourquoi Notre-Seigneur dit que l'Esprit saint convaincra le monde du péché de ne point croire en lui, comme s'il était le seul dont les hommes pussent se rendre coupables. Mais s'il est évident qu'ils peuvent en commettre beaucoup d'autres, pourquoi l'Esprit saint n'accuse-t-il le monde que de ce seul péché? Serait-ce parce que tous les péchés sont comme retenus par l'incrédulité, et remis par la foi, que Dieu impute ce seul péché comme à l'exclusion des autres, parce qu'il est un obstacle à la rémission de ces autres péchés dans l'homme orgueilleux, qui ne veut point croire à un Dieu humilié? En effet, il est écrit : « Dieu résiste aux superbes et il donne sa grâce aux humbles. » (*Prov.*, III, 34; *Jacq.*, IV, 6.) Car la grâce de Dieu est un don de Dieu. Or, l'Esprit saint est le don par excellence, et c'est pour cela qu'on lui donne le nom de grâce. On l'appelle grâce, c'est-à-dire gratuitement donné, parce que tous les hommes avaient péché et avaient besoin de la gloire de Dieu (*Rom.*, III, 23); car le péché est entré dans ce monde par un seul homme, et par le péché la mort par ce seul homme, en qui tous ont péché. (*Ibid.*, v, 12.) La grâce est donc gratuitement donnée, non pas comme la récompense qui vient après l'examen des mérites, mais comme un don qui suit le pardon des péchés.

CHAPITRE II. — *Il y a une différence entre croire Jésus-Christ et croire en Jésus-Christ.* — 2. L'Esprit saint accuse donc de péché les infidèles, c'est-à-dire les amateurs du monde, qui sont souvent désignés sous le nom du monde. Or, lorsque Notre-Seigneur dit : « Il convaincra le monde de péché, » il ne parle que du péché de ne pas croire en Jésus-Christ. C'est que, en effet, si ce péché n'existe pas, tous les autres péchés sont effacés, parce que tous les péchés sont pardonnés au juste qui vit de la foi. Mais il y a une grande différence entre croire que Jésus est le Christ, et croire en Jésus-Christ. Les démons eux-mêmes ont cru que Jésus est le Christ, mais ils n'ont pas cru en Jésus-Christ. Croire en Jésus-Christ, c'est en même temps espérer en Jésus-Christ, c'est aimer Jésus-Christ. Celui qui a la foi, mais sans l'espérance et la charité, croit à l'existence du Christ, mais ne croit pas en lui. Celui donc qui croit en Jésus-Christ attire, par cette foi, Jésus-Christ dans son cœur; il s'unit intimement à lui, et devient le membre de son corps, ce qui ne peut se faire, si l'espérance et la charité ne viennent s'ajouter à la foi.

Quelle est cette justice dont l'Esprit saint

---

aliquanto expressius insinuare dignatus est. « De peccato, quidem, inquit, quia non crediderunt in me : de justitia autem, quia ad Patrem vado : de judicio vero, quia princeps hujus mundi jam judicatus est. » (*Ibid.*, 9-11.) Oboritur ergo nobis intelligendi desiderium, cur peccatum hominum quasi solum esset, non credere in Christum, ita de hoc solo dixit, quod mundum Spiritus sanctus argueret : si autem manifestum est præter hanc infidelitatem alia multa hominum esse peccata, cur de hoc solo mundum Spiritus sanctus arguat. An quia peccata omnia per infidelitatem tenentur, per fidem dimittuntur; propterea hoc unum præ cæteris imputat Deus, per quod fit ut cætera non solvantur, dum non credit in humilem Deum homo superbus? Sic enim scriptum est : Deus superbis resistit, humilibus autem dat gratiam. (*Prov.*, III, 34.) Gratia quippe Dei, donum Dei est. Donum autem maximum ipse Spiritus sanctus est (*Jac.*, IV, 6); et ideo gratia dicitur. Cum enim omnes peccassent, et egerent gloria Dei (*Rom.*, III, 23); quia per unum hominem peccatum intravit in mundum, et per peccatum mors, in quo omnes peccaverunt (*Ibid.*, v, 12) : ideo gratia, quia gratis datur. Ideo gratis datur, quia non quasi merces redditur post discussionem meritorum, sed donum datur post veniam delictorum.

CAPUT II. — *Credere Christum, et credere in Christum differunt.* — 2. De peccato igitur arguuntur infideles, id est, dilectores mundi : nam ipsi significantur mundi nomine. Cum enim dicitur : « Arguet mundum de peccato; » non alio quam quod non crediderunt in Christum. Hoc denique peccatum si non sit, nulla peccata remanebunt, quia justo ex fide vivente cuncta solvuntur. Sed multum interest, utrum quisque credat ipsum esse Christum, et utrum credat in Christum. Nam ipsum esse Christum et dæmones crediderunt, nec tamen in Christum dæmones crediderunt. Ille enim credit in Christum, qui et sperat in Christum et diligit Christum. Nam si fidem habet sine spe ac sine dilectione, Christum esse credit, non in Christum credit. Qui ergo in Christum credit, credendo in Christum, venit in eum Christus, et quodam modo unitur in eum, et membrum in corpore ejus efficitur. Quod fieri non potest, nisi et spes accedat et caritas.

Justitia de qua arguitur mundus. — 3. Quid sibi

convainc le monde. — 3. Que veulent dire aussi ces paroles : « En ce qui touche la justice, parce que je m'en vais à mon Père ? » Et d'abord, puisque le monde est convaincu et accusé de péché, comment peut-il être en même temps accusé en ce qui touche la justice ? Qui peut être justement accusé de justice. Dirons-nous que le monde est convaincu en ce qui touche son propre péché et la justice de Jésus-Christ ? Je ne vois pas quel autre sens donner à ces paroles, d'autant plus que le Sauveur dit : « En ce qui touche le péché, parce qu'ils n'ont pas cru en moi; en ce qui touche la justice, parce que je m'en vais vers mon Père. » C'est le monde qui n'a pas cru, et c'est lui qui retourne vers son Père. Pour eux donc le péché, à lui la justice. Mais pourquoi ne fait-il consister la justice que dans son retour vers son Père ? Est-ce que cette même justice ne l'a pas fait descendre du sein de son Père sur la terre ? Ou plutôt, n'est-ce pas la miséricorde qui l'a fait venir de son Père jusqu'à nous, et la justice qui le fait remonter vers son Père ?

CHAPITRE III. — *Pourquoi le retour de Jésus-Christ vers son Père est-il un acte de justice.* — 4. Je crois, mes frères, en présence de cette profondeur étonnante des saintes Écritures, qui renferment peut-être quelque vérité mystérieuse dont l'explication peut nous être utile, qu'il nous est avantageux de chercher ensemble avec foi, pour mériter de trouver cette vérité salutaire. Pourquoi donc le Sauveur appelle-t-il un acte de justice de retourner vers son Père, plutôt que d'être venu du sein de son Père parmi nous ? Dira-t-on que c'est parce que la miséricorde l'a fait descendre sur la terre, que la justice le fait remonter vers son Père ? Et voulait-il nous apprendre par là que la justice ne peut atteindre en nous sa perfection, si nous négligeons de faire tout d'abord miséricorde, et que nous cherchions nos intérêts plutôt que ceux du prochain ? Aussi, l'Apôtre, après nous avoir rappelé cette obligation, apporte aussitôt à l'appui l'exemple de Notre-Seigneur. « Ne faites rien, dit-il, par un esprit de contention et de vaine gloire; mais que chacun, par humilité, croie les autres au-dessus de lui. Que chacun ait en vue non ses propres intérêts, mais ceux des autres. » Et il ajoute aussitôt : « Soyez tous dans la même disposition où a été Jésus-Christ, lui qui, ayant la nature de Dieu, n'a point cru que ce fût une usurpation pour lui de s'égaler à Dieu, et qui s'est cependant anéanti lui-même, en prenant la forme d'esclave, en se rendant semblable aux hommes, et reconnu pour homme par tout ce qui a paru de lui. Il s'est humilié lui-même, se rendant obéissant jusqu'à la mort, et jusqu'à la mort de la croix. » (*Philip.*, II, 3, etc.) C'est la miséricorde qui l'a fait descendre du sein de son Père jusqu'à nous ? Où est maintenant la justice qui le fait remonter vers son Père ? L'Apôtre poursuit en ces termes : « C'est pourquoi Dieu l'a élevé et lui a donné un nom qui est au-

---

etiam vult quod ait : « De justitia, quia ad Patrem vado ? » Et primo quærendum est, si de peccato mundus arguitur, cur et de justitia ? Quis enim de justitia recte argui possit ? An de peccato quidem suo, de justitia vero Christi mundus arguitur ? Non video quid aliud possit intelligi : quando quidem : « De peccato, inquit, quia non crediderunt in me; de justitia vero, quia ad Patrem vado. » Illi non crediderunt, ipse ad Patrem vadit. Illorum ergo peccatum, ipsius autem justitia. Sed cur in eo solo voluit nominare justitiam, quia vadit ad Patrem ? Num non justitia est etiam quod huc venit a Patre ? An illa potius misericordia est quod a Patre ad nos venit, justitia vero quod ad Patrem vadit ?

CAPUT III. — *Justitia quod Christus vadit ad Patrem, quare.* — 4. Ita, Fratres, expedire arbitror, ut in tanta profunditate Scripturarum, in quibus forte verbis absconditum aliquid latet quod opportune aperiendum sit, tanquam simul fideliter inquiramus, ut salubriter invenire mereamur. Cur ergo hanc appellat justitiam quia vadit ad Patrem, et non etiam quia venit a Patre ? An quia misericordia est quod venit, ideo justitia est quod vadit ? ut et in nobis discamus impleri non posse justitiam, si pigri fuerimus prærogare misericordiam, non quæ nostra sunt quærentes, sed et quæ aliorum. Quod cum monuisset Apostolus, continuo de ipso Domino conjunxit exemplum : « Nihil, inquit, per contentionem, neque per inanem gloriam ; sed in humilitate mentis alter alterum existimantes superiorem sibi ; non quæ sua sunt unusquisque intendentes, sed et quæ aliorum. » Deinde statim addidit : « Singuli quique hoc sentite in vobis, quod et in Christo Jesu : qui cum in forma Dei esset, non rapinam arbitratus est esse æqualis Deo ; sed semetipsum exinanivit, formam servi accipiens, in similitudinem hominum factus, et habitu inventus ut homo : humiliavit se, factus obediens usque ad mortem, mortem autem crucis. » (*Philip.*, II, 3, etc.) Hæc est misericordia, qua venit a Patre. Quæ igitur est, qua vadit ad Patrem ? Sequitur et dicit :

dessus de tout nom; afin qu'au nom de Jésus tout genou fléchisse, dans le ciel, sur la terre et dans les enfers, et que toute langue confesse que Notre-Seigneur Jésus-Christ est dans la gloire de Dieu son Père. » Telle est la justice qui le fait retourner vers son Père.

CHAPITRE IV. — *Dans quel sens Jésus-Christ seul est monté aux cieux.* — 5. Mais si Jésus-Christ seul est retourné vers son Père, quel fruit nous en revient-il? Pourquoi le Saint-Esprit condamne-t-il le monde en ce qui touche cette justice? Et cependant, s'il n'était retourné seul vers son Père, il n'aurait pas dit dans un autre endroit : « Personne n'est monté au ciel, sinon Celui qui est descendu du ciel, le Fils de l'homme qui est au ciel. » (*Jean*, III, 13.) D'un autre côté, saint Paul nous dit : « Nous vivons déjà dans le ciel. » (*Philipp.*, III, 20.) Dans quel sens, le voici : « Si vous êtes ressuscités avec Jésus-Christ, nous dit-il ailleurs, recherchez les choses du ciel, où Jésus-Christ est assis à la droite de Dieu; ayez du goût pour les choses d'en haut et non pour celles d'ici-bas. Car vous êtes morts, et votre vie est cachée en Dieu avec Jésus-Christ. » (*Coloss.*, III, 1-3.) Comment donc est-il remonté seul vers son Père? N'est-ce point parce que le Christ ne fait qu'un avec tous ses membres, comme la tête ne fait qu'un avec le corps? Or, quel est son corps? N'est-ce point l'Eglise? C'est ce qu'enseigne le même docteur : « Vous êtes le corps de Jésus-Christ, et les membres les uns des autres. » Or, puisque nous sommes tombés, et que c'est pour nous qu'il est descendu sur la terre, ces paroles : « Personne n'est monté aux cieux que Celui qui en est descendu, » signifient que personne ne peut monter aux cieux, à moins d'être fait un avec lui, et d'être devenu un membre étroitement uni au corps de Celui qui est descendu. C'est dans ce sens qu'il dit à ses disciples : « Sans moi vous ne pouvez rien faire. » (*Jean*, XV, 5.) Remarquez ici qu'il est un avec son Père tout autrement qu'il est un avec nous. Il est un avec son Père, parce que le Père et le Fils ont une seule et même nature; il est un avec son Père, parce qu'ayant la nature de Dieu, il n'a pas cru que ce fût pour lui une usurpation de s'égaler à Dieu. Mais il s'est fait un avec nous, parce qu'il s'est anéanti lui-même en prenant la nature de serviteur; il s'est fait un avec nous, en tant qu'il est ce rejeton d'Abraham, dans lequel toutes les nations devaient être bénies. Aussi, après avoir rappelé cette prophétie, l'Apôtre fait cette remarque : « L'Ecriture ne dit pas : Ceux qui naîtront, comme si elle en eût voulu marquer plusieurs; mais elle dit, comme parlant d'un seul : Celui qui naîtra de vous, qui est Jésus-Christ. » (*Gal.*, III, 16.) Or, comme nous appar-

---

«Propter quod et Deus cum exaltavit, et donavit illi nomen, quod est super omne nomen, ut in nomine Jesu omne genu flectatur, cœlestium, terrestrium et infernorum, et omnis lingua confiteatur, quia Dominus Jesus Christus in gloria est Dei Patris. Hæc est justitia, qua vadit ad Patrem. »

CAPUT IV. — *Solus Christus ascendit in cœlum.* — 5. Sed si solus vadit ad Patrem, quid nobis prodest? Ut quid ab Spiritu sancto de hac justitia mundus arguitur? Et tamen nisi solus iret ad Patrem, non alio loco diceret : Nemo ascendit in cœlum, nisi qui descendit de cœlo, Filius hominis qui est in cœlo. (*Joan.*, III, 13.) Sed etiam Paulus apostolus dicit : Nostra enim conversatio in cœlis est. (*Philip.*, III, 20.) Sed quare hoc? Quia item dicit : « Si resurrexistis cum Christo, quæ sursum sunt quærite, ubi Christus est in dextera Dei sedens; quæ sursum sunt sapite, non quæ super terram. Mortui enim estis, et vita vestra abscondita est cum Christo in Deo. » (*Coloss.*, III, 1.) Quomodo ergo ille solus? An ideo solus, quia Christus unus est cum omnibus membris suis, tanquam caput cum corpore suo? Quæ autem corpus ejus, nisi Ecclesia? Sicut dicit idem doctor : Vos autem estis corpus Christi, et membra ex parte. (I *Cor.*, XII, 27.) Cum ergo nos ceciderimus, et propter nos ipse descenderit, quid est : Nemo ascendit, nisi qui descendit; nisi quia nemo ascendit, nisi (a) unum cum eo factus, et tanquam membrum compactus in ejus corpore qui descendit? Sic et discipulis dicit : Quia sine me nihil potestis facere. (*Joan.*, XV, 5.) Aliter est enim unum cum Patre, et aliter unum nobiscum. Unum cum Patre est, quia una substantia est Patris et Filii : unum cum Patre est, quia cum in forma Dei esset, non rapinam arbitratus est esse æqualis Deo. Unus autem nobiscum factus est, quia semetipsum exinanivit, formam servi accipiens : unus nobiscum factus est, secundum semen Abrahæ, in quo benedicentur omnes gentes. Quod cum commemorasset, ait Apostolus : « Non dicit : Et seminibus, tanquam in multis, sed tanquam in uno : Et semini tuo, quod est Christus. » (*Gal.*, III, 16.) Et quia et nos ad id pertinemus quod est Christus, nobis simul

a) Am. et Mss. *unus cum eo factus.*

tenons à Jésus-Christ, que nous lui sommes incorporés et étroitement unis comme à notre chef, Jésus-Christ est réellement un ; c'est ce que confirme l'Apôtre, lorsqu'il dit : « Vous êtes donc le rejeton d'Abraham et les héritiers de la promesse. » (*Gal.*, III, 29.) En effet, si ce rejeton est un, et si l'on ne peut entendre, par ce rejeton unique, que Jésus-Christ ; si, d'un autre côté, nous sommes nous-mêmes ce rejeton d'Abraham, il s'ensuit que le tout, c'est-à-dire la tête et le corps, fait un seul Christ.

CHAPITRE V. — *Comment la justice de Jésus-Christ devient la nôtre.* — 6. Nous ne devons donc point nous regarder comme étrangers à cette justice, que Notre-Seigneur rappelle, lorsqu'il dit : « En ce qui touche la justice, parce que je vais à mon Père. » Car nous sommes ressuscités avec Jésus-Christ ; nous sommes avec Jésus-Christ, notre chef par la foi et par l'espérance, et notre espérance recevra son accomplissement dans la résurrection dernière à la fin des temps et avec le parfait accomplissement de cette espérance, le complément de notre justification. Or, Notre-Seigneur, qui doit être pour nous l'auteur de ces dons, a voulu nous montrer, par l'exemple de sa chair (c'est-à-dire du chef), dans laquelle il est ressuscité et monté vers son Père, ce que nous devons espérer. Telle est la doctrine de l'Apôtre : « Il a été livré à la mort pour nos péchés, et il est ressuscité pour notre justification. » (*Rom.*, IV, 25.) Le monde est donc convaincu « de péché » dans la personne de ceux qui refusent de croire en Jésus-Christ, « et en ce qui touche la justice, » dans ceux qui ressuscitent comme membres de Jésus-Christ. C'est ce qui fait dire à saint Paul : « Afin que nous devinssions justice de Dieu en lui. » (II *Cor.*, V, 21.) Car, si ce n'est pas en lui, il n'y a point pour nous de justice possible ; si, au contraire, nous sommes en lui, il retourne tout entier avec nous vers son Père, et la justice recevra ainsi en nous son parfait accomplissement. Le monde est encore condamné « en ce qui touche le jugement, parce que le prince de ce monde est déjà jugé, » c'est-à-dire le prince des pécheurs, dont le cœur n'habite que dans ce monde, objet de leurs affections, et dont ils portent le nom ; tandis que, pour nous, nous vivons déjà dans le ciel, si nous sommes vraiment ressuscités avec Jésus-Christ. De même donc que le Christ est un avec nous, c'est-à-dire avec son corps, ainsi le démon est un avec tous les impies dont il est le chef, un avec son corps. De même enfin que nous ne sommes point séparés de la justice dont parle le Seigneur, quand il dit : « Je m'en vais à mon Père, » ainsi les impies sont compris dans ce jugement dont il dit : « Le prince de ce monde est déjà jugé. »

---

incorporatis et illi capiti cohærentibus, unus est Christus. Et quia et nobis dicit : « Ergo Abrahæ semen estis, secundum promissionem hæredes. » (*Gal.*, III, 29.) Si enim unum est semen Abrahæ, et illud unum semen Abrahæ non intelligitur nisi Christus ; hoc autem semen Abrahæ etiam nos sumus : hoc ergo totum, id est, caput et corpus, unus est Christus.

CAPUT V. — *Justitia Christi quomodo nostra.* — 6. Et ideo nos non debemus ab illa justitia separatos putare, quam Dominus ipse commemorat, dicens : « De justitia, quia ad Patrem vado. » Cum Christo enim et nos resurreximus, et nos cum capite nostro (*a*) Christo sumus, interim fide et spe : complebitur autem spes nostra in ultima resurrectione mortuorum. Cum autem complebitur spes nostra, tunc complebitur etiam justificatio nostra. Quam completurus Dominus, quid sperare debeamus, ostendit in carne sua (hoc est, in capite nostro), in qua resurrexit et ascendit ad Patrem. Quia sic scriptum est : « Traditus est propter delicta nostra, et resurrexit propter justificationem nostram. » (*Rom.*, IV, 25.) Arguitur ergo mundus « de peccato, » in eis qui non credunt in Christum : « et de justitia, » in eis qui resurgunt in membris Christi. Unde dictum est : Ut nos simus justitia Dei in ipso. (II *Cor.*, V, 21.) Si enim non in ipso, nullo modo justitia. Si autem in ipso, totus nobiscum vadit ad Patrem, et hæc implebitur in nobis perfecta justitia. Propter hoc et « de judicio » mundus arguitur, « quia princeps hujus mundi jam judicatus est ; » id est, diabolus princeps iniquorum, qui corde non habitant nisi in hoc mundo, quem diligunt, et ideo mundus vocantur : sicut nostra conversatio in cœlis est, si resurrexerimus cum Christo. Ergo quemadmodum nobiscum, id est, cum corpore suo unus est Christus : sic cum omnibus impiis quibus caput est, cum quodam corpore suo unus est diabolus. Quapropter sicut nos non separamur a justitia, de qua Dominus dixit : « Quia ad Patrem vado ; » sic impii non separantur ab illo judicio, de quo dixit : « Quia princeps hujus mundi jam judicatus est. »

(*a*) Mss. *Christus sumus.*

SERMON CXLV [1].

Sur ces paroles du chapitre XVI de l'Evangile selon saint Jean : *Jusqu'à présent, vous n'avez rien demandé à mon Père en mon nom;* et sur ces paroles du chapitre X de l'Evangile selon saint Luc : *Seigneur, les démons mêmes nous sont soumis en votre nom.*

Comment concilier ce passage de saint Jean avec les paroles de saint Luc. — 1. Nous avons entendu, dans la lecture du saint Evangile, ces paroles, qui doivent ébranler toute âme attentive et la porter, non au découragement, mais à de pieuses recherches. Sans ébranlement, en effet, il n'y a point de changement possible, mais il y a un ébranlement dangereux dont il est écrit : « Ne permettez point que mes pieds soient ébranlés. » (*Ps.* LXV, 9.) Il est un autre ébranlement, c'est celui de l'âme qui cherche, qui frappe, qui demande. Tous nous avons entendu la lecture qu'on nous a faite, mais tous, je pense, nous ne l'avons point comprise. Cette lecture nous indique ce que vous devez chercher, demander avec moi, en frappant tous ensemble, pour mériter de le recevoir. La grâce de Dieu, je l'espère, ne me fera pas défaut, et m'accordera ce que je veux donner moi-même. Pourquoi donc, je vous le demande, Notre-Seigneur vient-il de dire à ses disciples : « Jusqu'à présent, vous n'avez rien demandé en mon nom? » (*Jean*, XVI, 24.) Ne parlait-il point à ces mêmes disciples qu'il avait envoyés avec le pouvoir de prêcher l'Evangile et de faire des miracles, et qui revenaient transportés de joie lui dire : « Seigneur, les démons eux-mêmes nous sont soumis en votre nom? » (*Luc*, X, 17.) Vous reconnaissez, vous vous rappelez ce passage que je vous ai cité de l'Evangile, qui est l'expression de la vérité dans toutes ses parties, dans toutes ses pensées, qui ne contient aucun mensonge, aucun principe d'erreur. Comment donc concilier ces paroles du Sauveur : « Jusqu'à présent, vous n'avez rien demandé en mon nom, » avec ces autres des disciples : « Les démons eux-mêmes nous sont soumis en votre nom? » Notre esprit éprouve un véritable désir de pénétrer le secret de cette question. Il nous faut donc demander, chercher, frapper; c'est ce que doit faire en nous non pas une inquiétude charnelle, mais une piété pleine de foi, une humble soumission de l'esprit, si nous voulons que Celui qui nous voit frapper nous ouvre la porte.

Les douceurs divines sont cachées pour les âmes dominées par la crainte, et révélées à celles qui espèrent. — 2. Recevez donc avec attention, c'est-à-dire avec une sainte avidité, ce que le Seigneur me donne pour vous être distribué, et, lorsque vous aurez entendu mes paroles, si votre

---

[1] Possidius fait mention de ce sermon dans le chapitre IX de sa Table.

SERMO CXLV [a].

De verbis Evangelii Joan., XVI : *Usque nunc nihil petiistis in nomine meo.* Et de verbis Lucæ, X : *Domine, ecce in nomine tuo et dæmonia nobis subjecta sunt.*

Locus Joannis quomodo conciliandus cum verbis Lucæ. — 1. Sanctum Evangelium cum legeretur, audivimus quod modo vere debeat omnem intentam animam movere ad quærendum, non ad deficiendum. Qui enim non movetur, nec mutatur. Sed est motus periculosus, de quo scriptum est : Ne des ad movendum pedes meos. (*Psal.* LXV, 9.) Motus autem alius est quærentis, pulsantis, petentis. Quod ergo lectum est omnes audivimus : sed puto quia non omnes intelleximus. Commemorat quod mecum quæratis, mecum petatis, pro quo accipiendo mecum pulsetis. Aderit enim, sicut speramus, gratia Domini, ut, cum volo vobis ministrare, et ego mercar accipere. Quid est, obsecro vos, quod Dominum dixisse modo audivimus discipulis suis? « Usque nunc nihil petiistis in nomine meo. » (*Joan.*, XVI, 24.) Nonne illis discipulis loquitur, quos cum misisset, data potestate ad prædicandum Evangelium et magnalia facienda, reversi sunt gaudentes et dixerunt ei : « Domine, ecce in nomine tuo et dæmonia nobis subjecta sunt ? (*Luc.*, X, 17.) Recognoscitis, recolitis, quod de Evangelio commemoravi, in omni loco et omni sententia veridico, nusquam falso, nusquam fallente. Quomodo ergo verum est : « Usque nunc nihil petiistis in nomine meo , » et « Domine, ecce in nomine tuo et dæmonia nobis subjecta sunt ? » Movet certe animum, ad cognoscendum quæstionis hujus secretum. Ergo petamus, quæramus, pulsemus. (*f.* sit, *vel* pulset.) Hoc in nobis fidelis pietas, non carnis inquietudo, sed animi subjectio, ut ille nobis aperiat, qui nos videt pulsantes.

Timentibus absconditur dulcedo Dei, revelatur sperantibus. — 2. Quid ergo det Dominus ministrandum vobis, intenti, hoc est, esurientes accipite : quod cum dixero, sine dubio probabitis sanis faucibus cordis quod de cellario Dominico vobis apponatur.

---

[a] Alias III, inter editos ex Mss. Carthusiæ majoris.

goût intérieur n'est point altéré, vous reconnaîtrez facilement que je les ai puisées au trésor du Seigneur. Notre-Seigneur Jésus-Christ connaissait ce qui pouvait rassasier l'âme humaine, c'est-à-dire un esprit raisonnable créé à l'image de Dieu, et que lui seul était capable de combler ses désirs. Oui, il le savait, et il savait aussi que cette âme était loin d'être rassasiée de cette plénitude. Il savait que, s'il se manifestait sous un rapport, il demeurait caché sous un autre. Il connaissait parfaitement ce qu'il devait découvrir en lui et ce qui devait rester dans l'ombre. « Combien est grande, Seigneur, l'abondance de votre douceur que vous avez cachée pour ceux qui vous craignent, et que vous avez rendue pleine et parfaite pour ceux qui aspirent en vous ! » (*Ps.* xxx, 20.) Vous avez tenu cachée l'abondance ineffable de votre douceur pour ceux qui vous craignent. Or, si vous cachez à ceux qui vous craignent, à qui vous révélerez-vous ? « Vous l'avez rendue pleine et parfaite pour ceux qui espèrent en vous. » Une double question se présente ici, mais l'une se trouve résolue par l'autre. En commençant par la seconde, on se demande ce que signifient ces paroles : « Vous l'avez tenue cachée pour ceux qui vous craignent, et vous l'avez rendue pleine et parfaite pour ceux qui espèrent en vous. » Ceux qui craignent sont-ils différents de ceux qui espèrent ? Ceux qui craignent Dieu ne sont-ils pas les mêmes qui espèrent en lui ? Peut-on espérer en lui sans le craindre, et la crainte filiale n'est-elle pas nécessairement jointe à l'espérance ? Commençons donc par résoudre cette question ; parlons de l'espérance et de la crainte.

La crainte régnait sous la loi, l'espérance règne sous la grâce. — 3. La loi produit la crainte, la grâce donne l'espérance. Mais quelle différence y a-t-il entre la loi et la grâce, puisqu'elles viennent d'un seul et même auteur ? La loi effraye ceux qui présument d'eux-mêmes, la grâce vient au secours de ceux qui espèrent en Dieu. La loi effraye, je le répète ; ne méprisez pas ce mot, parce qu'il est court ; pesez-le, et vous en saisirez l'importance. Ecoutez ce que je vais dire ; prenez ce que je vous présente, et reconnaissez la source où je puise ce que je vous distribue. La loi effraye celui qui présume de lui-même, la grâce vient en aide à celui qui espère en Dieu. En effet, que comprend la loi ? Une multitude de préceptes ; et qui pourrait les énumérer ? Je n'en veux rappeler qu'un seul, bien court dans son exposé, peu important en apparence, que l'Apôtre lui-même rappelle dans son épître aux Romains ; voyons qui le met en pratique : « Tu ne convoiteras point. » (*Rom.*, vii, 7.) Qu'est-ce donc, mes frères ? Vous avez entendu la loi ; mais, si vous n'avez la grâce, vous avez entendu votre condamnation. Pourquoi me vanter, vous qui écoutez ce précepte avec une âme pleine de présomption, pourquoi me vanter votre innocence ? Pourquoi vous en faire un sujet d'illusion ? Vous pouvez dire : Je n'ai

---

Dominus Jesus sciebat unde posset anima humana, hoc est, mens rationalis ad imaginem Dei facta satiari, tanquam ipsa eo ipso satietur. Noverat hoc, et illam ea plenitudine adhuc carere sciebat. Noverat se apparere, noverat se latere. Sciebat quid in illo demonstraretur, quid absconderetur. Noverat hoc. « Quam multa, inquit Psalmus, multitudo dulcedinis tuæ, Domine, quam abscondisti timentibus te, perfecisti autem sperantibus in te. » (*Psal.* xxx, 20.) Dulcedinem tuam et magnam et multam abscondisti timentibus te. Si timentibus te abscondis, quibus aperis ? Perfecisti sperantibus in te. Quæstio gemina nata est, sed alterutra solvitur ex altera. Alterum si quis inquirat, quid est hoc : Abscondisti timentibus te, perfecisti sperantibus in te ? Alii timent, alii sperant ? non ii ipsi sunt timentes Deum, sperantes in Deum ? Quis in eum sperat, qui non eum timet ? quis eum pie timet ? et in eum spem non habet ? Ergo prius ista solvatur. De sperantibus et timentibus volo aliquid dicere.

Timor sub Lege, spes sub gratia. — 3. Lex timorem habet, gratia spem. Quid autem interest inter Legem et gratiam, quandoquidem unus dator et Legis et gratiæ ? Lex terret de se ipso præsumentem, gratia adjuvat in Deum sperantem. Lex, inquam, terret : nolite contemnere, quia breve est ; appendite, et magnum est. Videte quid dixerim, sumite quod ministramus, probate unde sumamus. Lex terret de se ipso præsumentem, gratia adjuvat in Deum sperantem. Quid Lex ? Multa, et quis enumerat ? Unum præceptum parvum et modicum inde commemoro, quod commemoravit Apostolus, valde parvum : videamus quis supportat. Non concupisces. (*Rom.*, vii, 7.) Quid est, Fratres ? Audivimus Legem, si gratia non sit, pœnam tuam audisti. Quid mihi jactas, quisquis audiens hoc de te præsumis, quid mihi jactas innocentiam ? quid tibi de illa blandiris ? Potes dicere : Non rapui res alienas : audio, credo, fortassis et video, non rapis res alienas. Non concupisces, au-

point ravi le bien d'autrui ; je vous entends, je vous crois, peut-être même mes yeux m'en assurent ; vous n'avez point dérobé ce qui n'est pas à vous. Mais vous avez entendu ce précepte : « Tu ne convoiteras point. » Je n'approche pas de la femme de mon prochain ; ici encore je vous entends, je vous crois, et je suis à même de le constater. Mais entendez : « Tu ne convoiteras point. » Pourquoi jeter les yeux tout autour de vous, et ne pas rentrer en vous-même? Regardez attentivement, et vous verrez une loi contraire dans vos membres. Considérez l'intérieur de votre âme; pourquoi passer outre? Descendez en vous-même. Vous verrez dans vos membres une autre loi qui combat contre la loi de votre esprit, et qui vous tient captif sous la loi du péché, qui est dans vos membres. (*Ibid.*, 23.) C'est donc avec justice que les douceurs divines restent cachées pour vous, esclave de la loi qui règne dans vos membres, et qui combat contre la loi de votre esprit. Les saints anges s'abreuvent de ces douceurs ineffables qui vous sont inconnues, et la servitude où vous réduit la convoitise charnelle vous empêche de les puiser et de les boire à la même source; vous ne connaîtriez pas la convoitise, si la loi ne disait : « Tu ne convoiteras point. » Ce précepte vous a rempli de crainte; vous avez essayé de combattre, mais vous n'avez pu remporter la victoire. « Car, à l'occasion du commandement, le péché vous a donné la mort par le commandement même. » (*Ibid.*, 11.) Vous reconnaissez, je n'en doute point, les paroles de l'Apôtre : « A l'occasion du commandement, le péché a produit en moi toute espèce de convoitise. » (*Ibid.*, 8.) Pourquoi donc cette fierté, pourquoi cet orgueil? Votre ennemi a triomphé de vous avec vos propres armes, vous cherchez à connaître le précepte pour vous instruire et vous défendre, et votre ennemi s'est servi du commandement même pour entrer dans votre âme. Le péché, dit saint Paul, a pris occasion du commandement pour me séduire et me tuer par le commandement même. Qu'est-ce à dire, que c'est par vos armes que l'ennemi vous a vaincu? Ecoutez ce qu'ajoute le même Apôtre : « Et cependant la loi est sainte, et le commandement est juste et bon. » Répondez donc aux accusateurs de la loi ; répondez en vous appuyant sur l'autorité de l'Apôtre : « Le commandement est saint, la loi est sainte, et le commandement est juste et bon. Quoi donc! Ce qui était bon est-il devenu mortel pour moi? Nullement; mais c'est le péché qui, pour faire paraître sa corruption, m'a donné la mort par une chose qui était bonne. » (*Ibid.*, 12, etc.) Comment cela s'est-il fait? Parce que le commandement a produit en vous un sentiment de crainte plutôt que d'amour. Vous avez craint le châtiment; vous n'avez pas aimé la justice. Celui qui craint le châtiment désire, s'il était possible, faire ce qui lui plaît, sans avoir rien à craindre. Dieu défend l'adultère, vous convoitez l'épouse d'autrui, mais sans vous en approcher, sans en venir

---

disti. Non accedo ad uxorem alienam : et hoc audio, credo, video. Non concupisces, audisti. Quid te foris circum inspicis, et non intus inspicis? Inspice, et videbis aliam legem in membris tuis. Intus inspice, quid transis te? Descende in te. Videbis aliam legem in membris tuis repugnantem legi mentis tuæ, et captivantem te in lege peccati, quæ est in membris tuis. (*Ibid.*, 23.) Merito tibi absconditur dulcedo Dei. Captivat te lex posita in membris tuis, repugnans legi mentis tuæ. De dulcedine illa quæ tibi absconditur, sancti Angeli bibunt : non potes dulcedinem (*f.* potare) pati et gustare captivus. Concupiscentiam nesciebas, nisi Lex diceret : Non concupisces. Audisti, timuisti, tentasti pugnare, non potuisti superare. « Occasione enim accepta » peccatum per mandatum operatum est mortem. » Certe recognoscitis, Apostoli verba sunt : « Occasione accepta peccatum per mandatum operatum est in me omnem concupiscentiam. » (*Ibid.*, 8.) Quid te jactabas superbus? Ecce armis tuis te vicit inimicus. Tu certe mandatum quærebas ad (*f.* munitionem) monitionem : ecce per mandatum invenit hostis intrandi occasionem. « Occasione enim accepta peccatum per mandatum fefellit, inquit, me, et per (*f.* per id) eum occidit. » (*Ibid.*, 11.) Quid est quod dixi? Armis tuis te vicit inimicus. Audi eumdem Apostolum sequentem et dicentem : Itaque Lex quidem sancta, et mandatum sanctum et justum et bonum. Jam responde reprehensoribus Legis : Apostoli auctoritate responde : « Mandatum sanctum, lex sancta, mandatum justum et bonum. Quod ergo bonum est, mihi factum est mors? Absit : sed peccatum ut appareat, per bonum mihi operatum est mortem. » (*Ibid.*, 12, etc.) Quare hoc, nisi quia mandato accepto timuisti, non dilexisti? Timuisti pœnam, non amasti justitiam. Qui timet pœnam, optat si fieri potest, facere quod libeat, et non habere quod timeat. Prohibet Deus adulterium, concupisti uxorem alienam, non accedis, non facis, occasio data est, habes tem-

à l'acte même du crime; vous en avez l'occasion, te temps et le lieu sont favorables, vous n'avez aucun témoin, et cependant vous n'allez pas plus loin; pourquoi? Parce que vous craignez le châtiment. Mais personne ne le saura. Dieu pourra-t-il l'ignorer. Voilà bien la véritable raison; c'est parce que l'œil de Dieu vous voit, que vous ne faites point ce que vous étiez sur le point de faire, c'est-à-dire que vous craignez les menaces de Dieu, mais sans aimer ce qu'il vous commande. Pourquoi vous abstenez-vous de ce crime? Parce qu'en le commettant vous mériteriez d'être jeté en enfer. C'est donc le feu de l'enfer que vous craignez. Ah! si vous aimiez la chasteté, jamais vous ne feriez le mal, dussiez-vous jouir de l'impunité la plus complète. Si Dieu vous disait : Agissez librement, je ne vous condamnerai point, je ne vous jetterai point en enfer, mais je vous refuserai la vue de mon essence divine. Si cette menace vous retenait, vous agiriez alors par un sentiment d'amour de Dieu plutôt que par la crainte du jugement. Mais non, vous feriez le mal, je le crains du moins, ce n'est pas à moi d'en juger; si vous vous abstenez, vous le devez au secours de la grâce qui fait les saints; c'est parce que vous avez horreur des souillures de l'adultère, que vous aimez le Maître qui vous commande, pour avoir droit à ses promesses plutôt que de redouter sa condamnation ; c'est donc un pur effet de la grâce. Ne cherchez pas à faire valoir ici vos droits, n'attribuez point ce mérite à vos propres forces. Vous vous abstenez avec plaisir, très-bien; vous agissez par amour, très-bien encore; je l'admets, j'y applaudis. Mais c'est la charité qui vous inspire de bien faire, lorsque vous faites le bien volontiers; vous espérez dès lors dans le Seigneur, et vous goûtez ses douceurs.

La charité ne vient pas de nous, mais de Dieu. — 4. Mais d'où vous vient cette charité, si toutefois vous l'avez, car je ne suis pas entièrement certain que la crainte ne soit le motif de votre conduite, et qu'avec cela vous ne vous imaginiez être grand. Si vous vous abstenez du mal par un motif de charité, vous êtes véritablement grand. Avez-vous la charité? Oui, me répondez-vous. D'où vous vient-elle? De moi-même. Que vous êtes éloigné des douceurs divines, si c'est de vous-même que vous avez la charité! C'est vous-même alors que vous aimerez, parce que vous aimerez ainsi la source même de la charité. Mais je vais vous convaincre que vous ne l'avez pas, et c'est justement parce que vous pensez vous être donné à vous-même un si grand bien, que je ne puis croire que vous l'ayez. Si vous l'aviez véritablement, vous sauriez à quelle source vous l'avez puisée. Prétendez-vous que vous l'avez de vous-même comme une chose légère et de peu d'importance? Mais, quand vous parleriez les langues des hommes et des anges, si vous n'avez point la charité, vous seriez comme un airain sonnant et comme une cymbale retentissante. Quand vous pénétreriez tous les mystères et toutes les sciences, quand vous auriez le don de prophétie, et toute la foi possible jus-

---

pus, patet locus, deest conscius, tu tamen non facis, unde? Quia times pœnam. Sed nullus sciet. Numquid nec Deus? Ita plane, quia scit Deus quod facturus es, non facis : sed et ipsum Deum minantem tremis, non præcipientem diligis. Quare non facis? Quia si feceris, in gehennam mitteris. Ignem times. O si castitatem amares, non faceres, etsi omni modo impunitus esse deberes. Si tibi Deus diceret : Ecce fac, non te damnabo; in gehennam te non damnabo, sed faciem meam tibi negabo. Si propter hanc comminationem non faceres, amore Dei non faceres (*f.* non), timore judicii. Sed faceres, forte enim sic faceres : non enim meum est judicare. Adjuvat gratia, quæ sanctos facit, si sic non facis, quia horres contaminationem adulterii, quia diligis præceptorem, ut exigas promissorem, non quia times damnatorem : jam gratiæ est, hoc tibi noli assumere, viribus tuis noli tribuere. Delectatione facis, bene, caritate facis, bene, annuo, consentio. Caritas de te operatur, quando volens facis. Jam gustas dulcedinem, si speras in Dominum.

Caritas non ex nobis, sed ex Deo. — 4. Sed unde tibi ista caritas? si tamen est : timeo enim ne adhuc timendo non facias, et magnus tibi videaris. Jam si caritate non facis, vere magnus es. Habes caritatem? Habeo, inquis. Unde? A me ipso. Longe es a dulcedine, si a te ipso habes? Te ipsum amabis, quia unde habes amabis. Sed convinco quod non habes. Quod enim putas a te ipso habere rem tantam, inde non credo quod habeas. Si enim haberes, scires unde haberes. Caritatem a te habes, quasi leve aliquid, quasi breve aliquid ? Si linguis hominum loquereris et Angelorum, caritatem autem non haberes, æramentum esses tinniens et cymbalum concrepans. Si scires

qu'à transporter les montagnes, si vous n'avez point la charité, tout cela ne vous sert de rien. Et quand vous distribueriez tous vos biens aux pauvres, et que vous livreriez votre corps pour être brûlé, si vous n'avez la charité, vous n'êtes rien. (I *Cor.*, XIII, 1, etc.) Qu'elle est donc grande cette charité, puisque, si elle vient à manquer, tous les autres dons sont inutiles! Comparez-la non pas à votre foi, non pas à votre science, non pas au don de la parole, mais à des choses moindres, à l'œil de votre corps, à la main, au pied, au ventre, au dernier de vos membres; peut-on établir un rapprochement, si petit qu'il soit, entre ces choses si minimes et la charité? Et alors que vous avez reçu de Dieu seul votre œil et votre nez, vous tiendriez la charité de vous-même? Prétendre vous être donné à vous-même la charité qui surpasse toutes choses, c'est avilir Dieu dans votre esprit. Qu'est-ce que Dieu peut vous donner davantage? Tout ce qu'il vous donnera est de beaucoup inférieur. La charité, que vous prétendez vous être donnée à vous-même, est le premier de tous les dons. Mais si vous l'avez réellement, vous ne la tenez pas de vous-même. Qu'avez-vous, en effet, que vous n'ayez reçu? (I *Cor.*, IV, 7.) Qui donc me l'a donnée, qui vous l'a donnée à vous-même? C'est Dieu. Reconnaissez-le comme l'auteur de ce don, si vous ne voulez ressentir le poids de sa justice. Croyez donc, sur la foi des Ecritures, que Dieu vous a donné la charité, le plus grand des biens, la charité qui est au-dessus de toutes choses. C'est à Dieu que vous la devez, parce que la charité de Dieu a été répandue dans nos cœurs; serait-ce par vous? Nullement, c'est par l'Esprit saint qui nous a été donné. (*Rom.*, V, 5.)

La présomption de l'homme est détruite par la loi, son esclavage l'est par la grâce. — 5. Revenez maintenant avec moi à notre captif, revenons à ce que j'avais choisi pour sujet de cet entretien. La loi effraye celui qui présume de lui-même, la grâce vient au secours de celui qui met son espérance en Dieu. Considérez le captif dont nous parlons. Il sent dans ses membres une autre loi qui combat contre la loi de son esprit, et qui le tient captif sous la loi du péché qui est dans ses membres. (*Rom.*, VII, 23.) Le voilà donc vaincu, entraîné, captivé, asservi sous le joug. Que lui sert d'avoir entendu cette défense : « Tu ne convoiteras point. » Ce commandement lui est donné pour lui faire connaître l'ennemi, mais non pour le vaincre. En effet, il ne connaîtrait pas la convoitise, c'est-à-dire son ennemi, si la loi ne disait : « Tu ne convoiteras point. » (*Ibid.*, 7.) L'ennemi vous est maintenant connu; combattez, brisez vos chaînes, rendez-vous libre; réprimez ce désir qui vous plaît, étouffez cette délectation criminelle. Armez-vous de la loi, avancez et triomphez, si vous le pouvez. Que vous sert-il de trouver, par un effet encore

---

omnia sacramenta et omnem haberes scientiam, omnem prophetiam et omnem fidem, ita ut montes transferres, caritatem autem non haberes, prodesse tibi ista non possent. Si distribueres omnia tua pauperibus, et traderes corpus tuum ut arderes, caritatem autem non haberes, nihil esses.(I *Cor.*, XIII, 1, etc.) Quanta est ista caritas, quæ si defuerit, nihil prosunt omnia? Compara eam non fidei tuæ, non scientiæ tuæ, non linguæ tuæ, minoribus rebus, oculo corporis tui, manui, pedi, ventri, alicui membro extremo compara caritatem, numquid ex aliqua parte ista minima caritati sunt comparanda? Ergo oculum et nasum a Deo habes, et caritatem a te habes? Si caritatem, quæ superat omnia, tu tibi dedisti, vilem tibi Deum fecisti. Quid tibi plus potest dare Deus? Quidquid dederit, minus est. Omnia caritas vincit, quam tu tibi dedisti. Sed si habes, non tibi dedisti. Quid enim habes, quod non accepisti? (I *Cor.*, IV, 7.) Quis mihi, quis tibi dedit? Deus. Agnosce datorem, ne sentias damnatorem. Credendo de Scripturis Deus tibi dedit caritatem, magnum bonum, caritatem omnia superantem. Deus tibi dedit : quia caritas Dei diffusa est in cordibus nostris; forte a te? absit; per Spiritum sanctum, qui datus est nobis. (*Rom.*, V, 5.)

Hominis præsumptio per Legem, captivitas per gratiam tollitur. — 5. Redite mecum ad captivum illum, redite mecum ad propositionem meam. Lex terret de se præsumentem, gratia adjuvat in Deum sperantem. Vide enim illum captivum. Videt aliam legem in membris suis repugnantem legi mentis suæ et captivum se ducentem in lege peccati, quæ est in membris ejus. (*Rom* VII, 23.) Ecce vincitur, ecce trahitur, ecce captivatur, ecce subjugatur. Quid ei profuit : Non concupisces? Audivit : Non concupisces, ut nosset hostem, non ut vinceret. Concupiscentiam enim, id est, hostem suum, nesciebat, nisi Lex diceret : Non concupisces. (*Ibid.*, 7.) Jam vidisti hostem, pugna, libera te, assere te in libertatem, prematur jucunda suggestio, perimatur illicita delectatio. Armare, habes legem, procede, vince, si potes. Quid enim est quod ex aliquantula jam gratia Dei condelectaris legi Dei secundum interiorem hominem?

faible de la grâce de Dieu, un certain plaisir dans sa loi, selon l'homme intérieur? Ne voyez-vous pas dans vos membres une autre loi qui combat contre la loi de votre esprit, et qui ne combat point inutilement, puisqu'elle vous tient captif sous la loi du péché? Voilà pourquoi l'abondance de la douceur divine demeure cachée pour votre âme dominée par la crainte; mais si elle reste cachée pour celui qui craint, comment est-elle donnée dans sa plénitude à celui qui espère en lui? (*Ps.* xxx, 20.) Criez sous la main de l'ennemi qui vous opprime, vous avez un puissant auxiliaire qui attend que vous combattiez pour seconder vos efforts, mais à la condition que vous mettrez en lui votre espérance, car l'orgueil lui fait horreur. Et que crierez-vous sous les coups de l'ennemi qui vous accable? « Malheureux homme que je suis! » (*Rom.*, vii, 24.) Vos acclamations m'indiquent que vous me comprenez. Que tel soit donc votre cri, lorsque vous êtes terrassés peut-être par votre ennemi; criez du fond de vos cœurs; dites dans un sentiment de foi véritable : Malheureux homme que je suis! Oui, je suis malheureux, et je suis malheureux parce que je suis moi. Malheureux homme que je suis, et parce que je suis moi, et parce que je suis homme; car l'homme se trouble en vain, bien qu'il passe comme l'ombre. « Malheureux homme que je suis! qui me délivrera de ce corps de mort? » (*Ps.* xxxviii, 7.) Sera-ce vous-même? Où sont vos forces? Où est votre présomption? Vous vous taisez, vous imposez silence à l'orgueil, mais non à la prière. Taisez-vous donc, et criez en même temps. Dieu lui-même se tait et crie tout à la fois; il fait taire la voix de ses jugements pour ne laisser entendre que celle de ses préceptes. Faites taire aussi la voix de l'orgueil, mais non la voix de la prière, de peur que Dieu ne vous dise : « Je me suis tu, me tairai-je toujours? » (*Isaïe*, xlii, 14.) Ecriez-vous donc : « Malheureux homme que je suis! » Avouez que vous êtes vaincu, rougissez de votre impuissance et dites : « Malheureux homme que je suis, qui me délivrera de ce corps de mort? » Qu'avais-je dit en commençant? La loi effraye celui qui présume de lui-même. Voici cet homme présomptueux; il a essayé de combattre, mais il n'a pu remporter la victoire, il a été vaincu, terrassé, mis sous le joug et réduit en captivité. C'est ainsi qu'il a appris à se confier en Dieu, et ce même homme que la loi effrayait lorsqu'il présumait de lui-même, la grâce vient le secourir, maintenant qu'il espère en Dieu. C'est ce sentiment de confiance qu'il exprime lorsqu'il dit : « Qui me délivrera de ce corps de mort? La grâce de Dieu par Notre-Seigneur Jésus-Christ. » (*Rom.*, vii, 24, 25.) Vous voyez maintenant la douceur divine, goûtez-la, savourez-la, selon la recommandation du Psalmiste : « Goûtez et voyez que le Seigneur est doux. » (*Ps.* xxxiii, 9.) Il est devenu doux pour vous, après vous avoir délivré. Vous étiez pour vous plein d'amertume, lorsque vous présumiez de vous-même; buvez,

---

Sed vides aliam legem in membris tuis repugnantem legi mentis tuæ : non repugnantem et nihil valentem, sed captivum te ducentem in lege peccati. Ecce unde timenti tibi absconditur multitudo illa dulcedinis : absconditur timenti, quomodo perficitur speranti? (*Psal.* xxx, 20.) Clama sub hoste, quia habes oppugnatorem, habes et adjutorem qui te exspectat pugnantem, sublevat laborantem; sed si inveniat sperantem, odit enim superbientem. Sub hoste ergo quid clamas : Miser ego homo? (*Rom.*, vii, 24.) Jam videtis, quoniam clamastis. Sit iste clamor vester, quando forte sub hoste laboratis, dicite, in intimis præcordiis dicite, sana fide dicite : Miser ego homo. Miser ego, ideo miser quia ego. Miser ego homo, et quia ego, et quia homo. Vane enim conturbatur, quamvis enim in imagine perambulet homo. « Miser ego homo, quis me liberabit de corpore mortis hujus? » (*Psal.* xxxviii, 7) Numquid tu? Ubi sunt vires tuæ, ubi est præsumptio tua? Certe (*f.* clamas et taces) aliqua taces : taces, sed taces a te extollendo, non a Deo invocando. Tace et clama. Quia et ipse Deus tacet et clamat; tacet a judicio, non tacet a præcepto : sic et tu tace ab elatione, noli ab invocatione; ne dicat tibi Deus : Tacui, numquid semper tacebo : (*Isai.*, xlii, 14)? Exclama ergo : « Miser ego homo. » Agnosce te victum, vires tuas confunde, et dic : « Miser ego homo, quis me liberabit de corpore mortis hujus? » Quid dixeram? Lex terret de se præsumentem. Ecce homo de se præsumebat, tentavit pugnare, non potuit superare, victus est, prostratus est, subjugatus est, captivatus est. Didicit de Deo præsumere, et quem lex terruit de se præsumentem, restat ut gratia adjuvet in Deum sperantem. Hoc confidens dicit : Quis me liberabit de corpore mortis hujus? Gratia Dei per Jesum Christum Dominum nostrum. (*Rom.*, vii, 24, 25.) Jam vide dulcedinem, gusta, sapiat tibi : audi Psalmum : Gustate et videte quoniam suavis est Dominus.

savourez cette douceur, recevez ce gage de la récompense magnifique qu'il vous réserve dans ses trésors.

Les disciples sous la loi ne sont pas encore affranchis de la convoitise. — 6. Les disciples de Notre-Seigneur Jésus-Christ qui étaient encore sous la loi avaient encore besoin d'être purifiés, d'être nourris, réprimandés et dirigés. Ils ressentaient encore les atteintes de la concupiscence, malgré cette défense de la loi : « Tu ne convoiteras point. » (*Exod.*, xx, 17.) Je le dirai avec tout le respect que je dois à ces saints béliers, chefs du troupeau, et sans vouloir les blesser, parce que je ne dis ici que la vérité exprimée formellement dans l'Evangile; ils contestaient lequel d'entre eux devait être estimé le plus grand, et, en présence même du Seigneur, qui était encore avec eux sur la terre, ils étaient divisés par cette vaine question de prééminence. (*Luc*, xxii, 24.) D'où venaient ces prétentions, si ce n'est du vieux levain? D'où venaient-elles, si ce n'est de la loi qui combat dans les membres contre la loi de l'esprit? Ils ambitionnaient, ils désiraient la première place, ils se demandaient lequel d'entre eux était le plus grand. Aussi Notre-Seigneur choisit-il un enfant pour confondre leurs désirs d'élévation. (*Matth.*, xviii, 2.) Jésus appelle l'âge le plus faible pour réprimer leurs prétentions orgueilleuses. Lorsqu'ils revinrent lui dire : « Seigneur, les démons eux-mêmes nous sont soumis en votre nom, » (c'était se réjouir de rien, car qu'était-ce que ce pouvoir, et qu'avait-il de grand, auprès des récompenses qui leur étaient promises?) le Seigneur, comme un bon maître qui veut apaiser leur crainte et les affermir sur un fondement solide, leur répond : « Ne vous réjouissez point de ce que les démons vous sont soumis. » (*Luc*, x, 20.) Pourquoi? « Parce que plusieurs viendront en mon nom me dire : Voici que nous avons chassé les démons en votre nom, et je leur répondrai : Je ne vous ai jamais connus. » (*Matth.*, vii, 22.) Ne vous réjouissez donc point de ce pouvoir, mais réjouissez-vous plutôt de ce que vos noms sont écrits dans les cieux. Vous n'y êtes pas encore, mais vos noms y sont déjà inscrits. Réjouissez-vous donc. Je passe à ces paroles : « Vous n'avez rien encore demandé en mon nom. » (*Jean*, xvi, 24.) Car ce que vous avez demandé n'est rien en comparaison de ce que je veux vous donner. Qu'avez-vous, jusqu'à présent, demandé en mon nom? Que les démons vous fussent soumis? Ne vous réjouissez pas de ce pouvoir, c'est-à-dire ce que vous demandez est bien peu de chose, car, si la faveur que vous sollicitez avait quelque importance, il vous commanderait lui-même de vous en réjouir. Sans doute, on ne peut dire que ce ne soit absolument rien, mais ce pouvoir s'efface tout entier devant la grandeur des récompenses que Dieu nous tient en réserve. Ainsi, on ne peut dire non plus que l'apôtre saint Paul ne fut absolument rien, et cependant, en com-

---

(*Psal.* xxxiii, 9.) Factus est tibi suavis, quia liberavit te. Amarus tibi fuisti, cum præsumeres in te. Bibe dulcedinem, accipe pignus tanti (*f.* olei) horrei.

Discipuli sub lege nondum a cupiditatibus liberi. — 6. Discipuli ergo Domini Jesu Christi adhuc sub lege (*f.* mundandi) mundi, adhuc nutriendi, adhuc corrigendi, adhuc dirigendi. Adhuc enim concupiscebant : cum lex dicat : Non concupisces. (*Exod.*, xx, 17.) Pace dixerim eorum sanctorum arietum, ducum gregis, pace eorum dixerim, quia verum dico : Evangelium loquitur : contendebant quis esset eorum major, et adhuc in terra Domino constituto, principatus dissensione fluctuabant. Hoc unde, nisi ex fermentó vetere? Hoc unde nisi ex lege in membris, repugnante legi mentis? Fastigium quærebant : enimvero cupiebant; quis major esset cogitabant : ideo altitudo eorum de puero confunditur. (*Luc.*, xxii, 24.) Vocat ad se Jesus humilem ætatem, ut domet tumidam cupiditatem. Merito ergo et quando redierunt, et dixerunt : « Domine, ecce dæmonia subjecta sunt nobis in nomine tuo; » (*Matth.*, xviii, 2) (gaudebant de nihilo : quantum erat, quid erat, ad illud quod Deus promittebat?) Dominus ergo, magister bonus, sedans timorem, ædificans firmitatem, ait illis : « Nolite in hoc gaudere, quia dæmonia vobis subjecta sunt. » (*Luc.*, x, 20.) Quare hoc? Quia multi venient in nomine meo dicentes : « Ecce in nomine tuo dæmonia ejecimus; et dicam eis : Non novi vos. » (*Matth.*, vii, 22.) « Nolite in hoc gaudere, sed gaudete quia nomina vestra scripta sunt in cœlis. » Adhuc ibi esse non potestis, et tamen jam ibi scripti estis. Gaudete ergo. Et illud : « Adhuc nihil petiistis in nomine meo. » (*Joan.*, xvi, 24.) Quod enim petiistis ad quod volo dare, nihil est. Quid enim petiistis in nomine meo? Ut dæmonia vobis subjecta essent? « In hoc gaudere nolite, » hoc est, nihil est quod petiistis : si enim aliquid esset, gaudere juberet. Ergo non omnino nihil erat, sed quia ad illam magnitudinem præmiorum Dei exiguum erat. Non enim vere Paulus apostolus non

paraison de Dieu, il a raison de dire : « Celui qui plante n'est rien, non plus que celui qui arrose. » (I *Cor.*, III, 7.) C'est ce que nous disons à vous comme à nous et à nous comme à vous, lorsque nous demandons au nom de Jésus-Christ les biens de la terre et du temps. Vous les avez certainement demandés, car qui ne les demande ici-bas? L'un demande la santé, s'il est malade; l'autre la liberté, s'il est dans les fers; celui-ci demande le port, si le vaisseau qui le porte est agité par la tempête; celui-là la victoire, s'il est aux prises avec l'ennemi; et toutes ces faveurs demandées au nom de Jésus-Christ ne sont rien. Quel doit donc être l'objet de nos prières? « Demandez en mon nom. » (*Jean*, XVI, 24.) Il ne précise point ce que nous devons demander, mais ses paroles le font assez entendre. « Demandez et vous recevrez, afin que votre joie soit pleine. Demandez et vous recevrez en mon nom. » Que recevrez-vous? Quelque chose assurément, mais que sera-ce? « Afin que votre joie soit pleine, » c'est-à-dire demandez ce qui peut satisfaire vos désirs. Lorsque vous demandez les biens de la terre, vous demandez ce qui n'est rien. Celui qui boira de cette eau aura encore soif. Il descend dans le puits le seau de la convoitise, il le retire pour boire une eau qui lui laissera encore le besoin de la soif. Demandez, afin que votre joie soit entière, c'est-à-dire afin que vous soyez rassasiés, et non pour goûter un plaisir d'un instant. Demandez ce qui doit combler vos désirs, dites avec Philippe : « Seigneur, montrez-nous votre Père, et cela nous suffit. » Et le Seigneur vous répondra : « Il y a si longtemps que je suis avec vous, et vous ne me connaissez pas; Philippe, celui qui me voit, voit aussi mon Père. » (*Jean*, XIV, 8, 9.) Rendez donc grâces à Jésus-Christ, qui a souffert pour vous guérir de vos infirmités, et ouvrez la bouche intérieure de votre cœur pour vous rassasier de sa divinité. Adressons-nous au Seigneur, etc.

SERMON CXLVI [1].

Sur ces paroles du chap. XXI de l'Evangile selon saint Jean : *Simon, fils de Jean, m'aimez-vous*, etc.

CHAPITRE PREMIER. — *Devoir du pasteur et des brebis. Dieu lui-même est notre héritage.* — 1. Votre charité a remarqué, dans la lecture de ce jour, que le Seigneur adresse à Pierre cette question : « M'aimez-vous ? » Et Pierre lui répond : « Seigneur, vous savez que je vous aime; » (*Jean*, XXI, 15) réponse qu'il fait une seconde et une troisième fois, et à chaque fois Notre-Seigneur lui dit : « Paissez mes agneaux. » Le Christ confie à Pierre le soin de paître ses

(1) Possidius, dans le chapitre VII de sa Table, fait mention de ce sermon sous ce titre : « Sur le passage de l'Evangile où Notre-Seigneur confie ses brebis à Pierre. »

erat aliquid; et tamen in comparatione Dei : Neque qui plantat est aliquid, neque qui rigat. (I *Cor.*, III, 7.) Et vobis dicimus, et nobis dicimus, et nobis et vobis dicimus, quando petimus in nomine Christi temporalia ista. Nam quis non petat? Alius sanitatem petit, si ægrotat; alius liberationem petit, si in carcere constitutus est; alius portum rogat, si in navi turbatur; alius victoriam rogat, si cum hoste confligit; et in nomine Christi totum rogat, et nihil est quod rogat. Quid ergo rogandum est? « Petite in nomine meo. » (*Joan.*, XVI, 24.) » Et non dixit quid, sed in verbis intelligimus quid petere debeamus. « Petite, et accipietis, ut gaudium vestrum sit plenum. Petite, et accipietis, in nomine meo. » Sed quid? Non nihil : quid autem? « Ut gaudium vestrum sit plenum; » id est : hoc petite quod vobis sufficiat. Nam quando (*f.* temporalia petis, petis nihil) petis nihil : Qui bibet de hac aqua, sitiet iterum. Mittit in puteum hydriam cupiditatis, levat unde bibat, ut iterum sitiat. « Petite ut gaudium vestrum sit plenum; » id est : ut satiemini, non ut ad tempus delectemini. Petite quod vobis sufficiat : dicite vocem Philippi: Domine ostende nobis Patrem, et sufficit nobis. Dicit vobis Dominus : Tanto tempore vobiscum sum, et non cognovistis me? Philippe, qui me videt, videt et Patrem. (*Joan.*, XIV, 8, 9.) Ergo gratias agite Christo pro vobis infirmantibus, (*f.* deest, laboranti, vel quid simile) et fauces satiandas parate Christi divinitati. Conversi ad Dominum, etc.

SERMO CXLVI [a].

De verbis Evangelii Joan., XXI : *Simon Joannis diligis me*, etc.

CAPUT PRIMUM. — *Officium pastoris et ovium. Hæreditas nostra Deus ipse.* — 1. Lectione hodierna animadvertit Caritas Vestra, dictum esse Petro a Domino per interrogationem : « Diligis me? » Cui respondebat ille : « Scis, Domine, quia amo te. » (*Joan.*, XXI, 15.) Hoc secundo, hoc tertio : et ad singula verba respondentis dicebat Dominus : « Pasce

(a) Alias LXII, de verbis Domini.

agneaux, lui qui était le pasteur de Pierre. Que pouvait, en effet, faire cet apôtre pour le Seigneur, depuis surtout qu'il avait un corps immortel et qu'il allait remonter dans le ciel ? Aussi, en lui faisant cette question : « M'aimez-vous ? » il semble lui dire : Voulez-vous me prouver que vous m'aimez ? « Paissez mes brebis. » Donc, mes frères, apprenez avec soumission que vous êtes les brebis de Jésus-Christ, de même que nous nous rappelons avec crainte ces paroles du Sauveur : « Paissez mes brebis. » Si nous ne conduisons les brebis qu'avec crainte, si nous tremblons pour elles, ne doivent-elles pas, à leur tour, craindre pour elles-mêmes ? A nous donc la sollicitude, à vous l'obéissance ; à nous la vigilance pastorale, à vous l'humble soumission des brebis. Que dis-je ? Nous-mêmes qui vous parlons de ce lieu plus élevé, la crainte nous jette sous vos pieds, car nous savons quel compte terrible nous rendrons de cette sublime dignité dont nous sommes revêtus. Ainsi donc, mes bien-aimés, précieux rejetons de l'Eglise catholique, membres de Jésus-Christ, rappelez-vous le chef que vous avez. Enfants de Dieu, songez quel Père vous avez trouvé ; chrétiens, considérez quel héritage vous est promis. Cet héritage n'est point comme les héritages de la terre, que les enfants ne peuvent recueillir qu'après la mort de leurs parents. Nul, en effet, ne peut hériter de son père avant sa mort. Pour nous, au contraire, c'est du vivant même de notre Père que nous posséderons l'héritage qu'il nous donne, parce que notre Père n'est point sujet à la mort. Je vais plus loin, et je ne crains pas de le dire, parce que je dis la vérité : notre Père sera lui-même notre héritage.

Chapitre II. — *Saint Augustin recommande aux nouveaux baptisés de se garder des mauvais chrétiens et des schismatiques.* — 2. Vivez donc d'une manière convenable, vous surtout qui portez les blanches livrées du Christ, qui venez de recevoir, avec le baptême, le bienfait de la régénération. Je vous l'ai déjà dit, et je vous le répète, et en cela je vous exprime toute ma sollicitude : Veillez sur vos démarches ; gardez-vous d'imiter les mauvais chrétiens. Ne dites pas : Je ferai cela, parce que beaucoup de fidèles le font. Ce n'est point là vous préparer une défense, mais vous chercher des compagnons pour l'enfer. Grandissez dans cette aire du Seigneur, vous y trouverez de bons chrétiens qui vous plairont, si vous êtes bons vous-mêmes. Etes-vous donc notre patrimoine ? Les hérétiques et les schismatiques, avec les vols qu'ils ont faits au Seigneur, se sont créé des propriétés particulières, et ont voulu conduire non plus les brebis du Christ, mais leurs brebis contre Jésus-Christ. Sur ces troupeaux qu'ils ont ravis au Seigneur, ils ont, il est vrai, inscrit son nom, pour couvrir et défendre leurs rapines à l'ombre de ce nom

---

agnos meos. » Commendabat Petro Christus agnos suos pascendos, qui pascebat et Petrum. Quid enim Petrus poterat præstare Domino, maxime jam immortale corpus gerenti, et in cœlum ascensuro ? Tanquam ei diceret : « Amas me ? » In hoc ostende quia amas me : « Pasce oves meas. » Ergo, Fratres, cum obedientia audite oves vos esse Christi : quia et nos cum timore audimus : « Pasce oves meas. » Si nos cum timore pascimus et timemus pro ovibus ; ipsæ oves quomodo pro se debent timere ? Pertineat ergo ad nos cura, ad vos obedientia ; ad nos vigilantia pastoralis, ad vos humilitas gregis. Quamquam et nos qui vobis videmur loqui de superiore loco, cum timore sub pedibus vestris sumus ; quoniam novimus quam periculosa ratio de ista quasi sublimi sede reddatur. Proinde, Carissimi, catholica germina, membra Christi, cogitate quale caput habeatis. Filii Dei, cogitate qualem patrem inveneritis. Christiani, cogitate quæ vobis hæreditas promittatur. Non talis qualis in terra possideri a filiis non potest, nisi cum mortui fuerint parentes eorum. Nullus enim in terra possidet hæreditatem patris, nisi mortui. Nos vivo patre nostro possidebimus quod donabit : quia pater noster mori non poterit. Plus addo, plus dico, et verum dico : ipse pater erit hæreditas nostra.

Caput II. — *Recens baptizatos cavere jubet a malis Christianis et a schismaticis.* — 2. Congruenter vivite, maxime vos candidati Christi, recens baptizati, modo regenerati, sicut vos ante admonui, et modo dico, et sollicitudinem meam pronuntio ; quia timorem mihi majorem ingessit præsens Evangelica lectio : Observate vos, nolite imitari malos Christianos. Nolite dicere : Faciam hoc, quia multi fideles hoc faciunt. Hoc non est defensionem parare animæ, sed comites ad gehennam inquirere. Crescite in hac area Dominica : in hac invenietis bonos, qui et vobis placeant, si et vos boni fueritis. Numquid enim peculium nostrum estis ? Hæretici et schismatici de furtis Dominicis peculia sibi fecerunt, et greges non Christi, sed suos contra Christum pascere voluerunt. Plane in ipsis deprædationibus suis titulum illius

puissant. Or, que fait Jésus-Christ, lorsque ces brebis, qui ont reçu en dehors de l'Eglise son nom avec le baptême, se convertissent à lui? Il chasse le ravisseur, n'efface point le nom, et se met en possession de la maison, parce qu'il y trouve son nom. Qu'a-t-il besoin de le changer? Ont-ils jamais médité ces paroles du Seigneur à Pierre : « Paissez mes agneaux, paissez mes brebis? » Est-ce que Jésus lui a dit : Paissez vos agneaux, ou paissez vos brebis? Après donc qu'il a chassé ces ravisseurs, que dit-il à l'Eglise dans le Cantique des cantiques? L'Epoux, s'adressant à l'Epouse, lui dit : « Si vous ne vous connaissez pas vous-même, vous qui êtes la plus belle d'entre les femmes, sortez. » (*Cant.*, I, 7.) Comme s'il lui disait : Je ne vous chasse pas, sortez vous-même, si vous ne vous connaissez pas, ô la plus belle d'entre les femmes! si vous ne vous reconnaissez pas dans le miroir des Ecritures, si vous ne vous reconnaissez pas, ô la plus belle d'entre les femmes, dans ce miroir qui ne trompe point par un faux éclat, si vous ne reconnaissez qu'il est écrit de vous : « Votre gloire éclatera sur toute la terre; » (*Ps.* LVI, 12) et encore : « Je vous donnerai les nations pour héritage, et j'étendrai votre possession jusqu'aux extrémités de la terre; » (*Ps.* II, 8) et d'autres témoignages innombrables, qui ont pour objet l'Eglise catholique; si donc vous ne vous connaissez pas, vous n'avez point de partage à espérer, je ne puis vous donner part à l'héritage. Sortez donc, et marchez sur les traces des troupeaux, non pas en compagnie du troupeau; et menez paître vos boucs, et non pas mes brebis, comme je l'ai dit à Pierre. Il est dit à Pierre : « Paissez mes brebis, » et aux schismatiques, menez paître vos boucs. D'un côté, ce sont des brebis; de l'autre côté, des boucs; ici le Sauveur dit : « Mes brebis, » là il est dit : « vos boucs. » Rappelez-vous ceux qui seront à la droite et à la gauche de notre juge; rappelez-vous où se tiendront les boucs, et où seront placées les brebis (*Matth.*, XXV, 33); et vous verrez où est la droite, où est la gauche, où est la blancheur éclatante et l'obscurité, où est la lumière et les ténèbres, où est la beauté et la laideur qui recevront, les uns le royaume éternel, les autres un éternel supplice.

SERMON CXLVII [1].

Sur ces mêmes paroles du chapitre XXI *de l'Evangile selon saint Jean : Simon, fils de Jean, m'aimez-vous plus que ceux-ci, etc.*

CHAPITRE PREMIER. — *Présomption et reniement de Pierre.* — 1. Vous vous rappelez le

---

(1) Dans un des manuscrits de la bibliothèque Colbert, on lit, en tête de ce sermon : « Prononcé le samedi de Pâques, » c'est-à-dire, comme l'explique un manuscrit de l'abbaye de Saint-Victor, le samedi après Pâques.

---

posuerunt, ut prædæ ipsorum quasi defenderentur per titulum potentis. Quid facit Christus quando tales convertuntur, qui foris ab Ecclesia titulum ejus baptismatis acceperunt? Ejicit prædatorem, titulum non deponit, et possidet domum : quia invenit ibi titulum suum. Quid opus est, ut mutet nomen suum? Numquid attendunt quod ait Dominus Petro : « Pasce agnos meos, pasce oves meas? » Numquid dixit ei : Pasce agnos tuos, aut : Pasce oves tuas? Exclusis autem, quid dixit in Canticis canticorum ad Ecclesiam? Loquens sponsus ad sponsam ait : Nisi cognoveris temetipsam, pulchra inter mulieres, exi tu. (*Cant.*, I, 7.) Tanquam dicens : Non ego te ejicio, exi tu, nisi temetipsam cognoveris, pulchra inter mulieres, nisi cognoveris te in speculo Scripturæ divinæ, nisi attenderis, o mulier pulchra, speculum quod te falso nitore non fallit; nisi cognoveris quia de te dictum est : Super omnem terram gloria tua (*Psal.* LVI, 12) : quia de te dictum est : Dabo tibi gentes hæreditatem tuam, et possessionem tuam terminos terræ (*Psal.* II, 8) : et alia innumerabilia testimonia, quæ catholicam Ecclesiam commendant. Nisi ergo cognoveris, partem non habes, hæredem te non potes facere. Ergo exi tu in vestigiis gregum, non in societate gregis : et pasce hœdos tuos, non quomodo Petro dictum est, « oves meas. » Petro dicitur, « oves meas; » schismaticis dicitur : hœdos tuos. Hic « oves, » ibi, hœdos; hic « meas, » ibi, tuos. Recolite dexteram et sinistram judicis nostri : recolite ubi stabunt hœdi, et ubi oves (*Matth.*, XXV, 33) : et apparebit vobis ubi dextera, ubi sinistra, candida et nigra, luminosa et tenebrosa, pulchra et deformis, acceptura regnum et inventura supplicium sempiternum.

SERMO CXLVII [a].

De eisdem verbis Evangelii Joan., XXI : *Simon Joannis, diligis me plus his? etc.*

CAPUT PRIMUM. — *Petri præsumptio et negatio.* — 1. Apostolum Petrum primum omnium Apostolorum meministis in Domini passione fuisse turba-

---

(a) Alias XXIV, de Sanctis.

trouble qui s'empara de Pierre, le premier de tous les apôtres, lors de la passion de son divin Maître. Ce trouble venait de lui-même, mais c'est Jésus-Christ qui le raffermit. Pierre a commencé par une présomption audacieuse, et il a fini par un timide et lâche renoncement. Il avait promis de mourir pour le Seigneur, il se trompait ; c'était au Seigneur à mourir d'abord pour lui. Lorsqu'il lui disait : « Je vous suivrai jusqu'à la mort, » et « je donnerai ma vie pour vous, » (*Matth.*, XXVI, 35) le Seigneur lui répondit : « Vous donnerez votre vie pour moi ? Je vous le dis en vérité, le coq ne chantera point que vous ne m'ayez renoncé trois fois. » (*Jean*, XIII, 37, 38.) L'heure de l'épreuve arrive, et comme Jésus-Christ était Dieu et que Pierre n'était qu'un homme, la prédiction du Psalmiste s'accomplit : « J'ai dit dans mon effroi : Tout homme est menteur. » (*Ps.* CXV, 11.) Or, dit l'Apôtre, si tout homme est menteur, Dieu est vrai. (*Rom.*, III, 4.) Jésus-Christ fut donc vrai et Pierre menteur.

L'amour de Pierre pour Jésus-Christ était véritable. — 2. Mais qu'est-il maintenant ? Le Seigneur l'interroge, comme vous l'avez vu dans la lecture de l'Evangile, et lui dit : « Simon, fils de Jean, m'aimez-vous plus que ceux-là. Oui, Seigneur, lui répondit-il, vous savez que je vous aime. » (*Jean*, XXI, 15.) Le Sauveur lui adresse une seconde et une troisième fois la même question, et Pierre lui attestant son amour, Jésus lui confie le soin de son troupeau ; chaque fois, en effet, que Pierre lui répond : « Je vous aime, » Notre-Seigneur Jésus-Christ lui dit : « Paissez mes agneaux, paissez mes brebis. »

Chapitre II. — *L'unité de tous les pasteurs figurée dans Pierre.* — Pierre figurait ici l'unité de tous les pasteurs, mais des bons pasteurs qui savent gouverner leurs troupeaux pour Jésus-Christ, et non pour eux-mêmes. Pierre était-il encore alors menteur, faisait-il un mensonge en affirmant qu'il aimait le Seigneur ? Il disait la vérité, car il exprimait ce qu'il voyait dans son cœur. Lorsque, au contraire, il s'écriait : « Je donnerai ma vie pour vous, » il présumait de ses propres forces. Tout homme peut savoir ce qu'il est au moment où il parle, mais qui peut savoir ce qu'il sera le lendemain ? Pierre ramenait donc ses yeux sur son cœur, lorsque le Seigneur lui adressait cette question, et il lui répondait avec confiance, en lui disant ce qu'il y voyait : « Oui, Seigneur, vous savez que je vous aime. » Vous savez ce que je vous dis, et ce que je vois dans mon cœur, vous le voyez vous-même. Toutefois il n'osa pas répondre directement à la question du Sauveur. En effet, Jésus ne lui avait pas demandé simplement : « M'aimez-vous ? » mais il avait ajouté : « Plus que ceux-ci ; » c'est-à-dire :

---

tum. A se turbatum, sed a Christo innovatum. (a) Fuit enim prius audax præsumptor, et postea factus est timidus negator. Promiserat se pro Domino moriturum, cum prius pro illo esset Dominus moriturus. Quando ergo dicebat : Tecum ero usque ad mortem, et : Animam meam pro te ponam (*Matth.*, XXVI, 35); respondit ei Dominus : Animam tuam pro me pones ? Amen dico tibi, prius quam gallus cantet, ter me negabis. (*Joan.*, XIII, 37, 38.) Ventum est ad horam : et quia Deus erat Christus, homo autem Petrus, impleta est Scriptura : Ego dixi in pavore meo : Omnis homo mendax. (*Psal.* CXV, 11.) Dicit autem Apostolus : Quoniam Deus verax, omnis autem homo mendax. (*Rom.*, III, 4.) Verax Christus, mendax Petrus.

Petri amor in Christum verus. — 2. Modo quid ? Interrogat eum Dominus, sicut audistis cum Evangelium legeretur, et dicit ei : « Simon Joannis, diligis me plus his ? » Respondit ille, et dixit : « Etiam, Domine, tu scis quia amo te. » (*Joan.*, XXI, 15.) Et iterum Dominus hoc interrogavit, et tertio hoc interrogavit. Et respondenti dilectionem, commendavit gregem. Per singula enim dicebat Dominus Jesus Petro dicenti : « Amo te : Pasce agnos meos, pasce oviculas meas. »

Caput II. — *Unitas omnium pastorum in Petro figurata.* — In uno Petro figurabatur unitas omnium pastorum, sed bonorum qui sciant oves Christi pascere Christo, non sibi. Numquid modo Petrus mendax erat, aut amare se Dominum mendaciter respondebat ? Veraciter hoc respondebat : hoc enim respondebat, quod in corde suo videbat. Quando autem dixerat : Animam meam pro te ponam, de futuris voluit præsumere viribus. Omnis autem homo qualis sit tunc cum loquitur, forte scit ; qualis crastino futurus sit, quis scit ? Revocabat ergo oculos suos ad cor suum Petrus, quando interrogabatur a Domino, et fidens respondebat quod ibi videbat : « Etiam, Domine, tu scis quia amo te. » Quod tibi dico, tu scis : quod hic video in corde meo, vides et tu. Non ausus est tamen dicere quod Dominus interrogaverat. Non enim simpliciter Dominus dixerat :

(a) Plures Mss. carent his verbis : *A se turbatum, sed a Christo innovatum.*

M'aimez-vous plus que ceux-ci, plus que ces autres disciples. Pierre ne put que répondre : « Je vous aime; » il n'osa pas ajouter : Plus que ceux-ci. Il ne voulut point s'exposer une seconde fois à mentir. C'était assez pour lui d'avoir rendu témoignage des sentiments de son cœur, il ne devait pas s'ériger en juge des dispositions du cœur d'autrui.

CHAPITRE III. — *Pierre fut d'abord abandonné et puis ensuite fortifié par Jésus-Christ.* — 3. Pierre disait-il alors la vérité de lui-même, ou n'était-ce pas plutôt Jésus-Christ qui parlait, par sa bouche, le langage de la vérité ? Au moment marqué par la volonté divine, Notre-Seigneur Jésus-Christ abandonna Pierre, et il ne resta plus dans Pierre que l'homme ; et, lorsqu'il le voulut également, Notre-Seigneur le remplit de sa présence, et la vérité inspira de nouveau le langage de Pierre. C'est à la pierre que Pierre devait cette véracité, et cette pierre était le Christ. (I *Cor.*, x, 4.) Et que lui prédit le Sauveur, lorsque Pierre lui répond pour la troisième fois qu'il l'aime, et que Jésus lui confie pour la troisième fois le soin de ses brebis ? Il lui prédit son martyre. « Lorsque vous étiez plus jeune, lui dit-il, vous vous ceigniez vous-même, et vous alliez où vous vouliez ; mais, quand vous serez vieux, vous étendrez les mains, et un autre vous ceindra et vous conduira où vous ne voudrez pas. » (*Ibid.*, 18.) L'Evangéliste nous donne l'explication de ces paroles du Sauveur : « Il dit cela, observe-t-il, pour marquer par quelle mort il devait glorifier Dieu ; » (*Ibid.*, 19) c'est-à-dire être crucifié pour Jésus-Christ, car c'est ce que signifient ces paroles : « Vous étendrez les mains. » Où est maintenant celui qui renonçait si indignement son maître ? Notre-Seigneur Jésus-Christ lui dit ensuite : « Suivez-moi. » (*Ibid.*) Mais il ne le lui dit pas dans le même sens que lorsqu'il appelait à lui ses disciples. Il leur dit aussi alors : « Suivez-moi ; » c'est-à-dire : Suivez ma doctrine ; mais aujourd'hui, suivez-moi pour recevoir la couronne. Lorsque Pierre renia Jésus-Christ, ne craignait-il pas d'être mis à mort ? Oui, il craignait de passer par les mêmes souffrances que le Christ. Mais cette crainte avait dû disparaître, car il voyait vivant, dans son propre corps, celui qu'il avait vu attaché à la croix. Jésus-Christ, par sa résurrection, le délivra de la crainte de la mort, et il pouvait, en toute justice, demander à Pierre, libre de cette crainte, s'il l'aimait. La crainte l'avait renié trois fois, l'amour devait s'affirmer dans une triple confession. La triple négation, c'était l'abandon de la vérité ; la triple confession, c'est le témoignage de l'amour.

« Diligis me ? » sed addiderat : « Plus his diligis me ? » id est : Plus me diligis quam isti ? De aliis discipulis dicebat : ille non potuit dicere nisi : « Amo te ; » non ausus est dicere : plus his. Noluit iterum esse mendax. Suffecerat ei testimonium perhibere cordi suo : non debuit esse judex cordis alieni.

CAPUT III. — *Petrus desertus a Christo, et post roboratus.* — 3. Verax ergo Petrus, an verax in Petro Christus ? Quando autem voluit Dominus Jesus Christus, deseruit Petrum, et inventus est homo Petrus : quando autem placuit Domino Jesu Christo, implevit Petrum, et inventus est Petrus verax. Veracem Petrum petra fecerat : Petra enim erat Christus. (I *Cor.*, x, 4.) Et quid ei nuntiavit, quando tertio respondit amare se Christum, et tertio Dominus Petro suas oviculas commendavit ? Prænuntiavit ei passionem suam. « Cum esses, inquit, junior, cingebas te, et ibas quo volebas : cum autem senueris, extendes manus tuas, et alter te cinget, et feret quo tu non vis. » (*Ibid.*, 18.) Evangelista nobis exposuit quid dixerit Christus. « Hoc autem dicebat, inquit, significans qua morte clarificaturus esset Deum » (*Ibid.*, 19) : id est, quia pro Christo fuerat crucifigendus : hoc est enim : « Extendes manus tuas. » Ubi est ille negator ? Deinde post hæc ait Dominus Christus : « Sequere me. » (*Ibid.*) Non sic quomodo prius, quando vocavit discipulos. Nam et tunc dixit : « Sequere me ; » sed tunc ad doctrinam, modo ad coronam. Numquid non quando negavit Christum, occidi timuit ? Hoc timuit pati, quod passus est Christus. Sed jam timere non debuit. Videbat enim in carne viventem, quem viderat in ligno pendentem. Resurgendo Christus abstulit mortis timorem : et quoniam abstulerat mortis timorem, merito interrogabat Petri amorem. Ter negaverat timor, ter confessus est amor. Trinitas negationis, desertio veritatis : trinitas confessionis, testimonium dilectionis.

SERMON CXLVIII [1].

Sur ces paroles du chapitre v des Actes : *Si vous aviez voulu garder ce champ, n'était-il pas toujours à vous*, etc.

Prononcé le dimanche après Pâques, dans l'église des vingt-Martyrs.

CHAPITRE PREMIER. — *La mort du corps n'a pas été pour Ananie et Saphire un châtiment trop sévère.* — 1. Vous avez remarqué, dans la lecture qui vient de vous être faite, du livre intitulé *Actes des Apôtres*, ce qui est arrivé à ces chrétiens qui, après avoir vendu leur champ, retinrent une partie du prix, et vinrent apporter l'autre aux pieds des apôtres, comme si c'eût été la somme entière. Ils furent frappés à l'instant, et expirèrent tous deux, l'homme et la femme. Quelques-uns trouvent trop sévère ce châtiment, qui frappe de mort ces deux chrétiens, pour avoir détourné une partie du prix d'un bien qui leur appartenait. Si l'Esprit saint agit aussi sévèrement, ce ne fut point par le désir de posséder, mais pour punir le mensonge. Vous avez entendu, en effet, ces paroles que saint Pierre leur adresse : « Si vous l'aviez voulu garder, n'était-il pas toujours à vous? et, vendu, ne vous appartenait-il pas encore? » (*Act.*, v, 4.) Si vous ne vouliez pas le vendre, qui vous y forçait? Si vous ne vouliez en offrir que la moitié, qui aurait exigé de vous la totalité? Vous n'aviez intention que d'offrir la moitié, vous ne deviez déclarer que la moitié. Mais vous offrez la moitié comme étant la totalité, voilà le mensonge qu'il fallait punir. Cependant, mes frères, ne regardez point comme trop sévère la mort dont ils furent frappés. Plaise à Dieu que la vengeance divine ne soit pas allée plus loin ! Quel si grand châtiment que la mort pour des mortels qui devaient un jour mourir? Mais Dieu voulut, par ce châtiment temporel, faire connaître la sévérité de la loi chrétienne. Il est permis de croire que, après cette vie, Dieu aura usé d'indulgence à leur égard, car sa miséricorde est grande. L'apôtre saint Paul, reprenant les chrétiens qui s'approchaient indignement du corps et du sang de Jésus-Christ, parle des morts qui étaient un juste châtiment du ciel, et dit : « C'est pourquoi il y en a beaucoup parmi vous qui sont malades et languissants, et un certain nombre s'endorment; » (1 *Cor.*, xi, 30) c'est-à-dire un nombre suffisant pour affermir la discipline. Un grand nombre s'endorment, c'est-à-dire meurent. Ils étaient frappés par la justice divine, ils tombaient malades et mouraient. Et l'Apôtre ajoute : « Si nous nous jugions nous-mêmes, nous ne serions pas jugés de Dieu. Mais lorsque nous sommes jugés, c'est le Seigneur qui nous reprend, afin

[1] Ce titre est le même que celui que nous lisons dans la Table de Possidius, chap. viii. Dans les manuscrits, ce sermon est intitulé : *De la vision de Pierre*.

SERMO CXLVIII [a].

De verbis Actuum Apost., v : *Nonne manens tibi manebat*, etc.

CAPUT PRIMUM. — *Ananiæ et Saphiræ non severior correptio, mors temporalis.* — 1. Cum lectio legeretur de libro qui inscribitur *Actus Apostolorum*, animadvertistis quid contigerit eis, qui cum villam vendidissent, subtraxerunt de pretio villæ, et ante pedes Apostolorum, quasi totum pretium, posuerunt. Continuo correpti exspiraverunt ambo, vir et uxor ejus. Nonnullis videtur nimis severa ista fuisse correptio, ut propter pecuniam de re sua subtractam, homines morerentur. Non hoc Spiritus sanctus avaritia fecit, sed Spiritus sanctus mendacium sic punivit. Nam verba audistis beatissimi Petri, dicentis : « Nonne manens tibi manebat, et venditum in tua erat potestate? » (*Act.*, v, 4.) Si nolles vendere, quis te cogeret? Si velles offerre dimidium,

[a] Alias de Diversis x.

quis exigeret totum ? Si enim dimidium offerendum erat, dimidium dicendum erat. Pro toto dimidium, hoc est puniendum mendacium. Non tamen videatur, Fratres, severa correptio, mors temporalis. Atque utinam huc usque vindicta processerit. Quid enim magnum mortalibus contigit quandocumque morituris? Sed per illorum temporalem pœnam Deus sciri voluit disciplinam. Credendum est autem quod post hanc vitam eis pepercerit Deus : magna est enim ejus misericordia. De mortibus autem quæ contingunt ex vindicta, ait quodam loco apostolus Paulus, corripiens eos qui male tractabant corpus et sanguinem Christi, et dicens : Propterea in vobis multi infirmi et ægri, et dormiunt sufficientes (1 *Cor.*, xi, 30) : id est, quantum sufficit ad disciplinam imponendam. Multi in vobis dormiunt, hoc est, moriuntur. Flagello enim Domini corripiebantur : ægrotabant, et moriebantur. Et subjecit post hæc verba, et ait : « Si enim nos ipsos judi-

que nous ne soyons pas condamnés avec le monde. » (*Ibid.*, 31, 32.) Il n'y a donc rien d'étonnant qu'un châtiment semblable ait été infligé à cet homme et à sa femme. La peine de mort, dont Dieu les a frappés, les a sauvés d'un supplice éternel.

CHAPITRE II. — *Il faut accomplir les vœux que l'on fait à Dieu.* — 2. Voici, mes frères, la réflexion que doit nous inspirer ce châtiment. Si Dieu s'est trouvé offensé qu'Ananie et Saphire aient détourné une partie de l'argent qu'ils avaient fait vœu de lui offrir, bien que cet argent ne dût servir qu'à l'usage des hommes, combien se montrera-t-il plus sévère pour ceux qui font vœu de chasteté sans l'observer, qui font vœu de virginité et y sont infidèles? Ces vœux, en effet, sont pour l'usage de Dieu, et non pour l'usage des hommes. Qu'ai-je voulu dire : pour l'usage de Dieu? C'est que Dieu se fait une demeure du cœur des saints; il se fait un temple dans lequel il daigne habiter, et il veut que la sainteté de ce temple soit inviolable. Lors donc qu'une vierge consacrée à Dieu veut se marier, nous pouvons lui dire ce que Pierre disait de l'argent d'Ananie : Votre virginité n'était-elle pas à vous, et, avant que vous en ayez fait vœu, n'en étiez-vous pas maîtresse ? Mais tous ceux qui s'engagent par de tels vœux, et négligent de les accomplir, doivent s'attendre à être condamnés, non pas au châtiment de la mort du temps, mais au feu éternel.

SERMON CXLIX. [1]

Dans ce sermon, saint Augustin résout les quatre questions tirées du chap. x des Actes des Apôtres, et de l'Évangile : la première, sur la vision de Pierre; la seconde, sur ces paroles de l'Évangile : *Que votre lumière brille devant les hommes, afin qu'ils voient vos bonnes œuvres*, etc.; et sur ces autres, plus loin : *Prenez garde de faire vos bonnes œuvres devant les hommes, afin qu'ils vous voient*, etc.; la troisième, sur ces paroles de l'Evangile : *Que votre gauche ne sache pas ce que fait votre droite*; la quatrième, sur l'amour des ennemis.

CHAPITRE PREMIER. — *Première question à résoudre : Sur la vision de Pierre.* — 1. Je me souviens que, dès avant dimanche dernier (2), je me suis engagé à donner à votre sainteté l'explication de quelques questions tirées des saintes Écritures. Le temps est venu d'acquitter cette promesse, si Dieu daigne m'en faire la grâce. Je ne veux pas être plus longtemps votre débiteur sur ce point. La charité est la seule chose dont

---

(1) C'est sous ce même titre que ce sermon est indiqué dans la Table de Possidius, chapitre VIII; mais, dans les manuscrits, il est intitulé : « *De la vision de Pierre.* »

(2) Saint Augustin rappelle sans doute ici la promesse qu'il fait à la fin du sermon, qui est le dix-neuvième parmi ceux qui ont été publiés par Sirmond, et qui fut prononcé le premier dimanche après Pâques : « Je vous dois encore, je l'avoue, l'explication des questions de l'Écriture que je vous ai proposées hier, et que le temps ne m'a pas permis de résoudre. Mais si, dans les jours qui suivent, les lois civiles permettent de poursuivre les débiteurs devant les tribunaux, vous devez bien plutôt exiger de nous le payement de cette dette, en vertu des lois chrétiennes. »

---

caremus, a Domino non judicaremur. Cum judicamur autem, a Domino corripimur, ne cum mundo damnemur. » (*Ibid.*, 31, 32.) Quid si ergo huic viro et uxori ejus tale aliquid contigit? Correpti sunt mortis flagello, ne supplicio punirentur æterno.

CAPUT II. — *Vota Deo reddenda.* — 2. Hoc tantum attendat Caritas Vestra, quia si Deo displicuit detrahere de pecunia quam voverant Deo, et utique illa pecunia usibus hominum fuerat necessaria : quomodo irascitur Deus, quando vovetur castitas, et non exhibetur; quando vovetur virginitas, et non exhibetur? Vovetur enim ad usus Dei, et non ad usus hominum. Quid est quod dixi : ad usus Dei? Quia de sanctis Deus facit sibi domum, facit sibi templum, in quo habitare dignetur : et utique sanctum vult permanere templum suum. Potest ergo virgini sanctimoniali nubenti dici, quod ait Petrus de pecunia : Virginitas tua numquid non manens tibi manebat, et antequam eam voveres, in tua fuerat potestate? Quæcumque autem hoc fecerint, voverint talia, et non reddiderint; non se putent temporalibus mortibus corripi, sed æterno igne damnari.

SERMO CXLIX. [a]

In quo quæstiones propositæ ex Actibus Apostolorum, cap. X, et ex Evangelio solvuntur, seu de quatuor quæstionibus : Prima de visione Petri. Secunda de verbis Evangelii : *Luceat lumen vestrum coram hominibus, ut videant bona facta vestra*, etc. Et paulo post : *Cavete facere justitiam vestram coram hominibus, ut videamini ab eis*, etc. Tertia de verbis Evangelii : *Nesciat sinistra tua quid faciat dextera tua*. Quarta, de dilectione inimici.

CAPUT PRIMUM. — *Quæstiones solvendæ*; 1. *De visione Petri.* — 1. Ante diem Dominicum superiorem, memini me propositarum de Scripturis quarumdam quæstionum factum esse debitorem Sanctitati

---

(a) Alias de Diversis XXIV.

nous sommes toujours redevables, quelque soin que nous prenions de nous en acquitter. Or, sur cette vision de Pierre, voici, disions-nous, ce qu'il faut examiner : Que signifie « cette forme de vase, comme une grande nappe suspendue par les quatre coins, qui descendait du ciel jusqu'à la terre, et où étaient toutes sortes de quadrupèdes, de reptiles et d'oiseaux du ciel, » et cette voix divine, qui dit à Pierre : « Tue et mange; » ce qui se fit par trois fois, après quoi le vase fut retiré dans le ciel? (*Act.*, x, 11, etc.)

2. Il est facile de répondre ici à ceux qui s'imaginent que Dieu commande ici à Pierre un acte de voracité. Alors même que nous prendrions à la lettre ces paroles : « Tue et mange, » ce n'est point l'action de tuer et de manger qui est un péché, mais l'usage immodéré des biens que Dieu ne donne aux hommes que pour subvenir à leurs légitimes besoins.

CHAPITRE II. — *La défense faite aux Juifs de s'abstenir des animaux immondes était figurative.* — 3. La loi qui avait été donnée aux Juifs déterminait certains animaux qu'ils pouvaient manger, et certains autres dont ils devaient s'abstenir. Or, ces préceptes leur étaient donnés comme symbole des choses futures, ainsi que l'apôtre saint Paul l'enseigne clairement dans son Epître aux Colossiens : « Que personne, dit-il, ne vous condamne pour le manger, ou pour le boire, ou à cause des jours de fête, des nouvelles lunes et des jours de sabbat, puisque toutes ces choses n'ont été que l'ombre de celles qui devaient arriver. » (*Coloss.*, II, 16.) Dans un autre endroit, alors que l'Eglise chrétienne était établie, il dit encore : « Tout est pur pour ceux qui sont purs, » (*Tit.*, I, 15) « mais il est mal à l'homme de manger avec scandale. » (*Rom.*, XIV, 20.) Quand l'Apôtre écrivait ces paroles, il y avait des chrétiens qui mangeaient de certaines viandes, au grand scandale des âmes faibles. En effet, on vendait au marché la chair des animaux immolés par les aruspices; un grand nombre de chrétiens s'abstenaient de manger de ces viandes, de peur de manger, même sans le savoir, celles qui auraient été immolées aux idoles. Voilà pourquoi le même Apôtre, voulant rassurer les consciences trop craintives, dit dans un autre endroit : « Mangez de tout ce qui se vend au marché, sans vous informer de rien par scrupule de conscience; car la terre et tout ce qu'elle contient est au Seigneur. » Et il ajoute : « Si un infidèle vous invite à manger chez lui, et que vous vouliez y aller, mangez de tout ce qu'on vous servira, sans vous informer de rien par scrupule de conscience. Mais, si quelqu'un vous dit : Ceci a été immolé aux idoles, n'en mangez point, à cause de celui qui vous a donné cet avis et à cause de la conscience. » (I *Cor.*, X, 25, etc.) Ainsi donc, la pureté ou l'impureté ne

---

Vestræ. Est autem, quantum Dominus dare dignatur, solvendi tempus, ne diutius debeamus, nisi solam caritatem, quæ semper redditur, et semper debetur. De visione Petri dixeramus quærendum esse, quid sibi velit « vas illud, tanquam linteum submissum de cœlo quatuor lineis, in quo erant omnia quadrupedia terræ, et serpentia, et volatilia cœli; » et quod dictum est Petro voce divina : « Occide et manduca; » et quod ter factum est et assumptum. (*Act.*, x, 11, etc.)

2. Adversus eos quidem qui voracitatem a Domino Deo imperatam Petro arbitrantur, facile est disputare. Primo, quia etiamsi ad litteram velimus accipere quod dictum est : « Occide, et manduca; » non occidere et manducare peccatum est, sed immoderate uti donis Dei, quæ tribuit ad usus homini.

CAPUT II. — *Judæorum abstinentia ab immundis animalibus figurativa erat.* — 3. Judæi enim acceperant certa animalia quæ manducarent, et certa a quibus abstinerent : quod in significatione rerum futurarum eos accepisse, manifestat apostolus Paulus dicens :

« Nemo ergo vos judicet in cibo, aut in potu, aut in parte diei festi, aut neomeniæ, aut sabbatorum, quod est umbra futurorum. » (*Colos.*, II, 16.) Itaque jam temporibus Ecclesiæ dicit alio loco : Omnia munda mundis (*Tit.*, I, 1, 5), sed malum est homini qui per offensionem manducat. (*Rom.*, XIV, 20.) Erant enim qui tempore illo, quo ista scribebat Apostolus, carnibus vescebantur, in offensionem quorumdam infirmorum. Immolatitia enim caro eorum pecorum quæ aruspices immolabant, tunc in macello vendebatur, et multi fratres abstinebant se ab edendis carnibus, ne vel ignari incurrerent in eas carnes, de quibus sacrificium idolis factum erat. Unde alio loco idem Apostolus, ne timore conscientia trepidaret, ait : « Omne quod in macello venit, manducate, nihil interrogantes, propter conscientiam. Domini est enim terra et plenitudo ejus. » Et iterum : « Si quis autem vos vocaverit ex infidelibus, et volueritis ire; omnia quæ apponuntur vobis manducate, nihil dijudicantes propter conscientiam. Si quis autem vobis dixerit, quod immolatitium est; nolite manducare, propter illum

dépend pas ici du contact de ces divers aliments, mais de l'état de pureté ou de souillure où se trouve la conscience.

CHAPITRE III. — *Les animaux que la loi défendait aux Juifs de manger sont autant de signes figuratifs.* — 4. Les chrétiens ont donc ici une latitude que n'avaient pas les Juifs. Car tous les animaux dont la loi interdisait aux Juifs de manger étaient des signes figuratifs, et, comme le dit saint Paul, l'ombre de ce qui devait arriver. De même que la circoncision figurait la circoncision du cœur, que les Juifs pratiquaient dans la chair, en rejetant la circoncision spirituelle; ainsi, ces aliments étaient autant de préceptes mystérieux et de signes figuratifs de l'avenir. Ainsi, la loi leur permettait de manger des animaux qui ruminent et qui ont la corne fendue, et leur interdisait l'usage de ceux qui manquaient de l'une ou l'autre de ces conditions; elle voulait par là désigner les hommes qui ne font point partie de la société des saints. En effet, la corne fendue a rapport à la conduite, et la rumination rappelle une propriété de la sagesse. Pourquoi la corne fendue figure-t-elle la conduite? Parce que les animaux qui ont la corne fendue tombent plus difficilement; car la chute est le signe du péché. Quel rapport maintenant entre la rumination et la doctrine de la sagesse? Parce qu'il est écrit : « Un trésor précieux repose sur les lèvres du sage, et l'homme insensé l'engloutit. » (*Prov.*, XXI, 21, *selon les Sept.*) Celui donc qui écoute la vérité, et qui l'oublie ensuite, par négligence, engloutit, pour ainsi dire, ce qu'il a entendu, sans prendre le temps de le goûter, et ensevelit dans l'oubli l'enseignement qu'il a reçu. Celui, au contraire, qui médite la loi du Seigneur jour et nuit, semble la ruminer et en savourer intérieurement les délices.

CHAPITRE IV. — *Pourquoi ces préceptes des observances judaïques sont-ils lus aux chrétiens.* — Ces préceptes donnés aux Juifs signifiaient donc qu'on se rend indigne de faire partie de l'Eglise, c'est-à-dire du corps de Jésus-Christ, de la grâce et de la société des saints, par la négligence à écouter la parole de Dieu, par une vie criminelle, ou par ces deux défauts réunis.

5. Ainsi, tous les préceptes de ce genre donnés aux Juifs sont des signes figuratifs de ce qui devait arriver. Si on en fait encore lecture depuis la venue de la lumière du monde, de Notre-Seigneur Jésus-Christ, c'est pour en donner simplement l'intelligence, et non pour les faire observer. Il est donc permis aux chrétiens de ne plus se conformer à ces vaines observances, et de manger ce qu'ils veulent avec modération, en bénissant Dieu et en lui

qui indicavit, et propter conscientiam. » (I *Cor.*, X, 25, etc.) Omne ergo in his rebus sive mundum sive immundum, non in contactu carnis, sed in conscientiæ puritate, aut in macula constitutum est.

CAPUT III. — *Animalia Judæis prohibita, signa sunt.* — 4. Unde data est licentia Christianis, quæ Judæis, non est data. Omnia enim animalia quæ Judæis prohibita sunt manducare, signa sunt rerum, et sicut dictum est, umbræ futurorum. Sicut illa circumcisio significat circumcisionem cordis, quam illi in carne gestabant, et in corde repudiabant : sic et epulæ illæ præcepta mysteriorum sunt, et signa futurorum. Veluti quod scriptum est eis, ut quæ sunt ruminantia et fissa ungula, ipsa manducent; quibus autem vel utrumque vel unum horum defuerit, non manducent (*Deut.*, XIV) : homines quidam significantur, non pertinentes ad societatem sanctorum. Fissa enim ungula ad mores, ruminatio vero ad sapientiam pertinet. Quare ad mores fissa ungula? Quia difficile labitur. Lapsus enim peccati signum est. Ruminatio autem ad (*a*) sapientiæ doctrinam quomodo pertinet? Quia dixit Scriptura : Thesaurus desiderabilis requiescit in ore sapientis, vir autem stultus glutit illum. (*Prov.*, XXI, 20, *sec.* LXX.) Qui ergo audit, et negligentia fit obliviosus, quasi glutit quod audivit; ut jam in ore non sapiat, auditionem ipsam oblivione sepeliens. Qui autem in lege Domini meditatur die et nocte, tanquam ruminat, et in quodam quasi palato cordis verbi sapore delectatur.

CAPUT IV. — *Judaicarum observationum præcepta cur legantur Christianis.* — Hoc ergo quod præceptum est Judæis, significat quod ad Ecclesiam, id est, ad corpus Christi, ad gratiam societatemque sanctorum non pertinent illi, qui aut negligentes auditores sunt, aut malos mores habent, aut in utroque vitio reprehenduntur.

5. Sic cætera quæ ad hunc modum præcepta sunt data Judæis, umbraticæ sunt significationes futurorum. Postea quam venit lux mundi Dominus noster Jesus Christus, tantummodo ut intelligantur, non etiam ut observentur, leguntur. Data est ergo licentia Christianis, ut secundum hanc vanam consuetu-

(*a*) Germanensis MS. *ad sapientiam doctrinæ.*

rendant grâces. C'est peut-être dans ce sens que la voix du ciel dit à Pierre : « Tue et mange, » pour l'affranchir ainsi des observances judaïques, mais non pour lui commander un acte de gloutonnerie ou de honteuse voracité.

CHAPITRE V. — *Ce que signifiait la vision de Pierre, le vase, les quatre coins de la nappe.* — 6. Ce qui prouve cependant que cette vision était figurative, c'est que cette nappe contenait des reptiles, des serpents. Or, Pierre pouvait-il manger des serpents? Quel est donc le sens de cette vision? Cette nappe figurait l'Eglise; les quatre coins, les quatre parties du monde, dans lesquelles s'étend l'Eglise catholique, qui est répandue par toute la terre. Celui donc qui veut former un parti et se séparer de l'Eglise universelle n'est plus compris dans l'unité, figurée par les quatre coins de la nappe. Or, s'il n'est point compris dans la vision de Pierre, il n'a non plus aucun rapport avec les clefs qui ont été données à Pierre. En effet, Dieu nous dit qu'à la fin du monde il rassemblera ses saints des quatre vents, parce qu'aujourd'hui la foi de l'Evangile se répand dans les quatre parties du monde. (*Matth.*, XXIV, 31.) Ces animaux figurent donc les Gentils. En effet, les Gentils de toutes les nations, qui étaient immondes avant la venue de Jésus-Christ, plongés qu'ils étaient dans leurs erreurs, leurs superstitions et leurs infâmes convoitises, sont devenues purs, à l'avénement de Jésus-Christ, par la rémission des péchés. Or, après que leurs péchés leur ont été remis, qui s'oppose à ce qu'ils soient reçus dans le corps de Jésus-Christ, qui est l'Eglise de Dieu, dont Pierre était la figure?

CHAPITRE VI. — *Pierre est la figure de l'Eglise.* — 7. Nous voyons, dans plusieurs endroits des Ecritures, que Pierre représente l'Eglise, surtout dans ces paroles : « Je te donnerai les clefs du royaume des cieux. Tout ce que tu lieras sur la terre sera lié dans le ciel, et tout ce que tu délieras sur la terre sera délié dans le ciel. » (*Matth.*, XVI, 19.) Est-ce que Pierre seul a reçu ces clefs, sans qu'elles aient été données aussi à Paul? Est-ce que Pierre les a reçues à l'exclusion de Jacques, de Jean et des autres apôtres? Ces clefs ne sont-elles plus maintenant dans les mains de l'Eglise, où les péchés sont remis tous les jours? Je réponds que, Pierre étant la figure de l'Eglise, le pouvoir donné à lui seul était donné à l'Eglise. Pierre était donc la figure de l'Eglise, et l'Eglise est le corps de Jésus-Christ. Qu'il reçoive donc dans ce corps les Gentils purifiés par la rémission des péchés; car c'est pour ce motif que Corneille, tout païen qu'il était, envoya demander Pierre, ainsi que les Gentils qui étaient avec lui. (*Act.*, x.) Les aumônes de cet homme l'avaient purifié dans

---

dinem non faciant, sed manducent quod velint, cum moderatione, cum benedictione, cum gratiarum actione. Fortassis ergo et Petro ita dictum est : « Occide, et manduca; » ut non jam teneret observationes Judæorum : non tamen ei quasi gurges ventris et fœda voracitas imperata est.

CAPUT V. — *Visio Petri figurativa. Vas. Lineæ quatuor.* — 6. Sed tamen ut intelligatis hoc in figura esse monstratum, erant in illo vase serpentia. Numquidnam poterat manducare serpentes? Quid ergo sibi vult ista significatio? Vas illud Ecclesiam significat : quatuor lineæ, quibus dependebat, quatuor partes orbis terrarum, per quas tenditur Ecclesia catholica, quæ ubique diffusa est. Quicumque ergo voluerit in partem ire, et ab universo conscindi, non pertinet ad quatuor linearum sacramentum. Si autem ad visionem Petri non pertinet, nec ad claves quæ datæ sunt Petro. A quatuor enim ventis dicit Deus congregari sanctos suos in fine : quia nunc per omnes istos quatuor cardines fides Evangelica dilatatur. (*Matth.*, XXIV, 31.) Animalia ergo illa : Gentes sunt. Omnes enim Gentes quæ immundæ erant, in erroribus et superstitionibus et concupiscentiis suis, ante quam veniret Christus, illo adveniente donatis sibi peccatis mundæ sunt factæ. Unde jam post remissionem peccatorum, quare non recipiantur in corpus Christi, quod est Ecclesia Dei, cujus personam Petrus gestabat?

CAPUT VI. — *Petrus personam gerit Ecclesiæ.* — 7. Petrus enim in multis locis Scripturarum apparet quod personam gestet Ecclesiæ, maxime illo in loco ubi dictum est : Tibi trado claves regni cœlorum. Quæcumque ligaveris in terra, erunt ligata et in cœlo; et quæcumque solveris in terra, erunt soluta et in cœlo. (*Matth.*, XVI, 19.) Numquid istas claves Petrus accepit, et Paulus non accepit? Petrus accepit, et Joannes et Jacobus non accepit, et cæteri Apostoli? Aut non sunt istæ in Ecclesia claves, ubi peccata quotidie dimittuntur? Sed quoniam in significatione personam Petrus gestabat Ecclesiæ, quod illi uni datum est, Ecclesiæ datum est. Ergo Petrus figuram gestabat Ecclesiæ. Ecclesia corpus est Christi. Recipiat igitur jam mundatas Gentes, quibus peccata donata sunt; unde miserat ad illum Cornelius gentilis homo, et qui cum illo gentiles erant. (*Act.*, x.) Hujus eleemosynæ acceptæ mundaverant eum ad quemdam

une certaine mesure; il ne restait plus qu'à l'incorporer à l'Eglise, c'est-à-dire au corps du Seigneur, comme un aliment pur. Mais Pierre hésitait à transmettre l'Evangile aux Gentils, parce que ceux qui avaient embrassé la foi parmi les Juifs circoncis défendaient aux apôtres d'annoncer la foi chrétienne aux incirconcis, et prétendaient qu'ils ne devaient entrer en participation de l'Evangile qu'après avoir reçu la circoncision donnée à leurs pères.

Chapitre VII. — *Les Gentils sont reçus dans l'Eglise*. — 8. Cette nappe qui apparut à Pierre mit fin à son hésitation; aussi, après cette vision, l'Esprit saint lui commanda de descendre et d'aller avec ceux qui étaient venus de la part de Corneille, ce qu'il fit. Corneille, en effet, et ceux qui se trouvaient avec lui étaient comme figurés par ces animaux que renfermait la nappe; mais Dieu les avait déjà rendus purs, parce qu'il avait eu pour agréables leurs aumônes. Il fallait donc les tuer et les manger, c'est-à-dire, détruire en eux la vie ancienne, dans laquelle ils n'avaient pas connu Jésus-Christ, et les faire passer dans le corps de l'Eglise, c'est-à-dire dans la vie nouvelle que donne la communion avec l'Eglise. Aussi Pierre étant entré chez eux, il leur rappela en quelques mots ce qui lui avait été montré dans cette vision, et leur dit : « Vous savez combien un Juif tient pour abominable d'avoir liaison avec un étranger, ou d'entrer chez lui; mais Dieu m'a appris à ne traiter aucun homme d'impur ou de souillé. » (*Act.*, x, 28.) C'est ce que Dieu lui apprit, lorsque la voix du ciel fit entendre ces paroles : « Garde-toi d'appeler impur ce que Dieu a purifié. » (*Ibid.*, 15.) Et lorsqu'il vint ensuite retrouver ses frères, à Jérusalem, comme quelques-uns se soulevaient contre lui, parce qu'il avait annoncé l'Evangile aux Gentils (*Act.*, xi), il leur rappela sa vision, pour calmer leur émotion; ce qu'il n'aurait pas fait, si elle n'avait la signification que nous venons d'exposer.

Chapitre VIII. — *Ce que signifiait la nappe*. — 9. On me demandera peut-être encore pourquoi ces animaux étaient contenus dans une nappe de lin. Ce n'est point sans raison. Nous savons que le lin n'est point rongé par les vers comme les autres vêtements. Que chacun rejette de son cœur la corruption des convoitises criminelles, qu'il s'affermisse ainsi dans la foi d'une manière incorruptible, qu'il devienne inaccessible aux mauvaises pensées, qui sont autant de vers rongeurs, s'il veut être compris dans cette nappe mystérieuse qui était la figure de l'Eglise.

Chapitre IX. — *Cette nappe descendit trois fois*. — 10. Pourquoi Pierre vit-il cette nappe descendre trois fois du ciel? Parce que tous les Gentils qui habitent les quatre parties du monde,

---

modum : restabat ut tanquam cibus mundus incorporaretur Ecclesiæ, hoc est, corpori Domini. Petrus autem trepidabat tradere Gentibus Evangelium : quia illi qui crediderant ex circumcisione, prohibebant Apostolos tradere incircumcisis Christianam fidem; et dicebant non eos debere accedere ad participationem Evangelii, nisi suscepissent circumcisionem, quæ tradita erat patribus eorum.

Caput VII. — *Gentium receptio intra Ecclesiam*. — 8. Vas ergo illud dubitationem istam sustulit; et ideo post illam visionem admonitus est ab Spiritu sancto, ut descenderet et iret cum eis qui venerant a Cornelio, et perrexit. Cornelius enim et qui cum illo erant, tanquam ex illis animalibus habebantur, quæ in vase fuerant demonstrata : quos tamen jam mundaverat Deus, quia eleemosynas eorum inde acceptaverat. Occidendi ergo erant et manducandi, id est, ut interficeretur in eis vita præterita, qua non noverant Christum; et transirent in corpus ejus, tanquam in novam vitam societatis Ecclesiæ. Nam et ipse Petrus cum ad eos venisset, commemoravit breviter quid sibi in illa visione monstratum sit : Ait enim : « Et vos scitis, quam illicitum sit viro Judæo conjungi, aut accedere ad alienigenam : sed mihi Deus ostendit, neminem communem aut immundum hominem dicere. » (*Act.*, x, 28.) Quod utique tunc ostendit Deus, cum vox illa sonuit : « Quæ Deus mundavit, tu ne immunda dixeris. » (*Ibid.*, 15.) Et postea veniens ad fratres in Jerosolymam, cum quidam tumultuarentur, quod Gentibus Evangelium traderetur (*Act.*, xi), reprimens eorum commotionem, etiam ipsum visum commemoravit : quod nisi ad eamdem intelligentiam pertineret, commemorandum non esset.

Caput VIII. — *Linteum*. — 9. Fortassis quæratur etiam illud, quare linteum erat, in quo erant illa animalia. Non utique sine causa. Novimus enim, quod linteum tinea non consumit, quæ vestes alias corrumpit. Excludat unusquisque de corde suo corruptiones malarum concupiscentiarum, atque ita incorruptibiliter firmetur in fide, ut pravis cogitationibus tanquam tineis non penetretur, si vult ad sacramentum illius lintei pertinere, quo figuratur Ecclesia.

Caput IX. — *Trina submissio*. — 10. Quare ter de cœlo submissum est? Quia ipsæ omnes Gentes, quæ pertinent ad quatuor partes orbis terræ, qua disseminatur Ecclesia, quam significabant quatuor lineæ, qui-

dans lesquelles s'étend l'Eglise, figurée par les quatre coins de la nappe, sont baptisés au nom de la Trinité. C'est au nom du Père, du Fils et du Saint-Esprit, que les fidèles sont régénérés pour entrer dans la société et la communion des saints. Ces quatre coins et cette nappe qui descend par trois fois figurent aussi les douze apôtres, en multipliant trois par quatre; car trois fois quatre font douze. C'en est assez, je pense, pour cette vision.

Chapitre X. — *Deuxième question tirée de l'Evangile.* — 11. Voici l'autre question dont nous avions également différé la solution. Notre-Seigneur, dans le discours sur la montagne, dit à ses disciples : « Que votre lumière luise devant les hommes, afin qu'ils voient vos bonnes œuvres, et qu'ils glorifient votre Père qui est dans les cieux. » (*Matth.*, v, 16.) Et un peu plus loin, dans le même sermon : « Prenez garde de faire vos bonnes œuvres devant les hommes, afin qu'ils vous voient; » (*Ibid.*, vi, 1) et encore : « Que votre aumône soit dans le secret, et votre Père, qui voit dans le secret, vous la rendra. » (*Ibid.*, 4.) Le chrétien hésite souvent dans la pratique entre ces deux préceptes, et ne sait lequel il doit observer pour obéir au Seigneur, qui les lui a imposés tous deux (1). Comment, d'un côté, nos œuvres doivent-elles briller devant les hommes, afin qu'ils les voient, si, de l'autre, notre aumône doit être dans le secret? Si je veux observer le premier de ces préceptes, je viole le second; si j'obéis au second, je transgresse le premier. Il nous faut donc concilier ces deux passages de l'Evangile, et montrer que les préceptes divins ne peuvent être contradictoires. L'opposition qui semble exister dans les termes demande le calme de l'esprit pour être bien comprise. Que chacun de nous soit en paix dans son cœur avec la parole de Dieu, et l'Ecriture n'aura plus aucune contradiction.

Chapitre XI. — *La contradiction vient de la fausse interprétation des textes.* — 12. Supposez donc un homme qui fait l'aumône, de manière que, s'il est possible, personne absolument ne le sache, pas même celui qu'il assiste, et que, afin d'éviter ses regards, il dépose son aumône pour la lui faire trouver plutôt que de la lui donner lui-même. Que peut-il faire davantage pour que son aumône demeure secrète? Mais alors il vient se heurter contre cette autre recommandation, et il ne fait pas ce que le Seigneur dit ailleurs : « Que vos bonnes œuvres brillent devant les hommes afin qu'ils les voient. » Nul, en effet, ne voit ce qu'il fait, et n'est excité à l'imiter. Les autres hommes demeureront donc stériles par suite de cette conduite, qui leur donne à penser que personne

(1) Voyez plus haut, sermon XLVII, n° 13, et sermon LIV, n° 1.

bus vas illud connectebatur, in nomine Trinitatis baptizantur. In nomine Patris et Filii et Spiritus sancti, credentibus innovantur, ut pertineant ad societatem communionemque sanctorum. Quatuor ergo lineæ et trina submissio, etiam duodenarium Apostolorum numerum ostendit : tanquam ternis per quatuor deputatis. Quater enim tria, duodecim fiunt. Satis, ut arbitror, de ista visione tractatum est.

Caput X. — *Quæstio II ex Evangelio.* — 11. Alia quæstio a nobis dilata erat, quare Dominus in ipso sermone quem in monte habuit, dixit discipulis suis : « Luceant opera vestra coram hominibus, ut videant bona facta vestra, et glorificent Patrem vestrum, qui in cœlis est. » (*Matth.*, v, 16.) Et paulo post in eo ipso sermone ait : « Cavete facere justitiam vestram coram hominibus, ut videamini ab eis. » (*Ibid.*, vi, 1.) Et : « Sit eleemosyna tua in abscondito, et Pater tuus qui videt in abscondito reddet tibi. » (*Ibid.*, 4.) Fluctuat plerumque operator inter hæc duo præcepta, et cui obtemperet nescit : quando utique Domino vult obtemperare, qui utrumque præcepit. Quomodo lucebunt opera nostra coram hominibus, ut videant bona facta nostra; et quomodo rursus erit eleemosyna nostra in abscondito? Si hoc observare voluero, in illud offendo : si illud observavero, hinc pecco. Ergo uterque Scripturæ locus ita temperandus est, ut ostendantur divina præcepta adversa sibi esse non posse. Nam ista quæ videtur pugna in verbis, pacem intellectoris inquirit. Habeat quisque cum Dei verbo in corde concordiam, et Scripturæ nulla discordia est.

Caput XI. — *Locorum prava interpretatione discordia.* — 12. Propone ergo hominem eleemosynam facientem, sic ut omnino nesciat aliquis, si fieri potest, nec ille cui datur; ut ejus etiam oculos vitans ponat potius quod inveniat, quam porrigat quod accipiat. Quid potest facere amplius, ut abscondat eleemosynam suam? Iste utique incurrit in illam sententiam, et non facit quod Dominus ait : « Luceant opera vestra coram hominibus, ut videant bona facta vestra. » Nemo videt facta ejus bona, non invitat ad imitandum. Erunt cæteri steriles, quantum in ipso est, dum putant a nemine fieri quod præcepit Deus, si hoc ho-

n'accomplit les commandements divins, si le chrétien s'applique à leur dérober la connaissance de ses bonnes œuvres. Et cependant, c'est un acte de charité bien plus grand de donner au prochain le bon exemple, que de donner au pauvre la nourriture du corps. En voici maintenant un autre qui publie avec ostentation ses aumônes en présence de ses frères; ce qu'il veut uniquement, c'est leurs louanges, c'est que ses œuvres brillent devant les hommes. Il pratique, vous le voyez, cette première recommandation, mais il se met en contradiction avec cette autre : « Que votre aumône soit dans le secret. » La libéralité de cet homme se ralentit bientôt s'il rencontre des impies qui blâment sa conduite. Esclave servile des louanges des hommes, il ressemble aux vierges qui n'avaient point pris d'huile avec elles. Vous connaissez la parabole de ces cinq vierges folles qui avaient oublié de prendre de l'huile, et des vierges sages qui avaient eu soin d'en emporter. (*Matth.*, xxv.) Les lampes de toutes ces vierges étaient allumées, mais les unes n'avaient point de quoi entretenir la lumière, les autres en avaient; de là cette distinction entre les vierges folles et les vierges sages. Qu'est-ce donc que de porter de l'huile avec soi? C'est se proposer, dans sa conscience, de plaire uniquement à Dieu par ses bonnes œuvres, et ne point mettre son bonheur dans les louanges des hommes, qui ne peuvent lire dans la conscience. L'homme peut voir ce que nous faisons, mais Dieu seul peut voir l'intention qui nous fait agir.

CHAPITRE XII. — *Comment peut-on concilier ces deux passages en apparence contradictoires.* — 13. Supposons donc un homme fidèle observateur de ces deux préceptes, et qui les accomplit tous deux. Il donne du pain à celui qui a faim, et il le donne en présence de ceux dont il veut faire ses imitateurs, à l'exemple de l'Apôtre qui disait : « Soyez mes imitateurs, comme je le suis de Jésus-Christ. » (I *Cor.*, IV, 16; XI, 1.) Il donne donc du pain au pauvre, chacun voit son œuvre, mais le motif qui l'inspire reste caché dans son cœur. Nul ne peut juger s'il cherche dans cette œuvre sa propre gloire ou la gloire de Dieu. Cependant ceux qui ont la bonne volonté de l'imiter supposent que cette bonne œuvre, dont ils sont témoins, n'est inspirée que par un motif de charité, et ils louent Dieu dont le commandement et la grâce produisent de telles œuvres. Il agit donc aux yeux des hommes, pour qu'ils le voient, et glorifient le Père céleste; mais tout son désir dans son cœur est que son aumône soit faite dans le secret, et que le Père céleste, qui voit dans le secret, lui en donne la récompense. Il a donc gardé un juste tempérament; il n'a méprisé aucun de ces deux préceptes, il les a observés fidèlement tous deux. Ainsi, il a évité d'accomplir

---

mines agant, ut non videantur bona opera eorum : cum major misericordia in eum fiat, cui proponitur bonæ imitationis exemplum, quam cui porrigitur reficiendi corporis alimentum. Propone alterum eleemosynas suas apud populum ventilantem atque jactantem, nihil aliud in eis quam velle laudari : luceant opera ejus coram hominibus. Videtis quia non offendit in illud præceptum : sed offendit in alterum dicentis Domini : « Sit eleemosyna tua in abscondito. » Talis qui fuerit, etiam pigrescit, si exsistant aliqui impii, qui forte reprehendant quod facit. Pendet ex lingua laudantium : similis est autem virginibus, quæ non portant oleum secum. Nostis enim quinque virgines stultas, quæ oleum secum non portaverunt; alias autem sapientes, quæ oleum secum portaverunt. (*Matth.*, xxv.) Omnium lampades lucebant : sed aliæ non habebant secum unde illam pascerent lucem, et ab eis quæ habebant ita distinguebantur, ut illæ stultæ, illæ sapientes dicerentur. Quid est ergo, ferre oleum secum, nisi habere conscientiam placendi Deo de bonis operibus, et non ibi finem gaudii sui ponere, si homines laudent, qui conscientiam videre non possunt? Quia facit enim, potest videre homo : quo autem animo faciat, Deus videt.

CAPUT XII. — *Conciliantur loca in speciem contraria.* — 13. Proponamus ergo aliquem præceptum utrumque servantem, utrique obedientem. Porrigit panem esurienti, et porrigit coram illis quos vult facere imitatores suos; imitatus etiam Apostolum dicentem : Imitatores mei estote, sicut et ego Christi. (I *Cor.*, IV, 16; XI, 1.) Porrigit ergo pauperi panem, manifestus in opere, devotus in corde. Utrum laudem suam ibi quærat, an gloriam Dei, nullus hominum videt, nullus hominum judicat : sed tamen illi qui studio benevolo ad imitandum parati sunt, quod bonum fieri vident, etiam pio animo fieri credunt; et laudant Deum, cujus præcepto et dono talia fieri vident. Apparet ergo opus ejus, ut videant homines, et glorificent Patrem, qui in cœlis est : ipse autem effectus ejus in corde est, ut sit eleemosyna ejus in abscondito, et Pater qui videt in abscondito, reddat ei. Servavit iste modum quem debuit, nullius præcepti contemptor, sed utrius-

sa justice devant les hommes, c'est-à-dire de n'avoir pour lui que les louanges des hommes; ce n'est point sa gloire, c'est la gloire de Dieu qu'il s'est proposée en faisant le bien. Or, comme cette intention est tout intérieure et dans la conscience, son aumône a été faite dans le secret, et il en recevra la récompense de Celui aux yeux duquel rien n'est caché. Qui peut, en effet, dévoiler son cœur aux hommes pour leur faire voir le véritable motif de ses actions?

Le sens véritable de ces deux textes s'explique par les paroles mêmes de Jésus-Christ. — 14. D'ailleurs, mes frères, ces paroles elles-mêmes ont été judicieusement pesées par Notre-Seigneur. Considérez, en effet, comment il s'exprime : « Prenez garde de faire vos bonnes œuvres devant les hommes pour en être vus. » Si, par ces paroles : « Pour en être vus, » il veut spécifier la fin qu'on se propose, cette fin est répréhensible et coupable, puisqu'on ne veut faire le bien que pour être loué des hommes, et qu'on ne cherche rien autre chose. Tout homme donc qui ne fait le bien que pour être vu des hommes se trouve condamné par ces paroles du Sauveur.

CHAPITRE XIII. — Lorsque, au contraire, il nous ordonne de faire nos bonnes œuvres devant les hommes, il ne veut point que nous nous y proposions seulement d'être vus des hommes et d'en être loués, mais il nous élève jusqu'à la gloire de Dieu où il veut conduire l'intention qui nous fait agir. « Que votre lumière luise devant les hommes, afin qu'ils voient vos bonnes œuvres. » Mais ce n'est pas même ce que vous devez avoir en vue. Qu'est-ce donc? Notre-Seigneur ajoute : « Et qu'ils glorifient votre Père céleste qui est dans les cieux. » Si vous ne cherchez que la gloire de Dieu, ne craignez point d'être vu des hommes; votre aumône alors est véritablement faite dans le secret où celui dont vous cherchez la gloire voit seul que vous n'avez point d'autre fin. Voilà pourquoi l'apôtre saint Paul, après qu'il eut été terrassé comme persécuteur, et relevé comme prédicateur de l'Evangile, dit : « Or, les Eglises de Judée, qui croyaient en Jésus-Christ, ne me connaissaient point de visage; elles avaient seulement ouï dire : Celui qui autrefois nous persécutait annonce maintenant la foi qu'il s'efforçait de détruire; et ils glorifiaient Dieu à cause de moi. » (*Gal.*, I, 22-24.) Ainsi, il se réjouissait, non pas de ce qu'il était connu comme un homme qui avait reçu la grâce de Dieu, mais de ce que Dieu, auteur même de la grâce, était glorifié. Car il dit lui-même dans cette même épître : « Si je voulais encore plaire aux hommes, je ne serais plus serviteur de Jésus-Christ. » (*Gal.*, I, 10.) Et cependant il dit dans un autre endroit : « Je m'efforce moi-même de plaire à tous en toutes choses. » (I *Cor.*, X, 33.)

---

que perfector. Cavit enim, ne fleret justitia ejus coram hominibus, id est, ne ibi haberet finem, ut ab hominibus laudaretur; quando non se ipsum, sed Deum voluit in opere suo bono laudari. Ea vero voluntas quia intus est in ipsa conscientia, facta est eleemosyna illa in abscondito, ut ille retribuat, cui nihil absconditur. Quis enim potest cor suum hominibus demonstrare cum facit, ut ostendat qua intentione animi faciat?

Sensus legitimus utriusque loci ex ipsis Christi verbis eruitur. — 14. Nam et ipsa verba, Fratres, satis perpense a Domino dicta sunt. Attendite quomodo dicat : « Cavete facere justitiam vestram coram hominibus, ut videamini, inquit, ab eis. » Si ibi posuit finem, ubi dixit, « ut videamini ab eis, » iste finis est reprehensibilis atque culpabilis, usque ad hominum laudem velle benefacere, nihil amplius inde quærere. Quisquis ergo ideo tantum facit, ut videatur ab hominibus, reprehenditur a Domino in ista sententia.

CAPUT XIII. — Illic vero ubi jubet videri bona facta nostra, non ibi finem posuit, ut tantummodo homines hominem videant, et hominem laudent : sed transit ad gloriam Dei, et usque ad illam perducatur operantis intentio. « Luceant, inquit, opera vestra coram hominibus, ut videant bona facta vestra; » sed non hoc debes quærere. Quid ergo? Addit et dicit : « Et glorificent, inquit, Patrem vestrum, qui in cœlis est. » Hoc si quæris, ut glorificetur Deus, noli timere ne videaris ab hominibus. Etiam sic intus est eleemosyna tua in abscondito; ubi solus ille, cujus gloriam quæris, te videt hoc quærere. Unde apostolus Paulus, postea quam Evangelii persecutor prostratus est, et erectus est prædicator, dicit : « Eram autem ignotus facie Ecclesiis Judææ, quæ erant in Christo. Tantum autem audientes erant, quia who aliquando nos persequebatur, nunc evangelizat fidem, quam aliquando vastabat; et in me, inquit, magnificabant Deum. » (*Gal.*, I, 22-24.) Non gaudebat quia homo qui acceperat, cognoscebatur; sed quia Deus qui dederat, laudabatur. Ipse enim dixit : Si adhuc hominibus placerem, Christi servus non essem. (*Gal.*, I, 10.) Et ta-

C'est la même question que nous venons de traiter. Mais qu'ajoute-t-il aussitôt? « Ne cherchant point ce qui m'est avantageux en particulier, mais ce qui est utile aux autres pour leur salut. » C'est la même pensée que précédemment, « et ils glorifiaient Dieu à cause de moi, » pensée que Notre-Seigneur exprime en ces termes, « afin qu'ils glorifient votre Père qui est dans les cieux. » En effet, les hommes assurent leur salut lorsque, dans les bonnes œuvres dont ils sont témoins, ils glorifient Celui qui en est l'auteur.

CHAPITRE XIV. — *Troisième question tirée de l'Evangile : la droite ne doit point savoir ce que fait la gauche.* — 15. Restent encore deux questions, mais je crains d'être à charge à ceux qui en ont assez, et aussi de priver du nécessaire ceux qui ont encore faim. Je me rappelle cependant les questions que je viens d'expliquer et celles dont je vous dois la solution. Il nous reste encore à examiner ce que signifient ces paroles : « Que votre gauche ne sache pas ce que fait votre droite, » (*Matth.*, VI, 3) et aussi la question sur l'amour des ennemis, pourquoi il était permis aux anciens de haïr leurs ennemis, tandis qu'il nous est recommandé de les aimer. (*Matth.*, V, 43.) Mais que faire? Si j'abrège cette discussion, je ne serai peut-être pas suffisamment compris; si je m'étends davantage, je crains que vous soyez plus fatigués du poids des paroles, que vous ne retirerez de fruit de mon explication. Toutefois, si vous ne me comprenez point suffisamment, considérez-moi comme votre débiteur; je vous promets d'approfondir avec vous ces questions dans une autre circonstance. Et cependant, je ne puis pas les laisser entièrement de côté sans en dire au moins quelque chose. La gauche est donc la convoitise charnelle de l'âme, la droite est la charité spirituelle. Si donc, lorsqu'on fait l'aumône, on mêle à cette œuvre de charité le désir des avantages temporels, et que ce soit là un des motifs qu'on se propose, on fait connaître à la gauche les œuvres de la droite. Si, au contraire, on assiste l'indigent par un motif de charité sincère, et avec une conscience pure aux yeux de Dieu, en n'ayant d'autre but que de plaire à Celui qui nous commande de faire l'aumône, la gauche ne sait point ce que fait la droite.

CHAPITRE XV. — *Quatrième question : de l'amour et de la haine des ennemis.* — 16. La question de l'amour des ennemis est plus difficile, et ne peut être résolue en peu de mots. Mais tout en nous écoutant, priez pour nous, et le Seigneur Dieu nous accordera peut-être aussitôt ce que nous regardons comme difficile. Nous puisons tous au même grenier, parce que nous faisons partie d'une même famille. Ce que nous pensons donc être renfermé bien avant

---

men alio loco dicit : Sicut et ego omnibus per omnia placeo. (I *Cor.*, x, 33. Et ista similis quæstio est. Sed quid adjungit? « Non quærens, inquit, quod mihi prodest, sed quod multis, ut salvi fiant. » Hoc est, quod illo loco ait : Et in me magnificabant Deum ; quod etiam Dominus dicit : « Ut glorificent Patrem vestrum, qui in cœlis est. » Tunc enim salvi fiunt, cum in operibus quæ fieri per homines vident, eum glorificant, a quo hæc homines acceperunt.

CAPUT XIV. — *Quæstio* III : *de Evangelio, ut sinistra nesciat opus dextræ.* — 15. Restant duæ quæstiones : sed vereor ne oneri sim jam fastidientibus, item timeo ne fraudem adhuc esurientes. Memini tamen quid solverim, et quid debeam. Restat enim videre, quid sit : « Nesciat sinistra tua quid faciat dextera tua ; » (*Matth.*, VI, 3) et de dilectione inimici, cur antiquis videbatur data licentia ut odissent inimicos, quorum nobis imperator dilectio. (*Matth.*, V, 43.) Sed quid facio? Si breviter de his disseram, fortassis non ita ut oportet intelligar : si diutius, timeo ne plus gravem vos onere sermonis, quam fructu expositionis sublevem. Sed certe si minus quam satis est, intellexeritis; adhuc me tenete debitorem, ut alio tempore ista plenius disserantur. Tamen nunc non oportet ea sic relinqui, ut omnino nihil inde dicatur. Sinistra est animi cupiditas carnalis, dextera est animi caritas spiritalis. Si ergo cum quisque facit eleemosynam, miscet cupiditatem temporalium commodorum, ut in opere illo aliquid tale conquirat; miscet sinistræ conscientiam operibus dexteræ. Si autem simplici caritate et pura coram Deo conscientia homini subvenit, nihil aliud intuens, nisi ut illi placeat qui hæc jubet, nescit sinistra quid facit dextera.

CAPUT XV. — *Quæstio* IV : *de inimici dilectione et odio.* — 16. De dilectione autem inimici difficilior est quæstio, nec ea brevitate solvi potest. Sed cum auditis, orate pro nobis : et forte Dominus Deus cito dabit, quod putamus esse difficile. Ex uno enim horreo vivimus; quia in una familia sumus. Quod ergo nos putamus esse valde intus in abdito, forte ipse qui promittit ponit in limine, ut facillime dari

dans l'intérieur du grenier est peut-être placé sur le seuil par Celui qui promet de nous donner ce dont nous avons besoin, pour le distribuer facilement ensuite à ceux qui nous demandent. Notre-Seigneur Jésus-Christ lui-même a aimé ses ennemis, car c'est sur la croix qu'il fait cette prière : « Mon Père, pardonnez-leur, parce qu'ils ne savent ce qu'ils font. » (*Luc*, XXIII, 34.) Etienne a imité son exemple lorsqu'on le lapidait : « Seigneur, dit-il, ne leur imputez point ce péché. » (*Act.*, VII, 59.) Le serviteur imita son Maître, afin qu'aucun serviteur ne se crût dispensé d'aimer ses ennemis, en croyant que le Seigneur seul était capable d'un tel acte d'héroïsme. Est-ce trop pour nous d'imiter le Seigneur? imitons celui qui n'est comme nous que serviteur, car nous avons tous été appelés à la même grâce. Pourquoi a-t-il été dit aux anciens : « Vous aimerez votre prochain, et vous haïrez votre ennemi? » Peut-être comprenaient-ils eux-mêmes la vérité de ces paroles; mais elles sont beaucoup plus claires pour nous dans le temps actuel, grâce à la présence de Celui qui savait parfaitement ce qu'il fallait voiler ou découvrir à chacun ; s'il est un ennemi qu'il nous soit à jamais défendu d'aimer, c'est le démon. Vous aimerez donc le prochain comme vous-même, et vous haïrez votre ennemi, c'est-à-dire le démon. Mais, parmi les hommes eux-mêmes, il existe souvent des inimitiés dans l'âme de ceux qui donnent prise aux démons sur eux, et deviennent les instruments dont il se sert pour exercer son pouvoir sur les enfants de rébellion. Cependant, comme il est possible que l'homme renonce à sa méchanceté et se convertisse au Seigneur, alors même qu'il se déchaîne contre vous et vous persécute, vous devez l'aimer, prier pour lui, et lui faire du bien; vous accomplirez ainsi le commandement ancien, c'est-à-dire vous aimerez l'homme qui est votre prochain, et vous haïrez le démon qui est votre ennemi; et le précepte nouveau, en aimant les hommes, qui sont vos ennemis, et en priant pour ceux qui vous persécutent.

Chapitre XVI. — *Il faut prier pour ceux qui nous persécutent.* — 17. Penseriez-vous que les chrétiens ne priaient point alors pour Saul qui les persécutait? Peut-être est-ce la prière d'Etienne qui a obtenu sa conversion, car il fut du nombre de ceux qui le persécutaient, et il gardait les vêtements de ceux qui le lapidaient. (*Act.*, VII, 57.) Aussi écrit-il lui-même à Timothée : « Je vous conjure, avant toutes choses, que l'on fasse des supplications, des prières, des demandes et des actions de grâces pour tous les hommes, pour les rois et pour tous ceux qui sont élevés en dignité, afin que nous menions une vie paisible et tranquille. »

---

possit petentibus. Dilexit inimicos ipse Dominus Christus : pendens enim in cruce ait : Pater, ignosce illis, quia nesciunt quid faciunt. (*Luc.*, XXIII, 34.) Secutus est ejus exemplum Stephanus, cum lapides in eum jacerentur; et ait : Domine, ne statuas illis hoc delictum. (*Act.*, VII, 59.) Dominum imitatus est servus, ut nemo servorum sit piger, et putet hoc esse factum quod a solo Domino fieri poterat. Si ergo multum est ad nos imitari Dominum, imitemur conservum. Ad eamdem quippe gratiam vocati omnes sumus. Quare ergo antiquis dictum est : « Diliges proximum tuum, et oderis inimicum tuum? » Quia fortassis et ipsis (*a*) verum dictum est; sed nobis apertius pro temporum distributione, per ejus præsentiam qui videbat quid quibus vel tegendum esset vel aperiendum. Si enim habemus inimicum, quem nunquam diligere jubemur; est autem diabolus : Diliges proximum tuum, hominem; et oderis inimicum tuum, diabolum. Sed quia in ipsis hominibus sæpe exsistunt inimicitiæ in animis eorum, qui per infidelitatem dant locum diabolo, et ejus vasa fiunt, ut operetur in filiis diffidentiæ; potest autem fieri, ut relinquat homo malitiam suam, et convertatur ad Dominum; et dum adhuc sævit, dum adhuc persequitur, diligendus est, et orandum pro illo, et bene illi faciendum : ita et primum præceptum implebis, ut diligas proximum tuum hominem, et oderis inimicum tuum diabolum; et secundum, ut diligas inimicos tuos homines, et ores pro eis qui te persequuntur.

Caput XVI. — *Orandum pro persequentibus.* — 17. Nisi forte putas non orasse Christianos illo tempore pro Saulo persecutore Christianorum. Fortassis ad ejus conversionem vox illa Stephani martyris exaudita est. In illo enim persecutorum ejus numero fuit, et lapidantium vestimenta servavit. (*Act.*, VII, 57.) Idem etiam ad Timotheum scribens ait : « Obsecro primum omnium fieri deprecationes, adhortationes, interpellationes, gratiarum actiones, pro omnibus hominibus, pro regibus et omnibus, qui in sublimitate sunt, uti quietam et tranquillam vitam agamus. » (I *Tim.*, II, 1, 2.) Jubebat ergo orari pro

(*a*) Ita in Mss. At in oditis deest *verum*.

(I *Tim.*, II, 1, 2.) Saint Paul commandait donc de prier pour les rois ; les rois étaient alors les persécuteurs des Eglises. Mais ils défendent maintenant ces mêmes Eglises, qui priaient alors pour ceux qui les persécutaient et dont Dieu a exaucé les prières.

CHAPITRE XVII. — *Sous le nom du prochain, Dieu nous commande d'aimer même nos ennemis.* — 18. Voulez-vous donc observer aussi le commandement donné aux anciens ? aimez votre prochain, c'est-à-dire tout homme sans exception. Tous, en effet, nous sommes nés de deux premiers parents; tous donc nous sommes les proches les uns des autres. Notre-Seigneur Jésus-Christ, qui nous ordonne d'aimer nos ennemis, nous a déclaré que ces deux commandements renfermaient la loi et les prophètes? « Tu aimeras, dit-il, le Seigneur ton Dieu, de tout ton cœur, de toute ton âme et de tout ton esprit, et tu aimeras ton prochain comme toi-même. » (*Matth.*, XXII, 37, etc.) Il n'a rien dit ici de l'amour des ennemis. Tout n'est donc point compris dans ces deux préceptes? Gardons-nous de le croire. Lorsque Notre-Seigneur nous dit : « Tu aimeras ton prochain, » il veut que nous entendions, par ce prochain, tous les hommes, fussent-ils nos ennemis. Car, d'après les lois de la parenté spirituelle, vous ne savez ce qu'est à votre égard, dans la prescience de Dieu, celui que vous regardez maintenant comme votre ennemi. En effet, la patience de Dieu l'invite et l'amène à la pénitence, et il finira peut-être par connaître et suivre la main qui le conduit. Dieu, qui connaît ceux qui doivent persévérer dans leurs péchés, abandonner pour toujours les voies de la justice, et tomber sans retour dans l'abîme de l'iniquité, ne laisse pas de faire lever son soleil sur les bons et les mauvais, de répandre sa rosée sur les justes et les pécheurs (*Matth.*, V, 45); il continue, par sa patience, de les inviter au repentir, afin que ceux qui méprisent ici sa bonté éprouvent à la fin les rigueurs de sa justice, combien donc l'homme doit s'empresser de déposer tout sentiment d'inimitié, si, dans l'ignorance où il est de ce que doit être un jour cet homme qu'il regarde maintenant comme un ennemi, il ne veut courir le danger de haïr celui avec lequel il doit régner dans l'éternelle félicité. Observez donc le commandement ancien : Aimez votre prochain, c'est-à-dire tout homme, et haïssez votre ennemi, c'est-à-dire le démon ; et accomplissez en même temps le nouveau précepte, c'est-à-dire : Aimez vos ennemis, dès lors qu'ils sont hommes ; priez pour ceux qui vous persécutent, parce qu'ils sont hommes, et faites du bien à ces mêmes hommes qui vous haïssent.

CHAPITRE XVIII. — *Explication d'un passage de l'Apôtre.* — 19. « Si votre ennemi a faim, donnez-lui à manger; s'il a soif, donnez-lui à boire; en faisant cela, vous amasserez des char-

---

regibus : et tunc reges persequebantur Ecclesias. Sed quas tunc pro se orantes persequebantur, nunc pro se exauditas defendunt.

CAPUT XVII. — *Proximi nomine inimicus etiam diligendus præcipitur.* — 18. Vis ergo et illud antiquorum custodire præceptum? Dilige proximum tuum, hoc est omnem hominem. Ex duobus enim primis parentibus omnes nati, omnes utique proximi sumus. Certe enim ipse Dominus Jesus Christus qui diligi præcipit inimicos, in duobus illis præceptis totam Legem et Prophetas pendere testatus est : Diliges Dominum Deum tuum ex toto corde tuo, et ex tota anima tua, et ex tota mente tua ; et diliges proximum tuum tanquam te ipsum. (*Matth.*, XXII, 37, etc.) Nihil ibi præcepit de dilectione inimici. Non ergo totum hæc duo præcepta continent? Absit. Quia cum dicit : Diliges proximum tuum, ibi sunt omnes homines, etiamsi fuerint inimici : quia etiam secundum spiritalem propinquitatem nescis quid tibi sit in præscientia Dei homo, qui tibi ad tempus videtur inimicus. Quia enim patientia Dei ad pœnitentiam eum adducit, fortassis cognoscet et sequetur ducentem. Si enim Deus ipse qui novit qui sint in peccatis perseveraturi, qui relicturi justitiam et irrevocabiliter ad iniquitatem lapsuri, tamen facit solem suum oriri super bonos et malos, et pluit super justos et injustos (*Matth.*, V, 45), invitans utique ad pœnitentiam per patientiam, ut qui neglexerint ejus bonitatem, experiantur in fine severitatem; quanta sollicitudine placabilem oportet esse hominem, ne forte nesciens qualis futurus sit, cum præsentes ejus inimicitias attenderit, oderit eum cum quo in æterna felicitate regnabit? Imple ergo præceptum primum : Dilige proximum tuum, omnem hominem; et oderis inimicum tuum, diabolum. Imple et secundum : Dilige inimicos tuos, pro hominibus : ora pro eis qui te persequuntur, sed pro hominibus : bene fac eis qui te oderunt, sed hominibus.

CAPUT XVIII. — *De loco Apostoli.* — 19. Si esurierit inimicus tuus, ciba illum; si sitit, potum da

bons ardents sur sa tête. » (*Rom.*, XII, 20.) Ici se présente encore cette question : Comment peut-on aimer celui qu'on veut voir brûler au milieu des charbons ardents? Si l'on entend bien ces paroles, toute difficulté disparait. Il s'agit, ici, de ces charbons dévorants qui sont donnés à l'homme contre les artifices de la langue trompeuse. (*Ps.* CXIX, 4.) En effet, lorsque vous faites du bien à votre ennemi, et qu'au lieu de vous laisser vaincre par le mal vous triomphez du mal par le bien, vous forcez presque toujours cet homme à se repentir de sa haine, et à s'irriter contre lui-même d'avoir cherché à offenser celui dont il reçoit de si grands témoignages de bonté. Or, ce feu qui le dévore, c'est le repentir, qui consume et détruit en lui, comme avec des charbons ardents, toutes ses haines, toutes ses méchancetés.

SERMON CL [1].

Sur ces paroles du chapitre XVII des Actes des apôtres : *Quelques philosophes épicuriens et stoïciens discutèrent avec lui*, etc.

CHAPITRE PREMIER. — *Saint Paul prêchant aux Athéniens.* — 1. Votre charité a pu remarquer avec nous, pendant qu'on lisait les Actes des apôtres, que Paul avait adressé la parole aux Athéniens et qu'il avait été appelé semeur de paroles par ceux qui tournaient en dérision la prédication de la vérité. (*Act.*, XVII, 18.) C'était, dans leur esprit, un terme de raillerie, mais qui ne doit pas être rejeté par les fidèles. Paul était, en effet, un semeur de paroles, mais pour moissonner des vertus. Et nous, malgré notre petitesse, et la distance immense qui nous sépare de ce grand apôtre, nous semons cependant la parole divine dans le champ de Dieu, qui est votre cœur, dans l'espérance de l'abondante moisson de vertus qu'il doit produire. Quoi qu'il en soit, nous vous invitons à considérer attentivement ce passage du livre des Actes, dont nous avons cru devoir entretenir votre charité. Peut-être, avec le secours du Seigneur notre Dieu, y exposerons-nous quelques vérités, que tous ne pourraient autrement comprendre, et que ne doivent point dédaigner ceux qui les auront comprises.

2. Saint Paul parlait donc dans la ville d'Athènes. Les Athéniens jouissaient, parmi les autres peuples, d'une grande réputation en tout genre de littérature et de science. C'était la patrie des grands philosophes. C'est de là que les systèmes philosophiques les plus variés et

---

[1] Ce sermon a été prononcé à Carthage. Voici la critique qu'Érasme met en tête de ce sermon, dans le tome VI. «Sans être tout à fait mauvais, il n'a rien ou presque rien de la doctrine et du style d'Augustin.» Nous osons en porter un jugement tout opposé, et dire que ce sermon est excellent et parfaitement digne du saint Docteur. Possidius en fait mention dans le chapitre 1er de sa Table, sous ce titre : Sur ce passage des actes des Apôtres, où les épicuriens et les stoïciens discutaient avec saint Paul.

---

illi : hoc enim faciens carbones ignis congeres super caput ejus. (*Rom.*, XII, 20.) Et hic quæstio est. Quomodo enim quisque diligit, quem vult ardere carbonibus? Sed si intelligatur, nulla contentio est. De illis enim vastatoribus carbonibus dicitur, qui dantur homini adversus linguam subdolam. (*Psal.* CXIX, 4.) Cum enim quisque benefecerit inimico, et non victus malo ejus, vicerit in bono malum, plerumque illum inimicitiarum suarum pœnitebit, et irascetur sibi, quod tam bonum hominem læserit. Ipsa vero ustio, pœnitentia est, quæ tanquam carbones ignis inimicitias ejus malitiasque consumit.

SERMO CL [a].

De verbis Actuum Apost., XVII : *Quidam autem Epicurei et Stoici philosophi disserebant cum eo*, etc.

CAPUT PRIMUM. — *Paulus apud Athenienses prædicans.* — 1. Advertit nobiscum Caritas Vestra, cum legeretur liber Actuum Apostolorum, Paulum locutum esse Atheniensibus, et ab eis qui prædicationem veritatis irridebant, dictum fuisse verborum seminatorem. (*Act.*, XVII, 18.) Dictum est quidem ab irridentibus, sed non respuendum est a credentibus. Erat enim re vera ille seminator verborum, sed messor morum. Et nos licet tantilli et nequaquam illius excellentiæ comparandi, in agro Dei, quod est cor vestrum, verba Dei seminamus, et uberem messem de vestris moribus exspectamus. Verumtamen unde admonemur loqui Caritati Vestræ, quod ipsa lectione continetur, hortamur attentius advertatis, si quo modo adjuvante Domino Deo nostro dicimus aliquid, quod nec facile, nisi dicatur, ab omnibus possit intelligi; neque cum intellectum fuerit, debeat ab ullo contemni.

2. Apud Athenas loquebatur. Athenienses in omni litteratura atque doctrina per alios populos magna fama pollebant. Ipsa erat patria magnorum philosophorum. Inde se per cæteras Græciæ atque alias orbis terras varia et multiplex doctrina diffuderat.

[a] Alias in Tom. VI.

les plus nombreux s'étaient répandus dans toutes les contrées de la Grèce et du monde entier. C'est là que l'Apôtre parlait, c'est là qu'il prêchait « Jésus-Christ crucifié, scandale pour les Juifs, folie pour les Gentils, mais vertu de Dieu et sagesse de Dieu pour ceux qui sont appelés, qu'ils soient Juifs ou Gentils. » (I *Cor.*, I, 23.) Je vous laisse à penser quel danger c'était que de prêcher une telle doctrine devant des orgueilleux et des savants. Enfin, lorsque l'Apôtre eut terminé son discours en parlant de la résurrection des morts, qui est un des principaux dogmes de la foi chrétienne, les uns se moquèrent, d'autres dirent : « Nous vous écouterons sur cela une autre fois. » (*Act.*, XVII, 32.) Il y en eut aussi quelques-uns qui crurent; parmi eux étaient Denis l'Aréopagite, c'est-à-dire un des principaux des Athéniens (car l'Aréopage était comme le sénat d'Athènes) et une femme de distinction, ainsi que d'autres avec eux. Or, qu'arriva-t-il à ce discours de l'Apôtre? La multitude se divisa en trois partis, dans lesquels on remarque une espèce de gradation, un caractère parfaitement distinct l'un de l'autre : ceux qui se moquèrent, ceux qui doutèrent et ceux qui crurent. « Quelques-uns, dit le livre des Actes, se moquèrent de lui, d'autres dirent : Nous vous écouterons sur cela une autre fois, » c'étaient ceux qui doutaient; quelques-uns crurent. Ceux qui doutent tiennent le milieu entre les moqueurs et les croyants. Pour le moqueur, sa chute est certaine; celui qui croit se tient ferme; celui qui doute hésite et flotte. « Nous vous entendrons sur cela une autre fois, » disent-ils; ils ne savaient s'ils tomberaient avec les moqueurs, ou s'ils se tiendraient fermes avec les croyants.

CHAPITRE II. — *Les épicuriens et les stoïciens discutant avec l'Apôtre.* — Pouvons-nous dire cependant que ce semeur de paroles ait travaillé inutilement? S'il avait été arrêté par la crainte des railleries, il ne serait pas arrivé jusqu'à l'âme de ceux qui devaient croire. Ainsi, ce semeur de l'Evangile dont parle Notre-Seigneur (et Paul n'était pas autre chose), n'aurait jamais pu parvenir à jeter sa semence dans la bonne terre, s'il avait craint qu'une partie ne vint à tomber dans le chemin, une autre parmi les épines, une autre enfin sur un terrain pierreux. (*Matth.*, XIII.) Semons donc, nous aussi, sans crainte; répandons le bon grain; c'est à vous de préparer vos cœurs et de leur faire produire du fruit.

3. Nous avons aussi entendu, dans cette même lecture, si votre charité s'en souvient, que quelques philosophes épicuriens et stoïciens discutaient avec l'Apôtre. Qu'étaient-ce et que sont encore ces philosophes épicuriens et stoïciens, c'est-à-dire, quels ont été leurs sentiments, quelles vérités ont-ils admises, quel était le but

« Ibi Apostolus loquebatur, ibi annuntiabat Christum crucifixum, Judæis quidem scandalum, Gentibus autem stultitiam, ipsis vero vocatis Judæis et Græcis Christum Dei virtutem et Dei sapientiam. » Hoc annuntiare inter superbos et doctos quanti periculi fuerit, vestrum est cogitare. (I *Cor.*, I, 23.) Denique sermone finito, audita illi resurrectione mortuorum, quæ præcipua fides est Christianorum, alii irridebant; dicebant autem alii : « Audiemus te de hoc iterum. » (*Act.*, XVII, 32.) Nec defuerunt qui crediderunt, atque in eis nominatur quidam Dionysius Areopagites, id est Atheniensium principalis : (Areopagos enim Atheniensium curia vocabatur :) et mulier quædam nobilis, et alii. Facta est ergo loquente Apostolo tripartita illa multitudo, per quosdam gradus mira distinctione disposita, irridentium, dubitantium, credentium. « Quidam » enim, ut scriptum esse audivimus, « irridebant : quidam dicebant : Audiemus te de hoc iterum; » isti dubitantes erant : aliqui crediderunt. Inter irridentes et credentes, medii sunt dubitantes. Qui irridet, cadit : qui credit, stat : qui dubitat, fluctuat. « Audiemus te de hoc iterum, » inquiunt : incertum, an casuri essent cum irridentibus, an staturi cum credentibus.

CAPUT II. — *Epicurei et Stoici cum Apostolo conferentes.* — Numquid tamen inaniter laboravit seminator ille verborum? Ille vero si formidaret irridentes, non perveniret ad credentes : quomodo seminator ille Evangelicus, quem commemorat Dominus, (nam utique hoc erat Paulus,) si trepidaret mittere semina, ne aliud caderet in via, aliud inter spinas, aliud in loca petrosa; nunquam semen posset etiam ad terram optimam pervenire. (*Matth.*, XIII.) Et nos seminemus, spargamus : corda præparate, fructum date.

3. Hoc quoque, si meminit Caritas Vestra, cum legeretur audivimus, quod quidam ex philosophis Epicureis et Stoicis conferebant cum Apostolo. Qui sint vel fuerint philosophi Epicurei et Stoici, id est, quid senserint, quid verum esse putaverint, quid philosophando sectati sint, procul dubio multi ves-

de leurs systèmes philosophiques? Sans doute, beaucoup d'entre vous l'ignorent. Mais comme nous parlons à Carthage, beaucoup aussi peuvent le savoir. Qu'ils nous rendent donc facile la tâche que nous entreprenons en traitant ce sujet, qui est de la plus haute importance. Que ceux qui ignorent, comme ceux qui savent, veuillent bien nous écouter avec attention, les uns pour s'instruire : les autres pour se rappeler ce qu'ils savent; ceux-ci pour connaître ce qu'ils ignorent, ceux-là pour reconnaître ce qu'ils ont appris.

CHAPITRE III. — *Tous les hommes désirent la vie heureuse.* — 4. Et d'abord, retenez comme principe général, que tous les philosophes ont poursuivi un but commun, et que c'est en poursuivant ce but qu'ils se sont divisés en cinq écoles ayant chacune leur système particulier. Le but commun de leurs études, de leurs recherches, de leurs discussions, de leur genre de vie, c'est de parvenir à la vie heureuse. Telle est l'unique raison de toute philosophie, et les philosophes ont cela de commun avec nous. Si je vous demande, en effet, pourquoi vous avez cru en Jésus-Christ, pourquoi vous êtes devenus chrétiens, tout homme me répondrait par cette vérité : C'est pour arriver à la vie heureuse. Le désir de la vie heureuse est donc commun aux philosophes et aux chrétiens. Mais, où trouver ce bien si conforme à notre nature, c'est la question qui a produit toutes ces divisions. Ainsi, souhaiter la vie heureuse, la vouloir, en faire l'objet de toutes ses aspirations, de tous ses désirs, de tous ses efforts, voilà, je pense, ce qui est commun à tous les hommes. Aussi, n'ai-je pas dit assez, ce me semble, en avançant que ce désir de la vie heureuse était commun aux philosophes et aux chrétiens; j'aurais dû dire qu'il est commun à tous les hommes absolument, aux bons comme aux méchants. En effet, celui qui est bon ne l'est que pour devenir heureux, et celui qui fait le mal ne le ferait pas, s'il n'espérait par là parvenir au bonheur. Quant aux bons, il est facile de prouver que, s'ils sont bons, c'est parce qu'ils veulent être heureux; mais pour les méchants, on pourrait peut-être douter s'ils cherchent véritablement la vie heureuse. Cependant si je pouvais séparer les méchants et les interroger isolément, et leur demander : « Voulez-vous être heureux? » aucun d'eux ne répondrait : « Je ne le veux pas. » Supposons, par exemple, un voleur; je lui demande : Pourquoi commettez-vous ce vol? Pour posséder, me dit-il, ce que je n'avais pas. Pourquoi vouliez-vous posséder ce que vous n'aviez pas? Parce qu'il est malheureux pour moi de ne pas l'avoir. Or, si c'est un malheur de ne point l'avoir, il croit donc que c'est un bonheur de l'avoir. Mais son impudence et son erreur consistent à vouloir être heureux en faisant le mal. Pour tous sans exception il est bon d'être heureux. D'où vient

---

trum nesciunt : sed quoniam Carthagini loquimur, multi sciunt. (a) Adjuvent ergo modo nos dicturos vobis. Ad rem quippe valde pertinet, quod puto esse dicendum. Audiant nos et nescientes et scientes : nescientes instruantur, scientes commoneantur : illi cognoscant, illi recognoscant.

CAPUT III. — *Beata vita ab omnibus appetitur.* — 4. Primo generaliter audite omnium philosophorum commune studium, in quo studio communi habuerunt quinque divisiones et differentias sententiarum propriarum. Communiter omnes philosophi studendo, quærendo, disputando, vivendo appetiverunt apprehendere vitam beatam. Hæc una fuit causa philosophandi : sed puto quod etiam hoc philosophi nobiscum commune habent. Si enim a vobis quæram quare in Christum credideritis, quare Christiani facti fueritis; veraciter mihi omnis homo respondet : Propter vitam beatam. Appetitio igitur beatæ vitæ philosophis Christianisque communis est. Sed res tam consona ubi inveniri possit, inde quæstio est, deinde discretio. Nam vitam beatam appetere, vitam beatam velle, vitam beatam concupiscere, desiderare, sectari, omnium hominum esse arbitror. Unde me video parum dixisse hunc appetitum beatæ vitæ philosophis Christianisque communem : debui enim dicere, omnium hominum, prorsus omnium bonorum et malorum. Nam et qui bonus est, ideo bonus est ut beatus sit; et qui malus est, malus non esset, nisi inde se beatum esse posse speraret. De bonis facilis quæstio est, quod beatam vitam quærant, ideo boni sint. De malis forte aliqui dubitant utrum et ipsi beatam vitam quærant. Sed si separatos malos et a bonis discretos interrogare possem et dicere : Vultis beati esse? nemo diceret : Nolo. Verbi gratia, pone aliquem furem : quæro ab illo : Quare furtum facis? Ut habeam, inquit, quod non habebam. Quare vis habere quod non habebas? Quia miserum est non habere. Si ergo miserum est non habere, beatum putat habere. Sed in eo impudens est et errat, quia de malo vult beatus fieri. Bonum est

(a) Colbertinus Ms. *Audiunt.*

donc la perversité de ce voleur? C'est de chercher à être heureux en faisant le mal. Et pourquoi le cherche-t-il? Pourquoi la convoitise des méchants aspire-t-elle à la récompense des bons? La vie heureuse est la récompense des bons; faire le bien c'est l'obligation qui est imposée; être heureux, c'est la récompense. Dieu impose l'obligation et propose en même temps la récompense; il dit : Faites cela, et voilà ce que vous recevrez. Le méchant répond, au contraire : Je ne puis être heureux qu'en faisant le mal, comme s'il disait : Je ne puis parvenir à ce qui est bon qu'en étant mauvais. Ne voyez-vous pas qu'il y a contradiction entre le bien et le mal? Vous cherchez le bien et vous faites le mal? Vous courez au bien par une voie qui lui est tout opposée; quand y parviendrez-vous?

CHAPITRE IV. — *Opinion des épicuriens et des stoïciens sur la vie heureuse.* — 5. Mais laissons les méchants; peut-être y reviendrons-nous plus utilement après que nous aurons achevé ce que nous nous proposons de dire des philosophes. Ce n'est pas sans raison, je pense, que la providence divine fit servir ici l'ignorance des hommes à l'accomplissement d'un grand dessein, et que, parmi tant de sectes de philosophes qui se trouvaient dans la ville d'Athènes, les stoïciens et les épicuriens discutèrent avec l'apôtre saint Paul. Lorsque vous saurez les opinions particulières de chaque secte, vous comprendrez que ce n'est pas sans dessein que de tous ces philosophes ils aient été les seuls pour discuter avec l'Apôtre. Il ne dépendait point de lui, en effet, de choisir ceux dont il réfuterait les objections; mais la divine sagesse, qui gouverne toutes choses, le mit en face des deux sectes qui résumaient presque tous les divers sentiments des philosophes. Je serai court; que ceux qui, parmi vous, ne savent point veuillent bien me croire, et que ceux qui sont plus instruits soient mes juges. Je n'oserai mentir, sans doute, devant ceux qui ne savent point, lorsque j'ai des savants pour juges, surtout dans un sujet où les ignorants, comme les savants, peuvent également apprécier la vérité de mes paroles. Je pose donc d'abord ce principe : que l'homme est composé d'une âme et d'un corps. Je ne vous demande pas ici de me croire, mais de me juger, car je ne crains pas que cette assertion me fasse mal juger par qui se connaît lui-même. L'homme donc, personne ne le met en doute, est composé d'une âme et d'un corps. Or, cette substance, cette chose, cette personne, qui porte le nom d'homme, désire et cherche la vie heureuse, vous le savez encore et je n'insiste pas pour que vous me croyiez; je signale simplement ce fait à votre attention. L'homme donc, cet être qui n'est pas un des moindres de la création, qui est supérieur à tous les animaux de la terre, à tous les oiseaux du ciel, à tous les

---

enim omnibus beatum esse. Unde ergo ille perversus? Quia bonum quærit et malum facit. Quid quærit ergo? Quid aspirat cupiditas malorum ad mercedem bonorum? Beata vita merces bonorum est : bonitas opus est, beatitudo merces est. Deus opus jubet? mercedem proponit : dicit : Hoc fac, et hoc accipies. Ille autem malus respondet nobis : Nisi male fecero, beatus non ero. Tanquam dicat aliquis : Ad bonum non pervenio, nisi malus fuero. Non vides, quia bonum et malum contraria sunt? Bonum quæris, et malum facis? In contrarium curris, quando pervenis?

CAPUT IV. — *Epicureorum et Stoicorum opinio de beata vita.* — 5. Relinquamus ergo istos, forte opportunum erit ut ad eos redeamus, cum de philosophis quod instituimus peregerimus. Non enim arbitror sine causa, per nescientes actum esse aliquid magnum dispensante divina ipsa providentia, ut cum essent plurimæ philosophorum sectæ in civitate Atheniensi, non contulerint cum apostolo Paulo nisi Stoici et Epicurei. Cum enim audieritis quid sentiant in sectis suis, videbitis quam non frustra factum sit, ut ex omnibus philosophis soli cum Paulo conferrent. Neque enim ille eligere sibi potuit quibus altercantibus responderet, sed divina sapientia omnia gubernans hos ei apposuit, in quibus dissensionis philosophorum tota prope causa consisteret. Breviter ergo dico : indocti credant nobis, docti judicent de nobis. Puto quia mentiri non audeo indoctis, judicibus doctis; maxime quia dico aliquid, ubi pariter et docti et indocti possint veraciter judicare. Hoc ergo prius dico, hominem constare ex anima et corpore. Hic non peto ut credatis, sed et vos peto ut judicetis. Non enim timeo, ne in hoc dicto male quisquam judicet de me, qui agnoscit se. Homo ergo, quod nemo ambigit, constat ex anima et corpore. Substantia ista, res ista, persona ista quæ homo dicitur, beatam vitam quærit : et hoc nostis; nec insto ut credatis, sed admoneo ut agnoscatis. Homo, inquam, id est res ista non parva, præcedens omnia pecora, omnia volatilia, omnia et natatilia, et quidquid carnem gerit et homo non

poissons de la mer, à tous les êtres qui ont un corps et ne sont pas l'homme; l'homme composé d'un corps et d'une âme, et non pas d'une âme telle quelle, car les animaux eux-mêmes ont une âme et un corps, mais l'homme composé d'une âme raisonnable et d'un corps mortel cherche la vie heureuse. Or, dès que l'homme connaît ce qui peut le rendre heureux, il ne peut l'être en réalité qu'en s'attachant à ce principe de bonheur, en le poursuivant avec ardeur, en se le rendant propre, en s'identifiant avec lui, en le demandant, s'il est difficile pour lui d'y arriver. Toute la question se réduit donc à savoir ce qui rend la vie heureuse. Faites venir maintenant devant vous les épicuriens, les stoïciens et l'Apôtre; j'aurais pu dire également : les épicuriens, les stoïciens et les chrétiens. Commençons par les épicuriens, et demandons-leur ce qui rend la vie heureuse. Le plaisir des sens, répondent-ils. Je vous prie ici de me croire, car je parle devant des juges. Est-ce bien ce que disent, ce que pensent les épicuriens? vous ne le savez point, parce que vous n'avez pas lu leurs écrits; mais il en est ici qui les ont lus. Continuons de les interroger. Dites-nous donc, épicuriens, ce qui rend la vie heureuse? Le plaisir des sens, répondent-ils. Et vous, stoïciens, dites-nous ce qui rend la vie heureuse. La vertu de l'âme, répondent-ils. Veuillez, mes très-chers frères, prêter ici, avec moi, toute votre attention; nous sommes chrétiens, et nous avons à juger entre des philosophes. Considérez pourquoi ces deux sectes seules ont été amenées à discuter avec l'Apôtre. Il n'y a dans l'homme, en ce qui touche à sa substance, à sa nature, que le corps et l'âme. Or, les épicuriens ont placé le principe de la vie heureuse dans l'une de ces deux parties, dans le corps; et les stoïciens, dans l'autre, c'est-à-dire dans l'âme. En effet, si le principe du bonheur est dans l'homme, il ne peut être que dans son corps ou dans son âme. La vie heureuse dépend nécessairement du corps ou de l'âme; si vous allez au delà, vous sortez de l'homme. Ceux donc qui ont placé dans l'homme le principe de son bonheur n'ont pu l'attribuer qu'à son corps ou à son âme. Ceux qui le placent dans le corps ont pour chefs les épicuriens; ceux qui le mettent dans l'âme, les stoïciens.

Chapitre V. — *Le principe des épicuriens condamné par l'Apôtre.* — 6. Les voici donc, ils discutent avec l'Apôtre. A-t-il un autre principe à leur opposer, ou bien, doit-il nécessairement se rattacher à l'opinion d'une de ces deux sectes, en plaçant comme elle le principe du bonheur soit dans le corps, soit dans l'âme? Non, saint Paul ne placera jamais dans le corps le principe de la vie heureuse; le corps est trop peu de chose, et tel n'est pas non plus le senti-

est : homo ergo constans ex anima et corpore; sed non qualicumque anima, nam et pecus constat ex anima et corpore : homo ergo constans ex anima rationali et carne mortali, quærit beatam vitam. Quæ res faciat beatam vitam cum cognoverit homo, nisi hanc teneat, hanc sequatur, hanc sibi vindicet, assumat si potestas est, petat si difficultas est, beatus esse non potest. Tota igitur quæstio est, quid faciat beatam vitam. Constituite nunc ante oculos vestros Epicureos, Stoicos, et Apostolum : quod etiam sic dicere potui, Epicureos, Stoicos, Christianos. Interrogemus prius Epicureos, quæ res faciat vitam beatam. Respondent : Voluptas corporis. Hic jam credatis peto, quia judices habeo. Utrum enim hoc dicant, hoc sentiant Epicurei, nescitis, quia illas litteras non legistis; sed sunt hic qui legerunt. Redeamus ad interrogandos. Quid dicitis, Epicurei, quæ res facit beatam vitam? Respondent : Voluptas corporis. Quid dicitis, Stoici, quæ res facit vitam beatam? Respondent : Virtus animi. Intendat mecum Caritas Vestra, Christiani sumus, inter philosophos disceptamus. Videte quare illæ tantum duæ sectæ procuratæ sunt cum Apostolo collaturæ. Nihil est in homine, quod ad ejus substantiam pertineat atque naturam, præter corpus et animam. Horum duorum in uno, hoc est in corpore, Epicurei posuerunt beatam vitam : in alio, id est anima, Stoici posuerunt beatam vitam. Quantum ad hominem pertinet, si ab illo sibi est vita beata, nihil restat præter corpus et animam. Aut corpus est causa beatæ vitæ, aut anima est causa beatæ vitæ : si plus quæris, ab homine recedis. Hi ergo qui beatam vitam hominis in homine posuerunt, alibi ponere omnino non potuerunt, nisi aut in corpore, aut in anima. Horum qui in corpore posuerunt, principatum Epicurei tenuerunt : horum qui in anima posuerunt, principatum Stoici tenuerunt.

Caput V. — *Epicureorum opinio ab Apostolo improbata.* — 6. Ecce sunt, conferunt cum Apostolo; aliquidne plus habeat Apostolus; an vero uni harum duarum sectæ necessario consentire deberet, ut etiam ipse causam beatæ vitæ, aut in corpore, aut in anima poneret. Nunquam poneret Paulus in corpore : hoc enim magnum non est; cum ipsi minime ponant causam beatitudinis in corpore, qui melius sentiunt de corpore. Nam Epicurei et de corpore et

ment de ceux qui se sont fait du corps les idées les plus avantageuses. Les épicuriens assimilent la destinée de l'âme à celle du corps : l'un et l'autre sont mortels; et ce qui rend ce système plus odieux et plus détestable, c'est qu'ils prétendent que la dissolution de l'âme précède celle du corps. Après le dernier soupir, disent-ils, le cadavre subsiste encore et les membres conservent quelque temps la forme qui leur est propre; mais pour l'âme, à peine est-elle sortie du corps qu'elle se dissout comme la fumée que le vent dissipe. Ne soyons donc pas surpris qu'ils aient placé le souverain bien et le principe de la félicité dans le corps qui, à leurs yeux, l'emporte de beaucoup sur l'âme. L'Apôtre pouvait-il admettre un tel principe? Loin de lui la pensée de placer dans le corps le souverain bien, car le souverain bien est la cause de la félicité. Il s'est affligé, bien plutôt, de voir certains chrétiens professer la doctrine des épicuriens, qui sont moins des hommes que des pourceaux. De ce nombre étaient ceux qui corrompaient les bonnes mœurs par leurs mauvais discours et qui disaient : « Mangeons et buvons, puisque nous mourrons demain. » (I *Cor.*, xv, 32, 33.) Les épicuriens discutèrent avec l'apôtre saint Paul; or, parmi les chrétiens eux-mêmes, il y a des épicuriens. Que sont autre chose, en effet, ceux qui répètent tous les jours : « Mangeons et buvons, puisque nous mourrons demain. » A ce langage se rapportent ces autres paroles : Après la mort il n'y a plus rien; notre vie est comme le passage d'une ombre. Voici, en effet, ce qu'ont dit les impies dans l'égarement de leurs pensées : « Couronnons-nous de roses avant qu'elles ne soient fanées; qu'il n'y ait point de prairie où notre intempérance ne se signale; laissons partout des traces de notre joie, c'est là notre part, c'est là notre sort. » (*Sag.*, II, 8.)

CHAPITRE VI. — *Le jeûne joint à la prière et à l'aumône.* — 7. Si nous nous élevons avec sévérité contre une semblable doctrine, si nous essayons de résister énergiquement à ces passions effrénées, ils ajouteront ce qui suit dans le livre de la Sagesse : « Opprimons le juste dans sa pauvreté. » (*Ibid.*, 10.) Et cependant, nous ne craignons pas de vous dire du haut de cette chaire : Gardez-vous d'être des épicuriens. Réfléchissez à ce que disent ces impies dans leur langage pervers : « Nous mourrons demain, » car nous ne mourrons pas tout entiers, et après la mort reste ce qui doit la suivre, et le sort qui attend l'homme à sa mort, c'est la vie ou un supplice éternel. Que personne ne dise : Qui est revenu de l'autre vie? Ce mauvais riche qui se revêtait de pourpre voulut trop tard en revenir et ne put l'obtenir. Il demanda une goutte d'eau pour étancher sa soif, lui qui n'avait eu que du dédain pour le pauvre qui avait faim. (*Luc*, XVI, 23.) Que personne donc ne dise : Mangeons

---

de anima hoc idem sentiunt, quod utrumque mortale est. Et quod est gravius et detestabilius, prius dicunt animam post mortem dissolvi quam corpus. « Adhuc, inquiunt, post efflatum spiritum manente cadavere, et integris membrorum lineamentis aliquantum durantibus, anima mox ut exierit, veluti fumus vento diverberata dissolvitur. » Non ergo miremur quod summum bonum, id est, beatitudinis causam in corpore posuerunt, quod se melius quam animam habere senserunt. Numquid hoc faceret Apostolus? Absit ut poneret in corpore summum bonum. Summum enim bonum est causa beatitudinis : imo vero doluit Apostolus, quosdam e numero Christianorum elegisse sententiam Epicureorum, non hominum, sed (*a*) porcorum. Ex hoc enim numero erant illi corrumpentes mores bonos colloquiis malis, et dicentes : « Manducemus et bibamus, cras enim moriemur. » (I *Cor.*, xv, 32, 33.) Epicurei contulerunt cum Paulo apostolo : sunt et Christiani Epicurei. Quid enim sunt aliud dicentes quotidie : Manducemus et bibamus, cras enim moriemur? Quo pertinet : Nihil erit post mortem, umbræ enim transitus est vita nostra. Dixerunt enim apud se cogitantes non recte inter cætera : « Coronemus nos rosis, antequam marcescant : nullum pratum sit, quod non pertranseat luxuria nostra, ubique relinquamus signa lætitiæ; quoniam hæc est pars nostra, et hæc est sors. » (*Sap.*, II, 8.)

CAPUT VI. — *Jejunium cum oratione et eleemosyna.* —7. Hoc si atrocius objurgemus, si his cupiditatibus vehementius resistamus, dicent et quod sequitur : Opprimamus pauperem justum. (*Ibid.*, 10.) Et tamen dicere vel in hoc loco positi non timemus : Nolite esse Epicurei. Cogitate quidem illud, quod dictum est ab his non recte loquentibus : Cras enim moriemur : sed non omni modo moriemur; manet enim post mortem quod sequitur mortem. Comes morienti aut vita erit, aut pœna. Nemo dicat : Quis huc inde reversus est? Dives ille purpuratus sero redire voluit, et permitti non potuit. Stillam sitiens in-

---

(*a*) Colbertinus Ms. *pecorum.*

et buvons, nous mourrons demain. Ou bien, dites si vous voulez : Demain nous mourrons, je ne m'y oppose pas, mais dites autre chose auparavant. Que les épicuriens, qui n'espèrent aucune autre vie au delà du tombeau, qui ne connaissent que les jouissances de la chair, tiennent ce langage : Mangeons et buvons, car nous mourrons demain ; à la bonne heure ; mais des chrétiens, pour qui une autre vie, et une vie plus heureuse, doit commencer après la mort, doivent bien se garder de dire : Mangeons et buvons, car nous mourrons demain. Rappelez-vous, j'y consens, cette vérité : Nous mourrons demain, mais ajoutez : Jeûnons et prions, car la mort peut venir demain. J'exige encore autre chose, une troisième condition, et je ne veux point passer sous silence ce qu'il faut observer par-dessus tout. Que votre jeûne serve à rassasier la faim du pauvre, et si vous ne pouvez jeûner, appliquez-vous d'autant plus à nourrir celui dont la faim ainsi apaisée vous obtiendra votre pardon. Voici donc ce que les chrétiens doivent dire : Jeûnons, prions, donnons aux pauvres, car nous mourrons demain. Ou bien, s'ils ne veulent que deux choses, j'aime mieux qu'ils disent : Donnons aux pauvres et prions, plutôt que : jeûnons sans faire l'aumône. A Dieu ne plaise donc que l'Apôtre ait placé dans le corps le souverain bien de l'homme, c'est-à-dire le principe de la félicité.

CHAPITRE VII. — *L'Apôtre n'approuve point le sentiment des stoïciens.* — 8. Mais, peut-être, la lutte avec les stoïciens sera-t-elle plus digne. Si je leur demande quel est le principe de la vie heureuse, c'est-à-dire ce qui rend l'homme heureux, ils me répondent que ce n'est point le plaisir des sens, mais la vertu de l'âme. Et que dit l'Apôtre? Approuve-t-il ce sentiment? S'il l'approuve, il ne nous reste qu'à l'approuver nous-mêmes. Mais non, il est loin de partager cette doctrine, car l'Ecriture condamne ceux qui mettent leur confiance dans leur vertu. (*Ps.* XLVIII, 7.) L'épicurien, qui place dans le corps le souverain bien de l'homme, met son espérance en lui-même. Quant au stoïcien, qui place dans l'âme le souverain bien de l'homme, il lui assigne un principe évidemment supérieur, mais met encore en lui-même son espérance. « Maudit soit donc tout homme qui se confie dans l'homme. » (*Jérém.*, XVII, 5.) Que faire donc? Appelons devant nous un épicurien, un stoïcien et un chrétien, et interrogeons chacun d'eux. Dites-nous, épicurien, ce qui rend l'homme heureux? le plaisir sensible; et vous, stoïcien? la vertu de l'âme; et vous, chrétien? la grâce de Dieu.

CHAPITRE VIII. — *Nous devons rejeter la doctrine des épicuriens et des stoïciens sur le vrai principe du bonheur.* — 9. Ainsi donc,

quisivit, qui esurientem pauperem fastidivit. (*Luc.*, XVI, 23.) Nemo ergo dicat : Manducemus et bibamus, cras enim moriemur. Si vultis dicere : Cras enim moriemur : non prohibeo ; sed aliud ante dicite. Epicurei quippe velut non victuri post mortem, quasi aliud nihil habentes nisi quod delectat carnem, dicunt : Manducemus et bibamus, cras enim moriemur. Christiani vero post mortem victuri, et felices potius victuri post mortem, non dicant : Manducemus et bibamus, cras enim moriemur : sed tenete quod dicitur : Cras enim moriemur : et dicite : Jejunemus et oremus, cras enim moriemur. Addo plane aliud, addo tertium, nec quod præcipue observandum est prætermitto, ut de jejunio tuo fames pauperis satietur ; aut si jejunare non potes, magis pascas, cujus saturitate tibi venia concedatur. Dicant ergo Christiani : Jejunemus et oremus et donemus, cras enim moriemur. Aut si duas res volunt dicere, ego eligo ut dicant : Donemus et oremus, quam : Jejunemus et non donemus. Absit ergo ut Apostolus in corpore poneret summum bonum hominis, id est, beatitudinis causam.

CAPUT VII. — *Stoicorum opinio Apostolo non probata.* — 8. Sed cum Stoicis non indecens fortasse luctamen est. Ecce enim interroganti ubi ponant efficiens beatæ vitæ, id est, quod facit in homine beatam vitam, respondent : non corporis voluptatem, sed animi esse virtutem. Quid Apostolus? Annuit? Si annuit, annuamus. Sed non annuit : revocat enim Scriptura eos qui confidunt in virtute sua. (*Psal.* XLVIII, 7.) Epicureus itaque in corpore ponens summum hominis bonum, in se spem ponit. Sed enim Stoicus in animo ponens summum hominis bonum, in re quidem meliori hominis posuit ; sed etiam ipse in se spem posuit. Homo est autem et Epicureus et Stoicus. Maledictus igitur omnis qui spem suam ponit in homine. (*Jerem.*, XVII, 5.) Quid ergo? Jam constitutis ante oculos nostros tribus, Epicureo, Stoico, Christiano, interrogemus singulos. Dic, Epicuree, quæ res faciat beatum? Respondet : Voluptas corporis. Dic, Stoice? Virtus animi. Dic, Christiane? Donum Dei.

CAPUT VIII. — *Rejiciendæ Epicureorum et Stoicorum de felicitate sententiæ.* — 9. Itaque, Fratres, velut ante oculos nostros Epicurei et Stoici cum Apostolo contulerunt, et collatione sua nos quid rejicere et

mes frères, les épicuriens et les stoïciens ont discuté sous nos yeux, pour ainsi dire, avec l'Apôtre, et nous ont appris, par leur discussion contradictoire, le sentiment que nous devons rejeter et celui que nous devons choisir. La vertu de l'âme est digne d'éloges, il est vrai; soit la prudence, qui discerne le bien du mal; soit la justice, qui rend à chacun ce qui lui appartient; soit la tempérance, qui réprime les passions; soit la force, qui supporte courageusement le poids de l'adversité. Oui, la vertu est une grande chose, et mérite tous nos éloges; ne mettez donc aucune borne à vos louanges, stoïcien, mais, dites-moi, à qui devez-vous cette vertu? Ce n'est point la vertu de l'âme qui vous rend heureux, c'est Celui qui vous a donné cette vertu, celui qui vous en a inspiré la volonté et donné le pouvoir. (*Philip.*, II, 13.) Je sais que peut-être vous allez rire de moi, et vous serez du nombre de ceux dont il est écrit, qu'ils se moquèrent de Paul. (*Act.*, XVII, 32.) Si vous êtes le chemin, je suis celui qui sème, un semeur de paroles, selon la faible mesure qui m'a été donnée. Ce qui est un outrage dans votre bouche n'est que l'expression de l'office que je remplis. Je sème, et ma semence tombe en vous comme dans une terre pierreuse. Je ne me décourage point, et je trouve la bonne terre. Vous êtes condamné et condamné par un oracle divin. Vous faites partie de ceux qui se confient dans leur vertu, de ceux qui mettent leur espé-

rance dans l'homme. Vous aimez la vertu, vous aimez une bonne chose; vous en avez soif, je le sais, mais vous ne pouvez être la source d'où la vertu découle dans votre âme. Vous êtes à sec; si je vous montre la source de la vie, peut-être allez-vous rire, car vous dites en vous-même : Quoi! je boirai de l'eau qui jaillira de ce rocher? En effet, la verge a frappé le rocher et l'eau en a jailli. « Les Juifs demandent des miracles, » mais vous, stoïcien, vous n'êtes pas juif, je le sais, vous êtes grec, « et les Grecs cherchent la sagesse. Pour nous, nous prêchons Jésus-Christ crucifié. » Le Juif se scandalise, le Grec nous tourne en dérision, « c'est un scandale pour les Juifs, et une folie pour les Grecs. Mais c'est la vertu de Dieu et la sagesse de Dieu pour ceux qui sont appelés, qu'ils soient Juifs ou Gentils; » (I *Cor.*, I, 22, etc.) c'est-à-dire pour Paul, auparavant Saul, pour Denis l'Aréopagite, et pour tant d'autres qui leur ressemblent, Jésus-Christ crucifié est la vertu de Dieu et la sagesse de Dieu. Vous moquerez-vous encore maintenant du rocher? Reconnaissez la croix dans la verge qui le frappe, reconnaissez Jésus-Christ dans la source qui jaillit, et si vous avez soif, buvez la vertu à cette source, étanchez largement votre soif à cette fontaine, et vous vous répandrez en actions de grâces, vous ne vous attribuerez plus ce que vous tenez de Dieu, mais vous vous écrierez, dans votre abondance : « Je vous aimerai, Seigneur, vous qui êtes ma

---

quid deberemus eligere docuerunt. Est virtus animi res laudabilis, prudentia mala et bona discernens, justitia sua cuique distribuens, temperantia libidines cohibens, fortitudo molestias æquanimiter sustinens. Magna res, laudabilis res : lauda, Stoice, quantum potes; sed dic unde habes? Non virtus animi tui te facit beatum, sed qui tibi virtutem dedit, qui tibi velle inspiravit, et posse donavit. (*Philip.*, II, 13.) Scio quia fortassis irrisurus es me, et eris in eis de quibus scriptum est, quia Paulum irridebant. (*Act.*, XVII, 32.) Si tu via es, ego semino : seminator enim verborum sum pro modulo meo. Quod fuit convicium tuum, officium est meum. Ego semino : cadit in te quod semino, tanquam in terram duram. Ego non sum piger; et invenio terram bonam. Quid tibi faciam? Reprehensus es, et oraculo divino reprehensus es. Inter illos es, qui confidunt in virtute sua : inter illos es, qui spem ponunt in homine. Virtus te delectat; bona res delectat : scio, sitis; sed virtutem tibi manare non potes. (*a*) Siccus es; si tibi ostendero fontem vitæ, forte deridebis. Dicis enim apud te : De ista rupe bibiturus sum? Accedit virga, et manavit aqua. Judæi enim signa petunt; sed tu Stoice non es Judæus : scio, Græcus es; et Græci sapientiam quærunt. Nos autem prædicamus Christum crucifixum. Scandalizatur Judæus, subsannat Græcus. Judæis enim scandalum, Gentibus autem stultitiam : sed ipsis vocatis Judæis et Græcis (I *Cor.*, I, 22, etc.), hoc est, ipsi Paulo ex Saulo, et Dionysio Areopagitæ, et talibus his, talibus et illis, « Christum Dei virtutem et Dei sapientiam. » Jam non irrides rupem : agnosce virgam crucem, Christum fontem; et si sitis, bibe virtutem. Esto fonte saginatus, gratiarum actiones fortasse ructuabis : quod ab illo habes, jam non tibi dabis, sed in ructuatione exclamabis : Diligam te, Domine, virtus mea. (*Psal.* XVII, 2.) Jam non dices : (*b*) Virtus animi mei me facit beatum. Non eris inter illos, qui

(*a*) Sic Mss. At editi : *Si curæ sit tibi ostendere*, etc.— (*b*) Sic Colbertinus Ms. Editi vero : *Animus meus facit beatum.*

vertu. » (*Ps.* xvii, 2.) Vous ne direz plus : C'est la vertu de mon âme qui me rend heureux. Vous ne serez pas du nombre de ceux « qui, ayant connu Dieu, ne l'ont point glorifié comme Dieu, et ne lui ont point rendu grâces; qui se sont évanouis dans leurs pensées, et dont le cœur insensé a été obscurci ; car ces hommes, qui se disaient sages, sont devenus fous. » (*Rom.*, i, 21, 22.) Qu'est-ce, en effet, que se dire sage? N'est-ce pas prétendre qu'on tient tout de soi-même, qu'on se suffit à soi-même? Ils sont devenus fous, et justement. La folie véritable, c'est la fausse sagesse. Mais vous serez, au contraire, du nombre de ceux dont le Psalmiste dit : « Seigneur, ils marcheront à la lumière de votre visage, ils se réjouiront dans votre nom durant tout le jour, et ils seront élevés par votre justice; car c'est à vous qu'est due la gloire de leur vertu. » (*Ps.* lxxxviii, 16, etc.) Vous cherchez la vertu, dites donc à Dieu : « Seigneur, vous êtes ma vertu. » (*Ps.* xvii, 2.) Vous désirez la vie heureuse, dites-lui : « Heureux celui que vous instruisez vous-même. » (*Ps.* xciii, 12.) Heureux, en effet, le peuple, non pas qui se laisse entraîner par le plaisir des sens, qui se regarde comme l'auteur de ses vertus; mais « heureux le peuple dont le Seigneur est le Dieu. » (*Ps.* cxliii, 15.) Voilà quelle est la patrie du bonheur que tous désirent, mais dont tous ne prennent pas le véritable chemin. Ne nous faisons pas, dans notre esprit, un chemin d'imagination pour arriver à cette patrie; n'essayons pas de nous tracer des sentiers qui ne peuvent que nous égarer; le chemin véritable est venu de là jusqu'à nous.

Jésus-Christ est à la fois notre béatitude et le chemin qui nous y conduit. — 10. Que veut, en effet, l'homme heureux ? Etre délivré de l'erreur, de la mort, de la douleur. Que désire-t-il? Est-ce une faim plus grande, et une nourriture plus abondante? Mais quoi! s'il était plus parfait de ne plus ressentir la faim? Nul ne peut être heureux que celui qui vit éternellement, affranchi de toute crainte et de tout danger d'erreur. Toute âme, en effet, craint souverainement d'être trompée, et ce qui prouve cette aversion naturelle pour l'erreur, c'est que les hommes raisonnables ne peuvent s'empêcher de pleurer les fous qui se livrent à la joie. L'homme aime mieux rire que pleurer. Si l'on vous laissait le choix, et qu'on vous dît : Voulez-vous rire ou pleurer? Qui ne répondrait : J'aime mieux rire. Qu'on vous propose maintenant cette autre alternative : Que voulez-vous, de l'erreur ou de la vérité? Tout homme répondra : Je veux connaître la vérité. Il préfère donc le rire et la connaissance de la vérité. De ces deux extrêmes, le rire et les pleurs, il choisit le rire; de ces deux autres, l'erreur et la vérité, il préfère la vérité. Mais, cependant, tel est l'invincible empire de la vérité, que l'homme aime mieux les pleurs que lui fait verser sa raison,

---

cognoscentes Deum, non sicut Deum glorificaverunt, aut gratias egerunt, sed evanuerunt in cogitationibus suis, et obscuratum est insipiens cor ipsorum; dicentes enim se esse sapientes stulti facti sunt. (*Rom.*, i, 21, 22.) Quid est enim, dicentes se esse sapientes, nisi a se habere, sibi sufficere? Stulti facti sunt : merito stulti. Stultitia vera, est falsa sapientia. Sed eris inter illos, de quibus dicitur : « Domine, in lumine vultus tui ambulabunt, et in nomine tuo exsultabunt tota die, et in justitia tua exaltabuntur; quoniam gloria virtutis eorum tu es. » (*Psal.* lxxxviii, 16, etc.) Virtutem quærebas; dic : Domine, virtus mea. (*Psal.* xvii, 2.) Beatam vitam quærebas; dic : Beatus homo quem tu erudieris, Domine. (*Psal.* xciii, 12.) Beatus enim populus, cujus non voluptas carnis, cujus non virtus propria; sed beatus populus cujus est Dominus Deus ipsius. (*Psal.* cxliii, 15.) Hæc est patria beatitudinis, quam omnes volunt, sed non omnes recte quærunt. Nos autem ad talem patriam non nobis viam quasi corde nostro machinemur, et erraticas semitas moliamur : venit inde et via.

Beatitudo et ad beatitudinem via Christus. — 10. Quid vult enim beatus, quid vult, nisi non falli, non mori, non dolere? Et quid quærit? Plus esurire, et plus manducare? Quid si melius est, non esurire? Nemo beatus est, nisi qui vivit in æternum sine ullo timore, sine ulla fallacia. Nam falli odit anima. Quantum falli oderit anima naturaliter, hinc intelligi potest, quoniam qui mente alienata rident, plorantur a sanis : et eligit homo utique ridere, quam flere. Si duo ista proponantur : Ridere vis, an flere? quis est qui respondeat, nisi ridere? Iterum si proponantur ista duo : Falli vis, an verum tenere? omnis homo respondet : Verum tenere. Et ridere eligit, et verum tenere : de duobus illis, risu et fletu, ridere; de duobus istis, fallacia et veritate, verum tenere. Sed tantum prævalet invictissima veritas, ut eligat homo sana mente flere, quam mente alienata ridere. Ibi ergo in illa patria veritas erit,

que la joie dont la folie est la cause. Dans cette patrie donc la vérité régnera seule, à l'exclusion de toute déception, de toute erreur. Mais cette vérité ne sera pas accompagnée de pleurs. Nous y connaîtrons la joie véritable, la joie qui vient de la vérité, parce que nous serons dans le séjour de la vie. S'il y avait encore de la douleur, ce ne serait pas la vie, car on ne peut donner le nom de vie à un tourment continuel et sans fin. Aussi Notre-Seigneur n'appelle point vie l'existence des impies, bien qu'ils doivent vivre éternellement au milieu des flammes. (*Matth.*, xxv, 41.) Leur vie n'aura point de terme, afin que leur châtiment n'ait point de fin. « Leur ver ne mourra pas, et leur feu ne s'éteindra pas. » (*Isa.*, LXVI, 24.) Et cependant, Notre-Seigneur n'appelle pas cette existence une vie, il réserve ce nom pour la vie bienheureuse et éternelle. Voyez, en effet, ce riche qui venait demander au Sauveur : Que faut-il que je fasse de bien, pour mériter la vie éternelle ? (*Matth.*, xix, 16.) Par la vie éternelle, il n'entendait que la vie bienheureuse. Les impies vivront aussi éternellement, mais non d'une vie bienheureuse, parce qu'elle sera pleine de tourments. Ce jeune homme demande donc au Sauveur : « Que faut-il faire de bien pour mériter la vie éternelle ? » Le Seigneur lui indique l'observation des commandements. Il répond : J'ai gardé tous les commandements. Or, en lui indiquant l'observation des commandements, que lui dit Notre-Seigneur ? « Si vous voulez entrer dans la vie. » Il ne dit pas : dans la vie bienheureuse, parce qu'une vie misérable ne peut être appelée vie. Il ne dit pas : dans la vie éternelle, car, si l'on craint encore la mort, ce n'est point une vie véritable. La vie donc, la seule digne de ce nom, ne peut être que la vie bienheureuse, et elle n'est bienheureuse qu'à la condition d'être éternelle. Tous les hommes veulent cette vie, nous la désirons tous, nous voulons la vérité et la vie ; mais quel chemin conduit à ce magnifique héritage, à cette souveraine félicité ? Les philosophes se sont tracé des sentiers d'erreur. Les uns ont dit : C'est par ici, les autres : Non, c'est par là. Ils ont ignoré la véritable voie, parce que Dieu résiste aux superbes. (*Jacq.*, IV, 6.) Nous ne la connaîtrions pas davantage, si elle n'était descendue jusqu'à nous. Voilà pourquoi Notre-Seigneur nous dit : « Je suis la voie. » (*Jean*, XIV, 6.) Voyageur paresseux, vous ne vouliez pas aller trouver la voie, elle est venu vous trouver. Vous cherchiez par où marcher, « Je suis la voie, » vous dit-il. Vous cherchiez le terme où vous devez aboutir, « Je suis la vérité et la vie. » Vous ne pouvez vous égarer en allant par lui et à lui. Telle est la doctrine des chrétiens, qu'il ne faut pas comparer, mais qui est incomparablement préférable aux doctrines des philosophes, aux systèmes impurs des épicuriens, aux prétentions orgueilleuses des stoïciens.

---

fallacia et error nusquam. Sed et veritas, erit et flere non erit. Erit enim et verum (*a*) ridere, et de veritate gaudere, quia ibi vita erit. Nam si dolor erit, vita non erit : neque enim vita dicenda est sempiternus immortalisque cruciatus. Ideo Dominus non appellans vitam quam habituri sunt impii, quamvis in igne victuri sint (*Matth.*, xxv, 41) : vitam non finiunt, ne pœnam finiant : Vermis enim eorum non morietur, et ignis eorum non exstinguetur (*Isai.*, LXVI, 24) ; tamen eam noluit appellare vitam, sed hanc appellavit vitam quæ beata et æterna est. Unde interrogante illo divite Dominum : Quid boni faciam, ut vitam æternam consequar? (*Matth.*, xix, 16.) Et ipse quidem vitam æternam non nominabat, nisi beatam. Nam habebunt impii æternam, sed non beatam vitam, quia cruciatibus plenam. Ergo ille ait : Domine quid boni faciam, ut vitam æternam consequar? Respondit illi Dominus de mandatis. Ait ille : Hæc omnia feci. Sed quando respondit de mandatis, quid ait? Si vis venire ad vitam. Non ei dixit beatam ; quia misera nec vita dicenda est. Non ei dixit æternam ; quia ubi mortis timor est, nec vita dicenda est. Ergo vita, quæ hoc nomine digna est, ut vita dicatur, non est nisi beata ; et beata non est, nisi æterna. Hanc volunt omnes, hanc volumus omnes, veritatem et vitam : sed ad tam magnam possessionem, ad tam grandem felicitatem qua itur? Instruxerunt sibi vias erroris philosophi : alii dixerunt : Hac ; alii : Non hac, sed hac. Latuit eos via, quia Deus superbis resistit. (*Jacob.*, IV, 6.) Lateret nos, nisi venisset ad nos. Ideo Dominus : Ego, inquit, sum via. (*Joan.*, XIV, 6.) Piger viator, venire nolebas ad viam : ad te venit via. Quærebas qua ires : Ego sum via. Quærebas quo ires : Ego sum veritas et vita. Non errabis quando is ad illum, per illum. Hæc est doctrina Christianorum, non plane conferenda, sed incomparabiliter præferenda doctrinis philosophorum, immunditiæ Epicureorum, superbiæ Stoicorum.

(*a*) In Michaelino Mss. *videre*.

SERMON CLI [1].

Sur ces paroles de l'Apôtre, dans le chapitre VII de l'Epître aux Romains : *Je ne fais pas le bien que je veux, et je fais le mal que je ne veux pas*, etc.

CHAPITRE PREMIER. — *Ces paroles de l'Apôtre sont dangereuses pour ceux qui les comprennent mal.* — 1. Toutes les fois que cette divine leçon de l'épître de saint Paul est lue dans l'assemblée des fidèles, nous devons craindre qu'elle ne soit mal comprise et ne devienne une occasion de péché pour ceux qui cherchent cette occasion. Car les hommes sont fortement portés au mal, et résistent difficilement à ce penchant. Aussi, dès qu'ils ont entendu ces paroles : « Je ne fais pas le bien que je veux, et je fais le mal que je ne veux pas, » (*Rom.*, VII, 15) ils pèchent sans scrupule, et, mécontents ensuite d'avoir péché, ils s'imaginent ressembler à l'Apôtre, qui a dit : « Je ne fais pas le bien que je veux, et je fais le mal que je ne veux pas. » Comme cette leçon vous est lue de temps en temps, c'est un devoir pour nous de vous l'expliquer, de peur qu'une fausse interprétation ne tourne en poison cette nourriture salutaire. Que votre charité soit donc attentive ; je vais vous dire ce que le Seigneur m'inspirera, et, si vous me voyez aux prises avec les difficultés de quelques paroles plus obscures, secondez-moi par les élans de votre piété.

La vie du juste ici-bas est une guerre continuelle ; ce n'est pas encore le temps du triomphe. — 2. Rappelez-vous d'abord cette vérité qu'on vous répète souvent par la grâce de Dieu : c'est que la vie du juste, dans ce corps mortel, est le temps de la lutte, et non pas encore celui de la victoire. Aussi voyons-nous dans l'Apôtre et les cris de guerre et les chants de triomphe. Vous venez d'entendre les cris de guerre : « Je ne fais pas le bien que je veux, et je fais le mal que je hais. Or, si je fais ce que je ne veux pas, j'acquiesce à la loi, et je reconnais qu'elle est bonne ; je trouve donc en moi la volonté de faire le bien, mais je ne trouve point le moyen de l'accomplir, car je sens dans mes membres une autre loi qui combat contre la loi de mon esprit, et qui me retient captif sous la loi du péché, qui est dans mes membres. » (*Rom.*, VII, 15-23.) Dans cette résistance qu'il éprouve, dans cette captivité qu'il avoue, ne reconnaissez-vous pas la guerre ?

CHAPITRE II. — *Les chants de triomphe.* — Ce ne sont donc pas encore les chants du triomphe, mais leur temps viendra ; le même Apôtre vous en assure, lorsqu'il dit : « Il faut que ce corps

---

[1] Florus a inséré ce sermon presque tout entier dans son Commentaire sur le chapitre VIII de l'Epître aux Romains, sous ce titre : « Du premier sermon. » Il a été prononcé quelques jours avant le suivant, dans la même ville, c'est-à-dire à Carthage, comme on le verra par la suite.

SERMO CLI (a).

De verbis Apostoli, ROM., VII : *Non enim quod volo, facio bonum ; sed quod nolo malum, hoc ago*, etc.

CAPUT PRIMUM. — *Locus Apostoli male intelligentibus periculosus.* — 1. Lectio divina, quæ de apostoli Pauli epistola recitata est, quotiensumque legitur, timendum est, ne male intellecta det hominibus occasionem quærentibus occasionem. Proclives sunt quippe homines ad peccandum, et vix se tenent. Ubi ergo audierint Apostolum dicentem : « Non enim quod volo, facio bonum ; sed quod odi malum, hoc ago, » (*Rom.*, VII, 15) agunt malum, et quasi displicentes sibi quia agunt malum, putant se Apostolo esse similes, qui dixit : « Non enim quod volo, facio bonum ; sed quod nolo malum, hoc ago. Nonnunquam ergo legitur, et (b) tunc nobis ingerit necessitatem disputandi, ne homines male sumentes salubrem cibum vertant in venenum. Sit ergo intenta Caritas Vestra, donec quod Dominus donaverit, dicam vobis : ut ubi me forte laborare videritis in difficultate alicujus obscuritatis, adjuvetis me affectu pietatis.

Justi vita hic bellum nondum triumphus. — 2. Prius ergo recolite, quod Deo propitio, soletis audire, vitam justi in isto corpore adhuc bellum esse, nondum triumphum. Hujus autem belli aliquando erit triumphus. Ideo Apostolus dixit, et voces belli, et voces triumphi. Voces belli modo audivimus : « Non enim quod volo ago ; sed quod odi, illud facio. Si autem quod odi, illud facio ; consentio Legi, quoniam bona est. Velle adjacet mihi, perficere autem bonum non invenio. Video autem aliam legem in membris meis, repugnantem Legi mentis meæ, et captivantem me in lege peccati, quæ est in membris meis. » (*Rom.*, VII, 15, 23.) Quando audis repugnantem, quando audis captivantem, bellum non agnoscis ?

CAPUT II. — *Vox triumphi.* — Vox ergo triumphi nondum est : sed quia futura est, docet te idem Apostolus,

---

(a) Alias de Tempore XLV. — (b) In quibusdam Mss. *et nunc*.

corruptible revête l'incorruptibilité, et que ce corps mortel revête l'immortalité. Et, après que ce corps mortel aura revêtu l'immortalité, cette parole de l'Ecriture sera accomplie : La mort a été absorbée dans la victoire. » Que les vainqueurs s'écrient : « O mort, où est ta victoire ? » (I *Cor.*, xv, 53.) Voilà ce que nous dirons, oui, voilà ce que nous dirons un jour, et ce jour n'est pas éloigné, car le monde a dépassé la moitié de sa durée. Ce chant sera donc un jour le nôtre ; mais, tant que dure cette guerre, prenons garde que le langage de l'Apôtre, mal interprété, ne soit la trompette de l'ennemi plutôt que la nôtre, et n'excite son ardeur, au lieu de nous aider à le vaincre. Examinez donc avec soin ces paroles, je vous en supplie, mes frères, et, si déjà vous avez engagé la lutte, continuez de combattre avec courage. Pour vous, qui n'êtes pas encore aux prises avec l'ennemi, peut-être ne comprendrez-vous pas ce que je vais dire ; mais ceux qui luttent me comprendront. Ma voix se fera entendre au dehors, la vôtre vous parlera dans le silence. Rappelez-vous d'abord ce que saint Paul écrit aux Galates, nous y pourrons trouver l'explication de ce passage. Il s'adresse aux fidèles qui avaient reçu le baptême, à des chrétiens dont tous les péchés avaient été effacés dans ce bain sacré, mais à des chrétiens qui étaient encore obligés de combattre, et il leur dit : « Conduisez-vous selon l'esprit, et vous n'accomplirez point les désirs de la chair. » (*Gal.*, v, 16, etc.) Il ne dit point : Vous ne ressentirez pas, mais : « vous n'accomplirez pas. » Pourquoi ce langage ? Il l'explique en ajoutant : « Car la chair a des désirs contraires à ceux de l'esprit, et l'esprit en a de contraires à ceux de la chair, et ils sont opposés l'un à l'autre, de sorte que vous ne faites pas toutes les choses que vous voudriez. Que si vous êtes conduits par l'esprit, vous n'êtes point sous la loi, » mais sous la grâce. « Si vous êtes conduits par l'esprit. » Qu'est-ce à dire, être conduit par l'esprit ? C'est obéir aux ordres de l'esprit, et non aux désirs de la chair. Cependant la chair ne cesse de convoiter et de résister ; elle veut ce que vous ne voulez point : persévérez à ne pas vouloir.

Chapitre III. — *Nous devons désirer la destruction de la convoitise en nous.* — 3. Et cependant, votre désir devant Dieu doit être qu'il n'y ait plus de concupiscence à combattre. Comprenez bien ce que je dis : Vous devez désirer devant Dieu qu'il n'y ait plus de concupiscence à laquelle vous soyez obligé de résister. Vous résistez, il est vrai, en lui refusant votre consentement, mais la délivrance de l'ennemi est préférable à la victoire elle-même. Un jour viendra où cet ennemi n'existera plus. Rappelez-vous le chant du triomphe, et voyez s'il existe encore. « O mort, où est ta victoire ? » Elle n'est plus.

---

dicens : « Oportet corruptibile hoc induere incorruptionem, et mortale hoc induere immortalitatem. » Cum autem corruptibile hoc induerit incorruptionem ; et mortale hoc induerit immortalitatem : ibi est vox triumphi : tunc fiet sermo qui scriptus est : « Absorpta est mors in victoriam. » Dicant triumphantes : Ubi est mors contentio tua? (I *Cor.*, xv, 53, etc.) Dicemus ergo, quandoque dicemus ; et ipsum quandoque non erit longe. Non enim tantum remanet de sæculo, quantum jam exemptum est. Hoc igitur tunc dicemus. Modo autem in isto bello, ne male intelligentibus lectio ista tuba sit hostis, non nostra, unde ille inciteretur, non unde vincatur ; advertite, obsecro, Fratres mei, et qui certatis certate. Qui enim nondum certatis, non estis intellecturi quod dico : qui jam certatis, intellecturi estis. Vox mea in aperto, vestra erit in silentio. Prius illud recolite quod scripsit ad Galatas, unde hoc bene possit exponi. Ait enim, fidelibus loquens, baptizatis loquens, quibus utique in sancto lavacro omnia fuerant dimissa peccata : his tamen loquens, sed pugnantibus loquens, ait : Dico autem : Spiritu ambulate, et concupiscentias carnis ne perfeceritis. (*Gal.*, v, 16, etc.) Non dixit : ne feceritis, sed : ne perfeceritis. Quare hoc ? Sequitur et dicit : « Caro enim concupiscit adversus spiritum, spiritus autem adversus carnem. Hæc enim invicem adversantur, ut non ea quæ vultis faciatis. » Quod si Spiritu ducimini, non adhuc estis sub Lege : utique, sed sub gratia. Si Spiritu ducimini : quid est, duci Spiritu ? Spiritui Dei consentire jubenti, non carni concupiscenti. Tamen concupiscit et (*f.* resistis) resistit ; et vult aliquid, et non vis tu : persevera, ut nolis tu.

Caput III. — *Concupiscentiæ interitus in votis esse debet.* — 3. Desiderium tamen tuum tale esse debet ad Deum, ut nec sit ipsa concupiscentia cui resistas. Videte quid dixerim : Desiderium, inquam, tuum tale esse debet ad Deum, ut omnino non sit ipsa concupiscentia cui resistere oporteat. Resistis enim, et non consentiendo vincis : sed melius est hostem non habere, quam vincere. Hostis iste aliquando

« O mort, où est ton aiguillon ? » (I *Cor.*, xv, 55.) Vous chercherez sa place, et vous ne la trouverez plus. Ce n'est pas, remarquez-le bien, ce n'est pas que cette convoitise soit une seconde nature, selon le rêve insensé des manichéens; c'est la maladie, c'est le vice de notre nature. Ce n'est point une chose qui aura alors son existence séparée, mais une maladie qui, une fois guérie, n'existera nulle part. « N'accomplissez donc pas les désirs de la chair. » Il serait mieux, sans doute, d'accomplir ce commandement de la loi : « Vous ne convoiterez pas. » (*Rom.*, VII, 7.) Mais cette délivrance de la convoitise est la plénitude de la vertu, la perfection de la justice, la palme de la victoire. Nous ne pouvons maintenant accomplir ce précepte; soyons du moins fidèles à ce commandement de la sainte Ecriture : « N'allez pas à la suite de vos convoitises. » (*Ecclés.*, XVIII, 30.) Mieux voudrait n'en pas avoir; mais puisqu'elles existent, du moins, ne leur obéissez pas. Elles ne veulent pas vous suivre, refusez vous-même de marcher à leur suite. Si elles consentaient à vous suivre, elles cesseraient d'exister, puisqu'elles ne seraient plus en révolte contre votre esprit. Elles se soulèvent, résistez-leur; elles luttent contre vous, luttez contre elles; elles vous attaquent violemment, redoublez vos efforts; gardez-vous d'une seule chose, d'être vaincu par elles.

CHAPITRE IV. — *Comment il faut résister à la convoitise et aux mauvaises habitudes.* — 4. Donnons un exemple qui vous aide à comprendre cette vérité. Vous connaissez des hommes tempérants; ils sont peu nombreux, mais il en est pourtant. Vous savez aussi qu'il y a des ivrognes en trop grand nombre. Un homme tempérant par nature a reçu le baptême; il n'a point à lutter contre le vice de l'ivrognerie, il a d'autres convoitises à combattre. Mais pour vous faire comprendre la nature des autres luttes, représentons-nous la guerre que nous fait un seul de ces ennemis. Un homme qui a l'habitude de s'enivrer a reçu aussi le baptême; il a appris, et non sans crainte, que, parmi les vices qui excluent les pécheurs du royaume des cieux, figure l'ivrognerie. En effet, dans ce même endroit où saint Paul dit : « Ni les fornicateurs, ni les idolâtres, ni les adultères, ni les voluptueux, ni les abominables, ni les voleurs, » il ajoute : « Ni les ivrognes, etc., ne seront héritiers du royaume des cieux. » (I *Cor.*, VI, 9, 10.) Il a entendu cette sentence avec frayeur. Il a reçu le baptême; tous ses péchés d'ivresse lui ont été pardonnés, mais il lui reste la mauvaise habitude. Ainsi donc, après qu'il est régénéré, il a encore à combattre. Tous ses péchés passés lui ont été pardonnés; qu'il s'observe, qu'il veille, qu'il combatte, pour ne plus s'enivrer de nouveau. Mais voici qu'il sent s'élever en lui le désir

---

non erit. Refer animum ad vocem triumphi, et vide si erit. « Ubi est mors contentio tua? Non erit. Ubi est mors aculeus tuus? » (I *Cor.*, xv, 55.) Quæres locum ejus, et non invenies. Non enim hæc, quod maxime debetis audire : non enim hæc quasi alia natura est, sicut insaniunt Manichæi. Languor noster est, vitium nostrum est. Non separatum alibi erit, sed sanatum nusquam erit. Ergo : Concupiscentias carnis ne perfeceritis. Melius quidem erat implere quod Lex dixit : « Non concupiscas. » Plenitudo est ista virtutis, perfectio justitiæ, palma victoriæ : « Ne concupiscas. » (*Rom.*, VII, 7.) Hoc quia modo impleri non potest, vel illud impleatur quod sancta Scriptura item dicit : Post concupiscentias tuas non eas. (*Eccli.*, XVIII, 30.) Melius est eas non habere : sed quia sunt, noli post eas ire. (*a*) Nolunt post te ire : noli post eas ire. Si velint post te ire, non erunt; quia contra mentem tuam non rebellabunt. Rebellant, rebella : pugnant, pugna ; expugnant, expugna : hoc solum vide, ne vincant.

CAPUT IV. — *Quomodo concupiscentiæ et consuetudini malæ resistendum.* — 4. Ecce aliquid inde ponam, unde cætera intelligatis. Nostis esse homines sobrios : pauciores sunt, sed sunt. Nostis esse et ebriosos : abundant. Baptizatus est sobrius : quantum pertinet ad ebrietatem, non habet cum qua pugnet : habet alias concupiscentias, cum quibus pugnet. Sed ut de cæteris intelligatis, unius tantummodo hostis certamen in medio constituamus. Baptizatus est et ebriosus : audivit, et cum timore audivit, inter cætera mala, quibus hominibus male viventibus intercluditur regnum Dei, commemoratam esse et ebrietatem : quia ubi dictum est : « Neque fornicatores, neque idolis servientes, neque adulteri, neque molles, neque masculorum concubitores, neque fures; ibi additum est : Neque ebriosi, etc., regnum Dei possidebunt. » (I *Cor.*, VI, 9, 10.) Audivit, et timuit. Baptizatus est, dimissa sunt illi omnia, quibus inebriatus est : restat adversaria consuetudo. Ergo habet cum qua pugnet renatus. Præterita ejus

---

(*a*) Lov. *Volunt post te ire : noli post eas ire. Si nolint post te ire.* Sed melius cæteri editi et Mss. quos hic sequimur.

de boire qui flatte agréablement son âme, qui dessèche le palais, qui cherche à surprendre les sens; il veut même pénétrer la muraille qui l'abrite, le forcer dans cette retraite et l'entraîner captif. Ce désir vous livre de violentes attaques, opposez-lui une résistance égale. Ah! si ce désir n'existait pas, dites-vous. Une mauvaise habitude l'a fait naître, une bonne habitude le détruira; gardez-vous seulement de le satisfaire, de l'apaiser en lui cédant, mais détruisez-le par une résistance énergique. Cependant, tant qu'il existe, c'est un ennemi pour vous. Si vous ne lui donnez jamais votre consentement, et que vous ne tombiez jamais dans l'ivresse, il s'affaiblira de jour en jour. Ce qui fait sa force, c'est votre asservissement. Si vous cédez à ce désir, si vous succombez à l'ivresse, vous augmentez ses forces. Est-ce contre moi, et non pas contre vous? Quant à moi, je vous avertis de ce lieu élevé; je vous dis, je vous apprends, je vous annonce par avance les malheurs réservés aux ivrognes. Vous ne pouvez dire : Je n'ai pas entendu; vous ne pouvez dire : C'est à celui qui a négligé de m'instruire que Dieu doit demander compte de mon âme. La résistance est pénible pour vous, parce que votre mauvaise habitude a fortifié votre adversaire. Il ne vous en a point coûté pour le nourrir, il doit vous en coûter pour le vaincre. Si vous ne vous sentez pas assez fort contre lui, recourez à Dieu par la prière. Si cet ennemi ne triomphe pas de vous, si, malgré les combats qu'elle vous livre, la convoitise ne parvient pas à remporter sur vous la victoire, vous avez fait ce que recommande l'apôtre saint Paul : « N'accomplissez pas les désirs de la chair. » (*Gal.*, v, 16.) La convoitise a fait sentir son aiguillon, mais vous ne lui avez pas donné satisfaction en cédant au plaisir de boire.

Chapitre V. — *La concupiscence est innée en nous et vient du péché d'origine.* — 5. Ce que j'ai dit de l'ivrognerie, je pourrais le dire de tous les autres vices, de toutes les autres passions. Il en est qui sont nées avec nous, d'autres que nous nous sommes créées par l'habitude. C'est à cause des premières qu'on baptise les enfants, pour effacer en eux la faute qui résulte de leur naissance, et non une habitude coupable qu'ils n'ont pu contracter. Il nous faut donc toujours combattre, parce que la concupiscence que nous apportons en naissant ne finira qu'avec notre vie; nous pouvons l'affaiblir, mais non la détruire entièrement. C'est elle qui a fait appeler notre corps un corps de mort. C'est d'elle que l'Apôtre dit : « Selon l'homme intérieur, je trouve du plaisir dans la loi de Dieu; mais je

---

vitia omnia dimissa sunt ei : observet, vigilet, pugnet, ne aliquando inebrietur. Surgit ergo illa concupiscentia potandi, titillat animum, ingerit faucibus siccitatem, insidiatur sensibus : vult etiam ipsum, si potest fieri, penetrare murum, adire inclusum, trahere captivum. Pugnat, repugna. O si et ipsa non esset! Si consuetudine mala accessit, bona consuetudine (*a*) morietur : tu tantum noli ei satisfacere, noli eam cedendo satiare, sed resistendo necare. Tamen quamdiu est, hostis est. Si ei non consentias, et nunquam inebrieris, minor et minor erit quotidie. Nam sunt vires illius subjectio tua. Si enim ei cesseris, et inebriatus fueris, das ei vires. Numquid contra me, et non contra te? Ego de loco superiore moneo, dico, prædico : quid mali futurum sit ebriosis, ante denuntio. Non est quod dicas : Non audivi : non est quod dicas : Exigit Deus animam meam de manu illius, qui mihi tacuit. Sed laboras, quia tibi validum adversarium mala consuetudine ipse fecisti. Non laborasti, ut (*b*) nutrires eum : labora, ut vincas eum. Et si minus idoneus es adversus eum, roga Deum. Tamen si te non vicerit, quamvis ipsa tua mala consuetudo luctata sit tecum, si te non vicerit, fecisti quod ait apostolus Paulus : Concupiscentias carnis ne perfeceritis. (*Gal.*, v, 16.) Facta est concupiscentia titillando : sed non est perfecta (*c*) potando.

Caput V. — *Concupiscentia nobis innata et ex primo peccato orta.* — 5. Quod dixi de ebrietate, hoc de omnibus vitiis, hoc de omnibus cupiditatibus. Cum aliquibus enim nati sumus, aliquas consuetudine fecimus. Nam propter illas, cum quibus nati sumus, baptizantur infantes, ut solvantur a reatu propaginis, (*d*) non malæ, quam non habuerunt, consuetudinis. Ergo semper pugnandum est; quia ipsa concupiscentia, cum qua nati sumus, finiri non potest quamdiu vivimus : quotidie minui potest, finiri non potest. Per illam dictum est hoc nostrum mortis corpus. De ipsa dicit Apostolus : « Condelector enim Legi Dei secundum interiorem hominem. Video autem aliam legem in membris meis repugnantem Legi mentis meæ et captivantem me in lege peccati,

---

(*a*) Sic Mss. At editi, *morigeretur*. — (*b*) Cisterciensis Ms. *ut non nutrires eum*. — (*c*) Editi, *sed non est perfecta consentiendo, potando*. Abest *consentiendo* a Mss. — (*d*) Sic optimæ notæ codex Floriacensis et Cisterc. At editi, *propaginis malæ, quam habuerunt. Consuetudini ergo semper repugnandum est*.

sens dans mes membres une autre loi qui combat contre la loi de mon esprit, et qui me tient captif sous la loi du péché qui est dans mes membres. » (*Rom.*, VII, 22, 23.) Cette loi a pris naissance après la transgression de la première loi. Oui, je le répète, cette loi s'est produite après que la loi primitive eut été méprisée et transgressée. Quelle est cette loi primitive ? La loi qui fut donnée à l'homme dans le paradis. Nos premiers parents étaient nus, et n'en rougissaient point. (*Gen.*, II, 25.) Pourquoi ne rougissaient-ils point de leur nudité ? Parce qu'ils ne sentaient pas encore dans leurs membres de loi qui combattît contre la loi de l'esprit. L'homme commit une action coupable, et il ressentit aussitôt des mouvements qui le couvrirent de confusion. Ils mangèrent du fruit de l'arbre contre la défense divine, et leurs yeux furent ouverts. Quoi donc ? Est-ce qu'ils se promenaient auparavant dans le paradis comme des aveugles, ou en tenant leurs yeux fermés ? Non, sans doute ; car comment Adam aurait-il pu donner leurs noms aux oiseaux et aux animaux terrestres, lorsque tous les animaux furent amenés devant lui ? (*Ibid.*, 20.) Comment leur donner des noms, s'il ne les voyait pas ? D'ailleurs, il est dit plus bas : « La femme vit que ce fruit était agréable à la vue. » (*Gen.*, III, 6.) Ils avaient donc les yeux ouverts et ne rougissaient pas de leur nudité. Leurs yeux furent ouverts pour éprouver ce qu'ils n'avaient jamais éprouvé, pour ressentir dans leur corps des mouvements qui ne les avaient jamais alarmés. Leurs yeux s'ouvrirent pour constater plutôt que pour voir, et comme ils ressentirent un mouvement qui les fit rougir, ils s'empressèrent de se couvrir.

CHAPITRE VI. — *Le péché originel vient de la concupiscence. Jésus-Christ a été conçu sans péché pour effacer le péché.* — « Ils entrelacèrent ensemble des feuilles de figuier, dit l'historien sacré, et s'en firent des ceintures. » (*Ibid.*, 7.) C'est dans la partie du corps qu'ils couvrirent que la rebellion se fit sentir. C'est de là que vient le péché originel ; voilà pourquoi personne ne naît exempt de ce péché. Voilà pourquoi Notre-Seigneur n'a pas voulu être conçu comme nous ; il a voulu être conçu d'une Vierge. Il a effacé ce péché, parce qu'il est venu sans ce péché ; il l'a effacé, parce qu'il n'est point venu de ce principe. Voilà pourquoi il y a deux Adam : l'un qui nous engendre pour la mort, l'autre qui nous enfante à la vie. Le premier Adam nous donne la mort, le second nous donne la vie. Mais pourquoi le premier Adam nous donne-t-il la mort ? Parce qu'il n'est qu'un homme. Pourquoi le second nous donne-t-il la vie ? Parce qu'il est Dieu et homme.

Combat de l'Apôtre contre la concupiscence. — 6. L'Apôtre ne fait donc pas ce qu'il veut, car il voudrait ne pas ressentir les atteintes de la concupiscence, et cependant il les ressent ; il ne fait donc pas ce qu'il veut. Est-ce que cette

quæ est in membris meis. » (*Rom.*, VII, 22.) Tunc nata est ista lex, quando transgressa est prima Lex. Tunc nata est, inquam, ista lex, quando contempta et transgressa est prima Lex. Quæ est prima Lex ? Quam in paradiso accepit homo. Nonne nudi erant, et non confundebantur ? (*Gen.*, II, 25.) Quare nudi erant, et non confundebantur, nisi quia nondum erat lex in membris repugnans Legi mentis ? Fecit homo factum puniendum, et invenit motum pudendum. Manducaverunt contra interdictum, et aperti sunt oculi eorum. Quid enim ? prius in paradiso clausis vel cæcis oculis oberrabant ? Absit. Nam Adam unde nomina imposuit volatilibus et bestiis, quando ad eum cuncta animalia adducta sunt ? (*Ibid.*, 20.) Quibus nomina imponebat, si non videbat ? Deinde dictum est : Vidit mulier lignum, quia placeret oculis ad videndum. (*Gen.*, III, 6.) Ergo oculos apertos habebant ; et nudi erant, et non confundebantur. Aperti sunt autem oculi eorum ad aliquid quod nunquam senserant, quod in motu sui corporis nunquam expaverant. Aperti sunt oculi ad intuendum, non ad videndum : et quia senserunt pudendum, curaverunt tegendum.

CAPUT VI. — *Originale peccatum ex concupiscentia. Christus sine peccato conceptus, ut solveret peccatum.* — Consuerunt, inquit, folia ficulnea, et fecerunt sibi succinctoria. (*Ibid.*, 7.) Quod texerunt, ibi senserunt. Ecce unde trahitur originale peccatum, ecce unde nemo nascitur sine peccato. Ecce propter quod Dominus non sic concipi voluit, quem virgo concepit. Solvit illud, qui venit sine illo : solvit illud, qui non venit ex illo. Unde unus et unus : unus ad mortem, unus ad vitam. Homo primus ad mortem, homo secundus ad vitam. Sed quare ad mortem ille homo ? Quia tantum homo. Quare ad vitam iste homo ? Quia Deus et homo.

Apostoli pugna contra concupiscentiam. — 6. Non ergo quod vult agit Apostolus : quia vult non concupiscere, et tamen concupiscit ; ideo non quod vult agit. Numquid illa concupiscentia mala trahebat

concupiscence coupable entraînait l'Apôtre et le rendait esclave de la fornication et de l'adultère? A Dieu ne plaise que notre cœur s'ouvre jamais à de semblables pensées! Il luttait, il n'était pas asservi. Mais comme il n'aurait pas voulu avoir même à lutter, il disait : « Je ne fais pas ce que je veux. » Je ne voudrais pas ressentir la concupiscence et je la ressens. Je ne fais donc pas ce que je veux, mais cependant je ne consens pas à la concupiscence. En effet, il ne dirait pas : « N'accomplissez pas les désirs de la chair, » (*Gal.*, v, 16) s'il y succombait le premier. Il a voulu vous rendre témoin de ses luttes, pour que vous ne redoutiez pas les vôtres. Si ce bienheureux apôtre ne vous avait point parlé de la sorte, lorsque vous sentiriez s'élever la concupiscence dans vos membres, même sans y consentir, peut-être le désespoir s'emparerait de vous, et vous ferait dire : Si j'étais vraiment à Dieu, éprouverais-je de semblables mouvements? Voyez les combats de l'Apôtre, et gardez-vous de vous livrer au désespoir. « Je vois, dit-il, dans mes membres, une autre loi qui combat contre la loi de l'esprit. » Et comme je ne veux pas de cette opposition, car c'est ma chair, c'est moi-même, c'est une partie de moi-même, « je ne fais pas ce que je veux, mais je fais le mal que je hais, » parce que je ressens la concupiscence.

CHAPITRE VII. — *Qu'est-ce que faire le bien ou le mal sans l'accomplir.* — 7. Quel est donc le bien que je fais? Je ne consens pas à la concupiscence coupable. Je fais le bien, et je ne l'accomplis point; et la concupiscence, qui est mon ennemie, fait aussi le mal, sans pouvoir l'accomplir. Comment fais-je le bien sans l'accomplir? Je fais le bien, lorsque je refuse mon consentement à un désir mauvais; mais je n'accomplis point le bien, qui consisterait à n'avoir aucun désir mauvais. Comment, à son tour, mon ennemie fait-elle le mal sans l'accomplir? Elle fait le mal en excitant en moi de mauvais désirs; mais elle ne l'accomplit point, parce qu'elle ne peut m'entraîner au mal. La vie des saints tout entière n'est autre chose que cette guerre. Mais que dirai-je des âmes livrées à leurs passions, qui ne veulent même pas combattre? Elles sont entraînées honteusement sous le joug, ou plutôt elles ne sont pas entraînées, parce qu'elles suivent volontiers leur tyran. Voilà, je le répète, le combat des saints, et, jusqu'à son dernier soupir, l'homme est exposé aux dangers de cette guerre. Mais lorsque tout sera terminé, c'est-à-dire dans le triomphe qui suivra la victoire, que dirons-nous, ou plutôt que dit l'Apôtre, préludant dès maintenant à ce triomphe? « Alors s'accomplira cette parole de l'Ecriture : La mort a été absorbée dans sa victoire. O mort, où est ta victoire? O mort, où est ton aiguillon? Or, l'aiguillon de la mort, c'est le péché, dont

---

Apostolum subjugatum ad fornicationem et adulteria? Absit. Non ascendant tales cogitationes in cor nostrum. Luctabatur, non subjugabatur. Sed quia nolebat, nec hoc habere, contra quod luctaretur, ideo dicebat : « Non quod volo ago. » Concupiscere nolo, et concupisco. Non ergo quod volo ago : sed tamen concupiscentiæ non consentio. Non enim aliter diceret : Concupiscentias carnis ne perfeceritis : si eas ipse perficeret. (*Gal.*, v, 16.) Sed constituit tibi ante oculos pugnam suam, ne timeres tuam. Si enim hoc non dixisset beatus Apostolus, quando videres moveri concupiscentiam in membris tuis, cui tu non consentires; tamen cum eam moveri videres, forsitan de te desperares, et diceres : Si ad Deum pertinerem, sic non moverer. Vide Apostolum pugnantem, et noli te facere desperantem. « Video aliam legem, inquit, in membris meis, repugnantem Legi mentis meæ. » Et quia nolo ut repugnet : caro enim mea est, ego ipse sum, pars mea est : « Non quod volo ago; sed quod odi malum, hoc ago; » quia concupisco.

CAPUT VII. — *Agere nec perficere seu bonum seu malum, quid sit.* — 7. Quod ergo bonum ago? Quia concupiscentiæ malæ non consentio. Ago bonum, et non perficio bonum : et concupiscentia hostis mea agit malum, et non perficit malum. Quomodo ago bonum, et non perficio bonum? Ago bonum, cum malæ concupiscentiæ non consentio : sed non perficio bonum, ut omnino non concupiscam. Rursus ergo et hostis mea quomodo agit malum, et non perficit malum? Agit malum, quia movet desiderium malum : non perficit malum, quia me non trahit ad malum. Et in isto bello est tota vita sanctorum. Jam quid dicam de immundis, qui nec pugnant? Subjugati pertrahuntur : nec pertrahuntur, quia libenter sequuntur. Hæc, inquam, est pugna sanctorum; et in hoc bello semper homo periclitatur, quo usque moriatur. Sed in fine, id est, in triumpho illius victoriæ quid dicitur? imo quid dicit Apostolus jam præmeditans triumphum? Tunc fiet sermo qui scriptus est : « Absorpta est mors in victoriam. Ubi est mors contentio tua? Vox triumphantium. Ubi est

la blessure a produit la mort. » (I *Cor.*, xv, 54.) Le péché est comme un scorpion ; il nous a piqués, et nous sommes morts. Mais quand on dira à la mort : « O mort, où est ton aiguillon, » l'aiguillon qui t'a engendrée, et non pas celui que tu lui as produit ; lorsqu'on dira : « O mort, où est ton aiguillon? » il aura cessé d'exister, parce qu'il n'y aura plus de péché. L'aiguillon de la mort est donc le péché. C'est contre le péché que la loi a été donnée ; mais la force du péché vient de la loi elle-même. (I *Cor.*, xv, 56.) Pourquoi la loi est-elle la force du péché. « La loi est survenue pour que le péché abondât. » (*Rom.*, v, 20.) Comment cela? Avant la loi, l'homme était pécheur ; après que la loi fut donnée, et qu'il l'eut transgressée, il devint prévaricateur. Le péché rendait les hommes coupables, mais ils devinrent plus criminels encore en transgressant la loi qui leur était donnée.

CHAPITRE VIII. — *La grâce de Dieu détruira un jour la concupiscence.* — 8. Où est donc notre espérance, si ce n'est dans ce qui suit : « Où le péché a abondé, la grâce a surabondé. » Aussi ce courageux soldat, pleinement exercé dans cette guerre, et si expérimenté qu'il est devenu notre chef, alors que, au plus fort du combat, il luttait péniblement contre l'ennemi et s'écriait : « Je vois dans mes membres une autre loi qui combat contre la loi de l'esprit, et qui me tient captif sous la loi du péché qui est dans mes membres, » (*Rom.*, vii, 23) loi honteuse, loi misérable, cause de tant de blessures, de plaies hideuses, de langueurs mortelles ; il ajoute : « Malheureux homme que je suis, qui me délivrera de ce corps de mort? » (*Ibid.*, 24.) Et ses gémissements furent exaucés ; comment? « Ce sera la grâce de Dieu par Notre-Seigneur Jésus-Christ. » (*Ibid.*, 25.) Oui, ce qui nous délivrera de cette loi de mort, c'est-à-dire de ce corps de mort, ce sera « la grâce de Dieu par Notre-Seigneur Jésus-Christ. » Quand donc votre corps sera-t-il pleinement affranchi de la concupiscence ? Lorsque ce corps mortel aura revêtu l'immortalité, et cette chair corruptible l'incorruptibilité, et que vous pourrez dire à la mort : « O mort, où est ta victoire? » Elle ne sera plus. « O mort, où est ton aiguillon ? » (I *Cor.*, xv, 55.) Il sera détruit à jamais. Mais pendant cette vie, quel est notre sort? « Je suis donc soumis à la loi de Dieu par l'esprit, et à la loi du péché par la chair. » (*Rom.*, vii, 25.) Je suis soumis à la loi de Dieu par l'esprit, en ne consentant pas au mal, « et à la loi du péché par la chair, » en ressentant les atteintes de la convoitise. Ainsi, « par l'esprit, je suis soumis à la loi de Dieu, et par la chair à la loi du péché. » Je trouve du plaisir dans la loi de Dieu, et je ne laisse pas de ressentir la concupiscence, sans toutefois qu'elle

---

mors aculeus tuus? Aculeus autem mortis est peccatum : cujus punctione facta est mors. » (I *Cor.*, xv, 54, etc.) Peccatum quasi scorpius est : pupigit nos et mortui sumus. Sed quando dicitur : Ubi est mors aculeus tuus? quo aculeo facta es, non quem fecisti. Quando ergo dicitur : « Ubi est mors aculeus tuus? » utique non erit ; quia peccatum non erit. « Aculeus autem mortis est peccatum. » Contra peccatum data est Lex. Sed virtus peccati Lex. Quomodo virtus peccati Lex? Subintravit, ut abundaret delictum. (*Rom.*, v, 20.) Quomodo hoc? Quia fuit ante Legem homo peccator ; data Lege atque transgressa, factus est et prævaricator. Peccato tenebantur (a) homines rei : Lege data, plus prævaricatione facti sunt rei.

CAPUT VIII. — *Gratia Christi perimenda aliquando concupiscentia.* — 8. Ubi spes, nisi quod sequitur : Ubi abundavit peccatum, superabundavit gratia? Ideo iste miles et quodam modo in isto bello exercitatissimus, tam exercitatus, ut esset et dux, cum laboraret in hoc bello contra hostem, et diceret : « Video aliam legem in membris meis, repugnantem legi mentis meæ, et captivantem me in lege peccati, quæ est in membris meis, » (*Rom.*, vii, 23) legem fœdam, legem miseram, vulnus, tabem, languorem ; subjunxit : « Miser ego homo, quis me liberabit de corpore mortis hujus? » (*Ibid.*, 24.) Et gementi subventum est. Quomodo subventum est? « Gratia Dei per Jesum Christum Dominum nostrum. » (*Ibid.*, 25.) Liberabit te a lege mortis hujus, id est, a corpore mortis hujus, « gratia Dei per Jesum Christum Dominum nostrum. » Quando corpus habebis, ubi nulla concupiscentia remanebit? Cum mortale hoc induerit immortalitatem et corruptibile hoc induerit incorruptionem, et dicetur morti : Ubi est mors contentio tua? (I *Cor.*, xv, 55.) Et non erit. Ubi est mors aculeus tuus? Et nusquam erit. Modo quid? Audi : « Igitur ego ipse mente servio legi Dei, carne autem legi peccati. (*Rom.*, vii, 25.) Mente servio legi Dei, » non consentiendo : « carne autem legi peccati, » concupiscendo. Et « mente legi Dei, et carne legi peccati. » Et hac delector, et ibi concupisco ; sed non vincor : titillat, insidiatur, pulsat,

(a) Editi, *omnes rei.* At Mss. *homines rei.* Pauloque post, *plus prævaricationis facti sunt rei.*

remporte la victoire. Elle me flatte, elle me tend des pièges, elle me pousse, elle s'efforce de m'entraîner. « Malheureux homme que je suis, qui me délivrera de ce corps de mort? » Je ne désire pas être toujours vainqueur, mais je voudrais enfin obtenir la paix. Maintenant donc, mes frères, voici la conduite que vous devez suivre : soyez soumis par l'esprit à la loi de Dieu, et, par la chair seulement, à la loi du péché, et, encore, d'une soumission forcée, parce que vous ressentez la convoitise sans y consentir. Quelquefois même cette convoitise dresse si habilement ses embûches, qu'elle fait éprouver aux saints, pendant leur sommeil, ce qu'elle ne pourrait obtenir d'eux pendant qu'ils veillent. Vous applaudissez tous; pourquoi ? parce que tous vous m'avez compris. J'ai honte de m'étendre davantage sur ce sujet ; mais n'hésitons pas à en faire l'objet de nos plus instantes prières. Adressons-nous au Seigneur, etc.

SERMON CLII.[1]

Sur les paroles qui suivent du même chapitre vii et du chapitre viii de l'Epître de l'apôtre saint Paul aux Romains, jusqu'à ces autres : Dieu a envoyé son Fils en la ressemblance de la chair du péché, etc.

1. Votre charité doit se rappeler que j'ai discuté devant vous (2) ce passage si difficile de l'épître de l'apôtre saint Paul aux Romains : « Je ne fais pas ce que je veux, mais je fais ce que je hais. » (*Rom.*, vii, 15). Vous qui étiez présents, vous vous en souvenez ; donnez-moi donc toute votre attention, pour vous préparer à comprendre tout ce que vous avez entendu. La leçon que le lecteur vous a lue aujourd'hui commence par ces paroles : « Dieu a envoyé son Fils en la ressemblance de la chair du péché, et il a convaincu et condamné le péché dans la chair, afin que la justice de la loi soit accomplie en nous, qui ne marchons pas selon la chair, mais selon l'esprit. » (*Rom.*, viii, 3, 4.) Voici maintenant celles qui ont été lues la dernière fois, et que nous n'avons pas expliquées : « Ainsi je suis soumis à la loi de Dieu par l'esprit, et à la loi du péché par la chair. » (*Rom.*, vii, 25.) Il n'y a donc aucune condamnation pour ceux qui sont en Jésus-Christ. « La loi de l'esprit de vie, qui est en Jésus-Christ, m'a affranchi de la loi du péché et de la mort. C'est ce qui était impossible à la loi, rendue faible par la chair. » (*Rom.*, viii, 3, 4.) Et, immédiatement après, vient la leçon de ce jour : « Dieu a envoyé son Fils en la ressemblance de la chair du péché. » Les passages les plus obscurs n'ont point de difficultés lorsqu'on est éclairé des lumières de

---

(1) Nous publions pour la première fois ce sermon, d'après un ancien manuscrit de l'abbaye de Fleury, bien antérieur à tous les autres et qui remonte à l'année 800. Ce sermon s'y trouve immédiatement à la suite du précédent. La plus grande partie en avait été donnée par Bède ou par Florus dans le Commentaire sur le chapitre vii de l'Epître aux Romains, et sur le chapitre iv de l'Epître aux Galates. Nous croyons qu'il fut prononcé à Carthage, et que c'est à ce sermon, et non au sermon cxxxiv, comme nous l'avions pensé d'abord avec les éditeurs de Louvain, que saint Augustin fait allusion dans le sermon clv, chapitre viii, lorsqu'il dit : « Nous vous avons déjà exposé, » etc.
(2) Dans le sermon précédent.

---

trahere conatur : « Miser ego homo, quis me liberabit de corpore mortis hujus? » Nolo semper vincere : sed volo aliquando ad pacem venire. Nunc ergo, Fratres, tenete istum modum : mente servite legi Dei, carne autem legi peccati ; sed ex necessitate, quia concupiscitis, non quia consentitis. Aliquando ista concupiscentia sic insidiatur sanctis, ut faciat dormientibus quod non potest vigilantibus. Unde omnes acclamastis, nisi quia omnes agnovistis? Pudet hic immorari : sed non pigeat inde Deum precari. Conversi ad Dominum, etc.

SERMO CLII.

De sequentibus verbis Apostoli, Rom., vii et viii, usque ad : Misit Deus Filium suum in similitudinem carnis peccati, etc.

1. Meminisse debet Caritas Vestra, disputasse me vobis de quæstione difficillima ex apostoli Pauli epistola, ubi dicit : « Non enim quod volo ago ; sed quod odi, illud facio. » (*Rom.*, vii, 15.) Qui ergo adfuistis, meministis : adestote nunc animo, ut astruatis ad id quod audistis. Sequitur enim lectio, quæ hodie recitata est, quam quidem lector inde cœpit : « Misit Deus Filium suum in similitudinem carnis peccati, et de peccato damnavit peccatum in carne : ut justitia legis impleretur in nobis, qui non secundum carnem ambulamus, sed secundum spiritum. » (*Rom.*, viii, 3, 4.) Illa vero quæ tunc lecta sunt, nec tractata verba, ista sunt quæ sequuntur : « Igitur ego ipse mente servio legi Dei, carne autem legi peccati. » (*Rom.*, vii, 25.) Nulla ergo condemnatio est his nunc, qui sunt in Christo Jesu. Lex enim spiritus vitæ in Christo Jesu liberavit te a lege peccati et mortis. Quod enim impossibile erat (*a*) Legis, in quo infirmabatur per carnem. » (*Rom.*, viii, 1, 3.) Et se-

---

(*a*) In Floriacensi exemplari constanter est genitivo casu *Legis*, ut in Græco τοῦ νόμου.

SERMON CLII.

l'Esprit saint. Priez-le donc qu'il vienne à notre secours ; et le désir seul que vous avez de comprendre est une prière à Dieu. Oui, c'est de lui que vous devez attendre le secours. Pour nous, semblables aux hommes des champs, notre travail est tout extérieur. Mais, s'il n'y avait en même temps quelqu'un pour veiller à l'intérieur, la semence ne prendrait point racine, le germe ne s'élèverait point au-dessus de la terre, la tige ne se fortifierait point jusqu'à devenir un tronc d'arbre ; on ne verrait ni branches, ni fruits, ni feuilles. Aussi l'apôtre saint Paul distingue-t-il parfaitement ici le travail de l'ouvrier de l'action du Créateur : « J'ai planté, dit-il, Apollon a arrosé, mais Dieu a donné l'accroissement. » Et il ajoute : « Or, celui qui plante n'est rien, non plus que celui qui arrose, mais c'est Dieu qui donne l'accroissement. » (I *Cor.*, III, 6, 7.) Si Dieu ne donne en ce moment l'accroissement dans vos cœurs, c'est en vain que le son de mes paroles vient frapper vos oreilles. Mais, s'il donne cet accroissement, ce que nous plantons, ce que nous arrosons croît et se fortifie, et notre travail n'est pas stérile.

2. Je vous ai déjà dit qu'il fallait entendre ces paroles de l'Apôtre : « Je suis soumis à la loi de Dieu par l'esprit, et à la loi du péché par la chair, » (*Rom.*, VII, 25) dans ce sens que vous ne devez rien accorder à la chair que les désirs, sans lesquels son existence n'est pas possible. Mais si, au lieu de lutter contre ces mauvais désirs, vous y consentez, votre défaite vous fera verser des larmes amères ; et plaise à Dieu même que vous gémissiez pour ne point perdre jusqu'au sentiment de votre malheur. A ne consulter que nos vœux, notre volonté, l'expression de notre prière, lorsque nous disons : « Ne nous induisez pas en tentation, mais délivrez-nous du mal, » (*Matth.*, VI, 13) nous désirons ne plus ressentir dans notre chair aucun mauvais désir. Mais, dans la vie présente, nous ne pouvons y parvenir. C'est ce qui fait dire à l'apôtre saint Paul : « Je ne trouve point le moyen d'accomplir le bien. » (*Rom.*, VII, 18.) Qu'est-il donc en mon pouvoir de faire ? C'est de ne point consentir aux mauvais désirs. Mais je ne puis arriver à ne point ressentir de mauvais désirs. Le résultat de ce combat doit donc être, que, par votre esprit, qui ne consent point aux désirs coupables, vous soyez soumis à la loi de Dieu, tandis que, par la chair, esclave de convoitises auxquelles vous ne consentez pas, vous êtes soumis à la loi du péché. La chair a ses désirs, ayez aussi les vôtres. Vous ne pouvez l'étouffer entièrement, éteindre ses désirs ; qu'elle n'étouffe pas les vôtres ; le combat aura ses difficultés, mais vous n'aurez pas à craindre la servitude qui suit la défaite.

---

quitur quod hodie lectum est : « Deus Filium suum misit in similitudinem carnis peccati. » Difficultas non est in obscuris sensibus, quando adjuvat Spiritus. Adjuvet ergo nos orantibus vobis ; quia ipsum desiderium quod vultis intelligere, oratio est ad Deum. Ab ipso ergo oportet ut exspectetis auxilium. Nos enim, quomodo rustici in agro, forinsecus operamur. Si autem nullus esset, qui intrinsecus operaretur, nec semen terræ figeretur, nec in agro cacumen exiret, nec roboraretur virga et perveniret ad trabem : nec rami, nec fructus, nec folia nascerentur. Ideo dixit ipse Apostolus, discernens operationem operariorum et Creatoris. « Ego plantavi, Apollo rigavit ; sed Deus incrementum dedit. » Et adjunxit : « Neque qui plantat est aliquid, neque qui rigat ; sed qui incrementum dat Deus. » (I *Cor.*, III, 6, 7.) Si Deus intrinsecus incrementum non det, inanis est iste sonus ad aures vestras. Si autem det, valet aliquid quod plantamus et rigamus, et non est inanis labor noster.

2. Jam dixi vobis sic esse accipiendum quod ait Apostolus : « Mente servio legi Dei, carne autem legi peccati ; » (*Rom.*, VII, 25) ut carni nihil plus permittatis, nisi desideria, sine quibus non potest esse. Si autem desideriis malis consenseritis, et non contra illa luctati fueritis, victi plangetis : et optandum est ut plangatis, ne et sensum doloris perdatis. Quantum ergo est in votis nostris ; in voluntate nostra, in oratione nostra, quando dicimus : Ne nos inferas in tentationem, sed libera nos a malo (*Matth.*, VI, 13); hoc utique cupimus, ut nec ipsa mala desideria existant de carne nostra. Sed quamdiu hic vivimus, efficere non valemus. Propter hoc ait : « Perficere autem bonum non invenio. » (*Rom.*, VII, 18.) Facere quid invenio ? Non consentire malo desiderio. « Perficere non invenio, » non habere malum desiderium. Restat ergo in hac pugna, ut mente non consentiente malis concupiscentiis, servias legi Dei; carne autem concupiscente, sed te non consentiente, servias legi peccati. Agit caro desideria sua; age et tu tua. Non opprimuntur, non exstinguuntur a te desideria ejus; non extinguat tua : ut in certamine labores, non victus traharis.

Les convoitises coupables existent sans péché dans ceux qui sont baptisés. — 3. L'Apôtre ajoute : « Il n'y a donc pas maintenant de condamnation pour ceux qui sont en Jésus-Christ. » (*Rom.*, VIII, 1.) Ils ressentent encore, il est vrai, sans y consentir, les désirs de la chair ; la loi qui est dans leurs membres combat contre la loi de l'esprit et veut réduire l'âme en servitude ; mais comme la grâce du baptême et du bain de la régénération a effacé la tache que vous aviez apportée en naissant, et que tous les péchés, tous les crimes, toutes les pensées coupables, tous les discours mauvais, fruits du consentement donné à cette malheureuse convoitise, ont été lavés dans ces fonts sacrés où vous êtes entré comme esclave, pour en sortir libre des chaînes de la servitude ; dès lors, il n'y a plus de condamnation pour ceux qui sont en Jésus-Christ. Il n'y en a plus maintenant, mais elle pesait autrefois sur les coupables ; « car nous avons été condamnés par le jugement de Dieu pour un seul péché. » (*Rom.*, V, 16.) Ce mal était la suite de notre première naissance, ce bien est le fruit de notre régénération. « La loi de l'esprit de vie qui est en Jésus-Christ m'a affranchi de la loi du péché et de la mort. » (*Rom.*, VIII, 2.) Cette loi est dans vos membres, mais elle ne vous rend pas coupable ; vous en êtes affranchi, combattez librement, mais évitez d'être vaincu, et de vous jeter de nouveau dans la servitude. Le combat est pénible et rude, mais quelle joie dans le triomphe !

Il faut se garder de l'erreur des manichéens. — 4. Voilà ce que j'ai cru devoir vous dire, et cette pensée doit toujours être présente à votre esprit, afin que ce combat inévitable à l'homme, même à l'homme juste, et surtout à l'homme juste, (car celui qui ne vit point dans la justice ne combat point, il se laisse entraîner,) ne vous porte à penser qu'il y ait en nous deux natures venant de deux principes contraires, selon le rêve insensé des manichéens, qui prétendent que la chair n'est point l'œuvre de Dieu. C'est une erreur ; Dieu est l'auteur des deux natures qui sont en nous. Mais la nature humaine a été condamnée à ce combat par suite du péché. Cette lutte est donc une maladie ; dès qu'elle est guérie, le combat cesse. La lutte ouverte qui existe maintenant entre l'esprit et la chair a pour but d'arriver à la paix ; l'esprit s'efforce de faire entrer la chair dans ses sentiments. Ainsi, que, dans une même maison, il y ait désaccord entre l'homme et la femme, l'homme doit faire tous ses efforts pour triompher des résistances de sa femme. Une fois domptée, la femme sera soumise à son mari, et cette soumission fera régner la paix dans la maison.

Trois lois différentes : la loi du péché, la loi de la foi, la loi des œuvres. — 5. L'Apôtre, après avoir dit : « La loi de l'esprit de vie qui est en

---

Concupiscentiæ malum in baptizatis sine reatu. — 3. Sequitur ergo et dicit Apostolus : « Nulla ergo condemnatio est nunc his, qui sunt in Christo Jesu. » (*Rom.*, VIII, 1.) Etsi habent desideria carnis, quibus non consentiunt ; etsi lex in membris eorum repugnat legi mentis eorum, et captivare vult mentem : tamen quia per gratiam baptismatis et lavacri regenerationis solutus est et ipse reatus, cum quo eras natus, et quidquid antea consensisti malæ concupiscentiæ, sive quolibet flagitio, sive quolibet facinore, sive qualibet mala cogitatione, sive qualibet mala locutione, omnia deleta sunt in illo fonte, quo servus intrasti, unde liber existi : quia ergo hæc ita sunt : « Nulla nunc condemnatio est his, qui sunt in Christo Jesu. » Nulla est nunc, antea fuit. Ex uno omnes in condemnationem. (*Rom.*, V, 16.) Hoc malum fecerat generatio, sed hoc bonum fecit regeneratio. « Lex enim Spiritus vitæ in Christo Jesu liberavit te a lege peccati et mortis. » (*Rom.*, VIII, 2.) Inest in membris, sed reum te non facit. Liberatus es ab illa ; liber pugna ; sed vide ne vincaris, et iterum fias servus. Laboras pugnando, sed lætaberis triumphando.

Manichæorum error cavendus. — 4. Dixi autem vobis, et maxime meminisse debetis, ne forte propter istam pugnam, sine qua homo esse non potest, etiam qui juste vivit ; imo ille in ea est, qui juste vivit ; nam nec pugnat, sed trahitur, qui juste non vivit : ergo ne putetis propter hoc quasi duas ex diversis principiis esse naturas, sicut insaniunt Manichæi, quod quasi non sit caro ex Deo. Falsum est, utrumque ex Deo est. Sed natura humana (*f.* litem) istam in semetipsa meruit ex peccato. Ergo languor est : sanatur, et non est. Discordia modo quæ est in spiritu et carne, pro concordia laborat ; spiritus ideo laborat, ut caro cum illo concordet. Quemadmodum si in una domo litem inter se habeant vir et uxor ; ad hoc debet laborare vir, ut domet uxorem. Domata uxor subjugetur viro : subjugata uxore viro, fiat pax in domo.

Lex triplex. Lex peccati. Lex fidei. Lex factorum. — 5. Cum autem dixisset : « Lex spiritus vitæ in

SERMON CLII.

Jésus-Christ m'a affranchi de la loi du péché et de la mort, » veut nous faire comprendre la nature de ces lois. Etudiez-les attentivement, et apprenez à les discerner ; ce discernement vous est nécessaire. « La loi de l'esprit de vie, » dit l'Apôtre, voilà une première loi, « vous a délivré de la loi du péché et de la mort, » en voilà une seconde. Il poursuit : « Car ce qui était impossible à la loi rendue faible par la chair, » (*Ibid.*, 3) c'est la troisième loi. Ou bien cette dernière loi est-elle le résumé de deux autres ? Examinons cette question, et tâchons de la comprendre avec l'aide de Dieu. Que dit l'Apôtre de la loi qui est bonne ? « La loi de l'esprit de vie vous a délivré de la loi du péché et de la mort. » Il n'accuse point l'impuissance de cette loi pour agir. « La loi de l'esprit de vie vous a délivré, dit-il, de la loi du péché et de la mort ; » cette loi, qui est bonne, vous a délivré de la loi mauvaise ? Quelle est cette loi mauvaise ? « Je vois dans mes membres une autre loi qui combat contre la loi de mon esprit, et qui me tient captif sous la loi du péché qui est dans mes membres. » Pourquoi lui donner le nom de loi ? Rien de plus juste. C'est par une juste punition de Dieu, en effet, que l'homme, pour avoir refusé d'obéir à son Dieu, vit sa chair se révolter contre lui ; Dieu est au-dessus de vous, votre chair est au-dessous.. Obéissez à votre chef, si vous voulez être obéi de votre sujet ; vous avez méprisé le commandement de votre supérieur, vous serez tourmenté par votre inférieur. Voilà donc la loi du péché qui est aussi la loi de mort. Car c'est par le péché que la mort est entrée dans le monde : « Au jour que vous mangerez de ce fruit, vous mourrez de mort. » (*Gen.*, II, 17.) C'est donc cette loi du péché qui entraîne l'esprit et s'efforce de le mettre sous le joug. « Mais, selon l'homme intérieur, je trouve du plaisir dans la loi de Dieu. » (*Rom.*, VII, 22.) De là ce combat et ces paroles de l'Apôtre, au milieu du combat : « Je suis soumis à la loi de Dieu par l'esprit, et à la loi du péché par la chair. » (*Ibid.*, 25.) « La loi de l'esprit de vie vous a délivré de la loi du péché et de la chair. » (*Rom.*, VIII, 2.) Comment la loi de l'esprit de vie vous a-t-elle délivré ? D'abord, elle vous a donné le pardon de tous vos péchés. C'est cette loi qu'invoque le Psalmiste, lorsqu'il dit à Dieu : « Ayez pitié de moi selon votre loi. » (*Ps.* CXVIII, 29.) C'est la loi de la miséricorde, la loi de la foi, et non la loi des œuvres. Quelle est donc la loi des œuvres ? Vous connaissez maintenant la loi de la foi et son excellence : « La loi de l'esprit de vie vous a délivré de la loi du péché et de la mort. Car ce qui était impossible à la loi rendue faible par la chair. » (*Rom.*, VIII, 3.) Voilà donc la troisième loi, dont parle l'Apôtre, frappée de je ne sais quelle impuissance, pour accomplir ce que la loi de l'esprit de vie accomplit, parce

---

Christo Jesu liberavit te a lege peccati et mortis, » proposuit nobis intelligendas ipsas leges. Intuemini eas, et discernite : satis vobis necessaria est ista discretio. « Lex, inquit, spiritus vitæ, » ecce una lex : « liberavit te a lege peccati et mortis, » ecce altera lex. Et sequitur : « Quod enim impossibile erat legis, in quo infirmabatur per carnem, » (*Ibid.*, 3) ecce tertia lex. Aut forte ista est ex duabus ? Inquiramus, et Domino adjuvante videamus. De lege illa bona quid dixit ? « Lex spiritus vitæ liberavit te a lege peccati et mortis. » Istam non dixit invalidam fuisse ad efficiendum : « Liberavit, inquit, te lex spiritus vitæ a lege peccati et mortis. » Lex illa bona liberavit te ab ista lege mala. Lex enim mala quæ est ? « Video aliam legem in membris meis repugnantem legi mentis meæ, et captivantem me in lege peccati, quæ est in membris meis. » Quare et ipsa lex dicta est ? Recte omnino. Admodum enim legitime factum est, ut homo qui noluit obedire Domino suo, non ei serviret caro ipsius. Supra te Dominus tuus, infra te caro tua. Servi meliori, ut serviat tibi inferior. Contempsisti superiorem, torqueris ab inferiore. Ista est ergo lex peccati, ipsa est et mortis. Per peccatum enim mors. Qua die manducaveritis, morte moriemini. (*Gen.*, II, 17.) Ista ergo lex peccati trahit spiritum, et subjugare contendit. « Sed condelector legi Dei secundum interiorem hominem. » (*Rom.*, VII, 22.) Ac per hoc fit illa pugna, et in ipso certamine dicitur : « Mente servio legi Dei, carne autem legi peccati. » (*Ibid.*, 25.) Lex spiritus vitæ liberavit te a lege peccati et mortis. » (*Rom.*, VIII, 2.) Lex enim ipsa spiritus vitæ quomodo te liberavit ? Primo omnium indulgentiam peccatorum dedit. Ipsa est enim lex, de qua in Psalmo dicitur Deo : Et de lege tua miserere mei. (*Psal.* CXVIII, 29.) Lex misericordiæ, lex fidei, non factorum. Quæ est ergo lex factorum ? Jam audistis legem fidei bonam : « Lex spiritus vitæ liberavit te a lege peccati et mortis. Quod enim impossibile erat legis, in quo infirmabatur per carnem. » (*Rom.*, VIII, 3.) Hæc ergo lex tertio loco quæ nominata est, nescio quid quasi non implet : lex autem illa spiritus vitæ implevit; quia te de lege

qu'elle vous a délivré de la loi du péché et de la mort. Cette loi, dont saint Paul fait mention en troisième lieu, est la loi qui a été donnée par Moïse sur le mont Sinaï; c'est elle qu'il appelle la loi des œuvres. Elle peut bien menacer, mais non secourir; elle nous commande, mais sans nous aider. C'est elle qui nous intime cette défense : « Tu ne convoiteras point, » ce qui fait dire à l'Apôtre : « Je n'aurais pas connu la convoitise, si la loi n'avait dit : Tu ne convoiteras point. » (*Rom.*, VII, 7.) Et que m'a servi cette défense de la loi : « Tu ne convoiteras point? » Le voici : « Or, à l'occasion du commandement, le péché m'a séduit et m'a tué par le commandement même. » (*Ibid.*, 11.) Il m'était défendu de convoiter, je n'ai point observé cette défense, et j'ai été vaincu. Avant la loi, j'étais pécheur; après avoir reçu la loi, je suis devenu prévaricateur. « A l'occasion du commandement, le péché m'a séduit et m'a tué par le commandement. »

La loi de Moïse vengée des accusations des manichéens. — 6. « Et, cependant, poursuit l'Apôtre, la loi est sainte. » (*Ibid.*, 12.) Cette loi est donc bonne, bien que les manichéens la condamnent comme ils condamnent la chair. C'est de cette loi que l'Apôtre dit : « Et, cependant, la loi est sainte, et le commandement est saint, juste et bon. Quoi donc! ce qui était bon est-il devenu mortel pour moi? Nullement, mais c'est le péché qui, pour faire paraître sa corruption, m'a donné la mort par une chose qui était bonne. » (*Ibid.*, 13.) Ce sont les paroles de l'Apôtre; pesez-les, méditez-les. « Cependant la loi est sainte. » Quoi de si saint que ce commandement : « Tu ne convoiteras point? » La prévarication de la loi ne serait pas coupable, si la loi n'était bonne. Non, si elle n'était bonne, il n'y aurait aucun mal à transgresser une chose mauvaise. Mais c'est un mal de l'enfreindre, donc elle est bonne. Est-il rien d'aussi bon que cette défense : « Tu ne convoiteras point? » La loi est donc sainte, et le commandement est saint, juste et bon. » Comme il répète à satiété, comme il cherche à graver cette vérité, comme il défend la bonté de la loi contre ses accusateurs! Que dites-vous, manichéen? Quoi! la loi donnée par Moïse est mauvaise? Oui, répondent-ils, elle est mauvaise. Quelle monstruosité! Quelle effronterie! Vous vous contentez de la qualifier d'un seul mot et de dire : Elle est mauvaise. Ecoutez l'Apôtre, qui vous dit : « La loi est sainte, et le commandement est saint, juste et bon. » Etes-vous maintenant réduit au silence? « Quoi donc! Ce qui était bon est-il devenu mortel pour moi? Nullement, mais c'est le péché qui, pour faire paraître sa corruption, m'a donné la mort par une chose qui était bonne. » Et ici, en faisant voir que c'est par une chose

peccati et mortis liberavit. Lex itaque ista, quæ loco tertio nominata est, ipsa Lex quæ data est populo per Moysen in monte Sina, ipsa dicitur lex factorum. Ipsa minari novit, non subvenire; jubere novit, non juvare. Ipsa est quæ dixit : « Non concupisces. » Unde dicit Apostolus : « Concupiscentiam nesciebam, nisi Lex diceret : Non concupisces. » (*Rom.*, VII, 7.) Et quid mihi profuit, quia Lex dixit : « Non concupisces? Occasione accepta peccatum per mandatum fefellit me, et per illud occidit. » (*Ibid.*, 11.) Prohibitus sum concupiscere, nec implevi jussa, sed victus sum. Ante legem fui peccator : accepta lege factus sum prævaricator. « Peccatum enim occasione accepta per mandatum fefellit me, et per illud occidit. »

Lex Moysi defenditur contra Manichæos. — 6. « Itaque, inquit, lex quidem sancta. » (*Ibid.*, 12.) Bona est ergo et ista lex : (quia et ipsam reprehendunt Manichæi, quomodo carnem.) De illa dicit Apostolus : « Itaque lex quidem sancta, et mandatum sanctum, et justum, et bonum. Quod ergo bonum est, mihi factum est mors? Absit. Sed peccatum ut appareat peccatum, per bonum mihi operatum est mortem. » (*Ibid.*, 13.) Apostoli verba sunt; videte et attendite. « Itaque lex quidem sancta. » Quid tam sanctum, quam : « Non concupisces? » Non esset mala legis prævaricatio, nisi ipsa esset bona. Si enim non esset bona, non esset malum prævaricari rem malam. Quia vero malum est eam prævaricari, ergo bona est. Quid tam bonum, quam : « Non concupisces? Lex ergo sancta, et mandatum sanctum, et justum, et bonum. » Quomodo satiat? quomodo inculcat? Quasi contra calumniatores clamat. Quid dicis Manichæe? Lex quæ data est per Moysen mala est? Mala est, dicunt. O portenta, o frontem! Tu dixisti semel : Mala; audi Apostolum dicentem : « Lex quidem sancta, et mandatum sanctum, et justum, et bonum. » Taces aliquando? « Quod ergo bonum est, inquit, mihi factum est mors? Absit. Sed peccatum ut appareat peccatum, per bonum mihi operatum est mortem. » Et hic « per bonum, » sic reum (*a*) accusat, ut a laude Legis non recedat. « Per

---

(*a*) Sic Floras. At Floriacensis Ms. *causatur*.

bonne, l'Apôtre accuse le coupable, sans cesser de faire l'éloge de la loi. Le péché, dit-il, m'a donné la mort par une chose qui était bonne. Quelle était cette chose bonne? le commandement. Quoi encore? la loi. Comment le péché a-t-il donné la mort? pour faire paraître toute sa corruption, en devenant, par le commandement même, une source de péché plus abondante et sans mesure. » Remarquez cette expression, « sans mesure. » Lorsque l'homme péchait sans avoir reçu le commandement, le péché était moindre; mais, lorsqu'il se sert du commandement même pour pécher, son crime dépasse toute mesure. Tant qu'une chose n'est pas défendue, il croit bien faire en la faisant. Si l'on vient à la lui défendre, il commence par ne vouloir point la faire; mais bientôt, il est vaincu, entraîné, mis sous le joug, et il n'a plus d'autre ressource que d'invoquer la grâce, parce qu'il n'a pu observer la loi.

Les trois lois. — 7. Ainsi donc la loi dont il est dit : « La loi de l'esprit de vie vous a délivré de la loi du péché et de la mort, » (*Rom.*, VIII, 2) est la loi de la foi, la loi de l'esprit, la loi de la grâce, la loi de la miséricorde; tandis que cette loi de péché et de mort n'est pas la loi de Dieu, mais bien, en effet, la loi du péché et de la mort. Quant à cette autre loi, que l'Apôtre appelle : « Une loi sainte, un commandement saint, juste et bon, » elle vient de Dieu, mais c'est la loi des actes, la loi des œuvres; loi des œuvres qui commande sans donner la force d'exécuter, loi qui vous fait connaître le péché, mais qui ne peut l'effacer. Il y a donc une loi qui vous fait connaître le péché, et une autre loi qui l'efface. Ce sont les deux Testaments, l'Ancien et le Nouveau. Ecoutez l'Apôtre s'adressant aux Galates : « Dites-moi, vous qui voulez être sous la loi, n'entendez-vous point ce que dit la loi? Car il est écrit qu'Abraham eut deux fils, l'un de l'esclave, et l'autre de la femme libre. Mais celui qui naquit de l'esclave naquit selon la chair; et celui qui naquit de la femme libre naquit en vertu de la promesse. » Tout ceci est une allégorie. Car ces deux femmes sont les deux alliances, dont l'une, établie sur le mont de Sina, et qui n'engendre que des esclaves, est figurée par Agar, servante de Sara, qu'elle donna à Abraham, et qui devint mère d'Ismaël, esclave comme elle. L'Ancien Testament est donc figuré par Agar, qui engendre des esclaves. » Au contraire, « la Jérusalem d'en haut est libre, et c'est elle qui est notre mère. » (*Gal.*, IV, 21, etc.) Les fils de la grâce sont donc les fils de la femme libre; les fils de la lettre sont les fils de l'esclave. Cherchez-vous à connaître les fils de l'esclave? « La lettre tue. » Et les fils de la femme libre? « Mais l'esprit vivifie. » (II *Cor.*, III, 6.) « La loi de l'esprit de vie, qui est en Jésus-Christ, vous a délivré de la loi du péché

---

bonum mihi, inquit, operatum est mortem. » Per quod bonum? Mandatum. Per quod bonum? Legem. Quomodo operatum est mortem? « Ut appareat peccatum; ut fiat supra modum peccatum, delinquens per mandatum. » Ideo « supra modum. » Quando delinquebat sine mandato, (*a*) minus erat : quando delinquit per mandatum, excedit modum. Quando enim non prohibetur aliquis, putat quia bene facit. Prohibitus, incipit nolle facere : vincitur, trahitur, subjugatur : jam restat illi gratiam invocare; quia non potuit legem servare.

Tres Leges. — 7. Ac per hoc Lex illa, de qua dictum est : « Lex enim spiritus vitae liberavit te a lege peccati et mortis, » (*Rom.*, VIII, 2) Lex est fidei, lex est Spiritus, lex est gratiae, lex est misericordiae. Illa vero lex peccati et mortis, non est lex Dei, sed peccati et mortis. Illa vero altera, de qua dicit Apostolus : « Lex sancta, et mandatum sanctum, et justum, et bonum ; » « Lex est Dei, sed factorum; lex operum : operum lex, quae jubet non juvat; lex quae tibi ostendit, non tollit peccatum. Ab alia tibi lege ostenditur peccatum, ab alia tollitur. Duo sunt Testamenta, vetus et novum. Audi Apostolum dicentem : « Dicite mihi sub Lege volentes esse, Legem non legistis? Scriptum est enim quod Abraham duos filios habuit, unum de ancilla, et unum de libera. Sed is quidem qui de ancilla, secundum carnem natus est; qui autem de libera, per promissionem : quae sunt in allegoria. Haec enim sunt duo Testamenta, unum quidem in monte Sina in servitutem generans, quae est Agar ancilla Sarae, quae data est Abrahae, et peperit Ismaelem servum. » Est ergo Testamentum vetus pertinens ad Agar, in servitutem generans. « Quae autem sursum est Jerusalem, libera est, quae est mater nostra. » (*Gal.*, IV, 21, etc.) Ergo filii gratiae, filii sunt liberae : filii litterae, filii sunt ancillae. Quaere filios ancillae : Littera occidit. Quaere filios liberae : Spiritus autem vivificat. (II *Cor.*, III, 6.) « Lex Spiritus vitae in Christo Jesu liberavit te a lege peccati et mortis (*Rom.*, VIII, 2), unde te non potuit

(*a*) Floriacensis codex, *in usu*. Praetulimus lectionem Flori.

et de la mort, » dont la loi de la lettre n'a pu vous affranchir. (*Rom.*, VIII, 2.) Car ce qui était impossible à la loi rendue faible par la chair. » (*Ibid.*, 3.) Votre chair se révoltait, elle vous mettait sous le joug; elle entendait la loi et s'en servait pour exciter plus vivement la concupiscence. La loi de la lettre était donc affaiblie par la chair, et par là même, elle était impuissante pour vous délivrer de la loi du péché et de la mort.

La chair de Jésus-Christ est la seule qui ne soit point une chair de péché. — 8. « Dieu a envoyé son Fils en la ressemblance de la chair du péché, » (*Ibid.*, 3) mais non dans une chair de péché. C'était une chair véritable, mais non une chair de péché. La chair de tous les autres hommes est une chair de péché; la chair de Jésus-Christ est la seule qui ne soit point une chair de péché, parce que la concupiscence n'a eu aucune part à sa conception, et que c'est par la grâce que sa Mère l'a conçu. Il n'a pas laissé cependant d'avoir une chair semblable à celle du péché, ce qui explique comment il a pu manger et être soumis à la faim, à la soif, au sommeil, à la fatigue et à la mort : « Dieu a envoyé son Fils en la ressemblance de la chair du péché. »

Comment Jésus-Christ a condamné le péché à cause du péché. — 9. « Et il a condamné le péché dans la chair à cause du péché. » (*Ibid.*, 3.) Pour quel péché? Quel péché? « Il a convaincu et condamné le péché dans la chair, afin que la justice de la loi soit accomplie en nous. » Que cette justice de la loi s'accomplisse maintenant en nous; que cette justice, qui nous est prescrite, s'accomplisse en nous par la grâce de l'Esprit saint, c'est-à-dire que la loi de la lettre s'accomplisse par la grâce de l'esprit de vie en nous, qui ne marchons pas selon la chair, mais selon l'esprit. » (*Ibid.*, 4.) Quel est donc le péché que le Seigneur a condamné, et pour quel péché l'a-t-il condamné? Je vois et je vois clairement le péché qu'il a condamné : « Voici l'Agneau de Dieu, voici Celui qui efface le péché du monde. » (*Jean*, I, 29.) Quel est ce péché? Tout ce qui est péché, tous les péchés que nous avons pu commettre, voilà ce qu'il a condamné. Mais pour quel péché? Il était lui-même sans péché, car c'est de lui qu'il est écrit : « Il n'a commis aucun péché et le mensonge ne s'est pas trouvé dans sa bouche. » (I *Pierre*, II, 22.) Il n'était donc coupable d'aucun péché, ni péché transmis, ni péché personnel, ni péché d'origine, ni péché actuel. La Vierge nous fait connaître son origine, et sa vie sainte nous montre assez qu'il n'a jamais rien fait qui méritât la mort; voilà pourquoi il disait à ses disciples : « Le prince de ce monde, le démon, vient, mais il n'a aucun droit sur moi. » (*Jean*, XIV, 30, 31.)

---

liberare Lex litteræ. « Quod enim impossibile erat legis, in quo infirmabatur per carnem. » (*Ibid.*, 3.) Rebellabat enim caro tua, subjugabat te caro tua; audiebat Legem, et plus incitabat concupiscentiam tuam. Infirmabatur ergo Lex litteræ per carnem : ac per hoc impossibile erat legis litteræ liberare a lege peccati et mortis.

Christi caro sola non caro peccati. — 8. « Misit Deus Filium suum in similitudinem carnis peccati; » (*Ibid.*, 3) non in carne peccati. In carne quidem, sed non in carne peccati. Cætera ergo (*a*) omnium hominum caro, caro peccati : sola illius, non caro peccati; quia non eum mater concupiscentia, sed gratia concepit : tamen habens similitudinem carnis peccati; unde et nutriri, et esurire, et sitire, et dormire, et fatigari, et mori potuit. « In similitudine carnis peccati misit Deus Filium suum. »

De peccato in Christo quomodo damnatum peccatum. — 9. « Et de peccato damnavit peccatum in carne. » (*Ibid.*, 3.) De quo peccato? Quod peccatum? « De peccato damnavit peccatum in carne : ut justitia legis impleatur in nobis. (*Ibid.*, 4.) Jam illa justitia legis impleatur in nobis; jam illa justitia quæ jubetur, impleatur in nobis per Spiritum qui adjuvat : id est : Lex litteræ impleatur in nobis per Spiritum vitæ; « qui non secundum carnem ambulamus, sed secundum spiritum. » De quo ergo peccato Dominus, quod peccatum damnavit? Video, video quidem quod peccatum damnavit, video prorsus : Ecce Agnus Dei, ecce qui tollit peccatum mundi. (*Joan.*, I, 29.) Quod peccatum? Omne peccatum, omne nostrum peccatum (*b*) damnavit. Sed de quo peccato? Ipse non habebat peccatum : de illo dictum est : « Qui peccatum non fecit, nec inventus est dolus in ore ejus. » (I *Petr.*, II, 22.) Nullum prorsus, nec trahendo, nec addendo : nullum peccatum habuit, nec originis, nec propriæ iniquitatis. Originem virgo demonstrat; conversatio vero ejus sancta satis ostendit nihil eum fecisse unde dignus esset morte. Ideo ait : Ecce venit princeps hujus mundi, (diabolum significans,) et in me nihil inveniet. (*Joan.*, XIV, 30, 31.) Non inveniet quare me occidat princeps mortis. Et quare ergo

---

(*a*) Florus, *omnis hominum caro*. — (*b*) Florus, *peccatum dimisit et damnavit*.

Le prince de la mort ne trouvera aucun motif pour me faire mourir. Et pourquoi donc mourrez-vous? « Mais, afin que tous connaissent que je fais la volonté de mon Père, sortons d'ici. » Il se dirige donc sur le théâtre de ses souffrances, il va au-devant de la mort, mais d'une mort volontaire, d'une mort qu'il accepte librement, et qui ne lui est point imposée : « J'ai le pouvoir de donner ma vie, dit-il, et j'ai le pouvoir de la reprendre. Nul ne me la ravit, mais je la donne de moi-même, et je la reprends de moi-même. » (*Jean*, x, 17, 18.) Vous êtes surpris de cette puissance, comprenez donc sa majesté : Jésus-Christ parle ici en Dieu.

Explication que donnent certains interprètes de ces paroles de l'Apôtre. — 10. Pour quel péché donc a-t-il condamné le péché? Quelques interprètes ont donné de ces paroles une explication qui n'est pas à rejeter; mais je crois qu'ils ne sont point arrivés à comprendre la pensée de l'Apôtre. Leur interprétation n'est pas mauvaise; je vais vous la rapporter d'abord, puis je vous exposerai la mienne, et ce que la sainte Ecriture nous donne comme ce qui est le plus vrai. Ces interprètes se demandaient donc avec un certain trouble : pour quel péché Dieu a-t-il condamné le péché? Est-ce que Dieu était coupable de péché? Non; il a condamné le péché à cause d'un péché, mais d'un péché qui n'était pas le sien; il n'a pas laissé toutefois de le condamner. Si ce ne peut être à cause de son péché, pour quel péché donc a-t-il condamné le péché. Pour le péché de Judas, pour le péché des Juifs. Comment, en effet, a-t-il répandu son sang pour la rémission des péchés? Parce qu'il a été crucifié par les Juifs. Par qui a-t-il été livré aux Juifs? Par Judas. Les Juifs se sont rendus coupables en le crucifiant, Judas en le leur livrant. Or, en cela ont-ils bien fait, ou ont-ils péché? Il est aussi juste que vrai de dire que c'est pour ce péché des Juifs que Jésus-Christ a condamné tout péché, parce que c'est la haine de ses ennemis qui lui a fait répandre le sang qui efface tous les péchés. Considérez cependant ce que dit l'Apôtre dans un autre endroit : « Nous remplissons la fonction d'ambassadeurs pour Jésus-Christ, et c'est Dieu même qui vous exhorte par notre bouche, lorsque nous vous conjurons au nom du Christ; » (II *Cor.*, v, 20) c'est-à-dire : nous vous conjurons, au nom de Jésus-Christ, comme si c'était Jésus-Christ lui-même, de vous réconcilier avec Dieu. Et il ajoute : « Celui qui ne connaissait point le péché. » Dieu, à qui nous vous conjurons de vous réconcilier, « a rendu péché pour nous Celui qui ne connaissait point le péché, c'est-à-dire le Christ-Dieu, ce Christ qui ne pouvait connaître le péché, et il l'a rendu péché, afin qu'en lui nous devinssions justice de Dieu. » (*Ibid.*, 21.) Or, peut-on voir ici le péché de Judas, le péché

---

moreris? « Sed ut sciant omnes, quia voluntatem Patris mei facio, eamus hinc. » Et perrexit ad passionem mortis, mortem voluntariam, non necessitatis, sed arbitrii. « Potestatem habeo ponendi animam meam, et potestatem habeo iterum sumendi eam. Nemo tollit eam a me, sed ego pono eam, et iterum sumo eam. » (*Joan.*, x, 17, 18.) Si miraris potestatem, intellige majestatem. Ut Deus loquitur, Christus loquitur.

Quorumdam sententia de loco Apostoli. — 10. De quo ergo peccato damnavit peccatum? Intellexerunt quidam, et pervenerunt ad sensum non improbum. Sed tamen quid dixerit Apostolus, quantum mihi videtur, indagare minime potuerunt. Rem tamen non malam dixerunt : hanc vobis prius dico, et deinde quid mihi videatur, et quod ipsa Scriptura divina ostendat esse verissimum. Cum (*f.* interrogarentur) turbarentur : De quo peccato damnavit peccatum? Habebat peccatum? hoc dixerunt : De peccato damnavit peccatum, de peccato non suo; tamen de peccato damnavit peccatum. Si ergo non de suo, de cujus? De peccato Judæ, de peccato Judæorum. Unde enim fudit sanguinem in remissionem peccatorum? Quia crucifixus est a Judæis. Quo tradente? Juda. Judæi quando illum occiderunt. Judas illum tradidit. Bene fecerunt, an peccaverunt? Bene dictum est, et vere dictum est, quia et de peccato Judæorum Christus damnavit omne peccatum, quia illis persequentibus fudit sanguinem, quo delevit omne peccatum. Verumtamen alio loco vide quid dicat Apostolus : « Pro Christo, inquit, legatione fungimur, tanquam Deo hortante per nos obsecramus pro Christo, » (II *Cor.*, v, 20) id est tanquam Christus vos obsecret, pro illo vos obsecramus, reconciliari Deo. Et sequitur : Eum qui non noverat peccatum. Deus cui vos obsecramus reconciliari, eum qui non noverat peccatum, id est Christum Deum, « eum Christum qui non noverat peccatum, peccatum pro nobis fecit, ut nos simus justitia Dei in ipso. » (*Ibid.*, 21.) Numquid hic potest intelligi peccatum Judæ, peccatum Judæorum, peccatum cujusque alterius hominis? Cum audias : « Eum qui

des Juifs, ou de quelqu'autre homme que ce soit? Lorsque vous entendez ces paroles : « Il a rendu péché pour nous Celui qui ne connaissait point le péché, » vous vous demandez qui l'a rendu péché, et quel est celui qui a été rendu péché. C'est Dieu d'un côté, le Christ de l'autre. Dieu a fait le Christ péché pour nous; saint Paul ne dit point : Il l'a fait pécheur, mais : « Il l'a fait péché. » Si c'est un blasphème de dire que le Christ a péché, qui pourra entendre dire que le Christ est lui-même péché? Et, cependant, nous ne pouvons ici contredire l'Apôtre. Nous ne pouvons pas lui dire : Que prétendez-vous en parlant de la sorte? Tenir ce langage à l'Apôtre, ce serait le tenir à Jésus-Christ lui-même, car il nous dit dans un autre endroit : « Est-ce que vous voulez éprouver la puissance de Jésus-Christ, qui parle par ma bouche ? » (II *Cor.*, XIII, 3.)

Explication plus vraie de ces paroles de l'Apôtre : Jésus-Christ a été fait péché. — 11. Que dirons-nous donc? Que votre charité considère ici attentivement un grand et profond mystère : Vous serez heureux si vous l'aimez après l'avoir compris, et si vous parvenez à posséder ce que vous aurez aimé. Il est conforme à l'exacte vérité de dire que le Christ, Notre-Seigneur, Jésus, notre Sauveur, notre Rédempteur a été rendu péché, afin qu'en lui nous devinssions justice de Dieu. Comment? Ecoutez la loi : Ceux qui la connaissent savent ce que je veux dire ; quant à ceux qui ne la connaissent pas, qu'ils prennent la peine de la lire ou de l'écouter. Dans la loi, on donnait le nom de péchés aux sacrifices qui étaient offerts pour les péchés. Lorsqu'on amenait la victime pour le péché, voici ce que disait la loi : « Les prêtres étendront la main sur le péché, » (*Lev.*, IV) c'est-à-dire sur la victime qui doit être immolée pour le péché. Or, qu'est-ce autre chose que Jésus-Christ, la victime pour le péché. « C'est ainsi que Jésus-Christ vous a aimés, dit l'Apôtre, et s'est livré lui-même pour vous, en s'offrant à Dieu comme une victime d'agréable odeur. » (*Ephés.*, V, 2.) Voilà par quel péché le Seigneur a condamné le péché ; il l'a condamné, par le sacrifice qu'il s'est fait lui-même pour nos péchés. Telle est la loi de l'esprit de vie qui vous a délivré de la loi du péché et de la mort. L'autre loi, la loi de la lettre, la loi qui commande, est bonne sans aucun doute. « Le commandement est saint, et juste, et bon, » mais il était rendu faible par la chair, et nous ne pouvions accomplir ce qui nous était ordonné. Donc, comme je vous l'ai déjà dit, la loi qui vous découvre le péché n'est pas la même que celle qui l'efface ; la loi de la lettre vous fait connaître le péché, la loi de la grâce vous en délivre.

---

non noverat peccatum, peccatum pro nobis fecit. » Quis? quem? Deus Christum. Deus Christum fecit pro nobis peccatum. Non dixit, fecit pro nobis peccantem : sed, fecit eum peccatum. Si nefas est dicere peccasse Christum, quis ferat peccatum esse Christum? Et tamen non possumus Apostolo contradicere. Non ei possumus dicere : Quid est quod loqueris? Si enim hoc Apostolo dixerimus, ipsi Christo dicimus. Ait enim alio loco : « An vultis experimentum ejus accipere, qui in me loquitur Christus? » (II *Cor.*, XIII, 3.)

Verior interpretatio Apostoli. Christus peccatum factus, quomodo. — 11. Quid igitur est? Intendat Caritas Vestra magnum altumque mysterium. Felices eritis, si intellectum dilexeritis, et ad dilectum perveneritis. Prorsus, prorsus Christus Dominus noster, Jesus Salvator noster, Redemptor noster peccatum factus est, ut nos essemus justitia Dei in ipso. Quomodo? Audite Legem. Qui noverunt, sciunt quod dico : et qui non noverunt, legant, vel audiant. In Lege peccata vocabantur etiam sacrificia, quæ pro peccatis offerebantur. Habes, cum victima pro peccato adduceretur, dicit Lex : Ponant manus suas sacerdotes super peccatum (*Levit.*, IV), id est, super victimam pro peccato. Et quod est aliud quam Christus sacrificium pro peccato? « Sicut et Christus, inquit, dilexit vos, et tradidit semetipsum pro vobis oblationem et hostiam Deo in odorem suavitatis. » (*Ephes.*, V, 2.) Ecce de quo peccato damnavit peccatum : de sacrificio quod factus est pro peccatis, inde damnavit peccatum. Ipsa est : « Lex Spiritus vitæ, quæ liberavit te a lege peccati et mortis. » Quia Lex illa altera, Lex litteræ, Lex jubens, bona est quidem : « Mandatum, sanctum, et justum, et bonum : sed infirmabatur per carnem, » et quod jubebat in nobis impleri non poterat. Alia ergo Lex, ut dicere cœperam, tibi ostendat peccatum, alia tollat : ostendat peccatum Lex litteræ, tollat peccatum Lex gratiæ.

SERMON CLIII [1].

Sur ces paroles de l'Apôtre, dans le chapitre VII de l'Epître aux Romains : *Lorsque nous étions assujettis à la chair, les passions mauvaises, excitées par la loi, agissaient dans nos membres et leur faisaient produire des fruits pour la mort,* etc. Réfutation directe des manichéens, et implicite des pélagiens.

CHAPITRE PREMIER. — *Difficulté que présente ce passage de l'Apôtre.* — 1. Nous avons entendu chanter, et nous avons répondu d'un commun accord, et nous avons chanté d'une voix unanime en nous adressant à Dieu : « Heureux l'homme que vous enseignez, Seigneur, et que vous instruisez de votre loi. » (*Ps.* XCIII, 12.) Si vous voulez faire silence, vous m'entendrez. La sagesse ne peut entrer là où la patience ne lui prépare point les voies. C'est nous qui vous parlons, il est vrai, mais c'est Dieu qui vous enseigne ; c'est nous qui vous parlons, mais c'est Dieu qui vous instruit. Ce n'est point celui que l'homme enseigne que le Psalmiste proclame heureux, mais celui que vous instruisez vous-même, Seigneur. Nous ne pouvons que planter et arroser, mais c'est à Dieu de donner l'accroissement. » (I *Cor.*, III, 7.) Celui qui plante comme celui qui arrose travaillent extérieurement ; mais Celui qui donne l'accroissement agit à l'intérieur. Le passage de l'épître de saint Paul que nous prenons comme sujet de ce discours est des plus difficiles, des plus obscurs, et même des plus dangereux, s'il n'est pas compris, ou si on le comprend mal. Vous l'avez remarqué vous-mêmes, mes frères, je le pense, ou plutôt j'en suis certain, pendant qu'on vous en faisait lecture ; l'agitation où je vous ai vus me le prouve, et, si quelques-uns d'entre vous ont compris ce passage, ils ont dû voir combien il offre de difficulté. C'est donc cette leçon et ce texte tout entier, difficile et obscur, il est vrai, mais salutaire pour ceux qui le comprennent, dont j'entreprends, avec le secours de la miséricorde de Dieu, de vous donner l'explication. Je sais que je suis votre débiteur, et je sens que vous exigez le payement de ce qui vous est dû. De même que nous prions Dieu de vous donner l'intelligence de ces paroles, demandez-lui pour nous, de votre côté, la grâce de les bien expliquer. Si nous unissons ainsi nos prières, Dieu vous accordera d'entendre comme il convient, et à nous de vous payer fidèlement ce que nous vous devons.

CHAPITRE II. — *Les manichéens abusent de ce passage.* — 2. « Lorsque nous étions assujettis à la chair, dit l'Apôtre, les passions mauvaises, excitées par la loi, agissaient dans nos membres, et leur faisaient produire des fruits pour la mort. » L'Apôtre paraît ici blâmer et

---

[1] Bède cite ce sermon dans son Commentaire sur le chapitre VII de l'Epître aux Romains. Florus l'a transcrit tout entier ; saint Augustin lui-même en fait mention dans le sermon suivant.

SERMO CLIII [a].

De verbis Apostoli, Rom., VII : *Cum essemus in carne, passiones peccatorum quæ per Legem sunt, operabantur in membris nostris, ut fructum ferrent morti,* etc. Contra Manichæos aperte, et tacite contra Pelagianos.

CAPUT PRIMUM. — *Locus Apostoli exponendus quam difficilis.* — 1. Audivimus, concorditerque respondimus, et Deo nostro consona voce cantavimus : « Beatus vir quem tu erudieris, Domine, et ex lege tua docueris eum. » *Psal.* XCIII, 12.) Silentium si præbeatis, audietis. Non invenit locum sapientia, ubi non est patientia. Nos loquimur, sed erudit Deus : nos loquimur, sed Deus docet. Non enim beatus dictus est quem docet homo, sed quem tu erudieris, Domine. Nos plantare possumus et rigare : sed Dei est incrementum dare. (I *Cor.*, III, 7.) Qui plantat et qui rigat, forinsecus operatur : qui dat incrementum, intrinsecus opitulatur. Quæ nobis lectio de sancti Apostoli epistola proposita sit ad loquendum, quam difficilis, quam latebrosa, quam (si non intelligatur aut male intelligatur) periculosa ; puto, Fratres, imo scio, quia nobis cum recitaretur, audistis ; et fluctuastis, si advertistis ; aut si aliqui et intellexistis, quam sit arduum sine dubitatione vidistis. Hanc itaque lectionem totumque ipsum molestum et obscurum, sed intelligentibus salubrem epistolæ Apostoli locum suscepimus, adjuvante misericordia Dei, exponere disserendo. Caritati Vestræ debitores nos esse scio, exactores vos esse sentio. Quemadmodum nos, ut ista percipiatis, oramus : sic et vos orate, ut ea vobis explicare valeamus. Si enim oratio nostra concordet ; et vos faciet Deus idoneos auditores, et nos debiti hujus fidelissimos redditores.

CAPUT II. — *Hoc loco abutuntur Manichæi.* — 2. « Cum enim essemus in carne, » ait Apostolus, « passiones peccatorum quæ per Legem sunt, operabantur in

---

[a] Alias IV, de verbis Apostoli.

accuser la loi de Dieu, et c'est tout d'abord un grand danger pour ceux qui ne comprennent point sa pensée. On me dira : cette pensée peut-elle entrer dans l'esprit d'aucun chrétien? Quel est l'homme, si insensé qu'il fût, qui pût concevoir sur l'Apôtre un tel soupçon? Cependant, mes frères, ce sont ces paroles, mal comprises, qui ont alimenté les rêves extravagants des manichéens. En effet, les manichéens ont contesté l'origine divine de la loi donnée par Moïse, et prétendu qu'elle était contraire à l'Evangile. Et lorsqu'on discute avec eux, ils s'efforcent, à l'aide de ces témoignages de l'apôtre saint Paul, qu'ils ne comprennent pas, de convaincre de leurs erreurs, je ne dirai point les catholiques ignorants, mais ceux qui ne sont point sur leurs gardes. Est-il donc si difficile à un chrétien tant soit peu zélé, après avoir entendu les accusations calomnieuses des hérétiques, d'examiner dans cette épître de saint Paul le contexte de ce passage? S'il veut le faire, il y trouvera bientôt de quoi faire taire le bavardage de ces adversaires, et de terrasser ces ennemis qui s'élèvent contre la loi. Eût-il de la peine à comprendre les paroles de l'Apôtre, il y trouverait un éloge clair et formel de la loi de Dieu.

L'accusation des manichéens est réfutée par ce qui suit. — 3. Examinez d'abord sérieusement vous-mêmes les paroles de l'Apôtre :

« Lorsque nous étions encore assujettis à la chair, les passions mauvaises excitées par la loi, agissaient dans nos membres. » Ici déjà le manichéen se dresse, lève fièrement la tête, et fond sur vous avec impétuosité. Vous le voyez, dit-il, les passions mauvaises excitées par la loi. Comment peut-on appeler bonne une loi à laquelle sont dues ces passions mauvaises qui sont en nous et agissent dans nos membres pour leur faire produire des fruits de mort? Lisez, avancez tant soit peu, écoutez le passage tout entier, sinon avec intelligence, du moins avec patience. Il est difficile pour vous, je l'accorde, de comprendre ce que dit l'Apôtre : « Les passions mauvaises, excitées par la loi, agissaient dans nos membres; » mais commencez par faire avec moi l'éloge de la loi, et vous mériterez alors de la comprendre. Votre cœur reste fermé, et vous accusez la clef? Laissons de côté, pour un instant, ce que nous ne comprenons point, et commençons par l'éloge formel de la loi : « Les passions mauvaises, dit-il, excitées par la loi, agissaient dans nos membres, et leur faisaient produire des fruits pour la mort. Mais maintenant, nous sommes affranchis de la loi de mort, sous laquelle nous étions retenus, de sorte que nous servons Dieu dans la nouveauté de l'esprit, et non dans la vétusté de la lettre. » (*Rom.*, VII, 5, 6.) L'Apôtre paraît encore ici blâmer, accuser, condamner la loi, l'avoir même en

membris nostris, ut fructum ferrent morti. » Hic videtur, (quod non intelligentibus primum et grande periculum est,) Apostolus reprehendere et culpare Legem Dei. Dicit aliquis : Absit hoc ab animo qualiscumque Christiani : quis hoc vel insanus audeat de Apostolo suspicari? Et tamen, Fratres mei, verba ista male intellecta, fomitem insaniæ furori Manichæorum subministrarunt. Manichæi enim Legem Dei per Moysen datam, dicunt non a Deo datam, et eam Evangelio contrariam esse contendunt. Et quando cum eis agitur, his testimoniis Apostoli Pauli quæ non intelligunt, conantur convincere, quid dicam, catholicos non intelligentes, et non potius negligentes? Non enim multum est, si quis velit esse diligens, post calumnias ab hæretico auditas, saltem considerare in codice circumstantiam lectionis. Quod si fecerit ; ibi mox inveniet unde adversarium loquacem redarguat, unde hostes Legis rebellesque prosternat. Etsi enim tardus est ad intelligenda verba Apostoli, manifesta ibi laus est expressa Legis Dei.

Manichæorum calumnia refellenda ex consequentibus. — 3. Videte enim prius et advertite. « Cum enim essemus in carne, ait, passiones peccatorum quæ per Legem sunt, operabantur. » Hic jam Manichæus erigit cervicem, exaltat cornua, impetit te, facit impetum : Ecce, inquit, « passiones peccatorum quæ per Legem sunt. » Quomodo bona est Lex, per quam in nobis sunt passiones peccatorum, et operantur in membris nostris, ut fructum ferant morti? Lege, aliquantum progredere, totum audi patienter, etsi non intelligenter. Hoc enim quod ait : « Passiones peccatorum quæ per Legem sunt, operabantur in membris nostris, » multum est ut intelligas : sed prius esto mecum Legis laudator, et tunc fieri mereberis intellector. Clausum cor habes, et clavem accusas? Ecce interim quod non intelligimus, paululum seponamus, ad laudem Legis quæ aperta est veniamus. « Passiones, inquit, peccatorum, quæ per Legem sunt, operabantur in membris nostris, ut fructum ferrent morti. Nunc ergo evacuati sumus a Lege mortis, in qua detinebamur, ita ut serviamus

horreur, mais pour ceux-là seulement qui ne la comprennent pas. Oui, lorsqu'il dit : « Lorsque nous étions encore assujettis à la chair, les passions mauvaises, excitées par la loi, agissaient dans nos membres et leur faisaient produire des fruits pour la mort. Mais, maintenant, nous sommes affranchis de la loi de mort, dans laquelle nous étions retenus, de sorte que nous servons Dieu dans la nouveauté de l'esprit, et non dans la vétusté de la lettre; » en s'exprimant ainsi, l'Apôtre semble accuser et condamner la loi. Il s'en est aperçu lui-même, il a senti qu'il n'était pas compris, et que l'esprit de l'homme se souleverait contre l'obscurité de ses paroles; il a pressenti ce que vous pouviez dire, ce que vous pouviez objecter, et il a voulu répondre par avance à vos objections, afin que vous n'en ayez aucune à faire.

Chapitre III. — *L'Apôtre condamne ici ceux qui déversent le blâme sur la loi.* — 4. « Que dirons-nous donc, poursuit l'Apôtre, que dirons-nous donc? La loi est-elle un péché? Gardons-nous de le penser. » (*Ibid.*, 7.) D'un seul mot il décharge la loi et condamne ses accusateurs. Vous invoquiez contre moi l'autorité de l'Apôtre, ô manichéen, et, pour appuyer plus sûrement vos accusations contre la loi, vous me disiez : Tenez, écoutez l'Apôtre, lisez l'Apôtre : « Les passions mauvaises, excitées par la loi, agissaient dans nos membres, et leur faisaient produire des fruits pour la mort. Mais maintenant nous sommes affranchis de la loi de mort, dans laquelle nous étions retenus, de sorte que nous servons Dieu dans la nouveauté de l'esprit, et non dans la vétusté de la lettre. » Vous étiez fier de cet appui, vous en faisiez grand bruit, en disant : Ecoutez, lisez, voyez; et, aussitôt, tournant le dos, vous cherchiez à vous échapper. Attendez un instant, je vous ai écouté, consentez à m'écouter, ou plutôt ne nous écoutons ni l'un ni l'autre, mais écoutons tous deux le même Apôtre, qui, du même coup, se délivre de vos accusations et vous enchaîne à votre tour. « Que dirons-nous donc, poursuit-il, la loi est-elle un péché? » C'est ce que vous prétendiez : « la loi, disiez-vous, est un péché. » Voilà ce que vous disiez ; écoutez ce que vous devez dire maintenant. Vous souteniez que la loi de Dieu était un péché, lorsque vous l'accusiez en aveugle et en imprudent. Vous vous trompiez, et Paul a vu votre erreur. Il se fait à lui-même l'objection que vous dirigez contre la loi. « Que dirons-nous donc? La loi est-elle un péché? Point du tout. » Puisque vous invoquiez l'autorité de l'Apôtre; pesez les paroles et prenez-les pour règle de vos raisonnements. Ecoutez encore une fois. « La loi est-elle un péché? Point du tout. » Remarquez ces mots : « Point du tout. » Si vous suivez la doctrine de l'Apôtre, si son autorité est pour vous d'un

in novitate spiritus, et non in vetustate litteræ. » Adhuc videtur Legem arguere, culpare, improbare, detestari : sed non intelligentibus. Cum enim dixit : « Cum essemus in carne, passiones peccatorum quæ per Legem sunt, operabantur in membris nostris, ut fructum ferrent morti. (*Ibid.*, 6.) Nunc ergo evacuati sumus a Lege mortis, in qua detinebamur, ita ut serviamus in novitate spiritus, et non in vetustate litteræ, » quasi utique videtur Legem accusare atque culpare. Vidit hoc et ipse, vidit, sensit se non intelligi, et contra obscuritatem verborum suorum cogitationes hominum commoveri : sensit quid possis dicere, sensit quid possis contradicere : et prior hoc voluit dicere, ut tu non invenias quod diceres.

Caput III. — *Apostolus ipse Legis reprehensores ibidem damnat.* — 4. « Quid ergo dicemus, inquit? » Hoc sequitur. « Quid ergo dicemus? Lex peccatum est? Absit. » (*Ibid.*, 7.) Uno verbo Legem absolvit : Legis accusatorem damnavit. Auctoritatem Apostoli contra me proferebas, o Manichæe, et dicebas mihi, cum Legem reprehenderes : Ecce audi Apostolum, lege Apostolum : « Passiones peccatorum quæ per Legem sunt, operabantur in membris nostris, ut fructum ferrent morti. Nunc ergo evacuati sumus a Lege mortis, in qua detinebamur, ita ut serviamus in novitate spiritus, et non in vetustate litteræ. » Jactabas te, clamabas, dicebas : Audi, lege, vide : ista dixeras, et jam verso tergo ire cupiebas. Exspecta, audivi te, audi me : imo nec ego te, nec tu me; sed ambo simul audiamus Apostolum, qui solvit se, et alligat te. « Quid ergo dicemus, inquit? Lex peccatum est? » Hoc dicebas : « Lex peccatum est, » hoc nempe dicebas. Ecce audisti quod dicebas, audi quod dicas. Legem Dei peccatum esse dicebas, quando eam cæcus et improvidus reprehendebas. Errasti : vidit Paulus errorem tuum. Quod dicebas, ipse dixit. « Quid ergo dicemus? Lex peccatum est? » Quod dicebas, hoc dicimus? « Lex peccatum est? Absit. » Si Apostoli sequebaris auctoritatem, appende verbum, et cape inde consilium. Audi : « Lex peccatum est? Absit. » Audi : « Absit. » Si Apostolum sequeris, si ejus auctoritatem plurimi pendis,

TOM. XVII.

grand poids, faites attention à ces mots : « Point du tout, » et renoncez bien vite à votre sentiment. « Que dirons-nous donc? » J'ai dit, il est vrai : « Les passions mauvaises, excitées par la loi, agissaient dans nos membres pour leur faire produire des fruits pour la mort; » j'ai dit : « Mais maintenant nous sommes affranchis de la loi de mort dans laquelle nous étions retenus; » j'ai dit : « En sorte que nous servons Dieu dans la nouveauté de l'esprit, et non dans la vétusté de la lettre. La loi est-elle donc un péché? Point du tout. » Pourquoi donc, grand Apôtre, semblez-vous lui faire de si graves reproches?

CHAPITRE IV. — *La loi qui interdit la convoitise n'est point mauvaise.* — 5. Gardez-vous donc de penser que la loi soit un péché. « Mais, poursuit-il, je n'ai connu le péché que par la loi; car je n'aurais point connu la convoitise, si la loi n'avait dit : Vous ne convoiterez point. » (*Ibid.*, 7.) C'est à moi maintenant de vous interroger, ô manichéen; c'est à moi de vous faire cette question, veuillez y répondre. La loi qui dit : « Tu ne convoiteras point, » est-elle mauvaise? L'homme même le plus débauché, le plus vicieux, n'oserait l'affirmer. En effet, les libertins eux-mêmes rougissent des reproches qui leur sont adressés, et ils n'osent se livrer à leurs infamies, quand ils se trouvent avec des hommes vertueux et chastes ; si donc vous dites que la loi qui vous défend de convoiter est mauvaise, c'est que vous voulez suivre impunément vos convoitises; et vous accusez la loi, parce qu'elle veut réprimer vos passions. Mes frères, quand même nous n'aurions pas entendu l'Apôtre nous dire : « La loi est-elle un péché? Loin de nous cette pensée, » et qu'il ne nous aurait rappelé que cette défense de la loi : Tu ne convoiteras point, » sans faire d'autre éloge de la loi, nous devrions avoir pour elle la plus haute estime et en faire nous-mêmes l'éloge en nous condamnant. Voici donc la loi, la trompette divine qui crie à l'homme du haut du ciel : « Tu ne convoiteras point. » Trouvez-vous quelque chose à reprendre dans ce commandement : « Tu ne convoiteras point? » Si vous n'avez rien à reprendre, mettez-le en pratique. Vous avez entendu cette défense : « Tu ne convoiteras point, » et vous n'osez la blâmer; si elle fait bien en vous disant : « Tu ne convoiteras point, » la convoitise est donc mauvaise : La loi condamne ce qui est mal, et vous interdit ce qui ferait votre malheur. Oui, la loi condamne la concupiscence comme un mal, et vous l'interdit comme devant vous être funeste. Faites donc ce que commande la loi ; évitez ce qu'elle défend, et ne vous livrez point à vos convoitises.

6. Mais que dit encore l'Apôtre ? « Je n'aurais point connu la convoitise, si la loi n'avait dit : Vous ne convoiterez point. » Je suivais donc les inspirations de ma convoitise, je courais où elle m'entraînait, et je regardais comme

---

audi : « Absit, » et quod sentiebas, a te absit. « Quid ergo dicemus? » Quid dicemus, quia dixi : « Passiones peccatorum quæ per Legem sunt, operabantur in membris nostris, ut fructum ferrent morti ; » quia dixi : « Evacuati sumus a Lege mortis, in qua detinebamur; » quia dixi : « Serviamus in novitate spiritus, et non in vetustate litteræ : Lex peccatum est? Absit. » Quare ergo, Apostole, tanta illa dixisti?

CAPUT IV. — *Lex concupiscere malum prohibens, non est mala.* — 5. Lex absit ut sit peccatum : « Sed peccatum, inquit, non cognovi, nisi per Legem. Nam concupiscentiam nesciebam, nisi Lex diceret : Non concupisces. » (*Ibid.*, 7.) Jam modo interrogo te, Manichæe, modo te interrogo, responde mihi. Mala est Lex quæ dicit : « Non concupisces? » Hoc nec luxuriosus mihi et nequam aliquis responderit. Etenim et ipsi homines flagitiosi quando reprehenduntur, erubescunt; et quando sunt inter castos, lascivire non audent. Si ergo malam dicis esse Legem, quæ dicit : « Non concupisces, » impune vis concupiscere; accusas Legem, quia percutit libidinem. Fratres mei, si non audiremus Apostolum dicentem : « Lex peccatum est? Absit, » sed tantummodo verba Legis commemorantem, ubi dictum est : « Non concupisces; » etiam Legem illo non laudante, nos tamen laudare deberemus; illam laudare, nos accusare. Ecce Lex, ecce de super tuba divina clamat homini : « Non concupisces. » « Non concupisces, » reprehende non potes, fac si reprehendere non potes. Audisti : « Non concupisces, » reprehendere non audes. Quia bonum est quod dixit : « Non concupisces, » malum est concupiscere. Malum culpat Lex, a tuo malo te prohibet Lex. Ergo concupiscere malum culpat Lex, a tuo malo te prohibet Lex. Ergo fac quod jubet Lex, noli facere quod vetat Lex, noli concupiscere.

6. Sed quid ait Apostolus ? « Concupiscentiam nesciebam, nisi Lex diceret : Non concupisces. Ibam enim post concupiscentiam meam, et qua trahebat currebam, ejusque illecebras blandas, et ex

le comble du bonheur ses charmes flatteurs que le plaisir des sens me rendait encore plus agréables. Car, dit la loi elle-mème, le pécheur est loué des désirs de son crime, et le méchant est béni. (*Ps.* ix, 3.)

Chapitre V. — *Le mal de la concupiscence était inconnu avant la loi.* — Voici un homme qui se laisse entraîner par ses convoitises charnelles, et se livre tout entier à leur tyrannie; il n'est occupé que de chercher partout l'occasion de satisfaire ses sens, de s'abandonner à la fornication, à l'ivresse; je n'en dis pas davantage, je ne parle que de ces deux vices, la fornication et l'ivresse, qui jouissent de l'impunité dans les législations humaines, mais non d'après les lois de Dieu. Qui, en effet, fut jamais traduit devant un juge pour être entré dans une maison de prostitution? Qui a jamais été accusé devant les tribunaux pour avoir usé sa vie dans d'infâmes dissolutions avec des actrices? Quel homme marié a jamais été accusé pour avoir violé sa servante? Mais je ne parle ici que des tribunaux de la terre et non du ciel, des lois du monde et non de la loi du Créateur du monde. On proclame heureux le libertin, l'homme voluptueux et dissolu; il a, dit-on, les plaisirs en abondance, il nage au sein des délices. Si ce même homme se gorge de vin et boit sans mesure, ce sera peu de ne point l'accuser, on ira jusqu'à le vanter d'être fort et robuste, alors qu'il est d'autant plus vicieux qu'il reste invincible sous le poids du vin. Lorsqu'on fait l'éloge d'une semblable conduite et qu'on y place hautement le bonheur, la grandeur et le bien-être, lorsque, loin d'y voir un péché, on regarde cette vie comme un don de Dieu, ou du moins comme une jouissance agréable, douce et innocente, la loi de Dieu apparaît et dit à cet homme « Tu ne convoiteras point. » Tandis qu'il regardait comme le comble du bonheur et de la félicité de ne rien refuser à ses désirs de ce qu'il pouvait leur accorder, de se laisser entraîner à toutes ses convoitises, il entend tout à coup cette défense : « Tu ne convoiteras point, » et il apprend que la convoitise est un péché. Dieu a parlé, l'homme l'a entendu; il a cru à la parole de Dieu, il a connu son péché; il voit le mal de ce qui lui paraissait bien, il veut mettre un frein à sa convoitise, et résister à ses entraînements; il veut se maîtriser, il fait des efforts, et il succombe. Il ne connaissait point auparavant son mal, il le connaît maintenant, et sa défaite n'en est que plus triste ; au péché il joint maintenant la prévarication; sans doute, il était déjà pécheur, mais avant qu'il connût la loi, il ne savait pas qu'il l'était. Il a entendu la loi, il a vu son péché, il s'est efforcé de vaincre, mais il a été vaincu et terrassé, et de pécheur qu'il était sans le savoir, il est devenu prévaricateur de la loi. Voilà l'explication de ces paroles de l'Apôtre :

---

carnali suavitate jucundas magnam felicitatem arbitrabar. Laudatur enim peccator, ait Lex, in desideriis animæ suæ, et qui iniqua gerit, benedicitur. (*Psal.* ix, 3.)

Caput V. — *Concupiscentiæ malum ante Legem ignotum.* — Invenis hominem concupiscentias suas carnales sectantem, totumque se illis servum donantem, aucupari undique voluptates, fornicari, inebriari, (non dico amplius) fornicari, inquam, inebriari. Hæc dixi quæ licite committuntur, sed non Dei legibus. Quis enim aliquando ad judicem ductus est, quia meretricis lupanar intravit? Quis aliquando in publicis tribunalibus accusatus est, quia per suas lyristrias lascivus immundusque defluxit? Quis aliquando habens uxorem, quia ancillam suam vitiavit, crimen invenit? Sed in foro, non in cœlo; in lege mundi, non in lege Creatoris mundi. Luxuriosus autem, immundus atque lascivus felix dicitur : abundare voluptatibus, frui deliciis. Jam vero si se etiam vino ingurgitet, si bibat mensuras sine mensura; parum est quia non invenit crimen, etiam viri fortis accipit nomen : tanto nequior, quanto sub poculo invictior. Cum laudantur ista, et dicitur : Felix est, magnus est, bene est illi : et non solum hoc non putatur esse peccatum, sed etiam putatur vel Dei donum, vel certe suave, blandum et licitum bonum : procedit Lex Dei, et dicit : « Non concupisces. » Ille homo qui putabat magnum bonum esse, magnamque felicitatem existimabat, ea quæ posset, suæ concupiscentiæ non negare, sequi qua trahit, audit : « Non concupisces; » et cognoscit esse peccatum. Deus dixit, homo audivit, Deo credidit, peccatum suum vidit ; quod bonum putabat, malum esse cognovit : voluit frenare concupiscentiam, non ire post eam, strinxit se, conatus est, victus est. Qui fuit antea nescius malorum suorum, factus est doctus, et pejus est victus : cœpit esse non solum peccator, sed etiam prævaricator. Peccator enim et antea erat : sed antequam Legem audiret, peccatorem se esse nesciebat. Legem audivit, peccatum vidit : conatus est vincere, superatus atque prostratus est : factus est et Legis prævaricator, qui fuit

« La loi est-elle un péché? Gardons-nous de le penser. Mais je n'ai connu le péché que par la loi, car je n'aurais pas connu la convoitise, si la loi ne disait : Tu ne convoiteras point. »

La loi, loin de vaincre la convoitise, n'a fait que l'augmenter. — 7. « Or, à l'occasion du commandement, le péché a produit en moi toute espèce de convoitise. » (*Rom.*, VII, 8.) La concupiscence était moins forte, lorsqu'avant la loi vous péchiez sans inquiétude; maintenant, au contraire, le fleuve de la convoitise se trouve tant soit peu contenu par les défenses de la loi, comme par autant de digues. Mais il n'est pas mis à sec, et ce courant impétueux qui vous entraînait sans rencontrer d'obstacles grossit ses eaux et vous submerge en renversant les digues qu'on lui oppose. Votre concupiscence était moins forte, lorsqu'elle se contentait d'exciter vos passions; mais elle se montre tout entière en transgressant la loi elle-même. Voulez-vous juger combien elle est violente? Voyez les obstacles qu'elle renverse : « Tu ne convoiteras point. » Ce n'est pas l'homme qui parle ainsi, ce n'est pas un être quelconque, c'est Dieu lui-même, c'est le Créateur, c'est le Juge éternel. Obéissez donc à l'ordre qu'il vous donne. Vous refusez d'obéir? Rappelez-vous que le législateur est en même temps votre juge. Mais que ferez-vous, ô homme? Vous n'avez pas été vainqueur, parce que vous avez présumé de vous-même.

CHAPITRE VI. — *Celui qui présume de lui-même est nécessairement vaincu.* — 8. Veuillez maintenant reporter votre attention sur les paroles qui précèdent, et qui vous semblaient obscures : « Lorsque nous étions encore assujettis à la chair. » Considérez attentivement ces paroles, les premières de ce passage qui vous a paru enveloppé d'une certaine obscurité : « Lorsque nous étions encore assujettis à la chair, nos passions mauvaises excitées par la loi. » Comment peuvent-elles être excitées par la loi? Parce que nous étions dans la chair. Qu'est-ce à dire, que nous étions dans la chair? Nous présumions trop de la chair. Est-ce que l'Apôtre qui tenait ce langage, ou bien ceux auxquels il l'adressait étaient déjà sortis de cette chair? Non; mais celui qui parlait de la sorte et ceux auxquels il s'adressait étaient encore dans la chair selon les lois de la vie présente. Que signifie donc ces paroles : « Lorsque nous étions dans la chair? » C'est-à-dire, lorsque nous présumions trop de la chair, lorsque nous mettions notre confiance en nous-mêmes. En effet, c'est à un homme qu'il a été dit, en parlant de tous les hommes : « Toute chair verra le salut de Dieu. » (*Isa.*, XL, 5; *Luc*, III, 5-7.) Or, que veut dire : « Toute chair? » C'est-à-dire : Tout homme. Et que signifient ces paroles : « Le Verbe s'est fait chair, » (*Jean*, I, 14) sinon : Le Verbe s'est fait homme? Car le Verbe ne s'était pas uni à la chair sans s'unir en même temps à une âme, et, dans ces

---

antea nescius peccator. Hoc dicit Apostolus : « Lex peccatum est? Absit. Sed peccatum non cognovi, nisi per Legem. Nam concupiscentiam nesciebam, nisi Lex diceret : Non concupisces. »

Concupiscentia per Legem aucta, non victa. — 7. « Occasione autem accepta, peccatum per mandatum operatum est in me omnem concupiscentiam. » (*Rom.*, VII, 8.) Minor erat concupiscentia, quando ante Legem securus peccabas, nunc autem oppositis tibi obicibus Legis, fluvius concupiscentiæ quasi frenatus est paululum, non siccatus : sed increscente impetu qui te ducebat obicibus nullis, obruit te obicibus ruptis. Concupiscentia tua minor erat, quando tuam movebat libidinem, omnis est autem quando transcendit et Legem. Vis nosse quam magna sit! Vide quid ruperit : « Non concupisces. » Non homo dixit, Deus dixit, Creator dixit, Judex æternus dixit, non quicumque dixit. Fac ergo quod dixit. Non facis? observa judicantem qui dixit. Sed quid facias, o homo? Ideo non vicisti, quia de te præsumpsisti.

CAPUT VI. — *Præsumens de seipso vincitur.* — 8. Attende ergo nunc verba superiora, quæ videbantur obscura. « Cum enim essemus in carne. » Verba quæ superiora diximus, unde cœpit lectio quæ obscura videbatur, attendite : « Cum enim essemus in carne, passiones peccatorum quæ per Legem sunt. » Unde per Legem sunt? Quia eramus in carne. Quid est, quia eramus in carne? Præsumebamus de carne. Num enim qui loquebatur Apostolus, jam exierat de ista carne, aut eis loquebatur qui jam exierant morte de ista carne? Non utique; sed secundum hujus vitæ modum, et qui loquebatur, et quibus loquebatur, in carne erant. Quid ergo est : « Cum essemus in carne, » nisi cum de carne præsumeremus, hoc est, de nobis confideremus? Homini enim dictum est, et de hominibus dictum est : Videbit omnis caro salutare Dei. (*Isai.*, XL, 5; *Luc.*, III, 5.) Quid est : Videbit omnis caro, nisi : videbit omnis homo? Et quid est : Verbum caro factum est (*Joan.*, I, 14), nisi : Verbum homo factum

paroles : « Le Verbe s'est fait chair, » la chair désigne l'homme tout entier. Ainsi, « lorsque nous étions dans la chair, » c'est-à-dire : Lorsque nous étions livrés aux convoitises de la chair, et que nous y placions toute notre espérance comme en nous-mêmes, les passions mauvaises, excitées par la loi, ont puisé dans la loi un nouvel accroissement. En effet, les défenses de la loi ont rendu l'homme prévaricateur de la loi, parce que celui qui est devenu prévaricateur a cessé d'avoir Dieu pour auxiliaire. « Les passions opéraient donc dans nos membres pour leur faire produire des fruits. » Pour qui? Pour la mort. Si le pécheur méritait d'être condamné, quelle espérance peut avoir le prévaricateur?

CHAPITRE VII. — *Il faut mettre sa confiance, non pas en soi-même, mais en Dieu.* — 9. Ainsi donc, ô homme, la convoitise vous a vaincu, elle a triomphé de vous, parce qu'elle vous a rencontré dans un endroit désavantageux ; elle vous a rencontré dans la chair, voilà pourquoi vous avez été vaincu. Sortez donc de la chair ; que redoutez-vous? Je ne vous dis pas qu'il faille mourir. Ne craignez donc pas, lorsque je vous dis : Sortez de la chair, je ne vous dis pas de mourir, ou plutôt ne soyez pas surpris de ce langage, je vous invite réellement à mourir. « Si vous êtes mort avec Jésus-Christ, goûtez les choses d'en haut. » Vous vivez dans la chair, mais ne soyez point dans la chair. « Toute chair est comme l'herbe des champs, mais le Verbe de Dieu demeure éternellement. » (*Isa*, XL, 6.) Que le Seigneur soit donc votre refuge. La concupiscence se fait vivement sentir, elle vous presse, elle a reçu de nouvelles forces contre vous; la loi, par ses défenses, l'a rendue plus puissante ; vous avez affaire à un ennemi beaucoup plus à craindre ; que le Seigneur soit donc votre refuge, une tour inexpugnable en face de l'ennemi. (*Ps.* LX, 4.) Ne soyez donc plus dans la chair, soyez dans l'esprit. Que veux-je dire, Soyez dans l'esprit? Mettez votre espérance en Dieu. Car, si vous placez votre espérance dans l'esprit qui fait de vous un homme, cet esprit retombera bientôt dans la chair, parce que vous ne l'avez pas remis entre les mains de Celui qui peut seul le soutenir. Il ne se maintient qu'à la condition d'être maintenu lui-même. Ne restez donc pas en vous-même; élevez-vous au-dessus de vous-même, et jetez-vous dans le sein de Celui qui vous a fait. Si vous persistez à vous confier en vous-même, la loi qui vous a été donnée vous rendra prévaricateur. Votre ennemi vous trouve isolé de tout refuge, il fond sur vous; prenez garde qu'il ne vous saisisse comme un lion, sans que personne puisse vous arracher à sa fureur. (*Ps.* XLIX, 22.) Considérez l'éloge que l'Apôtre fait de la loi, voyez-le, en même temps, s'accusant lui-même, se déclarant coupable tant qu'il est sous la loi, vous person-

---

est? Non enim Verbum et caro erat, et anima ibi non erat : sed carnis nomine homo significatus est, in eo quod legitur : Verbum caro factum est. Ergo : « Cum essemus in carne, » id est, in concupiscentiis carnis versaremur, ibique totam spem nostram tanquam in nobis poneremus, « passiones peccatorum, quæ per legem sunt, » auctæ sunt per legem. Prohibendo enim fecerunt legis prævaricatorem ; quia ille qui prævaricator est factus, Deum non habuit adjutorem. « Operabantur ergo in membris nostris, ut fructum ferrent, » cui, nisi « morti? » Si damnandus erat peccator, quam spem habet prævaricator?

CAPUT VII. — *Confidendum non in se, sed in Deo.* — 9. Ergo, o homo, vicit te concupiscentia tua; vicit, quia in malo loco te invenit : invenit te in carne, ideo te vicit. Migra inde : quid expavescis? Non tibi dixi ut moriaris. Noli expavescere, quia dixi : Migra de carne. Non tibi dixi ut moriaris, imo audeo dicere : dixi ut moriaris. Si mortui estis cum Christo, quæ sursum sunt quærite. In carne vivens, noli esse in carne. Omnis caro fœnum, Verbum autem Domini manet in æternum. (*Isai.*, XL, 6.) Dominus fiat refugium tuum. Instat concupiscentia, urget te, magnas vires accepit adversum te, prohibitione Legis grandior facta est, majorem hostem pateris sit Dominus refugium tuum, turris fortitudinis a facie inimici. (*Psal.* LX, 4.) Noli ergo esse in carne, in spiritu esto. Quid est, in spiritu esto? In Deo spem pone. Nam si posueris spem in ipso spiritu, quo homo es; iterum spiritus tuus in carnem relabitur, quia non dedisti eum illi a quo suspendatur. Non se continet, si non continetur. Noli remanere in te, transcende et te : in illo te pone qui fecit te. Nam si spem in te habueris, accepta Lege prævaricator eris. Invenit te hostis nudum refugio, invadit te : (a) vide ne forte rapiat, velut leo, et non sit qui eruat. (*Psal.* XLIX, 22.) Attende verba Apostoli Legem laudantis, se accusantis, reum se sub Lege facientis, et personam forte tuam in se transfigurantis, et di-

(a) Verbum *vide* abest ab Am. Er. et a Mss. qui sic subsequentia connectunt : *Ne forte rapiat velut leo, et non sit qui eruat, attende*, etc.

nifiant peut-être en lui-même lorsqu'il dit : « Je n'ai connu le péché que par la loi, car je n'aurais pas connu la convoitise, si la loi n'avait dit : Tu ne convoiteras pas. Or, à l'occasion du commandement, le péché a produit en moi toute espèce de convoitise ; car, sans la loi, le péché était mort. » (*Rom.*, VII, 7, 8.) Qu'est-ce à dire, « le péché était mort ? » Il était caché, il ne paraissait en aucune façon, il était comme enseveli dans l'oubli. « Mais le commandement étant survenu, le péché a commencé à revivre. » (*Ibid.*, 9.) Qu'est-ce à dire encore : « Il a commencé à revivre ? » Il a commencé à se déclarer, à se faire sentir, à se révolter contre moi.

10. « Et moi je suis mort ? » Que veut dire l'Apôtre ? Je suis devenu prévaricateur. « Et il s'est trouvé que le commandement qui devait servir à me donner la vie. » Voyez comme il relève le mérite de la loi, « le commandement qui devait servir à me donner la vie. »

CHAPITRE VIII. — *La délectation produite par la loi de Dieu, et la délectation produite par la concupiscence.* — Quelle vie que celle où l'on est affranchi de la concupiscence ! vie pleine de douceur ! Le plaisir produit par la concupiscence est doux, il est vrai, et les hommes ne consentiraient pas à la suivre si elle n'avait quelque douceur. Les théâtres, les spectacles, les charmes lascifs d'une courtisane, les chants dissolus, voilà les douceurs de la concupiscence. Accordons que ces jouissances aient avec elles de la douceur, du charme, de l'agrément. « Les pécheurs, dit le Psalmiste, m'ont raconté leurs plaisirs; mais qu'ils sont différents de votre loi, Seigneur ! » Oui, les jouissances de la concupiscence peuvent avoir de la douceur, de l'attrait, de l'agrément; écoutez, toutefois, quelque chose de meilleur : « Les pécheurs m'ont raconté leurs plaisirs, mais qu'ils sont différents de votre loi ! » Heureuse l'âme qui sait goûter les plaisirs que donne la loi de Dieu, plaisirs où rien de honteux ne la souille, et où les clartés sereines de la vérité la purifient; cependant, que celui qui trouve ainsi son plaisir dans la loi de Dieu, et qui l'aime jusqu'à triompher de tous les plaisirs des sens, ne s'attribue pas à lui-même les délices de cet amour. « Le Seigneur répandra sa suavité. » (*Ps.* LXXXIV, 13.) Que dirai-je donc? Seigneur, faites-moi goûter cette suavité, ou cette autre? « Vous êtes doux, Seigneur, et, dans votre douceur, enseignez-moi vos justices. » (*Ps.* CXVIII, 68.) Enseignez-moi dans votre douceur, et vous m'enseignez alors en réalité; car j'apprends à pratiquer, lorsque vous m'enseignez dans votre douceur. Du reste, tant que l'iniquité a pour moi des charmes, tant qu'elle conserve de la douceur, la vérité me paraît amère ; enseignez-moi donc dans votre douceur, afin que la vérité me soit douce, et que sa douceur me fasse mépriser l'iniquité. La vérité a bien plus de

---

centis tibi : « Peccatum non cognovi, nisi per Legem. Nam concupiscentiam nesciebam, nisi Lex diceret : Non concupisces. Occasione autem accepta, peccatum per mandatum operatum est in me omnem concupiscentiam. Sine lege enim peccatum mortuum est. » (*Rom.*, VII, 7.) Quid est, « mortuum est ? » Latet, non apparet omnino, tanquam sepultum ignoratur. « Adveniente autem mandato, peccatum revixit. » (*Ibid.*, 9.) Quid est, « revixit ? » Apparere cœpit, sentiri cœpit, rebellare adversum me cœpit.

10. « Ego autem mortuus sum. » (*Ibid.*, 10.) Quid est, « mortuus sum ? » Prævaricator factus sum. « Et inventum est mihi mandatum quod erat in vitam. » Videte quia Lex laudatur, « mandatum quod erat in vitam. »

CAPUT VIII. — *Delectatio Legis Dei, et delectatio concupiscentiæ.* — Qualis enim vita est, non concupiscere? O vita dulcis ! Dulcis est quidem voluptas concupiscentiæ : verum est, nec eam homines sequerentur, nisi dulcis esset. Theatrum, spectaculum, meretrix lasciva, turpissima cantilena, dulcia sunt ista concupiscentiæ ; dulcia plane, suavia, delectabilia : sed : Narraverunt mihi injusti delectationes, sed non sicut Lex tua, Domine. (*Psal.* CXVIII, 85.) Suavia sunt, dulcia sunt, delectabilia sunt : sed audi meliora : « Narraverunt mihi injusti delectationes, sed non sicut Lex tua, Domine. » Felix anima quæ hujusmodi delectationibus oblectatur, ubi turpitudine nulla inquinatur, et veritatis serenitate purgatur. Quem autem delectat lex Dei, et sic delectat, ut omnes delectationes lasciviæ vincat, non sibi arroget istam delectationem : Dominus dabit suavitatem. (*Psal.* LXXXIV, 13.) Quid dicam? Domine, da mihi illam suavitatem, vel illam? Suavis es, Domine, et in tua suavitate doce me justitias tuas. (*Psal.* CXVIII, 68.) In tua suavitate doce me, et doces me. Tunc disco ut faciam, si in tua suavitate doceas me. Cæterum quamdiu blanditur iniquitas et dulcis est iniquitas, amara est veritas. In tua suavitate doce me : ut suavis sit veritas, dulcedine tua contemnatur iniquitas. Multo melior est et suavior veritas, sed sanis suavis est panis. Quid melius et

charme et de douceur, mais le pain n'est agréable qu'à ceux qui ont la santé. Or, est-il rien de plus excellent, de plus délicieux que le pain céleste? Oui, mais à la condition que les dents ne seront point agacées par l'iniquité; car il est écrit : « Ce qu'est le raisin vert aux dents, et la fumée aux yeux, l'iniquité l'est à l'égard de ceux qui la commettent. » (*Prov.*, x, 26.) Que vous sert-il de faire l'éloge du pain, si vous vivez dans le mal? Vous ne mangez pas le pain dont vous faites l'éloge. Lorsque vous entendez la parole sainte, la parole de justice et de vérité, vous louez cette parole; il serait bien préférable de la pratiquer. Faites donc passer dans vos œuvres cette parole dont vous faites l'éloge. Me direz-vous : Je le veux, mais je ne le puis? Pourquoi ne le pouvez-vous pas? Parce que vous n'avez pas la santé. Et comment l'avez-vous perdue? En offensant le Créateur par votre péché. Si donc vous voulez manger avec suavité, c'est-à-dire en pleine santé, ce pain, objet de vos louanges, faites à Dieu cette prière : « J'ai dit : Seigneur, ayez pitié de moi, guérissez mon âme, parce que j'ai péché contre vous. » (*Ps.* XL, 5.)

CHAPITRE IX. — *L'homme, par son orgueil, s'est donné la mort de ses propres mains.* — « Voilà donc, dit l'Apôtre, comment il s'est trouvé que le commandement qui devait servir à me donner la vie a servi à me donner la mort. » Le pécheur, avant le commandement, ne se connaissait pas; après qu'il l'eut reçu, il devint ouvertement prévaricateur. Aussi a-t-il trouvé la mort dans ce qui devait lui donner la vie.

11. « Or, poursuit l'Apôtre, à l'occasion du commandement, le péché m'a séduit et m'a tué par le commandement même. » (*Rom.*, VII, 11.) C'est ce qui est arrivé premièrement dans le paradis. « Le péché, à l'occasion du commandement, m'a séduit. » Voyez comme le serpent murmure à la femme son langage séducteur. Il lui demande ce que Dieu leur a prescrit. Elle répond : Le Seigneur nous a dit : Vous mangerez du fruit de tous les arbres de ce jardin, mais vous ne mangerez pas du fruit de l'arbre de la science du bien et du mal, et, au jour que vous en mangerez, vous mourrez de mort. Voilà le commandement que Dieu nous a fait. Et le serpent lui répondit : Non, vous ne mourrez point, car Dieu sait que, le jour où vous aurez mangé de ce fruit, vos yeux s'ouvriront, et vous serez comme des dieux. (*Gen.*, III, 2, etc.) « A l'occasion du commandement, le péché m'a séduit, et m'a tué par le commandement même. » Votre ennemi vous a mis à mort avec le glaive que vous portiez; il vous a vaincu avec vos propres armes; et c'est avec ces armes qu'il vous a donné la mort. Reprenez donc le commandement, et rappelez-vous que ce sont des armes dont l'ennemi ne peut se servir pour vous ôter la vie, mais qui doivent vous servir à lui donner la mort. Gardez-vous, toutefois, de présumer de vos propres forces. Voyez David si petit en présence de

---

præclarius pane cœlesti? Sed si non obstupefacit dentes iniquitas. Scriptura enim dicit : Sicut uva acerba dentibus noxia est, et fumus oculis, sic iniquitas utentibus ea. (*Prov.*, x, 26.) Quid prodest quia panem laudatis, si male vivitis? Quod laudatis non manducatis. Cum ergo audis verbum, cum audis verbum justitiæ et veritatis, et laudas; multo laudabilius est, si facias. Fac ergo quod laudas. An dicturus es : Volo, sed non valeo? Quare non vales? Quia sanitas non est. Unde sanitatem perdidisti, nisi quia peccando Creatorem offendisti? Ergo ut ejus panem, quem laudas, cum suavitate, id est, cum sanitate manduces, dic illi : Ego dixi : Domine, miserere mei, sana animam meam, quoniam peccavi tibi. (*Psal.* XL, 5.)

CAPUT IX. — *Homo superbus gladio proprio occisus.* — Ergo, inquit, « inventum est mihi mandatum quod erat in vitam, hoc esse in mortem. » Erat enim sibi antea ignotus peccator, factus est manifestus prævaricator. Ecce inventum est illi in mortem, quod erat in vitam.

11. « Occasione autem, inquit, accepta, peccatum per mandatum fefellit me, et per illud occidit. » (*Rom.*, VII, 11.) Sic factum est primo in paradiso : « Fefellit, inquit, me occasione accepta per mandatum. » Vide serpentem mulieri illi susurrantem. Quæsivit ab ea, quid dixerit Deus : respondit illa : « Dixit nobis Deus : Ex omni ligno, quod est in paradiso, edetis; de ligno autem scientiæ boni et mali non edetis. Ex eo si ederitis, morte moriemini. » Hoc est Dei mandatum. Contra serpens : « Non, inquit, morte moriemini. Sciebat enim Deus, quia qua die ederitis, aperientur oculi vestri, et eritis tanquam dii. » (*Gen.*, III, 2, etc.) « Occasione ergo accepta peccatum per mandatum fefellit me, et per illud occidit. » Gladio quem portabas, te inimicus occidit; armis tuis te vicit, armis tuis te interemit. Recipe mandatum : scito esse arma, non quibus occidat te, sed quibus a te occidatur inimicus. Sed noli præsumere de viribus tuis. Vide parvum David contra Goliam, vide parvum contra ingentem; sed in nomine Do-

Goliath; voyez un enfant en face d'un géant, mais un enfant qui mettait sa confiance en Dieu. « Tu viens à moi, lui dit-il, avec le bouclier et la lance; mais, pour moi, je viens à toi au nom du Seigneur tout-puissant. » (I *Rois.*, XVII, 45.) C'est ainsi, oui c'est ainsi qu'il faut marcher au combat; on ne peut autrement terrasser l'ennemi. Celui qui présume de ses propres forces est vaincu avant même de combattre.

CHAPITRE X. — *L'Apôtre fait l'éloge de la loi.* — 12. Toutefois, mes très-chers frères, considérez comme l'apôtre saint Paul oppose à l'aveuglement insensé des manichéens l'éloge le plus manifeste de la loi divine, et voyez ce qu'il ajoute : « Et cependant la loi est sainte, et le commandement est saint, juste et bon. » (*Rom.*, VII, 12.) Peut-on en faire un éloge plus complet? En disant, un peu auparavant : « Loin de nous cette pensée, » il avait repoussé les accusations dirigées contre la loi, mais sans relever son mérite. Il y a, en effet, une différence entre défendre quelqu'un d'une accusation portée contre lui et lui décerner des louanges justement méritées. Une accusation a été portée contre la loi : « Que dirons-nous donc? La loi est-elle un péché? » Voici la défense : « Loin de nous cette pensée. » Un seul mot suffit ici pour défendre la vérité, tant est grande l'autorité de l'Apôtre qui la défend. Qu'est-il besoin d'une plus longue justification? Il lui suffit de dire : « Loin de nous cette pensée. » « Est-ce que vous voulez, dit-il ailleurs, éprouver la puissance de Jésus-Christ, qui parle par ma bouche? » (II *Cor.*, XIII, 3.) Il va maintenant plus loin : « Cependant la loi est sainte, et le commandement est saint, juste et bon. »

13. « Quoi donc! ce qui était bon est-il devenu mortel pour moi? Nullement. » (*Ibid.*, 13.) Car la mort n'est pas une bonne chose. « Mais le péché, pour paraître péché, m'a donné la mort par une chose qui était bonne. » Ce n'est pas la loi, c'est le péché qui donne la mort. Saint Paul avait dit précédemment : « Sans la loi, le péché était mort; » et je vous ai fait remarquer que cette expression de l'Apôtre « il était mort » signifiait : il demeurait caché, il ne paraissait pas. Considérez maintenant avec quelle exactitude et quelle justesse il dit ici : « Le péché, pour paraître péché. » Il ne dit pas : pour être péché, car le péché existait alors même qu'il ne paraissait pas. Que signifie donc : « Pour paraître péché? » c'est-à-dire que je n'aurais pas connu la convoitise, si la loi ne disait : « Tu ne convoiteras point. » Il ne dit pas : Je ne ressentais point la concupiscence, mais : « Je ne connaissais pas la concupiscence. » De même ici l'Apôtre ne dit pas : Pour que le péché existe, mais : « Pour que le péché paraisse péché, il m'a donné la mort par une chose qui était bonne. » Quelle mort? « En sorte que le pécheur

---

mini præsumentem. Tu venis ad me inquit, cum clypeo et lancea, ego in nomine Domini omnipotentis. (I *Reg.*, XVII, 45.) Sic, sic; aliter non : omnino aliter non prosternitur inimicus. Qui præsumit de viribus suis, antequam pugnet ipse prosternitur.

CAPUT X. — *Apostolus Legis laudator.* — 12. Videte tamen, Carissimi, videte etiam atque etiam Paulum apostolum contra furorem Manichæorum esse Legis divinæ apertissimum laudatorem, videte quid adjungat : « Itaque lex quidem sancta, et mandatum sanctum, et justum, et bonum. »(*Rom.*, VII, 12.) Num quid uberius laudari potest? Paulo ante verbo illo quod dixit : « Absit, » defenderat a crimine, non laudaverat. Aliud est a crimine objecto defendere, aliud debito præconio prædicare. Crimen objectum fuit : « Quid ergo dicemus? Lex peccatum est? » Defensio : « Absit. » Uno verbo defenditur veritas; quia magna est Apostoli defendentis auctoritas. Quid diu defendat? Sufficit : « Absit. » « An vultis, inquit, experimentum accipere ejus, qui in me loquitur Christus? » Modo autem : « Itaque lex quidem sancta, et mandatum sanctum, et justum, et bonum. (II *Cor.*, XIII, 3.)

13. « Quod ergo bonum est, mihi factum est mors? Absit. » (*Ibid.*, 13.) Quia bonum non est mors. « Sed peccatum ut appareat peccatum, per bonum operatum est mihi mortem. » Mors non est lex, sed peccatum est mors. Jamdudum autem dixerat : « Sine lege peccatum mortuum est. » Ubi vos admonueram, quia « mortuum est » dixit, abscondilum latet, non apparet. Modo videte quam vere ita dictum sit : « Peccatum, inquit, ut appareat peccatum. » Non dixit : ut sit; quia erat et quando non apparebat. « Peccatum ut appareat peccatum. » Quid est, « ut appareat peccatum? » Quia « concupiscentiam nesciebam, nisi Lex diceret : Non concupisces. » Non ait : Concupiscentiam non habebam; sed, « concupiscentiam nesciebam. » Sic etiam hic non ait : Ut sit peccatum; sed :« ut appareat peccatum, per bonum mihi operatum est mortem. » Quam mortem? « Ut fiat supra modum peccator aut peccatum per mandatum. » Attende, « supra modum

ou le péché a été au delà de toute mesure. » Remarquez ces paroles : « Le pécheur a été au delà de toute mesure. » Pourquoi « au delà de toute mesure ? » Parce que la prévarication est venue s'ajouter au péché; « car où il n'y a pas de loi, il n'y a point de prévarication. »

Chapitre XI. — *Le péché qui nous est communiqué par notre premier père.* — 14. Considérez, mes frères, comment le genre humain prend sa source dans la première mort du premier homme. C'est par le premier homme que le péché est entré dans ce monde, et la mort par le péché, et ainsi la mort a passé à tous les hommes. » (*Rom.*, v, 12.) « La mort a passé, » pesez cette expression, méditez-en sérieusement la signification : « La mort a passé. » Voilà pourquoi le petit enfant lui-même est coupable; il n'a point encore commis, mais il a contracté le péché. Ce péché, en effet, ne s'est pas arrêté dans sa source; il a passé, non pas à celui-ci, ou à celui-là, mais à tous les hommes. Le premier pécheur, le premier prévaricateur a engendré des pécheurs assujettis à la mort. C'est pour guérir ces pécheurs que le Sauveur est né d'une vierge. Car il n'est pas venu à vous par la voie que vous avez suivie pour entrer dans ce monde, c'est-à-dire : il n'est pas né de la concupiscence de l'homme et de la femme, et de l'union qu'elle produit. « L'Esprit saint, est-il dit, surviendra en vous. » Ces paroles ont été adressées à une vierge en qui la ferveur de la foi remplaçait les ardeurs de la convoitise charnelle. « L'Esprit saint surviendra en vous, et la vertu du Très-Haut vous couvrira de son ombre. » (*Luc*, I, 35.) Comment, sous cette puissante protection, brûler des feux de la convoitise? C'est donc parce qu'il n'a point suivi, pour venir dans le monde, la même voie que vous, qu'il devient votre libérateur. Et, dans quel état vous a-t-il trouvé? Vendu et assujetti au péché, frappé de la mort du premier homme, traînant la lourde chaîne de son péché, et coupable avant même d'avoir fait usage de votre libre arbitre. Voilà dans quel état il vous a trouvé, lorsque vous n'étiez encore qu'un petit enfant. Mais vous êtes sorti de l'enfance, vous avez grandi; à ce premier péché vous en avez ajouté beaucoup d'autres, vous avez reçu la loi, vous êtes devenu prévaricateur. Mais soyez sans inquiétude : là où le péché avait abondé la grâce a surabondé. (*Rom.*, v, 20.) Adressons-nous donc au Seigneur, etc.

---

peccator ; » quare « supra modum? » Quia jam et prævaricatio. Ubi enim lex non est, nec prævaricatio. (*Rom.*, iv, 15.)

Caput XI. — *Peccatum ex primo homine tractum.* — 14. Videte ergo, Fratres, videte genus humanum a prima illius primi hominis morte fluxisse. Etenim peccatum a primo homine intravit in hunc mundum, et per peccatum mors, et ita in omnes homines pertransiit. (*Rom.*, v, 12.) Pertransiit, verbum attendite, quod audistis; considerate, quid est, pertransiit. Pertransiit : inde est et parvulus reus; peccatum nondum fecit; sed traxit. Etenim illud peccatum non in fonte mansit, sed pertransiit : non in illum aut illum, sed in omnes homines pertransiit. Genuit peccatores morti obnoxios primus peccator, primus prævaricator. Venit ad sanandos de virgine Salvator. Quia ad te non qua venisti, venit : (Non enim ille de concupiscentia maris et feminæ, non de illo vinculo concupiscentiæ. Spiritus, inquit, sanctus superveniet in te. Dictum est hoc virgini, dictum est fide ferventi, non concupiscentia carnis æstuanti : « Spiritus sanctus superveniet in te, et virtus Altissimi obumbrabit tibi. » (*Luc.*, I, 35.) Quæ tale obumbraculum haberet, quando ardore libidinis æstuaret?) (a) Quia ergo non qua venisti ad te venit, liberat te. Ubi te invenit? Venumdatum sub peccato, jacentem in morte primi hominis, trahentem peccatum primi hominis, habentem reatum antequam habere posses arbitrium. Ecce ubi te invenit, quando parvulum invenit. Sed parvuli ætatem excessisti; ecce crevisti, primo peccato multa addidisti; legem accepisti, prævaricator exstitisti. Sed noli esse sollicitus : Ubi abundavit peccatum, superabundavit gratia. (*Rom.*, v, 20.) Conversi ad Dominum, etc.

(a) Sic Am. Er. et Mss. At Lov., *Qui ergo*.

SERMON CLIV [1].

Sur ces paroles de l'Apôtre, dans le chapitre VII de l'Epitre aux Romains : *Nous savons que la loi est spirituelle, mais moi, je suis charnel*, etc. Contre les pélagiens, qui prétendent que l'homme peut être sans péché dans cette vie.

CHAPITRE I. — *Pourquoi la loi a-t-elle été donnée.* — 1. Ceux d'entre vous, mes frères, qui étaient hier au sermon, ont entendu la lecture qu'on y a faite d'une leçon de l'épitre de saint Paul. Cette leçon est immédiatement suivie de celle qu'on vient de lire aujourd'hui. C'est encore ce passage, aussi difficile que dangereux, que nous avons entrepris d'interpréter et d'éclaircir avec la grâce de Dieu, avec le secours de vos pieuses prières, et dans la mesure des forces que le Seigneur daignera nous accorder. Que votre charité m'écoute avec patience, afin que, si l'obscurité même du sujet rend la discussion difficile, je puisse au moins être entendu facilement. Car, si ces deux obstacles se réunissaient, la fatigue serait plus grande ; et plaise à Dieu qu'elle ne soit pas stérile. Or, la condition pour qu'elle vous soit utile, c'est que vous m'écoutiez patiemment. Nous avons démontré hier suffisamment, ce nous semble, à ceux qui nous ont écouté, que l'Apôtre n'accuse point la loi. Voici, en effet, comme il s'exprime : « Que dirons-nous donc ? La loi est-elle un péché ? Gardons-nous de le penser. Mais je n'ai connu le péché que par la loi ; car je n'aurais point connu la concupiscence, si la loi ne disait : Tu ne convoiteras point. Or, à l'occasion du commandement, le péché a produit en moi toute sorte de convoitise ; car, sans la loi, le péché était mort, » c'est-à-dire : il était caché, il ne paraissait point. « Et moi, je vivais, lorsque je n'avais point la loi ; mais, le commandement étant survenu, le péché a commencé à revivre ; et moi, je suis mort, et il s'est trouvé que le commandement qui devait servir à me donner la vie (car quel commandement plus propre à donner la vie que cette défense : Tu ne convoiteras point,) a servi à me donner la mort. Car, à l'occasion du commandement, le péché m'a séduit et m'a tué par le commandement même. » Le commandement a effrayé la concupiscence, sans l'éteindre ; il l'a menacée, sans la comprimer, il a fait naître la crainte du châtiment, mais non l'amour de la justice. « Cependant, poursuit l'Apôtre, la loi est sainte, et le commandement est saint, juste et bon. Quoi donc ! ce qui était bon est-il devenu mortel pour moi ? Nullement. » Car ce n'est pas

---

[1] Ce sermon a été prononcé sur le tombeau du saint martyr Cyprien. C'est sous ce titre que Bède le cite dans le Commentaire sur le chapitre XII de la II° Epître aux Corinthiens. Il est également cité par Florus, et par ces deux auteurs, dans le Commentaire sur le chapitre VII de l'Epître aux Romains. Nous avons indiqué le lieu où ce sermon a été prononcé, d'après un ancien manuscrit des Cisterciens de Sainte-Croix-en-Jérusalem, à Rome.

SERMO CLIV [a].

De verbis Apostoli, Rom., VII : *Scimus quia lex spiritalis est, ego autem carnalis sum*, etc. Contra Pelagianos, qui dicunt hominem sine peccato esse posse in hac vita.

CAPUT PRIMUM. — *Lex ad quid data.* — 1. Hesternam lectionem de sancti apostoli Pauli epistola, qui Sermoni adfuistis, audistis : illam lectio sequitur quæ hodie recitata est. Adhuc versatur ille difficilis et periculosus locus, quem vobis in adjutorio Domini nostri, quantum me religioso apud eum adjuvatis affectu, pro viribus, quas dare dignatur, exponere et enodare suscepimus. Patientiam mihi præbeat Caritas Vestra, ut si habeo propter obscuritatem rerum difficilem disputationem, saltem habeam facilem vocem. Si enim utrumque sit difficile, multum laboratur : et utinam non sine causa laboretur. Ut autem prosit labor noster, sit patiens auditus vester. Quia Legem non culpat Apostolus, hesterno die audientibus, quantum existimo, satisfecimus. Ibi quippe ait : « Quid ergo dicemus ? Lex peccatum est ? Absit. Sed peccatum non cognovi, nisi per legem. Nam concupiscentiam nesciebam, nisi Lex diceret : Non concupisces. Occasione autem accepta, peccatum per mandatum operatum est in me omnem concupiscentiam. Sine lege enim peccatum mortuum est, » id est, latet, non apparet. « Ego autem vivebam aliquando sine lege : adveniente autem mandato, peccatum revixit. Ego autem mortuus sum, et inventum est mihi mandatum quod erat in vitam, (Quid enim tam pertinens ad vitam, quam : « Non concupisces ? ») hoc esse in mortem. Peccatum enim occasione accepta per mandatum fefellit me, et per illud occidit ; » (*Rom.*, VII, 11) concupiscentiam terruit, non exstinxit ; terruit, non oppressit ; fecit timorem pœnæ, non amorem justitiæ. « Itaque, inquit, lex quidem sancta, et mandatum sanctum,

---

[a] Alias V, de verbis Apostoli.

la loi, mais le péché qui produit la mort. Qu'est-il donc arrivé à l'occasion du commandement? « Le péché, pour paraître péché, (car l'expression de l'Apôtre : « il était mort » signifie qu'il était caché,) m'a donné la mort par une chose qui était bonne, en sorte que, par suite de la prévarication qui vient s'y ajouter, le pécheur, ou le péché, a été au delà de toute mesure, » car la prévarication ne mettrait pas le comble au péché, s'il n'y avait point de commandement. « Là où il n'y a point de loi, dit ailleurs le même apôtre, il n'y a point de prévarication. » (*Rom.*, IV, 15.) Comment donc pouvons-nous encore douter maintenant que la loi ait été donnée à l'homme pour qu'il se connût lui-même? Avant que Dieu lui défendît expressément le mal, l'homme s'ignorait lui-même; il n'a reconnu combien ses forces étaient languissantes que lorsqu'il entendit la loi lui défendre le mal. Il se connut alors, et il se vit plongé dans un abîme de maux. Et comment se fuir lui-même, car, partout où il peut fuir, il se porte avec lui? Et que lui sert la connaissance qu'il a de lui-même, puisqu'il ne voit que plaies dans sa conscience?

Chapitre II. — *L'Apôtre parle-t-il ici de lui-même.* — 2. Vous avez donc, dans cette lecture qui vous a été faite aujourd'hui, le langage d'un homme qui se connaît lui-même. « Nous savons, dit l'Apôtre, que la loi est spirituelle; mais, moi, je suis charnel, et vendu pour être assujetti au péché. Aussi je ne comprends pas ce que je fais, car je ne fais pas le bien que je veux, et je fais le mal que je hais. » (*Ibid.*, 14, 15.) Ce passage donne lieu à une question qu'on examine avec une attention scrupuleuse. De qui s'agit-il ici? Est-ce de l'Apôtre lui-même qui parle, ou d'un autre qu'il a personnifié en lui, avec lequel il s'identifie, comme il l'a fait lorsqu'il dit : « Au reste, mes frères, j'ai personnifié ces choses en moi et en Apollon, à cause de vous, afin de vous instruire en nous. » (I *Cor.*, IV, 6.) Si donc c'est l'Apôtre qui parle ici, et personne n'en doute, si c'est de lui, et non d'un autre, qu'il dit : « Je ne fais pas le bien que je veux, et je fais le mal que je hais, » comment devons-nous entendre ces paroles, mes frères? Dirons-nous, par exemple, que l'Apôtre ne voulait pas se rendre coupable d'adultère, et qu'il ne laissait pas d'en commettre; qu'il ne voulait pas être avare, et qu'il était cependant avare? Qui de nous oserait se charger d'un tel blasphème, et avoir cette idée du grand Apôtre? Il est donc peut-être question d'un autre, de vous, oui, de vous, de lui ou de moi. Si donc il s'agit de quelqu'un de nous, écoutons ce qu'il semble dire de lui-même, et corrigeons-nous sans nous irriter. Mais, si c'est de lui-même qu'il

et justum, et bonum. Quod ergo bonum est, mihi factum est mors? Absit. » (*Ibid.*, 12, 13.) Non enim lex mors, sed peccatum mors. Quid ergo ex occasione mandati? « Sed peccatum ut appareat peccatum ; » latebat enim quando mortuum dicebatur : « per bonum mihi operatum est mortem; ut, » addita prævaricatione, « fiat supra modum peccator aut peccatum per mandatum; » quia prævaricatio peccato enim loco dicit aperte idem Apostolus : Ubi enim lex non est, nec prævaricatio. (*Rom.*, IV, 15.) Quid ergo? Quid dubitamus ad hoc datam esse Legem, ut inveniret se homo? Quando enim Deus non prohibebat a malo, latebat se homo : vires suas languidas non invenit, nisi quando legem prohibitionis accepit. Invenit ergo se, in malis invenit se. Quo fugit se? Quocumque enim fugerit se, sequitur se. Et quid ei prodest de se invento scientia, (*f.* quem) quam sauciat conscientia?

Caput II. — *De se ipso an hic loquatur Apostolus.* — 2. Loquitur ergo et in ista lectione, quæ hodie recitata est, ille qui invenit se. « Scimus, inquit, quia lex spiritalis est, ego autem carnalis sum, venumdatus sub peccato. Quod enim operor, ignoro. Non enim quod volo, hoc ago; sed quod odi, illud facio. » (*Ibid.*, 14, 15.) Quæritur hoc loco magna diligentia quis intelligatur, utrum ipse Apostolus qui loquebatur; an alium aliquem in se transfiguravit, quem tangeret in se, sicut dixit quodam loco : « Hæc autem omnia transfiguravi in me et Apollo propter vos, ut in nobis discatis. » (I *Cor.*, IV, 6.) Si ergo Apostolus loquitur, (quod nemo dubitat,) et cum dicit : « Non quod volo ago; sed quod odi, illud facio, » non de altero, sed de se ipso dicit : quid sumus intellecturi, Fratres mei? Itane apostolus Paulus nolebat, verbi gratia, facere adulterium, et faciebat adulterium ? nolebat esse avarus, et erat avarus? Quis autem nostrum audeat se induere tali blasphemia, ut de Apostolo hoc sentiat? Forte ergo alius est aliquis : forte tu es, aut tu es, aut ille est, aut ego sum. Si ergo aliquis nostrum est, (*a*) ipsum quasi de ipso audiamus, et non irati nos corrigamus.

(*a*) Floriacensis Ms. *nosmetipsos quasi de ipso, audiamus*

parle, ce qui est probable, gardons-nous d'entendre ces paroles dans ce sens : qu'il était adultère, tout en voulant être chaste ; cruel, tout en voulant être miséricordieux ; impie, tout en désirant être pieux. Non, ce n'est point dans ce sens qu'il faut entendre ces paroles : « Je ne fais pas le bien que je veux, et je fais le mal que je hais. »

Chapitre III. — *L'Apôtre lui-même n'a pas été exempt des atteintes de la convoitise.* — 3. Quelle est donc leur signification ? Je voudrais ne pas ressentir la convoitise, et je la ressens. Que prescrit la loi ? « Tu ne convoiteras point. » L'homme a entendu cette défense, il a reconnu le vice de sa nature, il lui a déclaré la guerre, et il est tombé dans la servitude. Mais il est peut-être question d'un autre que l'Apôtre. Que répondrons-nous, mes frères ? Quoi ! l'Apôtre ne ressentait malgré lui, dans sa chair, aucune convoitise, tout en refusant de consentir à ses séductions, à ses suggestions, à ses sollicitations, à ses ardeurs, à ses tentations ? Je le déclare à votre charité, si nous croyons que l'Apôtre n'a éprouvé et n'a eu à combattre aucune de ces impressions de la convoitise qui tiennent à la faiblesse de notre nature, nous avons de lui une opinion bien avantageuse, et plût à Dieu qu'elle fût vraie ! Car, loin de porter envie aux apôtres, nous devons chercher à les imiter. Cependant, mes frères bien-aimés, j'entends l'Apôtre lui-même avouer qu'il n'est point encore arrivé à un degré aussi parfait de justice que celui que la foi nous révèle dans les anges, dont nous espérons, cependant, devenir les égaux, si nous parvenons un jour à l'objet de nos désirs. Le Seigneur, en effet, ne nous promet pas un autre bonheur après la résurrection, lorsqu'il dit : « Au jour de la résurrection, les hommes n'auront point de femmes, ni les femmes de maris, mais ils seront comme les anges de Dieu dans le ciel. » (*Matth.*, xxii, 30.)

L'Apôtre parle ici de ses imperfections. — 4. Et comment savez-vous, me dira-t-on, que l'apôtre saint Paul n'était pas encore parvenu à la justice et à la perfection des anges ? Je ne fais pas injure à ce grand Apôtre, je ne veux m'en rapporter qu'à lui-même, je ne cherche point d'autre témoin, je mets de côté et les soupçons mal fondés, et les éloges immodérés. Parlez-moi donc de vous-même, saint Apôtre, et dans un endroit où personne ne puisse douter que c'est de vous-même que vous parlez. Car il en est qui prétendent (1) que, dans ces paroles : « Je ne fais pas ce que je veux, mais je fais le mal que je hais, » vous avez personnifié en vous les fatigues, les défaillances, les défaites et la servitude de je ne sais quel autre que vous. Parlez-

---

(1) Les Pélagiens. Voyez le *Traité de la grâce de Jésus-Christ*, liv. I, chap. xxxix ; *Contre Julien*, liv. II, chap. iii, iv, viii, et liv. VI, chap. xxiii.

Si autem ipse est, forte enim et ipse est ; non sic intelligamus quod dixit : « Non quod volo ago ; sed quod odi, illud facio, » tanquam vellet esse castus, et esset adulter ; aut vellet esse misericors, et esset crudelis ; aut vellet esse pius, et esset impius. Non ad hoc accipiamus : « Non enim quod volo, hoc ago ; sed quod odi, illud facio.

Caput III. — *Apostolus nec ipse sine concupiscentia.* — 3. Sed ad quid ? Volo non concupiscere, et concupisco. Lex quid dixit ? « Non concupisces. » Homo Legem audivit, vitium agnovit : bellum indixit, captivitatem invenit. Sed forte aliquis homo, non Apostolus. Quid ergo dicimus, Fratres mei ? Non habebat ullam concupiscentiam Apostolus in carne sua, quam habere nollet ; cui tamen exsistenti, titillanti, suggerenti, sollicitanti, æstuanti, tentanti non consentiret ? Dico Caritati Vestræ : Si crediderimus Apostolum nullam prorsus habuisse infirmitatem concupiscentiæ cui reluctaretur, multum credimus de illo : atque utinam ita sit. Non enim invidere nos oportet Apostolis, sed Apostolos imitari. Verum-

(*a*) Plures Mss. *vinctum.*

tamen, Carissimi, audio ipsum Apostolum confitentem, nondum cum ad tantam perfectionem justitiæ pervenisse, quantam in Angelis esse credimus : quorum Angelorum æqualitatem speramus, si ad hoc quod volumus perveniamus. Quid enim aliud nobis Dominus promittit in resurrectione, ubi ait : « In resurrectione mortuorum neque nubent, neque uxores ducent ; non enim incipient mori, sed erunt æquales Angelis Dei ? » (*Matth.*, xxii, 30.)

Apostolum loqui de propria sua imperfectione. — 4. — Dicit ergo aliquis : Et tu unde scis quia Paulus apostolus Angeli justitiam et perfectionem nondum habebat ? Non facio injuriam Apostolo, non credo nisi Apostolo, alium testem non quæro ; suspicantem non audio, nimium laudantem non curo. Dic mihi sancte Apostole de te ipso, ubi nemo dubitat quia de te ipso loqueris. Nam ubi dixisti : « Non quod volo ago ; sed quod odi, illud facio, » exsistunt qui dicant, quod alium in te nescio quem transfiguraveris laborantem, deficientem, (*a*) victum, captivum. Tu mihi dic de te, ubi nemo dubitat quia loqueris de te.

moi de vous-même, et dans un endroit où nul ne puisse contester qu'il s'agit bien de vous. « Mes frères, dit l'Apôtre, je ne pense point être encore arrivé au but. » Et que faites-vous donc? « Mais tout ce que je sais, c'est que, oubliant ce qui est derrière moi, et m'avançant vers ce qui est devant moi par l'intention, et non encore dans la perfection, je m'efforce d'atteindre le but pour remporter le prix auquel Dieu m'a appelé d'en haut par Jésus-Christ. » (*Philip.*, III, 13, 14.) Et il avait déjà dit plus haut : « Non que j'aie déjà atteint jusque-là où que je sois déjà parfait. » (*Ibid.*, 12.) On fait une nouvelle objection : Si l'Apôtre, dit-on, parlait de la sorte, c'est qu'il n'était pas encore parvenu à l'immortalité, et non parce qu'il n'avait pas encore atteint la perfection de la justice. Il était donc alors aussi juste que le sont les anges, mais il n'était pas encore immortel comme les anges. Voilà, disent-ils, l'exacte vérité. Vous venez de dire : Paul était aussi juste que les anges, mais il n'était pas encore immortel comme les anges. Il avait donc atteint déjà la perfection de la justice, mais, en poursuivant la palme des cieux, il cherchait l'immortalité.

CHAPITRE IV. — *L'Apôtre confesse la faiblesse de son âme.* — 5. Produisez-nous, saint apôtre, un autre témoignage où l'on voie, d'une manière plus évidente, que vous faites l'aveu de votre faiblesse, sans qu'il soit question de l'immortalité. Mais ici encore j'entends déjà des murmures et de nouvelles objections. Il me semble entendre les pensées de quelques-uns me tenir ce langage : Il est vrai, je connais le texte que vous allez citer ; l'Apôtre fait l'aveu de sa faiblesse, mais c'est la faiblesse de son corps et non de son âme; et c'est son âme, et non son corps, qui est le siège de cette justice parfaite. Qui ne sait, en effet, que l'Apôtre était revêtu d'un corps fragile, d'un corps mortel, comme il le dit : « Nous portons ce trésor dans des vases de terre. » (II *Cor.*, IV, 7.) Mais que vous importe ce vase de terre? dites-nous quelque chose du trésor qu'il renferme. Voyons s'il lui manquait quelque chose, si l'on pouvait ajouter encore à l'or de sa justice. Ecoutons-le lui-même pour ne pas être accusé d'irrévérence à son égard : « De peur que la grandeur de mes révélations ne m'inspire de l'orgueil, » c'est l'Apôtre lui-même qui parle ainsi : « De peur que la grandeur de mes révélations ne m'inspire de l'orgueil. « (II *Cor.*, XII, 7.) Vous voyez ici l'Apôtre reconnaissant la grandeur de ses révélations, et craignant de tomber dans le précipice de la vaine gloire. Or, voulez-vous une preuve que l'Apôtre, qui cherchait à sauver les autres, était encore lui-même en traitement? Vous vous faites une haute idée de son élévation, de ses grandeurs : apprenez le remède que lui appliquait le divin médecin pour prévenir l'enflure de l'or-

---

« Fratres, ait Apostolus, ego me ipsum non arbitror apprehendisse. Et quid facis? Unum autem, quæ retro oblitus, in ea quæ ante sunt extentus, secundum intentionem, ait, non secundum perfectionem; secundum intentionem sequor ad palmam supernæ vocationis Dei in Christo Jesu. (*Philip.*, III, 13, etc.) Supra jam dixerat : Non quia jam acceperim, aut jam perfectus sim. » (*Ibid.*, 12.) Adhuc contradicitur et dicitur: Dicebat ista Apostolus, quia nondum pervenerat ad immortalitatem; non quia nondum pervenerat ad justitiæ perfectionem. Jam ergo tam justus erat quam sunt Angeli, sed nondum immortalis sicut sunt Angeli. Sic, inquiunt, sic est prorsus. Modo dixisti : Tam erat justus quam sunt Angeli, sed nondum immortalis sicut sunt Angeli. Ergo perfectionem justitiæ jam tenebat, sed sequendo palmam supernam, immortalitatem quærebat.

CAPUT IV. — *Infirmitatem animi sui confitetur Apostolus.* — 5. Dic nobis sancte Apostole alium aliquem manifestiorem locum, non ubi quæris immortalitatem, sed ubi confiteris infirmitatem. Et hic jam susurratur, jam contradicitur. Videor mihi audire quorumdam cogitationes, et hic dicitur mihi : Verum est, novi quid dicturus es : confitetur infirmitatem, sed carnis, non mentis ; confitetur infirmitatem, sed corporis, non animi : in animo autem est perfecta justitia, non in corpore. Nam quis ignorat utique Apostolum in corpore fuisse fragilem, corpore fuisse mortalem, sicut dicit : Habemus thesaurum istum in vasis fictilibus? (II *Cor.*, IV, 7.) Quid tibi ergo cum vase fictili? De thesauro aliquid loquere. Si aliquid minus habuit, si erat quod ei ad aurum justitiæ posset addi, inveniamus. Ipsum audiamus, ne injuriosi existimemur. Et ne magnitudine revelationum mearum, Apostolus dicit : In magnitudine revelationum mearum ne extollar. (II *Cor.*, XII, 7.) Nempe hic agnoscitis Apostolum habentem magnitudinem revelationum, et timentem elationis præcipitium. Ut ergo noveris, quia et ipse Apostolus, qui volebat alios salvos facere, adhuc curabatur : ut noveris quia et ipse adhuc curabatur : si magnipendis ipsius honorem, audi quid medicus ei apposuerit

gueil, et apprenez-le non pas de moi, mais de lui-même. Ecoutez l'aveu qu'il fait, pour bien connaître sa doctrine : « De peur donc que la grandeur de mes révélations ne m'inspirât de l'orgueil. » Quoi ! je puis dire à l'apôtre saint Paul : Vous avez peur de céder à l'orgueil? Vous avez à vous mettre en garde contre les inspirations de l'orgueil? Vous avez à craindre ses suggestions, et il faut chercher un remède contre cette faiblesse de l'orgueil?

CHAPITRE V. — *Remède donné à l'Apôtre contre l'enflure de l'orgueil.* — 6. « Que me dites-vous là, reprend l'Apôtre? Apprenez ce que je suis, et « ne vous élevez point, mais craignez. » Apprenez comment doit marcher le petit agneau, alors que le bélier court de si grands dangers : « De peur, dit-il, que la grandeur de mes révélations ne m'inspirât de l'orgueil, il a été donné à ma chair un aiguillon, l'ange de Satan, pour me souffleter. » Que cette enflure était à craindre, puisqu'elle demandait un remède aussi violent! Dites encore maintenant que sa justice était aussi grande que celle des saints anges. Est-ce que les saints anges, dans le ciel, ressentent aussi, pour prévenir les saillies de l'orgueil, cet aiguillon, cet ange de Satan qui les soufflette? Gardons-nous de tels soupçons à l'égard des saints anges. Nous sommes des hommes, mais reconnaissons que les saints apôtres étaient aussi des hommes ; c'étaient des vaisseaux d'élection, je l'avoue, mais des vaisseaux encore fragiles, voyageurs encore dans cette chair et n'étant point encore parvenus aux triomphes de la céleste patrie. Or, comme l'Apôtre a prié trois fois le Seigneur d'éloigner de lui cet aiguillon, qu'il n'a pas été exaucé selon ses désirs, parce que Dieu l'exauçait pour le guérir, il n'y a donc aucune inconvenance à ce qu'il parle de lui-même, lorsqu'il dit : « Nous savons que la loi est spirituelle, mais, pour moi, je suis charnel. » (*Rom.*, VII, 14.)

Tous les saints, dans cette vie, sont à la fois spirituels et charnels. — 7. Ainsi donc l'Apôtre était charnel, lui qui disait aux autres : « Vous qui êtes spirituels, instruisez celui qui est faible dans un esprit de douceur. » (*Gal.*, VI, 1.) Il s'adresse aux autres chrétiens comme étant des hommes spirituels, et il serait lui-même charnel ! Mais que dit-il à ces hommes spirituels qui n'avaient pas encore atteint la perfection céleste des anges, qui ne goûtaient pas encore le repos assuré de la patrie, mais qui étaient encore aux prises avec toutes les sollicitudes du voyage; que leur dit-il? « Vous qui êtes spirituels, instruisez celui qui est faible, dans un esprit de douceur, réfléchissant sur vous-mêmes, de peur que vous aussi vous ne soyez tentés. » Vous le voyez, même pour celui qu'il appelle spirituel, il craint la faiblesse de la tentation, il craint que la tentation ne trouve accès, je ne dis pas dans l'âme,

---

ad tumorem : audi non me, ipsum audi. Audi confitentem, ut sentias docentem. Audi. « Et ne magnitudine revelationum mearum extollar. » Ecce jam possum dicere apostolo Paulo : Ne extollaris, sancte Apostole? Tu ne extollaris, adhuc cavendum est? Tu ne extollaris, adhuc timendum est? Tu ne extollaris, adhuc huic infirmitati medicina quærenda est?

CAPUT V. — *Tumoris epithema Apostolo datum.* — 6. Quid mihi, inquit, dicis tu? Et tu audi quid sim; et noli altum sapere, sed time. Audi quomodo brevis agnus ingrediatur, ubi aries sic periclitatur. « Ne magnitudine, inquit, revelationum mearum extollar, datus est mihi stimulus carnis meæ, angelus satanæ, qui me colaphizet. » Qualem tumorem timuit, qui mordacissimum epithema accepit. Jam ergo modo dic quia tanta in illo erat justitia, quanta est in Angelis sanctis. An forte et Angelus sanctus in cœlo, ne extollatur, accipit stimulum angelum satanæ, a quo colaphizetur? Absit hoc de sanctis Angelis suspicari. Homines sumus, Apostolos sanctos homines agnoscamus; vasa electa, sed adhuc fragilia, adhuc in hac carne peregrinantes, nondum in cœlesti patria triumphantes. Ergo quoniam Dominum ter rogavit, ut ab illo iste stimulus auferretur; nec auditus est ad voluntatem, quia exauditus est ad sanitatem; forte non indecenter ipse loquitur, ubi dicit : « Scimus autem quia lex spiritalis est, ego autem carnalis sum. » (*Rom.*, VII, 14.)

Sanctus quisque in hac vita carnalis et spiritalis. — 7. Ergo carnalis Apostolus, qui aliis dicebat : Vos qui spiritales estis, instruite hujusmodi in spiritu lenitatis (*Gal.*, VI, 1); alios tanquam spiritales alloquitur, et ipse carnalis est? Sed quid dixit et ipsis spiritalibus, quia nondum erant in perfectione cœlesti et Angelica, nondum erant in illius patriæ securitate, sed in hujus peregrinationis sollicitudine versabantur; quid eis dixit? Certe spiritales eos vocavit : « Vos, inquit, qui spiritales estis, instruite hujusmodi in spiritu lenitatis, intendens te ipsum, ne et tu tenteris. » Ecce, quem spiritalem jam appellavit, timuit illi tentationis fragilitatem, unde posset tentari spiritalis, etsi non ex mente, utique ex carne.

mais dans la chair de cet homme spirituel. Il est spirituel, il est vrai, parce qu'il vit selon l'esprit, mais il est encore charnel dans son corps soumis à la mort; il est donc à la fois spirituel et charnel. Voici l'homme spirituel : « Je suis soumis par l'esprit à la loi de Dieu. » (*Ibid.*, 25.) Voici l'homme charnel : « Et à la loi du péché par la chair. » Le même apôtre est donc tout à la fois spirituel et charnel, et il sera dans cet état durant toute sa vie sur la terre. »

8. Ne soyez pas étonnés de ce que je vais dire, vous, qui que vous soyez, qui consentez et vous abandonnez à vos convoitises charnelles, parce que vous les croyez innocentes et destinées à satisfaire vos penchants, ou qui, tout en les croyant mauvaises, ne laissez pas d'y consentir, de vous y laisser entraîner, et de consommer leurs criminelles inspirations, vous êtes tout entier charnel. Oui, je le répète, qui que vous soyez, vous êtes tout entier charnel.

CHAPITRE VI. — *Quels sont ceux qui sont ou entierement ou en partie charnels, ou tout entiers spirituels.* — Mais, si vous ressentez les atteintes de la concupiscence malgré cette défense de la loi : « Tu ne convoiteras point, » et que cependant vous observiez ce qu'elle vous défend ailleurs : « N'allez pas à la suite de vos désirs, » (*Deut.*, v, 20; *Eccli.*, XVIII, 30) vous êtes spirituel par l'esprit, et charnel seulement par la chair. Il est tout autre, en effet, de ne pas ressentir les impressions de la convoitise, et de n'y pas consentir. Etre entièrement exempt des atteintes de la concupiscence, c'est le privilége d'une perfection consommée; ne pas consentir aux désirs de la convoitise, c'est la destinée de celui qui est encore obligé de combattre, de lutter, de souffrir. Mais, si l'on combat avec ardeur, pourquoi désespérer de la victoire? Et quand sera la victoire? Quand la mort sera absorbée dans la victoire? Alors les chants de triomphe succéderont aux efforts des combattants. Quels seront ces chants des triomphateurs, lorsque ce corps corruptible aura revêtu l'incorruptibilité, et ce corps mortel l'immortalité? Vous voyez le vainqueur, écoutez ses transports, entendez ses chants de triomphe. Alors s'accomplira cette parole de l'Ecriture : « La mort a été absorbée dans la victoire. O mort, où est ton ardeur? O mort, où est ton aiguillon? » (I *Cor.*, xv, 54.) Où est-il? Il était, mais il n'est plus. O mort, où est ton ardeur de combattre? Nous la voyons dans ces paroles : « Je ne fais pas ce que je veux. » Voilà le combat que la mort nous livre : « Nous savons que la loi est spirituelle, mais, pour moi, je suis charnel. » Or, si l'Apôtre parle ainsi de lui-même, car je ne fais ici que répéter ses paroles, si l'Apôtre dit, en parlant de lui-même : « Nous savons que la loi est spirituelle, mais, pour moi, je suis charnel, » c'est-à-dire spirituel par l'esprit, et charnel par la chair, quand serai-je entièrement spirituel? Lorsque ce corps, semé corps animal, ressuscitera corps

---

Spiritalis enim, quia secundum spiritum vivit; adhuc autem ex parte mortali carnalis : idem spiritalis, idemque carnalis. Ecce spiritalis : « Mente servio legi Dei. » Ecce carnalis : « carne autem legi peccati. » (*Ibid.*, 25.) Idem ergo ipse et spiritalis et carnalis? Idem plane, quamdiu hic vivit, sic est.

8. Noli mirari quisquis es, quicumque carnalibus concupiscentiis cedis atque consentis, qui eas vel bonas putas ad explendam libidinis saturitatem, vel certe sic jam vides malas, ut eis tamen cedendo consentias, et quo ducunt sequaris, et ea quæ mala suggerunt perpetres; totus carnalis es. Tu, tu quisquis talis es, totus carnalis es.

CAPUT VI. — *Quis totus carnalis, quis ex parte vel totus spiritalis.* — Si autem concupiscis quidem, quod Lex vetat, cum dicit : « Non concupisces; » servas tamen aliud quod item Lex jubet : « Post concupiscentias tuas non eas; » (*Deut.*, v, 20; *Eccli.*, XVIII, 30) mente spiritalis es, carne carnalis. Aliud est enim, non concupiscere; aliud, post concupiscentias suas non ire. Non concupiscere, omnino perfecti est; post concupiscentias suas non ire, pugnantis est, luctantis est, laborantis est. Ubi fervet pugna, quare desperatur victoria? Quando erit victoria? Quando absorbebitur mors in victoriam. Tunc enim vox erit triumphantis, non sudor pugnantis. Quæ futura est vox illa triumphantis, cum corruptibile hoc induerit incorruptionem, et mortale hoc induerit immortalitatem? Vides victorem, audi exsultantem, exspecta triumphantem. Tunc fiet sermo qui scriptus est : « Absorpta est mors in victoriam. Ubi est mors contentio tua? Ubi est mors aculeus tuus?» (*Cor.*, xv, 54.) Ubi est? Ecce erat, et non est. « Ubi est mors contentio tua? » Ecce mortis contentio :«Non quod volo ago.» Ecce mortis contentio : « Scimus quia lex spiritalis est, ego autem carnalis sum. » Si ergo Apostolus de se ipso dicit; si dico, non confirmo : si Apostolus dicit : « Scimus quia lex spiritalis est, ego autem carnalis sum; » mente enim spiritalis, corpore carnalis: quando totus spiritalis? Cum : Seminatur corpus

spirituel. (I *Cor.*, xv, 44.) Maintenant que la mort me livre de violents combats : « Je ne fais pas ce que je veux, » je suis spirituel d'un côté, charnel de l'autre ; spirituel par la partie supérieure de mon être, charnel par la partie inférieure. Je suis encore aux prises avec l'ennemi, je ne suis pas encore vainqueur, et c'est beaucoup pour moi de n'être pas vaincu : « Je ne fais pas ce que je veux, mais je fais ce que je hais. » Que faites-vous donc ? Je ressens les impressions de la convoitise. Je n'y consens pas, il est vrai, je ne marche pas à la suite de ma convoitise, cependant j'en ressens les atteintes, et cette partie où elles se font sentir tient également à moi-même.

Chapitre VII. — *Le même homme est à la fois spirituel et charnel.* — 9. En effet, je ne suis pas un autre dans mon esprit et un autre dans ma chair. Que suis-je donc ? « C'est moi-même, » moi qui suis à la fois dans mon esprit et dans ma chair : car il n'y a pas en moi deux natures contraires ; je suis un seul homme composé de deux natures, parce que l'homme est l'œuvre d'un Dieu unique. « Ainsi donc, c'est moi, pour moi-même, qui suis soumis par l'esprit à la loi de Dieu, et par la chair à la loi du péché. » Mon esprit refuse de consentir à la loi du péché ; cependant je ne voudrais point que cette loi du péché se fît sentir dans mes membres. Or, comme elle existe malgré moi, « je ne fais pas ce que je veux, » parce que je ressens malgré moi les atteintes de la concupiscence, « je ne fais pas ce que je veux, mais je fais ce que je hais. » Qu'est-ce que je hais ? La concupiscence. Je hais la concupiscence, et cependant je la ressens dans ma chair, non dans mon esprit : « Je fais donc ce que je hais. »

10. « Or, si je fais ce que je ne veux pas, j'acquiesce à la loi, et je reconnais qu'elle est bonne. » (*Ibid.*, 16.) Que veulent dire ces paroles : « Si je fais ce que je ne veux pas, j'acquiesce à la loi, et je reconnais qu'elle est bonne ? » Acquiescer à la loi, c'est faire ce qu'elle commande ; vous faites ce qu'elle défend, comment acquiescez-vous à la loi ? Rien de plus vrai : « Si je fais ce que je ne veux pas, j'acquiesce à la loi, et je reconnais qu'elle est bonne. » Comment cela ? La loi me dit : « Tu ne convoiteras pas. » Que voudrais-je moi-même ? Ne pas convoiter. Ma volonté étant conforme à celle de la loi, j'acquiesce à la loi, et je reconnais qu'elle est bonne. Si la loi disait : « Tu ne convoiteras point, » et que je voulusse convoiter, je n'acquiescerais point à la loi, et la dépravation de ma volonté me mettrait en contradiction directe avec elle. La loi me dit : « Tu ne convoiteras point ; » malgré cette défense, je veux convoiter, je n'acquiesce point à la loi de Dieu. Maintenant, au contraire, que dites-vous, ô loi ? « Tu ne convoiteras point. » Et moi non plus, je ne veux point convoiter ; ma volonté est conforme à la vôtre : j'acquiesce donc à la loi,

animale, resurget corpus spiritale. (I *Cor.*, xv, 44.) Modo ergo quando fervet mortis contentio, « non quod volo ago ; » ex parte spiritalis, ex parte carnalis ; ex parte meliore spiritalis, ex parte inferiore carnalis. Adhuc configo, nondum vici : magnum mihi est non vinci. « Non quod volo, hoc ago ; sed quod odi, illud facio. » Quid facis ? Concupisco. Etsi concupiscentiæ non consentio, etsi post concupiscentias meas non eo : tamen adhuc concupisco : et utique etiam in ipsa parte ego sum.

Caput VII. — *Idem carnalis simul et spiritalis.* — 9. Non enim ego in mente, et alius in carne. Sed quid : « Igitur ipse ego ; » (*Ibid.*, 25) quia ego in mente, ego in carne. Non enim duæ naturæ contrariæ, sed ex utraque unus homo : quia unus Deus, a quo factus est homo. « Igitur ipse ego, » ego ipse, « mente servio legi Dei, carne autem legi peccati. » Mente non consentio legi peccati : sed tamen nollem esse in membris meis lex ulla peccati. Quia ergo nollem, et tamen est ; « non quod volo ago ; » quia concupisco, et nolo, « non quod volo ago ; sed quod odi, illud facio. » Quid odi ? Concupiscere. Odi concupiscere, et tamen ago illud carne, non mente : « quod odi, illud facio. »

10. « Si autem quod nolo, illud facio ; consentio legi, quoniam bona est. » (*Ibid.*, 16.) Quid est hoc : « Si quod nolo, illud facio, consentio legi, quoniam bona est ? » Consentires legi, si quod vellet faceres : facis quod lex odit, quomodo consentis legi ? Prorsus : « Si quod nolo, hoc facio ; consentio legi, quoniam bona est. » Quomodo ? Quia jubet lex : « Non concupisces. » Quid volo ego ? Non concupiscere ? Volendo quod vult lex, « consentio legi, quoniam bona est. » Si diceret lex : « Non concupisces, » et ego vellem concupiscere ; non consentirem legi, et omnino ab illa voluntatis perversitate diversus exsisterem. Dicente enim lege : « Non concupisces, » et ego vellem concupiscere ; non consentio legi Dei. Quid modo ? Quid dicis, o lex ? « Non concupisces. » Et ego nolo concupiscere, et ego nolo ; quod non vis, nolo : ideo

puisque je ne veux pas ce qu'elle ne veut pas elle-même. Ma faiblesse n'accomplit point la loi, il est vrai, mais ma volonté fait l'éloge de la loi. Si donc je fais ce que je ne veux pas, j'acquiesce à la loi, plutôt en ne voulant pas ce qu'elle ne veut pas elle-même qu'en faisant ce que je ne veux point. Faire ici dans la pensée de l'Apôtre, c'est ressentir la convoitise, mais sans y consentir. Nul donc ne doit s'autoriser de l'exemple de l'Apôtre pour pécher et donner le mauvais exemple. « Je ne fais pas ce que je veux. » Que dit, en effet, la loi : « Tu ne convoiteras point. » Je ne veux pas non plus convoiter, et cependant je convoite, bien que je ne donne point mon consentement à la convoitise, et que je ne m'y laisse point entraîner. J'y résiste, j'en détourne mon esprit, je lui refuse des armes. Je contiens mes sens, et cependant ce que je ne veux pas se fait en moi. Ce que la loi ne veut pas, je ne le veux pas avec elle; je ne veux pas ce qu'elle veut : j'acquiesce donc à la loi.

11. Mais je suis tout ensemble dans ma chair et dans mon esprit, plus cependant dans mon esprit que dans ma chair. En effet, je suis dans mon esprit comme dans la partie qui commande, car c'est l'esprit qui commande à la chair; et je suis plutôt dans la partie qui gouverne que dans celle qui est gouvernée.

CHAPITRE VIII. — Or, par cela même que je suis plus dans mon esprit : « Maintenant, ce n'est plus moi qui fais cela. » (Ibid., 17.) Qu'est-ce-à-dire, « Maintenant? » « Maintenant » que je suis racheté de la servitude qui m'assujettissait au péché, et que, par la grâce du Sauveur, mon esprit se complaît dans la loi de Dieu, « ce n'est plus moi qui fais cela, mais c'est le péché qui habite en moi. Car je sais que le bien n'habite pas en moi, » « en moi, » encore une fois, et voyez ce qui suit, « en moi, c'est-à-dire dans ma chair; car je trouve en moi la volonté de faire le bien. » (Ibid., 18.) « Je sais. » Que savez-vous ? « Je sais que le bien n'habite pas en moi, c'est-à-dire dans ma chair. Vous venez de dire il n'y a qu'un instant : « J'ignore ce que je fais. » Si vous ignorez, comment savez-vous? Vous dites : « J'ignore, » et un instant après : « Je sais; » je ne sais à mon tour ce que je dois entendre. Serait-ce ce qui se présente à mon esprit? Lorsque l'Apôtre dit : « Je ne sais ce que je fais, » « je ne sais » signifie : je n'approuve point, je n'ai point pour agréable, cela ne me plaît point, je n'y consens point, je ne puis y applaudir. On ne peut dire, en effet, que Jésus-Christ ne connaîtra point en réalité ceux à qui il dira : « Je ne vous connais point. » (Matth., VII, 23.) C'est donc dans ce sens que j'entends ces paroles : « Je ne sais ce que je fais, » parce que je ne sais pas ce que je ne fais pas. « Car ce n'est plus moi qui fais cela, mais le péché qui

---

consentio, quia quod non vis, nolo. Non implet legem infirmitas mea : sed legem laudat voluntas mea. Ergo si quod nolo, hoc ago; ideo consentio legi, quia nolo quod non vult, non quia ago quod nolo. Ipsum enim agere concupiscere est, non concupiscentiæ consentire : ne aliquis jam in Apostolo peccandi sibi quærat exemplum, et det malum exemplum. « Non quod volo ago. » Quid enim lex dicit? « Non concupisces. » Et ego nolo concupiscere, et tamen concupisco ; quamvis concupiscentiæ meæ assensum non præbeam, quamvis post eam non eam. Resisto enim, averto mentem, nego arma, teneo membra; et tamen fit in me quod nolo. Quod non vult lex, nolo cum lege; quod non vult, nolo : ergo consentio legi.

11. Sed quia ego sum in carne, ego sum in mente; sed magis ego sum in mente, quam in carne. Quia enim ego sum in mente, ego sum in regente : mens enim regit, caro regitur : et magis sum ego in eo quo rego, quam in eo in quo regor.

CAPUT VIII. — Quia ergo magis ego in mente : « Nunc autem jam non ego operor illud. Nunc autem, » quid est? « Nunc autem, » jam redemptus, qui fui antea sub peccato venumdatus, jam accepta gratia Salvatoris, ut mente condelecter legi Dei, « non ego operor illud, sed quod habitat in me peccatum. » (Ibid., 17.) « Scio enim quia non habitat in me. » Iterum ergo « in me : » audi quod sequitur, « hoc est in carne mea bonum. Velle enim mihi adjacet. » (Ibid., 18.) « Scio. » Quid scis? « Quia non habitat in me, hoc est, in carne mea bonum. » Jamdudum dixeras : « Quod operor, ignoro. » Si ignoras, quomodo scis? Modo dicis : « Ignoro ; » modo dicis : « Scio ; » ego quomodo intelligam, nescio. An hoc est quod intelligo? Ubi enim ait : « Quod operor, ignoro : » dixit « ignoro, » non approbo, non accepto, non mihi placet, non consentio, non laudo. Non enim et Christus eos ignorabit, quibus dicturus est : Non novi vos. (Matth., VII, 23.) Prorsus etiam hoc intelligo : « Quod enim operor, ignoro, » quia quod non facio, ignoro. « Non enim ego operor illud, sed id quod in me habitat peccatum. » Ideo ignoro :

habite en moi. » Je dis que je ne sais pas, parce que ce n'est pas moi qui le fais. C'est ainsi qu'il est dit du Seigneur : « Celui qui ne connaissait pas le péché. » (II *Cor.*, v, 21.) Qu'est-ce à dire, qu'il ne connaissait pas ? Il ne connaissait pas ce qu'il condamnait ? Il ne connaissait pas ce qu'il punissait ? S'il ne connaissait pas le péché, il le punissait injustement. Mais il faut admettre la justice du châtiment; il connaissait donc ce qu'il devait punir. Et cependant, il est vrai de dire qu'il ne connaissait pas le péché, parce qu'il ne l'avait pas commis. « Ainsi, je ne sais pas ce que je fais, car je ne fais pas le bien que je veux, et je fais le mal que je hais. Or, si je fais le mal que je ne veux pas, j'acquiesce à la loi, et je reconnais qu'elle est bonne. Et maintenant » que j'ai reçu la grâce, « ce n'est plus moi qui fais cela, » l'esprit est libre, la chair seule est captive. « Ce n'est plus moi qui fais cela, mais c'est le péché qui habite en moi. Car je sais que le bien n'habite pas en moi, c'est-à-dire dans ma chair. »

CHAPITRE IX. — *Il n'est point donné aux saints, dans cette vie, d'accomplir parfaitement la loi de Dieu.* — 12. « Je trouve en moi la volonté de faire le bien, mais je ne trouve pas le moyen de l'accomplir. » (*Ibid.*, 18.) Je puis bien vouloir, je ne puis accomplir. Il ne dit pas : le moyen de faire, mais : le moyen d'accomplir le bien; car on ne peut dire que vous ne faites rien. La convoitise se révolte, et vous refusez d'y consentir; vous sentez de l'attrait pour la femme de votre prochain, vous résistez, vous en détournez votre esprit. Vous rentrez dans le sanctuaire de votre âme. Vous voyez la concupiscence s'agiter bruyamment au dehors; vous la condamnez, pour conserver la pureté de votre conscience. Non, dites-vous, je ne veux pas, je ne le ferai pas. Quelque attrayante que soit cette action, je ne la ferai pas, je préfère d'autres plaisirs. « Car, selon l'homme intérieur, je me complais dans la loi de Dieu. » (*Ibid.*, 22.) Pourquoi tout ce bruit autour de votre corps? Pourquoi tant me vanter ces plaisirs insensés, passagers, éphémères, aussi vains que funestes, et me les raconter avec une si grande exubérance de paroles : « Les pécheurs m'ont raconté leurs plaisirs. » C'est ce que fait aussi la convoitise : « Elle me vante ses plaisirs, mais ils ne sont pas comme votre loi, Seigneur. » (*Ps.* CXVIII, 85.) Je trouve du plaisir dans la loi de Dieu, non point de moi-même, mais par la grâce de Dieu. O convoitise, tu as beau t'agiter dans ma chair, tu ne parviendras point à subjuguer mon âme : « Je me confierai en Dieu, je ne craindrai pas ce que la chair pourra me faire. » (*Ps.* LV, 5.) La chair s'agitera, fera du bruit, mais sans qu'elle obtienne mon consentement, c'est-à-dire le consentement de mon esprit : « Je me confierai en Dieu, je ne redouterai point ce que fera la chair, » soit la chair d'autrui, soit la mienne. Or, peut-on dire que celui qui agit ainsi au de-

---

quia non ego facio, sicut dictum est de Domino : Eum qui non noverat peccatum. (II *Cor.*, v, 21.) Quid est, non noverat? Ergo non noverat quod arguebat? non noverat quod puniebat? Si ergo non noverat quod puniebat, injuste puniebat. Quia vero juste puniebat, noverat quod puniebat. Et tamen peccatum non noverat, quia peccatum non fecerat. « Quod enim operor, ignoro : non enim quod volo ago ; sed quod odi, illud facio. Si autem quod nolo, hoc facio ; consentio legi, quoniam bona est. Nunc autem, » accepta jam gratia, « non ego operor illud ; » libera est mens, caro captiva. « Non ego operor illud, sed id quod in me habitat peccatum. Scio enim quia non habitat in me, hoc est, in carne mea, bonum. »

CAPUT IX. — *Perficere legem in hac vita sanctis non conceditur.* — 12. « Velle enim adjacet mihi, perficere autem bonum non adjacet. » (*Ibid.*, 18.) Adjacet velle, perficere non adjacet. Non dixit facere, sed « perficere. » Non enim nihil facis. Rebellat concupiscentia, et non consentis; delectat uxor aliena, et non annuis; mentem avertis, in secretarium mentis intras. Vides foris strepentem concupiscentiam, profers adversus eam sententiam, mundans conscientiam. Nolo, inquis, non facio. Puta quia delectat, non facio, habeo cui condelecter. « Condelector enim legi Dei secundum interiorem hominem. » (*Ibid.*, 22.) Quid tu de carne tua tumultuaris? Quid delectationes stultas, temporales, fluxas, vanas, noxias, tumultuose suggeris, et eas quasi garrula mihi narras? Narraverunt mihi injusti delectationes. Inde est et ista concupiscentia. Narrat mihi delectationes, sed non sicut lex tua, Domine. (*Psal.* CXVIII, 85.) « Condelector enim legi Dei, » non de me, sed de gratia Dei. Tu concupiscentia in carne tumultuaris, mentem tibi non subdis. In Deo sperabo, non timebo quid faciat mihi caro. (*Psal.* LV, 5.) Me, me, hoc est, mente non sentiente, tumultuatur caro. In Deo, inquit, sperabo, non timebo quid faciat mihi caro. Sicut nec aliena, ita nec mea. Qui ergo in se hæc agit, nihil facit?

dans de lui-même ne fasse rien? Il fait beaucoup, il fait de grandes choses; cependant il n'accomplit point. Qu'est-ce, en effet, qu'accomplir? C'est pouvoir dire : O mort, où sont tes efforts? « Je trouve donc en moi la volonté de faire le bien, mais je ne trouve point le moyen de l'accomplir. »

13. « Car je ne fais pas le bien que je veux, et je fais le mal que je ne veux pas. » Et il répète une seconde fois : « Or, si je ne fais pas ce que je veux, » en ressentant la convoitise, « ce n'est plus moi qui le fais, mais c'est le péché qui habite en moi. Lors donc que je veux faire le bien, je trouve en moi une loi. (*Rom.*, VII, 19-21.) » Je trouve que cette loi bonne, et la loi est bonne, en effet; elle est quelque chose de bien. Comment est-ce que je l'approuve? En voulant l'accomplir. « Lorsque je veux faire le bien, je trouve donc en moi une loi, bien que le mal habite en moi. » Remarquez cette expression « en moi, » car ma chair n'est pas au dehors de moi, elle ne vient pas d'une autre substance ou d'un autre principe, comme si, par exemple, mon âme venait de Dieu, et ma chair de la race des ténèbres. Loin de nous cette pensée. La maladie est contraire à la santé. Je suis le voyageur laissé à demi mort sur le chemin, je suis encore en traitement pour guérir toutes mes infirmités. (*Luc*, X, 30; *Ps.* CII, 3.) « Je ne fais pas ce que je veux, et je fais ce que je hais. Or, si je fais ce que je ne veux pas, je trouve en moi une loi, lorsque je veux faire le bien, et bien que le mal réside en moi. » Quel est ce mal?

CHAPITRE X. — 14. « En effet, selon l'homme intérieur, je trouve du plaisir dans la loi de Dieu. Mais je sens dans mes membres une autre loi qui combat contre la loi de mon esprit, et qui me tient captif sous la loi du péché, qui est dans mes membres. » (*Ibid.*, 22, 23.) Il est captif, mais dans sa chair; il est captif, mais seulement dans une partie de lui-même; car l'esprit résiste et trouve son plaisir dans la loi de Dieu. Tel est le sens que nous devons donner à ces paroles, si l'Apôtre y parle de lui-même. Si donc l'esprit ne consent pas aux séductions, aux inspirations, aux flatteries du péché, parce qu'il trouve ailleurs des plaisirs qui ne souffrent aucune comparaison avec les plaisirs de la chair; si donc il ne consent pas, il y a en nous quelque chose de mort, et quelque chose de vivant; la mort s'efforce encore de nous entraîner, mais l'esprit, qui est vivant, résiste. Est-ce que cette mort n'est pas en vous? Ce qui est mort ne fait-il point partie de vous-même? Il vous faut donc encore lutter. Que pouvez-vous espérer de cette lutte?

15. « Malheureux homme que je suis! » (*Ibid.*, 24.) Malheureux, non point dans mon esprit, mais dans ma chair. Car l'homme n'est pas seule-

---

Multum facit : magnum est quod facit, sed tamen non perficit. Quid est enim perficere? Ubi est mors contentio tua? Ergo : « Velle adjacet mihi, perficere autem bonum non. »

13. « Non enim quod volo, facio bonum : sed quod nolo malum, hoc ago. » Et repetit : « Si autem quod nolo ego, hoc facio, » id est, concupisco; « jam non ego operor illud, sed id quod in me habitat peccatum. Invenio ergo legem mihi volenti facere bonum. » (*Ibid.*, 19-21.) (*a*) Bonum invenio legem; bonum est lex, bonum aliquid est lex. Unde probo? Quia implere volo. « Invenio ergo legem mihi volenti facere bonum; quoniam mihi malum adjacet. » Et hoc « mihi. » Non enim caro non mea, aut de alia substantia caro, aut de alio principio caro, aut anima ex Deo et caro de gente tenebrarum. Absit. Languor repugnat sanitati. Semivivus jacet in via, curatur adhuc, sanantur omnes languores ejus. (*Luc*, X, 30; *Psal.* CII, 3.) « Non quod volo ago; sed quod odi, illud facio. Si autem quod nolo ego, illud facio, invenio ergo legem volenti mihi facere bonum, quoniam mihi malum adjacet. » Quod malum?

CAPUT X. — 14. « Condelector enim legi Dei secundum interiorem hominem. Video aliam legem in membris meis, repugnantem legi mentis meæ, et captivum me ducentem in lege peccati, quæ est in membris meis; »(*Ibid.*, 22, 23) captivum, sed ex carne : captivum, sed ex parte. Nam mens repugnat, et condelectatur legi Dei. Sic enim intelligere debemus, si de se ipso Apostolus loquitur. Jam ergo si mens non consentit peccato titillanti, suggerenti, blandienti, si mens non consentit, quoniam habet alias interius delectationes suas, delectationibus carnis ex nulla parte conferendas : si ergo non consentit, et est in me quiddam mortuum, (*b*) et quiddam vivum, mors adhuc contendit, sed mens viva non consentit. Numquid ipsa mors non est in te? Numquid illud quod mortuum est, non pertinet ad te? Adhuc tibi est contentio. Quid etiam inde sperandum est?

15. « Miser ego homo, » (*Ibid.*, 24) etsi non in

(*a*) Mss. *Bonam.* — (*b*) Am. Er. et Mss. carent his verbis, *et quiddam vivum*.

ment dans son esprit sans être dans sa chair. « Or jamais personne n'a haï sa propre chair. » (*Ephés.*, v, 29.) « Malheureux homme que je suis, qui me délivrera de ce corps de mort ? » Que veut-il dire, mes frères ? Il semble vouloir être dépouillé de son corps. Pourquoi tant vous hâter ? Si votre désir est uniquement d'être séparé de votre corps, la mort viendra, et votre dernier jour vous délivrera, sans aucun doute, de ce corps de mort. Pourquoi donc tant gémir ? Pourquoi vous écrier : « Qui me délivrera ? » Oubliez-vous, en parlant de la sorte, que vous êtes mortel, que vous devez mourir ? Votre âme doit, un jour, se séparer de votre corps ; la vie est si courte, que ce jour ne peut être éloigné, et les accidents journaliers vous empêchent de savoir quand il viendra. Soit donc que vous pressiez ou que vous ralentissiez votre marche, toute vie humaine est courte ; pourquoi donc tant gémir et vous écrier : « Qui me délivrera de ce corps de mort ? »

CHAPITRE XI. — *Au jour de la résurrection, les seuls justes seront délivrés de ce corps de mort.* — 16. L'Apôtre ajoute : « La grâce de Dieu, par Jésus-Christ Notre-Seigneur. » (*Ibid.*, 25.) Est-ce donc que les païens, qui n'ont pas la grâce de Dieu par Notre-Seigneur Jésus-Christ, ne doivent point mourir ? Est-ce que leur âme ne sera point séparée de leur corps au dernier jour de leur vie ? Est-ce que, dans ce jour, ils ne seront point délivrés de ce corps de mort ? Pourquoi donc voulez-vous attribuer, comme une faveur privilégiée, à la grâce de Dieu par Notre-Seigneur Jésus-Christ, d'être délivré de ce corps de mort ? L'Apôtre vous répond, si nous avons bien compris sa pensée, et, grâce à Dieu, nous sommes certains de l'avoir bien comprise ; l'Apôtre vous répond donc : « Je sais ce que je dis. » Les païens, dites-vous, seront aussi délivrés de ce corps de mort, parce que le dernier jour de la vie viendra également pour eux ; et ils seront délivrés, pour un temps, de ce corps de mort. « Mais viendra également le jour où tous ceux qui sont dans les sépulcres entendront la voix du Fils de Dieu, et ceux qui auront bien fait en sortiront pour la résurrection à la vie, » (*Jean*, v, 28, 29) les voilà délivrés de ce corps de mort ; « et ceux qui auront mal fait, pour la résurrection du jugement, » voilà qu'ils rentrent dans ce corps de mort. Ce corps de mort sera rendu à l'impie, pour ne plus en être séparé. Ce ne sera point pour lui une vie éternelle, mais une mort éternelle, parce que son supplice n'aura jamais de fin.

CHAPITRE XII. — *Le corps des saints, après la résurrection, sera immortel.* — 17. Pour vous, chrétien, priez de toute l'ardeur de votre âme, et écriez-vous : « Malheureux homme que je

---

mente, tamen in carne miser homo. Non enim in mente homo, et in carne non homo. Quis enim unquam carnem suam odio habuit ? (*Ephes.*, v, 29.) « Miser ego homo, quis me liberabit de corpore mortis hujus ? » Quid est hoc, Fratres ? Quasi carere vult corpore. Quid festinas ? Si tantum ibi est intentio tua, ut corpore careas ; mors quandoque ventura est, et te ab isto corpore mortis dies adveniens ultimus procul dubio liberabit. Quid est quod pro magno gemis ? Quid est quod dicis : « Quis me liberabit ? » Mortalis loqueris, moriturus loqueris. Separatio mentis a carne quandoque ventura est : propter brevitatem vitæ nunquam longe est, propter quotidianos casus quando sit, nescis. Ergo sive festines, sive tardes, omnis vita humana brevis est : quid pro magno gemis, et dicis : « Quis me liberabit de corpore mortis hujus ? »

CAPUT XI. — *In resurrectione soli justi liberantur de corpore mortis.* — 16. Et adjungit : « Gratia Dei per Jesum Christum Dominum nostrum. » (*Ibid.*, 25.) Pagani enim, qui non habent gratiam Dei per Jesum Christum Dominum nostrum, non morientur ? non quandoque die ultimo a carne solventur ? non illo die a corpore mortis hujus liberabuntur ? Tu quid est quod pro magno gratiæ Dei per Jesum Christum Dominum nostrum vis tribuere, quia de corpore mortis hujus liberaberis ? Respondet tibi Apostolus, si sensum ejus cepimus, imo quia Domino adjuvante, sine dubio cepimus ; respondet tibi Apostolus, et dicit : Scio quid loquar. Paganos dicis liberari a corpore mortis hujus, quia veniet dies ultimus vitæ hujus, et solventur ad tempus a corpore mortis hujus. Veniet et dies, quando omnes qui sunt in monumentis audient vocem ejus ; et procedent qui bona fecerunt in resurrectionem vitæ : *Joan.*, v, 28, 29.) Ecce liberati a corpore mortis hujus. Qui mala fecerunt, in resurrectionem judicii : Ecce redierunt ad corpus mortis hujus. Corpus mortis hujus redit ad impium, nec inde aliquando solvetur. Tunc non erit vita æterna, sed mors æterna, quia pœna æterna.

CAPUT XII. — *Corpus sanctorum post resurrectionem immortale.* — 17. Tu autem, o Christiane, roga quantum potes, exclama et dic : « Miser ego homo, quis me liberabit de corpore mortis hujus ? » Respondetur tibi : securus efficeris, non de te, sed de

suis, qui me délivrera de corps de mort? » Vous entendrez une réponse qui vous donnera une assurance, une sécurité, qui ne viendra pas de vous-même, mais de votre Seigneur, mais du gage divin que vous avez reçu. Espérez que vous posséderez un jour avec Jésus-Christ son royaume; vous en avez pour gage le sang de Jésus-Christ. Dites, dites : « Qui me délivrera de ce corps de mort? » afin qu'on vous réponde : « La grâce de Dieu par Jésus-Christ Notre-Seigneur. » Vous ne serez point cependant délivré de ce corps de mort, dans ce sens que vous ne l'aurez plus. Vous l'aurez encore, mais ce ne sera plus ce corps de mort; ce sera le même corps, et ce ne sera plus lui. Ce sera lui, parce que ce sera la même chair; ce ne sera plus lui, parce qu'il ne sera plus sujet à la mort. C'est ainsi, oui c'est ainsi que vous serez délivré de ce corps de mort, c'est-à-dire que ce corps mortel revêtira l'immortalité, et ce corps corruptible, l'incorruptibilité. De qui et par qui lui viendra cette glorieuse transformation? « De la grâce de Dieu par Notre-Seigneur Jésus-Christ; car c'est par un homme que la mort est venue, c'est aussi par un homme que vient la résurrection. » Tous meurent en Adam, voilà la cause de vos gémissements. Tous meurent en Adam, voilà pourquoi vous gémissez, voilà pourquoi vous luttez avec la mort, voilà pourquoi ce corps de mort. « Mais comme tous meurent en Adam, tous revivront aussi par Jésus-Christ. » (I *Cor.*, xv, 21, 22.) Vous revivrez dans un corps immortel, et vous pourrez dire : O mort, que sont devenus tes efforts? Vous serez délivré de ce corps de mort, non point cependant par votre puissance, mais par la grâce de Dieu par Notre-Seigneur Jésus-Christ. Adressons-nous au Seigneur, etc.

SERMON CLV [1].

Sur ces paroles de l'Apôtre, dans le chapitre VIII de l'Epître aux Romains : *Il n'y a donc plus maintenant de condamnation pour ceux qui sont en Jésus-Christ*, etc. Contre les pélagiens.

CHAPITRE PREMIER. — *Pourquoi la concupiscence est-elle appelée péché.* — 1. La lecture que nous avons faite, hier, de l'Epître du saint Apôtre s'est terminée à ces paroles : « Ainsi, je suis soumis à la loi de Dieu par l'esprit, et à la loi du péché par la chair. » (*Rom.*, VII, 25.) Cette conclusion explique dans quel sens il a dit plus haut : « Et maintenant ce n'est plus moi qui fais cela, mais c'est le péché qui habite en moi; » c'est-à-dire que l'esprit ne consentait pas au péché, et que la chair seule convoitait. Il donne

[1] Bède en cite de très-longs extraits dans son Commentaire sur le chapitre VII de l'Epître aux Romains, et Florus, dans son Commentaire sur la même Epître, et sur le chapitre XII de l'Epître aux Hébreux. Il a été prononcé dans la basilique des saints martyrs de Scillium, comme nous l'apprend le titre qui se trouve en tête de ce sermon dans un ancien manuscrit des Cisterciens de Sainte-Croix-en-Jérusalem, à Rome. Victor fait l'éloge de cette basilique de Carthage dans son premier livre : *De la persécution des Vandales.*

Domino tuo; securus efficeris de pignore tuo. Spera cum Christo regnum Christi, jam pignus tenes sanguinem Christi. Dic, dic : « Quis me liberabit de corpore mortis hujus ? » Ut respondeatur tibi : « Gratia Dei per Jesum Christum Dominum nostrum. » Non enim sic liberaberis de corpore mortis hujus, ut hoc corpus non habeas. Habebis, sed jam non mortis hujus. Ipsum erit, sed non ipsum erit. Ipsum erit, quia ipsa caro erit : non ipsum erit, quia mortale non erit. Sic, sic liberaberis a corpore mortis hujus, ut mortale hoc induat immortalitatem, et corruptibile hoc induat incorruptionem. A quo? per quem? « Gratia Dei, per Jesum Christum Dominum nostrum. » « Quia per unum hominem mors, et per unum hominem resurrectio mortuorum. Sicut in Adam omnes moriuntur : inde est quod gemis, inde est quod cum morte configis, inde est corpus mortis hujus. « Sed sicut in Adam omnes moriuntur, sic et in Christo omnes vivificabuntur. » (I *Cor.*, xv, 21, 22.) (a) Vivificatus accepto corpore immortali, ubi dicas : Ubi est mors contentio tua ? liberatus eris a corpore mortis hujus : non tamen virtute tua, sed « gratia Dei per Jesum Christum Dominum nostrum. » Conversi ad Dominum, etc.

SERMO CLV [b].

De verbis Apostoli, Rom., VIII : *Nulla ergo condamnatio est nunc his, qui sunt in Christo Jesu*, etc. Contra Pelagianos.

CAPUT PRIMUM. — *Concupiscentia cur vocetur peccatum.* — 1. Hesterna lectio sancti Apostoli eo usque terminata est, ubi dictum est : « Igitur ipse ego mente servio legi Dei, carne autem legi peccati. » (*Rom.*, VII, 25.) In qua conclusione demonstravit Apostolus, ad hoc se dixisse quæ supra dixerat : « Jam non ego operor illud, sed id quod in me habitat peccatum ; »

(a) Plerique Mss. *Vivificaberis*. — (b) Alias VI, de verbis Apostoli.

à cette convoitise le nom de péché, parce qu'en effet la concupiscence de la chair est la source de tous les péchés. Tous les péchés, soit de paroles, soit d'actions, soit de pensées, n'ont pour principe qu'une convoitise criminelle et un plaisir coupable; si nous résistons, si nous refusons notre consentement à ce plaisir désordonné, si nous ne faisons point de nos membres des armes d'iniquité, le péché ne règne pas dans notre corps mortel. (*Rom.*, VI, 12.) En effet, le péché commence par perdre son empire avant d'être entièrement détruit. Dans cette vie, donc, tout le travail des saints est d'affaiblir son empire; dans l'autre vie, il cesse d'exister. Il perd ici-bas son empire sur nous, lorsque nous refusons de suivre nos convoitises; il périt sans retour dans ce séjour où nous pourrions nous écrier : O mort, qu'est devenue ton ardeur, où est ta victoire? (I *Cor.*, XV, 55.)

2. Après donc avoir dit : « Je suis soumis à la loi de Dieu par l'esprit, et par la chair à la loi du péché, » c'est-à-dire, je ne fais pas de mes membres des instruments d'iniquité, je ressens seulement les impressions de la concupiscence, mais sans donner les mains à ses désirs déréglés; après ces paroles : « Ainsi, je suis soumis à la loi de Dieu par l'esprit, et à la loi du péché par la chair, » l'Apôtre ajoute ce qui suit :

CHAPITRE II. — *Comment il n'y a plus de condamnation pour les saints.* — « Il n'y a donc plus, dès maintenant, de condamnation pour ceux qui sont en Jésus-Christ. » (*Rom.*, VIII, 1.) La condamnation est pour ceux qui sont dans la chair; mais, pour ceux qui sont en Jésus-Christ, il n'y a plus de condamnation. Et ne croyez pas qu'il veuille parler ici de ce qui arrivera plus tard; non, car il ajoute expressément : « dès maintenant. » Plus tard, et c'est l'objet de votre espérance, il n'y aura plus en vous de convoitise, vous n'aurez plus à combattre, à lutter contre elle, à lui disputer votre consentement, à la réfréner, à la dompter; elle aura cessé d'exister. Si, en effet, ce principe de lutte, qui vient de ce corps de mort, devait encore exister plus tard, il serait faux de dire : « Mort, où est ton ardeur pour la lutte ? » Apprenons donc ce qui doit arriver un jour. Alors s'accomplira cette parole de l'Ecriture sainte : « La mort a été absorbée dans la victoire. O mort, où est ton ardeur pour la lutte? O mort, où est ton aiguillon? Or, l'aiguillon de la mort, c'est le péché; et la force du péché, c'est la loi; » (I *Cor.*, XV, 54, etc.) car, au lieu d'éteindre le désir, elle n'a fait que le rendre plus vif. La loi a donné de la force au péché, en se contentant de la lettre qui commande, sans donner l'esprit qui fortifie. C'est ce qui ne sera plus alors. Mais maintenant? Vous voulez le savoir? Saint Paul vient

---

quia non mente operabatur consentiendo, sed carne concupiscendo. Hoc enim peccati nomine appellat, unde oriuntur cuncta peccata, id est, ex carnali concupiscentia. Quidquid enim est peccatorum in dictis, in factis, in cogitationibus, non exoriuntur nisi ex mala cupiditate, non exoriuntur nisi ex illicita delectatione. Huic ergo illicitæ delectationi si resistamus, si non consentiamus, si membra velut arma non ministremus; si non regnat peccatum in nostro mortali corpore. (*Rom.*, VI, 12.) Peccatum enim ante regnum perdit, et sic perit. In hac ergo vita, quantum ad sanctos attinet, regnum perdit, in alia perit. Hic enim regnum perdit, quando post concupiscentias nostras non imus: ibi autem perit, quando dicetur : Ubi est mors contentio tua? (I *Cor.*, XV, 55.)

2. Ergo cum dixisset Apostolus : « Mente servio legi Dei, carne autem legi peccati; » non dando membra committendis iniquitatibus, sed tantum concupiscendo, nec tamen illicitæ concupiscentiæ manus dando : ergo cum dixisset : « Mente servio legi Dei, carne autem legi peccati, » subjecit et ait :

CAPUT II. — *Quomodo in sanctis nulla hic damnatio.* — « Nulla ergo condemnatio est nunc his, qui sunt in Christo Jesu. » (*Rom.*, VIII, 1.) His qui sunt in carne condemnatio est : his qui sunt in Christo Jesu nulla condemnatio est. Ne putares hoc postea futurum, ideo addidit, «nunc. » Postea illud exspecta, ut nec concupiscentia sit in te, contra quam contendas, cum qua confligas, cui non consentias, quam frenes et domes : post exspecta, quia nec ipsa erit. « Si enim quod nobiscum contendit ex mortali corpore etiam postea erit : Ubi est mors contentio tua, falsum erit. Quid ergo postea futurum sit, *(a)* sciamus. Tunc enim fiet sermo qui scriptus est : Absorpta est mors in victoriam. Ubi est mors contentio tua? Ubi est mors aculeus tuus? Aculeus enim mortis est peccatum, virtus autem peccati lex. » (I *Cor.*, XV, 54, etc.) Quia ex prohibitione auctum est desiderium, non exstinctum. Lex peccato dedit virtutem, tantummodo per litteram jubendo, non per spiritum subveniendo. Ergo tunc non erit hoc, sed quid nunc ? Quid sit nunc, quæris? Quod et paulo ante dixit : « Nunc au-

(a) Nonnulli Mss. *scimus*.

de vous le dire, il n'y a qu'un instant : « Maintenant, ce n'est plus moi qui le fais. » (*Rom.*, VII, 17.) Nous voyons encore ici cette expression : « Maintenant. » Que veut-il dire? « Ce n'est plus moi qui le fais? » Ni je ne consens, ni je n'acquiesce, ni je n'approuve; le péché ne cesse de me déplaire, je garde soigneusement mes sens. Et c'est là un grand point; car comme la concupiscence vient de la chair, et que les membres du corps appartiennent à la chair, lorsque le péché, c'est-à-dire, lorsque la concupiscence de la chair cesse de régner, l'esprit a plus d'empire pour maîtriser les membres de la chair afin qu'ils ne deviennent point des instruments d'iniquité, que n'en peut avoir la concupiscence de la chair pour exciter ces membres au péché. La concupiscence existe donc encore dans la chair, et les membres appartiennent à la chair; cependant, comme c'est l'esprit qui gouverne, si, toutefois, il est aidé de la grâce d'en haut, sans laquelle la puissance que nous lui attribuons aux dépens de la grâce de Dieu en ferait un tyran plutôt qu'un roi, l'autorité qu'il exerce sous la main de Dieu, qui le dirige, lui permet, malgré la concupiscence de la chair, de faire, dans les membres de la chair, ce que dit l'Apôtre : « Que le péché ne règne donc point dans votre corps mortel, en sorte que vous obéissiez à ses convoitises. N'abandonnez point non plus vos membres au péché comme des instruments d'iniquité. » (*Rom.*, VI, 12, 13.)

CHAPITRE III. — *Nul ne peut être affranchi de la loi du péché que par la grâce.* — 3. Il n'y a donc plus maintenant de condamnation pour ceux qui sont en Jésus-Christ. Qu'ils ne se troublent point d'être encore agités par des mouvements désordonnés; qu'ils soient sans alarme de voir encore dans leurs membres une loi qui combat contre la loi de l'esprit. « Car il n'y a plus de condamnation. » Mais pour qui, et pour qui, dès maintenant? « Pour ceux qui sont en Jésus-Christ. » Et que devient donc cette vérité que l'Apôtre exprimait un peu plus haut : « Je vois dans mes membres une autre loi qui combat la loi de mon esprit, et qui me tient captif sous la loi du péché qui est dans mes membres ? » (*Rom.*, VII, 23.) En disant: « Qui me tient captif, » l'Apôtre parlait de sa chair, non de son esprit. Que devient donc cette loi, « s'il n'y a plus de condamnation pour ceux qui sont en Jésus-Christ? La loi de l'esprit de vie qui est en Jésus-Christ. » (*Rom.*, VIII, 2.) Ainsi, « la loi, » non pas la loi de la lettre qui a été donnée sur le mont Sinaï, non pas la loi qui repose sur la vétusté de la lettre, mais « la loi de l'esprit de vie, qui est en Jésus-Christ, vous a délivré de la loi du péché et de la mort. » Comment, en effet, pourriez-vous trouver du plaisir dans la loi de Dieu, selon l'homme intérieur, si la loi de l'esprit de vie, qui est en Jésus-Christ, ne vous délivrait de la loi du péché et de la mort? Cesse donc, ô esprit humain, de

---

tem jam non ego operor illud ; » (*Rom.*, VII, 17) et ibi « nunc. » Quid est, « non ego operor illud ? » Non consentio, non annuo, non decerno, semper mihi displicet : membra mea teneo. Et magnum est hoc : cum sit in carne concupiscentia, et ad carnem pertineant corporis membra, quando non regnat peccatum, id est, carnis concupiscentia ; plus habet juris mens ad tenenda membra carnis, ne dentur in arma iniquitatis, quam ipsa concupiscentia carnis ad movenda membra carnis. Itaque concupiscentia est carnis, et membra carnis : mens tamen quia dominatum habet, si tamen de super adjuvetur, ne cum ei multum contra Dei gratiam damus, non regem, sed tyrannum faciamus : tantum ergo valet mens, sic regit cum regitur, ut de membris ipsius carnis, contra concupiscentiam carnis ipsius, possit agere quod ait Apostolus : « Non ergo regnet peccatum in vestro mortali corpore, ad obediendum desideriis ejus; nec exhibeatis membra vestra arma iniquitatis peccato. » (*Rom.*, VI, 12, 13.)

CAPUT III. — *A lege peccati nemo liber nisi per gratiam.* — 3. « Nulla ergo condemnatio est nunc his, qui sunt in Christo Jesu. » Non sint solliciti, si concupiscentiis illicitis titillantur : non sint solliciti, quod videtur adhuc esse lex in membris repugnans legi mentis. « Nulla enim condemnatio est. » Sed quibus? Etiam « nunc » quibus? « Qui sunt in Christo Jesu. » Et ubi est illa sententia, de qua dicebat paulo ante : « Video aliam legem in membris meis repugnantem legi mentis meæ, et captivantem me in lege peccati quæ est in membris meis ? » (*Rom.*, VII, 23.) Sed « me » dicebat ex carne, non ex mente. Ubi ergo illa lex, si « nulla condemnatio est his, qui sunt in Christo Jesu ? Lex enim spiritus vitæ in Christo Jesu. » (*Rom.*, VIII, 2.) « Lex enim, » non illa in monte Sina per litteram : « Lex enim, » non illa in vetustate litteræ ; sed « Lex spiritus vitæ in Christo Jesu, liberavit te, a lege peccati et mortis. » Ut enim condelecteris legi Dei secundum interiorem hominem, unde haberes, nisi lex spiritus vitæ in

t'attribuer ce qui ne t'est pas dû; évite les excès de l'orgueil, ou plutôt renonce à tout orgueil, si tu ne consens pas aux désirs de la chair, si la loi du péché ne t'a point fait descendre de ton trône. « C'est la loi de l'esprit de vie, qui est en Jésus-Christ, qui t'a délivré de la loi du péché et de la mort. » Tu n'as pas été délivré par cette loi dont saint Paul vient de dire, un peu auparavant : « En sorte que nous servions Dieu dans la nouveauté de l'esprit, et non dans la vétusté de la lettre. » (*Rom.*, vii, 6.) Pourquoi cette loi n'a-t-elle pu vous délivrer? Est-ce que cette loi n'a pas été écrite, elle aussi, par le doigt de Dieu? Lisez l'Evangile, et vous verrez que là où le Seigneur dit, selon le récit d'un évangéliste : « Si je chasse les démons dans l'esprit de Dieu, » (*Matth.*, xii, 18) un autre lui fait dire : « Si je chasse les démons par le doigt de Dieu. » (*Luc*, xi, 20.) Si donc cette loi a été aussi écrite par le doigt de Dieu, c'est-à-dire par l'esprit de Dieu, qui a forcé les magiciens de Pharaon d'avouer leur défaite, et de dire : « Le doigt de Dieu est là? » (*Exod.*, viii, 19) Si donc cette loi, elle aussi, a été écrite par l'esprit de Dieu, c'est-à-dire par le doigt de Dieu, pourquoi ne peut-on pas l'appeler : « La loi de l'esprit de vie qui est en Jésus-Christ? »

CHAPITRE IV. — *Quelle est la loi du péché et de la mort. Pourquoi la loi a-t-elle été donnée à Moïse.* — 4. On ne peut voir, en effet, dans cette loi donnée sur le mont Sinaï, ce que saint Paul appelle la loi de péché, la loi de péché et de mort. Cette loi de péché et de mort est celle dont il dit en gémissant : « Je vois dans mes membres une autre loi qui combat contre la loi de mon esprit. » Mais, cette loi du Sinaï est celle dont il fait l'éloge en ces termes : « Et, cependant, la loi est sainte, et le commandement est saint, et juste, et bon. » Et il ajoute : « Quoi donc! ce qui était bon est-il devenu mortel pour moi? Nullement, mais c'est le péché, qui, pour faire paraître toute sa corruption, m'a donné la mort par une chose qui était bonne, en sorte que, par le commandement même, le péché s'est augmenté au delà de toute mesure. » Qu'est-ce à dire, « au delà de toute mesure? » Dans ce sens que la prévarication est venu s'ajouter au péché. La loi a donc été donnée pour découvrir notre faiblesse, et non-seulement pour la découvrir, mais pour l'augmenter, et nous forcer ainsi à chercher le médecin. En effet, si notre maladie était légère, elle n'eût point attiré notre attention; par suite de cette négligence, nous n'aurions pas cherché le médecin, et, faute d'y recourir, la maladie n'aurait pas été guérie. Voilà pourquoi « là où le péché avait abondé la grâce a surabondé; » (*Rom.*, v, 20) c'est elle qui a effacé tous les péchés qu'elle a trouvés, et qui a secondé l'effort que fait notre volonté pour ne plus pécher, en sorte que notre

---

Christo Jesu liberaret te a lege peccati et mortis? Ideo mens humana ne tibi tribuas, ne multum superbias; imo ne omnino superbias, o mens humana, quod non consentis desideriis carnis, quod lex peccati non te de arce deponit : « Lex spiritus vitæ in Christo Jesu liberavit te a lege peccati et mortis. » Non te illa Lex liberavit, de qua supra dictum est : « Ut serviamus in novitate spiritus, et non in vetustate litteræ. » (*Rom.*, vii, 6.) Quare illa non liberavit? Nonne et ipsa digito Dei scripta est? Nonne digitus Dei Spiritus sanctus intelligitur? Lege Evangelium, et vide quia ubi dicit unus Evangelista, Domino dicente : « Si ego in Spiritu Dei ejicio dæmonia, » *Matth.*, xii, 18) alius dicit : « Si ego in digito Dei ejicio dæmonia. » (*Luc*, xi, 20.) Si ergo et Lex illa digito Dei scripta est, hoc est, Spiritu Dei, quo Spiritu victi magi Pharaonis dixerunt : « Digitus Dei est hic, » (*Exod.*, viii, 19) si ergo et ipsa, imo cum et ipsa Spiritu Dei, hoc est, digito Dei conscripta sit, quare non de illa dicitur : « Lex enim spiritus vitæ in Christo Jesu. »

CAPUT IV. — *Lex peccati et mortis quænam. Lex Moysi cur data.* — 4. Lex enim mortis non ipsa dicitur, lex peccati et mortis non illa Lex dicitur, quæ data est in monte Sina. Lex peccati et mortis illa dicitur, de qua gemens ait : « Video aliam legem in membris meis, repugnantem legi mentis meæ. » Sed illa Lex, ipsa est quæ dicta est : « Itaque lex quidem sancta, et mandatum sanctum, et justum, et bonum. » Et subjecit : « Quod ergo bonum est, mihi factum est mors? Absit. Sed peccatum ut appareat peccatum, per bonum mihi operatum est mortem, ut fiat supra modum peccator aut peccatum per mandatum. » Quid est, « supra modum? » Ut addatur prævaricatio. Data est ergo Lex illa, ut inveniretur infirmitas. Parum est hoc, non solum ut inveniretur, sed etiam ut augeretur, et vel sic medicus quæreretur. Si enim levis morbus esset, contemneretur : si morbus contemneretur, medicus non quæreretur : si medicus non quæreretur, morbus non finiretur. « Ideo ubi abundavit peccatum, superabundavit gratia; » (*Rom.*, v, 20) quæ delevit cuncta peccata quæ invenit,

volonté se glorifie, non pas en elle-même, mais en Dieu : « Car c'est en Dieu que nous mettrons toujours notre gloire; » (*Ps.* XLIII, 9) et encore : « C'est dans le Seigneur que mon âme mettra sa gloire; que ceux qui ont le cœur doux m'entendent et partagent mon allégresse. » (*Ps.* XXXIII, 3.) Que ceux qui sont doux m'entendent, car les esprits superbes et contentieux ne peuvent entendre ce langage. Pourquoi donc n'est-ce point cette loi écrite par le doigt de Dieu qui donne ce secours si nécessaire de la grâce, dont nous parlons? Pourquoi? Parce qu'elle est écrite sur des tables de pierre, et non sur des tables de chair, qui sont nos cœurs. (II *Cor.*, III, 3.)

CHAPITRE V. — *Analogie de la loi ancienne et de la loi nouvelle.* — 5. Considérez cependant, mes frères, l'harmonie, et tout à la fois la différence que vous offre ici un grand mystère; l'accord des deux lois et la différence des deux peuples. Le peuple ancien célébrait la Pâque, vous le savez, par l'immolation d'un agneau, qu'il mangeait avec des pains azymes. Cette immolation de l'agneau figurait l'immolation de Jésus-Christ, et les pains azymes, la vie nouvelle, purifiée de l'ancien levain; c'est la doctrine de l'Apôtre : « Purifiez-vous, dit-il, du vieux levain, afin que vous soyez une pâte toute nouvelle, comme étant vous-mêmes des pains azymes, car Jésus-Christ est notre Agneau pascal, qui a été immolé pour nous. » (I *Cor.*, V, 7.) L'ancien peuple célébrait donc la Pâque, non point dans les splendeurs de la lumière, mais dans les ombres figuratives de l'avenir, et, cinquante jours après la célébration de la Pâque, comme chacun peut le vérifier, s'il le veut, Dieu lui donna sur le mont Sinaï la loi écrite de sa main. A cette Pâque figurative succède la vraie Pâque; Jésus-Christ est immolé, et nous fait passer de la mort à la vie. En effet, le mot pâque signifié en hébreu *passage*, ce qu'exprime l'Evangéliste, lorsqu'il dit : « L'heure étant venue où Jésus devait passer de ce monde à son Père. » (*Jean*, XIII, 1.) La nouvelle Pâque est donc célébrée, le Seigneur ressuscite, il nous fait passer de la mort à la vie, selon la signification du mot pâque, et, cinquante jours après, l'Esprit saint, le doigt de Dieu, descend sur les disciples.

CHAPITRE VI. — *Différence des deux lois.* — 6. Mais, voyez quelle différence dans les circonstances : Ici le peuple se tenait au loin, c'était la crainte et non l'amour qui le dominait. Cette crainte était si grande qu'ils allèrent jusqu'à dire à Moïse : « Parle-nous, mais que le Seigneur ne nous parle point, de peur que nous ne mourions. » (*Exod.*, XX, 19.) Dieu descendit donc, comme il est écrit, sur le mont Sinaï, au milieu du feu, frappant d'épouvante le peuple qui se tenait au loin, et écrivant la loi, de son

---

et ad non peccandum voluntati nostræ conanti adjutorium subministravit; ut ipsa voluntas nostra non in se ipsa, sed in Deo laudaretur. In Deo enim laudabimur tota die. (*Psal.* XLIII, 9.) Et : « In Domino laudabitur anima mea, audiant mites, et jucundentur. » (*Psal.* XXXIII, 3.) Audiant mites : nam superbi et litigiosi non audiunt. Ergo quare non ipsa est Lex digito Dei scripta, quæ dat adjutorium hoc gratiæ, de qua loquimur? Quare? Quia in tabulis lapideis scripta est, non in tabulis cordis carnalibus. (II *Cor.*, III, 3.)

CAPUT V. — *Veteris ac novæ Legis concordia.* — 5. Denique, Fratres mei, in magno mysterio videte concordiam, videte distantiam; concordiam Legis, distantiam plebis. Celebratur Pascha in veteri populo, sicut nostis occisione agni cum azymis : ubi occisio ovis Christum significat, azyma autem novam vitam, hoc est, sine vetustate fermenti. Unde nobis Apostolus dicit : « Expurgate vetus fermentum, ut sitis nova conspersio, sicut estis azymi : Pascha enim nostrum immolatus est Christus. » (I *Cor.*, V, 7.) Celebratum est ergo Pascha in illo veteri populo, nondum in luce fulgente, sed in umbra significante celebratum est : et post quinquaginta dies a celebratione Paschæ, sicut computans inveniet qui voluerit, datur Lex in monte Sina, scripta digito Dei. Venit verum Pascha, immolatur Christus : transitum facit a morte ad vitam. Transitus enim interpretatur Hebraice Pascha : quod expressit Evangelista dicens : « Cum autem veniret hora, ut transiret Jesus de hoc mundo ad Patrem. » (*Joan.*, XIII, 1.) Celebratur ergo Pascha, resurgit Dominus, facit transitum a morte ad vitam, quod est Pascha : et numerantur quinquaginta dies, et venit Spiritus sanctus, digitus Dei.

CAPUT VI. — *Legum earumdem differentia.* — 6. Sed videte ibi quomodo, et hic quomodo. Ibi plebs longe stabat, timor erat, amor non erat : Nam usque adeo timuerunt, ut dicerent ad Moysen : Loquere tu ad nos, et non nobis loquatur Dominus, ne moriamur. (*Exod.*, XX, 19.) Descendit ergo, sicut scriptum est, Deus in Sina in igne : sed plebem longe stantem territans, et digito suo scribens in lapide, non in

doigt, sur la pierre, et non dans le cœur. Au contraire, lorsque l'Esprit saint descendit sur la terre, les disciples étaient tous ensemble, en un même lieu, et, au lieu de les effrayer du haut de la montagne, il entra dans la maison où ils étaient réunis. » (*Act.*, II, 1, etc.) Il se fit bien du haut du ciel un bruit pareil à celui d'un vent violent qui s'approche, mais ce bruit n'effraya personne. Vous avez entendu le bruit, voyez aussi le feu; car, sur la montagne, on distinguait aussi ces deux phénomènes : le bruit et le feu; mais, sur le mont Sinaï, le feu était environné de fumée; ici, au contraire, il est d'une clarté brillante : « Ils virent, dit l'Ecriture, comme des langues de feu qui se partagèrent. Etait-ce un feu qui semait au loin l'épouvante? Nullement : « Ces langues de feu se reposèrent sur chacun d'eux, et ils commencèrent à parler diverses langues, selon que l'Esprit saint les faisait parler. » Ecoutez cette langue qui parle, et comprenez que c'est l'Esprit qui écrit, non sur la pierre, mais dans le cœur. Ainsi donc la loi de l'esprit de vie, écrite dans le cœur, et non sur la pierre, la loi de l'esprit de vie, qui est en Jésus-Christ dans lequel la Pâque a été célébrée en toute vérité, vous a délivré de la loi du péché et de la mort. Voulez-vous une preuve de la différence évidente et manifeste qui sépare l'Ancien Testament du Nouveau, et que l'Apôtre résume en ces mots : « La loi nouvelle a été écrite non sur des tables de pierre, mais sur des tables de chair, qui sont les cœurs? » (II *Cor.*, III, 3) écoutez ce que le Seigneur dit par la bouche d'un prophète : « Voilà que les jours viennent, dit le Seigneur, et j'établirai une nouvelle alliance avec la maison de Jacob, non pas selon l'alliance que j'ai formée avec leurs pères, dans les jours où je les pris par la main pour les tirer de la terre d'Egypte. » (*Jérém.*, XXX, 31.) Il fait ressortir ensuite plus clairement encore la différence des deux alliances : « Je graverai mes lois jusque dans leurs entrailles, et je l'écrirai dans leurs cœurs. » Si donc la loi de Dieu est écrite dans votre cœur, elle ne porte point la terreur au dehors, mais répand dans votre âme une douceur secrète, « et cette loi de l'esprit de vie, qui est en Jésus-Christ, vous délivre ainsi de la loi du péché et de la mort. »

CHAPITRE VII. — *La faiblesse de la loi vient de la chair.* — 7. « Car ce qui était impossible à la loi. » (*Ibid.*, 3.) C'est la suite du texte de l'Apôtre, « ce qui était impossible à la loi. » Mais il prévient aussitôt l'accusation que l'on pourrait porter contre elle, et il ajoute : « rendue faible par la chair. » En effet, la loi commandait, mais sans qu'on l'accomplît, parce que la chair, privée du secours de la grâce, opposait une résistance invincible. « La loi était donc rendue faible par la chair, car si la loi est

---

corde. Huc autem quando venit Spiritus sanctus, congregati erant fideles in unum : nec in monte terruit, sed intravit in domum. (*Act.*, II, 1, etc.) De cœlo quidem factus est subito sonus, quasi ferretur flatus vehemens : sonuit, sed nullus expavit. Audisti sonum, vide et ignem; quia et in monte utrumque erat, et ignis et sonitus : sed illic etiam fumus, hic vero ignis serenus. « Visæ sunt enim illis, inquit Scriptura, linguæ divisæ, velut ignis. » Numquid de longinquo territans? Absit. « Nam insedit super unumquemque eorum, et cœperunt linguis loqui, sicut Spiritus dabat eis pronuntiare. » Audi linguam loquentem, et intellige Spiritum, non in lapide, sed in corde scribentem. « Lex ergo spiritus vitæ, » scripta in corde, non in lapide; « in Christo Jesu, » in quo celebratum est verissimum Pascha; (*a*) « liberavit te a lege peccati et mortis. » Nam ut noveris ipsam esse distantiam evidentissimam veteris et novi Testamenti; unde et dicit Apostolus : Non in tabulis lapideis, sed in tabulis cordis carnalibus; (II *Cor.*, III, 3) Dominus apud Prophetam dicit : « Ecce dies veniunt, dicit Dominus, et consummabo super domum Jacob testamentum novum, non secundum testamentum quod constitui patribus eorum, in die qua apprehendi manum eorum, et eduxi eos de terra Ægypti. » (*Jerem.*, XXXI, 31.) Deinde ipsam differentiam evidenter ostendens : « Dans, inquit, leges meas in cordibus eorum : in cordibus, inquit, eorum superscribam eas. » Si ergo scribatur lex Dei in corde tuo, non foris terreat, sed intus mulceat; tunc « Lex spiritus vitæ in Christo Jesu liberavit te a lege peccati et mortis. »

CAPUT VII. — *Legis infirmitas ex carne.* — 7. « Quod enim impossibile erat Legis. » (*Ibid.*, 3.) Hoc enim sequitur in lectione Apostoli : « Quod impossibile erat Legis. » Et ne ipsa culparetur, quid subjunxit? « In quo infirmabatur per carnem. » Lex enim jubebat, et non implebat; quia caro, ubi non erat gratia, invictissime resistebat. Et lex « infirmabatur per carnem : quia lex spiritalis est, ego autem carnalis

---

(*a*) Mss. hic et infra, *liberabit*.

spirituelle, pour moi je suis charnel. » Quel secours pourrai-je donc espérer de la loi qui me commande au dehors, mais sans me donner intérieurement la grâce? « Elle était rendue faible par la chair. » Qu'a donc fait Dieu devant cette impuissance de la loi affaiblie par la chair? « Dieu a envoyé son Fils, » et à la chair il a opposé la chair, ou plutôt, il a envoyé la chair au secours de la chair, car il a détruit le péché de la chair, et a délivré la nature de la chair. « Dieu a envoyé son Fils en la ressemblance de la chair du péché. » Il l'a envoyé dans une chair véritable, mais qui n'était pas la chair du péché. Or, que signifie : « En la ressemblance de la chair du péché? » C'est-à-dire que c'était une chair réelle et véritable. Et d'où lui venait donc la ressemblance avec la chair du péché? Comme la mort vient du péché, la mort domine sur toute chair de péché, ce qui fait dire à l'Apôtre, « que le corps du péché doit être détruit. » (*Rom.*, VI, 6.) Ainsi donc, toute chair de péché étant assujettie à la mort, ces deux choses, le péché et la mort, se trouvent réunies dans la chair de tous les autres hommes. Dans la chair de péché se trouvent le péché et la mort; dans la ressemblance de la chair du péché il n'y a que la mort sans le péché. S'il avait pris une chair de péché, et qu'il eût dû souffrir la mort comme la juste peine de son péché, le Seigneur n'aurait pas dit : « Voici que vient le prince de ce monde, et il n'a aucun droit sur moi. » (*Jean*, XIV, 30.) « Pourquoi donc le péché m'a-t-il fait mourir? Parce que j'ai payé ce que je n'avais pas pris. » (*Ps.* LXVIII, 5.) Notre-Seigneur a fait pour la mort ce qu'il a fait pour l'impôt. On exigeait de lui qu'il payât l'impôt des deux drachmes. Pourquoi, lui demande-t-on, vos disciples et vous, ne payez-vous pas le tribut? Le Sauveur appela Pierre et lui dit : « De qui les rois de la terre reçoivent-ils les tributs et les impôts? de leurs enfants, ou des étrangers? Pierre répondit : Des étrangers. Jésus lui dit : Les enfants en sont donc affranchis. Mais, afin que nous ne les scandalisions point, allez à la mer, et jetez l'hameçon, et le premier poisson qui sortira de l'eau, c'est-à-dire le premier-né d'entre les morts, ouvrez-lui la bouche, vous y trouverez un statère, c'est-à-dire quatre drachmes, » parce que le tribut était de deux drachmes par tête; « vous y trouverez donc un statère, c'est-à-dire quatre drachmes : prenez-les et donnez-les pour vous et pour moi. » (*Matth.*, XVII, 23, etc.) Que signifie : « Pour vous et pour moi? » Jésus-Christ représentait Pierre, l'Eglise, les quatre évangiles de l'Eglise. Un profond mystère était ici caché : cependant Jésus-Christ payait un tribut qu'il ne devait pas. C'est ainsi qu'il a payé le tribut de la mort, auquel il n'était pas soumis. S'il ne l'avait pas payé sans y être obligé, il ne nous

---

sum. » Quomodo ergo lex mihi opitularetur jubens per litteram, et non dans gratiam? « Infirmabatur per carnem. » Quid fecit Deus, cum hoc impossibile esset legis, et infirmaretur per carnem? « Deus Filium suum misit. » Per quid infirmabatur lex, et propter quid erat hoc impossibile legis? « Infirmabatur per carnem. » Quid ergo Deus? Contra carnem misit carnem : imo etiam pro carne misit carnem. Peccatum enim carnis occidit, carnis substantiam liberavit. « Misit Deus Filium suum in similitudinem carnis peccati. » In carne quidem vera, sed non in carne peccati. Quid est, in similitudinem carnis peccati? Id est, ut esset caro, vera caro. Et unde similitudo carnis peccati? Quia de peccato mors : mors est utique in omni carne peccati; de qua dicit Apostolus : Ut evacuaretur corpus peccati. (*Rom.*, VI, 6.) Quia ergo mors et in omni carne peccati : sed utrumque ibi est, et mors et peccatum in carne cætera. In carne peccati et mors est, et peccatum : in similitudine carnis peccati mors erat, et peccatum non erat. Si enim caro peccati esset, et merito peccati pœnam mortis lueret, non diceret ipse Dominus : « Ecce venit princeps mundi, et in me nihil inveniet. » (*Joan.*, XIV, 30.) Quare ergo me occidit? Quia quæ non rapui, tunc exsolvebam. (*Psal.* LXVIII, 5.) Prorsus quod fecit de tributo, hoc fecit de morte. Exigebatur tributum didrachma : Quare, inquit, tu et discipuli tui non redditis tributum? Vocavit ad se Petrum, et ait ei : Reges mundi a quibus exigunt tributum, a filiis suis, an ab alienis? Responsum est : Ab alienis. Ergo, inquit, liberi sunt filii. Tamen ne scandalizemus eos, vade ad mare, mitte hamum, et qui primus surrexerit, id est primogenitus a mortuis; aperi, inquit, os ejus, et invenies ibi staterem, id est, duas didrachmas, quatuor drachmas : quia didrachma, id est, duæ drachmæ, in caput exigebatur. Invenies ibi staterem, hoc est, quatuor drachmas, da eis pro me et te. (*Matth.*, XVII, 23, etc.) Quid est : Pro me et te? Ipse Christus, Petrus, Ecclesia Christi, Ecclesiæ quatuor Evangelia. Mysterium latebat : Christus tamen tributum non debitum persolvebat. Sic persolvit et mortem : non debebat, et persolve-

eût pas déchargés nous-mêmes de nos dettes.

CHAPITRE VIII. — *Dans quel sens Jésus-Christ s'est fait péché.* — 8. « Ce qui était donc impossible à la loi, » qui ne pouvait faire que des prévaricateurs parce que l'esprit de l'homme, n'étant point encore convaincu de son impuissance, ne consentait pas à chercher le Sauveur ; « ce qui était impossible à la loi affaiblie par la chair, Dieu, envoyant son Fils en la ressemblance du péché, a condamné, par le péché, le péché dans la chair. » Comment donc n'avait-il point de péché, s'il a condamné le péché par le péché ? Nous vous avons déjà expliqué cette difficulté (1) ; ceux qui s'en souviennent n'ont qu'à réveiller leurs souvenirs, ceux qui ne m'ont point entendu, qu'à m'écouter, et ceux qui ont oublié cette explication, qu'à se la rappeler. La loi donnait le nom de péché au sacrifice offert pour le péché. Cette signification se reproduit constamment ; ce n'est pas une ou deux fois, c'est très-fréquemment que les sacrifices pour le péché sont désignés sous le nom de péchés ; c'est dans ce sens que Jésus-Christ était péché. Quoi donc ! est-ce qu'il était coupable de quelque péché ? Dieu nous garde de le penser ! Il n'était coupable d'aucun péché, et cependant il était péché. Il était péché dans ce sens qu'il était victime pour le péché. En voulez-vous une preuve ? Ecoutez l'Apôtre, qui dit, en parlant du Christ : « Celui qui ne connaissait point le péché, » c'est-à-dire Notre-Seigneur Jésus-Christ ; « Celui qui ne connaissait point le péché, Dieu le Père l'a rendu pour nous péché ; oui, ce Christ, qui ne connaissait point le péché, Dieu le Père l'a rendu pour nous péché, afin qu'en lui nous devinssions justice de Dieu. » (II *Cor.*, v, 21.) Remarquez ces deux choses : c'est la justice de Dieu et non la nôtre ; elle est en lui, et non en nous. C'est donc en lui que se sont formés ces grands saints dont il est dit dans un psaume : « Votre justice est comme les montagnes de Dieu. » (*Ps.* XXXV, 7.) Et, pour bien établir qu'en disant : « Votre justice, » le Psalmiste veut signifier que ce n'est point leur justice, mais la vôtre, qui est comme les montagnes de Dieu, il dit ailleurs : « J'ai levé mes yeux vers les montagnes, d'où me viendra le secours ; » mais ce secours ne viendra pas des montagnes elles-mêmes. « Mon secours viendra du Dieu qui a fait le ciel et la terre. » (*Ps.* CXX, 1, 2.) Or, après avoir dit : « Votre justice est comme les montagnes de Dieu, » le Prophète semble répondre à cette question : Comment est-il des hommes qui naissent sans avoir part à la justice de Dieu ? il ajoute aussitôt : « Vos jugements sont un abîme profond. » Qu'est-ce

---

(1) Voyez, plus haut, sermon CLII, n°s 10 et 11. — Saint Augustin renvoie ici au sermon CXXXIV, sur le chapitre VIII de l'Evangile de saint Jean, ou plutôt au sermon CLII, et il semble faire allusion à ce sermon, où il s'était proposé d'expliquer ces paroles de l'Apôtre, lorsqu'il dit : « Je vous expliquais cette proposition, lorsque je vous parlais ainsi. »

---

bat. Ille nisi indebitum solveret, nunquam nos a debito liberaret.

CAPUT VIII. — *Christus peccatum factus.* — 8. « Quod ergo impossibile erat Legis, » quæ faciebat prævaricatorem, quia nondum mens convicta quæsierat Salvatorem ; « in quo infirmabatur per carnem, misit Deus Filium suum in similitudinem carnis peccati, et de peccato damnavit peccatum in carne. » Quomodo ergo non habebat peccatum, si de peccato damnavit peccatum ? Jam aliquando exposuimus vobis hoc : sed qui meminerunt, recognoscant ; qui non audierunt, audiant ; qui obliti sunt, recolant. Peccatum vocabatur in Lege sacrificium pro peccato. Assidue Lex hoc commemorat : non semel, non iterum, sed sæpissime peccata dicebantur sacrificia pro peccatis. Tale peccatum erat Christus. Quid enim dicamus ? Peccatum habebat ? Absit. Peccatum non habebat, et peccatum erat. Peccatum erat, dixi, secundum illam intelligentiam, quia sacrificium pro peccato. Audi quia hoc modo peccatum erat, ipsum Apostolum audi. De illo loquens ait : Eum qui non noverat peccatum. Ipsam sententiam vobis exponebam, quando ista dicebam : « Eum, inquit, qui non noverat peccatum, » id est, Dominum nostrum Jesum Christum, Deus Pater eum qui non noverat peccatum, pro nobis peccatum fecit : eum ipsum Christum qui non noverat peccatum, Deus Pater pro nobis peccatum fecit, ut nos simus justitia Dei in ipso. (II *Cor.*, v, 21.) Videte duo, justitia Dei, non nostra ; in ipso, non in nobis. Inde illi magni sancti, de quibus dicit Psalmus : Justitia tua sicut montes Dei. (*Psal.* XXXV, 7.) Et quasi diceretur in ipso Psalmo ; ubi dictum est : Justitia tua : non enim justitia eorum, sed : Justitia tua velut montes Dei : « Levavi enim oculos meos in montes, unde veniet auxilium mihi ; sed non a montibus : Auxilium enim meum a Domino, qui fecit cœlum et terram. » (*Psal.* CXX, 1, 2.) Ergo cum dixisset : Justitia tua sicut montes Dei ; quasi quæreretur : Ut quid ergo (*a*) alii nascuntur, qui non pertinent ad justitiam Dei ? subjecit : Judi-

---

(*a*) Sic Mss. Editi vero : *Ut quid ergo aliqui*, etc.

à dire : « Comme un abîme profond ? » Ils sont élevés, impénétrables, inaccessibles à l'esprit humain. Car les trésors de Dieu sont impénétrables, ses jugements incompréhensibles, et ses voies inabordables. » (*Rom.*, XI, 33.) Si donc « il a envoyé son Fils, » c'est pour ceux qui ont été les objets de sa prescience et de sa prédestination ; pour ceux qu'il devait appeler, justifier, glorifier, en sorte que les montagnes pussent dire : « Si Dieu est pour nous, qui sera contre nous ? » (*Rom.*, VIII, 31.) « Dieu a donc envoyé son Fils en la ressemblance de la chair du péché, et il a condamné, par le péché, le péché dans la chair, afin que la justice de la loi fût accomplie en nous. (*Ibid.*, 3, 4.) La justice de la loi ne pouvait être accomplie par la loi elle-même, elle l'a été par Jésus-Christ ; car il n'est pas venu détruire la loi, mais l'accomplir. (*Matth.*, V, 17.)

CHAPITRE IX. — *Qu'est-ce que marcher selon la chair et selon l'esprit.* — 9. Mais comment la justice de la loi pouvait-elle être accomplie en nous, ou par nous ; ou quels sont ceux d'entre nous en qui elle pouvait s'accomplir ? Voulez-vous le savoir ? « En nous, dit l'Apôtre, qui ne marchons point selon la chair, mais selon l'esprit. » Qu'est-ce que marcher selon la chair ? C'est consentir aux convoitises de la chair. Qu'est-ce que marcher selon l'esprit ? C'est recevoir le secours intérieur de l'esprit, et ne point suivre les désirs de la chair. C'est de cette sorte que nous accomplissons la loi, et que la justice de Dieu se trouve accomplie en nous. Dès maintenant nous accomplissons ce précepte : « Ne marchez point à la suite de vos convoitises, » (*Eccli.*, XVIII, 30) et il faut entendre ici les convoitises charnelles. Or, ce précepte, « Ne marchez point à la suite de vos convoitises, » doit recevoir son accomplissement de notre volonté aidée de la grâce de Dieu. En effet, tous les péchés qu'a produits en nous la concupiscence de la chair, péchés d'actions, de paroles, de pensées, ont été effacés dans le saint baptême, et un seul acte de miséricorde nous a remis toutes ces dettes. Il ne nous reste donc plus que la lutte avec la chair, car si l'iniquité est effacée, la faiblesse demeure. La convoitise déréglée est encore en nous, elle cherche à nous entraîner ; combattez, résistez, refusez-lui votre consentement, et vous accomplirez ainsi ce commandement : « Ne marchez point à la suite de vos désirs. » Et si parfois elles se glissent furtivement et s'emparent de nos yeux, de nos oreilles, de notre langue, de notre imagination volage, ne désespérons point pour cela de notre salut. C'est pour ces fautes de fragilité que nous disons tous les jours : « Pardonnez-nous nos offenses. » « C'est donc ainsi, dit l'Apôtre, que la justice de la loi se trouve accomplie en nous. » (*Matth.*, VI, 12.)

cia tua sicut multa abyssus. Quid est, sicut multa abyssus ? Altum est, impenetrabile est, inaccessum est humanæ intentioni. Divitiæ enim Dei inscrutabiles : inscrutabilia judicia ejus, investigabiles viæ ejus. (*Rom.*, XI, 33.) Ergo et hic : « Misit Deus Filium suum, » propter præscitos, et prædestinatos, vocandos, justificandos, glorificandos : ut montes Dei dicant : « Si Deus pro nobis, quis contra nos ? » (*Rom.*, VIII, 31.) « Misit Deus Filium suum in similitudinem carnis peccati, et de peccato damnavit peccatum in carne, ut justitia legis impleretur in nobis. (*Ibid.*, 3, 4.) Non implebatur per se, impleta est per Christum. Non enim venit legem solvere, sec implere. (*Matth.*, V, 17.)

CAPUT IX. — *Ambulare secundum carnem et secundum Spiritum.* — 9. Sed quomodo « justitia legis impleretur in nobis, » vel quomodo impletur nobis, vel quibus nobis ? Vis audire in quibus nobis : « Qui non secundum carnem ambulamus, sed secundum spiritum. » Quid est, secundum carnem ambulare ? Carnalibus concupiscent is consentire. Quid est, secundum spiritum ambulare ? Adjuvari spiritu in mente, et concupiscentiis carnis non obedire. Sic ergo impletur in nobis lex, impletur in nobis justitia Dei. Modo interim impletur : Post concupiscentias tuas, non eas. (*Eccli.*, XVIII , 30.) Post concupiscentias tuas, cum audis, illicitas accipe. Post concupiscentias tuas, non eas, debet impleri ex voluntate nostra adjuta gratia Dei ; debet impleri : Post concupiscentias tuas non eas. Quidquid enim illa concupiscentia carnis egit in nobis præteritorum peccatorum, sive in factis, sive in dictis, sive in cogitationibus ; totum deletum est sacro baptismate, omnia debita delevit una indulgentia. Restat ergo cum carne conflictus : quia deleta est iniquitas, sed manet infirmitas. Inest, titillat delectatio illicitæ concupiscentiæ : pugna, resiste, noli consentire ; et impletur hic : Post concupiscentias tuas non eas : quia et si quando subrepunt, et usurpant sibi oculum, aurem, linguam, volaticam cogitationem, nec sic desperemus de salute nostra. Ideo quotidie dicimus : Dimitte nobis debita nostra. « Justitia, inquit, legis impleretur in nobis. » (*Matth.*, VI, 12.)

Chapitre X. — *La prudence de la chair et la prudence de l'esprit.* — 10. Mais quels sont ceux d'entre nous en qui elle s'accomplit? « En nous qui ne marchons point selon la chair, mais selon l'esprit. En effet, ceux qui sont charnels goûtent les choses de la terre, et ceux qui sont spirituels goûtent les choses de l'esprit. Or, la prudence de la chair est mort, mais la prudence de l'esprit est vie et paix. La prudence de la chair est ennemie de Dieu, parce qu'elle n'est point soumise à la loi de Dieu, car elle ne peut l'être. » (*Rom.*, VIII, 4-7.) Comment ne peut-elle se soumettre ? Ce n'est pas l'homme, ce n'est pas l'âme, ce n'est pas la chair elle-même, en tant qu'elle est créature de Dieu, qui ne peut se soumettre, c'est la prudence de la chair, c'est le vice de la nature, qui en est incapable, et non la nature elle-même. C'est ainsi que nous disons : Un boiteux ne peut marcher droit, il en est incapable. Le pied peut marcher droit, mais le vice qui le fait boiter l'en rend incapable Faites disparaître ce défaut, et tout aussitôt, vous le verrez marcher droit. Mais, tant qu'il reste boiteux, il en est incapable; ainsi, tant que la prudence de la chair reste ce qu'elle est, elle ne peut être soumise à la loi de Dieu. Que cette prudence de la chair cesse d'exister, et aussitôt l'homme devient capable de cette soumission. « La prudence de l'esprit est vie et paix. » Lorsque l'Apôtre dit : « La prudence de la chair est ennemie de Dieu, » ne l'entendez point dans ce sens qu'elle puisse nuire à Dieu. Elle est son ennemie par ses résistances, mais non par les coups qu'elle lui porte. La prudence de la chair ne nuit qu'à celui qu'elle inspire, parce que le vice est nuisible pour la nature dans laquelle il se trouve. Or, la médecine a pour fin de détruire le mal et de guérir la nature; c'est pour cela que le Sauveur est descendu sur la terre. Tout le genre humain était malade, il fallait donc un aussi grand médecin.

Erreur des manichéens. — 11. J'ai fait cette observation, parce que les manichéens, qui s'efforcent d'opposer à Dieu une nature essentiellement mauvaise, s'imaginent pouvoir appuyer leur erreur sur ce témoignage de l'Apôtre, et prétendent qu'il a voulu parler de cette nature, lorsqu'il a dit : « Elle est ennemie de Dieu, parce qu'elle n'est point soumise à la loi de Dieu, car elle ne peut l'être. » Ils n'ont point fait attention que ce n'est point de la chair qu'il a dit : « Elle ne peut l'être, » ni de l'homme, ni de l'âme, mais de la prudence de la chair : cette prudence est un vice.

Chapitre XI. — Voulez-vous savoir ce que c'est que « goûter les choses de la chair? C'est la mort. » Mais ce même homme, cette même nature, qui est l'œuvre d'un Dieu véritable et bon, goûtait hier les choses de la chair : il suit aujourd'hui les inspirations de l'esprit. Le vice

---

Caput X. — *Prudentia carnis et spiritus.* — 10. Sed in quibus nobis? « Qui non secundum carnem ambulamus, sed secundum spiritum. Qui enim secundum carnem sunt, quæ carnis sunt sapiunt; qui autem secundum spiritum, quæ sunt spiritus. Prudentia enim carnis mors est : prudentia autem spiritus vita et pax. Prudentia enim carnis inimica in Deum. Legi enim Dei non est subjecta : neque enim potest. » (*Rom.*, VIII, 4-7.) Quid est, «neque enim potest? » Non homo non potest, non anima non potest, non denique ipsa caro, quia Dei creatura, non potest : sed prudentia carnis non potest, vitium non potest, non natura. Quomodo si diceres, claudicatio recte ambulationi non est subjecta : neque enim potest. Pes potest, sed claudicatio non potest. Tolle claudicationem, et videbis rectam ambulationem. Sed quamdiu claudicatio est, non potest : sic quamdiu prudentia carnis est, non potest. Non sit prudentia carnis, et homo potest. « Prudentia spiritus vita et pax. » Quod ergo ait : « Prudentia carnis inimica in Deum, » noli sic accipere, quasi inimica ista possit lædere Deum. Resistendo inimica est, non occidendo. Illi autem nocet, in quo est prudentia carnis : quia vitium naturæ nocet, in qua natura inest. Medicina autem ideo inventa est, ut pellatur vitium, et sanetur natura. Venit ergo Salvator ad genus humanum, nullum sanum invenit, ideo magnus medicus venit.

Manichæorum error. — 11. Hoc propterea dixi, quia Manichæi volentes aliam contra Deum inducere naturam mali, aliquantum de hoc Apostoli testimonio errorem suum existimant adjuvari, et putant quasi naturaliter dictum, quia dictum est, « non potest, inimica est in Deum : Legi enim Dei non est subjecta, neque enim potest : » et non attenderunt non de carne dictum esse, « non potest ; » non de homine dictum esse, « non potest ; » non de anima dictum esse, « non potest ; » sed de prudentia carnis. Prudentia ista vitium est.

Caput XI. — Vis nosse quid est, « sapere secundum carnem? Mors est. » Sed ille ipse unus homo, eademque natura a Domino Deo vero et bono con-

est détruit : la nature est guérie. Tant que la prudence de la chair s'inspirait, elle ne pouvait être soumise à la loi de Dieu; de même qu'un boiteux ne peut marcher droit, tant qu'il demeure boiteux. Mais le vice une fois guéri, la nature se trouve réparée. « Vous avez été autrefois ténèbres, dit l'Apôtre, mais vous êtes maintenant lumière dans le Seigneur. » (*Ephés.*, v, 8.)

Que faut-il entendre par n'être pas dans la chair. —12. Considérez ce que l'Apôtre ajoute : « Ceux qui vivent selon la chair, » c'est-à-dire, ceux qui mettent leur confiance dans la chair, qui suivent leurs convoitises, qui vivent au milieu d'elles, en aiment les jouissances, et placent dans les voluptés sensuelles le bonheur et la félicité de la vie : ceux-là sont dans la chair, « et ne peuvent plaire à Dieu. » Car ces paroles, « Ceux qui sont dans la chair, ne peuvent plaire à Dieu, » ne signifient pas que, tant qu'ils sont dans cette vie, les hommes ne peuvent plaire à Dieu. Est-ce que les saints patriarches, est-ce que les saints prophètes, est-ce que les saints apôtres n'ont pas été agréables à Dieu? Est-ce que les saints martyrs n'ont pas plu à Dieu, eux qui, avant de quitter leurs corps au milieu des supplices, et en confessant Jésus-Christ, non-seulement méprisaient tous les plaisirs des sens, mais supportaient tous les tourments avec une patience inaltérable? Oui, ils ont été agréables à Dieu, mais ils n'étaient point dans la chair. Ils portaient leur chair, ils n'étaient point entraînés par la chair. Jésus avait déjà dit au paralytique : « Enlevez votre lit. » (*Marc*, II, 11.) Ceux donc qui sont dans la chair, non pas, comme je l'ai dit, comme je viens de l'expliquer, ceux qui vivent dans ce monde; mais ceux qui obéissent aux convoitises de la chair, ceux-là ne peuvent plaire à Dieu.

CHAPITRE XII. — *Qu'est-ce que n'être pas dans la chair, mais dans l'esprit.* — 13. Mais écoutez l'Apôtre lui-même; la solution qu'il va vous donner ne laisse après elle aucun doute. Il parlait à des hommes qui vivaient encore dans cette chair mortelle, et cependant il ajoutait : « Mais vous, vous n'êtes point dans la chair. » Pensez-vous qu'il y ait quelqu'un parmi vous à qui puissent s'appliquer ces paroles? Saint Paul parlait au peuple de Dieu, il s'adressait à l'Eglise; il écrivait aux Romains, il est vrai, mais cette lettre était destinée à toute l'Eglise de Jésus-Christ; il s'adressait au bon grain, et non à la paille, au bon grain caché sous la paille, non à la paille qui était visible. Que chacun examine, dans son cœur, s'il fait partie du bon grain ou de la paille. Nous parlons à vos oreilles, mais nous ne voyons pas dans les consciences; cependant, je crois, au nom de Jésus-Christ, qu'il en est, parmi les chrétiens, à qui l'on peut dire avec l'Apôtre, dans le sens que

---

dita, heri sapiebat secundum carnem, hodie sapit secundum spiritum : expulsum est vitium, sanata est natura. Nam quamdiu esset prudentia illa carnis, omnino legi Dei subjecta esse non posset. Quamdiu enim inest per vitium claudicatio, nullo modo potest esse recta ambulatio. Sanato autem vitio, reparata est natura. « Fuistis aliquando tenebræ, nunc autem lux in Domino. » (*Ephes.*, v, 8.)

In carne non esse. — 12. Videte ergo quid sequitur : « Qui autem in carne sunt, » (*Ibid.*, 8) id est, qui in carne confidunt, qui concupiscentias suas sequuntur, qui in his habitant, qui earum voluptatibus oblectantur, qui in earum delectationibus beatam felicemque vitam constituunt, ipsi sunt in carne; « Deo placere non possunt. » Non enim sic dictum est : « Qui autem in carne sunt, Deo placere non possunt; » quasi dictum esset : In hac vita cum sunt homines, Deo placere non possunt. Ergo non placuerunt sancti Patriarchæ? Ergo non placuerunt sancti Prophetæ? Ergo non placuerunt sancti Apostoli? Non placuerunt sancti Martyres, qui antequam corpus deponerent patiendo, Christum confitendo, non solum voluptatem contemnebant, sed dolores quoque patientissime perferebant? Placuerunt, sed in carne non fuerunt. Portabant carnem, non portabantur a carne. Jam enim paralytico dictum erat : Tolle grabatum tuum. (*Marc.*, II, 11.) « Qui ergo in carne sunt, » quemadmodum dixi, quemadmodum jam exposui, non in hoc sæculo vivendo, sed carnis concupiscentiis consentiendo, « Deo placere non possunt. »

CAPUT XII. — *Non in carne, sed in Spiritu esse.* — 13. Denique audite ipsum, quæstionem sine ulla dubitatione solventem. Vivis utique in hoc corpore loquebatur : et tamen adjunxit : « Vos autem non estis in carne. » (*Ibid.*, 9.) Putas est aliquis hic in nobis, cui dictum est? Ecce populo Dei dixit, Ecclesiæ dixit : Romanis quidem scribebat; sed universæ Christi Ecclesiæ dixit; sed tritico dixit, non paleæ; massæ dixit latenti, non stipulæ apparenti. Unusquisque in corde suo agnoscat. Nos auribus loquimur, conscientias non videmus : tamen secundum

nous avons exposé : « Pour vous, vous n'êtes point dans la chair, mais dans l'esprit, si toutefois l'esprit de Dieu habite en vous. » (*Ibid.*, 9.) « Vous n'êtes plus dans la chair, » parce que vous ne faites pas les œuvres de la chair en consentant aux désirs de la chair; « mais vous êtes dans l'esprit, » parce que, selon l'homme intérieur, vous trouvez du plaisir dans la loi de Dieu; et c'est ce que l'Apôtre veut dire, en ajoutant : « Si cependant l'esprit de Dieu habite en vous. » Car si vous présumez de votre esprit, vous êtes encore dans le chair. Si donc vous cessez de vivre selon la chair, pour suivre les inspirations de l'esprit de Dieu, alors vous n'êtes plus dans la chair. Car si l'esprit de Dieu s'éloigne de nous, l'esprit de l'homme retombe de tout son poids dans la chair, retourne aux œuvres de la chair, aux passions du siècle, et le dernier état de cet homme devient pire que le premier. (*Luc,* xi, 26.) Faites donc usage de votre libre arbitre pour implorer le secours de Dieu. « Vous n'êtes plus dans la chair. » Est-ce grâce à vos propres forces? Nullement. A qui donc le devez-vous ?

Chapitre XIII. — « Si toutefois l'esprit de Dieu habite en vous; or, celui qui n'a pas l'esprit de Jésus-Christ n'est point à lui. » Que la nature pauvre et corrompue évite donc de s'enorgueillir, de se vanter, de s'attribuer aucune force personnelle. O nature humaine ! ô Adam ! vous n'avez pu rester debout dans l'état de santé, et vous vous seriez relevé par vos propres forces? « Celui qui n'a pas l'esprit de Jésus-Christ, » (car l'esprit de Dieu, c'est l'esprit de Jésus-Christ, l'esprit du Père et du Fils,) « Celui qui n'a pas l'esprit de Jésus-Christ, » qu'il ne s'y trompe point, « il n'est pas à lui. »

Ce que nous devons espérer de la chair. — 14. Grâce à la miséricorde divine, nous avons l'esprit de Jésus-Christ; notre amour de la justice, l'intégrité de notre foi, de notre foi catholique, nous attestent que l'esprit de Dieu est en nous. Mais que devons-nous espérer de cette chair mortelle? Que deviendra cette loi de nos membres qui combat contre la loi de l'esprit? Que deviendra ce gémissement : « Malheureux homme que je suis ! » Ecoutez : « Mais si Jésus-Christ est en vous, quoique le corps soit mort à cause du péché, l'esprit est vivant à cause de la justice? » Faut-il donc désespérer de ce corps qui est mort à cause du péché? N'y a-t-il plus d'espérance ? « Celui qui dort ne pourra-t-il se relever? » (*Ps.* xl, 9.) Gardons-nous de le penser : « Le corps est mort à cause du péché, il est vrai, mais l'esprit est vivant à cause de la justice. » La destinée de notre corps ne laisse pas de nous attrister, car « nul ne hait sa propre chair. » (*Ephés.*, v, 29.) Nous voyons de quels

---

ea quæ superius locuti sumus, existimo in nomine Christi esse in plebe Christi quibus dictum est : « Vos autem non estis in carne, sed in Spiritu : si tamen Spiritus Dei habitat in vobis. Non estis in carne, » quia non facitis opera carnis consentiendo concupiscentiis carnis : « sed » estis « in Spiritu, » quia secundum interiorem hominem condelectamini legi Dei : et hoc est : « Si tamen Spiritus Dei habitat in vobis. » Nam si de spiritu vestro præsumitis, adhuc in carne estis. Si ergo non estis in carne, ut in Spiritu Dei sitis ; tunc enim in carne non estis. Nam si recedat Spiritus Dei, pondere suo spiritus hominis revolvitur in carnem, redit ad facta carnalia, redit ad concupiscentias sæculares : et erunt illius hominis pejora novissima quam erant prima. (*Luc.,* xi, 26.) Sic ergo habete liberum arbitrium, ut imploretis auxilium. « Non estis in carne, » et hoc ex viribus vestris? Absit. Unde ergo?

Caput XIII. — « Si tamen Spiritus Dei habitat in vobis. Si quis autem Spiritum Christi non habet, hic non est ejus. » Non ergo se extendat, non se jactet, non sibi arroget virtutem propriam, egena et vitiata natura. O humana natura ! o Adam, quando sanus eras, non stetisti, et tuis viribus surrexisti ? « Si quis Spiritum Christi non habet. (Ipse enim Spiritus Dei, qui Spiritus Christi ; et Patris est enim et Filii). « Si quis Spiritum Christi non habet, » non se fallat, « hic non est ejus. »

De carne quid sperandum. — 14. Ecce, adjuvante ipsius misericordia, Spiritum Christi habemus : ex ipsa (*a*) dilectione justitiæ, integra fide, catholica fide, Spiritum Dei nobis inesse cognoscimus. Sed quid de carne illa mortali ? Quid de lege in membris nostris repugnante legi mentis ? Quid de illo gemitu : « Miser ego homo ? » Audi : « Si autem Christus in vobis, corpus quidem mortuum est propter peccatum, spiritus autem vita est propter justitiam. » (*Ibid.,* 10.) Ergo de corpore mortuo propter peccatum, jam desperandum est ? Nulla spes est ? Sic dormit, ut non adjiciat ut resurgat ? Absit. « Corpus quidem mortuum est propter peccatum, spiritus autem vita est propter justitiam. » Remansit tristi-

---

(*a*) Florus, *ex ipsa delectatione justitiæ.* Sic etiam Beda, qui postea pro *catholica fide* habet *catholica pace.*

soins religieux est entourée la sépulture des morts. « Le corps est mort à cause du péché, mais l'esprit est vivant à cause de la justice. » Vous disiez, pour vous consoler : Je voudrais que mon corps fût en vie ; mais puisque cela ne se peut, que tel soit au moins le sort de mon esprit et de mon âme. Attendez, soyez sans inquiétude.

CHAPITRE XIV. — *La résurrection de la chair et l'immortalité promise aux justes.* — 15. « Car si l'Esprit de Celui qui a ressuscité Jésus d'entre les morts habite en vous, Celui qui a ressuscité Jésus-Christ d'entre les morts vivifiera aussi vos corps mortels. » (*Rom.*, VIII, 11.) Pourquoi craignez-vous ? Pourquoi cette inquiétude pour votre corps ? « Un cheveu ne tombera pas de votre tête. » (*Luc*, XII, 7.) Adam, par son péché, a condamné vos corps à la mort ; mais Jésus, « si son esprit est en vous, vivifiera vos corps mortels, » parce qu'il a versé son sang pour votre salut. Doutez-vous de l'accomplissement de cette promesse, vous qui en avez un si précieux gage ? C'est donc ainsi, ô homme, que se terminera cette lutte de la mort ; c'est ainsi que se réalisera ce désir : « Malheureux homme que je suis, qui me délivrera de ce corps de mort ? » (*Rom.*, VII, 24.) En effet, Jésus-Christ, « si son esprit habite en vous, vivifiera vos corps mortels. » Vous serez donc délivré de ce corps de mort, non pas dans ce sens que vous n'aurez plus de corps, ou que vous en aurez un autre, mais parce que vous serez à jamais affranchi de la mort. Si l'Apôtre n'ajoutait point : « De cette mort, » et qu'il eût dit simplement : « Qui me délivrera de ce corps ? » l'esprit humain pourrait s'ouvrir à l'erreur, et dire : Vous le voyez, Dieu veut que nous soyons séparés de notre corps. Mais l'Apôtre a spécifié : « De ce corps de mort. » Otez la mort, et le corps n'a plus rien que de bon. Détruisez la mort, ma dernière ennemie, et ma chair sera éternellement mon amie. « Jamais personne n'a haï sa propre chair ; bien que la chair ait des désirs contraires à ceux de l'esprit, et que l'esprit en ait de contraires à ceux de la chair ; » (*Gal.*, V, 17) bien qu'il y ait dans cette maison des luttes intestines, le mari, dans ces luttes, ne cherche pas la mort de son épouse, mais à vivre en bonne harmonie avec elle. Non, à Dieu ne plaise, mes frères, à Dieu ne plaise, que l'esprit haïsse la chair, parce qu'il a des désirs contraires à ceux de la chair. L'objet de sa haine, ce sont les vices de la chair, c'est la prudence de la chair, c'est la guerre que lui fait la mort. Que ce corps corruptible revête l'incorruptibilité ; que ce corps mortel revête l'immortalité ; que ce corps, après avoir été semé corps animal, ressuscite corps spirituel (I *Cor.*, XV, 44-53, etc.),

tia de nostro corpore. Nemo autem carnem suam odio habuit. Videmus quam sollicite curetur sepultura mortuorum. « Corpus quidem mortuum est propter peccatum, spiritus autem vita est propter justitiam. » (*Ephes.*, V, 29.) Jam dicebas ad consolationem : Vellem quidem et corpus meum esset in vita : sed quia non potest, sit vel spiritus meus, sit vel anima mea. Exspecta, noli esse sollicitus.

CAPUT XIV. — *Carnis restitutio et immortalitas piis promissa.* — 15. « Si enim Spiritus ejus, qui suscitavit Jesum a mortuis, habitat in vobis ; qui suscitavit Christum Jesum a mortuis, vivificabit et mortalia corpora vestra. » (*Rom.*, VIII, 11.) Quid timetis ? Quid etiam pro ipsa carne solliciti estis ? Capillus capitis vestri non peribit. (*Luc.*, XII, 7.) Adam peccando damnavit in mortem corpora vestra : sed Jesus, « si est Spiritus ejus in vobis, vivificabit et mortalia corpora vestra ; » quia suum sanguinem dedit pro salute vestra. Promissum reddi dubitas, qui tale pignus tenes ? Sic ergo, homo, non erit mortis illa contentio, sic implebitur quod dictum est : « Miser ego homo, quis me liberabit de corpore mortis hujus ? » (*Rom.*, VII, 24.) Quia Christus Jesus, « si Spiritus ejus habitat in vobis, vivificabit et mortalia corpora vestra. » Sic liberaberis de corpore mortis hujus, non corpus non habendo, vel alterum habendo, sed non ulterius moriendo. Si enim non adderet, « mortis hujus, » et diceret : « Quis me liberabit de corpore ? » forte suggereretur error cogitationi humanæ, et diceretur : Vides quia non vult Deus nos esse cum corpore ? « De corpore, inquit, mortis hujus. » Mortem tolle, et bonum est corpus. Detrahatur mors novissima inimica, et erit mihi in æternum caro mea amica. Nemo enim unquam carnem suam odio habuit. (*Ephes.*, V, 29.) Etsi spiritus concupiscit contra carnem, et caro concupiscit adversus spiritum ; etsi modo rixa est in ista domo, maritus litigans, non perniciem, sed concordiam quærit uxoris. Absit, Fratres mei, absit ut spiritus concupiscendo contra carnem oderit carnem. Vitia carnis odit, prudentiam carnis odit, contentionem mortis odit. Corruptibile hoc induat incorruptionem, et mortale hoc induat immortalitatem, seminetur corpus animale, resurgat corpus spiritale, et videbis plenam perfectamque concordiam, videbis creaturam laudare Creatorem. « Si ergo Spiritus

et vous verrez alors l'harmonie pleine et parfaite, et vous verrez la créature chanter les louanges de son Créateur. « Si donc l'Esprit de Celui qui a ressuscité Jésus d'entre les morts habite en vous, Celui qui a ressuscité Jésus-Christ d'entre les morts vivifiera vos corps mortels, à cause de l'esprit qui habite en vous, non point en considération de vos mérites, mais à cause de ses dons. Adressons-nous au Seigneur, etc.

SERMON CLVI [1].

Sur ces paroles de l'Apôtre, dans le chapitre VIII de l'Epître aux Romains : *Ainsi, mes frères, nous ne sommes point redevables à la chair, pour vivre selon la chair,* etc. Contre les pélagiens.

CHAPITRE PREMIER. — *Les saintes Ecritures renferment des choses claires, et d'autres qui sont obscures.* — 1. La profondeur de la parole de Dieu exerce notre zèle, mais sans nous refuser l'intelligence de la vérité. Si tout y était fermé, il nous serait impossible d'en pénétrer les obscurités. Si tout y était recouvert d'un voile, l'âme ne pourrait y trouver ni sa nourriture, ni les forces nécessaires pour en sonder les mystères. Les explications, qu'avec la grâce de Dieu nous avons données précédemment à votre charité, de certains passages de l'apôtre saint Paul, nous ont coûté beaucoup de peine et de sollicitude. Nous éprouvons pour vous une véritable compassion, et nous n'étions pas moins inquiet pour nous que pour vous. Cependant, j'en ai la confiance, Dieu nous a tous aidés, et les éclaircissements qu'il a daigné vous donner, par notre ministère, de ces endroits si obscurs, ne laissent plus subsister aucune difficulté qui puisse troubler une âme vraiment pieuse. Un impie ne peut souffrir même l'intelligence de la vérité, et on en voit qui portent la perversité jusqu'à redouter cette intelligence, qui les forcerait de conformer leur conduite à leurs convictions. C'est d'eux que le Psalmiste a dit : « Ils n'ont point voulu comprendre, de peur de faire le bien. » (*Ps.* XXXV, 4.) Pour vous, mes très-chers frères, dont j'aime à concevoir de meilleures espérances, vous demandez l'intelligence de la vérité, et Dieu vous demande que cette intelligence porte son fruit, comme il est écrit : « L'intelligence est salutaire pour ceux qui la mettent en pratique. » Le passage qui nous reste à expliquer, et qui a fait l'objet de la lecture de ce

---

(1) Prononcé dans la basilique de Gratien, le jour de la fête anniversaire des saints martyrs de Bola. Bède et Florus citent des extraits de ce sermon dans leurs Commentaires sur le chapitre VIII de l'Epître aux Romains, et sur le chapitre III de l'Epître aux Galates. Nous avons indiqué le lieu et le jour où ce sermon a été prononcé, d'après un ancien manuscrit des PP. Cisterciens de Sainte-Croix-en-Jérusalem, à Rome. Or, le calendrier de Carthage, retrouvé tout récemment, place la fête anniversaire des saints martyrs de Vola ou de Bola au 16 des calendes de novembre. Vous avez ainsi la date précise, non-seulement de ce sermon, mais aussi du précédent qui a été prononcé trois jours avant celui-ci, comme nous le voyons d'après ce que dit saint Augustin au chapitre XIII : « Vous qui étiez présents il y a trois jours, vous avez entendu, etc., » et aussi du sermon XXVI, prononcé, comme nous l'avons récemment découvert, dans la basilique Théodosienne, et où le saint Docteur fait aussi mention, au chapitre VIII, de ce sermon CLVI, en ces termes : « Nous vous avons rappelé hier, etc. » Ces sermons paraissent se rapporter à l'an 417, vers le temps où saint Augustin écrivit son *Traité de la grâce de Jésus-Christ.*

---

ejus qui suscitavit Jesum a mortuis, habitat in vobis; qui suscitavit Christum a mortuis, vivificabit et mortalia corpora vestra, propter inhabitantem Spiritum ejus qui habitat in vobis; » (1 *Cor.*, XV, 53, etc.) non propter merita vestra, sed propter munera sua. Conversi ad Dominum, etc.

SERMO CLVI [a].

De verbis Apostoli, Rom., VIII : *Ergo, Fratres, debitores sumus non carni, ut secundum carnem vivamus,* etc. Contra Pelagianos.

CAPUT PRIMUM. — *In Scripturis quædam clausa, quædam aperta.* — 1. Verbi Dei altitudo exercet studium, non denegat intellectum. Si enim omnia clausa essent, nihil esset unde revelarentur obscura. Rursus si omnia tecta essent, non esset unde alimentum perciperet anima, et haberet vires quibus posset ad clausa pulsare. In lectionibus Apostolicis superioribus, quas Caritati Vestræ, quantum Dominus adjuvare dignatus est, exposuimus, multum laborem et sollicitudinem passi sumus. Compatiebamur vobis, et solliciti eramus et pro nobis et pro vobis. Quantum autem existimo, adjuvit Dominus et nos et vos; et ea quæ prorsus difficillima videbantur, sic per nos enodare dignatus est, ut nulla quæstio remaneret, quæ conturbet mentem piam. Impia enim mens odit etiam ipsum intellectum; et homo aliquando nimium mente perversa timet intelligere, ne cogatur quod intellexerit facere. De talibus ait Psalmus : Noluerunt intelligere, ut bene agerent. (*Psal.* XXXV, 4.) Vos autem, Carissimi, quia bonum est bene sentire de vobis, exigitis intellectum, exigit Deus fructum. Intellectus enim, sicut scriptum est, bonus omnibus facientibus eum. (*Psal.* CX, 10.) Hoc tamen quod restat et hodie recitatum est, quamvis, non habeat tantam difficultatem

---

(a) Alias XIII, de verbis Apostoli.

jour ne renferme pas d'aussi grandes difficultés que les textes qui précèdent, et dont, cependant, nous sommes heureusement sortis avec le secours d'en haut; toutefois, j'ai encore besoin de toute votre attention, car c'est ici comme la conclusion de toutes les leçons précédentes, où tous nos efforts tendaient à justifier l'Apôtre d'être coupable de toutes sortes de péchés lorsqu'il dit : « Je ne fais pas ce que je veux. » (*Rom.*, VII, 15.) De plus, on aurait pu croire que la loi suffisait à l'homme avec le libre arbitre, sans autre secours du ciel, ou que cette loi avait été donnée inutilement ; nous avons donc fait connaître pour quel motif Dieu avait donné la loi, afin de venir au secours de l'homme, mais non pas comme le fait la grâce de Dieu.

CHAPITRE II. — *Pourquoi la loi a été donnée.* — 2. La loi a été donnée : nous vous l'avons déjà exposé, vous ne devez pas l'oublier, et c'est un devoir pour nous de vous le rappeler avec toute la force et le zèle dont nous sommes capables ; la loi a été donnée à l'homme, non pour le guérir de sa maladie (1), mais afin qu'il se connût lui-même, et que, en voyant le mal s'accroître en raison même de ses prévarications, il se déterminât à chercher le médecin. Et quel est le médecin, si ce n'est celui qui a dit : « Ce ne sont pas ceux qui se portent bien, qui ont besoin de médecin, mais ceux qui sont malades. » (*Matth.*, IX, 12.) Celui qui ne confesse point

(1) Voyez, plus haut, sermon CLV, 4.

l'existence de son Créateur refuse, dans son orgueil, de reconnaître l'auteur de son être. Celui qui nie sa maladie déclare par là même qu'un Sauveur lui est inutile. Pour nous, louons et remercions le Créateur de nous avoir donné notre nature, et, pour guérir les plaies que nos péchés nous ont faites, cherchons le Sauveur. Et pourquoi chercher le Sauveur ? Pour nous donner la loi. Ce n'est pas assez : « Car, si nous avions reçu une loi qui pût donner la vie, la justice viendrait vraiment de la loi. » (*Gal.*, III, 21.) Si donc la loi que nous avons reçue ne peut donner la vie, pourquoi a-t-elle été donnée ? L'Apôtre continue, et nous apprend quel a été le but de cette loi : Elle vous a été donnée comme un soutien et comme un témoignage de votre infirmité. « Si donc, nous connaissions une loi qui pût donner la vie, la justice viendrait vraiment de la loi. » Et, comme si nous lui demandions : A quelle fin donc a-t-elle été donnée ? l'Apôtre répond : « Mais l'Ecriture a tout renfermé sous le péché, afin que ce que Dieu avait promis, fût donné par la foi en Jésus-Christ, à ceux qui croiraient. » (*Ibid.*, 22.) Vous connaissez l'auteur des promesses, attendez celui qui doit les accomplir. La nature humaine a bien pu, par son libre arbitre, se blesser elle-même ; mais elle est incapable, par son libre arbitre, de guérir les blessures et les plaies qu'elle s'est faites ; si vous voulez vivre dans l'intempérance, jusqu'à vous rendre ma-

---

quantam habuerunt superiora, quæ jam, ut potuimus, adjuvante Domino, transvecti sumus, desiderat tamen intentionem vestram : velut enim conclusio fit, propter illa quæ dicta sunt in superioribus lectionibus, ubi laborabatur, ne forte reus constitueretur Apostolus omnium quodam modo peccatorum dicendo : « Non enim quod volo ago. » (*Rom.*, VII, 15.) Deinde ne lex videretur aut sufficere posse homini habenti liberum arbitrium, etiamsi nullum ultra auxilium divinum porrigeretur, aut certe frustra data fuisse crederetur, dicta est et causa quare sit lex data, quia et ipsa in adjutorium data est, sed non sicut gratia.

CAPUT II. — *Lex cur data.* — 2. Data est enim, sicut jam exposuimus, et tenere debetis, et vobis vehementius et diligentius nos commendare debemus ; data est ut inveniret se homo, non ut morbus sanaretur, sed ut prævaricatione morbo crescente medicus quæreretur. Et quis est iste medicus, nisi qui dixit : Non est opus sanis medicus, sed male habentibus ? (*Matth.*, IX, 12.) Qui ergo non confitetur Creatorem, negat superbus auctorem. Qui autem negat ægritudinem suam, superfluum judicat Salvatorem. Ergo et in natura nostra Creatorem laudemus ; et propter vitium, quod nobis inflixumus, Salvatorem quæramus. Et quomodo quæremus Salvatorem ? Ut det legem ? Parum est : Si enim data esset lex quæ posset vivificare, omnino esset ex lege justitia. (*Gal.*, III, 21.) Si ergo non est data lex quæ posset vivificare, quare data est ? Sequitur, et ostendit quare sit data : quia etiam sic in adjutorium data est, ne te sanum putares. Si ergo data esset lex, quæ posset vivificare, omnino ex lege esset justitia. Et quasi quæreremus : Quare ergo data est ? « Sed conclusit, inquit, Scriptura omnia sub peccato, ut promissio ex fide Jesu Christi daretur credentibus. » (*Ibid.*, 22.) Quando audis promissorem, exspecta factorem. Idonea fuit humana natura per liberum arbitrium vulnerare se : sed jam vulnerata et saucia, non est idonea per libe-

lade, vous n'avez pas besoin, pour cela, de médecin : vous vous suffisez à vous-même pour vous faire du mal. Mais, lorsque l'intempérance vous a fait perdre la santé, vous ne pouvez la recouvrer avec la même facilité que vous l'avez ruinée par vos débauches. Et alors même qu'on se porte bien, le médecin recommande encore la tempérance : voilà ce que fait un bon médecin, il ne veut pas que la maladie le rende nécessaire. C'est ainsi que le Seigneur Dieu, après avoir créé l'homme sans aucun penchant vicieux, ne laissa pas de lui faire un précepte de la tempérance, et si l'homme l'eût observé fidèlement, il n'aurait pas senti le besoin d'un médecin pour le guérir. Mais sa désobéissance le fit tomber dans une langueur, dans une faiblesse qu'il a communiquée à tous ceux qu'il a créés, c'est-à-dire à tous ceux qu'il a engendrés. Et cependant, dans tous ceux qui naissent dans cet état d'infirmité, Dieu est l'auteur de tout ce qui est bon; c'est lui qui forme leur corps, qui lui donne la vie, qui le nourrit, qui répand sa rosée, et fait lever son soleil sur les bons et sur les méchants; et les méchants eux-mêmes ne peuvent accuser ce Dieu de toute bonté. Il a fait plus, il n'a point voulu laisser le genre humain dans la mort éternelle, à laquelle un trop juste jugement l'avait condamné; il lui a envoyé un médecin, il lui a envoyé un Sauveur pour le guérir gratuitement, ce n'est pas assez pour récompenser ceux qu'il aurait guéris. Se peut-il une plus grande bonté? A quel médecin a-t-on jamais entendu dire : Laissez-moi vous guérir, et je vous récompenserai. Conduite vraiment admirable! Il savait qu'en venant vers nous, c'était le riche qui visitait le pauvre; il guérit donc les malades, et, après les avoir guéris, il leur donne une récompense qui n'est autre que lui-même. Le Sauveur est le secours du malade, et ce même Sauveur devient la récompense de celui qu'il a guéri.

CHAPITRE III. — *Quel est l'usage légitime de la loi.* — 3. Donc, mes frères, c'est l'avertissement qui vous est donné aujourd'hui, « nous ne sommes point redevables à la chair pour vivre selon la chair. » (*Rom.*, VIII, 12.) C'est pour cela que Dieu nous donne sa grâce, c'est pour cela que nous avons reçu l'esprit de Dieu, et que chaque jour, au milieu de nos épreuves, nous implorons son secours. La loi, en menaçant ceux à qui elle ne donne pas d'accomplir ce qu'elle commande, se les assujettit : ils sont sous la loi et non sous la grâce. La loi est bonne, si on en use légitimement. » (I *Tim.*, I, 8.) Or, en quoi consiste cet usage légitime de la loi? A se servir de la loi pour reconnaître sa maladie, et chercher le secours divin, qui seul peut donner la guérison. Car, comme je l'ai dit, et comme on ne peut trop le répéter : « Si nous avions reçu une loi qui pût donner la vie, la justice

rum arbitrium sanare se. Si enim volueris intemperanter vivere ut ægrotes, ad hoc medicum non requiris : ad labem sufficis tibi. Cum autem intemperanter agens cœperis esse ægrotus, non sic potes ab ægritudine liberare te, quomodo potuisti per intemperantiam te in ægritudinem præcipitare. Et tamen medicus etiam sano præcipit temperantiam. Bonus medicus hoc facit, non vult esse necessarius ægrotanti. Sic etiam Dominus Deus creato homini sine vitio temperantiam præcipere dignatus est : quam si ille servasset, medicum postea morbo suo non desideraret. Sed quia non servavit, languidus factus est, cecidit, infirmus creavit infirmos, id est, infirmus genuit infirmos. Et tamen in omnibus, qui nascuntur, infirmis Deus quod bonum est operatur, formando corpus, vivificando corpus, alimenta præbendo, pluviam suam et solem suum super bonos et malos dando : non est unde accusent bonum, nec mali. Insuper etiam genus humanum justo suo judicio condemnatum noluit in interitum sempiternum relinquere : sed misit et medicum, misit salvatorem, misit eum qui gratis sanaret; parum est qui gratis sanaret, qui sanatis etiam mercedem daret. Nihil addi ad istam benevolentiam potest. Quis est qui dicat : Sanem te, et do tibi mercedem? Optime fecit. Sciebat enim se divitem venisse ad pauperem : et sanat ægrotos, et sanatis donat, et non aliud quam se ipsum donat. Salvator est adjutorium languidi, ipse salvator est præmium sanati.

CAPUT III. — *Lege uti legitime.* — 3. « Ergo, Fratres, » quod hodie admoniti estis, « debitores sumus non carni, ut secundum carnem vivamus. » (*Rom.*, VIII, 12.) Ad hoc enim adjuti sumus, ad hoc Spiritum Dei accepimus, ad hoc etiam in laboribus nostris quotidianum adjutorium postulamus. Lex cui minatur non implendo quod jubet, eum facit esse sub se : hi sunt sub Lege, non sub gratia. Bona est lex, si quis ea legitime utatur. Quid est ergo legitime uti lege? Per legem agnoscere morbum suum, et quærere ad sanitatem divinum adjutorium. Quia, sicut dixi, et sæpe dicendum est : Si lex posset vivificare, omnino ex lege esset justitia (*Gal.*, III,

viendrait vraiment de la loi; » nous n'aurions pas besoin de chercher un Sauveur, et il n'eût pas été nécessaire que le Christ descendît du ciel et rachetât de son sang la brebis égarée; c'est ce que le même Apôtre exprime dans un endroit : « Si la justice vient de la loi, c'est donc en vain que Jésus-Christ est mort. » (*Gal.*, II, 21.) Quelle est donc l'utilité de la loi, et quel secours peut-on en espérer? « L'Ecriture a tout renfermé sous le péché, afin que ce que Dieu avait promis fût donné, par la foi en Jésus-Christ, à ceux qui croiraient. » (*Gal.*, III, 22.) « Ainsi la loi, ajoute saint Paul, a été notre pédagogue dans le Christ. » (*Ibid.*, 24.) Remarquez cette comparaison : elle vous fera comprendre la vérité que je vous explique. Un pédagogue ne conduit pas l'enfant à lui-même, mais au maître; et quand vient l'âge où l'éducation de l'enfant est terminée, il cesse d'être sous la direction d'un pédagogue.

CHAPITRE IV. — *Utilité de la loi.* — 4. L'Apôtre traite ce même sujet dans un autre endroit, car il y revient constamment, et plût à Dieu qu'il ne parlât point à des sourds! Il insiste donc continuellement sur cette vérité, lorsqu'il enseigne aux Gentils les avantages de la foi. « C'est par la foi, leur dit-il, et non par la loi, qu'ils obtiendront le secours nécessaire pour accomplir la loi ; c'est par la foi qu'ils en obtiendront la force. » L'Apôtre rappelle constamment cette vérité, à cause des Juifs qui se glorifiaient de la loi, qui étaient persuadés que le libre arbitre n'avait besoin que de la loi, et que le libre arbitre suffisait pour accomplir la loi. « Ne connaissant pas la justice de Dieu, dit saint Paul, c'est-à-dire la justice qui vient de Dieu par la foi, et, s'efforçant d'établir leur propre justice, comme s'ils l'accomplissaient par leurs propres forces, et non par le secours qu'implore et obtient la foi, ils ne se sont point soumis à la justice de Dieu. » (*Rom.*, x, 3.) « Car Jésus-Christ est la fin de la loi pour justifier tous ceux qui croient. » (*Ibid.*, 4.) Or, en traitant cette matière, l'Apôtre se fait cette question : « A quoi donc a servi la loi? » c'est-à-dire : quelle a été son utilité? Et il répond : « Elle a été établie à cause des transgressions. » (*Gal.*, III, 19.) C'est ce qu'il exprime en ces termes dans un autre endroit : « La loi est survenue, afin que le péché abondât. » Et qu'ajoute-t-il aussitôt? « Mais où le péché avait abondé, la grâce a surabondé. » (*Rom.*, v, 20.) Tant que la maladie était légère, on dédaignait de recourir au remède; mais lorsqu'elle se fut aggravée, on s'empressa de chercher le médecin. « A quoi donc la loi a-t-elle servi? Elle a été établie à cause des transgressions, » pour humilier la fierté de ces hommes orgueilleux, qui présument trop d'eux-mêmes, et attribuent à leur volonté une si grande puissance, que, dans leur pensée, le libre arbitre suffit pour l'accomplis-

---

21) : nec quæreretur salvator, nec veniret Christus, nec sanguine suo ovem perditam quæreret. Sic enim dicit alio loco idem Apostolus : Nam si per legem justitia, ergo Christus gratis mortuus est. (*Gal.*, II, 21.) Quæ igitur utilitas legis, et quod adjutorium? Quia conclusit Scriptura omnia sub peccato, ut promissio ex fide Jesu Christi daretur credentibus. (*Gal.*, III, 22.) Itaque lex, inquit, pædagogus noster erat in Christo Jesu. (*Ibid.*, 24.) Ex ista similitudine rem, de qua loquor, attendite. Pædagogus puerum non ducit ad se ipsum, sed ad magistrum : sed cum puer bene institutus jam creverit, sub pædagogo non erit.

CAPUT IV. — *Legis utilitas.* — 4. Tractans de his Apostolus etiam alio loco : valde enim assidue hoc commendat; sed utinam non surdis. Commendat autem hoc assidue, commendans fidem Gentibus ; quia fide impetrant adjutorium, ut impleant legem, non per legem, sed vires implendi impetrantes per fidem : ad hoc assidue dicit et commendat ista Apostolus, propter Judæos, qui de lege gloriabantur, et libero suo arbitrio legem sufficere arbitrabantur : ac per hoc quia libero suo arbitrio legem sufficere arbitrabantur : Ignorantes Dei justitiam, id est, ex fide justitiam datam a Deo, et suam volentes statuere, quasi suis viribus impletam, non clamante fide impetratam, justitiæ Dei, sicut dicit, non sunt subjecti. (*Rom.*, x, 3.) Finis enim legis Christus, ait, ad justitiam omni credenti. (*Ibid.*, 4.) Ergo cum de his tractat, opposuit sibi : Quid ergo lex? Quasi : Quæ utilitas legis? Respondit : Prævaricationis gratia posita est. (*Gal.*, III, 19.) Hoc est quod dicit alibi : Lex subintravit, ut abundaret delictum. Et ibi quid addidit? « Ubi autem abundavit delictum, superabundavit gratia. » (*Rom.*, v, 20.) Quia in leviore ægritudine contemnebatur adjutorium medicinæ : crevit morbus, et quæsitus est medicus. Quid ergo lex? « Prævaricationis gratia posita est; » unde humiliaretur cervix superborum multum sibi tribuentium, et voluntati suæ tantum arrogantium, ut sibi liberum arbitrium posse putarent ad justitiam sufficere : quæ tunc quando erat integra libertate, id est, in paradiso, ostendit vires suas, ostendit

sement de la justice. Lorsque cette liberté était encore dans toute sa force, dans le paradis, elle a prouvé ce qu'elle pouvait pour faire tomber l'homme, mais non pour le relever. « La loi a donc été établie à cause des transgressions, jusqu'à l'avènement de celui qui devait naître, et que la promesse regardait, et ce sont les anges qui l'ont donnée par l'entremise d'un médiateur. » (*Gal.*, III, 19.)

Chapitre V. — *Nécessité d'un médiateur.* — 5. « Or, un médiateur ne l'est pas d'un seul, et Dieu est seul. » (*Gal.*, III, 20.) Que signifient ces paroles : Un médiateur ne l'est pas d'un seul? Qu'on ne peut être médiateur qu'entre deux personnes. Si Dieu est seul, et qu'un médiateur ne l'est pas d'un seul, entre Dieu et qui cherchons-nous un médiateur, puisque, je le répète, un médiateur ne l'est pas d'un seul, et que Dieu est seul? L'Apôtre lui-même va nous apprendre les deux termes entre lesquels se trouve le médiateur. « Il y a un seul Dieu, et un seul médiateur entre Dieu et les hommes : Jésus-Christ homme. » (I *Tim.*, II, 5.) Si vous n'étiez pas tombé, vous n'auriez pas besoin d'un médiateur; mais, comme vous êtes tombé, et que vous ne pouvez vous relever, Dieu vous présente en quelque sorte son bras comme médiateur. « Et à qui le bras du Seigneur a-t-il été révélé? » (*Isa.*, LIII, 11.) Mais que personne ne vienne dire : Nous ne sommes plus sous la loi, mais sous la grâce; péchons donc en toute liberté, et faisons ce que nous voulons. Parler de la sorte, c'est aimer la maladie bien plus que la santé. La grâce est un remède véritable. Celui qui veut toujours être malade méconnaît l'efficacité de ce remède. « Donc, mes frères, » après avoir reçu le secours que Dieu nous présente du haut du ciel, le bras du Seigneur lui-même, et le secours de l'Esprit saint, « nous ne sommes plus redevables à la chair pour vivre selon la chair. » (*Rom.*, VIII, 12.) La foi ne peut faire le bien que par la charité; c'est la foi des fidèles bien éloignée de la foi des démons, car les démons croient aussi et tremblent. (*Jacq.*, II, 19.) La foi vraiment digne d'éloges, la foi qui est due à la grâce, est celle qui opère par la charité. (*Gal.*, V, 6.) Mais comment avoir cette charité, qui doit être le principe de nos bonnes œuvres? Pouvons-nous nous la donner à nous-mêmes, alors qu'il est écrit : « La charité de Dieu a été répandue dans nos cœurs par l'Esprit saint qui nous a été donné? » (*Rom.*, V, 5.) La charité est tellement un don de Dieu, que Dieu lui-même est appelé charité, au témoignage de l'apôtre saint Jean : « Dieu est charité, dit-il, et quiconque demeure dans la charité demeure en Dieu, et Dieu en lui. » (I (*Jean*, IV, 16.)

Chapitre VI. — *Vivre selon la chair est un*

---

quantum possent, sed ad ruendum, non ad surgendum. « Lex ergo prævaricationis gratia posita est, donec veniret semen cui promissum est, dispositum per Angelos in manu mediatoris. » (*Gal.*, III, 19.)

Caput V. — *Mediatoris necessitas.* — 5. Mediator autem unius non est : Deus autem unus est. (*Gal.*, III, 20.) Quid est : Mediator unius non est? Quia inter duos utique mediator est. Si unus est Deus, et mediator non est unius : inter quid et Deum quærimus mediatorem? quia mediator unius non est, Deus autem unus est. Inter quid et quid sit mediator, invenimus ipso Apostolo dicente : « Unus enim Deus, et unus mediator Dei et hominum, homo Christus Jesus. » (I *Tim.*, II, 5.) Si non jaceres, mediatorem necessarium non haberes : quia vero jaces, et surgere non potes, mediatorem quodam modo Deus tibi porrexit brachium suum. Et brachium Domini cui revelatum est? (*Isai.*, LIII, 1.) Nemo ergo dicat : Quoniam non sumus sub lege, sed sub gratia; ergo peccemus, ergo quod volumus faciamus. Qui hoc dicit, ægritudinem amat, non sanitatem. Gratia medicina est. Qui vult semper ægrotare, ingratus est medicinæ. « Ergo, Fratres, » accepto adjutorio, porrecto nobis de super divino auxilio, brachio Domini, et (*a*) ipso brachio Domini porrecto nobis auxilio Spiritu sancto, « debitores sumus non carni, ut secundum carnem ambulemus. » (*Rom.*, VIII, 12.) Quia fides bene operari non potest, nisi per dilectionem. Ipsa est enim fidelium fides, ne sit dæmonum fides : quia et dæmones credunt, et contremiscunt. (*Jac.*, II, 19.) Illa est ergo laudabilis fides, ipsa est vera gratiæ fides, quæ per dilectionem operatur. (*Gal.*, V, 6.) Ut autem habeamus dilectionem, et ex ea possimus habere bonam operationem, numquid eam nobis dare nos possumus, cum scriptum sit : Caritas Dei diffusa est in cordibus nostris per Spiritum sanctum, qui datus est nobis? (*Rom.*, V, 5.) Caritas usque adeo est donum Dei, ut Deus vocetur, apostolo Joanne dicente : Deus caritas est, et qui manet in caritate, in Deo manet, et Deus in eo. (I *Joan.*, IV, 16.)

Caput VI. — *Secundum carnem vivere malum est. Anima secundum Deum, caro secundum animam vivat.*

(*a*) Fossatensis codex, *et cum ipso brachio Domini porrecto nobis in auxilium Spiritu sancto*. Colbertinus, *et ipso brachio Domini porrigente nobis auxilium Spiritus sancti*. Beda verus, *et ipso brachio Domino porrecto nobis ad auxilium Spiritu sancto*.

mal. *L'âme doit vivre selon les inspirations de Dieu, et la chair selon les inspirations de l'âme.* — 6. « Donc, mes frères, nous ne sommes point redevables à la chair pour vivre selon la chair; car, si vous vivez selon la chair, vous mourrez. » (*Rom.*, VIII, 12, 13.) Ce n'est pas que la chair soit mauvaise, car elle est l'œuvre de Dieu, elle a le même créateur que l'âme; ni l'une ni l'autre ne sont une partie de Dieu, mais toutes deux sont la créature de Dieu. La chair n'est donc pas mauvaise par nature, mais ce qui est un mal, c'est de vivre selon les inspirations de la chair. Dieu est souverainement bon, parce qu'il a pu dire dans toute la force du terme : « Je suis celui qui suis. » (*Exod.*, III, 14.) Dieu est donc souverainement bon ; l'âme est aussi un grand bien, mais non pas le souverain bien. Lorsque je dis que Dieu est souverainement bon, n'allez pas croire que je veuille parler seulement de Dieu le Père ; ce que je dis s'applique au Père, au Fils et au Saint-Esprit. Ces trois personnes de la sainte Trinité ne font qu'un et un seul Dieu, qui est souverainement bon. C'est dans ce sens qu'il n'y a qu'un seul Dieu, et c'est la réponse que vous devez faire, quand on vous interroge sur la Trinité, et ne pas croire, quand on vous dit qu'il n'y a qu'un Dieu, que ce Dieu est tout à la fois, sans distinction de personnes, le Père, le Fils, le Saint-Esprit. Non, il n'en est pas ainsi; le Père, dans la Trinité, n'est pas le Fils; le Fils n'est pas le Père; l'Esprit saint n'est ni le Fils, ni le Père, mais l'Esprit du Père et du Fils. Car l'Esprit saint est l'Esprit du Père et du Fils, coéternel, consubstantiel, égal au Père et au Fils. Voilà la Trinité tout entière : un seul Dieu souverainement bon. Quant à l'âme, elle a été créée, comme je l'ai dit, par le souverain bien, et elle est elle-même un grand bien, sans être le souverain bien. La chair, à son tour, n'est ni le souverain bien, ni un grand bien ; elle est cependant un bien, mais d'un ordre inférieur. L'âme, donc, est un grand bien, sans être le souverain bien ; elle se trouve placée entre le souverain bien et un bien beaucoup moindre, c'est-à-dire entre Dieu et la chair ; elle est inférieure à Dieu, et supérieure à la chair. Pourquoi donc ne vit-elle pas selon les inspirations du souverain bien, mais suivant les inspirations d'un bien inférieur, c'est-à-dire, pour parler plus clairement, pourquoi ne vit-elle pas selon Dieu, mais selon la chair? Car elle n'est pas redevable à la chair pour vivre selon la chair. La chair doit vivre selon les inspirations de l'âme, l'âme ne doit point subir la direction de la chair. La chair doit vivre selon les inspirations de celle qui est la cause de sa vie. Chacune d'elles doit conformer sa vie au principe même de sa vie. Or, qui fait vivre votre chair? C'est votre âme. Qui fait vivre votre âme? C'est votre Dieu. Que chacune

---

— 6. « Ergo, Fratres, debitores sumus non carni, ut secundum carnem vivamus. Si enim secundum carnem vixeritis, moriemini. » (a) (*Rom.*, VIII, 12, 13.) Non quia caro malum est: nam et ipsa Dei creatura est, et ab eo condita a quo et anima; nec illa, nec illa pars Dei, sed et illa et illa creatura Dei. Ergo caro non est malum : sed secundum carnem vivere malum est. Deus summe bonus est, quia summe est qui ait : Ego sum qui sum. (*Exod.*, III, 14.) Deus ergo summe bonus est : anima magnum bonum, sed non summum bonum. Cum autem audis, Deus summe bonus est, noli putare de Deo tantum Patre dictum, sed de Patre et Filio et Spiritu sancto. Hæc enim Trinitas unum sunt, et unus est Deus, et summe bonus est. Ita plane unus est Deus, ut quando de ipsa Trinitate interrogaris, hoc respondeas : ne forte cum audieris : Unus est Deus, putes ipsum esse Patrem, ipsum esse Filium, ipsum esse Spiritum sanctum. Non ita est, sed qui Pater est in illa Trinitate, non est Filius : qui Filius est in illa Trinitate, non est Pater : qui Spiritus sanctus est in illa Trinitate, nec Filius est, nec Pater; sed Spiritus Patris, idemque Spiritus Filii. Ipse est enim unus Spiritus sanctus et Patris et Filii, coæternus Patri et Filio, consubstantialis, æqualis. Hæc tota Trinitas, unus Deus summe bonus. Anima vero, ut dixi, creata a summo bono, non tamen summum bonum, sed magnum bonum. Item caro nec summum bonum, nec magnum bonum ; sed tamen parvum bonum. Anima ergo magnum bonum, sed non summum bonum; vivens inter summum bonum et parvum bonum, id est, inter Deum et carnem, inferior Deo, carne superior ; quare non vivit secundum summum bonum, sed vivit secundum parvum bonum? Hoc planius dicitur : Quare non vivit secundum Deum, sed vivit secundum carnem? Debitrix enim est non carni, ut secundum carnem vivat. Caro debet secundum ipsam vivere, non ipsa secundum carnem. Ipsa vivat secundum ipsam, quæ vivit de ipsa. Certe unaquæque secundum hoc vivat, unde vivit. Unde vivit caro tua?

(a) In Bedæ et Flori collectione, *jam supra dixerat : Prudentia carnis mors est. Non quia caro,* etc.

d'elles conforme donc sa vie au principe même qui les fait vivre. La chair, en effet, n'est pas le principe de sa vie : c'est l'âme qui est la vie de la chair. L'âme n'est pas non plus le principe de la vie qui lui est propre : c'est Dieu qui est la vie de l'âme. Ainsi donc, l'âme, qui doit vivre selon Dieu, car elle n'est point redevable à la chair pour vivre selon la chair, l'âme donc, qui doit vivre selon Dieu, se perd en vivant selon ses propres inspirations, et elle s'élève à la perfection en vivant selon la chair? Mais pour que la chair obéisse légitimement à l'âme, il faut que l'âme elle-même obéisse à Dieu. Si l'âme se détermine à vivre non pas selon la chair, mais selon ses propres inspirations, je vais vous apprendre ce que c'est que cette vie; car il est bon, il est très-avantageux pour vous de la connaître.

CHAPITRE VII. — *Les épicuriens vivent selon la chair ; les stoïciens, selon les inspirations de leur propre esprit.* — 7. Parmi les philosophes de ce siècle, les uns ont prétendu que l'homme ne pouvait être heureux qu'en vivant selon la chair, et ont placé sa souveraine félicité dans les plaisirs des sens. Ces philosophes, et ceux qui suivent leur doctrine, ont été appelés épicuriens, d'Épicure, leur fondateur et leur maître. D'autres philosophes orgueilleux, voulant s'élever au-dessus de la chair, et placer dans l'âme toute l'espérance de la félicité, ont enseigné que le souverain bien était dans leur propre vertu. Votre piété vous fait reconnaître ici un oracle des Psaumes. Vous savez, et vous vous êtes rappelé comment le divin Psalmiste y tourne en dérision ceux qui se confient dans leur vertu. (*Ps.* XLVIII, 7.) Tels étaient les philosophes à qui on a donné le nom de stoïciens. Ceux-là vivent selon la chair, ceux-ci, d'après les seules inspirations de leur esprit, mais ni les uns ni les autres ne vivent selon Dieu. Aussi, lorsque l'apôtre saint Paul, comme nous le lisons dans le livre des Actes (*Act.*, XVII), fut arrivé dans la ville d'Athènes, où ces deux écoles philosophiques se livraient à des discussions ardentes, (et je me réjouis de voir qu'ici vos souvenirs me préviennent), quelques philosophes épicuriens et stoïciens discutèrent avec lui, c'est-à-dire que ceux qui vivaient selon la chair, et ceux qui vivaient selon les lumières de leur esprit discutèrent avec un homme qui vivait selon Dieu. L'épicurien disait : Le bonheur pour moi est dans les jouissances de la chair; le stoïcien : Pour moi, le bonheur consiste à jouir de mon esprit. Et moi, reprenait l'Apôtre, mon bonheur est de m'attacher à Dieu. (*Ps.* LXXII, 28.) L'épicurien disait : Heureux celui qui recueille les fruits des plaisirs des sens; le stoïcien : Heureux celui qui goûte les fruits de la vertu de son âme. Et l'Apôtre : « Heureux celui qui a mis son espérance dans le Seigneur. »

De anima tua. Unde vivit anima tua? De Deo tuo. Unaquæque harum secundum vitam suam vivat. Caro enim sibi non est vita : sed anima carnis est vita. Anima sibi non est vita : sed Deus est animæ vita. Anima ergo quæ debet secundum Deum vivere; non enim debitrix est carni, ut secundum carnem vivat : ergo quæ secundum Deum debet vivere, si secundum se ipsam vivat, deficit; secundum carnem vivit et proficit? Tunc autem recte vivit caro secundum animam, si anima vivat secundum Deum. Nam si anima, non dico secundum carnem, sed secundum se ipsam, ut dixi, voluerit vivere : dicturus vobis sum quid sit secundum se ipsam vivere; bonum est enim, ut hoc noveritis, et valde salubre.

CAPUT VII. — *Epicurei secundum carnem viventes : Stoici secundum animam.* — 7. Fuerunt pholosophi sæculi hujus, alii putaverunt non esse beatitudinem, nisi secundum carnem vivere, et bonum hominis in voluptate corporis posuerunt. Isti philosophi Epicurei dicti sunt, ab Epicuro quodam auctore, magistro suo, et qui alii similes eorum. Exstiterunt autem alii superbi, quasi e carne se removentes, et totam spem beatitudinis suæ in anima sua constituentes, posuerunt summum bonum in virtute sua. Vocem Psalmi in vobis affectus pietatis agnovit : scitis, nostis, agnovistis quomodo irrisi sunt in sancto Psalmo, qui confidunt in virtute sua. (*Psal.* XLVIII, 7.) Tales fuerunt philosophi, qui Stoici nuncupati sunt. Illi secundum carnem viventes, isti secundum animam viventes, nec illi nec isti secundum Deum viventes. Ideo cum ad urbem Atheniensium, ubi istæ philosophorum disciplinæ studio et contentione fervebant, venisset apostolus Paulus, sicut in Actibus Apostolorum legitur (*Act.*, XVII), ubi vos gaudeo nostrum agnoscendo et recolendo prævenire sermonem, sicut ibi scriptum est : Contulerunt cum illo quidam philosophorum Epicureorum et Stoicorum : contulerunt cum illo secundum carnem viventes, contulerunt cum illo secundum animam viventes, contulit cum illis secundum Deum vivens. Dicebat Epicureus : Mihi frui carne, bonum est. Dicebat Stoicus : Mihi frui mea mente, bonum est. Dicebat Apostolus : Mihi

(*Ps.* XXXIX, 5.) L'épicurien se trompe : il est faux que l'homme soit heureux en jouissant des plaisirs de la chair. Le stoïcien est également dans l'erreur : il est faux et contraire à toute vérité que le bonheur de l'homme consiste à jouir de la vertu de son âme. « Heureux donc celui qui a mis son espérance dans le Seigneur. » Et comme ces philosophes ne suivent que la vanité et le mensonge, le Psalmiste ajoute : « Et qui n'a point tourné ses regards sur les vaines pompes de l'orgueil et les illusions du mensonge. » (*Ibid.*)

CHAPITRE VIII. — *L'âme qui vit selon ses propres inspirations est charnelle.* — 8. Ainsi, mes frères, « nous ne sommes point redevables à la chair pour vivre selon la chair, » comme les épicuriens. Mais quand même l'âme voudrait vivre selon ses propres inspirations, elle sera charnelle; elle goûte les choses de la chair et ne sort point de la chair. En effet, comment pourrait-elle en sortir, puisqu'elle refuse de prendre le bras qu'on lui tend pour la relever? « Si vous vivez selon la chair, » dit l'Apôtre, car, dans le même Psaume, où il est dit : Que peut l'homme contre moi; nous lisons aussi : Que peut contre moi la chair? (*Ps.* LV, 5, 11.) « Si donc vous vivez selon la chair, vous mourrez, » non pas de cette mort qui a lieu lorsque l'âme sort du corps, car vous ne pouvez éviter cette mort, en vivant même selon l'esprit, mais de cette mort dont le Seigneur parle dans l'Evangile en ces termes effrayants : « Craignez celui qui a le pouvoir de précipiter l'âme et le corps dans l'enfer. » (*Matth.*, x, 28.) « Si donc vous vivez selon la chair, vous mourrez. »

CHAPITRE IX. — *Notre devoir dans cette vie est de mortifier la chair.* — 9. « Mais si vous faites mourir par l'esprit les œuvres de la chair, vous vivrez. » (*Ibid.*, 13.) Tout notre devoir dans cette vie est de mortifier les œuvres de la chair, et chaque jour de les affaiblir, de les amoindrir, de les réprimer, de les détruire. Lorsque nous faisons quelque progrès dans la vertu, que de choses, qui avaient autrefois pour nous des charmes, cessent de nous plaire! Or, quand nous résistions à leurs attraits, nous cherchions à les mortifier; et, maintenant qu'elles n'ont plus pour nous d'attraits, elles sont mortes. Foulez donc aux pieds ce qui est mort, et attaquez ce qui est encore vivant; foulez aux pieds ce cadavre étendu à terre, et combattez contre l'ennemi qui résiste encore ; cette passion ne donne plus signe de vie, mais cette autre vit encore; vous la faites mourir en lui refusant votre consentement, et lorsqu'elle a perdu pour vous tous ses charmes, vous lui avez donné la mort. Voilà, je le répète, tout notre devoir et le but de nos combats. Dans cette lutte, nous

---

autem adhærere Deo, bonum est. (*Psal.* LXXII, 28.) Dicebat Epicureus : Beatus cujus est in fructu voluptas carnis ejus. Dicebat Stoicus : Imo beatus cujus est in fructu virtus animæ ejus. Dicebat Apostolus : Beatus cujus est nomen Domini spes ejus. (*Psal.* XXXIX, 5.) Errat Epicureus : falsum est enim, esse hominem beatum, cujus est in fructu voluptas carnis ejus. Fallitur et Stoicus : falsum est enim, et omnino (*f.* mendacissimum) mendosissimum, beatum esse hominem, cujus est in fructu virtus animæ ejus. Beatus ergo, cujus est nomen Domini spes ejus. Et quia illi vani sunt et mentiuntur : « Et non respexit, inquit, in vanitates et insanias mendaces. » (*Ibid.*)

CAPUT VIII. — *Anima secundum se vivens est carnalis.* — 8. « Ergo, Fratres, debitores sumus non carni, ut secundum carnem vivamus, » sicut Epicurei. Sed etiam si secundum se ipsam (*a*) vivere voluerit anima, carnalis erit; carnem sapit, de carne non surgit. Non est enim quemadmodum inde surgat, qui brachium porrectum jacenti non tenet. « Si enim secundum carnem vixeritis : » (*Psal.* LV, 5, 11) ubi enim dictum est : Quid faciat mihi homo? ibi dictum est : Quid faciat mihi caro? « Si enim secundum carnem vixeritis, moriemini. » Non ista morte, cum de corpore exitur; ista enim moriemini, etsi secundum spiritum vixeritis : sed illa morte, de qua Dominus in Evangelio terribiliter dicit : Eum timete, qui habet potestatem et animam et corpus perdere in gehennam ignis. (*Matth.*, x, 28.) « Si ergo secundum carnem vixeritis, moriemini. »

CAPUT IX. — *Opus nostrum in hac vita, mortificatio carnis.* — 9. « Si autem spiritu actiones carnis mortificaveritis, vivetis. » (*Ibid.*, 13.) Hoc est opus nostrum in hac vita, actiones carnis spiritu mortificare; quotidie affligere, minuere, frenare, interimere. Quam multa enim proficientes non jam delectant, quæ antea delectabant. Quando ergo delectabat, et non ei consentiebatur, mortificabatur : quia jam non delectat, mortificatum est. Calca mortuum, transi ad vivum : calca jacentem, conflige cum resistente. Mortua est enim delectatio una, sed vivit altera : et illam, dum non consentis, mortificas; cum cœperit omnino non

(*a*) Mss. *si secundum se ipsam sibi vivere voluerit.*

avons Dieu pour spectateur, et si nous sentons nos forces s'affaiblir, nous pouvons compter sur son secours; sans son aide, en effet, non-seulement nous ne pouvons vaincre, nous ne pouvons pas même combattre.

Il faut craindre la présomption dans la mortification de la chair. — 10. « Mais, continue l'Apôtre, si vous faites mourir par l'esprit les œuvres de la chair, vous vivrez, » c'est-à-dire : Si vous faites mourir par l'esprit ces convoitises charnelles, auxquelles il est si glorieux de résister, et qu'on cesse de ressentir quand on arrive à la perfection; si vous mortifiez ces œuvres corrompues de la chair, qui n'ont de force que pour vous donner la mort, vous vivrez (1). Mais il est à craindre que la présomption de l'esprit ne vienne à se mêler à cette mortification des œuvres de la chair. Car ce n'est pas seulement Dieu qui est esprit, votre âme aussi est esprit, votre intelligence est esprit. C'est ainsi que vous dites : « Je suis soumis par l'esprit à la loi de Dieu, et par la chair à la loi du péché. » (*Rom.*, VII, 25.) « La chair a des désirs contraires à ceux de l'esprit, et l'esprit en a de contraires à ceux de la chair. » (*Gal.*, V, 17.) C'est donc pour vous mettre en garde contre cette présomption de votre esprit, dans la mortification des œuvres de la chair; c'est pour vous prémunir contre les tristes effets de l'orgueil, qui seraient la résistance de Dieu et le refus de sa grâce, « car Dieu résiste aux superbes, et donne sa grâce aux humbles ; » (*Jacq.*, IV, 6) c'est pour éloigner de vous cet orgueil, que l'Apôtre ajoute ce qui suit.

CHAPITRE X. — Après avoir dit : « Si vous faites mourir par l'esprit les œuvres de la chair, vous vivrez, » il craint que l'esprit humain ne vienne à s'enorgueillir, qu'il ne se flatte d'avoir assez de force et d'habileté pour réussir dans cette entreprise; il ajoute donc : « Tous ceux qui sont mus par l'esprit de Dieu sont enfants de Dieu. » (*Ibid.*, 14.) Quel motif donc de vous enorgueillir, lorsqu'on vous dit : « Si vous faites mourir par l'esprit les œuvres de la chair, vous vivrez? » Vous allez peut-être me répondre : Voilà ce que peut ma volonté, voilà ce que peut mon libre arbitre. Quelle est cette volonté, quel est ce libre arbitre? Si Dieu ne les dirige, votre chute est certaine; s'il ne vous tend la main, vous ne pouvez vous relever. Pourquoi donc cette confiance présomptueuse dans votre esprit, lorsque vous entendez l'Apôtre vous dire : « Tous ceux qui sont mus par l'esprit de Dieu, ceux-là sont enfants de Dieu ? » Vous voulez vous conduire vous-même, vous voulez vous diriger dans la mortification des œuvres de la chair ? Que vous sert-il de n'être point épicurien, si vous devenez stoïcien? Que vous

---

(1) Voyez le *Traité de la grâce et du libre arbitre.*

---

delectare, mortificasti. Hæc est actio nostra, hæc est militia nostra. In hoc agone cum confligimus, Deum habemus spectatorem : in hoc agone cum laboramus, Deum poscimus adjutorem. Si enim nos ipse non adjuvat, non dico vincere, sed nec pugnare poterimus.

Præsumptio de se cavenda in carnis mortificatione. — 10. Cum ergo dixisset Apostolus : « Si autem spiritu actiones carnis mortificaveritis, vivetis, » id est, illas concupiscentias carnis, quibus non consentire magna laus est, quas non habere perfectio est : si has actiones carnis morbidas, et de morte habentes contentionem, spiritu mortificaveritis, vivetis. Hic jam metuendum est, ne quisquam rursus ad mortificandas actiones carnis de spiritu suo præsumat. Non solum enim Deus spiritus est : sed et anima tua spiritus est, et mens tua spiritus est. Et cum dicis : Mente servio legi Dei, carne autem legi peccati (*Rom.*, VII, 25) : quia spiritus concupiscit adversus carnem, et caro adversus spiritum. (*Gal.*, V, 17.) Ergo ne ad carnis actiones mortificandas de spiritu tuo præsumas, et superbia pereas, et tibi superbo resistatur, non humili gratia concedatur : Deus enim superbis resistit, humilibus autem dat gratiam (*Jac.*, IV, 6) : ne forte ergo suboriretur tibi ista superbia, vide quid sequatur.

CAPUT X. — Cum enim dixisset : « Si spiritu actiones carnis mortificaveritis, vivetis ; » ne hic se extolleret humanus spiritus, et ad hoc opus se idoneum firmumque jactaret, subjecit, et ait : « Quotquot enim Spiritu Dei aguntur, hi filii sunt Dei. » (*Ibid.*, 14.) Quid te ergo jam volebas extollere, ubi audisti : « Si spiritu actiones carnis mortificaveritis, vivetis? » Dicturus enim eras : Hoc potest voluntas mea, hoc potest liberum arbitrium meum. Quæ voluntas? quod liberum arbitrium? Nisi ille regat, cadis : nisi ille erigat, jaces. Quomodo ergo spiritu tuo, cum audias Apostolum dicentem : « Quotquot enim Spiritu Dei aguntur, hi filii sunt Dei? » Tu vis agere, a te ipso vis agi ad actiones carnis mortificandas? Quid tibi prodest quia non eris Epicureus, et eris Stoicus? Sive Epicureus eris, sive Stoicus eris,

soyez épicurien ou stoïcien, vous ne pouvez aspirer au titre d'enfant de Dieu. « Car il n'y a que ceux qui sont dirigés par l'esprit de Dieu qui soient enfants de Dieu. » Ce ne sont pas ceux qui vivent selon la chair, ni ceux qui suivent les inspirations de leur esprit, ni ceux qui se laissent entraîner par les plaisirs de la chair, ni ceux qui ne se conduisent que par les lumières de leur esprit, « mais ceux-là seuls qui sont conduits par l'esprit de Dieu, qui soient les enfants de Dieu. »

CHAPITRE XI. — *Nous sommes portés au bien, et nous nous y portons nous-mêmes.* — 11. On me fait cette objection : Nous sommes donc conduits et portés au bien, et notre action est nulle. Je réponds : Vous êtes porté au bien, et vous vous y portez vous-même, et votre action n'est bonne qu'autant que vous êtes dirigé par un bon guide. C'est l'Esprit saint qui vous conduit et qui vous aide à faire le bien. Le nom d'aide, d'auxiliaire, qu'il prend à votre égard, vous enseigne que vous avez vous-même une part dans l'action. Comprenez ce que vous demandez; comprenez le sens et la portée de cette prière : « Soyez mon aide, ne m'abandonnez point. » (*Ps.* XXVI, 9.) Vous demandez donc à Dieu de venir à votre aide : mais on ne peut aider celui qui ne fait rien. « Tous ceux qui sont conduits par l'Esprit de Dieu, ceux-là sont les enfants de Dieu, » non par la lettre, mais par l'esprit; non en vertu de la loi qui commande, qui menace, qui promet, mais en vertu de l'Esprit qui nous excite, nous éclaire et nous fortifie. « Nous savons, dit le même Apôtre, que tout coopère au bien de ceux qui aiment Dieu. » (*Rom.*, VIII, 28.) Si vous n'opériez vous-même, l'Esprit saint ne pourrait être votre coopérateur.

Nous ne pouvons rien faire de bien sans le secours de Dieu. Ce qu'est la liberté sans la grâce. —12. Soyez ici plus fortement que jamais sur vos gardes, car votre esprit vous dira peut-être : Si la coopération et le secours de Dieu viennent à manquer, mon esprit seul pourra faire le bien; il aura plus de mal, il éprouvera quelque difficulté, mais enfin il accomplira ce qui lui est commandé. C'est comme si l'on disait : A l'aide des rames, nous parviendrons au port, mais non sans peine; si le vent nous était favorable, nous y parviendrions bien plus facilement (1). Mais tel n'est point le secours que nous attendons de Dieu, tel n'est point le secours du Christ, tel n'est point le secours de l'Esprit saint. Si ce secours vous manque, vous ne pouvez rien faire absolument; sans ce secours, vous agissez, il est vrai, dans toute votre liberté, mais votre action est mauvaise. Voilà ce dont est capable votre volonté dont vous vantez la liberté, et qui, en faisant le mal, tombe dans la servitude de la damnation. Lorsque je vous dis : Sans le se-

(1) Voyez le *Traité de la grâce de Jésus-Christ*,, chap. VII, XXVI et suivants.

---

inter filios Dei non eris. « Quotquot enim Spiritu Dei aguntur, hi filii sunt Dei. » Non qui secundum carnem suam vivunt, non qui secundum spiritum suum vivunt; non qui carnis voluptate ducuntur, non qui spiritu suo aguntur : sed, « quotquot Spiritu Dei aguntur, hi filii sunt Dei. »

CAPUT XI. — *Ad bonum et agimur et agimus.* — 11. Dicit mihi aliquis : Ergo agimur, non agimus. Respondeo : Imo et agis, et ageris; et tunc bene agis, si a bono agaris. Spiritus enim Dei qui te agit, (*a*) agenti adjutor est tibi. Ipsum nomen adjutoris præscribit tibi, quia et tu ipse aliquid agis. Agnosce quid poscas; agnosce quid confitearis, quando dicis : Adjutor meus esto, ne derelinquas me. (*Psal.* XXVI, 9.) Adjutorem utique invocas Deum. Nemo adjuvatur, si ab illo nihil agatur. « Quotquot enim, inquit, Spiritu Dei aguntur, hi filii sunt Dei ; » non littera, sed Spiritu : non Lege præcipiente, minante, promittente; sed Spiritu exhortante, illuminante, adjuvante. « Scimus, inquit idem Apostolus, quia diligentibus Deum omnia cooperantur in bonum. » (*Rom.*, VIII, 28.) Si non esses operator, ille non esset cooperator.

Nihil boni sine adjutorio Dei. Libertas sine gratia qualis. — 12. Sed hic fortiter vigilate, ne forte dicat spiritus vester : Si subtraxerit se cooperatio Dei et adjutorium Dei, spiritus meus facit hoc : etsi cum labore, etsi cum aliqua difficultate potest, tamen implere potest. Quomodo si aliquis dicat : Remis quidem pervenimus, sed cum aliquo labore : o si ventum habeamus, facilius pervenimus. Non sic est adjutorium Dei, non sic est adjutorium Christi, non sic est adjutorium Spiritus sancti. Prorsus si defuerit, nihil boni agere poteris. Agis quidem illo non adjuvante libera voluntate, sed male. Ad hoc idonea est voluntas tua, quæ vocatur libera, et male agendo fit damnabilis ancilla. Cum dico tibi : Sine adjutorio Dei nihil agis, nihil boni dico. Nam ad male agendum

(*a*) Sic Beda et Florus. At editi Lov. Er. Am. *agentibus adjutor est.*

cours de Dieu, vous ne pouvez rien faire; j'entends : rien faire de bien. Car s'il ne s'agit que de faire le mal, votre volonté est libre de le faire, sans avoir besoin du secours de Dieu. Et, cependant, ici-même elle n'est pas libre. « En effet, dit saint Pierre, on devient esclave de celui par qui on a été vaincu ; » (II *Pierre*, II, 19) et, comme le dit le Sauveur lui-même : « Quiconque commet le péché est esclave du péché, » et un peu plus loin : « Si le Fils vous affranchit, vous serez vraiment libres. » (*Jean*, VIII, 34, 36.)

CHAPITRE XII. — *La grâce nous est nécessaire, non-seulement pour agir avec plus de facilité, mais pour agir absolument.* — 13. Croyez donc fermement que, dans le bien que vous faites, votre volonté a sa part d'action véritable; vous vivez, donc vous agissez. Dieu ne peut vous aider, si vous ne faites rien; il ne peut être votre coopérateur, si vous n'opérez rien. Rappelez-vous, cependant, que, lorsque vous faites le bien, vous êtes dirigés par l'Esprit saint, qui vient à votre secours; et, si ce secours vous fait défaut, vous êtes dans l'impossibilité absolue de faire le bien. Notre langage n'est donc point semblable à celui de certains hommes, qui ont été forcés de confesser la nécessité de la grâce, et nous bénissons Dieu de ce qu'ils ont fait cet aveu; car s'ils veulent avancer un peu plus, ils finiront par arriver à la vérité. Ils admettent donc le secours de la grâce de Dieu, mais pour nous faire accomplir plus facilement les préceptes. Voici leurs paroles : « Dieu, disent-ils, a donné sa grâce aux hommes, pour qu'ils puissent accomplir plus facilement, à l'aide de la grâce, ce qu'ils sont obligés de faire par les forces de leur libre arbitre. » Un vaisseau navigue plus facilement avec des voiles, plus difficilement avec des rames, mais cependant les rames le font avancer. On voyage plus facilement à cheval, plus difficilement à pied, mais on parvient également à pied au terme du voyage. Non, il n'en va pas de la sorte. Voici ce que dit le Maître de la vérité, qui ne flatte, qui ne trompe personne, ce docteur, vrai par excellence, qui est en même temps notre Sauveur, entre les mains duquel nous a remis l'importun pédagogue qu'on appelle la loi : il parlait un jour à ses disciples des bonnes œuvres, qu'il comparait aux fruits des sarments et des branches de la vigne; or, il ne leur dit pas : Sans moi, vous pouvez faire quelque chose, mais vous le ferez plus facilement par moi; il ne dit pas : Vous pouvez produire des fruits sans moi, mais vous en produirez de plus abondants avec moi. Non, ce n'est point ainsi qu'il s'exprime : Que dit-il ? Lisez le saint Evangile, devant lequel s'abaissent toutes les têtes superbes. Ce n'est point Augustin qui parle de la sorte, c'est le Seigneur. Et que dit le Seigneur ? « Sans moi, vous ne pouvez rien faire. » (*Jean*, XV, 5.) Et maintenant, lorsque vous entendez l'Apôtre vous dire : « Tous

---

habes sine adjutorio Dei liberam voluntatem : quanquam non est illa libera. « A quo enim quis devictus est, huic et servus addictus est ; » (II *Petr.*, II, 19) et : « Omnis qui facit peccatum, servus est peccati ; » et : « Si vos Filius liberaverit, tunc vere liberi eritis. » (*Joan.*, VIII, 34, 36.)

CAPUT XII. — *Gratia non tantum ut facilius, sed omnino ut facere possis necessaria.* — 13. Prorsus hoc credite, sic vos agere bona voluntate. Quia vivitis, utique agitis. Non enim adjutor est ille, si nihil agatis : non enim cooperator est ille, si nihil operamini. Sic vos tamen scitote agere (a) bona, ut sit rector Spiritus adjutor : qui si defuerit, nihil boni omnino agere valeatis. Non sicut quidam dicere cœperunt, qui coarctati sunt aliquando gratiam confiteri : et benedicimus Deum, quia vel hoc aliquando dixerunt; accedendo enim proficere (b) poterunt, et ad id quod vere rectum est pervenire. Jam ergo dicunt adjutricem esse gratiam Dei, ad facilius facienda. Ista sunt enim verba eorum : « Ad hoc dedit, inquiunt, Deus gratiam suam hominibus, ut quod facere jubentur per liberum arbitrium, facilius possint implere per gratiam. » Velo facilius, remo difficilius : tamen et remo itur. Jumento facilius, pedibus difficilius : sed tamen et pedibus pervenitur. Non est sic. Magister enim verus qui neminem palpat, neminem fallit, verax doctor idemque Salvator, ad quem nos duxit molestissimus pædagogus, cum de bonis operibus, id est, de sarmentorum et palmitum fructibus loqueretur, non ait : Sine me quidem potestis facere aliquid, sed facilius per me : non ait : Fructum vestrum sine me potestis facere, sed uberiorem per me. Non hoc dixit. Legite quid dixerit : Evangelium sanctum est, omnium superba colla subduntur. Non hæc dicit Augustinus, hæc dicit Dominus. Quid dicit Dominus ? Sine me nihil potes-

(a) Lov. *Sic vos tamen scitote agere, ut sit rector Spiritus et adjutor :* sed dissentientibus cæteris libris. — (b) Ita nonnulli Mss. At editi, *potuerunt.*

ceux qui sont conduits par l'Esprit saint, ceux-là sont enfants de Dieu; » ne vous laissez point aller à l'abattement. Dieu, en vous faisant entrer dans la construction de son temple, ne se sert pas de vous comme de pierres inanimées et sans mouvement, qui ont besoin d'être soulevées et placées par l'ouvrier. Telles ne sont point les pierres vivantes. « Or, vous êtes comme des pierres vivantes, qui sont réunies pour la construction du temple de Dieu. » (*Ephés.*, II, 22 ; I *Pierre*, II, 5.) Vous êtes conduits, mais vous courez aussi vous-mêmes; vous êtes dirigés, mais vous suivez librement, et, en suivant celui qui vous précède, vous attestez la vérité de ces paroles : « Sans moi, vous ne pouvez rien faire ; car cela ne dépend, ni de celui qui veut, ni de celui qui court, mais de Dieu qui fait miséricorde. » (*Rom.*, IX, 16.)

Chapitre XIII. — *La loi ancienne et la loi nouvelle. L'esprit de servitude et l'esprit de liberté.* — 14. Vous alliez peut-être me dire : La loi nous suffit. La loi inspire la crainte, et voyez ce qu'ajoute l'Apôtre, après avoir dit : « Tous ceux qui sont conduits par l'esprit de Dieu, ceux-là sont les enfants de Dieu. » (*Rom.*, V, 5.) Ceux qui sont dirigés par l'esprit de Dieu le sont par la charité, « car la charité a été répandue dans nos cœurs par l'Esprit saint qui nous a été donné. » (*Ibid.*, 15.) Qu'ajoute donc l'Apôtre ? « Aussi, n'avez-vous point reçu de nouveau

(1) Voyez le sermon précédent, chapitre VI.

l'esprit de servitude, pour vous conduire encore par la crainte. » Que veut dire cette expression, « de nouveau ? » comme lorsque vous étiez sous le joug de cet importun pédagogue, qui ne vous inspirait que la crainte. Que veut dire « de nouveau ? » comme lorsque vous avez reçu l'esprit de servitude sur le mont Sinaï. (*Exod.*, XIX, 16.) On me dira : L'esprit de servitude est différent de l'esprit de liberté. S'il était différent, l'Apôtre ne dirait point : « de nouveau. » C'est donc le même esprit, gravant sa loi : d'un côté, sur des tables de pierre, pour imprimer la crainte ; de l'autre, sur les tables du cœur, pour inspirer l'amour. Vous qui étiez ici avant-hier (1), vous avez entendu comment le bruit, le feu, la fumée de la montagne frappaient de terreur et d'épouvante le peuple qui se tenait au loin (*Exod.*, XX, 18), et comment ce même esprit, ce même doigt de Dieu, cinquante jours après la Pâque figurative, descendit du ciel, et vint se reposer sous la forme de langues de feu sur chacun des disciples. (*Act.*, II.) Ce n'est donc plus le règne de la crainte qu'il vient établir, mais celui de l'amour, pour faire de nous, non plus des esclaves, mais des enfants. Celui qui fait encore le bien par crainte du châtiment n'est pas encore au nombre des enfants, heureux cependant s'il a cette crainte. La crainte est esclave, la charité est libre, et, s'il m'est permis de le dire, la crainte est l'es-

---

tis facere. (*Joan.*, XV, 5.) Jam nunc (*a*) cum audistis : « Quotquot Spiritu Dei aguntur, hi filii sunt Dei, » nolite vos demittere. Neque enim templum suum sic de vobis ædificat Deus, quasi de lapidibus qui non habent motum suum ; levantur, abstructore ponuntur. Non sic sunt lapides vivi : Et vos tanquam lapides vivi coædificamini in templum Dei. (*Ephes.*, II, 22.) Ducimini, sed currite et vos : ducimini, sed sequimini : quia cum secuti fueritis, verum erit illud, quia sine illo nihil facere potestis. Non enim volentis, neque currentis, sed miserentis est Dei. (*Rom.*, IX, 16.)

Caput XIII. — *Lex vetus et nova. Spiritus servitutis et libertatis.* — 14. Forte dicturi eratis : Et Lex sufficit nobis. Lex timorem dedit : et videte quid hinc subjunxit Apostolus, cum diceret : « Quotquot enim Spiritu Dei aguntur, hi filii sunt Dei ; » (*Rom.*, V, 5) quia cum Spiritu Dei aguntur, caritate aguntur : Caritas enim Dei diffusa est in cordibus nostris per Spiritum sanctum qui datus est nobis (*Ibid.*, 15)

(*a*) Mss. *Jam nunc quod audistis.* Et paulo post, *nolite vos dimittere.*

secutus adjunxit : « Non enim accepistis spiritum servitutis iterum in timore. » Quid est, « iterum ? » Quomodo terrente molestissimo pædagogo. Quid est, « iterum ? » Sicut in monte Sina accepistis spiritum servitutis. (*Exod.*, XIX, 16.) Dicit aliquis : Alius est spiritus servitutis, alius spiritus libertatis. Si alius esset, non diceret Apostolus, « iterum. » Idem ergo spiritus, sed in tabulis lapideis in timore, in tabulis cordis in dilectione. Jam nudiustertius qui adfuistis audistis, quomodo longe positam plebem, voces, ignis, fumus in monte terrebat (*Exod.*, XX, 18) ; quomodo autem veniens Spiritus sanctus, idem ipse digitus Dei, quinquagesimo die post umbram Paschæ quomodo venerit, et igneis linguis super unumquemque eorum insederit. (*Act.*, II.) Jam ergo non in timore, sed in dilectione ; ut non servi, sed filii simus. Qui enim adhuc ideo bene agit, quia pœnam timet, Deum non amat, nondum est inter filios : utinam tamen vel pœnam timeat. Timor servus est,

clave de la charité. Pour fermer au démon l'accès de votre cœur, faites entrer d'abord l'esclave, pour qu'elle garde la place à la maîtresse légitime qui doit venir. Faites le bien, oui, faites le bien par crainte du châtiment, si vous ne pouvez encore le faire par amour de la justice. La maîtresse viendra, et l'esclave sortira, car la charité parfaite bannit la crainte. (I *Jean*, IV, 18.) « Vous n'avez donc pas reçu de nouveau l'esprit de servitude, pour vous conduire encore par la crainte. » C'est le Nouveau Testament, ce n'est plus l'Ancien. « Les choses anciennes ont passé; voilà que tout est devenu nouveau, et tout vient de Dieu. » (II *Cor.*, v, 17.)

CHAPITRE XIV. — *L'Apôtre se sert des deux mots* Abba *et* Père, *à cause des deux peuples réunis en Jésus-Christ.* — 15. Quelle est la suite du discours de l'Apôtre? Comme si vous lui faisiez cette question : Qu'avons-nous donc reçu? Il répond : « Mais vous avez reçu l'esprit d'adoption des enfants, dans lequel nous crions : Abba, Père. » On craint un maître, on aime un père. « Vous avez reçu l'esprit d'adoption des enfants, dans lequel nous crions : Abba, Père. » Ce cri vient du cœur, et non de la bouche, ni des lèvres; c'est au dedans de nous qu'il se produit, c'est aux oreilles de Dieu qu'il retentit. C'est ce cri que Suzanne faisait entendre sans ouvrir la bouche ni remuer les lèvres. (*Dan.*, XIII.) Mais vous avez reçu l'esprit d'adoption des enfants, dans lequel nous crions : Abba, Père. Que notre cœur crie donc : « Notre Père, qui êtes dans les cieux. » (*Matth.*, VI, 9.) Mais pourquoi ne pas dire seulement : Père? Pourquoi ces deux mots : « Abba, Père ? » Si vous me demandez ce que veut dire le mot Abba, je vous répondrai qu'il signifie Père. En effet, telle est la signification du mot hébreu Abba. Pourquoi donc l'Apôtre a-t-il voulu employer ces deux mots? Parce qu'il voyait que cette pierre angulaire, que les architectes ont rejetée, et qui est devenue la pierre de l'angle (*Ps.* CXVII, 22), n'a reçu le nom de pierre angulaire que parce qu'elle fait comme s'embrasser deux murailles qui viennent de deux points opposés. D'un côté, c'est le peuple de la circoncision ; de l'autre, le peuple des incirconcis, aussi éloignés l'un de l'autre, qu'ils sont éloignés de la pierre angulaire, et qui se rapprochent entre eux, autant qu'ils se rapprochent de la pierre angulaire qui les réunit. Car c'est lui qui est notre paix, c'est lui qui des deux peuples n'en a fait qu'un. » (*Ephés.*, II, 14.) Le peuple de la circoncision vient d'un côté, le peuple de la gentilité vient d'un autre : la gloire de la pierre angulaire est de réunir étroitement ces deux murailles. « Vous avez reçu l'esprit d'adoption des enfants, dans lequel nous crions : Abba, Père. »

CHAPITRE XV. — *L'Esprit saint est plutôt une arrhe qu'un gage.* — 16. Quel sera le bien qui

---

caritas libera est; et ut sic dicamus, timor est servus caritatis. Ne possideat diabolus cor tuum, præcedat servus in corde tuo, et servet dominæ venturæ locum. Fac, fac vel timore pœnæ, si nondum potes amore justitiæ. Veniet domina, et servus abscedet : quia consummata caritas foras mittit timorem. « Non enim accepistis spiritum servitutis iterum in timore. » (I *Joan.*, IV, 18.) Novum Testamentum est, non Vetus. Vetera transierunt, et ecce nova facta sunt omnia : omnia autem ex Deo. (II *Cor.*, v, 17.)

CAPUT XIV. — *Abba et pater, quia duo populi in Christo.* — 15. Denique quid sequitur? Quid ergo accepimus, quasi diceres : « Sed accepistis Spiritum adoptionis filiorum, in quo clamamus : Abba, pater. » Dominus timetur, pater amatur. « Accepistis Spiritum adoptionis filiorum, in quo clamamus : Abba, pater. » Clamor iste cordis est, non faucium, non labiorum : intus sonat, auribus Dei sonat. Clauso ore, labiisque immotis, Susanna ista voce clamabat. (*Dan.*, XIII.) « Sed accepistis spiritum adoptionis filiorum, in quo clamamus : Abba, pater. » Cor (*a*) clamet : Pater noster qui es in cœlis. (*Matth.*, VI, 9.) Ergo quare non tantum « pater? » Quid sibi vult : « Abba, pater? » Si enim quæras quid sit « Abba, » respondetur tibi, « pater. » Abba enim Hebraice pater dicitur. Quare voluit utrumque Apostolus ponere? Quia videbat lapidem angularem, quem reprobaverunt ædificantes, et factus est in caput anguli (*Psal.* CXVII, 22), non sine causa angularem dictum, nisi quia in osculum recipit utrumque parietem de diverso venientem. Hinc circumcisio, inde præputium, tantum a se et inter se longe, quantum ab angulo longe : quantum autem ad angulum prope, et inter se utique prope. In angulo autem inter se juncti. Ipse est enim pax nostra, qui fecit utraque unum. (*Ephes.*, II, 14.) Ergo inde circumcisio, inde præputium, parietum concordia, anguli gloria. « Accepistis Spiritum adoptionis filiorum, in quo clamamus : Abba, pater. »

CAPUT XV. — *Spiritus arra potius quam pignus.* — 16. Qualis res est, si pignus tale est? Nec pignus,

---

(*a*) Aliquot Mss. *Cor clamat.*

nous est promis, si le gage est si précieux. Il ne faut même pas l'appeler un gage, mais une arrhe. En effet, quand on donne un gage, c'est à la condition qu'il sera rendu, lorsqu'on aura reçu l'objet dont ce gage est le garant (1). L'arrhe, au contraire, est une partie de la chose même qu'on promet de donner; et quand on exécute cette promesse, on complète sans le changer l'objet qu'on a donné. Que chacun examine donc attentivement son âme, et se demande si c'est vraiment du fond du cœur, et avec une charité sincère qu'il dit à Dieu : Mon Père. Je ne cherche pas à savoir pour le moment l'étendue de cette charité, si elle est grande, petite ou médiocre; je demande simplement si elle existe. Si elle a pris naissance dans votre cœur, elle grandira en secret; en grandissant, elle se perfectionnera, et une fois arrivée à la perfection, elle ne cessera de subsister. En effet, la charité qui est parfaite ne décline pas vers la vieillesse, et de la vieillesse vers la mort; elle ne devient parfaite que pour subsister éternellement. Ecoutez ce qui suit : « Nous crions : Abba, Père. Et c'est cet esprit lui-même qui rend témoignage à notre esprit, que nous sommes enfants de Dieu. » (*Ibid.*, 16.) Ce n'est pas notre esprit qui rend témoignage à notre esprit que nous sommes enfants de Dieu, c'est l'esprit de Dieu, c'est l'arrhe elle-même qui rend témoignage pour le bien qui nous est promis. « L'esprit lui-même rend témoignage à notre esprit que nous sommes les enfants de Dieu. »

Héritage des enfants de Dieu. — 17. « Or, si nous sommes enfants, nous sommes aussi héritiers. » (*Ibid.*, 17.) Ce n'est donc pas en vain que nous portons le nom d'enfants. Voici notre récompense : « Nous sommes aussi héritiers. » C'est ce que je vous disais, il n'y a qu'un instant; notre médecin, non content de nous rendre la santé, daigne encore nous offrir une récompense. Quelle est cette récompense ? Un héritage, mais un héritage qui ne ressemble point à celui qu'un père réserve à ses enfants. Il leur laisse cet héritage après sa mort, mais il ne le possède pas en même temps qu'eux; et, cependant, il s'en fait un grand mérite : il veut qu'on lui soit reconnaissant d'avoir donné ce qu'il ne pouvait emporter. Pouvait-il l'emporter en mourant? S'il le pouvait, je suis persuadé qu'il ne laisserait rien ici-bas à ses enfants. Mais, pour nous, héritiers de Dieu, c'est Dieu même qui est notre héritage, c'est à lui que dit le Psalmiste : « Le Seigneur est la portion de mon héritage. » (*Ps.* xv, 5.) « Nous sommes héritiers de Dieu; » si ce n'est pas assez, écoutez; voici ce qui mettra le comble à votre joie : « Nous sommes les héritiers de Dieu et les cohéritiers de Jésus-Christ. » Tournons-nous vers le Seigneur, etc.

(1) Voyez, plus haut, sermon XXIII, chap. VIII et IX.

---

sed arra dicenda est. Pignus enim quando ponitur, cum fuerit res ipsa reddita pignus aufertur. Arra autem de ipsa re datur, quæ danda promittitur; ut res quando redditur, impleatur quod datum est, non mutetur. Unusquisque ergo attendat cor suum, utrum ex intimis cordis medullis et sincera caritate dicat : Pater. Non modo quæritur quanta sit ipsa caritas, utrum magna, an parva, an mediocris : utrum vel sit, quæro. Si nata est, latendo crescit, crescendo perficietur, perfecta permanebit. Non enim perfecta vergit in senium, et a senectute veniet ad mortem : ad hoc perficietur, ut æterna permaneat. Vide enim quid sequitur. « Clamamus : Abba, pater. Ipse Spiritus testimonium reddit spiritui nostro, quia sumus filii Dei. » (*Ibid.*, 16.) Non spiritus noster reddit testimonium spiritui nostro, quia sumus filii Dei : sed Spiritus Dei, arra reddit testimonium pro ea re quæ nobis promissa est. « Ipse Spiritus testimonium reddit spiritui nostro, quia sumus filii Dei.

Hæreditas filiorum Dei. — 17. « Si autem filii, et hæredes. » (*Ibid.*, 17.) Non enim inaniter filii. Hæc est merces : « Et hæredes. » Hoc est quod paulo ante dicebam, quia medicus noster et sanitatem nobis donat, et mercedem insuper largiri dignatur. Quæ est illa merces? Hæreditas. Sed non quomodo est hominis patris hæreditas. Relinquit enim filiis suis, non possidet cum filiis suis : et tamen magnum se facit, et gratias sibi agi desiderat, quia voluit dare quod non possit auferre. Moriens enim tolleret secum? Puto quia si posset, nihil hic filiis suis dimisisset. Hæredes Dei sic sunt, ut ipse Deus sit hæreditas (*a*) nostra, cui dicit Psalmus : Dominus pars hæreditatis meæ. (*Psal.* xv, 5.) « Hæredes quidem Dei : » si parum vobis est, audite, quo amplius gaudeatis : « Hæredes quidem Dei, cohæredes autem Christi. » Conversi ad Dominum, etc.

(*a*) Fossatensis Ms. *hæreditas eorum.*

SERMON CLVII [1].

Sur ces paroles de l'Apôtre, dans le chapitre VIII de son Epître aux Romains : *Nous ne sommes encore sauvés qu'en espérance. Or, l'espérance qui verrait ne serait plus de l'espérance.*

CHAPITRE PREMIER. — *L'espérance qu'ont les chrétiens des biens de l'éternité.* — 1. Votre sainteté, mes très-chers frères, se rappelle ces paroles de l'Apôtre : « Nous ne sommes encore sauvés qu'en espérance. Or, l'espérance qui verrait ne serait plus de l'espérance; car, comment espérer ce qu'on voit? Si nous espérons ce que nous ne voyons pas encore, nous l'attendons par la patience. » (*Rom.*, VIII, 24, 25.) Nous devons vous adresser à cette occasion des paroles d'encouragement et de consolation sur l'invitation du Seigneur notre Dieu, à qui le Roi-Prophète dit dans son psaume : « Vous êtes mon espérance et mon partage dans la terre des vivants. » (*Ps.* CXLI, 6.) Lui donc, qui est notre espérance dans la terre des vivants, nous ordonne de vous adresser des paroles d'encouragement dans la terre des mourants, afin d'arrêter vos regards, non point sur les choses visibles, mais sur les invisibles; « car les choses visibles sont passagères, mais les invisibles sont éternelles. » (II *Cor.*, IV, 18.) Or, comme nous espérons ce que nous ne voyons pas encore et ce que nous attendons par la patience, le Psalmiste a droit de nous dire : « Attends le Seigneur, agis avec courage; que ton cœur prenne une nouvelle force et sois ferme dans l'attente du Seigneur. » (*Ps.* XXVI, 14.) Les promesses du monde sont toujours trompeuses. Les promesses de Dieu ne trompent jamais. Mais comme le monde paraît donner ici-bas, dans cette terre des mourants, ce qu'il promet, tandis que Dieu se réserve de nous donner, dans la terre des vivants, les biens qu'il nous a promis, beaucoup se lassent d'attendre l'effet des promesses de celui qui est la vérité même, tandis qu'ils ne rougissent pas d'aimer celui qui ne peut que les tromper. C'est de ces infortunés qu'il est dit dans l'Ecriture : « Malheur à ceux qui ont perdu la patience et qui se sont égarés dans des voies criminelles. » (*Eccli.*, II, 16.) Or, ces fils de la mort éternelle ne cessent d'insulter aux âmes courageuses, qui attendent d'un cœur ferme l'effet des promesses du Seigneur; ils vantent ces joies passagères, qui ne flattent un instant le palais par leur fausse douceur que pour devenir ensuite plus amères que le fiel. Où sont, nous disent-ils, les promesses qui vous sont faites après cette vie? Qui en est revenu, pour nous certifier que vos espérances reposent sur la vérité? Pour nous, toute notre joie est de rassasier notre âme de plaisirs, parce que nous

---

[1] Florus cite ce sermon dans son Commentaire sur le chapitre VIII de l'Epître aux Romains.

SERMO CLVII [a].

De verbis Apostoli, Rom., VIII : *Spe salvi facti sumus : spes autem quæ videtur, non est spes.*

CAPUT PRIMUM. — *Spes Christianorum de æternis.* — 1. Sicut Apostolum dixisse meminit Sanctitas vestra, Fratres carissimi : « Spe salvi facti sumus : Spes autem, inquit, quæ videtur, non est spes. Quod enim videt quis, quid sperat? Si autem quod non videmus, speramus, per patientiam exspectamus. » (*Rom.*, VIII, 24, 25.) Hinc vobis exhortatorium et consolatorium præbere sermonem, admonet nos ipse Dominus Deus noster, cui dicitur in Psalmo : Spes mea es tu, portio mea in terra viventium. (*Psal.* CXLI, 6.) Ipse, inquam, qui spes nostra est in terra viventium, jubet ut vos alloquamur in hac terra morientium : ut non respiciatis quæ videntur, sed quæ non videntur. Quæ enim videntur, temporalia sunt ; quæ autem non videntur, æterna. Quia ergo quod non videmus speramus, et per patientiam exspectamus : merito nobis in Psalmo dicitur : Sustine Dominum, viriliter age, et confortetur cor tuum, et sustine Dominum. (*Psal.* XXVI, 14.) Mundi enim promissa semper fallunt, Dei autem promissa nunquam fallunt. Sed quia mundus quod pollicetur, hic videtur daturus, id est, in hac terra morientium, in qua nunc sumus; Deus autem quod pollicetur, in terra viventium nobis daturus est : multi fatigantur exspectare veracem, et non erubescunt amare fallacem. De talibus dicit Scriptura : Væ his qui perdiderunt sustinentiam, et diverterunt in vias pravas. (*Eccli.*, II, 16.) Cum etiam viriliter agentibus et corde confortato Deum sustinentibus, filii sempiternæ mortis insultare non cessant, jactantes suas delicias temporales, quæ ad tempus obdulcant fauces eorum, postea vero amariores felle invenient eas. Dicunt enim nobis : Ubi est quod vobis promittitur post hanc vitam? Quis huc inde reversus est, et indicavit vera esse quæ creditis? Ecce nos in nostrarum voluptatum satietate lætamur, quia quod videmus, speramus : vos autem

---

[a] Alias XXIII, de verbis Apostolis.

n'espérons que ce que nous voyons; vous, au contraire, vous vous abstenez de ces plaisirs au prix de mille privations et de mille tortures, parce que vous espérez ce que vous ne voyez pas. Et ils ajoutent ce que saint Paul a rappelé : « Mangeons et buvons, nous mourrons demain. » Mais voyez comme il vous met ici en garde : « Les mauvais entretiens, vous dit-il, corrompent les bonnes mœurs. Justes, tenez-vous donc dans la vigilance, et ne péchez point. » (I *Cor.*, xv, 33, 34.)

Chapitre II. — *Nécessité de la patience et de la douceur.* — 2. Prenez donc garde, mes frères, que de semblables discours ne viennent à corrompre vos mœurs, à détruire votre espérance, à affaiblir votre patience, et à vous entraîner dans des voies mauvaises. Soyez plutôt de ces hommes humbles et doux, qui suivent les voies droites que vous enseigne le Seigneur, et dont le Psalmiste a dit : « Il conduira dans la justice ceux qui sont dociles, il enseignera ses voies à ceux qui sont doux. » (*Ps.* xxiv, 9.) Nul, en effet, au milieu des travaux de cette vie, ne peut toujours conserver la patience, sans laquelle on ne peut garder l'espérance de la vie future, à moins de pratiquer l'humilité et la douceur, et de ne pas résister à la volonté de Dieu, dont le joug est doux et le fardeau léger, mais pour ceux qui croient en Dieu, qui espèrent en lui et qui l'aiment. Si vous avez cette douceur et cette humilité, non-seulement vous aimerez les consolations du Seigneur, mais, comme des enfants soumis, vous supporterez même ses coups, afin d'attendre ainsi, par la patience, les biens que vous espérez sans les voir. Voilà comme il vous faut agir, voilà comme il vous faut marcher; car vous marchez en suivant Jésus-Christ, qui a dit : « Je suis la voie. » (*Jean*, xiv, 6.) Or, apprenez comment il faut suivre Jésus-Christ, non-seulement ses enseignements, mais encore ses exemples. « Dieu n'a pas épargné ce Fils unique, mais il l'a livré pour nous tous. » (*Rom.*, viii, 32.) Le Fils n'a point refusé, n'a point résisté ; il a conformé sa volonté à celle de son Père, parce que le Père et le Fils n'ont qu'une même volonté dans l'égalité de la nature divine, selon laquelle le Fils a pu, sans usurpation, s'égaler à Dieu. (*Philip.*, ii, 6.) Mais il a fait preuve d'une obéissance entière, dans cette nature où il s'est anéanti en prenant la forme d'esclave. « Car il nous a aimés, et s'est livré lui-même pour nous, en s'offrant à Dieu comme une victime d'agréable odeur. » (*Ephés.*, v, 2.) « Si donc le Père n'a pas épargné son propre Fils, mais s'il l'a livré pour nous tous, le Fils lui-même s'est aussi livré pour nous. »

Chapitre III. — *Nous voyons dans notre chef*

---

in laboribus continentiæ cruciamini, credendo quod non videtis. Deinde subjungunt quod commemoravit Apostolus : Manducemus et bibamus, cras enim moriemur. Sed videte quid ipse cavendum monuerit : « Corrumpunt, inquit, mores bonos colloquia mala. Sobrii estote (*a*) juste, et nolite peccare. » (I *Cor.*, xv, 33.)

Caput II. — *Patientia et mansuetudo necessaria.* — 2. Cavete ergo, Fratres, ne talibus colloquiis mores vestri corrumpantur, evertatur spes, enervetur patientia, et divertatis in vias pravas. Imo vero mites atque mansueti tenete vias rectas, quas vos docet Dominus : de quibus Psalmus dicit : Diriget mites in judicio, docebit mansuetos vias suas. (*Psal.* xxiv, 9.) Patientiam quippe in laboribus hujus vitæ, sine qua non potest custodiri spes futuræ vitæ, nemo potest perpetuo retinere, nisi mitis atque mansuetus ; qui non resistit voluntati Dei, cujus jugum lene est et sarcina levis, sed credentibus Deo, et sperantibus in eum, et diligentibus eum. Ita quippe mites atque mansueti non solum consolationes ejus amabitis, sed etiam flagella ejus tanquam boni filii tolerabitis; ut quoniam quod non videtis speratis, per patientiam exspectetis. Sic agite, sic ambulate. In Christo enim ambulatis, qui dixit : Ego sum via. (*Joan.*, xiv, 6.) Quomodo in illo ambulandum sit, discite, non solum ejus verbo, sed etiam ejus exemplo. Huic enim proprio Filio non pepercit Pater, sed pro nobis omnibus tradidit illum (*Rom.*, viii, 32), non utique nolentem, neque recusantem, sed pariter volentem : quia una est voluntas Patris et Filii secundum æqualitatem formæ Dei, in qua cum esset, non rapinam arbitratus est, esse æqualis Deo : et singulariter obedientem, secundum quod semetipsum evacuavit formam servi accipiens. (*Philip.*, ii, 6.) Nam ipse dilexit nos, et tradidit semetipsum pro nobis oblationem et hostiam Deo in odorem suavitatis. (*Ephes.*, v, 2.) Sic ergo Pater proprio Filio non pepercit, sed pro nobis omnibus tradidit eum, ut et ipse Filius traderet semetipsum pro nobis.

Caput III. — *Videmus in capite nostro quod speramus.* — 3. Traditus ergo ille excelsus, per quem

---

(*a*) Am. Er. et aliquot Mss. *justi*, ut nunc Vulgata. Sed non minus bene Lov. *juste*, juxta Græc. δικαίως : sicuti etiam habebat alias Vulgata in Mss. quibusdam Latinis Bibliis.

l'accomplissement de ce que nous espérons. — 3. Le Très-Haut donc, par qui tout a été fait, en se livrant dans sa nature d'esclave pour être l'opprobre des hommes et le rebut du peuple, en se dévouant aux outrages, au supplice de la flagellation, à la mort de la croix, nous a enseigné, par l'exemple de ses souffrances, avec quelle patience nous devions marcher sur ses traces; et, par sa résurrection, il a fortifié notre espérance, en nous apprenant avec quelle patience encore nous devions en attendre de lui l'accomplissement : « Car si nous espérons ce que nous ne voyons pas encore, nous l'attendons par la patience. » Oui, il est vrai, nous espérons ce que nous ne voyons pas encore, mais nous sommes le corps de ce chef divin; nous voyons en lui toutes nos espérances accomplies. C'est de lui, en effet, qu'il est dit qu'il est le chef du corps de l'Eglise, le premier-né d'entre les morts, le premier en tout. (*Colos.*, I, 18.) Et il est dit aussi de nous : « Vous êtes le corps de Jésus-Christ et les membres les uns des autres. » (I *Cor.*, XII, 27.) « Si donc nous espérons ce que nous ne voyons point, nous l'attendons par la patience, » assurés que nous sommes que notre chef, qui est ressuscité, nous conserve fidèlement l'objet de notre espérance. Et comme, avant de ressusciter, notre chef a enduré le supplice de la flagellation, il a, par son exemple, affermi notre patience. En effet, il est écrit : « Le Seigneur châtie celui qu'il aime, et il flagelle de verges tous ceux qu'il reçoit parmi ses enfants. » (*Hébr.*, XII, 6.) Gardons-nous donc de perdre courage au milieu des souffrances, si nous voulons avoir part aux joies de la résurrection. Car il est si vrai que Dieu flagelle de verges tous ceux qu'il reçoit au nombre de ses enfants, qu'il n'a point épargné son Fils unique, mais qu'il l'a livré pour nous tous. (*Rom.*, VIII, 32.) Fixons donc nos regards sur ce Fils, qui a été flagellé sans être coupable d'aucun crime, qui est mort pour nos péchés, et qui est ressuscité pour notre justification (*Rom.*, IV, 25), et, au lieu de craindre que Dieu nous abandonne, parce qu'il nous éprouve, nous aurons bien plutôt la confiance d'être reçus au nombre de ses enfants, après avoir été ainsi justifiés.

Chapitre IV. — *Ici-bas même, nous ne sommes pas sans joie.* — 4. Les joies des pécheurs sont de bien courte durée. Notre bonheur n'est pas encore arrivé à sa perfection, il est vrai; mais cependant Dieu ne nous laisse pas sans quelque joie dans cette vie, puisque nous sommes sauvés en espérance. Voilà pourquoi le même Apôtre qui nous dit ici : « Si nous espérons ce que nous ne voyons pas encore, nous l'attendons par la patience, » (*Rom.*, VIII, 25) dit dans un autre endroit : « Réjouissez-vous par l'espérance, soyez patients dans la tribulation. » (*Rom.*, XII, 12.) Ayant donc une telle espérance, usons d'une grande liberté (II *Cor.*, III, 12), et que toutes nos paroles soient accompa-

---

facta sunt omnia, traditus propter formam servi in opprobrium hominum et abjectionem plebis, in contumeliam, in flagella, in mortem crucis, docuit nos exemplo passionis, cum quanta patientia in illo ambulemus : et firmavit nos exemplo suæ resurrectionis, quid ab illo patienter sperare debeamus. « Si enim quod non videmus speramus, per patientiam exspectamus. » Quod non videmus quidem, speramus : sed corpus sumus illius capitis, in quo jam perfectum est quod speramus. De illo enim dictum est, quod ipse sit caput corporis Ecclesiæ, primogenitus, ipse primatum tenens. (*Colos.*, I, 18.) Et de nobis scriptum est : Vos autem estis corpus Christi et membra. (I *Cor.*, XII, 27.) « Si autem quod non videmus speramus, per patientiam exspectamus » securi; quoniam qui resurrexit caput nostrum est, servat spem nostram. Et quia priusquam resurgeret, flagellatum est caput nostrum, firmavit patientiam nostram. Scriptum est enim : Quem enim diligit Dominus, corripit; flagellat autem omnem filium, quem recipit. (*Hebr.*, XII, 6.) Non itaque in flagello deficiamus, ut in resurrectione gaudeamus. Ita enim verum est, quod flagellat omnem filium quem recipit, ut nec Unico suo pepercerit, sed pro nobis omnibus tradiderit eum. (*Rom.*, VIII, 32.) Intuentes ergo eum, qui sine peccati merito flagellatus est, qui mortuus est propter delicta nostra, et resurrexit propter justificationem nostram (*Rom.*, IV, 25), non timeamus ne abjiciamur flagellati; sed potius confidamus quia recipiemur justificati.

Caput IV. — *Nec modo sine gaudio sumus. Fluxæ peccatorum deliciæ.* — 4. Quamvis enim nondum venerit nostri gaudii plenitudo : nec modo tamen sine gaudio relicti sumus; quia spe salvi facti sumus. Ideo et ipse Apostolus, qui ait : « Si quod non videmus speramus, per patientiam exspectamus, » (*Rom.*, VIII, 25) dicit alio loco : Spe gaudentes, in tribulatione patientes. (*Rom.*, XII, 12.) Habentes ergo talem spem, multa fiducia utamur (II *Cor.*, III, 12) : et sermo noster in gratia conditus sit sale, ut scia-

gnées de sel, en sorte que vous sachiez répondre à chacun comme il convient. (*Colos.*, IV, 6.) Ainsi, à ces hommes qui ont perdu, ou, peut-être, qui n'ont jamais eu l'espérance chrétienne, et qui, au lieu de nous imiter, comme ils le devraient, osent nous insulter, parce que nous espérons au Seigneur, parce que nous attendons par la patience l'accomplissement de ce que nous ne voyons pas, voilà ce que nous devons dire : Où sont maintenant ces jouissances qui vous entraînent à marcher dans des voies criminelles ? Nous ne demandons pas : Que deviendront-elles après cette vie, mais : Où sont-elles même aujourd'hui ? Le jour d'hier fait place au jour présent, qui, à son tour, se voit emporté par le jour de demain ; y a-t-il donc un seul objet de vos affections qui ne s'écoule, qui ne s'envole avec rapidité ? Est-il une seule chose qui ne s'enfuie avant même que vous ayez pu la saisir ? Que dis-je ? pouvez-vous arrêter ne fût-ce qu'une seule heure du jour actuel ? La seconde est poussée par la troisième, comme la première l'a été par la seconde. De cette heure seule, qui vous paraît présente, rien n'est réellement présent ; toutes les parties, tous les moments dont elle se compose sont passagers et fugitifs.

CHAPITRE V. — *Vanité des joies de cette vie.* — 5. L'homme consentirait-il jamais au péché, s'il n'était aveuglé lorsqu'il le commet, ou s'il voulait réfléchir après qu'il l'a commis ? Il pourrait se convaincre alors quelle folie c'est de désirer si ardemment des jouissances fugitives, et qui ne laissent dans l'âme, après elles, que des regrets. Vous vous moquez de nous, parce que nous espérons les biens éternels sans les voir ; mais vous, esclaves de ces biens passagers qui frappent vos regards, vous ne savez quel jour se lèvera demain pour vous. Vous espériez un jour heureux, et vous n'y trouvez que tristesse et amertume ; et, fût-il aussi heureux que vous le désirez, vous ne pouvez l'arrêter dans sa fuite. Vous nous tournez en dérision, parce que nous espérons les biens éternels, qui ne passeront pas lorsqu'ils seront arrivés pour nous, parce qu'en réalité ils n'arrivent pas, mais qu'ils demeurent toujours ; c'est nous qui arriverons jusqu'à eux, lorsque, en suivant la voie que le Seigneur nous a tracée, nous aurons passé au delà de toutes les choses qui passent. Toute votre vie vous soupirez après ces biens temporels qui vous échappent si souvent, et dont le désir ne cesse d'enflammer votre âme, la possession de vous corrompre, et la perte de vous tourmenter. Ne sont-ce pas ces biens que vous désirez avec tant d'ardeur, que vous cessez d'estimer quand vous les possédez, et qui ne sont plus pour vous qu'un songe quand vous les avez perdus ? Nous usons nous-mêmes de ces biens autant que l'exigent les nécessités de notre voyage, mais nous n'y plaçons pas notre bonheur, pour n'être point entraînés dans leur ruine. Nous

mus quemadmodum oporteat unicuique respondere. (*Colos.*, IV, 6.) Dicendum est enim eis, qui cum perdidissent, vel nunquam suscepissent sustinentiam, nobis sustinentibus Dominum, (quia quod non videmus sperantes, per patientiam exspectamus,) etiam insultare audent, cum imitari deberent : Ubi sunt deliciæ vestræ, propter quas ambulatis per vias pravas ? Non dicimus : Ubi erunt, cum hæc vita transierit ; sed modo : Ubi sunt ? Cum hesternum diem hodiernus abstulerit, et hodiernum crastinus ablaturus sit, quid eorum quæ diligitis, non transcurrit et transvolat ? Quid non fugit pene antequam capiatur, cum ex ipso hodierno die nulla possit vel hora retineri ? Ita enim secunda excluditur a tertia, sicut prima exclusa est a secunda. Ipsius horæ unius, quæ præsens videtur, nihil est præsens : omnes enim partes ejus, et omnia momenta fugitiva sunt.

CAPUT V. — *Vanitas temporalium.* — 5. Propter quid peccat homo, si non excæcatus est cum (*a*) peccat, vel cum peccaret attendat. Poterat videre quia voluptas transitura sine prudentia desideratur ; vel cum transierit, cum pœnitentia cogitatur. Nos irridetis, quia speramus æterna, quæ non videmus ; cum vos eis quæ videntur temporalibus subditi, nesciatis qualis vobis dies crastinus illucescat : quem sæpe bonum sperantes, malum invenitis ; nec si bonus fuerit, eum ne fugiat tenere poteritis. Nos irridetis, quia speramus æterna : quæ cum venerint non transibunt ; quia nec ipsa veniunt, sed semper manent : nos autem ad illa veniemus, cum per viam Dominicam ista quæ transeunt transierimus. A vobis vero temporalia nec sperari aliquando desinunt, et tamen crebro sperata vos fallunt : nec cessant vos inflammare ventura, corrumpere venientia, torquere transeuntia. Nonne ipsa sunt quæ concupita (*b*) inardescunt, adepta vilescunt, amissa vanescunt ? Utimur eis et nos secundum peregrinationis nostræ necessitatem : sed non in eis gaudia nostra figimus, ne illis

(*a*) Colbertinus Ms. *cum peccat ? Vel si cum peccaret attenderet, poterat videre*, etc. — (*b*) Florus, *madescunt*.

usons de ce monde comme n'en usant pas (I *Cor.*, VII, 31), afin de parvenir jusqu'à Celui qui a fait le monde, et de demeurer en lui pour jouir avec lui de son éternité.

CHAPITRE VI. — *Certitude de notre espérance.* — 6. Pourquoi donc venez-vous maintenant nous dire : Qui est revenu de l'autre monde pour apprendre aux hommes ce qui se passe au delà du tombeau ? Jésus-Christ vous a fermé la bouche en ressuscitant un mort de quatre jours (*Jean*, XI, 39), en ressuscitant lui-même le troisième jour, pour ne plus mourir, et en vous apprenant, avant de mourir, avec toute la certitude de sa science divine, par l'exemple du bonheur du pauvre et du malheur du riche enseveli dans les enfers, la vie qui attend les hommes après la mort. (*Luc*, XVI, 19.) Mais ces vérités ne sont pas crues par ceux qui nous demandent : Qui est revenu de l'autre vie ? Ils veulent nous persuader qu'ils croiraient si quelqu'un de leurs parents sortait du tombeau et revenait à la vie. Mais il est écrit : « Maudit soit celui qui met son espérance dans l'homme ! » (*Jérém.*, XVII, 5.) Pourquoi Dieu a-t-il voulu se faire homme, mourir et ressusciter ? C'est pour montrer, dans la chair humaine qu'il avait prise, quelle devait être la destinée future de l'homme, et, cependant, que ce n'était pas à un homme, mais à Dieu que les hommes devaient croire. D'ailleurs, l'Eglise chrétienne, répandue par tout l'univers, est sous leurs yeux. Qu'ils lisent les Ecritures, ils y verront que, bien des siècles auparavant, elle a été promise à un seul homme, qui a espéré, contre toute espérance, qu'il deviendrait le père de beaucoup de nations. (*Rom.*, IV, 18.) Nous voyons donc maintenant l'accomplissement de la promesse faite à un seul croyant, à Abraham, et nous pourrions douter de l'accomplissement des promesses faites à l'univers entier qui a embrassé la foi ? Laissons-les donc dire maintenant : Mangeons et buvons, nous mourrons demain. Ils disent qu'ils mourront demain ; mais, au moment même où ils tiennent ce langage, ils sont morts aux yeux de la vérité. Pour vous, mes frères, enfants de la résurrection, concitoyens des saints anges, héritiers de Dieu, et cohéritiers de Jésus-Christ, gardez-vous d'imiter ceux qui mourront demain, en rendant le dernier soupir, et qui, aujourd'hui même, sont ensevelis dans le vin. Comme vous le recommande le même Apôtre : Ne laissez pas corrompre vos mœurs par de mauvais discours ; justes, tenez-vous donc dans la vigilance, et ne péchez point. (I *Cor.*, XV, 33, 34.) Marchez par la voie étroite, mais qui vous conduira sûrement dans la vaste enceinte de la céleste Jérusalem, notre mère pour l'éternité. Espérez fermement ce que vous ne voyez point ; attendez patiemment ce que vous n'avez pas encore, parce que Jésus-Christ, à qui vous êtes insépa-

---

labentibus subruamur. Utimur enim hoc mundo tanquam non utentes (I *Cor.*, VII, 31), ut veniamus ad eum qui fecit hunc mundum, et in eo maneamus, ejus æternitate perfruentes.

CAPUT VI. — *Spei nostræ certitudo.* — 6. Quid est autem quod dicitis : Quis huc inde venit, et quid apud inferos geratur, quis hominibus indicavit ? Et hinc vobis os clausit, qui mortuum quarta die resuscitavit (*Joan.*, XI, 39), et ultra non moriturus die tertio resurrexit, et antequam moreretur, qualis vita morientes excipiat, tanquam ille quem nihil lateret, et in paupere quiescente et in divite ardente narravit. (*Luc.*, XVI, 19.) Sed illi ista non credunt, qui dicunt : Quis huc inde reversus est ? Credituros se volunt videri, si quis parentum suorum revivisceret. Sed maledictus omnis qui spem suam ponit in homine. (*Jerem.*, XVII, 5.) Ideo ergo Deus homo factus, mori et resurgere voluit ; ut et quod futurum esset homini, in hominis carne ostenderetur, et Deo tamen, non homini crederetur. Et certe Ecclesia fidelium toto orbe diffusa, jam ante oculos eorum est. Legant eam ante tot sæcula uni homini promissam, qui contra spem in spem credidit, ut fieret pater multarum gentium. (*Rom.*, IV, 18.) Quod ergo uni Abrahæ credenti promissum est, jam videmus impletum ; et quod universo orbi promittitur credenti, desperamus esse venturum ? Eant nunc et dicant : Manducemus et bibamus, cras enim moriemur. Illi se adhuc cras dicunt morituros, veritas autem illos jam cum ista dicunt, invenit mortuos. Vos autem, Fratres, filii resurrectionis, cives sanctorum Angelorum, Dei hæredes, et Christi cohæredes, cavete imitari eos, qui cras (*a*) exspirando moriuntur, et hodie bibendo sepeliuntur. Sed sicut dicit idem Apostolus : Ne corrumpant vestros mores bonos colloquia mala ; sobrii estote juste, et nolite peccare (I *Cor.*, XV, 33, 34) : ambulantes angustam, sed certam viam ducentem ad latitudinem Jerusalem cœlestis, quæ mater nostra æterna est ; firmissime sperate quod non videtis, patienter exspectate quod nondum habetis ; quia

(*a*) Aliquot Mss. *exspectando*. Am. et Er. *sperando*.

rablement unis, accomplira fidèlement ses promesses.

SERMON CLVIII [1].

Sur ces paroles de l'Apôtre, dans le chapitre VIII de l'Épître aux Romains : *Ceux qu'il a prédestinés, il les a appelés; ceux qu'il a appelés, il les a justifiés*, etc. *Si Dieu est pour nous, qui sera contre nous?* Contre les pélagiens.

CHAPITRE PREMIER. — *Personne ne peut nuire aux prédestinés.* — 1. Le saint Apôtre, nous venons de l'entendre, nous adresse des paroles bien propres à nous encourager et à nous affermir : « Si Dieu est pour nous, dit-il, qui sera contre nous? » Or, il nous a fait connaître précédemment ceux pour qui Dieu se déclare : « Ceux qu'il a prédestinés, il les a appelés, et ceux qu'il a appelés, il les a justifiés, et ceux qu'il a justifiés, il les a glorifiés. Après cela, que dirons-nous? Si Dieu est pour nous, qui sera contre nous? » *Rom.*, VIII, 30, 31.) Dieu est pour nous, en nous prédestinant; Dieu est pour nous, en nous appelant; Dieu est pour nous, en nous justifiant; Dieu est pour nous, en nous glorifiant. « Si Dieu est pour nous, qui sera contre nous? » Il nous a prédestinés avant que nous existions; il nous a appelés, lorsque nous étions loin de lui; il nous a justifiés, lorsque nous étions pécheurs; il nous a glorifiés, quand nous étions mortels. « Si Dieu est pour nous, qui sera contre nous? » Que celui qui veut attaquer ceux que Dieu a prédestinés, appelés, justifiés, glorifiés, se prépare, s'il le peut, à déclarer la guerre à Dieu lui-même. Dès que nous avons reçu cette assurance, « si Dieu est pour nous, qui sera contre nous? » il faut vaincre Dieu avant de nous atteindre. Or, qui peut triompher du Tout-Puissant? Vouloir lutter contre lui, c'est vouloir se blesser soi-même. C'est ce que Jésus-Christ criait du haut du ciel à Paul, qui n'était encore que Saul : « Il ne vous est pas avantageux de lutter contre l'aiguillon. » (*Act.*, IX, 5.) Qu'on se déchaîne avec toute la violence possible en regimbant contre l'aiguillon, on ne peut que se blesser soi-même.

CHAPITRE II. — *Dieu, par les promesses qu'il nous a faites, s'est rendu notre débiteur.* — 2. De ces quatre bienfaits insignes que l'Apôtre énumère ici, et qui sont le partage de ceux en faveur desquels Dieu se déclare, c'est-à-dire, la prédestination, la vocation, la justification, la glorification, nous devons considérer ceux que nous possédons déjà et ceux que nous attendons encore. Pour les bienfaits que nous avons déjà reçus, nous louerons Dieu qui nous les a

(1) Florus cite des extraits de ce sermon dans son Commentaire sur les chapitres VIII et XI de l'Épître aux Romains, sur le chapitre XIII de la Iʳᵉ Épître aux Corinthiens, et sur le chapitre V de l'Épître aux Galates.

veracem promissorem Christum fidelissime retinetis.

SERMO CLVIII [a].

De verbis Apostoli, Rom., VIII : *Quos autem prædestinavit, illos et vocavit; quos autem vocavit, illos et justificavit*, etc. *Si Deus pro nobis, quis contra nos?* Contra Pelagianos.

CAPUT PRIMUM. —*Prædestinatis nemo nocere valet.*— 1. Apostolum beatum audivimus exhortantem et confirmantem nos, cum diceret nobis : « Si Deus pro nobis, quis contra nos? » Pro quibus autem sit Deus, superius ostendit, ubi ait : « Quos autem prædestinavit, illos et vocavit; quos autem vocavit, illos et justificavit; quos autem justificavit, illos et glorificavit. Quid ergo dicemus ad hæc? Si Deus pro nobis, quis contra nos? » (*Rom.*, VIII, 30, 31.) Deus pro nobis, ut prædestinaret nos; Deus pro nobis, ut vocaret nos; Deus pro nobis, ut justificaret nos; Deus pro nobis, ut glorificaret nos. « Si Deus pro nobis, quis contra nos? » Prædestinavit, antequam essemus; vocavit, cum aversi essemus; justificavit, cum peccatores essemus; glorificavit, cum mortales essemus. « Si Deus pro nobis, quis contra nos? » Prædestinatis a Deo, vocatis, justificatis, glorificatis, qui vult adversari, paret se, si potest bellare adversus Deum. Ubi enim audivimus : « Si Deus pro nobis, quis contra nos? » nisit qui Deum vincit! non lædit nos. Et quis est qui vincit omnipotentem? Quicumque reluctari voluerit, sibi nocet. Hoc est, quod et Paulo adhuc Saulo de cœlo Christus clamavit: Non tibi expedit contra stimulum calcitrare. (*Act.*, IX, 5.) Sæviat, sæviat quantum potest; qui calces adversus stimulum mittit; nonne in se ipsum sævit?

CAPUT II. — *Deus nobis debitor factus ex promissis.* — 2. In his autem quatuor rebus, quas commendavit Apostolus insignes, (b) quæ pertinent ad eos, pro quibus est Deus, id est, prædestinatione, vocatione, justificatione, glorificatione; in his ergo quatuor rebus considerare debemus quid jam habeamus, et quid adhuc exspectemus. In his enim quæ jam habemus, laudemus Deum largitorem : in his quæ non-

(a) Alias XVI, de verbis Apostoli. — (b) Florus, *in his qui pertinent ad Deum.*

donnés, et nous le tiendrons comme notre débiteur pour ceux que nous n'avons pas encore. Or, Dieu est devenu notre débiteur, non pour avoir reçu de nous, mais pour nous avoir promis ce qu'il a voulu. En effet, il est bien différent de dire à un homme : Vous me devez, car je vous ai donné, ou de lui dire : Vous me devez, parce que vous m'avez promis. Lorsque vous dites : Vous me devez, parce que je vous ai donné, vous avez eu l'initiative d'un bienfait, qui était plutôt un prêt qu'un don sans condition. Quand vous dites au contraire : Vous me devez, parce que vous m'avez promis, vous n'avez rien donné, et cependant vous exigez qu'on vous donne. Et, en effet, la bonté de celui qui vous a promis donnera, sous peine de se voir accuser de déloyauté et de méchanceté, car la tromperie suppose la méchanceté. Or, disons-nous jamais à Dieu : Rendez-moi, parce que je vous ai donné ? Qu'avons-nous donné à Dieu, quand tout ce que nous sommes et tout ce que nous avons de bien vient de lui ? Nous ne lui avons donc rien donné. A ce titre donc nous ne pouvons traiter Dieu comme notre débiteur, surtout après ce que nous dit l'Apôtre : « Qui a connu la pensée du Seigneur, ou qui a été de son conseil, ou qui lui a donné le premier pour en attendre la récompense ? » (*Rom.*, XI, 34, 35.) Nous n'avons donc qu'une seule manière d'exiger de Dieu ce qu'il nous doit, c'est de lui dire : Rendez-nous ce que vous avez promis, parce que nous avons accompli ce que vous avez commandé ; et encore est-ce vous-même qui l'avez accompli, parce que vous nous avez aidés à l'accomplir.

Chapitre III. — *Notre vocation, notre prédestination ont été gratuites.* — 3. Que personne donc ne dise : Dieu m'a appelé, parce que je l'avais honoré. Comment auriez-vous pu l'honorer, si vous n'aviez pas été appelés ? Si le motif pour lequel Dieu vous a appelés, est le culte que vous lui rendiez, vous lui avez donc donné le premier, et Dieu vous l'a rendu. Mais est-ce que l'Apôtre ne vous défend pas ce langage, lorsqu'il vous dit : « Qui lui a donné le premier pour en prétendre récompense ? » Cependant vous existiez, dites-vous, lorsque vous avez été appelés. Mais comment Dieu vous a-t-il prédestinés ? Lorsque vous n'existiez pas encore. Qu'avez-vous donné à Dieu, puisque, pour lui donner, vous n'existiez même pas ? Qu'a donc fait Dieu en prédestinant celui qui n'existait pas ? Il a fait ce que dit l'Apôtre : « Il a appelé ce qui n'est point comme ce qui est. » (*Rom.*, IV, 17.) Si vous aviez déjà existé, Dieu ne vous aurait pas prédestinés ; si vous ne vous étiez détournés de lui, il ne vous aurait pas appelés ; si vous n'étiez impies, il ne vous aurait pas justifiés ; si vous n'étiez dans l'humiliation inhérente à votre nature terrestre, il ne vous glorifierait point. « Qui donc lui a donné le premier pour prétendre la récompense, puisque c'est de lui, et par lui, et en lui

---

dum habemus, teneamus debitorem. Debitor enim factus est, non aliquid a vobis accipiendo, sed quod ei placuit promittendo. Aliter enim dicimus homini : Debes mihi quia dedi tibi ; et aliter dicimus : Debes mihi, quia promisisti mihi. Quando dicis : Debes mihi, quia dedi tibi, a te processit beneficium, sed mutuatum, non donatum. Quando autem dicis : Debes mihi, quia promisisti mihi, tu nihil dedisti, et tamen exigis. Bonitas enim ejus qui promisit, dabit, ne in malitiam fides convertatur. Qui enim fallit, malus est. Deo autem numquid dicimus : Redde mihi, quia dedi tibi ? Quid dedimus Deo, quando totum quod sumus, et quod habemus boni, ab illo habemus ? Nihil ergo ei dedimus. Non est quemadmodum ista voce exigamus debitorem Deum, maxime dicente nobis Apostolo : « Quis enim cognovit sensum Domini, aut quis consiliarius ejus fuit, aut quis prior dedit illi, et retribuetur ei ? » (*Rom.*, XI, 34, 35.) Illo ergo modo possumus exigere Dominum nostrum, ut dicamus : Redde quod promisisti, quia fecimus quod jussisti : et hoc tu fecisti, quia laborantes juvisti.

Caput III. — *Vocati et prædestinati sumus gratis.* — 3. Nemo ergo dicat : Ideo me vocavit Deus, quia colui Deum. Quomodo coluisses, si vocatus non fuisses ? Si propterea te vocavit Deus, quia coluisti Deum : ergo prior dedisti, et retribuit tibi. Nonne istam tibi vocem Apostolus tollit, cum dicit : Aut quis prior dedit illi, et retribuetur ei ? Sed ecce quando vocatus es, vel jam eras. (a) Quomodo prædestinareris, nisi quando non eras ? Quid Deo dedisti, quando qui aliquid dares, non eras ? Quid ergo fecit Deus, quando prædestinavit qui non erat ? Quod ait Apostolus : Qui vocat ea quæ non sunt, tanquam ea quæ sunt. (*Rom.*, IV, 17.) Si jam esses, non prædestinareris ; nisi aversus esses, non vocareris ; nisi impius esses, non justificareris ; nisi terrenus et abjectus esses, non glorificareris. « Quis ergo prior dedit illi, et re-

(a) Am. et Er. *Quando prædestinareris non eras.* Florus, *Ut prædestinareris quando non eras, quid Deo*, etc. Mss. omnes omittunt *nisi*.

que sont toutes choses? » Que lui rendrons-nous donc? A lui la gloire : car nous n'étions pas, lorsqu'il nous a prédestinés; nous étions loin de lui, lorsqu'il nous a appelés; nous étions pécheurs, lorsque nous sommes justifiés. Rendons-lui donc nos actions de grâces, si nous ne voulons être accusés d'ingratitude.

CHAPITRE IV. — *Sommes-nous dès maintenant justifiés.* — 4. Or, nous nous étions proposé d'examiner ce que nous avons déjà reçu de ces quatre bienfaits, et ce qui nous en reste à obtenir. Nous avons été prédestinés avant même d'exister; nous avons été appelés, lorsque nous sommes devenus chrétiens. Voilà les deux grâces que nous avons déjà reçues. Mais sommes-nous justifiés? Qu'est-ce à dire, justifiés? Oserions-nous dire que nous sommes en possession de ce troisième bienfait? En est-il un seul parmi nous qui ose dire : Je suis juste? Car dire : Je suis juste, c'est dire, selon moi : Je ne suis point pécheur. Or, osez-vous tenir ce langage? Saint Jean vous répond : « Si nous disons que nous sommes sans péché, nous nous séduisons nous-mêmes, et la vérité n'est point en nous. » (I *Jean*, 1, 8.) Quoi donc? N'avons-nous rien absolument de la justice? Si nous ne sommes pas entièrement justes, ne le sommes-nous pas du moins en partie? C'est ce qu'il nous faut examiner. Si nous sommes justes en partie, sans l'être entièrement, ajoutons à ce que nous avons déjà, et notre justice sera parfaite. Voici des hommes qui ont reçu le baptême; tous leurs péchés leur ont été remis : ils en sont complétement justifiés, nous ne pouvons le nier; cependant il leur reste encore à lutter contre la chair, à lutter contre le monde, à lutter contre le démon. Or, celui qui lutte blesse quelquefois son ennemi, mais il en est quelquefois blessé; il est parfois vainqueur, parfois aussi il est vaincu : il faut considérer comment on sort de l'arène. « Si nous prétendons que nous sommes sans péché, nous nous séduisons nous-mêmes, et la vérité n'est point en nous. » D'un autre côté, si nous disons que nous n'avons rien de la justice, nous donnons un démenti aux dons de Dieu. En effet, si nous n'avons rien de la justice, nous n'avons pas la foi ; si nous n'avons pas la foi, nous ne sommes pas chrétiens; si, au contraire, nous avons la foi, nous avons une partie quelconque de la justice; voulez-vous savoir la valeur de cette partie si faible en apparence? « Le juste vit de la foi. » (*Habac.*, II, 4; *Rom.*, I, 17.) Oui, « le juste vit de la foi, parce qu'il croit ce qu'il ne voit point. »

CHAPITRE V. — *Nous sommes justifiés en partie par la foi.* — 5. Lorsque nos pères, lorsque les saints béliers, les chefs du troupeau, les apôtres nous ont annoncé le Verbe de vie, non-seulement ils l'avaient vu de leurs yeux, mais ils l'avaient touché de leurs mains, et ce-

---

tribuetur ei? Quoniam ex ipso et per ipsum et in ipso sunt omnia. » Quid ergo reddimus? Ipsi gloria. Quia non eramus, quando sumus prædestinati; quia aversi eramus, quando sumus vocati; quia peccatores eramus, quando sumus justificati : agamus Deo gratias, ne remaneamus ingrati.

CAPUT IV. — *Justificati utrum jam simus.* — 4. Proposueramus autem considerare de his quatuor rebus quid jam consecuti fuerimus, quid adhuc adipiscendum exspectemus. Prædestinati enim jam sumus et antequam essemus. Vocati sumus, quando Christiani facti sumus. Jam ergo et hoc habemus. Justificati, quid? Quid est, justificati? Audemus dicere, jam hoc tertium habere nos? Et erit quisquam nostrum qui audeat dicere : Justus sum ? Puto enim hoc esse : Justus sum, quod est, peccator non sum. Si audes hoc dicere, occurrit tibi Joannes : Si dixerimus, quia peccatum non habemus, nos ipsos decipimus, et veritas in nobis non est. (I *Joan.*, 1, 8.) Quid ergo? Nihil habemus de justitia? An habemus, sed non totum habemus? Hoc ergo quæramus. Si enim aliquid habemus, et aliquid non habemus, crescat quod habemus, et implebitur quod non habemus. Ecce enim baptizati sunt homines , omnia illis peccata dimissa sunt, justificati sunt a peccatis : negare non possumus : restat tamen lucta cum carne, restat lucta cum mundo, restat lucta cum diabolo. Qui autem luctatur, aliquando ferit, aliquando percutitur, aliquando vincit, aliquando perimitur : quomodo de stadio exeat attenditur. « Nam si dixerimus, quia peccatum non habemus, nos ipsos decipimus, et veritas in nobis non est. » Item si dixerimus, quia justitiæ nihil habemus, adversum Dei dona mentimur. Si enim justitiæ nihil habemus, nec fidem habemus : si fidem non habemus, Christiani non sumus. Si autem fidem habemus, jam aliquid habemus justitiæ. Ipsum aliquid, vis nosse quantum sit? Justus ex fide vivit (*Habac.*, II, 4; *Rom.*, I, 17) ; justus, inquam, ex fide vivit; quia credit quod non videt.

CAPUT V. — *Justificatio aliqua vere per fidem.* — 5. Patres, arietes sancti, duces Apostoli, quando annuntiaverunt, non solum viderunt oculis, sed etiam manibus

pendant, lorsqu'un de ses disciples le touche à plusieurs reprises, cherche de ses mains la vérité, et s'écrie, quand il l'a trouvée : « Mon Seigneur et mon Dieu, » que lui répond le Seigneur Dieu, qui nous gardait le don de la foi ? « Vous avez cru, parce que vous avez vu ; » puis, jetant sur nous son regard dans l'avenir : « Heureux, dit-il, ceux qui n'ont point vu et qui ont cru. » (*Jean*, xx, 28, 29.) Nous donc qui n'avons pas vu, nous avons cru pour avoir simplement entendu, nous avons été proclamés bienheureux, et nous n'aurions rien absolument de la justice ? Le Seigneur s'est manifesté aux Juifs dans une chair visible, et ils l'ont mis à mort ; il ne s'est point manifesté à nous, et nous l'avons reçu. « Un peuple que je ne connaissais pas m'a servi ; il a prêté une oreille attentive et docile à ma voix. » (*Ps.* xvii, 45.) C'est nous qui sommes ce peuple, et nous serions étrangers à toute justice ? Non, nous en portons en nous des marques certaines ; soyons reconnaissants de ce que nous avons, pour mériter de recevoir ce qui nous manque et de ne point perdre ce que nous possédons. C'est cette troisième opération qui s'accomplit maintenant en nous. Nous avons été justifiés, mais cette justice se développe à mesure que nous faisons des progrès. Or, je vais vous dire comment elle se développe, et examiner cette question, de concert avec vous. Ainsi, chacun de vous, s'il est déjà en possession de la justification qu'il a reçue avec la rémission des péchés dans le bain de la régénération et avec l'Esprit saint, et s'il avance de jour en jour, pourra voir où il en est, et comment il peut approcher encore davantage du but, et faire de nouveaux progrès jusqu'à la fin de sa vie, qui sera pour lui, non point le terme, mais la perfection de la justice.

CHAPITRE VI. — *La foi qui justifie se distingue de la foi des démons par l'espérance et la charité.* — 6. L'homme commence donc par la foi. Quel est le caractère propre de la foi ? C'est de croire. Mais il faut distinguer cette foi de la foi des esprits immondes. Le propre de la foi, avons-nous dit, est de croire. Mais que dit l'apôtre saint Jacques ? « Et les démons croient aussi et tremblent. » (*Jacq.*, II, 19.) Si vous vous contentez de croire, si vous vivez sans espérance, ou que vous n'ayez pas la charité, rappelez-vous que les démons croient aussi, et qu'ils tremblent. Quel si grand mérite pour vous de confesser que le Christ est le Fils de Dieu ? Pierre l'a fait, il est vrai, et Jésus lui a dit : « Vous êtes heureux, Simon, fils de Jonas. » (*Matth.*, xvi, 17.) Les démons ont confessé la même vérité, et le Sauveur leur a commandé de se taire. Il proclame Pierre bienheureux, en ajoutant : « Parce que ce n'est ni la chair, ni le sang, qui vous l'a révélé, mais mon Père, qui est dans les cieux ; » et il dit aux démons : « Taisez-vous ; » ils confessent la même vérité, et il les repousse. Des deux côtés, c'est le même

---

tractaverunt : et tamen Dominus servans nobis donum fidei, cuidam discipulorum suorum tractanti, palpanti, veritatem digitis inquirenti et invenienti, exclamanti : Dominus meus et Deus meus ; ait ipse Dominus et Deus : Quia vidisti, credidisti. Et nos futuros intuens : « Beati, inquit, qui non viderunt, et crediderunt. » (*Joan.*, xx, 28, 29.) Non vidimus, audivimus, et credidimus. Beati prædicti sumus, et de justitia nihil habemus ? Venit Dominus carnaliter ad Judæos, et occisus est : non venit ad nos, et acceptus est. Populus quem non cognovi, servivit mihi, in obauditu oris obedivit mihi. (*Psal.* xvii, 45.) Nos sumus, et de justitia nihil habemus ? Omnino habemus. Grati simus ex eo quod habemus, ut addatur quod non habemus, et non perdamus quod habemus. Ergo et hoc tertium jam agitur in nobis. Justificati sumus : sed ipsa justitia, cum proficimus, crescit. Et quomodo crescit dicam, et vobiscum quodam modo conferam, ut unusquisque vestrum jam in ipsa justificatione constitutus, accepta scilicet remissione peccatorum per lavacrum regenerationis, accepto Spiritu sancto, proficiens de die in diem, videat ubi sit, accedat, proficiat et crescat, donec consummetur, non ut finiatur, sed ut perficiatur.

CAPUT VI. — *Fides justificans a fide dæmonum discernitur per spem et caritatem.* — 6. Incipit homo a fide : quid pertinet ad fidem ? Credere. Sed adhuc ista fides discernatur ab immundis spiritibus. Ad fidem quid pertinet ? Credere. Sed ait apostolus Jacobus : Et dæmones credunt, et contremiscunt (*Jac.*, II, 19) : Si tantum credis, et sine spe vivis, vel dilectionem non habes : Et dæmones credunt, et contremiscunt. Quid magnum est, si dicis Christum Filium Dei ? Hoc dixit Petrus, et audivit : Beatus es Simon Bar-Jona (*Matth.*, xvi, 17) ; hoc dixerunt dæmones, et audierunt : Obmutescite. Ille beatus, dicitur ei : « Quia non revelavit tibi caro et sanguis, sed Pater meus qui in cœlis est. » Illi autem audiunt : Obmutescite ; et hoc ipsum dicunt, et repelluntur. Una vox est : sed Dominus radicem interrogat, non flo-

langage; mais le Seigneur regarde la racine et non la fleur. Aussi l'apôtre saint Paul dit-il aux Hébreux : « Prenez garde que quelque racine d'amertume, poussant en haut ses rejetons, ne nuise à la semence et ne souille l'âme de plusieurs. » (*Hébr.*, XII, 15.) Que votre foi soit donc tout d'abord différente de la foi des démons. Et comment sera-t-elle différente? Les démons ont confessé la vérité sous l'impression de la crainte, Pierre, sous l'inspiration de l'amour. Ajoutez donc l'espérance à la foi. Or, la pureté de la conscience est une condition nécessaire pour espérer. A l'espérance, ajoutez encore la charité. Nous avons une voie plus excellente au témoignage de l'Apôtre : « Je vous montrerai encore, nous dit-il, une voie beaucoup plus parfaite. Quand je parlerais les langues des hommes et des anges, si je n'ai point la charité, je suis comme un airain sonnant et une cymbale retentissante; » (I *Cor.*, XII, 31 ; VIII, 1) il énumère tous les autres dons et déclare qu'ils ne servent de rien sans la charité. La foi, l'espérance, la charité demeurent donc maintenant, mais la charité l'emporte sur les deux autres. Recherchez donc la charité, et donnez ainsi à votre foi un caractère distinct. Vous êtes déjà du nombre de ceux que Dieu a prédestinés, appelés, justifiés. L'apôtre saint Paul nous dit encore : « En Jésus-Christ, ni la circoncision, ni l'incirconcision ne servent de rien, mais la foi. » (*Gal.*, v, 6.) Parlez encore, grand Apôtre, développez votre pensée, dites le caractère distinctif de la vraie foi, car les démons croient aussi et tremblent; faites-nous connaître cette différence, « car les démons croient aussi, et tremblent devant ce qu'ils haïssent. Distinguez donc ma foi de cette foi, retranchez-en tout ce qui l'altère, et séparez ma cause de celle d'un peuple impie. » (*Ps.* XLII, 1.) Il fait cette distinction, il discerne, sépare clairement, lorsqu'il dit, « notre foi est la foi qui agit par la charité. » (*Gal.*, v, 6.)

CHAPITRE VII. — *Nous devons servir Dieu gratuitement; Dieu seul peut rassasier notre âme.* — 7. Que chacun de vous, mes frères, s'examine intérieurement; qu'il pèse toutes ses actions, toutes ses œuvres, et qu'il juge quelles sont celles qu'il fait par un motif de charité sans attendre de récompense temporelle, mais en vue seulement de ce que Dieu a promis, c'est-à-dire, du bonheur de le voir. Car rien de ce que Dieu peut vous promettre n'a de valeur en dehors de Dieu lui-même. Dieu ne pourrait combler mes désirs, s'il ne me promettait de se donner lui-même à moi. Qu'est-ce que toute la terre ? Qu'est-ce que la mer tout entière ? Qu'est-ce que le ciel avec toute sa magnificence ? Que sont tous les astres ? Qu'est-ce que le soleil, la lune, les célestes légions des anges? J'ai soif du Créateur de toutes ces choses; c'est de lui que j'ai faim, c'est de lui que j'ai soif; c'est à lui que je dis : « En vous est la source de la vie, »

---

rem. Unde dicitur ad Hebræos: Ne qua radix amaritudinis sursum germinans molestet, et per illam contaminentur multi. (*Hebr.*, XII, 15.) Prius ergo discerne fidem tuam a fide dæmonis. Unde (*a*) eam discernis? Dæmones hoc dixerunt timendo, Petrus amando. Adde ergo fidei spem. Et quæ spes est, nisi de aliqua conscientiæ bonitate? Speique ipsi adde caritatem. De super eminentem viam habemus, dicente Apostolo : Supereminentem viam vobis demonstro : « Si linguis hominum loquar et Angelorum, caritatem autem non habeam, factus sum velut æramentum sonans, aut cymbalum tinniens; » (I *Cor.*, XII,31 ; XIII, 1) et cætera enarrat bona, et sine caritate nihil prodesse confirmat. Maneant ergo hæc, fides, spes, caritas : major autem horum caritas. Sectamini caritatem. Discernite ergo fidem vestram. Jam estis de prædestinatis, vocatis, justificatis. Paulus Apostolus dicit : Neque circumcisio aliquid valet, neque præputium; sed fides. (*Gal.*, v, 6.) Dic adhuc, Apostole, adde, discerne ; quia : Et dæmones credunt, et contremiscunt; ergo adde, et discerne : Dæmones enim credunt, et contremiscunt quod oderunt. Distingue, Apostole, et circumcide fidem meam, et discerne causam meam de gente non sancta. (*Psal.* XLII, 1.) Plane distinguit, discernit, circumcidit. Et fides, inquit, quæ per dilectionem operatur. (*Gal.*, v, 6.)

CAPUT VII. — *Cultus gratuitus Dei. Qui solus animam satiat.* — 7. Unusquisque ergo, Fratres mei, inspiciat se intus, (*b*) appendat se, probet se in omnibus factis suis, bonis operibus suis, quæ faciat cum caritate, non exspectans retributionem temporalem, sed promissum Dei, faciem Dei. Non enim quidquid tibi Deus promittit, valet aliquid (*c*) præter ipsum Deum. Omnino me non satiaret Deus, nisi promitteret mihi se ipsum Deum. Quid est tota terra ? Quid est totum mare ? Quid est totum cœlum ? Quid sunt omnia sidera ? Quid sol ? Quid luna ? Quid exercitus Angelorum ? Omnium istorum Creatorem (*d*) sitio :

(*a*) In Mss. *Unde enim discreta.* — (*b*) Mss. *ab se pendat se.* — (*c*) Mss. *apud ipsum Deum.* — (*d*) Editi, *scio.* Sed plures Mss. *sitio.*

(*Ps.* xxxv, 10) et il me dit, de son côté : « Je suis le pain qui suis descendu du ciel. » (*Jean*, vi, 41.) Que mon âme ait faim et soif de lui pendant son pèlerinage, pour qu'elle soit rassasiée, lorsqu'elle lui sera présente dans le ciel. Le monde me sourit par une multitude d'objets, dont la beauté, la force sont égales à la variété ; mais Celui qui les a faits l'emporte de beaucoup sur eux en beauté, en force, en éclat, en douceur. « Je serai rassasié lorsque m'apparaîtra votre gloire. » (*Ps.* xvi, 15.) Si donc vous avez en vous-mêmes la foi qui opère par la charité, vous êtes du nombre de ceux qui ont été prédestinés, appelés, justifiés ; faites donc que cette foi prenne en vous de l'accroissement. La foi qui opère par la charité ne peut exister sans l'espérance. Mais lorsque nous serons parvenus au terme, sera-t-il encore besoin de la foi ? Nous dira-t-il encore : Croyez ? Non, sans doute. Nous verrons Dieu et nous le contemplerons. « Mes bien-aimés, nous sommes maintenant les enfants de Dieu, mais ce que nous serons un jour ne paraît pas encore. « C'est parce qu'il ne paraît pas encore, que la foi est nécessaire. « Nous sommes les enfants de Dieu, » prédestinés, appelés, justifiés ; « nous sommes les enfants de Dieu ; mais ce que nous serons un jour ne paraît pas encore. » Ayons donc maintenant la foi avant la manifestation de ce que nous serons un jour. « Nous savons que quand il viendra dans sa gloire, nous serons semblables à lui. » Est-ce parce que nous croyons en lui ? Non. Pourquoi donc ? « Parce que nous le verrons tel qu'il est. » (I *Jean*, iii, 2.)

CHAPITRE VIII. — *L'espérance est notre consolation pendant le pèlerinage de cette vie.* — 8. Et l'espérance ? Existera-t-elle encore dans le ciel ? Non ; il n'y aura plus d'espérance, lorsque nous posséderons la réalité. L'espérance est nécessaire ici-bas à notre pèlerinage ; c'est elle qui nous console dans le voyage de la vie. Lorsque le voyageur est fatigué de la route, ce qui le soutient au milieu de ses fatigues, c'est l'espérance de parvenir au terme. L'espérance, donc, fait partie de la justice pendant la durée de notre pèlerinage. Ecoutez l'Apôtre vous dire : « Nous gémissons au dedans de nous, attendant l'adoption des enfants de Dieu. » Tant qu'il y a lieu de gémir, on ne peut dire qu'on est en possession de cette félicité que l'Ecriture décrit en disant : « La douleur et les gémissements ont fui à jamais. » (*Isa.*, xxxv, 10.) « Nous gémissons donc encore au milieu de nous, attendant l'adoption des enfants de Dieu, la rédemption de notre corps. » Nous gémissons donc encore ; pourquoi ? « En effet, nous ne sommes sauvés qu'en espérance. Or, l'espérance qui verrait ne serait plus de l'espérance ; car, comment espérer ce qu'on voit déjà ? Si nous espérons ce que nous ne voyons

---

ipsum esurio, ipsum sitio, ipsi dico : Quoniam apud te est fons vitæ. (*Psal.* xxxv, 10.) Qui mihi dicit : Ego sum panis, qui de cœlo descendi. (*Joan.*, vi, 41.) Esuriat et sitiat peregrinatio mea, ut satietur præsentia mea. Arridet mundus multis rebus, pulchris, fortibus, variis : pulchrior est ille qui fecit, fortior et clarior ille qui fecit, suavior ille est qui fecit. Satiabor, cum manifestabitur gloria tua. (*Psal.* xvi, 15.) Fides ergo quæ per dilectionem operatur si est in vobis, jam pertinetis ad prædestinatos, vocatos, justificatos : ergo crescat in vobis. Fides enim quæ per dilectionem operatur, sine spe esse non potest. Cum autem venerimus, jam erit tibi fides? Dicetur nobis : Crede? Non utique. Videbimus (*a*) eum, contemplabimur eum. Dilectissimi, filii Dei sumus, et nondum apparuit quod erimus. (I *Joan.*, iii, 2.) Quia nondum apparuit, ideo fides. Filii Dei sumus, prædestinati, vocati, justificati : filii Dei sumus, et nondum apparuit quod erimus. Modo ergo fides, antequam appareat quod erimus. « Scimus quod, cum apparuerit, similes ei erimus. » Numquid quia credimus? Non. Quare ergo? Quoniam videbimus eum sicuti est.

CAPUT VIII. — *Spes, in hac peregrinatione solatium.* — 8. Quid spes? erit ibi? Spes jam non erit, quando erit res. Etenim ipsa spes peregrinationi necessaria est, ipsa est quæ consolatur in via. Viator enim quando laborat ambulando, ideo laborem tolerat, quia pervenire sperat. Tolle illi spem perveniendi, continuo franguntur vires ambulandi. Ergo et spes quæ hic est, ad justitiam pertinet peregrinationis nostræ. Ipsum Apostolum audi : « Adoptionem, inquit, exspectantes, in nobismetipsis ingemiscimus adhuc. » (*Rom.*, viii, 13.) Ubi est gemitus, jam non potest dici illa felicitas, de qua Scriptura dicit : Transiit labor et gemitus. (*Isai.*, xxxv, 10 ; li, 11.) Ergo « adhuc, inquit, in nobismetipsis ingemiscimus, adoptionem exspectantes redemptionem corporis nostri. » Adhuc ingemiscimus. Quare ? « Spe enim salvi facti sumus. Spes autem quæ videtur, non est spes. Si enim videt quis, quid sperat? Si autem

---

(*a*) Sic Colbertinus Ms. At editi hoc et proximo loco pro *eum*, habent *enim*.

pas encore, nous l'attendons par la patience. » (*Rom.*, viii, 24, 25.) C'est par cette patience que les martyrs ont mérité leurs couronnes; ils soupiraient après les biens invisibles et méprisaient les tourments qu'ils enduraient. C'est dans cette espérance qu'ils s'écriaient: « Qui donc nous séparera de l'amour de Jésus-Christ? La tribulation? ou l'angoisse? ou la faim? ou la nudité? ou le péril? ou la persécution? ou le glaive? car c'est à cause de vous qu'on nous livre tous les jours à la mort. » (*Rom.*, viii, 35, 36.) Et où est-il celui à cause de qui on nous livre à la mort? « C'est à cause de vous. » Et où est-il? « Heureux ceux qui n'ont pas vu et qui ont cru. » (*Jean*, xx, 29.) Voilà où il est? il est en vous, parce que la foi elle-même est au dedans de vous. Est-ce que l'Apôtre nous induit en erreur, lorsqu'il nous enseigne que « Jésus-Christ habite par la foi dans nos cœurs? » (*Ephés.*, iii, 17.) Il y habite maintenant par la foi, il y habitera plus tard par la claire vue. Il y habite maintenant par la foi, tant que nous sommes voyageurs, tant que dure notre pèlerinage; « en effet tant que nous habitons dans ce corps, nous voyageons loin du Seigneur, car nous marchons dans la foi, et non dans la claire vue. » (II *Cor.*, v, 6, 7.)

Chapitre IX. — *Dieu sera tout en tous pour les bienheureux. La charité seule demeure éternellement.* — 9. Si telle est la foi, que sera la claire vue? Ecoutez ce qu'elle sera : « Afin que Dieu soit tout en tous. » (I *Cor.*, xv, 28.) Que signifie cette expression, « tout? » Tout ce qui était sur la terre l'objet de vos désirs, de votre estime, Dieu le sera pour vous. Que vouliez-vous, qu'aimiez-vous ici-bas? Vous vouliez manger et boire? Dieu sera votre nourriture, il sera votre breuvage. Que vouliez-vous encore? La santé fragile et passagère de ce corps mortel? Dieu sera pour vous l'immortalité. Que cherchez-vous encore? Les richesses? Avare que vous êtes, qu'est-ce qui pourra combler vos désirs, si Dieu ne vous suffit pas? Qu'aimiez-vous encore? La gloire, les honneurs? Dieu sera votre gloire lui, à qui vous dites dès maintenant : « Vous êtes ma gloire, et c'est vous qui élevez ma tête. » (*Ps.* iii, 4.) Déjà, en effet, il a relevé ma tête. Notre tête, notre chef, c'est Jésus-Christ. Mais pourquoi vous étonner? Viendra un jour où le chef et les membres seront exaltés, et alors Dieu sera tout en tous. Voilà l'objet de notre foi, l'objet de notre espérance; une fois parvenus au terme, nous en serons en possession; ce ne sera plus la foi, mais la claire vue; ce ne sera plus l'espérance, mais la réalité. Et la charité, que deviendra-t-elle? N'est-elle que pour la vie présente, et cessera-t-elle alors d'exister? Si nous aimons maintenant, que nous croyons sans voir, quel ne sera pas notre amour, lorsque nous verrons Dieu et que nous le posséderons? La charité existera donc encore, mais dans sa perfection. C'est ce que nous enseigne

---

quod non videmus speramus, per patientiam exspectamus. » (*Rom.*, viii, 24, 25.) In hac ergo patientia Martyres coronabantur; desiderabant quæ non videbant, contemnebant quæ ferebant. In hac spe dicebant : « Quis nos separabit a caritate Christi? Tribulatio, an angustia, an persecutio, an fames, an nuditas, an gladius? Quia propter te. » (*Ibid.*, 35.) Et ubi est propter quem? « Quia propter te, inquit, mortificamur tota die. Propter te. » (*Ibid.*, 36.) Et ubi est : Beati qui non viderunt, et crediderunt ? (*Joan.*, xx, 29.) Ecce ubi est, in te est, quia et fides ipsa in te ipso est. An fallit nos Apostolus, qui dicit habitare Christum per fidem in cordibus nostris? (*Ephes.*, iii, 17.) Modo per fidem, tunc per speciem: modo per fidem, quamdiu in via, quamdiu in peregrinatione. Quamdiu enim sumus in corpore, peregrinamur a Domino : per fidem enim ambulamus, non per speciem. (II *Cor.*, v, 6, 7.)

Caput IX. — *Deus beatis erit omnia in omnibus. Caritas sola semper manet.* — 9. Si hoc est fides, quid erit species? Audi quid erit : Ut sit Deus omnia in omnibus. (I *Cor.*, xv, 28.) Quid est : Omnia? Quidquid hic quærebas, quidquid hic pro magno habebas, ipse tibi erit. Quid hic volebas, quid amabas? Manducare et bibere? Ipse tibi erit cibus, ipse tibi erit potus. Quid hic volebas? Sanitatem corporis fragilem, transeuntem? Ipse tibi immortalitas erit. Quid hic quærebas? Divitias? Avare, quid enim tibi sufficit, si Deus ipse non sufficit? Sed quid amabas? Gloriam, honores? Deus tibi erit gloria : cui et modo dicitur : Gloria mea et exaltans caput meum. (*Psal.* iii, 4.) Jam enim exaltavit caput meum. Caput nostrum Christus est. Sed quid miraris? Quia caput, et cætera membra exaltabuntur; tunc erit Deus omnia in omnibus. Hoc modo credimus, hoc modo speramus : cum venerimus, tenebimus; et jam visio erit, non fides : cum venerimus, tenebimus; et jam res erit, non spes. Caritas quid? numquid et ipsa modo est, et tunc non erit? Si amamus credendo et non videndo, quomodo amabimus videndo et tenendo? Ergo

l'Apôtre : « La foi, l'espérance, la charité demeurent maintenant; elles sont trois; mais la plus grande des trois, c'est la charité. » (I *Cor.*, XIII, 13.) Conservons cette charité, nourrissons-la dans notre cœur, persévérons avec confiance, par la grâce de Dieu, dans notre amour pour Jésus-Christ, et disons : « Qui nous séparera de l'amour de Jésus-Christ ? » jusqu'au jour où, dans sa miséricorde, il lui donnera toute sa perfection. « La tribulation ? ou l'angoisse ? ou la faim ? ou la nudité ? ou le péril ? ou le glaive ? car on nous livre tous les jours à la mort à cause de vous; on nous regarde comme des brebis destinées à la boucherie. » Et comment supporter toutes ces épreuves ? « Mais parmi tous ces maux, nous triomphons. » Par qui ? « Par celui qui nous a aimés. » (*Rom.*, VIII, 36, 37.) Donc, « si Dieu est pour nous, qui sera contre nous ? »

SERMON CLIX [1].

Sur ces mêmes paroles de l'Apôtre, dans le chapitre VIII de l'Epître aux Romains, où il traite de la justification; et sur ces paroles du chapitre I de l'Epître de saint Jacques : *Mes frères, regardez comme la source de toute joie les diverses afflictions qui vous arrivent*, etc.

CHAPITRE PREMIER. — *Notre justification est imparfaite ici-bas. Elle est parfaite dans les martyrs. C'est faire injure à un martyr de prier pour lui.* — 1. Par la grâce de Dieu, qui nous a donné de vous parler, et, à vous, de nous écouter, nous avons traité longuement hier de la justification dont Notre-Seigneur Dieu est pour nous le principe. En effet, dès cette vie même où nous sommes accablés sous le poids de cette chair corruptible, qui ne nous permet pas d'être sans péché, « car si nous disons que nous sommes sans péché, nous nous séduisons nous-mêmes, et la vérité n'est point en nous; » (I *Jean*, I, 8) dès cette vie, nous sommes justifiés, suivant la condition de notre pèlerinage, où nous vivons de la foi, jusqu'à ce que nous jouissions de la claire vue; c'est là une vérité évidente pour votre charité, je l'espère. Nous commençons donc par la foi pour parvenir à la claire vue; nous parcourons la voie pour arriver à la patrie, et, pendant le voyage, notre âme dit à Dieu : « Seigneur, tous mes désirs sont en votre présence, et les soupirs de mon cœur ne vous sont point cachés. » (*Ps.* XXXVII, 10.) Mais une fois dans la patrie, il n'y a plus de raison de prier, il n'y a place que pour la louange. Pourquoi n'y aura-t-il plus de raison de prier ? Parce que nous ne manquerons plus de rien. Nous verrons alors ce que nous croyons ici-bas; nous posséderons ce que nous espérons; nous y

[1] Florus cite des extraits de ce sermon dans son Commentaire sur le chapitre VI de l'Epître aux Romains, et sur le chapitre XII de l'Epître aux Hébreux. Il a été prononcé le lendemain du jour où saint Augustin avait donné le précédent, et vraisemblablement dans une fête de martyrs.

caritas erit, sed perfecta erit : sicut Apostolus ait : Fides, spes, caritas, tria hæc; major autem horum caritas. (I *Cor.*, XIII, 13.) Hanc habentes, et in nobis nutrientes, securi illo adjuvante perseverantes in eo, dicamus : « Quis nos separabit a caritate Christi ? » donec ipse misereatur, ipse perficiat. « Tribulatio, an angustia, an fames, an nuditas, an periculum, an gladius ? Quoniam propter te mortificamur tota die, deputati sumus ut oves occisionis. » Et quis supportat ? quis omnia tolerat ? « Sed in his omnibus superamus. » Unde ? « Per eum qui dilexit nos. » (*Rom.*, VIII, 37.) Ergo : « Si Deus pro nobis, quis contra nos ? »

SERMO CLIX [a].

De verbis eisdem Apostoli, Rom., VIII, seu de justificatione; necnon de verbis Jacobi : *Omne gaudium existimate, fratres mei, cum in tentationes varias incideritis*, etc.

CAPUT PRIMUM. — *Justificatio hic in nobis imperfecta.*

[a] Alias XVII, de verbis Apostoli.

Perfecta justificatio in Martyribus. Injuria est, pro Martyre orare. — 1. Hesterno die de justificatione nostra, quæ nobis est a Domino Deo nostro, sermo productus est, ministrantibus nobis, donante illo, audientibus vobis. Et cum simus in hac vita onerati sarcina corruptibilis carnis, non utique sine peccato ; quia si dixerimus quia peccatum non habemus, nos ipsos seducimus, et veritas in nobis non est (I *Joan.*, I, 8) ; justificatos tamen nos esse secundum modum peregrinationis nostræ, viventes ex fide quo usque fruamur specie, claruit, quantum arbitror, Caritati Vestræ. Incipitur ergo a fide, ut perveniatur ad speciem : via curritur, patria quæritur. In peregrinatione dicit anima nostra : « Quoniam ante te omne desiderium meum, et gemitus meus a te non est absconditus. » (*Psal.* XXXVII, 10.) In patria vero nullus orandi locus erit, sed tantum laudandi. Quare orandi locus nullus erit ? Quia nihil deest. Quod hic creditur, ibi videtur; quod hic speratur, ibi tenetur; quod hic petitur, ibi accipitur. Perfectio tamen in

recevrons ce que nous demandons dans nos prières. Il est cependant, dès cette vie, une perfection véritable : c'est celle à laquelle sont parvenus les saints martyrs. Aussi, la règle de l'Eglise, que les fidèles connaissent, est de ne point prier pour les martyrs lorsqu'on prononce leurs noms à l'autel, tandis qu'on prie pour les autres défunts dont on fait mémoire. C'est faire injure à un martyr que de prier pour lui ; nous devons bien plutôt nous recommander à ses prières ; car il a combattu contre le péché jusqu'au sang. L'Apôtre, dans son épître aux Hébreux, s'adressant à des chrétiens encore imparfaits, et qui, cependant, étaient en partie justifiés, leur dit : « Vous n'avez pas encore résisté jusqu'au sang, en combattant contre le péché. » (*Hébr.*, XII, 4.) Or, s'ils n'ont pas encore résisté jusqu'au sang, il en est, sans doute, qui sont allés jusque-là. Quels sont ceux qui ont résisté jusqu'au sang ? Les saints martyrs, dont parle l'apôtre saint Jacques, dans l'épître qu'on vient de lire : « Mes frères, regardez la source de toute joie, les diverses afflictions qui vous arrivent. » (*Jacq.*, I, 2.) C'est aux parfaits qu'il s'adresse, à ceux qui peuvent dire : « Eprouvez-moi, Seigneur, et sondez mon âme. » (*Ps.* XXV, 2.) « Sachant, continue l'apôtre, que l'épreuve de votre foi opère la patience. Or, la patience produit une œuvre parfaite. » (*Jacq.*, I, 3, 4.)

CHAPITRE II. — *L'amour de la justice admet des degrés. Premier degré.* — 2. Nous devons aimer la justice, et, dans cette justice, il y a divers degrés. Le premier degré est de ne préférer à l'amour de la justice aucune des choses que nous pouvons aimer. Quelle est ici ma pensée ? C'est que, de toutes les choses qui peuvent nous charmer, aucune n'ait pour nous autant de charmes que la justice ; je ne vous dis pas de n'en aimer aucune autre, mais d'aimer celle-là plus que toutes les autres. Il est, en effet, des choses qui ont naturellement de l'attrait pour notre faiblesse. Ainsi, nous nous sentons attirés vers la nourriture et la boisson, lorsque nous avons faim et soif ; ainsi, encore, nos yeux sont charmés de cette lumière que nous versent du haut des cieux le soleil, la lune et les autres astres, ou de celle que répandent les flambeaux que nous allumons pour consoler nos yeux au milieu des ténèbres ; ainsi, encore, nous aimons une voix mélodieuse, des chants harmonieux, une odeur suave ; le sens du toucher lui-même aime tout ce qui procure au corps une sensation agréable. Or, parmi toutes ces choses qui ont du charme pour nos sens, il en est qui sont innocentes. Ainsi, nos yeux sont ravis, comme je l'ai dit, en contemplant les grandes scènes de la nature ; mais ils trouvent aussi du plaisir dans les spectacles du théâtre. Or, si les unes sont permises, les autres sont défendus. Nos oreilles sont charmées par les chants harmonieux des psaumes sacrés, mais

hac vita nonnulla est, ad quam sancti Martyres pervenerunt. Ideoque habet ecclesiastica disciplina, quod fideles noverunt, cum Martyres eo loco recitantur ad altare Dei, ubi non pro ipsis oretur : pro cæteris autem commemoratis defunctis oratur. Injuria est enim, pro Martyre orare, cujus nos debemus orationibus commendari. Certavit enim contra peccatum usque ad sanguinem. Quibusdam vero adhuc imperfectis, et tamen ex parte justificatis, ad Hebræos dicit Apostolus : Nondum enim usque ad sanguinem pugnastis, adversus peccatum certantes. Si ergo illi nondum usque ad sanguinem, procul dubio alicui usque ad sanguinem. Qui usque ad sanguinem ? Utique sancti Martyres ; de quibus lectio sancti apostoli Jacobi modo audita est. « Omne gaudium existimate, fratres mei, cum in tentationes varias incideritis. » (*Jac.*, I, 2.) Perfectis jam dicitur, qui etiam possunt dicere : Proba me, Domine, et tenta me. (*Psal.* XXV, 2.) « Scientes, inquit, quia tribulatio patientiam operatur, patientia autem opus perfectum habet. » (*Jac.*, I, 3, 4.)

CAPUT II. — *Justitiæ amor admittit aliquot gradus. Primus gradus.* — 2. Amanda est enim justitia ; et in hac justitia amanda gradus sunt proficientium. Prius est ut amori justitiæ non præponantur omnia quæ delectant. Ipse est primus gradus. Quid est quod dixi ? Ut inter omnia quæ delectant, plus te delectet ipsa justitia : non ut alia non delectent, sed plus ipsa delectet. Delectant enim quædam naturaliter infirmitatem nostram, ut cibus et potus delectant esurientes atque sitientes ; ut nos delectat hæc lux, quæ de cœlo funditur sole exorto, vel quæ de sideribus et luna fulget, vel quæ in terra accenditur luminibus consolantibus tenebras oculorum : delectat canora vox et suavissima cantilena, delectat odor bonus ; delectat etiam tactum nostrum quæcumque pertinet ad carnis aliquam voluptatem. Et hæc omnia, quæ nos delectant in sensibus corporis, aliqua licita sunt. Delectant enim, ut dixi, oculos spectacula ista magna naturæ : sed delectant oculos etiam spectacula theatrorum. Hæc licita, illa illicita. Psalmus sacer suaviter cantatus delectat auditum : sed

elles le sont aussi par les chants profanes des histrions. Il est permis d'entendre les uns, il est défendu de prêter l'oreille aux autres. L'odorat se délecte, en respirant l'odeur des fleurs et des parfums, mais il aspire avec un égal plaisir l'encens qu'on brûle sur les autels des démons. Le plaisir est innocent d'un côté, coupable de l'autre. Le goût aime à savourer des aliments qui ne sont pas défendus, mais les mets sacriléges offerts dans des sacrifices idolâtres ne sont pas pour lui moins exquis; cependant, ce qui est légitime dans le premier cas devient criminel dans le second. Les chastes embrassements des époux ont du charme; les embrassements impurs en ont également; les uns sont innocents; les autres, coupables. Vous le voyez donc, mes très-chers frères, dans ces plaisirs sensibles, les uns sont permis, les autres sont défendus. Or, la justice doit avoir pour vous assez de charme pour l'emporter même sur les plaisirs licites, et vous devez préférer la justice aux jouissances les plus légitimes.

CHAPITRE III. — *Jouissance que l'âme trouve dans la justice et dans la foi.* — 3. Pour faire mieux comprendre ce que je veux dire, représentons-nous l'image d'un combat. Je vous demande si vous aimez la justice, vous me répondrez : Je l'aime. Or, cette réponse ne serait pas conforme à la vérité, si la justice n'avait pour vous quelque attrait; car vous n'aimez que les choses où vous trouvez quelque charme : « Mettez vos délices dans le Seigneur, dit l'Ecriture. »
(*Ps.* XXXVI, 4.) Or, le Seigneur est la justice même. En effet, vous ne devez point vous figurer Dieu comme une idole; Dieu est de la nature des êtres invisibles, et ce que nous avons de meilleur en nous est invisible. Ainsi, la fidélité est bien préférable au corps, préférable à l'or, préférable à l'argent, préférable à la fortune, à de vastes domaines, à un nombreux domestique, à d'immenses richesses, et, cependant, tous ces biens sont visibles, et la fidélité est invisible. A quoi donc pensons-nous que Dieu soit plus semblable : aux natures visibles ou aux invisibles, à ce qui est plus précieux ou à ce qui est méprisable ? Parlons des choses d'un ordre inférieur. Vous avez deux esclaves : l'un difforme, l'autre d'une grande beauté; mais le premier est fidèle, le second est infidèle. Lequel des deux, dites-moi, aimez-vous le mieux? Je vois que vous aimez ce qui est invisible. Mais, quoi donc, lorsque vous préférez le serviteur fidèle, quoique difforme, au serviteur infidèle, malgré sa beauté, êtes-vous dans l'erreur, et préférez-vous la laideur à la beauté? Non, sans doute; vous préférez, au contraire, la beauté à la laideur. Vous avez dédaigné le témoignage des yeux du corps, et vous avez ouvert les yeux du cœur. Vous avez interrogé les yeux du corps, et que vous ont-ils répondu? L'un a la beauté en partage, l'autre la laideur. Vous les avez écartés, vous avez rejeté leur témoignage, vous avez ouvert les yeux du cœur sur le serviteur fidèle et sur le serviteur infidèle; vous avez

---

delectant auditum etiam cantica histrionum. Hoc licite, illud illicite. Delectant olfactum flores et aromata, et hæc Dei creatura : delectant olfactum etiam thura in aris dæmoniorum. Hoc licite, illud illicite. Delectat gustum cibus non prohibitus : delectant gustum etiam epulæ sacrilegorum sacrificiorum. Hoc licite, illud illicite. Delectant conjugales amplexus : delectant etiam meretricum. Hoc licite, illud illicite. Videtis ergo, Carissimi, esse in istis corporis sensibus licitas et illicitas delectationes. Justitia sic delectet, ut vincat etiam licitas delectationes; et ei delectationi qua licite delectaris, præpone justitiam.
CAPUT III. — *Delectatio mentis de justitia et fide.* — 3. Constituamus ante oculos, propter hoc quod dixi, exemplum certaminis. Interrogo utrum ames justitiam : respondebis : Amo. Quod non responderes veraciter, nisi te aliquatenus delectaret. Non enim amatur, nisi quod delectat. Delectare in Domino : Scriptura dicit. (*Psal.* XXXVI, 4.) Dominus autem justitia est. Non enim tibi fingere debes Deum quasi idolum. Invisibilibus similis est Deus; et ea in nobis sunt meliora, quæ sunt invisibilia. Melior est fides quam caro, melior est fides quam aurum, et melior est fides quam argentum, quam pecunia, quam prædia, quam familia, quam divitiæ; et ista omnia videntur, fides non videtur. Cui ergo similiorem putabimus Deum, visibilibus, an invisibilibus? pretiosis, an vilibus? De vilioribus loquar. Habes duos servos, unum deformem corpore, alium pulcherrimum; sed illum deformem fidelem, alterum infidelem. Dic mihi quem plus diligas : et video te amare invisibilia. Quid ergo, quando plus amas servum fidelem, licet corpore deformem, quam pulchrum infidelem, errasti, et fœda pulchris præposuisti? Utique non : sed pulchriora fœdis præposuisti. Contempsisti enim oculos carnis, et erexisti oculos cordis. Interrogasti oculos carnis, et quid tibi renuntiaverunt? Iste pulcher est, ille fœdus. Repulisti eos, eorum testimonium

trouvé dans l'un la difformité, dans l'autre la beauté du corps; mais vous vous êtes prononcé, et vous avez dit : Quoi de plus beau que la fidélité, quoi de plus laid que l'infidélité ?

CHAPITRE IV. — *On doit aimer la justice au-dessus de tous les plaisirs les plus innocents.* — 4. Nous devons donc aimer la justice au-dessus de tous les plaisirs, au-dessus de toutes les jouissances les plus légitimes. Si vous avez les sens intérieurs de l'âme, ils doivent trouver leurs délices dans la jouissance intime de la justice. Avez-vous les yeux intérieurs ? Contemplez la lumière de la justice : « En vous, dit le Psalmiste, est la source de la vie, et dans votre lumière nous verrons la lumière. » (*Ps.* XXXV, 10.) C'est cette lumière qu'il implore dans un autre psaume : « Illuminez mes yeux, dit-il, de peur que je ne m'endorme un jour dans la mort. » (*Ps.* XII, 4.) Si vous avez les oreilles intérieures, écoutez la voix de la justice. Ce sont ces oreilles de l'âme que demandait le Sauveur, lorsqu'il disait : « Qui a des oreilles pour entendre, entende. » (*Luc*, VIII, 8.) Avez-vous l'odorat intérieur ? Ecoutez l'Apôtre : « Nous sommes, dit-il, devant Dieu, la bonne odeur de Jésus-Christ, en tout lieu. » (II *Cor.*, II, 15.) Avez-vous encore le goût intérieur ? Ecoutez le Roi-Prophète vous dire : « Goûtez, et voyez combien le Seigneur est doux. » (*Ps.* XXXIII, 9.) Enfin, si vous avez le toucher spirituel, écoutez ce que l'épouse chante de son époux : « Sa main gauche est sous ma tête, et il m'embrasse de sa droite. » (*Cant.*, II, 6.)

Nous devons préférer les attraits de la justice à toutes les autres jouissances. — 5. Représentons-nous donc cette espèce de combat dont j'avais commencé à vous parler. Voyons, mes frères, quel est celui qui répondra à cette question que je vous fais : Aimez-vous la justice, jusqu'à la préférer à tout ce qui peut flatter les sens ? Vous aimez l'or, la vue de l'or flatte vos regards ; c'est un métal dont la beauté, dont l'éclat charme les yeux. Je ne conteste point la beauté de l'or, ce serait faire injure au Créateur. Or, voici qu'un homme vient vous tenter et vous dire : Je vous enlève votre or, si vous ne faites pour moi ce faux témoignage; mais, si vous consentez à le faire, je vous en donnerai moi-même. Le combat s'engage alors entre deux attraits différents ; je vous demande donc : Que préférez-vous ? qu'est-ce qui a pour vous plus d'attrait, de l'or ou de la vérité, de l'or ou d'un témoignage conforme à la vérité ? L'or seul a-t-il de l'éclat, et un témoignage vrai n'a-t-il pas aussi le sien ? Que demande-t-on pour qu'un témoignage soit vrai ? Qu'on soit fidèle à la vérité. Quoi ? l'or seul brille à vos yeux, et ils ne verraient pas l'éclat de la fidélité ? Rougissez donc, ouvrez les yeux, et rendez à votre maître ce que vous aimiez,

---

reprobasti : erexisti oculos cordis in servum fidelem, et (*a*) in servum infidelem : istum invenisti fœdum carne, illum pulchrum : sed pronuntiasti et dixisti : Quid fide pulchrius ? quid infidelitate deformius ?

CAPUT IV. — *Justitia præ omnibus licitis delectationibus amanda.* — 4. Ergo præ omnibus voluptatibus, hoc est delectationibus etiam licitis, amanda est justitia. Si enim habes sensus interiores, omnes illi interiores sensus delectantur delectatione justitiæ. Si habes oculos interiores, vide justitiæ lumen : Quoniam apud te est fons vitæ, et in lumine tuo videbimus lumen. (*Psal.* XXXV, 10.) De illo lumine dicit Psalmus : Illumina oculos meos, ne unquam obdormiam in morte. (*Psal.* XII, 4.) Item si habes aures interiores, audi justitiam. Tales aures quærebat, qui dicebat : Qui habet aures audiendi, audiat. (*Luc.*, VIII, 8.) Si habes olfactum interius, audi Apostolum : Christi bonus odor sumus Deo in omni loco. (II *Cor.*, II, 15.) Si habes gustatum interius, audi : Gustate et videte, quoniam suavis est Dominus. (*Psal.* XXXIII, 9.) Si habes tactum interius, audi quid sponsa cantet de sponso : Sinistra ejus sub capite meo, et dextera ejus amplectetur me. (*Cant.*, II, 6.)

Justitiæ delectatio anteponenda cœteris delectationibus. — 5. Exemplum ergo, ut dicere cœperam, hujus certaminis proponamus. Videamus, Fratres mei, quisnam sit ; interrogo, et respondeat, quod dicturus sum, utrum sic delectetur justitia, ut eam cæteris ad hos sensus corporis pertinentibus delectationibus anteponat. Ecce delectat te aurum tuum, oculos tuos delectat : metallum est pulchrum, fulgentissimum, delectat. Pulchrum est, non nego : nam si pulchrum negavero : Creatori injuriam facio. Venit ergo tentator, et dicit tibi : Tollo tibi aurum, nisi dixeris pro me falsum testimonium : si autem dixeris, addo tibi. Decertant in te duæ delectationes : modo interrogo te quid præponas, quid te plus delectet, aurum, an veritas ; aurum, an verum testimonium ? An hoc lucet, et illud non lucet ? Fides quæritur in vero testimonio. Aurum lucet, fides non lucet ? Erubesce,

---

(*a*) Sic Mss. Editi autem, *et non in servum pulchrum.*

ce que vous préféreriez dans votre esclave. Lorsque je vous demandais, il n'y a qu'un instant, ce que vous préféreriez dans vos deux esclaves, ou la laideur jointe à la fidélité, ou la beauté avec l'infidélité, vous me répondiez justement en préférant ce qu'il fallait réellement préférer. Rentrez maintenant en vous-même, car c'est de vous qu'il s'agit. Vous aimiez certainement votre serviteur fidèle; mais votre Dieu est-il donc indigne d'avoir en vous un serviteur fidèle? Et quelle grande récompense promettiez-vous à votre esclave fidèle? Comme témoignage de votre grand attachement pour lui, vous lui promettiez la plus grande des récompenses, la liberté. Et quelle si grande récompense pour ce serviteur fidèle? La liberté durant cette vie passagère. Ne voyons-nous pas une foule d'esclaves qui ne manquent de rien, et des hommes libres réduits à la mendicité? Or, cependant, vous exigiez la fidélité de celui à qui vous promettiez cette liberté, et vous ne seriez point fidèle à Dieu, qui vous promet l'éternité?

Chapitre V. — *Il faut rechercher la justice avec attrait, avec amour.* — 6. Il serait trop long de parcourir ici tous les sens du corps; appliquez donc aux autres sens ce que j'ai dit des yeux, et à toutes les jouissances de la chair préférez toujours les chastes délectations de l'esprit. Votre chair se sent attirée vers des plaisirs coupables : que votre âme se laisse entraîner aux charmes de cette justice invisible, si belle, si chaste, si sainte, si pleine d'harmonie et de douceur, plutôt que d'y être forcément conduite par la crainte; si c'est la crainte qui vous amène à la justice, elle n'a point encore pour vous d'attrait. Vous devez fuir le péché, bien plus par amour de la justice que par crainte du châtiment. Voilà pourquoi l'Apôtre vous dit : « Je parle humainement à cause de la faiblesse de votre chair. Comme donc vous avez fait servir vos membres à l'impureté et à l'injustice pour l'iniquité, de même faites-les servir maintenant à la justice pour votre sanctification. » (*Rom.*, VI, 19.) Qu'ai-je voulu dire : « Je parle humainement? » Je vous dis ce qui est à votre portée. Lorsque vous avez fait servir vos membres à l'iniquité, pour vous livrer à de honteuses dissolutions, est-ce la crainte qui vous contraignait, ou le plaisir qui vous attirait? Que direz-vous? Répondez-nous; car si votre vie est maintenant innocente, il fut un temps, peut-être, où elle était coupable. Or, lorsque vous commettiez le péché, et que vous y trouviez du plaisir, était-ce la crainte qui vous déterminait à pécher, ou était-ce le charme que vous offrait le péché lui-même? Vous me répondrez : C'est le charme du péché. Eh quoi? c'est l'attrait du péché qui vous détermine à pécher, et c'est la crainte qui vous pousse vers la justice? Soumet-

---

habeto oculos : quod amabas in servo tuo, redde Domino tuo. Jamdudum enim cum interrogarem de duobus servis tuis, uno deformi fideli, alio pulchro infideli, quem magis diligeres; respondebas mihi juste, et præponebas quod præponendum fuit. Redi in te, quia modo agitur de ipso te. Certe amasti servum fidelem : Dominus tuus indignus est, si te habeat servum fidelem? Et tu servo tuo fideli pro magno quid promittebas? Ut multum diligeres, summum præmium libertatis. Quid magnum promittebas fideli servo tuo? Libertatem temporalem. Nonne videmus multos servientes non egentes, et liberos mendicantes? Et exigebas ab eo fidem, cui promittebas libertatem : nec ei servas fidem, qui tibi promittit æternitatem?

Caput V. — *Justitia cum delectatione ex amore sectanda.* — 6. Longum est, per singulos corporis sensus excurrere : sed quod de oculis dixi, hoc de cæteris intelligite : et præponite delectationi carnis delectationem mentis. Carnem quippe vestram delectant illicitæ voluptates : mentem vestram delectet invisibilis, pulchra, casta, sancta, canora, dulcis justitia, ut non ad eam timore cogamini. Si enim ad eam timore cogimini, nondum delectat. Peccare non debes, non timore pœnæ, sed amore justitiæ. Hinc Apostolus dicit : « Humanum dico propter infirmitatem carnis vestræ. Sicut enim exhibuistis membra vestra servire (*a*) immunditiæ et iniquitati ad iniquitatem; sic nunc exhibete membra vestra servire justitiæ in sanctificationem. » (*Rom.*, VI, 19.) Quid dixi? Humanum dico : quod potestis portare, dico. Quando exhibuistis membra vestra iniquitati ad flagitia perpetranda, timore adducti estis, an delectatione invitati? Quid dicitis? Respondete nobis, quia et qui bene vivitis, male aliquando fortasse vixistis. Quando peccabatis, delectabamini in peccatis vestris; timor vos adducebat ad peccandum, an suavitas peccati? Respondebitis : suavitas. Ad peccatum suavitas adducit, et ad justitiam timor impingit? Probate vos, inspicite vos. Tollat aurum qui minatur : suavior est

---

(*a*) Am. Er. et Mss. *servire injustitiæ et iniquitati*.

tez votre âme à un sérieux examen. Laissez-vous prendre votre or par celui qui vous en menace; la justice a bien plus de douceur, elle a bien plus d'éclat. Vous n'aurez point l'or qu'on vous a promis; eh bien! préférez la justice à l'or, préférez les jouissances qu'elle vous offre : elle a, je le répète, plus d'éclat, de splendeur, de suavité et de douceur. Si vous soumettez votre cœur à cette épreuve et que vous sortiez vainqueur de ce combat, vous avez compris cette recommandation de l'Apôtre : « Je parle humainement à cause de la faiblesse de votre chair. » Evidemment, il a voulu ménager votre faiblesse, et je ne sais pas s'il a jamais rien dit de plus agréable, et qui soit plus à la portée des âmes les moins avancées.

CHAPITRE VI. — *Pour pratiquer la justice, il faut non-seulement mépriser le plaisir, mais supporter la douleur.* — 7. En effet, semble-t-il leur dire, je vous parle ici un langage que vous pouvez comprendre : Vous avez fait servir vos membres à des plaisirs coupables, vous avez été entraînés dans ces plaisirs par l'attrait du péché; laissez-vous entraîner vers le bien par les charmes et la douceur de la justice; aimez la justice, comme vous avez aimé l'iniquité. La justice mérite bien que vous fassiez pour elle ce que vous avez fait pour l'iniquité; voilà ce que signifie : « Je parle humainement, » c'est-à-dire : Je vous parle un langage que votre faiblesse peut comprendre. Qu'est-ce donc que l'Apôtre tenait en réserve? Qu'est-ce qu'il a différé de dire? Je vais tâcher de l'expliquer. Pesez dans une même balance la justice et l'iniquité; la justice ne mérite-t-elle que ce que mérite l'iniquité? Ne devez-vous aimer la justice que comme vous avez aimé l'iniquité. Gardons-nous d'avoir pour elles une égale affection. Que dis-je? Plût à Dieu qu'elle fût égale! Il faut donc faire plus pour la justice; oui, il le faut absolument. Pour commettre l'iniquité, vous avez suivi l'attrait du plaisir; pour pratiquer la justice, supportez patiemment la douleur. Vous avez cherché, je le répète, le plaisir dans l'injustice; souffrez la douleur pour la justice, et vous aurez fait davantage. Voici, dans cet âge où le chemin de la vie est si glissant, un jeune libertin, qui, entraîné par sa passion, a jeté les yeux sur la femme de son prochain; il l'aime, et veut arriver jusqu'à elle; cependant, il cherche à couvrir ses démarches, car s'il aime le plaisir, il craint encore plus la douleur. Pourquoi cherche-t-il l'obscurité? Il craint d'être saisi, chargé de chaînes, et conduit comme un criminel; il redoute la prison, la publicité des débats, les tourments et la mort. Cette crainte lui fait chercher les moyens de satisfaire secrètement sa passion; il épie l'absence du mari, il craint de rencontrer un complice de son crime, il redoute les complications que pourrait susciter la présence d'un témoin. Nous le voyons céder à l'attrait du plaisir; mais cet attrait n'est pas assez fort pour triompher de la crainte, de la douleur et de la terreur que lui inspire le châtiment.

justitia, lucidior est justitia. Non det aurum qui promittit : præponenda est auro justitia, delectando præponenda est, fulgentior est, lucidior est, suavior est, dulcior est. Jam ergo si quis se probat, et in hoc certamine superavit, audivit Apostolum dicentem : « Humanum dico propter infirmitatem carnis vestræ. » Sine dubio pepercit infirmitati : et nescio quid gratius minus idoneis dicere tentavit.

CAPUT VI. — *Pro justitia non solum contemnenda voluptas, sed etiam ferendus dolor.* — 7. Ecce, inquit, hoc dico quod capere potestis : Exhibuistis membra vestra deliciis illicitis, peccatorum suavitate ducti estis, ut illa faceretis; ducat vos ad recta facta suavitas et dulcedo justitiæ; amate justitiam, quomodo amastis iniquitatem. Digna est justitia, quæ a vobis impetret ut exhibeatis illi, quod exhibuistis iniquitati : hoc est : Humanum dico, hoc est, quod infirmitas vestra tolerare adhuc potest. Quid ergo suspendit Apostolus? quid distulit dicere? Quid distulit, dicam, si potero. Appende justitiam et iniquitatem : tantumne digna est justitia, quantum digna fuit iniquitas? Sic amanda est ista, quomodo amata est illa? Absit ut sic, sed et utinam vel sic. Ergo plus? Plus omnino. In iniquitate secutus es voluptatem, pro justitia tolera dolorem. In injustitia, inquam, secutus es delectationem, pro justitia tolera dolorem : hoc est plus. Ecce nescio quis ætatis lubricæ impudicus adolescens, suavitate illiciente inject oculos in conjugem alienam, amavit, cupit pervenire; quærit tamen latere : sic enim amat voluptatem, ut plus timeat dolorem. Quare quærit latere? Timet apprehendi, ligari, adduci, includi, produci, torqueri, occidi. Hæc omnia timendo, in illa appetitione suavitatis suæ latebras quærit : aucupatur absentiam mariti, ipsum adjutorem flagitii sui timet invenire, quia conscio se formidat implicare. Et videmus eum suavitate duci : sed suavitas illa non est tanta, ut vincat etiam timorem et dolorem timoremque pœna-

Donnez-moi donc la justice avec la beauté qui lui est propre; donnez-moi la fidélité avec tous ses charmes; qu'elle paraisse au grand jour, qu'elle se révèle aux yeux du cœur, qu'elle inspire une sainte ardeur à ceux qui l'aiment. La justice vous dit : Voulez-vous jouir de moi? méprisez toute autre jouissance, et méprisez-la à cause de moi. Vous l'avez fait : ce n'est pas assez. C'est une chose tout humaine que je vous demandais à cause de la faiblesse de votre chair. Oui, c'est peu de mépriser tout ce qui vous charmait : méprisez encore tout ce qui vous effrayait; méprisez les prisons, méprisez les chevalets, méprisez les tourments, méprisez la mort. Si vous triomphez de toutes ces terreurs, vous me trouverez infailliblement. En vous élevant successivement à ce double degré de la justice, montrez que vous l'aimez véritablement.

CHAPITRE VII. — *Les martyrs ont aimé la justice d'un amour parfait.* — 8. Nous pourrons bien trouver, peut-être, des chrétiens qui préfèrent les chastes attraits de la justice aux voluptés et aux joies des sens; mais en est-il parmi vous un seul qui soit disposé à mépriser pour elle la douleur et la mort? Elevons du moins nos pensées à ce courage, dont nous n'osons encore faire profession. Mais sur quel objet arrêterons-nous nos pensées, et où trouver ce courage? Nous avons sous les yeux des milliers de martyrs qui ont eu cet amour véritable et parfait. C'est à eux que s'adressent ces paroles : « Regardez comme la source de toute joie les diverses afflictions qui vous arrivent, sachant que l'épreuve de votre foi opère la patience. Or, la patience produit une œuvre parfaite. » (*Jacq.*, I, 2, etc.) Que peut-on ajouter à la patience, pour que son œuvre soit parfaite? Elle aime d'un amour plein d'ardeur et de zèle; elle foule aux pieds, et laisse derrière elle tout ce qui flatte les sens. Elle se trouve en face des plus dures épreuves : qu'on la menace des supplices les plus effrayants, les plus cruels, elle triomphe de toutes ces difficultés, brise et traverse tous ces obstacles. O amour de la justice, qui nous fait ainsi marcher généreusement, mourir à nous-mêmes, et parvenir jusqu'à Dieu! « Celui qui aime son âme la perdra, et celui qui perdra sa vie pour moi la trouvera dans la vie éternelle. » (*Matth.*, x, 39.) Voilà les armes dont doit se revêtir un ami de la justice, un ami de l'invisible beauté. « Ce que je vous dis dans les ténèbres, dites-le à la lumière; et ce que vous entendez à l'oreille, prêchez-le sur les toits. » (*Ibid.*, 27.) Comment faut-il entendre ces paroles : « Ce que je vous dis dans les ténèbres, dites-le à la lumière? » Ce que vous entendez au fond du cœur, annoncez-le publiquement avec confiance. « Et ce que vous entendez à l'oreille, prêchez-le sur les toits. » Que signifie encore : « Et ce que vous entendez à l'oreille? » Ce que vous entendez secrètement, parce que vous craignez encore de le confesser

---

rum. Da mihi pulchram justitiam, da mihi fidei pulchritudinem : procedat in medium, ostendat se oculis cordis, inspiret fervorem amatoribus suis. Jam tibi dicitur : Frui me vis? Contemne quidquid te aliud delectat, contemne pro me. Ecce contempsisti, parum est illi : « Humanum est hoc, propter infirmitatem carnis vestræ. » Parum est ut contemnas quidquid te delectabat : contemne quidquid te terrebat; contemne carceres, contemne vincula, contemne equuleum, contemne tormenta, contemne mortem. Hæc vicisti, me invenisti. In utroque gradu amatores justitiæ vos probate.

CAPUT VII. — *Martyres perfecti amatores justitiæ.* — 8. Invenimus forsitan aliquos qui præponant justitiæ delectationem voluptatibus et delectationi corporis sui : qui autem pro illa pœnas, dolores, mortemque contemnat, putas est aliquis in vobis? Saltem cogitemus, quod profiteri non audemus. Quid cogitamus? Ubi cogitamus? Millia Martyrum adjacent oculis nostris, ipsi veri amatores perfectique justitiæ. De illis dictum est : « Omne gaudium existimate, fratres mei, cum in tentationes varias incideritis; scientes quod probatio fidei vestræ patientiam operatur; patientia autem opus perfectum habet. (*Jac.*, I, 2, etc.) Quid addi potest, ut opus perfectum habeat? Amat, ardet, fervet, calcat omnia quæ delectant, et transit : venit ad aspera, horrenda, truculenta, minantia, calcat, frangit, et transit. O amare, o ire, o sibi perire, o ad Deum pervenire! Qui animam suam amat, perdet illam; et qui perdiderit animam suam propter me, in vitam æternam inveniet illam. (*Matth.*, x, 39.) Sic armandus est amator justitiæ, sic armandus est amator invisibilis pulchritudinis. « Quæ dico vobis in tenebris, dicite in lumine; et quæ in aure auditis, super tecta prædicate. » (*Ibid.*, 27.) Quid est : Quæ dico vobis in tenebris, dicite in lumine? Quod dico et auditis mente, dicite præsumentes. Et quod in aure auditis, super tecta prædicate. Quid est : In aure auditis? In secreto auditis; quia profiteri et confiteri adhuc timetis. Quid est ergo : Super tecta

et de le publier. Et comment le prêcher sur les toits? Vos maisons, ce sont vos corps; votre demeure, c'est votre chair. Montez sur les toits, foulez aux pieds la chair, et prêchez la parole de Dieu.

CHAPITRE VIII. — *Si nous avons en nous quelque justice, c'est de Dieu que nous la tenons.* — 9. Mais commencez tout d'abord, mes frères, par déplorer ce que vous étiez, et vous pourrez ainsi devenir ce que vous n'êtes pas encore. La perfection à laquelle je vous invite est grande; comment pourrons-nous y atteindre? C'est le point le plus élevé, le degré le plus éminent de la sainteté; comment y parvenir? Ecoutez l'Apôtre : « Toute grâce excellente et tout don parfait viennent d'en haut et descendent du Père des lumières, en qui il n'y a ni changement, ni ombre de vicissitude. » (*Jacq.*, I, 17.) C'est de lui que vient ce que nous avons de bon, c'est de lui que nous viendra ce que nous n'avons point encore. Quelque chose vous manque? « Demandez et vous recevrez; si vous, qui êtes mauvais, vous savez donner ce qui est bon à vos enfants, combien plus votre Père, qui est dans les cieux, donnera-t-il ce qui est bon à ceux qui le demandent? » Que chacun de vous donc s'examine, et si vous trouvez en vous quelque bien qui ait rapport à notre justification, rendez grâces à Celui qui vous l'a donné, et, tout en lui rendant grâces, demandez-lui ce que vous n'avez pas encore reçu; car si vous gagnez en recevant, il ne s'appauvrit pas en vous donnant. Quel qu'étendus que soient vos désirs, quelque grande que soit votre soif, vous ne pourrez jamais épuiser cette source.

SERMON CLX. [1]

Sur ces paroles de l'Apôtre, dans le chapitre I de la Ire Epître aux Corinthiens : *Que celui qui se glorifie, se glorifie dans le Seigneur;* et sur ce verset du Psaume LXX : *Délivrez-moi dans votre justice, et sauvez-moi.*

L'homme doit se glorifier dans le Seigneur et non dans sa justice. — 1. Nous avons entendu la recommandation de l'Apôtre : « Que celui qui se glorifie se glorifie dans le Seigneur, » (I *Cor.*, I, 31) et nous avons chanté cette prière que le Psalmiste fait à Dieu : « Délivrez-moi dans votre justice, et sauvez-moi. » (*Ps.* LXX, 3.) Se glorifier dans le Seigneur, c'est donc se glorifier, non pas de sa propre justice, mais de la justice qui vient du Seigneur. Cette justice a été ignorée de ceux qui mettent leur gloire dans leur propre justice, et ce vice s'est rencontré surtout dans les Juifs, qui rejettent le Nouveau Testament et restent attachés au vieil homme. C'est inutilement, c'est sans aucun fruit qu'ils

---

[1] Possidius fait mention de ce sermon dans le chapitre IX de sa Table; Bède et Florus en citent des extraits dans leur Commentaire sur le chapitre VI de l'Epître aux Galates.

---

prædicate? Domus vestræ, corpora vestra; domus vestræ, carnes vestræ. Ascende in tectum, calca carnem, et prædica verbum.

CAPUT VIII. — *Ex Deo est, si quid justitiæ habemus.* — 9. Sed prius, Fratres mei, plangite quod eratis, ut quod nondum estis, esse possitis. Hoc quod loquor magnum est. Et unde nobis magnum? Summum est, perfectum est, optimum est : unde nobis? Audite unde nobis : « Omne datum optimum et omne donum perfectum de sursum est, descendens a Patre luminum, apud quem non est transmutatio, nec momenti obumbratio. » (*Jac.*, I, 17.) Inde est quod habemus bonum, inde est quod nondum habemus. Non habetis? Petite, et accipietis. « Si vos, ait Salvator, si vos cum sitis mali nostis bona data dare filiis vestris, quanto magis Pater vester cœlestis dabit bona petentibus se? » (*Matth.*, VII, 7, 11.) Examinet se ergo omnis homo, et quidquid in se boni invenerit, quod pertineat ad justificationem nostram, agat gratias illi qui dedit; et agendo gratias illi qui dedit, ab illo petat et quod nondum dedit. Non enim tu in accipiendo proficis, et ille in dando deficit. Quantumlibet capaces fauces, capacem ventrem afferas; fons vincit sitientem.

SERMO CLX. [a]

De verbis Apostoli, I Cor., I : *Qui gloriatur, in Domino glorietur;* deque verbis Psalmi LXX : *In justitia tua libera me, et eripe me.*

Glorietur homo in Domino, non in sua justitia. — 1. Admoniti ab Apostolo sumus, ut « qui gloriatur, in Domino glorietur; » (I *Cor.*, I, 31) eique Domino cantavimus : « In tua justitia erue me, et exime me. » (*Psal.* LXX, 3.) Hoc est ergo in Domino gloriari; non in sua, sed in ejus justitia gloriari. Hæc autem justitia latuit eos, qui de sua justitia gloriantur. Et hoc maxime vitium apparuit in Judæis novum Testa-

---

[a] Alias XI inter editos ex Carthusiæ Mss.

ont lu, qu'ils ont chanté dans leurs livres sacrés: « Délivrez-moi dans votre justice; » car, « ne connaissant point la justice de Dieu, et s'efforçant d'établir leur propre justice, ils ne se sont point soumis à la justice de Dieu. » (*Rom.*, x, 3.) Nul donc, fût-il juste, ne doit se glorifier de sa justice. C'est à celui qui oserait s'en glorifier, que l'Apôtre dit : « Qu'avez-vous que vous n'ayez reçu ? » (I *Cor.*, IV, 7.) « Que celui donc qui se glorifie, se glorifie dans le Seigneur. » Quoi de plus assuré que de se glorifier dans Celui qui ne peut être pour personne un sujet de confusion? Si vous mettez votre gloire dans l'homme, vous pourrez trouver en lui quelque motif, que dis-je? bien des motifs d'être confondu. Or, dès qu'il vous est défendu de vous glorifier dans l'homme, vous ne devez point vous glorifier en vous-même, car vous n'êtes qu'un homme. Si donc vous vous glorifiez en vous-même, vous vous glorifiez dans l'homme; et il n'y a rien de plus insensé et de plus odieux. En effet, si vous vous glorifiez dans un homme juste ou dans un sage, celui en qui vous mettez votre gloire; ne se glorifie pas en lui-même; lorsqu'au contraire, vous vous glorifiez en vous-même, vous n'êtes ni juste, ni sage; mais s'il vous est défendu de vous glorifier dans un homme sage, combien plus dans un insensé? Or, celui qui se glorifie en lui-même se glorifie dans un insensé, car il prouve qu'il est un insensé par cela seul qu'il met sa gloire en lui-même. Donc, « que celui qui se glorifie se glorifie dans le Seigneur; » rien n'est plus certain, rien n'est plus assuré. Si vous le pouvez, vous trouverez à vous appuyer sur un fond solide et véritable; et en mettant votre gloire en lui, vous ne serez jamais confondu; car que peut-on relever en Dieu qui mérite d'être repris. Voilà pourquoi le Psalmiste, qui disait à Dieu : « Délivrez-moi dans votre justice, » et non pas : Délivrez-moi dans ma justice, avait commencé par dire : « C'est en vous, Seigneur, que j'ai espéré, je ne serai pas confondu à jamais. » (*Ps.* LXX, 1.)

Les Juifs ont été aveuglés par l'opinion qu'ils avaient de leur propre justice. — 2. Aussi, l'unique cause de l'égarement des Juifs, le seul désordre qui les a rendus étrangers à la grâce de l'Evangile, c'est celui-là seul dont l'Apôtre n'a pas cru devoir se taire, et que je viens de rappeler. « Je leur rends ce témoignage, dit-il, qu'ils ont du zèle pour Dieu, mais leur zèle n'est point selon la science. » (*Rom.*, X, 2.) Leur zèle est tout à la fois un sujet d'éloge et de blâme. En quoi donc étaient-ils ici coupables? C'était d'avoir du zèle pour Dieu, mais non point selon la science. Et comme si nous demandions à l'Apôtre : Qu'entendez-vous par ce zèle qui n'est point réglé par la science? quelle est cette science qu'on ne rencontre point chez ceux qui

---

mentum recusantibus et in vetere homine remanentibus. Frustra et infructuose in suis codicibus legerant atque cantaverant : « In tua justitia erue me. » « Ignorantes enim Dei justitiam, et suam volentes constituere, justitiæ Dei non sunt subjecti. » (*Rom.*, x, 3.) Nemo ergo tanquam de sua justitia glorietur, etiamsi justus est. De sua quippe justitia glorianti dictum est : Quid enim habes quod non accepisti? (I *Cor.*, IV, 7.) Ergo « qui gloriatur, in Domino glorietur. » Quid enim securius, quam in illo gloriari, de quo nemo potest omnino confundi? Nam si gloriatus fueris in homine, potest inveniri aliquid in homine, imo multa inveniri possunt in homine, de quibus confundatur, qui in illo gloriatur. Cum autem audis non esse in homine gloriandum, utique nec in te : non enim tu non homo. Si ergo gloriaris in te, in homine gloriaris : et hoc est stultius et exsecrabilius. Quia si gloriatus fueris in homine justo aliquo vel alio sapiente, ille non in se gloriatur in quo tu gloriaris; tu autem si in te gloriaris, non sapiens, non justus es : si autem non oportet in homine sapiente gloriari, multo minus oportetut insipiente gloriari. Qui autem gloriatur in se, in insipiente gloriatur. Eo enim ipso insipiens convincitur, quia in se ipso gloriatur. Ergo « qui gloriatur, in Domino glorietur : » nihil tutius, nihil securius. Si potes, habes quod apprehendas, in Domino gloriatus non confunderis. Non enim aliquid reprehensionis inveniri potest in illo, quo in gloriaris. Ac per hoc et ille, qui non dicebat : In mea justitia erue me; sed : « In tua justitia erue me : » hoc prius dixit : « In te speravi, Domine, non confundar in æternum. » (*Psal.* LXX, 1.)

Judæi propriæ justitiæ opinione excæcati. — 2. Numquid enim aliud est, in quo erraverunt Judæi, aut quo alio vitio ab Evangelica gratia extorres facti sunt, nisi uno illo de quo Apostolus non tacuit, quod paulo ante commemoravi? « Testimonium, inquit, eis perhibeo, quia zelum Dei habent, sed non secundum scientiam. » (*Rom.*, x, 2.) Ubi laudavit, etiam reprehendit. Unde ergo illi vitiosi? Quia utique quamvis zelum Dei habeant, non secundum scientiam. Et quasi consuleremus Apostolum, et diceremus : Quid

ont cependant le zèle pour Dieu? voulez-vous connaître cette science qui leur fait défaut, écoutez l'Apôtre : « Car ne connaissant point la justice de Dieu, et s'efforçant d'établir leur propre justice, ils ne se sont point soumis à la justice de Dieu. » Si donc vous voulez avoir du zèle pour Dieu, mais un zèle qui soit réglé par la science, et entrer dans la nouvelle alliance dont les Juifs n'ont pu faire partie, parce que leur zèle pour Dieu n'était pas selon la science, reconnaissez la justice de Dieu, et gardez-vous de vouloir établir votre propre justice, si vous êtes tant soit peu juste. Votre vie est-elle chrétienne? Observez-vous les commandements de Dieu? Ne vous en attribuez point le mérite : ce serait vouloir établir votre propre justice. Reconnaissez Celui de qui vous avez reçu et de qui vous tenez tout ce que vous avez. « Qu'avez-vous donc, en effet, que vous n'ayez reçu? Que si vous l'avez reçu, pourquoi vous glorifier comme si vous ne l'aviez pas reçu. » Car, lorsque vous vous glorifiez comme si vous ne l'aviez pas reçu, vous vous glorifiez en vous-même ; et alors que faites-vous de cette recommandation : « Que celui qui se glorifie, se glorifie dans le Seigneur? » Attachez-vous au don, mais n'oubliez pas le donateur. Lorsque le Seigneur promettait d'envoyer son Esprit, il disait : « Si quelqu'un a soif, qu'il vienne à moi et qu'il boive. Qui croit en moi, des fleuves d'eau vive couleront de son sein. » (*Jean*, VII, 37, 38.) D'où viennent en vous ces fleuves? Rappelez-vous votre sécheresse passée; car si vous n'aviez pas été desséché, vous n'auriez pas eu soif ; et vous n'auriez pas bu, si vous n'aviez eu soif. Que veux-je dire? Si vous n'aviez reconnu le vide qui est en vous, vous n'auriez pas cru en Jésus-Christ. Avant de dire : « Des fleuves d'eau vive couleront de son sein, » le Sauveur avait dit : « Si quelqu'un a soif, qu'il vienne à moi et qu'il boive. » Vous avez en vous un fleuve d'eau vive, parce que vous buvez; vous ne boiriez point si vous n'aviez soif ; mais si vous aviez soif, pourquoi vouloir vous glorifier, comme si ce fleuve prenait sa source en vous-même? Donc, « que celui qui se glorifie se glorifie dans le Seigneur. »

C'est une grande sagesse que de savoir Jésus-Christ crucifié. — 3. « Et moi, mes frères, lorsque je suis venu vers vous pour vous annoncer le mystère de Dieu, je n'y suis point venu dans la sublimité du discours et de la sagesse. » Et il ajoute : « Ai-je prétendu parmi vous savoir autre chose que Jésus-Christ, et Jésus-Christ crucifié? » (I *Cor.*, II, 1, 2.) Mais, en sachant cette seule chose, il n'ignorait rien absolument. C'est une grande science que de connaître Jésus-Christ crucifié; mais l'Apôtre la place sous les yeux des petits enfants comme un trésor enveloppé. « Jésus-Christ crucifié. » Que de richesses dans ce trésor! Dans un autre

---

est quod dixisti, non secundum scientiam? Quæ est ista scientia, quam illi non habent, qui tamen zelum Dei habent? Quam scientiam non habent, vis audire? Attende quod sequitur : « Ignorantes enim Dei justitiam, et suam volentes constituere, justitiæ Dei non sunt subjecti. » Si ergo zelum Dei habes, et vis habere secundum scientiam, et pertinere ad Testamentum novum, ad quod Judæi propterea pertinere non potuerunt, quia zelum Dei non secundum scientiam habuerunt; agnosce Dei justitiam, et noli tuam velle constituere hanc ipsam, si quam habes: si bene vivis, si præcepta Dei facis, noli tuum putare ; hoc est enim velle suam justitiam constituere. Agnosce a quo acceperis et habes quod accepisti. « Non enim habes, quod non accepisti. Si autem accepisti, quid gloriaris, quasi non acceperis? » Cum enim gloriaris, quasi non acceperis, in te gloriaris ; et ubi est : « Qui gloriatur, in Domino glorietur? » Datum tene, sed datorem agnosce. Spiritum suum se daturum cum promitteret Dominus : « Si quis sitit, inquit, veniat ad me, et bibat. Qui credit in me flumina aquæ vivæ fluent de ventre ejus. » (*Joan.*, VII, 37, 38.) Unde in te hoc flumen? Recordare tuam pristinam siccitatem. Nisi enim siccus fuisses, non sitisses : si non sitisses, non bibisses. Quid est : si non sitisses, non bibisses? Nisi tu te inanem invenisses, in Christum non credidisses. Antequam diceret : « Flumina aquæ vivæ fluent de ventre ejus, » prius dixit : « Si quis sitit, veniat et bibat. » Ideo flumen habebis aquæ vitæ, quia bibis : non bibis, si non sitis : si autem sitiebas, quare tanquam de tuo flumine gloriari volebas? Ergo « qui gloriatur, in Domino glorietur. »

Scire Christum crucifixum magna sapientia. — 3. « Et ego, inquit, Fratres, veniens ad vos veni non in elatione verbi aut sapientiæ, annuntians vobis (*f.* martyrium) mysterium Dei. » Dicit etiam : « Numquid dixi me scire aliquid in vobis, nisi Jesum Christum, et hunc crucifixum? » (I *Cor.*, II, 1, 2.) Etsi hoc solum sciebat, nihil est quod nesciebat. Magnum est scire Christum crucifixum : sed ante oculos parvulorum tanquam involutum posuit thesaurum. « Christum, inquit, crucifixum. » Quanta habet intus iste

endroit, le même Apôtre, craignant que quelques fidèles ne fussent détournés de Jésus-Christ par une fausse philosophie et par de vains sophismes, leur promet qu'ils trouveront en Jésus-Christ un trésor de science et de sagesse. « Prenez garde, leur dit-il, que quelqu'un ne vous séduise par la philosophie et par des raisonnements vains et trompeurs, selon les éléments du monde, et non selon Jésus-Christ, en qui sont renfermés tous les trésors de la sagesse et de la science. » (*Colos.*, II, 8, 3.) Jésus-Christ crucifié renferme donc tous les trésors de la sagesse et de la science. Ne vous laissez pas séduire, leur dit-il, au nom de la science. Approchez-vous de ce trésor caché, et priez pour qu'il vous soit découvert. Philosophe insensé de ce monde, ce que vous cherchez n'est rien ; il n'y a que celui que vous ne cherchez pas qui soit quelque chose. Que vous sert-il d'être dévoré par la soif, si vous marchez dédaigneusement sur la fontaine sans vous y arrêter ? Vous méprisez son humble apparence, parce que vous ne connaissez point sa majesté. « S'ils l'avaient connue, dit saint Paul, ils n'auraient jamais crucifié le Seigneur de la gloire. » (I *Cor.*, II, 8.) « Jésus-Christ crucifié ; je n'ai prétendu, parmi vous, savoir autre chose que Jésus-Christ, et Jésus-Christ crucifié, » (*Ibid.*, 2) c'est-à-dire, ses humiliations, dont se moquent les superbes, en qui s'accomplissent ces paroles du Roi-Prophète :

« Vous avez fait éclater votre fureur contre les superbes ; ceux-là sont maudits qui se détournent de vos préceptes. » (*Ps.* CXVIII, 21.) Et quel est son grand précepte, sinon de croire en lui et de nous aimer les uns les autres. Or, en qui devons-nous croire ? En Jésus-Christ crucifié. Que la sagesse écoute ici ce que l'orgueil refuse d'entendre. Le commandement que Dieu nous impose est de croire en lui. En qui ? En Jésus-Christ crucifié. Ainsi, ce qu'il nous commande, c'est la foi en Jésus-Christ crucifié. Oui, voilà ce qu'il nous commande ; mais ce superbe, la tête levée, bouffi d'orgueil, vient, avec un langage pompeux et un ton déclamateur, se moquer de Jésus-Christ crucifié. « Maudits soient donc ceux qui se détournent de vos commandements. » Pourquoi ces moqueries insolentes ? Parce que leurs yeux s'arrêtent au vêtement méprisable dont il est extérieurement revêtu, et qu'ils ne voient point le trésor caché que ce vêtement recouvre. Ils voient la chair, ils voient l'homme, ils voient la croix, ils voient la mort, toutes choses qui ne leur inspirent que le mépris. Arrêtez, ne passez pas si dédaigneusement ; gardez-vous de tout mépris, de toute insulte. Attendez, approfondissez ce mystère, vous y trouverez à l'intérieur un véritable charme, vous y trouverez ce que l'œil n'a point vu, ce que l'oreille n'a point entendu, ce qui n'est point monté dans le cœur de l'homme. » (*Ibid.*, 9.)

thesaurus? Deinde alio loco, cum metueret quibusdam, ne per philosophiam et inanem fallaciam seducerentur a Christo, thesaurum scientiæ et sapientiæ Dei promisit in Christo. « Cavete, inquit, ne quis vos seducat per philosophiam et inanem seductionem, secundum elementa mundi, non secundum Christum, in quo sunt omnes thesauri sapientiæ et scientiæ absconditi. (*Colos.*, II, 8, 3.) Christus crucifixus, thesauri sapientiæ et scientiæ absconditi. Nolite ergo, inquit, nomine sapientiæ decipi. Ad hoc involucrum vos advocate, hoc vobis ut evolvatur, orate. Stulte hujus mundi philosophe, quod quæris nihil est : quem non quæris (*a*). Quid prodest, quia multum sitis, et fontem calcando pertransis? Contemnis humilitatem, quia non intelligis majestatem. « Si enim cognovissent, nunquam Dominum gloriæ crucifixissent. (*Ibid.*, 8.) Jesum Christum, inquit, crucifixum. Non dixi aliquid me in vobis scire, nisi Jesum Christum et hunc crucifixum ; » (*Ibid.*, 2) humilitatem ejus, quam irrident superbi, ut fiat in eis : Incre-

pasti superbos ; maledicti enim qui declinant a mandatis tuis. (*Psal.* CXVIII, 21.) Et quod est mandatum ejus, nisi ut credamus in eum, et diligamus invicem? In quem credamus? In Christum crucifixum. Quod non vult audire superbia, hoc audiat sapientia. Mandatum ejus est, ut credamus in eum. In quem? In Christum crucifixum. Hoc est mandatum ejus, ut credamus in Christum crucifixum. Hoc omnino : sed superbus iste, erecta cervice, tumenti gutture, elata lingua, inflatis buccis irridet Christum crucifixum. « Maledicti ergo qui declinant a mandatis tuis. » Quare irrident, nisi quia vilem vesticulam forinsecus circumdatam vident, latentem intus thesaurum non vident? Videt carnem, videt hominem, videt crucem, videt mortem, ista contemnit. Mane, noli transire, noli spernere, noli insultare. Exspecta, scrutare : forte est aliquid intus quod te multum delectet. Si invenias « quod oculus non vidit, nec auris audivit, nec in cor hominis ascendit. » (*Ibid.*, 9.) Videt oculus carnem : est infra carnem quod oculus non

(*a*) Hic aliquid deest.

Votre œil ne voit que la chair, mais il y a sous la chair ce que l'œil ne peut voir. Votre oreille entend la voix, mais il y a dans la voix ce que l'oreille n'entend pas. La pensée terrestre qui monte dans votre cœur, c'est la pensée d'un homme attaché et mort sur la croix; mais il y a en lui une nature à laquelle votre cœur ne peut s'élever. Les pensées qui s'élèvent dans notre cœur sont des pensées ordinaires. « Il vint à l'esprit de Moïse, dit la sainte Ecriture, de visiter ses frères; » (*Exod.*, II, 11) c'était là une pensée naturelle. Ainsi, lorsque les disciples étaient dans le doute sur la personne même du Sauveur, et qu'ils se disaient en le voyant si vite ressuscité : C'est lui; non, ce n'est pas lui, c'est son corps, c'est un fantôme, Jésus leur dit : « Pourquoi ces pensées s'élèvent-elles dans votre cœur ? » (*Luc*, XXIV, 38.)

L'humilité de la croix est le chemin qui conduit à l'élévation. — 4. Cherchons donc, si nous en sommes capables, non pas ce qui peut monter dans notre cœur, mais où notre cœur peut mériter de s'élever. Car, si nous apprenons à nous glorifier dans la croix de Jésus-Christ, nous mériterons de partager la gloire de son royaume. Aussi l'Apôtre a-t-il vu, non-seulement les hauteurs où il doit s'élever, mais le chemin qu'il doit prendre pour y parvenir. Combien, en effet, qui ont vu le terme, et n'ont pas connu la route! Ils ont aimé la patrie de la vraie grandeur, mais ils ont ignoré le chemin de l'humilité. L'Apôtre donc, parfaitement instruit, par suite de ses longues et profondes méditations, non-seulement du terme où il tend, mais de la route qui y conduit, s'écrie : « A Dieu ne plaise que je me glorifie en autre chose que dans la croix de Notre-Seigneur Jésus-Christ ! » (*Gal.*, VI, 14.) Il aurait pu dire : Dans la sagesse de Notre-Seigneur Jésus-Christ, et il aurait dit vrai; dans sa majesté, dans sa puissance, et c'était encore la vérité; mais il a dit : « dans la croix. » Là où le philosophe du siècle ne voit qu'un sujet de confusion, l'Apôtre trouve un trésor, parce que, sans mépriser l'enveloppe grossière, il parvient jusqu'au trésor qu'elle recouvre. « A Dieu ne plaise, dit-il, que je me glorifie, sinon dans la croix de Notre-Seigneur Jésus-Christ ! » Vous vous êtes chargé d'un précieux fardeau; il renferme tout ce que vous pouvez désirer, et vous nous avez montré les inépuisables richesses qu'il contient. Mais quel secours y trouvez-vous ? « Par qui, continue-t-il, le monde est crucifié pour moi, et par qui je suis crucifié pour le monde. » (*Ibid.*) Comment le monde pourrait-il être pour vous un crucifié, si Celui qui a fait le monde n'avait d'abord été crucifié pour vous ? « Donc, que celui qui se glorifie se glorifie dans le Seigneur. » Dans quel Seigneur ? Dans Jésus-Christ crucifié. En lui la majesté se trouve jointe à l'humilité, la

---

videt. Audit oris tua vocem : est ibi quod auris non audivit. Ascendit in cor tuum, quasi de terrenis cogitationibus, homo crucifixus et mortuus : est illic quod in cor hominis non ascendit. Ascendunt enim in cor nostrum usitatæ cogitationes; Ascendit, inquit, in cor Moysi visitare fratres suos; (*Exod.*, II, 11) humana est ista (*f.* cogitatio) conditio. Et cum discipuli de ipso Domino dubitarent, et apud se ipsos dicerent, cum subito resurrexisse conspicerent : Ipse est, non est, caro est, spiritus est; hoc eis dicit : Quid cogitationes ascendunt in cor vestrum ? (*Luc.*, XXIV, 38.)

Humilitas crucis via ad celsitudinem. — 4. Quæramus ergo, si possumus, non quod in cor nostrum possit ascendere, sed quo cor nostrum mereatur ascendere. Merebitur enim in regnante glorificari, qui didicerit in crucifixo gloriari. Unde videns ipse Apostolus, non solum quo ascendat, sed etiam qua ascendat. Multi enim viderunt quo, nec viderunt qua : amaverunt celsitudinis patriam, sed ignoraverunt humilitatis viam. Sciens ergo Apostolus, et cogitans et præmeditans, non solum quo, sed etiam qua : (a) «Mihi, inquit, absit gloriari, nisi in cruce Domini nostri Jesu Christi. » (*Gal.*, VI, 14.) Poterat dicere : in sapientia Domini nostri Jesu Christi ; et verum diceret ; poterat : in majestate, et verum diceret ; poterat : in potestate, et verum diceret ; sed dixit : in cruce. Ubi mundi philosophus erubuit, ibi thesaurum Apostolus reperit : non contemnendo vile involucrum, pervenit ad pretiosum involutum. « Absit, inquit, mihi gloriari, nisi in cruce Domini nostri Jesu Christi. » Bonam sarcinam sustulisti, ibi totum est quod quæsisti ; et quid ibi magnum lateret, ostendisti. Quale adjutorium ? Per quem mihi, inquit, mundus crucifixus est et ego mundo. (*Ibid.*) Quando tibi crucifigeretur mundus, nisi pro te crucifigeretur per quem factus est mundus ? Ergo «qui

---

(a) Florus ad Galat., VI post citatum Sermonem qui nunc ordine est 27, subjungit hujusce Tractatus fragmentum ab istis verbis : *Mihi, inquit, absit gloriari*, etc. cum hoc titulo : *Ex eodem Sermone*. Sed castigandus Florus ex Beda, qui id ibidem notat excerptum : *Ex sermone de Apostolo: Qui gloriatur, in Domino glorietur.*

puissance à la faiblesse, la vie à la mort. Si vous voulez parvenir à ce qui est élevé, ne méprisez point ce qui vous paraît humble.

Les fils de Zébédée, qui désiraient l'élévation, sont appelés par le Sauveur à prendre le chemin qui peut les y conduire. — 5. Vous avez entendu dans l'Evangile la demande des enfants de Zébédée. Ils ambitionnaient la grandeur, et demandaient à Jésus que l'un d'eux fût assis à la droite et l'autre à la gauche de cet auguste Père de famille. Il faut l'avouer, leurs prétentions étaient élevées ; ils voulaient monter bien haut, mais comme ils ne pensaient point aux moyens d'y parvenir, Notre-Seigneur les rappelle, du terme où ils voulaient arriver, au chemin qui devait les y conduire. Que répond-il, en effet, à leur demande si ambitieuse? « Pouvez-vous boire le calice que je dois boire ? » (*Matth.*, xx, 22.) Quel est ce calice, sinon le calice de ses humiliations, de sa passion ? ce calice qu'il allait boire, lorsque, personnifiant en lui notre faiblesse, il dit à son Père : « Mon Père, que ce calice, s'il est possible, s'éloigne de moi. » (*Matth.*, xxvi, 39.) Il personnifie également en lui ces disciples qui refusaient de boire ce calice, qui ambitionnaient la grandeur, sans s'occuper de prendre pour y arriver la voie de l'humilité, et leur dit : « Pouvez-vous boire le calice que je dois boire ? » Vous cherchez le Christ dans sa gloire, revenez au Christ crucifié.

Vous voulez régner et vous asseoir avec Jésus-Christ sur son trône glorieux, apprenez d'abord à dire : « A Dieu ne plaise que je me glorifie, sinon dans la croix de Notre-Seigneur Jésus-Christ ! » (*Gal.*, vi, 14.) Voilà la doctrine chrétienne ; elle nous fait un précepte de l'humilité, elle nous recommande l'humilité, et nous défend de nous glorifier, sinon dans la croix de Notre-Seigneur Jésus-Christ. Il n'y a pas grand mérite à se glorifier dans la sagesse de Jésus-Christ ; ce qui est vraiment grand, c'est de se glorifier dans la croix de Jésus-Christ, c'est que l'homme pieux se glorifie de ce qu'outrage l'impie ; c'est que le chrétien mette sa gloire dans ce que le superbe ne cesse d'insulter. Gardez-vous de rougir de la croix de Jésus-Christ : c'est pour vous sauver de cette fausse honte qu'elle a été imprimée sur votre front comme sur le siége de la pudeur. Rappelez-vous le signe gravé sur votre front, et vous ne redouterez pas les coups des langues ennemies.

La circoncision était le signe de l'Ancien Testament, la croix est le signe du Nouveau. — 6. Le signe de l'Ancien Testament, c'était la circoncision pratiquée sur une partie secrète du corps ; le signe du Nouveau Testament, c'est la croix gravée publiquement sur le front. D'un côté, il y a un mystère caché ; de l'autre, ce mystère est révélé ; ici il est sous le voile, là ce voile se trouve levé : « Jusqu'à ce jour, dit

gloriatur, in Domino glorietur. » Quo Domino ? Christo crucifixo. Ubi humilitas, ibi majestas ; ubi infirmitas, ibi potestas ; ubi mors, ibi vita. Si vis ad illa pervenire, noli ista contemnere.

Filii Zebedæi celsitudinem appetentes ad viam vocantur. — 5. Audisti in Evangelio filios Zebedæi. Quærebant altitudinem, dicentes ut unus eorum sederet ad dexteram tanti patrisfamilias, alter ad sinistram. Magnam plane ille celsitudinem requirebant, magnam : sed quoniam postponebant qua, vocat eos Christus ab eo quo ire volebant, ad illud qua ire debebant. Quærentibus quippe tantam celsitudinem quid respondit? Potestis bibere calicem, quem ego bibiturus sum ? (*Matth.*, xx, 22.) Quem calicem, nisi humilitatis, nisi passionis ? quem bibiturus et in se transformans infirmitatem nostram ait Patri : Pater, si fieri potest, transeat a me calix iste. (*Matth.*, xxvi, 39.) Istos ipsos in se tranformans, qui talem calicem bibere recusabant, et altitudinem quærebant, humi-

litatis viam negligebant : « Potestis bibere, inquit, calicem, quem ego bibiturus sum ? » Christum quæritis excelsum ; redite ad crucifixum. Vultis regnare et gloriari in sedibus Christi ; prius discite dicere : « Mihi absit gloriari, nisi in cruce Domini nostri Jesu Christi. » (*Gal.*, vi, 14.) (a) Hæc est doctrina Christiana, humilitatis præceptum, humilitatis commendatio, ut non gloriemur, nisi in cruce Domini nostri Jesu Christi. Nam non est magnum in Christi sapientia gloriari : magnum est in cruce Christi gloriari ; unde tibi insultat impius, inde glorietur pius ; unde insultat superbus, inde glorietur Christianus. Noli erubescere de cruce Christi : ideo in fronte tanquam in sede pudoris signum ipsum accepisti. Recole frontem tuam, ne linguam expavescas alienam.

Circumcisio veteris Testamenti, crux novi signum. — 6. Signum veteris Testamenti circumcisio in latenti carne : signum novi Testamenti crux in libera fronte. Ibi enim occultatio est, hic revelatio : illud

---

(a) Hinc incipiebat Sermo alias xv, inter editos a Parisiensibus, qui hanc solum partem repererant in vetere Lectionario Carthusiano aut Germanensi ad diem Exaltationis S. Crucis.

SERMON CLX.

l'Apôtre, lorsqu'ils lisent Moïse, ils ont un voile sur le cœur. » (II *Cor.*, III, 15.) Pourquoi? Parce qu'ils n'ont point passé jusqu'à Jésus-Christ. Lorsque vous serez converti à Jésus-Christ, le voile sera levé (*Ibid.*, 16), et, au lieu de la circoncision que vous portiez secrètement, vous porterez ouvertement la croix sur le front. « Nous tous, contemplant à face découverte la face du Seigneur, nous sommes transformés en la même image, de clarté en clarté, comme par l'esprit du Seigneur. » (*Ibid.*, 18.) Ne vous attribuez pas le mérite de cette transformation, ne la regardez point comme votre œuvre, de peur que, méconnaissant la justice de Dieu, et voulant établir la vôtre, vous ne soyez point soumis à la justice de Dieu. Passez donc jusqu'à Jésus-Christ, vous qui mettez votre gloire dans la circoncision. Quoi! vous placeriez votre gloire dans ce que vous rougiriez de montrer? C'est un signe sacré, un signe véritable, un signe d'institution divine; mais c'est le signe d'une chose cachée. En effet, le Nouveau Testament était voilé dans l'Ancien, de même que l'Ancien Testament est révélé dans le Nouveau. Ce signe, de caché qu'il était, doit donc devenir public, et être gravé sur le front au lieu de demeurer voilé sous les vêtements. Ce signe, personne ne peut le nier, représentait Jésus-Christ. Voilà pourquoi on se servait d'un couteau de pierre : or, le Christ était la pierre. (1) (I *Cor.*, x, 4.) Voilà pourquoi la circoncision se pratiquait le huitième jour, et ce jour est celui de la résurrection du Seigneur. Aussi, l'Apôtre qui venait de la circoncision, et abandonnait toutes ces figures pour passer à Jésus-Christ, savait où il devait placer sa gloire : « A Dieu ne plaise que je me glorifie, sinon dans la croix de Notre-Seigneur Jésus-Christ ! » (*Gal.*, VI, 14.) Que venait-il de dire auparavant ? « Ceux qui se font circoncire ne gardent point eux-mêmes la loi ; mais ils veulent que vous receviez la circoncision pour se glorifier dans votre chair. » (*Ibid.*, 13.) Que ferez-vous donc, ô grand Apôtre? Faites passer ce signe sur votre front. « A Dieu ne plaise que je me glorifie, sinon dans la croix de Notre-Seigneur Jésus-Christ ! » Je trouve là, dit-il, ce que j'ignorais. La nouvelle alliance est venue, et a révélé ce qui était caché. La lumière s'est levée pour ceux qui étaient assis à l'ombre de la mort. (*Isa.*, IX, 2.) Le voile qui recouvrait les mystères est levé ; ce qui était caché, est maintenant à découvert. Celui qui est la pierre véritable est venu ; il nous a circoncis spirituellement, et il a imprimé sur le front de ceux qu'il a rachetés le signe de l'humilité.

Nous devons nous glorifier dans la croix de

(1) Voy. Sermon CLXIX, chap. II.

est sub velamine, hoc in facie. Quamdiu enim legitur Moyses, velamen super cor eorum positum est. (II *Cor.*, III, 15.) Quare? Quia non transierunt ad Christum. Cum enim transieris ad Christum, auferetur velamen (*Ibid.*, 16) ; ut qui habebas in occulto circumcisionem, in fronte portes crucem. Nos autem revelata facie gloriam Domini speculantes, « in eamdem imaginem, inquit, transformamur, de gloria in gloriam, tanquam a Domini Spiritu. » (*Ibid.*, 18.) Ne hoc tibi tribuas, ne hoc tuum putes, ne ignorans Dei justitiam et tuam volens constituere, justitiæ Dei non sis subjectus. Transi ergo ad Christum, o qui gloriaris de circumcisione. Inde enim vis gloriam habere, quod verecundaris ostendere. (*a*) Signum est, verum est, a Deo præceptum est : sed occultationis signum est. Novum enim Testamentum in veteri velabatur : vetus Testamentum in novo revelatur. Ideo signo ab occulto transeat in manifestum, et incipiat esse in fronte quod latebat sub veste. Nam in eo signum Christum esse prænuntiatum quis ambigat? Inde cultellus petrinus : Petra autem erat Christus. (I *Cor.*, x, 4.) Inde octavus dies circumcisionis, et Dominicus resurrectionis. Ideo Apostolus inde transiens, inde veniens, transiens scilicet ad Christum, ut auferatur velamen, novit unde glorietur. Mihi autem absit gloriari, nisi in cruce Domini nostri Jesu Christi. (*Gal.*, VI, 14.) Quid enim prius dixerat ? « Neque enim qui circumcisi sunt, ii legem custodiunt; sed volunt vos circumcidi, ut in vestra carne glorientur. » (*Ibid.*, 13.) Tu quid Apostole? Transfer signum ad frontem. « Mihi autem absit gloriari, nisi in cruce Domini nostri Jesu Christi. » (*b*) Hic habeo, inquit, quod ignorabam. Venit Testamentum novum, revelatum est quod occultabatur. Qui sedebant in umbra mortis, lumen ortum est eis. (*Isai.*, IX, 2.) Revelatum est eis quod occultabatur : quod latebat, in aperto est. Venit ipsa petra, omnes nos spiritu circumcidit, et suæ humilitatis signum in redemptorum fronte defixit.

Gloriatio sit in cruce Christi, non in nostra justitia.

(*a*) Ita in Germanensi Lectionario. At editi ex majoris Carthusiæ Mss. *Et signum verum est, a Deo præceptum est.* — (*b*) Lectionarium Germanense : *Hinc.* Quo quidem ex Lectionario habes quæ sequuntur deinceps post verba *quod ignorabam.* Reliqua enim deerant in editis ex majoris Carthusiæ Mss.

Jésus-Christ, et non dans notre propre justice.
— 7. Mettons donc toute notre gloire dans la croix de Jésus-Christ, ne rougissons pas des humiliations du Très-Haut. Jusques à quand fera-t-on cette distinction entre les aliments ; jusques à quand pratiquera-t-on la circoncision de la chair? Ce sont des hommes qui font leur Dieu de leur ventre, et qui mettent leur gloire dans ce qui devrait les couvrir de honte. (*Philip.*, III, 19.) Les mystères des siècles à venir leur avaient été annoncés d'avance : qu'ils les croient donc, maintenant qu'ils sont accomplis. Mais, comment les Juifs sont-ils devenus étrangers à cette grâce, dont ils se sont éloignés comme des esclaves fugitifs? Parce que le zèle qu'ils ont pour Dieu n'est point réglé par la science. (*Rom.*, x, 2.) Quelle science? Ne connaissant pas, poursuit l'Apôtre, la justice de Dieu, ils se sont efforcés d'établir leur propre justice ; ils n'ont vu en Dieu que les préceptes qu'ils ont cru pouvoir accomplir par leurs propres forces, et ils ont ainsi évité d'implorer son secours. Car Jésus-Christ est la fin de la loi, il est la consommation de la loi, pour justifier tous ceux qui croient en lui. (*Ibid.*, 4.) Et que fait Jésus-Christ? Il justifie l'impie. En effet, lorsqu'un homme croit en celui qui justifie l'impie, non le juste, et qui rend juste le pécheur; lorsqu'un homme, dis-je, croit en celui qui justifie ainsi l'impie, sa foi lui est imputée à justice. (*Rom.*, IV, 5.) « Certes, si Abraham a été justifié par ses œuvres, » comme s'il était lui-même l'auteur, la cause de sa justification, « il a de quoi se glorifier, mais non devant Dieu. » (*Ibid.*, 2.) « Que celui donc qui veut se glorifier se glorifie dans le Seigneur, » et qu'il dise en toute confiance : « Délivrez-moi dans votre justice, et sauvez-moi. » En effet, Dieu délivre et sauve du danger ceux qui espèrent en lui, et qui n'attribuent point à leurs propres forces les dons qu'ils ont reçus. « Et cela même est sagesse, de savoir de qui est ce don. » (*Sag.*, VII, 2.) Qui parle ainsi? Celui qui a demandé à Dieu de lui donner la continence. Quelle justice, quelle partie si faible de la justice peut-on accomplir sans la continence? Le péché a de l'attrait, car s'il n'en avait point, on ne pécherait pas; or, nous péchons, parce que la justice a pour nous moins de charmes, ou qu'elle n'en offre aucun, ou que nous ne sommes point attirés vers elle autant qu'elle en est digne. Or, d'où vient cette froideur? Des langueurs de notre âme. Le pain excite notre dégoût, et nous aimons le poison. Qui pourra guérir cette langueur, je vous le demande? Notre guérison viendra-t-elle de nous-mêmes, ou par notre moyen? Tous, hélas! nous avons eu le triste pouvoir de nous blesser; mais qui de nous est capable de guérir les plaies qu'il s'est faites? Ainsi en est-il pour nos péchés; qui de nous n'a blessé son âme, lorsqu'il l'a voulu? Mais il n'a pu, lorsqu'il l'a voulu, guérir cette plaie du péché. Que nos cœurs s'ouvrent donc à la piété;

— 7. Jam gloriatio in cruce sit Christi : non nos pudeat humilitatis excelsi. Quamdiu discretio ciborum, et carnis circumcisio? Quorum Deus venter, et gloria in pudendis eorum. (*Philip.*, III, 19.) Illis futura prænuntiabantur, jam facta credantur. Non simus ingrati ei qui venit, si exspectavimus ut veniret. Sed unde Judæi ab hac gratia extorres, alieni, fugitivi? Quia zelum Dei habent, sed non secundum scientiam. (*Rom.*, x, 2.) Quam scientiam? Ignorantes, inquit, Dei justitiam, et suam volentes constituere : non tenentes Deum nisi in præceptis, et suis viribus se arbitrantes implere posse præcepta, adjutorium (*f.* Dei ignorarunt) devitarunt. Finis enim legis Christus, perfectio legis Christus, ad justitiam omni credenti. (*Ibid.*, 4.) Et quid facit Christus? Justificat impium. Credendo quippe in eum qui justificat impium, non pium, sed impium ; faciens pium, quem reperit impium : « credenti ergo in eum, qui justificat impium, deputatur fides ejus ad justitiam. » (*Rom.*, IV, 5.) Si enim Abraham ex operibus justificatus est, tanquam ipse fecerit, tanquam sibi hoc ipse præstiterit (*Ibid.*, 2) ; habet gloriam, sed non apud Deum. « Qui autem gloriatur, in Domino glorietur; » et securus dicat : In tua justitia erue me, exime me. » Eruit enim et eximit in se sperantes ; non suis viribus, quod acceperint, tribuentes. Et hoc ipsum enim est sapientiæ, scire cujus est donum. (*Sap.*, VIII, 21.) Quis hoc dixit? Qui rogavit Deum, ut daret illi continentiam. Quæ justitia, quæ particula justitiæ impleri potest, sine aliqua continentia? Delectat enim peccare : nam si non delectaret, non fieret. Minus autem delectat justitia, aut non delectat, aut minus quam dignum est, delectat. Unde hoc, nisi de languoribus animæ? Panis in fastidio est, et delectat venenum. Unde iste languor sanabitur; obsecro vos? Itane a nobismetipsis et per nosmetipsos? Qui omnes idonei fuimus vulnerare nos, qui nostrum est idoneus curare quod fecit? Sic et in ipsis delictis, quis non cum voluerit, vulnerat se? Sed non quis cum voluerit, sanat se. Sit ergo

qu'ils deviennent sincèrement chrétiens, et qu'ils ne méconnaissent point l'action de la grâce. Reconnaissons la nécessité du Médecin : jamais le malade ne peut se guérir lui-même.

SERMON CLXI.[1]

Sur ces paroles de l'Apôtre, dans le chapitre VI de la Ire Epitre aux Corinthiens : *Ne vous y trompez pas : ni les fornicateurs, ni les idolâtres..... ne seront héritiers du royaume des cieux..... Ne savez-vous pas que vos corps sont les membres de l'Esprit saint, etc.?*

CHAPITRE PREMIER. — *Il faut fuir la fornication. Le fornicateur outrage Jésus-Christ.* — 1. Dans la lecture qui vient d'être faite, nous avons entendu les reproches sévères de l'Apôtre cherchant à mettre un frein aux passions humaines : « Ne savez-vous pas, dit-il, que vos corps sont les membres de Jésus-Christ? Enlèverai-je donc à Jésus-Christ ses propres membres, pour en faire les membres d'une prostituée ? A Dieu ne plaise! » (I *Cor.*, VI, 15.) Nos corps, au témoignage de l'Apôtre, sont donc les membres de Jésus-Christ, parce que Jésus-Christ, en se faisant homme, est devenu notre chef, suivant ces paroles du même Apôtre : « Il est le Sauveur de son corps. » (*Ephés.*, V, 23.) Or, son corps, c'est l'Eglise. (*Colos.*, I, 18.) Si Notre-Seigneur Jésus-Christ ne s'était uni qu'à une âme humaine, nos âmes seules seraient ses membres ; mais il s'est uni aussi à un corps pour être également notre chef sous ce rapport, puisque nous sommes composés d'une âme et d'un corps : nos corps sont donc aussi ses membres. Si donc un chrétien, pour satisfaire plus librement sa passion, était tenté de se rabaisser à ses yeux et de se mépriser lui-même, qu'il ne méprise pas Jésus-Christ, qu'il ne dise point : Je céderai à la tentation, je ne suis rien : « Toute chair est comme l'herbe des champs. » (*Isa.*, XL, 6.) Mais votre corps est un membre de Jésus-Christ. Où alliez-vous ? Revenez. Dans quel précipice vous couriez vous jeter? Epargnez en vous Jésus-Christ, reconnaissez en vous Jésus-Christ. « Quoi ! j'enlèverai à Jésus-Christ ses membres pour en faire les membres d'une prostituée ? » (I *Cor.*, VI, 15.) Car il n'y a qu'une prostituée qui puisse devenir la complice de votre adultère; et peut-être est-ce une chrétienne qui enlève à Jésus-Christ ses membres pour en faire les membres d'une adultère. Vous outragez tous deux en vous Jésus-Christ, vous ne reconnaissez pas votre Seigneur, vous ne pensez pas au prix que vous lui avez coûté. Quel nom, cependant, donner à ce Seigneur, qui de ses serviteurs a fait ses propres frères ? Que dis-je ? Non content de les rendre ses frères, il a voulu en faire ses membres. Et une si grande

[1] Florus cite quelques extraits de ce sermon dans son Commentaire sur les chapitres VI et VII de la Ire Epître aux Corinthiens.

---

animus pius, sit fideliter Christianus, sit gratiæ non ingratus. Agnoscatur medicus : nunquam se sanat ægrotus.

SERMO CLXI.[a]

De verbis Apostoli, I *Cor.*, VI : *Nolite errare : neque fornicatores, neque idolis servientes..... regnum Dei possidebunt. Nescitis quia corpora membra Christi sunt*, etc.?

CAPUT PRIMUM. — *Fornicatio fugienda. Injuriam Christo facit fornicator.* — 1. Apostolum audivimus, cum legeretur, corripientem et coercentem humanas libidines, et dicentem : « Nescitis quia corpora vestra membra Christi sunt? Tollens ergo membra Christi, faciam membra meretricis? Absit. » (I *Cor.*, VI, 15.) Corpora ergo nostra membra Christi esse dixit ; quoniam Christus caput nostrum est, eo quod homo factus est propter nos : caput de quo dictum est : Ipse Salvator corporis nostri. (*Ephes.*, V, 23.) Corpus autem ejus Ecclesia est. (*Colos.*, I, 18.) Si ergo Dominus noster Jesus Christus tantummodo animam humanam susciperet, membra ejus non essent nisi animæ nostræ : quia vero et corpus suscepit, per quod etiam caput est nobis, qui ex anima et corpore constamus; profecto illius membra sunt et corpora nostra. Si ergo unusquisque cupiens fornicari, vilescebat sibi, et in se ipso contemnebat se ipsum ; non in se contemnat Christum, nec dicat : Faciam, nihil sum : Omnis caro fœnum. (*Isai.*, XL, 6.) Sed corpus tuum membrum est Christi. Quo ibas ? Redi. Quo te tanquam præcipitare cupiebas ? Parce in te Christo, agnosce in te Christum. « Tollens ergo membra Christi, faciam membra meretricis? » (I *Cor.*, VI, 15.) Meretrix est enim, quæ tibi ad adulterium consentit : et forte ipsa Christiana tollit membra Christi, et facit membra adulteri. Invicem in vobis contemnitis Christum, nec agnoscitis Dominum vestrum, nec cogitatis pretium vestrum. Qualis autem ille Dominus, qui servos suos fecit fratres suos ?

[a] Alias XVIII, de verbis Apostoli.

dignité n'est rien à vos yeux? Est-ce parce qu'elle vous a été donnée de la manière la plus touchante que vous l'estimez si peu? Si vous ne l'aviez pas, elle serait l'objet de vos désirs; elle vous a été accordée, et vous la méprisez.

Chapitre II. — *Le fornicateur fait outrage à l'Esprit saint.* — 2. Or, nos corps, que saint Paul appelle les membres de Jésus-Christ, parce que Jésus-Christ s'est uni à un corps de même nature que le nôtre, nos corps sont encore, au témoignage du même Apôtre, le temple de l'Esprit saint, qui est en nous et que nous avons reçu de Dieu. (I *Cor.*, vi, 19.) C'est le corps de Jésus-Christ qui rend nos corps les membres de Jésus-Christ ; c'est la présence de l'Esprit saint en nous qui fait de nos corps les temples de l'Esprit saint. Lequel des deux choisissez-vous pour en faire l'objet de vos mépris? Jésus-Christ, dont vous êtes le membre, ou l'Esprit saint dont vous êtes le temple? Cette prostituée, qui consent à devenir la complice de votre crime, vous n'osez peut-être l'introduire dans votre chambre où se trouve le lit conjugal; mais vous cherchez dans votre maison un lieu abject et méprisable, pour vous vautrer honteusement dans la fange. Ainsi, vous respectez la chambre de votre épouse, et vous ne respectez point le temple de votre Dieu? Vous n'osez pas faire entrer cette impudique dans le lieu où vous prenez votre repos avec votre épouse : et vous, qui êtes le temple de Dieu, vous allez trouver une impudique? Cependant, le temple de Dieu est plus digne de respect, ce me semble, que la chambre de votre épouse. En quelque lieu que vous alliez, Jésus vous voit, lui qui vous a créé; lui qui vous a racheté, lorsque vous étiez perdu; lui qui est mort pour vous, qui étiez mort. Vous ne vous connaissez pas vous-même, mais il ne cesse d'avoir les regards fixés sur vous, non pour vous venir en aide, mais pour vous punir. « Les yeux du Seigneur, dit le Psalmiste, sont attachés sur les justes, et ses oreilles sont ouvertes à leurs prières. » (*Ps.* xxxiii, 16.) Mais il ajoute aussitôt, pour épouvanter ceux qui, cherchant une sécurité coupable, se disaient : Je satisferai mes désirs, Dieu ne daignera pas arrêter ses regards sur des actions aussi honteuses. Ecoutez ce qui suit ; considérez à qui vous appartenez, car, en quelque lieu que vous alliez, Jésus vous voit : « Le regard de sa colère est sur ceux qui font le mal; il efface de la terre jusqu'à leur souvenir. » (*Ibid.*, 17.) De quelle terre veut-il parler? De celle dont il est dit : « Vous êtes mon espérance et mon partage dans la terre des vivants. » (*Ps.* cxli, 6.)

Chapitre III. — *La fornication exclut du royaume de Dieu.* — 3. Voici un homme vicieux, corrompu, adultère, impudique, qui s'applaudit de ses désordres, chez qui les glaces de la vieillesse n'ont pas éteint le feu des passions;

Sed parum erat fratres suos, nisi faceret membra sua. Itane tanta dignitas viluit? Quia tam benigne præstita est, non honor ei retribuitur? Si non præstaretur, desideraretur : quia præstita est, contemnitur?

Caput II. — *Fornicator in Spiritum sanctum injuriosus.* — 2. Hæc autem corpora nostra, quæ dicit Apostolus membra esse Christi, propter corpus Christi, quod ex genere corporis nostri suscepit; hæc ergo corpora nostra dicit idem Apostolus templum esse in nobis Spiritus sancti, quem habemus a Deo. (I *Cor.*, vi, 19.) Propter corpus Christi corpora nostra membra sunt Christi : propter inhabitantem Spiritum Christi, corpora nostra sunt templum Spiritus sancti. Quid horum in te contemnis? Christum, cujus membrum es? an Spiritum sanctum, cujus templum es? Ipsam meretricem, quæ tibi consentit ad malum, non audes fortasse introducere in cubiculum tuum, ubi habes lectum tuum conjugalem : sed quæris aliquem objectum in domo tua et turpem locum, in quo turpiter voluteris. Defers ergo honorem cubiculo uxoris tuæ, et non defers templo Dei tui? Non introducis impudicam, ubi dormis cum conjuge tua, et tu ipse is ad impudicam, cum sis templum Dei? Puto quia melius est templum Dei, quam cubiculum uxoris tuæ. Quocumque enim ieris, Jesus videt te; qui fecit te, et perditum redemit te, et pro mortuo mortuus est pro te. Tu te non agnoscis, sed ille a te oculos non avertit, non ad adjuvandum, sed ad puniendum. Oculi enim Domini super justos, et aures ejus ad preces eorum. (*Psal.* xxxiii, 16.) Continuo subjecit, et terruit eos qui sibi malam securitatem dabant, qui sibi dicebant : Faciam : non enim Deus me tam turpia facientem dignatur attendere. Audi quid sequitur, cujus sis attende ; quoniam quocumque ieris, Jesus videt : Vultus autem Domini super facientes mala, ut perdat de terra memoriam eorum. (*Ibid.*, 17.) Sed de qua terra? Ubi dicitur : Spes mea es tu, portio mea in terra viventium. (*Psal.* cxli, 6.)

Caput III. — *Fornicatio excludit a regno Dei.* — 3. Forte enim malus, iniquus, adulter, impudicus,

il se tient ce langage : Oui, il est bien vrai de dire que le Seigneur lance les regards de sa colère sur ceux qui font le mal, pour effacer de la terre jusqu'à leur souvenir. Me voici parvenu à un âge avancé; depuis ma jeunesse jusqu'à ce jour, j'ai satisfait tous mes désirs, j'ai vu mourir bien des personnes dont la vie était pure, j'ai conduit au tombeau une foule d'hommes chastes, plus jeunes que moi : et, malgré mes désordres, j'ai survécu à ceux dont la conduite était irréprochable. Que venez-vous donc me dire, « que le Seigneur lance les regards de sa colère sur ceux qui font le mal, pour effacer de la terre jusqu'à leur souvenir? » Il y a une autre terre où nul impudique n'aura d'accès, une autre terre qui est le royaume de Dieu. « Ne vous y trompez pas : ni les fornicateurs, ni les idolâtres, ni les adultères, ni les voluptueux, ni les abominables, ni les voleurs, ni les avares, ni les ivrognes, ni les médisants, ne seront héritiers du royaume de Dieu. » (I *Cor.*, VI, 9, 10.) C'est ainsi que Dieu effacera de la terre leur souvenir. Il en est un grand nombre, qui, tout en se livrant à ces crimes, se flattent d'un espoir trompeur; et c'est pour désabuser ceux qui, malgré cette vie de désordre, espèrent encore le royaume de Dieu, où ils n'entreront jamais, qu'il est écrit : « Il effacera de la terre jusqu'à leur souvenir. » Il y aura alors un ciel nouveau, une nouvelle terre, qui seront le séjour exclusif des justes, où les impies, les pécheurs, les hommes vendus à l'iniquité n'auront jamais d'accès. Que celui donc qui se reconnaît à ces traits choisisse maintenant le séjour qu'il veut habiter, alors qu'il est encore temps de pouvoir changer.

CHAPITRE IV. — *Deux habitations : l'une dans le feu de l'enfer, l'autre dans le royaume de Dieu.* — 4. Deux habitations, en effet, nous sont préparées : l'une dans le feu éternel, l'autre dans l'éternel royaume. Sans doute dans les flammes éternelles, le supplice n'est pas le même pour tous, mais tous cependant sont dans les flammes; tous y souffrent d'indicibles tourments, bien que dans une mesure différente. Sodome, le Sauveur le déclare, sera traitée avec moins de rigueur que d'autres villes (*Matth.*, X, 15); et nous voyons encore, dans l'Evangile, que plusieurs parcourent la terre et les mers pour faire un seul prosélyte, et, qu'après l'avoir fait, ils le rendent digne de l'enfer deux fois plus qu'eux. (*Matth.*, XXIII, 15.) Ainsi, supposez que le supplice des uns est double de celui des autres, que ceux-ci souffrent moins, et les autres davantage : ce n'est point une contrée où vous puissiez choisir votre séjour. Les plus légers tourments de l'enfer sont plus affreux que tous ceux que vous pouvez redouter dans ce monde. Songez à l'effroi qui s'emparerait de vous, si, par suite de la calomnie, vous étiez sur le point d'être jeté en prison : et vous êtes assez ennemi de vous-même, pour vous exposer, par une vie coupable,

---

fornicarius gaudet quia facit, et senescit in quo libido non senescit, et dicit apud se : Certe verum est : « Vultus autem Domini super facientes mala, ut perdat de terra memoriam eorum. » Ecce ego jam senui, ab ineunte ætate usque in hodiernum diem tanta committo, multos castos ante me sepelivi, multorum castorum funera juvenum ad sepulcrum ipse deduxi, et pudicis impudicus supervixi. Quid est quod dicitur, quia : « Vultus Domini super facientes mala, ut perdat de terra memoriam eorum? » Est alia terra ubi non est impudicus, est alia terra in regno Dei. « Nolite errare : neque fornicatores, neque idolis servientes, neque adulteri, neque molles, neque masculorum concubitores, neque fures, neque avari, neque ebriosi, neque maledici regnum Dei possidebunt. » (I *Cor.*, VI, 9, 10.) Hoc est, perdet de terra memoriam eorum. Multi enim talia committentes, spem sibi ponunt : propter eos qui perdite viventes spem sibi ponunt in regno Dei, quo non accessuri sunt, dictum est : Perdet de terra memoriam eorum. Erit enim cœlum novum, et terra nova, quam justi inhabitabunt. Ibi impii, ibi mali, ibi nequissimi habitare non sinuntur. Eligat modo qui talis est, ubi desideret habitare, cum tempus est ut possit mutari.

CAPUT IV. — *Habitatione duæ, in igne, aut in regno.* — 4. Duæ quippe habitationes sunt; una in igne æterno, alia in regno æterno. Puta quia in igne æterno aliter ille, aliter ille torquebuntur : ibi erunt tamen, ibi omnes cruciabuntur; minus ille, plus ille. Quia tolerabilius erit Sodomæ in die judicii, quam alteri civitati (*Matth.*, X, 15) ; et quidam circumeunt mare et terram, facere unum proselytum, quem cum fecerint, faciunt eum filium gehennæ duplo quam sunt ipsi. (*Matth.*, XXIII, 15.) Puta quia alii duplo, alii simplo ; puta quia alii plus, alii minus : non est regio ubi tibi eligas locum. Quæcumque ibi mitiora tormenta sunt, pejora sunt, quam quæ formidas in isto sæculo. Cogita quomodo tremas, si tibi aliquis calumnietur, ne mittaris in carcerem : et tu

à être jeté dans les flammes éternelles? Je vous vois trembler, être dans le trouble, pâlir, courir à l'Eglise, demander à voir l'évêque, et vous prosterner à ses pieds. Il vous demande ce que vous voulez. Sauvez-moi, vous écriez-vous. De quoi s'agit-il? Je suis victime des calomnies d'un tel. Que veut-il vous faire? Seigneur, il veut m'extorquer mon bien, me jeter dans les fers; ayez pitié de moi, sauvez-moi. Voilà jusqu'où va la crainte de la prison, la crainte des cachots : et on ne craint pas les flammes dévorantes de l'enfer. Enfin, lorsque le danger devient plus menaçant, que la persécution sévit plus cruellement et va jusqu'à vouloir ôter la vie ; lorsqu'on voit l'utilité pour un homme d'échapper à la mort, d'échapper au supplice, tous s'écrient qu'il faut voler à son secours; on implore l'appui de tous ceux qui peuvent lui venir en aide. Venez, secourez-le, empressez-vous de lui sauver la vie. C'est là le comble de l'infortune, sa vie est en danger. Il faut, en effet, lui venir en aide et ne point lui refuser de le secourir dans une telle extrémité, et chacun doit agir ici dans la mesure de son pouvoir.

CHAPITRE V. — *La mort de l'âme est bien plus à craindre que la mort du corps.* — 5. Cependant, je veux interroger celui qui court un si grand péril et qui émeut si vivement mes entrailles, en me disant : Accourez, ma vie est en danger. Il m'est facile de lui dire : j'accours pour vous sauver la vie du corps; plût à Dieu que vous fussiez aussi empressé de sauver la vie de votre âme; si vous saviez seulement que j'accours pour sauver votre corps, mais que je ne puis sauver votre âme! Ah ! j'aime mieux la vérité qui sort de la bouche de Jésus-Christ, que les murmures qui vous sont inspirés par une fausse crainte. C'est le Seigneur lui-même qui l'a dit : « Ne craignez point ceux qui tuent le corps, et ne peuvent tuer l'âme. » (*Matth.*, x, 28.) Vous voulez que j'accoure pour sauver votre âme; mais cet homme que vous craignez, et dont les menaces vous font pâlir d'effroi; ne peut donner la mort à votre âme; sa fureur s'arrête à votre corps : c'est à vous de n'être point cruel pour votre âme. Il ne peut la mettre à mort, mais vous le pouvez malheureusement, non point par le fer, mais avec votre langue. L'ennemi qui vous frappe met fin à cette vie; mais « la bouche qui ment tue l'âme. » (*Sag.*, i, 11.) Que les hommes jugent donc d'après les maux qu'ils craignent dans cette vie, ceux qu'ils doivent redouter dans l'autre. Quoi! ils craignent la prison, et ils ne craignent pas l'enfer? Ils craignent les bourreaux qui les mettent à la torture, et ils ne craignent pas les anges exécuteurs de la justice de l'enfer? Ils craignent les châtiments passagers de cette vie, et ils ne craignent pas les supplices des flammes éternelles? Pour tout dire, en un mot, ils craignent de mourir pour

ipse contra te male vivis, ut mittaris in ignem? Contremiscis, conturbaris, pallescis, ad ecclesiam curris, episcopum videre desideras, ad pedes ejus volutaris. Quærit, quare? Libera me, inquis. Quid agitur? Ecce ille mihi calumniatur. Et quid tibi facturus est? Domine, concutior; Domine, in carcerem mittor; miserere mei, libera me. Ecce quomodo timetur carcer, quomodo timetur conclusio et non timetur gehennæ exustio. Postremo quando augetur calamitas, et pressura sævit atrocior, et usque ad mortem sævit, quando bonum videtur homini ne moriatur, ne occidatur, debere succurri omnes clamant, adjutoria cuncta implorantur ; subvenite, currite propter animam. Tota exageratio calamitatis est, quia dicitur, propter animam. Succurrendum est quidem, nec huic timori adjutorium denegandum : faciendum quod fieri potest, a quo potest.

CAPUT V. — *Mors animæ plus timenda quam corporis.* — 5. Verumtamen ego interrogare volo periclitantem, et isto nomine mea viscera commoventem; quoniam dicit : Curre propter animam. Facile huic ego respondeo : Ego quidem curro propter carnem tuam, utinam tu curreres propter animam tuam. Et tu noveris, quia propter corpus tuum curro, non propter animam tuam. Melius audio Christum vera dicentem, quam te timore falso murmurantem. Ipse enim Dominus dicit : Nolite timere eos qui corpus occidunt, animam autem non possunt occidere. (*Matth.*, x, 28.) Certe propter animam tuam me vis currere : ecce quem times, et sub cujus comminationibus expallescis, non potest occidere animam tuam : usque ad corpus sævit, tu noli sævire in animam tuam. Ab illo occidi non potest, a te potest ; non lancea, sed lingua. Inimicus qui te percutit, finit hanc vitam : Os autem quod mentitur, occidit animam. (*Sap.*, i, 11.) Ex his ergo quæ in hoc tempore homines timent, conjiciant quæ timere debeant. Timet enim carcerem, et non timet gehennam? Timet quæstionarios tortores, et non timet infernales angelos? Timet cruciatum temporalem, et non timet pœnas ignis æterni? Postremo timet

un peu de temps, et ils ne craignent pas de mourir pour l'éternité?

Quel est le principe de la vie de l'âme et de la vie du corps. — 6. Que peut, en fin de compte, vous faire cet homme, qui veut votre mort, que vous craignez, que vous avez en horreur, que vous fuyez, dont la crainte vous empêche de dormir, dont l'image vous épouvante, si elle se présente à vous dans votre sommeil : que peut-il vous faire ? Il séparera votre âme de votre corps; mais, après qu'elle en sera séparée, considérez où elle doit aller, car il ne peut donner la mort à votre corps qu'en le séparant de votre âme, qui est la vie de votre corps. C'est la présence de votre âme qui donne la vie à votre corps; et, tant que dure cette présence, elle est la cause nécessaire de la vie de votre corps. Or, celui qui veut votre mort veut séparer de votre corps votre vie, le principe qui donne la vie à votre corps.

CHAPITRE VI. — *Dieu est la vie de l'âme.* — Mais pensez-vous que votre âme n'ait pas aussi un principe de vie? Cette âme est le principe de la vie de votre corps. Croyez-vous qu'il n'y ait pas une autre vie qui soit le principe de la vie de votre âme? Votre corps trouve dans votre âme le principe qui le fait vivre : votre âme n'aurait-elle pas aussi son principe de vie? De même que le corps, lorsqu'il meurt, exhale sa vie avec son âme; l'âme, lorsqu'elle meurt, n'exhale-t-elle pas aussi sa propre vie? Si vous parvenez à découvrir quelle est cette vie, non pas la vie du corps, qui est l'âme, mais la vie de la vie du corps, c'est-à-dire quelle est la vie de l'âme, la crainte que vous avez de la mort, qui séparera votre âme de votre corps, doit vous faire redouter bien plus vivement cette mort qui sépare votre âme de ce qui est sa vie. Je m'expliquerai en peu de mots ; pourquoi entrer dans de plus longs développements? La vie du corps ; c'est l'âme, la vie de l'âme, c'est Dieu. L'Esprit de Dieu habite dans l'âme, et, par l'âme, dans le corps; et c'est ainsi que nos corps sont le temple de l'Esprit saint, qui habite en nous et que nous avons reçu de Dieu. (I *Cor.*, VI, 19.) L'Esprit saint a pris possession de notre âme, « parce que la charité de Dieu a été répandue dans nos cœurs par l'Esprit saint qui nous a été donné, » (*Rom.*, v, 5) et que celui-là possède le tout qui tient la partie dominante. Or, ce qui tient en vous la première place, c'est la nature la plus noble. Dieu donc, tenant cette partie principale, c'est-à-dire le cœur, l'âme et l'esprit, par le moyen du meilleur, il se met en possession de la nature inférieure, qui est votre corps. Que votre ennemi exerce maintenant contre vous sa fureur, qu'il vous menace de la mort, qu'il vous la donne même, s'il le peut, qu'il sépare votre âme de votre corps, mais du moins que votre âme ne se sépare point

ad modicum mori, et non timet in æternum mori? *Vita animæ et vita corporis unde.* — 6. Ille qui te occisurus est, quem times, quem exhorrescis, quem fugis, a cujus timore non sineris dormire, et ipsum in somnis si vides, cum dormieris, expavescis, quid est facturus tibi? Exclusurus est de carne tua animam tuam : anima tua exclusa quo eat, vide. Neque enim potest ille aliter carnem tuam occidere, nisi inde excludat animam tuam, per quam vivit caro tua. Præsentia quippe animæ tuæ caro vivit, et quandiu in carne tua præsens est anima tua, necesse est ut vivat caro tua. Ille autem qui tuam mortem quærit, ejicere vult de carne tua vitam tuam, qua vivit caro tua.

CAPUT VI. — *Animæ vita Deus.* — Putas, non est aliqua vita, qua vivit ipsa anima tua? Est enim anima vita quædam, qua vivit caro tua. Putas nulla alia vita est, qua vivit ipsa anima tua; aut quomodo habet caro vitam; animam qua vivit caro tua, fit et ipsa anima tua, ut habeat aliquam vitam suam? et quomodo caro, cum moritur, exspirat animam vitam suam, sic et anima, quando moritur, exspirat aliquam vitam suam? Si invenerimus quæ sit hæc vita, non corporis tui, quod est anima tua ; sed vita vitæ corporis tui, hoc est, vita animæ tuæ : si invenerimus eam, ex hac morte, qua times ne de carne ejiciatur anima tua, puto quia plus debes timere illam mortem, ne vita animæ tuæ projiciatur de anima tua. Breviter ergo dicam. Et quid multis teneor? Vita corporis anima est, vita animæ Deus est. Spiritus Dei habitat in anima, et per animam in corpore, ut et corpora nostra templum sint Spiritus sancti, quem habemus a Deo. (I *Cor.*, VI, 19.) Venit enim Spiritus ad animam nostram : quia caritas Dei diffusa est in cordibus nostris per Spiritum sanctum, qui datus est nobis : et totum possidet qui principale tenet. (*Rom.*, v, 5.) In te quippe illud principatur, quod melius est. Tenens Deus quod melius est, id est, cor tuum, mentem tuam, animam tuam, profecto per meliorem possidet et inferiorem, quod est corpus tuum. Sæviat igitur inimicus, minetur mortem, faciat si permittitur,

de sa vie. Si vous avez un juste sujet de verser des larmes, si vous croyez pouvoir dire à cet ennemi puissant, pour exciter sa compassion : Ne me frappez point, épargnez mon sang ; pourquoi Dieu ne vous dirait-il pas : « Ayez pitié de votre âme en vous rendant agréable à Dieu ? » (*Eccli.*, xxx, 24.) Votre âme, peut-être, vous dit elle-même : Priez-le de ne point vous frapper, ou, alors, il faut me séparer de vous ; s'il vient à vous frapper, je ne puis demeurer avec vous. Priez-le donc de ne point vous donner le coup de la mort, si vous désirez que je ne vous quitte point. Or, qui vous dit : « Si vous désirez que je ne vous quitte point ? » C'est vous-même, car, vous qui parlez ainsi, vous n'êtes autre chose que l'âme. Si donc votre corps reçoit le coup mortel, c'est vous qui fuyez, qui sortez du corps, qui changez de séjour, tandis que le corps reste étendu sur la terre. Or, où ira le principe qui animait cette poussière ? Où ira cette âme qui vous a été donnée par le souffle de Dieu ? Si elle n'a point exhalé sa propre vie, c'est-à-dire son Dieu, elle sera dans celui dont elle ne s'est point séparé, dans celui auquel elle est resté indissolublement attachée. Or, si vous cédez à la faiblesse de votre âme, qui vous dit : S'il vous frappe, je me sépare de vous ; pourquoi ne pas craindre Dieu, qui vous dit : Je vous abandonne si vous péchez ?

CHAPITRE VII. — *La crainte vaine et la crainte utile.* — 7. Que ces vaines frayeurs nous inspirent une crainte utile. Quoi de plus vain que de craindre de perdre les biens de cette vie pour des hommes qui doivent un jour en sortir, qui tremblent à la pensée de la quitter, qui voudraient toujours retarder ce qu'ils ne peuvent éviter ? Oui, cette crainte est vaine, et cependant elle existe ; son impression est forte, et on ne peut lui résister. Et voilà le juste sujet de nos reproches, de nos réprimandes, de nos regrets et de nos larmes : c'est de voir des hommes qui craignent si fort de mourir, et dont toute l'occupation est de retarder tant soit peu leur mort. Pourquoi ne cherchent-ils pas à ne mourir jamais ? Parce que, malgré leurs efforts, ils ne peuvent éviter de mourir un jour. Ne peuvent-ils donc rien faire pour ne mourir jamais ? Rien absolument ; non, quoi que vous fassiez, multipliez les précautions et les soins, fuyez où vous voudrez, opposez les remparts les plus invincibles, employez toutes les richesses possibles à racheter votre vie, ayez recours à toutes les ruses pour tromper l'ennemi : vous ne pourrez déjouer les approches de la fièvre. Tous vos efforts, en cherchant à ne pas succomber si tôt sous les coups de l'ennemi, n'aboutissent qu'à mourir un peu plus tard de la fièvre. Cependant, il est en votre pouvoir de ne mourir jamais : si vous craignez la mort, aimez la vie. Votre vie, c'est Dieu ; votre vie, c'est Jésus-Christ ; votre vie, c'est l'Esprit saint. Vous ne pouvez lui plaire en faisant le mal. L'Esprit saint n'ha-

excludat de carne animam tuam : anima tua non excludat a se vitam suam. Si recte plangis, et putas te miserabiliter dicere potenti inimico tuo : Noli ferire, parce sanguini meo : non tibi dicit Deus : Miserere animæ tuæ placens Deo ? (*Eccli.*, xxx, 24.) Anima tua forte dicit : Roga illum, ne feriat : nam dimitto te. Si enim percusserit, manere tecum non possum. Roga, ne feriat, si vis ut non te dimittam. Quæ tibi dicit, si vis ut non te dimittam ? Tu ipse : tu enim qui loqueris, anima es. Si ergo percusserit carnem, tu fugis, tu exis, tu migras, jacet terra in terra. Ubi erit quod animavit terram ? quod flatu Dei tibi datum est, ubi erit ? Si non efflavit vitam suam, id est, Deum suum, in illo erit quem non perdidit, in illo erit quem non a se exclusit. Si autem obtemperas infirmitati animæ tuæ, dicenti tibi : Ferit, et dimitto te : non times Deum dicentem tibi : Peccas, et dimitto te ?

CAPUT VII. — *Timor vanus et timor utilis.* — 7. De timore vano timorem utilem capiamus. Timor vanus est omnium hominum timentium amittere temporalia, quandoque migraturorum, et migrare trepidantium, volentium semper differre quod non possunt auferre. Vanus est iste timor hominum : et tamen est, et vehemens est, et resisti ei non potest. Hinc increpandi, hinc objurgandi, hinc plangendi, hinc lugendi homines, timentes mori, et nihil aliud agentes, nisi serius mori. Quare non agunt non mori ? Quoniam quidquid agunt, non efficiunt ut non moriantur. Possunt autem aliquid agere, quo efficiant ut nunquam moriantur ? Nullo modo. Prorsus quidquid egeris, quantumcumque invigilaveris, quocumque fugeris, quælibet munimenta quæsieris, quibuslibet divitiis te redemeris, quibuslibet calliditatibus hostem fefelleris ; non fallis febrem. Nihil enim aliud agis, ut non cito ab hoste moriaris, nisi ut serius aliquando a febre moriaris. Habes quod agas, ut nunquam moriaris. Si times mortem, ama vitam. Vita tua Deus est, vita tua Christus est, vita tua Spiritus sanctus est. Non illi places male

bite point dans un temple qui tombe en ruines, il n'entre point dans un temple souillé. Gémissez donc devant lui pour qu'il purifie le lieu qu'il habite; gémissez devant lui pour qu'il rebâtisse son temple, qu'il reconstruise ce que vous avez détruit, qu'il répare ce que vous avez dégradé, qu'il relève ce que vous avez renversé. Criez vers Dieu, criez au fond de votre cœur, là où Dieu vous entend : car, puisque vous péchez là où son œil pénètre, vous devez crier vers lui là où son oreille entend.

CHAPITRE VIII. — *Celui qui évite le mal uniquement par la crainte du châtiment, n'est point encore digne d'éloges.* — 8. Lorsque ces vaines frayeurs auront fait place à une crainte vraiment utile; lorsque la crainte, non point des souffrances passagères, mais des supplices du feu éternel, vous aura préservé de l'adultère, car c'est de ce crime que nous avons été amenés à vous parler, parce que, dit l'Apôtre, « vos corps sont les membres de l'Esprit saint; » (I *Cor.*, VI, 15) lors donc que vous serez résolu à ne point commettre d'adultère, parce que vous craignez de brûler dans les flammes éternelles, vous n'êtes pas encore digne d'éloges; vous êtes moins à plaindre qu'auparavant, mais vous ne méritez pas encore d'éloges. Quel si grand mérite, en effet, que de craindre le châtiment? Ce qui est vraiment grand, c'est d'aimer la justice. Je vais vous interroger pour arriver à vous connaître. Écoutez la question qui va retentir à vos oreilles, et, en même temps, interrogez-vous en silence. Voilà donc ce que je vous demande : Lorsque, vaincu par la passion, vous avez trouvé un complice, pourquoi ne commettiez-vous point l'adultère? Vous me répondez : Parce que je crains l'enfer, je crains le supplice du feu éternel, je crains le jugement du Christ, je crains la société du démon, je crains d'être livré à sa fureur et de brûler avec lui. Quoi donc, vous dirai-je, votre crainte n'est pas fondée, comme je vous le disais, de la crainte de cet ennemi qui cherchait à vous ôter la vie du corps? J'avais raison de vous dire alors : Vous êtes victime d'une vaine frayeur, car le Seigneur vous donne toute assurance, en vous disant : « Ne craignez point ceux qui tuent le corps. » (*Luc*, XII, 4.) Maintenant, devant cet aveu : Je crains l'enfer, je crains de brûler dans les flammes, je crains d'être puni éternellement; que vous dirai-je? Votre crainte est vaine, elle est sans motif? Je ne l'ose, surtout en voyant que le Seigneur veut remplacer cette vaine frayeur par une crainte plus salutaire, en disant : « Ne craignez point ceux qui tuent le corps et ne peuvent rien de plus; mais craignez Celui qui a le pouvoir de jeter le corps et l'âme dans l'enfer : je vous le dis, voilà Celui qu'il faut craindre. » (*Ibid.*, 5.) Or, après que Notre-Seigneur a voulu lui-même vous inspirer la crainte, et une crainte

---

agendo. Templum ruinosum non inhabitat, templum sordidum non ingreditur. Sed geme ad illum, ut mundet sibi locum; geme ad illum, ut ædificet templum sibi : quod tu destruxisti, ipse construat; quod tu exterminasti, ipse reformet; quod tu dejecisti, ipse erigat. Clama ad Deum; clama interius, clama ubi audit : quia et ibi peccas, ubi videt; ibi clama, ubi audit.

CAPUT VIII. — *Timore pœnæ malum non faciens, nondum laudandus.* — 8. Et cum timorem correxeris, et utiliter timere cœperis, non temporales cruciatus, sed æterni ignis supplicia, et ideo adulter non fueris : hinc enim loquebamur, propter Apostolum, qui dixit : « Corpora vestra membra Christi sunt; » (I *Cor.*, VI, 15) cum ergo ideo adulter esse non cœperis, quia times ardere in igne sempiterno, nondum laudandus es : non quidem ita dolendus, ut ante, sed tamen nondum laudandus. Quid enim magnum est, timere pœnam? Magnum est, sed amare justitiam. Interrogo te, et invenio te. Tu inspice interrogationem meam sonantem, et fac de te ipso interrogationem silentem. Dico ergo tibi : Libidine cum victus habes consentientem, quare non committis adulterium? Et respondebis : Quia timeo gehennam, timeo supplicium ignis æterni, timeo judicium Christi, timeo societatem diaboli, ne puniar ab illo, et cum illo ardeam. Quid? dicturus sum : Male times? quomodo tibi dicebam de adversario, quia quærebat corpus tuum occidere. Ibi enim recte dicebam : Male times, securum te fecit Dominus tuus, dicens : Nolite timere eos, qui corpus occidunt. (*Luc.*, XII, 4.) Modo cum dicis mihi : Gehennam timeo, ardere timeo, in æternum puniri timeo : quid dicturus sum? Male times? vane times? Non audeo, quando quidem ipse Dominus ablato timore, subjecit timorem; et ait, ubi dixit : « Nolite timere eos, qui corpus occidunt, et postea non habent quid faciant : sed eum timete, qui habet potestatem et corpus et animam occidere in gehennam ignis; ita dico vobis : hunc timete. » Cum ergo Dominus timorem incusserit, et vehementer incusserit, et repetendo verbum comminationem ge-

vive et sérieuse, en répétant deux fois la même menace, est-ce à moi de vous dire : Votre crainte est mal fondée? Dieu m'en préserve! Craignez bien au contraire, vous dirai-je; vous n'avez point certainement de plus juste sujet de crainte. Mais je continue de vous interroger : Si Dieu ne vous voyait pas lorsque vous faites le mal, et qu'aucun témoin ne pût déposer contre vous à son tribunal, le commettriez-vous? Examinez-vous bien. Vous ne pouvez répondre à toutes mes questions; considérez attentivement l'intérieur de votre âme. Feriez-vous alors le mal? Si vous répondez affirmativement, c'est le châtiment que vous craignez; mais vous n'aimez pas encore la chasteté, vous n'avez pas encore la charité; votre crainte est stérile; c'est la peur du mal, ce n'est pas l'amour du bien. Ne laissez pas toutefois de craindre; cette crainte vous préservera et vous conduira jusqu'à la charité. En effet, cette crainte de l'enfer, qui vous empêche de faire le mal, vous retient et ne permet pas à votre âme d'accomplir ses criminels desseins. Cette crainte est pour vous un gardien, comme le pédagogue de la loi; c'est la lettre qui menace, ce n'est pas encore la grâce qui fortifie. Que cette crainte continue à vous garder; en vous abstenant du mal par crainte, la charité viendra, elle entrera dans votre cœur, et, à mesure qu'elle pénétrera, elle en bannira la crainte. Sous l'impression de la crainte, vous ne commettrez point le mal; sous l'inspiration de la charité, vous ne voudrez pas y consentir, quand même l'impunité vous serait assurée.

CHAPITRE IX. — *La charité bannit de notre cœur un genre de crainte pour le remplacer par un autre. La crainte servile, la crainte chaste.* — 9. Je vous ai dit ce que vous deviez craindre, ce que vous deviez désirer. Recherchez la charité; qu'elle entre dans votre âme; accueillez-la avec la crainte de pécher; ouvrez votre cœur à l'amour qui fait éviter le péché, à l'amour qui est le principe d'une vie sainte. Comme je vous le disais il n'y a qu'un instant, lorsque la charité entre dans un cœur, la crainte commence à en sortir. Plus la charité pénètre avant, moins la crainte se fait sentir; et lorsque la charité a pris possession entière du cœur, la crainte n'existe plus, « car l'amour parfait bannit la crainte. » (I *Jean*, IV, 18.) La charité entre donc dans l'âme pour en chasser la crainte. Toutefois elle n'y entre pas seule. Elle est accompagnée d'une crainte qui lui est propre, qu'elle introduit à sa suite, mais d'une crainte chaste, qui subsiste éternellement. (*Ps.* XVIII, 10.) La crainte servile est celle qui vous fait redouter de brûler avec le démon; la crainte chaste, celle qui vous fait craindre de déplaire à Dieu. Considérez ici, mes très-chers frères, et interrogez les dispositions ordinaires du cœur des hommes. Un serviteur craint d'offenser son maître, mais parce qu'il a peur d'être frappé,

---

minaverit, dicturus ego sum : Male times? Ista non dicam. Plane time; nihil melius times; nihil est quod magis timere debeas. Sed interrogo te : Si non te videret Deus, quando facis, nec quisquam te convinceret in judicio illius, faceres? Tu te vide. Non enim potes ad verba omnia mea respondere, inspice te ipsum. Faceres? Si faceres, ergo pœnam times, castitatem nondum amas, caritatem nondum habes : serviliter times; formido est mali, nondum (*a*) dilectio boni. Sed time tamen, ut ista formido custodiat te, ut perducat ad dilectionem. Timor enim iste, quo gehennam times, et ideo mala non facis, continet te; et sic volentem peccare animum interiorem non sinit. Est enim quidam custos timor, quasi pædagogus legis; littera est minans, nondum gratia juvans. Custodiat tamen te timor iste, dum non facis timendo, et (*b*) veniet caritas, intrat in cor tuum, et quantum illa intrat, tantum timor exit. Timor enim id agebat, ne faceres : caritas id agit, ut nolis facere, etiam si impune possis admittere.

CAPUT IX. — *Caritas timorem alium pellit, alium introducit. Timor servilis. Timor castus.* — 9. Dixi quid timeatis, dixi quid appetatis. Sectamini caritatem, intret caritas, admittite illam, timendo peccare, admittite amorem non peccantem, admittite amorem bene viventem. Illa, ut dicere cœperam, intrante, incipit timor exire. Quanto plus illa intraverit, tanto timor minor erit. Cum illa tota intraverit, nullus timor erit : quia perfecta caritas foras mittit timorem. (I *Joan.*, IV, 18.) Intrat ergo caritas, pellit timorem. Non autem intrat et ipsa incomitata. Habet secum suum timorem, quem introducit ipsa; sed illum castum, permanentem in sæculum sæculi. (*Psal.* XVIII, 10.) Servilis timor est, quo times cum diabolo ardere : timor castus est, quo times Deo displicere. Considerate, Carissimi, et ipsos humanos interrogate

(*a*) Plerique Mss. *nondum delectatio boni.* — (*b*) Sic Am. Er. et nonnulli Mss. At Lov. *et veniat caritas : intret in cor tuum.*

d'être jeté en prison, d'avoir les fers aux pieds, d'être condamné au rude métier de tourner la meule. Cette crainte le retient dans le devoir; mais dès qu'il s'aperçoit que l'œil de son maître n'est plus ouvert sur lui, et qu'il n'a aucun témoin qui puisse l'accuser, il fait le mal. Pourquoi le fait-il? Parce qu'il craignait le châtiment, et parce qu'il n'aimait pas la justice. L'homme de bien, au contraire, l'homme juste, l'homme libre, car on ne peut être libre sans être juste, « et quiconque commet le péché est esclave du péché; » (*Jean*, VIII, 34) l'homme juste et libre trouve son plaisir dans la justice elle-même; et quand il pourrait pécher sans témoin, il redoute l'œil de Dieu. Que dis-je? Si Dieu même pouvait lui dire: Je te vois, lorsque tu fais le mal; je ne te condamnerai point, mais ton péché me déplaît; il ne voudrait point déplaire aux yeux de Celui en qui il voit un père, bien plus qu'un juge redoutable; car ce qu'il craint, ce n'est pas d'être condamné, d'être puni, d'être livré au supplice, mais de blesser le cœur de son Père, de déplaire aux yeux de Celui qu'il aime. En effet, s'il aime véritablement, s'il se sent aimé par son maître, comment consentirait-il à faire ce qui lui déplaît?

CHAPITRE X. — *Force de l'amour dissolu.* — 10. Considérez ceux-mêmes que domine un amour lascif et déshonnête. Voyez si ce libertin passionné pour une femme, s'habille ou se pare autrement qu'il ne plaît à son amante. Il suffit qu'elle dise: Je ne veux pas que vous portiez cet habit (1), et il ne le porte pas; qu'elle lui dise en plein hiver: Je vous préfère avec tel manteau (2), et il aime mieux grelotter que de lui déplaire. Et cependant, cette femme à laquelle il déplairait, a-t-elle le pouvoir de le condamner, de le jeter en prison, de le soumettre à la torture? Non; voici la seule menace qu'elle lui fait: Je ne vous verrai plus; c'est la seule chose qu'il ait à craindre: Vous ne serez plus admis en ma présence. Or, cette seule menace dans la bouche d'une impudique vous fait trembler, et, de la part de Dieu, elle vous laisse insensible? Non, cette menace nous inspire aussi un grand effroi, mais à la condition que nous aimerons Dieu. Si nous ne l'aimons pas, nous ne sommes pas autrement effrayés; mais nous tremblons au moins comme des esclaves, à la pensée du feu, à la pensée de l'enfer, des supplices épouvantables dont on nous menace, de la multitude effrayante des mauvais anges qui tourmentent les réprouvés? Plût à Dieu que cette crainte, même servile, fît impression sur nous! Si notre amour pour Dieu est faible, craignons du moins ces châtiments terribles.

(1) Le *Birrus* était une espèce de capote avec capuchon fort en usage dans toutes les classes sous les derniers empereurs; on la portait pour se couvrir la tête et les épaules.
(2) Le vêtement appelé *lacerna*, et qui semble avoir été emprunté aux Gaulois, consistait en un manteau non pas complètement fermé comme la *pænula*, mais ouvert en devant et attaché par une boucle ou par une broche.

affectus. Timet servus offendere dominum suum, ne jubeat eum verberari, jubeat in compedes mitti, jubeat carcere includi, jubeat eum pistrino conteri. Hæc timens servus non peccat: sed quando senserit absentes oculos domini sui, nec habuerit testem a quo possit convinci, facit. Quare facit? Quia pœnam timebat, non justitiam diligebat. Vir autem bonus, vir justus, homo liber (nam solus justus est liber: Omnis enim qui facit peccatum, servus peccati est,) (*Joan.*, VIII, 34) delectatur ipsa justitia: et si possit sine teste peccare, testem reformidat et Deum: et si possit audire Deum dicentem sibi: Video te cum peccas, non te damnabo, sed displices mihi; ille nolens displicere oculis patris, non formidolosi judicis, timet, non ne damnetur, non ne puniatur, non ne crucietur, sed ne offendat gaudium paternum, ne displiceat oculis amantis. Si enim amat ipse, et amantem sui dominum sentit, non facit quod displicet amanti se.

CAPUT X. — *Vis impuri amoris.* — 10. Lubricos et inhonestos (*a*) amatores attendite; si quis amore feminæ lascivus et nequam vestit se aliter quam illi placet, vestit se aliter quam amatæ suæ placet, aut ornat se aliter quam illi placet. Illa dixerit: Nolo habeas talem byrrhum; non habet: si per hyemem illi dicat: In (*b*) lacerna te amo; eligit tremere, quam displicere. Numquid illa cui displicet, damnatura est? numquid in carcerem missura? numquid tortores adhibitura? Hoc solum ibi timetur: Non te videbo; hoc solum ibi contremiscitur: Faciem meam non videbis. Si hoc impudica dicit, et terret; Deus dicit, et non terret? Sane plurimum, sed si amamus. Si autem non amamus, non inde terremur; sed terremur ut servi, de igne, de gehenna, de atrocissimis tartareis minis, de exaggeratissimis diaboli angelis, ejusque suppliciis? Vel inde terreamur. Si illud minus amamus, vel illa timeamus.

(*a*) Mss. *amores.* — (*b*) Am. *In laterna.* Melius alii libri: *In lacerna.* Genus est vestis fimbriatæ et vilioris.

CHAPITRE XI. — *C'est à l'amour de Dieu que sont dues les vierges saintes. Véritables ornements des femmes.* — 11. Gardez-vous donc de la fornication. « Vous êtes le temple de Dieu, et l'Esprit de Dieu habite en vous. Si quelqu'un profane le temple de Dieu, Dieu le perdra. » (I *Cor.*, III, 16, 17.) Les mariages sont permis, n'en demandez pas davantage. Ce n'est point un fardeau bien pesant. Un amour plus grand en a imposé un plus lourd aux vierges. Les vierges ont renoncé à ce qui leur était permis, pour plaire davantage à Celui à qui elles s'étaient consacrées. Elles ont ambitionné pour leur âme une beauté plus grande. Que nous commandez-vous, semblent-elles dire, quel précepte nous imposez-vous ? De fuir l'adultère ? L'amour que nous avons pour vous nous fait aller bien au-delà de ce que vous nous commandez. « Quant aux vierges, dit saint Paul, je n'ai pas reçu de commandement du Seigneur. » (I *Cor.*, VII, 1.) Pourquoi donc embrassent-elles cet état? « Mais voici le conseil que je donne. » Ces chastes amantes de Jésus-Christ, qui ont dédaigné les noces de la terre, qui n'ont point voulu de terrestres embrassements, ont pratiqué si parfaitement le précepte, qu'elles se sont élevées jusqu'au conseil, pour être plus agréables à leur divin Epoux ; elles se sont ornées davantage. Plus on recherche les ornements du corps, c'est-à-dire les ornements de l'homme extérieur, plus on néglige d'orner l'homme intérieur ; au contraire, plus on dédaigne les vains ornements du corps, plus la pureté des mœurs donne à l'homme intérieur sa véritable et brillante parure. « Qu'elles se parent, dit saint Pierre en parlant des femmes chrétiennes, sans se faire remarquer par l'arrangement de la chevelure. » En disant : « Qu'elles se parent, » l'apôtre paraît, pour les esprits charnels, n'avoir en vue que les ornements extérieurs. Mais il réprime bien vite cette pensée suggérée par la vanité. « Sans se faire remarquer, dit-il, par l'arrangement de la chevelure, ou les anneaux d'or, ou la recherche et le luxe des vêtements ; mais qu'elles ornent l'homme caché du cœur, qui est riche devant Dieu. » (I *Pierre*, III, 3, 4 ; I *Tim.*, II, 9, 10.) En effet, Dieu n'aurait pas préparé des richesses pour l'homme extérieur, en laissant l'homme intérieur dans l'indigence ; aussi à l'âme, qui est invisible, il a donné des richesses et une parure invisibles.

CHAPITRE XII. — *Nature de l'amour des vierges chrétiennes.* — 12. Saintement passionnées pour les ornements intérieurs de l'âme, les vierges chrétiennes n'ont pas désiré ce qui leur était permis, et n'ont point cédé à la contrainte exercée sur elles. Combien, en effet, parmi elles, qui ont triomphé des résistances de leurs

---

CAPUT XI. — *Virgines sacras amor facit.* — 11. Non ergo fiant fornicationes. Templum Dei estis, et Spiritus Dei habitat in vobis. Si quis templum Dei corruperit, corrumpet illum Deus. (I *Cor.*, III, 16, 17.) Licita sunt matrimonia, nihil amplius requiratis. Non enim grande onus impositum (*a*) est. Virginibus major amor imposuit majus onus. Virgines quod licebat noluerunt, ut plus placerent ei cui se devoverunt. Ambierunt illam majorem pulchritudinem cordis sui. Quid jubes? Tanquam dicerent : Quid jubes? Ne adulteræ simus, hoc præcipis? Amando te, plus facimus quam jubes. De virginibus, ait Apostolus, præceptum Domini non habeo. (I *Cor.*, VII, 1.) Ergo quare hoc faciunt? Consilium autem do. Illæ autem amantes, quibus terrenæ nuptiæ viluerunt, quæ terrenos amplexus non desideraverunt, usque adeo acceptaverunt præceptum, ut non recusarent consilium : ut plus placerent, plus se ornaverunt. Corporis enim hujus, id est, exterioris hominis ornamenta quanto magis appetuntur, tanto sunt interioris majora detrimenta : quanto autem minus appetuntur ornamenta exterioris hominis, tanto magis moribus pulchris homo interior adornatur. Unde dicit et Petrus : Ornantes se non in tortis crinibus. (I *Petr.*, III, 3.) Cum enim dixisset : Ornantes se ; quid aliud a carnalibus, quam visibilia ista ornamenta putarentur? Continuo tulit cogitationi quod cupiditas inquirebat. « Non, inquit, in tortis crinibus, neque auro, vel margaritis, vel veste pretiosa ; sed ille absconditus cordis homo, qui est ante Deum dives. » (I *Tim.*, II, 9.) Neque enim Deus divitias daret exteriori homini, et inopem relinqueret interiorem : dedit invisibili divitias invisibiles, et invisibilem ornavit invisibiliter.

CAPUT XII. — *Virginum sacrarum amor.* — 12. His ornamentis studentes Dei puellæ, sanctæ virgines, nec quod licebat appetierunt, nec quod cogebantur consenserunt. Multæ enim etiam parentum suorum contrarios conatus (*b*) igne superni amoris supera-

---

(*a*) Lov. *impositum est virginibus, major amor imposuit majus onus virginibus. Quod licebat,* etc. Correximus ad codices Mss. — (*b*) Mss. *ignitæ superni amoris.* Unus e Colbertinis, *ignitæ ardore superni amoris.* Florus, *ignitæ superno amore.*

parents par le feu de l'amour divin? Ni la colère d'un père, ni les larmes d'une mère n'ont pu vaincre celle qui avait sous les yeux « le plus beau des enfants des hommes. » (*Ps.* XLIV, 3.) C'est pour lui seul qu'elle veut se parer, afin qu'il soit l'unique objet de ses pensées. Car la femme mariée s'occupe du soin des choses du monde et comment elle plaira à son mari, tandis que la vierge pense aux choses de Dieu, et comment elle plaira à Dieu. » (I *Cor.*, VII, 34.) Voyez ici la véritable nature de l'amour. Saint Paul ne dit point : Elle pense à échapper à la condamnation de Dieu. Cette crainte serait encore servile, bien qu'elle retiendrait sur la pente du mal les âmes encore faibles, et les rendrait dignes de recevoir l'esprit de charité. Mais ces âmes chastes ne songent point aux moyens d'éviter les châtiments de Dieu : elles pensent uniquement à lui plaire par la beauté intérieure, par les grâces de l'homme caché, par les charmes secrets du cœur, où elles sont à découvert à ses yeux, à découvert dans leur âme, non dans leur corps, et toujours inviolables de corps et d'âme. Que l'exemple de ces vierges apprenne donc aux hommes et aux femmes engagés dans le mariage à ne point se jeter dans l'adultère. Ces vierges font plus qu'il ne leur est commandé : que les autres, du moins, ne fassent point ce qui leur est défendu.

SERMON CLXII [1].

Sur ces paroles de l'Apôtre, dans le chapitre VII de sa Ire Epître aux Corinthiens : *Tout péché commis par l'homme est hors du corps ; mais celui qui commet la fornication pèche contre son propre corps.*

1. La question à laquelle donnent lieu ces paroles de l'apôtre saint Paul dans son épître aux Corinthiens, « Tout péché commis par l'homme est hors du corps; mais celui qui commet la fornication pèche contre son propre corps, » (I *Cor.*, VI, 18) peut-elle recevoir une solution claire et nette? Je l'ignore, tant elle est profonde; mais nous pouvons cependant, avec la grâce de Dieu, en donner une explication vraisemblable. L'Apôtre venait de dire dans cette même épître : « Ne vous y trompez pas : ni les fornicateurs, ni les idolâtres, ni les adultères, ni les voluptueux, ni les abominables, ni les voleurs, ni les avares, ni les ivrognes, ni les médisants, ni les ravisseurs du bien d'autrui ne seront héritiers du royaume de Dieu. » (*Ibid.*, 9, 10.) Et un peu après : « Ne savez-vous pas que vos corps sont les membres de Jésus-Christ? Enlèverai-je donc à Jésus-Christ ses propres membres, pour en faire les membres d'une prostituée? A Dieu ne plaise ! Ne savez-vous pas que celui qui se joint à une prostituée devient

[1] Ce fragment de sermon a été retrouvé dans la collection d'Eugipius, et Florus en cite des extraits dans son Commentaire sur le chapitre VI de la Ire Epître aux Corinthiens.

verunt. Iratus est pater, ploravit mater : non curavit illa, cui ante oculos versabatur speciosus forma præ filiis hominum. (*Psal.* XLIV, 3.) Ei quippe se ornari desideravit, ut tota ejus curam gereret. « Quia quæ nupta est, cogitat quæ sunt mundi, quomodo viro placeat : quæ autem innupta est, cogitat quæ sunt Dei, quomodo placeat Deo. » (I *Cor.*, VII, 34.) Videte quid sit amare. Non dixit : Cogitat ne damnetur a Deo. Adhuc enim iste timor ille servilis est, custos quidem malorum, ut abstineant se a malis, et abstinendo digni sint ad se admittere caritatem. Sed illæ non cogitant quemadmodum non puniantur a Deo, sed quomodo placeant Deo, pulchritudine interiore, decore occulti hominis, decore cordis, ubi illius oculis nudæ sunt : nudæ intus, non foris; integræ et intus et foris. Vel virgines doceant conjugatas et conjugatas, non ire in adulterium. Illæ faciunt plus quam licet, illi non faciant quod non licet.

SERMO CLXII [a].

De verbis Apostoli, 1 Cor., VI : *Omne peccatum quodcumque fecerit homo, extra corpus est; qui autem fornicatur, in corpus proprium peccat.*

1. Quæstio de epistola Corinthiorum beati Pauli apostoli, ubi dicit : « Omne peccatum quodcumque fecerit homo, extra corpus est; qui autem fornicatur, in corpus proprium peccat; » (I *Cor.*, VI, 18) nescio si possit ad liquidum dissolvi, quamvis possit, donante Domino, aliquid inde probabiliter dici : ita enim profunda est. Nam cum superius in eadem epistola Apostolus diceret : « Nolite errare : neque fornicatores, neque idolis servientes, neque adulteri, neque molles, neque masculorum concubitores, neque fures, neque avari, neque ebriosi, neque maledici, neque rapaces regnum Dei possidebunt. » (*Ibid.*, 9, 10.) Et paulo post : « Nescitis, ait, quoniam corpora vestra membra sunt Christi? Tollens ergo

[a] Alias fragmentum III.

un même corps avec elle? Car ils seront deux dans une seule chair, dit l'Ecriture. Mais celui qui demeure attaché au Seigneur est un même esprit avec lui. Fuyez la fornication. » (*Ibid.*, 15-18.) Puis il ajoute : « Tout autre péché commis par l'homme est hors du corps; mais celui qui commet la fornication pèche contre son propre corps. Ne savez-vous pas que votre corps est le temple du Saint-Esprit, qui réside en vous et que vous avez reçu de Dieu, et qu'ainsi vous n'êtes plus à vous-mêmes? Car vous avez été achetés d'un grand prix. Glorifiez et portez Dieu dans votre corps. » (*Ibid.*, XVIII, 20.) L'Apôtre a commencé par énumérer dans ce chapitre un grand nombre de crimes affreux, qui excluront du royaume de Dieu, et que les hommes ne peuvent commettre que par l'intermédiaire du corps. C'est ce corps qu'il appelle, dans les fidèles, le temple de l'Esprit saint; ces membres de notre corps, qu'il assure être les membres du Christ, et dont il demande, sous forme de reproche et d'interrogation : Enlèverai-je à Jésus-Christ ses membres pour en faire les membres d'une prostituée? pour répondre aussitôt : « A Dieu ne plaise ! » Puis il ajoute : « Ne savez-vous point que celui qui se joint à une prostituée devient un même corps avec elle? Car ils seront deux dans une seule chair, dit l'Ecriture. Mais celui qui demeure attaché au Seigneur est un même esprit avec lui; » et il conclut par ces paroles: « Fuyez la fornication. » Tout autre péché commis par l'homme est hors du corps ; mais celui qui commet la fornication pèche contre son propre corps. » Mais, est-ce que ces autres crimes dont il a fait l'énumération en disant : « Ne vous y trompez point : ni les fornicateurs, ni les idolâtres, ni les adultères, ni les voluptueux, ni les abominables, ni les voleurs, ni les avares, ni les ivrognes, ni les médisants, ni les ravisseurs du bien d'autrui ne seront héritiers du royaume de Dieu; » est-ce que tous ces crimes, tous ces forfaits peuvent être commis ou réduits à l'acte autrement que par le corps? Quel homme, tant soit peu sensé, oserait le nier? En effet, toute l'argumentation de l'Apôtre, dans ce chapitre, semble s'appuyer sur ce corps acheté à un si grand prix, c'est-à-dire par le sang précieux du Christ; sur ce corps devenu le temple de l'Esprit saint, et dont il faut éloigner les souillures que lui imprimeraient ces crimes, pour le conserver pur et inviolable, comme étant l'habitation de Dieu. Pourquoi donc a-t-il ajouté ces paroles, qui donnent lieu à une question aussi difficile : « Tout autre péché commis par l'homme est hors du corps, mais celui qui commet la fornication pèche contre son propre corps ? » Car, enfin, est-ce que non-seulement la fornication, mais les autres péchés

---

membra Christi, faciam membra meretricis? Absit. An nescitis, quia qui adhæret meretrici, unum corpus est? Erunt enim, inquit, duo in carne una. Qui autem adhæret Domino, unus spiritus est. Fugite fornicationem. » (*Ibid.*, 15-18.) Atque ibi subjunxit : « Omne peccatum quodcumque fecerit homo, extra corpus est; qui autem fornicatur, in corpus proprium peccat. An nescitis quia corpus vestrum, templum in vobis Spiritus sancti est, quem habetis a Deo, et non estis vestri? Empti enim estis pretio magno : glorificate et portate Deum in corpore vestro. » (*Ibid.*, 18-20.) Cum ergo multa et horrenda in hoc capitulo prius enumerasset hominum peccata, quibus non dabitur regnum Dei, quæ tamen nonnisi per corpus perpetrari ab hominibus possunt ; quod corpus utique jam fidelium templum esse dicit Spiritus sancti, quem habemus a Deo; ipsaque membra corporis nostri, membra esse asseverat Christi : de quibus arguendo et quodam modo interrogando, ait : « Tollens ergo membra Christi, faciam membra meretricis ? » responderitque sibi : « Absit ; » subjungat adhuc et dicat : « Nescitis quoniam qui adhæret meretrici, unum corpus est. Erunt enim, inquit, duo in carne una : qui autem adhæret Domino, unus spiritus est; » et concludat : « Fugite fornicationem. » Sequitur tamen ipse, et dicit : « Omne peccatum quodcumque fecerit homo, extra corpus est; qui autem fornicatur, in corpus proprium peccat; » quasi vero illa quæ dinumeravit peccata, dicens : « Nolite errare : neque fornicatores, neque idolis servientes, neque adulteri, neque molles, neque masculorum concubitores, neque fures, neque avari, neque ebriosi, neque maledici, neque rapaces, regnum Dei possidebunt, » ista omnia facinora et flagitia, numquid (*f. delendum* non) nonnisi per corpus fieri aut exerceri possunt? Quis hoc sani capitis homo negaverit? Totum quippe istum locum Apostolus, propter ipsum corpus jam emptum pretio magno, id est, Christi sanguine pretioso, templum Spiritus sancti factum a Domino, ne talibus flagitiis pollueretur, sed potius inviolatum tanquam Dei habitaculum servaretur, agebat et defendebat. Quare ergo subjungere voluit hoc ; unde difficilis quæstio nasceretur ; id est, ut diceret : « Omne peccatum quodcumque fecerit homo, extra corpus est; qui autem fornicatur, in corpus suum peccat? » Cum sive ipsa fornicatio, sive alia

d'impureté semblables à la fornication, peuvent être commis et réduits en actes autrement que par le moyen du corps ? Mais, quoi donc ! Pour ne point parler des autres vices que l'Apôtre énumère, est-ce qu'un homme peut être voleur, ivrogne, médisant, ravisseur du bien d'autrui, sans l'action immédiate du corps. Que dis-je ? L'idolâtrie elle-même, l'avarice ne peuvent opérer leurs actes et produire leurs fruits sans le ministère du corps. Que signifient donc ces paroles : « Tout autre péché commis par l'homme est hors du corps; mais celui qui commet la fornication pèche contre son propre corps? » Disons d'abord que, dans les conditions qui résultent de l'union de l'âme avec le corps, on ne peut dire que les désirs déréglés, que l'âme seule conçoit, soient produits en dehors du corps, puisque, tant que l'homme est revêtu de ce corps, ces désirs sont le fruit d'une sagesse, d'une prudence toutes charnelles. Il est écrit dans un psaume : « L'impie a dit dans son cœur : Il n'y a point de Dieu; » (*Ps.* XIII, 14) mais ce crime même, le bienheureux apôtre saint Paul n'a pu le considérer en dehors du corps, dans cet endroit où il dit : « Nous comparaîtrons tous devant le tribunal de Jésus-Christ, afin que chacun reçoive le salaire de ce qu'il a fait étant dans son corps, soit de bien, soit de mal. » (II *Cor.*, v, 10.) En effet, ce n'est que pendant qu'il était encore revêtu de son corps que l'impie a pu dire : « Il n'y a point de Dieu. » Je ne parle point de ce que dit, dans une autre épître, ce même Docteur des nations : « Il est aisé de connaître les œuvres de la chair, qui sont la fornication, l'impureté, l'impudicité, la luxure, les empoisonnements, les querelles, les jalousies, les animosités, les dissensions, les hérésies, les envies, les ivrogneries, et autres crimes semblables; car je déclare, et je l'ai déjà dit, que ceux qui les commettent ne posséderont point le royaume de Dieu. » (*Gal.*, v, 19.) Est-ce que, parmi les crimes qu'il énumère, il n'en est point où le corps n'a aucune part : par exemple, les jalousies, les animosités, les dissensions, les hérésies? Or, cependant, le Docteur des nations dans la foi et la vérité les range parmi les œuvres de la chair. Encore une fois, que veut-il nous faire entendre, lorsqu'après avoir dit : « Tout autre péché commis par l'homme est hors du corps, » il ajoute, en ne citant nominativement que le seul péché de la fornication : « Mais celui qui commet la fornication pèche contre son propre corps ? »

Solution de la difficulté. Pourquoi dit-on seulement de celui qui commet la fornication qu'il pèche contre son propre corps. — 2. Les esprits les moins cultivés et les moins ouverts peuvent voir combien cette question est difficile. Cependant, si le Seigneur, répondant à nos pieux désirs, daigne faire briller sa lumière à

---

hujusmodi, quæ nonnisi per corpus fiunt peccata turpitudini et fornicationi similima, nonnisi per ipsum corpus gerantur atque exerceantur? Quid enim? poteritne esse quispiam (ut cætera superius memorata taceam), fur, vel ebriosus, vel maledicus, vel rapax, extra operationem corporis hujus? Quamvis nec ipsa idololatria, neque ipsa avaritia, præter servitium corporis hujus poterit ad usum fructumque suum pervenire. Quid est ergo : « Omne peccatum quodcumque fecerit homo, extra corpus est; qui autem fornicatur, in corpus proprium peccat? » Primum, quia in corpore isto homo constitutus, quidquid solo tantum animo poterit inique concupiscere, dici non potest extra corpus hoc hominem facere, cum constet eum carnali sensu et carnali prudentia hoc agere, isto adhuc circumseptum corpore. Nam et quod in Psalmo scriptum est : Dixit impius in corde suo: Non est Deus (*Psal.* XIII, 14) idem beatus Paulus apostolus non potuit utique separare a corporali opere, illo loco ubi ait : « Omnes adstabimus ante tribunal Christi, ut recipiat unusquisque secundum ea quæ per corpus gessit, sive bonum, sive malum. » (II *Cor.*, v, 10.) Quia videlicet nonnisi in corpore constitutus impius potuit dicere : Non est Deus. Ut taceam quod in alia epistola ipse Doctor gentium dicit : Manifesta autem sunt opera carnis; et exsequitur : « Quæ sunt fornicationes, immunditiæ, luxuriæ, veneficia, inimicitiæ, contentiones, æmulationes, animositates, dissensiones, hæreses, invidiæ, ebrietates, et his similia; quæ prædico vobis, sicut prædixi, quia qui talia agunt, regnum Dei non possidebunt. » (*Gal.*, v, 19, etc.) Numquid enim non videtur nobis extra corpus fieri cætera illa quæ ibi interposuit, æmulationes, animositates, dissensiones, invidias, hæreses? et tamen operibus carnis ista tribuit Doctor gentium in fide et veritate. Quid est ergo : « Omne peccatum quodcumque fecerit homo, extra corpus est; » et unum tantummodo fornicationis peccatum nominans, ait : « Qui autem fornicatur, in corpus proprium peccat. »

Solutio difficultatis. Cur sola fornicatio dicitur peccatum in corpus proprium. — 2. Apparet igitur cuivis

nos yeux, nous pourrons en donner une explication raisonnable. Le bienheureux Apôtre, par la bouche duquel parlait Jésus-Christ, semble avoir voulu élever la gravité du péché de fornication au-dessus de tous les autres péchés, que l'on commet, il est vrai, par l'intermédiaire du corps, mais qui, cependant, ne soumettent pas, n'asservissent pas l'âme à la concupiscence charnelle comme, dans le seul acte de la fornication, la violence impétueuse de la passion confond, pour ainsi dire, l'âme avec le corps, l'y attache et l'y enchaîne étroitement, à ce point, qu'au moment même où l'homme consomme ce crime abominable, il lui est impossible de penser à autre chose qu'à cette honteuse passion, qui entraîne son âme dans la servitude, la précipite et l'engloutit dans le bourbier des voluptés et des convoitises charnelles. Ces paroles : « Celui qui commet la fornication pèche contre son propre corps, » signifient donc qu'au moment même où se consomme cet acte infâme, le cœur de l'homme qui se livre à la fornication devient, dans un sens propre et véritable, l'esclave du corps. Aussi l'Apôtre, voulant imprimer plus profondément la haine de ce vice, ne craint pas de dire : « Enlèverai-je donc les membres de Jésus-Christ pour en faire les membres d'une prostituée ? » Et il répond avec un sentiment d'horreur et d'exécration : « A Dieu ne plaise ! Ne savez-vous pas, dit-il, que celui qui se joint à une prostituée devient un même corps avec elle ? Car ils seront deux dans une seule chair, dit l'Ecriture. » Pourrait-il tenir le même langage en parlant des autres crimes, quels qu'ils soient, que peuvent commettre les hommes ? Dans ces autres crimes, l'esprit de l'homme, au moment même où il s'y livre, reste libre de penser à autre chose ; tandis qu'au moment où il commet le péché de fornication, cette liberté lui est ôtée, et il ne peut penser à autre chose. L'homme est entièrement absorbé par le corps et dans le corps ; son âme n'est plus à lui ; et on peut dire alors de l'homme tout entier qu'il est chair, un esprit qui passe et ne revient plus. (*Ps.* LXXVII, 39.) Voici donc le sens que nous pouvons donner à ces paroles de l'Apôtre : « Tout autre péché commis par l'homme est en dehors du corps, mais celui qui commet la fornication pèche contre son propre corps. » Saint Paul, comme je l'ai dit, pour faire ressortir plus fortement la gravité du péché de fornication, déclare que tous les autres péchés, comparés à celui-ci, sont en dehors du corps, et que c'est par le seul crime de la fornication que l'homme pèche contre son corps, parce que le plaisir des sens, l'entraînant avec une violence

tardo et obtunso, quam sit ista quæstio difficilis : quam Dominus piæ intentioni nostræ, si aliquantulum dignatus fuerit dilucescere atque revelare, poterimus aliquid rationabiliter dicere. Videtur enim beatus Apostolus, in quo loquebatur Christus, aut exaggerare voluisse fornicationis malum super cætera omnia peccata, quæ etsi per corpus committantur ; non tamen animum humanum concupiscentiæ carnali ita efficiunt obstrictum et obnoxium, quemadmodum in solo opere fornicationis corporalis, commisceri facit animum vis ingens libidinis cum ipso corpore, et unum cum ipso quodam modo agglutinari et devinctum esse ; in tantum ut nihil aliud ipso momento et experimento hujus tam magni flagitii cogitare homini liceat, aut intendere, nisi quod sibimet addicit mentem, quam captivam subdit ipsa submersio, et quodam modo absorbitio libidinis et concupiscentiæ carnalis ; ut hoc esse videatur quo dictum est : « Qui autem fornicatur, in corpus proprium peccat, quia tunc fit proprie et familiariter servum corporis cor hominis fornicantis, in tempore maximæ ipsius nequissimæ operationis : in tantum ut ipse Apostolus inculcatius volens commendare cavendum hominibus hoc malum, dixerit : « Tollens ergo membra Christi, faciam membra meretricis ? » Et exsecrans atque detestans responderit : « Absit. An nescitis, inquit, quoniam qui adhæret meretrici unum corpus est? Erunt enim, inquit, duo in carne una. » Numquid hoc posset dici de aliis atque aliis quibuscumque facinoribus hominum ? Liberum est enim animo humano in aliis quibusque sceleribus, et unum aliquid eorum operari, et eo ipso tempore alibi cogitatione distendi : quod in fornicationis ipso opere atque tempore non licet animo, ad aliud aliquid cogitandum liberum esse. Sic enim totus homo absorbetur ab ipso et in ipso corpore, ut jam dici non possit ipse animus suus esse ; sed simul totus homo dici possit quod caro sit, et spiritus vadens et non revertens. (*Psal.* LXXVII, 39.) Sic ergo possumus intelligere, quia « omne peccatum quodcumque fecerit homo, extra corpus est ; qui autem fornicatur, in corpus proprium peccat ; » ut videatur, ut dixi, Apostolus in tantum exaggerare voluisse fornicationis malum, ut in comparatione hujus fornicationis, cætera extra corpus habenda esse duxerit quæcumque peccata ; solo hoc tantummodo fornicationis malo in corpus proprium peccari dixerit, quia majore libidinis ardore, quo superior nullus est, vo-

SERMON CLXII.

qui ne se trouve point dans aucune autre passion, asservit ici son corps et le réduit à l'esclavage.

Fornication plus générale de l'âme qui ne s'attache point à Dieu. — 3. Voilà pour la fornication du corps proprement dite. Mais outre cette fornication proprement dite, il en est une autre plus générale, que les saintes Ecritures relèvent et flétrissent : efforçons-nous donc, avec l'aide de Dieu, d'en donner une explication probable. Cette fornication plus générale se trouve clairement indiquée dans ces paroles d'un psaume : « Ceux qui s'éloignent de vous périront; vous avez résolu de perdre tous ceux qui se prostituent loin de vous. » (*Ps.* LXXII, 27.) Et le Psalmiste nous apprend aussitôt, dans ce qui suit, comment nous pouvons éviter cette fornication plus générale : « Pour moi, il m'est bon de m'attacher au Seigneur. » (*Ibid.* 28.) Il nous est donc facile de conclure que cette fornication plus générale est le crime de l'âme qui, au lieu de s'attacher à Dieu, se prostitue au monde. C'est ce qui fait dire à l'apôtre saint Jean : « Si quelqu'un aime le monde, l'amour du Père n'est point en lui, » (I *Jean*, II, 15) et à l'apôtre saint Jacques : « Ames adultères, ne savez-vous pas que l'amour de ce monde est l'ennemi de Dieu ? » (*Jacq.*, IV, 4.) Il nous enseigne donc, dans ce peu de mots, que l'amour de Dieu est incompatible avec l'amour du monde, et qu'on se rend l'ennemi de Dieu, dès lors qu'on veut être l'ami du monde. C'est à cette même vérité que se rapportent ces paroles de Notre-Seigneur dans son Evangile : « Nul ne peut servir deux maîtres; car, ou il haïra l'un et aimera l'autre, ou il supportera l'un et méprisera l'autre. » Et il conclut en disant : « Vous ne pouvez servir Dieu et les richesses. » (*Matth.*, VI, 24, etc.) Voilà donc, comme nous l'avons dit, cette fornication plus générale de l'âme, fornication qui renferme absolument tous les péchés, et qui, en nous séparant de Dieu, nous attache étroitement au monde; et nous pouvons appliquer à cette fornication plus générale ce que dit l'Apôtre : « Tout autre péché commis par l'homme est hors du corps; mais celui qui commet la fornication, pèche contre son propre corps. » Si, en effet, l'âme humaine n'est point coupable de ce péché de fornication, parce qu'elle s'attache étroitement à Dieu au lieu de s'attacher au monde, tous les autres péchés étrangers à la concupiscence de la chair, qu'elle peut commettre par suite de la fragilité naturelle, de l'ignorance, de la négligence, de l'oubli ou du défaut d'intelligence, sont du nombre de ceux dont l'Apôtre dit : « Tout autre péché commis par l'homme est hors du corps, » parce qu'on n'y trouve aucune trace de concupiscence charnelle;

---

luptas ipsius corporis tenet servum, efficitque captivum.

Generalis fornicatio, qua non adhæretur Deo. — 3. Hæc dicta sint de speciali fornicatione hujus corporis. Verum quia non solum fornicatio in sacris litteris specialiter, sed etiam generaliter arguitur et nominatur; conemur, Deo adjuvante, et hinc aliquid probabiliter dicere. Generalis igitur fornicatio aperte manifestatur in Psalmo, ubi dicitur : Quoniam ecce qui longe se faciunt a te, peribunt; perdidisti omnem qui fornicatur abs te. (*Psal.* LXXII, 27.) Ubi subsequenter, qualiter ista generalis fornicatio evadi et effugi possit, adjunxit dicens : Mihi autem adhærere Deo, bonum est. (*Ibid.*, 28.) Ut exinde facile advertamus, illam esse generalem fornicationem animæ humanæ, qua non adhærens quisque Deo, adhæret mundo. Unde beatus apostolus Joannes dicit : Si quis dilexerit mundum, dilectio Patris non est in eo. (I *Joan.*, II, 15.) Et apostolus Jacobus dicit : Adulteri, nescitis quia amicitia hujus mundi inimica est Deo ? (*Jac.*, IV, 4.) Breviter ergo definitum est, non posse habere dilectionem Dei, qui habuerit dilectionem mundi; et inimicum esse Dei, qui amicus esse voluerit mundi. Ad hoc etiam pertinet quod Dominus in Evangelio dicit : « Nemo potest duobus dominis servire; aut enim unum odio habebit, et alterum diliget; aut unum patietur, et alterum contemnet. » Et concludit : « Non potestis Deo servire et mammonæ. » (*Matth.*, VI, 24, etc.) Ista est ergo generalis, ut dictum est, animæ fornicatio, omnia omnino in se continens, qua non adhæretur Deo, dum adhæretur mundo : ut sic etiam intelligere valeamus, secundum istam generalem fornicationem, quod ait Apostolus : « Omne peccatum quodcumque fecerit homo, extra corpus est; qui autem fornicatur, in corpus proprium peccat. » Quia si non fornicetur anima humana, adhærendo Deo, nec adhærendo mundo, quæcumque alia peccata, a concupiscentia carnali prorsus aliena potuerit pro ipsa fragilitate mortalitatis, vel ignorando, vel negligendo, vel obliviscendo, vel non intelligendo homo incurrere, hoc sit quod dictum est : « Omne peccatum quodcumque fecerit homo, extra corpus est; » quia nullum hic corporalis vel temporalis concupiscentiæ peccatum poterit reperiri; unde merito extra corpus esse quodlibet tale peccatum, dici videtur. Quod si adhærens

et c'est avec raison qu'on dit de ces péchés, qu'ils sont commis en dehors du corps. Si, au contraire, l'âme mondaine se livre au monde et s'éloigne de Dieu, en se prostituant ainsi loin de Dieu, elle pèche contre son propre corps, parce qu'elle se laisse entraîner et emporter par la concupiscence charnelle, par l'instinct et la prudence de la chair, dans toutes les jouissances des sens et du temps, et se met ainsi tout entière au service de la créature plutôt que du Créateur, qui est béni dans les siècles des siècles.

Double interprétation de ces paroles de l'Apôtre. — 4. Voici donc comme on peut voir, sans blesser la foi, ce double péché de fornication, soit particulière, soit générale, dans ces seules paroles du grand et incomparable Docteur : « Tout autre péché commis par l'homme est hors du corps; mais celui qui commet la fornication pèche contre son propre corps; » ou bien, l'Apôtre veut faire ressortir l'énormité du péché de fornication proprement dite, par lequel, chacun le comprend, on pèche contre son propre corps, parce que jamais l'homme n'est livré plus entièrement, et, pour ainsi dire, cloué plus inévitablement au plaisir charnel. Aussi, en comparaison d'un si grand crime, tous les autres péchés semblent être en dehors du corps, bien qu'ils soient commis par l'intermédiaire du corps. Il y a, en effet, dans la fornication seule, au moment sur-

tout où l'acte impur se consomme, une force impérieuse et tyrannique qui asservit l'âme, qui en fait la honteuse esclave du corps, et lui défend de penser, d'avoir en vue autre chose que l'accomplissement de sa passion brutale. Si, au contraire, l'Apôtre a voulu parler de la fornication prise dans un sens plus général, lorsqu'il a dit : « Tout autre péché commis par l'homme est hors de son corps, mais celui qui commet la fornication pèche contre son propre corps, » il faut alors l'entendre dans ce sens : que tout homme qui se sépare de Dieu pour s'attacher au monde, qui prostitue ses désirs et ses affections à toutes les jouissances de la terre, pèche véritablement contre son corps, c'est-à-dire s'abandonne entièrement à toutes les convoitises de la chair jusqu'à en devenir l'esclave, jusqu'à ne plus reconnaître de maître que la créature au lieu du Créateur, par suite de cet orgueil qui est le commencement de tout péché, et dont le premier effet est de séparer l'homme de Dieu. (*Eccli.*, x, 15.) Quant à celui qui a su se préserver de ce péché de fornication plus générale, il peut commettre d'autres péchés par suite de sa nature corruptible et mortelle; mais ces péchés sont en dehors du corps, c'est-à-dire en dehors du vice de la concupiscence de la chair et des sens. Ce n'est qu'en cédant aux entraînements de cette convoitise plus générale de la chair, que

---

mundo mundanus homo, longe se facit a Deo, fornicando ab ipso Deo, in corpus proprium peccat : quia corporali concupiscentia in quæque temporalia et carnalia, carnali sensu et prudentia humanus animus trahitur atque distrahitur, creaturæ serviens potius quam Creatori, qui est benedictus in sæcula.

Apostoli interpretatio duplex. — 4. Sic ergo, quantum mihi videtur, salva fide, intelligi potest utriusque fornicationis malum, tam specialis, quam universalis, in hoc uno capitulo tanti et tam magni doctoris, ubi ait : « Omne peccatum quodcumque fecerit homo, extra corpus est; qui autem fornicatur, in corpus proprium peccat, » ut exaggeratio facta sit ab Apostolo hujus specialis fornicationis, qua in corpus proprium peccari recte intelligitur; quia nusquam sic totus homo corporis ipsius voluptati addicitur, et ineffabiliter vel inevitabiliter affigitur, ut in comparatione hujus tanti mali, cætera peccata extra corpus esse videantur, etiamsi per corpus exerceantur. Quemadmodum solius fornicationis vis quædam imperiosæ libidinis, conditioni suæ subdit, propriumque ipsius corporis mancipium pessimum facit, tempore maxime

ipsius immundissimæ operationis, ut aliud quid præter quod agit in ipso corpore, non sit liberum humanæ menti vel cogitare, vel intendere. Si autem etiam generalem significare voluit Apostolus fornicationem, propter quam dixisse videatur : « Omne peccatum quodcumque fecerit homo, extra corpus est; qui autem fornicatur, in corpus proprium peccat, » sic accipiendum est et intelligendum, ut quisque dum non adhæret Deo, quia adhæret mundo, omnia temporalia diligens et concupiscens, merito in corpus proprium peccare dicatur, id est, universæ concupiscentiæ carnali deditus et subditus factus, tanquam totus creaturæ servus ab ipso Creatore alienus, per illam initium omnis peccati superbiam, cujus superbiæ initium est, ut scriptum est, apostatare a Deo. (*Eccli.*, x, 15.) A quo generali fornicationis malo quisque alienus, quodcumque aliud peccatum potuerit ut homo corruptibilis adhuc et mortalis incurrere, hoc intelligatur extra corpus esse; id est, extra corporeæ et temporalis omnis concupiscentiæ malum, alienum esse, extra corpus, ut sæpe dictum est, esse. Tantummodo enim carnalis et generalis concupiscentiæ malo per omnia fornicatur anima a Deo, tan-

l'âme se prostitue dans les péchés qui l'éloignent de Dieu, et que, liée et enchaînée par les désirs et les séductions des sens et du temps, elle pèche contre son propre corps, devient l'esclave de la concupiscence, se courbe sous le joug tyrannique du monde et s'éloigne de Dieu; c'est là, nous l'avons dit, le commencement de l'orgueil de l'homme, de le séparer de Dieu. Aussi l'apôtre saint Jean, voulant nous mettre en garde contre ce vice de la fornication plus générale, nous dit : « N'aimez point le monde, ni ce qui est dans le monde ; car tout ce qui est dans le monde est ou convoitise de la chair, ou concupiscence des yeux, ou orgueil de la vie : et tout cela ne vient point du Père, mais du monde. Or, le monde passe et la concupiscence ; mais celui qui fait la volonté de Dieu demeure éternellement. » (I *Jean*, II, 15, etc.) Cet amour du monde, qui renferme en lui-même toutes les convoitises du monde, est donc cette fornication plus générale, par laquelle on pèche contre son propre corps, parce qu'alors l'âme, livrée tout entière à tous les objets sensibles et matériels de la terre et du temps, n'est occupée qu'à satisfaire les désirs et les passions de la chair, pendant qu'elle est délaissée et abandonnée misérablement par le créateur de tout ce qui existe.

SERMON CLXIII.

Sur ces paroles de l'Apôtre, dans le chapitre v de son Epître aux Galates : *Conduisez-vous selon l'Esprit, et vous n'accomplirez point les désirs de la chair.*

Prononcé dans la basilique d'Honorius, le 8 des calendes d'octobre (1).

CHAPITRE PREMIER. — *Consécration du temple qui avait été profané.* — 1. Si nous considérons, mes frères, ce que nous étions avant d'avoir reçu la grâce de Dieu, et ce que nous sommes devenus après l'avoir reçue, nous reconnaîtrons que, de même que les hommes changent pour devenir meilleurs, ainsi il est des édifices sur la terre qui, après avoir été élevés contre la grâce de Dieu, lui sont maintenant consacrés. « En effet, dit l'Apôtre, nous sommes le temple du Dieu vivant, selon ce que Dieu dit lui-même : J'habiterai en eux, et je marcherai au milieu d'eux. » (II *Cor.*, VI, 16.) Les idoles qui étaient ici, avaient bien pu y être fixées, mais elles demeuraient sans mouvement. Or, Dieu marche au milieu de nous par la présence de sa divinité, s'il y trouve les larges espaces de la charité. C'est à quoi nous exhorte l'Apôtre lorsqu'il nous dit : « Dilatez-vous, ne portez pas le même joug que les infidèles. » (*Ibid.*, 13, 14.) Si nous élargissons nos cœurs, Dieu marche

(1) Cette indication se trouve dans le manuscrit des PP. Cisterciens de Sainte-Croix-en-Jérusalem, à Rome. Florus cite des extraits de ce sermon dans son Commentaire sur le chapitre xv de la Ire Epître aux Corinthiens, et sur le chapitre v de l'Epître aux Galates.

quam corporalibus et temporalibus desideriis et delectationibus illigata et devincta, in corpus proprium peccat, cujus universaliter concupiscentiæ serviens, incurvatur mundo, et alienatur a Deo : quod est, ut dictum est : Initium superbiæ hominis, apostatare a Deo. Propter quod generalis fornicationis cavendum malum, beatus Joannes admonet, dicens : « Nolite diligere mundum, neque ea quæ sunt in mundo ; quoniam quæ in mundo sunt, concupiscentia carnis est, et concupiscentia oculorum, et ambitio sæculi, quæ non est ex Patre, sed ex mundo. Et mundus transit, et concupiscentia ejus. Qui autem fecerit voluntatem Dei manet in æternum, sicut ille manet in æternum. » (I *Joan.*, II, 15, etc.) Ista ergo dilectio mundi, quæ universalem in se concupiscentiam continet mundi, generalis est fornicatio, qua peccatur in corpus proprium ; eo quod omnibus corporalibus et visibilibus et temporalibus desideriis et voluptatibus humanus indesinenter servit animus, ab ipso Creatore universorum desolatus atque derelictus.

(a) Alias III, de verbis Apostoli.

SERMO CLXIII (a).

De verbis Apostoli, Galat., v : *Spiritu ambulate, et concupiscentias carnis ne perfeceritis.*

CAPUT PRIMUM. — *Templi antea profani dedicatio.* — 1. Si consideremus, Fratres, ante gratiam Domini quid fuerimus, et per gratiam Domini quid esse cœperimus ; profecto invenimus, quia sicut homines in melius commutantur, ita etiam terrarum loca quæ prius contra Dei gratiam fuerunt, nunc Dei gratiæ dedicantur. « Nos enim, sicut dicit Apostolus, templum Dei vivi sumus, propter quod dicit Deus : Inhabitabo in illis, et deambulabo. » (II *Cor.*, VI, 16.) Quæ autem hic simulacra fuerunt, figi noverant, ambulare non noverant. Deambulat autem in nobis præsentia majestatis, si latitudinem invenerit caritatis. Ad hoc nos exhortans Apostolus ait : Dilatamini, ne sitis jugum ducentes cum infidelibus. (*Ibid.*, 13, 14.) Si dilatemur, deambulat in nobis Deus : sed ut dilatemur, operetur ipse Deus. Si enim latitudinem caritas facit, quæ non novit angustias ; videte quia

au milieu de nous, mais c'est lui-même qui nous donne la grâce de dilater ainsi nos cœurs. Puisqu'en effet c'est par la charité, qui n'est jamais à l'étroit, que nous sommes dilatés, il est évident que c'est Dieu qui élargit ainsi pour lui nos cœurs, d'après la doctrine de l'apôtre saint Paul : « La charité de Dieu a été répandue dans nos cœurs par l'Esprit saint qui nous a été donné. » (*Rom.*, v, 5.) Or, comme je l'ai dit, c'est parce que nos cœurs sont ainsi dilatés, que Dieu marche au milieu de nous.

CHAPITRE II.— *De même que, dans un temple profane, il est en nous des choses qu'il faut renverser, il en est d'autres qu'il faut purifier et consacrer.* — 2. Dans la lecture qui vous a été faite de l'épître de l'apôtre saint Paul, nous avons entendu ces paroles : « Conduisez-vous selon l'esprit, et vous n'accomplirez point les désirs de la chair. Car la chair a des désirs contraires à ceux de l'esprit, et l'esprit en a de contraires à ceux de la chair, et ils sont opposés l'un à l'autre; de sorte que vous ne faites pas toutes les choses que vous voudriez. » (*Gal.*, v, 16, 17.) Saint Paul parlait à des chrétiens baptisés, mais il construisait encore le temple de Dieu : le temps n'était pas venu de le consacrer. Voyez, mes frères, ce qui arrive lorsque des édifices terrestres reçoivent une destination meilleure : il est des parties qu'on détruit et qu'on renverse, il en est d'autres que l'on affecte à de plus nobles usages. Ainsi en est-il de nous. Vous avez entendu l'énumération que fait l'Apôtre : « Il est aisé, dit-il, de connaître les œuvres de la chair, qui sont la fornication, l'impureté, l'idolâtrie, les empoisonnements (1), les dissensions, les inimitiés, les jalousies, les hérésies, les envies, et autres crimes semblables. » Voilà ce qu'il faut, non pas changer, mais détruire, « et, je l'ai déjà dit, ceux qui commettent ces crimes ne posséderont point le royaume de Dieu. » Ce sont autant d'idoles qu'il faut renverser dans notre cœur. Mais il faut appliquer à de plus nobles usages les membres de notre corps, qui, après avoir servi d'instruments aux passions impures, doivent maintenant être consacrés au service de la charité.

CHAPITRE III. — *Ce temple se construit par la foi, la dédicace se fera à la résurrection.* — 3. Considérez cependant, et méditez attentivement les paroles de l'Apôtre : Nous sommes les ouvriers de Dieu, et nous sommes encore occupés à construire son temple. La dédicace de ce temple a déjà eu lieu dans notre chef, car Notre-Seigneur est ressuscité des morts après avoir triomphé de la mort, et il est monté aux cieux après avoir détruit dans son corps la mortalité. C'est pour lui que le Roi-Prophète a écrit le psaume de la dédicace du temple, et c'est lui-même qui dit après sa passion : « Vous avez changé mes gémissements en joie, vous avez

---

(1) Saint Augustin établit ici entre *veneficia* et *beneficia* une opposition qu'il est impossible de rendre en français; *veneficia*, dit-il, *non beneficia, id est non a bonis dicta, sed a venenis.*

Deus sibi in nobis latitudinem facit, ipso dicente Apostolo: « Caritas Dei diffusa est in cordibus nostris per Spiritum sanctum, qui datus est nobis. » (*Rom.*, v, 5.) Propter hanc latitudinem, inquam, in nobis deambulat Deus.

CAPUT II. — *In nobis uti in profano templo, alia dejicienda, alia consecranda.* — 2. Modo Apostoli epistola cum recitaretur, audivimus : « Spiritu ambulate, et concupiscentias carnis ne perfeceritis. Caro enim concupiscit adversus spiritum, et spiritus adversus carnem. Hæc enim invicem adversantur, ut non ea quæ vultis faciatis. » (*Gal.*, v, 16, 17.) Baptizatis dicebat, sed templum Dei adhuc ædificabat, nondum dedicabat. Videte, Fratres mei, quemadmodum cum loca ipsa terrena in melius convertuntur, alia diruuntur atque franguntur, alia in meliores usus commutantur; sic et nos sumus. Opera carnis fuerunt in nobis. Audistis cum commemorarentur : « Manifesta autem sunt, inquit, opera carnis, quæ sunt fornicationes, immunditiæ, idolorum servitus, veneficia, » non beneficia, id est, non a bonis dicta, sed a venenis ; « contentiones, inimicitiæ, hæreses, invidiæ, ebrietates, et his similia ; » dejicienda sunt, non mutanda : « quæ prædico, inquit, vobis, sicut prædixi, quoniam qui talia agunt, regnum Dei non possidebunt. » (*Ibid.*, 19-21.) Ista in nobis, tanquam idola frangenda sunt. In usus autem meliores vertenda sunt ipsa corporis nostri membra, ut quæ serviebant immunditiæ cupiditatis, serviant gratiæ caritatis.

CAPUT III. — *Ædificatio per fidem, dedicatio per resurrectionem.* — 3. Sed videte quid dixerit, et diligenter advertite. Operarii Dei sumus, adhuc ædificatur templum Dei. In capite suo jam dedicatum est; quoniam Dominus resurrexit a mortuis, devicta morte, mortalitate consumpta ascendit in cœlum : quia scriptus de illo erat Psalmus dedicationis domus. Ideo post passionem dicit : « Convertisti luctum meum in gaudium mihi, conscidisti saccum meum,

déchiré le sac dont je m'étais revêtu, et vous m'avez environné de joie, afin qu'au milieu de ma gloire je chante vos louanges, et que je ne sente plus les pointes de la douleur. » (*Ps.* XXIX, 12, 13.) Cette dédicace s'est donc faite après la passion, lorsque Jésus-Christ est ressuscité. Pour nous, donc, nous construisons maintenant ce temple par la foi, et la dédicace s'en fera à la résurrection dernière. Voilà pourquoi ce psaume de la dédicace du temple, où nous voyons la résurrection de notre chef, est non pas précédé mais suivi d'un autre qui a pour titre : « Lorsqu'on bâtissait la maison après la captivité. » (*Ps.* XCV, 1.) Rappelez-vous la captivité dans laquelle nous gémissions lorsque le démon régnait en tyran sur le monde comme sur un immense troupeau d'infidèles. C'est pour détruire cet esclavage que le Rédempteur est venu : il a versé son sang pour notre rançon, et, après nous avoir ainsi rachetés, il a détruit les titres de notre captivité. « La loi est spirituelle, dit l'Apôtre, mais moi, je suis charnel, et vendu pour être assujetti au péché. » (*Rom.*, VII, 14.) Nous étions auparavant vendus au péché, mais nous avons été délivrés par la grâce de Dieu. Après cette délivrance le temple se construit, et la prédication de l'Evangile a pour but d'élever ce temple à sa hauteur. Aussi ce psaume commence ainsi : « Chantez au Seigneur un cantique nouveau. » (*Ps.* XCV, 1.) Et ne vous imaginez point qu'on bâtisse ce temple dans un lieu écarté, comme bâtissent les schismatiques ou les hérétiques. Ecoutez ce qui suit : « Chantez au Seigneur, ô vous, terre entière. »

CHAPITRE IV. — *Le cantique nouveau. Le salut de Dieu. Jésus-Christ a été l'objet des désirs des anciens patriarches.* — « 4. Chantez au Seigneur un cantique nouveau, » différent du cantique ancien (*Ibid.*) ; c'est le Nouveau Testament qui succède à l'Ancien, c'est le nouvel homme qui nous force de dépouiller le vieil homme. « Dépouillez-vous du vieil homme et de ses œuvres, dit saint Paul, et revêtez-vous de l'homme nouveau qui a été créé selon Dieu, dans une justice et une sainteté véritables. » (*Ephés.*, IV, 24.) « Chantez donc au Seigneur un cantique nouveau ; que toute la terre entonne un hymne à l'Eternel. Chantez et bâtissez ; chantez et bénissez le nom du Seigneur. Annoncez le jour engendré du jour, le salut de Dieu ; annoncez le jour engendré du jour, le Christ du Seigneur. » Quel est, en effet, le salut de Dieu ? N'est-ce pas le Christ ? C'est ce salut que nous implorions en disant avec le Psalmiste : « Montrez-nous, Seigneur, votre miséricorde, et donnez-nous votre salut. » (*Ps.* LXXXIV, 8.) C'est après ce salut que soupiraient les anciens justes, dont le Seigneur disait à ses disciples : « Je vous dis qu'un grand nombre ont désiré voir les choses que vous voyez, et ne

---

et accinxisti me jucunditate, ut psallat tibi gloria mea, et non compungar. » (*Psal.* XXIX, 12, 13.) Facta est ergo illa post passionem dedicatio in resurrectione. Ergo et nostra modo fit ædificatio per fidem, ut fiat et ipsa dedicatio per ultimam resurrectionem. Denique post istum Psalmum dedicationis domus, ubi ostenditur resuscitatio capitis nostri, alius est Psalmus post istum, non ante istum, cujus sic habet titulus : Quando domus ædificabatur post captivitatem. (*Psal.* XCV, 1.) Recolite captivitatem, ubi antea fuerimus, quando totum mundum velut massam infidelium diabolus possidebat. Propter hanc captivitatem Redemptor advenit ; pretium nostrum sanguinem suum fudit : fuso suo sanguine, captivitatis nostræ instrumenta delevit. « Lex, inquit Apostolus, spiritalis est, ego autem carnalis sum, venumdatus sub peccato. » (*Rom.*, VII, 14.) Antea sub peccato venumdati, sed post a gratia liberati. Post illam captivitatem, domus modo ædificatur ; et ut ædificetur, evangelizatur. Sic enim incipit Psalmus ipse : Cantate Domino canticum novum. (*Psal.* XCV, 1.) Et ne putes domum istam in uno angulo ædificari, sicut ædificant schismatici vel hæretici, attende quod sequitur : « Cantate Domino omnis terra. »

CAPUT IV. — *Novum canticum. Salutare Dei Christus ab antiquis desideratus.* — 4. Cantate Domino canticum novum (*Ibid.*) : contra canticum vetus, Testamentum novum, quia prius Testamentum vetus ; novus homo, ut deponatur vetus homo. Exuite vos, inquit, veterem hominem cum actibus suis ; et induite novum, qui secundum Deum creatus est in justitia et sanctitate veritatis. (*Ephes.*, IV, 24.) Ergo : « Cantate Domino canticum novum, cantate Domino omnis terra. Cantate et ædificate ; cantate, et bene canite. Annuntiate diem ex die salutare ejus : annuntiate diem ex die Christum ejus. » Quid est enim salutare ejus, nisi Christum ejus ? Pro isto salutari orabamus in Psalmo : Ostende nobis Domine misericordiam tuam, et salutare tuum da nobis. (*Psal.* LXXXIV, 8.) Desiderabant hoc salutare antiqui justi, de quibus Dominus dicebat discipulis : Multi voluerunt videre quæ vos videtis, et non potuerunt. (*Luc.*, X, 24.)

les ont pas vues. » (*Luc*, x, 24.) « Et donnez-nous votre salut. » Voilà ce que demandaient aussi les anciens justes : « Donnez-nous votre salut, » faites-nous voir votre Christ pendant que nous sommes dans cette chair mortelle. Accordez-nous de voir dans la chair celui qui vient nous délivrer de la chair ; que la chair vienne purifier la chair; que la chair souffre pour racheter l'âme et la chair. « Et donnez-nous votre salut, » Seigneur. Tel était le désir de ce saint vieillard Siméon, oui, telles étaient les aspirations de ce saint vieillard comblé de mérites aux yeux de Dieu. Ah, sans doute, il lui disait aussi : « Montrez-nous votre miséricorde, Seigneur, et donnez-nous votre salut. » C'est à ces désirs, c'est à ces ferventes prières que Dieu répondit en lui faisant connaître qu'il ne mourrait point avant d'avoir vu le Christ du Seigneur. » (*Luc*, II, 26.) Jésus-Christ naquit; il venait sur la terre, alors que Siméon s'en allait, mais celui-ci ne voulait point quitter la terre avant la venue du Sauveur. Son extrême vieillesse le forçait de sortir de cette vie, sa piété ardente et sincère l'y retenait. Mais, aussitôt la venue, aussitôt la naissance du Christ, dès qu'il le vit entre les bras de sa mère, et que le pieux vieillard eut reconnu ce divin enfant, il le prit entre ses bras, et s'écria : « Maintenant, Seigneur, vous laisserez aller en paix votre serviteur, car mes yeux ont vu votre salut. » (*Ibid.*, 29.) C'est ce salut qu'il demandait en disant : « Montrez-nous, Seigneur, votre miséricorde, et donnez-nous votre salut. » Les désirs de ce saint vieillard furent accomplis, alors que le monde lui-même était sur son déclin. Le Sauveur se remit entre les mains de ce vieillard, alors qu'il venait visiter le monde qui touchait à la vieillesse. Mais que ce monde, tout vieux qu'il est, entende cette invitation : « Chantez au Seigneur un cantique nouveau, chantez au Seigneur, ô terre entière. » Que tout ce qui est vieux soit détruit pour faire place à la nouveauté.

Chapitre V. — 5. « Chantez au Seigneur un cantique nouveau, chantez au Seigneur. » Voyez la sainte émulation de ceux qui bâtissent le temple : « Chantez au Seigneur, et bénissez son nom. » (*Ps.* xcv, 2.) Annoncez la bonne nouvelle, (c'est ce que signifie le mot grec *évangélisez*.) Qu'annoncerez-vous? Le jour qui est engendré du jour. Quel est ce jour engendré du jour? La lumière engendrée par la lumière, le Fils né du Père, le salut de Dieu. « Annoncez sa gloire parmi les nations, et ses merveilles parmi les peuples. » (*Ibid.*, 3.) C'est ainsi que le temple se construit après la captivité. « Le Seigneur est plus redoutable que tous les dieux. » Quels dieux ? « Car tous les dieux des nations sont des démons, mais le Seigneur est le créateur des cieux. » (*Ibid.*, 4, 5.) C'est lui qui a fait les saints, c'est lui qui a fait les apôtres. « Les cieux, dit ailleurs le Roi-Prophète, racontent la gloire de

---

Et salutare tuum da nobis. Dixerunt hoc antiqui justi : Salutare tuum da nobis : Christum tuum cum in hac carne vivimus, videamus. Videamus in carne, qui nos liberet a carne : veniat caro mundans carnem ; patiatur caro, et redimat animam et carnem. Et salutare tuum, Domine, da nobis. In hoc desiderio erat ille sanctus senex Simeon : in hoc, inquam, desiderio erat senex ille sanctus et de Deo bene meritus Simeon ; sine dubio et ipse dicebat : « Ostende nobis Domine misericordiam tuam, et salutare tuum da nobis. » In hoc desiderio, in talibus precibus responsum accepit, quia non gustaret mortem, nisi vidisset Christum Domini. (*Luc.*, II, 26.) Natus est Christus, veniebat ille, ille ibat : sed donec veniret ille, ille ire nolebat. Jam senectus matura excludebat, sed sincera pietas detinebat. At ubi venit, at ubi natus est, at ubi eum portari matris manibus vidit, et divinam infantiam pia senectus agnovit; accepit eum in manus suas, et dixit : « Nunc dimittis Domine servum tuum in pace; quoniam viderunt oculi mei salutare tuum. » (*Ibid.*, 29.) Ecce unde dicebat : « Ostende nobis Domine misericordiam tuam, et salutare tuum da nobis. » Impletum est desiderium senis, mundi ipsius senectute vergente. Ipse ad senem hominem venit, qui mundum veterem invenit. Ergo si mundum veterem invenit, audiat mundus : « Cantate Domino canticum novum, cantate Domino omnis terra. » Destruatur vetustas, novitas surgat.

Caput V. — 5. Cantate Domino canticum novum, cantate Domino. Videte certamen ædificantium. Cantate Domino, benedicite nomen ejus. (*Psal.* xcv, 2.) Bene nuntiate, quod est Græce evangelizate. Quid? Diem de die. Quem diem ex die ? Salutare ejus. Quem diem ex die? Lumen ex lumine, Filium de Patre, salutare ejus. « Annuntiate in gentibus gloriam ejus, in omnibus populis mirabilia ejus. » (*Ibid.*, 3.) Ecce quomodo domus ædificatur post captivitatem. Terribilis est super omnes deos. Super quos deos ? Quoniam omnes dii gentium dæmonia, Dominus autem cœlos fecit. (*Ibid.*, 4, 5.) Sanctos fecit, Apostolos fecit. « Quo-

Dieu. Il n'est point de discours, point de langage dans lequel on n'entende cette voix. Son éclat s'est répandu par tout l'univers, » (*Ps.* xviii, 2) parce que toute la terre chante maintenant un cantique nouveau.

6. Ecoutons l'Apôtre, l'architecte du divin Maître : « J'ai posé, dit-il, le fondement comme un sage architecte. » (I *Cor.*, iii, 10.) Ecoutons cet architecte, d'une part, construisant à neuf, et, de l'autre, détruisant ce qui est ancien. «Conduisez-vous selon l'esprit, » dit-il, c'est une construction nouvelle, « et vous n'accomplirez point les désirs de la chair, » c'est la destruction du vieil édifice. « Car la chair a des désirs contraires à ceux de l'esprit, et l'esprit en a de contraires à ceux de la chair, et ils sont opposés l'un à l'autre, de sorte que vous ne faites pas toutes les choses que vous voudriez. » (*Gal.*, v, 16, 17.) C'est donc encore le temps de bâtir, ce n'est pas celui de faire la dédicace. « De sorte que vous ne faites pas toutes les choses que vous voudriez. »

Chapitre VI. — *Lutte de l'esprit et de la chair.* Que voudriez-vous, en effet? Qu'il n'y ait plus en vous aucune convoitise des jouissances illégitimes et criminelles. Est-il un saint qui n'exprime à Dieu ce désir? Mais c'est inutilement : ce désir ne sera point accompli tant que durera la vie présente, « car la chair a des désirs contraires à ceux de l'esprit, et l'esprit en a de contraires à ceux de la chair, et ils sont opposés l'un à l'autre, de sorte que vous ne pouvez faire tout ce que vous voudriez, » c'est-à-dire, qu'il n'y ait plus en vous aucune mauvaise convoitise. Que vous reste-t-il donc à faire? « Conduisez-vous par l'esprit, » et puisque vous ne pouvez arriver à détruire entièrement les convoitises de la chair, « n'en accomplissez pas du moins les désirs. » Vous devez souhaiter, sans doute, de les détruire, de les arracher, de les extirper entièrement de votre cœur par tous les moyens possibles ; mais, tant qu'elles sont en vous, et que vous sentez dans vos membres une autre loi qui combat contre la loi de votre esprit, « n'accomplissez point les désirs de la chair. » Quel serait votre désir? De ne plus ressentir en aucune manière les convoitises de la chair. Elles ne vous permettent point d'accomplir ce que vous voulez, ne leur permettez point d'accomplir ce qu'elles veulent. Que voudriez-vous? Ne plus les ressentir en vous ; mais malheureusement elles existent. « La chair a des désirs contraires à ceux de l'esprit, et l'esprit en a de contraires à ceux de la chair, de sorte que vous ne faites pas toutes les choses que vous voudriez, » c'est-à-dire, vous ne pouvez arriver à détruire en vous les convoitises de la chair; ne leur permettez pas non plus de faire ce qu'elles veulent, d'accomplir leurs désirs. Elles ne vous cèdent pas entièrement, ne leur cédez

---

niam cœli enarrant gloriam Dei. Non sunt loquelæ neque sermones , quorum non audiantur voces eorum. In omnem terram exiit sonus eorum ; » (*Psal.* xviii, 2) quia omnis terra cantat canticum novum.

6. Audiamus ergo et Apostolum, architectum magistri : Ut sapiens, inquit, architectus fundamentum posui. (I *Cor.*, iii, 10.) Audiamus ergo istum architectum, quædam nova construentem, quædam vetera dejicientem. « Spiritu, inquit, ambulate, » nova est ista constructio ; « et concupiscentias carnis ne perfeceritis, » veterum est ista destructio. « Caro enim, inquit, concupiscit adversus spiritum, et spiritus adversus carnem. Hæc enim invicem adversantur, ut non ea quæ vultis faciatis. » (*Gal.*, v, 16, 17.) Adhuc enim ædificamini, nondum dedicamini. « Ut non ea quæ vultis faciatis. »

Caput VI. — *Lucta carnis et spiritus.* — Quæ enim vultis? Ut omnino nullæ sint concupiscentiæ malarum et illicitarum delectationum. Quis sanctus non hæc velit? Sed non efficit : quamdiu hic vivitur, hoc non impletur. « Caro enim concupiscit adversus spiritum, et spiritus adversus carnem. Hæc enim invicem adversantur, ut ea quæ vultis facere, » ut nullæ sint in vobis prorsus rerum illicitarum concupiscentiæ , « non possitis. » Quid ergo restat ? « Spiritu ambulate ; et, » quia non potestis efficere ut concupiscentias carnis consumatis , « concupiscentias carnis ne perficiatis. » Consumere quidem illas atque finire, et penitus extirpare omni modo velle debetis : sed quamdiu sunt in vobis, et est alia lex in membris vestris repugnans legi mentis vestræ, « concupiscentias carnis ne perfeceritis. » Quid enim vultis? Ut omnino non sint concupiscentiæ carnis. Non vos permittunt implere quod vultis ; nolite eas permittere implere quod volunt. Quid vultis? Ut omnino non sint. Sed sunt. « Caro concupiscit adversus spiritum ; » concupiscat spiritus adversus carnem. « Ut non ea quæ vultis faciatis, » id est, ut non sint in vobis ipsæ concupiscentiæ carnis : nec ipsæ faciant quod volunt, ut opus earum perficiatis. Si non tibi in totum ceditur, noli et tu ce-

point non plus ; combattez d'abord à armes égales, afin de remporter un jour la victoire.

Chapitre VII. — *La victoire après la résurrection.* — 7. Cette victoire, mes frères, viendra infailliblement un jour; croyons, espérons, aimons : la victoire nous sera donnée lors de la dédicace du temple qui se construit maintenant après la captivité. « La mort sera le dernier ennemi détruit, lorsque ce corps corruptible revêtira l'incorruptibilité, et que ce corps mortel revêtira l'immortalité. » (I *Cor.*, xv, 26, 53.) Méditez d'avance les chants de triomphe. O mort! où sont tes combats? C'est le chant des vainqueurs, ce n'est pas celui des combattants. Voulez-vous connaitre le chant des combattants? « Ayez pitié de moi, Seigneur, parce que je suis faible ; Seigneur, guérissez-moi, parce que mes os sont tout ébranlés, et mon âme est toute troublée; mais vous, Seigneur, jusques à quand? » (*Ps.* vi, 3, etc.) Vous voyez les fatigues du combat. « Mais vous, Seigneur, jusques à quand? » Jusques à quand? Jusqu'à ce que vous reconnaissiez que c'est de moi seul que vient le secours. Si je venais aussitôt à votre secours, vous ne sentiriez point la lutte, et, faute d'éprouver les fatigues du combat, vous présumeriez de vos forces, et cet orgueil serait à jamais un obstacle à la victoire. Il est écrit, il est vrai : « Vous n'aurez pas encore cessé de prier, que je dirai : Me voici. » (*Isaïe*, LVIII, 9.) Mais Dieu est près de nous, alors même qu'il diffère de nous exaucer; le retard même est un secours, et c'est en différant qu'il nous aide véritablement ; car, s'il exauçait les désirs prématurés de notre volonté, il ne pourrait nous rendre une santé parfaite.

Chapitre VIII. — *Remède aux pensées d'orgueil dans l'apôtre saint Paul.* — 8. Nous ne pouvons dire, en effet, mes frères, que Dieu refusait son secours à l'apôtre saint Paul, lorsque, au plus fort du combat, il craignait les inspirations de l'orgueil. « De peur, dit-il, que la grandeur de mes révélations ne me cause de l'orgueil. » (II *Cor.*, xii, 7.) Vous le voyez, il est encore aux prises avec les difficultés du combat, il ne jouit pas encore de la sécurité de la victoire. « De peur que je ne ressente de l'orgueil de la grandeur de mes révélations. » Quel est celui qui dit ici : « De peur que je ne ressente de l'orgueil ? » Oh ! quel sujet pour nous de craindre et de trembler ! Encore une fois, quel est celui qui tient ce langage ? Quoi! dans ses admirables enseignements, il rabat si fortement l'orgueil, il réprime si puissamment la présomption, et il dit ici : « De peur que je ne ressente de l'orgueil? » Mais c'est peu de faire cet aveu : « De peur que je ne ressente de l'orgueil; » il va vous apprendre le remède qui lui a été donné contre ce mal. « De peur que je ne ressente de l'orgueil, dit-il, il a été donné à ma chair un aiguillon, l'ange de Satan. » O venin, qui ne peut être guéri que par un autre venin ! « Il a été

---

dere. Prius æquetur pugna, ut aliquando sit victoria.

Caput VII. — *Victoria post resurrectionem.* — 7. Etenim procul dubio, Fratres mei, erit : credamus, speremus, amemus, erit aliquando victoria, in dedicatione domus, quæ modo ædificatur post captivitatem. Novissima enim inimica destruetur mors, cum corruptibile hoc induerit incorruptionem, et mortale hoc induerit immortalitatem. (I *Cor.*, xv, 26, 53.) Præmeditamini verba triumphantium : Ubi est, mors, contentio tua ? Triumphantium ista vox est, non pugnantium. Pugnantium autem vox est : « Miserere mei, Domine, quoniam infirmus sum : sana me, Domine, quoniam conturbata sunt ossa mea, et anima mea turbata est valde; et tu Domine usque quo ? » (*Psal.* vi, 3, etc.) Vide laborantem in certamine. Et tu Domine usque quo ? Quid est : Usque quo? Quo usque probes quia ego subvenio. Si enim cito subvenirem, luctamen non sentires : si luctamen non sentires, tanquam de tuis viribus superbires; et per istam superbiam nunquam ad victoriam pervenires. Dictum est quidem : Adhuc te loquente dicam : Ecce adsum. *Isai.*, LVIII, 9.) Sed Deus et cum differt adest, et quod differt adest, et differendo adest : ne præperam cum implet voluntatem, perfectam non impleat sanitatem.

Caput VIII. — *Medicamentum elationis in Paulo.* — 8. Non enim, Fratres mei, apostolo Paulo non aderat, qui cum certaret, ne extolleretur, timebat. In magnitudine, inquit, revelationum mearum ne extollar. (II *Cor.*, xii, 7.) Videte in conflictatione certantem, nondum in securitate triumphantem. In magnitudine revelationum mearum ne extollar. Quis dicit : Ne extollar? O terror, o tremor ! Quis dicit : Ne extollar? Cum tanta ejus verba sint retundentia elationem, compescentia tumorem, et dicit : Ne extollar? Parum est quia dicit : Ne extollar ; videte medicamentum, quod sibi dicit appositum. Ne extollar, inquit, datus est mihi stimulus carnis meæ, angelus satanæ. « O venenum, quod non curatur nisi veneno !

donné à ma chair un aiguillon, l'ange de Satan, pour me souffleter. » Pour que la tête ne s'élève point, c'est la tête qui est frappée. O antidote, qui est préparé avec le serpent lui-même, et auquel on donne pour cela le nom de thériaque! C'est le serpent, en effet, qui a fait entrer l'orgueil dans l'esprit de l'homme. « Mangez de ce fruit, et vous serez comme des dieux. » (*Gen.*, III, 5.) C'est bien là une inspiration de l'orgueil. Il veut faire tomber l'homme par le même vice qui a été la cause de sa chute. C'est donc avec raison que le serpent sert à guérir la blessure empoisonnée qu'a faite le serpent. Qu'ajoute encore l'Apôtre? « C'est pourquoi j'ai prié trois fois le Seigneur de l'éloigner de moi. » Mais où est donc cette promesse : « Vous n'aurez pas encore cessé de prier, que je vous dirai : Me voici. C'est pourquoi j'ai prié le Seigneur, non pas une fois, mais une seconde et une troisième fois. » Ne disait-il donc pas alors, avec le Psalmiste : « Et vous, Seigneur, jusques à quand? » (*Ps.* VI, 4.) Mais, de ce que Dieu différait de l'exaucer, s'ensuit-il qu'il n'était point présent, et qu'il faille accuser de mensonge cette promesse : « Vous parlerez encore, que je dirai : Me voici. » Et, en effet, si le médecin vous secourt quand il vous donne ce que vous désirez, vous secourt-il moins quand il est obligé de couper un membre gangrené? Lorsque vous sentez le tranchant du fer, ne lui criez-vous point de vous épargner? et c'est parce qu'il veut par dessus tout votre bien, qu'il continue son opération. Voulez-vous une preuve que le Seigneur n'abandonnait point son serviteur? Ecoutez la réponse qu'il lui fait : « Ma grâce te suffit, car la force se perfectionne dans la faiblesse. » (I *Cor.*, XII, 9.) Je sais, dit Dieu, moi le médecin par excellence, je sais quelle tumeur produirait la plaie que je veux guérir. Soyez tranquille, je connais le remède que je dois employer. « Ma grâce te suffit, » mais ta volonté ne te suffit pas. Tels sont les aveux que nous fait ce généreux combattant, exposé à tous les dangers de la lutte et implorant le secours de Dieu.

CHAPITRE IX. — *C'est par l'humilité qu'il faut remporter la victoire.* — 9. Quels seront, maintenant, les chants de ceux qui auront triomphé dans le combat? Nous venons d'entendre les prières des combattants, pendant que le temple se construit; les chants de triomphe se feront entendre, lorsqu'on en fera la dédicace au dernier jour. « O mort, où sont tes combats? O mort, où est ton aiguillon? Or, l'aiguillon de la mort, c'est le péché. » (I *Cor.*, XV, 55.) L'Apôtre fait entendre ces chants de triomphe, comme s'il était déjà vainqueur. Or, après ces paroles, où il s'agit évidemment de la récompense future, et non des luttes de la vie présente, l'Apôtre ajoute, cependant : « Alors s'accomplira cette prédiction; » elle ne s'accomplit pas maintenant, mais ce n'est qu'alors qu'elle recevra son accomplissement. Quelle est donc cette prédic-

---

Datus est mihi stimulus carnis meæ, angelus satanæ, qui me colaphizet. » Caput cædebatur, ne caput extolleretur. O antidotum, quod quasi de serpente conficitur, et propterea theriacum nuncupatur! Serpens enim ille superbiam persuasit. Gustate, et eritis sicut dii (*Gen.*, III, 16) ; superbiæ persuasio ista est. Unde cecidit, inde dejecit. Merito ergo venenum serpentis de serpente sanatur. Quid ait Apostolus? « Propter quod ter Dominum rogavi, ut auferret eum a me. » Ubi est : « Adhuc te loquente dicam : Ecce adsum? Propter quod, non semel, sed iterum et tertio Dominum rogavi. » Nonne tunc et ipse dicebat : Et tu Domine usque quo? (*Psal.* VI, 4.) Sed numquid quia differebat, ideo non aderat, et falsum erat : « Adhuc te loquente dicam : Ecce adsum? » Quid enim? medicus quando dat quod desideras, adest; quando secat, non adest? Nonne sub medici ferramento clamas ut parcat; et quia magis adest, magis secat? Denique ut scias quia aderat, videte quid ter roganti responderit. « Dixit, inquit, mihi : Sufficit tibi gratia mea : nam virtus in infirmitate perficitur. » (I *Cor.*, XII, 9.) Ego, inquit, novi : medicus optimus : Ego, inquit, novi in quem tumorem pergat quod volo sanare. Quiesce, adhibeam quod scio. Sufficit tibi gratia mea : non tibi sufficit voluntas tua. Hæc erant utique verba certantis, et in certamine periclitantis, et divinum auxilium postulantis.

CAPUT IX. — *Humilitate victoria obtinenda.* — 9. Triumphantis autem verba quæ erunt? Verba certantis, dum domus ædificatur : verba triumphantis, cum domus in ultimo dedicatur. Ubi est mors contentio tua? ubi est mors aculeus tuus? Aculeus autem mortis est peccatum. (I *Cor.*, XV, 55.) Sic ista dicebat Apostolus, quasi ipse jam ibi esset. Denique post hæc verba, quæ constat esse de futura perceptione, non de præsenti conflictatione ; quando quidem dicit : Tunc fiet : non modo fit, sed tunc fiet. Quid tunc fiet? Sermo qui scriptus est : « Absorpta est mors in victoriam. Ubi est mors contentio tua? Ubi

tion qui s'accomplira? » « La mort a été absorbée dans la victoire. O mort, où sont tes combats? O mort, où est ton aiguillon? » (I *Cor.*, xv, 53.) Alors on ne trouvera plus nulle part ni aiguillon de la mort, ni péché. Pourquoi tant vous hâter? C'est alors seulement que cette prédiction s'accomplira. Méritez maintenant, par votre humilité, d'en voir alors en vous-même l'accomplissement, de peur que l'orgueil ne vous en prive à jamais. « Alors s'accomplira cette prédiction. » Maintenant, c'est pour vous le temps du combat, le temps de la fatigue, le temps du danger; dites donc : « Pardonnez-nous nos offenses. » (*Matth.*, vi, 12.) Oui, dites, tout en combattant, dites, et c'est la vérité, dites du fond du cœur : « Si nous prétendons que nous sommes sans péché, nous nous séduisons nous-mêmes. » (I *Jean*, I, 8.) Vous faites contre vous-même l'office du diable. Car nous faisons un mensonge, en disant que nous sommes sans péché, puisque nous ne pouvons être ici-bas sans péché. Disons donc la vérité, si nous voulons parvenir un jour à la sécurité. Armons-nous de la vérité dans le combat pour obtenir la sécurité dans la victoire. Alors s'accomplira ce qui est écrit : « O mort, où est ton aiguillon? car l'aiguillon de la mort est le péché. »

CHAPITRE X. — *La loi sans la grâce. Bienfaits de la grâce.* — 10. Mais vous avez dans la loi une confiance présomptueuse, parce qu'elle vous a été donnée avec ses préceptes. Je souhaite, pour votre bien, que l'esprit vous vivifie, de peur que la lettre ne vous tue. (I *Cor.*, III, 6.) Je veux que vous ayez la volonté du bien, mais il ne vous suffit point de vouloir. Il faut que vous soyez aidé pour vouloir pleinement, et pour accomplir ce que vous voulez. Voulez-vous savoir ce que peut, sans le secours de l'Esprit saint, la lettre qui commande? L'Apôtre vous l'apprend dans le même endroit. Après avoir dit : « O mort, où est ton aiguillon? l'aiguillon de la mort, c'est le péché, » il ajoute aussitôt : « Et la force du péché, c'est la loi. » (I *Cor.*, xv, 55, 56.) Que signifient ces paroles : « La force du péché, c'est la loi? » Ce n'est pas qu'elle commande le mal ou qu'elle défende de faire le bien; au contraire, elle interdit le mal et commande le bien. « La loi est la force du péché, » parce que, selon le même Apôtre, « elle est survenue pour faire surabonder le péché. » (*Rom.*, v, 20.) Comment la loi a-t-elle fait surabonder le péché? Parce que, sans la grâce, la défense n'a fait qu'exciter la convoitise; et la confiance présomptueuse que l'homme a mise dans sa propre force, l'a fait tomber dans les plus grands désordres. Mais qu'a donc fait la grâce? « Là où le péché avait abondé, la grâce a surabondé. » Le Seigneur est descendu sur la terre; tout ce qu'Adam vous avait transmis, tout ce que vous aviez ajouté par une conduite coupable, il l'a

est mors aculeus tuus? » (I *Cor.*, xv.) Tunc fiet ut nusquam sit aculeus mortis, nusquam possit inveniri peccatum. Quid festinas? Tunc fiet, tunc fiet. Mereatur in te humilitas, ut tunc in te fiat; ne superbia non permittat ut vel tunc in te fiat. Tunc fiet, Modo interim dum pugnas, dum laboras, dum periclitaris, dic, dic : Dimitte nobis debita nostra. (*Matth.*, vi, 12.) Dic omnino dum pugnas, dic, verum dic, ex animo dic : « Si dixerimus quia peccatum non habemus, nos ipsos seducimus. » (1 *Joan.*, I, 8.) Tu tibi diabolus eris. Nos ipsos seducimus, et veritas in nobis non est. Non enim verum dicimus, dicendo nos non habere peccatum; cum hic non simus sine peccato. Dicamus ergo veritatem, ut aliquando inveniamus securitatem. Sit veritas in pugna, ut acquiratur securitas in victoria. Tunc fiet : « Ubi est mors aculeus tuus? Aculeus enim mortis est peccatum. »

CAPUT X. — *Lex sine gratia. Gratiæ beneficia.* —

10. Sed de lege præsumis, quia data est tibi lex, et datum est tibi præceptum. Bonum est tibi, ut Spiritus te vivificet, ne littera occidat. (I *Cor.*, III, 6.) Volo ut velis; sed non sufficit ut velis. Adjuvandus es ut plene velis, et impleas quod velis. Nam vis videre quid valeat sine Spiritu adjuvante littera jubens? Ibi dixit. Cum dictum est : Ubi est mors aculeus tuus? « Aculeus autem mortis est peccatum; » continuo subjunxit : « Virtus autem peccati lex. » (I *Cor.*, xv, 55, 56.) Quid est : Virtus peccati lex? Non mala jubendo, vel bona prohibendo : imo vero mala prohibendo, et bona jubendo. « Virtus autem peccati lex; » quia « Subintravit, inquit, lex ut abundaret delictum. » Quid est, ut abundaret delictum? (*Rom.*, v, 20.) Quia ubi gratia non erat, auxit prohibitio desiderium : et cum quasi de (*a*) propria præsumitur virtute, factum est grande vitium. Sed quid fecit gratia? Ubi abundavit peccatum, superabundavit gratia. Venit Dominus; totum quod

(*a*) Aliquot Mss. *de proprio præsumitur virtus, factum est*, etc. Sic etiam Florus in Mss. qui tamen in editis habet, *virtus facta est grande vitium.*

entièrement pardonné, entièrement effacé; il nous a enseigné la prière, promis sa grâce, dénoncé les conditions du combat; il nous a secourus au milieu de la lutte, et couronné les vainqueurs. « La loi, poursuit l'Apôtre, est donc sainte, et le commandement est saint, et juste et bon? Quoi donc! ce qui était bon est-il devenu mortel pour moi? Nullement, mais le péché, pour paraître péché. » (*Rom.*, VII, 12, etc.) Avant la défense, le péché existait, mais il ne paraissait pas. « Car je ne connaissais point la convoitise, avant que la loi vînt me dire: Tu ne convoiteras point. Or, à l'occasion du commandement, le péché m'a séduit et m'a tué par le commandement. » (II *Cor.*, III, 6.) Voilà comment la lettre tue.

CHAPITRE XI. — *Nécessité du secours divin.* — 11. Voulez-vous échapper aux menaces de la loi, implorez le secours de l'Esprit saint. La foi fait espérer d'accomplir ce que la loi commande. Criez vers votre Dieu, demandez-lui qu'il vienne à votre aide, ne demeurez pas coupable sous la lettre de la loi, mais que Dieu vous donne la force de son Esprit pour ne point ressembler au Juif superbe. Lorsque le péché était l'aiguillon de la mort, et que la loi était la force du péché (II *Cor.*, XV, 56), que pouvait faire la faiblesse humaine dans ces combats qui épuisaient sa volonté? « Je trouve en moi la volonté de faire le bien, dit l'Apôtre, mais je ne trouve point le moyen de l'accomplir. » (*Rom.*, VII, 18.) Que pouvait-il donc faire? Voici que le péché est l'aiguillon de la mort; la loi, de son côté, est la force du péché. « La loi est survenue pour faire abonder le péché. » (*Rom.*, V, 20.) « Car, si nous avions reçu une loi qui pût donner la vie, il serait vrai de dire que la justice viendrait de la loi. Mais l'Ecriture a tout renfermé sous le péché. » (*Gal.*, III, 21, 22.) Pourquoi a-t-elle tout renfermé? Pour vous empêcher de vous égarer, de vous précipiter dans l'abîme, d'être submergé sous les flots; elle a élevé devant vous une barrière, qui, en vous fermant toute issue, vous forçât de recourir à la grâce. « L'Ecriture a tout renfermé sous le péché, afin que ce que Dieu avait promis. » Celui qui promet, promet ce qu'il doit faire, et non ce que vous devez faire vous-même. Si vous deviez accomplir l'objet de la promesse, Dieu ne promettrait pas, il prédirait simplement ce que vous devez faire. « Mais l'Ecriture, dit l'Apôtre, a tout renfermé sous le péché, afin que ce que Dieu avait promis fût donné par la foi en Jésus-Christ à ceux qui croiraient. Entendez bien: « fût donné. » Pourquoi vous enorgueillir? Encore une fois, pesez bien ces paroles: « fût donné. » Car qu'avez-vous, en effet, que vous n'ayez reçu? (I *Cor.*, IV, 7.) Ainsi donc, puisque l'aiguillon de la mort est le péché, et que la loi est la force du péché; puisque, d'autre part, la

de Adam traxisti, totum quod tuis pravis moribus addidisti, totum dimisit, totum delevit; orationem docuit, gratiam promisit; certamen indixit, laboranti subvenit, victorem coronavit. «Itaque, inquit Apostolus, « Lex quidem sancta, et mandatum sanctum, et justum, et bonum. Quod ergo bonum est, mihi factum est mors? Absit. Sed peccatum ut appareat peccatum. » (*Rom.*, VII, 12, etc.) Nam quando non prohibebaris, erat: sed non apparebat. « Nam concupiscentiam, inquit, nesciebam, nisi Lex diceret: Non concupisces. Occasione igitur accepta, peccatum per mandatum fefellit me, et per illud occidit. » (II *Cor.*, III, 6.) Ecce quid est: Littera occidit.

CAPUT XI. — *Necessitas divini adjutorii.* — 11. Si vis ergo evadere legem minantem, ad Spiritum fuge adjuvantem. Quod enim lex imperat, fides sperat. Clama ad Deum tuum, adjuvet te. Non remaneas sub littera reus, sed Spiritu suo te adjuvet Deus: ne tibi similis sit superbus Judæus. Cum enim aculeus mortis esset peccatum, virtus autem peccati lex (II *Cor.*, XV, 56), quid ageret humana infirmitas, in qua fatigabatur voluntas? Velle, inquit, adjacet mihi, perficere autem bonum non invenio. (*Rom.*, VII, 18.) Quid ergo ageret? Ecce aculeus mortis peccatum, ecce virtus peccati lex. Sed lex subintravit, ut abundaret delictum. (*Rom.*, V, 20.) Si enim lex posset vivificare, omnino ex lege esset justitia. (*Gal.*, III, 21, 22.) Sed conclusit Scriptura omnia sub peccato. Quomodo conclusit? Ne vagareris, ne præcipitareris, ne mergereris; cancellos tibi fecit lex, ut non inveniendo qua exires, ad gratiam convolares. « Sed conclusit Scriptura omnia sub peccato, ut promissio. » Qui promittit, quod facit promittit, non quod tu facis. Si tu facturus esses, prænuntiator esset Deus, non promissor. « Sed conclusit, inquit, Scriptura omnia sub peccato, ut promissio ex fide Jesu Christi daretur credentibus. » Audi, daretur. Quid superbis? Audi, daretur. Quid enim habes, quod non accepisti? (I *Cor.*, IV, 7.) Ergo quia aculeus mortis est peccatum, virtus autem peccati lex; et hoc de bona providentia Dei, ut concluderentur

Providence a voulu que tous les hommes fussent enfermés dans le péché, pour les forcer d'implorer du secours, de recourir à la grâce, et de ne point présumer de leurs propres forces, pourquoi, lorsque vous entendez l'Apôtre vous dire : « L'aiguillon de la mort, c'est le péché, et la force du péché, c'est la loi ; » pourquoi craindre, pourquoi vous fatiguer, pourquoi vous épuiser? Ecoutez ce qui suit : « Mais, grâces soient rendues à Dieu, qui nous a donné la victoire par Jésus-Christ Notre-Seigneur. » (I *Cor.*, xv, 56, 57.) Est-ce à vous que vous devez la victoire? Non. « Grâces soient rendues à Dieu, qui nous a donné la victoire par Jésus-Christ Notre-Seigneur. »

CHAPITRE XII. — *Il faut implorer le secours de Dieu.* — 12. Si donc vous sentez vos forces faiblir dans ce combat contre les concupiscences de la chair, conduisez-vous par l'Esprit; invoquez ce divin Esprit, cherchez le don de Dieu. Et, si la loi qui est dans vos membres, combat par la partie inférieure de vous-même, c'est-à-dire par la chair, contre la loi de votre esprit, et vous tient captif sous la loi du péché, espérez que cet esclavage cessera et fera place aux droits de la victoire. Pour vous, ne cessez pas de crier, ne cessez pas d'invoquer. « Il faut toujours prier et ne se lasser jamais. » (*Luc*, XVIII, 1.)

Implorez donc du fond de votre cœur, implorez le secours divin. Avant que vous ayez terminé votre prière, Dieu vous dira : « Me voici. » Et si vous ouvrez l'oreille de votre cœur, vous l'entendrez dire à votre âme : « Je suis ton salut. » (*Ps.* XXXIV, 3.) Lors donc que la loi de la chair commencera à s'élever contre la loi de l'esprit, et à vous tenir captif sous la loi du péché, qui est dans vos membres, dites en priant, dites en faisant l'aveu de votre misère : « Malheureux homme que je suis ! » (*Rom.*, VII, 24.) En effet, l'homme est-il autre chose ? « Qu'est-ce que l'homme, si vous ne daignez vous souvenir de lui ? » (*Ps.* VIII, 5.) Ecriez-vous donc : « Malheureux homme que je suis ! » car si le Fils de l'homme n'était venu sur la terre, la perte de l'homme était inévitable. Ecriez-vous, dans l'extrémité à laquelle vous êtes réduit : « Qui me délivrera de ce corps de mort, dans lequel la loi des membres se révolte contre la loi de l'esprit; car selon l'homme intérieur, je trouve du plaisir dans la loi de Dieu. Qui me délivrera de ce corps de mort ? » Si c'est la foi, si c'est l'humilité qui vous inspire ce langage, il vous sera répondu en toute vérité : « La grâce de Dieu par Notre-Seigneur Jésus-Christ. » Adressons-nous au Seigneur, etc.

homines sub peccato, et quærerent adjutorem, quærerent gratiam, quærerent Deum, non de sua virtute præsumerent; ideo et hic cum dixisset : Aculeus autem mortis peccatum, virtus autem peccati lex : Quid times? quid laboras? quid sudas? Audi quod sequitur : « Gratias autem Deo, qui dedit nobis victoriam per Dominum nostrum Jesum Christum. » (I *Cor.*, xv, 56, 57.) Certe tu tibi das victoriam? « Gratias Deo, qui dedit nobis victoriam per Dominum nostrum Jesum Christum. »

CAPUT XII. — *Invocandum Dei adjutorium.* — 12. Ergo cum cœperis laborare pugnans contra concupiscentias carnis, spiritu ambula, spiritum invoca, donum Dei quære. Et si lex in membris repugnat legi mentis tuæ ex parte inferiori, id est, a carne, captivum te tenet sub lege peccati : et hoc emendabitur, et hoc transiet in jura victoriæ. Tu tantum clama, tu tantum invoca. Oportet semper orare, et non deficere, (*Luc.*, XVIII, 1.) Invoca omnino, invoca adjutorium. Adhuc te loquente, dicit : Ecce adsum. Post intellige, et audis dicentem animæ tuæ : Salus tua ego sum. (*Psal.* XXXIV, 3.) Cum ergo lex carnis repugnare cœperit legi mentis, et captivum te ducere in lege peccati, quæ est in membris tuis : orando dic, confitendo dic : Miser ego homo. (*Rom.*, VII, 24.) Quid enim aliud est homo? Quid est homo, nisi quod memor es ejus? (*Psal.* VIII, 5.) Dic : Miser ego homo : quia nisi venisset Filius hominis, periisset homo. Exclama in angustiis : « Quis me liberabit de corpore mortis hujus ? » ubi lex in membris meis repugnat legi mentis meæ. « Condelector enim legi Dei secundum interiorem hominem. Quis me liberabit de corpore mortis hujus ? » Si hoc fideliter, si humiliter dicis; verissime respondetur : « Gratia Dei per Jesum Christum Dominum nostrum. Conversi ad Dominum, etc. »

SERMON CLXIV [1].

Sur ces paroles de l'Apôtre, dans le chapitre VI de l'Epître aux Galates : *Portez les fardeaux les uns des autres;* et sur ces autres paroles du même chapitre : *Chacun portera son propre fardeau.* Ce sermon contre les donatistes a été prononcé peu de temps après la conférence qui eut lieu à Carthage.

CHAPITRE PREMIER. — *Ceux qui portent les fardeaux les uns des autres, accomplissent la loi de Jésus-Christ.* — 1. La vérité nous apprend à tous, par la bouche de l'Apôtre, que nous devons porter les fardeaux les uns des autres, et, en nous rappelant cette obligation, elle nous montre le fruit que nous devons en recueillir, en ajoutant : « Et vous accomplirez ainsi la loi de Jésus-Christ, » (*Gal.*, VI, 2) loi dont l'accomplissement est impossible, si nous ne portons les fardeaux les uns des autres. Quels sont ces fardeaux, et comment devons-nous les porter, puisque tous nous devons nous efforcer, dans la mesure de nos forces, d'accomplir la loi de Jésus-Christ : c'est ce que je vais essayer de vous expliquer avec le secours du Seigneur. N'oubliez pas d'exiger de moi ce que j'ai promis de vous démontrer ; mais, lorsque je me serai acquitté de ma dette, ne demandez plus rien. Je me suis donc proposé, si le Seigneur daigne seconder mes désirs et les prières que vous lui faites pour moi, de vous expliquer quels sont ces fardeaux que l'Apôtre nous recommande de porter, et comment nous devons les porter. Si nous sommes fidèles a cette recommandation, nous recueillerons, par une conséquence nécessaire, le fruit que l'Apôtre nous promet, c'est-à-dire que nous accomplirons la loi de Jésus-Christ.

Distinction à établir entre les différents fardeaux. — 2. Quelqu'un me dira : Le langage de l'Apôtre est donc bien obscur, pour que vous cherchiez à nous expliquer quels sont les fardeaux dont il parle, et comment nous devons porter les fardeaux les uns des autres? Il y a ici une circonstance qui nous oblige à distinguer plusieurs espèces de fardeaux. En effet, dans le même chapitre qui vient de vous être lu, se trouvent ces paroles : « Chacun portera son propre fardeau. » (*Ibid.*, 5.) Or, voici la pensée qui se présente naturellement à votre esprit : si chacun doit porter son propre fardeau, comment l'Apôtre peut-il nous dire : « Portez les fardeaux les uns des autres ? » (*Ibid.*, 2.) Il faut donc distinguer différentes espèces de fardeaux, pour ne pas admettre de contradiction dans le langage de l'Apôtre. En effet, cette proposition que chacun portera son propre fardeau, et la recommandation que saint Paul nous fait de porter les fardeaux les uns des autres, ne sont pas dans des livres différents ; elles sont dans la

(1) Florus a fait entrer quelques extraits de ce sermon dans son Commentaire sur le chapitre VI de l'Epître aux Galates.

SERMO CLXIV [a].

De verbis Apostoli, Gal., VI : *Invicem onera vestra portate.* Et de istis : *Unusquisque onus suum portabit.* Contra Donatistas, paulo post habitam Carthagine Collationem pronuntiatus.

CAPUT PRIMUM. — *Lex Christi a portantibus invicem onera sua impletur.* — 1. Omnes nos per Apostolum admonet veritas, ut invicem onera nostra portemus : et in eo ipso quo nos admonet, ut invicem onera nostra portemus, quo fructu id faciamus ostendit, adjungens et dicens : « Et sic adimplebitis legem Christi ; » (*Gal.*, VI, 2) quæ non implebitur, nisi invicem onera nostra portemus. Quæ sint onera ista, et quemadmodum portanda sint, quoniam quidem omnes pro nostris viribus conari debemus implere legem Christi, adjuvante Domino, conabor ostendere. Quod me demonstraturum esse proposui, mementote ut exigatis : et cum reddidero, non petatis. Hoc me demonstraturum esse proposui, adjuvante Domino intentionem meam et pro me orationes vestras, quæ sint onera quæ invicem nos jubet ut portemus Apostolus, et quemadmodum portanda sint. Hoc si fecerimus, illud ubi fructum posuit, sua sponte consequetur, ut impleamus legem Christi.

2. Dicit aliquis : Obscure enim Apostolus locutus est, ut tu coneris exponere, quæ sint ista onera, vel quemadmodum invicem sustinenda ? Est illic quæstio, quæ nos cogit onera distinguere. Et in ipso quippe capitulo lectionis habes ibi positum : « Unusquisque autem proprium onus portabit. » (*Ibid.*, 5.) Jam ergo occurrit sensibus vestris : Si unusquisque onus proprium portabit, quomodo dicit : « Invicem onera vestra portate ? » (*Ibid.*, 2.) Nisi quia onera distinguenda sunt, ne sibi contraria loqui putetur Apostolus. Non enim longe, non enim in alia epistola, non enim in hac ipsa longe superius aut inferius ; sed in eo ipso loco, ita ut sibi sint eadem

(a) Alias XXII, de verbis Apostoli.

même épître, et non pas très-éloignées l'une de l'autre, soit au commencement, soit à la fin; elles sont très-rapprochées, et à quelques versets seulement de distance.

CHAPITRE II. — *Deux espèces de fardeaux.* — 3. Il y a donc des fardeaux où chacun doit porter celui qui lui est propre, sans qu'on puisse le porter avec un autre, ou s'en décharger sur un autre; et il est d'autres fardeaux dont vous pouvez dire légitimement à votre frère : Je les porte avec vous, ou je les porte à votre place. Mais, s'il est nécessaire de distinguer, il n'est pas si facile de comprendre. A ces hommes qui croyaient qu'on peut être souillé par les péchés d'autrui, l'Apôtre répond : « Chacun portera son propre fardeau. » A ceux, au contraire, qui, une fois certains de n'être point solidaires des péchés d'autrui, s'autoriseraient de ces paroles pour négliger le devoir de la correction, il dit : « Portez les fardeaux les uns des autres. » L'Apôtre établit cette distinction en peu de mots; mais cette brièveté, ce me semble, n'empêche pas la vérité de vous apparaître clairement. Ces quelques mots, en effet, vous ont suffi pour la comprendre. Je ne lis point dans vos cœurs, mais j'entends vos voix, qui sont pour moi les témoins de vos cœurs. Maintenant donc que je suis certain d'avoir été compris, je vais entrer dans de plus grands développements, non pour vous donner l'intelligence de la vérité, mais pour la graver plus profondément dans vos âmes.

Les fardeaux propres à chacun sont les péchés. Jésus-Christ est le grand prédicateur du monde. — 4. Les fardeaux que chacun doit porter pour son propre compte, sont les péchés. C'est à ceux qui sont chargés de ce déplorable fardeau, et qui s'épuisent en vains efforts sous ce poids accablant, que le Seigneur adresse cette invitation : « Venez à moi, vous tous qui êtes fatigués, et qui êtes chargés, et je vous soulagerai. » (*Matth.*, XI, 28.) Comment soulage-t-il ceux qui sont accablés du fardeau de leurs péchés? Par le pardon qu'il leur accorde. Le grand prédicateur du monde, du lieu élevé d'où il exerce sa divine autorité, s'écrie : Ecoute, genre humain; écoutez, fils d'Adam; prêtez l'oreille à ma voix, vous qui êtes condamnés à des travaux stériles et infructueux; je suis témoin de vos efforts, considérez le don que je vous offre. Je le sais, vous êtes fatigués, vous êtes accablés, et, ce qu'il y a de plus malheureux, c'est que vous courbez les épaules sous de funestes fardeaux; et, ce qui met le comble à votre malheur, vous demandez non pas qu'on vous décharge de ce fardeau, mais qu'on ajoute encore à ce poids accablant.

CHAPITRE III. — *Le fardeau de l'avarice. Le fardeau de la paresse.* — 5. Qui pourrait, dans un si court espace de temps, énumérer la multiplicité et la variété de ces divers fardeaux?

---

verba contingua, utrumque posuit, et quia unusquisque proprium onus portabit, et quod admonuit et hortatus est, ut invicem onera nostra portemus.

CAPUT II. — *Onerum duo genera.* — 3. Alia ergo sunt onera, in quibus unusquisque proprium portat, nec portat cum alio alter, nec projicit in alterum : et alia sunt onera, in quibus recte dicis fratri : Porto tecum, aut : Porto pro te. Si ergo distinctione opus est, non est facilis intellectus. Contra eos ergo qui putabant posse hominem contaminari peccatis alienis, respondit Apostolus : « Unusquisque onus proprium portabit. » Item contra eos quibus per hoc possit negligentia subintrare, ut quasi securi facti quod non contaminarentur peccatis alienis, neminem curarent corrigere : « Invicem onera vestra portate. » Breviter dictum, breviterque distinctum est : et quantum existimo, manifestationem veritatis non impedivit. Nam et breviter audistis, et cito intellexistis. Corda vestra non vidi : sed testes cordis voces audivi. Jam ergo tanquam de intellectis securi, aliquanto latius disseramus; non ut intelligendum insinuetur, sed ut quod intellectum est, commendetur.

Sua cuique onera, peccata. Concionator mundi, Christus. — 4. Onera quæ unusquisque sua portat, peccata sunt. Has detestabilium onerum sarcinas portantibus hominibus, et sub eis frustra sudantibus, Dominus dicit : « Venite ad me omnes qui laboratis et onerati estis, et ego reficiam vos. » (*Matth.*, XI, 28.) Quomodo reficit peccatis oneratos, nisi indulgentia peccatorum? Concionator mundi, de quadam specula excelsæ auctoritatis exclamat : Audi genus humanum, audite filii Adam, audi genus laboriosum et infructuosum : video laborem vestrum, videte donum meum. Scio, laboratis et onerati estis; et quod est miserius, perniciosas sarcinas vestris humeris alligatis : ad hæc, quod pejus est, onera addi vobis petitis, non deponi.

CAPUT III. — *Onus avaritiæ. Onus pigritiæ.* — 5. Quis nostrum brevi tempore potest multiplicitatem et varietatem harum disserere sarcinarum? Tamen inde pauca commemoremus, et de his cætera

Citons-en cependant quelques-uns, qui nous aideront à juger des autres. Voyez cet homme courbé sous le poids de l'avarice; voyez-le s'épuisant sous ce lourd fardeau, haletant, dévoré par la soif, et n'aboutissant, par tous ses efforts, qu'à rendre ce fardeau plus accablant. Qu'attendez-vous, ô avare, en embrassant étroitement votre fardeau, en liant sur vos épaules ce fardeau d'iniquité avec les chaînes de la cupidité? Qu'espérez-vous? quel est le but de vos travaux, l'objet de vos désirs ardents, de vos convoitises? Vous voulez satisfaire votre avarice? Vœux superflus, efforts coupables! Vous espérez donc satisfaire votre avarice? Elle peut bien vous accabler; mais vous, la satisfaire, jamais. Direz-vous que ce n'est pas un fardeau si pesant? Quoi! sous ce poids énorme, vous avez perdu à ce point la sensibilité? Quoi! l'avarice n'est pas un fardeau accablant? Pourquoi donc vous réveille-t-elle de votre sommeil? Pourquoi même vous empêche-t-elle quelquefois de dormir? Peut-être même êtes-vous surchargé d'un autre fardeau, celui de la paresse, et ces deux détestables fardeaux pèsent sur vous et vous déchirent. En effet, leurs ordres sont différents; leurs commandements quelquefois contraires. Dors, vous dit la paresse; Lève-toi, dit au contraire l'avarice. La paresse vous dit: Ne t'expose pas au froid de la saison; l'avarice, au contraire: Affronte même les tempêtes de l'Océan. L'une dit: Repose-toi; l'autre ne vous laisse pas un moment en repos; elle vous ordonne non-seulement de marcher, mais de traverser les mers, et de chercher des terres inconnues. Il faut transporter ces marchandises jusque dans les Indes; vous ne connaissez point la langue des Indiens, mais le langage de l'avarice se fait comprendre partout. Vous aborderez chez des peuples que vous ne connaissez pas plus qu'ils ne vous connaissent vous-même; vous leur donnez, et vous recevez en échange; vous achetez des objets que vous emportez; les mêmes dangers que vous avez courus en traversant les mers vous attendent à votre retour, et vous criez à Dieu, du milieu de la tempête, qui ballotte votre navire: O mon Dieu, délivrez-moi; mais, ne l'entendez-vous pas vous répondre: Pourquoi? Est-ce moi qui vous ai envoyé? C'est l'avarice qui vous a enjoint d'acquérir ce que vous ne possédiez point; pour moi, je vous ai commandé de donner, sans aucune fatigue, de ce que vous aviez au pauvre qui mendiait à votre porte. L'avarice vous a envoyé jusque dans les Indes pour en rapporter de l'or; moi, j'ai placé à votre porte Jésus-Christ, afin que vous puissiez acheter de lui le royaume des cieux. Quoi! vous faites tout pour obéir à l'avarice, et vous ne faites rien pour m'obéir? Tous deux nous vous avons commandé, vous avez refusé de m'entendre: que celui dont vous avez exécuté les ordres vous délivre.

Chapitre IV. — *Il nous faut remplacer les fardeaux de la cupidité par les fardeaux de la charité.* — 6. Qu'il est grand le nombre de ceux

---

conjectemus. Vide hominem oneratum sarcina avaritiæ, vide illum sub hac sarcina sudantem, anhelantem, sitientem, et laborando sarcinam addentem. Quid exspectas, o avare, amplectens onus tuum, et catenis cupiditatis alligans malam sarcinam sub humeros tuos? Quid exspectas? quid laboras? quid inhias? quid concupiscis? Nempe satiare avaritiam. O vota inania et facta nequissima! Exspectas ergo satiare avaritiam? Illa te potest premere, tu illam non potes satiare. An forte non est gravis? Usque adeo sub hac sarcina sensum etiam perdidisti? Non est gravis avaritia? Quare ergo te de somno excitat, quæ te aliquando etiam dormire non sinit? Et fortasse habes cum illa alterum onus pigritiæ, et ista duo nequissima onera secumque pugnantia premunt te, et dilaniant te. Non enim paria imperant, non enim similia jubent. Pigritia dicit: Dormi; avaritia dicit: Surge. Pigritia dicit: Noli pati frigidos dies; avaritia dicit: Tolera in mari etiam tempestates.

Illa dicit: Quiesce; illa non sinit quiescere. Jubet, non solum: Procede, sed et: Naviga trans mare, quære terras quas ignoras. Merces in Indiam deportandæ sunt: non nosti linguam Indorum, sed intelligibilis videtur sermo avaritiæ. Venies ignotus ad ignotum; das, accipis, emis, portas; periclitatus pervenisti, cum periculis redis, exclamas in mari exagitatus tempestate: Deus libera me. Non audis respondentem: Quare? Misi te? Avaritia tibi jussit, ut acquireres quod non habebas: ego tibi jussi, ut sine labore ante ostium tuum pauperi dares quod habebas. Illa te ad Indos misit ad reportandum aurum: ego tibi ad ostium Christum posui, a quo emeres regnum cœlorum. Laboras in jussione avaritiæ, in jussione mea non laboras. Ambo jussimus, non audisti me: cui obaudisti liberet te.

Caput IV. — *Pro sarcinis cupiditatis suscipiendæ sarcinæ caritatis.* — 6. Quam multi has sarcinas portant? Quanti mihi modo contra ipsas sarcinas loquenti

qui sont chargés de ces fardeaux! Combien même qui, au moment où je m'élève contre ces fardeaux, applaudissent à mes paroles, bien qu'ils en soient eux-mêmes accablés! Ils étaient sous le joug en entrant, ils y seront encore en sortant; avares ils sont entrés, avares ils sortiront. Je me suis fatigué en parlant contre ces fardeaux. Puisque vous applaudissez à mes paroles, déchargez-vous du fardeau que vous portez. Du reste, cessez de m'écouter; écoutez plutôt votre chef, qui vous crie : « Venez à moi, vous tous qui prenez de la peine et qui êtes chargés, et je vous soulagerai. » (*Matth.*, XI, 28.) Vous ne pouvez venir qu'autant que vous cessez d'être chargés. Vous voulez accourir à moi, mais le fardeau qui vous accable vous en empêche : « Venez à moi, dit-il, vous tous qui prenez de la peine et qui êtes chargés, et je vous soulagerai. » Je vous donnerai le pardon de vos péchés passés, j'ôterai ce qui couvrait vos yeux, je guérirai les blessures faites à vos épaules. Je vous déchargerai de vos fardeaux, mais je ne vous laisserai point cependant sans fardeaux; je vous déchargerai du fardeau de l'iniquité pour vous imposer le fardeau de la vertu. En effet, après avoir dit : « Et je vous soulagerai, » il ajoute : « Prenez mon joug sur vous. » (*Ibid.*, 29.) La cupidité vous avait mis sous le joug pour votre perte, prenez sur vous le joug de la charité, qui vous sauvera.

Ce que Jésus-Christ, notre divin Maître, veut que nous apprenions de lui. — 7. « Prenez mon joug sur vous, et apprenez de moi. » Si vous n'attachez aucune importance à l'enseignement des hommes, apprenez de moi. C'est le Christ, c'est notre divin Maître, le Fils unique de Dieu, le seul vrai docteur, le seul digne d'être cru, la vérité elle-même qui nous crie : « Apprenez de moi. » Et qu'apprendrons-nous? Qu'au commencement était le Verbe, que le Verbe était en Dieu, que le Verbe était Dieu, et que toutes choses ont été faites par lui? (*Jean*, I, 1.) Est-ce que nous pourrons apprendre de lui à créer le monde, à semer le ciel d'astres lumineux, à régler la succession du jour et de la nuit, à déterminer le cours des temps et des siècles, à donner aux semences la force productrice, et à remplir la terre d'animaux? Non, ce divin Maître ne veut nous apprendre rien de semblable : c'est comme Dieu qu'il opère toutes ces merveilles.

Chapitre V. — *Le fardeau de Jésus-Christ est léger.* — Mais comme ce Dieu a daigné se faire homme, écoutez ce qu'il fait comme Dieu, pour y trouver la vie; écoutez ce qu'il fait comme homme pour l'imiter. Apprenez de moi, dit-il, non pas à faire le monde, et à créer des natures nouvelles, non pas même à opérer ces miracles, qu'il a faits visiblement comme homme, mais qui étaient l'œuvre d'un Dieu caché. Ainsi, il ne vous dit pas : Apprenez de moi à chasser la fièvre du corps des malades, à mettre les dé-

---

sub ipsis positi exclamant? Cum sarcinis intrarunt, cum sarcinis exeunt : avari ingressi sunt, avari discedunt. Ego loquendo contra istas sarcinas laboravi. Si clamatis, ponite quod portatis. Postremo me nolite audire, Imperatorem vestrum audite clamantem : Venite ad me omnes qui laboratis et onerati estis. (*Matth.*, XI, 28.) Non enim venitis, nisi laborare desinatis. Vultis ad me currere, sed cum gravibus sarcinis non potestis. « Venite, inquit, ad me omnes qui laboratis et onerati estis, et ego vos reficiam. » Do veniam præteritorum peccatorum, tollam quod premebat oculos vestros, sanabo quod nocuit humeris vestris. Tollam quidem sarcinas, sed inanes a sarcinis non dimittam : tollam sarcinas malas, et imponam bonas. Cum enim dixisset : Et ego vos reficiam, adjunxit : Tollite jugum meum super vos. (*Ibid.*, 29.) Male te subjugaverat cupiditas, salubriter te subjuget caritas.

Christus magister quid a se disci velit. — 7. « Tollite jugum meum super vos, et discite a me. » Si vobis viluit humanum qualecumque magisterium, discite a me. Christus clamat magister, unicus Dei Filius, solus verax, verus, veritas clamat : Discite a me. Quid? Quia in principio erat Verbum, et Verbum erat apud Deum, et Deus erat Verbum, et omnia per ipsum facta sunt? (*Joan.*, I, 1.) Numquid hoc ab eo discere poterimus, mundum fabricare, cœlum luminibus implere, diei noctisque vicissitudines ordinare, tempora et sæcula jubere percurrere, seminibus vim tribuere, animalibus terram replere? Nihil horum nos jubet discere magister cœlestis : illa facit ut Deus.

Caput V. — *Sarcina Christi levis.* — Sed quia iste Deus et homo esse dignatus est, in eo quod Deus est, audi ut recreeris; in eo quod homo est, audi ut imiteris. Discite, inquit, a me; non mundum fabricare, et creare naturas : nec illa quidem alia quæ hic latens Deus, homo manifestus effecit; nec ipsa dicit : Discite a me febres ab ægrotantibus pellere, fugare dæmonia, mortuos suscitare, ventis et fluc-

mons en fuite, à ressusciter les morts, à commander aux vents et aux flots, à marcher sur les eaux; non ce n'est pas ce que je veux que vous appreniez de moi. Ce pouvoir, il l'a donné à quelques-uns de ses disciples, il l'a refusé à d'autres; mais c'est à tous qu'il dit ici : « Apprenez de moi; » nul ne peut se soustraire à cet ordre : « Apprenez de moi que je suis doux et humble de cœur. » Pourquoi hésitez-vous à vous charger de ce fardeau? Trouveriez-vous trop lourd le fardeau de l'humilité et de la piété? Serait-ce pour vous un joug trop pesant que la foi, l'espérance et la charité? Car ce sont ces vertus qui rendent l'homme humble et doux. Considérez d'ailleurs que, si vous l'écoutez, vous ne serez pas accablé. Car, dit-il, « mon joug est doux, et mon fardeau léger. » (*Matth.*, XI, 30.) Qu'est-ce à dire qu'il est léger? Faut-il entendre que son poids est moins considérable? que l'avarice, par exemple, est un fardeau plus pesant que la justice? Non, je ne veux point que vous l'entendiez ainsi. Ce fardeau n'est pas un poids pour celui qui en est chargé, ce sont des ailes qui l'aident à prendre son essor. Les oiseaux sont aussi chargés de leurs ailes. Et que dirons-nous de ces ailes? Les oiseaux les portent, et ils sont soulevés par elles. Ils les portent sur la terre, leurs ailes les soulèvent dans les airs. Que, par un sentiment de compassion pour un oiseau, dans l'été surtout, vous disiez : Ce pauvre petit oiseau succombe sous le poids de ses ailes, je veux le décharger de ce fardeau; tout en voulant le secourir, vous le forcerez de rester sur la terre. Portez donc les ailes de la paix, recevez les ailes de la charité. Tel est le fardeau que vous devez porter pour accomplir la loi de Jésus-Christ.

CHAPITRE VI. — *Chacun porte le poids personnellement de la cupidité ou de la charité.* — 8. La distinction entre les différentes espèces de fardeaux est donc bien établie. Faisons maintenant une supposition : Je ne sais quel avare entre ici; vous savez, vous, qu'il est avare; il se tient près de vous, mais vous n'êtes point avare comme lui; loin de là, vous êtes miséricordieux, vous assistez le pauvre de ce que vous avez, vous ne désirez point ardemment ce que vous n'avez pas, vous êtes fidèle à pratiquer cette recommandation de l'Apôtre : « Ordonnez aux riches de ce monde de n'être point orgueilleux, de ne point mettre leur confiance dans des richesses incertaines, mais dans le Dieu vivant, qui nous donne avec abondance ce qui est nécessaire à la vie; d'être riches en bonnes œuvres, de donner de bon cœur, de faire part de leurs biens, de se faire un trésor, un fondement solide pour l'avenir, afin d'arriver à la véritable vie. » (I *Tim.*, VI, 17, etc.) Vous avez entendu ces paroles, vous les avez comprises, elles ont produit en vous la conviction, vous les avez retenues et mises en pratique. Continuez de faire ce que vous faites, ne vous ralentissez point, ne cessez pas de faire

---

tibus imperare, super aquas ambulare : nec hoc dicit : Discite a me. Hæc enim dedit quibusdam discipulis suis, quibusdam non dedit : hoc autem : Discite a me, omnibus dicit; ab hoc præcepto nemo se excuset : Discite a me, quoniam mitis sum, et humilis corde. Quare dubitas hanc sarcinam ferre? Hæc sarcina gravis est, humilitas et pietas? Hæc sarcina gravis est, fides, spes, caritas? Istæ enim humilem, istæ mitem reddunt. Et vide quia oneratus non eris, si ipsum audieris. Jugum enim meum lene est, et sarcina mea levis est. (*Matth.*, XI, 30.) Quid est, levis est? Quid si habet pondus, sed minus? plus habet avaritia, minus justitia? Nolo sic intelligas. Hæc sarcina non est pondus onerati, sed alæ sunt (*a*) volaturi. Habent enim et aves pennarum suarum sarcinas. Et quid dicimus? Portant illas, et portantur. Portant illas in terra, portantur ab illis in cœlo. Tu si misericordiam velis præbere avi, præsertim æstate, et dicas : Miseram istam aviculam onerant pennæ, et detrahas onus hoc; in terra remanebit, cui subvenire voluisti. Porta ergo pennas pacis, alas accipe caritatis. Hæc est sarcina, sic implebitur lex Christi.

CAPUT VI. — *Cupiditatis aut caritatis quisque suæ onus portat.* — 8. Distincta sunt onera. Videte nunc, nescio quis avarus intrat : nosti illum avarum, stat tecum, et tu non es avarus; sed etiam misericors, das pauperi quod habes, non inhias in ea quæ non habes; audis dicentem Apostolum : « Præcipe divitibus hujus mundi, non superbe sapere, neque sperare in incerto divitiarum, sed in Deo vivo, qui præstat nobis omnia abundanter ad fruendum : divites sint in operibus bonis, facile tribuant, communicent, thesaurizent sibi fundamentum bonum in futurum, ut apprehendant veram vitam. » (1 *Tim.*, VI, 17, etc.) Audisti, agnovisti, didicisti, tenuisti, fecisti. Fac quod facis, noli pigrescere, noli cessare. Qui perseveraverit usque in finem, hic salvus erit.

(*a*) Mss. *volatori*.

le bien. « Celui qui persévérera jusqu'à la fin, celui-là sera sauvé. » (*Matth.*, x, 22.) Vous avez fait du bien à un homme; cet homme ne vous témoigne que de l'ingratitude : ne vous repentez pas du bien que vous lui avez fait, si vous ne voulez que ce regret vous fasse perdre le mérite de votre action charitable. Ah! dites plutôt dans votre cœur : Cet homme ne voit point le bien que je lui ai fait, mais je n'ai point échappé à l'œil de Celui pour lequel j'ai fait cette œuvre de charité. Si, du reste, cet homme ouvrait les yeux, s'il était reconnaissant, c'est à lui-même plutôt qu'à moi que sa reconnaissance serait utile. Pour moi, que je me contente du regard de Dieu, qui ne peut ignorer ce que je fais, et non-seulement ce que je fais, mais l'intention qui me fait agir; et que j'attende ma récompense de Celui qui n'a pas besoin d'interroger les témoins de mes bonnes œuvres. Voilà donc ce que vous êtes, et peut-être, dans l'assemblée du peuple de Dieu, vous voyez auprès de vous un avare, un ravisseur, un homme qui soupire ardemment après le bien d'autrui; cet homme que vous connaissez pour tel est un fidèle, ou plutôt il en porte le nom; vous ne pouvez le chasser de l'Eglise, vous n'avez aucun moyen de lui adresser des reproches, des réprimandes utiles; il va s'approcher avec vous de l'autel; soyez sans crainte : « Chacun portera son propre fardeau. » Pour approcher en toute sécurité, rappelez-vous ces paroles de l'Apôtre : « Chacun portera son propre fardeau. » Mais qu'il n'aille pas vous dire : Portez le mien avec moi. Car, si vous consentiez à participer à son avarice, loin que le fardeau soit plus léger, il deviendrait plus accablant pour tous les deux. Portez donc chacun votre fardeau; car, lorsque Dieu vous a déchargé vos épaules de ce fardeau de l'avarice, il l'a remplacé par un autre; il vous a ôté le joug de la cupidité pour vous imposer le joug de la charité. Chacun donc porte le fardeau qui lui est propre, d'après ses convoitises mauvaises : le méchant, le fardeau écrasant de l'iniquité; le juste, le joug léger de la vertu.

Chapitre VII. — *Quels sont les fardeaux qu'il faut porter en commun. La pauvreté est un fardeau; les richesses elles-mêmes sont un fardeau.* — 9. Considérez maintenant cet autre précepte : « Portez les fardeaux les uns des autres. » Vous portez le joug du Christ, donc vous pouvez porter avec un autre le fardeau qui lui est propre. Il est pauvre, vous êtes riche; son fardeau, c'est la pauvreté, fardeau qui ne pèse point sur vos épaules. Prenez garde de répondre au pauvre lorsqu'il s'adresse à vous : « Chacun portera son propre fardeau. » Il y a ici un autre précepte qu'il vous faut écouter : « Portez les fardeaux les uns des autres. » La pauvreté n'est point le fardeau qui m'est propre, mais c'est le fardeau qui accable mon frère. Croyez-vous que les richesses ne soient point pour vous un fardeau plus écrasant? Vous n'avez point le fardeau de la pauvreté; mais vous avez le fardeau des richesses. Si vous le com-

(*Matth.*, x, 22.) Bene fecisti homini, ingratus est homo : non te pœniteat bene fecisse, ne fundas pœnitendo quod implevisti miserando : dic in corde tuo : Non videt iste in quem feci, videt ille propter quem feci; quia iste si videret, si ingratus non esset, sibi potius quam mibi prodesset. Ad Deum me teneam, quem non latet quod facio; non solum quod facio, sed etiam quo corde facio : illum sperem retributorem, qui facti mei non quærit testem. Talis es, et forte in populo Dei stat juxta te avarus raptor, inhians rebus alienis. Quem nosti talem, et fidelis est, vel potius fidelis vocatur, non eum potes de ecclesia pellere, non habes aliquem aditum castigando et corripiendo corrigere, accessurus est tecum ad altare : noli timere; « Unusquisque proprium onus portabit. » Memento Apostoli, ut securus accedas : « Unusquisque proprium onus portabit. » Tantummodo non tibi dicat : Porta mecum. Nam si cum illo communicare volueris avaritiam, onus non minuetur, sed duo gravabuntur. Portet ergo sarcinam suam, et tu tuam : quoniam quando ex humeris Dominus tuus talem sarcinam excussit, alteram imposuit; excussit cupiditatis, imposuit caritatis. Ergo secundum cupiditates (*f.* suas) malas unusquisque sarcinam suam portat, malus malam, bonus bonam.

Caput VII. — *Onera quæ communicanda. Paupertas, onus. Divitiæ, onus.* — 9. Converte te jam et ad illud præceptum « Invicem onera vestra portate. » Habes enim sarcinam Christi, unde portes cum altero onus proprium. Pauper est, dives es : onus illius paupertas est; tu tale onus non habes. Vide ne forte cum te interpellaverit pauper, tu dicas : « Unusquisque onus proprium portabit. » Hic alterum præceptum audi : « Invicem onera vestra portate. » Paupertas non est onus meum, sed est onus fratris mei. Vide ne divitiæ sint majus onus tuum. Nam non habes onus paupertatem, sed habes onus divitias. Si bene intendas, onus est. Ille alterum onus habet, tu alte-

prenez bien, c'est un véritable fardeau. Le pauvre a son fardeau, vous en avez un autre. Portez avec lui son fardeau, il portera le vôtre avec vous, et vous porterez ainsi les fardeaux les uns des autres. Quel est le fardeau de la pauvreté? De n'avoir rien. Quel est le fardeau des richesses? C'est d'avoir bien au delà du nécessaire. Le pauvre a donc son fardeau, et vous avez le vôtre. Portez avec lui le poids de son indigence absolue, il vous aidera à porter le poids de vos richesses superflues, et vos deux charges deviendront égales. En effet, si vous assistez l'indigent, vous allégez son fardeau, qui était de ne rien avoir; aussitôt que vous lui donnez, il commence à posséder; son fardeau, qui était de ne rien avoir, est moins accablant, et, par là même, le vôtre, qui était d'avoir au delà du nécessaire, se trouve plus léger. Vous marchez tous deux dans la voie de Dieu pendant le pèlerinage de ce siècle; vous avez pour fardeau des richesses immenses, superflues; ce pauvre, au contraire, ne possède rien absolument; il s'attache à vous, il désire être votre compagnon de voyage : ne dédaignez pas son offre; gardez-vous de le mépriser, de le repousser. Vous ne sentez pas quel fardeau pèse sur vos épaules? Déchargez-vous un peu sur celui qui ne porte rien, qui n'a rien : vous secourrez ainsi votre compagnon de route, et vous allégerez votre fardeau. J'ai suffisamment expliqué, ce me semble, la pensée de l'Apôtre.

Les donatistes opiniâtres dans le schisme après la conférence. — 10. Ne vous laissez pas séduire par les vaines prétentions de ces hommes qui vous disent : Nous sommes saints, nous ne portons point vos fardeaux, nous ne voulons donc point communiquer avec vous. Ah! ils portent une charge bien plus lourde, ils portent des fardeaux bien plus écrasants, les fardeaux de la division, les fardeaux du retranchement, les fardeaux du schisme, les fardeaux de l'hérésie, les fardeaux de l'animosité, les fardeaux des faux témoignages, les fardeaux des accusations calomnieuses. C'est de ce poids accablant que nous avons cherché et que nous cherchons encore à décharger les épaules de nos frères. Pour eux, ils tiennent à ces fardeaux, ils ne veulent point s'amoindrir, parce que c'est à l'aide de ces fardeaux qu'ils se sont grandis. En effet, celui qui dépose le fardeau qu'il portait sur sa tête semble devenir plus petit, mais au fond il n'a fait que décharger son fardeau ; sa taille reste la même.

11. Mais je ne veux point, me dites-vous, participer aux péchés d'autrui. Vous ai-je donc dit : Venez, participez aux péchés des autres? Je ne vous tiens point ce langage, je sais ce que recommande l'Apôtre; mais voici ce que je vous dis : Quand même ces péchés d'autrui seraient aussi vrais que vous le prétendez, et ne seraient pas bien plutôt les vôtres, vous n'auriez pas dû vous séparer du troupeau de Dieu, où les boucs se trouvent mêlés aux brebis; vous n'auriez pas dû sortir de l'aire du Seigneur tant que la paille

---

rum. Porta cum illo, et portet tecum, ut invicem onera vestra portetis. Quod est onus paupertatis? Non habere. Quod est divitiarum onus? Plus quam opus est habere. Et ille oneratus est, et tu oneratus es. Porta cum illo non habere, portet tecum plus habere; ut fiant æquales sarcinæ vestræ. Si enim dederis indigenti, minuis illi non habenti onus ipsius, quod erat non habere : si ei dederis, incipit habere; minutum est illi onus, quod vocatur non habere : minuit et ipse onus tuum, quod vocatur plus habere. Duo ambulatis viam Dei in peregrinatione hujus sæculi : tu portabas sumptus magnos superfluos; ille autem sumptus non habebat : adhæsit tibi, comes tuus esse desiderans : noli negligere, noli spernere, noli relinquere. Non vides quantum portes? Nihil portanti et non habenti da inde aliquid, et comitem adjuvabis, et te relevabis. Apostolica sententia satis, quantum opinor, exposita est.

Donatistæ in schismate post Collationem pertinaces. — 10. Non vobis fumos vendant qui dicunt : Sancti sumus, non portamus sarcinas vestras, ideo vobis non communicamus. Majores isti portant sarcinas divisionis, majores portant sarcinas præcisionis, sarcinas schismatis, sarcinas hæresis, sarcinas dissensionis, sarcinas animositatis, sarcinas falsorum testimoniorum, sarcinas calumniosarum criminationum. Istas sarcinas conati sumus, et conamur deponere de humeris fratrum nostrorum. Illi amant illas tenentes ad se, minores esse nolunt, quia ipsis sarcinis tumuerunt. Nam et qui ponit sarcinam, quam gestabat collo, quasi minor fit; sed pondus posuit, non staturam.

11. Sed ego, inquis, non communico peccatis alienis. Quasi hoc tibi dicam : Veni, communica peccatis alienis. Non hoc dico, novi quid dicat Apostolus : sed illud dico : Propter peccata aliena, si vera essent, et non tua magis essent, gregem Dei mixtum ovibus et hœdis non desereres ; aream Dominicam, quamdiu

y est foulée avec le bon grain; vous n'auriez pas dû rompre les filets, dans le temps où l'on tire encore sur le rivage les poissons bons et mauvais qu'ils contiennent. Et comment, me direz-vous, supporter la société de celui que je sais être mauvais? Ne serait-il pas beaucoup mieux de le supporter que de vous séparer de lui avec éclat? Rien ne vous serait plus facile que de le supporter, si vous compreniez bien ces paroles de l'Apôtre : « Chacun portera son propre fardeau. » Cette maxime vous sauverait de tout danger. En effet, vous n'entreriez point en participation de son avarice, mais vous participeriez ensemble à la table de Jésus-Christ. Or, l'Apôtre dit : « Celui qui mange et boit indignement, mange et boit sa condamnation. » (I *Cor.*, xi, 29.) Remarquez : Sa condamnation, et non la vôtre.

Chapitre VIII. — Ah! sans doute, si vous êtes son juge, si vous avez reçu le pouvoir de le juger d'après les lois de l'Eglise, s'il est accusé devant votre tribunal, s'il est convaincu par des preuves certaines et par des témoins dignes de foi, reprenez-le, condamnez-le; allez même jusqu'à l'excommunication, jusqu'à la dégradation. Le support mutuel doit être assez vigilant pour ne pas laisser dormir la discipline.

Cécilien a été condamné, bien qu'absent, et malgré son innocence. — 12. Mais Cécilien, disent-ils, a été condamné. Condamné? Par qui? D'abord il était absent, et, en second lieu, il était innocent du crime des traditeurs. Les pièces qui prouvent son innocence ont été produites et insérées dans les Actes. Ils se sont bien efforcés d'affaiblir la force de la vérité, et d'en obscurcir l'éclat, autant qu'ils l'ont pu, par les nuages de leurs vaines contestations. Mais le Seigneur s'est déclaré pour nous, et la splendeur de la vérité a dissipé tous ces nuages. Voyez même comment, à leur insu, ils ont justifié l'Eglise universelle, avec laquelle nous sommes si heureux, quels que nous soyons d'ailleurs, d'être en communion. Ce n'est pas notre cause, mais la sienne, que nous soutenons, que nous défendons, dont nous montrons la justice en défendant l'aire du Seigneur, en élevant la voix pour elle. Ne vous inquiétez pas de ce que je suis dans cette aire; j'attends le van qui doit séparer le bon grain de la paille. (*Matth.*, iii, 12.) Cessez donc de vous inquiéter de ce que je suis, ou, si vous voulez absolument le savoir, que ce soit sans contestation, afin de pouvoir guérir votre frère. Prenez soin de la paille, si vous le pouvez, mais ne laissez pas là le bon grain, si vous ne pouvez vous occuper de la paille. Quelquefois les pailles sont emportées de dessus l'aire du Seigneur, quelquefois aussi le bon grain, mais beaucoup moins loin; car de bons ouvriers circulent autour de cette aire, et à l'aide de certains instruments qui la nettoient, ils at-

palea trituratur, non relinqueres; retia Dominica, quamdiu bonos et malos pisces ad littus trahunt, non disrumperes. Et quomodo, inquis, ferrem quem novi malum? Nonne melius ipsum ferres, quam te foras efferres? Ecce quomodo ferres : Si attenderes Apostolum dicentem : « Unusquisque proprium onus portabit; » liberaret te ista sententia. Non enim cum illo communicares avaritiam, sed communicares cum illo Christi mensam. Et quid tibi obesset, si cum illo communicares Christi mensam? Apostolus dicit : Qui enim manducat et bibit indigne, judicium sibi manducat et bibit. (I *Cor.*, xi, 29.) Sibi, non tibi.

Caput VIII. — Sane si judex es, si judicandi potestatem accepisti, ecclesiasticą regula, si apud te accusatur, si veris documentis testibusque convincitur, coerce, corripe, excommunica, degrada. Sic vigilet tolerantia, ut non dormiat disciplina.

Cæcilianus absens et innocens damnatus. — 12. Sed damnatus est, inquiunt, Cæcilianus. Damnatus? A quibus? Primo absens, deinde a Traditoribus innocens. Allegata sunt ista, Gestis inserta, probata sunt. Enervare quidem vires veritatis conati sunt, et inanium nebulis (*a*) prosecutionum ejus serenitatem nebulare, quantum potuerunt, enisi sunt. Adfuit Dominus, vicit serenitas ejus nebulas eorum. Et videte quomodo nescientes absolverunt Ecclesiam orbis terrarum, cujus communione gaudemus, qualescumque in ea simus. Non ipsos nos, sed ipsam tuemur, defendimus, obtinemus, aream Dominicam defendendo, pro area Dominica clamo. Tu quis in ea sim, nolo cures : ventilabrum exspecto. Nolo, inquam, hoc cures : aut si curare vis, noli cum lite curare, ut possis fratrem sanare. (*Matth.*, iii, 12.) Cura paleam, si potes : sed triticum noli relinquere, si paleam curare non potes. Excutiuntur aliquando de area Dominica et paleæ, interdum et grana, sed non longe. Sunt autem operarii boni, circumeunt aream, et ea quæ foris excussa sunt, quibusdam mundatoriis trahunt et revocant in aream, etsi trahendo, etsi

(*a*) Editi, *persecutionum.* Verius Mss. *prosecutionum*, id est litigationum.

tirent et ramènent les bons grains qui en sont sortis, bien qu'avec une certaine violence. Ces instruments sont les lois des empereurs. Faites donc rentrer le bon grain ; fût-il mêlé avec la terre, cette terre ne doit pas être la cause de sa perte. Cécilien, disent-ils, a été condamné. Il a été condamné une fois, sans qu'il eût comparu, et justifié trois fois lorsqu'il était présent. C'est ce que nous leur avons répondu ; nous avons, autant qu'il nous a été possible, rappelé brièvement à ces esprits opiniâtres leur conduite passée ; nous leur avons dit : Pourquoi nous alléguer contre Cécilien un synode de soixante-dix évêques prononçant une sentence de condamnation contre un absent ? Les maximianistes eux-mêmes se sont réunis bien des fois pour condamner Primien qui était absent. Nous avons donc dit aux donatistes : Cécilien a été condamné par les vôtres, tout absent qu'il était ; Primien était aussi absent, lorsque les maximianistes l'ont condamné. De même donc que la sentence des uns n'implique point la culpabilité de Primien absent, la sentence des autres, rendue également contre Cécilien, en son absence, ne peut rien préjuger contre lui.

CHAPITRE IX. — *Les donatistes sont condamnés par leur propre sentence.* — 13. Ainsi pressés par ce raisonnement, que pensez-vous qu'ils aient répondu ? Et que pouvaient-ils répondre ? Comment sortir de ces filets où la vérité les tenait enlacés ? Pour rompre violemment ces rets, quelle réponse courte et décisive ont-ils faite en notre faveur ? Ils en ont donné beaucoup d'autres qui, presque toutes aussi, nous sont favorables, comme vous le verrez dans les Actes, dont votre charité pourra bientôt prendre connaissance. Mais je vous prie et je vous conjure, par Jésus-Christ, de retenir soigneusement, de répéter, d'avoir toujours à la bouche celle que je vais vous dire. Il est impossible de rendre, dans l'intérêt de notre cause, une sentence plus courte, plus solide, plus claire. Qu'ont-ils donc répondu à cette objection que nous leur faisions : La sentence rendue contre Cécilien ne prouve pas plus contre lui que la sentence rendue contre Primien ne préjuge sa culpabilité ? Voici la réponse que fit leur défenseur : Une cause ne peut porter préjudice à une autre cause, ni une personne à une autre personne. O réponse aussi claire, aussi vraie qu'elle est courte ! Il ne savait pas ce qu'il disait ; mais, en s'écriant : Une cause ne peut faire tort à une autre cause, ni une personne à une autre personne, il ressemblait à Caïphe, qui prophétisa, parce qu'il était grand-prêtre. (*Jean*, XI, 51.) Si on ne peut rien préjuger d'une cause pour une autre cause, ni d'une personne pour une autre personne, chacun doit donc porter son fardeau. Qu'on vienne donc maintenant vous objecter Cécilien, je ne dis pas à vous, mais à l'univers entier ; que fait-on en cela que d'objecter un innocent à des innocents ? C'est ce que les Actes démontreront avec la dernière évidence. Cécilien a été complètement justifié. Mais supposons

---

cogendo. Mundatoria instrumenta sunt leges istæ mundanæ. Revoca, etiam cum terra trahe triticum, ne propter terram pereat triticum. Damnatus est, inquiunt, Cæcilianus. Damnatus est semel absens, ter absolutus est præsens. Respondimus eis ; et homines indociles, quantum potuimus, breviter de suis factis admonuimus, et diximus : Quid recitatis contra Cæcilianum concilium septuaginta Episcoporum, sententias in absentem proferentium ? Plures prolatæ sunt a Maximianistarum concilio contra absentem Primianum. Diximus : Absens ab illis damnatus est Cæcilianus, absens ab istis damnatus est Primianus. Quomodo isti non præjudicant absenti Primiano, sic et illi præjudicare non potuerunt absenti Cæciliano.

CAPUT IX. — *Donatistæ sua ipsorum sententia damnati.* — 13. Quid eos putatis in hac angustia respondisse ? Quid enim dicerent ? Qua evaderent inclusi retibus veritatis ? Ut hæc retia violenter rumperent, quid dixerunt breviter et absolute pro nobis ? Et quidem multa, et pene omnia pro nobis, sicut Gesta indicabunt, quæ jam proponenda Vestra Caritas lectura est. Sed hoc loco rogo vos, et obsecro per Christum, ut teneatis, dicatis, in ore semper habeatis. Non potuit enim pro nobis brevior, et certior, et liquidior ferri sententia. Quid ergo dixit, cum hoc objiceremus : Sic non præjudicant isti Cæciliano, quomodo nec illi Primiano ? Et ille defensor illorum : Nec causa causæ præjudicat, nec persona personæ. O responsum breve, liquidum, verum ! Non enim scivit quid dixit ; sed Caiphæ similis, cum esset pontifex prophetavit (*Joan.*, XI, 51) ; « Nec causa causæ præjudicat, nec persona personæ. Si nec causa causæ, nec persona personæ præjudicat, ergo unusquisque sarcinam suam portat. » Eat nunc et objiciat tibi Cæcilianum : non tibi cuicumque homini, sed ipsi orbi terrarum objiciat Cæcilianum. Quod cum facit, innocentem objicit innocentibus. Prorsus Gesta indi-

qu'il ne l'ait pas été, que sa culpabilité ait été reconnue; écoutez ce que l'univers entier répète après vous. On ne peut rien préjuger d'une cause pour une autre cause, ni d'une personne pour une autre personne. O hérétique, esprit opiniâtre et incurable! pourquoi accuser le juge (1), en vous condamnant vous-même? Si je l'ai corrompu pour qu'il se prononçât en ma faveur, qui vous a corrompu pour vous déterminer à vous condamner vous-même?

CHAPITRE X. — *Ce qui retient les donatistes dans l'erreur.* — 14. Plût à Dieu qu'ils fissent sérieusement un jour ces réflexions, si tard même que ce pût être, et que, laissant tomber leur animosité, ils pussent rentrer en eux-mêmes, s'examiner, s'interroger, se répondre, et que, dans l'intérêt de la vérité, ils ne redoutent point ceux à qui ils ont si longtemps vendu le mensonge! Ils craignent de leur déplaire, ils ont peur de la faiblesse humaine, et ils n'ont pas peur de l'invincible vérité. Ils craignent qu'on ne vienne à leur dire : Pourquoi nous avez-vous trompés? pourquoi nous avez-vous séduits? pourquoi nous avez-vous débité tant de calomnies et de mensonges? S'ils avaient la crainte de Dieu, ils devraient répondre : Se tromper est une suite de la faiblesse humaine; mais c'est une méchanceté diabolique de persévérer opiniâtrement dans l'erreur. Il serait beaucoup mieux, sans doute, de ne jamais se trom-per; faisons, du moins, ce qui vient en second lieu : cherchons à sortir de l'erreur. Nous avons trompé, parce que nous avons été trompés les premiers; nous avons prêché l'erreur, parce que nous avons commencé par ajouter foi à ceux qui nous l'annonçaient. Qu'ils disent donc à leurs partisans : Nous avons suivi ensemble les voies de l'erreur, revenons ensemble dans les voies de la vérité. Nous avons été vos guides vers le précipice, et vous nous avez suivis lorsque nous vous conduisions à l'abîme; suivez-nous maintenant que nous vous ramenons à l'Eglise. Plût à Dieu qu'ils pussent tenir ce langage! ils parleraient sans doute à des gens indignés, dont ils exciteraient la colère, mais qui finiraient par se calmer et par aimer un peu plus tard l'unité.

Il faut user à leur égard d'une grande patience. — 15. Quant à nous, cependant, mes frères, soyons patients à leur égard. Les yeux que nous voulons guérir sont enflammés et tuméfiés. Je ne dis pas que nous devons renoncer à les traiter, mais prenons garde d'y exciter une plus vive douleur par des paroles outrageantes; rendons-leur compte avec douceur de notre conduite, et ne triomphons point orgueilleusement de la victoire. « Il ne faut pas, dit l'Apôtre, qu'un serviteur du Seigneur dispute; mais il doit être modéré envers tout le monde, capable d'instruire, patient, reprenant avec

---

(1) Le comte Marcellin, qui était chargé de maintenir l'ordre dans la Conférence.

---

cabunt liquidissime. Purgatus est Cæcilianus. Sed fac eum non purgatum, fac criminosum inventum : audi vocem tuam ab orbe terrarum : Nec causa causæ, nec persona personæ præjudicat. Anima hæretica, insanabilis, animosa, cum tu in te sententiam dicas, judicem quid accusas? Si illum ego corrupi, ut judicaret pro me; te quis corrupit, ut damnares te?

CAPUT X. — *Donatistas quid in errore detinet.* — 14. Utinam hæc aliquando cogitent, vel sero cogitent, vel detumescente animositate cogitent, ad se redeant, se interrogent, se discutiant, sibi respondeant, pro veritate non timeant eos, quibus falsitatem diutissime vendiderunt. Ipsos enim timent offendere; erubescunt humanæ infirmitati, et non erubescunt invictissimæ veritati. Utique hoc timent, ne dicatur eis : Quare ergo non decepistis? quare nos seduxistis? quare tanta mala et falsa dixistis? Respondere deberent, si Deum timerent : Humanum fuit errare, diabolicum est per animositatem in errore manere. Melius quidem erat, si nunquam erraremus : sed vel quod secundum est faciamus, ut errorem aliquando emendemus. Decepimus, quia decepti eramus : falsa (a) prædicavimus, qui prædicantibus falsa credidimus. Dicant suis : Simul erravimus, simul ab errore recedamus. Duces vobis fuimus ad foveam, et secuti estis cum duceremus ad foveam, et nunc sequimini cum ducimus ad Ecclesiam. Possent ista dicere : indignantibus dicerent; irati dicerent, atque ipsi illi ponerent indignationem, amarent vel sero unitatem.

Patientia in ipsos exhibenda. — 15. Nos tamen, Fratres, patientes circa illos simus. In fervore sunt et tumore oculi quos curamus. Non dico ut curare cessemus; sed ut non insultationibus ad majores amaritudines provocemus; rationem leniter reddamus, non de victoria superbe exsultemus. « Servum enim Domini litigare non oportet, Aposto-

---

(a) Sic Mss. Editi vero, *falsa præjudicavimus, qui præjudicantibus falsa credidimus.*

douceur ceux qui résistent à la vérité, dans l'espérance que Dieu, pour la leur faire connaître, leur donnera un jour l'esprit de pénitence, et qu'ainsi ils sortiront des lacets du démon, qui les tient captifs sous sa volonté. » (II *Tim.*, II, 24.) Supportez-les donc patiemment, si vous n'êtes point atteints de leur maladie; supportez-les patiemment dans la mesure de la santé dont vous jouissez. Car qui jouit d'une santé parfaite? Lorsque le Roi de toute justice siégera sur son trône, qui pourra se glorifier d'avoir un cœur pur? Qui pourra se glorifier d'être exempt de tout péché? Aussi longtemps donc que nous sommes dans cet état, notre devoir est de porter les fardeaux les uns des autres. Tournons-nous vers le Seigneur, etc.

SERMON CLXV.

Sur ces paroles de l'Apôtre, dans le chapitre III de son Epître aux Ephésiens : *Je vous prie de ne point défaillir à cause de mes tribulations pour vous, puisque c'est là votre gloire*, etc. De la grâce et du libre arbitre, contre les pélagiens.

Prononcé dans la basilique des Anciens (1).

CHAPITRE PREMIER. — *C'est en Dieu que nous devons placer notre espérance, et non dans les forces de notre libre arbitre. Concours de la grâce et du libre arbitre.* — 1. Nous avons entendu l'Apôtre, nous avons entendu le Psalmiste, nous avons entendu l'Evangile : tous sont unanimes pour nous recommander de placer notre espérance, non pas en nous, mais en Dieu. « Je vous prie, dit l'Apôtre, de ne point défaillir, à cause de mes tribulations pour vous, puisque c'est là votre gloire. » (*Ephés.*, III, 14.) « Je vous demande de ne point défaillir, » c'est-à-dire de ne point vous décourager, lorsque vous apprenez que je souffre pour vous des tribulations qui sont votre gloire. Il demande aux fidèles de ne point céder au découragement, ce qu'il ne ferait pas, s'il ne voulait exciter leur volonté. S'ils lui répondaient : Pourquoi nous demandez-vous ce qui n'est point en notre pouvoir, est-ce que leur réponse ne paraîtrait pas juste? Et cependant, si l'Apôtre ne savait que le consentement nécessaire pour agir dépend aussi de leur volonté propre, il ne leur dirait pas : « Je vous demande. » Et s'il allait jusqu'à leur dire : Je vous ordonne, sans être certain qu'ils peuvent appliquer leur volonté à l'ordre qu'il leur donne, c'est bien inutilement qu'il leur parlerait. Mais comme il connaissait, d'ailleurs, la faiblesse de la volonté humaine sans le secours de Dieu, il ne se contente pas de dire : « Je vous demande; » pour prévenir ce

(1) Cette indication se trouve dans le manuscrit des PP. Cisterciens. Florus cite des extraits de ce sermon dans son Commentaire sur le chapitre IX de l'Epître aux Romains, et sur le chapitre III de l'Epître aux Ephésiens.

lus dicit, sed mitem esse ad omnes, docibilem, patientem, in modestia corripientem diversa sentientes : ne forte det illis Deus pœnitentiam, et resipiscant a diaboli laqueis, a quo captivi tenentur secundum ipsius voluntatem. » (II *Tim.*, II, 24.) Patienter ergo ferte, si sani estis; patienter ferte, in quantum sani estis. Nam quis perfecte sanus? Cum rex justus sederit in throno, quis gloriabitur mundum se habere cor, aut quis gloriabitur mundum se esse a peccato? (*Prov.*, XX, 8, 9.) Ergo quamdiu tales sumus, hoc nobis debemus, ut invicem onera nostra portemus. Conversi ad Dominum, etc.

SERMO CLXV (a).

De verbis Apostoli, Ephes., III : *Peto non infirmari in tribulationibus meis pro vobis, quæ est gloria vestra*, etc. Deque gratia et libera voluntate, contra Pelagianos.

CAPUT PRIMUM. — *Spes collocanda in Deo, non in viribus liberi arbitrii. Gratiæ et liberi arbitrii concursus.* — 1. Apostolum audivimus, Psalmum audivimus, Evangelium audivimus; consonant omnes divinæ lectiones, ut spem non in nobis, sed in Domino collocemus. « Peto, inquit Apostolus, (b) non infirmari in tribulationibus meis pro vobis, quæ est gloria vestra. » (*Ephes.*, III, 14.) « Peto, inquit, non infirmari, » id est, ut non infirmemini, quando auditis me pati pro vobis tribulationes ; quia hæc est gloria vestra. Petit ergo eos, ut non infirmentur; quod non faceret, nisi eorum vellet excitare voluntatem. Si enim responderent : Quid nos petis quod in potestate non habemus? numquid non viderentur sibi justum reddidisse responsum ? Et tamen Apostolus, nisi sciret esse in eis voluntatis propriæ consensionem, ubi et ipsi aliquid agerent, non diceret : « Peto. » Et si diceret : Jubeo, nisi eos nosset adhibere posse jussioni suæ voluntatem, sine causa hoc verbum de ejus ore procederet. Sed rursus sciens sine Dei adjutorio infirmam esse hominis volunta-

(a) Alias VII, de verbis Apostoli. — (b) In editis plerumque, non tamen semper, *vos non infirmari*. At in Mss. vix aliquando ponitur *vos* : quæ vox a Græco abest.

prétexte, qu'ils n'étaient pas libres, mais pour leur ôter aussi la pensée de dire : Notre volonté, notre libre arbitre nous suffisent; voyez ce qu'il ajoute : « C'est pour cette cause. » Quelle est cette cause, sinon celle qu'il vient d'indiquer? « Je vous demande de ne point défaillir à cause des tribulations que je souffre pour vous, puisque c'est là votre gloire? » (*Ibid.*, 14.) Je vous fais cette demande, parce que vous avez le libre arbitre de la volonté; mais comme ce libre arbitre ne suffit point pour accomplir ce que je vous demande : « Pour cette cause, je fléchis les genoux devant le Père de Notre-Seigneur Jésus-Christ, de qui toute paternité prend son nom dans le ciel et sur la terre, afin qu'il vous donne. » (*Ibid.*, 15, 16.) « Afin qu'il vous donne, » quoi? Je le prie de vous donner ce que je vous demande. Je vous demande, parce que vous avez le libre arbitre; je le prie de vous donner, parce que vous avez besoin du secours de sa majesté.

CHAPITRE II. — *L'homme doit demander à Dieu ce que Dieu exige de lui.* — 2. Mais nous devançons les paroles de l'Apôtre. Peut-être ceux d'entre vous qui n'ont pas retenu de mémoire le texte de l'épître qu'on vient de lire, désirent savoir si, en effet, saint Paul fléchit les genoux devant le Père céleste, pour obtenir de lui ce qu'il demande des fidèles eux-mêmes.

« Je vous demande de ne point défaillir à cause des tribulations que je souffre pour vous. » Voilà ce qu'il exige d'eux. Considérez maintenant ce qu'il demande pour eux : « C'est pourquoi je fléchis les genoux devant le Père de Notre-Seigneur Jésus-Christ, afin que, selon les richesses de sa gloire, il vous accorde d'être puissamment fortifiés. » Qu'est-ce autre chose que de ne pas défaillir? « D'être puissamment fortifiés par son Esprit. » C'est l'Esprit de grâce. Vous voyez ce qu'il demande. Il demande à Dieu ce qu'il exige des hommes ; car si vous voulez que Dieu vous donne sa grâce, vous devez préparer votre volonté à la recevoir. Comment espérer de recevoir la grâce de la bonté divine, si vous n'ouvrez pas le sein de votre volonté. « Afin qu'il vous donne, » car vous ne pouvez avoir qu'à cette condition. « Qu'il vous donne d'être puissamment fortifiés par son esprit. » En effet, si Dieu vous accorde cette force puissante, il vous préserve par là même de toute défaillance. « Afin que, selon l'homme intérieur, Jésus-Christ habite par la foi dans vos cœurs. » (*Ibid.*, 17.) Que Dieu vous accorde toutes ces grâces, « et qu'enracinés et fondés dans la charité, vous puissiez comprendre avec tous les saints. » (*Ibid.*, 18.) Comprendre quoi? « Que Dieu vous accorde d'être puissamment fortifiés par son Esprit, afin que Jésus-Christ habite dans

---

tem, non solum ne dicerent : Voluntatis arbitrium non habemus, dixit : « Peto, » verum etiam ne dicerent : Voluntatis arbitrium sufficit nobis, videte quid addidit : « Hujus rei gratia. » Cujus rei gratia, nisi quam supra dixerat : « Peto non infirmari in tribulationibus meis pro vobis, quæ est gloria vestra? » (*Ibid.*, 14.) Quia ergo voluntatis habetis arbitrium : « Peto. » Quia vero vobis voluntatis non sufficit arbitrium ad implendum quod peto : «Hujus rei gratia flecto genua mea ad Patrem Domini nostri Jesu Christi, ex quo omnis paternitas in cœlo et in terra nominatur. Ut det vobis. » (*Ibid.*, 15, 16.) Quid, « det vobis? » Quod peto a vobis, rogo det vobis. Peto enim a vobis, propter arbitrium voluntatis : rogo det vobis, propter auxilium majestatis.

CAPUT II. — *A Deo petitur hoc ipsum quod ab homine exigitur.* — 2. Sed Apostoli verba prævenimus. Adhuc fortasse exspectatis audire, qui textum ejusdem lectionis memoria non tenetis, utrum revera ideo Apostolus pro ipsis ad Patrem genua flectat, ut det illis quod dixerat eis : « Peto. » Mementote ergo quid petierit ab ipsis. « Peto non infirmari in tribulationibus meis pro vobis ; » hoc ab ipsis petit. Modo videte quid illis petit: « Flecto genua mea ad Patrem Domini nostri Jesu Christi, ut det vobis secundum divitias gloriæ suæ virtute corroborari. » Quid est aliud, nisi non infirmari ? « Virtute corroborari, inquit, per spiritum ejus. » Iste spiritus gratiæ. Videte quid petit. Hoc a Deo petit, quod ab hominibus exigit : quia ut Deus velit dare, debes et tu ad accipiendum accommodare voluntatem. Quomodo vis accipere gratiam divinæ bonitatis, qui sinum non aperis voluntatis ? « Det, inquit , vobis. » Non enim habetis, nisi det vobis. « Det vobis virtute corroborari per spiritum ejus. » Si enim dederit vobis virtute corroborari, ibi dabit vobis non infirmari. « In (*a*) interiore homine habitare Christum per fidem in cordibus vestris. » (*Ibid.*, 17.) Totum hoc det vobis. « In caritate radicati et fundati, ut prævaleatis comprehendere cum omnibus sanctis. » (*Ibid.*, 18.) Quid comprehendere ? Det vobis per Spiritum suum virtute corroborari, et habitare in interiore homine

---

(*a*) Lov. *in interiorem hominem.* At Am. Er. et Mss. *in interiore homine* : et sic legi solet apud Augustinum.

l'homme intérieur par la foi, et qu'enracinés et fondés dans la charité, vous puissiez comprendre avec tous les saints, » quoi? « Quelle est la largeur, la longueur, la hauteur et la profondeur. » Dans la langue latine, le mot *altitudo*, hauteur, a ces deux significations : il exprime, à la fois, ce qui s'élève comme ce qui descend en profondeur. Le traducteur a donc pu légitimement employer le mot *altitudo*, hauteur, pour ce qui s'élève véritablement, et le mot profondeur, pour exprimer ce qui est élevé en sens contraire, ou ce qui descend profondément.

CHAPITRE III. — *Ces quatre dimensions figurent le mystère de la croix.* — 3. Que signifient ces paroles, mes frères? C'est ce que je vais vous expliquer. De ce qu'un autre le ferait plus facilement, que s'ensuit-il? Parce que je suis moins capable de comprendre ou d'expliquer ce que signifient ces quatre dimensions dont parle l'Apôtre : la largeur, la longueur, la hauteur et la profondeur, dois-je les passer sous silence? Ne dois-je pas plutôt frapper et espérer que, par le secours de vos prières, je pourrai vous en donner une explication utile? Pourquoi, chrétien, parcourir par l'esprit la largeur de la terre, la longueur des temps, la hauteur du ciel, et la profondeur de l'abîme? Pouvez-vous embrasser, par l'esprit ou par le corps, c'est-à-dire par la pensée ou par le regard, toutes ces dimensions?

Ecoutez l'Apôtre vous disant : « A Dieu ne plaise que je me glorifie dans autre chose que dans la croix de Notre-Seigneur Jésus-Christ! » (*Gal.*, VI, 14.) Et nous aussi, glorifions-nous dans cette croix, ne serait-ce que parce que nous nous appuyons sur elle. Oui, mes frères, je le répète, glorifions-nous tous dans la croix. Peut-être y trouverons-nous cette largeur, cette longueur, cette hauteur, cette profondeur. Dans ces paroles, l'Apôtre nous met sous les yeux comme une description de la croix. La largeur est la partie du bois sur laquelle les mains sont clouées; la longueur est dans le bois qui, de cette partie transversale, descend jusqu'à terre; la hauteur, dans le sommet qui s'élève un peu au-dessus de la partie transversale, et où repose la tête du crucifié; la profondeur est dans la partie qui s'enfonce dans la terre, et qu'on ne voit point. Contemplez ici un grand mystère : c'est de cette profondeur, qui se dérobe à votre vue, que s'élève tout ce qui paraît à vos regards.

CHAPITRE IV. — *Largeur, longueur, hauteur de la croix.* — 4. Où trouverons-nous donc cette largeur? Reportez-vous à la vie, à la conduite des saints, qui disent aussi : « A Dieu ne plaise que je me glorifie dans autre chose que dans la croix de Notre-Seigneur Jésus-Christ! » Nous trouvons dans leur vie la largeur de la charité.

---

vestro Christum per fidem, atque ita in caritate radicati et fundati possitis comprehendere cum omnibus sanctis : quid? « Quæ sit latitudo, longitudo, altitudo, et profundum. » Altitudo quidem in Latina lingua utrumque significat : et quod sursum versus est, altitudinis nomen habet; et quod in profundum altum est, altitudinis nomen habet. Ideo bene respondit interpres ad id quod sursum altum est, altitudinem dicere; ad illud quod deorsum altum est, profundum dicere.

CAPUT III. — *In quatuor dimensionibus mysterium crucis.* — 3. Quid est ergo, Fratres mei, exponam hoc ego vobis. (*a*) Facilius forte si cuiquam sit, quid ergo? quia latitudinem, longitudinem, altitudinem, et profundum, quatuor ista quæ dicit Apostolus, minus idoneus sum vel comprehendere vel proferre, transibo ab hoc? An forte pulsabo, et ut vobis salubre aliquid proferam, vestris orationibus adjuvabor? Quid pergis corde, homo Christiane, per latitudinem terræ, longitudinem temporum, altitudinem cœli, profunditatem abyssi? Quando ista comprehendis vel mente vel corpore? hoc est : sive cogitando sive carnis oculis intuendo, quando ista comprehendis? Ipsum audi Apostolum dicentem tibi : « Mihi autem absit gloriari, nisi in cruce Domini nostri Jesu Christi. » (*Gal.*, VI, 14.) Et nos in illa gloriemur, vel quia super illam incumbimus. In illa gloriemur omnes, o boni Fratres, in illa gloriemur. Ibi forte inveniemus et latitudinem, et longitudinem, et altitudinem, et profundum. His enim Apostoli verbis crux quodam modo nobis ante oculos constituta est. Habet enim latitudinem, in qua manus figuntur : habet longitudinem, quod inde usque ad terram ducitur lignum : habet et altitudinem, quod ab ipso transverso, in quo figuntur manus, excedit aliquantum, ubi caput crucifixi ponitur : habet et profundum, hoc est quod in terra figitur, et non videtur. Videte magnum sacramentum. Ab illo profundo quod non vides, surgit totum quod vides.

CAPUT IV. — *Latitudo, longitudo, altitudo crucis.* — 4. Ubi ergo est latitudo? Confer te ad vitam moresque sanctorum, qui dicunt : « Absit gloriari, nisi in cruce

---

(*a*) Ita Benignianus Ms. Editi vero sic, *quod facilius forte sit cuiquam, quam sibi sit quis. Quid ergo? Quia latitudinem,* etc.

Voilà pourquoi il leur fait cette recommandation : « Dilatez-vous, et ne traînez point le même joug que les infidèles. » Et comme lui-même avait cette largeur de la charité, qu'il voulait voir dans leurs cœurs, écoutez ce qu'il leur dit : « O Corinthiens, ma bouche s'ouvre, et mon cœur se dilate vers vous. » (II *Cor.*, vi, 11, 14.) La largeur de la croix, c'est l'expansion de la charité, qui peut seule faire le bien. C'est cette expansion qui fait que Dieu aime celui qui donne avec joie. » (II *Cor.*, ix, 7.) En effet, s'il a le cœur étroit, resserré, il donnera avec tristesse, et cette tristesse lui fait perdre tout le mérite de ce qu'il donne. Vous avez donc besoin de cette largeur de la charité, pour ne pas perdre le mérite de tout le bien que vous faites. Mais le Seigneur a dit : « Comme l'iniquité abondera, la charité de plusieurs se refroidira. » (*Matth.*, xxiv, 12.) Montrez-moi donc aussi la longueur de la croix. Que signifie cette longueur ? « Celui qui persévérera jusqu'à la fin sera sauvé. » (*Matth.*, x, 22.) La longueur de la croix est la partie sur laquelle tout le corps se trouve étendu, où il est comme debout, et où il persévère dans cette position. Si donc vous qui vous glorifiez dans la croix, vous voulez reproduire en vous la largeur de la croix, ayez en vous la force de faire le bien. Si vous voulez avoir la longueur de la croix, persévérez avec patience dans la pratique du bien. Voulez-vous en reproduire la hauteur ? Songez au sens de ces paroles : Elevez vos cœurs, et au lieu où elles vous sont adressées. Que veut dire : Elevez vos cœurs. Placez en haut vos espérances, vos affections. Implorez la force d'en haut, et attendez de là votre récompense. Si vous faites le bien, et que vous donniez avec joie, vous aurez la largeur de la croix. Si vous persévérez jusqu'à la fin dans la pratique de ces bonnes œuvres, vous en aurez la longueur. Mais si ce n'est point en vue de la récompense céleste que vous faites le bien, vous ne reproduirez point en vous la hauteur de la croix, vous n'en aurez même plus ni la largeur, ni la longueur. En quoi consiste, en effet, cette hauteur de la croix ? A penser à Dieu, à aimer Dieu, à aimer en Dieu, sans aucun motif d'intérêt, un puissant auxiliaire, le spectateur de nos efforts, Celui qui doit les couronner, les récompenser ; à le regarder lui-même comme notre récompense, et à n'attendre de lui autre chose que lui-même. Si votre amour est sincère, s'il est désintéressé, si vous aimez véritablement, ne désirez d'autre récompense que Celui que vous aimez. Quoi ! vous attacheriez du prix à tous les objets créés, et le Créateur de toutes choses n'aurait aucun prix à vos yeux ?

5. C'est pour nous rendre capables de cet amour, c'est pour obtenir qu'il nous soit donné, que l'Apôtre fléchit les genoux. En effet, l'Evangile lui-même vient ici porter l'effroi dans nos cœurs. « Il vous est donné, dit le Sauveur à ses

Domini nostri Jesu Christi. » Invenimus in moribus eorum latitudinem caritatis : unde illos admonet ipse Apostolus, dicens : Dilatamini, ne sitis jugum ducentes cum infidelibus. Et quia ipse latus erat, qui eos ad latitudinem exhortabatur, audi quid dicat : Os nostrum patet ad vos, o Corinthii ; cor nostrum dilatatum est. (II *Cor.*, vi, 11, 14.) Latitudo ergo caritatis est, quæ sola bene operatur. Latitudo facit, ut hilarem datorem diligat Deus. (II *Cor.*, ix, 7.) Si enim angustiam passus fuerit, tristis dabit : si tristis dabit, perit quod dabit. Opus est ergo latitudine caritatis, ne pereat quidquid boni facis. Sed quoniam ait Dominus : Ubi abundabit iniquitas, refrigescet caritas multorum (*Matth.*, xxiv, 12) ; da mihi et longitudinem ; quæ est longitudo ? Qui perseveraverit usque in finem, hic salvus erit. (*Matth.*, x, 22.) Hæc est longitudo crucis, ubi totum corpus porrigitur : ubi quodam modo statur, quo stando perseveratur. Si ergo quæris, qui in cruce gloriaris, habere crucis latitudinem ; habeto bene operandi virtutem. Si vis habere crucis longitudinem ; habeto perseverandi longanimitatem. Si autem vis habere crucis altitudinem ; nosce quid audias, et ubi audias : Sursum cor. Quid est : Sursum cor ? Ibi spera, ibi ama : inde pete virtutem, ibi exspecta mercedem. Nam si bene operaris, et hilariter tribuis, videris habere latitudinem. Si in iisdem bonis operibus usque in finem perseveraveris, videris habere longitudinem. Sed si omnia hæc non propter supernam mercedem facis, altitudinem non habebis ; et illa jam nec latitudo erit, nec longitudo. Quid est enim habere altitudinem, nisi cogitare Deum, amare Deum, et gratis amare ipsum Deum adjutorem, ipsum spectatorem, ipsum coronatorem, ipsum præmii largitorem, postremo ipsum præmium deputare, non aliud ab ipso quam ipsum exspectare ? Si amas, gratis ama : si vere amas, ipse sit merces quem amas. An vero tibi cara sunt omnia, et vilis est ille qui condidit omnia ?

5. Hæc ut possimus, flexit genua sua pro nobis Apostolus, utique ideo ut detur nobis. Terret enim et

disciples, de connaître les mystères du royaume des cieux ; mais, pour eux, cette connaissance ne leur a pas été accordée. Car celui qui possède, on lui donnera. » Or, quel est celui à qui on donnera parce qu'il a, si ce n'est celui qui a déjà reçu ? « Mais celui qui n'a pas, on lui ôtera même ce qu'il a. » (*Matth.*, XIII, 11, 12.) Quel est celui qui n'a point ? C'est celui qui n'a rien reçu.

Chapitre V. — *La profondeur de la croix consiste en ce que la grâce est donnée à l'un et refusée à l'autre.* — Pourquoi donc la grâce est-elle donnée aux uns et refusée aux autres ? Je ne crains pas de le dire : c'est la profondeur de la croix. C'est de la profondeur inconnue des jugements de Dieu, qu'il nous est impossible de pénétrer et de contempler, que vient tout ce que nous pouvons faire de bien. Je vois bien ce que je puis, mais je ne vois point d'où me vient cette puissance ; je ne vois qu'une chose, c'est que cette puissance ne peut venir que de Dieu. Mais pourquoi cette puissance est-elle donnée à l'un et refusée à l'autre : il m'est bien difficile de l'expliquer ; c'est un abîme, c'est la profondeur de la croix ; elle excite en moi un cri d'admiration, mais je ne puis en donner une démonstration raisonnée. Et quel sera ce cri d'admiration à la vue d'une telle profondeur ? « Que vos œuvres sont magnifiques, ô mon Dieu ! » Les Gentils sont éclairés, les Juifs sont aveuglés. Parmi les enfants, les uns sont purifiés dans le sacrement de baptême, les autres sont laissés dans la mort, qui leur a été transmise par le premier homme : « Que vos œuvres sont magnifiques, ô mon Dieu ! Que vos pensées sont profondes et impénétrables ! » Et le Psalmiste ajoute : « L'homme imprudent les méconnaît, l'insensé ne les comprend pas. » (*Ps.* XCI, 6, 7.) Qu'est-ce que ne comprennent ni l'insensé ni l'imprudent ? Qu'il y a ici une grande profondeur. Cette profondeur ne serait pas aussi grande, si l'homme sage pouvait la pénétrer, à l'exclusion seulement de l'insensé. Mais si le sage comprend qu'il y a ici une profondeur impénétrable, l'insensé ne comprend même pas qu'elle existe.

Erreur sur le péché qu'auraient commis les âmes avant d'être unies à un corps. — 6. Aussi, plusieurs, cherchant à rendre compte de ces profondeurs, sont tombés dans des fables aussi vaines que ridicules. Les uns ont dit que les âmes se rendent coupables de péché dans le ciel, et qu'elles sont ensuite envoyées dans des corps, pour y être comme emprisonnées dans la proportion de leurs péchés et de leurs mérites. Ils ont suivi leurs pensées, et, en voulant discuter les profondeurs de Dieu, ils ont été submergés dans ces profondeurs. En effet, devant eux se présente l'Apôtre pour soutenir les droits de la grâce ; il nous montre Dieu choisissant

---

Evangelium : Vobis datum est scire mysterium regni, illis autem non est datum. Qui enim habet, dabitur ei. Quis autem habet cui dabitur, nisi cui datum est ? Qui autem non habet, et quod habet auferetur ab eo. (*Matth.*, XIII, 11, 12.) Quis autem non habet, nisi cui non est datum.

Caput V. — *Profundum crucis, quod gratia alii detur, alii non detur.* — Quare ergo illi datum est, et illi non est datum ? Non me piget dicere, hoc est profundum crucis. De profundo nescio quo judiciorum Dei, quæ perscrutari contemplarique non possumus, procedit omne quod possumus. De profunditate, inquam, nescio qua judiciorum Dei, quæ inscrutabilia contemplari non possumus, perscrutari non valemus, procedit omne quod possumus. Quod possum, video : unde possim, non video ; nisi quia et hoc hactenus video, quod novi esse a Deo. Quare autem illum, et non illum : multum est ad me, abyssus est, profundum crucis est ; admiratione exclamare possum, disputatione demonstrare non possum. Quid possum exclamare de ista profunditate ? Quam magnificata sunt opera tua, Domine ! Gentes illuminantur, Judæi excæcantur. Quidam parvuli sacramento baptismatis abluuntur, quidam vero parvuli in morte primi hominis relinquuntur. « Quam magnificata sunt opera tua, Domine ! Nimis profundæ factæ sunt cogitationes tuæ. Et sequitur : Vir imprudens non cognoscit, et stultus non intelliget hæc. (*Psal.* XCI, 6, 7.) Quid non intelligit stultus et imprudens ? Quia vel profundum est. Nam si stultus non intelligit, et sapiens intelligit, non est nimis profundum. Sed si sapiens intelligit quia profundum est, stultus non intelligit quia vel profundum est.

Error de animarum peccato ante corpus, unde. — 6. Ideo multi de isto profundo quærentes reddere rationem, in fabulas vanitatis abierunt. Aliqui dixerunt, quod animæ sursum in cœlo peccant, et secundum sua peccata ad corpora pro meritis diriguntur, et dignis ibi quasi carceribus includuntur. Ierunt post cogitationes suas ; volentes disputare de Dei profundo, mersi sunt in profundum. Occurrit enim eis Apostolus, volens gratiam commendare, et

deux jumeaux dans le sein de Rebecca, et il dit : « C'était avant qu'ils fussent nés, et qu'ils eussent bien ou mal agi. » (*Rom.*, ix, 11.) Voyez comme il détruit ces vaines imaginations que l'esprit des hommes se forme sur la vie des âmes dans le ciel avant d'être unies à un corps. En effet, s'il y a eu pour les âmes une vie intérieure, elles ont donc bien ou mal agi, et elles ont été reléguées dans des corps terrestres suivant leurs mérites. Mais oserons-nous ici contredire l'Apôtre : « Avant qu'ils fussent nés, dit-il, et qu'ils eussent bien ou mal agi. » Or, comme en vertu de cet enseignement si clair et si formel, la foi catholique rejette cette opinion d'après laquelle les âmes vivraient d'abord dans le ciel et y mériteraient, par leur conduite, le corps auquel elles doivent être unies, ces récents novateurs (1) n'osent la soutenir.

CHAPITRE VI. — *La mort ne vient que du péché. La mort des enfants a pour cause le péché du premier homme.* — 7. Que disent-ils donc? Quelques-uns, (nous les avons entendus), raisonnent de la sorte. Nous admettons pleinement, disent-ils, que tous les hommes meurent parce qu'ils l'ont mérité par leurs péchés ; car la mort n'a point d'autre cause que le péché. Rien de plus juste, rien de plus vrai que ce langage : La mort n'a point d'autre cause que le péché. Mais, si j'applaudis à ce langage, c'est en re-

(1) Les pélagiens.

portant ma pensée sur la mort première et sur le péché du premier homme. En effet, j'entends l'Apôtre me dire : « Comme tous meurent par Adam, tous revivront aussi par Jésus-Christ. » (1 *Cor.*, xv, 22.) « C'est par un seul homme que le péché est entré dans le monde, et la mort, par le péché ; ainsi la mort a passé à tous les hommes par ce seul homme, en qui tous ont péché. » (*Rom.*, v, 12.) Car tous les hommes ont été compris dans un seul. Est-ce dans ce sens que vous entendez que la mort de l'homme vient du péché ? Non, me répondez-vous. Comment donc l'entendez-vous? Dieu, dites-vous, crée maintenant tout homme immortel. Nouveauté surprenante! Que dites-vous donc? Je soutiens, reprenez-vous, que Dieu crée maintenant tout homme immortel. Pourquoi donc alors les petits enfants sont-ils soumis à la mort? Si je vous demandais : Pourquoi les adultes meurent-ils ? Vous me répondriez peut-être : C'est parce qu'ils ont péché. Je n'insiste donc pas sur ceux qui sont plus âgés, et j'invoquerai seulement contre vous le témoignage des petits enfants. Ils vous convaincront sans vous parler, et, dans leur silence même, ils prouveront ce que j'avance. Ces enfants sont innocents dans leur conduite, ils ne sont coupables que de la faute que leur a transmise le premier homme, et voilà ce qui établit la nécessité de la grâce de Jésus-Christ

elegit illos geminos utero Rebeccæ, et dicit : Nondum enim natis, nec qui aliquid egerint boni aut mali. (*Rom.*, ix, 11.) Vide quemadmodum tulit vanis hominibus phantasias conversationis animarum ante corpus in cœlo. Si enim ibi jam conversatæ sunt, jam aliquid boni egerunt vel mali, et pro meritis suis ad corpora terrena (*a*) detrusæ sunt. Si placet, contradicamus Apostolo, qui dixit : Nondum natis, nec qui aliquid egerint boni aut mali. Hoc autem quia propter Apostoli evidentem sententiam respuit catholica fides, quod animæ in cœlis prius vivant et conversentur, et illic recipiendorum corporum merita assumant, modo isti novelli non audent dicere.

CAPUT VI. — *Mors nonnisi ex peccato. Parvulorum mors ex peccato primi hominis.* — 7. Sed quid dicunt? Aliqui (sicut audivimus) ipsorum ista disputant : Prorsus, inquiunt, pro meritis suis omnes homines moriuntur, quia peccaverunt; non enim esset mors, nisi veniens de peccato. Optime quidem et vere dictum est : Non esset mors, nisi veniens de peccato.

Sed ego, cum hoc audio, ideo laudo, quia illam primam mortem intueor et illius primi hominis peccatum. Audio enim Apostolum : Sicut in Adam omnes moriuntur, sic et in Christo omnes vivificabuntur. (1 *Cor.*, xv, 22.) « Per unum hominem peccatum intravit in mundum, et per peccatum mors ; et ita in omnes homines pertransiit, in quo omnes peccaverunt. » (*Rom.*, v, 12.) Omnes enim unus fuerunt. Sic te audio dicentem mortem hominis de peccato esse? Non, inquit. Et quid dicis ? Omnem hominem Deus immortalem creat (*b*) modo. Mirabilis novitas. Quid dicis ? Prorsus, inquit, omnem hominem Deus immortalem creat. Quare ergo moriuntur parvuli infantes? Nam si dicam : Quare moriuntur grandes homines : dicturus es mihi : Peccaverunt. Ergo de majorum ætate non disputabo : parvulorum infantiam contra te testem citabo. Non loquuntur, et convincunt : tacent, et quod dico probant. Ecce infantes in suis utique operibus innocentes sunt, nihil secum nisi quod de primo homine traxerunt ha-

(*a*) Mss. *dirutæ sunt.* — (*b*) Verba in quibusdam libris sic interpunguntur : *immortalem creat : Modo mirabilis novitas.*

pour vivifier en Jésus-Christ ceux qui sont morts en Adam. Une première naissance les a souillés, une seconde naissance doit les purifier. Voilà donc les témoins que je produirai. Répondez-moi, maintenant, et dites-moi pourquoi les enfants meurent, si tous les hommes naissent immortels, et ne meurent que par suite de leurs péchés. Quelle réponse pensez-vous qu'ils aient pu donner? Quelles oreilles pourraient la supporter? Les petits enfants eux-mêmes ont péché. Et où ont-ils péché? Je vous en supplie, dites-moi quand ont-ils péché, et comment ont-ils péché? Ils ne connaissent ni le bien ni le mal. Quoi! ils sont capables de péché, eux qui sont incapables de recevoir un commandement. Prouvez-moi donc que les petits enfants sont pécheurs. En parlant de la sorte, vous avez oublié ce que vous avez été; mais montrez-moi en quoi les petits enfants peuvent pécher. Pèchent-ils parce qu'ils pleurent? Pèchent-ils parce qu'ils repoussent la douleur et reçoivent les sensations agréables par des mouvements semblables à ceux des animaux sans parole? Si ces mouvements sont des péchés, ils pèchent bien davantage lorsqu'ils reçoivent le baptême, puisqu'alors ils opposent une résistance des plus violentes. Pourquoi cette violente résistance n'est-elle pas regardée comme un péché? Parce que ces petits enfants n'ont pas encore l'usage de la volonté.

Les petits enfants sont morts dès le sein de leurs mères. — 8. Voici un autre raisonnement. Ces enfants, dites-vous, avaient déjà péché quand ils sont nés; car, s'ils n'avaient point péché, ils ne mourraient point. Que direz-vous donc de ceux qui meurent dans le sein maternel? Quelle difficulté pour eux! Ces enfants ont également péché, disent-ils, et c'est pour cela qu'ils sont soumis à la mort. Voulez-vous nous tromper, ou bien vous-même êtes-vous la dupe de l'erreur? L'Apôtre vous contredit formellement. « Avant qu'ils fussent nés, dit-il, et qu'ils eussent bien ou mal agi. » (*Rom.*, IX, 11.) J'aime mieux écouter l'Apôtre que vous; j'aime mieux ajouter foi à son témoignage qu'au vôtre. « Avant qu'ils fussent nés, ou qu'ils eussent bien ou mal agi. » Refusez-vous d'admettre ce témoignage? Retournez alors à vos rêves insensés, et dites : C'est dans le ciel que ces enfants ont péché, et c'est de là qu'ils ont été jetés dans des corps. Non, ce n'est point ce que je soutiens, me dites-vous. Pourquoi ne le soutenez-vous pas? A cause de ces paroles de l'Apôtre : « Avant qu'ils fussent nés, et qu'ils eussent bien ou mal agi. » Or, si vous n'osez les accuser de péché dans le ciel, pourquoi les accuser d'en être coupables dans le sein de leurs mères? L'Apôtre réfute ces deux erreurs : il répond à la fois à ceux qui disent que les enfants ont péché dans le ciel, et à ceux qui soutiennent qu'ils ont péché dans le sein maternel, et il condamne également ces deux opinions

---

bentes : quibus propterea est gratia Christi necessaria, ut in Christo vivificentur, qui in Adam mortui sunt; ut quia inquinati sunt generatione, purgentur regeneratione. Ipsos ergo testes citabo. Responde mihi : Quare moriuntur, si omnes homines immortales nascuntur, et quoniam peccant, ideo moriuntur? Quid putatis dici potuisse? Quæ aures ferant? Peccaverunt et ipsi. Ubi peccaverunt? Rogo te, quando peccaverunt? quomodo peccaverunt? Bonum et malum quid sit nesciunt. Peccatum accipiunt, qui præceptum non capiunt? Proba mihi peccatores infantes : quod dixisti, vere quia oblitus es quod fuisti, proba mihi peccatum infantium. An quia plorant, peccant? quia motibus quasi mutorum animalium, molestias repellunt, voluptates accipiunt, ideo peccant? Si motus isti peccata sunt, ampliores peccatores in baptismo fiunt : quia cum baptizantur, vehementissime reluctantur. Quare illis in tanta reluctatione non imputatur peccatum, nisi quia nullum est adhuc voluntatis arbitrium?

Parvuli in utero exstincti. — 8. Sed aliud dico : Isti quia nati sunt, ut arbitraris, peccarunt. Nam si non peccarent, inquis, non morerentur. Quid de illis dicis qui in utero moriuntur? O angustia! Et ipsi, inquit, peccarunt, ideo moriuntur. Mentiris, an falleris? Contradicit Apostolus : Nondum natis, nec aliquid agentibus boni aut mali. (*Rom.*, IX, 11.) Magis Apostolum audio quam te : magis Apostolo credo quam tibi. Nondum natis, nec aliquid agentibus boni aut mali. Si autem hoc testimonium refellis, vade tibi potius ad illas vagationes, et dic : Quia in cœlo peccarunt, et inde in corpora præcipitantur. Non dico, inquit. Quare non dicis? Quia dicit Apostolus : Nondum natis, nec aliquid agentibus boni aut mali. Si ergo non eos accusas in cœlo, quare accusas in utero? Ad utrumque respondet Apostolus, et eis respondet qui dicunt : In cœlo peccaverunt; et eis respondet qui dicunt : In utero peccaverunt, quia ad utrumque valent illa verba quæ (*f.* dicit) dicunt, antequam nascerentur, nihil egisse vel boni vel

lorsqu'il affirme qu'avant leur naissance ils n'avaient fait ni bien ni mal. Pourquoi donc les petits enfants sont-ils atteints par la mort ? Dois-je, encore ici, vous en croire plutôt que le Docteur des nations ?

CHAPITRE VII. — *Quelle est la grâce qui vient au secours des enfants et des adultes. Le mystère de la grâce est impénétrable.* — 9. Dites-moi donc, grand Apôtre, pourquoi les enfants meurent. « C'est par un seul homme que le péché est entré dans ce monde, et la mort, par le péché ; et ainsi la mort a passé à tous les hommes par ce seul homme, en qui tous ont péché. » (*Rom.*, v, 12.) Ainsi c'est le premier homme qui est cause de la condamnation de tout le genre humain. Venez donc, ô vous, Notre-Seigneur ; venez, ô second Adam ; venez, venez ; venez par une autre voie ; venez, en naissant d'une vierge ; venez, vous qui êtes vivant, vers ceux qui sont morts ; mourez pour secourir les mourants, pour les rendre à la vie, pour les racheter de la mort, pour conserver la vie dans la mort, pour tuer la mort par la mort elle-même. C'est la seule grâce qui sauve les petits enfants comme les adultes, la seule grâce qui délivre les petits et les grands. Mais pourquoi la grâce choisit-elle celui-ci et celui-là ; pourquoi laisse-t-elle de côté tel et tel autre ? Je ne veux pas que vous me le demandiez. Je ne suis qu'un homme, je considère le profond mystère de la croix, mais sans le pénétrer ; je le contemple avec effroi, je me garde bien de le sonder. « Ses jugements sont incompréhensibles, et ses voies, impénétrables. » (*Rom.*, XI, 33.) Je ne suis qu'un homme, comme vous n'êtes qu'un homme, et c'est un homme aussi qui disait : « Qui êtes-vous, ô homme, pour contester avec Dieu ? » (*Rom.*, IX, 20.) C'était un homme qui parlait ainsi, et il s'adressait à l'homme. Que l'homme écoute donc ces paroles, afin de ne point périr, lui pour qui un Dieu s'est fait homme. En présence donc de cette profondeur de la croix, en présence de telles obscurités, attachons-nous à ce que nous avons chanté ; ne présumons point de notre force ; n'attribuons rien, dans cette question, aux faibles lumières de notre esprit ; répétons cette prière du psaume, et disons avec le Psalmiste : « Ayez pitié de moi, Seigneur, ayez pitié de moi. » (*Ps.* LVI, 2.) Pourquoi ? Parce qu'il est en mon pouvoir de mériter vos faveurs ? Non. Pourquoi donc ? Parce que j'ai le libre usage de ma volonté, qui me permet de mériter votre grâce ? Non encore. Pourquoi donc ? Parce que mon âme met en vous sa confiance. C'est une grande science que de se confier ainsi en Dieu. Adressons-nous au Seigneur, etc.

---

mali. Quare ergo moriuntur? Et hic te auditurus sum, et non potius Magistrum gentium?

CAPUT VII. — *Gratia parvulis et majoribus subveniens. Gratiæ mysterium inscrutabile.* — 9. Dic mihi, Paule apostole, quare moriuntur? « Per unum hominem peccatum intravit in mundum, et per peccatum mors; et ita in omnes homines pertransiit, in quo omnes peccaverunt. » (*Rom.*, v, 12.) Ecce primus homo totam massam damnabilem fecit : veniat, veniat Dominus noster, secundus homo; veniat, veniat ; ex alio tramite veniat, per virginem veniat ; vivus veniat, mortuos inveniat : moriatur, ut morienti subveniat, mortuos ad vitam transferat, mortuos redimat a morte, servet vitam in (*a*) morte, occidat mortem de morte. Sola est ista gratia parvulorum, sola majorum : sola liberat pusillos cum magnis. Quare illum, et quare illum; quare non illum atque illum ; nolo a me quæras. Homo sum : profundum crucis adverto, non penetro; expavesco, non scrutor. Inscrutabilia sunt judicia ejus, investigabiles sunt viæ ejus. (*Rom.*, XI, 33.) Homo sum, homo es : homo erat qui dicebat : O homo, tu quis es qui respondeas Deo? (*Rom.*, IX, 20.) Homo dicebat, homini dicebat. Audiat homo, ne pereat homo, propter quem Deus factus est homo. In hac ergo crucis profunditate, in hac rerum tanta obscuritate teneamus quod cantavimus : non de nostra virtute præsumamus, non ingenioli nostri viribus in hac quæstione aliquid arrogemus : Psalmum dicamus, cum Psalmo dicamus : Miserere mei Deus, miserere mei. (*Psal.* LVI, 2.) Quare? Quia virtutem habeo qua te promerear? Non. Quare? Quia voluntatis arbitrium gero, unde gratiam tuam meritum meum præcedat? Non. Sed quare? « Quoniam in te confidit anima mea. Magna scientia, ista confidentia. » Conversi ad Dominum, etc.

(*a*) Am. Er et plures Mss. *in mortem*; sed minus bene.

SERMON CLXVI.

Sur ces paroles de l'Apôtre, dans le chapitre IV de son Epître aux Ephésiens : *Renonçant au mensonge, que chacun de vous parle à son prochain selon la vérité;* et sur ces autres du Psaume CXV : *Tout homme est menteur.*

CHAPITRE PREMIER. — *Le mensonge est défendu à l'homme.* — 1. Je me propose de vous montrer en peu de mots, si Dieu m'en fait la grâce, que ces paroles de l'Apôtre : « Renonçant au mensonge, que chacun parle à son prochain selon la vérité, » ne sont pas contraires à ce que nous lisons dans un psaume : « Tout homme est menteur. » (*Ps.* CXV, 11.) Comment donc faut-il entendre, d'un côté : « Renonçant au mensonge, que chacun parle à son prochain selon la vérité, » et, de l'autre : « Tout homme est menteur? » Dieu nous commande-t-il l'impossible par son Apôtre? Non, assurément. Qu'ordonne-t-il donc? J'ose le dire, mais je vous prie de ne point vous en offenser, car je parle également ici contre moi-même : Dieu nous ordonne de ne plus être des hommes. Si je vous disais : Dieu vous ordonne de ne plus être des hommes, peut-être le supporteriez-vous avec peine. Je me suis donc confondu avec vous, afin que personne n'ait lieu d'être froissé de mon langage.

CHAPITRE II. — *Pourquoi l'Apôtre fait-il un reproche aux hommes d'être des hommes.* — 2. Je dirai même plus à votre sainteté : c'est que l'Apôtre fait comme un crime aux hommes d'être des hommes; car c'est un véritable reproche qu'il leur adresse. Il nous arrive quelquefois, dans un mouvement de colère, de dire à quelqu'un : Vous êtes une bête; c'est ainsi que l'Apôtre, armé du fouet de la justice divine, reproche aux hommes d'être des hommes. Que voulait-il donc qu'ils devinssent, en leur faisant un crime d'être des hommes? « En effet, leur disait-il, puisqu'il y a parmi vous des jalousies et des contentions, n'est-il pas visible que vous êtes charnels, et que vous vous conduisez suivant l'homme? Et puisque l'un dit : Je suis à Paul, et l'autre : Je suis à Apollon, n'êtes-vous pas encore hommes? » (I *Cor.*, III, 3, 4.) « N'êtes-vous pas encore hommes? » C'est bien une parole de blâme et de reproche. Que voulait-il donc qu'ils devinssent, sinon ce que nous lisons dans un psaume : « J'ai dit : Vous êtes des dieux et les fils du Très-Haut? » (*Ps.* LXXXI, 6.) C'est Dieu qui parle de la sorte, c'est à cette dignité qu'il veut nous élever. Mais qu'ajoute-t-il? « Cependant vous mourrez comme des hommes, et vous tomberez comme l'un des princes. » Il leur reproche ici l'ignominie de leur conduite, lorsqu'il dit : « Vous mourrez comme des hommes. » En effet, Adam était homme, et non pas fils de l'homme; Jésus-

---

SERMO CLXVI (a).

Sermo de verbis Apostoli, Ephes., IV : *Deponentes mendacium, loquimini veritatem;* et Psalmi CXV : *Omnis homo mendax.*

CAPUT PRIMUM. — *Mendacium prohibitum homini.* — 1. Hanc sententiam, quam dixit Apostolus : « Deponentes mendacium, loquimini veritatem, » (*Ephes.*, IV, 25) non esse contrariam illi sententiæ, quæ dicta est in Psalmo : « Omnis homo mendax, » (*Psal.* CXV, 11) si Dominus dat intellectum, breviter exponemus. Quid ergo est : « Deponentes mendacium, loquimini veritatem, » et : « Omnis homo mendax? » An impossibilia per Apostolum Deus jubet? Non. Quid ergo jubet? Audeo dicere, sed sine contumelia dictum accipiatis, quia et in me ipsum dico : Hoc jubet Deus, ut non simus homines. Si enim dicerem : Jubet Deus, ut non sitis homines; acerbe forsitan acciperetis : et me itaque conjunxi, ne quis irascatur.

CAPUT II. — *Homines cur objurgantur quod sint homines.* — 2. Plus enim dico Sanctitati Vestræ : invenimus Apostolum tanquam crimen objecisse hominibus, quia homines sunt : objurgans enim illos hoc dixit. Quomodo nos irati dicimus alicui : Pecus es : sic ille corripiens in flagello Dominicæ disciplinæ, objecit hominibus quia homines erant. Quid illos fieri volebat, quibus crimen erat quia homines erant? « Cum enim sit inter vos, inquit, æmulatio et contentio; nonne carnales estis, et secundum hominem ambulatis? Cum enim quis dicat : Ego quidem sum Pauli; alius autem : Ego Apollo; nonne homines estis? » (I *Cor.*, III, 3, 4.) Exprobrans et objurgans ait : Nonne homines estis? Quid ergo eos fieri volebat, nisi quod in Psalmo dicitur : Ego dixi : Dii estis et filii Altissimi? (*Psal.* LXXXI, 6.) Hoc quidem dixit Deus : ad hoc enim vocat. Sed quid subjungit? « Vos autem sicut homines moriemini, et sicut unus de principibus cadetis. » Et ibi opprobrium objectum est, cum dicitur : Vos autem sicut

---

(a) Alias de Diversis XXV.

Christ, au contraire, est en même temps fils de l'homme et Dieu. Le vieil homme, c'est-à-dire Adam, est soumis au mensonge; le nouvel homme, le fils de l'homme, c'est-à-dire le Christ-Dieu, représente la vérité. Si vous renoncez au mensonge, dépouillez-vous d'Adam; pour que votre langage soit celui de la vérité, revêtez-vous de Jésus-Christ, et ainsi vous ne trouverez plus de contradiction entre ces deux textes de l'Ecriture. En effet, c'est en rappelant aux fidèles l'obligation de dépouiller le vieil homme et de se revêtir du nouvel homme, que l'Apôtre dit : « Renonçant au mensonge, que chacun parle selon la vérité; » tandis que le Psalmiste s'adressait à ceux dont il déplorait l'aveuglement, qui, refusant de se dépouiller d'Adam pour se revêtir de Jésus-Christ, ne voulaient pas devenir de nouveaux hommes, mais rester simplement des hommes, comme ceux à qui saint Paul dit : « N'êtes-vous donc pas des hommes? » Et c'est sur eux que tombent ces paroles sévères du Psalmiste : « Tout homme est menteur. »

CHAPITRE III. — *Comment ce qui appartient à Dieu nous devient propre.* — 3. Si vous voulez rester homme, vous serez nécessairement menteur. Cessez d'être homme, et vous échapperez au mensonge. Revêtez-vous de Jésus-Christ, et votre langage sera celui de la vérité, dans ce sens que vos paroles ne seront ni votre propriété, ni de votre invention, mais l'œuvre de la vérité, qui répand sa lumière éclatante dans votre âme. Si vous êtes privé de cette lumière, vous resterez dans vos ténèbres, et vous ne pourrez dire autre chose que le mensonge. Notre-Seigneur lui-même l'a déclaré : « Celui qui profère le mensonge dit ce qui lui est propre, » (*Jean*, VIII, 44) parce que « tout homme est menteur. » Celui donc qui parle selon la vérité ne la tire point de son propre fonds, mais bien du fonds même de Dieu. Nous ne prétendons point, cependant, qu'il parle un langage qui lui soit tout à fait étranger, car ce langage lui devient propre dès qu'il aime le don qu'il reçoit et qu'il rend grâces à celui qui en est l'auteur. Si, au contraire, l'homme est privé de cette lumière de la vérité, il restera dépouillé de ce vêtement lumineux, et ne pourra dire que des paroles de mensonge; car il ne restera en lui que ce que dit le Psalmiste : « Tout homme est menteur. »

CHAPITRE IV. — *Vous avez été appelé à être, non pas homme, mais fils de Dieu.* — 4. Personne n'a donc ici le droit de tirer cette fausse conséquence et de me dire : Je puis mentir, puisque je suis homme. Je lui répondrai, avec la plus grande assurance : Cessez, au contraire, d'être homme, pour ne plus mentir. Comment! me dira-t-il, vous exigez de moi que je ne sois plus homme? Oui, je l'exige; car celui qui s'est fait homme pour vous vous appelle à cesser d'être homme. Ne vous offensez point de mes

homines moriemini. Homo enim Adam, et non filius hominis : Christus autem filius hominis, et Deus. Ad mendacium vetus homo pertinet, id est, Adam; ad veritatem novus homo filius hominis, hoc est, Christus Deus. Si deponis mendacium, exue Adam; si loqueris veritatem, indue Christum : et non tibi erunt contraria quæ modo in Scripturis sunt posita. Quia et Apostolus exuendum hominem veterem et induendum novum monens, dicit : « Deponentes mendacium, loquimini veritatem ; » et Psalmus illos admonebat et plangebat, qui nolentes exuere Adam et induere Christum, non novi homines, sed tantum homines esse cupiebant; qualibus dicitur : Nonne homines estis? Et in vos cadit quod dictum est : « Omnis homo mendax. »

CAPUT III. — *Quomodo quæ Dei sunt, fiant nostra.* — 3. Si homo vis esse, mendax eris. Noli velle esse homo, et non eris mendax. Indue Christum, et eris verax : ut quæ locutus fueris, non tua sint quasi propria, et abs te instituta, sed illustrantis te et illuminantis veritatis. Nam si spoliaberis lumine, remanebis in tenebris tuis ; et non poteris nisi mendacia loqui. Ait enim ipse Dominus : Qui loquitur mendacium, de suo loquitur, (*Joan.*, VIII, 44) quia « omnis homo mendax. » Qui ergo loquitur veritatem, non de suo loquitur, sed de Dei. Non quidem ita, ut cum loqui dicamus aliena : fiunt enim sua, cum amat quod accipit, et gratias agit illi qui dedit. Nam si ablata fuerit homini illustratio veritatis, remanebit tanquam nudus indumento luminis, non poterit nisi mendacia loqui. Hoc enim in illo remanebit, quod in Psalmo scriptum est : « Omnis homo mendax. »

CAPUT IV. — *Vocatus es ut non sis homo, sed Filius Dei.* — 4. Non est ergo unde quisquam calumnietur, et dicat mihi : Mentiar, quia homo sum. Dicam enim et ego fidentissime : Noli esse homo, ut non mentiaris. Ergo, inquit, homo non ero? Non utique. Ut enim non sis homo, ad hoc vocatus es ab illo, qui propter te factus est homo. Noli succensere. Non enim

paroles; je ne vous dis pas de cesser d'être homme pour devenir un animal, mais pour être du nombre de ceux à qui le Sauveur a donné le pouvoir de devenir enfants de Dieu. (*Jean*, I, 12.) En effet, Dieu veut faire de vous un Dieu, non point par nature, comme est celui qu'il a engendré, mais par sa grâce et par le bienfait de l'adoption. De même que, par son incarnation, il est entré en participation de votre mortalité; ainsi, par sa glorification, il vous donne part à son immortalité. Rendez-lui donc grâces; attachez-vous avec amour au don qu'il vous a fait : vous mériterez ainsi de jouir du bonheur auquel il vous appelle. Cessez d'être comme Adam, et vous ne serez plus homme. Or, si vous n'êtes plus homme, vous ne serez plus menteur, car « tout homme est menteur. » Et, lorsque vous aurez commencé à être affranchi du mensonge, ne vous en attribuez point le mérite, ne vous élevez pas en vous-même, comme si la vérité sortait de votre propre fonds, de peur que le vent de l'orgueil ne vienne à vous éteindre comme un flambeau qu'on allume à un autre foyer de lumière, et que vous ne retombiez dans les ténèbres de votre mensonge. Gardez-vous donc de mentir, mes frères; le vieil homme régnait autrefois en vous, mais vous avez eu part à la grâce de Dieu, et vous êtes devenus des hommes nouveaux. Le mensonge est le caractère propre d'Adam, la vérité est celui de Jésus-Christ. « Renonçant donc au mensonge, parlez selon la vérité, » afin que cette chair mortelle, que vous avez reçue d'Adam, sanctifiée d'abord par la nouveauté de l'esprit, mérite à son tour d'être renouvelée, d'être changée au jour de sa résurrection, et qu'ainsi déifié tout entier, l'homme puisse s'attacher à l'éternelle et immuable vérité.

SERMON CLXVII [1].

Sur ces paroles de l'Apôtre, dans le chapitre v de son Epître aux Ephésiens : *Ayez soin de vous conduire avec beaucoup de circonspection, non comme des imprudents, mais comme des hommes sages, rachetant le temps, parce que les jours sont mauvais.*

CHAPITRE PREMIER. — *D'où viennent les jours mauvais.* — 1. Vous venez d'entendre l'Apôtre, ou plutôt, nous l'avons tous entendu nous adresser ces paroles : « Ayez soin de vous conduire avec beaucoup de circonspection, non pas comme des imprudents, mais comme des hommes sages, rachetant le temps, parce que les jours sont mauvais. » (*Ephés.*, V, 15.) Deux choses, mes frères, rendent les jours mauvais : le mal et la misère. C'est la méchanceté et la misère des hommes qui leur font passer de mauvais jours. Si nous considérons ces jours dans les heures

(1) Florus cite des extraits de ce sermon dans son Commentaire sur le chapitre v de l'Epître aux Ephésiens, et sur le chapitre III de la IIᵉ Epître à Timothée.

---

ita tibi dicitur, ut homo non sis, ut pecus sis : sed ut sis inter eos, quibus dedit potestatem filios Dei fieri. (*Joan.*, I, 12.) Deus enim Deum te vult facere; non natura, sicut est ille quem genuit; sed dono suo et adoptione. Sicut enim ille per humanitatem factus est particeps mortalitatis tuæ : sic te per exaltationem facit participem immortalitatis suæ. Age igitur gratias, et amplectere quod donatum est, ut merearis perfrui quo vocatus es. Noli esse Adam, et non eris homo. Si non homo, non utique mendax : quia « omnis homo mendax. » Et cum cœperis non mentiri, noli tibi tribuere et extolli, quasi ex tuo proprio : ne vento superbiæ, tanquam lucerna quæ aliunde accenditur, extinguaris, et remaneas rursus in mendacio tuo. Nolite ergo mentiri, Fratres. Jam enim veteres homines eratis : accessistis ad gratiam Dei, facti estis homines novi. Mendacium ad Adam pertinet, veritas ad Chritum. « Deponentes » ergo « mendacium, loquimini veritatem, » ut et caro ista mortalis quam adhuc habetis de Adam, præcedente novitate spiritus, mereatur et ipsa innovationem et commutationem tempore resurrectionis suæ : ac sic totus homo deificatus inhæreat perpetuæ atque incommutabili veritati.

SERMO CLXVII [a].

De verbis Apostoli, Ephes., V : *Videte quomodo caute ambuletis, non ut insipientes, sed ut sapientes, redimentes tempus, quoniam dies mali sunt.*

CAPUT PRIMUM. — *Dies mali unde.* — 1. Apostolum, cum legeretur, audistis; imo omnes audivimus, dicentem nobis : « Videte quomodo caute ambuletis, non ut insipientes, sed ut sapientes, redimentes tempus, quoniam dies mali sunt. » (*Ephes.*, V, 15.) Dies malos, Fratres, duæ res faciunt : malitia et miseria. Per malitiam hominum et miseriam hominum (b) ducuntur dies mali. Cæterum dies isti, quantum

(a) Alias XXIV de verbis Apostoli. — (b) Mss. plerique, *dicuntur*. Sic etiam Florus.

qui composent leur durée, rien n'est mieux ordonné : ils se succèdent régulièrement et mesurent le temps; le soleil se lève, il se couche, et ainsi s'écoule la durée de la vie. Pour qui ces jours sont-ils pénibles, si les hommes ne se rendent mutuellement la vie à charge? J'ai donc eu raison de dire que deux choses font les jours mauvais : la misère et la méchanceté des hommes. Mais si la misère est commune à tous les hommes, la méchanceté ne doit point l'être. Depuis la chute d'Adam et son expulsion du paradis, les jours n'ont cessé d'être mauvais. Interrogeons ces enfants qui viennent de naître; pourquoi commencent-ils leur existence par les pleurs, alors qu'ils pourraient aussi bien la commencer par le rire? Cet enfant est à peine né, qu'il pleure aussitôt, et ce n'est qu'après je ne sais combien de jours qu'il commence à rire. Or, en pleurant dès sa naissance, il prophétise son infortune; les larmes qu'il verse sont un témoignage de sa misère. Il ne parle pas encore, et il est déjà prophète. Et que prédit-il? Que sa vie se passera dans le travail ou dans les alarmes. Et quand même sa vie serait irréprochable et conforme aux règles de la justice, les tentations qui viendront l'assaillir seront pour lui une source de craintes continuelles.

CHAPITRE II. — *Les justes ne sont jamais ici-bas sans persécution.* — 2. Que nous enseigne l'Apôtre? « Tous ceux, dit-il, qui veulent vivre avec piété en Jésus-Christ, seront persécutés. » (II *Tim.*, III, 12.) Voilà encore ce qui rend les jours mauvais : les justes ne peuvent vivre sans être persécutés. Ceux qui vivent au milieu des méchants souffrent nécessairement persécution. Tous les méchants persécutent les bons, non pas toujours par le fer, ou en les lapidant, mais par leur vie et par leurs mœurs. Est-ce que Loth, cet homme juste, était persécuté dans Sodome? (*Gen.*, XIX.) Personne ne l'attaquait, et cependant il vivait au milieu des impies, au milieu d'hommes infâmes, orgueilleux, blasphémateurs, et il souffrait persécution, non par les coups qu'il recevait, mais par le spectacle du mal qu'il avait sous les yeux. Vous donc, qui que vous soyez, qui m'écoutez et qui ne menez pas encore cette vie pieuse en Jésus-Christ, commencez à vivre en lui avec piété, et vous éprouverez la vérité de ce que je dis. Aussi, écoutez l'Apôtre, lorsqu'il fait l'énumération des dangers qu'il a courus : « Périls sur mer, dit-il, périls sur les fleuves, périls au désert, périls de la part des voleurs, périls de la part des faux frères. » (II *Cor.*, XI, 26.) Les autres périls peuvent avoir de l'interruption, mais les périls qui viennent des faux frères dureront jusqu'à la fin des siècles.

Comment on rachète le temps. — 3. Rachetons le temps, parce que les jours sont mauvais. Vous attendez peut-être de moi que je vous

---

pertinet ad spatia horarum, ordinati sunt : ducunt vices, agunt tempora; oritur sol, occidit sol, transeunt tempora. Cui molesta sunt tempora, si homines sibi non sunt molesti? Ergo dies malos, sicut dixi, duæ res faciunt, miseria hominum, et malitia hominum. Sed miseria hominum communis est : non debet malitia esse communis. Ex quo enim lapsus est Adam, et de paradiso expulsus, nunquam fuerunt dies, nisi mali. Istos pueros qui nascuntur, interrogemus, quare a ploratu incipiunt, qui (*a*) et ridere possunt. Nascitur, et statim plorat : post nescio quot dies ridet. Quando plorabat nascens, propheta suæ calamitatis erat : lacrymæ enim testes sunt miseriæ. Nondum loquitur, et jam prophetat. Quid prophetat? In labore se futurum, vel in timore. Et si bene vixerit et justus fuerit, certe in mediis positus tentationibus semper timebit.

CAPUT II. — *Justi hic nunquam sine persecutione.* — 2. Quid ait Apostolus? Omnes qui volunt in Christo pie vivere, persecutionem patientur. (II *Tim.*, III, 12.)

Redimere tempus. — 3. Redimamus tempus; quoniam dies mali sunt. Exspectatis a me forte scire, quid est tempus redimere. Dicturus sum quod pauci

Ecce quia dies mali sunt, sine persecutione vivere hic justi non possunt. Qui inter malos vivunt, persecutionem patiuntur. Omnes mali persequuntur bonos, non ferro et lapidibus, sed vita et moribus. Numquid aliquis sanctum Loth persequebatur in Sodomis? (*Gen.*, XIX.) Nemo illi molestus erat : et tamen inter impios vivebat, et inter immundos, superbos, blasphemos, persecutionem patiebatur, non vapulando, sed malos videndo. Quisquis me audis, et nondum vivis in Christo pie, incipe in Christo pie vivere, et probas quod dico. Denique Apostolus cum commemoraret pericula sua : « Periculis, inquit, in mari, periculis in fluminibus, periculis in deserto, periculis in latronibus, periculis in falsis fratribus. » (II *Cor.*, XI, 26.) Cætera pericula quiescere possunt, pericula a falsis fratribus quiescere usque in finem sæculi non noverunt.

(*a*) Sic Am. Er. et Mss. At. Lov. *qui nec ridere possunt*

apprenne comment on rachète le temps. Je vais vous dire ce que peu entendent, ce que peu supportent, ce que peu ont le courage d'entreprendre et de faire, parce que le petit nombre de ceux qui m'écoutent, vivent eux-mêmes au milieu des méchants. Racheter le temps, c'est, lorsqu'on vous intente un procès, savoir perdre quelque chose, pour être libre de se donner au service de Dieu plutôt qu'aux contestations qu'entraînent les procès. Sachez donc faire ici quelque sacrifice, et ce que vous sacrifierez sera le prix du temps. Lorsque vous allez au marché pour les nécessités de la vie, vous donnez de l'argent, et vous achetez du pain, du vin, de l'huile, du bois, ou un ustensile quelconque ; vous donnez, et vous recevez ; vous perdez une chose pour en gagner une autre : c'est ce qui s'appelle acheter. Si, sans rien perdre, vous devenez possesseur d'un objet que vous n'aviez pas, ou vous l'avez trouvé, ou on vous l'a donné, ou vous en avez hérité. Mais, perdre une chose pour en avoir une autre, c'est acheter ; ce que vous possédez est l'objet de l'acquisition, ce que vous perdez en est le prix. De même donc que vous savez perdre à propos votre argent pour acheter un objet quelconque, n'hésitez pas à le sacrifier pour acheter la tranquillité. Voilà ce que c'est que de racheter le temps.

Chapitre III. — *Proverbe de la langue punique, qui s'accorde avec le précepte de Jésus-Christ.* — 4. Il y a un proverbe punique très-connu, que je vous dirai en latin parce que vous ne connaissez pas tous la langue punique. Voici ce proverbe, qui est fort ancien : « La peste vous demande une pièce de monnaie ; donnez-lui-en deux, et qu'elle s'en aille. » Ce proverbe ne semble-t-il pas avoir été puisé dans l'Evangile ? car Notre-Seigneur nous recommande-t-il autre chose que de racheter le temps, lorsqu'il dit : « A celui qui veut disputer en jugement avec vous et vous enlever votre tunique, abandonnez encore votre manteau ? » (*Matth.*, v, 40.) On veut vous intenter une action et vous enlever votre tunique ; on veut vous détourner de votre Dieu par des procès ; vous n'aurez ni la paix du cœur, ni la tranquillité de l'esprit ; vous serez bouleversé par vos propres pensées et toujours irrité contre votre adversaire. Vous avez donc perdu votre temps. Ne serait-il pas beaucoup mieux pour vous de perdre un peu d'argent et de racheter le temps ? Mes frères, dans les questions et dans les affaires que vous soumettez à notre jugement, s'il est de mon devoir de dire à un chrétien qu'il doit sacrifier une partie de ce qui est à lui pour racheter le temps, combien plus suis-je obligé de vous dire, avec une assurance beaucoup plus grande, de rendre le bien d'autrui ? Ce sont deux chrétiens que j'ai à juger : l'un est un calomniateur, qui veut intenter un

---

audiunt, pauci ferunt, pauci aggrediuntur, pauci agunt : tamen dicam, quoniam ipsi pauci qui me audituri sunt, inter malos vivunt. Redimere tempus, hoc est, quando aliquis tibi infert litem, perde aliquid, ut Deo vaces, non litibus. Perde ergo : ex eo quod perdis, pretium est temporis. Certe quando pro tuis necessitatibus procedis ad publicum, das nummos, et emis tibi panem, aut vinum, aut oleum, aut lignum, aut aliquam supellectilem : das et accipis, aliquid amittis, aliquid acquiris, hoc est emere. Nam si nihil amittas, et habeas quod non habebas ; aut invenisti, aut donatum accepisti, aut hæreditate acquisisti. Quando autem aliquid amittis ut aliquid habeas, tunc emis : quod habes, emptum est ; quod amittis, pretium est. Quomodo ergo perdis nummos, ut emas tibi aliquid ; sic perde nummos, ut emas tibi quietem. Ecce hoc est tempus redimere.

Caput III. — *Proverbium Punicum cum Christi præcepto consentiens.* — 4. Proverbium notum est Punicum, quod quidem Latine vobis dicam, quia Punice non omnes nostis. Punicum enim proverbium est antiquum : Nummum quærit pestilentia ; duos illi da, et ducat se. Numquid non hoc proverbium de Evangelio videtur natum ? Nam quid aliud dixit Dominus, quam : Redimentes tempus, quando ait : Si quis vult judicio tecum contendere, et tunicam tuam tollere, dimitte ei et pallium ? (*Matth.*, v, 40.) Judicio vult tecum contendere, et tunicam tuam tollere, vult advocare te (*a*) litibus a Deo tuo : non habebis quietum cor, non habebis tranquillum animum, everteris cogitationibus tuis, irritaris adversus ipsum adversarium tuum. Ecce tempus perdidisti. Quanto ergo melius est ut nummum amittas, et tempus redimas ? Fratres mei, in causis vestris et in negotiis vestris, quando ad nos judicanda veniunt, si homini Christiano dico, ut pro tempore redimendo perdat aliquid suum ; quanto majore cura et fiducia debeo dicere, ut reddat alienum ? Ambos enim Christianos audio. Jam ille calumniosus,

---

(*a*) Am. Er. et Mss. *advocare te habet litibus*, etc. Florus, *vult advocare te a damno et litibus*, etc.

procès à son frère, et lui prendre, sous le voile d'une transaction ; ce qui lui appartient, il écoute avec joie cette recommandation. L'Apôtre dit : « Rachetez le temps, parce que les jours sont mauvais. » Je vais donc accuser calomnieusement ce chrétien ; bon gré, mal gré, il me donnera quelque chose pour racheter le temps, car il a entendu le conseil de l'évêque. Mais, dites-moi : s'il est de mon devoir de recommander à celui que vous attaquez, de sacrifier quelque chose dans l'intérêt de sa tranquillité, ne suis-je pas obligé de vous dire à vous-même : Vil calomniateur, homme pervers, fils du démon, pourquoi donc tant d'efforts pour vous emparer du bien d'autrui ? Vous n'avez aucun sujet de vous plaindre, et vous multipliez les accusations contre votre frère ! Si je suis obligé de lui dire : Cédez une partie de ce qui vous appartient, pour qu'il renonce à son accusation calomnieuse, que deviendrez-vous, vous qui recevrez son argent comme prix de votre calomnie ? Celui qui, pour échapper à vos accusations injustes, rachète de vous le temps, supporte ici-bas les jours mauvais ; pour vous, qui vivez du fruit de ces injustes accusations, vous aurez ici-bas des jours mauvais, et de plus mauvais encore après cette vie, au jour du jugement. Mais peut-être ne faites-vous qu'en rire, parce que, après tout, vous emportez l'argent de votre frère. Riez, riez tant qu'il vous plaira, et méprisez la justice divine : je continuerai de donner, et un autre viendra qui vous demandera compte.

SERMON CLXVIII [1].

Sur ces paroles de l'Apôtre, dans le chapitre VI de son Epître aux Éphésiens : *Que Dieu donne à nos frères la paix et la charité avec la foi*. De la grâce de Dieu, d'après le témoignage et la doctrine du vase d'élection, qui enseigne que la foi est un don de la miséricorde de Dieu.

CHAPITRE PREMIER. — *Celui qui a promis à Abraham de lui donner des enfants, est celui-là même qui exécute sa promesse.* — 1. Que le Seigneur édifie vos cœurs par de pieuses lectures, par de saints cantiques, par sa divine parole, et surtout par sa grâce, afin que la vérité que vous entendez ne soit pas pour vous un sujet de condamnation, mais un titre de récompense. Dieu le fera, parce qu'il est assez puissant pour accomplir ce qu'il a promis. Telle fut la foi d'Abraham qui rendit gloire à Dieu, et qui crut simplement, et avec une entière assurance, qu'il est tout-puissant pour faire tout ce qu'il a promis. (*Rom.*, IV, 20, etc.) Grand sujet de joie pour nous ! Nous étions l'objet de la promesse faite à Abraham, nous sommes les enfants de la promesse. (*Gal.*, IV, 28.) Lorsque Dieu dit à Abraham : « Toutes les nations seront bénies dans celui qui sortira de toi, » (*Gen.*, XXII, 18)

---

[1] Le titre de ce sermon, dans les éditions précédentes, avait été confondu par mégarde avec le commencement même du sermon dont les premiers mots étaient ceux-ci : « D'après le témoignage du vase d'élection, » etc.

---

qui vult alteri facere (*f.* calumniam) causam, et tollere ab illo vel pro compositione, gaudet ad ista verba. (*a*) Apostolus dixit : « Redimentes tempus, quoniam dies mali sunt. » Facio ergo calumniam Christiano illi, velit nolit, dat mihi aliquid ut tempus redimat, quia Episcopum audivit. Dic mihi, si illi dicturus sum : Perde aliquid, ut sis otiosus ; tibi non sum dicturus : Calumniose, perdite, fili diaboli, quare res alienas auferre moliris? Causam non habes, et calumnia plenus es. Si ergo illi dixero : Illi da aliquid, ut recedat a calumnia ; tu ubi eris, qui habebis de calumnia pecuniam? Ille qui propter vitandam calumniam tempus a te redimit, hic tolerat dies malos : tu autem qui de calumniis pasceris, hic habebis dies malos, et post istos habiturus es in die judicii pejores. Sed hoc forte rides, quia pecuniam rapis. Ride, ride, et contemne : ego erogem, veniet qui exigat.

(*a*) Mss. *Episcopus dixit.* — (*b*) Alias XVII ex homiliis L.

SERMO CLXVIII [b].

De verbis Apostoli, Ephes., VI : *Pax fratribus, et caritas cum fide*. Sive de gratia Dei, secundum vasis electionis confessionem atque doctrinam, quoniam fides misericordiæ Dei donum est.

CAPUT PRIMUM. — *Filios Dei Abrahæ facit, qui promisit.* — 1. Lectionibus, canticis, sermonibusque divinis, et quod est præcipuum, gratia sua ædificet Dominus cor vestrum ; ut quod verum auditis, non audiatis ad judicium, sed ad præmium. Faciet hoc, quoniam qui promisit, potens est et facere. Ita credidit Abraham, dans gloriam Deo, unde et plenissime credens, quoniam quæ promisit potens est et facere. (*Rom.*, IV, 20, etc.) Magnum nostrum gaudium, nos promisit Abrahæ : nos promissionis filii sumus. (*Gal.*, IV, 28.) Quando enim dictum est Abrahæ : In semine tuo benedicentur omnes gentes

c'est de nous qu'il était question. Celui donc qui a la puissance d'accomplir ce qu'il a promis, a fait de nous les enfants de la foi d'Abraham. Que personne donc ne dise : « C'est moi-même qui me suis fait enfant d'Abraham. Car Dieu ne se contente point de promettre, en vous laissant le soin d'exécuter. Il est beaucoup plus vrai de dire que vos promesses ont besoin de Dieu pour être accomplies. En effet, vous êtes faible, vous êtes loin d'être tout-puissant. Lors donc que vous faites une promesse, cette promesse est vaine, si Dieu ne vous donne de l'exécuter. Au contraire, les promesses de Dieu ne dépendent point de vous, mais de lui seul. Vous me direz : J'ai cru; je vous l'accorde. Oui, vous dites vrai, vous avez cru, mais vous ne vous êtes point donné la foi.

CHAPITRE II. — *La foi des chrétiens est différente de la foi des démons. La foi des chrétiens est jointe à la charité. La foi est le commencement du salut.* — 2. Comment avez-vous cru? Par la foi. Or, la foi en vous est un don de Dieu. Ecoutez l'Apôtre, le docteur même de la foi, le grand défenseur de la grâce, écoutez-le dire : « Que Dieu donne à nos frères la paix et la charité avec la foi. » (*Ephés.*, VI, 23.) Voilà trois dons bien précieux : la paix, la charité, la foi. L'Apôtre a commencé par la fin et fini par le commencement. En effet, nous commençons par la foi, et nous finissons par la paix, car notre foi n'est autre chose que ce que nous croyons. Mais cette foi doit être la foi des chrétiens, et non pas la foi des démons. Car, comme le dit l'Apôtre saint Jacques, « les démons croient et tremblent. » (*Jacq.*, II, 19.) Les démons n'ont-ils pas dit au Christ : Vous êtes le Fils de Dieu? Les démons confessaient hautement ce que les hommes refusaient de croire. Les démons furent saisis d'effroi, les Juifs le mirent à mort. Quoi donc! est-ce que les démons, pour avoir fait cette profession de foi : « Vous êtes le Fils de Dieu, nous savons qui vous êtes, » (*Marc.*, III, 12) régneront avec le Fils de Dieu? A Dieu ne plaise ! Distinguons donc la foi des démons de la foi des saints. Cette distinction est importante, et doit être faite avec le plus grand soin. Pierre aussi, à cette question du Sauveur : Qui dites-vous que je suis? répondit : « Vous êtes le Christ, le Fils du Dieu vivant. » (*Matth.*, XVI, 15, etc.) « Vous êtes heureux, Simon, fils de Jona, » lui dit Jésus. Mais, Seigneur, les démons ont confessé cette même vérité; pourquoi ne sont-ils pas aussi proclamés heureux? Pourquoi? Parce que les démons ont parlé sous l'impression de la crainte, et Pierre, sous l'inspiration de l'amour. Il faut donc commencer par la foi. Mais par quelle foi? Par celle que définit l'Apôtre : « En Jésus-Christ, ni la circoncision, ni l'incirconcision ne servent à rien, mais la foi. » Dites-moi quelle foi, grand Apôtre. La foi qui agit par la charité. Les démons n'ont point cette foi qui

---

(*Gen.*, XXII, 18), nos promissi sumus. Ergo ipse nos fecit filios fidei Abrahæ, qui potens est facere quod promisit. Nemo dicat : Ego feci. Non enim promittit Deus, et facis tu. Potest autem recte dici, quia quæ promittis tu, facit Deus. Tu enim infirmus es, tu omnipotens non es. Quando ergo promittis, nisi Deus faciat, inanis est promissio tua. Dei autem promissio non pendet ex te, sed ex illo. Sed ego, inquis, credidi. Concedo. Verum dicis : tu credidisti, sed non tibi tu fidem dedisti.

CAPUT II. — *Fides Christianorum alia a fide dæmonum. Fides filiorum Dei, cum caritate. Fides initium salutis.* — 2. Unde autem credidisti, nisi ex fide? Fides in te donum Dei est. Audi Apostolum ipsum (a) fidei disputatorem, et gratiæ magnum defensorem : audi eum dicentem : « Pax fratribus, et caritas cum fide. » (*Ephes.*, VI, 23.) Magna tria dixit : Pax, caritas, fides. A fine cœpit, ad initium terminavit. Initium est enim in fide, finis in pace. Qua enim credimus, ipsa est fides. Sed fides debet esse Christianorum, non dæmoniorum. Nam sicut dicit Jacobus apostolus : Et dæmones credunt, et contremiscunt. (*Jac.*, II, 19). Et dæmones dixerunt Christo : Tu es filius Dei. Confitebantur dæmones, quod non credebant homines. Illi tremuerunt, illi occiderunt. Quid enim, quia dixerunt dæmones : Tu es Filius Dei, scimus qui sis (*Marc.*, III, 12); ideo regnaturi sunt cum Filio Dei? Absit. Discernenda est ergo fides dæmonum a fide sanctorum. Plane discernenda vigilanter et diligenter. Nam et Petrus hoc dixit Domino dicenti : Quem me esse dicitis? Tu es Christus Filius Dei vivi. Et Dominus, Beatus es Simon Bar-Jona. (*Matth.*, XVI, 15, etc.) O Domine, hoc tibi dixerunt et dæmones : quare ipsi non sunt beati? Quare? Quia dæmones hoc dixerunt timore, Petrus amore. Ideo initium est a fide. Sed quali fide? Quam definivit Apostolus : Neque circumcisio aliquid valet, neque præputium, sed fides. (*Gal.*, V, 6.) Dic quæ fides?

(a) Mss. *de fide disputantem.*

agit par la charité : elle est le partage exclusif des serviteurs de Dieu, des saints de Dieu, des enfants d'Abraham par la foi, des fils de la charité, des fils de la promesse ; c'est pour cela que l'Apôtre ajoute ici la charité. Il souhaite aux fidèles ces trois choses : « Paix à nos frères, et charité avec la foi. » (*Ephés.*, VI, 23.) D'où vient cette paix ? « Et charité. » D'où vient cette charité ? « Avec la foi. » La foi est ici la condition nécessaire de l'amour. L'Apôtre dit, en remontant de la fin au commencement : « Paix, charité avec la foi. » Disons, nous : « Foi, charité et paix. » Croyez, aimez, régnez. Si vous croyez sans aimer, vous n'avez pas encore distingué votre foi de la foi de ceux qui tremblaient et disaient : « Nous savons qui vous êtes : le Fils de Dieu. » (*Marc*, I, 23.) Aimez donc, et la charité, jointe à la foi, vous conduira à la paix.

CHAPITRE III. — *La paix véritable.* — Quelle sera cette paix ? Une paix véritable, une paix entière, une paix solide, une paix assurée, à l'abri de toute calamité, de tout ennemi, une paix qui est la fin et la consommation de tous les bons désirs. « La charité avec la foi, » et vous pouvez dire avec autant de raison : La foi avec la charité.

Tous les biens, y compris la foi, viennent de Dieu. — 3. Qu'ils sont grands les biens que

(1) Voy. le *Traité de la grâce et du libre arbitre*, ch. xv.

l'Apôtre souhaite ici aux fidèles : « Paix à nos frères, et charité avec la foi (1). » Oui, ce sont de grands biens. Mais qu'ils nous disent d'où viennent ces biens ; d'où viennent-ils ? Est-ce de nous, ou de Dieu ? Si vous dites : C'est de nous, vous vous glorifiez en vous-même, et non en Dieu. Mais si, instruit à l'école de l'Apôtre, vous avez retenu cette leçon : « Que celui qui se glorifie se glorifie dans le Seigneur, » (II *Cor.*, I, 31) confessez hautement que la paix, la charité avec la foi ne vous viennent que de Dieu. Vous me répondez : C'est vous qui l'affirmez, prouvez ce que vous avancez. Je le prouve, et j'appelle ici comme témoin l'Apôtre lui-même. Vous connaissez déjà son témoignage : « Paix à nos frères, et la charité avec la foi. » Ce sont les termes formels dont il se sert. Mais que prouvent-ils ? Voyez la suite : « Paix à nos frères, et la charité avec la foi qui viennent de Dieu le Père et de Notre-Seigneur Jésus-Christ. » (*Ibid.*) « Qu'avez-vous donc que vous n'ayez reçu ? Que si vous l'avez reçu, pourquoi vous en glorifiez-vous, comme si vous ne l'aviez point reçu ? » (I *Cor.*, IV, 7.) Si Abraham a cru devoir se glorifier, c'est de sa foi qu'il s'est glorifié. Quelle est la foi pleine et parfaite ? Celle qui croit que c'est de Dieu que viennent tous les biens, la foi elle-même. L'Apôtre dit encore ailleurs : « J'ai obtenu miséricorde. » Précieux

---

Quæ per dilectionem operatur. Hanc dæmones non habent fidem, quæ per dilectionem operatur : sed soli servi Dei, soli sancti Dei, soli fide filii Abrahæ, soli filii dilectionis, filii promissionis : ideo dicta est « et caritas. » Tria illa dicta sunt ab Apostolo : « Pax fratribus et caritas cum fide. Pax fratribus. » Unde pax ? « et caritas. » Unde caritas ? « cum fide. » Si enim non credis, non amas. Dixit ergo Apostolus, sic incipiens a fine, et veniens ad initium : « Pax, caritas, cum fide. » Nos dicamus : Fides, caritas, pax. Crede, ama, regna. Si enim credis, et non amas ; adhuc non discreveris fidem tuam ab eis qui tremebant et dicebant : Scimus qui sis, Filius Dei. (*Marc.*, I, 23.) Ergo tu ama : quia caritas cum fide ipsa te perducit ad pacem.

CAPUT III. — Pax vera. — Quam pacem ? Veram pacem, plenam pacem, solidam pacem, securam pacem ; ubi nulla pestis, nullus hostis. Ipsa pax est finis omnium desideriorum bonorum. « Caritas cum fide ; » et si sic dicas, bene dicis : Fides cum caritate.

Omnia bona, et ipsa etiam fides a Deo est. — 3. Magna ergo bona commemoravit Apostolus : « Pax fratribus, et caritas cum fide ; » magna bona. Sed dicat unde bona ista : unde sunt, a nobis, an a Deo ? Si dicis : a nobis ; in te gloriaris, non in Deo. Si autem didicisti, quod ait et ipse Apostolus : Ut qui glorietur, in Domino glorietur (II *Cor.*, I, 31) ; confitere pacem, caritatem cum fide, non tibi esse nisi a Deo. Sed respondes mihi : Tu hoc dicis, proba quod dicis. Probo : ipsum Apostolum testem vocabo. Ecce habetis : Apostolus dixit : « Pax fratribus, et caritas cum fide. » Ipse dixit. Quid ipse dixit ? Vide, sequitur : « Pax fratribus, et caritas cum fide, a Deo Patre nostro et Domino Jesu Christo. » « Quid ergo habes quod non accepisti ? Si autem accepisti, quid gloriaris quasi non acceperis ? (I *Cor.*, IV, 7.) Nam si gloriatus est Abraham, ex fide gloriatus est. Quæ est fides plena et perfecta ? Quæ credit ex Deo esse omnia bona nostra, et ipsam fidem. Iterum dicit Apostolus : Misericordiam consecutus sum. (I *Cor.*, VII, 25.) O confessio ! Non ait : Misericordiam conse-

aveu! Il ne dit pas : J'ai obtenu miséricorde, parce que j'étais fidèle, mais : « J'ai obtenu miséricorde pour être fidèle. » (I *Cor.*, VII, 25.)

CHAPITRE IV. — *La grâce a été donnée à celui qui était infidèle et cruel persécuteur.* — 4. Reportons-nous aux commencements de l'Apôtre; considérons Saul, dans l'emportement de la cruauté et de la fureur, respirant la haine et altéré de sang; considérons-le, mes frères; c'est un grand spectacle qui nous est offert. Après la mort d'Etienne, après que les Juifs eurent répandu le sang de ce témoin de Dieu sous une grêle de pierres, pendant que Saul gardait les vêtements des bourreaux, et qu'il le lapidait ainsi lui-même par leurs propres mains (*Act.*, VII, 57), les frères qui habitaient alors Jérusalem furent dispersés, et Saul, pour qui, dans sa fureur, c'était peu d'avoir vu répandre et d'avoir répandu lui-même le sang d'Etienne, reçut des lettres des princes des prêtres qui l'autorisaient à se rendre à Damas, et à ramener chargés de chaînes à Jérusalem tous les chrétiens qu'il y trouverait. (*Act.*, IX.) Il s'en allait donc. Telle était alors la voie que suivait Paul, dont Jésus-Christ n'était pas encore la voie; c'était la voie de Saul, et non encore celle de Paul. Il s'en allait donc. Qu'avait-il dans le cœur? Qu'avait-il, si ce n'est le mal? Faites-moi connaître ses mérites. Si vous cherchez ce qu'il avait mérité, vous trouverez bien plutôt en lui des titres de condamnation que de délivrance. Il s'en allait donc exercer sa fureur contre les membres de Jésus-Christ et répandre leur sang; il allait comme un loup, lui qui devait être un jour pasteur. Il marchait donc dans ces cruelles dispositions, et il ne pouvait en avoir d'autres en allant remplir une semblable mission. Or, pendant qu'il marche en ne pensant qu'au meurtre, en ne respirant que le carnage; pendant que la colère conduit ses pas, que la haine précipite sa marche; pendant qu'il se hâte, pour obéir comme un esclave à la cruauté qui le domine, une voix se fait entendre du ciel : « Saul, Saul, pourquoi me persécutez-vous? » (*Act.*, IX, 4.) Voilà ce qui explique ces paroles : « J'ai obtenu miséricorde pour devenir fidèle. » (I *Cor.*, VII, 25.) Il était infidèle, ce n'est pas assez : à l'infidélité il joignait la cruauté; mais il a obtenu miséricorde, afin d'être fidèle. Que répondrez-vous à Dieu lorsqu'il vous dit : Je le veux? Ainsi donc, Seigneur, celui qui a fait tant de mal, et qui désirait encore en faire tant à vos saints, vous le jugez digne d'une si grande miséricorde? Je le veux, nous dit Dieu : « Votre œil est-il mauvais, parce que je suis bon? » (*Matth.*, XX, 15.)

CHAPITRE V. — *La foi et la prière viennent de la grâce de Dieu.* — 5. Ayez la foi, mais, pour avoir la foi, priez avez foi. Or, vous ne pourriez prier avec foi, si vous n'aviez déjà là

---

cutus sum, quia fidelis eram; sed : Ut fidelis essem, misericordiam consecutus sum.

CAPUT IV. — *Gratia data infideli et persecutori crudeli.* — 4. Veniamus ad ejus primordia, videamus Saulum sævientem, spectemus furentem, spectemus odia anhelantem, sanguinemque sitientem. Spectemus, Fratres, eum, magnum spectaculum. Ecce post Stephani necem, post effusum testis Dei lapidibus sanguinem, ubi vestimenta servabat lapidantium, ut et in eorum etiam manibus lapidaret (*Act.*, VII, 57), tunc dispersi sunt fratres, qui erant Jerosolymis congregati; et ille sæviens cui parum erat vidisse et fudisse sanguinem Stephani, accepit litteras a principibus sacerdotum, ut iret Damascum, et quoscumque ibi inveniret Christianos, vinctos adduceret. (*Act.*, IX.) Et ibat. Hæc Pauli via erat, cujus via nondum erat Christus; adhuc Sauli, nondum Pauli. Ibat. Quid habebat in corde? Quid, nisi malum? Date mihi merita ejus. Si merita quæris, damnationis sunt, non liberationis. Ibat ergo sævire in membra Christi, ibat sanguinem fundere, ibat lupus pastor futurus : sic ibat. Non enim poterat aliter ire ad illa, propter quæ ibat. Et cum sic ambulat, cogitat, anhelat cædes; cum ducit pedes ejus ira, movet membra odium, dum pergit et ambulat, obtemperat mancipium crudelitati : et ecce vox de cœlo : Saule, Saule, quid me persequeris? (*Act.*, IX, 4.) Ecce quare dixit : Misericordiam consecutus sum, ut fidelis essem. (I *Cor.*, VII, 25.) Erat infidelis; parum est, erat in ipsa infidelitate crudelis : sed misericordiam consecutus, ut fidelis esset. Quid dicturus es Deo dicenti : Hoc volo? Ergo, Domine, ille qui tanta fecit, tanta mala in sanctos tuos facere cupiebat, tali eum misericordia dignum existimas? Hoc volo. An oculus tuus nequam est, quia ego bonus sum? (*Matth.*, XX, 15.)

CAPUT V. — *Et fides et oratio ex Dei gratia.* — 5. Habete fidem ¡: sed ut habeatis fidem, orate (*a*) fide. Sed orare fide non possetis, nisi fidem haberetis. Non enim orat, nisi fides. Quomodo enim in-

---

(a) Vox *fide* hoc et proximo loco redundare videtur.

foi; car la prière sans la foi est impossible. « Comment, en effet, invoqueront-ils Dieu, s'ils ne croient point en lui? Et comment croiront-ils en lui, s'ils n'en ont point entendu parler? Et comment en entendront-ils parler, si personne ne le leur prêche? Et comment y aura-t-il des prédicateurs, si on ne les envoie? » (*Rom.*, x, 14.) Si donc nous vous parlons, c'est parce que nous avons été envoyés. Ecoutez-nous, écoutez Celui qui vous parle par notre bouche. C'est pour cette raison, me dira quelqu'un, que nous prions Dieu de nous donner la persévérance dans la pratique des vertus que nous avons déjà, et d'y ajouter celles qui nous manquent. Nous avions donc d'abord la foi pour prier. Dieu m'a certainement donné tout ce que j'ai, car je l'ai prié de me le donner; et pour le prier, j'ai commencé par croire. Je me suis donc donné la foi, et Dieu m'a donné ce que je lui ai demandé en vertu de cette foi (1). Il nous faut résoudre cette question; elle est on ne peut plus importante. Voilà donc ce que vous dites : Vous avez commencé par donner à Dieu, qui vous a ensuite donné les autres grâces. Ainsi vous lui avez donné votre foi et votre prière. Avez-vous donc oublié ces paroles de l'Apôtre : « Qui a connu la pensée du Seigneur? Ou qui a été de son conseil? Ou qui lui a donné le premier pour en attendre la récompense? » (*Rom.*, xi, 34, 35.) Voilà cependant ce que vous voulez être. Vous avez donc donné le premier à Dieu, et vous avez donné ce que vous n'aviez pas reçu de Dieu? Où avez-vous trouvé de quoi lui donner, pauvre mendiant que vous êtes? Quoi! vous aviez quelque chose à lui donner : « Qu'avez-vous que vous n'ayez reçu? » Vous ne pouvez donc donner à Dieu que ce qui vient de lui; il ne reçoit de vous que ce qu'il vous a donné; et, si Dieu ne vous avait donné le premier, votre indigence vous laisserait dans le plus complet dénuement.

CHAPITRE VI. — *La prière faite pour Saul lorsqu'il était infidèle prouve que la foi est un don de Dieu.* — 6. Voici une preuve encore plus claire de cette vérité. La foi que vous avez est un don que vous avez reçu de Dieu; mais que dirons-nous de ceux qui n'ont pas encore la foi, tel qu'était Saul, qui ne croyait pas encore? Il reçut d'abord le don de la foi, et, lorsqu'il crut en Jésus-Christ, il commença à l'invoquer. Dieu lui donna de croire, puis de l'invoquer avec foi, et d'obtenir, par la prière, les autres grâces qui lui manquaient. Qu'en pensons-nous, mes frères? Les fidèles priaient-ils ou non pour Saul avant sa conversion? S'ils ne priaient point pour lui, qu'on me dise ce que signifient ces paroles d'Etienne : « Seigneur, ne leur imputez point ce péché. » (*Act.*, vii, 59.) Les fidèles priaient donc pour lui et pour les autres incrédules pour leur obtenir la foi. Ils ne l'avaient pas encore,

(1) Voyez le *Traité de la grâce et du libre arbitre*, chapitre xviii.

vocabunt, in quem non crediderunt? aut quomodo credent ei, quem non audierunt? Quomodo autem audient sine prædicante? aut quomodo prædicabunt, si non mittantur? (*Rom.*, x, 14.) Ideo loquimur, quia missi sumus. Audite nos, audite illum per nos. Ergo ait aliquis : Invocamus Deum, ut det nobis perseverare in his bonis quæ habemus, et (a) addat bona quæ non habemus. Præcessit ergo fides quæ rogat. Certe totum dat Deus. Ut enim daret mihi, rogavi : ut rogarem, prius credidi. Ergo mihi dedi quod credidi, et Deus dedit quod credens oravi. Solvatur quæstio : non enim parva est. Hoc te video loqui, quia tu prior dedisti aliquid Deo, ut cætera daret tibi. Dedisti quippe illi fidem tuam, et orationem tuam. Et ubi est quod ait Apostolus : « Quis enim cognovit sensum Domini, aut quis consiliarius ejus fuit? Aut quis prior dedit illi, et retribuetur ei? » (*Rom.*, xi, 34, 35.) Ecce qualis vis esse. Ergo prior dedisti Deo, et hoc dedisti quod tibi non dedit Deus? Invenisti unde dares? Homo mendice unde habuisti? Ergo unde dares aliquid habuisti? Quid enim habes, quod non accepisti? Ergo de Dei das Deo : ex eo quod tibi dedit, a te accipit. Nam mendicitas tua, nisi ipse prior dedisset, inanissima remaneret.

CAPUT VI. — *Fidem donum Dei esse probat oratio facta pro Saulo infideli.* — 6. Audite unde hoc evidentius probetis. Ecce vos quia credidistis, accepistis : quid dicimus de eis qui nondum crediderunt, qualis erat Saulus, qui nondum crediderat? Accepit autem ut crederet : postea quam credidit Christo, tunc cœpit invocare Christum. Ab illo accepit ut crederet, et credendo invocaret, invocando cætera acciperet. Quid putamus, Fratres? Saulus antequam crederet, orabant pro illo qui crediderant, an non orabant? Dicatur mihi, si non pro illo orabant, quare dixit Stephanus : Domine, ne statuas illis hoc peccatum? (*Act.*, vii, 59.) Orabatur et pro illo, et pro aliis infi-

(a) Sic Mss. Editi autem, *et addere bona*.

et ils la recevaient, grâce aux prières des fidèles. Ils n'avaient encore rien à offrir à Dieu, parce qu'ils n'avaient pas encore reçu miséricorde pour devenir fidèles. Aussi, lorsque Saul fut converti, et que la même voix l'eut terrassé et relevé, terrassé comme persécuteur, et relevé comme prédicateur; lorsqu'il eut commencé à annoncer la foi qu'il s'efforçait de détruire, que dit-il de lui-même ? « Les Eglises de Judée qui croyaient en Jésus-Christ ne me connaissaient point de visage. Elles avaient seulement ouï dire : Celui qui autrefois nous persécutait annonce maintenant la foi qu'il s'efforçait alors de détruire. Et ils glorifiaient Dieu à cause de moi. » (*Gal.*, I, 23, 24.) A-t-il dit : Et ils me glorifiaient à cause de moi ? Non, ce n'est point moi, c'est Dieu qu'ils glorifiaient en moi, qui annonçais la foi que je persécutais auparavant. C'est donc par la grâce de Dieu que Saul s'est dépouillé de la tunique du vieil homme, que le péché avait mise en lambeaux, que le meurtre avait ensanglantée, pour revêtir la tunique de l'humilité, et devenir Paul, de Saul qu'il était.

CHAPITRE VII. — *Paul, c'est-à-dire le petit, prêche hautement la grâce qu'il a reçue.* — 7. Que veut dire Paul ? Le plus petit. « Je suis, dit-il, le plus petit d'entre les apôtres. » (I *Cor.*, xv, 9.) Voilà ce que signifie Paul. En effet, le mot latin *paulum* signifie peu. C'est ainsi que nous disons : Dans peu, je vous verrai; dans peu, je ferai telle chose. Qu'est-ce à dire : Dans peu ? Dans peu de temps, dans peu de jours. Pourquoi donc l'Apôtre a-t-il pris le nom de Paul ? Parce qu'il était petit : et il était petit, parce qu'il était le dernier. « Je suis, dit-il, le dernier des apôtres ; je ne suis pas digne d'être appelé apôtre, parce que j'ai persécuté l'Eglise de Dieu. » Vous avez raison de rappeler ainsi ce qui devait vous faire condamner. C'est Dieu qui a changé ces titres de condamnation en titres de récompense. A qui devez-vous d'être un jour couronné. A qui le devez-vous? Voulez-vous le savoir ? Je ne veux pas que vous m'écoutiez, écoutez plutôt l'Apôtre : « Je ne suis pas digne, dit-il, d'être appelé apôtre, parce que j'ai persécuté l'Eglise de Dieu ; mais c'est par la grâce de Dieu que je suis ce que je suis. » (I *Cor.*, xv, 9, 10.) Ainsi, ce que vous étiez, vous l'étiez par votre péché ; ce que vous êtes, vous l'êtes par la grâce de Dieu. « Et sa grâce, ajoute-t-il, n'a pas été stérile en moi. » Il annonce la foi qu'il persécutait auparavant, et la grâce n'est point stérile en lui ; car, continue-t-il, « J'ai travaillé plus qu'eux tous. » Prenez garde, vous commencez à vous élever. Où êtes-vous, ô Paul ? Vous confessez que vous étiez petit. « J'ai travaillé plus qu'eux tous. »

---

delibus, ut crederent. Ecce nondum habebant fidem, et orationibus fidelium accipiebant fidem. Nondum habebant quod Deo offerrent ; quia (*a*) nondum erant misericordiam consecuti, ut fideles essent. Denique postea quam Saulus iste conversus est, una voce elisus et levatus, elisus persecutor, levatus prædicator : postea quam cœpit evangelizare fidem, quam aliquando vastabat, quid de se dixit ? « Eram autem ignotus facie Ecclesiis Judææ, quæ sunt in Christo: tantum autem audiebant, quia is qui aliquando nos persequebatur, nunc evangelizat fidem, quam aliquando vastabat, et in me magnificabant Deum. » (*Gal.*, I, 23, 24.) Numquid dixit : Et in me magnificabant me ? Et in me, qui evangelizabam fidem, quam aliquando vastabam, non me magnificabant, sed Deum. Ergo ipse fecit, ut Saulus deposita tunica (*b*) veteri, peccatis pannosa, cædibus sanguinea, ut deposita ista tunica, acciperet tunicam humilitatis, et fieret de Saulo Paulus.

CAPUT VII. — *Paulus, id est modicus, gratiæ in se collatæ prædicator.* — 7. Quid est Paulus ? Minimus. Ego enim sum minimus Apostolorum. (I *Cor.*, xv, 9.) Ecce ipse est Paulus. Paulum enim Latine modicum est. Sic loquimur, quando dicimus : Post paulum video te : Paulo post facio illud. Quid est, paulo post ? Modico post : post paulum, post modicum. Quare ergo Paulus ? Quia modicus. Modicus, quia novissimus. Ego enim sum, inquit, novissimus Apostolorum, qui non sum dignus vocari Apostolus, quia persecutus sum Ecclesiam Dei. Bene dicis : unde debuisti damnari, ab eo accepisti unde debeas coronari. A quo accepisti unde debeas coronari ? A quo accepit, vultis audire ? Nolite me, ipsum audite : Non sum, inquit, dignus vocari Apostolus, quia persecutus sum Ecclesiam Dei ; sed gratia Dei sum id quod sum. (I *Cor.*, xv, 9, 10.) Ergo quod eras, iniquitate tua eras : quod es, gratia Dei es. « Et gratia ejus, inquit, vacua in me non fuit. » Ecce evangelizat fidem, quam aliquando vastabat : nec gratia ipsa vacat in illo, qui ait : « In me vacua non fuit, sed plus omnibus illis laboravi. » Observa, erigere te cœpisti. Ubi es, Paule ? Certe modicus eras. Plus omnibus illis

---

(*a*) Mss. *quia misericordiam consecuti sunt, ut fideles essent.* — (*b*) Sic Mss. At editi, *tunica veteris peccati pannosa.*

Dites-nous comment, puisque vous n'avez rien que vous n'ayez reçu. » (I *Cor.*, IV, 7.) Il réfléchit aussitôt, et après avoir dit : « J'ai travaillé plus qu'eux tous, » il semble effrayé de ce qu'il vient de dire, et il se hâte de confesser l'humilité de Paul : « Non pas moi, néanmoins, mais la grâce de Dieu avec moi. » (I *Cor.*, XV, 10.)

On prie Dieu pour les infidèles, afin qu'il leur donne la foi. — 8. Ainsi donc, mes frères, certains que vous êtes maintenant que c'est Dieu qui nous donne la foi, priez pour ceux qui ne l'ont pas encore. Quelqu'un d'entre vous a-t-il un ami qui ne croit pas encore ? Je l'engage à prier pour lui. Mais, en vérité, est-il nécessaire que je l'y engage ? Un mari est chrétien, son épouse est encore infidèle : ne prie-t-il point pour que Dieu lui donne la foi ? C'est l'épouse, au contraire, qui est chrétienne, et le mari infidèle : la femme chrétienne ne demande-t-elle pas à Dieu que son mari devienne chrétien ? Or, faire à Dieu cette prière, n'est-ce pas lui demander de donner la foi ? La foi est donc un don de Dieu. Que personne donc ne s'élève ; que personne ne s'attribue le mérite de s'être rien donné. « Que celui qui se glorifie, se glorifie dans le Seigneur. » (I *Cor.*, I, 31.)

SERMON CLXIX.

Sur ces paroles de l'Apôtre, dans le chapitre III de l'Epître aux Philippiens : *C'est nous qui sommes la circoncision, nous qui servons l'esprit de Dieu*, etc. Contre les pélagiens.

Prononcé au tombeau du saint martyr Cyprien (1).

CHAPITRE PREMIER. *Qu'est-ce que servir Dieu en esprit.* — 1. Que votre sainteté ouvre les oreilles du corps et celles de l'esprit à la lecture qu'on vient de vous faire de l'Apôtre, et secondez-nous de vos pieux désirs auprès du Seigneur notre Dieu, afin que nous puissions vous donner une explication convenable et utile des vérités qu'il a daigné nous révéler. Vous avez donc entendu, pendant cette lecture, l'apôtre saint Paul vous dire : « C'est nous qui sommes la circoncision, nous qui servons l'Esprit de Dieu. » (*Philip.*, III, 3.) Je sais que la plupart des manuscrits portent : « Nous qui servons Dieu en esprit. » Mais autant que nous avons pu le vérifier, nous lisons dans un grand nombre de manuscrits grecs : « Nous qui servons l'Esprit de Dieu. » Toutefois, ce n'est point là qu'est la difficulté. Ces deux significations sont claires et conformes à la règle de la vérité, puisque nous servons l'Esprit de Dieu, et que, d'ailleurs, nous

---

(1) Cette indication se trouve dans le manuscrit romain des PP. Cisterciens. Florus cite des extraits de ce sermon dans son Commentaire sur les chapitres V et IX de l'Epître aux Romains, et sur les chapitres II et III de l'Epître aux Philippiens.

---

laboravi. Dic unde ? Quid enim habes quod non accepisti ? (I *Cor.*, IV, 7.) Statim respexit : et cum dixisset : Plus omnibus illis laboravi ; quasi expavit ad verba sua : et mox subjecit se humilem Paulum : Non autem ego, sed gratia Dei mecum. (I *Cor.*, XV, 10.)

Oratur pro infidelibus, ut credant. — 8. Ergo, Fratres mei, ut noveritis etiam fidem a Domino Deo esse nobis, (*f.* oratis) orate pro illis qui nondum crediderunt. Si quis habet amicum forte infidelem, moneo illum ut oret pro illo. Vere opus est ut ego illum moneam ? Maritus Christianus est, uxor infidelis est : non orat pro uxore sua, ut credat ? Uxor est Christiana, maritus infidelis est : non orat mulier religiosa pro marito suo, ut credat ? Quando hoc orat qui orat, quid orat, nisi ut Deus det illi fidem ? Ergo donum Dei est fides. Nemo se extollat, nemo sibi arroget, quasi sibi aliquid dederit. « Qui gloriatur, in Domino glorietur. » (I *Cor.*, I, 31.)

SERMO CLXIX (a).

De verbis Apostoli, Philip., III : *Nos enim sumus circumcisio, qui spiritui Dei servimus*, etc. Contra Pelagianos.

CAPUT PRIMUM. — *Spiritu Deo servire, quid sit.* — 1. Ad apostolicam lectionem aures et animum intendat Sanctitas Vestra, adjuvando nos affectu (b) vestro apud Dominum Deum nostrum, ut ea quæ ille nobis revelare dignatur, ad vos apte atque salubriter proferre possimus. Ergo cum legeretur, audistis dicentem apostolum Paulum : « Nos enim sumus circumcisio, qui spiritui Dei servimus. » (*Philip.*, III, 3.) Scio plerosque codices habere : « Qui spiritu Deo servimus. » Quantum autem inspicere potuimus, plures Græci hoc habent : « Qui spiritui Dei servimus. » Sed non ibi quæstio est. Manifestum est enim utrumque, et congruum regulæ veritatis, quia et spiritui Dei servimus, et non carne, sed spiritu Deo servimus. Carne enim servit Deo, qui de rebus carnalibus sperat se placere Deo. Cum vero et ipsa

---

(a) Alias XV, de verbis Apostoli. — (b) Am. Er. et plerique Mss. *affectu apud Dominum Deum nostrum, ut ea quæ illic nobis*, etc.

servons Dieu en esprit, et non selon la chair. Servir Dieu selon la chair, c'est se figurer qu'on peut plaire à Dieu par des œuvres purement charnelles. Mais lorsque, dans nos bonnes œuvres, nous assujettissons la chair à l'esprit, nous servons vraiment Dieu en esprit, parce que nous domptons la chair pour que l'esprit soit soumis à Dieu. En effet, c'est l'esprit qui gouverne, et la chair qui est gouvernée; et l'esprit ne peut bien gouverner la chair s'il n'est gouverné lui-même.

Comment nous sommes la circoncision et la justice. Notre justice est un don de Dieu. — 2. « C'est nous qui sommes la circoncision. » Considérez ce que l'Apôtre veut que nous entendions dans cette circoncision, qui a été imposée sous le règne des ombres figuratives, et qui a été abrogée à l'arrivée de la vraie lumière. Pourquoi n'a-t-il point dit : Nous avons la circoncision, mais : « Nous sommes la circoncision? » C'est comme s'il avait voulu dire : Nous sommes la justice, car la circoncision est ici synonyme de justice. Mais en disant que nous sommes la justice, l'Apôtre s'exprime plus fortement que s'il avait dit : Nous sommes justes; bien qu'en disant que nous sommes la justice, il veuille simplement exprimer que nous sommes justes. En effet, nous ne sommes pas cette justice immuable dont nous avons été rendus participants; mais de même que l'on dit : Il y a une nombreuse jeunesse pour de nombreux jeunes gens, ainsi le mot justice est ici employé pour désigner les justes. En voulez-vous une preuve plus claire? Le même Apôtre vous la donne. « Afin que nous devenions en lui justice de Dieu. » (II *Cor.*, v, 21.) Soyons donc la justice, mais une justice qui ne soit pas la nôtre, et qui vienne de Dieu; une justice reçue de Dieu, et non prise en nous-mêmes; une justice qui soit un don, et non une usurpation; une justice accordée, et non dérobée. Il en est un qui a commis une usurpation en voulant s'égaler à Dieu; aussi a-t-il trouvé sa ruine dans cet acte d'usurpation. Notre-Seigneur Jésus-Christ, au contraire, qui avait la nature de Dieu, n'a point cru que ce fût pour lui une usurpation de s'égaler à Dieu. (*Philip.*, II, 16.) Puisqu'il était par nature l'égal de Dieu, il ne pouvait y avoir d'usurpation. Cependant, il s'est anéanti lui-même en prenant la forme d'esclave, afin que nous devinssions en lui justice de Dieu. En effet, s'il avait refusé de se faire pauvre, nous serions toujours restés dans notre pauvreté. « Il s'est donc fait pauvre, tout riche qu'il était, afin, dit l'Apôtre, de nous enrichir par sa pauvreté. » (II *Cor.*, VIII, 9.) Que n'avons-nous pas à espérer de ses richesses, puisque sa pauvreté même nous enrichit? L'Apôtre ne nie donc point que vous soyez circoncis, mais il explique dans quel sens; il fait briller la lumière et dissipe les ombres.

CHAPITRE II. — *La circoncision spirituelle de*

caro ad bona opera spiritū subditur, spiritu servimus Deo : quia carnem domamus, ut spiritus obtemperet Deo. Spiritus enim regit, caro regitur : nec spiritus bene regit, si non regatur.

Circumcisio et justitia quomodo nos sumus. Justitia nostra ex Dei dono. — 2. Cum ergo ait : « Nos sumus circumcisio, » videte quid voluerit intelligi in illa circumcisione, quæ in umbra est data significante, quæ remota est luce veniente. Cur autem non dixerit : Nos habemus circumcisionem, sed : «Nos sumus circumcisio, » sic accipite hoc voluisse Apostolum dicere : Nos sumus justitia. Circumcisio enim justitia est. Magis autem commendat, quod dicit dicendo nos esse justitiam, quam dicendo nos esse justos : ita tamen ut cum justitiam dicit esse, justos intelligamus. Non enim sumus illa incommutabilis justitia, cujus participes facti sumus; sed quemadmodum dicitur : Magna ibi juventus est, pro multis juvenibus; sic dicitur justitia, ut intelligantur justi. Audite hoc ipsum evidentius, eodem dicente Apostolo : Ut nos, inquit, simus justitia Dei in ipso. (II *Cor.*, v, 21.) Nos simus justitia, non nostra, sed Dei ; ab illo accepta, non a nobis assumpta ; impartita, non usurpata ; donata, non rapta. Cuidam enim rapina erat esse æqualis Deo : et quoniam quæsivit rapinam, invenit ruinam. Dominus autem noster Jesus Christus, cum in forma Dei esset, non rapinam arbitratus est esse æqualis Deo. (*Philip.*, II. 16.) Cui enim æqualitas Dei natura erat, rapina non erat. Sed tamen semetipsum exinanivit, formam servi accipiens, ut nos essemus justitia Dei in ipso. Si enim ille paupertatem vitaret, nos paupertate non careremus. « Pauper enim ille factus est, cum dives esset ; ut illius paupertate, sicut scriptum est, nos ditaremur. » (II *Cor.*, VIII, 9.) Divitiæ illius quid nos facturæ sunt, cujus paupertas nos divites facit ? Apostolus ergo non tibi negavit circumcisionem, sed exposuit ; lucem prætendit, umbram removit.

CAPUT II. — *Circumcisio spiritalis gloriantium in Christo.* — 3. « Nos sumus, inquit, circumcisio, qui

ceux qui se glorifient en Jésus-Christ. — 3. « C'est nous qui sommes la circoncision, nous qui servons Dieu en esprit, et qui mettons notre gloire en Jésus-Christ, sans nous confier dans la chair. » L'Apôtre avait ici en vue certains hommes qui se confiaient dans la chair : c'étaient ceux qui mettaient leur gloire dans la circoncision de la chair. C'est de ces mêmes hommes qu'il dit dans un autre endroit : « Ils font leur dieu de leur ventre, et mettent leur gloire dans ce qui devrait les couvrir de confusion. » (*Philip.*, III, 19.) Comprenez donc quelle est la vraie circoncision, et soyez cette circoncision ; comprenez-la bien, et soyez circoncis dans ce sens ; car la véritable intelligence est pour tous ceux qui la mettent en pratique. (*Ps.* CX, 10.) Ce n'est pas sans raison que Dieu avait commandé de circoncire l'enfant le huitième jour. (*Gen.*, XVII, 12 ; *Lévit.*, XII, 3.) C'est parce que Jésus-Christ est la pierre par laquelle nous sommes circoncis. Le peuple de Dieu, en effet, fut circoncis avec des couteaux de pierre. (*Josué*, V, 2.) Or, cette pierre était Jésus-Christ. (I *Cor.*, X, 4.) Pourquoi donc la circoncision avait-elle lieu le huitième jour? Parce que, dans les semaines qui se succèdent, le premier jour est le même que le huitième ; car, les sept jours écoulés, on revient au premier ; à la fin du septième jour, le Seigneur est enseveli, et il ressuscite au retour du premier jour. La résurrection du Sauveur est pour nous la promesse du jour éternel, comme elle a été la consécration du jour du Seigneur. Nous l'appelons le jour du Seigneur, parce qu'il appartient proprement au Seigneur, qui a choisi ce jour pour ressusciter. La pierre nous a été rendue ; que ceux donc qui veulent pouvoir dire : « Nous sommes la circoncision, » se fassent circoncire. « Jésus-Christ a été livré pour nos péchés, et il est ressuscité pour notre justification. » (*Rom.*, IV, 25.) Votre justification, votre circoncision ne vient pas de vous. « C'est la grâce qui vous a sauvés par la foi ; et cela ne vient pas de vous, car c'est un don de Dieu ; cela ne vient pas de vos œuvres. » (*Ephés.*, II, 8.) Ne dites donc pas : J'ai reçu, parce que je l'ai mérité. Non, ne croyez pas que vous avez mérité de recevoir, vous qui ne pouvez mériter à moins d'avoir reçu. La grâce a précédé vos mérites ; la grâce ne vient donc pas de vos mérites, mais vos mérites de la grâce. Si la grâce était due à vos mérites, vous l'auriez achetée, vous ne l'auriez pas reçue gratuitement. « Vous les sauverez pour rien, » est-il dit dans un psaume. (*Ps.* LV, 8.) Que veut dire : « Vous les sauverez pour rien ? » Vous ne trouvez rien en eux qui mérite le salut, et cependant vous les sauvez. Vous donnez gratuitement, vous sauvez gratuitement. Votre grâce précède tous les mérites, et mes mérites ne font que suivre vos dons. Il est donc absolument vrai que vous donnez gratuitement, que vous sauvez gratuitement, vous qui ne trouvez en nous aucun titre au salut, et qui trouvez tant de motifs de condamnation.

---

spiritu Deo servimus, et gloriamur in Christo Jesu, et non in carne fidentes. » Respexit quosdam in carne fidentes : ipsi erant qui de carnis circumcisione gloriabantur. De quibus alio loco dicit : Quorum Deus venter est, et gloria in pudendis eorum. (*Philip.*, III, 19.) Intellige tu circumcisionem, et esto circumcisio : intellige, et esto. Intellectus enim bonus, sed omnibus qui faciunt eum. (*Psal.* CX, 10.) Non utique frustra octavo die jussus est infans circumcidi (*Gen.*, XVII, 12 ; *Levit.*, XII, 3), nisi quia petra, qua circumcidimur, Christus erat. Cultellis enim petrinis circumcisus est populus (*Josue*, V, 2) : Petra autem erat Christus. (I *Cor.*, X, 4.) Quare ergo octavo die? Quia in hebdomadibus idem primus qui octavus. Completis enim septem diebus, reditur ad primum. Finitur septimus, Dominus sepultus : reditur ad primum, Dominus resuscitatus. Domini enim resuscitatio promisit nobis æternum diem, et consecravit nobis Dominicum diem. Qui vocatur Dominicus, ipse videtur proprie ad Dominum pertinere : quia eo die Dominus resurrexit. Reddita est petra, circumcidantur qui volunt dicere : «Nos enim sumus circumcisio.» Traditus est enim propter peccata nostra, et resurrexit propter justificationem nostram. (*Rom.*, IV, 25.) Justificatio tua, circumcisio tua, non est a te. Gratia salvi facti estis per fidem ; et hoc non ex vobis, sed Dei donum est : non ex operibus. (*Ephes.*, II, 8.) Ne forte dicas : Promerui, et ideo accepi. Non putes te promerendo accepisse, qui non promereeris, nisi accepisses. Gratia præcessit meritum tuum : non gratia ex merito, sed meritum ex gratia. Nam si gratia ex merito ; emisti, non gratis accepisti. Pro nihilo, inquit, salvos facies eos. (*Psal.* LV, 8.) Quid est : Pro nihilo salvos facies eos ? Nihil in eis invenis unde salves, et tamen salvas. Gratis das, gratis salvas. Omnia merita præcedis, ut dona tua consequantur merita mea. Prorsus gratis das, gratis salvas, qui nihil invenis unde salves, et multum invenis unde damnes.

CHAPITRE III. — *Qu'est-ce que se confier dans la chair.* — 4. « C'est nous donc qui sommes la circoncision, nous qui servons Dieu en esprit, et qui mettons notre gloire en Jésus-Christ. » (*Philip.*, III, 3.) « Que celui qui se glorifie se glorifie dans le Seigneur. » (I *Cor.*, I, 31.) « Et qui ne nous confions point dans la chair. » Qu'est-ce que se confier dans la chair? Ecoutez ce que dit l'Apôtre : « Ce n'est pas que je ne puisse moi-même tirer avantage de ce qui n'est que charnel; et si quelqu'un croit le pouvoir faire, je le puis encore plus que lui. » (*Ibid.*, 4.) Ne croyez pas, leur dit-il, que je méprise ici ce que je ne puis avoir. Quel si grand mérite pour un homme de basse condition, pour un homme du peuple, pour un homme obscur, de mépriser la noblesse, et de faire ainsi acte de véritable humilité ? « Bien que je puisse moi-même tirer avantage de ce qui n'est que charnel. » Je vous enseigne donc le mépris de ce que vous me voyez mépriser moi-même. « Si quelqu'un croit pouvoir se glorifier dans sa chair, je le puis encore plus que lui. »

Quelle raison Paul avait de se glorifier dans la chair. — 5. Ecoutez pourquoi il pouvait se confier dans la chair. « Ayant été circoncis le huitième jour, » (*Ibid.*, 5) c'est-à-dire : je ne suis point un prosélyte, un étranger agrégé au peuple de Dieu; je n'ai pas été circoncis dans un âge avancé; je suis né de parents juifs. « Etant de la race d'Israël, de la tribu de Benjamin, né hébreu, de pères hébreux, pharisien dans la manière d'observer la loi. » Ceux qu'on appelait pharisiens étaient les premiers de la nation, et formaient comme la noblesse juive, sans se mêler avec le petit peuple. Ce nom de pharisien signifie, dit-on, séparation, de même que, dans la langue latine, le mot *egregius*, distingué, veut dire séparé de la foule, *a grege separatus*. Or, parmi les Israélites, c'est-à-dire parmi ceux qui étaient de la race d'Israël, il s'en trouvait qui étaient séparés du temple. Il n'y avait près du temple que la tribu de Juda et la tribu de Benjamin. La tribu de Lévi, comme tribu sacerdotale, la tribu de Juda, comme tribu royale, et la tribu de Benjamin furent les seules qui restèrent à Jérusalem et près du temple de Dieu, lorsqu'eut lieu la séparation du peuple de Dieu sous un des sujets de Salomon. (III *Rois*, XII.) Ne passez donc point légèrement sur ces mots : « De la tribu de Benjamin, » attaché à la tribu de Juda, et ne m'éloignant point du temple; ni : « hébreu, de pères hébreux, pharisien dans la manière d'observer la loi; par zèle pour le judaïsme, persécutant l'Eglise de Dieu. » (*Ibid.*, 6.) Parmi ces mérites, il met celui d'avoir été persécuteur. « Par zèle pour le judaïsme, » dit-il. Quel était ce zèle ?

CAPUT III. — *Fidere in carne.* — 4. « Nos ergo, inquit, sumus circumcisio, qui spiritui Dei servimus, et gloriamur in Christo Jesu. » (*Philip.*, III, 3.) Qui gloriatur, in Domino glorietur. (I *Cor.*, I, 31.) « Et non in carne fidentes. » Et quid est, fidere in carne? Audite, inquit. « Quanquam ego, inquit, habeam fiduciam et in carne. Si quis alius in carne putat se habere fiduciam, magis ego. » (*Ibid.*, 4.) Ne arbitremini, inquit, me hoc contemnere, quod non habeo. Quid magnum est, si homo abjectus, plebeius, ignobilis, contemnat nobilitatem, et tunc exhibeat veram humilitatem ? « Quanquam ego, inquit, habeam fiduciam et in carne. » Ideo vos, inquit, doceo contemnere, quoniam videtis me habere quod contemnam. « Si quis alius in carne putat se habere fiduciam, magis ego. »

Paulo causa gloriandi in carne quæ fuerit. — 5. Et audi in carne fiduciam : « Circumcisione octavi diei ; » (*Ibid.*, 5) id est, non proselytus, non advena ad populum Dei, non major circumcisus, sed a parentibus natus Judæus, habeo circumcisionem octavi diei. « Ex genere Israel, de tribu Benjamin, Hebræus ex Hebræis, secundum Legem Pharisæus. » Primarii quidam erant, et quasi ad nobilitatem Judaicam segregati, non contemptibili plebi commixti, qui dicebantur Pharisæi. Nam dicitur hoc verbum, quasi segregationem interpretari, quomodo in Latina lingua dicitur egregius, quasi a grege separatus. Fuerunt autem Israelitæ, id est, ex genere Israel, etiam illi qui separati fuerant a templo. Remansit autem ad templum tribus Juda, et tribus Benjamin. Tribus Levi in sacerdotibus, tribus Juda regia, et tribus Benjamin, hoc solum (*a*) remansit ad Jerusalem et ad templum Dei, quando facta est separatio illa in servo Salomonis. (III *Reg.*, 12.) Non ergo leviter accipiatis quod ait, « tribu Benjamin, » inhærens Judæ, non recedens a templo. « Hebræus ex Hebræis, secundum Legem Pharisæus, secundum æmulationem persequens Ecclesiam. » (*Ibid.*, 6.) Inter merita sua commemorat quod fuerit persecutor : « secundum æmulationem, inquit. » Quam æmulationem ? Non eram, inquit, piger Judæus : quidquid erat quod Legi meæ

(*a*) Sic Mss. Editi vero, *remanserat in Jerusalem.*

Je n'étais pas, dit-il, un juif indolent; tout ce qui me paraissait opposé à ma loi, je le supportais impatiemment, je le combattais avec vigueur. Voilà ce qu'était la noblesse pour les Juifs; mais, pour approcher de Jésus-Christ, il faut l'humilité. Aussi, celui qui s'appelait primitivement Saul, prend le nom de Paul après sa conversion. Le nom de Saul vient de Saül. Vous savez ce qu'était Saül, qui fut choisi à cause de sa haute taille. L'Ecriture nous dit qu'il surpassait tous les autres lorsqu'il fut choisi pour recevoir l'onction royale. (I *Rois*, IX, 2.) Tel n'a pas été Paul, mais lorsqu'il fut devenu Paul; car Paul veut dire petit, et c'est pour cela qu'il est si humble. « C'est donc par zèle, dit-il, que je persécutais l'Eglise de Dieu. » Les hommes peuvent comprendre par là quel rang j'occupais parmi les Juifs, moi qui persécutais l'Eglise du Christ par zèle pour les traditions paternelles.

CHAPITRE IV. — *Qu'est-ce que vivre sans reproche.* — 6. Il ajoute : « Et, par rapport à la justice de la loi, ayant vécu sans reproche. » (*Ibid.*, 6.) Votre charité n'ignore point que c'est l'éloge que l'Evangile fait de Zacharie et d'Elisabeth : « Ils marchaient sans reproche, dit saint Luc, dans tous les commandements et les ordonnances du Seigneur. » (*Luc*, I, 6.) Tel était notre Paul, lorsqu'il n'était encore que Saul. Il vivait sans reproche dans la loi, et ce qui le rendait sans reproche aux yeux de la loi lui faisait encourir le plus grave reproche. Quoi donc, mes frères, regarderons-nous comme un mal de vivre sans reproche dans la justice qui est selon la loi? Si cette vie, irrépréhensible aux yeux de la justice légale, est un mal, la loi elle-même renferme donc quelque chose de mal? Mais le même Apôtre nous dit, au contraire : « Et, cependant, la loi est sainte, et le commandement est saint, juste et bon. » (*Rom.*, VII, 12.) Si la loi est sainte, si le commandement est saint, juste et bon, comment n'est-ce pas une chose bonne, une chose sainte, de vivre sans reproche dans la justice qui est conforme à une loi sainte? Et, cependant, est-ce vraiment une chose sainte? Ecoutons encore l'Apôtre, et pesez attentivement ses paroles : « Tout ce qui était un gain pour moi, je l'ai jugé perte à cause de Jésus-Christ. » (*Ibid.*, 7.) Il parle ici de ses pertes, et il compte au nombre de ses véritables pertes d'avoir été sans reproche dans la justice qui est selon la loi. « Bien plus, ajoute-t-il, tout me semble perte, au prix de cette haute science de Jésus-Christ mon Seigneur. » (*Ibid.*, 8.) Je considère, dit-il, ce qui fait ma gloire, et je le compare à la grandeur éminente de Notre-Seigneur Jésus-Christ. De ces deux objets, l'un excite en moi une soif ardente,

---

adversarium videretur, impatienter ferebam, acriter insequebar. Hæc apud Judæos nobilitas : sed apud Christum quæritur humilitas. Ideo ibi iste Saulus, hic Paulus. Saulus a Saüle nomen derivatur. Qui fuerit Saül, nostis : ipsius electa est statura (a) proceris. Sic eum describit Scriptura, quod supereminens esset omnibus, quando electus est ut ungeretur in regem. (I *Reg.*, IX, 2.) Non fuit sic Paulus, sed factus Paulus. Paulus enim parvus, ideo Paulus modicus. Ergo, « secundum æmulationem, inquit, persequens Ecclesiam. » Hinc intelligant homines, qualis apud Judæos fuerim, qui Christi Ecclesiam persequebar æmulatione traditionum paternarum.

CAPUT IV. — *Ambulare in lege sina querela.* — 6. Addit : « Secundum justitiam quæ est in Lege, qua fuerim sine querela. » (*Ibid.*, 6.) Novit Caritas Vestra, dictos esse sine querela ambulasse in omnibus justificationibus Domini Zachariam et Elisabeth. In omnibus, inquit Scriptura, justificationibus Domini ambulantes sine querela. (*Luc.*, I, 6.) Ecce hoc erat et Paulus noster, quando Saulus erat. In lege sine querela ambulabat : et quod in eo fuit sine querela, hoc de illo faciebat magnam querelam. Quid ergo putamus, Fratres, esse sine querela secundum justitiam, quæ in lege est, malum est? Si malum est, secundum justitiam quæ in lege est, esse sine querela, ergo aliquid mali est lex? Sed habemus eumdem Apostolum dicentem : Itaque lex quidem sancta, et mandatum sanctum, et justum, et bonum. (*Rom.*, VII, 12.) Si lex sancta, et mandatum sanctum, et justum, et bonum; secundum justitiam quæ est ex lege sancta, conversari sine querela, quomodo potest non esse bonum? quomodo potest non esse sanctum? An forte sanctum est? Audiamus ipsum Apostolum ; videte quid dicat : « Quæ mihi lucra fuerunt, hæc propter Christum damna esse duxi. » (*Ibid.*, 7.) Damna sua dicit, et inter damna sua computat, quod in justitia, quæ in lege est, fuerit sine querela. « Verumtamen, inquit, et arbitror omnia damna esse propter eminentem scientiam Christi Jesu Domini nostri. » (*Ibid.*, 8.) Attendo, inquit, laudes meas, comparo eminentiæ Domini nostri Jesu

---

(a) Lov. *procera*. Alii editi et Mss. *proceris*.

l'autre un profond mépris. Ce n'est pas assez : « Pour l'amour duquel j'ai résolu de perdre toutes choses, les regardant comme du fumier, afin de gagner Jésus-Christ. »

Chapitre V. — *Pourquoi la justice qui vient de la loi éloigne de Jésus-Christ.* — 7. Une question plus importante se présente ici, ô grand Paul. Vous vivez sans reproche dans la justice qui est selon la loi, et, cependant, vous estimez cette vie comme une perte, comme un dommage, comme du fumier; est-ce donc que cette justice éloignait de Jésus-Christ? Je vous en conjure, expliquez-vous un peu, ou plutôt demandons d'être éclairés à Dieu, qui a répandu sa lumière dans l'esprit de l'Apôtre, qui a écrit cette lettre, non pas avec de l'encre, mais avec l'Esprit du Dieu vivant. Vous voyez, mes très-chers frères, qu'il y a ici une question sérieuse et difficile à comprendre. D'un côté, il est certain que la loi est sainte, que le commandement est saint, et juste, et bon ; c'est une vérité universellement admise par les catholiques, et qu'on ne peut nier sans cesser d'être catholique, que l'auteur exclusif de cette loi est le Seigneur notre Dieu. Comment donc admettre, d'un autre côté, que la vie sans reproche dans la justice conforme à cette loi a été pour l'Apôtre un obstacle qui l'a détourné de Jésus-Christ, et qu'il n'a pu s'attacher à lui qu'en regardant comme une véritable perte, comme un véritable dommage, comme du fumier, cette vie irrépréhensible au point de vue de la justice légale? Poursuivons donc, avançons un peu : peut-être trouverons-nous, dans les paroles mêmes de l'Apôtre, un trait de lumière qui dissipera cette obscurité. « J'ai estimé tout cela comme une perte, et je l'ai regardé comme du fumier, afin de gagner Jésus-Christ. » Méditez bien ces paroles, je vous en prie. J'ai considéré comme une perte, comme un dommage, comme du fumier ce que je viens de dire, que j'ai vécu sans reproche dans la justice qui est selon la loi. « J'ai donc regardé toutes ces choses comme une perte, comme du fumier, afin de gagner Jésus-Christ, et d'être trouvé en lui, non pas avec ma propre justice, qui vient de la loi. » (*Ibid.*, 9.) Vous, dont l'intelligence a devancé l'explication que je vais donner de ces paroles, considérez-vous comme des voyageurs qui marchent plus vite et font route avec d'autres dont la marche est plus lente. Il faut donc ralentir tant soit peu votre marche, pour ne pas laisser en arrière ceux de vos compagnons qui ne peuvent vous suivre. « Afin de gagner Jésus-Christ, dit l'Apôtre, et d'être trouvé en lui, non pas avec ma propre justice, qui vient de la loi. » Il dit : « Ma propre justice; » pourquoi donc ajouter : « Qui vient de la loi? » Si elle vient de la loi, comment est-elle votre justice? Est-ce vous qui vous êtes donné

Christi. Illud sitio, hoc contemno. Parum est hoc : « Propter quem arbitror, inquit, omnia non solum detrimenta esse, verum et stercora existimavi esse, ut Christum lucrifacerem. »

Caput V. — *Justitia ex lege cur a Christo removeat.* — 7. Quæstio major exorta est, o Paule : Si secundum justitiam, quæ in lege est, versabaris sine querela, et hoc in detrimentis tuis, in damnis, in stercoribus computas, ut Christum lucrifacias; ergo justitia illa a Christo prohibebat? Obsecro te, expone hoc paululum. Deo potius dicamus, ut illuminet et nos, a quo ipse illuminatus est, qui epistolam istam scripsit nobis, non atramento, sed Spiritu Dei vivi. Videtis, Carissimi, quam sit arduum, quam difficile intelligere hoc, cum constet legem sanctam esse, et mandatum sanctum, et justum, et bonum ; constetque omnino inter fideles catholicos ; ita ut nemo dissentiat, nisi qui non vult esse catholicus, hanc legem non datam nisi a Domino Deo nostro; secundum istam justitiam, quæ in lege est, conversari sine querela, impedimentum fuisse Apostolo, ne veniret ad Christum; nec eum venisse ad Christum, nisi hoc quod fuit secundum justitiam, quæ in lege est, sine querela, inter damna et detrimenta et stercora computasset. Sequamur ergo, et accedamus aliquantum, ne forte in ipsis verbis Apostoli elucescat nobis aliquid, unde ista removeatur et solvatur obscuritas. « Detrimenta, inquit, credidi hæc omnia, et stercora existimavi, ut Christum lucrifacerem. » Intendite, obsecro. Damna, detrimenta, stercora ista existimavi, in quibus etiam illud commemoro, quod fuerim sine querela secundum justitiam, quæ in lege est. « Existimavi ergo hæc omnia detrimenta et stercora, ut Christum lucrifaciam, et invenir in illo, non habens meam justitiam, quæ ex lege est. » (*Ibid.*, 9.) Qui prævenistis intellectu expositionem, arbitramini vos tanquam veloces in via cum tardioribus ambulare. Celeritas aliquantum reprimatur, ne comes tardior deseratur. « Ut Christum, inquit, lucrifaciam, et inveniar in illo, non habens meam justitiam, quæ ex lege est. » Si « meam » dixerat, quare addidit « ex lege? » Si enim ex lege est, quo-

la loi? Non, c'est Dieu qui vous a donné la loi, c'est Dieu qui vous l'a imposée, c'est Dieu qui vous a commandé de lui obéir. Si la loi ne vous enseignait les règles qui doivent diriger votre vie, comment pourriez-vous avoir cette justice irréprochable selon la loi? Et si cette justice vient de la loi, comment pouvez-vous dire : « Non pas avec ma propre justice, qui vient de la loi, mais avec celle qui vient de la foi en Jésus-Christ? »

Chapitre VI. — *Solution de cette question. On a la justice de la loi, lorsqu'on obéit à la loi par crainte. La crainte du châtiment ne détruit pas la convoitise.* — 8. Je vais vous expliquer ces paroles comme je le pourrai; daigne Celui qui possède vos cœurs vous en révéler plus clairement le sens, vous en donner l'intelligence et l'amour; s'il vous accorde de les aimer, il vous donnera de les mettre en pratique. Voici donc quelle est ma pensée. La loi dit : « Vous ne convoiterez point, » (*Exod.*, xx, 16) et, par la loi, je n'entends pas ici les cérémonies extérieures, qui étaient les ombres de l'avenir. Or, celui qui s'enorgueillit de cette loi que Dieu lui a donnée, qui croit pouvoir l'accomplir par ses propres forces, et qui fait ce que la loi commande plutôt par crainte du châtiment, que par amour de la justice; cet homme est, à la vérité, un homme sans reproche selon la justice qui vient de la loi; il n'est ni voleur, ni adultère, ni faux témoin, ni homicide; il ne convoite point le bien de son prochain. Voilà ce que peut-être il peut faire, mais par quel motif? Par la crainte du châtiment. Or, celui qui ne convoite point par crainte du châtiment ne laisse pas d'être dominé par la convoitise. Effrayé par les armes et les traits qui sont dirigés contre lui et par la multitude qui l'entoure ou marche contre lui, le lion cesse de poursuivre sa proie, mais il n'en reste pas moins ce qu'il était, il n'en est pas moins lion; il n'a point emporté sa proie, mais il n'a point dépouillé sa férocité. Si tels sont vos sentiments, votre justice est encore celle qui se borne à vous conseiller d'éviter le châtiment. Mais quel si grand mérite de craindre le châtiment? Qui n'a cette crainte? Quel est le voleur, le scélérat, le brigand, qui ne redoute d'être châtié? Il y a toutefois cette différence entre votre crainte et la crainte du voleur : c'est que le voleur craint les lois humaines, et qu'il ne se livre à ses rapines que parce qu'il espère échapper à ces lois; tandis que vous craignez les lois, et que vous craignez les châtiments de celui qu'il vous est impossible de tromper; car si vous pouviez le tromper, que ne feriez-vous point? Votre convoitise coupable n'est donc pas éteinte par l'amour; elle est simplement comprimée par la crainte. Le loup se rue sur une bergerie, mais les aboiements des chiens et les cris des bergers le forcent à

---

modo tua est? Numquid tu ibi imposuisti legem? Deus legem dedit, Deus legem imposuit, Deus legi suæ te obtemperare præcepit. Lex si non te doceret quemadmodum vivere deberes, quomodo posses habere justitiam sine querela secundum legem? si secundum legem habes, quomodo dicis : « Non habens meam justitiam, quæ ex lege est, sed eam quæ est per fidem Christi, quæ est a Deo? »

Caput VI. — *Solutionem quæstionis aggreditur. Justitia ex lege, cum legi timore obeditur. Timore pœnæ concupiscentia non tollitur.* — 8. Jam ergo dicam ut potero : revelet melius qui vos possidet, donet et intellectum et affectum. Donabit enim effectum; et donabit affectum. (*a*) Hoc est enim quod volo dicere : Lege Dei proposita, ipsa enim dixit : Non concupisces (*Exod.*, xx, 16) : Lege ergo Dei proposita, exceptis illis carnalibus sacramentis, quæ fuerunt umbræ futurorum ; lege Dei proposita quisquis tumuerit, et suis viribus eam implere se posse putaverit, et fecerit quod lex jubet, non amando justitiam, sed timendo pœnam; fuit quidem secundum justitiam, quæ ex lege est, homo sine querela ; non furatur, non adulterat, non dicit falsum testimonium, non facit homicidium, non concupiscit rem proximi sui : potest hoc, potest fortassis; unde? Timore pœnæ. Quanquam qui timore pœnæ non concupiscit, puto quia concupiscit. Terrore ingenti armorum atque telorum, et circumdantis forsitan multitudinis vel obviam euntis, etiam leo revocatur a præda : et tamen leo venit, leo redit; prædam non rapuit, non malitiam posuit. Si talis es, adhuc justitia est, qua justitia tibi consulis ne torquearis. Quid magnum est, pœnam timere? Quis eam non timet? quis latro, quis sceleratus, quis nefarius? Sed hoc interest inter timorem tuum, timoremque latronis, quod latro timet leges hominum, et ideo facit latrocinium, quia sperat se fallere leges hominum : tu autem leges ejus times, ejus pœnam times, quem fallere non potes. Nam si fallere posses, quid non fecisses? Ergo et concupiscentiam tuam malam non amor tollit, sed timor premit. Ad

---

(*a*) Hic apud Lov. additur *Donabit autem affectum, si donaverit intellectum* : quod ab aliis editis et a nostris Mss. abest.

prendre la fuite : il n'en est pas moins resté loup. Qu'il change donc et qu'il devienne brebis. Le Seigneur peut opérer cette transformation : mais alors c'est sa justice, ce n'est plus la vôtre. Tant que vous n'avez que votre justice, vous pouvez bien craindre le châtiment, vous ne pouvez aimer la justice.

CHAPITRE VII. — *Le charme produit par la justice est un don de Dieu.* — Quoi donc, mes frères, l'iniquité aurait ses charmes, et la justice n'aurait pas les siens? Le mal aurait pour nous de l'attrait, et le bien nous trouverait indifférents? Non, le bien a aussi pour nous de l'attrait, mais à une condition : « Le Seigneur répandra sa suavité, et notre terre produira ses fruits. » (*Ps.* LXXXIV, 13.) S'il ne répand d'abord cette suavité, notre terre restera stérile. C'est donc cette justice que l'Apôtre a désirée, dont il a fait ses délices; il s'est souvenu de Dieu, et a trouvé en lui sa joie (*Ps.* LXXVI, 4); son âme soupirait ardemment et brûlait d'amour dans les parvis du Seigneur (*Ps.* LXXXIII, 3); aussi n'eut-il plus que du mépris pour les choses qu'il estimait tant auparavant, et qu'il regardait maintenant comme un dommage, comme une perte, comme du fumier.

Saul persécuteur de l'Eglise parce qu'il voulait établir sa propre justice. — 9. En effet, le motif pour lequel Saul persécutait l'Eglise par zèle pour les traditions de ses pères (*Gal.*, I, 14), c'est qu'il voulait établir sa propre justice, au lieu de chercher la justice de Dieu. Voulez-vous une preuve que c'est pour cette raison qu'il persécutait l'Eglise? « Que dirons-nous donc, s'écrie, dans un autre endroit, le même Apôtre : Que les Gentils qui ne cherchaient point la justice, ont atteint la justice. » (*Rom.*, IX, 30, etc.) Mais quelle justice? « La justice qui vient de la foi. » Ainsi les Gentils, qui ne cherchaient point la justice qui vient de la loi, cette justice personnelle inspirée par la crainte du châtiment plutôt que par l'amour de la justice, par là même qu'ils ne cherchaient point cette justice, ont atteint la justice, mais la justice qui vient de la foi. « Les Israélites, au contraire, en poursuivant la loi de la justice, ne sont point parvenus à la loi de la justice. » Pourquoi? Parce que ce n'est point par la foi qu'ils l'ont cherchée. Qu'est-ce à dire que ce n'est point par la foi? Ils n'ont pas mis leur espérance en Dieu; ils n'ont pas demandé cette justice à Dieu, « ils n'ont point cru en Celui qui justifie l'impie, » (*Rom.*, IV, 5) ils n'ont point imité la conduite du publicain, qui tenait les yeux baissés vers la terre et frappait sa poitrine en disant : « Seigneur, ayez pitié de moi qui ne suis qu'un pécheur. » (*Luc*, XVIII, 13.) Voilà donc pourquoi, en recherchant la loi de la justice, ils n'y sont

---

ovile venit lupus; latratu canum et clamore pastorum ab ovili reversus est lupus : ipse tamen semper est lupus. In ovem vertatur. Facit enim et hoc Dominus : sed ipsa est justitia ejus, non tua. Nam quamdiu habes tuam, potes timere pœnam, non amare justitiam.

CAPUT VII. — *Justitiæ delectatio donum Dei.* — Ergo, Fratres mei, habet delicias suas iniquitas, et justitia non habet? Delectat malum, et non delectat bonum? Delectat omnino : sed, Dominus dabit suavitatem, et terra nostra dabit fructum suum. (*Psal.* LXXXIV, 13.) Ille nisi prior det suavitatem, terra nostra non habebit nisi sterilitatem. Hanc ergo justitiam concupivit Apostolus, delectatus est : memor fuit Dei, et delectatus est (*Psal.* LXXVI, 4); concupivit anima ejus, et æstuavit in atria Domini (*Psal.* LXXXIII, 3); et viluerunt omnia, quæ pro magno habebat, facta sunt damna, detrimenta, stercora.

Saulus Ecclesiæ persecutor, quia justitiam suam constituens. — 9. Hinc enim erat et illud, quod Ecclesiam persequebatur secundum æmulationem paternarum traditionum (*Gal.*, I, 14); inde erat, quia suam justitiam constituebat, non justitiam Dei quærebat. Videte enim, quia inde persequebatur Ecclesiam. Quid ergo dicemus? ait alio loco ipse Apostolus : Quia gentes quæ non sectabantur justitiam, apprehenderunt justitiam. (*Rom.*, IX, 30, etc.) Sed quam? Justitiam autem quæ ex fide est. Gentes autem quæ non sectabantur justitiam, quæ ex lege est, quasi propriam suam, quæ fit de timore pœnæ, non de amore justitiæ : quia non sectabantur justitiam, apprehenderunt justitiam; justitiam autem quæ ex fide est. « Israel autem, inquit, persequens legem justitiæ, in legem (*a*) justitiæ non pervenit. » Quare? Quia non ex fide. Quid est : Quia non ex fide? Non speravit in Deum, non illam petivit a Deo, non credidit in eum qui justificat impium (*Rom.*, IV, 5); non fuit similis publicano oculos in terram dejicienti, pectus suum percutienti, et dicenti : Domine, propitius esto mihi peccatori. (*Luc.*, XVIII, 13.) « Ergo persequens legem justitiæ, in legem justitiæ non pervenit. » Quare? « Quia non ex fide, sed quasi ex operibus. »

(*a*) Mss. hoc et proximo loco, *in legem non pervenit*, omissa voce *justitiæ*.

point parvenus. Pourquoi? Je le répète, parce qu'ils l'ont recherchée non par la foi, mais par les œuvres. Car ils sont venus se heurter contre la pierre d'achoppement. Voilà donc la raison pour laquelle Saul persécutait l'Eglise ; en la persécutant, il se heurtait contre la pierre d'achoppement. Jésus-Christ était comme étendu à terre dans son état d'humiliation ; il était dans le ciel, il est vrai, où il avait élevé sa chair ressuscitée des morts ; mais si le Christ n'avait encore été comme étendu à terre, il n'aurait point crié à Saul : « Pourquoi me persécutes-tu? » (*Act.*, ix, 4.) Il était donc abaissé jusqu'à terre par ses humiliations, et Saul venait se heurter contre lui parce qu'il ne le voyait point. Et d'où venait ce complet aveuglement? De l'enflure de l'orgueil, de la confiance qu'il avait dans sa propre justice. Cette justice venait de la loi, il est vrai, mais c'était sa justice. Qu'est-ce à dire qu'elle venait de la loi? Elle consistait dans l'accomplissement des prescriptions légales. Pourquoi encore était-ce sa justice? Parce qu'il l'attribuait à ses propres forces. L'amour lui faisait défaut, l'amour de la justice, l'amour de la charité de Jésus-Christ. Et d'où cet amour est-il venu dans son âme? Il était livré tout entier à la crainte, mais il réservait dans son cœur une place pour la charité qui devait s'en emparer. C'est donc lorsque, dominé par la cruauté, par l'orgueil, et cherchant à se glorifier aux yeux des Juifs, il persécutait l'Eglise par zèle pour les traditions de ses pères ; c'est lorsqu'il se figu-

rait être en possession de la véritable grandeur, qu'il entendit du haut du ciel la voix de Notre-Seigneur Jésus-Christ, assis déjà au plus haut des cieux, mais recommandant encore l'humilité et lui disant : « Saul, Saul, pourquoi me persécutes-tu? Il t'est dur de regimber contre l'aiguillon. » (*Act.*, ix, 4, 5.) Je pourrais te laisser faire ; tu serais blessé par les piqûres de l'aiguillon, sans que je fusse moi-même atteint par tes coups de pied ; mais je ne te laisserai point faire. A ta cruauté je réponds par la miséricorde. Pourquoi me persécutes-tu? Je ne crains pas que tu me crucifies de nouveau, mais je veux que tu me reconnaisses, pour que tu n'en viennes pas, non point à me donner la mort, mais à te priver toi-même de la vie.

CHAPITRE VIII. — *Saint Paul a horreur de sa propre justice, pour obtenir la justice de Dieu.* — 10. L'Apôtre fut donc comme saisi d'horreur ; il fut frappé et terrassé, mais il fut aussitôt relevé et affermi. En lui s'accomplit cette parole divine : « C'est moi qui frapperai et qui guérirai. » (*Deut.*, xxxii, 39.) Dieu ne dit point : Je guérirai et je frapperai, mais : « Je frapperai et je guérirai. » Je te frapperai, et je me donnerai moi-même à toi. Ainsi terrassé, il a horreur de sa justice, dans laquelle il marchait sans reproche et qui le rendait digne d'éloges, grand et glorieux même aux yeux des Juifs. Il a estimé tous ces avantages comme une perte, comme un dommage, comme du fumier, « afin d'être trouvé, lui, non pas avec sa propre jus-

---

Offenderunt enim in lapidem offensionis. Ecce unde Saulus persequebatur Ecclesiam. Quando enim persequebatur Ecclesiam, in lapidem offensionis offendebat. Christus humilis in terra jacebat : in cœlis quidem et ipse erat, levata illo carne sua a mortuis resuscitata ; sed nisi et in terra Christus jaceret, non ipse Saulo clamaret : Quid me persequeris? (*Act.*, ix, 4.) Ergo ille jacebat, quia humilitatem præferebat : ille offendebat, quia non videbat. Et totum hoc non videre, unde erat? De tumore superbiæ. Quid est : De tumore superbiæ? Quasi de justitia sua. Ex lege quidem, sed sua. Quid est : Ex lege? Quia in mandatis legis. Quid est : De sua? Tanquam de viribus suis. Amor deerat, amor justitiæ, amor caritatis Christi. Et unde illi amor? Solus illum possidebat timor, sed caritati venturæ locum in corde servabat. Cum sæviret erectus, jactabundus, glorians apud ipsos Judæos, quod secundum æmulationem paternarum traditionum persequebatur Ecclesiam ; cum

sibi videretur excelsus, audivit de super vocem Domini nostri Jesu Christi, jam in cœlo sedentis, et adhuc humilitatem commendantis : Saule, inquit, Saule, quid me persequeris? « Durum est tibi, adversus stimulum calces mittere. » (*Act.*, ix, 4, 5.) Possem te dimittere : tu enim vexareris punctionibus meis, non ego frangerer calcibus tuis : sed non te dimitto. Sævis, et misereor. Quid me persequeris? Non enim timeo te, ne iterum crucifigas me : sed volo agnoscas me, ne occidas non me, sed te.

CAPUT VIII. — *Justitiam suam horret Paulus, ut habeat justitiam a Deo.* — 10. Horruit ergo Apostolus, percussus et prostratus, erectus et instructus. Factum enim est in illo : Ego percutiam, et ego sanabo. (*Deut.*, xxxii, 39.) Non enim ait : Sanabo et percutiam, sed : Percutiam, et sanabo. Percutiam te, et dabo tibi me. Sic prostratus horruit justitiam suam, in qua erat certe sine querela, laudabilis, magnus, quasi gloriosus apud Judæos : detrimenta existima-

tice, qui vient de la loi, mais avec celle qui vient de la foi de Jésus-Christ, qui est la justice que Dieu donne par la foi. » Que dit, au contraire, l'Apôtre lui-même de ceux qui se sont heurtés contre la pierre d'achoppement? « Ils n'ont point recherché la justice par la foi, mais par les œuvres. Car ils ont heurté contre la pierre d'achoppement, selon qu'il est écrit : Je m'en vais mettre en Sion une pierre d'achoppement et une pierre de scandale; mais tous ceux qui croiront en Celui qui est cette pierre ne seront point confondus. » (*Rom.*, IX, 32; *Isa*, XXVIII, 16.) En effet, celui qui croira en lui n'aura point cette justice personnelle qui vient de la loi, bien que la loi soit bonne; il accomplira la loi elle-même, non par sa propre justice, mais par la justice qui vient de Dieu. C'est ainsi qu'il ne sera point confondu, car la charité est la plénitude de la loi. (*Rom.*, XIII, 10.) Et par qui cette charité a-t-elle été répandue dans nos cœurs? Ce n'est point par nous-mêmes, mais par l'Esprit saint qui nous a été donné. (*Rom.*, V, 5.) Ils ont donc heurté contre la pierre d'achoppement, contre la pierre de scandale. (*Rom.*, IX, 32) Et c'est d'eux qu'il dit : « Mes frères, la disposition de mon cœur et mes prières à Dieu sont toutes pour le salut d'Israël. » (*Rom.*, X, I.) L'Apôtre prie pour ceux qui ne croient point, afin qu'ils aient la foi; il prie pour la conversion de ceux qui sont égarés. Vous voyez qu'il ne peut y avoir de conversion sans la grâce de Dieu. « Mes prières à Dieu, dit-il, sont toutes pour leur salut, car je leur rends ce témoignage, qu'ils ont du zèle pour Dieu. » (*Ibid.*, 2.) C'est le zèle qu'il avait lui-même, car il avait du zèle pour Dieu. Mais quel était ce zèle, quel était le zèle des Juifs? Un zèle qui n'était point selon la science. Comment n'était-il point selon la science? « Parce que, ne connaissant point la justice de Dieu, ils s'efforçaient d'établir leur propre justice. » (*Ibid.*, 3.) Aussi l'Apôtre, une fois converti, dit : « N'ayant point ma propre justice. » Ils veulent encore établir leur propre justice; ils aiment encore à rester sur le fumier. Pour moi, la justice que j'ai n'est plus ma justice, mais la justice qui vient de la foi de Jésus-Christ, la justice dont Dieu est l'auteur, Dieu qui justifie l'impie.

Chapitre IX. — *La justice véritable ne peut nous venir que de la grâce.* — 11. Eloignez-vous, je le répète, éloignez-vous de vous-même, vous êtes pour vous un obstacle; si vous voulez construire vous-même votre édifice, vous ne bâtissez que des ruines. « Si le Seigneur ne bâtit la maison, c'est en vain que travaillent ceux qui la bâtissent. » (*Ps.* CXXVI, 1.) Ne cherchez donc pas à avoir une justice qui vous soit propre. Cette justice vient certainement de la loi; oui, elle vient de la loi; c'est Dieu qui a donné la loi, et, puisque cette justice vient de

---

vit, damna credidit, stercora deputavit, « ut inveniretur in illo non habens suam justitiam, quæ ex lege est; sed eam quæ per fidem est Christi, quæ est, inquit, ex Deo. » Illi autem qui offenderunt in lapidem offensionis, quid de illis dicit ipse Apostolus? « Quia non, inquit, ex fide, sed tanquam ex operibus. Quia ipsi quasi sua justitia offenderunt in lapidem offensionis, » sicut scriptum est : « Ecce pono in Sion lapidem offensionis, et petram scandali; et qui crediderit in eum, non confundetur. » (*Rom.*, IX, 32, etc.; *Isai.*, XXVIII, 16.) Qui enim crediderit in eum, non habebit suam justitiam, quæ ex lege est, quamvis sit bona lex; sed implebit ipsam legem, non sua justitia, sed data ex Deo. Ita enim non confundetur. Caritas enim est legis plenitudo. (*Rom.*, XIII, 10.) Et unde ista caritas diffusa est in cordibus nostris? Non utique a nobis, sed per Spiritum sanctum qui datus est nobis. (*Rom.*, V, 5.) Offenderunt ergo illi in lapidem offensionis, et petram scandali. (*Rom.*, IX, 32.) Et ait de illis, Fratres, bona voluntas quidem cordis mei, et deprecatio ad Deum pro illis in salutem. (*Rom.*, X, 1.) Deprecatur Apostolus pro non credentibus, ut credant; pro aversis, ut convertantur. Videtis quia nec ipsa conversio sine Dei adjutorio. Deprecatio, inquit, ad Deum pro illis ad salutem. « Testimonium enim perhibeo, quia zelum Dei habent. » (*Ibid.*, 2.) Sic habebat et ipse : zelum Dei habebat. Sed quomodo ipse habebat? Quomodo illi habebant : « Sed non secundum scientiam. » Quid est hoc, « non secundum scientiam ? » Ignorantes enim Dei justitiam, et suam volentes constituere. (*Ibid.*, 3.) Unde iste correctus inquit : « Non habens meam justitiam. » Illi volunt suam constituere, adhuc eos delectat in stercore jacere. Ego non habeo meam justitiam, sed eam quæ est per fidem Christi, justitiam ex Deo; justitiam, inquam, ex Deo, qui justificat impium.

Caput IX. — *Justitia nobis vera non est nisi ex gratia.* — 11. Tolle te, tolle, inquam, te a te, impedis te : si tu te ædificas, ruinam ædificas. Nisi Dominus ædificaverit domum, in vanum laboraverunt qui ædificant eam. (*Psal.* CXXVI, 1.) Noli ergo velle habere justi-

la loi, elle ne doit pas être la vôtre. C'est l'apôtre saint Paul qui l'affirme, ce n'est point moi que doivent accuser les partisans de leur propre justice. Voici le livre où vous trouverez sa doctrine; ouvrez, lisez, écoutez, voyez. Ne cherchez pas votre justice; l'Apôtre l'estime comme un vil fumier, bien qu'elle vienne de la loi, parce qu'elle est la sienne. « Ne connaissant point la justice de Dieu, et s'efforçant d'établir leur propre justice, ils ne se sont point soumis à la justice de Dieu. » (*Rom.*, x, 3.) Et ne croyez point, parce que vous portez le nom de chrétien, que vous ne puissiez venir heurter contre la pierre d'achoppement. Dès que vous diminuez l'action de la grâce, vous venez vous heurter contre cette pierre. C'était un moindre crime de se rendre coupable contre Jésus-Christ attaché à la croix, que contre Jésus-Christ assis dans les cieux. Soyez juste, mais par la grâce de Dieu; que cette justice vienne de Dieu, qu'elle ne soit point votre œuvre. « Que vos prêtres, dit le Psalmiste, se revêtent de la justice. » (*Ps.* cxxxi, 16.) On reçoit un vêtement, il ne naît pas avec le cheveux; tandis que les animaux ont pour vêtement leur propre toison. Voilà la justice que prêche l'apôtre saint Paul, c'est de Dieu que vous devez l'attendre. Ayez recours aux gémissements, aux larmes, à la foi vive pour l'obtenir. « Celui, dit le Prophète, qui invoquera le nom du Seigneur, sera sauvé. » (*Joël*, ii, 32.) Croyez-vous qu'il veuille dire que celui qui invoquera le nom du Seigneur sera sauvé de la fièvre, de la peste, de la goutte, ou de quelque autre mal corporel? Non, il sera sauvé, c'est-à-dire il sera justifié. Notre Seigneur a dit : Ce n'est point ceux qui se portent bien qui ont besoin de médecin, mais les malades. » (*Matth.*, ix, 12.) Et il explique sa pensée en ajoutant : « Je ne suis pas venu appeler les justes, mais les pécheurs. » (*Ibid.*, 13.)

CHAPITRE X. — *C'est un grand point de connaître la vertu de la résurrection de Jésus-Christ.* — 12. Considérez donc ce qu'a dit encore l'Apôtre : « Afin d'être trouvé en lui, non pas avec ma propre justice qui vient de la loi, » car c'est ma justice, bien qu'elle vienne de la loi; « mais celle qui vient par la foi de Jésus-Christ, » que Dieu nous donne, « qui vient de Dieu, la justice de la foi, afin de connaître Jésus-Christ et la vertu de sa résurrection. » (*Ibid.*, 9, 10.) C'est une grande chose que de connaître la vertu de la résurrection du Christ. Pensez-vous que cette grande chose soit de savoir que Jésus-Christ a ressuscité sa chair? Est-ce en cela que l'Apôtre fait consister la vertu de sa résurrection? Ne devons-nous pas ressusciter nous-mêmes à la fin des siècles? Est-ce que notre chair corruptible ne revêtira point l'incorruptibilité, et notre corps mortel l'immortalité? (I *Cor.*, xv, 54.) Est-ce qu'à l'exemple de Jésus-Christ, qui est ressuscité des morts pour ne plus mourir, et sur lequel la mort n'a plus

tiam tuam. Certe ex lege est, nempe ex lege est : certe Deus dedit legem, et quia justitia ex lege est, non sit tua. Apostolus Paulus loquitur : mihi amantes justitiam suam non calumnientur. Ecce ubi illum habes : aperi, lege, audi, vide. Tuam justitiam noli habere : stercora illam deputat Apostolus, quamvis sit ex lege, tamen quia suam. « Ignorantes enim Dei justitiam, et suam volentes constituere, justitiæ Dei non sunt subjecti. » (*Rom.*, x, 3.) Noli putare quia Christianus vocaris, ideo te non posse offendere in lapidem offensionis. Cujus gratiæ derogas, in ipsum offendis. Minus est offendere Christum in cruce pendentem, quam in cœlo sedentem. Justitia sit, sed ex gratia sit, a Deo tibi sit; non tua sit. Sacerdotes tui, inquit, induantur justitiam. (*Psal.* cxxxi, 16.) Vestis accipitur, non cum capillis nascitur : pecora de suo vestiuntur. Hanc prædicat apostolus Paulus : a Deo tibi sit. Geme ut impetres, plora ut impetres, crede ut impetres. Qui, inquit, invocaverit nomen Domini, salvus erit. (*Joel.*, ii, 32.) An putatis sic dictum esse : Qui invocaverit nomen Domini, salvus erit; quasi a febre, aut a peste, aut a podagra, aut aliquo dolore corporis? Non sic, sed salvus erit, justus erit. Quia non est opus sanis medicus, sed male habentibus. (*Matth.*, ix, 12.) Exposuit cum dixit : Non veni vocare justos, sed peccatores. (*Ibid.*, 13.)

CAPUT X. — *Magnum est cognoscere virtutem resurrectionis Christi.* — 12. Videte ergo quid sequitur. « Et inveniar, inquit, in illo, non habens meam justitiam, quæ ex lege est; » quamvis ex lege, tamen meam : « sed eam quæ est per fidem Christi; » quæ impetratur a Deo, « quæ est ex Deo, justitiam in fide, ad cognoscendum eum, et virtutem resurrectionis ejus. » (*Ibid.*, 9, 10.) Aliquid magnum est, agnoscere virtutem resurrectionis Christi. Hoc putatis esse magnum, quia carnem suam resuscitavit? Ipsam dixit virtutem resurrectionis ejus? Nonne erit etiam nostra in fine sæculi resurrectio? Nonne et nostrum corruptibile hoc induet incorruptionem, et mortale hoc induet immortalitatem? (I *Cor.*, xv, 54.)

d'empire, nous ne ressusciterons pas nous-mêmes, et, si j'ose le dire, d'une manière plus merveilleuse? (*Rom.*, VI, 9.) Car la chair de Jésus-Christ n'a point connu la corruption, la nôtre sort vivante de ses cendres mêmes. Il est admirable, sans doute, de voir Jésus-Christ nous donner par avance, en resuscitant, l'exemple et le gage de notre propre résurrection; mais ce n'est pas le seul but que se proposait l'Apôtre en parlant de cette justice qui n'est pas la sienne, et en faisant mention expresse de la vertu de la résurrection de Jésus-Christ; il voulait vous faire reconnaître ici votre justification. Car c'est par sa résurrection que nous sommes justifiés, comme si nous étions circoncis par la pierre. Voilà pourquoi saint Paul a commencé par dire : « C'est nous qui sommes la circoncision. » Comment se fait cette circoncision? Par la pierre. Quelle est cette pierre? Jésus-Christ. Quand a eu lieu cette circoncision? Le huitième jour, et notre Seigneur est ressuscité en ce jour, appelé depuis « le jour du Seigneur. »

Chapitre XI. — *Notre justification vient de la grâce, mais avec le concours de notre volonté.* — 13. Voilà donc, mes frères, la justification que nous devons conserver, si nous avons le bonheur de l'avoir; qu'il nous faut continuellement augmenter, tant qu'elle est imparfaite, et qui recevra sa perfection lorsque nous serons parvenus au jour où nous dirons :

« O mort, où est ta victoire? O mort, où est ton aiguillon? » (I *Cor.*, XV, 55.) Mais, tout ici vient de Dieu, non pas toutefois qu'il nous soit permis de nous endormir, de ne faire aucun effort ou de refuser le concours de notre volonté. Sans la coopération de votre volonté, vous n'aurez pas en vous la justice de Dieu. Il n'y a ici d'autre volonté que la vôtre, de même qu'il n'y a d'autre justice que celle de Dieu. La justice de Dieu peut exister sans votre volonté, mais elle ne peut être en vous indépendamment de votre volonté. On vous a parfaitement démontré ce que vous devez faire ; la loi vous dit avec le ton du commandement : Vous éviterez telle et telle action, vous ferez telle et telle autre. Cet enseignement est clair, ce commandement n'a aucune obscurité, et, si vous avez tant soit peu d'intelligence, vous devez comprendre ce que vous avez à faire; demandez à Dieu la grâce de l'accomplir, si vous connaissez la vertu de la résurrection de Jésus-Christ ; « car il a été livré à la mort pour nos péchés, et il est ressuscité pour notre justification. » (*Rom.*, IV, 25.) Qu'est-ce à dire : pour notre justification? Pour nous justifier, pour nous rendre justes. Vous serez l'œuvre de Dieu à un double titre, et parce que vous êtes homme, et parce que vous êtes juste. Il est bien plus avantageux pour vous d'être juste que d'être homme. Si donc, après que Dieu vous a fait homme, c'est vous qui vous faites juste, vous faites une chose su-

---

Nonne quomodo ipse resurrexit a mortuis, et jam non moritur, et mors ei ultra non dominabitur (*Rom.*, VI, 9), sic et nos, mirabilius, ut ita dicam? Nam illius caro non vidit corruptionem, nostra de cinere reparatur. Magnum est quidem, quia præcessit in exemplo, et (*f.* ostendit) dedit nobis quid speraremus : sed non hoc est solum illi qui de justitia loquebatur non sua, sed illa quæ ex Deo est, et ibi nominavit virtutem resurrectionis Christi : agnosce ibi justificationem tuam. Ex illius enim resurrectione justificamur, tanquam a petra circumcidamur. Propterea inde cœpit : « Nos sumus circumcisio. » Unde circumcisio? A petra. Qua petra? Christo. Quomodo? Octavo die. Quomodo resurrexit Dominus Dominico die.

Caput XI. — *Justificatio nostra ex gratia, non sine nostra voluntate.* — 13. Hanc ergo, Fratres mei, justificationem et habeamus in quantum habemus, et augeamus in quantum minores sumus, et perficiamus cum illuc venerimus, ubi dicetur : Ubi est mors victoria tua? Ubi est mors aculeus tuus? (I *Cor.*, XV, 55.) Sed totum ex Deo : non tamen quasi dormientes, non quasi ut non conemur, non quasi ut non velimus. Sine voluntate tua non erit in te justitia Dei. Voluntas quidem non est nisi tua, justitia non est nisi Dei. Esse potest justitia Dei sine voluntate tua, sed in te esse non potest (a) præter voluntatem tuam. Demonstratum est quid agere debeas : jussit lex : Non facias illud, non illud; fac hoc atque illud. Demonstratum est tibi, jussum est tibi, apertum est tibi, (b) si tibi est cor, intellexisti quid facias : roga ut facias, si cognoscis virtutem resurrectionis Christi. « Traditus est enim propter delicta nostra, et resurrexit propter justificationem nostram. » (*Rom.*, IV, 25.) Quid est, propter justificationem nostram? Ut justificet nos, ut justos faciat nos. Eris opus Dei, non solum quia homo es, sed etiam quia justus es. Melius est enim justum esse, quam te hominem esse. Si

---

(a) Sic Mss. At editi *non potest nisi per voluntatem.* — (b) Am. Er. et aliquot Mss. *apertum est tibi cor.*

périeure à ce qu'a fait Dieu lui-même. Dieu vous a fait sans vous, car vous n'avez point donné à Dieu un consentement quelconque pour être créé par lui. Comment donner ce consentement, puisque vous n'existiez pas? Il vous a donc fait sans que vous en eussiez connaissance, mais il ne vous justifie point sans que vous le vouliez. Cependant, c'est lui seul qui vous justifie, afin que vous ne regardiez point cette justice comme votre œuvre, que vous ne retombiez point dans ce qui était pour vous une perte, un dommage, et comme du fumier, et que vous soyez trouvé en lui, non pas avec votre propre justice qui vient de la loi, mais avec celle qui vient de la foi de Jésus-Christ, qui est la justice que Dieu donne par la foi, afin de connaître Jésus-Christ, la vertu de sa résurrection et la participation de ses souffrances. Voilà ce qui sera votre vertu, voilà ce qui sera votre force : la participation des souffrances de Jésus-Christ.

Cette participation aux souffrances de Jésus-Christ doit se faire par la charité. — 14. Mais comment, sans la charité, participer aux souffrances de Jésus-Christ? Ne voit-on pas, au milieu des plus cruelles tortures, des voleurs déployer une force corporelle si grande, que non-seulement ils ne veulent pas faire connaître leurs complices, mais qu'ils refusent même de dire leurs noms. Ils souffrent des douleurs atroces, ils ont les côtes enfoncées, les membres presque broyés, et leur esprit s'obstine dans sa criminelle opiniâtreté. Or, examinez à quel sentiment d'amour ils obéissent; car, sans un grand amour, ils ne pourraient résister à de si cruelles épreuves. Tel n'est point cependant celui qui aime Dieu, car on ne peut aimer Dieu que par la grâce de Dieu. Ce voleur obéit, comme un homme, à je ne sais quel sentiment charnel. Mais quel que soit l'objet de son amour, qu'il aime ses complices, qu'il tienne à ne point livrer le secret de son crime, qu'il aime la gloire qu'il croit voir attaché à ses forfaits, il faut que cet amour soit bien grand pour l'empêcher de faiblir au milieu de cette affreuse torture. Si donc ce coupable, invincible à la douleur, n'a pu sans amour supporter d'aussi cruels tourments, comment vous-même pourriez-vous, sans amour, particper aux souffrances de Jésus-Christ?

CHAPITRE XII. — *C'est l'Esprit saint qui répand la charité dans nos cœurs et les dilate.* — 15. Mais quel sera cet amour? Il doit être, non pas un amour de convoitise, mais un amour de charité. « Quand je livrerais mon corps pour être brûlé, dit saint Paul, si je n'ai point la charité, tout cela ne me sert de rien. » (I *Cor.*, XIII, 3.) Voulez-vous donc tirer quelque fruit de la participation aux souffrances de Jésus-Christ? ayez la charité. Et comment aurez-vous la charité, ô faiblesse réduite à la dernière indigence? d'où

---

hominem te fecit Deus, et justum tu te facis; melius aliquid facis quam fecit Deus. Sed sine te fecit te Deus. Non enim adhibuisti aliquem consensum, ut te faceret Deus. Quomodo consentiebas qui non eras? Qui ergo fecit te sine te, non te justificat sine te. Ergo fecit nescientem, justificat volentem. Tamen ipse justificat, ne sit justitia tua, ne redeas ad damna, ad detrimenta et stercora, inveniri in illo non habens justitiam tuam, « quæ ex lege est, sed justitiam per fidem Christi, quæ est ex Deo : justitiam ex fide, ad cognoscendum eum, et virtutem resurrectionis ejus, et communicationem passionum ejus. » Et ipsa virtus tua erit; communicatio passionum Christi, virtus tua erit.

Communicatio passionum Christi ex caritate. — 14. Quid autem erit in communicationibus passionum Christi, si caritas non erit? Nonne inveniuntur torti latrones in tanta fortitudine corporum, ut quidam eorum non solum conscios prodere noluerint, sed nec nomina sua confiteri dignati sint, inter cruciatus, inter tormenta, effossis lateribus, et pene perditis membris, manserit animus in obstinatione nequissima? Vide ergo quid amabant. Facere tamen ista sine magno amore non poterant. Sed non sic amator Dei. Deus non amatur, nisi de Deo. Amavit ille nescio quid aliud de carne, sicut homo. Quodlibet amaverit, socios suos amaverit, conscientiam scelerum amaverit, gloriam in facinoribus amaverit, quodlibet amaverit; multum amavit, qui torqueri potuit, deficere non potuit. Si ergo ille non potuit, qui torqueri potuit, deficere non potuit; si ergo ille non potuit tanta perferre sine amore; nec tu poteris communicare Christi passionibus sine amore.

CAPUT XII. — *Caritas et dilatatio cordis a Spiritu sancto.* — 15. Sed quæro quo amore. Non sit cupiditas, sed sit caritas. « Si enim, inquit, tradidero corpus meum ut ardeam, et caritatem non habeam; nihil mihi prodest. » (I *Cor.*, XIII, 3.) Ut prosit tibi communicatio passionum Christi, caritas adsit. Unde tibi caritas? O mendicissima infirmitas, unde tibi caritas Dei? Vis ostendo tibi unde sit tibi? Ipsum

vous viendra la charité? Voulez-vous que je vous l'apprenne? Interrogez plutôt le gardien des greniers du Seigneur. Si vous avez en vous la charité de Dieu, vous entrerez en communion avec les souffrances de Jésus-Christ, et vous serez un véritable martyr. A quelle source donc puiserez-vous cette charité? « Nous portons ce trésor, dit l'Apôtre lui-même, dans des vases de terre, afin que ce qu'il a de sublime, soit de la vertu de Dieu, et non pas de nous. » (II *Cor.*, IV, 7.) Comment donc avez-vous la charité? N'est-ce point parce qu'elle a été répandue dans nos cœurs par l'Esprit saint, qui nous a été donné? (*Rom.*, v, 5.) Voilà ce qui doit être l'objet de vos soupirs. Méprisez votre esprit, si vous voulez recevoir l'Esprit de Dieu. Que votre esprit ne craigne pas de se trouver à l'étroit dans votre corps, lorsque l'esprit de Dieu aura fixé son séjour en vous. L'esprit de Dieu habitera dans votre corps, mais il n'en chassera point votre esprit; soyez sans crainte. Si vous donniez l'hospitalité à un riche, vous seriez on ne peut plus gêné, vous ne sauriez où demeurer, où préparer un lit à ce nouvel hôte, où placer votre femme, vos enfants, votre famille. Que vais-je faire? diriez-vous. Où aller? Où habiter? Recevez en vous l'Esprit si riche de Dieu; loin de vous mettre à l'étroit, il agrandira votre demeure. « Vous avez élargi sous mes pieds la voie où je marchais, » dit le Roi-Prophète.

(*Ps.* XVII, 37.) Voilà ce que vous direz vous-même à votre hôte : « Vous avez élargi sous mes pieds la voie où je marchais. » Avant que vous fussiez avec moi, j'étais à l'étroit; vous avez rempli ma demeure, et, au lieu de m'en chasser, vous n'en avez banni que la gêne. En effet, lorsque l'Apôtre dit : « La charité de Dieu a été répandue, » cette diffusion seule de la charité emporte avec elle l'idée d'une grande étendue. Ne craignez donc point d'être à l'étroit; recevez cet hôte, et ne le recevez point comme un hôte qui ne fait que passer. Il ne peut rien vous donner, s'il s'éloigne de vous; il ne répandra ses libéralités dans votre âme qu'à la condition d'y fixer son séjour. Soyez donc à lui; ne souffrez point qu'il vous abandonne, qu'il s'éloigne de vous; retenez-le par tous les moyens possibles, et dites-lui : Seigneur notre Dieu, que nous devenions votre possession. (*Isa.*, XXVI, 13, *selon les Sept.*)

CHAPITRE XIII. — *L'Apôtre déclare qu'il est encore imparfait.* — 16. « Ayons donc, dit l'Apôtre, cette justice qui vient de Dieu, afin de connaître Jésus-Christ, la vertu de sa résurrection, la participation à ses souffrances, et d'être rendus conformes à sa mort. » « Car, dit-il ailleurs, nous avons été ensevelis avec lui par le baptême pour mourir, afin que, comme Jésus-Christ est ressuscité d'entre les morts, nous marchions dans une vie nouvelle. » (*Rom.*, VI, 4.)

---

interroga horrearium Dominicum. Si enim in te fuerit caritas Dei, communicabis Christi passionibus et verus eris martyr. In quo caritas coronatur, ipse erit verus martyr. Unde ergo tibi? Habemus thesaurum istum in vasis fictilibus, ait ipse Apostolus, ut eminentia virtutis sit Dei, et non ex nobis. (II *Cor.*, iv, 7.) Ergo unde tibi caritas, nisi quia diffusa est in cordibus nostris per Spiritum sanctum, qui datus est nobis? (*Rom.*, v, 5.) Ecce ad quod geme. Contemne spiritum tuum, accipe Spiritum Dei. Non timeat spiritus tuus, ne cum cœperit in te habitare Spiritus Dei, angustias patiatur in corpore tuo. Cum habitare in corpore tuo cœperit Spiritus Dei, non inde excludet spiritum tuum : noli timere. Si divitem aliquem hospitio suscipias, pateris angustias, ubi maneas tu non invenis, ubi illi lectus paretur, ubi conjux, ubi filii, ubi familia. Quid ago, inquis? Quo eo? Quo migrabo? Suscipe divitem Spiritum Dei : dilataberis, non angustaberis. Dilatasti gressus

tuos subter me (*Psal.* xvii, 37) : dicis. Hospiti tuo dicturus es : Dilatasti gressus meos subter me. Quando non hic eras, angustias patiebar : implesti cellam meam, et non me exclusisti, sed angustiam meam. (*a*) Cum enim dicit : Caritas Dei diffusa est, ipsa diffusio latitudinem significat. Non ergo timeas angustias, recipe hospitem istum : et non sit hospes quasi de transeuntibus. Non enim (*b*) habet dare discedendo : veniens habitet in te, et dedit. Ipsius esto, non te deserat, non inde migret : tene illum omnino, et dic illi : « Domine Deus noster, posside nos. (*Isai.*, xxvi, 13, *sec.* lxx.)

CAPUT XIII. — *Apostolus imperfectum se profitetur.* — 16. « Ergo ad hoc, inquit, habeamus justitiam, quæ ex Deo est, ad cognoscendum eum, et virtutem resurrectionis ejus, et communicationem passionum ejus, conformati morti ipsius. » « Consepulti enim, inquit, sumus cum Christo per baptismum in mortem, ut quemadmodum Christus surrexit a mortuis, sic et

---

(*a*) Lov. *sed angustiam meam dilatasti.* Verbum *dilatasti* abest ab Am. Er. et a Mss. — (*b*) Mss. *debet dare.* Et paulo post iidem libri cum Am. et Er. pro *et dedit*, ferunt *et debet.*

Mourez donc afin de vivre, ensevelissez-vous pour ressusciter. Lorsque vous aurez été enseveli et que vous serez ressuscité, il sera vrai de dire que votre cœur est en haut. Vous goûtez ce que je dis. Goûteriez-vous mes paroles, si vous n'aviez déjà en vous une douceur intérieure? « Et que, rendu conforme à sa mort, je m'efforce de parvenir, de quelque manière, à la résurrection d'entre les morts. » (*Ibid.*, 11.) Il parlait de la justice, de la justice par la foi en Jésus-Christ, de la justice qui vient de Dieu, et c'est ainsi qu'il termine tout ce qu'il avait à en dire; après avoir recherché quelle est cette justice, après avoir dit : « Afin d'être trouvé en lui, non pas avec ma propre justification, qui vient de la loi, mais avec celle qui vient de la foi de Jésus-Christ, qui est la justice que Dieu donne par la foi; » il ajoute : « Afin que je puisse parvenir de quelque manière à la résurrection d'entre les morts. » Pourquoi dites-vous : « Afin que je parvienne de quelque manière. » Le voici : « Car je ne crois pas encore avoir atteint jusque-là ou être parfait; mais je poursuis ma course pour tâcher d'atteindre où Jésus-Christ a voulu me conduire. » (*Ibid.*, 12.) Sa justice m'a prévenu, c'est à la mienne de le suivre. Or, elle le suivra, à la condition qu'elle ne sera plus la mienne. « Afin que je parvienne de quelque manière, car je ne crois pas encore avoir atteint jusque-là, ou être parfait. » On eut lieu de s'étonner, en entendant ces paroles de l'Apôtre : « Je ne crois pas encore avoir atteint jusque-là, ou être parfait. » Que n'avait-il pas encore atteint? Il avait la foi, le courage, l'espérance ; la charité embrasait son âme; il opérait des miracles ; on ne pouvait résister à la force de ses prédications; il supportait toutes les persécutions ; d'une patience inébranlable, au milieu de toutes les épreuves, plein d'amour pour l'Eglise, portant dans son cœur la sollicitude de toutes les Eglises, que lui restait-il à recevoir? « Non que j'aie déjà atteint jusque-là, ou que je sois parfait. » Que dites-vous, grand Apôtre? Ce que vous dites nous étonne ; ce que vous dites nous jette dans la stupeur. Nous savons ce que signifient les paroles que nous entendons ; que dites-vous donc? « Mes frères, » dit-il ; et qu'allez-vous donc leur dire : « Non, je ne pense point être encore arrivé au but. » (*Ibid.*, 13.) Ne vous trompez pas à mon égard, je me connais mieux que vous ne me connaissez; si j'ignore ce qui me manque, j'ignore également ce que je puis avoir ; je ne pense point être arrivé au but, il est une chose que je ne crois pas avoir encore. J'ai reçu bien des grâces, mais il en est une que je n'ai pas encore reçue. « J'ai demandé au Seigneur une seule chose, et je la rechercherai constamment. » Qu'avez-vous donc demandé, ou que recherchez-vous? « C'est d'habiter dans la maison du Seigneur, tous les jours

---

nos in novitate vitæ ambulemus. » (*Rom.*, VI, 4.) Morere, ut vivas : sepelire, ut resurgas. Cum enim sepultus fueris, et resurrexeris; tunc verum erit : Sursum cor. Sapuit quod dixi. Numquid iste sermo saperet, nisi esset in vobis interna dulcedo? « Conformatus, inquit, morti ipsius, si quo modo occurram in resurrectionem mortuorum. » (*Ibid.*, 11.) De justitia loquebatur, justitia quæ est ex fide Christi, justitia quæ a Deo est, et sic cuncta exsecutus est. Et cum justitiam quæreret, dicens : « Ut inveniar in illo non habens meam justitiam, quæ ex lege est, sed justitiam quæ est ex fide Christi, quæ est ex Deo (*Ibid.*, 9) ; dicit modo : « Si quo modo occurram in resurrectionem mortuorum. » Quare dixisti : « Si quo modo occurram? Non quia jam acceperim, aut jam perfectus sim : sequor autem, si quo modo apprehendam, in quo et apprehensus sum a Christo Jesu. » (*Ibid.*, 12.) Prævenit me justitia ipsius, sequatur illum mea. Tunc autem sequetur mea, si non sit mea. « Si quo modo occurram. Non quia jam acceperim, aut jam perfectus sim. » Cœperunt mirari, qui hoc audiebant dicentem Apostolum : « Non quia jam acceperim, aut jam perfectus sim. » Quid est quod nondum acceperat? Fidem habebat, virtutem habebat, spem habebat, caritate flagrabat, virtutes operabatur, invictissime prædicabat, omnes persecutiones tolerabat, in omnibus patiens, amans Ecclesiam, sollicitudinem omnium Ecclesiarum corde gestans : quid nondum acceperat? « Non quia jam acceperim, aut jam perfectus sim. » Quid est quod dicis? Dicis, et miramur; dicis, et stupemus. Novimus enim quid audiamus : quid dicis ? « Fratres, » ait. Quid est quod dicis? quid dicis? « Ego me non arbitror apprehendisse. » (*Ibid.*, 13.) Nolite, inquit, in me falli : plus me ipse novi quam vos. Si nescio quid mihi desit ; nescio quid adsit. « Ego me ipsum non arbitror apprehendisse. Unum autem » hoc non me arbitror apprehendisse. Multa habeo, et unum nondum apprehendi. « Unam petii a Domino, hanc requiram. » Quid petisti, aut quid requiris ? « Ut inhabitem in domo Domini per omnes dies vitæ meæ. Ut quid ? Ut contempler delectationem Domini. (*Psal.*

de ma vie. » Pourquoi ? « Afin de contempler les délices du Seigneur. (*Ps.* XXVI, 4.) Voilà le seul bien que l'Apôtre déclare n'avoir pas encore obtenu, et il était d'autant moins parfait qu'il en était plus éloigné.

CHAPITRE XIV. — *Offices de Marthe et de Marie.* — 17. Vous vous souvenez, mes frères, de ce passage de l'Evangile où nous voyons deux sœurs, Marthe et Marie, donnant l'hospitalité au Seigneur. (*Luc*, x.) Vous vous rappelez, sans doute, que Marthe était fort occupée des nombreux préparatifs du festin, et des soins multipliés du service de la maison, car elle avait l'honneur de recevoir le Seigneur et ses disciples. Elle se donnait beaucoup de peine, et mettait un empressement tout religieux pour que rien ne manquât chez elle à ces saints personnages. Or, tandis qu'elle était ainsi occupée à préparer ce qu'il fallait, Marie, sa sœur, était assise aux pieds du Seigneur, pour écouter sa parole. Marthe, s'impatientant, au milieu des soins multipliés qu'elle prenait, de voir sa sœur tranquillement assise sans penser même à la peine qu'elle se donnait, s'adresse au Seigneur. « Vous plaît-il donc, Seigneur, lui dit-elle, que ma sœur me laisse ainsi occupée de tous les soins du service ? » Et le Seigneur lui répondit : « Marthe, Marthe, vous vous inquiétez et vous vous troublez de beaucoup de choses. Or, une seule est nécessaire : Marie a choisi la meilleure part, qui ne lui sera point ôtée ? » Votre part est bonne, la sienne est meilleure. Oui, votre part est bonne, (car il est bon de consacrer sa vie au service des saints,) mais la part qu'a choisie Marie est meilleure. Le ministère que vous avez choisi passe. Vous donnez à manger à ceux qui ont faim, vous donnez à boire à ceux qui ont soif, vous préparez des lits pour reposer leurs membres fatigués, vous donnez l'hospitalité à ceux qui la demandent : tout cela passe. Viendra un temps où on n'aura plus besoin de manger, de boire et de dormir : vous ne pourrez donc plus exercer votre emploi. Mais, pour Marie, « elle a choisi la meilleure part, qui ne lui sera point ôtée. » Non, elle ne lui sera point ôtée. Elle a choisi la contemplation, elle a choisi de vivre de la parole. Quelle sera cette vie où nous vivrons du Verbe sans aucun bruit de paroles ? Marie vivait du Verbe, mais par le moyen de la parole. Un jour viendra où nous vivrons du Verbe, sans l'intermédiaire d'aucune parole. Le Verbe même est la vie. « Nous lui serons semblables, parce que nous le verrons tel qu'il est. » (I *Jean*, III, 2.) C'est la grâce unique que demandait le Roi-Prophète, de contempler les délices du Seigner. Nous ne pouvons les contempler durant la nuit de ce siècle. « Je paraîtrai le matin devant vous, et je contemplerai. » (*Ps.* V, 5.) Ainsi donc, dit l'Apôtre, je ne pense point être encore arrivé au but. Mais il est une chose que je fais.

XXVI, 4.) Ipsum est unum, quod se dicebat nondum apprehendisse Apostolus : et quantum illi deerat, in tantum nondum perfectus erat.

CAPUT XIV. — *Marthæ et Mariæ officia.* — 17. Meministis, Fratres mei, Evangelicæ illius lectionis, ubi duæ sorores Dominum susceperunt, Martha et Maria. (*Luc.*, x.) Certe recolitis, Martha in multo ministerio conversabatur, et occupata erat circa curam (*a*) domus; quippe Dominum hospitio receperat et discipulos ejus. Satagebat omni cura religiosissima, ne sancti apud eam ullam paterentur injuriam. Cum ergo esset occupata circa multum ministerium, Maria soror ejus sedebat ad pedes Domini, et verbum ejus audiebat. Illa in labore stomachabunda, quod illam videret sedentem, et de suis laboribus nihil curantem, interpellavit Dominum : « Placet, inquit, tibi Domine, quod soror mea deseruit me, et ecce tantum in ministerio laboro ? Et Dominus, Martha, Martha, circa multum es occupata. Porro unum est necessarium. Maria meliorem partem elegit, quæ non auferetur ab ea. » Tu bonam, sed ista meliorem. Tu bonam (Bonum est enim conversari in obsequio sanctorum) : sed ista meliorem. Denique quod tu elegisti, transit. Ministras esurientibus, ministras sitientibus, ministras lectulos dormituris, præbes domum habitare volentibus : omnia ista transeunt. Erit tempus ubi nemo esuriat, neque sitiat, nemo dormiat. Ergo cura tua auferetur a te. « Maria meliorem elegit partem, quæ non auferetur ab ea. » Non auferetur : contemplari elegit, verbo vivere elegit. Qualis erit vita de Verbo sine verbo ? Modo ista vivebat de Verbo, sed sonante verbo. Erit vita de Verbo, nullo sonante verbo. Ipsum Verbum vita est. Similes ei erimus, quoniam videbimus eum sicuti est. (I *Joan.*, III, 2.) Ipsa erat una, ut contemplaretur delectationem Domini. Hoc in sæculi hujus nocte non possumus. Mane adstabo tibi, et contemplabor. (*Psal.* V, 5.) Ergo : « Ego, inquit, me non arbitror apprehendisse. Unum autem. »

(*a*) Mss. *circa curam. Domo quippe Dominum*, etc.

Chapitre XV. — *Il faut toujours avancer dans la voie qui conduit à Dieu.* — 18. Que fais-je donc? « Oubliant ce qui est derrière moi, et m'avançant vers ce qui est devant moi, je m'efforce d'atteindre le but, » c'est encore le temps des efforts, « pour remporter le prix auquel Dieu m'a appelé d'en haut par Jésus-Christ. » (*Ibid.*, 14.) Je m'efforce encore d'atteindre ce terme; j'ai besoin d'avancer, de marcher; je suis encore dans la voie, il faut que je poursuive le but; je ne suis pas encore arrivé. Si donc, vous aussi, vous avez encore besoin de marcher, de faire des efforts; si vous pensez aux choses à venir, oubliez le passé; ne regardez pas en arrière, si vous ne voulez rester là où vos regards se seront arrêtés. Souvenez-vous de la femme de Loth. (*Luc*, XVII, 32.) « Nous donc, qui voulons être parfaits, soyons dans ce sentiment. » (*Ibid.*, 15.) Il venait de dire : « Je ne suis pas encore parfait, » et il dit maintenant : « Nous qui voulons être parfaits, soyons dans ce sentiment. » Il venait de dire : « Je ne pense point être encore arrivé au but. Je ne crois pas avoir atteint déjà jusque-là, ou être parfait; » que signifie donc ce langage : « Nous qui voulons être parfaits, soyons dans ce sentiment? » On peut être parfait tout à la fois, et imparfait; parfait voyageur, sans être encore arrivé à la parfaite possession. Voulez-vous une preuve que l'Apôtre parle ici des voyageurs parfaits, de ceux qui, étant encore dans la voie, la suivent en perfection; de ceux qui sont encore voyageurs, mais qui ne sont pas encore en possession de la demeure qu'ils doivent un jour habiter, écoutez ce qu'il ajoute : « Nous qui voulons être parfaits, soyons dans ce sentiment. Et si vous avez d'autres pensées, » c'est-à-dire, s'il vous vient à l'esprit que vous êtes quelque chose. « Or, si quelqu'un s'imagine être quelque chose, n'étant rien, il se trompe lui-même. » (*Gal.*, VI, 3.) « Et si quelqu'un se flatte de savoir quelque chose, il ne sait pas même encore de quelle manière il faut savoir. » (I *Cor.*, VIII, 2.) Ainsi donc, si vous avez d'autres sentiments, Dieu vous découvrira aussi ce que vous devez en croire. « Cependant, par rapport à ce que nous connaissons, ayons les mêmes sentiments. » Voulons-nous que Dieu nous fasse connaître ce que nous devons croire de ces pensées différentes, ne nous arrêtons pas dans ce que nous savons déjà, faisons-en la règle de notre conduite. Vous le voyez donc, nous sommes encore voyageurs. Vous me demandez : Que faut-il faire pour marcher? Je réponds par ce seul mot : Avancez, de peur que, ne comprenant point, vous ralentissiez votre marche. Avancez donc toujours, mes frères, et examinez-vous sérieusement sans vous tromper, sans vous flatter, sans vous faire illusion. Car il n'y a personne au dedans de vous, qui vous force à rougir, ou qui vous permette de vous vanter. Celui qui est en vous a pour agréable l'humilité; c'est à lui de vous éprouver. Eprouvez-vous aussi vous-même. Soyez toujours mécontent de ce que vous êtes, si vous voulez arriver à ce que

Caput XV. — *Proficiendum semper in via ad Deum.* — 18. Quid ergo facio? « Quæ retro oblitus, in ea quæ ante sunt extentus, secundum intentionem sequor. » Adhuc sequor : « ad palmam supernæ vocationis Dei in Christo Jesu. » (*Ibid.*, 14.) Adhuc sequor, adhuc proticio, adhuc ambulo, adhuc in via sum, adhuc me extendo, nondum perveni. Ergo si et tu ambulas, si te extendis, si ea quæ ventura sunt cogitas; obliviscere præterita, noli in ea respicere, ne ibi remaneas ubi respexeris. Mementote uxoris Loth. « Quotquot ergo perfecti, hoc sapiamus. » (*Luc.*, XVII, 32.) Dixerat : Non sum perfectus; et dicit : « Quotquot perfecti, hoc sapiamus. Ego me non arbitror apprehendisse. Non quia jam acceperim, aut jam perfectus sim ; » et dicit : « Quotquot perfecti, hoc sapiamus. » (*Ibid.*, 15.) Perfecti, et non perfecti : perfecti viatores, nondum perfecti possessores. Et ut noveritis quod perfectos viatores dicat; qui jam in via ambulant, perfecti viatores sunt : ut scias viatores eum dixisse, non habitatores, non possessores; audi quod sequitur : « Quotquot ergo perfecti, hoc sapiamus. Et si quid aliter sapitis, » ne forte subrepat vobis, quia vos aliquid estis. Qui autem se ipsum putat esse aliquid, cum nihil sit, se ipsum seducit. (*Gal.*, VI, 3.) Et qui se putat aliquid scire, necdum scit quemadmodum oportet scire. (I *Cor.*, VIII, 2.) Ergo : « Et si quid aliter sapitis, » quasi parvuli : « id quoque vobis Deus revelabit. Verumtamen, in quo pervenimus, in eo ambulemus, » (*Ibid.*, 16.) Ut revelet nobis Deus et quod aliter sapimus, in quo pervenimus, non in eo remaneamus, sed in eo ambulemus. Videtis quia viatores sumus. Dicitis : Quid est ambulare? Breviter dico : Proficere; ne forte non intelligatis, et pigrius ambuletis. Proficite, Fratres mei, discutite vos semper sine dolo, sine adulatione, sine palpatione. Non enim aliquis est intus tecum, cui erubescas, et jactes te. Est ibi, sed cui placet humilitas, ipse te probet. Proba et te ipsum

vous n'êtes pas encore. Dès que vous êtes content de vous-même, vous vous arrêtez. Si vous avez jamais dit : C'est assez, vous êtes perdu ; ajoutez donc toujours à ce que vous avez, ne cessez de marcher et d'avancer; ne vous arrêtez pas en chemin, ne retournez pas en arrière, ne sortez pas de la voie. On s'arrête dès qu'on n'avance point; on retourne en arrière, lorsqu'on retombe dans les fautes auxquelles on a renoncé; on sort de la voie quand on apostasie. Mieux vaut marcher en boitant dans la voie que de courir en dehors de la voie. Tournons-nous vers le Seigneur, etc.

SERMON CLXX [1].

Sur ces mêmes paroles de l'Apôtre, dans le chapitre III de son Epître aux Philippiens : *Ayant vécu sans reproche par rapport à la justice de la loi*, etc.; sur ces paroles du Psaume CXLII : *Exaucez-moi selon votre justice*, etc.; et enfin sur ces paroles du chapitre VI de l'Evangile selon saint Jean : *La volonté de mon Père est que je ne perde aucun de ceux qu'il m'a donnés*, etc.

CHAPITRE PREMIER. — *La justice de la loi est une perte, au jugement de l'Apôtre.* — 1. Ces différentes leçons des divines Ecritures s'enchaînent si étroitement, qu'elles semblent n'en former qu'une seule, parce que toutes elles

(1) Possidius fait mention de ce sermon dans le chapitre VIII de sa Table.

sortent d'une seule et même source. Ceux qui sont chargés du ministère de la parole sont nombreux, mais tous vont puiser à une source unique. Nous avons entendu la lecture d'un passage de l'Apôtre, et peut-être en est-il parmi vous qui s'étonnent de ces paroles : « Ayant vécu sans reproche par rapport à la justice de la loi, tout ce qui me paraissait gain m'a paru perte réelle, à cause de Jésus-Christ. » Puis il ajoute : « Non-seulement tout m'a semblé une perte, mais j'ai regardé toutes choses comme du fumier, afin de gagner Jésus-Christ, et d'être trouvé en lui, non pas avec ma propre justice qui vient de la loi, mais avec celle qui vient de la foi de Jésus-Christ. » (*Philip.*, III, 6, 9.) Comment donc a-t-il pu regarder comme du fumier une vie sans reproche et conforme à la justice de la loi? Qui a donné la loi? L'auteur de cette loi n'est-il pas Celui qui est venu ensuite apporter le pardon aux coupables qui avaient transgressé cette loi? Nous croyons, et il est certain qu'il est venu pardonner à ceux que la loi regardait comme coupables. Or, était-on coupable aux yeux de la loi, lorsqu'on vivait sans reproche selon les prescriptions de la justice de la loi? Si donc le Seigneur est venu apporter, dans sa miséricorde, le pardon aux transgresseurs de la loi, aurait-il excepté de ce par-

tu ipse. Semper tibi displiceat quod es, si vis pervenire ad id quod nondum es. Nam ubi tibi placuisti, ibi remansisti. Si autem dixeris : Sufficit ; et peristi : Semper adde, semper ambula, semper profice : noli in via remanere, noli retro redire, noli deviare. Remanet, qui non proficit; retro redit, qui ad ea revolvitur, unde jam abscesserat ; deviat, qui apostatat. Melius (b) it claudus in via, quam cursor præter viam. Conversi ad Dominum, etc.

SERMO CLXX (b).

De iisdem verbis Apostoli, Philip., III : *Secundum justitiam quæ ex lege est, qui fuerim sine querela*, etc.; deque verbis Psalmi CXLII : *Exaudi me in tua justitia*, etc.; ac postremo de lectione Evangelii Joan., VI : *Voluntas Patris est, ut omnia quæ dedit mihi, non pereant*, etc.

CAPUT PRIMUM. — *Justitia ex lege Apostolo damnum videtur.* — 1. Divinæ lectiones omnes ita sibi connectuntur, tanquam una sit lectio : quia omnes ex

uno ore procedunt. Multa sunt ora ministerium sermonis gerentium : sed unum est os ministros implentis. Audivimus Apostolicam lectionem, et forte aliquem moveat quod ibi scriptum est : « Secundum justitiam quæ ex lege est, qui fuerim sine querela. Quæ mihi lucra fuerunt, hæc propter Christum damna esse duxi. » Deinde secutus ait : « Non solum damna, sed etiam stercora existimavi esse, ut Christum lucrifaciam, et inveniar in illo non habens meam justitiam quæ ex lege est, sed justitiam quæ est ex fide Jesu Christi. » (*Philip.*, III, 6, 9.) Quomodo enim stercora existimavit et damna, secundum justitiam quæ ex lege est, conversari sine querela? Quis enim legem dedit? Nonne ipse legem præmisit, qui postea reis legis cum indulgentia venit? Sed his eum credimus venisse cum indulgentia, quos reos lex tenebat. Numquid autem lex reos tenebat eos, qui secundum justitiam quæ ex lege est, conversati sunt sine querela? Si ergo indulgentiam et veniam peccatorum reis legis attulit Dominus, non attulit Paulo apostolo, qui dicit sine querela se in lege con-

(a) Mss. alii : *Melius vel claudus :* alii : *Melius est claudus.* — (b) Alias de Tempore XLIX.

don l'apôtre Paul, qui déclare avoir vécu sans reproche, conformément à la justice de la loi. Ecoutons ce qu'il dit dans un autre endroit : « Il nous a sauvés, non à cause des œuvres de justice que nous avons faites, mais par sa miséricorde, en nous faisant renaître dans le bain de la régénération. » (*Tit.*, III, 5.) Et, dans un autre endroit : « Moi qui étais autrefois un blasphémateur, un persécuteur et un ennemi acharné; mais Dieu m'a fait miséricorde, » et le reste. (I *Tim.*, I, 13.) D'un côté, l'Apôtre déclare avoir vécu sans reproche dans la loi; de l'autre, il confesse qu'il a été si grand pécheur, qu'il n'est aucun pécheur qui puisse désespérer de son salut, en voyant saint Paul obtenir le pardon de ses péchés.

CHAPITRE II. — *Il faut entendre les paroles de l'Apôtre, tout en évitant l'erreur des manichéens sur la loi ancienne.* — 2. Voyez, mes frères, et considérez attentivement la force des expressions employées par l'Apôtre, et dans quel sens il déclare regarder comme une perte et comme du fumier d'avoir vécu sans reproche selon la justice de la loi. D'un côté, il est parfait observateur de la loi; de l'autre, il est transgresseur de la loi, et cela dans un seul et même temps, avant d'avoir reçu le baptême et la grâce. Mais ce n'est pas sans raison qu'il regarde comme une perte tout ce qui lui paraissait un gain. Eloignez toutefois de votre esprit cette pensée dangereuse : que l'Apôtre s'exprime de la sorte, parce que l'auteur de la loi ne serait pas l'auteur de l'Evangile, suivant le rêve sacrilége des manichéens et d'autres hérétiques, qui ont prétendu que celui qui a donné la loi par Moïse n'est pas l'auteur de la grâce de l'Evangile : l'un serait le Dieu mauvais, l'autre, le Dieu bon. Pourquoi nous étonner, mes frères ? Ils sont restés dans les ténèbres, au milieu des obscurités de la loi, sans que la porte leur fût ouverte, parce qu'ils n'y ont point frappé avec piété. Le même Apôtre, il est vrai, déclare en termes on ne peut plus clairs, dans un endroit de ses épîtres, que la loi est bonne (*Rom.*, VII, 12), et, dans cette même épître, il dit qu'elle a été accordée pour donner lieu au péché d'abonder, et que cette abondance du péché a eu pour but d'amener une surabondance de grâce. (*Rom.*, V, 20.) Les hommes, il est vrai, présumaient de leurs propres forces, et en faisant tout ce qu'ils se croyaient permis, ils transgressaient la loi secrète de Dieu. Dieu promulgua donc visiblement cette loi pour ceux qui ne pouvaient croire qu'ils fussent coupables. Il leur donna une loi qui ne guérissait pas les malades, mais qui mettait au grand jour leur maladie. La loi vint avant le médecin, afin que le malade, qui se croyait bien portant, reconnût son état; et elle lui dit : « Tu ne convoiteras point. » (*Rom.*, VII, 7.) Et comme la loi ne pouvait être trans-

---

versatum? Sed ipsum audiamus alio loco : « Non ex operibus, inquit, quæ nos fecimus, sed secundum suam misericordiam salvos nos fecit, per lavacrum regenerationis. » (*Tit.*, III, 5.) Et iterum : « Qui prius fui blasphemus et persecutor et injuriosus : sed misericordiam consecutus sum » (I *Tim.*, I, 13) et reliqua. Hac se constituit conversatum in lege sine querela, hac talem se confitetur fuisse peccatorem, ut omnis peccator propterea de se non desperet, quia Paulus meruit indulgentiam.

CAPUT II. — *Dictum Apostoli sic accipiendum, ut caveatur error Manichæorum de lege veteri.* — 2. Videte, Fratres, et vim sermonis hujus intuemini, quomodo Paulus apostolus damna existimat et stercora, ubi sine querela dicit se conversatum fuisse. Hac impletor legis, hac reus legis, uno eodemque tempore, ante baptismum, ante gratiam. Sed non sine causa damna esse dicit : ne subintrent cogitationes noxiæ, hoc ideo dixisse apostolum Paulum, quod alius dederit legem, alius Evangelium : sicut Manichæus mente perversa sentit, et reliqui hæretici, qui dixerunt, alium fuisse datorem legis, quæ data est per Moysen; alium autem largitorem Evangelicæ gratiæ; illum quidem Deum malum, illum vero Deum bonum. Quid miramur, Fratres ? In obscuritate legis, tanquam in clausis ostiis, caliginem passi sunt; quia non pietate pulsaverunt. Invenimus aliquando eumdem Paulum apertissime dicere, legem bonam esse (*Rom.*, VII, 12) ; quam tamen ideo datam dicit esse, ut abundaret peccatum ; et ideo abundasse peccatum, ut superabundaret gratia. (*Rom.*, V, 20.) Præsumebant enim homines de viribus suis, et faciendo quidquid sibi licere arbitrabantur, peccabant in legem Dei (*a*) occultam. Unde ista lex manifesta promulgata est eis, qui omnino sibi rei esse non videbantur. Data est illis lex, non quæ sanaret, sed quæ ægrotantes probaret. Lex præcucurrit ante medicum, ut se ægrotus, qui se sanum putabat, inveniret ægrotum : et dicit : Non concupisces. (*Rom.*, VII, 7.) Et quia ante datam legem prævaricatio nondum erat : Ubi enim non est, in-

(*a*) In Colbertino Ms. *occulte*.

gressée avant qu'elle fût donnée, « car, dit le même Apôtre, où il n'y a pas de loi, il n'y a point de prévarication, » (*Rom.*, IV, 15) on péchait sans doute avant la loi ; mais, après la loi, on pécha bien davantage, parce qu'au péché vint s'ajouter la prévarication. L'homme reconnut qu'il était vaincu par ses passions, que de coupables habitudes avaient nourries contre lui-même déjà dans l'esclavage et la servitude du péché, que sa descendance d'Adam lui avaient transmis. C'est ce qui fait dire à l'Apôtre : « Nous avons été autrefois par nature des enfants de colère, » (*Ephés.*, II, 3) et à Job, que même l'enfant d'un jour n'est point exempt de péché (*Job*, XIV, 4), non du péché qu'il aurait commis lui-même, mais de celui qu'il tire de son origine.

CHAPITRE III. — *Il n'y a en Jésus-Christ aucun péché.* — 3. Ecoutez maintenant le Psalmiste dévoilant l'intérieur de l'âme et ce qu'il y a de plus secret dans nos péchés. C'est au nom du genre humain qu'il dit à Jésus-Christ : « J'ai péché devant vous seul, et j'ai fait le mal en votre présence. » (*Ps.* L, 6.) Ce n'est pas seulement en son propre nom que David tient à Dieu ce langage ; il représente ici Adam, le père du genre humain. Ecoutez, en effet, ce qui suit : « J'ai péché devant vous seul, et j'ai fait le mal en votre présence, de sorte que vous serez reconnu juste dans vos paroles. » C'est à Jésus-Christ que le Roi-Prophète s'adresse, comme le prouvent les paroles suivantes : « Et que vous demeuriez victorieux, lorsque vous serez jugé. » Or, ni Dieu le Père, ni le Saint-Esprit n'ont été jugés ; le Fils seul a été jugé dans cette chair qu'il avait daigné emprunter à notre nature, non point toutefois par le moyen de l'union charnelle de l'homme et de la femme. Sa mère était vierge lorsqu'elle a cru au mystère de son incarnation, vierge quand elle l'a conçu, vierge lorsqu'elle l'a mis au monde, vierge après son enfantement. C'est pour cela que le Psalmiste dit : « Et que vous demeuriez victorieux, lorsque vous serez jugé. » Il est demeuré vainqueur, lorsqu'il a été jugé, parce que ses juges n'ont pu découvrir en lui aucun péché. Il a été jugé, non parce qu'il était coupable, mais pour nous donner un exemple de patience. Nous voyons souvent juger des hommes qui sont innocents, mais dans la cause spéciale qui les amène devant les tribunaux. Car, sous d'autres rapports, ils ne sont point sans péché ; en effet, si les hommes ne tiennent compte que de l'acte extérieur, la pensée seule nous rend coupables au tribunal de Dieu. Votre action, aux yeux de Dieu, c'est votre pensée. Le témoin de cette action en est le juge, votre conscience en est l'accusateur. Jésus-Christ est donc le seul vraiment innocent qui ait été jugé, et qui, par là même, soit resté vainqueur. Oui, il est le seul qui soit demeuré victorieux, non de Ponce-Pilate, son juge, ni des Juifs, qui furent

---

quit, lex, nec prævaricatio (*Rom.*, IV, 15) ; antea sine lege peccabatur, data vero lege postea quam peccatum est, amplius peccatum est ; quia cum prævaricatione peccatum est. (*a*) Invenit se homo vinci a cupiditatibus suis, quas mala consuetudine adversum se nutriebat ; qui etiam cum vinculo et obligatione peccati ex Adam fuerat propagatus. Unde dicit Apostolus : Fuimus et nos aliquando natura filii iræ. (*Ephes.*, II, 3.) Inde est, quod nec unius diei infantem mundum dicit a peccato (*Job*, XIV, 4) : non eo quod commisit, sed ex eo quod contraxit.

CAPUT III. — *Peccatum in Christo nullum.* — 3. Audi Psalmum interiora dicentem, et peccatorum nostrorum secretiora canentem. Ex persona enim generis humani dicitur Christo : « Tibi soli peccavi, et malignum coram te feci. » Non ex persona unius David hoc dicit, sed ex Adam persona, de quo est genus humanum. (*Psal.* L, 6.) Audi enim sequentia : « Tibi, inquit, soli peccavi, et malignum coram te feci, ut justificeris in sermonibus tuis. » Christo dicitur : unde hoc intelligimus ? Audi quod sequitur : Et vincas, cum justificaris. Non est judicatus Deus Pater, non est judicatus Deus Spiritus sanctus : non invenimus nisi solum Filium in ista carne, quam de nostra massa suscipere dignatus est, judicatum : non ex nodo concupiscentiæ hominis et feminæ : virgo credidit, virgo concepit, virgo peperit, virgo permansit. Et ideo dicitur : « Et vincas, cum judicaris. » Judicatus est enim, et vicit ; quia sine peccato judicatus est. Patientiæ fuit sustinere judicium, non reatus. Multi innocentes judicantur, sed in ipsis causis quas agunt. Nam de reliquo, peccato non carent ; quia sicut ante homines facti, sic ante Deum cogitationis peccatum est. Factum tuum coram (*b*) oculis Dei, cogitatio tua est. Testis facti est ipse judex : accusatrix facti ipsa conscientia. Ergo ille vere innocens

---

(*a*) Hic Mss. addunt : *Ubi vero cum prævaricatione peccatum est.* — (*b*) Colbertinus codex : *Factum tuum coram oculis hominum, coram oculis Dei cogitatio tua est.*

ses bourreaux, mais du démon lui-même, qui scrute tous nos péchés avec cette vigilance scrupuleuse qui est le propre de l'envie.

Chapitre IV. — *Le monde, c'est-à-dire les pécheurs, et ceux qui aiment le monde.* — 4. Et que dit du démon Notre-Seigneur Jésus-Christ? « Voici que le prince du démon vient. » (*Jean*, xiv, 30.) J'ai déjà dit souvent à votre charité que ce monde désigne les pécheurs. Et pourquoi les pécheurs sont-ils appelés le monde? Parce qu'ils habitent le monde par les affections de leur cœur. Ceux qui n'aiment point le monde ne l'habitent point de la sorte. « Notre vie, dit l'Apôtre, est dans les cieux. » (*Philip.*, iii, 20.) Or, si celui qui aime Dieu habite avec Dieu dans le ciel, celui qui aime le monde habite le monde avec le prince de ce monde. Tous ceux donc qui aiment le monde sont eux-mêmes le monde; ils sont les habitants du monde, non-seulement de corps, comme tous les justes, mais de cœur, ce qui est le propre des pécheurs, dont le démon est le chef. C'est dans ce sens que nous disons quelquefois une maison, pour désigner ceux qui l'habitent. Ainsi, nous dirons d'une maison de marbre que c'est une mauvaise maison, et d'une maison enfumée que c'est une bonne maison. Vous entrez dans une cabane enfumée, habitée par des gens de bien, et vous dites : C'est une bonne maison; vous en rencontrez une autre toute de marbre et revêtue de riches lambris, qui est la demeure des méchants, et vous dites : C'est une mauvaise maison, et vous entendez par là, non point les murailles ou les lieux d'habitation, mais les habitants eux-mêmes. C'est dans ce même sens que l'Ecriture appelle monde ceux qui habitent le monde, non pas de corps, mais par les affections déréglées de leur cœur. « Voici donc que le prince de ce monde vient, dit le Sauveur, et il ne trouve rien en moi qui lui appartienne. » (*Jean*, xiv, 30.) Il est le seul en qui le démon n'ait rien qui soit à lui. Et répondant par avance à cette question : Pourquoi donc mourez-vous? Notre-Seigneur ajoute : « Mais, afin que tous connaissent que j'aime mon Père, et que je fais ce que mon Père m'a ordonné, levez-vous, sortons d'ici. » (*Ibid.*, 31.) Il se lève et marche au-devant des souffrances. Pourquoi ? « Parce que je fais la volonté de mon Père. » C'est donc pour reconnaître cette innocence exceptionnelle que le Psalmiste dit : « J'ai péché devant vous seul, et j'ai fait le mal en votre présence, de sorte que vous serez reconnu juste dans vos paroles, et vous demeurerez victorieux lorsque vous serez jugé, » (*Ps.* l, 6) parce qu'on n'a découvert en vous aucun péché. Pourquoi, au contraire, en a-t-il trouvé dans le genre humain ? Ecoutez la suite : « Pour moi, continue

---

judicatus est, et ideo vicit. Solus enim vicit, non de judice Pontio Pilato, neque de Judæis sævientibus; sed de ipso diabolo, qui omnia nostra peccata rimatur diligentia invidentiæ.

Caput IV. — *Mundus, peccatores et dilectores mundi.* — 4. Et quid ait Dominus Jesus de ipso diabolo? Ecce venit princeps mundi hujus. (*Joan.*, xiv, 30.) Jam sæpe dictum est Caritati vestræ, mundum istum appellari peccatores. Et quare peccatores nomine mundi appellantur? Quia dilectione mundi inhabitant mundum. Qui enim non diligunt mundum, non habitant in eo quod non diligunt. Nostra, inquit, conversatio in cœlis est. (*Philip.*, iii, 20.) Si ergo qui diligit Deum, in cœlo habitat cum Deo; qui diligit mundum, in mundo cum principe habitat mundi. Omnes itaque dilectores mundi, ipsi sunt mundus : habitatores mundi, non carne, quod omnes justi; sed animo, quod soli peccatores, quibus princeps est diabolus. Quomodo dicitur domus habitatores domus : secundum quam sententiam dicimus malam domum esse marmoratam, et bonam domum esse fumigatam. Invenis domum fumosam, quam boni habitant, et dicis : Bona domus. Invenis domum marmoratam et laqueatam, quam possident iniqui, et dicis : Mala domus : domum appellans non parietes et receptacula corporum, sed ipsos habitatores. Sic mundum appellavit Scriptura habitatores mundi per concupiscentiam dilectionis, non per conversationem corporis. Ergo : Ecce, inquit, venit princeps mundi, et in me nihil invenit. (*Joan.*, xiv, 30.) In solo ipso nihil invenit diabolus. Et tanquam diceretur ei : Quare ergo moreris ? Ibi sequitur : Sed ut sciant omnes, quia voluntatem Patris mei facio; surgite, eamus hinc. (*Ibid.*, 31.) Surgit, et it ad passionem. Quare? Quia voluntatem Patris mei facio. Propter hanc ergo singularem innocentiam ait Psalmus : Tibi soli peccavi, et malignum coram te feci, ut justificeris in sermonibus tuis, et vincas cum judicaris (*Psal.* l, 6); quia nihil mali in te invenit. Quare autem in te invenit, o genus humanum? Quia sequitur et dicit : Ego enim in iniquitate conceptus sum, et in peccatis (*a*) concepit me mater mea. (*Ibid.*, 7.) Dicit

---

(*a*) Sic in Colbertino Ms. At in editis, *peperit me.*

le Roi-Prophète, j'ai été formé dans l'iniquité, et ma mère m'a conçu dans le péché. » (*Ibid.*, 7.) Voilà ce que dit David. Examinez quelle a été la naissance de David, et vous trouverez qu'il est né d'une épouse légitime, et qu'il n'est pas le fruit de l'adultère. De quelle génération veut-il donc parler lorsqu'il dit : « J'ai été conçu dans l'iniquité? » Il rappelle ce germe de mort que chacun puise en naissant de l'union de l'homme et de la femme.

CHAPITRE V. — *La vie sans reproche devant la loi.* — 5. Que tout homme donc, qui porte en lui la concupiscence, écoute la loi qui lui dit : « Tu ne convoiteras point, » (*Exod.*, XX, 16), il trouvera en lui ce que la loi défend, et il est par conséquent transgresseur de la loi. Or, en reconnaissant en lui cette concupiscence à laquelle il est assujetti, il s'écrie : « Je trouve du plaisir dans la loi de Dieu selon l'homme intérieur; mais je sens dans mes membres une autre loi qui combat contre la loi de mon esprit, et qui me tient captif sous la loi du péché qui est dans mes membres. » (*Rom.*, VII, 22.) Il a reconnu qu'il était malade, qu'il implore le secours du médecin. « Malheureux homme que je suis, qui me délivrera de ce corps de mort? » Le médecin vous répondra : « La grâce de Dieu par Jésus-Christ Notre-Seigneur. » La grâce de Dieu, non point vos mérites. Pourquoi donc, ô grand Apôtre, avez-vous dit que vous viviez sans reproche, conformément à la justice de la loi? Remarquez bien dans quel sens. Il vivait sans mériter aucun reproche de la part des hommes. Il est, en effet, une certaine justice que l'homme peut accomplir d'une manière irrépréhensible aux yeux des hommes. Ainsi la loi dit : « Tu ne convoiteras point le bien d'autrui. » Si vous ne prenez point ce qui ne vous appartient pas, les hommes ne vous feront aucun reproche. Mais quelquefois vous convoitez ce bien sans vous en emparer. Votre convoitise vous rend alors passible du jugement de Dieu; vous avez transgressé la loi, mais aux yeux seulement du Législateur. Votre vie est irrépréhensible : pourquoi donc la regardez-vous comme une perte, comme du fumier? Le nœud de la difficulté se resserre, mais il sera dénoué par celui qui vient ordinairement à notre secours. Or, pour mériter cette grâce, il ne suffit pas de ma pieuse soumission, il faut y joindre vos pieux désirs. Tout ce que faisaient les Juifs pour éviter les reproches des hommes et pour vivre sans reproche dans l'observation de la loi, ils se l'attribuaient à eux-mêmes; ils imputaient à leurs propres forces le mérite d'avoir observé la justice légale. Ils ne pouvaient l'accomplir parfaitement, mais ils faisaient ce qu'ils pouvaient; ils l'accomplissaient mal en s'attribuant le mérite de leurs efforts.

CHAPITRE VI. — *L'homme ne peut avoir de*

---

hoc David. Quære unde natus sit David; invenies de legitima uxore, de nullo adulterio. Secundum quam ergo propaginem dicit : In iniquitate conceptus sum, nisi quia ibi est quiddam de mortis propagine, quod secum trahit omnis qui ex conjunctione viri et feminæ nascitur?

CAPUT V. — *Conversatio sine querela secundum legem.* — 5. Habens ergo unusquisque concupiscentiam, attendat legem dicentem : Non concupisces (*Exod.*, XX, 16); invenit in se quod lex prohibet, et fit reus legis. Inveniens autem in se cui subditus est, incipiat jam dicere : « Condelector legi Dei secundum interiorem hominem : video autem aliam legem in membris meis, repugnantem legi mentis meæ, et captivantem me in lege peccati, quæ est in membris meis. » (*Rom.*, VII, 22, etc.) Cognovit se ægrotum, imploret medicum : « Infelix ego homo, quis me liberabit de corpore mortis hujus? Respondeat medicus : Gratia Dei per Jesum Christum Dominum nostrum. » Gratia Dei, non merita tua. Quare ergo te dixisti in lege cum justitia sine querela conversatum? Attendite : Sine querela dixit hominum. Est enim quædam justitia, quam potest homo implere, ut nullus hominum queratur de homine. Dicit enim : Non concupiscas alienum. Tu si non rapueris alienum, nulla querela erit hominum. Ergo aliquando concupiscis, et non rapis. Sed sententia Dei supra te est, quia concupiscis : reus es legis : sed in oculis legislatoris. Sine querela vivis : quare ergo ista damna? quare ista stercora? Constrictior est aliquanto nodus iste : sed solvet qui solet. Hoc autem non ego solus pia subjectione, sed omnes pia intentione mereamur. Quidquid faciebant Judæi, unde homines non quererentur, et esset ipsis conversatio in lege sine querela, sibi tribuebant, et ipsam justitiam secundum legem viribus suis (*a*) assignabant : implere non poterant, sed in tantum faciebant, inquantum poterant; sibi tribuendo, nec hoc pie implebant.

CAPUT VI. — *Justitia hominis nisi a Deo, nulla.* — 6. Hoc ergo dicit legem implere, hoc est, non con-

(*a*) Colbertinus Ms. *viribus suis observabant.*

justice qui ne vienne de Dieu. — 6. Pour accomplir parfaitement la loi, il faudrait donc ne plus convoiter. Or, qui le peut durant cette vie? Cherchons du secours dans le psaume qu'on vient de chanter : « Exaucez-moi à cause de votre justice, » (*Ps.* CXLII, 1) et non à cause de la mienne. Si le Psalmiste avait dit : Exaucez-moi à cause de ma justice, il semblerait demander ce qu'il a mérité. Il invoque, il est vrai, dans quelques endroits, le souvenir de sa propre justice, mais ici il s'exprime avec plus de discernement. Lorsqu'il parle de sa propre justice, il entend celle qui lui a été donnée. C'est ainsi que nous disons à Dieu : « Donnez-nous aujourd'hui notre pain de chaque jour. » (*Luc*, XI, 3.) Comment concilier ces deux expressions : « notre » et « donnez-nous? » La distinction est donc ici plus claire : « Exaucez-moi à cause de votre justice. » Et il ajoute : « N'entrez point en jugement avec votre serviteur. » (*Ps.* CXLII, 1, 2.) Qu'est-ce à dire : « N'entrez point en jugement avec votre serviteur? » N'en venez point jusqu'à discuter contradictoirement ma vie avec vous, en me demandant compte de tout ce que vous avez commandé, de tout ce que vous avez prescrit. Vous me trouverez nécessairement coupable, si vous entrez en jugement avec moi; j'ai donc bien plutôt besoin de votre miséricorde que de votre jugement si rigoureux. Mais pourquoi fait-il à Dieu cette prière : « N'entrez pas en jugement avec votre serviteur? » Il l'explique en ajoutant aussitôt : « Car nul homme vivant ne sera justifié en votre présence. » Je suis votre serviteur, pourquoi vouloir entrer en jugement avec moi? J'aime mieux recourir à la miséricorde de Dieu. Pourquoi? « Parce que nul homme vivant ne sera justifié en votre présence. » Que veut-il dire? Tant que dure cette vie, nul homme ne peut être entièrement justifié, mais seulement aux yeux de Dieu. C'est avec dessein qu'il ajoute : « En votre présence. » Car il peut se faire qu'on soit juste aux yeux des hommes, et que, comme l'Apôtre, on ait une vie sans reproche, selon la justice de la loi; mais, en présence de Dieu, il reste toujours vrai que nul homme ne sera justifié.

CHAPITRE VII. — *Combien on doit estimer peu la justice de cette vie comparée à la justice de la vie future.* — 7. Que ferons-nous donc? Crions à Dieu : « N'entrez point en jugement avec votre serviteur. » Crions encore : « Malheureux homme que je suis, qui me délivrera de ce corps de mort? La grâce de Dieu par Notre-Seigneur Jésus-Christ. » Nous venons d'entendre ici, d'un côté, le psalmiste, de l'autre, l'Apôtre. Un jour viendra où nous jouirons de cette justice qui fait la vie des anges, de cette justice complétement affranchie de toute concupiscence. Or, que chacun de nous mesure ce qu'il est maintenant, ce qu'il deviendra alors,

---

cupiscere. Quis hoc qui vivit, potest? Adjuvet nos Psalmus, qui modo cantatus est : « Exaudi me in tua justitia, » (*Psal.* CXLII, 1) hoc est, non in mea. Si diceret : Exaudi me in justitia mea : tanquam meritum vocaret. Vocat quidem in nonnullis locis et suam justitiam : sed hic melius discernit, quia et suam quando dicit, datam dicit : quomodo dicimus : Panem nostrum quotidianum da nobis hodie. (*Luc.*, XI, 3.) Quomodo, nostrum; quomodo, da? Ergo hic distinctius loquens ait : « Exaudi me in tua justitia. » Et sequitur : « Et non intres in judicium cum servo tuo. » (*Psal.* CXLII, 1, 2.) Quid est : « Non intres in judicium cum servo tuo? » Non stes mecum in judicio, exigendo a me omnia quæ præcepisti, exigendo omnia quæ jussisti. Nam reum me invenies, si in judicium intraveris mecum. Opus est ergo, inquit, mihi misericordia tua potius, quam liquidissimo judicio tuo. Quare ergo : « Ne intres in judicium cum servo tuo? » Sequitur, et dicit : « Quia non justificabitur in conspectu tuo omnis vivens. » Servus enim sum : quare mecum stas in judicio? (a) Misericordia Domini utar. Quare? « Quoniam non justificabitur in conspectu tuo omnis vivens. » Quid dixit? Quamdiu vivitur in hac vita, nemo justificatus est, sed in conspectu Dei. Non frustra addidit: « in conspectu tuo, » nisi quia potest esse justificatus aliquis in conspectu hominum, ut et illud impleatur : « Secundum justitiam quæ ex lege est, qui fuerim sine querela » in conspectu hominum. Refer ad conspectum Dei : « Non justificabitur in conspectu tuo omnis vivens. »

CAPUT VII. — *Justitia hujus vitæ ad justitiam futuram collata quam nihili facienda.* — 7. Quid ergo facturi sumus? Clamemus : « Ne intres in judicium cum servo tuo. » Clamemus : Infelix ego homo, quis me liberabit de corpore mortis hujus? Gratia Dei per Jesum Christum Dominum nostrum. Hoc ergo Psalmum audivimus, hoc Apostolum audimus; quia cum fuerit illa justitia secundum quam vivunt Angeli, cum fuerit illa justitia ubi nulla erit concu-

(a) Mss. *Misericorde Domino utar.*

et il trouvera qu'en comparaison de cette justice, la justice de la terre est comme une perte, comme du fumier. Quant à celui qui s'imagine pouvoir accomplir la justice, qui consiste à mener une vie régulière et innocente, d'après les jugements incertains de l'opinion des hommes, il s'arrête en chemin ; il ne désire point une justice plus parfaite, parce qu'il croit être parvenu au plus haut degré ; et, comme il s'en attribue le mérite, il devient un orgueilleux. Or, un pécheur qui est humble vaut mieux qu'un juste superbe. Voilà pourquoi saint Paul ajoute : « Afin d'être trouvé en lui, non pas avec ma propre justice, qui vient de la loi, » la seule qu'estimaient les Juifs, « mais avec la justice qui vient de la foi de Jésus-Christ, qui est la justice que Dieu donne par la foi. » Puis il ajoute : « Afin que je puisse parvenir de quelque manière à la résurrection des morts. » C'est alors qu'il espère pouvoir accomplir la justice, c'est-à-dire posséder la justice dans sa plénitude. Si nous la comparons à cette résurrection, toute cette vie n'est que fumier. Ecoutez encore l'Apôtre exprimant cette vérité en termes plus clairs : « Afin que je puisse parvenir de quelque manière à la résurrection des justes. Non que j'aie déjà atteint jusque-là, ou que je sois déjà parfait. » Et il ajoute immédiatement : « Non, mes frères, je ne pense pas être encore arrivé au but. » Voyez comme il compare la justice à la justice, le salut au salut, la foi à la claire vue, le voyage au séjour dans la patrie.

CHAPITRE VIII. — *Le désir de la justice parfaite doit nous faire mépriser la justice de la vie présente.* — 8. Considérez comment l'Apôtre s'efforce d'accomplir ce qui lui manque : « Mes frères, je ne pense point être encore arrivé au but, mais il est une chose que je fais. » Quelle est cette chose unique ? Je vis de la foi, dans l'espérance du salut éternel, où je jouirai d'une justice pleine et parfaite, en comparaison de laquelle toutes les choses qui passent sont une perte et doivent être rejetées comme du fumier. Que fais-je donc : « Il est une chose que je fais : c'est qu'oubliant ce qui est derrière moi, et m'avançant vers ce qui est devant moi, je m'efforce d'atteindre le but, pour remporter le prix auquel Dieu m'a appelé d'en haut par Jésus-Christ. » Puis, s'adressant à ceux qui avaient une confiance présomptueuse dans leur perfection : « Ainsi, nous tous qui sommes parfaits, soyons dans ce sentiment. » Quoi ! il vient de se dire imparfait, et maintenant il se déclare parfait. Quelle en est la raison ? C'est que la perfection de l'homme consiste à reconnaître qu'il est imparfait. « Nous tous donc qui sommes parfaits, soyons dans ce sentiment ; et si vous en avez d'autres, Dieu vous éclairera sur ce que

---

piscentia, inde unusquisque metiatur se quid est modo, et quid erit tunc; et inveniet in comparatione illius justitiæ, istam damna esse et stercora. Quisquis autem putat se modo posse implere justitiam, cum vixerit bene atque innocenter secundum probabilitatem existimationis humanæ; in via remansit : non desiderat melius, quia implesse se putat; maximeque sibi tribuens, erit superbus. Et melior est peccator humilis, quam justus superbus. Ideo ait : « Et inveniar in illo non habens meam justitiam, quæ ex lege est, » sicut Judæi putabant; « sed justitiam quæ ex fide est Christi Jesu. » Deinde secutus ait : « Si quo modo occurram in resurrectionem mortuorum. » Ibi se credidit impleturum esse justitiam, id est, plenam se habiturum justitiam. In comparatione resurrectionis illius, stercus est tota vita quam gerimus. Adhuc Apostolum audi apertius dicentem : « Si quo modo occurram in resurrectionem (*f.* mortuorum) justorum : non quia jam acceperim, aut jam perfectus sim. » Et contexit deinde : « Fratres, ego me non arbitror apprehendisse. » Quomodo comparat justitiam justitiæ, salutem saluti, fidem speciei, peregrinationem civitati?

CAPUT VIII. — *Perfectæ justitiæ desiderio contemnenda præsens justitia.* — 8. Attendite quomodo hoc impleat : « Fratres, ego me non arbitror apprehendisse. Unum autem. » Quid « unum, » nisi ex fide vivere, spe salutis æternæ, ubi erit plena et perfecta justitia, in cujus comparatione damna sunt quæ transitura sunt, et stercora quæ reprobanda sunt. Quid ergo? « Unum autem, quæ retro oblitus, in ea quæ ante sunt extentus, secundum intentionem sequor ad palmam supernæ vocationis Dei in Christo Jesu. » Et ad eos qui de sua (*a*) perfectione possent præsumere : « Quotquot autem perfecti sumus, hoc sapiamus. » Jam dudum dixerat se imperfectum, nunc autem perfectum. Quare, nisi quia ipsa est perfectio hominis, invenisse se non esse perfectum? « Quotquot autem perfecti sumus, hoc sapiamus. Et si quid forte aliter sapitis, id quoque vobis Deus revelabit, » id est, ut si vos in aliquo profectu animi justificatos probatis, legendo Scripturas, et inve-

(*a*) Vox *perfectione* abest ab Am. Er. et Mss.

vous devez en penser, » c'est-à-dire : si vous jugez que votre âme a fait quelques progrès dans la justice, en lisant les Ecritures et en y découvrant les caractères de la vraie et parfaite justice, vous reconnaîtrez que vous êtes coupables, vous rejetterez les jouissances présentes par le désir des biens futurs, vous vivrez de la foi de l'espérance et de la charité, vous comprendrez que vous ne voyez pas encore ce qui fait l'objet de votre foi, que vous ne possédez pas encore ce que vous espérez, et que vos désirs ne sont pas encore comblés. Si telle est la charité des voyageurs, combien sera-t-elle plus vive dans les splendeurs de la claire vue? C'est donc avec raison que le Psalmiste, qui nous enseignait la justice de Dieu, et ne cherchait point à établir la sienne, disait à Dieu, dans le psaume que nous avons chanté : « Exaucez-moi à cause de votre justice, et n'entrez pas en jugement avec votre serviteur; car nul homme vivant ne sera justifié en votre présence. »

Chapitre IX. — *Nous posséderons une justice et une félicité parfaites lorsque nous verrons Dieu.* — 9. C'est en parlant de cette vie qu'il est dit à Moïse : Nul homme ne verra la face de Dieu sans mourir. (*Exod.*, xxxiii, 20.) Ne cherchons donc pas à vivre de cette vie, si nous voulons voir cette face divine. Mourons au monde, afin de vivre éternellement pour Dieu. Alors plus de péchés, non-seulement d'actions, mais même de désirs, quand nous contemplerons cette face, qui l'emporte de beaucoup sur tout ce que nous pouvons désirer. Cette face est si douce, mes frères, elle est si ravissante, qu'après l'avoir vue, rien autre chose ne pourra nous plaire. Nous serons alors rassasiés sans l'être, rassasiés sans dégoût, toujours ayant faim, et toujours rassasiés. Ecoutez ces deux vérités que nous enseigne l'Ecriture : « Ceux qui me boivent, dit la Sagesse, auront encore soif, et ceux qui me mangent auront encore faim. » (*Eccli.*, xxiv, 29.) Mais n'allez pas croire que, dans le ciel, vous souffrirez de l'indigence et de la faim; écoutez plutôt le Seigneur : « Celui qui boira de cette eau n'aura point soif de toute l'éternité. » (*Jean*, iv, 13.) Vous me demanderez quand viendra cette félicité. Quel que soit le temps où elle arrive, attendez le Seigneur, espérez dans le Seigneur, affermissez-vous et fortifiez votre cœur. (*Ps.* xxvi, 14.) Il ne reste plus autant d'années qu'il s'en est écoulé. Calculez combien de siècles écoulés depuis Adam et qui ne sont plus. Il ne nous reste plus que quelques jours : c'est ainsi que nous pouvons appeler ce qui reste, en comparaison des siècles passés. Exhortons-nous donc les uns les autres, écoutons surtout les exhortations de celui qui est venu jusqu'à nous, qui a parcouru le premier la voie en nous disant : Suivez-moi; qui est monté le premier au ciel, afin que le chef pût, des hauteurs des cieux, secourir plus efficacement ses autres membres, qui souffraient encore sur la terre.

niendo quæ sit vera et perfecta justitia, inveniatis vos reos, et desiderio futurorum damnetis præsentia, vivatis ex fide et spe et caritate; et intelligatis quia quod adhuc creditis, nondum videtis; quod adhuc speratis, nondum tenetis; quod adhuc desideratis, nondum impletis. Et si talis est caritas peregrinantium, qualis erit videntium ? Ergo ille qui docebat justitiam Dei, et non constituebat suam, clamabat de Psalmo : « Exaudi me in tua justitia. Et non intres in judicium cum servo tuo; quoniam non justificabitur in conspectu tuo omnis vivens. »

Caput IX. — *Perfecta justitia et felicitas cum videbitur Deus.* — 9. Secundum hanc vitam dicitur Moysi : Nemo faciem Dei vidit, et vixit. (*Exod.*, xxxiii, 20.) Non enim vivendum est in hac vita, ut illam faciem videamus. Moriendum est mundo, ut Deo in sempiternum vivamus. Tunc non peccabimus, non solum factis, sed nec concupiscentiis, cum illam faciem videbimus, quæ vincit omnes concupiscentias. Tam enim dulcis est, Fratres mei, tam pulchra, ut illa visa nihil aliud possit delectare. Satietas erit insatiabilis, nullum fastidium; semper esuriemus, semper saturi erimus. Audi ipsas duas sententias de Scriptura : Qui bibunt me, dicit Sapientia, adhuc sitient; et qui edunt me, adhuc esurient. (*Eccli.*, xxiv, 29.) Sed ne putes quia ibi erit indigentia et fames, audi Dominum : Qui biberit ex aqua hac, non sitiet in æternum. (*Joan.*, iv, 13.) Sed dicis : Quando erit? Quandocumque erit, tamen exspecta Dominum, sustine Dominum, viriliter age, et confortetur cor tuum. (*Psal.* xxvi, 14.) Numquid tanta restant, quanta peracta sunt? Intende ab Adam usque ad hodiernum diem, quot sæcula evoluta sunt, et ecce jam non sunt. Pauci dies remanent quodam modo : sic enim dicendum est quod remanet in comparatione transactorum sæculorum. Exhortemur invicem, exhortetur nos ille qui venit ad nos, qui cucurrit viam, et dixit : Sequimini : qui ascendit prior in cœlum, ut caput de sublimioribus subveniat cæteris membris in terra laborantibus; qui dixit de

SERMON CLXX.

C'est lui qui a crié à Saul, du haut du ciel : « Saul, Saul, pourquoi me persécutes-tu ? » (*Act.*, IX, 4.) Que personne donc ne désespère ; nous obtiendrons à la fin du monde ce qui nous a été promis : c'est alors que notre justice sera parfaite.

CHAPITRE X. — *Jésus-Christ est notre jour. Nous devons tendre vers le ciel de toute l'ardeur de nos désirs.* — 10. L'Evangile, vous l'avez entendu, vient confirmer ces enseignements : « La volonté de mon Père, dit le Sauveur, est que je ne perde aucun de ceux qu'il m'a donnés, mais que je les ressuscite au dernier jour. » (*Jean*, VI, 39.) Il s'est ressuscité le premier jour, il nous ressuscitera au dernier jour. Le premier jour a été réservé au chef de l'Eglise ; car notre véritable jour, c'est Notre-Seigneur Jésus-Christ, jour qui n'a pas de déclin. Le dernier jour sera la fin du monde. Ne me demandez pas : Quand viendra ce jour ? Pour le genre humain, il est encore éloigné ; mais il est proche pour chacun de nous, car le dernier jour de chacun est le jour de sa mort. Lorsque vous quitterez cette vie, vous serez reçu selon vos mérites, et vous ressusciterez un jour pour recueillir la récompense de vos actions. Dieu alors couronnera non pas tant vos mérites que ses dons. Il reconnaitra toutes les grâces qu'il vous a faites, si vous avez été fidèle à les conserver. N'ayons donc maintenant, mes frères, d'autre désir que pour le ciel ; ne soupirons qu'après la vie éternelle. N'imitez pas ceux qui, contents d'eux-mêmes et se félicitant de leur prétendue justice, se comparent aux pécheurs, semblables à ce pharisien qui se justifiait (*Luc*, XVIII, 11), et qui n'avait pas entendu ce que dit l'Apôtre : « Je ne crois pas avoir déjà atteint jusque-là, ou être parfait. » Saint Paul n'avait donc pas encore reçu ce qu'il désirait. Il en avait reçu le gage. « Dieu nous a donné, dit-il, son Esprit pour gage. » (II *Cor.*, V, 5.) Il aspirait à la possession du bien dont il avait reçu le gage, et, avec ce gage, une certaine participation, quoique bien faible encore, de ce bonheur. Que la jouissance en sera bien différente de celle qui nous est donnée ici-bas ! Nous possédons maintenant ce bonheur par la foi, par l'espérance dans le même Esprit ; mais alors ce sera la claire vue, la réalité, et toujours le même Esprit, le même Dieu, la même plénitude. Il nous crie maintenant comme à des absents ; il se manifestera clairement à nous lorsque nous serons près de lui ; il appelle aujourd'hui les voyageurs pour les nourrir et les rassasier un jour dans la patrie.

CHAPITRE XI. — *Jésus-Christ est notre voie.* — 11. Jésus-Christ s'est fait notre voie, et nous désespérons d'arriver ! Cette voie ne peut avoir de terme, elle ne peut être coupée, elle ne peut être défoncée ni par la pluie, ni par les inondations, ni infestée par les brigands. Marchez avec assurance dans cette voie, qui est Jésus-Christ ; marchez sans vous heurter, sans tomber, sans

cœlo : Saule, Saule, quid me persequeris ? (*Act.*, IX, 4.) Ergo nemo desperet : reddetur nobis in fine quod promissum est ; ıbi implebitur illa justitia.

CAPUT X. — *Dies noster, Christus. Toto desiderio tendendum in cœlum.* — 10. Audistis et Evangelium his sermonibus concordare : « Voluntas, inquit, Patris est, ut omnia quæ dedit mihi non pereant, sed habeant vitam æternam ; et ego resuscitabo eos in novissimo die. » (*Joan.*, VI, 39.) Se ipsum primo die, nos novissimo die. Primus dies ad caput Ecclesiæ. Dies enim noster Dominus Christus, non facit occasum. Novissimus dies, erit finis sæculi. Nolo dicas : Quando iste erit ? Generi humano longe erit, unicuique hominum prope erit ; quia novissimus dies est cujusque dies mortis. Etenim cum hinc exieris, recipieris pro meritis, et resurges ad recipienda quæ gessisti. Tunc Deus coronabit, non tam merita tua, quam dona sua. Quidquid tibi donavit, si servasti, cognoscet. Nunc ergo, Fratres, desiderium nostrum non sit, nisi in cœlum ; non sit, nisi ad vitam æternam. Nemo sibi placeat, quasi qui hic juste vixerit, et comparet se illis qui male vivunt, secundum Pharisæum qui se justificabat (*Luc.*, XVIII, 11), qui non audierat Apostolum : « Non quia jam acceperim, aut jam perfectus sim. » Ergo non acceperat adhuc hoc quod desiderabat. Pignus acceperat, sic dixit : Qui dedit nobis pignus Spiritum. (II *Cor.*, V, 5.) Cujus rei pignus erat, ad hoc pervenire cupiebat : participatio quædam, sed distat. Aliter modo participamus, aliter tunc participabimus. Modo per fidem, per spem, in eodem Spiritu : tunc autem species erit, res erit ; idem autem Spiritus, idem Deus, eadem plenitudo. Qui clamat absentibus, exhibebit præsentibus : qui vocat peregrinos, nutriet et alet in patria.

CAPUT XI. — *Via nostra, Christus.* — 11. Via nobis factus est Christus, et desperamus nos perventuros ? Via ista finiri non potest, præcidi non potest, corrumpi non potest, nec pluvia, nec diluviis, nec a latronibus obsideri. Ambula securus in Christo,

regarder en arrière, sans vous arrêter en chemin, sans sortir de la voie. Si vous évitez ces écueils, vous parviendrez ; et, lorsque vous serez parvenu, glorifiez-vous d'être arrivé au terme, mais ne vous glorifiez pas en vous-même, car celui qui se glorifie en lui-même, ne rend pas gloire à Dieu, et s'éloigne de lui. Voyez celui qui s'éloigne du feu : il laisse au feu toute sa chaleur, lui seul se refroidit. Voyez celui qui s'éloigne de la lumière : il lui laisse tout son éclat, lui seul est plongé dans les ténèbres. Ne nous éloignons donc point de la chaleur de l'Esprit, de la lumière de la vérité. Nous entendons ici sa voix, nous la contemplerons alors face à face. Qu'aucun de vous ne se complaise en soi-même et n'outrage personne. Ayons tous le désir de faire des progrès, mais sans porter envie à ceux qui avancent, sans insulter à ceux qui lâchent pied : et nous serons comblés de joie en voyant s'accomplir en nous cette promesse de l'Evangile : « Je les ressusciterai au dernier jour. »

SERMON CLXXI [1].

Sur ces paroles de l'Apôtre, dans le chapitre IV de son Epître aux Philippiens : *Réjouissez-vous sans cesse dans le Seigneur*, etc.

CHAPITRE PREMIER. — *Que notre joie soit dans le Seigneur et non dans le monde.* — 1. L'Apôtre nous recommande de nous réjouir, mais dans le Seigneur et non dans le monde, « Car celui qui voudra être ami de ce monde, dit l'Ecriture, se rend par là même ennemi de Dieu. » (*Jacq.*, IV, 4.) De même qu'un homme ne peut servir deux maîtres, (*Matth.*, VI, 24) il ne peut non plus placer à la fois sa joie dans le Seigneur et dans le monde. Ces deux joies ont un caractère tout différent et sont même absolument contraires. La joie du monde exclut la joie du Seigneur, de même que la joie du Seigneur est incompatible avec la joie du monde. Que la joie du Seigneur soit donc victorieuse de la joie du monde jusqu'à ce qu'elle soit anéantie. Que la joie du Seigneur s'augmente de jour en jour, et que la joie profane aille toujours en s'affaiblissant jusqu'à son entière destruction. Si je vous parle de la sorte, ce n'est pas que nous devions être sans joie aucune tant que nous sommes dans ce monde ; au contraire, nous devons, dès cette vie même, nous réjouir dans le Seigneur. Mais, me dira-t-on, je suis dans le monde ; si je goûte quelque joie, c'est la joie du pays que j'habite. Eh quoi ! De ce que vous êtes dans le monde, s'ensuit-il que vous ne soyez pas dans le Seigneur ? Ecoutez le même Apôtre, s'adressant aux Athéniens, comme nous

[1] On trouve des citations de ce sermon dans le Commentaire de Florus sur le chapitre IV de l'Epître aux Philippiens.

ambula ; ne offendas, ne cadas, ne retro respicias, ne in via remaneas, ne a via recedas. Ista omnia præcave tantum, et pervenisti. Cum perveneris, tunc jam gloriare ex hoc : noli in te. Nam qui se laudat, Deum non laudat ; sed se a Deo avertit : quomodo qui vult recedere ab igne, ignis calidus remanet, sed ille frigescit : quomodo qui vult recedere a lumine, si recesserit, lumen in se lucidum remanet, sed ille tenebratur. Non recedamus a calore Spiritus, a lumine veritatis. Vocem modo audivimus, tunc autem facie ad faciem videbimus. Nemo sibi placeat, nemo alii insultet. Omnes (*a*) sic velimus proficere, ut non invideamus proficientibus, non insultemus deficientibus : et erit in nobis cum gaudio impletum quod promissum est in Evangelio : « Et ego resuscitabo eos in novissimo die. »

SERMO CLXXI [b].

De verbis Apostoli, Philip., IV : *Gaudete in Domino semper*, etc.

CAPUT PRIMUM. — *Gaudium sit in Domino, non in sæculo.* — 1. Gaudere nos Apostolus præcipit, sed in Domino, non in sæculo. Quicumque enim voluerit amicus esse hujus mundi, sicut Scriptura dicit, inimicus Dei reputabitur. (*Jac.*, IV, 4.) Sicut autem non potest homo duobus dominis servire (*Matth.*, VI, 24), sic nemo potest gaudere et in sæculo, et in Domino. Multum inter se hæc duo gaudia differunt, suntque omnino contraria. Quando gaudetur in sæculo, non gaudetur in Domino : quando gaudetur in Domino, non gaudetur in sæculo. Vincat gaudium in Domino, donec finiatur gaudium in sæculo. Gaudium in Domino semper augeatur : gaudium in sæculo semper minuatur, donec finiatur. Non ideo ista dicuntur, quoniam in hoc sæculo cum sumus, gaudere non debemus : sed ut etiam in hoc sæculo constituti, jam in Domino gaudeamus. Sed ait aliquis : In sæculo sum : utique si gaudeo, ibi gaudeo ubi sum. Quid enim ? quia es in sæculo, in Domino non es ? Audi eumdem Apostolum ad Athenienses loquentem, et in Actibus Apostolorum dicentem de Deo et de Domino Creatore nostro : In illo vivimus, et movemur, et sumus. (*Act.*, XVII, 28.) Qui enim

(*a*) Colbertinus Ms. *si volumus proficere, non invideamus proficientibus.* — (*b*) Alias XXXVII de verbis Domini.

le lisons dans les Actes des Apôtres, et leur disant, en leur parlant de Dieu et du Seigneur, notre Créateur : « C'est en lui que nous avons la vie, le mouvement et l'être. » (*Act.*, XVII, 28.) Où n'est pas, en effet, Celui qui est partout? Et n'est-ce pas cette vérité que nous rappelle saint Paul, lorsqu'il nous dit : « Le Seigneur est proche, ne vous inquiétez de rien. » (*Philip.*, IV, 5, 6.) Chose admirable! il est monté au-dessus de tous les cieux, et il est proche de ceux qui vivent sur la terre. Comment donc est-il à la fois si loin et si près? Parce que sa miséricorde l'a rapproché de nous.

CHAPITRE II. — *Le Samaritain qui vient au secours du voyageur blessé, c'est Jésus-Christ.* — 2. Le genre humain tout entier était figuré dans cet homme que les voleurs avaient laissé à demi mort sur la route, près duquel passèrent un prêtre et un lévite sans daigner s'arrêter, et dont un Samaritain, qui le vit, s'approcha pour le secourir et panser ses plaies. Comment notre Seigneur fut-il amené à raconter cette parabole? Un docteur lui ayant demandé quels étaient les premiers et les plus importants préceptes de la loi, le Sauveur lui rappela ces deux commandements : « Vous aimerez le Seigneur votre Dieu de tout votre cœur, de toute votre âme et de tout votre esprit, et vous aimerez votre prochain comme vous-même. » (*Luc*, X, 27, etc.) Ce docteur dit à Jésus : Et qui est mon prochain? Le Seigneur lui fit alors ce récit : Un homme descendait de Jérusalem à Jéricho. Il fait voir ainsi que ce devait être un Israélite. Cet homme tomba entre les mains des voleurs, qui le dépouillèrent; et, après qu'ils l'eurent couvert de plaies, ils s'en allèrent en le laissant à demi mort. Or, un prêtre, qui était de la même nation, descendant par le même chemin, le vit dans ce triste état et passa outre. Un lévite, qui était également du même peuple, le vit aussi et passa de même. Vint un Samaritain, que la nationalité éloignait de cet homme, mais que la compassion en rapprochait, et il fit ce que vous savez. Notre-Seigneur a voulu se représenter lui-même dans la personne de ce Samaritain. En effet, Samaritain veut dire *gardien*. Ainsi le Sauveur, ressuscité d'entre les morts, ne meurt plus; la mort n'aura plus d'empire sur lui (*Rom.*, VI, 9); et il est écrit aussi que « celui qui garde Israël ne dormira, ni ne s'assoupira point. » (*Ps.* CXX, 4.) Voyez enfin ce que lui dirent les Juifs lorsqu'ils le chargeaient des plus odieux blasphèmes : « Ne disons-nous pas bien que vous êtes un Samaritain et que le démon est en vous? » (*Jean*, VIII, 48.) Ces paroles renfermaient deux injures à l'adresse du Seigneur : « N'avons-nous pas raison de dire que vous êtes un Samaritain et que vous êtes possédé du démon? » Et Notre-Seigneur pouvait répondre : Je ne suis pas Samaritain, et le démon n'est pas en moi; mais il se contente de dire : « Le démon n'est point en moi. » Il repousse l'outrage auquel il répond, et il

ubique est, ubi non est? Nonne ad hoc exhortabatur? « Dominus in proximo est, nihil solliciti fueritis. » (*Philip.*, IV, 5, 6.) Magnum est hoc, quod ascendit super omnes cœlos, et proximus est eis qui versantur in terris. Quis est iste longinquus et proximus, nisi qui nobis misericordia factus est proximus?

CAPUT II. — *Samaritanus homini sauciato subveniens, Christus.* — 2. Totum enim genus humanum est homo ille, qui jacebat in via semivimus a latronibus relictus, quem contempsit transiens Sacerdos et Levites, et accessit ad eum curandum eique opitulandum transiens Samaritanus. Ut autem narraret hoc, unde causa descendit? Quemdam quærentem quæ sint optima præcepta et summa in Lege, admonuit duo esse : Diliges Dominum Deum tuum ex toto corde tuo, et ex tota anima tua, et ex tota mente tua; et diliges proximum tuum tanquam te ipsum. (*Luc.*, X, 27, etc.) Ille autem : Et quis est mihi proximus? Et narravit Dominus : Homo quidam descendebat ab Jerusalem in Jerico. Ostendit illum quodam modo Israelitam. Et incidit in latrones. Cum exspoliassent, et plagas ei graves irrogassent, dimiserunt eum in via semivivum. Transit Sacerdos, utique genere proximus, præteriit jacentem. Transiit Levites, et hic genere proximus, jacentem etiam ipse contempsit. Transiit Samaritanus, genere longinquus, misericordia proximus, fecitque quod nostis. In quo Samaritano se voluit intelligi Dominus Jesus Christus. Samaritanus enim custos interpretatur. Ideo surgens a mortuis, jam non moritur, et mors ei ultra non dominabitur (*Rom.*, VI, 9); quia non dormit, neque dormitat qui custodit Israel. (*Psal.* CXX, 4.) Denique quando conviciis tantis blasphemabant Judæi, dixerunt illi : Nonne verum dicimus, quia Samaritanus es, et dæmonium habes? (*Joan.*, VIII, 48.) Cum ergo duo essent verba conviciosa objecta Domino, dictumque illi esset : Nonne verum dicimus, quia Samaritanus es, et dæmonium habes? poterat respondere : Nec Samaritanus sum, nec dæmonium habeo : respondit autem : Ego dæmo-

confirme par son silence ce qu'il n'a pas cru devoir relever. Il nie qu'il soit possédé du démon, lui qui savait qu'il chassait les démons; mais il ne nie point qu'il soit le gardien de ceux qui sont malades. Le Seigneur est donc près de nous, parce qu'il s'en est rapproché.

Chapitre III. — *Dieu s'est rapproché de l'homme par l'incarnation.* — 3. Quelle distance plus grande que celle qui sépare Dieu des hommes, l'immortel de ceux qui sont mortels, le juste des pécheurs? Ce n'est point par la distance des lieux, mais par la dissemblance des conditions qu'ils sont éloignés. C'est ainsi que nous disons de deux hommes de mœurs contraires : L'un est bien loin de l'autre. Ces deux hommes peuvent être l'un près de l'autre, habiter des maisons voisines, être attachés à la même chaîne; la distance n'en est pas moins grande entre l'homme religieux et l'impie, entre l'innocent et le coupable, entre le juste et le pécheur. Si cela est vrai en parlant de deux hommes, que sera-ce lorsqu'il s'agit de Dieu et des hommes? Or, malgré cette distance qui séparait l'immortel et le juste des hommes mortels et pécheurs, il est descendu jusqu'à nous pour combler cette distance et se rapprocher de nous. Et qu'a-t-il fait? Il possédait deux biens : la justice et l'immortalité; et nous avions en partage deux maux : le péché et la mortalité. S'il eut pris sur lui ces deux maux, il serait devenu semblable à nous, et il aurait eu besoin comme nous d'un libérateur. Qu'a-t-il donc fait pour se rapprocher de nous; je dis : pour s'en rapprocher, et non : pour devenir ce que nous sommes? Considérez ces deux attributs : il est juste, il est immortel, et les deux maux que vous avez en partage sont l'un la faute, l'autre le châtiment. La faute, c'est votre iniquité; la peine, c'est la mort. Or, pour se rapprocher de vous, il a pris sur lui la peine, sans prendre la faute; ou, s'il l'a prise, c'est pour l'effacer et non pour s'en rendre coupable lui-même. Le juste et l'immortel était bien éloigné des hommes pécheurs et mortels. Et vous, pécheurs et mortels, vous étiez bien loin du juste et de l'immortel. Il ne s'est point rendu pécheur comme vous, il s'est simplement soumis à la mort comme vous l'étiez vous-même. Tout en demeurant juste, il est devenu mortel. En prenant sur lui le châtiment du péché sans prendre le péché, il a détruit le péché et le châtiment. « Le Seigneur est donc proche, ne vous inquiétez point. » Il est monté corporellement au-dessus de tous les cieux, mais sa majesté ne nous a point quittés. Celui qui a créé toutes choses, remplit tout de sa présence.

Chapitre IV. — *La joie du monde.* — 4. « Réjouissez-vous sans cesse dans le Seigneur. » (*Philip.*, IV, 4.) De quoi se réjouit-on dans le

---

nium non habeo. Quod respondit, refutavit : quod tacuit, confirmavit. Negavit se habere dæmonium, qui se noverat dæmoniorum exclusorem : non se negavit infirmi custodem. Ergo « Dominus in proximo est; » quia Dominus nobis factus est in proximo.

Caput III. — *Incarnatione Deus homini factus est proximus.* — 3. Quid tam longinquum, quid tam remotum, quam Deus ab hominibus, immortalis a mortalibus, justus a peccatoribus? Non loco longe, sed dissimilitudine. Nam solemus etiam ita loqui, cum de duobus hominibus dicimus, quando diversi sunt mores : Iste longe est ab illo. Etiamsi juxta steterint, etiamsi vicinius inhabitent, etiamsi una catena colligentur; longe est pius ab impio, longe est innocens a reo, longe est justus ab injusto. Si hoc de duobus hominibus dicitur, quid de Deo et hominibus? Cum ergo longe a nobis esset immortalis et justus, tanquam a mortalibus et peccatoribus, descendit ad nos, ut fieret nobis proximus ille longinquus. Et quid fecit? Cum haberet ipse duo bona, et nos duo mala; ille duo bona, justitiam et immortalitatem; nos duo mala, iniquitatem et mortalitatem : si utrumque malum nostrum suscepisset, par noster factus esset, et liberatore nobiscum opus haberet. Quid ergo fecit, ut esset proximus nobis? Proximus non hoc quod nos, sed prope nos. Duo attende : Justus est, immortalis est. In duobus tuis malis, una est culpa, altera est pœna : culpa est quod injustus es, pœna est quia mortalis es. Ille ut esset proximus, suscepit pœnam tuam, non suscepit culpam tuam : et si suscepit, delendam suscepit, non faciendam. Justus et immortalis, longe ab injustis et mortalibus. Peccator mortalis, longe erat a justo immortali. Non est factus ille peccator, quod tu : sed factus est mortalis, quod tu. Manens justus, factus est mortalis. Suscipiendo pœnam, et non suscipiendo culpam, et culpam delevit et pœnam. « Dominus ergo in proximo est, nihil solliciti fueritis. » Etsi super omnes cœlos ascendit corpore, non recessit majestate. Ubique præsens est, qui fecit omnia.

Caput IV. — *Gaudium in sæculo.* — 4. « Gaudete in Domino semper. » (*Philip.*, IV, 4.) In sæculo gaudium quod est? Gaudere de iniquitate, gaudere de turpitudine, gaudere de dedecore, de deformitate. De his omnibus gaudet sæculum. Quæ omnia non essent, nisi homines voluissent. Alia sunt quæ faciunt ho-

monde? On se réjouit de l'iniquité, du vice, d'actions ignominieuses et infâmes. Voilà l'objet de la joie du monde. Or, tout cela n'existe que par la volonté des hommes. Il est des choses que les hommes font volontairement, il en est d'autres qu'ils souffrent malgré eux. Qu'est-ce donc que ce monde, et quelle est la joie de ce monde? Je vais vous le dire brièvement, mes frères, autant que Dieu m'en fera la grâce; je vous le dirai en deux mots et à la hâte. La joie de ce monde, c'est l'impunité du crime. Que les hommes se livrent à la débauche, à la fornication, aux frivoles amusements des spectacles; qu'ils se plongent dans les excès de l'ivresse; qu'ils se souillent de toutes les infamies; qu'ils n'aient rien à souffrir : voilà la joie du monde. Que ces crimes, que je viens de rappeler, ne soient châtiés ni par la famine, ni par la crainte de la guerre, ni par quelque autre appréhension, ni par la maladie, ni par les adversités; que les hommes aient tout en abondance, avec la tranquillité extérieure et la sécurité d'une conscience coupable : voilà encore la joie du monde. Mais Dieu ne pense pas comme l'homme; les pensées de Dieu sont bien différentes des pensées des hommes ; c'est pour lui un acte de grande miséricorde de ne point laisser le crime impuni, et de le châtier ici-bas par les fléaux de cette vie, pour n'être pas forcé de le condamner à la fin aux châtiments éternels de l'enfer.

CHAPITRE V. — *L'impunité est la plus grande vengeance de Dieu.* — 5. Voulez-vous savoir quel terrible châtiment c'est que l'impunité absolue, non pas pour le juste, mais pour le pécheur que Dieu, par les peines du temps, veut sauver des peines éternelles? Voulez-vous, je le répète, savoir quel terrible châtiment c'est que l'absence de tout châtiment? Interrogez le Psalmiste. « Le pécheur, dit-il, a irrité le Seigneur. » (*Ps.* IX, 4.) Le Roi-Prophète considère attentivement ce spectacle ; il en est vivement ému, et il s'écrie : « Le pécheur a irrité le Seigneur. » Et pourquoi donc, je vous en prie? Qu'avez-vous vu? Il a vu le pécheur se livrer impunément à tous les désordres, à tous les excès du mal, et regorger de biens, et il s'est écrié : « Le pécheur a irrité le Seigneur. » Pourquoi cette exclamation ? Quel spectacle a donc frappé vos regards ? « C'est que la colère du Seigneur est si grande, qu'il ne se met plus en peine du pécheur. » Comprenez, chrétiens, mes frères, en quoi consiste la miséricorde de Dieu. Lorsque Dieu châtie le monde, c'est qu'il ne veut pas le condamner. « Sa colère contre le pécheur est si grande qu'il ne cherche plus à le punir. » Il ne cherche plus à le punir, parce que sa colère est à son comble. Oui, sa colère est grande. C'est pour nous épargner qu'il nous fait sentir ses rigueurs, et ses rigueurs sont justes. Sévérité vient de « vérité qui sévit » (*sœva veritas*). Si donc cette sévérité rigoureuse a pour but de nous épargner, il nous est avantageux qu'il nous châtie dans sa miséricorde. Et

mines, alia quæ patiuntur, et si nolunt, ferunt. Quid ergo est hoc sæculum, et quod est gaudium sæculi ? Dico, Fratres, breviter quantum possum, quantum Deus adjuvat, festinanter, breviter dico. Sæculi lætitia, est impunita nequitia. Luxurientur homines, fornicentur, in spectaculis nugentur, ebriositate ingurgitentur, turpitudine fœdentur, nihil mali patiantur : et videte sæculi gaudium. Ista mala quæ commemoravi, non castiget fames, non belli timor, non aliquis timor, non aliquis morbus, non aliquæ adversitates ; sed sint omnia in rerum abundantia, in pace carnis, in securitate malæ mentis : ecce videte sæculi gaudium. Sed non cogitat Deus sicut homo : alia est Dei cogitatio, alia hominis. Magnæ misericordiæ est (*a*) nequitiam impunitam non relinquere : et ne cogatur in extremo gehennæ damnare, modo flagello dignatur castigare.

CAPUT V. — *Impunitas maxima Dei vindicta.* — 5. Nam vis nosse, nulla pœna quanta sit pœna, non tamen justo, sed peccatori, cui est temporalis pœna, ne succedat æterna? Vis ergo nosse, nulla pœna quanta sit pœna? Psalmum interroga : Irritavit Dominum peccator. (*Psal.* IX, 4.) Exclamavit vehementer, attendit, consideravit, exclamavit : Irritavit Dominum peccator. Quare, obsecro ? quid vidisti ? Qui autem hoc exclamavit, vidit peccatorem impune luxuriantem, male facientem, bonis abundantem, et exclamavit : Irritavit Dominum peccator. Quare hoc dixisti ? Quid enim vidisti ? Præ magnitudine iræ suæ non requirit. Intelligite, Fratres Christiani, misericordiam Dei. Quando castigat mundum, non vult damnare mundum. Præ magnitudine iræ suæ non exquirit. Ideo non exquirit; quia multum irascitur. Magna est ira ejus. Parcendo sævit, sed juste sævit, Est enim severitas, quasi sæva veritas. Si ergo aliquando sævit parcendo, bonum est nobis ut subveniat castigando. Et tamen si facta generis humani consideremus, quid patimur? Non secundum pec-

(a) Sic aliquot Mss. At editi, *nequitiæ impunitate non relinquere*.

cependant, si nous considérons la conduite du genre humain, qu'est-ce que nous souffrons en comparaison? « Non, Dieu ne nous a point traités selon nos péchés. » (*Ps.* cii, 10.) Car nous sommes ses enfants. Comment le prouver? Le Fils unique de Dieu est mort pour nous, afin de n'être point seul. Seul il est mort, parce qu'il n'a point voulu demeurer seul. Le Fils unique de Dieu a engendré de nombreux enfants de Dieu. Il s'est acheté des frères de son sang, il a consenti à être rejeté pour se les attacher, à être vendu pour les racheter, à être couvert d'outrages pour les combler d'honneurs, à être mis à mort pour leur donner la vie. Doutez-vous donc qu'il vous fasse part de ses biens, puisqu'il n'a point dédaigné de prendre sur lui vos maux? Ainsi donc, mes frères, « réjouissez-vous dans le Seigneur, » et non point dans le monde; réjouissez-vous dans la vérité, et non dans l'iniquité; réjouissez-vous dans l'espérance de l'éternité, et non dans les fleurs éphémères de la vanité. Que telle soit votre joie, en quelque lieu que vous soyez, et tant que vous vivrez. « Le Seigneur est proche : ne vous inquiétez de rien. »

SERMON CLXXII [1].

Sur ces paroles de l'Apôtre, dans le chapitre iv de sa Ire Epître aux Thessaloniciens : *Nous ne voulons pas, mes frères, que vous ignoriez ce qui regarde ceux qui dorment, afin que vous ne vous abandonniez point à la tristesse, comme les autres hommes qui n'ont point d'espérance.* Sur les œuvres de miséricorde, par lesquelles nous pouvons venir en aide à ceux qui sont morts.

CHAPITRE PREMIER. — *Quelle tristesse l'Apôtre nous défend à l'égard de ceux qui sont morts.* — 1. Le bienheureux Apôtre nous recommande, lorsque les personnes qui nous sont chères s'endorment du sommeil de la mort, « de ne point nous en attrister, comme ceux qui n'ont point d'espérance, » (I *Thess.*, iv, 12) c'est-à-dire l'espérance de la résurrection et de l'incorruptibilité éternelle. Si l'Ecriture, dont le langage est l'expression de la plus exacte vérité, donne à la mort le nom de sommeil, c'est afin que cette idée nous fasse espérer le réveil qui doit suivre. C'est pour cela que nous chantons dans un psaume : « Celui qui dort ne se réveillera-t-il pas? » (*Ps.* xl, 9.) La mort de ceux que nous aimons produit en nous une tristesse en

---

(1) Florus, dans son Commentaire sur le chapitre iv de la Ire Epître aux Thessaloniciens, nous donne lieu de douter que nous ayons ce sermon dans son entier, quand, sous ce titre : « Du sermon sur les mêmes paroles de l'Apôtre, » il fait entendre qu'il n'en donne qu'un fragment, et que, cependant, il le cite tout entier tel que nous l'avons ici. Ce qui augmente le doute, c'est qu'après ce sermon, il cite un fragment du sermon suivant, le chapitre IIIe, sous ce titre : « Encore du même sermon. » Encore du même sermon. L'Apôtre ne nous défend pas simplement de nous attrister, » etc. C'est ce que nous trouvons dans un vieux manuscrit de l'abbaye de Corbie; mais, dans les nouvelles éditions de Bède, on lit : « Encore du sermon II sur le même texte de l'Apôtre : Il ne nous défend pas simplement de nous attrister, » etc.

---

cata nostra fecit nobis. (*Psal.* cii, 10.) Filii enim sumus. Unde hoc probamus? Mortuus est pro nobis Unicus, ne remaneret unus. Noluit esse unus, qui mortuus est unus. Multos enim filios Dei fecit unicus Filius Dei. Emit sibi fratres sanguine suo, probavit reprobatus, redemit venditus, honoravit injuriatus, vivificavit occisus. Dubitas quod dabit tibi bona sua, qui non dedignatus est suscipere mala tua? Ergo, Fratres, « gaudete in Domino, » non in sæculo : id est, gaudete in veritate, non in iniquitate : gaudete in spe æternitatis, non in flore vanitatis. Ita gaudete ; et ubicumque, et quamdiucumque hic fueritis, « Dominus in proximo est, nihil solliciti fueritis. »

SERMO CLXXII [a].

De verbis Apostoli, I Thess., iv : *Nolumus autem vos ignorare, fratres, de dormientibus, ut non contristemini, sicut et cæteri qui spem non habent.* Et de operibus misericordiæ, quibus mortui adjuvantur.

CAPUT PRIMUM. — *Tristitia de mortuis, qualis prohibetur.* — 1. Admonet nos beatus Apostolus, « ut de dormientibus, » hoc est, mortuis carissimis nostris, non contristemur, sicut et cæteri qui spem non habent, » (I *Thess.*, iv, 12) spem scilicet resurrectionis et incorruptionis æternæ. Nam ideo et dormientes eos appellat Scripturæ veracissima consuetudo, ut cum dormientes audimus, evigilaturos minime desperemus. Unde etiam cantatur in Psalmo : Numquid qui dormit, non adjiciet ut resurgat? (*Psal.* xl, 9.) Est ergo de mortuis eis qui [b] diligunt, quædam tristitia quodam modo naturalis. Mortem quippe horret, non opinio, sed natura. Nec mors homini accideret, nisi ex pœna quam præcesserat culpa. Quapropter si animalia quæ ita creata sunt, ut suo quæque tempore moriantur, mortem fugiunt, diligunt vitam; quanto magis homo, qui sic fuerat creatus, ut si vivere sine peccato voluisset, sine termino viveret? Hinc itaque necesse est ut tristes simus, quando nos moriendo deserunt quos amamus : quia etsi novimus eos non in æternum relinquere nos mansuros, sed aliquantum præcedere

---

(*a*) Alias xxxii de verbis Apostoli. — (*b*) Sic Mss. Editi vero, *qui diliguntur*.

SERMON CLXXII.

quelque sorte naturelle. L'horreur de la mort vient de la nature, non de l'opinion, et l'homme ne serait point mort si la mort n'était la juste punition de son péché. Si les animaux eux-mêmes, qui sont créés pour mourir chacun en son temps, fuient la mort et aiment la vie, combien plus l'homme doit-il en avoir horreur, lui qui avait été créé pour vivre sans fin, s'il avait voulu vivre sans péché? Aussi, nous ne pouvons nous défendre d'un sentiment de tristesse lorsque la mort nous ravit ceux que nous aimons. Nous savons, il est vrai, qu'ils ne nous laissent point pour toujours sur la terre, mais qu'ils ne font que nous devancer de quelques jours; néanmoins, l'horreur naturelle que nous avons de la mort fait que cette séparation passagère d'une personne qui nous est chère contriste en nous le sentiment de l'amitié. Aussi, l'Apôtre ne nous dit pas simplement de ne pas nous attrister, mais de ne pas nous attrister comme ceux qui n'ont point d'espérance. La nécessité, qui nous enlève ceux qui nous sont chers, nous plonge donc dans la tristesse; mais nous conservons l'espérance de les revoir un jour. La perte que nous faisons nous attriste, l'espérance nous console; notre faiblesse naturelle nous abat, la foi nous relève; notre condition mortelle nous fait répandre des larmes, les promesses de Dieu les essuient.

CHAPITRE II. — *Les prières, les sacrifices, et les aumônes pour les défunts.* — 2. Aussi les pompes funèbres, le nombreux cortège qui accompagne les convois, les dépenses extraordinaires qu'on affecte aux sépultures, les superbes tombeaux qu'on élève, sont une consolation telle quelle pour les vivants, mais non un secours pour les morts. Il n'en est pas ainsi des prières de la sainte Eglise, du sacrifice de notre salut et des aumônes que l'on fait pour les morts; nul doute que tous ces secours ne leur obtiennent d'être traités du Seigneur avec plus d'indulgence que ne l'ont mérité leurs péchés. En effet, c'est la tradition de nos pères et la pratique universelle de l'Eglise, de prier pour ceux qui sont morts dans la communion du corps et du sang de Jésus-Christ, et d'en faire mémoire au lieu prescrit, dans le sacrifice même qui est offert pour eux aussi bien que pour les vivants. Qui peut douter encore que les œuvres de charité que l'on fait à leur intention ne leur soient aussi avantageuses que les prières qui sont pleines de fruit pour eux devant Dieu? Il est donc certain que tous ces secours sont utiles aux morts, mais à ceux d'entre eux dont la vie sur la terre a rendu efficaces pour eux ces secours après leur mort. Car, pour ceux qui sortent de ce monde sans la foi, qui opère par la charité (*Gal.*, v, 6), et sans les sacrements de l'Eglise, c'est en vain que leurs proches et leurs amis leur rendent ces devoirs de piété, puisqu'ils n'en ont point eu le gage pendant leur vie, et que, n'ayant pas reçu, ou ayant reçu en vain la grâce de Dieu, ils se sont amassé non pas un trésor de miséricorde, mais un trésor de colère. Les morts n'acquièrent donc point de nouveaux mérites, lorsque leurs proches

---

secuturos; tamen mors ipsa quam natura refugit, cum occupat dilectum, contristat in nobis ipsius dilectionis affectum. Ideo non admonuit Apostolus, ut non contristemur; sed « non sicut cæteri qui spem non habent. » Contristamur ergo nos in nostrorum mortibus necessitate amittendi, sed cum spe recipiendi. Inde angimur, hinc consolamur : inde infirmitas afficit, hinc fides reficit : inde dolet humana conditio, hinc sanat divina promissio.

CAPUT II. — *Orationes et sacrificium ac eleemosynæ pro defunctis.* — 2. Proinde pompæ funeris, agmina exsequiarum, sumptuosa diligentia sepulturæ, monumentorum opulenta constructio, vivorum sunt qualiacumque solatia, non adjutoria mortuorum. Orationibus vero sanctæ Ecclesiæ, et sacrificio salutari, et eleemosynis, quæ pro eorum spiritibus erogantur, non est dubitandum mortuos adjuvari; ut cum eis misericordius agatur a Domino, quam eorum peccata meruerunt. Hoc enim a patribus traditum, universa observat Ecclesia, ut pro eis qui in corporis et sanguinis Christi communione defuncti sunt, cum ad ipsum sacrificium loco suo commemorantur, oretur, ac pro illis quoque id offerri commemoretur. Cum vero eorum commendandorum causa opera misericordiæ celebrantur, quis eis dubitet suffragari, pro quibus orationes Deo non inaniter allegantur? Non omnino ambigendum est, ista prodesse defunctis; sed talibus qui ita vixerint ante mortem, ut possint eis hæc utilia esse post mortem. Nam qui sine fide quæ per dilectionem operatur (*Gal.*, v, 6), ejusque sacramentis, de corporibus exierunt, frustra illis a suis hujusmodi pietatis impenduntur officia, cujus, dum hic essent, pignore caruerunt, vel non suscipientes, vel in vacuum suscipientes Dei gratiam,

TOM. XVII. 38

font pour eux de bonnes œuvres; mais ces bonnes œuvres sont comme une suite de celles qu'ils ont faites eux-mêmes pendant leur vie. Car c'est la vie qu'ils ont menée ici-bas qui leur mérite de profiter de ces secours après leur mort. Ainsi, chacun de nous ne trouvera après sa mort que ce qu'il aura mérité pendant sa vie.

Quelle est la tristesse à laquelle il est permis de se livrer pour les morts, et les devoirs qu'il faut leur rendre. — 3. Permettons donc à l'amitié simple et légitime de s'affliger de la perte de ses amis et de ses proches ; mais que cette douleur ne soit pas inconsolable, que les larmes que nous répandons par suite de notre condition mortelle soient bientôt séchées par les joies de la foi, qui nous apprend que les chrétiens qui meurent nous quittent pour quelque temps et pour passer à une vie meilleure. Donnons aussi à ceux qui pleurent des consolations fraternelles, soit en assistant aux funérailles de ceux qu'ils ont perdus, soit en les visitant pour compatir à leur douleur, afin qu'ils n'aient pas sujet de dire avec le prophète : « J'ai attendu que quelqu'un prît part à ma douleur, et personne ne l'a fait ; j'ai cherché quelqu'un qui me consolât, et je n'en ai point trouvé. » (*Ps.* LXVIII, 21.) Ensevelissons les morts, et élevons-leur des tombeaux selon notre pouvoir, puisque l'Ecriture, qui met ces pratiques au rang des bonnes œuvres, loue non-seulement ceux qui ont rendu ces devoirs aux corps des patriarches, des saints de l'Ancien Testament et de tous les autres morts, mais elle donne aussi des éloges à ceux qui ont rendu ces honneurs au corps du Seigneur. Les hommes s'acquittent ainsi d'un dernier devoir à l'égard de leurs proches et de leurs amis, et c'est pour eux, en même temps, comme une consolation dans leur douleur. Mais si leur amitié pour ceux dont le corps seul est mort, et non l'âme, est plus spirituelle que sensible, qu'ils s'appliquent avec plus de soin, avec plus d'ardeur et de générosité, à faire pour eux ce qui peut leur être véritablement utile, c'est-à-dire l'offrande du saint sacrifice, des prières et des aumônes.

SERMON CLXXIII [1].

Sur ces mêmes paroles de l'Apôtre, dans le chap. IV de la Ire Epître aux Thessaloniciens.

CHAPITRE PREMIER. — *Quelles doivent être nos pensées dans les derniers devoirs que nous rendons aux morts.* — 1. Les solennités funèbres que nous célébrons en l'honneur de nos

[1] Dans les manuscrits, ce sermon a pour titre : « De la solennité des défunts et de la résurrection des morts, » titre qui convient parfaitement avec l'exorde du sermon ; mais nous ne savons si ce titre est de saint Augustin. Nous soupçonnons qu'il a été ajouté par ceux qui ont réglé pour ce sermon serait lu dans cette solennité ; car si Florus ne nous trompe point en reproduisant le manuscrit de l'abbaye de Corbie, la seconde partie de ce sermon, qu'il cite dans son Commentaire sur le chapitre IV de la Ire Epître aux Thessaloniciens, est tirée du même sermon que le précédent.

et sibi non misericordiam thesaurizantes, sed iram. Non ergo mortuis nova merita comparantur, cum pro eis boni aliquid operantur sui, sed eorum præcedentibus consequentia ista redduntur. Non enim actum est, nisi cum hic viverent, ut eos hæc aliquid adjuvarent, cum hic vivere destitissent. Et ideo istam finiens quisque vitam, nisi quod meruit in ipsa, non poterit habere post ipsam.

Luctus et officia defunctis exhibenda. — 3. Permittantur itaque pia corda carorum de suorum mortibus contristari dolore sanabili, et consolabiles lacrymas fundant conditione mortali ; quas cito reprimat fidei gaudium, qua creduntur fideles, quando moriuntur, paululum a nobis abire, et ad meliora transire. Consolentur eos etiam fraterna obsequia, sive quæ funeribus exhibentur, sive quæ dolentibus adhibentur, ne sit justa querela dicentium : Sustinui qui simul contristaretur, et non fuit, et consolantes, et non inveni. (*Psal.* LXVIII, 21.) Sit pro viribus cura sepeliendi et sepulcra construendi : quia et hæc in Scripturis sanctis inter bona opera deputata sunt : nec solum in corporibus Patriarcharum aliorumque sanctorum, et humanis cadaveribus quorumcumque jacentium ; verum etiam in ipsius Domini corpore prædicati atque collaudati sunt, qui ista fecerunt. Impleant hæc homines erga suos officia postremi muneris, et sui humani lenimenta mœroris. Verum illa quæ adjuvant spiritus defunctorum, oblationes, orationes, erogationes, multo pro eis observantius, instantius, abundantius impendant, qui suos carne, non spiritu mortuos, non solum carnaliter, sed etiam spiritaliter amant.

SERMO CLXXIII [a].

De eisdem verbis Apostoli, I Thes., IV.

CAPUT PRIMUM. — *In defunctorum exsequiis quid recogitandum.* — 1. Quando celebramus dies fratrum defunctorum, in mente habere debemus, et quid sperandum, et quid timendum sit. Secundum hoc

[a] Alias XXXIII de verbis Apostoli.

SERMON CLXXIII.

frères défunts nous rappellent naturellement ce que nous devons espérer et ce que nous devons craindre. Le motif de notre espérance, c'est que la mort des saints est précieuse aux yeux du Seigneur (*Ps.* cxv, 15); ce qui doit nous faire craindre, c'est que la mort du pécheur est affreuse. (*Ps.* xxxiii, 22.) Ces paroles : « La mémoire du juste sera éternelle, » réveillent notre espérance; mais ces autres : « Il ne redoutera point la terrible parole, » nous pénètrent de crainte. (*Ps.* cxi, 7.) Quelle parole plus terrible, en effet, que celle qu'adressera Notre-Seigneur à ceux qui seront à gauche : « Allez au feu éternel ? » Le juste ne redoutera point d'entendre cette terrible sentence, car il sera placé à la droite, parmi ceux à qui le Sauveur dira : « Venez, les bénis de mon Père, possédez le royaume. » (*Matth.*, xxv, 34, 14.) Cette vie est comme un temps intermédiaire avant les biens et les maux extrêmes, elle s'écoule au milieu de biens et de maux qui sont modérés, et qui n'atteignent point leur degré le plus élevé. Ainsi, quels que soient les biens dont l'homme jouit ici-bas, ils ne sont rien en comparaison des biens éternels; et quelques maux qu'il puisse souffrir, on ne peut les comparer au supplice du feu éternel. Or, pendant cette vie, qui est pour nous comme un moyen terme, nous devons retenir cette parole que l'Évangile vient de nous faire entendre : « Celui qui croit en moi, quand il serait mort, vivra. » (*Jean*, xi, 25.) Le Sauveur affirme la vie, sans nier la mort. « Celui qui croit en moi, quand il serait mort, vivra. » Que signifie : « Quand il serait mort, il vivra ? » Son corps mourra, mais son esprit sera vivant. Puis il ajoute : « Et celui qui vit et croit en moi ne mourra jamais. » Comment concilier ces paroles : « Quand il mourrait, » avec ces autres : « Il ne meurt jamais ? » Il mourra pour un temps, mais il ne mourra point pour l'éternité. Cette question ainsi résolue justifie de toute contradiction les paroles de la vérité, et offre une solide nourriture à la piété. Ainsi donc, bien que nous devions mourir dans notre corps, nous vivons, si nous avons la foi.

CHAPITRE II. — *La foi à la résurrection nous console de la mort de ceux qui nous sont chers.* — 2. Or, notre foi est bien différente de la foi des païens, surtout à l'égard de la résurrection des morts. En effet, ils rejettent absolument cette croyance, parce qu'elle ne peut trouver place dans leurs cœurs. Car c'est Dieu qui prépare la volonté de l'homme (*Prov.*, viii, 35, *selon les Sept.*), pour qu'elle puisse recevoir la foi. Notre-Seigneur disait aux Juifs : « Ma parole ne prend pas en vous. » (*Jean*, viii, 37.) Cette parole prend donc là où elle trouve à prendre, c'est-à-dire dans ceux à qui Dieu fait sentir l'effet de ses promesses. Le bon pasteur, qui

---

enim sperandum est, quoniam pretiosa in conspectu Domini mors sanctorum ejus (*Psal.* cxv, 15) ; secundum hoc autem timendum est, quia mors peccatorum pessima. (*Psal.* xxxiii, 22.) Ideoque propter spem : In memoria æterna erit justus : propter timorem, ab auditu malo non timebit. (*Psal.* cxi, 7.) Erit enim auditus quo nullus sit pejor, quando dicetur sinistris : Ite in ignem æternum. Ab hoc auditu malo justus non timebit. Erit enim ad dexteram inter illos, quibus dicetur : « Venite, benedicti Patris mei, percipite regnum. » (*Matth.*, xxv.) In hac autem vita, quæ media ante summa bona et ante summa mala ducitur, in medio bonorum malorumque mediorum, id est, in neutra parte summorum ; quia et bona quæcumque hic fuerint homini, in comparatione bonorum æternorum nulla sunt ; et mala quæcumque in hac vita experitur homo, in comparatione ignis æterni nec (*f.* computanda) comparanda sunt : in hac ergo medietate vitæ, illud quod audivimus nunc ex Evangelio, tenere debemus : Qui credit, inquit, in me, licet moriatur, vivit. (*Joan.*, xi, 25.) Et vitam pronuntiat, et mortem non negat. « Qui credit in me, licet moriatur, vivit. » Quid est, licet moriatur, vivit ? Licet moriatur corpore, vivit spiritu. Deinde adjungit : « Et qui vivit, et credit in me, non morietur in æternum. » Certe licet moriatur ; quomodo, si non morietur ? Sed licet moriatur ad tempus, non morietur in æternum. Sic ista solvitur quæstio, ut non sint inter se contraria verba veritatis, et possint instruere affectum pietatis. Ergo licet corpore morituri simus, vivimus si credimus.

CAPUT II. — *Resurrectionis fides, solatium in morte carorum.* — 2. Est autem fides nostra maxime discreta ab omni fide gentilium in resurrectione mortuorum. Hanc enim illi omnino non recipiunt : quia ubi recipiant, non habent. A Domino enim præparatur voluntas hominis (*Prov.*, viii, 35, *sec.* lxx), ut sit fidei receptaculum. Dicit Judæis Dominus : Sermo meus non capit in vobis. (*Joan.*, viii, 37.) Ergo in his capit, in quibus invenit quod capiat. In his enim invenit quod capiat sermo qui capit, quos Deus pollicendo non decipit. Ille enim qui quærit ovem per-

va à la recherche de la brebis égarée, connaît la brebis qu'il cherche; il sait où il doit la chercher, comment il doit réunir ses membres brisés et les rendre à la santé, et la faire rentrer pour toujours dans le bercail. (*Luc*, xv, 4.) Consolons-nous donc mutuellement en méditant ces vérités. Le cœur de l'homme peut ne pas s'attrister à la mort d'une personne chère; j'aime mieux cependant une douleur qui a besoin de consolation qu'une insensibilité voisine de la dureté. Marie était très-étroitement unie au Seigneur, et, cependant, elle pleurait la mort de son frère. (*Jean*, xi) Mais pourquoi vous étonner des pleurs de Marie, alors que le Seigneur lui-même verse des larmes? On peut cependant trouver singulier que Notre-Seigneur pleurât la mort de celui qu'il allait d'un seul mot rappeler à la vie. Il ne pleurait pas la mort de Lazare, qu'il allait ressusciter, mais la mort que l'homme s'est attirée par le péché. Si le péché n'avait point précédé, la mort, sans aucun doute, ne fût jamais venue à la suite. La mort du corps est venue à la suite de la mort de l'âme. L'âme a commencé par mourir en abandonnant Dieu; le corps est mort à la suite, abandonné lui-même de l'âme. L'âme a volontairement abandonné Dieu, elle a été forcée de quitter son corps. Dieu semble lui dire: Tu t'es séparée de Celui que tu devais aimer, sépare-toi de celui qui a été l'unique objet de tes affections. Quel est, en effet, celui qui veut mourir? Personne assurément, et cela est si vrai, que Notre-Seigneur disait à Pierre: « Un autre vous ceindra et vous conduira là où vous ne voulez point. » (*Jean*, xxi, 18.) Si donc la mort n'avait aucune amertume, le courage des martyrs ne serait pas aussi admirable.

CHAPITRE III. — *Ce qui doit nous consoler dans la mort de ceux qui nous sont chers.* — 3. Voilà pourquoi l'Apôtre fait aux fidèles cette recommandation: « Nous ne voulons pas, mes frères, que vous ignoriez ce qui regarde ceux qui dorment, afin que vous ne vous abandonniez point à la tristesse, comme les Gentils qui n'ont point d'espérance. » (I *Thess.*, iv, 12.) Il ne dit pas simplement: Afin que vous ne soyez point tristes, mais: « Afin que vous ne vous attristiez point, comme les Gentils qui n'ont point d'espérance. La tristesse est inévitable, mais, dès que vous la ressentez, ouvrez votre cœur aux consolations de l'espérance. Comment, en effet, ne pas verser des larmes en voyant ce corps, que l'âme vivifiait, étendu sans mouvement et sans vie, parce que l'âme s'en est séparée? Ce corps marchait, il est maintenant immobile; il parlait, il est muet; ses yeux fermés sont inaccessibles à la lumière, comme ses oreilles à la parole; tous les membres ont cessé leurs fonctions, aucun principe de vie qui donne

---

ditam, et quam quærit novit, et ubi quærat, et quomodo ejus membra dispersa colligat, et in (*a*) unam salutem redigat, et ita restituat ut eam ulterius non perdat. (*Luc.*, xv, 4.) (*b*) Consolemur ergo nos invicem, et in his sermonibus nostris. Potest non dolere cor humanum defuncto carissimo: melius tamen cum dolet sanatur cor humanum, quam non dolendo fit inhumanum. Maria Domino cohærebat, et mortuum fratrem dolebat. (*Joan.*, xi.) Sed quid miraris quia Maria dolebat tunc, cum ipse Dominus flebat? Movere autem quemvis potest, quomodo flebat mortuum, se continuo jubente victurum? Non mortuum flebat, quem ipse suscitavit; sed mortem, quam sibi homo peccando comparavit. Si enim peccatum non præcessisset, sine dubio mors secuta non fuisset. Secuta est ergo mors etiam corporis, quam præcessit mors animæ. Mors animæ præcessit (*c*) deserendo Deum, et mors corporis secuta est deserente anima. Hac deseruit volens, hac coacta est deserere nolens.

Tanquam illi diceretur: Recessisti ab eo quem diligere debuisti, recede ab eo quod dilexisti. Quis enim vult mori? Prorsus nemo: et ita nemo, ut beato Petro diceretur: Alter te cinget, et feret quo tu non vis. (*Joan.*, xxi, 18.) Si ergo nulla esset mortis amaritudo, non esset magna Martyrum fortitudo.

CAPUT III. — *Consolatio in mortuorum luctu.* — 3. Ideo et Apostolus: « De dormientibus, inquit, nolo vos ignorare, fratres, ut non contristemini, sicut et gentes, quæ spem non habent. » (I *Thess.*, iv, 12.) Non tantum ait, ut non contristemini; sed, « ut non sic contristemini, quemadmodum gentes, quæ spem non habent. » Necesse est enim ut contristemini: sed ubi contristaris, consoletur te spes. Quomodo enim non contristaris, ubi corpus quod vivit ex anima, fit exanime, discedente anima? Qui ambulabat jacet, qui loquebatur tacet, clausi oculi lucem non capiunt, aures nulli voci patescunt: omnia membrorum officia conquieverunt; non est qui mo-

---

(*a*) Sic Mss. At editi, *in unam salutem reducat*. An forte pro, *in unum ovile reducat*? — (*b*) Reliquum Sermonis, si excipias clausulam: *Sufficiant hæc pauca*, etc., habetur in Collectione Flori, sed alio sententiarum ordine. Nam ejus exœrptum ab istis verbis incipit, cap. iii. *Non tantum ait ut non contristemini*, etc., postque verba: *Per illam transivit et Dominus;* subjungit: *Consolemur ergo non*, etc., — (*c*) Editi, *deserente Deo.* Sed Mss. et Florus, *deserendo Deum.*

aux pieds leur mouvement habituel, aux mains leur action, aux sens la perception. N'est-ce pas là cette maison dont un hôte invisible faisait l'ornement? Cet hôte invisible est parti, et nous n'avons plus sous les yeux qu'un objet qui fait couler nos larmes. Telle est la cause de notre affliction. Mais, à cette tristesse, cherchons une consolation. Quelle sera cette consolation? « Dès que le signal aura été donné par la voix de l'archange et par la trompette de Dieu, le Seigneur lui-même descendra du ciel, et ceux qui sont morts en Jésus-Christ ressusciteront d'abord. Ensuite, nous qui vivons, qui sommes laissés, nous serons enlevés avec eux sur les nuées, pour aller dans les airs au-devant de Jésus-Christ. » (*Ibid.*, 15, 16.) Sera-ce seulement pour un temps? Non; pour combien donc? « Et ainsi nous serons éternellement avec le Seigneur. » Que toute tristesse disparaisse devant une si grande consolation, que toute larme soit essuyée, que la foi bannisse à jamais toute douleur. Devant d'aussi magnifiques espérances, convient-il que le temple de Dieu soit dans la tristesse? Celui qui l'habite est un puissant consolateur, et les promesses qu'il nous fait ne sont point trompeuses. Pourquoi pleurer si longtemps celui que la mort vous a enlevé? Est-ce parce que la mort est amère? Mais Notre-Seigneur lui-même a voulu s'y soumettre; ces quelques paroles suffiront, je l'espère, à votre charité; vous puiserez des consolations plus abondantes en Celui qui ne quitte point votre cœur; demandez-lui, puisqu'il daigne l'habiter, qu'il daigne aussi un jour le transformer. Tournons-nous vers le Seigneur, etc.

SERMON CLXXIV [1].

Sur ces paroles de l'Apôtre, dans le chapitre I de la Ire Épître à Timothée : *C'est une vérité humaine* (2) *et digne d'être reçue avec une entière soumission, que Jésus-Christ est venu dans ce monde pour sauver les pécheurs*, etc.; et aussi sur le chapitre XIX de saint Luc, où il est question de Zachée. Contre les pélagiens.

Prononcé un dimanche, dans la basilique de Célerine.

CHAPITRE PREMIER. — *Comment il faut entendre l'avénement du Christ.* — 1. Nous venons d'entendre l'apôtre saint Paul nous dire : « C'est une vérité humaine et digne d'être reçue avec une entière soumission, que Jésus-Christ est venu dans ce monde pour sauver les pécheurs, dont je suis le premier. » (I *Tim.*, I, 15.) « C'est donc une vérité humaine et digne de toute croyance. » Pourquoi est-ce une vérité humaine, et non pas divine? Il est évident que si cette vérité humaine n'était en même

(1) Le jour et l'endroit où saint Augustin a prononcé ce sermon se trouvent indiqués dans un ancien manuscrit des PP. Cisterciens de Sainte-Croix-en-Jérusalem, à Rome. Florus en cite des extraits dans son Commentaire sur le chapitre I de la Ire Épître à Timothée.
(2) Saint Augustin a lu ici, ainsi que saint Ambroise, χρηστός, *humanus*, au lieu de πιστός, *fidelis*; mais il entend ce mot *humanus* dans un sens différent de celui que lui donne saint Ambroise.

veat gressus ad ambulandum, manus ad operandum, sensus ad percipiendum. Nonne ista est domus, quam nescio quis invisibilis habitator ornabat? Discessit qui non videbatur, remansit quod cum dolore videatur. Ista est causa tristitiæ. Si hæc est causa tristitiæ, sit hujus tristitiæ consolatio. Quæ consolatio? « Quia ipse Dominus in jussu et in voce Archangeli, et in novissima tuba descendet de cœlo, et mortui in Christo resurgent primi : deinde nos viventes, qui reliqui sumus, simul cum illis rapiemur in nubibus obviam Christo in aera. » (*Ibid.*, 15, 16.) Numquid et hoc ad tempus? Non : sed quid est? « Et ita semper cum Domino erimus. » Pereat contristatio, ubi tanta est consolatio : detergatur luctus ex animo, fides expellat dolorem. In tanta spe non decet esse triste templum Dei. Ibi habitat bonus consolator, ibi qui non fallit, promissor. Quid mortuum diu plangamus? Quoniam mors amara est? Per illam transivit et Dominus. Sufficiant hæc pauca Caritati Vestræ : consoletur vos abundantius qui non migrat de corde vestro; sed ita dignetur habitare, ut nos dignetur etiam in fine mutare. Conversi ad Dominum, etc.

SERMO CLXXIV [a].

De verbis Apostoli, I Tim., I : *Humanus sermo et omni acceptione dignus, quia Christus Jesus venit in mundum peccatores salvos facere*, etc.; deque lectione Evangelii Lucæ, XIX, ubi de Zacchæo. Contra Pelagianos.

CAPUT PRIMUM. — *Adventus Christi in mundum ratione carnis intelligendus.* — 1. Audivimus beatum apostolum Paulum dicentem : « Humanus sermo et omni acceptione dignus, quia Christus Jesus venit in mundum peccatores salvos facere, quorum primus ego sum. » (I *Tim.*, I, 15.) « Humanus » ergo « sermo et omni acceptione dignus. » Quare humanus, et non

(a) Alias VIII de verbis Apostoli.

temps divine, elle ne serait point digne d'être reçue avec une entière soumission. Elle est donc à la fois humaine et divine, de même que Jésus-Christ est tout ensemble homme et Dieu. Si donc nous sommes fondés à dire que cette vérité est non-seulement humaine, mais divine, pourquoi l'Apôtre a-t-il préféré l'appeler humaine? Puisqu'il pouvait, sans mentir, l'appeler divine, ce n'est donc point sans raison qu'il l'appelle une vérité humaine. Il a choisi de préférence le moyen que Jésus-Christ a pris pour venir au monde. En effet, il est venu en tant qu'homme, car, en tant que Dieu, il ne cessait d'être au milieu des hommes. Où Dieu n'est-il pas, lui qui dit dans l'Ecriture : « Je remplis le ciel et la terre? » (*Jérém.*, XXIII, 24.) Jésus-Christ est certainement la force et la sagesse de Dieu, dont il est dit : « Elle atteint d'une extrémité à l'autre avec force, et dispose toutes choses avec douceur. » (*Sag.*, VIII, 1.) « Il était donc dans ce monde, et le monde a été fait par lui, et le monde ne l'a point connu. » (*Jean*, I, 10.) Il était donc sur la terre, et il y est venu ; il était par sa majesté divine, il y est venu par la faiblesse de notre humanité. C'est donc en considérant son avénement dans la faiblesse de notre humanité, que l'Apôtre s'écrie : « C'est une vérité humaine. » Le genre humain n'aurait pas été délivré, si la parole de Dieu n'avait daigné se revêtir de notre humanité.

Ainsi, on dit d'un homme qu'il est humain, lorsqu'il montre qu'il est homme, et surtout lorsqu'il donne l'hospitalité à l'un de ses semblables. Or, si on appelle humain celui qui reçoit un homme dans sa maison, combien l'est davantage celui qui se revêt de la nature même de l'homme.

CHAPITRE II. — *Le péché a été la cause de l'incarnation. Faiblesse du libre arbitre dans Adam. Le don de la grâce dans Jésus-Christ.* — 2. « C'est donc une vérité humaine et digne d'être reçue en toute soumission, que Jésus-Christ est venu en ce monde pour sauver les pécheurs. » Rapprochez de ces paroles ce que dit l'Evangile : « Le Fils de l'homme est venu chercher et sauver ce qui était perdu. » (*Luc*, XIX, 10.) Si l'homme ne s'était point perdu, le Fils de l'homme ne serait pas venu sur la terre. Mais l'homme s'étant perdu, un Dieu fait homme est venu et l'a retrouvé. L'homme s'était perdu de sa libre volonté, un Dieu-homme est venu le sauver par sa grâce libératrice. Voulez-vous savoir quelle a été la puissance du libre arbitre pour le mal? Rappelez-vous le péché de l'homme. Voulez-vous connaître également le puissant secours que nous devons à un Dieu-homme? Considérez en lui la grâce qui nous délivre. Nulle part ailleurs on ne voit plus fortement et plus clairement que dans le premier homme ce que peut la volonté humaine do-

---

divinus? Procul dubio nisi iste humanus sermo etiam divinus esset, dignus omni acceptione non esset. Sed sic est sermo iste humanus et divinus, quomodo est ipse Christus et homo et Deus. Si ergo recte intelligimus sermonem istum, non solum humanum esse, verum etiam divinum; quare Apostolus humanum maluit dicere, quam divinum? Procul dubio enim qui non mentiretur, si diceret divinum, non sine causa maluit dicere humanum. Hoc ergo elegit, per quod Christus in mundum venit. Venit enim per quod homo erat. Nam per quod Deus erat, semper hic erat. Ubi enim non est Deus, qui dixit : Cœlum et terram ego impleo? (*Jerem.*, XXIII, 24.) Christus est certe virtus et sapientia Dei; de qua dicitur : Attingit a fine usque ad finem fortiter, et disponit omnia suaviter. (*Sap.*, VIII, 1.) Ergo in hoc mundo erat, et mundus per eum factus est, et mundus eum non cognovit. (*Joan.*, I, 10.) Et hic erat, et venit : hic erat per divinam majestatem, venit per humanam infirmitatem. Quia ergo venit per infirmitatem humanam, ideo prædicans adventum ejus, dixit : « Humanus sermo. » Non liberaretur humanum genus, nisi sermo Dei dignaretur esse humanus. Nam et homo ille dicitur humanus, qui se exhibet hominem, et maxime qui hospitio suscipit hominem. Si ergo humanus dicitur qui in domo sua suscipit hominem, quam humanus est qui in se ipso suscepit hominem?

CAPUT II. — *Incarnationis causa peccatum. Liberi arbitrii infirmitas cernitur in Adamo. Gratiæ donum in Christo perspicitur.* — 2. Ergo : « Humanus sermo et omni acceptione dignus, quia Christus Jesus venit in mundum peccatores salvos facere. » Attende Evangelium : « Venit enim Filius hominis quærere et salvare quod perierat. » (*Luc.*, XIX, 10.) Si homo non perisset, Filius hominis non venisset. Ergo perierat homo, venit Deus homo, et inventus est homo. Perierat homo per liberam voluntatem : venit Deus homo per gratiam liberatricem. Quæris quid valeat ad malum liberum arbitrium? Recole hominem peccantem. Quæris quid valeat ad auxilium Deus et homo? Attende in eo gratiam liberantem. Nusquam

SERMON CLXXIV.

minée par l'orgueil, pour éviter le mal sans le secours de Dieu. C'est ainsi que s'est perdu le premier homme; et que serait-il devenu sans l'avénement d'un autre homme, du second Adam? Le premier était homme, le second l'est également, et voilà pourquoi l'Apôtre dit: « C'est une vérité humaine. » Nulle part encore la grâce miséricordieuse et la générosité de la toute-puissance de Dieu ne paraissent avec autant d'éclat que dans l'homme médiateur entre Dieu et les hommes, dans Jésus-Christ fait homme. Que voulons-nous dire ici, mes frères? Je parle à des chrétiens nourris dans la foi catholique, ou du moins qui sont une conquête de l'union catholique. Nous savons donc et nous croyons que le médiateur entre Dieu et les hommes, Jésus-Christ-homme (I *Tim.*, II, 5), était, en tant qu'homme, de même nature que nous. Notre chair, notre âme ne sont pas d'une autre nature que sa chair et son âme. Il s'est uni à cette nature qu'il avait résolu de sauver. Il a pris cette nature tout entière, mais sans prendre le péché. Cette nature était pure, mais elle n'était pas seule. En Jésus-Christ, il y avait Dieu, il y avait le Verbe de Dieu. Et de même que vous êtes un seul homme composé d'une âme et d'un corps, Dieu et l'homme font ici un seul Christ. Oserait-on dire que notre nature, dans ce divin médiateur, a d'abord été, par son libre arbitre, agréable à Dieu, et a mérité de lui être unie, pour former ainsi, par l'union de la divinité et de l'humanité, un seul Jésus-Christ? Nous pouvons dire que, par nos vertus, par notre conduite, par l'ensemble de notre vie, nous avons mérité de devenir enfants de Dieu; nous pouvons dire: Nous avons reçu un commandement; si nous l'observons, si nous y conformons notre vie, nous serons reçus au nombre des enfants de Dieu. Mais, pour Jésus-Christ, peut-on dire que le Fils de l'homme a d'abord vécu séparément, et qu'il a mérité, par une vie sainte, de devenir le Fils de Dieu? Non, il n'a commencé à exister que lorsque le Fils de Dieu s'est uni à la nature humaine. En effet, « le Verbe s'est fait chair, et il a habité parmi nous. » (*Jean*, I, 14.) Le Verbe de Dieu, le Fils unique de Dieu s'est uni à une âme, à un corps semblables aux nôtres, sans aucun mérite antérieur de leur part, sans qu'aucun acte de vertu leur ait obtenu cette élévation glorieuse; cette incarnation du Verbe a été un acte purement gratuit. Rien absolument ne l'a précédée, et Jésus-Christ n'a été ce qu'il est que par l'incarnation. Il a été conçu d'une vierge. Or, avant cette conception virginale, peut-on dire qu'il y avait un homme médiateur? On ne peut donc dire davantage qu'il a commencé par être un homme juste. Comment eût-il été juste, puisqu'il n'existait pas? Une vierge l'a conçu, et son existence a

---

potuit sic ostendi, quantum valeat voluntas hominis usurpata per superbiam, ad (*a*) vitandum sine adjutorio Dei malum; non potuit plus et manifestius exprimi, quam in homine primo. Et ecce periit primus homo, et ubi esset, nisi venisset secundus homo? Quia et ille homo, ideo et iste homo, et ideo « humanus sermo. » Prorsus nusquam sic apparet benignitas gratiæ et liberalitas omnipotentiæ Dei (*f.* quomodo), quam in homine mediatore Dei et hominum, homine Christo Jesu. Quid enim dicimus, Fratres mei? In fide catholica nutritis loquor, vel in pacem catholicam lucratis. Novimus et tenemus mediatorem Dei et hominum, hominem Christum Jesum (I *Tim.*, II, 5), in quantum homo erat, ejus esse naturæ, cujus et nos sumus. Non enim alterius naturæ caro nostra et caro illius, nec alterius naturæ anima nostra et anima illius. Hanc suscepit naturam, quam salvandam esse judicavit. Nihil minus habebat in natura, sed nihil habebat in culpa. Natura pura, sed non sola humana. Ibi erat Deus, ibi erat Verbum Dei. Et sicut tu unus homo, anima es et caro: sic et ille unus Christus, Deus et homo. Audebit ergo aliquis dicere, quia natura nostra in illo mediatore primum per liberum arbitrium promeruit Deum, et sic suscipi meruit, ut esset homo et Deus unus Christus Jesus? Ecce nos possumus dicere virtutibus nostris, moribus nostris, conversatione vitæ nostræ meruisse ut efficiamur filii Dei : possumus dicere : Accepimus præceptum, si servaverimus et bene vixerimus, recipiemur in numerum filiorum Dei. Numquid et ille prius vixit filius hominis, et bene vivendo factus est filius Dei? Inde cœpit, et inde incœpit, et susceptione factus est. Verbo enim caro factum est, ut habitaret in nobis. (*Joan.*, I, 14.) Verbum Dei, unicus Dei Filius assumpsit animam et carnem hominis, non antea se promerentis, nec ad illam percipiendam sublimitatem virtute propria laborantis, sed omnino gratis. Nihil enim præcessit illam susceptionem : (*b*) susceptione factus est. Virgo concepit: ante conceptum virginis homo mediator? Non utique

---

(*a*) Editi, *ad utendum*. Emendantur ope Benigniani Ms. et Flori. — (*b*) Hic editi addunt : *Susceptus est Dei filius*. Abest a Benign. Ms.

commencé par l'union de la nature divine avec la nature humaine. Aussi, saint Jean a-t-il raison de dire : « Et nous avons vu sa gloire, la gloire que reçoit de son Père le Fils unique, plein de grâce et de vérité. » (*Jean*, I, 14.) Vous aimez votre liberté, et vous voulez dire à votre père : « Donnez-moi la portion de biens qui doit me revenir. » (*Luc*, XV, 12.) Pourquoi vous livrer ainsi à vous-même ? Ne seriez-vous pas mieux gardé par Celui qui vous a créé lorsque vous n'existiez pas ?

CHAPITRE III. — Reconnaissez donc Jésus-Christ ; il est plein de grâce. Il veut répandre sur vous de sa plénitude ; il vous dit : « Recherchez mes dons, oubliez vos mérites, car si je cherchais moi-même vos mérites, vous n'obtiendriez jamais les dons de ma grâce. » Gardez-vous de vous élever, soyez petit, devenez un nouveau Zachée.

L'action de Zachée expliquée allégoriquement. — 3. Mais, me direz-vous, si je suis comme Zachée, la foule me dérobera la vue de Jésus-Christ. Ne vous attristez point ; montez sur le bois où Jésus a été suspendu pour vous, et vous verrez Jésus. Sur quelle espèce d'arbre monta Zachée ? Sur un sycomore. Dans nos contrées, on ne rencontre point, ou on ne rencontre que rarement des sycomores ; mais, dans la Judée, cet arbre et ses fruits sont très-communs. Les fruits du sycomore ressemblent aux figues ; il y a cependant une différence, comme le savent ceux qui ont vu ce fruit ou en ont goûté. Or, si l'on s'en rapporte à l'étymologie du mot, sycomore veut dire en latin figuier insipide ou sauvage. Considérez maintenant notre Zachée ; voyez-le, je vous en prie, s'efforçant de voir Jésus au milieu de la foule sans pouvoir y parvenir. Car il était petit, et la foule était orgueilleuse, et cette foule, comme il arrive d'ordinaire, était à elle-même un obstacle pour bien voir Jésus. Zachée s'élève donc au-dessus de la foule et voit Jésus sans aucun empêchement. Quel langage, en effet, la foule tient aux humbles, à ceux qui suivent la voie de l'humilité, qui laissent à Dieu le soin de venger les injures qui leur sont faites ? Elle n'a pour eux que des insultes : Homme sans défense, vous dit-elle, vous ne sauriez vous venger. Cette foule empêche de voir Jésus, cette foule glorieuse et fière, lorsqu'elle a pu satisfaire sa vengeance, ne permet pas de voir celui qui dit à Dieu sur la croix : « Mon Père, pardonnez-leur, car ils ne savent ce qu'ils font. » (*Luc*, XXIII, 34.) Or, Zachée, qui personnifiait en lui les humbles, voulant à toute force voir Jésus, ne se laisse point arrêter par la foule qui l'en empêche ; il monte sur un sycomore, l'arbre qui produit des fruits insipides et comme insensés. « Pour nous, en effet,

prius justus fuit. Quomodo enim justus fuit, qui nec fuit? Virgo concepit, et susceptione hominis inde cœpit. Merito dictum est : Vidimus gloriam ejus, gloriam tanquam unigeniti a Patre, plenum gratia et veritate. (*Joan.*, I, 14.) Amas liberam voluntatem tuam, dicturus es patri tuo : Da mihi substantiam meam quæ me contingit. (*Luc.*, XV, 12.) Quid te tibi committis? Melius te potest servare, qui te potuit, antequam esses, creare.

CAPUT III. — Agnosce ergo Christum, gratia plenus est. Hoc tibi vult fundere, quo plenus est : hoc tibi dicit : Quære dona mea, obliviscere merita tua ; quia si quærerem merita tua, non venires ad dona mea. Noli te extollere, pusillus esto, Zacchæus esto.

Zacchæi factum allegorice. — 3. Sed dicturus es : Si Zacchæus fuero, præ turba non potero videre Jesum. (*Luc.*, XIX, 3.) Noli esse tristis, ascende lignum, ubi pro te pependit Jesus, et videbis Jesum. Et quale genus ligni ascendit Zacchæus? Sycomorum. In regionibus nostris aut omnino nusquam, aut raro forte alicubi nascitur : in illis autem partibus multum est hujus generis ligni et pomi. Sycomora dicuntur poma quædam ficis similia : sed tamen distant aliquid ; quod possunt nosse qui viderunt vel gustaverunt. Quantum tamen indicant interpretatio nominis, sycomora fici fatuæ Latine interpretantur. Jam vide Zacchæum meum, vide illum, obsecro te, volentem in turba videre Jesum, et non valentem. Humilis enim erat, turba superba erat : et ipsa turba ad videndum bene Dominum, sicut solet turba, se ipsam impediebat : ascendit a turba, et vidit Jesum non impediente turba. Turba enim dicit humilibus, humilitatis viam gradientibus, injurias suas Deo dimittentibus, vindictam de inimicis non requirentibus, turba insultat, et dicit : Indefense, qui te non potes vindicare. Turba impedit, ne videatur Jesus : turba glorians et exsultans quando se potuerit vindicare, impedit ne videatur ille qui pendens ait : « Pater, ignosce illis, quia nesciunt quid faciunt. » (*Luc.*, XXIII, 34.) Hunc ergo volens videre Zacchæus, in quo figurabatur persona humilium, non attendit turbam impedientem ; sed ascendit sycomorum, quasi fatui pomi lignum. « Nos enim, inquit Apostolus, prædicamus Christum crucifixum, » Judæis quidem scandalum : attende sycomorum, Gen-

dit l'Apôtre, nous prêchons Jésus-Christ crucifié, scandale pour les Juifs, folie pour les Gentils, » (I *Cor.*, I, 23) voilà le sycomore. Est-ce que les sages du monde ne prennent pas occasion de la croix de Jésus-Christ pour nous insulter et nous dire : Quel cœur avez-vous donc d'adorer un Dieu crucifié? Quel cœur nous avons? Assurément ce n'est pas le vôtre : « La sagesse de ce monde est une folie aux yeux de Dieu. » (I *Cor.*, III, 19.) Non, nous n'avons pas votre cœur. Mais vous accusez notre cœur de folie. Dites ce que vous voulez, nous monterons sur le sycomore, et nous verrons Jésus. Pour vous, il vous est impossible de le voir, parce que vous rougissez de monter sur le sycomore. Que Zachée donc ne craigne point de monter sur cet arbre; qu'il monte avec humilité sur la croix. Ce n'est pas assez d'y monter; pour ne point rougir de la croix de Jésus-Christ qu'il la grave sur son front où est le siège de la pudeur; qu'il l'imprime sur cette partie du corps où l'homme a coutume de rougir; qu'il l'imprime sur le front pour apprendre à ne plus rougir de la croix. Vous vous moquez peut-être de mon sycomore; c'est à lui que je dois d'avoir vu Jésus. Mais vous riez de ce sycomore, parce que vous êtes homme. Or, ce qui paraît en Dieu une folie est plus sage que les hommes.

CHAPITRE IV. — *Nécessité de la grâce prévenante.* — 4. Le Seigneur aussi vit Zachée. Zachée eut le bonheur de voir et d'être vu, mais il n'aurait pu voir si tout d'abord il n'avait été vu. Car Dieu appelle ceux qu'il a prédestinés. (*Rom.*, VIII, 30.) Lorsque Nathanaël donne déjà à l'Evangile l'appui de son témoignage, et dit : « Peut-il venir quelque chose de bon de Nazareth ? » (*Jean*, I, 46) c'est le Sauveur lui-même qui lui répond : « Avant que Philippe vous ait appelé, quand vous étiez sous le figuier, je vous voyais. » (*Ibid.*, 48.) Vous savez de quelle matière les premiers pécheurs, Adam et Eve, se firent des ceintures. Après leur péché, ils prirent des feuilles de figuier, les entrelacèrent et en couvrirent les parties honteuses de leur corps; car leur péché en avait fait pour eux un objet de honte. (*Gen.*, III, 7.) Ainsi, nos premiers parents, après avoir péché, se sont fait des ceintures pour couvrir les parties honteuses du corps, qui nous donnent la vie et en même temps la mort, dont nous avons dû être délivrés par Celui qui est venu chercher et sauver ce qui était perdu. Que signifient donc ces paroles du Sauveur : « Quand vous étiez sous le figuier, je vous ai vu, » sinon : Vous n'auriez pu venir à Celui qui efface le péché, s'il n'avait commencé par vous voir sous l'ombre du péché? C'est parce que nous avons été vus, que nous avons pu voir ; c'est parce que nous avons été aimés, que nous avons pu aimer nous-mêmes. « Il est mon Dieu, sa miséricorde me préviendra. » (*Ps.* LVIII, 11.)

Qu'est-ce que recevoir Jésus dans son cœur. — 5. Notre-Seigneur donc, qui avait déjà reçu

---

tibus autem stultitiam. (I *Cor.*, I, 23.) Denique de cruce Christi nobis insultant sapientes hujus mundi, et dicunt : Quale cor habetis, quid Deum colitis crucifixum ? Quale cor habemus? Non utique vestrum. «Sapientia hujus mundi stultitia est apud Deum.» (I *Cor.*, III, 19.) Non enim vestrum cor habemus. Sed dicitis cor nostrum stultum. Dicite quod vultis : nos ascendamus sycomorum, et videamus Jesum. Ideo enim vos Jesum videre non potestis, quia sycomorum ascendere erubescitis. Apprehendat Zacchæus sycomorum, ascendat humilis crucem. Parum est, ascendat; ne de cruce Christi erubescat, in fronte illam figat, ubi sedes pudoris est : ibi omnino, ibi in quo membro erubescitur, ibi figatur unde non erubescatur. Puto quia tu irrides sycomorum : et ipsa me fecit videre Jesum. Sed tu irrides sycomorum, quia homo es : stultum autem Dei sapientius est, quam hominum. (I *Cor.*, I, 25.)

CAPUT IV. — *Gratiæ prævenientis necessitas.* — 4. Et vidit Dominus ipsum Zacchæum. Visus est, et vidit : sed nisi visus esset, non videret. Quos enim prædestinavit, illos et vocavit. (*Rom.*, VIII, 30.) Ipse est qui Nathanaeli dixit, jam quasi testimonio suo adjuvanti Evangelium, et dicenti : A Nazareth potest aliquid boni esse ? (*Joan.*, I, 46.) Dominus ad illum : Prius quam te Philippus vocaret, cum esses sub arbore fici, vidi te. (*Ibid.*, 48.) Nostis unde sibi succinctoria primi peccatores Adam et Eva. Quando peccaverunt, de foliis fici succinctoria sibi fecerunt et pudenda texerunt (*Gen.*, III, 7); quia quod eos puderet peccando fecerunt. Ergo si succinctoria sibi primi peccatores fecerunt, unde originem ducimus, in quibus perieramus, ut veniret ille quærere et salvare quod perierat, de foliis fici ad pudenda tegenda fecerunt; quid aliud dictum est : « Cum esses sub arbore fici, vidi te; » nisi : non venires ad purgatorem peccati, nisi prior te vidisset in umbra peccati? Ut videremus, visi sumus; ut diligeremus, dilecti sumus. Deus meus misericordia ejus præveniet me. » (*Psal.* LVIII, 11.)

Suscipere Jesum in cor. — 5. Jam ergo Dominus,

Zachée dans son cœur, daigna entrer lui-même dans sa maison. « Zachée, lui dit-il, hâtez-vous de descendre, parce qu'il faut que je m'arrête aujourd'hui dans votre demeure. » (*Luc*, XIX, 5.) Zachée regardait comme un bonheur extraordinaire de voir Jésus-Christ; c'était pour lui un grand et ineffable bienfait de voir Jésus même en passant, et il mérite sur-le-champ de le recevoir dans sa maison. La grâce se répand dans son âme, la foi opère par la charité; il reçoit dans sa demeure Jésus-Christ, qui habitait déjà dans son cœur. Zachée dit alors au Sauveur : « Seigneur, je vais donner la moitié de mes biens aux pauvres, et si j'ai fait tort à quelqu'un en quoi que ce soit, je lui rendrai quatre fois autant. » (*Ibid.*, 8) c'est-à-dire si je retiens la moitié de mes biens, ce n'est point pour la garder, mais pour la faire servir à restituer. Voilà, en vérité, ce que c'est que de recevoir Jésus dans son cœur. Oui, Jésus-Christ était présent dans le cœur de Zachée, et c'est lui-même qui lui inspirait les paroles qu'il entendait sortir de sa bouche. Il vérifiait en lui ce que dit l'Apôtre : « Que Jésus-Christ habite par la foi dans vos cœurs. » (*Ephés.*, III, 17.)

Ceux qui s'imaginent être bien portants entrent en fureur contre le médecin. — 6. Mais comme cette faveur tombait sur Zachée, sur un chef des publicains, sur un grand pécheur, cette foule, qui empêchait de voir Jésus et se croyait en parfaite santé, fut scandalisée de ce que Jésus entrât dans la maison d'un pécheur, et lui en fit des reproches. C'était reprocher au médecin d'entrer chez un malade.

CHAPITRE V. — *Le sang du médecin est devenu le remède de ceux qui l'ont mis à mort.* — A ces hommes donc, qui se raillaient de Zachée comme d'un pécheur ; à ces malades, qui se moquaient de celui qui était guéri, Notre-Seigneur répond : « Cette maison a reçu aujourd'hui le salut. » (*Luc*, XIX, 9.) Voilà pourquoi j'y suis entré. « Elle a reçu aujourd'hui le salut. » Si le Sauveur n'y fût pas entré, cette maison n'aurait pas reçu le salut. Pourquoi donc vous étonner, pauvre malade ? Appelez aussi Jésus, gardez-vous de croire que vous soyez bien portant. Le malade qui reçoit volontiers la visite du médecin, peut espérer de guérir ; mais il faut désespérer de la guérison de celui qui frappe son médecin comme un furieux. Mais quelle n'est pas la folie de celui qui va jusqu'à tuer le médecin ? Admirez ici la grande bonté, la puissance du médecin, qui, de son sang, a fait un remède pour ceux qui l'ont mis à mort dans un accès de fureur. En effet, ce n'est pas sans raison que le Seigneur, qui était venu chercher et sauver ce qui était perdu, disait à Dieu son Père, du haut de la croix : « Mon Père, pardonnez-leur, car ils ne savent ce qu'ils font. » (*Luc*, XXIII, 34.) Ce sont des insensés,

---

qui Zacchæum in corde susceperat, in domum ejus dignatus est suscipi, et dixit : « Zacchæe, (*a*) festinans descende, quoniam in domo tua oportet me manere. » (*Luc.*, XIX, 5.) Magnum beneficium ille arbitrabatur, Christum videre. Qui magnum et ineffabile beneficium putabat, transeuntem videre, subito meruit in domo habere. Infunditur gratia, operatur fides per dilectionem; suscipitur Christus in domum, qui jam habitabat in corde. Dicit Christo Zacchæus : « Domine, dimidium rerum mearum do pauperibus, et si quid aliquem fraudavi, quadruplum reddo. » (*Ibid.*, 8.) Quasi diceret : Ideo mihi dimidium teneo, non quod habeam, sed unde reddam. Vere ecce quod est suscipere Jesum, in cor suscipere. Ibi enim erat Christus, in Zacchæo erat, et de illo sibi dicebat, quod ex ore ejus audiebat. Sic enim Apostolus dicit : Habitare Christum per fidem in cordibus vestris. (*Ephes.*, III, 17.)

Qui sani sibi videntur, insaniunt in medicum. — 6. Jam ergo quia Zacchæus erat, quia princeps publicanorum erat, quia valde peccator erat; quasi (*b*) sana illa turba, quæ impediebat videre Jesum, admirata est, et reprehendit quod in domum peccatoris intrasset Jesus. Hoc erat reprehendere quod in domum ægroti intravit medicus.

CAPUT V. — *Sanguis medici medicamentum suo interfectori.* — Quia ergo velut peccator Zacchæus irrisus est, irrisus est autem ab insanis sanatus, Dominus respondit irridentibus : « Hodie salus huic domui facta est. » (*Luc.*, XIX, 9.) Ecce quare intravi, « salus hodie facta est. » Utique si Salvator non intrasset, salus in illa domo facta non esset. Quid ergo miraris, ægrote? Voca et tu Jesum, noli tibi sanus videri. Cum spe ægrotat, qui medicum suscipit : desperate ægrotat, qui per insaniam medicum cædit. Qualis ergo ejus insania, qui medicum occidit ? Quanta vero bonitas et potentia medici, qui de sanguine suo, insano interfectori suo medicamentum fecit ? Neque enim ille qui venerat quærere et salvare quod perierat, pendens sine causa dicebat : Pater, ignosce illis, quia

---

(*a*) Verbum *festinans* abest ab Am. Er. et Mss. — (*b*) Fossatensis Ms. *quasi insana.*

mais je suis leur médecin ; qu'ils déchargent sur moi leur fureur, je les supporterai patiemment, et lorsqu'ils m'auront mis à mort, je les guérirai. Soyons donc du nombre de ceux qu'il daigne guérir. « C'est une vérité humaine et digne d'être reçue avec une entière soumission, que Jésus-Christ est venu dans ce monde pour sauver les pécheurs, » (I *Tim.*, I, 15) grands et petits ; oui, « pour sauver les pécheurs, car le Fils de l'homme est venu pour chercher et sauver ce qui était perdu. » (*Luc*, XIX, 10.)

CHAPITRE VI. — *Preuves du péché originel. Le Christ est Jésus même pour les enfants. Baptême et communion des enfants.* — 7. Celui qui prétend que Jésus ne trouve rien dans les enfants qui ait besoin d'être sauvé, nie par là même que le Christ soit Jésus pour tous les enfants chrétiens. Oui, je le répète, prétendre que les enfants n'ont rien en eux qui ait besoin d'être sauvé, c'est dire, en termes équivalents, que le Christ Notre-Seigneur n'est pas Jésus pour les enfants baptisés. Que signifie, en effet, Jésus ? Jésus signifie Sauveur. Jésus est donc Sauveur. Il n'est donc pas Jésus pour ceux qu'il ne sauve point, parce qu'il ne trouve en eux rien à sauver. Si, maintenant, vos cœurs peuvent supporter cette idée que le Christ ne soit pas Jésus pour quelques-uns de ceux qui ont été baptisés, je ne sais si votre foi est bien conforme à la règle de la vérité. Ce sont des enfants, il est vrai, mais ils deviennent les membres du Christ. Ce sont des enfants, mais ils reçoivent ses sacrements. Ce sont des enfants, mais ils participent à sa table pour avoir en eux la vie. Que venez-vous me dire : Cet enfant est bien portant, il n'est atteint d'aucune maladie ? S'il en est ainsi, pourquoi courez-vous le porter au médecin ? Ne craignez-vous pas qu'il ne vous dise : Relevez d'ici cet enfant que vous croyez en bonne santé ? Le Fils de l'homme n'est venu chercher et sauver que ce qui était perdu. Pourquoi donc me l'apporter, s'il n'était point perdu ?

CHAPITRE VII. — *Pourquoi le Christ est venu sur la terre. Raison du nom de Jésus. Les petits enfants ont besoin du Sauveur. Ceux qui répondent pour les enfants au baptême doivent avoir une foi saine et véritable.* — 8. « C'est une vérité humaine et digne d'être reçue avec une entière soumission, que Jésus-Christ est venu dans ce monde. » Qu'est-il venu faire ? « Sauver les pécheurs. » Il n'est point venu pour une autre cause. Ce ne sont point nos vertus, nos mérites, mais nos péchés, qui l'ont fait descendre du ciel sur la terre. Voilà l'unique motif pour lequel il est venu, « pour sauver les pécheurs. » « Et vous lui donnerez, dit l'Ange, le nom de Jésus. » (*Matth.*, I, 21.) Et pourquoi lui donnerez-vous le nom de Jésus ? « Parce qu'il sauvera son peuple de ses péchés. Vous l'appellerez Jésus. » Pourquoi Jésus ? Quelle est la raison

nesciunt quid faciunt. (*Luc.*, XXIII, 34.) Insani sunt, medicus sum : sæviant, patienter fero ; cum occiderint, tunc sanabo. Simus ergo inter illos quos sanat. « Humanus sermo et omni acceptione dignus, quia Christus Jesus venit in mundum peccatores salvos facere, » (I *Tim.*, I, 15) magnos, pusillos, « peccatores salvos facere. Venit Filius hominis quærere et salvare quod perierat. » (*Luc.*, XIX, 10.)

CAPUT VI. — *Originale peccatum probatur. Christus etiam infantibus est Jesus. Parvulorum baptismum et communio.* — 7. Qui dicit infantilem ætatem non habere quod salvet Jesus, omnibus fidelibus infantibus Christum negat esse Jesum. Qui dicit, inquam, infantilem ætatem non habere quod salvet Jesus in ea, nihil aliud dicit quam Christum Dominum fidelibus infantibus, id est, in Christo baptizatis infantibus non esse Jesum. Jesus enim quid est ? Interpretatur Jesus, Salvator. Salvator est Jesus. Quos non salvat, non habendo quod in eis salvet, non est illis Jesus. Jam si corda vestra tolerant, aliquibus baptizatis Christum non esse Jesum, nescio utrum fides vestra in regula sana possit agnosci. Infantes sunt, sed membra ejus fiunt. Infantes sunt, sed sacramenta ejus accipiunt. Infantes sunt, sed mensæ ejus participes fiunt, ut habeant in se vitam. Quid mihi dicis : Sanus est, non habet vitium ? Quare cum illo curris ad medicum, si non habet vitium ? Non times ne dicat tibi : Aufer hinc eum quem putas sanum ? Filius hominis non venit, nisi quærere et salvare quod perierat. Quare illum ad me affers, si non perierat ?

CAPUT VII. — *Causa quare Christus venit. Ratio nominis Jesu. Parvuli Salvatore egent. Fides recta sit respondentium pro ipsis in baptismo.* — 8. « Humanus sermo et omni acceptione dignus, quia Christus Jesus venit in mundum. » Quare venit in mundum ? « Peccatores salvos facere. » Alia causa non fuit, quare veniret in mundum. Non eum de cœlo ad terram merita nostra bona, sed peccata duxerunt. Hæc est causa cur veniret, « peccatores salvos facere. » Et vocabis, inquit, nomen ejus Jesum. (*Matth.*, I, 21.) Quare vocabis nomen ejus Jesum ? « Ipse enim sal-

de ce nom? Ecoutez, la voici : « Car il sauvera son peuple. » De quoi? « De ses péchés. » Il sauvera son peuple de ses péchés. Est-ce que les petits enfants ne font point partie de ce peuple que Jésus délivrera de ses péchés? Oui, n'en doutons point, mes frères, ils en font partie. Ayez cette vérité profondément gravée dans votre cœur, croyez-la, et venez présenter, avec cette foi, les petits enfants à la grâce du Christ. Si vous n'avez point cette foi dans vos cœurs, votre langue donne le coup de la mort à ceux pour qui vous répondez. Mes frères, celui qui sans cette foi s'empresse de présenter un petit enfant au baptême, fait une démarche contraire à la vérité. Cet enfant est bien portant, dites-vous, il n'est atteint d'aucune maladie; je ne laisserai point cependant de le présenter au médecin. Pourquoi? Parce que telle est la coutume. Ne craignez-vous pas que le médecin ne vous dise : Enlevez cet enfant, et sortez avec lui; ce ne sont point ceux qui se portent bien, mais les malades, qui ont besoin de médecin. (*Matth.*, IX, 12.)

CHAPITRE VIII. — *Les petits enfants ont besoin d'être régénérés.* — 9. Je voudrais avoir plaidé utilement la cause de ces petits enfants, qui ne peuvent prendre la parole pour eux. Nous devons considérer tous les petits enfants comme autant d'orphelins, quand même ils n'auraient pas encore perdu leurs parents. La multitude de ces petits enfants prédestinés, qui attendent le salut du Seigneur, demande le peuple de Dieu pour tuteur. Le genre humain tout entier a été frappé à mort par celui qui l'a empoisonné dans la personne du premier homme; nul ne peut passer du premier Adam au second sans le sacrement de baptême. Dans les petits enfants qui viennent de naître et qui ne sont pas encore baptisés, il nous faut reconnaître Adam, de même que, dans les petits enfants qui ont reçu le baptême aussitôt leur naissance, nous devons reconnaître Jésus-Christ. Celui qui ne reconnaît pas Adam dans les petits enfants qui viennent de naître ne pourra point reconnaître Jésus-Christ dans ceux d'entre eux qui ont reçu le baptême. Mais pourquoi, me demandera-t-on, le fidèle, qui a reçu avec le baptême la rémission de ses péchés, engendre-t-il un enfant coupable du péché du premier homme? Parce qu'il l'engendre selon la chair, et non selon l'esprit : « Ce qui est né de la chair est chair. » (*Jean*, VI, 3.) Or, si l'homme extérieur se détruit en nous, dit l'Apôtre, néanmoins l'homme intérieur se renouvelle de jour en jour. (II *Cor.*, IV, 16.) La génération de cet enfant ne vient point du principe qui se renouvelle en vous, mais de celui qui se détruit. Après votre première naissance, vous en avez reçu une seconde pour éviter la mort éternelle; cet enfant est né, il est vrai, mais il n'a pas en-

---

vum faciet populum suum a peccatis eorum. Vocabis nomen ejus Jesum. » Quare Jesum? quæ ratio est hujus nominis? Audi quare : « Ipse enim salvum faciet populum suum. » Unde? A peccatis eorum. Populum suum a peccatis eorum. Numquid ad istum populum non pertinent parvuli, quem salvum faciet Jesus a peccatis eorum? Pertinent plane, pertinent, Fratres mei. Sic habete in corde, sic credite, cum ista fide parvulos ad gratiam Christi portate; ne si hanc fidem in corde non habueritis, pro quibus respondetis, lingua vestra occidatis. Prorsus, Fratres, qui non ista fide cum parvulo cucurrerit, fingit. Sanus est, nihil mali habet, nihil vitii habet; sed tollam illum ad medicum. Quare? Quia sic solet fieri. Non times ne tibi dicat medicus : Tolle hinc tecum ipsum; non est opus sanus medicus, sed male habentibus? (*Matth.*, IX, 12.)

CAPUT VIII. — *Parvulis regeneratio necessaria.* — 9. Commendaverim Caritati Vestræ causam eorum, qui pro se loqui non possunt. Omnes parvuli tanquam pupilli considerentur, etiam qui nondum parentes proprios extulerunt. Omnis prædestinatorum numerus parvulorum (*a*) populum Dei quærit tutorem, qui exspectat Dominum salvatorem. Universam massam generis humani in homine primo venenator ille percussit; nemo ad secundum transit a primo, nisi per baptismatis sacramentum. In parvulis natis et nondum baptizatis agnoscatur Adam : in parvulis natis et baptizatis et ob hoc renatis agnoscatur Christus. Qui Adam non agnoscit in parvulis natis, nec Christum agnoscere poterit in renatis. Sed quare, inquiunt, jam baptizatus homo fidelis, jam dimisso peccato, generat eum qui est cum primi hominis peccato? Quia carne illum generat, non spiritu. Quod natum est de carne, caro est. (*Joan.*, VI, 3.) Et si exterior homo noster, ait Apostolus, corrumpitur, sed interior renovatur de die in diem. (II *Cor.*, IV, 16.) Ex eo quod in te renovatur, non generas parvulum : ex eo quod in te corrumpitur, generas parvulum. Tu ut non in æternum moriaris natus es, et

---

(*a*) Editi, *populus Dei*. Correximus ex Mss. et ex Floro.

core eu le bonheur de renaître. C'est à cette seconde naissance que vous devez de vivre ; laissez-le donc renaître pour qu'il ait aussi la vie ; oui, laissez-le renaître. Pourquoi vous opposer à sa régénération ? Pourquoi vouloir détruire, par ces nouvelles disputes, l'antique règle de la foi ? Que venez-vous nous dire que les enfants ne sont nullement coupables du péché originel ? A quoi tend ce langage, si ce n'est à éloigner ces enfants de Jésus-Christ ? Mais Jésus lui-même vous crie : « Laissez venir à moi les petits enfants. » (*Marc*, x, 14.) Tournons-nous vers le Seigneur, etc.

SERMON CLXXV (1).

Sur ces mêmes paroles de l'Apôtre, dans le chapitre I de la Ire Epître à Timothée : *C'est une vérité certaine et digne d'être reçue avec une entière soumission*, etc.

CHAPITRE PREMIER. — *Cause de l'incarnation de Jésus-Christ.* — 1. Ce qu'on vient de lire du saint Evangile se trouve confirmé par l'Apôtre saint Paul, dont voici les paroles : « C'est une vérité certaine et digne d'être reçue avec une entière soumission, que Jésus-Christ est venu dans ce monde pour sauver les pécheurs, dont je suis le premier. » (I *Tim.*, I, 15.) Notre-Seigneur Jésus-Christ n'a eu d'autre raison, pour venir en ce monde, que de sauver les pécheurs. Qu'il n'y ait plus ni maladies, ni plaies à guérir, la médecine n'aura plus de raison d'être. Si le grand médecin est descendu des cieux, c'est qu'un grand malade gisait sur toute la surface de la terre. Ce grand malade, c'est le genre humain. « Mais tous les hommes n'ont pas la foi. » (II *Thess.*, III, 2.) « Le Seigneur connaît ceux qui sont à lui. » (II *Tim.*, II, 19.) Les Juifs étaient orgueilleux, pleins de présomption ; ils avaient de hautes idées d'eux-mêmes, se croyaient justes, et allaient même jusqu'à reprocher au Seigneur d'appeler à lui les pécheurs. Or, ces hommes orgueilleux et pleins d'eux-mêmes ont été laissés sur les montagnes, et font partie des quatre-vingt-dix-neuf. (*Matth.*, XVIII, 12.) Qu'est-ce à dire, qu'ils ont été laissés sur la montagne ? Ils ont été laissés dans cet orgueil dont leur âme était gonflée. Qu'est-ce à dire encore, qu'ils font partie des quatre-vingt-dix-neuf ? Ils ne sont pas à droite, mais à gauche. Car le nombre quatre-vingt-dix-neuf figure la gauche ; ajoutez un de plus, et vous passez à la droite. Le Fils de l'homme est donc venu, comme il le dit dans un autre endroit, pour chercher et pour sauver ce qui était perdu. (*Luc*, XIX, 10.) Or, tout était perdu, depuis le péché d'un seul, en qui tout se trouvait renfermé. Il en est donc venu un seul sans

(1) Florus cite des extraits de ce sermon dans son Commentaire sur le chapitre I de la Ire Epître à Timothée.

---

renatus es : ille adhuc natus, renatus nondum est. Si tu renascendo vivis, sine ut et ille renascatur et vivat : sine, inquam, renascatur, sine renascatur : quare contradicis ? Quare novis disputationibus antiquam fidei regulam frangere conaris ? Quid est enim quod dicis : Parvuli non habent omnino vel originale peccatum ? Quid est quod dicis, nisi ut non accedant ad Jesum ? Sed tibi clamat Jesus : Sine parvulos venire ad me. (*Marc.*, x, 14.) Conversi ad Dominum, etc.

SERMO CLXXV (a).

De eisdem verbis Apostoli, I Tim., I : *Fidelis sermo et omni acceptione dignus*, etc.

CAPUT PRIMUM. — *Incarnationis Christi causa.* — 1. Quod lectum est modo de sancto Evangelio, hoc et Paulus apostolus dicit, cujus verba ista sunt : « Fidelis sermo, et omni acceptione dignus, quia Christus Jesus venit in mundum peccatores salvos facere,

(a) Alias IX, de verbis Apostoli.

quorum primus ego sum. » (I *Tim.*, I, 15.) Nulla causa fuit veniendi Christo Domino, nisi peccatores salvos facere. Tolle morbos, tolle vulnera, et nulla causa est medicinæ. Si venit de cœlo magnus medicus, magnus per totum orbem terræ jacebat ægrotus. Ipse ægrotus genus humanum est. Sed non omnium est fides. (II *Thess.*, III, 2.) Novit Dominus qui sunt ejus. (II *Tim.*, II, 19.) Superbiebant Judæi, extollebant se, alta sapiebant, justos se putabant, et Dominum colligentem peccatores insuper accusabant. Qui ergo superbiebant et alta sapiebant, relicti sunt in montibus, ad nonaginta novem pertinent. (*Matth.*, XVIII, 12.) Quid est, relicti sunt in montibus ? Relicti sunt in tumore terreno. Quid est, ad nonaginta novem pertinent ? In sinistra sunt, non in dextera. Nonaginta enim et novem in sinistra numerantur : unum adde, ad dexteram transitur. Venit ergo, ut ipse alio loco dicit : Venit Filius hominis quærere et salvare quod perierat. (*Luc.*, XIX, 10.) Totum enim perierat : ex quo peccavit unus, ubi erat totum pe-

péché, pour sauver tous les autres du péché. Mais ces hommes pleins d'orgueil, par un excès des plus déplorables, étaient malades, et se croyaient bien portants.

CHAPITRE II. — *Ce qui rendait la maladie des Juifs beaucoup plus dangereuse.*— 2. L'état d'un malade est bien plus dangereux lorsque l'excès de la fièvre lui fait perdre la raison ; il rit!, mais ceux qui se portent bien s'affligent de le voir rire. Le frénétique se livre à un fou rire, il n'en est pas moins malade, et l'homme raisonnable déplore cette folle joie. Je suppose que vous faites cette question : Vaut-il mieux rire que pleurer ? Qui ne vous répondrait : J'aime mieux rire ? Cependant, pour nous faire aimer la douleur salutaire de la pénitence, le Seigneur a fait des larmes un devoir, et du rire une récompense. Comment cela ? Lorsqu'il a dit dans son Evangile : « Bienheureux ceux qui pleurent, parce qu'ils riront un jour. » (*Luc*, VI, 21.) C'est donc pour nous un devoir de pleurer, et le rire est la récompense de la sagesse. Le rire est pris ici pour la joie ; ce ne sont pas les bruyants éclats, mais l'allégresse intime du cœur. Si donc vous proposez cette alternative : Vaut-il mieux rire que pleurer ? tout homme répondra qu'il aime mieux rire que pleurer. Si, maintenant, personnifiant ces deux états, vous demandez : Que vaut-il mieux, du rire du frénétique, ou des pleurs de l'homme sensé ? on vous répondra qu'on préfère les pleurs de l'homme raisonnable au rire de l'insensé. On estime tant la santé de l'âme qu'on la choisit même avec les larmes. La maladie des Juifs était donc d'autant plus dangereuse et plus désespérée, qu'ils se croyaient bien portants, et que, dans le délire produit par l'excès de la maladie, ils allaient jusqu'à frapper le médecin. C'était peu pour eux de le frapper, disons la vérité tout entière : non-seulement ils le frappèrent, mais ils le mirent à mort. Mais alors même qu'on le mettait à mort, il ne cessait pas d'être médecin ; il recevait les coups du malade, et il le guérissait ; il supportait les violences du frénétique, sans l'abandonner. Les Juifs s'emparaient de lui, le chargeaient de chaînes, le souffletaient, le frappaient au visage avec un roseau, l'accablaient d'insultes et d'outrages ; cité devant les tribunaux, il était condamné, attaché à un bois infâme, au milieu d'une multitude frémissante de rage, et il ne laissait pas d'être médecin.

CHAPITRE III. — *Jésus-Christ a fait de son sang un remède pour ses bourreaux.* — 3. Vous avez vu les frénétiques, reconnaissez maintenant le médecin : « Mon Père, pardonnez-leur, car ils ne savent ce qu'ils font. » (*Luc*, XXIII, 34.) Emportés par leur aveugle rage, ils poussaient la fureur jusqu'à verser le sang du médecin, et ce charitable médecin faisait de son sang

---

riit totum. Sed venit unus sine peccato, qui salvos faceret a peccato. Isti autem superbiendo, quod est pejus, et ægrotabant, et sanos se esse credebant.

CAPUT II. — *Judæorum periculosior ægritudo.* — 2. Periculosius ægrotant, qui mentem febribus perdiderunt. Illi rident, et sani plorant. Ridet enim phreneticus : sed non est sanus. Porro autem qui mentis est sanæ, plorat phreneticum ridentem. Primum, si duo ista proponas, quid est melius, ridere, an plorare ? Quis non sibi eligat ridere ? Denique propter dolorem salubrem pœnitentiæ, in fletu Dominus posuit officium, in risu beneficium. Quomodo ? Quando ait in Evangelio : Beati qui plorant, quoniam ridebunt. (*Luc.*, VI, 21.) Ergo in ploratu officium est, in risu est præmium sapientiæ. Risum enim pro gaudio posuit, non cachinnationem, sed exsultationem. Ergo si duo ista proponas, et quæras quid horum sit melius, ridere, an plorare : omnis homo plorare non vult, et ridere vult. Porro si addas personas ad istos affectus, et ita proponas cum personis : Quid est melius, ridere phreneticum, an plo- rare sanum ? Eligit sibi homo fletum cum sanitate, quam risum cum amentia. Tantum valet mentis sanitas, ut etiam cum planctu eligatur. Isti ergo qui sanos se putabant, multo periculosius et desperatius ægrotabant ; et ipsa ægritudine qua mentes perdiderant, etiam medicum cædebant. Parum est, cædebant : dicam totum ; non solum cædebant, sed etiam occidebant. Ille autem etiam cum occideretur, medicus erat ; vapulabat, et curabat ; patiebatur phreneticum, nec deserebat ægrotum : tenebatur, alligabatur, colaphis percutiebatur, arundine plagas accipiebat, irridebatur, insultabatur ei, postremo audiebatur, damnabatur, ligno suspendebatur, undique circumfremebatur ; et medicus erat.

CAPUT III. — *Christus interfectoribus suis medicamentum parat de suo sanguine.* — 3. Agnoscis phreneticos, agnosce et medicum. Pater, ignosce illis, quia nesciunt quid faciunt. (*Luc.*, XXIII, 34.) Illi perdita mente sæviebant, et medici sanguinem sæviendo fundebant : ille autem etiam de ipso sanguine suo ægrotis medicamenta faciebat. Non enim vere frustra

même un remède pour les guérir. Non, ce n'est pas en vain qu'il a fait pour eux cette prière : « Mon Père, pardonnez-leur, car ils ne savent ce qu'ils font. » Un chrétien prie, et Dieu l'exauce, et la prière du Christ n'aurait pas été exaucée ? C'est lui qui nous exauce avec son Père, parce qu'il est Dieu, et Dieu ne l'exaucerait pas comme homme, quand il s'est fait homme pour l'amour de nous ? N'en doutons point, il a été exaucé. Ils étaient là pendant qu'il faisait cette prière, ils déchargeaient sur lui leur fureur. Parmi eux se trouvaient ceux qui l'accusaient en disant : « Voilà qu'il mange avec les publicains et avec les pécheurs. » (*Marc*, II, 16.) Ils étaient au milieu du peuple qui mettait à mort ce céleste médecin ; et, du sang même qu'ils répandaient, il leur préparait un antidote pour les guérir. Non content de verser son sang, Notre-Seigneur voulut faire de sa mort elle-même un remède puissant, et nous donner, dans sa résurrection, un modèle de la nôtre. Il a souffert avec une patience invincible, pour nous donner l'exemple de la patience, et il est ressuscité pour nous montrer la récompense de cette patience. Puis, comme vous le savez, et comme nous le croyons tous, il est monté aux cieux, et il a envoyé l'Esprit saint qu'il avait promis. Il avait dit à ses disciples : « Demeurez dans la ville jusqu'à ce que vous soyez revêtus de la force d'en haut. » (*Luc*, XXIV, 49.) Cette promesse s'est accomplie, l'Esprit saint est venu, il a rempli les disciples, et ils ont parlé les langues de tous les peuples. (*Act.*, II.) C'était en eux le signe de l'unité. Un seul homme parlait alors toutes les langues, parce que l'Eglise devait réunir toutes les langues dans son unité. Ceux qui les entendirent furent saisis d'effroi. Ils savaient que les disciples étaient sans instruction, et ne parlaient qu'une seule langue, et ils étaient surpris, étonnés de voir des hommes qui ne savaient qu'une seule langue, deux au plus, parler maintenant les langues de tous les peuples ; ils furent frappés de stupeur, leur orgueil fut comme abattu, et ces montagnes devinrent des vallées. En devenant humbles, ils devinrent des vallées, et ils conservèrent, sans les perdre, comme auparavant, les eaux qui se répandaient sur eux. L'eau qui tombe sur la cime des montagnes, en descend aussitôt et s'écoule bien vite ; si, au contraire, elle vient à tomber sur un terrain bas et profond, elle y demeure et le pénètre en entier. Tels furent alors ces hommes orgueilleux : ils furent saisis d'admiration, d'étonnement, et dépouillèrent toute leur cruauté.

CHAPITRE IV. — *Conversion des bourreaux du Christ.* — 4. Enfin, à la voix de Pierre, ils furent touchés de repentir, et on vit s'accomplir en eux cette prédiction du Psalmiste : « Je me suis tourné vers vous dans mon affliction, pen-

---

dixit : Pater, ignosce illis, quia nesciunt quid faciunt. (*Ibid.*) Orat Christianus, et exauditur ; orat Christus, et non exauditur ? Nam qui exaudit cum Patre, quia Deus est, quomodo non exauditur homo, quod pro nobis factus est ? Prorsus exauditus est. Ibi erant, ibi sæviebant : de his erant qui reprehendebant eum, et dicebant : Ecce cum publicanis et peccatoribus convescitur. (*Marc.*, II, 16.) Erant in ipso populo, a quo ipse medicus occidebatur, et in ejus sanguine etiam ipsis antidotum parabatur. Cum enim Dominus non solum sanguinem funderet, verum etiam ipsam suam mortem ad medicamenti confectionem impenderet : resurrexit ad demonstrandum resurrectionis exemplum. Patientia sua passus est, ut doceret patientiam nostram ; et in resurrectione sua præmium patientiæ demonstravit. Item, ut nostis, et omnes confitemur, ascendit in cœlum, deinde ab eo Spiritus sanctus est missus, ante promissus. Dixerat enim discipulis suis : Sedete in civitate, donec induamini virtute ex alto. (*Luc.*, XXIV, 49.) Venit ergo et promissio ipsius, venit Spiritus sanctus, implevit discipulos, cœperunt loqui linguis omnium gentium (*Act.*, II) ; signum in illis procedebat iniquitatis. Loquebatur enim tunc unus homo omnibus linguis ; quia locutura erat unitas Ecclesiæ in omnibus linguis. Expaverunt qui audiebant. Noverant enim homines idiotas fuisse, unius tantum linguæ ; et mirabantur ac stupebant, quod unius linguæ homines, vel ut multum duarum, linguis omnium gentium loquerentur : suspensi sunt stupore, perdiderunt elationem, de monte facti sunt valles. Jam si humiles sunt, valles sunt ; quod infuderis capiunt, non dimittunt. Si venerit aqua super altitudinem, decurrit et defluit : si venerit aqua ad concavum et humilem locum, et capitur et stat. Tales jam illi erant, stupebant, mirabantur, perdiderant sævitiam.

CAPUT IV. — *Interfectorum Christi conversio.* — 4. Denique loquente sibi Petro, compuncti sunt, et factum est in illis quod Psalmus prædixerat : Conversus sum (*a*) ærumnam, cum contigeretur spina.

(*a*) Ita Mss. juxta Græcum LXX. At editi, *in ærumna*.

dant que j'étais percé par la pointe de l'épine. » (*Ps.* xxxi, 4.) Que signifie cette épine ? La componction de la pénitence. C'est ce que l'Ecriture exprime en termes formels dans les Actes des Apôtres : « Ils furent touchés de componction au fond du cœur, et ils dirent aux apôtres : Que ferons-nous ? » (*Act.*, ii, 37.) Pourquoi cette question : Que ferons-nous ? Nous savons ce que nous avons fait ; que nous reste-t-il à faire maintenant ? A ne considérer que notre conduite passée, nous ne pouvons que désespérer de notre salut ; nous attendons de vous un conseil qui nous fasse retrouver, s'il est possible, l'espérance du salut ; nous savons ce que nous avons fait, apprenez-nous ce que nous devons faire. Qu'avons-nous fait ? Ce n'est pas un homme quelconque que nous avons mis à mort, et c'eût été déjà un crime énorme de mettre à mort un homme innocent, quel qu'il fût d'ailleurs. Nous avons préféré un voleur à l'innocent que nous avons mis à mort ; nous avons fait choix d'un mort et nous avons tué notre médecin ; dites-nous ce que nous avons à faire ? Alors Pierre leur dit : « Faites pénitence, et que chacun de vous soit baptisé au nom de Jésus-Christ, » afin que vous quittiez les quatre-vingt-dix-neuf pour faire partie des cent. Lorsque vous étiez du nombre des quatre-vingt-dix-neuf, vous ne pensiez pas que la pénitence vous fût nécessaire, et vous n'aviez que des outrages pour le Seigneur, qui appelait à lui les pécheurs et s'efforçait de les convertir. Maintenant que vous êtes touchés de repentir, parce que vous connaissez votre péché, faites pénitence, et que chacun de vous soit baptisé au nom de Notre-Seigneur Jésus-Christ ; soyez baptisés au nom de Celui que vous avez mis à mort, tout innocent qu'il était, et vos péchés vous seront remis. Ces paroles firent renaître en eux l'espérance ; ils s'affligèrent, ils gémirent, ils se convertirent, et furent guéris. C'était pour eux que Jésus avait fait cette prière : « Mon Père, pardonnez-leur, car ils ne savent ce qu'ils font. » *Luc*, xxiii, 34.)

CHAPITRE V. — *Jésus-Christ aime les pécheurs afin qu'ils ne soient pas toujours dans le péché.* — 5. Gardez-vous bien, mes très-chers frères, lorsque vous entendez dire que Notre-Seigneur Jésus-Christ n'est point venu pour les justes, mais pour les pécheurs, de vous complaire dans l'état du péché et de dire intérieurement : Si je suis juste, je ne serai pas aimé de Jésus-Christ ; si, au contraire, je suis pécheur, je suis certain d'en être aimé, car c'est pour les pécheurs qu'il est descendu des cieux, et non pour les justes. Car il a droit de vous répondre : Si vous reconnaissez en moi le médecin, pourquoi ne redoutez-vous point la fièvre ? Le médecin est venu visiter le malade, c'est un fait certain ; mais il n'est venu le visiter que pour qu'il ne reste pas toujours malade. Que dirons-nous donc, qu'avancerons-nous, qu'affirmerons-nous ? Le médecin aime-t-il la maladie ou la santé ? Il aime

(*Psal.* xxxi, 4.) Quid est spina ? Compunctio pœnitentiæ. Sic habes et verba ipsa Scripturæ in Actibus Apostolorum : Compuncti sunt corde, et dixerunt ad Apostolos : Quid faciemus ? (*Act.*, ii, 37, etc.) Quare dixerunt : Quid faciemus ? Novimus quid fecimus : quid faciemus ? Quantum ad nostrum factum attinet, desperatio est salutis : sit ergo in vestro consilio, si fieri potest, spes aliqua sanitatis. Novimus quid fecerimus, dicite quid faciamus. Quid est quod fecimus ? Non enim quemcumque hominem occidimus ; et multum mali fecissemus, si quemcumque hominem innocentem occidissemus. Latronem elegimus, innocentem occidimus ; mortuum elegimus, medicum occidimus : dicite, quid faciemus ? Et Petrus : Agite pœnitentiam, et baptizetur unusquisque vestrum in nomine Domini nostri Jesu Christi ; ut transeatis de nonaginta novem ad centum : quia cum (*f. deest* in) nonaginta et novem essetis, pœnitentiam vobis necessariam non putabatis, et Domino colligenti peccatores et volenti eos facere pœnitentes, insuper insultabatis. Modo ergo compuncti, quia cognovistis peccatum vestrum, agite pœnitentiam, et baptizetur unusquisque vestrum in nomine Domini nostri Jesu Christi ; baptizetur in ejus nomine, quem occidistis sine crimine : et remittuntur vobis peccata vestra. Reducti sunt in spem : doluerunt, gemuerunt, conversi sunt, sanati sunt. Ipsi erant illi ; Pater, ignosce illis, quia nesciunt quid faciunt. (*Luc.*, xxiii, 34.)

CAPUT V. — *Peccatores Christus amat ut non semper sint peccatores.* — 5. Unusquisque ergo, Carissimi, quando audit Dominum Jesum Christum non venisse propter justos, sed propter peccatores, non amet esse peccator : ne forte dicat in corde suo : Si justus fuero, non me amat Christus ; si peccator fuero, amat me : quia propter peccatores descendit, non propter justos. Respondet enim tibi : Si medicum agnovisti, febrem quare non timuisti ? Utique medicus ad ægrotum venit, constat : sed ideo venit medicus ad ægrotum, ne ille sit semper ægrotus. Quid ergo dicimus ? quid pronuntiamus ? quid definimus ?

ce qu'il veut procurer, et non pas ce qu'il trouve. Le médecin visite le malade, et non celui qui est bien portant. Ne considérez point cependant s'il visite l'un de préférence à l'autre, car il ne laisse pas d'aimer la santé plutôt que la maladie. Voulez-vous une preuve qu'il préfère la santé à la maladie? Dites-moi : chercherait-il à procurer ce qu'il aurait en horreur?

Dans quel sens Paul se dit le premier des pécheurs. — 6. Ecoutez donc maintenant l'apôtre saint Paul : « C'est une vérité certaine et digne d'être reçue avec une entière soumission, que Jésus-Christ est venu dans ce monde pour sauver les pécheurs, entre lesquels je suis le premier. » (I *Tim.*, I, 15.) « Entre lesquels je suis le premier. » Dans quel sens était-il le premier? Est-ce qu'avant lui il n'y avait pas eu parmi les Juifs, et dans tout le genre humain, un nombre incalculable de pécheurs? Est-ce qu'avant lui, nul, parmi tous les hommes, n'était retenu dans les liens du péché? Est-ce qu'avant lui n'avait point vécu Adam, le premier qui ait péché et nous ait tous précipités dans la mort? Que signifie donc : « Entre lesquels je suis le premier ? » Veut-il dire : Je suis le premier de ceux dont le Sauveur s'est approché? Mais cela n'est pas vrai. Il a choisi des premiers Pierre, il a choisi André, il a choisi les autres apôtres. (*Matth.*, IV, 18.) Vous êtes le dernier des apôtres, comment pouvez-vous dire : « Entre lesquels je suis le premier? » Seriez-vous à la fois le dernier des apôtres et le premier des pécheurs ? Mais Pierre vous a précédé comme pécheur, lorsqu'il a renié trois fois son Maître. (*Matth.*, XXVI, 70.) Je ne veux pas dire que, s'il ne s'était trouvé parmi les pécheurs, il n'eût point passé de la gauche à la droite.

CHAPITRE VI. — *Paul est le premier des pécheurs, parce qu'il est le plus coupable.* — 7. Que signifient donc ces paroles : « Entre lesquels je suis le premier? » Je suis plus coupable qu'eux tous. Ainsi le premier veut dire ici le plus coupable. C'est dans ce sens qu'en parlant des artisans, celui qui veut construire une maison dit : Quel est ici le premier maçon, quel est le premier charpentier? Ainsi encore le malade qui cherche la guérison, demande : Quel est le premier médecin? On ne demande point quel est le plus âgé ou le plus ancien dans sa profession, mais quel est le plus habile. De même qu'ils sont les premiers dans leur art, Paul est le premier dans l'iniquité. Et comment est-il le premier? Rappelez-vous Saul, et vous trouverez la réponse à cette question. Vous ne voyez que Paul, vous avez oublié ce qu'était Saul; vous ne voyez que le pasteur, vous avez oublié le loup. N'est-ce pas lui pour qui ce n'était pas assez d'une seule main pour lapider Etienne, et

Ægrotum amat medicus, an sanum? Quod vult facere amat ; non quod invenit. Ad ægrotum quidem venit, ad sanum non venit : noli attendere quia ad illum venit, ad illum non venit : plus enim amat sanum, quam ægrotum. Nam, ut noveritis quia plus amat sanum, quam ægrotum; numquid faceret quod odisset?

Paulus quomodo peccatorum primus. — 6. Ergo Paulum apostolum attende : « Fidelis sermo et omni acceptione dignus, quia Christus Jesus venit in mundum peccatores salvos facere , quorum primus ego sum. » (I *Tim.*, I, 15.) Dixit : « quorum primus ego sum. » Quomodo erat primus? Ante illum non fuerunt peccatores tot Judæi? Ante illum non fuerunt peccatores in genere humano? Ante illum in omnibus hominibus (a) nemo peccato tenebatur? Adam non ante illum fuit, qui primus peccavit, et nos omnes in mortem præcipitavit? Quid est, « quorum primus ego sum ?» Ad quos venit, primus ego sum? Sed nec hoc verum est. Primus electus est Petrus, primus Andreas, primi alii apostoli (*Matth.*, IV, 18); tu Apostolus es novissimus : quomodo dicis : « quorum primus ego sum? » Ergo Apostolus novissimus, primus peccator. Et hoc quomodo primus peccator? Ante te peccavit Petrus, quando ipsum Dominum ter negavit. (*Matth.*, XXVI, 70.) Nolo dicere, quia et ipse nisi peccator inventus esset, de sinistra ad dexteram non transisset.

CAPUT VI. — *Primus peccatorum, quia omnibus pejor.* — 7. Quid est ergo, « quorum primus ego sum? » Quia omnibus pejor sum. Ergo pejorem voluit intelligi primum. Quomodo in artificibus, quicumque vult ædificare, quid dicit? Quis est hic primus structor? quis est primus faber? Aut si curari vult : Quis est hic primus medicus? Non utique interrogat quis prior sit ætate , aut quis prior sit professione ; sed quis prior sit arte. Quomodo illi in arte primi, sic iste in iniquitate primus. Quare Paulus in iniquitate primus? Recolite Saulum, et invenietis. Attenditis Paulum, obliti estis Saulum : attenditis ad pastorem, obliti estis lupum. Nonne ille est, cui ad lapidandum Stephanum manus una non sufficiebat, et aliorum

(a) Sic unus e Colbertinis Mss. At editi, *non peccato tenebatur Adam? Non ante illum fuit*, etc.

qui gardait les vêtements de ses bourreaux ? (*Act.*, VII, 57.) N'est-ce pas lui qui persécutait l'Eglise en tous lieux ? N'est-ce pas lui qui avait reçu des lettres des princes des prêtres ? (*Act.*, IX, 1.) Non content de persécuter les chrétiens qui étaient dans Jérusalem, il voulait aller dans d'autres endroits pour y trouver des chrétiens, les charger de chaînes et les amener au supplice. N'est-ce pas lorsqu'il marchait en respirant le meurtre et le carnage, qu'il fut frappé du ciel comme d'un coup de foudre, et qu'il entendit la voix qui devait le sauver ? Pendant qu'il marche, il est terrassé, et Dieu l'aveugle pour lui rendre la vue. Il fut donc ainsi le premier des persécuteurs, et nul ne fut plus ardent que lui.

CHAPITRE VII. — *Conversion de Paul.* — 8. Ecoutez une preuve plus décisive encore. Saul était déjà terrassé et relevé lorsque Notre-Seigneur Jésus-Christ s'adresse à Ananie et lui dit : « Va dans telle rue, tu y trouveras un homme de Tarse, en Cilicie, nommé Saul, et tu l'instruiras. (*Act.*, IX, 11, etc.) Saul, de son côté, vit en vision Ananie qui venait le trouver et le baptisait. Ananie, entendant le nom de Saul, fut saisi de frayeur jusqu'entre les mains du médecin. Permettez-moi une réflexion plus douce à vos cœurs. Vous vous rappelez, je pense, d'où Saul tirait son nom ; je le dirai cependant pour ceux qui l'auraient oublié. Saül était le persécuteur de David. (I *Rois*, XVIII, 9, etc.) Or, David représentait, figurait par avance la personne du Christ ; c'est comme la voix de David qui criait à Saul du haut du ciel : « Saul, Saul, pourquoi me persécutes-tu ? » Le nom d'Ananie veut dire *brebis*; le Pasteur parlait à la brebis, et la brebis craignait la fureur du loup. Ce loup avait une telle réputation de cruauté, que la brebis ne se croyait pas en sûreté, même sous la main du Pasteur. Le Seigneur lui adresse donc la parole comme à une brebis tremblante, et Ananie lui répond : « Seigneur, j'ai entendu dire combien cet homme a fait de maux à vos saints dans Jérusalem, et maintenant on dit qu'il est ici avec des lettres des princes des prêtres, afin d'enchaîner tous ceux qu'il pourra trouver. Où m'envoyez-vous ? N'est-ce pas la brebis que vous jetez aux loups ? » Mais le Seigneur ne reçoit point cette excuse. Car il avait déjà dit au petit nombre de ses brebis : « Je vous envoie comme des brebis au milieu des loups. » (*Matth.*, X, 16.) Or, si j'ai envoyé mes brebis au milieu des loups, pourquoi craignez-vous, Ananie, d'aller vers celui qui n'est plus un loup ? Vous craignez de trouver en lui un loup, mais le Seigneur votre Dieu vous répond : D'un loup j'en ai fait une brebis, d'une brebis j'en fais un pasteur.

CHAPITRE VIII. — *Merveilleuse sagesse de Jésus-Christ comme médecin dans la guérison de Paul.* — 9. Ecoutez maintenant comment ce

---

vestimenta servabat ? (*Act.*, VII, 57.) Nonne ipse est qui Ecclesiam ubique persequebatur ? Nonne ipse est, qui litteras acceperat a principibus sacerdotum ? (*Act.*, IX, 1.) Quia parum illi erat persequi Christianos, qui erant in Jerusalem : sed volebat ad alia loca venire, ubi eos inveniret, et ligaret, et puniendos adduceret. Nonne cum iter agens spirat et anhelat cædes, de cœlo percussus est, et vocem Domini ad salutem fulminatus audivit ? Dum ambulat, prosternitur : ut videat, excæcatur. Ipse est ergo qui primus erat persecutor, illo pejor non fuit.

CAPUT VII. — *Pauli conversio.* — 8. Audite unde plus intelligatis. Ananiæ loquebatur ipse Dominus Christus, jam illo prostrato, jam erecto : et dicebat ei : Vade ad vicum illum, ibi invenies Saulum a Tarsis Ciliciæ, loquere ei. (*Act.*, IX, 11, etc.) Quoniam vidit virum Ananiam intrantem ad se, et baptizantem se. Ille audivit nomen Sauli, et inter manus ipsius medici tremuit. Quod est autem dulcius, Saulus unde vocaretur, credo quia recolitis, et propter eos qui non recolunt, commemorem. Saül erat ille persecutor David. (I *Reg.*, XVIII, 9, etc.) In David Christus erat, in David Christus prætigurabatur, in Saüle Saulus præfigurabatur : tanquam David Saüli de cœlo : Saule, Saule, quid me persequeris ? Ananias ovis interpretatur : loquebatur ovi pastor, et timebat ovis lupum. Tanta hujus lupi fama præcesserat, ut non se putaret tutam ovis, nec inter manus pastoris. Et Dominus ad illum, quasi ad ovem trementem. Ille enim cum audisset hoc, dixit : Domine, audivi de isto homine quanta mala fecit sanctis tuis in Jerusalem, et modo dicitur epistolas accepisse a principibus sacerdotum, ut quoscumque tenuerit, alligatos ducat. Quo me mittis ? ovem ad lupum ? Sed ille non audivit hanc excusationem. Jam enim dixerat paucis oviculis suis : Ecce ego mitto vos sicut oves in medio luporum. (*Matth.*, X, 16.) Si missæ sunt oves in medio luporum, quare trepidas ire, Anania, ad eum qui jam non est lupus ? Lupum timebas : sed respondet tibi Dominus Deus tuus : De lupo ovem feci ; facio de ove pastorem.

CAPUT VIII. — *Christi medici ars commendata in cu-*

même Saul, devenu Paul, se félicite d'avoir obtenu la miséricorde de Dieu, parce qu'il a été le premier, c'est-à-dire le plus grand des pécheurs : « Mais j'ai reçu miséricorde, afin que je fusse le premier en qui Jésus-Christ fît éclater toute sa patience, et que je servisse d'exemple à ceux qui croiront en lui pour la vie éternelle. » En entendant ces paroles, tous ne doivent-ils pas dire : Si Paul a été guéri, comment pourrais-je ne pas espérer ma guérison? Si ce malade, dont l'état était si désespéré, a été guéri par ce puissant médecin, pourquoi ne lui laisserais-je point panser mes blessures? Pourquoi ne pas m'empresser de me remettre entre ses mains divines? C'est pour inspirer aux pécheurs ces sentiments que Saul, de persécuteur, est devenu apôtre. Quand un médecin arrive dans un pays, il cherche, pour le guérir, un malade dont l'état soit désespéré; fût-il dans la dernière indigence, il lui suffit que sa maladie n'offre plus d'espoir. Ce n'est point la récompense qu'il a en vue, il veut donner une preuve éclatante de son habileté. Je reviens donc à la pensée que je vous avais indiquée. Saul se félicite d'avoir été choisi et guéri par le Christ, parce qu'il était pécheur, et il ne dit point : Je demeurerai dans mon péché puisque c'est pour moi que Jésus-Christ est venu et non pour les justes. Vous donc, qui avez appris que Jésus-Christ est venu sauver les pécheurs, gardez-vous de vous endormir dans une douce et funeste indolence; écoutez Paul lui-même vous dire : « Levez-vous, vous qui dormez, et sortez d'entre les morts, et Jésus-Christ vous éclairera. » (*Ephés.*, v, 14.) N'aimez pas à reposer sur cette couche du péché. Vous avez entendu ces paroles du Psalmiste : « Vous avez remué tout son lit durant son infirmité. » (*Ps.* xl, 4.) Levez-vous donc, hâtez-vous d'obtenir votre guérison, aimez la santé, et prenez garde que l'orgueil ne vous fasse de nouveau passer de la droite à la gauche, de la vallée à la montagne, de l'humilité à une arrogante présomption. Lorsque vous serez guéri, c'est-à-dire, lorsque vous commencerez à vivre selon la justice, renvoyez-en toute la gloire à Dieu, et non à vous-même. Car, ce n'est pas en vous louant, mais en vous accusant vous-même que vous avez été sauvé. Si l'orgueil vous inspire de vous louer vous-même, votre maladie deviendra plus dangereuse. Car, quiconque s'élève, sera abaissé, et quiconque s'abaisse, sera élevé. Tournons-nous vers le Seigneur, etc.

---

ratione Pauli. — 9. Quomodo ergo ipse Saulus postea Paulus gratulatur se ad Dei (*a*) pervenisse misericordiam, quia primus, hoc est excellens in peccatis inventus est : « Et tamen misericordiam consecutus sum, ut in me ostenderet Christus Jesus omnem longanimitatem, propter eos qui credituri sunt illi in vitam æternam, » ut dicant sibi omnes : Si Paulus sanatus est, ego quare despero? Si a tanto medico tam desperatus æger sanatus est, ego cur vulneribus meis illas manus non aptabo? ad illas manus non festinabo? Ut hoc dixerint homines, ideo Saulus factus est ex persecutore Apostolus. Quia quo venit medicus, quærit aliquem ibi desperatum, et ipsum sanat : et si pauperrimum inveniat, tamen desperatum inveniat; non ibi quærit mercedem, sed commendat artem. Dicam ergo quod cœperam. Quomodo ergo Saulus congratulatur se a Christo, quia peccator erat, assumptum atque sanatum, nec dixit : Maneam in peccato, quia propter me venit Christus, non propter justum : ita etiam tu, qui audieras quia Christus propter peccatores venit, noli tibi dormire in dulci stratu; sed audi ipsum Paulum dicentem : Surge qui dormis, et exsurge a mortuis, et illuminabit te Christus. (*Ephes.*, v, 14.) Noli amare stratum peccati. Totum stratum ejus vertisti in infirmitate ejus (*Psal.* xl, 4), dictum est antea. Surge, sanus esto, sanitatem ama, et noli rursus per superbiam de dextera ire ad sinistram, de valle ad montem, de humilitate ad tumorem. Cum factus fueris sanus, id est, cum juste cœperis vivere, Deo tribue, non tibi. Non enim laudando te, salvus factus es; sed contra te pronuntiando. Nam si te laudaveris per superbiam, gravius ægrotabis. Omnis enim qui se exaltat, humiliabitur; et qui se humiliat, exaltabitur. (*Luc.*, xviii, 14.) Conversi ad Dominum, etc.

(*a*) Omnes Mss. *pertinuisse*.

SERMON CLXXVI [1].

Sur les trois lectures : 1° du chapitre I de la Ire Epître de saint Paul à Timothée : *C'est une vérité certaine et digne d'être reçue avec une entière soumission*, etc.; 2° du Psaume XCIV : *Venez, adorons-le, et prosternons-nous devant lui*, etc.; 3° du chapitre XVII de saint Luc, où il est question des dix lépreux qui furent guéris par le Seigneur. Contre les pélagiens.

CHAPITRE PREMIER. — *Les leçons et les chants de l'Eglise.* — 1. Ecoutez attentivement, mes frères, les enseignements que le Seigneur daigne nous adresser par ces divines lectures; c'est lui-même qui vous les donne, nous ne sommes que ses ministres. La première lecture que nous avons entendue est tirée de l'Apôtre : « C'est une vérité certaine et digne d'être reçue avec une entière soumission, que Notre-Seigneur Jésus-Christ est venu dans ce monde pour sauver les pécheurs, entre lesquels je suis le premier. Mais j'ai reçu miséricorde, afin que je fusse le premier en qui Jésus-Christ fît éclater toute sa patience, et que je servisse d'exemple à ceux qui croiront en lui pour la vie éternelle. » (I *Tim.*, I, 15, 16.) Voilà ce que nous a enseigné la lecture de l'Apôtre. Nous avons ensuite chanté un psaume pour nous exhorter les uns les autres, en disant d'une même voix et d'un même cœur : « Venez, adorons Dieu, prosternons-nous devant Dieu, et pleurons devant le Seigneur qui nous a créés. » Et encore : « Hâtons-nous de nous présenter devant lui pour célébrer ses louanges, et chantons avec joie des cantiques à sa gloire. » (*Ps.* XCIV, 6, 2.) Enfin la lecture de l'Evangile nous a montré dix lépreux guéris, et un seul d'entre eux venant rendre grâces à leur bienfaiteur. (*Luc* , XVII, 12.) Méditons ces trois lectures autant que le temps nous le permet ; disons quelques mots de chacune d'elles : je m'efforcerai, avec le secours du Seigneur, de ne point m'arrêter trop longuement à l'une, au détriment des deux autres.

CHAPITRE II. — *Tous doivent rendre grâces au médecin qui les a guéris. Le péché originel dans les petits enfants.* — 2. L'Apôtre nous enseigne ici la science de l'action de grâces. Rappelez-vous comment, dans la dernière leçon, qui est celle de l'Evangile, Notre-Seigneur Jésus-Christ loue le lépreux qui était venu lui rendre grâces, et condamne les ingrats, ceux qui conservent dans leur cœur la lèpre extérieure dont ils ont été guéris. Que nous enseigne donc l'Apôtre ? « C'est une vérité certaine et digne d'être reçue avec une entière soumission. » Quelle est cette vérité ? « Que Jésus-Christ est venu dans ce monde. » Pour quelle fin ? « Pour sauver les pécheurs. » Et qu'êtes-vous ? « Entre

---

[1] Bède et Florus citent des extraits de ce sermon dans leur Commentaire sur le chapitre I de la Ire Epître à Timothée.

SERMO CLXXVI [a].

De tribus lectionibus, Apostoli, 1 Tim., I : *Fidelis sermo et omni acceptione dignus*, etc.; Psalmi XCIV : *Venite adoremus, et prosternamur ei*, etc.; ac Evangelii Lucæ, XVII, ubi de decem leprosis a Domino mundatis. Contra Pelagianos.

CAPUT PRIMUM. — *Lectiones et cantus in Ecclesia.* — 1. De divinis lectionibus quod Dominus admonere dignatur, intenti audite Fratres, illo dante, me ministrante. Primam lectionem audivimus Apostoli : « Fidelis sermo et omni acceptione dignus, quia Christus Jesus venit in mundum peccatores salvos facere, quorum primus ego sum. Sed ideo misericordiam consecutus sum, ut in me ostenderet Christus Jesus omnem longanimitatem suam, ad informationem eorum qui credituri sunt illi in vitam æternam. » (1 *Tim.*, 1, 15, 16.) Hoc de Apostolica lectione percepimus. Deinde cantavimus Psalmum, exhortantes nos invicem, una voce, uno corde dicentes : « Venite adoremus, et prosternamur ei, et fleamus coram Domino qui fecit nos ; » et ibi : « Præveniamus faciem ejus in confessione, et in psalmis jubilemus ei. » (*Psal.* XCIV, 6, 2.) Post hæc, Evangelica lectio decem leprosos mundatos nobis ostendit, et unum ex eis alienigenam gratias agentem mundatori suo. (*Luc.*, XVII, 12.) Has tres lectiones, quantum pro tempore possumus, pertractemus, dicentes pauca de singulis ; et quantum conari possumus, adjuvante Domino, non in aliqua earum sic immorantes, ut aliis duabus impedimentum afferamus.

CAPUT II. — *Gratiarum actio ab omnibus debita medico. Peccatum originale in parvulis.* — 2. Proponit nobis Apostolus scientiam gratiarum actionis. Mementote quid ultima Evangelica lectio resonet, quomodo Jesus Dominus laudat gratias agentem, ingratos improbat, mundatos in cute, leprosos in corde. Quid ergo Apostolus ? « Fidelis, inquit, sermo et omni acceptione dignus. » Quis est iste sermo ? « Quia Christus Jesus venit in mundum. » Ut quid ?

---

[a] Alias X, de verbis Apostoli.

lesquels je suis le premier. » (I *Tim.*, I, 15.) Celui qui ose dire : Ou je ne suis point pécheur, ou je ne l'ai jamais été, fait acte d'ingratitude à l'égard du Sauveur. Il n'est aucun homme dans cette multitude universelle du genre humain qui descend d'Adam, il n'est aucun homme qui ne soit malade, il n'en est aucun qui puisse guérir sans la grâce de Jésus-Christ. Or, que devons-nous penser des petits enfants, si tous ceux qui descendent d'Adam sont malades? Car on les apporte à l'Eglise, et, s'ils ne peuvent y accourir eux-mêmes, d'autres les y amènent pour qu'ils soient guéris. Notre Mère, la sainte Eglise, leur prête les pieds des autres pour marcher, le cœur des autres pour croire, la langue des autres pour professer la foi. La maladie dont ils sont atteints vient d'un péché qu'ils n'ont pas commis eux-mêmes ; la grâce qui les guérit et les sauve, leur est accordée sur la profession de foi que d'autres font pour eux. Que personne ne murmure ici à vos oreilles des doctrines étrangères. L'Eglise a toujours cru et professé cette vérité ; elle lui a été transmise par la foi de nos pères, et elle la garde fidèlement jusqu'à la fin. « Ce ne sont point ceux qui se portent bien, dit le Seigneur, qui ont besoin de médecin, mais ceux qui sont malades. » (*Matth.*, IX, 12.) Quel besoin donc cet enfant aurait-il de Jésus-Christ, s'il n'est point malade? S'il est bien portant, pourquoi vient-il chercher par le médecin l'entremise de ceux dont il est aimé ? Si, lorsqu'on apporte les enfants à l'Eglise et qu'on les présente à Jésus-Christ, on peut affirmer qu'ils ne sont coupables d'aucun péché d'origine, pourquoi ne pas dire à ceux qui les présentent : Emportez ces innocents ; ce ne sont pas ceux qui sont bien portants, mais les malades qui ont besoin de médecin : Jésus-Christ n'est point venu appeler les justes, mais les pécheurs? Jamais l'Eglise n'a tenu ce langage, et elle ne le tiendra jamais. Que chacun de vous donc, mes frères, plaide, autant qu'il peut, la cause de ces petits enfants qui ne peuvent parler pour eux-mêmes. Avec quel soin, vous le savez, on recommande aux évêques de veiller sur le patrimoine des orphelins; combien plus doit-on recommander la grâce des petits enfants. L'Evêque prend la défense de l'orphelin contre les étrangers qui voudraient le dépouiller après la mort de ses parents. Ah! élevez bien plus fortement la voix pour cet enfant qui court le danger d'être mis à mort par ses parents. Criez avez l'Apôtre : « C'est une vérité certaine et digne d'être reçue avec une entière soumission, que Jésus-Christ n'est venu dans ce monde que pour sauver les pécheurs. » Celui qui a recours à Jésus-Christ est donc atteint d'une maladie qui demande guérison; s'il n'est point malade, pourquoi le présenter au médecin? Que les parents choisissent l'un de ces deux partis : ou qu'ils avouent que le péché ori-

---

« Peccatores salvos facere. » Quid tu? « Quorum primus ego sum. » (I *Tim.*, I, 15.) Qui dicit : Vel non sum peccator, vel non fui, ingratus est Salvatori. Nullus hominum in ista, quæ ex Adam defluit massa mortalium, nullus omnino hominum non ægrotus, nullus sine gratia Christi sanatus. Quid de parvulis (*f.* quæris) pueris, si ex Adam ægroti? Nam et ipsi portantur ad Ecclesiam : et si pedibus illuc currere non possunt, alienis pedibus currunt, ut sanentur. Accommodat illis mater Ecclesia aliorum pedes ut veniant, aliorum cor ut credant, aliorum linguam ut fateantur : ut quoniam quod ægri sunt alio peccante prægravantur, si cum (*a*) hi sani sunt, alio pro eis confitente salventur. Nemo ergo vobis susurret doctrinas alienas. Hoc Ecclesia semper habuit, semper tenuit : hoc a majorum fide percepit : hoc usque in finem perseveranter custodit. Quoniam non est opus sanis medicus, sed ægrotantibus. (*Matth.*, IX, 12.) Quid necessarium ergo habuit infans Christum, si non ægrotat? Si sanus est, quare per eos qui eum diligunt, medicum quærit? Si quando portantur infantes, dicuntur omnino nullum propaginis habere peccatum, et veniunt ad Christum ; quare non eis dicitur in Ecclesia qui eos apportant : Auferte hinc innocentes istos : non est opus sanis medicus, sed male habentibus : non venit Christus vocare justos, sed peccatores? Nunquam dictum est : sed nec aliquando dicetur. Quisque ergo quod potest, Fratres, loquatur pro eo qui loqui pro se non potest. Pro magno commendantur episcopis patrimonia pupillorum, quanto magis gratia parvulorum? Pupillum tuetur episcopus, ne mortuis parentibus ab extraneis opprimatur. Clamet plus pro parvulo, cui timet ne a parentibus occidatur, clamet cum Apostolo : « Fidelis sermo et omni acceptione dignus, quia Christus Jesus venit in mundum, » nullam aliam ob causam, nisi « peccatores salvos facere. » Qui venit ad Christum, habet quod in eo sanetur : qui non habet, non est causa quare medico offeratur. Eligant parentes unum de duobus, aut confiteantur in parvulis suis

(*a*) Am. Er. et Mss. *cum hic sani sunt.*

ginel est guéri dans leurs enfants, ou qu'ils cessent de les présenter au médecin, car ce serait appeler le médecin à donner des soins à celui qui est bien portant. Que présentez-vous? Quelqu'un qui demande le baptême. Qui présentez-vous? Un enfant. A qui le présentez-vous? A Jésus-Christ, c'est-à-dire à Celui qui est venu dans ce monde. Oui, me répondez-vous. Pourquoi est-il venu dans ce monde? « Pour sauver les pécheurs. » L'enfant que vous présentez a donc en lui quelque chose qui a besoin de salut. Si vous le reconnaissez, vous effacez sa faute par cet aveu; si vous le niez, vous êtes cause qu'il reste coupable.

CHAPITRE III. — *Dans quel sens Paul est le premier des pécheurs.* — 3. « Il est venu, dit l'Apôtre, sauver les pécheurs, entre lesquels je suis le premier. » Est-ce qu'avant Paul il n'y avait point de pécheurs? Adam a certainement été le premier de tous; la terre était couverte de pécheurs lorsqu'elle fut engloutie sous les eaux du déluge, et ils se multiplièrent encore depuis au delà de toute expression. Dans quel sens donc est-il vrai que Paul soit le premier des pécheurs? Il se dit le premier, non comme le plus ancien, mais comme le plus grand des pécheurs. C'est ainsi, par exemple, qu'on dit d'un homme qu'il est le premier des avocats; il est le premier, non parce qu'il plaide depuis plusieurs années, mais parce que, dans toutes les causes, il l'a emporté sur les autres. L'Apôtre lui-même nous apprend, dans un autre endroit, dans quel sens il est le premier des pécheurs : « Je suis, dit-il, le dernier des apôtres, et je ne suis pas digne d'être appelé apôtre, parce que j'ai persécuté l'Eglise de Dieu. » (I *Cor.*, xv, 9.) Nul persécuteur n'a été plus violent; donc aucun pécheur n'a été plus coupable.

La guérison de Paul donne espérance à tous les pécheurs désespérés. — 4. « Mais, ajoute l'Apôtre, j'ai obtenu miséricorde. » Et pourquoi a-t-il obtenu miséricorde? « Afin que je fusse le premier en qui Jésus-Christ fît éclater toute sa patience, et que je servisse d'exemple à ceux qui croiront en lui pour la vie éternelle. » (*Ibid.*, 16.) Jésus-Christ, dit l'Apôtre, voulant accorder le pardon à tous les pécheurs qui se convertiraient à lui, fussent-ils ses ennemis, m'a d'abord choisi, moi, un de ses ennemis les plus acharnés, afin que, me voyant guéri, aucun autre pécheur ne fût tenté de désespérer.

CHAPITRE IV. — C'est ce que font les médecins lorsqu'ils arrivent dans un endroit où ils ne sont pas encore connus. Ils choisissent d'abord, pour les guérir, des personnes atteintes de maladies désespérées, afin de donner ainsi des preuves de leur bonté, de faire éclater leur habileté, et afin que chacun dise dans ce pays à celui de ses voi-

---

sanari peccatum, aut eos medico offerre desinant. Hoc nihil est aliud quam velle medico sanum offerre. Quid offers? Baptizandum. Quem? Infantem. Cui offers? Christo. Ei certe qui « venit in mundum. » Ita, inquit. Quare venit in mundum? « Peccatores salvos facere. » Ergo quem offers, habet quod in illo salvum fiat? Si dixeris : Habet; confitendo deles : si dixeris : Non habet; negando tenes.

CAPUT III. — *Paulus quomodo peccatorum primus.* — 3. « Peccatores, inquit, salvos facere, quorum primus ego sum. » Ante Paulum non erant peccatores? Certe vel ipse Adam ante omnes, et plena peccatoribus terra deleta diluvio, et deinceps quam multi. Unde verum est, « ego primus sum? » Primum se dixit, non peccatorum ordine, sed peccati magnitudine. Magnitudinem peccati sui attendit, unde se primum dixit peccatorum; quomodo dicuntur inter advocatos, verbi gratia, primi : primus est iste, non quia plures annos habet, ex quo causas agit; sed quia ex quo cœpit, cæteros superavit. Dicat ergo Apostolus alio loco unde primus sit peccatorum : « Ego, inquit, sum novissimus Apostolorum, qui non sum dignus vocari Apostolus, quia persecutus sum Ecclesiam Dei. » (I *Cor.*, xv, 9.) Nemo acrior inter persecutores : ergo nemo prior inter peccatores.

In Pauli curatione spes salutis allata desperatis. — 4. « Sed misericordiam, inquit, consecutus sum. » Et quare sit misericordiam consecutus, exponit causam : « Ut in me, inquit, ostenderet Christus Jesus omnem longanimitatem, ad informationem eorum qui credituri sunt illi in vitam æternam. » (*Ibid.*, 16.) Christus, inquit, daturus veniam conversis ad se peccatoribus usque ad inimicos suos, me primo elegit acriorem inimicum; quem cum sanaret, nemo in cæteris desperaret.

CAPUT IV. — Faciunt hoc medici, quando ad ea loca veniunt ubi ignoti sunt, quos curent primitus eligunt desperatos; ut in eis et benevolentiam exerceant, et commendent doctrinam; ut unusquisque in illo loco dicat proximo suo : Vade ad illum medicum, securus esto, sanat te. Et ille : Me sanat? Non vides quid patiar? (a) Ego novi quid simile : tu

---

(a) Florus : *Ego novi, inquit, quod pateris, et ego passus sum.*

sins qui tombe malade : Adressez-vous avec confiance à ce médecin, il vous guérira. Le malade vous répond : Il me guérira? Ne voyez-vous pas ce que je souffre? Je connais votre maladie et j'ai passé moi-même par les mêmes souffrances. Voilà le langage que Paul tient à chaque malade qui voudrait désespérer de sa guérison : Celui qui m'a guéri m'envoie vers vous, et me donne cette mission. Va trouver ce malade désespéré, fais-lui connaître ta maladie, apprends-lui le mal dont je t'ai guéri, avec quelle facilité, avec quelle promptitude je t'ai appelé du ciel ; d'une première parole, je t'ai frappé et terrassé; d'une seconde parole, je t'ai relevé et choisi ; d'une troisième, je t'ai rempli de ma grâce et donné ta mission; d'une quatrième, je t'ai délivré et couronné. Va donc, dis aux malades, crie aux désespérés : « C'est une vérité certaine et digne d'être reçue avec une entière soumission, que Jésus-Christ est venu dans ce monde pour sauver les pécheurs. » Que craignez-vous, que redoutez-vous? « Desquels je suis le premier. » C'est moi-même qui vous parle, moi bien portant à des malades, moi qui suis debout à vous qui êtes abattus, moi plein de confiance et de sécurité à vous qui vous livrez au désespoir. « J'ai obtenu miséricorde, afin que Jésus-Christ fît éclater toute sa patience. » Il a supporté longtemps la maladie dont j'étais atteint, et c'est ainsi qu'il m'en a délivré; comme un bon médecin, il a supporté patiemment mes excès de frénésie, il a reçu les coups que je lui donnais, et m'a accordé la grâce d'en recevoir pour lui. « Il a fait éclater en moi toute sa patience, afin que je servisse d'exemple à ceux qui croiront en lui pour la vie éternelle. »

Chapitre V. — *Notre salut vient de Dieu et non de nous-mêmes.* — 5. Ne vous laissez donc point aller au désespoir. Vous êtes malades, venez à lui, et vous serez guéris; vous êtes aveugles, approchez-vous de lui, et vous serez éclairés. Pour vous, qui avez la santé, rendez-lui grâces ; et vous, que la maladie éprouve, accourez à lui pour obtenir votre guérison; dites tous : « Venez, adorons-le, prosternons-nous devant lui, et pleurons devant le Seigneur qui nous a faits, » (*Ps.* xciv, 6) devant Celui qui nous a créés et qui nous a sauvés. Si Dieu s'était contenté de nous créer comme hommes, en nous laissant le soin de nous sauver, notre œuvre serait supérieure à la sienne; car le salut pour l'homme vaut mieux que l'existence. Si donc Dieu vous donne l'existence comme homme, et que vous vous soyez donné la bonté, votre œuvre vaut mieux que la sienne. Ne vous élevez donc point au-dessus de Dieu, soumettez-vous à Dieu, adorez-le, prosternez-vous devant lui, bénissez Celui qui vous a fait, car personne ne peut vous donner une seconde vie que Celui de qui vous tenez la première ; nul ne peut réparer cette œuvre que Celui qui en est l'auteur. C'est ce que nous chantons dans un autre psaume :

---

quod pateris, et ego quidem passus sum. Sic dicit Paulus unicuique ægroto, et de se volenti desperare : Qui curavit me, misit me ad te, et dixit mihi : Illi desperanti vade, et dic quid habuisti, quid in te sanavi, quam cito sanavi. De cœlo vocavi, una voce percussi et dejeci, (*a*) alia crexi et elegi, tertia implevi et misi, quarta liberavi et coronavi. (*Act.*, ix.) Vade, dic ægrotis, clama desperatis : « Fidelis sermo, et omni acceptione dignus, quia Christus Jesus venit in mundum peccatores salvos facere. » Quid timetis? Quid trepidatis? « Quorum primus ego sum. » Ego, inquit, vobis loquor, sanus ægrotantibus, stans jacentibus, securus desperantibus. « Ideo » enim « misericordiam consecutus sum, ut in me ostenderet Christus Jesus omnem longanimitatem. » Morbum meum diu pertulit, et sic abstulit ; tanquam bonus medicus phreneticum patienter toleravit, sustinuit me ferientem se, donavit mihi feriri pro se. « Omnem, inquit, longanimitatem ostendit in me, ad informationem eorum qui credituri sunt illi in vitam æternam. »

Caput V. — *Salus nostra ex Deo, non ex nobis.* — 5. Nolite ergo desperare. Ægroti estis, accedite ad eum, et sanamini: cæci estis, accedite ad eum, et illuminamini. Et qui (*b*) sani estis, ei gratias agite : et qui ægrotatis, ad eum sanandi currite : dicite omnes : « Venite adoremus, et prosternamur ei, et ploremus coram Domino qui fecit nos, » (*Psal.* xciv, 6) et homines, et salvos. Nam si ille nos fecit homines, nos autem ipsi nos fecimus salvos; aliquid illo melius fecimus. Melior est enim salvus homo, quam quilibet homo. Si ergo te Deus fecit hominem, et tu te fecisti bonum hominem ; quod tu fecisti melius est. Nolite extollere super Deum : subde te Deo, adora, prosternere, confitere illi qui fecit te : quia nemo recreat, nisi qui creat; nemo reficit, nisi qui fecit. Hoc et in alio Psalmo : « Ipse fecit nos, et non ipsi nos. » (*Psal.* xcix, 3.) Sane quando te fecit, quid

---

(*a*) Beda, *postea erexi et elegi, tertio implevi et misi, quarto liberavi et coronavi.* — (*b*) Nonnulli codices, *sanati estis.*

« C'est lui qui nous a faits, et nous ne nous sommes pas faits nous-mêmes. » (*Ps.* xcix, 3.) Lorsqu'il vous a fait, vous étiez incapable d'aucune action ; maintenant que vous existez, vous avez un devoir à remplir : c'est de recourir au médecin, d'implorer ce divin médecin, qui est présent partout. C'est lui-même qui excite votre cœur à implorer son secours, et qui vous donne la grâce de pouvoir le prier. « C'est Dieu qui, par sa volonté, dit saint Paul, opère en vous le vouloir et le faire, selon sa bonne volonté. » (*Philip.*, ii, 13.) Vous n'auriez pu avoir vous-même la bonne volonté, si sa grâce ne vous avait prévenu. Criez donc : « Mon Dieu, sa miséricorde me préviendra. » (*Ps.* lviii, 11.) Elle vous a prévenu, cette miséricorde, pour vous donner l'être, le sentiment, l'intelligence, le pouvoir de consentir. Elle vous a prévenu en toutes choses, prévenez donc aussi vous-même sa colère en quelque chose. En quoi, me direz-vous, en quoi la préviendrai-je ? Confessez que tout ce que vous avez de bien vient de Dieu, et que tout ce qu'il y a de mal en vous vient de vous-même. Ne vous attribuez point la gloire de vos bonnes actions en la refusant à Dieu ; ne cherchez pas, en accusant Dieu, à vous excuser du mal que vous faites. Voilà la véritable confession. Ce Dieu, qui vous a prévenu et comblé de tant de biens, doit venir à vous pour vous demander compte de ses dons et du mal que vous avez commis, et pour examiner l'usage que vous avez fait de ses grâces. Il vous a prévenu en vous comblant de ses dons, voyez comment vous préviendrez sa présence ; écoutez ce que dit le Psalmiste : « Prévenons sa présence par nos louanges. » (*Ps.* xciv, 6.) « Prévenons sa présence ; » fléchissons-le avant qu'il vienne, apaisons-le avant qu'il soit présent. Vous avez en lui un prêtre, par le ministère duquel vous pouvez apaiser votre Dieu, et ce prêtre est tout à la fois Dieu avec son Père, et homme pour l'amour de vous. C'est ainsi que vous chanterez avec joie des hymnes à sa gloire, en prévenant sa présence par votre confession. Chantez des hymnes en son honneur ; en prévenant sa présence par votre confession, accusez-vous ; en chantant ses louanges, bénissez-le. Si vous vous accusez, en renvoyant toute la gloire au Dieu qui vous a fait, Celui qui est mort pour vous viendra et vous rendra la vie.

Chapitre VI. — *La doctrine changeante et inconstante est la lèpre de l'âme.* — 6. Attachez-vous à cette doctrine et restez fidèles ; que personne de vous ne devienne semblable à un lépreux. La doctrine qui change, qui n'a pas toujours le même aspect, est le signe de la lèpre de l'âme, et c'est de cette lèpre que Jésus-Christ nous purifie. Vous avez peut-être changé sur quelque point, après un sérieux examen ; vous avez adopté un sentiment plus sage, et rétabli l'unité là où régnait la diversité. Ne vous en attribuez point le mérite, pour ne pas être du nombre de ces neuf lépreux qui n'ont pas rendu grâces. Un seul fut reconnaissant ; les

---

tu faceres non habebas : quando autem jam es, habes et tu ipse quod facias ; ad medicum curras, medicum implores, qui ubique est. Et ut implorares, excitavit cor tuum, et posse implorare donavit tibi : « Deus est enim, inquit, qui operatur in vobis et velle, et operari, pro bona voluntate. » (*Philip.*, ii, 13.) Quia ut haberes bonam voluntatem, illius vocatio præcessit. Clama : Deus meus, misericordia ejus præveniet me. (*Psal.* lviii, 11.) Ut esses, ut sentires, ut audires, ut consentires, prævenit te misericordia ejus. Prævenit te in omnibus : præveni et tu in aliquo iram ejus. In quo, inquis, in quo ? Confitere ista omnia a Deo te habere quidquid boni habes, a te quidquid mali. Ne in bonis tuis illum contemnas, te laudes ; ne in malis tuis illum accuses, te excuses : ipsa est vera confessio. Ille qui in tantis bonis prævenit te, venturus est ad te, et inspecturus dona sua et mala tua, quomodo bono ejus usus fueris, inspicit te. Ergo quia in omnibus istis donis prævenit te, vide in quo tu prævenias faciem venturi : audi Psalmum : « Præveniamus faciem ejus in confessione. Præveniamus faciem ejus ; » (*Psal.* xciv, 6) antequam veniat, propitietur ; antequam adsit, placetur. Habes enim sacerdotem per quem possis placare Deum tuum, et ipse cum Patre Deus est ad te, qui homo est propter te. Ita jubilabis in Psalmis, præveniens faciem ejus in confessione. Jubila in Psalmo : præveniens faciem ejus in confessione, accusa te ; jubilans in Psalmo, lauda illum. Accusando te, et laudando eum qui fecit te ; veniet qui mortuus est pro te, et vivificabit te.

Caput VI. — *Doctrina varia et inconstans lepra mentis.* — 6. Hoc tenete, in hoc persistite. Nemo variet, nemo leprosus sit. Doctrina inconstans, non habens unum colorem, mentis lepram significat : et istam Christus mundat. Forte in aliquo variasti, et inspexisti, et in melius sententiam commutasti ; et quod varium erat, unius coloris effectum est. Noli

autres étaient des Juifs, ce lépreux était un étranger (*Luc*, XVII, 18); il représentait les nations étrangères au peuple de Dieu, et offrait à Jésus-Christ la dîme de la gentilité. C'est donc à lui que nous devons l'existence, la vie, l'intelligence; si nous sommes hommes, si nous faisons le bien, si nous avons l'esprit droit, c'est à lui que nous en sommes redevables. Nous n'avons en propre que le péché : « Qu'avez-vous, dit l'Apôtre, que vous n'ayez reçu ? » (I *Cor.*, IV, 7.) Vous donc surtout, mes frères, qui comprenez les enseignements que je viens de vous adresser, élevez en haut votre cœur purifié de la lèpre, pour qu'il soit guéri de toute maladie, et rendez grâces à Dieu.

SERMON CLXXVII [1].

Sur ces paroles de l'Apôtre, dans le chapitre VI de sa I*re* Epître à Timothée : *Nous n'avons rien apporté en ce monde, et nous ne pouvons non plus rien en emporter*, etc.

Tous condamnent l'avarice par leurs paroles, mais non par leurs actions. — 1. Le sujet de notre discours sera cette leçon de l'Apôtre : « Nous n'avons, dit-il, rien apporté en ce monde, et il est certain que nous ne pouvons non plus rien en emporter. Ayant de quoi nous nourrir et de quoi nous couvrir, nous devons être contents. Car ceux qui veulent devenir riches tombent dans la tentation et dans le piège de Satan, et en plusieurs désirs inutiles et pernicieux, qui précipitent les hommes dans la mort et la damnation. Car la cupidité est la racine de tous les maux, et quelques-uns, y ayant cédé, ont dévié de la foi, et se sont engagés dans beaucoup de chagrins. » (I *Tim.*, VI, 7-10.) Ce sujet est digne de toute votre attention, comme il l'est de notre zèle. L'Apôtre, dans ces paroles, fait comparaître devant nous l'avarice comme une accusée. Gardez-vous de prendre sa défense, si vous ne voulez être enveloppés dans sa condamnation. Je ne sais quelle puissance l'avarice exerce sur les cœurs des hommes, mais tous, ou pour parler d'une manière plus exacte et plus vraie, presque tous la condamnent dans leurs discours, et veulent sa défendre dans leurs actions. Tous, à l'envi, poëtes, historiens, orateurs et philosophes ont formulé contre l'avarice un grand nombre d'accusations aussi sérieuses, aussi graves qu'elles sont fondées, et les auteurs de tout genre l'ont flétrie de concert dans leurs nombreux écrits. Il y a du mérite à se préserver de ses atteintes, et il vaut beaucoup mieux en être exempt, que de démontrer ses funestes effets.

---

(1) Possidius fait mention de ce sermon dans le chapitre VIII de sa Table. Bède en cite quelques extraits dans son Commentaire sur le chapitre VI de la I*re* Epître à Timothée, que nous avons en manuscrit et qui n'a pas encore été publié.

---

tibi tribuere, ne sis inter novem qui gratias non egerunt. Unus egit gratias : cæteri Judæi erant : ille alienigena erat (*Luc.*, XVII, 18); gentes alienigenas significabat, numerus ille Christo decimas dedit. Illi ergo debemus quod sumus, quod vivimus, quod intelligimus : quod homines sumus, quod bene viximus, quod recte intelleximus, illi debemus. Nostrum nihil nisi peccatum quod habemus. Quid enim habes, quod non accepisti? (I *Cor.*, IV, 7.) Vos ergo, maxime qui scitis quid audiatis, (*a*) curandum ab ægritudine, mundatum a varietate sursum cor ponite, et Deo gratias agite.

SERMO CLXXVII [b].

De verbis Apostoli, I Tim., VI : *Nihil in hunc mundum intulimus, sed nec auferre aliquid possumus*, etc.

Avaritia verbis apud omnes damnatur, non factis. — 1. Sermonis nostri propositio, Apostolica lectio. « Nihil, inquit, intulimus in hunc mundum, sed nec auferre aliquid possumus : victum et tegumen- tum habentes, his contenti simus. Nam qui volunt divites fieri, incidunt in tentationem et in laqueum, et in desideria multa et noxia, quæ mergunt homines in interitum et perditionem. Radix enim est omnium malorum avaritia, quam quidam appetentes a fide pererraverunt, et inseruerunt se doloribus multis. (I *Tim.*, VI, 7-10.) Digna res quæ intentos vos faciat ad audiendum, et nos promptos ad loquendum. His verbis constituitur ante oculos nostros avaritia : accusatur, non defendatur : imo accusata damnetur, ne defensor ejus cum illa damnetur. Nescio quo autem modo id agit avaritia in cordibus hominum, ut omnes, vel ut verius et cautius dicam, pene omnes verbis eam constituant ream, et factis velint habere susceptam. Dixerunt in illam multi et multa et magna et gravia et vera, et poetæ et historici et oratores et philosophi, et omne litterarum et professionum genus multa dixit in avaritiam. Magnum est autem non illam habere, et multo plus est non eam habere, quam de vitiis ejus non tacere.

(*a*) In quibusdam libris, *curatum*. — (*b*) Alias X, inter editos ex majoris Carthusiæ Mss.

Quelle est la nature des motifs que donne l'Apôtre aux chrétiens pour fuir l'avarice. — 2. Or, quelle est ici la différence qui sépare les philosophes dans les accusations qu'ils portent contre l'avarice, des apôtres qui l'accusent également? Si nous y faisons bien attention, nous découvrirons ici un enseignement qui est exclusivement propre à l'école de Jésus-Christ. Je viens de rappeler ces paroles de l'Apôtre : « Nous n'avons rien apporté en ce monde, et nous ne pouvons rien en emporter. Ayant de quoi nous nourrir et de quoi nous vêtir, nous devons être contents. » Beaucoup de philosophes ont tenu le même langage. Un grand nombre d'entre eux ont reconnu également que l'avarice est la racine de tous les maux. Mais pas un seul n'a dit ce que l'Apôtre ajoute : « Pour vous, homme de Dieu, fuyez ces choses et recherchez la justice, la foi, la charité avec ceux qui invoquent le nom du Seigneur d'un cœur pur. » (*Ibid.*, 11 ; II *Tim.*, II, 22.) Non, pas un seul philosophe n'a été jusque-là. La vraie et solide piété est bien éloignée de tous ces discours aussi vains que retentissants. Ainsi donc, mes bien-aimés, comme ces philosophes qui ont poursuivi l'avarice de leurs reproches et de leurs mépris sont en dehors de notre communion, l'Apôtre, pour nous détourner, nous ou les autres fidèles, de les regarder comme de grands hommes, ajoute : « Pour vous, homme de Dieu. » Si l'on essaye de les comparer à nous, nous devons d'abord nous rappeler que ce qui nous distingue, c'est que nous faisons toutes nos œuvres pour Dieu. Le culte du vrai Dieu est à lui seul une condamnation de tous les partisans de l'avarice. Or, les principes de la piété doivent ici nous inspirer un soin beaucoup plus grand pour fuir l'avarice. Ce serait une honte et un trop grand sujet de confusion et de douleur, que les adorateurs des idoles aient pu triompher en eux de l'avarice, tandis que l'adorateur du vrai Dieu serait subjugué par elle et deviendrait son esclave après avoir été racheté d'un sang divin. L'Apôtre ajoute encore, en parlant à Timothée : « Je vous ordonne devant Dieu, qui vivifie toutes choses, et devant le Christ Jésus, qui a rendu sous Ponce-Pilate un si glorieux témoignage (voyez combien ils sont encore ici loin de nous), d'observer inviolablement les préceptes que je vous donne, jusqu'à l'avènement de Notre-Seigneur Jésus-Christ, que doit faire paraître en son temps Celui qui est souverainement heureux ; le seul puissant, le Roi des rois et le Seigneur des seigneurs ; qui seul possède l'immortalité; qui habite une lumière inaccessible, qu'aucun homme n'a vu ni ne peut voir; à qui est l'honneur et l'empire dans les siècles des siècles. » (*Ibid.*, 13-16.) Nous avons été reçus dans la famille de ce grand Dieu, nous avons été adoptés au nombre de ses enfants; nous sommes ses fils, non par nos propres mérites, mais par un effet de sa grâce. Ne serait-ce

---

Christianis quæ fugiendæ avaritiæ doctrina traditur. — 2. Quid autem interest inter philosophos, verbi gratia, accusantes avaritiam, et Apostolos eamdem ipsam accusantes? quid interest? Si advertamus, discimus aliquid, quod proprium non habet, nisi schola Christi. Ecce modo commemoravi : « Nihil intulimus in hunc mundum, nec auferre aliquid possumus, habentes victum et tegumentum his contenti simus, » multi dixerunt. Etiam hoc : « Radix omnium malorum avaritia, » fuerunt qui dicerent. Illud quod sequitur, nemo dixit illorum : « Tu autem homo Dei, hæc fuge; sectare vero justitiam, fidem, caritatem, cum his qui invocant nomen Domini de corde puro. » (*Ibid.*, 11; II *Tim.*, II, 22.) Talia nullus dixit illorum. Longe est a crepantibus buccis soliditas pietatis. Quapropter, Carissimi, quoniam sunt extra societatem nostram qui et avaritiam accusaverunt et contempserunt ; ne nobis magni videantur aut hominibus Dei, propterea : « Tu autem homo Dei. » Si ullo modo comparentur, primitus discernere et tenere debemus propter Deum nos facere quod facimus. Nam si veri Dei cultus afferatur, quilibet amator avaritiæ reprobatur. Verumtamen incutere nobis debet majorem curam regula pietatis. Turpe est enim, et nimis pudendum et dolendum, si cultores, idolorum inventi sunt avaritiæ domitores, et cultor Dei unius ab avaritia subjugetur, et fiat avaritiæ mancipium, cujus sanguis fit pretium. Addidit Apostolus, et dixit Timotheo : « Testificor coram Deo, qui vivificat omnia, et Christo Jesu qui testimonium reddidit sub Pontio-Pilato, bonam confessionem, » (hoc ab illis quantum longe est, vide,) « ut serves mandatum irreprehensibile usque in adventum Domini nostri Jesu Christi quem temporibus propriis ostendit beatus et solus potens, Rex regum et Dominus dominantium, qui solus habet immortalitatem et lucem habitat inaccessibilem, quem nemo hominum vidit, nec videre potest, cui est honor et gloria in sæcula sæculorum. » (*Ibid.*, 13-16.) Hujus familiæ facti sumus, in hujus

pas un crime énorme, une affreuse contradiction, que l'avarice nous tînt enchaînés sur la terre, nous qui disons : Notre Père, qui êtes dans les cieux, à ce Dieu dont l'amour nous fait mépriser toutes les choses du monde? Car nous ne sommes point faits pour ces choses au milieu desquelles nous vivons, mais pour Dieu qui nous a donné une nouvelle naissance. Usons de ces biens par nécessité, mais sans y attacher notre cœur; regardons ce monde comme une hôtellerie où nous passons comme voyageurs, et non comme un domaine que nous possédons en propre. Reprenez des forces, et allez plus loin. Vous êtes voyageur, considérez le but qui doit être le terme de votre course, et combien est grand celui qui est descendu jusqu'à vous. En sortant de cette vie, vous faites place à un autre qui y fait son entrée. C'est ce qu'on voit tous les jours dans les hôtelleries; vous en sortez pour laisser la place à un autre. Mais, si vous voulez arriver dans le séjour du repos assuré, ne laissez jamais s'éloigner de vous le Dieu à qui nous disons : « Vous m'avez conduit dans les sentiers de la justice pour la gloire de votre nom, » (*Ps.* XXII, 3) et non à cause de mes mérites.

Nous devons user sans cupidité des choses nécessaires au voyage de cette vie. — 3. La voie où marche notre mortalité est donc différente de la voie que suit la piété. La voie de la mortalité est commune à tous les hommmes, il suffit de naître pour y marcher; mais la voie de la piété est exclusivement réservée à ceux qui ont reçu une nouvelle naissance : ce qui est propre à ceux qui parcourent la première de ces voies, c'est de naître, de grandir, de vieillir et de mourir. Ils ont donc besoin de la nourriture et du vêtement. Contentons-nous des provisions nécessaires pour le voyage. Pourquoi vous charger outre mesure? Pourquoi, pour un chemin si court, prendre un si lourd fardeau, que, loin de vous aider à parvenir au terme de votre voyage, il devient un poids qui vous écrase. Ce que vous désirez me surprend au delà de toute expression; vous vous chargez, pour voyager, d'un fardeau accablant; vous êtes écrasé sous le poids de l'argent, non moins que sous celui de l'avarice. Or, l'avarice est l'impureté du cœur. Vous n'emportez rien de ce monde que vous avez tant aimé, mais vous emportez le vice, objet de votre affection. Si vous ne cessez d'aimer le monde jusqu'à la fin, vous serez immonde aux yeux de Celui qui a fait le monde (1); si, au contraire, vous usez avec modération de l'argent pour les besoins du voyage, vous restez dans les limites que l'Apôtre nous a tracées, lorsqu'il a dit : « N'aimez point l'argent, et contentez-vous de ce qui suffit pour le présent. » (*Hébr.*, XIII, 5.) Voyez ce qu'il recommande tout d'abord : « N'ayez point d'amour pour l'argent; » faites-en usage, mais en ayant soin d'en détacher votre cœur; car si vous laissez enchaîner

(1) Antithèse familière au saint Docteur : *qui fecit mundum non te invenit mundum.*

familiam adoptati sumus; hujus filii non nostris meritis, sed ipsius gratia sumus. Nimis grave est et nimis horribile, ut avaritia nos teneat in terris; cum illi dicamus : Pater noster, qui es in cœlis, cujus desiderio vilescunt omnia; nec nata nobis sunt inter quæ nati sumus, quia propter illum renati sumus. Sint hæc ad necessitatis usum, non ad caritatis affectum : sint tanquam stabulum viatoris, non tanquam prædium possessoris. Refice, et transi. Iter agis, attende ad quem venisti; quia magnus est qui ad te venit. Discedendo de hac vita, locum facis venienti : stabuli est ista conditio : cedes, ut alius accedat. Sed si vis ad locum tutissimum pervenire, Deus a te non recedat, cui dicimus : « Deduxisti me per semitas justitiæ tuæ, propter nomen tuum, » (*Psal.* XXII, 3) non propter meritum meum.

Itineri hujus vitæ necessaria sine cupiditate habeantur. — 3. Aliud est ergo iter mortalitatis, aliud iter pietatis. Iter mortalitatis commune est, illuc enim ambulant omnes nati : illuc nonnisi renati. Ad illud pertinet nasci, crescere, senescere, mori. Propter hoc necessarius est victus et tegumentum. Sufficientes sint hujus itineris sumptus. Quare te gravas? Quare tantum portas in via brevi, non unde ad hanc viam finiendam juveris, sed unde potius ad hanc viam (*f.* deest non) finiendam gravius onereris? Nimium quippe mirabile est, quod tibi vis ut contingat : oneras te, multum portas, premit te in hac via pecunia, et per hanc viam premit te avaritia. Avaritia enim cordis est immunditia. Nihil tollis de hoc mundo, quem amasti : sed tollis vitium, quod amasti. Si perseveranter amas mundum; qui fecit mundum, non te invenit mundum. Si ergo in usum temporalem moderata pecunia sit viatici, in eo fine constituto qui scriptus est : Sine amore, inquit, pecuniæ, modus sufficiens est præsentibus. (*Hebr.*, XIII, 5.) Vide ante omnia quid præstruxit : Sine amore, inquit; ita manum mitte, ut cor inde

votre cœur par l'amour de l'argent, vous vous engagez dans une infinité de chagrins, et alors comment pourrez-vous être fidèle à cette recommandation : « Pour vous, homme de Dieu, fuyez ces choses. » Il ne dit pas : Quittez, abandonnez, mais : « Fuyez, » comme on fuit un ennemi. Vous vouliez vous enfuir avec votre or, fuyez l'or lui-même ; que votre cœur s'en détache, et l'or devient votre esclave. Que la cupidité fasse place à la piété ; vous trouverez le moyen de faire usage de votre or, si vous en êtes le maître et non l'esclave. Maître de votre or, vous le faites servir au bien ; si vous êtes esclave de l'or, il fait de vous un instrument d'iniquité ; si vous êtes maître de l'or, l'indigent bénit Dieu des vêtements qu'il a reçus de vous ; si vous en êtes l'esclave, celui que vous dépouillez blasphème le Seigneur. Or, c'est la cupidité qui vous rend esclave de l'or, et la charité qui vous affranchit de cette servitude ; vous serez donc nécessairement esclave, si vous ne prenez la fuite. « Pour vous, homme de Dieu, fuyez ces choses. » Point d'alternative : il faut nécessairement choisir la fuite ou l'esclavage.

Il faut rechercher les richesses spirituelles. — 4. Vous savez ce que vous devez fuir ; mais il y a d'autres richesses que vous devez rechercher. Vous ne fuyez pas sans espérance, vous ne sacrifiez point sans compensation. « Recherchez, dit l'Apôtre, la justice, la foi, la charité, la piété. » Voilà quelles doivent être vos richesses ; ce sont des richesses spirituelles dont le voleur ne peut approcher, si une volonté coupable ne lui en donne les moyens. Gardez avec soin votre coffre-fort intérieur, c'est-à-dire votre conscience. Ces richesses ne peuvent vous être enlevées ni par les voleurs, ni par un puissant adversaire, ni par l'invasion des ennemis et des barbares, ni même par un naufrage, car, fussiez-vous dépouillé de tout, cette fortune intérieure vous reste tout entière. Direz-vous, par exemple, que Job était sans richesses, quoiqu'il eût perdu tous les biens extérieurs qu'il possédait, lui qui disait : « Le Seigneur m'a tout donné, le Seigneur m'a tout ôté ; il n'est arrivé que ce qui lui a plu ; que le nom du Seigneur soit béni ? » (*Job*, 1, 21.) Merveilleuse abondance ! richesses immenses ! Il est vide de tout bien, mais il est plein de Dieu ; dépouillé de toutes les richesses qui passent, mais rempli de la volonté de son Seigneur. Pourquoi recherchez-vous l'or au prix de tant de fatigues, de si longs voyages ? Aimez ces richesses spirituelles, et vous serez aussitôt comblés ; vous en découvrirez facilement la source, si vous ouvrez votre cœur ; or, c'est la clef de la foi qui ouvre le cœur, c'est elle qui, en l'ouvrant, purifie le lieu où vous déposerez ces richesses. Ne craignez pas que votre cœur soit trop étroit ; votre trésor, c'est votre Dieu, et, dès qu'il entre dans une âme, il l'agrandit.

solvas. Nam si pecuniæ per amorem cor alligare volueris, inseris te doloribus multis : et ubi erit : « Tu autem homo Dei, hæc fuge? » Non enim ait : Relinque, et desere, sed : « Fuge, » quasi hostem. Quærebas (a) fugere cum auro, fuge aurum : cor tuum fugiat, et servus est tuus. Cupiditas non sit, pietas tamen non desit; est quod facias de auro, si dominus es auri, non servus. Si dominus auri es, facis de illo quod bonum est : si servus, facit de te quod malum est. Si dominus auri es, vestitus de te Dominum laudat : si servus auri es, spoliatus de te blasphemat. Servum autem te facit cupiditas, liberum caritas. Inde servus, si non fugeris. « Tu autem homo Dei, hæc fuge. » In hac causa si non vis esse servus, esto fugitivus.

Divitiæ interiores sectandæ. — 4. Audisti quid fugias, habes et quod secteris. Non enim inaniter fugis, aut sic relinquis ut non apprehendas. « Sectare » ergo « justitiam, fidem, pietatem, caritatem. » Hæc te divitem faciant. Hæ divitiæ intus sint : fur ad eas non accedit, nisi mala voluntas ei dederit locum. Muni arcam interiorem, hoc est, conscientiam. Has divitias non tibi latro, non quilibet potentissimus inimicus, non irruens hostis aut barbarus, non denique naufragium poterit auferre, unde si nudus exeas, plenus exis. Neque enim vere inanis erat, quamvis forinsecus nihil habere videretur, qui dicebat : « Dominus dedit, Dominus abstulit; sicut Domino placuit, ita factum est : sit nomen Domini benedictum. » (*Job*, 1, 21.) Laudabilis ista plenitudo, ingentes divitiæ; inanis auro, plenus Deo; inanis omni transitoria facultate, plenus sui Domini voluntate. Quid quæritis aurum tantis laboribus, et peregrinationibus? Amate has divitias, et modo implemini : fons earum non latet, si cor patet : aperit cor clavis fidei et aperit et mundat ubi ponas. Noli tibi angustus videri : divitiæ tuæ, Deus tuus, quando intravit, ipse dilatavit.

(a) Beda : *Quærebas, fuge; ne pereas cum auro, fuge aurum.*

Excuse insensée de ceux qui veulent thésauriser ici-bas. — 5. Ainsi donc, mes frères, soyez sans affection pour l'argent, et contentez-vous de ce qui suffit aux besoins du présent. (*Hébr.*, XIII, 5.) Pourquoi aux besoins du présent? « Parce que nous n'avons rien apporté en ce monde, et nous ne pourrons rien en emporter. » (*Tim.*, VI, 7.) Contentons-nous donc de ce que réclame le présent, sans nous préoccuper de l'avenir. Mais comment l'homme se laisse-t-il séduire par les calculs trompeurs de l'avarice? Et si ma vie se prolonge? Celui qui vous donne la vie vous donnera de quoi la soutenir. Après tout, ayez des revenus, je le veux; mais pourquoi vouloir thésauriser? Vous tirez des revenus de votre commerce, de votre industrie, de ce que vous vendez; cela doit vous suffire. Ne thésaurisez point, de peur que votre cœur ne reste là où vous aurez mis votre trésor, qu'on ne vous invite inutilement à élever votre cœur, et que vous ne répondiez à cette invitation par un mensonge. Lorsque vous répondez à cette parole sacrée, que vous y souscrivez de votre voix, est-ce que votre cœur ne vous accuse pas intérieurement? Ne l'entendez-vous pas vous dire: Ne suis-je pas là où est ton trésor? Tu fais donc un mensonge. Ou bien accuserez-vous de mensonge Celui qui a dit: « Là où sera votre trésor, là aussi sera votre cœur? (*Matth.*, VI, 21.) Vous dites: Non, il n'y sera point; la vérité affirme qu'il y sera. Il n'y sera point, dites-vous, parce que je n'aime pas les richesses. Prouvez-le par des faits. Vous ne les aimez pas, mais vous les possédez, reprenez-vous, vous êtes riche. Votre observation, votre distinction sont fondées; vous avez raison de ne pas confondre celui qui est riche avec celui qui veut devenir riche. Il y a une juste distinction à établir entre celui qui est riche et celui qui veut le devenir, on ne peut le nier. D'un côté, je vois la fortune, de l'autre, la cupidité.

Le désir des richesses est insatiable. — 6. En effet, l'Apôtre ne dit point: Ceux qui sont riches, mais: « Ceux qui veulent devenir riches tombent dans la tentation et dans le piége de Satan, et en plusieurs désirs inutiles et pernicieux, » (1 *Tim.*, VI, 9) parce qu'ils veulent devenir riches, et non parce qu'ils le sont. Aussi l'Apôtre se sert à dessein du mot désir. Le désir, dans l'homme, suppose un objet qu'il veut obtenir, car personne ne désire ce qu'il possède. L'avarice est insatiable, il est vrai (*Eccli.*, V, 9); cependant, ceux qui regorgent de biens ne désirent point les richesses qu'ils possèdent, mais celles qu'ils veulent y ajouter. Ce riche possède une campagne, il désire en avoir une autre qu'il n'a pas encore, et, lorsqu'il en sera devenu le maître, il en désirera une autre; cependant, ses désirs auront toujours pour objet, non ce qu'il possède, mais ce qui lui manque. Ainsi donc, en voulant devenir riche, il est en proie aux désirs inquiets, à une soif ardente; et, comme

---

Thesaurizare hic volentium inepta excusatio. — 5. Ergo: Sine amore pecuniæ modus sufficiens est præsentibus (*Hebr.*, XIII, 5): quare præsentibus? Quia: « Nihil intulimus in hunc mundum, nec auferre aliquid possumus; » (1 *Tim.*, VI, 7) ideo præsentibus, non futuris. Sed quæ res decipit hominem ad avaritiæ computum? Quid si diu vivo? Qui dat vitam, dat unde vita sustentetur. Postremo sint reditus, quare quæritur et thesaurus? Redit aliquid de negotio, redit aliquid de artificio, redit aliquid de pretio: sufficiat, non thesaurizetur; ne ubi pones thesaurum tuum, ibi remaneat et cor tuum, et ut sursum sit, frustra audias, falsumque respondeas. Quando enim respondes ad illud sacratissimum verbum et voce subscribis, ab ipso corde intus non accusaris? Quamvis pressum et oppressum cor tuum, non tibi intus dicit: Sub terra me ponis, quare mentiris? Ergone tibi non dicit: Nonne ibi sum, ubi thesaurus tuus? Ergo mentiris. An vero ille mentitur, qui dixit: Ubi enim fuerit thesaurus tuus, illic erit et cor tuum. (*Matth.*, VI, 21.) Tu dicis: Non illic erit. Veritas dicit: Illic erit. Sed non illic erit, quia non amo. Factis proba. Non amas, sed dives es. Bene quidem attendis, et discernis te: ab eo qui dives est, discernis eum, qui vult dives esse. Inter ipsum esse, et divitem velle esse, justa discretio negari non potest. Ibi facultas est, hic cupiditas.

Divitiarum cupiditas insatiabilis. — 6. Nam et ipse Apostolus non ait: Qui divites sunt, sed: « Qui volunt divites fieri, incidunt in tentationem et laqueum, et desideria multa et noxia, » (1 *Tim.*, VI, 9) volendo fieri, non existendo. Ideo ait « desideria. » Desiderium est enim in homine, quo vult pervenire. Nam nemo desiderat quod habet. Insatiabilis est quidem avaritia (*Eccli.*, V, 9); nec tamen in ipsis qui multum habent, desiderium dicendum est ejus rei quam habent, sed quam volunt addere. Habet istam villam, desiderat habere et illam, quam non habet; sed cum habuerit, aliam desiderabit; non tamen desiderabit quod habuit, sed quod non habuit. Volendo ergo di-

l'hydropique, plus il boit, plus il a soif. Rien de plus frappant que l'analogie de cette maladie avec l'avarice, et le cœur de l'avare est véritablement hydropique. L'hydropique de corps est plein d'une eau qui met sa vie en danger, et, cependant, il ne peut se rassasier, quoi qu'il boive ; il en est de même de l'hydropique spirituel : plus il a, plus il est dans l'indigence. Quand son avoir était borné, ses désirs l'étaient également ; des biens modérés suffisaient à sa joie, et un petit nombre de mets simples faisait ses délices ; mais, depuis qu'il nage dans l'opulence, ses désirs n'ont fait que s'étendre et soupirer après une plus grande abondance. Tous les jours il boit, et sa soif n'en devient que plus ardente. Si je possédais ce bien, dit-il, j'aurais plus de pouvoir ; ma puissance est limitée, parce que ma fortune est peu considérable. Lorsque vous serez en possession de ce bien, vous voudrez encore avoir davantage ; vous avez accru, non pas votre puissance, mais votre indigence.

Les richesses ne doivent pas être condamnées si on les possède sans avarice. Le pauvre doit se garder du désir des richesses. — 7. Mais, me dites-vous, mon cœur n'est pas attaché à ce que je possède, j'ai soin de le tenir élevé. Je l'admets volontiers ; si vous n'aimez point les richesses, rien n'empêche votre cœur de s'élever. Pourquoi, en effet, un cœur affranchi de toute passion ne prendrait-il pas librement son essor ? Mais, examinez sérieusement si vous n'aimez pas les richesses ; répondez-vous fidèlement à vous-même ; ce n'est pas moi qui vous accuse, c'est à vous de vous interroger. Non, je ne les aime point, dites-vous ; je suis riche, il est vrai, mais comme je le suis, je ne désire point le devenir, et je n'ai point à craindre de tomber dans la tentation, dans le piége de Satan, et en plusieurs désirs inutiles et pernicieux ; mal accablant, mal affreux, plein de dangers, et qui aboutit à une ruine certaine. Je suis riche, me dites-vous, je ne désire pas le devenir. Vous êtes riche, et vous ne cherchez pas à le devenir. Non, me répondez-vous. Dites-moi, si vous ne l'étiez pas, refuseriez-vous de le devenir ? Je le refuserais. Ainsi donc, puisque vous êtes riche, que la parole de Dieu vous a trouvé riche des biens extérieurs et vous a comblé de richesses intérieures, écoutez les recommandations que saint Paul fait aux riches. Les paroles qui précèdent : « Nous n'avons rien apporté en ce monde, et nous ne pouvons non plus rien en emporter. Ayant donc de quoi nous nourrir et de quoi nous couvrir, nous devons être contents ; car ceux qui veulent devenir riches tombent dans la tentation, » etc., ces paroles, dis-je : « Ceux qui veulent devenir riches, » s'adressaient aux pauvres. Ces enseignements de l'Apôtre vous ont-ils trouvé pauvre ? répétez-les, et vous serez riche ; dites dans votre cœur, et du fond du cœur : Je n'ai rien apporté en ce monde, je ne puis rien en emporter ; dès lors donc que j'ai le vivre et le couvert, je suis con-

ves esse, desiderat, æstuat, sitit ; et tanquam hydropisis morbo, plus bibendo, plus sitit. Mira ista similitudo est in corporis morbo, omnino avarus in corde hydrops est. Nam hydrops in carne, humore plus est, humore periclitatur, et humore non satiatur : sic hydrops in corde, quanto plus habet, tanto plus eget. Quando minus habebat, minora volebat, paucioribus gaudebat, exiguis buccellis exhilarabatur : quia vero impletus est, distentus abundantissimus factus est hæreditatis. Quotidie bibit, venit et sitit. Si hoc habebo, illud potero ; parum possum, quia parum habeo. Cum et hoc habueris, plus habes velle : egestas aucta est, non potestas.

Divitiæ sine cupiditate si habentur, non culpandæ. Pauperi cavenda cupiditas divitiarum. — 7. Sed non amo, inquis, quod habeo, ut sursum cor habeam. Plane consentio ; si non amas, potest esse sursum cor tuum. Quare enim non sit sursum cor liberum ? Sed vide si non amas, ipse tibi fideliter renuntia, non a me accusatus, sed a te interrogatus. Plane, inquis, non amo ; dives quidem sum, sed quia jam sum, non autem volo esse, ut incidam in tentationem et laqueum, et desideria multa et noxia, quæ mergunt hominem in perditionem. Grave malum, horrendum, periculosum, exitiosum. Jam sum, inquis, dives, non esse volo. Jam es dives, jam inquis, non esse vis. Non, inquis. Si non esses, nolles ? Nollem, inquis. Jam ergo quia es, et verbum Dei te foris divitem invenit, intus divitem fecit ; accipe quæ divitibus dicta sunt. Hoc enim quod his dicebatur verbis : « Nihil intulimus in hunc mundum, sed nec auferre aliquid possumus : victum et tegumentum habentes, his contenti simus. Nam qui volunt divites fieri incidunt in tentationem, » et cætera. « Qui volunt, inquit, divites fieri, » tanquam ad pauperes dicebantur. Hæc verba Apostoli pauperem te invenerunt ? Dic illa, et dives es : dic in corde ex corde : Nihil intuli in hunc mundum, sed nec au-

tent. Car si je veux devenir riche, je tomberai dans la tentation et dans le piége du démon. Oui, répétez ces paroles, et restez dans l'état où elles vous ont trouvé. Gardez-vous de vous plonger dans des douleurs sans fin, d'où vous ne pourriez vous dégager sans vous déchirer et vous mettre en pièces. Mais vous êtes riche, nous avons d'autres recommandations à vous adresser; il ne faut pas que le riche s'imagine que saint Paul n'a rien dit pour lui. Ce même Apôtre écrivait au même Timothée, mais à Timothée pauvre comme lui, Paul. Que dira-t-il donc à Timothée, qui est pauvre, touchant les riches? Ecoutez : « Ordonnez, lui écrit-il, aux riches de ce monde, »(*Ibid.*, 17) car il y a aussi les riches de Dieu, et ce sont les seuls vrais riches, tel qu'était Paul lui-même, qui disait : « J'ai appris à être content de l'état où je me trouve; » (*Philip.*, IV, 11) l'avare, au contraire, n'en est point satisfait. « Ordonnez donc, dit-il, aux riches de ce monde. » Que leur dirai-je? De ne pas chercher à devenir riches? Mais ils le sont déjà; qu'ils écoutent donc cet avertissement, le premier de tous, « de n'être point orgueilleux. » On possède des richesses, et on a pour elles un amour excessif et déréglé. Elles sont comme un nid, où l'orgueil se nourrit et se développe, et, ce qui est plus triste, ce n'est point pour s'envoler, mais pour demeurer. Recommandez-leur donc, avant tout, de ne point être orgueilleux. Que le riche prenne conseil de la raison, de la sagesse; qu'il se rappelle qu'il est mortel, et que les pauvres, mortels comme lui, sont ses égaux. La terre les a reçus tous deux dans le même état de nudité, la mort les attend tous deux, et, pendant cette vie, la fièvre ne craint pas de les atteindre l'un comme l'autre. Le pauvre en souffre sur sa misérable couche, mais le riche ne peut l'intimider et l'éloigner de son lit d'argent. Recommande donc aux riches de ce monde de ne point être orgueilleux. Qu'ils reconnaissent dans les pauvres des égaux; les pauvres sont des hommes comme eux; l'habit est différent, la peau est la même. Que le corps du riche soit embaumé après sa mort, on ne peut le soustraire à la décomposition, elle viendra plus tard; sa corruption viendra plus tard, en viendra-t-elle moins? Mais admettons que le corps du riche ne pourrisse pas comme celui du pauvre; ne sont-ils pas tous deux privés de tout sentiment? « Ordonnez aux riches de ne point être orgueilleux. » Qu'ils évitent tout orgueil, et ils seront vraiment alors ce qu'ils désirent paraître; ils posséderont les richesses sans y être attachés, et ils n'en seront point les esclaves.

Il ne faut point placer son espérance dans les richesses. — 8. Voyez ce que dit encore l'Apôtre : « De ne point être orgueilleux, et de ne point mettre leur confiance dans des ri-

---

ferre aliquid possum; victum et tegumentum habens, his contentus sum. Nam si voluero dives fieri, incidam in tentationem et laqueum. Dic, et consiste ubi inventus es. Noli te inserere doloribus multis; ne cum volueris te exuere, lanieris. Sed dives inventus es? Sunt et alia verba, quæ recitemus : non existimet ad se nihil dictum qui dives inventus est. Eidem Timotheo dicit, eidem Apostolus dicit, sed pauperi dicit Timotheo : Timotheus enim pauper erat, sicut Paulus. Quid ergo Timotheo de hoc dicturus est, homini pauperi, quod pertineat ad eos qui inventi sunt dives? Audi quid : « Præcipe, inquit, divitibus hujus mundi, » (*Ibid.*, 17) quia sunt et divites Dei; et veri divites (*a*) non sunt nisi divites Dei, qualis erat ipse Paulus, qui ait : Ego enim didici in quibus sum sufficiens esse. (*Philip.*, IV, 11.) Avaro autem non sufficit. Ergo : « Præcipe, inquit, divitibus hujus mundi. » Quid eis dicam? Nolite velle esse divites? Jam divites inventi sunt : audiant quod ad eos dictum est, ubi caput est, « non superbe sapere. » Adhuc habentur divitiæ multumque amantur. Nidus colligitur superbiæ, ubi nutriatur et crescat; quod pejus est, non volet, sed maneat. Ergo ante omnia, « non superbe sapere. » Ut intelligat, sapiat, cogitet se mortalem, et mortales pauperes pares. Ambos enim terra nudos excepit, ambos exspectat mors, ambos non timet febris. Habet eam pauper strato terreno, sed nec dives eam venientem lecto terret argenteo. Ergo : « Præcipe hujus mundi divitibus, non superbe sapere. » Agnoscant pauperes suos : pauperes homines sunt et homines; dissimilis vestis, sed similis cutis : et si dives mortuus conditur aromatibus, non erit nulla putredo, sed sera; serius putrescit, numquid non putrescit? Sed ponamus, non ambo putrescant : tamen non ambo non sentiunt? « Præcipe divitibus hujus mundi non superbe sapere. » Non superbe sapiant; et vere tales erunt, quales videri esse volunt; sine amore possidebunt, non possidebuntur.

Spes in divitiis non ponenda. — 8. Sed quæ se-

(*a*) Editi, *et veri divites. Non ait : Ego enim*, etc. Locum restituimus ex Bedæ collectione.

chesses incertaines. » Vous aimez l'or, rendez-en donc la possession si certaine, que vous n'ayez plus à craindre de le perdre. Vous avez amassé une grande fortune, assurez-vous-en, si vous le pouvez, la possession tranquille et certaine. « De ne point mettre leur confiance dans des richesses incertaines. » Retirez votre confiance du lieu où vous l'avez placée. « Mais dans le Dieu vivant. » C'est là qu'il faut attacher votre espérance, c'est là qu'il faut jeter l'ancre de votre cœur, afin que les tempêtes de ce monde ne puissent vous en détacher. « Mais, dans le Dieu vivant qui nous donne avec abondance toutes choses pour en jouir. » S'il nous donne toutes choses, combien plus se donnera-t-il lui-même? Et, il est vrai de dire qu'en lui nous trouverons toute jouissance. Aussi, en disant : « Qui nous donne abondamment toutes choses pour en jouir, » l'Apôtre veut évidemment parler de Dieu. En effet, l'usage est tout différent de la jouissance. L'usage est fondé sur la nécessité, la jouissance sur l'agrément. Dieu nous a donc donné l'usage des choses de la terre, et il nous accorde la jouissance de lui-même. Si c'est la jouissance de lui-même qu'il nous donne, pourquoi l'Apôtre se sert-il du mot « toutes choses, » sinon dans le même sens qu'il dit ailleurs : « Afin que Dieu soit tout en tous. » (I *Cor.*, xv, 28.) C'est en lui qu'il faut placer votre cœur pour goûter cette jouissance, si vous voulez que votre cœur soit vraiment en haut. Détachez-le des choses d'ici-bas, mais attachez-le à Dieu; il serait trop dangereux de rester au milieu de toutes ces agitations sans être fixé.

Dieu seul suffit à l'homme. — 9. « De ne point mettre leur confiance dans les richesses incertaines, » ce n'est pas que toute espérance leur soit défendue, « mais dans le Dieu vivant qui nous donne toutes choses avec abondance pour en jouir. » De qui peut-on plus justement dire qu'il est toutes choses, que de Celui qui a fait toutes choses? Car il n'aurait pu les faire, s'il ne les avait connues. Qui oserait dire : Voici une chose que Dieu a faite sans la connaître? Dieu connaissait donc tout ce qu'il a créé. Il possédait donc toutes choses en lui-même, avant de les faire, mais il les possédait d'une manière merveilleuse, non pas dans la forme qu'il leur a donnée, lorsqu'il a créé les choses temporelles et passagères, mais comme l'artiste a dans l'esprit l'idée de ce qu'il doit faire. Il a en lui-même le plan qu'il doit réaliser au dehors. En lui sont toutes les idées premières, immortelles, indéfectibles, immuables, et Dieu est ainsi tout en tous; mais c'est pour ses saints qu'il sera lui-même tout en tous. Lui donc, et lui seul nous suffit, comme le disait cet apôtre : « Montrez-nous votre Père, et cela nous suffit. » Et que lui répond le Sauveur? « Il y a si longtemps que je suis avec vous, et vous ne me connaissez pas encore? Celui qui me voit, voit aussi mon Père. » (*Jean*, xiv, 9, 10.) Dieu donc, le Père, le

---

quantur vide : « Non superbe sapere, neque sperare in incerto divitiarum. » Amas aurum; fac, si potes, certum, ut non timeas amittere. Congregasti facultatem; (*a*) da tibi, si potes, securitatem. « Neque sperare in incerto divitiarum. » Tolle inde spem, ubi fixisti. « Sed in Deo vivo. » Ibi fige spem, ibi anchoram cordis tui, ut tempestas sæculi non te inde abrumpat : « In Deo vivo, qui præstat nobis omnia abunde ad fruendum. » Si « omnia, » quanto magis se? Et vere ad fruendum ipse nobis erit omnia. Nam non mihi videtur dictum : « Qui dedit nobis omnia abundanter ad fruendum, » nisi se ipsum. Videtur enim aliud esse uti, aliud frui. Utimur enim pro necessitate, fruimur pro jucunditate. Ergo ista temporalia dedit ad utendum, se ad fruendum. Si ergo se, quare dictum est « omnia, » nisi quia scriptum est : Ut sit Deus omnia in omnibus? Ergo ibi cor ad fruendum, ut sit sursum cor. (I *Cor.*, xv, 28.) Solve te hinc, sed alliga ibi : periculosum est tibi in his tentationibus sine vinculo remanere.

Homini sufficit solus Deus. — 9. « Non sperare in incerto divitiarum, » non tamen nusquam, « sed in Deo vivo, qui præstat nobis omnia abundanter ad fruendum. » Quid tam omnia, quam qui fecit omnia? Non enim ab illo fierent hæc omnia, nisi ea nosset. Quis audeat dicere : Hoc fecit Deus, quod non noverat? Quod noverat fecit. Habebat ergo antequam fecit : sed habebat miris modis, non sicut fecit, ut fecit temporalia et transeuntia, sed sicut facit artifex. Habet intus quod operatur foris. Ibi ergo sunt omnia præcipua, immortalia, indeficientia, permanentia, et ipse Deus omnia in omnibus : sed sanctis suis ipse erit omnia in omnibus. Ipse ergo sufficit, solus sufficit de quo dictum est : Ostende nobis Patrem, et sufficit nobis. Sed : « Tanto, inquit, tempore, vobiscum sum, et non cognovistis me? Qui me vidit, et Patrem vidit. » (*Joan.*, xiv, 9, 10.) Omnia Deus Pater et Filius et Spiritus sanctus. Merito solus

---

(*a*) Beda, *fac tibi, si potes,* etc.

Fils, le Saint-Esprit, Dieu est tout. Nous avons donc raison de dire que lui seul nous suffit. Si nous sommes avares, aimons-le. Si nous désirons les richesses, celui-là seul peut combler nos désirs, dont il est dit : « Il remplit votre désir en vous comblant de biens. » (*Ps.* CII, 5.) Cela ne suffit point au pécheur ? Quoi ! ce n'est pas assez pour le pécheur de ce bien si grand, de ce bien souverain et incomparable ? En voulant avoir toutes choses, il a bien plutôt perdu toutes choses, « car l'avarice est la racine de tous les maux. » (*Ibid.*, 10.) Aussi Dieu, par son prophète, adresse-t-il de justes reproches à l'âme pécheresse, qui s'est prostituée loin de lui : « Vous avez cru, en vous séparant de moi, que vous trouveriez quelque chose de mieux. » (*Luc*, xv, 15.) Mais, comme ce plus jeune fils, vous avez été réduite à paître les pourceaux, vous avez tout perdu, vous êtes dans la dernière misère, et c'est après mille retards que vous revenez tout épuisée. Comprenez du moins maintenant que les biens que vous donnait votre Père, étaient beaucoup plus en sûreté dans ses mains. Vous avez espéré, en vous éloignant de moi, trouver quelque chose de plus. O âme pécheresse, âme souillée de vos prostitutions, âme défigurée, couverte de vos honteuses infamies, et qui ne laissez pas d'être aimée. Revenez donc à la beauté par essence, pour recouvrer votre beauté ; revenez, et dites à celui qui seul doit vous suffire : « Vous avez perdu tous ceux qui vous abandonnent pour se prostituer loin de vous. » (*Ps.* LXXII, 27.) Que vous faut-il donc pour satisfaire vos désirs ? Ecoutez la suite : « Pour moi, il m'est bon de m'attacher à Dieu. » (*Ibid.*, 28.) Elevons donc en haut notre cœur ; ne le laissons point sur la terre au milieu de ces trésors si trompeurs, dans cet amas de corruption. « L'avarice est la racine de tous les maux. » Dans Adam lui-même, c'est l'avarice qui a été le principe de tous les maux. Il a voulu avoir plus qu'il n'avait reçu, parce que Dieu ne lui suffisait point.

Il faut employer les richesses à des œuvres pieuses, et acheter avec elles la véritable vie. — 10. Considérez maintenant, vous qui êtes riche, quel usage vous ferez des biens que vous possédez. Vous ne cédez point aux inspirations de l'orgueil, c'est très-bien. Vous ne mettez point votre confiance dans les richesses incertaines, mais vous espérez dans le Dieu vivant qui nous donne toutes choses avec abondance pour en jouir : je ne puis que vous en louer. Soyez donc aussi empressé pour pratiquer ce qui suit : « Qu'ils deviennent riches en bonnes œuvres. » (*Ibid.*, 18.) Méditons ces paroles, et croyons ce que nous ne voyons pas encore. Vous dites : J'ai de l'or, il est vrai, mais mon cœur n'y est pas attaché, toutefois ce détachement est un sentiment tout intérieur ; si vous m'en croyez quelque peu digne, prouvez-moi par des faits, prouvez à votre frère ce que vous ne pouvez cacher aux

---

sufficit. Si avari sumus, ipsum amemus. Si opes desideramus, solus nos satiare poterit, de quo dictum est : Qui satiat in bonis desiderium tuum. (*Psal.* CII, 5.) Hoc peccatori non sufficit ? Hoc tantum, tam magnum bonum peccatori non sufficit ? Volendo habere omnia, plus perdidit omnia, quia : « Radix est omnium malorum avaritia. » (*Ibid.*, 10.) Merito per Prophetam increpat animæ peccatrici et a se fornicanti, et dicit : « Existimasti, si a me discederes, aliquid te amplius habituram. » (*Luc.*, xv, 15.) Sed quomodo ille filius minor, ecce porcos pavisti : ecce omnia perdidisti ; ecce egens remansisti, et sero fessus redisti. Jam intellige quia id quod tibi pater dabat, tutius ipse servabat. « Existimasti, si a me recessisses, aliquid amplius te habituram. » O anima peccatrix et impleta fornicationibus, facta turpis, facta decolor, facta immunda, et sic amata. Redi ergo ad pulchrum, ut ad pulchritudinem redeas : redi, et dic illi qui tibi solus sufficit : Perdidisti omnem qui fornicatur abs te. (*Psal.* LXXII, 27.) Quid ergo sufficit, nisi quod sequitur ? Mihi autem adhærere Deo bonum est. (*Ibid.*, 28.) Ergo sursum cor, non in terra, non in (*a*) mendacissimo thesauro, non in loco putredinis. « Radix est enim omnium malorum avaritia. » Et in ipso Adam radix omnium malorum avaritia fuit. Plus enim voluit, quam accepit, quia Deus illi non sufficit.

Divitiæ piis operibus impendendæ. Divitiis emenda vera vita. — 10. Quid ergo sis facturus ex his quæ habes, dives attende. Jam non superbe sapis : recte. Non speras in incerto divitiarum, sed speras in Deo vivo, qui præstat nobis omnia abundanter ad fruendum : laudabiliter. Noli ergo piger esse in his, quæ sequuntur. « Divites sint in operibus bonis. » (*Ibid.*, 18.) Hæc videamus ; et quod non videmus, credamus. Dicebas : Aurum habeo, sed non amo : sed non amare tuum intus est ; si quid de te mereor, proba et mihi ; quod non abscondis Deo tuo, proba et fratri

---

(*a*) Non male quidem : sed forte legendum, *mendicissimo*, qua voce libenter utitur Augustinus.

regards de votre Dieu. Comment le prouver, me direz-vous? En faisant ce que l'Apôtre vous indique : « De devenir riches en bonnes œuvres, de donner de bon cœur. » Ne soyez riche que pour donner de bon cœur. Le pauvre voudrait bien donner, et il ne le peut; il y a pour lui presque impossibilité, et pour vous toute facilité. Que vos richesses vous servent à exécuter sans retard le bien que vous voulez faire. « De donner de bon cœur, de partager leurs biens. » Est-ce qu'ils les perdront en les partageant? Non. « Qu'ils se fassent un trésor et un fondement solide pour l'avenir. » (*Ibid.*, 19.) Mais n'allons point désirer encore dans cet avenir de l'or, de l'argent, des domaines, et tout cet éclat trompeur des richesses de la terre. L'Apôtre nous dit, il est vrai : C'est là qu'il faut transporter, c'est là qu'il faut placer votre trésor; mais il nous prémunit contre toutes ces pensées charnelles en ajoutant : « Afin d'acquérir la véritable vie, » non point cet or qui reste sur la terre, non point ces biens sujets à la corruption, ces richesses qui passent, mais « la véritable vie. » Nous transportons, nous faisons passer, en quelque sorte, nos biens dans le séjour de la véritable vie, mais, cependant, nous ne posséderons pas dans le ciel les biens que nous y avons transportés. Le Seigneur veut que nous soyons, en un certain sens, des commerçants, et il consent à faire avec nous un échange. Nous lui donnons ce qui croît ici en abondance, et nous recevons de lui les biens qui surabondent dans les cieux, comme ces négociants qui font le commerce d'outre-mer : ils échangent les marchandises qu'ils apportent contre les produits de ces contrées lointaines. Ainsi, par exemple, un négociant dit à son ami : Je vous donne ici de l'or, livrez-moi en échange de l'huile dans l'Afrique ; cet or, vous le voyez, voyage sans changer de place, et ce négociant a reçu ce qu'il désirait. Notre commerce spirituel, mes frères, ressemble à cet échange. Que donnons-nous d'une part, et que recevons-nous de l'autre ? Nous donnons ce que nous ne pouvons emporter d'ici, quand même nous le voudrions. Pourquoi donc le laisser périr ? Donnons ces biens de moindre prix, pour en trouver d'une valeur bien supérieure. Nous donnons la terre pour recevoir le ciel; nous donnons des biens passagers pour recevoir des biens éternels; nous donnons des richesses corruptibles pour en recevoir d'immortelles ; en un mot, nous donnons ce que Dieu nous a donné pour recevoir en échange Dieu lui-même. Ne cessons donc point de faire cet échange, de nous livrer à ce merveilleux et ineffable commerce. Mettons à profit notre existence ici-bas, notre naissance, notre pèlerinage sur cette terre, ne restons point dans l'indigence.

Se prémunir contre une mauvaise pensée qui, comme un ver dévorant, détourne de faire l'aumône. — 11. Ne laissez pas entrer dans le

---

tuo. Unde, inquis, probabo? Ex eo quod sequitur: « Divites sint in operibus bonis, ut facile tribuant. » Ad hoc dives esto, ut facile tribuas. Pauper enim vult tribuere, et non potest : apud illum difficultas, apud te facilitas. Hoc tibi prosit quod dives es, quia cum volueris facere, statim facis. « Facile tribuant, communicent. » Numquid perdunt? « Thesaurizent sibi fundamentum bonum in futurum. » (*Ibid.*, 19.) Et ne ipsum aurum et argentum et prædia, et ea quæ pulchra videntur in facultatibus hominum, etiam ibi desideremus, cum dicitur nobis : Illuc migrate, thesaurum vestrum ibi ponite: admonuit nos contra carnales cogitationes, et subjecit : «Ut apprehendant veram vitam, » non aurum, quod in terra remansit, non facultates putredinis, non bona transeuntia, sed « veram vitam, » Quodam modo ergo migramus, quando hoc illuc transit, neque hoc ibi habebimus, quod hinc transferimus. Quodam modo Dominus Deus noster mercatores nos vult esse, mutationem nobiscum facit : quod hic abundat damus, quod ibi abundat accipimus : quemadmodum plerique trajectitias merces faciunt, aliud dant alibi, et quo veniunt aliud accipiunt. Verbi gratia, dicit amico suo : Accipe hic a me aurum, et da mihi in Africa oleum : et migrat et non migrat : jam quod desiderat accepit. Talis est ista mutatio, qualis, Fratres mei, nostra mercatio. Quid damus, et quid accipimus? Hoc damus quod nobiscum auferre non possumus, etsi vellemus. Quare ergo perit? Id quod minus est detur, ut quod est majus ibi inveniatur. Damus terram, et accipimus cœlum ; damus temporalia, et accipimus æterna ; damus putrescentia, et accipimus immortalia : postremo damus quod dedit Deus, et accipimus ipsum Deum. Non ergo simus pigri in ista mutatione rerum, in ista mercatura optima et ineffabili. Prosit quia hic sumus, prosit quia nati sumus, prosit quia peregrinamur. Non inopes remaneamus.

Tinea malæ cogitationis revocans a faciendis eleemosynis. — 11. Non intret arcam cordis tinea malæ cogitationis : non dicatur : Non dabo, ne cras non

trésor de votre cœur ce ver dévorant, cette pensée coupable qui vous fait dire : Je ne donnerai point, de peur de n'avoir plus rien demain. Ah! ne vous préoccupez pas autant de l'avenir, ou plutôt, songez sérieusement à l'avenir, mais à l'avenir éternel. « Qu'ils se fassent un trésor et un fondement solide pour l'avenir, afin d'arriver à la véritable vie. » Pratiquez cette recommandation, mais dans les limites tracées par le même Apôtre. « Je ne demande pas, dit-il, que les autres soient soulagés, et vous surchargés, mais qu'il y ait égalité. » (II *Cor.*, VIII, 13.) Ayez donc des richesses, mais n'y attachez pas votre cœur ; gardez-vous de les conserver, d'amasser toujours, et de couver, pour ainsi dire, tous ces trésors enfouis ; c'est là mettre sa confiance dans des richesses incertaines. Combien se sont endormis au sein des richesses, pour s'éveiller dans la pauvreté! C'est donc contre cette pensée mauvaise que l'Apôtre s'élève, lorsqu'il dit : « N'aimez point l'argent, et contentez-vous de ce qui suffit aux besoins présents. » (*Hébr.*, XIII, 5.) Pensée funeste qui se traduit par ce langage : Si je n'ai pas un trésor, qui me donnera, lorsque je viendrai à manquer? Et encore : Je le veux bien, j'ai suffisamment, j'ai même en abondance de quoi vivre ; mais si une accusation calomnieuse vient à tomber sur moi, comment me délivrer? Et s'il me faut plaider, où trouver de quoi payer les frais du procès? Hélas! combien de fois, tandis que vous essayez d'énumérer, de compter, sans pouvoir y parvenir, tous les malheurs qui peuvent arriver à notre pauvre humanité, un seul accident est venu déranger tous vos calculs, et de tout cet or, si soigneusement supputé, il ne vous reste pas même une seule pièce dans les mains? C'est contre cette pensée, qui est semblable à un ver dévorant, que Dieu a placé, dans son Ecriture, cette sage recommandation, comme on met dans les vêtements certains parfums pour en éloigner les vers qui les rongent. Pourquoi passer en revue tous les malheurs qui peuvent fondre sur vous, sans redouter le plus grand de tous les malheurs. Méditez les paroles qui suivent : N'aimez point l'argent, et n'en ayez que ce qui suffit aux besoins présents, car Dieu a dit lui-même : « Je ne vous laisserai point, et je ne vous abandonnerai point. » Dans la crainte de je ne sais quels accidents, vous conserviez votre or; Dieu se propose pour garant, il vous dit : « Je ne vous laisserai point, et je ne vous abandonnerai point. » Si un homme vous faisait cette promesse, vous croiriez ; Dieu prend cet engagement, et vous doutez! C'est bien lui qui a fait cette promesse ; il l'a écrite, il vous a donné sa caution ; n'ayez donc aucune inquiétude. Relisez cette promesse, cette garantie ; vous les avez entre les mains, vous avez pour débiteur celui que vous priez de vous remettre vos dettes.

---

habeam. Noli multum cogitare de futuris : imo multum cogita de futuris, sed de longe futuris : « Thesaurizent sibi fundamentum bonum in futurum, ut apprehendant veram vitam. » Hæc ita, quemadmodum dixit Apostolus : (*a*) Non ut aliis refectio, vobis autem angustia, sed ex æqualitate. (II *Cor.*, VIII, 13.) Habe : tantum noli amare, servare, thesaurizare, incubare reconditis, hoc est de incertis sperare. Quam multi divites dormierunt, pauperes surrexerunt. Propter istam enim cogitationem, cum dixisset : Sine amore modus pecuniæ sufficiens est præsentibus. (*Hebr.*, XIII, 5.) Propter malas cogitationes, quæ dicunt : Si thesaurum non habuero, quis mihi dabit, cum egere cœpero? Deinde : Abundat unde vivam, sufficit mihi unde vivam : sed quid si impinguat mihi calumnia, unde me redimam? Quid si mihi necesse sit litigare, unde sumptus inpendam? Quamdiu omnia mala quæ possunt evenire generi humano narrare et computare non poteris, plerumque una calamitas turbat computum numerantis et totum quod numerabatur, non solum perit, sed nec in digitis remanebit? Ideo contra istum cogitationis vermiculum, contra malignam tineam apposuit Deus in Scriptura sua, quomodo solent apponi vestibus odoramenta quædam, ne tineent. Quid cogitabas ne tibi calamitates? non timebas unam grandem? Attende quod sequitur : « Sine amore modus pecuniæ sufficiens est præsentibus. Ipse enim dixit : Non te derelinquam, non te deseram. » Timebas mala nescio quæ, propterea pecuniam servabas : tene fidejussorem ; hoc Deus tibi dicit : « Non te derelinquam, non te deseram. » Homo si promitteret, crederes ; Deus promittit, et dubitas? Promisit, scripsit, cautionem fecit : esto securus. Lege quod tenes, cautionem tenes, ipsum debitorem tenuisti, a quo tua debita relaxari petisti.

(*a*) In excusis deerat *Non :* et pro *ex æqualitate*, legebatur *ex eo quisque*. Emendare oportuit ad II *Cor.*, VIII, quo loco Vulgata quidem habet : *Non ut aliis sit remissio :* at Augustinus legere solet, *refectio.*

SERMON CLXXVIII [1].

Sur ces paroles de saint Paul, dans le chapitre 1 de son Epître à Tite : *Afin qu'il soit capable d'exhorter selon la saine doctrine et de convaincre ceux qui la contredisent.* Contre les ravisseurs du bien d'autrui.

CHAPITRE PREMIER. — *Quel est le devoir imposé aux évêques.* — 1. L'Epître de l'apôtre saint Paul, qu'on vient de lire, sur les qualités requises dans ceux qu'on choisit pour évêques, nous rappelle, sans aucun doute, l'obligation où nous sommes de nous examiner sérieusement, mais vous défend en même temps de nous juger, surtout après cette recommandation qui termine le chapitre de l'Evangile, qu'on vient aussi de vous lire : « Ne jugez pas en faisant acception de personnes, mais jugez selon la droiture et la justice. » (*Jean*, VII, 24.) Or, on ne fait point acception de personnes dans ses jugements, si l'on ne fait pas acception de soi-même. Le bienheureux Apôtre dit dans un autre endroit : « Pour moi je combats, non comme frappant l'air, mais je châtie mon corps et je le réduis en servitude, de peur que, peut-être, après avoir prêché aux autres, je ne sois réprouvé moi-même. » (I *Cor.*, IX, 26, 27.) La crainte de l'Apôtre nous jette nous-mêmes dans l'effroi. Que fera l'agneau, en voyant trembler ainsi le bélier? Or, parmi toutes les qualités que l'Apôtre exige des évêques, il en est une qui vient de nous être rappelée, et dont l'exposé suffira peut-être pour ce discours; car si nous entreprenions de les passer toutes en revue, et de donner, de chacune d'elles, une explication proportionnée à son importance, ni nos forces ne suffiraient pour vous parler, ni les vôtres pour nous entendre. Quel est donc ce devoir que je veux vous exposer avec la grâce de Celui qui me pénètre d'un saint effroi? Entre autres qualités, « l'évêque doit être capable d'exhorter selon la saine doctrine, et de convaincre ceux qui la contredisent. » (*Tite*, I, 9.) C'est un devoir bien important, une lourde charge, une pente rapide à gravir. « Mais j'espérerai dans le Seigneur, dit le Roi-Prophète, parce qu'il me délivrera du piège des chasseurs et de la parole dure. » (*Ps.* XC, 3.) Rien, en effet, ne ralentit le zèle du ministre de Dieu pour reprendre les contradicteurs, comme la crainte d'une parole âpre et piquante.

CHAPITRE II. — *Condamnation de l'avare qui tient ses trésors cachés.* — 2. Je vais d'abord vous exposer, avec la grâce de Dieu, ce que c'est que de « reprendre et de confondre ceux qui contredisent. » On peut contredire de plus d'une manière, c'est ce qu'il faut bien comprendre. Il en est peu qui nous contredisent en paroles, mais il en est beaucoup qui nous contredisent par

---

[1] Florus cite quelques extraits de ce Sermon dans son Commentaire sur le chap. I de l'Epître à Tite, et sur le chap. XII de l'Epître aux Hébreux.

SERMO CLXXVIII [a].

De verbis Apostoli, Tit., I : *Ut potens sit exhortari in doctrina sana et contradicentes arguere.* Contra rerum alienarum raptores.

CAPUT PRIMUM. — *Episcoporum onus.* — 1. Beati Apostoli epistola cum legeretur de constituendis episcopis, commemoravit nos sine dubio respicere in nos : et vos commemoravit non judicare nos; maxime quia omnes audivimus capituli Evangelii recentis lectionis novissimam sententiam : Nolite judicare personaliter, sed justum judicium judicate. (*Joan.*, VII, 24.) Personam itaque judicando nemo accipit alienam, si non accipit suam. Beatus Apostolus ait quodam loco : « Non sic pugno, quasi aerem cædens, sed castigo corpus meum, et in servitutem redigo; ne forte aliis prædicans ipse reprobus inveniar. » (I *Cor.*, IX, 26, 27.) Suo timore nos terruit. Quid enim faciet agnus, ubi aries tremit? Inter multa ergo, (b) quibus scripsit Apostolus, qualis esse episcopus debeat, etiam illud audivimus, unde modo forsitan loqui et disputare sufficiat. Si enim singula discutere, et de singulis, ut dignum est, disputare conemur; nec nostræ vires sufficiunt ad loquendum, nec vestræ ad audiendum. Quid ergo est quod volo dicere, si adjuvet me qui terruit me? Inter cætera ait « episcopum potentem esse debere in doctrina sana, ut contradicentes redarguere possit. » (*Tit.*, I, 9.) Magnum opus est, gravis sarcina, clivus arduus. « Sed sperabo, inquit, in Deum, quoniam ipse liberabit me de laqueo venantium, et a verbo aspero. » (*Psal.* XC, 3.) Nulla enim causa est, quæ magis faciat hominem dispensatorem Dei pigriorem ad redarguendos contradicentes, quam timor verbi asperi.

CAPUT II. — *Avarus suorum reconditor damnatur.* — 2. Prius ergo quid sit, « contradicentes redarguere, » ut Dominus donaverit, exponam vobis. Contradicentes non uno modo intelligendi sunt. Paucissimi enim nobis contradicunt loquendo : sed multi male vivendo. Quando mihi audet dicere Christianus, bonum

---

(a) Alias XIX de verbis Apostoli. — (b) Sic Am. Er. et Mss. At Lov. *quæ*.

leur mauvaise vie. Quel chrétien oserait ici soutenir qu'il est permis de prendre le bien d'autrui? Il n'oserait même dire qu'il est bien de tenir fortement à ce qu'on possède. Est-ce que ce riche, qui avait fait d'abondantes récoltes, qui ne savait où recueillir ses fruits, qui se félicitait du moyen qu'il avait trouvé de détruire ses vieux greniers pour en construire de nouveaux et de plus vastes, et les remplir, et disait à son âme : « Mon âme, tu as beaucoup de biens rassemblés pour beaucoup d'années, livre-toi à la joie, au plaisir, à la bonne chère; » (*Luc*, XII, 16) est-ce que ce riche cherchait à s'emparer du bien d'autrui? Non. Il songeait à recueillir ses moissons, il cherchait les moyens de les serrer, il ne pensait ni à s'emparer du champ de son voisin, ni à déplacer les bornes, ni à dépouiller le pauvre, ou à circonvenir le simple; il n'avait qu'une seule préoccupation : comment pourrait-il renfermer ses récoltes. Ecoutez ce qui fut dit à cet homme, qui tenait avec avarice à ce qui lui appartenait, et comprenez par là ce que doivent attendre les ravisseurs des biens d'autrui. C'est donc au moment où il croyait avoir conçu le dessein le plus sage, à son avis, celui de détruire ses vieux greniers trop étroits pour en construire d'autres plus vastes, où il pourrait recueillir et serrer toutes ses récoltes, sans qu'il songeât même à convoiter et à ravir le bien d'autrui; c'est alors que Dieu lui dit : « Insensé, » ce que vous appelez un acte de sagesse, n'est qu'une folie. « Insensé, cette nuit même on te redemandera ton âme, et pour qui seront ces biens que tu as amassés ? » Si tu les conserves, ils ne t'appartiendront plus ; si tu les distribues, ils seront à toi pour toujours. Pourquoi donc, lui dit Dieu, serrer avec tant de soin ce que tu dois un jour quitter ? Voilà le reproche qui fut adressé à cet insensé, qui resserrait ses biens sous l'inspiration de l'avarice. Or, si c'est une folie de resserrer ce qu'on possède, quel nom donneriez-vous à celui qui prend le bien d'autrui ? Si l'avare, qui enfouit ses biens, a un aspect sordide, le ravisseur du bien d'autrui n'est-il pas couvert d'ulcères? Mais il est loin cependant de ressembler à ce pauvre couvert de plaies, étendu devant la porte du mauvais riche, et dont les chiens léchaient les ulcères (*Luc*, XVI, 20); ce pauvre n'avait des ulcères que dans son corps, le voleur les a dans son cœur.

CHAPITRE III. — *Le riche est puni, parce qu'il était sans compassion.* — 3. Quelqu'un me dira peut-être : Etait-ce donc un si grand châtiment pour cet homme, d'entendre Dieu lui dire : « Insensé ? » Ce mot, dans la bouche de Dieu, a une toute autre signification que dans la bouche des hommes. Dans la bouche de Dieu, c'est une condamnation. Croyez-vous, en effet, que Dieu donne jamais aux insensés le royaume des cieux? Or, que reste-t-il à ceux qui n'obtiendront point le royaume des cieux, sinon le

---

esse rapere res alienas? quando quidem non audet dicere, bonum esse tenaciter servare res suas. Numquid enim dives ille, cui successerat regio, et non inveniebat ubi poneret fructus suos, et se consilium invenisse gaudebat destruendi veteres apothecas, et construendi novas ampliores, ut impleret eas, et diceret animæ suæ : Anima, habes multa bona in multum tempus, lætare, jucundare, satiare (*Luc.*, XII, 16) ; numquid dives iste aliena quærebat? Fructus suos colligere disponebat, ubi poneret consulebat, non de cujusquam vicini agris, non limite perturbato, non spoliato paupere, non circumvento simplice ; sed tantummodo de suis colligendis cogitabat. Audite quid audierit, qui tenaciter servabat sua; et hinc intelligite quid exspectent, qui rapiunt aliena. Cum ergo se prudentissimum consilium invenisse arbitraretur, de apothecis veteribus angustis dejiciendis, et amplioribus novis ædificandis, et omnibus suis fructibus colligendis et recondendis, non alienis concupiscendis atque rapiendis, ait illi Deus : Stulte : ubi tibi sapiens videris, ibi stulte. « Stulte, inquit, hac nocte repetunt a te animam tuam, hæc quæ præparasti cujus erunt ? » Si servaveris, tua non erunt : si erogaveris, tua erunt. Quid, inquit, reponis, quod relicturus es ? Ecce increpatus est stultus male recondens. Si stultus est qui recondit sua, vos invenite nomen ei qui tollit aliena. Si sordidus est reconditor suorum, ulcerosus est raptor alienorum. Sed non qualis ille ulcerosus, qui jacebat ante januam divitis, et cujus canes linguebant ulcera. (*Luc.*, XVI, 20.) Ille enim ulcerosus erat in corpore; (*a*) raptor, in corde.

CAPUT III. — *Dives quia immisericors, punitur.* — 3. Fortassis aliquis respondeat, et dicat : Non valde magna pœna erat illi homini, cui dixit Deus : Stulte. Non sic dicit Deus : Stulte, quomodo homo dicit. Tale in quemquam Dei verbum, judicium est. Numquid enim Deus stultis daturus est regnum cœlorum ?

(*a*) Lov. *non raptor in corde :* refragantibus editis aliis et aliquot Mss.

supplice de l'enfer? Vous croyez, peut-être, que ce n'est qu'une conjecture; mettons donc cette vérité dans tout son jour. Nous ne voyons pas que ce riche, devant la porte duquel était couché ce pauvre indigent couvert d'ulcères, se fût approprié le bien d'autrui. « Un homme était riche, dit Notre-Seigneur, il était vêtu de pourpre et de lin, et faisait tous les jours des festins splendides. » (*Luc*, XVI, 19.) « Il était riche, » dit le Sauveur; il ne dit pas : C'était un calomniateur; il ne dit pas : C'était un oppresseur des pauvres, un ravisseur du bien d'autrui, un délateur ou un recéleur; il ne dit pas : C'était un spoliateur des orphelins, un persécuteur des veuves; non, rien de tout cela. « Un homme était riche. » Est-ce donc un si grand crime? Il était riche, mais riche de son propre bien. Avait-il dérobé quelque chose? Dirons-nous qu'il avait peut-être dérobé, et que le Seigneur gardait le silence et cachait son crime par acception de personnes, lui qui nous défend de faire aucune acception de personnes dans nos jugements? (*Jean*, VII, 24.) Voulez-vous connaître le véritable crime de ce riche, ne cherchez pas ailleurs que dans ce que vous dit la Vérité : « Un homme était riche, il était vêtu de pourpre et de lin, et il faisait tous les jours de splendides festins. « Quel était donc son crime? C'était ce pauvre, couvert d'ulcères, couché devant sa porte, sans qu'il daignât le secourir. En effet, l'Evangile nous dit clairement que ce riche était sans entrailles. Car, mes bien chers frères, si ce pauvre, couché à sa porte, avait reçu de ce riche ce pain nécessaire à sa subsistance, dirait-on de lui qu'il souhaitait de se rassasier des miettes qui tombaient de la table du riche? C'est donc pour ce seul crime d'inhumanité, c'est pour avoir méprisé ce pauvre étendu devant sa porte, sans lui donner la nourriture nécessaire et convenable, qu'il mourut et fut enseveli dans l'enfer ; et au milieu des supplices de l'enfer, il leva les yeux, et vit le pauvre dans le sein d'Abraham. Et pourquoi m'étendre davantage? Il en fut réduit à désirer une goutte d'eau, lui qui n'avait pas voulu donner une miette de pain ; et un juste jugement lui fit refuser cette goutte d'eau, parce que sa cruelle avarice avait refusé de donner une miette de pain. Si tel est le châtiment des avares, quel sera celui des ravisseurs?

CHAPITRE IV. — *Les aumônes des ravisseurs ne sont point agréables à Dieu.* — 4. Mais, me dira un de ces ravisseurs du bien d'autrui, je ne ressemble point à ce riche. Je donne des repas de charité, j'envoie du pain aux prisonniers, je donne des vêtements à ceux qui n'en ont point, et l'hospitalité aux étrangers. Vous croyez donner? Cessez de prendre, et vous aurez vraiment donné. Celui à qui vous donnez est dans la joie, mais celui que vous dépouillez est dans les larmes. Lequel des deux pensez-vous que

---

quibus autem non est daturus regnum cœlorum, quid eis restat, nisi pœna gehennarum? Conjicere hoc videmur : aperte hoc manifesteque videamus. Nam et ille dives, ante cujus januam jacebat pauperrimus ulcerosus, non est dictus raptor rerum alienarum. « Erat quidam dives, inquit, qui induebatur purpura et bysso, et epulabatur quotidie splendide. » (*Luc.*, XVI, 19.) Dives, inquit, erat : non dixit, calumniator ; non dixit, pauperum oppressor ; non dixit, rerum alienarum raptor, aut delator, aut receptor ; non dixit, pupillorum spoliator ; non dixit, viduarum persecutor ; nihil horum : sed : Erat quidam dives. Quid magnum est? Dives erat, de suo dives erat. Cui aliquid tulerat? An forte ille auferret, et Dominus de illo reticeret, et personam ejus acciperet, si crimina ejus absconderet, qui nobis dicit : Nolite personaliter judicare? (*Joan.*, VII, 24.) Si vis ergo audire crimen divitis illius, noli amplius quærere, quam audis a Veritate. Dives erat, induebatur purpura et bysso, et epulabatur quotidie splendide. Quod ergo ejus crimen? Jacens ante januam ulcerosus, et non adjutus. Hoc enim aperte de illo dictum est, quod immisericors erat. Numquid enim, Carissimi, si pauper ille ante januam jacens sufficientem panem a divite acciperet, diceretur de illo quia cupiebat saturari de micis, quæ cadebant de mensa divitis. Propter hanc solam (*a*) inhumanitatem, qua contemnebat pauperem ante januam suam jacentem, nec congrue digneque pascebat, mortuus est et sepultus ; et cum apud inferos in tormentis esset, levavit oculos suos, et vidit pauperem in sinu Abrahæ. Et quid pluribus immorer? Desideravit guttam, qui non dedit micam : (*b*) non accepit justa sententia, qui non dedit crudeli avaritia. Si hæc ergo pœna est avarorum, quæ pœna raptorum?

CAPUT IV. — *Raptoris eleemosynæ Deo non acceptæ.* — 4. Sed ait mihi raptor rerum alienarum : Ego similis illius divitis non sum. Agapes facio, vinctis in carcere victum mitto, nudos vestio, peregrinos suscipio. Dare te putas? Tollere noli, et dedisti. Cui de-

---

(*a*) Quidam Mss. *immanitatem.* — (*b*) Am. Er. et Lov. *Nonne accipit justam sententiam*, etc.

Dieu exaucera? Vous dites à celui à qui vous donnez : Rendez grâces du bienfait que vous avez reçu, mais l'autre vous dit, de son côté : Je gémis de ce que vous m'avez enlevé. Vous avez dépouillé l'un presque tout entier, et vous ne donnez à l'autre que très-peu de chose. Mais eussiez-vous donné aux pauvres tout le fruit de vos rapines, Dieu n'a point pour agréables de semblables aumônes. Insensé, vous dit-il, je vous ai fait un devoir de donner, mais non pas du bien d'autrui. Si vous avez, donnez de ce qui vous appartient; si vous n'avez rien à vous, mieux vaut ne rien donner que de dépouiller les autres. Lorsque Notre-Seigneur Jésus-Christ viendra pour juger le monde, et qu'il placera les uns à sa droite, les autres à sa gauche, que dira-t-il à ceux qui ont pratiqué des œuvres de miséricorde? « Venez, les bénis de mon Père, possédez le royaume. » (*Matth.*, xxv, 34, etc.) Mais pour les chrétiens stériles, qui n'ont fait aucun bien aux pauvres, il leur dira : « Allez au feu éternel. » Et qu'ajoutera-t-il en s'adressant aux bons? « Car j'ai eu faim et vous m'avez donné à manger, » et le reste. Alors les justes lui diront : « Seigneur, quand est-ce que nous vous avons vu avoir faim? Et il leur répondra : Autant de fois que vous avez agi ainsi pour l'un des moindres de mes frères, c'est pour moi que vous l'avez fait. » Comprenez donc, insensé, qui voulez faire l'aumône avec le fruit de vos rapines, que, si donner du pain à un chrétien, c'est le donner à Jésus-Christ, dépouiller un chrétien, c'est aussi dépouiller Jésus-Christ. Ecoutez ce qu'il doit dire à ceux qui seront à sa gauche : « Allez au feu éternel. » Pourquoi? « Car j'ai eu faim, et vous ne m'avez pas donné à manger ; j'étais nu, et vous ne m'avez pas vêtu. Allez. » Et où iront-ils? « Au feu éternel. » Oui, allez au feu éternel. Pourquoi? « Parce que j'étais nu, et que vous ne m'avez point donné de vêtement. » Or, si le feu éternel sera le châtiment de celui à qui Jésus-Christ dira : « J'étais nu, et vous ne m'avez pas vêtu, » quelle place occupera dans ces flammes éternelles celui à qui il pourra dire : J'étais vêtu, et vous m'avez dépouillé?

CHAPITRE V. — *Il n'est point permis de s'emparer des biens des païens.* — 5. Pour échapper à cette sentence, et afin que Jésus-Christ ne vous dise point : « J'étais vêtu, et vous m'avez dépouillé, » peut-être, à l'encontre de ce qui se fait ordinairement, songez-vous à dépouiller un païen pour donner des vêtements à un chrétien. Mais alors Jésus-Christ vous répondra, que dis-je? il vous répond dès maintenant par l'organe d'un de ses serviteurs, d'un de ses ministres, quel qu'il soit, et vous dit : Gardez-vous ici encore de me faire tort; car lorsque vous, qui êtes chrétien, vous dépouillez un païen, vous l'empêchez de devenir chrétien. Vous insisterez peut-être encore et vous me direz : Ce n'est point par

deris, gaudet; cui abstuleris, plorat : quem duorum istorum exauditurus est Dominus? Dicis ei cui dederis : Gratias age quia accepisti. Sed alter tibi ex alia parte dicit : Ego gemo cui abstulisti. Et pene totum tenuisti, et exiguum illi dedisti. Si ergo quod alteri abstulisti egentibus dedisses, nec talia opera diligit Deus. Dicit tibi Deus : Stulte, jussi ut dares, sed non de alieno. Si habes, da de tuo : si non habes quod des de tuo, melius nulli dabis, quam alteros spoliabis. Dicturus est Dominus Christus, cum in judicio suo sederit, et alios ad dexteram, et ad sinistram alios separaverit, bene operantibus : Venite benedicti Patris mei, percipite regnum. (*Matth.*, xxv, 34, etc.) Sterilibus autem, qui nihil boni in pauperes operati sunt : « Ite in ignem æternum. Et quæ dicturus est bonis? « Esuriri enim, et dedistis mihi manducare, » et cætera. Et respondebunt illi : « Domine, quando te vidimus esurientem? » Et ille ad eos : « Cum uni ex minimis meis fecistis, mihi fecistis. » Intellige ergo stulte, qui vis eleemosynam facere de rapina, quoniam si quando pascis Christianum, pascis Christum; quando spolias Christianum, spolias Christum. Attendite quid sinistris dicturus est : « Ite in ignem æternum. » Quare? « Esuriri enim, et non dedistis mihi manducare; nudus fui, et non vestistis me. » Ite. Quo? In ignem æternum. Prorsus ite. Quare? Nudus fui, et non vestistis me. Si ergo in ignem æternum ibit cui dicturus est Christus : Nudus fui, et non vestisti me : quem locum in igne æterno habebit cui dicturus est : Vestitus fui, et spoliasti me?

CAPUT V. — *Paganorum res rapere non licet.* — 5. Hic fortasse ut evadas hanc vocem, ne dicat tibi Christus : Vestitus fui, et spoliasti me, mutata consuetudine, cogitas spoliare Paganum, et vestire Christianum. Et (*f.* tunc) hic respondebit tibi Christus, imo nunc respondebit tibi per servum qualemcumque ministrum suum: Respondebit tibi Christus, et dicet : Etiam hic parce damnis meis. Cum enim Christianus spolias Paganum, impedis fieri Christianum. Etiam et hic fortasse respondebis adhuc : Ego non odio pœnam ingero, sed dilectione potius

haine, c'est plutôt par amour de la vérité que je lui inflige ce châtiment; je dépouille ce païen pour l'amener, par cette dure et salutaire épreuve, à se faire chrétien. Je vous écouterais et j'ajouterais foi à ce que vous dites, si vous rendiez à cet homme, devenu chrétien, tout ce que vous lui avez pris lorsqu'il était païen.

Contre les ravisseurs du bien d'autrui. — 6. Nous venons de parler contre ce seul vice de la rapine qui porte partout le désordre et la ruine dans les choses humaines; nous avons élevé la voix, et personne ne nous contredit. Qui oserait, en effet, prendre la parole pour contredire une vérité aussi évidente? Nous ne faisons donc point ici ce que l'Apôtre nous recommande, nous ne reprenons point les contradicteurs; loin de là, nous nous adressons à des chrétiens obéissants, nous instruisons des fidèles qui applaudissent à nos paroles. Oui, il est vrai, ce n'est pas leur langue qui nous contredit, mais leur vie. Je les avertis, ils dérobent; je les enseigne, ils dérobent encore; je commande, je reprends, ils ne cessent point de dérober : n'est-ce pas là une véritable contradiction? Renoncez donc, mes frères, renoncez, mes enfants, renoncez à la funeste habitude de dérober; et vous, qui gémissez sous la main des ravisseurs, renoncez au désir de prendre le bien d'autrui. Voici un homme puissant qui s'empare de votre bien : vous gémissez sous la main qui vous dépouille, et si vous ne faites pas de même, c'est par impuissance. Ayez les moyens de prendre, et j'applaudirai à votre victoire sur la cupidité.

CHAPITRE VI. — *Il faut restituer les choses trouvées.* — 7. « Heureux, dit la sainte Ecriture, celui qui n'a point couru après l'or; qui a pu transgresser les commandements de Dieu, et ne les a point transgressés; qui a pu faire le mal, et ne l'a point fait. » (*Eccli.*, XXXI, 8, etc.) Vous me dites : Je n'ai jamais refusé de rendre le bien qui ne m'appartenait pas. C'est que, probablement, personne ne vous en a confié, ou qu'on ne vous a confié ce dépôt que devant témoins. Dites-moi; avez-vous rendu ce dépôt, lorsque vous l'avez reçu sans autre témoin que Dieu seul? Si alors vous l'avez rendu fidèlement; si, après la mort de celui qui vous l'avait confié, vous l'avez remis à son fils qui l'ignorait, je vous louerai de n'avoir point couru après l'or, d'avoir pu transgresser et de n'avoir point transgressé, d'avoir pu faire le mal et de ne l'avoir point fait. Vous avez trouvé, je suppose, un sac rempli de pièces d'or, sans que personne vous ait vu ; vous l'avez trouvé sur votre chemin, et vous l'avez rendu sans retard à son légitime propriétaire : vous êtes vraiment digne d'éloges. Allons, mes frères, rentrez en vous-mêmes, examinez-vous sérieusement, interrogez-vous, répondez-vous en toute vérité et jugez-vous en toute justice. Vous êtes chrétien, vous fréquentez l'Eglise, vous écoutez la parole de Dieu ; la lecture de cette divine parole produit en vous la joie la plus vive.

---

disciplinæ : ideo spolio Paganum, ut per hanc asperam et salubrem disciplinam faciam Christianum. Audirem et crederem, si quod abstulisti Pagano, redderes Christiano.

Raptores redarguit. — 6. Diximus contra unum vitium rapinarum, quo res humanæ usquequaque vastantur : diximus, et nemo nobis contradicit. Quis enim audet apertissimæ loquendo contradicere veritati. Non ergo facimus quod Apostolus monuit, non contradicentes redarguimus, obedientes alloquimur, laudantes instruimus, non contradicentes redarguimus. (*Tit.*, I, 9.) Ita vero non contradicunt lingua, sed vita. Moneo, rapit; doceo, rapit; præcipio, rapit; arguo, rapit : quomodo non contradicit? Dicam ergo quod de hac re sufficere existimo. Abstinete vos, Fratres, abstinete vos, Filii, abstinete vos a consuetudine rapiendi : et vos qui sub manibus raptorum gemitis, abstinete vos a cupiditate rapiendi. Alius potens est, et rapit : tu in manu raptoris gemis, quia rapere non potes, ideo non facis. Habeto facultatem, et ibi laudabo domitam cupiditatem.

CAPUT VI. — *Res inventa restituenda.* — 7. Beatum sancta Scriptura dicit, qui post aurum non abiit; qui potuit transgredi, et non est transgressus; qui facere mala potuit, et non fecit. (*Eccli.*, XXXI, 8, etc.) Tu autem dicis : Nunquam negavi rem alienam. Quia forte nemo tibi commendavit, aut forte commendavit, sed sub testibus commendavit. Dic mihi, reddidisti, quando a solo solus, ubi Deus inter vos fuerat, accepisti? Si tunc reddidisti, si mortuo qui commendavit, nescienti filio reddidisti; tunc te laudabo, quia post aurum non isti; quia potuisti transgredi, et non es transgressus ; quia potuisti mala facere, et non fecisti. Si forte alienum sacculum solidorum, ubi nemo te vidit, in via invenisti, et sine ulla mora cujus fuerat reddidisti. Eia, Fratres, redite ad vos, inspicite vos, interrogate vos, vera respondete vobis, et judicate vos non secundum personam, sed justum judicium judicate. Ecce Christianus es, ecclesiam

SERMON CLXXVIII.

...celui qui l'explique, mais je demande que vous la mettiez en pratique. Vous louez celui qui parle, je demande que vous agissiez. Vous êtes chrétien, vous fréquentez l'Eglise, vous aimez la parole de Dieu et vous l'écoutez volontiers. Examinez-vous donc, pesez vos actions d'après la règle que je vais vous proposer, montez sur le tribunal de votre conscience, comparaissez devant vous-même pour vous juger, et si vous vous trouvez coupable, corrigez-vous. Voici donc cette règle divine : « Dieu commande dans sa loi de rendre ce qu'on a trouvé. » (*Deut.*, XXII, 3.) Oui, dans cette loi même, qui fut donnée au premier peuple pour lequel Jésus-Christ n'était pas encore mort, il fait un devoir de rendre une chose trouvée, comme appartenant à autrui. Ainsi, vous trouvez sur votre chemin une bourse pleine de pièces d'or qu'on y a perdue ; vous devez la rendre. Mais, vous ne savez à qui elle appartient. Ne soyez point dominé par l'avarice et vous ne vous couvrirez point du prétexte de l'ignorance.

CHAPITRE VII. — *Exemple admirable de l'obligation où l'on est de restituer les choses trouvées.* — 8. Je ne cacherai point à votre charité les dons de Dieu. Il en est parmi son peuple qui n'écoutent point sans fruit la parole de Dieu. Voici donc ce qu'a fait un pauvre misérable, alors que nous étions à Milan. Cet homme était si pauvre qu'il était réduit à être le sous-maître d'un grammairien (1). Mais c'était un chrétien fidèle, bien que le grammairien fût païen ; celui qui se tenait devant le voile valait mieux que celui qui était en chaire. Cet homme trouva une bourse qui contenait, si je ne me trompe, près de deux cents pièces d'or. Fidèle observateur de la loi, il fait placer une affiche en lieu public (2). Il était bien convaincu qu'il devait rendre cette bourse, mais il ne savait à qui la remettre. Il fit donc afficher cet avis : Celui qui a perdu un sac de pièces d'or peut venir en tel lieu et demander un tel. Le malheureux à qui il appartenait et qui allait de tous les côtés en versant des larmes, voit cette affiche, la lit, et s'empresse de venir trouver l'homme qu'on lui indiquait. Pour bien s'assurer qu'il ne venait point réclamer ce qui n'était pas à lui, le pauvre lui demanda quelques signes certains : la forme de la bourse, quel en était le cachet et aussi le nombre de pièces qu'elle contenait. Cet homme ayant répondu exactement à toutes ces questions, le pauvre lui rendit la bourse telle qu'il l'avait trouvée. L'autre, au comble de la joie et voulant

---

(1) Ausonius, dans son Epigr. XXIII *Contre les Professeurs*, appelle le *Proscholus* un sous-maître. Toutefois, son office était moins d'enseigner les enfants que de surveiller leur arrivée dans la classe, et de les faire entrer avec ordre. L'endroit où se tenait le *Proscholus*, ou sous-maître, devant le voile, s'appelait *Proscholium*, ou avant-classe. On sait, en effet, comme le dit saint Augustin dans le 1er livre de ses *Confessions*, chap. XIII, n° 22, que des voiles pendaient au seuil des écoles des grammairiens. Le saint docteur fait ici l'éloge de ce sous-maître, qui, par la profession de la foi chrétienne, l'emportait de beaucoup sur le grammairien, qui était païen : « Celui qui se tenait devant le voile valait beaucoup mieux, dit-il, que celui qui était en chaire. »

(2) Le mot *pittacium* ou *pictacium* signifie une feuille de parchemin, ou une tablette préparée pour qu'on pût y écrire.

---

frequentas, verbum Dei audis, de lectione verbi Dei lætissime commoveris. Tu laudas tractantem, ego quæro facientem : tu, inquam, laudas dicentem, ego quæro facientem. Christianus es, frequentas ecclesiam, amas verbum Dei, et libenter audis. Ecce hoc quod propono, in eo te examina, in eo te appende, in eo ascende mentis tuæ tribunal, et constitue te ante te, et judica te : et si pravum inveneris, corrige te. Propono ergo. Deus dicit in Lege sua, inventionem esse reddendam (*Deut.*, XXII, 3) ; Deus in Lege sua dicit, quam primo populo dedit, pro quibus Christus nondum erat mortuus, inventionem tanquam alienum esse reddendam ; si quisquam, verbi gratia, in via inveniat alienum sacculum solidorum, debere reddere. Sed nescit cui? Non se excusat ignorantia, si (*a*) non dominetur avaritia.

CAPUT VII. — *Exemplum eximium de restituenda re aliena.* — 8. Dicam Vestræ Caritati, quoniam dona Dei sunt ; et sunt in populo Dei qui non frustra audiunt verbum Dei : dicam quot fecerit pauperrimus homo, nobis apud Mediolanum constitutis ; tam pauper, ut proscholus esset grammatici : sed plane Christianus, quamvis ille esset paganus grammaticus ; melior illa ad velum, quam in cathedra. Invenit sacculum, nisi forte me numerus fallit, cum solidis ferme ducentis : memor legis proposuit pittacium publice. Reddendum enim sciebat ; sed cui redderet, ignorabat. Proposuit pittacium publice : Qui solidos perdidit, veniat ad locum illum, et quærat hominem illum. Ille qui plangens circumquaque vagabatur, invento et lecto pittacio, venit ad hominem. Et ne forte quæreret alienum, quæsivit signa, interrogavit sacculi qualitatem, sigillum, solidorum etiam numerum. Et cum omnia ille fideliter respondisset, reddidit quod invenerat. Ille autem repletus gaudio, et quærens vicem rependere, tanquam decimas obtulit illi

---

(*a*) Colbertinus codex, *si dominatur avaritia :* omissa negante particula, nec minus recte.

cœur et non la main que Dieu interroge. Le loup accourt, prêt à se ruer sur la bergerie et à égorger les brebis; mais les bergers sont sur leurs gardes, les chiens aboient, il est réduit à l'impuissance; il n'enlève, il n'égorge aucune brebis; il se retire, mais il se retire loup comme il est venu. Parce qu'il n'a pu enlever de brebis, dira-t-on qu'il est devenu brebis lui-même, de loup qu'il était? Non, il est venu loup frémissant, il se retire tremblant de frayeur; mais qu'il frémisse de fureur ou qu'il tremble de frayeur, c'est toujours un loup. Interrogez-vous donc, vous qui voulez juger, et demandez-vous s'il vous arrive de ne point faire le mal lorsque vous le pouvez, sans crainte d'être puni par les hommes : alors vous craignez vraiment Dieu. Personne n'est là, si ce n'est vous, celui à qui vous faites du mal et Dieu qui vous voit tous deux; faites donc attention et craignez. C'est peu de vous dire : Faites attention et craignez le mal, je vais plus loin et je vous dis : Aimez le bien. Si c'est la crainte de l'enfer qui vous empêche de faire le mal, vous êtes loin de la perfection. J'ose le dire : si la crainte seule vous retient, quand il s'agit de faire le mal, vous avez sans doute la foi, parce que vous croyez au jugement à venir de Dieu; j'applaudis à votre foi, mais je crains pour le mal que je vois encore en vous. Que veux-je dire? Si vous évitez le mal par la crainte seule de l'enfer, vous ne faites pas encore le bien par amour de la justice.

Chapitre X. — *A quels signes peut-on reconnaître le chaste amour de la justice.* — 11. Il y a une grande différence entre la crainte du châtiment et l'amour de la justice. L'amour chaste qui doit être en vous est celui qui vous fait désirer, de voir, non pas le ciel et la terre, les plaines liquides de la mer, les spectacles frivoles du monde, l'éclat et la splendeur des pierres précieuses, mais qui vous fait désirer la vue de votre Dieu, l'amour de votre Dieu; car il est écrit : « Mes bien-aimés, nous sommes maintenant les enfants de Dieu; mais ce que nous serons un jour ne paraît pas encore. Nous savons que, quand il viendra dans sa gloire, nous serons semblables à lui, parce que nous le verrons tel qu'il est. » (I *Jean*, III, 2.) C'est dans l'espérance de cette vision que vous devez faire le bien, et que vous devez éviter le mal. Désirez-vous sincèrement voir votre Dieu, et, durant le pèlerinage de cette vie, l'amour de Dieu vous fait-il soupirer après cette bienheureuse vision? votre Dieu va vous éprouver, en vous tenant ce langage : Faites ce que vous voulez, assouvissez vos passions, ne mettez aucune borne à vos désordres, à vos débauches; regardez comme permis tout ce qui vous est agréable, je vous promets de ne point vous punir pour cela; je ne vous jetterai point dans les enfers, je vous refuserai seulement de jouir de ma présence. Si ces paroles vous ont saisi d'effroi, vous aimez Dieu; si cette seule menace : Dieu nous refusera

---

ovium, quærit invadere, quærit jugulare, quærit devorare : vigilant pastores, latrant canes : nihil potest, non aufert, non occidit; sed tamen lupus venit, lupus redit. Numquid quia ovem non tulit, ideo lupus venit, et ovis redit? Lupus venit fremens, lupus redit tremens : lupus est tamen et fremens et tremens. Interroga ergo te, quisquis vis judicare; et vide si tunc non facis male, quando potes facere, et ab homine non puniri : tunc times Deum. Nemo est ibi, nisi tu et ille cui facis malum, et Deus qui ambos videt : vide, ibi time. Parum est quod dico : Vide, ibi time malum; ibi ama bonum. Nam etiamsi timore gehennæ non facis malum, nondum es perfectus. Audeo dicere, si timore gehennæ non facis malum, est quidem in te fides, quia credis futurum Dei esse judicium : gaudeo fidei tuæ, sed adhuc timeo malitiæ tuæ. Quid est quod dixi? Quia si timore gehennæ non facis malum, non amore justitiæ facis bonum.

Caput X. — *Amor justitiæ castus unde probatur.* — 11. Aliud est, timere pœnam; aliud est, amare justitiam. Amor castus in te esse debet, quo amore desideres videre, non cœlum et terram, non campos liquidos maris, non spectacula nugatoria, non fulgores nitoresque gemmarum : sed desidera videre Deum tuum, amare Deum tuum : quia dictum est : « Dilectissimi, filii Dei sumus, et nondum apparuit quod erimus; scimus autem quia cum apparuerit, similes ei erimus, quoniam videbimus eum sicuti est. » (I *Joan.*, III, 2.) Ecce propter quam visionem fac bonum, ecce propter quam noli facere malum. Si enim amas videre Deum tuum, si in hac peregrinatione illo amore suspiras; ecce probat te Dominus Deus tuus, quasi dicat tibi : Ecce fac quod vis, imple cupiditates tuas, extende nequitiam, dilata luxuriam, quidquid libuerit, licitum puta; non hinc te punio, non te in gehennas mitto, faciem meam tantum tibi negabo. Si expavisti, amasti; si hoc quod dictum est : Faciem suam tibi negabit Deus tuus, contremuit cor tuum, in non videndo

la vue de lui-même, a fait trembler votre cœur; si ne point voir Dieu est pour vous le plus grand des châtiments, votre amour est pur et désintéressé. Si donc ma parole trouve dans votre cœur quelque étincelle de ce pur amour de Dieu, alimentez-la avec soin; cherchez à l'augmenter par la prière, par l'humilité, par les larmes de la pénitence, par l'amour de la justice, par la pratique des bonnes œuvres, par des gémissements sincères, par une conduite irréprochable, par une fidélité sincère à l'égard de vos amis; soufflez, alimentez dans vos cœurs cette étincelle du divin amour, et lorsqu'elle se sera développée, lorsqu'elle aura produit de pures et vastes flammes, elle consumera la paille de toutes les convoitises charnelles.

Deum tuum magnam pœnam putasti; gratis amasti. Si ergo sermo meus invenit in cordibus vestris aliquam scintillam gratuiti amoris Dei, ipsam nutrite : ad hanc augendam vos advocate prece, (a) humilitate, dolore pœnitentiæ, dilectione justitiæ, operibus bonis, gemitibus sinceris, conversatione laudabili, amicitia fideli. Hanc scintillam boni amoris flate in vobis, nutrite in vobis ; ipsa cum creverit, et flammam dignissimam et amplissimam fecerit, omnium cupiditatum carnalium fœna consumit.

(a) Sic Am. Er. et Mss. At Lov. *prece humilitatis.*

FIN DU TOME DIX-SEPTIÈME.

TABLE DES MATIÈRES DU TOME DIX-SEPTIÈME

SERMONS AU PEUPLE.

PREMIÈRE SÉRIE.

(Suite.)

Sermon LXXXVI. — Sur ces paroles de l'Evangile selon saint Matthieu, chapitre xix : « Allez, vendez tout ce que vous avez et donnez-en le prix aux pauvres. » 1

Sermon LXXXVII. — Prononcé un dimanche, à l'occasion de ces paroles du chapitre xx de l'Evangile selon saint Matthieu : « Le royaume des cieux est semblable à un père de famille, qui envoya des ouvriers dans sa vigne. » 11

Sermon LXXXVIII. — Sur ces paroles du chapitre xx de l'Evangile selon saint Matthieu, où il est question des deux aveugles assis le long du chemin, et criant : « Seigneur, Fils de David, ayez pitié de nous. » 23

Sermon LXXXIX. — Sur ces paroles du chapitre xxi de l'Evangile selon saint Matthieu, où nous voyons Jésus dessécher un figuier, et sur ces autres du chapitre xxiv de l'Evangile de saint Luc, où il paraît vouloir aller plus loin. 43

Sermon XC. — Sur le chapitre xxii de l'Evangile selon saint Matthieu, où sont racontées les noces du fils du roi. Sur la charité, contre les donatistes. Prononcé à Carthage, dans la basilique Restitute. 51

Sermon XCI. — Sur ces paroles du chapitre xxii de l'Evangile selon saint Matthieu, où Notre-Seigneur demande aux Juifs de qui Jésus-Christ était fils 62

Sermon XCII. — Sur ces paroles du chapitre xxii de l'Evangile selon saint Matthieu, où Notre-Seigneur demande aux Juifs de qui Jésus-Christ était fils. 69

Sermon XCIII. — Sur ces paroles du chapitre xxv de saint Matthieu : « Le royaume des cieux est semblable à dix vierges, etc. » 72

Sermon XCIV. — Sur les paroles du chapitre xxv de saint Matthieu, où le serviteur paresseux, qui n'avait point voulu tirer parti du talent qu'il avait reçu, est puni. 81

Sermon XCV. — Sur les paroles du chapitre viii de saint Marc, où se trouve rapporté le miracle des sept pains. 82

Sermon XCVI. — Sur ces paroles du chapitre viii de l'Evangile selon saint Marc : « Si quelqu'un veut me suivre, qu'il se renonce lui-même, etc. ; » et sur ces autres du chapitre ii de la Iʳᵉ Epître de saint Jean : « Celui qui aime le monde, la charité du Père n'est pas en lui. » 87

Sermon XCVII. — Sur ces paroles du chapitre xiii de saint Marc : « Or, ce jour et cette heure, nul ne les sait, non, pas même les anges des cieux, ni le Fils, mais seulement le Père. » 94

Sermon XCVIII. — Sur le chapitre vii de saint Luc et les trois morts que Notre-Seigneur a ressuscités. . . . 97

Sermon XCIX. — Sur ces paroles du chapitre viii de l'Evangile selon saint Luc : « Et voilà qu'une femme pécheresse, de la ville, etc. » De la rémission des péchés, contre les donatistes. 103

Sermon C. — Sur le chapitre ix de l'Evangile selon saint Luc, où il est question de trois hommes, dont l'un dit à Jésus : « Seigneur, je vous suivrai partout où vous irez, et le Sauveur le refuse ; l'autre n'ose demander à le suivre, et Notre-Seigneur l'appelle ; le troisième diffère, et Jésus lui en fait un reproche. 113

Sermon CI. — Sur ces paroles du chapitre x de l'Evangile selon saint Luc : « La moisson est grande, etc. » . 117

Sermon CII. — Sur ces paroles du chapitre x de l'Evangile selon saint Luc : « Celui qui vous méprise, me méprise. » 125

Sermon CIII. — Sur ces paroles du chapitre x de l'Evangile selon saint Matthieu : « Et une femme nommée Marthe le reçut dans sa maison. » 128

Sermon CIV. — Sur ce même passage du chapitre x de l'Evangile selon saint Luc, où il est question de Marthe et de Marie 132

Sermon CV. — Sur ces paroles du chapitre xi de l'Evangile de saint Luc : « Si l'un d'entre vous, ayant un ami, allait le trouver au milieu de la nuit, etc. » 136

Sermon CVI. — Sur ces paroles du chapitre xi de l'Evangile selon saint Luc : « Vous autres pharisiens, vous nettoyez avec soin le dehors de la coupe, etc. » 146

Sermon CVII. — Sur ces paroles de l'Evangile selon saint Luc, chapitre xii : « Je vous le dis, gardez-vous de toute avarice. » 149

Sermon CVIII. — Sur ces paroles du chapitre xii de l'Evangile selon saint Luc : « Que vos reins soient entourés d'une ceinture, que vos lampes brûlent en vos mains, et soyez semblables à des serviteurs, etc. ; » et sur ces paroles du psaume xxxiii : « Quel est l'homme qui veut la vie, etc. » 156

Sermon CIX. — Sur ces paroles du chapitre xii de saint Luc : « Vous savez juger l'apparence du ciel et de la terre, etc. ; » et sur ces autres : « Quand vous allez devant le magistrat avec votre adversaire, efforcez-vous, en chemin, de vous délivrer de lui, etc. » 161

TABLE DES MATIÈRES.

Sermon CX. — Sur le passage du chapitre xiii de l'Evangile selon saint Luc, où il est parlé du figuier qui ne rapportait point de fruits depuis trois ans, de la femme qui était malade depuis dix-huit ans, et aussi sur ces paroles du psaume ix : « Levez-vous, Seigneur, ne laissez pas triompher l'homme ; que les nations soient jugées devant vous. » 165

Sermon CXI. — Sur ces paroles du chapitre xiii de l'Evangile selon saint Luc, où le royaume de Dieu est comparé au levain qu'une femme prend et qu'elle cache dans trois mesures de farine, et de la question qui est faite au Sauveur : « N'y en aura-t-il que peu qui soient sauvés ? » 169

Sermon CXII. — Sur ces paroles du chapitre xiv de l'Evangile selon saint Luc : « Un homme fit un grand festin, etc. » 172

Sermon CXIII. — Sur ces paroles du chapitre xvi de l'Evangile selon saint Luc : « Faites-vous des amis avec les richesses d'iniquité, etc. » 178

Sermon CXIV. — Sur ces paroles du chapitre xvii de l'Evangile selon saint Luc : « Si votre frère vous a offensé, reprenez-le, etc. » De la rémission des péchés 184

Sermon CXV. — Sur ces paroles du chapitre xv de l'Evangile selon saint Luc : « Il faut toujours prier et ne jamais cesser, etc. » Des deux hommes qui montèrent au temple pour prier, et des petits enfants qui furent présentés à Jésus-Christ. 188

Sermon CXVI. — Sur ces paroles du chapitre xxiv de saint Luc : « Jésus parut au milieu d'eux et leur dit : La paix soit avec vous. » 192

Sermon CXVII. — Sur ces paroles du chapitre i de l'Evangile selon saint Jean : « Au commencement était le Verbe, et le Verbe était en Dieu, et le Verbe était Dieu, etc. » Contre les ariens. 198

Sermon CXVIII. — Sur ces mêmes paroles du chapitre i de l'Evangile selon saint Jean : « Au commencement était le Verbe, etc. ». 212

Sermon CXIX. — Sur ces mêmes paroles de l'Evangile selon saint Jean : « Au commencement était le Verbe, etc. » 215

Sermon CXX. — Sur ces mêmes paroles du chapitre i de l'Evangile selon saint Jean : « Au commencement était le Verbe, etc. » 218

Sermon CXXI. — Sur ces paroles du chapitre i de l'Evangile selon saint Jean : « Le monde a été fait par lui, etc. » 221

Sermon CXXII. — Sur ces paroles du chapitre i de l'Evangile selon saint Jean : « Lorsque vous étiez sous le figuier, je vous voyais, etc. ». 224

Sermon CXXIII. — Sur ces paroles du chapitre ii de l'Evangile selon saint Jean : « Jésus fut aussi invité aux noces avec ses disciples. » 230

Sermon CXXIV. — Sur ces paroles du chapitre v de l'Evangile selon saint Jean : « Il y a dans Jérusalem la piscine des brebis, etc. » 233

Sermon CXXV. — Sur ce même chapitre v de l'Evangile selon saint Jean. Des cinq portiques où gisait une multitude de malades, et de la piscine de Siloë. 236

Sermon CXXVI. — Sur ces paroles du chapitre v de l'Evangile selon saint Jean : « Le Fils ne peut rien faire de lui-même ; il ne fait rien qu'il ne le voie faire au Père. » 249

Sermon CXXVII. — Sur ces paroles du chapitre v de l'Evangile selon saint Jean : « En vérité, en vérité, je vous le dis, que l'heure vient, et elle est déjà venue, où les morts entendront la voix du Fils de Dieu, et ceux qui l'auront ouïe vivront, etc. ; » et aussi sur ces paroles de l'Apôtre, dans sa Ire Epître aux Corinthiens, chapitre ii : « Ce que l'œil n'a point vu, etc. » 260

Sermon CXXVIII. — Sur ces paroles du chapitre v de l'Evangile selon saint Jean : « Si je rends témoignage de moi-même, etc. ; » et sur ces paroles de l'Apôtre : « Conduisez-vous selon l'esprit, et n'accomplissez point les désirs de la chair, car la chair a des désirs contraires à ceux de l'esprit, etc. ». 271

Sermon CXXIX. — Sur ces paroles du chapitre v de saint Jean : « Scrutez les Ecritures, puisque vous croyez avoir en elles la vie éternelle, etc. » Contre les donatistes. 281

Sermon CXXX. — Sur cet endroit du chapitre vi de l'Evangile selon saint Jean, où se trouve raconté le miracle des cinq pains et des deux poissons. 288

Sermon CXXXI. — Sur ces paroles du chapitre vi de l'Evangile selon saint Jean : « Si vous ne mangez la chair, etc. ; » ainsi que sur les paroles tirées de l'Apôtre et des Psaumes, contre les pélagiens. 293

Sermon CXXXII. — Sur ces paroles du chapitre vi de l'Evangile selon saint Jean : « Ma chair est vraiment une nourriture, et mon sang est vraiment un breuvage. Celui qui mange ma chair, etc. » 301

Sermon CXXXIII. — Sur ces paroles du chapitre vii de l'Evangile selon saint Jean, où Jésus, après avoir déclaré qu'il n'irait pas à la fête, s'y rend cependant en secret. 305

Sermon CXXXIV. — Sur ces paroles du chapitre viii de l'Evangile selon saint Jean : « Si vous demeurez dans ma parole, vous serez vraiment mes disciples. » 313

Sermon CXXXV. — Sur ces paroles du chapitre ix de l'Evangile selon saint Jean : « Je suis venu pour faire les œuvres de Celui qui m'a envoyé. » Contre les ariens. Et sur ce que dit l'aveugle-né, lorsque Notre-Seigneur lui eut ouvert les yeux : « Nous savons que Dieu n'exauce point les pécheurs. » 317

Sermon CXXXVI. — Sur ce même chapitre de l'Evangile selon saint Jean : de l'aveugle-né qui recouvra la vue. 324

TABLE DES MATIÈRES.

Sermon CXXXVII. — Sur le chapitre x de l'Evangile selon saint Jean : sur le pasteur, le mercenaire et le voleur. . . 329
Sermon CXXXVIII. — Sur ces paroles du chapitre x de l'Evangile selon saint Jean : « Je suis le bon pasteur, etc. » Contre les donatistes. 342
Sermon CXXXIX. — Sur ces paroles du chapitre x de l'Evangile selon saint Jean : « Mon Père et moi nous sommes un, etc. » 351
Sermon CXL. — Sur ces paroles du chapitre xii de l'Evangile selon saint Jean : « Celui qui croit en moi ne croit point en moi, mais en celui qui m'a envoyé. » Contre l'erreur d'un certain Maximin, évêque arien, qui répandait ses blasphèmes sous la protection du comte Ségisvult. 356
Sermon CXLI. — Sur ces paroles du chapitre xv de l'Evangile selon saint Jean : « Je suis la voie, la vérité et la vie. » 360
Sermon CXLII. — Sur ces mêmes paroles du chapitre xiv de l'Evangile selon saint Jean : « Je suis la voie, la vérité, etc. » 363
Sermon CXLIII. — Sur ces paroles du chapitre xvi de l'Evangile selon saint Jean : « Je vous dis la vérité, il vous est bon que je m'en aille, etc. » 372
Sermon CXLIV. — Sur ces mêmes paroles du chapitre xvi de l'Evangile selon saint Jean : « Il convaincra le monde en ce qui touche le péché, la justice et le jugement. » 376
Sermon CXLV. — Sur ces paroles du chapitre xvi de l'Evangile selon saint Jean : « Jusqu'à présent, vous n'avez rien demandé à mon Père en mon nom ; » et sur ces paroles du chapitre x de l'Evangile selon saint Luc : « Seigneur, les démons mêmes nous sont soumis en votre nom. » 381
Sermon CXLVI. — Sur ces paroles du chapitre xxi de l'Evangile selon saint Jean : « Simon, fils de Jean, m'aimez-vous ? » 388
Sermon CXLVII. — Sur ces mêmes paroles du chapitre xxi de l'Evangile selon saint Jean : « Simon, fils de Jean, m'aimez-vous plus que ceux-ci, etc. » 390
Sermon CXLVIII. — Sur ces paroles du chapitre v des Actes : « Si vous aviez voulu garder ce champ, n'était-il pas toujours à vous, etc. » 393
Sermon CXLIX. — Dans ce sermon, saint Augustin résout les quatre questions tirées du chapitre x des Actes des Apôtres, et de l'Evangile : la première, sur la vision de Pierre ; la seconde, sur ces paroles de l'Evangile : « Que votre lumière brille devant les hommes, afin qu'ils voient vos bonnes œuvres, etc. ; » et sur ces autres plus loin : « Prenez garde de faire vos bonnes œuvres devant les hommes, afin qu'ils vous voient, etc. ; » la troisième sur ces paroles de l'Evangile : « Que votre gauche ne sache pas ce que fait votre droite ; » la quatrième, sur l'amour des ennemis. 394
Sermon CL. — Sur ces paroles du chapitre xvii des Actes des Apôtres : « Quelques philosophes épicuriens et stoïciens discutèrent avec lui, etc. » 405
Sermon CLI. — Sur ces paroles de l'Apôtre, dans le chapitre vii de l'Epître aux Romains : « Je ne fais pas le bien que je veux, et je fais le mal que je ne veux pas. » 415
Sermon CLII. — Sur les paroles qui suivent du même chapitre vii et du chapitre viii de l'Epître de l'apôtre saint Paul aux Romains, jusqu'à ces autres : « Dieu a envoyé son Fils en la ressemblance de la chair du péché, etc. » 422
Sermon CLIII. — Sur ces paroles de l'Apôtre, dans le chapitre vii de l'Epître aux Romains : « Lorsque nous étions assujettis à la chair, les passions mauvaises, excitées par la loi, agissaient dans nos membres et leur faisaient produire des fruits pour la mort, etc. » Réfutation directe des manichéens, et implicite des pélagiens. 431
Sermon CLIV. — Sur ces paroles de l'Apôtre, dans le chapitre vii de l'Epître aux Romains : « Nous savons que la loi est spirituelle, mais moi, je suis charnel, etc. » Contre les pélagiens, qui prétendent que l'homme peut être sans péché dans cette vie. 442
Sermon CLV. — Sur ces paroles de l'Apôtre, dans le chapitre viii de l'Epître aux Romains : « Il n'y a donc plus maintenant de condamnation pour ceux qui sont en Jésus-Christ, etc. » Contre les pélagiens. . . 453
Sermon CLVI. — Sur ces paroles de l'Apôtre, dans le chapitre viii de l'Epître aux Romains : « Ainsi, mes frères, nous ne sommes point redevables à la chair, pour vivre selon la chair, etc. » Contre les pélagiens. . . 466
Sermon CLVII. — Sur ces paroles de l'Apôtre, dans le chapitre viii de l'Epître aux Romains : « Nous ne sommes encore sauvés qu'en espérance. Or, l'espérance qui verrait ne serait plus de l'espérance. » 480
Sermon CLVIII. — Sur ces paroles de l'Apôtre, dans le chapitre viii de l'Epître aux Romains : « Ceux qu'il a prédestinés, il les a appelés ; ceux qu'il a appelés, il les a justifiés, etc. » « Si Dieu est pour nous, qui sera contre nous ? » Contre les pélagiens. 485
Sermon CLIX. — Sur ces mêmes paroles de l'Apôtre, dans le chapitre viii de l'Epître aux Romains, où il traite de la justification ; et sur ces paroles du chapitre i de l'Epître de saint Jacques : « Mes frères, regardez comme la source de toute joie les diverses afflictions qui vous arrivent, etc. » 492
Sermon CLX. — Sur ces paroles de l'Apôtre dans le chapitre 1er de la 1re Epître aux Corinthiens : « Que celui qui se glorifie, se glorifie dans le Seigneur ; » et sur ce verset du psaume lxx : « Délivrez-moi dans votre justice, et sauvez-moi. » 499
Sermon CLXI. — Sur ces paroles de l'Apôtre, dans le chapitre vi de la 1re Epître aux Corinthiens : « Ne vous y

TABLE DES MATIÈRES.

trompez pas : ni les fornicateurs, ni les idolâtres ne seront héritiers du royaume des cieux... Ne savez-vous pas que vos corps sont les membres de l'Esprit saint, etc. » 507

Sermon CLXII. — Sur ces paroles de l'Apôtre, dans le chapitre vii de la Ire Epître aux Corinthiens : « Tout péché commis par l'homme est hors du corps ; mais celui qui commet la fornication pèche contre son propre corps. » 517

Sermon CLXIII. — Sur ces paroles de l'Apôtre, dans le chapitre v de l'Epître aux Galates : « Conduisez-vous selon l'Esprit, et vous n'accomplirez point les désirs de la chair. » 528

Sermon CLXIV. — Sur ces paroles de l'Apôtre, dans le chapitre vi de l'Epître aux Galates : « Portez les fardeaux les uns des autres ; » et sur ces autres paroles du même chapitre : « Chacun portera son propre fardeau. » Ce sermon contre les donatistes a été prononcé peu de temps après la conférence qui eut lieu à Carthage 533

Sermon CLXV. — Sur ces paroles de l'Apôtre, dans le chapitre iii de son Epître aux Ephésiens : « Je vous prie de ne point défaillir à cause de mes tribulations pour vous, puisque c'est là votre gloire, etc. » De la grâce et du libre arbitre. Contre les pélagiens. 543

Sermon CLXVI. — Sur ces paroles de l'Apôtre, dans le chapitre iv de son Epître aux Ephésiens : « Renonçant au mensonge, que chacun de vous parle à son prochain selon la vérité ; » et sur ces autres du Psaume cxv : « Tout homme est menteur. » 551

Sermon CLXVII. — Sur ces paroles de l'Apôtre, dans le chapitre v de son Epître aux Ephésiens : « Ayez soin de vous conduire avec beaucoup de circonspection, non comme des imprudents, mais comme des hommes sages, rachetant le temps, parce que les jours sont mauvais. » 553

Sermon CLXVIII. — Sur ces paroles de l'Apôtre, dans le chapitre vi de son Epître aux Ephésiens : « Que Dieu donne à nos frères la paix et la charité avec la foi. » De la grâce de Dieu, d'après le témoignage et la doctrine du vase d'élection, qui enseigne que la foi est un don de la miséricorde de Dieu 556

Sermon CLXIX. — Sur ces paroles de l'Apôtre, dans le chapitre iii de l'Epître aux Philippiens : « C'est nous qui sommes la circoncision, nous qui servons l'Esprit de Dieu, etc. » Contre les pélagiens. 562

Sermon CLXX. — Sur ces mêmes paroles de l'Apôtre, dans le chapitre iv de son Epître aux Philippiens : « Ayant vécu sans reproche par rapport à la justice de la loi, etc. ; » sur ces paroles du Psaume cxlii : « Exaucez-moi selon votre justice, etc. ; » et enfin sur ces paroles du chapitre vi de l'Evangile selon saint Jean : « La volonté de mon Père est que je ne perde aucun de ceux qu'il m'a donnés, etc. » 579

Sermon CLXXI. Sur ces paroles de l'Apôtre, dans le chapitre iv de son Epître aux Philippiens : « Réjouissez-vous sans cesse dans le Seigneur, etc. » 588

Sermon CLXXII. — Sur ces paroles de l'Apôtre, dans le chapitre iv de sa Ire Epître aux Thessaloniciens : « Nous ne voulons pas, mes frères, que vous ignoriez ce qui regarde ceux qui dorment, afin que vous ne vous abandonniez point à la tristesse, comme les autres hommes qui n'ont point d'espérance. » Sur les œuvres de miséricorde, par lesquelles nous pouvons venir en aide à ceux qui sont morts 592

Sermon CLXXIII. — Sur ces mêmes paroles de l'Apôtre, dans le chapitre iv de la première Epître aux Thessaloniciens. 594

Sermon CLXXIV. — Sur ces paroles de l'Apôtre, dans le chapitre i de la Ire Epître à Timothée : « C'est une vérité humaine et digne d'être reçue avec une entière soumission, que Jésus-Christ est venu dans ce monde pour sauver les pécheurs, etc. ; » et aussi sur le chapitre xix de saint Luc, où il est question de Zachée. Contre les pélagiens. 597

Sermon CLXXV. — Sur ces mêmes paroles de l'Apôtre, dans le chapitre i de la Ire Epître à Timothée : « C'est une vérité certaine et digne d'être reçue avec une entière soumission, etc. » 605

Sermon CLXXVI. — Sur les trois lectures : 1° du chapitre i de la Ire Epître de saint Paul à Timothée : « C'est une vérité certaine et digne d'être reçue avec une entière soumission, etc. ; » 2° du Psaume xciv : « Venez, adorons-le, et prosternons-nous devant lui, etc. ; » 3° du chapitre xvii de saint Luc, où il est question des dix lépreux qui furent guéris par le Seigneur. Contre les pélagiens. 512

Sermon CLXXVII. — Sur ces paroles de l'Apôtre, dans le chapitre vi de sa Ire Epître à Timothée : « Nous n'avons rien apporté en ce monde, et nous ne pouvons non plus rien en emporter, etc. » 617

Sermon CLXXVIII. — Sur ces paroles de saint Paul dans le chapitre i de son Epître à Tite : « Afin qu'il soit capable d'exhorter selon la saine doctrine, et de convaincre ceux qui la contredisent. » Contre les ravisseurs du bien d'autrui. 875

FIN DE LA TABLE DU TOME DIX-SEPTIÈME.

Besançon. — Imprimerie d'Outhenin-Chalandre fils.

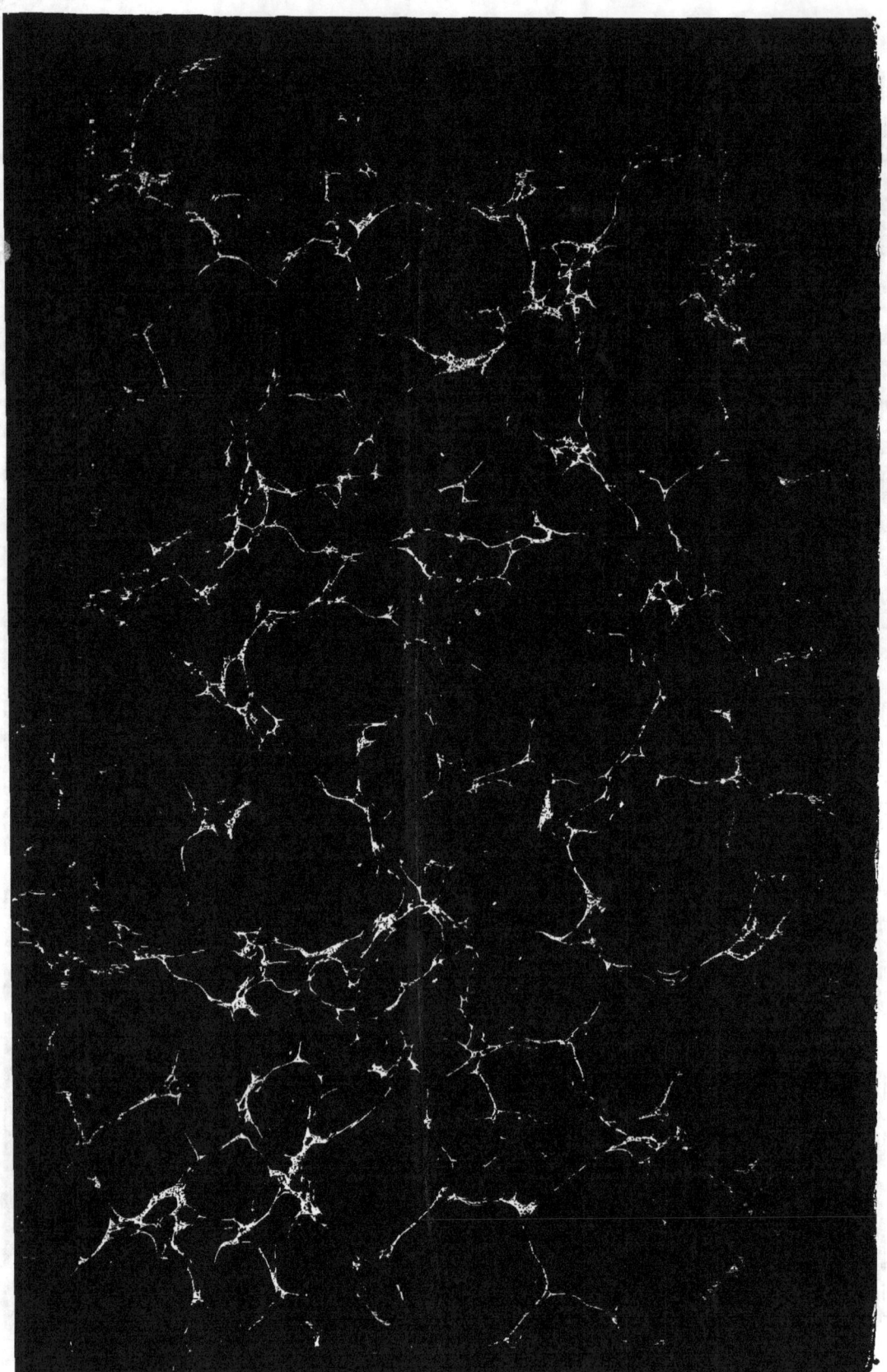

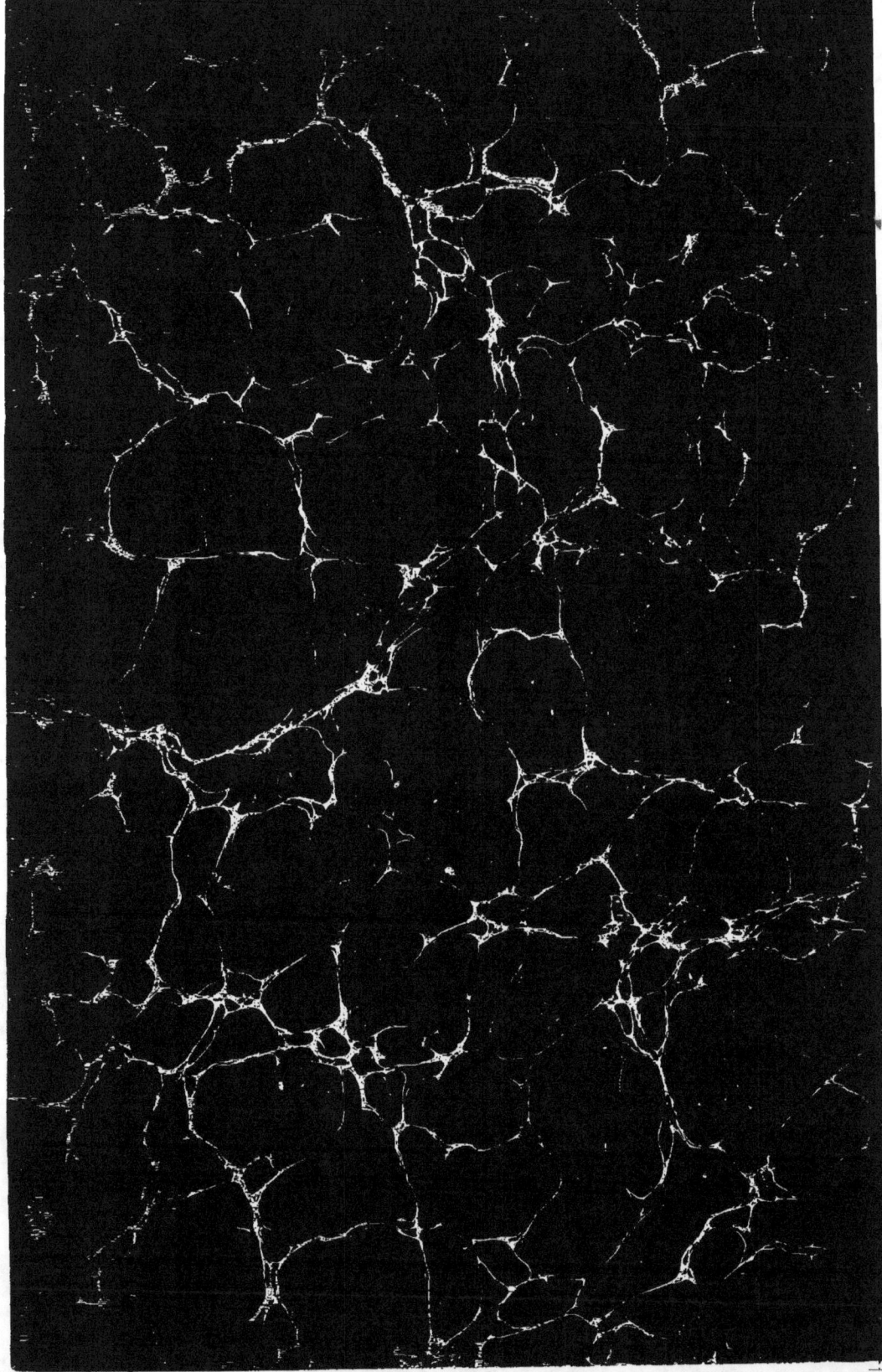